NEUES
deutsch-russisches LEXIKON

Über 50 000
Wörter und Wortverbindungen

Minsk
«Asar»
2001

Moskau
«MODERN-A»
2001

Moskau
«TscheRo»
2001

НОВЫЙ
немецко-русский
СЛОВАРЬ-
СПРАВОЧНИК

NEUES
deutsch-russisches
LEXIKON

Новый
немецко-русский
СЛОВАРЬ-СПРАВОЧНИК

Более 50 000
слов и словосочетаний

Минск
«Асар»
2001

Москва
«МОДЕРН-А»
2001

Москва
«ЧеРо»
2001

ББК 81.2Нем-4
Н76

Авторы-составители:
Г. И. Куликов, Н. И. Курьянко,
А. М. Горлатов, В. И. Мартиневский

Под редакцией Г. И. Куликова

Рецензенты:
д. филол. наук, проф. Д. Г. Богушевич
канд. филол. наук, доц. Р. С. Самолетова

Н76 **Новый немецко-русский словарь-справочник=Neues deutsch-russisches Lexikon**/Авт.-сост.: Г. И. Куликов, Н. И. Курьянко, А. М. Горлатов, В. И. Мартиневский; Под ред. Г. И. Куликова — Мн.: ООО «Асар», 2001. — 808 с.

ISBN 985-6572-43-6
ISBN 5-94193-001-1
ISBN 5-88711-159-3

Словарь включает более 50 тысяч наиболее употребительных слов и словосочетаний, при отборе которых авторы пользовались новейшими справочными изданиями, отражающими состояние современного немецкого языка.
Словарь имеет много практических моментов, отличающих его от других изданий данного типа. В нем содержатся страноведческие и общественно-политические реалии с кратким комментарием их содержания, географические наименования стран мира с указанием их месторасположения, что дает дополнительную общепознавательную информацию. Особенностью словаря является подача заимствований.
В словарь включены имена собственные с соответствующей характеристикой (мужское или женское имя; полная, краткая или ласкательная форма), что в ряде случаев имеет решающее значение для понимания контекста при чтении художественной литературы.
Метод подачи материала отвечает новейшим требованиям и может удовлетворить запросы лиц, интересующихся немецким языком.
Словарь предназначен для широкого круга читателей: учителей и преподавателей немецкого языка, студентов техникумов и вузов, учащихся средних школ, гимназий, колледжей, лицеев.

УДК 803.0-3=82
ББК 81.2Нем-4

ISBN 985-6572-43-6 («Асар»)
ISBN 5-94193-001-1 («МОДЕРН-А»)
ISBN 5-88711-159-3 («ЧеРо»)

© Куликов Г. И., Курьянко Н. И.,
Горлатов А. М., Мартиневский В. И.,
текст, составление, 2001
© ООО «Асар», 2001
© Оформление. Кулаженко А. А., 2001

СОДЕРЖАНИЕ

Предисловие 6
О пользовании словарем 7
Условные обозначения и знаки 8
    Транскрипционные знаки 10
Условные сокращения 11
    Русские 11
    Немецкие и латинские 12
Лексикографические источники 16
Немецкий алфавит 16
СЛОВАРЬ A–Z 17
Краткий список сокращений, употребляемых
в немецком языке 792
Основные формы глаголов сильного и непра-
вильного спряжения 803

ПРЕДИСЛОВИЕ

Словарь содержит более 50 тысяч слов и словосочетаний, что предполагает самое широкое его использование – при чтении и переводе художественной, общественно-политической и научно-популярной литературы, а также общетехнических и общенаучных текстов.

По структуре и содержанию это издание имеет некоторые особенности, отличающие его от большинства немецко-русских словарей.

Во-первых, в нем содержатся немецкие страноведческие и интернациональные общественно-политические реалии с кратким объяснением их содержания, а также географические наименования стран мира с указанием их месторасположения и некоторых других данных.

Во-вторых, в него включены имена собственные с соответствующей характеристикой (мужское или женское имя; полная, краткая или ласкательная форма), что в ряде случаев имеет решающее значение для понимания контекста при чтении художественной литературы. Словарные единицы вышеуказанных типов включены в общий словник словаря, что, по мнению авторов-составителей, обеспечивает более удобный и оперативный поиск значения искомого слова по сравнению с тем, если бы данные категории слов были бы по соответствующим разрядам поданы отдельными списками в виде приложения.

В-третьих, заимствованные слова имеют пометы, указывающие на то, из какого языка данное слово заимствовано и через какие языки оно пришло в немецкий язык.

Перечисленные выше особенности словаря придают ему универсальный характер.

В словарь не включены слова диалектные или в своем употреблении регионально ограниченные, иностранные слова, сходные по звучанию и значению с таковыми в русском языке, а также специфически технические термины. В нем отсутствуют также такие сложные слова, значение которых легко выводимо из составляющих их компонентов. Подача в словаре словообразовательных префиксальных элементов позволила не включать в него и такие слова, значение которых может быть легко установлено, исходя из значений приставки и корня или основы соответствующего слова.

В виде приложений в словаре даны список наиболее употребительных сокращений, а также список глаголов сильного и неправильного спряжения.

Словарь предназначен для широкого круга читателей: учителей и преподавателей немецкого языка, студентов техникумов и вузов, учащихся средних школ, гимназий, колледжей, лицеев, а также для лиц, изучающих немецкий язык в других формах обучения или интересующихся этим языком.

О ПОЛЬЗОВАНИИ СЛОВАРЕМ

Все слова расположены в алфавитном порядке. Отдельные значения многозначных слов отделяются точкой с запятой и полужирными арабскими цифрами с точкой. Оттенки значений слова или выражения выделяются арабскими цифрами с круглой скобкой. При отдельных значениях многозначного слова или при значении однозначного слова, если необходимо, даются стилистические пометы или указывается тематическая принадлежность слова или его значения (см. список сокращений на с. 11). Сложносокращённые слова, т. е. слова, состоящие из буквенных сокращений и полнооформленных слов (напр., TEE-Zug) подаются в основном корпусе словаря. Географические названия среднего рода, употребляемые обычно без артикля, в словарной статье снабжены родовой пометой, стоящей в круглых скобках. Сложные и производные слова, состоящие из заимствованных слов или их отдельных частей, специальных помет, как правило, не имеют. Путь их проникновения в немецкий язык можно установить по отдельно взятым словам.

После **имени существительного** стоит буква-символ, указывающая на его грамматический род, а также окончание в родительном падеже единственного числа и форма множественного числа в именительном падеже. Если существительное имеет в родительном падеже единственного числа и во множественном числе две различные формы, то обе они приводятся и отделяются друг от друга косой чертой (/). Субстантивированные прилагательные и причастия снабжены специальной пометой (*subst*).

Глаголы имеют указания на переходность (*vt*) или непереходность (*vi*), безличные глаголы имеют помету (*vimp*), возвратные глаголы помечаются частицей *sich*, стоящей после основного глагола и отделённой от него запятой. Глаголы сильного и неправильного спряжения снабжены звёздочкой (*), а их основные формы помещены в таблице в приложении (с. 803). Буква s означает, что данный глагол спрягается со вспомогательным глаголом *sein*, а буквы h, s — то, что он может спрягаться как со вспомогательным глаголом *haben*, так и с глаголом *sein*, имея при этом различные оттенки значения. Глаголы, спрягаемые со вспомогательным глаголом *haben*, специальной пометы не имеют.

Другие части речи имеют пометы, указывающие на их принадлежность к соответствующим частям речи. Омонимы (слова, имеющие одинаковое написание и, как правило, произношение), по происхождению связанные с одним корнем или основой, отделяются друг от друга светлой римской цифрой. Если же омонимы такой связи не имеют или если эта связь в современном немецком языке не ощутима, то они подаются как самостоятельные единицы и помечаются полужирной римской цифрой. В необходимых случаях указывается предложное управление существительных, глаголов и прилагательных.

Страноведческие реалии и некоторые географические наименования, имеющие форму словосочетаний, подаются в словаре по первой букве словосочетания, а их "род" определяется по грамматически ведущему слову.

Полужирный шрифт служит для выделения заглавных слов и всего немецкоязычного текста, что даёт возможность пользователю охватить взглядом все содержащиеся в словарной статье немецкие выражения и словосочетания.

Курсив используется для всякого рода пояснений и уточнений.

Знак ударения (′) в немецких словах, где это необходимо, ставится непосредственно над ударной гласной, в транскрипционном написании – перед ударным слогом.

УСЛОВНЫЕ ОБОЗНАЧЕНИЯ И ЗНАКИ

~   *тильда* заменяет заглавное слово или часть его;

,   *запятая* отделяет друг от друга близкие значения слова;

;   *точка с запятой* отделяет друг от друга разные значения многозначного слова;

:   *двоеточие* после заглавного слова означает, что данное слово самостоятельно не употребляется или что оно имеет конкретное значение только в данном словоупотреблении;

′   *знак ударения* употребляется в случаях, если ударение в слове падает не в соответствии с общепринятыми правилами; в заглавных (нетранскрибируемых) словах он стоит непосредственно над ударным гласным, в транскрибируемых – перед ударным слогом;

+   *знак "плюс"* в искусственно созданных терминах указывает, из слов какого языка они образованы; он используется также, когда оборот речи употребляется с частицей *zu* и неопределённой формой глагола;

=   *знак равенства* стоит перед объяснением содержания сокращений; он служит также для разъяснения слитного написания предлога и артикля;

≅   *знак приблизительного равенства* указывает на то, что следующий за ним перевод близок к немецкому обороту по смыслу, но отличается от него по форме или образности;

-   *дефис* заменяет корень или основу слова при подаче словообразовательных элементов, а также при склонении существительных и стоит непосредственно после словообразовательного префикса (приставки), перед окончанием родительного падежа единствен-

	пользуется также, если слово не имеет окончания в родительном падеже единственного числа или если суффикс множественного числа отсутствует;
–	*тире* используется для разделения немецкоязычной части словарной статьи от ее русскоязычной части, если они набраны одним шрифтом.
/	*косая черта* означает альтернативную возможность употребления слова или словоформы
1., 2.,...	*полужирные арабские цифры* выделяют отдельные значения многозначного слова;
1), 2)	*светлые арабские цифры с круглой скобкой* выделяют оттенки значений многозначного слова;
I, II	*светлые римские цифры* означают омонимы, имеющие общий по происхождению корень;
I, II	*полужирные римские цифры* означают омонимы, не имеющие общего по происхождению корня, или если их общность в современном языке затемнена;
( )	*в круглые скобки* заключаются факультативные слова или части слов, а также различного рода пояснения, уточнения и т. п;
[ ]	*в квадратных скобках* даётся в необходимых случаях фонетическая транскрипция всего слова или части его, а также синонимы и синонимические выражения; в словаре используются знаки международной фонетической транскрипции;
< >	*в угловые скобки* заключены данные о языке или языках, из которых слово заимствовано, а также различного рода уточнения, если последние относятся к пояснениям, уже заключённым в круглые скобки; в них же в необходимых случаях даётся буквальный перевод слова или словосочетания;
¦	*вертикальная прерывистая линия* отделяет от корня глагола его неотделяемую приставку; она указывает также на то, что разделённые ею гласные читаются раздельно;
...	*отточие* заменяет немецкую часть сложного слова, если другая её часть является заимствованной, напр.: Vexier‖bild <*lat.*‖...>;
|	*вертикальной сплошной линией* разделяется корень глагола и его отделяемая приставка, а также составляющие части сложных глаголов;
‖	*двумя параллельными вертикальными линиями* отделены непосредственно составляющие сложных существительных для лучшей обозримости их структуры, воплощающие в русском языке словосочетания, а также в случаях, когда первый компонент сложного слова повторяется в последующих словах; соединительные элементы *-(e)s* или *-(e)n* отнесены к первому компоненту сложного слова;

◇ после знака *ромб* помещаются идиомы, пословицы, поговорки, а также различного рода выражения, которые по форме в разных языках существенно отличаются друг от друга;
s *буква s* после заглавного глагола означает, что данный глагол в сложных формах употребляется со вспомогательным глаголом *sein;*
h, s *буквы h, s* означают, что данный глагол может употребляться как со вспомогательным глаголом *haben,* так и с глаголом *sein* (глаголы, употребляемые со вспомогательным глаголом *haben,* специальной пометы не имеют).

Транскрипционные знаки, встречающиеся в словаре

a: произносится как русское "а", но протяжно
e: произносится закрыто, похоже на русское "э" в слове "эти"
ɛ примерно соответствует русскому "э" в слове "этот"
ə похоже на русское "е" в слове "нужен", стоит только в неударных слогах
i: произносится как русское "и", но протяжно
ɪ несколько похоже на звук, средний между русскими краткими "э" и "ы"
o: произносится протяжно с сильно выпяченными напряжёнными губами
ɔ более четкое и более открытое, чем русское "о"
u: произносится как русское "у", но протяжно
ø при произнесении губы сильно выпячиваются, как при "о"; положение языка, как при "е:"
y: положение губ, как при произнесении немецкого "u:", положение языка, как при произнесении "i:"
ã
ɔ̃ } произносятся как соответствующие гласные, но в нос
ɛ̃
j примерно соответствует русскому "й"
ʃ несколько тверже русского "ш"
z произносится как "з"
ʒ произносится как "ж"
ŋ произносится как носовое "н"
ç произносится как "х" в слове "химия"
tʃ произносится примерно как русское "ч"
x произносится как русское "х"

УСЛОВНЫЕ СОКРАЩЕНИЯ

Русские

ав. – авиация
австр. – австрийский
авто. – автомобильное дело
адм. – административный
амер. – американский
анат. – анатомия
архит. – архитектура
астр. – астрономия
библ. – библеизм
биол. – биология
бот. – ботаника
бран. – бранное слово (выражение)
букв. – буквально
бурж. – буржуазный
бухг. – бухгалтерский термин
б.ч. – большей частью
В – восток
в. – век
весов. – весовое
вет. – ветеринария
воен. – военное дело
вост. – восточное
в разн. знач. – в разных значениях
высок. – высокий стиль
г. – год; город
геогр. – география
геол. – геология
геом. – геометрия
герм. – германский
гор. – городской
горн. – горное дело
гос. (-во) – государство
грам. – грамматика
груб. – грубое слово (выражение)
диал. – диалектизм
дипл. – дипломатия
до н.э. – до новой эры
др. – древний; другой
евр. – европейский
ж.-д. – железнодорожное дело
жен. – женское имя, женский
жив. – живопись
З. – запад
зап. – западный, западнее

з-д – завод
знач. – значение, значения
зоол. – зоология
ирон. – в ироническом смысле
иск. – искусство
ист. – история, историзм
истор. – исторический
итал. – итальянский
и т.д. – и так далее
и т.п. – и тому подобное
канц. – канцелярский термин
карт. – термин карточной игры
керам. – керамика
кино – кинематография
кого-л. – кого-либо
ком. – коммерция
кому-л. – кому-либо
косм. – космонавтика
кто-л. – кто-либо
кул. – кулинария
ласк. – ласкательное (имя)
лес. – лесное хозяйство (дело)
лингв. – лингвистика
лит. – литературоведение
мат. – математика
мед. – медицина
мет. – метафора
метеор. – метеорология
мин. – минералогия
мир. – мировой
миф. – мифология
мор. – морское дело
муж. – мужское имя, мужской
муз. – музыка
назв. – название
напр. – например
нар. – народный
наст. – настоящий (-ая, -ее)
нац. – национальный (-ая, -ое)
нем. – немецкий
неотд. глаг. – неотделяемая глагольная (приставка)
обл. – область
о-в – остров

о-ва – острова
оз. – озеро
осн. – основан (-а, -о)
отд. глаг. – отделяемая глагольная (приставка)
офиц. – официальный термин
охот. – охота
перен. – переносное значение
п-ов – полуостров
погов. – поговорка
полигр. – полиграфия
полит. – политический термин
полусуф. – полусуффикс
посл. – пословица
поэт. – поэтическое слово (выражение)
пр-во – правительство
презр. – презрительно
пренебр. – пренебрежительно
преф. – префикс
прилагат. – прилагательное
психол. – психология
р. – река
радио – радиотехника
разг. – разговорное слово (выражение)
разн. – разный
рел. – религия
р-н – район
РФ – Российская Федерация
С. – север
Св. – Святой
слож. – сложное слово, сложный
см. – смотри
сов. – советский
сокр. – сокращённо, сокращение
спорт. – спортивный термин
стр. – строительное дело
суф. – суффикс
сущ. – имя существительное
с.-х. – сельское хозяйство
театр. – театральный термин
текст. – текстильное дело
телев. – телевидение
террит. – территория, территориальный
тех. – техника
тж. – также
тк. – только
топ. – топография
торг. – торговля
уст. – устаревшее слово (выражение)
фам. – фамильярное выражение
фаш. – фашистский
физ. – физика
физиол. – физиология
филол. – филология
филос. – философия
фин. – финансовое дело
фото – фотография
хим. – химия, химический
центр. – центральный
церк. – церковное слово
чего-л. – чего-либо
чему-л. – чему-либо
что-л. – что-либо
чьё-л. – чьё-либо
шахм. – шахматы
швейц. – швейцарский
эк. – экономика
эл. – электротехника
Ю. – юг
ю.-з. – юго-западный
юж. – южный
юр. – юридический термин

Немецкие и латинские

a	Adjektiv	–	имя прилагательное
A	Akkusativ	–	винительный падеж
adv	Adverb	–	наречие
afrik.	afrikanisch	–	африканский
ags.	angelsächsisch	–	англо-саксонский
ägypt.	ägyptisch	–	египетский

aind.	altindisch	–	древнеиндийский
alban.	albanisch	–	албанский
alemann.	alemannisch	–	алеманский
alger.	algerisch	–	алжирский
altd.	altdeutsch	–	древне-немецкий
altnord.	altnordisch	–	древне-северный (древне-скандинавский)
amerik.	amerikanisch	–	американский
arab.	arabisch	–	арабский
argent.	argentinisch	–	аргентинский
asiat.	asiatisch	–	азиатский
assyr.	assyrisch	–	ассирийский
austr.	australisch	–	австралийский
aztek.	aztekisch	–	ацтекский
babilon.	babilonisch	–	вавилонский
bengal.	bengalisch	–	бенгальский
bras.	brasilianisch	–	бразильский
chilen.	chilenisch	–	чилийский
chin.	chinesisch	–	китайский
comp	Komparativ	–	сравнительная степень
conj	Konjuktion	–	союз
cj	Konjunktiv	–	сослагательное наклонение
D	Dativ	–	дательный падеж
dän.	dänisch	–	датский
dt.	deutsch	–	немецкий
engl.	englisch	–	английский
eskim.	eskimoisch	–	эскимосский
etrusk.	etruskisch	–	этрусский
etw.	etwas	–	что-либо
f	Femininum	–	женский род
finn.	finnisch	–	финский
fläm.	flämisch	–	фламандский
fr.	französisch	–	французский
fries.	friesisch	–	фризский
G	Genitiv	–	родительный падеж
gall.	gallisch	–	галльский
germ.	germanisch	–	германский
got.	gotisch	–	готский
gr.	griechisch	–	греческий
(h, s)	(haben, sein)	–	спрягается с глаголом *haben* и *sein*
hait.	haitisch	–	гаитянский
hebr.	hebräisch	–	гебрейский, древнееврейский
iber.	iberisch	–	иберийский
impf	Imperfekt	–	имперфект
ind.	indisch	–	индийский
indian.	indianisch	–	индейский
indones.	indonesisch	–	индонезийский

indones.	indonesisch	–	индонезийский
inf	Infinitiv	–	неопределенная форма глагола
int	Interjektion	–	междометие
inv	invariabel	–	не изменяется
ir.	irisch	–	ирландский
iran.	iranisch	–	иранский
islam.	islamisch	–	исламский
isländ.	isländisch	–	исландский
it.	italienisch	–	итальянский
jap.	japanisch	–	японский
jav.	javanisch	–	яванский
jüd.	jüdisch	–	идиш
jmd.	jemand	–	кто-либо
jmdm.	jemandem	–	кому-либо
jmdn.	jemanden	–	кого-либо
jmds.	jemandes	–	чей-либо, кого-либо
jidd.	jidisch	–	еврейский
kanad.	kanadisch	–	канадский
karib.	karibisch	–	карибский
katal.	katalonisch	–	каталонский
kelt.	keltisch	–	кельтский
korean.	koreanisch	–	корейский
kroat.	kroatisch	–	хорватский
lat.	lateinisch	–	латинский
lit.	litauisch	–	литовский
m	Maskulinum	–	мужской род
malai.	malaiisch	–	малайский
mex.	mexikanisch	–	мексиканский
mod	modal	–	модальный
mong.	mongolisch	–	монгольский
n	Neutrum	–	средний род
N	Nominativ	–	именительный падеж
neuseeländ.	neuseeländisch	–	новозеландский
niederd.	niederdeutsch	–	нижненемецкий
niederl.	niederländisch	–	нидерландский
nord.	nordisch	–	нордийскии (скандинавский)
norw.	norwegisch	–	норвежский
num	Numerale	–	числительное
part	Partizip	–	причастие (партицип)
Pers	Person	–	лицо
pers.	persisch	–	персидский
peruan.	peruanisch	–	перуанский
pl	Plural	–	множественное число
polines.	polinesisch	–	полинезийский
poln.	polnisch	–	польский
port.	portugiesisch	–	португальский
präd	prädikativ	–	в предикативном употреблении
pron	Pronomen	–	местоимение

pron dem	Demonstrativpronomen	–	указательное местоимение
pron imp	Pronomen impersonales	–	безличное местоимение
pron indef	Indefinitpronomen	–	неопределенное местоимение
pron inter	Interrogativpronomen	–	вопросительное местоимение
pron pers	Personalpronomen	–	личное местоимение
pron poss	Possessivpronomen	–	притяжательное местоимение
pron refl	Reflexivpronomen	–	возвратное местоимение
prone rel	Relativpronomen	–	относительное местоимение
pron rez	reziprokes Pronomen	–	взаимное местоимение
provenzal.	provenzalisch	–	провансальский
prp	Präposition	–	предлог
prtk	Partikel	–	частица
roman.	romanisch	–	романский
russ.	russisch	–	русский
(s)	(sein)	–	спрягается со вспомогательным глаголом *sein*
sanskr.	sanskritisch	–	санскритский
schwed.	schwedisch	–	шведский
semit.	semitisch	–	семитский
serb.	serbisch	–	сербский
sg	Singular	–	единственное число
skand.	skandinawisch	–	скандинавский
slaw.	slawisch	–	славянский
slowak.	slowakisch	–	словацкий
sorb.	sorbisch	–	(сербо-)лужицкий
span.	spanisch	–	испанский
subst	Substantiv, substantiviert	–	существительное, субстантивировано
sumer.	sumerisch	–	шумерский
superl	Superlativ	–	превосходная степень
syr.	syrisch	–	сирийский
tahit.	tahitisch	–	таитский *(полинезийская группа языков)*
tib.	tibetisch	–	тибетский
tschech.	tschechisch	–	чешский
türk.	türkisch	–	тюркский (турецкий)
u.	und	–	и
ung.	ungarisch	–	венгерский
v	Verb	–	глагол
vi	intransitives Verb	–	непереходный глагол
vimp	unpersönliches Verb	–	безличный глагол
vt	transitives Verb	–	переходный глагол
zigeun.	zigeunerisch	–	цыганский

ЛЕКСИКОГРАФИЧЕСКИЕ ИСТОЧНИКИ

Большой немецко-русский словарь. / В 2-х т., под рук. проф. О. И. Москальской, М., 1969.
Немецко-русский словарь. / Под ред. А. Лепинга и Н. П. Страховой. Изд. второе стереотипное. М.,1962.
Куликов Г.И., Мартиневский В.И., Ладисов А.И. Немецко-русский иллюстрированный лингвострановедческий словарь. Мн., 2001.
Рымашевская Э.Л. Немецко-русский и русско-немецкий словарь /краткий/. 2-е изд. М., 1992.
Словарь словообразовательных элементов немецкого языка. / Под рук. М.Д. Степановой. М., 1979.
Daum E., Schenk W. Deutsch-russisches Wörterbuch. 23. Aufl. Leipzig, 1988.
Duden. Aussprachewörterbuch. Mannheim, 1962.
Duden. Das große Wörterbuch der deutschen Sprache / In 6 Bd. Hrsg. u. bearb. von der Dudenred. unter Leitung von O. Drosdowski. Mannheim/ Wien/ Zürich, 1976 – 1981.
Duden. Etymologie. Herkunftswörterbuch der deutschen Sprache. Mannheim, 1963.
Duden. Fremdwörterbuch. 2., verbesserte u. vermehrte Aufl. Mannheim, 1966.
Duden. Rechtschreibung der deutschen Sprache und der Fremdwörter. 16., erweit. Aufl. Mannheim, 1967.
Gerhard Wahrig. Deutsches Wörterbuch. Völlig überarb. Neuauflage. München, 1986.
Heinz Koblischke. Großes Abkürzungsbuch. VEB Bibliographisches Institut Leipzig, 1978.
Josef Werlin. Duden. Wörterbuch der Abkürzungen. 2. neu bearb. u. erweit. Auflage. Bibliographisches Institut Mannheim / Wien/ Zürich, 1979.
Wörterbuch der deutschen Gegenwartssprache. / In 6 Bd. Hrsg. von Ruth Klappenbach und Wolfgang Steinitz. Berlin, 1967 – 1977.

НЕМЕЦКИЙ АЛФАВИТ

A a	B b	C c	D d	E e
F f	G g	H h	I i	J j
K k	L l	M m	N n	O o
P p	Q q	R r	S s	T t
U u	V v	W w	X x	Y y
		Z z		

A

A, á *prp* **1.** по *(о цене)*; **3 m á 75 Pf.** 3 метра по 75 пфеннигов; **2.** за *(о количестве)*; **3 Pf. á Stück** 3 пфеннига за штуку

Aachen *(n)* -s Ахен *(город в ФРГ, земля Сев. Рейн-Вестфалия)*

Aal *m* -(e)s, -е угорь; **den ~ beim Schwanze fassen** начинать дело не с того конца

aalglatt *a* б. ч. перен. скользкий как угорь, увёртливый

Aargau *m* -s, - Ааргау *(кантон в Швейцарии)*

Aargletscher *m* -s, - Арский ледник *(в Альпах <Швейцария>)*

Aas *n* **1.** -es, -е падаль; **2.** приманка; **3.** -es, Äser груб. стерва

ab I *adv*: **~ und auf** взад и вперёд; вверх и вниз; **~ und zu** иногда; II *prp* (D): с, от; **~ heute, von heute ~** с сегодняшнего дня

ab- отд. глаг. приставка, указывает **1.** *на удаление*: ab|reisen уезжать; **2.** *на отделение части от целого*: ab|schneiden* отрезать; **3.** *на отказ, отмену действия*: ab|lehnen отклонять; **4.** *на движение сверху вниз*: ab|springen* спрыгнуть; **5.** *на убыль, уменьшение*: ab|nehmen* уменьшаться, худеть; **6.** *на окончание действия*: ab|blühen отцветать; **7.** *на изнашивание, повреждение*: ab|tragen* изнашивать

abänderlich *a* **1.** изменяемый, изменчивый; поддающийся изменению; **2.** грам. изменяемый, склоняемый, спрягаемый

Abänderlichkeit *f* - **1.** изменяемость; **2.** грам. склоняемость, спрягаемость

ab|ändern *vt* **1.** изменять; переделывать; *(an* D) вносить изменения *(во что-л.)*; **2.** исправлять, изменять, отменять; **3.** грам. изменять, склонять, спрягать

Abänderung *f* -, -en **1.** (видо)изменение; переделка, исправление; **2.** отмена

Abänderungs‖antrag *m* -(e)s, -träge проект преобразования; внесение поправок *(в резолюцию и т. п.)*

Abart *f* -, -en **1.** разновидность; **2.** видоизменение

Abartung *f* -, -en **1.** вырождение; **2.** извращение

Abbau *m* -(e)s, -е **1.** снижение *(цен)*; **2.** сокращение *(штатов, производства)*; **3.** разработка *(ископаемых)*; **4.** демонтаж, снос

ab|bauen I *vt* **1.** снижать, уменьшать *(зарплату, цены и т. п.)*; **2.** сокращать *(штаты)*, увольнять; **3.** сокращать, упразднять *(вооружения и т. п.)*; **4.** сносить, демонтировать; **5.** добывать *(полезные ископаемые)*, разрабатывать *(месторождение)*; II *vi* ослабевать, сдавать *(о здоровье)*

Abberufung *f* -, -en отозвание, увольнение; **~ vom Amt** освобождение от должности

Abbild *n* -(e)s, -er отображение; портрет; копия

Abbildung *f* -, -en **1.** изображение, иллюстрация, рисунок; **2.** *филос.* отражение, отображение

Abbitte *f* -, -n просьба о прощении; **~ tun* [leisten]** просить прощения

ab|blenden *vt* **1.** заслонять, маскировать *(свет)*; затемнять *(окно)*, убавить *(свет)*; **2.** приглушать *(музыку)*

ab|blitzen *vi* уст. дать осечку; ◊ **er blitzte (mit seinem Gesuch) ab** *разг.* ему отказали (в его просьбе); **jmdn. ~ lassen*** *разг.* отшить кого-л.

ab|brauchen *vt* изнашивать; **ein scharfes Werkzeug ~** притупить инструмент

Abbreviation [-via] <*lat.*> *f* -, -en сокращение *(процесс)*

Abbreviatúr [-via] <*lat.*> *f* -, -en сокращение, аббревиатура

ab|bringen* *vt (von* D) отвлекать, отговаривать *(кого-л.)*; **jmdn. von seiner Meinung ~** разубедить кого-л.

Abbruch *m* -(e)s, -brüche **1.** снос, слом *(здания)*; **2.** разрыв, прекращение *(отношений)*; **3.** вред, ущерб; **jmdm. einer Sache** (D) **~ tun*** нанести ущерб кому-л. чем-л.

Abc [a:be:ˈtse:] *n* - **1.** азбука, алфавит; **nach dem ~ ordnen** располагать в алфавитном порядке; **2.** *перен.* азбука, начало; **noch beim ~ stehen*** повторять азы

Abc-Buch [a:be:tse:] *n* -(e)s, -bücher букварь

ab|checken [ˈɑptʃɛkən] <*engl.*> *vt* проверять, изучать *(возможности)*

Abc-Schüler *m* -s, -; **~Schülerin** *f* -, -nen ученик, -ица первого класса начальной школы

ABC-Waffen *pl* (atomáre, bakteriológische und chemische Waffen) атомное, бактериологическое и химическое оружие

Abdampfung *f* -, -en **1.** испарение; **2.** выпаривание

ab|danken I *vt* увольнять в отставку *(тж. перен.);* II *vi* выходить в отставку; отрекаться *(от престола)*
Abdankung *f* -, -en отставка; отречение от престола
Abdeckung *f* -, -en 1. *стр.* перекрытие; 2. *ком.* погашение долга
Abdruck *m* -es, -drücke 1. слепок; 2. оттиск, печать
Abdruck‖recht *n* -(e)s, -e право перепечатки
Abebben *n* -s спад; **das ~ der Konjunktur** ухудшение конъюнктуры
Abend *m* -s, -e 1. вечер; **am ~** вечером; **gegen ~** к вечеру; **zu ~ essen*** ужинать; 2. *поэт.* запад; 3.: **bunter ~** эстрадный концерт; ◊ **es ist noch nicht alle Tage ~** погов. ≈ поживём – увидим
Abend‖blatt *n* -(e)s, -blätter вечерняя газета
Abend‖brot *n* -(e)s ужин
Abend‖dämmerung *f* -, -en сумерки
Abend‖essen *n* -s, - *см.* Abendbrot
Abend‖land *n* -(e)s *поэт.* (Западная) Европа
abendländisch *a* (западно)европейский
abendlich *a* вечерний
Abend‖mahl *n* -(e)s, -e 1. ужин; 2. *рел.* причастие; ◊ **das Heilige ~** Тайная вечеря
Abend‖messe *f* -, -n *рел.* вечерня
Abend‖rot *n* -(e)s, -; **~röte** *f* -, -n вечерняя заря
abends *adv* вечером, по вечерам
Abenteuer *n* -s, - приключение; авантюра; похождение; **auf ~ ausgehen*** искать приключений
Abenteuerer *m* -s, - авантюрист; искатель приключений
abenteuerlich 1. полный приключений, необычный, фантастический; 2. авантюристический
Abenteuertum *n* -(e)s авантюризм
aber I *conj* а; но; же, однако; II *adv* снова, ещё; ◊ **tausend und ~ tausend** многие тысячи
Aber *n* -: **es ist ein ~ dabei** здесь есть одно "но"; **kein ~!** никаких "но"!; **das wenn und (das) ~** учёт всех обстоятельств
Aberglaube *m* -ns суеверие
abergläubisch *a* суеверный
Aberkennung *f* -en лишение; **~ der bürgerlichen Rechte** лишение прав [в правах]
abermalig *a* повторный, вторичный
abermals *adv* опять, вторично
Abertausende *pl* многие тысячи; **~ von Einwohnern** многие тысячи жителей
Aberwitz *m* -es сумасбродство, безрассудство
Abfahrt *f* -, -en 1. отъезд, отправление, старт; 2. *спорт.* спуск *(действие и место)*
Abfahrts‖signal *n* -s, -e; **~zeichen** *n* -s, - сигнал к отправлению
Abfahrts‖zeit *f* -, -en время отправления
Abfall *m* -(e)s, -fälle 1. отбросы, отходы; утиль; 2. склон, скат; 3. отречение *(от религии)*; 4. -(e)s спад *(воды)*; падение, снижение *(напряжения тока)*
Abfall‖faß *n* -sess, -fässer бак для отбросов
abfällig *a* 1. наклонный; 2. неблагоприятный *(о мнении)*; **~e Antwort** отказ
Abfall‖industrie *f* -, -tri|en промышленность, работающая на отходах [на утильсырье]
Abfall‖verbrauch *m* -(e)s; **~verwertung** *f* -, -en использование [утилизация] отбросов [отходов]
Abfederung *f* -, -en *тех.* амортизация
ab|fertigen *vt* 1. отправлять, отсылать; **einen Zug ~** отправлять поезд; 2. *канц.* оформлять *(документы)*; закрывать *(дело)*; 3. обслуживать, отпускать *(клиентов, посетителей)*; 4. *разг.* отделываться *(от кого-л.)*; *груб.* отшить *(кого-л.)*
Abfertigung *f* -, -en a 1. обслуживание; 2. отправление, отправка *(поезда и т. п.)*; 3. *разг.* выпроваживание, отказ; ◊ **seine ~ erhalten*** получить нагоняй [взбучку]
Abfertigungs‖stelle *f* -, -n место отправления; экспедиция
Abfindung *f* -, -en удовлетворение *(кого-л.)*; возмещение *(убытков)*; **eine ~ des Gewissens** сделка с совестью
Abfindungs‖geld *n* -(e)s, -er компенсация; выходное пособие; отступные *(деньги)*
ab|flauen I *vt тех.* промывать; II *vi* 1. спадать, затихать; **das Geschäft flaut ab** начинается затишье *(в делах)*; 2. *ком.* понижаться, падать *(о ценах, курсе)*
Abflug *m* -(e)s, -flüge вылет *(самолёта)*
Abfluß *m* -sses, -flüsse; 1. сток; 2. утечка *(газа, тока и т. п.)*; 3. (водо)сточная труба; жёлоб, канава *(для стока)*
Abfuhr *f* -, -en 1. вывоз, отправка, отгрузка; 2. отпор; ◊ **jmdm. eine (gebührende) ~ erteilen** дать кому-л. (достойный) отпор
Abführ‖mittel *n* -s, - *мед.* слабительное
Abgabe *f* -, -n 1. сдача; 2. налог, сбор; 3. *спорт.* передача, пас

abgabenfrei *a* свободный от налогов [сборов]
abgabepflichtig *a* подлежащий обложению налогом
Abgang *m* -es, -gänge; 1. отход, отбытие, отъезд; отправка; 2. уход; ~ **vom Amt** уход со службы; 3. сбыт (товара); 4. убыль (воды)
abgängig *a* 1. ходкий (о товаре); 2. недостающий, пропавший
Abgangs‖bahnhof *m* -(e)s, -höfe станция отправления
Abgangs‖flughafen *m* -s, -häfen аэропорт вылета
Abgangs‖prüfung *f* -, -en выпускной экзамен
Abgangs‖zeugnis *n* -sses, -sse свидетельство об окончании учебного заведения, диплом
abgebaut *a* 1. уволенный; 2. демонтированный, разобранный
abgeblaßt *a* побледневший, выцветший
abgebrannt *a* 1. сгоревший, погоревший; 2. *разг.* прогоревший (оставшийся без средств)
abgebraucht *a* 1. изношенный (об одежде); 2. сработавшийся (о механизме и т. п.)
abgedroschen *a* 1. обмолоченный; 2. избитый, пошлый (о словах, выражениях)
abgefeimt *a* пронырливый; отъявленный
Abgegrenztheit *f* - ограниченность
abgegriffen *a* истрёпанный, стёртый; затасканный
abgehackt *a* *перен.* отрывистый (о речи)
abgekartet *a* заранее обусловленный
abgeklärt *a* зрелый, вдумчивый, серьёзный; **ein ~er Mensch** уравновешенный человек
abgekocht *a* кипячёный, отварной
abgekürzt *a* сокращённый
abgelagert *a* 1. лежалый (о фруктах, овощах); залежавшийся (о товарах); 2. выдержанный (о винах)
abgelaufen *a* истёкший; просроченный (о векселе)
abgelebt *a* отживший, дряхлый
abgelegen *a* отдалённый, уединённый
Abgeleitete *subst f* -n *мат.* производная
abgemacht *a* решённый, конченный; ◊ ~! решено!, по рукам!
abgemagert *a* исхудалый
abgemessen *a* размеренный
abgeneigt *a* нерасположенный, недоброжелательный
Abgeneigtheit *f* - недоброжелательство, нерасположение

abgenutzt *a* 1. изношенный (об одежде); 2. подвергшийся износу (о механизме)
Abgeordnete *subst m, f* -n, -n депутат, -тка
Abgeordneten‖haus, *n* -es, -häuser палата депутатов (название парламента в Германии)
abgerissen *a* 1. оборванный (об одежде); 2. обрывистый (о речи)
Abgerissenheit *f* - 1. разорванность; 2. оторванность, отрывочность
Abgesandte *subst m, f* -n, -n посланец, делегат, -ка; **geheimer ~r** эмиссар
abgeschieden *a* 1. уединённый; отлучённый; 2. усопший (высок.)
Abgeschiedene *subst m, f* -n, -n усопший, -шая; покойник, -ница
Abgeschiedenheit *f* - уединённость, оторванность (от жизни)
abgeschliffen *a* 1. отточенный; 2. воспитанный
abgeschlossen *a* 1. запертый, закрытый; 2. отдельный (о квартире); 3. законченный (об образовании)
Abgeschmack *m* -(e)s отсутствие вкуса, дурной вкус
abgeschmackt *a* безвкусный, пошлый
Abgeschmacktheit *f* -, -en безвкусица, пошлость
abgesehen: ~ **davon, daß...** не говоря о том, что...; кроме того, помимо того, что...
abgesessen *a* спешенный; ~! *воен.* слезай! (с коня)
abgesondert I *a* отдельный; II *adv* особняком
Abgesondertheit *f* - обособленность
abgespannt *a* утомлённый
abgestanden *a* 1. затхлый; застоявшийся (о воде); 2. выдохшийся (о вине)
abgestorben *a* омертвелый (о частях тела)
abgestumpft *a* притуплённый
abgetan *a* законченный; **eine ~e Sache** решённое дело, решённый вопрос
abgetragen *a* изношенный, поношенный, затасканный (об одежде)
ab|gewöhnen *vt (jmdm.)* отучать (кого-л. от чего-л.); **sich (D) etw.** ~ отучить себя от чего-л.; отвыкать от чего-л.; **ein Kind** ~ отнимать ребёнка от груди
abgezehrt *a* истощённый, чахлый
abgezogen *a* 1. вычтенный (из какого-л. числа); 2. отвлечённый; **~er Begriff** абстрактное понятие
Abglanz *m* -es отблеск, отражение
Abgott *m* -(e)s, -götter кумир; идол; фетиш

Abgott∥anbeter *m* -s, - идолопоклонник
Abgötteréi *f* - идолопоклонство; **mit jmdm. ~ treiben*** боготворить кого-л.
abgöttisch: jmdn ~ lieben безумно любить кого-л.
ab∣grenzen I *vt* 1. размежевать *(поле)*; 2. разграничивать *(понятия)*; II **~, sich (gegen** A**)** отмежеваться *(от чего-л.)*
Abgrund *m* -(e)s, -gründe пропасть, бездна, пучина; **am Rande des ~es stehen*** стоять на краю пропасти *(тж. перен.)*
abgrundtief *a* бездонный
Abguß *m* -sses, -güsse *тех.* отливка; *полигр.* стереотип
ab∣hacken *vt* отрубать, отсекать
ab∣hagern *vi* (s) исхудать, отощать
Abhaltung *f* -, -en 1. задержка, помеха; 2. проведение *(занятий, собраний)*
abhánden: ~ kommen* пропадать, теряться
Abhándenkommen *n* -s пропажа, потеря *(чего-л.)*
Abhandlung *f* -, -en сочинение, статья; трактат, труд *(научный)*
Abhang *m* -(e)s, Abhänge склон, откос *(горы)*; **steiler ~** обрыв, круча
abhängig *a* 1. зависимый; ◇ **~e Rede** косвенная речь; **~er Fall** косвенный падеж; 2. наклонный, покатый
Abhängigkeit *f* - зависимость; **in ~ geraten*** попадать в зависимость
Abhängigkeits∥verhältnis *n* -ses, -se зависимое положение
ab∣härten I *vt* закалять *(об организме и т. п.)*; укреплять; II **~, sich** закаляться
ab∣hauen I *vt* 1. отсекать, срубать; 2. *разг.* списывать *(об учениках)*; 3. сгонять волос *(со шкурки)*; 4. гасить мяч *(волейбол)*; II *vi* 2) *разг.* улизнуть, скрыться; **hau ab!** *груб.* катись!, убирайся!
Abhilfe *f* - помощь; устранение недостатков; ◇ **~ schaffen** помогать, оказывать помощь; **da gibt es keine ~** этому помочь нельзя
abhold: jmdm. ~ sein не быть расположенным к кому-л.
ab∣holen *vt* 1. заходить, заезжать *(за кем-л., чем-л.)*; **jmdn., etw. ~ lassen*** посылать за кем-л., чем-л.; **jmdn. am [vom] Bahnhof ~** встретить кого-л. на вокзале; 2. *мор.:* **ein Schiff vom Strande ~** снимать судно с мели
Abhol∥gebühr *f* -, -en плата за доставку на дом
Abhör∥dienst *m* -es, -e *воен.* служба подслушивания и перехвата
ab∣hören *vt* 1. выслушивать *(сообщение)*;
2. подслушивать *(телефонный разговор)*; **Zeugen ~** опрашивать свидетелей;
3. слушать *(радиопередачу, звукозапись)*
ab∣irren *vi* (s) 1. сбиваться с пути; 2. *физ.* рассеиваться *(о лучах)*
Abitúr ‹*lat.*› *n* -s, -e экзамен на аттестат зрелости, выпускной экзамен; **sein ~ machen** сдавать экзамен на аттестат зрелости
Abituriént ‹*lat.*› *m* -en, -en сдающий экзамен на аттестат зрелости, выпускник *(средней школы)*
Abituriénten∥prüfung *f* -, -en см. Abitur
ab∣kanzeln *vt* отчитывать, бранить *(кого-л.)*
ab∣kapseln I *vt* заключать в капсулу [оболочку]; II **~, sich** замкнуться, уйти в себя
Abkauf *m* -(e)s, Abkäufe 1. покупка, скупка; 2. откуп
Abkehr *f* - 1. отказ, отход *(от веры, убеждений)*; **zur ~ von etw. auffordern** призывать к отказу от чего-л.; 2. удаление, отстранение
Abklärung *f* -, -en *тех.* осветление, фильтрование
Abklatsch *m* -es, -e 1. копия, отпечаток; оттиск; 2. *перен.* подражание; копия; **er ist der ganze ~ seines Vaters** он точная копия своего отца
ab∣kochen *vt* отваривать, варить *(яйца)*; кипятить *(молоко)*
Abkomme *m* -n, -n см. Abkömmling
Abkommen *n* -s, - соглашение, сделка, договор; **ein ~ treffen*** заключить соглашение
abkömmlich: ~ sein быть ненужным *(без кого можно обойтись)*
Abkömmling *m* -s, -e потомок, отпрыск
ab∣kühlen I *vt* 1. охлаждать, остужать; 2. *перен.* расхолаживать, охлаждать *(чей-л. пыл)*; II **~, sich** охлаждаться *(о воздухе)*; остывать *(о воде)*
Abkühlung *f* -, -en охлаждение; похолодание *(о погоде)*
Abkunft *f* - происхождение
Abkürzung *f* -, -en сокращение, аббревиатура
Ablage *f* -, -n склад; складочное место
Ablagerung *f* -, -en *геол.* отложение, наслоение
Ablaß *m* -sses, -lässe 1. спуск *(воды)*, сток; 2. *ком.* скидка, уступка; 3. *рел.* отпущение *(грехов)*; *перен.* прощение; ◇ **ohne ~** беспрерывно
Ablaß∥brief *m* -(e)s, -e *ист.* индульгенция

Ablativ <*lat.*> *m* -(e)s, -e *грам.* отложительный падеж

Ablauf *m* -(e)s, -läufe 1. сток *(воды, жидкости)*; 2. течение, ход; **der ~ der Ereignisse** ход событий; 3. исход, конец; окончание; **nach ~ einer Woche** по истечении недели

Ablauf||berg *m* -(e)s, -е *ж.-д.* сортировочная горка

ab|laufen* I *vi* (s) 1. стекать; **~ lassen*** спускать *(воду и т. п.)*; 2. отходить, отплыть *(о корабле)*; 3. оканчиваться, истекать *(о сроке)*; **der Film ist abgelaufen** фильм кончился; II *vt* 1. истаптывать *(обувь)*; **sich** (D) **die Beine [die Hacken] nach etw.** (D) **~** сбиться с ног в поисках чего-л.; III **~, sich** набегаться, устать от беготни

Ablaut *m* -(e)s, -е *грам.* чередование гласных, перегласовка

Ableben *n* -s смерть, кончина

ab|ledern *vt* 1. снимать [сдирать] кожу; 2. чистить кожу *(замшу)*

ab|lehnen *vt* 1. отклонять, отвергать; **einen Auftrag ~** отвергнуть заказ; 2. *юр.* отводить *(обвинение, судью, свидетеля)*

Ablehnung *f* -, -en 1. отклонение, отказ; **~ des Gesuches** отклонение прошения [просьбы]; 2. *юр.* отвод; **~ des Richters** отвод судьи

Ableistung *f* - отбывание *(срока службы)*

ab|leiten *vt* 1. отводить *(реку, тепло)*; 2. производить *(от чего-л.)*; **dieses Wort ist vom Griechischen abgeleitet** это слово греческого происхождения; 3. совращать; **jmdn. von der rechten Bahn ~** совращать кого-л. с пути истинного

Ableiter *m* -s, - 1. отвод; 2. громоотвод

Ableitung *f* -, -en 1. отвод *(реки)*; 2. *мат.* производное; 3. *грам.* производное слово; 4. совращение

Ablenkung *f* -, -en 1. отклонение; отвлечение; 2. развлечение

Ablenkungs||winkel *m* -s, - *воен.* угол отклонения

Ablieferung *f* -, -en 1. сдача; вручение; 2. *ком.* отпуск; поставка; доставка *(товара)*

Ablieferungs||schein *m* -(e)s, -s накладная

Ablieferungs||soll *n* -/-s, -/-s норма поставок

Ablösung *f* -, -en 1. отделение, отслаивание; отвязывание; 2. смена *(караула и т. п.)* 3. уплата, выкуп

Abmachung *f* -, -en сделка, соглашение, уговор; **eine ~ treffen*** заключить сделку [соглашение]; уговариваться

ab|magern *vi* (s) отощать, исхудать

Abmagerung *f* -, -en исхудание, истощение

Abmähung *f* - косьба

Abmarsch *m* -(e)s, -märsche выступление, уход *(войск)*; **~ antreten*** выступить в поход; **zum ~ blasen*** дать сигнал к выступлению

ab|melden I *vt* сообщать об отъезде [уходе], выписать кого-л. *(из домовой книги)*; II **~, sich** открепляться *(от организации и т. п.)*

Abmeldung *f* -, -en снятие с учёта, отметка о выезде

Abmessung *f* -, -en размер; измерение

ab|montieren *vt тех.* разбирать, демонтировать *(машину)*

ab|mühen I *vt* утомлять; II **~, sich** (*mit* D) 1. трудиться, хлопотать *(над чем-л.)*; 2. биться, мучиться *(с кем-л.)*

Abnahme *f* -, -n 1. отнятие, снятие; ампутация; 2. приёмка; **~ einer Maschine** приёмка машины; 3. *ком.* покупка, принятие; 4. убыль, уменьшение; **~ im Gewicht** потеря в весе; 5. принятие; **~ eines Eides** принятие присяги

Abnahme||kommission *f* -, -e приёмная комиссия

ab|nehmbar *a* 1. съёмный; 2. уменьшающийся

Abnehmer *m* -s, -; **~in**, *f* -, -nen 1. покупатель, -ница; 2. приёмщик, -щица

Abnehmer||kreis *m* -es, -e; **Abnehmerschaft** *f* -, -en *ком.* клиентура, круг покупателей

Abneigung *f* -, -en нерасположение, антипатия *(gegen A к чему-л.)*

abnorm *a* 1. не соответствующий норме [правилам]; 2. ненормальный, болезненный; 3. выше нормы, необычный, огромный

ab|nutzen, ab|nützen I *vt* изнашивать *(одежду)*; притуплять; **ein Messer ~** притупить нож; II **~, sich** изнашиваться; притупляться

Abnutzung *f* -, -en износ, изнашивание; истощение; притупление

A-Bombe *f* -, -n атомная бомба

Abonnement [-'mä:] <*fr.*> *n* -s, -s абонемент, подписка

abonnieren <*fr.*> *vt* подписываться *(на газету, журнал)*; **auf eine Zeitung abonniert sein** состоять подписчиком газеты

Abordáge [-ʒə] <*fr.*> *f* -, -n абордаж

Abordnung *f* -, -en 1. депутация; 2. откомандирование

Abort *m* -(e)s, -e уборная, туалет, отхожее место

ab|plagen I *vt* (из)мучить, (ис)терзать; II ~, **sich** *(mit* D) мучиться *(с чем-л.);* биться *(над чем-л.)*
Abprall *m* -(e)s, - отскок; рикошет
ab|raten* *vt (jmdm.)* отсоветовать *(что-л. кому-л.);* отговорить *(кого-л.)*
ab|rechnen I *vt* 1. отчислять, вычитать; удерживать *(деньги);* 2. сосчитать, высчитать; II *vi* производить расчёт, рассчитываться; **mit jmdm.** ~ *разг.* свести счёты с кем-л.
Abrechnung *f* -, -en 1. отчисление; 2. расчёт; ◇ **mit jmdm.** ~ **halten*** сводить счёты с кем-л.; **der Tag der** ~ **wird kommen** день расплаты настанет
Abrechnungs‖bogen *m* -s, -/-bögen расчётный листок; ведомость
Abrechnungs‖kurs *m*, -es -е *эк.* курс (сделок) в иностранной валюте
abrechnungspflichtig *a* подотчётный
Abrechnungs‖verkehr *m* -(e)s *фин.* безналичный расчёт
Abrede *f* -, -n соглашение, уговор: **der** ~ **gemäß** согласно уговору; ◇ **etw. in** ~ **stellen** оспаривать что-л.
ab|reiben* I *vt* 1. стирать *(пятно),* вытирать *(мебель);* 2. *тех.* затирать, притирать; 3. *мед.* обтирать, растирать *(тело);* II ~, **sich** обтираться
Abreibung *f* -, -en 1. стирание, вытирание; 2. обтирание
Abreise *f* -, -n отъезд
ab|reisen *vi* (s) уезжать, отправляться в путь
Abreiß‖kalender *m* -s, - отрывной календарь
Abriß *m* -sses, -sse 1. чертёж, план; контур; 2. очерк
ab|rosten *vt* (s) ржаветь, подвергаться коррозии
Abrosten *n* -s коррозия, ржавление
ab|rösten *vt* обжигать; обжаривать *(о продуктах питания)*
Abrösten *n* -s обжиг
Abruf *m* -(e)s, -e 1. отозвание; 2. *воен.* перекличка; 3. (вос)требование; 4. *фин.* изъятие из обращения *(денежных знаков)*
ab|rufen* *vt* 1. отзывать *(посла);* 2. *воен.* начать перекличку; 3. объявлять *(остановки)*
abrúpt <*lat.*> I *a* 1. несвязный, отрывочный; 2. внезапный; II *adv* внезапно; **etw.** ~ **unterbrechen*** внезапно прервать что-л.
ab|rüsten I *vi* разоружаться *(о государстве);* II *vt* 1. разоружать *(армию);* 2. демонтировать, разбирать

Abrüstung *f* -, -en разоружение
Abrutsch *m* -es, -e оползень
Absage *f* -, -n 1. отказ *(jmdm. кому-л.);* 2. отмена
ab|sägen *vt* 1. отпиливать; 2. *разг.* снять с должности, уволить
Absatz *m* -es, -sätze 1. абзац, красная строка; 2. уступ; площадка *(лестничная);* 3. каблук; 4. остановка, пауза; **in Absätzen** с перерывами; 5. осадок; 6. сбыт *(товара)*
Absatz‖markt *m* -(e)s, -märkte рынок сбыта
Absatz‖preis *m* -es, -e продажная цена
Absatz‖vermittlung *f* -, -en посредничество в сбыте товаров
ab|schaffen *vt* 1. отменять; устранять, упразднять; **Gesetze** ~ отменять законы; 2. выводить из потребления; *воен.* снимать с вооружения
Abschaffung *f* -, -en ликвидация, устранение; отмена
ab|schalten *vt* 1. *эл.* выключать *(ток);* 2. прерывать *(телефонную связь)*
Abschaltung *f* -, -en 1. *эл.* выключение *(тока);* 2. отключение, нарушение *(телефонной связи)*
ab|schätzen *vt* оценивать, расценивать, определять; **die Entfernung** ~ определять расстояние *(на глаз)*
abschätzig *a* пренебрежительный; **ein ~es Urteil** отрицательный отзыв
Abschätzung *f* -, -en оценка, расценка
Abschaum *m* -(e)s накипь; ~ **der Menschheit** отбросы общества
Abscheider *m* -s, - *тех.* отстойник; сепаратор; ловушка
Abscheu *m* -(e)s, *f* - отвращение; ~ **einflößen** внушать отвращение
abscheulich I *a* отвратительный, гнусный; II *adv* отвратительно, гнусно
ab|schicken *vt* отсылать, отправлять
Abschied *m* -(e)s, -e прощание, расставание, разлука; отставка, увольнение; ◇ ~ **nehmen*** *(von* D) прощаться; ~ **geben*** увольнять
Abschieds‖gesuch *m* -es, -e прошение [заявление] об отставке
Abschlag *m* -(e)s, -schläge 1. уступка; скидка *(цены);* **auf** ~ в рассрочку; 2. срубленный лес; хворост; 3. *спорт.* удар от ворот
abschlägig: eine ~e Antwort отказ
Abschlag(s)‖zahlung *f* -, -en уплата частями [в рассрочку]
Abschluß *m* -sses, -schlüsse 1. окончание, завершение; **zum** ~ **bringen*** закончить, завершить; 2. заключение, подписа-

ние; ~ des Vertrages заключение договора; 3. *тех.* затвор
Abschluß||prüfung *f* -, -en выпускной экзамен
Abschnitt *m* -(e)s, -e 1. раздел, глава; 2. отрезок *(времени);* 3. участок *(местности);* 4. корешок, (контрольный) талон; 5. *мат.* сегмент
abschnittsweise *adv* частями; по разделам
Abschnitzel *m* -s, - лоскут, отрезок
abschreckend *a* отпугивающий; **ein ~es Beispiel** устрашающий пример
Abschreckung *f* -, -en устрашение, запугивание; **zur [als] ~ dienen** служить для устрашения
Abschreiber *m* -s, - 1. переписчик; 2. плагиатор
Abschrift *f* -, -en копия *(документа);* **eine ~ von etw. (D) anfertigen [besorgen]** снять копию с чего-л.
Abschürfung *f* -, -en ссадина
Abschuß I *m* -sses, -schüsse 1. выстрел; 2. *воен.* сбивание выстрелом; 3. запуск *(ракеты)*
Abschuß II *m* -sses, -schüsse обрыв
Abschüssigkeit *f* -, крутизна, покатость
ab|schütteln *vt* 1. стряхивать, отряхивать; 2. сбрасывать; **das Joch ~** свергать иго; **jmdn. (von sich D) ~** отделаться от кого-л.
Abschwächung *f* -, -en ослабление, смягчение
Abschweifung *f* -, -en уклонение; отступление *(от темы, прямого пути и т. п.)*
absehbar *a* обозримый; **in ~er Zeit** в недалёком будущем
abseits *adv* в стороне; в сторону
ab|senden* отсылать, отправлять
Absender *m* -s, -; **~in**, *f* -, -nen отправитель, -ница
absetzbar *a* 1. сменяемый *(о должностном лице);* 2. ходкий *(о товаре);* 3. *тех.* съёмный
absetzen *vt* 1. снимать *(шляпу);* 2. ставить на землю *(что-либо);* 3. высаживать, ссаживать; 4. снимать (с повестки дня)
Absetz||geleise *n* -s, - ж.-д. тупик
Absetzung *f* -, -en 1. отстранение от должности; 2. *воен.* отход *(на новую позицию)*
Absicht *f* -, -en намерение, умысел; **mit ~** намеренно; **in der ~... с целью...;** **auf jmdn., etw. ~en haben** иметь виды на кого-л., на что-л.
absichtlich I *a* (пред)намеренный; II *adv* нарочно

ab|sinken* *vi* (s) спадать, опускаться, снижаться
Absinken *n* -s спад, снижение
absolút <*lat.*> I *a* абсолютный, полный; безусловный; II *adv* абсолютно, безусловно
Absolution <*lat.*> *f* -, -en *рел.* отпущение грехов; **jmdm. ~ erteilen** прощать кому-л. вину
Absolutísmus <*lat.-fr.*> *m* - самодержавие, абсолютизм
absolutístisch <*lat.-fr.*> *a* абсолютистский, самодержавный
Absolvént [-'vɛnt] <*lat.-fr.*> *m* -en, -en выпускник, оканчивающий курс *(учебного заведения)*
absolvíeren <*lat.-fr.*> *vt* 1. кончать, оканчивать; **die Hochschule ~** оканчивать вуз; 2. *рел.* отпускать *(грехи)*
absonderlich *a* особенный, странный
Absonderlichkeit *f* -, -en особенность, странность
Absonderung *f* -, -en 1. отделение *(процесс),* обособление; разобщение; 2. выделение, секреция
Absonderungs||drüse *f* -, -n *физиол.* секреторная железа
Absorbtión <*lat.*> *f* -, -en *хим.* абсорбция, поглощение
ab|spalten I *vt* отщеплять, откалывать; отделять; II *vi* (s) *и* III **~, sich** откалываться, отщепляться; отделяться
Abspaltung *f* -, -en отщепление; отделение; открывание
Abspannung *f* -, -en 1. отпряжка; 2. расслабление; усталость; 3. *эл.* снижение напряжения
ab|speisen I *vt* (mit D) откормить *(кого-л.; чем-л.);* **jmdn. mit leeren Worten ~** отделываться от кого-л. пустыми фразами; II *vi* кончать еду
abspenstig *a:* **jmdn. ~ machen** переманивать, отбивать кого-л. *(напр. жениха);* **jmdm. etw. ~ machen** выманивать у кого-л. что-л.
ab|sperren I *vt* 1. запирать *(комнату);* закрывать *(водопровод);* 2. отгораживать; **eine Straße ~** оцеплять улицу; **den Weg ~** преградить путь; II **~, sich** уединиться
Absperrung *f* -, -en ограждение, оцепление
Abspiegelung *f* -, -en отражение; отображение
ab|spielen I *vt* 1. *(jmdm.)* отыгрывать, выигрывать *(что-л. у кого-л.);* 2. играть *(по нотам);* 3. проигрывать *(пластинку);* 4. *спорт.* отыгрывать *(мяч);* II **~,**

sich происходить, разыгрываться *(о событиях)*; **wo spielte es sich ab?** где это было [происходило]?
Absprechung *f* -, -en отрицание, отказ, оспаривание
Absprung *m* -(e)s, -sprünge **1.** соскакивание, отскок; **2.** *спорт.* толчок; прыжок; **der ~ mit dem Fallschirm** прыжок с парашютом
ab|stammen *vi* (s) происходить, быть родом; **dieses Wort stammt vom Griechischen ab** это слово греческого происхождения
Abstammung *f* -, -en **1.** происхождение; **2.** *биол.* эволюция
Abstammungs‖lehre *f* -, -n учение о происхождении видов
Abstand *m* -(e)s, -stände расстояние, дистанция; **~ halten*** *воен.* держать дистанцию; ◇ **von etw. (D) ~ nehmen*** отказываться от чего-л.
Abstands‖geld *n* -(e)s, -er отступной, отступные *(деньги)*
Abstecher *m* -s, - **1.** кратковременная поездка; вылазка; **einen ~ machen** заглянуть [заехать] к кому-л., куда-л. ненадолго; **2.** отступление *(от темы)*, экскурс
abstehend *a* отстоящий, отдалённый, **~e Ohren** оттопыренные уши
ab|steigen* *vi* (s) **1.** слезать *(с коня, велосипеда)*; сходить, выходить *(из машины и т. п.)*; **2.** спускаться *(с горы)*; **3.** переходить в более низкий класс *(в спорте)*; **4.** останавливаться *(на отдых, ночлег)*; **bei Verwandten ~** останавливаться у родственников; **in einem Hotel ~** остановиться в гостинице
absteigend *a* нисходящий; ◇ **auf dem ~en Ast sein** *разг.* стареть, слабеть
Abstellung *f* -, -en **1.** отмена; **2.** устранение, пресечение *(злоупотреблений)*; **3.** стоянка велосипедов *(при учреждении)*
Abstentión *<lat.> f* -, -en **1.** воздержание; **2.** *юр.* отказ *(от наследства)*
Abstieg *m* -(e)s, -e **1.** спуск; снижение, падение; **2.** спуск, лестница [ход] вниз; **3.** *перен.* падение, снижение
Abstimmung *f* -, -en **1.** голосование; **2.** настройка *(музыкального инструмента)*
abstinént *<lat.> a* воздержанный
Abstinént *<lat.> m* -en, -en трезвенник
Abstinénz *<lat.> f* - воздержание
Abstinenzler *<lat.> m* -s, - трезвенник *(ирон.)*
Abstoß *m* -es, Abstöße *спорт.* толчок, отталкивание

abstoßend *a* отталкивающий, отвратительный
abstrákt *<lat.> a* абстрактный
Abstraktion *<lat.> f* -, -en абстракция
Abstraktions‖vermögen *n* -s способность к абстрактному мышлению
Abstráktum *<lat.> n* -s, -ta **1.** отвлечённое понятие; **2.** отвлечённое существительное
Abstreicher *m* -s, - половик; решётка *(для вытирания ног)*
Abstrich *m* -(e)s, -e **1.** вычет *(денег)*; урезывание *(бюджета)*; **2.** *мед.* мазок; **einen ~ nehmen*** взять мазок
Abstufung *f* -, -en **1.** ступень, градация; **in ~en** уступами; **2.** *воен.* эшелон; **3.** *спорт.* установление классификации; **4.** оттенок; **Farben in allen ~en** цвета всех оттенков
ab|stumpfen I *vt* притуплять *(иглу)*; срезать *(угол)*; II *vi* (s) *и* III **~, sich** притупляться
Absturz *m* -es, -stürze **1.** падение, низвержение; **2.** *воен.* падение *(самолёта)*; **zum ~ bringen*** сбить *(самолёт)*; **3.** обрыв, обвал; **4.** перепад *(воды)*
ab|stürzen I *vt* извергать, свергать; II *vi* (s) падать, извергаться; **der Flieger ist abgestürzt** лётчик разбился
ab|suchen *vt* **1.** обыскивать; **das Gelände ~** осмотреть местность; **2.** *с.-х.* обирать; **einen Strauch nach Raupen ~** обирать гусениц с куста; **3.: auf (A) ~** осматривать *(с целью выявления чего-л.)*
Absud *m* -(e)s, -e **1.** отвар; **2.** *хим.* вытяжка
absúrd *<lat.> a* бессмысленный, нелепый, абсурдный
Absurdität *<lat.> f* -, -en абсурдность, бессмыслица, нелепость
Abszéß *<lat.> m* -sses, -sse *мед.* нарыв, абсцесс, чирей
Abszisse *<lat.> f* -, -n *мат.* абсцисса
Abt *m* -es, Äbte аббат
Abtéi *f* -, -en аббатство
Abteil *n* -(e)s, -e **1.** купе *(в вагоне)*; **2.** отделение, выгородка; бокс
Abteilung I *f* -, -en деление, выделение, разделение *(действие)*
Abteilung II *f* -, -en **1.** отделение, отдел *(учреждения)*, цех; **2.** *воен.* отряд, часть, подразделение; батальон *(специальных технических войск)*; дивизион *(артиллерийский)*
Abtéilungs‖führer *m* -s, - *воен.* командир дивизиона [батальона, отряда]
Abtéilungs‖leiter *m* -s, - начальник отдела

Äbtissin f -, -nen аббатиса; настоятельница католического монастыря.
Abtragung f -, -en 1. разборка, слом; удаление; 2. геол. эрозия
Abtransport m -(e)s, -e отгрузка, отправка; эвакуация
Abtreibung f -, -en мед. аборт
ab|trennen* vt 1. отделять; 2. отпарывать
Abtrennung f -, -en 1. отделение; 2. отпарывание
ab|treten* I vt 1. изнашивать, стаптывать; 2. утаптывать; **abgetretener Schnee** утоптанный снег; 3.: **sich** (D) **die Füße ~** вытирать ноги; 4. уступать (место, территорию и т. п.); II vi (s) удаляться, уходить; **von der Bühne ~** сходить со сцены (тж. перен.); **von seinem Amt ~** уйти со службы
Abtreter m -s, - половик, коврик, решётка (для вытирания ног)
Abtretung f -, -en 1. уступка, передача; 2. театр. уход со сцены
Abtritt m -(e)s, -e уход; отставка
abtrünnig a вероломный, изменнический; **jmdm. ~ werden** изменить кому-л.
Abtrünnige subst m, f -n, -n ренегат, -тка, отщепенец, -нка
ab|tun* vt 1. снимать, складывать (пальто и т. п); 2. убирать; **die Frucht vom Felde ~** убирать урожай с поля; 3. устранять (что-л.), покончить (с чем-л.); **eine Gewohnheit ~** бросить какую-л. привычку; **etw. als Scherz ~** рассматривать что-л. как шутку; **die Sache still ~** замять дело; 4. убивать, резать, колоть (скот)
ab|wägen* vt 1. взвешивать, отвешивать; **seine Worte ~** взвешивать свои слова; 2. тех. нивелировать, выравнивать по ватерпасу
ab|wälzen vt 1. откатывать, перекатывать (бочки); 2. сваливать (тж. перен.); **die Schuld von sich auf andere ~** сваливать свою вину на других; **die Verantwortung von sich ~** снимать с себя ответственность
Abwälzung f -, -en 1. скатывание, перекатывание; 2. переложение, сваливание; (тж. перен.); 3. тех. обкатка, обкатывание
ab|wandern vi (s) переселиться, перекочевать, переходить
Abwand(e)rung f -, -en переселение; эмиграция; **~ von Intellektuéllen** "утечка умов"
ab|warten I vt 1. ждать (ответа); поджидать (кого-л.); выжидать (случай); **warten wir ab!** подождём!; 2. пережидать (дождь); ◇ **~ und Tee trinken!** погов. ≡ поживём - увидим!; разг. терпение!
ab|warten II vt ухаживать (за больным, детьми и т.п.)
abwartend a выжидательный
abwärts adv вниз; **den Fluß ~** вниз по течению
Abwartung f -, -en уход (за кем-л.)
ab|waschen* vt смывать, омывать (грязь); мыть (посуду); **einen Flecken von seiner Ehre ~** смыть пятно со своей репутации
Abwasser n -s, -wässer тех. отработанная вода
ab|wechseln I vt 1. менять; 2. разнообразить; II vi (s) (с)меняться, чередоваться (друг с другом); III ~, **sich** (mit D) меняться, чередоваться (с кем-л.)
abwechselnd I a переменный; II adv по очереди, попеременно
Abwechs(e)lung f -, -en перемена, чередование; разнообразие; **zur ~, der ~ wegen** для разнообразия; **sich nach ~ sehnen** жаждать новых впечатлений [развлечений]
abwechslungsreich a разнообразный
Abweg m -(e)s, -e ложный [неправильный, окольный] путь; поворот (дороги); **auf ~e geraten*** сбиться с пути
Abwehr I f - 1. оборона; отражение, отпор; 2. спорт. защита
Abwehr II f - абвер (орган военной разведки и контрразведки Германии в 1919-1944)
Abwehr||bereitschaft f -, -en воен. 1. готовность к обороне; 2. дежурная часть
ab|wehren vt 1. отражать, отбивать; **einen Angriff ~** отражать нападение; 2. предотвращать; **ein Unglück ~** предотвращать несчастье; 3. отклонять, отвергать; **einen Einwand ~** отвергать возражение
Abwehr||kampf m -(e)s, -kämpfe воен. оборонительный бой
Abwehr||maßnahme f -, -n мера борьбы (против чего-л., с чем-л.)
ab|weichen I vt отмачивать; II vi (s) отмокать
ab|weichen* II vi (s) (von D) отклоняться, уклоняться (от чего-л.); перен. отступать; **vom Gesetz ~** отступать от закона; **vom Thema ~** уклоняться от темы; **in den Meinungen voneinander ~** расходиться во мнениях
Abweichung f -, -en 1. отклонение, уклонение; 2. полит. уклон; отступление
ab|weisen* vt 1. отклонять; **die Klage ~** отказывать в иске; 2. отсылать, выпро-

важивать; 3. *воен.* отражать, отбивать *(атаку)*
Abweisung *f* -, -en 1. отказ; 2. *юр.* отклонение 3. *воен.* отражение *(атаки)*
Abwendbarkeit *f* - возможность предотвращения
ab|wenden* I *vt* 1. отворачивать; **die Augen ~** отводить глаза; 2. предотвращать *(войну, опасность)*; 3. отвлекать; **von der Arbeit ~** отвлекать от работы; II **~, sich** отворачиваться; **sich von jmdm. ~** отвернуться от кого-л.
ab|werten *vt* 1. *эк.* провести девальвацию, снизить курс валюты; 2. *перен.* снижать ценность *(чего-л.)*; умалять значение *(чего-л.)*
Abwertung *f* -, -en *эк.* девальвация
abwesend *a* отсутствующий; **~ sein** отсутствовать
Abwesende *subst m, f* -n, -n отсутствующий, -щая
Abwesenheit *f* - 1. отсутствие; **in ~** в отсутствие, заочно; 2. рассеянность
ab|wickeln I *vt* 1. разматывать; 2. оканчивать, ликвидировать *(дело, производство)*; II **~, sich** развиваться *(о событиях)*
Abwick(e)lung *f* -, -en 1. размотка, разматывание; 2. ход, развитие *(событий)*; 3. окончание, ликвидация *(дела)*
ab|wischen *vt* стирать, вытирать
Abwurf *m* -(e)s, -würfe 1. сбрасывание, метание; 2. *тех.* отбросы; 3. *мед.* выкидыш; 4. *спорт.* бросок, выброс
ab|zahlen *vt* выплачивать *(в рассрочку)*
ab|zählen *vt* отсчитывать, высчитывать, вычислять; **abzählen!** *воен.* по порядку номеров рассчитайсь!
Abzähl||reim *m* -(e)s, -e считалочка *(в детской игре)*
Abzahlung *f* -, -en платёж, уплата; **auf ~** в рассрочку
Abzählung *f* -, -en счёт, отсчитывание, исчисление
Abzäunung *f* -, -en изгородь, ограда
Abzeichen *n* -s, - знак, значок; *воен.* знак различия
ab|zeichnen I *vt* срисовывать, счерчивать; отмечать *(значками)*; II **~, sich** выделяться, вырисовываться
Abzieh||bild *n* -(e)s, -bilder переводная картинка
ab|ziehen* I *vt* 1. стягивать, оттягивать, снимать *(платье)*; стаскивать *(сапоги)*; **das Bett ~** снимать бельё с постели; 2. сдирать; **das Fell ~** сдирать шкуру *(с животного)*; 3. спускать *(курок)*; 4. вычитать; **eine Zahl ~** вычесть число; 5. *полигр.* сделать оттиск; 6.: **ein Rasiermesser ~** править бритву; 7. сливать, сцеживать, разливать по бутылкам; 8. отвлекать; **die Aufmerksamkeit von etw. (D) ~** отвлекать внимание от чего-л.; 9. отводить, выводить; **die Truppen ~** выводить, отводить войска; II *vi* (s) удаляться, уходить, отходить; **der Feind zog ab** противник отступил; ◊ **unverrichteter Dinge ~** уйти не солоно хлебавши
Abzieh||papier *n* -s, -e переводная бумага
Abzieh||zahl *f* -, -en *мат.* вычитаемое
Abzug *m* -(e)s, -züge 1. отъезд; отход, отступление, вывод *(войск)*; 2. сток *(воды)*; 3. спуск *(курка)*; 4. скидка, вычет; **nach ~** за вычетом; 5. *полигр.* оттиск; копия *(фото)*; 6. отдушина
Abzug||bügel *m* -s, - *тех.* скоба
Abzug||hahn *m* -(e)s, -hähne 1. *тех.* выпускной кран; 2. спусковой крючок *(винтовки и т. п.)*
abzüglich *prp* (G) за вычетом
Abzug||schach *m* -s, -e *шахм.* открытый шах
Abzweig *m* -(e)s, -e ветвь, ответвление
ab|zweigen I *vt* 1. разветвлять, отводить; 2. выделять *(что-л. для кого-л.)*; **für den Aufbau werden große Summen abgezweigt** на восстановительные работы выделяются большие суммы; II *vi u* III **~, sich** разветвляться
Abzweigung *f* -, -en 1. ответвление; 2. отделение *(фирмы)*; 3. железнодорожная ветвь
Accra (*n*) -s Аккра *(столица Ганы)*
ach! *int* ах!, увы!
Achim Ахим *(краткая форма мужского имени Joachim)*
Achse *f* -, -n ось; вал; стержень; **gekröpfte ~** коленчатый вал; **sich um seine ~ drehen** вращаться вокруг своей оси; **auf der ~ sein** *разг.* находиться в пути
Achse Berlin-Rom *f* - "ось Берлин – Рим" *(агрессивный воен.-полит. союз фаш. Германии и Италии; соглашение о создании подписано 25.10.1936 в Берлине)*
Achse Berlin-Rom-Tokio *f* - "треугольник Берлин – Рим – Токио" *(договор о военном союзе между фаш. Германией, Италией и милитаристской Японией от 27.09.1940; предусматривал раздел мира между ними)*
Achsel *f* -, -n плечо; **die ~n [mit den ~n] zucken** пожимать плечами; ◊ **jmdn. über die ~ ansehen*** смотреть свысока на кого-л.; **auf die leichte ~ nehmen*** не принимать всерьёз

Achsel‖grube, ~höhle f -, -n анат. подмышка
Achsel‖klappe f -, -n погон (суконный, солдатский)
Achsel‖stück n -(e)s, -e погон
Achsel‖zucken n -s пожимание плечами
Achsen‖mächte pl "державы оси" (назв. фаш. Германии и фаш. Италии, а также их союзников в период 1936–1943)
acht num восемь; **in ~ Tagen** через неделю; **vor ~ Tagen** неделю тому назад; **wir [unser] sind ~** нас восемь человек; **ein und ~ ist [macht] neun** один плюс восемь равняется девяти
Acht I f -,-en число восемь; восьмёрка
Acht II f - внимание; осторожность; ◇ **sich in ~ nehmen*** остерегаться; **außer lassen*** упустить из виду
Acht III f - ист. опала, изгнание; объявление вне закона; ◇ **in ~ und Bann tun*** объявить вне закона
achtbar a почтенный, достойный уважения
achte num восьмой; **das ~ mal** восьмой раз; **heute ist der ~ September** сегодня восьмое сентября
Acht‖eck n -(e)s, -e восьмиугольник
achteckig a восьмиугольный
Achtel n -s, - восьмая (часть), осьмушка
achten I vt **1.** почитать, уважать (кого-л.); **2.** принимать, считать; **für gut ~** считать за благо; **II** vi (auf A) обращать внимание (на кого-л., что-л.); считаться (с чем-л.)
achtens adv в-восьмых
Achter‖deck n -(e)s, -e/-s кормовая палуба
achtern a мор. на корме, за кормой
achtfach I a восьмикратный; **II** adv в восьмой раз
acht|geben* vi (auf A) обращать внимание (на что-л.); присматривать, наблюдать (за кем-л.); **gib acht!** осторожно!
Achtgroschen‖junge m -n, -n шпик, агент охранки
achthundert num восемьсот
achtjährig a восьмилетний
achtlos I a невнимательный, неосторожный; небрежный; **II** adv не обращая внимания; **an etw. (D) ~ vorbeigehen*** оставить что-л. без внимания
Achtlosigkeit f - невнимательность, неосторожность; небрежность
achtmal adv восемь раз, восьмикратно, восемью
achtsam a внимательный, осмотрительный; бдительный

Achtsamkeit f - внимательность, бдительность, осмотрительность
achttägig a восьмидневный
Achtung f - **1.** внимание; **~!** внимание!, осторожно!; воен. слушай (команду)! **2.** почтение, уважение (vor D к кому-л., к чему-л.); **vor jmdm., etw. ~ haben** относиться к кому-л., к чему-л. с уважением
Ächtung f -, -en объявление вне закона; **~ der Atomwaffen** запрещение атомного оружия
achtunggebietend a внушающий уважение
Achtungs‖bezeigung f -, -en выражение уважения
achtungsvoll I a почтительный; **II** adv с глубоким уважением (в письмах)
achtungswürdig a достойный уважения
achtwink(e)lig a восьмиугольный
achtzehn num восемнадцать
achtzig num восемьдесят
Achtziger m -s; - восьмидесятилетний; мужчина в возрасте 80–90 лет
achtzigjährig a (о возрасте) восьмидесяти лет
ächzen vi охать, стонать, кряхтеть
Acker m -s, Äcker поле, пашня; ◇ **das ist nicht auf eigenem ~ gewachsen** это сделано чужими руками
Acker‖bau m -(e)s земледелие; **~ treiben*** заниматься земледелием
Acker‖bauer m -n/-s, -n земледелец, хлебопашец
Acker‖boden m -s, -böden пашня, пахотная земля
Acker‖krume f -, -n пахотный слой почвы
Acker‖land n -(e)s, -länder(eien) пашня, пахотная земля
Ackerung f -, -en пахота, обработка земли
a conto ‹it.› фин. в счёт, авансом
Ada Ада (жен. имя)
Adalbert Адальберт (муж. имя)
Adalbérta Адальберта (жен. имя)
Adalbrecht Адальбрехт (муж. имя)
Adalfried Адальфрид (муж. имя)
Adalhard Адальхард (муж. имя)
Adalhelm Адальхельм (муж. имя)
Adalrich Адальрих (муж. имя)
Adalward Адальвард (муж. имя)
Adalwin Адальвин (муж. имя)
Adam (m) -s Адам (муж. имя); ◇ **den alten ~ ausziehen*** бросить дурные привычки; исправиться
Adam Opel AG f - "Адам Опель АГ" (автомобильный концерн в ФРГ)

Adams‖apfel *m* -s, -äpfel кадык, адамово яблоко
Adaption <*lat.*> *f* -, -en приспособление, адаптация
adäquát <*lat.*> *a* соответствующий, адекватный
addíeren <*lat.*> *vt* мат. складывать, прибавлять
Áddis Ábeba (*n*) -s Аддис-Абеба (*столица Эфиопии*)
Additíon <*lat.*> *f* -, -en мат. сложение
adé! <*lat.-fr.*> прощай!; **jmdm. ~ sagen** проститься с кем-л.
Adel *m* -s дворянство, аристократия
Adelaíde Аделаида (*жен. имя*)
Adelbérga Адельбéрга (*жен. имя*)
Adelbert Адельберт (*муж. имя*)
Adelbérta Адельбéрта (*жен. имя*)
Adelburga Адельбурга (*жен. имя*)
Adéle Адéле (*жен. имя*)
Adelgard Адельгард (*муж. имя*)
Adelgund Адельгунд (*жен. имя*)
Adelheid Адельхайд (*жен. имя*)
Adelhílde Адельхильда (*жен. имя*)
adelig см. **adlig**
Adelinde Аделинда (*жен. имя*)
Adelríke Адельрика (*жен. имя*)
Adeltraud Адельтрауд (*жен. имя*)
Adeltrud Адельтруд (*жен. имя*)
Adépt <*lat.*> *m* -en, -en 1. знаток; посвящённый (*во что-л.*); 2. адепт, приверженец (*какого-л. учения*)
Ader *f* -, -n 1. кровеносный сосуд; вена; артерия; 2. горн. жила
Ader‖laß *m* -sses, -lässe кровопускание
Ader‖schlag *m* -(e)s -schläge пульсация
"adidas" "адидас" (*товарный знак фирмы в ФРГ, выпускающей спортивную одежду и обувь <сокр. от имени основателя фирмы: **Adi Das**ler>*)
adieú! [aˈdjøː] <*fr.*> прощай(те)!
Adjektiv <*lat.*> *n* -s, -e грам. имя прилагательное
adjektívisch <*lat.*> *a* грам. в значении прилагательного
Adler *m* -s, - орёл
Adler‖horst *m* -(e)s -e орлиное гнездо
Adler‖weibchen *n* -s, - орлица
Adler-Werke *pl* "Адлер-верке" (*завод пишущих машинок в ФРГ*)
adlig *a* 1. дворянский; знатный; 2. благородный
Adlige *subst m, f* -n, -n дворянин, -нка
Administratión <*lat.*> *f* -, -en администрация
administratív <*lat.*> I *a* административный; II *adv* в административном порядке

Admirál <*arab.-fr.*> *m* -s, -e 1. адмирал; 2. флагман
Adolf <*arab.-fr.*> Адольф (*муж. имя*)
Adolfíne Адольфина (*жен. имя*)
Adoptíerung <*lat.*> *f* -, -en; **Adoptión** *f* -, -en усыновление
Adoptív‖eltern *pl* приёмные родители
Adoptív‖kind *n* -(e)s -er приёмыш
Adressánt <*lat.-fr.*> *m* -en, -en; **~in** *f* -, -nen отправитель, -ница (*письма*)
Adressát <*lat.-fr.*> *m* -en, -en; **~in** *f* -, -en адресат, получатель, -ница (*письма*)
Adrésse <*lat.-fr.*> *f* -, -n адрес; **an die ~** в адрес, по адресу; **sich an die richtige ~ wenden** обратиться по адресу
adrétt <*lat.*> *a* 1. ловкий, проворный; 2. миловидный, аккуратный, нарядный
Adrian Адриан (*муж. имя*)
Adriána Адриана (*жен. имя*)
Adriátisches Meer (*n*) -es Адриатическое море (*полузамкнутое море в бассейне Средиземного моря*)
Advént [-v-] <*lat.*> *m* -es, -e рел. адвент (*предрождественское время*)
Advérb <*lat.*> *n* -s, -i|en грам. наречие
adverbiál <*lat.*> *a* грам. употребляемый как наречие
Adverbiále [-v-] <*lat.*> *n* -s, -li|en грам. обстоятельство
Adverbiálpartizip [-v-] <*lat.*> *n* -s, -pi|en грам. деепричастие
Advokát [-v-] <*lat.*> *m* -en, -en адвокат, защитник
Aerodynámik <*lat.-gr.*> *f* - аэродинамика
aerodynámisch <*lat.-gr.*> *a* аэродинамический
Aeronáutik <*lat.-gr.*> *f* - 1. аэронавтика, воздухоплавание; 2. аэронавигация
aeronáutisch <*lat.-gr.*> *a* 1. воздухоплавательный; 2. аэронавигационный
Affäre <*fr.*> *f* -, -n афера, скандал; **sich aus der ~ ziehen*** выпутаться из беды
Affe *m* -n, -n 1. обезьяна; 2. воен. разг. ранец; ◇ **einen ~ (sitzen) haben, sich (D) einen ~n kaufen [anlegen]** разг. быть навеселе, клюнуть; **an jmdm. einen ~n gefressen haben** быть без ума от кого-л.
Affékt <*lat.*> *m* -(e)s, -e аффект; **mit viel ~ sprechen*** говорить с большим воодушевлением
Affektatión <*lat.*> *f* -, -en жеманство, вычурность, аффектация
affektíert <*lat.*> *a* 1. аффектированный; 2. жеманный (*о человеке*); вычурный (*стиль*)
Affektión <*lat.*> *f* -, -en 1. возбуждение; расположение, склонность; 3. мед. поражение

Affektivität [-v-] <*lat.*> *f* - возбудимость, раздражимость
affenartig *a* обезьяноподобный
Affen‖brotbaum *m* -(e)s, -bäume *бот.* баобаб
Affen‖theater *n* -s, - *пренебр.* балаган
Affen‖werk *n* -(e)s, -e *пренебр.* слепое подражание
Äffin *f* -, -nen обезьяна-самка
Afghане *m* -n, -n афганец
afghánisch *a* афганский
Afghánistan (*n*) -s Афганистан (*государство в Азии*)
Afra Áфра (*жен. имя*)
Afrikáner *m* -s, -; ~in *f* -, -nen африканец, -ка
afrikánisch *a* африканский
After *m* -s, - *анат.* задний проход
After‖darm *m* -(e)s, -därme *анат.* прямая кишка
After‖rede *f* -, -n злословие, клевета
Ägä̱is [ɛˈgɛːis] *f* - Эгейское море *см.* Ägä̱isches Meer
Ägä̱isches Meer *n* -es Эгейское море (*полузамкнутое море в бассейне Средиземного моря, между п-вами Балканским и Малой Азией*)
Agátha Aгáта (*жен. имя*)
Agathon Aгатон/Aгафо́н (*муж. имя*)
Agens <*lat.*> *n* -, Agénzi̱en/Agéntia **1.** движущая сила; **2.** *филос.* деятельное [активное] начало; **3.** *хим.* агент
Agént <*lat.-it.*> *m* -en, -en **1.** агент; **2.** агент, шпион, сыщик
Agentúr <*lat.*> *f* -, -en **1.** агентура; **2.** агентство; коммерческое представительство
Agfa AG *f* - "Агфа АГ" (*крупнейшая фирма в ФРГ* <*до 1964*> *по производству фото- и киноматериалов*)
Agfa-Geveart AG [-ˈxeːfaːrt-] *f* - "Агфа-Хефарт АГ" (*герм.-бельгийский концерн по производству фото- и киноматериалов*)
Aggression <*lat.*> *f* -, -en агрессия
aggressiv <*lat.*> I *a* агрессивный; II *adv* агрессивно
Aggressivität [-v-] <*lat.*> *f* - агрессивность
Ägid/Ägídius Эгид/Эгидиус/Эгидий (*муж. имя*)
agil <*lat.-fr.*> *a* подвижный, проворный, деятельный, живой
Agilbert Áгильберт (*муж. имя*)
Agilo Áгило (*муж. имя*)
Agitation <*lat.-engl.*> *f* -, -en агитация
Agitátor <*lat.-engl.*> *m* -s, -tóren агитатор
agitatórisch <*lat.-engl.*> *a* агитационный

Agnes Áгнес (*жен. имя*)
Agnosie <*gr.-lat.*> *f* - **1.** *филос.* незнание; **2.** *мед.* расстройство чувственных восприятий
Agnóstiker <*gr.-lat.*> *m* -s, - *филос.* агностик
Agrári̱er <*lat.*> *m* -s, - **1.** аграрий, землевладелец; **2.** член партии аграриев
agrárisch <*lat.*> *a* аграрный, земельный
Agreement [əˈgriːmənt] <*lat.-fr.-engl.*> *n* -s, -s *дипл.* соглашение
Agrikultúr *f* -, -en земледелие, агрикультура
Agronóm <*gr.-lat.*> *m* -en, -en агроном
Ägýpten (*n*) -s Египет (*гос-во на С.-В. Африки*)
Ägýpter *m* -s, -; ~in *f* -, -nen египтянин, -нка
ägýptisch *a* египетский
ah! *int* а!, ах!
Ahle *f* -, -n шило
Ahn *m* -(e)s/-en, -en предок, родоначальник
Ahne 1. *m* -n, -n *см.* **Ahn**; **2.** *f* -, -nen прародительница, родоначальница
ähneln *vi* (D) быть похожим (*на кого-л.*)
ahnen *vt* **1.** догадываться (*о чём-л.*), подозревать (*кого-л.*); **2.** предчувствовать (*что-л.*)
Ahn‖frau *f* -, -en родоначальница, прародительница
Ahn‖herr *m* -n, -en родоначальник, прародитель
ähnlich *a* похожий, сходный; подобный; und ~es и тому подобное; jmdm. ~ sehen* походить на кого-л.; ◇ sie sehen sich ~ wie ein Ei dem anderen они похожи как две капли воды
Ähnlichkeit *f* -, -en сходство, подобие
Ahnung *f* -, -en **1.** предчувствие, подозрение; **2.** представление, понятие; er hat keine (blasse) ~ davon он об этом и понятия не имеет; ach, keine ~! да ничего подобного!
ahnungs‖los *a* ничего не подозревающий
ahnungs‖voll *a* полный предчувствий
Ahorn *m* -(e)s, -e клён
Ähre *f* -, -n колос; ◇ in ~n schießen* колоситься
Ähren‖bund *m* -(e)s, -e сноп
Akademie <*gr.-lat.*> *f* -, -mi̱en академия
Akademíe‖mitglied *n* -s, -er академик, член академии
Akademíe‖theater *n* -s "Академи-театр" (*драм. театр Вены* <*Австрия*>)
Akadémiker <*gr.-lat.*> *m* -s, - **1.** человек с высшим образованием; **2.** студент высшего учебного заведения

akadémisch ⟨gr.-lat.⟩ a академический; учебный; научный; ~er Nachwuchs молодые научные работники; eine ~e Würde erlangen получить учёное звание

Akázi̯e ⟨gr.-lat.⟩ f -, -n акация

akklimatisieren ⟨lat.⟩ I vt акклиматизировать; II ~, sich акклиматизироваться, привыкнуть к новым условиям жизни

Akkórd ⟨lat.-fr.⟩ m -(e)s -e 1. аккорд; 2. соглашение; подряд

Akkórd‖arbeit f -, -en сдельная работа

Akkórd‖lohn m -(e)s -löhne сдельная [аккордная] заработная плата

Akkreditív n -s, -e 1. ⟨lat.-it.⟩ фин. аккредитив; 2. ⟨lat.-fr.⟩ верительная грамота

Ákku m -s -s разг. аккумулятор

Akkumulation ⟨lat.⟩ f -, -en аккумуляция, накопление; ~ des Kapitals эк. накопление капитала

Akkumulátor ⟨lat.⟩ m -s, -tóren аккумулятор

akkurát ⟨lat.⟩ a аккуратный, тщательный, точный

Akkusativ ⟨lat.⟩ m -s -e грам. винительный падеж

Akrobát ⟨gr.⟩ m -en, -en акробат

akrobátisch ⟨gr.⟩ a акробатический

Akt ⟨lat.⟩ m -(e)s -e 1. акт, действие; 2. акт, картина (пьесы); 3. акт, церемония; ein feierlicher ~ торжественная церемония

Akte ⟨lat.⟩ f -, -n 1. акт, документ; 2. pl деловые бумаги; zu den ~n néhmen* запротоколировать; zu den ~n legen приобщить [подшить] к делу

Akten‖deckel m -s, -e папка для деловых бумаг

Akten‖mappe f -, -n; ~tasche f -, -n портфель

aktenmäßig a документальный

Akten‖stück n -es, -e деловая бумага, документ

Akti̯e ⟨lat.-niederl.⟩ f -, -en акция, пай

Akti̯en‖gesellschaft f -, -en акционерное общество

"Akti̯engesellschaft für Anilinfabrikation" f - "Акциенгезельшафт фюр анилинфабрикацион" (акционерное общество в ФРГ по производству анилиновых веществ)

Akti̯en‖inhaber m -s, - акционер

Akti̯en‖markt m -(e)s -märkte фондовая биржа

Aktión ⟨lat.⟩ f -, -en 1. действие, акция; in ~ treten* начать действовать; 2. акция, кампания, открытое выступление

Aktionär ⟨lat.-fr.⟩ m -s, -e акционер

Aktións‖ausschuß n -sses -schüsse полит. комитет действия

Aktións‖bereitschaft f - готовность к действию

aktív I a 1. активный, деятельный (о человеке); действенный (о помощи); 2. воен. состоящий на действительной военной службе; кадровый; II adv активно

Áktiv ⟨lat.⟩ I n -s грам. действительный залог

Aktív ⟨lat.⟩ II n -s, -e/-s актив, группа активистов

Aktíva ⟨lat.⟩ pl Aktiven [-v-] pl фин., ком. актив, наличность; ~ und Passíva актив и пассив

Aktivität [-v-] ⟨lat.⟩ f - активность

Aktualität ⟨lat.⟩ f - актуальность; своевременность

aktuéll ⟨lat.⟩ a актуальный; своевременный

Akústik ⟨gr.-lat.⟩ f - акустика

akústisch ⟨gr.-lat.⟩ a акустический

akút ⟨lat.⟩ a 1. мед. острый (о болезни); 2. перен. острый, серьёзный, неотложный; eine ~e Frage животрепещущий вопрос

Akzeleration ⟨lat.⟩ f -, -en ускоренное развитие

Akzént ⟨lat.⟩ m -(e)s, -e акцент; ударение; ~e setzen ставить знаки ударения

akzentuíeren ⟨lat.⟩ vt 1. акцентировать, подчёркивать, выделять; 2. ставить знак ударения

akzeptábel ⟨lat.-fr.⟩ a приемлемый

akzeptíeren ⟨lat.⟩ vt принимать (к сведению); признавать

Akzíse f -, -n акциз

Alárm m -(e)s, -e тревога; ◊ blinder ~ ложная тревога; ~ blasen* [schlagen*] бить тревогу

Alarm‖anlage f -, -n сигнализация, сигнальная установка

Alarm‖bereitschaft f -, -en полная боевая готовность; готовность по тревоге

alarmíeren ⟨lat.-it.⟩ vt поднять по тревоге; die Feuerwehr ~ вызвать пожарную команду

alarmíerend ⟨lat.-it.⟩ a тревожный, тревожащий; ~e Unwissenheit вопиющее невежество

Aláska (n) -s Аляска (штат США на С.-З. Сев. Америки)

Albán̯er m -s, - албанец; ~in f -, -nen албанка

Albáni̯en (n) -s Албания (гос-во в зап. части Балканского п-ва, на побережье Адриатического моря)

albánisch a албанский

albern I *a* **1.** нелепый, глупый; ~es Zeug вздор; **2.** простоватый
albern II *vi* дурачиться
Albernheit *f* -, -en **1.** нелепость; **2.** дурачество
Albert Альберт *(муж. имя)*
Albérta Альбе́рта *(жен. имя)*
Albertína *f* Альберти́на *(собрание произведений графики в Вене <Австрия>)*
Albertíne Альберти́на *(жен. имя)*
Albertínum *n* -s Альберти́нум *(бывший арсенал, архит. памятник в Дрездене <ФРГ>)*
Albhard Альбхард *(муж. имя)*
Albin/Albinius Альбин/Альбиниус/Альбиний *(муж. имя)*
Albrecht Альбрехт *(муж. имя)*
Albúm <*lat.*> *n* -s -ben альбом
Alchemíe <*arab.-span.-fr.*> *f* - алхимия
alchemístisch <*arab.-span.-fr.*> *a* алхимический
Alda Альда *(жен. имя)*
Aldína Альдина *(жен. имя)*
Alemánnen *pl* алеманны *(германское племя; в ряде романских языков это слово сохранилось как наименование немцев)*
Aletsch‖gletscher *m* -s Алечский глетчер *(самый крупный ледник в Альпах <Швейцария>)*
Aletschhorn *n* -s Алечхорн *(вершина в Бернских Альпах <Швейцария>)*
Alex I Алекс *(краткая форма муж. имени Alexander)*
Alex II *m* - Алекс *(сокр. обиходное название одной из площадей Берлина – Александерплац)*
Aléxa Алекса *(краткая форма от Alexandra)*
Alexánder *(муж. имя)*
Alexánder‖platz *m* -es - Александерплац *(одна из центральных площадей Берлина)*
Alexándra Александра *(жен. имя)*
Alexándria *(n)* -s Александрия *(город в Египте)*
Alexandríne Александрина *(жен. имя)*
Alfons Альфонс *(муж. имя)*
Alfónsa Альфонса *(жен. имя)*
Alfred Альфред *(муж. имя)*
Alfreda/Alfréde Альфреда *(жен. имя)*
Alfried Альфрид *(муж. имя)*
Alfrieda/Alfriede Альфрида *(жен. имя)*
Algebra <*arab.-roman.*> *f* -, -ren алгебра
algebráisch <*arab.-roman.*> *a* алгебраический
Algéri‖en *n* -s Алжир *(гос-во)*
Algéri‖er *m* -s, -; ~**in** *f* -, -nen алжирец, -рка, житель, -ница Алжира *(страны)*
algérisch *a* алжирский
Algier [al'ʒi:r] *n* -s Алжир *(столица Алжира)*
Algúnda Альгу́нда *(жен. имя)*
alias <*lat.*> **1.** в других случаях, кроме того, также; **2.** он же (она же); **der angeklagte Schulze ~ Müller** подсудимый Шульце, он же Мюллер
Alibi <*lat.*> *n* -s, -s юр. алиби; **sein ~ nachweisen* [beweisen*]** доказать своё алиби
Alice [a'li:sə] Алиса *(жен. имя)*
Alkali <*arab.*> *n* -s, -káli‖en щёлочь
alkálisch <*arab.*> *a* щелочной
Alke Альке *(жен. имя)*
Alkje Алкье *(жен. имя)*
Alkohol <*arab.-span.*> *m* -s, -s алкоголь, спирт; **unter ~ stehen*** быть в состоянии опьянения
alkohólfrei *a* безалкогольный
alkohólhaltig *a* содержащий алкоголь, спиртной
alkohólisch <*arab.-span.*> *a* алкогольный, спиртной
Al-Kuweit *(n)* -s Эль-Кувейт *(столица Кувейта)*
all *a* **1.** весь; ◊ **vor ~em, vor ~en Dingen** прежде всего; **in ~er Eile** поспешно, второпях; **2.** всякий, каждый; **~e Tage** ежедневно; **~e zwei Minuten** каждые две минуты; **auf ~e Fälle** на всякий случай; **3.**: **mein Geld ist ~e** мои деньги вышли *(кончились)*
All *n* -s вселенная
allabendlich, allabends *adv* каждый вечер
Allah <*arab.*> *m* -s Аллах
allbekannt *a* общеизвестный
allbeliebt *a* всеми любимый, популярный
all(e)dem: **bei ~** всё-таки, при всём том; **trotz ~** наперекор всему
Allée <*lat.-fr.*> *f* -, -le‖en аллея; проспект
Allegoríe <*gr.-lat.*> *f* -, -í‖en аллегория
allegórisch <*gr.-lat.*> *a* аллегорический
alléin I *a inv* один, одна, одно, одни; **das ~ genügt nicht** одного этого недостаточно; **II** *adv* единственно, только; **einzig und ~** лишь только, исключительно; **III** *conj* но, однако (же); **ich wartete auf ihn, ~ er kam nicht** я его ждал, но он не пришёл
Alléin‖berechtigung *f* -, -en исключительное право
Alléin‖handel *m* -s монопольная торговля
Alléin‖herrschaft *f* -, -en единовластие, самодержание
alléinig *a* единственный, исключительный *(о возможности)*

Alléin‖sein *n* -s одиночество
alléinstehend *a* одинокий; холостой; незамужняя
allemal *adv* всегда, каждый раз; **ein für ~** навсегда
allenfalls *adv* разве *(только)*; пожалуй; во всяком случае; в крайнем случае
allenthalben *adv* (по)всюду, везде; во всех отношениях
Aller *f* - Аллер *(река в ФРГ, правый приток реки Везер)*
allerbest I *a* самый лучший, наилучший; **am ~en** лучше всего; **es ist das ~e...** лучше всего...; II *adv:* **aufs ~e** наилучшим образом
allerdings *adv* конечно, правда, разумеется
aller‖érst *a* самый первый, первоначальный
allerhand *a inv* всевозможный, разный; **~ Zeug** всякая всячина
Allerheiligen *n* -s праздник всех святых *(религиозный праздник у католиков, 1 ноября)*
allerlei *a inv* всяческий, всякого рода, всевозможный
allerletzt *a* самый последний; крайний, конечный
allerliebst *a* премилый, прелестный; **am ~en möchte ich...** охотнее всего я хотел бы...
allernächst *a* ближайший
allerorten, allerorts *adv* везде, повсеместно, повсюду
Allerseelen *n* -s день поминовения усопших *(религиозный праздник у католиков, 2 ноября)*
allerseits *adv* со всех сторон, отовсюду
allerwärts, allerwegs *adv* везде, всюду, повсеместно
Allerwelts‖kerl *m* -s, -e тёртый калач, молодец
allerwenigst *a* наименьший; **am ~en** менее всего
allesamt *adv* все вместе
alleweil(e) *adv* всегда
allezeit *adv* в любое время, всегда
Allgäu *m* -s Альгой *(географическая область между Боденским озером и рекой Лех в Альпах <ФРГ, Австрия>)*
Allgäuer Alpen *pl* Альгойские Альпы *(горы в ФРГ и Австрии)*
Allgegenwart *f* - вездесущая сила
allgemein I *a* 1. общий; **~e Redensarten** общие фразы; 2. всеобщий; II *adv* 1.: **~ bekannt** общеизвестный; 2.: **(ganz) ~** вообще; в общем; **im ~en** в общем и целом

Allgemein‖befinden *n* -s общее состояние
allgemein‖bildend *a* общеобразовательный
Allgemein‖bildung *f* - общее образование
Allgemeine Elektrizitäts-Gesellschaft AEG-Telefunken *f* - "Альгемайне электрицитетс-гезельшафт АЭГ-Телефункен" *(один из крупнейших в ФРГ электротехнических концернов)*
Allgemeiner Deutscher Arbeiterverein *m* -s Всеобщий германский рабочий союз *(самостоятельная политич. организация рабочих <1863-1875>; находилась под влиянием Ф. Лассаля)*
Allgemeiner Deutscher Gewerkschaftsbund *m* -es Всеобщее объединение немецких профсоюзов *(самое влиятельное объединение профсоюзов в период Веймарской республики <1919-1933>)*
Allgemeiner Deutscher Nachrichtendienst *m* -es "Альгемайнер дойчер нахрихтендинст" *(информац. агентство ФРГ, основано в Берлине в 1946)*
Allgemeiner freier Angestelltenbund *m* -es Всеобщий свободный союз служащих *(профсоюзное объединение служащих Германии периода Веймарской республики)*
allgemeingebräuchlich *a* общеупотребительный
allgemeingültig *a* общепринятый
Allgemein‖gut *n* -es, -güter общественное добро
Allgemeinheit *f* -, -en 1. (все)общность; универсальность; 2. общество; человечество; 3. *pl* -en банальности
allgemeinverständlich *a* общепонятный
Allgemein‖wohl *n* -(e)s (все)общее благо [благополучие]
Allgewalt *f* -, -en всемогущество
Allheil‖mittel *n* -s, - панацея, всеисцеляющее средство; универсальное средство
Alliánz <*lat.-fr.*> *f* -, -en альянс, союз
Alligátor <*lat.-span.-engl.*> *m* -s, -tóren аллигатор
alliiert *a* союзнический, союзный
Alliierte <*lat.-fr.*> *subst m, f* -n, -n союзник, -ца
Alliierte Kontrólkommissión *f* - союзническая контрольная комиссия по Австрии *(работала с 1945 по 1955)*
Alliierter Kontrólrat *m* -es Контрольный совет *(верховный контрольный орган в оккупационных зонах Германии <1945-1948>)*
alljährlich I *a* ежегодный; II *adv* каждый год, ежегодно

Allmacht *f* - всемогущество, всесилие
allmächtig *a* всемогущий, всесильный
allmählich I *a* постепенный; II *adv* постепенно
allmonatlich I *a* ежемесячный; II *adv* ежемесячно
allnächtlich I *a* еженощный; II *adv* каждую ночь
allrussisch *a* всероссийский
allseitig *a* всесторонний
allseits *adv* со всех сторон, отовсюду
allstündlich *a* ежечасный
Alltag *m* -(e)s -e будни, будний день
alltäglich *a* ежедневный; будничный; обыкновенный, обыденный
alltags *adv* по-будничному; в будни
Alltags‖kleid *n* -(e)s -er будничное платье
Alltags‖mensch *m* -en, -en заурядный человек
Alltags‖nöte *pl* повседневные заботы
allumfassend *a* всеобъемлющий
Allüren <*lat.-fr.*> *pl* повадки
allwissend *a* ирон. всеведущий
allwöchentlich *a* еженедельный
allzeit *adv* в любое время, всегда
allzu *adv* слишком
allzusehr *adv* слишком, чересчур
allzuviel *adv* слишком много
Alm *f* -, -en горное [альпийское] пастбище
Alma Áльма (жен. имя)
Alma mater <*lat.*> *f* - университет (букв. кормящая мать)
Almosen <*gr.-lat.*> *n* -s - милостыня, подачка; **um ~ bitten*** просить милостыню
Almut Áльмут (жен. имя)
Alois/Alo‖isius Áлоис/Алоизиус (муж. имя)
Alo‖isia Алоизия (жен. имя)
Alp I *f* -, -en горное пастбище
Alp II *m* -(e)s, -e 1. кошмар; удушье; 2. миф. домовой
Alpdruck *m* -(e)s -drüke см. **Alp II** 1.
Alpen *pl* Áльпы (горы в Зап. Европе: Швейцария, Австрия, ФРГ)
Alpen‖vorland *n* -es, - Предальпы (хребты в Швейцарии, Австрии, ФРГ)
Alphabét <*gr.-lat.*> *n* -(e)s, -e алфавит, азбука
alphabetisch <*gr.-lat.*> I *a* алфавитный; II *adv* в алфавитном порядке
Alphard Áльпхард (муж. имя)
alpin <*lat.*> *a* альпийский; (высоко)горный; **der ~e Sport** альпинизм
Alríke Áльрика (жен. имя)
als I *conj* 1. когда, в то время как; 2.: **sowohl ... ~ auch** как..., так и ...; 3.: **so ~**

wenn, ~ ob, ~ wie как будто бы..., как если бы...; II *prp* 1. в качестве (*при указании профессии, должности*); **er arbeitet ~ Lehrer** он работает учителем; 2. чем, нежели (*в сравнении*); **ich bin älter ~ du** я старше тебя
alsbáld *adv* тотчас, скоро
alsdánn *conj* затем, потом, тогда
Alsergrund (*n*) -s Áльзергрунд (городской р-н Вены <Австрия>)
also I *conj* итак, так; следовательно, значит; **~ doch** стало быть так; II *adv* таким образом
alt *a* 1. старый, пожилой; ◊ **wie ~ sind Sie?** сколько Вам лет?; **ich bin 20 Jahre ~** мне 20 лет; 2. старый, подержанный (*о вещах*); 3. старый, несвежий (*о продуктах питания*); 4. старый, давний, древний; 5. старый, испытанный, опытный; 6. старый, прежний, бывший; 7. старый, прежний, тот же самый
Alt *m* -(e)s, -e муз. альт (голос)
Altái *m* -s Алтай (горы на Ю.-В. России)
altbacken *a* чёрствый (о хлебе)
altbewährt *a* (давно) испытанный
altdeutsch *a* древненемецкий
Altdorf (*n*) -s Альтдорф (адм. центр кантона Ури <Швейцария>)
Alte *subst m, f* -n, -n старик, старуха
Altenburg (*n*) -s Альтенбург (город в ФРГ, известен производством игральных карт)
Alter *n*, -s, - 1. возраст; **hohes ~** преклонный возраст; 2. старость
alters: ◊ **seit [von] ~ her** издавна, с давних пор
Alters‖genosse *m* -n, -n ровесник
Alters‖grenze *f* -, -n предельный возраст
Alters‖heim *n* -(e)s -e общежитие [дом] для престарелых
Alters‖reife *f* - возмужание, половая зрелость
Alters‖rente *f* -, -n пенсия по старости
altersschwach *a* дряхлый
Alters‖schwäche *f* - дряхлость; старческая слабость
Alters‖vorrang *m* -(e)s старшинство (по службе)
Altertum *n* -(e)s 1. древность, старина; 2. *pl* **Altertümer** древности
altertümlich *a* 1. старинный, древний; архаический; 2. перен. допотопный
Altes Museum *m* -s "Альтес музеум" (здание в Берлине, где размещается Национальная галерея)
Altes Rathaus *n* -es Старая ратуша (архит. памятник Лейпцига <ФРГ>)

Älteste *subst m, f* -n, -n **1.** старший *(сын, ребёнок)*; **2.** старшина, староста
Alt‖händler *m* -s, - старьёвщик
althérgebracht, althérkömmlich *a* стародавний, старинный, дедовский; традиционный
althochdeutsch *a* древневерхненемецкий
altklug *a* умный не по годам, преждевременно развитой *(о ребёнке)*
ältlich *a* пожилой
Altmark *f* - Альтмарк *(геогр. область в ФРГ <земля Саксония-Ангальт>)*
altmodisch *a* старомодный
Alt‖papier *n* -s макулатура
altruístisch *<lat.> a* альтруистический
Altweiber‖sommer *m* -s бабье лето
Alu *n* -/-s сокр. от Aluminium
Aludúr *n* -s дюралюминий
Aluminium *<lat.> n* -s алюминий
Alwin Альвин *(муж. имя)*
Alwína Альвина *(жен. имя)*
am = an dem
Amadéus Амадеус /Амадей *(муж. имя)*
Amalbérga Амальбёрга *(жен. имя)*
Amalbert Амальберт *(муж. имя)*
Amalbérta Амальберта *(жен. имя)*
Amalbúrga Амальбурга *(жен. имя)*
Amalfríeda Амальфрида *(жен. имя)*
Amalgúnd(e) Амальгунд(а) *(жен. имя)*
Amália/Amáli¦e Амалия *(жен. имя)*
Amánda Аманда *(жен. имя)*
Amándus Амандус *(муж. имя)*
Amateur [-'tøːr] *<lat.-fr.> m* -s, -e любитель, дилетант
Amazónas *m* - Амазонка *(река в Юж. Америке)*
Amazóne *<gr.-lat.> f* -, -n амазонка
Amboß *m* -sses -sse наковальня
Ambulánz *<lat.-fr.> f* -, -en **1.** амбулатория; **2.** машина скорой помощи; "скорая помощь" *(разг.)*
Ameise *f* -, -n муравей
Ameisen‖haufen *m* -s, - муравейник
Amen *<hebr.-gr.-lat.> n* -s, - аминь; ◇ das ist so sicher wie das ~ in der Kirche это несомненно
Amérika *(n)* -s Америка
Amerikáner *m* -s, -; ~**in** *f* -, -nen американец, -нка
amerikánisch *a* американский
Ami *m* -/-s, -s разг. американец
Ämília Эмилия *(жен. имя)*
Ämílius Эмилиус/Эмилий *(муж. имя)*
Ammán *(n)* -s Амман *(столица Иордании)*
Amme *f* -, -n кормилица, мамка
Ammen‖märchen *n* -s детская сказка
Ammer‖see *m* -s Аммер *(озеро в ФРГ, земля Бавария)*

Amnestíe *<gr.-lat.> f* -, -sti¦en амнистия, помилование
Amok‖läufer *m* -s, - перен. одержимый
amorálisch *<gr.-lat.-fr.> a* аморальный, безнравственный
Ampel *f* -, -n **1.** висячая лампа **2.** светофор
Ampfer *m* -s, - щавель
Amphíbi¦e *<gr.-lat.> f* -, -n земноводное животное; амфибия
amphíbisch *<gr.-lat.> a* земноводный
Amphi‖theater *<gr.-lat.> n* -s - амфитеатр
Ampúlle *<gr.-lat.> f* -, -n ампула
amputíeren *<lat.> vt* ампутировать
Amsterdam *(n)* -s Амстердам *(столица Нидерландов)*
Amt *n* -(e)s, Ämter **1.** должность, служба; **ein ~ bekleiden, im ~e stehen*** занимать должность; **2.** учреждение; управление; ведомство; **das Auswärtige ~** министерство иностранных дел
amtlich I *a* должностной, официальный, служебный; **in ~er Angelegenheit** по служебному делу; II *adv* официально
Amts‖antritt *m* -(e)s -e вступление в должность
Amts‖ausübung *f* -, -en исполнение служебных обязанностей
Amts‖enthebung *f* -, -en смещение [снятие] с должности, освобождение от занимаемой должности
Amts‖mißbrauch *m* -(e)s -bräuche злоупотребление по службе [служебным положением]
Amts‖papier *n* -s, -e деловая бумага
Amts‖schimmel *m* -s - бумажная волокита, бюрократизм, канцелярщина
Amts‖sitz *m* -es -e резиденция, местонахождение *(учреждения)*
Amts‖überschreitung *f* -, -en превышение власти
Amts‖verschwiegenheit *f* -, -en хранение служебной тайны
Amudarjá *n* -s Амударья *(река, протекающая через Туркменистан и Узбекистан)*
Amulétt *<lat.> n* -(e)s -e талисман, амулет
Amúr *m* Амур *(река на Дальнем Востоке, на границе России с Китаем)*
amüsánt *<fr.> a* забавный, занимательный
amüsíeren *<fr.>* I *vt* развлекать, веселить; II ~, **sich 1.** развлекаться, веселиться; **2.** *(über A)* смеяться, подшучивать *(над кем-л.)*
an I *prp* **1.** 1) (D на вопрос *"где?"*) при, у, подле, возле, около; ~ **der Wand** на стене; 2) *(на вопрос "когда?")* в; ~

freien Tagen в свободные дни; **am Morgen** утром; 3) за; **~ der Hand führen** вести за руку; 4) *перевод зависит от русского управления:* **die Schuld liegt ~ dir** это твоя вина; **~ etw. krank sein** болеть чем-л.; **2.** (A) 1) *(на вопрос "куда?")* к, на; **~ den Fluß** к реке, на реку; **bis ~** до, по; **bis ~ den Wald** до леса; 2) к; **ich habe eine Bitte ~ Sie** у меня к Вам просьба; II *adv:* **von heute ~** с сего дня; **von jetzt ~** отныне; ◊ **~ und für sich** само по себе

Anachronísmus [-kro-] <*gr.-lat.*> *m* -, -men анахронизм

análog <*gr.-lat.-fr.*> *a* аналогичный, подобный

Analphabét <*gr.*> *m* -en, -en неграмотный

Analýse <*gr.-lat.*> *f* -, -n анализ, разбор; **eine ~ liefern** дать анализ

Analysen‖befund *m* -(e)s, -e данные анализа

analýtisch <*gr.-lat.*> *a* аналитический; разлагающий

Anämíe <*gr.-lat.*> *f* - анемия, малокровие

anämisch <*gr.-lat.*> *a мед.* анемический, малокровный

Anarchíe <*gr.*> *f* -, -chi∣en анархия

anárchisch <*gr.*> *a* анархический

anarchístisch <*gr.*> *a* анархистский

Anästhesíe <*gr.-lat.*> *f* -, -si∣en *мед.* 1. анестезия, обезболивание; 2. потеря чувствительности

Anatomíe <*gr.-lat.*> *f* -, -i∣en анатомия

anatómisch <*gr.-lat.*> *a* анатомический

an∣bahnen I *vt* 1. подготавливать; класть начало *(чему-л.);* 2. прокладывать *(путь);* II **~, sich** завязываться, начинаться, намечаться

Anbahnung *f* -, -en 1. прокладывание *(пути);* подготовка, начало; 2. завязывание *(отношений и т. п.)*

Anbau *m* 1. -(e)s возделывание, разведение; 2. -(e)s, -ten пристройка

an∣bauen I *vt* 1. разводить *(с.-х культуры),* возделывать *(поле);* 2. пристраивать *(к зданию);* II **~, sich** поселяться, строиться

Anbau‖fläche *f* -, -n посевная площадь

Anbau‖möbel *n* -s секционная [комбинированная] мебель

Anbeginn *m* -(e)s начало; **von ~** с самого начала

anbéi (ánbei) *adv* при сём; в приложении *(канц.)*

an∣belangen *vt* касаться; **was mich anbelangt...** что касается меня...

Anbetracht: in ~ (G) принимая во внимание, имея в виду *(что-л.)*

an∣betreffen* *vt;* **was ihn [diese Sache] anbetrifft...** что касается его [этого дела]...

Anbetung *f* -, -en поклонение, культ, обоготворение

an∣biegen* *vt* 1. пригибать, загибать; 2. *канц.* прилагать

an∣bieten* I *vt* 1. угощать *(чем-л.);* предлагать *(что-л., конкретные вещи, не действия);* подносить *(что-л. гостям);* 2.: **ein Gefecht ~** *воен.* навязывать бой; II **~, sich** *(zu D или zu+inf)* вызываться, напрашиваться *(на что-л.);* **er bot sich mir an** он предложил мне свои услуги

an∣binden* I *vt* привязывать; II *vi (mit D)* привязываться; приставать; придираться *(к кому-л.);* ◊ **einen Bären ~** наделать долгов, залезть в долги; **kurz angebunden** резкий; нелюбезный

Anblick *m* -s, -e 1. взгляд; **beim Anblick [auf den ersten ~]** с первого взгляда [на первый взгляд]; 2. вид; **einen schönen ~ bieten*** представлять собой прекрасное зрелище

an∣blicken I *vt* (по)смотреть, взглянуть, *(на кого-л., на что-л.);* II **~, sich** переглядываться, смотреть друг на друга

an∣brechen* I *vt* 1. надламывать; 2. открывать, вскрывать *(банку и т. п.);* **eine angebrochene Zigarettenpackung** начатая пачка сигарет; II *vi* (s) 1. надломиться, трескаться *(о кости);* 2. наступать, начинаться; **der Tag bricht an** светает, наступает день

an∣bringen* *vt* 1. заносить, приносить *(что-л., куда-л.);* приводить *(кого-л., куда-л.);* 2. приделывать, прилаживать, прикреплять; 3. натянуть *(сапоги);* 4. размещать, сбывать, продавать *(товар);* 5. помещать, пристраивать; **sein Geld ~** (выгодно) помещать свои деньги; 6. подавать *(прошение, заявление);* 7. нанести *(рану);* 8. сообщить *(новость)*

Anbruch *m* -(e)s -brüche 1. надлом, трещина; 2. начало, наступление; **bei ~ des Tages** на рассвете

Andacht *f* -, -en 1. благоговение; 2. молитва

andächtig *a* благоговейный

an∣dauern *vi* продолжаться; **der Streik dauert an** забастовка продолжается

andauernd *a* продолжительный, длительный; постоянный

Andenken *n* -s, - 1. память, воспоминание *(an* A *о ком-л., о чём-л.);* **zum ~** на память; 2. подарок на память, сувенир

ander *a* другой, иной, второй; осталь-

ander(e)nfalls

ной; ◇ **nichts ~es als** не что иное, как; **unter ~em** между прочим; в частности
ander(e)nfalls *adv* в противном случае, иначе
andererseits *adv* с другой стороны
anderfalls *adv* в противном случае, иначе
andermal: ein ~ (в) другой раз
ändern I *vt* 1. переделывать; 2. (из)менять; **das ändert die Sache** это меняет дело; II **~, sich** (из)меняться; **daran läßt sich nichts ~** тут ничего не поделаешь
anders *adv* 1. иначе; **~ werden** меняться; **~ machen** изменять; **ich kann nicht ~** я не могу (поступить) иначе; **so und nicht ~** так и не иначе; 2.: **jemand ~** кто-то другой; **irgendwo ~** где-нибудь в другом месте; ◇ **sich ~ besinnen*** передумать
anderseits *adv* см. andererseits
anderswie *adv* как-нибудь по-другому, иным образом
anderswo *adv* (где-либо) в другом месте
anderswohin *adv* (куда-либо) в другое место
anderthalb *num* полтора
Änderung *f* -, -en изменение, перемена
Änderungs‖antrag *m* -(e)s, -träge поправка (к закону)
anderwärts *adv* в другом месте
anderweit *adv* иначе
an|deuten *vt* намекать (*на что-л.*), указывать, набрасывать; **flüchtig ~** бегло обрисовать
Andeutung *f* -, -en 1. намёк; **in ~en reden** говорить обиняками; 2. указание
andeutungsweise *adv* намёками, в виде намёка
Andorra *(n)* -s Андорра (*гос-во и город на Ю.-З. Европы*)
Andrang *m* -(e)s напор; наплыв; натиск; прилив
Andréas‖fest *n* -es праздник Святого Андреаса (*религиозный и народный праздник, последний день уборки картофеля; 30 ноября*)
an|drohen *vt* угрожать (*чем-л.*); **sie drohen die Anwendung von Gewalt an** они грозят применить силу
Androhung *f* -, -en угроза; **~ von Waffengewalt** угроза оружием
an|eignen *vt:* **sich** (D) **etw. ~** 1) присваивать (*имущество и т. п.*); 2) усваивать (*учебный материал*); **sich eine schlechte Gewohnheit ~** усвоить плохую привычку
Aneignung *f* -, -en 1. присвоение, захват; оккупация; 2. усвоение, овладение (*знаниями*)

aneinánder *pron* друг к другу; друг с другом; **dicht ~** вплотную; **~ denken*** думать друг о друге
Anekdóte <*gr.-fr.*> *f* -, -n анекдот
an|ekeln 1. внушать отвращение; **das ekelt mich an** это мне противно; 2. оскорблять
Anerbieten *n* -s, - высок. предложение; **von Ihrem ~ werde ich Gebrauch machen** я воспользуюсь Вашим предложением
anerkannt *a* признанный
an|erkennen* *vt* 1. признавать; **Tatsachen ~** признать факты; 2. уважать, ценить; **allgemein anerkannt** общепризнанный
anerkennend I *a* похвальный; II *adv* с похвалой, с уважением
anerkennenswert *a* достойный признания [похвалы]
Anerkennung *f* -, -en признание, похвала, одобрение; **in ~** (G) признавая; **jmdm. die höchste ~ zollen** выразить кому-л. горячее одобрение
an|erziehen* *vt* прививать (*воспитанием*); **Eigenschaften ~** прививать качество
Anfahrt *f* -, -en 1. приезд, прибытие; 2. подъезд (*дома*); 3. пристань, причал
Anfall *m* -(e)s -fälle 1. нападение; 2. припадок
an|fallen* I *vt* 1. нападать, кидаться (*на кого-л.*); атаковать (*кого-л.*); 2. овладевать (*о чувстве, боли и т. п.*); II *vi* (s) юр. достаться (в наследство, на долю)
anfällig *a* восприимчивый, предрасположенный; **gegen Krankheit ~** предрасположенный к болезни
Anfälligkeit *f* - предрасположение, подверженность; **~ gegen Erkrankungen** предрасположенность к заболеваниям
Anfang *m* -(e)s -fänge 1. начало; **am ~, im ~, zu ~** вначале; **~ Mai** в начале мая; 2. *pl* зарождение, начальный период
an|fangen I *vt* начинать (*что-л.*); **was fange ich nun an?** что мне теперь делать?; **von vorn ~** начать сначала; ◇ **mit ihm ist nichts anzufangen** с ним каши не сваришь; II *vi* начинаться; **es fängt an zu regnen** начинается дождь
Anfänger *m* -s, - 1. начинающий, новичок; 2. инициатор
anfänglich I *a* (перво)начальный; II *adv* сначала
anfangs *adv* вначале, сначала
Anfangs‖gründe *pl* основы, азы (*науки*)
an|fassen I *vt* схватывать (*что-л.*); дотрагиваться (*до чего-л.*); браться (*за что-л.*); **von unten ~** подхватывать; II **~, sich** взять друг друга за руку
anfechtbar *a* уязвимый; спорный

an|fechten* vt 1. оспаривать, опротестовывать, обжаловать (тж. юр.); 2. беспокоить, тревожить; das ficht mich gar nicht an это меня нисколько не волнует
Anfechtung f -, -en 1. юр. оспаривание; обжалование; 2. искушение, соблазн; eine ~ bestehen* выдержать искушение
Anfertigung f -, -en изготовление; пошивка
an|feuern vt 1. растапливать, разжигать (печь) 2. перен. подбадривать, воодушевлять
an|fliegen* I vi (s) 1. прилетать, подлетать; 2. приставать (о болезнях); ihm fliegt jede Krankheit an к нему пристаёт всякая болезнь; II vt 1. покрывать налётом; 2. ав. приближаться (к аэродрому); заходить на посадку; воен. выходить (на цель)
Anflug m -(e)s -flüge 1. прилёт; 2. приближение (самолёта); 3. оттенок; налёт; in einem ~ von Großmut в порыве великодушия
an|fordern vt востребовать, (за)требовать
Anforderung f -, -en требование, претензия; ◊ erhöhten ~en gerecht werden отвечать повышенным требованиям
Anfrage f -, -n запрос, справка; eine ~ an jmdn. richten делать запрос кому-л.
an|fragen vi запрашивать; bei jmdm. um Rat ~ просить совета у кого-л.
an|freunden, sich (mit D) подружиться (с кем-л.)
an|fügen I vt приделывать; присоединять; II ~, sich (D) приспосабливаться (к чему-л.)
Anfügung f -, -en прибавление, приложение
an|fühlen vt нащупывать, ощупывать; das fühlt sich weich an это мягко на ощупь
Anfuhr f -, -en подвоз, привоз
an|führen vt 1. вести, предводительствовать, возглавлять; 2. приводить (доказательство, пример и т. п.); цитировать (что-л.); weiter habe ich nichts anzuführen мне больше нечего добавить; 3. подвозить, привозить; 4. обманывать, надувать; 5. заключать в кавычки
Anführer m -s - предводитель; вожак; зачинщик, застрельщик
Anführungs||strich m -(e)s, -e; ~zeichen n -s, - кавычки
Angabe f -, -n 1. указание; 2. pl данные, сведения; ~n einholen [ermitteln] добывать данные; ~n liefern доставлять данные; 3. спорт. подача; 4. юр. показания

Angará f - Ангара (река в Сибири)
an|geben* vt 1. указывать, давать сведения; den Namen ~ назвать имя; 2. приводить, цитировать; 3. доносить (на кого-л.); выдавать (кого-л.); 4. разг. делать, предпринимать; 5. разг. задаваться, задирать нос; 6. карт. ходить первым; 7. спорт. подавать (настольный теннис); 8.: den Ton ~ задавать тон (тж. перен.)
Angeber m -s - 1. хвастун; 2. доносчик, шпион
angeberisch a 1. сплетнический, шпионский; 2. разг. хвастливый
angeblich I a мнимый; II adv будто бы
angeboren a врождённый, природный
Angebot n -(e)s -е предложение; ◊ ~ und Nachfrage спрос и предложение
angebracht a уместный; etw. für ~ halten* считать уместным что-л.
angebrannt a подгорелый
angeführt a приведенный, (выше)указанный; am ~en Ort(e) в указанном месте
angegriffen: er sieht ~ aus у него измученный [утомлённый] вид
angeheitert a подвыпивший; er ist leicht ~ он слегка навеселе
an|gehen* I vt 1. обращаться (к кому-л.); jmdn. um Hilfe ~ обращаться к кому-л. за помощью; um Geld ~ просить денег; 2. касаться (кого-л.); иметь отношение (к кому-л.); was geht dich das an? какое тебе дело до этого?; was mich angeht... что касается меня...; 3. начинать; einen Streit ~ начинать спор; II vi (s) 1. начинаться; der Lärm geht wieder an снова начинается шум; 2. начинать действовать; wir müssen dagegen ~ мы должны с этим бороться; 3. начинать портиться [загнивать]; 4. пускать корни; die Pflanze geht nicht an растение не приживается; 5. загораться, воспламеняться; 6. надеваться, влезать (об одежде); die Schuhe gehen nicht an туфли не налазят; 7.: wie geht das an? как это может быть?; das geht noch an это ещё куда ни шло
angehend a начинающий, молодой; bei ~er Nacht с наступлением ночи
an|gehören vi (D) принадлежать (кому-л., чему-л.); dem Präsidium ~ входить в состав президиума
angehörig a принадлежащий
Angehörige subst m, f -n, -n 1. родственник, -ница; pl родные; 2.: ~er eines Staates гражданин какого-л. государства

Angeklagte *subst m, f* -n, -n обвиняемый, -мая, подсудимый, -мая
Angel *f* -, -n **1.** петля *(дверная, оконная)*; **2.** удочка
Angela А́нгела *(жен. имя)*
angelaufen *a* запотелый
angelegen: sich (D) **etw. ~ sein lassen*** заботиться о чём-л.
Angelegenheit *f* -, -en дело; **in welcher ~?** по какому делу?
angelegentlich I *a* усиленный, настоятельный, старательный; II *adv* усиленно, настоятельно; **sich ~ nach jmdm. erkundigen** усиленно справляться о ком-л.
Angel‖haken *m* -s - рыболовный крючок
Angélika Ангéлика *(жен. имя)*
Angel‖leine *f* -, -n леса, леска
angeln I *vt* удить, ловить на удочку; **jmdn. ~** *перен., разг.* подцепить кого-л.; II *vi (nach* D) добиваться *(чего-л.)*; стремиться *(к чему-л.)*; желать *(чего-л.)*
Angel‖rute *f* -, -n удилище
angelsächsisch *a* англосаксонский
angemessen *a* **1.** соразмерный; соответствующий, подобающий; **eine ~e Frist** достаточный срок; **2.** уместный; **für ~ halten*** считать уместным [нужным]
Angemessenheit *f* - **1.** соответствие; **2.** уместность
angenehm *a* приятный, угодный; **sich ~ machen** стараться понравиться
angenommen I *a* **1.** приёмный *(ребёнок)*; **2.** условный; II *adv:* **~, daß...** допустим, что...
Anger *m* -s - выгон, луг
angeregt *a* возбуждённый
angeschlagen *a* **1.** отбитый, надбитый; **2.** усталый, измотанный
angeschwemmt *a* намывной, наносной
angesehen *a* уважаемый; знатный; почётный
Angesicht *n* -(e)s, -e *высок.* лицо; **von ~ zu ~** лицом к лицу; **im Schweiße seines ~s** в поте лица своего
angesichts *prp* (G) ввиду, пред лицом *(чего-л.)*; **~ dieser Tatsachen** в свете этих фактов
angespannt *a* напряжённый; **mit ~er Aufmerksamkeit** с напряжённым вниманием
angestammt *a* наследственный, родовой, коренной
Angestellte *subst m, f* -n, -n служащий, -щая
angestrengt *a* напряжённый, усиленный
angestrichen *a* крашеный

angetrunken *a* подвыпивший
angewandt *a* применяемый; прикладной; **~e Kunst** прикладное искусство
angewiesen: ~ sein *(auf* A) быть вынужденным ограничиться *(чем-л.)*; быть зависимым *(от кого-л., от чего-л.)*; **ich bin auf mich selbst ~** я предоставлен самому себе; **~e Artillerie** приданная [поддерживающая] артиллерия
an|gewöhnen *vt (jmdm.)* приучать *(к чему-л. кого-л.)*; **dem Kind gute Manieren ~** приучить ребёнка к хорошим манерам; **sich** (D) **etw. ~** привыкнуть, приучаться к чему-л.
Angewohnheit *f* -, -en привычка
Angler *m* -s - удильщик
anglikánisch *a рел.* англиканский
Angóla (*n*) -s Ангола *(гос-во в Африке)*
Angoláner *m* -s, - анголец
angolánisch *a* ангольский
angreifbar *a* уязвимый
an|greifen* I *vt* **1.** брать, хватать *(что-л.)*; дотрагиваться *(до чего-л.)*; **2.** браться *(за что-л.)*; **eine Sache ~** приниматься за какое-л. дело; **3.** изнурять, утомлять, ослаблять; **das greift die Nerven an** это действует на нервы; **4.** нападать, атаковать; **5.: jmds.** (G) **Ehre ~** затрагивать чью-л. честь; II **~, sich** работать, не жалея сил
angreifend *a* **1.** наступательный **2.** утомительный
Angreifer *m* -s, - **1.** агрессор; **2.** нападающий; *спорт.* нападающий *(игрок)*
angrenzend *a* граничащий, смежный
Angriff *m* -(e)s -e **1.** нападение, наступление; атака; **zum ~ (über)gehen*** переходить в наступление; **2.** посягательство; нападки; **3.:** ⋄ **etw. in ~ nehmen*** приступать к чему-л., взяться за что-л.
Angriffs‖lust *f* - агрессивность; придирчивость
Angriffs‖punkt *m* -(e)s -e *перен.* уязвимое место
Angst *f* -, Ängste страх, боязнь; **vor ~ со страху; die ~ überkam ihn** на него напал страх; **schlotternde ~** животный страх; **in tausend Ängsten schweben** трепетать от страха
Angst‖hase *m* -n, -n трус
ängstlich *a* боязливый, робкий, трусливый; **mir ist ~ zumute** мне боязно [страшно]
Ängstlichkeit *f* - боязливость, нерешительность, трусость
Angst‖schweiß *m* -sses, -e холодный пот *(от страха)*
angst‖voll *a* тревожный, испуганный

an|haben* *vt* 1. носить, иметь при себе *(что-л.)*; быть одетым *(во что-л.)*; er hat einen Mantel an на нём пальто; 2.: jmdm. etw. ~ wollen* иметь зуб на кого-л.

Anhalt *m* -(e)s, -e 1. опора; основание; 2. остановка, перерыв, пауза

Anhalt *(n)* -s Ангальт *(историческая область Германии)*

an|halten* I *vt* 1. останавливать, задерживать; den Atem ~ затаить дыхание; 2. *(zu* D) побуждать, приучать *(к чему-л.)*; zu Gehorsam ~ приучать к послушанию; II *vi* 1. останавливаться; der Bus hält an автобус останавливается; 2. стоять, длиться; удерживаться; das Wetter wird ~ погода продержится; um ein Mädchen ~ свататься к девушке; um eine Stelle ~ хлопотать о месте; III ~, sich *(an* D) держаться *(за что-л.)*

anhaltend *a* затяжной *(о дожде)*; продолжительный *(об аплодисментах)*

Anhalte‖punkt *m* -(e)s, -e станция, пристань

Anhalter: per ~ fahren* ехать на попутной машине; ехать автостопом

Anhalts‖punkt *m* -(e)s, -e 1. точка опоры; 2. отправная точка

Anhang *m* -(e)s -hänge 1. дополнение, добавление; приложение; 2. приверженцы; сторонники; сообщники; er hat (einen) großen ~ у него много сторонников [последователей]

an|hängen* I *vt* 1. вешать, подвешивать, навешивать; 2. прибавлять, прилагать; 3. *перен.* навязывать; jmdm. etw. ~ ложно приписывать кому-л. что-л.; клеветать *(на кого-л.)*; 4. *полигр.* набирать в подбор; 5. *топ.* привязывать *(к местности)*; II *vi* (D) следовать *(чему-л.)*; einer Partei ~ быть сторонником какой-л. партии; III ~, sich *(an* A) приставать, набиваться *(к кому-л.)*

Anhänger *m* -s, - 1. приверженец; *спорт.* болельщик; 2. прицеп; 3. кулон

anhängig *a* *юр.* подсудный; einen Prozeß gegen jmdn. ~ machen возбудить дело против кого-л.

Anhänglichkeit *f* - привязанность, приверженность

Anhängsel *n* -s, - 1. привесок, довесок; придаток; 2. брелок, подвеска; 3. *разг.* прихвостень

Anhäufung *f* -, -en накопление, скопление, нагромождение

an|heften *vt* 1. прикреплять, пристёгивать, примётывать; 2. *канц.* подшивать *(бумаги к делу)*; ein Buch an ein anderes ~ сброшюровать две книги

anheischig: sich ~ machen *(zu* D) вызваться *(что-л. сделать)*; предлагать свои услуги, выражать свою готовность *(к чему-л.)*

an|heizen *vt* затапливать, растапливать *(печь)*

Anhieb: auf [den ersten] ~ сразу, одним ударом

Anhöhe *f* -, -n возвышенность, высота, холм

an|hören I *vt* слушать, выслушивать; eine Rede ~ слушать речь; man hört ihm an, daß... по его голосу слышно, что...; sich (D) den Vortrag [das Konzert] ~ прослушать доклад [концерт]; II ~, sich: das hört sich gut an это приятно слушать, это хорошо звучит

animálisch <*lat.*> *a* животный

Aníta Анита/Анюта *(жен. имя)*

an|kaufen I *vt* покупать, закупать, приобретать; II ~, sich: sich ingrendwo ~ купить где-л. недвижимость, поселиться где-л.

Anke Анке/Анка *(жен. имя)*

Anker *m* -s, - 1. якорь; sich vor ~ legen, vor ~ gehen* стать на якорь; den ~ lichten сняться с якоря; 2. *эл.* ротор

Anker‖platz *m* -(e)s, -plätze *мор.* рейд; якорная стоянка

Anklage *f* -, -n обвинение, жалоба; gegen jmdn. ~ erheben* подать на кого-л. в суд *(за что-л.)*

Anklage‖bank *f* -, -bänke скамья подсудимых

an|klagen *vt* (G *и* wegen G) обвинять *(кого-л. в чём-л.)*; предъявлять обвинение *(кому-л. в чём-л.)*; jmdn. vor Gericht ~ подать на кого-л. в суд

Ankläger *m* -s, -; ~in *f* -, -nen обвинитель, -ница

Anklage‖schrift *f* -, -en обвинительный акт

Anklang *m* -(e)s -klänge созвучие; ~ finden* встречать сочувствие, находить отклик

an|kleiden I *vt* одевать; II ~, sich одеваться

Ankleide‖raum *m* -(e)s, -räume; ~zimmer *n* -s, - раздевальня, гардероб

an|klopfen I *vi* постучаться *(в дверь)*; ✧ bei jmdm. ~ 1) проведать кого-л.; 2) закинуть удочку, нащупать почву; II *vt* прибить, приколотить

an|knüpfen I *vt* 1. привязывать; 2. завязывать, заводить, начинать; ein Gespräch ~ заводить разговор; mit jmdm. Bekanntschaft ~ завязывать с кем-л.

знакомство; II *vi (mit* D) входить в сношения *(с кем-л.);* **an etw.** (A) **anknüpfend** исходя из чего-л.
Anknüpfung *f* -, -en 1. привязывание; соединение; 2. завязывание *(знакомства и т. п.)*
Anknüpfungs‖punkt *m* -(e)s -e точка соприкосновения
an|kommen* I *vi* (s) 1. прибывать, приходить, приезжать *(in* D *куда-л.);* 2. *(bei* D) подступать, подходить *(к кому-л., к чему-л.);* 3. получить место; **er ist als Buchhalter angekommen** он устроился бухгалтером; 4.: **es kommt darauf an...** смотря по обстоятельствам, это зависит от...; II *vt* овладеть *(кем-л., о чём-л. - страхе и т. п.);* **die Furcht kam ihm an** им овладел страх
Ankommende *subst m, f* -n, -n приезжающий, -щая, прибывающий, -щая
Ankömmling *m* -s, -e 1. пришелец; 2. прибывший, приехавший; 3. новорождённый
an|kündigen *vt* 1. возвещать, объявлять; 2. сообщать, извещать
Ankündigung *f* -, -en 1. объявление, оглашение; 2. сообщение, извещение
Ankunft *f* -, Ankünfte прибытие, приход, приезд
Ankunfts‖zeit *f* - время прибытия
an|kurbeln *vt мех.* заводить *(мотор);* *перен.* приводить в действие [в движение]; ◆ **ein Geschäft ~** 1) затеять [начать] дело; 2) энергично двинуть вперёд [развить] дело
Anlage *f* -, -n 1. устройство, установка; сооружение; 2. закладка *(здания);* 3. сквер; 4. помещение *(капитала);* 5. (врождённая) способность, дарование; **er hat ~n zur Mathematik** у него способности к математике; 6. *канц.* приложение *(к письмам)*
Anlage‖kapital *n* -s -e / -i¦en *эк.* основной капитал
an|lagern I *vt* откладывать, наносить, наслаивать; II **~, sich** откладываться, наслаиваться
Anlagerung *f* -, -en 1. напластование, наслоение; 2. *мин.* отложение *(кристаллов)*
an|langen I *vi* (s) прибывать, приезжать; приходить; достигать; **wir sind in Minsk angelangt** мы приехали [прибыли] в Минск; **wir sind beim zweiten Kapitel angelangt** мы дошли до второй главы; II *vt* касаться; **was diese Sache angelangt...** что касается этого дела...
Anlaß *m* -sses, Anlässe повод, причина;

aus ~ по поводу, по случаю; **sich** (D) **etw. zum ~ nehmen*** (вос)пользоваться случаем
Anlasser *m* -s, - *авт., ав.* стартер, пускатель
anläßlich *prp* (G) по поводу, по случаю *(чего-л.)*
Anlauf -(e)s -läufe 1. разбег; разгон; **mit ~** с разбегу; 2. прибыль *(воды);* 3. *воен.* штурм
Anlauf‖stelle *f* -, -n 1. место причала; 2. место явки
Anlaut *m* -(e)s, -e *грам.* начальный звук; **im ~** в начале слова [слога]
an|legen I *vt* 1. приставлять; прикладывать; притворять *(дверь, окно);* **das Gewehr ~** вскинуть ружьё [винтовку]; 2. накладывать, 3. надевать; **jmdm. Ketten ~** заковывать кого-л.; 4. вкладывать, помещать *(деньги);* 5. закладывать *(город);* прокладывать *(улицу);* **einen Park ~** разбить парк; 6.: **er hatte es darauf angelegt, daß...** он рассчитывал на то, что...; II *vi* причаливать, приставать; **ans Ufer ~** причалить к берегу
Anlege‖platz *m* -es, -plätze; **~ stelle** *f* -, -n пристань, дебаркадер, причал
Anleihe *f* -, -n заём; **jmdm. eine ~ gewähren** предоставить кому-л. заём; **eine ~ machen** *(bei* D) брать взаймы *(у кого-л.)*
an|leiten *vt* руководить *(кем-л., чем-л.),* направлять *(кого-л.)*
Anleitung *f* -, -en руководство, инструкция; наставление
Anliegen *n* -s, - 1. желание, стремление; 2. настоятельная просьба; **ich habe ein ~ an Sie** у меня к Вам просьба [дело]
anliegend I *a* 1. прилегающий, смежный; 2. прилегающий, облегающий *(о платье);* II *adv канц.* при сём
Anlieger‖staat *m* -(e)s -en соседнее государство
Anmarsch *m* -es, -märsche 1. *воен.* марш-поход; 2. дорога, путь *(от дома до какого-л. места)*
an|marschieren *vi* (s) подходить, приближаться
anmaßend *a* самонадеянный; дерзкий, надменный
an|melden I *vt* 1. объявлять, заявлять; подать заявку; 2. докладывать *(о посетителе);* 3. прописывать *(на жительство);* II **~, sich** 1. сообщить [известить] о своём прибытии; **sich ~ lassen*** велеть доложить о себе; 2. прописываться *(на жительство);* 3.: **sich zu einem Kurs ~** записываться на курс *(лекций и т. п.)*

Anmeldung *f* -, -en 1. объявление, заявление, уведомление; **ohne ~ eintreten*** входить без доклада; 2. заявка; **~ zum Wettbewerb** заявка на участие в соревнованиях; 3. прописка *(на жительство)*; регистрация; запись
Anmerkung *f* -, -en примечание; заметка
Anmessung *f* -, -en примерка
Anmut *f* - грация, прелесть, привлекательность
anmutig, anmut(s)voll *a* привлекательный, прелестный, грациозный
Anna А́нна *(жен. имя)*
Annabélla Аннабелла *(жен. имя)*
an|nähern I *vt* (D) приближать *(к чему-л.)*; сближать *(с чем-л.)*; II **~, sich** (D) приближаться *(к кому-л., к чему-либо)*; сближаться *(с кем-л.)*
annähernd I *a* приблизительный, приближающийся; *мат.* приближённый; II *adv* примерно, приблизительно
Annäherung *f* -, -en приближение, сближение; **eine ~ zustande bringen*** сближать
Annahme *f* -n 1. приём, принятие; 2. предположение, гипотеза; предпосылка; **in [unter] der ~** (пред)полагая; **die ~ liegt nahe** можно предположить
Annálen <*lat.*> *pl* летопись, анналы
annehmbar *a* приемлемый, подходящий
an|nehmen* I *vt* 1. принимать *(что-л.)*; соглашаться *(с чем-л.)*; **ein Gesetz ~** принять закон; **einen Auftrag ~** принять заказ; 2. взять на себя поручение; **einen Rat ~** послушаться совета; **Vernunft ~** образумиться; 3. брать, усыновлять, удочерять *(ребёнка)*; 4. принимать, брать на работу; 5. воспринимать, усваивать; **etw. von jmdm. ~** перенять у кого-л. что-л.; 6. (пред)полагать, считать; **ich nehme an, daß...** я считаю, что...; 7. *спорт.* принимать подачу; II **~, sich** (G) заботиться *(о ком-л., чём-л.)*; **sich einer Sache ~** взяться за какое-л. дело
Annehmer *m* -s, -; **~in** *f* -, -nen 1. приёмщик, -щица; 2. *ком.* акцептант
Annehmlichkeit *f* -, -en удобство, приятность
Anneliese А́ннализа *(жен. имя)*
Annelore А́нналора *(жен. имя)*
Annemarie А́ннамария *(жен. имя)*
Annerose А́ннароза *(жен. имя)*
Annétte Анне́тта *(жен. имя)*
Annexión <*lat.-fr.*> *f* -, -en аннексия, присоединение, захват
Anni/Ánni А́нни/Э́нни *(ласк. форма от* А́нна)

anno, Anno <*lat.*> в... году; **~ dazumal** очень давно; давным-давно; **pro ~** в год; **von ~ Tóbak** *разг.* допотопный
Annonce [a'nõsə] <*lat.-fr.*> *f* -, -n объявление, реклама
anomál <*gr.-lat.*> *a* ненормальный, неправильный, аномальный
anoným <*gr.-lat.*> *a* анонимный, безымянный
Anorak <*eskim.*> *m* -s, -s куртка с капюшоном, штормовка
an|ordnen *vt* 1. располагать *(в определённом порядке)*, расставлять; **alphabetisch ~** располагать в алфавитном порядке; 2. предписывать, приказывать; отдать распоряжение
Anordnung *f* -, -en 1. расположение; 2. распоряжение, предписание; **eine ~ treffen*** отдавать распоряжение
anorganisch <*gr.-lat.*> *a* неорганический
anormal <*gr.-lat.*> *a* ненормальный
an|packen *vt* хватать, схватывать; **den Gegner hart ~** *воен.* энергично атаковать противника; **eine Sache ~** (энергично) браться за дело
an|passen I *vt* (D) 1. примерять *(платье и т. п.)*; 2. *тех.* подгонять; 3. приспосабливать *(что-л. к чему-л.)*; II **~, sich** (D) приспосабливаться *(к чему-л.)*; **sich dem Gelände ~** *воен.* применяться к местности
Anpassung *f* -, -en 1. примеривание, примерка; **~ von Brillen** подбор очков; 2. *тех.* пригонка, подгонка; 3. согласование, приведение в соответствие; 4. приспособляемость; *биол.* аккомодация
Anpassungs∥fähigkeit *f* -, -en приспособляемость
Anpeilen *n* -s *мор., ав.* пеленгование
Anpflanzung *f* -, -en 1. насаждение; плантация; 2. посадка, разведение; облесение
Anprall *m* -(e)s, -е удар, сильный толчок
an|prallen *vi* (s) (**an** A, **gegen** jmdn.) удариться *(о что-л.)*; наталкиваться, налететь *(на что-л., на кого-л.)*
an|prangern *vt* заклеймить позором, разоблачать
an|preisen* *vt* расхваливать, рекламировать; **himmelhoch ~** превозносить до небес
Anprobe *f* -, -n примерка
an|probieren *vt* примерять
Anrecht *n* -(e)s, -е 1. право, притязание; **ein ~ auf etw.** (A) **haben** иметь право на что-л.; 2. *театр.* абонемент
Anrede *f* -, -n 1. обращение *(к кому-л.)*; 2. обращение, титул

an|reden *vt* заговаривать *(с кем-л.)*; обращаться *(к кому-л.)*; jmdn. mit du [mit Sie] ~ обращаться к кому-л. на "ты" [на "вы"]

an|regen *vt* 1. побуждать, склонять; 2. возбуждать; den Appetit ~ возбуждать аппетит; eine Frage ~ поднять вопрос; eine Saite ~ задеть струну *(тж. перен.)*; in angeregter Stimmung в приподнятом настроении

anregend I *a* 1. возбуждающий, интересный, увлекательный; 2. возбуждающий *(о средстве)*; II *adv:* ~ wirken побуждать *(к чему-л.)*, возбуждать *(что-л.)*

Anregung *f* -, -en 1. побуждение, толчок, импульс; инициатива; auf jmds. ~ по чьей-л. инициативе; по чьему-л. указанию; etw. in ~ bringen* проявить инициативу в чём-л.; 2. возбуждение; Kaffee zur ~ trinken* пить кофе для бодрости

an|reisen *vi* (s) приезжать *(in D куда-л.)*

Anreiz *m* -es, -e побуждение; der materiélle ~ материальная заинтересованность; ~ geben* побуждать, стимулировать

an|reizen *vt* 1. возбуждать; 2. побуждать, стимулировать; 3. соблазнять, подзадоривать, подстрекать

Anrichte *f* -, -n полубуфет, сервант

an|richten *vt* 1. приготовлять, стряпать *(пищу)*; 2. причинять, натворить *(бед и т. п.)*; Unheil ~ натворить бед; großen Schaden ~ причинить большие убытки; was hast du da angerichtet? что ты там натворил?; 3. *воен.* брать на "мушку"; наводить *(на какой-л. предмет)*

anrüchig *a* подозрительный, пользующийся дурной славой, одиозный; сомнительный

Anruf *m* -(e)s, -e 1. оклик; 2. вызов *(по телефону)*

an|rufen* *vt* 1. окликать; ◊ jmdn. um Hilfe ~ взывать к кому-л. о помощи; zum Zeugen ~ призвать в свидетели; das Gericht ~ обращаться в суд; 2. звонить, вызывать *(по телефону)*

ans = an das

Ansage *f* -, -n сообщение, извещение, объявление, оповещение

an|sagen I *vt* 1. объявлять *(что-л.)*; извещать *(о чём-л.)*; den Krieg ~ объявлять войну; seinen Besuch ~ предупредить о своём посещении [приезде]; 2. передавать *(по радио)*; II ~, sich извещать о своём прибытии [посещении]

Ansager *m* -s, - конферансье; диктор *(радио)*

an|sammeln I *vt* накапливать, сосредоточивать; II ~, sich накапливаться, собираться, концентрироваться

Ansammlung *f* -, -en накопление, скопление

ansässig *a* оседлый; проживающий; ~ sein *(in D)* постоянно проживать (в...)

Ansatz *m* -es, -sätze 1. приставка, насадка *(по какому-л. предмету)*; 2. осадок, наст, накипь, нагар; 3. склонность, предрасположение; ~ zur Korpulenz склонность к полноте; 4. изготовка; подход; попытка; auf den ersten ~ с самого начала, с первого захода; der ~ des Angriffs подготовка наступления; der ~ zu einer Aufgabe *мат.* подход к решению задачи

an|schaffen *vt* 1. заготавливать; 2. приобретать; покупать, доставать; 3. sich (D) etw. ~ обзаводиться чем-л.; Geld ~ раздобыть денег

Anschaffung *f* -, -en 1. приобретение; покупка; 2. заготовка

an|schauen *vt* 1. посмотреть, взглянуть; рассматривать *(кого-л., что-л.)*; 2. *филос.* созерцать

anschaulich *a* наглядный; jmdm. etw. ~ machen наглядно показать [объяснить] кому-л. что-л.

Anschaulichkeit *f* - наглядность; образность

Anschauung *f* -, -en воззрение, nach dieser ~ с этой точки зрения; es kommt auf die ~ an это зависит от точки зрения

Anschein *m* -(e)s вид, видимость; dem [allem] ~ nach по всей видимости, по-видимому; sich (D) den ~ geben* делать вид, притворяться

anscheinend I *a* мнимый; II *adv* по-видимому, кажется

an|schicken, sich собираться, намереваться *(что-л. сделать)*; er schickte sich an zu gehen он собирался пойти

Anschlag *m* -(e)s -schläge 1. афиша, объявление; 2. удар *(gegen A обо что-л.)*; *муз.* туше; 3. покушение; план, замысел; einen ~ gegen jmdn., gegen etw. (A) fassen [machen, schmieden] замышлять против кого-л., против чего-л.; einen ~ auf jmdn. machen покушаться на кого-л.; 4. смета; оценка; in ~ bringen* внести в смету

an|schlagen* I *vt* 1. прибивать, приколачивать; вывешивать; ein Plakat ~ вывесить плакат; 2. приметать; 3.: das

Gewehr ~ взять ружьё на изготовку; **4.** *муз.* ударять; **die Tasten ~** ударять по клавишам; **5.** *спорт.* ударять *(по мячу)*; подавать *(мяч)*; **6.** начинать; **ein Faß ~** начинать [открывать] бочку; **7.** оценивать, определять; **sein Leben nicht hoch ~** не дорожить своей жизнью; **zu hoch ~** переоценивать; II *vi* **1.** (h, s) *(an* A) удариться *(обо что-л.)*; **2.** зазвонить; **die Glocke hat angeschlagen** раздался звон колокола; **3.** залаять; **4.** запеть, засвистеть, защёлкать *(о птицах)*; **5.** подействовать *(о лекарстве)*; повлиять; **die Worte schlagen bei ihm nicht an** до него слова не доходят

anschlägig *a* ловкий, находчивый, изобретательный

an|schließen* I *vt* **1.** присоединять, привязывать; **den Hund ~** сажать собаку на цепь; **2.** присовокупить, добавить; II *vi* (s) **1.** затворяться, закрываться *(о двери)*; **2.** сидеть в обтяжку *(об одежде)*; плотно прилегать; **3.** *(an* A) быть связанным *(с чем-л.)*; III **~, sich** (D, an A) присоединяться *(к кому-л., к чему-л.)*; **darf ich mich Ihnen ~?** можно к Вам присоединиться?; **an den Park schließen sich Häuser an** к парку примыкают дома

anschließend *adv* непосредственно, после, вслед за...; **~ an die Sitzung** сразу после заседания

Anschluß I *m* -sses, -schlüsse **1.** присоединение; **2.** *тех.* подключение, связь; **direkter ~** связь по прямому проводу; **3.** *разг.* знакомство; **(bei jmdm.) ~ suchen** искать знакомства *(с кем-л.)*; **4.** согласованность расписаний поездов; **dieser Zug hat guten ~** с этого поезда удобно сделать пересадку; **5.: im ~ an...** (A) ссылаясь на...; в связи с...; вслед за...

Anschluß II *m* -sses "Аншлюс" *(насильственное присоединение Австрии к Германии 11–12.03.1938)*

an|schneiden* *vt* **1.** подрезать, надрезать; **2.** *тех.* нарезать; **eine Schraube ~** нарезать винт; **3.** затронуть, коснуться *(темы)*; **eine Frage ~** затронуть вопрос

Anschnitt *m* -(e)s, -е надрез; разрез

an|schreien* *vt* **1.** прикрикнуть, кричать *(на кого-л.)*; **2.** взывать *(к кому-л.)*; **jmdn. um Hilfe ~** взывать к кому-л. о помощи, звать кого-л. на помощь

Anschrift *f* -, -en **1.** адрес; **2.** надпись; заглавие

an|schwellen* I *vi* (s) **1.** набухать, вздуваться, пучиться; **2.** прибывать *(о воде)*; **der Fluß schwoll an** вода в реке прибыла; **3.** опухать, припухать, отекать; **4.** усиливаться, нарастать *(о звуке)*; II *vt* дуть, надувать, наполнять; **starker Regen hat den Fluß angeschwellt** от сильного дождя вода в реке поднялась [вышла из берегов]

an|schwemmen *vt* **1.** наносить течением *(песок)*; **2.** приносить *(течением)*, прибивать *(волнами)*

Anschwemmung *f* -, -en нанос, наплыв

an|sehen* *vt* **1.** (по)смотреть *(на кого-л., что-л.)*; осматривать, рассматривать *(кого-л., что-л.)*; **jmdn. schief ~** косо смотреть на кого-л.; **sich** (D) **etw. ~** рассматривать, осматривать, смотреть что-л.; **ich habe mir diesen Film angesehen** я посмотрел этот фильм; **2.: ~ für, ~ als** (A) принимать за, считать *(кем-л.)*; **sich für jmdn. ~ lassen*** выдавать себя за кого-л.; **wofür sehen Sie mich an?** за кого вы меня принимаете?; **3.: etw. mit ~** быть зрителем [свидетелем] чего-л.; **ich will es nicht länger mit ~** я не хочу больше терпеть этого; **4.: jmdm.** (D) **etw. ~** замечать [видеть] что-л. по кому-л.; **man sieht es ihm an, daß...** по нему видно, что...; **man sieht es dir an den Augen an** это видно по твоим глазам; **5.: es auf etw.** (A) **~** принимать что-л. в расчёт; **er sieht es auf einige Rubel nicht an** для него несколько рублей – пустяк [ничего не значат]

Ansehen *n* -s **1.** вид, внешность; **von [dem] ~ nach** по виду; **jmdn. von ~ kennen*** знать кого-л. в лицо; **2.** уважение, авторитет, вес; **sein ~ gebrauchen** использовать свой вес [авторитет]; **ohne der Person** не взирая на личности

ansehnlich *a* **1.** видный, представительный; именитый, важный; **2.** существенный, крупный, значительный; **eine ~e Beute** богатая добыча

an|seifen *vt* намыливать

Anselm Ансельм *(муж. имя)*

Ansélma Ансе́льма *(жен. имя)*

an|setzen I *vt* **1.** ставить, приставлять, подводить; **einen Hebel ~** подводить рычаг; **das Glas ~** подносить стакан ко рту; **Essen ~** ставить еду на огонь; **2.** надставлять, пришивать, прикреплять; **Knöpfe ~** пришивать пуговицы; **3.** устанавливать, назначать; **einen hohen Preis ~** назначать [установить] высокую цену; **4.** начинать *(что-л.)*, приниматься *(за что-л.)*; **einen Angriff ~** начать наступление; **die Feder ~** приняться писать; **5.** увеличиваться, расти; **Fleisch ~** полнеть; **Speck ~** жиреть; **Sprößlinge ~** пускать ростки; **6.:** etw. auf (A) ~ добиваться чего-л.; **er setzt es darauf an** он того и добивается; II *vi бот.* приниматься, распускаться

Ansgar Áнсгар *(муж. имя)*

Ansgard Áнсгард *(жен. имя)*

Ansicht *f* -, -en **1.** (*über* A) взгляд *(на что-л.)*; **ich bin der ~, daß...** я того мнения, что...; **meiner ~ nach** по моему мнению; **2.** вид, ландшафт

ansichtig *a*: **~ werden** (G) *высок.* заметить, увидеть *(кого-л., что-л.)*

Ansichts‖karte *f* -, -n открытка с видом

an|siedeln I *vt* поселять; II **~, sich** поселяться

Ansied(e)lung *f* -, -en **1.** поселение, колония; **2.** заселение, колонизация

Ansiedler *m* -s, - поселенец, колонист

an|siegeln *vt* скрепить печатью *(что-л.)*; поставить печать *(на что-л.)*

Ansinnen *n* -s, - чрезмерное требование; дерзость

an|spannen I *vt* **1.** натягивать *(струну)*; **2.** напрягать *(силы)*; **3.** запрягать *(лошадь)*; **4.** *перен.* обременять работой; II **~, sich 1.** натягиваться **2.** напрягаться

Anspannung *f* -, -en **1.** напряжение; **2.** запряжка *(лошадей)*

Anspiel *n* -(e)s, -е *карт.* начальный ход; **Ihr ~ !** Ваш ход!

an|spielen I *vt* **1.** начинать играть; **2.:** ein Instrument ~ *муз.* пробовать инструмент; II *vi* (*auf* A) намекать *(на что-л.)*

Anspielung *f* -, -en намёк

an|spitzen *vt* заострять, очинять; **angespitzt sein** *разг.* быть под хмельком

Ansporn *m* -(e)s стимул, импульс, побуждение; поощрение

an|spornen *n* **1.** пришпоривать *(лошадь)*; подгонять *(кого-л.)*; **2.** *перен.* стимулировать; побуждать, поощрять; **jmdn. durch Lob ~** поощрять кого-л. похвалой

Ansprache *f* -, -n обращение *(с речью)*; короткая речь, выступление; **eine ~ halten* [richten]** *(an jmdn.)* обратиться с речью *(к кому-л.)*

an|sprechen* I *vt* **1.** заговаривать *(с кем-либо)*; обращаться *(к кому-л.)*; **2.** *(um* A) обращаться с просьбой *(к кому-л.* о чём-л.)*; просить *(кого-л. о чём-л.)*; **3.** нравиться *(кому-л.)*; производить благоприятное впечатление *(на кого-л.)*; **das spricht ihn nicht an** это ему не нравится; II *vi* **1.:** bei jmdm. ~ посещать кого-л.; **bei einem Mädchen ~** делать предложение девушке; **2.** срабатывать *(о реле)*

ansprechend *a* привлекательный, приятный, интересный; **~es Äußeres** привлекательная [приятная] наружность

an|sprengen I *vt* **1.** подскакать *(к кому-л.)*; **2.** опрыскивать, обрызгивать, окроплять; **3.** подрывать, взрывать; II *vi* (s) *(тж.* **angesprengt kommen*)** прискакать, примчаться

an|springen* I *vi* **1.** *(тж.* **angesprungen kommen*)** подбежать вприпрыжку, подскакивать; **2.** заработать *(о моторе)*; **~ lassen*** включить, запустить, завести *(мотор)*; **3.** лопаться, трескаться; II *vt* бросаться, наскакивать *(на кого-л.)*

Anspruch *m* -(e)s, -sprüche притязание, претензия *(auf* A *на что-л.)*; требование, право; **~ erheben* [machen]** выдвигать требование, претендовать; **jmdn. in ~ nehmen*** отнимать у кого-л. время; **zu sehr in ~ genommen sein** быть слишком занятым

anspruchslos *a* невзыскательный

Anspruchs‖losigkeit *f* - непритязательность, невзыскательность, скромность

anspruchsvoll *a* требовательный; взыскательный

an|stacheln *vt* подстрекать

Anstalt *f* -, -en **1.** учреждение, заведение; **2.** *pl* меры, приготовления; **~en treffen* [machen]** готовиться, принимать меры; **ohne ~en** без особых приготовлений

Anstand *m* -(e)s **1.** приличие, манеры; ◊ **den ~ wahren** соблюдать правила приличия [хорошего тона]; **2.** замедление; сомнение, раздумье; **ohne (weiteren) ~** не раздумывая, безотлагательно

anständig *a* **1.** приличный, порядочный; **2.** значительный, порядочный; **ein ~es Auskommen** приличный заработок

Anständigkeit *f* - приличие; порядочность; порядочный поступок

Anstands‖frist *f* -, -en отсрочка *(платежа)*

anstandshalber *adv* ради приличия

anstandslos I *a* немедленный; безоговорочный; II *adv* безоговорочно

an|stapeln *vt (an* A) складывать штабелями *(у чего-л.)*

an|starren *vt* (неподвижно) уставиться *(на кого-л., на что-л.)*

anstatt I *prp* (G) взамен, вместо; **~ meiner** вместо меня; II *conj*: **~ daß** , **~** *(zu + inf)* вместо того, чтобы...

an|stäuben *vt биол.* опылять

an|stechen* *vt* **1.** накалывать; **2.** подзадоривать; соблазнять, задевать; **3.** *перен.:*

angestochen kommen* быть тут как тут; ◇ **angestochen sein** *разг.* быть под хмельком; **4.** начинать *(бочку пива, вина);* **5.** пускать в ход [в эксплуатацию]; **die Pumpe ~** пускать в ход насос

an|stecken *vt* **1.** прикалывать, накалывать, надевать *(кольцо);* **2.** зажигать; поджигать; **eine Zigarette ~** зажечь сигарету; **3.** *мед.* заражать, инфицировать; **4.** *перен.* заражать, увлекать; **sein Lachen hat alle angesteckt** его смех заразил всех; II **~, sich** *(bei* D) заражаться *(от кого-л.)*

ansteckend *a* **1.** *мед.* заразный, инфекционный; **2.** *перен.* заразительный; **~es Lachen** заразительный смех

Ansteckung *f* -, -en *мед.* заражение, инфекция

an|stehen* *vi* (h, s) **1.** стоять, находиться *(выше чего-л.);* **2.** приличествовать, подобать, подходить; **das steht mir nicht an** это мне не подобает; это ниже моего достоинства; **3.** быть к лицу; **das Kleid steht ihr gut an** это платье ей идёт; **4.** терпеть, ждать *(с чем-л.);* **die Sache kann noch einige Zeit ~** с этим можно ещё повременить; **5.** *(nach* D) стоять в очереди *(за чем-л.);* **6.** выслеживать *(дичь);* *перен.* выжидать, быть начеку

an|steigen* *vi* (s) **1.** подниматься, повышаться *(об уровне);* **das Gebirge steigt steil [sanft] an** гора поднимается круто [полого]; **2.** *ав.* взлетать; **3.** возрастать, увеличиваться; **die Arbeitslosigkeit stieg um 20 Prozent an** безработица возросла на 20 процентов; **4.:** **angestiegen kommen*** приближаться большими шагами

an|stellen I *vt* **1.** *(an* A) приставлять *(что-л. к чему-л.);* **2.** определять на службу, нанимать; **angestellt sein** состоять на службе; **3.** устраивать, сделать; **etw. so ~, daß...** устраивать так, чтобы...; **was hat er angestellt?** что он натворил?; **Betrachtungen ~** размышлять; **Vergleiche ~** проводить сравнение; **ein Verhör ~** учинить допрос; **Versuche ~** проводить опыты; **4.** включать *(радио и т. п.);* II **~, sich** **1.** притворяться *(кем-л., каким-л.);* **2.** *(nach* D) становиться в очередь *(за чем-л.)*

anstellig *a* **1.** ловкий, искусный, смышлёный; **2.** услужливый

Anstellung *f* -, -en **1.** приём на работу [службу]; **2.** место, должность; **eine feste ~ haben** иметь постоянное место работы [службы]

an|stemmen I *vt* упирать; II **~, sich** *(gegen* A) **1.** упираться *(во что-л.);* **2.** противиться *(чему-л.),* упираться

Anstieg *m* -(e)s, -e подъём, восхождение *(на гору)*

Anstifter *m* -s, -; **~in** *f* -, -nen подстрекатель, -ница; зачинщик, -щица

Anstiftung *f* -, -en затея; подстрекательство

an|stimmen *vt* запевать; затягивать *(песню);* заиграть *(на инструменте);* **den Ton ~** задавать тон; ◇ **ein Klagelied ~** плакаться

Anstoß *m* -es, -stöße **1.** толчок, удар; **2.** повод, стимул, побуждение; **den (ersten) ~ geben*** *(zu* D) дать толчок, побудить *(к чему-л.);* **3.: ohne ~** без запинки, беспрепятственно; **~ erregen** вызвать возмущение; **der Stein des ~es** камень преткновения

an|stoßen* I *vt* **1.** толкать, придвигать; **auf jmdn. [jmds. Wohl, jmds. Gesundheit] ~** пить за кого-л. [за чьё-л. здоровье]; **die Gläser [mit den Gläsern] ~** чокаться; **2.** пришивать, притачать; **eine Röhre an eine andere ~** насадить одну трубку на другую; **3.** *охот.:* **die Jagd ~** подать сигнал к началу охоты; II *vi* **1.** (s) *(an* A) ударяться *(обо что-л.);* задевать *(за что-л.);* (h) спотыкаться; **2.** (h) заикаться, запинаться; **mit der Zunge ~** шепелявить; **3.** (h) *(an* A) примыкать *(к чему-л.);* **4.** (h): **bei jmdm. ~** вызывать чьё-л. недовольство [обиду], шокировать кого-л.

anstoßend *a* смежный, соседний, граничащий; **das ~e Zimmer** соседняя комната

anstößig *a* предосудительный, непристойный

Anstößigkeit *f* -, -en предосудительность; неприличие, непристойность

an|streben I *vt* стремиться *(к чему-л.),* домогаться *(чего-л.);* II *vi (gegen* A) противиться *(чему-л.),* бороться *(с чем-л., против чего-л.);* **hoch ~** высоко метить

an|streichen* I *vt* **1.** окрашивать, (вы)красить; ◇ **jmdm. den Rücken blau ~** *разг.* намять кому-л. бока; **2.** отмечать; отчёркивать, подчёркивать; **rot ~** подчёркивать красным; ◇ **das werde ich dir ~!** *разг.* я это тебе припомню!; **3.** чиркнуть, зажечь *(спичку);* II **~, sich** *разг.* краситься, малеваться, гримироваться

Anstreicher *m* -s, - маляр; *пренебр.* мазила, пачкун

an|streifen *vi (an* A) задевать *(за что-л.);* слегка касаться *(чего-л.)*

an|strengen I vt 1. напрягать, утомлять; 2.: eine Klage [einen Prozeß] ~ (gegen A) *юр.* подавать жалобу *(на кого-л.),* возбуждать дело против *(кого-л.);* II ~, sich напрягаться, делать усилия, стараться
anstrengend *a* требующий напряжения, утомительный, напряжённый
Anstrengung *f* -, -en 1. напряжение, усилие; старание; alle ~en machen употреблять все усилия; 2. *тех.* нагрузка
Anstrich *m* -es, - 1. окраска, окрашивание; 2. вид, оттенок; einer Sache einen günstigen ~ geben* представить дело в благоприятном свете
Ansturm *m* -(e)s, -stürme натиск; приступ, штурм
an|stürmen I *vi* (s) мчаться, нестись вихрем; II *vt* броситься *(на кого-л., на что-л.);* штурмовать, брать штурмом
Ansuchen *n* -s, - просьба, ходатайство, прошение
antagonístisch <gr.-lat.> *a* антагонистический, противоположный, противный
Antárktika *f* - Антарктида
Antárktis *f* - Антарктика
antárktisch *a* антарктический, южнополярный; ~er Kreis Южный полярный круг
an|tasten *vt* 1. притрагиваться *(к чему-л.),* дотрагиваться *(до чего-л.),* ощупывать *(что-л.);* 2. посягать *(на что-л.),* нарушать *(права);* 3. затрагивать, задевать; ◇ einen guten Namen ~ запятнать доброе имя
Anteil *m* -(e)s, -e доля, часть, пай; участие; ◇ ~ nehmen* *(an D)* принимать участие *(в чём-л.)*
anteilmäßig I *a* соответствующий, пропорциональный; II *adv* соответственно, пропорционально
Anteilnahme *f* - 1. участие; 2. участие; сочувствие, симпатия; ~ an jmds. Unglück zeigen высказать сочувствие в чьём-л. несчастье
Anténne <lat.-it.> *f* -, -n антенна; ◇ er hat die richtige ~ dafür gehabt *разг.* он проявил чутьё в этом деле
Anthropologíe <gr.-lat.> *f* - антропология
anthropológisch <gr.-lat.> *a* антропологический
antifaschístisch <gr.-lat.-it.> *a* антифашистский
antík <lat.-fr.> *a* античный, древний
Antíke <lat.-fr.> *f* 1. античный мир; 2. античная культура; 3. -, -n древняя вещь, древность
Antíllen *pl* Антильские острова *(архипелаг в Вест-Индии, на З. Атлантического океана)*
Antimilitarísmus <gr.-lat.-fr.> *m* - антимилитаризм
antimilitarístisch <gr.-lat.-fr.> *a* антимилитаристский
Antipathíe <gr.-lat.> *f* - антипатия
antipáthisch <gr.-lat.> *a* антипатичный; противный
Antiquár <lat.> *m* -s -e антиквар; букинист
Antiquariát <lat.> *m* -(e)s, -e антикварный, букинистический магазин; антиквариат
antiquárisch <lat.> I *a* 1. антикварный, старинный; 2. букинистический, редкий; II *adv:* ein Buch ~ kaufen купить книгу у букиниста
Antiquität <lat.> *f* -, -en старинная вещь
Antisemít <gr.-lat.> *m* -en, -en антисемит
antisemítisch <gr.-lat.> *a* антисемитский
Antiséptikum <gr.-lat.> *n* -s, -ka антисептик
antiséptisch <gr.-lat.> *a* антисептический
Antizipatión <lat.> *f* -, -n антиципация, предвосхищение
Antlitz *n* -es -e *поэт.* лицо, лик
Antoným <gr.-lat.> *n* -s -e антоним
Antrag *m* -(e)s, -träge 1. предложение; einen ~ stellen [einbringen*] вносить предложение; einen ~ machen делать предложение *(девушке);* 2. ходатайство, прошение
an|tragen* I *vt* 1. предлагать, вносить (предложение); jmdm. seine Hand ~ предлагать руку, делать предложение; 2. приносить, подносить; 3. *диал.* доносить; 4. *стр.* накладывать *(раствор);* den Putz an die Wand ~ штукатурить стену; II *vi* ходатайствовать; auf Scheidung ~ ходатайствовать о разводе; III ~, sich предлагать свои услуги; die Gelegenheit trägt sich mir an мне представляется случай
an|trauen *vt* *(jmdm.)* венчать *(кого-л. с кем-л.)*
an|treffen* *vt* 1. заставать, находить *(кого-л. где-л.);* er ist niemals anzutreffen его никогда не застанешь (дома); 2. встречать; die selten anzutreffende Wendung редко встречающееся выражение
an|treiben* I *vt* 1. подгонять, торопить; zur Eile ~ торопить; 2. *тех.* пускать *(в ход),* приводить *(в действие, в движение);* den Herd ~ разжигать печь; 3. поощрять; заставлять, побуждать; die Not treibt ihn dazu an нужда заставляет его пойти на это; 4. пригонять, прино-

сить *(течением)*; **5.** набивать, вгонять, пригонять; **ein Brett ~** пригонять доску; **die Reifen ~** набивать обручи на бочку; **II** *vi* (s) **1.** (*б. ч.* **angetrieben kommen***) приплывать; **2.** пускать ростки
Antreiber *m* -s, - **1.** погонщик; **2.** подстрекатель, зачинщик
an|treten* I *vt* начинать; приступать; **eine Reise ~** отправляться в путешествие; **ein Amt ~** приступить к выполнению служебных обязанностей; **den Urlaub ~** идти в отпуск; **II** *vi* (s) **1.** становиться *(на исходную позицию)*; **zum Tanze ~** приготовиться к танцу; **2.** *воен.* строиться, построиться; **~!** становись! *(команда)*; **3.** *(gegen jmdn.)* *спорт.* выступить *(против кого-л. в состязании)*; **4. zur Prüfung ~** явиться на экзамен, сдавать экзамен; **5.** начать движение; **mit dem rechten Fuß ~** начинать с правой ноги; **6.** *тех.* запустить *(двигатель)*
Antrieb *m* -(e)s -e **1.** побуждение, стимул; импульс; **aus eigenem ~e** по собственному почину, добровольно; **2.** *тех.* тяга, передача
Antritt *m* -(e)s, -e **1.** начало, дебют; **2.** вступление *(в права, в должность)*; **~ eines Amtes** вступление в должность
an|tun* *высок.* *vt* **1.** надевать *(платье)*; **2.** оказывать, причинять, доставлять; **jmdm. Ehre ~** оказывать честь кому-л.; **jmdm. Schimpf ~** оскорблять кого-л.; **jmdm. Gewalt ~** учинить насилие над кем-л.; **jmdm. Leid ~** причинять боль кому-л.; **sich** (D) **Zwang ~** принуждать себя; **ich habe ihm manches angetan** я во многом виноват перед ним; **3.** преследовать цель, быть предназначенным; **diese Maßnahmen sind dazu [danach] angetan...** эти меры преследуют цель...
Antwerpen *(n)* -s Антверпен *(город в Бельгии)*
Antwort *f* -, -en ответ; **abschlägige [verneinende] ~** отказ, отклонение; ◇ **Rede und ~ stehen*** держать ответ
antworten *vi, vt* **1.** отвечать, давать ответ; **auf den Ruf ~** откликнуться, отозваться; **darauf läßt sich nichts ~** на это нечего ответить; **2.** реагировать, отвечать *(на раздражение)*
an|vertrauen *vt* доверять, вверять; **II ~, sich** *(jmdm.)* довериться *(кому-л.)*, быть откровенным *(с кем-л.)*
an|wachsen* *vi* (s) **1.** *(an* A) прирастать *(к чему-л.)*; **2.** нарастать, усиливаться, увеличиваться; **die Unruhe wuchs an** беспокойство нарастало; **3.: das Pferd ist angewachsen** лошадь с запалом
Anwachsen *n* -s возрастание, увеличение; прирост, усиление
Anwachsung *f* -, -en приращение, сращение
Anwalt *m* -(e)s -e/-wälte адвокат, поверенный
Anwaltschaft *f* -, -en адвокатура
Anwand(e)lung *f* -, -en припадок, приступ
Anwärter *m* -s, - кандидат, претендент *(auf* A, *zu* D на что-л.*)*; **~ des Todes** *разг.* кандидат на тот свет
Anwartschaft *f* -, -en **1.** кандидатура; **2.** виды на замещение вакансии
an|weisen* *vt* **1.** указывать, показывать; **2.** наставлять; обучать, инструктировать; **3.** назначать; предоставлять; **einen Platz [eine Wohnung] ~** отводить место [квартиру]; **4.** переводить, делать *(почтовый)* перевод; открывать кредит, ассигновать; **5.: auf etw. angewiesen sein** быть вынужденным к чему-л.; зависеть от чего-л.; **auf sich selbst angewiesen sein** быть предоставленным самому себе
Anweiser *m* -s, - **1.** указатель; **2.** инструктор
Anweisung *f* -, -en **1.** указание; наставление; инструкция; **2.** ордер; перевод *(почтовый)*
anwendbar *a* применяемый
an|wenden* *vt* употреблять, применять, использовать; **Sorgfalt ~** прилагать старание
Anwendung *f* -, -en применение, употребление, использование; **unter ~** *(von* D) с применением *(чего-л.)*
an|werben* I *vt* вербовать, нанимать, набирать *(рабочую силу и т. п.)*; **sich ~ lassen*** завербоваться, записаться на работу; **II** *vi* (*um* A) домогаться *(чего-л.)*
Anwerbung *f* -, -en вербовка
Anwesen *n* -s, - усадьба, (небольшое) владение
anwesend *a* присутствующий; **~ sein** присутствовать, быть налицо
Anwesende *subst m, f* -n, -n присутствующий, -щая
Anwesenheit *f* - присутствие, пребывание; **in [bei] ~ der Kinder** в присутствии детей
an|widern *vt* быть противным; возбуждать отвращение; **das widert mich an** мне это противно
Anwitterung *f* -, -en чутьё

an|wohnen *vi* жить по соседству
Anwuchs *m* -es, -wüchse **1.** прирост; **2.** *мед.* нарост
an|wurzeln I *vi* укореняться, пускать корни; **wie angewurzelt stehen*** стоять как вкопанный; II *vt* дать укорениться, внедриться
Anzahl *f* - (некоторое) количество [число]; множество; **eine geringe ~** немного, несколько
an|zahlen *vt* давать задаток; уплачивать в счёт *(чего-л.)*
Anzahlung *f* -, -en задаток, плата *(в счёт чего-л.)*
Anzeichen *n* -s - **1.** признак, примета, знак; предзнаменование, симптом *(von D чего-л.)*; **2.** *юр.* улика
Anzeige *f* -, -n **1.** извещение, уведомление, повестка; **2.** объявление; **3.** *юр.* показание; донос; **~ von etw. (D) machen [erstatten]** извещать [заявлять, доносить] о чём-л.
an|zeigen *vt* **1.** извещать, уведомлять; **2.** объявлять; **neue Bücher ~** объявлять об издании новых книг; **etw. in der Zeitung ~** поместить какую-л. публикацию в газете; **den Empfang ~** подтвердить получение; **3.** доносить *(на кого-л.)*; **4.** указывать, предсказывать; **das zeigt nichts Gutes an** это не предвещает ничего хорошего; **5.: es für angezeigt halten*** считать что-л. уместным; **diese Arznei ist hier angezeigt** здесь показано это лекарство
Anzeiger *n* -s - **1.** доносчик; **2.** указатель; **3.** вестник *(газета)*; **4.** отметчик, индикатор
an|zetteln *vt* **1.** *текст.* делать основу *(ткани)*, сновать; **die Faden ~** заправлять пряжу; **2.** затевать, замышлять; **einen Krieg ~** развязать [спровоцировать] войну
an|ziehen* I *vt* **1.** натягивать; притягивать; затягивать; **die Zügel ~** натягивать поводья; **die Tür hinter sich ~** прикрыть за собой дверь; **2.** *тех.* подвинтить *(гайку)*; зажимать; **3.** надевать, натягивать; **Kleider ~** надевать платье; **Stiefel ~** надевать сапоги; **4.** привлекать, интересовать; **5.** приводить *(что-л.)*; ссылаться *(на что-л.)*; **ein Zeugnis ~** приводить свидетельство; **ein Gesetz ~** ссылаться на закон; II *vi* **1.** (s) приближаться; **das Gewitter zieht an** надвигается гроза; **2.** (s) подниматься, расти; **die Preise ziehen an** цены растут; **3.** (h) тянуть; **die Pferde ziehen nicht an** лошади не тянут; **4.** (h) *шахм.* делать ход первым; III **~, sich** одеваться
anziehend *a* привлекательный, заманчивый, интересный
Anziehung *f* -, -en **1.** привлекательность; **2.** притяжение
Anziehungs‖kraft *f* -, -kräfte; **1.** *физ.* сила притяжения; **2.** привлекательность, притягательная сила
Anzug *m* -(e)s, -züge **1.** костюм, одежда; *воен.* обмундирование; **2.:** приближение; **ein Gewitter ist im ~** гроза надвигается
anzüglich *a* колкий, язвительный, с намёком *(на что-л.)*
Anzüglichkeit *f* -, -en колкость, язвительность; (оскорбительный) намёк
Anzünder *m* -s - **1.** поджигатель; *перен.* зачинщик; **2.** зажигалка
an|zwecken *vt* прикреплять кнопками
an|zweifeln *vt* сомневаться, усомниться *(в чём-л.)*
apart *<lat.-fr.>* I *a* **1.** отдельный; **ein ~es Zimmer** отдельная комната; **2.** оригинальный; особенный; изящный, привлекательный *(о девушке)*; II *adv* особняком, отдельно; **~ legen** отложить в сторону
Apathie *<gr.-lat.> f* - апатия
apáthisch *<gr.-lat.> a* апатичный
Apennin *m* см. **Apenninen**
Apenninen *pl* Апеннинские горы *(в Италии)*
Aperitif *<lat.-fr.> m* -(e)s, -s аперитив
Apfel *m* -s, Äpfel яблоко; ◊ **~ der Zwietracht** яблоко раздора; **es konnte kein ~ zur Erde fallen** яблоку негде было упасть
Apfel‖baum *m* -(e)s -bäume яблоня
Apfel‖saft *m* -(e)s -säfte яблочный сок
Apfelsíne *f* -, -n апельсин *(дерево и плод)*
Apfel‖wein *m* -(e)s сидр
Aphorismus *<gr.-lat.> m* -, -men афоризм
aphorístisch *<gr.-lat.> a* афористический
Aplomb [-'plõ:] *<fr.> m*, -s апломб, самоуверенность
apodiktisch *<gr.-fr.> a* аподиктический, неоспоримый, неопровержимый; не терпящий возражений
Apokalýpse *<gr.-lat.> f* -, -n апокалипсис; откровение
Apólda *(n)* -s Апольда *(г. в ФРГ, земля Тюрингия; известен своим колокольным производством и музеем колоколов)*
Apolónia Аполония *(жен. имя)*
Apolónius Аполониус/Аполоний *(муж. имя)*
Apóstel *<gr.-lat.> m* -s - апостол

apostólisch *a* апостольский; **~er Legat** *рел.* папский легат; **Apostolischer Stuhl** папский престол, папское [епископское] кресло
Apostróph <*gr.-lat.*> *m* -s, -е апостроф
Apothéke <*gr.-lat.*> *f* -, -n аптека
Apothéker *m* -s -; **~in** *f* -, -nen аптекарь, аптекарша
Apotheóse <*gr.-lat.*> *f* -, -n апофеоз
Apparát <*lat.*> *m* -(e)s -е аппарат; прибор, приспособление; **der ~ ist gestört** телефон испорчен
Appéll <*lat.-fr.*> *m* -s, -е 1. призыв, обращение, воззвание (*an* A *к кому-л.*); 2. перекличка, поверка, сбор; **den ~ abhalten*** делать перекличку
Appellatión <*lat.-fr.*> *f* -, -en апелляция
appellíeren <*lat.-fr.*> *vi* (*an* A) 1. (*wegen* G) подавать апелляцию (*кому-л.* о *чём-л.*); 2. обращаться с призывом (*к кому-л.*); апеллировать (*к кому-л.*)
Appenzell (*n*) -s Аппенцель (*кантон в Швейцарии*)
Appetít <*lat.*> *m* -(e)s, -е 1. аппетит; **guten ~!** приятного аппетита!; 2. желание, охота; **jmdm. den ~ nehmen*** отбить у кого-л. охоту
appetítanregend *a* вызывающий аппетит
appetítlich <*lat.*> *a* аппетитный; *перен.* заманчивый
Appláus <*lat.*> *m* -es, -е аплодисменты, рукоплескания; **stürmischer [brausender] ~** гром аплодисментов
Appositión <*lat.*> *f* -, -en *грам.* приложение, оппозиция
approbíeren <*lat.*> *vt* 1. одобрять, апробировать; 2. допускать к практике (*врача и т. п.*); **ein approbiertes Mittel** апробированное средство
Approximatión <*lat.*> *f* -, -en приближение
approximatív <*lat.*> *a* приблизительный, примерный
Aprikóse <*lat.-gr.-arab.-span.-fr.-niederl.*> *f* -, -n абрикос (*дерево и плод*)
Apríl <*lat.*> *m* -s -е апрель; ◊ **in den ~ schicken** подшутить над кем-л.
apropós [-'po:] <*fr.*> *adv* кстати, между тем
Aquaréll <*lat.-it.*> *n* -s, -е акварель, живопись акварельными [водяными] красками
Äquátor <*lat.*> *m* -s экватор
äquatoriál <*lat.*> *a* экваториальный
Äquilibríst <*lat.-fr.*> *m* -en, -en акробат, эквилибрист
äquivalént [-va-] <*lat.*> *a* эквивалентный
Äquivalént <*lat.*> *n* -(e)s, -е эквивалент

Äquivalénz <*lat.*> *f* -, -en эквивалентность, равноценность
Arabélla Арабэлла (*жен. имя*)
Aráber *m* -s, -; **~in** *f* -, -nen араб, -ка
Arabéske <*gr.-lat.-it.-fr.*> *f* -, -n арабеск(а)
Arábiǀen (*n*) -s Аравийский п-ов
arabisch *a* арабский; аравийский
Arálsee *m* -s Аральское море
Arbeit *f* -, -en работа, занятие, дело, труд; **berufliche ~** работа по специальности; **hauptamtliche ~** штатная работа; **ehrenamtliche ~** общественная работа; **sich an die ~ machen, an die ~ gehen*** приступать к работе, приниматься за дело; **sich vor keiner ~ scheuen** не бояться никакой работы
arbeiten I *vi* 1. работать, заниматься, трудиться; **an einem Gemälde ~** писать картину; 2. работать, действовать, функционировать; 3. бродить (*о пиве, вине*); подходить (*о тесте*); волноваться (*о море*); 4.: **jmdm. in die Hand ~** содействовать кому-л.; **gegen den Wind ~** бороться с ветром; II *vt*: **jmdn. zu Tode ~** замучить кого-л. до смерти непосильной работой; III **~, sich**: **sich krank ~** надорваться на работе
Arbeiter *m* -s - рабочий, работник; **ungelernter ~** чернорабочий; **geistiger ~** работник умственного труда
Arbeiterǁfluktuatión *f* -, -en текучесть рабочей силы
Arbeiterschaft *f* - рабочие, рабочий класс
Arbeiterǁschicht *f* -, -en рабочая прослойка
Arbeiterǁstamm *m* -(e)s -stämme кадровые рабочие
Arbeiterǁstand *m* -(e)s -stände рабочее сословие
Arbeiterǁversicherung *f* -, -en страхование рабочих
Arbeitgeber *m* -s - работодатель
Arbeitnehmer *m* -s - работающий по найму
arbeitsam *a* работящий, трудолюбивый
Arbeitsamkeit *f* - трудолюбие
Arbeitsǁamt *n* -(e)s, -ämter биржа труда
Arbeitsǁangebot *n* -(e)s, -е предложение работы
Arbeitsǁanstellung *f* -, -en трудоустройство
Arbeitsǁaufnahme *f* -, -n возобновление работы; начало работы
Arbeitsǁausfall *m* -(e)s -fälle простой (в работе)
Arbeitsǁauslastung *f* -, -en рабочая нагрузка
Arbeitsǁdienstpflicht *f* -, -en трудовая повинность

Arbeits‖einsatz *m* -(e)s -sätze работа, участие *(в какой-л.)* работе
Arbeits‖einstellung *f* -, -en 1. прекращение работы; 2. отношение к труду
arbeits‖fähig *a* работоспособный, трудоспособный
Arbeits‖gemeinschaft *f* -, -en 1. (деловое) сотрудничество, рабочее содружество; 2. кружок; комитет; трудовая община
Arbeits‖gericht *n* -(e)s, -e суд по трудовым конфликтам
Arbeits‖kraft *f* -, -kräfte рабочая сила; *pl* рабочие руки
Arbeits‖leistung *f* -, -en выработка; производительность труда
arbeitslos *a* безработный
Arbeitslosigkeit *f* - безработица
Arbeits‖markt *m* -(e)s -märkte рынок труда
Arbeits‖ordnung *f* -, -en правила внутреннего распорядка
Arbeits‖produktivität [-v-] *f* - эк. производительность труда
Arbeits‖recht *n* -(e)s -e законодательство о труде, трудовое право
arbeitsscheu *a* ленивый; уклоняющийся от работы
Arbeits‖schutz *m* -es охрана труда
arbeitsunfähig *a* нетрудоспособный, неработоспособный
Arbeits‖vermittlung *f* -, -en посредническая контора *(по приисканию работы)*
Arbeits‖versäumnis *n* -ses, -se невыход на работу, прогул
Arbeits‖vorgang *m* -(e)s -gänge трудовой процесс
Arbitráge [-зэ] <*lat.-fr.*> *f* -, -n арбитраж
archäisch <*gr.*> *a* архаический, старинный, древний
Archäológe <*gr.*> *m* -n, -n археолог
Archäologíe <*gr.*> *f* - археология
archäologisch <*gr.*> *a* археологический
Arche <*lat.*> *f* -, -n ковчег; **die ~ Nóahs** Ноев ковчег; **aus der ~ Nóahs** *ирон.* допотопный
Archipél <*gr.-it.*> *m* -s, -e архипелаг
Architékt <*gr.-lat.*> *m* -en, -en архитектор
architektónisch <*gr.-lat.*> *a* архитектурный
Architektúr <*gr.-lat.*> *f* -, -en архитектура
Ardénnen *pl* Арденны *(зап. продолжение Рейнских Сланцевых гор на территории Люксембурга)*
arg I *a* 1. дурной, злой; 2. грубый, большой, сильный; **~e Gedanken haben** злоумышлять; **im ~en liegen*** быть в плохом положении; **das ist zu ~!** это уже слишком!; II *adv* 1. зло; **jmdm. ~**
mitspielen сыграть с кем-л. злую шутку; 2. сильно, ✧ **es zu ~ treiben*** заходить слишком далеко; ≅ перегибать палку
Argentíni‖en (*n*) -s Аргентина *(гос-во в Юж. Америке)*
Argentíni‖er *m*, -s -; **~in** *f* -, -nen аргентинец, -нка
argentinisch *a* аргентинский
Ärger *m* -s досада, гнев; **aus ~** с досады, со зла; **zum ~** назло
ärgerlich *a* 1. сердитый, раздражённый; **~ sein** *(auf, über A)* злиться, сердиться *(на кого-л., на что-л.);* 2. досадный, неприятный; **es ist ~, daß...** досадно, что...
Ärgerlichkeit *f* - 1. см. **Ärger**; 2. раздражительность; 3. *pl* **~en** неприятности
ärgern I *vt* злить, сердить, раздражать; **es ärgert ihn** ему досадно; II **~, sich** *(über A)* сердиться, злиться *(на кого-л., на что-л.)*
Ärgernis *n* -ses, -se 1. неприятность, досада; 2. скандал; **ein öffentliches ~ geben*** вызвать публичный скандал
Arg‖list *f* - 1. коварство; 2. *юр.* заведомое искажение истины
arglistig *a* 1. коварный, лукавый; 2. *юр.* обманный, намеренный
arglos *a* 1. простодушный, доверчивый; 2. незлобивый
Arglosigkeit *f* - простодушие; незлобивость
Argumént <*lat.*> *n* -(e)s, -e аргумент
argumentieren <*lat.*> *vt* аргументировать, приводить доказательства
Arg‖wille *m* -ns злонамеренность
Argwohn *m* -(e)s подозрение, недоверие; **~ schöpfen [fassen]** подозревать; **~ gegen jmdn. hegen** питать недоверие к кому-л.
argwöhnisch *a* подозрительный, недоверчивый
Ari‖e <*it.*> *f* -, -n ария
Ari‖er *m* -s - ариец, индоевропеец
Aristokratíe <*gr.-lat.*> *f* -, -i‖en аристократия
aristokrátisch <*gr.-lat.*> *a* аристократический
Arithmétik <*gr.-lat.*> *f* - арифметика
arithmétisch <*gr.-lat.*> *a* арифметический; **~es Mittel** среднее арифметическое
Arktis <*gr.-lat.*> *f* - Арктика
arktisch <*gr.-lat.*> *a* арктический; **~er Kreis** Северный полярный круг
arm *a* 1. бедный *(an D чем.-л.);* неимущий; **~ werden** беднеть; **~ sein** *(an D)* нуждаться *(в чём-л.);* 2. бедный, не-

счастный; ~er **Schlucker** *разг.* бедняга; ~e **Ritter** *pl кул.* гренки
Arm *m* -(e)s, -e **1.** рука *(от кисти до плеча);* **unter dem ~** под мышкой; **~ in ~** рука об руку; **unter den ~ nehmen* [fassen]** взять под руку; **2.** ручка *(кресла);* **3.** плечо *(рычага)*
Armatúren‖brett *n* -(e)s -bretter распределительная доска
Arm‖band *n* -(e)s, -bänder браслет
Armband‖uhr *f* -, -en наручные часы (с браслетом)
Arm‖binde *f* -, -n повязка *(на руке)*
Arm‖brust *f* -, -brüste арбалет, самострел
Arme *subst m, f* -n, -n бедняк; бедный, бедная; бедняжка
Armée *<lat.-fr.> f* -, -méǀen армия, войско
Armée‖angehörige *subst m, f* -n, -n военнослужащий, -щая
Armée‖befehl *m* -(e)s, -e приказ по армии
Armée‖befehlshaber *m* -s, - командующий армией
Armée‖chef [-ʃɛf] *n* -s, -s начальник штаба армии
Armée‖kommando *n* -s, -s штаб армии
Armée‖hauptquartier *n* -s, -e штаб армии
Armée‖oberkommando *n* -s, -s штаб армии
Ärmel *m* -s, - рукав
Ärmel‖aufschlag *m* -(e)s, -schläge обшлаг
Ärmel‖kanal *m* -s пролив Ла-Манш (между Англией и Францией)
Ärmel‖schoner *m* -s, - нарукавник
Armen‖anstalt *f* -, -en; **~haus** *n* -es, -häuser приют для бедных, богадельня
Arméniǀen *(n)* -s Армения (гос-во на Кавказе)
Arméniǀer *m* -s, -; **~in** *f* -, -nen армянин, -ка
arménisch *a* армянский
Armgard Армгард *(жен. имя)*
Armin Армин *(муж. имя)*
ärmlich *a* жалкий, убогий; скудный *(о питании);* **eine ~e Existénz** жалкое существование; **ein ~es Auskommen haben** перебиваться кое-как
Ärmlichkeit *f* - скудность, бедность
armlos *a* безрукий
armselig *a* скудный, жалкий, убогий
Armseligkeit *f* - скудость, убогость
Arm‖sessel *m* -s, - кресло (с подлокотниками)
Arm‖spiegel *m* -s, - нарукавный знак
Armut *f* - бедность, нищета; **geistige ~** скудость ума; **mein bißchen ~** все мои пожитки
Armvoll *m* -, - охапка; **zwei ~ Reisig** две охапки хвороста
Arno Арно *(краткая форма муж. имён,* начинающихся на Arn-)
Arnold Арнольд *(муж. имя)*
Arnulf Арнульф *(муж. имя)*
Aróma *<gr.-lat.> n* -s, -men/-ta **1.** аромат, благоухание; **2.** букет *(о вине)*
aromátisch *<gr.-lat.> a* ароматный
Arrést *<lat.> m* -es, -e **1.** арест; **im ~ sein** быть под арестом; **2.** арест, секвестр, запрет; **dinglicher ~** вещный секвестр
Arrést‖zelle *f* -, -n арестантская; карцер
arretieren *<lat.-fr.> vt* арестовывать; *тех.* фиксировать
Arretierung *<lat.-fr.> f* -, -en **1.** арест; **2.** конфискация; **3.** *тех.* задержка, остановка; стопорное устройство
arrogánt *<lat.-fr.> a* надменный, заносчивый; дерзкий
Arrogánz *<lat.-fr.> f* - надменность, заносчивость
Arsch *m* -es, Ärsche *груб.* зад, задница
Arsén *<gr.-lat.> n* -s мышьяк
Arsenál *<arab.-it.> n* -s, -e арсенал, цейхгауз
Art *f* -, -en **1.** род, вид, сорт, порода; **von der ~** такого рода; **2.** способ, манера; **auf diese ~** таким образом; **auf eigene ~** по-своему
arteigen *a* родственный
Artériǀe *<gr.-lat.> f* -, -n артерия
artésisch *<fr.> a* артезианский
Arthur Артур *(муж. имя)*
artig I *a* **1.** послушный; **2.** вежливый, учтивый; II *adv* **1.** послушно; **2.** вежливо
Ártigkeit *f* -, -en учтивость, вежливость
Artíkel *<lat.> m* -s, - **1.** статья *(газетная);* **2.** товар, предмет; **3.** пункт *(договора и т. п.);* статья *(конституции);* **4.** *грам.* артикль
Artikulatión *<lat.> f* -, -en *лингв.* артикуляция
Artillerie *<fr.> f* -, -iǀen артиллерия *(мн. виды артиллерийского вооружения)*
Artillerie‖abteilung *f* -, -en артиллерийский дивизион
Artillerie‖schießplatz *m* -(e)s, -plätze полигон
Artillerie‖wirkung *f* -, -en действие артиллерийского огня
Artíst *<lat.-fr.> m* -en, -en акробат, артист эстрады [цирка, варьете]
Artístik *<lat.-fr.> f* - цирковое искусство; искусство эстрады [варьете]
artístisch *<lat.-fr.> a* акробатический, виртуозный
Artung *f* -, -en свойство; конституция
Artur Артур см. **Arthur**
Arwed Арвед *(муж. имя)*

Arznéi *f* -, -en; ~**mittel** *n* -s, - лекарство, медикамент; ~ **einnehmen*** принимать лекарство; **eine** ~ **verschreiben*** [**verordnen**] прописать лекарство
Arznei‖kunde *f* - фармацевтика
Arzneimittel‖kunde *f* -; ~**lehre** *f* - фармакология
Arzt *m* -es, Ärzte врач, доктор
Ärztin *f* -, -nen врач, доктор *(о женщине)*
ärztlich *a* врачебный, медицинский; ~ **behandeln** лечить; ~**e Verordnung** предписание врача
As <*lat.-fr.*> *n* Asses, Asse/Ässer **1.** карт. туз; **2.** мастер своего дела; ас
aschblond *a* пепельного цвета *(о волосах)*
Asche *f* -, -n пепел, зола; прах; **in** ~ **verwandeln** обращать в пепел; **in Schutt und** ~ **legen** сжечь до основания *(город)*
Aschen‖becher *m* -s, - пепельница
Aschen‖brödel *n* -s, - золушка; замарашка
Aschen‖krug *m* -(e)s, -krüge урна для праха
Aschen‖puttel *n* -s, - *см.* Aschenbrödel
Ascher‖mittwoch *m* -s "ашермитвох" *(среда на 1-й неделе великого поста)*
aschgrau *a* пепельный, пепельного цвета
Aserbaidshán *(n)* Азербайджан *(г-во на Кавказе)*
aserbaidshánisch [-dʒ-] *a* азербайджанский
Asi¦át <*lat.*> *m* -en, -en азиат
asiátisch <*lat.*> *a* азиатский
Asi¦en <*lat.*> *(n)* -s Азия *(континент)*
Askése <*gr.-lat.*> *f* - аскетизм
Askét <*gr.-lat.*> *m* -en, -en аскет
askétisch <*gr.-lat.*> *a* аскетический
Asówsches Meer *n* -es Азовское море *(на Ю.-З. Европейской части РФ и Ю.-В. Украины)*
Asphált‖presse <*gr.-lat.-fr.+lat.-fr.*> *f* - бульварная пресса
Aspík <*fr.*> *m, n* -(e)s, -e кул. желе
Aspiratión <*lat.*> *f* -, -en лингв. придыхание
aspiríert *a* лингв. придыхательный
Aspirín *n* -s аспирин
aß *impf от* essen*
Assimilatión <*lat.*> *f* -, -en ассимиляция; лингв. уподобление
Assisténz <*lat.*> *f* -, -en помощь, содействие; **unter** ~ **von...** при помощи...
Ast *m* -es, Äste сук, ветвь; ◊ **den** ~ **absägen, auf dem man sitzt** погов. подрезать сук, на котором сидишь
Aster <*gr.-lat.*> *f* -, -n астра
Ästhétik <*gr.-lat.*> *f* - эстетика
ästhétisch <*gr.-lat.*> *a* эстетический, эстетичный; ~**e Bildung** художественное воспитание
Asthma <*gr.-lat.*> *n* -s астма
asthmátisch <*gr.-lat.*> *a* астматический
Astrid Астрид *(жен. имя)*
Astrologíe <*gr.-lat.*> *f* - астрология
astrológisch <*gr.-lat.*> *a* астрологический
Astronaút <*gr.-lat.*> *m* -en, -en астронавт
Astronomíe <*gr.-lat.*> *f* - астрономия
astronómisch <*gr.-lat.*> *a* астрономический
Astúri¦en *(n)* -s Астурия *(геогр. местность на С. Испании)*
Asunción *(n)* -s Асунсьон *(столица Парагвая)*
Asýl <*gr.*> *n* -s, -s убежище, приют; **politisches** ~ **finden*** (*in* D) найти политическое убежище
Asylánt <*gr.-fr.*> *m* -en, -en **1.** обитатель ночлежного дома; **2.** лицо, получившее политическое убежище
Asymmetríe <*gr.-lat.*> *f* -, -i¦en асимметрия
asymmétrisch <*gr.-lat.*> *a* асимметрический
asýrisch *a* ист. ассирийский
Atelier [liˈeː] <*lat.-fr.*> *n* -s, -s ателье, мастерская; **der Film geht ins** ~ начинаются съёмки фильма
Atem *m* -s; дыхание, дух; **kurzer** ~ одышка; **das benimmt einem den** ~ от этого дух захватывает; **den** ~ **anhalten*** задерживать дыхание; **den** ~ **holen** [**schöpfen**] передохнуть, перевести дух; **außer** ~ **kommen*** задыхаться; **mit verhaltenem** ~ затаив дыхание; **in einem** ~ одним духом
Atem‖beschwerde *f* -, -n удушье, затруднённое дыхание
atemlos I *a* **1.** запыхавшийся; **2.** бездыханный; ~**e Stille** немая тишина; II *adv* запыхавшись
Atem‖not *f* -, -nöte одышка; удушье
Atem‖pause *f* -, -n передышка; **eine** ~ **einlegen** делать передышку
Atem‖zug *m* -es, -züge вдыхание, вдох; **bis zum letzten** ~ до последнего издыхания
Athe¦ismus <*gr.-lat.*> *m* - атеизм
athe¦ístisch <*gr.-lat.*> *a* атеистический
Äther <*gr.-lat.*> *m* -s эфир
äthérisch <*gr.-lat.*> *a* эфирный
Äthióhpi¦en <*gr.*> *(n)* -s Эфиопия *(гос-во в Вост. Африке)*
Äthióhpi¦er <*gr.*> *m* -s, -; ~**in** *f* -, -nen эфиоп, -ка
äthióhpisch <*gr.*> *a* эфиопский
Athlét <*gr.-lat.*> *m* -en, -en; ~**in** *f* -, -nen атлет, -ка

Athlétik <gr.-lat.> f - атлетика
athlétisch <gr.-lat.> a атлетический
Atlántik <gr.-lat.> m -s Атлантический океан (ограничен с В. – Европой и Африкой, с З. – Сев. и Юж. Америкой, с Ю. – Антарктидой)
Atlántik‖wall m -s "Атлантический вал" (система укреплений, созданных фаш. Германией в 1942–44 вдоль европейского побережья)
Atlántis <gr.-lat.> f - Атлантида
atlántisch <gr.-lat.> a атлантический
Atlántischer Ozean m -s см. Atlántik
Atlas I <arab.> m -/-ses, -se атлас (материя)
Atlas II <gr.-lat.> m -/-ses, -lánten атлас (географический)
Atlas III m Атласские горы (в Северной Африке)
atmen I vi дышать, жить; II vt дышать чем-л.; **reine Luft** ~ дышать чистым воздухом
Atmosphäre <gr.> f -, -n атмосфера
atmosphärisch <gr.> a атмосферный, атмосферический
Atmung f -, -en дыхание
Atmungs‖organe pl органы дыхания
Ätna m -s Этна (действующий вулкан на В. о-ва Сицилия)
Atóll <malai.-engl.-fr.> n -s, -s атолл, коралловый остров
Atóm <gr.-lat.> n -s, -e атом; **markierte ~e** физ. меченые атомы
atomár <gr.-lat.> a атомный, атомарный; **~e Waffen** атомное оружие
Atóm‖bombe f -, -n атомная бомба
Atóm‖energie f -, i|en атомная энергия
atomístisch <gr.-lat.> a атомистический
Atómkern‖zertrümmerung f -, -en расщепление атомного ядра
Atóm‖kraftwerk n -(e)s, -e атомная электростанция
Atóm‖waffe f -, -n ядерное оружие
atonál <gr.-lat.> a муз. атональный
Attaché [-'ʃə] <fr.> m -s атташе
Attentát <lat.-fr.> n -(e)s, -e покушение; **ein ~ auf jmdn. begehen* [verüben]** совершить покушение на кого-л.
Atten‖täter m -s, - совершивший покушение
Atter‖see m -s Аттерзе (оз. в Австрии <земля Верхняя Австрия>)
Attribút <lat.> n -(e)s, -e 1. свойство, признак, атрибут; 2. грам. определение, атрибут
atzen vt охот. подкармливать дичь
ätzen vt 1. травить, прижигать; гравировать; 2. разъедать

Ätzung f -, -en травление (едким веществом)
au! int ай!, ой!
auch conj также, тоже; **wenn ~** хотя (бы) и; **sowohl... als ~** как..., так и...; и... и...; **wie ~** как бы ни....; **wie dem ~ sei** как бы то ни было; **wer ~** кто бы ни; **~ der beste** даже самый лучший
Audiénz <lat.> f -, -en аудиенция, приём; **~ erteilen** давать аудиенцию
Auditórium <lat.> n -s, -ri|en аудитория
Aue f -, -n луг, долина
Auerbachs Keller m -s "Ауэрбахскеллер" (старинный винный погребок в Лейпциге, по преданию, его посещали Фауст и Мефистофель)
Auerhahn m -(e)s, -hähne зоол. глухарь
auf I prp 1. (D на вопрос "где?") на, в, по; **~ dem Tisch** на столе; **~ dem Lande** в деревне; 2. (А на вопрос "куда?") на, в, по; **~ die Straße gehen*** идти на улицу; **~s Land fahren*** ехать в деревню; 3.: **~ den ersten Blick** с первого взгляда; **~ Wunsch** по желанию; **~ diese Weise** таким образом; **~ jeden Fall** во всяком случае; **~ deutsch** по-немецки; **~ etw. antworten** отвечать на что-л.; **~ jmdn. anstoßen*** пить за кого-л.; II conj: **~ daß...** чтобы; III adv вверх; туда; **von... ~** с...; **von klein ~** с детства; **sich ~ und davon machen** убежать, скрыться; **~ und ab** взад и вперёд; **~!** встать!
auf‖arbeiten I vt 1. оканчивать работу; **einen Stoß Briefe ~** просмотреть пачку писем; **die Vorräte ~** израсходовать запасы; **Rückstände ~** ликвидировать задолженность; 2. подновлять, обновлять (платье, мебель и т. п.); II ~ **sich** с усилием [с трудом] подняться
Aufbau m -(e)s, -ten 1. сооружение; строительство, построение; 2. надстройка; 3. композиция, структура; **~ des Buches** композиция книги
auf‖bauen I vt 1. сооружать, строить (тж. перен.); **Zelte ~** разбивать палатки; 2. надстраивать; 3. организовывать; **eine Kooperative ~** организовывать [создавать] кооператив; 4. израсходовать при строительстве; II vi основываться; **der Plan baut darauf auf, daß...** план основан на том, что...; III ~, **sich** занять пост [место]
auf‖begehren vi (gegen A) горячо протестовать, ополчиться (против кого-л., чего-л.); восстать, возмутиться
auf‖bekommen* vt 1. получить задание; **was haben wir für [zu] morgen ~?** что нам задали на завтра?; 2. (с усилием)

открыть *(дверь и т. п.)*; **3.** (с трудом) надеть *(шапку)*
auf|bessern *vt* улучшать, повышать *(зарплату)*
Aufbesserung *f* -, -en **1.** улучшение; **2.** повышение *(зарплаты)*
auf|bewahren *vt* хранить, сберегать; **zum Andenken ~** сохранить *(что-л.)* на память
Aufbewahrung *f* -, -en хранение, сохранение, сбережение
auf|brechen* I *vt* **1.** взламывать *(дверь)*; вскрывать *(письмо)*; **2.** с.-х. вспахивать; II *vi* (s) **1.** вскрываться *(о реке)*; бот. распускаться; мед. прорываться *(о нарыве)*; **2.** отправляться в путь; воен. выступать
auf|bringen* *vt* **1.** (с усилием) открывать *(дверь и т. п.)*; **2.** поднимать; **3.** доставать, добывать; заготовлять; **eine Geldsumme ~** достать [добыть] сумму денег; **Kraft ~** собраться с силами; **den Mut ~** собраться с духом; **4.** захватывать *(судно на море)*; **5.** раздражать, выводить из себя, сердить
Aufbruch *m* (e)s, -brüche **1.** взлом; **2.** уход, отъезд *(гостей)*; воен. выступление *(войск)*
auf|bürden *vt* взваливать *(что-л. на кого-л.)*; **jmdm. Steuern ~** обложить кого-л. налогами
auf|drängen I *vt* навязывать; II **~, sich** навязываться, напрашиваться; **ein Vergleich drängt sich auf** напрашивается сравнение
aufdringlich *a* назойливый, навязчивый
Aufdringlichkeit *f* - назойливость, навязчивость, прилипчивость
aufeinánder *adv* один за другим; друг на друга
Aufeinánderfolge *f* -, -en последовательность
aufeinánderfolgend *a* последовательный
Aufenthalt *m* (e)s, -e местопребывание; стоянка; остановка
auf|erstehen* *vi* (s) воскресать
Auferstehung *f* - воскресение; восстание из мёртвых; *перен. тж.* возрождение; **die ~ Christi** *рел.* Воскресение Христово
Auffahrt *f* -, -en **1.** подъезд, въезд; **2.** подъём
auffallen* *vi* (s) бросаться в глаза; поражать, удивлять
auf|fallend, auffälig I *a* поразительный, бросающийся в глаза; **ein ~er Unterschied** заметная разница; **~e Ähnlichkeit** поразительное сходство; II *adv*

sich ~ kleiden крикливо [эксцентрично] одеваться
auf|fassen *vt* **1.** соображать, понимать, воспринимать, схватывать; **verschieden ~** толковать по-разному; **2.** поднимать *(петли)*; **Perlen ~** нанизывать жемчуг
Auffassung *f* -, -en понимание, восприятие; мнение; **in dieser ~** с этой точки зрения; **er ist der ~, daß ...** он считает, что...
Auffassungs||fähigkeit *f* -, -en; **~gabe** *f* -, -n; **~ kraft** *f* -, -kräfte; **~vermögen** *n* -s, - сообразительность, понятливость, способность к усвоению
auf|flammen *vi* (s) воспламеняться, загораться, зажигаться *(тж. перен.)*
Aufflug *m* -(e)s, -flüge **1.** *ав.* взлёт, подъём; **2.** порыв
auf|fordern *vt* (*zu* D) **1.** приглашать *(на что-л.)*; **zum Tanz ~** приглашать на танец; **2.** вызывать, призывать *(к чему-л.)*; **zur Ruhe ~** призывать к спокойствию; **zur Erklärung ~** требовать объяснений
Aufforderung *f* -, -en **1.** приглашение; **2.** вызов, требование
Aufführung *f* -, -en **1.** возведение, сооружение; **2.** спектакль, постановка, представление; **ein Stück zur ~ bringen*** поставить пьесу; **3.** поведение
Aufgabe *f* -, -n **1.** задача, проблема; **eine ~ lösen** решить задачу; **2.** задание, урок; **3.** прекращение *(дела)*; **4.** место сдачи *(багажа, писем и т. п.)*; **5.** *спорт.* подача *(волейбол)*
Aufgang *m* -(e)s, -gänge **1.** подъём; **2.** восход; **3.** лестница, вход
aufgebauscht *a* вздутый
auf|geben* *vt* **1.** задавать *(урок)*, давать *(поручение и т. п.)*; **2.** отказываться *(от чего-л.)*; **die Hoffnung ~** оставить [потерять] надежду; **das Amt ~** отказаться от должности; **den Streit ~** прекратить спор; **3.** *спорт.* проиграть; *шахм.* сдавать партию; **4.** *спорт.* сдавать *(волейбол)*; **5.** сдавать *(багаж, письма и т. п.)*
aufgeblasen *a* **1.** надутый; **2.** чванный, надменный, самодовольный
Aufgebot *n* -(e)s, -e **1.** объявление; оглашение *(вступающих в брак)*; **2.** наряд *(полиции)*; **3.** призыв *(на военную службу)*; ◇ **unter ~ aller Kräfte** изо всех сил, напрягая все силы
aufgebracht *a* взбешенный, рассерженный, возмущённый; **~ sein (über** A) быть взволнованным [возмущённым] *(чем-л.)*; **~ werden** прийти в раздраже-

ние; **gegen jmdn. ~** сердитый на кого-л., возмущённый кем-л.

aufgedunsen *a* распухший

auf|gehen* *vi* (s) 1. восходить *(о солнце);* появляться *(о звёздах);* 2. подниматься; **der Vorhang geht auf** занавес поднимается; **ein starker Wind geht auf** поднимается сильный ветер; **der Teig geht auf** тесто подходит; 3. открываться, распахиваться *(о двери и т. п.);* **die Augen gingen mir auf** у меня открылись глаза, я прозрел; 4. *мед.* прорваться *(о нарыве);* открываться *(о ране);* 5. *бот.* распускаться *(о почках);* 6. развязываться, распарываться; расстёгиваться; распускаться; 7. *мат.* делиться; **ohne Rest ~** делиться без остатка; **fünf geht in neun nicht auf** девять не делится на пять; 8. расходоваться; 9. быть поглощённым чем-л. *(in D)*; **in der Arbeit ~** с головой уйти в работу

aufgeklärt *a* 1. просвещённый; 2. *(über* A) осведомлённый *(о чём-л.)*

Aufgeld *n* -(e)s, -er 1. надбавка; 2. задаток

aufgelegt *a* 1. склонный, расположенный *(zu* D *к чему-л.);* **er ist gut ~** он в хорошем настроении; 2. явный, очевидный; **ein ~er Schwindel** явный обман

aufgelöst *a* растворённый, разведённый, распущенный; **in Tränen ~ sein** обливаться слезами

aufgeräumt *a* 1. весёлый, возбуждённый; 2. убранный *(о комнате)*

aufgeregt *a* взволнованный

aufgeschossen *a* долговязый

aufgestülpt *a* вздёрнутый; **eine ~e Nase** вздёрнутый нос

aufgetakelt *a* 1. разряженный, расфуфыренный; 2. оснащённый

aufgeweckt *a* смышлёный, бойкий

auf|greifen* I *vt* 1. подхватывать *(тж. перен.);* **einen Vorschlag ~** подхватить предложение; 2. схватывать *(вора);* захватывать; II *vi* напасть на след *(о собаке-ищейке)*

Aufguß *m* -sses, -güsse настой(ка), заварка *(чая и т. п.)*

auf|halten* I *vt* 1. задерживать, останавливать, арестовывать; 2. задерживать, удерживать; **dieser Prozeß ist nicht aufzuhalten** нельзя помешать этому процессу; 3. держать открытым; **die Augen ~** не смыкать глаз; II ~, **sich** 1. задерживаться, пребывать, пробыть, оставаться; водиться *(о животных);* **sich im Freien ~** быть на воздухе; 2. *(bei* D) останавливаться *(на чём-л.);* 3. *(über* A) возмущаться *(кем-л., чем-л.),* критиковать

auf|hängen I *vt* 1. вешать, развешивать; 2. *разг.* врать; **jmdm. etwas [eine Lüge, ein Märchen] ~** рассказывать сказки [небылицы] кому-л.; 3. повесить *(кого-л.);* II ~, **sich** повеситься

Aufhänger *m* -s, - вешалка

Aufhäufung *f* -, -en 1. нагромождение; 2. *эк.* накопление

auf|heben* I *vt* 1. поднимать; 2. прекращать, оканчивать; **die Sitzung ~** закрыть заседание; **die Schule ~** закрыть школу; 3. отменять, упразднять, ликвидировать; **ein Gesetz ~** отменять закон; **ein Verbot ~** снять запрет; 4. вылавливать, ликвидировать *(банду);* **einen Dieb ~** изловить вора; 5. раскрывать *(заговор);* 6. сохранять, обеспечивать; устраивать; **seine Sachen ~** убирать вещи для сохранности; **er ist hier gut aufgehoben** он здесь хорошо устроен; 7. *мат.* сокращать; **einen Bruch ~** сокращать дробь; II ~, **sich** *мат.* взаимно уничтожаться

Aufheben *n* -s 1. поднятие, подъём; 2. отмена; ◇ **viel ~s machen** *(von* D, *um* A) поднимать много шуму *(по поводу чего-л.)*

Aufhebung *f* -, -en 1. отмена, уничтожение, упразднение; 2. поднятие; 3. *мат.* сокращение; взаимное уничтожение; 4. сбережение, хранение

auf|heitern I *vt* (раз)веселить; рассеивать *(чью-л.)* грусть; II ~, **sich** 1. развеселиться; 2. проясниться *(о погоде)*

Aufheiterung *f* -, -en прояснение *(погоды)*

Aufhetzerei *f* -, -en подстрекательство, натравливание

auf|hören *vi* 1. переставать, прекращаться; **es hat aufgehört zu regnen** дождь перестал; 2. *(mit* D) кончать *(что-л.);* **hören Sie endlich auf!** да прекратите же наконец!

Aufkauf *m* -(e)s, -käufe скупка, закупка; перекупка

auf|kaufen *vt* скупать; перекупать

Aufkäufer *m* -s, -; **~in** *f* -, -nen скупщик, -щица; перекупщик, -щица

aufklappbar *a* откидной *(сиденье и т. п.)*

auf|klären I *vt* 1. выяснять; **ein Mißverständnis ~** выяснить недоразумение; **ein Geheimnis ~** раскрыть тайну; 2. объяснять, разъяснять; 3. *(über* A) просвещать *(кого-л. относительно чего-л.);* **jmdn. über einen Irrtum ~** разъяснить кому-л. ошибку; 4. агитировать; 5.

хим. очищать; **6.** *воен.* разведывать *(местность, обстановку);* II ~, **sich** проясняться *(о погоде, тж. перен.);* **es hat sich aufgeklärt** 1) дело выяснилось; 2) (небо) прояснилось
Aufklärer *m* -s, - **1.** *ист.* просветитель; **2.** *воен.* разведчик
Aufklärung *f* -, -en **1.** разъяснение, объяснение; ~ **eines Verbrechens** раскрытие преступления; **2.** *воен.* разведка; **3.** просвещение; **4.** *хим.* очистка, клерование
auf|kleben *vt* наклеивать, расклеивать
auf|kommen* *vi* (s) **1.** подниматься; **2.** выздоравливать; **3.** *биол.* вырастать; *бот.* всходить, прорастать; **4.** *спорт.* выдвигаться; **der Sportler kommt stark auf** этот спортсмен быстро выдвигается; **5.** возникать, появляться; **ein Verdacht kam auf** появилось подозрение; **6.** сравняться, догнать; **gegen jmdn. nicht ~ können** не быть в состоянии сравняться с кем-л.; **7.** *(für* A*)* ручаться, отвечать *(за кого-л., что-л.);* возмещать *(расходы, ущерб)*
auf|laden* *vt* **1.** нагружать, грузить; **den Wagen ~** нагружать вагон; **alle Verantwortung auf jmdn. ~** возложить на кого-л. всю ответственность; **2.** заряжать *(аккумулятор, батарею)*
Auflage *f* -, -n издание, тираж *(книги)*
Auflauf *m* -(e)s, -läufe **1.** стечение, скопление *(народа);* **2.** волнение, мятеж; **3.** воздушный пирог; суфле
auf|laufen* *vi* (s) **1.** вздуваться, набухать; опухать; **2.** набегать; накатываться *(о волнах);* **3.** прорастать, всходить *(о растениях)*
Auflockerung *f* -, -en ослабление; (раз)рыхление
auflösbar *a* **1.** поддающийся решению; сокращаемый *(о дроби);* **2.** *хим.* растворимый
auf|lösen I *vt* **1.** развязывать, распутывать *(узел);* распускать, расплетать *(волосы);* **2.** решать *(уравнение);* решать *(вопрос и т. п.);* **die Klammern ~** раскрывать скобки; **3.** *хим.* растворять, разлагать; **4.** *мат.* сокращать *(дробь);* **5.** прекращать; расторгать *(договор, брак и т. п.);* **6.** распускать *(организацию и т. п.);* расформировать *(военную часть и т. п.);* **7.** *полигр.* рассыпать *(набор);* II **~, sich 1.** растворяться; **sich in Tränen ~** залиться слезами; **2.** разрешаться; **die Sache löste sich von selbst auf** дело разрешилось само собой; **3.** (само)распускаться *(об организациях и т. п.)*

Auflösung *f* -, -en **1.** развязывание; **2.** решение *(задачи);* **3.** роспуск *(парламента);* **4.** *хим.* растворение, раствор; **5.** *юр.* расторжение *(брака, союза)*
auf|machen I *vt* **1.** открывать, **den Brief ~** вскрывать письмо; **machen Sie die Augen auf!** раскройте глаза!; **2.** придавать *(какой-л.)* вид *(чему-л.);* оформлять; **eine elegant aufgemachte Frau** элегантно одетая женщина; **3.** приделывать, прилаживать, вешать; **Vorhänge ~** вешать шторы; **4.** освещать *(в печати);* **etw. tendenziös ~** тенденциозно освещать что-л.; II **~, sich** открываться
Aufmachung *f* -, -en **1.** оформление; внешний вид; ~ **eines Theaterstückes** оформление пьесы; **2.** *ком.* упаковка; **3.** *муз.* аранжировка
Aufmarsch *m* -(e)s, -märsche выступление *(войск);* демонстрация
auf|marschieren *vi* (s) выходить на демонстрацию; *воен.* развёртываться *(о войсках)*
aufmerksam I *a* **1.** внимательный; **jmdn. auf etw. (**A**) ~ machen** обращать чьё-л. внимание на что-л.; **2.** внимательный, любезный; II *adv* **1.** внимательно; **2.** любезно
Aufmerksamkeit *f* -, -en **1.** внимание; **einer Sache ~ schenken** уделять чему-л. внимание; **2.** *pl* внимательность, любезность, предупредительность; ~ **erweisen*** оказывать знаки внимания
auf|muntern *vt* **1.** ободрять, поощрять; **2.** разбудить, прогонять сон
Aufmunterung *f* -, -en ободрение, поощрение
Aufnahme *f* -, -n **1.** приём; **2.** восприятие; **3.** заём *(денег);* **4.** *фото* фотография, снимок; съёмка; **5.** запись *(на плёнку);* **6.** возобновление *(работы, выпуска продукции)*
aufnahmefähig *a* **1.** ёмкий, вместительный; **2.** восприимчивый; способный воспринимать
Aufnahme||fähigkeit *f* -, -en **1.** восприимчивость; **2.** ёмкость, вместительность
auf|nehmen* *vt* **1.** поднимать, **Maschen ~** поднимать петли; **2.** принимать, встречать *(гостей);* **gastlich ~** гостеприимно принимать [встречать]; **3.** принимать *(в организацию и т. п.),* включать *(в документы и т. п.);* **als Mitglied ~** принимать в члены; **in den Spielplan ~** включать в репертуар; **ins Protokoll ~** вносить в протокол; **4.** принимать *(пищу);* **5.** воспринимать; **etw. beifällig ~** воспринять что-л. одобрительно; **als**

Beleidigung ~ считать за оскорбление; **6.** (*тж.* **in sich** ~) вмещать, вбирать, поглощать; **das kann mein Gedächtnis nicht** ~ моя память не может этого вместить; **7.** начинать; **Verhandlungen** ~ начать переговоры; **8.** занимать, одалживать; **9.** *фото* снимать, фотографировать; **10.** записывать (*на плёнку*); **11.** установить (*связь*); **die Spur** ~ напасть на след; **12.**: **es mit jmdm.** ~ мериться силами с кем-л.

Aufnehmer *m* -s, - *тех.* приёмщик, поглотитель

auf|opfern I *vt* (по)жертвовать; II ~, **sich** жертвовать собой; посвящать себя (*какому-л. делу*)

aufopfernd *a* самоотверженный

Aufopferung *f* -, -en (само)пожертвование

aufopferungsvoll *a* самоотверженный

auf|passen I *vi* **1.** быть внимательным; **paß auf!** слушай внимательно!; **2.** быть настороже; **paß(t) auf!** внимание!, осторожно!; **3.** (*auf* A) наблюдать, присматривать (*за кем-л., чем-л.*); **4.** (*jmdm.*) подстерегать (*кого-л.*);

auf|passen II *vt тех.* прилаживать, пригонять; **jmdm. einen Hut [ein Kleid]** ~ примерять кому-л. шляпу [платье]

Aufpasser *n* -s, - надсмотрщик, надзиратель

auf|picken *vt* расклёвывать, подбирать клювом, склёвывать

auf|plustern, sich 1. нахохлиться (*о птицах*); **2.** *разг.* хвастаться; важничать

auf|räumen I *vt* **1.** убирать, прибирать (*комнату*); **2.** упразднять, устранять, ликвидировать (*что-л.*); распродать (*товар*); II *vi* **1.** наводить порядок (*в комнате*); **2.** (*mit* D) покончить (*с чем-л.*); **mit seinen falschen Ansichten** ~ переменить неправильные взгляды; **3.** расходовать (*запасы*); **4.** (*in* D, *unter* D) производить чистку (*аппарата и т. п.*); **5.** *тех.* расчищать

Aufräumung *f* -, -en **1.** уборка, очистка; наведение порядка; **2.** устранение, ликвидация

aufrecht I *a* **1.** прямой; стройный; **2.** прямой, честный; **ein ~er Charakter** прямой характер; II *adv* прямо; стоймя, вертикально; ~ **stehen*** стоять прямо; **den Kopf** ~ **halten*** держать голову прямо; *перен.* не терять бодрости [мужества]

aufrecht||erhalten* *vt* поддерживать, сохранять (*в силе*)

Aufrechterhaltung *f* - поддержание; сохранение (*в силе*); **die** ~ **des Vertrages** сохранение договора в силе

auf|regen I *vt* волновать, возбуждать; нервничать; II ~, **sich** (*über* A) волноваться, возбуждаться; нервничать (*из-за чего-л.*)

Aufregung *f* -, -en волнение, возбуждение; **jmdn. in** ~ **bringen*** привести в волнение, взволновать кого-л.

auf|reiben* I *vt* **1.** растирать; стирать (*до крови*); **2.** уничтожать; *воен.* изматывать (*противника*); **3.** расстроить, потрепать (*нервы*); **4.** *тех.* развёртывать (*отверстие*); II ~, **sich 1.** стираться; **2.** уничтожаться; **3.** изматываться, изнуряться

aufrichtig I *a* откровенный, искренний, прямой; II *adv* откровенно; ~ **gesagt [gestanden, gesprochen]** по правде сказать, говоря откровенно

Aufrichtigkeit *f* - искренность, откровенность

Aufriß *m* -sses, -sse чертёж; эскиз, набросок

Aufruf *m* -(e)s, -e **1.** воззвание; призыв, обращение; **2.** перекличка

auf|rufen* I *vt* **1.** (*zu* D) призывать (*к чему-л.*); **2.** вызывать (*ученика*); **3.** делать перекличку; **4.** объявлять; **aufgerufene Waren** объявленные продукты (*по карточкам*); **die aufgerufene Zuteilung** объявленная норма (*по карточкам*); II *vi* (*zu jmdm.*) взывать (*к кому-л.*)

Aufruhr *m* -s, -e **1.** возмущение; **2.** мятеж, восстание; **in** ~ **bringen*** взбунтовать; взбудоражить

Aufrührer *m* -s, - мятежник, бунтарь

aufrührerisch *a* мятежный, бунтарский

auf|rüsten I *vi* вооружаться; II *vt* сооружать [возводить] леса (*на стройке*)

Aufrüstung *f* -, -en **1.** *воен.* вооружение (*процесс*); **2.** *тех.* сооружение; монтаж

aufs = **auf das**

aufsässig *a* строптивый, упрямый, непослушный; **jmdm.** ~ **sein** выйти из чьего-л. повиновения

Aufsatz *m* -(e)s, -sätze **1.** сочинение, статья; **2.** столовый прибор; **3.** *воен.* прицел; **4.** *тех.* насадка

Aufschlag *m* -(e)s, -schläge **1.** обшлаг, отворот; **2.** *ком.* надбавка (*к цене*); **3.** *воен.* разрыв снаряда; **4.** *спорт.* подача

aufschlagen* I *vt* **1.** разбивать, раскалывать (*орехи, яйца*); **2.** раскрывать, распахивать (*дверь*); **die Augen** ~ открыть глаза; проснуться; **3.** поднимать (*глаза*); засучить (*рукава*); **4.** разбивать *(лагерь, палатку)*; **seinen Wohnsitz ~** селиться, располагаться; **ein Bett ~** (по)стелить постель; 5. ударить, поранить; **ich schlug mir das Knie auf** я поранил [разбил] себе колено; 6. *спорт.* подавать; 7. поднять *(смех)*; 8. забить [поднять] тревогу; II *vi (s)* 1. выбиваться вверх *(о пламени);*. 2. удариться, шлёпнуться *(при падении)*; 3. подниматься, повышаться *(о цене)*

auf|schließen* I *vt* 1. отпирать, отмыкать, открывать; 2. объяснять; раскрывать *(значение)*; 3. *хим.* растворять *(путём добавок)*; 4. *горн.* вскрывать *(месторождение)*; 5. *спорт.* нагонять, догонять; II **~, sich** 1. распускаться, расцветать; 2. раскрываться; **sein Herz schloß sich mir auf** мне раскрылась его душа; 3. смыкаться; **die Reihen schlossen sich fest auf** ряды тесно сомкнулись

Aufschluß *m* -sses, -schlüsse разъяснение, объяснение; **~ geben*** *(über* A*)* разъяснять *(что-л.)*

aufschlußreich *a* показательный, поучительный

auf|schneiden* I *vt* 1. разрезать; нарезать *(хлеб)*; **Büchsen ~** открывать консервы; 2. *мед.* вскрывать *(нарыв)*; II *vi разг.* хвастаться, рассказывать небылицы, врать; ✧ **nach Noten ~** *разг.* привирать

Aufschneider *m* -s, - хвастун, лгун

Aufschnitt *m* -(e)s, -e 1. разрез; **kalter ~** закуска мясная сборная; холодная закуска; 2. *хим.* проба, испытание

Aufschrei *m* -(e)s, -e вскрик, выкрик

auf|schreiben* *vt* (на)писать, записывать; брать на заметку

auf|schreien* *vi* вскрикивать, закричать; **vor Schmerz ~** вскрикнуть от боли

Aufschrift *f* -, -en 1. надпись; заглавие; 2. адрес

Aufschub *m* -(e)s, -schübe отсрочка; **ohne ~** немедленно; **die Sache leidet [duldet] keinen ~** дело не терпит отлагательства

Aufschwung *m* -(e)s, -schwünge взлёт, подъём, порыв; **einen ~ nehmen*** идти в гору, развиваться

auf|sehen* *vi* 1. посмотреть вверх; взглянуть; **zum Himmel ~** посмотреть на небо; 2. *(über* A*)* смотреть, надзирать *(за кем-л., за чем-л.)*

Aufsehen *n* -s внимание, сенсация; **~ erregen** привлекать внимание; производить сенсацию

aufsehenerregend *a* сенсационный

Aufseher *m* -s, - смотритель; надзиратель, надсмотрщик

auf|setzen I *vt* 1. надевать *(на голову)*; 2. ставить; **das Essen ~** поставить кушанье *(на плиту)*; **das Siegel ~** поставить печать; 3. составлять *(протокол)*, сочинять; 4. *ав.* посадить *(самолёт)*; 5. *полигр.* ставить [собирать] на вёрстку; 6. *стр.* надстраивать; II *vi* 1. *ав.* приземлиться; 2. *разг.* делать перерыв на обед *(в шахте)*; III **~, sich** сесть, приподняться *(в постели)*

Aufsicht *f* -, -en надзор, контроль, наблюдение *(über* A *над чем-л.)*; **unter ~ stehen*** быть [находиться] под наблюдением

Aufsichts||behörde *f* -, -n орган надзора

auf|sitzen* *vi (s)* 1. садиться; **jmdn. hinten ~ lassen*** посадить кого-л. сзади *(на мотоцикле)*; **aufgesessen!** *воен.* по коням!, по машинам! *(команда)*; 2. сесть на мель; 3. быть одураченным, попасть впросак; **jmdn. ~ lassen*** подвести, оставить в беде кого-л.; 4.: **Ziel ~ lassen*** брать цель на мушку; 5. просиживать *(за чем-л.)*; **die Nacht ~** просиживать всю ночь

auf|spalten I *vt* 1. раскалывать, расщеплять; **Uran ~** расщеплять уран; 2. разъединять; II *vi (s)* трескаться

auf|spüren *vt* 1. отыскивать, выслеживать; 2. учуять

Aufstand *m* -(e)s, -stände восстание, мятеж; **einen ~ erregen** вызвать восстание

aufständisch *a* мятежный; повстанческий

Aufständische *subst m, f* -n, -n повстанец, мятежник

auf|stehen* *vi* 1. (h, s) быть открытым; **das Fenster steht auf** окно открыто; 2. (s) подниматься, вставать; **mit dem linken Bein ~** вставать с левой ноги; 3. (s) восставать, поднимать восстание; 4. (s) *(für* A*)* высказываться *(за что-л.)*

auf|steigen* *vi (s)* 1. подниматься, *перен.* повышаться; **Raketen ~ lassen*** запускать ракеты; **der Nebel stieg auf** потянулся туман; **aufs Pferd ~** садиться на лошадь; 2. всходить *(о солнце)*; 3. *ав.* взлетать, подниматься *(в воздух)*; 4. появляться, возникать, зарождаться; **die Tränen stiegen ihr auf** на глазах у неё выступили слёзы

auf|stellen I *vt* 1. устанавливать, расставлять; ставить; выставлять; 2. *тех.* устанавливать, собирать, монтировать; 3. составлять, разрабатывать *(план и т. п.)*; 4. *спорт.* устанавливать *(рекорд)*; 5. выдвигать, выставлять *(кандидата, программу)*; **eine Forderung ~** выдвинуть требование; 7. устраивать; организовывать; **einen Hinterhalt ~** устро-

ить засаду; **8.** ставить, назначать; **einen Vormund ~** назначить опекуна; **II ~, sich** становиться, строиться *(в ряды)*
Aufstellung *f* -, -en **1.** установка, расстановка; **2.** сооружение, монтаж; **3.** *воен.* расположение; построение; строй; **~ nehmen*** строиться; **4.** смета; счёт; перечень
Aufstieg *m* -(e)s, -e подъём, взлёт, развитие; **im ~** на подъёме; **der ~ der Erzeugung** увеличение продукции
Aufstoßen *n* -s, - *мед.* отрыжка, отрыгивание
Aufstrich *m* -es, -e **1.** то, что намазывают на хлеб *(масло, маргарин и т. п.)*; **Brot ohne ~** хлеб без ничего; **2.** *тех.* покрытие *(краска)*
aufsuchen *vt* **1.** отыскивать, разыскивать; **2.** навестить *(кого-л.)*, зайти к *(кому-л.)*; **den Arzt ~** сходить к врачу
Auftakt *m* -(e)s, -e **1.** начало, толчок; **2.** *муз.* затакт; вступление
auf|tauchen *vi* (s) **1.** всплывать; вынырнуть; **2.** *(внезапно)* появляться
auf|teilen *vt* (по)делить, разделить; **die Arbeit ~** распределить работу
Aufteilung *f* -, -en раздел; распределение
Auftrag *m* -(e)s, -träge поручение, заказ; задание, задача; **im ~e** по поручению; **einen ~ erteilen** дать поручение [задание]
auf|tragen* I *vt* **1.** ставить, подавать на стол; **2.** наносить *(что-л.) (на карту)*; накладывать *(краску)*; ◊ **dick ~** преувеличивать, сгущать краски
auf|tragen* II I *vt* изнашивать *(одежду)*; II ~, **sich** изнашиваться *(об одежде)*
auf|tragen* III *vt* *(jmdm. etw.)* поручать *(что-л. кому-л.)*
auftragsgemäß *a* согласно заказу, по заказу
auf|treiben* I *vt* **1.** поднимать, разгонять; **der Wind treibt Staub auf** ветер поднимает пыль; **2.** *мед.* пучить, вспучивать
auf|treiben* II I *vt* **1.** надевать, насаживать, набивать *(обручи)*; **2.** *тех.* расширять *(отверстия)*
auf|treiben* III *vt* доставать, раздобывать
auf|treten* I *vi* (s, h) **1.** ступать; *перен.* поступать; **fest [sicher] ~** ступать твёрдо [уверенно] *(тж. перен.)*; **2.** выступать; выходить на сцену; появляться; **gegen die Aggression ~** выступать против агрессии; **als Zeuge ~** выступать в качестве свидетеля; **3.** встречаться; **Eisen tritt dort selten auf** железо встречается там редко; II *vt* наступать ногой; раздавливать ногой; **eine Tür ~** от-
ворять дверь ударом ноги
Auftreten *n* -s **1.** выступление, появление; **2.** манера держать себя; поведение
Auftritt *m* -(e)s, -e выход, выступление; *театр.* явление, сцена
auf|wachen *vi* (s) просыпаться, пробуждаться; **vom Schlaf ~** проснуться; **ohne aufzuwachen** не просыпаясь
auf|wachsen* *vi* (s) **1.** вырастать; подрастать; **2.** *мин.* нарастать
Aufwand *m* -es затрата, издержки; **großen ~ machen** делать большие затраты
auf|wärmen *vt* подогревать; ◊ **alte Geschichten ~** поминать старое
Aufwarte||frau *f* -, -en уборщица
aufwärts *adv* наверх; вверх; **~ gehen*** идти вверх
Aufwartung *f* -, -en **1.** прислуживание; **2.** визит; **jmdm. seine ~ machen** засвидетельствовать кому-л. своё почтение *(посещением)*
auf|waschen* *vt* мыть, подтирать
auf|wecken *vt* **1.** разбудить; **2.** расшевелить, оживить
auf|weisen* *vt* **1.** показывать, предъявлять; **er wies gute Kenntnisse auf** он обнаружил [показал] хорошие знания
Aufweisung *f* -, -en **1.** предъявление; **2.** показание
auf|wenden* *vt* **1.** тратить, расходовать; **2.** употреблять; **Mühe ~** приложить усилие [старание]
Aufwendung *f* -, -en затрата, расход; ассигнование
auf|werten *vt* валоризировать, ревальвировать, поднимать ценность *(тж. перен.)*
auf|zählen *vt* **1.** перечислять; **2.** сосчитать
Aufzählung *f* -, -en **1.** перечисление; **2.** опись
auf|zeichnen *vt* **1.** (на)рисовать, (на)чертить; **2.** записывать; протоколировать
Aufzeichnung *f* -, -en зарисовка; заметка, запись
auf|zeigen *vt* показывать, вскрывать, выявлять; **Fehler ~** выявлять [вскрывать] ошибки
auf|ziehen* I I *vt* **1.** поднимать *(паруса, флаг, шлагбаум и т. п.)*; **2.** отодвигать *(засов)*; открывать; **die Schleuse ~** открывать шлюз; **einen Kork ~** откупоривать; **3.:** **die Achseln ~** поводить плечами; II *vi* (s) **1.** выходить *(на демонстрацию и т. п.)*; **2.** *воен.* заступать *(в караул)*; **3.** собираться, надвигаться *(о грозе, буре)*
auf|ziehen* II *vt* **1.** заводить *(часы)*; натягивать *(струны)*; **2.** преувеличивать,

сгущать краски; 3. *(mit* D) дразнить *(кого-л. чем-л.);* подтрунивать *(над кем-л.)*

auf|ziehen* III *vt тех.* надевать, насаживать

auf|ziehen* IV *vt* 1. разводить, выращивать; 2. воспитывать, растить

auf|ziehen* V *vt* организовывать, инсценировать; etw. politisch ~ придать чему-л. политическую окраску

Aufzucht *f* - разведение, выращивание

Aufzug *m* -(e)s, -züge 1. шествие, процессия; 2. акт, действие *(в пьесе)*; 3. подъёмник, лифт

Auge *n* -s, -n 1. глаз, око; *перен.* взгляд; kein ~ zutun* не смыкать глаз; ◇ vier ~n sehen besser als zwei *посл.* ≡ ум хорошо, а два лучше; ein ~ zudrücken смотреть сквозь пальцы; 2. *бот.* глазок; 3. *тех.* ушко; 4. очко *(в картах, домино)*; 5. жиринка *(в супе)*; ноздревина *(в сыре)*

Augen||blick *m* -(e)s, -е мгновение, момент; einen ~! сию минуту!; in diesem ~ в настоящий момент

augenblicklich I *а* 1. мгновенный; 2. настоящий, теперешний; II *adv* 1. в данный момент, в настоящее время; 2. сразу, мгновенно, сейчас

Augen||braue *f* -, -n бровь

Augen||glas *n* -es, -gläser 1. бинокль; 2. монокль

Augen||lid *n* -(e)s, -er веко

Augen||maß *n* -es, -е глазомер

Augen||merk *n* -(e)s внимание; sein ~ auf etw. (A) richten обращать внимание на что-л.

Augen||schein *m* -(e)s вид, видимость; dem ~ nach по виду

augenscheinlich I *а* очевидный, ясный; II *adv* видимо, очевидно

Augen||stern *m* -(e)s, -е зрачок; зеница ока

Augen||wimper *f* -, -n ресница

Augen||zeuge *m* -n, -n свидетель; очевидец

augmentieren <*lat.*> *vt* увеличивать, добавлять

Augsburger Religions||friede *m* -ns Аугсбургский религиозный мир *(договор между герм. протестантскими князьями и императором Карлом V в период Реформации в Германии, заключён в 1555 в Аугсбурге)*

August <*lat.*> I *m* -(es), -е август *(месяц)*

August <*lat.*> II Август *(муж. имя)*

Augusta/Auguste Августа *(жен. имя)*

Augustin(us) Августин(ус) *(муж. имя)*

Augustine Августина *(жен. имя)*

Auktion <*lat.*> *f* -, -en аукцион, публичные торги

auktionieren <*lat.*> *vt* продавать с молотка [с аукциона]

Aula <*gr.-lat.*> *f* -, -len актовый зал

aus I *prp* (D) употребляется при обозначении 1. *направления изнутри:* из; ~ dem Hause из дома; 2. *происхождения, источника:* из; etw. ~ einem Buch erfahren* узнать что-л. из книги; 3. *причины:* по, из, от, с, ради; ~ Zorn со зла; ~ welchem Grunde? по какой причине?; 4. *материала, из которого что-л. сделано:* из; ~ Papier из бумаги; 5. *составной части чего-л.:* из; eine Familie ~ sechs Personen семья из шести человек; 6.: ~ vollem Halse во всё горло; ~ eigener Kraft собственными силами; II *adv* 1. кончено; die Stunde ist ~ урок окончен; es ist ~ damit с этим (делом) покончено; Licht ~! гасить свет!; 2. *спорт.* аут, за линией, за чертой; 3.: von hier ~ отсюда; von Grund ~ основательно; ◇ er weiß weder ~ noch ein он в безвыходном положении

aus|arbeiten *vt* вырабатывать; отделывать; выделывать; schriftlich ~ составлять в письменной форме

Ausarbeitung *f* -, -en 1. выработка, выделка; 2. разработка *(проекта)*

aus|arten *vi* (s) 1. вырождаться; 2. перерождаться

Ausartung *f* -, -en вырождение; перерождение

aus|atmen I *vt* выдыхать; II *vi* (s) умирать, испускать дух

Ausbau *m* -es, -bauten 1. застройка; 2. (внутренняя) отделка; 3. *горн.* разработка; выработка; 4. развитие, расширение; der wirtschaftliche ~ хозяйственное развитие

aus|bauen I *vt* 1. отстраивать *(дом);* расширять *(постройку);* 2. *горн.* разрабатывать, вырабатывать; 3. *горн.* крепить *(выработки);* 4. *воен.* оборудовать, строить; 5. расширять; развивать; den Export ~ расширять экспорт

aus|bauen II *vt* сносить, демонтировать

aus|bessern *vt* исправлять, чинить, ремонтировать, поправлять, улучшать; etw. ~ lassen* отдавать в починку [ремонт]

Ausbesserung *f* -, -en ремонт, починка; исправление

aus|beuten *vt* 1. эксплуатировать; 2. *горн.* добывать, разрабатывать, эксплуатировать

Ausbeutung f -, -en 1. эксплуатация; 2. горн. разработка
aus|bilden I vt 1. обучать, готовить, совершенствовать; 2. развивать *(способности)*; II ~, **sich** 1. обучаться, совершенствоваться; 2. развиваться
Ausbilder m -s, - инструктор, руководитель
Ausbildung f -, -en 1. образование, формирование; 2. образование, обучение, подготовка; **die ~ von Fachkräften** подготовка специалистов
Ausbildungs‖lehrgang m -(e)s, -gänge курсы повышения квалификации
aus|bleiben* vi (s) не приходить, не являться, отсутствовать; **das konnte nicht ~** это было неизбежно; это должно было произойти
Ausblick m -(e)s, -e вид, перспектива; **~ in die Zukunft** виды на будущее
aus|blicken vi 1. *(nach* D) высматривать *(что-л., кого-л.);* 2. выглядывать
aus|brechen* I vt 1. выламывать; **sich** (D) **einen Zahn ~** сломать себе зуб; 2. вырвать, стошнить; II vi (s) 1. вырываться, выламываться; выступать *(о поте);* 2. убегать *(из тюрьмы);* 3. разражаться, вспыхивать *(о революции, о войне и т. п.);* ◇ **in Tränen ~** расплакаться; **in (ein) Gelächter ~** разразиться смехом, расхохотаться
aus|breiten I vt 1. расширять; 2. расстилать; раскладывать; распускать *(паруса);* **die Arme ~** простирать руки; 3. распространять *(слухи);* II ~, **sich** 1. расширяться, шириться; распространяться; 2. простираться
aus|bringen* I vt произносить *(тост) (auf* A); ◇ **ein Geheimnis ~** разглашать тайну
aus|bringen* II vt 1. высидеть *(цыплят);* 2. спускать на воду *(шлюпку)*
aus|bringen* III vt полигр. разгонять *(набор);* выгонять *(строку)*
aus|bringen* IV vt тех. добывать, получать
Ausbruch m -(e)s, -brüche 1. начало; (внезапное) возникновение; вспышка, взрыв; **zum ~ kommen*** разразиться, вспыхнуть; 2. извержение *(вулкана);* 3. побег *(из тюрьмы)*
aus|brüten vt 1. высиживать *(птенцов);* **Eier ~** сидеть на яйцах; 2. вынашивать, замышлять *(коварные планы)*
Ausbund m -(e)s, -bünde образец, верх *(совершенства, остроумия, глупости и т. п.)*
Auschwitz Аушвиц *(нем. название польского г. Освенцим; бывший фаш. концлагерь; ныне мемориал)*
Ausdauer f - выдержка, настойчивость, выносливость, терпение
ausdauernd a выносливый, терпеливый; усидчивый
aus|dehnen I vt 1. растягивать, расширять; 2. распространять; II ~, **sich** 1. растягиваться; расширяться; 2. распространяться
Ausdehnung f -, -en 1. растяжение; расширение; **die ~ der Produktion** расширение производства; 2. распространение; **die ~ der Herrschaft auf etw.** (A) распространение господства на что-л.
aus|denken* vt выдумывать, сочинять, измышлять; **sich** (D) **einen Plan ~** наметить себе план
Ausdruck m -(e)s, -drücke 1. выражение; **zum ~ bringen*** выразить; 2. чувство, экспрессия; **mit ~** выразительно, с чувством; 3. выражение, оборот речи
aus|drücken I vt 1. выжимать, выдавливать; 2. гасить, тушить *(папиросу);* 3. выражать; II ~, **sich** выражаться; **um mich deutlich auszudrücken...** точнее сказать...
ausdrücklich I a категорический, ясный, определённый; **~er Befehl** прямое приказание; II adv категорически, ясно, определённо; **~ betonen** недвусмысленно [ясно] подчеркнуть
ausdruckslos a невыразительный, без выражения
ausdrucksvoll a выразительный, красноречивый
auseinánder adv врозь, далеко друг от друга; **~ schreiben*** писать раздельно; **~ setzen** сажать врозь; рассаживать; **sie sind ~** они разошлись, они в ссоре
auseinánder|gehen* vi (s) 1. расходиться; распадаться; расстраиваться; **das Ehepaar ist auseinandergegangen** супруги разошлись; 2. разг. расплываться, располнеть
auseinánder|halten* vt разделять; различать, отличать
auseinánder|setzen I vt разбирать, разъяснять; II ~, **sich** *(mit* D) 1. объясняться, спорить *(с кем-л.);* 2. заниматься *(каким-л. вопросом);* обсуждать *(что-л.)*
Auseinándersetzung f -, -en 1. объяснение; дискуссия, обсуждение; 2. спор, столкновение, стычка; 3. спорт. встреча; **die ~ der Tabellenführer** встреча лидеров
auserlesen a отличный, первоклассный, отборный; **~e Waren** товары высшего

качества; ~e **Gesellschaft** избранное общество

Ausfahrt *f* -, -en 1. выезд; 2. поездка; 3. ворота

Ausfall *m* -(e)s, -fälle 1. выпадение, пропуск; потери; 2. простой; выход из строя; 3. исход, результат; **der ~ der Wahlen** результат выборов; 4. *воен.* вылазка; 5. выходка; 6. выпад *(gegen* A *против кого-л.);* 7. *спорт.* выпад

aus|fallen* *vi* (s) 1. выпадать, вываливаться; 2. выпадать, не состояться; 3. *воен.* делать вылазку; 4. *(gegen* A) нападать *(на кого-л.);* 5. давать результат; **gut [schlecht] ~** [не] удаваться; 6. выбывать; не приниматься в расчёт; 7. простаивать; выбывать из строя

ausfällig *a* грубый, оскорбительный; **~ werden** грубить

Ausfertigung *f* -, -en 1. составление, оформление *(документа);* 2. оригинал, официальная копия *(документа);* **in doppelter ~** в двух экземплярах

ausfindig *a:* **~ machen 1.** разыскивать; 2. придумать, изобрести

Ausflucht *f* -, -flüchte уловка, увёртка; **Ausflüchte machen** увиливать; **leere Ausflüchte** пустые отговорки

Ausflug *m* -(e)s, -flüge 1. вылет; 2. экскурсия, прогулка

Ausfluß *m* -sses, -flüsse 1. исток, истечение; 2. *мед.* выделение

aus|fragen *vt (nach* D) выспрашивать *(у кого-л. что-л.);* опрашивать, интервьюировать

Ausfuhr *f* -, -en экспорт, вывоз

Ausfuhr||artikel *m* -s, - предмет вывоза

ausführbar *a* выполнимый, исполнимый, возможный

aus|führen *vt* 1. вывозить, экспортировать; 2. выводить гулять; 3. выполнять, исполнять; 4. пояснять, объяснять, излагать

Ausfuhr||erlaubnis *f* - разрешение на вывоз

ausführlich *a* подробный, обстоятельный

Ausführlichkeit *f* -, -en подробность

Ausführung *f* -, -en 1. исполнение, выполнение; **zur ~ bringen*** исполнить; 2. выступление, высказывание, речь; 3. *pl* рассуждения, высказывания

Ausfuhr||verbot *n* -(e)s, -e запрет на вывоз

aus|füllen *vt* 1. заполнять, наполнять, **ein Formular ~** заполнить формуляр; **die Zeit ~** заполнить время; 2. справляться, выполнять; **seinen Posten gut ~** хорошо справляться с работой *(в должности)*

Ausgabe *f* -, -n 1. расход; 2. выдача; 3. издание *(книг),* выпуск *(ценных бумаг)*

Ausgang *m* -(e)s, -gänge 1. выход; 2. исходный пункт; 3. конец; результат; развязка; исход; **einen guten ~ haben [nehmen*]** хорошо кончиться

aus|geben* I *vt* 1. выдавать, раздавать; 2. продавать *(билеты и т. п.);* 3. расходовать, тратить; 4. выпускать *(ценные бумаги);* 5. отдавать *(приказ);* провозглашать, выставлять *(лозунги);* 6.: *(für jmdn.)* выдавать *(в качестве кого-л.);* II **~, sich** 1. *(für jmdn.)* выдавать себя *(за кого-л.);* 2. истратиться, издержаться; 3. измучиться, утомиться, обессилеть

Ausgeburt *f* -, -en отродье, порождение; **~ der Hölle** исчадие ада

ausgedehnt *a* пространный, широкий; обширный; **~e Praxis** обширная практика; многочисленная клиентура *(у врача)*

ausgedient *a* 1. в отставке; отставной; 2. выношенный, поношенный

ausgefallen *a* необычный, исключительный; странный; немодный; особенный; редкий; **eine ~e Idee** странная идея; **ein ~er Artikel** неходовой товар

ausgeglichen *a* уравновешенный; **ein ~er Charakter** уравновешенный характер

Ausgeh||anzug *m* -(e)s, -züge праздничный [выходной] костюм

aus|gehen* *vi* (s) 1. выходить, бывать *(где-л.);* 2. *(von* D) исходить *(от кого-л., из чего-л.);* **der Gedanke geht von ihm aus** эта мысль исходит от него; 3. быть на исходе, кончаться, иссякать; **mir geht die Geduld aus** моё терпение истощается; 4. сходить, меняться *(о краске);* выпадать *(о волосах);* **der Fleck geht aus** пятно сходит [выводится]; 5. заканчиваться, кончаться *(чем-л.);* **in eine Spitze ~** кончаться остриём; 6. уходить *(как-л.),* кончаться *(как-л.);* **straflos ~** остаться безнаказанным; **leer ~** уйти ни с чем; **schlecht [gut] ~** иметь плохой [хороший] конец; 7. затухнуть, гаснуть *(об огне);* 8. издаваться, публиковаться; 9. *(auf* A) пускаться *(на что-л.),* стремиться *(к чему-л.)*

ausgelassen *a* 1. распущенный; 2. шаловливый, резвый

Ausgelassenheit *f* -, -en, 1. весёлость, резвость; *pl* шалости; 2. распущенность

ausgemacht *a* решённый; совершённый; **eine ~e Sache** решённое дело; **ein ~er Narr** круглый [набитый] дурак

ausgemergelt *a* истощённый, исхудалый
ausgenommen *prp* (A) кроме; за исключением; **dich ~** кроме тебя
ausgeprägt *a* **1.** отчеканенный; **2.** ясно выраженный; категоричный, недвусмысленный
ausgerechnet *adv* как раз; именно; **~ Bananen!** *разг.* ещё чего захотел!
ausgeschlossen I *a* исключённый; **~!** это исключено!, ни в коем случае!; II *prp* (A) за исключением, исключая, кроме
ausgesprochen *a* **1.** явный, очевидный; ярко выраженный; **2.** отъявленный
Ausgestaltung *f* -, -en **1.** придание формы; оформление; **2.** форма, облик; **3.** результат развития
ausgesteuert *a:* **ein ~er Erwerbsloser** безработный, не получающий пособия
ausgestoßen *a* отверженный
ausgesucht *a* изысканный
ausgetrocknet *a* высохший
ausgezeichnet *a* отличный, превосходный; **mit ~er Hochachtung** с совершенным почтением (*в письме*)
ausgiebig *a* **1.** (из)обильный, щедрый, в большом количестве; **2.** эффективный
Ausgiebigkeit *f* - **1.** обилие; щедрость; **2.** эффективность
Ausgleich *m* -s, -e **1.** уравнение; уравновешение; компенсация, возмещение; *ком.* погашение (*долга*); **2.** *спорт.* равный счёт; **3.** сделка, соглашение; компромисс, примирение; **einen ~ treffen*** согласовать; **4.** *тех.* балансирование
aus|gleichen* *vt* **1.** выравнивать, ровнять, сглаживать; **2.** *эк.* уравновешивать; компенсировать; **3.** улаживать, примирять; **4.** *фин.* сальдировать, балансировать, погашать, возмещать; **das Staatsbudget ~** сбалансировать государственный бюджет; **eine Rechnung ~** погасить счёт; **5.** *спорт.* сравнять счёт
Ausgrabung *f* -, -en раскопки
Ausguck *m* -(e)s, -e *мор.* сторожевая вышка; **~ halten*** стоять на вахте; *перен.* наблюдать, выслеживать
Ausguß *m* -sses, -güsse **1.** водопроводная раковина; сток; **2.** излияние (*чувств*); **3.** *тех.* слив, выпуск, сток; **4.** *мед.* крапивница
aus|halten* I *vt* **1.** выдерживать, переносить, терпеть, сносить; **es ist nicht auszuhalten** это невыносимо; **2.** выдерживать (*испытание*); **3.** содержать, иметь на содержании; **eine ausgehaltene Frau** содержанка; II *vi* держаться; выдерживать; **die Farbe hält nicht aus** краска не держится

Aushändigung *f* -, -en вручение, выдача на руки
Aushang *m* -(e)s, -hänge **1.** вывеска; плакат, афиша; доска с объявлениями; **2.** выставка (*в витрине*)
aus|heben* *vt* **1.** вынимать; отрывать (*из земли*); **2.** подчёркивать, выделять (*место в книге и т. п.*); **3.** отрывать, выкапывать (*ямы, рвы и т. п.*); **4.** набирать, призывать, мобилизовать (*новобранцев*)
Aushebung *f* -, -en **1.** *воен.* набор, призыв; **2.** выемка (*действие*)
Aushilfe *f* -, -n **1.** помощь в нужде, временная помощь; **2.** помощник, -ница
aushilfsweise *adv* в виде временной помощи
aus|holen I *vi* **1.** замахиваться, размахиваться; **zum Schlage ~** замахнуться для удара; **2.** разбегаться; **zum Sprung ~** разбежаться для прыжка; **3.** начинать (*речь*) издалека; **weit ~** заводить речь издалека; II *vt* (*über* A) расспрашивать (*кого-л. о чём-л.*)
aus|kennen*, sich (*in* D) ориентироваться, хорошо разбираться (*в чём-л.*)
Auskleide||raum *m* -(e)s, -räume; **~zimmer** *n* -s, - раздевалка, гардероб
aus|klopfen *vt* выколачивать, выбивать
Ausklopfer *m* -s, - выбивалка (*для платья, мебели*)
aus|kommen* *vi* (s) **1.** (*mit* D) обходиться (*чем-л.*); **2.** (*mit jmdm.*) ладить, находить общий язык (*с кем-л.*)
Auskommen *m* -s **1.** средства к жизни; **er hat ein gutes ~** он человек с достатком; **2.** лад, согласие
auskömmlich *a* достаточный
Auskunft *f* -, -künfte справка, информация; **~ einholen** (*über* A) навести справки (*о ком-л., о чём-л.*)
aus|lachen I *vt* высмеивать; издеваться (*над кем-л.*); II **~, sich** насмеяться вдоволь
aus|laden* I *vt* **1.** выгружать (*товар*); разгружать (*вагон*); **2.** *воен.* высаживать (*войска*); **3.** разряжать; **eine Schußwaffe ~** разрядить оружие; **4.** *разг.* отменить (*приглашение*); **5.** *стр.* выдвигать наружу; II *vi* (s) *стр.* выступать, выдаваться вперёд (*о балконе и т. п.*)
ausladend *a* **1.** выступающий; выпуклый; **~e Hüften** крутые бёдра; **2.** *перен.* большой, широкий
Auslage *f* -, -n **1.** выставка (*в витрине*); **2.** *pl* издержки
Ausland *n* -(e)s заграница, чужие края
Ausländer *m* -s, -; **~in** *f* -, -nen иностранец, -нка

ausländisch *a* иностранный, заграничный, зарубежный

aus|lassen* I *vt* 1. выпускать, пропускать; 2. распускать, растапливать *(сало)*; 3. выпускать, делать длиннее *(платье)*; 4. *(an* D) срывать, выпускать, вымещать *(гнев, зло и т. п.) (на ком-л.)*; II ~, **sich** распространяться, рассуждать *(о чём-л.)*

Auslauf *m* -(e)s, -läufe 1. отверстие *(для стока воды)*; 2. исток *(реки)*; 3. отплытие *(судна)*, выход в море; 4. *ав.* пробег *(при посадке самолёта)*; 5. *pl* отроги

aus|laufen* I *vi* (s) 1. выбегать, вытекать; подтекать; **das Faß läuft aus** бочка течёт; 2. начинаться *(где-то)*; 3. *мор.* выходить в море, отплывать; 4. расплываться *(о краске)*; 5. оканчиваться; кончаться *(чем-л.)*; **spitz** ~ кончаться остриём; II ~, **sich** 1. набегаться; 2. *тех.* изнашиваться *(о машине)*

Ausläufer *m* -s, - 1. рассыльный; 2. отросток *(растения)*; 3. отпрыск, потомок

Auslaut *m* -(e)s, -e *лингв.* конечный звук; **im** ~ в конце слова [слога]

auslautend *a* оканчивающийся *(о звуках в слове)*

aus|legen *vt* 1. выкладывать, инкрустировать *(золотом и т. п.)*; выстилать *(коврами)*; *тех.* устилать; 2. выставлять *(напоказ)*; раскладывать; **Karten** ~ гадать на картах; 3. выкладывать *(деньги)*; 4. истолковывать, толковать; **einen Text** ~ комментировать текст

Auslegung *f* -, -en 1. выкладывание; инкрустация; настилка *(поверхности чем-л.)*; 2. (ис)толкование; разъяснение; интерпретация

Ausleihe *f* -, -n прокат

Auslese *f* -, -n 1. отбор, выбор, сортировка; 2. *биол.* отбор, селекция; 3. отборные сорта; отборные силы; элита

aus|liefern *vt* 1. выдавать, вручать; сдавать; 2. доставлять; выдавать, передавать *(в чьё-л. распоряжение)*; **jmdm. ausgeliefert sein** быть отданным на чей-л. произвол; находиться в чьей-л. власти

Auslieferung *f* -, -en 1. выдача; вручение; 2. доставка; выдача, передача *(в чьё-л. распоряжение)*

aus|losen *vt* 1. решать жеребьёвкой; 2. разыгрывать в лотерее

aus|lösen *vt* 1. выкупать, освобождать *(посредством выкупа)*; 2. возбуждать, вызывать; **die Empörung** ~ вызывать возмущение; 3. *тех.* расцеплять, размыкать; выключать; 4. *мед.* вылущивать; II ~, **sich** 1. освобождаться *(посредством выкупа)*; 2. прокатиться; **eine Welle von Streiks löste sich aus** прокатилась волна забастовок

Auslosung *f* -, -en 1. жеребьёвка; 2. розыгрыш *(в лотерее)*

Auslösung *f* -, -en 1. обмен; выкуп *(пленных)*; 2. проявление, порыв *(чувств)*; 3. *тех.* размыкание, выключение; 4. вылущивание

aus|machen *vt* 1. кончать, решать *(спор)*; 2. выводить *(пятно)*; 3. тушить *(свет)*, гасить *(огонь)*, выключать *(газ, электричество)*; 4. вынимать; доставать; 5. чистить, вынимать из скорлупы [из кожуры]; **Nüsse** ~ щёлкать орехи; **Erbsen** ~ лущить горох; 6. составлять; ◇ **wieviel macht es aus?** сколько это составит [стоит]?; **das macht mir nichts aus** для меня это ничего не значит [не стоит]; 7. сговариваться, договариваться, уславливаться

Ausmaß *m* -es, -e размер, объём; **in bedeutendem** ~ в значительной мере

aus|merzen *vt* искоренять, уничтожать; **einen Schandfleck** ~ смыть позорное пятно

Ausnahme *f* -, -n 1. исключение *(из правила)*; **bei jmdm. [mit jmdm., für jmdn.] eine** ~ **machen** сделать для кого-л. исключение; **mit** ~ за исключением, исключая; 2. изъятие

Ausnahme||zustand *m* -(e)s чрезвычайное положение

ausnahmslos I *a* не знающий исключений; II *adv* без исключения

ausnahmsweise *adv* в виде исключения

aus|nehmen* *vt* 1. вынимать, извлекать, **einen Zahn** ~ удалять зуб; **ein Nest** ~ вынимать яйца из гнезда; 2. потрошить *(птицу, рыбу)*; 3. исключать; 4. *разг.* обыграть *(в карты)*; II ~, **sich** выделяться; **sich gut [schlecht]** ~ иметь хороший [плохой] вид

ausnehmend I *a* отличный, особенный, исключительный, отменный; чрезвычайный; II *adv* очень, весьма, исключительно

aus|nutzen, aus|nützen *vt* использовать, утилизировать

Ausnutzung *f* -, -en использование, утилизация

aus|packen *vt* 1. распаковывать, вынимать, выкладывать; 2. *разг.* рассказывать, выкладывать *(новости)*; ◇ **über jmdn.** ~ *разг.* пройтись по чьему-л. адресу

aus|plündern vt ограбить; разграбить; расхищать

Ausplünderung f -, -n грабёж, расхищение

Auspuff m -(e)s, -e/-püffe *тех.* выхлоп, выпуск

Ausputz m -es, -e украшение; наряд; отделка, убор

Ausrede f -, -n отговорка, увёртка, предлог; (faule) ~n machen отделываться пустыми отговорками

aus|reden I vt 1. обсуждать; советовать (*о чём-л.*); 2. (*jmdm.*) отговаривать (*от чего-л. кого-л.*); **das lasse ich mir nicht ~** от этого меня не отговорите; 3. высказать до конца; 4. оправдать (*кого-л.*); II vi кончать речь, договаривать до конца; **jmdn. ~ lassen*** дать кому-л. договорить до конца; III ~, **sich** 1. высказаться; 2. отговориться, оправдаться

aus|reichen vi хватать, быть достаточным; **das wird ~** этого достаточно; ◇ **weit ~** далеко простираться

ausreichend I a достаточный; **weit ~e Pläne** далеко идущие планы; II adv: ~ **vorhanden** в достаточном количестве

Ausreise f -, -n выезд, отъезд

aus|reisen vi (s) уехать, выехать; отправляться в путь

aus|reißen* I vt вырывать; II vi (s) 1. удирать, убегать; 2. *воен. разг.* уклоняться от службы, дезертировать; 3. *воен.* отрываться (*от противника*); 4. *спорт.* отрываться (*от соперника*); вырываться вперёд

Ausreißer m -s, - беглец, дезертир

aus|richten vt 1. ровнять, выравнивать; выпрямлять; 2. выправлять, исправлять; **sein Leben positiv ~** изменить свой образ жизни, исправиться; 3. справлять (*праздник*); 4. исполнять, выполнять (*поручение*); передавать привет; 5. добиваться; **man kann bei ihm nichts ~** от него ничего не добьёшься; 6. (*auf* A; *nach* D) направлять, ориентировать; настраивать (*на что-л.*)

Ausritt m -(e)s, -e выезд верхом

aus|rotten vt искоренять, истреблять, уничтожать; ◇ **mit Feuer und Schwert ~** предать огню и мечу; **mit Stumpf und Stiel ~** вырвать с корнем, окончательно уничтожить

Ausruf m -(e)s, -e 1. восклицание; возглас; 2. провозглашение

aus|rufen* I vt 1. выкрикивать (*слова*); объявлять (*станции*); 2. (*als* A, *zu* D) провозглашать (*кем-л.*); **den Generalstreik ~** объявить всеобщую забастовку; II vi восклицать

Ausrufe||zeichen n -s, - восклицательный знак

Ausrufung f -, -en 1. провозглашение; объявление; 2. восклицание

aus|ruhen I vi отдыхать; **das Feld ~ lassen*** оставлять поле под паром; **auf dem Erreichten ~** успокаиваться на достигнутом; II ~, **sich** (*von* D) отдыхать (*от чего-л.*)

aus|rüsten I vt 1. (*mit* D) снабжать (*чем-л.*); 2. вооружать, снаряжать; 3. *тех.* оборудовать; 4. *текст.* отделывать, аппретировать; II ~, **sich** 1. запасаться; 2. вооружаться, снаряжаться

Ausrüstung f -, -en 1. обеспечение; 2. вооружение, снаряжение, оснащение; 3. оборудование, инвентарь

Ausrüstungs||kammer f -, -n цейхгауз

Aussaat f -, -en посев

aus|säen vt сеять, высевать

Aussage f -, -n 1. высказывание; 2. показание, свидетельство; **~n machen** давать показания

aus|sagen vt 1. высказывать; 2. (*gegen jmdn., für jmdn.*) показывать, давать показания (*против кого-л., в пользу кого-л.*)

Aussage||satz m -(e)s, -sätze *грам.* повествовательное предложение

Aussatz m -es 1. выигрыш (*в виде чего-л.*); 2. *мед.* проказа

aussätzig a *мед.* прокажённый, больной проказой

aus|schalten I vt 1. выключать (*освещение*); 2. исключать, не допускать; 3. *мат.* элиминировать; II vi (s) (*bei* D) выбывать (*из организации и т. п.*)

Ausschalter m -s, - выключатель

Ausschank m 1. -(e)s продажа спиртных напитков в розлив; 2. -(e)s, -schänke кабак, трактир

Ausschau f - вид; **~ halten*** высматривать

aus|scheiden* I vi 1. выделять, отделять; браковать; 2. *хим.* осаждать; 3. *мат.* исключать; II vi (s) выбывать, выходить; **diese Frage scheidet aus** этот вопрос отпадает; **aus dem Dienste ~** выходить в отставку

Ausscheidung f -, -en 1. выход (*из организации*); 2. *мед.* выделение, секреция; 3. *спорт.* отборочное соревнование

aus|schlafen* I vt: **den Rausch ~** ≅ протрезвиться; II vi и ~, **sich** выспаться

Ausschlag m -(e)s, -schläge 1. *мед.* сыпь;

aus|schlagen 2. *физ.* отклонение, амплитуда; 3. решающее значение; **den ~ geben*** иметь решающее значение
aus|schlagen* I *vt* 1. выбивать, вышибать; **einen Nagel ~** выбивать гвоздь; 2. *горн.* отбивать *(пустую породу)*; 3. *(mit* D) вырубать *(чем-л.)*; 4. *(mit* D) обивать, обшивать *(чем-л.)*; **ein Zimmer mit Tapeten ~** оклеивать комнату обоями; 5. отвергать; **eine Möglichkeit ~** упустить возможность *(отказавшись от неё)*; II *vi* 1. перестать бить *(о часах)*; 2. брыкаться, лягаться *(о животных)*; **mit Händen und Füßen ~** отбиваться руками и ногами; 3. (s) *бот.* распускаться *(о почках)*; давать побеги; 4. отклоняться *(о стрелке, маятнике и т. п.)*; 5. (s) пробиваться *(об огне)*; выступать *(на поверхности чего-л.)*, проступать; *мед.* высыпать; 6. (s) кончаться; **die Sache schlug zu seinem Gunsten aus** дело кончилось в его пользу
ausschlaggebend *a* решающий; **von ~er Bedeutung sein** иметь решающее значение
aus|schließen* I *vt* 1. исключать; **das eine schließt das andere nicht aus** одно другого не исключает; **ausgeschlossen!** исключено!; 2. *полигр.* выключать, заключать *(строку на верстатке и т. п.)*; II **~, sich** исключать себя *(из игры)*; не принимать участия *(в чём-л.)*
ausschließlich I *a* исключительный; единственный; **~es Recht** привилегия, исключительное право; II *adv* исключительно; III *prp* (G) исключая, за исключением
Ausschluß *m* -sses, -schlüsse 1. исключение; **mit ~** за исключением; 2. *спорт.* дисквалификация; 3. *полигр.* пробел
aus|schneiden* *vt* 1. вырезать; **Bäume ~** подрезать деревья; 2. выкраивать *(платье)*; 3. *мед.* вырезать, удалять; 4. разделывать *(тушу)*
Ausschnitt *m* -(e)s, -e 1. вырезка; отрывок; фрагмент; 2. вырез; декольте; прорезь; выемка; 3. *мат.* сектор
aus|schöpfen *vt* 1. вычерпывать; 2. исчерпать; **alle Möglichkeiten ~** исчерпать все возможности
aus|schreiben* I *vt* 1. выписывать, делать выписку *(из книги)*; **eine Rechnung ~** выписывать счёт; 2. писать прописью; **eine Summe ~** написать сумму прописью; 3. дописывать до конца; **ein Heft ~** исписать тетрадь; 4. *театр.* расписывать *(роли)*; **Wahlen ~** назначать выборы; **eine Stelle ~** объявить вакансию;

II **~, sich** *разг.* исписаться *(о писателе)*
aus|schreiten* I *vi* (s) шагать, ступать; II *vt* мерить шагами
Ausschreitung *f* -, -en выходка; эксцесс; бесчинство
Ausschuß I *m* -sses, -schüsse комитет, комиссия; **vorbereitender ~** подготовительный комитет
Ausschuß II *m* -sses, -schüsse 1. отбор, сортировка; 2. брак *(товарный)*; отходы, отбросы
aus|schweifen *vi* (s) 1. *(in* D) не знать чувства меры *(в чём-л.)*; 2. предаваться излишествам, распутничать
ausschweifend *a* распутный, развратный
Ausschweifung *f* -, -en распутство, разврат
aus|sehen* I *vi* 1. иметь вид, выглядеть; **so siehst du aus!** *разг. ирон.* еще бы!, как бы не так!; **es sieht nach Regen aus** похоже, что будет дождь; 2. *(nach jmdm.)* высматривать *(кого-л.)*; II *vt*: **sich** (D) **fast die Augen ~** *(nach jmdm.)* проглядеть все глаза *(в поисках кого-л.)*
Aussehen *n* -s вид, наружность; **dem ~ nach** по виду
außen *adv* снаружи; **nach ~ hin** наружу; **von ~ her** снаружи, извне; **von ~ betrachtet** по внешнему виду; с виду
Außen- в сложн. словах внешний, наружный
Außen||handel *m* -s внешняя торговля
Außen||minister *m* -s, - министр иностранных дел
außenpolitisch *a* внешнеполитический
außer I *prp* 1. (D) кроме, сверх, исключая; вне; **~ sich sein vor etw.** (D) быть вне себя от чего-л.; **acht lassen*** упускать из виду; **alle ~ dir** все, кроме тебя; 2. (G) вне; за; **~ Landes sein** быть за границей; 3. (A) вне; из; **~ (allen) Zweifel setzen** не подвергать (ни малейшему) сомнению; **~ Betrieb setzen** выводить из строя; изымать из эксплуатации; II *conj* **~ daß, ~ wenn** только, разве только
äußer *a* внешний, наружный
Außerbetriebsetzung *f* -, -en прекращение производства; изъятие из эксплуатации
außerdem *adv* кроме того, сверх того, помимо того
außerdienstlich *a* внеслужебный, частный, неофициальный
Äußere *n* -n внешний вид, наружность, внешность

außerehelich *a* внебрачный
außeretatmäßig [-'ta:-] *a* 1. сверхштатный; 2. не предусмотренный бюджетом
außergewöhnlich *a* 1. чрезвычайный, необыкновенный; 2. экстренный, спешный
außerhalb I *prp* (G) за, вне; **jmdn. ~ des Gesetzes stellen** объявить кого-л. вне закона; **~ der Stadt** за городом, вне города; II *adv* снаружи; **von ~** из провинции; **den Ball ~ schlagen*** выбить мяч за линию *(теннис)*
äußerlich I *a* 1. внешний, наружный; 2. *перен.* поверхностный, показной; II *adv* внешне, извне; снаружи
Äußerlichkeit *f* -, -en 1. формальность; **an ~en hängen*** придавать большое значение формальностям; 2. показное
äußern I *vt* 1. выражать, обнаруживать, показывать *(радость и т. п.)*; 2. выражать, высказывать *(мнение и т. п.)*; II **~, sich** 1. *(über* D) высказываться, отзываться *(о чём-л.)*; 2. обнаруживаться, показываться, проявляться, выражаться
außerordentlich *a* 1. чрезвычайный, важный; **von ~er Bedeutung** огромного значения; 2. чрезвычайный, внеочередной; **eine ~e Tagung** чрезвычайная [внеочередная] сессия; 3. экстраординарный, сверхштатный; **~er Professor** экстраординарный профессор
außerplanmäßig *a* внеплановый
außerschulisch *a* внешкольный
äußerst I *a* 1. крайний, предельный; 2. крайний; чрезвычайный; **~e Maßnahmen ergreifen*** прибегать к крайним мерам; II *adv* крайне, очень, весьма, в высшей степени; **bis zum ~en** до крайности
außerstande: **~ sein** быть не в силах [не в состоянии]
Äußerste *subst n* -n крайность; **sein ~s tun*** делать всё возможное; **bis zum ~n gehen*** идти на крайность
Äußerung *f* -, -en 1. проявление, выражение; 2. высказывание; отзыв; **eine ~ tun* [fallen lassen*]** высказать мнение
aus|setzen I *vt* 1. высаживать *(растения)*; 2. высаживать *(людей на берег)*; спускать лодку *(на воду)*; 3. назначать, объявлять *(награду)*; 4. (D) подвергать *(чему-л.)*; 5. пропускать *(уроки и т. п.)*; 6. *(an* D) критиковать, подвергать критике *(что-л.)*; находить недостатки *(в чём-л.)*; **was haben Sie daran auszusetzen?** какие замечания вы можете сделать?; 7. прерывать, приостанавливать *(занятия)*; откладывать; 8. подкидывать *(ребёнка)*; II *vi* работать с перебоями; прерываться; **die Musik setzte aus** музыка замолкла; III **~, sich** (D) подвергаться *(чему-л.)*

Aussicht *f* -, -en 1. вид, перспектива; **jmdm. die ~ nehmen*** заслонять вид кому-л.; 2. виды, шансы, перспективы; **gute ~en haben** иметь хорошие перспективы
aussichtslos *a* безнадёжный, бесперспективный; безвыходный
Aussichtslosigkeit *f* - безнадёжность
aussichtsreich *a* перспективный; богатый перспективами
Aussichts∥turm *m* -(e)s, -türme наблюдательная вышка
aus|söhnen I *vt* примирять; II **~, sich** *(mit* D) примиряться, мириться *(с кем-л., с чем-л.)*
Aussöhnung *f* -, -en примирение
aus|spannen I *vt* 1. распрягать *(лошадей)*; 2. растягивать, натягивать *(сеть, полотнище)*; II *vi* отдыхать, делать перерыв *(в работе)*; III **~, sich** 1. расстилаться, простираться; 2. отдыхать, делать перерыв *(в работе)*
Ausspannung *f* -, -en 1. натягивание; растягивание; 2. выпрягание; 3. отдых
aus|sperren *vt* 1. выставлять за дверь; 2. отстранять от работы, увольнять; 3. *тех.* блокировать
Aussperrung *f* -, -en 1. локаут, увольнение; 2. *тех.* блокировка
Aussprache *f* -, -en 1. произношение, выговор; 2. обмен мнениями, беседа, переговоры, дискуссия; прения; **eine ~ haben** вести переговоры [дискуссию]
aussprechbar *a* выговариваемый, произносимый
aus|sprechen* I *vt* 1. произносить, выговаривать; 2. высказывать, выражать; **die Hoffnung ~** выражать надежду; **einen Wunsch ~** высказать желание; II *vi* 1. перестать говорить, закончить речь; 2. договаривать до конца; **lassen Sie ihn ~!** дайте ему договорить!; III **~, sich** *(für etw.* A) 1. высказаться в поддержку чего-л.; 2. проявляться, обнаруживаться; **in seinem Gesicht sprach sich Erstaunen aus** его лицо выражало удивление
aus|springen* *vi* (s) 1. выскочить; убежать; 2. *ж.-д.* сойти с рельсов
Ausspruch *m* -(e)s, -sprüche 1. изречение; высказывание; 2. *юр.* решение, приговор; вердикт; **einen ~ tun*** выносить приговор

Ausstand *m* -(e)s, -stände забастовка, стачка; **in den ~ treten*** забастовать
ausständig *a* 1. неуплаченный, неполученный, невнесённый; **~e Schulden** неуплаченные долги; 2. бастующий
aus|statten *vt* 1. снабжать, оборудовать, оснащать, снаряжать; 2. давать приданое; **seine Tochter ~** давать за дочерью приданое; 3. обставлять *(квартиру)*; 4. наделять *(полномочиями)*; 5. оформлять *(книгу, сцену)*
Ausstattung *f* -, -en 1. снабжение; оборудование; 2. *воен.* снаряжение, оснащение; экипировка; 3. приданое; 4. *театр.* декорация; 5. отделка, украшения; 6. оформление *(книги)*
aus|stehen* I *vi* (h, s) 1. отсутствовать; **die Antwort steht noch aus** ответа ещё нет; 2. быть выставленным напоказ *(о товарах)*; II *vt* испытывать, терпеть, выносить, переносить; **ich kann ihn nicht ~** я его терпеть не могу; ✧ **dort steht er nichts aus** там ему неплохо
aus|steigen* *vi* (s) выходить, сходить, высаживаться
aus|stellen *vt* 1. выставлять, экспонировать; 2. выставлять *(часовых)*; 3. выдавать, выписывать *(документ)*
Ausstellung *f* -, -en 1. выставка; 2. выдача, выписка *(документа и т. п.)*
Ausstellungs||gegenstand *m* -(e)s, -stände экспонат
aus|sterben* *vi* (s) вымирать, выводиться, переводиться
Aussteuer *f* -, -n приданое
aus|steuern *vt* 1. давать приданое; 2. снимать с пособия *(безработного)*
Ausstoß *m* -sses, -stöße 1. выпуск *(продукции)*, норма выработки, выработка; 2. *воен.* торпедный аппарат
aus|stoßen* I *vt* 1. выбивать, вышибать; 2. выталкивать; 3. выпускать, производить, давать *(продукцию)*; II *vi* (s) 1. *горн.* выходить на поверхность; 2. делать выпад *(в фехтовании)*; 3. вырываться наружу *(о чувствах)*
aus|strahlen I *vt* излучать, изливать *(свет)*; II *vi* (s) излучаться
Ausstrahlung *f* -, -en излучение; радиация
aus|strecken I *vt* 1. растягивать; протягивать; распростирать; 2. *тех.* прокатывать *(железо)*; II **~, sich** прилечь отдохнуть; лечь, растянуться
aus|suchen *vt* выбирать, отбирать, подбирать, обыскать *(nach D, в поисках чего-л.)*
Austausch *m* -(e)s 1. обмен; замена *(gegen A на что-л.)*; **~ von Delegationen** обмен делегациями; 2. *хим.* диффузия
aus|tauschen *vt* 1. *(gegen* A); обменивать, менять *(на что-л.)*; 2. обмениваться; **mit jmdm. Briefe ~** переписываться с кем-л.; ✧ **er ist wie ausgetauscht ~** его точно подменили
Auster <*gr.-lat.-roman.-niederl.*> *f* -, -n устрица
Austrag *m* -(e)s, -träge 1. решение *(вопроса)*; сделка; соглашение; **zum ~ bringen*** приходить к соглашению *(по какому-л. вопросу)* 2. *спорт.* розыгрыш; 3. разноска *(газет и т. п.)*
aus|tragen* *vt* 1. выносить; 2. разносить *(письма, газеты, товары и т. п.)*; 3. разглашать *(тайну)*; 4.: **ein Kind ~** донашивать *(ребёнка)*; 5. изнашивать *(платье)*; 6. доводить до конца *(борьбу, тяжбу)*; 7. *спорт.* разыгрывать *(кубок и т. п.)*; проводить *(состязания)*
Austräger *m* -s, - разносчик
Austrálien *(n)* -s Австралия
Austrálier *n* -s, -; **~in** *f* -, -nen австралиец, австралийка
austrálisch *a* австралийский
aus|treiben* *vt* 1. выгонять, изгонять; **jmdm. den Hochmut ~** сбить спесь с кого-л.; 2. *полигр.* разгонять *(набор)*; 3. удалять *(плод при аборте)*
aus|treten* I *vt* 1. вытаптывать; протоптать *(дорогу)*; 2. затушить, затоптать *(огонь)*; 3. стаптывать *(обувь)*; II *vi* (s) 1. выходить, выступать *(из берегов)*; 2. выходить, выступать *(из строя, с позиции)*; 3. выходить *(в туалет)*; 4. выбывать, выходить *(из организации)*
Austrian Airlines *pl* [ˈɔːstriən ˈɛəalainz] "Остриен Эйрлайнз" *(авиакомпания в Австрии)*
Austria Presse Agentur *f* - Австрийское агентство печати *(информационное агентство, основано в 1946 в Вене)*
aus|trinken* *vt* выпить, допить
Austritt *m* -(e)s, -e 1. выход, выступление; 2. *тех.* выпуск; 3. выход, выбытие *(из организации и т. п.)*
aus|üben *vt* выполнять, исполнять, совершать; заниматься *(ремеслом)*; оказывать *(влияние, давление)*; **sein Stimmrecht ~** пользоваться избирательным правом, выбирать; **Herrschaft ~** господствовать, властвовать
Ausübung *f* -, -en выполнение, исполнение; **in ~ des Dienstes** при исполнении служебных обязанностей
Ausverkauf *m* -(e)s, -käufe распродажа

aus|verkaufen *vt* распродавать
Auswahl *f* -, -en 1. выбор, подбор; eine ~ treffen* сделать выбор; 2. избранные, цвет, элита; *спорт.* сборная команда
aus|wählen *vt* выбирать, подбирать, отбирать
aus|wandern *vi* (s) переселяться, эмигрировать
Auswanderung *f* -, -en переселение, эмиграция
auswärtig *a* 1. иногородний; 2. иностранный; das Ministerium für Auswärtige Angelegenheiten [das Auswärtige Amt] министерство иностранных дел
auswärts *adv* 1. наружу, снаружи; 2. вне дома; в других краях; ~ wohnen жить за городом; ~ essen* обедать не дома
aus|waschen* *vt* вымывать; смывать; размывать; промывать
auswechselbar *a* 1. сменяемый, заменимый, заменяемый; 2. сменный
aus|wechseln *vt* 1. обменивать, разменивать, выменивать; менять; 2. заменять
Ausweg *m* -(e)s, -e выход, исход
ausweglos *a* безвыходный
aus|weichen* *vi* (s) 1. уступать, дать дорогу *(место)*; dem Auto ~ посторониться, пропустить автомобиль; 2. (D) уклоняться *(от чего-л.)*; увёртываться *(от кого-л.)*; избегать *(кого-л., чего-л.)*; 3. *воен.* отходить, отступать
Ausweich||stelle *f* -, -n *ж.-д.* разъезд
Ausweichung *f* -, -en 1. отклонение, расхождение; 2. разъезд
Ausweis *m* -es, -e 1. удостоверение личности, справка, документ; 2. данные, доказательство
aus|weisen* I *vt* 1. высылать, выселять; 2. (документально) доказать, засвидетельствовать; II ~, sich *(durch* A) удостоверять свою личность *(документом)*
Ausweisung *f* -, -en высылка, выселение
auswendig I *a* наружный, внешний; II *adv* 1. внешне; 2. наизусть
aus|werten *vt* 1. оценивать, подытоживать, подводить итог; 2. использовать; die Erfahrungen ~ использовать опыт
Auswertung *f* -, -en 1. оценка; подведение итогов, подсчёт; 2. *мат.* определение численных значений *(уравнения)*; 3. использование; 4. *воен.* обработка *(сведений)*
aus|wirken I *vt* 1. придать форму, обработать; 2. выткать, соткать; 3. добиться, выхлопотать, исходатайствовать; II *vi* прекратиться; III ~, sich сказываться, отражаться; иметь следствием

Auswirkung *f* -, -en действие, воздействие; последствие; zur ~ kommen* повлиять, иметь последствия; die ~en des Krieges последствия войны
aus|wischen I *vt* вытирать, протирать, прочищать; sich (D) die Augen ~ протирать глаза; II *vi* (s) *разг.* удрать, ускользнуть; ◇ jmdm. eins ~ *разг.* дать кому-л. затрещину
Auswuchs *m* -es, -wüchse 1. отросток; нарост; 2. выродок; 3. уродство; порок; bürokratische Auswüchse бюрократические извращения
Auswurf *m* -(e)s, -würfe 1. выбрасывание; извержение *(вулкана)*; 2. отбросы; ~ der Gesellschaft отбросы общества; 3. *мед.* мокрота; 4. брак *(товарный)*
aus|zahlen *vt* выплачивать; производить расчёт; die Arbeiter ~ рассчитывать рабочих
aus|zählen *vt* 1. подсчитывать, пересчитывать; отсчитывать; 2. считаться *(в детской игре)*; 3. *спорт.* отсчитывать секунды *(над нокаутированным боксёром)*
Auszahlung *f* -, -en выплата; выдача зарплаты
Auszählung *f* -, -en подсчёт
aus|zehren I *vt* истощать, сушить, изнурять; II *vi* (s) и ~, sich изнуряться, истощаться, чахнуть, сохнуть
Auszehrung *f* -, -en 1. истощение, изнурение; 2. чахотка, сухотка; an der ~ sterben* умереть от чахотки
auszeichnen I *vt* 1. *(mit* D) награждать *(чем-л.)*; 2. отличать, выделять; ihn zeichnet Bescheidenheit aus он отличается скромностью; 3. *полигр.* выделять *(шрифтом)*; II *vi* кончать рисовать; III ~, sich отличаться, выделяться; sich durch seine Kenntnisse ~ выделяться своими знаниями
Auszeichnung *f* -, -en 1. отличие; награда; jmdn. zur ~ vorschlagen*, die ~ für jmdn. beantragen* представить кого-л. к награде; die Prüfung mit ~ bestehen* выдержать экзамен на отлично; 2. пометка, отметка; 3. *полигр.* выделение *(шрифтом)*
ausziehbar *a* выдвижной, выдвигающийся
aus|ziehen* I *vt* 1. вытягивать; Draht ~ тянуть проволоку; 2. выдвигать *(ящик стола)*; раздвигать *(стол)*; 3. выдёргивать *(зуб, гвоздь)*; 4. снимать *(одежду, обувь)*; Schuhe ~ разуваться; 5. делать выписки, выписывать; 6. *мат.* извлекать *(корень)*; II *vi* (s) 1. съезжать с

квартиры; выселяться, выезжать; 2. выходить, выступать; **zum Kampfe ~** выходить на битву; III **~, sich** разделяться

Auszug *m* -(e)s, -züge **1.** извлечение, выписка; **2.** экстракт, вытяжка; **3.** выход, выезд; выступление *(войск)*
auszugsweise *adv* выдержками, в виде выдержки
autárk <*gr.*> *a* независимый *(в экономическом отношении)*
Authentíe <*gr.-lat.*> *f* - аутентичность
authéntisch <*gr.-lat.*> *a* подлинный; аутентичный; **~e Interpretatión** официальное разъяснение
Authentizität <*gr.-lat.*> *f* - *см.* Authentie
Auto <*gr.*> *n* -s, -s автомобиль
Auto‖bahn *f* -, -en автострада
Autobiographíe <*gr.*> *f* -, -phi¦en автобиография
autobiográphisch <*gr.*> *a* автобиографический
Auto‖didákt <*gr.*> *m* -en, -en самоучка
autodidáktisch <*gr.*> *a* основанный на самообучении; самоучкой
autogén <*gr.*> **1.** *тех.* автогенный; **~e Schweißung** автогенная сварка; **2.** *психол.* аутогенный
Auto‖grámm <*gr.*> *n* -s, -e, **~gráph** *n* -s, -e/-en автограф
Autokratíe <*gr.*> *f* -, -i¦en автократия
autokrátisch <*gr.*> *a* самодержавный, автократический
Automát <*gr.-lat.-fr.*> *m* -en, -en автомат
automátisch <*gr.-lat.-fr.*> *a* автоматический; непроизвольный
autonóm <*gr.*> *a* автономный, независимый; **~es Gebiet** автономная область
Autonóme Republik der Komi *f* - Автономная Республика Коми *(в составе РФ)*
Autonomíe <*gr.*> *f* -, -i¦en автономия
Autor <*lat.*> *m* -s, -tóren автор
Auto‖reparaturwerkstatt *f* -, -stätten авторемонтная мастерская
autorisieren <*lat.*> *vt* уполномочивать; авторизировать; **autorisiert zur Unterschrift sein** иметь право подписи
autorisiert <*lat.*> *a* авторизованный
Autorität <*lat.*> *f* -, -en авторитет, влияние; **~ genießen*** пользоваться авторитетом
autoritatív <*lat.*> *a* авторитетный; решающий
Auto‖service <*lat.-fr.-engl.*> *m* -, -s автосервис
Auto‖unfall *m* -s, -fälle автомобильная авария

Auto Union AG *f* - "Ауто-унион АГ" *(автомобильный концерн в ФРГ)*
auwéh! *int* ах!; увы!
avancieren <*fr.*> [avä'si:rən] I *vt* ускорять движение *(чего-л.);* **eine Uhr ~** ускорить ход часов; II *vi* (s) **1.** повышаться в чине [должности]; **er ist zum Obersten avanciert** ему присвоили звание полковника; **2.** *воен.* продвигаться вперёд, наступать
Avantgarde [avä:'gardə] <*fr.*> *f* -, -n авангард
Avenue [avə'ny:] <*lat.-fr.*> *f* -, -n [-ən] широкая улица, проспект; аллея
avertieren <*fr.*> *vt* уведомлять; предупреждать
Axel Аксель *(краткая форма муж. имени* Absalom*)*
axiál <*lat.*> *a* осевой
Axióm <*gr.-lat.*> *n* -s, -е аксиома
axiomátisch <*gr.-lat.*> *a* аксиоматический
Axt *f* -, Äxte топор; ◊ **die ~ an die Wurzel des Übels legen** пресечь зло в корне
Axt‖stiel *m* -(e)s, - топорище
Azidität <*gr.-fr.*> *f* - кислотность
Azimút <*arab.*> *m* -(e)s, -e *астр.* азимут
Azóren *pl* Азорские о-ва *(архипелаг вулканического происхождения в Атлантическом океане)*
Azúr <*pers.-arab.-lat.-fr.*> *m* -s **1.** лазурь; **2.** *мин.* лазурит
azúrblau, azúrfarben *a* лазуревый

B

Babenberger *pl* Бабенберги *(древний феод. род в Южной Германии* <*10–13 вв.*>*)*
Baby ["be:bi] <*engl.*> *n* -s, -s маленький [грудной] ребёнок, дитя
Babylon *(n)* -s Вавилон *(один из крупнейших и богатейших городов старины, сегодня руины южнее Багдада)*
babylónisch *a* вавилонский
Bach *m* -(e)s, Bäche ручей
Backe *f* -, -n щека; **mit vollen ~n kauen** уплетать за обе щеки; ◊ **au ~!** *разг.* ах!, ой-ой-ой! *(возглас удивления или сомнения)*
backen* I *vt* **1.** печь, запекать; жарить *(рыбу, блины);* **2.** сушить *(фрукты);* **3.** обжигать *(кирпичи);* спекать, коксовать; цементировать; II *vi* **1.** печься *(о хлебе и т. п.);* **2.** печь *(о печке);* **3.**

тех. спекаться, слипаться; **4.** липнуть, прилипать, приставать *(о снеге и т. п.);* ◇ **dem ist sein letztes Brot gebacken** *разг.* он доживает последние дни

Backen *m* -(e)s, - **1.** щека; **2.** *стр.* откос окна

Backen‖bart *m* -(e)s, -bärte бакенбарды
Backen‖knochen *m* -s, - скула
Backen‖streich *m* -(e)s, -e пощёчина
Backen‖zahn *m* -(e)s, -zähne коренной зуб

Bäcker *m* -s, - пекарь, булочник; ◇ **das ist wie beim ~ die Semmeln** *разг.* это плёвое дело

Bäckerei *f* -, -en, **1.** булочная; пекарня; **2.** хлебопечение *(действие)*

Back‖fisch I *m* -(e)s, -e жареная рыба
Back‖fisch II *m* -(e)s, -e *разг. уст.* девочка-подросток
Back‖obst *n* -es сушёные фрукты; сухой компот
Back‖ofen *m* -s, -öfen духовка
Back‖pulver [-fər/-vər] *n* -s, - пекарский порошок
Back‖röhre *f* -, -n, духовка
Back‖stein *m* -(e)s, -e обожжённый кирпич
Backstein‖gotik *f* - кирпичная готика *(вид готики в сев.-нем. городах)*
Back‖trog *m* -(e)s, -tröge квашня
Back‖ware *f* -, -n; **~werk** *n* -(e)s печенье *(изделие)*

Bacon ['be:kən] <*germ.-fr.-engl.*> *m* -s, - *кул.* бекон

Bad *n* -(e)s, Bäder **1.** купание; ванна; баня; **ein ~ nehmen*** купаться; принять ванну; **2.** курорт; **im ~(e)** на курорте; ◇ **jmdm. ein ~ rüsten [anrichten]** *разг.* подстроить каверзу кому-л.

Bade‖ansalt *f* -, -en купальня; ванны; баня
Bade‖anzug *m* -(e)s, -züge купальный костюм
Bade‖hose *f* -, -n плавки

baden I *vt* **1.** купать; мыть; **2.** *тех.* погружать *(в жидкость);* **II** *vi* **u ~, sich** купаться; мыться; **kalt [warm] ~** принимать холодную [тёплую] ванну; купаться в холодной [тёплой] воде

Baden *(n)* -s Баден *(историческая область в Германии)*
Baden-Württemberg *(n)* -s Баден-Вюртемберг *(земля в ФРГ)*
Bade‖ort *m* -(e)s, -e курорт
Bade‖strand *m* -(e)s, -e пляж
Badische Anilin- und Soda-Fabrik AG *f* - Бадише анилин- унд содафабрик АГ (крупнейшее в ФРГ акционерное об-во химической промышленности <*г. Людвигсхафен, земля Рейнланд-Пфальц*>)

bäffen *vi разг.* лаять, тявкать
Bagage [ba'ga:ʒə] <*fr.*> *f* -, -n багаж
Bagatélle <*lat.-it.-fr.*> *f* -, -n **1.** мелочь, пустяк; безделица; **2.** небольшое лёгкое музыкальное произведение
bagatellisieren <*lat.-it.-fr.*> *vt* недооценивать, умалять, снижать *(значение чего-л.)*
Bágdad *(n)* -s Багдад *(столица Ирака)*
Bagger <*niederl.*> *m* -s, - экскаватор; землечерпалка; драга
baggern <*niederl.*> копать; черпать; углублять дно
Baháma‖inseln *pl* Багамские острова *(в Атлантическом океане)*
Bahn *f* -, -n **1.** путь, дорога; **sich (D) ~ brechen* [schaffen]** пробивать себе дорогу; **2.** полотно железной дороги; железная дорога; **mit der ~ fahren*** ехать по железной дороге; **3.** орбита; траектория
bahn‖brechend *a* новаторский, пролагающий новые пути
Bahnbrecher *m* -s, - пионер, новатор
Bahn‖geleise *n* -s, - колея; рельсы; путь
Bahn‖hof *m* -(e)s, -höfe вокзал, станция; **auf dem ~** на вокзале; **zum ~** на вокзал *(идти, ехать и т. п.)*
Bahnhofs‖halle *f* -, -n крытый перрон
Bahnhofs‖vorsteher *m* -s, - начальник вокзала
bahnlos *a* бездорожный; непроходимый
Bahnmeister‖wagen *m* -s дрезина
Bahn‖steig *m* -(e)s, -e платформа, перрон
Bahre *f* -, -n **1.** носилки; **2.** катафалк; гроб, (смертный) одр; ◇ **von der Wiege bis zur ~** от колыбели до могилы, всю жизнь; **3.** ясли *(для корма)*
Bahrein *(n)* -s, Бахрейн *(островное гос-во в Персидском заливе)*
Bai <*lat.-span.-fr.-niederl*> *f* -, -en бухта, губа, небольшой залив
Baikálsee *m* -s, Байкал *(озеро на Ю. Восточной Сибири)*
Bajázzo <*lat.-it*> *m* -s, - паяц
Bajonétt <*fr.*> *n* -(e)s, -e штык; **das ~ aufpflanzen** примкнуть штык; **das ~ fällen** брать винтовку наперевес [на руку]
Bake *f* -, -n буй, бакен
Bakkaláure‖us <*lat.*> *m* -, -reǀi бакалавр
Baktéri‖e <*gr.-lat.*> *f* -, -n бактерия
Baktéri‖en‖waffe *f* -, -n бактериологическое оружие
bakteriológisch <*gr.-lat.*> *a* бактериологический

Bakú (n) -s Баку (*столица Азербайджана*)

Balanse [ba'lä:sə] <*lat.-fr.*> f -, -n 1. равновесие; 2. *фин.* баланс; **die ~ ziehen*** подвести итог; *перен.* сводить счёты

bald I *adv* вскоре, скоро; II *conj* ~..., ~..., то..., то...; III *prtc* чуть не, чуть-чуть; ◊ **das ist ~ gesagt, aber schwer getan** *посл.* скоро сказка сказывается, да не скоро дело делается

baldig *a* скорый *(по времени)*; **auf ~es Wiedersehen!** до скорого свидания!

baldigst *adv* как можно скорее

Baldr/Baldur Бальдр/Бальдур *(муж. имя)*

Baldrian *m* -s, -e *бот.* валерьяна

Baleáren *pl* Балеарские острова *(на З. Средиземного моря)*

Balg I *m* -(e)s, Bälge 1. шкура; кожа *(животного)*; 2. чучело; 3. *муз., тех.* мехи

Balg II *m, n* -(e)s, Bälge(r) *разг.* озорник, шалун

Balgeréi *f* -, -en потасовка, драка, возня

Bálkan *m* -s Балканские горы *(на Ю.-В. Европы)*

Balken *m* -s, - бревно; брус, балка; ◊ **er lügt, daß sich die ~ biegen** он врёт без зазрения совести

Ball I *m* -(e)s, Bälle мяч; шар, шарик; **~ spielen** играть в мяч; **den ~ verwandeln** забить мяч [гол]; ◊ **der ~ sucht den guten Spieler** *посл.* ≅ на ловца и зверь бежит

Ball II <*gr.-lat.-fr.*> *m* -(e)s, Bälle бал

ballen I *vt* 1. сжимать *(в кулаке, в комок)*; 2. *разг.* кидать *(мяч, снежок)*; II **~, sich** 1. сжиматься, слепиться *(в ком)*; 2. сгущаться; **die Wolken ~ sich** облака сгущаются

Ballen *m* -s, - 1. тюк, кипа; цибик *(чаю)*; 2. мякоть *(руки, ноги)*

Ball‖fangen *n* -s *спорт.* приём мяча

ballförmig *a* шарообразный, шаровидный

Ball‖gang *m* -(e)s, -gänge розыгрыш очка *(теннис)*

Ballhausplatz *m* -es Бальхаусплац *(площадь в Вене, где помещается министерство иностранных дел Австрии; употребляется также для обозначения самого министерства)*

Ball‖hülle *f* -, -n покрышка для мяча

Ballón [-'lɔ:] <*germ.-it.-fr.*> *m* -s, -e/-s 1. бутыль *(оплетённая)*; 2. аэростат, воздушный шар; **der ~ ging nieder** аэростат [воздушный шар] опустился; **einen ~ aufsteigen lassen*** запустить аэростат [воздушный шар]; 3. баллон *(камера)*

Ball‖schlegel *m* -s, - лапта; ракетка

Bálsam <*hebr.-gr.-lat.*> *m* -s, -e бальзам; **~ auf [in] jmds. Wunde gießen* [träufeln]** *перен.* лить бальзам на чью-л. рану, облегчать чьи-л. страдания

Baltikum *n* -s Прибалтика

baltisch *a* (при)балтийский

balzen *vi* 1. токовать; 2. спариваться *(о птицах)*

Bamakó (n) -s Бамако *(столица Мали)*

Bambus <*malai.-niederl.*> *m* -sses, -se; **~rohr** *n* -(e)s, -e бамбук

banál <*germ.-fr.*> *a* банальный, пошлый; обыденный

Banalität <*germ.-fr.*> *f* -, -en банальность, пошлость; обыденность

Banáne <*afrik.-port.*> *f* -, -n банан

band *impf* от **binden***

Band I *m* -(e)s, Bände том; ◊ **das spricht Bände** это говорит о многом

Band II *n* -(e)s, Bänder 1. лента, тесьма; завязка; 2. бандаж; 3. *анатом.* связка; 4. обруч; 5.: **laufendes ~** конвейер; **vom ~ rollen** сходить с конвейера

Band III *n* -(e)s, -e 1. связь; **die ~e der Freundschaft** узы дружбы; 2. *поэт.* оковы

Bandáge [ʒə] <*germ.-fr.*> *f* -, -n бандаж; бинт, повязка

Bande I <*fr.*> *f* -, -n шайка, банда

Bande II <*germ.-fr.*> *f* -, -n край, кайма; кромка

Bändiger *m* -s, - укротитель

Bändigung *f* -, -en усмирение, укрощение, обуздание; дрессировка

Bandit <*it.*> *m* -en, -en бандит

Band‖maß *n* -es, -e рулетка *(измерительная)*

bandweise *adv* по томам, томами

Band‖wurm *m* -(e)s, -würmer *зоол.* солитёр

bang(e) *a* боязливый

Bange *f* - жуть, страх, боязнь; **nur keine ~!** не бойся [бойтесь]!

Bangemachen: ~ gilt nicht! (меня) не запугаешь!

Bangheit *f* -; **Bangigkeit** *f* - страх, боязнь, тревога

Bángkok (n) -s Бангкок *(столица Таиланда)*

Bangladesh (n) -s Бангладеш *(гос-во в Южной Азии)*

Bank I *f* -, Bänke 1. скамья, лавка; парта; 2. отмель, банка; 3. станок, верстак; 4. *воен.* бруствер; ◊ **auf die lange ~ schieben*** откладывать в долгий ящик; **auf der faulen ~ liegen*** бездельничать, лентяйничать

Bank II <*germ.-it.-fr.*> *f* -, -en 1. *фин.* банк; **Geld bei [auf] der ~ stehen [liegen] haben** иметь деньги в банке; 2. *карт.* банк; **die ~ auflegen** ставить банк

Bank‖akzept <*it.‖lat.*> *n* -es, -e *фин.* вексель

Bank‖anweisung *f* -, -en аккредитив, перевод через банк

Bank‖diskont <*lat.-it.*> *m* -(e)s, -e учётный банковский процент; банковский учёт

Bankert *m* -s, - *уст.* внебрачный ребёнок

Bank‖konto <*lat.‖it.*> *n* -s, -konten счёт в банке

Bank‖note <*it.-lat.*> *f* -, -n банкнот, банковский билет, кредитный билет; **~ über fünf Deutsche Mark** банковский билет в пять немецких марок

bankrott <*germ.-it.*> *a* обанкротившийся, несостоятельный; **~ gehen* [sein, werden]** обанкротиться

Bankrott <*it.*> *m* -(e)s, -e банкротство; **~ machen** обанкротиться

Bank‖satz *m* -(e)s, -sätze ставка банковского учёта

Bank‖stelle *f* -, -n отделение банка

Bann *m* -(e)s, -e 1. изгнание, ссылка; опала; отлучение от церкви; ◊ **jmdn. mit dem ~ belegen, jmdn. in ~ tun*** изгонять, ссылать кого-л.; 2. принуждение; 3. обаяние, чары; **im ~ von jmdm., von etw. (D) sein [stehen*]** быть очарованным кем-л., чем-л.

Banner *n* -s, - знамя

Banner‖träger *m* -s, - знаменосец

bar *a* 1. обнажённый, оголённый; 2. лишённый; **aller Ehre(n) ~** лишённый (чувства) чести; 3. наличный (*о деньгах*); **in ~em Gelde [in ~] zahlen** платить наличными; **etw. für ~e Münze [für ~] nehmen*** принимать что-л. за чистую монету [всерьёз]

Bar <*fr.-engl.*> *f* -, -s бар, закусочная

Bär *m* -en, -en 1. медведь; 2. *тех.* копёр, баба; ◊ **jmdm. einen ~en aufbinden*** рассказывать кому-л. небылицы

Barátt <*gr.-lat.-it.*> *m* -s; **~handel** *m* -s *ком.* бартер

Bar‖auszahlung *f* -, -en выплата наличными

Barbados (*n*) Барбадос (*название гос-ва и о-ва в архипелаге Антильских о-вов*)

Bárbar <*gr.-lat.*> *m* -en, -en варвар, дикарь

Bárbara Ба́рбара/Варва́ра (*жен. имя*)

Barbaréi <*gr.-lat.*> *f* - варварство, дикость; жестокость

barbárisch <*gr.-lat.*> *a* варварский, жестокий; дикий

Barbaróssa Барбаросса (*букв.* "рыжебородый"> (*прозвище Фридриха I*)

Barbaróssa‖plan *m* -s план "Барбаросса" (*кодовое название плана агрессивной войны фаш. Германии против СССР*)

Bar‖bestand *m* -(e)s -stände наличность (*денежная*)

Barbier <*fr.*> *m* -s, -e парикмахер, цирюльник

Barcelóna (*n*) -s Барселона (*город в Испании*)

Barde <*kelt.-lat.-fr.*> *m* -n, -n бард, певец

Bären‖grube *f* -, -n; **~höhle** *f* -, -n берлога

Bären‖haut *f* -, -häute медвежья шкура; ◊ **auf der ~ liegen*** бездельничать

Bären‖hunger *m* -s волчий аппетит

Bárentssee *f* - Баренцево море (*окраинное море Сев. Ледовитого океана*)

Barétt <*gr.-lat.*> *n* -(e)s, -e берет

barfuß *adv* босиком

Bar‖füßer *m* -s, -; **~in** *f* -, -nen босяк, -чка

barfüßig *a* босой

barg *impf om* **bergen***

Bar‖geld *n* -(e)s наличные (деньги)

bargeldlos *a* безналичный (*о денежных расчётах*)

Bar‖geschäft *n* -(e)s, -e сделка за наличный расчёт

barhäuptig *a* с непокрытой головой

Bariton <*gr.-lat.-it.*> *m* -s, -e баритон (*голос, певец*); **~ singen*** петь баритоном

Bark(e) <*gr.-lat.-fr.-niederl.*> *f* -, -(e)n барка, баржа

barmherzig *a* милосердный

Barmherzigkeit *f* - милосердие

barock <*port.-it.-fr.*> *a* причудливый, вычурный; в стиле барокко

Barock <*port.-it.-fr.*> *n, m* -s *иск.* барокко (*стиль*)

Barométer <*gr.*> *n* -s, - барометр; **vom ~ [das ~] ablesen*** снимать показания барометра

Barón <*germ.-fr.*> *m* -s, -e барон

Barren <*fr.*> *m* -s, - 1. слиток; 2. *спорт.* параллельные брусья; 3. шлагбаум, преграда

Barriere [-ˈriɛːrə] <*fr.*> *f* -, -n барьер

Barrikáde <*it.-fr.*> *f* -, -n баррикада, заграждение; **~n bauen [errichten]** строить баррикады

barsch *a* грубый, резкий

Barsch *m* -(e)s, Bärsche окунь

barst *impf om* **bersten***

Bart *m* -(e)s, Bärte борода; усы; **sich einen ~ lassen*** отпускать бороду [усы]; ◊ **laß dir keinen ~ darum wachsen** не ломай

себе голову; **sich um Kaisers ~ streiten*** спорить о чём-л. несущественном; **jmdm. um den ~ gehen*, jmdm. Honig um den ~ schmieren** *разг.* льстить кому-л., умаслить кого-л.
bärtig *a* бородатый
Bart∥koteletten *pl* бакенбарды
bartlos *a* безбородый, безусый
Baschkire *m* -n, -n башкир
Baschkíri¦en (*n*) -s Башкирия *(автономная республика в составе РФ, на В. Европейской части РФ и Юж. Урале)*
baschkirisch *a* башкирский
Base I *f* -, -n **1.** кузина; тётка; родственница; кума; **2.** *перен.* кумушка, сплетница
Base II <*gr.-lat.*> *f* -, -n **1.** базис, база; **2.** *хим.* основание
Baseball ['be:sbol] <*engl.*> *m* -s *спорт.* бейсбол
Basel (*n*) -s Базель *(кантон и город в Швейцарии)*
basíeren <*gr.-lat.-fr.*> I *vt (auf D)* основывать, базировать *(на чём-л.)*; II *vi* и ~, **sich** *(auf D)* основываться, базироваться *(на чём-л.)*
Basis <*gr.-lat.*> *f* -, Basen базис, база, основание
basisch <*gr.-lat.*> *a хим.* основный
Baske *m* -n, -n баск
Basken∥mütze *f* -, -n берет
Baß <*lat.-it.*> *m* -sses, Bässe бас *(голос, певец)*; ~ **singen*** петь басом
Baß∥geige *f* -, -n контрабас
Bassin [ba'sɛ̃:] <*lat.-fr.*> *n* -s, -s, бассейн *(в разн. знач.)*; резервуар
Bast *m* -es, -е мочало, лыко, луб
Bastard <*fr.*> *m* -(e)s, -е **1.** внебрачный ребёнок; **2.** *груб.* ублюдок; **3.** *биол.* помесь, гибрид
Bastéi *f* - Бастай *(гора в Саксонской Швейцарии; ФРГ)*
Bastler *m* -s, - любитель мастерить; ремесленник-самоучка
Bast∥matte *f* -, -n циновка
Bast∥schuh *m* -(e)s, -e лапоть
bat *impf от* **bitten***
Bataillon [bata'ljo:n] <*gall.-lat.-it.-fr.*> *n* -s, -е батальон
Batterie <*gr.-lat.-fr.*> *f* -, -ri¦en батарея
Batzen *m* -s *разг.* куш; **ein guter ~ Geld** крупный куш, порядочная сумма
Bau *m* **1.** -(e)s, -е строительство, стройка; **2.** -(e)s, -ten строение, постройка; здание; **3.** -(e)s, -ten нора; **4.** -(e)s возделывание, обработка *(поля)*; ◊ **zum ~ gehören, vom ~ sein** знать толк в каком-л. деле

Bauch *m* -(e)s, Bäuche живот, брюхо; **sich** (D) **einen ~ zulegen** *разг.* отрастить себе брюшко; **fauler ~** *разг.* лентяй; ◊ **voller ~ lernt nicht gern** *посл.* сытое брюхо к учению глухо; **vor jmdm. auf dem ~ kriechen* [liegen*]** пресмыкаться перед кем-л.; **sich** (D) **ein Loch in den ~ lachen** *разг.* держаться за живот *(от смеха)*, надорвать животики
Bauch∥fell *n* -(e)s, -е *анат.* брюшина, перитональная оболочка
Bauch∥grimmen *n* -s, - колики [резь] в животе
Bauch∥höhle *f* -, -n брюшная полость
bauchig, bäuchig *a* пузатый; выпуклый
Bauch∥kneipen *n* -s *см.* Bauchschmerz
bäuchlings *adv* на животе, на брюхе
Bauch∥redner *m* -s, - чревовещатель
Bauch∥schmerz *m* -es, -еn *б. ч. pl* боли в животе
bauen I *vt* **1.** строить, воздвигать; **eine Geige ~** делать скрипку; **Adler ~ auf Felsenspitzen** орлы гнездятся на вершинах скал; **Schlösser in die Luft ~** строить воздушные замки; **2.** возделывать, обрабатывать *(поле)*; **3.** разводить *(растения)*; **Wein ~** разводить виноград; **4.** *(auf D)* основывать *(на чём-л. суждение и т. п.)*; **auf Sand ~** *перен.* строить на песке; II *vi (auf A)* надеяться, возлагать надежды; полагаться, рассчитывать *(на кого-л., на что-л.)*; **auf sein gutes Glück ~** понадеяться на своё счастье
Bauer I *m* **1.** -s/-n, -n крестьянин; **2.** -n, -n *шахм.* пешка
Bauer II *m* -s, - строитель
Bauer III *m* -s, - клетка *(для птиц)*
Bäuerin *f* -, -nen крестьянка
bäu(e)risch *a* мужицкий, мужиковатый, неотёсанный, грубый
bäuerlich *a* крестьянский, сельский
Bauern∥fänger *m* -s, - мошенник, плут
Bauern∥gemeinde *f* -, -n сельская община
Bauernkrieg *m* -es Крестьянская война 1524—26 в Германии *(крупнейшее крестьянское восстание, тесно переплеталось с Реформацией)*
Bauernschaft *f* - крестьянство, крестьяне
Bauerntum *n* -(e)s **1.** крестьянство, крестьяне; **2.** крестьянский уклад жизни
baufällig *a* ветхий *(о строениях)*
Bau∥gerüst *n* -(e)s, -е *(строительные)* леса
Bau∥grube *f* -, -n *стр.* **1.** котлован; **2.** ров
Bau∥holz *n* -es строевой лесоматериал, строевой лес
Bau∥ingenieur [-inʒən'jø:r] *m* -s, -е инженер-строитель

Bau∥kasten *m* -s, -/-kästen ящик с кубиками *(для детей)*
Bau∥klötze *pl* кубики *(для детей)*
Bau∥kunst *f* - архитектура
baulich I *a* строительный; II *adv* конструктивно; архитектурно
Baum *m* -(e)s, Bäume дерево; **stark wie ein ~** крепкий как дуб *(о человеке)*; ◊ **den Wald vor (lauter) Bäumen nicht sehen*** за деревьями не видеть леса
Bau∥meister *m* -s, - архитектор, строитель
baumeln *vi* болтаться, висеть *(покачиваясь)*; **mit den Füßen [mit den Beinen] ~** болтать ногами
bäumen, sich 1. становиться на дыбы *(о лошади)*; 2. (за)упрямиться
Baum∥kuchen *m* -s, - песочный торт *(в форме башни)*
Baum∥schule *f* -, -en лесопитомник
baumstark *a* 1. толщиной с дерево; 2. сильный, дюжий
Baum∥stumpf *m* -(e)s, -stümpfe пень
Baum∥wachs *m* -es древесная замазка, садовый вар
Baum∥wolle *f* - хлопок
baumwollen *a* хлопчатобумажный
Baumwoll∥stoff *m* -(e)s, -e хлопчатобумажная ткань
Bau∥riß *m* -sses, -sse строительный чертёж
Bau∥sand *m* -(e)s гравий
Bausch *m* -es, -e/Bäusche 1. выпуклость; 2. *мед.* тампон; 3. буф *(у рукава)*; ◊ **in ~ und Bogen** целиком, оптом
bauschen, sich надуваться, топорщиться
bauschig *a* вздутый, выпуклый
Bau∥vorhaben *n* -s, - 1. строительный проект; 2. стройка, строительство
Bau∥werk *n* -(e)s, -e сооружение
Bau∥wesen *n* -s строительное дело
Bayer *m* -n, -n баварец; **~in** *f* -, -nen баварка
bay(e)risch *a* баварский
Bayerische Alpen *pl* Баварские Альпы *(часть Сев. Известковых Альп на территории ФРГ)*
Bayerische Motórenwerke AG *f* -"Байерише моторенверке АГ" *(одна из крупнейших автомобильных фирм ФРГ)*
Bayerischer Wald *m* -es Баварский Лес *(горы в ФРГ <земля Бавария>, национальный парк)*
"Bayerisches Meer" *(n)* -es "Баварское море" *(образное название оз. Кимзе)*
Bayerisches Nationalmuseum *n* -s Баварский национальный музей *(собрание произведений искусств с римских времён до наст. времени в Мюнхене <ФРГ>)*

Bayern *(n)* -s Бавария *(земля в ФРГ)*
Bayreuther Festspiele *pl* Байройтский фестиваль *(театр. представление с 1882 опер Вагнера в специально построенном здании в г. Байройт <земля Бавария, ФРГ>)*
Bayrischkraut *n* -s, - капуста по-баварски *(тушёная капуста с салом, сахаром и уксусом)*
Bazillus *<lat.> m* -, -len бацилла
be- *неотд. глаг. приставка* 1. придаёт глаголу значение предельности, усиливает его значение: **bedecken** покрывать; ср. **decken**; 2. образует переходные глаголы от непереходных: **bestrahlen** облучать *(лучами)*, озарять; ср. **strahlen**; 3. образует переходные глаголы от сущ. и прилагательных: **beanspruchen** претендовать *(на что-л.)*; ср. **Anspruch**; **befähigen** делать способным; ср. **fähig**
be∥ábsichtigen *vt* намереваться, иметь намерение *(что-то сделать)*; задумать *(что-л.)*
be∥áchten *vt* 1. обращать внимание *(на кого-л., на что-л.)*, замечать *(кого-л., что-л.)*; 2. принимать во внимание; соблюдать *(предписания и т. п.)*; **die Neutralität ~** соблюдать нейтралитет
beáchtenswert *a* достойный внимания; достопримечательный; уважительный *(о причине)*
Beáchtung *f* - принятие во внимание; соблюдение *(правил)*; **jmdm. ~ schenken** уделять кому-л. внимание; **unter ~ dieser Regel** соблюдая это правило
Beámte *subst m, f* -n, -n, служащий, чиновник
be∥ängstigen *vt* страшить, пугать
beängstigend *a* страшный; тревожный, вызывающий [внушающий] опасения
Beängstigung *f* -, -en страх, беспокойство
be∥ánspruchen *vt* 1. требовать *(чего-л.)*, претендовать *(на что-л.)*; **viel Zeit ~** требовать много времени; 2. *тех.* подвергать напряжению, нагружать; деформировать; **beansprucht werden** функционировать, действовать, быть на ходу *(о моторе и т. п.)*
Beánspruchung *f* -, -en 1. требование; 2. нагрузка, напряжение; деформация
be∥ánstanden *vt* высказывать недовольство *(по поводу чего-л.)*; возражать, протестовать *(против чего-л.)*; опротестовывать, оспаривать *(что-л.)*; **das ist zu ~** это вызывает возражения, против этого следует протестовать
Beánstandung *f* -, -en возражение, опро-

тестовывание, оспаривание; *ком.* рекламация, претензия

be|ántragen *vt* предлагать, вносить *(что-л.)*; вносить предложение *(что-л. сделать)*; ходатайствовать, подавать заявление *(о чём-л.)*

Beántragung *f* -, -en внесение предложения; подача заявления; возбуждение ходатайства

be|ántworten *vt* отвечать *(на что-л.)*

Beántwortung *f* -, -en ответ; **in ~ des Briefes** в ответ на письмо

be|árbeiten *vt* 1. обрабатывать, разрабатывать; **neu ~** перерабатывать; 2. возделывать, обрабатывать; распахивать; 3. пытаться воздействовать *(на кого-л.)*; *разг.* обрабатывать *(кого-л.)*

Beárbeitung *f* -, -en 1. обработка, разработка; переработка; 2. возделывание, обработка, эксплуатация; распахивание

Béata/Béate Беата *(жен. имя)*

be|áufsichtigen *vt* надзирать, наблюдать, присматривать *(за кем-л.)*

Beáufsichtigung *f* -, -en надзор, наблюдение; присмотр *(за кем-л., за чем-л.)*

be|áuftragen *vt (mit* D*)* поручать *(кому-л. что-л.)*; **ich bin beauftragt...** мне поручено...

Beáuftragte *subst m, f* -, -n, -n уполномоченный, -ная

be|báuen *vt* 1. застраивать; 2. *с.-х.* обрабатывать, возделывать

Bebáuung *f* -, -en 1. застройка; 2. возделывание, обработка

beben *vi* дрожать; сотрясаться; **vor jmdm., vor etw.** (D) **~** дрожать, трепетать перед кем-л., чем-л.; **für [um] jmdn., für [um] etw.** (A) **~** дрожать, бояться за кого-л., что-л.

bebrillt *a* в очках

Becher *m* -s, - 1. кубок; бокал, чаша, кружка; ◇ **der ~ fließt über** чаша терпения переполнилась; 2. *тех.* ковш, черпак

Becken *m* -s, - 1. чаша; 2. *анат.* таз; 3. бассейн *(реки)*

bedácht *a* обдуманный; **auf etw. ~ sein** иметь в виду что-л., заботиться о чём-л.

bedächtig *a* осторожный; медлительный; рассудительный, осмотрительный

Bedächtigkeit *f* - рассудительность, осмотрительность; спокойствие, степенность

bedáchtsam *a* рассудительный

bedáng *impf om* bedingen*

be|dánken, sich благодарить *(bei* D

кого-л.; *für* A за что-л.*)*; **ich bedanke mich (dafür)!** *ирон.* покорно благодарю!, как бы не так!

Bedárf *m* -(e)s *(an* D*)* потребность *(в чём-л.)*; спрос *(на что-л.)*; **(je) nach ~** по мере надобности; **an etw.** (D) **~ haben** нуждаться в чём-л.

Bedárfs‖artikel *m* -s, - предмет первой необходимости

Bedárfs‖fall: **im ~** в случае необходимости [надобности]

Bedárfs‖güter *pl* предметы первой необходимости

bedáuerlich *a* прискорбный; досадный

be|dáuern *vt* жалеть *(кого-л., что-л.)*; сожалеть *(о чём-л.)*; **dieser Vorfall ist zu ~** это прискорбный случай; **bedauere sehr!** очень сожалею!

bedáuerns‖wert, **~würdig** *a* достойный сожаления; прискорбный; жалкий

be|décken I *vt* 1. покрывать, накрывать, прикрывать; устилать; **das Gesicht mit den Händen ~** прикрывать лицо руками; **mit Küssen ~** осыпать поцелуями; **der Himmel ist bedeckt** небо пасмурно; 2. *воен.* прикрывать; конвоировать; II **~, sich** 1. покрываться, прикрываться; **der Himmel hat sich bedeckt** небо покрылось тучами; **sich mit Ruhm ~** покрыть себя славой; 2. надевать шапку

Bedéckung *f* -, -en 1. покрытие, прикрытие; 2. *воен.* прикрытие, конвой, охрана; **unter ~** под охраной; в сопровождении; 3. *астр.* покрытие, затмение; 4. облачность; 5. заражение *(радиоактивными веществами)*

be|dénken* I *vt* 1. обдумывать *(что-л.)*; размышлять *(о чём-л.)*; **jmdn. mit einer Prämie ~** премировать кого-л.; **jmdn. im Testament ~** оставлять кому-л. наследство по завещанию; II **~, sich** 1. поразмыслить; одуматься; **sich eines anderen [eines Besseren] ~** раздумать, передумать; 2. колебаться, сомневаться

Bedénken *n* -s, - 1. размышление, обдумывание; **ohne ~** не раздумывая; 2. сомнение, опасение; **~ tragen* [hegen]** сомневаться, колебаться *(что-л. сделать)*

bedénklich *a* сомнительный, рискованный, опасный, внушающий опасения; **~ werden** принимать опасный оборот; **eine ~e Lage** затруднительное положение; **es steht ~ mit ihm** дело с ним обстоит скверно

Bedénk‖zeit *f* -, -en время на обдумывание; **ich bitte mir ~ aus** дайте мне подумать

be|déuten vt 1. значить, означать; иметь значение; was hat das zu ~?, was soll das ~? что это значит?; das bedeutet nichts Gutes это не предвещает ничего хорошего; dieser Mensch bedeutet etwas это человек с весом; 2. дать понять (кому-л. (D) что-л.); er bedeutete ihm (ihn) zu schweigen он велел ему (за)молчать
bedéutend I a 1. значительный (большой); 2. выдающийся, известный, знаменитый; знаменательный; eine ~e Rolle spielen играть важную [видную] роль; II adv значительно, гораздо; ~ besser гораздо [значительно] лучше
bedéutsam a важный, многозначительный; знаменательный
Bedéutung f -, -en значение; смысл; von ~ значительный, важный; ~ gewinnen* приобретать значение; einer Sache (D) eine ~ beimessen* [beilegen] придавать значение чему-л.
bedéutungslos a не имеющий значения, незначительный, ничтожный
bedéutungsvoll a многозначительный, важный
be|diénen I vt 1. прислуживать (кому-л.); 2. карт.: Farbe bedienen идти [попасть] в масть; II ~, sich (G) пользоваться (чем-л.), употреблять (что-л.); ~ Sie sich! прошу!, угощайтесь!
Bediénung f -, -en 1. прислуживание, обслуживание; 2. прислуга, обслуживающий персонал
Bediénungs||vorschrift f -, -en правила обслуживания [ухода]
be|díngen* I vt обуславливать; делать возможным; быть предпосылкой; II vi (только по слабому спряжению) обуславливаться, зависеть (от чего-л.)
bedingt a условный
Bedíngtheit f - условность; обусловленность
bedingttauglich a воен. ограниченно годный
Bedíngung f -, -en условие; mit [unter] der ~ при условии; auf eine ~ eingehen* принять условие
bedíngungslos a безоговорочный, безусловный
Bedíngungssatz m -es, -sätze грам. условное предложение
bedíngungsweise adv по условию, условно
be|drängen vt притеснять, угнетать, преследовать; осаждать (просьбами и т. п.)
Bedrängnis f -, -se 1. притеснение; 2. бедственное положение; 3. печаль, подавленность, угнетённость

be|dróhen vt (mit D) грозить (кому-л., чему-л.); von etw. (D) bedroht sein находиться под угрозой чего-л.
bedróhlich a угрожающий, опасный
Bedróhung f -, -en угроза, опасность; die ~ des Friedens угроза миру
be|drúcken vt 1. (mit D) печатать (на чём-л. что-л.); 2. набивать (ткань)
be|drücken vt 1. притеснять, угнетать; 2. тяготить, печалить; das bedrückt mein Herz от этого у меня тяжело на душе
Bedrücker m -s, - угнетатель, притеснитель
Bedrückung f -, -en притеснение, гнёт
bedúngen part II от bedingen*
be|dúngen vt удобрять
bedürfen* vt/vi (G) нуждаться (в чём-л.), требовать (чего-л.); der Kranke bedarf einer Operation больной нуждается в операции
Bedürfnis n -ses, -se (nach D) потребность, нужда (в чём-л.); seine ~se befriedigen удовлетворять свои потребности; sein ~ verrichten отправлять естественную потребность
Bedürfnis||anstalt f -, -en общественная уборная
bedürftig a 1. нуждающийся (G в чём-л.); einer Sache (G) ~ sein нуждаться в чём-л.; 2. бедный, нищий
Beefsteak ['bi:fste:k] <engl.> f -s, -s бифштекс
be|éid(ig)en vt 1. присягать (в чём-л.); подтверждать присягой (что-л.); 2. приводить к присяге (кого-л.)
Beéidigung f -, -en приведение к присяге
be|éifern, sich (zu+inf) усердствовать (в чём-л.)
be|éindrucken vt производить (сильное) впечатление (на кого-л.); von etw. (D) beeindruckt sein быть под сильным впечатлением чего-л.
be|éinflussen vt оказывать влияние, влиять (на кого-л.); von jmdm., von etw. (D) beeinflußt werden находиться [быть] под влиянием кого-л., чего-л.
Beéinflussung f -, -en влияние
be|éinträchtigen vt причинять вред [ущерб], вредить (кому-л., чему-л.); нарушать (чьи-л.) интересы; jmdn. in etw. (D) ~ мешать [препятствовать, вредить] кому-л.; стеснять кого-л. в чём-л.
Beéinträchtigung f -, -en нанесение вреда [ущерба], нарушение интересов; ~ der Rechte юр. ограничение прав
be|éisen I vt покрывать льдом
be|éisen II vt обивать железом

be|énd(ig)en vt оканчивать, кончать, прекращать; завершать
Beénd(ig)ung f -, -en окончание, прекращение; завершение
be|éngen vt 1. стеснять, сужать; **beengt wohnen** жить в тесноте; **mir ist der Atem beengt** у меня дыхание спирает, мне трудно дышать; 2. *перен.* стеснять, ограничивать
be|érdigen vt хоронить, погребать
Beerdigung f -, -en похороны, погребение
Beere f -, -n ягода; **~n lesen*** собирать ягоды; **in die ~n gehen*** ходить за ягодами
Beet n -(e)s, -e грядка, гряда, клумба
Beethoven-Halle f - "Бетховен-халле" *(крупнейший фестивальный зал в Бонне <ФРГ>)*
be|fähigen vt 1. делать способным *(к чему-л.)*; давать возможность [силы] делать *(что-л.)*; **seine Kenntnisse ~ ihn zu diesem Amt** его знания позволяют ему занимать эту должность; 2. *юр.* давать право
Befähigung f - 1. способность, пригодность; 2. склонность, дарование
befáhl *impf от* **befehlen***
befáhrbar a проезжий *(о дороге)*; судоходный
be|fáhren* vt 1. ездить *(по дороге и т. п.)*; плавать *(по морю и т. п.)*; **diese Strecke wird stark ~** на этом участке большое движение; **mit Dung ~** развозить удобрение по полю; 2. *горн.*: **einen Schacht ~** спускаться в шахту; осматривать шахту; **~ werden** находиться в разработке
be|fállen* vt нападать *(на кого-л., на что-л.)*, постигать *(кого-л., что-л.)*; *мед.* поражать *(кого-л., что-л.)*; **vom Sturme ~ werden** быть застигнутым бурей; **von einer Krankheit ~ werden** заболеть; **Furcht befiel ihn** им овладел страх; **ihn befiel Müdigkeit** он почувствовал усталость
be|fángen* I vt захватывать, охватывать; II **~, sich** *(mit D)* заниматься *(чем-л.)*
be|fángen II *part a* 1. смущённый, робкий; **~ sein** смущаться, стесняться, робеть; **~ werden** приходить в замешательство; 2. *юр.* пристрастный *(о судье)*
Befángenheit f -1. смущение, робость, замешательство; 2. *юр.* пристрастие, пристрастность *(судьи)*
be|fássen, sich *(mit D)* заниматься *(кем-л., чем-л.)*, иметь дело *(с кем-л., с чем-л.)*
Beféhl m -(e)s, -e 1. приказ, приказание; **zu ~!** слушаюсь!; **auf ~** по приказу; 2. командование; **den ~ führen** *(über A)* командовать *(чем-л., кем-л.)*; **unter jmds. ~ stehen*** быть в чьём-л. подчинении [под чьим-л. командованием]
be|féhlen* vt 1. приказывать, велеть, предписывать; **zur Tafel ~** приглашать к столу; **du hast mir nichts zu ~** ты мне не указчик; 2. *(über A)* командовать, распоряжаться *(чем-л., кем-л.)*; **Gott befohlen!** с Богом!
beféhlerisch a начальственный, повелительный *(о тоне)*
be|féhligen vt 1. командовать *(кем-л.)*; **sich ~ lassen*** стать под командование; 2. приказывать *(кому-л.)*
Beféhls‖gewalt f -, -en командная власть; **aus dem ~ ausscheiden*** выйти из подчинения
Beféhls‖haber m -s, - начальник, командующий; предводитель; **der Oberste ~** верховный главнокомандующий
Beféhls‖satz m -es, -sätze *грам.* повелительное предложение
Beféhls‖stand m -(e)s, -stände 1. диспетчерская; 2. *воен.* командный пункт
Beféhls‖stelle f -, -n *воен.* штаб, командный пункт; пункт управления
be|féstigen vt I 1. прикреплять, закреплять, крепить, привязывать; *тех. тж.* затягивать; 2. укреплять, упрочивать; **jmdn. im Glauben ~** укреплять чью-л. веру [чьё-л. мнение]; II **~ sich** укрепляться, упрочиваться, утверждаться
Beféstigung f -, -en 1. прикрепление, привязывание; 2. укрепление; упрочение; 3. *воен.* возведение укреплений; **ständige ~** долговременное укрепление
be|fétten vt смазывать жиром; са́лить
be|féuchten vt смачивать, увлажнять, орошать
be|féuern vt 1. обстреливать; 2. освещать огнями
be|finden* I vt находить, считать; **etw. für nötig ~** находить что-л. нужным; **etw. für gut [richtig] ~** одобрять что-л.; II **~, sich** 1. находиться, быть, пребывать; 2. чувствовать себя; **sich gut ~** чувствовать себя хорошо
Befinden n -s самочувствие, состояние здоровья
befindlich a находящийся, расположенный; **~ sein** находиться
be|flécken I vt 1. пачкать, марать, пятнать; **mit Blut ~** запачкать [обагрить] кровью; 2. опозорить; **jmds. Ruf ~** запятнать чью-л. честь; II **~, sich** 1. пачкаться, мараться; 2. опозориться

be|fléißen, sich; be|fléißigen, sich (G) 1. стараться *(делать что-л.)*, прилагать старания *(к чему-л.)*; sich großer Höflichkeit ~ стараться быть очень вежливым; 2. ревностно заниматься *(чем-л.)*, ревностно изучать *(что-л.)*
be|flícken *vt* латать *(что-л.)*, ставить заплаты *(на что-л.)*
be|flíegen* *vt* облетать, пролетать *(вдоль чего-л., над чем-л.)*; das Flugzeug befliegt die Strecke... самолёт совершает рейсы по линии...
be|flügeln *vt* 1. окрылять, воодушевлять; 2. ускорять; beflügelten Schrittes быстрым шагом; beflügelte Stunden *поэт.* незаметно проходящие часы
befóhlen *part II от* befehlen*
be|fólgen *vt* следовать *(примеру и т. п.)*; исполнять *(приказание и т. п.)*; соблюдать *(закон)*; придерживаться *(правила)*
Befólgung *f* -, -en следование, исполнение; соблюдение
be|fördern *vt* 1. отправлять, отсылать *(an А кому-л.)*; перевозить, транспортировать; jmdn. ins Jenseits ~ отправить кого-л. к праотцам; 2. повышать в должности *(кого-л.)*; *воен.* повышать в звании; zum Major ~ присвоить звание майора
Befórderung *f* -, -en 1. доставка; перевозка; 2. повышение по службе; *воен.* присвоение звания; производство в чин; 3. ускорение, поощрение
be|försten *vt* облесить
Befórstung *f* -1. облесение; 2. эксплуатация леса
Befráchtung *f* -, -en погрузка; фрахтовка судна
be|frágen I *vt (nach* D, *um* A, *über* A, *wegen* G) спрашивать *(кого-л., о ком-л., о чём-л.)*; допрашивать; einen Arzt ~ посоветоваться с врачом; das Wörterbuch ~ заглянуть в словарь, обратиться к словарю; II ~, sich bei jmdm. nach etw. (D) [um etw. (A)] ~ осведомляться у кого-л. о чём-л.
Befrágung *f* -, -en опрос; допрос; peinliche ~ допрос с пристрастием, допрос под пыткой
be|fréien I *vt (von* D) освобождать, избавлять *(от чего-л.)*; sein Gewissen ~ очистить [облегчить] свою совесть; etw. vom Zoll ~ освободить от пошлины *(что-л.)*; II ~, sich *(von* D) освобождаться, избавляться *(от чего-л.)*
Befréier *m* -s, -; ~in *f* -, -nen освободитель, -ница; избавитель, -ница

Befréiung *f* -, -en 1. освобождение, избавление; 2. увольнение *(со службы)*
Befréiungs||krieg *m* -(e)s, -e освободительная война, война за независимость
Befréiungs||krieg 1813–1814 *m* -es Освободительная война 1813–1814 *(нем. народа против господства наполеоновской Франции)*
befrémdend *a* странный, недоуменный, удивительный
be|fréunden I *vt* связывать узами дружбы; сближать; II ~, sich *(mit* D) 1. подружиться, сдружиться, сближаться *(с кем-л.)*; 2. освоиться, свыкнуться *(с чем-л.)*; mit dieser Auffasung kann ich mich nicht ~ с этой точкой зрения я не могу согласиться
befréundet *a* дружественный; mit jmdm. ~ sein дружить с кем-л.
be|fríedigen I *vt* 1. удовлетворять; утолять *(голод, жажду)*; seine Neugier ~ удовлетворять своё любопытство; 2. успокаивать; 3. уплачивать *(кому-л.)*, вознаграждать *(кого-л.)*; II ~, sich *(mit* D) удовлетворяться, довольствоваться *(чем-л.)*
be|fríedigend I *a* удовлетворительный; II *adv* удовлетворительно; ~ ausfallen* оказаться удовлетворительным
Befríedigung *f* -, -en удовлетворение; ~ eines Wunsches исполнение желания; zu aller ~ к общему удовлетворению [удовольствию]
Befríedung *f* - умиротворение, примирение
be|frísten *vt* назначить срок *(чего-л.)*
befrístet *a* ограниченный сроком, срочный
be|fruchten *vt* 1. оплодотворять; eine Blüte ~ опылять цветок; 2. делать плодородным; 3. делать плодотворным
Befrúchtung *f* -, -en оплодотворение
be|fúgen *vt (zu* D) давать право, уполномочивать *(на что-л.)*
Befúgnis *f* -, -se право; полномочие *(zu* D на что-л.); jmdm. ~se einräumen предоставлять полномочия кому-л.
befúgt *a* правомочный; компетентный
be|fühlen *vt* ощупывать, щупать, осязать, трогать; den Puls ~ щупать пульс
Befúnd *m* -(e)s, -e состояние; данные осмотра; je nach ~ der Umstände смотря по обстоятельствам
be|fürchten *vt* опасаться, бояться *(чего-либо)*; Sie haben nichts (zu) ~ Вам нечего бояться
Befürchtung *f* -, -en опасение; seinen ~en Ausdruck geben* [verleihen*] выразить (свои) опасения

be¦fürworten *vt* ходатайствовать *(за кого-л., что-л.; о ком-л., о чём-л.)*; jmds. Gesuch ~ поддержать чью-л. просьбу [заявление]
Befürworter *m* -s, - защитник, заступник; сторонник
Befürwortung *f* -, -en ходатайство; поддержка, заступничество; защита
be¦gáben *vt (mit* D) одарять, наделять *(кого-л. чем-л.)*
begábt *a* способный *(für* A *к чему-л.)*; одарённый, талантливый; **mit vielen Anlagen** ~ одарённый многими способностями
begánn *impf om* beginnen*
Begáttung *f* -, -en совокупление; спаривание, случка
be¦gáukeln *vt* обманывать *(при помощи фокусов)*, втирать очки *(кому-л.)*
be¦gében* I *vt* 1. продавать, выпускать *(ценные бумаги)*; 2. выдавать замуж; II ~, sich 1. отправляться, идти; sich auf die Reise [den Weg] ~ отправляться в путешествие [в путь]; 2. случаться, происходить
Begébenheit *f* -, -en; Begebnis *n* -ses, -se событие, происшествие
Begébung *f* -, -en; 1. продажа, выпуск *(ценных бумаг)*; die ~ einer Anleihe размещение займа; 2. учёт векселя
be¦gégnen *vi* I 1. (s) (D) встречать *(кого-л., что-л.)*, попадаться *(навстречу кому-л.)*; 2. (s) (D) случаться, происходить, приключиться *(с кем-л.)*; das Unglück begegnete ihm с ним случилось несчастье; 3. (h) (D) противостоять *(трудностям и т. п.)*, бороться; II ~, sich встречаться *(друг с другом)*
Begégnung *f* -, -en встреча *(тж. спорт.)*; feindliche ~ *воен.* стычка
be¦géhen* *vt* 1. обходить *(что-л.)*, ходить *(где-л.)*; ein viel begangenes Haus людный дом; 2. праздновать, справлять, отмечать *(праздник, юбилей)*; 3. делать, совершать *(преступление, глупость и т. п.)*; einen Fehler ~ совершить ошибку
Begéhr *m, n* -n желание; требование; спрос *(nach* D *на что-л.)*
be¦géhren *vt/vi (nach* D) желать, жаждать *(чего-л.)*; требовать, домогаться *(чего-л.)*; etw.von jmdm. ~ желать чего-л. от кого-л.; sehr begehrt sein пользоваться (большим) спросом [успехом]; er hat alles, was das Herz begehrt у него есть всё, что душе угодно
Begéhren *n* -s 1. желание, требование *(nach* D *чего-л.)*; 2. алчность; 3. вожделение, похоть
begéhrenswert *a* желательный, желанный; eine ~e Frau привлекательная женщина
begéhrlich *a* 1. жадный, алчный; 2. желательный; 3. чувственный
Begéhrlichkeit *f* -, -en 1. желательность; 2. жадность, алчность
be¦géifern *vt* 1. (об)слюнявить *(о ребёнке)*; 2. *перен.* оплёвывать, поносить
Begéiferung *f* -, -en клевета, оплёвывание
be¦géistern I *vt* воодушевлять, вдохновлять, восхищать, увлекать; für den Kampf ~ вдохновлять на борьбу; II ~, sich *(für* A) увлекаться *(чем-л.)*
Begéisterung *f* -, -en (во)одушевление, вдохновение; восторг; in ~ geraten* прийти в восторг
Begier *f* -; Begierde *f* -, -en (страстное) желание *(nach* D *чего-л.)*; алчность, жадность *(к чему-л.)*; вожделение; vor ~ brennen* гореть желанием
begierig I *a (nach* D, *auf* A) жадный *(к чему-л., на что-л.)*; жаждущий; падкий *(на что-л.)*; ~ nach Ehre честолюбивый; II *adv* жадно, алчно; ~ nach etw. trachten всеми силами добиваться чего-л.
be¦gießen* I *vt* 1. поливать; обливать; заливать; 2. *разг.* обмыть, отметить *(что-л.)*; II ~, sich обливаться
Beginn *m* -(e)s начало; bei ~, zu ~ вначале; von ~ an с самого начала
be¦ginnen* I *vt (mit* D) начинать *(с чего-л.)*; die Reise ~ отправляться в путь [путешествие]; den Kampf ~ вступить в бой; ◊ frisch begonnen, halb gewonnen *посл.* ≡ почин дороже денег; II *vi (mit* D) 1. начинаться *(с чего-л.)*; открываться *(о заседании)*; 2. начинать *(что-л.)*; mit einer Arbeit ~ начинать *(какую-л.)* работу
be¦gláubigen *vt* 1. заверять, удостоверять, свидетельствовать *(документально, у нотариуса и т. п.)*; 2. аккредитовать *(посла)*; eine beglaubigte Person аккредитованное лицо; доверенное лицо, поверенный
Begláubigung *f* -, -en 1. удостоверение, засвидетельствование; 2. аккредитование *(посла)*; einem Botschafter die ~ erteilen аккредитовать посла
Begláubigungs∥schreiben *n* -s, - 1. верительная грамота; 2. доверенность
be¦gléichen* *vt* 1. уравнивать; 2. улаживать *(разногласия)*; 3. *фин.* оплачивать, уплачивать, покрывать, погашать; Unstimmigkeiten ~ урегулировать расхождения *(в счетах)*

Begléichung *f* -, -en **1.** уплата по счёту; **2.** покрытие, погашение

be¦gléiten *vt* **1.** провожать; сопровождать; **seine Taten sind von Erfolg begleitet** его делам сопутствовал успех; **2.** конвоировать, эскортировать; **3.** *(auf* D) аккомпанировать *(кому-л. на чём-л.)*; **begleitet von** (D) под аккомпанемент *(чего-л.)*

Begléiter *m* -s, - **1.** провожатый; **2.** аккомпаниатор

Begléit‖schein *m* -(e)s, -e сопроводительный [препроводительный] документ; накладная

Begléitung *f* -, -en **1.** сопровождение; **in jmds. ~** в сопровождении кого-л.; **2.** конвой, свита; **3.** *муз.* аккомпанемент; **unter ~ singen*** петь под аккомпанемент

be¦glückwünschen *vt (zu* D) поздравлять *(с чем-л.)*

Beglückwünschung *f* -, -en поздравление *(zu* D *с чем-л.)*

be¦gnádigen *vt* помиловать, амнистировать, прощать

Begnádigung *f* -, -en помилование; амнистия

Begnádigungs‖gesuch *n* -(e)s, -e ходатайство о помиловании

be¦gnügen, sich *(mit, an* D) удовлетворяться, довольствоваться, ограничиваться *(чем-л.)*

begónnen *part II om* **beginnen***

be¦gönnern *vt* покровительствовать, оказывать протекцию *(кому-л.)*

be¦gráben* I *vt* **1.** зарывать; **2.** хоронить, погребать; **in den Wellen ~ sein** утонуть; **eine Gesetzesvorlage ~** похоронить [положить под сукно] законопроект; ◊ **da liegt der Hund ~** вот где собака зарыта; II **~, sich** зарыться

Begräbnis *n* -ses, -se **1.** погребение, похороны; **2.** могила; склеп; кладбище

be¦gréifen* *vt* **1.** понимать, постигать; **2.** включать, заключать в себе *(in sich* D*)*; **das Buch begreift viele Probleme in sich** в книге содержится много проблем

begréiflich *a* понятный; постижимый; **jmdm. etw. ~ machen** растолковывать кому-л. что-л.

begréiflicherweise *adv* разумеется, понятно; конечно

Begréiflichkeit *f* - понятность, ясность

be¦grénzen *vt* ограничивать *(что-л.)*; проводить границы *(чего-л.)*

Begrénztheit *f* - ограниченность

Begrénzung *f* -, -en **1.** ограничение; **2.** предел, граница

Begríff *m* -(e)s, -e понятие, идея; **schwer von ~** непонятливый; ◊ **im ~ sein [stehen*]** *(zu+inf)* собираться, намереваться

begríffen *a*: **in etw.** (D) **~ sein** находиться в каком-л. состоянии [в какой-л. стадии]; **im Verfall ~ sein** находиться в состоянии упадка; **im Bau ~ sein** строиться

begrífflich *a* абстрактный, отвлечённый; непонятный

Begríffs‖bestimmung *f* -, -en дефиниция, определение *(понятия)*

Begríffs‖wort *n* -(e)s, -wörter **1.** слово-понятие; **2.** *грам.* знаменательное слово

be¦gründen *vt* **1.** обосновывать, мотивировать; **2.** основывать, утверждать

Begründer *m* -s, -; **~in** *f* -, -nen основатель, -ница; основоположник, -ница

Begründung *f* -, -en обоснование, мотивировка, мотивы; доказательство

be¦grüßen I *vt* **1.** приветствовать *(кого-л.)*; здороваться *(с кем-л.)*; салютовать *(кому-л.)*; **2.** приветствовать, одобрять *(что-л.)*; II **~, sich** здороваться друг с другом; раскланиваться

Begrüßung *f* -, -en приветствие

Begrüßungs‖ansprache *f* -, -en приветственная речь, приветственное обращение

Begünstigung *f* -, -en благоприятствование; покровительство, протекция

be¦gútachten *vt* рассматривать *(что-л.)*, рецензировать *(что-л.)*, давать отзыв *(на что-л., о чём-л.)*

Begútachtung *f* -, -en **1.** мнение; **2.** экспертиза; **zur ~ vorlegen** ставить на обсуждение

begütert *a* зажиточный, состоятельный, богатый

behaart *a* покрытый волосами, волосатый

behäbig *a* **1.** удобный, уютный, довольный; **2.** дородный, осанистый

Behäbigkeit *f* - **1.** удобство, уют; **2.** осанка, дородность

be¦háften *vt (jmdn. mit* D) возлагать ответственность *(на кого-л., за что-л.)*

beháftet *a* поражённый *(болезнью)*; обременённый *(долгами)*

be¦hágen *vi* (D) нравиться *(кому-л.)*; **es behagt mir** мне нравится, мне приятно

Behágen *n* -s приятное чувство, удовольствие; **~ an etw.** (D) **finden*** находить удовольствие в чём-л.

beháglich I *a* **1.** уютный, приятный; **2.** покладистый, любезный; II *adv* прият-

но, уютно; **machen Sie sich ~** устраивайтесь поудобнее, будьте как дома
Behágglichkeit f -, -en уют, удобство
be¦halten* vt **1.** оставлять, удерживать, сохранять; **den Hut auf dem Kopf ~** не снимать шляпы; **das Feld ~** остаться победителем; **den Sieg ~** одерживать победу; **2.: etw. bei sich (D) ~** оставлять, сохранять за собой; *перен.* утаивать что-л.; **3.** помнить, запомнить; **ich habe es gut ~** я твёрдо это помню; **etw. im Gedächtnis ~** сохранить в памяти, не забывать
Behälter m -s, -; **Behältnis** n -ses, -se сосуд; бак; футляр; резервуар, хранилище
be¦hándeln vt **1.** обращаться, обходиться *(с кем-л.)*; **jmdn. als Freund ~** обращаться с кем-л. по-дружески; **2.** *тех.* обрабатывать, подвергать обработке; **3.** лечить; **sich ~ lassen*** лечиться *(у кого-л.)*; **4.** излагать, обсуждать, трактовать, разрабатывать *(тему)*
Behándlung f -, -en **1.** обхождение, обращение; **2.** лечение; **3.** обсуждение; трактовка *(темы)*
be¦hárren vi **1.** (h, s) не изменяться, длиться; **2.** (h) *(auf, bei* D*)* настаивать *(на чём-л.)*; упорствовать *(в чём-л.)*; **bis ans Ende ~** выдержать до конца
Behárrlichkeit f - настойчивость, упорство; выдержка
Behárrung f -, -en *физ.* инерция
Behárrungs‖vermögen n -s *физ.* сила инерции
be¦háuchen vi **1.** дышать, дуть *(на что-л.)*; **2.** *лингв.* произносить с придыханием
behaúcht a *лингв.* придыхательный
be¦haúpten I vi **1.** утверждать, уверять; **2.** отстаивать, удерживать *(за собой)*; **den Sieg ~** одерживать победу; **das Feld ~** остаться победителем; выиграть бой; **seine Würde ~** сохранять своё достоинство; II **~, sich** удерживаться, держаться; **die Geldkurse ~ sich** курс (на бирже) твёрдый
Behaúptung f -, -en **1.** утверждение; **~en aufstellen** утверждать; **bei seiner ~ bleiben*** оставаться при своём мнении; **2.** отстаивание
be¦haúsen vi **1.** приютить; **2.** жить, обитать *(в каком-л. месте)*
Behaúsung f -, -en жилище, жильё; нора, берлога
be¦hében* vi **1.** устранять, ликвидировать *(недостатки)*; преодолевать *(трудности)*; **2.** *юр.* отменять; **Schaden ~** списать убытки

Behébung f -, -en **1.** устранение; преодоление; **2.** *юр.* отмена
be¦héimaten vi натурализировать, принимать в своё подданство [гражданство]
behéimatet a **1.** происходящий родом *(откуда-л.)*; **2.** получивший право убежища [гражданства] *(в каком-л. государстве)*
be¦héizen vi отапливать
Behéizung f -, -en отопление
Behélf m -(e)s, -e **1.** выход из положения; помощь; **2.** отговорка, увёртка
be¦hélfen*, sich *(mit* D*)* обходиться, довольствоваться *(чем-л.)*, перебиваться; **sich mit wenigem ~** обходиться малым
behélfsmäßig a вспомогательный; подсобный, временный
behénd(e) a проворный; расторопный
be¦hérbergen vi давать приют *(кому-л.)*, принимать у себя
Behérbergung f -, -en приют, приём
be¦hérrschen I vi **1.** владеть, править *(страной)*; господствовать *(над кем-л.)*; **2.** господствовать, возвышаться *(над местностью)*; **eine ~e Höhe** *воен.* командная высота; **3.** владеть *(языками, техникой)*; **4.** владеть *(собой)*; сдерживать, обуздывать *(гнев и т. п.)*; **seine Zunge ~** держать язык за зубами; II **~, sich 1.** владеть собой, сдерживаться; **2.: sich ~ lassen*** *(von* D*)* подчиняться *(кому-л.)*
Behérrscher m -s, -; **~in** f -, -nen *поэт.* повелитель, -ница; властелин
behérrscht I a сдержанный; II adv: **er tritt ~ auf** он держится спокойно
be¦hérzigen vi **1.** принимать к сердцу; принимать во внимание; **einen Rat ~** слушать совета
behérzt a храбрый, смелый, мужественный; решительный
behilflich a полезный; **~ sein** *(bei* D*)* оказывать помощь *(в чём-л.)*
be¦híndern vt *(an, bei* D*)* препятствовать, мешать *(кому-л., в чём-л.)*; **von jmdm., durch etw. (A) behindert sein [werden]** 1) встречать препятствие в ком-л., чём-л.; 2) быть занятым, не иметь времени
Behínderung f -, -en ограничение, препятствие, помеха
Behörde f -, -en **1.** орган (власти); начальство; **2.** учреждение, ведомство; **die oberste ~** высшая инстанция
behördlich a официальный
Behúf m -(e)s, -e *канц.* надобность, потребность; **zu diesem ~(e)** для этой цели
behúfs prp (G) *канц.* ради, для, с целью

be|hüten *vt* (*vor* D) оберегать, предохранять (*от кого-л., чего-л.*); ein Geheimnis ~ хранить тайну; behüte! ни в коем случае!

Behüter *m* -s, -; ~in *f* -, nen хранитель, -ница; покровитель, -ница

behútsam *a* осторожный, осмотрительный; бережный

bei *prp* (D) у, возле, подле, при, около; ◊ ~ Tage днём; ~ Jahren sein быть в летах; ~ weitem гораздо; ~ weitem nicht далеко не...

bei- *отдел. глаг. приставка, указывает на близость, приближение, прибавление*: bei|kommen* приближаться; bei|geben* придавать

Beiblatt *n* -(e)s, -blätter приложение; вкладной лист

bei|bringen* *vt* 1. приводить (*доказательство*); представлять (*документы и т. п.*); 2. сообщать (*знания*), обучать; втолковывать; jmdm. Fertigkeiten ~ прививать кому-л. какие-л. навыки; 3. наносить (*рану, поражение*), причинять (*убыток*)

Beichte *f* -, -n исповедь; eine ~ tun* [ablegen] исповедаться; jmdm. ~ abnehmen* исповедать кого-л.

beichten* *vt* 1. исповедоваться (*в грехах*); 2. *перен.* исповедоваться, признаваться (*в чём-л.*)

Beicht||kind *n*, -(e)s, -er кающийся, исповедующийся, идущий первый раз на исповедь

beide *pron* оба, обе; тот и другой, та и другая; wir ~(n) мы оба, мы с вами [с тобой]; alle ~ оба, вдвоём; es mit ~en halten* двурушничать

beiderlei *a inv* двоякий; auf ~ Art двояким образом [способом]

beiderseitig I *a* взаимный, обоюдный; II *adv* с обеих сторон, взаимно, обоюдно

beiderseits I *adv* взаимно, обоюдно; II *prp* по обе стороны

beieinánder *adv* друг подле друга, вместе

Beifahrer *m* -s, - седок (*в коляске мотоцикла*)

Beifall *m* -(e)s одобрение, аплодисменты; ~ klatschen аплодировать

bei|fallen* *vi* (s) (D) 1. присоединяться (*к чему-л.*); соглашаться (*с чем-л.*); einer Meinung ~ быть того же мнения; 2. приходить на ум; sich (D) ~ lassen* вздумать (*сделать что-л.*)

beifällig I *a* одобрительный; II *adv* одобрительно; ~ aufgenommen werden встретить одобрение, иметь успех

beifolgend *a* прилагаемый (*при сём*)

bei|fügen *vt* (D) прилагать; прибавлять (*что-л. к чему-л.*); dem Paket einen Brief ~ сопровождать посылку письмом

Beifügung *f* -, -en 1. приложение; прибавление; 2. *грам.* определение

beige [bɛʒ] <*fr.*> *a* беж, бежевый

bei|geben* *vt* 1. (D) прибавлять, прилагать (*что-л. к чему-л.*); придавать (*что-л., чему-л.*); jmdm. einen Gehilfen ~ дать кому-л. помощника; 2.: klein ~ уступать; подчиняться

Beigeordnete *subst m, f* -n, -n 1. уполномоченный, -ная; 2. прикомандированный, -ная

Beigericht *n* -(e)s, -e приправа, гарнир

Beigeschmack *m* -(e)s, -schmäcke привкус; einen ~ von etw. (D) haben иметь привкус чего-л., отдавать чем-л.; ein bitterer ~ *перен.* горький [неприятный] осадок

Beihilfe *f* -, -n 1. помощь, поддержка (*an* D *чем-л.*); ~ leisten помогать; 2. пособие, субсидия

Beil *n* -(e)s, -e топор; секира

Beilage *f* -, -n 1. приложение, прибавление, дополнение; 2. *кул.* гарнир; 3. приложение (*к газете и т. п.*)

beiläufig I *a* случайный, попутный; II *adv* мимоходом, между прочим; ~ gesagt кстати сказать

bei|legen* I *vt* 1. (D) прилагать (*что-л. к чему-л.*); 2. (D) *перен.* приписывать (*что-л., кому-л., чему-л.*); 3.: sich (D) etw. ~ присваивать себе (*какие-л. права и т. п.*); 4. улаживать (*спор*), урегулировать; Differenzen ~ устранять разногласия; 5. подбирать (*паруса*); das Schiff ~ положить судно на дрейф; II *vi* ложиться на дрейф

beilegend I *a* прилагаемый, приложенный; II *adv* при сём, при этом, в приложении

beiléibe: ~ nicht ни за что

Beileid *n* -(e)s соболезнование, сочувствие; sein ~ zum Ableben von jmdm. ausdrücken [bezeigen] выразить своё соболезнование по случаю чьей-л. кончины; für jmdn. ~ empfinden* сочувствовать кому-л.

Beileids||bezeigung *f* -, -en выражение соболезнования

bei|liegen* *vi* (D) быть приложенным (*к чему-л., при чём-л.*)

beim = bei dem

bei|messen* *vt* (D) приписывать (*что-л., кому-л., чему-л.*), придавать (*значение и т. п. чему-л.*)

bei|mischen* *vt* (D) примешивать, подмешивать *(что-л., во что-л., к чему-л.)*

Beimischung *f* -, -en 1. примешивание; 2. примесь

Bein I *n* -(e)s, -e 1. нога; **laufen*, was die ~e können** бежать изо всех сил; ◇ **jmdm. ~e machen** *разг.* поднять, торопить кого-л.; **durch Mark und ~** до мозга костей; **wieder auf die ~e kommen*** выздоравливать; 2. ножка *(стола и т. п.)*

Bein II *n* -(e)s, -e кость; **im ~ arbeiten** работать по кости; ◇ **du bist mein Fleisch und ~** ты плоть от плоти моей

beináh(e) *adv* почти, чуть не, едва (ли) не

Beiname *m* -ns, -n прозвище, кличка

beinern *a* костяной

be|inhalten* *vt* содержать *(что-л.)*, охватывать

bei|ordnen *vt* 1. прикомандировывать; придавать; причислять; 2. *грам.* сочетать, сочинять

beiordnend *a грам.* сочинительный

Beirat *m* -(e)s, -räte 1. советник; эксперт; консультант; 2. совет *(организация)*

be|irren *vt* смущать, сбивать с толку; **sich nicht ~ lassen*** не дать сбить себя с толку, не смущаться

Beirút (*n*) -s Бейрут *(столица Ливана)*

beisámmen *adv* вместе; друг подле друга; **seine Gedanken ~ haben** собираться с мыслями, сосредоточиваться; **nicht ganz ~ sein** плохо чувствовать себя

Beisatz *m* -(e)s, -sätze 1. добавление, прибавка; приложение; 2. *грам.* приложение

Beisein *n* -s присутствие; **in seinem ~** в его присутствии; **ohne sein ~** в его отсутствие

beiséite *adv* в сторону; в стороне; **jmdn. ~ schaffen** отстранять, устранять кого-л.

Beisetzung *f* -, -en похороны, погребение

Beisitzer *m* -s, -; **~in** *f* -, -nen *юр.* заседатель *(о мужчине и женщине)*

Beispiel *n* -(e)s, -e пример, образец; **zum ~** например; **etw. als ~ anführen** приводить что-л. в качестве примера; **mit gutem ~ vorangehen*** подавать хороший пример

beispielgebend, beispielhaft *a* примерный, образцовый, показательный; **beispielgebend sein** быть примером

beispiellos *a* беспримерный; неслыханный

beispielsweise *adv* в виде примера, например

beißen* I *vt* 1. кусать, жалить; **sich (D) auf die Zunge ~** прикусить язык *(тж. перен.)*; **nach jmdm. ~** норовить укусить кого-л.; **um sich (A) ~** огрызаться; 2. клевать *(о рыбе)*; ◇ **nichts zu ~ haben** не иметь куска хлеба; **ins Gras ~** умереть; II *vi* жечь, щипать *(о чём-л. едком)*; **der Rauch beißt in die Augen** дым ест глаза; III **~, sich** ссориться

beißend *a* 1. кусающийся; 2. острый *(о горчице и т. п.)*; едкий; 3. язвительный

Beiß||korb *m* -(e)s, -körbe намордник

Beiß||zange *f* -, -n клещи, кусачки

Beistand *m* 1. -(e)s помощь, содействие; **~ leisten** оказывать помощь; 2. -(e)s, -stände защитник, адвокат; советник

Beistands||pakt *m* -(e)s, -e пакт о взаимопомощи

Beistands||vertrag *m* -(e)s, -träge договор о (взаимо)помощи

bei|stehen* *vi (jmdm. mit D, in D)* помогать *(кому-л., чем-л., в чём-л.)*; защищать *(кого-л.)*; заступаться *(за кого-л.)*

Beisteuer *f* -, -n вклад, взнос

bei|steuern *vt* вносить свою долю [часть]; жертвовать

bei|stimmen *vi* (D) соглашаться *(с кем-л., с чем-л.)*; одобрять *(что-л.)*, присоединяться *(к чьему-л. мнению)*

Beitrag *m* -(e)s, -träge 1. (членский) взнос; вклад, доля; 2. *перен.* вклад, доля; **einen ~ zu etw.** (D) **leisten** внести вклад во что-л.

bei|tragen* *vi* 1. (*zu* D) содействовать *(в чём-л.)*, способствовать *(чему-л.)*, вносить свой вклад *(во что-л.)*; 2. вносить *(свою часть)*

Beitrags||kassierung *f* -, -en сбор членских взносов

bei|treiben* *vt* взыскивать; взимать; реквизировать

bei|treten* *vi* (s) (D) 1. вступать *(в организацию)*; **einer Partei ~** вступить в партию; 2. присоединиться *(к кому-л., к чему-л.)*; соглашаться *(с мнением)*

Beitritt *m* -(e)s, -e 1. вступление *(zu D в организацию)*; 2. присоединение *(zu D к договору и т. п.)*

Beitritts||erklärung *f* -, -en заявление о вступлении

Beiwagen *m* -s, - 1. коляска мотоцикла; 2. прицепной вагон

Beiwert *m* -(e)s, -e коэффициент

bei|wohnen *vi* (D) 1. присутствовать *(где-л.)*; 2. быть свойственным [присущим] *(кому-л., чему-л.)*

Beiwort *n* -(e)s, -wörter 1. имя прилагательное; 2. эпитет

beizéiten *adv* заблаговременно, заранее

beizen *vt* **1.** травить; разъедать; квасить; **Leder** ~ дубить кожу; **2.** *мед.* прижигать; **3.** охотиться *(с соколом)*

be¦jáhen *vt* **1.** отвечать утвердительно *(на что-л.)*, подтверждать *(что-л.)*, поддакивать; **2.** *перен.* одобрять, приветствовать

bejáhend *a* утвердительный; **~es Zeichen** знак согласия

bejáhrt *a* пожилой, преклонных лет

Bejahung *f* -, -en подтверждение, согласие

bejámmernswert *a* жалкий, достойный сожаления, плачевный

be¦kämpfen *vt* бороться, вести борьбу *(с кем-л., с чем-л.)*; побороть *(кого-л., что-л.)*; **Hindernisse** ~ преодолевать препятствия

Bekämpfung *f* -, -en (G, *von* D) борьба *(с кем-л., с чем-л.)*; поражение, подавление *(кого-л., чего-л.)*; преодоление *(чего-л.)*

bekánnt *a* знакомый, известный; **sich ~ machen** (*mit* D) знакомить(ся) *(с кем-л., с чем-л.)*

Bekánnte *subst m, f* -n, -n знакомый, -ая; **ein ~r von mir** мой знакомый

bekánnt|geben* *vt* объявлять, сообщать; опубликовывать

bekánntlich *adv* как известно

bekánnt|machen *vt* объявлять *(что-л.)*, оповещать *(о чём-л.)*; опубликовывать *(что-л.)*

Bekánnt‖machung *f* -, -en **1.** объявление, оповещение; **2.** объявление *(листок)*

Bekánntschaft *f* -, -en знакомство; **mit jmdm. ~ machen [schließen*]** познакомиться с кем-л.

be¦kéhren I *vt* (*zu* D) обращать в другую веру *(тж. перен.)*; наставлять на путь истины; II ~, **sich** (*zu* D) принять *(новую веру)*; изменить образ мыслей; **er bekehrte sich zu meiner Auffassung** он стал на мою точку зрения

Bekéhrung *f* -, -en **1.** обращение (*zu* D в *другую веру*); исправление *(моральное)*; **2.** изменение образа мыслей

be¦kénnen* I *vt* **1.** признавать, осознавать, признаваться, сознаться *(в чём-л.)*; **Farbe** ~ *перен.* раскрывать *(свои)* карты; **2.** *рел.* исповедовать *(какую-л. религию)*; II ~, **sich 1.** (*als, für* A) признавать себя *(чем-л., каким-либо)*; **sich für (als) schuldig** ~ признавать себя виновным; **2.** (*zu* D) заявлять о своей приверженности *(к чему-л.)*, объявлять себя сторонником *(кого-л., чего-л.)*

Bekénntnis *n* -ses, -se **1.** признание; выступление *(в защиту чего-л., против чего-л.)*; убеждения; **eidliches** ~ признание [заявление] под присягой; **2.** вероисповедание

Bekénntnis‖schule *f* -, -n конфессиональная школа *(общеобразовательная школа в ФРГ для детей одного вероисповедания)*

be¦klágen *vt* жалеть *(кого-л., о чём-л.)*; сожалеть *(о чём-л.)*; **es ist zu** ~ очень жаль; **er ist zu** ~ он достоин сожаления

beklágenswert *a* достойный сожаления, прискорбный

Beklágte *subst m, f* -n, -n ответчик, -чица *(в гражданском процессе)*

be¦klében *vt* обклеивать; облеплять

be¦kléiden *vt* (*mit* D) **1.** одевать *(кого-л. во что-л)*; покрывать *(кого-л., чем-л.)*; **mit Brettern** ~ обшивать [выстилать] досками; **mit Tapeten** ~ обклеивать обоями; **2.** занимать *(должность)*

Bekléidung *f* -, -en **1.** одежда; **2.** исполнение *(должности)*; **3.** *тех.* обшивка, облицовка

be¦klémmen *vt* **1.** стеснять, сжимать; **2.** давить, удручать

Beklémmung *f* -, -en стеснённое чувство, подавленность

be¦klópfen *vt* **1.** стучать, постукивать *(по чему-л.)*; **2.** *мед.* перкутировать, выстукивать

be¦kómmen* *vt* I получать, **sie bekam ein Kind** у неё родился ребёнок; **eine Krankheit** ~ схватить болезнь; **etw. in Besitz** ~ приобрести что-л.; II *vi* (s) идти на пользу; **das ist mir gut** ~ это пошло мне на пользу; **gut** ~ быть полезным; **schlecht** ~ быть во вред; **wohl bekomm's!** 1) на здоровье! *(во время еды)*; 2) будь(те) здоров(ы)! *(при чихании)*

bekömmlich *a* полезный, здоровый, хороший

be¦köstigen I *vt* кормить, довольствовать *(кого-л.)*; II ~, **sich** столоваться

Beköstigung *f* -, -en стол, довольствие; харчи *(разг.)*

be¦kräftigen *vt* подтверждать; заверять; скреплять *(подписью)*; **eidlich** ~ подтверждать под присягой; **durch Handschlag** ~ ударить по рукам *(в знак согласия)*

Bekräftigung *f* -, -en подтверждение, скрепление, заверение; **zur ~ dessen** в подтверждение чего-л.

be¦kréuzigen I *vt* (пере)крестить, осенять крестным знамением; II ~, **sich** (пере)креститься

Bekümmernis f -, -se 1. печаль, огорчение, бедствие; 2. забота
bekümmert a озабоченный
be¦kúnden vt 1. свидетельствовать (о чём-л.), показывать (что-л.); 2. проявлять, выражать, высказывать, демонстрировать (какое-л. чувство)
be¦láden* vt 1. грузить, нагружать, навьючивать; 2. обременять; **sich mit der Schuld ~** брать на себя вину
Beládung f -, -en нагрузка; погрузка
Belág m -(e)s, Beläge 1. *тех.* настил; слой; облицовка; 2. *мед.* налёт; 3. то, что кладётся на бутерброд
be¦lágern vt *воен.* осаждать (*тж. перен.*)
Belágerung f -, -en осада; **die ~ aufheben*** снять осаду
Belágerungs‖zustand m -(e)s, -stände осадное положение; **über etw. (A) den ~ verhängen** ввести где-л. осадное положение
Beláng m -(e)s, -e 1. значение; **von ~** важный, имеющий значение; 2. pl интересы, требования
be¦lángen I vt привлекать к ответственности; **gerichtlich ~** привлекать к суду [к судебной ответственности]; II vimp касаться; **was mich belangt...** что касается меня...
belánglos a незначительный, неважный
Belarús (n) Беларусь; *см.* Belorußland
be¦lásten vt 1. нагружать, навьючивать; 2. обременять, отягощать; **erblich belastet** страдающий наследственным пороком; 3. *фин.* дебетовать; **jmds. Konto ~** дебетовать чей-л. счёт; 4. *юр.* обвинять, уличать
be¦lästigen vt (*mit* D) докучать, надоедать (*кому-л. чем-л.*); обременять, беспокоить (*кого-л. чем-л.*); **ich will Sie nicht ~** не хочу Вас затруднять
Belästigung f -, -en надоедание; обременение
Belástung f -, -en 1. нагрузка; 2. бремя, тяготы; 3. *юр.* обвинение, уличение
Belástungs‖grenze f -, -n *тех.* предел нагрузки
Belástungs‖zeuge m -n, -n *юр.* свидетель обвинения
Belástungs‖ziffer f -, -n коэффициент нагрузки
beláubt a покрытый листьями, лиственный
Beláuf m -(e)s итог, сумма; **im ~e von...** на сумму...
be¦láuschen vt подслушивать
be¦lében I vt 1. приводить в чувство; оживлять; воскрешать (*тж. перен.* — надежду *и т. п.*); 2. оживлять (*сделать оживлённым, более выразительным*); II ~, **sich** оживляться, становиться оживлённым
belébt a 1. оживлённый, живой; 2. (многолюдный, шумный (*об улице и т. п.*); 3. органический (*о природе*)
Belég m -(e)s, -e справка, вещественное доказательство; расписка, квитанция; **zum ~(e)** в доказательство
be¦légen vt 1. покрывать, устилать, класть; **Brot mit Wurst ~** класть колбасу на хлеб; **die Straße mit Pflaster ~** мостить улицу; 2. облагать (*налогами*); **mit einer Geldstrafe ~** наложить денежный штраф; 3. занимать, закреплять за собой (*место*); 4. подтверждать, доказывать (*документами*); **etw. mit Eid ~** подтверждать что-л. под присягой
Belégschaft f -, -en коллектив рабочих и служащих; рабочий коллектив; **eine fünfzig Mann starke ~** коллектив в пятьдесят человек
belégt a 1. обложенный; **~es Brötchen** бутерброд; **~e Stimme** охрипший [осипший, глухой] голос; 2. занятый (*о месте в купе, гостинице, больнице и т. п.*)
be¦léhren vt (*über* A) поучать, учить (*кого-л. чему-л.*); наставлять (*кого-л.*); **jmdn. eines Besseren ~** вразумлять кого-л.; **sich gern ~ lassen*** слушаться советов
beléhrend a поучительный, назидательный
Beléhrung f -, -en поучение, наставление, совет
beléibt a тучный, полный
Beléibtheit f - полнота, тучность
be¦léidigen vt обижать, оскорблять
beléidigend a обидный, оскорбительный
beléidigt a обиженный, оскорблённый
Beléidigung f -, -en обида, оскорбление; **jmdm. ~ zufügen** нанести кому-л. обиду [оскорбление]
belésen a начитанный
Belésenheit f - начитанность
be¦léuchten vt 1. освещать; **festlich ~** иллюминировать; 2. освещать (*вопрос и т. п.*)
Beléuchtung f -, -en 1. освещение; **festliche ~** иллюминация; 2. освещение (*вопроса и т. п.*)
Belgi¦en (n) -s Бельгия (*гос-во в Центр. Европе*)
Belgi¦er m -s, -; **~in** f -, -nen бельгиец, -ийка
belgisch a бельгийский
Belgrad (n) -s Белград (*столица Сербии*)

be¦líchten *vt* 1. освещать; 2. *фото* экспонировать
Belíchtung *f* -, -en 1. освещение; 2. *фото* экспозиция
Belíchtungs‖dauer *f* -; ~zeit *f* -, -en *фото* выдержка
Belíeben *n* -s желание; усмотрение; nach Ihrem ~ как Вам угодно; nach ~ сколько угодно
belíebig *a* любой; jeder ~e первый встречный, любой; zu jeder ~en Zeit в любое время
belíebt *a* любимый; популярный; излюбленный; sich bei jmdm. ~ machen заслуживать чьё-л. расположение
Belíebtheit *f* - популярность; любовь, расположение; er erfreut sich großer ~ он пользуется большой популярностью [любовью]
be¦líefern *vt* (*mit* D) снабжать (*кого-л. чем-л.*), поставлять (*кому-л. что-л.*); jmdn. mit Waren ~ поставлять кому-л. товар
Belíeferung *f* -, -en снабжение, поставка
Belínda Белинда (*жен. имя*)
Bella Бэлла (*жен. имя, а также краткая форма от* Isabella)
bellen *vi* лаять, тявкать
Belletrístik <*fr.*> *f* - беллетристика
belletrístisch <*fr.*> *a* беллетристический
Bellinzóna (*n*) -s Беллинцона (*город в Швейцарии, адм. центр кантона Тессин*)
be¦lóben, be¦lóbigen *vt* хвалить, поощрять; восхвалять; награждать
Belóbigung *f* -, -en похвала, одобрение, поощрение
be¦lóhnen *vt* (*mit* D) награждать (*чем-л.*); (*für* A) вознаграждать (*за что-л.*); Fleiß ~ вознаграждать за усердие
Belóhnung *f* -, -en награда, вознаграждение; zur ~ в награду
Belorússe *m* -n, -n; Belorússin *f* -, -nen белорус; -ка
belorússisch *a* белорусский
Belorúßland *n* -s Беларусь (*гос-во в Вост. Европе; граничит на В. с Россией, на С.-З. - с Латвией и Литвой, на З. - с Польшей, на Ю. - с Украиной*)
belügen* *vt* (на)лгать, (на)врать (*кому-л.*), обманывать (*кого-л.*)
be¦lústigen I *vt* веселить, забавлять; II ~, sich 1. (*an* D, *mit* D) развлекаться (*чем-л.*); забавляться (*чем-л.*); 2. (*über* A) насмехаться, издеваться (*над кем-л., над чем-л.*)
belústigend *a* увеселительный; забавный; смешной

Belústigung *f* -, -en увеселение, развлечение
be¦mächtigen, sich (G) завладевать, овладевать (*чем-л.*); захватывать (*что-л.*); Angst bemächtigte sich seiner его обуял страх
be¦mäkeln *vt* находить недостатки (*в чём-либо*); опорочить (*что-л.*)
be¦mängeln *vt* находить недостатки (*в чём-л.*); хулить, осуждать, порочить (*что-л.*)
be¦mánnen *vt* *мор.* комплектовать экипаж [команду] (*судна и т. п.*)
Bemánnung *f* -, -en 1. экипаж, команда; 2. *мор.* комплектование команды [экипажа]
be¦mänteln *vt* прикрывать, скрывать, маскировать, вуалировать
be¦méiern *vt* *разг.* перехитрить, надуть, объегорить
bemérkbar *a* заметный, приметный; явный, ощутимый; sich ~ machen обратить на себя внимание; давать себя знать
be¦mérken *vt* 1. замечать, подмечать; 2. замечать, делать замечание; возражать
bemérkenswert *a* замечательный, достойный внимания
Bemérkung *f* -, -en 1. замечание; 2. заметка; примечание
be¦méssen* *vt* 1. соразмерять (*с чем-л.*); измерять; 2. *перен.* оценивать
be¦mítleiden *vt* жалеть (*кого-л.*); сочувствовать (*кому-л.*)
bemítleidens‖wert, ~würdig *a* достойный сожаления
bemíttelt *a* зажиточный; обеспеченный (*материально*)
be¦mógeln *vt* *разг.* обмануть, надуть, объегорить
bemóost *a* покрытый мхом
be¦mühen I *vt* (*mit* D) утруждать (*чем-л.*); (*wegen* G, *in* D) беспокоить (*из-за чего-л.*); II ~, sich (*um* A) трудиться (*над чем-л.*); sich für jmdn. ~ хлопотать за кого-л.; sich um einen Kranken ~ позаботиться о больном
Bemühung *f* -, -en старание; усилие; хлопоты (*um* A *о чём-л.*)
be¦múttern *vt* проявлять (материнскую) заботу, заботиться (*о ком-л.*)
benáchbart *a* соседний; смежный, окрестный
be¦náchrichtigen *vt* (*von* D) уведомлять, осведомлять, извещать (*кого-л. о чём-л.*)
Benáchrichtigung *f* -, -en 1. осведомление, уведомление; 2. повестка

be|náchteiligen *vt* причинять ущерб [вред, убыток] *(кому-л.)*; обижать, обходить, ставить в невыгодное положение *(кого-л.)*; **benachteiligt sein** быть в убытке

be|néhmen* I *vt (jmdm.)* лишать *(кого-л. чего-л.)*; отнимать *(что-л. у кого-л.)*; **jmdm. die Lust zu etw. (D) ~** отбивать у кого-л. охоту к чему-л.; **der Schreck benahm ihm den Atem** от испуга у него захватило дух; **Schmerzen ~** унимать боль

be|néhmen* II ~, sich 1. вести себя, держаться; 2. *(gegen* A) вести себя *(по отношению к кому-л.)*; относиться *(к кому-л.)*

Benéhmen *n* -s поведение; поступок; обращение *(gegen* A с кем-л.); **kein ~ haben** не соблюдать приличий

be|néiden *vt (um* A) завидовать *(кому-л. в чем-л., из-за чего-л.)*

benéidenswert *a* завидный; **dies ist ~** этому можно позавидовать

be|nénnen* *vt* называть *(кого-л., что-л.)*; давать название *(кому-л. чему-л.)*; **jmdn. als Kandidáten ~** *(auf* A) выдвигать [предлагать] кого-л. кандидатом *(на какую-л. должность)*

Benénnung *f* -, -en 1. называние, именование; 2. название; 3. *мат.* знаменатель; **auf gleiche ~ bringen*** приводить к одному знаменателю

be|nétzen *vt* смачивать, увлажнять, орошать; окроплять, опрыскивать

Bengále *m* -n, -n бенгалец

Bengáli|en *(n)* -s Бенгалия *(геогр. местность на В. Передней Азии)*

bengálisch *a* бенгальский

Bengel *m* 1. -s, -/-s мальчуган; озорник; 2. *тех.* рычаг

Benigna Бенигна *(жен. имя)*

Benignus Бенигнус *(муж. имя)*

Benin *(n)* -s Бенин *(гос-во в Зап. Африке)*

benómmen *a* 1. оцепенелый; **mein Kopf ist ~** у меня тяжёлая голова; 2. удручённый; смущённый

Benómmenheit *f* - 1. оцепенённость, бессознательное состояние; 2. смущение, удручённость

be|nötigen *vt* нуждаться *(в чём-л.)*

be|nútzen, be|nützen *vt* пользоваться *(чем-л.)*, использовать *(кого-л., что-л.)*, употреблять *(что-л.)*; **einen Wohnraum ~** занимать [использовать] помещение; **die Gelegenheit ~** воспользоваться случаем

Benútzer *m* -s, -; **~in** *f* -, -nen пользователь, -ница; пользующийся, -щаяся

Benútzung, Benützung *f* -, -en пользование, использование, употребление

Benzin <*arab.-it.-(fr.)*> *n* -s, - бензин

be|óbachten *vt* 1. наблюдать *(что-л., за кем-л., за чем-л.)*; следить *(за кем-л., за чем-л.)*; 2. соблюдать *(правила и т. п.)*; **Stillschweigen ~** хранить молчание; **seine Pflichten ~** исполнять свои обязанности

Beóbachter *m* -s, - 1. наблюдатель; **unbefangener ~** нейтральный наблюдатель; 2. лётчик-наблюдатель

Beóbachtung *f* -, -en 1. наблюдение; **jmdn., etw. unter ~ stellen** установить наблюдение за кем-л., за чем-л.; 2. соблюдение *(каких-л. мер)*

Beóbachtungs‖abteilung *f* -, -en разведывательный артиллерийский дивизион

be|órdern *vt* командировать, откомандировать *(кого-л.)*; поручать *(кому-л. что-л. сделать)*

be|pácken *vt* нагружать, навьючивать,

be|pflánzen *vt (mit* D) засаживать, обсаживать *(растениями)*

be|pflástern *vt* 1. мостить *(улицу)*; 2. налеплять [наклеивать] пластырь *(на что-л.)*

be|pflügen *vt* вспахивать

bequém *a* 1. удобный, уютный; ◇ **es sich ~ machen** устроиться поудобнее; 2. ленивый, медлительный, тяжёлый на подъём, вялый, инертный

Bequémlichkeit *f* -, -en удобство; **das hat seine ~en** это имеет свои выгоды; **die gewohnte ~ vermissen** быть лишённым привычных удобств

be|ráten* I *vt* 1. помогать советами, советовать; **Sie sind gut [übel] ~** Вам дали хороший [плохой] совет; 2. обсуждать *(что-л.)*; II *vi (über* A) ·обсуждать *(что-л.)*; советоваться *(о чём-л.)*; III ~, sich *(über* A, *wegen* G) советоваться, совещаться *(о чём-л.)*

berátend *a* совещательный; **mit ~er Stimme** с совещательным голосом

Beráter *m* -s, - советчик, консультант

Berátung *f* -, -en совет, совещание; **etw. zur ~ bringen* [stellen]** поставить что-л. на обсуждение

Berátungs‖stelle *f* -, -n консультационное бюро; *мед.* консультационный пункт

Berátungs‖stunde *f* -, -n час [время] консультаций

be|ráuben *vt* 1. грабить, обирать *(кого-л.)*; 2. *(G)* лишать *(кого-л. чего-л.)*, отнимать *(у кого-л. что-л.)*

Beráubung *f* -, -en ограбление, грабёж; лишение, отнятие

be|ráuschen I vt опьянять (тж. перен.); II ~, sich 1. пить, напиваться; 2. (an D) упиваться (чем-л.); sich an seinem Ruhm ~ упиваться (своей) славой

beráuschend I a 1. хмельной, крепкий (о напитках); опьяняющий, дурманящий; 2. упоительный; II adv очень, чрезвычайно

be|réchnen vt 1. вычислять, рассчитывать; оценивать; den Gewinn ~ рассчитывать прибыль; 2. (jmdm.) ставить в счёт (кому-л.); засчитывать (какую-л. сумму)

beréchnend a расчётливый

Beréchnung f -, -en 1. вычисление, исчисление; расчёт; meiner ~ nach по моему расчёту; 2. расчёт, расчётливость; bei ihm ist alles ~ у него всё основано на расчёте

be|réchtigen vt (zu D) давать основание (для чего-л.); давать право (на что-л.)

beréchtigt a 1. имеющий право; 2. обоснованный

Beréchtigung f -, -en право, полномочие (zu D на что-л.); dies hat tiefe ~ это полностью оправдано; nicht ohne ~ не без оснований

be|réden I vt 1. уговаривать; подговаривать, подстрекать; er ist leicht zu ~ он сговорчив; 2. обсуждать; 3. наговаривать (на кого-л.); злословить (о ком-л.); II ~, sich совещаться, советоваться

berédsam см. berédt

Berédsamkeit f - красноречие; словоохотливость

berédt a красноречивый; словоохотливый

be|régnen vt 1. мочить (дождём); 2. искусственно орошать; 3. (перен.) осыпать дождём (похвал и т. п.)

Berégnung f - с.-х. орошение дождеванием, дождевание

Berégnungs||anlage f -, -n оросительная установка

Beréich m, n -(e)s, -e 1. область, сфера, район; 2. компетенция; das liegt außer meinem ~ это вне моей компетенции; 3. радио диапазон

be|réichern I vt (mit D) обогащать (чем-л., тж. перен.); II ~, sich (an D) наживаться (на чём-л.); обогащаться

Beréicherung f - обогащение

be|réifen I vt 1. набивать обручи; 2. надевать шины

be|réifen II I vt покрывать инеем; II ~, sich покрываться инеем, заиндеветь

Beréifung I f -, -en 1. тех. шина; покрышка, камера; пневматика; 2. надевание [монтаж] шин

Beréifung II f -, -en иней; изморозь

be|réinigen vt 1. урегулировать, улаживать; ein Problem ~ разрешать какую-л. проблему; eine Rechnung ~ оплачивать по счёту; 2. устранять (трудности и т. п.); die Luft ~ перен. разрядить атмосферу

be|réisen vt объезжать, посещать (что-л.), путешествовать (по стране и т. п.)

beréit a (zu D) готовый (к чему-л., на что-л.); zu allem ~ sein быть ко всему [на всё] готовым; sei ~! будь готов!; sich ~ halten* быть наготове

be|réiten I I vt 1. готовить, приготовлять; Speisen ~ готовить, стряпать; 2. (jmdm.) доставлять, причинять (кому-л. огорчения и т. п.); II ~, sich (zu D) готовиться (к чему-л.)

be|réiten* II vt 1. объезжать верхом (какую-л. местность); 2. объезжать (лошадь)

beréits vt уже

Beréitschaft f - 1. готовность; 2. воен. дежурное подразделение

Beréitschafts||abteilung f -, -en воен. дежурная часть

beréit|stehen* vt стоять наготове, быть готовым

beréit|stellen vt 1. заранее подготовить, заготовлять; 2. предоставлять (кредиты), ассигновать (деньги); 3. изготовлять, вырабатывать; 4. воен. выводить на исходное положение

Beréit|stellung f -, -en 1. (заблаговременная) подготовка; резервирование (мест и т. п.); 2. предоставление (средств), ассигнование; 3. воен. исходная позиция

beréitwillig I a готовый (к услугам); услужливый; II adv охотно

Beréitwilligkeit f - готовность, услужливость

be|réuen vt каяться, раскаиваться (в чём-либо); сожалеть (о чём-л.)

Berg m -(e)s, -e гора; auf den ~ hinauf на гору, в гору; vom ~ herab с горы, под гору; ◊ ~e versetzen горы сдвинуть; er ist längst über ~ und Tal его и след простыл; über den ~ sein преодолеть самую большую трудность

bergáb adv под гору, с горы; es geht ~ пошло под гору [на убыль, на ухудшение]

bergán adv в гору, на гору; es geht immer [wieder] ~ 1) дорога всё [снова] идёт в гору; 2) дела поправляются [идут на лад]

Berg∥arbeiter *m* -s, - горнорабочий, горняк, шахтёр
bergáuf *adv* в гору, на гору; ~, **bergab** то в гору, то под гору
Berg∥bahn *f* -, -en железная дорога в горах
Berg∥bau *m* -(e)s горное дело
bergen* *vt* 1. прятать, укрывать; **das birgt Gefahren** это таит опасности; 2. спасать, укрывать (*в безопасном месте*); **Verwundete** ~ подбирать раненых; 3. убирать (*урожай*); 4. собирать (*трофеи*)
Bergen-Belsen (*n*) -s Берген-Бельзен (*бывший фаш. концлагерь близ г. Целле <земля Нижняя Саксония, ФРГ>*)
Berg∥geld *n* -(e)s, -er плата за спасение судна
Berg∥grat *m* -(e)s, -e горный хребет
berghoch *a* вышиной с гору; исполинский
bergig *a* гористый
Bergisches Land *n* -es Бергишес Ланд (*горн. местность в ФРГ восточнее Кёльна*)
Berg∥mann *m* -(e)s, -leute горнорабочий, горняк, шахтёр
Berg∥rutsch *m* -es, -e оползень
Berg∥steigen *n* -s альпинизм
Berg∥steiger *m* -s, - альпинист
Berg∥sturz *m* -es, -stürze обвал (в горах)
Bergung *f* -, -en 1. укрытие; 2. оказание помощи, спасение; 3. уборка (*урожая*)
bergúnter см. bergab
Berg∥wand *f* -, -wände отвесный склон (горы)
Berg∥werk *n* -(e)s, -e рудник, копи
Berg∥wesen *n* -s горное дело
Bericht *m* -s, - доклад; отчёт; донесение; рапорт; корреспонденция; рассказ; **laut [nach]** ~ по сообщению; ~ **erstatten [geben*]** делать сообщение [доклад], рапортовать, отчитываться; **einen** ~ **abfassen** составлять отчёт
be¦richten *vt, vi* (*über* A) сообщать, докладывать, рапортовать, давать отчёт, рассказывать (*что-л., о чём-л.*); **es wird berichtet, daß...** сообщают, что...
Bericht∥erstatter *m* -s, - 1. докладчик; 2. репортёр; корреспондент
Bericht∥erstattung *f* -, en 1. доклад, донесение, корреспонденция; 2. представление отчёта [доклада]; отчётность
be¦richtigen *vt* 1. исправлять, вносить поправку (*в текст*); 2. опровергать (*ложное сообщение*); 3. приводить в порядок, урегулировать; 4. уплачивать (*долг*); **eine Rechnung** ~ платить по счёту, оплачивать счёт

Beríchtigung *f* -, en 1. исправление, поправка; опровержение; 2. *фин.* уплата
Béringmeer *n* -s Берингово море (*полузамкнутое море Тихого океана, между Азией и Америкой*)
Béringstraße *f* - Берингов пролив (*пролив, соединяющий Сев. Ледовитый океан с Тихим океаном*)
berítten *a* конный, верховой
Berlín (*n*) -s Берлин (*с 1486 столица Бранденбурга и затем Пруссии, в 1871–1945 столица Германии, с 1949–1990 столица ГДР, с 1990 столица ФРГ*)
"**Berlinále**" "Берлинале", см. Internationale Filmfestspiele Berlin-West
Berlíner I *m* -s, - берлинец; ~**in** *f* -, -nen берлинка
Berlíner II *a* берлинский
"**Berlíner Mauer**" *f* - "Берлинская стена" (*истор. бетонная стена, воздвигнутая между Зап. Берлином и ГДР 13 августа 1961; разрушена 8 ноября 1989*)
Berlíner Weiße *f* - светлое берлинское (*сорт пива*)
berlínisch *a* берлинский
Bermúdainseln *pl* Бермудские острова (*на З. Атлантического океана*)
Bern (*n*) -s Берн 1. (*столица Швейцарии*; 2. *адм. центр кантона Берн*)
Berner Alpen *pl* Бернские Альпы (*горы в Зап. Альпах; Швейцария*)
Bernína *n* -s Бернина (1. *горный массив на швейц.-итал. границе*; 2. *пик в Ретийских Альпах*; 3. *перевал в Швейцарии*)
Bernstein *m* -(e)s янтарь
Berolína *f* - Беролина (1. *латинизированное назв. Берлина*; 2. *жен. фигура как символ Берлина*)
bersten* *vi* (s) трескаться, треснуть, лопаться, лопнуть, разрываться; **vor Wut [vor Lachen]** ~ чуть не лопнуть с досады [со смеху]
Bert Берт (*муж. имя*)
Berta Берта (*жен. имя*)
Bertelsmann AG *f* - "Бертельсманн АГ" (*крупнейший в ФРГ издательский концерн; в концерн входит несколько специализированных издательств*)
Berthilde Бертильда (*жен. имя*)
Berthold Бертольд (*муж. имя*)
Berti Берти (*ласкательная форма жен. имени* Berta *или* Bertina)
Bertína/Bertine Бертина (*жен. имя*)
Bertold Бертольд (*муж. имя*)
berüchtigt *a* известный с дурной стороны, пресловутый

be¦rücken *vt* обольщать, пленять, обвораживать

berückend *a* пленительный, обаятельный, обольстительный

be¦rücksichtigen *vt* принимать во внимание, учитывать

Berücksichtigung *f* -, -en принятие во внимание, учёт; **unter ~** принимая во внимание

Berúf *m* -(e)s, -e 1. профессия, специальность; **er ist Lehrer von ~** он учитель по профессиии; **im ~ stehen*** работать (по специальности); **seinem ~ nachgehen*** исполнять свои обязанности; 2. призвание

be¦rúfen* I *vt* 1. созывать (*собрание и т. п.*); 2. приглашать, назначать (*на работу и т. п.*); (*in* A) избирать (*в какой-л. орган и т. п.*); II **~, sich** (*auf* A) 1. ссылаться (*на кого-л., на что-л.*); 2. обращаться, апеллировать (*к кому-л.*)

berúflich *a* профессиональный; **~e Ausbildung** профессиональное [специальное] образование

Berúfs‖ausbildung *f* - профессиональное обучение

berúfsmäßig I *a* профессиональный; II *adv* по должности

Berúfs‖nachwuchs *m* -es молодые кадры

Berúfs‖schule *f* -, -n профессиональная школа

berúfstätig *a* работающий по (*той или иной*) специальности; занятый в (*каком-л.*) деле; **ist dein Bruder ~?** работает твой брат (по специальности)?

Berúfstätige *subst m, f* -n, -n трудящийся, -щаяся

Berúfung *f* -, -en 1. созыв (*собрания и т. п.*); 2. назначение [приглашение] на работу; 3. призвание; 4. ссылка (*auf* A на кого-л., на что-л.); **unter ~ auf jmdn., auf etw.** ссылаясь на кого-л., на что-л.; 5. юр. апелляция; **~ einlegen** подавать апелляцию

be¦rúhen *vi* (*auf* D) покоиться, основываться, держаться (*на чём-л.*); **seine Aussagen ~ auf Wahrheit** его показания правдивы

be¦rúhigen I *vt* успокаивать; усмирять, унимать; **das Gewissen ~** успокоить (свою) совесть; II **~, sich** успокаиваться

berúhigend *a* успокоительный

Berúhigung *f* -, -en успокоение, усмирение; **es ist mir eine ~ zu wissen, daß...** для меня успокоение знать, что...

berühmt *a* знаменитый, известный; **durch etw.** (A) [**wegen etw.** (G), **für etw.** (A)] **~ sein** славиться чем-л.

Berühmtheit I *f* - известность; **~ erlangen** приобрести известность

Berühmtheit II *f* -, -en знаменитость, знаменитый человек

be¦rühren I *vt* 1. касаться (*чего-л.*); дотрагиваться (*до чего-л.*); **nicht ~!** не трогать!; 2. касаться (*какого-л. вопроса и т. п.*); 3. трогать, задевать; **jmdn. empfindlich ~** задеть кого-л. за живое; II **~, sich** 1. трогать (*касаться друг друга*); 2. (*mit* D) соприкасаться (*с чем-л., с кем-л.*)

Berührung *f* -, -en соприкосновение; касание; контакт; **mit jmdm. in ~ kommen*** войти в соприкосновение с кем-л., иметь дело с кем-л.

be¦säen *vt* 1. засевать, обсеменять; 2. усыпать, усеивать

be¦ságen *vt* 1. означать; **das will gar nichts ~** это ничего не значит; 2. свидетельствовать (*о чём-л.*), показывать (*что-л.*); **das besagt das Schema** об этом свидетельствует схема; **wie die Papiere ~** как явствует из документов

beságt *a* упомянутый, указанный

be¦sänftigen I *vt* 1. успокаивать; усмирять, укрощать, унимать; 2. смягчать (*гнев и т. п.*); II **~, sich** 1. успокаиваться; усмиряться; 2. смягчаться

Besänftigung *f* -, -en успокоение; усмирение, укрощение; смягчение (*гнева и т. п.*)

Besátz *m* -es, -sätze бордюр; обшивка; опушка; оборка

Besátzer *m* -s, - оккупант

Besátzung *f* -, -en 1. гарнизон; 2. экипаж, команда; 3. оккупация

Besátzungs‖truppen *pl* оккупационные войска

be¦schädigen I *vt* 1. повреждать, портить; 2. ранить; II **~, sich** 1. получать повреждения, портиться; 2. поранить себя, ушибиться

Beschädigung *f* -, -en 1. повреждение, порча; авария; 2. ранение, ушиб

beschaffen I *vt* доставать, приобретать; заготовлять, поставлять; **dieses Buch ist nicht zu ~** эту книгу достать нельзя

beschaffen II *a* имеющий те или иные свойства [качества]; **die Sache ist so ~** дело обстоит так; **so ~ sein, daß...** иметь такое свойство, что...

Beschaffenheit *f* -, -en 1. свойство, качество; 2. состояние (*дел*); (**je**) **nach ~ der Umstände** смотря по обстоятельствам

Beschaffung *f* -, -en доставка; приобретение; заготовка

be|schäftigen I *vt* 1. (*mit* D) занимать (*чем-л.*); **dieses Problem beschäftigt mich** эта мысль меня занимает; **er ist viel [sehr, stark] beschäftigt** он очень занят, он занятой человек; 2. давать работу, занимать; **beschäftigt sein** работать (*где-л.*); II ~, **sich** (*mit* D) заниматься (*чем-л.*)

Beschäftigung *f* -, -en 1. занятие, работа; 2. предоставление работы; занятость

be|schämen *vt* стыдить, пристыдить; смущать

beschämend *a* (по)стыдный; **~es Gefühl** чувство стыда

beschämt *a* сконфуженный, пристыженный

Beschämung *f* -, -en стыд; смущение

be|schátten *vt* 1. затенять (*что-л.*), бросать тень (*на кого-л., что-л.*); 2. следить, вести слежку, шпионить (*за кем-л.*); 3. *перен.* омрачать

be|scháuen *vt* осматривать, рассматривать; разглядывать, созерцать

bescháulich *a* созерцательный

Beschéid *m* -(e)s, -e 1. ответ; указание, разъяснение; **jmdm. ~ sagen** сообщить, передать кому-л. (*что-л.*); **~ wissen*** быть в курсе дела; **in etw.** (D) **~ wissen*** знать толк, разбираться в чём-л.; 2. *юр.* решение, заключение, приговор

be|scheiden* I *vt* 1. (*jmdm.*) наделять (*чем-л., кого-л.*); дарить, давать (*что-л., кому-л.*); **jedem seinen Teil ~** выделять каждому его долю; **es war mir nicht beschieden** (*zu+inf*) мне не суждено, не пришлось (*что-л. делать, быть кем-л., каким-л.*); **ihm war wenig Glück beschieden** на его долю выпало не много счастья; 2. информировать, осведомлять; **jmdn. auf seine Anfrage ~** дать ответ на чей-л. вопрос

be|scheíden II *a* скромный, неприхотливый; умеренный

Beschéidenheit *f* - скромность, почтительность; **eine falsche ~** напускная скромность

be|schéinigen *vt* удостоверять, подтверждать, свидетельствовать; **den Empfang ~** расписаться в получении

Beschéinigung *f* -, -en удостоверение, свидетельство; расписка; квитанция

be|schénken *vt* (*mit* D) делать подарок (*кому-л.*); наделять, одаривать (*кого-л., чем-л.*)

beschéren* *vt* остригать, стричь

Beschérung *f* -, -en подарок, раздача подарков; ◇ **da haben wir die ~!** вот тебе и на!

be|schícken I *vt* посылать (*кого-л., куда-л.*); **eine Konferenz ~** посылать делегатов на конференцию; **eine Ausstellung ~** отправлять экспонаты на выставку

be|schícken II *vt* 1. обслуживать (*хозяйство*); **das Vieh ~** смотреть за скотом; **den Haushalt ~** вести домашнее хозяйство; 2. загружать (*домну*); **eine Batterie ~** *эл.* заряжать батарею

be|schíeßen* *vt* обстреливать (*что-л.*), стрелять (*по какой-л. цели*); **beschossen werden** подвергаться обстрелу

Beschíeßung *f* -, -en обстрел; стрельба (*по какой-л. цели*),

be|schímpfen *vt* ругать, обругать, поносить

Beschímpfung *f* -, -en поругание; оскорбление

be|schláfen* *vt* откладывать (*до утра какое-л. решение*); тщательно обдумывать (*план, предложение*); ◇ **man muß es ~** это нужно тщательно обдумать; ≡ утро вечера мудренее

Beschlág I *m* -(e)s, -schläge 1. об(ш)ивка, оправа; 2. *тех.* арматура; *хим.* плёнка, отложение

Beschlág II *m* -(e)s, -schläge 1. конфискация, арест; **~ auf Hab und Gut** конфискация всего имущества; **~ auf etw.** (A) **legen** наложить арест на что-л., арестовать; 2. *эк.* эмбарго

be|schlágen* I *vt* 1. обивать, обшивать; 2. ковать, подковывать (*лошадь*); **einen Huf ~** подбивать подкову; **Schuhe ~** подбивать ботинки; II *vi* (s) *и* ~, **sich** покрываться налётом, запотевать (*о стекле и т. п.*)

beschlágen II *vt* конфисковать

beschlágen III *a* сведущий, опытный (*in* D); **er ist in der Physik gut ~** он хорошо разбирается в физике

Beschlág\|nahme *f* -, -en конфискация, арест; **die ~ anordnen** наложить запрет, приказать конфисковать (*что-л.*)

beschlágnahmen *vt* конфисковать (*что-л.*), налагать арест (*на что-л.*)

be|schléunigen *vt* ускорять; торопиться; **die Geschwindigkeit ~** увеличивать скорость

Beschléunigung *f* -, -en ускорение

be|schlíeßen* *vt* 1. решать, постановлять; **einen Angriff ~** принимать решение о наступлении; **das ist eine beschlossene Sache** это решено; 2. заключать, заканчивать (*речь и т. п.*); **sein Leben ~** окончить свою жизнь; **den Zug ~** замыкать шествие; **den Empfang beschloß ein Konzert** после приёма состоялся концерт

Beschlúß *m* -sses, -schlüsse 1. решение, постановление; **einen ~ fassen** принимать решение, решать, решаться; 2. заключение, завершение
beschlúßfähig *a* правомочный
Beschlúß∥fassung *f*-, -en принятие решения [постановления]
be¦schmíeren *vt* (*mit* D) 1. обмазывать, замазывать *(что-л. чем-л.)*; 2. пачкать, марать, вымазывать
be¦schnéiden* *vt* 1. обрезать, подрезать, подстригать; стричь; **jmdm. die Flügel ~** *перен.* подрезать крылья кому-л.; 2. урезывать, уменьшать, сокращать; **jmds. Freiheit ~** ограничивать чью-л. свободу
be¦schnéien I *vt* покрывать [заносить] снегом; II *vi* покрываться снегом
be¦schnéit *a* покрытый снегом
be¦schön(ig)en *vt* 1. приукрашивать, скрашивать; 2. извинять, оправдать
beschränken I *vt* (*auf* A, *in* D) ограничивать *(в чём-л.)*, стеснять *(в чём-л.)*; **etw. auf das Nötigste ~** ограничивать что-л. самым необходимым; II **~, sich** (*auf* A) ограничиваться, довольствоваться *(чем-л.)*, ограничивать себя *(в чём-л.)*
beschränkt I *a* ограниченный; **~е Zeit** ограниченное [короткое] время; **Gesellschaft mit ~er Haftung** *(сокр.* GmbH) *ком.* общество с ограниченной ответственностью; II *adv* ограниченно; **~ tauglich** *воен.* ограниченно годен, временно не годен
Beschränktheit *f* - 1. ограниченность, стеснённость; 2. ограниченность, тупость
Beschränkung *f* -, -en ограничение
be¦schréiben* *vt* 1. описывать *(предмет, путешествие и т. п.)*; 2. исписывать; 3. *мат.* описывать *(круг и т. п.)*; **das Flugzeug beschrieb mehrere Kurven** самолёт описал несколько кругов
beschréibend *a* описательный; **~e Geometrie** начертательная геометрия
Beschréibung *f* -, -en 1. описание; **das spottet jeder ~** это не поддаётся описанию; 2. *мат.* описывание *(круга и т. п.)*; 3. прохождение *(планеты)*
be¦schréiten*' *vt* ступать, вступать *(на что-л.)*; **einen Weg ~** *перен.* вступить на какой-л. путь; **den Rechtsweg ~** подавать в суд; обращаться в суд
be¦schríften *vt* надписывать
Beschriftung *f* -, -en надпись
be¦schúldigen *vt* (G) обвинять *(кого-л. в чём-л.)*; **eines Mordes beschuldigt werden** обвиняться в убийстве

Beschúldiger *m* -s, -; **~in** *f* -, -nen обвинитель, -ница; **böslicher ~** клеветник
Beschúldigte *subst m, f* -n, -n обвиняемый, -мая
Beschúldigung *f* -, -en обвинение (G в чём-л.); **eine ~ erheben*** предъявлять обвинение
Beschúß *m* -es, -schüsse обстрел; **unter ~ liegen*** находиться под обстрелом
be¦schützen *vt* 1. (*vor* D, *gegen* A) защищать, оберегать *(кого-л., что-л. от кого-л., от чего-л.)*; охранять *(границы)*; 2. покровительствовать *(кому-л.)*
Beschützer *m* -s, - 1. защитник; 2. покровитель
Beschwérde *f* -, -n 1. трудность, затруднение; 2. недуг; 3. жалоба; **~n laufen über jmdn., über etw. (A) ein** поступают жалобы на кого-л., на что-л.
be¦schwéren I *vt* 1. класть что-л. тяжёлое *(на что-л.)*; 2. обременять, отягощать; **jmdn. mit Bitten ~** утруждать [беспокоить] кого-л. просьбами; II **~, sich** (*bei jmdm., bei etw.* D, *über* A) жаловаться *(кому-л., на кого-л., куда-л.; на что-л.)*
beschwérlich *a* затруднительный; **~ sein** быть в тягость
Beschwérlichkeit *f* -, -en трудность, тягость; утомительность
Beschwérung *f* -, -en 1. обременение, отягощение; неудобство; 2. *текст.* утяжеление веса
be¦schwíchtigen *vt* успокаивать, унимать; **sein Zorn ist nicht zu ~** его гнев неукротим; **einen Streit ~** уладить спор; **ein Kind ~** успокоить [усыпить] ребёнка [больного]
Beschwíchtigung *f* -, -en успокоение; **zur ~ meines Gewissens** для успокоения (своей) совести
be¦schwingen *vt* окрылять
beschwingt *a* 1. крылатый; 2. *перен.* окрылённый
be¦schwipsen, sich *разг.* подвыпить
beschwipst *a разг.* подвыпивший
be¦schwören *vt* 1. присягать *(в чём-л.)*; подкреплять клятвой *(показания и т. п.)*; 2. заклинать, умолять; 3. вызывать, изгонять *(заклинаниями злых духов)*
Beschwörung *f* -, -en 1. убедительная просьба; мольба; 2. заклинание, заговаривание *(колдовство)*; 3. подтверждение присягой
Beschwörungs∥formel *f* -, -n заклинание, заклятие, заговор
be¦séelen *vt* воодушевлять, оживлять, одухотворять

beséelt *a* одушевлённый; **ein ~es Spiel** игра, в которую вложено много чувства

be¦séhen* I *vt* осматривать, рассматривать, разглядывать; II **~, sich** осматриваться; **sich im Spiegel ~** смотреться в зеркало

be¦séitigen *vt* устранять, убирать с дороги *(кого-л., что-л.)*; уничтожать, ликвидировать *(что-л.)*, покончить *(с чем-л.)*; убить *(кого-л.)*; **Bedenken ~** разрешить сомнения; **den Verdacht ~** рассеять подозрения

Beséitigung *f* -, -en устранение, ликвидация

Besen *m* -s, - метла, веник; ◇ **alter ~** *разг.* старая карга; **wenn das nicht stimmt, freß ich einen ~** *разг.* ≅ провалиться мне на этом месте, если это не так

beséssen *a* одержимый; бешеный

Beséssene *subst m, f* -n, -n одержимый, -мая; помешанный, -ная; **wie ein ~r** как угорелый

Beséssenheit *f* - одержимость

be¦sétzen *vt* **1.** занимать *(место, помещение и т. п.)*; **alles besetzt!** мест нет!; **2.** *(mit* D) уставлять *(что-л., чем-л.)*; **einen Weg ~** обсаживать дорогу *(деревьями)*; **3.** *воен.* занимать; оккупировать; **4.** занимать, замещать *(должность)*; определять *(на должность)*; **5.** *театр.* распределять *(роли)*; **6.** обшивать, отделывать, оторачивать

Besétzung *f* -, -en **1.** занятие; оккупация; **2.** замещение *(должности)*; **3.** *театр.* распределение *(ролей)*; **in welcher ~ wird Oper gegeben?**; в каком составе идёт опера?

be¦síchtigen *vt* **1.** осматривать *(выставку и т. п.)*; **2.** осматривать, освидетельствовать *(больного)*; **3.** осматривать, ревизовать; **4.** *воен.* производить осмотр

Besíchtigung *f* -, -en **1.** осмотр; **2.** смотр, ревизия; **~ durch Sachverständige** экспертиза

be¦síedeln *vt* заселять; колонизовать; **dünn besiedelt** слабо заселённый

be¦síegeln *vt* **1.** прикладывать печать *(к чему-л.)*, скреплять печатью *(что-л.)*; **2.** подтверждать, удостоверять, закреплять; **durch einen Handschlag ~** скрепить рукопожатием; **jmds. Schicksal ~** решить чью-л. судьбу

be¦síegen *vt* побеждать; одолевать; **sich selbst ~** побороть себя; **besiegt werden** потерпеть поражение

Besíeger *m* -s, -; **~in** *f* -, -nen победитель, -ница

be¦síngen* *vt* **1.** воспевать, прославлять; **2.** напевать *(пластинку, запись)*

be¦sínnen*, sich 1. опомниться, прийти в себя; **2.** (G, *auf* A) вспоминать *(о чём-л.)*, припоминать *(что-л.)*; **3.** раздумывать, размышлять; **ohne sich lange zu ~** не долго думая; **4.: sich anderes [eines andern, eines besser(e)n] ~** одуматься, передумать

Besínnen *n* -s **1.** размышление, раздумье; **2.** воспоминания

besínnlich *a* вдумчивый, глубокомысленный

Besínnung *f* - память; сознание, чувство; **~ verlieren*** лишиться чувств; *перен.* потерять голову

besínnungslos I *a* бессознательный; II *adv* без сознания, без памяти, без чувств, в бессознательном состоянии

Besínnungslosigkeit *f* - беспамятство, бесчувствие, обморочное [бессознательное] состояние

Besítz *m* -es **1.** владение, обладание (G, *von* D чем-л.); **den ~ antreten*** вступить во владение; **etw. in ~ nehmen*, von etw.** (D) **~ nehmen* [ergreifen*]** завладеть, овладеть чем-л.; **2.** имущество; **3.** владение, имение

besítzanzeigend *a*: **~es Fürwort** *грам.* притяжательное местоимение

be¦sítzen* *vt* владеть, обладать *(чем-л.)*, иметь *(что-л.)*; **die Achtung der Kollegen ~** пользоваться уважением товарищей (по работе)

besítzend *a* имущий

Besítzer *m* -s, -; **~in** *f* -, -nen владелец; -лица

besítzlos *a* неимущий

Besítztum *n* -(e)s, -tümer **1.** имущество; недвижимость; **2.** имение, владение

besóffen *a* *груб.* пьяный

be¦sóhlen *vt* ставить [подбивать] подмётки *(к обуви)*; **die Stiefel neu ~** поставить к сапогам новые подмётки

besónder *a* особенный, особый; отдельный; **im ~en** в частности

Besóndere *subst n* -n особенное; **etwas ~s** нечто особенное

Besónderheit *f* -, -en **1.** особенность; **2.** странность, своеобразие

besónders *adv* **1.** особенно; **ganz ~** в высшей степени; **nicht ~** не особенно, не очень; **2.** особо, отдельно, специально

besónnen *a* рассудительный, благоразумный; осторожный

Besónnenheit *f* - рассудительность, благоразумие; разумность, вдумчивость

be¦sórgen *vt* **1.** исполнять *(поручения*

и т. п.); **er wird es ~** он это сделает; **2.** заниматься *(чем-л.),* смотреть *(за кем-л., за чем-л.);* **die Wirtschaft ~** вести хозяйство; **die Korrespondenz ~** вести корреспонденцию; **Einkäufe ~** производить [делать] покупки; **3.** доставать, покупать; **4.** опасаться; **es ist zu ~, daß...** есть опасение, что...; ◊ **ich werde es ihm ~!** я ему задам!

Besórgnis *f* -, -se опасение, озабоченность; **~se hegen** опасаться

besórgniserregend *a* внушающий опасение, тревожный

besórgt *a* заботливый; озабоченный

Besórgtheit *f* - заботливость, беспокойство

Besórgung *f* -, -en **1.** исполнение; **2.** поручение; **3.** покупка; **~en machen** делать покупки; **eine ~ übernehmen*** взять на себя покупку *(чего-л.)*

be¦spánnen *vt* **1.** обтягивать *(мебель, барабан и т. п.);* **2.** *(mit* D) запрягать *(в телегу лошадей и т. п.);* **3.** натягивать *(лук, теннисную ракетку и т. п.);* **mit Saiten ~** натягивать струны *(на скрипку и т. п.)*

be¦spéien* *vt* заплёвывать, оплёвывать

be¦spiegeln, sich 1. смотреться в зеркало; **2.** отражаться *(в зеркале, воде)*

be¦spitzeln *vt* производить слежку, следить *(за кем-л.)*

be¦spótten *vt* насмехаться, издеваться *(над кем-л., над чем-л.);* высмеивать *(кого-л., что-л.)*

bespréchen* I *vt* **1.** говорить *(о ком-л., о чём-л.),* обсуждать *(что-л.);* **2.** давать рецензию *(на что-л.),* рецензировать *(что-л.);* **3.** наговаривать *(аудиозапись);* **4.** заговаривать *(болезнь и т. п.);* II **~, sich** *(über* A) **1.** совещаться, советоваться *(о чём-л.);* **2.** сговариваться *(о чём-л.)*

Bespréchung *f* -, -en **1.** обсуждение, совещание; **2.** переговоры; **3.** рецензия; **4.** заклинание, заговор

be¦spréngen *vt* окроплять, опрыскивать, обрызгивать; **die Straßen ~** поливать улицы

be¦spritzen *vt* обрызгивать, опрыскивать

be¦sprühen *vt* **1.** обрызгивать; **2.** осыпать *(искрами и т. п.)*

besser I *a (comp от* **gut)** лучший, более хороший; **etw. ~ machen** улучшить, делать что-л. лучше; II *adv (comp от* **wohl** *и* **gut)** лучше; **es geht ihm ~** ему лучше; **um so ~** тем лучше

bessern I *vt* **1.** улучшать; **2.** исправлять *(кого-л.);* **nicht zu ~** неисправимый; **3.** исправлять, чинить *(что-л.);* **4.** удобрять; II **~, sich 1.** улучшаться, поправляться; **die Kurse ~ sich** (биржевой) курс повышается; **2.** исправляться *(об ученике и т. п.)*

Besserung *f* -, -en улучшение; поправка; **er ist auf dem Wege der ~** он поправляется

Besser‖wisser *m* -s, - *ирон.* всезнайка, умник

best I *a (superl от* **gut)** (наи)лучший; ◊ **beim ~en Willen** при всём желании; **der erste ~e** первый встречный; II *adv*: **am ~en** лучше всего; **aufs ~e** как нельзя лучше

Bestánd *m* -(e)s, -stände **1.** постоянство, прочность; **2.** состояние; наличность; запас; фонд; **3.** *воен.* наличный состав, контингент; **4.** *с.-х.* поголовье; **5.** *лес.* (лесо)насаждение, древостой

bestándig I *a* постоянный, стойкий, устойчивый, прочный; II *adv* постоянно, всегда; **er bleibt ~ hier** он остаётся здесь на постоянное жительство

Beständigkeit *f* - постоянство; прочность

be¦stätigen I *vt* **1.** подтверждать; **2.** утверждать; одобрять *(выбор и т. п.);* ратифицировать *(договор);* **3.** *ком.* удостоверять, заверять; II **~, sich** подтверждаться *(о событии);* оправдываться *(об опасении)*

Bestätigung *f* -, -en **1.** подтверждение; свидетельство; **2.** утверждение; ратификация

be¦státten *vt* хоронить, погребать

Bestáttung *f* -, -en похороны, погребение

be¦stäuben *vt* **1.** *бот.* опылять; **2.** запорошить *(снегом);* посыпать *(мукой и т. п.)*

Bestäubung *f* -, -en *бот.* опыление

Beste *subst* **1.** *m, f* -n, -n лучший, -шая, наилучший, -шая; **mein ~r!** мой дорогой!; **meine ~!** моя дорогая!; **2.** *n* -n лучшее, наилучшее; благо; выгода, польза; **ich will nur dein ~s** я желаю тебе только добра; ◊ **sein ~s tun*** сделать всё возможное

be¦stéchen *vt* **1.** подкупать, давать взятку *(кому-л.);* **2.** стегать *(одеяло и т. п.)*

bestéchlich *a* подкупный, продажный

Bestéchlichkeit *f* - продажность, взяточничество

Bestéchung *f* -, -en подкуп, взятка; **der ~ zugänglich** продажный, подкупный; **passive ~** *юр.* получение взятки; **aktive ~** *юр.* дача взятки

Bestéck *n* -(e)s, -e **1.** прибор *(столовый);*

2. набор инструментов; **mathemátisches** ~ готовальня; 3. футляр; несессер

be¦stéhen* I *vt* выдержать, преодолеть; **eine Prüfung** ~ выдержать экзамен [испытание]; II *vi* 1. существовать, продолжаться; 2. *(auf D, редко auf A)* настаивать *(на чём-л.)*; 3. *(aus D)* состоять *(из чего-л.)*; 4. *(in D)* состоять, заключаться *(в чём-л.)*

Bestéhen *n* -s 1. существование; 2. настаивание *(auf D на чём-л.)*

be¦stéllen I *vt* уставлять, заставлять *(что-л. чем-л.)*

be¦stéllen II *vt* 1. заказывать *(что-л. где-л. [у кого-л.])*; **eine Zeitung** ~ подписаться на газету; 2. доставлять *(почту, заказ)*; 3. передавать, просить *(сделать что-л.)*; 4. пригласить, велеть [просить] прийти

be¦stéllen III *vt* назначить *(на должность, исполнять какие-л. функции)*

be¦stéllen IV *vt* 1. возделывать, обрабатывать *(землю)*; 2. следить *(за порядком)*; ухаживать *(за скотом)*

Bestéller *m* -s, -; ~**in** *f* -, -nen заказчик; -чица

Bestéllung I *f* -, -en 1. заказ, поручение; **auf** ~ на заказ; **eine** ~ **machen** сделать заказ; 2. доставка; передача;

Bestéllung II *f* -, -en возделывание, обработка *(земли)*

bestenfalls *adv* в лучшем случае

bestens *adv* лучше всего; самым наилучшим образом

bestiálisch <*lat.*> *a* зверский, животный

Bestiálität <*lat.*> *f* -, -en зверство

Bésti¦e <*lat.*> *f* -, -n зверь; *перен.* изверг

bestiefelt *a* в сапогах

bestimmbar *a* определимый

bestímmen I *vt* 1. назначать, устанавливать, предписывать; 2. определять *(понятие и т. п.)*; 3. *(für A)* предназначать *(что-л. кому-л.; для кого-л., для чего-л.)*; II *vi (über A)* располагать, распоряжаться *(кем-л., чем-л.)*

bestímmt I *a* 1. определённый, назначенный; 2. решительный; II *adv* определённо; **ganz** ~ непременно; **aufs** ~**este** категорически, самым решительным образом

Bestímmtheit *f* -, -en 1. определённость; 2. решительность; **mit** ~ **sagen** сказать с уверенностью, решительно

Bestímmung *f* -, -en 1. назначение; цель; 2. определение, обозначение; 3. постановление, распоряжение; ~ **über etw. (A) treffen*** отдать распоряжение, распорядиться чем-л.

Best¦¦leistung *f* -, -en рекорд; наилучшие показатели

bestmöglich *adv* наилучшим образом

be¦stócken *vt* засаживать кустами

be¦stráfen *vt (für A, wegen G)* наказывать, штрафовать, карать *(кого-л. за что-л.)*; *воен.* налагать взыскание *(на кого-л. за что-л.)*; **mit dem Tode** ~ казнить, карать смертью

Bestráfung *f* -, -en наказание, кара

be¦stráhlen *vt* освещать *(лучами)*; озарять; облучать

Bestráhlung *f* -, -en облучение

Bestrében *n* -, -s старание, стремление; **sein** ~ **auf etw. (A) richten** стремиться к чему-л.

be¦stréichen* *vt (mit D)* 1. намазывать *(что-л. чем-л. и на что-л.)*, обмазывать, смазывать *(что-л. чем-л.)*; 2. касаться *(чего-л. чем-л.)*, проводить *(по чему-л. чем-л.)*; 3. обстреливать *(что-л. чем-л.)*; **bestrichener Raum** обстреливаемое [поражаемое] пространство

be¦stréiten* I *vt* оспаривать, опровергать; **ich will dies nicht** ~ я этого не отрицаю

be¦stréiten* II *vt* покрывать *(издержки)*; **seinen Lebensunterhalt selbst** ~ самому зарабатывать себе на жизнь

be¦stréuen *vt* посыпать, осыпать

be¦strícken *vt* 1. обвязывать, опутывать; 2. обольщать, пленять, очаровывать; обвораживать

bestríckend *a* пленительный, обольстительный

Bestseller *m* -s, -/-s бестселлер; ходкий товар *(обычно о книге)*

be¦stücken *vt* оснащать *(вооружением)*; вооружать *(танк, самолёт, корабль)*

Bestückung *f* -, -en вооружение; см. be¦stücken

be¦stürzen I *vt* поражать, ошеломлять; озадачивать, смущать

be¦stürzen II *vt тех.* засыпать *(руду)*

bestürzt *a* поражённый, ошеломлённый, смущённый *(über A чем-л.)*

Bestürzung *f* -, -en смущение, замешательство; **in** ~ **geraten*** смутиться

Besúch *m* -(e)s, -e 1. посещение; визит; **jmdm. einen** ~ **abstatten [machen]** посетить кого-л., нанести визит кому-л.; **zu** ~ **gehen*** идти в гости; 2. гость, гости; **wir haben** ~ у нас гости

be¦súchen *vt* посещать, навещать *(кого-л.)*, бывать *(у кого-л.)*; **die Schule** ~ ходить в школу; **das Museum wird stark besucht** в (этом) музее много посетителей; **eine gut besuchte Versammlung** многолюдное собрание

Besúcher *m* -s, -; ~**in** *f* -, -nen посетитель, -ница; гость, -я
besúcht *a* посещаемый; **stark [schwach]** ~ [не]многолюдный *(о собрании и т. п.)*
be¦súdeln *vt* марать, пачкать, гадить
betágt *a* пожилой
be¦tásten *vt* ощупывать, трогать; *мед.* пальпировать
Betástung *f* -, -en ощупывание; *мед.* пальпация
be¦tätigen I *vt* 1. приводить в действие *(рычаг и т. п.)*; 2. *уст.* доказывать на деле; II ~, **sich** 1. *(in* D) заниматься *(чем-л.)*; действовать; **sich politisch** ~ заниматься политической деятельностью; 2. *(bei, an* D) принимать участие *(в чём-л.)*
Betätigung *f* -, -en 1. деятельность; 2. участие *(в чём-л.)*; 3. приведение в действие, пуск *(какого-л. механизма)*
be¦täuben I *vt* 1. оглушать; 2. *мед.* усыплять; 3. *перен.* дурманить, усыплять; **sein Gewissen** ~ заглушать укоры совести; II ~, **sich** одурманить себя *(чтобы забыться)*
betäubend *a* 1. оглушительный; 2. ошеломительный; 3. дурманный
Betäubung *f* - 1. оглушение *(шумом)*; 2. обморок; 3. *мед.* обезболивание, наркоз, анестезия; 4. *перен.* оцепенение, одурманенность
betáut *a* покрытый росой
Bete *f* -, -n свёкла, бурак
be¦téiligen I *vt (an, bei* D) 1. давать часть [долю] *(кому-л. в чём-л.)*, наделять *(кого-л. чем-л.)*; 2. делать кого-л. участником *(в деле, в прибыли)*; **an etw.** (D) [**bei etw.** D] **beteiligt sein** участвовать в чём-л., быть причастным к чему-л.; II ~, **sich** *(an, bei* D) участвовать *(в чём-л.)*
betéiligt *a* (*bei, an* D) причастный *(к чему-л.)*; ~ **sein** участвовать
Betéiligte *subst m, f* -n, -n 1. участник, -ница; сообщник, -ница; 2. *ком.* компаньон, -нка, пайщик, -щица
Betéiligung *f* -, -en участие *(an, bei* D *в чём-л.)*
beten I *vi* молиться; **zu Gott** ~ молиться Богу; ◇ **er muß gebetet haben** *ирон.* ≅ ему повезло; II *vt* читать *(молитву)*
Beter *m*, -s, -; ~**in** *f* -, -nen - богомолец, -лка; молящийся, -щаяся
be¦téuern *vt (jmdm.)* (торжественно) заверять, уверять *(в чём-л. кого-л.)*, клясться *(в чём-л. кому-л.)*
Betéuerung *f* -, -en уверение, заверение; клятва, торжественное обещание

be¦títeln I *vt* 1. озаглавливать *(книгу)*; 2. титуловать, называть, величать *(уст.)*; II ~, **sich** называться
Betítelung *f* -, -en 1. подбор названия; 2. название, заглавие; 3. титул, звание
be¦tölpeln *vt* одурачивать, надувать
Beton [-'tɔ:/-'ton] <*lat.-fr.*> *m* -s, -s/-e бетон
be¦tónen *vt* 1. делать ударение *(на чём-л.)*; 2. *перен.* подчёркивать
betoníeren *vt* бетонировать
Betónung *f* -, -en ударение, акцент *(тж. перен.)*
Betrácht: außer ~ **lassen*** оставлять без внимания; **in** ~ **ziehen*** принимать во внимание, учитывать
be¦tráchten I *vt* 1. смотреть *(на кого-л., на что-л.)*, рассматривать, созерцать *(кого-л., что-л.)*; присматриваться *(к кому-л.)*; **näher betrachtet** при ближайшем рассмотрении; 2. *(als* A) принимать *(за кого-л., за что-л.)*; **etw. als Herausforderung** ~ рассматривать что-л. как вызов; II ~, **sich** смотреться *(в зеркало)*
betráchtlich *a* значительный; **um ein** ~**es** значительно
Betráchtlichkeit *f* - значительность
Betráchtung *f* -, -en рассмотрение; соображение; **bei näherer** ~ при ближайшем рассмотрении
Betrág *m* -(e)s, -träge 1. сумма, стоимость; **im** ~ в сумме; 2. *мат.* величина
be¦trágen* *vt* составлять *(какую-л. сумму)*, равняться *(чему-л.)*
be¦trágen*, sich вести себя *(gegen* A) *(как-л. по отношению к кому-л.)*
Betrágen *n* -s поведение; **er hat in** ~ **eine Eins** у него по поведению "отлично" *(в школе)*
be¦tráuen *vt (mit* D) поручать *(кому-л. что-л.)*; **jmdn. mit einem wichtigen Auftrag** ~ дать кому-л. важное поручение
Betréff: in ~ (G) относительно, что касается
be¦tréffen* *vt* 1. касаться *(кого-л., чего-л.)*, относиться *(к чему-л., к кому-л.)*; **was mich betrifft...** что касается меня...; 2. поражать; **die Krise betraf viele Industriebereiche** кризис охватил многие отрасли промышленности; 3. заставать *(кого-л. на месте преступления)*
betréffend *a* соответствующий; данный, относящийся
betreffs *prp* (G) относительно
be¦tréiben* *vt* 1. заниматься *(чем-л.)*; 2. вести, проводить *(политику, кампа-*

нию *и т. п.);* **Wettrüsten** ~ проводить гонку вооружений; **3.** приводить в движение [в действие]; **der Motor wird elektrisch betrieben** мотор работает от электричества

Betréiben: auf sein ~ по его настоянию

be¦tréten* I *vt* входить, заходить, вступать *(куда-л.);* **die Bühne** ~ выходить на сцену; **das Land** ~ сойти на землю *(с корабля);* **einen Weg** ~ *перен.* вступать на *(какой-л.)* путь

betréten II *a* **1.** протоптанный, торный; **2.** пойманный *(в чём-л. нехорошем);* **3.** смущённый, озадаченный

Betréten *n* -s вход, вступление

Betrétenheit *f* - смущение, озадаченность, беспокойство, подавленность

be¦tréuen *vt* **1.** заботиться *(о ком-л., о чём-л.);* **2.** обслуживать *(население);* руководить *(научной работой и т. п.)*

Betréuer *m* -s, -; ~**in** *f* -, -en **1.** хранитель, -ница *(музея и т. п.);* **2.** обслуживающий, -щая *(кого-л.);* сопровождающий, -щая *(напр.* иностранного гостя*);* **3.** руководитель; **der wissenschaftliche** ~ научный руководитель

Betréuung *f* -, -en обслуживание; **ärztliche** ~ медицинское обслуживание

Betríeb *m* -(e)s, -e **1.** предприятие, производство, завод; **2.** работа, дело; эксплуатация; **in** ~ **sein** работать, функционировать; **außer** ~ **sein** не работать, не функционировать; **in** ~ **setzen** приводить в действие; вводить в эксплуатацию; **3.** движение, оживление; **da ist immer viel** ~ здесь всегда большое оживление

betriebsam *a* деятельный

Betriebs‖gewerkschaftsleitung *f* -, -en *(сокр.* BGL*)* заводской комитет профсоюза

Betriebs‖rat *m* -(e)s, -räte производственный совет

Betriebs‖vorgang *m* -(e)s, -gänge производственный процесс

Betriebs‖weise *f* -, -n способ производства

be¦trínken*, sich напиваться *(пьяным)*

betróffen *a* поражённый, смущённый

Betróffenheit *f* - смущение, озадаченность

be¦trüben *vt* печалить, огорчать, омрачать; **schwer** ~ сокрушать

betrüblich *a* печальный, прискорбный, огорчительный

Betrübnis *f* -, -se печаль, огорчение, скорбь

betrübt *a* огорчённый, грустный

Betrúg *m* -(e)s обман; мошенничество; **einen** ~ **verüben** [**begehen***] обмануть, совершить обман

be¦trügen* *vt* **1.** обманывать; **sich** ~ **lassen*** поддаться обману; **jmds. Hoffnungen** ~ не оправдать чьих-л. надежд; **2.** *(um* A*)* обманом [мошеннически] лишить *(кого-л. чего-л.);* **jmdn. um zehn Mark** ~ обсчитать кого-л. на десять марок

Betrüger *m* -s, - обманщик; мошенник

betrügerisch *a* обманчивый, лживый

betrúnken *a* пьяный

Betrúnkene *subst m, f* -n, -n пьяный, -ная

Bett *n* -(e)s, -en **1.** постель; кровать; **das** ~ **máchen** стелить постель; **zu** [**ins**] ~ **gehen*** идти спать; **2.** русло; **aus dem** ~ **treten*** выйти из берегов; **3.** *тех.* станина; основание

bettelarm *a* нищий, очень бедный

Bettelèi *f* -, -en нищенство, попрошайничество

betteln I *vt* **1.** нищенствовать, просить милостыню, попрошайничать; *(um* A*)* просить *(что-л., чего-л., о чём-л.),* молить *(о чём-л.);* **um Almosen** ~ просить милостыню; II ~, **sich** *(durch* A*)* исходить *(что-л.),* прося милостыню

betten *vt* укладывать *(в постель);* ◊ **sich weich** [**hübsch**] ~ хорошо устроиться; ◊ **wie man sich bettet, so schläft man; wie gebettet, so geschlafen** *посл.* ≈ что посеешь, то и пожнёшь

bettlägerig *a* лежачий *(больной);* ~ **werden** слечь *(вследствие болезни)*

Bettler *m* -s, -; ~**in** *f* -, -nen нищий, -щая

Bett‖ruhe *f* - **1.** ночной покой; **2.** постельный режим

be¦tünchen *vt* белить

Beuche *f* -, -n щёлок

beugen I *vt* **1.** сгибать, наклонять **die Knie** ~ преклонить колена; **jmdm. den Nacken** ~ сломить чьё-л. упорство; **das Recht** ~ нарушать законодательство; **2.** сломить, угнетать; **jmds. Stolz** ~ сломить чью-л. гордость, сбить спесь с кого-л.; **vor Kummer gebeugt** убитый горем; **3.** *грам.* склонять; спрягать; **gebeugt** склоняемый; II ~, **sich 1.** гнуться; **2.** *(vor* D*)* преклоняться *(перед кем-л.);* **3.** *(unter* A*)* подчиняться *(кому-л.)*

Beugung *f* -, -en **1.** сгибание; **2.** преклонение *(vor* D *перед кем-л.);* **3.** подчинение *(unter* A *кому-л.);* **4.** *грам.* склонение, спряжение; **5.** *тех.* выгиб, изгиб

Beule *f* -, -n шишка; желвак

be|únruhigen I vt беспокоить, тревожить; II ~, sich (wegen jmds., über etw. A) беспокоиться, тревожиться (о ком-л., о чём-л.)

beúnruhigend a тревожный

Beúnruhigung f -, -en беспокойство, тревога

be|úrkunden vt удостоверять [доказывать] документами

be|úrlauben I vt давать отпуск (кому-л.), увольнять в отпуск (кого-л.); II ~, sich брать отпуск

beúrlaubt a 1. отпускной, находящийся в отпуске; 2. временно освобождённый от работы

Beúrlaubung f -, -en увольнение в отпуск [в запас]

be|úrteilen vt (nach D) обсуждать (что-л.), судить (о ком-л., о чём-л. по чему-л.)

Beúrteilung f -, -en 1. суждение, оценка; 2. критика; 3. воен. служебная характеристика [аттестация]

Beute f -, -n добыча; трофей; ~ machen захватить трофеи; auf ~ ausgehen* выходить на добычу; jmdm. zur ~ fallen* стать чьей-то добычей

beutegierig a жадный к добыче

Beutel m -s, - 1. кошелёк, сумка; мешок; ◊ das geht an den ~ это бьёт по карману; 2. луза (бильярда); 3. сито (на мельнице)

Beute||zug m -(e)s, -züge набег

be|völkern vt населять, заселять

bevölkert a населённый

Bevölkerung f -, -en 1. население; 2. заселение

be|vóllmächtigen vt (an D) уполномочивать (на что-л.)

bevóllmächtigt a уполномоченный, полномочный, доверенный

Bevóllmächtigte subst m, f -n, -n уполномоченный, -ая; поверенный, -ая; доверенный, -ная

Bevóllmächtigung f -, -en полномочие; durch ~ по доверенности [уполномочию]

bevór conj прежде чем; пока не

be|vórmunden vt 1. опекать; 2. назначать опекуна (кому-л.)

Bevórmundung f -, -en опека; попечительство

bevórrechtet a привилегированный

bevór|stehen* vi предстоять; was steht mir bevor? что меня ждёт?

bevórstehend a предстоящий

be|vórzugen vt предпочитать (что-л.); (vor D) оказывать предпочтение, давать преимущество (кому-л., чему-л., перед кем-л., перед чем-л.)

bevórzugt a привилегированный

Bevórzugung f -, -en предпочтение, преимущество; привилегия

be|wáchen vt охранять, стеречь, сторожить, караулить

be|wáchsen* I I vt u ~, sich (mit D) покрываться (растительностью); II vt покрывать (землю растительностью)

bewachsen II a обросший, заросший

Bewáchung f -, -en охрана, караул

be|wáffnen I vt (mit D) вооружать (чем-л); bis an die Zähne bewaffnet вооружённый до зубов; II ~, sich вооружаться

Bewáffnung f -, -en вооружение

Bewähr f - проверка

be|wáhren I vt охранять, оберегать; беречь, сохранять, хранить; Disziplin ~ поддерживать дисциплину; über etw. (A) Stillschweigen ~ молчать о чём-л., не разглашать чего-л.; 2. (vor D) избавлять (от чего-л.); Gott bewahre! избави Бог!, Боже упаси!; II ~, sich (vor D) предохранять себя (от чего-л.)

be|währen I vt доказывать на деле; seinen Ruf ~ оправдывать свою репутацию; II ~, sich 1. оказываться пригодным (прочным); 2. оправдывать надежды; sich als treuer Freund ~ показать себя верным другом

be|wáhrheiten, sich оправдываться (на деле); оказываться правильным

Bewáhrheitung f -, -en подтверждение (каких-л. фактов)

bewährt a испытанный, надёжный

Bewáhrung f -, -en хранение; предохранение

Bewährung f -, -en 1. подтверждение (на деле); 2. проверка, испытание; ◊ die Stunde der ~ hat geschlagen час испытания пробил

Bewährungs||probe f -, -n испытание; die ~ ablegen пройти испытательный срок

be|wálden I vt насадить лес (где-л.), производить облесение (чего-л.); II ~, sich зарастать лесом

bewáldet a лесистый, заросший лесом

be|wältigen vt 1. преодолевать (что-л.), справляться (с чем-л.), осиливать (что-л.); 2. покорять

be|wándern vt 1. путешествовать (пешком); обойти (пешком) (какую-л. местность); 2. познакомиться (с какой-л. местностью)

bewándert a сведущий, опытный

Bewándtnis f -, -se обстоятельство; damit hat es [die Sache hat] folgende ~ дело

be¦wässern

(заключается) вот в чём [в следующем]; **damit hat es eine eig(e)ne ~** тут дело особое

be¦wässern *vt* орошать, обводнять

Bewässerung *f* -, -en орошение, обводнение

be¦wégen I I *vt* 1. двигать, передвигать, шевелить; приводить в движение [в действие]; **die Arme ~** шевелить [двигать] руками; 2. волновать, трогать; II **~, sich** 1. двигаться; передвигаться; 2. вращаться (*о планете*); **das Gespräch bewegte sich um dieses Thema** разговор шёл на эту тему; **der Preis bewegt sich zwischen 150 und 200 Mark** цена колеблется от 150 до 200 марок

be¦wégen* II I *vt* (*zu* D) склонять (*кого-л. к чему-л., на что-л.*); **er wurde dazu bewogen** его уговорили сделать это; **ich fühle mich nicht bewogen** я не склонен (*к чему-л.*); II **~, sich: sich ~ lassen*** (*zu* D, *zu+inf*) склоняться (*к чему-л.*), дать себя уговорить (*что-л. сделать*)

bewégend *a* 1. движущий; 2. побудительный; 3. трогательный

Bewég∥grund *m* -(e)s, -gründe повод, мотив, причина

bewéglich *a* подвижной; ◊ **~e Habe** движимость

Bewéglichkeit *f* - 1. подвижность, живость; 2. *воен.* манёвренность, подвижность

bewégt *a* взволнованный, тронутый

Bewégung *f* -, -en 1. движение; **sich in ~ setzen** приходить в движение, трогаться; 2. движение, жест 3. общественное движение; 4. волнение; 5. *воен.* манёвр; передвижение

Bewégungs∥freiheit *f* -, -en 1. свобода передвижения; 2. свобода маневрирования; **wirtschaftliche ~** возможность свободного маневрирования хозяйственными ресурсами

bewégungslos *a* неподвижный

be¦wéinen *vt* оплакивать

Bewéis *m* -es, -e доказательство, довод, аргумент; **als ~ dafür, daß...** в доказательство того, что...; **einen ~ von etw. (**D**) geben* [liefern]** доказать что-л.

Bewéis∥aufnahme *f* -, -n судебное следствие

bewéisbar *a* доказуемый

be¦wéisen* *vt* 1. доказывать; **jmds. Schuld ~** доказать чью-л. виновность; 2. проявлять, выказывать (*мужество и т. п.*); **jmdm. seine Achtung ~** засвидетельствовать кому-л. свое уважение

Bewéis∥grund *m* -(e)s, -gründe основание (*доказательства*), аргумент, довод

bewéiskräftig *a* доказательный

Bewénden: **dabei hat es sein ~** это имеет свои причины [основания]

be¦wérben*, **sich** (*um* A) 1. добиваться, домогаться (*чего-л.*); соревноваться (*ради чего-л.*); 2. свататься (*к кому-л., за кого-л.*)

Bewérber *m* -s, - 1. претендент, кандидат; 2. жених (*сватающийся*)

Bewérbung *f* -, -en 1. домогательство; **~ um ein Amt** конкурс на занятие должности; 2. заявление (*о принятии в учебное заведение*); 3. сватовство

be¦wérfen* *vt* (*mit* D) забрасывать, закидывать (*кого-л., что-л., чем-л.*); **mit Stuck ~** штукатурить; **sein Name wurde mit Schmutz beworfen** его имя смешали с грязью

be¦wérten *vt* оценивать

Bewértung *f* -, -en оценка; подсчёт

be¦willigen *vt* 1. давать (своё) согласие (*на что-л.*), разрешать (*что-л.*); **die Forderungen ~** удовлетворять требования; 2. ассигновать, отпускать, предоставлять (*средства*); **Kredit ~** предоставлять кредит

Bewilligung *f* -, -en 1. разрешение, повеление, согласие; 2. ассигнование, отпуск (*средств*)

be¦wirken *vt* 1. причинять, доставлять, вызывать (*что-л.*); способствовать (*чему-л.*); **dieses Leiden hat seinen Tod bewirkt** он умер от этой болезни; 2. выхлопотать

Bewirkung *f* -, -en воздействие, способствование

be¦wirten *vt* угощать, принимать у себя (*гостей*)

be¦wirtschaften *vt* 1. управлять хозяйством, вести хозяйство; 2. обрабатывать (*землю*)

Bewirtung *f* -, -en угощение

bewóg *impf* от bewegen*

bewógen *part II* от bewegen*

Biest *n* -es, -er *груб.* животное, скотина; *бран. тж.* бестия, каналья

bieten* I *vt* 1. предлагать; давать; **jmdm. den Arm ~** взять кого-л. под руку; **jmdm. die Hand ~** протянуть [подать] кому-л. руку; **jmdm. einen Gruß ~** приветствовать кого-л.; 2. представлять (*трудности и т. п.*), обнаруживать; **schwache Seiten ~** обнаруживать свои слабые стороны; 3. давать отпор, оказывать сопротивление; **dem König Schach ~** *шахм.* объявлять шах королю; **er läßt sich (**D**)**

alles ~ его можно оскорблять как угодно, у него нет чувства собственного достоинства; II **~, sich** представляться; **es bot sich eine günstige Gelegenheit** представился удобный случай
Bigamie <*lat.-gr.*> *f* - бигамия, двоежёнство
bigótt <*fr.*> *a* лицемерный, ханжеский
bikonkáv <*lat.*> *a физ.* двояковогнутый
bikonvéx <*lat.*> *a физ.* двояковыпуклый
bilabiál <*lat.*> *a лингв.* губно-губной, билабиальный
Bilánz <*lat.-it.*> *f* -, -en баланс; итог; **rohe ~** предварительный баланс; **die ~ ziehen*** составить баланс, подвести итог
bilaterál <*lat.*> *a* двусторонний
Bild *n* -(e)s, Bilder 1. картина; портрет; изображение; образ; **über etw.** (A) **im ~e sein** быть в курсе чего-л.; 2. фото(графия); 3. *театр.* картина (*часть акта*)
bilden I *vt* 1. составлять, образовывать, формировать, организовывать, создавать, учреждать; 2. просвещать, образовывать (*уст.*); II **~, sich** образовываться, формироваться, составляться, создаваться
bildend *a* образовательный; **die ~en Künste** изобразительные искусства
Bilder‖buch *n* -(e)s, -bücher книжка с картинками (*для малышей*)
Bilder‖fläche *f* -, -n 1. поверхность, плоскость изображения; 2. поле зрения; **auf der ~ erscheinen*** *перен.* всплыть на поверхность, появиться
Bilder‖rätsel *n* -s, - ребус
Bilder‖schrift *f* -, -en иероглифическое письмо; иероглифы
Bild‖hauer *m* -s, - скульптор
bildlich *a* 1. картинный; 2. образный; переносный, иносказательный
Bildnis *n* -ses, -se 1. изображение, образ; 2. портрет, картина
Bild‖röhre *f* -, -n телевизионная трубка, кинескоп
bildsam *a* пластичный
Bild‖säule *f* -, -n статуя
Bild‖schirm *m* -(e)s, -e экран (*телевизора*)
bild‖schön *a* прекрасный, очень красивый
Bildung *f* -, -en 1. образование; формирование; возникновение; 2. организация, формирование, создание; 3. образование, просвещение; **allgemeine ~** общее образование
Bildungs‖anstalt *f* -, -en учебное заведение

Billard ['biljart] <*fr.*> *n* -s, -e бильярд
billig *a* 1. дешёвый; 2. справедливый
billigen *vt* одобрять, санкционировать (*что-л.*), соглашаться (*с чем-л.*); принимать (*предложение*); **nicht ~** не одобрять, порицать
Billigkeit *f* - 1. дешевизна; 2. справедливость
Billigung *f* -, -en одобрение
Bilsen‖kraut *n* -(e)s *бот.* белена, дурман
Bimbam I *n* -s звон, трезвон, перезвон; **das ewige ~** вечное веселье
Bimbam II: **heiliger ~!** *разг.* праведное небо! (*возглас удивления, испуга*)
bimmeln *vi разг.* звонить, трезвонить, бренчать
Bims‖stein *m* -(e)s, -e пемза
Binde *f* -, -n 1. повязка, бинт, бандаж; ◇ **jmdm. die ~ von den Augen nehmen*** *перен.* открыть глаза кому-л.; 2. бант, галстук; ◇ **hinter die ~ gießen*** *перен. разг.* выпить
Binde‖faden *m* -s, -fäden верёвка, бечёвка, шпагат
Binde‖gewebe *n* -s *анат.* соединительная ткань
Binde‖mittel *n* -s, - 1. связующий материал, связующее средство; 2. *тех.* цементный [известковый] раствор
binden* I *vt* 1. связывать, завязывать; **an etw.** (A) **~** привязывать к чему-л.; **Garben ~** вязать снопы; **einen Kranz ~** плести венок; 2. переплетать (*книги*); 3. *перен.* связывать; **durch den Eid gebunden** связанный клятвой; II *vi* связывать (*о клее и т. п.*); III **~, sich** обязываться; **sich vertäglich ~** обязаться по договору
bindend *a* 1. связывающий; 2. обязательный
Binde‖strich *m* -(e)s, -e чёрточка, дефис
Binde‖wort *n* -(e)s, -wörter *грам.* союз
Bindung *f* -, -en 1. соединение, скрепление, связывание; 2. обязательство; 3. крепление (*лыжи*)
Binger Loch *n* -s Бингеновская дыра/Бингеновская яма (*место, где р. Рейн прорывается через скалы суживающейся здесь речной долины*)
binnen *prp* (D, G) в течение, в, в пределах, через; **~ einem Jahr, ~ eines Jahres** в течение года; **~ kurzem** скоро, вскоре, в течение короткого времени
Binnen‖hafen *m* -s, -häfen речной порт, речная пристань
Binnen‖handel *m* -s внутренняя торговля
Binnen‖schiffahrt *f* - судоходство по внутренним водным путям

Binóm <*gr.-lat.*> *n* -s, -e *мат.* бином
Binomiál‖reihe *f* -, -n *мат.* бином Ньютона
Binse *f* -, -n камыш; ✧ **in die ~n gehen*** *разг.* пропасть, исчезнуть
Binsen‖wahrheit *f* -, -en азбучная истина
Biochemíe <*gr.*> *f* - биохимия
biochémisch <*gr.*> *a* биохимический
Biogenése <*gr.-lat.*> *f* - биогенез
biogenétisch <*gr.*> *a* биогенетический
Biographíe <*gr.*> *f* -, -i\|en биография
biográphisch <*gr.*> *a* биографический
Biologíe <*gr.*> *f* - биология
biológisch <*gr.*> *a* биологический
Bi‖oxyd <*lat.*‖*gr.*> *n* -(e)s, -e *хим.* двуокись
Birgit/Birgítta Биргит/Биргитта (*жен. имя*)
Birke *f* -, -n берёза
Birk‖hahn *m* -(e)s, -hähne тетерев
Birk‖huhn *n* -(e)s, -hühner тетёрка
Birma (*n*) -s Бирма (*гос-во в Юго-Вост. Азии*)
Birmáne *m* -n, -n бирманец
birmánisch *a* бирманский
Birn‖baum *m* -(e)s, -bäume груша (*дерево*)
Birne *f* -, -n **1.** груша; **2.** (электрическая) лампочка
birnförmig *a* грушевидный
bis I *prp* **1.** (A) (вплоть) до (*о времени*); **~ morgen** до завтра; **~ wann** до какого времени; **~ eben** до сих пор; **2.** (A) (вплоть) до (самого) (*о пространстве*); **~ nach Berlin** до Берлина; **~ wohin?** до какого места?; **~ wie weit?** до какого места?; до каких пор?; **~ hierhér** до сих пор, до этого места; **~ zum Bahnhof** до (самого) вокзала; **~ zum Abend** до (самого) вечера; II *conj* пока не; **warte, ~ ich komme** подожди, пока я не приду
Bischkék (*n*) -s Бишкек (*столица Киргизии*)
Bischof *f* -s, -schöfe епископ, архиерей; ✧ **~ oder Bader** ≅ либо пан, либо пропал
bischöflich *a* епископальный, епископский
bisexuéll <*lat.*> *a бот.* двуполый
bishér *adv* до сих пор, доныне
Biskuit [-'kvi:t] <*lat.-fr.*> *n* -(e)s, -e бисквит
biß *impf от* beißen*
Biß *m* -sses, -sse **1.** укус (*действие*); **2.** укус (*надкушенное место*); **3.** *мед.* прикус
bißchen *adv*: **das [ein] ~** немного, малость
Bissen *m* -s, - кусок (*пищи*); **ein leckerer ~** лакомый кусок; **ein harter ~** чёрствый кусок; *перен.* трудное дело
bissig *a* **1.** кусающийся; **2.** злобный, ехидный
Bissigkeit *f* -, -en злобность, ехидство
Bistró <*fr.*> *n*, -s, -s бистро (*небольшая закусочная, где можно быстро перекусить*)
Bistum *n* -(e)s, -tümer епископство
biswéilen *adv* иногда, подчас, порою
Bitte *f* -, -n просьба, прошение, ходатайство; **eine ~ an jmdn. richten [tun*]** обратиться к кому-л. с просьбой
bitten* *vt* (**um** A) просить (*у кого-л., что-л., кого-л., о чём-л.*); **ums Wort ~** просить слова; **um die Hand ~** просить руки (*делать предложение*); **um den Namen ~** спрашивать имя; **~ steht frei** просить никому не возбраняется; **2.** приглашать; **zu Tisch ~** приглашать [звать] к столу; **darf ich ~!** прошу вас!
bitter *a* горький
Bitterkeit *f* -, -e горечь (*тж. перен.*)
bitterlich I *a* горьковатый; II *adv*: **~ weinen** горько плакать
Bitternis *f* -, -se горечь; огорчение
bittersüß *a* кисло-сладкий
Bitt‖gesuch *n* -(e)s, -e; **~schrift** *f* -, -en прошение, ходатайство
Bitt‖steller *m* -s, -; **~in** *f* -, -nen проситель, -ница
bizárr <*it.-fr.*> *a* причудливый
Bi-Zone *f* - бизония (*наименование объединённых амер. и англ. оккупационных зон в Германии* <*1946—1949*>)
blähen I *vt, vi* вздувать, надувать, пучить; II **~, sich 1.** вздуваться, надуваться, пучиться; **2.** *разг.* важничать, чваниться
Blähung *f* -, -en *мед.* вздутие, газы
bláken *vi разг.* мычать, реветь
Blamáge [-ʒə] <*gr.-lat.-fr.*> *f* -, -n позор, срам
blamíeren <*gr.-lat.-fr.*> I *vt* позорить, срамить, компрометировать; II **~, sich** позориться, срамиться, компрометировать себя
Blandíne Бландина (*жен. имя*)
blank *a* **1.** блестящий; чистый; **2.** голый; **~er Draht** неизолированный провод; **3.** гладкий, полированный; **~e Waffe** холодное оружие
Blanka Бланка (*жен. имя*)
blanko <*germ.-it.*> *a торг.* незаполненный (*о бланке*)
Blanko‖vollmacht *f* -, -en *ком.* полная доверенность (*тж. перен.*)
Blase *f* -, -n **1.** пузырь; **2.** пузырь, волдырь, прыщ; **sich** (D) **~n** (**am Fuß**) **laufen*** натереть себе пузыри на ноге;

3. *тех.* раковина; 4. *анат.* мочевой пузырь; 5. камера *(мяча)*

blasen* *vt, vi* 1. дуть; **die Suppe** ~ дуть на (горячий) суп; **Glas** ~ выдувать стекло; **ins Feuer** ~ раздувать огонь; 2. трубить; **Flöte** ~ [**auf der Flöte** ~] играть на флейте; **einen Marsch** ~ играть марш; **Alarm** ~ трубить тревогу; **zum Rückzug** ~ трубить сигнал к отступлению; ◊ **jmdm. gründlich** ~ отчитать кого-л.

Blasen‖entzündung *f* -, -en воспаление мочевого пузыря

Bläser *m* -s, - 1. трубач; 2. выдувальщик *(стекла)*

Blas‖horn *n* -(e)s, -hörner рожок

blasiert ⟨*fr.*⟩ *a* пресыщенный, разочарованный

Blas‖instrument *n* -es, -e духовой инструмент

Blasius Блазиус/Блазий *(муж. имя)*

blaß *a* бледный, блёклый

Blässe *f* - бледность, блёклость; **eine fahle** ~ мертвенная бледность

blasser, blässer *comp от* blaß

blassest, blässest *superl от* blaß

Blatt *n* -(e)s, Blätter 1. *бот.* лист, листок; 2. лист *(бумаги)*; 3. газета; 4. слой теста; 5. *анат.* лопатка; 6. *тех.* полоса; лопасть; бёрдо; ◊ **kein** ~ **vor den Mund nehmen*** говорить не стесняясь; **das** ~ **wendet sich** обстановка меняется; **alles auf ein** ~ **setzen** поставить на карту всё, рискнуть всем

Blatter *f* -, -n 1. оспин(к)а, рябинка; 2. *pl* оспа

blätt(e)rig *a* 1. лиственный; 2. слоистый

blättern I *vi (in* D) листать, перелистывать *(книгу)*; II ~, **sich** слоиться

blatternarbig *a* рябой *(от оспы)*

Blätterteig‖kuchen *m* -s, - слоёное пирожное

Blatt‖grün *n* -s *бот.* хлорофилл

Blatt‖laus *f* -, -läuse тля

blattlos *a* безлиственный

blau *a* синий, голубой; ~**er Fleck** синяк

Blau *n* -s 1. синева, лазурь; 2. синька

blauäugig *a* голубоглазый, синеглазый

Blaue *subst n* - синева; ◊ **das** ~ **vom Himmel herunterlügen*** ≅ рассказывать небылицы; **das** ~ **vom Himmel herunterschwören** клясться всеми святыми

Bläue *f* - 1. синий [голубой] цвет; синева; лазурь; 2. *см. тж.* Blau

blaue Schwerter *pl* "голубые мечи" *(символ изделий из Мейсенского фарфора)*

bläulich *a* синеватый, голубоватый

blau‖machen *vi разг.* прогуливать, не выходить на работу

Blaumachen *n* -s прогул

Blau‖sucht *f* - *мед.* цианоз

Blech *n* -(e)s, -e 1. жесть; листовое железо, листовая сталь; 2. *разг.* деньги; 3. *разг.* чепуха, чушь

Blech‖blasinstrument *n* -(e)s, -e (медный) духовой инструмент

blechen *vt, vi разг.* платить, раскошеливаться

blechern *a* жестяной

blecken *vt* скалить, обнажать *(зубы)*; **mit bleckenden Zähnen** с оскаленными зубами

Blei I *n* 1. -(e)s свинец; ~ **im Munde haben** говорить с трудом, еле ворочать языком; 2. -(e)s, -e *тех.* отвес, лот; ◊ **jmdn. zu** ~ **und Pulver verurteilen** приговорить кого-л. к расстрелу

Blei II *m* -(e)s, -e лещ

Bleibe *f* -n *разг.* пристанище, кров, убежище

bleiben* *vi* (s) 1. оставаться *(где-л.)*; **im Gedächtnis** ~ запоминаться; **am Leben** ~ остаться в живых; 2. оставаться *(кем-л., каким-л.)*; **er bleibt mein Freund** он остаётся моим другом; **bleib ruhig!** будь спокоен!; **er bleibt sich immer gleich** он (всегда) верен себе; 3. *(bei* D) оставаться *(при чём-л.)*; **bei seiner Aussage** ~ *юр.* оставаться при своём показании; **bei der Wahrheit** ~ говорить правду; **bei der Sache** ~ не отклоняться от темы; **dabei kann es nicht** ~ так оставаться [продолжаться] не может; **ich bleibe dabei** я настаиваю на этом; **es bleibt dabei!** так решено!

bleibend *a* продолжительный; прочный

bleiben‖lassen* *vt* оставлять, не трогать; **er hat es** ~ он оставил это; **lassen Sie das bleiben !** бросьте!, хватит!; **er sollte das** ~ он не должен был бы этого делать

bleich *a* бледный

Bleiche *f* -, -n 1. бледность; 2. беление

bleichen I *vt* белить, отбеливать; обесцвечивать; II *vi* (h, s) 1. белеть, отбеливаться; линять, выцветать; 2. блёкнуть, бледнеть.

Bleichen *n* -s отбелка

bleiern *a* свинцовый

Blei‖stift *m* -(e)s, -e карандаш

Blende *f* -, -n 1. глухое окно; глухая дверь; ниша; 2. *фото* диафрагма

blenden *vt* 1. слепить, ослеплять; 2. ослеплять, прельщать, очаровывать; **sich** ~ **lassen*** соблазняться; 3. заслонять, маскировать *(свет)*, затемнять *(окно)*; **das Pferd** ~ надевать надглазники на лошадь; 4. красить *(мех)*

blendend *a* ослепительный, блестящий; чудесный
Blender *m* -s, - очковтиратель, обманщик; имеющий обманчивый вид
Blendung *f* -, -en 1. ослепление *(ярким светом)*; 2. затемнение, маскировка; 3. *фото* диафрагма
Blend‖werk *n* -(e)s, -e 1. оптический обман; 2. иллюзия; наваждение, мираж
blich *impf от* bleichen*
Blick *m* -(e)s, -e взгляд, взор; **auf den ersten ~** на первый взгляд; **jmdm. einen ~ zuwerfen*** взглянуть на кого-л.; **soweit meine ~e reichen...** насколько глаз хватает...; **einen ~ in etw. tun*** бегло ознакомиться с чем-л.
blicken *vi (auf* A) смотреть, глядеть, взглянуть *(на кого-л.)*; **zur Erde ~** опустить глаза, потупить взор; **in die Zukunft ~** заглядывать в будущее, загадывать; **sich ~ lassen*** показываться; **das läßt tief ~** это много значит, это наводит на размышления
Blick‖fang *m* -(e)s, -fänge рекламный плакат, реклама, афиша
Blick‖feld *n* -(e)s, -er 1. поле зрения; 2. *перен.* горизонт, кругозор
Blick‖punkt *m* -(e)s, -e центр внимания; **im ~ stehen*** находиться в центре внимания
blieb *impf от* bleiben*
blies *impf от* blasen*
blind *a* 1. слепой; 2. ложный; холостой *(выстрел)*; ◇ **~er Alarm** ложная тревога; **~er Passagier** безбилетный пассажир
Blind‖darm *m* -(e)s, -därme *анат.* слепая кишка
Blinde *subst m, f* -n, -n 1. слепой, -ая; **das sieht ein ~r** это даже слепой видит; 2. *n: ins ~ hinein* вслепую, наобум; **im ~n tappen** ходить ощупью
Blinde‖kuh: ~ spielen играть в прятки
Blind‖gänger *m* -s, - 1. *воен.* неразорвавшийся снаряд; **einen ~ entschärfen** разрядить неразорвавшийся снаряд; 2. неудачник
Blindheit *f* - слепота; **er ist wie mit ~ geschlagen** он словно слепой
blindlings *adv* слепо, наудачу
Blind‖schuß *m* -sses, -schüsse холостой выстрел
Blink *m* -(e)s, -e световая сигнализация
blinken *vi* 1. сверкать; мерцать; 2. (пере)давать световые сигналы
Blinker *m* -s, - *авт.* указатель поворотов *(с мигающим светом)*
Blink‖feuer *n* -s, - световой сигнал, мигалка

blinzeln *vi* мигать, моргать; жмуриться; подмигивать
Blitz *m* -es, -e молния; **wie der ~** молниеносно; ◇ **wie ein ~ aus heiterem Himmel** как гром среди ясного неба
Blitz‖ableiter *m* -s, - громоотвод
blitzartig *a* молниеносный, мгновенный
blitz‖blank *a* начищенный до блеска; сверкающий чистотой
blitzen I *vi* 1. сверкать, блестеть; 2. (s) блеснуть; промчаться; II *vimp*: **es blitzt** сверкает молния
Blitz‖licht *m* -(e)s, -er *фото* вспышка
Blitz‖schlag *m* -(e)s, -schläge удар молнии
blitz‖schnell I *a* молниеносный; II *adv* мигом, молниеносно; мельком
Block I *m* -(e)s, Blöcke 1. колода, чурбан; 2. глыба; 3. *тех.* блок; слиток, болванка; 4. *разг.* чурбан, неотёсанный человек
Block II *m* -(e)s, -s 1. блок; квартал, группа домов; 2. блок *(партий, государств)*; 3. блокнот
Blockáde <*niederl.-fr.*> *f* -, -n 1. блокада; 2. *полигр.* марашка; перевёрнутый знак
blockieren <*niederl.-fr.*> *vt* 1. блокировать; 2. *полигр.* перевёртывать литеры; ставить марашки; 3. *ж.-д.* тормозить *(колёса)*
blöd(e) *a* 1. слабоумный, тупой, глупый; 2. застенчивый, робкий
Blödigkeit *f* - 1. тугодумие, слабоумие; 2. застенчивость, робость
Blöd‖sinn *m* -(e)s 1. слабоумие, тупоумие; глупость; 2. бессмыслица; **welch ein ~!; so ein ~!** что за чепуха!
blödsinnig *a* слабоумный, безумный
blond *a* белокурый, светло-русый
Blónde <*gr.-fr.*> *subst m, f* -, -n блондин, -ка
Blondíne <*gr.-fr.*> *f* -, -n блондинка
bloß I *a* 1. один (только); 2. голый, непокрытый; **mit ~em Auge** невооружённым глазом; II *adv* только, лишь
Blöße *f* -, -n 1. нагота; обнажённость; 2. слабость, слабое место; **sich (D) eine ~ geben*** обнаружить своё слабое место, скомпрометировать себя
bloß‖legen раскрывать, обнаруживать, обнажать
bloß‖stellen I *vt* разоблачать, компрометировать; II **~, sich** 1. осрамиться, скомпрометировать себя; 2.: **sich der Gefahr ~** подвергать себя опасности; **sich dem Gelächter ~** сделать себя посмешищем
Bluff [bluf/blʌf] <*engl.*> *m* -s, -s блеф, обман, надувательство

blühen vi 1. цвести; 2. *перен.* процветать; ◇ **das kann mir auch noch ~, das blüht mir noch** *ирон.* я тоже могу иметь это удовольствие, мне это ещё предстоит; **ihm wird was ~!** *разг.* ну и достанется ему!
blühend a цветущий, в цвету
Blume f -, -n 1. цветок; 2. букет *(о вине)*; ◇ **durch die ~ sprechen* [reden]** говорить намёками [иносказательно]
Blumen‖beet n -(e)s, -e клумба
Blumen‖garten m -s, -gärten цветник
Blumen‖kohl m -(e)s цветная капуста
blumenreich a цветистый; усеянный цветами
Blumen‖stand m -(e)s, -stände цветочный киоск
blúmig a цветистый
Bluse f -, -n блузка, кофта; гимнастёрка
Blut m -(e)s 1. кровь; ◇ **das ~ strömt zum Herzen** сердце кровью обливается; **das liegt [steckt] ihm im ~** это у него в крови; **jmds. ~ saugen*, jmdn. bis aufs ~ aussaugen*** высосать всю кровь из кого-л.; **bis aufs ~ kämpfen** ожесточённо бороться; 2. кровь, порода, происхождение; **die Bande des ~es** узы крови [родства]; ◇ **~ vom ~e und Fleisch vom Fleische** кровь от крови и плоть от плоти; 3.: **jmdm. (viel) böses ~ machen [verursachen]** испортить много крови кому-л., возмущать кого-л.; **er hat dickes ~** у него тяжёлый характер; **er hat heißes ~** у него пылкий темперамент; ◇ **kaltes ~ bewahren** сохранять хладнокровие
Blut‖ader f -, -n вена
blut‖arm a 1. малокровный; 2. очень бледный
Blut‖bad m -(e)s, -bäder кровопролитие
blut‖befleckt a обагрённый кровью, окровавленный
Blut‖druck m -(e)s *мед.* кровяное давление
Blut‖durst m -es кровожадность
blutdürstig a кровожадный
Blüte f -, -n 1. цветок; 2. цветение; 3. *перен.* процветание, расцвет
Blut‖egel m -s, - пиявка
bluten vi 1. кровоточить; **seine Nase blutet, es blutet aus seiner Nase** у него из носа идёт кровь; **das Herz blutet mir** у меня сердце кровью обливается; 2. *(für A)* проливать кровь *(за кого-л., за что-л.)*; **jmdn. für etw. ~ lassen*** заставить платить кого-л. за что-л. *(деньгами, тж. перен.)*
Blut‖erguß m -sses, -güsse кровоизлияние; **~ ins Gehirn** кровоизлияние в мозг, инсульт
Blüte‖zeit f -, -en 1. время цветения; 2. время [период, эпоха] расцвета; 3. юность, молодость; **die ~ des Lebens** весна жизни
Blut‖farbstoff m -(e)s *физиол.* гемоглобин
Blut‖fluß m -sses, -flüsse кровотечение
Blut‖flüssigkeit f -, -en *физиол.* кровяная плазма
Blut‖gefäß m -es, -e кровеносный сосуд
Blut‖gerinnung f - *физиол.* свёртывание крови
blutgierig a кровожадный
blutig a кровавый; окровавленный
blutjung a юный, (совсем) молодой
Blut‖probe f -, -n анализ крови
Blut‖rache f -, -n кровная месть
blutreich a полнокровный
blutrot a алый, багровый
Blut‖sauger m -s, - кровопийца
Blut‖schande f - кровосмешение
Blut‖spender m -s, - донор
blutstillend a *мед.* кровоостанавливающий
Blut‖sturz m -es кровоизлияние, кровотечение
blutsverwandt a единокровный
Blut‖tat f -, -en кровавое злодеяние
Blut‖transfusión f -, -en переливание крови
Blut‖umlauf m -es кровообращение
Blutung f -, -en кровотечение
blutunterlaufen a налитый кровью
Blut‖vergiftung f - заражение крови
blutwenig a *разг.* крайне [очень] мало
Bö f -, -en шквал, порыв ветра
Bock m -(e)s, Böcke 1. козёл; баран; ◇ **ein ~ sein** быть упрямым; **einen ~ haben** упрямиться; 2. козлы *(подставка)*; 3. козёл *(гимнастический)*; 4. бык *(моста)*; ◇ **einen ~ schießen*** *разг.* сделать оплошность, дать маху; **den Bock zum Gärtner machen ~** пустить козла в огород
bockbeinig a упрямый
Bock‖bier n -s, -e двойное [мартовское] пиво
bocken vi капризничать, упрямиться *(о лошади)*
bockig a упрямый, капризный
Bocks‖horn n -(e)s, -hörner бараний рог; ◇ **jmdn. ins ~ jagen** *разг.* ошарашить кого-л.; **ins ~ kriechen*** струсить
Bock‖wurst f - "боквурст" *(колбаска или сарделька из нежирного мяса, обычно продаётся на улице)*
Bode-Museum n -s "Боде-Музеум" *(один из музеев Берлина, носит имя своего основателя В. фон Боде)*

Boden *m* -s, -/Böden **1.** земля; **zu ~ fallen*** падать на землю; **2.** земля, почва, грунт; **3.** земля, земельное владение, участок; **4.** пол; **5.** дно, днище; **bis auf den ~** до дна; **6.** чердак; **7.** *перен.* почва, основа; ◇ **(festen) ~ fassen** стать на твёрдую почву; укрепиться; **den ~ unter den Füßen wegziehen*** выбить почву из-под ног
Boden‖kunde *f* - почвоведение
bodenlos *a* **1.** бездонный; **2.** беспочвенный
Boden‖satz *m* -es, -sätze осадок, гуща
Boden‖schätze *pl* полезные ископаемые
Boden‖wohnung *f* -, -en мансарда; жилое помещение на чердаке
Bodmar Бодмар *(муж. имя)*
Bodo Бодо *(муж. имя)*
bog *impf от* biegen*
Bogen I *m* -s, -/Bögen **1.** дуга; **einen ~ mit dem Zirkel schlagen*** описать дугу циркулем; **2.** изгиб, кривизна; излучина *(реки);* **einen großen ~ machen** сделать большой крюк; **3.** арка, свод; **4.** лук *(оружие);* **5.** смычок; ◇ **den ~ überspannen** перегнуть палку *(в чём-л.);* **in großen ~ hinausfliegen*** *разг.* вылететь с треском *(откуда-л.)*
Bogen II *m* -s, -/Bögen лист *(бумаги)*
bogenförmig *a* дугообразный
bogenweise *adv* по листам
Bogota *(n)* -s Богота *(столица Колумбии)*
Bohle *f* -, -n брус, толстая доска
Böhmen *(n)* -s Богемия, Чехия *(ист. область в Средней Европе)*
Böhmerwald *m* -es Богемский лес *(горы на границе ФРГ (земля Бавария) и Чехии)*
böhmisch *a* богемский
Bohne *f* -, -n боб; фасоль; **Kaffee in ~n** кофе в зёрнах; **nicht die ~!, keine ~!** *разг.* ни капли!, нисколько!
Bohnen‖kaffee *m* -s кофе в зёрнах
Bohnen‖wachs *m* -es, -e воск для натирки полов, мастика
bohnern *vt* натирать воском *(пол)*
bohren I *vt* **1.** сверлить, буравить; **ein Schiff in den Grund ~** потопить [пустить ко дну] корабль; **2.** втыкать, вонзать; **das Schwert in [durch] den Leib ~** пронзить мечом; **II** *vi* **1.** *(nach, auf* A) бурить; **nach [auf] Erdöl ~** бурить в поисках нефти; **2.** *(in D)* ковырять; **in der Nase ~** ковырять в носу; **III ~, sich** *(durch* A, *in* A) проточить, просверлить *(что-л.);* врезаться *(во что-л.)*

Bohrer *m* -s, - **1.** сверловщик; бурильщик; **2.** сверло, бурав
böig *a* бурный, порывистый
Boje <*germ.-fr.-niederl.*> *f* -, -n буй, бакен
Boliviáner [-v-] *m* -s, -; **~in** *f* -, -nen боливиец, -вийка; житель, -ница Боливии
boliviánisch *a* боливийский
Bolívi‖en *(n)* -s Боливия *(гос-во в Юж. Америке)*
Bolívi‖er [-v-] *m* -s, - *см.* Bolivianer
Bolle *f* -, -n **1.** *диал.* луковица; **2.** *мед.* желвак, шишка
Bollwerk *n* -(e)s, -e **1.** бастион; оплот; **2.** *ист.* катапульта
Bolschewík <*russ.*> *m* -en, -en *ист.* большевик
bolschewístisch *a* большевистский
Bolzen *m* -s, - **1.** болт, винт, шкворень; чека; **2.** (короткая) стрела, дротик
Bombardement [-'mã:] <*fr.*> *n* -s, -s бомбардировка
bombardíeren <*gr.-lat.-fr.*> *vt* бомбить, бомбардировать
bombástisch <*gr.-lat.-fr.*> *a* высокопарный, напыщенный
Bombay [-'be:] *(n)* -s Бомбей *(город в Индии)*
Bombe <*gr.-lat.-it.-fr.*> *f* -, -n бомба; **~n abwerfen*** сбрасывать бомбы; **mit ~n belegen** бомбить, бомбардировать *(с самолёта)*
bomben *vt* бомбить, бомбардировать
Bomben‖erfolg *m* -(e)s, -e колоссальный успех
bomben‖sicher I *a* **1.** непробиваемый бомбами; **2.** вполне надёжный; **II** *adv:* **ich weiß es ~** *разг.* я знаю это наверняка
Bomber <*gr.-lat.-it.-fr.*> *m* -s, - бомбардировщик
Bonbon [bɔ̃'bɔ̃:] <*lat.-fr.*> *m, n* -s, -s конфета; карамель, леденец
Bonität <*lat.*> *f* -, -en **1.** добротность, хорошее качество; **2.** солидность, платёжеспособность
Bonn *(n)* -s Бонн *(столица ФРГ <с 1949 по 1990>)*
Bonze <*jap.-port.-fr.*> *m* -n, -n **1.** бонза, буддийский жрец; **2.** *презр.* бонза, бюрократ *(о партийных, профсоюзных работниках)*
Boot *m* -(e)s, -e лодка; бот; шлюпка
Boots‖mann *m* -s, -leute боцман
Boots‖partie *f* -, -i‖en катание [прогулка] на лодке
Bord I *m* -(e)s, -e борт; **an ~** на борту *(корабля, самолёта);* **an ~ nehmen***

взять на борт; ◇ **alle Mann an ~!** все наверх!; **über ~ gehen*** оказаться за бортом; *перен. тж.* погибнуть
Bord II *n* -(e)s, -e (книжная) полка
Bord∥**funker** *m* -s, - судовой радист
Borg *m* -(e)s заём; ◇ **auf ~** взаймы, в долг
Borke *f* -, -n **1.** кора *(древесная);* **2.** струп
Born *m* -(e)s, -е *поэт.* источник, ключ, родник; ◇ **~ der Weisheit** кладезь премудрости
Borneo *(n)* -s Борнео; *см.* Kalimantan
borniert <*fr.*> *a* ограниченный, тупой
Borniertheit <*fr.*> *f* - **1.** ограниченность, тупость; **2.** нелепости
Bor∥**salbe** *f* - борная мазь
Börse <*gr.-lat.-niederl.*> *f* -, -n **1.** кошелёк; **2.** биржа
Borste *f* -, -n щетина
borsten, sich ощетиниваться
borstig *a* **1.** щетинистый; **~ werden** ощетиниться; **2.** грубый
Borte *f* -, -n край, обшивка, бордюр, тесьма
bösartig *a* **1.** злой; злостный; **2.** злокачественный
Bösartigkeit *f* - **1.** злость, злоба; коварство; **2.** *мед.* злокачественность
Bosch-Konzern *m* -s концерн Боша *(один из крупнейших в ФРГ концернов по производству электроприборов и др. оборудования для автомобилей)*
Böschung *f* -, -en откос, склон
böse I *a* злой, сердитый; **eine ~e Tat** злой поступок; II *adv* плохо, скверно; **es sieht ~ aus** дело обстоит плохо
Böse∥**wicht** *m* -(e)s, -er/-e злодей
boshaft *a* злостный, злобный, коварный
Bosheit *f* **1.** - злость, ехидство, злоба; **aus ~** со злости; **2.** -, -en злой поступок
Bosni∥**en-Herzegówina** *f* - Босния и Герцеговина *(гос-во в Юж. Европе, у побережья Адриатического моря)*
Bósporus *m* - Босфор *(пролив, соединяющий Чёрное и Мраморное моря)*
böswillig *a* злонамеренный
Böswilligkeit *f* - злонамеренность, злостность
bot *impf от* bieten*
Botánik <*gr.-lat.*> *f* - ботаника
botánisch <*gr.-lat.*> *a* ботанический
Bote *m* -n, -n **1.** курьер, рассыльный, нарочный; **2.** вестник
botmäßig *a* **1.** подчинённый; **2.** платящий дань
Botschaft *f* -, -en **1.** весть, известие; **2.** послание, обращение; **3.** посольство

Botschafter *m* -s, - посол
Botswána *(n)* -s Ботсвана *(гос-во в Юж. Африке)*
Böttcher *m* -s, - бондарь
Bottich *m* -(e)s, -e чан
Bottnischer Meerbusen *m* -s Ботнический залив *(в Балтийском море)*
Boulétte [bu:-] <*fr.*> *f* -, -n котлета *(рубленая)*
Bourgeoisie [burʒoa'zi:] <*fr.*> *f* -, -si∥en буржуазия
Bowle ['bo:lə] <*engl.*> *f* -, -n **1.** крюшон; **2.** чаша для крюшона
Box <*lat.-engl.*> *f* -, -en **1.** бокс *(изолированное помещение);* **2.** стойло; **3.** ящик
boxen <*engl.*> *vi* боксировать
Boxen <*engl.*> *n* -s *спорт.* бокс
Boxer <*engl.*> *m* -s, - **1.** *спорт.* боксёр; **2.** боксёр *(порода собак)*
Boy <*engl.*> *m* -s, - **1.** мальчик, юноша, малый, парень; **2.** мальчик, служащий в гостинице
Boykótt [bɔj-] <*engl.*> *m* -(e)s, -e бойкот; **jmdn., etw. mit ~ belegen** бойкотировать кого-л., что-л.
boykottieren <*engl.*> *vt* бойкотировать
brabbeln *vi* бормотать, невнятно говорить
brach *impf от* brechen*
brach *a с.-х.* невозделанный; под паром
Brache *f* -, -n *с.-х.;* **Brach**∥**feld** *n* -(e)s, -er поле под паром, залежное поле
Brach∥**land** *n* -(e)s, -ländereien **1.** *см.* Brache, Brachfeld; **2.** пустырь
brach∥**legen** *vt* **1.** оставлять без обработки *(поле);* **2.** оставлять без использования *(о потенциале чего-л.)*
brach∥**liegen*** *vi* **1.** *с.-х.* лежать под паром, оставаться невозделанным; пустовать; **2.** оставаться неиспользованным *(о способностях и т. п.);* **etw. ~ lassen*** не пользоваться (чем-л.)
brachte *impf от* bringen*
Brahmapútra *m* -s Брахмапутра *(река в Юж. Азии)*
Brain-Drain ['brein-drein] <*engl.*> *m* -s "утечка умов"
Branche ['brã:ʃə] <*lat.-fr.*> *f* -, -n отрасль
Brand I *m* -(e)s, Brände **1.** пожар, горение; **in ~ stecken** поджигать; **in ~ geraten*** загореться; **2.** *тех.* сгорание, обжиг; **3.** *мед.* гангрена; **4.** водка
Brand II *m* -s, -s фабричное клеймо, фабричная марка
branden *vi* **1.** разбиваться *(с шумом),* бушевать, разбушеваться *(о волнах);* **das Meer brandet an die Felsen** волны бьются о скалы; **2.** *перен.* бушевать, разбушеваться

Brandenburg (n) -s Бранденбург (назв. земли в ФРГ)
Brandenburger Tor n -s Бранденбургские ворота (архит. памятник, один из символов Берлина)
Brand‖fakel f -, -n факел (тж. перен.)
brand‖fest a несгораемый
Brand‖flecken m -s, -; **~mal** n -(e)s, -e/-mäler 1. ожог; 2. клеймо, тавро
brandig a горелый; **es riecht ~** пахнет гарью
Brand‖malerei f -, -en выжигание (по дереву)
brandmarken vt 1. выжигать клеймо, тавро; 2. заклеймить, опорочить
Brand‖sohle f -, -n стелька
Brand‖stätte f -, -n пожарище
Brand‖stifter m -s, - поджигатель
Brandung f -, -en прибой (волн)
brannte impf от brennen*
Brannt‖wein m -(e)s водка
Branntwein‖brennerei f -, -en винокуренный завод
Brasília (n) -s Бразилия (столица Бразилии)
Brasiliáner m -s, - житель Бразилии
brasiliánisch a бразильский
Brasili|en (n) -s Бразилия (гос-во в Юж. Америке)
Brassen m -s, - лещ
braten* I vt 1. жарить; **gar ~** дожаривать; зажарить; **sich in der Sonne ~ lassen*** жариться [загорать] на солнце; 2. тех. обжигать; II vi жариться
Braten m -s, - жаркое; ◊ **ein fetter ~** жирный куш; **jmdm. den ~ versalzen** разг. испортить кому-л. удовольствие
Brátislava (n) -s Братислава (столица Словакии)
Brat‖kartoffeln pl. жареный картофель
Bratsche <gr.-lat.-it.> f -, -n альт (музыкальный инструмент)
Brat‖spieß m -es, -e вертел, шампур
Brauch m -(e)s, Bräuche обычай; **wie es ~ ist** как принято, как водится
brauchbar a пригодный, полезный
Brauchbarkeit f - (при)годность, приспособлённость
brauchen I vt 1. употреблять (что-л.), пользоваться (чем-л.); **das ist nicht zu ~** это непригодно; **eine Kur ~** проходить курс лечения; **Gewalt ~** прибегнуть к силе; 2. нуждаться (в чём-л.); II (zu+ inf) (с модальным значением): **er braucht nicht zu kommen** ему не нужно приходить; **Sie brauchen es bloß [nur] zu sagen** вам стоит только сказать
Braue f -, -n бровь

brauen I vt 1. варить (пиво, кофе); 2. разг. затевать; II vi кипеть (о воде); клубиться (о тумане)
Brauer m -s, - пивовар
Brauerei f -, -en 1. пивоваренный завод; 2. пивоварение
braun a коричневый; бурый, смуглый; карий
Braun I n -s 1. коричневый цвет; 2. смуглость
Braun II m -s, -en Мишка (медведь в сказке)
Bräune I f - смуглый цвет кожи, загар
Bräune II f - мед. ангина
bräunen I vt поджаривать; II vi и **~, sich** 1. загорать; 2. румяниться (о жарком и т. п.); 3. желтеть (о листьях)
braungebrannt a загорелый
braungebraten a поджаристый
Braun‖kohle f -, -n бурый уголь
bräunlich a буроватый, коричневатый
Braunschweig (n) -s Брауншвейг 1. (город в ФРГ; земля Нижняя Саксония; 2. историческая область в Германии)
Braus: in Saus und ~ leben жить в роскоши; прожигать жизнь
Brause f -, -n 1. душ; 2. (шипучий) лимонад
brausen I vi 1. бушевать, шуметь (о море, лесе); **es braust mir in den Ohren** у меня шум в ушах; 2. шипеть (о лимонаде и т. п.); 3. перен. кипеть (о крови); II **~, sich** принимать душ
brausend a 1. шумный (о ветре); 2. шипучий (о жидкости)
Braut f -, Bräute невеста
Braut‖bewerber m -s, - сват
Braut‖führer m -s, - шафер
Bräutigam m -s, -e жених
Braut‖jungfer f -, -n подруга (на свадьбе)
Braut‖paar n -(e)s, -e жених с невестой
Braut‖schatz m -(e)s, -e приданое
Braut‖schleier m -s, - фата (невесты)
brav a 1. добрый, славный; честный, порядочный; 2. храбрый, бравый; 3. послушный (о ребёнке); II adv отлично, славно; молодцом
bravieren [-'vi:] <gr.-lat.-it.-fr.> vt бравировать, пренебрегать (опасностью); хвастать (чем-л.)
bravo! <it.> int браво!
Brazzaville [-za'vi:] m -s Браззавиль (столица Конго)
brechbar a ломкий
Brech‖eisen n -s, - лом (инструмент)
brechen* I vt 1. ломать; рвать, срывать (цветы, плоды); **den Flachs ~** мять лён; **den Acker ~** распахивать пашню;

ein Wort ~ *полигр.* делить слово при переносе; einen Satz ~ *полигр.* ломать набор, перевёрстывать; jmdm. das Herz ~ разбить чьё-л. сердце, сильно огорчить кого-л.; **2.** нарушать *(договор, молчание и т. п.)*; sein Wort ~ нарушить, не сдержать слово; **3.** сломить *(сопротивление, упорство и т. п.)*; den Zorn ~ подавить гнев; einen Rekord ~ побить рекорд; **4.** преломлять *(лучи света)*; II *vi* **1.** (s) ломаться, трескаться *(о льде)*; **2.** (s) угасать *(о взгляде)*, замирать *(о звуке)*; **3.** (h) *(mit* D) порывать *(с кем-л., с чем-л.)*; **4.** (s) прорываться, врываться, вторгаться; die Sonne bricht durch die Wolken солнце выглянуло из-за туч; III ~, sich *физ.* преломляться

Brech‖mittel *n* -s, - рвотное *(лекарство)*
Brech‖reiz *m* -es, - тошнота
Brech‖stange *f* -, -n лом *(инструмент)*
Brechung *f* -, -en **1.** ломка, поломка; **2.** нарушение; **3.** преломление, рефракция *(света)*; **4.** *лингв.* преломление
Bregenz (*n*) -s Брегенц *(город в Австрии, адм. центр земли Форарльберг)*
Bregenzer Festspiele *pl* Брегенцский фестиваль *(театрализованные представления в июне-авг. на Боденском озере в Австрии)*
Bregenzer Wald *m* -es Брегенцский Лес *(горы в Австрии <земля Форарльберг>)*
Brei *m* -(e)s каша; пюре; ◇ um etw. wie die Katze um den (heißen) ~ herumgehen* ходить вокруг да около; viele Köche verderben den ~ у семи нянек дитя без глазу
breiartig, breiig *a* кашеобразный
Breisgau *m* -s Брейсгау *(геогр. местность в ФРГ <земля Баден-Вюртемберг>)*
breit *a* широкий; drei Meter ~ шириной в три метра; ◇ die Schuhe ~ treten* разнашивать обувь
Breite *f* -, -n **1.** ширина; in die ~ gehen* раздаваться в ширину, растолстеть; шириться, распространяться; **2.** ширь, простор; **3.** *геогр.* широта; südlicher ~ южной широты
breiten I *vt* расширять; развёртывать, расстилать; II ~, sich расширяться; Schweigen breitete sich über den Saal молчание воцарилось в зале
Breiten‖grad *m* -(e)s, -e *геогр.* градус широты
Breiten‖kreis *m* -es, -e *геогр.* параллель
breitkrempig *a* широкополый

breitmachen, sich **1.** рассесться, (удобно) расположиться; **2.** важничать; **3.** *(mit* D) щеголять, хвастать *(чем-л.)*, выставлять напоказ *(что-л.)*
breit‖schlagen* *vt разг.* **1.** уговорить; **2.** надуть
breitschult(e)rig *a* широкоплечий
breitspurig *a* **1.** ширококолейный; **2.** заносчивый
Breitwand‖film *m* -(e)s, -e широкоэкранный фильм
Bremen (*n*) -s Бремен *(название города-земли в ФРГ)*
Bremse I *f* -, -n **1.** слепень; овод; **2.** *разг.* оплеуха
Bremse II *f* -, -n *тех.* тормоз; die ~ ziehen* потянуть за тормоз; die ~ lockern отпустить тормоз
bremsen *vt, vi* тормозить
brennbar *a* горючий
brennen* I *vt* **1.** жечь; палить, сжигать; die Schuld brennt sein Gewissen вина мучит его (совесть); **2.** поджаривать *(кофе)*; **3.** обжигать; выжигать; прижигать; **4.** завивать *(волосы)*; II *vi* **1.** гореть, пылать; lichterloh ~ пылать, быть объятым пламенем; **2.** жечь *(о солнце, крапиве и т. п.)*; **3.** *перен.* гореть, пылать *(о лице и т. п.)*; **4.** *(vor* D) *перен.* гореть *(желанием и т. п.)*; er brennt darauf, es zu tun* он горит нетерпением это сделать; III *vimp.:* es brennt! пожар!, горит!; es brennt ihm auf der Zunge у него язык чешется *(сообщить что-л.)*; wo brennt's denn? что за спешка?; ◇ was dich nicht brennt, das blase nicht *посл.* ≅ не суйся не в своё дело; IV ~, sich обжечься, жечься; sich an etw. (D) ~ *перен.* обжечься на чём-л.
brennend I *a* жгучий, горящий; II *adv* в высшей степени
Brenner I *m* -s, - **1.** горелка *(газовая)*; **2.** винокур; **3.** кочегар
Brenner II *m* -s Бреннер *(перевал в Альпах на границе Австрии и Италии)*
Brennerei *f* **1.** -, -en винокуренный завод; **2.** - винокурение
Brennessel *f* -, -n крапива
Brenn‖glas *n* -es, -gläser зажигательное стекло
Brenn‖holz *n* -es дрова
Brenn‖punkt *m* -(e)s, -e **1.** *физ.* фокус; **2.** центр *(внимания, событий)*; im ~ des Interesses stehen* быть в центре внимания
Brenn‖stoff *m* -(e)s, -e горючее, топливо
brenzlig, brenzlich *a* **1.** подгорелый; **2.**

сомнительный, рискованный, опасный; подозрительный

Bresche ⟨*germ.-fr.*⟩ *f* -, -n пролом, брешь; **eine ~ schlágen*** пробить брешь; **für jmdn. in die ~ springen*** помочь кому-л., заменить кого-л. в чём-л.

Brest *(n)* Брест *(обл. центр Республики Беларусь)*

Bretagne [-'tanj(ə)] *f* - Бретань *(п-ов на сев.-зап. побережье Франции)*

Brett *n* -(e)s, -er **1.** доска; **2.** поднос; **3.** полка; **4.** *pl* театральные подмостки, сцена; **5.** лыжа; ◇ **bei jmdm. einen Stein im ~ haben** быть на хорошем счету у кого-л.; **das ~ bohren, wo es am dünnsten ist** идти по линии наименьшего сопротивления; **jmdm. ~ unter den Füßen wegziehen*** выбить у кого-л. почву из-под ног

Brezel *f* -, -n крендель

Bridgetown ['bridʒtaon] *(n)* -s Бриджтаун *(столица Барбадоса)*

Brief *m* -(e)s, -e письмо, послание; ◇ **ich gebe dir ~ und Siegel** ты можешь быть уверен, ты можешь на меня положиться

brieflich I *a* письменный; II *adv* письмом, письменно

Brief‖marke *f* -, -n почтовая марка

Briefmarken‖sammler *m* -s, - филателист

Brief‖porto *m* -s, -s/ti почтовый сбор

Brief‖träger *m* -s, - письмоносец, почтальон

Brief‖umschlag *m* -(e)s, -umschläge конверт

Brief‖wechsel *m* -s переписка; **mit jmdm. im ~ stehen*** переписываться с кем-л.

briet *impf om* **braten***

Brigáde ⟨*it.-fr.*⟩ *f* -, -n бригада *(тж. воен.)*

Brigáde‖führer *m* -s, - **1.** воен. командир бригады; **2.** бригадефюрер *(генеральское звание в СС)*

Brigade‖leiter *m* -s, - бригадир, руководитель бригады

Brigánt ⟨*it.*⟩ *m* -en, -en разбойник

Brigántentum *n* -s разбой, грабёж на большой дороге

Brigítta (Brigitte) Бригитта *(жен. имя)*

brillant [bril'jant] ⟨*ind.-gr.-lat.-it.-fr.*⟩ *a* блистательный

Brille *f* -, -n **1.** очки; **die ~ aufsetzen** надеть очки; **etw. durch eine richtige ~ (an)sehen*** видеть что-л. в правильном свете; **2.** отверстие стульчака

bringen* *vt* **1.** приносить, привозить, приводить; относить, отводить, отвозить, доставлять; **jmdn. nach Hause ~** доставить кого-л. домой; **etw. in die Zeitung ~** поместить [опубликовать] что-л. в газете; **etw. vors Gericht ~** возбудить дело в суде; **etw. an den Mann ~** сбывать с рук *(товар)*; **2.** *перен.* приносить; **Glück ~** приносить счастье; **Freude ~** доставлять радость; **Gefahr ~** повлечь за собой опасность; **3.** *(um* A*)* лишать *(кого-л., чего-л.)*; **jmdn. ums Leben ~** лишать кого-л. жизни; **4.** приводить *(в какое-л. состояние)*, заставлять *(делать что-л.)*; **jmdn. in Aufregung ~** приводить в волнение, волновать кого-л.; **etw. in Erfahrung ~** узнать что-л.; **etw. in Umlauf ~** пускать в обращение что-л.; **jmdn. zum Schweigen ~** заставить замолчать кого-л.; **jmdn. zur Vernunft ~** образумить кого-л.; **5.: es zu etw.** (D) **~** достигнуть известного положения, выбиться [выйти] в люди; **er hat es zu nichts gebracht** из него ничего путного не вышло; **es auf 100 Jahre ~** дожить до 100 лет; **6.** выводить *(из какого-л. состояния)*; **jmdn. aus der Fassung ~** вывести из себя; **7.: etw. über sich ~** решиться на что-л.

Brisánz ⟨*fr.*⟩ *f* -, -en сила взрыва

Brise ⟨*fr.*⟩ *f* -, -n бриз *(ветер)*

Brite *m* -n, -n британец

britisch *a* британский

Brno *(n)* Брно *(город в Юго-Вост. Чехии)*

bröck(e)lig *a* рассыпчатый; хрупкий

Brocken I *m* кроха; кусочек; обломок; **ein paar ~ Deutsch** отрывочные познания в немецком языке; ◇ **das ist ein harter ~** это трудное дело; **jmdm. einen schweren ~ aufbrummen** взвалить на кого-л. трудное дело

Brocken II *m* -s Броккен *(самая высокая вершина в горах Гарц; ФРГ)*

Brockhaus *m* -es Брокгауз *(название различного рода энциклопедических словарей и справочных изданий; название по имени основателя издательской фирмы* ⟨*с 1805*⟩ *Ф. А. Брокгауза)*

brodeln *vi* кипеть, бурлить, клокотать, бить ключом

brodieren ⟨*fr.*⟩ *vt* вышивать

Brokat ⟨*gall.-roman.-it.*⟩ *m* -(e)s, -e парча

Broker ⟨*engl.*⟩ *m* -s, - брокер *(биржевой агент)*

Brom‖beere *f* -, -n ежевика

Bronze ⟨*fr.*⟩ [brɔ̃:zə] ⟨*it.*⟩ *f* -, -n бронза

bronzen ⟨*it.*⟩ *a* бронзовый

Brosche ⟨*gall.-roman.-fr.*⟩ *f* -, -n брошка

Brot *n* -(e)s, -e **1.** хлеб; **weißes ~** белый хлеб; **schwarzes ~** чёрный хлеб; **2.** хлеб, пропитание; **das tägliche ~** хлеб на-

сущный, пропитание; **sein eigen ~ essen*** жить собственным трудом; **fremder Leute ~ essen*** есть чужой хлеб; ◊ **der Mensch lebt nicht vom ~ allein** не хлебом единым жив человек
Brötchen *n* -s, - булочка, хлебец
Brot‖erwerb *m* -(e)s заработок
Brot‖laib *m* -(e)s, -e буханка [каравай] хлеба
brotlos *a* 1. без хлеба; 2. безработный
Brotlosigkeit *f* - отсутствие хлеба; нужда
Brot‖schnitte *f* -, -n ломоть хлеба
Brown, Bovery & Cie. AG *f* - "Броун, Бовери унд К АГ" *(один из крупнейших машиностроит. и электротех. концернов Швейцарии)*
Browning [bro:niŋ] <*engl.*> *m* -s, - браунинг
Bruch I *m* -(e)s, Brüche 1. поломка; трещина, разлом; 2. *мед.* перелом; 3. лом, обломки; бой *(стекла)*; **das ist ~** это брак; 4. *мат.* дробь; 5. карьер, каменоломня
Bruch II *m* -(e)s, Brüche 1. разрыв *(отношений)*; 2. нарушение *(договора и т. п.)*; ◊ **in die Brüche gehen*** окончиться крахом [провалом]
brüchig *a* ломкий, хрупкий
Brüchigkeit *f* - 1. ломкость, хрупкость; 2. *перен.* шаткость, непрочность
Bruch‖stück *n* -(e)s, -e 1. обломок; 2. отрывок; фрагмент
Bruch‖teil *m* -(e)s, -e доля, частица
Bruch‖zahl *f* -, -en; **~ziffer** *f* -, -n дробное число, дробь
Brücke *f* -, -n мост; свайный мост; **abgesprengte ~** свайный мост; **bewegliche ~** разводной мост; **eine ~ schlagen* [bauen]** наводить [строить] мост; ◊ **jmdm. eine ~ bauen** помочь кому-л. выбраться из беды
Bruder *m* -s, Brüder 1. брат; **ein leiblicher ~** родной брат; собрат, приятель; 2.: **~ Hitzig** горячий человек; **~ Leichtfuß** легкомысленный человек; 3. *презр.* тип, субъект; **~ nasser ~** *шутл.* собутыльник; **warmer ~** *разг.* гомосексуалист; **gleiche Brüder, gleiche Kappen** два сапога пара; одного поля ягода
Bruderart: nach ~ по-братски
Brüder‖gemeinde *f* -, -n *рел.* братство
brüderlich *a* братский
Brüderlichkeit *f* - братство
Bruderschaft *f* -, -en братство *(отношение)*
Brüderschaft *f* -, -en братство *(объединение)*; ◊ **mit jmdm. ~ trinken*** пить на брудершафт с кем-л.

Brühe *f* -, -n бульон; отвар; похлёбка; **kurze ~** крепкий бульон; **lange ~** жидкий бульон; **eine lange ~ [viel ~] machen** *разг.* ≅ тянуть волынку, разводить канитель
brühen *vt* обваривать кипятком, шпарить, ошпаривать
brühheiß *a* кипящий, горячий, как кипяток
Brühl *m* -s Брюль *(один из центров меховой торговли в Лейпциге; ФРГ)*
Brühlsche Terrasse *f* - Брюльская терраса *(название набережной в Дрездене; ФРГ)*
brüllen *vi*, *vt* 1. мычать; рычать, реветь; 2. *разг.* реветь, орать; **jmdn. aus dem Schlaf ~** разбудить кого-л. криком [рёвом]
Brumm‖bär *m* -en, -en ворчун, брюзга
brummen *vi* 1. рычать *(о медведе)*; 2. гудеть, жужжать *(о жуке и т. п.)*; 3. гудеть, грохотать *(о пушках)*; **mir brummt der Kopf** у меня голова трещит; 4. *(mit jmdm.)* ворчать *(на кого-л.)*; **ein Lied ~** мурлыкать песню; 5. *разг.* сидеть под арестом, отбывать срок
brummig *a* ворчливый
Brumm‖kreisel *m* -s, - волчок *(игрушка)*
brünett <*germ.-fr.*> *a* черноволосый, смуглый
Brunhild/Brunhilda I Брунхильд/Брунхильда *(жен. имя)*
Brunhilda II Брунгильда *(королева Исландии в нем. эпосе "Песнь о Нибелунгах")*
Brunnen *m* -s, - 1. колодец; фонтан; 2. источник *(минеральной воды)*; ◊ **in den ~ fallen*** провалиться *(о деле)*, рухнуть
Bruno Бруно *(муж. имя)*
Brunst *f* -, Brünste 1. страсть; жар; похоть; 2. течка *(у животных)*
brünstig *a* страстный, пылкий
brüsk <*it.-fr.*> *a* резкий
brüskieren <*it.-fr.*> *vt* обращаться резко [бесцеремонно] *(с кем-л.)*
Brüssel (*n*) -n Брюссель *(столица Бельгии)*
Brust *f* -, Brüste 1. грудь; **aus voller ~ schreien*** кричать во всё горло; **einem Kind die ~ nehmen*** отнять ребёнка от груди; 2. грудинка; ◊ **sich in die ~ werfen*** принять гордый [самодовольный] вид; **von der ~ weg** напрямик, без обиняков
Brust‖beklemmung *f* -, -en; **~beschwerde** *f* -, -n одышка
brüsten, sich *(mit D)* гордиться, хвастаться *(чем -л.)*; чваниться

Brust∥kasten *m* -s, -; **~korb** *m* -(e)s, -körbe грудная клетка
Brüstung *f* -, -en 1. *воен.* бруствер; 2. парапет
Brust∥warze *f* -, -n сосок
Brut *f* -, -en 1. высиживание *(яиц)*, инкубация; 2. выводок *(птенцов)*, приплод; 3. *презр.* отродье
brutál <*lat.*> *a* грубый, жестокий, зверский
Brutalität <*lat.*> *f* -, -en грубость; жестокость, зверство
brüten I *vt* 1. высиживать *(птенцов)*; 2. замышлять *(коварный план, месть)*; **Unheil** ~ замышлять недоброе; II *vi* 1. сидеть на яйцах; 2. *(über* D) размышлять *(о чём-л.)*
Brut∥henne *f* -, -n наседка
brutto <*lat.-it.*> *adv торг.* брутто
Brutto∥einnahmen *pl*; **~ertrag** *m* -(e)s, -träge валовой доход
Bube *m* -n, -n 1. мальчик; мальчишка; 2. валет *(в картах)*; 3. мошенник
bubenhaft *a* мальчишеский
Buben∥streich *m* -(e)s, -e мальчишество, мальчишеская выходка, шалость
Bubi *m* -s, -s мальчуган
Bubi∥kopf *m* -(e)s, -köpfe стрижка под мальчика
bübisch *a* 1. озорной; 2. подлый
Buch *n* -(e)s, Bücher 1. книга; канцелярская книга; 2. классный журнал; ◊ **ein ~ mit sieben Siegeln** книга за семью печатями; **das ~ der Bücher** библия; **Bücher machen keine Weisen** *посл.* ≅ на одной книжной мудрости не уедешь
Buche *f* -, -n *бот.* бук
Buch∥einband *m* -(e)s, -bände (книжный) переплёт
buchen *vt* 1. записывать *(в бухгалтерскую книгу)*; 2. бронировать *(место в поезде, самолёте)*
Buchen∥wald (*n*) -s Бухенвальд *(бывший фаш. концлагерь близ Веймара <ФРГ>)*
Bücheréi *f* -, -en книгохранилище, библиотека
Buch∥führer *m* -s, -; **~halter** *m* -s, - бухгалтер
Buch∥geld *n* -es, -er *фин.* безналичные (деньги)
Buch∥handlung *f* -, -en; **~laden** *m* -s, -läden книжный магазин
Buchse *f* -, -n *тех.* втулка, букса
Büchse *f* -, -n 1. жестянка; банка; кружка *(для сбора денег)*; 2. ружьё; 3. *см.* Buchse; ◊ **sie sind aus einer ~ geschmiert** они одного поля ягода; они одним миром мазаны
Büchsen∥fleisch *n* -(e)s мясные консервы
Büchsen∥öffner *m* -s, - консервный ключ
Buchstabe *m* -ns/-n, -n буква; *полигр.* литера; ◊ **am ~n kleben** быть мелочным [педантичным]; **setz dich auf deine vier ~n!** *разг.* сядь на место!, успокойся!
buchstäblich *a* буквальный
Buchstäblichkeit *f* - буквальность, дословность
Bucht *f* -, -en бухта, залив
Buchung *f* -, -en 1. заявка, запись *(на билеты)*; 2. бухгалтерская запись
Buch∥weizen *m* -s гречиха
Buckel *m* -s, - горб; спина; ◊ **einen krummen ~ machen** гнуть спину, угодничать; **etw. auf dem ~ haben** быть обременённым чем-л.
buck(e)lig *a* горбатый; сутулый
Buckelige *subst m*, *f* -, -n горбун, -нья
bücken, sich нагибаться; **sich nach etw.** (D) ~ нагибаться за чем-л.; **sich vor jmdm.** ~ 1) кланяться *(кому-л.)*; 2) гнуть спину, угодничать *(перед кем-л.)*
Bückling I *m* -s, -e копчёная сельдь
Bückling II *m* -s, -e (низкий) поклон
Búdapest (*n*) -s Будапешт *(столица Венгрии)*
Buddha <*sanskr.*> *m* -s *рел.* Будда
buddhístisch <*sanskr.*> *a* буддийский
Bude *f* -, -n 1. лавка, ларёк; 2. будка, сторожка; 3. *студ.* каморка, комната; **sturmfreie** ~ отдельная комната *(не в квартире; мезонин и т. п.)*; ◊ **Leben in die ~ bringen*** вносить оживление в общество; **die ~ zumachen** *разг.* закрыть лавочку
Budget [by'dʒe:] <*gr.-lat.-fr.*> *n* -s, -s бюджет; смета
Buénos Aires (*n*) Буэнос-Айрес *(столица Аргентины)*
Büfett [-'fe:] <*fr.*> *n* -s,-s 1. буфет *(шкаф, стойка)*; 2.: **kaltes** ~ 1) стол с холодными закусками *(для самообслуживания)*; 2) холодные закуски
Büffel *m* -s, - буйвол
Büffeléi *f* -, -en *разг.* зубрёжка
büffeln *vt разг.* зубрить, долбить; напряжённо работать
Bug I *m* -(e)s, Büge/-e 1. сгиб; 2. сустав; 3. лопатка *(у животных)*
Bug II *m* -(e)s, Büge/-e нос *(корабля)*
Bügel *m* -s, - 1. *тех.* скоба; хомутик; ручка; 2. стремя; 3. плечики, вешалка
Bügel∥brett *n* -(e)s, -er гладильная доска
Bügel∥eisen *n* -s, - утюг
bügeln *vt* гладить, утюжить

Buhle *m* -n, -n; *f* -, -n *уст.* любовник, -ница
buhlerisch *a* блудливый, развратный
Bühne *f* -, -n **1.** сцена, подмостки; **die ~ betreten*** выступать на сцене; **von der ~ abtreten*** уйти со сцены *(тж. перен.)* **2.** помост
Bühnen‖bild *n* -(e)s, -er декорация
bühnenmäßig *a* сценический
Bühnen‖meister *m* -s, - *театр.* постановщик, заведующий постановочной частью
Bujumbúra *(n)* -s Бужумбура *(столица Бурунди)*
buk *impf от* **backen***
Bukarest *(n)* -s Бухарест *(столица Румынии)*
Bulétte <*lat.-fr.*> *f* -, -n рубленая котлета, биток
Bulgáre *m* -n, -n; **Bulgarin** *f* -, -nen болгарин; болгарка
Bulgári|en *(n)* -s Болгария *(гос-во в Европе, в вост. части Балканского п-ва)*
bulgárisch *a* болгарский
Bull‖auge *n* -s, -n **1.** бычий глаз; **2.** *мор.* (бортовой) иллюминатор
Bulle I *m* -n, -n **1.** бык; вол; ◇ **er ist ein ~ von Kerl** *разг.* он здоров как бык; **2.** *воен. жарг.* (важная) шишка
Bulle II *f* -, -n *ист.* булла *(послание римского папы)*
Bummel *m* -s, - **1.** прогулка, шатание *(по городу);* **auf den ~ gehen*** пойти прогуляться; **2.** прогул
Bummeléi *f* -, -en **1.** *разг.* шатание; **2.** волокита; **3.** прогул
bummeln *vi* **1.** *разг.* (праздно) шататься, фланировать, гулять; **2.** кутить; **3.** прогуливать, лодырничать; **4.** медлить, медленно работать
Bummel‖zug *m* -(e)s, -züge пассажирский поезд малой скорости
Bummler *m* -s, - **1.** *разг.* гуляка, лодырь; **2.** медлительный человек
Bund I *m* -(e)s, Bünde союз; лига; федерация; **einen ~ schließen* [machen]** заключить союз; **den ~ der Ehe eingehen*** сочетаться узами брака
Bund II *m* -(e)s, -e связка, вязанка, охапка; сноп; пачка; моток
Bund der Gerechten *m* -es "Союз справедливых" *(тайная организация нем. полит. эмигрантов <1836–47>, реорганизован К. Марксом и Ф. Энгельсом в Союз коммунистов)*
Bund der Kommunisten *m* -es Союз коммунистов *(первая в истории международная организация коммунистов <1847–1852>, создан К. Марксом и Ф. Энгельсом)*
Bund Deutscher Mädel *m* -es Союз немецких девушек *(молодёжная фаш. организация в Германии, объединяла девушек в возрасте 14–18 лет, входила в состав "гитлерюгенд")*
Bündel *m* -s, - связка, пучок, узел; пакет; ◇ **sein ~ schnüren** *разг.* собирать свои пожитки, собираться в путь
bündeln *vt* связывать в узлы [в пакеты]
bundesdeutsch *a* находящийся в [относящийся к] ФРГ *(в период существования двух германских государств 1949–1990)*
Bundes‖genosse *m* -n, -n союзник
Bundesgrenz‖schutz *m* -es Федеральная пограничная охрана *(осуществляет охрану и контроль гос. границ ФРГ, охрану резиденций президента, канцлера и др. гос. учреждений)*
Bundes‖heer *n* -es, -e "бундесхеер" *(название вооружённых сил Австрии и Швейцарии)*
Bundes‖kanzler *m* -s, - федеральный канцлер *(глава правительства в Австрии и ФРГ)*
Bundes‖kriminalamt *n* -es Федеральное управление уголовной полиции *(центр. орган криминальной полиции в ФРГ)*
Bundes‖land *n* -es, -länder федеральная земля *(высшая адм.-территориальная единица в Австрии и ФРГ)*
Bundes‖marine *f* - "бундесмарине" *(военно-морские силы ФРГ)*
Bundes‖nachrichtendienst *m* -es Федеральная разведывательная служба *(центр. орган внешнеполитич. и военной разведки ФРГ)*
Bundespräsident *m* -en, -en Федеральный президент *(1. глава гос-ва в Австрии и ФРГ; 2. глава гос-ва и правительства в Швейцарии)*
Bundes‖rat I *m* -es **1.** бундесрат *(представительство земель в парламентах Австрии и Германии);* **2.** *ист.* бундесрат *(представительство правительств в Северо-Германском союзе и германской империи 1871–1918)*
Bundes‖rat II *m* -es бундесрат *(название правительства Швейцарии)*
Bundesrepublik Deutschland *f* - Федеративная Республика Германия *(гос-во в Центр. Европе)*
Bundes‖tag *m* -s бундестаг *(палата депутатов ФРГ; обычно называют парламентом, вторая палата которого – бундесрат)*

Bundes∥verband der Deutschen Arbeitgeber∥verbände *m* - Федеральное объединение союзов германских работодателей *(одно из крупнейших объединений работодателей ФРГ в промышленности, транспорте, сельском хозяйстве и торговле)*

Bundes∥verband der Deutschen Industrie *m* -es Федеральный союз германской промышленности *(крупнейшее объединение промышленников ФРГ)*

Bundes∥verfassungsgericht *n* -es Федеральный конституционный суд *(гос. орган в ФРГ; наделён правом толковать конституцию, определять конституционность законов, общественных организаций и политических партий)*

Bundes∥versammlung *f* - Федеральное собрание (1. *название парламентов в Австрии и Швейцарии;* 2. *орган в ФРГ, предназначенный для избрания федерального президента)*

Bundes∥wehr *f* - бундесвер *(название вооружённых сил ФРГ)*

bündig *a* 1. обязательный, законный; 2. связный, сжатый; ◇ **kurz und ~** коротко и ясно

Bündigkeit *f* - 1. сжатость, лаконичность; 2. обязательность; 3. убедительность

Bündnis *n* -ses, -se союз *(военный или политический)*

Bundschuh *m* -s "Башмак" *(тайные крестьянские союзы в Юго-Зап. Германии в 15–16 вв., на знамени которых был изображен башмак как символ бедных крестьян)*

Bungalow [-lo:] <*engl.*> *m* -s, -s бунгало, дачный домик

Bunker <*engl.*> *m* -s, - 1. *мор.* бункер, угольная яма; 2. *воен.* долговременная огневая точка, дот; 3. бомбоубежище

bunt *a* 1. пёстрый, цветной; 2. разнообразный

Buntheit *f* - пестрота; разнородность, разнообразие

Bunt∥metall *n* -s, -e цветной металл

buntscheckig *a* пёстрый

"Burda" *f* - "Бурда" *(журнал мод в ФРГ)*

Bürde *f* -, -n обуза, бремя; **eine ~ abnehmen*** освободить кого-л. от какой-л. ноши [обузы]; **jmdm. eine ~ aufladen* [auferlegen]** взваливать на кого-л. какую-л. обузу

bürden *vt (jmdm. auf A)* взваливать *(что-л. кому-л. на что-л.);* **jmdm. etw. auf den Hals ~** навязать кому-л. что-л.

Burg *f* -, -en 1. замок; 2. *перен.* твердыня, оплот

Bürge *m* -n, -n 1. поручитель; **für jmdn., für etw. (A) ~ sein** ручаться за кого-л., за что-л.; 2. порука; 3. заложник

bürgen *vi (für* A) ручаться, отвечать *(за кого-л., за что-л.)*

Burgenland (*n*) -es Бургенланд *(земля в Австрии)*

Bürger *m* -s, - 1. гражданин; 2. городской житель; 3. обыватель; 4. буржуа

Bürger∥initiative *f* -, -n "гражданская инициатива" *(попытка решения социальных и полит. проблем в ФРГ силами неправительственных организаций и частных лиц)*

Bürger∥krieg *m* -(e)s, -e гражданская война

bürgerlich *a* 1. гражданский; 2. буржуазный; 3. обывательский

Bürger∥meister *m* -s, - бургомистр, мэр

Bürger∥recht *n* -(e)s, -e 1. право гражданства; 2. гражданские права

Bürgerschaft *f* - бюргершафт *(название парламентов в федеральных землях Гамбург и Бремен <ФРГ>)*

Bürger∥stand *m* -es буржуазия; *ист.* третье сословие

Bürger∥steig *m* -(e)s, -e тротуар

Bürger∥tum *n* -(e)s 1. буржуазия; 2. бюргерство

Burggraf *m* -en, -en бурграф *(должностное лицо короля в герм. средневековых городах с адм., воен. и судебной властью)*

Burghard Бургхард *(муж. имя)*

Burghilde Бургхильда *(жен. имя)*

Bürgschaft *f* -, -en поручительство, порука, гарантия; **für jmdn., für etw. ~ leisten** ручаться за кого-л., за что-л.

Burg∥theater *n* -s Бургтеатр *(драматический театр в Вене)*

Burjáte *m* -n, -n; **~in** *f* -, -nen бурят, бурятка

Burjátien (*n*) -s Бурятия *(автономная республика в составе РФ, в Юго-Вост. Сибири)*

burjátisch *a* бурятский

Burma (*n*) -s *см.* Birma

Burmése *m* -n, -n *см.* Birmane

burmésisch *см.* birmanisch

Büró <*lat.-fr.*> *n* -s, -s 1. бюро, контора, канцелярия; 2. место службы

Büró∥artikel *m* -s, -; **~bedarf** *m* -(e)s канцелярские принадлежности

Bürokrát <*fr.*> *m* -en, -en бюрократ

Bürokrátie <*fr.*> *f* - бюрократия, чиновничество

bürokrátisch <fr.> a бюрократический
Bursch <gr.-lat.> m -en, -en; **Bursche** m -n, -n 1. парень, малый; 2. слуга, воен. денщик; 3. ист. бурш, студент (член студенческой корпорации в Германии)
Burschenschaft f -, -en студенческая корпорация
burschikós <gr-lat.> a развязный, бесцеремонный
Bürste f -, -n щётка
bürsten vt чистить щёткой; приглаживать щёткой
Burúndi (n) -s Бурунди (гос-во в Вост. Африке)
Bus m -ses, -se разг. автобус
Busch m -es, Büsche куст, кустарник; ◇ **bei jmdm. auf den ~ klopfen [schlagen*]** допытываться, выведывать, зондировать почву у кого-л.
Büschel n -s, - 1. пучок; хохол; 2. охапка (сена); вязанка (хвороста)
busching a 1. кустистый, поросший кустарником; 2. взъерошенный
Busen m -s, - 1. грудь; **im tiefsten ~** в глубине души; 2. пазуха; **etw. am ~ tragen*** держать что-л. за пазухой; 3. залив
Busen||freund m -(e)s, -e закадычный друг
Busineß <engl.> ['biznis] n - бизнес, дело, коммерция
Buße f -, -n 1. покаяние; **~ tun*** каяться, приносить покаяние; 2. наказание, штраф; **jmdm. eine ~ auferlegen** наложить штраф на кого-л.; **jmdm. ~ erlassen*** снять штраф [взыскание] с кого-л.
büßen I vt искупать (вину); **etw. mit Geld ~** заплатить штраф [пеню] за что-л.; II vi 1. каяться; 2. (für A) поплатиться за что-л.; **er wird dafür schwer ~ müssen** он дорого поплатится за это; **für etw. (A) mit dem Leben ~** поплатиться головой за что-л.
Büßer m -s, -; **~in** f -, -nen кающийся, -щаяся
Büssing Automobilwerke AG f - "Бюссинг аутомобильверке АГ" (крупный автомоб. концерн в ФРГ, выпускает грузовики и автобусы)
Bußtag: Buß- und Bettag m -(e)s, -e день покаяния и молитвы (религиозный праздник; среда перед последним воскресеньем церковного года)
Büste f -, -n 1. бюст; 2. манекен
Büsten||halter m -s, - бюстгальтер
Butt m -(e)s, -e камбала (речная)
Butter f - масло (животное); **~ aufs Brot schmieren [streichen*]** намазывать хлеб маслом; ◇ **alles in (bester) ~** разг. всё в полном порядке, всё идёт как по маслу

Butter||blume f -, -n 1. бот. одуванчик; лютик; 2. шутл. соломенная шляпа
Butter||brot n -(e)s, -e/ диал. -bröte/bröter хлеб с маслом; **auf ein ~ bitten*** пригласить на чашку чая; ◇ **für ein ~** разг. за бесценок
Butter||dose f -, -n маслёнка (для животного масла)
butt(e)rig a масляный (о животном масле)
Butter||milch f - пахта
buttern vi сбивать масло
Butter||weck m -(e)s, -e; **~wecken** m -(e)s, - сдобная булочка
Büttner m -s, - бондарь, бочар
byzantínisch a византийский
Byzánz (n) -ens Византия (гос-во, возникшее в конце 4 в. в вост. части Римской империи; существовало до середины 15 в.)

C

Cäcilia/Cäcilie [tsɛ'tsi:lia] Цецилия (жен. имя)
Café [ka'fe:] <arab.-türk.-it.-span.> n -s, -s кафе
Cafetéria [ka-] <arab.-türk.-it.-span.> кафетерий
Calais [-'lɛ:] (n) Кале (город на С. Франции)
Cambridge ['kembridʒ] (n) -s Кембридж (город в Великобритании, к С. от Лондона; известен как один из старейших университетских городов страны)
Camouflage [kamu'fla:ʒə] <fr.> f -, -n камуфляж, маскировка
Camp [kæmp] <lat.-it.-fr.-engl.> n -s, -s 1. лагерь (палаточный); 2. лагерь военнопленных
Camper ['kɛm-] <lat.-it.-fr.-engl.> m -s, - автотурист
Camping ['kɛm-] <lat.-it.-fr.-engl.> n -s, -s кемпинг
Camping||anhänger ['kɛm-] m -s, - жилой прицеп к автомашине
Camping||garnitur ['kɛm-] f -, -en гарнитур складной мебели для кемпинга
Camping||geschirr ['kɛm-] n, -s -e, дорожная посуда (из пластмассы)
Camping||küche ['kɛm-] f -, -n набор столовой и кухонной посуды для кемпинга (помещающийся в походном ведре)

Camping∥liege ['kɛm-] *f* -, -n раскладная походная кровать; раскладушка *(разг.)*
Camping∥möbel ['kɛm-] *n* -s - портативная складная мебель
Camping∥sport ['kɛm-] *m* -(e)s автотуризм
Canberra ['kɛnbərə] *(n)* -s Канберра *(столица Австралии)*
Cannes [kan] *(n)* Канны *(город на Ю.-В. Франции)*
Cape [kɛ:p] <*lat.-roman.-engl.*> *n* -s, -s накидка
Capri *(n)* -s Капри *(о-в в Тирренском море, близ Неаполя <Италия>)*
Capuchon [kapy'ʃɔ̃] <*lat.-fr.*> *m* -s, -s капюшон, плащ с капюшоном
Car [kar] <*fr.*> *m* -s, -s туристский автобус
Carácas *(n)* Каракас *(столица Венесуэлы)*
Carolína *f* - "Каролина" *(средневековый свод общегерм. уголовных законов, составлен в 1532 при Карле V <отсюда название>, действовал до конца 18 в.)*
Carte blanche [kart 'blã] *f* -, *pl* Carte blanches [kart 'blã] <*fr.*> карт-бланш, неограниченные полномочия
Cäsar ['tsɛ:-] <*lat.*> *m* -sáren, -sáren ист. цезарь, кесарь *(почётный титул римских императоров)*
Cäsáren∥wahn [tsɛ-] *m* -(e)s мания величия
Cash [kæʃ] <*lat.-it.-fr.-engl*> *n* -, - s ком. 1. наличные деньги; 2. оплата наличными
Casus ['ka:-] <*lat.*> *m* -, - см. Kasus
Causa ['kaoza] <*lat.*> *f* -, *pl* Causae [-sɛ] юр. судебное дело; предмет спора; in ~ по делу; ~ **bibéndi** студ. шутл. причина [повод] выпить
Cecilienhof *m* -s Цецилиенхоф *(дворец в Потсдаме <ФРГ>, место проведения Потсдамской конференции, 1945)*
Cellist ['tʃɛ-] <*it.*> *m* -en, -en виолончелист
Cello ['tʃɛ-] <*it.*> *n* -s, -s/Celli виолончель
Celsius *m (сокр.* °C) Цельсий *(единица измерения температуры; по имени шведского астронома и физика)*; 10 Grad ~ 10 градусов по Цельсию
Cembalo [tʃɛm-] <*gr.-lat.-it.*> *n* -s, -s/-li муз. клавесин
Cent [sɛnt/tsɛnt] <*lat.-fr.-engl.*> *m* -s, -s цент *(монета в США, Канаде, Китае и др. странах)*
Centime [sã'ti:m] <*lat.-fr.*> *m* -s, -s сантим *(разменная монета во Франции, Бельгии, Люксембурге, Швейцарии и др. странах)*

Ceylon ['tsaelɔn] *(n)* -s Цейлон *(о-в в Индийском океане, у юж. оконечности о-ва Индостан)*
Ceylonése [tsae-] *m* -n, -n цейлонец *(житель о-ва Цейлон)*
ceylonésisch *a* цейлонский
Chabárowsk *(n)* -s Хабáровск *(адм. центр Хабаровского края, на Ю.-В. РФ)*
Chagrin [ʃa'grɛ̃] <*fr.*> *n* -s шагрень, шагреневая кожа
Chaiselongue [ʃɛ:z(ə)'lɔ̃:g] разг. [ʃɛs'lɔ̃:] <*fr.*> -*f*, -n [-'lɔ̃:ngən] /-s, *n* -s, -n/-s шезлонг, кушетка
Chakássi∥en *(n)* -s Хакасия *(автономная обл. в составе Красноярского края РФ)*
Chalande [ʃa'lã:də] <*fr.*> *f* -, -n мор. шаланда
Chamäleon [ka-] <*gr.-lat.*> *n* -s, -s хамелеон *(тж. перен.)*
Champagner [ʃam'panjər] <*fr.*> *m* -s, - шампанское
Champignon ['ʃampinjɔ:] <*lat.-fr.*> *m* -s, -s шампиньон
Champion ['tʃɛmpiən/ʃã'piɔ̃] <*lat.-roman.-fr.-engl.*> *m* -s, -s чемпион
Championát [ʃam-] <*fr.*> *n* -(e)s, -e чемпионат
Chance ['ʃã:nsə] <*fr.*> *f* -, -n шанс, возможность, вероятность *(успеха)*
Chanson [ʃã:sɔ̃:] <*lat.-fr.*> *n* -s, -s песня, песенка
Chansonétte [ʃã-] <*fr.*> *f* -, -n 1. песенка, шансонетка; 2. шансонетная певица
Chantage [ʃã'ta:ʒə] <*fr.*> *f* -, -n шантаж, вымогательство
Chaos ['kaos] <*gr.-lat.*> *n* -, - 1. миф. хаос; 2. хаос, неразбериха
chaótisch <*gr.-lat.*> [ka-] *a* хаотический
Chapiteau [ʃapi'to:] <*lat.-fr.*> *n* -s, -s шапито *(цирк)*
Charákter [ka-] <*gr.-lat*> *m* -s, -tere 1. характер, нрав; **ein Mann von** ~ человек с характером; 2. характер, свойство, особенность *(чего-л.)*; 3. чин, звание; 4. полигр. гарнитура *(шрифта)*; *pl* типографские знаки, литеры
Charákter∥beschaffenheit [ka-] *f* - свойство характера, нрав
Charákter∥bild [ka-] *n* -(e)s, -er 1. портрет *(литературный и т. д.)*; 2. жанровая картина, бытовая сцена
Charákter∥bildung [ka-] *f* - воспитание характера
charákterfest [-ka-] *a* твёрдого характера
Charákter∥festigkeit [ka-] <*gr.-lat.*> *f* - твёрдость характера

charakterisieren [ka-] <*gr.-lat.-fr.*> *vt* характеризовать
Charakteristik [ka-] <*gr.-lat.*> *f* -, -en характеристика, обрисовка
Charakteristikum [ka-] <*gr.-lat.*> *n* -s, -ka характерная черта
charakteristisch [ka-] <*gr.-lat.*> *a* характерный; типичный
Charakteristische [ka-] *subst n* -n - характерная черта, отличительное свойство
charakterlich [ka-] <*gr.-lat.*> *a* по своему характеру
charakterlos [ka-] <*gr.-lat.*> *a* бесхарактерный
Charakter‖stück [ka-] *n* -es, -e *театр.* бытовая драма
Charakter‖zug [ka-] *m* -(e)s, -züge черта характера; характерная черта
Charge [ˈʃarʒə] <*lat.-fr.*> *f* -, -n 1. должность; 2. *воен.* чин, звание
chargieren [ʃarˈʒiː-] <*lat.-fr.*> *vt* 1. уполномачивать; 2. заряжать (*винтовку*); 3. *тех.* загружать (*шихту в печь*); 4. заряжать (*электрическую батарею*)
Charité [ʃariˈteː] <*lat.-fr.*> *f* - Шарите (*название одной из больниц в Париже, а тж. университетских клиник в Берлине*)
Charivari [ʃariˈvaːri] <*fr.*> *m n* -s, -s 1. суматоха, ералаш; 2. кошачий концерт
Charkow [çarkov] (*n*) -s Харьков (*обл. центр в составе Украины*)
Charleston [ˈtʃaːrlstən] <*engl.*> *m* -, -s чарльстон (*танец*)
Charlotta [ʃ-] Шарлотга (*жен. имя*)
Charlottenburg [ʃ-] *n* -s Шарлотенбург (1. замок, архит. памятник в зап. части Берлина; 2. городской район в Берлине)
Charme [ʃarm] <*fr.*> *m* -s очарование
Charta [k-] <*ägypt.-gr.-lat.*> *f* -, -s/-tae [-tɛ] 1. бумага, папирус, пергамент; 2. хартия, рукопись; исторический документ
Charte [ˈʃartə] <*lat.-fr.*> *f* -, -n хартия, основной закон, устав
Chassis [ʃaˈsiː] <*lat.-fr.*> *n* - [ʃaˈsiːs], -[ʃaˈsiːs] *авт., ав.* шасси
Chauffeur [ʃɔˈføːr] <*fr.*> *m* -s, -e шофёр, водитель
Chaussee [ʃɔˈseː] <*fr.*> *f* -, -séʲen шоссе
Chauvinismus [ʃovi-] <*fr.*> *m* - шовинизм
chauvinistish [ʃovi-] <*fr.*> *a* шовинистический
Chef [ʃɛf] <*lat.-fr.*> *m* -s, -s шеф, руководитель, начальник; владелец предприятия; **~s der Diplomatischen Missionen** главы дипломатических миссий

Chef- [ʃɛf] 1. главный, старший; 2. шефский
Chef‖arzt [ʃɛf] <*lat.-fr.*> *m* -s -ärzte главный врач
Chef‖konstrukteur [-,tøːr] <*fr.*> *m* -s, -e главный конструктор; заведующий конструкторским бюро
Chef‖redakteur [-,tøːr] <*fr.*> *m* -s, -e главный редактор
Chemie <*arab.-gr.-roman.*> *f* - химия
Chemie‖werker *m* -s - работник химической промышленности
Chemikaliʲen <*arab.-gr.-roman.*> *pl* химические вещества, химикаты, химикалии
Chemiker <*arab.-gr.-roman.*> *m* -s, - химик
chemisch <*arab.-gr.-roman.*> *a* химический
Chemisétt [ʃə-] <*fr.*> *n* -(e)n, -s/-e манишка, шемизетка; **das ~ vornknöpfen** подстегнуть [надеть] манишку
Chemnitz [k-] (*n*) Хемниц (*город в Саксонии* <*ФРГ*>; *в 1953–1991 назывался Карл-Маркс-Штадт*)
Cherbour [ʃɛrˈbuːr] (*n*) -s Шербур (*город на С.-З. Франции*)
Cherry Brandy [tʃɛriˈbrɛndi] <*engl.*> *m* -s, -/-s вишнёвый ликёр
Cherson (*n*) -s Херсон (*обл. центр в составе Украины*)
Chérub [ç-] <*hebr.-gr.-lat.*> *m* -s, -im/-inen *рел.* херувим
Cheviot [ˈʃɛviɔt/ˈʃɛviɔt] <*engl.*> *m* -s, -s шевиот
Chevreau‖leder [ˈʃəvˈroː-] <*fr.*> *n* -s шевро (*кожа*)
Chevron [ˈʃəvˈrə] <*fr.*> *m* -s, -s шеврон (*ткань; тж. галунная нашивка на рукаве мундира, шинели*)
Chicágo [ʃi-] (*n*) -s Чикаго (*город на С. США*)
Chiemsée [ˈkiːm-] *m* -s Кимзе (*оз. в земле Бавария, ФРГ*)
Chiffre [ʃifər] <*arab.-lat.-fr.*> *f* -, -n шифр, код
Chiffre‖schrift [ʃifər-] <*arab.-lat.-fr.*> *f* -, -en секретный шрифт, шифр
Chiffreur [ʃifˈrøːr] <*fr.*> *m* -s, -e шифровальщик; расшифровщик, дешифратор
chiffrieren [ʃ-] <*arab.-lat.-fr.*> *vt* шифровать, зашифровывать
Chiffrier‖verfahren [ʃif-] *n* -s, - шифровка, способ шифровки
Chignon [ʃiˈnjɔː] <*lat.-roman.-fr.*> *m* -s, -s шиньон (*причёска*)
Chile <ˈtʃiːlə> (*n*) -s Чили (*гос-во на Ю.-З. Юж. Америки*)

Chilehaus ['tʃi:-] *n* -es "Чилихаус" *(оригинальное десятиэтажное здание в Гамбурге)*
Chiléne [tʃ-] *m* -n, -n, **Chilénin** *f* -, -nen чилиец, -ийка
chilénisch [tʃ-] *a* чилийский
Chillon [ʃi'jõ] *n* -s <*fr.*> Шильонский замок *(истор. памятник в Швейцарии)*
Chimäre <*gr.*> *f* **1.** - *миф.* химера; **2.** -, -n химера, неосуществлённая мечта, несбыточная фантазия
China (*n*) -s Китай *(гос-во в Вост. и Центральной Азии)*
Chinése *m* -n, -n китаец
Chinésin *f* -, -nen китаянка
chinésisch *a* китайский
Chinin <*peruan.-span.-it.*> *n* -s *фарм.* хинин
Chips [tʃ-] <*engl.*> *pl* чипсы *(жареный хрустящий картофель в виде хлопьев)*
Chirománt <*gr.*> *m* -en, -en хиромант
Chiromantíe <*gr.*> *f* - хиромантия
Chirúrg <*gr.-lat.*> *m* -en, -en хирург
Chirurgíe <*gr.-lat.*> *f* - хирургия; **niedere** ~ малая хирургия
chirúrgisch <*gr.-lat.*> *a* хирургический
Chiwa (*n*) -s Хива *(город в Узбекистане; известен архитектурными памятниками)*
Chlor [k-] <*gr.*> *n* -(e)s хлор
chloren ['klo:-] <*gr.*> *vt* хлорировать
chlórhaltig [k-] *a* содержащий хлор; хлористый
chloríeren [k-] <*gr.*> *vt* хлорировать, обрабатывать хлором
Chlor‖kalk ['klo:r-] <*gr.-lat.*> *m* -(e)s хлорная известь
Chlorophýll [klo-] <*gr.*> *n* -s хлорофилл
Cholera ['ko:-] <*gr.-lat.*> *f* - холера
Cholera‖tropfen ['ko:-] *pl мед.* боткинские капли
Cholériker [ko-] <*gr.-lat.*> *m* -s, - *психол.* холерик
cholérisch [ko-] <*gr.-lat.*> *a* холерический, вспыльчивый, горячий
Cholezystítis [ko-] <*gr.*> *f* - *мед.* холецистит
Chor I [ko:r] <*gr.-lat.*> *m, n,* -s, -e/ Chöre хоры; клирос; **auf dem** ~ **singen*** петь на клиросе
Chor II [ko:r] <*gr.-lat.*> *m,* -s, Chöre хор; **im** ~ **singen*** петь хором; петь в хоре
Chorál [ko-] <*gr.-lat.*> *m,* -s, -räle хорал, церковное песнопение
Choreographíe [ko-] <*gr.*> *f* - хореография
Choréǀus <*gr.*> *m* -, -réǀen *лит.* хорей

Chose ['ʃo:zə] <*fr.*> *f* -, -n вещь, дело; **alte** ~ *разг.* старая история, знакомое дело; **wir werden die ~ schon schaukeln** мы это дело уладим
Chrestomathíe [krɛ-] <*gr.*> *f* -, -thiǀen хрестоматия
Christ [krist] <*gr.-lat.*> *m* -en, -en христианин; **ein wunderlicher** ~ чудак, оригинал, странный человек
Christa [k-] Криста/Христя *(жен. имя)*
Christ‖baum [k-] *m* -es, -bäume рождественская ёлка
Christel Кристель *(жен. имя)*
Christen‖glaube ['kri-] *m* -ns христианская вера
Christentum ['kri] <*gr.-lat.*> *n* -s христианство
Christ‖feier [k-] *f* - Рождество *(один из главных христианских праздников в честь рождения Христа* <*25-26 декабря*>*)*
Christ‖fest [k-] *n* -s *см.* Christ‖feier
Christian [k-] Кристиан *(муж. имя)*
Christian Dierig AG - "Кристиан Дириг АГ" *(крупнейший хлопчатобумажный концерн в ФРГ)*
Christiáne [k-] Кристиана *(жен. имя)*
Christin ['kri-] <*gr.-lat.*> *f* -, -nen христианка
christlich [kr-] <*gr.-lat.*> *a* христианский
Christlich-Demokratische Union *f* - Христианско-демократический союз *(крупнейшая партия в ФРГ, осн. летом 1945; объединяет представителей всех слоёв населения христианского вероисповедания; действует во всех землях ФРГ, кроме Баварии)*
Christlich-Demokratische Union Deutschlands *f* - Христианско-демократический союз Германии *(политическая партия в ГДР; объединяла религиозные слои населения)*
Christlich-Soziale Union *f* - Христианско-социальный союз *(влиятельная партия в ФРГ, осн. в окт. 1945; объединяет представителей всех слоёв населения христианского вероисповедания; действует только в земле Бавария)*
Christus ['kri-] <*gr.-lat.*> *m* (G -/Christi, D Christo, A Christum) *рел.* Христос
Chrom [kro:m] <*gr.*> *n* -s *(хим. знак* Cr*)* хром
Chromatíerung [kro-] <*gr.*> *f* - хромирование *(кожи)*
chromátisch <*gr.*> *a муз.* хроматический
Chromíerung [kro-] <*gr.*> *f* - хромирование *(металла)*

Chrom‖leder ['kro:m] *n* -s хромовая кожа
Chromosóm [kro-] <*gr.*> *n* -s, -en *биол.* хромосома
Chronik ['kro:-] <*gr.-lat.*> *f* - **1.** хроника; летопись; **2.** хроника (*в газете*)
Chronik‖schreiber ['kro:-] *m* -s, -; **Chroníst** ['kro-] *m* -en, -en летописец, хронист
chronisch ['kro-] <*gr.-lat.*> *a* хронический
Chronologíe ['kro-] <*gr.*> *f* -, -i¦en хронология
Chronométer [kro-] <*gr.*> *n* -s, - хронометр
Chronometráge [kronome'tra:ʒə] <*gr.-fr.*> *f* -, -n; **Chronometríe** [kro-] *f* -, -i¦en хронометраж
Chrysanthéme [çry-/kry-] <*gr.*> *f* -, -n хризантема
Chur [ku:r] (*n*) -s Кур (*адм. центр кантона Граубюнден в Швейцарии*)
Cidre ['si:d(ə)r] <*fr.*> *m* -s сидр
Cineráma [si-] <*gr.-fr.-engl.*> *n* - панорамное кино; кинопанорама
City ['siti] <*engl.*> *f* -, -s **1.** сити (*центральная деловая часть города*); **2.** Сити (*центральная часть Лондона*); **3.** город (*с населением свыше пяти тысяч человек; США*)
Clan [kla:n] <*kelt.-engl.*> *m* -s, -e/[klæn] *m* -s, -s *ист.* клан
Clearing ['kli:riŋ] <*lat.-fr.-engl.*> *n* -s, -s *ком.* клиринг, безналичный расчёт
Clearing‖abkommen ['kli:riŋ] *n* -s, - *ком.* клиринговое соглашение
Clerk [kla:(r)k] <*gr.-lat.-fr.-engl.*> *m* -s, -s **1.** конторщик, клерк; **2.** делопроизводитель; **3.** *уст.* священник (*англиканской церкви*)
Clique ['kli:kə/'klikə] <*fr.*> *f* -, -n клика
Clou [klu:] <*lat.-fr.*> *m* -s, -s кульминационная точка; *перен.* гвоздь (*сезона, вечера*)
Clown [klaun] <*lat.-fr.-engl.*> *m* -s, -s клоун
Club [klʌb] <*engl.*> *m* -s, -s клуб
Cocktail ['kɔkte:l] <*engl.*> *m* -s, -s коктейль
Coeur [kø:r] <*lat.-fr.*> *n* -/-s, -/-s *карт.* черви, червы
College ['kɔlidʒ] <*lat.-fr.-engl.*> *n* -/-s ['kɔlidʒiz], -s ['kɔlidʒiz] колледж (*учебное заведение*)
Collie [kɔli:] <*engl.*> *m* -s, -s колли, шотландская овчарка
Colómbo (*n*) -s Коломбо (*столица Шри-Ланки*)
Colónia Agrippína *f* "Колония Агриппина" (*название римского поселения в 1 в. на месте г. Кельн <ФРГ>*)

Comeback [kʌmˈbæk] <*engl.*> *n* - **1.** возвращение (*б. ч. на сцену, киноактёра*); **2.** обретение прежней формы (*напр. о спортсмене*)
Coménius-Bücherei *f* - библиотека им. Коменнуса (*библиотека педагогической литературы в Лейпциге <ФРГ>*)
Comics ['kɔmiks] <*engl.*> *pl лит.* комиксы
Commérzbank AG *f* - "Коммерцбанк АГ" (*коммерческий банк; третий по значению в ФРГ*)
Compiegne [kɔ̃ˈpiɛn] (*n*) -s Компьен (*город во Франции; место подписания перемирия между Францией и Германией в 1-ю <1918> и 2-ю <1940> мировые войны*)
Computer [kɔmˈpju:-] <*lat.-engl.*> *m* -s, - компьютер
Conákry [-kri] (*n*) -s Конакри (*столица Гвинейской Республики*)
Conference [kɔ̃feˈrãːs] <*lat.-fr.*> *f* -, -s [kɔ̃feˈrãːs] конферанс
Conferencier [kɔ̃feraˈsie:] <*fr.*> *m* -s, - конферансье
Container [kɔnˈte:ner] <*engl.*> *m* -s, - контейнер
Corpus delicti ['kɔrpus deˈlikti:] <*lat.*> *n* - *pl* **Córpora delicti** *юр.* улика, вещественное доказательство
Corpus Dómini ['kɔr-] <*lat.*> *n* -s - *рел.* тело Господне
Corpus júris ['kɔr-] <*lat.*> *n* - *юр.* свод законов
Cosima [k-] Козима (*жен. имя*)
Cosimo [k-] Козимо (*муж. имя*)
Couch [kaotʃ] <*lat.-fr.-engl.*> *f* -, -es кушетка
Coupé [kuˈpe:] <*fr.*> *n* -s, -s **1.** купе; **2.** двухместный закрытый автомобиль; закрытый экипаж
coupieren [ku-] <*fr.*> *vt* снимать карты (*в игре*)
Couplet [kuˈple:] <*lat.-fr.*> *n* -s, -s куплет (*сатирическая и комическая песенка*)
Cour [ku:r] <*lat.-fr.*> *f* - торжественный приём при дворе; **jmdm. die ~ machen [schneiden*]** ухаживать за кем-л. (*за женщиной*)
Courage [kuˈra:ʒə] <*lat.-fr.*> *f* - смелость; **~ haben** быть смелым
couragiert [kuraˈʒi:rt] <*lat.-fr.*> *a* смелый, храбрый
Courtier [kurˈtie:] <*fr.*> *m* -s, -s (биржевой) маклер, куртье
Cousin [kuˈzɛ̃] <*fr.*> *m* -s, -s двоюродный брат, кузен
Cousine [kuˈzi:nə] <*fr.*> *f* -, -n двоюродная сестра, кузина

Coventry ['kɔvəntri] (n) -s Ковентри (город в центральной части Великобритании)
Cowboy ['kaobɔy] <engl.> m -s, -s ковбой
Crackers ['krækərs] <engl.> pl крекер (печенье)
Creditanstalt Bankverein m -s "Кредитанштальт банкферайн" (один из крупнейших банков Австрии)
Creme ['krɛ:m] <fr.> f -, -s 1. кул. крем; 2. крем (мазь); 3. сливки, лучшая [отборная] часть (чего-л.)
cremefarben ['krɛ:m-] a кремового цвета, кремовый
Crêpes de Chine ['krɛ:p de 'ʃin] <fr.> m -, pl Crêpe de Chine ['krɛ:p de 'ʃin] крепдешин
Croupier [kru'pie:] <fr.> m -s, -s крупье, банкомёт
Crux <lat.> f - горе, скорбь, печаль; перен. крест
Cup [kʌp] <lat.-roman.-engl.> m -s, -s спорт. кубок
Curé [ky're:] <lat.-fr.> m -s, -s рел. кюре
Curie [ky'ri:] <fr.> n -, - физ. кюри
Cut [kat], **Cutaway** ['katəwe:] <engl.> m -/-s, -s визитка (сюртук)

D

da I adv 1. тут; там; здесь; **wer ~?** кто там?; **von** - оттуда; **hie(r) und** - тут и там, там и сям; кое-где; **~ und ~** там-то и там-то (получить и т.п.); 2. вот; **der Mann ~** вот этот человек; **~ hast du's!, ~ haben wir's!** вот тебе на!; вот тебе раз!; 3. тут (о времени); **von ~ an [ab]** с тех пор; II conj: 1. так как; 2. когда; **zu der Zeit, ~ er mit mir sprach** в то время, когда он со мной говорил; 3. когда, в то время как; **du spielst, ~ du arbeiten solltest** ты играешь, в то время как тебе следовало бы работать

dabéi adv 1. при этом [том, нём, ней, них]; **das Gute ~ ist, daß...** хорошо при этом то, что...; **es ist nichts ~** это не имеет значения, **es bleibt ~ !**, решено!, так тому и быть!; **~ sein etw. zu tun** приниматься за что-л., собираться что-либо делать; 2. к тому же, вместе с тем; **er ist klug und ~ sehr gutmütig** он умён и притом очень добр; 3. возле (при чём-л.); при этом; **er war ~** он был [присутствовал] при этом

dabéi∥bleiben* vi (s) оставаться при чём-либо, не уходить
dabéi∥sein* vi (s) быть, присутствовать (при этом); принимать участие (в чём-л.); ◊ **ich bin ~** согласен
Dacca [-k-] (n) Дакка (столица Бангладеш)
Dach n -(e)s, Dächer крыша; ◊ **jmdn. unter ~ und Fach bringen*** предоставить кому-л. приют [убежище]
Dachau n -s Дахау (бывший фаш. концлагерь близ г. Мюнхен)
Dach∥boden m -s, -/-böden чердак
dachen I vt крыть [покрывать] крышей
dachen II vt скашивать, делать отлогим
Dach∥first m -es, -e конёк (крыши)
Dach∥kammer f -, -n мансарда
Dach∥reiter m -s, - "дахрайтер" (башенка на коньке крыши)
Dach∥rinne f -, -n водосточный кровельный жёлоб
Dachs m -es, -e барсук
Dachs∥hund m -(e)s, -e такса (собака)
Dach∥stein m -es Дахштайн (гора в Зальцбургских Известковых Альпах)
dachte impf от **denken***
Dach∥ziegel m -s, - черепица
Dackel m -s, - см. Dachshund
dádurch, dadúrch pron, adv тем, этим; вследствие (этого); благодаря этому [тому, ему, ей, им]; **~, daß...** вследствие того, что..., благодаря тому, что...; **er zeichnet sich ~ unter allen aus** он этим выделяется среди других
dafür, dáfür adv 1. за это [то, него, ней, них]; зато, вместо этого [того]; **ich bin ~ я** за (это); **er kann nichts ~** он тут ни при чём; 2. перевод зависит от управления русского глагола: **sorge ~, daß...** позаботься о том, чтобы...
Dafürhalten n: ◊ **nach meinem ~, meines ~s** по моему мнению
dafür∥können*: **er kann nichts dafür** он тут ни при чём; он в этом не виноват
dagégen, dágegen I adv 1. против этого [того, него, неё, них]; **ich habe nichts ~, ich bin nicht ~** я не имею ничего против, я не возражаю; 2. в сравнении [по сравнению] с этим [тем, ним, нею, ними]; **deine Schwierigkeiten sind nichts ~** твои трудности ничто в сравнении с этим; II conj напротив, же; зато; **er ist groß und schlank, sie ~ klein und dick** он высок и строен, а она же низкая и толстая
Dagestán (n) -s Дагестан (автономная республика в составе РФ, расположена в вост. части Сев. Кавказа)

Daghild Да́гхильд *(жен.имя)*
Dagmar Да́гмар *(жен. имя)*
Dagobert Да́гоберт *(муж. имя)*
Dagomar Да́гомар *(муж. имя)*
daheim *adv* дома, у себя; на родине; **in etw.** (D) ~ **sein** быть специалистом в какой-л. области
daher I *adv* 1. оттуда; 2. от (э)того, оттого; II *conj* поэтому; следовательно, итак
dahin *adv* туда; **bis** ~ до того места, до того времени; **laß es nicht** ~ **kommen, daß...** не доведи дело до того, чтобы...
dahingehend *adv* в этом [в том] отношении
dahin|leben *vi* вести бездумное существование; **~rasen** *vi* бешено мчаться; **~scheiden*** *vi* (s) умирать; **~schwinden*** *vi* (s) 1. исчезать; 2. чахнуть; **~siechen** *vi* (s) чахнуть; **~stellen** *vt* оставлять неразрешённым
dahinten *adv* позади; за этим; ◊ **was ~ ist, ist gemäht** *посл.* ≅ что с возу упало, то пропало
dahinter *pron adv* (там) сзади; за этим; ◊ **es steckt [ist] etwas ~** за этим что-то кроется
dahinter|kommen* *vi* (s) разузнать *(что-либо)*, догадаться *(о чём-л.)*
dahinter|stecken *vi* скрываться, крыться *(за чем-л.);* **es muß etw.** ~ за этим что-то кроется
dahin|welken *vi* (s) отцветать, блекнуть, вянуть
dahin|ziehen* *vi* (s) тянуться; извиваться *(о тропинке и т. п.)*
Daimler-Benz AG *f* - "Даймлер-Бенц АГ" *(одна из крупнейших автомобильных компаний ФРГ)*
Dakar *(n)* -s Дакар *(столица Сенегала)*
damalig *a* тогдашний; **in [zu]** ~**er Zeit** тогда, в те времена
damals *adv* тогда, в то время
Damaskus *(n)* - Дамаск *(столица Сирии)*
Dam||brett *n* -(e)s, -er шашечная доска
Dame <*lat.-fr.*> *f* -, -n 1. дама, госпожа; **die** ~ **des Hauses** хозяйка (дома); 2. *шахм.* ферзь; дамка *(в шашках);* 3. *карт.* дама
Dame||spiel *n* -(e)s, -e шашки *(игра)*
damit, dámit I *adv* (с) этим [тем, (н)им, (н)ею, (н)ими]; ~ **ist alles gesagt** этим всё сказано; **was soll ich** ~ **tun?** на что мне это?; что мне с этим делать?; **heraus** ~! подавай сюда!; II *conj* (для того) чтобы; с тем, чтобы
dämlich *a* глупый, придурковатый
Damm *m* -(e)s, Dämme 1. дамба, мол, плотина; 2. железнодорожное полотно; насыпь; 3. мостовая; ◊ **auf dem ~ sein** быть бодрым
dämmen *vt* 1. запрудить *(реку);* 2. сдерживать; 3. мостить *(дорогу)*
dämm(e)rig I *a* сумеречный, смутный *(свет);* II *adv:* **es kommit mir ~ vor** я себе это туманно представляю
Dämmer||licht *n* -(e)s сумерки
dämmern I *vi, vimp* смеркаться; (рас)светать; **es dämmert** смеркается; светает; ◊ **bei mir dämmert es** я начинаю понимать (в чём дело); **die Hoffnung dämmerte in ihm** у него появилась надежда; II *vt* затемнять, застилать
Dämmerung *f* -, -en сумерки; рассвет
Dämon <*gr.-lat.*> *m* -s, -ónen демон, дьявол, злой дух, искуситель
dämónisch <*gr.-lat.*> *a* демонический; коварный, злобный
Dampf *m* -(e)s, Dämpfe 1. пар; 2. дым, чад
dampfen I *vi* испускать пар; дымить; **die Nebel** ~ поднимается туман; **die Wiese dampft** над лугом поднимается туман; **der Vulkan dampft** вулкан курится; II *vt* дымить *(трубкой, сигаретой)*
dämpfen I *vt* 1. уменьшать *(огонь, свет и т. п.);* тушить *(пламя);* **den Hochofen** ~ остановить доменную печь; 2. (при)глушить, заглушить *(звук);* понижать *(голос);* **eine Geige** ~ надеть на скрипку сурдинку; 3. смягчать *(краски, тона);* 4. *тех.* амортизировать; 5. притуплять, заглушать *(боль);* 6. сдерживать *(страсти);* ◊ **den Aufstand** ~ подавлять восстание
dämpfen II *vt* парить, тушить *(мясо и т. п.)*
Dampfer *m* -s, - пароход
dampfig *a* наполненный паром [чадом]
dämpfig *a* 1. удушливый; 2. *вет.* запальный *(о лошади)*
danach, dánach *adv* 1. сообразно с этим [тем, ним, нею, ними]; **sich ~ richten** сообразоваться с этим; **die Zeiten sind nicht ~** не таковы времена, времена не те; 2. *перевод зависит от управления русского глагола:* **er fragte ~** он спросил об этом; 3. затем, после этого [того]
Dandy ['daendi] <*engl.*> *m* -s, -s денди, франт, щёголь
Däne *m* -n, -n датчанин; **~in** *f* -, -nen датчанка
daneben *adv* 1. возле, подле; 2. наряду с этим
daneben|gehen* *vi* (s) *разг.* не удаваться;

der Schuß ging daneben выстрел не попал в цель

Dänemark (n) -s Дания (гос-во в Европе)

daníeder adv вниз(у)

dänisch a датский

dank prp (D, G) благодаря

Dank m -(e)s благодарность, спасибо; ◊ **vielen ~!** большое спасибо!; **Gott sei ~!** слава Богу!

dankbar I a благодарный, признательный; jmdm. für etw. (A) **~ sein** быть благодарным [признательным] кому-л. за что-л.; II adv с благодарностью

Dankbarkeit f - благодарность

danken vi 1. (jmdm. für A) благодарить (кого-л. за что-л.); **danke!** спасибо!; **danke schön [bestens, sehr]!** большое спасибо!; **von Herzen ~** благодарить от души; **deine Mühe dankt dir niemand** никто не оценит твой труд; jmdm., einer Sache (D) etw. **~** быть обязанным кому-л., чему-л.; 2. отвечать (на приветствие, приглашение)

dankend adv с благодарностью

dankenswert a достойный [заслуживающий] благодарности

Dankmar Данкмар (муж. имя)

Dankrad Данкрад (муж. имя)

dank|sagen vi (D) благодарить (кого-л.), выражать благодарность (кому-л.)

Dankward Данквард (муж. имя)

dann adv тогда, потом, затем; ◊ **~ und wann** порою, изредка; **~ und ~** тогда-то

Danzig (n) -s Данциг (немецкое назв. г. Гданьск <Польша>)

darán (разг. dran), **dáran** adv 1. на этом [том, нём, ней, них], на это [то, него, неё, них]; к этому [тому, нему, ней, ним]; **wer ist ~?** чья очередь?; **es ist nichts ~** это ничего не стоит, это пустяки; **ich bin übel ~** мне приходится туго, мои дела плохи; 2. перевод зависит от управления русского глагола: **denke ~** помни об этом

darán||gehen* vi (s) браться за дело, начинать (что-л.)

darán||kommen* vi (s) быть на очереди; **wenn ich daránkomme...** когда наступит мой черёд...

daran|liegen vi: **es liegt mir viel daran** это для меня (очень) важно

daran|setzen vi приложить (все) силы [усилия], сделать всё возможное

daráuf (разг. drauf), **dárauf** adv 1. на этом [том, нём, ней, них]; на это [то, него, неё, них]; **ich wette ~** я бьюсь об заклад, я ставлю на это; **er versteht sich ~** он это дело знает; **drauf und dran sein** etw. **zu tun** приниматься за что-л., собираться что-л. сделать; 2. перевод зависит от управления русского глагола: **er besteht ~** он настаивает на этом; 3. после того, затем, потом; 4. спустя; **ein Jahr ~** год спустя; **das Jahr ~** следующий год

daráuffolgend a следующий

daráufhin, dáraufhin adv в ответ на это; после этого; на основании этого

daráuf|kommen* vi (s) вспомнить, припомнить; **wie kommen Sie darauf?** разг. откуда вы это взяли?

daráus (разг. draus), **dáraus** adv из этого [того, него, неё, них], отсюда; **man sieht ~, daß...** отсюда видно, что...; **ich kann nicht klug ~ werden** я не могу этого понять; **er macht sich** (D) **nichts ~** ему это нипочём

dar|bieten* I vt 1. (пре)подносить, дарить, предлагать; протягивать (руку); 2. исполнять (песню и т. п.); выступать (с чем-л.); II ~, **sich** представляться (о возможности)

Darbietung f -, -en 1. предложение; 2. исполнение; выступление; программа; номер; ◊ **kulturelle ~** культурное мероприятие

dar|bringen* vt подносить (подарок); приносить (в дар); **ein Opfer ~** приносить жертву

Dardanéllen pl Дарданеллы (пролив между Эгейским и Мраморным морями)

daréin (разг. drein), **dárein** adv (туда) внутрь

Daressalám (n) -s Дар-эс-Салам (столица Танзании)

darín (разг. drin), **dárin** adv в этом [том, нём, ней, них]; (там) внутри; **mit ~ begriffen** включая; **~ irren Sie sich** в этом (отношении) вы ошибаетесь; **die Sache besteht ~, daß...** дело состоит в том, что...

darínnen (разг. drinnen) adv (там) внутри; **von drinnen** изнутри

dar|legen vt 1. излагать; объяснять; представлять (проект и т. п.); **eingehend ~** детализировать; 2. устанавливать, доказывать

Darlegung f -, -en изложение, объяснение

Darlehen n -s, - ссуда; заём

Darm m -(e)s, **Därme** анат. кишка

Darm||grimmen n -s колики

Darm||verschlingung f -, -en заворот кишок

Darm||verstopfung f -, -en запор

Darre f 1. - с.-х. сушка; 2. -, -n с.-х. сушилка; 3. - засыхание (деревьев)

dar|stellen I *vt* **1.** изображать, представлять; **2.** *театр.* исполнять *(роль)*; **3.** представлять собой; II ~, **sich** представляться *(о положении вещей)*
darstellend *a* изобразительный; ~e **Geometrie** начертательная геометрия
Darsteller *m* -s, - исполнитель (роли)
Darstellung *f* -, -en **1.** изображение; **2.** *театр.* исполнение, игра
darüber *(разг.* **drüber***),* **dárüber** *adv* **1.** над этим [тем, ним, нею, ними]; поверх этого [того]; **2.** сверх этого [того], свыше, больше; ~ **hinaus** сверх этого [того]; **3.** об этом, о том [нём, ней, них]; **er schreibt viel** ~ он много пишет об этом; **4.** *перевод зависит от управления русского глагола:* **wir freuen uns** ~ мы этому очень рады
darúm *(разг.* **drum***),* **dárum** I *adv* **1.** вокруг этого [того, него, неё, них]; **drum und dran** вокруг да около; **2.** за это [то, него, неё, них]; для [ради] этого [того, него, неё, них]; **es ist mir sehr** ~ **zu tun** для меня это очень важно; **3.** *перевод зависит от управления русского глагола:* **ich bitte dich** ~ я прошу тебя об этом; II *conj* поэтому, потому, из-за этого; **ich war krank,** ~ **bin ich nicht gekommen** я болел, поэтому не пришёл
darúnter *(разг.* **drunter***),* **dárunter** *adv* **1.** под этим [тем, ним, ней, ними]; под это [то, него, неё, них]; **es geht alles drunter und drüber** всё идет кувырком; **2.** среди них, в том числе; **3.** меньше, ниже; **4.** *перевод зависит от управления русского глагола:* **er litt** ~ он страдал от этого
darúnter|legen *vt* подложить, положить под *(что-л.)*
darúnter|setzen *vt* **1.** поставить под *(что-либо)*; **seine Unterschrift** ~ поставить подпись *(под чем-л.)*; **2.** посадить под *(что-л.)*; **3.** подложить, положить под *(что-л.)*
das *см.* **der**
da|sein* *vi* (s) быть налицо; присутствовать; **das Geld ist da** деньги есть [имеются]
Dasein *n* -s бытие; существование
dasélbst *adv* тут же, там же
dasjénige *см.* **derjenige**
daß *conj* **1.** что; **ich weiß,**~ **er recht hat** я знаю, что он прав; **2.:** **so** ~ так что; **es war so dunkel,** ~ **man nichts sehen konnte** было так темно, что ничего нельзя было увидеть; **3.** чтобы; **ich wünsche,** ~ **er kommt** я желаю, чтобы он пришёл; **4.** **ohne** ~ без того, чтобы; **er nahm mein Buch,** ~ **ich es ihm erlaubt hätte** он взял мою книгу без моего разрешения; **5.:** **als** ~ (для того) чтобы; **es ist zu kalt,** ~ **wir einen Ausflug machen könnten** слишком холодно, (для того) чтобы мы смогли совершить экскурсию
dasselbe *см.* **derselbe**
da|stehen* **(dastehn)** *vi* стоять; присутствовать, находиться; **allein** ~ быть одиноким; **er steht gut [schlecht] da** он хорошо [плохо] обеспечен; **ohne Mittel** ~ быть без средств; **wie wir** ~**!** *ирон.* хороши же мы!; **ein einzig dastehender Fall** беспрецедентный случай
Daten <*lat.*> *pl* данные
Dativ <*lat.*> *m* -s, -e *грам.* дательный падеж
Dattel *f* -, -n финик
Datum <*lat.*> *n* -s, **Daten** дата, число; *pl* данные
Dauer *f* - **1.** продолжительность, длительность; время, срок; **auf die** ~ на длительный срок; **2.** прочность; **auf die** ~ прочно
dauerhaft *a* **1.** прочный; долговечный; **2.** добротный *(о материале)*
Dauer||lauf *m* -(e)s, -läufe бег на длинные дистанции
dauern I *vi, vimp* длиться, продолжаться; **es wird lange** ~**, bis...** пройдет много времени, пока...
dauern II *vi, vimp* вызывать жалость; **er dauert mich** мне его жаль; **es dauert mich, daß...** мне жаль, что...
dauernd I *a* продолжительный, длительный; непрерывный; прочный; II *adv* надолго; постоянно
Dauer||proviant *m* -(e)s, -e непортящиеся продукты, консервы
Daumen *m* -s - **1.** большой палец *(руки)*; ◊ ~ **drehen** бездельничать; **jmdm.** (D) **den** ~ **drücken** желать успеха кому-л.; **über den** ~ **peilen** определять на глазок; **2.** *тех.* кулак, палец
daumenbreit *a* шириной в большой палец
Däumling *m* -s, -e **1.** мальчик-с-пальчик; **2.** большой палец *(рукавицы)*
Daune *f* -, -n пушинка; *pl* пух
Daunen||bett *n* -(e)s, -en пуховик
Daus *n* -es, -e/**Däuser** *карт.* туз
davón, dávon *adv* **1.** от этого [того, него, неё, них]; **was habe ich** ~**?** какая мне от этого польза?; **2.** из этого [того, него, неё, них]; **ich gehe** ~ **aus, daß...** я исхожу из того, что...; **3.** об этом, о том [нём, ней, них]; **nicht mehr** ~**!** ни слова больше об этом!; ◊ **er war auf und** ~ его и след простыл

davón- *отд. глаг. приставка; указывает на отдаление:* **davón‖laufen*** убегать
davór, dávor *adv* **1.** перед этим [тем, ним, нею, ними]; **2.** от этого [того, него, неё, них]; **3.** *перевод зависит от управления русского глагола:* **hüte dich ~!** берегись этого!
Dawes‖plan ['dɔ:s-] *m* -es план Дауэса *(репарационный план для Германии, разработан в 1924 державами – победительницами в 1-й мировой войне)*
dawíder *pron adv* против
dazú, dázu *adv* **1.** к этому [тому, нему, нём, ним]; для этого [того, него, неё, них]; на это [то]; **er ist ~ da** он здесь (именно) для этого; **was sagst [meinst] du ~?** что ты на это скажешь?; **2.** сверх этого [того]; в придачу
dazú- *отд. глаг. приставка; указывает на добавление, присоединение:* **dazu|geben*** добавлять
dázumal *adv* в то время, тогда; **Anno ~** когда-то, много лет назад
dazwíschen *adv* **1.** между этим, между тем; **2.** временами, время от времени
dazwíschen|reden *vi* вмешиваться в разговор
Debátte <*lat.-fr.*> *f* -, -n прения, дебаты; обсуждение вопроса, спор; **in die ~ eingreifen*** выступить в прениях
Debüt [-'by:] <*fr.*> *n* -s, -s дебют
debütíeren <*fr.*> *vi* дебютировать
dechiffríeren <*fr.*> [-ʃi-] *vt* расшифровывать
Deck *n* -(e)s, -e/-s **1.** палуба; **2.** несущая поверхность, крыло
Deck‖adresse *f* -, -n условный адрес
Decke *f* -, -n **1.** покрышка; одеяло; скатерть; ◊ **unter einer ~ stecken** быть заодно; **2.** покров *(снежный);* **3.** потолок; **4.** дека *(скрипки)*
Deckel *m* -s, - **1.** (по)крышка, обёртка; ◊ **den ~ von den Töpfen heben*** браться за рискованное дело; **2.** карниз; **3.** *разг.* шляпа, шапка; **du kriegst einen auf den ~** ты получишь по шапке
Deck‖mantel *m* -s, -mäntel покров; ◊ **unter dem ~ der Freundschaft** под личиной дружбы
Deck‖name *m,* -ns, -n псевдоним; кодовое название
Deckung *f* -, -en прикрытие, укрытие; защита
Deduktión <*lat.*> *f* -, -en дедукция
deduktív <*lat.*> *a* дедуктивный
deduzíeren <*lat.*> *vt* дедуцировать, делать вывод путём дедукции
Defätísmus <*lat.-fr.*> *m* - пораженчество

defätístisch <*lat.-fr.*> *a* пораженческий
defékt <*lat.*> *a* дефектный, испорченный
defensív <*lat.*> *a* оборонительный
Defensíve <*lat.*> [-və] *f* -, -n оборона
Definitión <*lat.*> *f* -, -en определение
definitív <*lat.*> I *a* определительный; определённый, окончательный, дефинитивный; II *adv* окончательно
deformíeren <*lat.*> *vt* деформировать
Degen *m* -s, - шпага
Degenerátion <*lat.*> *f* -, -en вырождение
degeneríeren <*lat.*> *vi* (s) дегенерировать, вырождаться
Degen‖gefäß *n* -es, -e; **~griff** *m* -(e)s, -e эфес
dehnbar *a* эластичный, растяжимый
Dehnung *f* -, -en растяжение
Deich *m* -(e)s, -e плотина
deichen *vt* строить плотину
Deichsel *f* -, -n дышло; оглобля
dein *pron poss m (f* **deine,** *n* **dein,** *pl* **deine)** твой (твоя, твоё, твои); свой
deiner *см.* **du**
deinerseits *adv* с твоей стороны; со своей стороны
deinesgleichen *a inv* равный [подобный] тебе; такой как ты
deinetwegen, deinetwillen *adv* ради тебя, из-за тебя
deinige: ** *pron* **der, die, das ~ твой, твоя, твоё; **die Deinigen** твои (родные)
dekadént <*lat.*> *a* декадентский, упадочнический
Dekadénz <*lat.*> *f* - декадентство, упадочничество
Dekán <*lat.*> *m* -s, -s **1.** декан; **2.** настоятель собора
Deklamatión <*lat.*> *f* -, -en **1.** декламация, выразительное чтение; **2.** набор напыщенных слов
deklamíeren <*lat.*> *vt* **1.** декламировать **2.** говорить напыщенно [многословно]
Deklarátion <*lat.*> *f* -, -en декларация, заявление, объявление
deklaríeren <*lat.*> *vt* декларировать, объявлять, провозглашать; **den Wert ~** *ком.* объявлять стоимость
Deklinatión <*lat.*> *f* -, -en **1.** *грам.* склонение; **2.** *физ.* деклинация, отклонение; *астр.* склонение *(светила)*
deklinieren <*lat.*> I *vt грам.* склонять; II *vi физ.* склоняться
dekolletíert <*lat.-fr.*> *a* декольтированный
Dekoratión <*lat.-fr.*> *f* -, -en **1.** украшение, убранство; **2.** декорация; **3.** орден, знак отличия
dekoratív <*lat.-fr.*> *a* декоративный

Delegatión <*lat.*> *f* -, -en делегация
Delegíerte <*lat.*> *subst m, f* -n -n делегат, -тка
Delhi ['de:li] *(n)* -s Дели *(столица Индии)*
Delia Дэлия *(жен. имя)*
delikát <*lat.-fr.*> *a* 1. деликатный, щепетильный *(о вопросе и т. п.)*; 2. лакомый; изысканный
Delikatésse <*lat.-fr.*> *f* 1. - деликатность; 2. -, -n лакомство, деликатес
Delikatéssen∥geschäft *n* -(e)s, -e гастроном, гастрономический магазин
Delíkt <*lat.*> *m* -(e)s, -e преступление, проступок
Delinquént <*lat.*> *m* -en, -en осуждённый; преступник
Delphín <*lat.-gr.*> *m* -s, -e дельфин
dem *см.* der; ◇ **wie ~ auch sei; ~ sei, wie ihm wolle** как бы то ни было
Demagóge <*gr.*> *m* -n, -n демагог
Demagogíe <*gr.*> *f* -, -i∥en демагогия
demagógisch <*gr.*> *a* демагогический
Deménti <*lat.-fr.*> *n* -s,-s опровержение
dementíeren <*lat.-fr.*> *vt* опровергать
dementsprechend *adv* соответственно этому
demgegenüber *adv* против этого, в противоположность этому, с другой стороны
demgemäß *см.* dementsprechend
Demissión <*lat.-fr.*> *f* -, -en отставка
demjenigen D *sg om* derjenige, dasjenige
demnach *adv* 1. сообразно [согласно] этому; 2. итак, таким образом, следовательно
démnächst *adv* в скором времени, скоро; затем
Demokratíe <*gr.-lat.-fr.*> *f* -, -ti∥en демократия
demokrátisch *a* демократический
Demokratisch-Christliche Partei der Schweiz *f* - Демократическо-христианская партия Швейцарии *(одна из влиятельных бурж. партий, связана с Ватиканом)*
Demokratische Bauernpartei Deutschlands *f* - Демократическая крестьянская партия Германии *(ист. партия в ГДР, объединявшая работников сельского хозяйства)*
Demokratischer Block (der DDR) *m* -s Демократический блок *(объединял в ГДР все политич. партии и крупнейшие массовые организации)*
demokratisíeren <*gr.-lat.-fr.*> *vt* демократизировать
demolíeren <*lat.-fr.*> *vt* разрушать, портить
Demonstratión <*lat.*> *f* -, -en 1. демонстрация; 2. показ, демонстрация
demonstratív <*lat.*> *a* 1. демонстративный; 2. *грам.* указательный *(о местоимении)*
Demonstratív∥pronomen <*lat.*> *n* -s, -/-mina *грам.* указательное местоимение
demonstríeren <*lat.*> I *vt* демонстрировать *(показывать)*; II *vi* демонстрировать *(принимать участие в демонстрации)*
demoralisíeren <*lat.-fr.*> *vt* деморализовать, разлагать
Démut *f* - смирение, покорность
démütig I *a* скромный, смиренный; II *adv* смиренно, безропотно
demzufolge *adv* вследствие этого, следовательно
den *см.* der
denationalisíeren <*lat.*> *vt* денационализировать
Denationalisíerung <*lat.*> *f* -, -en денационализация
denazifizíeren *vt* денацифицировать
Denazifizíerung *f* -, -en денацификация
Den Haag Гаага *(город на З. Нидерландов)*
Denk∥art *f* -, -en образ мыслей
denkbar *a* мыслимый, допустимый
Denken *n* -s мышление; ◇ **das ~ und Handeln** мысли и поступки; **mein ganzes ~ und Trachten** все мои помыслы
Denker *m* -s, - мыслитель
Denk∥mal *n* -s, -mäler/-male памятник; ◇ **ein bleibendes ~** *(an* A) вечный памятник *(чего-л.)*; **ein ~ setzen** поставить памятник
Denk∥münze *f* -, -n медаль, юбилейный жетон
Denk∥schrift *f* -, -en 1. докладная записка, меморандум; 2. сочинение, посвящённое чьей-л. памяти
Denksport∥aufgabe *f* -, -n головоломка
Denk∥spruch *m* -(e)s, -sprüche изречение
Denk∥tafel *f* -, -n мемориальная доска
Denk∥vermögen *n* -s мыслительные способности
Denk∥weise *f* -, -n образ мыслей
denkwürdig *a* достопамятный, знаменательный, достопримечательный
Denk∥würdigkeit *f* - 1. важность, значительность; 2. *pl* -en мемуары
Denk∥zettel *m* -s, - памятка; ◇ **ich werde dir einen ~ geben!** *разг.* я тебя проучу!
denn I *conj* 1. так как, потому что, ибо; 2. *(после сотр)* чем; **mehr ~ je** больше, чем когда-л.; II *prtc* же, разве; **was ~? что же?; ist er ~ krank?** разве он болен?; **sei es ~!** пусть будет так!

dénnoch *conj* всё-таки, всё же; однако, тем не менее
densélben A *sg* от derselbe и D *pl* от derselbe, dieselbe, dasselbe
dentál <*lat.*> *a* зубной
Dentíst <*lat.*> *m* -en, -en зубной врач, дантист
Denunziánt <*lat.*> *m* -en, -en; ~in *f* -, -nen доносчик, -чица
denunzíeren <*lat.*> *vt* доносить *(на кого-либо)*
Departement [-'mã] *n* -s департамент *(название министерства в Швейцарии)*
Depésche <*lat.-fr.*> *f* -, -n депеша, телеграмма
deplaciert [-'si:rt] *a* неуместный
Deportation <*lat.*> *f* -, -en депортация, высылка
deportíeren <*lat.*> *vt* ссылать, перемещать *(людей)*
Deposíten‖konto *n* -s, -s/-ten депозитный счёт
Depressión <*lat.*> *f* -, -en 1. депрессия, 2. *тех.* сжатие
deprimíeren <*lat.-fr.*> *vt* удручать, угнетать
Deputíerte <*lat.*> *subst m, f* -n, -n депутат, -тка
Deputíerten‖kammer *f* - палата депутатов *(назв. парламента Люксембурга)*
der *m* (*f* die, *n* das, *pl* die) I *определённый артикль*: **der Mensch** человек; II *pron dem* этот; тот; он; ~ **hat es mir gesagt** тот [он] сказал мне это; ~ **und** ~ такой-то; III *pron rel* (G *sg m, n* dessen, G *sg f u* G *pl* deren, D *pl* denen) который; кто, что
derart *adv* 1. такого рода; 2. до того, столь
derartig *a* такой, такого рода, подобный
derb *a* 1. крепкий; 2. грубый, простой *(о пище и т. п.)*; 3. грубый *(о человеке, словах и т. п.)*; ~**e Wahrheit** горькая правда
Derbheit *f* -, -en 1. крепость *(тела)*; 2. грубость
deréinst *adv* 1. со временем, когда-нибудь; 2. когда-то, некогда
deréinstig *a* 1. будущий. 2. бывший
deren G *sg* от die и G *pl* от der, die, das; *см.* der I, III
derentwegen, derentwillen *adv* из-за неё [них]; ради которой [которых]
dergestalt *adv* таким образом
dergleichen *a inv* подобный (тому), такого рода; **und** ~ **mehr** и тому подобное
Derivát [-'va:t] <*lat.*> *n* -(e)s, -e/-а 1. *лингв.* производное слово; 2. *хим.* дериват
derjenige *pron dem m* [*f* diejenige, *n* dasjenige, *pl* diejenigen] тот [та, то, те]
derléi *a inv* подобный, такого рода
dermaleinst *adv* со временем; когда-нибудь
dermalig *a* теперешний, нынешний
dermaßen *adv* так, таким образом; настолько
dersélbe *pron dem m* [*f* dieselbe, *n* dasselbe, *pl* dieselben] тот (же) самый [та (же) самая, то (же) самое, те (же) самые]; тот, этот; **ein und** ~ тот же самый
dersélben G и D от dieselbe и G от dieselben
derzeitig *a* 1. нынешний, теперешний, современный; 2. тогдашний
des G от der, das
Deserteur [-'tø:r] <*lat.-fr.*> *m* -s, -e дезертир
desertíeren <*lat.-fr.*> *vi* (s) дезертировать
désgleichen *a* подобный тому; подобный которому
desgléichen *adv* равным образом
deshalb *conj* поэтому, по этой причине; ~, **weil...** потому, что ...
Desinfektíon <*lat.*> *f* -, -en дезинфекция
desinfizíeren <*lat.*> *vt* дезинфицировать
Deskriptión <*lat.*> *f* -, -en описание
deskriptív <*lat.*> *a грам.* описательный; ~**e Geometrie** начертательная геометрия
desorientíeren <*lat.*> *vt* дезориентировать; вводить в заблуждение
Despót <*gr.*> *m* -en, -en деспот
despótisch <*gr.*> *a* деспотический
dessen G *sg* от der и das; *см.* der I, II
dessenungeachtet *adv* несмотря на (э)то, тем не менее
Destillatión <*lat.*> *f* -, -en перегонка
destillíeren <*lat.*> *vt хим.* дистиллировать, перегонять, отгонять
desto *adv* тем; **je mehr,** ~ **besser** чем больше, тем лучше
destruktív <*lat.*> *a* деструктивный, разрушительный
deswegen *conj* поэтому
Deszendénz <*lat.*> *f* - 1. потомство; 2. *биол.* происхождение
Deszendénz‖lehre *f* - *биол.* учение об эволюции [о происхождении видов]
Detail [de'tæ] <*lat.-fr.*> *n* -s, -s деталь, подробность
Detail‖handel [de'tai] *m* -s розничная торговля
detailliert [-ta'ji:rt] <*lat.-fr.*> I *a* детальный, подробный; II *adv* 1. подробно, детально; 2. в розницу

Detektív <*lat.-engl.*> *m* -s, -e сыщик
determinieren <*lat.*> *vt* (точно) определить, детерминировать
Detlef Détлеф (*муж. имя*)
Detonatión <*lat.-fr.*> *f* -, -en детонация, взрыв
Deut: keinen ~ besser ни на йоту не лучше; **nicht einen ~ haben** не иметь ни гроша
deutlich *a* ясный, чёткий, понятный; ◇ **klar und ~** без обиняков; **eine ~e Sprache reden** говорить откровенно
Deutlichkeit *f* -, -en ясность, отчётливость; внятность; вразумительность
deutsch I *a* немецкий, германский; II *adv* по-немецки; **er spricht ~** он говорит по-немецки
Deutsch *n* -/-s немецкий язык; **er spricht (ein gutes) ~** он говорит на (хорошем) немецком языке; **er kann [versteht] ~** он знает [понимает] немецкий язык
Deutsch-Britisches Flottenabkommen *n* -s Англо-германское морское соглашение (*заключено в 1935; дало возможность фаш. Германии увеличить тоннаж своего ВМФ в несколько раз*)
Deutsche 1. *subst m, f* -n, -n немец, немка; 2. *subst n* (только с артиклем) немецкий язык; **ins ~ übersetzen** перевести на немецкий язык
Deutsche Akademie der Naturforscher "Leopoldina" *f* - Немецкая академия естествоиспытателей "Леопольдина" (*научно-исследоват. учреждение в ФРГ, объединяет учёных 35 стран, основано в 1652, с 1878 в Галле*)
Deutsche Akademie für Sprache und Dichtung *f* - Немецкая академия языка и литературы (*научно-исследовательское учреждение в ФРГ <г. Дармштадт>*)
Deutsche Angestellten-Gewerkschaft *f* - Немецкий профсоюз служащих (*объединение негосударственных служащих в Веймарской республике и ФРГ*)
Deutsche Arbeits‖front *f* - Немецкий трудовой фронт (*организация рабочих и служащих в фаш. Германии вместо запрещённых профсоюзов*)
Deutsche Bank AG *f* "Дойче банк АГ" (*банковский концерн в ФРГ*)
"Deutsche Bartholomäusnacht" *f* - "немецкая Варфоломеевская ночь" см. **Röhmaffäre**
Deutsche Bücherei *f* - Немецкая библиотека (*одна из крупнейших библиотек Германии, осн. в 1912 в Лейпциге*)
Deutsche Bundes‖bank *f* - Германский федеральный банк (*крупнейший банк в ФРГ <г. Франкфурт-на-Майне>*)
Deutsche Demokratische Republik *f* - Германская Демократическая Республика (*ист., гос-во в центре Европы <1949-1990>*)
Deutsche Finanzierungsgesellschaft *f* - Германское общество финансирования (*занимается финансированием экономики развивающихся стран*)
Deutsche Forschungs‖gemeinschaft *f* - Немецкое научно-исследовательское общество (*объединение научных учреждений в ФРГ в Бад-Годесберге, основано в 1920*)
Deutsche Jungdemokraten *pl* "Немецкие молодёжные демократы" (*молодёжная организация в ФРГ, близкая к Свободной демократической партии*)
Deutsche Kommunistische Partei *f* - Германская коммунистическая партия (*партия коммунистов ФРГ, основанная в 1968 г. после запрета Коммунистической партии Германии в 1956*)
Deutsche Luft‖hansa "Дойче Люфтганза" (*национальная авиакомпания в Германии в 1924-1945, с 1954 в ФРГ как акционерное общество*)
Deutsche Mark *f* - немецкая марка/дойчмарка (*денежная единица в ФРГ*)
Deutsche Maschinen‖fabrik Aktien‖gesellschaft *f* - "Дойче машиненфабрик АГ" (*один из крупнейших машиностроительных концернов в ФРГ*)
Deutsche Presse-Agentur *f* - Дойче Прессеагентур (*информационное агентство в ФРГ, осн. в 1949 в г. Гамбург*)
Deutscher Akademischer Austauschdienst *m*, -es Германская служба академического обмена (*осуществляет обмен студентами и стажировку научных работников в ФРГ*)
Deutscher Beamtenbund *m* -es Немецкий профсоюз государственных служащих (*объединение гос. служащих в ФРГ, осн. в 1948*)
Deutscher Bund *m* -es Германский союз (*объединение герм. государств под гегемонией австрийских Габсбургов <1815-1866>*)
Deutscher Bundesjugendring *m* -s Федеральное объединение немецких молодёжных организаций (*осн. в ФРГ в 1949, объединяет 17 молодёжных организаций*)
Deutscher Depeschendienst *m* -es "Дойчер депешендинст" (*одно из крупнейших агентств печати в ФРГ, находится в Бонне*)

Deutscher Gewerkschafts‖bund *m* -es Объединение немецких профсоюзов *(объединяет 17 отраслевых профсоюзов, осн. в ФРГ в 1949, находится под влиянием Социал-демократической партии Германии)*

Deutscher Industrie- und Handelstag *m* -s Германский конгресс промышленности и торговли *(представительство промышленно-торговых палат Германии с 1861, в ФРГ с 1949)*

deutscher Michel *m* -s "немецкий Михель" *(шутливо-ироническое прозвище немцев)*

Deutscher Sport‖bund *m* -es Немецкий спортивный союз *(объединяет основные спортивные организации ФРГ, осн. в 1950)*

Deutscher Zoll‖verein *m* -es Германский таможенный союз *(экономическое объединение герм. гос-в под предводительством Пруссии, 1834–1871)*

Deutsches Eck *n* -s "Дойчес Экк" *(<букв. "Нем. угол"> мыс у впадины р. Мозель в р. Рейн близ г. Кобленц)*

Deutsches Florenz *n* - "Немецкая Флоренция" *(образное название г. Дрезден, ФРГ)*

Deutsches Jung‖volk *n* -es "Союз немецких мальчиков"/"юнгфольк" *(детская фаш. организация, объединяла мальчиков в возрасте 10–14 лет, входила в состав "гитлерюгенд")*

Deutsches Museum von Meisterwerken der Natur und Technik *n* -s Немецкий музей выдающихся достижений естествознания и техники *(основан в 1903 в Мюнхене)*

Deutsches Reich *n* -es Германская империя *(официальное название Германии после объединения в 1871 и до окончания 1-й мировой войны в 1918)*

Deutsche Staatsoper *f* - Немецкая государственная опера *(муз. театр в Берлине; до 1918 Королевская опера)*

Deutsche Volks|partei *f* - Немецкая народная партия *(бурж. партия в Германии периода Веймарской республики, 1918–1933)*

Deutsche Welle *f* - "Немецкая волна" *(радиостанция в ФРГ <г. Кёльн>, ведущая передачи на зарубежные страны и информирующая о событиях в ФРГ)*

Deutsche Werft AG Hamburg und Kiel *f* - Дойче верфт АГ Гамбург унд Киль *(одна из крупнейших судостроительных фирм ФРГ)*

Deutsche Zentrumspartei *f* - Немецкая партия центра; см. Zentrum

Deutsch-Französischer Krieg *m* -es Франко-прусская война *(1870–1871)*

Deutsch‖kunde *f* - германистика

Deutschland *(n)* -s Германия *(гос-во в Центр. Европе)*

Deutschlandfunk *m* -s "Германское радио" *(радиостанция в ФРГ, знакомящая население страны и зарубежные страны с жизнью в ФРГ)*

Deutsch‖lehrer *m* -s, - преподаватель [учитель] немецкого языка

Deutschnationale Volkspartei *f* - Немецкая национальная народная партия *(реакционная националистическая партия в Веймарской республике, 1918–1933)*

Deutsch-Sowjetischer Nichtangriffspakt *m* -es Советско-германский договор о ненападении *(заключён в Москве 23.08.1939)*

deutschsprachig *a* говорящий на немецком языке, говорящий по-немецки

deutschsprachlich *a* относящийся к немецкому языку

Deutsch|unterricht *m* -(e)s преподавание немецкого языка; учебные занятия по немецкому языку

Deutung *f* -, -en толкование, объяснение

devalvíeren <*lat.*> *vt* фин. девальвировать

Devise I [-'vi:-] <*lat.-fr.*> *f* -, -n девиз; ✧ **unter der ~** под лозунгом [девизом]

Devise II [-'vi:-] <*lat.-fr.*> *f* -, -n ком. вексель, чек *(в иностранной валюте)*

Devisen‖aufwand [-'vi:-] *m* -(e)s расходы в иностранной валюте

Devisen‖bestand [-'vi:-] *m* -(e)s -stände валютный фонд, наличность иностранной валюты

Devisen‖betrag [-'vi:-] *m* -(e)s -träge сумма в иностранной валюте

Devisen‖bewirtschaftung [-'vi:-] *f* - система валютного контроля

Devisen‖konto [-'vi:-] *n* -s -ten/-s/-ti инвалютный счёт

Devisen‖notierung [-'vi:-] *f* - котировка иностранной валюты

Devisen‖stock [-'vi:-] *m* -(e)s девизные [инвалютные] резервы

Devisen‖zahlungsausgleich [-'vi:-] *m* -(e)s фин. клиринг *(в инвалюте)*

Dezémber <*lat.*> *m* -/-s, - декабрь

dezént <*lat.*> *a* приличный, скромный; неброский, приглушённый

dezimál <*lat.*> *a* десятичный

Dezimál‖bruch *m* -(e)s, -brüche десятичная дробь

Dezimál‖stelle *f* -, -n десятичный знак; **bis zur dritten ~ berechnet** рассчитано до третьего десятичного знака
Diabétes <*gr.-lat.*> *m* - диабет, сахарная болезнь
Diabétiker <*gr.-lat.*> *m* -s, -; **~in** *f* -, -nen диабетик; больная диабетом
diabétisch <*gr.-lat.*> *a* диабетический, относящийся к диабету
diabólisch <*gr.-lat.*> *a* дьявольский
Diábolus <*gr.-lat.*> *m* - дьявол
Diagnóse <*gr.-fr.*> *f* -, -n диагноз
Diagnósen‖stellung *f* -, -en постановка диагноза
Diagnóstik <*gr.-fr.*> *f* -, -en *мед.* диагностика
diagnostizieren <*gr.-fr.*> *vt* диагностировать, ставить диагноз
diagonál <*gr.-lat.*> *a* диагональный
Diagonále <*gr.-lat.*> *f* -, -n 1. *мат.* диагональ; 2. *стр.* диагональ, раскос
diakrítisch <*gr.*> *a* диакритический
Dialékt <*gr.-lat.*> *m* -es, -е диалект, наречие
dialektál <*gr.-lat.*> *a* *лингв.* диалектный, диалектальный
Dialéktik <*gr.-lat.*> *f* - *филос.* диалектика
dialéktisch <*gr.-lat.*> *a* диалектический
Dialóg <*gr.-lat.-fr.*> *m* -(e)s, -е диалог
Diamánt <*gr.-lat.-fr.*> *m* -en, -en алмаз; **geschliffener ~** бриллиант
diamánten <*gr.-lat.-fr.*> *a* алмазный
Diámeter <*gr.-lat.*> *m* -s, - диаметр
diametrál <*gr.-lat.*> *a* диаметральный
diät <*gr.-lat.*> *a* диетический
Diät <*gr.-lat.*> *f* -, -en диета, режим; **~ halten*** соблюдать диету
Diät‖kost *f* - диетическое питание
Diät‖kur *f* -, -en лечение диетой
diatónisch <*gr.-lat.*> *a* *муз.* диатонический
dich *см.* du
dicht I *a* 1. плотный *(о материи и т. п.);* **~ machen** делать непроницаемым; **~e Bevölkerung** плотное население; 2. густой *(лес, туман, волосы);* частый *(о заборе, гребне);* II *adv* плотно, тесно; **~ halten*** не пропускать влаги; **~ an etw.** (A) вплоть до чего-л., вплотную к чему-л.; **~ an [bei, neben, vor] etw.** (D) вплотную к чему-л.; **~ am Rande** на самом краю
Dichte *f* - густота; плотность
Dichter *m* -s, -; **~in** *f* -, -nen поэт, поэтесса; писатель, -ница
dichterisch *a* поэтический
Dichter‖lesung *f* -, -en творческий вечер писателя

Dichtigkeit *f* - 1. плотность, густота; 2. *перен.* сжатость, компактность
Dicht‖kunst *f* - поэзия, поэтика
Dichtung I *f* -, -en *тех.* уплотнение; прокладка
Dichtung II *f* -, -en 1. поэтическое творчество, поэзия; **erzählende ~** эпическая поэзия; 2. вымысел, выдумка
Dichtungs‖gabe *f* -, -n поэтический дар, поэтическое дарование
dick *a* 1. толстый; полный, тучный; **zwei Meter ~** толщиной в два метра; **~ werden** толстеть, полнеть; 2. густой; **~e Milch** простокваша; 3. распухший; **eine ~e Backe** *разг.* флюс; 4.: **~e Freunde** закадычные друзья; **das ~e Ende kommt nach** ≅ ягодки ещё впереди; **ein ~es Fell haben** *разг. перен.* быть толстокожим; ◇ **~e Luft!** опасность!; **mit jmdm. durch ~ und dünn gehen*** идти за кем-л. в огонь и воду
dickbäuchig *a разг.* пузатый
Dick‖darm *m* -(e)s, -därme *анат.* толстая кишка
Dicke I *f* - 1. толщина; полнота, тучность; 2. густота *(жидкости)*
Dicke II *subst m, f* -n, -n толстяк, толстуха
dickfällig *a* толстокожий
dickflüssig *a* густой, тягучий
dickhäutig *a см.* dickfällig
Dickicht *n* -(e)s, -е чаща, гуща, заросли, дебри
Dick‖kopf *m* -(e)s, -köpfe *разг.* упрямец
dickköpfig *a* упрямый, тупой
Didáktik <*gr.-lat.*> *f* - дидактика
didáktisch <*gr.-lat.*> *a* дидактический
die *см.* der
Dieb *m* -(e)s, -е вор; **haltet den ~!** держи(те) вора!
diebisch I *a* 1. воровской; **~e Sprache** воровской жаргон; 2. вороватый; II *adv* 1. украдкой; 2. *разг.* очень; **sich ~ freuen** чертовски радоваться
Diebs‖geselle *m* -n, -n сообщник в воровстве
Diebs‖gesindel *n* -s воровская шайка; воры
Dieb‖stahl *m* -(e)s, -stähle (по)кража, воровство; **einen ~ begehen*** совершить кражу
diejenige *см.* derjenige
diejénigen *см.* derjenige
Diele I *f* -, -n 1. доска; 2. пол; 3. танцплощадка
Diele II *f* -, -n передняя; сени; вестибюль
dienen *vi* 1. служить, находиться на службе; **beim Militär ~** быть на воен-

ной службе; **dem Volke ~ служить народу**; **2.** (*zu* D) служить *(для чего-л., чему-л.)*; годиться *(на что-л.)*; **als Beispiel ~ служить примером**; **3.** *(jmdm. mit* D) служить, услуживать *(кому-л. чем-л.)*; **womit kann ich Ihnen ~?** чем могу служить?; **ist Ihnen damit gedient?** Вас это устраивает?; **mit gleicher Münze ~** *перен.* платить той же монетой

Diener *m* -s, - слуга, служитель, лакей; ◊ **einen (tiefen) ~ machen** низко кланяться

dienlich *a* полезный, нужный, годный; **zu etw.** (D) **~ sein** годиться на что-л.

Dienst *m* -es, -e **1.** служба, должность; **außer ~** в отставке; **aktiver ~** *воен.* действительная служба; **einen ~ antreten*** поступить на работу [службу]; **den ~ aufgeben*** [**verlassen***, **quittieren**] оставить службу; **jmdn. aus dem ~ entlassen***, **jmdm. den ~ kündigen** увольнять кого-л. со службы; **2.** служение *(народу, идее)*; **3.** дежурство, *воен.* наряд; **~ haben*** [**tun***], **im ~ sein*** дежурить; **vom ~ дежурный**, *воен.* дневальный; **4.** услуга; **jmdm. einen ~ erweisen*** [**leisten**] оказать кому-л. услугу

Dienstag *m* -(e)s, -e вторник

dienstags *adv* по вторникам

Dienst‖alter *n* -s **1.** стаж; **2.** старшинство *(по службе)*; **3.** *воен.* призывной возраст

dienstbar *a* **1.** подвластный, покорный; **2.** услужливый, угодливый

dienstbeflissen *a* услужливый; ревностный *(по службе)*

dienstbereit *a* дежурный *(врач и т. п.)*

dienstfähig *a* (при)годный к (военной) службе

dienstfertig *a* услужливый

dienstfrei *a*: **~er Tag** выходной день

Dienst‖gebrauch: für den ~ для служебного пользования

Dienst‖grad *m* -(e)s, -e чин, воинское звание

diensthabend *a* дежурный; *воен.* находящийся в наряде

Dienst‖kleid *n* -(e)s, -er форма; форменная одежда

dienstlich I *a* официальный, служебный; **~er Besuch** официальное [деловое] посещение; II *adv* официально; по служебным делам

Dienst‖liste *f* -, -n послужной список

Dienst‖mädchen *n* -s, -; **~magd** *f* -, -mägde служанка, прислуга

dienstpflichtig *a* военнообязанный; **~es Alter** призывной возраст

Dienst‖plan *m* -(e)s, -pläne *воен.* устав; распорядок

Dienst‖reise *f* -, -n служебная командировка

Dienst‖stelle *f* -, -n **1.** обслуживающий пункт; служба; **auf der ~** на работе [службе]; **2.** (служебная) инстанция

diensttauglich *a* годный к (военной) службе

diensttuend *a* дежурный

Dienst‖vorschrift *f* -, -en служебный устав, служебная инструкция

Dienstweg: auf dem ~ официально; в служебном порядке

Dienst‖zeit *f* -, -en служебное время; срок службы

dies *pron dem* это; **~ und das** то и это; см. **dieser**

diesbezüglich I *a* относящийся к этому; II *adv* что касается этого, относительно этого

dieselbe см. **derselbe**

dieselben см. **derselbe**

dieselelektrisch *a* электродизельный

dieser *pron dem m* (*f* **diese**, *n* **dieses**) этот; **an diesem Tag** в этот день; **~ Tage** на днях; **in diesen Tagen** 1) в эти дни *(промежуток времени)*; 2) на днях; **an diesen Tagen** в эти *(определённые)* дни; **dieses Jahr** в этом году; **dieses und jenes** кое-что; то да сё

diesig *a* пасмурный, туманный

diesjährig *a* этого года

diesmal *adv* на этот раз, в этот раз

diesseitig *a* находящийся по эту сторону

diesseits I *adv* по эту сторону; II *prp* (G) по эту сторону; **~ des Flusses** по эту сторону реки

Dietbald Дитбальд *(муж. имя)*

Dietbérga Дитберга *(жен. имя)*

Dietbert Дитберт *(муж. имя)*

Dietbérta Дитберта *(жен. имя)*

Dietbúrge Дитбурга *(жен. имя)*

Dietfried Дитфрид *(муж. имя)*

Dietger Дитгер *(муж. имя)*

Diethard Дитхард *(муж. имя)*

Diethelm Дитхельм *(жен. имя)*

Diet(h)er Дитер *(муж. имя)*

Diethild Дитхильда *(жен. имя)*

Diethilde Дитхильде *(жен. имя)*

Dietlind Дитлинд *(жен. имя)*

Dietlinde Дитлинда *(жен. имя)*

Dietmar Дитмар *(муж. имя)*

Dietrich I Дитрих *(муж. имя)*

Dietrich II *m* -(e)s, -e отмычка

diffamieren <*lat.*> *vt* оклеветать

différént <*lat.*> *a* различающийся; различный, разный

Differénz <*lat.*> *f* -, -en **1.** разница; **2.** *мат.* разность; **3.** разногласие, несогласие; **die ~ absetzen** вызвать недоразумения; **die ~ ausgleichen* [beilegen]** сглаживать противоречия

differenzíeren <*lat.*> I *vt* **1.** дифференцировать, различать; расчленять; **2.** *мат.* дифференцировать; II **~, sich** отмежёвываться, отказываться, воздерживаться

differíeren <*lat.*> *vi* разниться, расходиться *(в чём-л.)*

diffizíl <*lat.-fr.*> *a* **1.** трудный, затруднительный; **2.** щекотливый

diffús <*lat.*> *a* рассеянный, диффузный

Diffusión <*lat.*> *f* -, -en *физ.* диффузия, рассеивание

Diktát <*lat.*> *n* -(e)s, -e **1.** диктант, диктовка; **nach ~** под диктовку; **2.** диктат; приказ; предписание

Diktátor <*lat.*> *m* -s, -tóren диктатор

diktatórisch <*lat.*> *a* диктаторский

Diktatúr <*lat.*> *f* -, -en диктатура

diktíeren <*lat.*> *vt* **1.** диктовать; **2.** (безоговорочно) предписывать; диктовать; **eine Strafe ~** определить наказание

Dilettánt <*lat.-it.*> *m* -en, -en дилетант, любитель

dilettántisch <*lat.-it.*> *a* дилетантский; любительский

Dill *m* -(e)s, -e укроп

Dimensión <*lat.*> *f* -, -en размер; измерение; величина

dimensionál <*lat.*> I *a* пространственный; размерный; II *adv* в отношении размера

Dina Дина *(жен. имя)*

Ding *n* **1.** -(e)s, -e вещь; **2.** -(e)s дело; обстоятельство; **3.** -(e)s, -er малютка, крошечка *(о детях);* ◇ **vor allen ~en** прежде всего; **guter ~e sein** быть в хорошем настроении; **das arme ~** бедняжка

dingen I *vt* нанимать, вербовать; II *vi (um A)* торговаться *(из-за чего-л.)*

Diphtóng <*gr.-lat.*> *m* -(e)s, -e *лингв.* дифтонг

Diplóm <*gr.*> *n* -s, -e диплом, свидетельство, аттестат, грамота; **sein ~ ablegen** защищать диплом; **jmdm. ein ~ ausstellen [erteilen]** выдать кому-л. диплом

Diplóm- *в сложн. сущ. указывает на высшее образование:* **Diplom‖ingenieur** дипломированный инженер

diplomátisch <*gr.-lat.-fr.*> *a* дипломатический; дипломатичный

diplomíeren <*gr.*> *vt* выдавать диплом, дипломировать

dir *см.* **du**

dirékt <*lat.*> I *a* прямой; непосредственный; **~er Zug** поезд прямого сообщения; **~e Verbindung** прямое [беспересадочное] сообщение; **~e Rede** *грам.* прямая речь; II *adv* **1.** прямо, непосредственно; **2.** *ком.* из первых рук

Dirigént <*lat.*> *m* -en, -en дирижёр; регент *(хора)*

dirigíeren *vt* **1.** дирижировать; **2.** руководить, управлять *(предприятием);* направлять *(что-л. куда-л.)*

Dirk Дирк *(краткая форма <в сев. диалектах> муж. имени* Dietrich*)*

Dirnd(e)l‖kleid *n* -es, -er платье "дирндель" *(баварский и австрийский национальный костюм с характерной юбочкой и передником)*

Dirne *f* -, -n **1.** *диал.* девушка; **2.** *диал.* служанка; **3.** *груб.* публичная женщина

Disco *см.* **Diskothek**

Diskothék <*gr.-lat.*> *f* -, -en **1.** фонотека, собрание [архив] грампластинок; **2.** дискотека

Diskrepánz <*lat.*> *f* -, -en разногласия, разлад

diskrét <*lat.-fr.*> *a* **1.** сдержанный; скромный; **2.** секретный; **3. : ~e Größen** *мат.* прерывистые величины

Diskretión <*lat.-fr.*> *f* - **1.** сдержанность, скромность; **2.** секретность

diskriminíeren <*lat.*> *vt* **1.** различать; **2.** дискриминировать

Diskussión <*lat.*> *f* -, -en дискуссия, прения; **~en auslösen** вызвать прения; **eine ~ entfesseln** развернуть дискуссию; **zur ~ kómmen*** стать предметом дискуссии

diskutábel <*lat.-fr.*> *a* спорный

Dispatcher [-'pɛtʃər] <*lat.-it.-engl.*> *m* -s, -диспетчер *(на производстве)*

Disposition <*lat.*> *f* -, -en **1.** расположение, размещение; план; **2.** распоряжение; **~ treffen*** давать распоряжения; **3.** расположение, настроение

disputíeren <*lat.*> *vi* участвовать в диспуте, диспутировать, вести (учёный) спор

Distánz <*lat.*> *f* -, -en дистанция, расстояние; **~ halten*** соблюдать дистанцию

Distánz‖kauf *m* -(e)s, -käufe *ком.* заочная покупка

Distánz‖meßapparat *m* -(e)s, -e дальномер

Distel *f* -, -n **1.** чертополох; **2.** осот

Distel‖fink *m* -, -en; **~zeisig** *m* -(e)s, -e щегол

distinguíeren [-'gui:-/-'gi:-] <*lat.-fr.*> *vt* различать; выделять, отличать

distinguiert [-'guiː-/-'giː-] <lat.-fr.> a изящный, изысканный; отличающийся *(от других)*

Distribution <lat.> f -, -en распределение

Distrikt <lat.-(fr.-engl.)> m -(e)s, -e округ, район

Disziplin <lat.> f **1.** - дисциплина; **die ~ befolgen** соблюдать дисциплину; **die ~ verletzen** нарушать дисциплину; **2.** -, -en дисциплина, предмет *(напр. учебная)*; вид спорта

disziplinarisch <lat.> a дисциплинарный

disziplinieren <lat.> vt дисциплинировать, приучать к дисциплине

diszipliniert <lat.> a дисциплинированный

Dithmarschen n -s Дитмаршен *(равнина в ФРГ, земля Шлезвиг-Гольштейн)*

Divergenz [-vɛr-] <lat.> f -, -en дивергенция, расхождение; разногласие

divergieren <lat.> [-vɛr-] vi (s) расходиться, отклоняться

divers [-'vɛrs] <lat.> a различный; разный

dividieren [-vi-] <lat.> vt мат. делить; **durch fünf ~** делить на пять

Divis [-'viːs] <lat.> n -es, -e чёрточка; дефис

Division I [-vi-] <lat.> f -, -en мат. деление

Division II [-vi-] <lat.> f -, -en воен. дивизия; артиллерийский дивизион

Djakarta [dʒa-] (n) -s Джакарта *(столица Индонезии)*

Dnepr m -s Днепр *(река в Беларуси и на Украине, берёт начало в РФ, впадает в Чёрное море)*

Dnestr m -s Днестр *(река на Украине и в Молдавии: берёт начало в Карпатах, впадает в Чёрное море)*

doch I adv **1.** всё-таки, всё же, однако; **2.** *(после вопроса, содержащего отрицание)* нет; как же; **wirst du nicht kommen? — Doch, ich werde kommen** *(разве)* ты не придёшь? — Нет [как же], (я) приду; II conj однако; **er war müde, ~ machte er sich an die Arbeit** он устал, однако принялся за работу; III prtc же, ведь *(часто не переводится)*; **sprechen Sie ~!** говорите же!; **es ist ~ so?** не правда ли?; **ja ~!** конечно!; разумеется!; **nein ~!** (никак) нет!; **nicht ~!** да нет же!

Docht m -(e)s, -e фитиль

Dock <niederl.-engl.> n -(e)s, -e/-s мор. док; **ein Schiff auf ~ legen** поставить судно в док

docken I <engl.> vt мор. поставить в док *(судно)*

docken II <engl.> vt тех. наматывать *(нитки)*

"documenta" f - "документа" *(художественная выставка совр. искусства в Касселе <ФРГ>; проводится раз в четыре-пять лет)*

Dogge <engl.> f -, -n дог

Dogma n -s, -men догма

dogmatisch <gr.-lat.> a догматический, основанный на догмах

Dohle f -, -n галка

Doktor <lat.> m -s, -tóren **1.** доктор *(врач)*; **2.** доктор *(учёная степень)*

Doktor‖würde f -, -n учёная степень доктора наук; **Inhaber der ~** доктор наук

doktrinär <lat.-fr.> a доктринёрский

Dokument <lat.> n -(e)s, -e документ

dokumentarisch <lat.> a документальный

dokumentieren <lat.> vt документировать, обосновать документами

Dolch m -(e)s, -e кинжал

Dolmetsch(er) <türk.> m -s, - переводчик *(устный)*

dolmetschen <türk.> vt (устно) переводить

Dolóres Долорес *(жен. имя)*

Dom <lat.-it.-fr.> m -(e)s, -e **1.** собор; **2.** купол

Domäne <lat.-fr.> f -, -n **1.** государственное имущество; **2.** *перен.* область *(знаний)*

Domenica/Domenika Доменика *(жен. имя)*

Domenik/Domenikus Доменик/Доменикус *(муж. имя)*

Dom‖hof m -(e)s, -höfe церк. паперть

Dominikanische Republik f - Доминиканская Республика *(гос-во на В. о-ва Гаити)*

Dominion [-niən] <lat.-fr.> <engl.> n -s, -ni‖en доминион

Domino I <lat.-it.-fr.> n -s, - домино *(игра)*

Domino II <lat.-it.-fr.> m -s, -s домино *(маскарадный костюм)*

Domizil <lat.> n -s, -s **1.** канц. местожительство; **2.** ком. домициль, место платежа по векселю

Dom‖pfaff m -en, -en снегирь

Dompteur [dɔ̃'tøːr] <lat.-fr.> m -s, -e укротитель *(зверей)*

Don m -s Дон *(река в Европейской части РФ; впадает в Азовское море)*

Donaueschinger Musiktage pl музыкальный фестиваль в Донауэшингере *(посв. совр. музыке <земля Баден-Вюртемберг, ФРГ>)*

Donaumetropole f - "дунайская метрополия" *(назв. Вены <Австрия>)*

Donauschule *f* - Дунайская школа *(направление в живописи и графике Юж. Германии и Австрии - романтическое восприятие природы, передача пространства и света, сказочность образов)*
Donaustadt *(n)* -s Донауштадт *(гор. р-н Вены <Австрия>)*
Donner *m* -s, - гром; **der ~ rollt** гром гремит; ◊ **wie ein ~ aus heiterem Himmel** как гром среди ясного неба; **~ und Blitz schleudern** метать громы и молнии
Donnerstag *m* -(e)s, -e четверг
donnerstags *adv* по четвергам
Donner‖wetter *n* -s, - *разг.* нагоняй; шумная ссора, скандал; ◊ **zum ~!** гром и молния!, чёрт возьми!
Doppel‖bett *n* -(e)s, -en двуспальная кровать
Doppelbett‖zimmer *n* -s, - комната [номер] на двух человек *(в гостинице и т. п.)*
Doppeldecker *m* -s, - *ав.* биплан
doppeldeutig *a* двусмысленный
Doppel‖gänger *m* -s, - двойник
doppelkohlensauer *a* двууглекислый
Doppel‖kopf *m* -es "двойная голова" *(назв. карточной игры)*
doppelläufig *a* двуствольный
Doppel‖punkt *m* -(e)s, -e двоеточие
doppelseitig *a* двусторонний
doppelsinnig *см.* doppeldeutig
doppelt I *a* двойной; двоякий; **ein ~es Spiel führen [treiben*]** вести двойную игру; II *adv* вдвойне, вдвое; двояко; **~ wirkend** двойного действия *(тех.)*; **~ so groß (als...)** вдвое больше (чем...) *(по размеру)*; ◊ **~ reißt nicht; ~ genäht hält besser** *посл.* ≅ раз хорошо, а два лучше
doppelzüngig *a* двуличный, фальшивый, двурушнический
Dora Дора *(краткая форма жен. имени Dorothea)*
Dorchen Дорьхен *(ласкательная форма жен. имени Dora)*
Dorf *n* -(e)s, Dörfer деревня, село
Dorf‖gemeinde *f* -, -n сельская община
Dorf‖schultheiß *m* -en, -en; **~schulze** *m* -n, -n сельский староста
Doris Дорис *(краткая форма жен. имени Dorothea)*
Dorn *m* -(e)s, -en/Dörner 1. шип, колючка; 2. *тех.* шип; пробойник; вставка; пробка; дорн; ◊ **jmdm. ein ~ im Auge sein** быть бельмом на глазу у кого-л.; **auf ~en sitzen*** сидеть как на иголках
Dorn‖busch *m* -es, -büsche терновник

dornenvoll *a* полный шипов, колючий; тернистый
Dornier AG [dɔrniˈeː] *f* - "Дорнье АГ" *(авиационно-космический концерн в ФРГ)*
dornig *a* тернистый
Dorn‖röschen *n* -s Спящая красавица *(в сказке)*
Dorn‖rose *f* -, -n шиповник
Dorothea Доротея *(жен. имя)*
dorren *vi* (s) сохнуть, вянуть
dörren *vt* сушить; вялить
Dörr‖gemüse *n* -s сушёные овощи
Dorsch *m* -es, -e треска; навага
dort *adv* там, в том месте; **von ~** оттуда; ◊ **hier und ~** там и сям
dorther *adv* оттуда; **von ~** оттуда
dorthin *adv* туда
dort¦hinein *adv* туда внутрь
dortig *a* тамошний
dortsélbst *adv* там, в том месте
Dose *f* -, -n коробка, жестянка; ◊ **faule ~n machen** точить лясы; **in den kleinsten ~n sind die besten Salben** мал золотник, да дорог
dösen *vi* дремать, клевать носом
Dosis <*gr.-lat.*> *f* -, -sen доза, приём
Dotter *m* -s, - 1. желток; 2. *бот.* рыжик
Dover [ˈdoːvər] *(n)* -s Дувр *(город на Ю.-В. Англии)*
Drache *m* -n, -n дракон
Dragóner <*gr.-lat.-fr.*> *m* -s, - драгун
Draht *m* -(e)s, Drähte проволока, провод; ◊ **per ~** по телеграфу; **auf ~ sein** быть начеку
drahten *vt* телеграфировать
drahtlos *a* беспроволочный, беспроводной
Draht‖puppe *f* -, -n марионетка
Draht‖verhau *m* -(e)s -e, - проволочное заграждение
Draht‖zieher *m* -(e)s, -e закулисный вдохновитель, заправила
drakónisch <*gr.*> *a* драконовский, жестокий
drall *a* 1. тугой; 2. ядрёный, здоровый, упитанный
Drama <*gr.-lat.*> *n* -s, -men драма
Dramátiker <*gr.-lat.*> *m* -s, - драматург
dramátisch <*gr.-lat.*> *a* драматический
dramatisieren <*gr.-lat.*> *vt* драматизировать, инсценировать
Dramatúrg <*gr.-lat.*> *m* -en, -en 1. театральный критик; 2. заведующий литературной частью театра
dran *см.* daran
drang *impf* от dringen*
Drang *m* -(e)s, 1. напор; 2. порыв,

drängeln

стремление; ✧ **Sturm und ~** "Буря и натиск" *(направление в немецкой литературе)*
drängeln *vt, vi* **1.** напирать; **nicht ~!** не напирайте!; **2.** настойчиво требовать; **3.** торопить
Drängen *n* -s, - настойчивая просьба
Drang nach Osten *m* -s "Дранг нах Остен" *(захватническая политика нем. феод. знати, направленная на завоевание земель зап. славян; началась в 10 веке и продолжалась до начала 2-й мировой войны)*
Drangsal *f* -, -e; *n* -s, -e нужда; беда, бедствие
Drap [dra:] <*fr.*> *m* - драп, сукно *(плотное)*
drapieren <*fr.*> *vt* драпировать
drasch *impf* от dreschen*
drastisch <*gr.*> *a* **1.** меткий; характерный; **2.** *мед.* сильнодействующий *(тж. перен.)*
drauf *см.* darauf
Draufgänger *m* -s, - смельчак, сорвиголова
drauflos *adv* вперёд; **direkt ~** напролом; **und nun ~!** 1) теперь вперёд!; 2) за дело!
draus *см.* daraus
draußen *adv* **1.** снаружи, на дворе, на улице; **von ~** снаружи, со двора; **~ und drinnen** снаружи и внутри; **wie ist es heute ~?** какая сегодня погода?; **2.** *разг.* за городом; **3.** *разг.* за границей
Drechsler *m* -s, - токарь *(по дереву)*
Dreck *m* -(e)s **1.** грязь; нечистоты, кал; **2.** *разг.* дрянь; ✧ **in den ~ fallen*** впасть в крайнюю нужду; **sich aus dem ~ herausarbeiten** выбраться из нужды; выпутаться из грязной истории; **sich um jeden ~ kümmern** всюду совать нос
dreckig I *a* грязный; II *adv*: **es geht ihm ~** *разг.* у него дела плохи
Dreh‖bank *f* -, -bänke токарный станок
drehbar *a* вращающийся, поворотный
Dreh‖buch *n* -(e)s, -bücher (кино)сценарий
Dreher *m* -s, - токарь *(по металлу)*
Dreh‖orgel *f* -, -n шарманка
Dreh‖strom *m* -(e)s, -ströme *эл.* трёхфазный ток
Drehung *f* -, -en **1.** вращение, кручение; **2.** оборот, поворот; **~ am Ort** *спорт.* поворот на месте; **~ im Marsch** поворот в движении шагом
Dreh‖wind *m* -(e)s, -e вихрь
drei *num* три, трое; **zu ~en** втроём
Drei *f* -, -en (число) три; тройка
dreiachsig *a* трёхосный

dreibeinig *a* трёхногий
Drei‖bund *m* -es Тройственный союз *(военно-политический блок Германии, Австро-Венгрии и Италии, сложившийся в 1879-1882)*
dreidimensional *a* трёхмерный
Drei‖eck *n* -(e)s, -e треугольник
dreieckig *a* треугольный
Dreieck‖tuch *n* -(e)s, -tücher косынка
dreieinhalb *num* три с половиной
Drei‖einigkeit *f* - *рел.* Троица
dreierlei *a inv* троякий; **auf ~ Art [Weise]** трояким образом
dreifach I *a* тройной; троекратный; II *adv* трижды; втрое; **das zählt doppelt und ~** это зачтётся (вдвое и) втрое
dreifarbig *a* трёхцветный
Drei‖fuß *m* -es, -füße **1.** треножник, тренога; **2.** *лит.* трёхстопный стих
dreifüßig *a* **1.** треножный; **2.** трёхстопный *(в стихосложении)*
Drei‖gespann *n* -(e)s, -e тройка *(лошадей)*
dreihundert *num* триста
dreijährig *a* трёхлетний, трёхгодичный
Dreikaiser‖schlacht *f* - Аустерлицкое сражение 1805 *(между французской армией под командованием Наполеона I с одной стороны и войсками России под командованием Александра I и Австрии под командованием Франца II - с другой; отсюда название)*
dreikantig *a* трёхгранный
Dreikäsehoch *m* -s, -/-s *разг.* карапуз; ✧ ≅ от горшка два вершка
Dreikönigs‖fest *n* -es *см.* Heiligendreikönigstag
Dreikönigs‖tag *m* -es *см.* Heiligendreikönigstag
dreiköpfig *a* треглавый, трёхглавый; **eine ~ Familie** семья из трёх человек
dreimal *adv* три раза, трижды, троекратно
dreimalig *a* троекратный
Dreimaster *m* -s, - **1.** трёхмачтовое судно; **2.** треуголка *(головной убор)*
dreimotorig *a* трёхмоторный
drein *см.* darein
dreiprozentig *a* трёхпроцентный
dreireihig *a* трёхрядный
dreiseitig *a* трёхсторонний, трёхгранный
dreisilbig *a* трёхсложный
dreisitzig *a* трёхместный
dreispaltig *a* в три столбца
dreisprachig *a* трёхъязычный, на трёх языках
dreißig *num* тридцать
dreißiger: in den ~ Jahren в тридцатых годах

Dreißiger *m* -s, - мужчина в возрасте от 30 до 40 лет; **~in** *f* -, -nen женщина в возрасте от 30 до 40 лет
dreißigjährig *a* тридцатилетний
Dreißigjähriger Krieg *m* -es Тридцатилетняя война 1618–1648 *(между нем. протестантскими князьями с одной стороны, католическими князьями и императором — с другой; вылилась в общеевропейскую войну)*
dreißigste *num* тридцатый
dreist *a* смелый; дерзкий
dreistellig *a* трёхзначный *(о числах)*
Dreistigkeit *f* -, -en смелость, дерзость
dreistöckig *a* трёхэтажный, трёхъярусный
dreistündig *a* трёхчасовой *(о сроке)*
dreistündlich *a* трёхчасовой, повторяющийся каждые три часа
dreitägig *a* трёхдневный *(о сроке)*
dreitäglich *a* трёхдневный, повторяющийся каждые три дня
dreiviertel *num* три четверти; **in (einer) ~ Stunde** через три четверти часа
dreiwertig *a* хим. трёхвалентный
dreiwöchentlich I *a* трёхнедельный; повторяющийся каждые три недели; II *adv* каждые три недели
dreiwochig, dreiwöchig *a* трёхнедельный *(о сроке)*
dreizehn *num* тринадцать
dreizehnjährig *a* тринадцатилетний
Dresch‖boden *m* -s, -/-böden гумно, ток
Dresche *f* - 1. молотьба; 2. разг. побои
dreschen* *vt* 1. молотить; 2. разг. бить, колотить; **Karten ~** дуться в карты; ◊ **Phrasen [leeres Stroh] ~** пустословить, толочь воду в ступе
Dresden (n) -s Дрезден *(город в ФРГ, промышленный и культурный центр; многочисленные исторические и культурные памятники)*
Dresdner Bank AG *f* - "Дрезднер банк АГ" *(один из крупнейших банковских концернов в ФРГ, с 1957 во Франкфурте-на-Майне)*
Dreß <*lat.-fr.-engl.*> *m* -sses, -sse 1. спортивный костюм; майка, футболка; 2. парадный костюм; **in vollem ~** разг. изысканно [хорошо] одетый
Dresseur <*lat.-fr.*> [-'sø:r] *m* -s, -e дрессировщик
dressieren <*lat.-fr.*> I *vt* дрессировать *(животное)*
dressieren <*lat.-fr.*> II *vt* 1. тех. полировать *(прокат)*; 2. текст. прочёсывать; 3. украшать *(блюдо и т. п.)*; отделывать *(платье)*

Dressúr <*lat.-fr.*> *f* -, -en дрессировка
Drift *f* -, -en дрейф, снос
driften *vi* мор. дрейфовать, лежать в дрейфе
Drill I *m* -(e)s муштра
Drill II *m* -s, -e текст. тик, камчатая ткань
drillen I *vt* 1. муштровать; 2. разг. зубрить
drillen II *vt* 1. буравить *(дрелью)*; 2. крутить *(нитку)*, сучить *(шёлк)*
Drillinge *pl* тройня
drin см. darin
dringen* *vi* (h) 1. (**auf** A) настаивать *(на чём-л.)*; **auf Antwort ~** требовать ответа; 2. (s) проникать
dringend I *a* 1. срочный, неотложный; **~e Geschäfte** дела, не терпящие отлагательства; 2. настоятельный; II *adv* срочно, настоятельно; **~st bitten*** очень [настоятельно] просить
dringlich *a* спешный, неотложный
Dringlichkeit *f* - неотложность, срочность
drinnen *adv* внутри; **von ~** изнутри
dritt: zu ~ втроём
dritte *num* третий; **in die ~ Potenz erheben*** возводить число в куб; **aus ~er Hand** из третьих рук
Dritte *subst m, f, n* третий, -ья, -ье; **ein ~r** 1) посторонний; 2) юр. третье лицо; **der lachende ~** смеющийся третий *(выигрывающий от спора других)*
drittel *num*: **ein ~** одна третья
Drittel *n* -s, - треть, третья часть
drittens *adv* в-третьих
Drittes Reich *n* -es "Третий рейх" *(насаждавшееся фаш. пропагандой наименование фаш. режима в Германии 1933–1945; впервые употребляется в книге Артура Меллера ван ден Брука "3-я империя"; по Меллеру, 1-й империей была "Священная Римская империя" (962–1806), 2-й - Германская империя – (1871–1918), а 3-я должна сменить Веймарскую республику (1919–33))*
droben *adv* (там) наверху
Drogerie <*fr.*> *f* -, -i̦en "дрогери" *(магазин парфюмерно-галантерейных и аптекарских товаров)*
drohen *vi* (**mit** D) грозить, угрожать *(чем-либо)*; ◊ **wer lange droht, macht dich nicht tot** посл. кто много грозит, тот мало вредит
drohend *a* угрожающий, грозящий
Drohne *f* -, -n зоол. трутень; перен. лентяй, дармоед

dröhnen vi греметь *(о громе, голосе и т. п.)*; гудеть
Drohung f -, -en угроза; ◊ **eine ~ ausstoßen*** угрожать, выкрикивать угрозы
drollig a забавный, смешной, потешный
Dromedár <gr.-lat.-fr.> n -s, -e **1.** одногорбый верблюд, дромедар; **2.** *разг.* глупец
Drömling m -s Дрёмлинг *(осушенная низменность юго-зап. Магдебурга <ФРГ>)*
Drop <engl.> m, n -s -s фруктовый леденец; **eine Rolle ~s** трубочка [упаковка] с леденцом
drosch *impf от* dreschen*
Drossel I f -, -n *зоол.* дрозд
Drossel II f -, -n *тех.*, *эл.* дроссель
Drossel‖beere f -, -n **1.** рябина; **2.** калина
drüben adv **1.** по ту сторону, там *(за рубежом)*; **dort ~** там, на той стороне; **2.** *рел.* на том свете
drüber *см.* darüber
Druck I m **1.** -(e)s, Drücke давление, нажим, сжимание; **2.** -(e)s пожатие *(руки)*; **3.** -(e)s *перен.* гнёт; нажим; **unter ~ von außen** под давлением внешних сил; **im ~ sein 1)** быть в стеснённых обстоятельствах; 2) быть очень занятым
Druck II m -(e)s, -e **1.** печать, печатание; **im ~ sein** быть [находиться] в печати; **2.** шрифт; печать; **kleiner ~** мелкий шрифт
Druck‖abfall m -(e)s падение давления
Druck‖anzeiger m -s, - манометр
Druck‖bogen m. -s, -/-bögen *полигр.* печатный лист
Druck‖bremse f -, -n пневматический тормоз
Drückeberger m -s, - **1.** лодырь; **2.** трус *(уклоняющийся идти на фронт)*
druckempfindlich a чувствительный к давлению
drucken vt **1.** печатать; **~ lassen*** отдавать в печать; ◊ **er lügt wie gedruckt** он мастер лгать; **2.** набивать *(ткань)*
drücken I vt, vi **1.** давить, жать; **der Schuh drückt** ботинок жмёт; **jmdm. die Hand ~** пожать кому-л. руку; ◊ **jmdm. einen Kuß auf die Lippen ~** запечатлеть поцелуй на чьих-л. губах; **jmdm. ein Geldstück in die Hand ~** (незаметно) сунуть кому-л. монету в руку; **ein Gewicht ~** *спорт.* выжать вес; **2.** давить, угнетать; **ihn ~ Sorgen** заботы угнетают его; **3.** *эк.* сбивать *(цены)*; оказывать давление *(на рынок)*; **4.** перекрывать *(рекорд)*; **5.** сбрасывать *(карты)*; ◊ **die Schulbank ~** *разг.* учиться *(в школе)*; ≅ протирать штаны; **wissen, wo** **jmdn. der Schuh drückt** знать чьё-л. слабое место; **II ~, sich 1.** мяться *(о вещах, фруктах)*; **2.** *(ап* A) прижиматься *(к кому-л., чему-л.)*; **3.** *разг.* незаметно скрыться, улизнуть; **sich englisch ~** уйти потихоньку *(из гостей)*; **4.** *(von* D) *разг.* увиливать *(от чего-л.)*
drückend I a тяжкий; душный, гнетущий; **II** adv: **~ heiß** душно, жарко; **das Haus war ~ voll** театр был битком набит
Drucker m -s, - печатник
Drücker m -s, - **1.** дверная ручка *(с нажимом)*; **2.** *воен.* спуск *(курка)*; **3.** кнопка; **4.** *тех* прессовщик
Druckeréi f -, -en типография
Druck‖fehler m -s, - опечатка
Druck‖freiheit f -, -en свобода печати
Druck‖luft f - сжатый воздух
Druck‖maschine f -, -n печатная машина
druckreif a *полигр.* подготовленный к набору
drucksen vi *разг.* быть нерешительным, колебаться, мяться
drum *см.* darum
drunten adv *(там)* внизу
drunter *см.* darunter; ◊ **es geht alles ~ und drüber** всё находится в полном беспорядке; всё идёт кувырком
Drüse f -, -n *анат.* железа
Dschungel <hind.-engl.> m, n -s, -/f -, -n джунгли
du *pron pers* (G deiner, D dir, A dich) ты
dualístisch <lat.> a дуалистический
Dualität <lat.> f - двойственность
Dübel m -s, - шип, гвоздь
dublieren <fr.> vt **1.** дублировать, удваивать; **2.** подшивать подкладку; **3.** *охот.* сделать два выстрела из ружья
Duckmäuser m -s, - *разг.* тихоня; проныра; ханжа, лицемер
duckmäusern vi лукавить; лицемерить; скрытничать
dudeln vi **1.** играть на волынке; **2.** *разг.* дудеть *(плохо играть на духовом инструменте)*
Dudel‖sack m -(e)s, -säcke *муз.* волынка
Duden m -s "Дуден" *(название справочных изданий по грамматике, правописанию и т. п.; названы по имени филолога К.Дудена <1829—1911>, создавшего первый орфографический словарь)*
Duell <lat.-fr.> n -s, -e дуэль; **zum ~ (heraus) fordern** вызвать на дуэль; **ein ~ ausfechten*** драться на дуэли; **ein ~ bestehen*** выйти победителем на дуэли

duellieren, sich <*lat.-fr.*> драться на дуэли
Dufour‖spitze [dy'fu:-] *f* - пик Дюфур (*вершина в Пеннинских Альпах, высшая точка в Швейцарии*)
Duft *m* -(e)s, Düfte 1. запах, аромат; 2. испарение, туман
duften *vi* (*nach* D) пахнуть, благоухать (*чем-л.*)
duftig *a* 1. душистый, благоуханный; 2. воздушный, лёгкий
Duisburg ['dys-] (*n*) -s Дуйсбург (*город в ФРГ на р. Рейн, с самым крупным в Европе речным портом*)
dulden *vt* 1. терпеть, претерпевать, переносить (*что-л.*); страдать (*от чего-л.*); 2. терпеть, допускать
Dulder *m* -s, -; **~in**, *f* -, -nen страдалец, -лица
duldsam *a* терпимый; терпеливый
Duldsamkeit *f* - терпимость; терпение
dumm I *a* глупый; **sei nicht so ~!** не дури!; **der ~e August** рыжий (*в цирке*), клоун, шут (*тж. перен.*); **~es Zeug!** вздор!, пустяки!; **~es Zeug reden** болтать [городить] вздор; II *adv* глупо; **das konnte ~ auslaufen [ablaufen]** это могло плохо кончиться
Dumme *subst m, f* -n, -n глупец, дурак; дура; **den ~n machen** 1) оставаться в дураках; 2) прикидываться дурачком; ◊ **die ~n werden nicht alle** *погов.* на наш век дураков хватит
Dümmer *m* -s Дюммер (*оз. в ФРГ <земля Нижняя Саксония>*)
Dummheit *f* -, -en глупость; **aus ~** по глупости, сдуру
Dumm‖kopf *m* -(e)s, -köpfe глупец, болван; **ein voller ~** круглый дурак
dumpf I *a* 1. глухой (*о звуке*); 2. спёртый, затхлый; 3. тупой, притуплённый (*о чувстве*); 4. неопределённый, смутный (*о предчувствии и т. п.*); II *adv* глухо (*о звуке*); **~ tönen** гудеть
Dumping ['dʌm-] <*engl.*> *n* -s - демпинг, бросовый экспорт
Düna *f* - Западная Двина (*река, протекающая по России, Беларуси и Латвии*)
Dune *f* -, -n пушинка; *pl тж.* пух
Düne *f* -, -n дюна
düngen *vt* удобрять, унаваживать
Dünger *m* -s, - удобрение; навоз
Düngung *f* -, -en удобрение, унаваживание
dunkel *a* 1. тёмный; мрачный; 2. глухой, невнятный (*о звуке*); 3. смутный, неясный; 4. подозрительный, сомнительный; **dunkle Pläne aushecken** вынашивать преступные замыслы
Dunkel *n* -s темнота, тьма, мрак, темень
Dünkel *m* -s самомнение, чванство, высокомерие
dunkeläugig *a* тёмноглазый
dunkelblau *a* тёмно-синий
dunkelblond *a* тёмно-русый
dunkelbraun *a* тёмно-коричневый
dunkelgrau *a* тёмно-серый
dunkelhaarig *a* тёмноволосый
dünkelhaft *a* высокомерный, чванливый
dunkelhäutig *a* смуглый; тёмнокожий
Dunkelheit *f* - 1. темнота; 2. мрачность; 3. неясность
dünn *a* 1. тонкий; 2. худой; стройный; 3. редкий; жидкий; ◊ **sich ~(e) machen** *фам.* улизнуть
dünnbeinig *a* тонконогий
dünnbevölkert *a* малонаселённый
Dünne *f* -, **Dünnheit** *f* - тонкость
dünne‖machen, sich *разг.* убегать, удирать, улизнуть, смываться
dünnflüssig *a* жидкий
Dunst *m* -es, Dünste испарение; пар; чад, угар
dunsten *vt* 1. парить, выпаривать; 2. *кул.* тушить
dunstig, dünstig *a* чадный; угарный; насыщенный парами
Duo <*lat.-it.*> *n* -s, -s 1. *муз.* дуэт; 2. *театр.* пара (*исполняющая номер*)
duplizieren <*lat.*> *vt* 1. удваивать; 2. *юр.* возражать, отвечать
Dur <*lat.*> *n* -s *муз.* дур, мажор
durábel <*lat.*> *a* прочный; годный для длительного хранения
durch I *prp* (A) 1. через, сквозь; **~ den Wald gehen*** идти через лес [лесом]; **~ die Straße** по улице; **~ das Fenster** в окно; 2. через, посредством; благодаря; **~ diesen Beschluß** благодаря этому решению; 3. *перевод зависит от управления русского глагола*: **sich ~ seine Kenntnisse auszeichnen** выделяться своими знаниями; II *adv*: **es ist zehn Uhr ~** уже больше десяти часов; **die Nacht ~** всю ночь (напролёт); **~ und ~ ~ naskвозь; etw. ~ und ~ studieren** изучить что-л. вдоль и поперёк; **er kann nicht ~** он не может пройти
durch- I *отд. глаг. приставка, указывает*: 1. *на прохождение насквозь*: **durch‖sickern** просачиваться; 2. *на завершение действия*: **durch‖lesen*** прочитать; 3. *на преодоление препятствия*: **durch‖brechen*** прорываться; II *неотд. указывает*: 1. *на полное проник-*

новение: durch|dríngen* пронизывать; 2. на прохождение во всех направлениях: durch|réiten* объезжать верхом
Durcharbeitung f -; -en 1. проработка; 2. *тех.* промешивание, перемешивание
durcháus adv 1. совсем, совершенно; 2. непременно; во что бы то ни стало
durch|backen* vt пропекать
durch|beißen* I vt прокусывать, прогрызать; II ~, sich перебиваться, с трудом содержать себя
durch|bekommen* vt 1. просунуть; 2. спасти; **einen Kranken** ~ спасти, выходить больного
durch|beuteln vt 1. просевать; 2. *разг.* задавать взбучку *(кому-л.)*
durch|biegen* I vt прогибать; II ~, sich прогибаться
durch|blasen* vt продувать
durch|blättern vt перелистывать
durch|blicken I vi смотреть *(сквозь что-либо)*; II vt понимать, видеть; **die Lage** ~ понимать [видеть] истинное положение вещей; III vt видеть *(кого-л., что-либо)* насквозь
durch|bohren I vt просверлить, пробуравливать
durch|bóhren II vt 1. пронзать *(мечом и т. п., тж. перен. взглядом)*; 2. *мед.* трепанировать
durch|braten* vt прожаривать
durch|brechen* I I vt проламывать, пробивать *(отверстие)*; размалывать; II vi (s) 1. пробиваться, вырываться *(из окружения)*; 2. прорезываться *(о зубах)*; 3. проваливаться; **auf dem Eise** ~ проваливаться под лёд
durch|bréchen* II vt 1. пробивать, проламывать *(стену)*; прорвать *(фронт и т. п.)*; 2. нарушать *(закон и т. п.)*; **die Schranken** ~ преступать границы
durch|brennen* I vt прожигать, пережигать; II vi (s) 1. прогорать, перегорать; 2. *разг.* удирать
Durchbruch m -(e)s, -brüche 1. пролом, прорыв; 2. прорезывание (зубов)
durch|dénken* vt продумывать, взвешивать
durch|drängen* протискиваться, проталкиваться
durch|drehen vt прокручивать, пропускать *(через мясорубку и т. п.)*
durch|dreschen* vt 1. обмолотить; 2. *разг.* поколотить
durch|dringen* I vi (s) 1. проникнуть *(сквозь что-л.)*; 2. прорываться, пробиваться
durch|dríngen* II vi проникать, пронизывать; **von einer Idee durchdrungen** проникнутый идеей
durchdringend a 1. проницательный; 2. пронзительный *(о звуке)*
Durchdringlichkeit f - проницаемость
Durchdringung f -, -en проникновение
durcheinánder adv вперемешку, как попало, без разбора; наперебой; **alle reden** ~ все говорят [кричат] наперебой
Durcheinánder n -s, - беспорядок, неразбериха
durcheinánder|bringen* vt спутать, сбить с толку
durch|fahren* I vi (s) проезжать; **wir fuhren durch Hamburg durch** мы проехали Гамбург
durch|fáhren* II vi 1. объехать, объездить, изъездить; 2. пронизать *(о боли, испуге)*; **ein Schauder durchfuhr die Glieder** дрожь пробежала по телу
Durchfahrt f -, -en 1. проезд *(действие)*; **auf der** ~ проездом; 2. проезд; ворота
Durchfall m -(e)s, -fälle 1. провал, фиаско; 2. *мед.* понос
durch|fallen* vi (s) 1. проваливаться *(сквозь что-л.)*; 2. проваливаться, потерпеть провал [фиаско]; ~ **lassen*** *разг.* 1) привести к провалу; 2) срезать, провалить на экзамене
durch|faulen vi (s) прогнить
durch|fechten* I vt провести до конца *(бой)*; **eine Meinung** ~ отстоять мнение; II ~, sich пробиться [вырваться] из окружения
durch|feilen vt пропиливать
durch|fliegen* I vi (s) 1. пролетать *(сквозь что-л.)*; 2. *разг.* срезаться, провалиться *(на экзамене)*
durch|fliegen* II vt 1. пролетать *(какое-л. пространство)*; 2. пробегать *(глазами)*
Durchfluß m -sses, -flüsse 1. проток; 2. протекание
durch|fórschen vt исследовать *(всё)*; расследовать *(всё)*
durch|fórsten vt прореживать, вырубать *(лес)*
durch|fragen I vt спрашивать (всех) подряд; **die ganze Klasse** ~ опросить весь класс; II ~, sich найти дорогу [сориентироваться] путём расспросов
durch|fressen* vt разъедать
durch|frieren* I vi (s) промерзать
durch|frieren* II vt заморозить, застудить
Durchfuhr f -, -en провоз; транзит
durchführbar a выполнимый
durchführcht a изборождённый
durch|führen* vt 1. проводить *(железнодорожную линию; собрание; опера-*

цию); **2.** проводить *(в жизнь)*; осуществлять; **3.** выполнять, исполнять *(задание)*; **4.** провозить *(товары)*
Durchführung *f* -, -en **1.** проведение; **2.** проведение (в жизнь), осуществление; **3.** выполнение; **4.** провоз
Durchgang *m* -(e)s, -gänge **1.** проход *(место)*; коридор *(вагона)*; **2.** прохождение, проход; **kein ~!** проход закрыт!; **3.** транзит; **4.** смена; **ein zweimaliger ~** две смены
durchgängig I *a* проходной; общий; сплошной; II *adv* вообще; везде; сплошь
Durchgangs‖zug *m* -(e)s, -züge скорый поезд прямого сообщения
durch|geben* *vt* передавать *(по радио, телефону и т. п.)*; **keine Anrufe ~** не соединять по телефону
durchgefroren *part a* промёрзлый
durch|gehen* I I *vi* (s) **1.** проходить *(через что-л.)*; **2.** проходить *(насквозь, до конца)*; **3.** пройти, быть принятым *(о предложении и т. п.)*; II *vt* проходить, изучать; повторять *(урок и т. п.)*
durch|géhen* II *vt* проходить *(от начала до конца)*
durchgehend *a* **1.** проходящий; транзитный; **ein ~er Wagen** вагон прямого сообщения; **~er Wind** постоянный ветер; **2.** сплошной; **ein ~er Gedanke** основная мысль
durchgehends *adv* сплошь, без исключения
durch|glänzen *vt* блестеть *(сквозь что-л.)*; просвечивать
durch|greifen* *vi* действовать решительно, принимать решительные меры
durchgreifend *a* решительный; радикальный; энергичный; **~e Maßnahmen** решительные меры
durch|halten* *vi* продержаться, выстоять, выдержать до конца; **halte durch!** держись! не сдавайся!
Durchhau *m* -(e)s, -e просека
durch|hauen* I I *vt* **1.** прорубать; перерубать, раскалывать; **2.** *разг.* поколотить; II **~, sich** пробиваться (с боем); прокладывать себе дорогу
durch|háuen* II *vt* перерубать, разрубать, рассекать; прорубать
durch|heften *vt* *полигр.* скреплять
durch|heizen *vt* протапливать; нагревать
durch|helfen* *vt* помогать (выбраться из беды); **sich** (D) **~** *перен.* пробиться, найти выход
durch|kämmen (**durch|kämmen**) *vt* прочёсывать *(волосы)*; **das Gelände ~** *воен.*

прочёсывать местность
durch|kämpfen I *vt* доводить до конца *(бой, борьбу)*; II **~, sich 1.** пробиваться с боем; **2.** *перен.* пробивать себе дорогу
durch|kauen *vt* прожёвывать
durch|kommen* *vi* (s) **1.** проходить, проезжать; **2.** пробиться; сводить концы с концами; **glücklich ~** счастливо отделаться; **der Kranke wird ~** больной поправится
durch|kreuzen* I *vt* перечёркивать *(крест-накрест)*
durch|kréuzen* II I *vt* пересекать *(дорогу и т. п.)*; **2.** расстраивать, срывать *(планы и т. п.)*; II **~, sich** перекрещиваться
durch|kriechen* *vi* (s) пролезать, проползать
Durchlaß *m* -sses, -lässe **1.** пропуск; проход *(туннель)*; **2.** решето; цедилка; фильтр
durch|lassen* *vt* пропускать
durchlässig *a* (водо)проницаемый
Durchlässigkeit *f* - *тех.* проницаемость; водопроницаемость
durch|leben I *vt* прожить *(весь период времени)*
durch|lében II *vt* **1.** прожить, пережить *(какое-л. время)*; **freudige Stunden ~** пережить радостные часы; **2.** пережить, испытать
durch|lesen* *vt* прочитать
durch|lichten *vt* **1.** освещать, наполнять светом; **2.** прореживать *(лес)*
durch|lóchen *vt* **1.** пробивать дыры; **2.** *ж.-д.* компостировать
durch|löchern *vt* продырявить; изрешетить
durchlöchert *a* в дырах, дырявый
durch|lüften *vt* хорошо проветривать
durch|machen *vt* **1.** кончать *(школу, курсы и т. п.)*; **eine gute Schule ~** *перен.* пройти хорошую школу; **2.** испытывать; переживать, переносить
Durchmarsch *m* -(e)s, -märsche прохождение *(войск)*
durch|marschieren *vi* (s) проходить *(о войсках)*
durch|mengen I *vt* перемешивать
durch|méngen II *vt* смешивать, размешивать *(в чём-л.)*
durch|messen* I *vt* отмеривать, вымерять
durch|méssen* II *vt* обойти, изъездить *(какое-л. пространство)*; **die Bahn durchmißt das ganze Land** дорога тянется через всю страну

Durchmesser *m* -s, - *мат.* диаметр
durch|mustern *vt* просматривать, тщательно осматривать
durch|nagen *vt* прогрызать
durch|nähen *vt* прошивать
durch|pláudern *vt* проболтать *(какое-л. время)*
durch|pressen I *vt* протиснуть; II ~, **sich** протиснуться
durch|quéren *vt* пересекать
durch|reiben* I *vt* протирать *(сквозь сито)*; **sich (D) die Hände** ~ стереть руки; II ~, **sich** протираться
Durchreise *f* -, -n проезд; **auf der** ~ проездом
durch|reisen I *vi* (s) проезжать, побывать *(где-л.)*
durch|réisen II *vi* объехать, объездить, изъездить
Durchreisende *subst m, f* -n, -n проезжий, -жая
durch|reißen* I *vt* прорвать; II *vi* (s) прорваться, разорваться
durch|rosten *vi* (s) проржаветь
durch|rösten *vt* хорошо прожаривать
durch|rühren *vt* 1. размешивать, перемешивать, ворошить; 2. протирать *(сквозь сито)*
durch|rütteln *vt* встряхивать, перетряхивать, трясти
durchs = durch das
Durchsage *f* -, -n передача *(по телефону, радио и т. п.)*
durch|sagen *vt* передавать *(по телефону, радио и т. п.)*
durch|sägen *vt* распиливать
durch|schauen I *vi* смотреть *(сквозь что-либо)*
durch|scháuen II *vt* видеть насквозь, разгадывать, раскусить
durch|schieben* *vt* просовывать, продвигать, проталкивать
durch|schießen* I I *vt, vi* простреливать; II *vi* (s) 1. пробиваться, бить *(о воде)*; 2. промчаться, промелькнуть
durch|schíeßen* II *vt* 1. прострелить; **mit einer Kugel** ~ пробить пулей; 2. *воен.* простреливать *(местность)*
durch|schlafen* *vt* (про)спать *(без перерыва какое-л. определённое время)*
Durchschlag *m* -(s)s, -schläge 1. дуршлаг; 2. *тех.* пробойник, бородок; 3. копия *(машинописи)*
durch|schlagen* I *vt* пробивать; 2. пропускать, протирать *(через сито)*; процеживать; II *vi* 1. проходить (насквозь), проникать, пропускать *(о бумаге)*, протекать *(о жидкости)*; im En-

kel schlägt der Großvater durch во внуке сказывается характер деда; 2. оказывать действие *(о слабительном)*; 3. возыметь действие *(о доказательстве и т. п.)*; III ~, **sich** 1. пробиваться *(сквозь окружение и т. п.)*; 2. перебиваться; сводить концы с концами
durch|schlüpfen *vi* (s) проскальзывать
durch|schneiden* I *vt* разрезать; прорезать; перерезать
durch|schnéiden* II *vt* 1. рассекать; 2. пересекать *(о железной дороге и т. п.)*
Durchschnitt *m* -(e)s, -e 1. пересечение; разрез; профиль; 2. *мат.* среднее *(число)*; ◊ **im** ~ в среднем
durchschnittlich I *a* средний; II *adv* в среднем
Durchschnitts||mensch *m* -n, -n заурядный человек
durch|schnüffeln *vt* переискать, перерыть
durch|schreiten* I *vi* (s) проходить *(через что-л., мимо чего-л.)*
durch|schréiten II *vt* проходить *(что-л. до конца)*; переходить *(реку)*
durch|schwitzen *vi* пропотеть
durch|sehen* I *vt* просматривать, пересматривать; проверять *(тетради и т. п.)*; II *vi* смотреть *(сквозь что-л.)*; **da sehe ich nicht durch** это мне не понятно
durch|séihen* *vt* процеживать, фильтровать
durch|sein* *vi* (s) 1. пройти *(через толпу и т. п.)*; 2. выдержать испытание; **er ist durch** 1) он вне опасности; 2) он выдержал экзамен; 3. промокнуть (насквозь); проноситься; **die Hosen sind durch** брюки протёрлись; ◊ **bei jmdm. unten** ~ потерять авторитет [упасть] в чьих-л. глазах
durch|setzen I I *vt* проводить *(закон и т. п.)*; осуществлять; настоять *(на чём-л.)*; добиться *(чего-л.)*; **seinen Willen** ~ настоять на своём; II ~, **sich** победить *(в борьбе за существование)*; добиться признания, иметь успех
durch|sétzen II *vt (mit* D) пропитывать *(чем-л.)*; пронизывать *(чем-л.)*; **das Fleisch ist mit Fäulnis durchsetzt** мясо протухло
Durchsetzung *f* - проведение, осуществление
Durchsicht *f* -, -en просмотр, проверка
durchsichtig *a* прозрачный
Durchsichtigkeit *f* - прозрачность
durch|sickern *vi* (s) 1. просачиваться; 2. просачиваться, распространяться *(о слухах)*
durch|sieben *vt* просеивать *(через решето)*

durch|sitzen* I vt просиживать, протирать *(мебель, одежду)*
durch|sitzen* II vt просиживать *(какое-л. время)*
durch|sprechen* vt переговорить *(о чём-либо)*, подробно обсуждать *(что-л.)*; разобраться *(в чём-л.)*
durch|sprengen I vt прорвать *(взорвать)*
durch|spréngen II vt проскакать галопом *(через что-л.)*
durch|springen I vi (s) проскочить, прыгнуть *(через что-л.)*
durch|spríngen II vi пробежать прыжками *(какое-л. расстояние)*
Durchspruch m -(e)s, -sprüche сообщение *(по радио, телефону и т. п.)*
durch|stechen I vt 1. проколоть, проткнуть; 2. мошенничать *(в карточной игре)*
durch|stéchen II vt пробивать насквозь, пронзать; **mit den Augen ~** пронзить взглядом
durch|stecken vt просовывать; вдевать *(нитку)*
Durchstich m -(e)s, -e 1. прокол, прокалывание; 2. *мед.* прободение; 3. траншея, канава, ров
durch|stöbern* vt обшарить, перерыть
durch|stoßen* I vt 1. проталкивать *(через что-л.)*; 2. пробивать, проламывать, прорубать; **ein Loch ~** проделывать отверстие; II vi (s) пробиться *(через фронт и т. п.)*
durch|stóßen* II vt пронзать
durch|streichen* vt зачёркивать, перечёркивать
Durchstrich m -(e)s, -e зачёркивание, перечёркивание
durch|strömen* I vi (s) течь, протекать, проходить *(по чему-л., через что-л.);* **Massen von Menschen strömen hier durch** здесь проходит целый поток людей
durch|strömen* II vt течь, протекать *(по чему-л., через что-л.)*
durch|studieren vt изучать основательно *(до конца)*
durch|suchen I vt перерыть, пересмотреть *(что-л. в поисках чего-л.)*
durch|súchen II vt 1. обыскивать, осматривать *(вещи и т. п.)*; 2. *мор.* протраливать
Durchsuchung f -, -en обыск; осмотр
durch|tauen I vi (s) оттаять, совсем растаять
durch|táuen II vt покрыть росой
durch|tränken vt пропитывать *(тж. перен.)*

durch|treiben* vt прогонять *(насквозь через что-л.);* **einen Nagel durch die Wand ~** пробить гвоздём стену
durch|treten* I vt 1. протаптывать; 2. давить, месить *(ногами);* II vi (s) проходить, ступать *(через что-л.)*
durchtríeben a пробивной, хитрый, пронырливый
durch|wachen vt бодрствовать, не спать *(какое-л. время)*
durch|wachsen* vi (s) прорастать *(сквозь что-л.)*
durch|wandern I vi (s) проходить *(по местности)*
durch|wándern II vt исходить *(местность)*, странствовать *(где-л.)*
durch|wärmen vt прогревать; согревать
durch|wáten vt переходить вброд
durchweg adv сплошь; повсюду; всегда
durch|wehen I vi продувать, дуть *(сквозь что-л.)*
durch|wéhen II vt 1. продувать, обвевать; 2. *перен.* овеять
durch|weichen I vi (s) 1. размякнуть; 2. промокнуть
durch|wéichen II vt 1. размягчать; 2. промочить
durch|winden*, sich I 1. пробираться, проскользнуть; 2. протекать, извиваясь *(сквозь что-л.);* 3. *перен.* лавировать; **wir müssen uns ~** мы должны преодолеть трудности
durch|winden* II vt переплетать, перевивать
durch|wintern vi перезимовать
durch|wirken vt *(mit* D) переплетать *(чем-либо);* **mit Silber ~** заткать серебром
durch|wühlen vt 1. перерыть; обшарить; 2. взбудоражить, взволновать
durch|zählen vt пересчитать
durch|zeichnen vt прорисовывать; калькировать
durch|ziehen* I I vt 1. протаскивать *(через что-л.);* 2. продевать, продёргивать *(нитку);* II vi (s) проходить, проезжать; 3. сквозить *(о ветре);* III ~, sich тянуться, проходить *(тж. перен. о нити повествования и т. п.)*
durch|ziehen* II vt 1. проезжать *(местность);* странствовать *(где-л.);* 2. избороздить; **mit Graben ~** прорезать канавами; 3. наполнить, пропитать *(ароматом, о цветах и т. п.); das Zimmer ist vom Blumenduft durchzogen* комната наполнена ароматом цветов
Durchzug m -(e)s, -züge 1. проход; проезд; 2. прохождение, проход; 3. сквозняк; **~ machen** устроить сквозняк

dürfen* *mod* 1. мочь *(с чьего-л. разрешения)*, сметь; **man darf** можно; **man darf nicht** нельзя; 2. сметь, иметь право, быть вправе; **eins darfst du nicht vergessen** одного ты не должен забывать; 3. *выражает предположение:* **morgen dürfte schönes Wetter sein** завтра будет, вероятно, хорошая погода
durfte *impf от* dürfen
dürfte *impf cj от* dürfen
dürftig *a* бедный, скудный
Dürftigkeit *f* - 1. бедность, нужда; 2. недостаточность, скудность, убожество *(чего-л.)*
dürr *a* 1. сухой; **mit ~en Worten** резко, сухо; без обиняков; 2. тощий *(о человеке, почве)*; худой *(о человеке)*
Dürre *f* -, -n 1. сушь, засуха; сухость; 2. худоба
dürrefest *a* с.-х. засухоустойчивый
Dürr‖obst *n* -es сушёные фрукты
Durst *m* -es жажда; ◇ **ich habe ~** мне хочется пить
dursten *см.* dürsten
dürsten *vi (nach* D) жаждать *(чего-л.)*, испытывать жажду *(тж. перен.)*; **mich dürstet** мне хочется пить
durstig *a* жаждущий; **~ sein** хотеть пить; **nach etw.** (D) **~** жаждущий чего-л., алчный к чему-л.
durstlöschend, durststillend *a* утоляющий жажду
Dusche *<lat.-it.-fr.> f* -, -n душ; **unter die ~ gehen*** принять душ; **jmdm. eine kalte ~ verabfolgen** *перен.* вылить ушат холодной воды на кого-л.
duschen, sich принимать душ
Düse *f* -, -n 1. *тех.* дюза; сопло; насадка; форсунка; 2. *воен.* регуляторная втулка *(накатника);* 3. *мет.* фильера
Dusel *m* -s *разг.* 1. головокружение; 2. опьянение; **im ~ под хмельком;** 3. дремота; 4. мечтание; 5. удача, счастье; ◇ **er hat ~** ему везёт
Düselei *f* -, -en *разг.* 1. сонливость; 2. мечтательность
dus(e)lig *a разг.* 1. сонливый; 2. мечтательный; 3. под хмельком
duseln *vi разг.* 1. дремать; 2. мечтать
Düsen‖flugzeug *n* -(e)s, -e реактивный самолёт
Düsseldorf *(n)* -s Дюссельдорф *(город в ФРГ <земля Сев. Рейн-Вестфалия>)*
Düsseldorfer Schule *f* Дюссельдорфская школа *(нем. школа живописи 19 в., сложившаяся в Дюссельдорфе)*
düster *a* 1. мрачный, тёмный; **es fängt an, ~ zu werden** становится темно,

смеркается; 2. мрачный, угрюмый
Dutzend *n* -s, -e дюжина; **in ~en** дюжинами
Dutzend‖mensch *m* -en, -en дюжинный [заурядный] человек
Dutzend‖ware *f* -, -n бросовый товар
dutzendweise *adv* дюжинами
duzen *vt* обращаться на "ты" *(с кем-л.)*
Duz‖freund *m* -(e)s, -e закадычный друг
Duz‖fuß: mit jmdm. auf dem ~e stehen* быть с кем-л. на "ты"; **auf den ~ kommen*** перейти на "ты"
Dwina *f* - Северная Двина *(река на С. Европейской части РФ; впадает в Белое море)*
Dynámik *<gr.-lat.> f* - динамика
dynámisch *<gr.> a* динамический, динамичный
Dynastie *<gr.> f* -, -sti｜en династия
dynástisch *<gr.> a* династический
dystróph *a мед.* страдающий дистрофией
Dystrophíe *<gr.> f* -, -phi｜en *мед.* дистрофия
D-Zug *см.* Durchgangszug

E

EAN-Code [-'kɔd] *<fr.> m* -, - (**Europäischer Artikelnummer-Code**) европейский штриховой код товаров
Ebba Эбба *(жен. имя)*
Ebbe *f* -, -n 1. (морской) отлив; **~ und Flut** отлив и прилив; 2. упадок, застой
Ebbo Эббо *(муж. имя)*
eben I *a* гладкий, ровный; плоский; **~es Land** равнина; II *adv* 1. только что; **~ erst [jetzt]** только что; 2. именно [как раз] так; **na ~!** *разг.* то-то!
Ebenbild *n* -(e)s, -er подобие, образ, портрет; ◇ **er ist das ~ seines Vaters** он вылитый отец; **nach seinem Vor- und ~** по своему образу и подобию
ebenbürtig *a* 1. равный *(по происхождению)*; 2. равный *(по силе, способностям и т. п.)*; **ein ~er Gegner** достойный [равный] противник
ebenda *adv* там же, тут же
ebendaher *adv* 1. (именно) оттуда; 2. именно по(э)тому
ebendahin *adv* именно туда
ebender *pron dem m (f* ebendie, *n* ebendas, *pl* ebendie), **ebenderselbe** *m (f* ebendieselbe, *n* ebendasselbe, *pl* ebendieselben) тот же самый, та же самая, то же самое,

те же самые; именно тот же, именно та же, именно то же, именно те же
ebendes||halb, **~wegen** *adv* именно по(э)тому, по той же причине
Ebene *f* -, -n **1.** равнина; **2.** плоскость; **auf die schiefe ~ kommen* [geraten*]** *перен.* покатиться по наклонной плоскости; **3.** *перен.* плоскость, область, сфера
ebenfalls *adv* тоже, равным образом, также, и
Ebenholz *n* -es чёрное дерево *(как материал)*
Ebenist *m* -en, -en краснодеревщик
Ebenmaß *n* -es, -e соразмерность, симметрия; **ins ~ bringen*** соразмерить
ebenmäßig *a* соразмерный, симметричный
ebenso *adv* **1.** (точно) так же, таким же образом; **(ganz) ~ wie...** (совсем, совершенно, точно) так же, как...; равно как и...; **~ gut spielen wie...** играть так же хорошо, как...; **2.** такой же, такая же, такое же, такие же; **das ist ein ~ großes Zimmer wie jenes** это такая же большая комната, как и та
ebensogut *adv* так же хорошо, с таким же успехом
ebensolcher *prop* такой же
ebensoviel *adv* столько же
ebensowenig *adv* так же мало
Eber *m* -s, - (дикий) кабан
Eber||esche *f* -, -n рябина
ebnen *vt* **1.** выравнивать, сглаживать *(дорогу и т. п.);* **den Boden ~** подготовить почву для чего-л., устранять препятствия; **2.** *стр.* планировать
Ebro *m* -/-s Эбро *(река на С.-В. Испании)*
Echo <*gr.-lat.*> *n* -s, -s эхо; оклик, отголосок; **ein starkes [lebhaftes] ~ finden* [auslösen]** найти живой отклик
Echse *f* -, -n ящерица
echt *a* настоящий, подлинный; чистый *(о золоте и т. п.);* **ein ~er Freund** настоящий друг; **~er Bruch** *мат.* правильная дробь; **~ und recht** правильно во всех отношениях
Eckbert Экберт *(муж. имя)*
Ecke *f* -, -n **1.** угол; **um die ~ biegen*** завернуть за угол; ◊ **an allen ~n und Enden** везде и всюду; **2.** *мат.* угол, вершина угла; **3.** *спорт.* угловой удар; **4.** кромка
Eck||feile *f* -, -n *тех.* трёхгранный напильник
Eckhard Экхард *(муж. имя)*
eckig *a* **1.** с углами; **~e Klammern** квадратные [прямые] скобки; **2.** угловатый, неуклюжий; **3.** угловатый, неотёсанный *(о человеке);* **~ werden** выйти из себя, стать резким
Eck||stein *m* -(e)s, -e **1.** угловой камень; **2.** краеугольный камень; ◊ **sich für einen ~ des Weltgebäudes halten*** считать себя пупом земли
Eck||zahn *m* -(e)s, -zähne клык; глазной зуб
edel *a* **1.** благородный; **eine edle Gesinnung** благородство; **2.** знатный *(об аристократах);* **ein edles Geschlecht** знатный род; **3.** благородный *(о металле);* инертный *(газ);* **das edle Naß** живительная влага *(о вине)*
Edel||mann *m* -(e)s, -leute дворянин
Edel||mut *m* -(e)s благородство, великодушие
edelmütig *a* благородный; великодушный
Edel||stein *m* -(e)s, -e драгоценный камень
Edel||weiß *n* -/-es, -e *бот.* эдельвейс
Eden <*hebr.-lat.*> *n* -s *миф.* Эдем, земной рай
edieren <*lat.*> *vt* издавать, публиковать, выпускать в свет
Edinburgh *(n)* -s Эдинбург *(город в Великобритании; столица Шотландии)*
Edmar Эдмар *(муж. имя)*
Edmund Эдмунд *(муж. имя)*
Eduard Эдуард *(муж. имя)*
Edward Эдвард *(муж. имя)*
Efeu *m* -s плющ
Eféff [ɛfɛff]: **etw. aus dem ~ verstehen* [wissen*, können*]** *разг.* прекрасно понимать [знать] что-л.
Effékt <*lat.*> *m* -(e)s, -e **1.** эффект, впечатление; **2.** эффект, результат, следствие; **~ erzielen** иметь эффект; **3.** *тех.* производительность
Effékten||börse *f* -, -n *фин.* фондовая биржа
effektív <*lat.*> **I** *a* эффективный; действенный; **~e Ware** *ком.* наличный товар; **~e Leistung** *тех.* действительная мощность [производительность]; **~e Stärke** наличный состав *(войск);* **II** *adv* действительно, в самом деле
effektvoll *a* эффектный
egál *a* **1.** равный; **2.** безразличный; **mir ist alles ~** мне всё безразлично [равно]
Egel *m* -s, - пиявка
Egge *f* -, -n **1.** борона; **2.** мель *(на фарватере)*
eggen *vt* боронить, бороновать
Egoísmus <*lat.-fr.*> *m* -, -men эгоизм

egoístisch ‹*lat.-fr.*› *a* эгоистический, эгоистичный
Egolf Эгольф *(муж. имя)*
Egon Эгон *(муж. имя)*
ehe I *conj* прежде чем, раньше чем; II *adv*: **seit eh' und je** с давних пор; **wie eh' und je** как повелось издавна
Ehe *f* -, -n брак, супружество; **wilde ~** незаконный брак; **eine ~ schließen* [eingehen*]** вступить в брак; **die ~ scheiden* [auflösen, trennen]** расторгнуть брак
ehe|brechen* *vi* нарушать супружескую верность
Ehe‖bruch *m* -(e)s нарушение супружеской верности; **~ begehen* [treiben*]** нарушать супружескую верность, изменять жене [мужу]
Ehe‖bund *m* -(e)s, -bünde; **~bündnis** *n* -ses, -se брачный союз
ehedem *adv* прежде, некогда
Ehe‖frau *f* -, -en супруга, жена
Ehe‖gatte *m* -n, -n; **~gattin** *f* -, -nen супруг, -а
Ehe‖leute *pl* супруги, супружеская чета
ehelich *a* брачный; законный *(о браке)*; **~e Pflichten** супружеские [семейные] обязанности
ehemalig *a* прежний, бывший
ehemals *adv* прежде, когда-то, раньше, в прежние времена, некогда
Ehe‖mann *m* -(e)s, -männer супруг, муж
eher *adv* **1.** раньше; **je ~, desto besser** чем раньше, тем лучше; **~ als** раньше чем; **2.** скорее, больше; **das ist ~ möglich** это скорее возможно
Ehe‖ring *m* -(e)s, -e обручальное кольцо
ehern *a* медный; бронзовый
Ehe‖scheidung *f* -, -en расторжение брака, развод
Ehe‖schließung *f* -, -en; **~schluß** *m* -sses, **~schlüsse** бракосочетание
ehest I *a* самый ранний; ближайший; II *adv*: **am ~en** раньше всех [всего], скорее всего
Ehe‖stand *m* -(e)s, -stände супружество; **in den ~ treten*** вступить в брак
ehestens *adv* **1.** как можно скорее; **2.** не раньше чем; **er kann ~ morgen hier sein** он может быть здесь не раньше чем завтра
ehrbar I *a* почтенный; достойный уважения; II *adv* степенно; благопристойно
Ehre *f* -, -n **1.** честь; **auf seine ~ halten* [bedacht sein]** дорожить своей честью; **2.** почёт, уважение; ◊ **auf ~!** честное слово!; **wieder zu ~n bringen*** реабилитировать

ehren *vt* **1.** уважать, почитать; **ich fühle mich geéhrt** я польщён; **2.** чествовать
Ehren‖amt *n* -(e)s, -ämter почётная *(выборная)* должность; **~ bekleiden [einnehmen*]** занимать почётную должность; выполнять общественную работу
ehrenamtlich I *a* почётный, общественный; **~e Arbeit** общественная работа; II *adv* на общественных началах
Ehren‖bezeigung *f* -, -en оказание почестей [почёта]; отдание чести, воинское приветствие; **die ~ erweisen*** отдавать честь
Ehren‖bürger *m* -s, - почётный гражданин
Ehren‖geleit *n* -(e)s, -e почётный эскорт, свита
Ehren‖gericht *n* -(e)s, -e суд чести
ehrenhaft *a* честный; почтенный
Ehren‖kompanie *f* -, -i|en *воен.* почётный караул; **die ~ abschreiten*** обходить почётный караул
Ehren‖pforte *f* -, -n триумфальная арка
ehrenrührig *a* затрагивающий честь, оскорбительный; **ein ~er Verdacht** оскорбительное подозрение
Ehren‖runde *f* -, -en *спорт.* круг почёта
Ehren‖sache *f* -, -n дело чести, долг чести
Ehren‖titel *m* -s, - почётное звание
Ehren‖urkunde *f* -, -n почётная грамота
ehrenvoll *a* почётный; лестный; **~e Berúfung** почётное назначение
Ehren‖wache *f* -, -n почётный караул; **die ~ halten*** стоять в почётном карауле
Ehren‖wort *n* -(e)s, -e честное слово; **auf ~** на честное слово; **sein ~ halten*** сдержать честное слово
Ehren‖zeichen *n* -s, - знак отличия
ehrerbietig *a* *(gegen* A*)* почтительный *(к кому-л.)*
Ehrerbietigkeit, Ehrerbietung *f* -, -en почтительность; почёт, почтение
Ehr‖furcht *f* - *(vor* D*)* глубокое уважение, почтение *(к кому-л., к чему-л.)*; благоговение *(перед кем-л.)*
ehrfürchtig, ehrfurchtsvoll I *a* благоговейный; II *adv* с глубоким уважением [почтением], благоговейно
Ehr‖gefühl *n* -(e)s самолюбие; чувство чести; **verletztes ~** оскорблённое самолюбие
Ehr‖geiz *m* -es честолюбие
ehrgeizig *a* честолюбивый; тщеславный
ehrlich *a* честный; **~ währt am längsten** ≅ честно живёшь – дольше проживёшь
Ehrlichkeit *f* - честность
ehrlos *a* бесчестный

ehrsam *a* 1. почтенный; порядочный; 2. скромный, благонравный

Ehrsamkeit *f* - 1. почтенность, порядочность; 2. скромность, благонравие

ehrsüchtig *a* честолюбивый; тщеславный

Ehrung *f* -, -en чествование, оказание почестей; **~en erweisen*** оказать почести

ehrwürdig *a* достойный уважения, почтенный

ei! *int* ах!; **~ was!** ничего!; экая важность!

Ei *n* -(e)s, -er яйцо; **ein weiches [weichgekochtes] ~** яйцо всмятку; **ein hartgekochtes [hartgesottenes] ~** яйцо вкрутую; **ein pflaumenweiches ~** яйцо в мешочек; **ein taubes ~** яйцо-болтун; ◊ **wie aus dem ~ gepellt** ≅ одетый с иголочки

Eiche *f* -, -en дуб

Eichel *f* -, -n 1. жёлудь; 2. трефы *(в картах)*

eichen *a* дубовый

Eich‖horn *n* -(e)s, -hörner; **~hörnchen** *n* -s, - белка; **flink wie ein ~** проворный как белка

Eid *m* -(e)s, -e клятва, присяга; **unter ~** под присягой; **den ~ leisten [ablegen]** присягать; **jmdm. den ~ abnehmen*** приводить кого-л. к присяге; **den ~ brechen*** нарушить клятву [присягу]

Eid‖bruch *m* -(e)s, -brüche клятвопреступление

eidbrüchig *a* нарушивший клятву [присягу]; **eine ~e Aussage** ложное показание, лжесвидетельство

Eidechse *f* -, -n ящерица

Eider‖ente *f* -, -en; **~gans**, *f* -, -gänse *зоол.* гага

Eid‖genosse *m* -n, -n 1. союзник; 2. гражданин Швейцарии

Eid‖genossenschaft *f* -: **Schweizerische ~** Швейцарская Конфедерация

eidgenössisch *a* швейцарский

eidlich *a* клятвенный; под присягой

Ei‖dotter *m, n* -s, - яичный желток

Eier‖frucht *f* -, -früchte баклажан

Eier‖kuchen *m* -s, - омлет

eiern *vi разг.* 1. делать восьмёрку, петлять *(о колесе);* 2. идти неверным шагом, идти шатаясь [спотыкаясь]

Eier‖schale *f* -, -n яичная скорлупа

Eier‖stock *m* -(e)s, -stöcke *анат.* яичник

Eierteig‖waren *pl* макаронные изделия на яйцах

Eifel *f* - Эйфель *(зап. часть Рейнских Сланцевых гор в ФРГ, заповедник в земле Рейнланд-Пфальц)*

Eifer *m* -s рвение, усердие; **~ bekunden** проявить рвение; **in ~ geraten*** горячиться, приходить в азарт; ◊ **blinder ~ schadet nur** ≅ услужливый дурак опаснее врага

eifern *vi* 1. *(nach D)* усердствовать, проявлять рвение, усердно добиваться *(чего-л.);* 2. *(gegen A)* горячиться, горячо протестовать *(против чего-л.);* 3. *(mit jmdm. in D)* соперничать, соревноваться *(с кем-л. в чём-л.)*

Eifer‖sucht *f* - ревность

eifersüchtig *a* ревнивый; **~ (auf A) sein** ревновать *(кого-л.)*

eifrig I *a* усердный, ревностный, ярый; **~ dabei [bei etw. (D)] sein** усердно заниматься чем-л.; II *adv* ревностно, усердно; **~ bemüht sein** *(zu+inf)* усердно заниматься *(чем-л.)*, стараться *(что-л. сделать)*

Ei‖gelb *n* -(e)s (яичный) желток

eigen *a* 1. собственный; **das ist mein ~** это моя собственность; **etw. zu ~ haben** владеть чем-л.; **auf ~e Faust** на свой страх и риск; **auf ~e Rechnung** за свой счёт; **in ~er Person** (само)лично, собственной персоной; 2. личного пользования, личный; 3. свойственный; **es ist ihm ~** это ему свойственно; 4. своеобразный, особенный; странный; **es ist mir ~ zumute** мне не по себе

Eigen‖art *f* -, -en своеобразие, характерная особенность

eigenartig *a* своеобразный, особенный

Eigen‖bericht *m* -(e)s, -e сообщение собственного корреспондента

Eigen‖brötelei *f* -, -en оригинальничание, чудачество

Eigen‖dünkel *m* -s самомнение, зазнайство

Eigen‖gewicht *n* -(e)s, -e 1. чистый вес, собственный вес; 2. *физ.* удельный вес

eigenhändig I *a* собственноручный; II *adv* собственноручно; **den Brief ~ abgeben*** вручить письмо лично адресату

Eigen‖heim *n* -(e)s, -e особняк, коттедж; **Bau von ~en** индивидуальное строительство

Eigenheit *f* -, -en своеобразие, особенность

Eigen‖liebe *f* - эгоизм, себялюбие

Eigen‖lob *n* -(e)s самохвальство

Eigen‖macht *f* - произвол

eigenmächtig I *a* самовольный; II *adv* самовольно; **~ handeln [verfahren*]** самовольничать, поступать самовольно

Eigen‖mächtigkeit *f* - самоуправство

Eigen‖name *m* -ns, -n *грам.* имя собственное

Eigen|nutz *m* -es, - корыстолюбие, корысть; эгоизм
eigennützig *a* (свое)корыстный
Eigen‖produktión *f* -, -en *эк.* 1. собственное производство; 2. производство для собственного потребления
eigens *adv* специально, нарочно; ~ bestimmt *(zu* D) специально предназначенный *(для чего-л.)*
Eigenschaft *f* -, -en качество, свойство; in der ~ als... в качестве *(кого-л., чего-л.)*
Eigenschafts‖wort *n* -(e)s, -wörter *грам.* имя прилагательное
Eigen‖sinn *m* -(e)s упрямство; своенравие; das ist nur ~ von [bei] dir это только упрямство с твоей стороны
eigensinnig *a* упрямый, настойчивый; своенравный
Eigen‖sucht *f* - эгоистичность, себялюбие; корыстолюбие
eigensüchtig *a* эгоистичный; корыстолюбивый, корыстный
eigentlich I *a* 1. собственный, подлинный, первоначальный; im ~en Sinne в прямом смысле [значении]; 2. прямой, непосредственный; II *adv* собственно (говоря), в сущности; was wollen Sie ~? что вы, собственно, хотите?; er hat ~ recht он, в сущности, прав
Eigentum *n* -(e)s, -tümer собственность
Eigentümer *m* -s, - собственник, владелец
eigentümlich *a* 1. собственный, свой; 2. своеобразный, особенный; странный
Eigentümlichkeit *f* - своеобразие, особенность; странность; nationale ~ национальная особенность
Eigentums‖recht *n* -(e)s право собственности
eigenwillig *a* упрямый, своенравный
Eigen‖würde *f* - собственное достоинство
eignen, sich *(zu* D, *für* A) годиться, подходить *(для чего-л.)*
Eignung *f* -, -en (профессиональная) пригодность
Eil‖bote *m* -n, -n курьер, нарочный; per ~ schicken посылать с курьером
Eile *f* - спешка, поспешность; in der [aller] ~ спешно, второпях; die Sache hat ~, es hat ~ damit дело не терпит отлагательства; zur ~ drängen [(an)treiben*] подгонять, торопить
eilen *vi* 1. (s) спешить, торопиться; zu Hilfe ~ спешить на помощь; die Zeit eilt 1) время не терпит; 2) время бежит; 2. (h) *(mit* D) торопиться *(с чем-л.);* ich eile sehr damit я очень с этим тороплюсь; Eilt! срочно! *(надпись)*
eilends *adv* спешно; второпях

eilfertig *a* 1. поспешный *(о решении и т. п.);* 2. торопливый *(о людях)*
Eilfertigkeit *f* - поспешность; торопливость
Eil‖gut *n* -(e)s, -güter *ж.-д.* груз большой скорости
eilig *a* 1. спешный; ich habe es ~ я спешу, мне некогда; 2. поспешный, торопливый; nur nicht so ~! не спеши(те) так!
Eiligkeit *f* - спешность; торопливость
eiligst *adv* крайне спешно, срочно
Eil‖lini!e *f* -, -n овал
Eil‖marsch *m* -es, -märsche *воен.* форсированный марш
Eil‖zug *m* -(e)s, -züge скорый поезд
Eimer *m* -s, - ведро; ◊ in den ~ gucken *разг.* остаться ни с чем; im ~ sein потерпеть неудачу [крах]
ein I I *num* 1. *m (f* eine, *n* ein; *без сущ. m* einer, *f* eine, *n* eins/eines) один; es ist ~s час *(время);* ~s раз *(при счёте);* ~ für allemal раз навсегда; ◊ ~er ist keiner *посл.* ≡ один в поле не воин; es ist mir alles ~s мне всё равно; wir sind ~s мы солидарны [едины]; sie sind ~ Herz und ~e Seele они живут душа в душу; 2.: sie tranken ~s *разг.* они выпили по одной рюмочке [единой]; das ~e wie das andere и то и другое; in ~em fort беспрерывно; II *m (f* eine, *n* ein) *неопределённый артикль;* III *pron indef (m* einer, *f* eine, *n* eins (eines) 1. кто-то, что-то; кто-нибудь, что-нибудь; 2. соответствует по значению *мест.* man, *употр. в мужском роде во всех падежах:* das tut ~em wohl это приятно; das freut ~en это радует [приятно]
ein II: ~! *спорт.* садись! *(команда);* weder ~ noch aus wissen* не находить выхода из положения
ein- *отд. глаг. приставка; указывает на:* 1. *движение, проникновение внутрь чего-л.:* ein|treten* входить; 2. *присоединение кого-л., чего-л. к чему-либо, включение куда-л.:* ein|beziehen* включать, приобщать; 3. *окружение или изоляцию:* ein|fassen обрамлять
einaktig *a* одноактный *(о пьесе)*
einánder *adv* друг друга, взаимно
ein|arbeiten I *vt* 1. приучать к работе, вводить в курс дела; 2. *тех.* вмонтировать, встраивать; 3. включать; die Forderung in die Resolution ~ включить требование в резолюцию; II ~, sich втягиваться в работу; входить в курс дела; осваиваться; sich in ein neues Amt ~ освоиться с новой должностью

einarmig *a* 1. однорукий; 2. *тех.* одноплечный
einartig *a* однородный
ein|äschern *vt* 1. испепелить, обратить в пепел; 2. предать кремации, кремировать
Einäscherung *f* -, -en 1. кремация; 2. *тех.* озоление, превращение в золу
ein|atmen *vt* вдыхать *(что-л.)*, дышать *(чем-л.)*
Einatmung *f* -, -en вдыхание
einäugig *a* 1. одноглазый; 2. *астр.* монокулярный
Einbahn||straße *f* -, -n дорога [улица] с односторонним движением
ein|ballen, ein|ballieren *vt* упаковывать [увязывать] в тюки
Einband *m* -(e)s, -bände переплёт *(книги)*
einbändig *a* однотомный
Einbau *m* -(e)s установка; встройка, вмонтирование
ein|bauen *vt* 1. устанавливать *(машины и т. п.)*; 2. строить внутри *(здания)*; вделывать, вмонтировать; 3. *полигр.* обирать *(клише)*
Einbau||möbel *n* -s, - встроенная [вмонтированная] мебель
ein|bedingen* *vt* включать *(в условие договора)*
ein|begreifen* *vt* включать *(куда-л. что-либо)*
einbegriffen *adv* включительно; **diese Summe (mit)** ~ включая эту сумму
einbeinig *a* одноногий
ein|beißen* I *vi (in* A*)* кусать *(что-л.)*, надкусывать *(что-л.)*; впиваться зубами *(во что-л.)*; **in einen Apfel** ~ надкусывать яблоко; II ~, **sich** *(in* A*)* вгрызаться *(во что-л.)*; впиваться *(во что-либо)*
ein|bekommen* *vt* получать; заполучать *(деньги)*
ein|berechnen *vt* включать в счёт
ein|berufen* *vt* 1. созывать *(съезд, собрание и т. п.)*; 2. призывать *(на военную службу)*
Einberufung *f* -, -en 1. созыв *(собрания и т. п.)*; 2. призыв *(на военную службу)*; набор; 3.: ~ **von Banknoten** *фин.* изъятие банкнот (из обращения)
ein|betten *vt* 1. укладывать в постель; **in Grün eingebettet** окружённый зеленью *(о доме и т. п.)*; 2. укладывать *(в землю кабель и т. п.)*; 3. *с.-х.* заделывать *(семена)*
Einbett||zimmer *n* -s, - комната [номер] на одного человека
Einbeulung *f* -, -en вмятина

ein|beziehen* *vt* включать; приобщать; втягивать
Einbeziehung *f* -, -en включение; приобщение; втягивание
ein|biegen* I *vt* загибать, вгибать; II *vi* (s) сворачивать *(в переулок и т. п.)*; **um die Ecke** ~ завернуть за угол
ein|bilden *vt:* **sich (D) etw.** ~ воображать, полагать *(без достаточного основания)*; **sich (D) viel [etwas]** ~ быть слишком высокого мнения о себе, возомнить о себе
Einbildung *f* -, -en 1. воображение, фантазия; 2. высокомерие, самомнение
ein|binden* *vt* 1. *(in* A*)* завёртывать, завязывать *(во что-л.)*; 2. переплетать *(книгу)*
ein|blasen* *vt* 1. вдувать; **Luft in einen Ballon** ~ наполнять баллон воздухом; 2. внушать; **lassen Sie sich nur nichts** ~ не поддавайтесь никаким уговорам
ein|bläuen *vt* синить *(бельё)*
ein|bleuen *vt (jmdm.)* вдалбливать *(в голову что-л., кому-л.)*
Einblick *m* -(e)s, -e 1. *(in* A*)* взгляд *(на что-л.)*; ознакомление *(с чем-л.)*; ~ **in etw. (A) bekommen* [gewinnen*]** выяснить что-л.; **jmdm.** ~ **in etw. (A) geben* [gewähren]** познакомить кого-л. с чем-либо; 2. *тех.* отверстие окуляра
ein|brechen* I *vt* взламывать, проламывать, пробивать; II *vi* (s) 1. врываться, вламываться, вторгаться; 2. совершать кражу со взломом; 3. обрушиваться *(о здании)*; 4. проваливаться *(под лёд)*; 5. внезапно наступать *(о ночи, зиме и т. п.)*
Einbrecher *m* -s, - взломщик; громила
ein|brennen* I *vt* выжигать, прижигать; **ein Zeichen** ~ выжигать клеймо; II *vi* (s) загореть
ein|bringen* *vt* 1. привозить; приносить; вносить; **Düngemittel** ~ вносить удобрения; **Ehre** ~ принести славу; **eingebrachtes Gut** приданое; 2. убирать *(урожай)*; 3. привести в гавань, укрыть в гавани *(судно)*; 4. приносить прибыль, давать доход; **Geld** ~ давать доход; 5. вносить *(предложение, законопроект)*; **eine Resolution** ~ предложить резолюцию; 6. наверстать, нагнать; **die verlorene Zeit** ~ наверстать упущенное время; 7. *полигр.* вгонять строку; 8. *воен.* захватить *(в плен)*
Einbringung *f* -, -en 1. внесение *(предложения, резолюции и т. п.)*; 2. уборка *(урожая)*; 3. внесение *(удобрений)*; 4. предъявление *(доказательств)*

ein|brocken *vt* 1. (на)крошить; 2. *разг.* заварить кашу, натворить дел; ◊ was man sich eingebrockt hat, muß man (auch) auslöffeln *посл.* заварил кашу, теперь сам и расхлёбывай; ich will es ihm ~! я задам ему перцу!
Einbruch *m* -(e)s, -brüche 1. взлом, einen ~ verüben совершить взлом; 2. обвал *(здания)*; 3. (внезапное) наступление *(зимы, ночи и т. п.)*; 4. *воен.* вторжение; атака; вклинивание
ein|bürgern I *vt* давать права гражданства *(кому-л.)*; II ~, sich получать права гражданства; *перен.* укореняться
Einbuße *f* -, -n потеря, ущерб, убыток; ~ erleiden* [erfahren*] *(an* D) потерпеть ущерб *(в чём-л.)*
ein|büßen *vt* терять *(что-л.)*, лишаться *(чего-л.)*, понести ущерб *(в чём-л.)*
ein|dämmen *vt* 1. запрудить *(реку)*; 2. ограничивать, суживать; den Brand ~ локализовать [потушить] пожар; die Kritik ~ зажимать критику
ein|dämpfen *vt* 1. *хим.* выпаривать, упаривать; 2. тушить *(мясо, овощи)*
Eindecker *m* -s, - 1. моноплан; 2. однопалубное судно
ein|deichen *vt* запрудить
Eindeichung *f* -, -en 1. *тех.* обвалование; 2. дамба
eindeutig I *a* 1. ясный, недвусмысленный; 2. *мат.* однозначный; линейный; II *adv* ясно, недвусмысленно, определённо; das ist (klar und) ~ gesagt это сказано прямо
Eindeutigkeit *f* 1. - ясность, определённость; 2. - *мат.* однозначность; 3. -, -en грубость
ein|dichten *vt* сгущать, уплотнять
ein|dicken *vt* 1. *хим.* сгущать *(раствор)*; 2. уваривать
eindimensional *a тех.* одномерный
ein|drängen I *vt* втискивать; II ~, sich втираться; sich in jmds. Vertrauen ~ втереться к кому-л. в доверие
ein|drehen *vt* ввёртывать; ввинчивать; просверливать
ein|drillen *vt* 1. просверливать отверстие *(дрелью)*; 2. натаскивать, (на)тренировать; (вы)муштровать; fürs Examen ~ натаскивать к экзамену; jmdm. die Regeln ~ вдалбливать кому-л. правила
ein|dringen* *vi* (s) 1. проникать, вторгаться, врываться *(куда-л.)*; 2. *(in* A) вникать *(в тайну, проблему и т. п.)*; 3. *(auf* A) напирать, наседать *(на кого-либо)*
eindringend *a* проникновенный

eindringlich *a* настойчивый, убедительный
Eindringlichkeit *f* - убедительность, настойчивость; проникновенность
Eindringling *m* -s, -e 1. проныра; 2. захватчик, оккупант
Eindringung *f* -, -en вторжение, проникновение
Eindruck *m* -(e)s, -drücke 1. отпечаток, след; 2. впечатление; der ~ haftet впечатление остаётся в памяти; der ~ verwischt sich впечатление сглаживается; er kann sich des ~s nicht erwehren, daß... он не может отделаться от впечатления, что...
ein|drucken *vt* печатать, оттискивать
ein|drücken I *vt* вдавливать, продавливать; приплющивать; оставлять отпечаток *(тж. перен.)*; II ~, sich вдавливаться, продавливаться; сплющиваться
eindrücklich I *a* 1. примечательный; убедительный, выразительный; II *adv* внушительно, категорически
eindrucksvoll *a* 1. выразительный; эффектный; 2. внушительный; ~e Antwort веский ответ
eine *см.* ein I
ein|ebnen *vt* ровнять *(по уровню, ватерпасу)*; сровнять с землёй, срыть
eineinhalb *пит* полтора
einem 1. D *от* ein; 2. *(употребляется в* D *вместо* man): das kann ~ alle Tage passieren это в любой момент может со всяким случиться
einen: A *от* ein; *(употребляется в* A *вместо* man); das freut ~ это приятно каждому [радует каждого]
ein|engen *vt* 1. суживать *(тж. перен. о значении, сфере деятельности)*; 2. стеснять *(заставлять тесниться; тж. перен. о сфере деятельности)*; 3. *тех.* сгущать, концентрировать
Einengung *f* -, -en 1. сужение; ~ des Begriffs сужение понятия; 2. стеснение; *см.* einengen
einerlei I *a inv* одинаковый; auf ~ Art однообразно; das ist mir ~ это мне безразлично; II *adv* всё равно
Einerlei *n* -s однообразие; sein Leben ist ein ewiges ~ его жизнь очень однообразна
ein|ernten *vt* 1. убирать урожай; 2. *перен.* пожинать *(плоды своих трудов и т. п.)*
einerseits *adv* с одной стороны
eines *см.* ein I
einfach I *a* 1. простой, несложный; ~es Wort *лингв.* простое слово; die Sache

liegt ganz ~ дело вполне ясное; **2.** простой, рядовой, ординарный; **II** *adv* **1.** просто; **2.** просто, действительно; **das ist ~ unmöglich** это просто невозможно
Einfachheit *f* - простота
ein|fädeln *vt* **1.** вдевать *(нитку в иголку)*; **2.** затевать; **es ist gut [fein] eingefädelt** ловко задумано [подстроено]
ein|fahren* **I** *vt* **1.** ввозить; свозить; **das Getreide ~** свезти хлеб; **2.** выезжать, объезжать, наездить *(лошадь)*; **3.** накатывать, наездить *(дорогу)*; **4.** обкатывать *(вагон, тж. авто)*; **II** *vi* (s) въезжать *(in* A); **in etwas eingefahren sein** *перен.* зайти в тупик
Einfahrt *f* -, -en **1.** въезд; ворота, подъезд; **2.** въезд *(действие)*; спуск *(в шахту)*
Einfahrt(s)||bewilligung *f* -, -en разрешение [виза] на въезд
Einfall *m* -(e)s, -fälle **1.** обвал *(здания)*; **2.** вторжение *(врага)*; **3.** (внезапная) мысль; идея; **4.** : **vor ~ der Dunkelheit** до наступления темноты; ◇ **auf einen ~ kommen*** напасть на мысль; **jmdn. auf den ~ bringen*** навести кого-л. на *(какую-л.)* мысль
ein|fallen* *vi* (s) **1.** обрушиваться, обваливаться *(о постройке)*; **2.** падать *(о свете)*; **3.** висеть, провисать *(о парусе)*; **4.** вторгаться, нападать *(о неприятеле)*; **5.** вмешаться *(в разговор)*; **jmdm. in die Rede ~** прервать кого-л., вставить слово; **6.** приходить на ум [в голову]; ◇ **wenn der Himmel einfällt** ≅ *погов.* когда рак свистнет
einfallsreich *a* изобретательный, находчивый
Einfalls||winkel *m* -s, - *физ.* угол падения
Einfalt *f* - наивность, простота; ограниченность; **heilige ~** *ирон.* святая простота
einfältig *a* наивный, простодушный; глуповатый; **~es Zeug** глупости, пустяки
Einfamili¦en||haus *n* -es, -häuser особняк, одноквартирный дом, дом для одной семьи
ein|fangen* *vt* поймать, уловить
einfarbig *a* одноцветный
ein|fassen *vt* **1.** вставлять в оправу, оправлять; обрамлять; кантовать; окаймлять, оторочить; **2.** *полигр.* брать в рамку; **3.** *воен.* охватывать; **4.** разливать в бочки
Einfassung *f* -, -en **1.** оправа; обшивка; опушка; наличник *(окна)*; **2.** *полигр.* рамка, бордюр

ein|fetten *vt* смазывать *(жиром, маслом)*
ein|feuchten *vt* смачивать, мочить
ein|finden*, sich появиться; объявиться; найтись; **sich an Ort und Stelle ~** явиться в назначенное место
ein|flechten* *vt* **1.** заплетать *(волосы)*; **2.** вплетать; **ei/n Wort (in die Rede) ~** вставить слово (в повествование, в речь); **3.** оплетать
ein|flicken *vt* (по)ставить заплату
ein|fliegen* **I** *vi* (s) **1.** влетать, влететь; **2.** подлетать к аэродрому; снижаться на аэродром; **2** *vt* испытывать *(самолёт в полёте)*; **III ~, sich** приобретать лётный опыт
Einfliegen *n* -s **1.** *ав.* подлёт к аэродрому; снижение на аэродром; **2.** облёт [испытание] самолёта
ein|fließen* *vi* (s) втекать, вливаться; **Zitate in die Rede (mit) ~ lassen*** вставлять в речь цитаты
ein|flößen *vt* **1.** вливать *(больному лекарство)*; **2.** внушать; **jmdm. Furcht ~** внушать кому-л. страх; **Mut ~** придавать бодрости
Einflug *m* -(e)s, -flüge **1.** *воен.* воздушный налёт; **2.** прилёт; подход к аэродрому; **3.** облёт [испытание] самолёта; **4.**: **der ~ der Rakete in die Flugbahn** выход ракеты на орбиту
Einfluß *m* -sses, -flüsse влияние; **~ haben [ausüben]** оказывать влияние; **sich (D) ~ zu verschaffen wissen*** уметь завоевать авторитет; **von ~ sein** оказывать [иметь] влияние; **ein Mann von ~** влиятельный человек
Einfluß||bereich *m* -(e)s, -e; **~sphäre**; **~zone** *f* -, -n сфера влияния
einflußlos *a* не имеющий влияния
einflußreich *a* влиятельный
Einflüsterer *m* -s, - шептун, наушник
ein|flüstern *vt* нашёптывать
Einflüsterung *f* -, -en нашёптывание; **auf ~** по наущению
ein|fordern *vt* (за)требовать; взыскивать *(деньги)*
einförmig *a* однообразный; монотонный
ein|fressen, sich въедаться, впитываться
ein|fried(ig)en *vt* огораживать, загораживать
ein|frieren* **I** *vi* (s) замерзать; **~ lassen*** замораживать; **II** *vt* замораживать
ein|fügen **I** *vt* **1.** вставлять, вкладывать, вделывать; прилаживать; **2.** включать *(в список и т. п.)*; **II ~, sich** *(in* A) **1.** включаться *(во что-л.)*; **2.** привыкать *(к чему-л.)*, свыкнуться *(с чем-л.)*

Einfügung *f* -, -en 1. вставка, включение (*в список и т. п.*); 2. вставка, вкладка, вделывание, прилаживание

ein|fühlen, sich (*in* A) проникнуться (*каким-л. чувством*); свыкнуться, сжиться (*с мыслью*)

Einfühlung *f* - (*in* A) проникновение (*в сущность*)

Einfühlungs‖kraft *f* -; **~vermögen** *n* -s интуиция, способность проникновения (*во что-л.*)

Einfuhr *f* -, -en импорт, ввоз (*von* D чего-либо)

ein|führen I *vt* 1. ввозить, импортировать; привозить; 2. *мед.* вводить (*зонд, сыворотку*); 3. вводить (*в общество, в должность*); знакомить, представлять; 4. вводить (*в употребление, в рассказ*); **eine Reform ~** проводить реформу; II **~, sich** производить впечатление

Einfuhr‖restriktion *f* -, -en ограничение ввоза

Einfuhr‖sperre *f* -, -n эмбарго на ввоз

Einführung *f* -, -en 1. введение; вступление; 2. ввоз, импорт, привоз; 3. *мед.* введение; ввод; 4. эл. ввод

Einführungs‖lehrgang *m* -(e)s, -gänge вводный курс (*лекций*)

Einfuhr‖verbot *n* -(e)s, -e запрещение ввоза

Einfuhr‖ware *f* -, -n импортный товар

ein|füllen *vt* наполнять; засыпать (*амбар и т. п.*)

Eingabe *f* -, -n 1. подача (*заявления*); заявление; **eine ~ einreichen** (*bei* D), **eine ~ richten** (*an* A) подать заявление (*куда-л.*); 2. представление (*к награде и т. п.*); 3. ввод данных (*в ЭВМ*)

Eingang *m* -(e)s, -gänge 1. вход (*в помещение и т. п.*); **sich** (D) **~ verschaffen** получить доступ (*куда-л., к чему-л.*); 2. начало, вступление; введение (*к лекции и т. п.*); 3. поступление (*корреспонденции и т. п.*); 4. ком. доход; **Eingänge buchen** вносить денежные поступления в кассовую книгу

eingangs *adv* вначале, сначала; **~ erwähnt** упомянутый вначале

Eingangs‖abgabe *f* -, -n ввозная пошлина

Eingangs‖buch *n* -(e)s, -bücher книга [журнал] входящих бумаг

eingebaut *a* встроенный, вмонтированный, вделанный внутрь

ein|geben* *vt* 1. давать (*лекарство*); 2. подавать (*заявление*); 3. представлять (*к награде, к повышению по службе*); 4. внушать (*мысль и т. п.*)

Eingeber *m* -s, - подстрекатель

eingebildet *a* 1. воображаемый, мнимый, фиктивный; **der ~e Kranke** мнимый больной; 2. много о себе воображающий, чванный; **auf sich** (A) **~ sein** быть о себе высокого мнения

eingeboren *a* 1. туземный 2. *рел.* единородный

Eingeborene *subst m, f* -n, -n 1. местный уроженец, местная уроженка; коренной житель, коренная жительница; 2. туземец, -мка

Eingebung *f* -, -en вдохновение; внушение; интуиция; **eine glückliche ~** удачная мысль

eingebürgert *a* получивший права гражданства; *перен.* укоренившийся

eingedenk *уст.* **~ sein** (G) помнить (*о чём-л.*); **sei dessen ~!** помни об этом!

eingedrückt *a* вдавленный, притиснутый; *тех. тж.* уплотнённый, углублённый

eingeengt I *a* стеснённый, суженный; II *adv* тесно (*сидеть и т. п.*)

eingefallen *a* 1. впалый, ввалившийся (*о щеках*); 2. провалившийся (*о крыше и т. п.*)

eingefleischt *a* 1. закоренелый (*о привычке и т. п.*); 2. закоренелый; завзятый, отъявленный

eingefroren *a* замороженный (*тж. перен.*)

ein|gehen* I *vi* (s) 1. прибывать, поступать; **es sind Briefe eingegangen** прибыли письма; 2. *высок.* входить, вступать; **in die Ewigkeit ~** умереть; 3. входить (*в положение дела*); **auf die Frage ~** остановиться на вопросе; **auf jeden Schüler ~** подходить индивидуально к каждому ученику; 4. (*auf* A) соглашаться (*с чем-л.*), пойти (*на что-л.*); **auf einen Vorschlag ~** принять предложение; II *vt* (h, s) заключать (*сделку, соглашение*); **eine Wette ~** держать пари; **eine Ehe ~** вступить в брак

ein|gehen* II *vi* 1. прекращаться, прекратить существование, гибнуть, погибать (*о растениях, животных*); **die Blume ist eingegangen** цветок засох; 2. садиться (*о ткани*);

eingehend *a* 1. подробный, обстоятельный; 2. входящий, поступающий; **~e Papiere** входящие бумаги

Eingehung I *f* -, -en 1. вступление; **~ der Ehe** вступление в брак; 2. согласие (*на что-л.*); заключение (*договора, сделки*); 3. поступление (*денег, писем*)

Eingehung II *f* -, -en 1. прекращение, ликвидация; гибель (*животных, растений*)

eingekocht *a* уваренный, сгущённый
eingekrümmt *a* вогнутый, загнутый внутрь
eingelegt *a* 1. инкрустированный; 2. маринованный
eingemacht *a*: ~es Obst (фруктовое) варенье; компот; консервированные фрукты
Eingemachte *subst n* варенье
ein|gemeinden *vt* включать в состав (общины, города какую-л. территорию)
eingenommen *a*: für jmdn. ~ sein быть расположенным, питать симпатию к кому-л.; gegen jmdn., gegen etw. ~ sein быть предубеждённым против кого-л., против чего-л.; питать антипатию [неприязнь] к кому-л.; von etw. (D) ~ sein увлекаться чем-л.; von sich (D) (selbst) ~ sein быть о себе высокого мнения, много воображать о себе
Eingenommenheit *f* - предубеждение, пристрастность; расположение
eingerichtet *a* устроенный, оборудованный; **gut** ~ благоустроенный
eingeschaltet I *part II* 1. вставной; 2. *эл.* включённый; II *a* високосный
eingeschmuggelt *a* контрабандный
eingeschränkt *a* стеснённый, ограниченный
eingeschrieben *a* 1. заказной (о письме); ~! заказное (надпись на конверте); 2. зарегистрированный
eingeschrumpft *a* 1. сморщенный; 2. сокращённый (о бюджете, доходах)
eingeschüchtert *a* забитый, запуганный
Eingeständnis *n* -ses,-se признание, сознание (чего-л.)
ein|gestehen* *vt* признавать (свою вину и т. п.), сознаться (в чём-л.)
eingetragen *a* зарегистрированный; ~e Gesellschaft зарегистрированное общество
Eingeweckte *subst n* варенье; консервированные фрукты [овощи]
Eingeweide *n* -s, - внутренности, кишки, потроха
ein|gewöhnen I *vt* приучать; II ~, sich (in A) привыкать (к чему-л.), свыкаться, осваиваться (с чем-л.); акклиматизироваться
eingewurzelt *a* закоренелый; укоренившийся
Eingezogenheit *f* - 1. уединённость; 2. скромность, умеренность, воздержанность
ein|gießen* *vt* наливать, вливать; voll ~ наливать доверху; übervoll ~ наливать через край; halbvoll ~ наливать до половины

ein|gipsen *vt мед.* положить в гипс, наложить гипсовую повязку
ein|gittern *vt* обносить решёткой
Einglas *n* -es, -gläser монокль
eingleisig *a ж.-д.* одноколейный, однопутный
ein|gliedern *vt* включать, вводить (в состав чего-л.); присоединять; *тех.* включать звеном
Eingliederung *f* -, включение, введение (в состав чего-л.), присоединение; *тех.* включение звеном
ein|graben* *vt* 1. закапывать; вкапывать; 2. вырезать, резать, гравировать (по металлу, камню); II ~, sich 1. запомниться, запечатлеться в памяти; 2. *воен.* окапываться
ein|greifen* *vt* 1. вмешиваться, принимать решительные меры; in jmds. Recht ~ посягать на чьи-л. права; 2. вступать в бой; 3. *тех.* сцеплять, зацеплять (о зубчатых колёсах)
eingreifend *a* решительный (о мерах)
Eingriff *m* -(e)s, -e 1. вмешательство; 2. содействие; 3. *тех.* сцепление, зацепление
ein|hacken I *vt* 1. (in A) ударять (киркой по чему-л.); 2. (in A) вонзать (зубы, когти во что-л.); мелко нарубать (мясо, корм); II *vi* (auf A) нападать (на кого-л. - о хищнике, птице; *перен. разг.* с упрёками и т. п.)
ein|haken I *vt* закрывать [застёгивать] на крючок; зацепить на крюк; задевать крючком (за что-л.); II ~, sich (bei D) *разг.* брать под руку (кого-л.)
Einhalt *m* -(e)s задержка, остановка; ◊ ~ gebieten* [tun*] прекратить, остановить (что-л.), осадить (кого-л.)
ein|halten* I *vt* 1. задерживать, останавливать, удерживать; 2. соблюдать (срок, правило и т. п.); **Mahlzeiten** ~ соблюдать время приёма пищи; die Zahlungen ~ производить выплату в срок; die Zeit ~ соблюдать срок, придерживаться срока; den Plan ~ выполнить план в срок; II *vi* (mit D) переставать, останавливаться; mit der Arbeit ~ приостанавливать работу
Einhaltung *f* -, -en соблюдение (условий, сроков); выдерживание (размера)
ein|hämmern *vt* 1. вбивать; 2. *разг.* вдалбливать (в голову)
einhändig *a* 1. однорукий; 2. *спорт.* одной рукой
ein|händigen *vt* вручать, передавать (в собственные руки); einen Orden ~ вручить орден

Einhändigung f - вручение
ein|hängen I vt навешивать *(на петли)*; **den Hörer** ~ повесить телефонную трубку; II ~, **sich** *(bei* D*) разг.* брать *(кого-л.)* под руку
ein|hauen* I vt вырубать, врубать, насекать; **eine Kerbe** ~ делать зарубку; II vi *(auf* A*)* рубить, ударять, колотить *(по чему-л., кого-л., что-л.);* **tüchtig [kräftig] (ins Essen)** ~ *разг.* здорово приналечь (на еду); III ~, **sich** *воен.* врубаться
ein|heben* vt **1.** навешивать *(дверь и т. п.);* **2.** взимать *(проценты);* **3.** *полигр.* спускать в машину *(заключённую форму)*
ein|heften vt **1.** вмётывать, вшивать; **2.** *полигр.* брошюровать
einheimisch I a **1.** отечественный; местный; туземный; ~ **werden** освоиться со страной [климатом], акклиматизироваться; натурализироваться; **2.** *мед.* эндемический; II adv: **sich** ~ **fühlen** освоиться, акклиматизироваться
Einheimische subst m, f -n, -n местный житель, местная жительница; туземец, -мка
ein|heimsen vt **1.** убирать с поля *(урожай);* **2.** пожинать *(плоды своих трудов);* **3.** загребать *(барыши)*
ein|heiraten vi; ~, **sich** войти в семью *(через брак);* **in eine Famili|e** ~ породниться с кем-л.; **in ein Geschäft** ~ стать компаньоном предприятия через брак
Einheit f -, -en **1.** единство, сплочённость, единодушие; **2.** единица *(измерения, отдельная часть среди других);* **internationale** ~ международная единица; **3.** *воен.* подразделение
einheitlich a **1.** единый; ~**e Führung** *воен.* единое командование, централизованное управление; **2.** единообразный, однородный, унифицированный; **3.** единодушный
Einheitlichkeit f - **1.** единство; **2.** единообразие; унификация
Einheits||aktion f -, -en единодушное [единое] выступление [действие]
Einheits||bestrebung f -, -en стремление к объединению [к единству]
Einheits||front f - единый фронт
Einheits||größe f -, -n стандартный размер
Einheits||leitung f - единоначалие
Einheits||porto n -s, -s/-ti единый почтовый тариф
Einheits||preis m -es, -e единая [стандартная] цена
ein|heizen vi затопить; натопить *(печь);* jmdm. ~ *разг.* задать жару кому-л.

ein|helfen* подсказывать; суфлировать
Einhelfer m -s, - суфлёр
einhellig a единогласный, единодушный
Einhelligkeit f - единогласие, единодушие
einher|gehen* vi (s) *(mit* D*)* идти, шагать, шествовать *(рядом с кем-л., чем-л.);* **Probleme gingen mit Erfolgen einher** проблемы сопровождали успехи
einhöckerig a одногорбый
ein|holen vt **1.** догонять; *перен. тж.* навёрстывать; **2.** закупать *(продукты и т. п. для ежедневного потребления);* **3.** достать, добыть; **eine Erkundigung** ~ наводить справку; **einen Rat** ~ советоваться; **4.** убирать; **ein Tau** ~ выбирать канат; **die Fahne** ~ спускать флаг; **5.:** **feierlich** ~ торжественно встречать
Einhol||tasche f -, -n хозяйственная сумка
einhörnig a *зоол.* однорогий
einhufig a *зоол.* однокопытный
ein|hüllen I vt укутывать; завёртывать; II ~, **sich** *(in* A*)* укутываться, закутываться *(во что-л.);* **sich in Schweigen** ~ погрузиться в молчание
Einhüllung f -, -en **1.** укутывание, завёртывание; **2.** оболочка, покров; *тех.* кожух
einhundert *num* сто, одна сотня
einig a сплочённый; согласный, единодушный; ~ **werden** *(über* A*)* договориться *(о чём-л.)*
einige pron indef f *(m* einiger, *n* einiges, *pl* einige) **1.** некоторая (некоторый, некоторое, некоторые); **in** ~**er Entfernung** на некотором расстоянии; **nach** ~**r Zeit** через некоторое время; **2.** *тк. n sg* кое-что; **3.** *тк. pl* несколько; некоторые, кое-какие, кое-кого; *перед числит.* около, с лишним; ~ **Male** несколько раз; **vor** ~**n Jahren** несколько лет тому назад
einigen I vt объединять, соединять; II ~, **sich** объединяться; *(auf, über* A*)* договориться *(о чём-л.),* сойтись *(на чём-л.)*
Einiger m -s, - примиритель
einigermaßen adv до некоторой степени
einiges *см.* einige
Einigkeit f - единение, единодушие, согласие; ◊ ~ **macht stark** *посл.* в согласии сила
Einigung f -, -en **1.** соглашение; согласованность; согласие; **eine** ~ **zustande bringen*** добиться соглашения; **2.** объединение
ein|impfen vt **1.** *мед.* прививать; **2.** внушать, прививать; **Achtung** ~ *(vor* D*)* внушать уважение *(к чему-л.)*

Einimpfung f -, -en 1. *мед.* прививка; 2. внушение

ein|jagen vt нагнать *(страх, ужас)*; **Angst ~** нагнать страх

einjährig a годовой; годовалый *(о ребёнке)*; однолетний *(о сроке)*

ein|kalkulieren vt включать в калькуляцию; учитывать, рассчитывать

ein|kassieren vt инкассировать, получать *(деньги)*; **Beiträge ~** собирать членские взносы; **Schulden ~** взыскивать долги

Einkassierer m -s, - инкассатор

Einkauf m -(e)s, -käufe покупка, закупка; **Einkäufe machen [besorgen]** делать покупки

ein|kaufen vt закупать, покупать; **sich in ein Altersheim ~** купить себе место в доме для престарелых

Einkäufer m -s, -; **~in** f -, -nen покупатель, -ница; закупщик, -щица; скупщик, -щица

Einkaufs∥haus n -(e)s, -häuser торговый дом, торговая фирма

Einkaufs∥preis m -es, -e покупная [закупочная] цена

Einkehr f -, -en 1. заезд, заход; 2. постоялый двор, гостиница; ◇ **bei [in, mit] sich ~ halten*** углубиться в себя, обдумать свои поступки

ein|kehren vi (s) *(bei* D, *in* D) заезжать, заходить *(к кому-л.)*; останавливаться *(у кого-л., где-л.)*; **Sorge kehrt bei mir ein** меня одолели заботы

ein|keilen I vt вколачивать, вбивать, заклинивать; **wir waren in der Menschenmenge eingekeilt** нас зажали в толпе; II **~, sich** вклиниваться *(тж. перен.)*

ein|kellern vt складывать [закладывать] в подвал; хранить в погребе *(овощи и т. п.)*

ein|kerkern vt заключать в тюрьму

Einkerkerung f -, -en заключение в тюрьму; тюремное заключение

ein|kesseln vt *воен.* окружать

Einkesselung f -, -en *воен.* окружение

ein|kitten vt *стр.* шпаклевать; вмазывать, вклеивать

ein|klagen vt подать жалобу, предъявить иск; **jmdn. vor Gericht ~** предъявить кому-л. судебный иск; **die ausstehenden Zahlungen ~** подать жалобу на задержку платежей; **eine Schuld ~** подать в суд *(на кого-л.)* за неуплату долга

ein|klammern vt 1. прикреплять скобой; 2. заключать в скобки

Einklang m -(e)s, -klänge 1. *муз.* созвучие; 2. согласие; **etw. mit etw.** (D) **in ~ bringen*** согласовать, привести в соответствие что-л. с чем-л.; 3. *воен.* взаимодействие

ein|kleben vt вклеивать, наклеивать, подклеивать

ein|kleiden I vt одевать; облачать; обмундировать; II **~, sich** обмундироваться, облачаться; **sich neu ~** купить себе новую одежду

Einkleidung f -, -en облачение; обмундирование; **verhüllende ~** маскировка

ein|klemmen vt 1. прищемлять, защемлять, ущемлять; 2. прижать к бортику *(хоккей с шайбой)*

ein|klinken I vt защёлкнуть, запереть щеколдой; II vi (s) защёлкнуться

ein|klopfen vt вколачивать, вбивать

ein|kneifen* vt прикрыть, прищурить *(глаз)*

ein|kommen* vi (s) 1. поступать, прибывать; **wieviel ist eingekommen?** сколько поступило *(денег)?*; 2. ходатайствовать; **schriftlich ~** *(um* A) ходатайствовать письменно [в письменной форме] *(о чём-л.)*

Einkommen n -s, - доход

ein|krallen, sich вцепляться, вонзать когти

ein|kreisen vt *воен.* окружать

Einkreisung f -, -en *воен.* окружение

ein|kreuzen vt *с.-х.* скрещивать

ein|kriechen* vi (s) вползать

Einkünfte pl доходы; **mit ~n versehen*** выдать дотацию

einkuscheln, sich уютно усаживаться

ein|laden* I vt нагружать, грузить *(in* A) *(что-л. во что-л.)*

ein|laden* II vt приглашать; **zu einer Tasse Tee ~** приглашать на чашку чая

einladend a 1. пригласительный; 2. заманчивый, привлекательный

Einladung I f -, -en погрузка

Einladung II f -, -en приглашение; **eine ~** (D, *an* A) **schicken** послать приглашение *(кому-л.)*; **eine ~ annehmen***, **einer ~ folgen [Folge leisten]** принять приглашение

Einladungs∥karte f -, -n пригласительный билет

Einlage f -, -n 1. содержимое, вложение; 2. *тех.* прокладка, вставка; вкладыш; 3. денежный вклад [взнос]; **~ auf Sicht** вклад до востребования; 4. *мед.* тампон, вставка; временная пломба

ein|lagern vt 1. держать [хранить] на складе; 2. укладывать *(товары)*; 3. *воен.* расквартировывать

Einlagerung f -, -en 1. принятие на склад; 2. *воен.* расположение войск лагерем [по квартирам]; **3.** *геол.* залегание

Einlaß *m* -sses, -lässe **1.** впуск, доступ, допуск; *тех.* подача, подвод; **~ begehren** требовать доступа; **jmdm. den ~ wehren** запретить кому-л. доступ [вход]; **2.** калитка; проход

ein|lassen* I *vt* **1.** впускать; **2.** *тех.* впускать, вставлять, запускать *(в паз);* II **~ sich 1.** *(in, auf* A) пускаться *(на что-либо);* принимать участие *(в чём-л.;* чаще в отрицательном смысле);* ◊ **sich auf keine Verhandlungen ~** отказаться от переговоров; **2.** *(mit* D) связываться *(с кем-л.)*

Einlaß||karte *f* -, -n входной билет; пропуск

Einlauf *m* -(e)s, -läufe **1.** поступление *(бумаг, денег);* **2.** *спорт.* окончание бега [дистанции]; финиширование; **3.** прибытие *(судна в гавань);* **4.** *тех.* впуск, вход; **5.** *мед.* клизма

ein|laufen* I *vi* (s) **1.** поступать *(о письмах, заказах);* **die Post ist eingelaufen** пришла почта; **2.** входить в гавань *(о судах);* подходить к *(крытому)* перрону *(о поездах);* **3.** садиться *(о ткани);* II *vt:* **jmdm. das Haus ~** надоесть кому-л. (посещениями); III **~, sich** прирабатываться *(о машине)*

einläufig *a* одноствольный *(о ружье)*

ein|leben, sich 1. *(in* A) свыкаться, сживаться *(с кем-л.);* **sich in einem Land ~** акклиматизироваться в стране; **2.** *(mit* D) свыкаться, сживаться, уживаться *(с кем-л.)*

Einlege||arbeit *f* -, -en инкрустация

ein|legen *vt* **1.** вкладывать, помещать *(деньги в банк и т. п.);* **2.** вставлять; **eine Ruhepause ~** сделать перерыв [паузу]; **3.** вступиться, ходатайствовать *(für* A за кого-л.);* **für jmdn. ein gutes Wort (bei jmdm.) ~** замолвить словечко [доброе слово] за кого-л. *(у кого-л., перед кем-л.);* **Protest [Verwahrung] ~** заявить протест; **4.** солить, мариновать; **5.** инкрустировать

Einlege||sohle *f* -, -n стелька

ein|leiern *vt* зазубрить, затвердить

ein|leimen *vt* вклеивать

ein|leiten *vt* **1.** начинать, заводить; **ein Verfahren gegen jmdn. ~** возбуждать дело против кого-л.; **2.** принимать меры; **3.** делать вступление *(к книге, празднеству и т. п.)*

einleitend I *a* вступительный; II *adv* во вступлении, во вступительном слове; в начале

Einleitung *f* -, -en введение, вступление; *муз.* прелюдия

ein|lenken *vi* **1.** (s) *(in* A) сворачивать, заворачивать *(куда-л. при езде);* **2.** (h) идти на уступки, переходить на примирительную позицию *(в споре);* переменить тон; **nach dem Streit ~** первым сделать шаг к примирению

ein|lernen *vt* заучить, затвердить

ein|lesen*, sich *(in* A) вчитываться *(во что-л.)*

ein|leuchten I *vi* направлять свет прожектора *(на сцену и т. п.);* II *vi* становиться ясным [очевидным]; **das leuchtet (mir) ein** это (для меня) убедительно; **das will mir nicht ~** я с этим не согласен; это мне не ясно

einleuchtend *a* ясный, очевидный; **~e Gründe** уважительные причины

ein|liefern *vt* вручать, доставлять; поставлять; помещать *(в больницу, в тюрьму)*

Einlieferung *f* -, -en доставка; поставка; сдача; вручение

ein|lösen *vt* **1.** выкупать; **2.** оплатить *(вексель);* **3.** выручать *(о доходах);* **4.** сдержать *(обещание);* **ein Wort ~** сдержать слово; **eine Verpflichtung ~** выполнить обязательство

Einlösung *f* -, -en **1.** выкуп; **2.** уплата *(по векселю)*

ein|lullen *vt* убаюкивать; **in den Schlaf ~** убаюкивать, усыплять

ein|machen *vt* **1.** мариновать; консервировать; варить варенье *(из чего-л.);* **2.:** **den Kalk ~** *стр.* гасить известь

Einmach||glas *n* -es, -gläser (стеклянная) банка *(для варенья, маринада)*

Einmach||obst *n* -es консервированные фрукты

einmal I *adv* **1.** *(один)* раз; **ein- bis zweimal** один-два раза; **noch ~ ещё** раз; **noch ~ soviel** ещё столько же; **auf ~** вдруг, внезапно; **2.** однажды, когда-то; **es war ~** жил-был *(в сказках);* **3.** когда-нибудь *(в будущем);* **4.** во-первых; II *part* **1.** -ка; **denke dir ~!** подумай-ка!; **2.: nicht ~ lesen kann er** он даже читать не умеет

Einmaleins *n* -, - таблица умножения

einmalig *a* **1.** разовый, однократный; **2.** единственный в своём роде, уникальный

Einmalige *subst n*: **etwas (völlig) ~s** нечто единственное в своём роде

Einmaligkeit *f* -, -en **1.** однократность; **2.** неповторимость, исключительность

Einmalspritze *f* -, -en одноразовый шприц

Einmarsch *m* -(e)s, -märsche **1.** вступление *(войск);* **2.** *спорт.* выход участников *(на площадку)*
ein|marschieren *vi* (s) *воен., спорт.* вступать
ein|mauern *vt* замуровать; вмазывать *(в стену)*
ein|meißeln *vt* высекать *(на камне);* выдалбливать
ein|mieten I I *vt* снимать помещение *(для кого-л.);* II ~, **sich** снимать помещение *(для себя)*
ein|mieten II *vt* с.-х. **1.** складывать в силосные сооружения; силосовать; **2.** хранить в буртах
Einmieter *m* -s, - квартирант, съёмщик
ein|mischen I *vt* вмешивать *(тж. перен.);* II ~, **sich** вмешиваться *(в чужие дела и т. п.)*
Einmischung *f* -, -en **1.** вмешательство; **2.** вмешивание
ein|mumme(l)n I *vt разг.* тепло закутывать; II ~, **sich** тепло закутываться
ein|münden *vi* (s) *(in* A) **1.** впадать куда-л. *(о реке);* **2.** выходить куда-л. *(об улице, о дороге)*
Einmündung *f* -, -en **1.** впадение, устье *(реки, канала);* **2.** конец *(улицы)*
einmütig I *a* единодушный; II *adv* единодушно, заодно; ~ **handeln** действовать согласованно
Einmütigkeit *f* - единодушие
ein|nähen *vt* **1.** вшивать; **2.** ушивать
Einnahme *f* -, -n **1.** приход, выручка; сбор; **2.** *воен.* взятие, занятие, захват
Einnahme||posten *m* -s, - *фин.* приходная статья; **als** ~ **buchen** заприходовать
ein|nehmen* *vt* **1.** занимать *(должность),* **2.** *воен.* брать, овладеть, занимать, захватывать; **im Sturm** ~ брать штурмом; **3.** получать *(доход, налоги);* инкассировать *(деньги);* **4.** принимать *(груз),* **5.** принимать *(лекарство, пищу),* **6.** *(jmdn. für* A) расположить *(кого-л.* к *кому-л.),* заинтересовать *(кого-л. чем-либо)*
einnehmend *a* привлекательный, располагающий; **er hat ein** ~**es Wesen** 1) он обаятелен; 2) *шутл.* он обжора; 3) *шутл.* он сгрёб
Einnehmer *m* -s, - **1.** сборщик податей [налогов]; **2.** инкассатор
ein|nicken *vi* (s) задремать
ein|nisten, sich **1.** гнездиться; **2.** *перен.* гнездиться, (при)ютиться; жить, поселиться; **3.** расположиться, поселиться *(без приглашения);* **4.** *воен.* окапываться

ein|ochsen *vt разг.* вызубрить *(урок и т. п.)*
Einöde *f* -, -n глушь; пустыня, глухое место
ein|ordnen *vt* **1.** располагать *(в определённом порядке),* размещать, классифицировать; подшивать *(бумаги);* **2.** включать *(в план и т. п.)*
Einordnung *f* -, -en размещение; включение; классификация
ein|packen I *vt* **1.** укладывать, упаковывать; **du kannst** ~! *разг.* проваливай!; **wir können** ~ *разг.* нам тут делать нечего, в нас здесь не нуждаются; **2.** укутывать; II ~, **sich** укутываться
Einpacker *m* -s, -; ~**in** *f* -, -nen упаковщик, -щица
ein|passen *vt* прилаживать, подгонять *(доски и т. п.)*
ein|paucken *vt разг.* **1.** *(sich* D) зубрить; **2.** натаскивать *(кого-л.);* **jmdm. etw.** ~ натаскивать кого-л. в чём-л. [по чему-либо]
ein|peitschen *vt* подстёгивать
Einpeitscher *m* -s - зачинщик; вдохновитель; ~ **des Krieges** поджигатель войны
ein|pferchen *vt* **1.** загонять *(за загородку) (животных);* **2.** втиснуть *(людей в помещение);* **ganz eingepfercht sitzen*** сидеть так, что невозможно двинуться
ein|pflanzen I *vt* **1.** сажать, высаживать *(растения);* **2.** насаждать, внушать; II ~, **sich** укореняться
ein|pflügen *vt* запахать
ein|planen *vt* запланировать, включить в план
ein|pökeln *vt* засаливать (впрок), класть в засол *(мясо, рыбу)*
einpolig *a физ.* однополюсный
ein|prägen I *vt* **1.** выбивать, выгравировать; **sich** (D) **etw.** ~, **etw. im Gedächtnis** ~ запечатлеть что-л. в памяти, запомнить что-л.; **2.** внушать *(заставить понять);* **der Chef prägte der Sekretärin ein, pünktlich zu sein** шеф строго напомнил секретарше о необходимости приходить вовремя; II ~, **sich** запечатлеться *(в чьей-л. памяти),* запомниться *(кому-л.);* **diese Worte prägten sich ihm gut ein** ему хорошо запомнились эти слова
ein|programmieren *vt* запрограммировать *(данные)*
ein|quartieren I *vt* размещать по квартирам, расквартировать; II ~, **sich** *(bei* D) поселиться на квартире *(у кого-л.)*
ein|rahmen *vt* **1.** вставлять в рамку, обрамлять; окантовывать; *полигр.* наби-

рать в рамке; 2. *перен.* обрамлять, окаймлять, окружать *(как рамкой)*
ein|rammen *vt* забивать сваи
ein|räumen *vt* 1. *(in* A) убирать *(куда-л.)*; die Wohnung ~ обставить квартиру; 2. предоставлять *(право, кредит, гарантии)*; 3. уступать *(права и т. п.)*; 4. допускать, соглашаться, признавать; er räumte ein, daß er falsch gehandelt hatte он признал, что поступил неверно
Einräumung *f* -, -en 1. уступка; 2. допущение
Einräumungs||satz *m* -es, -sätze *грам.* уступительное предложение
Einrede *f* -, -n возражение; ~ erheben* возражать
ein|reden I *vt* внушать; II sich (D) ~, daß... внушить себе, что...; jmdm. Mut ~ ободрять кого-л.; III *vi (auf* A) (настойчиво) уговаривать *(кого-л.)*
ein|reiben* *vt* 1. втирать *(мазь и т. п.)*; 2. натирать *(мазью)*
Einreibung *f* -, -en втирание *(мази)*, натирание *(мазью)*
ein|reichen I *vt (bei* D) подавать *(заявление и т. п.)*; вносить *(запрос)*; ein Patent ~ заявить патент; II *vi (um* A) подать заявление *(о чём-л.)*
ein|reihen I *vt* 1. ставить в ряд; 2. зачислять, принимать *(в организацию, армию и т. п.)*; 3. включать, приобщать; die Münze der Sammlung ~ включить монету в коллекцию; II ~, sich *перен.* включаться *(в какое-л. движение)*
Einreiher *m* -s, - однобортный костюм
einreihig *a* 1. однобортный *(об одежде)*; 2. однорядный, в один ряд
Einreise *f* -, -n въезд *(в страну)*
ein|reisen *vi* (s) въезжать *(в страну)*
ein|reißen* I *vt* 1. надорвать; разорвать; 2. ломать, сносить; II *vi* (s) 1. надорваться, разорваться; 2. разломаться; 3. распространяться, укорениться *(об отрицательном явлении)*
ein|reiten* I *vt* объезжать под верх *(лошадь)*; II *vi* (s) въезжать верхом *(куда-либо)*
ein|renken *vt* 1. вправлять *(вывих)*; 2. улаживать *(дело)*
Einrenkung *f* -, -en 1. вправление *(вывиха)*; 2. улаживание *(дел)*
ein|richten I *vt* 1. устраивать, обставлять *(квартиру)*; оборудовать *(лабораторию)*; 2. организовать, устраивать, налаживать; das Leben ~ устроить жизнь; 3. *мед.* вправлять *(вывих)*; II ~, sich 1. устраиваться; 2. *(auf, für* A) готовиться *(к чему-л.)*

Einrichtung *f* -, -en 1. устройство, организация *(действие)*; 2. устройство; учреждение; öffentliche ~ общественное учреждение; 3. обстановка, оборудование; 4. *мед.* вправление *(вывиха)*
ein|rollen *vt* свёртывать трубкой, закатывать
ein|rosten *vi* (s) заржаветь
ein|rücken I *vt* 1. *(in* A) вставлять, помещать, включать *(во что-л.)*; in die Liste ~ включить в список; 2. включать, запускать *(двигатель)*; 3. *полигр.* делать отступ; II *vi* (s) 1. поступать, вступать; zum Militärdienst ~ поступать на военную службу; 2. вступать *(в город и т. п.)* *(о войсках)*; 3. возвращаться на родину *(о войсках)*
ein|rühren *vt* замешивать; заваривать; jmdm. etwas Schlimmes [eine schöne Suppe] ~ *разг.* заварить кашу, доставить кому-л. неприятность
ein|rüsten *vt* *стр.* устанавливать леса, 2. оснастить, оборудовать всем необходимым
eins *см.* ein I
Eins *f* -, -en 1. единица; (число) один; 2. единица *(высшая отметка в немецких школах)*
einsaitig *a* однострунный
ein|salben *vt* 1. смазывать, натирать *(мазью)*; 2. бальзамировать
ein|salzen *vt* солить, засаливать *(мясо, овощи)*
einsam *a* одинокий; уединённый
Einsamkeit *f* - одиночество, уединённость, уединение
ein|sammeln *vt* собирать *(взносы и т. п.)*; die Ernte ~ собирать урожай
ein|sargen *vt* класть в гроб
Einsatz *m* -es, -sätze 1. *(an* D) участие *(в чём-л.)*; вступление *(в действие)*; unter [mit] ~ aller Kräfte не щадя своих сил; zum ~ kommen* вступить в действие; 2. *воен.* боевое использование; durch seinen [eigenen] ~ личным примером в бою; 3. ставка *(в игре)*; 4. вставка *(платья)*
einsatzbereit *a* 1. в полной готовности; ~ sein быть готовым *(к участию в чём-либо)*; sich ~ halten* быть наготове; 2. готовый к бою
Einsatz||bereitschaft *f* -, -en 1. готовность к действию; 2. готовность к (боевым) действиям, боевая готовность
Einsatz||gruppe *f* -, -n 1. рабочая бригада; 2. *воен.* боевая [оперативная] группа
Einsatz||wagen *m* -s, - автомашина особого назначения

ein|säuern vt 1. квасить; мариновать; 2. с.-х. силосовать

ein|saugen* vt всасывать; засасывать; **etw. mit der Muttermilch ~** перен. впитать что-л. с молоком матери

ein|säumen vt 1. подрубать, оторачивать (платье); 2. окаймлять (о деревьях)

ein|schalten vt 1. вставлять (тж. перен. слово в разговор); 2. эл. включать (свет, радио; тж. перен. в работу); **jmdn. in die Arbeit ~** подключить кого-л. к работе

Einschalter m -s, - эл. выключатель

Einschaltung f -, -en 1. вставка (тж. перен.); 2. эл. включение (тж. перен.)

ein|schärfen vt настойчиво внушать, приказывать; **das mußt du dir ~** разг. заруби это себе на носу

ein|scharren vt закапывать, зарывать

ein|schätzen vt 1. оценивать (тж. перен. обстановку, человека); 2. оценивать (работу, ответ), ставить (отметки)

Einschätzung f -, -en 1. оценка; **die ~ und Bewertung der Kenntnisse der Schüler** оценка знаний учащихся; 2. оценка, отметка (за работу учащегося)

ein|schenken vt наливать (напиток); ◊ **jmdm. reinen Wein ~** сказать кому-л. всю правду

einschichtig a 1. в один слой; 2. в одну смену

ein|schicken vt посылать, присылать

ein|schieben* I vt вдвигать; всовывать; сажать (в печь); II ~, **sich** вдвигаться

ein|schießen* I vt воен. пристреливать, приводить (оружие) к нормальному бою; II ~, **sich** пристреливаться (по чему-л.)

ein|schirren vt впрягать

ein|schlafen* vi (s) 1. засыпать; 2. онеметь (о ногах, руках); **der Fuß ist mir eingeschlafen** у меня онемела нога

ein|schläfern vt усыплять; убаюкивать; перен. наводить сон

einschläfernd a снотворный

Einschlag I m -(e)s, -schläge 1. удар (молнии); попадание (бомбы и т. п.); 2. воен. место попадания, пробоина; 3. запас; рубец; напуск (у платья); 4. перен. уклон; **mit technischem ~** с техническим уклоном

Einschlag II m -(e)s, -schläge обёртка; конверт

ein|schlagen* I vt 1. вбивать, забивать, вколачивать; 2. разбивать (стекло окна); II vi 1. ударять (о молнии); **es hat eingeschlagen** ударила молния; 2. (h, s) разорваться, попадать (о бомбе и т. п.); ◊ **es hat bei mir eingeschlagen** разг. тут меня осенило; 3. ударять по рукам (в знак согласия); **schlag ein!** по рукам!; 4. спорт. коснуться щита (плавание); 5. иметь успех; быть ходким (о товаре); 6. относиться, иметь отношение (к чему-л.); **das schlägt nicht in mein Fach ein** это не по моей части

ein|schlagen* II vt завёртывать (в бумагу и т. п.)

ein|schlagen* III vi идти (каким-л. путём, тж. перен.); **einen neuen Weg ~** пойти другим путём

einschlägig a соответствующий; относящийся (к чему-л.); **die ~e Literatur** литература по данному предмету

Einschlag||papier n -s, -e обёрточная бумага

ein|schleichen* vi (s); ~, **sich** 1. прокрадываться; **sich in jmds. Vertrauen ~** вкрасться к кому-л. в доверие; 2. вкрадываться (об ошибке); 3. закрадываться (о сомнении и т. п.)

ein|schleifen* vt тех. притереть, пришлифовать

ein|schleppen vt 1. втаскивать; 2. заносить (болезнь)

ein|schleusen vt 1. тех. запружать; 2. перен. нелегально переправлять, внедрять

ein|schließen* I vt 1. запирать (на замок); 2. окружать; воен. тж. блокировать (крепость и т. п.); **von Wäldern eingeschlossen** окружённый лесами; 3. заключить (в скобки); 4. включать; **die Betreuung mit eingeschlossen** включая обслуживание; II ~, **sich** запираться (о двери, о человеке)

einschließlich I adv включительно, включая; II prp (G) включая

Einschließung f -, -en 1. запирание (на замок); 2. воен. окружение, блокада; 3. включение

ein||schlummern vi (s) задремать

Einschlupf m -(e)s, -schlüpfe лазейка, лаз (в изгороди)

Einschluß m -sses, -schlüsse включение; ◊ **mit ~ von** (D) включая, включительно

ein|schmeicheln, sich (bei D) лестью добиться (чьего-л.) расположения, вкрасться в доверие (к кому-л.)

einschmeichelnd a вкрадчивый; заискивающий

ein|schmelzen I vt растапливать; расплавлять; II vi (s) 1. растапливаться; расплавляться; 2. убывать, уменьшаться

ein|schmieren vt 1. смазывать; 2. пачкать

ein|schmuggeln I vt 1. ввозить контрабан-

дой; **2.** *разг.* протаскивать *(решения и т. п.);* II ~, **sich** проходить, пробираться *(куда-л. тайком)*
ein|schnallen *vt* стягивать *(пряжкой);* пристегнуть *(ремнём)*
ein|schnappen *vi* (s) **1.** защёлкиваться; **2.** *тех.* попадать в паз; **3.**: **eingeschnappt sein** *разг.* быть недовольным [обиженным]
ein|schneiden* I *vt* **1.** врезать; **2.** надрезать; порезать; *тех.* делать засечки [зарубки]; *геод.* засекать; **3.** вырезать *(отверстие и т. п.);* **4.** нарезать; **Kohl ~ нашинковать капусту; 5.** жать *(серпом и т. п.);* II *vi* врезаться; **die Worte schnitten tief in die Seele ein** слова запали глубоко в душу
einschneidend *a* коренной, радикальный, решительный; **~e Kürzung** резкое сокращение; **in ~er Weise** самым решительным образом
Einschnitt *m* -(e)s, -e **1.** надрез; разрез; **2.** выемка; **3.** вырез
ein|schränken I *vt* ограничивать; сокращать; стеснять; II ~, **sich** ограничивать себя *(в расходах);* сокращать *(свои расходы)*
Einschränkung *f* -, -en ограничение; ~ **der Rüstungen** сокращение вооружений; **sich** (D) ~**en auferlegen** ограничивать себя в чём-л.
Einschreibe||brief *m* -(e)s, -e заказное письмо
ein|schreiben* I *vt* **1.** записывать, вписывать; **einen Brief ~ lassen*, einen Brief eingeschrieben schicken** отправлять письмо заказным; **Einschreiben!** заказное *(надпись на конверте);* **2.** *мат.* вписать *(круг в фигуру);* II ~, **sich** записаться *в книгу посетителей и т. п.)*
Einschreibe||stelle *f* -, -n регистратура
ein|schreiten* *vi* (s) *(gegen* A) принимать меры *(в отношении кого-л., чего-л.),* вмешиваться *(во что-л.);* **gerichtlich ~** подать в суд
Einschreiten *n* -s вмешательство
ein|schrumpfen *vi* (s) **1.** сморщиваться; коробиться; **2.** увядать *(о растениях);* **3.** *перен.* сокращаться, уменьшаться
Einschub *m* -(e)s, -schübe вставка, дополнение
ein|schüchtern *vt* запугивать; **sich nicht ~ lassen*** не дать себя запугать
Einschüchterung *f* -, -en запугивание
ein|schulen *vt* **1.** обучать; **2.** определять *(детей)* в школу
Einschulung *f* - **1.** обучение; **2.** определение *(детей)* в школу

ein|schütten *vt* **1.** всыпать, насыпать; **2.** вливать, наливать
ein|schwenken I *vt* поворачивать, направлять; II *vi* (s) сворачивать *(куда-л.)*
ein|segnen *vt* *рел.* **1.** освящать; посвящать; благословлять; **2.** конфирмовать
Einsegnung *f* -, -en *рел.* **1.** освящение; посвящение; благословление; **2.** конфирмация
ein|sehen* *vt* **1.** просматривать; заглядывать *(во что-л.);* **2.** понимать, сознавать, признавать *(свою ошибку и т. п.);* сознаваться, признаваться *(в чём-л.);* **sein Unrecht ~** признать свою неправоту
Einsehen *n* -s **1.** просмотр; **2.** понимание; **ein ~ haben** входить в *(чьё-л.)* положение
ein|seifen I *vt* **1.** намыливать; **2.** *разг.* надуть, провести *(кого-л.);* II ~, **sich** намыливаться
einseitig I *a* односторонний, однобокий *(тж. перен.);* **ein ~er Vertrag** одностороннее соглашение; II *adv* односторонне *(тж. перен.)*
Einseitigkeit *f* -, -en односторонность, однобокость
ein|senden* *vt* присылать, доставлять; посылать, отправлять
Einsender *m* -s, -; ~**in** *f* -, -nen отправитель, -ница
Einsendung *f* -, -en присылка, доставка; посылка, отправка, отправление
ein|senken I *vt* погружать, опускать; II ~, **sich** погружаться, опускаться
ein|setzen I *vt* **1.** вставлять; вправлять; **etw. in die Zeitung ~** помещать что-л. в газету; **2.** сажать *(растения);* **3.** *бот.* окулировать, прививать; **4.** сажать *(рыбу в садок);* **5.** *(zum* D, *als* A) назначать *(кем-л.);* **6.** напрягать *(силы);* **sein Leben ~** рисковать *(своей)* жизнью; **7.** *воен.* вводить в бой; **8.** вкладывать *(деньги в предприятие);* **etw. zum Pfand ~** давать что-л. под залог; **9.** *тех.* нагружать печь *(чем-л.);* II *vi* **1.** начинаться *(о музыке, болезни и т. п.);* **2.** наступать *(о морозе и т. п.);* **3.** вступать *(об инструменте в оркестре);* III ~, **sich** *(für* A) вступаться *(за кого-л., за что-либо)*
Einsetzung *f* -, -en **1.** вставка; вправка; **2.** назначение *(на должность);* **3.** ввод; ~ **in den Besitz** ввод во владение
Einsicht *f* -, -en **1.** *(in* A) просмотр *(чего-л.);* ~ **nehmen*** *(in* A) ознакомиться *(с чем-л.),* вникнуть *(во что-л.);* **2.** проницательность; понимание; благо-

разумие; **aus eigener ~** по собственному усмотрению; **zur ~ kommen*** убедиться, осознать
einsichtig *a* рассудительный, благоразумный
einsichtslos *a* неблагоразумный, легкомысленный
einsichtsvoll *a* благоразумный, рассудительный
ein|sickern *vi* (s) просачиваться
Einsiedelei *f* -, -en пустынь, скит, уединённое место
ein|siedeln *vt* вселять *(в помещение)*
Einsiedler *m* -s, - отшельник, затворник
einsiedlerisch *a* отшельнический; затворнический
einsilbig *a* 1. односложный; 2. неразговорчивый
ein|singen* I *vt* убаюкивать; **ein Kind in den Schlaf ~** убаюкивать ребёнка; II ~, **sich** 1. распеться, войти в голос; 2. спеться
ein|sinken* *vi* (s) 1. погружаться, увязнуть *(в болоте)*; **bis an die Knie in den Schnee ~** увязать по колено в снегу; 2. оседать; обваливаться; 3. затонуть *(о судне)*
einsitzig *a* одноместный
ein|spannen *vt* 1. впрягать *(лошадей)*; закладывать *(коляску)*; 2. натягивать *(на что-л.)*; вставлять *(лист в пишущую машинку)*; зажимать *(в тиски)*; 3. *разг.* впрягать в работу, загружать работой
Einspänner *m* -s, - одноконный экипаж [выезд]
einspännig *a* одноконный
ein|sparen *vt* (с)экономить; сберегать, накоплять
ein|speichern *vt* складывать в амбар
ein|sperren I *vt* 1. запирать *(кого-л.)*; сажать в тюрьму; II ~, **sich** запираться *(где-л.)*
ein|spielen I *vt* обыгрывать *(музыкальный инструмент)*; II ~, **sich** 1. усовершенствоваться в игре; 2. сыграться
Einsprache *f* -, -n возражение; **~ erheben*** возражать
ein|sprechen* I *vt* внушать; **jmdm. Mut ~** одобрить кого-л.; **jmdm. Trost ~** утешать кого-л.; **ein Wort mit ~** вставить словечко; II *vi* (*auf* A) 1. убеждать *(кого-л.)*; 2. наговорить *(запись и т. п.)*
ein|sprengen I *vt* 1. сбрызгивать *(бельё)*; 2. вкрапливать; подмешивать
ein|sprengen II *vt* выламывать, с силой открывать

ein|sprengen III *vt* 1. *vi* (s) быстро въезжать верхом 2. *воен.* атаковать в конном строю
ein|springen* *vi* (s) 1. впрыгнуть, вскочить *(в трамвай и т. п.)*; 2. *(für* A) (быстро) заменить *(кого-л.)*; 3. заскочить *(о пружине)*; 4. садиться *(о ткани)*
ein|spritzen *vt* впрыскивать *(что-л.)*, делать инъекцию *(чего-л.)*
Einspritzung *f* -, -en впрыскивание, инъекция
Einspruch *m* -(e)s, -sprüche возражение, протест; ◇ **~ erheben*** протестовать, заявить протест
Einspruchs||recht *n* -(e)s право протеста; право вето
einspurig *a* одноколейный
einst *adv* 1. однажды; когда-то; 2. когда-нибудь *(в будущем)*
ein|stampfen *vt* 1. втаптывать, утрамбовывать; 2.: **Papier [Lumpen] ~** перерабатывать макулатуру [тряпки]
Einstand *m* -(e)s, -stände 1. вступление *(в должность)*; 2. ровный счёт *(очков)*
ein|stechen* *vt* 1. прокалывать, пробадать; 2. втыкать
ein|stecken *vt* 1. вкладывать, всовывать, сунуть; 2. *разг.* стащить, прикарманивать; 3. сносить *(побои, оскорбления)*; проглотить *(обиду)*; 4. *разг.* упрятать в тюрьму; 5. *разг.* иметь при себе *(о деньгах)*; **ich habe nur Rubel eingesteckt** у меня с собой только рубли
ein|stehen* *vi* (s) *(für* A) отвечать, ручаться *(за кого-л., за что-л.)*; **für den Frieden ~** стоять за мир
ein|stehlen*, **sich** прокрадываться; **sich in Vertrauen ~** вкрасться к кому-л. в доверие
ein|steigen* *vi* (s) входить, садиться *(в вагон и т. п.)*; **~!** *ж. д.* занимайте места!
einstellbar *a* регулируемый
ein|stellen I I *vt* 1. вставлять; ставить, помещать; 2. определять, зачислять *(на работу)*; 3. *тех.* устанавливать, направлять, регулировать; *радио* настраивать; 4. давать установку [направление]; **er ist pragmatisch eingestellt** у него прагматический подход к вещам; **er ist gegen mich eingestellt** он настроен ко мне враждебно; II ~, **sich** 1. являться; 2. *(auf* A) ориентироваться, настраиваться *(на что-л.)*; приноравливаться *(к чему-л.)*
ein|stellen II *vt* прекращать *(работу, стрельбу и т. п.)*
ein|stellen, sich III *vt* 1. начинаться,

устанавливаться, наступать *(о погоде, кашле и т. п.)*; **2.** являться, прибывать *(в определённое место или время)*
einstellig *a мат.* однозначный
Einstellung I *f* -, -en **1.** вставка; **2.** *тех.* настройка, регулировка; **3.** установка, точка зрения
Einstellung II *f* -, -en прекращение *(работы, платежей и т. п.)*
Einstellung III *f* -, -en *воен.* явка по вызову, призыву *и т. п.*
Einstieg *m* -(e)s, -e лаз, вход
einstig *a* **1.** бывший, прежний; давний; **2.** будущий, предвидящийся в будущем
ein|stimmen *vi* **1.** *(mit* D, *in* A) соглашаться *(с чем-л.);* **ich stimme damit ein** я согласен с этим; **2.** *(in* A) подпевать, вступать *(о голосе);* **in ein Lied** ~ подхватывать песню
einstimmig I *a* **1.** единогласный; **2.** *муз.* одноголосый; II *adv* единогласно; в один голос
Einstimmigkeit *f* - единогласие
Einstimmung *f* -, -en **1.** согласие; **mit Ihrer** ~ с вашего согласия; **2.** созвучие, гармония
einstmalig *a* бывший, прежний
einstmals *adv* однажды, когда-то
einstöckig *a* одноэтажный *(соответствует русскому* двухэтажный*)*
ein|stoßen* *vt* **1.** вталкивать; **2.** выбивать *(дверь и т. п.)*
ein|streichen* *vt* **1.** *тех.* вмазывать, втирать; **2.** *разг.* загребать, класть в карман *(деньги);* **3.** зачёркивать *(слова в тексте)*
ein|strömen *vi* (s) впадать, втекать, вливаться *(тж. перен.)*
ein|studieren *vt* заучивать; разучивать
ein|stufen *vt* распределять по категориям *(сотрудников и т. п.)*
Einstufung *f* -, -en градация; распределение по разрядам [категориям]
Einsturz *m* -es, -stürze падение; обвал *(здания и т. п.)*
ein|stürzen I *vi* (s) обрушиваться; обваливаться; II *vt* разрушать, рушить, ломать
einstweilen *adv* **1.** пока, тем временем; **2.** до поры до времени
einstweilig I *a* временный; II *adv* временно
eintägig *a* однодневный; суточный
Eintausch *m* -es, -e *(von* D) обмен *(чем-либо, чего-л.)*
ein|tauschen *vt (gegen* A) обменивать, менять *(на что-л.)*
eintausend *пит* одна тысяча
ein|teigen *vt* замешивать *(тесто)*

ein|teilen *vt* **1.** *(in* A) (под)разделять *(на что-л.);* **2.** распределять; *спорт.* назначать *(игроков);* **sein Geld** ~ экономно тратить (свои) деньги; **3.** *тех.* градуировать
einteilig *a* **1.** нераздельный, цельный; **2.** одностворчатый
Einteilung *f* -, -en распределение; классификация, деление; шкала
eintönig *a* однообразный, монотонный
Ein||topf *m* -es, -töpfe "айнтопф" *(название густого супа с мясом, овощами и т. п., употребляется как первое и второе блюдо)*
Eintracht *f* - единодушие, согласие; **in** ~ **leben** жить в мире и согласии; **in bester** ~ **leben** жить душа в душу
einträchtig *a* единодушный, дружный
Eintrag *n* -(e)s -träge **1.** запись, внесение *(в список и т. п.);* **2.** выговор *(занесённый в классный журнал);* **3.**: ~ **tun*** причинять [наносить] ущерб [вред]
ein|tragen* I *vt* **1.** вносить *(в список),* (за)регистрировать; *бухг.* провести; **auf das Konto** ~ записать на счёт, провести по счёту; **2.** переносить *(пыльцу — о пчёлах);* **3.** приносить *(пользу, доход);* II ~, sich зарегистрироваться *(в списке)*
einträglich *a* доходный, прибыльный, рентабельный
Einträglichkeit *f* **1.** - прибыльность, рентабельность; **2.** *pl* -en доходная статья бюджета
Eintragung *f* -, -en внесение, запись; регистрация
ein|tränken *vt* **1.** смачивать, пропитывать; **2.** *(jmdm.) разг.* отплатить, отомстить *(за что-л. кому-л.)*
ein|treffen* *vi* (s) **1.** *(in* D) прибывать *(куда-л.);* **2.** сбываться *(о надеждах)*
Eintreffen *n* -s **1.** *(in* D) прибытие; *воен.* подход; **2.** исполнение *(желаний)*
ein|treiben* *vt* **1.** загонять *(скот);* **2.** вгонять, вбивать, вколачивать; **3.** взыскивать, собирать *(долги, налоги)*
ein|treten* I *vi* (s) **1.** входить *(куда-л.);* **2.** вступать *(в партию и т. п.);* **er ist ins siebzigste Jahr eingetreten** ему пошёл семидесятый год; **3.** начинаться, наступать *(о времени, смерти и т. п.);* **4.** случаться, происходить; **es treten (oft) Fälle ein, daß...** (часто) случается, что...; **5.** *(für* A) выступать, заступаться *(за что-л.);* **für den Frieden** ~ выступать за мир; II *vt* **1.** втаптывать; **sich** *(D)* **einen Splitter in den Fuß** ~ занозить ногу; **2.** вышибить *(дверь ногой);* **3.** разнашивать *(обувь)*

ein|trichtern *vt* 1. вливать через воронку; 2. *разг.* (D) вдалбливать *(в голову что-либо)*
Eintritt *m* -(e)s, -e 1. вход; 2. вступление; 3. наступление *(холодов и т. п.)*
Eintritts||beitrag *m* -(e)s, -träge вступительный взнос
Eintritts||karte *f* -, -n входной билет
ein|trocknen I *vi* (s) 1. засыхать, подсыхать, высыхать; 2. усыхать; II *vt* засушить
ein|tröpfeln I *vt* капать *(во что-л.)* по капле; II *vi* (s) капать *(во что-л.)*
ein|tropfen *vt см.* eintröpfeln I
Eintrübung *f* -, -en облачность
ein|tunken *vt* макать
ein|üben I *vt* разучивать; II ~, sich упражняться, тренироваться
Einübung *f* -, -en учение, разучивание; тренировка
einundeinhalb *num* полтора
ein|verleiben I *vt* (D) присоединять *(к чему-л.)*, воссоединить *(с чем-л.)*; einverleibt werden быть аннексированным *(о территории)*; II *vt мед.* вводить в организм
Einverleibung *f* -, -en аннексия, присоединение
Einvernehmen *n* -s (взаимное) согласие; mit jmdm. in gutem ~ stehen* [leben] быть [жить] в добром согласии с кем-л.
Einvernehmung *f* -, -en *см.* Einverständnis
einverstanden *a (mit* D) согласный *(с чем-л.)*; ~! согласен!
Einverständnis *n* -sses, -se соглашение, согласие; zum ~ kommen* прийти к соглашению; столковаться *(разг.);* sie sind im ~ miteinander они согласились между собой
ein|wachsen* *vi* (s) врастать
Einwand *m* -(e)s, -wände возражение, отговорка; Einwände erheben* [vorbringen*, machen] возражать, протестовать, заявлять протест
Einwand(e)rer *m* -s, -; ~in -, -nen иммигрант, -ка; переселенец, -нка
ein|wandern *vi* (s) переселяться, иммигрировать
einwandfrei I *a* безупречный, безукоризненный; II *adv* безупречно, безукоризненно
einwärts *adv* внутрь
ein|wässern *vt* вымачивать, размачивать, смачивать
ein|wechseln *vt* 1. *(gegen* A) обменивать *(на что-л.);* 2. *(in* A) разменивать *(на что-л.)*
ein|wecken *n* делать консервы, консервировать *(фрукты, овощи)*
Einweg||spritze *f* -, -n одноразовый шприц
ein|weichen *vt* размачивать; замачивать, мочить *(бельё);* vom Regen eingeweicht werden (насквозь) промокнуть под дождём
ein|weihen *vt* 1. (торжественно) открывать; освящать; ein neues Kleid ~ первый раз надеть новое платье; 2. *(in* A) посвящать *(в тайну и т. п.)*
Einweihung *f* -, -en 1. (торжественное) открытие; освящение; посвящение; 2. посвящение *(в тайну и т. п.)*
ein|weisen* *vt* 1. указывать, инструктировать; 2. *(in* A) вводить *(в должность, во владение и т. п.);* 3. давать направление, ордер; in ein Sanatorium ~ давать путёвку в санаторий
Einweiser *m* -s, - 1. указатель; 2. инструктор
Einweisung *f* -, -en 1. инструктаж, указание; 2. направление, ордер, путёвка; 3. ввод *(в должность)*
Einweisungs||schein *m* -(e)s, -е направление, ордер, путёвка
ein|wenden* *vt* возражать; противоречить; ich habe dagegen nichts einzuwenden у меня нет никаких возражений (против этого)
Einwendung *f* -, -en возражение; ~en erheben* [machen, vorbringen*] возражать, протестовать; ohne ~ безоговорочно
ein|werfen* *vt* 1. бросать *(что-л. во что-либо);* опускать *(бюллетень, письмо и т. п.);* 2. выбивать *(стёкла);* 3. *(gegen* A) возражать *(против чего-л.);* вставлять *(замечания)*
einwertig *a* 1. *хим.* одновалентный; 2. *мат.* однозначный
ein|wickeln I *vt* 1. завёртывать; пеленать; 2. *разг.* одурачить; II ~, sich закутаться
Einwickel||papier *n* -s, -е обёрточная бумага
ein|wiegen I *vt* укачивать *(ребёнка)*
ein|wiegen* II *vt тех.* уравновешивать
ein|willigen *vi (in* A) соглашаться *(на что-л.)*
Einwilligung *f* -, -en согласие *(zu* D *на что-л.);* die ~ verweigern отказывать в согласии, не соглашаться
ein|wirken I *vi (auf* A) влиять, (воз)действовать *(на кого-л., на что-л.);* II *vt* вплетать, воткать *(в ткань)*
Einwirkung *f* -, -en (воз)действие, влияние
ein|wohnen, sich обжиться

Einwohner *m* -s, -; ~**in** *f* -, -en житель, -ница; жилец, жилица
Einwohner‖meldeamt *n* -(e)s, -ämter паспортный стол
Einwurf *m* -(e)s, -würfe 1. щель *(для опускания писем, монет)*; 2. возражение; **einen ~ machen [erheben*, vorbringen*]** возражать; 3. *спорт.* вбрасывание мяча
ein|wurzeln *vi* (s) *и* ~, **sich** укорениться *(тж. перен.)*
Einzahl *f* - *грам.* единственное число
einzahlbar *a* подлежащий уплате
ein|zahlen *vt* платить, вносить *(деньги)*
Einzahlung *f* -, -en взнос, платёж
ein|zäunen *vt* обносить забором
Einzäunung *f* -, -en обнесение забором
ein|zeichnen I *vt* 1. рисовать, чертить *(что-л. на чём-л.)*; отмечать, наносить *(что-л. на карту и т. п.)*; 2. вносить *(в список)*; II ~, **sich** записаться, зарегистрироваться
Einzel‖abstimmung *f* -, -en 1. голосование по отдельным пунктам *(законопроекта)*; 2. поимённое голосование
Einzel‖ausbildung *f* - индивидуальное обучение; *воен.* одиночная подготовка
Einzel‖ausgabe *f* -, -n отдельное издание
Einzel‖fertigung *f* -, -en штучное производство
Einzel‖handel *m* -s розничная торговля
Einzelheit *f* -, -en подробность, деталь; **auf ~en eingehen*** вдаваться в детали; **sich in ~en verlieren*** размениваться на мелочи
Einzel‖kampf *m* -(e)s, -kämpfe поединок; *спорт.* единоборство; **Sieger im ~ sein** завоевать личное первенство
Einzel‖leitung *f* -, -en 1. единоначалие; 2. *тех.* однопроводная линия
einzellig *a биол.* одноклеточный
einzeln I *a* единичный; отдельный; одинокий; II *adv* отдельно, порознь
Einzel‖verkauf *m* -(e)s, -käufe розничная торговля; **im ~** в ручной продаже, в штучном отделе *(в аптеке)*
Einzel‖verpflichtung *f* -, -en индивидуальное обязательство; **eine ~ eingehen*** взять (на себя) индивидуальное обязательство
Einzel‖vertrieb *m* -(e)s розничная продажа
Einzel‖wertung *f* -, -en *спорт.* личный зачёт
Einzel‖wesen *n* -s, - особь
Einzel‖zelle *f* -, -n одиночная камера
einziehbar *a* 1. *юр.* могущий быть взысканным [конфискованным]; 2. *тех.* втягивающийся, убирающийся

ein|ziehen* I *vt* 1. втягивать, притягивать *(что-л. во что-л.)*; вдевать, продевать *(нитку)*; 2. втягивать *(сети)*; убирать *(паруса, вёсла и т. п.)*; **die Flagge ~** спускать флаг; 3. втягивать, вдыхать *(воздух, аромат и т. п.)*; 4. взыскивать, взимать, собирать *(налоги и т. п.)*; конфисковать; 5. наводить *(справки)*; изымать из обращения *(деньги)*; 6. призывать на воинскую службу; 7. брать под стражу, заключать в тюрьму
ein|ziehen* II *vi* (s) 1. въезжать, переезжать *(в квартиру и т. п.)*; 2. вступать, входить *(в город и т. п.)*; 3. наступать *(о времени года)*
Einziehung *f* -, -en 1. втягивание, уборка *(парусов, сетей)*; **die ~ der Fahne** спуск флага; 2. взыскание, взимание, сбор *(налогов и т. п.)*; конфискация
einzig I *a* единственный; **kein ~er** ни один; II *adv* единственно, особенно; ◊ **~ und allein** только
einzigartig *a* единственный в своём роде, уникальный
Einzigkeit *f* -, -en исключительность, беспримерность, неповторимость
Einzug I *m* -(e)s, -züge 1. въезд *(в квартиру)*; 2. вступление *(в город)*; **den ~ halten*** торжественно вступить *(куда-л.)*; 3. наступление *(времени года)*
Einzug II *m* -(e)s, -züge см. Einziehung 2.
Einzugs‖feier *f* -, -n новоселье
eirund *a* яйцевидный
Eis *n* -es 1. лёд; **aufs ~ gehen*** 1) идти на каток; 2) попасть в затруднительное положение; 3) дать провести себя; 2. мороженое *(десерт)*; 3. *перен.* лёд, холодность; **er hat ein Herz von ~** у него холодное сердце
Eis‖bahn *f* -, -en каток; *спорт.* ледяная дорожка
Eis‖bär *m* -en, -en белый медведь
Eis‖bein *n* -es, -e 1. "айсбайн" *(зажаренная или тушёная верхняя часть свиной ножки, подаётся обычно с тушёной кислой капустой)*; 2. *pl* холодные [ледяные] ноги; **~e bekommen* [kriegen]** похолодеть от страха, испугаться
Eisbrecher *m* -s, - 1. ледокол *(судно)*; 2. ледорез, ледолом; 3. рабочий, скалывающий лёд
Eis‖bruch *m* -(e)s ледоход
Ei‖schale *f* -, -n яичная скорлупа
Eisen *n* -s, - 1. железо; **altes ~** 1) железный лом; 2) *разг.* старый работник; 2. меч; 3. подкова; 4. утюг; 5. оковы, кандалы; **in ~ schlagen* [legen]** заковать в кандалы; **mehrere ~ im Feuer ha-**

ben иметь в запасе несколько средств [аргументов]; **ein ~ im Feuer haben** иметь неотложное дело; ◊ **schmiede das ~, solange es heiß ist** *посл.* куй железо, пока горячо

Eisen‖alter *n* -s *ист.* железный век
Eisen‖bahn *f* -, -en железная дорога; **auf [mit] der ~ fahren*** ездить по железной дороге
Eisenbahn‖betrieb *m* -(e)s, -e железнодорожное движение
Eisenbahn‖damm *m* -(e)s, -dämme полотно железной дороги; насыпь
Eisenbahner *m* -s, - железнодорожник
Eisenbahn‖fahrplan *m* -(e)s, -pläne расписание (движения) поездов
Eisenbahn‖geleise *n* -s, -; **~gleis** *n* -es, -е железнодорожная колея
Eisenbahn‖knotenpunkt *m* -(e)s, -е железнодорожный узел
Eisenbahn‖kursbuch *n* -(e)s, -bücher железнодорожный справочник
Eisenbahn‖schiene *f* -, -n рельс
Eisenbahn‖schranke *f* -, -n шлагбаум
Eisenbahn‖schwelle *f* -, -n шпала
Eisenbahn‖station *f* -, -en железнодорожная станция
Eisenbahn‖unfall *m* -(e)s, -fälle крушение на железной дороге; **ein ~ hat sich zugetragen** произошло крушение поезда
Eisenbahn‖verkehr *m* -(e)s железнодорожное сообщение [движение]
Eisenbahn‖wagen *m* -s, - железнодорожный вагон
Eisenbahn‖wesen *n* -s железнодорожное дело
Eisen‖bau *m* -(e)s, -ten железная конструкция
Eisen‖blech *n* -(e)s листовое железо
Eisen‖dreher *m* -s, - токарь по металлу
Eisen‖erz *n* -es железная руда
Eisenerzer Alpen *pl* Эйзенерцские Альпы *(горы в Австрии <земля Штирия>)*
Eisen‖gießerei *f* -, -en чугунолитейный завод
eisenhaltig *a* железистый, содержащий железо
Eisen‖hütte *f* -, -n металлургический завод
Eisen‖legierung *f* -, -en железный сплав
Eisen‖stadt *(n)* -s Эйзенштадт *(город в Австрии, адм. центр земли Бургенланд)*
Eisen‖walzwerk *n* -(e)s, -e сталепрокатный завод [стан, цех]
eisern *a* 1. железный *(тж. перен. о воле, здоровье и т. п.);* **~e Geduld** адское

терпение; 2. постоянный, неприкосновенный; **~er Bestand** неприкосновенный запас
Eisernes Kreuz *n* -es, -е Железный крест *(германский военный орден 1–3-й степени, учреждён в Пруссии в 1813; в 1939 дополнен "Рыцарским крестом" и "Рыцарским крестом с дубовыми листьями, мечами и бриллиантами")*
eisfrei *a* свободный от льда; **~er Hafen** незамерзающая гавань
Eis‖fuchs *m* -es, -füchse песец
Eis‖gang *m* -(e)s ледоход
Eis‖hockey [-hoke:] *<engl.> n* -s хоккей с шайбой, хоккей на льду
Eishockey‖auswahl [-hoke:-] *f* -, -en сборная команда по хоккею
Eishockey‖mannschaft [-hoke:-] *f* -, -en хоккейная команда
Eishockey‖schläger [-hoke:-] *m* -s, - клюшка *(хоккейная)*
eisig *a* ледяной; леденящий, холодный (как лёд); **~er Blick** холодный [леденящий] взгляд
Eis‖kaffee *n* -s кофе глясе
eiskalt I *a* морозный, холодный как лёд, очень холодный; II *adv* очень холодно; **es läuft mir ~ über den Rücken** у меня мурашки бегают по спине
Eis‖kunstlauf *m* -(e)s, -läufe фигурное катание на коньках
Eis‖pressung *f* -, -en торошение льдов
Eisriesenwelt *f* - Айсризенвельт *(ледяная пещера в горах Тенненгебирге <Австрия>)*
Eis‖schlitten *m* -s, - буер
Eis‖scholle *f* -, -n льдина; **treibende ~** дрейфующая льдина
Eis‖schrank *m* -(e)s, -schränke холодильник
Eis‖stand I *m* -(e)s, -stände ледостав
Eis‖stand II *m* -(e)s, -stände киоск по продаже мороженого
Eis‖stärke *f* -, -n толщина льда
Eis‖taucher *m* -s, - полярная гагара
Eis‖vogel *m* -s, -vögel *зоол.* зимородок
Eis‖zapfen *m* -, - *(ледяная)* сосулька
Eis‖zeit *f* - *геол.* ледниковый период
Eis‖zone *f* -, -n *геогр.* ледяной пояс
eitel *a* 1. тщеславный; **auf etw. (A) ~ sein** гордиться, щеголять чем-л.; **~ [eitler] Tand** мишура; 2. суетный, пустой, ничтожный; **eitle Mühe** напрасные старания; 3. чистый *(без примеси);* сплошной; **~ Lug und Trug** сплошной обман
Eitelkeit *f* -, -en 1. тщеславие; 2. щегольство; кокетство; 3. суета, ничтож-

ность; лживость; **den ~en der Welt ergeben sein** предаваться мирской суете
Eiter *m* -s гной; **~ absondern [absetzen]** гноиться, выделять гной
Eiter‖beule *f* -, -n; **~geschwulst** *f* -, -schwülste; **~geschwür** *n* -(e), -e гнойник; гнойный нарыв, абсцесс
eit(e)rig *a* гнойный
éitern *vi* гноиться
Eit(e)rung *f* -, -en гноение, нагноение
Ei‖weiß *n* -es, -e белок; альбумин; **geschlagenes ~** *кул.* взбитый белок
eiweißhaltig *a* содержащий белок
ekel *a* 1. брезгливый; 2. отвратительный
Ekel *m* -s 1. отвращение; **einen ~ vor etw. (D) haben [empfinden*]** испытывать отвращение к чему-л.; 2. мерзость, гадость; **zum ~ werden** опротиветь
Ekel‖gefühl *n* -(e)s, -e брезгливость; чувство тошноты
ekelhaft, ek(e)lig *n* отвратительный, противный; **~ werden** вызывать отвращение; **es ist ~** тошно смотреть
ekeln *vimp* и **~, sich** *(vor* D) испытывать отвращение *(к чему-л.);* **es ekelt mich davor, ich ekele mich davor** мне это противно, меня тошнит от этого
Ekstáse *<gr.-lat.> f* -, -n экстаз, восторг
Ekuadór *(n)* -s Эквадор *(гос-во на С.-З. Южной Америки)*
Ekuadoriáner *m* -s, - эквадорец
ekuadoriánisch *a* эквадорский
Ekzém *<gr.> n* -s, -e экзема
Elan [e'lã:/e'laːn) *<lat.-fr.> m* -s, -s подъём, порыв, вдохновение; размах; **mit ~ arbeiten** работать с увлечением
Elástik *<gr.-lat.> f* -, -en; *n* -s, -s 1. *текст.* ластик; 2. резиновая лента [прокладка]
elástisch *<gr.-lat.> a* 1. гибкий, эластичный; 2. упругий
Elastizität *<gr.-lat.> f* - эластичность, гибкость; упругость
Elba *(n)* -s Эльба *(о-в в Средиземном море, у зап. берегов Апеннинского п-ва)*
Elbe *f* - Эльба *(река в Чехии и ФРГ, впадает в Сев. море)*
Elbflorenz *(n)* - "Флоренция на Эльбе" *(поэтическое название г. Дрезден, Германия)*
Elbrus *m* - Эльбрус *(высочайшая вершина Кавказа)*
Elbsandsteingebirge *n* -s Эльбские Песчаниковые горы *(между Лужицкими и Рудными горами, на границе ФРГ и Чехии; в Германии носят название Саксонская Швейцария)*

Elch *m* -(e)s, - лось
Elefánt *<gr.-lat.> m* -en, -en слон
Elefanten‖rüssel *m* -s, - слоновый хобот
elegánt *<lat.-fr.> a* изящный, элегантный
Elegánz *<lat.-fr.> f* - элегантность, изящество, шик
Elektrifizierung *<gr.-lat.> f* - электрификация
eléktrisch *<gr.-lat.> I a* электрический; **~er Antrieb** электропривод; **II** *adv:* **~ geladen** заряженный током; **~ betreiben*** приводить в движение электротоком
elektrisieren *<gr.> vt* 1. *физ., мед.* электризовать, подвергать электризации; *мед. тж.* лечить электричеством; **sich ~ lassen*** проходить курс электролечения; 2. оживлять, воодушевлять
Elektrizität *<gr.-lat.> f* - электричество
Elektrizitäts‖werk *n* -(e)s, -e электростанция
Elektro‖artikel *pl* электротовары
elektromagnétisch *<gr.-lat.> a* электромагнитный
elektromotórisch: ~e Kraft электродвижущая сила
Elektrón *<gr.> n* -s, -trónen *физ.* электрон
Elektrónen‖bildröhre *f* -, -n электронно-лучевая трубка
Elektrónen‖rohr *n* -(e)s, -e; **~röhre** *f* -, -n *тех.* электронная лампа
elektrónisch *<gr.> a* электронный
Elemént *<lat.> n* -(e)s, -e 1. стихия; **gefesseltes ~** укрощённая стихия; **in seinem ~ sein** быть в своей стихии, чувствовать себя свободно в чём-л.; 2. элемент, составная часть; 3. *физ., хим.* элемент; 4. *pl.* элементы *(общества)*
elementár *<lat.> a* 1. элементарный, первоначальный; основной; 2. стихийный
Elementár‖bildung *f* - начальное образование
Elementár‖gewalt *f* -, -en стихийная сила
Elementár‖unterricht *m* -(e)s начальное обучение
Elen *m, n* -s, - лось
elend I *a* 1. жалкий, убогий, плачевный; 2. подлый, презренный; **~es Zeug** дрянь; **II** *adv* жалко, убого, плачевно; **~ aussehen*** плохо выглядеть, иметь болезненный [жалкий] вид
Elend *n* -(e)s беда, бедствие; нищета; **jmdn. ins ~ bringen*** довести до нищеты кого-л.; **ins ~ geraten*** впасть в нищету, разориться

elf *num* одиннадцать
Elf I *f* -, -en 1. (число) одиннадцать; 2. команда *(футбольная)*
Elf II *m* -en; **Elfe** *f* -, -n *миф.* эльф
Elfen‖bein *n* -(e)s слоновая кость
Elfenbein‖küste *f* - Берег Слоновой Кости *(гос-во в Зап. Африке)*
Elfi Эльфи *(краткая форма жен. имени* Elfriede*)*
elfjährig *a* одиннадцатилетний
Elfriede Эльфрида *(жен. имя)*
elfte *num* одиннадцатый
Elger *m* -s, - острога
Elimination <*lat.*> *f* -, -en исключение, элиминация *(тж. мат.)*, удаление, устранение
eliminieren <*lat.*> *vt* исключать, элиминировать, удалять, устранять
Elisa/Elise Элиза *(жен. имя)*
Elisabeth Элизабет *(жен. имя)*
Elista (*n*) -s Элиста *(адм. центр Калмыкии* <*в составе РФ*>*)*
Elite <*lat.-fr.*> *f* -, -n отборное; *с.-х.* элита; ~ **der Armee** отборные войска; ~ **der Gesellschaft** цвет [сливки] общества
Elixier <*arab.-fr.*> *n* -s, -e 1. эликсир, настой; 2. эликсир *(волшебный напиток)*
Elke Эльке *(жен. имя)*
Elko Эльке *(муж. имя)*
Ella Элла *(жен. имя)*
Ell‖bogen *m* -s, - локоть; ◊ **sich auf die ~ stützen** облокачиваться
Elle *f* -, -n 1. *анат.* локтевая кость; 2. локоть *(старинная мера длины)*; ◊ **mit [nach] der ~ messen*** мерить одним аршином; **mit der negativen ~ messen*** подвергать сомнению, враждебно относиться
Ellen Эллен *(жен. имя)*
ellenlang *a* длиной в локоть; очень длинный
Elli Элли *(жен. имя)*
Ellipse <*gr.*> *f* -, -n 1. *мат.* эллипс; 2. *лингв.* эллипсис
elliptisch <*gr.*> *a* эллиптический
Elnar Эльнар *(муж. имя)*
Elsa Эльза *(краткая форма жен. имени* Elisabeth*)*
El Salvador [-va-] (*n*) -s Сальвадор *(гос-во в Центр. Америке, у Тихого океана)*
Elsaß-Lothringen (*n*) -s Эльзас-Лотарингия *(истор. провинция Франции, на границе с Германией)*
Elster *f* -, -n 1. сорока; 2. *разг.* болтунья; ◊ **etw. der ~ auf den Schwanz bringen*** пустить сплетню
Elstergebirge *n* -s Эльстер-Гебирге *(плоскогорье в ФРГ между горами Фихтель и Рудными горами)*
elterlich *a* родительский
Eltern *pl* родители; ◊ **das ist nicht von schlechten ~** это неплохо
Eltern‖ausschuß *m* -sses, -schüsse; **~beirat** *m* -(e)s, -räte родительский комитет *(при школе)*
elternlos *a* не имеющий родителей
Email [eˈmæ] <*gr.-fr.*> *n* -s; **Emaille** [eˈmaljə] *f* -, -n эмаль
emaillieren <*gr.-fr.*> *vt* эмалировать, покрывать эмалью
emailliert [eˈmalˈjiːrt] <*gr.-fr.*> *a* эмалированный
Emanuel Эмануэль/Имануил *(муж. имя)*
Emanuela Эмануэла *(жен. имя)*
Emanzipation <*lat.*> *f* - эмансипация, освобождение
emanzipieren <*lat.*> I *vt* эмансипировать, освобождать; II ~, **sich** эмансипироваться, освобождаться
Embargo <*sp.*> *n* -s, -s *эк.* эмбарго *(запрещение)*; **auf etw. (A) ~ legen, etw. mit ~ belegen** наложить эмбарго на что-л.
Emblem <*gr.-lat.-fr.*> *n* -s, -e эмблема, символ
Embryo <*gr.-lat.*> *m* -s, -bryonen эмбрион, зародыш
embryonal <*gr.-lat.*> *a* эмбриональный, зародышевый
emeritieren <*lat.*> *vt* увольнять на пенсию
emeritiert *a* уволенный на пенсию, отставной
Emigrant <*lat.*> *m* -en, -en; **~in** *f* -, -nen эмигрант, -ка; переселенец, -нка
Emigration <*lat.*> *f* -, -en эмиграция, переселение *(в другую страну)*
emigrieren <*lat.*> *vi* (s) эмигрировать, переселяться *(в другую страну)*
Emil Эмиль *(муж. имя)*
Emilia/Emili|e Эмилия *(жен. имя)*
eminent <*lat.-fr.*> *a* 1. выдающийся, видный; 2. значительный *(о сумме)*
Eminenz <*lat.-fr.*> *f* -, -en 1. превосходство, выдающееся достоинство; 2.: **Euer [Eure] ~** Ваше высокопреосвященство *(титул кардиналов)*
Emissär <*lat.*> *m* -s, -e 1. эмиссар, посланец; 2. лазутчик
Emission <*lat.*> *f* -, -en 1. *эк.* эмиссия, выпуск ценных бумаг; 2. *физ.* излучение
Emissions‖bank *f* -, -en *эк.* эмиссионный банк

emittieren <*lat.*> *vt* эк. пускать в обращение, эмитировать
Emma Эмма *(жен. имя)*
Emmeline Эммелина *(жен. имя)*
Emmentaler *m* -s, - эмментальский сыр
Emotión <*lat.*> *f* -, -en эмоция
emotionál <*lat.*> *a* эмоциональный
empfáhl *impf от* empfehlen*
Empfáng *m* -(e)s, -fänge 1. приём, приёмка, получение *(денег и т. п.)*; etw. in ~ nehmen* получать, принимать что-л.; 2. приём, встреча; jmdn. in ~ nehmen* встретить, принять кого-л.; 3. *радио* приём
emp|fángen* I *vt* 1. принимать, получать; воспринимать *(впечатления)*; 2. принимать, встречать; 3. *радио* принимать; II *vi* зачать, забеременеть
Empfänger *m* -s, - 1. получатель; адресат; 2. приёмщик; 3. (радио)приёмник
empfänglich *a* восприимчивый *(für* A *к чему-л.)*; ~ für Krankheiten предрасположенный к заболеваниям; ~ machen предрасполагать
Empfänglichkeit *f* - восприимчивость; предрасположение
Empfängnis *f* -, -se зачатие
Empfángs||**bescheinigung** *f* -, -en; ~**bestätigung** *f* -, -en расписка в получении
Empfángs||**chef** [-ʃɛf] *m* -s, -s администратор *(в гостинице и т. п.)*
Empfángs||**zimmer** *n* -s, - приёмная
emp|féhlen* I *vt* рекомендовать; советовать; gut empfohlen sein иметь хорошие рекомендации; II ~, sich 1. *(für* A, *zu* D) предлагать свои услуги *(для чего-либо)*; 2. прощаться, откланиваться
empféhlenswert, empfehlenswürdig *a* достойный рекомендации
Empféhlung *f* -, -en 1. рекомендация; 2. привет, поклон
Empféhlungs||**schreiben** *n* -s, - рекомендательное письмо
empfindbar *a* ощутимый, чувствительный
Empfindbarkeit *f* - ощутимость, чувствительность
Empfindeléi *f* -, -en сентиментальность, излишняя чувствительность
emp|fínden* *vt* чувствовать, ощущать
empfíndlich I *a* 1. чувствительный, восприимчивый; болезненный; eine ~e Stelle больное место; 2. чувствительный, ощутительный *(о холоде, потере и т. п.)*; 3. обидчивый, щепетильный; II *adv* чувствительно
Empfíndlichkeit *f* -, -en 1. чувствительность, впечатлительность; 2. обидчивость, щепетильность

empfíndsam *a* чувствительный, сентиментальный; eine ~e Seele нежная душа
Empfíndsamkeit *f* -, -en чувствительность, сентиментальность
Empfíndung *f* -, -en чувство, ощущение
empfíndungslos *a* бесчувственный, нечувствительный
empfóhlen *part II от* empfehlen*
Empháse <*gr.*> *f* -, -n *лит.* эмфаза, выразительность *(речи)*
emphátisch <*gr.*> *a лит.* эмфатический, выразительный *(о речи)*
empírisch <*gr.-lat.*> *a* эмпирический, опытный
Empirísmus <*gr.-lat.*> *m* - эмпиризм
empór *adv* вверх, кверху
empór- *отд. глаг. приставка указывает на движение вверх*: **empor|fliegen*** взлетать
empór|arbeiten, sich *(bis zu* D) пробивать себе дорогу *(к чему-л.)*
empór|blicken *vi* глядеть (вверх); zu jmdm. mit Verehrung ~ относиться к кому-л. с уважением
Empóre *f* -, -n хоры *(в церкви)*, эмпора
empören I *vt* возмущать; II ~, sich 1. *(über* A) возмущаться *(чем-л.)*; 2. *(gegen* A) восставать, подниматься, бунтовать *(против кого-л., против чего-л.)*
empörend *a* возмутительный
Empörer *m* -s, -; ~**in** *f* -, -nen мятежник, -ница; бунтовщик, -щица
empörerisch *a* мятежный; ~er Aufruf призыв к мятежу
empór|heben* *vt* 1. поднимать *(вверх)*; 2. возвеличивать
empór|helfen* *vi* помогать встать, ставить на ноги
empór|kommen* *vi* (s) 1. всходить *(о растениях)*; 2. делать карьеру
Empórkömmling *m* -s, -e выскочка, карьерист
empór|raffen, sich 1. подниматься, вскакивать; 2. собраться с силами [с духом]
empór|ragen *vi* (s) *(über* A) 1. выситься, возвышаться *(над чем-л.)*; 2. превосходить *(кого-л., что-л.)*, быть выше *(кого-л., чего-л.)*
empór|richten I *vt* 1. выпрямлять, поднимать; 2. поддерживать *(морально)*; II ~, sich выпрямляться, подниматься
empór|schießen* I *vi, vt* стрелять вверх; II *vi* (s) 1. вскакивать; 2. быстро расти, вырасти
empór|schnellen I *vt* бросать вверх, швырять вверх; II *vi* (s) вскакивать, подскакивать

empór|schwingen* I vt взмахивать; II ~, sich 1. высоко взлетать, подниматься (*на качелях и т. п.*); 2. *перен.* подниматься на более высокую ступень, вознестись
empór|steigen* vi (s) подниматься (*вверх*), восходить (*по ступеням на гору*); eine Treppe ~ подниматься по лестнице
empór|streben vi (s) 1. тянуться (*ввысь*); 2. (*zu* D) тянуться, стремиться (*к знаниям и т. п.*)
empört a возмущённый (*über* A кем-л., чем-л.*)
empór|treiben* vt 1. гнать вверх, взвивать; 2. взвинчивать (*цены*)
Empörung f -, -en 1. возмущение; 2. бунт, мятеж
empór|wachsen* vi (s) подрасти, вырастать
Ems f - Эмс (*река в сев.-зап. части ФРГ*)
emsig a прилежный; старательный, усердный, работящий
Emsigkeit f - прилежание, усердие, старание
Ems‖land n -s Эмсланд (*местность на границе ФРГ и Нидерландов*)
Emu <*port.*> m -, -s зоол. эму (*птица*)
End‖ausscheid m -(e)s, -e *спорт.* финальный тур соревнования
End‖bescheid m -(e)s, -e; ~**beschluß** m -sses, -schlüsse окончательное решение
Ende n -s, -en 1. конец, исход; ◊ letzten ~s в конце концов; zu ~ sein заканчиваться; 2. кончина; ◊ sein ~ finden* погибнуть; 3. конец, окраина; ◊ an allen Ecken und ~n везде и всюду; das dicke ~ kommt nach *посл.* самое худшее ещё впереди; ≅ ягоды ещё впереди
enden I vt кончать, заканчивать; II vi 1. кончаться, оканчиваться; nicht ~ wollen не прекращаться, не смолкать (*об овации и т. п.*); 2. умереть, скончаться
End‖ergebnis n -ses, -se конечный результат; *спорт.* конечный итог
Endes‖unterzeichnete subst m, f -n, -n *канц.* нижеподписавшийся, -шаяся
en detail [ã de'tae] <*fr.*> adv *торг.* в розницу
endgültig a окончательный
End‖kampf m -(e)s, -kämpfe *спорт.* финиш, финал; in den ~ kommen* выйти в финал
endlich I a 1. конечный; ограниченный; 2. долгожданный; 3. окончательный; II adv наконец, в конце концов
Endlichkeit f - 1. *мат., филос.* конечность; 2. бренность, тленность
endlos a бесконечный

Endlosigkeit f - бесконечность
End‖spiel n -(e)s, -e 1. *спорт.* финал, заключительная игра; 2. *шахм.* эндшпиль, окончание партии
Endung f -, -en *грам.* окончание
End‖ursache f -, -n первопричина
Energíe <*gr.-lat.-fr.*> f -, -i|en энергия
Energíe‖aufwand m -(e)s затраты энергии
Energíe‖bedarf m -(e)s потребление энергии
Energíe‖verbrauch m -(e)s расход энергии
Energíe‖versorgung f - энергоснабжение
enérgisch <*gr.-lat.-fr.*> a энергичный, напористый
eng I a тесный; узкий; im ~eren Sinne в узком смысле; im ~(er)en Kreis в узком кругу; II adv тесно, плотно; ~ nebeneinander sitzen* сидеть вплотную друг к другу; aufs ~ste очень тесно, теснейшим образом; ~er machen суживать
Engagement [ãŋaʒ(ə)'mã:] <*germ.-fr.*> n -s, -s 1. определение [приглашение] на работу; наём; 2. *театр.* ангажемент; 3. служба, место, должность; 4. личное активное участие (*в каком-л. деле*)
engagieren [aŋa'ʒi:-] <*germ.-fr.*> I vt ангажировать, приобщать, привлекать (*кого-л., к чему-л.*); II ~, sich активно участвовать (*в чём-л.*); politisch engagiert sein заниматься политической деятельностью
enganliegend a плотно прилегающий [облегающий]
enganschließend a тесно примыкающий
Enge f -, -n 1. теснота; jmdn. in die ~ treiben* поставить кого-л. в безвыходное положение; 2. теснина, дефиле; 3. пролив
Engel m -s, - ангел; guter ~ добрый гений; böser ~ злой дух; ◊ die ~ im Himmel singen hören* 1) быть вне себя (*от радости*); 2) обезуметь, взвыть (*от боли*)
Enge‖laut m -(e)s, -e *лингв.* щелевой [фрикативный] звук, спирант
Engelbert Энгельберт (*муж. имя*)
Engelbérta Энгельберта (*жен. имя*)
Engelbrecht Энгельбрехт (*муж. имя*)
engelhaft a ангельский
Engelhard Энгельхард (*муж. имя*)
enggedrängt a сжатый, стиснутый
England (n) -s Англия; см. Großbritanni|en
Engländer I m -s, -; ~in f -, -nen англичанин, -нка
Engländer II m -s, - разводной гаечный ключ

englisch I I *a* английский; II *adv* по-английски; **sich auf ~ empfehlen*** уйти не попрощавшись, незаметно скрыться
englisch II *a* ангельский; **der Englische Gruß** Ангельское приветствие *(молитва)*
Eng‖paß *m* -sses, -pässe **1.** ущелье, теснина; **2.** *перен.* узкое место
en gros [ã'gro:] *<fr.> adv торг.* оптом
Eng‖schrift *f* -, -en убористый почерк [шрифт]
engspurig *a ж.-д.* узкоколейный
engstirnig *a* узколобый; *перен.* ограниченный, твердолобый
Enkel *m* -s, -; **~in** *f* -, -nen внук, внучка
Enkel‖kind *n* -(e)s, -er внук, внучка
enken *vi с.-х.* прививать
Enkláve [-və] *<lat.-fr.> f* -, -n анклав *(часть какого-л. государства, расположенная на территории другого)*
enklítisch *<gr.> a лингв.* энклитический
Enno Энно *(муж. имя)*
Enns I *f* - Энс *(река в Австрии, правый приток Дуная)*
Enns II *(n)* - Энс *(город в Австрии, земля Верхняя Австрия)*
enórm *a* огромный, чрезмерный
enragiert [ã:ra'ʒi:rt] *<fr.>* a страстный, бешеный
Ensamble [ã'sã:b(ə)l] *<lat.-fr.> n* -s, -s ансамбль
ent- *неотд. глаг. приставка указывает на* **1.** *удаление:* **ent¦láufen*** убегать; **2.** *лишение, отделение:* **ent¦máchten** лишать власти [силы, могущества]; **3.** *начало действия или процесса:* **ent¦brénnen*** загораться, вспыхивать, разгораться
ent¦árten *vi* (s) **1.** вырождаться, дегенерировать; **2.** портиться *(о нравах)*
Entártung *f* -, -en **1.** вырождение, дегенерация, перерождение; **2.** порча *(нравов)*
ent¦béhren *vt реже vi* (G) быть лишённым *(чего-л.),* нуждаться *(в чём-л.);* **jmdn. ~** жалеть об отсутствии кого-л.; **seine Worte ~ nicht eines gewissen Humors** его слова не лишены юмора
entbéhrlich *a* ненужный, излишний
Entbéhrlichkeit *f* - ненужность
Entbéhrung *f* -, -en нужда, лишения
ent¦bínden* *vt (von* D/G) **1.** освобождать *(от обязанности, присяги);* **2.: von einem Kinde entbunden werden** разрешиться от бремени, родить; **eine Frau ~** принимать роды
Entbíndung *f* -, -en **1.** освобождение *(от обязанности);* **2.** роды

Entbíndungs‖anstalt *f* -, -en; **~heim** *n* -(e)s, -e родильный дом
Entbíndungs‖schrift *f* -, -en свидетельство об увольнении
Entbíndungs‖urteil *n* -(e)s, -e *юр.* оправдательный приговор
ent¦blöden, sich осмеливаться; **sich nicht ~** не побояться, не постесняться
ent¦blößen I *vt* **1.** обнажать, оголить; **das Schwert ~** обнажать меч; **eine Figur ~** *шахм.* оставить фигуру без защиты; **2.** лишать *(чего-л.);* II **~, sich** обнажаться
entblößt *a* обнажённый, оголённый; **~en Hauptes** с обнажённой головой
Entblößung *f* -, -en **1.** обнажение, оголение, нагота; обнажённость; **2.** лишение *(чего-л.)*
ent¦brénnen* *vi* (s) загораться, вспыхивать, разгораться *(тж. перен.);* **von Zorn entbrannt** охваченный гневом; **in Liebe für jmdn. ~** воспылать любовью к кому-л.
ent¦décken I *vt* открывать *(страну, тайну и т. п.),* обнаруживать; II **~, sich** открыться, довериться
Entdécker *m* -s, - (перво)открыватель
Entdéckung *f* -, -en открытие; обнаружение
Ente *f* -, -n **1.** утка; **2.** *перен.* (газетная) утка; **3.** *мед.* утка *(сосуд)*
ent¦éhren I *vt* обесчестить, опозорить; II **~, sich** опозориться
entéhrend *a* позорный, позорящий
Entéhrung *f* -, -en позор, обесчещение
ent¦éignen *vt* экспроприировать, отчуждать
Entéigner *m* -s, - экспроприатор
Entéignung *f* -, -en отчуждение, экспроприация
ent¦éisen I *vt* освобождать ото льда; II **~, sich** освобождаться ото льда
Entente [ã'tã:tə] *<fr.> f* -, -n [tən] **1.** соглашение *(между государствами);* **2.** *тк. sg ист.* Антанта, державы Согласия
ent¦érben *vt* лишать наследства
Entérbung *f* -, -en лишение наследства
Énterich *m* -s, -e селезень
éntern *vt мор.* брать на абордаж
Énterung *f* -, -en *мор.* (взятие на) абордаж
ent¦fáchen I *vt* разжигать, раздувать *(тж. перен.);* II *vi* (s) загораться *(тж. перен.)*
ent¦fáhren* *vi* (s) (D) вырваться *(у кого-либо)* (о слове, крике)
ent¦fállen* *vi* (s) **1.** (D) выпадать *(у кого-либо);* **den Händen ~** выпадать из рук;

das Wort ist mir ~ слово выпало у меня из памяти; **2.** *(auf jmdn.)* доставаться *(кому-л.)*, выпадать на *(чью-л.)* долю

ent|fálten I *vt* **1.** развёртывать; расправлять; распускать *(паруса)*; **2.** проявлять *(талант и т. п.)*, развивать; **3.** развернуть, организовать; II ~ sich **1.** развёртываться; *бот.* распускаться; **2.** *перен.* развиваться, расцветать

Entfáltung *f* -, -en **1.** развёртывание; *воен. тж.* расчленение; раскрытие *(парашюта)*; **2.** развитие, расцвет; zur ~ kommen* приобрести размах; развиться

ent|férnen I *vt* удалять, устранять; II ~, sich удаляться, уходить; sich vom Gegenstand ~ уйти [отклониться] от темы

entférnt I *a* отдалённый, дальний; ~e Verwandte дальние родственники; ~ sein отстоять *(быть на расстоянии)*; II *adv* **1.** издалека; etw. ~ andeuten тонко намекнуть на что-л.; **2.**: ~ verwandt sein состоять в дальнем родстве

Entférnung *f* -, -en **1.** расстояние; отдаление, даль; *воен.* дистанция; sich in einiger ~ halten* *перен.* держаться в стороне; **2.** удаление, отстранение *(от должности)*; **3.** отлучка

Entférnungs||ermittlung *f* -, -en определение расстояния

ent|fésseln *vt* освобождать от оков, развязывать *(тж. перен.)*; Pferde ~ растреноживать лошадей; einen Krieg ~ развязать войну; der entfesselte Prométheus *миф.* освобождённый Прометей

Entfésselung *f* -, -en освобождение от оков [цепей]; развязывание *(тж. перен.)*; die ~ eines neuen Krieges развязывание новой войны

ent|fétten *vt* обезжиривать; Wolle ~ *текст.* промывать шерсть

Entféttung *f* -, -en обезжиривание, удаление смазки

Entféttungs||kur *f* -, -en лечение от ожирения

entflámmbar *a* (легко)воспламеняющийся

ent|flámmen I *vt* **1.** разжигать, воспламенить; **2.** *(zu D)* воодушевлять *(на что-л.)*; einen Krieg ~ разжечь пламя войны; jmds. Zorn ~ вызвать гнев у кого-л.; II *vi* (s) *и* ~, sich **1.** воспламеняться; **2.** воодушевляться, загораться; sich für eine Idee ~ воодушевиться идеей

Entflámmung *f* -, -en воспламенение

ent|fléchten* *vt* **1.** расплетать; **2.** распутывать

ent|flécken *vt* выводить [удалять] пятна

ent|fliehen* *vi* (s) бежать, убегать, спасаться бегством, сбежать; die Zeit entflieht время бежит

ent|fließen* *vi* (s) (D) вытекать, течь *(из чего-л.)*, брать начало *(в чём-л.; о реке)*

ent|frémden I *vt* (D) **1.** делать чужим, отдалять *(от кого-л.)*; **2.** отчуждать *(у кого-л.)*; **3.** похищать *(у кого-л.)*; II *vi* (s) *и* ~, sich (D) становиться чужим [чуждым] *(кому-л.)*, оторваться *(от кого-л.)*; охладевать *(к кому-л.)*

Entfrémdung *f* -, -en отчуждённость, разобщённость

ent|führen *vt* уводить, похищать

Entführer *m* -s, - похититель

Entführung *f* -, -en похищение, отнятие

entgégen I *prp* (D) против, вопреки; dem Wind [dem Strom] ~ против ветра [течения], навстречу ветру [течению]; II *adv* **1.** против, вопреки; **2.** навстречу

entgégen- *отд. глаг. приставка указывает на* **1.** *встречное движение:* entge-gen|gehen* идти навстречу; **2.** *сопротивление, противодействие:* entge-gen|wirken противодействовать

entgégen|bringen* *vt (jmdm.)* относиться *(к кому-л. с любовью и т. п.)*; jmdm. Vertrauen ~ оказать кому-л. доверие

entgégengesetzt I *a* противоположный; обратный; встречный *(о ветре)*; ~er Sinn обратный смысл; in ~er Richtung в обратном направлении; в обратную сторону; II *adv* в противоположном направлении

entgégengesetztenfalls *adv* в противном случае

entgégen|handeln *vi* противодействовать, действовать вопреки *(чему-л.)*

entgégen|kommen* идти навстречу *(тж. перен.)*

Entgégenkommen *n* -s предупредительность, любезность

entgégenkommend *a* предупредительный *(gegen* A *по отношению к кому-л.)*

entgégen|laufen* *vi* (s) **1.** выбегать навстречу, бежать навстречу; **2.** противоречить *(о мнениях и т. п.)*

Entgégennahme *f* - **1.** принятие, приёмка, получение; **2.** заслушивание; nach ~ des Berichtes после заслушания доклада

entgégen|nehmen* *vt* **1.** принимать *(заказ и т. п.)*; **2.** заслушивать

entgégen|sehen* *vi* смотреть вперёд; *перен. тж.* ожидать

entgégen|setzen I *vt* противопоставлять; II ~, sich противиться, сопротивляться

entgégen|stellen I *vt* противопоставлять; II ~, sich противиться

Entgégenstellung *f* -, -en противопоставление, антитеза
entgégen|treten* *vi* (s) выступать против; противиться *(чему-л.)*
ent|gégnen *vi* возражать; выступать против *(в споре и т. п.)*
ent|géhen* *vi* (s) (D) уходить, ускользать *(от кого-л., от чего-л.)*; избегать *(кого-л., чего-л.)*; **das entging mir** я пропустил это, этого я не заметил; **sich** (D) **etw. ~ lassen*** упускать, пропускать что-л.; **sich** (D) **etw. nicht ~ lassen*** не отказывать себе в чём-л.
entgéistert I *a* рассеянный, отсутствующий *(взгляд)*; II *adv* рассеянно
Entgélt *n* -(e)s вознаграждение, возмещение; возмездие; **gegen ~** за плату; **ohne ~** безвозмездно
ent|gélten* *vt* поплатиться *(за что-л.)*; искупить *(что-л.)*; **er soll es mir ~!** он поплатится за это!; **jmdn. etw. ~ lassen*** наказывать кого-л. за что-л.
Entgéltung *f* -, -en возмездие, наказание, расплата; искупление
ent|giften *vt* 1. дегазировать, освобождать от ядовитых газов; 2. обеззараживать, дезинфицировать
Entgiftung *f* - 1. дегазация; 2. дезинфекция, обеззараживание
ent|gléisen *vi* (s) 1. сходить с рельсов; 2. *перен.* сбиться [сойти] с правильного пути
Entgléisung *f* -, -en 1. крушение *(поезда)*; 2. промах
ent|gleiten* *vi* (s) (D) выскальзывать *(из чего-л.)*; **(aus) den Händen ~** выскользнуть из рук; **das Wort ist dem Munde entglitten** слово сорвалось с языка
ent|glimmen* *vi* (s) загораться, затлеть
ent|gräten *vt* удалять кости *(из рыбы)*
ent|hálten* I *vt* содержать; **in sich** (D) **~** содержать в себе; II **~, sich** (G) воздерживаться, удерживаться *(от чего-либо)*; **sich der Stimme ~** воздержаться при голосовании; **sich des Urteils ~** не решаться судить о чём-л.
entháltsam *a* воздержанный, умеренный
Enthálsamkeit *f* - умеренность, воздержанность
Entháltung *f* -, -en отказ *(от чего-л.)*, воздержание; **mit einigen ~en** при нескольких воздержавшихся *(при голосовании)*
ent|háupten *vt* обезглавливать, отсечь голову *(кому-л.)*
ent|hében* *vt* (G, *von* D) освобождать *(кого-л. от должности и т. п.)*; *спорт.* отрешать; избавлять *(от чего-л.)*; **sich aller Sorgen ~** избавиться от всех забот
ent|hüllen *vt* 1. снимать покров [покрывало] *(с чего-л.)*, открывать *(что-л.)*; **ein Denkmal ~** открывать памятник; 2. разоблачать *(тайну и т. п.)*
Enthüllung *f* -, -en 1. снятие покрова [покрывала]; открытие *(памятника)*; 2. разоблачение *(тайны и т. п.)*
ent|hülsen *vt* лущить, шелушить, отделять шелуху; *с.-х.* обдирать *(зерно)*
Enthusiásmus <*gr.-lat.*> *m* - энтузиазм; **vom ~ gepackt sein** быть охваченным энтузиазмом
enthusiástisch <*gr.-lat.*> *a* полный энтузиазма, восторженный
ent|kéimen I *vi* (s) прорастать; **Kartoffeln ~** картофель даёт ростки [прорастает]; II *vt* стерилизовать
Entkéimung *f* - стерилизация
ent|kérnen *vt* удалять зёрна [косточки] *(из плодов)*
ent|kleiden I *vt* раздевать; **der Wald ist seines Schmuckes entkleidet** лес сбросил свой наряд; **jmdn. seines Amtes ~** сместить кого-л. с должности; **jmdn. der Macht ~** лишить кого-л. власти; II ~, **sich** раздеваться
ent|knäueln *vt* распутывать, разматывать *(клубок)*
ent|kóden *vt* расшифровать, дешифровать
ent|kómmen* *vi* (s) (D) убежать, ускользнуть *(от кого-л., от чего-л.)*, избежать *(чего-л.)*
ent|kóppeln *vt* 1. разъединить, расцеплять; 2. спускать *(собак со своры)*; 3. развязывать *(стреноженную лошадь)*
ent|kórken *vt* откупоривать
ent|kräften *vt* 1. обессиливать, лишать силы, ослаблять, изнурять; смягчать *(выражения, неприятность и т. п.)*; 2. аннулировать, признавать недействительным, отменять; отвергать *(жалобу)*; 3. опровергать *(доводы и т. п.)*
entkräftet *a* обессиленный, бессильный, лишённый сил
Entkräftung *f* -, -en 1. обессиление, изнеможение; 2. *юр.* аннулирование, признание недействительным
ent|kúppeln *vt* *тех.* расцеплять; разбирать *(части машины)*
ent|láden* I *vt* 1. разгружать, выгружать; **sein Gewissen ~** облегчить [успокоить] свою совесть; 2. *воен., эл.* разряжать; II ~, **sich** 1. разрядиться; 2. разразиться *(о грозе)*
Entládung *f* -, -en 1. разгрузка, выгрузка; 2. *эл.* разрядка; 3. взрыв, детонация

entláng I *prp* (A/D) вдоль; II *adv* вдоль
entláng||laufen* *vi* (s) бежать вдоль чего-либо; das Ufer ~ бежать вдоль берега
ent¦lárven *vt* разоблачать *(кого-л.)*, срывать маску *(с кого-л.)*
Entlárvung *f* -, -en разоблачение
ent¦lássen* *vt* 1. отпускать, освобождать; aus der Haft ~ освобождать из-под ареста; 2. увольнять, отчислять; aus dem Dienst ~ увольнять со службы
Entlássung *f* -, -en 1. освобождение; 2. увольнение; отставка; отчисление; seine ~ einreichen, um die ~ ansuchen* подать заявление об уходе [об отставке, увольнении]
Entlássungs||geld *n* -(e)s, -er выходное пособие
ent¦lásten *vt* (G *или* von D) 1. разгружать, освобождать *(от чего-л.)*; jmds. Konto ~ *ком.* списать сумму с чьего-л. счёта; 2. снимать *(вину и т. п.)*; jmdn. von der Verantwortung ~ снять с кого-л. ответственность; sein Gewissen ~ облегчить [успокоить] свою совесть
Entlástung *f* -, -en 1. разгрузка; *ком.* списание со счёта; 2. снятие *(вины и т. п.)*
Entlástungs||zeuge *m* -n, -n *юр.* свидетель защиты
ent¦láufen* *vi* (s) (D) убегать *(от кого-л., от чего-л.)*; die Gedanken ~ мысли разбегаются
ent¦lédigen I *vt* (G) снимать *(с кого-л. что-л.)*; *перен. тж.* избавлять *(кого-л. от чего-л.)*; II ~, sich (G) 1. снимать с себя, слагать с себя *(что-л.)*, избавляться *(от кого-л., от чего-л.)*; 2. выполнять *(что-л.)*; разделываться *(с работой и т. п.)*
ent¦léeren I *vt* опоражнивать; den Briefkasten ~ вынимать письма из почтового ящика; den Darm ~ очищать кишечник; II ~, sich опорожняться
entlégen *a* дальний, отдалённый, удалённый
ent¦léhnen *vt* (G *или* von D) заимствовать *(у кого-л.)*; dieses Wort ist dem Englischen entlehnt это слово заимствовано из английского языка
Entléhnung *f* -, -en 1. заимствование; 2. *лингв.* заимствованное слово
ent¦léihen* *vt* 1. брать взаймы; 2. брать напрокат; брать на время *(книгу из библиотеки и т. п.)*
ent¦lóhnen *vt* 1. вознаграждать *(за труд)*; расплачиваться *(с кем.-л.)*; eine niedrig entlohnte Arbeit низкооплачиваемая работа; 2. давать расчёт *(кому-л.)*, увольнять *(кого-л.)*
Entlóhnung *f* -, -en 1. вознаграждение, плата; 2. расчёт, увольнение
ent¦lüften *vt* 1. вентилировать, проветривать; 2. *тех.* удалять [выкачивать] воздух *(откуда-л.)*
ent¦máchten *vt* лишать власти
ent¦mánnen *vt* 1. кастрировать; 2. *перен.* расслаблять; 3. снять экипаж *(с судна)*
ent¦ménschen, ent¦ménschlichen *vt* лишать человеческого образа
entménscht *a* бесчеловечный, озверелый
ent¦militarisíeren *vt* демилитаризировать; entmilitarisierte Zone демилитаризованная зона
Entmilitarisíerung *f* -, -en демилитаризация
ent¦mündigen *vt* брать под опеку; *перен. тж.* лишать самостоятельности
Ent¦mündigung *f* -, -en *юр.* объявление лица недееспособным; отдача под опеку
ent¦mútigen *vt* лишать мужества; обескураживать; sich ~ lassen* пасть духом
Entmútigung *f* -, -en лишение мужества [бодрости]; приведение в уныние
ent¦néhmen* *vt* 1. (D) брать, заимствовать *(из чего-л.)*; 2. (D/*aus* D) заключать, делать вывод *(из чего-л.)*; aus den Ausführungen läßt sich ~, daß... из выступления можно заключить, что...
ent¦púppen, sich 1. *зоол.* вылупляться *(из куколки)*; 2. *(als)* оказаться *(кем-л., чем-л.)*; er entpuppte sich als Schwätzer он оказался болтуном
ent¦ráhmen *vt* снимать сливки
ent¦rätseln *vt* 1. разгадывать; 2. расшифровывать
Enträtselung *f* -, -en 1. разгадывание; 2. расшифровка
ent¦réchten *vt* *юр.* лишать (гражданских) прав
ent¦réißen* I *vt* (D) вырывать, выхватить *(у кого-л.)*; jmdn. dem Tod(e) ~ вырвать кого-л. у смерти; II ~, sich вырваться; sich den Armen ~ вырваться из объятий
Entrepreneur [ātr(ə)prə'nø:r] <*fr.*> *m* -s, -e 1. подрядчик; 2. *театр.* антрепренёр
Entreprise [āt(ə)r'pri:z(ə)] <*fr.*> *f* -, -n [-zən] 1. подряд, работа по подряду; 2. *театр.* антреприза
ent¦ríchten *vt* вносить *(деньги)*, уплачивать, платить *(налоги и т. п.)*; jmdm. seinen Dank ~ отблагодарить кого-л.
Entríchtung *f* -, -en уплата, оплата, расплата, взнос, платёж; die ~ von Steuern уплата налогов

ent|riegeln vt отмыкать, отпирать
ent|rinden vt снимать кору (с дерева), окорять (дерево)
ent|rinnen* vi (s) (D) 1. вытекать, утекать, течь (из чего-л.); 2. избегать (чего-л.); ускользать, убегать (от чего-л., от кого-л.); die Zeit entrinnt время бежит
ent|rollen I vt развёртывать, раскатывать; II vi (s) скатываться; III ~, sich развёртываться (тж. перен.)
ent|rümpeln vt очищать [освобождать] от хлама (подвал, чердак и т. п.)
ent|rüsten I vt возмущать, приводить в негодование; entrüstet sein (über A) возмущаться (кем-л., чем-л.), негодовать; II ~, sich возмущаться, приходить в негодование
entrüstet a возмущённый
Entrüstung f -, -en возмущение, негодование; von ~ ergriffen охваченный негодованием
ent|sagen vi (D) отказываться (от курения, притязаний и т. п.); отрекаться (от трона и т. п.)
Entsagung f -, -en отказ; отречение (от трона и т. п.)
entsagungsvoll a самоотверженный
ent|salzen vt опреснять
ent|schädigen vt вознаграждать (кого-л.); возмещать (кому-л.); jmdn. für seine Verluste ~ возместить чьи-л. убытки
Entschädigung f -, -en возмещение убытков, компенсация; репарация
ent|schärfen vt 1. обезвреживать (о бомбе); 2. перен. притуплять, смягчать (остроту чего-л.)
Entscheid m -(e)s, -e решение, резолюция; einen ~ treffen* принимать решение
ent|scheiden* I vt решать, разрешать; das Gefecht ~ решить исход боя; II ~, sich (für A) решаться (на что-л.)
entscheidend a решительный; решающий; ~e Stimme решающий голос
Entscheidung f -, -en 1. решение, резолюция; ◊ eine ~ treffen* принимать решение; 2. спорт. финал
Entscheidungs||befugnis f -, -se право решать
Entscheidungs||gefecht n -es, -e; ~kampf m -(e)s, -kämpfe решительный бой
entschieden I a 1. решительный, определённый; ein ~er Gewinn верная прибыль; несомненная польза; ein ~er Gegner ярый противник; 2. решённый; II adv 1. решительно; aufs ~ste решительным образом; 2. несомненно

Entschiedenheit f - решительность, твёрдость; решимость; eine große ~ an den Tag legen проявить большую решительность
ent|schlacken vt тех. тж. перен. удалять шлак, очищать от шлаков
ent|schlafen* vi (s) поэт. 1. засыпать; 2. скончаться
ent|schleichen* vi (s) ускользать, убегать (украдкой)
ent|schleiern vt 1. снимать вуаль [покрывало] (с кого-л., с чего-л.), открывать; 2. разоблачать (тайну и т. п.)
Entschleierung f -, -en 1. снятие вуали [покрывала]; 2. разоблачение (тайны)
ent|schließen*, sich (zu D, für A) решаться (на что-л.); er kann sich dazu nicht ~ он не может на это решиться
Entschließung f -, -en решение, резолюция, постановление
entschlossen a решительный; fest ~ sein быть полным решимости
Entschlossenheit f - решимость, решительность
ent|schlüpfen vi (s) (D) выскользнуть, ускользнуть, вырваться (у кого-л., откуда-л.); сорваться (с языка) (у кого-л.); sich (D) etw. ~ lassen* проговориться о чём-л.
Entschluß m -sses, -schlüsse решение; einen ~ fassen принять решение; durch eigenen ~ добровольно
ent|schlüsseln vt расшифровать, дешифровать
Entschlüsselung f -, -en расшифровка, дешифровка
Entschluß||kraft f -, -kräfte решительность
ent|schuldigen I vt извинять, прощать; es ist (nicht) zu ~ это (не)простительно; ~ Sie! извините!, простите!; II ~, sich (bei jmdm. wegen G) извиняться (перед кем-л. за что-л.), оправдываться; ◊ wer sich entschuldigt, klagt sich an посл. ≡ на воре и шапка горит
Entschuldigung f -, -en извинение, оправдание; um ~ bitten* просить извинения [прощения]; eine ~ vorbringen* принести (свои) извинения
Entschuldung f -, -en ликвидация задолженности
ent|schwinden* vi (s) исчезать; dem Gedächtnis ~ вылетать из памяти [из головы]
entseelt a бездыханный, мёртвый
Entsetzen n -s ужас; vor ~ от ужаса; von ~ gepackt объятый ужасом
entsetzlich a ужасный, ужасающий; отвратительный

Entsétzlichkeit f -, -en ужас *(какого-л. положения и т. п.)*
ent¦séuchen vt обеззараживать, дезинфицировать; дезактивировать, очищать
Entséuchung f - дезинфекция, обеззараживание
ent¦sinnen*, sich (G) помнить, вспоминать *(о чём-л.)*, припоминать *(что-л.)*; **wenn ich mich recht entsinne** если мне память не изменяет; **soviel ich mich entsinne** насколько я помню
ent¦sórgen vt (безопасно) ликвидировать отходы
Entsórgung f -, -en (безопасная) ликвидация отходов
ent¦spánnen I vt 1. разряжать, ослаблять напряжение; 2. распрягать, отпрягать *(лошадь)*; II ~, **sich** отдыхать, расслабляться
Entspánnung f -, -en 1. ослабление напряжения, разрядка; 2. отдых, успокоение
ent¦sprechen* vi (D) соответствовать, отвечать
entspréchend I a соответственный, соответствующий; II prp (D) в соответствии *(с чем-л.)*, согласно *(чему-л.)*
ent¦springen* vi (s) (D) 1. убегать *(от кого-л., откуда-л.)*; **aus dem Gefängnis ~** убежать из тюрьмы; 2. вытекать, течь *(из чего-л.)*, брать начало *(где-л.; о реке)*; 3. происходить, возникать *(из-за чего-л.; о сомнении и т. п.)*
ent¦stámmen vi (s) (D) происходить *(от кого-л., из чего-л.)*
ent¦stéhen* vi (s) возникать; происходить; **die entstandene Situation** создавшаяся ситуация; **was ist daraus entstanden?** что из этого вышло?; **was auch daraus ~ mag** будь что будет
Entstéhung f - возникновение, происхождение
ent¦stéllen vt обезобразить; искажать *(тж. перен.)*
entstéllt a искажённый *(тж. перен.)*
Entstéllung f -, -en искажение *(тж. перен.)*
ent¦stören vt тех., радио устранять помехи
ent¦strömen vi (s) (D) вытекать, течь *(из чего-л.)*; **Rauch entströmte dem Schornstein** дым валил из трубы
ent¦sühnen vt искупать *(вину)*, поплатиться *(за что-л.)*
ent¦súmpfen vt осушать болота *(где-л.)*
ent¦täuschen vt разочаровывать
Enttäuschung f -, -en разочарование
ent¦trümmern vt очищать *(от развалин)*

Enttrümmerung f -, -en расчистка от развалин [обломков]
ent¦wáchsen* vi (s) (D) вырастать, выйти *(из чего-л.)*; **der Schule ~ sein** выйти из школьного возраста; **den Kinderschuhen ~ sein** выйти из младенческого возраста
ent¦wáffnen vt разоружать; обезоруживать *(тж. перен.)*
Entwaffnung f -, -en разоружение; обезоруживание
ent¦wárnen vt отменять положение боевой готовности
Entwárnung f -, -en воен. отбой *(после тревоги)*
ent¦wässern vt осушать, отводить воду *(откуда-л.)*
entwässert a осушенный
Entwässerung f -, -en обезвоживание, дренаж, осушение
entwéder conj: ~ ...**oder**... или... или..., либо... либо...; ~ **oder!** одно из двух!
ent¦wéichen* vi (s) удаляться, скрываться *(из вида)*; убегать *(откуда-л.)*; улетучиваться *(о газе и т. п.)*; утекать *(о токе)*
Entwéichung f -, -en удаление; бегство; улетучивание, выход; утечка
ent¦wéihen vt 1. осквернять; 2. церк. лишать сана; 3. развенчивать
ent¦wénden* vt (jmdm.) похищать *(у кого-либо)*
Entwéndung f -, -en похищение, кража
ent¦wérfen* vt набрасывать *(план)*, проектировать
ent¦wérten I vt обесценивать; девальвировать; **eine Briefmarke ~** погашать почтовую марку; **eine Fahrkarte ~** компостировать билет; II ~, **sich** обесцениваться
Entwértung f -, -en девальвация; обесценение
ent¦wickeln I vt 1. развивать; 2. проявлять, обнаруживать, развивать *(энергию и т. п.)*; хим. выделять, освобождать; II ~, **sich** 1. развиваться; 2. превращаться *(во что-л. путём развития)*; 3. воен. развёртываться, принимать боевой порядок
Entwicklung f -, -en 1. развитие; **in ~ begriffen sein** развиваться; 2. фото проявление; 3. воен. развёртывание *(тактическое)*
Entwicklungs‖jahre pl годы созревания; переходный возраст
Entwicklungs‖lehre f -, -n эволюционная теория
Entwicklungs‖vorschlag m -(e)s, -schläge рационализаторское предложение

ent|wírren I *vt* распутывать; *перен. тж.* разбирать *(дело)*; II ~, **sich** выпутываться
Entwírrung *f* -, -en распутывание; *перен.* разбирательство *(дела)*
ent|wíschen *vi* (s) (D) убежать, улизнуть *(от кого-л.)*; **jmdn.** ~ **lassen*** упустить кого-л.; дать убежать кому-л.; **die Gelegenheit** ~ **lassen*** упустить (удобный) случай
ent|wöhnen I *vt* (G, *von* D) отучать *(от чего-л.)*; **ein Kind** ~ отнимать ребёнка от груди; II ~, **sich** (G, *von* D) отвыкать *(от чего-л.)*
ent|würdigen *vt* унижать, лишать достоинства
Entwürdigung *f* -, -en унижение, лишение достоинства; оскорбление достоинства
Entwúrf *m* -(e)s, -würfe набросок, проект, эскиз; **im** ~ вчерне; **einen** ~ **von etw.** (D) **machen** делать набросок чего-л.
ent|wúrzeln *vt* вырывать с корнем; *перен. тж.* искоренять
ent|záubern *vt* 1. снимать чары (с кого-либо), расколдовывать *(кого-л.)*; 2. лишать очарования; 3. разочаровывать; отрезвлять
Entzáuberung *f* -, -en 1. снятие чар *(с кого-л.)*, расколдовывание *(кого-л.)*; 2. разочарование, отрезвление
ent|zíehen* I *vt (jmdm.)* лишать *(чего-л. кого-л.)*, отнимать *(что-л. у кого-л.)*; **jmdm. das Wort** ~ лишить кого-л. слова; II ~, **sich** (D) 1. уклоняться *(от чего-л.)*; избегать *(чего-л.)*; **sich den Blicken** ~ скрыться из вида; 2. не поддаваться *(учёту и т. п.)*; **das entzieht sich unserer Kenntnis** это нам неизвестно
Entzíehung *f* -, -en 1. уклонение *(от исполнения обязанностей и т. п.)*; 2. лишение *(прав и т. п.)*; 3. *мед.* воздержание
Entzíehungs||kur *f* -, -en *мед.* диета; лечение воздержанием
ent|zíffern *vt* расшифровать, дешифровать, разбирать
Entzífferung *f* -, -en расшифровка
ent|zücken *vt* восхищать
Entzücken *n* -s восхищение, восторг; **in** ~ **geraten*** восхищаться, приходить в восторг
entzückend *a* восхитительный
entzückt *a (von* D, *über* A) восхищённый *(чем-л.)*, в восторге *(от чего-л.)*
Entzúg *m* -(e)s лишение, запрещение *(чего-л.)*
entzündbar *a* воспламеняющийся

ent|zünden I *vt* 1. зажигать, воспламенять; поджигать; разжигать; 2. *перен.* разжигать *(страсти и т. п.)*; 3.: **entzündet sein** быть воспалённым; II ~, **sich** 1. загораться, воспламеняться; 2. воспаляться
entzündlich *a* 1. *мед.* воспалительный; 2. воспламеняющийся; 3. вспыльчивый
Entzündung *f* -, -en 1. воспламенение; 2. *мед.* воспаление
entzwéi *adv* надвое, пополам; ~ **sein** быть разбитым, расколотым
ent|zwéien I *vt* поссорить *(кого-л.)*, посеять раздор *(между кем-л.)*; II ~, **sich** рассориться
entzwéi|gehen* *vi* (s) разбиваться, разламываться
Enzio Энцио *(муж. имя)*
Enzýklika <*gr.*> *f* -, -ken энциклика *(обращение римского папы)*
Enzyklopädie <*gr.-lat.*> *f* -, -di|en энциклопедия
enzyklopädisch <*gr.-lat.*> *a* энциклопедический
Ephra|im Эфраим *(муж. имя)*
Epidemíe <*gr.-lat.*> *f* -, -mi|en эпидемия
epidémisch <*gr.-lat.*> *a* эпидемический
Epilepsíe <*gr.-lat.*> *f* -, -si|en эпилепсия
epi|léptisch <*gr.-lat.*> *a мед.* эпилептический
epísch <*gr.-lat.*> *a* эпический
Episóde <*gr.-fr.*> *f* -, -n эпизод
episódisch <*gr.-fr.*> *a* эпизодический, эпизодичный
Epóche [-x-] <*gr.-lat.*> *f* -, -n эпоха, эра, период
epóchemachend *a* открывающий новую эру, замечательный, выдающийся
Eropöe [-'pø:ə/-'pø:] <*gr.-lat.*> *f* -, -n [-ən] эпопея, героическая поэма, эпос
Epos <*gr.-lat.*> *n* -, Epen эпос
er *pron pers* (G seiner, D ihm, A ihn) он
er- неотд. глаг. приставка указывает на 1. завершение, завершённость: **er|frieren*** замерзать, 2. достижение результата: **er|kämpfen** завоёвывать; 3. переход в особое состояние (при образовании глаголов от прилагательных): **er|kranken** заболеть
er|áchten *vt (für, als* A) чтить *(за что-л.; чем-л.)*, признавать *(чем-л.)*; **für [als] nötig** ~ считать необходимым
Eráchten *n* -s мнение, усмотрение; ◊ **meines** ~s по-моему, на мой взгляд
er|árbeiten *vt* 1. вырабатывать, зарабатывать; **sich** (D) **ein sorgloses Alter** ~ обеспечить себе спокойную старость; **sich** (D) **ein Kapital** ~ приобрести ка-

питал; **2.** разрабатывать *(план и т. п.)*
er|bármen I ~, sich (G *für* A) сжалиться *(над кем-л.)*; II *vt*: Gott erbarm! *ирон.* Боже сохрани!, не дай Бог!
Erbármen *n* -s жалость, сострадание; mit jmdm. ~ fühlen чувствовать жалость к кому-л.; zum ~! очень плохо!; es ist zum ~! вот беда!; какой ужас!
erbärmlich I *a* **1.** жалкий, достойный сожаления; **2.** жалкий, презренный; II *adv* **1.** жалко, бедно *(одет и т. п.)*; **2.** подло, низко
erbármungslos *a* безжалостный
erbármungswürdig *a* достойный сожаления
er|báuen I *vt* **1.** строить, сооружать; **2.** *перен.* строить, основать
er|báuen II I *vt* доставлять радость; erbaut sein von (D) быть в восторге; II ~, sich **1.** испытать удовлетворение, радость **2.** *рел.* возноситься душой, получать духовное наслаждение
Erbáuer *m* -s, - **1.** строитель, архитектор, конструктор; **2.** *перен.* строитель, основатель
erbáulich *a* поучительный, назидательный; das ist ja recht ~! *ирон.* это очень мило!, нечего сказать!
Erbáulichkeit *f* - поучительность, назидательность
erbberechtigt *a* имеющий право на наследство
Erbe I *m* -n, -n наследник; jmdn. zum ~n einsetzen назначить наследником кого-либо
Erbe II *n* -s наследство; наследие; ein ~ antreten* вступить в права наследства
er|bében *vi* (s) содрогаться, сотрясаться
erben *vt (von jmdm.)* (у)наследовать *(что-либо от кого-л.)*; hier ist nichts zu ~ *разг.* здесь нечем поживиться
er|béten *vt* выпрашивать, вымаливать
er|bétteln *vt* вымолить, выпросить
er|béuten *vt* захватывать *(добычу, трофеи)*
Erb||fähigkeit *f* - *юр.* право наследования
Erb||fehler *m* -s, - наследственный порок; mit einem ~ behaftet sein страдать наследственным пороком
Erb||feind *m* -(e)s, -e заклятый враг
Erb||gut *n* -(e)s, -güter; ~herrschaft *f* -, -en родовое имение
er|bíeten*, sich *(zu* D) вызваться *(сделать что-л.)*; предлагать свои услуги
Erbin *f* -, -nen наследница
er|bítten* *vt* **1.** выпрашивать; **2.** упрашивать
er|bíttern *vt* ожесточать, озлоблять

erbíttert *a* ожесточённый; озлобленный; ein ~er Kampf упорная [ожесточённая] борьба
Erbítterung *f* - горечь; ожесточение, озлобление; злоба, вражда
er|blássen *vi* (s) **1.** (по)бледнеть; **2.** *уст.* умереть
Erblassenschaft *f* -, -en завещание
Erb||lasser *m* -s, -; ~in *f* -, -nen завещатель, -ница
er|bléichen* *vi* (s) **1.** (по)бледнеть; **2.** побелеть, поседеть; **3.** стушеваться, потускнеть; **4.** *уст.* умереть
erblich I *a* родовой, наследственный; II *adv*: ~ belastet страдающий наследственным пороком
Erblichkeit *f* - наследственность
er|blícken *vt* увидеть; усматривать; das Licht der Welt ~ увидеть свет, появиться на свет
er|blínden *vi* (s) ослепнуть
er|blühen *vi* (s) расцветать; voll erblüht в полном цвету
er|bósen I *vt* сердить, злить, озлоблять; II ~, sich *(über* A) разозлиться *(на кого-либо)*
erbóst I *a* озлобленный *(über* A на что-либо)*; II *adv* злобно, озлобленно
erbrácht *a*: der ~e Beweis представленное доказательство
er|bréchen* I *vt* взламывать, вскрывать; распечатывать *(письма)*; ein Siegel ~ сломать печать
er|brechen* II *vi u* ~, sich: er erbricht (sich) его рвёт, его тошнит
Erbréchen *n* -s рвота; ein ~ erregen [hervorrufen*] вызвать рвоту
er|bríngen* *vt* приводить *(доказательства)*
Erbschaft *f* -, -en наследство; наследие; eine ~ antreten* вступить в права наследства; eine ~ machen получить наследство
erbschaftlich *a* наследственный *(являющийся наследством)*
Erbse *f* -, -n горох, горошина; *pl* горох *(еда)*
Erb||stück *n* -(e)s, -e вещь, достающаяся [перешедшая] по наследству
Erb||übel *n* -s, - наследственная болезнь
Erd||ableitung *f* -, -en, - заземление
Erd||arbeiter *m* -s, - землекоп
Erd||bahn *f* - орбита Земли
Erd||ball *m* -(e)s земной шар
Erd||beben *n* -s, - землетрясение
Erd||beere *f* -, -n земляника
Erd||boden *m* -s, -/-böden **1.** почва, грунт; земля; etw. dem ~ gleichmachen *перен.*

сравнять что-л. с землёй; **2.** *спорт.* земляной грунт
Erde *f* -, -n *в разн. знач.* земля; über die ganze ~ по всему свету; **im Schoße der** ~ в недрах земли; ◆ **auf der** ~ **bleiben*** сохранять спокойствие; **die** ~ **sei ihm leicht!** пусть земля ему будет пухом!
Erd‖eichel *f* -, -n *бот.* арахис, земляной орех
erden I *vt* *эл.* заземлять
erden II *a* **1.** земляной; **2.** глиняный
Erden *n* -s *эл.* заземление
Erd‖enge *f* -, -n перешеек
erdénkbar *a* мысленный, вообразимый
erdénklich *a* мыслимый; возможный; **auf alle ~e Art** всеми способами
Erder *m* -s, - *эл.* заземление
erdfahl, erdfarben *a* землистый *(о цвете)*
Erd‖geist *m* -es, -er *миф.* гном
Erd‖geschoß *n* -sses, -sse первый этаж
Erd‖hütte *f* -, -n землянка
er¦dichten *vt* сочинять, выдумывать
er¦dichtet *a* **1.** вымышленный, выдуманный; **2.** фантастический, сказочный
Erdíchtung *f* -, -en **1.** сочинение, выдумывание; **2.** фантазия, сказка; **3.** выдумка, вымысел
erdig *a* земляной *(из земли)*, землистый *(содержащий землю, как земля)*
Erd‖innere *subst n* недра земли
Erd‖karte *f* -, -n карта земного шара
Erd‖kugel *f* - **1.** земной шар; **2.** глобус
Erd‖kunde *f* - **1.** геология; **2.** география
Erd‖leitung *f* -, -en *эл.* провод заземления; подземная линия; замыкание цепи через заземление
Erd‖nuß *f* -, -nüsse арахис, земляной орех
Erd‖öl *n* -(e)s нефть, керосин; **nach** ~ **bohren** производить бурение нефтескважин
Erdöl‖bergbau *m* -(e)s нефтяной промысел
Erdöl‖leitung *f* -, -en нефтепровод
Erdöl‖schürfung *f* - разведка нефти
Erd‖pech *n* -(e)s асфальт
Erd‖reich *n* -(e)s **1.** мир (земной); **2.** земля, грунт, почва
er¦dréisten, sich *(zu* D*)* осмеливаться *(на что-л.),* иметь наглость; **sich zu Handgreiflichkeiten** ~ дать волю рукам; **sich zu Grobheiten** ~ нагрубить
Erdréistung *f* -, -en дерзость, смелость
Erd‖rinde *f* - земная кора
er¦dröhnen *vi* (оглушительно) (за)греметь
er¦drósseln I *vt* душить, задушить, удушить; **II** ~, **sich** удавиться
Erdrósselung *f* -; **Erdroßlung** *f* - удушение, задушение

Erd‖rotation *f* - вращение земли вокруг оси
er¦drücken *vt* **1.** задавить; **2.** *перен.* подавить; **etw. im Keime** ~ подавить что-л. в зародыше; **von Not erdrückt sein** быть забитым нуждой
erdrückend *a* подавляющий; **eine ~e Arbeit** изнурительная работа; **ein ~er Beweis** неоспоримое доказательство
Erdrückung *f* -, -en подавление
Erd‖rutsch *m* -(e)s, -e оползень; земляной обвал; осыпь
Erd‖satellit *m* -en, -en *см.* Erdtrabant
Erd‖stoß *m* -sses, -stöße подземный толчок
Erd‖teil *m* -(e)s, -e *геогр.* часть света
Erd‖trabant *m* -en, -en *астр.* спутник Земли
er¦dúlden *vt* терпеть, выносить, претерпевать; **Verfolgungen** ~ подвергаться преследованиям
Erdung *f* -, -en *эл.* заземление
Erd‖zunge *f* -, -en *геогр.* мыс, коса
er¦éifern, sich *(über* A*)* горячиться *(из-за кого-л., из-за чего-л.);* принимать *(что-л.)* близко к сердцу; говорить *(о ком-л., о чём-л.)* с волнением; **sich für seine Meinung** ~ горячо отстаивать своё мнение
er¦éignen, sich происходить; случаться
Eréignis *n* -ses, -se событие, происшествие; ◆ **einem freudigen** ~ **entgegensehen*** ждать (рождения) ребёнка
eréignisreich *a* богатый событиями; **~e Jahre** памятные годы
er¦éilen *vt* догонять, настигать *(о смерти, вести и т. п.)*
Eremít <*gr.-lat.*> *m* -en, -en отшельник
Eremitáge [-ʒə] <*gr.-lat.-fr.*> *f* -, -n Эрмитаж; дворец в уединённой части города
erérbt *a* унаследованный, наследственный
er¦fáhren* I *vt* **1.** узнавать; **2.** испытывать, претерпевать; **eine Änderung** ~ изменяться; **etw. am eigenen Leibe** ~ испытать что-л. на собственной шкуре
erfáhren II *a* опытный, сведущий *(in* D *в чём-л.);* бывалый
Erfáhrenheit *f* - опытность
Erfáhrung *f* -, -en опыт; **auf** ~ **gegründet** основанный на опыте; **~en sammeln** накопить опыт; **~en vermitteln** передавать опыт; **~en auswerten** использовать опыт; **~en austauschen** обмениваться опытом; **schlechte ~en machen** испытать плохое в жизни; **in** ~ **bringen*** разузнать, получить сведения; **zu der** ~ **gelangen** прийти к заключению

Erfáhrungs‖austausch *m* -es обмен опытом; **in einen ~ treten*** обмениваться опытом
erfahrungs‖gemäß, ~mäßig I *a* эмпирический, основанный на опыте; II *adv* по опыту, эмпирически
er¦fássen I *vt* **1.** хватать, схватить *(что-либо)*, хвататься *(за что-л.)*; **2.** понимать, схватывать; **3.** охватывать *(об отвращении и т. п.)*; **von Angst erfaßt** охваченный страхом; **4.** охватывать, включать; **von der Volkszählung erfaßt sein** быть охваченным переписью населения
er¦fássen II *vt* с.-х. заготовлять
Erfássung I *f* - **1.** понимание, схватывание; **2.** охват; учёт; **~ des Bedarfs** учёт спроса
Erfássung II *f* -, -en с.-х. заготовки, поставки; **~ und Aufkauf** заготовки и закупки
er¦fínden* *vt* **1.** изобретать; **2.** выдумывать; **das ist alles erfunden** всё это выдумано; ◆ **er hat das Pulver nicht erfunden** ≅ не он изобрёл колесо
Erfínder *m* -s, - изобретатель
Erfínder‖geist *m* -es изобретательность
erfínderisch *a* изобретательный
Erfíndung *f* -, -en изобретение; выдумка
Erfíndungs‖gabe *f* - изобретательность
Erfíndungs‖geist *m* -es творческий ум; творческий дух
erfíndungsreich *a* изобретательный, находчивый
er¦fléhen *vt* вымаливать
Erfólg *m* -(e)s, -e успех, результат; **ein durchschlagender ~** полный успех; **~e zeitigen** давать результаты; **etw. zum ~ bringen*** достигнуть успеха в чём-л.; **den ~ ausbauen [ausweiten]** развить успех
er¦fólgen *vi* (s) **1.** (по)следовать *(об ответе и т. п.)*; **2.** (по)следовать *(о событии)*, происходить
erfólglos *a* безуспешный, тщетный, неудачный
erfólgreich *a* успешный, удачный
Erfólgs‖fall: im ~ в случае успеха
erfólgssicher *a* **1.** уверенный в успехе; **2.** обеспеченный успехом
erfórderlich *a* потребный, необходимый; **~ sein** требоваться
Erfórderlichkeit *f* - обязательность, необходимость
er¦fórdern *vt* требовать; **das erfordert Ausdauer** это требует выдержки; **soweit es die Umstände ~** смотря по обстоятельствам; **einen Kasus ~** *грам.* управлять падежом
Erfórdernis *n* -ses, -se требование, необходимость, потребность
er¦fórschen *vt* **1.** исследовать, испытывать, разведывать; **2.** распознавать
Erfórscher *m* -s, -; **~in** *f* -, -nen исследователь, -ница
Erfórschung *f* -, -en исследование; испытание; разведка *(полезных ископаемых)*
er¦frágen *vt* (рас)спрашивать, справляться, узнавать *(о чём-л.)*; **nicht zu ~** адресат неизвестен *(надпись на почтовом отправлении)*
er¦fréchen, sich осмеливаться, иметь наглость
er¦fréuen I *vt* радовать, обрадовать, порадовать; II **~, sich** *(an* D) **1.** радоваться *(чему-л.)*, наслаждаться *(чему-л.)*; **erfreut sein** *(über* A) (об)радоваться *(чему-л.)*; **2.** (G) пользоваться, иметь *(авторитет и т. п.)*; **sich einer Beliebtheit** (G) **~** пользоваться популярностью *(у кого-л.)*
erfréulich *a* радостный; благоприятный; отрадный; **etw. als ~ bezeichnen** отметить что-л. как отрадное явление
er¦fríeren* I *vi* (s) замерзать, окоченеть; вымерзать; II *vt* отморозить
er¦fríschen I *vt* освежать; подкреплять; II **~, sich** освежаться; подкрепляться
erfríschend *a* освежающий; прохладительный, живительный
Erfríschung *f* -, -en **1.** освежение, подкрепление; **2.** прохладительный напиток; **3.** лёгкая закуска; **eine ~ zu sich** (D) **nehmen*** закусить
Erfríschungs‖raum *m* -(e)s, -räume буфет, закусочная
erfróren *a* отмороженный; замёрзший
erfüllbar *a* исполнимый, возможный
er¦füllen I *vt* **1.** наполнять; **mit Hoffnung ~** обнадёживать; **2.** выполнять, исполнять; **seinen Zweck ~** соответствовать своему назначению; II **~, sich** исполняться, сбыться
Erfüllung *f* -, -en исполнение, выполнение; **in ~ gehen*** сбываться, исполняться
Erfurt (*n*) -s Эрфурт *(адм. центр земли Тюрингия <ФРГ>)*
er¦gänzen *vt* дополнять, добавлять
ergänzend *a* добавочный, дополнительный
Ergänzung *f* -, -en **1.** дополнение, добавление; **2.** *мат.* дополнение *(угла до 90^0)*
er¦gáttern *vt* *разг.* (раз)добыть (хитростью); нахватать; подцепить

er¦gáunern vt вымогать, добиваться жульничеством
er¦gében* I I vt давать (об итоге), составлять; die Untersuchung hat ~ следствие установило; II ~, sich оказываться, получаться; es ergab sich, daß... оказалось, что...;
er¦gében, sich II vt 1. капитулировать, сдаваться (в плен); 2. (in A) покориться (своей судьбе); 3. посвящать себя, предаваться; er hat sich dem Trunk ~ он спился
ergében III a преданный (верный), покорный; Ihr ~er..., Ihr ~ster..., ~st Ihr преданный Вам... (в конце письма)
Ergébenheit f - преданность, покорность
Ergébnis n -ses, -se результат; вывод; последствие; ein ~ zeitigen дать результат, возыметь действие
ergébnislos I a безрезультатный; II adv безрезультатно
ergébnisreich a эффективный, результативный
Ergébung f - 1. воен. сдача, капитуляция; 2. преданность; 3. покорность, смирение
er¦géhen* I vi (s) 1. быть изданным [опубликованным] (о приказе и т. п.); быть отправленным; es ergeht ein Befehl вышел приказ; ~ lassen* издавать, объявлять (приказ и т. п.); 2.: etw. über sich (A) ~ lassen* терпеливо сносить что-л.; Gnade für Recht ~ lassen* смилостивиться, помиловать
er¦géhen* II vimp житься; wie ist es dir ergangen? как тебе жилось?
er¦géhen*, sich III 1. прогуливаться, прохаживаться; 2.: sich in Lob ~ рассыпаться в похвалах; sich in Vermutungen ~ теряться в догадках
ergíebig a 1. обильный; плодородный; 2. доходный; 3. исчерпывающий (о данных)
Ergíebigkeit f - 1. обилие, богатство; 2. прибыльность; 3. плодородие, урожайность; продуктивность
er¦gíeßen* I vt изливать; sein Herz ~ изливать (свою) душу; II ~, sich 1. литься; хлынуть (тж. перен.); sich in Tränen ~ обливаться слезами; 2. впадать (о реке); 3. изливаться (о чувствах); sein Zorn ergoß sich über uns его гнев обрушился на нас
er¦glühen vi (s) 1. накаливаться; разгораться; in Liebe zu jmdm. ~ воспылать любовью к кому-л.; 2. вспыхнуть, покраснеть; vor Scham ~ покраснеть от стыда

er¦götzen I vt доставлять наслаждение (кому-л.), радовать (кого-л.); веселить, забавлять (кого-л.); II ~, sich (an D) наслаждаться; любоваться (чем-л.)
ergötzend, ergötzlich a восхитительный, приятный; забавный
Ergötzung f -, -en удовольствие, развлечение, потеха; наслаждение, упоение
er¦gráuen vi (s) 1. делаться серым, сереть; 2. (по)седеть; состариться; an den Schläfen ergraut sein иметь седину на висках; 3. сгущаться (о сумерках)
ergráut a поседевший, седой
er¦gréifen* vt 1. хватать, схватить (что-либо), браться, взяться (за что-л.); einander an den Händen ~ браться за руки; 2. захватывать, захватить, хватать, схватить, поймать; 3. : die Feder ~ взяться за перо; das Wort ~ взять слово; einen Beruf ~ выбрать профессию; Maßnahmen ~ принять меры; die Flucht ~ обратиться в бегство; Besitz von etw. (D) ~ овладеть чем-л.; eine Gelegenheit ~ воспользоваться случаем; die Initiative ~ взять на себя инициативу; 4. охватывать (о пламени, тж. перен.); 5. перен. захватывать; растрогать; seine Worte ergriffen mich его слова тронули меня
ergreifend a трогательный; захватывающий
ergriffen a тронутый; взволнованный
Ergriffenheit f - умиление; волнение
er¦grimmen I vt привести в ярость; II vi (s) (рас)свирепеть
er¦gründen vt 1. измерять глубину (реки и т. п.); 2. исследовать; проникать в суть (дела), вникать (в дело); die Wahrheit ~ познать истину; ein Geheimnis ~ выведать тайну
Erguß m -sses, -güsse излияние; Ergüsse des Herzens излияния души
erháben a 1. возвышенный (о местности); выпуклый, рельефный (о фресках и т. п.); 2. выдающийся; благородный, возвышенный; ein ~er Geist выдающийся ум
Erhábenheit f -, -en 1. бугор, возвышенность; 2. выпуклость, рельефность; 3. величие, благородство; превосходство
er¦hállen vi (s) раздаваться, (за)звучать
er¦hálten* vt 1. получать; 2. сохранять, поддерживать (о каком-л. состоянии); den Frieden ~ сохранять мир; gut ~ sein быть в исправности; 3. содержать, поддерживать, кормить (семью); II ~, sich 1. содержать себя, кормиться; 2. сохраняться, содержаться (о каком-л.

состоянии); **sich frisch und gesund ~** сохранить бодрость и здоровье; **sich jung ~** иметь моложавый вид

erhältlich *a* который может быть получен [куплен], имеющийся (в продаже)

Erháltung *f* -, -en **1.** получение; **2.** содержание, сохранение; поддержка

er¦hängen I *vt* вешать, повесить *(кого-л.)*; II **~ , sich** повеситься

Erhard Эрхард *(муж. имя)*

er¦härten I *vt* **1.** делать твёрдым, закалять; **2.** подтверждать, подкреплять *(доказательствами и т. п.)*; **die Aussage eidlich ~** подтвердить показание под присягой; II *vi* (s) *и* **~, sich** твердеть, затвердеть

er¦háschen *vt* поймать, ловить, схватить, хватать *(тж. перен.)*

er¦heben* I I *vt* **1.** поднимать; **die Hand ~** поднять руку *(при голосовании)*; **2.** возвышать, превозносить; **jmdn. in den Himmel ~** превозносить кого-л. до небес; **3.** ободрять; **4.** заявлять, возбуждать; **Protest ~** *(gegen* A) заявлять протест, протестовать *(против чего-л.)*; **Anspruch** *(auf* A) **~** претендовать *(на что-л.)*; **Zweifel ~** высказывать сомнения; II **~, sich 1.** подниматься, вставать; **sich über andere ~** ставить себя выше других, кичиться; **2.** подниматься, восставать; **3.** начинаться *(о споре, буре и т. п.)*

er¦heben* II I *vt* **1.** взимать *(налоги)*; **Geld ~** брать деньги *(из банка и т. п.)*; **2.** собирать *(материалы)*

erhébend *a* **1.** торжественный *(праздник и т. п.)*; **2.** возвышенный *(о чувстве)*

erhéblich *a* значительный

Erhéblichkeit *f* - значительность, значение

Erhébung I *f* -, -en **1.** возвышение *(местности)*; **2.** поднятие; **3.** *мат.* возведение; **~ in die Potenz** возведение в степень; **4.** *перен.* возвышение

Erhébung II *f* -, -en **1.** взимание *(налогов)*; **2.** *pl* данные; **statistische ~en** статистические данные

er¦héischen *vt* требовать

er¦héitern I *vt* развеселить; **jmds. Stimmung ~** поднять чьё-л. настроение; II **~, sich 1.** развеселиться; **2.** просветлеть *(о лице, небе)*

Erhéiterung *f* -, -en **1.** развлечение, увеселение; **2.** просветление *(неба)*

er¦héizen I *vt* **1.** нагревать, разогревать, подогревать; раскалять, накалять; **2.** (раз)горячить, возбуждать; II **~, sich 1.** нагреваться, разогреваться; раскаляться, накаляться; **2.** (раз)горячиться, возбуждаться

er¦héllen I *vt* **1.** освещать, озарять; **die Finsternis ~** рассеять мрак; **2.** разъяснять *(что-л.)*; пролить свет *(на что-либо)*; II *vi* явствовать, выясняться; **daraus erhellt, daß...** отсюда явствует, что...; II **~, sich** проясняться

erhítzt *a* разгорячённый, возбуждённый

Erhítzung *f* -, -en нагрев(ание); подогревание; накаливание

er¦hóffen *vt* ожидать *(чего-л.)*, надеяться *(на что-л.)*

er¦höhen I *vt* **1.** повышать, увеличивать; **im Dienst ~** повысить по службе; **2.** (пре)возносить; II **~, sich** повышаться, увеличиваться

Erhöhung *f* -, -en **1.** возвышенность; **2.** повышение, увеличение

er¦hólen, sich 1. отдыхать; поправляться; **2.** приходить в себя, оправляться *(от испуга и т. п.)*

Erhólung *f* -, -en отдых; выздоровление

Erhólungs‖heim *n* -(e)s, -e дом отдыха

Erhólungs‖stätte *f* -, -n **1.** место отдыха; **2.** дом отдыха

Erich Эрих *(муж. имя)*

Erika I *f* -, -ken *бот.* вереск

Erika II Эрика *(жен. имя)*

erínnerlich *a* памятный; **das ist mir nicht ~** я этого не припомню, я это забыл; **wie ~** помнится

er¦ínnern I *vt* (an A) напомнить *(кому-л. о чём-л.)*; II **~, sich** (G, *an* A) помнить, вспоминать *(что-л., о чём-л.)*

Erínnerung *f* -, -en воспоминание; память; **zur ~** (G, *an* A) на память *(о ком-л., о чём-л.)*; **jmdm. etw. in ~ bringen*** напомнить кому-л. о чём-л.; **sich** (D) **etw. in ~ rufen*** вспомнить о чём-л.

Erínnerungs‖tafel *f* -, -n мемориальная доска

er¦jágen *vt* **1.** догнать, поймать; **2.** добывать охотой; **3.** добиться *(удачи и т. п.)*

er¦kálten I *vi* (s) **1.** охлаждаться, остывать; **~ lassen*** охлаждать; **2.** *перен.* охладевать, остывать; II *vt* охлаждать

er¦kälten I *vt* простуживать; **sich** (D) **den Hals ~** простудить горло; II **~, sich** простудиться

Erkaltung *f* - остывание, охлаждение

Erkältung *f* -, -en простуда; **sich** (D) **eine ~ zuziehen*** простудиться

er¦kämpfen *vt* завоёвывать; **einen Sieg ~** добиться победы, одержать победу; **einen Platz an der Sonne ~** завоёвывать место под солнцем

erkäuflich *a перен.* продажный, подкупной

erkénnbar *a* 1. различимый, заметный; **es ist allen ~** всем ясно [очевидно]; 2. познаваемый

Erkénnbarkeit *f* - различимость, приметность

er¦kénnen* I *vt* 1. узнавать, опознавать, познавать; **am Gang ~** узнать по походке; **erkenne dich selbst!** познай самого себя!; 2. (о)сознавать, признавать *(свою ошибку и т. п.)*; II **~, sich** узнавать друг друга; III *vi юр.* выносить приговор, постановлять; **auf Abweisung des Klägers ~** постановить отказать истцу

erkénntlich *a* 1. признательный; **sich ~ erwéisen** *(für* A) быть благодарным *(за что-л.)*; 2. *см.* erkennbar

Erkénntlichkeit *f* -, -en признательность, благодарность

Erkénntnis *f* -, -se 1. познание; 2. сознание; **zur ~ gelangen** понять, осознать; **zur ~ bringen*** убедить кого-л.; 3. достижение *(науки и т. п.)*

Erkénntnis‖theorie *f* - теория познания

Erkénntnis‖vermögen *n* -s способность познания

Erkénnung *f* -, -en 1. опознание, узнавание; 2. различение, распознавание; *мед.* диагностирование

Erkénnungs‖marke *f* -, -n личный опознавательный знак *(носился на шее солдат и офицеров вермахта фаш. Германии; служил для установления личности убитых и раненых)*

Erkénnungs‖zeichen *n* -s, - отличительный признак; опознавательный знак

Erker *m* -s, - выступ *(в стене);* балкон; эркер

erklärbar *a* объяснимый; понятный

er¦klären I *vt* 1. объяснять; **das läßt sich schwer ~** это трудно объяснить; 2. заявлять *(на собрании и т. п.)*; 3. объявлять; **den Krieg ~** объявлять войну; 4. *(für* A) признавать *(чем-л., каким-либо)*; **jmdn. für schuldig ~** признать кого-то виновным *(в приговоре)*; II **~, sich** объясняться, высказываться; **sich näher ~** точнее объяснять *(что-л.)*

erklärend *a* объяснительный; **~es Wörterbuch** толковый словарь

Erklärer *m* -s, - толкователь, комментатор

erklärlich *a* понятный, объяснимый

Erklärung *f* -, -en 1: объяснение, толкование; **eine ~ geben*** давать объяснение; 2. заявление, декларация; **eine ~**

abgeben* сделать заявление; 3. объявление *(войны и т. п.)*

er¦kléttern *vt см.* erklimmen

er¦klímmen* *vt* взбираться, вскарабкиваться, влезть *(на что-л.)*

er¦klíngen* *vi* (s) зазвенеть; зазвучать, раздаваться

er¦kránken *vi* (s) *(an* D) заболеть *(чем-л.);* **tödlich erkrankt sein** быть смертельно больным

Erkránkung *f* -, -en заболевание

er¦kühlen I *vt* охлаждать, студить; освежать; II *vi* (s) охлаждаться, стыть, освежаться; III **~, sich** 1. охлаждаться, стыть; 2. простудиться

er¦kühnen, sich осмеливаться, отваживаться

er¦kúnden *vt* разведывать, производить разведку *(недр земли, местности);* воен. *тж.* рекогносцировать

er¦kúndigen, sich *(nach* D, *über* A) справляться, осведомляться *(о ком-л., о чём-л.)*

Erkúndigung *f* -, -en справка; осведомление; ◇ **~en einziehen*** наводить справки

er¦kúndschaften *vt воен.* разведывать, выяснять путём разведки

Erkúndung *f* -, -en разведка *(ископаемых, местности); воен.* рекогносцировка

Erkúndungs‖trupp *m* -s, -s *воен.* разведывательный отряд, дозор, разъезд

er¦künsteln *vt* притворяться *(каким-л.),* симулировать; делать вид, будто...; **Ruhe ~** притворяться спокойным

erkünstelt *a* притворный, напускной

er¦lähmen *vi* 1. захромать; отнимать *(о ноге, руке);* 2. ослабеть *(о сопротивлении и т. п.);* 3. с.-х., лес. истощаться *(о почве);* ухудшаться

er¦lángen *vt* 1. доставать *(рукой);* 2. достигать *(цели и т. п.);* приобретать; получать; **den Sieg ~** одержать победу

Erlaß *m* -sses, -sse 1. указ; предписание; **einen ~ verabschieden** издать указ; 2. освобождение *(от чего-л.)*

er¦lássen* *vt* 1. издавать, обнародовать, опубликовать *(закон и т. п.);* **einen Befehl ~** отдавать приказ; 2. *(jmdm.)* освобождать *(от чего-л., от кого-л.);* снимать *(выговор и т. п.);* прощать *(долг);* уменьшать *(налоги)*

erläßlich *a* простительный, извинительный

er¦láuben *vt* разрешать, позволять; **~ Sie!** позвольте!

Erláubnis *f* - позволение, разрешение

er¦läutern *vt* объяснять, пояснять, толковать, комментировать

Erläuterung *f* -, -en объяснение, толкование, пояснение
Erläuterungs‖schrift *f* -, -en объяснительная записка
Erle *f* -, -n ольха
er|lében *vt* 1. переживать, испытывать; узнавать *(на собственном опыте)*; **der soll (aber) was ~!** *разг.* ну и попадёт же ему!; 2. доживать *(до чего-л.)*; **das Buch hat die zehnte Auflage erlebt** книга вышла десятым изданием
Erlébnis *n* -ses, -se 1. переживание; приключение; 2. событие *(в жизни)*
Erlébnis‖roman *m* -(e)s, -e автобиографический роман
er|lédigen *vt* 1. заканчивать; выполнять, исполнять; 2. улаживать, разрешать *(сомнение и т. п.)*; **die Frage ist erledigt!** вопрос исчерпан!; 3. убить, прикончить *(кого-л.)*; покончить *(с кем-либо)*; 4. окончательно покончить, разделаться *(с кем-л.)*
Erlédigung *f* -, -en окончание; исполнение
er|légen I *vt* убивать *(дичь)*
er|légen II *vt* *фин.* вносить, депонировать
Erléger *m* -s, - вкладчик, депонент
er|léichtern *vt* облегчать; **sein Gewissen ~** успокоить свою совесть; **jmdn. um einen Geldbetrag ~** *шутл.* украсть у кого-л. деньги
erléichtert I *a* облегчённый; II *adv* облегчённо *(вздохнуть)*
Erléichterung *f* -, -en 1. облегчение; **eine ~ vermissen** не чувствовать облегчения; 2. *pl* льготные условия
er|léiden* *vt* 1. терпеть, переносить, претерпевать; **einen Verlust ~** потерпеть убыток; **eine Niederlage ~** потерпеть поражение; **Schiffbruch ~** 1) потерпеть кораблекрушение; 2) потерпеть неудачу; **Veränderungen ~** претерпевать изменения; 2. испортить *(радость и т. п.)*; **welches Schicksal hat ihn erlitten?** какая судьба его постигла?
er|lérnen *vt* изучать, выучивать; **ein Handwerk ~** обучаться *(какому-л.)* ремеслу
er|lésen* I *vt* выбирать, избирать; отбирать
erlésen II *a* избранный, отборный
Erlésenheit *f* - изысканность
er|léuchten *vt* 1. освещать, озарять; 2. *перен.* просвещать; озарять
Erléuchtung *f* -, -en 1. освещение; иллюминация; 2. *перен.* просветление, озарение

er|líegen* *vi* (s) (D) стать жертвой *(чего-либо)*; изнемогать, падать *(под тяжестью чего-л.)*; **einer Krankheit ~** умереть от *(какой-л.)* болезни
Erliegen: zum ~ bringen* парализовать *(деятельность)*; **zum ~ kommen*** хиреть, приходить в упадок
Erl‖könig *m* -s *миф.* лесной царь
erlógen *a* ложный, лживый *(о пропаганде и т. п.)*
Erlös *m* -es, -e прибыль, выручка
erlósch *impf* от **erlöschen***
er|löschen* *vi* (s) 1. (по)гаснуть, потухнуть; **seine Liebe ist erloschen** его любовь угасла; **sein Haß ist erloschen** его ненависть прошла; 2. угасать, вымирать *(о роде и т. п.)*; **sein Auge ist erloschen** он умер; 3. терять силу, становиться недействительным *(о договоре и т. п.)*; прекращаться *(об эпидемии и т. п.)*; истекать *(о сроке)*
er|lösen *vt* избавлять, спасать, выручать; ◊ **erlöse uns von dem Übel!** *рел.* избави нас от лукавого!
Erlöser *m* -s, - избавитель, освободитель; *рел.* спаситель
Erlösung *f* -, -en избавление, освобождение, спасение
er|mächtigen *vt* *(zu* D) уполномочивать *(на что-л.)*; **ermächtigt sein** *(zu* D) иметь право [полномочие] *(на что-л.)*; **wer hat Sie dazu ermächtigt?** кто дал вам на это право?
Ermächtigung *f* -, -en полномочие
Ermächtigungs‖gesetz *n* -es, -e закон о предоставлении чрезвычайных полномочий правительству *(такой закон был принят рейхстагом Германии 23.03.1933 и предоставил правительству А. Гитлера неограниченные полномочия)*
er|máhnen *vt (zu* D) увещевать, призывать *(к чему-л.)*; наставлять, поучать
Ermáhnung *f* -, -en призыв *(к чему-л.)*, увещевание; предостережение, замечание, выговор
er|mángeln *vi* (G) не иметь, быть лишённым *(чего-л.)*; нуждаться *(в чём-л.)*
Ermáng(e)lung *f* - недостаток, отсутствие; **in ~** (G) за неимением *(чего-л.)*
er|mánnen, sich взять себя в руки, пересилить себя, перебороть себя, крепиться, мужаться
er|mäßigen I *vt* умерять; снижать, понижать, сбавлять *(цены)*; II **~, sich** снижаться *(о ресурсах)*
ermäßigt *a* пониженный, умеренный; **zu ~en Preisen** по сниженным ценам

Ermäßigung f -, -en снижение, понижение; скидка, уступка; льготы

er|mátten I vt утомлять, изнурять, изматывать; II vi (s) утомляться, ослабевать

Ermáttung f -, -en утомление, изнеможение

er|méssen* vt 1. измерять; определять степень, уровень (разрушений и т. п.); 2. взвешивать, обдумывать; **daraus ist leicht zu ~** ... из этого можно (легко) заключить...; **soweit ich ~ kann** насколько я могу судить

Erméssen n -s усмотрение; мнение; ◊ **nach eigenem ~** по собственному усмотрению

er|mítteln vt разыскивать, обнаруживать; выяснять, устанавливать; добывать (сведения)

Ermítt(e)lung f -, -en 1. розыск, обнаружение, нахождение; выяснение, установление; добывание (сведений); 2. сведения, данные; 3. pl юр. следствие; **die ~en einstellen** прекратить следствие

Ermítt(e)lungs||verfahren n -s, - юр. следствие

Ermíttler m -s, - 1. агент; 2. детектив, сыщик

er|möglichen vt делать возможным (что-либо), дать возможность, содействовать (чему-л.)

er|mórden vt убивать

Ermórdung f -, -en убийство

er|müden I vt утомлять; II vi (s) и **~, sich** утомляться, уставать

ermüdend a утомительный

Ermüdung f -, -en утомление, усталость

er|múntern vt (zu D) ободрять; побуждать (к чему-л.); поощрять (к чему-л., на что-л.)

Ermúnterung f -, -en 1. одобрение; поощрение (к чему-л., на что-л.); 2. пробуждение

er|mútigen vt ободрять; воодушевлять

Ermútigung f -, -en одобрение, воодушевление

Erna Эрна (жен. имя)

er|nähren I vt питать, вскармливать; содержать (семью); **gut (schlecht) ernährt sein** хорошо (плохо) питаться; ◊ **Friede ernährt, Unfriede verzehrt** посл. согласие питает, раздор объединяет; II **~, sich** питаться

Ernährer m -s, - кормилец (семьи)

Ernährung f -, -n кормление, питание; содержание (семьи)

er|nénnen vt (zu D) назначать (кем-л.; на должность кого-л.); посвящать (в рыцари и т. п.); возводить (в сан, в графское и т. п. достоинство); пожаловать (звание); **zum Direktor ~** назначить директором

Ernénnung f -, -en назначение (на должность); посвящение; возведение

Ernénnungs||schreiben n -s, - дип. верительная грамота; **~ (zu D)** (письменное) постановление о присуждении (степени, звания и т. п.)

Ernésta Эрнеста (жен. имя)

Ernestíne Эрнестина (жен. имя)

Ernéuerer m -s, - новатор; обновитель

er|néuern vt 1. обновлять; 2. реставрировать; 3. возобновлять; **eine Kreditkarte ~** выдать новую кредитную карточку

Ernéuerung f -, -en 1. обновление; **die ~ des fixen Kapitals** эк. обновление основного капитала; 2. реставрация; 3. возобновление

ernéut I a обновлённый; II adv снова, опять, вновь

er|níedrigen I vt 1. унижать; 2. муз. понижать; II **~, sich** унижаться

Erniedrigung f -, -en 1. унижение; 2. понижение

ernst a серьёзный; ◊ **etw. ~ nehmen*** принимать что-л. всерьёз; **es ist mir ~ damit** я не шучу

Ernst I m -es серьёзность; **im ~, in vollem ~** (совершенно) серьёзно; **ist es dein ~?** ты не шутишь?; **es wird ~** дело принимает серьёзный оборот

Ernst II Эрнст (муж. имя)

Ernst||fall: im ~(e) в случае реальной опасности; в случае необходимости

ernsthaft, ernstlich a серьёзный; настоятельный

Ernst Leitz GmbH f - "Эрнст Ляйц ГмбХ" (одна из старейших оптических фирм в ФРГ <г. Ветцлар>)

Ernte f -, -n 1. урожай; **die ~ einbringen*** собирать урожай; 2. уборка урожая, жатва

Ernte||dankfest n -s, -e праздник урожая (отмечается в 1-е воскресенье октября)

Ernte||einbringung f - уборка урожая

Ernte||einsatz m -es помощь в уборке урожая

Ernte||ertrag m -(e)s, -träge урожай, урожайность

ernten vt 1. убирать [собирать, снимать] урожай; жать; 2. перен. пожинать (славу и т. п.); снискать, заслужить; ◊ **was der Mensch sät, das wird er ~** ≅ что посеешь, то и пожнёшь; **wer Wind sät, wird Sturm ~** кто посеет ветер, пожнёт бурю

er|nüchtern I *vt* 1. протрезвлять, отрезвлять; 2. отрезвлять, разочаровывать; II *vi* (s) *u* ~, sich протрезвляться, отрезвляться
Ernüchterung *f* -, -en отрезвление, протрезвление; разочарование
Eróberer *m* -s, - завоеватель
er|óbern *vt* 1. завоёвывать, захватывать, овладевать; *воен. тж.* брать, взять; mit Sturm ~ брать приступом; 2. *перен.* пленять, покорять
Eróberung *f* -, -en 1. завоевание; покорение; 2. *перен.* пленение, покорение; ◊ eine ~ machen покорить сердце
Eróberungs||krieg *m* -(e)s, -e захватническая война
eróberungssüchtig *a* захватнический, хищнический, стремящийся к завоеваниям
erodíeren <*lat.*> *vt* разъедать, разрушать; размывать
er|öffnen I *vt* 1. открывать, начинать; ein Geschäft ~ открыть магазин, начать дело; 2. открывать, поведать, сообщать (*планы и т. п.*); II ~, sich открываться, представляться (*о перспективах и т. п.*)
Eröffnung *f* -, -en 1. открытие; начало; 2. *шахм.* дебют, начало
Eröffnungs||ansprache *f* -, -n вступительное слово (*по случаю открытия чего-либо*)
Eró|ika <*gr.-lat.-it.*> *f* - героическая симфония (*Бетховена*)
er|örtern *vt* обсуждать, разбирать
Erörterung *f* -, -en обсуждение, разбор; einer ~ unterziehen* подвергнуть рассмотрению
Eros <*gr.*> *m* 1. -, Eróten *миф.* Эрос, Эрот, Амур 2. - любовь, амур
Erosión <*lat.*> *f* -, -en *геол., тех., мед.* эрозия
Erótik <*gr.-fr.*> *f* - 1. эротика; 2. эротическая поэзия
erótisch <*gr.-fr.*> *a* эротический
erpicht *a* (auf A) падкий (*на что-л.*)
Erpichtheit *f* - 1. пристрастие; жадность; страсть (*auf* A *к чему-л.*); 2. ярость
er|préssen *vt* 1. выжимать; 2. шантажировать (*кого-л.*); 3. (von jmdm.) выжимать (*из кого-л.*); вымогать (*у кого-л.*); jmdm. Tränen ~ доводить кого-л. до слёз
Erprésser *m* -s, - вымогатель, шантажист
Erpréssung *f* -, -en вымогательство, шантаж
er|próben *vt* испытывать; *тех. тж.* опробовать

Erpróbung *f* -, -en испытание, опробование
er|quícken I *vt* 1. освежать; подкреплять; 2. услаждать, доставлять наслаждение; II ~, sich 1. освежаться, подкрепляться; 2. наслаждаться, упиваться (*чем-л.*)
Erquíckung *f* -, -en 1. освежение, прохлада; подкрепление; 2. наслаждение
er|ráten* *vt* разгадывать, отгадывать, угадывать
er|réchnen *vt* рассчитывать, вычислять
errégbar *a* возбудимый, раздражительный
Errégbarkeit *f* - возбудимость, раздражительность
er|régen I *vt* возбуждать; вызывать (*восхищение и т. п.*), волновать; Aufsehen ~ привлекать внимание, производить сенсацию; Aufstand ~ поднять восстание; II ~, sich возбуждаться; волноваться
errégend *a мед.* возбуждающий (*о средстве*)
Erréger *m* -s, - возбудитель (*болезни*)
Errégung *f* -, -en возбуждение; волнение
erréichbar *a* достижимый, доступный
Erréichbarkeit *f* - достижимость, доступность
er|réichen *vt* 1. доставлять; den Ball ~ *спорт.* дотянуться до мяча; 2. достигать (*чего-л.*); настигать; jmdn. telefonisch ~ дозвониться до кого-л.; den Zug ~ успеть на поезд; ein hohes Alter ~ дожить до глубокой старости
Errétter *m* -s, -; ~in *f* -, -nen спаситель, -ница
Er Riád (*n*) -s Эр-Риад (*столица Саудовской Аравии*)
er|ríchten *vt* 1. сооружать, воздвигать, строить; eine Senkrechte ~ *мат.* восстановить перпендикуляр; 2. основывать, учреждать; *воен.* формировать
Erríchtung *f* -, -en 1. сооружение, строительство; 2. учреждение (*чего-л.*)
er|ríngen* *vt* добиваться, достигать (*чего-л.; в борьбе, трудом*); den Sieg ~ одержать победу
er|röten *vi* (s) (по)краснеть
Errúngenschaft *f* -, -en достижение
Ersátz *m* -es 1. замена; als [zum] ~ взамен; 2. возмещение; jmdm. ~ bieten* [leisten] возмещать кому-л. убытки; 3. заменитель; суррогат; 4. *воен.* пополнение; запас; 5. *спорт.* запасной игрок
Ersátz||anspruch *m* -(e)s, -sprüche *ком.* претензия (*на возмещение убытков*)
er|scháffen *vt* создавать, сотворить

Erscháffung f -, -en созидание, сотворение
er¦schállen* vi (s) раздаваться, (за)звучать; **sein Ruhm erscholl im ganzen Land** его слава прогремела на всю страну
er¦schéinen* vi (s) 1. (по)являться; 2. выходить *(из печати);* ~ **lassen*** издавать; 3. казаться; **in einem anderen Licht** ~ представать в другом свете
Erschéinung f -, -en 1. появление; **in** ~ **treten*** появиться, обнаруживаться, иметь место; 2. явление, призрак, привидение; 3. внешность, внешний вид, облик
er¦schießen* I vt застрелить, расстрелять; II ~, **sich** застрелиться
Erschíeßen n -s; **Erschíeßung** f -, -en расстрел
er¦schláffen vi (s) ослабевать, изнемогать
Erschláffung f -, -en слабость, изнеможение
er¦schlágen* vt убивать; **ich fühle mich wie** ~ я чувствую себя совершенно разбитым; **ich bin wie** ~ я ошеломлён, я сбит с толку
er¦schlíeßen* I vt 1. открывать, отпирать; 2. *перен.* открывать, осваивать *(земли, естественные богатства);* **Neuland** ~ осваивать целину; **jmdm. sein Herz** ~ открыть кому-л. своё сердце; 3. сделать вывод, заключить; II ~, **sich** распускаться; раскрываться *(о цветах)*
Erschlíeßung f -, -en 1. открытие; освоение; **die** ~ **der Naturschätze** разработка природных богатств; 2. открывание, отпирание
er¦schöpfen I vt 1. вычерпать; 2. *перен.* исчерпать; истощать *(почву, терпение и т. п.);* II ~, **sich:** **sich in Höflichkeiten** ~ рассыпаться в любезностях
erschöpfend adv исчерпывающе, всесторонне
erschöpft a истощённый; изнурённый, обессиленный
Erschöpfung f - истощение; изнеможение
erschrák *impf om* **erschrecken***
er¦schrécken I vt (ис)пугать; II* vi (s) *(vor* D, *über* A) (ис)пугаться *(кого-л., чего-л.);* прийти в ужас *(от чего-л.);* III ~, **sich** *(über* A) *разг.* (ис)пугаться *(кого-л., чего-л.),* прийти в ужас *(от чего-л.)*
er¦schüttern vt 1. потрясти; **das Erdbeben erschüttert den Boden** земля содрогается от землетрясения; 2. (по)колебать *(веру и т. п.);* **die Gesundheit** ~ подорвать здоровье
erschütternd a потрясающий *(об известии и т. п.)*

erschüttert a потрясённый *(известием и т. п.)*
Erschütterung f -, -en сотрясение; потрясение
er¦schwéren vt затруднять, осложнять; отягощать; отягчать; **die Umstände** ~ **es** этому мешают обстоятельства
Erschwérnis f -, -se затруднение, трудность; **der Verwirklichung** ~ трудность осуществления *(чего-л.)*
er¦schwíngen* vt достигать, добиваться *(чего-л. с трудом)*
erschwínglich a доступный *(о цене)*
er¦séhen* vt усматривать; **daraus ist zu** ~... из этого видно...
er¦séhnen vt страстно желать, ожидать с нетерпением *(чего-л.)*
ersétzbar a заменимый
Ersétzbarkeit f - заменимость; возможность замены
er¦sétzen vt 1. заменять, замещать; 2. возмещать *(убытки и т. п.)*
ersíchtlich a очевидный, явный; ~ **sein** явствовать; **daraus ist** ~... отсюда явствует [видно, ясно]...
Ersíchtlichkeit f - явность, очевидность
er¦sínnen* vt придумывать, выдумывать
ersínnlich a мыслимый, возможный
er¦spähen vt высматривать
er¦spáren vt 1. (с)копить, сберечь, (с)экономить; 2. *(jmdm.)* избавить *(от чего-л. кого-л.);* **die Mühe hätte er sich** ~ **können** он напрасно старался; ◊ **es bleibt ihm nichts erspart** ≅ на него все шишки сыплются
Erspárnis f -, -se 1. *(an* D) экономия *(в чём-л.);* 2. *тж.* n -ses, -se *б. ч. pl* сбережения; ~**se anlegen** делать сбережения
Erspárung f -, -en экономия; сбережения
erspríeßlich I a полезный; успешный; выгодный; **das ist ja recht** ~! *ирон.* это очень мило!; II adv: **sich** ~ **auswirken** оказывать плодотворное влияние
erst I adv 1. только лишь *(о времени);* **eben** ~ только что; **dann ging es** ~ **richtig los** тогда только и началось настоящее веселье; ~ **heute** только сегодня; **wenn du** ~ **einmal so alt bist wie ich** когда ты доживёшь до моих лет; ~ **recht** тем более; II a первый; **der** ~**e Juni** первое июня; **zum** ~**en Mal(e)** в первый раз; **der** ~**e beste** первый встречный; **fürs** ~**e** для начала
er¦stárken vi (s) (о)крепнуть, усиливаться, укрепляться
er¦stárren vi (s) 1. (о)цепенеть; 2. окоченеть, онеметь *(о частях тела);* 3. застывать, затвердевать

Erstárrung *f* -, -en 1. окоченение; 2. застывание, оцепенение
er¦státten *vt* 1. возвращать, возмещать *(убытки и т. п.);* 2.: **Bericht ~** доложить, сделать сообщение; **Anzeige ~** доносить, сообщить; **einen Besuch ~** нанести визит
Erstáttung *f* -, -en 1. возмещение *(убытков и т. п.);* 2.: **~ eines Berichtes** представление доклада, донесения, сообщения
erstauf¦führen *vt* ставить в первый раз *(на сцене)*
Erst‖aufführung *f* -, -en *театр.* премьера
er¦stáunen I 1. *vt* удивлять, изумлять; II *vi* (s) *(über* A) удивляться *(чему-л.)*
Erstáunen *n* -s удивление, изумление; **jmdn. in ~ setzen** удивлять [изумлять] кого-л.
erstáunlich I *a* удивительный, поразительный; II *adv* удивительно, поразительно
erstáunt *a* удивлённый, изумлённый
erstbest *a:* **der ~e** первый встречный; первый попавшийся; **das ~e Auto benutzen** воспользоваться первым встречным автомобилем
erste *num:* **der ~...** первый
Erste *subst* 1. *m* первое число (месяца); 2.: **das ~ und das Letzte** начало и конец; 3. *m, f* -n, -n первый, первая
er¦stéchen* *vt* заколоть
er¦stéhen* I *vt* приобретать, покупать
er¦stéhen* II *vi* (s) 1. возникать; **es können daraus Unannehmlichkeiten ~** из-за этого могут быть неприятности; 2. возрождаться, воскресать
Erstéhung *f* -, -en 1. возникновение; 2. возрождение, воскресение
er¦stéigen* *vt* всходить, взбираться *(на что-л.);* **die höchsten Stufen der Ehre ~** добиваться высших почестей
erstemal: das ~, zum erstenmal в первый раз
erstens *adv* во-первых
er¦stérben* *vi* (s) 1. замирать, затихать; **der Lärm erstarb** шум постепенно стих; 2. (о)неметь *(о руках, ногах)*
erstere *num* первый *(из двух)*
ersterwähnt *a* вышеупомянутый
erstgenannt *a* вышеназванный
er¦sticken I *vt* 1. (за)душить; 2. подавлять; заглушать *(о сорняках);* **das Feuer ~** подавить (потушить) огонь; II *vi* (s) задыхаться; захлёбываться; *(an* D) (по)давиться *(чем-л.);* **vor Lachen ~** захлёбываться от смеха
Ersticken *n* -s удушье; **der Raum ist zum ~ voll** помещение битком набито
erstickend *a* удушливый; **~e Hitze** духота
erstickt *a* приглушённый
Erstickung *f* -, -en *мед.* удушье
Erstimmatrikulatión <*lat.*> *f* -, -en зачисление в число студентов
erstklassig *a* первоклассный
Erstling *m* -(e)s, -e первенец
erstmalig I *a* первый; II *adv* впервые
erstmals *adv* впервые, в первый раз
Erst‖milch *f* - молозиво
er¦strében *vt* добиваться; домогаться *(чего-л.),* стремиться *(к чему-л.)*
er¦strécken, sich 1. простираться; 2. *(auf* A) распространяться *(на что-л.);* 3. *бокс.* упасть
er¦stürmen *vt воен.* взять приступом; овладеть штурмом
Erstürmung *f* -, -en *воен.* взятие штурмом
er¦súchen *vt (um* A) просить *(кого-л. о чём-л.);* предлагать *(кому-л. что-л.)*
Ersúchen *n* -s просьба; предложение, обращение; **das geschah auf mein ~ hin** это было сделано по моему предложению
ertáppen *vt (bei* D, *auf* D) поймать, застигнуть *(кого-л. за каким-л. занятием; на лжи и т. п.);* **ertappt werden, sich ~ lassen*** *(bei* D, *auf* D) попасться *(в чём-л.);* **auf frischer Tat ~** поймать на месте преступления
er¦táuben *vi* (s) оглохнуть
er¦téilen *vt* давать *(совет, заказ и т. п.);* отдавать *(приказ и т. п.);* **jmdm. einen Verweis ~** (с)делать кому-л. выговор; **ein Recht ~** предоставлять право; **Unterricht ~** преподавать, давать уроки
Erteilung *f* -, -en выдача *(свидетельства и т. п.);* присуждение, пожалование
er¦tönen *vi* (s) раздаваться, (за)звучать; **im Saal ertönte ein Lied** в зале зазвучала песня
Ertrág *m* -(e)s, -träge 1. доход, выручка; **einen ~ liefern** давать доход; 2. урожай, урожайность
er¦trágen* I *vt* переносить, терпеть; **er ist nicht zu ~** он невыносим
er¦trágen* II *vt уст.* давать [приносить] доход
ertrágfähig *a* доходный, прибыльный
erträglich I I *a* сносный, терпимый; II *adv* сносно; **mit jmdm. ~ stehen*** быть с кем-л. в более или менее хороших отношениях
erträglich II *a* доходный
Erträglichkeit I *f* - терпимость *(чего-л.)*
Erträglichkeit II *f* - доходность
ertrágreich *a* 1. доходный; 2. урожайный

Ertráges||ergebnis n -ses, -se доход, прибыль; урожай
Ertráges||steigerung f -, -en повышение доходности; повышение урожайности
er|tränken I vt (у)топить; **seinen Kummer im Wein ~** потопить своё горе в вине; II **~, sich** утопиться; III vi (у)тонуть
er|träumen vt грезить, воображать
er|trinken* I vi (s) (у)тонуть
er|trótzen vt добиваться (чего-л.) упорством [настойчивостью]
Ertrúnkene subst m, f -n, -n утопленник, -ца
er|tüchtigen vt закалять, делать здоровым [крепким], оздоровлять
er|übrigen I vt сберегать, сэкономить; **Zeit ~** выгадывать время; II vt канц. оставаться; **es erübrigt nur noch zu sagen** остаётся ещё только сказать; III **~, sich** быть излишним; **es erübrigt sich zu sagen, daß...** излишне говорить, что...
Eruditión <lat.> f - эрудиция, учёность
Eruptión <lat.> f -, -en извержение (вулкана)
eruptív <lat.> a вулканический
er|wáchen vi (s) просыпаться, пробуждаться (тж. перен.); **aus dem Schlaf ~** проснуться, очнуться от сна; **der Tag erwacht** занимается заря
er|wáchsen* I vi (s) (aus D) происходить, проистекать (из чего-л., от чего-л.); **daraus ~ mir neue Verpflichtungen** это накладывает на меня новые обязательства
erwachsen II a взрослый
Erwachsene subst m, f -n, -n взрослый, -ая
er|wägen* vt взвешивать, принимать в расчёт, обдумывать, соображать
Erwägung f -, -en соображение; ◊ **in ~ ziehen*** принимать во внимание, учесть
er|wähnen vt/vi (G) упоминать (о ком-л., о чём-л.)
erwähnenswert a достойный упоминания
erwähnt a упомянутый
erwähntenmaßen adv как упомянуто
Erwähnung f -, -en упоминание; **die Sache ist nicht der ~ wert** об этом не стоит упоминать
er|wärmen vi (s) 1. согреваться; теплеть; 2. (für A) заинтересоваться, увлекаться (чем-л., кем-л)
er|wärmen I vt согревать, отогревать; нагревать, обогревать; II **~, sich** 1. согреваться, отогреваться, нагреваться, обогреваться; 2. (für A) заинтересоваться, увлекаться (кем-л., чем-л.)

Erwärmer m -s, - обогреватель, нагреватель
Erwärmung f - обогревание
er|wárten vt ждать, ожидать (чего-л.); **nichts Gutes zu ~ haben** не ждать ничего хорошего; **ein Kind ~** ждать (рождения) ребёнка
Erwártung f -, -en ожидание; **wider [gegen] (alle) ~** вопреки (всякому) ожиданию; **jmds. ~ erfüllen** оправдать чьи-либо ожидания
erwártungsgemäß adv как и следовало ожидать
erwártungsvoll a полный ожидания, полный надежды
er|wécken vt 1. будить; **aus dem Schlaf ~** разбудить; 2. возбуждать, вызывать (интерес и т. п.); **Besorgnis ~** порождать тревогу
er|wéhren, sich (G) защищаться (от кого-л.); бороться (с кем-л., с чем-л.); **sich des Schlaf(e)s ~** бороться со сном
er|wéichen vt 1. размягчать; размачивать; 2. перен. смягчать; **sich ~ lassen*** 1. размягчаться; размачиваться; 2. перен. смягчаться
er|wéisen* I vt 1. доказывать; **es ist erwiesen** доказано; 2. оказывать (услугу и т. п.); **einen Gefallen ~** сделать одолжение; II **~, sich** (als A/N) оказываться (чем-л., кем-л.)
er|wéitern I vt расширять, увеличивать (площадь, производство, знания и т. п.); II **~, sich** расширяться, увеличиваться; **in erweitertem Sinne des Wortes** в широком смысле слова
Erwéiterung f -, -en расширение, распространение, увеличение
Erwérb m -(e)s, -e 1. промысел, занятие; 2. приобретение, получение, добывание; заработок
er|wérben* vt приобретать, получать, добывать, зарабатывать; **sein Brot ~** зарабатывать себе на жизнь; **jmds. Vertrauen ~** завоевать чьё-л. доверие; **Ruhm ~** завоевать славу; **sich (D) große Verdienste um etw. (A) ~** иметь большие заслуги в какой-л. области
erwérblich a промысловый, промышленный
erwérbsfähig a трудоспособный
erwérbslos a безработный
Erwérbslose subst m, f -n, -n безработный, -ная
erwérbstätig a трудящийся, трудовой; эк. самодеятельный
erwérbsunfähig a нетрудоспособный
Erwérbung f -, -en приобретение

er|widern vt *(auf* A, *gegen* A) 1. возражать *(на что-л., против чего-л.);* 2. отвечать *(на приветствие и т. п.);* einen Besuch ~ ответить на визит; jmds. Liebe ~ отвечать кому-л. взаимностью; das Feuer ~ *воен.* открыть ответный огонь

Erwiderung *f* -, -en реплика, возражение; ответ

erwiesenermaßen *adv* как доказано

Erwin Эрвин *(муж. имя)*

Erwine Эрвина *(жен. имя)*

er|wirken vt добиваться *(чего-л.),* выхлопотать *(что-л.)*

er|wischen vt *(an* D) *разг.* поймать, схватить *(кого-л. за что-л.);* jmdn. bei [an] einer Lüge ~ уличить кого-л. во лжи; einen guten Platz ~ получить хорошее место

erwünscht *a* желанный, желательный

er|würgen I *vt* задушить, удушить, задавить; II ~, sich удавиться

Erz *n* -es, -e руда; металл *(вообще);* armes ~ бедная руда; edles [reiches, frommes] ~ богатая руда; mattes ~ тугоплавкая руда

erz- *словообр. преф. при прилагательных, обозначающих нечто отрицательное, имеет усилительное значение:* erzfaul очень ленивый

Erz- *словообр. преф. сущ.* 1. *указывает на высшее звание:* Erzherzog эрцгерцог; 2. *при существительных, обозначающих нечто отрицательное, имеет усилительное значение:* Erzschelm отъявленный плут

Erz||abbau *m* -(e)s разработка руды

er|zählen *vt* рассказывать; der kann etwas ~! *разг.* он видал виды!

Erzähler *m* -s, -; ~in *f* -, -en рассказчик, -ца

Erzählung *f* -, -en рассказ, повесть

Erz||bischof *m* -s, -schöfe архиепископ

Erz||engel *m* -s, - *рел.* архангел

er|zéugen *vt* производить; создавать; 2. *биол., с.-х.* производить; Kinder ~ производить на свет детей

Erzéuger *m* -s, - 1. *эк.* производитель; 2. *тех.* генератор; 3. *биол.* родитель; *с.-х.* производитель

Erzéugnis *n* -ses, -se (готовое) изделие, продукт; pflanzliche und tierische ~se продукты растениеводства и животноводства

Erzéugung *f* -, -en 1. производство; создание; 2. *тех.* добыча, добывание; 3. продукция, готовое изделие

Erz||feind *m* -(e)s, -e заклятый враг

Erz||förderung *f* - добыча руды, доставка руды

Erz||gebirge I *n* -s, - рудоносные горы

Erz||gebirge II *n* -es Рудные горы *(вдоль границы ФРГ и Чехии)*

Erz||grube *f* -, -n рудник

er|ziehen* vt 1. воспитывать; einen Jungen zum Mann ~ воспитать из юноши мужчину; 2. вскармливать *(чаще о животных);* выращивать, вырастить *(тж. о растениях);* ein Ferkel ~ откармливать поросёнка

Erzieher *m* -s, -; ~in *f* -, -nen воспитатель, -ница

Erziehung *f* -, -en 1. воспитание; eine gute ~ genießen* получить хорошее воспитание; 2. вскармливание *(животных);* выращивание *(тж. растений)*

Erziehungs||einrichtung *f* -, -en воспитательное учреждение

er|zielen *vt* добиваться, достигать *(чего-либо)*

Erz||industrie *f* - горнорудная промышленность

er|zittern *vi* (s) задрожать, вздрагивать, содрогаться

Erz||kunde *f* - металлургия

Erz||lager *n* -s, - залежи руды; металлоносные россыпи

Erz||lagerstätte *f* -, -n рудное месторождение

er|zürnen I *vt* рассердить; II *vi* (s) *и* ~, sich *(über* A) рассердиться *(на кого-л., на что-л.)*

Erz|vater *m* -s, -väter праотец, патриарх

Erz||vorkommen *n* -s, - рудное месторождение

er|zwingen* *vt* 1. вынуждать, принуждать *(к чему-л.),* добиваться силой *(чего-л.);* 2. *воен.* форсировать

Erzwingung *f* -, -en 1. принуждение, насилие; 2. *воен.* форсирование

erzwúngen *a* вынужденный

es I *pron pers* (G seiner, D ihm, A es) оно; II *pron* dem это; wir sind ~ это мы; III *pron vimp (при безличных глаголах и оборотах не переводится);* ~ regnet идёт дождь; ~ ist warm тепло

Esche *f* -, -n *бот.* ясень

eschen *a* ясеневый; сделанный из ясеня

Esel *m* -s, - осёл; alter ~! *груб.* старый осёл!; jmdn. zum ~ machen одурачить кого-л.; ◇ jmdn. auf ~ setzen [bringen*] вывести кого-л. из себя

Esels||bank *f* -, -bänke *разг.* последняя парта *(в классе, для плохих учеников)*

Eskáder <*lat.-it.-fr.*> *f* -, -s *мор.* эскадра

eskalíeren <*fr.-engl.*> *vt* эскалировать, нагнетать, усиливать *(напряжённость и т. п.)*

Eskimo *m* -s/-, s/- эскимос
Eskimo‖hund *m* -(e)s, -e лайка *(порода собак)*
eskortieren *<lat.-it.-fr.>* *vt* эскортировать, конвоировать, сопровождать
Espe *f* -, -n осина
Essai, Essay [ɛˈseː] *<lat.-fr.>* *m*, -s, -s *лит.* эссе, очерк, этюд
eßbar *a* съедобный
Eß‖besteck *n* -(e)s, -e столовый прибор
Esse *f* -, -n **1.** кузнечный горн; **2.** дымовая труба; ✧ **das kannst du in die ~ schreiben** пиши пропало
essen* *vt* есть; **sich satt [voll] ~** наедаться досыта; **unmäßig ~** быть неумеренным в еде; **~ Sie bitte!** кушайте, пожалуйста!; **zu Mittag ~** обедать; **zu Abend ~** ужинать; **auswärts ~** обедать вне дома
Essen I *n* -s, - еда; **freies ~** бесплатный стол; **ein ~ geben*** дать обед *(в честь кого-л.)*; **beim ~** за столом; **dem ~ zusprechen*** есть с аппетитом; **am ~ mäkeln** привередничать в еде
Essen II *(n)* -s Эссен *(город в ФРГ, земля Сев. Рейн-Вестфалия, крупный промышленный центр Рура)*
Essen‖ausgabe *f* -, -n **1.** раздача еды; **2.** общественная бесплатная столовая; окошко [место], где отпускают еду *(в общественной столовой)*
Essénz *<lat.>* *f* -, -en **1.** эссенция, экстракт; **2.** сущность, существенное
Eß‖geschirr *n* -(e)s, -e столовая посуда
Essig *m* -s, -e уксус; **in ~ eingemacht** маринованный; ✧ **damit ist es ~** *разг.* пропащее дело
Eß‖karte *f* -, -n меню
Eß‖löffel *m* -s, - столовая ложка; **einen ~ voll** одну столовую ложку
Eß‖waren *pl* продукты питания
Eß‖zimmer *n* -s, - столовая *(комната)*
Este *m* -n, -n эстонец
Estin *f* -, -nen эстонка
Estland *(n)* -s Эстония *(гос-во в Вост. Европе, на юж. побережье Финского залива)*
estnisch *a* эстонский
Estráde *<lat.-it.-fr.>* *f* -, -n **1.** эстрада, открытая сцена, подмостки; **2.** *театр.* эстрада *(жанр)*
etablieren *<lat.-fr.>* I *vt* учреждать, основывать, открывать; II **~, sich 1.** устраиваться *(где-л., в качестве кого-л.)*; **2.** открыть торговлю [дело]
Etablissement [-blis(ə)ˈmãː] *<fr.>* *n* -s, -s/-e заведение, учреждение, предприятие, фирма

Etáge [-ʒə] *<lat.-fr.>* *f* -, -n этаж; **erste ~** первый этаж *(соответствует русскому второму этажу)*
Etagere *<fr.>* [-ˈʒeːrə] *f* -, -n этажерка, книжная полка
Etáppe *<niederl.-fr.>* *f* -, -n **1.** этап; **eine neue ~ einleiten** открыть новую страницу (в истории чего-л.); **2.** *воен.* тыл *(фронта)*
Etáppen‖fahrt *f* -, -en многодневная гонка *(велосипедная)*
Etat [eˈtaː] *<lat.-fr.>* *m* -s, -s **1.** государственный бюджет; **2.** штат, личный состав; **den ~ aufstellen** составить штатное расписание
etatmäßig [eˈtaː-] I *a* **1.** сметный; **2.** штатный; II *adv* согласно смете
Etats‖posten [eˈtaːs-] *m* -s, - статья бюджета
Ethik *<gr.-lat.>* *f* - этика, мораль
ethisch *<gr.-lat.>* *a* этический, нравственный
ethnisch *<gr.-lat.>* *a* этнический
Ethnographie *<gr.-lat.>* *f* - этнография
ethnográphisch *<gr.-lat.>* *a* этнографический
Etikétt *<niederl.-fr.>* *n* -s, -e/-s этикетка, ярлык
Etikétte *<niederl.-fr.>* *f* -, -n этикет; церемониал
etikettíeren *<fr.>* *vt* снабжать этикеткой [ярлыком]
etliche см. etlicher
etlicher *pron indef m* (*f* etliche, *n* etliches, *pl* etliche) **1.** некоторый; **nach ~ Zeit** через некоторое время; **2.** *n sg* кое-что
Etna *m* -s Этна см. Ätna
Etui *<gr.>* [etyˈiː] *n* -s, -s футляр; портсигар
etwa I *adv* около, приблизительно; **~ eine Woche** с неделю; II *prtc* **1.** *(в вопросах)* разве, может быть; **haben Sie es ~ nicht gesehen?** вы разве этого не видели?; **2.** *(в условных предложениях)* в случае; **wenn er ~ kommen sollte** если он придёт; **3.** *(с отрицанием)*: **denken Sie nicht ~, daß...** не думайте, что...
etwaig *a* возможный; **in ~em Falle** в случае, если...
etwas I *pron indef* что-нибудь, что-либо, кое-что, нечто; **irgend ~** кое-что; **~ anderes** нечто иное; **~ Ähnliches** нечто подобное; **~ Zucker** немного сахара; **das ist doch (schon) ~** это всё же кое-что, это лучше, чем ничего; **nein, so ~!** скажите на милость!; II *adv* несколько, немного; **~ über zwanzig** двадцать с

небольшим; ~ **besser** немного лучше; ~ **mehr** побольше
Etymologie <*gr.-lat.*> *f* -, -i¦en лингв. этимология
etymológisch <*gr.-lat.*> *a* лингв. этимологический
euch D и A *от* ihr
Eudóxia Эйдоксия/Евдокия *(жен. имя)*
euer *см.* ihr
eueresgleichen *a* такой, как вы, подобный вам
Eugen Ойген/Евгений *(муж. имя)*
Eugénie Эйгéния/Евгéния *(жен. имя)*
Eulália/Eulálie Эйлáлия *(жен. имя)*
Eule *f* -, -n сова; ◊ **jmdn. zur ~ machen** сделать кого-л. предметом насмешек; **~n nach Athen tragen*** погов. ≅ ехать в Тулу со своим самоваром
Eulenspiegel *m* **1.** -s (Тиль) Уленшпигель *(герой немецких юмористических народных рассказов);* **2.** -s, - шут, проказник
Euphémia Эйфéмия *(жен. имя)*
Euphemísmus [-f-] <*gr.-lat.*> *m* -, -men лингв. эвфемизм
euphemístisch [-fe-] <*gr.-lat.*> *a* лингв. эвфемистический
Euphrat ['ɔifrat] *m* -s Евфрат *(река в Передней Азии)*
eurerseits *adv* с вашей стороны
eurethalben, euretwegen *adv* ради вас, из-за вас
eurige *pron poss:* der ~ [die ~, das ~, die ~n] ваш; свой *(принадлежащий, свойственный лицу, выраженному подлежащим)*
Európa *(n)* -s Европа
Európaer *m* -s, -; ~in *f* -, -nen европеец, европейка
europäisch *a* европейский
Europäische Atomgemeinschaft *f* - *см.* **Europäische Gemeinschaft für Atomenergie**
Europäische Gemeinschaften (EG) *pl* Европейские сообщества *(обобщённое наименование трёх крупнейших европейских сообществ: Европейского экономического сообщества, Европейского сообщества угля и стали, Европейского сообщества по атомной энергии; резиденция – г. Брюссель)*
Europäische Gemeinschaft für Atomenergie *f* - Европейское сообщество по атомной энергии *(объединение зап.-евр. государств с целью изучения и разработки проблем ядерной энергетики; осн. 25.03.1957)*
Europäische Gemeinschaft für Kohle und Stahl *f* - Европейское сообщество угля и стали *(объединение основных европейских производителей угля и стали <Бельгия, Италия, Люксембург, Нидерланды, Франция и ФРГ>; осн. 18.04.1951)*
Europäisches Parlamént *n* -s Европейский парламент *(представительство парламентов стран Европейских сообществ; имеет консультационные и контрольные функции; осн. в 1952, резиденция - Страсбург и Люксембург)*
Europäische Union *f* - Европейский союз *(политический союз стран Европейского сообщества, заключён в 1993)*
Europäische Wirtschaftsgemeinschaft (EWG) *f* - Европейское экономическое сообщество *(крупнейшее экономическое объединение зап.-евр. стран <члены: с 1958 – Бельгия, Италия, Люксембург, Нидерланды, Франция, ФРГ; с 1973 – Великобритания, Дания, Ирландия; с 1981 – Греция>, функционирует с нач. 1958; резиденция – Брюссель)*
Európa‖rat *m* -(e)s Совет Европы *(межправительственный консультационный орган европейских стран, осн. 05.05.1949, резиденция – г. Страсбург)*
Euryánnthe Эйриáнта *(жен. имя)*
Éuter *n* -s, - вымя
Eva [-f-/-v-] *f* Ева *(жен. имя)*
Evakuatión <*lat.*> *f* -, -en эвакуация
evakuíeren [-va-] <*lat.*> *vt* **1.** эвакуировать; **2.** *тех.* разрежать, откачивать *(воздух)*
evangélisch [-va-] *a* **1.** евангелический; **2.** евангельский
Evangélium <*gr.-lat.*> [-vaŋ-] *n* -s, -i¦en *рел.* евангелие
eventuál [-vɛn-] <*lat.*> *a* возможный *(при известных обстоятельствах)*, условный, эвентуальный
Eventualität [-vɛn -] <*lat.*> *f* -, -en **1.** возможность, условность; **2.** случайность; **für alle ~en** на всякий случай
eventuéll [-vɛn -] <*lat.-fr.*> I *a* возможный; случайный; II *adv* пожалуй, при случае, смотря по обстоятельствам
evidént [-vi-] <*lat.*> *a* очевидный, явный
Evidénz [-vi-] <*lat.*> *f* -, -en **1.** очевидность, ясность; **in** – **halten*** держать в курсе (дела); **2.** учёт, статистика
Evolutión [-vo-] <*lat.*> *f* -, -en эволюция
Ewald Эвальд *(муж. имя)*
ewig I *a* вечный; **auf ~** навеки; **ich habe**

dich seit ~en Zeiten nicht gesehen я тебя не видел целую вечность; II *adv* вечно, бесконечно; **das kann nicht ~ dauern** это не может продолжаться вечно

Ewigkeit *f* -, -en вечность; **bis in (alle) ~** до скончания века; **in (alle) ~ во веки веков; eine ~ dauern** длиться целую вечность; **in die ~ eingehen*** уснуть навеки

ex <*lat.*> *adv разг.* 1. кончено!, конец!, баста!; **die Sache ist ~** дело сделано; 2. **~! выпьем!; ~ trinken*** пить до дна

Ex- *преф. сущ., придаёт значение утраты прежнего положения:* **Exminister** экс-министр, бывший министр

exákt <*lat.*> *a* точный; **~e Wissenschaften** точные науки

Exáktheit <*lat.*> *f* - точность, пунктуальность

exaltíert <*lat.-fr.*> *a* экзальтированный, возбуждённый

Exámen <*lat.*> *n* -s, -mina экзамен; **ein ~ ablegen [machen]** сдавать экзамен; **ein ~ bestehen*** выдержать экзамен; **im ~ stehen*** экзаменоваться, **im ~ durchfallen*, durchs ~ fallen*** не выдержать экзамена

Examinánd <*lat.*> *m* -en, -en экзаменующийся

Examinátor <*lat.*> *m* -s, -tóren экзаменатор

examinieren <*lat.*> *vt* экзаменовать, подвергать экзамену

Exárch <*gr.*> *m* -en, -en 1. *ист.* экзарх, наместник; 2. *церк.* экзарх

exekutíeren <*lat.*> *vt* 1. исполнять, приводить в исполнение; *фин.* экзекутировать *(счёт клиента);* 2. казнить

Exekutíerung <*lat.*> *f* -, -en; **Exekutión** <*lat.*> *f* -, -en 1. *юр.* исполнение *(судебного иска или приговора);* 2. смертная казнь

exekutív <*lat.*> *a* исполнительный

Exekutíve [-və] <*lat.*> *f* -; **Exekutívgewalt** *f* - исполнительная власть

Exémpel <*lat.*> *n* -s, - пример; **ein ~ liefern** служить примером; **zum ~** для примера, например; **ein ~ an etw. (D) nehmen*** брать пример с чего-л.

Exemplár <*lat.*> *n* -s, -e 1. экземпляр; 2. *презр.* тип *(о человеке)*

exemplárisch <*lat.*> I *a* примерный *(о наказании и т. п.);* II *adv* примерно; **jmdn. ~ bestrafen** наказать кого-л. в пример другим

exerzíeren <*lat.*> *воен.* I *vt* обучать (строю); II *vi* заниматься строевой подготовкой; маршировать

Exerzíer‖ordnung *f* -, -en *воен.* строевой устав

Exerzíer‖platz *m* -(e)s, -plätze *воен.* учебный плац

exhumíeren <*lat.*> *vt* эксгумировать, выкапывать *(тело)* из могилы

Exíl <*lat.*> *n* -s, -e 1. изгнание, ссылка; **ins ~ gehen*** быть высланным; 2. место ссылки

existént <*lat.*> *a* существующий

Existénz <*lat.*> *f* -, -en существование; **keine sichere ~ haben** не иметь достаточно средств к существованию; **eine dunkle ~** нечестная жизнь

existénzfähig *a* жизнеспособный

Existénz‖minimum <*lat.*> *n* -s, -ma прожиточный минимум

Existénz‖sicherheit *f* - уверенность в завтрашнем дне

existíeren <*lat.*> *vi* существовать

exklusív <*lat.-engl.*> *a* 1. исключительный; 2. замкнутый, избранный *(об обществе)*

exklusíve [-və] <*lat.*> *adv* за исключением, исключая

Exkremént <*lat.*> *n* -(e)s, -e экскременты, испражнения

Exkúrs <*lat.*> *m* -es, -e 1. уклонение *(от темы и т. п.);* 2. обзор, экскурс

Exmatrikulatión <*lat.*> *f* -, -en исключение из состава студентов

exmatrikulíeren <*lat.*> *vt* исключать из состава студентов *(при окончании, уходе)*

Exótik <*gr.-lat.*> *f* - экзотика

exótisch <*gr.-lat.*> *a* экзотический

expansív <*lat.-fr.*> *a* экспансивный, расширяющийся

Expedi|ént <*lat.*> *m* -en, -en экспедитор, отправитель

expedíeren <*lat.*> *vt* отправлять

Expeditión <*lat.*> *f* -, -en 1. экспедиция, научная поездка; 2. отправка, отправление; 3. экспедиционная контора, экспедиция

Experimént <*lat.*> *n* -(e)s, -e опыт, эксперимент; **~e machen [anstellen]** делать [производить] опыты [эксперименты]

experimentál, experimentéll <*lat.*> *a* опытный, экспериментальный

experimentíeren <*lat.*> *vi* экспериментировать, проводить опыты

expért <*lat.*> *a* опытный, сведущий, знающий

Expérte <*lat.*> *m* -n, -n эксперт

Expertíese <*lat.*> *f* -, -en экспертиза

expertisíeren <*lat.*> *vt* производить экспертизу

Explikatión <*lat.*> *f* -, -en объяснение, истолкование
explizíeren <*lat.*> *vt* объяснять, истолковывать
explodíeren <*lat.*> *vi* (s) взрываться; **vor Wut ~** лопнуть от злости
Explosión <*lat.*> *f* -, -en взрыв; **zur ~ bringen*** взорвать, подорвать
explosív <*lat.*> *a* 1. взрывной; взрывчатый, детонирующий; 2. вспыльчивый
Exponát <*lat.*> *n* -(e)s, -e экспонат
Exponént <*lat.*> *m* -en, -en 1. экспонент, владелец экспоната; 2. представитель партии [направления]; 3. *мат.* показатель (*степени*)
exponíeren <*lat.*> I *vt* 1. объяснять, излагать; 2. подвергать (*опасности и т. п.*); 3. *фото* экспонировать; II **~ sich** подвергаться, подвергать себя (*опасности и т. п.*)
exponíert <*lat.*> *a* открытый, незащищённый; **eine ~e Stelle** открытое [незащищённое] место; опасное место (*тж. перен.*)
Exposition <*lat.*> *f* -, -en 1. выставка; 2. *фото* экспозиция
expréß <*lat.*> *adv* категорически; ясно, недвусмысленно; специально
Expréß <*lat.*> *m* -sses, -sse экспресс (*поезд*)
exquisít <*lat.*> *a* избранный; отличный, превосходный
extemporíeren <*lat.*> *vt* делать [писать, говорить] без подготовки, импровизировать
extensív <*lat.*> *a* 1. экстенсивный; 2. обширный
extérn <*lat.*> *a* внешний, наружный; чужой; внештатный; **~e Lehrer** внештатные учителя
exterritoriál <*lat.*> *a* экстерриториальный
Exterritorialität <*lat.*> *f* - экстерриториальность, неприкосновенность (*иностранных граждан*)
extra <*lat.*> I *adv* специально, особенно; II *a* первоклассный, высшего сорта
Extra||ausgabe *f* -, -n экстренный выпуск; специальное издание
Extra||blatt *n* -(e)s, -blätter экстренный выпуск газеты
extrafein *a* высшего качества, экстра
Extrákt <*lat.*> *m, n* -(e)s, -e 1. выдержка (*из книги*); 2. *хим.* экстракт, вытяжка, настой
Extra||mehrwert *m* -(e)s избыточная прибавочная стоимость
extravagánt [-va-] <*lat.-fr.*> *a* экстравагантный, сумасбродный

Extravagánz [-va-] <*lat.-fr.*> *f* - экстравагантность; сумасбродство
extrém <*lat.*> *a* крайний (*о взглядах и т. п.*)
Extrém <*lat.*> *n* -s, -e крайность; **ins ~ verfallen*** впасть в крайность
exzellént <*lat.*> *a* великолепный
Exzellénz <*lat.-fr.*> *f* -: **Euer [Eure] ~** ваше превосходительство
exzéntrisch <*gr.-lat.*> *a* 1. *мат.* эксцентрический; 2. эксцентричный
exzerpíeren <*lat.*> *vt* делать выписки [выборку] (*из книги*)
Exzéß <*lat.*> *m* -sses, -sse 1. эксцесс, скандал; 2. *тех.* избыток
Eyeliner ['ailainər] <*engl.*> *m* -s, - косметический карандаш *или* кисточка для наведения теней

F

Fabel <*lat.*> *f* -, -n 1. басня; сказка; вымысел; 2. фабула, сюжет
Fabel||dichter *m* -s, - баснописец, сочинитель сказок
fabelhaft I *a* баснословный, сказочный, чудесный; **das ist ja ~!** это чудесно!; **er ist ein ~er Kerl** он замечательный парень; II *adv* баснословно
Fabia Фабия (*жен. имя*)
Fabian Фабиан (*муж. имя*)
Fabrík <*lat.-fr.*> *f* -, -en фабрика, завод; **in die ~ gehen*** 1) идти на фабрику; 2) поступать на фабрику
Fabrikát <*lat.*> *n* -(e)s, -e фабрикат, фабричное изделие
Fabrikatión <*lat.-fr.*> *f* -, -en производство, изделие, фабрикация
Fabrík||leitung *f* -, -en фабричная [заводская] администрация
fabrikmäßig I *a* фабричный; II *adv* фабричным способом
Fabrík||stillegung *f* -, -en закрытие фабрики [завода]
Fabrík||zeichen *n* -s, - фабричная марка, фабричное клеймо
fabrizíeren <*lat.*> *vt* производить, изготовлять
fabulíeren <*lat.*> *vt* 1. писать [сочинять] басни [сказки]; 2. придумывать, сочинять
Fach *n* -(e)s, **Fächer** 1. ящик (*в столе*); полка (*в шкафу*); часть, отделение; 2. отрасль, область (*науки, искусства*);

предмет *(обучения)*; специальность; **er versteht sein ~** он хороший специалист; **das schlägt in sein ~** это по его части [специальности]; **unter Dach und ~ bringen*** предоставить кров [убежище]
Fach‖arbeiter *m* -s, - квалифицированный рабочий
Fach‖arzt *m* -es, -ärzte врач-специалист
Fach‖ausbildung *f* -, -en профессиональное образование
Fach‖ausdruck *m* -(e)s, -drücke специальное выражение, термин; *pl* терминология
fächeln I *vt* обмахивать *(веером)*; II ~, **sich** обмахиваться *(веером)*
Fächer *m* -s, - веер, опахало
fächerig *a* 1. разделённый на (отдельные) клетки; 2. *бот.* гнездчатый
fächern *vt* 1. обмахивать *(веером)*; 2. веять *(зерно)*
Fach‖gebiet *n* -(e)s, -e специальность
fachgemäß I *a* специальный; компетентный; II *adv* со знанием дела, по всем правилам данной специальности
fachgerecht *adv* со знанием дела
Fach‖kenntnisse *pl* специальные знания
Fach‖kraft *f* -, -kräfte специалист; **er ist eine wertvolle ~** он ценный работник
fachkundig *a* знающий дело, сведущий в данной области
Fach‖lehrer *m* -s, - учитель-предметник
Fach‖lehrgang *m* -(e)s, -gänge специальный курс
fachlich *a* специальный, профессиональный
Fach‖mann *m* -(e)s, -männer/-leute специалист
fachmännisch I *a* специальный; компетентный; **ein ~es Urteil** заключение специалиста; II *adv* как специалист
Fach‖presse *f* - специальная периодическая печать
Fach‖richtung *f* -, -en специальность
Fach‖schule *f* -, -n среднее специальное учебное заведение *(нетехнического профиля)*
fach|simpeln *vi* разговаривать на узкоспециальные темы *(будучи не на работе)*
Fach‖unterricht *m* -(e)s, -e 1. профессиональное обучение; 2. предметное обучение
Fach‖verband *m* -(e)s, -bände отраслевое объединение
Fach‖werk *n* -es фахверк *(деревянный брусчатый каркас малоэтажных зданий, состоящий из стоек, раскосов и обвязок с заполнением камнем, кирпичом, глиной и т. п.)*

Fachwerk‖haus *n* -es, -häuser фахверковый дом *(см.* Fachwerk*)*
Fach‖wort *n* -(e)s, -wörter термин, специальное выражение
Fach‖zeitschrift *f* -, -en специальный [отраслевой] журнал
Fach‖zirkel *m* -s, - предметный кружок
Fackel *f* -, -n факел; *перен.* светоч
fackeln *vi* 1. пылать, мерцать; 2. *разг.* медлить, мешкать; **man wird nicht lange ~** долго церемониться не будут
Fackel‖zug *m* -(e)s, -züge факельное шествие
fad(e) *a* 1. безвкусный; скучный *(о книге, настроении и т. п.)*; 2. пошлый, пресный *(анекдот)*; **~es Zeug reden** говорить пошлости
fädeln *vt* вдевать *(нитку в иголку)*; нанизывать *(бусы на нитку)*
Faden *m* -s, Fäden 1. нитка; нить *(тж. перен.)*; **an einem ~ hängen** висеть на волоске; **sich wie ein roter ~ hindurchziehen*** проходить красной нитью; 2. *биол.* волокно; ◊ **da beißt keine Maus den ~ ab** тут ничего не поделаешь
fadenscheinig *a* изношенный, потёртый *(о ткани)*; **~e Gründe** слабые доводы
Fadheit *f* -, -en блёклость; безвкусица, пошлость
Fähe *f* -, -n самка пушного зверя
fähig *a* 1. способный (G/*zu* D на что-либо); **zu allem ~ sein** быть способным на всё; 2. талантливый, даровитый, способный *(für* A *к чему-л.)*
Fähigkeit *f* -, -en способность, умение; дарование; **überdurchschnittliche ~en** *(zu* D) незаурядные способности *(к чему-л.)*
fahl *a* блёклый, бледный
Fahlheit *f* - блёклость, бледность, белесоватость
Fähnchen *n* -s, - 1. флажок; флюгер; *мор.* вымпел; 2. лёгкое (дешёвое) платье
fahnden *vt, vi* 1. *(nach* D, *auf* A) преследовать *(кого-л.)*, охотиться *(за кем-л.)*; 2. разыскивать *(вещи)*
Fahndung *f* -, -en 1. преследование, слежка; 2. поиски, розыск *(вещей)*
Fahndungs‖beamte *subst m* -n, -n сотрудник уголовного розыска
Fahndungs‖dienst *m* -es, -e уголовный розыск
Fahndungs‖kommando *n* -s, -s отдел уголовного розыска
Fahne *f* -, -n 1. знамя, флаг; **eine ~ aufpflanzen [hissen]** водрузить знамя; поднять флаг; **die ~n senken** склонить знамёна; **unter [bei] der ~ sein [stehen*]**

быть на военной службе; **2.** флюгер; **3.** *полигр.* гранка; ◊ die ~ nach dem Winde drehen ≅ держать нос по ветру

Fahnen‖eid *m* -(e)s, -e военная присяга; den ~ leisten присягать

Fahnen‖flucht *f* - дезертирство

fahnenflüchtig *a* дезертировавший; ~ werden дезертировать

Fahnen‖flüchtige *subst m* -n, -n дезертир

Fahnen‖junker *m* -s, - фанен-юнкер *(курсант военного училища или кандидат в офицеры бундесвера ФРГ)*

Fahnen‖stange *f* -, -n; **~stock** *m* -(e)s, -stöcke древко знамени

Fahnen‖träger *m* -s, - знаменосец

Fahnen‖tuch *n* -(e)s, -tücher полотнище знамени

Fahnen‖wache *f* -, -n караул при знамени

Fähnrich *m* -(e)s, -e **1.** фенрих *(звание курсанта 2-го курса военного училища);* **2.** *ист.* прапорщик

Fahr‖bahn *f* -, -en **1.** мостовая, проезжая часть; **2.** *ж.-д.* рельсовый путь; **3.** *мор.* фарватер

fahrbar *a* **1.** проезжий; судоходный; **2.** передвижной, перевозимый

Fahr‖bereich *m* -(e)s, -e запас хода; дальность плавания

Fahr‖damm *m* -(e)s, -dämme мостовая, проезжая часть *(улицы, моста)*

Fahr‖dienst *m* -es, -e *ж.-д.* служба движения

Fähre *f* -, -n паром; перевоз

fahren* I *vt* **1.** возить, везти *(кого-л., что-л.);* **2.** править, управлять *(чем-либо);* **einen Wagen ~** вести машину; **welchen Brennstoff ~ Sie?** каким горючим Вы пользуетесь?; II *vi* (s) **1.** ездить, ехать; **aufs Land ~** поехать в деревню [за город]; **Boot [Rad, Schlitten] ~** кататься на лодке [на велосипеде, на санях]; **2.: das Messer fuhr ihm aus der Hand** нож выскользнул у него из рук; **in die Tasche ~** полезть в карман; jmdm. **in die Haare ~** вцепиться кому-либо в волосы; **mit dem Kamm durch die Haare ~** провести расчёской по волосам; ◊ **was ist in ihn gefahren?** *разг.* какая муха его укусила?

fahren‖lassen* *vt разг.* отказываться *(от чего-л.),* оставлять *(что-л.);* упускать *(что-л.);* **einen Gedanken ~, einen Vorteil ~** отказаться от мысли [намерения]; упустить выгоду

Fahrer *m* -s, - шофёр, водитель; вагоновожатый; *воен.* ездовой

Fahrer‖haus *n* -es, -häuser кабина водителя

Fahr‖erlaubnis *f* -, -se водительские права

Fahr‖gast *m* -(e)s, -gäste пассажир

Fahrgast‖schiff *n* -(e)s, -e пассажирский пароход

Fahr‖gebühr *f* -, -en плата за проезд; проездные *(деньги);* провозная плата, плата за перевоз

Fahr‖geld *n* -(e)s, -er плата за перевоз

Fahr‖gestell *n* -(e)s, -e **1.** *авт.* шасси; **2.** *тех.* тележка

fahrig *a* беспокойный; рассеянный, нервный; **~e Bewegungen** нервные движения

Fahrigkeit *f* - рассеянность, нервность

Fahr‖karte *f* -, -n билет *(проездной);* **eine ~ lösen** брать [покупать] билет

Fahrkarten‖schalter *m* -s, - билетная касса

fahrlässig *a* небрежный, неосторожный

Fahrlässigkeit *f* - (преступная) небрежность, головотяпство; небрежность, неосторожность; **sich (D) eine ~ zuschulden kommen lassen*** допустить (преступную) неосторожность

Fahr‖lehrer *m* -s, - инструктор по вождению автомашины, шофёр-инструктор

Fahr‖leiter *m* -s, - начальник поезда

Fahr‖liste *f* -, -n маршрут перевозки, путёвка

Fähr‖mann *m* -(e)s, -männer/-leute паромщик, перевозчик

Fahr‖plan *m* -(e)s, -pläne расписание [график] движения транспорта

fahrplanmäßig *a, adv* по расписанию

Fahr‖preis *m* -es, -e плата за проезд, стоимость проезда

Fahrpreis‖ermäßigung *f* -, -en льготный тариф

Fahr‖rad *n* -(e)s, -räder велосипед

Fahr‖schein *m* -(e)s, -e **1.** проездной билет; **2.** удостоверение на право управления автомобилем

Fahr‖schule *f* -, -n курсы шофёров

Fahr‖spur *f* -, -en колея

Fahr‖straße *f* -, -n проезжая дорога; шоссе

Fahr‖stuhl *m* -(e)s, -stühle **1.** лифт; подъёмник; **2.** кресло на колёсах *(для больных)*

Fahrstuhl‖führer *m* -s, - лифтёр

Fahrt *f* -, -en **1.** езда; **freie ~** 1) бесплатный проезд; 2) свободный путь; **in ~ kommen*** 1) войти в раж; 2) наладиться, войти в колею; **in ~ sein** быть в форме, хорошо себя чувствовать; **2.** поездка; плавание; **eine ~ ins Blaue** поездка без определённой цели

Fährte *f* -, -n след; **auf der richtigen [falschen] ~ sein** быть на верном [ложном] пути; **der ~ folgen, die ~ verfolgen** идти по следу; **von der ~ abkommen*** потерять след

Fahr‖treppe *f* -, -n эскалатор

Fahr‖wasser *n* -s, - русло; фарватер; **in seinem ~ sein** быть в своей стихии; ♦ **in jmds. ~ segeln** плыть в чьём-л. фарватере, действовать по чьей-л. указке; плясать под чью-л. дудку

Fahr‖zeug *n* -(e)s, -e 1. повозка; телега; экипаж; автомашина; 2. судно, корабль

fair [fɛ:r] <*engl.*> I *a* порядочный, безупречный, честный; корректный; **er zeigt ein ~es Benehmen** он ведёт себя прилично; II *adv* порядочно, честно, прилично

Fairneß ['fɛ:r-] <*engl.*> *f* - благородство, приличное поведение, честное отношение

faktisch <*lat.*> *a* фактический, действительный

Faktor <*lat.*> *m* -s, -tóren 1. фактор, обстоятельство; **etw. als ~ in Rechnung stellen** учитывать какое-л. обстоятельство; 2. *мат.* фактор, сомножитель

Faktoréi <*lat.-engl.*> *f* - фактория

Faktum <*lat.*> *n* -s, -ta/-ten факт; **das ~ steht fest** факт неопровержим

Fakultät <*lat.*> *f* -, -en факультет

falb *a* 1. блёклый, белесоватый; 2. буланый (*о лошади*)

Falbe *m* -n, -n буланая лошадь

Falk Фальк (*муж. имя*)

Falke *m* -n, -n сокол

Falken‖blick *m* -(e)s, -e острый взгляд; соколиный взор

Falklandinseln *pl* Фолклендские острова (*архипелаг в юго-зап. части Атлантического океана*)

Falkmar Фалькмар (*муж. имя*)

Falko Фалько (*муж. имя*)

Fall I *m* -(e)s, Fälle 1. падение; **zu ~ kommen*** быть свергнутым; упасть; **jmdn. zu ~ bringen*** 1) сбить с ног, повалить кого-л.; 2) свергнуть [сместить] кого-л.; 2. падение, снижение, убыль; 3. падёж (*скота*); 4. покатость, склон

Fall II *m* -(e)s, Fälle 1. случай, происшествие; 2. случай, обстоятельство; **auf jeden ~** 1) на всякий случай; 2) во всяком случае; **im ~e daß...** в (том) случае, если; ♦ **auf Knall und ~** неожиданно; **das ist ganz mein ~** это в моём вкусе

Fall III *m* -(e)s, Fälle *грам.* падеж

Fall IV *n* -(e)s, -en *мор.* фал

Fall‖beil *n* -(e)s, -e гильотина

Fall‖brücke *f* -, -n подъёмный мост

Falle *f* -, -n 1. ловушка, западня; **jmdn. in die ~ locken** заманить кого-л. в ловушку; **in die ~ gehen* [geraten*]** попасть в ловушку; 2. щеколда

Fall‖eisen *n* -s, - капкан

fallen* I *vi* (s) 1. падать, рушиться; **auf die [zur] Erde ~** падать [упасть] на землю; **über einen Stein ~** упасть, споткнувшись о камень; **jmdm. um den Hals ~** броситься кому-л. на шею; **einander in die Arme ~** броситься друг другу в объятия; **jmdm. zu Füßen ~** падать в ноги кому-л.; **es fiel ihm wie Schuppen von den Augen*** у него словно пелена с глаз упала; **~ lassen*** уронить; **die Maske ~ lassen*** сбросить маску; 2. падать, понижаться; **das Barometer fällt** барометр падает; **Waren ~ im Preise** товары падают в цене; 3. пасть, погибнуть; **er fiel als Held** он пал героем; 4. пасть (*о скоте*); 5. пасть, сдаться (*о городе, крепости*); пасть, быть свергнутым (*о правительстве*); 6. пасть (*морально*); 7. идти (*о снеге, дожде*); выпадать (*о росе*); 8. падать (*о свете, тени*); 9. впадать (*о реке*); 10.: **ein Schuß fiel** грянул выстрел; **ein Wort ~ lassen*** обронить словечко; 11. падать, выпадать на долю; **die Wahl fiel auf ihn** выбор пал на него; **das fällt ihm schwer [leicht]** это даётся ему с трудом [легко]; ♦ **der Würfel ist gefallen!** жребий брошен!; 12. родиться (*о животных*); **von dieser Stute sind zwei Füllen gefallen** у этой кобылы родилось два жерёбенка; 13.: **jmdm. auf die Nerven ~** действовать кому-л. на нервы; **in die Augen ~** бросаться в глаза; **in Ungnade ~** впасть в немилость; **jmdm. ins Wort ~** прервать кого-л.; **diese Farbe fällt ins Gelbe** этот цвет отливает [отдаёт] жёлтым, имеет жёлтый оттенок; **jmdm. zur Last ~** быть кому-л. в тягость; **jmdm. zum Opfer ~** стать жертвой кого-л.

fallen* II *vi* (s) приходиться, случаться; **auf einen Sonntag ~** прийтись на воскресенье; · **unter eine Bestimmung ~** подпасть под действие предписания [постановления]

fällen *vt* 1. валить, срубать (*деревья*), рубить, вырубать (*лес*); 2.: **ein Urteil ~ über jmdn.** выносить приговор кому-л.; 3. *мат.* опускать (*перпендикуляр*); 4. углублять (*шахту*); 5. *хим.* осаждать

fallend *a*: **~e Reihe** *мат.* убывающий ряд; **~es Gelände** склон

fallen||lassen* *vt* отказаться *(от кого-л., от чего-л.)*; отвернуться *(от кого-л.)*
Fall "Gelb" *m* -s операция "Гельб" *(кодовое назв. нем.-фаш. плана нападения на Францию, разработан накануне 2-й мировой войны)*
Fall "Grün" *m* -s операция "Грюн" *(кодовое назв. нем.-фаш. плана захвата Чехословакии, разработан накануне 2-й мировой войны)*
fällig *a* 1. срочный, подлежащий уплате; ~ **werden** истекать *(о сроке)*; 2.: **der Zug ist in zehn Minuten ~** поезд должен прибыть через десять минут
Fälligkeit *f* -, -en *фин.* срок платежа
fallit <*lat.-it.*> *a*: ~ **sein** быть несостоятельным, обанкротиться
Fallít <*lat.-it.*> *m* -en, -en *фин.* банкрот; лицо, объявленное несостоятельным
falls *conj* в случае, если
Fall||schirm *m* -(e)s, -e парашют; **mit dem ~ abspringen*** прыгать с парашютом
Fall||schirmer *m* -s, -; **~in** *f* -, -nen парашютист, -тка
Fallschirm||jäger *m* -s, - парашютист *(солдат воздушно-десантных войск)*
Fall||sucht *f* - эпилепсия, падучая болезнь
fallsüchtig *a мед.* эпилептический
Fall||treppe *f* -, -n трап
Fall "Weiß" *m* -s операция "Вайс" *(кодовое назв. нем.-фаш. плана захвата Польши; разработан накануне 2-й мировой войны)*
Fall "Weserübung" *m* -s операция "Везерюбунг" *(кодовое назв. плана нападения фаш. Германии на Данию и Норвегию; разработан накануне 2-й мировой войны)*
falsch I *a* 1. фальшивый, поддельный; **unter ~em Namen** под чужим именем; **ein ~es Spiel mit jmdm. treiben*** вести двойную игру с кем-л.; 2. фальшивый, двуличный; **eine ~e Katze** обманщица; 3. ошибочный, неправильный, ложный, неверный; **einen ~en Weg einschlagen*** идти по ложному пути; II *adv* неправильно, неверно; ~ **schreiben*** писать с ошибками
Falsch *m*: *высок.* **ohne ~** откровенно, искренне, без фальши
Falsch||eid *m* -(e)s, -e *юр.* лжеприсяга
fälschen *vt* 1. подделывать; **Karten ~** метить карты; 2. фальсифицировать, извращать
Fälscher *m* -s, - фальсификатор, подделыватель
Falschheit *f* -, -en 1. ложность; фальшивость; 2. лицемерие; **er ist voller ~** он весь изолгался
fälschlich *a* ошибочный, неправильный
fälschlicherweise *adv* ошибочно; по недоразумению
falschlos *a* бесхитростный
Falsch||münzer *m* -s, - фальшивомонетчик
Falsch||spieler *m* -s, - шулер
Fälschung *f* -, -en подделка, подлог; фальсификация
Falsifikatión <*lat.*> *f* -, -en фальсификация, подделка
faltbar *a* складной, сгибающийся
Falte *f* -, -n 1. складка; сборка; **in ~n legen** закладывать складки; **~n werfen* [schlagen*]** ложиться складками; морщить *(об одежде)*; 2. морщина; **die Stirn in ~n ziehen*** морщить лоб
fälteln *vt* собирать сборки; закладывать складки; плиссировать; плоить
falten *vt* 1. складывать, сгибать; **die Hände ~** сложить руки; 2. морщить *(лоб, лицо)*
Falten||rock *m* -(e)s, -röcke плиссированная юбка; юбка в складку
Falter *m* -s, - мотылёк, бабочка
faltig *a* 1. в складках, в сборках; 2. морщинистый
Falz *m* -es, -e *тех.* паз, фальц; жёлоб
falzen *vt* 1. *полигр.* фальцевать, сгибать *(бумагу)*; 2. *тех.* шпунтовать, фальцевать
familiär <*lat.*> *a* 1. интимный; **~e Angelegenheiten** семейные дела; 2. фамильярный; назойливый
Famili̇e <*lat.*> *f* -, -n 1. семья, семейство; **eine ~ gründen** обзавестись семьёй; ~ **haben** иметь детей; 2. *биол.* семейство; 3. род
Familiėn||angehörige *subst m, f* -n, -n член семьи
Familiėn||haupt *n* -(e)s, -häupter глава семьи
Familiėn||name *m* -ns -n фамилия; ~ **und Personenname** имя и фамилия
Familiėn||rückhalt *m* -(e)s поддержка со стороны родственников
Familiėn||rücksichten *pl* семейные соображения
Familiėn||zuschlag *m* -(e)s, -schläge прибавка (к заработной плате) семейным [имеющим детей]
Familiėn||zuwachs *m* -es прибавление семейства
famós <*lat.*> I *a* отличный, великолепный; II *adv* на славу
Famulus <*lat.*> *m* -, -se/-li помощник

[ассистент] доцента [профессора]; студент-медик, практикующийся в больнице
Fan <*engl.*> [fɛn] *m* -s, -s болельщик (*в спорте и т. п.*)
fanátisch <*lat.*> *a* фанатичный, фанатический
fand *impf om* **finden***
Fang *m* -(e)s, Fänge 1. ловля; 2. улов, добыча; **einen ~ haben [tun*]** 1) получить хороший улов; 2) иметь удачу; 3. *pl* клыки (*собаки, кабана*); 4. *pl* лапы (*хищной птицы*)
Fang‖arme *pl* щупальца (*полипов*)
Fang‖eisen *n* -s, - капкан
fangen* I *vt* 1. ловить, поймать; 2. *перен.* поймать на удочку, перехитрить; **sich ~ lassen*** попасться на удочку, дать провести себя; 3.: **Feuer ~** 1) загораться, воспламеняться; 2) загореться (*каким-л. чувством*), увлечься, влюбиться; **Grillen ~** хандрить; II ~, **sich** ловиться; **sich in seinen eignen Worten ~** запутаться (в собственных словах)
Fang‖leine *f* -, -n 1. чалка, канат; *мор.* строп; *ав.* стропа (*парашюта*); 2. *охот.* привязь
Fang‖schlinge *f* -, -n; **~seil** *n* -(e)s, -e аркан
Fang‖spiel *n* -(e)s, -e салки (*детская игра*)
Fant *m* -(e)s, -e фат; юнец, молокосос
Farbe *f* -, -n 1. цвет, краска; **etw. in rosigen ~n schildern** изображать что-л. в радужных тонах; **etw. in rosigen ~n ausmalen** представить что-л. в розовом цвете; 2. масть (*лошади*); 3. масть (*в карт. игре*); ◊ **~ bekennen*** раскрыть карты
farbecht *a* не линяющий (*при стирке*), не выцветающий
färb|en I *vt* красить, окрашивать; **(in) grau ~** красить в серый цвет; **bunt ~** раскрашивать; II *vi* красить, линять; III ~, **sich** 1. окрашиваться; 2. *охот.* линять, менять окраску (*о дичи*); 3. краситься
Farben‖abstufung *f* -, -en; **~abtönung** *f* -, -en оттенок цвета
farbenblind *a* страдающий дальтонизмом, не различающий цвета
Farben‖blindheit *f* - дальтонизм, цветовая слепота
Farben‖brett *n* -(e)s, -er палитра
Farbenfabriken Bayer AG *f* - "Фарбенфабрикен Байер АГ" (*один из крупнейших хим. концернов ФРГ* <*г. Ле-*

веркузен, земля Сев. Рейн-Вестфалия>)
farbenreich *a* красочный, многоцветный
Farben‖sinn *m* -(e)s чувство цвета, чувство красок
Färber *m* -s, - красильщик
Farb‖film *m* -(e)s, -e цветной фильм
farbig I *a* 1. цветной; **~es Fernsehen** цветное телевидение; **~e Völker** цветные народы; 2. пёстрый; II *adv* в красках
Farbige *subst m, f* -n, -n цветной (*о человеке*)
farblos *a* 1. бледный, бесцветный (*тж. перен.*); 2. прозрачный
Farb‖muster *n* -s, - расцветка (*ткани*)
Farb‖stich *m* -(e)s, -e цветная гравюра
Farb‖stift *m* -(e)s, -e цветной карандаш
Farb‖stoff *m* -(e)s, -e красящее вещество, пигмент
Färbung *f* -, -en 1. окраска, крашение; 2. пигментация; 3. оттенок; *перен.* окраска; тон
Farbwerke Hoechst AG *f* - "Фарбверке Хёхст АГ" (*один из крупнейших химических концернов ФРГ* <*г. Хёхст, земля Гессен*>)
Farce [-sə] <*fr.*> *f* -, -n *театр.* фарс, лёгкая комедия
Farm <*lat.-fr.-engl.*> *f* -, -en ферма; хутор
Farmer *m* -s, - фермер
Farn *m* -(e)s, -e; **~kraut** *n* -(e)s, -kräuter *бот.* папоротник
Farre *m* -n, -n бычок
Färse *f* -, -n тёлка
Fasching *m* -s "фашинг"/карнавал (*весёлое празднество перед Великим постом, кончается обычно карнавальным шествием; особенно известны карнавалы в гг. Кёльн, Майнц и Мюнхен*)
Faschismus *m* - фашизм
faschístisch *a* фашистский
Faseléi *f* -, -en бредни, вздор
faselig *a* вздорный
faseln I *vi* пороситься
faseln II *vi* (*über* A) пустословить, молоть вздор (*о ком-л., о чём-л.*)
Faser *f* -, -n 1. волокно, нитка; 2. волокно, фибра; **mit allen ~n seines Herzens** всеми фибрами своей души
faserig *a* 1. волокнистый; 2. *мин.* жилковатый
fasern I *vt* теребить, выдёргивать (*нитки*); II ~, **sich** размочаливаться, осыпаться
Faser‖stoff *m* -(e)s, -e 1. *физиол.* фибрин; 2. волокнистый материал, волокно

fashionabel ['fɛʃənəbl] <*lat.-fr.-engl.*> *a* фешенебельный, модный
fasig *см.* faserig
Faß *n* -sses, Fässer бочка, бочонок *(как мера после числит. употребляется в ед. числе)*; **zwei ~ Bier** две бочки пива; ◊ **das schlägt dem ~ den Boden aus** это переходит все границы
Fassáde <*lat.-it.-fr.*> *f* -, -n 1. стр. фасад, лицевая сторона; 2. *перен.* декорум, внешнее приличие
faßbar *a* 1. уловимый; 2. понятный
Faßbarkeit *f* - понятность, постижимость
Faß‖binder *m* -s, - бондарь
fassen I *vt* 1. хватать, схватить, ловить; **einen Verbrecher ~** схватить [арестовать] преступника; 2. вставлять в оправу; **ein Bild in einen Rahmen ~** вставить картину в раму; 3. вмещать; **das Glas faßt ein Liter** в банку входит литр; **das können keine Worte ~** этого не выразить никакими словами; 4. *перен.* понимать, постигать; **ich kann es nicht ~** я не могу этого понять; 5. *воен.* поражать, накрывать огнём; 6.: **Vertrauen ~ zu jmdm.** проникнуться доверием к кому-л.; **Hoffnung [Mut] ~** воспрянуть духом; **sich (D) ein Herz ~** собраться с духом, набраться храбрости; **Feuer ~** загореться; **in Worte ~** формулировать, выразить словами; **jmdn. beim Worte ~** поймать кого-л. на слове; **jmdn. bei seiner schwachen Seite ~** играть на чьей-л. слабости; **Wurzel ~** пустить корни; *перен.* укореняться, привиться; II *vi* схватывать; **der Mörtel faßt** цементный раствор схватывается [затвердевает]; **der Nagel faßt nicht** гвоздь не держится; III **~, sich** 1. успокоиться, собраться с мыслями; взять себя в руки; 2.: **sich kurz ~** быть кратким
faßlich *a* понятный, постижимый
Fasson <*lat.-fr.*> *f* - [fa'sɔ̃] 1. фасон, образец; **aus der ~ sein** потерять форму; 2. манеры
Faß‖reifen *m* -s, - обруч *(для бочки)*
Fassung I *f* -, -en 1. оправа; *эл.* патрон; 2. формулировка; изложение, редакция
Fassung II *f* - самообладание, хладнокровие; **die ~ bewahren** сохранять спокойствие; **aus der ~ kommen*** терять самообладание [терпение]
fassungslos *a* 1. потерявший самообладание, вне себя; **~es Weinen** безудержный плач; 2. растерянный, очень смущённый

Fassungslosigkeit *f* - растерянность, крайнее смущение
Fassungs‖raum *m* -(e)s, -räume ёмкость; объём
Fassungs‖vermögen *n* -s 1. способность познавать; 2. вместимость, ёмкость
faßweise *adv* бочками
fast *adv* почти; **~ nichts** почти ничего; **~ wäre er gefallen** он едва не упал
fasten *vi* поститься, соблюдать пост
Fasten‖zeit *f* - пост, время поста
Fast‖nacht *f* -, -nächte 1. канун Великого поста; масленица; 2. карнавал
faszinieren <*lat.*> *vt* очаровывать, околдовывать
Fata Morgána <*it.*> *f* - мираж
Fátum <*lat.*> *n* -s, -ta фатум, судьба, рок
fauchen *vi* шипеть, фыркать *(о кошке и т. п.)*
faul I *a* 1. гнилой; тухлый; **~er Geruch** запах гнили; 2.: **ein ~er Witz** глупая шутка; **~e Redensarten** пустые слова; 3. *горн.* пустой, рыхлый, хрупкий *(о породе)*
faul II *a* ленивый, нерадивый; **ein ~er Kunde** 1) плохой клиент; 2) подозрительная личность
Faulbeer‖baum *m* -(e)s, -bäume черёмуха; крушина
Fäule *f* - гниль, гниение
faulen *vi* гнить, тухнуть, протухать, портиться; **den Flachs ~ lassen*** мочить лён
faulenzen *vi* лентяйничать, бить баклуши
Faulenzer *m* -s, - лентяй
Faules Meer *n* -es Сиваш *(система мелких заливов Азовского моря)*
Faulheit *f* - леность, лень
faulig *a* подгнивший, тухлый
Fäulnis *f* - гниение; порча; гниль; **in ~ übergehen*** загнивать
Faul‖pelz *m* -es, -e *разг.* лентяй, лежебока
Fauna <*lat.*> *f* -, -nen фауна
Faust *f* -, Fäuste кулак; **die ~ ballen** сжимать кулак; **eine ~ machen** показывать кулак *(кому-л.)*; **auf eigene ~** на свой страх и риск; ◊ **das paßt wie die ~ aufs Auge** это идёт как корове седло
Fäustchen *n* -s, - кулачок; **sich (D) ins Fäustchen lachen** исподтишка злорадствовать, посмеиваться в кулачок
faustdick I *a* толщиной с кулак; II *adv*: **~ lügen** нагло [грубо] лгать; **~ auftragen*** безмерно преувеличивать; ◊ **er hat es ~ hinter den Ohren** *разг.* ≅ он себе на уме; он тёртый калач
Faust‖handschuh *m* -(e)s, -e рукавица, варежка

Faust‖patrone *f* -, -n фаустпатрон *(ручное противотанковое оружие ближнего боя; применялся нем.-фаш. вермахтом в конце 2-й мир. войны)*
Faust‖sage *f* -, -n сказание о Фаусте
Favoriten [-v-] *(n)* -s Фаворитен *(городской р-н Вены <Австрия>)*
Faxen *pl* ломанье, кривлянье; дурачество
Faxen‖macher *m* -s, - шут, кривляка
Fayence <*it.-fr.*> [faˈjäːs(ə)] *f* -, -n [-sən] фаянс
Fazit <*lat.*> *n* -s, -e/-s итог, сумма; **das ~ ziehen*** *(aus* D) подводить итог *(чему-либо)*, сделать вывод *(из чего-л.)*
febril *a* лихорадочный
Februar <*lat.*> *m* -/-s, -e февраль; см. **Januar**
fechten* *vi* 1. фехтовать; биться, драться; 2. сражаться, бороться; ◇ **~ gehen*** *разг.* бродяжничать, попрошайничать
Fechter *m* -s, - фехтовальщик
Feder I *f* -, -n 1. перо *(птичье)*; **in den ~n liegen*** валяться [лежать] в постели; 2. перо *(писчее)*; **eine gute ~ schreiben*** писать хорошим слогом; ◇ **den Vogel erkennt man an den ~n** ≅ видна птица по полёту
Feder II *f* -, -n пружина, рессора; *тех.* шпонка; ◇ **alle ~n spielen lassen*** *разг.* пустить в ход все средства
Feder‖ball *m* -(e)s, -bälle бадминтон, волан
Feder‖bett *n* -(e)s, -en перина
Feder‖halter *m* -s, - ручка *(для письма)*
Feder‖kraft *f* - *физ.* упругость, эластичность
federleicht *a* лёгкий как пёрышко
Federlesen: ◇ **ohne viel ~** без лишних фраз, без церемоний; **nicht viel ~s machen** не церемониться
federlos I *a* бесперый
federlos II *a* безрессорный, беспружинный
federn I *vi* линять *(терять перья)*; II *vt* взбивать *(подушку)*
federn II *vi* пружинить
federnd *a* эластичный, упругий
Feder‖strich *m* -(e)s, -e росчерк пера, черта, проведённая пером
Federung *f* -, -en 1. действие пружины; отдача; 2. подвеска, подрессоривание
Feder‖vieh *n* -(e)s домашняя птица
Feder‖volk *n* -(e)s пернатые
Fee <*lat.-fr.*> *f* -, Feˈen фея
féenhaft *a* феерический, чудесный, волшебный
Fege‖feuer *n* -s чистилище
fegen I *vt* мести; ◇ **jeder fege vor seiner Tür** *посл.* не суйся в чужие дела; II *vi* (s) нестись; мчаться; **das Auto fegt durch die Straße** автомобиль вихрем несётся по улице
Feh *n* -(e)s, -e беличий мех; беличья шкурка
Fehde *f* -, -n распря, вражда; спор; **mit jmdm. in ~ liegen*** враждовать с кем-л.
fehden *vi* враждовать
Fehe *f* -, -n самка пушного зверя
fehl: ~ am Ort sein быть неуместным
Fehl: ◇ **niemand ist ohne ~** все не без греха; **frei von Schuld und ~** без всякой вины; безупречный; безгрешный
Fehl‖anzeige *f* -, -n 1. заявление, поступившее не по адресу; 2. сообщение о нехватке *(чего-л.)*
Fehl‖bestand *m* -(e)s, -stände недостаток, недостаточное количество
Fehl‖betrag *m* -(e)s, -träge недочёт, дефицит
fehlen I *vt* 1. *(an* D) недоставать, не хватать *(чего-л.)*; **es fehlt uns an Geld** нам не хватает денег; **es fehlt uns Geld** мы недосчитываемся *(некоторой суммы)* денег; **es sich (D) an nichts ~ lassen*** ни в чём себе не отказывать; **an mir soll es nicht ~** за мной дело не станет; **das fehlt gerade noch!** этого только недоставало!; 2. отсутствовать; **wer fehlt heute?** кто сегодня отсутствует?; 3. ошибаться, провиниться; **weit gefehlt!** жестоко ошибаетесь!; 4.: **was fehlt Ihnen?** что с Вами?; II *vt* промахнуться, не попасть *(в цель)*
Fehler *m* -s, - 1. ошибка; погрешность; промах; заблуждение; **einen ~ machen [begehen*]** делать ошибку [промах]; 2. порок, изъян, недостаток, дефект; **jmdm. seine ~ vorhalten*** указывать кому-л. на его недостатки
fehlerfrei *a* безошибочный
Fehler‖grenze *f* -, -n *тех.* предел погрешности, приближение
fehlerhaft *a* 1. ошибочный, неверный, неправильный; с ошибками; 2. с изъяном, с браком
Fehlerhaftigkeit *f* - ошибочность
fehlerlos *a* см. **fehlerfrei**
Fehl‖geburt *f* -, -en преждевременные роды, выкидыш, аборт
fehl‖gehen* *vi* (s) 1. сбиться с пути; 2. *перен.* пойти по ложному пути, ошибиться, промахнуться
fehl‖greifen* *vi* промахнуться, ошибиться; **er hat mit dieser Behauptung fehlgegriffen** он ошибся, утверждая это
Fehl‖griff *m* -(e)s, -e промах; ошибка

Fehl‖leistung f -, -en 1. промах; 2. брак
fehl‖leiten vt направить по неверному пути; *перен.* сбивать с толку
Fehl‖schlag m -(e)s, -schläge 1. промах; 2. неудача, провал
fehl‖schlagen* vi 1. (h) промахнуться, не попасть в цель *(при ударе)*; 2. (h, s) не удаваться, не сбываться; **(bei) ihm schlägt alles fehl** ему (никогда) ничего не удаётся
Fehl‖schluß m -sses, -schlüsse ошибочное заключение
Fehl‖schuß m -sses, -schüsse промах *(при стрельбе)*
fehl‖treten* vi (s) 1. оступиться; 2. совершить ошибку, заблуждаться
Fehl‖tritt m -(e)s, -e неправильный шаг; проступок, ошибка; **einen ~ tun*** 1) оступиться; 2) совершить проступок, сделать ошибку
feien vt *(gegen* A) заколдовать, заговаривать *(кого-л., от чего-л.)*; делать неуязвимым; **er ist gegen alles gefeit** он от всего застрахован; его ничто не берёт
Feier <*lat.*> f -, -n 1. празднество, торжество; **eine ~ abhalten*** праздновать, отмечать *(что-л.)*; 2. отдых от работы
Feier‖abend m -(e)s, -e 1. конец рабочего дня; ♦ **~ machen** кончать работу; 2. канун дня отдыха [праздника]; свободное время после работы
Feierabend‖heim n -(e)s, -e общежитие для престарелых *(в бывшей ГДР)*
feierlich I a торжественный; праздничный; церемониальный; II adv торжественно
Feierlichkeit f -, -en 1. торжественность; 2. pl торжества
feiern I vt 1. праздновать, справлять; **die Hochzeit ~** справлять свадьбу; **Silvester ~** встречать Новый год; 2. чествовать, прославлять; II vi 1. праздновать, отдыхать; 2. не работать, быть без работы; бездействовать
Feier‖stunde f -, -n 1. час отдыха; 2. торжественное собрание
Feier‖tag m -(e)s, -e 1. праздник; 2. выходной [нерабочий] день, день отдыха
feiertäglich a праздничный
Feier‖zeit f -, -en праздники
Feier‖zug m -(e)s, -züge процессия, торжественное шествие
feig(e) I a трусливый, малодушный; **eine ~e Memme** *разг.* трус; II adv трусливо
Feige f -, -n 1. инжир, смоква, фига; 2. *груб.* кукиш, фига; **jmdm. die ~ zeigen [weisen*]** показать кому-л. фигу
Feigheit f - трусость, малодушие

feigherzig a малодушный, трусливый
Feigling m -s, -e трус
feil a продажный, продающийся, выставленный для продажи; **eine ~e Seele** продажная душа
Feil‖bank f -, -bänke верстак; тиски
féil‖bieten* vt предлагать [выставлять] для продажи
Feile f -, -n напильник; **die letzte ~ anlegen** навести последний лоск
feilen vt 1. пилить; отделывать напильником; 2. *перен.* отшлифовывать; **die Sprache ~** отшлифовывать язык
feil‖haben* vt иметь для продажи
Feil‖kloben m -s, - ручные [слесарные] тиски
feilschen vi *(um* A) торговаться *(из-за чего-л.)*
Feil‖späne pl металлические опилки, металлическая стружка
Feim I m -(e)s, - накипь
Feim II m -(e)s, -e; **Feime** f -, -n; **Feimen** m -s, - скирд(а) (хлеба); стог (сена)
fein I a 1. тонкий; 2. мелкий; **~er Regen** мелкий дождь; 3. точный, тонкий; 4. тонкий, чуткий; **~es Gehör** тонкий слух; 5. изящный, изысканный; **~e Manieren** хорошие манеры; 6. хороший, отличный; **das ist aber ~!** это прекрасно [здорово, чудесно]!; II adv 1. тонко; 2. прекрасно; **da sind wir ~ heraus!** вот мы и выкрутились!
Fein‖bäcker m -s, - кондитер
Fein‖bäckerei f -, -en кондитерская
feind a *präd* враждебный; **jmdm. ~ sein** относиться к кому-л. враждебно; **jmdm. ~ werden** возненавидеть кого-л.
Feind m -(e)s, -e враг, неприятель, противник; **sich (D) ~e machen** наживать себе врагов
feindlich a 1. враждебный; неприязненный; 2. неприятельский; **~er Einfall** вторжение неприятеля
Feindlichkeit f -, -en враждебность
Feindschaft f -, -en неприязнь; враждебность; **mit jmdm. in ~ leben** жить во вражде с кем-л.; **darum keine ~** *разг.* не обижайся; не в обиду будь сказано
feindschaftlich a враждебный, неприязненный
feindselig a *(gegen* A) враждебный, недоброжелательный *(к кому-л.)*
Feindseligkeit f -, -en 1. неприязнь, враждебность; 2. pl военные действия; **die ~en eröffnen [einstellen]** начать [прекращать] военные действия
Fein‖frostobst n -(e)s свежезамороженные фрукты

feinfühlend, feinfühlig *a* чуткий, деликатный

Fein‖fühligkeit *f* -; **~gefühl** *n* -(e)s чуткость, такт, деликатность

Fein‖gewicht *n* -(e)s чистый вес

Feinheit *f* -, -en 1. тонкость, нежность; изящество, утончённость; 2. чистота (металла)

feinhörig *a* с острым слухом

Feinhörigkeit *f* -, -en острота слуха

feinkörnig *a* мелкозернистый

Fein‖kost *f* - гастрономия, деликатесы

feinmaschig *a* мелкоячеистый (*о сети*)

Fein‖mechanik *f* - точная механика

fein‖messen* *vt* точно измерять

Fein‖schmecker *m* -s, - любитель хорошо поесть, гурман

Fein‖waage *f* -, -n точные весы

feist *a* жирный, толстый

feixen *vi разг.* ухмыляться, глупо смеяться

Feld *n* -(e)s, -er 1. поле; **auf [in] dem ~** в поле; 2. поле, пашня; **brachliegendes ~** поле под паром; залежная земля; 3. поле сражения; **ins ~ ziehen* [rücken]** выступить в поход; отправиться на фронт; **das ~ gewinnen*** победить, выйти победителем; **das ~ räumen** сдать свои позиции, отступить; 4. поприще, область; 5. поле (*на шахматной доске*); 6. эл. поле; 7. полигр. графа

Feld‖anzug *m* -(e)s, -züge *воен.* полевая форма одежды

Feld‖armee *f* -, -me¦en действующая армия

Feld‖ausrüstung *f* -, -en походное снаряжение

Felddienst‖ordnung *f* -, -en *воен.* устав полевой службы

Feld‖gericht *n* -(e)s, -e военно-полевой суд

feldgrau *a* защитный (*о цвете обмундирования*)

Feld‖herr *m* -en, -en полководец, военачальник

Feld‖lager *n* -s, - *воен.* бивак, лагерь

Feld‖marschall *m* -(e)s, -schälle фельдмаршал

feldmarschmäßig I *a* походный, полевой; II *adv* походным порядком

Feld‖messer *m* -s, - землемер

Feld‖post *f* -, -en *воен.* полевая почта

Feld‖posten *m* -s, - *воен.* сторожевой пост

Feld‖stärke *f* -, -n эл. напряжение поля

Feld‖stecher *m* -s, - полевой бинокль

Feld‖übung *f* -, -en *воен.* манёвры

Feld‖wache *f* -, -n *воен.* застава, пикет, полевой караул

Feldwebel *m* -s, - *воен.* фельдфебель

Feld‖weg *m* -(e)s, - просёлочная дорога

Feld‖zug *m* -(e)s, -züge *воен.* поход, кампания

Felge *f* -, -n 1. колёсный обод; 2. оборот на перекладине (*гимнастика*)

Felix Феликс (*муж. имя*)

Felízia Фелиция (*жен. имя*)

Felízitas Фелицитас (*жен. имя*)

Fell *n* -(e)s, -e 1. шкура; 2. мех; 3. *мед.* плева, оболочка; ◇ **jmdm. das ~ gerben** *разг.* отколотить кого-л.; **jmdm. das ~ über die Ohren ziehen*** *разг.* надуть [облапошить] кого-л.; **jmdm. beim ~ nehmen*** *разг.* взять кого-л. в оборот

Fell‖werk *n* -(e)s, -e меха, пушной товар

Fels *m* -en, -en; **Felsen** *m* -s, - скала, утёс

felsenfest I *a* твёрдый как скала; непреклонный, непоколебимый; II *adv* твёрдо, непоколебимо

Felsen‖klippe *f* -, -n утёс

Felsen‖kluft *f* -, -klüfte ущелье

Felsen‖wand *f* -, -wände отвесная скала

felsig *a* скалистый; каменистый

Fem‖gericht *n* -(e)s, -e феме (*средневековый суд в Германии*); тайное судилище

Femininum <*lat.*> *n* -s, -na *грам.* 1. женский род; 2. имя существительное женского рода

Fenn *n* -(e)s, -e топь

Fenster *n* -s, - окно; **aus dem ~ [zum ~ hinaus, durchs ~] sehen*** смотреть в окно; ◇ **das Geld zum ~ hinauswerfen*** бросать деньги на ветер

Fenster‖blende *f* -, -n жалюзи

Fenster‖brett *n* -es, -er подоконник

Fenster‖kreuz *n* -es, -e оконный переплёт

Fenster‖laden *m* -s, -/-läden ставень

Fenster‖scheibe *f* -, -n оконное стекло

Fenster‖vorhang *m* -(e)s, -hänge занавеска, штора

Feodóssia (*n*) -s Феодосия (*город на юго-вост. берегу Крымского п-ва*)

Ferganá (*n*) -s Фергана (*обл. центр в Узбекистане, в южн. части Ферганской долины*)

Ferganá‖tal *n* -s Ферганская долина (*межгорная впадина в Узбекистане, частично в Таджикистане и Киргизии*)

Feri¦en <*lat.*> *pl* каникулы; отпуск; **~ nehmen*** брать отпуск

Feri¦endienst *m* -es, -e 1. отдел (профсоюза) по организации отдыха отпускников; 2. обслуживание отпускников

Feri¦en‖gast *m* -(e)s, -gäste отдыхающий

Feri¦enheim *n* -(e)s, -e дом отдыха; пансионат

Ferkel *n* -s, - поросёнок; ◇ ~ **werfen*** опороситься
ferkeln *vi* 1. опороситься; 2. напачкать; 3. напакостить; наговорить гадостей
fern I *a* далёкий, дальний; отдалённый; ~ **(von)**... (D) далёкий от...; чуждый *(чего-л.)*; II *adv* далеко, вдали; **von** ~ **her** издалека; **von nah und** ~ отовсюду; **von** ~**e betrachtet** если смотреть издали
fernáb *adv* далеко, в стороне
Fern‖amt *n* -(e)s, -ämter междугородная телефонная станция
Fern‖bedienung *f* -, -en дистанционное управление
fern|bleiben* *vi* (s) 1. отсутствовать; 2. (D) оставаться [быть] чуждым *(чему-л.)*; не интересоваться, не заниматься *(чем-л.)*
Fern|bleiben *n* -s, - отсутствие
Fern‖blick *m* -(e)s, -e перспектива, вид, горизонт
Ferne *f* -, -n даль; **aus der** ~ издали; **in der** ~ вдали, далеко, впредь, в будущем
ferner *(comp. от* fern) I *a* дальнейший; II *adv* 1. дальше, далее, впредь, в будущем; 2. кроме того; ещё
fernerhín *adv* впредь, в будущем
ferngelenkt *a* управляемый на расстоянии
Fern‖gespräch *n* -(e)s, -e (междугородный) телефонный разговор
ferngesteuert *a воен., тех.* управляемый на расстоянии, телеуправляемый, беспилотный, управляемый по радио
Fern‖glas *n* -es, -gläser подзорная труба; полевой бинокль
fern|halten* I *vt* (von D) 1. отстранить, удерживать *(кого-л. от чего-л., от общения с кем-л.)*; 2. уберегать, оберегать *(кого-л. от чего-л.)*; II ~, sich сторониться, держаться в стороне [на расстоянии]; обходить
Fern‖heizung *f* -, -en теплофикация; городское отопление
Fernheiz(ungs)‖zentrale *f* -, -n; ~**werk** *n* -(e)s, -e теплоцентраль
fernhér *adv* издалека
fernhín *adv* вдаль
Fern‖leitung *f* -, -en эл. линия дальней передачи
fern|lenken *vt* управлять на расстоянии, управлять по радио
Fern‖lenkgeschoß *n* -sses, -sse *воен.* управляемый снаряд
Fern‖lenkung *f* -, -en управление на расстоянии, телеуправление
fern|liegen* *vi* (D) быть чуждым, несвойственным *(кому-л.)*; **derartige Bestre-**

bungen liegen ihnen **fern** им чужды подобные цели; **es liegt mir fern**... я далёк от мысли...
Fernmelde‖amt *n* -(e)s, -ämter предприятие связи
Fern‖messer *m* -s, - *геод.* дальномер
fernmündlich I *a* телефонный; II *adv* по телефону
fernöstlich *a* дальневосточный
Fern‖rohr *n* -(e)s, -e телескоп, подзорная труба
Fern‖ruf *m* -(e)s, -e вызов по телефону
Fern‖schreiber *m* -s, - телетайп
fern|sehen* *vt* смотреть по телевизору
Fern‖sehen *n* -s телевидение; **farbiges** ~ цветное телевидение
Fern‖seher *m* -s, - 1. телевизор; 2. телезритель
Fernseh‖sender *m* -s, - телевизионный центр, телецентр
Fernseh‖sendung *f* -, -en; ~**übertragung** *f* -, -en телевизионная передача
Fern‖sicht *f* - 1. перспектива; 2. кругозор
fernsichtig *a* дальнозоркий
Fernsichtigkeit *f* -, дальнозоркость
Fernsprech‖amt *n* -(e)s, -ämter телефонная станция
fern|sprechen* *vi* говорить по телефону, телефонировать
Fern‖sprecher *m* -s, - 1. телефон, телефонный аппарат; 2. *воен.* телефонист
Fernsprech‖gebühr *f* -, -en плата за пользование телефоном
Fern‖spruch *m* -(e)s, -sprüche телефонограмма
fern|stehen* *vi* (D) быть в стороне *(от чего-л.)*; быть чуждым *(чему-л., кому-либо)*
fern|steuern *vt см.* fernlenken
Fern‖steuerung *f* -, -en телеуправление
Fern‖student *m* -en, -en студент-заочник
Fern‖studium *n* -s заочное обучение; **im** ~ **stehen*** быть заочником, обучаться заочно
Fern‖unterricht *m* -(e)s заочное обучение
Ferse *f* -, -n пята, пятка; ◇ **die** ~**n zeigen** удирать; **jmdm. auf [an] den** ~**n sein [sitzen*]** следовать за кем-л. по пятам
fertig I *a* 1. готовый; **er ist** ~ 1) он готов *(он кончил (mit D что-л.)*; 2) *разг.* он выдохся, он устал; он побеждён; ~ **werden** покончить, разделаться *(с кем-либо, с чем-л.)*; справиться *(с кем-л., с чем-л.)*; **das ist fix und** ~ это совсем готово; **ohne jmdn.** ~ **werden** обходиться без кого-л; **ich bin mit ihm** ~ я не желаю иметь с ним ничего общего; ~! 1)

довольно!; никаких разговоров больше!; 2) *спорт.* внимание! *(команда на старте)*; **2.** умелый, искусный; **eine ~e Hand haben** быть ловким; II *adv* умело, искусно; **~ Deutsch sprechen*** свободно говорить по-немецки

fertig|bringen* *vt* доводить до конца *(что-л.)*; справляться *(с чем-л.)*

fertigen *vt* изготовлять; сделать

Fertig||erzeugnisse *pl* готовые изделия, готовая продукция

fertig||halten* I *vt* держать [иметь] наготове; II **~, sich** быть наготове

Fertigkeit *f* -, -en навык; сноровка, ловкость; **mit großer ~** бегло, свободно; **~ im Sprechen** навык разговорной речи

fertig|machen I *vt* сделать; закончить; доделать; отделать; **jmdn. ~** 1) покончить с кем-л.; 2) *спорт.* побить кого-л.; II **~, sich** подготовляться, приготовляться

fertig||stellen *vt* изготовлять

Fertig||stellung *f* - изготовление; отделка

Fertigung *f* -, -en изготовление, производство

Fertigungs||ablauf *m* -(e)s производственный процесс

Fertig||ware *f* -, -n готовое изделие

fesch *a* **1.** молодцеватый, лихой; **2.** элегантный

Fessel *f* -, -n *б. ч. pl* **1.** кандалы, оковы; **~n anlegen, in ~n legen [schlagen*]** заковать в кандалы; **2.** путы; **3.** *перен.* оковы, узы; **die ~n sprengen** разорвать оковы

fesseln *vt* **1.** заковывать в кандалы; **2.** спутывать, стреножить *(лошадь)*; **3.** *перен. (an* A) привязывать, приковывать *(к кому-л., к чему-л.)*; **die Krankheit fesselte ihn ans Bett** болезнь приковала его к постели; **den Geist ~** сковывать дух; **4.** *перен.* захватывать *(о книге)*; привлекать *(внимание)*; пленить

fesselnd *a* увлекательный, пленительный, захватывающий; привлекательный

Fesselung *f* -, -en **1.** наложение оков; связывание; *воен.* сковывание; **2.** *перен.* сковывание; **die ~ der Aufmerksamkeit** привлечение внимания

fest I *a* **1.** твёрдый; **~er Körper** твёрдое тело; **2.** крепкий, прочный, твёрдый; **~er Schlaf** крепкий [глубокий] сон; **3.** твёрдый, непоколебимый; **~ gegen etw. (A) sein** быть непоколебимым в отношении чего-л.; **~ von Gesinnung** твёрдый в своих убеждениях; **4.** постоянный; **~er Preis** твёрдая цена; II *adv* **1.** твёрдо; **~ bei etw. (D) bleiben*** упорствовать в чём-л.; не отступать от чего-либо; **~ auf seinem Willen beharren** решительно настаивать на своём; **steif und ~ behaupten** упорно утверждать; **2.** крепко, прочно; **die Tür ~ zumachen** плотно закрыть дверь

Fest *n* -es, -e праздник, празднество, торжество; **ein ~ geben*** устроить праздник; ◊ **man muß die ~e feiern, wie sie fallen** *посл.* нужно пользоваться моментом

Fest||akt *m* -(e)s, -e торжественный акт; торжественная часть *(вечера)*

Fest||angestellte *subst m, f* -n, -n штатный служащий, штатная служащая

Fest||auszug *m* -(e)s, -züge торжественная процессия; праздничное шествие

fest|backen *vi* спекаться; запекаться; припекаться

fest|bannen *vt* зачаровывать; приковывать

fest|binden* *vt* **1.** завязывать; скручивать; **2.** *(an* A) привязывать *(к чему-л.)*

Fest||essen *n* -s, - банкет

fest|fahren* *vi* (s) *и* **~, sich** завязнуть; сесть на мель; *перен.* зайти в тупик, запутаться; **diese Sache ist festgefahren** это дело стоит на месте, зашло в тупик

festgesetzt *a* установленный, обусловленный; **zur ~en Zeit** в назначенное время

fest|halten* I *vt* **1.** держать, удерживать; **2.** задерживать, арестовывать; держать в заключении; II *vi (an* D) придерживаться *(чего-л.)*; **an seiner Meinung ~** (упорно) держаться своего мнения; III **~, sich** *(an* D) крепко держаться *(за что-л., за кого-л.)*

festieren *‹lat.-fr.›* *vt* чествовать

festigen I *vt* укреплять; **den Willen ~** закалять волю; II **~, sich** укрепляться

Festigkeit *f* -, -en **1.** твёрдость; прочность; **2.** устойчивость; **3.** непоколебимость, постоянство, твёрдость характера, стойкость

Festigkeits||lehre *f* - *тех.* наука о сопротивлении материалов

Festigung *f* -, -en укрепление

Festival ['fɛstival/festi'val] *‹lat.-fr.-engl.›* *n* -s, -s фестиваль

fest|klammern, sich *(an* A) крепко ухватиться *(за что-л.)*

fest|kleben I *vi* (s) *(an* A) прилипнуть, пристать, приклеиться *(к чему-л.)*; II *vt* приклеить

Fest||kleid *n* -(e)s, -er праздничная одежда, выходное платье

fest|klemmen vt защемить
Fest‖land n -(e)s, -länder материк, континент, суша
fest|legen I vt 1. устанавливать, определять; 2. вкладывать *(капитал)*; II ~ sich: **ich möchte mich (darauf) noch nicht ~** мне не хочется ещё принимать окончательного решения
Fest‖legung f -, -en установление, определение
festlich I a праздничный, торжественный; II adv по-праздничному, торжественно
Festlichkeit f -, -en 1. торжественность; пышность; 2. праздник, празднование, торжество
Fest‖lohn m -(e)s, -löhne твёрдая заработная плата
fest|machen I vt 1. заделывать, закрывать; 2. прикреплять, привязывать; 3. *разг.* задерживать, арестовывать; II vi *мор.* пришвартоваться; **das Luftschiff machte am Ankermast fest** дирижабль был прикреплён к причальной мачте
Fest‖mahl n -(e)s, -mähler/-e банкет, праздничный стол
fest|nageln vt 1. прибивать гвоздями; 2. зафиксировать; **ich will seine Behauptung ~** я хочу зафиксировать его утверждение; 3. *спорт.* держать, задерживать *(кого-л.)*
Fest‖nahme f -, -n задержание, арест
fest|nehmen* v задерживать, арестовывать
Fest‖preis m -(e)s, -e твёрдая цена *(für A на что-л.)*
Fest‖rede f -, -n торжественная речь, речь на торжественном заседании [на празднике]
fest|reden, sich зарапортоваться, запутаться
fest|setzen I vt 1. назначать, устанавливать; 2. сажать в тюрьму; II ~, sich обосноваться, поселиться; **in den Rohren hat sich viel Schlamm festgesetzt** в трубах скопилось много ила
Fest‖sitzung f -, -en торжественное заседание
Fest‖spiele pl фестиваль
fest|stehen* vi быть установленным; **es steht fest, daß...** (твёрдо) установлено, что...
fest|stellen vt 1. устанавливать, констатировать; 2. устанавливать, определять; **die Ursache ~** выяснить причину
Feststellung f -, -en 1. установление, констатация; 2. определение, установление
Fest‖tag m -(e)s, -e праздник, праздничный день

festtäglich I a праздничный; II adv по-праздничному
Festung f -, -en крепость, твердыня
Festungs‖haft f - заключение в крепость
Fest‖veranstaltung f -, -en праздничное мероприятие
Fest‖wert m -(e)s, -e *мат.* постоянная величина
Fest‖zug m -(e)s, -züge торжественное шествие, кортеж
fett I a жирный, тучный; **ein ~er Bissen** жирный кусок *(тж. перен.)*; **~er Boden** жирная земля; **~ werden** толстеть; II adv жирно, густо; ◊ **das macht den Kohl nicht ~** этим делу не поможешь
Fett n -(e)s, -e жир, сало; **~ ansetzen** жиреть; растолстеть; **das ~ abtreiben*** *разг.* согнать жир; ◊ **sein ~ kriegen [wegbekommen*]** получить нагоняй; **das ~ abschöpfen** снимать сливки
Fett‖auge n -s, -n блёстка жира *(на супе)*
Fett‖darm m -(e)s, -därme *анат.* прямая кишка
fetten vt смазывать [пропитывать] жиром; маслить
fettgedruckt a напечатанный жирным шрифтом
Fett‖gehalt m -(e)s содержание жиров
fetthaltig a содержащий жир, жирный
fettig a засаленный, жирный; грязный; **~ machen** засаливать
Fettigkeit f - дородность, тучность
fettleibig a толстый, жирный
Fett‖leibigkeit f - тучность, ожирение
Fett‖sucht f - ожирение; **an ~ leiden*** страдать ожирением
fetzen vt кромсать, крошить, рвать в клочья
Fetzen m -s, - лоскут, тряпка; pl лохмотья; **ein ~ Papier** кусочек [клочок] бумаги; **in ~ reißen*** изорвать в клочья; **daß die ~n fliegen** так, чтобы клочья полетели
feucht a сырой, влажный; **~ werden** отсыреть; **~e Augen bekommen*** прослезиться; ◊ **er ist noch ~ hinter den Ohren** *разг.* ≅ у него ещё молоко на губах не обсохло
Feuchtigkeit f - сырость, влажность; влага
feudál <gr.-lat.> a 1. феодальный; 2. шикарный, важный; великолепный
Feudál‖herr m -en, -en феодал
Feudál‖herrschaft f - феодализм
Feuer n -s 1. огонь, пламя; **~ (an)machen** развести огонь; **~ ist ausgegangen** огонь погас; **in ~ geraten*** загореться; 2. пожар; 3. стрельба; **direktes ~** стре-

льба прямой наводкой; **beobachtetes ~** корректируемый огонь; **~ auslösen [eröffnen]** открыть огонь; **4.** пылкость, пыл; **mit ~** живо, горячо; ◊ **~ und Flamme sein** (*für* A) увлечься чем-л.; **für jmdn. durchs ~ gehen*** пойти за кого-л. в огонь и в воду; **die Hand für jmdn., für etw.** (A) **ins ~ legen** ≅ давать голову на отсечение за кого-л., за что-л.
Feuer‖alarm *m* -(e)s, -e пожарная тревога
Feuer‖becken *n* -s, - жаровня
feuerbedeckt: ~er Raum *воен.* обстреливаемое пространство
feuerbeständig *a* огнеупорный
Feuer‖bestattung *f* -, -en кремация
Feuer‖brand *m* -(e)s, -brände головня, головешка
feuerfest *a* огнеупорный; несгораемый
Feuerfestigkeit *f* - огнеупорность
feuergefährlich *a* огнеопасный
Feuer‖hahn *m* -(e)s, -hähne пожарный кран
Feuer‖haken *m* -s, - **1.** кочерга; **2.** пожарный крюк [багор]
Feuer‖herd *m* -(e)s, -e очаг; горн; *перен.* очаг пожара
Feuerland (*n*) -s Огненная Земля *(архипелаг у юж. оконечности Юж. Америки)*
Feuer‖loch *n* -(e)s, -löcher топка *(печи)*
Feuer‖löscher *m* -s, - огнетушитель
feuern I *vi* **1.** разводить огонь; топить *(печь)*; **2.** вести огонь, стрелять, палить; II *vt разг.* швырять; *перен.* увольнять, выбросить *(на улицу)*
Feuer‖nest *n* -(e)s, -er *воен.* огневая точка
Feuer‖schein *m* -(e)s, -e зарево пожара
Feuer‖schutz *m* -es **1.** пожарная охрана; **2.** *воен.* огневое прикрытие
feuersicher *a* **1.** безопасный в пожарном отношении; **2.** огнестойкий, огнеупорный
feuerspeiend *a* огнедышащий; **ein ~er Berg** вулкан
Feuer‖spritze *f* -, -n пожарный насос
Feuer‖stätte *f* -, -n пожарище
Feuer‖stein *m* -(e)s, -e кремень
Feuer‖stoß *m* -es, -stöße *воен.* короткая (огневая) очередь
Feuer‖taufe *f* -, -n боевое крещение
Feuerung *f* -, -en **1.** топка; **2.** топливо
Feuer‖versicherung *f* - страхование от пожара [огня]
Feuer‖wache *f* -, -n пожарная охрана
Feuer‖waffe *f* -, -n огнестрельное оружие
Feuer‖wehr *f* -, -en пожарная команда
Feuerwehr‖mann *m* -es, -männer/-leute пожарный

Feuer‖werk *n* -(e)s, -e фейерверк
Feuer‖zeug *n* -(e)s, -e зажигалка
Feuilleton [foejɔ'tɔ:] <*fr.*> *n* -s, -s **1.** литературный отдел в газете; **2.** газетная статья, фельетон
feurig *a* **1.** огненный, пылающий; **2.** пламенный, страстный, пылкий
féurio *int уст.* пожар!, горим!
Fiásko <*it.*> *n* -s, -s фиаско, провал, неудача; **~ erleiden*** потерпеть фиаско; **mit einem glatten ~ [enden]** кончиться полным провалом
Fibel I <*gr.-lat.*> *f* -, -n букварь
Fibel II *f* -, -n пряжка, застёжка
Fiber <*lat.*> *f* -, -n фибра, волокно; **jede ~ zitterte ihm vor Aufregung** он весь дрожал от волнения
Fichte *f* -, -n ель
Fichtelgebirge *n* -s Фихтель *(горы в ФРГ <земля Бавария>)*
fidél <*lat.*> *a* весёлый, живой; **~e Brüder** весёлая компания
Fidelität <*lat.*> *f* - веселье
Fidschiinseln *pl* Фиджи *(группа о-вов в юж. части Тихого океана)*
Fieber *n* -s, - лихорадка; жар; горячка; **er hat ~** у него жар [(высокая) температура]; **im ~ sprechen*** бредить
fieberfrei *a* без температуры
fieberhaft *a* лихорадочный; **~e Tätigkeit entfalten** развернуть лихорадочную деятельность
Fieber‖hitze *f* - жар, высокая температура
fieberig, fieberisch I *a* лихорадочный; II *adv*: **ich fühle mich ~** меня лихорадит
fieberkrank *a* больной лихорадкой
Fieber‖mittel *n* -s, - жаропонижающее средство
Fieber‖mücke *f* -, -n малярийный комар
fiebern *vi* **1.** лихорадить; **er fiebert** его лихорадит; **2.** быть лихорадочно возбуждённым; **nach etw.** (D) **~** загореться чем-л., страстно желать чего-л
Fieber‖schauer *m* -s, - озноб
fiebersenkend *a* жаропонижающий
Fieber‖wahn *m* -(e)s лихорадочный бред
Fiedel *f* -, -n скрипка *(дешёвая)*
fiedeln *vt шутл.* пиликать *(на скрипке)*
Fieder *f* -, -n пёрышко
fiedern I *vt* украшать перьями; II **~, sich** опереться
Fiedler *m* -s, - уличный скрипач; *неодобр.* плохой скрипач
fiel *impf от* **fallen***
fiepen *vi* **1.** *охот.* кричать; **2.** *разг.* пищать
Figúr <*lat.-fr.*> *f* -, -en фигура; ◊ **~ ma-**

chen импонировать, выделяться своей внешностью
figuríeren *vi* выступать, фигурировать
figürlich <*lat.-fr.*> *a* образный, переносный, фигуральный; **im ~en Sinne** в переносном смысле
Fiktión <*lat.*> *f* -, -en фикция, вымысел
fiktív <*lat.*> *a* фиктивный, мнимый
Filet <*lat.-fr.*> [-'le:] *n* -s, -s **1.** филе, тонкая сетка; **2.** филе, филейная часть *(туши)*
Filiále <*lat.-fr.*> *f* -, -n филиал, отделение
Film <*engl.*> *m* -(e)s, -e **1.** фильм, кинофильм; **einen ~ drehen** снимать фильм; **einen ~ aufführen** демонстрировать фильм; **heute läuft ein neuer ~** сегодня идёт [демонстрируется] новый фильм; **2.** плёнка; **den ~ entwickeln** проявить плёнку
Film‖atelier <*engl.-fr.*> [-ilie:] *n* -s, -s киностудия
Film‖dukat *m* -s "Фильмдукат" *(главный приз Международного фестиваля кинофильмов в Мангейме* <*ФРГ*>*)*
filmen I *vt* производить киносъёмку *(чего-л.)*, снимать для кино *(что-л.)*; **sich ~ lassen*** сниматься в кино; II *vi* сниматься в кино
Film‖schaffende *subst m* -n, -n деятель кино
Film‖star <*engl.*> *m* -s, -s кинозвезда, звезда экрана
Film‖verleih *m* -(e)s, -s прокат фильмов
Film‖vorführung *f* -, -en показ [демонстрация] фильма, киносеанс
Film‖vorspann *m* -(e)s (заглавные) титры фильма
Film‖wesen *n* -s кинематография, кино
Filz *m* -es, -e **1.** войлок; фетр; **2.** *разг.* скряга; **ein grober ~** грубиян
filzen I *a* войлочный; фетровый
filzen II I *vt* валять *(войлок)*; II *vi* скаредничать; III **~, sich** превратиться в войлок, сваляться *(о волосах, шерсти)*
Filz‖hut *m* -(e)s, -hüte фетровая шляпа
filzig *a* **1.** всклокоченный; свалявшийся; **2.** скупой
Filz‖stiefel *m* -s, -e валенок; фетровый ботик
Filz‖zelt *m* -(e)s, -e юрта
Fimmel *m* -s, - *горн.* железный клин; ◊ **er hat einen ~** *разг.* он прямо-таки помешался *(на чём-л.)*; он с заскоком
Fina Фина *(краткая форма жен. имени* Josefine*)*
finál <*lat.*> *a* финальный, конечный, заключительный; указывающий цель; **der ~e Infinitiv** *грам.* инфинитив цели
Finále <*lat.-it.*> *n* -s, -s/-li финал, конец
Finál‖satz *m* -es, -sätze *грам.* придаточное предложение цели
Finánz <*lat.-fr.*> *f* -, -en **1.** финансовое дело; **die hohe ~** финансовый мир; **2.** *pl* финансы, бюджет
Finánz‖amt *n* -(e)s, -ämter финансовый отдел, финансовое управление
finanziéll <*lat.-fr.*> I *a* финансовый; II *adv* в денежном отношении
Finanzier [-'tsie:] <*lat.-fr.*> *m* -s, -s финансист
finanzieren <*lat.-fr.*> *vt* финансировать
Finánz‖wesen *n* -s финансовая система, финансы
Findel‖haus *n* -es, -häuser воспитательный дом
Findel‖kind *n* -(e)s, -er подкидыш
finden* I *vt* **1.** находить, отыскать; **was findest du an ihm?** что ты в нём находишь?; **Platz ~** найти место, разместиться; **das ist so gut wie gefunden** это находка [это почти что даром]; **2.** находить, получать; **Anerkennung ~** найти признание, встретить одобрение; **eine gute Aufnahme ~** быть радушно принятым *(в доме, в обществе)*; **Gehör ~** быть выслушанным; **Geschmack an etw. (D) ~** находить удовольствие [интерес] в чём-л.; пристраститься к чему-л.; **3.** находить, заставать; **ich fand ihn schlafend** я нашёл его спящим; **ich kann nichts dabei ~** я не нахожу в этом ничего (плохого); II *vi*: **er fand zu sich selbst** он нашёл [обрёл] себя; III **~, sich 1.** находиться, найтись; **2.** находиться, оказываться; **es fand sich, daß...** оказалось, что...; **er fand sich bereit...** он был готов...; **das wird sich ~** **1)** поживём – увидим; будущее покажет; **2)** это наладится [устроится]; **3.** *(in* A) приспособиться *(к чему-л.)*; **4.** *(zu* D) присоединиться *(к чему-л.)*; ◊ **sich in sein Schicksal ~** примириться со своей судьбой; **sich (zueinander) ~** подружиться
Finder *m* -s, -; **~in** *f* -, -nen **1.** лицо, нашедшее что-л.; **2.** *геол.* изыскатель; **3.** охотничья собака
Finder‖lohn *m* -s, -löhne вознаграждение за находку
findig *a* находчивый; **ein ~er Kopf** находчивый парень
Findigkeit *f* - находчивость
Findling *m* -s, -e найдёныш, подкидыш
fing *impf om* fangen*
Finger *m* -s, - **1.** палец *(на руке)*; **zwei ~**

breit шириной в два пальца; **2.** *тех.* палец, штифт; ◊ **seine ~ in etw. (D) haben** быть замешанным в чём-л.; **nicht einen ~ für etw. (A) krümmen** палец о палец не ударить для чего-л.; **das kann man an den ~n abzählen** это можно пересчитать по пальцам; **etw. an den ~n herzählen [hersagen]** ≅ знать что-л. досконально; **mit allen zehn ~n nach etw. (D) greifen*** ≅ ухватиться за что-л. обеими руками

Finger‖abdruck *m* -(e)s, -drücke отпечаток пальцев *(руки)*, дактилоскопический снимок

Fingerbreit *m*: **keinen ~** ни на палец, ни на пядь

Finger‖fertigkeit *f* -, -en **1.** *муз.* беглость пальцев, техника игры; **2.** ловкость; *ирон.* ловкость рук

Finger‖hut *m* -(e)s, -hüte напёрсток

fingern **I** *vi* перебирать пальцами; **II** *vt* **1.** касаться пальцами *(чего-л.)*; **2.** *разг.* обделать, устроить; **wir werden die Sache ~** мы это дело устроим

Finger‖nagel *m* -s, - ноготь пальца *(на руке)*

Finger‖ring *m* -(e)s, -e кольцо, перстень

Fingerspitzen‖gefühl *n* -(e)s **1.** осязание *(в кончиках пальцев)*; **2.** *перен.* чутьё; **~ haben** иметь тонкое чутьё [такт]

Finger‖zeig *m* -(e)s, -e указание, намёк

fingieren <*lat.*> *vt* выдумывать, симулировать; **Entschlossenheit ~** напускать на себя храбрость, храбриться; **er fingiert einen Geschäftsmann** он выдаёт себя за коммерсанта

fingiert <*lat.*> *a* воображаемый; фиктивный

Finish [-niʃ] <*engl.*> *n* -s, -s финиш *(тж. перен.)*

Fink *m* -en, -en *зоол.* зяблик

Finne I *m* -n, -n финн

Finne II *f* -, -n **1.** плавник *(рыбы)*; **2.** прыщ, угорь

finnig *a* прыщеватый, угреватый

Finnin *f* -, -nen финка

finnisch *a* финский

Finnischer Meerbusen *m* -s Финский залив *(залив в вост. части Балтийского моря)*

Finnland (*n*) -s Финляндия *(гос-во в Сев. Европе)*

finster *a* **1.** тёмный, мрачный; **ein ~er Wald** дремучий лес; **~ werden** темнеть; **2.** суровый, угрюмый, мрачный; **ein ~es Gesicht machen** хмуриться; **3.** тёмный, подозрительный; **das ist eine ~e Angelegenheit** это дело тёмное

Finstere: **im Finstern** в темноте, в потёмках

Finsterling *m* -s, -e обскурант, мракобес

finstern *vimp:* **es finstert** темнеет

Finsternis *f* -, -se **1.** мрак, тьма, темнота; **2.** затмение

Finte <*lat.-it.*> *f* -, -n **1.** уловка, увёртка, хитрость; **2.** *спорт.* финт, обманное движение

fintenreich *a* хитрый, с уловками, с увёртками

Fips *m* -es, -e **1.** щелчок *(по носу)*; **2.** вертлявый [подвижный] человек

Firlefanz *m* -es, -e **1.** балагурство; пустяки; **2.** *шутл.* шут гороховый

firm <*lat.*> *a* твёрдый *(в чём-л.)*; знающий, сведущий; **er ist ~ in dieser Sprache** он в совершенстве владеет этим языком

Firma <*lat.*> *f* -, -men фирма; торговое предприятие, торговый дом

Firmament <*lat.*> *n* -(e)s небосвод

firmen <*lat.*> *vt* *рел.* конфирмовать

Firmen‖zeichen *n* -s, - марка фирмы; *полигр.* издательская марка

Firn *m* -(e)s, -e фирн, вечный снег

Firne‖wein *m* -(e)s, -e старое [выдержанное] вино

Firnis <*fr.*> *m* -ses, -se **1.** олифа, лак; **mit ~ überziehen*** покрывать лаком; **2.** *(внешний)* лоск, налёт

Firnisser <*fr.*> *m* -s, - лакировщик

First *m* -(e)s, -e **1.** вершина *(горы)*; **2.** конёк *(крыши)*

Fisch *m* -es, -e **1.** рыба; **~ im Aspik** заливная рыба; ◊ **gesund wie ein ~ im Wasser** ≅ свеж как огурчик; **munter wie ein ~ im Wasser** резвый, весёлый; **weder ~ noch Fleisch** ни рыба ни мясо; **das sind faule ~e** *разг.* это пустые отговорки; это вздор

Fisch‖bein *n* -(e)s китовый ус

Fisch‖brut *f* -, -en рыбья молодь, мальки

fischen *vt* ловить рыбу; **Perlen ~** ловить [добывать] жемчуг; ◊ **es ist nichts dabei zu ~** тут ничего не выгадаешь, тут ничем не разживёшься; **im trüben ~** в мутной воде рыбу ловить

Fischer *m* -s, - рыболов, рыбак

Fischerei *f* -, -en **1.** рыболовство, рыбный промысел; **2.** тоня *(место ловли рыбы)*

Fischerei‖frevel *m* -s, - нарушение правил рыболовства

Fischer‖garn *n* -(e)s, -e невод

Fisch‖fang *m* -(e)s, -fänge **1.** рыболовство; рыбная ловля; **2.** улов

Fisch‖gerät *n* -(e)s, -e рыболовная снасть

Fisch||gericht *n* -(e)s, -e рыбное блюдо
Fisch||gräte *f* -, -n рыбная кость
Fischgräten||muster *n* -s, - рисунок *(ткани)* ёлочкой
Fisch||kiemen *pl* жабры *(у рыб)*
Fisch||laich *m* -(e)s, -e *см.* Fischrogen
Fisch||milch *f* - молоки
Fisch||otter *m* -s, - выдра
Fisch||platte *f* - рыбное ассорти
Fisch||rogen *m* -s рыбья икра
Fisch||tran *m* -(e)s рыбий жир; ворвань
Fisch||zucht *f* - рыбоводство
Fisch||zug *m* -(e)s, -züge **1.** путина; **2.** улов; *перен.* богатый улов
fiskálisch <*lat.*> *a* фискальный, относящийся к государственной казне
Fiskus <*lat.*> *m* - фиск, государственная казна
fispeln, fispern *vi* говорить шёпотом
fisteln *vi* говорить [петь] фальцетом
Fittich *m* -(e)s, - крыло *(птицы)*; ◊ **jmdn. unter seine ~ nehmen*** взять кого-либо под своё покровительство
fix <*lat.*> I *a* **1.** твёрдый; **~es Gehalt** твёрдый оклад; **2.** проворный, ловкий; **ein ~er Kerl** бойкий малый, молодец; **eine ~e Idee** навязчивая идея; II *adv* живо, быстро; ◊ **~ und fertig** совсем готово; выбившийся из сил
fixen <*lat.-fr.-engl.*> *vt* **1.** взвинчивать биржевые курсы; **2.** *груб.* вводить ссбе наркотик; быть "на игле"
Fixheit *f* - **1.** неподвижность; неизменность; навязчивость *(мысли, ощущения)*; **2.** проворство, быстрота, ловкость; бойкость
fixieren <*lat.*> *vt* **1.** фиксировать, устанавливать; **2.** закреплять; *фото* фиксировать; **fixierter Bauer** *шахм.* остановленная (проходная) пешка; **3.** пристально смотреть *(на что-л., на кого-либо)*
flach I *a* **1.** плоский; **2.** низменный; ровный; **3.** неглубокий, поверхностный; плоский; ◊ **die ~e Hand** ладонь; II *adv* плашмя
Fläche *f* -, -n **1.** плоскость; поверхность; площадь; территория; **2.** равнина; **3.** *мат.* поверхность; грань; плоскость; поле
Flächen||maß *m* -es, - мера площади
flach||fallen* *vi* (s) *разг.* не приниматься во внимание; **sein Vorschlag ist flachgefallen** его предложение не прошло
Flach||fuß *m* -es, -füße плоскостопие, плоская стопа
Flachheit *f* -, -en плоскость, пошлость
Flach||land *n* -(e)s равнина, низменность

Flachs *m* -es лён
Flachs||anbau *m* -(e)s льноводство
Flachs||breche *f* -, -n льномялка
flachsen *vi разг.* плоско острить, остроумничать
flächsen, flächsern *a* льняной
Flachs||faser *f* - льноволокно
Flachs||hechel *f* -, -n *тех.* льночесалка
Flach||zange *f* -, -n плоскогубцы
flackerig *a* мерцающий
flackern *vi* пылать; мерцать, мигать, колыхаться *(об огне)*; **in seinen Augen flackerte es** его глаза горели; **das Herz flackert gerade noch** сердце бьётся очень слабо
Fladen *m* -s, - оладья; лепёшка
Flagge <*engl.*> *f* -, -n флаг; ◊ **die ~ hissen** поднимать флаг; **die ~ streichen*** спускать флаг; **das Schiff führt die deutsche ~** корабль плывёт под германским флагом
flaggen <*engl.*> *vi* **1.** поднимать флаг; вывешивать флаги; **die Schiffe ~** на судах подняты флаги; **zum Zeichen der Trauer halbmast ~** *мор.* приспустить флаги (на полумачту) в знак траура; **2.** сигнализировать флажком
Flaggen||stock *m* -(e)s, -stöcke флагшток
Flagg||schiff *n* -(e)s, -e флагманский корабль, флагман
Flak *f* -/-s зенитная пушка, зенитка *(сокр. от Fliegerabwehrkanone)*
Flak||abwehr *f* - противовоздушная оборона
Flak||helfer *m* -s, - зенитчик вспомогательной службы *(юноша допризывного возраста, призванный в конце 2-й мировой войны для службы в территориальных зенитных частях вермахта)*
Flak||soldat *m* -en, -en зенитчик
Flame *m* -n, -n; **Flamin, Flämin** *f* -, -nen фламандец, -дка *(житель Фландрии)*
Fläming *m* -s Флеминг *(возвышенность в ФРГ, юго-западнее Берлина)*
flämisch *a* фламандский
Flamme *f* -, -n **1.** пламя, огонь, **in ~n ausbrechen*** вспыхнуть, загореться; **in ~n stehen*** пылать, гореть; **in ~ setzen** поджигать; **2.** *перен.* огонь, пыл, страсть; **Feuer und ~ sein** гореть воодушевлением; **Feuer und ~ für etw. (A) sein** увлечься чем-л.
flammen *vi* пылать, пламенеть; **der Haß flammt in ihm** он пылает ненавистью
Flammen||eifer *m* -s рвение
Flándern (*n*) -s Фландрия *(историческая обл. в Зап. Европе; ныне Ф. входит в*

состав Бельгии, а также Франции и Нидерландов)
flandrisch *a* фландрский
flanieren <*fr.*> фланировать, прогуливаться, шататься *(без дела)*
Flánke *f* -, -n **1.** бок *(животного)*; **2.** воен. фланг; **die ~ umgehen*** обходить с фланга; **die ~ decken** прикрыть [обеспечить] фланг
Flanken‖bewegung *f* -, -en *воен.* фланговый манёвр
Flansch *m* -(e)s, -e *тех.* фланец
Flasche *f* -, -n **1.** бутылка; фляжка; **einer ~ den Hals abdrehen** *разг.* открыть бутылку, распить бутылку; **2.** *воен. хим.* баллон
flatterhaft *a* легкомысленный, ветреный
Flatter‖mine *f* -, -n *воен.* фугас
flattern *vi* **1.** развеваться; **2.** (h, s) порхать; **3.** порхать, быть непостоянным; **die Lippen ~ (unruhig)** губы дрожат; **seine Augen begannen zu ~** его глаза забегали; его глаза загорелись беспокойным огнём
flau I *a* **1.** слабый, вялый; **mir ist ~ (zumute)** мне не по себе, мне дурно; **2.** вялый, неоживлённый *(о бирже)*; **3.** выдохшийся, безвкусный *(о напитках)*; II *adv* слабо, вяло
Flaue, Flauheit *f* - **1.** слабость, вялость; **2.** застой, депрессия
Flaum *m* -(e)s пух, пушок
Flaum‖bett *n* -(e)s, -en пуховик
Flaum‖feder *f* -, -n пушинка
flaumig *a* пушистый
Flaus *m* -es, -e; **Flausch** *m* -es, -e **1.** клок *(волос)*; **2.** текст. драп; байка
flauschig *a* мохнатый *(о материи)*
Flausen *pl разг.* увёртки, пустые отговорки; вздор, враньё; **~ machen** отговариваться, увёртываться; **jmdm. ~ in den Kopf setzen** морочить кому-л. голову
Flaute *f* -, -n *мор.* штиль; *ком.* застой
Flavia Флавия *(жен. имя)*
Flavio Флавио/Флавий *(муж. имя)*
Flechse *f* -, -n сухожилие
Flechte *f* -, -n **1.** коса *(из волос)*; **2.** *мед.* лишай; **3.** *бот.* лишайник
flechten* *vt* плести, вязать; заплетать *(косу)*; вить *(венок)*; **Bänder ins Haar ~** вплетать ленты в косы
Flecht‖zaun *m* -(e)s, -zäune плетень
Fleck *m* -(e)s, -e **1.** место; **sich nicht vom ~ rühren** не двигаться с места; **nicht vom ~ kommen*** не сдвинуться с места; **jmdn. vom ~ weg verhaften** арестовать кого-л. на месте; **2.** пятно; **ein blauer** синяк; **jmds. Namen einen ~ anhängen**

запятнать чьё-л. имя; **3.** клочок земли; **4.** заплатка, лоскут; ◊ **das Herz auf dem rechten ~ haben** быть отзывчивым человеком; **den Kopf auf dem richtigen ~ haben** быть смышлёным; **er hat den Mund [das Maul] auf dem rechten ~** у него язык хорошо подвешен
flecken I *vt* пачкать, грязнить; II *vi* пачкаться, быть марким; III *vitmp разг.* подвигаться вперёд, идти на лад *(о работе)*
Flecken *m* -s, - пятно *(тж. перен.)*; **an seinem Rufe haftet kein ~** у него незапятнанная репутация
fleckenlos *a* без пятен
Flecken‖wasser *n* -s, - жидкость для выведения пятен
fleckig *a* пятнистый, в пятнах; запачканный
Fledderer *m* -s, - *разг.* мародёр
fleddern *vt разг.* мародёрствовать; обобрать *(мёртвого)*
Fleder‖maus *f* -, -mäuse летучая мышь
Fleet *n* -s, -e "флеет" *(улица-канал, характерная для старого Гамбурга)*
Flegel *m* -s, - **1.** *с.-х.* цеп; **2.** невежа, грубиян, хам
flegelhaft *a* грубый, невоспитанный
Flegel‖jahre *pl* отроческие годы; переходный возраст *(у юношей)*
flegeln I *vt* **1.** молотить *(цепами)*; **2.** бить *(кого-л.)*; II *vi* и **~, sich** вести себя грубо, хулиганить, хамить
flehen *vi* (um A) умолять, молить, просить *(о чём-л.)*
flehentlich I *a* умоляющий; II *adv* с мольбой, умоляюще
Fleisch *n* -es **1.** мясо; **gesalzenes ~** солонина; **2.** мякоть *(плодов)*; ◊ **alles ~ auf Erden** всё живое на земле; **Menschen von ~ und Blut** живые люди; **~ vom ~** плоть от плоти; **sich ins eigene ~ schneiden*** навредить самому себе
Fleisch‖brühe *f* -, -n бульон
Fleischer *m* -s, - мясник
Fleisches‖lust *f* - плотские [чувственные] наслаждения; похоть
fleischfarben, fleischfarbig *a* телесного цвета
fleischfressend *a* плотоядный
Fleisch‖fresser *m* -s, - плотоядное животное
Fleisch‖gericht *n* -(e)s, -e мясное блюдо
fleischig *a* мясистый
Fleischigkeit *f* - мясистость
Fleisch‖kost *f* - мясной стол
fleischlich *a* телесный, плотский; **~e Regungen** плотские желания

fleischlos *a* 1. не мясной, без мяса (*о еде*); 2. худой, изможденный (*о человеке*)
Fleisch‖platte *f* - ассорти мясное
Fleisch‖wolf *m* -(e)s, -wölfe мясорубка
Fleiß *m* -es прилежание, усердие; ◊ **viel ~ auf etw. verwenden*** прилагать большое старание к чему-л.; **~ üben** быть прилежным; ◊ **ohne ~ kein Preis** *посл.* ≅ без труда не вытянешь и рыбу из пруда
fleißig I *a* прилежный, старательный; усердный; II *adv* прилежно, старательно, усердно
flektierbar <*lat.*> *a* грам. флективный, изменяемый
flektieren <*lat.*> *vt* грам. склонять, спрягать
flennen *vi разг.* хныкать, плакать
Flenner *m* -s, - плакса, нытик
Flennerei *f* -, -en хныканье
fletschen *vt* 1.: **die Zähne ~** скалить зубы; **die Zähne vor Wut ~** скрежетать зубами от гнева; 2.: **Metalle ~** расплющивать молотом металлы
flexibel <*lat.*> *a* 1. гибкий; 2. грам. изменяемый
Flexión <*lat.*> *f* -, -en грам. 1. изменение слова; склонение; спряжение; 2. флексия
Flick‖arbeit *f* - починка, штопка
flicken *vt* чинить, штопать, латать, класть заплаты; **jmdm. etw. am Zeuge ~** поддевать кого-л., придираться к кому-л.
Flicken I *m* -s, - заплата, лоскут (*для починки*)
Flicken II *n* -s починка, штопка
Flick-Konzern *m* -s концерн Флика (*военно-промышл. концерн Ф. Флика в ФРГ <г. Дюссельдорф>*)
Flieder *m* -s, - сирень
Fliege *f* -, -n 1. муха; **es ärgert ihn die ~ an der Wand** его раздражает всякий пустяк; 2. *воен.* прицельная мушка; ◊ **zwei ~n mit einer Klappe schlagen*** убить двух зайцев одним ударом; **in der Not frißt der Teufel ~n** *посл.* ≅ на безрыбье и рак рыба
fliegen* I *vi* (s) 1. летать, лететь; **einen Vogel ~ lassen** выпустить птицу (*на волю*); **in die Luft ~** взлететь на воздух, взорваться; **er ist geflogen** *разг.* он вылетел, его уволили; 2. стремительно нестись, лететь; **vom Platz ~** вскочить с места; **jmdm. in die Arme ~** броситься кому-л. в объятия; ◊ **ich kann doch nicht ~** скорее скорого не сделаешь; 3.

развеваться; II *vt* вести (*самолёт*); **der Flieger fliegt diese Maschine zum erstenmal** лётчик ведёт этот самолёт в первый раз
fliegend *a* летучий; летающий; **~es Personal** *воен.* лётный состав; **mit ~en Fahnen** с развевающимися знамёнами; **in ~er Eile [Hast]** в большой спешке
Fliegen‖gewicht *n* -(e)s наилегчайший вес (*бокс*)
Fliegen‖pilz *m* -(e)s, -e *бот.* мухомор
Flieger *m* -s, - 1. лётчик, пилот; 2. *pl* авиация; 3. *мор.* быстроходное судно
Flieger‖abwehr *f* - противовоздушная оборона (ПВО)
Flieger‖angriff *m* -(e)s, -e налёт авиации, атака с воздуха
Flieger‖aufnahme *f* -, -n аэрофотосъёмка
Flieger‖sicht *f* - видимость с самолёта
Flieger‖sichtzeichen *n* -s, - *ав.* опознавательное полотнище, сигнальное полотнище
Flieger‖staffel *f* -, -n (авиационная) эскадрилья
Flieger‖streitkräfte *pl* военно-воздушные силы, военная авиация
Flieger‖stützpunkt *f* -, -e авиабаза
fliehen* I *vi* (s) 1. (**vor** D) бежать, убегать, удирать (*от кого-л., от чего-л.*); 2. спасаться бегством; **zu jmdm. ~** искать спасения (*у кого-л.*); II *vt* избегать (*кого-л., чего-л.*), чуждаться (*кого-л.*); **der Schlaf flieht mich schon seit Tagen** *высок.* я уже несколько дней страдаю бессонницей
Flieh‖kraft *f* - *физ.* центробежная сила
Fliese *f* -, -n каменная плита; кафель, изразцовая плитка; метлахская плитка
Fließ *n* -(e)s, -e ручей; струящаяся вода
Fließ‖arbeit *f* -, -en поточная [конвейерная] система производства; работа конвейером
Fließ‖band *n* -(e)s, -bänder конвейер
Fließband‖produktion *f* -, -en поточное производство
Fließband‖verfahren *n* -s, - поточный метод [способ] (*производства*)
Fließbarkeit *f* - текучесть
fließen* *vi* (s) 1. течь, литься, струиться; **ins Meer ~** впадать в море; **das Faß fließt** бочка течёт; **die Wunde fließt** рана кровоточит; **das Papier fließt, die Tinte fließt** чернила растекаются по бумаге; **es ist viel Blut geflossen** было пролито много крови; 2. таять; растапливаться, расплавляться
fließend I *a* 1. текущий, текучий; **~es Wasser** проточная вода; **eine Wohnung**

mit ~em Kalt- und Warmwasser квартира с холодной и горячей водой; 2. плавный, ровный; ~e Rede плавная речь; II *adv* бегло, свободно; ~ **deutsch sprechen*** свободно говорить по-немецки

Fließ∥fertigung *f* -, -en; **~verfahren** *n* -s, - конвейерное [поточное] производство

flimmern *vi, vimp* сверкать, мерцать, мигать *(о свете)*; рябить, пестрить; **es flimmert mir vor den Augen** у меня рябит в глазах

flink *a* живой, проворный

Flint *m* -(e)s, -e *мин*. кремень

Flinte *f* -, -n ружьё; ◇ **die ~ ins Korn werfen*** пасовать перед трудностями; сложить оружие, сдаться

flirren *vi* сверкать, мерцать, мелькать; **es flirrt mir vor den Augen** у меня рябит в глазах

Flirt <*engl.*> *m* -s, -s 1. флирт, ухаживание; 2. предмет ухаживания

flirten <*engl.*> *vi* флиртовать

Flitter *m* -s, - 1. блёстка, канитель; 2. *перен*. мишура

Flitter∥gold *n* -(e)s мишура, канитель *(для вышивания)*

Flitter∥wochen *pl* медовый месяц

flitzen *vi* (s) стремительно нестись, мчаться стрелой

flocht *impf* от **flechten***

Flocke *f* -, -n снежинка; пушинка; *pl* хлопья; хлопья снега

flockig *a* пушистый

flog *impf* от **fliegen***

floh *impf* от **fliehen***

Floh *m* -(e)s, Flöhe блоха; ◇ **jmdm. einen ~ ins Ohr setzen** заинтриговать кого-либо; **einen ~ für einen Elefanten ansehen*** ≅ делать из мухи слона

Flor I <*lat.*> *m* -s, -e 1. цветение, цвет; *перен*. процветание; 2. *перен*. цветник

Flor II <*lat.-fr.-niederl.*> *m* -s, -e 1. флёр, газ, креп *(материя)*; **den ~ am Arm tragen*** носить траурную повязку; 2. пелена

Flora <*lat.*> *f* -, -ren флора

Flor∥binde *f* -, -n креповая (траурная) повязка

Florénz (*n*) - Флоренция *(город в Центр. Италии)*

Floridsdorf (*n*) -s Флоридсдорф *(городской р-н Вены* <*Австрия*>)

florieren <*lat.*> *vi* процветать

Floskel <*lat.*> *f* -, -n пустая фраза

floß *impf* от **fließen***

Floß *n* -es, Flöße 1. плот; паром; 2. *тех*. болванка чугуна

flößbar *a* сплавной; **~es Holz** сплавной лес

Flosse *f* -, -n плавник *(рыбы)*

flößen *vt* 1. сплавлять *(лес)*; гнать плоты; 2.: **Milch ~** снимать сливки с молока

Flossenbürg (*n*) -s Флоссенбюрг *(бывший фаш. концлагерь близ г. Вейден* <*земля Бавария*>)

Flöß∥holz *n* -es сплавной лес

Flöte <*fr.*> *f* -, -n флейта; **die ~ spielen, auf der ~ blasen*** играть на флейте

flöten <*fr.*> *vi* 1. играть на флейте; 2. заливаться, петь *(о соловье)*; 3. говорить притворно сладким тоном, петь [заливаться] соловьём

Flöten∥bläser *m* -s, - флейтист

flöten∥gehen* *vi разг*. пропасть, пойти прахом; **mein Geld ist flötengegangen** плакали мои денежки

flott I *a* 1. на плаву; 2. весёлый, бойкий, лихой; **ein ~er Tänzer** хороший танцор; 3. оживлённый, активный; **er macht ~e Geschäfte** его дела идут хорошо; II *adv* лихо, ловко, свободно; **~ leben** жить на широкую ногу; **hier geht es ~ her** здесь весело, здесь идёт пир горой

Flotte <*germ.-roman.*> *f* -, -n флот

Flotten∥kommando *n* -s, -s командование флотом; штаб флота

Flotten∥stützpunkt *m* -(e)s, -e военно-морская база

Flottille [-'tilə/tiljə] <*germ.-fr.-span.*> *f* -, -n флотилия

Flottillen∥führer [-'tilən/tiljən] *m* -s, - лидер флотилии; командующий флотилией

flott∣machen *vt*: **ein Schiff ~** 1) снять корабль с мели; 2) приготовить корабль к плаванию; **die Unterhaltung wurde wieder flottgemacht** разговор возобновился

Flöz *n* -es, -e горный пласт

Fluch *m* -(e)s, Flüche проклятие; **einen ~ ausstoßen*** произносить проклятие; **~ über ihm!** будь он проклят!

fluchen *vi* 1. проклинать (D *кого-л*, **über** A *кого-л, что-л*); 2. ругаться, сквернословить; **jmdm. alles Böse an den Hals ~** желать кому-л. всяческих напастей

Flucht I *f* -, -en бегство, побег; **auf der ~ sein** спасаться бегством, бежать; ◇ **in die ~ schlagen*** обращать в бегство; **die ~ ergreifen*** обратиться в бегство

Flucht II *f* -, -en 1. ряд, вереница; **die ~ der Erscheinungen** смена явлений; 2. стая птиц

flüchten *vi* (s) и **~, sich** бежать, убегать, спасаться бегством; скрываться; **hinter**

jmdn. ~ *перен.* прятаться за чьей-л. спиной

fluchtig *a* перспективный, открывающийся вдаль

flüchtig I *a* 1. беглый; **der Einbrecher ist noch ~** взломщик ещё не пойман; 2. мимолётный, преходящий, беглый; **eine ~e Zeichnung** набросок, эскиз; 3. поверхностный, небрежный; 4. *хим.* летучий, улетучивающийся; II *adv* мельком, мимоходом, наспех

Flüchtigkeit *f* -, -en 1. беглость; 2. небрежность, невнимательность; 3. *хим.* летучесть

Flüchtling *m* -s, -e беглец; беженец; *мат.* точка схода

fluchwürdig *a* достойный проклятия

Flug *m* -(e)s, Flüge 1. полёт, перелёт; ◇ **im ~e** 1) мигом, на лету; 2) слегка, мимоходом; **die Zeit verging wie im ~e** время прошло быстро; 2. стая *(мелких птиц)*

Flug‖abwehr *f* - противовоздушная оборона

Flug‖bahn *f* -, -en траектория

Flug‖blatt *n* -(e)s, -blätter листовка, прокламация

Flügel I *m* -s, - 1. крыло *(птицы)*; **die ~ hängen lassen*** опустить руки, впасть в уныние; 2. створка *(двери)*; 3. *ав.* крыло, несущая поверхность; 4. крыло *(здания)*, флигель; 5. *воен., полит.* фланг, крыло

Flügel II *m* -s, - рояль *(концертный)*

flügellahm *a* с подбитым крылом; *перен.* обескураженный

flügellos *a* бескрылый

Flügel‖mann *m* -(e)s, -männer/-leute *воен.* фланговый *(в строю)*; **der rechte ~** правофланговый

Flügel‖schlag *m* -(e)s, -schläge взмах крыльев

Flügel‖spannung *f* -, -en размах крыльев

Flügel‖tür *f* -, -en двустворчатая дверь

flugfähig *a ав.* годный к полёту

flugfertig *a ав.* готовый к полёту

Flug‖gast *m* -(e)s, -gäste авиапассажир

flügge *a* оперившийся; *перен.* самостоятельный; **~ werden** опериться, стать самостоятельным

Flug‖hafen *m* -s, -häfen аэропорт, аэродром

Flug‖halle *f* -, -n ангар

Flug‖platz *m* -es, -plätze аэродром

Flug‖route [-ru:tə] *f* -, -n воздушная трасса

flugs *adv* на лету, мигом

Flug‖sand *m* -es наносный песок, зыбучий песок

Flug‖schein *m* -(e)s, -e авиабилет

Flug‖verkehr *m* -(e)s воздушное сообщение

Flug‖wesen *n* -s авиация

Flug‖zeug *n* -(e)s, -e самолёт

Flugzeug‖führer *m* -s, - пилот

Fluktuatión <*lat.*> *f* -, -en 1. текучесть *(рабочей силы)*; 2. *физ.* колебание

fluktuíeren <*lat.*> *vi* колебаться

Flunder *f* -, -n камбала речная

flunkern *vi* 1. мерцать, сиять; 2. *разг.* привирать, пускать пыль в глаза

Flur I *f* -, -en луг; поле, нива

Flur II *m* -(e)s, -e сени; прихожая; вестибюль; **auf dem ~** в сенях

Flur‖grenze *f* -, -n межа

Fluß *m* -sses, Flüsse 1. река; поток; 2. течение; ◇ **etw. in ~ bringen*** пустить в ход, наладить что-л.; 3. *мед.* течь, выделения

flußab(wärts) *adv* вниз по реке

Fluß‖arm *m* -(e)s, -e рукав реки

flußauf(wärts) *adv* вверх по реке; выше по течению реки

Fluß‖bett *n* -(e)s, -en русло реки

flüssig *a* 1. жидкий, текучий; расплавленный; 2. свободный; **~es Geld** свободные [наличные] деньги; ◇ **ein Kapital ~ machen** реализовать капитал

Flüssig‖gas *n* -(e)s, - сжиженный газ

Flüssigkeit *f* -, -en 1. жидкость; 2. текучесть; 3.: **die ~ des Marktes** *эк.* ликвидность рынка

flüssig‖machen *vt эк.* реализовать *(имущество)*; привести в ликвидное состояние *(капитал)*; **Geld ~** приготовить деньги

Flüssigmachung *f* -, -en 1. *физ.* перевод в жидкое состояние; 2.: **die ~ des Kapitals** *эк.* приведение капитала в ликвидное состояние

Fluß‖pferd *n* -(e)s, -e бегемот, гиппопотам

Flüsterer *m* -s, - шептун, наушник

flüstern I *vt* шептать, говорить шёпотом; **ins Ohr ~** шептать на ухо; II *vi* шептаться, шушукаться

Flut *f* -, -en 1. прилив; **die ~ steigt [fällt]** вода прибывает [убывает]; 2. потоп, наводнение; паводок; 3. *pl* волны; 4. *перен.* поток; **eine ~ von Tränen** поток слёз

fluten I *vi* (h, s) 1. течь *(сплошным потоком)*; **das Wasser flutete über Dämme und Deiche** вода прорвала дамбы и плотины; 2. волноваться, вздуваться *(о море)*; 3. *перен.* течь, валом валить; II

focht

vt наполнять водой, затоплять; III *vimp:* **es flutet** начинается прилив, вода прибывает

focht *impf от* **fechten***

Focke-Museum *n* -s "Фокке-Музеум" *(музей истории искусства и культуры земли Бремен <ФРГ>)*

Föderation <*lat.*> *f* -, -en федерация

föderativ <*lat.*> *a* федеративный, федеральный

Fohle *f* -, -n молодая кобылица

Fohlen *n* -s, - жеребёнок

fohlen *vi* жеребиться

Föhn *m* -(e)s, -е фён *(тёплый сухой ветер)*

Föhre *f* -, -n сосна

fokál <*lat.*> *a мат., физ.* фокальный, фокусный

Folge *f* -, -n 1. следствие, последствие, результат; **die ~n tragen*** отвечать за последствия; **zur ~ haben** повлечь за собой, иметь последствия; **~ leisten** слушаться, повиноваться; **in der ~** впоследствии, впредь, в будущем; 2. вывод, заключение; **~n aus etw.** (D) **ziehen*** сделать выводы из чего-л.; 3. последовательность, очерёдность; 4. ряд, серия; том

folgen *vi* (s) 1. (D) следовать *(за кем-л.);* **aufeinander ~** чередоваться; 2. (D *или* auf A) быть преемником *(кого-л.; по должности);* 3. (h) (D) слушаться *(кого-л., чего-л.);* прислушиваться *(к чему-л.);* придерживаться *(чего-л.);* **dem Herzen ~** прислушиваться к голосу сердца; 4. (D) следить *(за кем-л., за чем-л.);* **jmds. Gedanken ~** следить за мыслями кого-л.; 5. следовать, вытекать; **es folgt daraus, daß...** из этого следует, что...; **wie folgt** следующим образом; **was folgt daraus?** какой отсюда вывод?

folgend *a* следующий; нижеследующий; **auf ~e Weise** следующим образом; **im ~en** в дальнейшем; **im ~en Jahr** на следующий год

folgendermaßen, folgenderweise *adv* следующим образом

folgenlos *a* без последствий

folgenreich *a* богатый последствиями

Folgen‖reihe *f* -, -n последовательность, серия, ряд

folgenschwer *a* роковой, чреватый последствиями

folgerecht, folgerichtig *a* логичный, последовательный

Folge‖richtigkeit *f* -, -en последовательность, логичность

folgern *vt* делать вывод, заключать; **daraus folgert** отсюда следует вывод; **daraus läßt sich ~** из этого [отсюда] можно сделать вывод

Folgerung *f* -, -en заключение, вывод, следствие; **aus etw. ~en ziehen*** делать выводы из чего-л.

Folge‖satz *m* -es, -sätze *грам.* предложение следствия

folgewidrig *a* непоследовательный, неосновательный, нелогичный

Folge‖zeit *f* -, -en будущее; **in der ~** впоследствии, в будущем

folglich I *conj* следовательно, итак; II *adv* в дальнейшем, впредь, в будущем

folgsam *a* послушный, покорный

Folgsamkeit *f* - послушание, покорность

Foliánt <*lat.*> *m* -en, -en фолиант *(книга форматом 1/2 листа)*

Fol¦ie <*lat.*> *f* -, -n 1. фольга; 2. фон; **jmdm., einer Sache** (D) **als [zur] ~ dienen** служить фоном для кого-л., для чего-л.

Folklore [fɔlkˈloːr/foːlkˈloːr] <*engl.*> *f* - фольклор

Folter *f* -, -n пытка; *перен. тж.* мучение, мука; **jmdn. auf die ~ spannen** подвергнуть пытке кого-л., пытать кого-л.

Folter‖bank *f* -, -bänke дыба *(орудие пыток);* **auf der ~ liegen*** мучиться, испытывать муки

Folter‖kammer *f* -, -n застенок

foltern *vt* пытать, мучить *(тж. перен.)*

Folter‖qual *f* -, -en пытка; *перен. тж.* мука

Folterung *f* -, -en пытка, мучение, мука *(тж. перен.)*

Fön *m* -s, -е фён, сушилка *(для сушки волос)*

Fond [fɔ:] <*fr.*> *m* -s, -s 1. фон; 2. задний план сцены; 3. заднее сиденье, задние места *(в автомобиле)*

Fonds [fɔ̃:] *m* - [fɔ̃:s], - [fɔ̃:s] <*fr.*> 1. фонд; 2. *эк.* фонды; капиталовложения; денежные средства

fönen *vt* сушить феном *(волосы)*

foppen *vt* дразнить, дурачить *(кого-л.),* подтрунивать *(над кем-л.);* **jmdn. bis aufs Blut ~** выводить кого-л. из себя

forcieren [-ˈsiː] <*lat.-fr.*> *vt* форсировать, усиливать, напрягать; **~ Sie nichts!** не форсируйте, не действуйте слишком поспешно!

Förde <*norw.*> *f* -, -n *геогр.* фьорд

Förder‖anlage *f* -, -n *горн.* подъёмная установка

Förder‖band *n* -(e)s, -bänder 1. ленточный транспортёр; 2. конвейер

Förderer *m* -s, - **1.** меценат, покровитель; **2.** *тех.* транспортёр; конвейер
förderlich *a* полезный, способствующий *(делу)*
fordern *vt* **1.** требовать; **er fordert zu viel** он слишком требовательный; **2.** требовать, просить, запрашивать; **~ Sie!** скажите Вашу цену!; **3.** вызывать; **jmdn. vor Gericht ~** вызвать кого-л. в суд; **4.** вызвать на дуэль
fördern *vt* **1.** способствовать, содействовать *(чему-л.)*; ускорять, двигать *(что-либо)*; поощрять *(кого-л.)*; **die Wissenschaft ~** двигать вперёд науку; **2.: zutage ~** 1) *горн.* откатывать *(руду)*; выдавать на-гора *(уголь)*; 2) *перен.* раскрывать
Forderung *f* -, -en **1.** требование *(auf* A, *nach* D *чего-л.)*; **jmdm., an jmdn. ~en stellen** предъявлять требования кому-либо; **eine ~ erheben*** выдвигать требование; **2.** вызов; **~ vor Gericht** вызов в суд; **3.** *фин.* долговое обязательство; счёт; претензии
Förderung *f* -, -en **1.** способствование, содействие; поощрение, продвижение, ускорение *(чего-л.)*; **2.** *тех.* подача, подъём, транспортировка; **3.** *горн.* выдача [добыча] руды; откатка руды
Förderungs‖ausschuß *m* -sses, -schüsse комитет [комиссия] содействия
Ford-Werke AG *f* "Форд-верке АГ" *(филиал в ФРГ одной из америк. корпораций "Форд моторс К⁰" <г. Кёльн>)*
Forélle *f* -, -n форель
Forke *f* -, -n вилы
Form <*lat.*> *f* -, -en **1.** форма, вид, образ, очертание; **in ~ von (D)...** в виде...; **aus der ~ bringen*** испортить форму [фасон]; *перен.* расстроить; **2.** *б. ч. pl* формы обращения, приличия; **die besten ~n haben** иметь прекрасные манеры; **die ~n wahren [beobachten]** соблюдать правила приличия; **der ~(en) wegen** ради проформы; **in aller ~** по форме, по всем правилам; **3.** *грам.* форма; **4.** форма, модель, шаблон; **5.** *спорт.* форма; **in [außer] ~ sein** быть [не] в форме
formál <*lat.*> *a* формальный
Formalität <*lat.*> *f* -, -en формальность
Formát <*lat.-fr.*> *n* -(e)s, -е размер, формат; **ein Mensch von ~** крупная [незаурядная] личность
Formatión <*lat.-fr.*> *f* -, -en **1.** формация; **2.** *воен.* формирование; войсковая часть
Form‖blatt *n* -(e)s, -blätter бланк

Formel <*lat.*> *f* -, -n **1.** формула; предписание; **in eine feste ~ fassen** выразить определённой формой; **auf eine kurze ~ gebracht** короче говоря, одним словом; **2.** предписание
formelhaft *a* в виде формулы
forméll <*lat.*> *a* формальный
formen <*lat.*> I *vt* **1.** формовать *(что-л.)*, придавать форму *(чему-л.)*; **2.** *перен.* формировать; **junge Seelen ~** воспитывать молодёжь; II **~, sich 1.** формоваться, принимать форму; **sich ~ lassen*** поддаваться обработке; **2.** формироваться
Formen‖lehre *f* - *грам.* морфология
Former *m* -s, - формовщик
formíeren <*lat.*> I *vt* образовывать, формировать; II **~, sich** образоваться, формироваться
Formíerung *f* -, -en формирование, образование, составление
förmlich I *a* **1.** формальный, официальный; **2.** форменный, подлинный, настоящий; II *adv* **1.** формально, официально; **2.** совершенно, форменным образом, всё-таки; **man könnte ~ verzweifeln** можно действительно прийти в отчаяние
Förmlichkeit *f* -, -en формальность, официальность
formlos *a* бесформенный, аморфный
Formlosigkeit *f* -, -en **1.** аморфность, бесформенность; **2.** бесцеремонность, невоспитанность
Formósa *(n)* -, -s Формоза; см. Taiwan
Form‖sache: das ist nur ~ это только формальность
Formulár <*lat.*> *n* -s, -е бланк, формуляр
formulíeren <*lat.*> *vt* формулировать
Formulíerung <*lat.*> *f* -, -en формулировка
Formung *f* -, -en **1.** обработка, формовка; **2.** формирование
formvollendet *a* совершенный, законченный по форме
Form‖vollendung *f* -, -en совершенство [законченность] формы
formwidrig I *a* противоречащий форме; II *adv* не по форме
forsch *a* молодцеватый, бойкий; разбитной; ухарский
forschbegierig *a* пытливый, любознательный
forschen *vi (nach* D) **1.** исследовать, разведывать, расследовать *(что-л.)*, **nach der Wahrheit ~** искать истину; **2.** расспрашивать, справляться *(о чём-л., о ком-л.)*, выведывать *(что-л.)*

forschend *a* пытливый, испытующий
Forscher *m* -s, - исследователь
Forscher‖geist *m* -(e)s **1.** пытливый ум; **2.** глубокий исследователь
Forschung *f* -, -en **1.** исследование *(научное)*; изыскание; **2.** розыск
Forschungs‖reise *f* -, -n научная экспедиция
Forst *m* -es, -e лес, бор
Förster *m* -s, - лесничий
Försterei *f* -, -en лесничество
Forst‖wirtschaft *f* -, -en лесное хозяйство
fort *adv* **1.** прочь, вон; ~ (mit dir)! прочь!, пошёл вон!; ~ damit! убери(те) это!; **2.** вперёд; es will mit der Sache nicht ~ дело не подвигается; **3.** дальше; nur immer ~! продолжайте!, дальше!; **4.** в отсутствии, далеко; sie sind ~ они ушли [уехали], их нет
fort- отдел. глаг. приставка указывает **1.** на направленность движения прочь, удаление, устранение: **fort‖fahren*** уезжать; **2.** на движение вперёд: **fort‖schreiten*** идти вперёд; **3.** на продолжение действия: **fort‖leben** продолжать жить
Fort [fo:r] *<lat.-fr.> n* -s, -s форт, укрепление
fortáb, fortán *adv* отныне, впредь
Fort‖bestand *m* -(e)s; ~bestehen *n* -s, - дальнейшее сосуществование
fort‖bestehen* *vi* продолжать существовать [жить]
fort‖bewegen I *vt* сдвигать с места, передвигать; II ~, sich двигаться вперёд; передвигаться; удаляться
Fort‖bewegung *f* -, -en поступательное движение; движение вперёд; передвижение; перемещение
fort‖bilden, sich повышать своё образование, повышать свою квалификацию
Fort‖bildung *f* - дальнейшее образование [развитие]; повышение квалификации; усовершенствование
Fortbildungs‖kurse *pl* курсы повышения квалификации
fort‖bleiben* *vi* (s) отсутствовать, не появляться
fort‖bringen* I *vt* **1.** уносить, увозить; отправлять, уводить; **2.** удалять *(пятна)*; **3.** выращивать *(цветы)*; II ~, sich перебиваться, прокармливаться
fort‖dauern *vi* продолжаться, длиться
fortdauernd постоянный, непрерывный
fort‖fahren* I *vi* **1.** (s) уезжать, отправляться; **2.** (h) *(mit D или zu + inf)* продолжать *(что-л. делать)*; er fuhr fort zu erzählen он продолжал рассказывать; II *vt* увозить
fort‖führen *vt* **1.** уводить, увозить; **2.** продолжать *(что-л.)*
Fort‖führung *f* -, -en продолжение
Fort‖gang *m* -(e)s **1.** уход; **2.** дальнейший ход *(событий, дел)*, продолжение; **3.** успех *(в работе)*; seinen ~ nehmen* (успешно) продолжаться
fort‖gehen* *vi* (s) **1.** уходить, удаляться; **2.** продолжаться; продвигаться *(вперёд)*; so kann es nicht ~ так дальше продолжаться не может
fortgeschritten *a* **1.** прогрессирующий *(о болезни)*; **2.** успевающий *(об учащемся)*; **3.** прогрессивный; передовой
fortgesetzt *a* беспрерывный, постоянный
forthín *adv* в дальнейшем, в будущем
fort‖jagen I *vi* (s) ускакать *(верхом)*; II *vt* прогонять, выгонять
fort‖kommen* *vi* **1.** (s) уходить, уезжать; mach, daß du fortkommst! уходи прочь!, проваливай!; **2.** исчезать, пропадать; **3.** двигаться вперёд, преуспевать, пробивать себе дорогу; **4.** расти, развиваться
Fort‖kommen *n* -s преуспевание; материальная обеспеченность
fort‖können* *vi* **1.** быть в состоянии уйти; **2.** иметь возможность продолжать двигаться; ich kann nicht weiter fort я не могу идти дальше
fort‖lassen* *vt* **1.** отпускать *(кого-л.)*, давать возможность уйти *(кому-л.)*; **2.** опускать, пропускать
fort‖laufen* *vi* (s) **1.** убегать; **2.** продолжаться, простираться, тянуться
fortlaufend I *a* текущий; ~e Nummern номера по порядку; II *adv* подряд, по порядку
fort‖pflanzen I *vt* **1.** распространять; **2.** размножать, передавать *(по наследственности)*; II ~, sich **1.** *физ.* распространяться; **2.** *биол.* размножаться; **3.** передаваться по наследству *(о признаках, качествах)*
Fort‖pflanzung *f* -, -en **1.** *физ.* распространение; **2.** *биол.* размножение; **3.** передача *(по наследственности)*
fort‖reißen* *vt* **1.** вырывать, отрывать, отнимать; **2.** сносить *(течением)*; **3.** увлекать; mit sich ~ lassen* *(durch* A) увлекаться, дать увлечь себя *(чем-л.)*
fort‖schaffen *vt* **1.** убирать, уносить, увозить; **2.** устранять, удалять; **3.** *мат.*: eine unbekannte Größe ~ исключать неизвестное *(из уравнения)*
fort‖schicken *vt* отсылать, отправлять; удалять; выгонять

fort|schreiten* *vi* (s) **1.** идти вперёд; **2.** делать успехи, преуспевать; продвигаться; **3.** прогрессировать
fortschreitend *a* поступательный, прогрессивный
Fort∥schritt *m* -(e)s, -e успех, прогресс; **~e machen** делать успехи, преуспевать; продвигаться; **im ~ begriffen sein** прогрессировать
fortschrittlich *a* прогрессивный; передовой
fort|schwemmen *vt* уносить, сносить, смывать *(течением)*
fort|schwimmen* *vi* **1.** (s) уплывать; **2.** (s, h) продолжать плавать
fort|setzen I *vt* **1.** продолжать *(дело, разговор)*; **2.** отставлять, отодвигать; II *vi* и **~**, **sich** продолжаться
Fortsetzung *f* -, -en продолжение; **~ folgt** продолжение следует
fortwährend I *a* беспрестанный, постоянный, продолжительный; II *adv* постоянно, беспрестанно, то и дело
Forum <*lat.*> *n* -s, -ra/-ren **1.** *ист.* форум; **2.: das ~ der Öffentlichkeit** суд общественности; **3.** слёт, встреча
fossil <*lat.*> *a* окаменелый; ископаемое
Fossil <*lat.*> *n* -s, -i¦en ископаемое; окаменелость
Foto <*gr.*> *n* -s, - фотография, снимок
foto|grafieren <*gr.*> *vt* фотографировать
foto|kopieren <*gr.-lat.*> *vt* делать фотокопию, фотокопировать
Foyer <*lat.-fr.*> [foa'je:] *n* -s, -s фойе
Fracht *f* -, -en **1.** груз; фрахт; **tote ~** мёртвый груз, балласт; **in ~ nehmen*** зафрахтовать судно; **2.** плата за провоз, фрахт; тариф
Fracht∥brief *m* -(e)s, -e накладная
Fracht∥gut *n* -(e)s, -güter груз; ◊ **als ~** малой скоростью
Fracht∥stück *n* -(e)s, -e место *(о грузе)*
Frage *f* -, -n **1.** вопрос; **eine ~ stellen [richten]** задавать [ставить] кому-л. вопрос; **2.** вопрос, предмет обсуждения, проблема; **eine ~ anregen [aufwerfen*, anschneiden*]** поднять [возбудить] вопрос; ◊ **es kommt nicht in ~** об этом не может быть и речи; **zur ~ stehen*** стоять на повестке дня; **3.: peinliche ~** неприятный вопрос
Frage∥bogen *m* -s, -/-bögen опросный лист, анкета
fragen *vt* **1.** *(über, um* A; *nach* D; *wegen* G) спрашивать, справляться, осведомляться, задавать вопросы *(о ком-л., о чём-л.)*; **jmdn. um Rat ~** просить совета у кого-л.; **da ~ Sie noch!** Вы ещё

спрашиваете!; **wenn ich ~ darf** позвольте спросить; **2.: diese Ware ist sehr gefragt** этот товар пользуется большим спросом; **3.** *юр.:* **jmdn. als Zeugen ~** допрашивать кого-л. в качестве свидетеля; ◊ **er hat mir ein Loch in den Leib gefragt** он замучил меня своими вопросами
fragend *a* вопросительный, вопрошающий
Frage∥satz *m* -es, -sätze *грам.* вопросительное предложение
Fragesteller *m* -s, -; **~in** *f* -, -en опрашивающий, -щая
Frage∥stellung *f* -, -en **1.** постановка вопроса; **2.** порядок слов в вопросительном предложении
Frage∥wort *n* -(e)s, -wörter *грам.* вопросительное слово
Frage∥zeichen *n* -s, - *грам.* вопросительный знак
fraglich *a* сомнительный, спорный; проблематичный; **es ist noch ~** это ещё вопрос, это ещё неизвестно
fraglos *a* бесспорный, несомненный
Fragmént <*lat.*> *n* -(e)s, -e **1.** фрагмент, отрывок; **2.** обломок
fragmentárisch <*lat.*> *a* I *a* отрывочный, частичный; II *adv* отрывками
fragwürdig *a* сомнительный, спорный
Fraktión <*lat.-fr.*> *f* -, -en **1.** часть *(чего-либо)*; **2.** фракция
Fraktúr <*lat.*> *f* -, -en **1.** перелом кости; **2.** *полигр.* готический шрифт
France [frã:] *m* -, -s [frã:] <*fr.*> *см.* Frank
frank: ~ und frei прямо и открыто, откровенно
Frank I <*fr.*> *m* -en, -en *(при обознач. цены сокр.* fr, *pl тж.* frs) франк *(денежная единица во Франции, Бельгии и др. странах)*
Frank II Франк *(муж. имя)*
Franka Франка *(жен. имя)*
Franken I *m* -en, -en франк *(денежная единица в Швейцарии)*
Franken II *pl* франки *(группа германских племён, живших в 3 в. по нижнему и среднему течению Рейна)*
Franken III *n* -s Франкония *(традиционное название местности в ФРГ, земля Бавария)*
Franken∥reich *n* -es Франкское государство *(раннефеодальное гос-во, возникло в конце 5 в. на части территории бывшей Зап. Римской империи)*
Frankenwald *m* -es Франконский Лес *(горы в ФРГ, между горами Фихтель и Тюрингским Лесом)*

Franken‖weine *pl* франконские вина *(вина, изготовленные в долине р. Майн)*
Frankfurt am Main *(n)* -s Франкфурт-на-Майне *(город в ФРГ ⟨земля Гессен⟩, крупный финансовый, торговый и промышленный центр страны)*
Frankfurt an der Oder *(n)* -s Франкфурт-на-Одере *(город в ФРГ ⟨земля Бранденбург⟩)*
Frankfurter Kreuz *n* -es "Франкфуртский крест" *(пересечение автострад, ведущих с С. на Ю. и с З. на В. у Франкфурта-на-Майне)*
Frankfurter National‖versammlung *f* - Франкфуртское Национальное собрание *(общегерманское национальное собрание в период Революции 1848–1849 в Германии)*
Frankfurter Pauls‖kirche *f* - церковь Св. Павла во Франкфурте-на-Майне *(место проведения заседаний Национального собрания в период Революции 1848–1849 в Германии, разрушена во время 2-й мировой войны; сейчас восстановлена ⟨для проведения конгрессов, выставок и т. д.⟩)*
Frankfurter Schule *f* - франкфуртская школа *(возникла в начале 30-х в немецкой философии и социологии; центр. Институт социальных исследований во Франкфурте-на-Майне)*
frankieren ⟨*gr.-lat.-fr.*⟩ *vt* франкировать *(письмо)*, оплачивать почтовый сбор, наклеивать марку *(на почтовое отправление)*
Fränkische Alb *f* - Франконский Альб/ Франконская Юра *(гряда гор на Ю.-В. ФРГ ⟨земля Бавария⟩)*
Fränkischer Jura *m* -s Франконская Юра, см. Fränkische Alb
Fränkische Schweiz *f* - Франконская Швейцария *(назв. живописной сев. части Франконской Юры в ФРГ ⟨земля Бавария⟩)*
franko ⟨*gr.-lat.-it.*⟩ *adv* ком. франко; ~ **Grenze** оплачено до границы
Franko‖brief *m* -(e)s, -e оплаченное письмо
Frankreich *(n)* -s Франция *(государство в Зап. Европе)*
Franse *f* -, -n бахрома
Franz Франц *(муж. имя)*
Fränze Фрэнце *(ласкательная форма жен. имени Franziske)*
Franziske Франциска *(жен. имя)*
Franz-Joseph-Land *n* -es Земля Франца-Иосифа *(архипелаг на С. Баренцева моря)*

Franzóse *m* -n, -n француз
Franzósin *f* -, -nen француженка
franzósisch I *a* французский; II *adv* по-французски
frappánt ⟨*gr.-fr.*⟩ *a* поразительный, удивительный
frappieren ⟨*gr.-fr.*⟩ *vt* 1. поражать, удивлять, озадачивать; 2. охлаждать вино во льду
Fräse ⟨*fr.*⟩ *f* -, -n фреза
fräsen ⟨*fr.*⟩ *vt* тех. фрезеровать
Fräser *m* -s, - 1. фреза *(инструмент)*; 2. фрезеровщик
fraß *impf* от fressen*
Fraß *m* -es, -e 1. корм *(для скота)*; 2. разг. скверная пища; жратва
Fratze *f* -, -n рожа, гримаса; ◇ ~ **schneiden*** корчить рожи
fratzenhaft *a* карикатурный
Frau *f* -, -en 1. женщина; **eine alte** ~ старуха; 2. жена; 3. госпожа, фрау; **die** ~ **des Hauses** хозяйка дома; **gnädige** ~! госпожа [сударыня]! *(в обращении)*; **Ihre** ~ **Gemahlin** ваша супруга
Frauen‖arzt *m* -es, -ärzte гинеколог
Frauenfeld *(n)* -es Фрауэнфельд *(адм. центр кантона Тургау ⟨Швейцария⟩)*
frauenhaft I *a* женственный; II *adv* женственно; по-женски
Frauen‖heilkunde *f* - гинекология
Frauen‖kirche *f* - Фрауэнкирхе *(церковь, архит. памятник и символ Мюнхена ⟨ФРГ⟩, характерен своими двумя куполами-луковицами)*
Frauen‖tag: Internationaler ~ Международный женский день
Frauen‖zimmer *n* -s, - презр. *(о женщине)* баба, особа; ◇ **ein liederliches** ~ неряшливая [безалаберная] женщина
Fräulein *n* -s, - девушка, барышня, фрейляйн; **gnädiges** ~! сударыня! *(обращение к незамужней женщине)*
fraulich *a* женственный
frech I *a* дерзкий, наглый, бесцеремонный; **ein** ~**er Kerl** наглец; II *adv* дерзко, нахально
Frech‖dachs *m* -es, -e нахал
Frechheit *f* -, -en дерзость, наглость, нахальство
Freetown ['fri:taon] *(n)* -s Фритаун *(столица Сьерра-Леоне)*
Fregátte ⟨*roman.*⟩ *f* -, -n фрегат
Fregátten‖kapitän *m* -s, -e мор. капитан 2-го ранга
frei I *a* свободный, независимый; 2. свободный, незанятый, вакантный; **die Strecke ist** ~ путь свободен; **wir haben** ~ у нас нет занятий *(в школе)*; **etw.** ~

machen освобождать что-л.; **Straße ~!** с дороги! **3.** открытый; **unter ~em Himmel** под открытым небом; **4.** свободный, беспрепятственный; **~er Zutritt** свободный доступ; **5.** бесплатный; **~e Fahrt** бесплатный проезд; **6.** свободный *(von D от чего-л.)*; **~ von Sorgen** без забот; **7.**: **ein ~er Beruf** свободная профессия; **~e Verse** белые стихи; **ein ~es Wort** откровенное слово; **ich bin so ~** я позволю себе, я беру на себя смелость; ◇ **einer Sache ~en Lauf lassen*** не вмешиваться в ход дела; **aus ~en Studien** без принуждения, по собственной инициативе; **jmdm. ~e Hand lassen*** предоставлять кому-л. свободу действий; **auf ~en Fuß setzen** освободить из-под ареста; II *adv* **1.** свободно; **~ sprechen*** говорить свободно, импровизировать; **2.** вольно; **sich zu ~ benehmen*** вести себя слишком вольно; **3.** откровенно; **reden Sie nur ganz ~** говорите, не стесняясь; **sprich ~!** говори смело!; **~ und offen sagen** говорить совершенно откровенно; **4.** бесплатно; даром; *ком.* франко; **~ ins Haus** ком. с (бесплатной) доставкой на дом; **~ ab hier** франко здесь
Frei‖bad *n* -(e)s, -bäder летний бассейн, открытый бассейн; открытая купальня
frei‖bekommen* I *vt* освобождать, вызволить; II *vi* получить отпуск
Frei‖beuter *m* -s, - мародёр, пират
Frei‖brief *m* -(e)s, -e *ист.* **1.** отпускная грамота, вольная; **2.** *перен.* льгота, привилегия
Freiburg *(n)* -s Фрибу́р/Фра́йбург (**1.** *назв. кантона и его адм. центра в Швейцарии*; **2.** *город в ФРГ <земля Баден-Вюртемберг>*)
Frei‖denker *m* -s, - вольнодумец
Freie I *subst m, f* -n, -n свободный человек
Freie II *subst n* простор; ◇ **im ~n** на открытом воздухе; **ins ~** на свежий воздух, за город
Freie Demokratische Partei *f* - Свободная демократическая партия *(создана в ФРГ в 1948, ориентируется на средних и мелких предпринимателей, чиновников, обеспеченную прослойку интеллигенции, часть ремесленников и крестьянства)*
Freie Deutsche Jugend *f* - Союз свободной немецкой молодёжи *(ист. массовая организация молодёжи ГДР)*
Freier *m* -s, - жених
Freier Deutscher Gewerkschafts‖bund *m* -es Объединение свободных немецких профсоюзов *(ист. массовая профсоюзная организация трудящихся ГДР)*
"Freie Volks‖bühne" *f* - "Фрайе Фольксбюне" *(драматический театр в Берлине)*
Frei‖exemplar *n* -s, -e авторский [бесплатный] экземпляр
Frei‖fahrt *f* -, -en бесплатный проезд
Freigabe *f* - освобождение *(от ареста, реквизиции)*; возвращение *(имущества)*
frei‖geben* I *vt* **1.** освобождать; **jmdm. eine Stunde ~** освободить кого-л. на час; **sich (D) einen Tag ~ lassen*** освободиться на день; **sie hat ihren Bräutigam freigegeben*** она расторгла помолвку; **2.** снимать запрет, отменять конфискацию *(книги, журнала)*; **3.** освобождать путь; возобновлять движение; **die Straße wurde für den Verkehr freigegeben** улица была открыта для движения; II *vi* распускать, освобождать от занятий *(школьников)*; **morgen wird freigegeben** завтра не будет занятий
freigebig *a* щедрый; **~ werden** расщедриться
Freigebigkeit *f* - щедрость
Frei‖gehege *n* -s, - вольер
Frei‖geist *m* -es, -er вольнодумец, свободомыслящий
Frei‖gut *n* -(e)s, -güter беспошлинный товар
frei‖haben* *vt* быть свободным *(от работы, от занятий)*; **ich habe heute frei** я сегодня свободен
Frei‖hafen *m* -s, -häfen вольная гавань, вольный порт
frei‖halten *vt* **1.** держать свободным, не загораживать *(выезд)*; **2.** платить *(за кого-л.)*, угощать *(кого-л.)*
Freihand‖bibliothek *f* -, -en библиотека с открытым доступом книг, библиотека с самообслуживанием
freihändig *a* вольный, прямой; **~es Zeichnen** рисование от руки; **~er Verkauf** продажа без посредника
Freiheit *f* -, -en **1.** свобода, воля; **2.** вольность; простор; **3.** дерзость, смелость; **jmdn. der ~ berauben** лишать кого-л. свободы; **sich (D) große ~en herausnehmen*** позволять себе вольность [дерзость]; **4.** льгота, освобождение от налогов
freiheitlich *a* освободительный; вольный
Freiheitliche Partei Österreichs *f* - Австрийская партия свободы *(осн. в 1955,*

объединяет часть мелкой и средней буржуазии, ориентирующейся на ФРГ)
freiheitliebend см. freiheitsliebend
Freiheits‖beraubung *f* -, -en незаконное лишение свободы
Freiheits‖kampf *m* -(e)s, -kämpfe борьба за свободу, освободительная борьба
freiheitsliebend *a* свободолюбивый
Freiheits‖strafe *f* -, -n лишение свободы, арест
freiheraus: etw. ~ sagen сказать что-л. открыто [напрямик]
Frei‖herr *m* -n, -n барон
Frei‖karte *f* -, -n бесплатный билет
frei‖kommen* *vi* (s) освобождаться, выходить на свободу
Frei‖korps [-ko:r] *n* - добровольческий корпус (1. контрреволюционные формирования в период и после Ноябрьской революции 1918 в Германии; 2. нерегулярные части прусской армии, действовавшие в тылу французских войск в период Освободительной войны 1813)
frei‖lassen* *vt* 1. выпускать (на свободу); освобождать; 2. распускать (школьников по домам)
Freilassung *f* -, -en 1. освобождение (из заключения); 2. ист. освобождение крепостного; 3. роспуск (детей на каникулы)
Frei‖lauf *m* -(e)s, -läufe тех. холостой ход
frei‖legen *vt* 1. освобождать, откапывать (что-л.); очищать (улицу); вызволить; 2. горн. раскрывать, обнажать
Frei‖leitung *f* -, -en тех. воздушный провод, воздушная линия
freilich *adv* 1. конечно; ~! ещё бы!, разумеется!; 2. однако, правда
Freilicht‖bühne *f* -, -n открытая сцена, летний [зелёный] театр
frei‖machen *vt* оплачивать пошлиной (товары); **Briefe ~** оплачивать письма почтовым сбором; **Mittel ~** высвобождать средства
Freimachung *f* -, -en 1. освобождение, очистка (улицы и т. п.); 2. оплата почтовым сбором [пошлиной]
Freimaurer *m* -s, - масон
Frei‖mut *m* -(e)s откровенность, прямодушие, искренность, чистосердечность
freimütig *a* откровенный, искренний, прямодушный, чистосердечный
Freimütigkeit *f* - откровенность, прямодушие, искренность, чистосердечность
freischaffend *a*: **~e Intellektuelle** *pl* интеллигенция свободных профессий

Frei‖schein *m* -(e)s, -e бесплатный билет, контрамарка
frei‖setzen *vi* освобождать
Freisetzung *f* -, -en юр. освобождение
Frei‖sinn *m* -(e)s свободомыслие, либерализм
freisinnig *a* свободомыслящий, либеральный
frei‖sprechen* *vi* оправдывать; **jmdn. von einer Schuld ~** признать кого-л. невиновным
Freisprechung *f* -, -en; **Frei‖spruch** *m* -(e)s, -sprüche оправдательный приговор, оправдание
frei‖stehen* *vi* быть дозволенным; **es steht Ihnen frei zu wählen** Вам предоставляется возможность выбора
Freistelle *f* -, -n бесплатное место (в учебном заведении и т. п.); **eine ~ haben [genießen*]** пользоваться бесплатным местом
frei‖stellen *vt* 1. предоставлять; 2. освобождать; **jmdn. für eine andere Arbeit ~** освободить кого-л. для другой работы
Freistellung *f* -, -en 1. предоставление; 2. освобождение
Frei‖stil *m* -(e)s спорт. вольный стиль
Freitag *m* -(e)s, -e пятница
freitags *adv* по пятницам
Frei‖tisch *m* -(e)s, -e бесплатный стол
Frei‖tod *m* -(e)s добровольная смерть, самоубийство; **in den ~ gehen*** покончить самоубийством
Frei‖treppe *f* -, -n подъезд, крыльцо, парадная лестница
Frei‖übung *f* -, -en вольное упражнение
freiwillig I *a* добровольный; II *adv* по доброй воле, добровольно
Frei‖willige *subst m, f* -n, -n доброволец; **sich als ~r melden** записаться добровольцем
Frei‖zeit *f* -, -en свободное время
Freizeit‖gestaltung *f* -, -en организация мероприятий по проведению свободного времени
Freizügigkeit *f* - право свободного передвижения, свобода передвижения
fremd *a* 1. чужой, чуждый; **~es Land** чужбина; **ich bin ihm ~** мы с ним чужие люди; **das ist mir ~** это мне чуждо; **ich bin hier ~** я не здешний, я здесь чужой; 2. иностранный, иноземный, чужой; **~e Sprachen** иностранные языки
Fremd‖arbeiter *m* -s, - "фремдарбайтер" (рабочий, пригнанный во время 2-й мировой войны в фаш. Германию на принудительные работы из оккупированных стран)

fremdartig *a* **1.** странный, непривычный, своеобразный; **2.** *мед.* чужеродный
Fremde I *f* - чужбина, чужой край; **in der ~** на чужбине
Fremde II *subst m, f* -n, -n иностранец, -нка; незнакомец, -мка; **in Gegenwart ~r** при посторонних (людях)
Fremden‖buch *n* -(e)s, -bücher книга регистрации приезжающих *(в гостинице)*
Fremden‖führer *m* -s, - гид, проводник, экскурсовод
Fremden‖verkehr *m* -(e)s туризм *(иностранный)*
fremd‖gehen* *vi* (s) гулять на стороне; изменять *(в браке)*
Fremd‖herrschaft *f* -, -en чужеземное владычество
Fremd‖körper *m* -s, - инородное [чужеродное] тело
fremdländisch *a* иностранный, чужеземный
Fremdling *m* -s, -e чужой; пришелец
Fremd‖sprache *f* -, -n иностранный язык
fremdsprachig *a* иноязычный, иностранный
fremdsprachlich *a* иноязычный, относящийся к иностранному языку; **~er Unterricht** преподавание иностранных языков
Fremd‖wort *n* -(e)s, -wörter иностранное слово
Fremd‖wörterbuch *n* -(e)s, -bücher словарь иностранных слов
frequént <*lat.*> *a* частый, учащённый
frequentieren <*lat.*> *vt* часто посещать *(что-л.)*
Frequénz <*lat.*> *f* -, -en *эл.* частота
Frequénz‖bereich *m* -(e)s, -e частотный диапазон; спектр
Freske <*germ.-it.-fr.*> *f* -, -n; **Fresko** <*germ.-it.*> *n* -s, -ken фреска
Fresse *f* -, -n *груб.* рожа, морда
fressen* *vt* **1.** есть *(о животных)*; *груб.* жрать, лакать; **aus der Hand ~** *перен.* быть приручённым; **2.** *перен.* пожирать; **viel Geld ~** пожирать много денег; ◊ **was hat er an ihr gefressen?** что он в ней нашёл?; **einen Narren an jmdm., an etw. (D) gefressen haben** быть без ума от кого-л., чего-л.
Fressen *n* -s корм *(для животных)*; **das ist ein gefundenes ~ für ihn** это для него находка
Freude *f* -, -n радость, веселье; ◊ **vor ~** от радости; **es ist eine wahre ~** сердце радуется; **seine helle ~ haben** *(an D)* радоваться *(чему-л.)*
Freuden‖botschaft *f* -, -en радостная весть

Freuden‖haus *n* -es, -häuser дом терпимости, публичный дом
freudenleer, freudenlos *см.* **freudlos**
Freuden‖mädchen *n* -s, - проститутка, публичная женщина
Freuden‖rausch *m* -(e)s, -e; **~tummel** *m* -s упоение радостью, восторг
freudenreich *a* радостный, весёлый
freudenvoll *a* весёлый, радостный
freudig *a* радостный, весёлый
freudlos *a* безрадостный, безотрадный
freuen I *vt* радовать; **das freut mich** это меня радует, я рад этому; **II ~, sich** радоваться (G/ über A чему-л. свершившемуся; auf A чему-л. предстоящему); **es würde mich sehr ~** я был бы очень рад
Freund *m* -(e)s, -e **1.** друг, приятель, товарищ; **alte, gemeinsame ~e** старые, общие друзья; **du bist aber ein schöner ~!** какой же ты мне друг!; **mit jmdm. gut ~ werden** подружиться с кем-л.; **2.** любитель, охотник (G, *von D* до чего-л.); **ein ~ der Kunst** поклонник искусства; **3.** друг, дружище *(обращение);* **dicke ~e sein** быть закадычными друзьями; ◊ **~ Hein** смерть
Freundin *f* -, -nen **1.** подруга, приятельница; **2.** любительница, охотница (G, *von D* до чего-л.); **3.** возлюбленная, милая, любовница
freundlich I *a* **1.** приветливый, любезный, дружелюбный, ласковый *(gegen A, zu D* с кем-л.); **Seien Sie so ~!** будьте так добры!; **wären Sie (wohl) so ~?** можно вас попросить?; будьте (так) добры!; **2.** приятный, приветливый; **~es Wetter** ясная погода; **eine ~e Wohnung** уютная квартира; **II** *adv* приветливо, любезно, ласково; **~ aussehend** приветливый, милый *(на вид)*
Freundlichkeit *f* -, -en приветливость, любезность; дружелюбие; **haben Sie die ~!** будьте любезны!, сделайте одолжение!
Freundschaft *f* -, -en **1.** дружба; **~ halten*** поддерживать дружбу; **jmdm. die ~ kündigen** порвать с кем-л. дружбу; **aus ~ ко дружбе;** ◊ **~ hin, ~ her!** *посл.* ≡ дружба дружбой, а служба службой; **2.** *собир.* друзья
freundschaftlich I *a* дружественный; дружеский; **II** *adv* по-дружески
Freundschafts‖bande *pl* узы дружбы; дружественные связи
Freundschafts‖bezeigung *f* -, -en проявление дружбы, знак дружбы
Frevel *m* -s, - **1.** проступок; злодеяние;

преступление; **2.** непростительное легкомыслие; **3.** святотатство, кощунство
frevelhaft *a* **1.** преступный; наглый; **2.** кощунственный
freveln *vi* **1.** совершать преступление; грешить; **gegen die Gesetze ~** нарушать законы; **2.** святотатствовать, кощунствовать
Frieda Фрида *(жен. имя, а также краткий вариант жен. имени Elfriede)*
Friede *m* -ns, -n; **Frieden** *m* -s, - **1.** мир, согласие; **2.** покой; спокойствие; **laß mich in ~!** оставь меня в покое!; ◇ **~ stiften** мирить; **3.: in ~ hinübergehen*, zum ewigen ~ eingehen*** скончаться, отойти с миром в вечность; **er ruhe in ~!** мир праху его!
Fried(e)bert Фрид(е)берт *(муж. имя)*
Friedegund/Friedegúnde Фридегунд/Фридегунда *(жен. имя)*
Friedel Фридель *(ласкательная форма от муж. имён Friedrich и Gottfried, а также жен. имени Elfriede)*
Friedemann Фридеман *(муж. имя)*
Fried(e)mar Фрид(е)мар *(муж. имя)*
Fried(e)mund Фрид(е)мунд *(муж. имя)*
Friedens‖abkommen *m* -s, - мирный договор
Friedens‖akt *n* -(e)s, -e **1.** мирный договор; **2.** подписание [акт подписания] мирного договора [соглашения]
Friedens‖anhänger *m* -s, - сторонник мира
Friedens‖aufgebot *n* -(e)s, -e вахта мира
Friedens‖bruch *m* -(e)s, -brüche нарушение мира
Friedens‖liebe *f* - миролюбие
Friedens‖stand *m* -(e)s **1.** состояние мира; мирное время; **2.** состав (армии) мирного времени
Friedens‖stifter *m* -s, - примиритель; миротворец
Friedens‖störer *m* -s, - нарушитель мира [спокойствия]
Friedens‖vertrag *m* -(e)s, -träge мирный договор
Friedensvertrag von Saint-Germain [sɛʒɛrˈmɛ̃] *m* -s Сен-Жерменский мирный договор *(подписан 10.09.1919 в г. Сен-Жермен-ан-Ле близ Парижа странами — победительницами в 1-й мир. войне и Австрией; подтвердил распад Австро-Венгрии)*
Frieder Фридер *(муж. имя)*
Friederika Фридерика *(жен. имя)*
friedfertig *a* миролюбивый; добродушный
Fried‖fertigkeit *f* - миролюбие; добродушие

Friedgar/Friedger Фридгар/Фридгер *(муж. имя)*
Fried‖hof *m* -(e)s, -höfe кладбище
friedlich *a* мирный, спокойный; миролюбивый
Friedlichkeit *f* - миролюбие, спокойствие
friedliebend *a* миролюбивый
friedlos *a* беспокойный
Friedolin Фридолин *(муж. имя)*
Friedrich Фридрих *(муж. имя)*
Friedrichshain *(n)* -s Фридрихсхайн *(гор. р-н Берлина)*
Friedrichstadtpalast *m* -es Фридрихштадтпаласт *(эстрадный театр в Берлине)*
friedsam, friedselig *a* миролюбивый
friedvoll *a* мирный
frieren* I *vi* **1.** мёрзнуть, зябнуть; **ich friere** я озяб, мне холодно; **mir ~ die Hände** у меня мёрзнут руки; **mir friert das Herz im Leibe** я весь продрог; **2.** (s) замёрзнуть, покрываться льдом; II *vimp*: **es friert draußen** на дворе мороз; **es friert mich** мне холодно; ◇ **es friert Stein und Bein** трескучий мороз
Friesen *pl* фризы *(народ в Нидерландах и ФРГ)*
frisch I *a* **1.** свежий; **2.** свежий, прохладный; **3.** чистый, свежий; **4.** бодрый; ◇ **auf ~er Tat ertappen** поймать с поличным; II *adv* **1.** свежо; **~ im Gedächtnis haben** хорошо помнить; **2.** снова, заново
frischáuf! *int* живей!, смелей!; **~ zur Arbeit!** со свежими силами за работу!
frischbacken *a* свежий, свежеиспечённый
Frische *f* - свежесть, прохлада; бодрость
Friseur [-ˈzøːr] <*fr.*> *m* -s, -e парикмахер
Friseuse [-ˈzøːzə] <*fr.*> *f* -, -n парикмахер *(женщина-парикмахерша)*
frisieren <*fr.*> I *vt* **1.** причёсывать; делать причёску; **2.** *перен.* причёсывать, приглаживать, преуменьшать *(статистические данные и т. п.)*; II **~, sich** причёсываться; **sich ~ lassen*** делать причёску [стричься] у парикмахера
Frist *f* -, -en срок, время; отсрочка; **die ~en verlängern** отсрочивать; **die ~ verfällt** срок истекает; **in ~en bezahlen** платить в рассрочку; **auf eine ~ von... (D)** сроком на...; **über die ~ hinaus** сверх срока; **сверхсрочный**
fristen *vt* **1.** отсрочивать *(уплату)*, давать срок; **2.** сохранять, продолжать; **sein Leben ~** жить, существовать; **sein Leben kümmerlich ~** влачить жалкое существование; **sein nacktes Leben ~** с трудом перебиваться
fristlos I *a* бессрочный; II *adv* **1.** без срока;

2. безотлагательно
Frisúr ⟨*fr.*⟩ *f* -, -en причёска
fritieren ⟨*lat.-fr.*⟩ *vt кул.* жарить в жире, жарить во фритюре
Fritz (*m*) -ens Фриц (*краткая форма муж. имени* Friedrich); **der Alte ~** старый Фриц (*прозвище прусского короля Фридриха II*); ◊ **das ist für den alten ~en** ≅ напрасный труд; труд в пользу бедных
frivol [-'voːl] ⟨*lat.-fr.*⟩ *a* 1. фривольный, легкомысленный, ветреный; 2. непристойный
Frivolität ⟨*lat.-fr.*⟩ *f* -, -en 1. фривольность, легкомыслие, ветреность; 2. непристойность, скабрёзность
Frodemund Фродемунд (*муж. имя*)
Frodewin Фродевин (*муж. имя*)
froh *a* весёлый, радостный, довольный (*über A чем-л.*); **über etw. (A) ~ sein** радоваться чему-л.; **ich bin ~, daß...** я рад, что...; **~en Mutes** в хорошем [бодром] настроении
fröhlich *a* весёлый, радостный; **~ sein** быть в весёлом настроении; **~ werden** развеселиться
Fröhlichkeit *f* -, -en весёлость, веселье, радость
froh||lócken *vi* ликовать, торжествовать; **über den Sieg ~** ликовать по случаю победы
Froh||sinn *m* -(e)s весёлый нрав; весёлое настроение
fromm *a* 1. набожный, благочестивый; **ein ~er Wunsch** благое намерение; 2. кроткий, тихий; **~ wie ein Lamm** кроток как ягнёнок; **einen ~en Lebenswandel führen** вести благочестивый образ жизни
Frömmelei *f* -, -en ханжество
frömmeln *vi* разыгрывать святошу, быть ханжой
Frömmigkeit *f* -, -en 1. благочестие, набожность; 2. смирение, кротость
Frömmler *m* -s, -; **Frömmling** *m* -s, -e ханжа, святоша
Fromund Фромунд (*муж. имя*)
Fron *f* -, -en; **~dienst** *m* -es барщина, подневольный труд
fronen *vi* 1. *ист.* отбывать барщину; 2. *разг.* тянуть лямку
frönen *vi* предаваться (*пороку, страсти*); **seinen Leidenschaften ~** быть рабом своих страстей; **der Mode ~** подражать моде
Fronleichnams||fest *n* -es праздник тела Христова (*религиозный праздник у католиков ⟨2-й четверг после Троицы⟩*)

Front ⟨*lat.-fr.*⟩ *f* -, -en 1. фронт; **an der ~** на фронте; 2. фронт, строй; **in der ~** в строю; **vor die ~ treten*** встать перед строем; **die ~ abschreiten*** обходить строй; 3. фронт (*объединение общественных сил*); 4. фасад
frontal ⟨*lat.-fr.*⟩ *a* 1. фронтальный, лобовой; 2. фасадный
Frontal||angriff *m* -(e)s -e *воен.* лобовая атака
Front||kämpfer *m* -s, - фронтовик
fror *impf от* frieren*
Frosch *m* -es, Frösche лягушка; ◊ **sich aufblasen* wie ein ~** важничать; **sei kein ~!** не будь таким чопорным!; **einen ~ im Halse haben** говорить хриплым голосом, хрипеть
Frosch||perspektive [-və] *f* -, - узкий кругозор; ◊ **aus der ~ sehen*** ≅ смотреть на что-л. со своей колокольни
Frost *m* -es, Fröste 1. мороз, стужа, холод; **gelinder ~** лёгкий морозец; **der ~ setzte ein** ударил мороз; 2. озноб
Frost||beule *f* -, -n опухоль от обмораживания; обмороженное место
frösteln I *vi* зябнуть, мёрзнуть; II *vimp* знобить; **mich fröstelt** меня знобит, я зябну
frostfest *a бот.* морозоустойчивый
frostig *a* 1. морозный; 2. зябкий; 3. *перен.* ледяной, холодный, нечувствительный; **ein ~er Empfang** холодный приём
Frost||resistenz *f* - *с-х.* морозоустойчивость
Frost||schauder *m* -s, - лихорадочная дрожь
frottieren ⟨*fr.*⟩ *vt* растирать, массировать
Frottier||handtuch *n* -(e)s, -tücher мохнатое полотенце
frotzeln *vt разг.* дразнить, водить за нос
Frowein Фровайн (*муж. имя*)
Frowin Фровин (*муж. имя*)
Frucht *f* -, Früchte 1. плод, фрукт; **eingemachte Früchte** консервированные фрукты; варенье; **Früchte tragen*** давать [приносить] плоды; 2. плод, результат; ◊ **wie die Saat, so die ~** *посл.* ≅ что посеешь, то и пожнёшь
fruchtbar *a* плодородный; плодовитый; урожайный
Fruchtbarkeit *f* - плодородие, плодовитость; урожайность; плодотворность
Fruchtbarmachung *f* - облагораживание почвы
fruchtbringend *a* 1. плодоносный; 2. плодотворный; 3. прибыльный
fruchten *vi* 1. приносить плоды, плодо-

носить; **2.** приносить пользу [выгоду], быть полезным
Frucht∥fleisch *n* -(e)s мякоть плода
Frucht∥kern *m* -(e)s, -е косточка плода
Frucht∥knoten *m* -s, - *бот.* завязь
fruchtlos *a* **1.** бесплодный; **2.** *перен.* бесплодный, напрасный, тщетный
Fruchtlosigkeit *f* - бесплодность, бесполезность, тщетность; непродуктивность
Frucht∥saft *m* -(e)s, -säfte фруктовый сок
fruchttragend *a* **1.** плодоносный, плодородный; **2.** прибыльный
Frucht∥wechsel *m* -s, - *с.-х.* севооборот
früh I *a* **1.** ранний; **am ~en Morgen** ранним утром; **2.** ранний, давний; **in ~en Zeiten** в былые времена, некогда, давно; II *adv* рано; **~ am Morgen** рано утром; **von ~ bis spät** с раннего утра до позднего вечера
Früh∥beet *n* -(e)s, -е парник
Frühe *f* - рань; ◊ **in aller ~** чуть свет
früher I *a* более ранний; бывший; **in ~en Zeiten** в былые времена; II *adv* раньше, прежде; **wie ~** по-прежнему
frühest *a* (*superl om* früh) **1.** самый ранний; **2.** древний
früh(e)stens *adv* не ранее чем, самое раннее
frühgeboren *a мед.* недоношенный
Früh∥geburt *f* -, -en преждевременные роды
Früh∥gemüse *n* -s, - ранние овощи
Früh∥jahr *n* -(e)s, - весна
Frühling *m* -s, -е весна, **im ~** в весеннее время
Frühlings∥nachtgleiche *f* - весеннее равноденствие
frühmorgens *adv* рано утром, спозаранку
Früh∥obst *n* -es ранние фрукты
Früh∥regen *m* -s, - утренний дождь
frühreif *a* **1.** скороспелый; **2.** развитой не по возрасту
Früh∥reife *f* - **1.** скороспелость; **2.** раннее развитие
Früh∥schicht *f* -, -en утренняя смена
Früh∥start *m* -(e)s, -e/-s *спорт.* преждевременный старт, фальстарт
Frühstück *n* -(e)s, -е завтрак; **beim ~** за завтраком
früh∥stücken *vi* завтракать
frühzeitig I *a* **1.** ранний, утренний; **2.** преждевременный; II *adv* **1.** заранее, заблаговременно; **2.** рано утром
Früh∥zündung *f* -, -en **1.** *тех.* преждевременное [раннее] зажигание; **2.** *воен.* преждевременная вспышка
Fuchs *m* -es, Füchse **1.** лисица, лиса;

weißer ~ белый песец; **2.** лисий мех; **3.** *разг.* рыжий человек; **4.** хитрый человек, пройдоха; **5.** лошадь рыжей масти; ◊ **wo sich die Füchse gute Nacht sagen** ≅ у чёрта на куличках; куда Макар телят не гонял
fuchsartig I *a* похожий на лису; II *adv* по-лисьему, как лиса
Fuchs∥bau *m* -(e)s, -е лисья нора
fuchsen *vt разг.* **1.** сердить, раздражать, злить; **2.** обманывать, надувать
fuchsig *a* **1.** рыжий (*как лисица*); **2.** *разг.* разъярённый, свирепый
Füchsin *f* -, -nen лисица (*самка*)
Fuchtel *f* -, -n **1.** плеть; шпага; **2.** муштра; **jmdn. unter der ~ halten*** держать кого-л. в ежовых рукавицах; **unter jmds. ~ stehen*** находиться под чьим-л. строгим надзором
fuchteln *vi* махать; **mit den Händen ~** размахивать руками, сильно жестикулировать
Fuder *n* -s, - **1.** воз (*сена, дров*); **2.** большая бочка (*для вина, водки*)
fuderweise *adv* (целыми) возами [бочками]; **~ einkaufen** закупать большое количество (*товара*)
Fudschijáma *m* -s Фудзияма (*действующий вулкан на о-ве Хонсю <Япония>*)
Fug: ◊ **mit ~ und Recht** с полным правом, на законном основании; по всей справедливости, обоснованно
Fuge I *f* -, -n *тех.* стык, паз, шов; **aus den ~n gehen*** распадаться; расшатываться; ◊ **in allen ~n krachen** трещать по всем швам
Fuge II <*lat.-it.*> *f* -, -n *муз.* фуга
fugen *vt тех.* фуговать, сплачивать
fügen I *vt* **1.** связывать, соединять, пригонять (*aneinander* друг к другу); II **~, sich** (**an** A, **zu** D) прилаживаться, подходить (*к чему-л.*); **sich ineinander ~** входить одно в другое; **die Umstände fügen sich so** обстоятельства так складываются; **wie es sich gerade fügt** смотря по обстоятельствам; **es kann sich ~, daß...** может случиться, что...; **2.** (*in* A) покоряться, подчиняться (*чему-л.*); смириться, примиряться (*с чем-л.*); **sich in jmds. Willen ~** покориться чьей-либо воле
fugenlos *a* бесшовный
Fügewort *n* -(e)s, -wörter *грам.* союз
Fugger *pl* Фуггеры (*в 15-17 вв. крупнейший нем. торгово-растовщический дом*)
Fuggerei *f* - "поселение Фуггеров" (осно-

вано в *16 в. богатым банкиром Я. Фуггером для бедного люда в г. Аугсбург; существует поныне*)

fügsam *a* 1. послушный, покорный, покладистый; 2. пригодный

Fügsamkeit *f* - покорность, покладистость

Fügung *f* -, -en 1. *тех.* соединение, связь, сцепление; 2. стечение обстоятельств, судьба; **durch ~ des Zufalls** по странному стечению обстоятельств; 3. подчинение, покорность, повиновение

fühlbar *a* ощутимый, осязаемый; **sich ~ machen** давать себя знать

fühlen *vt* 1. щупать, ощупывать, осязать; **jmdm. den Puls ~** щупать у кого-л. пульс; 2. чувствовать, ощущать; **fein ~** быть чутким; **jmdn. etw. ~ lassen*** дать почувствовать кому-л. что-л.; **sich ~** чувствовать себя; **sich getroffen ~** чувствовать себя задетым; **sich nicht wohl ~** чувствовать себя нездоровым; **sich verpflichtet ~** считать себя обязанным

Fühler *m* -s, -; **Fühlhorn** *n* -(e)s, hörner щупальце, усик; **die ~ ausstrecken** выпускать щупальца; *перен.* осторожно разузнавать

Fühlung *f* -, -en 1. соприкосновение, контакт, связь; **~ mit dem Feinde** *воен.* непосредственное соприкосновение с противником; 2. ощущение, чувство; осязание, ощупывание

fuhr *impf от* **fahren***

Fuhre *f* -, -n воз, повозка

führen I *vt* 1. вести; водить; **jmdn. an [bei] der Hand ~** вести кого-л. за руку; 2. (*с указанием направления движения*) выводить, приводить, вводить; **jmdn. auf den rechten Weg ~** вывести кого-л. на дорогу; *перен.* направить кого-л. на путь истины; **jmdn. auf die Spur ~** наводить кого-л. на след; **das kann uns zu weit ~** это может завести нас слишком далеко; 3. вести, руководить, управлять; **die Truppen ~** командовать войсками; **das Ruder ~** стоять у руля, управлять (*тж. перен.*); **ein Geschäft ~** иметь магазин; **Kasse ~** вести кассу, быть кассиром; **den Haushalt ~** вести домашнее хозяйство; **den Vorsitz ~** председательствовать, вести собрание; 4. водить, двигать по чему-л.; **den Bogen ~** водить смычком; 5. проводить (*канал*); возводить (*вал*); 6. возить, перевозить; 7. иметь [носить] при себе; **den Paß bei sich (D) ~** иметь при себе паспорт; **einen Titel ~** иметь титул; **einen falschen Namen ~** называть-

ся чужим именем, жить под чужой фамилией; **die Zeitschrift führt folgende Rubriken** журнал имеет следующие разделы; 8. держать, иметь в продаже (*какой-л. товар*); 9.: **den Befehl ~** распоряжаться; **einen Briefwechsel mit jmdm. ~** вести переписку с кем-л.; **einen Prozeß ~** вести судебное дело; судиться; **Klage [Beschwerde] (bei jmdm. über jmdn., über etw. (A)) ~** жаловаться (*кому-л., на кого-л., на что-л.*); **eine glückliche Ehe ~** жить счастливой супружеской жизнью; **jmdn. in Versuchung ~** ввести кого-л. в искушение; II *vi* 1. вести, приводить; **wohin soll das ~?** к чему это приведёт?; 2. *спорт.* вести, лидировать; **die Mannschaft führt mit 2 Punkten** команда лидирует, имея 2 очка; III ~, **sich** вести себя

führend *a* руководящий, ведущий; главный; **eine ~e Rolle spielen** играть ведущую роль

Führer *m* -s, - 1. вождь; руководитель; 2. (вагоно)вожатый; водитель; машинист; рулевой; *воен.* командир; 3. проводник; 4. путеводитель

Führer‖haus *n* -(e)s, -häuser кабина водителя

Führer‖schein *m* -(e)s, -e права водителя, свидетельство на право управления автомашиной

Fuhr‖mann *m* -(e)s, -männer/-leute извозчик, возница

Führung *f* -, -en 1. руководство, управление; *воен.* командование; **die ~ übernehmen*** взять руководство в свои руки; 2. руководство, руководители; 3. ведение (*дел*); 4. экскурсия с экскурсоводом; экскурсовод; 5. *спорт.*: **mit 2:1 in ~ gehen*** повести со счётом 2:1; **in ~ sein, die ~ haben** вести, лидировать

Führungs‖zeugnis *n* -es, -se справка о поведении; **polizeiliches ~** справка полиции о благонадёжности

Fuhr‖unternehmen *n* -s, - предприятие по перевозке грузов

Fuhr‖werk *n* -(e)s, -e повозка, подвода; экипаж

fuhr|wérken *vi* ехать, ездить, править лошадьми

Fulda *f* - Фульда (*река в ФРГ, левый приток реки Везер*)

Fülle *f* - 1. изобилие; полнота, богатство; ◊ **in Hülle und ~** в избытке, в изобилии; **aus der ~ des Herzens** от избытка чувств; 2. полнота, тучность

füllen I *vt* 1. наполнять, заполнять; **den Beutel (mit Geld) ~** набить кошелёк (деньгами); **einen hohlen Zahn** ~ запломбировать зуб; **Wein in [auf] Flaschen** ~ разливать вино в бутылки; 2. *кул.* фаршировать; 3. наполнять, занимать *(пространство)*; II ~, **sich** наполняться, заполняться

Füllen *n* -s, - жеребёнок

Füller *m* -s, -; **Füll‖feder** *f* -, -n; **Füllfeder‖halter** *m* -s, - авторучка, самописка

Füll‖horn *n* -(e)s, -hörner рог изобилия

Füllsel *n* -s, - начинка, фарш

Füllung *f* -, -en 1. наполнение; 2. начинка; 3. пломба *(зубная)*

fummeln *vt разг.* 1. чистить, начищать; 2. (бестолково) возиться, копаться

Fund *m* -(e)s, -e находка

Fundament <*lat.*> *n* -(e)s, -e фундамент, основание; *перен. тж.* основание

Fund‖büro *n* -s, -s бюро находок

Fund‖grube *f* -, -n прииск; *перен.* сокровищница

fundieren <*lat.*> *vt* 1. основывать, учреждать; 2. вкладывать деньги *(в банк и т. п.)*; 3. обосновывать

fundiert <*lat.*> *a* обоснованный; **gut ~es Wissen** основательные [глубокие] знания

Fund‖ort *m* -(e)s, -e; **~stätte** *f* -, -n *горн.* месторождение

fünf *num* пять, пятеро; **es geht auf** ~ скоро пять часов; ◊ ~ **gerade sein lassen***, ~ **eine gerade Zahl sein lassen*** ≅ смотреть сквозь пальцы на что-л.

Fünf *f* -, -en (число) пять, пятёрка

fünfeckig *a* пятиугольный

Fünfer *m* -s, - 1. пятёрка; 2. пять пфеннигов *(монета)*; 3. *разг.* пятый номер *(автобуса и т. п.)*

fünffach, fünffältig I *a* пятикратный; II *adv* впятеро, в пять раз

fünfflächig *a* пятигранный

fünfhundert *num* пятьсот

fünfjährig *a* пятилетний

fünfjährlich *a* пятилетний, повторяющийся каждые пять лет

Fünfkampf *m* -(e)s, -kämpfe *спорт.* пятиборье

fünfmalig *a* пятикратный

Fünfmark‖schein *m* -(e)s, -e кредитный билет в пять марок

fünfmonatig *a* пятимесячный

fünfmonatlich *a* пятимесячный, повторяющийся каждые пять месяцев

fünfstöckig *a* пятиэтажный *(соответствует русскому* шестиэтажный*)*

fünft: zu ~ впятером

fünftägig *a* пятидневный

fünftausend *num* пять тысяч

fünfte *num* пятый; *см.* erste

fünftel *num*: **ein** ~ одна пятая

Fünftel *n* -s, - пятая часть

fünftens *adv* в-пятых

fünfzehn *num* пятнадцать

fünfzehnhundert *num* тысяча пятьсот

fünfzig *num* пятьдесят

Fünfziger *m* -s, -; **~in** *f* -, -nen мужчина [женщина] в возрасте от 50 до 60 лет

fünfzigste *num* пятидесятый

fungieren <*lat.*> *vi* 1. действовать, функционировать; 2. исполнять обязанности; **als Direktor** ~ исполнять обязанности директора, работать директором

Funk *m* -(e)s радио; **durch** ~ **melden** сообщать [передавать] по радио

Funk‖amateur [-'tøːr] *m* -s, -e радиолюбитель

Funk‖anlage *f* -, -n радиоустановка

Funk‖bake *f* -, -n радиомаяк

Funk‖bericht *m* -(e)s, -e радиосообщение

Funk‖bild *n* -(e)s, -bilder телевизионное изображение

Funke *m* -ns, -n искра; **~n sprühen (lassen*)** искриться, метать искры

funkeln *vi* сверкать, искриться; **es funkelt mir vor den Augen** у меня мелькает перед глазами

funkelnagelneu *a* совсем новый, с иголочки

funken *vt* 1. передавать по радио; 2. *разг.* стрелять, палить *(об артиллерии)*

Funker *m* -s, - радист

Funk‖peilanlage *f* -, -n радиолокационное оборудование

Funk‖peiler *m* -s, - радиопеленгатор

Funk‖sender *m* -s, - радиопередатчик

Funk‖spruch *m* -(e)s, -sprüche радиограмма

Funktión <*lat.*> *f* -, -en 1. действие, функционирование; **die Kommission trat in** ~ комиссия приступила к работе; 2. функция, деятельность; **eine** ~ **bekleiden** занимать какую-л. должность; 3. *мед.* функция, отправление; 4. *мат.* функция

Funktionär <*lat.-fr.*> *m* -s, -e деятель, работник, активист *(партийный, профсоюзный)*

funktionéll <*lat.*> *a* функциональный

funktionieren <*lat.*> *vi* функционировать, действовать, работать

Funk‖turm *m* -(e)s, -türme радиомачта

Funk‖verbindung *f* -, -en радиосвязь

Funk‖wesen *n* -s радиовещание

für I *prp* (A) 1. за, для; ~ **und wider** за и против; **das ist** ~ **Sie** это для Вас; 2. за *(при обозначении последователь-*

сти): **Schritt ~ Schritt** шаг за шагом; **Wort ~ Wort** слово за слово; 3. за, вместо; **~ jmdn. etw. tun*** 1) делать что-л. для кого-л.; 2) делать что-л. за кого-л.; 4. на *(при обозначении времени)*: **~ ein Jahr** на один год; **~ zwei Tage** на два дня; 5. *передаётся русским родительным падежом:* **Lehrbuch ~ Mathematik** учебник математики; 6. *перевод зависит от управления русского глагола:* **~ jmdn. sorgen** заботиться о ком-либо; **es ~ seine Pflicht halten*** считать это своим долгом; ◇ **was ~ ein [eine, ein]...?, was ~ ...?** что за...?, какой [какая, какое], какие...; **(an und) ~ sich** сам [сама, само] по себе; **jeder ~ sich** каждый сам за себя, каждый сам по себе; **das ist eine Sache ~ sich** это особая статья; **ich ~ meine Person** что касается меня; II *adv:* **~ und ~** постоянно, непрестанно; навеки
Für‖bitte *f* -, -n просьба, ходатайство, заступничество *(за кого-л.* **für** A*);* **auf seine ~ (hin)** по его просьбе
Fürbitter *m* -s, - ходатай, проситель
Furche *f* -, -n 1. борозда; 2. морщина, складка; **ein von ~n durchzogenes Gesicht** лицо, покрытое морщинами
Furcht *f* - *(vor* D*)* страх *(перед кем-л.),* боязнь *(кого-л.),* опасение; **aus [vor] ~** от [из] страха; **~ haben** *(vor* D*)* бояться *(кого-л., чего-л.);* **jmdn. in ~ und Schrecken setzen** нагонять на кого-л. страх
furchtbar *a* страшный, ужасный; необычайный
fürchten *vt и* **~, sich** *(vor* D*)* бояться, опасаться *(кого-л., чего-л.);* **sich für jmdn. ~** бояться за кого-л.; **er wird allgemein gefürchtet** его все боятся, он всем внушает страх; **sich weder (vor) Tod noch Teufel ~** быть бесстрашным
fürchterlich *см.* furchtbar
furchtlos *a* бесстрашный, неустрашимый
Furchtlosigkeit *a* - бесстрашие, безбоязненность, неустрашимость
furchtsam *a* боязливый, трусливый, робкий
Furchtsamkeit *f* - боязливость, трусливость, робость
füreinánder *pron rez* друг для друга; друг за друга
Furi̇̃e <*lat.*> *f* -, -n *миф., перен.* фурия
Furnier <*gr.-fr.*> *n* -s, -e шпон
furnieren <*fr.*> *vt* оклеивать шпоном
Furor <*lat.*> *m* -s ярость, бешенство
fürs = **für das**
Für‖sorge *f* -, -n 1. попечение, забота; 2. социальное обеспечение

fürsorglich *a* заботливый
Fürsorglichkeit *f* - заботливость
Für‖sprache *f* -, -n ходатайство; ◇ **~ für jmdn. einlegen** ходатайствовать за кого-л.
Für‖sprecher *m* -s, - ходатай, заступник
Fürst *m* -en, -en 1. князь; 2. властитель, правитель
Fürst‖bischof *m* -(e)s, -schöfe архиепископ
Fürstentum *n* -(e)s, -tümer княжество
Fürstentum Liechtenstein *n* -s Княжество Лихтенштейн *(г-во в Центральной Европе)*
fürstlich I *a* 1. княжеский; 2. *перен.* роскошный, царский; II *adv* по-княжески
Furt *f* -, -en брод
fürwähr *adv* поистине, в самом деле, действительно
Für‖wort *n* -(e)s, -wörter *грам.* местоимение
Furz *m* -es, Fürze *груб.* выходящие газы
furzen *vi груб.* выпускать газы
fuschen *vi* 1. плутовать, передёргивать; 2. путать, делать что-л. бестолково
Fusel *m* -s, - *разг.* сивуха, неочищенная водка
Fusión <*lat.*> *f* -, -en слияние
Fuß I *m* -es, Füße 1. нога *(ступня),* лапа *(животного, птицы);* **auf einem ~e hinken** хромать на одну ногу; **auf [mit] bloßen Füßen** босиком; ◇ **laufen*, was einen die Füße tragen können** бежать изо всех ног; **zu ~** пешком; **mit jmdm. auf gutem ~ stehen*** быть в хороших отношениях с кем-л.; **stehenden ~es** тут же, немедленно; **auf freien ~ setzen** выпускать кого-л. на свободу; **jmdm. auf dem ~e folgen** следовать за кем-л. по пятам; 2. подножие *(горы);* 3. ножка *(стола, стула);* 4. стопа *(в стихе);* 5. *мат.* основание; 6. *стр.* цоколь; базис, основание; подставка
Fuß II *m* -es, -е фут
Fuß‖ball *m* -(e)s, -bälle футбол; **~ spielen** играть в футбол
Fußball‖auswahl *f* -, -en сборная футбольная команда
Fußball‖elf *f* -, -en футбольная команда
Fußballer *m* -s, - футболист
Fußball‖stiefel *pl* бутсы
Fußball‖toto *n, m* -s, -s футбольный тотализатор
Fußball‖weltmeisterschaft *f* -, -en первенство мира по футболу
Fuß‖boden *m* -s, -böden пол
fußbreit *a* шириной в фут
Fuß‖breit *n* - пядь, шаг; ◇ **keinen ~ abtreten*** не отдавать ни пяди *(земли)*

Fuß‖decke *f* -, -n одеяло, плед (для ног)
fußen *vi (auf* D) **1.** упираться ногами *(во что-л.)*; **2.** основываться, базироваться *(на чём-л.)*, опираться *(на что-л.)*; **auf festem Boden ~** иметь под собой твёрдую почву
fußfällig I *a* коленопреклонённый; II *adv* на коленях
Fußgänger *m* -s, - пешеход
Fußgänger‖tunnel *m* -s, - подземный переход
Fuß‖gelenk *n* -(e)s, -e голеностопный сустав
fußhoch I *a* вышиной в фут, по щиколотку; II *adv* по щиколотку
Fuß‖knöchel *m* -s, - щиколотка
fußlang *a* длиной в один фут
Fuß‖lappen *m* -s, - портянка
Fuß‖matte *f* -, -n циновка
Fuß‖note *f* -, -n сноска, подстрочное примечание
Fuß‖pfad *m* -(e)s, -e тропинка
Fuß‖sohle *f* -, -n подошва *(ноги)*
Fuß‖steig *m* -(e)s, -e тротуар
Fuß‖tapfe *f* -, -n след ноги; ◇ **in jmds. ~ treten*** идти по чьим-л. стопам; подражать кому-л.
Fuß‖tritt *m* -(e)s, -e **1.** поступь; **2.** пинок; ◇ **jmdm. einen ~ versetzen** дать пинок кому-л.; **3.** подножка; **4.** педаль
Fuß‖weg *m* -(e)s, -e дорога для пешеходов; тротуар
futsch: ~ sein *разг.* пропадать; **alles ist ~!** пиши пропало!
Futter I *n* -s корм *(для скота)*, фураж
Futter II *n* -s, - **1.** подкладка *(одежды)*; **2.** *тех.* токарный патрон; **3.** *тех.* втулка; **4.** *тех.* набивка *(сальная)*; **5.** дверная [оконная] коробка
Futterál <*gr.-lat.*> *n* -s, -e футляр
Futter‖kasten *m* -s, -/-kästen **1.** закром; **2.** кормушка
Futter‖pflanze *f* -, -n кормовое растение
futtern *vi разг.* есть, уплетать
füttern I *vt* давать корм, кормить *(животных)*; кормить *(детей)*
füttern II *vt* подшивать [ставить] подкладку; **mit Seide gefüttert** на шелку; **mit Pelz gefüttert** на меху; **gefütterte Handschuhe** перчатки на подкладке
Futter‖stoff *m* -(e)s, -e подкладочный материал, подкладка
Futter‖trog *m* -(e)s, -tröge кормушка
Fütterung *f* -, -en кормление, кормёжка; откармливание
Futúrum <*lat.*> *n* -s, -ra *грам.* будущее время

G

gab *impf от* **geben***
Gabardine <*fr.*> [-'diːn(ə)] *m* -s, *f* - *текст.* габардин
Gabe *f* -, -n **1.** дар, подарок; **eine milde ~** подаяние, милостыня; **~n spenden** делать пожертвования; **2.** дарования, талант; **die ~ der Rede** дар речи; **diese ist ihm versagt** он лишён этого дара; **3.** дача, доза; приём *(лекарства)*
Gabel *f* -, -n **1.** вилка; **2.** вилы; **3.** раздвоение, разветвление; **eine ~ bilden** *воен.* брать цель в вилку; **4.** *бот.* усики *(у винограда)*
Gabel‖baum *m* -(e)s, -bäume оглобля, дышло
Gabel‖deichsel *f* -, -n дышло с поперечным брусом
gabelförmig I *a* вилообразный; *бот.* раздвоенный; II *adv*: **sich ~ teilen** раздваиваться вилкой
Gabel‖frühstück *n* -(e)s, -e лёгкий [второй] завтрак
gabeln I *vt* **1.** брать вилкой; **2.** брать вилами; II ~ **sich** раздваиваться; разветвляться; **der Weg gabelt sich** дорога разветвляется, на дороге развилка
Gabel‖stapler *m* -s, - автопогрузчик (с вильчатым захватом)
Gabelung *f* -, -en раздвоение, разветвление; развилка; бифуркация
Gabi Габи *(ласкательная форма жен. имени* Gabriele*)*
Gaboróne *(n)* -s Габороне *(столица Ботсваны)*
Gabri‖el Габриэль/Гавриил *(муж. имя)*
Gabri‖éle Габриэла *(жен. имя)*
Gabún *(n)* -s Габон *(гос-во в Экваториальной Африке)*
gackern *vi* кудахтать, клохтать; гоготать; **wie eine Gans ~** трещать без умолку
gaffen *vi* глазеть, глядеть (разинув рот), зевать, ротозейничать
Gaffer *m* -s, -; **~in** *f* -, -nen зевака, разиня, ротозей
Gage [-ʒə] <*fr.*> *f* -, -n жалованье, гонорар *(б. ч. артистов)*
gähnen *vi* **1.** зевать; **2.** зиять *(о пропасти)*
Gähnen *n* -s **1.** зевота; **es kommt mich ein ~ an** меня одолевает зевота; **2.** зияние *(пропасти и т. п.)*

Gala <*span.*> *f* - парадная одежда [форма]; **in ~ sein** быть в полном наряде
Gala‖empfang *m* -(e)s, -fänge парадный [торжественный] приём
galánt <*fr.*> *a* 1. любезный, галантный; 2. любовный; **~e Abenteuer** любовные похождения
Galanteríe <*fr.*> *f* -, ri|en галантность, учтивость, любезность; вежливость
Galanteríe‖waren *pl* галантерея
Gala‖vorstellung *f* -, -en *театр.* парадный спектакль
Galaxis <*gr.*> *f* - *астр.* Галактика, Млечный путь
Galéere <*gr.-lat.-it.*> *f* -, -n 1. галера (*военное гребное судно*); 2. галеры, каторга
Galeríe <*it.*> *f* -, -ri|en 1. галерея; 2. верхний ярус, *разг.* галёрка; 3. *горн.* штрек
Galgen *m* -s, - виселица; **jmdn. an den ~ bringen*** отправить кого-л. на виселицу; ◇ **an den ~ gehen*** лезть в петлю
Galgen‖frist *f* -, -en отсрочка на короткое время
Galgen‖humor *m* -s юмор висельника, юмор отчаяния
Galgen‖schelm *m* -(e)s, -e *разг.* висельник, кандидат на виселицу
Galle *f* - жёлчь; **ihm läuft die ~ über** он выходит из себя; **keine ~ haben** быть спокойным [уравновешенным, добродушным]; ◇ **Gift und ~ speien*** [**spucken**] рвать и метать
gallenbitter *a* горький как жёлчь
Gallen‖blase *f* -, -n *анат.* жёлчный пузырь
Gallen‖fieber *n* -s, - жёлчная лихорадка
Gallert <*lat.*> *n* -(e)s, -e 1. желатин; 2. студень
gallertartig *a* студенистый
Gálli|er <*lat.*> *pl ист.* галлы
gallig *a* жёлчный, злобный; раздражительный; **einen ~en Humór haben** обладать злым юмором
Galligkeit *f* - жёлчность
Gallóne <*engl.*> *f* -, -n галлон (*мера объёма жидких и сыпучих веществ в Англии и США*)
gallsüchtig *a* желтушный, страдающий желтухой
Gallus Галлус (*муж. имя*)
Galópp <*gr.-fr.*> *m* -s, -e/-s 1. галоп (*лошади*); **in ~ fallen*** перейти в галоп; **in ~ setzen** пустить (*лошадь*) галопом [вскачь]; **in vollem ~ jagen** мчаться во весь опор; **in gestrecktem ~ reiten*** скакать карьером; 2. галоп (*танец*)

galoppíeren <*gr.-fr.*> *vi* (h, s) скакать галопом; **das Pferd ~ lassen*** пускать лошадь вскачь [галопом]; **~ Sie nicht so!** *разг.* не так быстро!
galoppíerend <*gr.-fr.*> *a:* **~e Schwindsucht** скоротечная чахотка
galt *impf от* **gelten***
Galvanisatión [-va-] <*it.*> *f* -, -en *мед.* гальванизация
galvánisch [-'va:-] <*it.*> *a* гальванический
galvanisíeren [-va-] <*it.*> *vt тех.* гальванизировать
Gamásche <*arab.-span.-fr.*> *f* -, -n гамаши; гетры; обмотки; **die ~n wickeln** обматывать ноги обмотками
Gambia (*n*) -s Гамбия (*гос-во в Зап. Африке*)
gambisch *a* гамбийский
Gambít <*fr.-it.*> *n* -s, -s *шахм.* гамбит
gammeln *vi разг.* 1. заниматься бродяжничеством; уклоняться от работы; 2. *перен.* вести себя подчёркнуто пренебрежительно (*по отношению к окружающим*); опускаться; распускаться
Gams‖bart *m* -es, -bärte кисть из волос серны (*украшение на тирольских шляпах*)
ganfen *vt разг.* воровать, красть
gang: es ist ~ und gäbe так заведено, так принято
Gang *m* -(e)s, Gänge 1. хождение, ходьба; ход; шаг; **sich in ~ setzen** тронуться (*с места*); 2. походка, поступь; аллюр (*лошадей*); 3. ход (*движение*), **leerer ~** *тех.* холостой ход; **den zweiten ~ einschalten** включить вторую скорость; **im [in vollem] ~e sein** действовать, быть на полном ходу; *перен.* быть в разгаре; **in ~ setzen [bringen*]** включить, привести в движение, пустить в ход; *перен.* наладить; 4. блюдо (*кушанье*); 5. коридор, проход; 6. *анат.* канал, проток; 7. раунд (*бокс*); попытка, спуск (*лыжи*)
Gangart *f* -, -en 1. походка; аллюр (*лошади*); 2. *горн.* жильная порода
gangbar *a* 1. проходимый (*о дороге*); 2. ходовой, употребительный; **eine ~e Redensart** общеупотребительное [ходячее] выражение; 3. ходовой, ходкий (*товар*)
Gangbarkeit *f* - 1. проходимость (*дороги*); 2. ходкость (*товара*); 3. обращение (*денежных знаков*)
Gängel‖band *n* -(e)s, -bänder помочи (*для ребёнка*); **jmdn. am ~ führen** водить кого-нибудь на помочах, опекать кого-л.
gängeln I *vt* 1. водить на помочах; *перен. тж.* опекать (*кого-л.*), помыкать

(кем-л.); **2.:** **die Wiege** ~ качать колыбель [люльку]; II *vi* ходить как ребёнок, ходить нетвёрдо

Ganges *m* - Ганг *(река в Индии)*

gängig *a* **1.** ходовой, ходкий *(о товаре);* **2. ein ~es Pferd** быстроходная лошадь

Gang||schaltung *f* -, -en управление передачами, переключение скоростей

Gangster ['gɛŋstər] <*engl.*> *m* -s, - гангстер, бандит

gangsterhaft *a* гангстерский

Gang||werk *n* -(e)s, -e ходовой [движущий] механизм

Gans *f* -, **Gänse** гусь; **dumme ~** *груб.* дура; **wie eine ~ schnattern** болтать вздор; **wie eine ~ watscheln** ходить вперевалку

Gänse||blümchen *n* -s, - маргаритка

Gänse||haut *f* - гусиная кожа; мурашки; **ich kriege eine ~** у меня мурашки бегают по телу

Gänse||marsch *m:* **im ~ gehen*** идти гуськом

Gänserich *m* -(e)s, -e гусак

Gänse||wein *m* -(e)s *шутл.* вода *(вместо вина)*

ganz I *a* **1.** весь, целый; **~e Zahlen** *мат.* целые числа; **eine ~e Stunde** целый [битый] час; **~ Europa** вся Европа; **ein ~er Kerl** настоящий парень; **von ~em Herzen** от всего сердца; **ein ~er Mann** настоящий мужчина, молодец; **2.** целый, неповреждённый; **das Glas blieb ~** стакан не разбился; II *adv* **1.** совсем, совершенно, вполне, всецело; **~ am Anfang** в самом начале; **~ gut** совсем хорошо; **~ allein** совсем один; **~ gewiß** несомненно; **~ recht** совершенно верно; **es geschieht ihm ~ recht** так ему надо; **im großen und ~en** в общем и целом; **im ~en genommen** взятое в целом; **~ und gar** совсем, всецело; **und gar nicht** вовсе не, отнюдь [совсем] не; **von selbst** сам(о) собой; **2.** довольно, до некоторой степени; **~ gut** довольно хорошо; **ein ~ guter Kerl** неплохой парень; ◊ **er war ~ Ohr** он весь обратился в слух

ganz|bleiben* *vi* (s) уцелеть, остаться целым

Ganze *n* -n целое, совокупность; **als ~s genommen** взятое в целом

Ganzheit *f* - целостность, цельность

ganzleinen *a* холщовый *(о переплёте)*

gänzlich I *a* полный, совершенный; II *adv* вполне, всецело, совсем

Ganzmetall||bau *m* -(e)s, -ten цельнометаллическая конструкция

ganztägig *a* круглосуточный

gar I *a* **1.** готовый, сваренный; **~ kochen** доварить *(до готовности);* **das Fleisch ist ~** мясо сварилось; **2.** дублёный, выделанный *(о коже);* II *adv* совсем, совершенно; очень, весьма; **~ nicht** совсем не; **~ kein** никакой, **~ nichts** (решительно) ничего; **zu sehr** слишком

Garáge <*fr.*> [-ʒə] *f* -, -n гараж

Garánt <*fr.*> *m* -en, -en гарант, поручитель

Garantíe <*fr.*> *f* -, -ti|en гарантия; поручительство; **unter ~** с ручательством; **die ~ auf etw. (A) geben*** гарантировать что-л.

garantieren <*fr.*> I *vt* гарантировать, обеспечивать *(что-л.),* ручаться *(за что-л.);* II *vi (jmdm. für A)* ручаться *(кому-л. за кого-л.)*

Garaus *m:* **jmdm. den ~ machen** доконать кого-л., прикончить кого-л.

Garbe *f* -, -n сноп; **in ~n binden*** вязать снопы

Gärbottich *m* -(e)s, -e бродильный чан

Garde <*fr.*> *f* -, -n гвардия; **einer von der alten ~** один из ветеранов

Garderóbe <*fr.*> *f* -, -n **1.** гардероб, раздевалка; **2.** *театр.* костюмерная; уборная *(актёра);* **3.** гардероб, платье

Gardíne <*lat.-fr.-niederl.*> *f* -, -n гардина, занавеска; ◊ **hinter schwedischen ~n** *разг.* в тюрьме

Gardínen||leiste *f* -, -n багет [карниз] для занавесок

Gardínen||predigt *f* -, -en *разг.* головомойка *(от жены),* семейная сцена; **eine ~ halten*** устроить (наедине) семейную сцену *(мужу);* **eine ~ über sich ergehen lassen*** покорно сносить головомойку *(от жены)*

Gardíst <*fr.*> *m* -en, -en гвардеец

gären *vi* **1.** бродить *(о вине и т. п.);* **die Milch gärt** молоко прокисает; **2.: es gärt in ihm** в нём всё кипит; **es gärte im Volke** в народе было брожение

Gärfutter *n* -s *с.-х.* силос

gargekocht *a* сваренный; **~es Fleisch** сваренное мясо

Garmisch-Partenkirchen (*n*) -s Гармиш-Партенкирхен *(город в Баварии <ФРГ>, место проведения зимних спортивных соревнований)*

Garn *n* -(e)s, -e **1.** нитки, пряжа; **~ spinnen*** 1) прясть пряжу; 2) рассказывать разные [фантастические] истории; **2.** сеть, силок; **ins ~ gehen* [laufen*]** попадаться в сети (ловушку) *(тж. перен.);* **jmdn. ins ~ locken [ziehen*]** заманить кого-л. в западню *(тж. перен.)*

Garn||docke f -, -n моток пряжи
garnieren <gr.-fr.> 1. окаймлять, оторачивать; 2. отделывать, украшать (платье, шляпу); 3. кул. украшать гарниром
Garnisón <fr.> f -, -en гарнизон; **in ~ liegen* [stehen*, sein]** стоять гарнизоном
Garnitúr <gr.-fr.> f -, -en 1. отделка, украшение; 2. украшение блюд гарниром; 3. набор, комплект, гарнитур; 4. воен. комплект обмундирования; 5. полигр. гарнитура шрифта
Garn||knäuel m -s, - клубок [моток] ниток [пряжи]
Garn||rolle f -, -n катушка ниток
Garn||spule f -, -n текст. шпулька; катушка
garstig a 1. скверный, гадкий, гнусный; 2. безобразный, уродливый
Garstigkeit f -, -en 1. гадость, мерзость; 2. безобразие, уродливость
Gär||stoff m -(e)s, -e закваска
Garten m -s, Gärten сад; ◊ **das ist nicht in seinem ~ gewachsen** это создано [придумано] не им
Garten||anlage f -, -n сквер
Garten||bau m -(e)s садоводство, садовая культура
Garten||betrieb m -(e)s, -e садоводство (предприятие)
Garten||laube f -, -n беседка
Garten||zwerg m -es, -e садовый гном (небольшая раскрашенная фигурка гнома для оживления садовых ландшафтов)
Gärtner m -s, - садовник; ◊ **den Bock zum ~ machen** погов. пустить козла в огород
Gärtneréi f -, -en садоводство; огородничество
gärtnerisch a садоводческий; относящийся к огородничеству
gärtnern vi заниматься садоводством [огородничеством]
Gärung f -, -en 1. брожение; 2. волнение, брожение; **in ~ bringen*** приводить в смятение; волновать; взбудораживать
Gärungs||stoff m -(e)s, -e закваска; фермент
Gas <gr.-niederl.> n -es, -e газ; **~ geben*** 1) авт., ав. дать газ; 2) усилить темпы, приналечь на работу; **das ~ anstecken** включить [зажечь] газ; **das ~ abstellen** выключить газ
Gas||abwehr f - воен. противохимическая защита
Gas||anstalt f -, -en газовый завод

gasartig a газообразный
Gas||behälter m -s, - газгольдер, резервуар для газа; баллон для газа
gasdicht a газонепроницаемый
Gas||erzeuger m -s, - тех. газогенератор
Gas||flasche f -, -n тех. газовый баллон, баллон для сжатого газа
gasförmig a газообразный
Gas||herd m -(e)s, -e; **~kocher** m -s, - газовая плита
Gas||installateur <fr.> [-'tø:r] m -s, -e мастер по газовым установкам, газовщик
Gas||maske <gr.-niederl.||arab.-it.-fr.> f -, -n противогаз
Gas||schutz m -es противохимическая защита [оборона]
Gasse f -, -n переулок; узкий проход; ◊ **eine ~ bilden** образовать проход; выстраиваться шпалерами; **~n bahnen [schaffen]** воен. проделывать проходы
Gassen||hauer m -s, - уличная песенка; **abgedroschener ~** избитый мотив
Gassen||junge m -n, -n уличный мальчишка
gassicher a газонепроницаемый
Gast m -(e)s, Gäste 1. гость, гостья; **ein gerngesehener ~** приятный [дорогой] гость; **zu ~ laden*** пригласить в гости; **zu ~ sein** быть в гостях; **zu ~ kommen*** приходить в гости; 2. приезжий (в гостинице); 3. отдыхающий (в доме отдыха); 4. пассажир; 5. театр. гастролёр; 6.: **ein schlauer ~** хитрец, хитрая лиса; **ein schlimmer ~** опасный человек
Gast||arbeiter m -s, - "гастарбайтер" (иностранный рабочий, приехавший на заработки в ФРГ из другой страны)
Gäste||buch n -(e)s, -bücher книга отзывов
Gäste||haus n -es, -häuser гостиница, дом [помещение] для приезжающих
gastfreundlich a гостеприимный, радушный, хлебосольный
Gast||freundschaft f - гостеприимство, радушие, хлебосольство; **jmds. ~ genießen*** пользоваться чьим-л. гостеприимством
gastgebend a принимающий (гостей); **~e Mannschaft** спорт. хозяева поля (команда, принимающая другую на своём стадионе)
Gastgeber m -s, -; **~in** f -, -nen хозяин дома; хозяйка дома; принимающий, -щая гостей
Gast||haus n -es, -häuser гостиница; **in einem ~ absteigen*** останавливаться в гостинице; **sich im ~ aufhalten*** жить в гостинице

Gast∥hof *m* -(e)s, -höfe "гастхоф" *(большая гостиница в сельской местности)*
Gast∥hörer *m* -s, -; **~in** *f* -, -nen вольнослушатель, -ница *(в высшем учебном заведении)*
gastieren *vi* 1. уст. гостить; 2. гастролировать, быть на гастролях
Gast∥konzert *n* -(e)s, -e гастрольный концерт
gastlich *a* см. gastfreundlich
Gastlichkeit *f* - гостеприимство, радушие, хлебосольство
Gast∥mahl *n* -(e)s, -mähler/-e званый обед, пир
Gast∥spiel *n* -(e)s, -e 1. гастроли, гастроль; 2. гастрольный спектакль
Gast∥stätte *f* -, -n гастштетте *(обобщённое название предприятия общественного питания - от закусочной до ресторана)*
Gast∥stube *f* -, -n гостиная
Gast∥vorstellung *f* -, -en гастрольный спектакль
Gast∥wirt *m* -(e)s, -e хозяин гостиницы; трактирщик
Gast∥wirtschaft *f* -, -en ресторан
Gast∥zimmer *n* -s, - см. Gaststube
Gas∥uhr *f* -, -en газовый счётчик
Gas∥werk *n* -(e)s, -e газовый завод
Gatte *m* -n, -n супруг
Gatter *m* -s, - решётка *(деревянная)*, забор
Gatter∥säge *f* -, -n пилорама
Gattin *f* -, -nen супруга
Gattung *f* -, -en род; семейство; вид, тип; *лит.* жанр
Gattungs∥begriff *m* -(e)s, -e родовое понятие
Gattungsname *m* -ns, -n *грам.* имя существительное нарицательное
"Gaudeámus" <*lat.*> *n* - "Гаудеамус" *(старинная студенческая песня на латинском языке)*
Gaudium <*lat.*> *n* -s веселье, потеха; **das war ein wahres ~!** вот была потеха!
gaukeln *vi* 1. (s) порхать; 2. (s) колебаться, качаться; 3. (h) показывать фокусы, жонглировать; 4. (h) фокусничать, фиглярить, обманывать
Gaukelspiel *n* -s, -e 1. показывание фокусов; жонглёрство; 2. фиглярство, обман; обман чувств
Gaukler *m* -s, - фокусник, фигляр
Gaul *m* -(e)s, Gäule конь, лошадь; ♦ **einem geschenkten ~ sieht man nicht ins Maul** дарёному коню в зубы не смотрят
Gau∥leiter *m* -s, - гаулейтер *(нацистский руководитель области (гау) в фаш. Германии и на оккупированных во время 2-й мировой войны территориях)*
Gaumen *m* -s, - *анат.* нёбо; **harter ~** твёрдое нёбо; **die Zunge klebt mir am ~** у меня пересохло в горле
Gaumen∥kitzel *m* -s, - лакомство
Gaumen∥laut *m* -(e)s, -e *лингв.* нёбный звук
Gauner *m* -s, - мошенник, плут, жулик, проходимец
gaunern *vi* мошенничать, плутовать
Gauner∥sprache *f* - воровской жаргон
Gauner∥stück *n* -(e)s, -e плутовство
Gaze [-zə] <*pers.-arab.-span.-fr.*> *f* -, -n газ, тюль, марля
Gazélle <*arab.-it.*> *f* -, -n газель
Geächtete *subst m, f* -n, -n опальный, -ная
Geächze *n* -s оханье, жалобы
geädert *a* с прожилками
gealtert *a* постаревший; **um Jahre ~** постаревший на годы
geartet: so ist er ~ он таков, такова его натура; **ein gut ~es Kind** ребёнок с хорошими задатками
Geäst *n* -es ветки, сучья
Gebäck *n* -(e)s, -e печенье, булочки
gebáken *part II от* backen*
Gebälk *n* -(e)s балки, стропила; венец сруба
gebállt *a* сжатый в ком [в кулак]; **~e Faust** сжатый кулак; **~e Ladung** связка ручных гранат; сосредоточенный заряд
gebar *impf от* gebären*
Gebärde *f* -, -n жест; ужимка, мина; **~n machen** жестикулировать
gebärden, sich держать себя, вести себя; принимать вид
Gebärden∥spiel *n* -(e)s, -e жестикуляция, мимика
Gebärden∥sprache *f* -, -n жестикуляция, язык жестов
Gebärden∥tanz *m* -es, -tänze мимический танец
Gebären *n* -s поведение, манеры, образ действия
gebären* *vt* рождать, родить, производить на свет; порождать; **geboren sein [werden]** родиться
Gebärende *subst f* -n, -n; **Gebärerin** *f* -, -nen роженица
Gebär∥mutter *f* -, -mütter *анат.* матка
Gebäude *n* -s, - здание, строение, сооружение
gebaut *a* сложенный *(о человеке)*
Gebéin *n* -(e)s, -e 1. кости, скелет; **der**

Schmerz wühlt mir im ~ у меня ломят [болят] все кости; **2.** *pl* останки, прах *(человека)*
Gebéll *n* -(e)s лай
geben* I *vt* **1.** давать; **gern ~** быть щедрым; **2.** давать, подавать, протягивать; **den Arm ~** (по)дать руку *(для опоры)*; **die Hand ~** подать руку *(здороваясь и т. п.)*; **Feuer ~** дать прикурить; **die Brust ~** дать грудь *(ребёнку)*; **3.** давать, вручать; **jmdm. den Abschied ~** дать отставку кому-л.; **4.** давать, предоставлять; **eine Wohnung ~** предоставить квартиру; **Anlaß ~** давать повод; **Kredit ~** предоставлять кредит; **5.** давать, устраивать; **ein Essen ~** дать (званый) обед; **ein Fest ~** устраивать праздник; **ein Stück ~** ставить пьесу; **6.: (keine) Nachricht von sich ~** (не) давать о себе знать; **von sich (D) ~** 1) издавать *(звук)*; 2) *физ.* выделять, излучать; 3) отрывать; **7.: eine gute Erziehung ~** дать хорошее воспитание; **jmdm. das Geleit ~** провожать, сопровождать кого-л.; **Rechenschaft ~** давать отчёт; **seinen Segen ~** дать благословение; благословить; **Unterricht [Stunden] ~** давать уроки; **seine Zusage ~** дать своё согласие; **8.: sich (D) Mühe ~** стараться, прилагать старание; **9.: in Druck ~** сдать в печать; **jmdm. in Lehre ~** отдать кого-л. в учение *(мастеру)*; **10.: jmdm. etw. zu verstehen ~** дать понять кому-л. что-л.; **zu denken ~** навести на размышления; **etw. daran ~** жертвовать *(чем-л.)*; II *vimp*: **es gibt** есть, бывает, имеется; **es gibt viel zu tun** много работы; **was gibt's?** что такое?, что случилось?; **es gibt Regen** будет дождь; III **~, sich 1.** отдаваться, предаваться; **sich gefangen ~** сдаваться в плен; **sich zu erkennen ~** назвать своё имя; **sich in etw. (A) ~** покориться чему-л.; **2.** держать себя, вести себя; 3. проходить, утрястись; **das gibt sich alles** всё утрясётся
Geben *n* -s **1.** (по)дача; **2.** *карт.* сдача; **ich bin am ~** мне сдавать
Geber *m* -s, - **1.** податель; **2.** *тех.* передатчик
Gebét *n* -(e)s, -e молитва; моление; ◊ **jmdn. ins ~ nehmen*** *разг.* пробрать кого-л.
Gebet‖buch *n* -(e)s, -bücher молитвенник
gebéten *part* II *от* **bitten***
Gebéttel *n* -s попрошайничество
Gebíet *n* -(e)s, -e **1.** область; территория, район, зона; **im ~** в области; **2.** *перен.* область, сфера; **auf dem ~ der Wissenschaft** в области науки
gebíeten* I *vt* приказывать *(что-л.)*, повелевать *(чем-л.)*, требовать *(чего-л.)*; **jmdm. Ruhe ~** призывать кого-л. к спокойствию; **die Umstände ~ es** этого требуют обстоятельства; II *vi (über* A) управлять, повелевать, распоряжаться *(кем-л., чем-л.)*
Gebíeter *m* -s, -; **~in** *f* -, -nen повелитель, -ница
gebíeterisch *a* повелительный, властный; **eine ~e Notwendigkeit** настоятельная необходимость
Gebílde *n* -s, - **1.** произведение, творение; образ, изображение; **2.** структура, строение; **3.** образование, формация
gebíldet *a* образованный
Gebímmel *n* -s, - *разг.* звон, трезвон
Gebínde *n* -s, - **1.** связка; пучок; **2.** *с.-х.* сноп; **3.** обмотка, вязка *(упаковка)*
Gebírge *n* -s, - **1.** *собир.* горы; **2.** *геол.* горная порода
gebírgig *a* гористый
Gebírgs‖jäger *m* -s, - *воен.* **1.** горный стрелок; **2.** *pl* горнострелковые части
Gebírgs‖kamm *m* -(e)s -kämme горный хребет
Gebírgs‖paß *m* -sses, -pässe горный перевал
Gebírgs‖rücken *m* -s, - горный хребет
Gebírgs‖sattel *m* -s, -sättel седловина
Gebírgs‖vorland *n* -(e)s, -länder предгорье
Gebírgs‖zug *m* -(e)s, -züge горная цепь
Gebíß *n* -sses, -sse **1.** челюсть, зубы; **ein künstliches ~** зубной протез; **2.** мундштук, удила
gebíssen *part* II *от* **beißen***
Gebláse *n* -s, - *тех.* дутьё; воздуходувка
geblásen *part* II *от* **blasen***
gebléicht *a* *текст.* белёный
geblíeben *part* II *от* **bleiben***
Geblók(e) *n* -(e)s блеяние; мычание
geblümt *a* в цветочек *(ткань)*
gebógen I *part* II *от* **biegen***; II *a*: **~e Nase** горбатый [орлиный] нос
gebóhnert, gebóhnt *a* натёртый *(о паркете)*
gebóren I *part* II *от* **gebären**; II *a* **1.** урождённый; **(eine) ~e Müller** урождённая Мюллер; **2.** прирождённый *(художник и т. п.)*
gebórgen I *part* II *от* **bergen***; II *a* укрытый, находящийся в безопасном месте
gebórsten *part* II *от* **bersten***
Gebót *n* -(e)s, -e **1.** приказ, приказание, требование; **oberstes ~** высшее требование; **ein ~ der Stunde** (настоятельное) требование момента; **jmdm. zu ~**

geboten

stehen* быть в чьём-л. распоряжении; 2. *рел.* заповедь; **die Zehn ~e** десять заповедей; 3. *ком.* предложенная сумма денег
gebóten *part* II *от* bieten*
Gebóts‖**zeichen** *n* -s, - указательный знак (для транспорта)
gebrácht *part* II *от* bringen*
gebránnt I *part* II *от* brennen*; II *a* жжёный; обожжённый; ◊ **~es Kind scheut das Feuer** *посл.* ≅ обжёгшись на молоке, будешь дуть и на воду
gebráten I *part* II *от* braten*; II *a* жареный
Gebräu *n* -(e)s, -e смесь, питьё; бурда (*презр.*)
Gebráuch *m* -(e)s, -bräuche 1. употребление (*чего-л.*), пользование (*чем-л.*), применение (*чего-л.*); **von etw. (D) ~ machen** употреблять, использовать что-либо; **außer ~ setzen** изъять что-л. из употребления; **außer ~ sein** быть неупотребительным; 2. обычай, *pl тж.* нравы, привычки; обряд
gebrauchen *vt* употреблять (*что-л.*), пользоваться (*чем-л.*); **das kann ich gut ~** это мне пригодится
gebräuchlich *a* употребительный; принятый, обычный; **wenig ~** мало употребительный; **nicht mehr ~** вышедший из употребления; **bei uns ist es so ~** у нас так заведено
Gebräuchlichkeit *f* - (обще)употребительность
Gebráuchs‖**anweisung** *f* -, -en инструкция о применении [пользовании], способ употребления
Gebráuchs‖**artikel** *m* -s, - предмет обихода [потребления, первой необходимости]
gebráuchsfähig, gebráuchsfertig *a* (при)годный к употреблению; *тех.* готовый к эксплуатации
Gebráuchs‖**gegenstand** *m* -(e)s, -stände предмет потребления; предмет обихода
Gebráuchs‖**güter** *pl* товары [предметы] широкого потребления
Gebráuchs‖**wasser** *n* -s промышленная вода
Gebráuchs‖**weise** *f* -, -n способ употребления
Gebráuchs‖**wert** *m* -(e)s, -e *эк.* потребительная стоимость
gebráucht *a* подержанный, поношенный
Gebréchen *n* -s, - недуг; недостаток (*физический*); **die ~ des Alters** старческое недомогание
gebréchlich *a* 1. хрупкий, ломкий; 2. слабый, дряхлый; 3. ветхий

Gebréchlichkeit *f* -, -en 1. дряхлость, слабость; 2. хрупкость, ломкость
gebróchen I *part* II *от* brechen*; II *a:* **~e Lini**‖**e** *мат.* ломаная линия; **eine ~e Zahl** *мат.* дробное число; **~es Deutsch** ломаная немецкая речь; **er ist an Leib und Seele ~** он надломлен физически и морально
Gebróchenheit *f* - подавленность, разбитость
Gebrüder *pl* братья
Gebrüll *n* -(e)s, мычание; рёв, рычание
gebückt *a* сгорбленный, сутулый
Gebühr *f* -, -en 1. должное; **nach ~** по достоинству, по заслугам; **jmdn. nach ~ würdigen** отдавать кому-л. должное; **über (alle) ~** сверх (всякой) меры, чересчур; 2. *б. ч. pl* налог, сбор, взнос, пошлина; **geringe ~en** плата в небольших размерах
gebühren *vi и ~, sich* подобать, надлежать, следовать; **wie es sich gebührt** как следует, как подобает; **ihm gebührt Lob** он заслуживает похвалы; ◊ **Ehre, dem Ehre gebühr(e)t** *посл.* по заслугам и честь
gebührend I *a* надлежащий, должный, достойный; II *adv* по заслугам, по достоинству; **in ~er Weise** подобающим образом
gebührendermaßen, gebührenderweise *adv* надлежащим образом
Gebühren‖**erlaß** *m* -sses, -sse; **~ermäßigung** *f* -, -en 1. освобождение от взноса [платы, налогов]; 2. снижение взноса [платы, сбора, тарифа]; налоговая льгота, льгота пошлин
gebührenfrei *adv* свободный от оплаты (*от налогов, от пошлины*)
gebührenpflichtig *a* подлежащий обложению [оплате пошлиной]; платный
gebührlich *a* надлежащий, уместный, пристойный
gebündelt *a* связанный пучками [пачками]
gebúnden I *part* II *от* binden*; II *a* 1. переплетённый, в переплёте; 2.: **~e Wärme** *физ.* скрытая теплота; **~e Energie** *физ.* потенциальная энергия
Gebúndenheit *f* - связанность, стеснение
Gebúrt *f* -, -en 1. рождение; *перен. тж.* создание, основание (*чего-л.*); **von (an)** от рождения, от роду; 2. происхождение; **ein Minsker von ~** уроженец Минска; 3. роды
Gebúrten‖**abnahme** *f* -, -n; **~rückgang** *m* -(e)s, -gänge падение [понижение] рождаемости

Gebúrten‖überschuß *m* -sses превышение рождаемости над смертностью
Gebúrten‖zahl *f* - рождаемость
gebúrtig: aus... ~ родом из...; ~e Berlinerin уроженка Берлина
Gebúrts‖fehler *m* -s, - природный недостаток
Gebúrts‖haus *n* -(e)s, -häuser 1. родной дом; 2. родильный дом
Gebúrts‖helfer *m* -s, -; ~in *f* -, -nen акушер, акушерка
Gebúrts‖tag *m* -(e)s, -e день рождения
Gebúrtstags‖kind *n* -(e)s, -er новорождённый (*празднующий день рождения*)
Gebúrts‖urkunde *f* -, -n метрика, метрическое свидетельство
Gebúrts‖wehen *pl* родовые схватки, потуги
Gebüsch *n* -es, -e кустарник
Geck *m* -en, -en франт, фат, щёголь
geckenhaft I *a* франтоватый, щегольской; ein ~es Benehmen вызывающее поведение; II *adv*: ~ gekleidet крикливо одетый
gedácht I *part* II *от* denken*, gedenken*; II *a* имеющийся в виду, упомянутый
Gedächtnis *n* -ses, -se память; zum ~ на память; das ~ nimmt ab память ослабевает; etw. im ~ behalten* [bewahren] сохранять что-л. в памяти; sich (D) etw. ins ~ (zurück)rufen* вспомнить что-л., восстановить что-л. в памяти; aus dem ~ по памяти
Gedächtnis‖feier *f* -, -n чествование чьей-либо памяти, торжество в память кого-либо [чего-л.]; юбилей
Gedächtnis‖kirche *f* - Гедехтнискирхе (*разрушенная церковь в Берлине, напоминает об ужасах 2-й мировой войны*)
Gedächtnis‖schwäche *f* -, -n забывчивость, слабость памяти
Gedächtnis‖schwund *m* -(e)s амнезия, ослабление памяти
Gedächtnis‖stätte *f* -, -n 1. памятное место (*связанное с именем кого-л.*); 2. музей, дом-музей (*кого-л.*)
gedämpft *a* 1. приглушённый (*о звуке*); 2. мягкий; матовый (*о свете*); 3. тушёный (*о мясе*)
Gedánke *m* -ns, -n; Gedanken *m* -s, - мысль (*an* А о ком-л., о чём-л.), идея; in ~n мысленно; der ~ fiel ihm ein, der ~ kam ihm, er kam auf den ~n ему пришла в голову мысль; sich (D) ~n machen (*über* A) беспокоиться (*о ком-л., о чём-л.*); jmdn. auf den ~n bringen* подать кому-л. мысль; sich (D) trübe ~n machen предаваться мрачным мыслям; auf andere ~n kommen* отвлечься от (своих) мыслей
Gedánken‖austausch *m* -(e)s обмен мыслями
Gedánken‖bild *n* -(e)s, -er образ воображения; плод фантазии
Gedánken‖drama *n* -s, -men *театр.* идейная драма
Gedánken‖flug *m* -(e)s, -flüge полёт мысли
Gedánken‖fluß *m* -sses течение мыслей
Gedánken‖folge *f* - ход мыслей
Gedánken‖gang *m* -(e)s, -gänge *см.* Gedankenfolge
gedánkenlos *a* необдуманный, рассеянный, машинальный
Gedánkenlosigkeit *f* - необдуманность, рассеянность
Gedánken‖punkte *pl* многоточие
gedánkenreich *a* богатый мыслями [идеями]
Gedánken‖reihe *f* -, -n вереница мыслей
Gedánken‖splitter *m* -s, - *лит.* афоризм
Gedánken‖strich *m* -(e)s, -e тире
Gedánken‖verknüpfung *f* -, -en ассоциация
gedánkenvoll I *a* 1. задумчивый; озабоченный; 2. содержательный, богатый мыслями [идеями]; II *adv* в раздумье; озабоченно
gedanklich I *a* 1. мыслительный; 2. мысленный; отвлечённый, абстрактный; 3. идейный; II *adv* 1. мысленно; 2. с идейной стороны
Gedärm *n* -(e)s, -e; Gedärme *n* -s, - кишки
Gedéck *n* -(e)s, -e (столовый) прибор; ein ~ für drei Personen прибор на трёх человек
gedéckt *a* 1. крытый, закрытый; 2. приглушённый (*тон*); матовый (*цвет*)
gedéhnt *a* 1. растянутый; 2. протяжный; II *adv* протяжно; растягивая слова
Gedéih: auf ~ und Verderb на радость и на горе, на веки вечные
gedéihen* *vi* (s) 1. (хорошо) расти, развиваться; уродиться; 2. преуспевать, иметь успех; процветать; удаваться; wie weit ist die Sache gediehen? в каком положении находится дело?; die Arbeit gedeiht gut работа идёт хорошо; die Verhandlungen sind weit gediehen переговоры проходят успешно
Gedéihen *n* -s 1. рост, развитие; 2. преуспевание, успех, процветание
gedéihlich *a* 1. полезный (*для роста и т. п.*); 2. успешный, процветающий

gedénk: einer Sache ~ памятуя о чём-л.

gedénken* *vi* **1.** *(zu + inf)* думать, намереваться, собираться *(что-л. делать);* **2.** (G) помнить, вспоминать *(о ком-л., о чём-л.);* der Helden ~ чтить память героев

Gedénken *n* -s память, воспоминание; ◇ zum ~ на память; **jmdn. in gutem ~ behalten*, jmdm. ein gutes ~ bewahren** сохранять о ком-л. добрую память

Gedénk‖feier *f* -, -n чествование чьей-л. памяти

Gedénk‖minute *f* -, -n *(für* A) траурная минута, чествование памяти кого-л. вставанием

Gedénk‖tafel *f* -, -n мемориальная доска

Gedénk‖tag *m* -(e)s,-e день памяти, годовщина

Gedícht *n* -(e)s, -e стихотворение; поэма

gediegen *a* **1.** доброкачественный, солидный; **2.** чистый *(о металле)*

Gediegenheit *f* - **1.** чистота; **2.** доброкачественность, добротность, прочность, солидность

gedíeh *impf от* gedeihen*

gedíehen *part* II *от* gedeihen*

gedörrt *a* сушёный; ~es Gemüse сушёные овощи

Gedränge *n* -s **1.** толкотня, давка, теснота; **2.** толпа, скопление народа; sich im ~ verlieren* затеряться в толпе; **3.** беда, затруднение; ◇ ins ~ kommen* [geraten*] попасть в беду, оказаться в затруднительном положении

gedrängt I *a* **1.** убористый; **2.** сжатый, краткий; **~e Darstellung** сжатое изложение; II *adv* **1.** тесно; ~ sitzen* сидеть в тесноте; ~ voll битком набитый; **2.** убористо, мелко *(писать);* **3.** кратко, сжато

Gedrängtheit *f* - теснота; скученность; сжатость, краткость *(стиля)*

gedréht *a* **1.** точёный; **2.** крученый; ~er Ball крученый мяч *(футбол)*

Gedröhn *n* -(e)s грохот, гром

gedróschen *part* II *от* dreschen*

gedrückt I *a* печатный; отпечатанный; II *adv:* er lügt wie ~ *разг.* он врёт без зазрения совести

gedrückt *a* угнетённый, подавленный

Gedrücktheit *f* - подавленность, депрессия

gedrúngen I *part* II *от* dringen*; II *a* **1.** плотный, коренастый, приземистый; **2.** сжатый *(стиль)*

Gedrúngenheit *f* - **1.** плотность, приземистость; **2.** сжатость *(стиля)*

gedúckt I *a* сутулый; **mit ~em Haupt** с поникшей головой; II *adv* сгорбившись

Gedúld *f* - терпение; ~ üben проявлять терпение; ~ aufbringen* набраться терпения; mit jmdm. ~ haben быть снисходительным к кому-л.; sich mit ~ wappnen вооружиться [запастись] терпением; mir reißt die ~, ich verliere die ~ я теряю терпение

gedúlden, sich иметь терпение; ~ Sie sich! погодите!, потерпите!; wollen Sie sich bitte einen Augenblick [etwas] ~! прошу Вас немного подождать!

gedúldig I *a* терпеливый, снисходительный; II *adv* терпеливо; **alles über sich ~ ergehen lassen*** терпеливо сносить всё

gedúldsam *см.* geduldig I

Gedúlds‖probe *f* -, -n испытание терпения

gedúnsen *a* распухший, отёчный

gedúrft *part* II *от* dürfen*

geébnet *a* торный *(о дороге)*

geéhrt *a:* sehr ~er... (много)уважаемый... *(в обращении)*

geéicht *a* клеймёный; выверенный *(о мере, весе);* ◇ darauf ist er ~ он разбирается [сведущ] в этом

geéignet *a* пригодный *(zu* D, *für* A к чему-л., для чего-л., на что-л.), подходящий, удобный; in ~er Weise надлежащим образом; der ~e Augenblick благоприятный момент

geéint I *a* единый; объединённый; in ~er Front единым фронтом; II *adv:* eng ~ в тесном единении

geérdet *a* **1.** *эл., радио* заземлённый; **2.** *ав.* приземлившись

Geést *f* -, -en возвышенная песчаная местность *(на берегах Северного моря)*

Gefáhr *f* -, -en **1.** опасность; bei ~ в случае опасности; außer ~ sein быть вне опасности; jmdn. in ~ bringen* подвергать кого-л. опасности; **2.** риск; auf eigene ~ на свой страх и риск; auf die ~ hin с риском, рискуя; ~ laufen* рисковать *(попасть в беду)*

Gefáhr‖abwendung *f* -, -en предотвращение опасности

gefáhrden *vt* **1.** причинять вред *(кому-л., чему-л.);* **2.** угрожать *(кому-л., чему-либо),* подвергать опасности *(кого-л., что-л.);* **gefährdet sein** быть в опасности, быть поставленным под угрозу

gefáhrdrohend *a* грозящий опасностью, опасный, угрожающий

Gefáhrdung *f* - угроза

gefáhren *part* II *от* fahren*

gefährlich *a* опасный; рискованный; **das ~e Alter** *разг.* опасный [критический] возраст
Gefährlichkeit *f* - опасность, рискованность
gefahrlos *a* безопасный, надёжный
Gefahrlosigkeit *f* - безопасность, надёжность
Gefährt *n* -(e)s, -e повозка
Gefährte *m* -n, -n; **Gefährtin** *f* -, -nen спутник, -ница; соучастник, -ница
gefahrvoll *a* опасный
Gefälle *n* -s, - покатость, скат, уклон; **natürliches ~** самотёк
gefallen* I *vi, vimp* нравиться, быть по вкусу; **wie es Ihnen gefällt!** как Вам угодно!; II *vt: sich (D) etw. ~ lassen** мириться с чем-л., терпеть, терпеливо сносить, допускать, позволять что-л.; **das lasse ich mir ~** с этим я согласен; **sich (D) nichts ~ lassen*** не давать себя в обиду
gefallen II I *part* II *от* **fallen***; II *a* 1. павший, убитый, погибший (*в бою*); 2. спущенный (*о петле на чулке и т. п.*)
Gefallen I *m* -s - одолжение, любезность; **einen ~ tun* [erweisen*], jmdm. etw. zu ~ tun*** сделать одолжение кому-л.
Gefallen II *n* -s удовольствие; **an etw. ~ finden*** находить удовольствие в чём-л.
Gefallene *subst m, f* -n, -n 1. павший, -шая; убитый, -тая (*в бою*); 2. падший, -шая
gefällig *a* 1. услужливый, любезный; **jmdm. ~ sein** услужить кому-л.; **was ist ~?** что угодно?; 2. приятный, привлекательный (*о внешности, манерах*)
Gefälligkeit *f* -, -en 1. любезность, одолжение; **eine ~ erweisen*** сделать одолжение; 2. услужливость, любезность, обходительность
gefälligst *adv* пожалуйста, если угодно; **bedienen Sie sich ~!** пожалуйста, угощайтесь!
gefallsüchtig *a* кокетливый
gefällt I *part a* 1.: **mit ~en Gewehren** с винтовками наперевес; 2. *хим.* осаждённый; 3. *лес.* срубленный, сваленный
gefällt II *part* II *от* **fällen***
gefälscht *a* подложный, поддельный, фальшивый
gefangen I *part* II *от* **fangen***; II *a* пойманный; заключённый (в тюрьму); взятый в плен; **sich ~ geben*** сдаться в плен
Gefangene *subst m, f* -n, -n пленный, -ная; заключённый, -ная

Gefangenen||aufseher *m* -s, - тюремный надзиратель
Gefangenen||wärter *m* -s, - тюремный сторож
gefangen||halten* *vt* держать под стражей [под арестом, в плену]
Gefangennahme *f* - захват в плен [пленного]; задержание, арест
gefangen||nehmen* *vt* 1. брать в плен; арестовать, задержать; 2. *перен.* пленить
Gefangenschaft *f* - плен, неволя; **in ~ geraten*** попасть в плен; **in ~ gehen*** сдаться в плен
gefangen||setzen *vt* заключать под стражу, сажать [заключать] в тюрьму
Gefängnis *n* -ses, -se тюрьма; **ins ~ setzen [sperren, werfen*, bringen*]** сажать [заключать, бросать] в тюрьму
Gefängnis||haft *f* - тюремное заключение
Gefängnis||zelle *f* -, -n тюремная камера
gefärbt *a* крашеный
Gefasel *n* -s, - болтовня, вздор
Gefäß *n* -es, -e сосуд; посудина; *мед.* сосуд; *воен.* эфес
gefaßt *a* спокойный, сохраняющий самообладание; **sich auf etw. (A) ~ machen** готовиться к чему-л.
Gefecht *n* -(e)s, -e сражение, бой; **außer ~ setzen** вывести из строя; ◊ **in der Hitze des ~s** в пылу сражения
Gefechts||alarm *m* -(e)s, -e *воен.* боевая тревога
Gefechts||ausbildung *f* -, -en боевая подготовка
Gefechts||bereich *m* -(e)s, -e *воен.* район боевых действий
Gefechts||bereitschaft *f* - *воен.* боевая готовность
Gefechts||ordnung *f* -, -en *воен.* боевой порядок
Gefechts||stand *m* -(e)s, -stände *воен.* командный пункт
Gefechts||stellung *f* -, -en боевая позиция
Gefechts||vorposten *m* -s - *б. ч. pl воен.* боевое охранение
Gefeierte *subst m, f* -n, -n юбиляр; *разг.* виновник, -ница торжества
gefeilt *a* отточенный (*о стиле*)
gefeit *a* неуязвимый; **gegen etw. (A) ~ sein** быть гарантированным от чего-л.; **gegen Krankheit ~ sein** быть невосприимчивым к (*какой-л.*) болезни
Gefiedel *n* -s пиликанье, (надоедливая) игра на скрипке
Gefieder *n* -s, - 1. оперение, перья; 2. пернатые
gefiedert *a* 1. пернатый; 2. *бот.* перистый

Gefílde *n* -s, - поле, нива
Flácker *n* -s мерцание, сверкание *(огня)*
geflámmt *a* пятнистый; муаровый
Geflátter *n* -s, - порханье; **das ~ der Fahnen** колыхание знамён
Geflécht *n* -(e)s, -e 1. плетение; 2. плетёное изделие, плетёнка; жгут
gefléckt *a* в пятнах, пятнистый, пёстрый
Geflímmer *n* -s мерцание, мелькание, сверкание
geflíssentlich I *a* намеренный; II *adv* намеренно, нарочно, умышленно
geflóchten *part* II *от* flechten*
geflógen *part* II *от* fliegen*
geflóhen *part* II *от* fliehen*
geflößt *a*: **~es Holz** сплавной лес
Geflúche *n* -s ругань
Geflügel *n* -s *собир.* домашняя птица; живность *(разг.)*
Geflügel‖haltung *f* - содержание домашней птицы
Geflügel‖haus *n* -es, -häuser птичник
Geflügel‖mast *f* -, -en *с.-х.* откорм птицы
geflügelt *a* крылатый; **~es Wort** *лингв.* крылатое слово
Geflügel‖zucht *f* - птицеводство
Geflüster *n* -s шёпот; шелест *(листьев)*; журчанье *(ручья)*
gefóchten *part* II *от* fechten*
Gefólge *n* -s, - 1. свита; эскорт; 2. последствие; **im ~ haben** иметь (по)следствием, повлечь за собой
Gefólgschaft *f* -, -en 1. *см.* Gefólge 1; 2. *ист.* дружина
gefräßig *a* прожорливый, ненасытный; ◇ **~es Element** огонь
Gefréite *subst m* -n, -n *воен.* ефрейтор
Gefríer‖anlage *f* -, -n холодильная установка
gefríeren* I *vimp* морозить; **es hat in der Nacht gefroren** ночью был мороз; ночью морозило; II *vi* (s) замерзать, замёрзнуть; **~ lassen*** замораживать
Gefríer‖fleisch *n* -es мороженое мясо
Gefríer‖gerät *n* -(e)s, -e рефрижератор
Gefríer‖punkt *m* -(e)s, -e точка замерзания
gefróren I *part* II *от* frieren*; II *a* мороженый; **hart ~** мёрзлый
Gefrórene *subst n* мороженое
Gefüge *n* -s, - строение, устройство, структура; **stadtbauliches ~** градостроительная структура; **das ~ der Dachsparren** остов крыши
gefügelos *a* аморфный
gefügig *a* 1. гибкий; мягкий *(о глине и т. п.)*; 2. устойчивый, послушный, сговорчивый; **~ werden** уступать

Gefühl *n* -(e)s, -e 1. чувство, эмоция; ощущение; чутьё *(für A на что-л.)*; **dunkles ~** смутное чувство; **ein feines ~ haben** тонко чувствовать, остро ощущать; **ein Mensch von ~** чувствительный человек; 2. чувство осязания; **etw. nach ~ erkennen*** узнать что-л. на ощупь
gefühllos *a* 1. бесчувственный, чёрствый; 2. нечувствительный, онемевший
Gefühllosigkeit *f* - бесчувствие, чёрствость; нечувствительность
gefühlsbetont *a* эмоциональный
gefühlsmäßig *a* продиктованный чувством, эмоциональный
Gefühls‖regungen *pl* эмоции
Gefühls‖sinn *m* -(e)s чувство осязания
gefühlvoll *a* чувствительный, сердечный
gefüllt *a* 1. *бот.* махровый; 2. начинённый, фаршированный
gefúnden *part* II *от* finden*
Gegácker *n* -s 1. кудахтанье; гоготанье; **in ein ~ ausbrechen***, **ein ~ erheben*** закудахтать; 2. *разг.* болтовня
gegángen *part* II *от* gehen*
gegében I *part* II *от* geben*; II *a* данный *(о случае и т. п.)*
Gegébene *subst n* данное; данный факт; *мат.* данная величина; ◇ **es ist das ~** это самое правильное
gegébenenfalls *adv* в данном случае, при данных условиях
gegen *prp* (A) 1. к, по направлению к, на, против; **~ Norden** (по направлению) к северу; 2. *указывает на приблизительное время:* около, к, под; **~ 12 Uhr** около 12 часов; 3. *указывает на приблизительное количество:* около; **~ 20 kg** около 20 кг; 4. по отношению *(к кому-л.)*, перед *(кем-л., чем-л.)*; **~ die Kinder gerecht sein** быть справедливым по отношению к детям; 5. *указывает на противостояние кому-л., чему-л., борьбу против кого-л., чего-л.:* против, с; **Kampf ~ Krankheiten** борьба против болезней; 6. против, вопреки; **~ eigenen Willen** против собственной воли; 7. *указывает на средство против чего-л.:* против, от; **ein Mittel ~ Kopfschmerzen** средство против [от] головной боли; 8. *указывает на замену:* за, взамен; **~ Entgelt** за вознаграждение
Gegen- *в сложных словах:* противо-, контр-, анти-, обратный, встречный, взаимный; **Gegen‖liebe** *f* взаимная любовь
Gegen‖angebot *n* -(e)s, -e *ком.* встречное предложение, контрпредложение

Gegen‖angriff *m* -(e)s, -e контратака, контрнаступление; **einen ~ unternehmen*** контратаковать
Gegen‖antrag *m* -(e)s, -träge контрпредложение
Gegen‖antwort *f* -, -en возражение, реплика
Gegen‖aussage *f* -, -n противопоказание
Gegen‖bemerkung *f* -, -en возражение
Gegen‖besuch *m* -(e)s, -e ответный визит
Gegen‖beweis *m* -es, -e контраргумент
Gegend *f* -, -en 1. местность, страна; край; **die umliegende ~** окрестность; 2. *анат.* область
Gegen‖dienst *m* -es, -e взаимная услуга; **einen ~ leisten [erweisen*]** оказать взаимную услугу
Gegen‖druck *m* -(e)s 1. отпор, противодействие; **einen ~ ausüben** оказывать противодействие; 2. *тех.* противодавление; реакция опоры
gegeneinánder *pron rez* 1. друг против друга; взаимно; 2. (по отношению) друг к другу
Gegenfall *m* -(e)s, -fälle противоположный случай; **im ~(e)** в противном случае
Gegen‖forderung *f* -, -en *ком.* встречное требование, контрпретензия
Gegen‖klage *f* -, -n *юр.* встречный иск
Gegen‖leistung *f* -, -en вознаграждение; ответная услуга; *ком.* встречное исполнение; **ohne ~ übergeben*** передать безвозмездно
Gegen‖maßnahme *f* -, -n контрмера
Gegen‖mutter *f* -, -n *тех.* контргайка
Gegen‖pol *m* -s, -e *физ.* противоположный полюс; *pl тж.* разноимённые полюса
Gegen‖rede *f* -, -n 1. ответная речь; 2. возражение, реплика; отповедь
Gegen‖satz *m* -es, -sätze противоположность, контраст; антагонизм; **in [im] ~ zu etw.** (D) в противоположность чему-либо; **im ~ zu etw.** (D) **stehen*** быть в противоречии с чем-л.; **Kampf der Gegensätze** борьба противоположностей
gegensätzlich *a* противоположный, антагонистический
Gegen‖sätzlichkeit *f* -, -en противоположность, антагонизм
Gegen‖schlag *m* -(e)s, -schläge контрудар; **im ~** контрударом; **zum ~ ausholen** приготовиться к ответному удару, размахнуться для встречного удара
Gegen‖seite *f* -, -n противоположная сторона
gegenseitig *a* взаимный, обоюдный; **~e Beziehungen** взаимоотношения
Gegen‖seitigkeit *f* - взаимность, обоюдность; **das beruht auf ~** это основано на взаимности
Gegen‖stand *m* -(e)s, -stände 1. предмет, вещь; 2. предмет, тема; **einen ~ berühren** затронуть какую-л. тему; **zum ~ der Beratungen werden** стать предметом обсуждения
gegenständig *a бот.* супротивный; противостоящий
gegenständlich *a* 1. *филос.* предметный, реальный, объективный; овеществлённый; 2. деловой, реальный, объективный
gegenstandslos *a* 1. беспредметный, бесцельный; необоснованный; 2. недействительный, утративший силу [значение]
Gegen‖stellung *f* -, -en очная ставка
Gegen‖stoß *m* -es, -stöße контрудар, контратака
Gegen‖teil *n* -(e)s, -e противоположность; ◇ **im ~** наоборот, напротив; **jmds. Worte ins ~ verkehren** передёргивать чьи-л. слова
gegenteilig *a* противоположный, противный, обратный; **~er Meinung sein** придерживаться противоположного мнения
gegenteils *adv* в противном случае
gegenüber *prp* (D) (*стоит б. ч. после сущ.*) 1. напротив, против; **dem Haus ~** напротив дома; 2. по отношению (*к кому-л., к чему-л.*), перед (*кем-л., чем-л.*); **die Pflicht der Heimat ~** долг перед родиной
gegenüber- *отдел. глаг. приставка, придаёт глаголам значение расположения кого-л., чего-л. напротив чего-л., а также значение отношения к чему-либо, кому-л.*: **gegenüber|liegen*** лежать [находиться] напротив (*кого-л., чего-либо*)
gegenüber|stehen* *vi* (D) 1. стоять напротив (*кого-л., чего-л.*); 2. противостоять (*чему-л.*)
gegenüber‖stellen *vt* противопоставлять; сравнивать; сопоставлять; **jmdn. jmdm. ~** дать кому-л. с кем-л. очную ставку
Gegenüber‖stellung *f* -, -en 1. противопоставление, сравнение; 2. *юр.* очная ставка
Gegen‖verpflichtung *f* -, -en встречное обязательство
Gegen‖vorschlag *m* -(e)s, -schläge контрпредложение, встречное предложение
Gegenwart *f* - 1. присутствие; 2. насто-

gegenwärtig

ящее (время); современность; **die Kultur der ~** современная культура; **3.** *грам.* настоящее время
gegenwärtig I *a* настоящий, современный; **~ sein** присутствовать; II *adv* теперь
Gegen‖wehr *f* - самооборона, сопротивление
Gegen‖wert *m* -(e)s, -e эквивалент; компенсация *(шахм.)*
Gegen‖wirkung *f* -, -en противодействие, реакция
gegen|zeichnen *vt юр.* скреплять своей подписью, визировать
Gegen‖zeuge *m* -n, -n *юр.* свидетель защиты
Gegen‖zug *m* -(e)s, -züge **1.** встречное движение; встречная колонна; встречный поезд; **2.** контрмера; **3.** *шахм.* ответный ход
gegéssen *part* II *от* essen*
geglíchen *part* II *от* gleichen*
gegliedert *a* расчленённый; составной
geglítten *part* II *от* gleiten*
geglómmen *part* II *от* glimmen*
Gegner *m* -s, -; **~in,** *f* -, -nen **1.** противник, -ница; оппонент; **ein scharfer ~** ярый противник; **2.** *спорт.* противник; **den ~ hindern** блокировать противника; **den ~ rempeln** толкать противника; **den ~ umgehen*** обвести противника
gegnerisch *a* противный *(относящийся к противнику)*
Gegnerschaft *f* -, -en **1.** противник, противная сторона; **2.** вражда, соперничество
gególten *part* II *от* gelten*
gegóren *part* II *от* gären*
gegóssen *part* II *от* gießen*
gegráben *part* II *от* graben*
gegríffen *part* II *от* greifen*
Gegröle *n* -s крик, шум
gehábt *part* II *от* haben*
Geháckte *subst n* сырое рубленое мясо, фарш
Geháder *n* -s постоянные ссоры, раздоры, дрязги
Gehált I *n* -(e)s, -hälter заработная плата, оклад, жалованье; ◊ **mit seinem ~ auskommen*** жить на свою заработную плату
Gehált II *m* -(e)s, -e **1.** содержание *(книги и т. п.);* **~ und Gestalt** форма и содержание; **2.** *тех.* содержание, проба *(металла);* **3.** вместимость, ёмкость
gehálten *part* II *от* halten*
geháltlos *a* бессодержательный, пустой

gehált reich *a* **1.** содержательный; **2.** высокопробный *(о металле)*
Gehálts‖satz *m* -(e)s, -sätze ставка, размер зарплаты
Gehálts‖stufe *f* -, -n тарифная группа, разряд
Gehálts‖zulage *f* -, -n; **~zuschlag** *m* -(e)s, -schläge надбавка к заработной плате
gehált voll *см.* gehaltreich
gehángen *part* II *от* hängen*
gehárnischt *a* **1.** одетый в броню; **2.** грозный, воинственный; **eine ~e Antwort** резкий [едкий] ответ
gehärtet *a* закалённый *(о стали)*
gehässig *a* злобный, язвительный; **jmdm. [gegen jmdn.] ~ sein** ненавидеть кого-либо; **~e Reden führen** язвить
Gehässigkeit *f* -, -en неприязненность, враждебность
geháuen *part* II *от* hauen*
Gehäuse *n* -s, - кузов; оболочка; корпус; футляр; кожух
gehéftet *a полигр.* сшитый, сброшюрованный
Gehége *n* -s, **-1.** ограда; **2.** огороженное место; заповедник; ◊ **jmdm. ins ~ kommen*** вмешиваться в чужие дела, затрагивать чьи-л. интересы
gehéim *a* I *a* тайный, секретный; II *adv:* **im ~en** тайком, украдкой
Gehéim‖abkommen *n* -s, - тайное соглашение
Gehéim‖dienst *m* - тайная полиция
Gehéime Staatspolizei *f* - тайная государственная полиция/гестапо *(основана в фаш. Германии в 1933, проводила массовый террор в Германии и за её пределами)*
Gehéim‖fach *n* -(e)s, -fächer тайник, потайной ящик
gehéim|halten* *vt (vor jmdm.)* хранить в тайне, таить, скрывать *(что-л., от кого-л.);* **streng ~** хранить в строгой тайне
Gehéimnis *n* -ses, -se тайна, секрет; **Wahrung des -ses** сохранение тайны; **Preisgabe des ~ses** *воен.* разглашение тайны; **hinter ein ~ kommen*,** **ein ~ lüften** узнать [раскрыть] тайну; **ein öffentliches ~** всем известный секрет
gehéimnisvoll *a* таинственный; **~ tun*** секретничать, скрытничать
Gehéim‖polizei *f* -, -en тайная полиция
Gehéim‖rat *m* -(e)s, -räte **1.** тайный совет; **2.** тайный советник *(чин)*
Gehéim‖sache *f* -, -n секретное дело, секретный документ
Gehéim‖tuerei *f* -, -en скрытничанье, секретничанье

gehéim|tun* *vi* секретничать; скрытничать; **mit etw. (D) ~** делать секрет [тайну] из чего-л.
Gehéim||vertrag *m* -(e)s, -träge тайный договор
Gehéim||zeichen *pl* шифр
Gehéiß *n* -es приказание; **auf sein ~** по его приказанию [требованию]
gehéißen *part* II *om* **heißen***
gehen* I *vi* (s) **1.** идти, ходить; уходить; **er ist von uns gegángen** он умер, он ушёл от нас; **jmdn. ~ lassen*** отпускать кого-л.; **sicher ~** действовать наверняка; **das geht zu weit** это уже слишком; **auf ein Kilo ~ 20 Stück** на килограмм идёт 20 штук; **2.** уезжать; отправляться; **auf Reisen ~** отправляться в путешествие; **3.** выходить, смотреть (*на юг. и т. п.*); **das Fenster geht nach Norden** окно выходит на север; **4.** пойти, поступать (*куда-л.*); **auf die Universität ~** поступить в университет; **5.** действовать, работать; **die Tür geht auf** дверь открывается; **das Geschäft geht** дело (*коммерческое*) идёт хорошо **6.** идти, протекать; **die Zeit geht langsam** время идёт медленно; **mit der Zeit ~** идти в ногу со временем; **der Tag geht zur Neige** день идёт к концу; **7.** *ком.* идти, находить сбыт; **diese Ware geht gut** этот товар идёт хорошо; **an die Arbeit ~** приниматься за работу; II *vimp:* **es geht auf Abend** дело идёт к вечеру; **wie geht es Ihnen?** как дела?, как живёте?; **es geht!** ничего!; **es geht nicht** так нельзя, так не выйдет; **es geht nichts darüber** нет ничего лучше; **es geht nicht nach mir** это не по-моему; **es geht um alles** на карту поставлено всё
Gehen *n* -s ход; хождение, ходьба; **das ~ fällt ihm schwer** ему трудно ходить; **~ mit hohem Knieheben** *спорт.* высокий шаг; **~ mit Vorspreizen** *спорт.* ходьба с подниманием ног
Gehénkte *subst m*, *f* -n, -n повешенный, -ная; казнённый, -ная
gehen||lassen* I *vt* оставлять в покое (*кого-л.*); II **~, sich 1.** быть небрежным; быть беспечным; **2.** давать себе волю, распускаться
Geher *m* -s, - *спорт.* скороход
gehéuer: mir ist nicht ~ zumute мне не по себе
Gehéul *n* -(e)s вой, рёв
Gehílfe *m* -n, -n; **Gehílfin** *f* -, -nen помощник, -ница; подручный, -ная (*работник*)
Gehírn *n* -(e)s, -e **1.** (головной) мозг; **2.** мозги (*кушанье*)
Gehírn||blutung *f* -, -en кровоизлияние в мозг
Gehirnlosigkeit *f* - безмозглость, глупость
Gehírn||rinde *f* - *анат.* кора головного мозга
Gehírn||schale *f* -, -n череп
Gehírn||schlag *m* -(e)s, -schläge апоплексический удар
gehóben I *part* II *om* **heben***; II *a* повышенный (*о качестве, требованиях*)
Gehöft *n* -(e)s, -e двор, усадьба, хутор
gehólfen *part* II *om* **helfen***
Gehölz *n* -es, -e роща, лесок
Gehópse *n* -s прыжки; *ирон.* танцы, пляс(ка)
Gehör *n* -(e)s слух; **nach dem ~** по слуху; **sich (D) bei jmdm. ~ verschaffen** заставить кого-л. выслушать себя; **jmdm. ~ schenken** (благосклонно) выслушать кого-л.; **~ finden*** быть выслушанным
gehórchen *vi* (D) слушаться (*кого-л.*), повиноваться (*кому-л.*); **aufs Wort ~** беспрекословно повиноваться
gehören I *vi* **1.** (D) принадлежать (*кому-либо*); **2.** (zu D) принадлежать, относиться (*к чему-л.*); входить в состав (*чего-л.*); **das gehört nicht zur Sache** это к делу не относится; **dazu gehört Geld** для этого нужны деньги; II *vimp.:* **wie es sich gehört** как полагается; **es gehört sich nicht** не принято, неприлично
gehörig I *a* **1.** принадлежащий (*кому-л.*); относящийся (*к чему-л.*); **2.** надлежащий, должный; **3.** порядочный, приличный (*о количестве и т. п.*); II *adv* надлежащим образом, основательно, как следует
gehörlos *a* глухой, лишённый слуха
Gehörlosen||schule *f* -, -n школа для глухих [глухонемых]
Gehörn *n* -(e)s, - рога
gehörnt *a* **1.** рогатый; **2.** неуязвимый
gehórsam I *a* послушный; **~ sein** быть послушным, слушаться; II *adv* послушно; **melde ~st** честь имею доложить
Gehórsam *m* -(e)s послушание, повиновение; **~ bezeigen [leisten, üben]** слушаться, повиноваться; **jmdm. den ~ verweigern [versagen]** выйти из чьего-л. повиновения
Gehörsinn *m* -(e)s слух, чувство слуха
Geh||rock *m* -(e)s, -röcke сюртук
Geh||weg *m* -(e)s, -e тротуар
Geh||werk *n* -(e)s, -e часовой механизм
Geier *m* -s, - коршун; ◊ **hol dich der ~!** *бран.* чёрт тебя подери!

Geifer *m* -s **1.** слюна, пена *(у рта)*; **2.** *перен.* яд

geifern *vi* **1.** брызгать слюной; **2.** говорить с пеной у рта, быть в ярости [в исступлении]

Geige *f* -, -n скрипка; ~ **spielen** играть на скрипке; ◊ **der Himmel hängt ihm voller ~n** ≅ он наверху блаженства

geigen *vt, vi* играть на скрипке; ◊ **jmdm. gründlich die Wahrheit ~** сказать кому-либо всю правду; **jmdn. nach Hause ~** отшить кого-л., дать отпор кому-л.; **ich werde dir einen anderen Tanz ~!** ты у меня попляшешь!

Geigen‖bau *m* -(e)s производство скрипок
Geigen‖bauer *m* -s, - скрипичный мастер
Geigen‖bogen *m* -s, -/-bögen смычок
Geigen‖harz *n* -es канифоль
Geiger *m* -s, -; **~in** *f* -, -nen скрипач, -ка

geil I *a* **1.** похотливый, сладострастный; **2.** тучный, плодородный *(о почве)*; **3.** буйный, буйно растущий *(о побегах)*; II *adv:* ~ **wachsen*** буйно расти

geilen *vi* **1.** быть похотливым [сладострастным]; удовлетворять свою похоть; **2.** *зоол.* быть в течке

Geilheit *f* - **1.** похоть, похотливость, сладострастие, страстность; **2.** *зоол.* течка; **3.** тучность, плодородие

Geisel *m* -s, -; *f* -, -n *(оба рода относятся к мужчине и женщине)* заложник, -ница; ~n **machen** брать заложников

Geiß *f* -, -en коза; серна, косуля, лань *(самка)*

Geißel *f* -, -n бич *(тж. перен.);* **der Krieg ist eine ~ der Menschheit** война - бич народов

geißeln *vt* бичевать *(тж. перен.)*

Geist *m* -(e)s, -er **1.** дух, душа; **den ~ aufgeben*** испустить дух, умереть; **2.** дух *(моральная сила); **der ~ einer Armee** боевой дух армии; **3.** ум; мысль; **von ~ sprühen** блистать остроумием; **im ~e war er bei uns** мысленно он был с нами; **man weiß, wes ~es Kind er ist** известно, что он собой представляет; **4.** дух, призрак, привидение; **der böse ~** злой дух, дьявол; **der Heilige ~** *рел.* Святой Дух

geisterhaft *a* призрачный

geistern *vi* **1.** бродить как призрак *(тж. перен.);* **2.** мелькать *(о бликах света и т. п.)*

geistesabwesend I *a* рассеянный; отсутствующий *(взгляд);* II *adv* рассеянно; отсутствующим взглядом *(смотреть и т. п.)*

Geistes‖abwesenheit *f* - рассеянность

Geistes‖arbeit *f* -, -en умственная работа, умственный труд
Geistes‖bildung *f* - умственное развитие
Geistes‖gegenwart *f* - присутствие духа
geisteskrank *a* душевнобольной
Geistes‖kranke *subst m, f* -n, -n душевнобольной, -ная
Geistes‖leben *n* -s умственная жизнь, духовная жизнь
Geistes‖schaffende *subst m, f* -n, -n человек умственного труда, интеллигент
Geistes‖schärfe *f* - проницательность
geistesschwach *a* слабоумный
Geistes‖schwäche *f* -, -n слабоумие
geistesverwandt *a* родственный по духу
Geistes‖verwandtschaft *f* - единомыслие, (с)родство душ
Geistes‖wissenschaften *pl* гуманитарные науки

geistig I I *a* духовный, умственный; ~e **Arbeit** умственный труд; II *adv* умственно, духовно; **der ~ beflissene Mensch** человек умственного труда
geistig II *a* спиртной *(о напитках);* ~e **Getränke** спиртные напитки

geistlich *a* духовный, религиозный, церковный; ~e **Lieder** религиозные песни

Geistliche *subst m* -n, -n духовное лицо, священник

Geistlichkeit *f* - духовенство, клир

geistlos *a* бездарный; скучный, глупый; серый

geistreich *a* остроумный

geistvoll *a* одухотворённый; умный; остроумный

Geiz *m* -es скупость; жадность, алчность
geizen *vi (mit* D) скупиться *(на что-л.);* **mit der Zeit ~** экономить время
Geiz‖hals *m* -es, -hälse скряга
geizig *a* скупой, жадный

Gejámmer *n* -s вопли, стоны
Gejáuchze *n* -s ликование
Gejódel *n* -s (тирольское) пение с переливами
Gejóhle *n* -s крики, рёв
Gejúbel *n* -s ликование

gekáchelt *a* облицованный [выложенный] кафельными плитками
gekánnt *part* II *от* **kennen***
Gekícher *n* -s хихиканье
Gekläff *n* -(e)s тявканье
Gekláppe *n* -s стук, хлопанье; **das ~ des Geschirrs** звон посуды; **das ~ der Zähne** щёлканье зубами
Geklímper *n* -s бренчание *(на рояле и т. п.)*
Geklírr(e) *n* -(e)s дребезжание *(стёкол),* бряцание *(оружия)*

geklómmen *part* II *om* klimmen*
geklügelt *a* мудрёный, замысловатый, заумный
geklúngen *part* II *om* klingen*
Geknárre *n* -s скрип, скрипение
Geknátter *n* -s треск, трескотня
gekníffen *part* II *om* kneifen*
Geknírsche *n* -s скрежет
Kekníster *n* -s хруст; шуршание; треск
gekómmen *part* II *om* kommen*
gekónnt *part* II *om* können*
gekóren *part* II *om* kiesen*/küren*
gekörnt *a* 1. зернистый; 2. *тех.* гранулированный
Gekrächze *n* -es 1. карканье; 2. кряхтенье; хрипение
gekränkt *a* обиженный
gekräuselt *a* курчавый, кудрявый
gekräust *a* 1. завитой; курчавый; 2. собранный в мелкие сборки (*о материи*)
Gekréisch(e) *n* -es визг, крики
Gekrítzel *n* -s каракули, неразборчивый почерк; мазня
gekróchen *part* II *om* kriechen*
gekrönt *a* коронованный, увенчанный
gekünstelt *a* искусственный, неестественный; надуманный
gekúppelt *a* спаренный, сдвоенный
Gelächter *n* -s, - смех, хохот; zum ~ werden стать посмешищем; in ~ ausbrechen* рассмеяться
geláden *part* II *om* laden*
Geláge *n* -s, - пир, пиршество, попойка; ◇ das ~ bezahlen müssen* поплатиться за других; ≅ в чужом пиру похмелье
gelágert *a* 1. расположенный (*на местности*); 2. складированный (*товар*)
gelähmt *a* парализованный
Gelände *n* -s, - 1. местность, территория; durchschnittenes ~ пересечённая местность; 2. земля, участок земли
Gelände‖beschaffenheit *f* - характер местности
Gelände‖fahrt *f* -, -en мотокросс
Gelände‖fahrzeug *n* -(e)s, -e вездеход, автомобиль повышенной проходимости
geländegängig *a* вездеходный, повышенной проходимости
Gelände‖kunde *f* - топография
Gelände‖lauf *m* -(e)s, -läufe кросс, бег по пересечённой местности
Geländer *n* -s, - перила
geláng *impf om* gelingen*
gelángen *vi* (s) 1. (*in, an* A. *zu, bis zu* D) попадать (*куда-л.*); прибывать (*куда-либо*), добираться, дойти (*до чего-л.*); достигать (*чего-л.*); jmdm. zu Ohren ~ дойти до кого-л. [до чьего-л. сведения]; zum Verkauf ~ поступить в продажу; 2. (*zu* D) достигать, добиваться (*чего-л.*)
gelássen I *a* спокойный, хладнокровный, невозмутимый
gelássen II *part* II *om* lassen*
Gelássenheit *f* - спокойствие, хладнокровие, невозмутимость
Gelatíne [зэ-] <*lat.-it.-fr.*> *f* - желатин
geláufen *part* II *om* laufen*
geläufig I *a* употребительный, привычный; известный (*о словах и т. п.*); II *adv* бегло, свободно (*говорить на каком-л. языке*)
Geläufigkeit *f* - беглость; лёгкость; ~ im Sprechen свободное владение речью
geláunt *a* (*zu* D) настроенный (*к чему-либо*); gut [schlecht] ~ в хорошем [дурном] настроении
Geläut *n* -(e)s; Geläute *n* -s, - звон, трезвон
gelb *a* жёлтый; ◇ das ~e Fieber жёлтая лихорадка; der ~e Neid чёрная зависть
Gelbes Meer *n* -es Жёлтое море (*между Китаем и Кореей*)
Gelb‖fieber *n* -s жёлтая лихорадка
Gelb‖guß *m* -sses, -güsse 1. латунь; 2. латунное литьё
gelblich *a* желтоватый
Gelb‖schnabel *m* -s, -schnäbel *разг.* желторотый юнец
Gelb‖sucht *f* - *мед.* желтуха
gelbsüchtig *a* желтушный
Geld *n* -(e)s, -er деньги; bares ~ наличные деньги; ~er einkassieren собирать деньги (*взносы, налоги*); ~ anlegen вкладывать деньги; zu ~ kommen* разбогатеть, нажиться; bei ~(e) sein быть при деньгах; ~ einheimsen *разг.* загребать деньги; jmdn. um sein ~ bringen* лишить кого-л. денег; ~(er) unterschlagen* совершить растрату (*денег*); schweres ~ kosten дорого обойтись; er hat ~ wie Heu у него уйма денег; mit dem ~(e) um sich werfen* [schmeißen*] сорить [швырять] деньгами
Geld‖abwertung *f* -, -en девальвация
Geld‖anlage *f* -, -n вложение [помещение] денег, инвестиция
Geld‖anleihe *f* -, -n заём (*денежных средств*)
Geld‖anweisung *f* -, -en денежный перевод
Geld‖aufwand *m* -(e)s расход, издержки, затраты
Geld‖börse *f* -, -n кошелёк
Geld‖einlage *f* -, -n денежный вклад, депозит

Geld‖einnahme *f* -, -n поступление денег
Geld‖entwertung *f* -, -en обесценение денег, инфляция
geldgierig *a* алчный; корыстолюбивый
Geld‖knappheit *f* - денежные затруднения
Geld‖kurs *m* -es, -e эк. валютный курс
Geld‖schein *m* -(e)s, -e банкнот, денежный знак, кредитный билет
Geld‖schrank *m* -(e)s, -schränke сейф, несгораемый шкаф
Geld‖stück *n* -(e)s, -e монета
Geld‖überführung *f* -, -en; **~überweisung** *f* -, -en денежный перевод
Geld‖umlauf *m* -(e)s; **~umsatz** *m* -es эк. денежное обращение
Geld‖wechsel *m* -s размен денег
Gelée [ʒe-] <*lat.-fr.*> *n*, *m* -s, -s кул. желе
gelégen I *part* II *от* liegen*; II *a* удобный, подходящий; **zu ~er Zeit** в подходящее время; **bin ich ~?** я не помешаю?; III *adv* вовремя, кстати; **das kommt mir sehr ~** это для меня очень кстати; **mir ist viel daran ~** для меня это очень важно, я придаю этому большое значение
Gelégenheit *f* -, -en (удобный) случай, повод; **ich hatte ~** мне представился случай; **bei (geringster) ~** при (удобном) случае
Gelégenheits‖arbeit *f* -, -en случайная работа
gelégentlich I *a* случайный; II *adv* при случае; по случаю; III *prp* (G) в связи, по поводу, по случаю; **~ des Jubiläums** по случаю [по поводу] юбилея
Gelehrsamkeit *f* - учёность, эрудиция
gelehrt *a* учёный, образованный
Gelehrte *subst m, f* -n, -n учёный
Gelehrtheit *f* - учёность
Geléise *n* -s - колея, рельсовый путь; **ein totes ~** тупиковый путь; ◊ **aus dem ~ kommen*** выбиться из колеи
Geléit *n* -(e)s, -e 1. проводы; **jmdm. das letzte ~ geben*** отдать кому-л. последний долг; 2. охрана, конвой; **unter starkem ~** под сильной охраной
geléiten *vt* провожать, сопровождать; конвоировать; **jmdn. durchs Leben ~** быть чьим-л. верным спутником жизни
Geléits‖mann *m* -(e)s, -männer/-leute конвоир
Geléit‖wort *n* -(e)s, -e 1. предисловие (*к книге*); 2. напутственное слово, напутствие
Gelénk *n* -(e)s, -e 1. *анат.* сустав, сгиб; 2. *тех.* шарнир; колено

gelénkig *a* 1. гибкий, ловкий, подвижный; 2. *тех.* коленчатый
Gelénkigkeit *f* - ловкость, гибкость
Gelénk‖welle *f* -, -n *тех.* карданный [шарнирный] вал
gelérnt *a* квалифицированный, обученный
gelésen *part* II *от* lesen*
Gelichter *n* -s шайка, сброд; **diebisches ~** шайка воров
geliebt *a* любимый
Geliebte *subst m, f* -n, -n возлюбленный, -ная; любовник, -ница
geliehen *part* II *от* leihen*
gelind(e) I *a* мягкий (*металл, кожа и т. п.*); умеренный (*о погоде, тепле и т. п.*); **~es Wetter** мягкая погода; **beim ~en Feuer** на слабом огне; II *adv* мягко; умеренно; **~ gesagt** мягко выражаясь
gelingen* *vi* (s) *vimp* удаваться; ладиться; **die Sache will nicht ~** дело не ладится; **es wird mir ~** это мне удастся
Gelingen *n* -s удача, успех
Gelispel *n* -s шёпот; лёгкий шелест (*листьев*)
gelitten *part* II *от* leiden*
gellen *vi* резко звучать; **in den Ohren ~** резать слух; **die Ohren ~ ihm** у него в ушах звенит
gellend *a* резкий, пронзительный
gelóben I *vt* торжественно обещать; давать клятву [обет]; **jmdm. Treue ~** дать кому-л. клятву верности; II **~ sich** (D) посвятить себя (*чему-л.*)
Gelöbnis *n* -ses, -se торжественное обещание, обет; **ein ~ ablegen [tun*]** дать торжественное обещание [обет]
gelóbt *a*: **das ~e Land** *поэт.* обетованная земля
gelógen *part* II *от* lügen*
geloschen *part* II *от* löschen*
gelten I *vi* 1. стоить, цениться; **die Ehre gilt mehr als das Leben** честь дороже жизни; 2. быть действительным, иметь силу; **der Fahrausweis gilt nicht** билет не действителен; ◊ **bange machen gilt nicht!** меня не запугаешь!; 3. пользоваться авторитетом, иметь вес; **sein Wort gilt etwas** его слово имеет вес; **jmdn. ~ lassen*** признавать кого-л. считаться с кем-л.; **das lasse ich ~** я согласен с этим, против этого я ничего не имею; **lassen wir's ~** пусть будет так; 4. относиться (*к кому-л.; о замечании и т. п.*); **das gilt von ihm** это относится к нему; 5. (*als, für* A) слыть, считаться (*кем-л., каким-л.*); II *vimp*: ◊ **es gilt** (*zu + inf*) дело идёт о том, чтобы...; **es gilt**

Leben und Tod дело идёт о жизни и смерти; **es gilt!** идёт!, ладно!; **es gilt einen Versuch** стоит рискнуть, можно попытаться

geltend *a* действующий, имеющий силу, действительный; **etw. ~ machen** сделать что-л. действенным; пустить в ход; **sich ~ machen** 1) добиться признания, завоевать авторитет; 2) давать себя знать [чувствовать]

Geltung *f* -, -en значение, значимость; ценность; **in [von] ~ sein** быть действительным, иметь силу; **sich (D) ~ verschaffen** приобрести влияние, завоевать авторитет; **zur ~ bringen*** выставлять в выгодном свете; **sich zur ~ bringen*** заставить считаться с собой

Gelübde *n* -s, - обет, торжественное [клятвенное] обещание; **ein ~ tun* [ablegen, leisten, beschwören*]** дать обет [торжественное, клятвенное обещание]

gelúngen I *part* II *от* gelingen*; II *a* удачный, удавшийся, замечательный

Gelüst *n* -es, -e **1.** *(nach* D) страстное влечение *(к кому-л., к чему-л.)*, охота *(к чему-л.)*; **2.** прихоть

gelüsten: es gelüstet mich nach etw. (D) я жажду, я страстно желаю чего-л.; **er tut, was ihn gelüstet** он делает всё, что ему взбредёт в голову

gemách I *a* спокойный, тихий, медленный; II *adv* медленно, тихо, спокойно

Gemách *n* -(e)s, -mächer покой, комната; **sich in seine Gemächer zurückziehen*** удалиться в свои покои

gemächlich I *a* медленный; спокойный; II *adv* не спеша, медленно; спокойно, удобно

Gemächlichkeit *f* - **1.** покой, спокойствие; **2.** удобство, комфорт

gemácht *a* **1.** притворный, неестественный; **2.** искусственный; **3.**: **ein ~er Mann** человек, добившийся положения в жизни

Gemäcker *n* -s **1.** блеяние *(козы)*; **2.** *разг.* глупая и нудная болтовня

Gemáhl *m* -(e)s, -e; **~in** *f* -, -nen супруг, -a

gemáhlen I *part* II *от* mahlen*; II *a* (с)молотый

gemáhnen *vt* (**an** A) напоминать *(кому-л. о чём-л.)*

Gemäkel *n* -s **1.** мелочная критика, критиканство; придирка; **2.** привередничанье

Gemälde *n* -s, - картина; **ein groß angelegtes ~** *лит.* широкое полотно

gemált *a* расписной

gemásert *a* в прожилках

gemäß *prp* (D; *стоит б. ч. после сущ.*) согласно, по, соответственно, в соответствии, по мере; **seinen Kräften ~** по мере своих сил; **den Verdiensten ~** по заслугам

Gemäßheit *f* - соответствие, сообразность

gemäßigt *a* умеренный; **eine ~e Rede** сдержанная речь

gemästet *a* откормленный *(скот)*

Gemäuer *n* -s, - каменные стены; **altes ~** развалины, старое развалившееся здание

gemein I *a* **1.** общий; **auf ~e Kosten** на общие средства; **sich mit jmdm. ~ machen** быть с кем-л. запанибрата; **2.** простой, обыкновенный; **~es Metall** простой [обыкновенный] металл; **der ~e Soldat** рядовой; **3.** низкий, подлый; пошлый, вульгарный; **~e Redensarten** вульгарные выражения; II *adv* низко; подло

Geméinde *f* -, -n **1.** община; **2.** муниципалитет, магистрат; **3.** *рел.* община, приход

Geméinde‖älteste *subst m, f* -n, -n сельский староста

Geméinde‖besitz *m* -es общинная собственность

Geméinde‖rat *m* -(e)s, -räte **1.** муниципалитет; **2.** муниципальный советник; **3.** гемайндерат *(название парламента в Вене, имеющей статус федеральной земли в Австрии)*

Geméine *subst* **1.** *m* -n, -n *воен. уст.* рядовой *(солдат)*; **2.** *n* - обыденное, общий уровень

Geméin‖eigentum *n* -(e)s общественная собственность; **~ an (Grund und) Boden** общественное [общинное] землевладение

geméingefährlich *a* общественно опасный, социально опасный

geméingültig *a* общепринятый; годный, применимый *(всюду)*

Geméin‖gut *n* -(e)s общественное достояние

Geméinheit *f* -, -en подлость, низость; пошлость, вульгарность; **eine ~ begehen*** поступать подло; **was für eine ~!** какое безобразие!

Geméin‖kosten *pl эк.* общие (накладные) расходы

geméinnützig *a* общеполезный; **ein ~es Unternehmen** предприятие общественного пользования

Geméinnützigkeit *f* - общественная польза

geméinnützlich см. gemeinnützig
geméinsam I *a* общий, коллективный; **~e Erklärung** совместное заявление; II *adv* сообща, вместе, совместно
Geméinsamer Markt *m* -es общий рынок, см. Europäische Wirtschaftsgemeinschaft
Geméinsamkeit *f* - общность
geméinschädlich I *a* общественно вредный; II *adv* во вред обществу
Geméinschaft *f* -, **1.** общность, единство, содружество; **in ~ mit jmdm.** в обществе, вместе с кем-л.; **2.** общество, объединение
geméinschaftlich I *a* общий, общественный, коллективный; **~e Arbeit** общественный [коллективный] труд; **~er Nenner** *мат.* общий знаменатель; II *adv* сообща, вместе
Geméinschafts‖arbeit *f* -, -en общественный [коллективный] труд
Geméinschafts‖besuch *m* -(e)s, -e культпоход *(в театр и т. п.)*
Geméinschafts‖schule *f* -, -n общеконфессиональная школа *(общеобразовательная школа в ФРГ для детей различного вероисповедания)*
Geméinschafts‖verpflegung *f* - общественное питание
Geméin‖sinn *m* -(e)s дух солидарности
Geméin‖wesen *n* -s, - **1.** коллектив, коммуна; **2.** общественность; **das städtische ~** городское хозяйство
Geméin‖wohl *n* -(e)s (все)общее благо, общественное благо
Geménge *n* -s, - **1.** сутолока; **ein ~ von Menschen** толпа народа; **2.** смесь, мешанина
gemessen I *part* II *от* messen*; II *a* **1.** определённый, точный; **~e Worte** скупые слова; **~e Zeit** *спорт.* засечённое время; **2.** размеренный, мерный; **~er Schritt** ровный [размеренный] шаг; **3.** степенный *(об осанке и т. п.)*; III *adv* мерно, размеренным шагом [темпом]
Geméssenheit *f* - **1.** определённость, точность; **2.** размеренность; **3.** степенность
Gemétzel *n* -s, - резня, бойня, кровавая расправа
gemieden *part* II *от* meiden*
Gemisch *n* -es, -e **1.** смесь; **2.** *тех.* сплав
gemischt *a* смешанный; *перен.* разношёрстный
Gemischtwaren‖handel *m* -s, - мелочная торговля *(продовольственными, галантерейными, хозяйственными и пр. товарами)*
gemócht *part* II *от* mögen*

gemólken *part* II *от* melken*
Gems‖bock *m* -(e)s, -böcke горный козёл
Gemse *f* -, -n серна
Gems‖leder *n* -s замша
Gemúnkel *n* -s слухи, сплетни
Gemúrmel *n* -s шёпот; тихий говор; журчание *(ручья)*
Gemüse *n* -s, - овощи, зелень; ◊ **junges ~** зелёная молодёжь
Gemüse‖bau *m* -(e)s овощеводство
Gemüse‖garten *m* -s, -gärten огород
Gemüse‖gärtner *m* -s, -; **~gärtnerin** *f* -, -nen огородник, -ница
Gemüse‖trockenanlage *f* -, -n овощесушильная установка
Gemüse‖verwertungsindustrie *f* - овощеперерабатывающая промышленность
Gemüse‖zucht *f* - см. Gemüsebau
gemúßt *part* II *от* müssen*
gemústert *a* узорный, узорчатый; **bunt ~er Stoff** материя с пёстрым узором
Gemüt *n* -(e)s, -er **1.** нрав, характер, душа; **fröhliches ~** весёлый нрав; **ein Mensch von ~** душа-человек; **2.** *pl* умы; **die ~er aufregen [erregen]** волновать умы; **die erregten ~er beschwichtigen [beruhigen]** успокоить возбуждённые умы
gemütlich *a* **1.** уютный; **2.** приятный; сердечный; **nur immer ~!** спокойно!, не волнуйтесь!
Gemütlichkeit *f* - **1.** уют, уютность; **2.** приятность, **in aller ~** не спеша, спокойно; ◊ **in Geldsachen hört die ~ auf** *посл.* ≡ дружба вместе, а табачок врозь; **da hört doch die ~ auf!** это уже слишком [чересчур]!
gemütlos *a* бессердечный, бездушный, равнодушный
Gemütlosigkeit *f* - бессердечие, равнодушие
Gemüts‖art *f* -, -en характер, нрав, темперамент
Gemüts‖bewegung *f* -, -en; **~erregung** *f* -, -en аффект; эмоция, душевное переживание
gemütskrank *a* душевнобольной
Gemüts‖ruhe *f* - душевный покой; самообладание; **in aller ~** спокойно, безмятежно
Gemüts‖stimmung *f* -, -en; **~verfassung** *f* -, -en; **~zustand** *m* -(e)s, -stände душевное состояние, расположение духа, настроение
gemütvoll *a* задушевный
gen = gegen *(поэт. форма)*
Gen <*gr.*> *n* -s, -e *биол.* ген
genánnt *part* II *от* nennen*

Genäsel *n* -s гнусавость
genáu I *a* точный, подробный, тщательный; **in allem ~ sein** быть точным [аккуратным] во всём; II *adv* точно; ровно; подробно; **etw. ~ kennen*** основательно знать что-л.; **es ist ~ dasselbe** это совершенно то же самое; **~ so viel wie...** ровно столько же, сколько...; **~er geságt** вернее [точнее] сказать; **~ in der Mitte** в самой середине; **~er betráchtet** при более детальном рассмотрении
genáugenommen *adv* строго говоря, собственно говоря, в сущности
Genáuigkeit *f* - точность; тщательность; аккуратность; подробность; **peinliche ~** крайняя добросовестность; щепетильность
genáuso *adv* точно такой же *(длинный и т. п.)*
Gendárm [ʒan-/ʒã-] <*fr.*> *m* -en, -en жандарм
Genealogíe <*gr.*> *f* -, -gi|en генеалогия, родословие
genealógisch <*gr.*> *a* генеалогический, родословный
genéhm *a* 1. приятный; 2. приемлемый
genéhmigen *vt* разрешать, утверждать; одобрять *(что-л.),* соглашаться *(на что-л.);* **ein Gesuch ~** удовлетворять просьбу [прошение]; **sich (D) noch einen ~** *разг.* пропустить ещё стаканчик
Genéhmigung *f* -, -en согласие, разрешение; одобрение, утверждение; **behördliche ~** разрешение (от) властей
genéigt *a* 1. склонный, расположенный; благосклонный *(zu D к чему-л.);* **jmdn. zu jmdm., zu etw. (D) ~ machen** расположить кого-л. к кому-л., к чему-л.; 2. наклонный, отлогий; **~e Bahn** *спорт.* наклонная дорожка
Genéigtheit *f* - склонность, расположение, благосклонность
Generál <*lat.*> *m* -s, -e/-räle генерал
Generál‖abrechnung *f* -, -en *ком.* окончательный расчёт
Generál‖debatte <*lat.-fr.*> *f* -, -n общие прения *(в парламенте)*
Generál‖intendant <*lat.-fr.*> *m* -en, -en 1. *театр.* директор, главный управляющий; 2. *воен.* главный интендант
generalisíeren <*lat.*> *vt* обобщать
Generalität <*lat.-fr.*> *f* - генералитет, генералы
Generálplan Ost *m* -s генеральный план "Ост" *(программа колонизации фаш. Германией стран Вост. Европы)*
Generál‖stab *m* -(e)s, -stäbe генеральный штаб
Generálstäbler *m* -s, - офицер генерального штаба, генштабист
Generál‖streik *m* -(e)s, -s всеобщая забастовка; **in den ~ treten*** объявить всеобщую забастовку
generál‖überhólen *vt* произвести капитальный ремонт *(автомобиля и т. п.)*
Generál‖überhólung *f* -, -en капитальный ремонт *(автомобиля и т. п.)*
Generál‖versámmlung *f* -, -en 1. общее собрание; 2. генеральная ассамблея
Generatión <*lat.*> *f* -, -en поколение
generéll <*lat.*> I *a* (все)общий; универсальный; II *adv* вообще
genésen* *vi* (s) выздоравливать, поправляться; **eines Kindes ~** родить ребёнка; (благополучно) разрешиться от бремени
genésen *part* II *от* genesen*
Genésis <*gr.*> *f* - генезис, возникновение, происхождение
Genésung *f* -, -en выздоровление, излечение; **der ~ entgegengehen*** быть на пути к выздоровлению
Genf (*n*) -s Женева *(город в Швейцарии, адм. центр кантона Женева)*
Genfer See *m* -s Женевское озеро *(озеро в Швейцарии и Франции)*
geniál, geniálisch <*lat.*> *a* гениальный
Genialität <*lat.*> *f* - гениальность
Geníck *n* -(e)s, -e затылок; **sich das ~ brechen*** сломать себе шею; **ein steifes ~ haben** 1) свернуть себе шею; 2) *разг.* быть упрямым [несговорчивым]
Geníe [ʒe-] <*lat.-fr.*> *n* -s, -s гений, гениальный человек
geniéren [ʒe-] <*fr.*> I *vt* стеснять, смущать; II **sich**, стесняться, смущаться; **sich geniert fühlen** чувствовать себя стеснённым
genießbar *a* 1. съедобный, годный в пищу; 2. пригодный, могущий быть использованным; сносный, допустимый
Genießbarkeit *f* - 1. съедобность, годность в пищу; 2. пригодность
genießen* *vt* 1. есть, кушать; **es ist nicht zu ~** это не съедобно; 2. наслаждаться *(чем-л.);* 3. пользоваться *(уважением, правами и т. п.);* **ein hohes Ansehen ~** пользоваться большим авторитетом; ◇ **er ist nicht zu ~** он не выносен
Genitáli|en <*lat.*> *pl* половые органы
Genitív <*lat.*> *m* -s, -e *грам.* родительный падеж
Génius <*lat.*> *m* -, -ni|en гений *(покровитель)*
genómmen *part* II *от* nehmen*

genórmt *a* нормированный, установленный; стандартный, унифицированный
genóß *impf от* genießen*
Genósse *m* -n, -n товарищ
genóssen *part* II *от* genießen*
Genóssenschaft *f* -, -en товарищество; союз; артель, кооператив
Genóssenschaft(l)er *m* -s, - член кооператива; кооператор
genóssenschaftlich *a* кооперативный
Genóssenschafts‖anteil *m* -(e)s, -e кооперативный пай
Genóssin *f* -, -nen товарищ *(о женщине)*
genótigt *a* вынужденный
Genre [ʒā:r] *<lat.-fr.> n* -s, -s род, вид, жанр
Genre‖bild [ʒa:r-] *n* -(e)s, -er жанровая картина
Gens *<lat.> f* -, Gentes *ист.* род, родовой союз
Gentíl‖gesellschaft *f* -, -en родовое общество
Gentleman ['dʒɛntəlman] *<engl.> m* -s, -men джентльмен
Genua (*n*) -s Генуя *(город на С.-З. Италии)*
Genuéser *m* -s, -; **~in** *f* -, -nen генуэзец, -зка
genúg *adv* довольно, достаточно; **gut ~** достаточно хорошо; **mehr als ~** более чем достаточно; **noch nicht ~** ещё мало; **ich habe ~ (davon)** с меня этого хватит; мне это надоело; **~ des Guten!** хорошего понемножку!
Genüge *f* - удовлетворение; **zur ~** вдоволь, достаточно; **jmdm. ~ leisten [tun*]** удовлетворить кого-л.; воздать должное кому-л.
genügen *vi, vimp* 1. удовлетворять *(требования)*; **jmdm. ~** удовлетворять кого-л.; **sich an etw. (D) ~ lassen*** удовлетворяться чем-л.; 2. хватать, быть достаточным; **das genügt mir nicht** мне этого мало
genügend *a* достаточный, удовлетворительный
genúgsam I *a* достаточный; II *adv* достаточно, довольно
genügsam *a* скромный, нетребовательный, невзыскательный
Genügsamkeit *f* - скромность, нетребовательность, невзыскательность
genüg‖tun* *vi* (D) удовлетворять *(кого-л.)*
Genúgtuung *f* -, -en удовлетворение; **seiner großen ~ Ausdruck geben*** выразить большое удовлетворение
Genus *<lat.> n* -, -nera 1. *грам.* залог; 2. *биол., грам.* род

Genúß *m* -sses, -nüsse 1. наслаждение, удовлетворение; **~ bieten*** доставлять наслаждение; 2. пользование *(чем-л.)*, потребление *(пищи)*; **das war ein ~** это было вкусно; ◇ **willst du den ~, so nimm auch den Verdruß** *посл.* ≅ любишь кататься, люби и саночки возить
Genúß‖mittel *n* -s, - 1. средство наслаждения; 2. продукт питания; *pl* продукты вкусовой промышленности
Genúß‖sucht *f* - жажда наслаждений; сладострастие
genúßsüchtig *a* жадный до наслаждений, падкий на развлечения; сладострастный
Genúß‖wert *m* -(e)s, -e вкусовое качество
Geographíe *<gr.-lat.> f* - география
geográphisch *<gr.-lat.> a* географический
Geologíe *<gr.-lat.> f* - геология
geológisch *<gr.-lat.> a* геологический
Geometríe *<gr.-lat.> f* -, -ri|en геометрия
geométrisch *<gr.-lat.> a* геометрический
Geophysík *<gr.-lat.> f* - геофизика
geophysikálisch *<gr.-lat.> a* геофизический
Georg [gə'ɔrk/ge:ɔrk] Георг/Георг(ий) *(муж. имя)*
Georgetown ['dʒɔ:rtʃtaon] (*n*) -s Джорджтаун *(столица Гайаны)*
Geórgi|en (*n*) -s Грузия *(гос-во, расположенное в зап. и центр. частях Закавказья)*
Geórgi|er *m* -s, -;. **~in** *f* -, -nen грузин, -нка
Georgíne Георгина *(жен. имя)*
geórgisch *a* грузинский
Gepäck *n* -(e)s, -e багаж, вещи; **das ~ abfertigen** сдавать вещи; **das ~ im Wagen verstauchen** разместить вещи в вагоне
Gepäck‖abfertigung *f* -, -en 1. багажное отделение *(напр. на вокзале)*; 2. приём багажа к отправке
Gepäck‖anhänger *m* -s, - багажный ярлык; бирка
Gepäck‖annahme *f* -, -n приём багажа
Gepäck‖aufbewahrung *f* -, -en хранение багажа
Gepäck‖ausgabe *f* -, -n выдача багажа
Gepäck‖raum *m* -(e)s, -räume багажное отделение
Gepäck‖schließfach *n* -(e)s, -fächer автоматическая камера хранения багажа
Gepäck‖stück *n* -(e)s, -e багажное место
Gepäck‖wagen *m* -s, - багажный вагон
gepánzert *a* 1. бронированный; 2. в составе танкового соединения
gepféffert *a* острый, с перцем; *перен.*

тж. пикантный; **eine ~e Antwort** едкий ответ
gepfiffen *part* II *om* **pfeifen***
gepflástert *a* мощёный
gepflégt *a* холёный, выхоленный
Gepflógenheit *f* -, -en обычай, привычка, традиция; **entgegen der sonstigen ~** вопреки установленному порядку; **mit der ~ brechen*** нарушить традицию; **von der ~ abgehen*** прекратить практику чего-л.
geplágt *a* измученный, несчастный
Geplápper *n* -s болтовня
Geplätscher *n* -s плеск; журчание
Geplauder *n* -s беседа, болтовня
Gepólter *n* -s грохот; **das ~ des Donners** раскаты грома
Gepräge *n* -s 1. чеканка, оттиск; 2. *разг.* отпечаток; признак; **das ~ geben*** накладывать отпечаток
Gepränge *n* -s пышность, роскошь
Geprássel *n* -s треск
gepréßt *a:* **~e Luft** сжатый воздух
gepriesen *part* II *om* **preisen***
gepúnktet *a* покрытый точками, в точках *(о ткани и т. п.)*
Gequácke *n* -s кваканье, лягушачий концерт
gequóllen *part* II *om* **quellen***
geráde I *a* 1. прямой; *перен.* прямой, прямодушный, откровенный; 2. *мат.* чётный; II *adv* 1. прямо; **~ herunter** прямо вниз; 2. прямо, откровенно; 3. прямо, именно, как раз; **da fällt mir ~ ein** кстати сказать, между прочим; **~ heute** именно [как раз] сегодня; **nun ~ nicht!** вот уж нет!; **das wollte ich ~ sagen** именно это я хотел сказать
Geráde *subst* 1. *f* -n, -n *мат.* прямая линия; 2. *f* -n, -n *спорт.* прямая *(дорожка)*; 3. *m* -n, -n прямой удар *(бокс)*
gerádeaus *adv* прямо, напрямик
geráde|biegen* *vt* расправить, распрямить, разогнуть
geráde|halten* I *vt* держать прямо [отвесно]; II **~ sich** держаться прямо
gerádeheraus *adv* прямо, напрямик; **die Wahrheit ~ sagen** сказать всю правду
geradehín *adv* 1. всё прямо (вперёд); 2. без обиняков, напрямик
geráde|legen *vt* класть прямо, поправлять, приводить в порядок
geráde|machen *vt* выпрямлять, приводить в прямое положение; *перен. разг.* упорядочить, уладить что-л.
gerádeso *adv* как раз, именно, (точно) так же, (точно) такой же; **er ist ~ groß wie du** он такого же роста, как и ты, он

одного роста с тобой
gerádesogut *adv* с таким же успехом, так же (хорошо)
gerádesoviel *adv* именно столько-то, такое-то количество
geráde|stehen* *vi* стоять смирно; **für etw. (A) ~** нести ответственность за что-л.
gerádewegs *adv* 1. прямо, прямым путём; 2. прямо, не стесняясь
gerádezu *adv* 1. прямо-таки, просто; 2. решительно, не стесняясь
gerádläufig *a* 1. движущийся в прямом направлении; 2. прямолинейный
gerádlinig *a* прямолинейный
gerádwinklig *a* прямоугольный
gerádzahlig *a мат.* чётный
gerafft *a:* **ein ~er Überblick** краткий обзор
Geráni|e <*gr.-lat.*> *f* -, -n герань
Geránke *n* -s сплетение растений; вьющиеся растения
gerannt *part* II *om* **rennen***
Gerássel *n* -s грохот, шум; лязг, бряцание
Gerät *n* -(e)s, -e 1. прибор, инструмент, аппарат; 2. *спорт.* гимнастический снаряд; 3. *театр.* реквизит; 4. утварь; посуда
Geräte||bau *m* -(e)s приборостроение
geráten* I *vi* (s) 1. попасть, очутиться; **in eine Falle ~** попасть в ловушку *(тж. перен.);* **in die Klemme ~** попасть в беду [в затруднительное положение]; **aus den Schienen ~** сойти с рельсов; **auf den Einfall ~** напасть на мысль; **an den rechten Mann ~** напасть на нужного человека; 2. прийти *(в какое-л. состояние);* **in Verzweiflung ~** прийти в отчаяние; **in Wut ~** прийти в ярость; **in Vergessenheit ~** забываться, быть преданным забвению; **außer sich (D) ~** выходить из себя; **in Schulden ~** влезть в долги; 3. удаваться; **seine Arbeit ist gut ~** его работа удалась; **zu klein ~ sein** не выйти ростом, уродиться маленьким
geráten II *part* II *om* **raten***
geráten III *a* удачный
Geräte||schuppen *m* -s, - *с.-х.* машинный сарай
Gerätewohl: **aufs ~** наудачу, наугад, на авось, наобум
Gerätschaft *f* -, -en прибор, аппаратура; утварь
Gerät||turnübung *f* -, -en *спорт.* упражнение на снарядах
geräuchert *a* копчёный
Geräufe *n* -s драка, свалка

geráum *a* продолжительный; **~e Zeit** долгое время; **seit ~er Zeit** с давних пор

geräumig *a* просторный, вместительный

Geräumigkeit *f* - вместительность

Geräusch *n* -es, -e шум, шорох; радиопомехи; **~ machen** шуметь, вести себя шумно

geräuschlos I *a* бесшумный, тихий; II *adv* без шума

geräuschvoll *a* шумный, шумливый

Geräusper *n* -s покашливание, откашливание

gerben *vt* 1. дубить *(кожу)*; 2. рафинировать *(сталь)*; ◊ **jmdm. das Fell [das Leder] ~** *разг.* отколотить, избить кого-л.

Gerber *m* -s, - дубильщик, кожевник

Gerberéi *f* -, -en дубильня, кожевенный завод

Gerd Герд *(краткая форма муж. имени* Gerhard)

Gerda Герда *(краткая форма многих жен. имён)*

gerécht *a* справедливый, правильный; праведный; **eine ~e Sache** правое дело; **~ sein gegen jmdn.** быть справедливым к кому-л.; **allen Anforderungen ~ werden** удовлетворять всем требованиям; ◊ **in allen Sätteln ~ sein** быть мастером на все руки

geréchtfertigt *a* обоснованный, справедливый; **sachlich ~** оправданный интересами дела

Geréchtigkeit *f* - 1. справедливость; **~ üben** поступать справедливо [по закону]; **jmdm., einer Sache (D) ~ widerfahren lassen*** отдавать справедливость кому-л., чему-л., воздать должное кому-л., чему-л.; 2. правосудие; **die strafende ~** карающее правосудие

Geréde *n* -s 1. болтовня, разговоры; **albernes ~** пустая болтовня; 2. молва, толки, слухи; **ins ~ kommen*** стать предметом пересудов [сплетен]

gerégelt *a* урегулированный, упорядоченный, регламентированный

geréichen *vi* (*zu* D) (по)служить *(на что-либо, к чему-л.)*, приносить *(что-л.)*; **zum Nutzen ~** служить на пользу, приносить пользу; **zum Nachteil [zum Schaden] ~** служить [идти] во вред; приносить вред; **zum Vergnügen ~** доставлять удовольствие

geréimt *a* рифмованный

geréizt *a* раздражённый

Geréiztheit *f* - раздражительность, раздражение; озлобление

geréuen: es geréut mich, daß... я раскаиваюсь в том, что..., **es gereut ihn dessen** он раскаивается в этом, он (со)жалеет об этом

Gerícht I *n* -(e)s, -e блюдо, кушанье; **die ~e auftragen*** подавать блюда [кушанья]

Gerícht II *n* -(e)s, -e суд; **das Oberste ~** Верховный суд; **beim ~(e)** в суде; **von ~s wegen** судебным порядком; **eine Sache vor ~ bringen*** возбуждать дело в суде; **über jmdn. zu ~ sitzen*** судить кого-л.; **zu ~ sitzen*** заседать в суде; **das Jüngste ~** *рел.* страшный суд

gerichtlich I *a* судебный; **eine ~e Verhandlung** слушание дела в суде; **auf ~em Wege** судебным порядком; II *adv* по суду, судебным порядком; **gegen jmdn. ~ vorgehen*** подавать в суд на кого-л.

Geríchts‖barkeit *f* - подсудность; юрисдикция; **jmds. ~ unterworfen sein, unter jmds. ~ stehen*** быть подсудным кому-л.

Geríchts‖behörde *f* -, -n суд, судебная инстанция

Geríchts‖beisitzer *m* -s, - (судебный) заседатель

Geríchts‖fall *m* -(e)s, -fälle судебное дело

Geríchts‖hof *m* -(e)s, -höfe суд, судебная палата; трибунал

Geríchts‖stand *m* -(e)s подсудность

Geríchts‖urteil *n* -(e)s, -e приговор [решение] суда

Geríchts‖verfahren *n* -s, - судопроизводство, судебное разбирательство

Geríchts‖verhandlung *f* -, -en судебное разбирательство, судебный процесс

Geríchts‖vollzieher *m* -s, - судебный исполнитель

Geríchts‖wesen *n* -s суд, судоустройство

gerieben I *part* II *от* **reiben***; II *a разг.* хитрый, пронырливый; **ein ~er Kerl [Kunde]** пройдоха, тёртый калач, стреляный воробей

gering I *a* малый, незначительный, ничтожный; низкий; дешёвый *(о сорте)*; **nicht das ~ste** ровно ничего; **das ist nicht meine ~ste Sorge** это не последняя моя забота; II *adv* мало, незначительно; **nicht im ~sten** ничуть, нисколько, ничуть не бывало; **von jmdm. ~ denken*** быть невысокого мнения о ком-л.; **~ gerechnet** по меньшей мере

gering‖achten *vt* считать неважным *(что-либо)*, пренебрегать *(чем-л.)*

geringfügig *a* маловажный, незначительный; пустой; скудный *(о пище)*

Geringfügigkeit *f* -, -en 1. маловажность, незначительность; 2. пустяк, безделица

gering|schätzen *vt* пренебрегать *(кем-л., чем-л.)*; презирать, не уважать *(кого-л., что-л.)*
geringschätzig I *a* пренебрежительный, презрительный; II *adv* свысока, пренебрежительно, презрительно
Gering||schätzung *f* -, -en пренебрежение, презрение, неуважение
Geringste *subst n*: **er beachtet auch das ~** он обращает внимание даже на мелочи; **es entgeht ihm nicht das ~** от него ничего не ускользнёт
gerinnen* *vi* (s) свёртываться *(о молоке, крови)*, застывать, твердеть, сгущаться; **das Blut gerann ihm vor Schreck** от страха у него кровь в жилах застыла
Gerinnen *n* -s свёртывание *(крови)*, отвердение *(жидких тел)*
Gerinnsel *n* -s, - сгусток
Gerippe *n* -s, - скелет; остов, каркас
gerippt *a* ребристый, желобчатый; **~er Stoff** рубчатая материя
gerissen I *part* II *от* reißen*; II *a* **1.** рваный; **~e Wunde** рваная рана; **2.** пробивной, хитрый, ловкий; бывалый
Gerissenheit *f* - пронырливость, ловкость, хитрость
geritten *part* II *от* reiten*
Germánen *pl* германцы *(древние племена индоевропейской языковой группы, обитавшие в 1 в. до н. э. между Сев. и Балтийским морями, Рейном, Дунаем и Вислой и в Юж. Скандинавии)*
Germánentum *n* -(e)s *ист.* германские племена, германцы; германская культура
Germánia *f* - Германия *(скульптура женщины, олицетворяющей Германию)*
germánisch *a* германский
Germanisches Nationalmuseum in Nürnberg *n* -s Германский национальный музей в Нюрнберге *(хранит богатые собрания произведений нем. культуры и искусства)*
Germanístik *f* - *фил.* германистика, германская филология
Germar Гéрмар *(муж. имя)*
Germund Гéрмунд *(муж. имя)*
gern(e) *adv (comp* lieber, *superl* am liebsten) охотно, с удовольствием; **jmdn., etw. ~ haben** любить кого-л., что-л.; **~ oder un~** волей-неволей
Gernegroß *m* -, -en хвастун, выскочка
Gernot Гéрнот *(муж. имя)*
Gero Гéро *(муж. имя)*
geróchen *part* II *от* riechen*
Gerold Гéрольд *(муж. имя)*

Gerolf Гéрольф *(муж. имя)*
Geroll *n* -(e)s раскатистый гул [шум]; раскаты *(грома)*; рокот *(волн)*
Geröll *n* -(e)s, -e **1.** галька; **2.** осыпь
geronnen I *part* II *от* rinnen* *и от* gerinnen*; II *a* свернувшийся *(о крови)*
geröstet *a* жареный; **~e Brotschnitten** гренки
Gerste *f* - ячмень
Gersten||grütze *f* - **1.** ячневая крупа; **2.** ячневая каша
Gersten||korn *n* -(e)s, -körner **1.** ячменное зерно; **2.** *мед.* ячмень
Gerta Гéрта *(жен. имя)*
Gerte *f* -, -n прут, хлыст; хворостина
Gertraud Гéртрауд *(жен. имя)*
Gertráude Гертрáуда *(жен. имя)*
Gertrud Гéртруд *(жен. имя)*
Gertrúde Гертрýда *(жен. имя)*
Gerúch *m* -(e)s, Gerüche **1.** обоняние, чутьё; **2.** запах; **übler ~** зловоние, дурной запах; **3.** слава, репутация; **in üblen [schlechten] ~ kommen** пользоваться дурной славой [репутацией]
gerúchlos, gerúchsfrei *a* без запаха
Geruchs||sinn *m* -(e)s обоняние, чувство обоняния; **scharfer [feiner] ~** тонкое обоняние [чутьё]
Gerücht *n* -(e)s, -e слух, молва, толки; **es geht ein ~ (um), daß...** ходит слух, что..., говорят, что...; **ein ~ verbreiten** распространить слух
gerüchtweise *adv* по слухам
gerúfen *part* II *от* rufen*
gerúhen *vi ирон.* (со)изволять, благоволить
gerúhig, gerúhsam *a* спокойный, флегматичный
Gerümpel *n* -s хлам, рухлядь
gerúngen *part* II *от* ringen*
Gerüst *n* -(e)s, -e помост; леса; остов
Gesa/Gese Гéза *(жен. имя)*
gesálzen I *part* II *от* salzen*; II *a* **1.** солёный, засоленный; **2.**: **ein ~er Witz** солёная [фривольная] острота; солёный [фривольный] анекдот; **die Preise sind ~** цены кусаются
gesámmelt *a* **1.** собранный, соединённый; **~e Werke** собрание сочинений; **2.** сосредоточенный
gesámt *a* целый, весь, общий; **im ~en** в совокупности, в целом; всего, итого
Gesámt||ansicht *f* - общий вид
Gesámt||ausgabe *f* -, -n **1.** полное собрание сочинений; **2.** *pl* общий расход
Gesámt||betrag *m* -(e)s, -träge общая сумма
Gesámt||eindruck *m* -(e)s, -drücke общее впечатление

Gesámt∥einkommen *n* -s, -; **Gesámt∥einnahme** *f* -, -n эк. валовой доход
Gesámt∥ergebnis *n* -ses, -se итоговый [окончательный] результат
Gesámt∥ertrag *m* -(e)s, -träge общая сумма доходов
Gesámtheit *f* - совокупность; всё в целом; **in seiner ~, als ~** в целом
Gesámt∥hochschule *f* -, -n общий институт *(тип вуза в ФРГ, где подготовка специалистов ведётся по специальностям различного профиля)*
Gesámt∥leistung *f* -, -en 1. общая мощность [производительность]; 2. общая успеваемость *(учащихся)*
Gesámt∥produkt *n* -(e)s, -e эк. валовой продукт
Gesámt∥punktzahl *f* - спорт. общее количество баллов [очков]
Gesámtschule *f* -, -n общая школа *(тип общеобразоват. школы в ФРГ, объединяющей под единым руководством главную школу, реальную школу и гимназию)*
Gesámt∥stärke *f* - воен. общая численность
Gesámt∥umfang *m* -(e)s, -fänge общий объём
Gesámt∥umsatz *m* -(e)s, -sätze общий оборот
Gesámt∥wert *m* -(e)s общая стоимость; **im ~ von...** (D) общей стоимостью в...
gesándt *part II om* **senden***
Gesándte *subst m* -n, -n посланник
Gesándtin *f* -, -nen 1. посланник *(женщина)*; 2. жена посланника
Gesándtschaft *f* -, -en посольство, миссия
Gesáng *m* -(e)s, -sänge пение; песня, песнь
Gesäß *n* -es, -e 1. зад, седалище; 2. сиденье *(стула)*
gesättigt *a* 1. сытый; *хим.* насыщенный
Geschädigte *subst m, f* -n, -n *юр.* потерпевший, -ая, пострадавшее лицо
gescháffen *part II om* **schaffen*** I
Geschäft *n* -(e)s, -e 1. дело, занятие; 2. сделать какое-л. дело; 2. сделка, торговая операция; **mit jmdm. ins ~ treten***; вступить в деловые отношения с кем-л.; 3. фирма, предприятие; магазин, торговый дом
Geschäfte∥macher *m* -s, - делец; спекулянт
geschäftig *a* деятельный, хлопотливый, трудолюбивый
Geschäftigkeit *f* - 1. хлопотливость; 2. деловитость; оборотливость

geschäftlich *a* I деловой; торговый; II *adv* по делам, по делу *(уехать и т. п.)*
Geschäfts∥abkommen *n* -s, - деловое соглашение
Geschäfts∥abschluß *m* -sses, -schlüsse деловая сделка
Geschäfts∥angelegenheit *f* -, -en дело; **er hat eine ~** у него дело, он пришёл по делу
Geschäfts∥führer *m* -s, - управляющий делами; заведующий торговой фирмой; коммерческий директор
Geschäfts∥führung *f* - делопроизводство
Geschäfts∥jahr *n* -(e)s, -e отчётный год; хозяйственный год
Geschäfts∥mann *m* -(e)s, -leute делец, коммерсант
geschäftsmäßig I *a* 1. деловой *(о тоне, об отношениях)*; 2. формальный; II *adv* 1. по-деловому; 2. формально
Geschäfts∥ordnung *f* -, -en 1. регламент, распорядок; **zur ~** к порядку ведения собрания; **aus der ~ fallen*** нарушить регламент; 2. устав предприятия
Geschäfts∥reisende *subst m* -n, -n коммивояжёр
Geschäfts∥teilhaber *m* -s, - компаньон, совладелец
Geschäfts∥träger *m* -s, - полномочный представитель
geschäftstüchtig *a* дельный, оборотливый, оперативный
Geschäfts∥verkehr *m* -(e)s деловые связи [отношения]
gescháh *impf om* **geschehen***
geschéhen* *vi* (s) происходить, случаться, совершаться; **was soll damit ~?** что с этим делать?; **etw. ~ lassen*** допускать что-л., не препятствовать чему-л.; **es ist ihm recht ~** поделом ему, он получил по заслугам; **es ist um meine Ruhe ~** я лишился покоя; **es ist um ihn ~** он погиб, он пропал
Geschéhen *n* -s событие; **~ im Bild** фотохроника *(раздел в журнале)*
Geschéhnis *n* -ses, -se происшествие, событие, случай
geschéit *a* умный, разумный, смышлёный, толковый; рассудительный; **ein ~er Kopf** умница, толковый человек; **~er Einfall** остроумная идея; **daraus kann man nicht ~ werden** тут ничего не поймёшь
Geschénk *n* -(e)s, -e подарок, дар *(für, an A кому-л.)*; **zum ~** в подарок *(получить и т. п.)*; **etw. zum ~ machen** дарить что-л.; **jmdn. mit ~en überschütten** задаривать кого-л.

Geschénk‖artikel *pl* подарки, предметы для подарков
geschénkt *a* 1. дарёный; 2. даровой
Geschíchte *f* 1. -, -n история, происшествие; **das ist eine alte ~!** это старая история [песня]!; **immer dieselbe ~!** вечно одно и то же!; **mach keine ~n!** не валяй дурака!; 2. -, -n история, рассказ, повесть; 3. - история *(наука)*
geschíchtet I *a* слоистый; II *adv* слоями
geschíchtlich *a* исторический; историчный
Geschíchts‖fälscher *m* -s, - фальсификатор истории
Geschíck I *n* -(e)s, -e судьба, рок; **sich in sein ~ ergeben*** покориться своей судьбе, примириться со своей участью
Geschíck II *n* -(e)s, -e ловкость, мастерство, сноровка, умение; ◇ **er hat weder ~ noch Gelenk** он ни к чему не способен
Geschícklichkeit *f* - *см.* Geschick II
Geschícklichkeits‖künstler *m* -s, - жонглёр
geschíckt *a* искусный, ловкий, умелый; **in ~er Weise** искусно
geschíeden I *part* II *от* scheiden*; II *a* разведённый; **wir sind ~** мы разведены; между нами всё кончено
geschíenen *part* II *от* scheinen*
Geschírr *n* -(e)s, -e 1. посуда; 2. сбруя; **dem Pferde das ~ anlegen** надеть сбрую на лошадь; 3. приспособление, прибор; ◇ **sich ins ~ werfen* [legen]** горячо взяться за дело, усердствовать
Geschírr‖abwaschmaschine *f* -, -n посудомоечная машина
Geschírr‖macher *m* -s - шорник, седельник
Geschírr‖spüler *m* -s, - посудомоечная машина
geschláfen *part* II *от* schlafen*
geschlágen *part* II *от* schlagen*
Geschlámpe *n* -s 1. неряшливость; 2. небрежность, халатность
Geschlécht *n* -(e)s, -er 1. род, поколение; **die zukünftigen ~er** грядущие поколения; 2. *биол.* пол; **das schöne [schwache] ~** прекрасный [слабый] пол; 3. *грам.* род
Geschléchter‖folge *f* -, -n поколение, смена поколений
geschléchtlich *a* 1. родовой; 2. половой
geschléchtlos *см.* geschlechtslos
Geschléchts‖krankheit *f* -, -en венерическая болезнь
geschléchtslos *a* бесполый
Geschléchts‖reife *f* - половая зрелость
Geschléchts‖verkehr *m* -(e)s половые сношения

Geschléchts‖wahl *f* - *биол.* половой отбор [подбор]
Geschléchts‖wort *n* -(e)s, -wörter *грам.* артикль
geschlíchen *part* II *от* schleichen*
geschlíffen I *part* II *от* schleifen*; II *a* 1. шлифованный; 2. отточенный, точёный
Geschlínge *n* 1. -s, - потроха, ливер; 2. -s сплетение
geschlíssen *part* II *от* schleißen*
geschlítzt *a* с прорезом
geschlóssen I *part* II *от* schließen*; II *a* 1. закрытый, замкнутый; **~e Vorstellung** закрытое представление; **~e Ordnung** *воен.* сомкнутый строй; 2. сплочённый, единый *(о фронте и т. п.)*; III *adv* сплочённо, единодушно
Geschlóssenheit *f* - 1. сплочённость; 2. замкнутость
geschlúngen *part* II *от* schlingen*
Geschmáck *m* -(e)s, -schmäcke вкус; **nach meinem ~** в моём вкусе; **an etw. (D) ~ finden* [bekommen*, gewinnen*]** пристраститься, приохотиться к чему-л.; **an jmdm. ~ finden* [bekommen*, gewinnen*]** почувствовать расположение [симпатию] к кому-л.; **in den ~ von etw. (D) kommen*** войти во вкус чего-либо; **dem ~ nicht zusagen** быть не по вкусу; ◇ **über den ~ läßt sich nicht streiten** *посл.* ≡ о вкусах не спорят
geschmáckfrei *a* не имеющий привкуса
geschmácklich *adv* во вкусовом отношении
geschmácklos *a* безвкусный
Geschmáck‖losigkeit *f* - 1. безвкусица; 2. -, -en пошлость
Geschmáck‖prüfer *m* -s, - дегустатор
Geschmácks‖sinn *m* -(e)s вкус, чувство вкуса
geschmáckvoll *a* со вкусом
geschmáckwidrig *a* неприятный на вкус
Geschmátze *n* -s чавканье; чмоканье
geschméichelt *a* *(über A)* польщённый *(чем-л.)*
Geschméide *n* -s, - драгоценности; ожерелье
geschméidig *a* 1. гибкий, мягкий; эластичный; 2. податливый, покорный
Geschméidigkeit *f* - 1. гибкость, эластичность; мягкость, упругость; 2. податливость, покорность
geschmíssen *part* II *от* schmeißen*
Geschnátter *n* -s 1. кряканье, гоготанье; 2. *разг.* болтовня
geschníegelt *a* расфранчённый; ◇ **~ und gebügelt** *разг.* одетый с иголочки

geschnítten *part* II *от* schneiden*
Geschnörkel *n* -s, - завиток, росчерк
Geschnüffel *n* -s 1. фырканье; сопение; 2. *разг.* шпионство; выведывание, разнюхивание
geschóben *part* II *от* schieben*
geschólten *part* II *от* schelten*
Geschöpf *n* -(e)s, -e создание; существо; творение
geschóren *part* II *от* scheren*
Geschóß I *n* -sses, -sse снаряд; *поэт.* стрела
Geschóß II *n* -sses, -sse этаж; ярус
Geschóß‖**bahn** *f* -, -en *воен.* траектория снаряда
geschóssen *part* II *от* schießen*
geschráubt *a* вычурный, напыщенный; неестественный, принуждённый
Geschráubtheit *f* - напыщенность; натянутость, неестественность, принуждённость
Geschréi *n* -(e)s крик(и); ~ erhében* [máchen] поднять крик; ⋄ viel ~ und wenig Wolle *посл.* ≡ много шуму, а мало толку
Geschréibsel *n* -s 1. каракули, пачкатня, мазня; 2. писанина, бумагомарание
geschríeben *part* II *от* schreiben*
geschríe(e)n *part* II *от* schreien*
geschrítten *part* II *от* schreiten*
geschrócken *part* II *от* schrecken*
geschúlt *a* обученный, квалифицированный
geschúnden *part* II *от* schinden*
Geschüttel *n* -s тряска
Geschütz *n* -es, -e *воен.* орудие; **weittragendes** ~ дальнобойное орудие
Geschütz‖**bedienung** *f* -, -en орудийный расчёт
Geschütz‖**staffel** *f* -, -n *воен.* огневой взвод батареи
geschwächt *a* ослабленный; ослабевающий
Geschwáder *n* -s, - *мор.* эскадра; *ав.* авиаэскадра *(состоит из 27 самолётов)*
Geschwätz *n* -es, -e болтовня
geschwätzig *a* болтливый
geschwéift *a* изогнутый; ~e **Klammern** фигурные скобки
geschwéige: ~ (denn) не говоря уже о...; тем не менее; **ich habe ihn überhaupt nicht gesehen,** ~ (denn) **gesprochen** я его вообще не видел, тем более не мог с ним говорить
geschwíegen *part* II *от* schweigen*
geschwínd *a* проворный, быстрый, скорый
Geschwíndigkeit *f* -, -en 1. скорость, быстрота; **eine große** ~ **entwickeln** развить большую скорость; ~ **herábsetzen** уменьшить скорость; **in aller** ~ как можно скорее; 2. *спорт.* темп
Geschwíndigkeits‖**messer** *m* -s, - спидометр, измеритель скорости, тахометр
Geschwíster *pl* братья и сёстры; **wir sind** ~ мы брат и сестра
geschwísterlich I *a* братский; II *adv* по-братски
geschwóllen I *part* II *от* schwellen*; II *a* 1. опухший, отёчный, вздутый; 2. напыщенный, высокопарный
geschwómmen *part* II *от* schwimmen*
geschwóren I *part* II *от* schwören*; II *a* заклятый
Geschwórene *subst m, f* -n, -n присяжный (заседатель)
Geschwúlst *f* -, -schwülste опухоль; **eine gutartige [bösartige]** ~ доброкачественная [злокачественная] опухоль; **die** ~ **geht zurück** опухоль рассасывается
geschwúnden *part* II *от* schwinden*
geschwúngen *part* II *от* schwingen*
Geschwür *n* -(e)s, -e нарыв, язва, гнойник
geséhen *part* II *от* sehen*
Geséll e *m* -n, -n 1. подмастерье; 2. парень, малый; **lockerer** ~ ветреный малый
geséllen, **sich** *(zu D)* присоединиться (к чему-л.)
Gesél len‖**prüfung** *f* -, -en экзамен на звание подмастерья
gesél lig *a* обходительный, общительный; *разг.* компанейский; **ein** ~**es Beisammensein** дружеская встреча, встреча в кругу друзей; **ein** ~**es Wesen** общительная натура
Gesélligkeit *f* - 1. общительность; обходительность; 2. общение
Gesél lschaft *f* -, -en 1. общество; 2. общество, объединение, союз; 3. общество, товарищество *(торговое)*; ~ **mit beschränkter Haftung** общество с ограниченной ответственностью; 4. общество, компания; **jmdm.** ~ **léisten** составить кому-л. компанию; **eine** ~ **gében*** устроить званый вечер; 5. (светское) общество, свет; **in** ~ **gehen*** выезжать в свет; **in der** ~ **unmöglich werden** не быть принятым в обществе
Gesél lschafter *m* -s, -; ~**in** *f* -, -nen собеседник, -ница; компаньон, -нка
Gesél lschaft für Deutsch-Sowjetische Freundschaft *f* - Общество германо-советской дружбы *(ист. одна из самых массовых организаций ГДР)*

geséllschaftlich I *a* **1.** общественный; коллективный; **2.** светский; II *adv*: ~ **nützliche Arbeit** общественно полезный труд
Geséllschafts∥kleid *n* -es, -er вечернее платье
Geséllschafts∥ordnung *f* -, -en общественный строй
Geséllschafts∥tanz *m* -es, -tänze бальный танец
Geséllschafts∥wissenschaft *f* -, -en наука об обществе
geséllschaftswissenschaftlich *a* общественно-политический, обществоведческий
Geséllschafts∥zimmer *n* -s, - гостиная, общая комната
geséssen *part* II *om* sitzen*
Gesétz *n* -es, -e закон *(über* A *о чём-л.);* **ein ~ erlassen*** издать закон; **das ~ übertreten* [verletzen], gegen das ~ verstoßen*** нарушить закон; **ein ~ auslegen** толковать закон; **das ~ anrufen*** взывать к закону; **kraft des ~es** в силу закона; **im Namen des ~es** именем закона
Gesétz∥buch *n* -(e)s, -bücher кодекс; свод законов
Gesétz∥entwurf *m* -(e)s, -würfe законопроект
Gesétzes∥kraft *f* - *юр.* сила закона
Gesétzes∥vorlage *f* -, -n *см.* Gesetzentwurf; **eine ~ einbringen*** внести законопроект
gesétzgebend *a* законодательный; **die ~e Macht** законодательная власть
Gesétz∥geber *m* -s, -; **~in** *f* -, -nen законодатель, -ница
Gesétzgebung *f* - законодательство
Gesétz gegen die geméingefährlichen Bestrébungen der Soziáldemokratie *n* -es Исключительный закон против социалистов *(принят в Германии в 1878 по инициативе Бисмарка в целях подавления рабочего движения)*
gesétzlich I *a* законный; легальный; II *adv* законно, по закону; легально
gesétzlos *a* беззаконный; неузаконенный
Gesétzlosigkeit *f* - беззаконие
gesétzmäßig I *a* закономерный; законный; II *adv* по закону
Gesétzmäßigkeit *f* - закономерность
gesétzt *a* **1.** степенный, солидный; **2.** предполагаемый; **~ den Fall, daß...** предположим, что...
gesétzwidrig *a* противозаконный
Gesetz zur Behébung der Not von Volk und Reich *n* -es Закон об устранении бедственного положения народа и империи *(официальное назв. закона о чрезвычайных полномочиях, принят в 1933, вскоре после прихода А. Гитлера к власти)*
Geséufze *n* -s стоны и вздохи
Gesícht I *n* **1.** -(e)s, -er лицо; **das steht dir (nicht) zu ~** это тебе (не) идёт к лицу; **ein langes ~ machen** *(zu* D) быть недовольным *(чем-л.);* **ein böses ~ ziehen*** сделать сердитое лицо; **~er schneiden*** гримасничать; **er ist seinem Vater wie aus dem ~ geschnitten** он вылитый отец; **das ~ wahren** сохранять престиж; **2.** -(e)s зрение; **jmdn., etw. zu ~ bekommen*** увидеть кого-л., что-л.; **zu ~ kommen*** попадаться на глаза; **aus dem ~ verlieren*** потерять из виду
Gesícht II *n* -(e)s, -e видение, галлюцинация
Gesíchts∥ausdruck *m* -(e)s, -drücke выражение лица
Gesíchts∥feld *n* -(e)s, -er поле зрения
Gesíchts∥kreis *m* -es, -e горизонт; кругозор
Gesíchts∥pflege *f* - уход за лицом
Gesíchts∥punkt *m* -(e)s, -e точка зрения; **auf dem ~ stehen*** придерживаться точки зрения; **von dem ~ ausgehen*** исходить из точки зрения
Gesíchts∥sinn *m* -(e)s зрение, чувство зрения
Gesíchts∥zug *m* -(e)s, -züge черта лица
Gesíms *n* -es, -e карниз, выступ
Gesínde *n* -s, - прислуга; челядь, дворовые
Gesíndel *n* -s сброд; **lichtscheues ~** тёмные личности
gesínnt *a* *(gegen* A) расположенный *(к кому-л., к чему-л.),* настроенный; **gut ~** благонамеренный; **wie ist er ~?** каковы его взгляды?, как он настроен?
Gesínnung *f* -, -en убеждения, образ мыслей, взгляды; **seine ~ an den Tag legen** показать своё истинное лицо
Gesínnungs∥genosse *m* -n, -n единомышленник
gesínnungslos *a* беспринципный
Gesínnungslosigkeit *f* - беспринципность
gesíttet *a* **1.** воспитанный, благонравный; вежливый; **2.** культурный, цивилизованный
Gesíttung *f* - **1.** (благо)воспитанность, благонравие; вежливость; **2.** культура, цивилизация
gesóffen *part* II *om* saufen*
gesógen *part* II *om* saugen*
gesóndert *a* отдельный, обособленный; **von allen ~** отдельно ото всех
gesónnen *part* II *om* sinnen*
gesótten *part* II *om* sieden*

gespálten *part* II *om* spalten*
Gespánn *n* -(e)s, -e упряжка, запряжка
gespánnt *a* напряжённый, натянутый; **auf etw. (A) ~ sein** с интересом ожидать чего-л.; **mit jmdm. auf ~em Fuße stehen*** быть в натянутых отношениях с кем-л.
Gespánntheit *f* - натянутость, напряжённость
Gespénst *n* -es, -er привидение; призрак; **er sieht überall ~er** ему всюду мерещатся призраки
Gespénster‖bahn *f* -, -en "гешпенстербан" *(аттракцион, рассчитанный на то, чтобы вызвать у посетителей состояние страха)*
gespénsterhaft, gespénstig *a* призрачный; таинственный
gespénstern *vi* ходить [бродить] как призрак
gespérrt I *a* закрытый; загороженный; **~!** проход закрыт!; II *adv:* **~ gedruckt** полигр. напечатанный в разрядку
gespie(e)n *part* II *om* speien*
Gespíel(e) I *n* -s беспрестанная игра
Gespíele II *m* -n, -n; **Gespíelin** *f* -, -nen друг, подруга детства
gespíelt *a* наигранный, напускной
Gespínst *n* -es, -e пряжа; плетение; **ein ~ von Lüge und Betrug** паутина лжи и обмана
gespónnen *part* II *om* spinnen*
Gespött *n* -(e)s насмешка, издевательство; **zum ~ werden** становиться посмешищем
Gespräch *n* -(e)s, -e разговор, беседа; **mit jmdm. ins ~ kommen*** завязать беседу с кем-л.; **sich ins ~ einlassen*** вступить в разговор; **das ~ auf etw. (A) bringen*** завести разговор о чём-л.; **das ~ geht aus** разговаривать больше не о чем; **~e führen** проводить беседы
gesprächig *a* разговорчивый, словоохотливый, болтливый
Gesprächigkeit *f* - словоохотливость, разговорчивость, болтливость
gespréizt *part a* 1. растопыренный; широко расставленный; **~e Lippen** растянутые губы; 2. напыщенный, надутый
Gespréiztheit *f* - напыщенность, чванство
gespréṅkelt *a* пятнистый; в крапинках, с крапинками
gespróchen *part* II *om* sprechen*
gespróssen *part* II *om* sprießen*
gesprúngen *part* II *om* springen*
Gestált *f* -, -en 1. форма, вид, образ; **einer Sache (D) ~ geben*** 1) придать чему-л. форму; 2) придать делу (какой-л.) оборот; **nach ~ der Dinge** смотря по обстоятельствам; 2. фигура, телосложение; **von mittlerer ~** среднего роста; **eine liebliche ~** миловидная внешность
gestálten I *vt* придавать вид *(чему-л.)*, оформлять *(что-л.)*; II **~, sich** принимать вид; складываться, принимать *(какой-л.)* оборот; **bei so gestalteten Umständen** при сложившихся таким образом обстоятельствах
Gestálter *m* -s, - 1. творец; 2. оформитель, изобразитель *(чего-л.)*; 3. *тех.* формовщик
Gestáltlosigkeit *f* - бесформенность, аморфность
Gestáltung *f* -, -en 1. оформление; изображение; 2. вид, форма, очертание; 3. образование *(действие)*; **die ~ der Sommerferien** организация летних каникул
Gestámmel *n* -s 1. лепет; бормотание; 2. заикание, запинка
gestánden *part* II *om* stehen*
Geständnis *n* -ses, -se признание, сознание; **ein ~ ablegen** сознаться *(в своей вине)*; **ein ~ machen** сделать признание
Gestánk *m* -(e)s вонь, смрад, зловоние
Gestápo *f* - гестапо, *см.* Geheime Staatspolizei
gestárkt *a* крахмальный *(воротник)*
gestátten *vt* разрешать, позволять, допускать; **~ Sie!** разрешите!, позвольте!; **ist es gestattet?** можно?, разрешено ли?
Geste <*lat.*> *f* -, -n жест
gestéhen* *vt* сознавать, признавать *(что-либо)*; сознаваться *(в чём-л.)*; **die Wahrheit zu ~** по правде сказать [говоря]; **offen [aufrichtig] gestanden** говоря откровенно
Gestéhungs‖kosten *pl* издержки производства, себестоимость
Gestéin *n* -(e)s, -e камни; горная порода
Gestéll *n* -(e)s, -e остов, каркас; подставка, стеллаж
Gestéllungs‖befehl *f* -(e)s, -e *воен.* мобилизационное предписание, повестка о явке на призывной пункт, приказ о явке
gestern *adv* вчера; **seit ~** со вчерашнего дня; **von ~** вчерашний; **er ist nicht von ~** он бывалый [опытный] человек; ◊ **wir sind nicht von ~** ≅ мы и сами с усами
gestéuert *a* *тех.* управляемый
gestiefelt *a* в сапогах; **der Gestiefelte Kater** Кот в сапогах *(в сказке)*
gestíegen *part* II *om* steigen*
gestikulíeren <*lat.*> *vi* жестикулировать

Gestírn n -(e)s, -e (небесное) светило, созвездие
gestírnt a звёздный, усеянный звёздами, в звёздах
Gestöber n -s, - метель, вьюга
gestóchen part II от stechen*
gestóhlen I part II от stehlen*; II a краденый
Gestöhn n -(e)s стон, стенание
gestórben part II от sterben*
gestößen part II от stoßen*
Gestótter n -s заикание
Gesträuch n -(e)s, -e кустарник, заросль
gestréift a полосатый, в полоску (о ткани)
gestríchelt a (за)штрихованный; пунктирный
gestríchen part II от streichen*
gestríckt a вязаный
gestrig a вчерашний
gestrítten part II от streiten*
Gestrúdel n -s, - водоворот
Gestrüpp n -(e)s, -e заросль, густой кустарник
gestúnken part II от stinken*
gestürzt a опрокинутый; перевёрнутый
Gestüt n -(e)s, -e конный завод
Gesúch n -(e)s, -e прошение, заявление; **ein ~ einreichen** подавать заявление
Gesúchsteller m -s, - податель прошения, заявитель
gesúcht a 1. искомый, нужный; 2. пользующийся спросом (товар); 3. изысканный, вычурный; неестественный, деланный
Gesúdel n -s пачкотня; грязная работа
gesúnd a 1. здоровый, крепкий; **~ werden** выздороветь; **jmdn. ~ machen** вылечить кого-л.; **jmdn. ~ schreiben*** выписать кого-л. на работу (после болезни); 2. здоровый, полезный (для здоровья); 3. перен. здоровый, здравый; ◊ **~er Geist in einem ~en Körper** здоровый дух в здоровом теле
gesúnden vi (s) выздоравливать, поправляться; оправляться (после болезни, несчастья)
Gesúndheit f - здоровье; **~!** будьте здоровы! (при чихании); **eine unerwüstliche ~ haben** иметь железное здоровье; **auf jmds. ~ trinken*** пить за чьё-л. здоровье; **bei guter ~** в полном здравии
gesúndheitlich I a санитарный; гигиенический; **~e Betreuung** здравоохранение; медицинское обслуживание; **~e Einrichtungen** учреждения здравоохранения; II adv в отношении здоровья, для здоровья (благоприятный и т. п.)

Gesúndheits∥**amt** n -es, -ämter учреждение органов здравоохранения
Gesúndheits∥**fürsorge(stelle)** f -, -n диспансер
gesúndheitshalber adv ради здоровья, ради восстановления здоровья
gesúndheitsmäßig: **~ leben** вести здоровый образ жизни
Gesúndheits∥**pflege** f - гигиена (забота о здоровье); **die ~ nicht vernachlässigen** следить за своим здоровьем
gesúndheitsschädlich a вредный для здоровья
Gesúndheits∥**schutz** m -es; **~wesen** n -s здравоохранение
gesúndheitswidrig a антисанитарный
Gesúndheits∥**zustand** m -(e)s, -stände состояние здоровья
Gesúndung f -, -en выздоровление; оздоровление
gesúngen part II от singen*
gesúnken part II от sinken*
getán part II от tun*
Getändel n -s заигрывание; шутки, шалости
getauft a крещёный
geteilt a разделённый, раздельный; **~e Empfindungen** раздвоенные чувства
Getier n -(e)s собир. животные
Getöse n -s гул, шум; рокот; вой (ветра)
getrágen I part II от tragen*; II a 1. поношенный; 2. опирающийся, поддерживаемый; **von höchster Verantwortung ~** движимый сознанием величайшей ответственности
Getrámpel n -s топот
Getränk n -(e)s, -e напиток, питьё; **geistiges ~** спиртной напиток; **ein ~ zu sich (D) nehmen*** выпить что-л.
Getréide n -s, - зерновые культуры; хлеб (в поле, в зерне), жито; **das ~ auf dem Halm** хлеб на корню
Getréide∥**anbaufläche** f -, -n посевная площадь злаковых культур
Getréide∥**aussaat** f - сев зерновых культур
Getréide∥**bau** m -(e)s земледелие, зерновое хозяйство
Getréide∥**beschaffung** f -, -en хлебозаготовки
Getréide∥**darre** f -, -n зерносушилка
Getréide∥**ernte** f -, -n 1. урожайность зерновых культур; 2. уборка урожая зерновых культур
Getréide∥**ertrag** m -(e)s, -träge урожай зерновых культур
Getréide∥**hülsen** pl отруби
Getréide∥**schober** m -s, - скирд(а) хлеба
Getréide∥**schwinge** f -, -n веялка

Getréide∥speicher *m* -s, - зернохранилище; элеватор; амбар
getrénnt *a* раздельный; отдельный; разобщённый
Getrénnt∥schreibung *f* -, -en раздельное написание
Getrénnt∥sein *n* -s раздельность, разобщённость; разлука
getréten *part* II *от* treten*
getréu I *a* 1. верный, преданный; надёжный; 2. верный, точный; **ein ~es Abbild** точный портрет, точное воспроизведение; II *см.* getreulich
getréulich *adv* 1. верно, преданно; надёжно; 2. верно, точно
Getríebe *n* -s, - 1. *тех.* коробка передач, передаточный механизм; передача; 2. движение, оживление
getríeben *part* II *от* treiben*
getróffen I *part* II *от* tréffen*; II *part* II *от* triefen*
getrógen *part* II *от* trügen*
getróst *a* спокойный, уверенный; **er ist nicht ganz ~** он не совсем в своём уме
Getrümmer *n* -s развалины
getrúnken *part* II *от* trinken*
Getúe *n* -s 1. суета, возня; 2. ужимки, жеманство, аффектация
Getümmel *n* -s суматоха, сутолока, возня
getüpfelt, getüpft *a* с крапинками, в крапинках, в точках
Getúschel *n* -s шушуканье
geübt *a* тренированный, опытный; искусный; **ein ~es Auge** намётанный глаз
Geübtheit *f* - тренировка, навык, опытность
Gevátter *m* -s/-n, -n кум; **(zu) ~ stehen*** 1) быть крёстным отцом; 2) помогать в каком-л. деле
Gevátterin *f* -, -nen кума
Gevíert *n* -(e)s, -e 1. четырёхугольник; квадрат; **im ~** в квадрате; **ins ~** в квадрате
Gevögel *n* -s *собир.* птицы, пернатые
Gewächs *n* -es, - 1. растение, растительность; 2. нарост, опухоль
gewáchsen I *part* II *от* wachsen*; II: **einer Sache ~ sein** быть в состоянии сделать что-л.; **jmdm. ~ sein** быть равным кому-л.
Gewáchshaus *n* -es, -häuser оранжерея
gewágt *a* рискованный, смелый, опасный
gewählt *a* 1. избранный (*о произведениях*); 2. избранный (*об обществе*), изысканный
gewáhr: ~ werden (G, A) заметить, обнаружить (*что-л.*)

Gewähr *f* - ручательство, гарантия; залог; **für etw. (A) ~ bieten* [geben*]** гарантировать что-л.; **für jmdn., für etw. (A) ~ leisten** поручаться за кого-л., за что-л.
gewähren *vt, vi* видеть, замечать, обнаруживать (*кого-л., что-л.*)
gewähren *vt* 1. исполнять, удовлетворять (*просьбу и т. п.*); 2. предоставлять, давать (*право, льготу*); **jmdn. ~ lassen*** предоставлять кому-л. свободу действий
Gewährleistung *f* -, -en гарантия, обеспечение
Gewährs∥mann *m* -(e)s, -männer/-leute 1. поручитель; 2. авторитетное лицо, авторитет
Gewált *f* -, -en 1. власть; **jmdn., etw. (A) in seine ~ bekommen*** овладеть кем-л., чем-л., покорить кого-л., что-л.; **sich in der ~ haben** уметь владеть собой; **unter jmds. ~ sein [stehen*]** быть подвластным кому-л.; 2. сила, могущество; **mit ~** сильно, бурно; **die himmlischen ~en** *рел., поэт.* силы небесные; 3. насилие; **mit ~** силой, насильно; **jmdm. ~ antun*** применять насилие к кому-л., насиловать кого-л.
Gewált∥akt *m* -(e)s, -е акт насилия, расправа (*an* D *с кем-л.*)
Gewált∥haber *m* -s, - властелин
Gewált∥herrschaft *f* -, -en деспотизм, тирания
Gewált∥herrscher *m* -s, - деспот, тиран
gewáltig I *a* 1. сильный, могущественный; 2. громадный; II *adv* (очень) сильно; **sich ~ irren [täuschen]** жестоко ошибаться
Gewált∥marsch *m* -(e)s, -märsche *воен.* марш-бросок
gewáltsam I *a* насильственный; II *adv* насильственно
Gewált∥tat *f* -, -en насилие; **eine ~ verüben** совершить насилие
Gewált∥täter *m* -s, - насильник
gewálttätig I *a* насильственный; **~ sein** применять (грубую) силу; II *adv* жестоко, грубо
Gewált∥tätigkeit *f* -, -en насилие, акт насилия; жестокость, грубость
Gewánd *n* -(e)s, -wänder/-е платье, одежда, одеяние; наряд; **im ~е** *перен.* под маской
Gewánd∥haus *n* -es "Гевандхаус" (*концертный зал в Лейпциге, ФРГ*)
gewándt I *part* II *от* wenden*; II *a* ловкий, проворный; искусный, умелый; изворотливый, находчивый (**in** D *в*

чём-л.); **in allen Dingen** ~ мастер на все руки
Gewándtheit f - ловкость, проворство; находчивость, изворотливость
gewánn impf от gewinnen*
gewärtig: ~ **sein** (G) ожидать (кого-л., чего-л.); быть готовым (к чему-л.)
gewärtigen I vt ожидать; II ~, **sich** (G) ожидать (чего-л.); быть готовым (к чему-л.)
gewáschen part II от waschen*
Gewässer n -s, - 1. воды; 2. водный поток; 3. водоём
Gewébe n -s, - 1. тех., биол. ткань; 2. паутина; 3. сетка (фехтовальной маски)
gewéckt a бойкий, развитой, смышлёный
Gewéhr n -s, -e винтовка, ружьё; **doppelläufiges** ~ двуствольное ружьё; ~ **bei Fuß!**, ~ **ab!** к ноге! (команда); **über!**, **auf!** на плечо! (команда); **an die** ~**e!** в ружьё! (команда); **das** ~ **anlegen** взять ружьё на изготовку, прицелиться; **das** ~ **abfeuern** выстрелить из винтовки; **präsentiert das** ~**!** на караул! (команда)
Gewéhr‖griff m -(e)s, -e ружейный приём
Gewéhr‖kolben m -s, - приклад (винтовки)
Gewéhr‖lauf m -(e)s, -läufe ствол (винтовки)
Gewéih n -s, -e (оленьи) рога
Gewérbe n -s, - промысел, ремесло, занятие; **Handel und** ~ торговля и промысел; **ein** ~ **(be)treiben*** [**ausüben**] заниматься промыслом [ремеслом]
Gewérbe‖schule f -, -n ремесленное училище
gewérbetreibend a занимающийся промыслом [ремеслом]
Gewérbetreibende subst m, f -n, -n ремесленник, -ница
gewérblich a 1. промышленный, промысловый; ремесленный; технический; 2. профессиональный
gewérbsmäßig a профессиональный
Gewérkschaft f -, -en профессиональный союз, профсоюз; **einer** ~ **angehören** быть членом профсоюза
gewérkschaftlich a профсоюзный
Gewérkschafts‖beitrag m -(e)s, -träge профсоюзный взнос
Gewérkschafts‖funktionär m -s, -e профсоюзный работник
Gewérkschafts‖jugend f - Профсоюзная молодёжь (организация профсоюзной молодёжи в ФРГ, находится под влиянием социал-демократов)

gewésen I part II от sein*; II a бывший
gewíchen part II от weichen*
Gewícht n -(e)s, -e 1. вес; тяжесть (von D чего-л.); 2. гиря; 3. вес, влияние, важность; **von** ~ **sein** иметь большой вес [значение]; **auf etw.** (A) ~ **legen, einer Sache** (D) ~ **beimessen*** придавать значение чему-л.; 4. спорт.: **das** ~ **fixieren** зафиксировать штангу
gewíchtig a 1. тяжёлый, полновесный; 2. веский, важный; **ein** ~**er Grund** уважительная причина
Gewíchts‖ausfall m -(e)s, -fälle недостача в весе
Gewíchts‖ausschlag m -(e)s, -schläge излишек веса
Gewíchts‖einheit f -, -en весовая единица, единица веса
Gewíchts‖klasse f -, -en спорт. весовая категория
Gewíchtverschütten n -s ком. утруска
gewíegt a очень опытный, искусный, ловкий
Gewíeher n -s 1. ржание; 2. груб. громкий хохот
gewíesen part II от weisen*
gewíllt a намеревающийся (что-л. сделать); готовый (к чему-л.); ~ **sein** 1) намереваться; 2) соглашаться (что-л. сделать); **sich** ~ **zeigen** проявлять желание (что-л. сделать)
Gewímmel n -s толпа; толкотня
Gewímmer n -s рыдания, плач, стоны
Gewínde n -s, - 1. венок, гирлянда; 2. тех. резьба, нарезка
Gewínn m -(e)s, -e 1. выигрыш; **einen** ~ **machen** выиграть; 2. прибыль, доход, выгода, польза; ~ **abwerfen*** [**abführen**] давать прибыль, быть рентабельным; **aus etw.** (D) ~ **ziehen*** извлекать из чего-л. пользу [выгоду]; 3. тех. добыча
Gewínn‖abführung f -, -en ком. налог с прибыли
Gewínn‖abgabe f -, -n отчисление от прибыли
Gewínn‖anleihe f -, -n выигрышный заём
Gewínn‖anteil m -(e)s, -e доля прибыли
gewinnbringend a 1. прибыльный, доходный; 2. выгодный
gewínnen* I vt 1. (von D) выигрывать (у кого-л.); **das Große Los** ~ выиграть главный выигрыш; 2. тех. добывать; 3. получать, приобретать (выгоду, влияние и т. п.); **den Eindruck** ~ получить впечатление; **Vorsprung** ~ получить преимущество, обогнать кого-л.; **die Oberhand über jmdn.** ~ взять верх над кем-л.; 4. (**für** A) склонять (к чему-л.,

на что-л.), привлекать, заинтересовывать *(чем-л.)*; **jmdn. für sich ~** склонять кого-л. на свою сторону; II *vi* **1.** *(an* D, **bei** D) выиграть *(в каком-л. отношении);* **die Sache gewinnt an Klarheit** дело становится яснее; **2.** *(von* D) извлекать выгоду, пользу *(из чего-л.)*

Gewínner *m* -s, - **1.** выигравший; **2.** номер, на который пал выигрыш

Gewínn∥liste *f* -, -n таблица выигрышей

Gewínn∥sucht *f* - корыстолюбие, жадность

gewínnsüchtig *a* корыстный, корыстолюбивый, жадный

Gewínnung *f* -, -en добывание, получение

Gewínsel *n* -s визг

Gewírr *n* -(e)s путаница, хаос *(звуков);* суматоха

gewíß I *a* **1.** верный, непременный, определённый; **ich bin meiner Sache ~** я уверен в успехе своего дела; **2.** некий, некоторый, определённый, известный; **ein gewisser Müller** некий [некто] Мюллер; **ein gewisses Etwas** нечто трудно уловимое; II *adv* верно, наверно(е), конечно, несомненно; твёрдо *(знать и т. п.);* **~ doch!** как же!; **ganz ~** непременно; **~ und wahrhaftig!** честное слово!

Gewíssen *n* -s, - совесть; **jmdm. ins ~ reden** взывать к чьей-л. совести; **etw. auf dem ~ haben** иметь что-л. на совести; **das ~ schlug ihm [regte sich in ihm]** в нём заговорила совесть; ◊ **ein gutes ~ ist das beste Ruhekissen** *посл.* ≅ спокоен тот, у кого совесть чиста

gewíssenhaft *a* добросовестный

Gewíssenhaftigkeit *f* - добросовестность

gewíssenlos *a* бессовестный, недобросовестный

Gewíssenlosigkeit *f* - бессовестность, недобросовестность

Gewíssens∥bisse *pl* угрызения совести

Gewíssens∥regung: ohne jede ~ без зазрения совести

gewíssermaßen *adv* до некоторой степени, в известной степени, некоторым образом

Gewíßheit *f* -, -en уверенность; достоверность; **zur ~ werden** подтвердиться; **die ~ haben** быть уверенным

Gewítter *n* -s, - гроза; **ein drohendes ~** надвигающаяся гроза; **das ~ entlud sich** разразилась гроза; **das ~ zieht vorüber** гроза проходит; **wir bekommen heute ~** сегодня будет гроза

gewíttern *vimp:* **es gewittert** разразилась гроза

Gewítter∥schwüle *f* - духота перед грозой

gewítzigt *a* умудрённый [наученный] опытом; **durch Schaden ~** наученный горьким опытом

gewítzt *a* хитрый, хитроумный

gewóben *part* II *от* **weben***

gewógen I *part* II *от* **wägen*** *и* **wiegen***; II *a:* **jmdm. ~ sein** хорошо относиться к кому-л.

Gewógenheit *f* - благосклонность, благоволение, расположение

ge∣wöhnen I *vt (an* A) приучать *(кого-л. к чему-л.);* **er ist daran gewöhnt** он к этому привык; II **~, sich** *(an* A) привыкать *(к чему-л.)*

Gewóhnheit *f* -, -en привычка, обычай; навык; **aus ~** по привычке; **zur ~ werden** войти в привычку; **von seiner ~ abgehen*** отказаться от своей привычки

Gewóhnheits∥dieb *m* -(e)s, -e вор-профессионал

gewóhnheitsgemäß *adv* обычно

gewóhnheitsmäßig I *a* привычный; II *adv* по привычке

gewöhnlich I *a* **1.** обыкновенный, обычный; **2.** обыкновенный, заурядный; вульгарный, пошлый; **ein ~er Sterblicher** простой смертный; II *adv* обыкновенно, обычно; **wie ~** как обычно, как всегда; **für ~** обычно, большей частью

gewöhnt *a* привычный; **~ sein** иметь привычку; **ich bin es ~** я к этому привык; **auf ~e Weise** привычным образом, привычно

gewöhnt *part a (an* A) привыкший, приученный *(к чему-л.)*

Gewöhnung *f* -, -en **1.** приучение; **2.** привычка

Gewölbe *n* -s, -**1.** свод; **2.** подвал, склеп

gewölbt *a* сводчатый; выпуклый; **eine ~e Stirn** выпуклый [высокий] лоб

gewónnen *part* II *от* **gewinnen***

gewórben *part* II *от* **werben***

gewórden *part* II *от* **werden***

gewórfen *part* II *от* **werfen***

gewórren *part* II *от* **wirren***

gewrúngen *part* II *от* **wringen***

Gewühl *n* -(e)s давка, сутолока

gewúnden I *part* II *от* **winden***

gewúnden II *a* **1.** плетёный; **2.** извилистый; изогнутый

gewünscht *a* желанный, желаемый

gewürfelt *a* **1.** клетчатый; **2.** *бот.* пёстрый

Gewürz *n* -es, -e пряности

gewürzt *a* **1.** приправленный *(пряностями);* **2.** *перен.* с изюминкой

gewúßt *part* II *om* **wissen***
gezáckt *a* зубцами, с зубцами; зубчатый; зубцами *(о кружевах)*
gezähnt *a* зубчатый
Gezänk *n* -(e)s брань, перебранка; *(постоянные)* ссоры
gezéichnet *a* 1. меченый *(тж. об атомах)*; 2. краплёный *(карты)*
Gezéiten *pl* прилив и отлив *(морской)*
Gezéter *n* -s крики, вопли; **leidiges ~** раздражающие крики
Geziefer *n* -s 1. вредные насекомые, паразиты; 2. мелкий домашний скот
geziehen *part* II *om* **zeihen***
geziemen *vi*, *vimp* и **~**, **sich** подобать, приличествовать; **es geziemt sich** следует, подобает; **die Ausdrücke ~ sich nicht** это неподобающие выражения; **ihm geziemt Milde** с ним следует обращаться мягко, нестрого
geziert *a* жеманный, манерный, чопорный, церемонный; напыщенный *(стиль)*
gezógen *part* II *om* **ziehen***
Gezücht *n* -(e)s, -e порода, племя; *груб.* отродье
Gezwítscher *n* -s щебет, щебетание, чириканье
gezwúngen I *part* II *om* **zwingen***; II *a* принуждённый, натянутый
gezwúngenermaßen *adv* поневоле
Ghana ['ga:-] *(n)* -s Гана *(гос-во в Зап. Африке)*
ghanáisch *a* ганский
Gibráltar *(n)* -s Гибралтар *(п-в на юж.-испанском побережье)*
Gicht *f* - подагра
gichtbrüchig, gichtisch *a* подагрический
Gideon Гидеон *(муж. имя)*
Giebel *m* -s, - *стр.* фронтон
Giebel‖dach *n* -(e)s, -dächer остроконечная двускатная крыша
Gier *f* - *(nach* D, *auf* A*)* жадность, алчность *(к чему-л., до чего-л.)*
gieren I *vi (nach* D*)* жаждать *(славы и т. п.)*; II *vi ав., мор.* рыскать, уклоняться от курса
gierig *a (nach* D, *auf* A*)* жадный, алчный *(к чему-л., до чего-л.)*
Gieß‖bach *m* -(e)s, -bäche бурный (горный) ручей; поток
gießen* I *vt* 1. лить, наливать; **Blumen ~** поливать цветы; 2. *тех.* отливать, разливать; II *vimp*: **es gießt in Strömen** (дождь) льёт как из ведра
Gießer *m* -s, - литейщик
Gießeréi *f* -, -en 1. литейный завод [цех]; 2. литейное производство

Gift *n* -(e)s, -e яд, отрава; **darauf kann man ~ nehmen*** за это можно ручаться; ◊ **~ und Galle speien* [spucken]** ≅ рвать и метать
Gift‖baum *m* -(e)s, -bäume *бот.* анчар
Gift‖gas *n* -es, -e ядовитый газ, отравляющее вещество
gifthaltig *a* содержащий яд
giftig *a* 1. ядовитый, отравленный; 2. *мед.* токсический; 3. язвительный, ехидный; **eine ~e Zunge** злой язык; **auf jmdn. ~ sein** питать злобу к кому-л.
Giftigkeit *f* - 1. ядовитость; 2. *мед.* токсичность; 3. язвительность, ехидство
Gift‖otter *f* -, -n гадюка
Gilde *f* -, -n *ист.* гильдия, корпорация
gilt *präs om* **gelten***
Gimpel *m* -s, -1. снегирь; 2. *разг.* простофиля
Gin [dʒin] <*lat.-fr.-niederl.-engl.*> *m* -s, -s джин, можжевельная водка
ging *impf om* **gehen***
Gipfel *m* -s, - 1. верх; вершина, верхушка; *перен.* апогей; **~ der Vollendung** вершина совершенства; 2. встреча на высшем уровне
Gipfel‖konferenz *f* -, -en совещание на высшем уровне
gipfeln *vi* достигать высшей точки [апогея]; **sein Lebenswerk gipfelt in...** (D) вершиной его творчества является...
Gipfel‖punkt *m* -(e)s, -e высшая точка [степень]; кульминационный пункт, апогей
Gipfel‖treffen *n* -s, - встреча на высшем уровне
Gips <*semit.-gr.-lat.*> *m* -es, -e гипс; **das Bein in ~ legen** накладывать гипс на ногу
gipsen <*semit.-gr.-lat.*> *vt* 1. *стр.* покрывать гипсом; гипсовать *(тж. с.-х.)*; 2. *мед.* наложить гипсовую повязку
Giraffe <*arab.-it.*> *f* -, -n 1. жираф; 2. *кино* микрофонный журавль
Girl [gə:(r)l] <*engl.*> *n* -s, -s 1. девушка; 2. участница танцевальной группы
Giro ['ʒi:-] <*gr.-lat.-it.*> *n* -s, -s 1. *ком.* жиро, индоссамент; 2. *ком.* жирооборот, безналичный расчёт
girren *vi* ворковать
Gisbert Гисберт *(муж. имя)*
Gisbérta Гисберта *(жен. имя)*
Gischt *m* -es, -e пена, брызги *(волн)*
Gisela Гизела *(жен. имя)*
Giselbert Гизельберт *(муж. имя)*
Giselbérta Гизельберта *(жен. имя)*
Giselher Гизельхер *(муж. имя)*

Giselmar Гизельмар *(муж. имя)*
Gitta/Gitte Гитта *(жен. имя)*
Gitter *n* -s, - 1. решётка; **hinter dem ~ sitzen*** сидеть за решёткой; 2. *радио* сетка *(катодной лампы)*
gitterförmig *a* решётчатый
Glace [glaˈse] <*lat.-fr.*> I *f* -, -s [glaːs] 1. сахарная глазурь; 2. мороженое; 3. желе *(мясное)*
Glacé [glaˈse:] <*lat.-fr.*> II *n* -/-s, -s 1. лайка *(кожа)*; 2. гласе *(блестящая шёлковая ткань)*; 3. глазированная бумага
Glacé‖handschuh [glaˈse:-] *m* -(e)s, -e лайковая перчатка; **jmdn., etw. mit ~en anfassen** деликатно обращаться с кем-л., чем-л.
Gladióle *(lat.)* *f* -, -n *бот.* гладиолус
Glanz *m* -es, -e блеск, лоск, сияние, глянец; **~ geben*** наводить лоск
glänzen I *vi* 1. блестеть, сиять; 2. блистать, блестеть, отличаться, выделяться; II *vt* наводить блеск [лоск] *(на что-л.)*
glänzend I *a* 1. блестящий, сияющий, лоснящийся; 2. блестящий, выдающийся; II *adv* блестяще
glanzlos *a* 1. матовый, тусклый; 2. *перен.* тусклый
Glanz‖nummer *f* -, -n гвоздь программы
Glanz‖punkt *m* -(e)s кульминационный пункт, апогей
Glanz‖rolle *f* -, -n *театр.* коронная роль
glanzvoll *a* блестящий
Glarner Alpen *pl* Гларнские Альпы *(хребет в Швейцарии)*
Glarus (*n*) - Гларус *(назв. адм. центра и кантона в Швейцарии)*
Glas I *n* -es, Gläser/- *(как мера)* 1. стекло; 2. стакан; рюмка; **gern ins ~ gucken** *разг.* быть охотником выпить; 3. очки; 4. бинокль
Glas II *n* -es, -en *мор.* склянка; **zwei ~en geben*** пробить две склянки
glasartig *a* стекловидный; прозрачный как стекло
Glas‖bläser *m* -s, - стеклодув
Gläs|chen *n* -s, - стаканчик, рюмочка; **ein ~ über den Durst trinken*** выпить лишнее
Glaser *m* -s, - стекольщик; ◇ **dein Vater war doch kein ~!** (отойди от света) ты ведь не прозрачный!
Gläser I *m* -s, - *см.* Glasbläser
Gläser II *pl* 1. **pl** *от* Glas; 2. очки
gläsern *a* стеклянный
Glas‖faser *f* -, -n *тех.* стеклянное волокно, стекловолокно

Glas‖glocke *f* -, -n стеклянный колпак
Glas‖hütte *f* -, -n стекольный завод
glasieren *vt* 1. *тех.* муравить, покрывать глазурью; 2. *кож.* придавать лоск, лощить; 3. *кул.* покрывать (сахарной) глазурью; 4. замораживать
glasig *a* стекловидный
Glas‖kolben *m* -s, - химическая колба; стеклянный баллон
Glas‖malerei *f* -, -en живопись на стекле
Glas‖scheibe *f* -, -n оконное стекло
Glas‖schneider *m* -s, - стеклорез
glatt I *a* 1. гладкий, ровный; **~es Wasser** спокойная вода; 2. скользкий *(о дороге)*; 3. льстивый, изворотливый; **wie ein Aal** скользкий как угорь, изворотливый; 4. *перен.* чистый, сплошной; **~er Unsinn** чепуха; ◇ **eine ~e Rechnung** круглый счёт; II *adv* 1. гладко, ровно; 2. *перен.* гладко; **alles geht ~** всё идёт гладко; 3. прямо, наотрез, начисто; **~ vergessen*** совершенно забыть; **alles ~ leugnen** отрицать всё начисто
Glätte *f* - 1. гладкость; лощёность; 2. гололедица, скользкость; 3. *хим.* гнёт
Glatt‖eis *n* -es гололедица; **jmdn. aufs ~ führen** дурачить кого-л.
glätten I *vt* 1. разглаживать, расправлять, гладить *(бельё)*; 2. полировать, лощить; II ~ **sich** успокаиваться *(о море и т. п.)*
glatt|machen *vt* 1. разглаживать, расправлять; 2. *разг.* улаживать *(дело)*; 3. *разг.* оплачивать, расплачиваться; **eine Schuld ~** уплатить долг
gláttweg *adv* просто, прямо, наотрез
Glatze *f* -, -n лысина, плешь
Glatz‖kopf *m* -(e)s, -köpfe 1. лысая голова; 2. плешивый, лысый *(человек)*
glatzköpfig *a* плешивый, лысый
Glaubbarkeit *f* - вероятность, правдоподобие
Glaube *m* -ns, -n вера *(an* A *в кого-л., во что-л.)*, верование; доверие; **der christliche ~** христианская вера [религия]; **für seinen ~n einstehen*** постоять за свои убеждения; **~n finden*** приобрести доверие; **jmdm. ~n schenken** оказывать доверие кому-л.; **den ~n an etw.** (A) **verlieren*** потерять веру во что-л.; **auf Treu und ~n** по совести; **etw. aus gutem ~n tun*** делать что-л. из лучших побуждений; **sich um allen ~n bringen*** потерять всякое доверие, дискредитировать себя
glauben I *vt* полагать, думать; верить; **man sollte ~** казалось бы; **sich sicher ~**

считать себя в безопасности; ✧ **wer's glaubt, wird selig** *ирон.* блажен, кто верует; II *vi (an* A) верить *(в кого-л., во что-л.)*; jmdm. ~ верить кому-л.; ✧ **er muß [soll] daran ~** *разг.* 1) ему придётся с этим смириться; 2) ему крышка, его песенка спета

Glauben *m* -s, - *см.* Glaube

Glaubens‖bekenntnis *n* -ses, -se вероисповедание

Glaubens‖freiheit *f* -, -en свобода совести *(в исповедании какой-л. религии)*

Glaubens‖genosse *m* -n, -n единоверец

Glaubens‖lehre *f* -, -n богословие, вероучение

glaubenslos *a* неверующий

glaubensstark *a* твёрдо верующий во что-либо; стойкий в своих убеждениях

glaubhaft *a* правдоподобный, вероятный

Glaubhaftigkeit *f* - правдоподобие, вероятность

gläubig I *a рел.* верующий; II *adv* доверчиво, легковерно

Gläubige *subst m, f* -n, -n верующий, -щая

Gläubiger *m* -s, - кредитор; **den ~ abfinden*** рассчитаться с кредитором

Gläubigkeit *f* - 1. религиозность, набожность; 2. доверчивость, легковерие

glaublich *a* достоверный; вероятный; **das ist kaum ~** это маловероятно

glaubwürdig *a* достоверный, правдоподобный, вероятный

Glaubwürdigkeit *f* - достоверность, правдоподобие; **an ~ verlieren*** казаться неправдоподобным

glaziál <*lat.*> *a геол.* ледниковый, гляциальный

gleich I *a* 1. ровный, одинаковый; подобный; ~ **sein** *мат.* равняться; **zwei mal drei ist ~ sechs** дважды три - шесть; **zu ~er Zeit** в то же самое время; **auf ~e Art (und Weise)** одинаково, равным образом; ~ **zu ~ stehen*** быть равноправным; 2. безразличный; **ganz ~** всё равно; ✧ ~ **und ~ gesellt sich gern** *посл.* ≡ рыбак рыбака видит издалека; **~e Brüder, ~e Kappen** *погов.* ≡ два сапога пара; II *adv* 1. одинаково, ~ **viel** столько же, в одинаковом количестве; ~ **groß** 1) одинаковой величины; 2) одного [одинакового] роста; 2. сейчас, немедленно; ~ **am Anfang** с самого начала; ~ **nachher**, ~ **darauf** вслед за тем

gleichaltrig *a* одних лет

gleichartig *a* однородный, аналогичный, одинаковый; **~e Satzglieder** *грам.* однородные члены предложения

Gleichartigkeit *f* - однородность, аналогичность

gleichbedeutend *a* равнозначный, равносильный; тождественный

gleichberechtigt *a* равноправный

Gleichberechtigung *f* - равноправие; **volle ~ bringen*** дать равноправие

gleich|bleiben* *vi* (s): **sich** (D) ~ не изменяться; **das bleibt sich (ganz) gleich** это не меняет дела, это безразлично; **er bleibt sich immer gleich** он всегда верен себе

gleichbleibend *a* постоянный, ровный

Gleiche *subst* 1. *m, f* -n, -n ровня; 2. *n*: **ein ~s tun*** делать то же самое

gleichen* I *vt* выравнивать, уравнивать; II *vi (jmdm., einer Sache* (D), *in* D) 1. равняться *(чему-л.)*, быть равным *(кому-л., чему-л. в чём-л.)*; 2. походить, быть похожим *(на кого-л., на что-л. в чём-л.)*; **er gleicht ganz seinem Vater** он весь в отца; **das gleicht ihm ganz** это похоже на него, это характерно для него; **sie ~ einander wie Tag und Nacht** они представляют собой полную противоположность

gleichermaßen, gleicherweise *adv* равным образом, одинаково

gleichfalls *adv* точно так же

gleichförmig *a* 1. подобный, схожий; 2. равномерный, однообразный

gleichgesinnt *a* одинакового образа мыслей

Gleichgesinnte *subst m, f* -n, -n единомышленник, -ница

Gleich‖gestellte *subst m, f* -n, -n равноправный, -ая, ровня

Gleich‖gewicht *n* -(e)s равновесие; **aus dem ~ bringen*** вывести из равновесия; **ins ~ bringen*** уравновешивать

Gleichgewichts‖künstler *m* -s, - эквилибрист

gleichgültig *a (gegen* A) безразличный, равнодушный *(к кому-л., к чему-л.)*

Gleichgültigkeit *f* - безразличие, равнодушие

Gleichheit *f* -, -en равенство, тождество; ~ **vor dem Gesetz** равенство перед законом

Gleichheits‖zeichen *n* -s, - знак равенства

gleich|kommen* *vi* (s) *(jmdm., einer Sache* (D) *an* D) равняться *(с кем-л. в чём-либо)*, быть равным *(кому-л., чему-л. в чём-л.)*

gleichlaufend *a* параллельный

gleichlautend *a* 1. созвучный; одинаковый по звучанию; 2. однозначный; идентичный *(текст)*; **mit dem**

Original ~ с подлинным верно
gleich|machen *vt* равнять, уравнивать; **eine Bürde ~** разделить [распределить] ношу; **dem Erdboden [der Erde, dem Boden] ~** сровнять с землёй, разрушить до основания
Gleichmacherei *f* -, -en уравниловка
Gleichmachung *f* -, -en уравнивание; нивелировка *(тж. перен)*
gleichmäßig *a* равномерный, соразмерный; симметричный
Gleichmäßigkeit *f* -, -en соразмерность, равномерность
Gleichmut *m* -(e)s равнодушие, хладнокровие; **~ bewahren** оставаться равнодушным; **aus dem ~ werfen*** вывести из равнодушия
gleichmütig *a* равнодушный; хладнокровный
gleichnamig *a* одноимённый; **~e Menschen** тёзки; **Brüche ~ machen** *мат.* приводить дроби к общему знаменателю
Gleichnamigkeit *f* - одноимённость
Gleichnis *n* -ses, -se сравнение; притча; **in ~sen reden** говорить притчами [иносказательно]
Gleich‖richter *m* -s, - *эл.* выпрямитель
gleichsam *adv* словно, как будто, как бы
gleich|schalten I *vt* унифицировать; II ~, **sich** приспособляться
gleichschenk(e)lig *a* *мат.* равнобедренный
Gleich‖schritt *m* -(e)s ровный [мерный] шаг; **im ~** в ногу; **außerhalb des ~(e)s** не в ногу
gleich|sehen* *vi* (D) походить, быть похожим *(на кого-л., на что-л.)*
gleichseitig *a* *мат.* равносторонний
gleich|setzen *vt* приравнивать; **etw. einander ~** отождествлять что-л.
gleich|stehen* *vi (jmdm., einer Sache (D) an)* быть равным *(кому-л., чему-либо)*, стоять на равной высоте, на равном уровне *(с кем-л., с чем-л.)*
gleich|stellen I *vt (mit D)* равнять, ставить наравне [на одну доску], уравнивать *(кого-л., что-л. с кем-л., с чем-л.)*; II **~, sich** ставить себя наравне [на одну доску] с кем-л.
Gleich‖stimmigkeit *f* - 1. *муз.* унисон; 2. согласие
Gleich‖strom *m* -(e)s, -ströme 1. *эл.* постоянный ток; 2. *тех.* равномерное течение *(воды)*
gleich|tun* *vt:* **es jmdm. ~** подражать кому-л.; **alles jmdm. ~** во всём подражать кому-л.

Gleichung *f* -, -en *мат.* уравнение; **~ ersten Grades** уравнение первой степени
gleichviel *adv* всё равно; как бы то ни было
gleichwertig *a* равноценный, эквивалентный
Gleichwertigkeit *f* - равноценность; эквивалентность
gleichwie *conj* словно; подобно тому как, равно как и; словно
gleichwink(e)lig *a* *мат.* равноугольный
gleichwohl *conj* всё же, однако, несмотря на это
gleichzeitig I *a* 1. одновременный, синхронный; 2. *спорт.* взаимный; II *adv* одновременно, в одно (и то же) время, разом
Gleichzeitigkeit *f* - одновременность
Gleinalpen *pl* Глайнские Альпы *(горы в Австрии, земля Штирия)*
Gleis *n* -es, -e колея, рельсовый путь; *см. тж.* Geleise
Gleis‖bett *n* -(e)s, -en полотно железной дороги
gleißen* *vi* (ярко) блестеть
gleißend *a* блестящий, блистательный
Gleit‖bahn *f* -, -en 1. каток *(на льду)*; 2. *тех.* поверхность скольжения
Gleit‖boot *n* -(e)s, -e *мор.* глиссер
Gleiter *m* -s, - 1. планёр; 2. *мор.* глиссер
Gleit‖flug *m* -(e)s, -flüge планирующий полёт
Gleit‖flugzeug *n* -(e)s, -e *ав.* планёр
Gleit‖lager *n* -s, - *тех.* подшипник скольжения
Gleitung *f* -, -en *тех.* скольжение; *ав.* планирование, парение
Gletscher *m* -s, - глетчер, ледник
glich *impf* *om* gleichen*
Glied *n* -(e)s, -er 1. член *(тела)*; конечность; сустав; **an allen ~n zittern** дрожать всем телом; 2. звено *(цепи)*; 3. член *(общества, семьи и т. п.)*; 4. поколение, колено; 5. *воен.* шеренга; **ins ~ treten*** вступить в строй; **in Reih und ~ stehen*** стоять в строю
Gliederfüß(l)er *pl* *зоол.* членистоногие
Glieder‖lähmung *f* - паралич конечностей
gliedern *vt* расчленять, делить
Glieder‖puppe *f* -, -n 1. марионетка; 2. манекен
Glieder‖reißen *n* -s; **~schmerz** *m* -es, -en боль [ломота] в суставах
Gliederung *f* -, -en 1. расчленение, подразделение; 2. план *(сочинения, статьи)*; 3. *воен.* организация, структура; боевой порядок

Gliedmaßen *pl анат.* члены, конечности; **mit heilen ~ davonkommen*** остаться целым и невредимым
glimmen* *vi* тлеть; теплиться *(о надежде)*
Glimmer I *m* -s, - слабый свет, мерцание
Glimmer II *m* -s, - слюда
glimpflich I *a* снисходительный, мягкий; **II** *adv* снисходительно, мягко; ◇ **~ davonkommen*** дёшево отделаться
glitschen *vi* (s, h) скользить; глиссировать
glitsch(e)rig *a* скользкий
glitt *impf от* gleiten*
glitzern *vi* блестеть, сверкать
Glocke *f* -, -n 1. колокол; колокольчик, звонок; 2. колпак *(стеклянный)*; 3. *шутл.* котелок *(шляпа); etw.* **an die große ~ hängen** разглашать что-л.; ◇ **er hört die ~ läuten, weiß aber nicht, wo sie hängt** *погов.* слышал звон, да не знает, где он
glockenförmig *a* колоколообразный, в виде колокола
Glocken‖geläut *n* -(e)s, -e; **~geläute** *n* -s, - колокольный звон
Glocken‖schlag *m* -(e)s, -schläge 1. удар колокола; 2. бой часов; **er kommt mit dem ~** он приходит минута в минуту
Glocken‖spiel *n* -(e)s, -e 1. колокольный звон; бой (башенных) часов [курантов]; 2. куранты
Glocken‖turm *m* -(e)s, -türme колокольня
Glocken‖zeichen *n* -s, - звонок *(сигнал);* **auf das ~** по звонку
Glöckner *m* -s, - звонарь
glomm *impf от* glimmen*
Glori‖e <*lat.*> *f* -, -n слава; блеск, ореол; **mit ~ umgeben*** окружить ореолом [блеском] славы; **sich in voller ~ zeigen** показаться во всём своём блеске
Glori‖en‖schein *m* -(e)s, -e ореол
glorreich *a* славный, прославленный
Glosse <*gr.-lat.*> *f* -, -n толкование, примечание, замечание *(на полях);* комментарий; **seine ~n machen** делать иронические замечания
Glotz‖auge *n* -s, -n пучеглазие; *pl* глаза на выкате; **~n machen** тупо уставиться на кого-л., что-л.
glotzäugig *a* пучеглазый, лупоглазый
glotzen *vi (auf A) разг.* таращить глаза, выпучить глаза, глазеть, уставиться *(на кого-л., на что-л.)*
gluck! *int* буль-буль!
Glück *n* -(e)s счастье, благополучие; успех; **er hat ~ im Leben** ему везёт в жизни; **mehr ~ als Verstand haben** дуракам счастье; **das ~ ist ihm hold** ему улыбается счастье; **sein ~ versuchen** пытать счастья; ◇ **auf gut ~** наудачу, на авось, наугад; **~ auf!** в добрый час!
Glückauf *n* -s пожелание счастья [удачи] *(у горняков)*
glückbringend *a* приносящий счастье
Glucke *f* -, -n наседка
glucken *vi* 1. кудахтать, клохтать; 2. булькать; 3. *разг.* сидеть без дела, бездельничать
glücken *vi* (s, h) *и vimp* удаться, посчастливиться; **es glückt** дело идёт на лад; **es ist schlecht [übel genug] geglückt** это кончилось неудачей
glücklich I *a* счастливый; удачный; благополучный; **~e Reise!** счастливого пути!; **II** *adv* счастливо, благополучно; **~ ablaufen*** удачно кончиться
Glückliche *subst m, f* -n, -n счастливец; -вица; ◇ **dem ~n schlägt keine Stunde** *посл.* счастливые часов не наблюдают
glücklicherweise *adv* к счастью
glücklos *a* несчастливый
glückselig *a* блаженный, счастливый
Glückseligkeit *f* - блаженство, счастье
glucksen *vi см.* glucken
Glücks‖fall *m* -(e)s, -fälle счастливый случай
Glücks‖kind *n* -(e)s, -er; **~pilz** *m* -es, -e *разг.* счастливчик, баловень судьбы
Glücks‖ritter *m* -s, - авантюрист
Glücks‖sache *f* -, -n дело счастья, дело удачи
Glücks‖spiel *n* -(e)s, -e азартная игра
glückstrahlend *a* сияющий от счастья
glückverheißend *a* сулящий счастье
Glück‖wunsch *m* -(e)s, -wünsche поздравление; **jmdm. seinen ~ zu etw. (D) aussprechen*** поздравить кого-л. с чем-л.; **meinen herzlichsten ~!** примите моё сердечное поздравление!
Glüh‖birne *f* -, -n лампочка накаливания
glühen I *vt* накалять, раскалять; **II** *vi* 1. накаляться, раскаляться; гореть, пылать; 2. *перен.* гореть, пылать *(гневом и т. п.)*
glühend *part a* 1. раскалённый, горячий; палящий; **~e Hitze** зной; 2. пылкий, пламенный, страстный
Glühlampen‖werk *n* -(e)s, -e электроламповый завод
Glüh‖würmchen *n* -s, - светлячок
Glut *f* -, -en 1. зной, жар, пекло; **die ~ der Liebe** пламя любви; **in der ~ des Hasses** пылая ненавистью; 2. *тех.* каление; накал
glutrot *a* багровый, огненно-красный
Glyptothék <*gr.-lat.*> *f* - Глиптотека *(музей скульптуры в Мюнхене <ФРГ>)*

Gnade *f* -, -n милость; пощада; **aus ~ из милости, из жалости**; **um ~ bitten*** просить пощады; **jmdn. in ~n entlassen*** милостиво отпустить кого-л.; **sich jmdm. auf ~ oder Ungnade ergeben*** сдаться на милость победителя
Gnaden‖brot *n* -(e)s милостыня; **das ~ essen*** быть нахлебником
Gnaden‖frist *f* -, -en льготный срок
gnädig I *a* милостивый, благосклонный; **~er Herr!** милостивый государь [сударь]!; **~e Frau!** милостивая государыня [сударыня]!; II *adv* милостиво, благосклонно
Gockel *m* -s, - петух
Goethe-Institut *n* -s институт Гёте (*учреждение в ФРГ со многими филиалами за рубежом; основная задача — оказание помощи иностранцам в изучении немецкого языка и культуры*)
Gold *n* -(e)s золото; **gediegenes ~** самородное золото; **in ~ zahlen** платить золотом; **das ist ~(es) wert, das ist nicht mit ~ zu bezahlen** этому нет цены; ◊ **es ist nicht alles ~, was glänzt** *посл.* не всё золото, что блестит
Gold‖anstrich *m* -(e)s, -e позолота
Gold‖barren *m* -s, - золотой слиток
golden *a* золотой (*тж. перен.*); **eine ~e Medaille** золотая медаль; ◊ **die ~e Jugend** золотая молодёжь; **die ~e Hochzeit** золотая свадьба; **die ~e Regel** *мат.* тройное правило
Goldene Bulle *f* - Золотая булла (*грамота с золотой висячей печатью — законодат. акт, принятый имперскими сеймами в 14 в. и утверждённый императором Карлом IV; способствовал политической раздробленности Германии*)
Goldener Berliner Bär *m* -s, -en Золотой Берлинский медведь (*главный приз Международного кинофестиваля в Берлине*)
Goldener Sonntag *m* -s, -e Золотое Воскресенье (*последнее воскресенье перед Рождеством*)
Goldene Schale *f* -, -n Золотая Чаша (*переходящий приз в ФРГ за лучший художественный фильм года*)
Goldenes Dach *n* -s лоджия "Золотая крыша" (*архит. памятник в г. Инсбрук <Австрия>*)
Gold‖gehalt *m* -(e)s **1.** проба золота; **2.** содержание золота в руде
Gold‖gräber *m* -s, - золотоискатель
goldhaltig *a* золотоносный
goldig *a* **1.** золотистый; **2.** милый, прелестный
Gold‖klumpen *m* -s, - слиток [самородок] золота
Gold‖macher *m* -s, - алхимик
Gold‖probe *f* -, -n проба золота
Gold‖schmied *m* -(e)s, -e золотых дел мастер
Gold‖stück *n* -(e)s, -e золотой (*о монете*)
Golf I <*gr.-lat.-it.*> *m* -(e)s, -e залив (*морской*)
Golf II <*engl.*> *n* -s *спорт.* гольф
Golfstrom *m* -s Гольфстрим (*тёплое течение в сев. части Атлантического океана*)
Golf von Bengálen *m* -s Бенгальский залив (*залив Индийского океана*)
Golf von Biskaya *m* -es Бискайский залив (*открытый залив Атлантического океана у зап. берегов Европы*)
Golf von Mexiko *m* -s Мексиканский залив (*средиземное море Атлантического океана, у юго-вост. берегов Сев. Америки*)
Golgatha <*hebr.-gr.*> *n* - **1.** *библ.* Голгофа; **2.** *перен.* голгофа (*страдания*)
Golgatha‖weg *m* -(e)s тернистый путь
Golo Голо (*муж. имя*)
Gomel (*n*) -s Гомель (*обл. центр Республики Беларусь*)
Gondel <*it.*> *f* -, -n гондола
gondeln *vi* (s, h) **1.** плыть в гондоле; **2.** *шутл.* идти, ездить
Gong <*malai.-engl.*> *m, n* -s, -s гонг; *муз. тж.* тамтам
gongen <*malai.-engl.*> *vi* ударять в гонг; **es gongt** раздаётся удар гонга; звонит
gönnen *vt* **1.** (*jmdm.*) желать (*кому-л., что-л.*); не завидовать (*чему-л.*); **jmdm. alles Gute ~** желать кому-л. всех благ; **jmdm. sein Glück ~** радоваться чьему-л. счастью [благополучию]; **2.** позволять, разрешать (*что-л.*); удостаивать (*чего-либо*); **sich** (D) **etw. ~** разрешать себе что-л.; **~ Sie sich die Zeit!** не спешите! **~ Sie mir die Ruhe!** дайте мне отдохнуть!; **jmdm. die Ehre ~** удостоить кого-либо чести
Gönner *m* -s, - доброжелатель; покровитель
gönnerhaft *a* доброжелательный, покровительственный
Gönnerschaft *f* - покровительство, протекция
gor *impf от* gären*
gordisch: **~er Knoten** гордиев узел
Gorner‖gletscher *m* -s Горнер (*долинный ледник в Альпах <Швейцария>*)
goß *impf от* gießen*

Gosse *f* -, -n водосточный жёлоб; уличная сточная канава
Gotha (n) -s Гота *(город в ФРГ <земля Тюрингия>; известен своим производством географических карт)*
Gotik *f* - *архит.* готика, готический стиль
gotisch *a* 1. готический; 2. *ист.* готский
Gott *n* -es, Götter Бог; божество; zu ~ **beten** молиться Богу; ~ **habe ihn selig!** царство ему небесное!; **auf ~ bauen** надеяться на Бога; **weiß ~** Бог знает; ~ **sei Dank!** слава Богу!; **um ~es willen!** ради Бога!; **mein ~!** Боже мой!; ~ **behüte!** Боже упаси!
gottbegnadet *a* с искрой Божьей, талантливый
gottbehüte !, gottbewahre ! *int* не дай Бог!, Боже упаси!
Gottbert Готтберт *(муж. имя)*
Gottbérta Готтберта *(жен. имя)*
Götter‖dämmerung *f* - 1. *миф.* сумерки богов; 2. гибель, закат
Gott‖ergebenheit *f* - набожность, покорность *(Божьей воле)*, смирение
Gottes‖dienst *m* -es, -e богослужение
gottesfürchtig *a* богобоязненный
Gottes‖lästerung *f* -, -en богохульство, кощунство
Gottfried Готтфрид *(муж. имя)*
Gotthard Готтхард *(муж. имя)*
Gottheit *f* -, -en божество
Gotthelf Готтхельф *(муж. имя)*
Göttin *f* -, -nen богиня
göttlich *a* божественный; *перен. тж.* замечательный
Gottlieb Готтлиб *(муж. имя)*
Gottlob Готтлоб *(муж. имя)*
gottlob! *int* слава Богу!
gottlos *a* 1. безбожный, атеистический; 2. грешный
Gottlose *subst m, f* -n, -n безбожник, -ница
Gottlosigkeit *f* - безбожие; греховность
Gottram Готтрам *(муж. имя)*
Gottschalk Готтшальк *(муж. имя)*
Gott‖seligkeit *f* - благочестие, набожность
gottsjämmerlich I *a* жалкий; плачевный; II *adv* ужасно, страшно; **sich ~ fühlen** чувствовать себя совсем плохо
Gottwin Готтвин *(муж. имя)*
Gottwina Готтвина *(жен. имя)*
Götz Гёц *(муж. имя)*
Götze *m* -n, -n; **Götzenbild** -(e)s, -er идол, кумир; истукан
Götzen‖diener *m* -s, - идолопоклонник
Götzen‖dienst *m* -es идолопоклонство

Gouvernánte [guvɛr-] <*lat.-fr.*> *f* -, -n гувернантка
Gouvernement [guvɛrnə'mã:] <*lat.-fr.*> *n* -s, -s губерния
Gouverneur [guvɛr'nø:r] <*lat.-fr.*> *m* -s, -e 1. губернатор; 2. гувернёр
Grab *n* -(e)s, Gräber могила; **verschwiegen wie das ~** нем как могила; **zu ~e tragen*** хоронить; **ins ~ bringen*** сводить в могилу, доводить до могилы; **mit einem Bein im ~e stehen*** стоять одной ногой в гробу; **jmdn. zu ~e geleiten** отдать кому-л. последний долг
graben* I *vt* копать, выкопать, рыть, вырыть; II *vi* 1. копать, рыть; **in die Erde ~** рыть землю; 2. *(nach D)* искать *(в земле) (руду и т. п.)*; III ~, **sich** зарываться, закапываться; **sich ins Gedächtnis ~** запечатлеться в памяти
Graben *m* -s, Gräben ров, канава; окоп, траншея; **einen ~ ziehen*** рыть ров
Graben‖krieg *m* -(e)s, -e позиционная война
Gräber *m* -s, - 1. землекоп; 2. могильщик
Grabes‖stille *f* - мёртвая тишина
Grab‖gewölbe *n* -s, - склеп
Grab‖hügel *m* -s, - могила, могильный холм; курган
Grab‖mal *n* -(e)s, -e/-mäler надгробный памятник
Grab‖rede *f* -, -n надгробное слово, надгробная речь
Grab‖stätte *f* -, -n место погребения; могила; *археол.* могильник
Grad <*lat.*> *m* -(e)s, -e 1. с *числ.* - *(как мера)* градус; балл *(единица шкалы)*; **zehn ~ Kälte** десять градусов мороза; 2. степень; **im höchsten ~** в высшей степени; 3. степень; чин; **der akademische ~** академическое звание; учёная степень
grade *разг.*, см. **gerade**
Grad‖einteilung *f* -, -en шкала, разделение на градусы [по градусам]
Grad‖messer *m* -s, - 1. шкала; 2. градусник; 3. критерий; **das ist ein ~ für...** (A) это показатель того...
graduéll <*lat.*> *a* постепенный
graduíeren <*lat.*> *vt* 1. градуировать, калибровать; 2. присуждать академическую [учёную] степень
Graduierung <*lat.*> *f* -, -en присуждение академической [учёной] степени
Graf <*gr.-lat.*> *m* -en, -en граф
Grafik <*gr.*> *f* - *иск.* графика
Gräfin <*gr.-lat.*> *f* -, -nen графиня
gräflich *a* графский

Grafschaft *f* -, -en графство
gram: jmdm. ~ sein сердиться на кого-л.
Gram *m* -(e)s скорбь; грусть, тоска, горе; **aus ~ über jmdn. [etw. (A)] sterben*** умереть с тоски по кому-л. [чему-л.]
grämen I *vt* огорчать, печалить; **das soll mich wenig ~!** это меня мало огорчает!; **II ~, sich** (*um, über* A) скорбеть, грустить, печалиться (*о ком-л., о чём-л.*), тосковать (*по кому-л., по чему-л.*); **sich zu Tode ~** умереть с горя
Gramm <*gr.-lat.-fr.*> *n* -s, -e (*с числ.*) грамм
Grammátik <*gr.-lat.*> *f* -, -en грамматика; **gegen die ~ verstoßen*** нарушать правила грамматики
grammatikálisch, grammátisch *a* грамматический
gramvoll *a* печальный, скорбный, грустный, тоскливый
Granate <*lat.-it.*> *f* -, -en граната; мина
Granát∥trichter *m* -s, - воронка от снаряда
Granátwerfer *m* -s, - гранатомёт
Granit <*lat.-it.*> *m* -(e)s, -e гранит ◊ **auf ~ beißen*** ≅ обломать себе зубы на чём-либо
Granne *f* -, -n 1. *бот.* ость, усик; 2. *зоол.* щетина
Grapefruit ['gre:pfru:t] <*engl.*> *f* -, -s *бот.* грейпфрут
Graphik <*gr.-lat.*> *f* -, -en *иск.* графика
Graphiker <*gr.-lat.*> *m* -s, - 1. график (*художник*); 2. чертёжник
graphisch <*gr.-lat.*> *a* графический; **~e Darstellung** график
grapschen, grapsen *vt разг.* жадно хватать, цапать
Gras *n* -es, Gräser 1. трава; 2. *pl* травы; ◊ **darüber ist längst ~ gewachsen*** это давно быльём [травой] поросло; **ins ~ beißen*** *разг.* умереть; **er hört das ~ wachsen** у него острый слух; ≅ он на три аршина под землёй видит
grasartig *a* травянистый; злаковый
grasen *vi* 1. пастись; 2. косить траву; 3. *воен.* стрелять настильным огнём
grasfressend *a зоол.* травоядный
Gras∥futter *n* -s подножный корм
Gras∥hüpfer *m* -s, - кузнечик
grasig *a* поросший травой
Gras∥land *n* -(e)s луг, пастбище
Gras∥mäher *m* -s, -; **~mähmaschine** *f* -, -n сенокосилка
grassieren <*lat.*> *vi* свирепствовать (*об эпидемии*)
gräßlich *a* ужасный, отвратительный
Grat *m* -(e)s, -e 1. гребень, горный кряж;

2. грань; острый край, кромка; 3. *тех.* заусеница
Gräte *f* -, -n рыбья кость; **sich an einer ~ verschlucken** подавиться рыбьей костью; ◊ **ein Paar ~n zusammenbringen*** сколотить немного деньжонок
Gräten∥muster *n* -s *текст.* рисунок в ёлочку
Gratifikatión <*lat.*> *f* -, -en (единовременное) денежное вознаграждение; награда
grätig *a* 1. костистый, костлявый (*о рыбе*); 2. *разг.* ворчливый, раздражительный
gratis <*lat.*> *adv* даром, бесплатно; **~ und franko** *ком.* бесплатно
Gratis∥beilage *f* -, -n бесплатное приложение
Gratulatión <*lat.*> *f* -, -en поздравление
gratulíeren <*lat.*> *vi* (*jmdm. zu* D) поздравлять (*кого-л. с чем-л.*); **wenn ich dich erwische, da kannst du dir ~!** *разг.* если ты мне попадёшься, то пеняй на себя!
grau *a* серый; седой; **in ~** в серых тонах; **die ~e Vorzeit** седая старина; **~es Haar** седина; **der ~e Alltag** серые будни; **das ~e Elend** беспросветная нужда; ◊ **sich keine ~en Haare wachsen lassen*** (*über* A) не беспокоиться (*о чём-л.*)
Graubünden (*n*) -s Граубюнден (*кантон в Швейцарии*)
grauen I *vi* 1. сереть; 2. седеть; II *vi, vimp* светать; **der Morgen graut, es graut** (рас)светает
grauen II *vimp* и **~, sich** (*vor* D) страшиться, бояться (*кого-л., чего-л.*); **mir graut davor** я боюсь этого, это наводит на меня ужас
Grauen *n* -s ужас, страх; отвращение; **lähmendes ~** леденящий ужас; **ahnungsvolles ~** ужасное предчувствие
grauen∥erregend, ~haft, ~voll *a* страшный, ужасный
graulen *vimp* и **~, sich** (*vor* D) *разг.* страшиться, бояться (*кого-л., чего-л.*)
Graupe *f* -, -n (чаще *pl*) перловая [ячневая] крупа
Graupel *f* -, -n чаще *pl* мелкий град; крупа (*снег*)
graupeln *vimp*: **es graupelt** идёт мелкий град, идёт снег [крупа]
Grau∥pelz *m* -es, -e Серый Волк (*в сказке*)
Graus I *m* -es ужас; **kalter ~** леденящий ужас
Graus II *m* -es щебень, мусор
grausam *a* жестокий (*gegen* A к кому-л.); свирепый, лютый, зверский

Grausamkeit *f* -, -en жестокость, свирепость, бесчеловечность
grausen *vimp.*: ihm [ihn] graust, es graust ihm ему страшно [жутко]; ihm graust davor, es graust ihm davor он очень боится этого, это наводит на него ужас
grausig *a* ужасный, страшный
Graveur [-'ø:r] <*niederl.-fr.*> *m* -s, -e гравёр
gravieren [-vi:-] I <*fr.*> *vt* гравировать
gravieren II <*lat.*> *vt* юр. отягчать
Gravität <*lat.*> *f* - часто ирон. важность, торжественность; размеренность (движений)
Gravitation [-vi-] <*lat.*> физ. гравитация, тяготение
gravitätisch [-vi-] <*lat.*> *a* часто ирон. важный, торжественный; размеренный (о движениях)
Graz (*n*) Грац (город в Австрии, адм. центр земли Штирия)
Grazer Uhren‖turm *m* -s часовая башня в Граце (архит. памятник города <земля Штирия, Австрия>
Grazi‖e <*lat.*> *f* -, -n 1. миф. Грация; 2. грация; mit ~ грациозно
graziös <*lat.-fr.*> *a* грациозный
Gregor Грегор (муж. имя)
Gregórius Грегориус/Григорий (муж. имя)
greifbar *a* осязаемый; явный; in ~er Nähe в непосредственной близости
greifen* *vt, vi* (nach D, an A, in A, bei D) 1. хватать, схватить (кого-л., что-л.), хвататься (за что-л.); брать, взять; ловить, поймать (кого-л., что-л.); die Säge greift gut пила берёт хорошо; jmdn. beim Kragen ~ взять за шиворот кого-л.; an den Kopf ~ схватиться за голову (от изумления, испуга); das greift an den Beutel это бьёт по карману; falsch ~ 1) муз. взять неверный тон; 2) ошибиться; zu hoch ~ запросить слишком большую сумму (денег); zu weit ~ зайти [хватить] слишком далеко; um sich ~ 1) хватать вокруг себя руками; 2) распространяться (об огне и т. п.); ins Leere ~ не иметь опоры; 2. браться, взяться (за что-л.), прибегать, прибегнуть (к чему-л.); nach dem Buch ~ взяться за книгу, начать читать; zur Feder ~ взяться за перо (о писателе); zu den Waffen ~ взяться за оружие; zur Flasche ~ начать пить запоем, запить
greinen *vi разг.* 1. хныкать, ныть; im Schlaf ~ говорить [бормотать] во сне; 2. брюзжать

Greis *m* -es, -e старик, старец
Greisen‖alter *n* -s старость
greisenhaft *a* старческий, дряхлый; ~e Marótten старческие причуды
Greisin *f* -, -nen старуха
grell *a* 1. резкий, пронзительный; 2. яркий; кричащий (о цвете)
Gremium <*lat.*> *n* -s, -mi‖en орган, объединение; корпорация; комиссия; коллегия; учёный совет
Grenadier <*lat.-it.-fr.*> *m* -s, -e ист. гренадёр; пехотинец
Grenze *f* -, -n 1. граница, рубеж; die ~ überschreiten* перейти границу; die ~ verletzen нарушить границу; die ~ sperren закрыть границу; 2. граница, предел, грань; alles hat seine ~n всему есть (свой) предел
grenzen *vi* (an A) граничить, соприкасаться (с чем-л.), прилегать, примыкать (к чему-л.)
grenzenlos I *a* безграничный, беспредельный; беззаветный; II *adv* безгранично, беспредельно; сверх всякой меры; ◊ sich ins ~e versteigen* доходить до крайности
Grenzen‖losigkeit *f* - безграничность, беспредельность; беззаветность
Grenzer *m* -s, - пограничник
Grenz‖fall *m* -(e)s, -fälle 1. пограничный инцидент; 2. крайний случай; im ~ в крайнем случае
Grenz‖lini‖e *f* -, -n демаркационная линия; граница
Grenz‖pfahl *m* -(e)s, -pfähle пограничный столб
Grenz‖verletzung *f* -, -en нарушение границы
Grenz‖wert *m* -es, -e мат. предельное значение
Grenz‖zwischenfall *m* -(e)s, -fälle пограничный инцидент
Gretchen Гретхен (ласкательная форма жен. имени Grete)
Grete Грета (жен. имя)
Gretel Гретель (ласкательная форма жен. имени Grete)
Greuel *m* -s, - ужас; мерзость, отвращение; Schrecken und ~ ужас и отвращение
Greuel‖tat *f* -, -en гнусное преступление, зверство
greulich *a* ужасный, мерзкий; mir ist ~ zumute у меня отвратительное самочувствие
Greyerzer [grɛi-] *m* -s, - грейэрцер (сорт распространённого в Швейцарии сыра)

Grieche *m* -n, -n 1. грек; 2. знаток греческого языка, эллинист
Griechen∥land *(n)* -s Греция *(гос-во в Европе, на Ю. Балканского п-ва)*
Griechin *f* -, -nen гречанка
griechisch *a* греческий
grienen *vi разг.* скалить зубы, ухмыляться
Griesgram *m* -(e)s, -e 1. брюзга, угрюмый человек; 2. угрюмость; брюзгливость, ворчливость
griesgrämig, griesgrämisch, griesgrämlich *a* угрюмый, нелюдимый; брюзгливый, ворчливый
Grieß *m* -es, -e 1. манная крупа, манка; 2. крупный песок, гравий; 3. *мед.* песок *(в почках)*
Grieß∥brei *m* -(e)s, -e манная каша
griff *impf от* greifen*
Griff *m* -(e)s, -e 1. схватывание, хватание; einen ~ in etw. (A) tun* запустить руку во что-л.; 2. хватка, ухватка, приём; ein eiserner ~ железная хватка; 3. *спорт.* приём; захват; хватка; гриф; ~ im Stand [aus dem Stand] приём в стойке *(борьба)*; 4. *pl* ухищрения, уловки; ~e und Kniffe ухищрения, уловки; 5. ручка; рукоятка; эфес; *муз.* гриф; 6. *полигр.* подъём *(при наборе)*
griffbereit I *a* удобный для пользования; сподручный; II *adv* наготове, под рукой
Grille I *f* -, -n кузнечик, сверчок
Grille II *f* -, -n каприз; ~n im Kopf haben чудить; jmdm. die ~n vertreiben* [austreiben*] отучать кого-л. от капризов
grillen *<lat.-fr.-engl.> vt* жарить на гриле, поджаривать *(мясо и т. п.)*
Grillen∥fänger *m* -s, - чудак, фантазёр
grillenhaft *a* причудливый, капризный
Grimm *m* -(e)s ярость, гнев; seinen ~ an jmdm. auslassen* излить [обрушить] свой гнев на кого-л.
grimmig I *a* свирепый, яростный, лютый, жестокий; II *adv*: es ist ~ kalt ужасно холодно
Grimmigkeit *f* - ярость, свирепость, жестокость
grinsen *vi* скалить зубы; ухмыляться; осклабиться; издеваться
Grippe *f* -, -n грипп
Grips *m* -es *разг.* ум; er hat ~ im Kopf он человек со смекалкой
Griséldis Гризельдис *(жен. имя)*
grob I *a* 1. грубый, крупный; 2. грубый, неотёсанный; ein ~er Kerl грубиян; II *adv* грубо; aus dem ~en arbeiten отрабатывать вчерне

Grobheit *f* -, -en грубость
grobkörnig *a* крупнозернистый
gröblich I *a* грубоватый; II *adv* грубо; сильно; sich ~ irren жестоко ошибиться
grobschlächtig *a* неотёсанный, грубый
Grodno *(n)* -s Гродно *(обл. центр Республики Беларусь)*
grölen *vi, vt* орать, горланить
Groll *m* -(e)s злоба, неприязнь; einen ~ auf jmdn. haben, einen ~ gegen jmdn. hegen питать злобу против кого-л.
grollen *vi* 1. (D) питать злобу *(против кого-л.)*; ich grolle nicht я не сержусь; 2. громыхать *(о громе)*
Grönland *(n)* -s Гренландия *(о-в в Арктике)*
Grönländer *m* -s, -; ~in; *f* -, -nen гренландец, -ка
grönländisch *a* гренландский
Gros [gro:] *<lat.-fr.> n* -, - [gro:/gro:s] 1. главная часть; большая часть; 2. *воен.* главные силы; основная группировка; 3. основная группа *(велогонки)*
Groschen *m* -s, - грош (1. *разменная монета в Австрии, равная 1/100 шиллинга*; 2. *старинная нем. разменная монета*; 3. *разг. нем. монета в 10 пфеннигов*); ◇ keinen ~ wert sein ломаного гроша не стоить; bei ihm ist der ~ gefallen наконец до него дошло; der ~ bringt den Taler ≅ копейка рубль бережёт
groß I *a* (*comp* größer, *superl* größt) 1. большой, крупный, обширный; ein ~er Buchstabe большая [прописная] буква; 2. большой, взрослый; ~e Kinder большие [взрослые] дети; 3. великий, возвышенный; Peter der Große Пётр Великий; 4. значительный, важный; einen ~en Herrn spielen разыгрывать важного господина; 5. большой, торжественный; ein ~er Tag большой [торжественный] день; ◇ ~ und klein стар и млад; ~e Augen machen вытаращить глаза *(от удивления)*; das ~e Wort führen ≅ играть первую скрипку; der ~e Teich *разг.* Атлантический океан; auf ~em Fuß leben жить на широкую ногу; II *adv*: im ~en und ganzen в общем и целом; etw. ~ schreiben* 1) писать что-л. с большой [прописной] буквы; 2) придавать чему-л. большое значение; im ~en gesehen рассматривая *(что-л.)* в общем плане
großartig *a* 1. великолепный, величественный, замечательный, грандиозный; 2. хвастливый

Groß‖artigkeit f - 1. великолепие, грандиозность, величие; 2. хвастливость
Großaufnahme f -, -n (кино)съёмка крупным планом
Groß‖bauer m -n/-s, -n крупный крестьянин; кулак
Groß‖betrieb m -(e)s, -e крупное производство; крупное предприятие
Großblock‖bauweise f - крупноблочное строительство
Großbritánnien (n) -s Великобритания (гос-во в Зап. Европе)
Groß‖buchstabe m -n/-ns, -n прописная буква
Großdeutsche pl "великогерманцы" (политическое течение в 19 в., стремившееся к объединению германских гос-в под гегемонией Австрии)
Größe f -, -n 1. величина; размер(ы); in ganzer ~ во весь рост; ein Mann von mittlerer ~ мужчина среднего роста; in meiner ~ на мой рост (об одежде); 2. величина, знаменитость; 3. величие
Groß‖einkaufspreis m -es, -e оптовая закупочная цена
Groß‖einsatz m -es, -sätze крупное мероприятие; массовое участие (bei, zu D в чём-л.); im ~ объединёнными усилиями
Groß‖eltern pl дед(ушка) и бабушка
Groß‖enkel m -s, - правнук
Größen‖tabelle f -, -n таблица размеров
großenteils adv большей частью, по большей части
Größen‖wahn m -(e)s мания величия
größenwahnsinnig: ~ werden страдать манией величия
Großer Deutscher Bauern‖krieg m -es Великая крестьянская война в Германии см. Bauernkrieg
Großer Michel m -s Большой Михель (башня церкви Св. Михаэля; символ Гамбурга <ФРГ>)
Großer Müggelsee m -s Гросер Мюггельзее (озеро в ФРГ; на Ю.-В. Берлина)
Großer Plöner See m -s Гросер Плёнерзее (озеро в ФРГ <земля Шлезвиг-Гольштейн>)
Großer Rat m -es, Räte Большой совет (название парламента в некоторых кантонах Швейцарии)
Großes Verdienstkreuz n -es Большой крест за заслуги (гос. награда в ФРГ)
Groß‖fabrikation f - 1. серийное производство; 2. производство в крупных масштабах
Groß‖glockner m -s Гросглокнер (самая высокая вершина в Австрии <3797>, в хребте Высокий Тауэрн)

Groß‖grundbesitz m -es, -e крупное землевладение
Groß‖grundbesitzer m -s, - крупный землевладелец
Groß‖handel m -s оптовая торговля; ~ treiben* торговать оптом; im ~ оптом
Großhandels‖preis m -es, -e оптовая цена
Groß‖handlung f -, -en оптовый магазин
großherzig a 1. великодушный, благородный; 2. мужественный
Großherzigkeit f - 1. великодушие, благородство; 2. мужество
Großherzogtum Luxemburg n -s Великое Герцогство Люксембург (гос-во в Центр. Европе)
Grossist m -en, -en оптовый торговец, оптовик
großjährig a совершеннолетний
Großjährigkeit f - совершеннолетие
Groß‖kaufmann m -(e)s, -leute крупный коммерсант, крупный торговец
Groß‖kreuz n -es, -e Большой крест (гос. награда ФРГ <первая степень высшего ордена>; вручается отдельным лицам за заслуги в обл. политики, экономики и культуры)
Groß‖kreuz in besonderer Ausführung n -es, -e Большой крест в особом исполнении (гос. награда ФРГ <средняя степень высшего ордена>; вручается отдельным лицам за заслуги в обл. политики, экономики и культуры)
Groß‖kundgebung f -, -en массовый митинг
Groß‖macht f -, -mächte великая держава
Groß‖mama f -, -s разг. бабушка
Groß‖maul n -(e)s, -mäuler разг. хвастун, болтун
großmäulig a разг. болтливый; хвастливый
Groß‖meister m -s, - шахм. гроссмейстер
Groß‖mut f - великодушие; ~ üben проявлять великодушие
großmütig a великодушный; щедрый
Groß‖mutter f -, -mütter бабушка
Groß‖papa m -s, -s разг. дедушка
Großplatten‖bauweise f -, -n крупнопанельное строительство
Groß‖reinemachen n -s, - генеральная уборка
großschnäuzig a разг. хвастливый
Groß‖sprecher m -s, - любитель громких фраз; хвастун
großspurig a разг. надменный, кичливый
Groß‖stadt f -, -städte большой город, крупный город
Großstädter m -s, - житель большого города

großstädtisch *a* городской; столичный
Groß∥tat *f* -, -en славный подвиг, великое дело
größtenteils *adv* большей частью, по большей части
größtmöglich *a* 1. возможно больший; 2. всемерный, максимально возможный
Großtuer *m* -s, - *разг.* хвастун; зазнайка
großtuerisch *a* хвастливый; кичливый, высокомерный
groß∥tun* 1. *(mit D)* хвастаться *(чем-либо)*; 2. важничать, задаваться, зазнаваться
Groß∥unternehmer *m* -s, - крупный предприниматель
Groß∥vater *m* -s, -väter дед, дедушка
großväterlich *a* дедовский
Groß∥veranstaltung *f* -, -en массовое мероприятие, массовое собрание
Großversandhaus Quelle Gustav Schikedanz KG "Гросферзандхауз Квелле Густав Шикеданц КГ" *(крупнейший посылочный дом в ФРГ и Зап. Европе)*
Groß∥vieh *n* -(e)s крупный рогатый скот
Groß∥würdenträger *m* -s, - важный сановник
groß∥ziehen* *vt* 1. выращивать, разводить; 2. воспитывать, растить *(детей)*
großzügig I *a* широкий *(по натуре)*, щедрый, великодушный; **ein ~er Plan** грандиозный план; **eine ~e Natur** широкая натура; II *adv* широко *(отметить юбилей и т. п.)*
Großzügigkeit *f* - 1. широта замысла; 2. широта натуры
grotésk <*gr.-lat.-it.-fr.*> *a* причудливый, странный, гротескный
Grotéske <*gr.-lat.-it.-fr.*> *f* -, -n 1. *архит.* гротеск, причудливый орнамент; 2. *лит.* гротеск, острая сатира
Grotte <*gr.-lat.-it.*> *f* -, -n грот
grub *impf от* **graben***
Grübchen *n* -s, - ямочка *(на щеке, подбородке)*
Grube *f* -, -n 1. яма; 2. нора; 3. *тех.* котлован; *горн.* рудник; карьер, копь; 4. *анат.* пазуха, впадина; ◇ **jmdn. in die ~ bringen*** свести в могилу кого-л.; **wer andern eine ~ gräbt, fällt selbst hinein** *посл.* не рой другому яму, сам в неё попадёшь
Grübeléi *f* -, -en раздумье, размышление; мечта; **sich ~en hingeben*** предаваться раздумью
grübeln *vi* (**über** A) размышлять, раздумывать *(о чём-л.)*, ломать голову *(над чем-л.)*
Gruben∥arbeiter *m* -s, - шахтёр, горняк

Gruben∥bau *m* -(e)s горная разработка, рудничная разработка
Grübler *m* -s, - мечтатель; человек, склонный к долгому раздумью
grüblerisch *a* склонный к долгому раздумью; мечтательный
Gruft *f* -, Grüfte склеп, могила; **die ~ der Familie** семейный склеп
grün *a* 1. зелёный *(о цвете)*; 2. зелёный, незрелый, молодой; **ein ~er Junge** юноша; 3. свежий; **~es Gemüse** свежие овощи
Grün *n* -s 1. зелёный цвет; 2. зелень
Grün∥anlage *f* -, -n зелёное насаждение, сквер
Grund *m* -(e)s, Gründe 1. дно; **bis auf den ~** до дна; **ein Schiff in den ~ bohren** пустить корабль ко дну; **das Schiff sinkt [geht] zu ~e, ein Schiff sinkt auf den ~** корабль идёт ко дну; 2. почва, грунт; **der ~ und Boden** земля, земельное владение; 3. фон; 4. фундамент, основание *(тж. перен.)*; **im ~e (genommen)** в сущности (говоря), по существу; **von ~ aus** в корне; коренным образом, основательно; **man hat allen ~ anzunehmen*** есть все основания полагать; **dazu liegt aller ~ vor** для этого имеются все основания; **Gründe geltend machen** выдвигать причины; ◇ **in ~ und Boden** окончательно
Grund∥ausbildung *f* - *воен.* строевая подготовка
Grund∥besitz *m* -es, -e недвижимое имущество, земельная собственность
Grund∥besitzer *m* -s, - землевладелец
grundehrlich *a* в высшей степени честный
Grund∥eigentum *n* -(e)s земельная собственность
gründeln *vi* *зоол.* искать корм на дне *(о водоплавающих птицах)*
gründen I *vt* 1. основывать, учреждать; **eine Familie ~** обзавестись семьёй; **eine Existenz ~** создать фирму, начать своё дело; 2. *(auf* A, *auf* D) основывать *(на чём-л.)*, обосновывать *(чем-л.)*; II **~ sich** *(auf* A, *auf* D) основываться *(на чём-л.)*
Gründer *m* -s, - основатель, учредитель, основоположник
Gründer∥jahre *pl* "грюндерство" *см.* **Gründerzeit**
Gründer∥zeit *f* - "грюндерство" *(период лихорадочно-спешного учредительства предприятий, акционерных обществ и т. п. после создания Германской империи в 1871-1873)*

grundfalsch *a* в корне неверный; неправильный

Grund‖farbe *f* -, -n 1. основной цвет; 2. грунтовая краска

Grund‖feste *f* -, -n оплот; фундамент; *pl тж.* устои

Grund‖form *f* -, -en 1. основная форма; 2. *грам.* основная форма *(глагола)*

Grund‖gedanke *m* -ns, -n основная мысль [идея]

grundieren I *vt* грунтовать; II *vt* взрыхлять *(почву)*

Grundig-Konzern *m* -s концерн Грундига *(один из крупнейших радиотехнических концернов ФРГ)*

Grund‖kenntnisse *pl* основы наук [знаний]

Grund‖lage *f* -, -n основа, основание, базис; фундамент; **etw. auf eine neue ~ stellen** подвести новую базу подо что-либо; **die ~ schaffen*** заложить основы; **es dient als ~** это служит основанием; **auf der ~ von** (D) на основании *(чего-л.)*

grundlegend I *a* основной; основополагающий; **~e Frage** коренной вопрос; II *adv* коренным образом

gründlich I *a* основательный, прочный, обстоятельный; дельный; II *adv* основательно, прочно, глубоко; **sich täuschen** глубоко ошибаться; **jmdm. ~ die Meinung sagen** сказать кому-л. правду в глаза

Gründlichkeit *f* - основательность, прочность, обстоятельность

Grund‖lohn *m* -(e)s, -löhne основная заработная плата

grundlos *a* 1. бездонный; 2. *перен.* необоснованный, беспричинный; **eine ~e Behauptung** голословное утверждение

Grün‖donnerstag *m* -es, -e *рел.* Святой [Чистый] четверг *(религиозный праздник перед Пасхой)*

Grund‖preis *m* -es, -e *ком.* базисная цена

Grundrechnungs‖art *f* -, -en *мат.* действие; **die vier ~en** четыре действия *(арифметики)*

Grund‖richtung *f* -, -en основное направление

Grund‖riß *m* -sses, -sse 1. план; очертание; чертёж; 2. основы; очерк(и)

Grund‖satz *m* -es, -sätze принцип, основное правило; **ein Mensch ohne Grundsätze** беспринципный человек; **es sich zum ~ machen** взять себе что-л. за правило

grundsätzlich *a* принципиальный

Grundsatz‖programm *n* -s, -e основная программа *(действий)*

Grund‖schule *f* -, -n начальная школа *(первые четыре класса общеобразовательных школ в Австрии и ФРГ)*

Grund‖schulpflicht *f* -, -en всеобщее обязательное начальное образование

Grund‖stein *m* -(e)s, -e краеугольный камень *(тж. перен.)*; **den ~ zu etw.** (D) **legen** закладывать фундамент чего-л.; *перен. тж.* заложить основы чего-л., положить начало чему-л.

Grund‖stellung *f* -, -en 1. основное положение; 2. *воен.* строевая стойка

Grund‖stoff *m* -(e)s, -e 1. *хим.* элемент; 2. *филос.* материя

Grund‖stück *n* -(e)s, -e земельный участок

Grund‖stufe *f* -, -n положительная степень *(сравнения)*

Gründung *f* -, -en основание, учреждение; создание

grundverschieden *a* в корне различный

Grund‖wasser *n* -s, - грунтовая [подпочвенная] вода

Grund‖wort *n* -(e)s, -wörter *грам.* основное слово, основная часть сложного слова

Grundwort‖bestand *m* -(e)s, -bestände *лингв.* основной словарный фонд

Grund‖zahlwort *n* -(e)s, -wörter *грам.* количественное числительное

Grund‖zug *m* -(e)s, -züge основная черта

"Grüne" I *pl* "зелёные" *(партия в ФРГ, выступающая в защиту окружающей среды)*

Grüne II *subst n* 1. зелень *(лугов, лесов)*; **ins ~ fahren*** поехать за город; **im ~n** на лоне природы; 2. зелень, овощи

grünen *vi, vimp* зеленеть; **es grünte in seinem Herzen** у него сердце ликовало

Grünes Gewölbe *n* -s "Грюнес Гевёльбе"/"Зелёный свод" *(музей в Дрездене <ФРГ>, в котором размещена коллекция саксонских ювелирных изделий)*

"Grüne Woche" *f* - "Зелёная неделя" *(выставка с.-х. и продовольственных товаров в Берлине <ФРГ>)*

grünlich *a* зеленоватый

Grün‖schnabel *m* -s, -schnäbel *разг.* молокосос

grunzen *vi* 1. хрюкать; 2. *разг.* бурчать себе под нос

Grün‖zeug *n* -(e)s зелень, овощи

Gruppe *f* -, -n группа; отряд; *воен.* отделение

gruppenweise *adv* по группам, группами

gruppieren <*it.-fr.*> I *vt* группировать; II **~, sich** (*zu* D) группироваться *(как-л., во что-л.)*

Gruppierung <*it.-fr.*> *f* -, -en группировка
gruselig *a* жуткий
gruseln *vimp*: mir [mich] gruselt's мне жутко, мне страшно
Gruß *m* -es, Grüße поклон, привет; салют, отдание чести; mit herzlichen Grüßen с сердечным приветом; jmdm. einen ~ bestellen [ausrichten] передавать кому-л. привет [поклон]
Gruß∥adresse *f* -, -n приветственный адрес
grüßen *vt* приветствовать (*кого-л.*); здороваться (*с кем-л.*); er läßt Sie ~ он шлёт Вам привет; ~ Sie Ihren Vater von mir передавайте от меня привет Вашему отцу; grüß Gott! *австр.* добрый день!, здравствуйте!
Grütze *f* -, -n крупа; каша; ◊ er hat ~ im Kopf он человек со смекалкой
Guatemála (*n*) -s Гватемала (*гос-во на С.-З. Центр. Америки*)
guatemaltékisch [gua-] *a* гватемальский
gucken *vi* (*auf* A, *nach* D) *разг.* смотреть (*на что-л.*); разглядывать (*что-л.*); das Taschentuch guckt ihm aus der Tasche носовой платок выглядывает [торчит] у него из кармана
Guck∥loch *n* -(e)s, -löcher потайное окошечко; глазок
Gudrun Гудрун (*жен. имя*)
Gudula Гудула (*жен. имя*)
Guido ['gui:do/'gi:do] Гуидо/Гидо (*муж. имя*)
Guinéa [gi-] (*n*) -s Гвинея (*гос-во в Зап. Африке*)
Guiné¦er *m* -s, - житель Гвинеи
guiné¦isch [gi-] *a* гвинейский
Gúlasch∥kanóne *f* -, -n *жарг.* походная кухня
Gulden *m* -s, - гульден (*золотая, затем серебряная монета в Германии, Австрии и др. в 13–19 вв.*)
gülden *поэт. см.* golden
gültig *a* действительный, законный, имеющий хождение (*о монетах*); ~ sein иметь силу; für ~ erklären признавать действительным
Gültigkeit *f* - действительность, законность; сила (*закона, договора*); seine ~ verlieren* быть [стать] недействительным
Gültigkeits∥dauer *f* - срок действия (*договора и т. п.*)
Gummi <*ägypt.-gr.-lat.*> *m* -s, -/-s каучук; резина; резинка (*для стирания*)
Gummi∥ball *m* -(e)s, -bälle резиновый мяч
gummibereift *a* на резиновых шинах, на резиновом ходу
Gummi∥bereifung *f* -, -en резиновая шина, пневматика
gummíeren <*ägypt.-gr.-lat.*> *vt* пропитывать резиной
Gummi∥knüppel *m* -s, - резиновая дубинка
Gummi∥lösung *f* -, -en резиновый клей
Gummi∥schuh *m* -(e)s, -e галоша
Gundbald Гундбальд (*муж. имя*)
Gundobald Гундобальд (*муж. имя*)
Gundobert Гундоберт (*муж. имя*)
Gundolf Гундольф (*муж. имя*)
Gundula Гундула (*жен. имя*)
Gunst *f* - 1. благосклонность, доброжелательство; милость; jmdm. ~ erweisen* сделать кому-л. одолжение; jmds. ~ genießen* пользоваться чьей-л. благосклонностью; in jmds. ~ stehen* пользоваться чьим-л. расположением; 2.: zu jmds ~ в чью-л. пользу; sich zu seinen ~en verändern измениться к лучшему; etw. zu seinen ~en vorbringen* [vortragen*] сказать что-л. в свою защиту
günstig *a* благоприятный; благосклонный; ~er Wind попутный ветер; eine ~e Gelegenheit удобный случай
Günstling *m* -(e)s, -e любимец, фаворит
Guntbert Гунтберт (*муж. имя*)
Günt(h)er Гюнтер (*муж. имя*)
Gunthild Гунтхильд (*муж. имя*)
Gunthílde Гунтхильде (*жен. имя*)
Guntram Гунтрам (*муж. имя*)
Gurgel *f* -, -n горло, глотка, гортань; in die unrechte ~ kommen* попасть не в то горло; jmdn. an der ~ packen, jmdn. an die ~ fahren* схватить кого-л. за глотку
gurgeln I *vt* полоскать (*горло*); II *vi* бурлить, клокотать; III ~, sich полоскать горло
Gurke *f* -, -n 1. огурец; saure ~n солёные огурцы; 2. *разг.* нос
gurren *vi* ворковать (*о голубях*)
Gurt *m* -(e)s, -e 1. пояс, кушак, ремень; 2. подпруга (*у седла*); 3. пулемётная лента; 4. *тех.* ремень, лента транспортёра
Gürtel *m* -s, - 1. пояс, кушак, ремень; bis zum ~ im Wasser по пояс в воде; 2. *геогр.* пояс, зона; 3. "гюртель", букв. "пояс" (*название городской улицы, опоясывающей часть города*)
Gürtel∥tier *n* -(e)s, -e *зоол.* броненосец
gürten *vt* 1. опоясывать; 2. набивать пулемётные ленты; II ~, sich 1. опоясываться; 2. готовиться к бою [к дальней дороге]
Gurt∥werk *n* -(e)s лямки (*парашюта*)

Gürzenich *m* -s "Гюрцених" *(старинный концертный дом в Кёльне <ФРГ>)*

Guß *m* -sses, Güsse 1. *тех.* литьё, отливка; **aus einem ~** отлитый из одного куска; цельный, монолитный *(тж. перен.)*; 2. чугун; 3. ливень, проливной дождь

Guß‖eisen *n* -s литейный чугун

gußeisern *a* чугунный

Gustav Густав *(муж. имя)*

Guste Густа *(ласкательная форма жен. имени* Auguste*)*

Gustel Густель *(ласкательная форма муж. имени* August *и жен.* Auguste*)*

Gusti Густи *(ласкательная форма муж. имени* August *и жен.* Auguste*)*

gut *(comp* besser, *superl* best*)* I *a* 1. хороший, добрый, доброкачественный; **~en Abend!** здравствуй(те)!, добрый вечер!; **~en Morgen!** здравствуй(те)!, доброе утро!; **~e Nacht!** спокойной ночи!; **~en Tag!** здравствуй(те)!, добрый день!; **~e Erfolg!** желаю успеха!; **~e Reise!** счастливого пути!; **seien Sie so ~!** будьте так добры!; **~er Mann!** мой дорогой!; **der ~e Hirt(e)** добрый пастырь, Христос; ◇ **eine ~e Haut, ~e Seele** добрая душа, добряк; **~e Stube** гостиная; 2.: **~e zwei Stunden** добрых два часа; ◇ **~e Miene zum bösen Spiel machen** делать хорошую мину при плохой игре; **einer ist so ~ wie der andere** два сапога пара; II *adv* хорошо; **~ und gern** охотно; **kurz und ~** одним словом; **schon ~!** ладно!, хорошо!; **möglichst ~** наилучшим образом; **er hat es ~** ему живётся хорошо; **du hast ~ reden** тебе легко говорить; **so ~ wie** почти, всё равно, что...; **so ~ wie nichts** почти (что) ничего; ◇ **wer ~ sitzt, rücke nicht** *посл.* ≅ от добра добра не ищут

Gut *n* -(e)s, Güter 1. благо; **nicht um alle Güter der Welt** ни за какие блага (в мире); 2. имение; 3. имущество; ◇ **Hab und ~** всё имущество; 4. товар, груз; *мор.* такелаж; 5. материал

Gutachten *n* -s, - мнение, отзыв; заключение, экспертиза; **ein ~ einholen** запросить заключение *(по какому-л. вопросу)*; **sein ~ abgeben*** дать своё заключение, произвести экспертизу

Gutachter *m* -s, - эксперт

gutartig *a* 1. добрый *(по натуре)*; 2. доброкачественный *(тж. мед.)*

Gut‖dünken *n* -s мнение, усмотрение; **nach Ihrem ~** по Вашему усмотрению

Gute *subst n* -n добро, благо; **alles ~!** всего хорошего!, всех благ!; **etw. zum ~n wenden** дать делу хороший оборот; **nichts ~s im Sinn haben** иметь плохие намерения

Güte *f* - 1. доброта; **in aller ~** по-хорошему, полюбовно; **haben Sie die ~** будьте так добры; **du meine ~!** Боже мой!; 2. (хорошее) качество *(материала)*; доброкачественность; **eine Ware erster ~** товар высшего качества

Güte‖klasse *f* -, -n *ком.* степень качества, сорт

Güter‖abfertigung *f* -, -en отправка грузов

Güter‖absender *m* -s, - отправитель груза; экспедитор

Güter‖austausch *m* -es товарообмен

Güter‖bahnhof *m* -(e)s, -höfe *ж.-д.* товарная станция

Güter‖empfänger *m* -s, - получатель груза

Güter‖umschlag *m* -(e)s, -schläge перегрузка товаров; грузооборот

Güter‖verkehr *m* -s грузооборот; товарное движение

Güter‖versicherung *f* -, -en страхование имущества [товаров, грузов]

Güter‖wagen *m* -s, - товарный вагон

Güter‖zug *m* -(e)s, -züge товарный поезд

Güte‖verhältnis *n* -ses, -se коэффициент полезного действия

Güte‖vorschrift *f* -, -en технические условия

Güte‖zahl *f* -, -en качественный коэффициент; балл

gutgebaut *a* хорошо сложенный

gutgehend: ~es Geschäft процветающее предприятие

gutgelaunt *a* хорошо настроенный, весёлый

gutgemeint *a* доброжелательный, благосклонный

gutgesinnt *a* 1. (D) расположенный, благосклонный *(к кому-л.)*; 2. благонадёжный, благонамеренный

gutgläubig *a* легковерный

gut‖haben* *vt ком.* иметь кредит; пользоваться кредитом; иметь на активе

Guthaben *n* -s, - *ком.* кредит; актив

gut‖heißen* *vt* одобрять, санкционировать

Gutheißen *n* -s, -; **Gutheißung** *f* -, -en одобрение, санкция

gutherzig *a* 1. добродушный, мягкосердечный; 2. радушный

gütig I *a* добрый; благосклонный; **wollen Sie so ~ sein** сделайте одолжение; II *adv* благосклонно; **sich ~ gegen jmdn. erzeigen** относиться благосклонно к кому-л.

gütlich I *a* 1. полюбовный; 2.: **sich (D) ~**

gutmütig

tun* ни в чём себе не отказывать, наслаждаться, веселиться; **sich (D) an etw. (D) ~ tun*** наслаждаться, лакомиться чем-л.; II *adv* полюбовно, добром, по-хорошему

gutmütig I *a* добродушный; II *adv* добродушно

Gutmütigkeit *f* - добродушие, благодушие

gutnachbarlich *a* добрососедский

Guts∥besitz *m* -es, -e земельное владение, поместье

Guts∥besitzer *m* -s, - помещик

Gut∥schein *m* -(e)s, -e талон, ордер *(на получение чего-л.)*

gut|schreiben* *vt* ком. засчитывать *(кому-либо финансовые средства и т. п.)*

Gut∥schrift *f* -, -en ком. (запись на) кредит, кредитование

Guts∥herr *m* -n, -n помещик

gutsituiert *a* состоятельный, обеспеченный, зажиточный

gut|tun* *vi* 1. (D) делать добро; приносить пользу; 2. слушаться

gutturál <*lat.*> *a* фон. гортанный

gutwillig I *a* 1. добровольный; 2. готовый к услугам, любезный; II *adv* добровольно, по своей воле

gymnasiál <*gr.-lat.*> *a* гимназический

Gymnasiást <*gr.-lat.*> *m* -en, -en гимназист

Gymnásium <*gr.-lat.*> *n* -s, -si|en гимназия *(общеобразоват. средняя школа в Австрии и ФРГ, базируется на начальной школе; обучение в течение 8–9 лет заканчивается сдачей экзамена на аттестат зрелости)*

Gymnástik <*gr.-lat.*> *f* - гимнастика; **~ treiben*** заниматься гимнастикой

gymnástisch <*gr.-lat.*> *a* гимнастический

Gynäkológ(e) <*gr.-lat.*> *m* -gen, -gen гинеколог

Gynäkológie <*gr.-lat.*> *f* - гинекология

gynäkológisch <*gr.-lat.*> *a* гинекологический

Н

Haar *n* -(e)s, -e 1. волос; *собир.* волосы; **das ~ wachsen lassen*** отпускать волосы; **die ~e machen** причёсываться; ◊ **sich in die ~e geraten*** ссориться, враждовать; **die ~e stiegen ihm zu Berge** у него волосы встали дыбом; **sie gleichen sich aufs ~** они похожи друг на друга как две капли воды; **um ein ~** чуть-чуть, едва; **um kein ~, nicht um ein ~** ни на волос, ни на йоту; **sich wegen etw. (G) keine grauen ~e wachsen lassen*** не расстраиваться из-за чего-л.; **kein gutes ~ an jmdm. lassen*** разбирать кого-л. по косточкам; **~e auf den Zähnen haben** быть зубастым; 2. шерсть; ворс

Haar∥ausfall *m* -(e)s, -fälle выпадение волос

Haar∥büschel *n* -s, - пучок волос, вихор, чёлка

Haardt *f* - Хардт *(горный р-н в ФРГ <земля Рейнланд-Пфальц>)*

haaren I *vt* ощипывать; снимать волосы; II *vi u ~, sich* линять *(о животных)*; вылезать *(о шерсти, мехе)*

Haar∥farbe *f* -, -n 1. цвет волос *(у людей)*; 2. масть *(животных)*; 3. краска для волос

haarfein *a* тонкий как волос

haargenau *adv* точь-в-точь

haarig *a* волосатый

haarklein *adv* очень подробно

Haar∥klemme *f* -, -n зажим для волос, заколка

Haar∥nadel *f* -, -n шпилька *(для волос)*

Haar∥pflege *f* - уход за волосами

haarscharf I *a* точнейший; II *adv* точь-в-точь

Haar∥schneidemaschine *f* -, -n машинка для стрижки волос

Haar∥schnitt *m* -(e)s, -e стрижка; **welchen ~ wünschen Sie?** как Вас постричь?

Haar∥schopf *m* -(e)s, -schöpfe пучок волос; вихор; чёлка

Haar∥spalteréi *f* - мелочность; педантизм, казуистика; **sich mit ~ abgeben*** заниматься казуистикой

Haar∥spange *f* -, -n заколка *(для волос)*

haarsträubend *a* возмутительный

Hab *n* -: **~ und Gut** всё имущество, всё добро; **um sein ~ und Gut kommen*** лишиться всего имущества

Habana [a'ba:-] *(n)* -s Гавана; *см.* Havanna

Habe *f* - имущество; собственность; состояние; **bewegliche und liegende ~** движимое и недвижимое имущество

Habegern *m* -(e)s *разг.* жадный [завистливый] человек; рвач

haben* I *vt* 1. иметь *(что-л.)*, обладать *(чем-л.);* **ich habe** у меня есть; **er hat etwas** 1) у него водятся деньжата; 2) он чем-то болен; **viel hinter sich ~** много пережить; **Geld bei sich ~** иметь при себе деньги; **ich habe nichts dagegen** я ничего против не имею; **jetzt habe ich ihn** теперь я его поймал, теперь он у меня в руках; **jetzt hab ich es** *разг.* до меня дошло, теперь я понял; **es hat nichts auf sich** это не имеет никакого значения; **dafür bin ich nicht zu ~** я не желаю в этом участвовать; **sie hat es in sich** у неё есть (хорошие, плохие) задатки; **hab dich nicht so!** 1) не важничай! не задирай нос!; 2) не будь таким мнительным!; **2.** с *zu + inf выражает долженствование:* **ich habe zu...** я должен..., мне нужно...; **es hat nicht zu sagen** это не важно; **ich habe nichts zu lesen** мне нечего читать; **ich will damit nichts zu tun ~** я не хочу иметь ничего общего с этим делом; **3.** с *inf без zu:* **du hast gut reden** тебе хорошо говорить; **Sie haben gut fragen** Вам легко спрашивать; **er hat gut lachen** ему хорошо смеяться; II *вспомогательный глагол, служащий для образования перфекта и плюсквамперфекта:* **wir haben (hatten) darüber gesprochen** мы об этом говорили

Haben *n* -s *ком.* **1.** кредит; **das Soll und das ~** дебет и кредит; **2.** сумма долга

Habenichts *m* -/-es, -e *разг.* нищий, бедняк

Habgier *f* - жадность, алчность, корыстолюбие

habgierig *a* жадный, алчный, корыстолюбивый

habhaft: einer Sache ~ werden завладеть чем-л.; **des Verbrechers ~ werden** схватить преступника

Habicht *m* -(e)s, -e ястреб

Habilitation <*lat.*> *f* -, -en получение доцентуры *(в университете или др. высшем учебном заведении)*

habilitieren, sich <*lat.*> защитить докторскую диссертацию

Habsburger *pl* Габсбурги *(династия в Австрии <1282–1919>)*

Habseligkeiten *pl* пожитки, вещи

Habsucht *f* - корыстолюбие, жадность, алчность

habsüchtig *a* алчный, жадный

Häckchen *n* -s, - **1.** крючок; зацепка; **2.** закорючка; галочка *(на полях)*; **3.** апостроф; **ein ~ im Kopfe haben** *разг.* быть с заскоком [придурью]

Hacke *f* -, -n кирка, мотыга; *горн.* кайло

hacken *vt* **1.** колоть, рубить; **2.** работать киркой; мотыжить, вскапывать; **3.** клевать, долбить; **auf jmdn. ~** *разг.* нападать на кого-л., заклевать кого-л.; **4.** подрезать, подсекать *(хоккей)*

Hacken *m* -s, - **1.** пятка; **jmdm. dicht auf den ~ sein [sitzen*]** *разг.* преследовать кого-л. по пятам; **jmdm. auf die ~ treten*** подгонять, торопить кого-л.; **2.** каблук; **die ~ zusammenschlagen*** щёлкнуть каблуками

Hackepeter *m* -s "хаккепетер" *(сырое рубленое мясо с пряностями, употребляется в сыром виде)*

Hack∥fleisch *n* -es рубленое мясо; фарш

Hack∥frucht *f* -, -früchte *с.-х.* пропашная культура; корнеплод

Häcksel *m, n* -s *с.-х.* сечка

Häcksel∥maschine *f* -, -n *с.-х.* соломорезка

häckseln *vt с.-х.* резать солому

Hader I *m* -s ссора, распря

Hader II *m* -s, -s лоскут, тряпка

hadern *vi* спорить, ссориться, враждовать; **mit dem Schicksal ~** роптать на судьбу; **mit sich ~** быть не в ладах с самим собой

Hafen *m* -s, Häfen гавань, порт; пристань; **in einen ~ einlaufen*** входить в порт; **aus einem ~ auslaufen*** выходить из порта

Hafen∥sperre *f* -, -n **1.** блокада гавани; **2.** закрытие порта

Hafer *m* -s овёс; ◊ **ihn sticht der ~** *разг.* он с жиру бесится

Hafer∥flocken *pl* овсяные хлопья

Hafer∥schleim *m* -(e)s овсяный отвар; овсяный кисель

Haff *n* -s, -s/-e гафф *(полупресноводный лиман в устьях рек Балтийского моря)*

Haft *f* - **1.** арест; **in ~ nehmen*** арестовать; **aus der ~ entlassen*** освободить из-под ареста; **2.** *юр.* ответственность, гарантия

Haft∥anstalt *f* -, -en тюрьма

haftbar *a (für* A) ответственный *(за кого-либо, за что-л.)*

Haft∥befehl *m* -(e)s, -e приказ об аресте

haften I *vi* **1.** *(an* D) прилипать, приставать *(к чему-л.)*; **2.** *(in* D) застревать; крепко сидеть *(в чём-л.)*; **im Gedächtnis ~** оставаться в памяти, запомниться; II *vi (für* A) отвечать, быть ответственным, нести ответственность *(за что-либо, за кого-л.)*; ручаться *(за кого-л., за что-л.)*, гарантировать *(что-л.)*

haften∥bleiben* *vi* (s) оставаться в памяти, запомниться

Haft∥entlassung *f* -, -en освобождение из-под ареста

Haft∥erklärung *f* -, -en гарантийное письмо
Haft∥geld *n* -(e)s, -er *ком.* задаток
Haft∥kabel *n* -s *мор.* швартовый кабель
Häftling *m* -(e)s, -e арестант
Haft∥pflicht *f* - *юр.* ответственность, гарантия; **mit beschränkter ~** *ком.* с ограниченной ответственностью
haftpflichtig *a юр.* ответственный
Haftpflicht∥versicherung *f* -, -en гарантийное страхование
Haftung *f* -, -en *юр.* ответственность, порука, гарантия; **mit beschränkter ~** *ком.* с ограниченной ответственностью
Hage∥butte *f* -, -n плод шиповника
Hage∥dorn *m* -(e)s боярышник
Hagel *m* -s град; **ein ~ von Schlägen prasselte auf ihn hernieder** на него посыпался град ударов
Hagel∥korn *n* -(e)s, -körner градина
hageln *vimp*: **es hagelt** идёт град; **es hagelte Prügel** удары сыпались градом
Hagen Хаген *(муж. имя)*
Hagenbecks Tierpark *m* -es зоопарк Гагенбека *(зоопарк на природе в Гамбурге <назв. по имени его создателя>)*
hager *a* худой, тощий, худощавый
Hagestolz *m* -es, -e старый холостяк
Hahn I *m* -(e)s, Hähne 1. петух; 2. самец *(птиц);* ◊ **jmdm. den roten ~ aufs Dach setzen** пустить кому-л. красного петуха *(поджечь);* **es kräht kein ~ danach** этим никто не интересуется; **~ im Korbe sein** быть единственным мужчиной в обществе женщин
Hahn II *m* -(e)s, Hähne 1. кран; 2. курок; **den ~ spannen** взводить курок; **den ~ abdrücken** спустить курок
Hahnen∥fuß *m* -es, -füße *бот.* лютик
Hahnrei *m* -(e)s, -e 1. каплун; 2. *разг.* обманутый муж, рогоносец; ◊ **jmdn. zum ~ machen** наставить кому-л. рога
Hai *m* -es, -e; **Haifisch** *m* -es, -e акула
Haidarabád *(n)* -s Хайдарабад *(город в Зап. Пакистане)*
Hain *m* -(e)s, -e роща, дубрава, перелесок
Hainán *(n)* -s Хайнань *(о-в в Южно-Китайском море)*
Haïti *(n)* -s Гаити *(о-в и гос-во в архипелаге Больших Антильских о-вов)*
haïtisch, haïtiánisch *a* гаитянский
häkeln *vt* вязать крючком
Häkel∥nadel *f* -, -n вязальный крючок
haken I *vt* 1. зацеплять крючком; 2. подрезать, подсекать *(хоккей);* **den Stock ~** подбивать клюшку; II *vt* цепляться, прицепляться

Haken *m* -s, - 1. крюк; крючок; 2. багор; 3. удар *(бокс);* подсечка; зацеп *(дзюдо);* крюк *(плавание);* ◊ **die Sache hat einen ~** в этом деле есть своя загвоздка
Haken∥kreuz *n* -es, -e свастика
Haken∥pflug *m* -(e)s, -pflüge соха
Haken∥stange *f* -, -n багор
Häklerin *f* -, -nen вязальщица
halb I *a* половинный; пол(у)-; **es ist ~ zwei** половина второго; **ein ~es Glas** полстакана; II *adv* наполовину; **~ so teuer** вдвое [наполовину] дешевле
halbamtlich *a* полуофициальный, официозный
Halb∥anhänger *m* -s, - полуприцеп *(у автомобиля)*
Halb∥bruder *m* -s, -brüder сводный брат
Halb∥dunkel *n* -s сумерки, полумрак
Halb∥edelstein *m* -(e)s, -e самоцвет, полудрагоценный камень
halber *prp* (G) ради, из-за; ввиду
Halb∥fabrikat *n* -(e)s, -e полуфабрикат; *тех.* заготовка
halbfertig *a* полуготовый, недоделанный; **~e Gerichte** *кул.* полуфабрикаты
Halb∥gebildete *subst m, f* -n, -n недоучка
Halbheit *f* -, -en половинчатость; полумера
halbieren *vt* делить [резать *и т. п.*] пополам; резать
Halbierung *f* -, -en деление пополам
Halb∥insel *f* -, -n полуостров
Halbinsel Kola *f* - Кольский полуостров *(в С.-З. Европейской части РФ)*
Halb∥jahr *n* -(e)s, -e полугодие; полгода; семестр
halbjährig *a* полугодовой, длящийся полгода; полугодовалый
halbjährlich *a* полугодичный, повторяющийся каждые полгода
Halb∥kugel *f* -, -n полушарие, полусфера
Halb∥leiter *m* -s, - *эл.* полупроводник
halbmast: **~ flaggen** приспускать флаг
Halb∥messer *m* -s, - *мат.* радиус
halbmonatlich *a* полумесячный, повторяющийся каждые две недели
Halb∥schuhe *pl* полуботинки
Halb∥schwester *f* -, -n сводная сестра
Halb∥starke *subst m, f* -n, -n *разг.* 1. подросток; 2. шалопай, стиляга
Halb∥stiefel *pl* полусапожки
halbstündlich *a, adv* каждые полчаса
halbtags: **~ arbeiten** работать на полставки
halbtot I *a* полумёртвый, еле живой; II *adv* до полусмерти; ◊ **sich ~ lachen** помирать со смеху

halbwegs *adv* до некоторой степени; наполовину

halbwüchsig: ein ~er Junge, ein ~es Mädchen подросток

Halbwüchsige *subst m, f* -n, -n 1. подросток; 2. *ирон.* недоросль

Halb∥zeit *f* -, -en *спорт.* половина игры, тайм

Halde *f* -, -n *горн.* отвал, террикон

half *imp* от **helfen***

Hälfte *f* -, -n половина; **zur ~ наполовину; meine bessere ~** *шутл.* моя дражайшая половина *(о супруге)*

Hall *m* -(e)s, -e звук, отзвук; ◊ **wie der ~, so der Schall** *посл.* ≅ как аукнется, так и откликнется

Halle *f* -, -n 1. (большой) зал; 2. пассаж; крытый рынок; 3. *ав.* ангар; *авт.* гараж

Halle *(n)* -s Галле/Халле *(город в ФРГ <земля Саксония-Ангальт>)*

hallen *vi* звучать, раздаваться

Hallen∥bad *n* -es, -bäder зимний бассейн *(в закрытом помещении)*

hallend *a* звонкий, звучащий, шумный

Halló *n* -s, -s шум, крик, суматоха; **großes ~ um etw. (A) machen** поднять большой шум вокруг чего-л.

halló! *int* алло!, эй!

Halluzination *<lat.> f* -, -en галлюцинация

Halm *m* -(e)s, -e стебель; соломинка; **das Getreide auf ~** хлеб на корню

Hals *m* -es, Hälse 1. шея; **jmdm. um den ~ fallen*** бросаться кому-л. на шею; **das hängt mir längst zum ~e heraus** это мне давно опротивело; **~ über Kopf** сломя голову; **sich etw. vom ~e schaffen** отделываться от чего-л.; **sich (D) den ~ brechen*** сломать себе шею; 2. горло, глотка; **aus vollem ~e** во всё горло; **mir tut der ~ weh** у меня болит горло; **den ~ nicht vollkriegen können*** быть ненасытным; **jmdm. den ~ stopfen** заткнуть кому-л. глотку, заставить замолчать кого-л.; 3. горлышко *(бутылки)*; 4. *муз.* гриф *(скрипки и т. п.)*; ◊ **einen langen ~ machen** любопытствовать

Hals∥abschneider *m* -s, - 1. головорез; 2. *разг.* ростовщик

Hals∥band *n* -(e)s, -bänder 1. ошейник; 2. ожерелье, колье

halsbrecherisch *a* очень опасный, рискованный

Hals∥entzündung *f* -, -en *мед.* ларингит

Hals∥kette *f* -, -n ожерелье

Hals∥schmuck *m* -(e)s, -e ожерелье, колье; кулон

Hals∥starrigkeit *f* - упорство, упрямство

Hals∥tuch *n* -(e)s, -tücher шарф, кашне, косынка; галстук *(пионерский)*

Hals∥wickel *m* -s, - компресс на шею

halt! *int* стой!, ни с места!; **~! Wer da?** Стой! Кто идёт?

Halt *m* -(e)s 1. опора; поддержка; стойкость; **den ~ verlieren*** потерять точку опоры; *перен.* потерять душевное равновесие; **innerer ~** моральная поддержка; 2. остановка, привал; **jmdm. ~ gebieten*** осадить [остановить] кого-л.

haltbar *a* прочный, крепкий, устойчивый

Haltbarkeit *f* - прочность, носкость; добротность, устойчивость; надёжность, крепость

halten* I 1. *vt* 1. держать, содержать; **sauber ~** (со)держать в чистоте; **kühl ~** держать на холоде; **in Ordnung ~** (со)держать в порядке; **in Ehren ~** чтить, почитать; **in Grün gehalten** выдержанный в зелёных тонах; 2. соблюдать; **Frieden ~** поддерживать мир, жить в мире; **Maß ~** соблюдать [знать] меру; **Ordnung ~** поддерживать порядок; **Ruhe ~** сохранять [поддерживать] спокойствие; **Diät ~** соблюдать диету; **sein Wort ~** сдержать слово; **die Treue ~** сохранять верность; 3. иметь, держать; **Pferde ~** держать лошадей; **eine Zeitung ~** выписывать газету; 4. *(auf* A*)* придавать значение *(чему-л.)*, следить *(за чем-л., за кем-л.)*; **auf gute Manieren ~** придавать значение хорошим манерам; **große Stücke auf jmdn., auf etw. (A) ~** 1) возлагать большие надежды на кого-л., на что-л., 2) быть высокого мнения о ком-л., о чём-л. 5.: **mit jmdm. ~** дружить с кем-л.; иметь общее дело с кем-л.; 6. удерживать, держать; **die Festung ~** удерживать крепость; 7. *(für* A*)* считать, принимать *(за кого-л., за что-л.)*: **jmdn. für dumm ~** считать кого-л. глупым; **für wen ~ Sie mich?** за кого Вы меня принимаете?; 8.: **einen Vortrag ~** делать доклад; **eine Vorlesung ~** читать лекцию; **eine Rede ~** произносить речь; **Hochzeit ~** праздновать [справлять] свадьбу; II **~, sich** 1. держаться; **sich gerade [aufrecht] ~** держаться прямо [ровно]; **sich rechts ~** держаться правой стороны; **sich gut ~** хорошо вести себя; **sich schadlos ~** получить возмещение убытков; 2. придерживаться, держаться *(чего-л.)*; **sich ans Gesetz ~** придерживаться закона; 3. держаться, сохраняться *(о продук-*

max); **er wird sich nicht ~** он не удержится *(на работе)*
halten* II *vi* **1.** носиться, быть носким, прочным; **die Schuhe ~ gut** туфли хорошо носятся
halten* III *vi* останавливаться; **der Zug hält 5 Minuten** поезд стоит 5 минут
Halte‖punkt *m* -(e)s, -e **1.** ж.-д. полустанок; **2.** воен. точка прицеливания
Halter *m* -s, - **1.** ручка *(для пера)*; **2.** держатель, зажим; рукоятка; **3.** подставка; опора; штатив
Halte‖stelle *f* -, -n остановка, станция, место остановки; **an der nächsten ~ aussteigen*** выходить на следующей остановке
haltlos *a* **1.** неудержимый; **2.** неустойчивый; **3.** неосновательный
Haltlosigkeit *f* - **1.** неудержимость; **2.** неустойчивость, шаткость, непрочность; **3.** необоснованность, неосновательность
Haltung *f* -, -en **1.** вид, осанка, поза, выправка; **2.** самообладание; **3.** поведение, манера держать себя; **sich (D) eine gute ~ angewöhnen** усвоить хорошие манеры; **4.** отношение, позиция; **eine klare ~ haben** иметь чёткую позицию; **5.** содержание *(животных)*
Halúnke *m* -n, -n негодяй, мерзавец
Hambacher Fest *n* -es Гамбахское празднество *(политическая демонстрация 27.05.1832 в деревне Гамбах ⟨Пфальц⟩; её участники требовали объединения страны, конституционных свобод)*
Hamburg *(n)* -s Гамбург *(город-земля в ФРГ, крупный порт в нижнем течении Эльбы, культурный и экономический центр)*
Hamburger Aufstand *m* -es Гамбургское восстание *(выступление пролетариата 23–25 октября 1925 под рук. Э. Тельмана)*
hämisch *a* злобный, коварный
Hammel *m* -s, - баран
Hammel‖fleisch *n* -(e)s баранина
Hammel‖keule *f* -, -n баранья ножка
Hammer *m* -s, Hämmer молот, молоток; ◊ **zwischen ~ und Amboß sein** быть между молотом и наковальней; **unter den ~ bringen*** продавать с молотка [аукциона]
hämmern I *vt* бить молотком; ковать молотом; **jmdm. etw. ins Gedächtnis ~** вбивать [вдалбливать] кому-л. что-л.; II *vimp, vi* стучать; **das Herz hämmert** сердце (трепетно) бьётся; **es hämmert in den Schläfen** (кровь) стучит в висках

Hampel‖mann *m* -s, -männer **1.** "хампельман" *(детская игрушка в виде фигурки человека, руки и ноги которого приводятся в движение при помощи связанных между собой верёвочек)*; **2.** марионетка; *перен.* паяц, кривляка
hampeln *vi разг.* делать судорожные движения; махать *(руками)*; дрыгать *(ногами)*
Hamster *m* -s, - **1.** хомяк; **2.** скупец
Hamsterer *m* -s, - мешочник, спекулянт
hamstern I *vt разг.* жадно копить; II *vi* **1.** жадничать; **2.** мешочничать
Hand *f* -, Hände рука *(кисть)*; **die linke [rechte] ~** левая [правая] рука; ◊ **an der ~** за руку; **Hände hoch!** руки вверх!; **~ in ~** рука об руку, сообща; **von ~ zu ~** из рук в руки; **bei der ~** под рукой; **freie ~ haben** иметь свободу действий; **die ~ im Spiel haben** быть замешанным в чём-либо; **das hat ~ und Fuß** это хорошо продумано, это обосновано; **alle Hände voll zu tun haben** *разг.* иметь пропасть дел; **sich mit Händen und Füßen sträuben** *разг.* отбиваться руками и ногами; ◊ **von der ~ in den Mund leben** *разг.* едва сводить концы с концами
Hand‖ball *m* -(e)s *спорт.* ручной мяч, гандбол
handbreit *a* шириной в ладонь
Hand‖breite *f* - ширина ладони *(мера)*; **nicht um eine ~ vorwärtskommen*** не продвинуться ни на шаг
Hand‖buch *n* -(e)s, -bücher руководство, справочник
Hände‖druck *m* -(e)s, -drücke рукопожатие; **sich mit einem ~ begrüßen** поздороваться за руку
Hände‖klatschen *n* -s аплодисменты, рукоплескание; **anhaltendes [nicht enden wollendes] ~** продолжительные аплодисменты
Handel I *m* -s **1.** торговля; **reger [оживлённая] торговля; ~ treiben*** вести торговлю, торговать; ◊ **~ und Wandel** житьё-бытьё; **2.** (торговая) сделка, операция; **einen ~ machen** совершать сделку; **einen ~ mit jmdm. eingehen*** заключить с кем-л. сделку
Handel II *m* -s, Händel ссоры, раздор; **~ suchen** придираться, лезть в драку
handeln I *vi* **1.** действовать, поступать; **gegen ein Gesetz ~** действовать противозаконно; **wie ein Ehrenmann ~** поступать честно [порядочно]; **2.** *(mit D)* торговать *(чем-л.)*; **nach Rußland ~** вести торговлю с Россией; **3.** вести переговоры, договариваться; **mit jmdm.**

um den Preis ~ договариваться [торговаться] с кем-л. о цене; **hier wird nicht gehandelt** здесь не торгуются

handeln II I *vi (von* D) трактовать *(что-либо);* II ~, **sich** *(um* A) иметь темой *(что-л.);* вести речь *(о чём-л.)* **worum handelt es sich?** о чём идёт речь?; в чём дело? **es handelt sich um...** (A) речь идёт о...

Handels‖abkommen *n* -s, - торговое соглашение

Handels‖artikel *m* -s, - предмет торговли, товар

Handels‖beirat *m* -(e)s, -räte консультант [советник] по торговым делам

Handels‖betrieb *m* -(e)s, -e торговое предприятие [дело]

Handels‖beziehungen *pl* торговые отношения [связи]

Handels‖brief *m* -(e)s, -e **1.** коммерческое письмо; **2.** купчая

handelseinig: ~ **werden** 1) сходиться в цене; 2) договариваться

handelsfrei *a* разрешённый к продаже

Handels‖geschäft *n* -(e)s, -e **1.** торговое предприятие, торговая фирма; **2.** торговая сделка

Handels‖gut *n* -(e)s, -güter товар

Handels‖kammer *f* -, -n торговая палата

Handels‖marke *f* -, -n товарный знак; торговая марка

Handels‖messe *f* -, -n торговая ярмарка

Handels‖rat *m* -(e)s, -rate **1.** коммерческий советник; **2.** совет по делам торговли

Handels‖reisende *subst m* -n, -n коммивояжёр

Handels‖restriktion *f* -, -en ограничения в области торговли

Handels‖schiff *n* -(e)s, -e торговое судно

Handels‖schule *f* -, -n коммерческое училище, торговая школа

Händel‖sucher *m* -s, - склочник, спорщик, задира

händelsüchtig *a* скандальный, придирчивый

Handels‖umsatz *m* -es, -sätze торговый оборот, товарооборот

Handels‖unternehmen *n* -s, - торговое предприятие

Handels‖verkehr *m* -s **1.** торговые сношения [связи]; **2.** ход торговых дел

Handels‖vermittlung *f* - торговое посредничество

Handels‖vertrag *m* -(e)s, -träge торговый договор

Handels‖vertretung *f* -, -en торговое представительство, торгпредство

Handels‖ware *f* -, -n предмет торговли, товар

Hand‖fertigkeit *f* -, -en ловкость, сноровка; проворство

Hand‖fesseln *pl* наручники

Hand‖feuerwaffe *f* -, -n *воен.* личное огнестрельное оружие

Hand‖fläche *f* -, -n ладонь

Hand‖geld *n* -(e)s задаток

Hand‖gelenk *n* -(e)s, -e запястье; кистевой сустав; ◊ **etw. aus dem ~ machen [schütteln]** делать что-л. поразительно легко [без подготовки]

Hand‖gemenge *n* -s, - рукопашная схватка; свалка, драка

Hand‖gepäck *n* -(e)s, -e ручной багаж

Handgepäck‖aufbewahrung *f* -, -en камера хранения ручного багажа

handgerecht *a* сподручный; удобный

handgeschnitzt *a* вырезанный от руки

handgewebt *a* домотканый

Hand‖granate *f* -, -n ручная граната

handgreiflich *a* **1.** убедительный, очевидный; **2.:** ◊ ~ **werden** дать волю рукам

Hand‖griff *m* -(e)s, -e **1.** приём; ухватка; **2.** ручка, рукоятка; эфес

hand‖haben* *vt* (уметь) обращаться *(с чем-л.);* орудовать, манипулировать *(чем-л.);* **die Rechtspflege ~** *юр.* отправлять правосудие

Handhabung *f* -, -en **1.** обращение *(с чем-л.);* ~ **von Werkzeugen** обращение с инструментами; **2.** практика; метод; порядок; ~ **der Gesetze** соблюдение законов

Hand‖karren *m* -s, - тачка; ручная тележка

Hand‖langer *m* -s, - **1.** подручный *(рабочий);* подёнщик; **2.** прислужник; **den ~ machen, für jmdn. den ~ spielen** быть подручным у кого-л.; *перен.* быть пособником в чём-л.

hand‖langern *vi* исполнять подручные работы, быть подручным; приспешничать

Händler *m* -s, -; **~in** *f* -, -nen торговец, -вка

handlich *a* **1.** сподручный, удобный; **2.** портативный

Handlung *f* -, -en **1.** действие; **2.** действие *(романа, пьесы); театр.* действие, акт; **3.** торговое дело, торговля; **4.** лавка, магазин

Handlungs‖art *f* -, -en *грам.* залог

Handlungs‖bevollmächtigte *subst m, f* -n, -n уполномоченный, -ная фирмы; доверенный торгового предприятия

Handlungs‖fähigkeit *f* - способность действовать, дееспособность

Handlungs∥freiheit *f* -, -n свобода действий; **jmdm. volle ~ lassen*** предоставить кому-л. полную свободу действий
Handlungs∥reisende *subst m* -n, -n коммивояжёр
Handlungs∥unkosten *pl* торговые издержки
Handlungs∥weise *f* -, -n образ действий, поступок
Hand∥pflege *f* - маникюр
Hand∥pflegerin *f* -, -nen маникюрша
Hand∥puppe *f* -, -n *театр.* марионетка, кукла
Handreichung *f* -, -en 1. помощь, поддержка; 2. подсобная работа
Hand∥rücken *m* -s, - тыльная часть руки
Hand∥schellen *pl* наручники
Hand∥schlag *m* -(e)s, -schläge 1. удар рукой; 2. рукопожатие; **etw. durch ~ bekräftigen** скрепить что-л. рукопожатием, ударить по рукам; **jmdn. durch ~ verpflichten** взять с кого-л. обещание
Hand∥schrift *f* -, -en 1. почерк; 2. рукопись
handschriftlich *a* рукописный, от руки
Hand∥schuh *m* -(e)s, -e перчатка; ◇ **jmdm. den ~ hinwerfen*** бросить кому-л. перчатку [вызов]; **den ~ aufnehmen*** принять вызов
Hand∥stand *m* -(e)s, -stände *спорт.* стойка на руках [на кистях рук]
Hand∥streich *m* -(e)s, -e 1. налёт, (внезапное) нападение; путч; 2. удар рукой
Hand∥tasche *f* -, -n (дамская) сумка
Hand∥tuch *n* -(e)s, -tücher полотенце
Handtuch∥halter *m* -s, - вешалка для полотенец
Hand∥umdrehen: im ~ в один миг, мигом, в два счёта; не успел оглянуться, как...
Hand∥voll *f* -, - горсть, горсточка
Hand∥werk *n* -(e)s, -e ремесло, профессия; **ein ~ (be)treiben*** заниматься ремеслом; **sein ~ verstehen*** знать своё дело; ◇ **jmdm. das ~ legen** положить конец чьим-л. проделкам; **jmdm. ins ~ pfuschen** вмешиваться в чьи-л. дела
Hand∥werker *m* -s, - ремесленник, мастеровой
Handwerker∥schule *f* -, -n ремесленное училище
handwerklich *a* ремесленный, кустарный
Handwerks∥betrieb *m* -(e)s, -e 1. ремесленное [кустарное] производство; 2. ремесленная мастерская
Handwerks∥zeug *n* -(e)s, -e набор ремесленных инструментов
Hand∥wörterbuch *n* -(e)s, -bücher настольный словарь, справочник

Hand∥zeichen *n* -s, - сигнал [знак] рукой; **Abstimmung durch ~** голосование поднятием рук
Hanf *m* -(e)s 1. конопля; 2. пенька
Hang *m* -(e)s, Hänge 1. косогор, склон, скат, откос; 2. склонность, расположение, влечение (*zu* D к чему-л.)
Hangar [haŋ'gaːr] <*fr.*> *m* -s, -s 1. *ав.* ангар; 2. защитная крыша, навес; крытое помещение (*напр.* на пристани)
Hänge∥bauch *m* -(e)s, -bäuche отвислый живот; брюшко
Hänge∥matte *f* -, -n гамак
hängen* I *vi* (h, *редко* s) 1. висеть; **nach einer Seite ~** накрениться на бок (*об автомобиле*); **an jmds. Halse ~** висеть у кого-л. на шее; **die Bäume ~ voller Äpfel** яблони усыпаны яблоками; **seine Augen ~ an ihrem Gesicht** он с неё глаз не сводит; **das hängt an einem Haar [an einem Faden]** это висит на волоске; **auf dem Gegner ~** *спорт.* висеть на противнике; ◇ **an jmdm. ~** быть привязанным к кому-л.; 2. продолжаться, не заканчиваться; **der Prozeß hängt noch** процесс ещё продолжается; **die Schachpartie hängt** шахматная партия не закончена; II *vt* (*по слаб. спр.*) вешать, повесить
Hängen *n* -s 1. висение; 2. вешание; повешение; ◇ **mit ~ und Würgen** с надрывом, с трудом
hängen∥bleiben *vi* (s) 1. (*an* D) повиснуть (*на чём-л.*), зацепиться (*за что-л.*); задеть за барьер (*лёгкая атлетика*); 2. застрять (*тж. перен.*)
hängen∥lassen* *vt* оставить висеть; **einen Mantel ~** забыть пальто (*на вешалке*)
Hänge∥partie *f* -, -ti|en *шахм.* отложенная партия
Hänge∥schloß *n* -sses, -schlösser висячий замок
Hang∥flug *m* -(e)s, -flüge *ав.* парящий полёт
Hängsel *m* -s, - вешалка (*у платья*)
Haniel-Konzern *m* -s концерн Ганиэля (*сталелитейный и машиностроительный концерн в ФРГ*)
Hanna/Hanne Ханна/Ганна (*краткая форма жен. имени* Johanna)
Hannegret Ханнегрет (*жен. имя*)
Hannelore Ханнелора (*жен. имя*)
Hannes Ханнес (*краткая форма муж. имени* Johannes)
Hanno Ханно (*муж. имя*)
Hannóver [-f-] (*n*) -s Ганновер (*город в ФРГ, адм. центр земли Нижняя Саксония*)

Hannoveráner I [-fə-/-və] *m* -s - житель Ганновера

Hannoveráner II *m* -s, - ганноверская лошадь *(верхово-упряжная порода лошадей; выведена в 18 в. в Германии* <Ганновер>)

Hannóver-Messe *f* - Ганноверская ярмарка *(ежегодная выставка товаров ширпотреба в ФРГ)*

Hanói (*n*) -s Ханой *(город на С. Вьетнама)*

Hans Ганс *(краткая форма муж. имени* Johannes); ~ **im Glück** счастливчик; ~ **Guckindieluft** ротозей; ~ **Taps** увалень, медведь; ~ **Urian** чёрт, сатана

Hansdampf: er ist ~ in allen Gassen ≅ наш пострел везде поспел

Hanse *f* - Ганза *(торговый и политический союз сев.-нем. городов в 14—16 вв. во главе с Любеком)*

Hans(e)l/Hänsel Ханз(е)ль/Хэнзель *(ласкательная форма муж. имени* Hans)

Hänseléi *f* -, -en подтрунивание

hänseln *vt* дразнить *(кого-л.)*, подтрунивать *(над кем-л.)*

Hansi Ханзи *(ласкательная форма муж. имени* Hans *и жен.* Johanna)

Hansjákob Хансъякоб/Гансъякоб *(муж. имя)*

Hansjóachim Хансъиохим/Гансъиохим *(муж. имя)*

Hans‖wurst (*m*) гансвурст <*букв. гансколбаса*>, шут, паяц *(персонаж нем. народного комического или кукольного театра)*

Hántel *f* -, -en *спорт.* гиря, гантель; штанга

hantieren *vi (an, mit* D) быть занятым *(чем-л.)*, мастерить *(что-л.);* **an der Maschine ~** возиться с машиной

hapern *vimp* 1. не хватать; **es hapert an Geld** не хватает денег; 2. не ладиться; **woran hapert es?** за чем дело стало?, в чём затруднение?

Häppchen *n* -s, - кусочек, крошка

Happen *m* -s, - кусок *(пищи);* **einen ~ tun*** откусить кусок; **sich** (D) **den ~ nicht entgehen lassen*** не упустить своей доли

Happy-End ['hæpi'end] <*engl.*> *n* - счастливый [благополучный] конец *(романа, фильма)*

Hárbin (*n*) -s Харбин *(город на С.-В. Китая)*

Hárem <*arab.*> *m* -s, -s гарем

hären *vi* u ~, **sich** см. haaren II

Häresie <*gr.*> *f* -, -si|en *рел.* ересь

Härétiker <*gr.*> *m* -s, - еретик

Harfe <*germ.*> *f* -, -n арфа

Harfner *m* -s, -; **~in** *f* -, -nen арфист, -тка

Harke *f* -, -n грабли; ◊ **ich werde dir zeigen, was eine ~ ist** ≅ я тебе покажу, где раки зимуют

harken *vt* грести; сгребать; **beiseite ~** отгребать

Hárlekin <*it.*> *m* -s, -e арлекин

Harm *m* -(e)s 1. грусть, печаль, скорбь; **bitterer ~** глубокая печаль; 2. обида; **jmdm. ~ zufügen** обидеть кого-л.

härmen, sich тужить, скорбеть, горевать, печалиться; **sich zu Tode ~** умереть с горя

harmlos *a* безобидный, безвредный

Harmlosigkeit *f* -, -en безобидность, простодушие; благодушие

Harmonie <*gr.-lat.*> *f* -, i|en гармония, стройность, согласие

harmonieren <*gr.-lat.*> *vi (mit* D) гармонировать, соответствовать *(друг другу);* ладить *(с кем-л.)*

Harmónik <*gr.-lat.*> *f* - гармония *(раздел теории музыки)*

harmónisch <*gr.-lat.*> *a* 1. *муз.* гармонический, благозвучный; 2. гармоничный, согласный, соразмерный

Harmónium <*gr.-lat.*> *n* -s, -s/-ni|en *муз.* фисгармония

Harn *m* -(e)s моча

Harn‖blase *f* -, -n *анат.* мочевой пузырь

harnen *vi* мочиться

Harnisch *m* -es, - броня, латы; **in ~ geraten*** прийти в бешенство

Harn‖leiter *m* -s, - мочеточник

Harn‖röhre *f* -, -n *анат.* мочеиспускательный канал

Harn‖säure *f* - *хим.* мочевая кислота

Harn‖stoff *m* -(e)s *хим.* мочевина

Harpúne <*germ.-fr.-niederl.*> *f* -, -n гарпун, острога

harren *vi* (G, *auf* A) *возв.* ждать, ожидать *(кого-л., чего-л.);* **das Problem harrt noch der Lösung** проблема ещё ждёт своего решения

Harren *n* -s ожидание; ◊ **mit ~ und Hoffen hat's mancher getroffen** *посл.* ≅ терпение и труд всё перетрут

Harsch *m* -es снежный наст

hart I *a* 1. твёрдый, крепкий, жёсткий; чёрствый; **ein ~es Ei** крутое яйцо; 2. жёсткий, суровый, трудный; II *adv* 1. сурово, жестоко; 2. трудно, тяжело; 3. вплотную, непосредственно; **~ bei...**, **~ an...** вплотную от...; **~ am Wasser** у самой воды; ◊ **eine ~e Nuß** твёрдый орешек

Härte *f* -, -n 1. твёрдость; 2. жёсткость,

чёрствость; **3.** жестокость, суровость; **4.** закалённость, выносливость
härten *vt mex.* закалять
Härte∥prüfung *f* -, -en *mex.* испытание на твёрдость
hartgekocht *a* сваренный вкрутую
Hart∥geld *n* -(e)s металлические деньги, звонкая монета
hartgesotten *a* закоренелый *(о преступнике)*
Hart∥gummi *n* -s, -/-s эбонит
hartherzig *a* чёрствый, жестокосердный
Hart∥herzigkeit *f* - жестокосердие, безжалостность
harthörig *a* тугой на ухо, глуховатый
hartleibig *a* **1.** *мед.* страдающий запором; **2.** упрямый
Hartmann Хáртманн/Гáртманн *(муж. имя)*
Hartmut Хáртмут/Гáртмут *(муж. имя)*
hartnäckig *a* упрямый, настойчивый; закоренелый *(о недуге)*
Hartnäckigkeit *f* - упрямство; упорство, настойчивость
Hartold Хáртольд/Гáртольд *(муж. имя)*
Härtung *f* -, -en *mex.* закалка, закал
Hart∥währung *f* -, -en твёрдая валюта
Hartwig Хáртвиг/Гáртвиг *(муж. имя)*
Harz I *n* -es, -e смола, живица
Harz II *m* - Гарц/Харц *(горы в центр. части ФРГ)*
harzen I *vt* **1.** подсачивать *(деревья)*; **2.** смолить; II *vi* **1.** собирать живицу *(при подсочке деревьев)*; **2.** *диал.* липнуть как смола
harzig *a* смолистый, смоляной
Hasárd <*arab.-span.-fr.*> *n* -s азарт, азартная игра
Hasárd∥spiel *n* -(e)s, -e азартная игра; *перен.* рискованное предприятие
haschen I *vt* ловить; II *vi (nach* D) хватать; гнаться *(за чем-л.; тж. перен.)*; **nach Beifall ~** гнаться за успехом; **nach Zustimmung ~** добиваться согласия; **sich ~** ловить друг друга, играть в салки
Hase *m* -n, -n **1.** заяц; **grauer ~** заяц-русак; **ein alter ~** *разг.* старый [опытный] человек [специалист]; **2.** трус; ◊ **er ist auch kein heuriger ~ mehr** он уже не маленький; **da liegt der ~ im Pfeffer!** *погов.* ≡ вот где собака зарыта!; **mein Name ist ~ (ich weiß von nichts)** моя хата с краю, ничего не знаю; **dort sagen sich ~n und Füchse gute Nacht** ≡ у чёрта на куличках
Hasel∥huhn *n* -(e)s, -hühner рябчик
Hasel∥nuß *f* -, -nüsse лещина, лесной орех
Hasen∥fuß *m* -es, -füße **1.** заячья лапка; **2.** трус
Hasen∥panier: das ~ ergreifen* удирать во все лопатки, дать тягу
Hasen∥scharte *f* -, -n заячья губа
Haspel *f* -, -n *mex.* мотовило, ворот, кривошип
haspeln *vt* **1.** мотать *(пряжу в мотки)*; **2.** *mex.* поднимать воротом [лебёдкой]; **3.** *разг.* быстро говорить, тараторить
Haß *m* -sses *(gegen, auf A)* ненависть *(к кому-л.)*; **~ gegen jmdn. haben [hegen]** ненавидеть кого-л.; **sich (D) jmds. ~ zuziehen*** навлечь на себя чью-л. ненависть
hassen *vt* ненавидеть; **jmdn. tödlich ~** смертельно ненавидеть кого-л.
haßerfüllt *a* полный ненависти
häßlich *a* некрасивый, безобразный; скверный
Häßlichkeit *f* - **1.** некрасивость, безобразие, уродство; **2.** мерзость, гнусность
Hast *f* - спешка, торопливость, гонка, поспешность, стремительность
hasten *vi* спешить, торопиться
hastig *a* торопливый, поспешный
hätscheln *vt* ласкать, холить, нежить, лелеять, баловать
hatte *impf om* **haben***
Häubchen *n* -s, - чепчик; наколка
Haube *f* -, -n **1.** чепчик, чепец; **2.** хохолок *(у птиц)*; **3.** *mex.* колпак; капот; крышка; люк *(у танка)*; ◊ **unter die ~ bringen*** выдать замуж
Haubitze <*tschech.*> *f* -, -n гаубица; ◊ **voll wie eine ~** *груб.* вдрызг пьян
Hauch *m* -(e)s, -e **1.** дуновение; **2.** дыхание; **der letzte ~** последний вздох; **3.** придыхание; **4.** налёт; след, намёк; **einen flaumigen ~ haben** быть покрытым пушком
hauchdünn *a* тончайший
hauchen I *vi* **1.** тихо дышать; **2.** дуть; II *vt* **1.** дуть, дышать *(на что-л.)*; **2.** вдыхать; **3.** тихо шептать; **4.** *лингв.* произносить с придыханием
Hauch∥laut *m* -(e)s, -e *лингв.* щелевой фарингальный звук
Haue I *f* -, -n мотыга
Haue II *f* - *разг.* побои; **~ kriegen** быть побитым
hauen* I *vi* **1.** рубить, наносить удар; **2.** *(nach* D) стегнуть, ударить *(кого-л.)*; II *vt* **1.** рубить; прорубать; высекать; **Steine ~** тесать [бить] камни; **2.** *горн.* вырубать; забить; **3.** косить *(траву)*; **4.** *разг.* бить, вздуть; **jmdn. krumm und**

lahm ~ избить кого-л. до полусмерти, изувечить кого-л; **jmdn. zu Boden ~** сбить кого-л. с ног; III ~ , **sich** драться, биться; ◇ **das ist weder gehauen noch gestochen** это ни то ни сё; это ни два ни полтора

Hauer *m* -s, - 1. дровосек; 2. бивень; клык

Häuer *m* -s, - *горн.* забойщик, рудокоп

häufeln *vi* 1. складывать в куч(к)и; 2. *с.-х.* окучивать, окапывать

häufen I *vt* 1. складывать [сваливать] в кучи; 2. накоплять; II ~, **sich** скучиваться, нагромождаться; накапливаться; **die Probleme häuften sich** проблем становилось всё больше

Haufen *m* -s, - 1. куча, груда; **ein ~ Arbeit** масса работы; 2. толпа, стая; **ein ~ Menschen** толпа людей; **in (hellen) ~** толпами, гурьбой; стаями; ◇ **alles auf einen ~ werfen*** валить всё в одну кучу; **jmdn. über den ~ rennen*** сбить кого-л. с ног; **jmdn. über den ~ schießen*** расстрелять кого-л.; **über den ~ fallen*** рухнуть

haufenweise *adv* кучами; толпами; стаями

Haufen‖wolke *f* -, -n кучевое облако

häufig I *a* частый; II *adv* зачастую

Häufigkeit *f* - 1. частота; частотность; 2. многочисленность, множество

Häufung *f* -, -en накопление, скопление; умножение; усложнение

Hau‖klotz *m* -es -klötze кряж, чурбан, обрубок

Haupt *n* -(e)s, Häupter 1. голова; **das ~ hoch tragen*** гордо носить голову; **das ~ erheben*** *перен.* поднимать голову; 2. глава, шеф, начальник; **die Häupter der Stadt** старейшины города, "отцы города"; ◇ **den Feind aufs ~ schlagen*** разбить врага наголову

Haupt- *в сложн. словах* главный

hauptamtlich *a* I *a* штатный; II *adv* на штатной [основной] работе

Haupt‖bahnhof *m* -(e)s, -höfe центральный [главный] вокзал

Haupt‖darsteller *m* -s, - актёр в главной роли

Häuptling *m* -(e)s, -e главарь, предводитель

Haupt‖mann *m* -(e)s, -leute 1. атаман; 2. *воен.* капитан *(армейский)*

Haupt‖nenner *m* -s, - *мат.* общий знаменатель

Haupt‖quartier *n* -(e)s, -e *воен.* штаб

Haupt‖sache *f* - главное дело, сущность; **die ~ ist, daß...** главное, что(бы)...

hauptsächlich I *a* главный, существенный; II *adv* главным образом

Haupt‖satz *m* -es, -sätze *грам.* главное предложение

Haupt‖schule *f* -, -n главная школа *(пятилетняя общеобразовательная школа в Австрии и ФРГ; базируется на начальной школе, её выпускники продолжают обучение в профессиональных школах)*

Haupt‖stadt *f* -, -städte главный город, столица

hauptstädtisch *a* столичный

Haupt‖treffer *m* -s, - главный выигрыш

Haupt‖versammlung *f* -, -en общее собрание

Haupt‖wache *f* -, -n *воен.* гауптвахта

Haupt‖wort *n* -(e)s, -wörter *грам.* имя существительное

Haus *n* -es, Häuser 1. дом, здание, строение; 2. дом, домашний очаг; хозяйство; **der Herr des ~es** хозяин дома; **die Frau [die Dame] des ~es** хозяйка дома; **das ~ führen [besorgen]** вести хозяйство; **zu ~e** дома; **bei sich zu ~e** на дому; **nach ~e** домой; **das ~ hüten** не выходить из дому; **weder ~ noch Hof haben** не иметь ни кола ни двора; 3. род, династия; **das königliche ~** королевская династия; 4. палата; парламент; 5. *театр.*: **das ~ ist ausverkauft** все билеты проданы; ◇ **in einem Fach zu ~e sein** хорошо знать своё дело; **mit der Tür ins ~ fallen*** рубить с плеча

Haus‖angehörige *subst pl* домашние, домочадцы

Haus‖angestellte *subst f* -n, -n домашняя работница

Haus‖aufgabe *f* -, -n урок, домашнее задание; **die ~ aufsagen** отвечать урок

Haus‖bedarf *m* -(e)s бытовые нужды; **für den ~** для бытовых нужд

Haus‖besitzer *m* -s, - домовладелец

Haus‖besuch *m* -(e)s, -e посещение на дому *(врача)*

Haus‖bewohner *m* -s, - жилец дома

Häus‖chen *n* -s, - домик; ◇ **aus dem ~ sein** *разг.* быть вне себя; потерять голову; **jmdn. aus dem ~ bringen*** *разг.* вывести кого-л. из себя

hausen *vi* 1. проживать, обитать; ютиться; 2. хозяйничать; **arg [schlimm] ~** свирепствовать, бесчинствовать

Haus‖flur *m* -(e)s, -e сени

Haus‖frau *f* -, -en хозяйка (дома), домохозяйка

Haus‖geflügel *n* -s *собир.* домашняя птица

Haus‖gerät n -(e)s, -e домашняя утварь
Haus‖halt m -(e)s, -e 1. домашнее хозяйство; **den ~ besorgen** заниматься домашним хозяйством; 2. бюджет; **den ~ verabschieden** утверждать бюджет
Haushalt(s)‖artikel m -s, - предмет хозяйственного [домашнего] обихода; pl посудо-хозяйственные товары
haus‖halten* vi 1. хозяйничать, вести хозяйство, управлять хозяйством; 2. экономить, быть бережливым; **mit der Zeit ~** дорожить временем
Haus‖hälterin f -, -nen экономка
haushälterisch a хозяйственный, бережливый, экономный
Haushalts‖jahr n -(e)s, -e бюджетный год
Haushalts‖plan m -(e)s, -pläne проект [смета] государственного бюджета
Haushaltungs‖kosten pl хозяйственные расходы
Haus‖herr m -n, -n хозяин (дома); глава семьи
haushoch a вышиной с дом; **jmdm. ~ überlegen sein** быть на голову выше кого-л.
Hausierer m -s, - разносчик, лоточник; коробейник
Haus‖knecht m -(e)s, -e дворник; работник, батрак (в имении)
häuslich I a 1. домашний; 2. семейный; 3. домовитый, хозяйственный; II adv 1. по-домашнему; **sich ~ niederlassen*** поселиться надолго [по-домашнему]; 2. домовито, хозяйственно
Häuslichkeit f -, -en домовитость, хозяйственность
Haus‖mädchen n -s, - служанка, прислуга; домработница
Haus‖meister m -s, - дворник; швейцар, портье
Hausruck m -s Хаусрук (горная гряда в Австрии <земля Верхняя Австрия>)
hausschlachten: ~e Wurst домашняя колбаса
Haus‖suchung f -, -en обыск (в доме); **eine ~ vornehmen*** производить обыск
Haus‖verwalter m -s, - управляющий домом, управдом
Haus‖wirt m -(e)s, -e; **~in** f -, -nen домовладелец, -лица
Haus‖wirtschaft f -, -en домашнее хозяйство
Haut f -, Häute 1. кожа; **etw. auf eigener ~ zu spüren bekommen*** испытать на собственной шкуре что-л.; **bis auf die ~ durchnäßt sein** промокнуть до нитки; 2. шкура (животного); кожа, оболочка; **seine ~ abwerfen*** линять (о животных); **aus der ~ kriechen*** лезть из кожи вон, очень стараться; **aus der ~ fahren*** выйти из терпения; **sich auf die faule ~ legen** лениться, бездельничать; **mit heiler ~ davonkommen*** выйти сухим из воды; **er ist noch ~ und Knochen** он кожа да кости; **in derselben ~ stecken** быть в столь же незавидном положении (как и другие)
Haut‖abschürfung f -, -en ссадина
Haut‖ausschlag m -(e)s, -schläge сыпь
häuten I vt снимать [сдирать] кожу (с кого-л.); II **~, sich** сбрасывать с себя кожу, линять (о животных), облупливаться
Haut‖jucken n -s зуд
Häutung f -, -en 1. линяние, линька; шелушение; 2. сдирание кожи
Haut‖warze f -, -n бородавка
Haut‖wunde f -, -n ссадина
Hau‖zahn m -(e)s, -zähne бивень; клык
Havanna [-'va-] (n) -s Гавана (столица Кубы)
Havarie [-va-] <arab.-it.-fr.-niederl.> f -, -ri‖en авария (судна, самолёта)
Havel [-f-] f - Хафель (река в ФРГ, правый приток Эльбы; частично протекает по Берлину)
Hawáii-Inseln pl Гавайские острова (в Тихом океане)
hawáiisch a гавайский
H-Bombe f -, -n водородная бомба
he! int эй!
Heb‖amme f -, -s акушерка, повивальная бабка
Hebe‖kraft f - грузоподъёмность
Hebel m -s, - рычаг; рукоятка; ⋄ **den ~ ansetzen** приложить усилия, стараться; **alle ~ ansetzen [in Bewegung setzen]** пустить в ход все средства
Hebe‖lade f -, -n тех. домкрат (простой рычажный)
Hebel‖arm m -(e)s, -e тех. плечо рычага
Hebel‖steuerung f -, -en тех. рычажное управление
heben* I vt 1. поднимать; 2. повышать, поднимать, увеличивать; **die Stimme ~** повысить голос [тон]; 3. снимать, вынимать; **aus der Erde ~** выкапывать из земли; **aus den Angeln ~** снять с петель (дверь); 4. выделять, подчёркивать; усиливать (краски и т. п.); ⋄ **einen ~** разг. опрокинуть рюмочку; II **~, sich** 1. подниматься; 2. подниматься, возвышаться; 3. выделяться
heben* II vt получать (деньги); принимать (наследство)
heben* III vt 1. устранять; прекращать;

einen Streit ~ прекращать [разрешать] спор; jmds. Bedenken ~ разрешать чьи-л. сомнения; 2. *мат.* сокращать; II ~, sich 1. прекращаться, проходить; 2. *мат.* сокращаться, взаимно уничтожаться; 3. уравновешиваться

Heber *m* -s, - 1. подъёмник; 2. *физ.* сифон; 3. *тех.* рычаг; *спорт.* штангист

Hebräer <*gr.*> *m* -s, - еврей; *ист.* иудей

hebräisch *a* древнееврейский; иудейский

Hebriden *pl* Гебридские острова (архипелаг в Атлантическом океане, к С.-З. от Шотландии)

Hebung I *f* -, -en 1. подъём, поднимание, поднятие; 2. повышение, подъём

Hebung II *f* -, -en устранение; отмена

Hechel *f* -, -n *текст.* чесалка; ◇ jmdn. durch die ~ ziehen* перемывать кому-л. косточки

hecheln *vt* чесать (*лён и т. п.*); jmdn. ~ перемывать кому-л. косточки

Hecht *m* -(e)s, -e щука; ◇ der ~ im Karpfenteich ≅ волк в овчарне

Heck *n* -(e)s, -e корма *ав.* хвостовая часть

Hecke *f* -, -n (живая) изгородь

hecken *vt, vi* 1. высаживать [выводить] птенцов; выводить детёнышей (*о млекопитающих*); 2. порождать, производить; **Wert** ~ *эк.* производить [создавать] стоимость; **Böses** ~ замышлять недоброе

Hecken||rose *f* -, -n шиповник

Heck||motor *m* -s, -tóren кормовой двигатель

heda! *int* эй!

Hede *f* -, -n пакля, очёс, кудель

Heer *n* -(e)s, -e 1. сухопутные войска; армия; **stehendes** ~ постоянная армия; 2. множество, масса

Heeres||bericht *m* -(e)s, -e военная сводка

Heeres||gruppe *f* -, -n группа армий

Heer||führer *m* -s, - военачальник

Hefe *f* -, -n 1. дрожжи; 2. осадок, гуща; die ~ der Gesellschaft подонки общества

Heft I *n* -(e)s, -e 1. тетрадь; 2. книжка, выпуск, номер (*журнала*)

Heft II *n* -(e)s, -e рукоятка, ручка; ◇ das ~ nicht aus der Hand geben* не выпускать из рук бразды правления

Heftel *n, m* -s, -; *f* -, -n крючок, застёжка; булавка, скрепка

heften I *vt* 1. (an A) прикреплять (к чему-л.); **den Blick auf jmdn., auf etw.** (A) ~ устремить взгляд на кого-л, на что-л, остановить взгляд на ком-л, на чём-л.; 2. (с)метать, подшивать; 3. *полигр.*

сшивать, брошюровать; II ~, sich: ein Fluch heftet sich an ihn [an seine Sohlen, an seine Fersen] *поэт.* проклятие преследует его

Hefter *m* -s, - сшиватель

heftig *a* 1. сильный; 2. резкий; порывистый; 3. вспыльчивый

Heftigkeit *f* - 1. сила, стремительность, порывистость; **an ~ verlieren*** стихать, утихать; 2. вспыльчивость, задор

Heft||klammer *f* -, -n скрепка (канцелярская)

Heft||pflaster *n* -s, - липкий пластырь

Hege *f* - уход; ~ **und Pflege** абсолютный уход

Hegemonie <*gr.*> *f* -, -i|en гегемония

hegen *vt* 1. оберегать (*что-л.*), лелеять (*кого-л.*), ухаживать (*за кем-л., за чем-либо*); **einen Wald** ~ охранять лес; **einen Kranken** ~ ходить за больным; jmdn. ~ **und pflegen** заботиться о ком-л., лелеять кого-л.; 2.: **Freundschaft gegen jmdn.** ~ питать дружбу к кому-л.; **Verdacht gegen jmdn.** ~ подозревать кого-л.; **Zweifel an etw.** (D) ~ сомневаться в чём-л.; **Furcht** ~ опасаться; **Hoffnung** ~ питать надежду

Hehl: kein ~ aus etw. machen не скрывать [утаивать] чего-л.

Hehler *m* -s, - укрыватель, утайщик

hehr *a поэт.* величественный, возвышенный

Heide I *m* -n, -n язычник, идолопоклонник; **wie ein ~ fluchen** безбожно ругаться

Heide II *f* -, -n 1. пустошь; 2. степь, поле, луг

Heide||kraut *n* -(e)s, -kräuter вереск

Heidel||beere *f* -, -n черника

Heidelberg (*n*) -s Гейдельберг (*город в ФРГ* <*земля Баден-Вюртемберг*>; *крупный научный центр; своей архитектурой привлекает туристов*)

Heiden||angst *f* - ужас

Heiden||geld *n* -(e)s, -er бешеные деньги; **das kostet ein ~** это ужасно дорого

Heiden||lärm *m* -(e)s гвалт, адский шум, шум и гам

Heidentum *n* -(e)s язычество

heidnisch *a* языческий

Heidschnucke *f* -, -n степная овца (*порода овец, типичная для Люнебургской пустоши* <*ФРГ*>)

heikel *a* щекотливый, деликатный

heil *a* целый, невредимый

Heil *n* -(e)s благо, благополучие; счастье; **sein ~ versuchen** попытать счастья; **das war mein ~** это спасло меня

Heiland *m* -(e)s, -e *рел.* спаситель
Heil∥anstalt *f* -, -en лечебное учреждение, лечебница; санаторий
Heil∥bad *n* -(e)s, -bäder 1. курорт *(с минеральными источниками);* 2. *pl* минеральные [лечебные] воды
heilbar *a* излечимый
Heil∥brunnen *m* -s, - минеральный источник
heilen I *vt* лечить, исцелять; II *vi* (s) заживать; вылечиваться, поправляться; **der Kranke ist geheilt** больной вылечился
heilfroh *a* очень рад, чрезвычайно довольный; **er ist ~** он рад-радёхонек
Heil∥gehilfe *m* -n, -n фельдшер
Heil∥gymnastik *f* - лечебная гимнастика
heilig *a* святой; священный
Heilig∥abend *m* -(e)s, -e *рел.* Рождественский сочельник
Heilige *subst m, f* -n, -n *рел.* святой, -тая; ◇ **die ~n vom Himmel herunterschwören*** клясться всеми святыми
Heilige Alliánz *f* - Священный союз *(союз Австрии, Пруссии и России, заключён в Париже 26.09.1815 с целью обеспечения незыблемости решений Венского конгресса 1814–15)*
Heiligen∥bild *n* -(e)s, -er икона, образ
Heiligendreikönigstag *m* -s, -e Крещение *(религиозный праздник 6 января)*
Heiligen∥maler *m* -s, - иконописец
Heiligen∥schein *m* -(e)s, -e венец *(на иконе)*
Heiliger Abend *m* -s, -e Рождественский сочельник; см. Weihnachtsabend
Heiliges Römisches Reich *n* -es "Священная Римская империя" *(основана в 962 герм. королем Оттоном I, подчинившим Сев. и Сред. Италию; включала также Чехию, Бургундию, Нидерланды, швейцарские земли и др.; с конца 15 в. - "Свящ. Рим. империя герм. нации"; ликвидирована в ходе наполеоновских войн после отречения в 1806 Франца II от престола)*
Heiliges Römisches Reich Deutscher Nation *n* -es "Священная Римская империя германской нации"; см. Heiliges Römisches Reich
heilig∥halten* *vt* соблюдать *(церковный праздник)*
Heiligkeit *f* - святость; **im Geruche der ~ stehen*** прослыть святошей
heilig∥sprechen* *vt* *рел.* канонизировать, причислять к лику святых
Heilig∥sprechung *f* -, -en *рел.* канонизация, причисление к лику святых

Heiligtum *n* -(e)s, -tümer святыня; святилище
heilkräftig *a* целительный, целебный
Heil∥kraut *n* -(e)s, -kräuter лекарственная [целебная] трава
heillos *a* 1. ужасный, страшный; **ein ~er Lärm** ужасный шум; 2. неизлечимый
Heil∥mittel *n* -s, - лечебное средство, лекарство
heilsam *a* целебный, благотворный, спасительный
Heil∥serum *n* -s, -ren/-ra сыворотка *(лечебная)*
Heil∥stätte *f* -, -n санаторий, здравница
Heilung *f* -, -en исцеление, излечение; лечение; заживление *(раны)*
heim *adv* домой, на родину; **kommen Sie gut ~!** счастливого пути!
Heim *n* -(e)s, -e 1. дом; домашний очаг; 2. приют; общежитие; **~ für alte Leute** дом для престарелых
Heim∥arbeiter *m* -s, - кустарь, надомник
Heimat *f* -, -en родина, отечество; родная сторона
Heimat∥kunde *f* - краеведение
Heimat∥land *n* -(e)s родная сторона, родной край; родина, отчизна
heimatlich *a* родной; родимый
heimatlos *a* безродный; бездомный
Heimat∥recht *n* -(e)s, -e право гражданства; **des ~s berauben** лишить прав гражданства
Heimat∥schutz *m* -es "хайматшутц" *(наиболее боеготовные части территориальных войск ФРГ)*
heim∥begeben*, **sich** отправляться домой [на родину]
heim∥bringen* *vt* приводить домой, приносить домой
Heimchen *n* -s, - сверчок *(домовой)*
heim∥fahren* *vi* ехать домой [на родину], возвращаться
Heim∥fahrt *f* - поездка домой [на родину], возвращение; **die ~ antreten*** отправляться на родину
Heim∥industrie *f* -, -strijen кустарная промышленность; кустарные промыслы; кустарное производство *(на дому)*
heimisch *a* 1. домашний, родной; 2. отечественный; **sich ~ fühlen** чувствовать себя как дома; 3. местный; туземный
Heim∥kehle *f* - Хаймкеле *(самая большая пещера в ущелье юж. склона Гарца <ФРГ>)*
Heimkehr *f* - возвращение домой [на родину]
heim∥kehren *vi* (s) возвращаться домой [на родину]

heimlich I *a* тайный, секретный; таинственный; II *adv* тайком
Heimlichkeit *f* -, -en 1. таинственность, скрытность; 2. тайна, секрет
heimlich∥tun* *vi* секретничать, скрытничать
Heim∥reise *f* - возвращение домой [на родину]; **auf der ~** на обратном пути
Heim∥stätte *f* -, -n жилище, приют, кров
heim|suchen *vt* 1. посещать, навещать *(кого-л.)*, нагрянуть к *(кому-л.)*; 2. постигать; поражать; **vom Schicksal heimgesucht werden** испытать превратности судьбы; **von Krankheit schwer heimgesucht werden** тяжело заболеть
Heim∥suchung *f* -, -en испытание, несчастье; наказание, кара
Heim∥tücke *f* -, -n коварство, скрытая злоба; вероломство
heimtückisch *a* коварный, вероломный, предательский
heimwärts *adv* домой; на родину
Heim∥weh *n* -(e)s тоска по родине [по дому]
Heimwehr *f* - хаймвер *(вооруж. организация в Австрии в 1919-38; создана буржуазией для борьбы против рабочего револ. движения)*
heim|zahlen *vt (jmdm.)* отплатить, отомстить *(кому-л. за что-л.)*; расквитаться *(с кем-л. за что-л.)*; **jmdm. mit reicher Münze ~** отплатить кому-л. той же монетой
Hein Хайн/Гейн *(краткая форма муж. имени Heinrich)*
Hein: Freund ~ *фольк.* смерть
Heinrich Хайнрих/Генрих *(муж. имя)*
Heinz Хайнц/Гейнц *(краткая форма муж. имени Heinrich)*
Heinzel∥männchen *n* -s, - добрый гном *(добрый домашний дух, домовой в герм. мифологии)*
Heirat *f* -, -en женитьба; замужество, брак, бракосочетание; **eine ~ schließen*** жениться; выйти замуж
heiraten *vt* жениться *(на ком-л.)*, выходить замуж *(за кого-л.)*
Heirats∥antrag *m* -(e)s, -träge предложение вступить в брак
Heirats∥anzeige *f* -, -n объявление о бракосочетании
heiratsfähig: eine ~e Tochter взрослая дочь, дочь на выданье
heiratslustig *a* желающий вступить в брак
Heirats∥urkunde *f* -, -n свидетельство о браке
Heirats∥vermittler *m* -s, - сват

Heirats∥vertrag *m* -(e)s, -träge брачный договор
heischen *vt* (настоятельно) требовать, выпрашивать
heiser *a* хриплый, охрипший
Heiserkeit *f* - хрипота, сиплость
heiß *a* жаркий; горячий; **glühend ~** раскалённый; **kochend ~** кипящий; **mir ist ~** мне жарко; ◊ **man muß das Eisen schmieden, solange es ~ ist** *посл.* куй железо, пока горячо
heißa! *int* гей!; ура!
heißblütig *a* 1. пылкий, страстный; 2. *зоол.* теплокровный
heißen* I 1. *vt* называть, обзывать; **jmdn. willkommen ~** приветствовать кого-л.; 2. велеть, приказывать; II *vi* 1. называться; **wie heißt du?** как тебя зовут?; 2. значить, означать; **was heißt das auf weißrussisch?** что это означает по-белорусски?; **was soll das ~?** что это значит?; **das will schon (etwas) ~!** это что-нибудь да значит!; III *vimp:* **es heißt...** (как) говорят...; **hier heißt es entweder-oder** здесь приходится выбирать
heißhungrig *a* 1. очень голодный; 2. алчный, жадный
heiß∥laufen* *vi* (s) *тех.* нагреваться *(при движении)*
heißumstritten *a* вызывающий горячие споры; **ein ~es Problem** весьма спорная проблема
heiter *a* 1. весёлый; 2. ясный, светлый; 3.: **in ~er Stimmung sein** быть под хмельком
Heiterkeit *f* - 1. веселье; весёлое настроение; весёлый нрав; 2. ясность; **die ~ des Himmels** ясность неба
Heiz∥anlage *f* -, -n отопление *(система)*, отопительная установка
heizbar *a* отапливаемый, обогреваемый
heizen I *vt* топить, отапливать; II *vi* топиться *(давать тепло)*; III **~, sich** отапливаться
Heizer *m* -s, - истопник, кочегар
Heiz∥gerät *n* -(e)s, -e нагревательный прибор
Heiz∥kessel *m* -s, - отопительный котёл
Heiz∥kissen *n* -s, - (электро)грелка
Heiz∥körper *m* -s, - батарея *(центрального отопления)*, радиатор; калорифер
Heiz∥kraftwerk *n* -(e)s, -e теплоэлектроцентраль, ТЭЦ
Heiz∥sonne *f* -, -n рефлекторная лампа-грелка; рефлектор
Heizung *f* -, -en 1. отопление; 2. топка *(действие)*; 3. эл. накал; 4. *тех.* обогрев

Hektar <gr.-fr.> n, m -s, -e (сокр. ha) гектар (сокр. га)
Hektár‖**ertrag** m -(e)s, -träge урожай с гектара; pl урожайность с гектара
hektisch a 1. туберкулёзный; 2. лихорадочный
Held m -en, -en 1. герой; 2. герой, главное действующее лицо
Helden‖**gedicht** n -(e)s, -er героическая поэма; былина
heldenhaft a геройский, героический
Helden‖**lied** n -(e)s, -er (героический) эпос
Helden‖**mut** m -(e)s доблесть, геройство
heldenmütig a см. heldenhaft
Helden‖**sage** f -, -n былина; сага
Helden‖**tat** f -, -en подвиг
Heldentum n -(e)s героизм, геройство, доблесть; ~ **an den Tag legen** проявить геройство [доблесть]
Heléna/Heléne Хелена/Елена (жен. имя)
helfen* vi (D, bei D, mit D) помогать (кому-л., в чём-л., чем-л.); способствовать (чему-л., чем-л.); **es hilft nichts** ничто не поможет; **jmdm. in den Mantel ~** помочь кому-л. надеть пальто; **jmdm. auf die Beine ~** помочь кому-л. встать на ноги (тж. перен.); **sich (D) zu ~ wissen*** уметь находить выход из затруднительного положения; **ich weiß mir nicht zu raten noch zu ~** я совершенно беспомощен в этом (деле)
Helfer m -s; **~in** f -, -nen помощник, -ница
Helfers‖**helfer** m -s, - сообщник, пособник
Helfgott Хельфготт (муж. имя)
Helga Хельга (жен. имя)
Helgoland (n) -s Гельголанд (о-в в Северном море <ФРГ>)
hell a 1. светлый, ясный; яркий; **ein ~er Kopf** светлая голова, умница; 2. звонкий
hellblond a белокурый, русый
Hell‖**dunkel** n -s 1. полумрак; полусвет; 2. иск. светотень, полутень
Helle f - свет; блеск; ясность, свет
Hellebárde <gr.-roman.> f -, -n алебарда
Heller m -s, - геллер (разменная монета в Германии в 13—19 вв., а также в Австро-Венгрии и Австрии с 1892—1924); ◊ **keinen blutigen** [**roten**] **~ haben** не иметь ни гроша за душой; **auf ~ und Pfennig bezahlen** заплатить всё до последней копейки
hellhörig a 1. обладающий тонким слухом; 2. звукопроницаемый
hellicht: **bei ~em Tage** среди бела дня
Hellseher m -s, - ясновидец
hellseherisch a ясновидящий
Helm m -(e)s, -e шлем, каска
Helma Хельма (жен. имя)
Helmíne Хельмина/Гельмина (жен. имя)
Helmold Хельмольд/Гельмольд (муж. имя)
Helmtraud/Helmtrud Хельмтр(а)уд/Гельмтр(а)уд (жен. имя)
Helmut Хельмут/Гельмут (муж. имя)
Helmward Хельмвард/Гельмвард (муж. имя)
Hélsinki (n) -s Хельсинки (столица Финляндии)
Helvétia [-v-] f - Гельвеция (лат. назв. Швейцарии)
Hemd n -(e)s, -en рубашка, сорочка; ◊ **jmdn. bis aufs ~ ausziehen*** обирать кого-л. до нитки; **im bloßen ~** в одной рубашке; ◊ **er hat kein ~ auf dem Leibe** ≅ он гол как сокол; **das ~ ist einem näher als die Weste** ≅ своя рубашка ближе к телу
Hemisphäre <gr.> f -, -n полушарие; полусфера, гемисфера
Hemmnis n -ses, -se затруднение, препятствие; **jmdm. ~se bereiten** чинить кому-либо препятствия
Hemm‖**schuh** m -(e)s, -e 1. тех. тормозной башмак; тормоз; 2. затруднение, препятствие; **einer Sache** (D) **den ~ anlegen** тормозить что-л., чинить препятствия
Hemmung f -, -en 1. задержка; затруднение, препятствие; **~ in der Rede** запинка в речи; 2. физиол. торможение; **~ der Kräfte** упадок сил, изнурение; 3. тех. помеха; торможение, остановка движения
hemmungslos a беспрепятственный; безудержный
Hengst m -es, -e жеребец; **unbändiger ~** норовистый конь
Henkel m -s, - ручка; ушко; дужка
Henker m -s, - палач; перен. мучитель; ◊ **zum ~!** груб. к чёрту!; **weiß der ~!** разг. чёрт его знает!; **daraus soll der ~ klug werden!** тут сам чёрт не разберётся!
Henker‖**block** m -(e)s, -blöcke ист. плаха
Henne f -, -n 1. курица, несушка; 2. самка (птиц)
Henni/Henny Хенни (краткая форма жен. имени Hanriette)
Henni(n)g Хенни(н)г (муж. имя)
Henriétte Хенриетта/Генриетта (жен. имя)
her adv 1. сюда; 2.: **es ist lange ~** прошло много времени; ◊ **hin und ~** взад и впе-

рёд, туда и обратно; **von oben ~** сверху
her- *отд. глаг. приставка, указывает на* 1. *приближение к говорящему:* **her|kommen***; 2. *происхождение или причину:* **her|stammen, her|leiten**; 3. *движение вдоль чего-л. или около кого-л., чего-л.:* **her|laufen***
heráb *adv* вниз *(к говорящему);* **von oben ~** свысока
heráb- *отд. глаг. приставка, указывает на* 1. *движение сверху вниз по направлению к говорящему:* **herab|steigen*** 2. *снижение, уменьшение чего-л.:* **herab|setzen**
heráb|lassen*, sich *(zu* D) снизойти *(к кому-л.);* **sich ~ etw. zu tun** соблаговолить сделать что-л.
heráblassend *a* снисходительный, надменный
Heráblassung *f -* надменность, снисходительность
heráb|sehen* *(auf* A) смотреть свысока *(на кого-л., на что-л.)*
heráb|setzen *vt* 1. снимать, спускать, опускать; 2. снижать, понижать *(цену);* продавать со скидкой; сокращать *(зарплату);* 3. понижать *(в должности);* 4. унижать, умалять, дискредитировать
Herábsetzung *f -, -en* 1. снижение, сокращение; скидка; **~ des Geldwertes** *фин.* девальвация; 2. понижение *(в должности, звании);* 3. унижение, умаление
Heráldik <*lat.-fr.*> *f -* геральдика
heráldisch <*lat.-fr.*> *a* геральдический
herán *adv* вперёд; (по)ближе; сюда
herán- *отд. глаг. приставка, указывает на движение к какой-л. цели:* **heran|fliegen*** прилетать
herán|bilden* I *vt* обучать, подготавливать, выращивать *(кадры);* II **~, sich** обучаться, подготавливаться
herán|machen, sich *(an* A) *разг.* 1. приниматься *(за что-л.);* 2. приставать *(к кому-л. со своими ухаживаниями)*
herán|wachsen* *vi* (s) подрастать; назревать; развиваться
heran|ziehen* *vt* вовлекать *(во что-л.);* привлекать *(к чему-л.)*
Heránziehung *f -* (*zu* D) вовлечение *(во что-л.);* привлечение *(к чему-л.)*
heráuf *adv* вверх, наверх
heráuf- *отд. глаг. приставка, указывает на движение снизу вверх по направлению к говорящему:* **herauf|kommen*** подняться наверх
heráuf|beschwören *vt* вызывать; накликать

heráuf|ziehen* I *vt* поднимать, подтягивать; II *vi* (s) 1. надвигаться; **das Gewitter zieht [her]auf** надвигается гроза; **die Krise zieht [her]auf** нарастает кризис; 2. переселяться на верхний этаж
heráus *adv* наружу; вон; **von innen ~** изнутри; **gerade ~** напрямик; ✧ **~ damit!** говори!, выкладывай!
heráus- *отд. глаг. приставка, указывает на* 1. *движение изнутри по направлению к говорящему:* **heraus|kommen*** выходить; 2. *извлечение чего-л., кого-л. наружу:* **heraus|ziehen*** вытягивать, выдёргивать
heráus|be¦kommen* *vt* 1. (с трудом) вытащить; **sein Geld ~** вернуть [выручить] свои деньги; 2. (с трудом) решить; разгадать; 3. разузнать, выведать, допытываться; **ein Geständnis ~** вырвать признание; 4. получать сдачу; 5. *мат.* получать в результате
heráus|fordern *vt* (*zu* D) вызывать *(на что-л.);* **zum Wettbewerb ~** вызвать на соревнование
heráusfordernd *a* вызывающий; задорный; агрессивный
Heráusforderung *f -, -en* вызов; бравада
Heráusgabe *f -, -n* 1. выдача; 2. выпуск; издание
heráus|geben* *vt* 1. выдавать, производить выдачу; 2. возвращать, возмещать; 3. давать сдачу; **auf hundert Mark ~** дать сдачу со ста марок; 4. выпускать, издавать
Heráusgeber *m -s, -* издатель; редактор *(издания)*
heráus|kommen* *vi* (s) 1. выходить, выезжать; 2.: **nicht aus den Schulden ~** не вылезать из долгов; **mit der Sprache ~** заговорить откровенно; 3. получаться, выходить; **beim Geschäft kommt nichts heraus** на этом деле ничего не заработаешь; 4. выходить *(из печати);* 5. обнаруживаться
heráus|stellen I *vt* 1. выставлять; 2. *перен.* выпускать; **einen Schauspieler ~** *театр.* выпустить актёра; 3. выдвигать, подчёркивать, особо отмечать; II **~, sich** выявляться; **es stellte sich heraus, daß...** оказалось, что...
herb *a* 1. терпкий; 2. суровый; 3. строгий; аскетический
Herbald Хэрбальд/Гербальд *(муж. имя)*
Herbárium <*lat.*> *n -s, -ri¦en бот.* гербарий
herbéi *adv* сюда
herbéi- *отд. глаг. приставка, указывает на приближение к говорящему:*

herbei|kommen* подходить, приближаться

herbéi|lassen*, sich (*zu* D) снисходить *(к кому-л.)*, соглашаться на *(что-л.)*

Herberge *f* -, -n постоялый двор; ночлег; туристская база

Herbert Хэрберт/Герберт *(муж. имя)*

her|bitten* *vt* просить зайти [войти]; просить прийти

her|bringen* *vt* приносить; приводить; привозить

Herbst *m* -es, -e осень; **im ~** осенью

Herbst||bestellung *f* -, -en осенний сев; осенние полевые работы

herbstlich *a* осенний

Herbst||messe *f* -, -n осенняя ярмарка

Herd *m* -(e)s, -e **1.** плита; **2.** очаг *(тж. перен.)*; **seinen eigenen ~ haben** иметь свой домашний очаг; **3.** очаг *(центр, средоточие)*; **~ der Krankheit** очаг заболевания [болезни]; **4.** *тех.* горн; под

Herde *f* -, -n отара, гурт; стадо, табун

Herden||trieb *m* -(e)s, -e стадный инстинкт

herdenweise *adv* стадами; гуртами; табунами

Herd||infektion *f* -, -en *мед.* очаговая инфекция

heréin *adv* внутрь; **~!** войдите!

heréin- *отд. глаг. приставка, указывает на* **1.** *движение внутрь по направлению к говорящему*: **heréin|kommen*** входить; **2.** падение, обвал чего-либо: **heréin|brechen*** обрушиться

heréin|fallen* *vi* (s) **1.** свалиться *(куда-л.)*; **2.** *разг.* попадать впросак

heréin|legen *vt* **1.** вкладывать, укладывать; **2.** *разг.* подвести, обмануть

heréin|platzen *vi* (s) *разг.* (неожиданно) врываться, вваливаться

Her||fahrt *f* -, -en поездка (сюда); **auf der ~** по дороге [во время поездки] сюда

her|fallen *vi* (s) *(über* A) набрасываться, накидываться; обрушиваться *(на кого-л., на что-л.)*

her|geben* I *vt* (от)давать; **laufen* was die Beine ~** бежать во всю мочь; II **~, sich** *(zu* D) соглашаться, пойти *(на что-л.)*

her|gehen* I *vi* (s) **1.** подходить, приближаться; **hinter jmdm. ~** идти позади кого-л.; **neben jmdm. ~** идти рядом с кем-л.; **2.: über jmdn. ~** взять в оборот кого-л.; пробирать кого-л.; II *vimp*: **in der Schlacht ging es scharf her** сражение было ожесточённым; **da geht es hoch [heiß] her!** там дым коромыслом!, там такое творится!

her|halten* I *vt* подставлять, протягивать; II *vi* расплачиваться за других, быть козлом отпущения; **für alles ~ платить за всё; zur Aushilfe ~ müssen** быть вынужденным помогать

her|holen *vt* принести, доставить *(что-л.)*, привести *(кого-л.)*; **das ist zu weit hergeholt** это звучит слишком натянуто

Hering *m* -s, -e **1.** сельдь, селёдка; **2.** колышек для прикрепления палатки

Herisau (*n*) -s Херизау *(адм. центр полукантона Аппенцелль-Аусерроден <Швейцария>)*

her|kommen* *vi* (s) **1.** приходить, подходить; **wo kommt er her?** откуда он пришёл [прибыл]?; **2.** (*von* D) происходить, случаться *(от чего-л.)*

herkömmlich *a* обычный, традиционный

Herkunft *f* - **1.** происхождение; **2.** приход, прибытие

Herlinde Херлинда/Герлинда *(жен. имя)*

Hermann Герман *(муж. имя)*

Hermanns||denkmal *n* -s памятник Арминию *(в честь победы над римлянами в Тевтобургском лесу <ФРГ>)*

Hermelín 1. *n* -s, -e *зоол.* горностай; **2.** *m* -s, -e мех горностая

Hermengard Хэрменгард/Герменгард *(жен. имя)*

hermétisch <*gr.-lat.*> *a* герметический

Hermíne Гермина *(жен. имя)*

hernách *adv* потом, затем

Hernals (*n*) - Хернальс *(гор. р-н Вены <Австрия>)*

herníeder *adv* вниз, книзу

herníeder- *отд. глаг. приставка, указывает на движение сверху вниз по направлению к говорящему*: **hernieder|fallen*** падать вниз

Hero Хэро/Геро *(жен. имя)*

heróisch <*gr.-lat.*> *a* героический

Heroísmus <*gr.-lat.*> *m* - героизм, доблесть

Herr *m* -(e)n, -en господин *(обращение)*; **mein ~!** (мой) господин!; **meine ~en** господа!; **meine Damen und ~en!** дамы и господа!; **~ Naseweis** выскочка; **als großer ~ leben** жить барином; **2.** мужчина; **für ~en** для мужчин; **3.** хозяин, владелец; **~ der Lage sein** быть хозяином положения; **einer Sache** (G) **~ werden** справляться с чем-л.; **den großen ~en spielen** строить из себя (важного) барина; **4.** Господь, Бог; **~ des Himmels!** Господи!, Боже!; **~, du meine Güte!** Боже ты мой!; **dem ~n sei's geklagt!** (да) видит Бог!; ◊ **in aller ~en Länder** везде и всюду

Herren‖anzug *m* -(e)s, -züge мужской костюм
Herren‖artikel *pl* галантерейные товары и готовое мужское платье
Herren‖konfektion *f* -, -en мужское готовое платье
herrenlos *a* не имеющий владельца, ничей; **ein ~er Hund** бездомная собака; **~es Gut** выморочное имение
Herren‖salon [-'lɔ̃] <*it.-fr.*> *m* -s, -s мужская парикмахерская
Herren‖schnitt *m* -(e)s, -e мужская стрижка
Herrgott *m* -(e)s Бог; ◊ **wie der ~ in Frankreich leben** ≅ жить как у Христа за пазухой; **dem ~ den Tag stehlen*** лентяйничать, бить баклуши
her|richten *vt* устраивать, приготовлять; обставлять *(квартиру)*, накрывать *(на стол)*; **mit großer Sorgfalt hergerichtet sein** быть тщательно одетым
Herrin *f* -, -nen 1. госпожа; 2. хозяйка, владелица
herrisch *a* властный, повелительный
herrjé! *int* Боже мой!
herrlich *a* великолепный, прекрасный
Herrlichkeit *f* -, -en великолепие, величие; **das ist keine große ~!** важность какая!; **die ~ wird nicht lange dauern** *ирон.* это удовольствие не надолго
Herrschaft *f* -, -en 1. господство; власть; **jmdn. unter seine ~ bringen*** подчинить кого-л. своей власти; **die ~ über etw. (A) verlieren*** терять власть над чем-л.; **~ über sich (A) haben** владеть собой; 2. *pl* господа, хозяева; **meine ~en!** господа! *(обращение)*
herrschaftlich *a* господский, барский
herrschen *vi* 1. *(über* A*)* господствовать, властвовать, царствовать *(где-л.)*, управлять *(кем-л.)*; 2. царить; 3. властно повелевать
Herrscher *m* -s, - властитель, государь
herrschsüchtig *a* властолюбивый, авторитарный
her|stellen *vt* 1. создавать; изготовлять; производить; составлять; 2. устанавливать, организовать; 3. восстанавливать; возобновлять; реставрировать; 4. излечивать; **er ist noch nicht ganz hergestellt** он ещё не совсем поправился
Hersteller *m* -s, - 1. производитель, изготовитель; продуцент; 2. реставратор
Hersteller‖werk *n* -(e)s, -e завод-изготовитель, завод-производитель
Herstellung *f* -, -en 1. производство, изготовление; создание; выпуск *(продукции)*; 2. установление *(напр. связи)*;

организация; создание; 3. излечение; выздоровление
Herstellungs‖kosten *pl* издержки производства; стоимость изготовления
Herstellungs‖preis *m* -es, -e себестоимость
Herta Хэрта/Гéрта *(жен. имя)*
Hertie Waren- und Kaufhaus GmbH *f* - "Херти варен- унд кауфхауз ГмбХ" *(один из крупнейших торговых концернов в ФРГ <Hertie — сокращение от фамилии и имени основателя концерна Hermann Tietz>)*
herüber *adv* через, на эту сторону; сюда
herüber- *отд. глаг. приставка, указывает на приближение по направлению к говорящему*: **herüber|ziehen*** перетянуть к себе
Her|übersetzung *f* -, -en перевод (с иностранного) на родной язык
herúm *adv* вокруг, кругом; около; **um die Ecke ~** за углом; ◊ **die Zeit ist ~** время истекло
herúm- *отд. глаг. приставка, указывает на* 1. *круговое движение*: **herúm|fahren***; 2. *движение без определённого направления*: **herúm|gehen*** расхаживать
herúm|führen *vt (um* A*)* (об)водить *(вокруг чего-л.)*; **jmdn. an der Nase ~** водить кого-л. за нос
herum|kommen* *vi* (s) 1. *(um* A*)* обходить *(вокруг чего-л., кого-л.)*; **weit und viel ~** много путешествовать, много видеть; 2. носиться *(о слухах)*, 3.: **um etw. (A) nicht ~** не миновать, не избежать чего-либо; **um etw. (A) ~** отделаться [открутиться] от чего-л.
herúm|laufen* *vi* (s) бегать, обегать
herúm|lungern *vi* шататься, слоняться, бездельничать, околачиваться
herúm|sitzen* *разг.* сидеть без дела; рассиживать
herúm|treiben*, sich *см.* herumlungern
Herúmtreiber *m* -s, - гуляка, бродяга
herúnter *adv* вниз
herúnter- *отд. глаг. приставка, указывает на движение сверху вниз по направлению к говорящему*: **herúnter|bringen*** сносить вниз
herúntergekommen *a* 1. оскудевший, опустившийся; 2. истощённый; 3. разорившийся, обедневший
herúnter|kommen* *vi* (s) 1. сходить, спускаться *(с чего-л.)*; 2. обессилеть; 3. опуститься, пасть; разориться
hervór *adv* наружу, вперёд
hervór- *отд. глаг. приставка, указывает на движение изнутри*: **hervór|treten*** выступать вперёд

hervór|bringen* *vt* 1. производить, порождать; **der Baum bringt Früchte hervor** дерево приносит плоды; 2. произносить; **keinen Laut ~** не произнести ни звука; **eine Entschuldigung ~** извиняться
hervór|gehen* *vi* (s) 1. происходить; выходить; **aus dem Volke ~** выйти из народа; **als Sieger ~** выходить победителем, одержать победу; 2. *(aus D)* вытекать, следовать, явствовать *(из чего-л.)*; **daraus geht hervor, daß...** отсюда вытекает, что...
hervór|heben* *vt* подчёркивать, отмечать, выдвигать
hervórragend *a* выдающийся, незаурядный, замечательный
hervór|tun*, sich выделяться; обращать на себя внимание
Herweg *m* -(e)s дорога, путь (сюда); **auf dem ~** по пути [дороге] сюда
Herz *n* -ens, -en 1. сердце; **mitten ins ~ treffen*** поразить в самое сердце *(тж. перен)*; 2. *карт.* черви; 3. сердце, центр; 4. сердце, душа; **kein ~ haben** быть бессердечным; **von ganzem ~en** от всей души; **das liegt mir sehr am ~en** это для меня очень важно; **Hand aufs ~!** положа руку на сердце!; **jmdn. auf ~ und Nieren prüfen** строго испытать кого-л.; **aus tiefstem ~en** из глубины души; **es ist mir schwer ums ~** у меня тяжело на душе; **mir wurde leicht ums ~** у меня отлегло от сердца; **es war mir aus dem ~en gesprochen** это было мне по душе; **sein ~ aus|schütten** изливать, открывать (свою) душу; **sich sein ~ fassen** собраться с духом; ◆ **er hat das ~ auf dem rechten Fleck** он настоящий человек; **seinem ~en Luft machen** высказать всё, что наболело; **sie sind ein ~ und eine Seele** они живут душа в душу
Herz||aktion *f* - сердечная деятельность
Herz||anfall *m* -(e)s, -fälle сердечный приступ
Herz||beanspruchung *f* - нагрузка сердца
Herz||beklemmung *f* -, -en 1. страх, тревога; 2. *мед.* чувство стеснения в области сердца
herzbrechend *a* душераздирающий
Herzens||brecher *m* -s, - сердцеед
herzensfroh: **~ sein** радоваться от всей души
herzensgut *a* добрый, сердечный
Herzens||lust *f* - утеха, отрада; **nach ~** сколько душе угодно
herzergreifend *a* трогательный
herzerschütternd *a* потрясающий
Herz||fehler *m* -s, - порок сердца

herzhaft *a* смелый; крепкий
her|ziehen* I *vt* тянуть; тащить; привлекать; II *vi* (s) 1. поселяться, вселяться, переезжать; 2. приближаться, подходить; подъезжать; 3. *(über* A) *разг.* раскритиковать *(кого-л.)*, плохо отозваться *(о ком-л.)*
herzig *a* милый, славный
Herz||infarkt *m* -(e)s, -e *мед.* инфаркт миокарда
herzinnig *a* сердечный, задушевный
Herz||insuffizienz *f* - *мед.* сердечная недостаточность
Herz||kammer *f* -, -n *анат.* желудочек сердца
Herz||klopfen *n* -s сердцебиение
herz|krank, ~leidend *a* страдающий болезнью сердца
Herz||krankheit *f* -, -en болезнь сердца
Herz||leid *n* -(e)s *поэт.* скорбь, горе; кручина
Herz||leiden *n* -s - болезнь сердца
herzlich I *a* сердечный; искренний; II *adv* сердечно; очень, весьма
Herzlichkeit *f* - сердечность, искренность
herzlos *a* бессердечный, бесчувственный
Herzog *m* -(e)s, -e/-zöge герцог
Herzog-Anton-Ulrich-Museum *n* -s музей герцога Антона Ульриха *(музей искусства в Брауншвейге <ФРГ>)*
Herzogtum *n* -(e)s, -tümer герцогство
Herzschlag *m* -(e)s, -schläge 1. биение сердца; 2. паралич сердца; **an ~ sterben*** умереть от паралича [разрыва] сердца
herzú *adv* сюда
herzú|kommen* *vi* (s) подходить, появляться
Herz||versagen *n* -s нарушение сердечной деятельности
herzzerreißend *a* душераздирающий
Hessen (*n*) -s Гессен *(земля в ФРГ)*
hessisch *a* гессенский
Hessisches Bergland *n* -es Гессенская горная страна *(местность в ФРГ <земля Гессен>)*
heterogén <*gr.*> *a* неоднородный
Hetze *f* -, -n 1. травля; 2. суета, горячка, спешка
hetzen *vt* 1. травить *(зверя)*; **ein Tier zu Tode ~** затравить зверя; 2. натравливать, науськивать
Hetzer *m* -s, - 1. подстрекатель; 2. *охот.* егерь, псарь
Hetzeréi *f* -, -en 1. натравливание, подстрекательство; 2. тревога, беспокойство, суматоха

Hetz∥hund *m* -(e)s, -e гончая [борзая] собака
Hetz∥jagd *f* -, -en псовая охота; травля
Hetz∥kampagne [-'panjə] <*lat.-it.-fr.*> *f* - травля, провокационная кампания
Heu *n* -(e)s сено; ~ **wenden** ворошить сено; ◇ **er hat Geld wie** ~ разг. ≅ у него денег куры не клюют; ~ **und Stroh im Kopfe haben** быть набитым дураком
Heu∥boden *m* -s, -/-böden сеновал
Heuchelei *f* -, -en лицемерие, притворство
heucheln I *vi* лицемерить; II *vt* притворяться, прикидываться; **Unschuld** ~ притворяться невинным
Heuchler *m* -s, - лицемер; симулянт
heuchlerisch *a* лицемерный, ханжеский
heuer *a* в этом году, нынешний
Heu∥ernte *f* -, -n сенокос; сеноуборка
Heu∥gabel *f* -, -n сенные вилы
Heu∥haufen *m* -s, - копна сена
heulen *vi* выть, завывать, реветь
Heul∥meier *m* -s, - разг. рёва (*о мальчике*)
Heul∥suse *f* - разг. плакса (*о девочке*)
Heu∥macher *m* -s, - косарь
Heu∥mahd *f* -, -en сенокос
Heurigen∥schenke *f* -, -n винный погребок (*торгует молодым вином в Австрии*)
Heuriger *m* -s "хойригер" (*молодое вино нынешнего года в Австрии*)
Heu∥schober *m* -s, - стог, скирд (сена)
Heu∥schrecke *f* -, -n 1. саранча; 2. кузнечик
heute *adv* сегодня; ~ **früh** сегодня утром; ~ **in vierzehn Tagen** через две недели; **von** ~ **ab** с сегодняшнего дня
heutig *a* 1. сегодняшний; 2. современный, нынешний
heutzutage *adv* в наши дни, сегодня
Hexe *f* -, -n ведьма; колдунья, чародейка; **kleine** ~ плутовка, проказница
hexen I *vi* колдовать; II *vt* приворожить; **es geht wie gehext** всё идёт как в сказке; дело идёт как по маслу
Hexen∥meister *m* -s, - колдун, чародей, маг, волшебник
Hexen∥sabbat *m* -(e)s, -e *миф.* шабаш ведьм
Hexen∥schuß *m* -sses *мед.* прострел
Hexerei *f* -, -en колдовство, чародейство, магия; ловкость рук, хитрость; **das ist keine** ~ это штука не хитрая
Hibinenberge *pl* Хибины (*горный массив на Кольском п-ве*)
Hiddensee *(n)* -s Хиддензе (*о-в в Балтийском море, западнее о-ва Рюген* <*ФРГ*>)
hie *см.* **hier**; ◇ ~ **und da** там и сям

hieb *impf от* **hauen***
Hieb *m* -(e)s, -e 1. удар; **einen** ~ **versetzen** нанести удар; **der** ~ **sitzt** удар попал в цель; 2. намёк; **der** ~ **gilt mir** ≅ это камешек в мой огород, это на мой счёт; ◇ **er hat einen** ~ разг. он с заскоком, у него не все дома
hiebéi *см.* **hierbéi**
Hieb∥wunde *f* -, -n рубленая рана
hielt *impf от* **halten***
hier *adv* здесь, тут; **von** ~ **an** отсюда
Hi¦erarchíe <*gr.*> *f* -, -chi¦en иерархия
hieráuf *adv* 1. на это; на этом; 2. после этого, затем
hieráus *adv* отсюда; из этого
hierbéi *adv* при этом; при сём; здесь
hierdúrch *adv* 1. этим (самым); 2. таким образом
hierfür *adv* за это, на это
hiergégen *adv* против этого; вопреки этому
hierhér *adv* сюда; **bis** ~ до сих пор; досюда
hierhér|gehören *vi* относиться сюда; принадлежать этому
hiermít *adv* этим, тем самым
hiernách *adv* 1. после этого; 2. соответственно этому
Hi¦eroglýphe <*gr.*> *f* -, -n иероглиф
hierüber *adv* об этом
hierúnter *adv* под этим
hiervón *adv* от [из] этого; об этом; ~ **ausgehend** исходя из этого
hierzú *adv* к тому, к тому же
hierzulánde *adv* здесь, у нас (*в стране*)
hiesig *a* здешний
hieß *impf от* **heißen***
Hietzing *(n)* -s Хицинг (*гор. р-н Вены* <*Австрия*>)
Hilda/Hilde Хильда (*жен. имя*)
Hildchen Хильдхен (*ласкательная форма жен. имени* Hilda/Hilde)
Hildebert Хильдеберт (*муж. имя*)
Hildebrand Хильдебранд (*муж. имя*)
Hild(e)burg Хильд(е)бург (*жен. имя*)
Hildefons Хильдефонс (*муж. имя*)
Hildegard Хильдегард (*жен. имя*)
Hildegund Хильдегунд (*жен. имя*)
Hildegúnde Хильдегунда (*жен. имя*)
Hild(e)mar Хильд(е)мар (*муж. имя*)
Hildemára Хильдемара (*жен. имя*)
Hilderich Хильдерих (*муж. имя*)
Hilfe *f* -, -n помощь, поддержка; **gegenseitige** ~ взаимопомощь; **um** ~ **rufen*** взывать о помощи; звать на помощь; ~ **leisten** оказывать помощь; **mit** ~ **von** (D) при помощи чего-л.; (**zu**) ~! караул!, на помощь!

Hilfe∥leistung f -, -en оказание помощи, помощь
Hilfe∥ruf m -(e)s, -e крик о помощи
hilflos a беспомощный
Hilflosigkeit f - беспомощность
hilfreich a готовый помочь
Hilfs- в сложн. словах: вспомогательный, подсобный
Hilfs∥aktion f -, -en мероприятия по оказанию помощи; организация помощи
Hilfs∥angebot n -(e)s, -e предложение помощи
hilfsbedürftig a нуждающийся в помощи
hilfsbereit a готовый помочь
Hilfs∥bereitschaft f - готовность помочь (gegenüber D кому-л.)
Hilfs∥quelle f -, -n ресурс; **natürliche ~n** природные ресурсы
Hilfs∥verb n -(e)s, -en вспомогательный глагол
Hilma Хильма (жен. имя)
Hiltr(a)ud Хильтр(а)уд (жен. имя)
Himálaja m -s Гималаи, Гималайские горы (расположены в Азии, в пределах Пакистана, Индии, Непала и Китая)
Himbeere f -, -n малина (тж. плод)
Himbeer∥geist m -es химбергайст (малиновая водка)
Himmel m -s, - небо; **am ~** на небе; **unter freiem ~** под открытым небом; **jmdn. in den ~ heben*** превозносить кого-л. до небес; **das kam wie der Blitz aus heiterem ~** это было как гром среди ясного неба; **um ~s willen!** ради Бога!; **du lieber ~!** Боже ты мой!; **weiß der ~!** одному Богу известно!
Himmel∥angst f - разг. смертельный страх
Himmel∥fahrt (Christi) f - Вознесение (Христово) (религиозный праздник; 40-й день после Пасхи)
Himmel∥fahrt Maria f - Успение Богородицы (религиозный христианский праздник)
Himmel∥reich n -(e)s рел. царство небесное; перен. рай; ◊ **des Menschen Wille ist sein ~** посл. ≅ охота пуще неволи
himmelschreiend a вопиющий
Himmels∥gewölbe n -s небесный свод
Himmels∥körper m -s, - небесное тело, светило
Himmels∥richtung f -, -en страна света
himmelweit a очень далёкий; **ein ~er Unterschied** колоссальная разница
himmlisch a 1. небесный; 2. чудный; восхитительный, дивный
hin adv туда; ◊ **~ und her** взад и вперёд; туда и обратно; **~ und wieder** 1) там и сям; кое-где; 2) время от времени
hin- отд. глаг. приставка, часто соединяется с другими приставками, указывает на направление движения от говорящего: **hin∥fahren*** поехать туда
Hin: **ein ewiges ~ und Her** постоянная суета, постоянное движение
hináb adv вниз; **den Berg ~** вниз с горы
hináb- отд. глаг. приставка, указывает на движение вниз по направлению от говорящего: **hinab∥steigen*** спускаться
hinán adv вверх, кверху; **den Berg ~** на гору
hin∥arbeiten vi (**auf** A) стремиться (к чему-л.), метить (на что-л.), домогаться (чего-л.)
hináuf adv вверх, кверху, наверх; **den Fluß ~** вверх по реке [по течению]
hináuf- отд. глаг. приставка, указывает 1. на движение вверх по направлению от говорящего: **hinauf∥gehen*** подниматься; 2. на повышение, увеличение: **hinauf∥steigen*** всходить, подниматься
hináuf∥ziehen* I vt втаскивать наверх; II vi (s) переселяться наверх
hináus adv вон, наружу; **darüber ~** сверх того; **zum Zimmer ~** из комнаты; **darüber bin ich ~** это для меня пройденный этап
hináus- отд. глаг. приставка, указывает на 1. движение наружу по направлению от говорящего: **hináus∥gehen*** выходить; 2. удаление, движение вдаль: **hinaus∥fahren*** выезжать
hináus∥gehen* vi (s) 1. выходить; 2. (**über** A) превышать (что-л.); 3. (**auf** A) иметь в виду (что-л.); стремиться (к чему-л.); **worauf geht das hináus?** к чему это клонится?
hináus∥lehnen, sich высовываться, выглядывать (из окна и т. п.)
hináus∥wollen* vi 1. хотеть выйти; 2. клониться к чему-л., метить куда-л.; **wo will er hinaus?** куда он метит?; **wo will das hinaus?** что из этого выйдет?; куда это клонится?
hináus∥zögern vt затягивать, оттягивать; **die Entscheidung ~** откладывать принятие решения
Hinblick: **im ~ auf** (A) имея в виду, принимая во внимание (что-л.); в расчёте на (что-л.); **im ~ darauf, daß...** учитывая, что...
hinderlich a затруднительный, стеснительный; **jmdm. ~ sein** быть кому-л. помехой

hindern vt (jmdn. an D) препятствовать, мешать (кому-л. в чём-л.), затруднять (кого-л. в чём-л.), ставить преграды; **sich nicht durch etw. (A) ~ lassen*** не желать связывать себе руки

Hindernis n -ses, -se препятствие, помеха, затруднение; заграждение; *спорт.* препятствие, барьер; **ein Rennen mit ~sen** скачки с препятствиями; **auf ~se stoßen*** *перен.* натолкнуться на препятствия; **ich schrecke vor keinen ~sen zurück** меня не остановят никакие преграды; **jmdm. ~se bereiten [in den Weg legen]** чинить кому-л. препятствия; **~se aus dem Wege räumen** устранять препятствия с пути

Hindernis‖lauf m -(e)s, -läufe *спорт.* бег с препятствиями

Hinderung f -, -en задержка, препятствие, помеха

Hindeutung f -, -en указание, намёк

Hindi n - язык хинди

Hindu m -/ -s, -/-s индус

hindúrch adv (ставится после существ., к которому относится) через; насквозь, напролёт; **die ganze Nacht ~** всю ночь (напролёт)

hindurch- *отд. глаг. приставка, указывает на движение сквозь что-л.:* **hindurch‖sickern** просачиваться

Hindustán (n) -s Индостан (п-в на юге Азии)

hinéin adv в, внутрь; **bis in die Nacht ~** до поздней ночи

hinéin- *отд. глаг. приставка, указывает на движение внутрь:* **hinein‖legen** вкладывать

hinein‖gehen* vi (s) **1.** входить; **2.** входить, умещаться, укладываться

hin‖fahren* I vt отвозить; II vi (s) **1.** съездить, (по)ехать (куда-л.), **2.**: (über etw. A) (leicht) ~ слегка коснуться чего-л. (в разговоре)

Hinfahrt f -, -en поездка в один конец; поездка туда; **auf der ~** по дороге туда, во время поездки туда; **Hin- und Herfahrt, Hin- und Rückfahrt** проезд [поездка] туда и обратно

hin‖fallen* vi (s) падать, упасть

hinfällig a дряхлый, ветхий, слабый; **~ werden** дряхлеть, терять силы

Hinfälligkeit f - **1.** дряхлость, ветхость, слабость, неустойчивость; **2.** неосновательность, несостоятельность, слабость

hinfórt adv отныне, впредь

hing impf om **hängen***

Hingabe f - **1.** увлечение, усердие; **2.** самоотверженность, преданность; **mit ~** с преданностью, преданно; **3.** увлечение (делом, наукой и т. п.); **eine Aufgabe mit größter ~ lösen** целиком отдаться решению задачи

hin‖geben* I vt отдавать, предоставлять; передавать во владение; уступать; жертвовать; II ~, **sich** предаваться; отдаваться; посвящать себя; **sich der Hoffnung ~** тешить себя надеждой

hingégen I adv против, вопреки; II conj однако; же; а, напротив

hin‖gehen* vi (s) **1.** идти (в определённом направлении); **wo geht dieser Weg hin?** куда ведёт эта дорога?; **hin- und hergehende Bewegung** возвратно-поступательное движение; **2.** проходить (о времени); **3.**: **über etw. (A) im Gespräch leicht ~** слегка коснуться чего-л. в беседе; **jmdm. eine Grobheit ~ lassen*** стерпеть чью-л. грубость; **das geht so in einem hin** это будет разрешено [сделано] попутно

hingerissen a увлечённый

hin‖halten* vt **1.** подавать, протягивать; подставлять; **die Hand ~** протянуть руку (для поддержки); *перен.* протянуть руку помощи; **2.** задерживать, затягивать, откладывать; **mit baren Versprechungen ~** ≅ водить за нос; **jmdn. mit der Bezahlung ~** задерживать кому-л. выплату; **jmdn. ~** не давать кому-л. ответа, оставить кого-л. в неведении

hin‖hauen* I vi ударить, рубануть; II vt *разг.* швырнуть; ◊ **das haut einen hin!** я ошарашен!; **das haut hin!** *разг.* это кстати!

hinken vi хромать; **es hinkt damit** дело хромает, дело не ладится; **der Vergleich hinkt** сравнение хромает

hin‖kriegen vt *разг.* одолевать, справиться

hinlänglich a достаточный

hin‖legen I vt класть, положить; **hinlegen!** ложись!; II ~, **sich** ложиться; **sich längelang [der Länge nach] ~** растянуться, лечь

hin‖nehmen* vt **1.** брать (к себе), принимать; **etw. kritisch ~** отнестись к чему-либо критично; **2.** терпеть, переносить; **3.**: **von der Musik hingenommen sein** быть увлечённым музыкой

hinnen: von ~ отсюда

hinreichend a достаточный

Hinreise f -, -n поездка туда (в один конец)

hinreißend a увлекательный

hin‖richten vt казнить

Hinrichtung f -, -en (смертная) казнь

hin|sehen* *vi* взглянуть, смотреть куда-л.
hin|sein* *vi* (s) *разг.* пропасть, погибнуть, испортиться; потеряться, исчезнуть; **alles ist hin** всё пропало; **er ist hin** он погиб, он умер
hin|setzen I *vt* сажать; II ~, **sich** усаживаться, садиться
Hinsicht *f -*, **-en** отношение, соображение, точка зрения; **in ~ auf etw.** (A) принимая во внимание что-л.; **in dieser ~** в этом отношении, на этот счёт; **in keiner ~** ни в коей мере
hinsichtlich *prp* (G) по отношению *(к чему-л.)*, относительно *(чего-л.)*
hin|stellen I *vt* 1. поставить (туда); 2. представить, оставить; II ~, **sich** 1. становиться; 2. *(als* A) притворяться *(кем-л.)*, изображать из себя *(кого-л.)*
hintán|setzen *vt* пренебрегать, оставлять без внимания
hinten *adv* позади, сзади; **nach ~** назад; **von ~** сзади
hintenherúm *adv* из-под полы, тайком, обходным путём
hintenüber *adv* навзничь
hinter I *prp* (D *на вопрос "где ?"; A на вопрос "куда?")* за, позади; II *a* задний
Hinter‖bein *n* -(e)s, -e задняя нога; **mit ~en schlagen*** лягаться; **sich auf die ~e stellen** стать на дыбы
Hinterbliebene *subst m, f* -n, -n близкий родственник, близкая родственница покойного; семья (умершего)
hinter|bríngen* *vt разг.* тайно доносить
Hinter‖deck *n* -(e)s, -e *мор.* кормовая палуба; ют
hinterdréin *adv* 1. вслед; 2. после, потом
hinterdréin|laufen* *vi* (s) бежать за кем-л.
Hintere *subst m* -n -n *груб.* зад
hintereinánder *pron* один за другим, друг за другом
Hinter‖gebäude *n* -s, - флигель; задний корпус; надворное строение
Hinter‖gedanke *m* -ns, -n задняя мысль; ◇ **~n haben** ≅ держать камень за пазухой
hinter|géhen* *vt разг.* вводить в заблуждение, обманывать
Hinter‖grund *m* -(e)s, -gründe задний план; фон; *театр.* задник; подоплёка; **sich im ~ halten*** держаться в тени [в заднем плане]; **die Hintergründe der Ereignisse** закулисная сторона событий
Hinterhalt *m* -(e)s, -e 1. засада; **jmdm. einen ~ legen** устроить кому-л. засаду; **im ~ liegen*** находиться в засаде; 2.: **~ haben** 1) прятать, скрывать; 2) иметь в резерве [про запас]; **ohne ~** без задней мысли, искренне, откровенно; 3. *воен.* резерв
hinterhältig *a* коварный; скрытный
hinterhér *adv* 1. позади, следом; 2. задним числом
Hinter‖hof *m* -(e)s, -höfe задворки; задний двор
Hinterindi‖en (*n*) -s Индокитайский полуостров *(на Ю.-В. Азии)*
Hinter‖kopf *m* -(e)s, -köpfe затылок
Hinter‖land *n* -(e)s *воен.* (глубокий) тыл
hinter|lassen* I *vt разг.* оставлять позади *(кого-л., что-л.)*, пропускать *(кого-л.)*
hinter|lássen* II *vt* оставлять после себя *(наследство и т. п.)*
Hinter‖lássenschaft *f -*, -en наследство
Hinterlássung *f -*, -en передача по наследству
hinter|légen *vt* отдавать на хранение; депонировать, вносить в депозит
Hinterléger *m* -s, - вкладчик, депонент, депозитор
Hinter‖list *f -* коварство, лукавство, хитрость
hinterlistig *a* коварный, хитрый
Hinter‖mann *m* -(e)s, -männer 1. стоящий [идущий, сидящий] позади; 2. *б. ч.* pl подстрекатель, инспиратор; 3. *ком.* поручитель; индоссант; *спорт.* защита (игрок)
Hinter‖pförtchen *n* -s, - задняя калитка
Hinterrad‖antrieb *m* -(e)s, -e *авт.* привод к задним колёсам
hinterrücks *adv* сзади, за спиной; предательски, вероломно, коварно
Hinter‖sitz *m* -es, -e заднее сиденье
Hinter‖teil *m* -(e)s, -e 1. задняя часть; 2. *разг.* зад
hinter|tréiben* *vt* мешать, препятствовать *(чему-л.)*, помешать осуществлению *(чего-л.)*, расстроить, сорвать *(что-л.)*
Hintertreppe *f -*, -n задняя лестница; чёрный ход
Hintertreppen‖roman *m* -(e)s, -e бульварный роман
Hinter‖tür *f -*, -en задняя дверь, чёрный ход; **etw. durch die ~ einführen [einlassen*]** ввести [допустить] что-л. неофициально [нелегально]; **durch die ~** *разг.* по блату
hinter|ziehen* *vt* утаивать *(деньги и т. п.)*
hinüber *adv* через, на ту сторону
hinüber- *отд. глаг. приставка, указывает на движение в направлении от говорящего:* **hinüber|führen*** переводить (на ту сторону)
hinüber|gehen* *vi* (s) переходить (на ту сторону)

hinúnter *adv* 1. вниз; 2.: ~ **mit jmdm. [etw. (D)]** ! долой кого-л. [что-л.]!

hinúnter- *отд. глаг. приставка, указывает на движение сверху вниз в направлении от говорящего:* **hinunter|gehen*** сходить вниз

hinwég *adv* 1. прочь; ~ **mit dir!** прочь! убирайся!; 2. в течение; **über das ganze Jahr** ~ в течение всего года

hinwég- *отд. глаг. приставка, указывает на движение прочь в направлении от говорящего:* **hinwég|fegen** сметать

Hinweg *m* -(e)s, -e путь [дорога] (туда); **auf dem** ~ по дороге [по пути] туда

hinwég|gehen* *vi (s) (über* A); обходить; лишь слегка упоминать *(что-л.);* **über eine Bemerkung** ~ не реагировать на замечание

hinwég|setzen I *vi (s)* перепрыгивать, пересекать; II ~, **sich** *(über* A) не обращать внимания *(на что-л.),* не принимать близко к сердцу *(что-л.),* не считаться *(с чем-л.)*

Hinweis *m* -es, -е указание, ссылка; намёк; **unter [mit]** ~ **auf etw.** (A) со ссылкой на что-л., ссылаясь на что-л.

hin|weisen* *vi (auf* A) указывать, ссылаться, намекать *(на что-л.)*

Hinweis||schild *n* -(e)s, -ег указатель, указательный знак

Hinz 1. Хинц *(краткая форма муж. имени* Heinrich); 2.: ~ **und Kunz** *разг.* встречный и поперечный

hin|ziehen* I *vt* 1. тащить, тянуть (туда); 2. затягивать *(срок);* 3. привлекать, увлекать; **ich fühle mich zu diesem Menschen hingezogen** я чувствую симпатию к этому человеку; II *vi (s)* отправляться, идти, ехать куда-л.; **sich über mehrere Monate** ~ затянуться, длиться; затянуться на несколько месяцев

hinzú *adv* сверх того, к этому; ~ **kommt, daß...** к этому следует добавить, что...

hinzú- *отд. глаг. приставка, указывает на* 1. *добавление:* **hinzu|legen** доложить; 2. *движение по направлению к чему-либо:* **hinzu|kommen*** подходить

hinzú|fügen *vt* добавлять, дополнять

Hinzúgabe *f* -, -n придача, прибавка

hinzú|kommen* *vi (s)* 1. подходить *(позже);* 2. добавляться, присоединяться; **es kommt noch hinzu** к тому же

Hinzúrechnung *f* -, -en прибавление (к счёту)

hinzú|steigen* *vi (s)* подсесть *(в поезд и т. п.)*

Hinzútun: **ohne mein** ~ без моего участия, без меня

Hippodróm <*gr.*> *m, n* -s, -е ипподром

Hirn *n* -(e)s, -е (головной) мозг; **sich (D) das** ~ **nach etw. (D) zermartern [zergrübeln]** ломать себе голову над чем-л.

Hirn||gespinst *n* -es, -е фантазия, иллюзия, химера; ~**e haben** фантазировать; **sich mit** ~**ern quälen** страдать больным воображением

Hirn||haut *f* - *анат.* мозговая оболочка

Hirn||rinde *f* -, -n *анат.* мозговая кора

Hirn||schale *f* -, -n череп, черепная коробка

Hirn||schlag *m* -(e)s кровоизлияние в мозг

Hirn||windungen *pl анат.* мозговые извилины

Hirn||zelle *f* -, -n *анат.* мозговая клетка

Hiróshima [-ʃi-] (*n*) -s Хиросима *(город в Японии, на Ю.-З. о-ва Хонсю)*

Hirsch *m* -es, -е олень

Hirsch||fänger *m* -s, - охотничий нож

Hirsch||kalb *n* -(e)s, -kälber телёнок оленя

Hirsch||kuh *f* -, -kühe самка оленя

Hirsch||zucht *f* - оленеводство

Hirse *f* - просо; пшено

Hirt *m* -en, -en пастух

Hirten||flöte *f* -, -n свирель

Hirten||junge *m* -n, -n подпасок

Hirten||mädchen *n* -s, - пастушка

hissen *vt* 1. поднять, водрузить *(флаг);* 2. распустить *(паруса)*

Históriker <*gr.-lat.*> *m* -s, - историк

histórisch <*gr.-lat.*> *a* исторический

Hitlerjugend *f* - "гитлерюгенд" *(фаш. молодёжная организация для юношей в возрасте 14–18 лет в Германии 1926–1945)*

Hitzbläs|chen *n* -s, - волдырь

Hitze *f* - 1. жара, зной; **vor** ~ от жары; 2. пыл: **in der** ~ в пылу, сгоряча; **in** ~ **kommen* [geraten*]** разгорячиться, вспылить

hitzebeständig *a тех.* теплоустойчивый, жароупорный

Hitze||grad *m* -(e)s, -е степень нагрева, температура нагрева

hitzig *a* горячий, вспыльчивый; пылкий; ◇ ~ **ist nicht witzig** *посл.* ≡ поспешишь – людей насмешишь

Hitz||kopf *m* -(e)s, -köpfe вспыльчивый человек

Hitz||schlag *m* -(e)s, -schläge тепловой удар

hm! *int* гм! *(выражает нерешительное согласие, сомнение)*

ho! *int* 1. эй! *(зов);* ау!; ~ **ruck!** взяли! *(ко-*

манда при подъёме тяжести); 2. ого!, о-го-го!, вот как! (удивление)
hob impf om **heben***
Hobby ['hɔbi] <engl.> n -s, -s хобби, конёк, страсть, пристрастие
Hobel m -s, - рубанок
Hobel‖bank f -, -bänke строгальный верстак
Hobel‖maschine f -, -n строгальный станок
hobeln vt строгать
Hobel‖span m -(e)s, -späne стружка
hoch I a 1. высокий; сильный; большой; **drei Meter ~** высотой в три метра; 2. влиятельный, важный; 3. благородный, знатный; ◊ **hohes Alter** преклонный возраст; **auf hoher See** в открытом море; **es ist höchste Zeit** давно пора; II adv высоко; **jmdm. etw. ~ anrechnen** ставить что-л. кому-л. в большую заслугу; **~ und heilig versprechen*** торжественно обещать; **drei Treppen ~** на третьем этаже (соотв. русскому на четвёртом); ◊ **da geht es ~ her** там пир горой
Hoch I n -s, -s ура (приветственный возглас), здравица, тост; **ein ~ auf jmdn. ausbringen*** произнести тост в честь кого-л.
Hoch II n -s, -s область высокого воздушного давления; антициклон
hoch|achten vt глубоко уважать, ценить
Hoch‖achtung f -, -en глубокое уважение, почёт
hochachtungsvoll adv с совершенным почтением, с глубоким уважением (в письме)
Hoch‖bahn f -, -en надземная железная дорога
Hoch‖bau m -(e)s, -ten 1. высотное здание; 2. надземное строение; 3. надземное строительство
Hochbau‖arbeiter m -s, - верхолаз
hochbegabt a высокоодарённый
Hoch‖betrieb m -(e)s 1. большое оживление; 2. разгар работы; напряженная работа; 3. часы пик
Hoch‖burg f -, -en цитадель; оплот
hochdeutsch a 1. верхненемецкий; 2. немецкий (литературный) язык
Hochdeutsch(e) subst n -(e)n, - 1. верхненемецкий язык; 2. немецкий (литературный) язык
Hoch‖druck m -(e)s высокое давление; **mit ~ arbeiten** работать с увлечением [на всех парах]; **die Arbeit geht mit ~ voran** работа кипит; **etw. mit ~ betreiben*** с увлечением заниматься чем-л.

Hochdruck‖gebiet n -(e)s, -e область высокого давления
Hoch‖ebene f -, -n плоскогорье
hochentwickelt a высокоразвитый
hocherfreut a очень обрадованный
hochfahrend a надменный, заносчивый
hochfein a высшего качества; изысканный
Hoch‖finanz f - денежная аристократия, финансовые магнаты
hochfliegend: ~e Pläne честолюбивые планы
Hoch‖flut f - 1. разлив, половодье, паводок; 2. перен. подъём
Hoch‖frequenz f - эл. высокая частота
hochgeachtet a почтенный
hochgeehrt a высокоуважаемый
Hoch‖gefühl n -(e)s 1. возвышенное чувство; 2. энтузиазм
hochgelegen a возвышенный; высокогорный
hochgeschossen a долговязый
hochgesinnt a благородный
hochgespannt: ~e Erwartungen большие надежды
hochgestellt a высокопоставленный
hochgewachsen a высокого роста
Hoch‖glanz m -es блеск; **auf ~ polieren** отполировать (что-л.) до блеска
hochgradig adv в высшей степени
hoch|halten vt 1. высоко держать; держать на высоком уровне; **den Kopf ~** гордо держать голову; **die Preise ~** держать цены на высоком уровне; 2. дорожить (кем-л.), высоко ценить (кого-либо)
Hoch‖haus n -es, -häuser многоэтажный [высотный] дом; высотное здание
hoch|heben* vt высоко поднимать, задирать
Hochheimer m -s "хохгеймер" (марка рейнского вина)
hochherzig a великодушный
hochinteressant a исключительно интересный
Hoch‖land n -(e)s, -länder/-e плоскогорье; горная страна
hoch|leben: jmdn. ~ lassen* провозглашать тост в честь кого-л., пить за чьё-л. здоровье; **es lebe hoch!** да здравствует!
Hoch‖leistung f -, -en высокая производительность
hochleistungsfähig a 1. высокопроизводительный; 2. большой мощности
hochmodern a ультрасовременный, очень модный
Hoch‖mut m -(e)s высокомерие; **jmdm. den ~ austreiben*** сбить спесь с кого-л.

hochmütig *a* высокомерный, заносчивый, надменный

hochnäsig *a* надменный, чванливый; **~ sein** задирать нос

Hoch||näsigkeit *f* - надменность, чванливость

hoch|nehmen* *vt* 1. поднимать; 2. взять в оборот *(кого-л.)*, сделать выговор *(кому-л.)*; 3. высмеять; 4. *разг.* обмануть, обсчитать, обделить

Hoch||ofen *m* -s, -öfen доменная печь, домна; **den ~ beschicken** загрузить доменную печь; **den ~ anblasen*** задуть доменную печь

Hoch||öfner *m* -s, - доменщик

hochrot *a* ярко-красный, алый

Hoch||ruf *m* -(e)s, -e крик "ура"; **mit ~en empfangen*** встречать приветственными возгласами; **~e ausbringen*** приветствовать возгласами

hoch|schätzen *vt* глубоко уважать, высоко ценить

Hoch||schule *f* -, -n 1. высшее учебное заведение, вуз; 2. высшая школа; **~ für Musik** консерватория

Hochschul||wesen *n* -s система высшего образования

Hoch||seeflotte *f* -, -n морской [океанский] флот

Hoch||sommer *m* -s, - середина [разгар] лета

Hoch||spannung *f* -, -en эл. высокое напряжение; **politische ~** напряжённая политическая обстановка

Hochspannungs||strom *m* -(e)s, -ströme эл. ток высокого напряжения

Hoch||sprache *f* -, -n литературный язык

Hoch||sprung *m* -(e)s, -sprünge прыжок в высоту

höchst *(superl от hoch)* I *a* 1. (наи)высший, высочайший; 2. величайший, наибольший; **auf ~er Ebene** на высшем уровне; **die ~ Not** крайняя нужда; **von ~er Wichtigkeit** величайшей важности; 3. верховный; **das ~e Machtorgan** верховный орган власти; 4. предельный (es ist) **~e Zeit** давно пора; II *adv* весьма, в высшей степени

hochstämmig *a* бот. высокоствольный

Hoch||stand *m* -(e)s, -stände 1. высокий уровень; **einen ~ erzielen** поднять на должную высоту; 2. прилив; 3. *воен.* вышка

Hoch||stapler *m* -s, - аферист, проходимец, мошенник

Höchst||belastung *f* -, -en наивысшая [максимальная, предельная] нагрузка

Höchst||betrag *m* -(e)s, -träge максимальная сумма; максимальный итог

hochstehend *a* 1. верхний; 2. высокопоставленный

höchsteigen: in ~er Person самолично, собственной персоной

hoch|stellen *vt* 1. высоко (по)ставить; 2. ценить, высоко ставить

höchstens *adv* не более как, самое большее

Höchst||geschwindigkeit *f* -, -en предельная [максимальная] скорость

Höchst||grenze *f* -, -n предел, максимум

Höchst||leistung *f* -, -en 1. (наи)высшее достижение; 2. *тех.* наивысшая [предельная] мощность; максимальная производительность; 3. *спорт.* рекорд; **persönliche ~** личный рекорд

Höchst||maß *n* -es, -e максимум, высшая мера [степень] *(an D чего-л.)*

höchstpersönlich *a* самолично

Höchst||preis *m* -es, -s наивысшая [максимальная] цена

Höchst||profit *m* -es, -e максимальная прибыль

Höchst||punktzahl *f* -, -en *спорт.* наивысшее число очков

höchstwahrscheinlich *adv* по всей вероятности, вероятнее всего

Höchst||wert *m* -(e)s, -e *мат.* наивысшее значение, максимум; **einen ~ an etw. (D) erreichen** достигнуть максимума в чём-л.

Hoch||tal *n* -(e)s, -täler горная долина

Hoch||tour [-'tu:r] *f* -, -en 1. горная экскурсия; 2.: **auf ~en arbeiten** работать на полную мощность

hochtrabend *a* высокопарный

hochverehrt *a* глубокоуважаемый

Hoch||verrat *m* -(e)s государственная измена

Hoch||verräter *m* -s, - государственный изменник

Hoch||wasser *n* -s, - половодье, паводок; разлив; (морской) прилив

hochwertig *a* высококачественный; полноценный

Hoch||wild *n* -(e)s охот. красная дичь

Hoch||zahl *f* -, -en *мат.* экспонент, показатель степени

Hoch||zeit *f* -, -en свадьба; **~ halten*** справлять свадьбу

hochzeitlich *a* свадебный

Hocke I *f* -, -n *спорт.* 1. приседание; **sich in die ~ setzen** присесть на корточки; 2. стойка на согнутых ногах *(лыжи)*; 3. прыжок, перемах *(гимнастика)*

Hocke II *f* -, -n сноп

hocken I *vi* **1.** сидеть на корточках; **zu Hause ~** торчать дома; **2.** *спорт.* группироваться *(для прыжка в воду)*
hocken II *vt* вязать снопы
Hocker *m* -s, - **1.** табуретка; **2.** домосед
Höcker *m* -s, - **1.** горб; нарост; **2.** холмик, бугорок; **3.** *воен.* надолба
höckerig *a* шишковатый, корявый; ухабистый *(о дороге)*
Hockey ['hɔke] <*engl.*> *n* -s хоккей
Hockey‖schläger ['hɔke-] *m* -s, - клюшка *(хоккей на траве)*
Hockey‖stock [hɔke-] *m* -(e)s, -stöcke клюшка *(хоккей с шайбой)*
Hoden‖sack *m* -(e)s, -säcke *анат.* мошонка
Hoesch Werke AG *f* - "Хёш верке АГ" *(один из крупнейших стальных концернов ФРГ <г. Дортмунд>)*
Hof *m* -(e)s, Höfe **1.** двор; **2.** усадьба, хутор; ◇ **weder Haus noch ~ haben** не иметь ни кола ни двора; **3.** двор *(царский, королевский и пр.)*; **4.** гостиница, постоялый двор; **5.** *астр.* светлый венец *(вокруг луны)*; ободок; зона; ореол; ◇ **jmdm. den ~ machen** ухаживать за кем-л.
Hof‖bräuhaus *n* -es "хоффбройхауз" *(пивное заведение в Мюнхене <ФРГ>)*
Hof‖burg *f* - Хофбург *(бывший императорский дворец в Вене; в настоящее время здесь размещены музеи и резиденция президента Австрии)*
hoffärtig *a* высокомерный, спесивый
hoffen *vi* *(auf* A) надеяться *(на что-л.)*; **das will ich nicht ~** надеюсь, что это не так
hoffentlich *adv* надо надеяться, надеюсь, что...
Hoffnung *f* -, -en надежда *(auf* A на что-либо)*, ожидание *(чего-л.)*, **in der ~, daß...** в надежде, что ...; ◇ **jmdm. ~ machen** обнадёживать кого-л.; **~ hegen** лелеять надежду; **sie ist guter ~** она беременна, она ждёт ребёнка
hoffnungslos *a* безнадёжный
Hoffnungslosigkeit *f* - безнадёжность
Hoffnungs‖schimmer *m* -s, - проблеск надежды
hoffnungsvoll *a* подающий надежды; полный надежд
Hof‖hund *m* -(e)s, -e дворняжка, дворовый пёс
höfisch *a* **1.** придворный; **2.** изысканный *(о манерах)*
höflich *a* вежливый, учтивый
Höflichkeit *f* -, -en **1.** вежливость, учтивость; **~ bezeigen** быть вежливым; **2.** *pl* любезности; **~en austauschen** обмениваться любезностями
Höfling *m* -(e)s, -e придворный; царедворец
Hof‖narr *m* -en, -en придворный шут
Höhe *f* -, -n **1.** возвышенность; холм; **2.** высота, вышина; уровень; **ein Preis in der ~ von...** премия в размере...; **auf gleicher ~ mit etw.** (D) в уровень [вровень] с чем-л.; **die ~ der Steuern** размер налогов; **auf der ~ sein** чувствовать себя хорошо; **auf die erforderliche ~ bringen*** поднять на должный уровень; **3.** вершина, верх, предел; **die ~ der Krankheit** разгар болезни; **das ist aber die ~!** это уж слишком! **auf der ~ des Lebens** в расцвете лет
Hoheit *f* -, -en **1.** величие; **2.** высочество *(обращение)*; **3.** верховная власть, господство; **unter fremder ~ stehen*** находиться под иностранным господством
Hoheits‖gebiet *n* -(e)s, -e территория государства
Hoheits‖zeichen *n* -s, - символ государственной власти; знак государственной принадлежности
Höhen‖flug *m* -(e)s, -flüge высотный полёт
Höhen‖klima *n* -s, -s/-ate горный климат
Höhen‖lage *f* -, -n уровень, высота; **in einer ~ von... Metern** на высоте... метров
Höhen‖leitwerk *n* -(e)s, -e *ав.* вертикальное хвостовое оперение; высотный рулевой механизм
Hohenloher Ebene *f* - равнина Гогенлоэ *(в ФРГ <земля Баден-Вюртемберг>)*
Höhen‖schichtlini‖e *f* -, -i¦en горизонталь *(на карте)*
Hohenstaufen *pl* Гогенштауфены *(династия герм. королей и императоров "Священной Римской империи" в 1138–1254)*
Höhen‖strahlung *f* -, -en *физ.* космические лучи, космическое излучение
Hohenzollern *pl* Гогенцоллерны *(династия бранденбургских курфюрстов <1415–1701>, прусских королей <1701–1871> и германских императоров <1871–1918>)*
Hohenzollern-Brücke *f* - Гогенцоллернов мост *(первый железнодорожный мост в Германии, построен в 1860 в Кёльне)*
Höhen‖zug *m* -(e)s, -züge горная цепь
Höhe‖punkt *m* -(e)s, -e высшая точка, кульминационный пункт, апогей; **seinen ~ erreichen** достичь своего апогея
höher *(compar от* hoch*)* I *a* **1.** более высо-

кий, высший; **~e Mathematik** высшая математика; **2.** высший, влиятельный, важный; **die ~en Gerichte** высшие судебные инстанции; II *adv* выше; ◊ **~ geht's nicht mehr**! дальше ехать некуда! *(это уже предел)*
höhere Schule *f* -, -n средняя школа *(обобщённое наименование различного типа гимназий в Австрии и ФРГ)*
Hohe Straße *f* - Хоэ Штрассе *(торговый центр г. Кёльн < ФРГ>)*
Hohe Tauern *pl* Высокий Тауэрн *(хребет в Вост. Альпах в Австрии)*
hohl *a* **1.** полый, пустой; дуплистый; **~er Kopf** пустая голова; **2.** впалый; ◊ **~e See** морская зыбь; **das ist keine ~e Nuß wert** ≅ это не стоит выеденного яйца; **eine ~e Hand haben** брать взятки
Höhle *f* -, -n **1.** пещера; **2.** берлога, логовище, нора; **3.** трущоба, дыра *(о жилище)*; **4.** *анат.* полость; пазуха; **5.** дупло *(в дереве)*
Höhlen‖malerei *f* - пещерная живопись
Höhlen‖mensch *m* -en, -en пещерный человек
Hohl‖körper *m* -s, - полый предмет, полое тело
Hohl‖maß *n* -es, -e мера ёмкости, мера сыпучих тел
Hohl‖raum *m* -(e)s, -räume пустота, пустое пространство
Hohl‖spiegel *m* -s, - вогнутое зеркало; рефлектор
Höhlung *f* -, -en **1.** дупло; **2.** выбоина; впадина; ложбина, углубление; полость
Hohl‖weg *m* -es, -e ложбина, ущелье, теснина; овраг, лог
Hohl‖ziegel *m* -s, - пустотелый кирпич
Hohn *m* -(e)s насмешка, издёвка; ирония; сарказм; **jmdm. zum ~e** назло кому-л.; **das ist der reine ~** это просто смешно; **das spricht aller Vernunft ~** это противоречит здравому смыслу
höhnen *vt* издеваться *(над кем-л.)*, высмеивать, вышучивать *(кого-л.)*
höhnisch *a* насмешливый; язвительный
hohn‖lachen *vi* (D) язвительно смеяться, насмехаться, издеваться *(над кем-л.)*
Hokuspokus <*engl.*> *m* - фокусы; мошенничество, фиглярство
hold *a* **1.** милый, прелестный; **2.** (D) благосклонный *(к чему-л.)*; **sie ist mir ~** она благосклонна ко мне
holdselig *a* очаровательный, прелестный
holen *vt* **1.** приносить; приводить; привозить; доставлять; **jmdn., etw. ~ lassen*** посылать за кем-л., за чем-л.; **einen**
Arzt ~ пригласить врача; **2.** ловить *(о радиоприёмнике)*; добывать *(руду)*; **die Ware holte gute Preise** товар пошёл по хорошей цене; **hol ihn der Teufel!** *разг.* чёрт бы его побрал! **3.: Atem [Luft] ~** перевести дух; **sich (D) eine Krankheit ~** заразиться болезнью; **sich einen Schnupfen ~** схватить насморк; **sich (D) bei jmdm. (von jmdm.) Rat ~** обратиться к кому-л. за советом
holla! *int* эй!, слушай! *(оклик)*
Holland (*n*) -s Голландия; *см.* Niederlande
Holländer *m* -s, -; **~in** *f* -, -nen голландец, -дка
holländisch *a* голландский
Holle *f* -: **Frau ~** (госпожа) Метелица *(в сказке)*
Hölle *f* -, -n ад, преисподняя; ◊ **dort ist die ~ los** там сам чёрт ногу сломит; **jmdm. das Leben zur ~ machen** сделать чью-л. жизнь адом; **jmdm. die ~ heiß machen** сильно донимать кого-л.
Höllen‖angst *f* - смертельный страх
Höllen‖lärm *m* -(e)s адский шум
Höllen‖stein *m* -(e)s, -e ляпис
höllisch *a* адский, страшный
Holm I *m* -(e)s, -e **1.** *тех.* продольный брус; **2.** *спорт.* жердь на параллельных брусьях *(гимнастика)*
Holm II *m* -(e)s, -e **1.** островок *(речной)*; **2.** возвышение, холм
holp(e)rig *a* ухабистый, неровный
holpern *vi* спотыкаться; трястись *(об автомашине)*
Holsteinische Schweiz *f* - Гольштинская Швейцария *(живописный озёрный край в ФРГ <земля Шлезвиг-Гольштейн>)*
Holstentor *n* -es Гольштейнские ворота *(древние ворота, архит. памятник и символ Любека <ФРГ>)*
Holúnder *m* -s, - бузина
Holz *n* -es, Hölzer **1.** дерево, древесина; **2.** дрова; ◊ **wie ein Stück ~ dasitzen*** сидеть как чурбан; **aus anderem ~ geschnitten sein** быть человеком другого склада; **3.** лес; **~ fällen [hauen*]** рубить лес
Holz‖apfel *m* -s, -äpfel дикое яблоко
Holz‖art *f* -, -en древесная порода
Holz‖bau *m* -(e)s, -ten деревянная постройка; строительство из древесных материалов
Holz‖bearbeitung *f* - обработка древесины
Holz‖beschaffung *f* -, -en заготовка леса, заготовка дров

holzen *vt* **1.** рубить лес; заготавливать дрова; **2.** *спорт. разг.* грубо играть
hölzern *a* **1.** деревянный; **2.** неловкий, неуклюжий, неповоротливый
Holz∥fäller *m* -s, - лесоруб, дровосек
Holz∥faser *f* -, -n древесина, древесное волокно
Holz∥feuerung *f* - дровяное отопление
Holz∥geist *m* -es *хим.* древесный спирт
Holz∥hacker *m* -s, - дровосек
holzig *a* деревянистый
Holz∥industrie *f* -, -i|en лесная промышленность, лесопромышленность
Holz∥kelle *f* -, -n деревянная ложка
Holz∥klotz *m* -es, -klötze полено, плаха; чурбан
Holz∥lager *n* -s, - лесной склад, лесосклад
Holz∥pflock *m* -es, pflöcke деревянный колышек
Holz∥scheit *m* -(e)s, -e полено
Holz∥schlag *m* -(e)s, -schläge **1.** рубка леса; **2.** лесосека, вырубка
Holz∥schneider *m* -s, - резчик по дереву
Holz∥schnitt *m* -(e)s, -e гравюра на дереве
Holz∥schnitzer *m* -s, - *см.* Holzschneider
Holz∥schwamm *m* -(e)s, -schwämme древесный гриб
Holz∥stamm *m* -(e)s, -stämme ствол дерева
Holz∥stoß *m* -es, -stöße штабель дров, поленница
holzverarbeitend *a* деревообрабатывающий
Holz∥verarbeitung *f* -, -en обработка дерева
Holz∥verkleidung *f* -, -en деревянная обшивка
Holz∥verschlag *m* -(e)s, -schläge деревянная перегородка
Holz∥weg *m* -(e)s, -e лесовозная дорога; ◊ **auf dem ~ sein** быть на ложном пути, ошибаться
homogén <*gr.*> *a* однородный
Homoným <*gr.-lat.*> *n* -(e)s, -e *лингв.* омоним
homöopátisch <*gr.*> *a* гомеопатический
homosexuéll <*gr.-lat*> гомосексуальный
honduránisch *a* гондурасский
Hondúras *(n)* - Гондурас *(гос-во в Центр. Америке)*
Hongkong *(n)* -s Гонконг *(бывшая британская колония на южн. побережье Китая)*
Honig *m* -s мёд; ◊ **jmdm. ~ ums Maul schmieren** умасливать кого-л.
Honig∥biene *f* -, -n рабочая пчела
Honig∥kuchen *m* -s, - медовый пряник

Honig∥scheibe *f* -, -n соты
honigsüß *a* сладкий как мёд; слащавый
Honig∥wabe *f* -, -n *см.* Honigscheibe
Honig∥wachs *n* -es пчелиный воск
Honorár <*lat.*> *n* -s, -e гонорар, вознаграждение
honorieren *vt* **1.** *уст.* оказывать почести *(кому-л.)*; **2.** платить *(по векселю)*, возмещать убытки; **3.** выплачивать гонорар, вознаграждение *(за что-л.)*
Hopfen *m* -s хмель; ◊ **an ihm ist ~ und Malz verloren** его ничем не исправишь
Hopfen∥bau *m* -(e)s хмелеводство
Hopfen∥stange *f* -, -n **1.** тычина для хмеля; **2.** *разг.* каланча, верзила
hopp! *int* гоп!, прыг!
hoppeln *vi* (s) прыгать, подпрыгивать; бежать *(о зайце)*
hopsen *vi* (s) подпрыгивать, прыгать, скакать
hops|gehen* *vi* (s) **1.** *разг.* потеряться; **2.** *груб.* погибнуть
Hora <*lat.*> *f* -, -en **1.** час; **2.** *pl церк.* часы *(службы)*
Hör∥apparat *m* -(e)s, -e слуховой аппарат
hörbar *a* слышный, внятный
Hörbarkeit *f* - слышимость
Hör∥bereich *m* -(e)s, -e предел слышимости
horch! *int* чу!
horchen *vi* слушать, прислушиваться, подслушивать; **an der Tür ~** подслушивать у двери
Horcher *m* -s, - подслушивающий
Horch∥gerät *n* -(e)s, -e прибор для подслушивания; звукоуловитель
Horch∥posten *m* -s, - *воен.* пост подслушивания; секрет
Horde I *f* -, -n **1.** орда, кочующее племя; **2.** банда, шайка; толпа
Horde II *f* -, -n *см.* Hürde
hordenweise *adv* ордами; толпами; шайками
hören *vt* **1.** слышать, слушать; **ich habe ihn singen ~** я слышал, как он пел; **er läßt nichts von sich ~** о нём ничего не слышно; **jmdm. zu ~ geben*** довести до чьего-л. сведения; **das läßt sich ~** 1) это хорошо сказано; 2) об этом можно поговорить; 3) это приемлемо, это недурно; **2.** *(auf* A) слушать, слушаться *(кого-л.)*; **auf jmds. Rat ~** слушаться чьего-л. совета
Hören *n* -s, - слух, способность слышать; ◊ **es verging ihm ~ und Sehen** он опешил, ≅ у него голова кругом пошла
Hörensagen: vom ~ понаслышке, по слухам

Hörer I *m* -s, слушатель
Hörer II *m* -s, - 1. трубка *(телефонная)*; 2. *pl радио* наушники
Hör‖fehler *m* -s, - ослышка
Hör‖folge *f* -, -n серия (радио)передач
hörig *a* 1. крепостной; 2. зависимый
Hörige *subst m, f* -n, -n *ист.* крепостной, -ная; находящийся в личной зависимости
Hörigkeit *f* - 1. крепостная зависимость; кабала; 2. зависимость, подчинённость
Horizónt <*gr.-lat.*> *m* -(e)s, -е горизонт
horizontál <*gr.-lat.*> *a* горизонтальный
Hormón <*gr.-lat.*> *n* -s, -е гормон
hormonál <*gr.-lat.*> *a* гормональный
Horn *n* -(e)s, Hörner 1. рог *(животного)*; **mit den Hörnern stoßen*** бодать(ся); 2. рог *(сосуд)*; 3. *муз.* рожок, горн; **ins ~ stoßen*** трубить в рог; **das ~ blasen*** играть на рожке; ◇ **sich (D) die Hörner abstoßen*** остепениться, образумиться
Horn‖bläser *m* -s, - горнист; корнетист
Hörnchen *n* -s 1. рожок *(маленький рог)*; 2. рожок *(печенье)*
hörnern *a* роговой, из рога
Horn‖haut *f* -, -häute 1. роговая оболочка *(глаза)*; 2. мозоль, затвердевшая кожа
hornig *a* жёсткий, грубый
Hornísse *f* -, -n шершень
Hornist *m* -en, -en горнист, трубач
Horn‖vieh *n* -(e)s 1. рогатый скот; 2. *разг.* дурак, остолоп
Horoskóp <*gr.-lat.*> *n* -s, -е *астр.* гороскоп; **das ~ stellen** составлять гороскоп
Hör‖rohr *n* -(e)s, -е 1. слуховая трубка, слуховой рожок; 2. стетоскоп
Hör‖saal *m* -(e)s, -säle аудитория, лекционный зал
Hör‖spiel *n* -(e)s, -е радиопостановка; музыкальная радиопередача; театр у микрофона
Horst I *m* -es, -е 1. гнездо *(хищной птицы)*; 2. авиационная база, аэродром
Horst II *m* -es, -е *лес.* кустарник; роща; группа деревьев
Horst III Хорст *(муж. имя)*
Horstmar Хорстмар *(муж. имя)*
Horst-Wessel-Lied *n* -es песня "Хорст Вессель" *(гимн нацистов Германии, назв. по имени нацист. кумира Х. Весселя)*
Hort *m* -(e)s, -е 1. клад, сокровище; 2. приют, убежище; 3. детский очаг; 4. опора, оплот; ~ **des Friedens** оплот мира
horten *vt* 1. копить, собирать; 2. *ком.* тезаврировать, сберегать деньги *(на дому)*
Horten AG *f* - "Хортен АГ" *(один из крупнейших концернов-универмагов в ФРГ)*
Hortnerin *f* -, -nen воспитательница *(в детском учреждении)*
Hör‖weite *f* - предел слышимости [досягаемости звука]; **er ist außer ~** его уже не слышно; он уже не слышим
Hös|chen *n* -s, - штанишки; трико, панталоны *(женские)*
Hose *f* -, -n брюки, штаны; ◇ **sie hat die ~n an** она заправляет всеми делами в доме; **das Herz fiel ihm in die ~n** у него душа ушла в пятки; **das ist Jacke wie ~** это одно и то же, это всё равно; **jmdm. die ~ straff ziehen*** *разг.* высечь кого-либо; **sich auf die ~n setzen** засесть за учение, зубрить
Hosen‖bein *n* -(e)s, -е штанина
Hosen‖bügel *m* -s, - зажим для брюк, брюкодержатель *(вешалка)*
Hosen‖rock *m* -(e)s, -röcke юбка-брюки
Hosen‖streifen *m* -s, - лампас
Hosen‖träger *m* -s, - помочи, подтяжки
Hospitál <*lat.*> *n* -(e)s, -e/täler госпиталь, лазарет
Hospitánt <*lat.*> *m* -en, -en вольнослушатель; практикант
Hospitatión <*lat.*> *f* -, -en (взаимо)посещение занятий
hospitieren <*lat.*> *vi* быть вольнослушателем, посещать в качестве гостя *(лекции и т. п.)*
Hospíz <*lat.*> *n* -es, -е приют
Hosti|е <*lat.*> *f* -, -n *церк.* гостия, облатка; просфора
Hotél <*lat.-fr.*> *n* -s, -s отель, гостиница
Hotél‖gast *m* -(e)s, -gäste приезжий *(в гостинице)*
Houston ['hju:stən] *(n)* -s Хьюстон *(город на Ю. США)*
Howaldswerke-Deutsche Werft AG Hamburg und Kiel *f* "Ховальдсверке-дойче верфт АГ Гамбург унд Киль" *(крупнейший судостроительный концерн в ФРГ)*
Huangho [huaŋ'ho] *m* -s Хуанхэ *(река в Китае)*
Hub *m* -(e)s, Hübe 1. подъём; 2. *тех.* ход (поршня), размах
hüben *adv* по эту сторону; ◇ ~ **und drüben** по эту и по ту сторону
Hubert(us) Хуберт/Губерт/Губертус *(муж. имя)*
Hub‖raum *m* -(e)s, -räume рабочий объём цилиндра

hübsch *a* 1. красивый, милый; 2. (*употр. в разг. речи для усиления и тогда не переводится*): ~ **sauber** чистенький; ~ **ruhig** потихоньку
Hubschrauber *m* -s, - вертолёт
Hudelei *f* -, -en халатность, небрежность
Huf *m* -(e)s, -e копыто; **mit den ~en schlagen*** лягаться
Huf‖eisen *n* -s, - подкова
Hüft‖bein *n* -es, -e тазобедренная кость
Hüfte *f* -, -n 1. бедро; *спорт.* пояс; **~n fest** ! руки на бёдра! (*команда*); **Hand an der ~**! рука на поясе! (*команда*); **Beugen in den ~n** сгибание туловища (*гимнастика*); 2. огузок (*часть туши*)
Hüft‖nerv *m* -s/-en, -en седалищный нерв
Hügel *m* -s, - холм, пригорок, бугор, горка; курган
hügelig *a* холмистый
Huhn *n* -(e)s, **Hühner** курица; **Hühner halten*** держать кур; ◊ **da lachen ja die Hühner** ! курам на смех!
Hühnchen, Hühnerchen *n* -s, - курочка; ◊ **ich habe mit Ihnen noch ein ~ zu rupfen** я с Вами ещё должен свести счёты
Hühner‖auge *n* -s, -n мозоль (*на ноге*); **jmdm. auf die ~n treten*** наступить кому-л. на любимую мозоль, задеть чьё-либо больное место
Hühner‖brühe *f* -, -n куриный бульон
Hühner‖habicht *m* -(e)s, -e *зоол.* ястреб-курятник
Hühner‖hof *m* -(e)s, -höfe птичий двор
Hühner‖leiter *f* -, -n насест (*для кур*)
Hühner‖stall *m* -(e)s, -ställe курятник
Hühner‖zucht *f* - куроводство; ~ **treiben*** разводить кур
Huld *f* - 1. милость, благосклонность; 2. преклонение, привязанность
huldigen *vi* (D) 1. почитать (*кого-л., что-л.*), преклоняться (*перед кем-л., перед чем-л.*); **einer Frau ~** ухаживать за женщиной; **den Künsten ~** служить искусству; **dem Alkohol ~** *шутл.* служить Бахусу; 2. *ист.* присягать на верность
huldreich, ~voll *a* милостивый, благосклонный
Hülle *f* -, -n оболочка, покров; обёртка; упаковка; чехол; футляр; ◊ **in ~ und Fülle** в изобилии; **die sterbliche ~** бренные останки
Hülse *f* -, -n 1. гильза, оболочка; 2. стручок; 3. *тех.* втулка
Hülsen‖frucht *f* -, -früchte стручковый [бобовый] плод
humán <*lat.*> *a* гуманный

humanístisch <*lat.*> *a* гуманистический
Humanität <*lat.*> *f* - гуманность, человечность
Humilität <*lat.*> *f* - смирение, безропотность
Humiliation <*lat.*> *f* -, -en унижение
Hummel *f* -, -n шмель; **eine wilde ~** непоседа, егоза, шалунья; ◊ **~n im Kopfe haben** быть капризным
Humór <*lat.-fr.-engl.*> *m* -s юмор; **ausgelassener ~** вольные шутки; **Sinn für ~ haben** обладать чувством юмора
humorístisch <*lat.-fr.-engl.*> *a* юмористический
humórvoll *a* остроумный; забавный
Humus <*lat.*> *m* - гумус, перегной
Hund *m* -(e)s, -e 1. собака, пёс; **ein herrenloser ~** бездомная собака; 2. *горн.* рудничная вагонетка; ◊ **da liegt der ~ begraben** вот где собака зарыта; **mit allen ~en gehetzt sein** ≡ пройти огонь и воду; **jmdn. auf den ~ bringen*** *разг.* разорить кого-л.; **vor die ~e gehen*** погибнуть, пропасть; разориться; **getroffener ~ bellt** ≡ *посл.* на воре шапка горит
Hunde‖arbeit *f* -, -en *разг.* каторжный труд
Hunde‖fraß *m* -es отвратительная пища
Hunde‖gekläff *m* -(e)s тявканье (*собаки*)
Hunde‖hütte *f* -, -n (собачья) конура (*тж. перен.*)
Hunde‖liebhaber *m* -s, - любитель собак
hundemüde *a* смертельно усталый
Hunde‖peitsche *f* -, -n арапник
Hunde‖rasse *f* -, -n порода собак
Hunde‖rennen *n* -s, - собачьи гонки
hundert *num* сто
Hundert I *n* -s, -e сотня; **~e und aber ~e** сотни и сотни; **drei vom ~** три процента; **zu ~en** сотнями
Hundert II *f* -, -en сто (*число*)
Hunderter *m* -s, - 1. сотня; **auf die Zehner folgen die ~** за десятками следуют сотни; 2. *разг.* сотня (*купюра*)
hundertfach I *a* стократный; **II** *adv* во сто крат
Hundertjahr‖feier *f* -, -n столетний юбилей, столетие
hundertjährig *a* столетний; **~er Geburtstag** столетие со дня рождения
hundertprozentig *a* стопроцентный
Hundertschaft *f* -, -en сотня (*людей*)
Hundertstel *n* -s, - сотая часть, сотая доля; *pl мат.* сотые
hunderttausend *num* сто тысяч
Hunde‖sperre *f* -, -n запрещение спускать собак с привязи

Hunde∥stall *m* -(e)s, -ställe псарня
Hunde∥wetter *n* -s собачья погода, отвратительная погода
Hunde∥zucht *f* - собаководство
Hündin *f* -, -nen сука
hündisch *a* собачий; *перен.* подлый
hundsgemein *a* груб. подлый, низкий
Hunds∥tage *pl* самые жаркие дни года
Hüne *m* -n, -n богатырь, великан, витязь, исполин
Hünen∥grab *n* -(e)s, -gräber курган
Hunger *m* -s 1. голод; ~ **haben** быть голодным; ~ **leiden*** голодать, испытывать голод; **vor ~ sterben*** умирать от голода; 2. *перен.* жажда, сильное желание
Hunger∥dasein *n* -s голодная жизнь; **ein ~ führen** жить впроголодь
Hunger∥kur *f* -, -en голодная диета
hungern *vi* голодать, быть голодным **mich hungert, es hungert mich** я голоден; **sich zu Tode ~** уморить себя голодом; **sich gesund ~** вылечиться голодной диетой
Hungers∥not *f* -, -nöte голод *(массовое бедствие)*
Hunger∥streik *m* -(e)s, -e/-s голодовка; **in den ~ treten*** объявить голодовку
Hunger∥tuch: am ~ nagen жить впроголодь; ≅ положить зубы на полку
hungrig *a* голодный
Hunsrück *m* -s Хунсрюк *(горный массив в ФРГ <земля Рейнланд-Пфальц>)*
Hupe *f* -, -n сигнальный гудок; сирена *(автомобиля)*
hupen *vi* давать гудок, гудеть; сигналить
hüpfen *vi* (s, h) прыгать, скакать, припрыгивать; **das Herz hüpft vor Freude im Leibe** сердце прыгает в груди от радости
Hürde *f* -, -n 1. плетень; 2. загон *(для скота)*; 3. *спорт.* барьер
Hürden∥lauf *m* -(e)s, -läufe бег с барьерами
Hure *f* -, -n груб. потаскуха, распутница
hurra! *int* ура!
Hurra∥patriot *m* -en, -en ура-патриот
Hurra∥ruf *m* -(e)s, -e крик ура
Hurrikan <*indian.-span.-engl.*> *m* -s, -e ураган, смерч
hurtig *a* прыткий, проворный
Hurtig∥keit *f* - проворство, быстрота
Husár <*lat.-it.-serbokroat.-ung.*> *m* -en, -en гусар
Husaren∥streich *m* -(e)s, -e смелая выходка, смелый манёвр
husch! *int* 1. шмыг!, шасть!; 2. тише!
huschen *vi* (s) прошмыгнуть, промелькнуть, пробежать, скользнуть; **ein Lächeln huschte über sein Gesicht** улыбка промелькнула на его лице; **hin und her ~** шнырять, сновать *(туда и сюда)*
hüsteln *vi* покашливать
husten *vi* кашлять; **ich werde dir was ~!** груб. чихать я на тебя хотел!
Husten *m* -s кашель; **von ~ befallen werden** раскашляться
Husten∥anfall *m* -(e)s, -fälle приступ кашля
Husten∥reiz *m* -es, -e позыв кашля
Hut I *m* -(e)s, Hüte шляпа; **den ~ aufsetzen** надевать шляпу; **den ~ lüften [ziehen*]** раскланяться; снять шляпу *(для приветствия)*; **~ ab!** шапки долой!; **unter einen ~ kommen*** стать единомышленниками, объединиться; **viele Köpfe unter einen ~ bringen*** добиться единомыслия, объединить разные мнения; **jmdn. unter dem ~ haben** поймать кого-л. в ловушку, провести кого-л.; **der ~ wird Ihnen hochgehen** ≅ вы рот раскроете от удивления
Hut II *f* - защита, охрана; ◊ **auf der ~ sein** быть настороже, быть начеку; **jmdn. [etw.] in seine ~ nehmen*** взять кого-л. [что-л.] под свою защиту; **in guter ~ sein** быть в безопасности
hüten I *vt* 1. охранять, стеречь, *спорт.* защищать *(о вратаре в футболе)*; **Kinder ~** смотреть за детьми; **das Bett ~** болеть, лежать в постели; **seine Zunge ~** держать язык за зубами; 2. пасти *(скот)*; II ~, **sich vor** (D) остерегаться *(чего-л.)*
Hüter *m* -s, - хранитель; сторож
Hut∥krempe *f* -, -n поля шляпы
Hütte I *f* -, -n шалаш, хижина, лачуга
Hütte II *f* -, -n металлургический завод
Hütten∥industrie *f* -, -strijen металлургическая промышленность
Hütten∥werk *n* -(e)s, -e металлургический завод
Hütten∥werker *m* -s, - металлург
Hütten∥wesen *n* -s металлургия
Hyäne <*gr.-lat.*> *f* -, -n гиена
hybríd <*lat.*> *a* гибридный
Hybride <*lat.*> *f* -, -n гибрид
Hydra <*gr.-lat.*> *f* -, -dren гидра
Hydránt <*gr.*> *m* -en, -en гидрант, пожарный кран; водоразборный кран
Hydráulik <*gr.*> *f* - гидравлика
hydráulisch <*gr.-lat.*> *a* гидравлический
Hygiéne <*gr.-lat.*> *f* - гигиена
hygiénisch <*gr.-lat.*> *a* гигиенический
hygroskópisch <*gr.-lat.*> *a* гигроскопический
Hymne <*gr.-lat.*> *f* -, -n гимн

Hypérbel <gr.-lat.> f -, -n гипербола
hyperbólisch <gr.-lat.> a гиперболический
Hypertonie <gr.-lat> f -, -ni¦en мед. гипертония
Hypnóse <gr.-lat> f -, -n гипноз
hypnótisch <gr.-lat.> a гипнотический
hypnotisieren vt 1. гипнотизировать, усыплять; 2. влиять (на кого-л.)
Hypothése <gr.-lat.> f -, -n гипотеза
hypothétisch <gr.-lat.> a гипотетический
Hysterie <gr.-lat.> f -, -ri¦en истерия
hystérisch <gr.-lat.> a истерический, истеричный

I

Iambus m -, -ben лит. ямб, ямбический размер
ICE-Zug (Intercity-Expresszug) m -(e)s, -Züge междугородный поезд-экспресс (курсирует между крупными городами с интервалом через каждый час)
ich (G meiner, D mir, A mich) я; ~ für meine Persón что касается меня
Ich‖bewußtsein n -s самосознание (личности)
Ich‖form f -: in der ~ в первом лице
ichsüchtig a эгоистический, эгоистичный
Ichthyológ(e) <gr.> m -gen, -gen ихтиолог
Ichthyologie <gr.> f - ихтиология, рыбоведение
IC-Zug m -es, -Züge междугородный поезд (скорый поезд, курсирующий между крупными городами)
Idabérga Идаберга (жен. имя)
ideál <gr.-lat.> a идеальный
Ideál <gr.-lat.> n -s, -e 1. идеал, совершенство; 2. идеал, стремление, цель
idealisieren <gr.-lat.> vt идеализировать
Idealísmus <gr.-lat.> m - 1. филос. идеализм; 2. идеализм, приверженность к идеалам; 3. разг. бескорыстие; мечтательность; непрактичность
Idealíst <gr.-lat.> m -en, -en идеалист (тж. филос.)
idealístisch <gr.-lat.> a идеалистический
Idée <gr.-lat.> f -, Ide¦en 1. идея; мысль; eine fixe ~ навязчивая идея; eine verrückte [verdrehte] ~ сумасбродная выдумка [идея]; auf eine ~ kommen* напасть на мысль; 2. разг. понятие, представление; keine ~ haben (von D) не иметь понятия (о чём-л.); keine ~! (не имею) малейшего понятия [представления]!; 3.: eine ~ разг. чуть-чуть; немножечко
ideéll <gr.-lat.> a идейный
idé¦enarm a бедный идеями
Idé¦en‖austausch m -es обмен мнениями [мыслями]
Idé¦engehalt m -(e)s, -e идейное содержание; идейность
idé¦enlos a безыдейный
Idé¦enlosigkeit f - безыдейность
Idé¦en‖schrift f - идеографическое письмо; идеография
Identifikatión <lat.> f -, -en 1. отождествление, идентификация; 2. юр. установление личности, идентификация
identifizieren <lat.> vt 1. отождествлять, идентифицировать; 2. юр. устанавливать личность, опознавать
Identität <lat.> f - тож(д)ество, тождественность, идентичность
Ideográmm <gr.-lat.> n -s, -e лингв. идеограмма
Ideographie <gr.-lat.> f -, -phi¦en лингв. идеография, идеографическое письмо
Ideológ(e) <gr.> m -gen, -gen идеолог
Ideologie <gr.> f -, -gi¦en идеология, образ мыслей
ideológisch <gr.> a идеологический
Idióm <gr.-lat.-fr.> n -s, -e лингв. 1. идиом(а), идиоматическое выражение; 2. диалект, говор, наречие
Idiomátik <gr.-lat> f - лингв. идиоматика
idiomátisch <gr.-lat.-fr.> a идиоматический
Idiót <gr.-lat.> m -en, -en идиот, слабоумный
Idiótin <gr.-lat.> f -, -nen идиотка, слабоумная
idiótisch <gr.-lat.> a идиотский
Idól <gr.-lat.> n -s, -e идол, кумир (тж. перен.)
Idolatrie <gr.-lat.> f -, -tri¦en 1. идолопоклонство; 2. обожествление; обожание
Idýll <gr.-lat.> n -s, -e; **Idýlle** f -, -n идиллия
idýllisch <gr.-lat.> a идиллический
Igel m -s, - ёж; stach(e)lig [borstig] wie ein ~ колючий как ёж
IG. Farbenindustrie AG f - "ИГ. Фарбениндустри АГ" (крупнейший химический концерн Германии <1925–45>; после 2-й мировой войны разукрупнён)
Ignaz Игнац/Игнат (муж. имя)
Ignoránt <lat.> m -en, -en невежда, неуч
Ignoránz <lat.> f - невежество

ignorieren <*lat.*> *vt* игнорировать, не хотеть знать *(что-л.)*, не обращать внимания *(на что-л.)*
ihm D *om* er, es
ihn A *om* er
ihnen D *om* sie
Ihnen D *om* Sie
ihr 1. *pron pers* вы; 2, *(D om sie)* ей; 3. *pron poss* её; их, свой
Ihr (Ihre, Ihr, Ihren) см. Ihrige
ihre см. ihrige
Ihrer G *om* Sie
ihrerseits *adv* со своей [с её, с их] стороны
Ihrerseits *adv* с Вашей стороны *(форма вежливого обращения)*
ihresgleichen *a* равный ей; равный им
Ihresgleichen *a* равный [подобный] Вам, такой как Вы, подобный [равный] себе *(форма обращения)*
ihret||halben, ~wegen *adv* из-за неё; из-за них; ради неё; ради них
Ihret|halben *adv* ради Вас, из-за Вас *(форма вежливого обращения)*
Ihret|wegen см. Ihrethalben
ihretwillen: um ~ из-за [ради] неё; из-за [ради] них
Ihretwillen: um ~ ради Вас *(форма вежливого обращения)*
ihrige *pron poss* der, die, das ~ *(без существ.)* её; их
Ihrige *pron poss* der, die, das ~ *(без существ.)* Ваш, Ваша, Ваше; **die ~n** Ваша семья, Ваши близкие *(форма вежливого обращения)*
Ikón(e) <*gr.-russ.*> *f -, -(e)n* икона, образ
Ilke Ильке *(жен. имя)*
illegál <*lat.*> *a* нелегальный; незаконный; подпольный
Illegále <*lat.*> *subst m, f* -n, -n нелегальный [подпольный] работник
Illegalität <*lat.*> *f -, -en* 1. нелегальность, незаконность; 2. *перен.* подполье; **in die ~ gehen*** уйти в подполье; **in die ~ versetzen** законспирировать
illegitim <*lat.*> *a* незаконный
Illegitimität *f* - незаконность; неправомерность
illuminíeren <*lat.*> I *vt* иллюминировать; II ~, **sich** *разг.* (слегка) подвыпить
Illusión <*lat.*> *f -, -en* иллюзия, обман чувств; **sich ~en hingeben*** предаваться иллюзиям; **sich (D) ~en machen** *(von D)* строить *(себе)* иллюзии *(насчёт чего-либо)*
illusórisch <*lat.-fr.*> *a* иллюзорный, призрачный
Illustration <*lat*> *f -, -en* иллюстрация

illustríeren <*lat.*> *vt* иллюстрировать
illustríert <*lat.*> *a* иллюстрированный
Illustríerte *subst f* -n, -n иллюстрированный журнал
Ilm-Athen *(n)* -s "Афины на Ильме" *(поэтическое название Веймара <ФРГ>)*
Iltis *m* -ses, -se хорёк
im = in dem
Image ['imidʒ] <*lat.-fr.-engl.*> *n* -(s), -s 1. *психол.* образ, представление; 2. имидж
imaginär <*lat.-fr.*> *a* воображаемый, фиктивный, мнимый
Imagination <*lat.-fr.-engl.*> *f -, -en* воображение, сила воображения
Imbiß *m* -sses, -sse закуска; ◊ **einen ~ machen [annehmen*]** закусывать
Imbiß||raum *m* -(e)s, -räume; **~stube** *f -, -n* закусочная
Imitation <*lat.*> *f -, -en* 1. имитация, подражание; 2. подделка
imitíeren <*lat.*> *vt* 1. имитировать *(кого-либо, что-л.)*, подражать *(кому-л., чему-л.)*; 2. имитировать, подделывать *(что-л.)*
Imker *m* -s, - пчеловод, пасечник
Imkerei *f -, -en* 1. пчеловодство; 2. пасека
imkern *vi* заниматься пчеловодством
Immánuel Иммануил *(муж. имя)*
Immatrikulation <*lat.*> *f* - имматрикуляция, зачисление *(в университет, в вуз)*
im|matrikulíeren <*lat.*> *vt* имматрикулировать, зачислять *(в университет, в вуз)*
Imme *f -, -n* пчела
imméns <*lat.*> *a* необъятный, огромный
immer *adv* 1. всегда; 2. всё; постепенно *(перед сравн. степ.)*; **es wird ~ wärmer** становится всё теплее
immerdár *adv* всегда
immerfórt *adv* постоянно
immergrün *a бот.* вечнозелёный
immerhín *adv* 1. всё же; 2. пусть
immerwährend *a* беспрестанный
immerzu *adv* постоянно, беспрерывно
Immigránt <*lat.*> *m* -en, -en иммигрант
Immigration <*lat.*> *f -, -en* иммиграция
Immission <*lat.*> *f -, -en юр.* ввод во владение
Immo Иммо *(муж. имя)*
immobíl <*lat.*> *a* неподвижный
Immobilár||versicherung *f -, -en* страхование недвижимого имущества
Immobili¦en <*lat.*> *pl* недвижимость, недвижимое имущество
Immobilisíerung *f -, -en* 1. *мед.* иммобилизация, фиксация в неподвижном положении *(повреждённой конечности)*;

2. *ком.* иммобилизация, обращение в недвижимость
Immoralität <*lat.*> *f* - аморальность, безнравственность
Immortélle <*lat.-fr.*> *f* -, -n *бот.* бессмертник
immún <*lat.*> *a* невосприимчивый
immunisíeren <*lat.*> *vt (gegen* A) *мед.* иммунизировать, делать невосприимчивым *(к болезням, ядам)*
Immunität <*lat.*> *f* - 1. иммунитет, невосприимчивость *(к болезням)*; 2. иммунитет, неприкосновенность; **diplomatische** ~ дипломатический иммунитет
Imperativ <*lat.*> *m* -s, -e 1. *грам.* повелительное наклонение; 2. *филол., филос.* императив
Imperfekt <*lat.*> *n* -(e)s, -e *грам.* имперфект *(прошедшее время)*
Imperialísmus <*lat.-fr.*> *m* - империализм
Imperialíst <*lat.-fr.*> *m* -en, -en империалист
imperialístisch <*lat.-fr.*> *a* империалистический
ímpfen *vt* 1. *с.-х.* прививать; 2. *мед.* прививать, делать прививку, вакцинировать; **Kinder gegen Blattern [Pocken]** ~ прививать детям оспу; 3. *хим.* затравливать кристаллизацию; 4. *перен.* прививать; **jmdm. den Haß ins Herz** ~ внушать кому-л. ненависть
Impf∥materíal *n* -s, -li|en *см.* Impfstoff
Impf∥reis *n* -es, -er *с.-х.* черенок для прививки
Impf∥schein *m* -(e)s, -e справка [свидетельство] о прививке [вакцинации]
Impf∥stoff *m* -(e)s, -e *мед.* вакцина
Impfung *f* -, -en 1. *с.-х.* прививка; 2. *мед., вет.* прививка, вакцинация
Implantatión <*lat.*> *f* -, -en 1. *с.-х.* прививка; 2. *мед.* имплантация, пересадка, подсадка *(тканей, органов)*
Implikatión <*lat.*> *f* - 1. *перен.* переплетение, неразрывная связь; 2. включение, подразумевание; 3. *лог., мат., лингв.* импликация
implizíeren <*lat.*> *vt* включать *(что-л. куда-л.)*, присоединять, вовлекать
imponíeren <*lat.-fr.*> *vi* импонировать, внушать уважение; производить сильное впечатление
Impórt <*lat.-fr.-engl.*> *m* -(e)s, -e импорт, ввоз
Impórt∥artíkel <*lat.-fr.-engl.*> *m* -s, - предмет ввоза [импорта]
Importéur [-'tø:r] <*fr.*> *m* -s, -e *эк.* импортёр

Impórt∥geschäft *n* -(e)s, -e 1. импортная сделка; 2. импортная фирма, импортное торговое предприятие
Impórt∥gut *n* -(e)s, -güter импортный товар
importíeren <*lat.-fr.-engl.*> *vt* ввозить, импортировать
Impórt∥meldung *f* -, -en *эк.* импортная декларация
Impórt∥restriktion *f* -, -en сокращение [ограничение] импорта
Impórt∥ware *f* -, -n *эк. см.* Importgut
Impórt∥zertifikát <*lat.-fr.-engl.∥lat.*> *n* -(e)s, -e *эк.* импортный сертификат, импортное удостоверение
Impórt∥zoll *m* -s, -e *эк.* импортная [ввозная] таможенная пошлина
imposánt <*laf.-fr.*> *a* внушительный, импозантный
impotént <*lat.*> *a мед.* импотентный
Impoténz <*lat.*> *f* -, -en бессилие, неспособность; *мед.* импотенция, половое бессилие
imprägníeren *vt тех.* пропитывать
imprägníert <*lat.*> *a* пропитанный; непромокаемый
Impressário <*lat.-it.*> *m* -s, -s/-ri|en *театр.* импресарио; антрепренёр
Impressión <*lat.*> *f* -, -en впечатление
Impressionísmus <*lat.-fr.*> *m* - *иск., лит.* импрессионизм
Impressioníst <*lat.-fr.*> *m* -en, -en *иск.* импрессионист
Impréssum <*lat.*> *n* -s, -ssen выходные данные *(книги, журнала)*
Improvisatión [-vi-] <*lat.-it.*> *f* -, -en импровизация, экспромт
improvisíeren [-vi-] <*lat.-it.*> *vt* импровизировать, сочинять экспромтом
Impúls <*lat.*> *m* -es, -e импульс, побуждение, толчок, стимул
impulsív <*lat.*> *a* 1. импульсивный; 2. порывистый; 3. побудительный
imstánde: ~ **sein** быть в состоянии
in *prp* (A *на вопр.* "куда?", D *на вопр.* "где?" *и* "когда?") в; на; **in zwei Tagen** через два дня
Inángriffnahme *f* - начало, начинание *(какой-л. работы)*
Inánspruchnahme *f* - 1. использование; **unter** ~ за счёт *(чего-л.)*; 2. *тех.* напряжение, нагрузка
Inaugurál∥rede *f* -, -n вступительное слово; речь по случаю вступления в должность
Inauguratión <*lat.*> *f* -, -en 1. (торжественное) открытие; 2. (торжественное) введение [вступление] в должность

Ináussicht∥stellung *f* -, -en обнадёживание, обещание; *перен.* перспектива
Inbegriff *m* -(e)s сущность, суть; совокупность; **mit ~ von...** включая...; **mit ~ aller Einzelheiten** со всеми подробностями
inbegriffen *a, adv* включая
Inbetríebnahme *f* - пуск, ввод в эксплуатацию *(машины, завода и т. п.)*
Inbetríeb∥setzung *f* - пуск *(в ход)*
Inbrunst *f* - усердие, рвение, страстность; **mit ~** страстно, всей душой
inbrünstig *a* усердный, пылкий
Indefinít∥pronomen <*lat.*> *n* -s, -mina/-; **Indefinítum** *n* -s, -ta *грам.* неопределённое местоимение
indém *conj* **1.** тем временем; между тем; в то время как *(употр. для выражения одновременности действия);* **2.** тем что *(указывает на способ действия)*
Indemnität <*lat.*> *f* - **1.** возмещение ущерба, компенсация; **2.** *юр.* безнаказанность; снятие ответственности
In-den-Tag-hinein-Leben *n* -s беззаботная [беспечная] жизнь
Inder *m* -s, -; **~in** *f* -, -nen индиец, индианка
indes, indessen I *adv* тем временем; II *conj* между тем; однако, всё же
Index <*lat.*> *m* -es, -e/-, -dizes **1.** указатель, индекс; **2.** реестр, список; **Bücher auf den ~ setzen** внести какие-л. книги в список запрещённых
indezent <*lat.*> *a* неприличный, непристойный
Indiáner *m* -s, -; **~in** *f* -, -nen индеец, индианка
indiánisch *a* индейский
Indi∣en *(n)* -s Индия *(гос-во в Юж. Азии)*
Indíenst∥haltung *f* - *тех.* эксплуатация, содержание в исправности
Indíenst∥stellung *f* - **1.** *тех.* сдача [пуск] в эксплуатацию; **2.** *воен.* зачисление на службу; вступление в строй *(техники)*
indifferént <*lat.*> *a* индифферентный, безразличный, равнодушный
Indifferénz <*lat.*> *f* -, -en индифферентность, безразличие, безучастность
Indikatív <*lat.*> *m* -s, -e *грам.* изъявительное наклонение, индикатив
indirekt <*lat.*> *a* косвенный; **~es Feuer** *воен.* стрельба непрямой наводкой; **~e Rede** *грам.* косвенная речь
indisch *a* индийский
Indischer Ozean *m* -s Индийский океан
indiskret <*lat.-fr.*> *a* неискренний, бестактный; болтливый, не умеющий хранить тайну

Individualisatión [-vi-] <*lat.*> *f* -, -en индивидуализация
Individualísmus [-vi-] <*lat.*> *m* - индивидуализм
Individualität [-vi-] <*lat.*> *f* -, -en **1.** индивидуальность *(кого-л., чего-л.);* **2.** индивидуальность *(личности)*
individuéll <*lat.*> *a* индивидуальный
Indivíduum [-v-] <*lat.*> *n* -s, -duen **1.** индивидуум; (отдельная) личность; *биол.* особь; **2.** *презр.* тип, субъект, негодяй
Indíz <*lat.*> *n* -es, -i∣en **1.** признак, примета; **2.** подозрительное обстоятельство; *юр.* косвенная улика
Indizes *pl от* Index
Indízi∣en *pl от* Indíz
indoeuropäisch *a лингв.* индоевропейский
indogermánisch *a лингв.* индогерманский
indolént <*lat.*> *a* безразличный, вялый, инертный
Indonési∣en *(n)* -s Индонезия *(островное го-во в Ю.-В. Азии)*
Indonesi∣er *m* -s, -; **~in** *f* -, -nen индонезиец, индонезийка
indonésisch *a* индонезийский
Induktión <*lat.*> *f* -, -en **1.** индукция, умозаключение от частного к общему; **2.** *физ.* индукция
induktív <*lat.*> *a* индуктивный
Indulgénz <*lat.*> *f* -, -en **1.** послушание, податливость; **2.** терпимость; снисхождение; **3.** смягчение наказания; освобождение от наказания; *рел.* отпущение грехов; *ист.* индульгенция
Indus *m* - Инд *(река в Китае, Индии и Пакистане)*
Industríe <*lat.-fr.*> *f* -, ri∣en промышленность, индустрия; *pl* отрасли промышленности; **örtliche ~** местная промышленность
Industríe∥abfälle *pl* промышленные отходы [отбросы]
Industríe∥abwässer *pl* промышленные сточные воды
Industríe∥anlage *f* -, -n **1.** промышленное сооружение; **2.** промышленное оборудование
Industríe∥bau *m* **1.** -(e)s, -e промышленное строительство, промышленная стройка; **2.** -(e)s, -ten промышленное сооружение [здание]
Industríe∥beschäftigte *subst m, f* -n, -n занятый, -ая в промышленности
Industríe∥betrieb *m* -(e)s, -e **1.** промышленное предприятие; **2.** промышленное производство
Industríe∥bezirk *m* -(e)s, -e промышленный [индустриальный] район

Industrie∥gewerkschaft *f* -, -en профессиональный союз работников промышленности
Industrie∥kreise *pl* промышленные круги, деловые круги
Industrie∥land *n* -(e)s, -länder индустриальная [промышленно развитая] страна
industriéll <*lat.-fr.*> *a* промышленный, индустриальный
Industri̯élle *subst m* -n, -n промышленник, фабрикант
Industrie∥normen *pl* промышленные стандарты
Industrie∥pflanzen *pl* технические культуры [растения]
Industrie∥produktion *f* - 1. промышленное производство; 2. промышленная продукция, продукция промышленности
Industrie∥siedlung *f* -, -en рабочий [заводской] посёлок
Industrie∥staat *m* -(e)s, -en промышленно развитая держава
Industrie∥transportmittel *pl* транспортные средства для промышленных перевозок
Industrie- und Handelskammer *f* - промышленно-торговая палата *(одна из форм объединения торгово-промышленных кругов ФРГ)*
Industrie∥unternehmen *n* -s, - промышленное предприятие
Industrie∥verband *m* -(e)s, -bände 1. союз промышленников; 2. промышленный профессиональный союз
Industrie∥viertel *n* -s, - промышленный район *(города)*
Industrie∥werte *pl* акции промышленных предприятий
Industrie∥zweig *m* -(e)s, -e отрасль промышленности
ineinánder *pron* одно в другое; друг в друга
Inempfángnahme *f* - канц. получение; **jmdn. zur ~ bevollmächtigen** уполномочить кого-л. получить [принять] что-л.
Ines Инес *(жен. имя)*
infám <*lat.*> *a* подлый, гнусный; бесчестный
Infamie <*lat.*> *f* -, -mi̯en 1. подлость; 2. позор
infamieren *vt* оскорблять; оклеветать, обесславить
Infanterie <*lat.-it.*> *f* -, -ri̯en пехота
Infanterie∥bataillon [-taljo:n] <*lat.-it.-fr.*> *n* -s, -e пехотный батальон
Infanterie∥begleitpanzer *m* -s, - танк непосредственной поддержки пехоты
Infanterie∥division [-v-] <*lat.-fr.*> *f* -, -en пехотная дивизия
Infanterist <*lat.-it.*> *m* -en, -en пехотинец
infantil <*lat.*> *a* инфантильный
Infantilität <*lat.*> *f* - инфантильность, недоразвитость, детскость
Infektión <*lat.*> *f* -, -en инфекция, зараза
Infektións∥erreger *m* -s, - возбудитель инфекции
Infektións∥herd *m* -(e)s, -e очаг инфекции
Infektións∥krankheit *f* -, -en инфекционное заболевание
infektiös <*lat.*> *a* инфекционный, заразный
Inférno <*lat.-it.*> *n* -s ад, преисподняя
Infiltránt <*lat.*> *m* -en, -en (вражеский) агент *(проникающий в какую-л. организацию)*
Infinitiv <*lat.*> *m* -s, -e грам. неопределённая форма глагола, инфинитив
Infinitiv∥satz *m* -es, -sätze грам. инфинитивный оборот
Inflatión <*lat.*> *f* -, -en эк. инфляция
inflationistisch <*lat.*> *a* инфляционный
inflexibel <*lat.*> *a* 1. негнущийся; *перен.* негибкий; 2. *грам.* неизменяемый
Inflexibilität <*lat.*> *f* - 1. негибкость; неподвижность; 2. *грам.* неизменяемость
infólge *prp* (G, von D) вследствие
infólgedessen *adv* вследствие этого
Informatión <*lat.*> *f* -, -en информация; сведения; осведомление; **~en einziehen*** наводить справки; **falsche ~** дезинформация
Informatións∥blatt *n* -(e)s, -blätter информационный бюллетень
Informatións∥dienst *m* -es, -e информационная служба
Informatións∥offizier *m* -s, -e офицер по информации; офицер разведки
informieren <*lat.*> I *vt* 1. информировать, ставить в известность; 2. инструктировать, обучать; II **~, sich** получать информацию; осведомляться
Ingbert Ингберт *(муж. имя)*
Inge Инга *(краткая форма жен. имён Ingeborg и Ingeburg)*
Ingeborg/Ingeburg Ингеборг/Ингебург *(жен. имя)*
Ingebráuchnahme *f* - принятие в пользование
Ingelore Ингелора *(жен. имя)*
Ingenieur [inʒe'niø:r] <*lat.-fr.*> *m* -s, -e инженер
Ingenieur∥bau [inʒe'niø:r-] *m* -(e)s, -ten инженерное сооружение

Ingenieur‖schule [inʒe'niø:r-] *f* -, -n инженерное училище *(среднее учебное заведение технического профиля в Австрии и ФРГ)*
Ingenieur‖wesen [inʒe'niø:r-] *n* -s инженерное дело
Ingo Инго *(муж. имя)*
Ingomar Ингомар *(муж. имя)*
Ingrédi¦enz <*lat.*> *n* -, diénzi¦en; **Ingrediénz** *f* -, -en, б. ч. *pl* ингредиент, составная часть *(смеси и т. п.)*, *тех.* примесь, присадка
Ingrid Ингрид *(жен. имя)*
Ingrimm *m* -(e)s (затаённая) злоба, ярость
ingrimmig *a* злобный, яростный
Inguschéti¦en (*n*) -s Ингушетия *(республика в юго-вост. части Сев. Кавказа, в составе РФ)*
Ingwer <*sanskr.-gr.-lat.*> *m* -s *бот.* имбирь
Inhaber *m* -s, - владелец, хозяин *(имущества, предприятия)*; держатель *(ценной бумаги)*; обладатель *(титула, звания)*; **der ~ des Lehrstuhls** заведующий кафедрой; **~ von etw.** (D) **sein** иметь что-л., владеть чем-л.
Inhaberin *f* -, -nen владелица, хозяйка *(имущества, предприятия)*; держательница *(ценной бумаги)*; обладательница *(титула, звания)*
Inhaber‖scheck *m* -(e)s, -s *фин.* чек на предъявителя
Inhaftierung *f* -; **Inháftnahme** *f* - арест; нахождение под арестом [стражей]
Inhalt *m* -(e)s, -e **1.** содержание; **dem ~ nach** по содержанию; **2.** содержимое; **3.** ёмкость, вместимость; *мат.* объём, площадь
inhaltlich *adv* по содержанию
Inhalts‖angabe *f* -, -n **1.** изложение [передача] содержания; **2.** *см.* Inhaltsverzeichnis
Inhalts‖anzeiger *m* -s, - *авт.* счётчик расхода; указатель наличия *(напр. бензина)*
Inhalts‖bestimmung *f* -, -en **1.** определение содержания *(книги, вещества и т. п.)*; **2.** *мат.* определение площади; определение объёма *(тела)*
inhaltslos *a* бессодержательный
Inhaltslosigkeit *f* - бессодержательность
inhaltsreich *a* содержательный
inhaltsschwer *a* **1.** важный, существенный; **2.** значительный
Inhalts‖verzeichnis *n* -ses, -se оглавление, указатель; опись
Initiál <*lat.*> *n* -s, -e; **Initial‖buchstabe** *m* -ns/-n, -n; **Initiále** *f* -, -n начальная буква, инициал
Initiál‖aktivität [-v-] <*lat.*> *f* - *физ.* начальная (радио)активность
Initiál‖geschwindigkeit *f* - *физ. тех.* начальная скорость
Initiatíve [-v-] <*lat.-fr.*> *f* -, -n **1.** инициатива, почин; **aus eigener ~** по собственной инициативе; **die ~ ergreifen*** проявить инициативу; **die ~ an sich reißen*** захватить инициативу; **2.** инициативность
Initiatív‖komitee <*lat.-fr.*> *n* -s, -s организационный [инициативный] комитет
Initiatív‖recht *n* -(e)s, -e право (законодательной) инициативы
Initiátor <*lat.-fr.*> *m* -s, -tóren инициатор
Injektión <*lat.*> *f* -, -en *мед.* инъекция, впрыскивание
Injektións‖spritze *f* -, -n **1.** шприц *(для инъекций)*; **2.** укол
Inkapazität <*lat.*> *f* -, -en неспособность
Inkassánt <*lat.-it.*) *m* -en, -en *австр. фин.* инкассатор
Inkásso <*lat.-it.*> *n* -s, -s *фин.* инкассо, инкассирование; взыскание денег; **zum ~** на инкассо
Inkásso‖auftrag *m* -(e)s, -träge *фин.* инкассовое поручение
Inkásso‖verfahren *n* -s, - *фин.* **1.** инкассовая операция; **2.** инкассовый способ расчёта
Inklusión <*lat.*> *f* -, -en включение
inklusíve <*lat.*> **I** *adv* включительно; **II** *prp* включая; **~ Kosten** включая расходы
inkógnito <*lat.-it.*> *adv* инкогнито, под чужим именем, не называя себя
inkompetent <*lat.*> *a* некомпетентный, несведущий
Inkompetenz <*lat.*> *f* -, -en некомпетентность, неосведомлённость
Inkongruenz <*lat.*> *f* -, -en **1.** *мат.* неравенство, несовпадение; **2.** *грам.* несогласование, отсутствие согласования
inkonsequent <*lat.*> *a* непоследовательный
Inkorporation <*lat.*> *f* -, -en **1.** инкорпорация, присоединение; приём *(в члены)*; **2.** *юр.* кодификация; составление свода (законов)
Inkorrektheit <*lat.*> *f* - **1.** неправильность, ошибочность; **2.** некорректность
Inkráftsetzung *f* - *юр.* введение в действие
Inkráfttreten *n* -s *юр.* вступление в силу
Inkrustatión <*lat.*> *f* -, -en **1.** инкрустация; **2.** *тех.* накипь, налёт, осадок

Inland *n* -(e)s **1.** родная страна; **im ~** внутри [в пределе] (данной) страны; **2.** *воен.* тыл страны
Inland‖anleihe *f* -, -en внутренний заём
Inländer *m* -s, -; **~in** *f* -, -nen гражданин, гражданка [житель, -ница] данной страны (*в противоположность иностранцу*)
Inland‖handel *m* -s внутренняя торговля
inländisch *a* внутренний; отечественный
Inlands‖bedarf *m* -(e)s *эк.* потребности внутреннего рынка
Inlands‖markt *m* -(e)s, -märkte внутренний рынок
Inlands‖nachfrage *f* -, -en *эк.* внутренний спрос, спрос на внутреннем рынке
Inlands‖preis *m* -es, -e *эк.* цена на внутреннем рынке
Inlands‖produktion *f* -, -en **1.** отечественное производство; **2.** отечественная продукция
Inlands‖verkehr *m* -s транспортное сообщение внутри страны; внутренние перевозки
inliegend I *a канц.* вложенный; II *adv* при сём, со вложением
inmitten *prp* (G) среди, посреди; во время
Inn *m* -s Инн (*река в Швейцарии, Австрии, ФРГ; правый приток Дуная*)
innen *adv* внутри; **nach ~** внутрь; **von ~** изнутри
Innen‖absatz *m* -es, -sätze *ж.* внутренний сбыт
Innen‖ausstattung *f* -, -en внутреннее оборудование [устройство], внутренняя отделка (*квартиры и т. п.*)
Innen‖dienst *m* -es *воен.* внутренняя служба
Innen‖einrichtung *f* -, -en, *б.ч. pl* **1.** внутреннее оборудование [устройство], обстановка; **2.** *эл.* внутренняя проводка
Innen‖gestaltung *f* -, -en внутренняя планировка (*здания*)
Innen‖handel *m* -s, - внутренняя торговля
Innen‖markt *m* -(e)s, -märkte внутренний рынок
Innen‖messung *f* -, -en измерение по внутренней поверхности
Innen‖minister *m* -s, - министр внутренних дел
Innen‖politik *f* - внутренняя политика
innenpolitisch *a* внутриполитический
Innen‖seite *f* -, -n внутренняя сторона
Innen‖sohle *f* -, -n стелька
Innen‖stadt *f* -, -städte внутренняя часть города, центр города
Innen‖verkehr *m* -s **1.** внутренний транспорт, внутреннее сообщение; **2.** *эк.* внутренний оборот, внутреннее обращение
Innen‖wache *f* -, -n *воен.* внутренний караул
Innen‖welt *f* - внутренний мир, духовный мир (*человека*)
innerbetrieblich *a* внутризаводской
innere *a* внутренний
Innere *subst n* -n внутренность, внутренняя часть; середина; нутро; **ins ~** внутрь, вглубь; **im Innern** 1) внутри; 2) в глубине души, в душе; **das Ministerium des Innern** министерство внутренних дел
Innere Stadt *f* - Иннере Штадт/Внутренний город (*гор. р-н Вены <Австрия>*)
innerhalb *prp* (G) **1.** внутри; **2.** в течение
innerlich I *a* внутренний; II *adv* внутренне; внутри; **~ anzuwenden** *мед.* для внутреннего употребления
Innerlichkeit *f* - **1.** внутренняя сущность; нутро; **2.** внутренняя жизнь
innig *a* сердечный, задушевный
Innigkeit *f* - задушевность, сердечность, искренность
inniglich *a см.* innig
Innovation [-v-] *<lat.> f* -, -en обновление, новшество, нововведение; инновация
Innsbruck (*n*) -s Инсбрук (*город в Австрии, адм. центр земли Тироль*)
Innung *f* -, -en корпорация, *ист.* гильдия; цех; союз ремесленников; **er blamiert die ganze ~** *разг.* он позорит всех
Innviertel *n* -s Инфиртель (*местность в Австрии <земля Верхняя Австрия>*)
inoffizi‖ell *<lat.-fr.> a* неофициальный
Inquisition *<lat.> f* -, -en **1.** *юр.* дознание, следствие, допрос; **2.** *ист.* инквизиция
Inquisitor *<lat.> m* -s, -tóren *ист.* инквизитор, дознаватель
ins = in das
Insaß, Insasse *m* -sassen, -sassen; **Insassin** *f* -, -nen **1.** *уст.* (местный) житель, (местная) жительница; **2.** заключённый, -ая (*в тюрьме*); **3.** пациент, -тка (*в клинике*); **4.** пассажир, -ка; седок
insbesónd(e)re *adv* особенно
Inschrift *f* -, -en надпись
Insékt *n* -(e)s, -en насекомое
Insekten‖blüter *m* -s, - растение, опыляемое насекомыми
Insel *f* -, -n **1.** остров; **2.** островок безопасности (*место для пешеходов посреди мостовой*)

Insel||bewohner *m* -s, -; **~in** *f* -, -nen островитянин, -нка; житель, -ница острова

Insel||staat *m* -(e)s, -en островное государство

Insensibilität <*lat.-fr.*> *f* - нечувствительность, невосприимчивость

Inserát <*lat.*> *n* -(e)s, -e объявление (*в газете, журнале*)

inseríeren <*lat.*> *vt* помещать объявление (*в газете*)

insgeheím *adv* втайне

insgeméin *adv* вообще, обычно

insgesámt *adv* в совокупности

Insinuánt <*lat.*> *m* -en, -en клеветник

Insinuatión <*lat.*> *f* -, -en клевета, инсинуация

insoférn I *adv* в этом отношении; в такой степени; пока

insoférn II *conj* поскольку

Insolatión <*lat.*> *f* -, -en 1. солнечная радиация; инсоляция; 2. солнечный удар

insolént <*lat.*> *a* дерзкий, нахальный

Insolénz <*lat.*> *f* -, -en дерзость, нахальство

insolvént <*lat.*> *a* неплатёжеспособный, несостоятельный

insowéit *conj см.* insofern

Inspekteur [-'tøːr] <*lat.-fr.*> *m* -s, -e инспектор

Inspektión <*lat.-fr.*> *f* -, -en инспекция; надзор

Inspiratión I <*lat.*> *f* -, -en 1. вдохновение; 2. инспирация, подстрекательство; 3. внушение, инспирация

Inspiratión II <*lat.*> *f* -, -en *физиол.* вдыхание, вдох

Inspirátor <*lat.*> *m* -s, -tóren инспиратор; вдохновитель; подстрекатель

inspiríeren <*lat.*> *vt* 1. (*zu* D) инспирировать (*кого-л.*), вдохновлять (*кого-л.*), подстрекать (*кого-л. на что-л.*); 2. внушать (*кому-л. что-л.*), инспирировать (*что-л.*)

inspizíeren <*lat.*> *vt* инспектировать, осматривать (*что-л.*), надзирать (*за чем-либо*)

Inspizíerung <*lat.*> *f* -, -en инспекция (*действие*)

Installateur [-'tøːr] <*lat.-fr.*> *m* -s, -e монтёр, установщик

Installatión <*lat.*> *f* -, -en 1. назначение на должность; 2. *тех.* установка, оборудование, устройство, монтаж

Installatións||leitung *f* -, -en электропроводка (*в доме*)

installíeren <*lat.*> *vt* 1. назначать на должность; 2. *тех.* устанавливать, оборудовать (*устройства, станки и т. п.*)

Installíerung *f* -, -en *см.* Installation

instánd|halten* *vt* содержать в исправности [в порядке]

Instándhaltung *f* - содержание в исправности [в порядке]; поддерживание в исправном состоянии; уход (*за машиной и т. п.*)

Instándhaltungs||kosten *pl* эксплуатационные расходы, стоимость содержания

instándig *a* настойчивый, настоятельный, страстный (*о просьбе*)

instand|setzen *vt* приводить в исправность, ремонтировать

Instandsetzung *f* - ремонт, починка, исправление, приведение в исправное состояние

Instánz <*lat.*> *f* -, -en инстанция

Instínkt <*lat.*> *m* -(e)s, -e инстинкт, чутьё; **den richtigen ~ für etw. (A) haben** правильно чувствовать [понимать] что-л.

instinktív <*lat.*> *a* инстинктивный

Instínkt||mäßigkeit *f* - инстинктивность

Institút <*lat.*> *n* -(e)s, -e 1. институт (*научное учреждение*), учебное заведение; 2. *юр.* институт (*совокупность установлений и правовых норм*)

Institút für Lehrerbildung *n* -s, -e учительский институт (*учебное заведение в ФРГ, готовящее учителей начальных классов*)

Institutión <*lat.*> *f* -, -en 1. учреждение, орган, институт; **öffentliche ~en** общественные учреждения [институты]; 2. учреждение; 3. наставление, инструктаж

instruíeren <*lat.-fr.*> *vt* инструктировать, наставлять

Instrukteur [-'tøːr] <*lat.-fr.*> *m* -s, -e инструктор

Instruktión <*lat.*> *f* -, -en инструкция, наставление, указание; инструктаж, обучение

Instruktións||stunde *f* -, -en инструктаж; *воен.* классные занятия

instruktív <*lat.-fr.*> *a* инструктивный

Instrúktor <*lat.*> *m* -s, -tóren 1. *см.* Instrukteur; 2. (придворный) учитель, наставник, воспитатель

Instrumént <*lat.*> *n* -(e)s, -e 1. *тех., муз.* инструмент; 2. *перен.* орудие, средство

Instrumentál||begleitung *f* -, -en инструментальное сопровождение

Instrumentális <*lat.*> *m* -, -les *лингв.* творительный падеж

Instrumentálmusik *f* - инструментальная музыка
Instrumentár *n* -s, -e; **Instrumentarium** <*lat.*> *n* -s, -ri̦en инструментарий, набор инструментов [приборов]; *перен.* совокупность средств
Instrumentátor <*lat.*> *m* -s, -tóren *муз.* автор инструментовки
Instrumént‖auswertung *f* -, -en обработка [оценка] показаний приборов
Instruménten‖besteck *n* -(e)s, -e набор инструментов
Instruménten‖kochapparat *m* -(e)s, -e; **~kocher** *m* -s, - *мед.* стерилизатор *(для инструментов)*
Instruménten‖stimmer *m* -s, - *муз.* настройщик
Insuffizi̦énz <*lat.*> *f* -, -en недостаточность; неспособность
Insuláner <*lat.*> *m* -s, -; **~in** *f* -, -nen житель, -ница острова; островитянин, -нка
inszenieren <*lat.*> *vt* инсценировать
Inszenierung <*lat.*> *f* -, -en инсценировка
intákt <*lat.*> *a* исправный, невредимый, целый
Integrál <*lat.*> *n* -s, -e *мат.* интеграл
Integrál‖gleichung *f* -, -en *мат.* интегральное уравнение
Integrál‖rechnung *f* -, -en *мат.* интегральное исчисление
Integratión <*lat.*> *f* - 1. *мат.* интегрирование; 2. интеграция, объединение *(какой-л. страны с другой)*
integrieren <*lat.*> *vt* 1. *мат.* интегрировать; 2. производить интеграцию, объединять *(одну страну с другой)*
Integritát <*lat.*> *f* - целостность, неделимость; неприкосновенность *(территории и т. п.)*
Intellékt <*lat.*> *m* -(e)s, -e интеллект, разум
intellektuéll <*lat.*> *a* интеллектуальный
Intellektuélle <*lat.*> *subst m*, *f* -n, -n работник умственного труда, интеллигент, -тка; *pl* интеллигенция
intelligént <*lat.*> *a* интеллигентный
Intelligénz <*lat.*> *f* - 1. ум, интеллект; развитие; интеллигентность, культурность, образованность, эрудиция; 2. интеллигенция, работники умственного труда
Intelligénz‖prüfung *f* -, -en; **Intelligénz‖test** *m* -es, -e/-s *пед.* интеллектуальный тест, проверка умственного развития
Intendánt <*lat.-fr.*> *m* -en, -en 1. директор; художественный руководитель; главный режиссёр *(театра, телевидения)*; 2. *воен.* интендант
Intendánz <*lat.-fr.*> *f* -, -en дирекция *(театра, радиовещания)*
Intensität <*lat.-fr.*> *f* - интенсивность, сила; напряжение, действенность
Intensitäts‖abfall *m* -(e)s, -fälle падение [снижение, уменьшение] напряжения
intensív <*lat.-fr.*> *a* 1. интенсивный; 2. напряжённый
intensivieren [-vi:-] <*lat.-fr.*> *vt* интенсифицировать, делать более интенсивным, усиливать, напрягать
Intensivierung [-v-] <*lat.-fr.*> *f* - интенсификация, усиление, увеличение напряжённости
Intensivität [-v-] *см.* Intensität
Intentión <*lat.*> *f* -, -en намерение
Interdependénz <*lat.*> *f* - взаимозависимость
interessánt <*lat.*> *a* интересный, занятный
Interésse <*lat.*> *n* -s, -n 1. интерес, участие; **von ~ sein** быть интересным; **für jmdn., für etw. (A) ~ haben** интересоваться кем-л., чем-л.; **~ an jmdm., an etw. (D) haben** быть заинтересованным в ком-л., в чём-л.; **das ~ auslösen [erwecken]** вызвать интерес; **sein ~ wahren** защищать свои интересы; 2. *pl* ком. проценты
Interésselosigkeit *f* - отсутствие интереса, незаинтересованность
Interéssen‖gebiet *n* -(e)s, -e 1. круг интересов; 2. сфера влияния *(какого-л. государства)*
Interéssen‖gemeinschaft *f* 1. - общность интересов; 2. -, -en кружок *(любителей чего-л.)*; 3. -, -en *эк.* концерн, объединение
Interessént <*lat.*> *m* -en, -en 1. заинтересованное лицо; заинтересованная сторона; 2. *ком.* (со)участник, компаньон
interessieren <*lat.*> I *vt* 1. интересовать *(кого-л.)*; 2. *(für A, an D)* интересовать *(кого-л. чем-л.)*, возбуждать *(чей-либо)* интерес *(к чему-л.)*; II **~, sich** *(für A)* интересоваться *(чем-л.)*
Interessiertheit *f* - заинтересованность; **materiélle ~** материальная заинтересованность
Interferénz <*lat.*> *f* -, -en *физ.* интерференция
Interjektión <*lat.*> *f* -, -en *грам.* междометие
Intermézzo <*lat.-it.*> *n* -s, -s/-zi 1. *театр., муз.* интермеццо; 2. весёлое происшествие
intérn <*lat.*> *a* внутренний

Internát <*lat.*> *n* -(e)s, -e интернат, закрытое учебное заведение; общежитие *(учащихся)*
internationál <*lat.*> *a* интернациональный, международный
Internationále <*lat.*> *f* - интернационал
Internationále Atómenergie-Organisatión *f* - Международное агентство по атомной энергии <МАГАТЭ> *(межгосударственная организация при ООН; занимается проблемами использования атомной энергии в мирных целях; осн. в 1956; резиденция - Вена)*
Internationále Bank für Wiederaufbau und Entwícklung *f* Международный банк реконструкции и развития *(междунар. организация, созданная на валютно-фин. конференции ООН в Бреттон-Вудсе <США> в 1944 в целях развития междунар. займов и содействия развитию торговли; функционирует с 1946; местопребывание - Вашингтон)*
Internationále Filmfestspiele Berlin-West *pl* Международный кинофестиваль в Зап. Берлине *(ежегодный фестиваль фильмов, проводится в февр.-марте)*
Internationáler Militärgerichtshof (in Nürnberg) *m* -es Международный военный трибунал в Нюрнберге *(по преследованию и наказанию глав. воен. преступников 2-й мир. войны)*
Internationáler Währungsfonds [-fɔ] *m* - Международный валютный фонд *(междунар. финансовая организация для координации валютной политики; осн. в 1945, правление - в Вашингтоне)*
Internationalismus <*lat.*> *m* 1. - интернационализм; 2. -, -men лингв. интернациональное слово
internieren <*lat.*> *vt* интернировать
Internist <*lat.*> *m* -en, -en терапевт, врач по внутренним болезням
Interpellation <*lat.*> *f* -, -en запрос, интерпелляция *(в парламенте)*
interplanetár <*lat.-gr.-lat.*> *a* межпланетный
Interplanetár‖flug *m* -(e)s, -flüge межпланетный полёт
Interpolation <*lat.*> *f* -, -en филол., мат. интерполяция
Interpretatión <*lat.*> *f* -, -en интерпретация, толкование
interpretíeren <*lat.*> *vt* интерпретировать, толковать, объяснять
inter‖punktíeren <*lat.*> *vt* расставлять знаки препинания *(в тексте)*

Interpunktión <*lat.*> *f* -, -en пунктуация, расстановка знаков препинания
Interpunktións‖zeichen *n* -s, - знак препинания
Interrogatív‖pronomen <*lat.*> *n* -s, -/-nomina вопросительное местоимение
Interrogatív‖satz *m* -es, -sätze вопросительное предложение
Interváll [-v-] <*lat.*> *n* -s, -e интервал, промежуток, дистанция
inter‖veníeren [-vɛ-] <*lat.*> *vi* 1. устраивать интервенцию; вмешиваться; 2. быть посредником, помогать *(в переговорах, решении проблем и т. п.)*
Intervent [-'vɛnt] <*lat.*> *m* -en, -en 1. интервент; 2. посредник
Interventión [-vɛn-] <*lat.*> *f* -, -en 1. интервенция; вмешательство; 2. посредничество
Interview [-'vjuː] <*lat.-fr.-engl.*> *n* -s, -s интервью
interviewen [-'vjuːən] <*lat.-fr.-engl.*> *vt* интервьюировать
intím <*lat.*> *a* интимный, близкий
Intimität <*lat.-fr.*> *f* - интимность, близость
intolránt <*lat.*> *a* нетерпимый
Intoleránz <*lat.*> *f* -, -en нетерпимость *(по отношению к кому-л., к чему-л.)*
Intonatión <*lat.*> *f* -, -en интонация
intoníeren <*lat.*> *vt* интонировать
intramuskulär <*lat.*> *a* мед. внутримышечный
intransitív <*lat.*> *a* грам. непереходный *(о глаголе)*
Intrigánt <*lat.-it.-fr.*> *m* -en, -en интриган, склочник, коварный человек
Intríge <*lat.-it.-fr.*> *f* -, -n интрига, происки, козни
Intrígen‖spiel *n* -(e)s, -e сеть интриг; козни
intrigíeren <*lat.-it.-fr.*> *vi* интриговать, вести интригу, строить козни
Introduktión <*lat.*> *f* -, -en 1. вступление, введение 2. муз. интродукция
Introspektión <*lat.*> *f* -, -en психол. самонаблюдение, интроспекция
Intuitión <*lat.*> *f* -, -en интуиция
intuitív <*lat.*> *a* интуитивный
invalíde <*lat.-fr.*> *a* инвалидный, нетрудоспособный
Invalíde [-v-] <*lat.-fr.*> *m* -n, -n инвалид, нетрудоспособный
Invalíden‖rente [-v-] *f* -, -n пенсия по инвалидности
Invalidität [-v-] <*lat.-fr.*> *f* - инвалидность; нетрудоспособность; разг. немощность

invariánt [-v-] <*lat.*> *a мат., лингв.* инвариантный
Invariánte [-v-] <*lat.*> *subst f* -, -n неизменная величина, нечто неизменное; *мат., лингв.* инвариант
Invasión [-v-] <*lat.-fr.*> *f* -, -en вторжение, нашествие
Inventár [-v-] <*lat.*> *n* -s, -e инвентарь; **ein ~ über etw. (A) aufnehmen*** составить опись чего-л., инвентаризировать что-л.
Inventár‖aufnahme [-v-] *f* -, -n составление описи, инвентаризация
inventarisíeren [-ven-] <*lat.*> *vt* инвентаризировать, производить инвентаризацию
Inventúr [-v-] <*lat.*> *f* -, -en инвентаризация; **~ machen [aufnehmen*]** производить инвентаризацию; **wegen ~ geschlossen** закрыто на учёт
Inventúr‖ausverkauf [-v-] *m* -(e)s распродажа товаров в конце сезона
Inversión [-v-] <*lat.*> *f* -, -en инверсия; *грам. тж.* обратный порядок слов
investíeren [-ve-] <*lat.*> *vt* **1.** *эк.* инвестировать, вкладывать, помещать *(капитал);* **2.** утверждать в должности [в сане]
Investíerung [-v-] <*lat.*> *f* -, -en; **Investitión** [-v-] *f* -, -en инвестиция, капиталовложение
Investitións‖aufwendungen *pl эк.* капитальные вложения
Investitións‖bauten *pl* капитальное строительство, объекты капитального строительства
Investitións‖güter [-v-] *pl эк.* (основные) средства производства
Investitións‖vorhaben *pl* планы капитального строительства
inwárts *adv* внутрь
ínwendig I *a* внутренний; II *adv* внутри
inwieférn, inwiewéit *adv* насколько; каким образом
inzwíschen *adv* между тем, тем временем
Iolánthe Иоланта *(жен. имя)*
Iónisches Meer *n* -es Ионическое море *(часть Средиземного моря между юго-зап. берегом Балканского и юго-вост. берегом Апеннинского п-вов)*
Irak *m* -s Ирак *(гос-во на Ближнем Востоке у берегов Персидского залива)*
Iráker *m* -s, -; **~in** *f* -, -nen житель, -ница Ирака
irákisch *a* иракский
Iran *m* -s Иран *(гос-во в Юго-Зап. Азии)*
Iráner, Iraní|er *m* -s, -; **~in** *f* -, -nen иранец, -нка

iránisch *a* иранский
írden *a* глиняный
írdisch *a* земной, житейский; **~e Güter** земные блага
Ire *m* -n, -n ирландец
Iréne Ирена/Ирина *(жен. имя)*
irgend I *adv* только, как-нибудь; **wenn du ~ kannst** если ты только сможешь; II *pron indef:* **~ etwas** что-нибудь, что-л.; **~ jemand** кто-л., кое-кто
írgendein *pron* какой-нибудь
írgendwenn *adv* когда-нибудь
írgendwas *pron indef* что-нибудь, что-либо; что-то
írgendwelcher *pron indef* какой-нибудь
írgendwer *pron indef* кто-нибудь, кто-либо; кто-то
írgendwie *adv* как-нибудь
írgendwo *adv* где-нибудь, где-либо; **~ anders** где-нибудь в другом месте
írgendwoher *adv* откуда-нибудь
írgendwohin *adv* куда-нибудь
Irin *f* -, -nen ирландка
Iris *f* -, - *анат.* ирис, радужная оболочка *(глаза)*
írisch *a* ирландский
Irkútsk (*n*) - Иркутск *(обл. центр в РФ, в Вост. Сибири)*
Írland (*n*) -s Ирландия *(гос-во в Зап. Европе)*
Írländer *m* -s, -; **~in** *f* -, -nen ирландец, -дка
Irma Ирма *(жен. имя)*
Irmbert Ирмберт *(муж. имя)*
Irmgard Ирмгард *(жен. имя)*
Ironíe <*gr.-lat.*> *f* -, -ni|en ирония, насмешка
irónisch <*gr.-lat.*> *a* иронический
ironisíeren <*gr.-lat.*> *vt* иронизировать *(над кем-л., над чем-л.),* относиться с иронией *(к кому-л., к чему-л.)*
irrationál <*lat.*> *a* иррациональный
Irrationalísmus <*lat.*> *m* - *филос.* иррационализм
Irrationál‖zahl *f* -, -en *б. ч. pl* иррациональное число
irr(e) *a* **1.** ошибающийся, заблуждающийся; **2.** помешанный, умалишённый
Irre I *subst m, f* -n, -n помешанный, -ная, сумасшедший, -шая
Irre II: **jmdn. in die ~ führen** сбить кого-либо с пути; *перен. тж.* вводить кого-либо в заблуждение; **in die ~ gehen*** сбиваться с пути *(тж. перен.)*
irreál <*lat.*> *a* ирреальный, нереальный
Irrealität <*lat.*> *f* -, -en нереальность
Írrede *f* -, -n бред

irre|führen *vt* сбить с пути; *перен. тж.* вводить в заблуждение, сбивать с толку; дезориентировать

irre|gehen* *vi* (s) 1. заблудиться, блуждать; 2. заблуждаться

irre|leiten* *vt* вводить в заблуждение, дезориентировать

irre|machen *vt* сбивать с толку, вводить в заблуждение; приводить в замешательство

irren I *vi* 1. блуждать; 2. ошибаться, заблуждаться; II ~, sich ошибаться, заблуждаться; sich in jmdm., in etw. (D) ~ ошибаться в ком-л., в чём-л.; sich in der Person ~ принять одного человека за другого; sich im Abteil ~ ошибиться в купе

Irren||anstalt *f* -, -en психиатрическая больница

irre|reden *vi* бредить

Irre||sein *n* -s психоз, помешательство

Irr||fahrt *f* -, -en скитание, странствование

Irr||garten *m* -s, -gärten лабиринт

Irr||glaube(n) *m* -ns, -n *рел.* ересь, заблуждение

irrgläubig *a* еретический

irrig *a* ошибочный, ложный; ~e Meinung превратное мнение

Irrigation <*lat.*> *f* -, -en 1. ирригация, орошение; 2. *мед.* орошение, промывание

Irrigatións||anlage *f* -, -n ирригационное сооружение

irritieren *vt* 1. раздражать; 2. *разг.* сбивать с толку

Irr||lehre *f* -, -n *рел.* ересь, лжеучение

Irr||licht *n* -(e)s, -er блуждающий огонёк; обманчивый свет

Irr||sinn *m* -(e)s сумасшествие, помешательство

irrsinnig *a* сумасшедший, помешанный

Irrtum *m* -(e)s, -tümer ошибка, заблуждение; einen ~ begehen* совершить ошибку; im ~ sein заблуждаться, ошибаться

irrtümlich *a* ошибочный, неправильный

irrtümlicherweise *adv* ошибочно

Irrung *f* -, -en недоразумение, заблуждение

Irr||wahn *m* -(e)s глубокое заблуждение; предрассудок

Irr||weg *m* -(e)s, -e ложный путь

Irtýsch *m* Иртыш (*река в Казахстане и Зап. Сибири*)

Isabélla/Isabélle Изабелла (*жен. имя*)

Isar *f* - Изар (*река в ФРГ и Австрии, правый приток Дуная*)

Isar-Athen (*n*) -s "Афины на Изаре" (*поэтическое название Мюнхена <ФРГ>*)

Isegrim *m* -(e)s, -e 1. Изегрим, Волк (*в сказках и баснях*); 2. угрюмый человек, ворчун

Isidor Исидор (*муж. имя*)

Islam <*arab.*> *m* -s ислам, магометанство, мусульманство

Islamabád (*n*) -s Исламабад (*столица Пакистана*)

islámisch <*arab.*> *a* исламский

Islamít <*arab.*> *m* -en, -en мусульманин, магометанин

Island (*n*) -s Исландия (*гос-во на С.-З. Европы, занимает о-в Исландию в сев. части Атлантического океана*)

Isländer *m* -s, -; ~in *f* -, -nen исландец, -дка

isländisch *a* исландский

Isolatión <*lat.-it.-fr.*> *f* -, -en изоляция, обособление

Isolátor <*lat.-it.-fr*> *m* -s, -tóren 1. *эл.* изолятор; изоляционный материал; 2. *мед.* изолятор

Isoliér||band *n* -(e)s, -bänder изоляционная лента

isolieren <*lat.-it.-fr.*> *vt* (gegen A) изолировать (*от чего-л.*); isolierende Sprachen *лингв.* изолирующие [корневые] языки

Isoliér||haft *f* - одиночное заключение

isoliert <*lat.-it.-fr.*> *part a* изолированный

Isoliertheit *f* -, -en изолированность, обособленность; разобщённость, оторванность

Isolierung <*lat.-it.-fr.*> *f* -, -en изоляция; обособление; оторванность; уединение

Isoliér||zelle *f* -, -n одиночная камера

Iso||tóp <*gr.*||*lat.*> *n* -s, -e *хим.* изотоп; radioaktives ~ радиоактивный изотоп

Israel (*n*) -s Израиль (*гос-во на Ближнем Востоке*)

israélisch *a* израильский

Israelít *m* -en, -en; ~in *f* -, -nen израильтянин, -нка

Issýk-Kul *m* -s Иссык-Куль (*оз. в Киргизии*)

Istanbul (*n*) -s Стамбул (*самый крупный город в Турции*)

Ist||ausgabe (Ist-Ausgabe) *f* -, -n *эк.* фактический расход

Ist||bestand (Ist-Bestand) *m* -(e)s, -stände 1. *эк.* действительное состояние, наличность; 2. *воен.* наличный состав

Ist||einnahme (Ist-Einnahme) *f* -, -n *эк.* фактическое поступление; фактический доход

Ist||gehalt (Ist-Gehalt) *n* -(e)s, -hälter

Ist‖leistung

фактическая [реальная] заработная плата *(служащих)*
Ist‖leistung (Ist-Leistung) *f* -, -en фактическая мощность [производительность]
Ist‖produktion (Ist-Produktion) *f* - эк. фактическая продукция
Ist‖stärke (Ist-Stärke) *f* -, -n воен. наличный состав
Ist‖wert *m* -(e)s, -e истинная величина, истинное значение
Itáli|en *(n)* -s Италия *(гос-во в Европе)*
Itali|éner *m* -s, -; **~in** *f* -, -nen итальянец, -нка
itali|énisch *a* итальянский
Iteratión <*lat.*> *f* -, -en повтор, повторение; *мат.* итерация
I-Tüpfelchen *n* -s, - точка над "i"; **bis aufs ~ genau** до последней мелочи, с большой точностью
Iwrit, Iwrith [-v-] *n* -s иврит *(государственный язык Израиля)*

J

ja *prtc* да; ведь, же; даже; **er sagt zu allem ~** он со всем соглашается
Ja *n* - да; согласие; **mit ~ stimmen für etw.** (A) голосовать за что-л.
Jablonewy-Gebirge *n* -s Яблоневый хребет *(горный хребет в Забайкалье)*
Jabot [ʒa'bo:] <*fr.*> *n* -s, -s жабо
Jach|schlange *f* -, -n зоол. медянка
Jacht *f* -, -en яхта
Jacke *f* -, -n 1. куртка; кофта; жакет; тужурка; 2. кожух *(орудия)*; ◊ **das ist eine alte ~** это старая история; **jmdm. die ~ voll hauen*** [ausklopfen, auswaschen*], **jmdm. eins auf die ~ geben*** разг. избить [вздуть] кого-л., намять кому-л. бока; **die ~ voll bekommen*** получить взбучку; **jmdm. die ~ voll lügen*** разг. ≅ наврать кому-л. с три короба
Jacken‖kleid *n* -(e)s, -er платье-костюм
Jackétt [ʒa-] <*fr.*> *n* -(e)s, -e/-s пиджак; жакет(ка); китель
Jaffa *(n)* -s Яффа *(город в Палестине, на побережье Средиземного моря)*
Jagd *f* -, -en 1. *(auf A)* охота *(на кого-либо)*; **auf die ~ gehen*** ходить на охоту; 2. погоня *(auf A за кем-л.)*, *(nach D за чем-л.)*, преследование *(auf A кого-л.)*; **auf der ~ nach etw.** (D) **sein** охотиться за чем-л., быть в поисках чего-л.

Jagd‖bomber *m* -s, - ав. истребитель-бомбардировщик
Jagd‖fieber *n* -s охотничья страсть, страсть к охоте
Jagd‖flieger *m* -s, 1. лётчик-истребитель; 2. самолёт-истребитель; *pl* истребительная авиация
Jagd‖flugzeug *n* -(e)s, -e самолёт-истребитель
Jagd‖frevel *m* -s, - нарушение охотничьих правил, браконьерство
Jagd‖frevler *m* -s, - охот. браконьер
Jagd‖revier [-vi:r] *n* -s, -e охотничье угодье
Jagd‖schein *m* -(e)s, -e охотничий билет
Jagd‖staffel *f* -, -n истребительная эскадрилья
Jagd‖tasche *f* -, -n ягдташ, охотничья сумка
Jagd-U-Boot *n* -(e)s, -e противолодочная подводная лодка
Jagd‖zeit *f* -, -en охотничий сезон
jagen I *vt* 1. охотиться *(на кого-л., за кем-л.)*; 2. гнать; **sich** (D) **eine Kugel durch den Kopf ~** пустить себе пулю в лоб, застрелиться; **ein Pferd zu Tode ~** загнать лошадь; **in den Tod ~** вогнать в гроб; **ein Ereignis jagt das andere** события быстро следуют друг за другом; 3. выгнать, изгнать; **jmdn. von Haus und Hof ~** пустить кого-л. по миру, выгнать кого-л. из дому; II *vi (nach D)* 1. травить *(кого-л.)* 2. перен. гнаться *(за чем-л.)*; **nach Abenteuern ~** искать приключений; **damit kannst du mich ~** и об этом и слышать не хочу; III **~, sich** гоняться друг за другом
Jäger *m* -s, - 1. охотник; 2. воен. егерь, солдат горнострелковых частей; 3. самолёт-истребитель
Jäger‖bataillon [-tal'jon] *n* -s, -e егерский [стрелковый] батальон, горнострелковый батальон
Jäger‖latein *n* -s 1. охотничьи рассказы, небылицы; 2. охотничий жаргон
jäh *a* 1. внезапный; **ein ~es Ende nehmen*** внезапно кончиться; 2. крутой, обрывистый
jählings *adv* 1. внезапно, стремительно, стремглав; 2. круто
Jahr *n* -(e)s, -e год; **ein halbes ~** полгода; **ein ganzes ~ hindurch** круглый год; **von ~ zu ~** из года в год; **~ für ~** год за годом; **voriges ~** в прошлом году; **vor zwei ~en** два года тому назад; **pro ~, im ~** в год; **im ~e 1995 (neunzehnhundertfünfundneunzig)** в 1995 году; **es war das ~ 1995, man schrieb das ~ 1995** шёл 1995

год; **während das ganzen ~es** за целый год; **nächstes ~, im nächsten ~** в будущем году, на следующий год; **übers ~** через год; **drei ~e lang** в течение трёх лет; **seit ~ und Tag** давным-давно; **in die ~e kommen*** стариться; **in den besten ~en** в расцвете сил; **er ist schon bei ~en** он уже пожилой человек; **in jungen ~en** в молодых годах
jahraus: ~, jahrein из года в год
Jahr‖buch *n* -(e)s, -bücher **1.** ежегодник; **2.** летопись; *pl* анналы
jahrelang I *a* многолетний; **II** *adv* в течение нескольких [многих] лет
jähren, sich наступать *(о дате события)*; **dieses Datum jährt sich zum 10 Mal** этой дате исполняется 10 лет
Jahres‖abschluß *m* -sses, -schlüsse *фин.* годовой баланс
Jahres‖bericht *m* -(e)s, -e годовой отчёт
Jahres‖einkommen *n* -s, -; **~einkünfte** *pl* годовой доход
Jahres‖erzeugung *f* -, -en; *см.* Jahresproduktion
Jahres‖feier *f* -, -n празднование годовщины, юбилей
Jahres‖produktion *f* -, -en годовое производство
Jahres‖profit *m* -(e)s, -e годовая прибыль
Jahresprofit‖anteil *m* -(e)s, -e годовой дивиденд
Jahres‖rechnung *f* -, -en годовой отчёт; **die ~ ablegen** сдавать годовой отчёт
Jahres‖schrift *f* -, -en ежегодник
Jahres‖tag *m* -(e)s, -e годовщина; **am ~** в годовщину; **der zehnte ~** десятилетие
Jahres‖umsatz *m* -es, -sätze *эк.* годовой оборот
Jahres‖viertel *n* -s, - квартал, четверть года
Jahres‖wechsel *m* -s, -; **~wende** *f* -, -n наступающий новый год; наступление нового года; **zum ~ gratulieren** поздравлять с Новым годом
Jahres‖zeit *f* -, -en **1.** время года; **2.** сезон
Jahrgang *m* -(e)s, -gänge **1.** год издания; **2.** годовой комплект *(периодического издания)*; **3.** призывной возраст, годовой контингент призывников; **4.** выпуск *(учащихся)*
Jahr‖hundert *n* -(e)s, -e столетие; **von ~ zu ~, von einem ~ zum anderen, durch die ~e** веками, столетиями, в течение веков [столетий], из века в век
jahrhundertalt *a* (много)вековой
jahrhundertelang I *a* продолжавшийся столетия [века]; **II** *adv* в течение (нескольких) столетий, столетиями, веками
Jahrhundert‖wende *f* -, -n наступление нового столетия; **um die ~** на рубеже столетия [века]
jährlich *a* годичный; ежегодный; **zwéimal ~** дважды в год
Jahr‖markt *m* -(e)s, -märkte ярмарка
Jahr‖tausend *n* -s, -e тысячелетие
Jahr‖zehnt *n* -(e)s, -e десятилетие
Jähzorn *m* -(e)s вспыльчивость, запальчивость; **im ~** сгоряча, в запальчивости
jähzornig *a* вспыльчивый, запальчивый
Jakárta [dʒa-] *(n)* -s *см.* Djakárta
Jakob Якоб/Яков *(муж. имя)*; ◊ **du bist mir der wahre ~!** ты мне и нужен!
Jakobine Якобина *(жен. имя)*
Jakóbi‖tag *m* -s день Святого Иакова *(праздник 25 июля, когда по старому обычаю начинается сбор урожая)*
Jakobs‖tag *m* -es день Святого Иакова; *см.* Jakobitag
Jakúti¦en *(n)* -s Якутия *(автономная республика в составе РФ; расположена на С.-В. Сибири)*
Jakútsk *(n)* - Якутск *(город на С.-В. Сибири, столица Якутии)*
Jalousie [ʒalu-] ⟨*fr.*⟩ *f* -, -si¦en жалюзи
Jam [dʒem] ⟨*engl.*⟩ *n* -s, -s джем
Jamáika *(n)* -s Ямайка *(гос-во и о-в в Карибском море)*
Jambus ⟨*gr.*⟩ *m* -, -ben *лит.* ямб, ямбический метр
Jammer *m* -s **1.** плач, вопль, стенание; **es ist ein ~, das anzusehen** жалко смотреть на это; **~ und Schade!** страшно жаль!, какая жалость!; **2.** горе, беда, бедствие, несчастье; **in ~ und Not** в горе и нужде
Jammer‖gestalt *f* -, -en жалкая фигура, жалкий человек
jämmerlich *a* жалкий, ничтожный; плачевный
Jämmerlichkeit *f* - **1.** жалкое [плачевное] существование; **2.** ничтожество
jammern I *vi* (*über, um* A, *wegen* G) вопить; причитать; голосить *(по кому-либо)*; оплакивать *(кого-л.)*; жаловаться *(на что-л.)*; **II** *vt* возбуждать жалость; **er jammert mich, es jammert mich seiner** мне его очень жаль
Jánuar *m* -/-s, -е январь; **im ~** в январе; **Anfang [Mitte, Ende] ~** в начале [в середине, в конце] января; **der erste ~** первое января; **den ersten ~, am ersten ~** первого января
Japan *(n)* -s Япония *(гос-во на о-вах Тихого океана у вост. побережья Азии)*
Japáner *m* -s, -; **~in** *f* -, -nen японец, -нка

japánisch *a* японский
Japánisches Meer *n* -es Японское море *(полузамкнутое море Тихого океана, между материком Евразия и о-вами Сахалин, Хоккайдо и Хонсю)*
japsen *vi разг.* прерывисто дышать, пыхтеть
Jargon [ʒarˈgɔ̃:] <*fr.*> *m* -s, -s жаргон
Jaroslávl *(n)* -s Ярославль *(обл. центр в РФ)*
Jasagen *n* -s, - поддакивание
Jasmín *m* -s жасмин
Jáspis <*semit.-gr.-lat.*> *m* -/-ses, -se мин. яшма
jäten *vt* полоть
Jäten *n* -s с.-х. полка
Jauche *f* -, -n 1. навозная жижа; 2. гной с запахом; 3. *разг.* бурда, плохое пиво
jauchen *vt* вносить (в почву) жидкое удобрение [навозную жижу]
jauchzen *vi* ликовать, издавать радостные крики; **Beifall** ~ приветствовать радостными [одобрительными] криками
Jauchzer *m* -s, - крик радости, ликующий возглас [крик]
jaulen *vi* выть, визжать, завывать
Java [-va] *(n)* -s Ява *(о-в в Малайском архипелаге, в группе Больших Зондских о-вов; часть территории Индонезии)*
Javáner *m* -s, - яванец, житель Явы
javánisch *a* яванский
jawóhl *adv* да; конечно
Jawort *n* -(e)s согласие; ◊ **sein** ~ **geben*** выразить своё согласие *(выйти замуж)*
Jazz [dʒɛz] <*engl.*> *m* - джаз
Jazz‖band [ˈdʒɛzbɛnd] *f* -, -s; **~kapelle** [ˈdʒɛz-] *f* -, -n джаз, джазовый оркестр, джазовый ансамбль
je I *adv* 1. когда-либо; 2. по *(перед числ.)*; **je drei** по три; II *conj*: **je... desto...** чем... тем...; **je nachdém...** смотря по..., сообразно с...
Jeans [ˈdʒi:nz] <*engl.*> *pl* джинсы
Jeans‖hose [ˈdʒinz-] *f* -, -n см. Jeans
jedenfalls *adv* во всяком случае
jeder *pron indef m* (*f* jede, *n* jedes) каждый (каждая, каждое); всякий (всякая, всякое); **zu jeder Zeit** в любое время; ◊ **auf jeden Fall** на всякий случай
jederlei *a* всякого рода
jedermann *pron indef* каждый
jederzeit *adv* во всякое время
jedesmal *adv* каждый раз, всякий раз
jedóch *conj* всё-таки; однако
jedweder, jeglicher *pron indef* каждый, всякий
je|hér: von ~ издавна, с давних пор

Jekaterínburg *(n)* -s Екатеринбург *(обл. центр в РФ)*
jemals *adv* когда-либо
jemand *pron indef* кто-нибудь, кто-либо, кто-то; некто
Jemen *m* -s Йемен *(гос-во в Азии, на Ю. Аравийского п-ва)*
Jemeníte *m* -n, -n; **Jemenítin** *f* -, -nen житель, -ница Йемена
jemenítisch *a* йеменский
Jena *(n)* -s Йена *(город в ФРГ <земля Тюрингия>; известен оптич. промышленностью и университетом)*
jener *pron dem m* (*f* jene, *n* jenes, *pl* jene) тот (та, то, те)
Jeníssei [-ˈsjei] *m* -s Енисей *(река в Сев. Азии, впадает в Карское море)*
Jenni [ˈjɛni] Енни *(краткая форма от муж. имени* Eugen *и* Johannes, *а также жен.* Johanna)
jenseitig *a* 1. лежащий по ту сторону; противоположный; 2. потусторонний; *филос.* трансцендентальный; **das** ~**e Leben** загробная жизнь
jenseits *prp* (G) по ту сторону
Jenseits *n* - *рел.* потусторонний мир; **jmdn. ins** ~ **befördern [schicken]** *разг.* отправить кого-л. на тот свет
Jerewán Ереван *(n)* -s *(столица Армении)*
Jersey [ˈdʒəːrzi] <*engl.*> *m* -s, -s 1. джерси, джерсе *(материя)*; 2. футболка; фуфайка *(спортивная)*
Jerúsalem *(n)* -s Иерусалим *(город в Палестине)*
Jesuít <*lat.*> *m* -en, -en *рел.* иезуит *(тж. перен.)*
Jesuíten‖orden *m* -s, - *ист.* иезуитский орден
Jesuiteréi *f* - иезуитство, двуличность, коварство
jesuítisch <*lat.*> *a* иезуитский
Jesus *m рел.* Иисус; ~ **Christus** (G Jesu Christi, D Jesus Christus/Jesus Christ, A Jesus Christs/Jesum Christum; *при обращении* Jesus Christus/Jesu Christe) Иисус Христос
Jeton [ʒəˈtɔ̃:] <*fr.*> *m* -s, -s жетон
jetzig *a* теперешний, современный; **in der** ~**en Zeit** в настоящее время
jetzt *adv* теперь, в данное время; **bis** ~ до сих пор; **von** ~ **ab** отныне; ~ **eben** только что
Jetzt‖zeit *f* - настоящее время; современность
jeweilig *a* теперешний; действующий *(в данное время)*
jeweils *adv* 1. смотря по обстоятельст-

вам, по мере надобности; **2.** соответственно, в каждом случае
jiddisch: ~e **Sprache** идиш; еврейский язык
Jiu-Jitsu [ˈdʒiːuˈdʒitsuː] <*jap.*> *n* -/-s *спорт.* дзюдо, джиу-джитсу
Joachim [ˈjoːaxim/joˈxim] Иохим/Иоахим *(муж. имя)*
Job [dʒɔb] <*engl.*> *m* -s, -s **1.** выгодное дело, выгодная сделка *(коммерческая);* **2.** занятие, работа, заработок
Jobber [ˈdʒɔbər] <*engl.*> *m* -s, - биржевой спекулянт
Joch *n* -(e)s, -e **1.** ярмо, иго, бремя, гнёт; **in [unter] dem ~** под игом; **ein schweres ~ tragen*** нести тяжкое бремя; **jmdn. (tüchtig) ins ~ spannen** запрячь кого-л. в работу; **im ~e sein** тянуть лямку; **2.** пролёт, бык *(моста);* **3.** седловина горы, перевал; **4.** коромысло
Joch‖brücke *f* -, -n мост на сваях
Jochem/Jochen Иохим/Иохен *(краткая форма муж. имени* Joachim*)*
Jockei [ˈjɔkae/ˈdʒɔki] <*engl.*> *m* -s, -s жокей, наездник
Jod *n* -(e)s йод
Jodel *m* -s - йодль *(жанр народной песни у альпийских горцев <в Австрии, Швейцарии и Юж. Баварии>)*
jodeln *vi* петь переливами *(на тирольский лад)*
jodhaltich *a* содержащий йод, йодистый
Jodler *m* -s, - **1.** песня *(на тирольский лад);* **2.** певец *(поющий на тирольский лад)*
Jod‖tinktur *f* -, -en настойка йода
joggen [dʒ-] *vi* бегать трусцой, заниматься джоггингом
Joghurt, Jogurt <*türk.*> *m, n* -s, *f* - йогурт, кефир
Johann [joˈhan/joːhan] Иоханн/Иоганн *(муж. имя)*
Johánna/Johánne Иоганна *(жен. имя)*
Johánnes Иоханнес/Иоганнес *(муж. имя)*
Johannesburg (*n*) -s Иоханнесбург *(самый крупный город Юж.-Африканской Республики)*
Johánnis‖beere *f* -, -n смородина; **rote [schwarze] ~** красная [черная] смородина
Johánnis‖fest *n* -es, -e Иванов день; *см.* Johannistag
Johánnis‖käfer *m* -s, - *зоол.* светлячок
Johánnis‖tag *m* -es, -e Иванов день *(религиозный и народный праздник <24 июня>)*

johlen *vi* орать, горлопанить
Joint Venture [ˈdʒɔintventʃə] <*engl.*> *n* -s, -s совместное предприятие
Joker [ˈjoː-/ˈdʒoː-] *m* -s, -s *карт.* джокер
Jokoháma (*n*) -s Йокохама *(город в Японии, на о-ве Хонсю)*
Jolle *f* -, -n ялик, шлюпка
Jongleur [ʒɔ̃ˈgløːr] <*fr.*> *m* -s, -e; **Jongleuse** [ʒɔ̃ˈgløːzə] *f* -, -n жонглёр *(тж. о женщине);* жонглёрша *(разг.)*
Jóppe *f* -, -n куртка
Jordáni¦en (*n*) -s Иордания *(гос-во на Ближнем Востоке)*
jordánisch *a* иорданский
Jörg Йорг/Ёрг *(вариант муж. имени)*
Josef/Joseph Йозеф/Иосиф *(муж. имя)*
Joséfa/Josépha Иозефа *(жен. имя)*
Josefine/Josephine Иозефина *(жен. имя)*
Josefstadt *f* - Йозефштадт *(гор. р-н Вены <Австрия>)*
Josefstadt‖theater *n* -s Йозефштадт-театр *(драматический театр Вены <Австрия>)*
Jota <*gr.*> *n* -/-s йота *(греческая буква);* ◊ **um kein ~ nachgeben*** не уступать ни на йоту [ни на шаг]
Journál [ʒur-] <*fr.*> *n* -s, -e **1.** журнал *(регистрации и т.п.);* дневник; *мор.* судовой журнал; **2.** журнал; газета *(ежедневная)*
Journalist [ʒur-] <*fr.*> *m* -en, -en журналист, публицист
Journalístik [ʒur-] *f* - журналистика; газетное дело
journalístisch *a* журнальный; журналистский
joviál [-v-] <*lat.*> *a* **1.** (нарочито) приветливый, благосклонно покровительственный; **2.** жизнерадостный, живой, весёлый; игривый
Jubel *m* -s ликование; веселье; восторг
Jubel‖feier *f* -, -n; **~fest** *n* -es, -e *см.* Jubiläum
jubeln *vi* ликовать, радоваться; **hell ~** громко ликовать; **jmdm. Beifall ~** приветствовать кого-л. ликующими возгласами; бурно выражать кому-л. своё одобрение
Jubilár <*lat.*> *m* -s, -e; **~in** *f* -, -nen юбиляр, -ша
Jubilä¦um <*lat.*> *n* -s, -läen юбилей
jubilieren <*lat.*> *vi* **1.** ликовать, изливать свой восторг; **2.** *(редко)* праздновать юбилей
juchzen *vi разг. см.* jauchzen
jucken I *vi vimp* **1.** чесаться, зудеть; **es juckt mich [mir] am Rücken** у меня чешется спина; **2.: es juckt mir in den**

Beinen мне хочется пуститься в пляс; **mir [mich] juckt es in den Fingern** у меня руки чешутся *(сделать что-л.)*; II ~, **sich: sich blutig** ~ расчесать кожу до крови

Jucken *n* -s; **Juck‖reiz** *m* -es зуд

Judas *m* -, -se *от собств.* иуда, предатель

Jude *m* -n, -n еврей; *ист.* иудей

Jüdin *f* -, -nen еврейка

jüdisch *a* еврейский

Judith Юдит *(жен. имя)*

Judo ['dʒuːdo/dʒuːˈdo] <*jap.*> *n* -s/- *спорт.* дзюдо

Jugend *f* - 1. молодость, юность; **von ~ auf** смолоду, с юных лет; **die ~ aufleben lassen*** вспомнить молодость, тряхнуть стариной; 2. молодёжь, юношество, подрастающее поколение; **die ~ von heute** современная молодёжь

Jugend‖alter *n* -s юношеский возраст, молодые годы

Jugend‖blüte *f* - лучшие годы жизни; **in der ~** во цвете лет

Jugend‖gesetz *n* -es, -e закон о правах молодёжи

Jugend‖heim *n* -(e)s общежитие для молодёжи

Jugend‖herberge *f* -, -n туристская база для молодёжи

Jugend‖klasse *f* -, -n *спорт.* юношеский разряд

jugendlich *a* юный, юношеский

Jugendliche *subst m, f* -n, -n подросток; юноша, девушка

Jugend‖liebe *f* - юношеская [первая] любовь

Jugend‖stil *m* -s "югендштиль" *(нем. название стиля "модерн"; мебель в этом стиле)*

Jugend‖treffen *n* -s, - слёт молодёжи

Jugend‖weihe *f* -, -n праздник совершеннолетия, гражданская конфирмация

Jugend‖werkhof *m* -(e)s, -höfe исправительно-трудовая колония для несовершеннолетних правонарушителей и трудновоспитуемых

Jugoslawi¦en *(n)* -s Югославия *(гос-во в Южной Европе)*

jogoslawisch *a* югославский

Juli *m* -/-s, -s июль; *см.* Januar

Julia/Julie Юлия *(жен. имя)*

Juliána/Juliáne Юлиана *(жен. имя)*

Julius Юлиус/Юлий *(муж. имя)*

Jumper ['dʒʌmpə(r)] <*engl.*> *m* -s, - джемпер

jung *a* молодой, юный; **~es Volk** молодёжь; **von ~ auf** с малых лет, смолоду; ◊ ~ **gefreit hat niemand gereut** *посл.* рано женишься — не пожалеешь

Junge I *m* 1. -n, -n *разг. тж.* Jungs/Jungens мальчик; юноша, парень; *pl тж.* ребята; **mein lieber ~** 1) мой милый мальчик; 2) дружище; **mein alter ~!** дружище!, старина!; 2. -n, -n ученик *(ремесленник)*; 3. -n, -n *мор.* юнга

Junge II *subst n* -n, -n детёныш *(животных)*; ~ **bekommen*** давать [производить] потомство; окотиться; ощениться; опороситься

jungen *vi* давать [производить] потомство *(о животных)*

jungenhaft *a* мальчишеский, задорный

Jungens *pl см.* Junge I, 1

Jungen‖streich *m* -(e)s, -e мальчишеская выходка [шалость]

Junge Pioniere *pl* юные пионеры *(члены детской организации в бывш. ГДР в возрасте от 6 до 10 лет)*

jünger *a (compar от* jung*)* моложе; **der ~e** младший

Jünger *m* -s ученик, последователь, приверженец; *рел.* апостол

"Junges Deutschland" *n* -s "Молодая Германия" *(литературное течение 30-х — начала 40-х 19 в. в Германии)*

Junge Union Deutschlands *f* - Союз молодёжи Германии *(молодёжная организация ХДС/ХСС в ФРГ)*

Junge Volkspartei *f* - Молодое поколение народной партии *(молодёжная организация Австрийской народной партии)*

Jungfer I *f* -, -n девушка, девица; **eine alte ~** старая дева

Jungfer II *f* -, -n *тех.* трамбовка; ручная баба

Jungfern‖fahrt *f* -, -en *мор. разг.* пробное плавание

Jungfernschaft *f* - 1. девственность; 2. невинность, чистота

Jung‖frau I *f* -, -en 1. дева, девушка, девственница; **die ~ Maria** *рел.* дева Мария, Богородица; 2. *астр.* Дева *(созвездие)*

Jungfrau II *f* - Юнгфрау *(вершина в Бернских Альпах <Швейцария>)*

jungfräulich *a* девственный; девичий

Jung‖geselle *m* -n, -n холостяк

Jüngling *m* -s, - юноша

Jungmädel‖bund *m* -es "Союз девочек" *(детская фаш. организация в гитлеровской Германии; объединяла девочек в возрасте 10-14 лет, входила в состав "Гитлерюгенд")*

Jungsozialisten *pl* Молодые социалисты

(молодёжная организация СДПГ в ФРГ)
jüngst *(superl от* jung*)* I *a* **1.** самый младший; **2.** недавний, последний; **die ~en Ereignisse** последние события; ◊ **das Jüngste Gericht** *рел.* Страшный суд; II *adv* недавно
Juni *m* -/-s, -s июнь; *см.* Januar
junior *<lat.> a* младший; *спорт.* юношеский, молодёжный
Junior *<lat.> m* -s, -niórеn **1.** младший; **2.** *спорт.* член младшей возрастной группы
Junker *m* -s, - **1.** юнкер, крупный помещик; **2.** *ист.* юнкер *(в царской армии)*
Jura I *<lat.>* **1.** *pl от* Jus; **2.** *pl* право, наука о праве; **~ studiéren** изучать право
Jura II *m* -s *геол.* юра, юрский период
Jura III *m* -s Юра (**1.** горы на границе Швейцарии и Франции; **2.** кантон в Швейцарии*)*
Jürgen Юрген *(вариант муж. имени* Georg*)*
Jurisprudénz *<lat.> f* - юриспруденция, юридические науки
Jurist *<lat.> m* -en, -en юрист
jurístisch *<lat.> a* юридический
Júror *<lat.-engl.> m* -s, Jurórеn член жюри
Jury I [juri:/ʒy'ri:] *<lat.-fr.> f* -, -s жюри
Jury II ['dʒu:ri] *<lat.-fr.-engl.> f* -, -s суд присяжных *(в Англии и США)*
Jus *<lat.> n* -, Jura право
justíeren *vt тех.* выверять, регулировать, юстировать
Justifizíerung *f* -, -en *ком.* подтверждение; **~ einer Rechnung** подтверждение [проверка] счёта
Justíz *<lat.> f* - юстиция, правосудие, судопроизводство
Justíz‖irrtum *m* -(e)s, -tümer *юр.* судебная ошибка
Justíz‖rat *m* -(e)s, -räte советник юстиции
Jute *<bengal.-engl.> f* - джут
Jutland *n* -s Ютландия *(п-ов в Европе, в Дании и ФРГ, между Сев. и Балт. морями)*
Jutta/Jutte Ютта *(краткая форма жен. имени* Judith*)*
Juwél *<lat.-fr.-niederl.> n* -s, -en; *m* -s, -e **1.** драгоценный камень *(шлифованный)*; драгоценность; **2.** *перен.* сокровище; жемчужина; **ein ~ von einem Menschen** золотой человек
Juwelíer *<lat.-fr.-niederl.> m* -s, -e ювелир, золотых дел мастер

Juwelíer‖waren *pl* ювелирные изделия
Jux *m* -es, -e **1.** шутка, шалость; глупость, вздор; **sich** *(D)* **einen ~ mit jmdm. machen** подшучивать над кем-л.; **2.** пустяк, безделушка, мелочь
júxen *vi разг.* шутить, глупить

K

Kabále *<hebr.-fr.> f* -, -n *уст.* коварство; козни, интриги, происки
Kabardínisch-Balkári|en *(n)* -s Кабардино-Балкария *(автономная республика в составе РФ)*
Kabarétt *<fr.> n* -(e)s, -e/-s **1.** кабаре, кабачок; **2.** кабаре, эстрадный дивертисмент
Kabarettíer [-'tie:] *<fr.> m* -s, -s руководитель [владелец] кабаре
Kabarettíst *<fr.> m* -en, -en артист кабаре
Kabel *<fr.> n* -s, - **1.** кабель; **abgeschirmtes ~** экранированный кабель; **armiertes [bewährtes] ~** бронированный кабель; **zweiadriges ~** двужильный кабель; **2.** трос, якорный канат
Kabeljau *<niederl.> m* -s, -e/-s *зоол.* треска
Kabel‖leitung *f* -, -en, **~lini|e** *f* -, -n кабельная линия связи
Kabel‖schuh *m* -(e)s, -e кабельный наконечник
Kabíne *<lat.-fr.-engl.> f* -, -n кабина; каюта; люлька *(подъёмника)*
Kabinétt *<fr.> n* -(e)s, -e *в разн. знач.* кабинет
Kabotáge [-ʒə] *<lat.-span.-fr.> f* - каботаж, каботажное плавание
Kabriolétt *<lat.-it.-fr.> n* -(e)s, -e **1.** лимузин с открытым верхом; **2.** кабриолет
Kabúl *(n)* -s Кабул *(столица Афганистана)*
Kachel *f* -, -n изразец, кафель
Kadáver [-vər] *<lat.> m* -s, - труп, падаль
Kadáver‖gehorsam [-v-] *m* -(e)s раболепское [слепое] повиновение
Kadénz *<lat.-it.> f* -, -en **1.** *муз., лит.* каденция; **2.** темп стрельбы, техническая скорострельность *(автоматического оружия)*
Kader *<lat.-it/-fr.> m* -s, - **1.** кадры *(основной состав);* **2.** кадровый работник; *воен.* кадровик; **leitende ~** руководящие кадры

Kader‖abteilung *f* -, -en отдел кадров
Kader‖leiter *m* -s, - начальник отдела кадров
Kadétt <*lat.-fr.*> *m* -en, -en *воен.* **1.** кадет, воспитанник кадетского корпуса; **2.** юнкер
Kadétten‖anstalt *f* -, -en; **~korps** *n* [-'koːr], -[koːrs] кадетский корпус (*военное учебное заведение; состав учащихся*)
Käfer *m* -s, - жук
Kaff <*zigeun.*> *n* -(e)s, -e/-s глухое селение, захолустье, дыра
Kaffee <*arab.-türk.-it.-fr.*> *m* -s, -s кофе; **~ machen** варить кофе; ◊ **das ist alles kalter ~!** это всё старо [вздор]!
Kaffee‖bohne *f* -, -n кофейный боб
Kaffee-Ersatz *m* -es суррогат кофе
Kaffee‖kanne *f* -, -n кофейник
Kaffee‖kocher *m* -s, - кофеварка
Kaffee‖kränzchen *n* -s, - сборище кумушек
Kaffee‖maschine *f* -, -n машина для варки кофе
Kaffee‖satz *m* -es кофейная гуща; ◊ **aus dem ~ wahr|sagen [orákeln]** *разг.* гадать на кофейной гуще
Kaffee‖servise [-‚viːs] *n* -/-s [-‚viːs], - [-‚viːs/-‚viːsə] кофейный сервиз
Kaffee‖stube *f* -, -n кафетерий, кофейня
Käfig *m* -(e)s, -e клетка
kahl *a* **1.** голый; **2.** лысый; **~ werden** лысеть; **3.** бесшерстный, лишённый шерсти или перьев (*о животных*); без ворса (*о ткани*)
kahl|fressen* *vt хим.* разъедать, вытравливать
Kahl‖schlag *m* -(e)s, -schläge сплошная рубка (*леса*); лесосека
Kahm *m* -(e)s плесень (*на жидкости*)
Kahn *m* -(e)s, Kähne лодка, чёлн, ялик; **~ fahren*** плыть на лодке [челне, ялике]
Kai <*fr.-niederl.*> *m* -s, -e/-s набережная
Kai/Kay Кай (*муж. или жен. имя*)
Kai‖mauer *f* -, -n стена набережной
Káiro (*n*) -s Каир (*столица Египта*)
Kaiser <*lat.*> *m* -s, - кайзер (*назв. императоров "Священной Римской империи" и Германской империи* <*1871-1918*>); ◊ **sich um des ~s Bart streiten*** спорить о чём-л. неконкретном [несущественном]
Kaiser‖haus *n* -es, -häuser династия (*императорская*)
Kaiserin *f* -, -nen императрица
Kaiser‖reich *n* -(e)s, -e империя
Kaiser‖schnitt *m* -(e)s, -e *мед.* кесарево сечение
Kaiser's Kaffee-Geschäft AG *f* - "Кайзерс кафе-гешефт АГ" (*одна из крупнейших в ФРГ компаний-филиалистов по продаже продовольственных товаров*)
Kajak <*eskim.*> *m* -s, -e/-s байдарка
Kajüte <*nord.*> *f* -, -n каюта
Kakadu ['kakaduː] <*malai.-niederl.*> *m* -s, -s *зоол.* какаду
Kakáo <*aztek.-span.*> *m* -s, -s какао; ◊ **jmdn. durch den ~ ziehen*** посмеиваться, подшучивать над кем-л.
Kaktée <*gr.-lat.*> *f* -, -n **1.** кактус; **2.** *pl* кактусовые
Kaktus <*gr.-lat.*> *m* -, -téen *см.* **Kaktée**
Kalamität <*lat.*> *f* -, -en беда, бедствие; неприятность; **wirtschaftliche ~en** экономическое потрясение
Kalb *n* -(e)s, Kälber телёнок; **ein ~ werfen*** (о)телиться; ◊ **das Goldene ~** золотой телец; **ein ~ wird schnell zum Ochsen** *посл.* ≡ аппетит приходит во время еды; **das ~ will klüger sein als die Kuh** *посл.* ≡ яйца курицу не учат
Kalbe *f* -, -n тёлка
kalben *vi* (о)телиться; **ihm kalbt der Ochse** *разг.* ему необычайно везёт
kälbern *vi* **1.** *см.* **kalben**; **2.** *разг.* дурачиться, резвиться (*как телёнок*)
Kälber‖stall *m* -(e)s, -ställe телятник
Kalbs‖auge: **~n machen** выпучить глаза
Kalbs‖braten *m* -s, - жаркое из телятины, жареная телятина
Kalbs‖fleisch *n* -es телятина
Kaleidoskóp <*gr.-lat.*> *n* -s, -e калейдоскоп
Kalénder <*lat.*> *m* -s, - **1.** календарь; **2.** альманах
Kaliber <*gr.-arab.-fr.*> *n* -s, - калибр; **von gleichem ~** одного калибра [типа]
Kalíf <*arab.*> *m* -en, -en калиф, халиф
Kalifórni|en (*n*) -s Калифорния (*штат на Тихоокеанском побережье США*)
Káliko <*fr.-niederl.*> *m* -s, -s коленкор; ситец
Kalimántan (*n*) -s, -s Калимантан/Борнео (*о-в в Малайском архипелаге*)
Kalk *m* -(e)s, -e известь; **gelöschter ~** гашёная известь; **mit ~ bewerfen*** штукатурить
Kalk‖anstrich *m* -(e)s, -e известковая побелка
Kalk‖bewurf *m* -(e)s, -würfe штукатурка
kalken *vt* **1.** белить известью (*стены*); обмазывать известью (*деревья*); **2.** удобрять известью, известковать (*почву*)
kalkhaltig *a* известковый
Kalk‖lauge *f* - известка
Kalk‖mörtel *m* -s, - известковый раствор
Kalk‖stein *m* -(e)s известняк

kalkulieren ⟨*lat.*⟩ *vt* калькулировать *(что-л.)*; составлять смету *(на что-л.)*
Kálmus ⟨*lat.-gr.*⟩ *m* -, -se *бот.* аир
Kalmýki∣en *(n)* -s Калмыкия *(автономная республика в составе РФ)*
Kalorie ⟨*lat.*⟩ *f* -, -ri∣en калория
Kalori∣en∥gehalt *m* -(e)s, -e; **~wert** *m* -(e)s, -e калорийность
Kalótte ⟨*fr.*⟩ *f* -, -n **1.** круглая шапочка, ермолка, феска; головной убор *(католического духовенства)*; **2.** *мат.* полусфера, сферический сегмент
kalt *a* холодный; ◇ **das läßt mich ~** это меня не трогает; **es läuft mir ~ über den Rücken** меня мороз по коже подирает
kaltblütig *a* **1.** хладнокровный; **2.** равнодушный
Kalt∥blütigkeit *f* - хладнокровие
Kälte *f* - **1.** холод, мороз; **anhaltende ~** холода; **zehn Grad ~** десять градусов мороза; **2.** *перен.* холодность, сухость; **mit eisiger ~** с ледяной холодностью
Kälte∥anlage *f* -, -n холодильная установка
Kälte∥beständigkeit *f* - *с.-х., тех.* морозостойкость, холодостойкость
kalte Ente *f* - "кальте энте" *(холодный крюшон, смесь белого и шипучего вина с добавлением лимонного сока и сахара)*
Kälte∥pol *m* -s, -e полюс холода
Kälte∥schauer *m* -s, - озноб
kaltherzig *a* чёрствый, холодный, бессердечный
Kaltherzigkeit *f* - холодность, чёрствость, бессердечие
kalt∣lassen* *vt* не трогать, не интересовать; **das läßt mich kalt** это меня не трогает [не интересует]
kalt∣machen *vt разг.* убить
kalt∣stellen *vt* лишить влияния; отстранить от дел; дать отставку; бойкотировать; обезвредить
Kalt∥welle *f* -, -n химическая [холодная] завивка
Kalúga *(n)* -s Калуга *(обл. центр в РФ)*
kam *impf от* **kommen***
Kambódscha *(n)* -s Камбоджа; *см.* **Kampuchea**
Kamél ⟨*semit.-gr.-lat.*⟩ *n* -(e)s, -e **1.** верблюд; **einhöckeriges ~** одногорбый верблюд, дромадер; **2.** *разг.* дурак, дурень
Kamél∥führer *m* -s, - погонщик верблюдов
Kamél∥haar *n* -(e)s, -e верблюжья шерсть; верблюжий драп
Kaméli∣e ⟨*fr.*⟩ *f* -, -n *бот.* камелия
Kamél∥zucht *f* - верблюдоводство
Kamera ⟨*lat.*⟩ *f* -, -s фото, кино камера

Kamerád ⟨*gr.-lat.-it.-fr.*⟩ *m* -en, -en товарищ, приятель, друг
Kamerádschaft *f* -, -en **1.** товарищеские отношения, дружба; **2.** *собир.* товарищи, приятели
kamerádschaftlich I *a* товарищеский; II *adv* по-товарищески, по-дружески
Kamera∥mann *m* -(e)s, -männer/-leute кинооператор
Kamílla Камилла *(жен. имя)*
Kamille ⟨*gr.-lat.*⟩ *f* -, -n ромашка
Kamillen∥tee *m* -s настой ромашки
Kamíllo Камилло *(муж. имя)*
Kamm *m* -(e)s, Kämme **1.** гребень, гребёнка, расчёска; **2.** гребень *(гор, кровли, волны)*; **3.** гребень, гребешок *(петуха)*; **4.** холка *(лошади)*; **5.** *тех.* бёрдо; ◇ **da liegt der ~ auf der Butter** *разг.* ≡ тут сам чёрт ногу сломит; **über einen ~ scheren*** стричь под одну гребёнку
kämmen I *vt* **1.** причёсывать, чесать *(волосы)*; **das Haar in einem Scheitel ~** причесаться на пробор; **2.** чесать *(шерсть и т. п.)*; **3.** *воен.* прочёсывать *(местность)*; II **~, sich** причёсываться; **sich kleidsam ~** сделать причёску к лицу
Kammer ⟨*lat.*⟩ *f* -, -n **1.** комнатка; каморка, чулан, кладовая; **2.** палата *(депутатов)*; **3.** судебная палата; **4.** палата *(государственное учреждение)*; **5.** *тех.* коробка, картер; **6.** желудочек *(сердца)*; **7.** *воен.* цейхгауз
Kammer∥frau *f* -, -en горничная
Kammer∥präsident *m* -en, -en **1.** председатель парламента; **2.** председатель судебной палаты; **3.** городской казначей
Kammer∥zofe *f* -, -n *см.* **Kammerfrau**
Kamm∥garn *n* -(e)s, -e камвольная пряжа; трико
Kamm∥rad *n* -(e)s, -räder *тех.* зубчатое колесо
Kampagne [-'panjə] ⟨*lat.-it.-fr.*⟩ *f* -, -n **1.** кампания; **2.** *воен.* поход, кампания
kampeln, sich *разг.* ссориться
Kampf *m* -(e)s, Kämpfe борьба; бой; состязание; **~ ums Dasein** борьба за существование; **auf Leben und Tod** борьба не на жизнь, а на смерть
Kampf∥abschnitt *m* -(e)s, -e *воен.* **1.** участок боевых действий; **2.** этап боя
Kampf∥ansage *f* -, -n вызов (на бой) *(тж. перен.)*
Kampf∥aufmarsch *m* -(e)s, -märsche *воен.* развёртывание для боя
Kampf∥aufstellung *f* -, -en боевой порядок

Kampf‖banner *n* -s, - боевое знамя, знамя борьбы
kampfbereit *a* готовый к бою, боеспособный
kämpfen *vi (für, um* A, *mit* D, *gegen* A*)* бороться, драться, сражаться; *воен.* вести бой *(за что-л.; с кем-л., с чем-л.; против чего-л.)*; **für (um) Frieden ~** бороться за мир; **mit offenem Visier ~** бороться с открытым забралом; **mit dem Lachen ~** с трудом сдерживать свой смех; **auf Leben und Tod ~** биться не на жизнь, а на смерть
Kämpfer *m* -s, - боец, воин; борец; поборник *(чего-л.)*; **~ und Waffen** *pl воен.* живая сила и техника
kampferprobt *a* испытанный в боях
Kampf‖flugzeug *n* -(e)s, -e боевой самолёт, самолёт-бомбардировщик
Kampf‖genosse *m* -n, -n соратник, боевой товарищ
Kampf‖hahn *m* -(e)s, -hähne бойцовый петух; *перен.* драчун, забияка
Kampf‖handlung *f* -, -en боевое действие
Kampf‖kraft *f* -, -kräfte боевая сила, боевая мощь, боеспособность
kampflustig *a* воинственный; воинствующий
Kampf‖platz *m* -es, -plätze 1. арена борьбы; 2. поле боя
Kampf‖richter *m* -s, - *спорт.* арбитр, судья *(соревнований)*
Kampf‖ring *m* -(e)s, -e ринг *(бокс)*
Kampf‖ruf *m* -(e)s, -e боевой клич
Kampf‖spiel *n* -(e)s, -e турнир, состязание
Kampf‖stellung *f* -, -en боевое расположение
Kampf‖stoff *m* -(e)s, -e боевое отравляющее вещество
Kampf‖wagen *m* -s, - 1. танк; 2. *ист.* боевая колесница
Kampf‖wille *m* -ns готовность к борьбе, боевой энтузиазм
kampieren *vi* 1. *воен., уст.* располагаться лагерем; 2. временно устроиться в палатке; жить в примитивных условиях [без удобств]
Kamtschatka *(n)* -s Камчатка *(п-ов на С.-В. РФ)*
Kanada *(n)* -s Канада *(гос-во на С. Америки)*
Kanádi¦er *m* -s, -; **~in** *f* -, -nen канадец, -дка
kanádisch *a* канадский
Kanaille [-'naljə] *<lat.-it.-fr.> f* -, -n подлец, негодяй
Kanál I *<lat.> m* -s, -näle 1. канал; арык; 2. *анат.* канал, проток; ◊ **ich habe den ~ voll!** *разг.* с меня хватит!, больше не могу!
Kanál II *m* -s пролив Ла-Манш; см. **Ärmel‖kanal**
kanalisíeren *<sumer.-babilon.-gr.-lat.-it.> vt* 1. шлюзовать *(реки)*; 2. прокладывать каналы *(где-л.)*, канализировать *(что-либо)*; 3. *перен.* направлять по разным каналам
Kanapée ['kanape] *<gr.-lat.-fr.> n* -s, -s кушетка, диван
Kanáren *pl* Канарские острова; см. **Kanarische Inseln**
Kanári¦en‖vogel *m* -s, -vögel *зоол.* канарейка
Kanárische Inseln *pl* Канарские острова *(группа о-вов в Атлантическом океане, у сев.-зап. берегов Африки)*
Kandel‖zucker *m* -s леденец
Kandidát *<lat.> m* -en, -en 1. кандидат; **jmdn. als ~en aufstellen** выставлять чью-л. кандидатуру; 2. студент-дипломник
Kandidatúr *<lat.> f* -, -en кандидатура; **die ~ zurückziehen*, von der ~ absehen*** снять чью-л. кандидатуру
kandidíeren *<lat.> vi (für* A*)* выступать в качестве кандидата; выставить свою кандидатуру *(на какой-л. пост и т. п.)*
Känguruh *<aust.-engl.> n* -s, -s/-e кенгуру
Kanin *<lat.-fr.> n* -(e)s, -e кроличий мех
Kanínchen *n* -s, - кролик
Kanínchen‖fell *n* -(e)s, -e см. **Kanin**
Kanínchen‖pelz *m* -es, -e кроличья шуба
Kanínchen‖stall *m* -(e)s, -ställe крольчатник
Kanínchen‖zucht *f* - кролиководство
Kanne *f* -, -n кувшин; чайник; бидон *(для молока)*; ◊ **es gießt wie mit [aus] ~n** *разг.* дождь льёт как из ведра
kannte *impf от* **kennen***
Kanon *<sumer.-babilon.-gr.-lat.> m* -s, - канон, правило, устав, предписание
Kanóne *<sumer.-babylon.-gr.-lat.-it.-fr.> f* -, -n 1. пушка; 2. *перен.* видная персона, шишка, туз; ◊ **nach [auf] Spatzen mit ~n schießen*** стрелять из пушки по воробьям
Kanónen‖boot *n* -(e)s, -e канонерка
Kanónen‖donner *m* -s канонада, гром пушек
Kanónen‖futter *n* -s пушечное мясо
"Kanónen statt Butter" "пушки вместо масла" *(фаш. лозунг, призывавший к вооружению Германии)*
Kanoníer *<sumer.-babylon.-gr.-lat.-it.-fr.>* *m* -s, -e канонир, рядовой артиллерии

Kante *f* -, -n **1.** край, ребро, грань, выступ; **2.** кант, кайма, кромка, бордюр; **3.** горбушка, краюшка *(хлеба);* ◇ **auf die hohe ~ legen** откладывать на чёрный день; делать сбережения
kanten *vt* **1.** кантовать; обтёсывать, окаймлять; **2.** ставить на ребро *(ящик, лыжи)*
kantig *a* угловатый; имеющий грани; ребристый, гранёный
Kantíne <*gall.-it.-fr.*> *f* -, -n столовая, буфет *(при казарме, фабрике и т.д.)*
Kantón <*lat.-it.*> *m* -s, -e кантон *(федеративная единица в Швейцарии; имеет собственный парламент и собственное правительство)*
Kantóns‖rat *m* -es, -räte кантональный совет *(назв. парламента в некоторых кантонах Швейцарии)*
Kantor <*lat.*> *m* -s, -tóren *муз.* кантор, регент хора
Kanu <*karib.-span.-fr.-engl.*> *n* -s, -s *спорт.* каноэ *(лодка)*
Kanzel <*lat.*> *f* -, -en церковная кафедра
Kanzléi *f* -, -en канцелярия
Kanzléi‖sprache *f* -, -n канцелярский язык
Kanzléi‖stil *m* -s, -e канцелярский стиль
Kanzler <*lat.*> *m* -s, - канцлер
Kanzlist <*lat.*> *m* -en, -en канцелярист
Kap <*lat.-fr.-niederl.*> *n* -s, -s мыс
Kapazität <*lat.*> *f* -, -en **1.** ёмкость, вместимость; **2.** *тех.* (производственная) мощность, (пропускная) способность; **3.** крупный специалист, крупная величина
Kap der Guten Hoffnung *n* -s мыс Доброй Надежды *(на Ю.-З. Африки)*
Kapélle <*lat.*> *f* -, -n **1.** часовня; **2.** *муз.* капелла
Kapéll‖meister *m* -s, - капельмейстер, дирижёр
kapern I *vt* **1.** захватывать *(судно);* **2.** *разг.* подцепить; II *vi* заниматься каперством [пиратством]
kapíeren <*lat.*> *vt разг.* понимать, смекать
kapitál <*lat.*> *a* капитальный, основательный
Kapitál <*lat.-it.*> *n* -s, -s /-i¦en капитал; **fixes ~** основной капитал; **konstántes ~** постоянный капитал; **variábles ~** переменный капитал; **zirkulíerendes ~** оборотный капитал; **~ aus etw. (D) schlagen*** извлекать пользу из чего-л.; **das ~ verzinst sich gut** капитал даёт большие проценты
Kapitál‖abwanderung *f* -, -en *эк.* утечка [отлив] капитала
Kapitál‖anlage *f* -, -n капиталовложение
Kapitalísmus <*lat.-it.-engl.*> *m* - капитализм
kapitalístisch <*lat.-it.-engl.*> *a* капиталистический
Kapitál‖mangel *m* -s *эк.* недостаток [нехватка] капитала
Kapitän <*lat.-it.-fr.*> *m* -s, -e *мор., спорт.* капитан
Kapítel <*lat.*> *n* -s, - **1.** глава *(в книге);* **2.** капитул; ◇ **das ist ein trauriges ~** это печальная история; **das ist ein ~ für sich** это особая статья
Kapitól <*lat.*> *n* -s Капитолий *(1. храм Юпитера в Риме;* **2.** здание конгресса в США*)*
Kapitulatión <*lat.-fr.*> *f* -, -en капитуляция, сдача; **bedingungslose ~** безоговорочная капитуляция
Kappe *f* -, -n **1.** шапка; колпак; **2.** капюшон; *церк.* клобук; **3.** *тех.* колпак, чехол, крышка; **4.** носок *(сапога);* ◇ **etw. auf seine ~ nehmen*** взять что-л. на свою ответственность [на свой страх и риск]; **jedem Narren gefällt seine ~** *посл.* ≡ всяк кулик своё болото хвалит
kappen *vt* **1.** отрубать; **einen Mast ~** рубить мачту; **2.** подрезать [отрезать] верхушку *(дерева, куста);* **3.** холостить *(животных);* **4.: Stiefel ~** приделывать носки к сапогам; **5.** *охот.* надевать *(соколу)* клобучок; **6.** *разг.* дать нахлобучку *(кому-л.)*
Kapp-Putsch *m* -es Капповский путч *(попытка контрреволюционного переворота 13–17.3.1920 в Германии, предпринятая реакцией во главе с крупным помещиком В. Каппом)*
Kapri *(n)* -s Капри; *см.* Capri
kapriziös <*lat.-it.-fr.*> *a* капризный, своенравный
Kapsel <*lat.*> *f* -, -n **1.** футляр, коробка; корпус *(часов);* **2.** капсула *(лекарство);* **3.** *тех.* изложница; капсюль *(у взрывного устройства);* **4.** *ав.* капсула, кабина; **5.** *бот.* коробочка; **6.** *анат.* коробка *(черепа)*
Kapstadt *(n)* -s Кейптаун *(город Южно-Африканской Республики)*
Kap Tscheljúskin *(n)* -s мыс Челюскина *(сев. оконечность Таймырского п-ва)*
kapútt <*fr.*> *a разг.* разбитый, сломанный, испорченный; **~ machen** (ис)портить, сломать
kapútt‖gehen* *vi* (s) *разг.* испортиться; (с)ломаться; разбиться
kapútt‖lachen, sich *разг.* умирать со смеху

Kapúze ‹*lat.-it.*› *f* -, - капюшон, башлык; *церк.* клобук; **die ~ überziehen*** надевать капюшон; **die ~ zurückschlagen*** спускать капюшон

Kapuzíener *m* -s 1. *церк.* капуцин; 2. *австр.* "капуцин" (чёрный кофе со сливками или молоком и посыпанный сверху шоколадной пудрой или порошком какао)

Kapvérdische [-ˈvɛr-] **Inseln** *pl* острова Зелёного мыса (архипелаг вулканических о-вов в Атлантическом океане)

Karabíner ‹*fr.*› *m* -s, - карабин

Karáffe ‹*arab.-span.-it.-fr.*› *f* -, -n графин

Karakalpáki|en (*n*) -s Каракалпакия (автономная республика в составе Узбекистана)

Karakúm *f* - Каракумы (пустыня в Туркмении)

Karamél ‹*gr.-lat.-span.-fr.*› *m* -s жжёный сахар

Karaméllе ‹*gr.-lat.-span.-fr.*› *f* -, -n *б. ч. pl* карамель (конфеты, *б. ч.* сливочные)

Karasee *f* - Карское море (окраинное море Сев. Ледовитого океана у сев. берега Азии)

Karátschi (*n*) -s Карачи (город, экономический центр и порт Пакистана)

Karáusche ‹*russ.-lit.*› *f* -, -n карась

Karawáne ‹*pers.-it.*› *f* -, -n 1. караван; 2. процессия

Karawánken *pl* Караванкен (горы в Австрии и Словении)

Karbonát ‹*lat.*› *n* -(e)s, -e *хим.* углекислая соль

Kardinál‖zahl *f* -, -en количественное числительное

Karéli|en (*n*) -s, - Карелия (автономная республика на С.-З. Российской Федерации)

Karéli|er *m* -s, - карел (житель Карелии)
karélisch *a* карельский

Karen Кáрен (жен. имя)

Kar‖freitag *m* -s, -e Страстная Пятница (религиозный праздник перед Пасхой)

karg *a* 1. скупой, расчётливый; 2. скудный, убогий, бедный; **besser ~ als arg** *посл.* ≅ бедность не порок

kargen *vi* (*mit* D) скупиться (на что-л.); скряжничать, скаредничать; **mit Worten ~** скупиться на слова

Kargheit *f* - скупость, скряжничество

kärglich *a* скудный, бедный, ничтожный

Karíbisches Meer *n* -es Карибское море (полузамкнутое море Атлантического океана между Юж. Америкой, Центральной Америкой, Большими и Малыми Антильскими о-вами)

karíert ‹*lat.-fr.*› *a* в клеточку (*ткань и т. п.*), клетчатый

karikíeren ‹*gall.-lat.-it.*› *vt* шаржировать, представлять [изображать] в карикатурном виде

Karin Карин (жен. имя)

Karína Карина (жен. имя)

Karl Карл (муж. имя)

Karla Карла (жен. имя)

Karlhéinz Карлхайнц/Карлгейнц (муж. имя)

Karlmann Кáрлманн (муж. имя)

Karls‖horst (*n*) -es Карлсхорст (р-н Берлина, где 8.5.1945 был подписан акт о безоговорочной капитуляции фаш. Германии)

karmesínrot *a* ярко-красный, малиновый

Karnische Alpen *pl* Карнийские Альпы (горы на границе Австрии и Италии)

Kärnten (*n*) -s Каринтия (земля в Австрии)

Karo ‹*lat.-fr.*› *n* -s, -s 1. ромб; 2. бубны (в картах)

Karóla Карóла (жен. имя)

Karolíne Каролина (жен. имя)

Karolínen *pl* Каролинские острова (группа о-вов в зап. части Тихого океана)

Karolínger *pl* Каролинги (королевская династия во Франкском гос-ве ‹8–10 вв.›; название от имени Карла Великого ‹742–814›)

Karosseríe ‹*lat.-it.-fr.*› *f* -, -ri|en кузов

Karpáten *pl* Карпаты (горная система в Европе в пределах Словакии, Польши, Молдавии, Румынии и Венгрии)

Karpfen *m* -s, - карп

Karpfen blau *m* -s, - "карпфенблау" (отварной карп особого приготовления; традиционное нем. блюдо к Рождеству и Новому году)

Karre ‹*lat.*› *f* -, -n тележка; тачка; ◇ **die ~ läuft schief** дело не ладится; **die ~ aus dem Dreck ziehen*** выправить [наладить] дело

karren *vt* 1. везти в тележке [на тачке]; 2. медленно везти

Kárren *m* -s, - см. Karre

Karriére ‹*gr.-lat.-provenzal.-fr.*› *f* -, -n 1. карьера; **~ machen** сделать карьеру; 2. карьер (аллюр); **in vollster ~** карьером, во весь опор

Karri|eríst ‹*gall.-lat.-provenzal.-fr.*› *m* -en, -en карьерист

Kar‖samstag *m* -es, -e Страстная Суббота (религиозный праздник перед Пасхой)

Kar‖sonnabend *m* -s, -e Страстная Суббота; см. Karsamstag

Karstadt AG *f* - "Карштадт АГ" *(крупнейший концерн-универмаг в ФРГ)*
Kartätsche <*ägypt.-gr.-lat.-it.-fr.*> *f* -, -n картечь
Karte <*gr.-lat.-fr.*> *f* -, -n **1.** карта *(географическая)*; **die ~ lesen*** читать карту; **2.** *(почтовая)* открытка; **3.** билет *(проездной, театральный)*; **4.** карточка, меню; **5.** карточка *(продовольственная)*; **6.** карточка *(визитная)*; **7.** карта *(игральная)*; **ein Spiel ~n** колода карт; **~n aufdecken** открывать карты; **eine ~ ausspielen** пойти с карты; **die ~ sticht** карта берёт; **sich nicht in die ~n gucken lassen*** 1) не давать заглядывать в свои карты; 2) скрывать свои намерения; **alle ~n in der Hand behalten*** иметь все карты на руках; **alles auf eine ~ setzen** поставить всё на карту; **~n legen** гадать на картах; **mit offenen ~n spielen** играть [действовать] в открытую [открыто]
Kartéi *f* -, -en картотека
Kartéll <*ägypt.-gr.-lat.-it.-fr.*> *n* -s, -e **1.** эк. картель; **2.** соглашение, блок
Karten‖bestellung *f* -, -en заказ билетов; **~en entgegennehmen*** принимать предварительные заказы на билеты
Karten‖kunde *f* - география
Karten‖legerin *f* -, -nen гадалка
Karthágo *(n)* -s Карфаген *(ист., рабовладельческий город-государство, а затем держава в Сев. Африке, на берегу Тунисского залива)*
kartieren <*gr.-lat.-fr.*> *vt* **1.** включать в картотеку, приобщать к делу; **2.** обозначать на карте *(что-л.)*
Kartóffel <*span.*> *f* -, -n картофель; картофелина; **neue [junge] ~n** молодой картофель; **~n in der Schale** картофель в мундире; **~n ausmachen [graben*, roden]** копать картофель; **~n lesen*** собирать картофель *(на поле)*; **~n legen [auslegen, setzen]** сажать картофель
Kartóffel‖miete *f* -, -n картофельный бурт
Kartóffel‖pflanzgut *n* -es семенной картофель
Kartóffel‖puffer *m* -s, - картофельные оладьи
Kartóffel‖roder *m* -s, - картофелекопатель
Kartóffel‖stärke *f* - картофельный крахмал
Kartóffel‖vollerntemaschine *f* -, -n картофелеуборочный комбайн
Karton [-'tɔ̃] <*ägypt.-gr.-lat.-it.-fr.*> *m* -s, -s ['tɔːn]/-e **1.** картон; **2.** картонка; картонная коробка; картонный футляр

kartonieren <*ägypt.-gr.-lat.-it.-fr.*> *vt* переплетать в картон
Kartothék <*gr.*> *f* -, -en картотека
Karussél <*it.-fr.*> *n* -s, -e/-s карусель
Kar‖woche *f* -, -n Страстная Неделя *(в христианских церквах последняя неделя Великого Поста перед Пасхой)*
Kasáche *m* -n, -n казах
Kasáchin *f* -, -nen казашка
kasáchisch *a* казахский
Kasachstán *(n)* -s Казахстан *(гос-во в Средней Азии и Юго-Зап. Сибири)*
Kasán *(n)* -s Казань *(адм. центр Татарстана)*
Kaschémme <*zigeun.*> *f* -, -n **1.** кабак; **2.** притон
kaschen *vt* груб. схватить, арестовать *(кого-л.)*
kaschieren <*lat.-fr.*> *vt* **1.** полигр. кашировать, обтягивать бумагой; **2.** прятать, укрывать, маскировать
Käse *m* -s, - **1.** сыр; **2.:** ◊ **drei ~ hoch** от горшка три вершка; **3.** творог; ◊ **das ist doch alles ~** это всё чушь [вздор]
Kase‖in <*lat.*> *n* -s казеин
Käse‖kuchen *m* -s,- "кезекухен" *(изделие из теста, покрытого толстым слоем сладкого творога)*
käsen I *vt* делать сыр, створаживать; II *vi* **1.** створаживаться; **2.** разг. молоть чушь [вздор]
Käseréi *f* -, -en сыроварня; сырный завод
Kasérne <*lat.-fr.*> *f* -, -n казарма
Kasimir Казимир *(муж. имя)*
Kasíno <*lat.-it.*> *n* -s, -s казино, клуб; офицерское собрание
Kaskáde <*lat.-it.-fr.*> *f* -, -n каскад; ступенчатый спуск
Kaspar Каспар *(муж. имя)*
Kasperle *m* -s Касперле *(один из главных положительных героев кукольного театра, наподобие Петрушки)*
Kásperle‖theater *n* -s кукольный театр
kaspern *vi* разг. дурачиться
Kaspisches Meer *n* -es Каспийское море *(внутреннее море на границе Европы и Азии)*
Kaspisee *f* - Каспийское море; см. **Kaspisches Meer**
Kasse <*lat.-it.*> *f* -, -n **1.** касса; денежный ящик; **Geld an der ~ zahlen** платить деньги в кассу; **bei der ~ sein** быть при деньгах; **~ machen** подсчитывать кассу; **getrennte ~ führen** жить каждый на свои средства; **2.** больничная касса
Kassel *(n)* -s Кассель *(город в ФРГ, земля Гессен)*

Kassen‖arzt *m* -es, -ärzte врач больничной кассы
Kassen‖schalter *m* -s, - окошечко кассы, касса
Kassen‖schein *m* -(e)s, -e банковский билет
Kassen‖zettel *m* -s, - (кассовый) чек
Kasserólle <*lat.-fr.*> *f* -, -n кастрюля
Kassétte <*lat.-it.-fr.*> *f* -, -n **1.** денежная шкатулка; **2.** кассета; футляр
kassíeren <*lat.-it.*> *vt*. **1.** принимать в кассу; **Beiträge ~** собирать взносы; **2.** изымать из обращения *(деньги)*; **3.** *юр.* кассировать, отменять; **4.** раскассировать; **5.** *воен.* разжаловать
Kassierer <*lat.-it.*> *m* -s, -; **~in** *f* -, -nen кассир, кассирша
Kaßler *n* -s касслер *(солёная прикопчённая корейка)*
Kastagnetten [-ˈnjɛtən] <*gr.-lat.-sp.*> *pl* кастаньеты
Kastáni|e <*gr.-lat.*> *f* -, -n каштан; ◊ **für jmdn. die ~n aus dem Feuer holen** таскать для кого-л. каштаны из огня; **sich die ~n aus dem Feuer holen lassen*** чужими руками жар загребать
Kästchen *n* -s, - ящичек, ларец, шкатулка
Kaste <*lat.-port.-fr.*> *f* -, -n каста
kastéien, sich *перен.* бичевать себя, умерщвлять свою плоть
Kastéll <*lat.*> *n* -s, -e укреплённый замок
Kastellán <*lat.*> *m* -s, -e; **~in** *f* -, -nen кастелян, -ша *(смотритель замка, общественного здания)*
Kasten *m* -s, -/Kästen **1.** ящик, сундук; ларь; **alles in einen ~ schmeißen*** валить всё в одну кучу; **2.** *тех.* опока; ящик; кузов; **3.** *полигр.* наборная касса; **4.** *воен.* магазинная коробка
Kasten‖brot *n* -(e)s, -e формовой хлеб
kastríeren <*lat.*> *vt* кастрировать
Kasu|ístik <*lat.*> *f* - казуистика
Kasus <*lat.*> *m* -, **1.** казус, (редкий) случай; **2.** *грам.* падеж; **oblíquer ~** косвенный падеж
Katalóg <*gr.-lat.*> *m* -s, -e каталог
katalogisíeren <*gr.-lat.*> *vt* каталогизировать, вносить в каталог *(что-л.)*; составлять каталог *(чего-л.)*
Katalóni|en *(n)* -s Каталония *(область у сев.-вост. побережья Испании)*
Katapúlt <*gr.-lat.*> *m, n* -(e)s, -e **1.** *ав.* катапульта; **2.** рогатка, праща
Katárrh <*gr.-lat.*> *m* -s, -e *мед.* катар
Katáster <*gr.-lat.-it.*> *m, n* -s, - *юр.* кадастр

Katastróphe <*gr.-lat.*> *f* -, -n катастрофа; **eine ~ spielte sich ab** произошла катастрофа
Kätchen Кэтхен *(ласкательная форма жен. имени Katharina)*
Kate *f* -, -n хата, хижина, лачуга, хибарка
Kategoríe <*gr.-lat.*> *f* -, -ri|en категория; *спорт.* класс, разряд
kategórisch <*gr.-lat.*> *a* категоричный, безусловный
Kater I *m* -s, - кот; **der gestiefelte ~** Кот в сапогах *(в сказке)*
Kater II <*gr.*> *m* -s - похмелье; **er hat einen ~** у него трещит голова с похмелья
Katharína/Katharíne Катарина/Екатерина *(жен. имя)*
Kathe/Käthe Катя/Кэте *(краткая форма жен. имени Katharína/Katharíne)*
Kathéder <*gr.-lat.*> *n, m* -s, - кафедра
Kathéder‖weisheit *f* -, -en учёная премудрость
Kathedrále <*gr.-lat.*> *f* -, -n кафедральный собор
Kathéte <*gr.-lat.*> *f* -, -n *мат.* катет
Kathóde <*lat.*> *f* -, -n *физ.* катод
Katholík <*gr.*> *m* -en, -en; **~in** *f* -, -nen католик, -личка
Kathólische Jugend Österreichs *f* - Католическая молодёжь Австрии *(организация молодёжи католического вероисповедания)*
Katholizísmus <*gr.*> *m* - католичество, католицизм
Kathréin Катрайн/Катрэн *(ласкательная форма жен. имени Katharina)*
Kathríne Катрина *(ласкательная форма жен. имени Katharina)*
Katmándu *(n)* -s Катманду *(столица Непала)*
Kattegát *n* -s Каттегат *(один из проливов, соединяющих Балтийское и Северное моря)*
Kattún <*arab.-niederl.*> *m* -s, -e ситец; ◊ **jmdn. ~ geben*** *разг.* задать перцу кому-л.; *воен., разг.* хорошенько всыпать *(противнику)*
katz|buckeln *vi разг.* **1.** *(vor D)* низко кланяться, льстить *(кому-л.)*; **2.** *спорт.* выгибать спину
Katze *f* -, -n **1.** кошка; **die ~ putzt sich** кошка моется; **geschmeidig [flink] wie eine ~** гибкий [ловкий] как кошка; **da war keine ~** там не было ни души; **2.** *тех.* кошка; крановая тележка; ◊ **das ist für die Katz** это напрасно, это ни к чему; **die ~ aus dem Sack lassen*** *разг.*

дать тайну; **wie die ~ um den heißen Brei herumgehen*** ≅ ходить вокруг да около

Katzen∥buckel *m* -s, - **1.** спина кошки; **2.** низкий поклон; **einen ~ machen** (*vor* D) низко кланяться; льстить (*кому-л.*)

Katzen∥jammer *m* -s похмелье; **er hat ~** у него голова трещит с похмелья

Kauderwelsch *n* -es **1.** исковерканная речь; **ein ~ sprechen*** коверкать язык; **2.** тарабарщина; непонятная речь

kauen *vt, vi* **1.** жевать, пережёвывать; **2.**: **die Worte ~** мямлить; **3.** грызть; кусать; **die Nägel ~, an den Nägeln ~** кусать ногти

kauern I *vi* **1.** сидеть на корточках; сидеть съёжившись; **2.** притаиться; II **~, sich 1.** садиться на корточки; съёжиться; **2.** притаиться

Kauf *m* -(e)s, Käufe покупка, купля, сделка; ◊ **etw. mit in den ~ nehmen*** мириться с чем-л.; **leichten ~s davonkommen*** дёшево [легко] отделаться

kaufen *vt* купить, покупать; **im Einzelhandel ~** купить в розницу; **im Großhandel ~** покупать оптом; **auf Abzahlung [auf Raten] ~** покупать в рассрочку; **um viel Geld ~** купить за большие деньги; ◊ **sich (D) einen Affen ~** *разг.* напиться допьяна

Käufer *m* -s, -; **~in** *f* -, -nen покупатель, -ница

Kauf∥halle *f* -, -n универсам

Kauf∥haus *n* -es, -häuser универмаг, универсальный магазин

Kaufhof AG *f* - "Кауфхоф АГ" (*один из крупнейших концернов-универмагов в ФРГ*)

Kauf∥kraft *f* - покупательная способность; **~ des Geldes** покупательная сила денег

Kauf∥laden *m* -s, -/-läden магазин, лавка

käuflich *a* продажный

Käuflichkeit *f* - продажность

Kauf∥mann *m* -(e)s, -leute торговец, коммерсант, купец; лавочник

kaufmännisch *a* коммерческий, торговый

Kaufmannschaft *f* - **1.** купеческое сословие, купцы; **2.** коммерческий мир

Kauf∥preis *m* -es, -e покупная цена; **einen ~ bieten*** предложить цену (*со стороны покупателя*)

kaufweise *adv* путём покупки

Kauf∥wünsche *pl* запросы покупателей

Kau∥gummi *m* -s жевательная резинка; *ирон.* жвачка

Kaukási∥er *m* -s, -; **~in** *f* -, -nen кавказец, -казка

Kaukasus *m* - Кавказ (*горная страна между Чёрным и Каспийским морями*)

Kaul∥barsch *m* -es, -bärsche *зоол.* ёрш

Kaul∥quappe *f* -, -n *зоол.* головастик

kaum *adv* едва (ли); еле; чуть; лишь только; **es ist ~ zu glauben** трудно поверить

Kausál∥satz *m* -es, -sätze *грам.* придаточное предложение причины

Kautión <*lat.*> *f* -, -en поручительство, порука, залог; **gegen ~** под залог

Kauz *m* -es, Käuze **1.** сова, сыч; **2.** чудак; **drolliger [komischer, närrischer] ~** чудаковатый [забавный] малый; **lustiger ~** весёлый малый, весельчак

Kavalíer [-v-] <*lat.-it.-fr.*> *m* -s, -e кавалер

Kavallerie [-v-] <*it.-fr.*> *f* -, -ri∣en кавалерия, конница

Kavallerist <*it.-fr.*> *m* -en, -en кавалерист

Kaviar [-via:r] <*türk.-it.*> *m* -s, -e икра; **körniger ~** зернистая икра; **gepreßter ~** паюсная икра

keck *a* смелый, дерзкий; **ein ~es Hütchen** кокетливая шляпка

Keckheit *f* - смелость, дерзость, лихость

Kegel *m* -s, - кегля; *мат.* конус; ◊ **mit Kind und ~** со всей семьёй, со всеми домочадцами

kegel∥artig, ~förmig *a* конусообразный

Kegel∥bahn *f* -, -en кегельбан, площадка [помещение] для игры в кегли

kegeln *vi* играть в кегли

Kegel∥schnitt *m* -(e)s, -e *мат.* коническое сечение

Kegel∥stumpf *m* -(e)s, -stümpfe *мат.* усечённый конус

Kehle *f* -, -n гортань, горло; **aus voller ~** во всё горло, громко; **sich die ~ ausschreien*** охрипнуть от крика; **etw. in die unrechte ~ bekommen*** поперхнуться чем-л.; **mir ist die ~ wie zugeschnürt** у меня перехватило дух; **jmdm. das Messer an die ~ setzen** брать кого-л. за горло

Kehl∥kopf *m* -(e)s, -köpfe *анат.* гортань

Kehlkopf∥entzündung *f* -, -en *мед.* ларингит, воспаление гортани

Kehl∥laut *m* -(e)s, -e гортанный звук

Kéhraus: den ~ machen (D) **1)** покончить (с чем-л.); **2)** выгнать (кого-л.)

Kehre *f* -, -n **1.** *спорт.* поворот; **2.** извилина (*дороги*)

kehren I *vt* поворачивать, повернуть; **den Blick zum Himmel ~** обратить взор к небу; **alles zum besten ~** повернуть всё к лучшему; II *vi* (s) поворачивать-

ся, повернуться; **kehrt!** кругом! *(команда)*; **in sich (A) gekehrt** задумчивый, углублённый в свои мысли; **III ~, sich 1.** поворачиваться; **2.** *(an A)* считаться *(с кем-л., с чем-л.)*; обращать внимание *(на кого-л., на что-л.)*
kehren II *vt* мести, подметать
Kehricht *n, m* -(e)s сор, мусор; дрянь
Kehr‖reim *m* -s, -e припев, рефрен
Kehr‖seite *f* -, -n оборотная [обратная] сторона, изнанка; **die ~ der Medaille** [-'dalje] оборотная сторона медали *(тж. перен.)*
Kehrt‖kurve [-və] *f* -, -n ав. разворот; **steile ~** боевой разворот
kehrt|machen *vi* **1.** *воен.* поворачиваться кругом; **2.** пойти [повернуться] обратно
Kehrt‖wendung *f* -, -en *воен., спорт.* поворот *(кругом)*; *ав.* разворот
keifen *vi* браниться, ругаться
Keiferéi *f* -, -en перебранка, ругань, брань
Keil *m* -(e)s, -e клин; шпонка; **einen ~ eintreiben*** заклинивать, вгонять клин; **einen ~ zwischen jmdn. treiben*** поссорить кого-л.; вогнать клин между кем-либо; ◇ **ein ~ treibt den anderen** посл. клин клином вышибают
keilen I *vt* **1.** забивать, загонять, вбивать, вколачивать; **2.** *разг.* (по)бить; поколотить; **3.** *(für A) разг.* вербовать *(куда-л.)*; **II ~, sich** *разг.* драться
Keiler *m* -s, - (дикий) кабан
Keileréi *f* -, -en драка, потасовка
keilförmig *a* клинообразный, клиновидный
Keil‖hose *f* -, -n лыжные брюки
Keil‖schrift *f* - клинопись
Keim *m* -(e)s, -e росток; зародыш; зачаток; **~e treiben*** прорастать, пускать ростки; **etw. im ~(e) ersticken [erdrosseln]** подавить [уничтожить] что-л. в зародыше
Keim‖drüse *f* -, -n *анат.* половая железа
keimen *vi* **1.** прорастать, пускать ростки; **2.** *перен.* зарождаться, возникать, развиваться
Keim‖fähigkeit *f* - *с.-х.* всхожесть
keimfrei *a* стерильный, стерилизованный
Keimling *m* -s, -e *бот.* росток, побег
kein *pron indef m (f* **keine,** *n* **kein,** *pl* **keine,** *без сущ.: m* **keiner,** *f* **keine,** *n* **kein(e)s,** *pl* **keine)** не; ни один; никакой; никто; **auf ~en Fall** ни в коем случае; **ich habe ~ Heft** у меня нет тетради
keinerlei *a* никакой; **auf ~ Weise** никоим образом

keinerseits *adv* ни с какой стороны
keines‖falls *adv* ни в коем случае
keines‖wegs *adv* отнюдь не; ничуть; никоим образом
keinmal *adv* ни разу; никогда
Keks [ke:ks] *<engl.> m, n* -/-es, -/-e печенье
Kelch *m* -(e)s, -e **1.** кубок, чаша; **den bitteren ~ leeren** испить горькую чашу; **2.** *бот.* чашечка
Kelle *f* -, -n **1.** разливательная ложка; **2.** ковш, ковшик; **3.** кельма, лопаточка *(штукатура)*
Keller *m* -s, - подвал, погреб
Kelleréi *f* -, -en **1.** винный погреб; **2.** виноделие; **3.** погребок, пивная
Keller‖geschoß *n* -sses, -sse подвальный этаж
Kellner *m* -s, -; **~in** *f* -, -nen официант, -тка
keltern *vt* выдавливать, выжимать сок *(из винограда)*
Kenia *(n)* -s Кения *(гос-во в Вост. Африке)*
Kenn‖daten *pl* данные *(о чём-л.)*
kennen* *vt* знать *(что-л., кого-л.)*; быть знакомым *(с кем-л., с чем-л.)*; **kein Maß ~** не иметь чувства меры; **sich vor Zorn nicht ~** быть вне себя от гнева
kennen‖lernen *vt* (по)знакомиться *(с кем-либо, с чем-л.)*; узнавать *(что-л.)*; **Sie werden mich noch ~!** вы ещё узнаете меня! *(угроза)*
Kenner *m* -s, - знаток
Kenntnis *f* **1.** - сведение; **von etw. (D) ~ nehmen*, etw. zur ~ nehmen*** принимать что-л. к сведению; **jmdn. in ~ setzen** *(von D)* ставить кого-л. в известность *(о чём-л.)*; **2.** -, -sse знание, познание; *pl* знания; **über ~se verfügen** располагать знаниями; **aus eigener ~** на собственном опыте
Kenn‖wert *m* -es, -e **1.** показатель, характеристика; **2.** технические данные
Kenn‖wort *n* -(e)s, -wörter пароль
Kenn‖zeichen *n* -s, - признак, примета, симптом
kénn|zeichnen *vt* **1.** отмечать, делать пометки, метить *(товары и т. п.)*; **2.** характеризовать; **diese Prozesse kennzeichnen unsere Epoche** эти процессы характеризуют нашу эпоху; **gekennzeichnet werden** ознаменоваться
Kenn‖zeichnung *f* -, -en обозначение, характеристика
Kenn‖ziffer *f* -, -n показатель; *мат.* характеристика; индекс *(эк.)*
kentern I *vt* опрокидывать *(килем вверх)*

(судно); II *vi* (s) опрокидываться *(килем вверх) (о судне)*
Kerámik <*gr.-fr.*> *f* **1.** - керамика *(гончарное искусство)*; **2.** -, -en керамика, керамическое изделие
Kerbe *f* -, -n зарубка, насечка; ◇ **in dieselbe [diegleiche] ~ schlagen*** поддакивать, подпевать *(кому-л.)*
kerben *vt* делать зарубки [насечки] *(на чём-л.)*
Kerb‖holz *n* -es, -hölzer бирка; ◇ **etw. auf dem ~ haben** 1) иметь долги; 2) иметь что-л. на совести; **bei jmdm. auf dem ~ stehen*** 1) быть должным кому-л.; 2) быть у кого-л. на заметке [на плохом счету]; **das kommt [geht] nicht aufs ~** это не в счёт
Kerb‖tier *n* -(e)s, -e насекомое
Kerker *m* -s, - тюрьма; **in den ~ werfen* [stecken]** бросить кого-л. в тюрьму
Kerl *m* -(e)s *разг.* парень; малый; субъект, тип; **fixer ~** ловкий парень; **ein ganzer ~** молодец, мужчина; **armer ~** бедняга
Kern *m* -(e)s, -e **1.** косточка; зерно, зёрнышко; **2.** сердцевина *(дерева)*; **3.** *физ.* ядро; **4.** *тех.* стержень *(винта)*; **5.** *перен.* ядро; **in ihm steckt ein guter ~** у него хорошие устои [задатки]; **6.** суть, сущность; **das ist der ~ der Frage** в этом суть вопроса; ◇ **des Pudels ~** суть дела; **wer den ~ essen will, muß die Schale knacken** *посл.* ≡ любишь кататься, люби и саночки возить
Kern‖energie *f* - ядерная [атомная] энергия
Kern‖explosion *f* -, -en ядерный взрыв
Kern‖forschung *f* -, -en исследование в области ядерной физики
Kern‖frage *f* -, -n основной вопрос
Kern‖frucht *f* -, -früchte семечковый плод
kerngesund *a* здоровенный, крепкий, крепкого здоровья
Kern‖holz *n* -es, -hölzer **1.** сердцевина дерева; внутренняя [ядровая] древесина; **2.** крепкое дерево *(как материал)*; **abgelagertes ~** выдержанное дерево
kernig *a* **1.** с косточками; **2.** ядрёный, здоровый
Kern‖ladung *f* -, -en заряд ядра
Kern‖obst *n* -es *собир.* семечковые плоды
Kern‖punkt *m* -(e)s, -e главный пункт; суть
Kern‖schuß *m* -sses, -schüsse прямой выстрел, выстрел прямой наводкой
Kern‖spaltung *f* -, -en *физ.* расщепление [расчленение] ядра
Kern‖teilung *f* -, -en *физ.* деление ядра

Kern‖truppen *pl воен.* кадровые войска; отборные части
Kern‖umwandlung *f* -, -en превращение ядер
Kern‖verschmelzung *f* -, -en синтез [слияние] ядер
Kerosín <*gr.*> *n* -s (очищенный) керосин
Kerze *f* -, -n свеча
kerzengerade *a* прямой *(как свечка)*; ровный *(о линии)*
Kerzen‖stummel *m* -s, -; **~stümpfchen** *n* -s, - огарок
Kessel *m* -s, - **1.** котёл, котелок; **2.** котловина; **3.** *воен.* котёл, окружение; **aus dem ~ herausbrechen*** выходить из окружения; **den Feind in den ~ treiben*** вести бой на окружение противника
Kessel‖haus *n* -es, -häuser кочегарка, котельная
Kessel‖pauke *f* -, -n *муз.* литавры
Kessel‖raum *m* -(e)s, -räume *см.* Kesselhaus
Kessel‖wagen *m* -s, - вагон-цистерна
Kestner-Museum *n* -s Музей Кестнера *(художественный музей в г. Ганновер, земля Нижняя Саксония* <ФРГ>*)*
Kette *f* -, -n **1.** цепь; **einen Hund an die ~ legen** посадить собаку на цепь; **2.** цепочка; ожерелье; **3.** *pl* цепи, оковы *(тж. перен.)*; **jmdn. in ~n legen [schlagen*, schießen*, schmieden]** заковать кого-л. в цепи [в кандалы]; **die ~n sprengen** разрывать цепи *(тж. перен.)*; **4.** цепь, ряд; **eine ~ von Bergen** цепь гор; **5.** *воен.* цепь *(стрелковая)*; **6.** авиационное звено; **7.** *авт.* гусеничная цепь; **8.** *радио* фильтр
ketteln *vt* **1.** посадить на цепь; **2.** вязать *(крючком)*; подбирать *(петли)*; **3.** *текст.* заплетать *(основу в цепь)*
ketten I *vt* приковывать; привязывать *(цепями, как цепями)*; заковывать в цепи; **jmdn. an sich (D) ~** приковывать кого-л. к себе, связывать чью-л. судьбу со своей; II **~, sich 1.** смыкаться; **2.** *(an* A*) перен.* привязываться *(к кому-либо)*
Ketten‖bruch *m* -(e)s, -brüche **1.** разлом [поломка] цепи *(у велосипеда и т. п.)*; **2.** *мат.* непрерывная дробь
Ketten‖glied *n* -(e)s, -er звено цепи
Ketten‖hunde *pl* "цепные псы" *(назв. в народе полицейских полевых жандармерии в фаш. Германии в годы 2-й мир. войны, которые на груди на цепочке носили спец. знак)*
Ketten‖raucher *m* -s, - заядлый курильщик

Ketten‖rechnung f -, -en; **~regel** f -, -n; **~satz** m -es, -sätze цепное правило
Ketzer m -s, - еретик
Ketzerei f -, -en ересь
keuchen vi пыхтеть; запыхаться, с трудом переводить дыхание [дух]; **schwer ~** тяжело дышать
Keuch‖husten m -s коклюш
Keule f -, -n 1. дубина; булава; палица; 2. кострец, ляжка, задняя часть (туши); ◊ **man schlägt nicht Mücken mit ~n tot** посл. ≅ из пушек по воробьям не стреляют
keusch a целомудренный, девственный
Keuschheit f - целомудрие, девственность, непорочность
Khaki ['ka:ki] <pers.-ind.-engl.> m - хаки, материя цвета хаки
Khan [ka:n] <türk.> m -s, -e хан
Khartum [kar'tu:m] (n) -s Хартум (столица Судана)
kichern vi хихикать
kidnappen vt похищать (с целью шантажа)
Kiebitz m -es, -e 1. чибис; 2. болельщик (при игре в карты)
kiebitzen vi разг. болеть (наблюдать за игрой)
Kiefer I m -s, - челюсть
Kiefer II f -, -n сосна
Kiefer‖zapfen m -s, - сосновая шишка
Kieker: jmdn. [etw.] auf dem ~ haben разг. иметь [держать] кого-л. [что-л.] на примете
Kiel I m -(e)s, -e 1. ствол пера; перо; 2. стебель; 3. киль (судна)
Kiel II (n) -s Киль (адм. центр земли Шлезвиг-Гольштейн <ФРГ>)
Kieler Woche f -, -n Кильская неделя (ежегод. междунар. соревнования по парусному спорту в Кильской бухте)
Kiel‖legung f -, -en закладка судна
Kiel‖lini|e f -, -n мор. кильватерная колонна, строй кильватера
Kiel‖raum m -(e)s, -räume трюм
Kiel‖wasser n -s мор. кильватер; **im ~ fahren*** идти в кильватере; перен. следовать (за кем-л.)
Kieme f -, -n жабра
Kien‖apfel m -s, -äpfel сосновая шишка
Kies m -es гравий
Kiesel m -s, - галька; кремень
Kiesel‖erde f -, -n хим. кремнезём
Kiesel‖stein m -(e)s, -e булыжник
Kies‖grube f -, -n гравийный карьер
Kies‖weg m -(e)s, -e гравийная дорога; дорожка, усыпанная гравием
Kijew (n) -s Киев (столица Украины)

Kigáli (n) -s Кигали (столица Руанды)
Kikeriki 1. n -s кукареку (крик петуха); **2.** m -s, -s дет. петух
Kilimandscháro m -s Килиманджаро (горный массив в Вост. Африке)
killen <engl.> vt груб. убивать
Killer <engl.> m -s, - жарг. убийца, гангстер
Kilo <fr.> n -s, - 1. кило; 2. сокр. от килограмм
Kilo‖gramm <gr.-fr.> n -s, -e/-s; с числ. - (сокр. kg) килограмм
Kilo‖meter <gr.-fr.> n -s, - (сокр. km) километр
Kind n -(e)s, -er ребёнок, дитя; **von ~ auf** с детства; ◊ **man weiß, wes Geistes ~ er ist** известно, какого поля он ягода; **mit ~ und Kegel** со всеми чадами и домочадцами, со всей семьёй; со всем скарбом; **sie hat ein ~ bekommen*** у неё родился ребёнок; **das ~ mit dem Bade ausschütten** вместе с водой выплеснуть и ребёнка; переусердствовать; **wir werden das ~ schon schaukeln** разг. мы это дело уладим [обделаем]; **gebranntes ~ scheut das Feuer** посл. ≅ пуганая ворона и куста боится
Kind‖bett n -(e)s, -en послеродовый период; роды
Kindbett‖fieber n -s родильная горячка
Kinder‖arzt m -es, -ärzte детский врач, педиатр
Kinder‖beratungsstelle f -, -n детская консультация
Kinder‖betreuung f - забота о детях
Kinder‖dorf n -es, -dörfer "детская деревня" (учебно-воспитательное учреждение для сирот в ФРГ; включает детсад, общеобразовательную и профессиональную школы)
Kinderei f -, -en ребячество, мальчишество; **~en treiben*** ребячиться, шалить
Kinder‖einrichtung f -, -en детское учреждение
Kinder‖frau f -, -en няня
Kinder‖funk m -(e)s детская радиопередача
Kinder‖garten m -s, -gärten детский сад
Kinder‖gärtnerin f -, -nen воспитательница (в детском саду)
Kinder‖heilkunde f - педиатрия
Kinder‖heim n -(e)s, -e детский дом
Kinder‖hort m -(e)s, -e группа продлённого дня (при детских садах)
Kinder‖jäckchen n -s, - распашонка
Kinder‖kaufhaus n -es, -häuser детский универмаг
Kinder‖klapper f -, -n погремушка

Kinder‖krippe f -, -n детские ясли
kinderleicht a очень простой; лёгкий
kinderlieb a любящий детей
kinderlos a бездетный
Kinderlosigkeit f - бездетность
Kinder‖mädchen n -s, - няня
Kinder‖mund m 1. -(e)s, -münder детский рот; ◇ ~ **tut Wahrheit kund** посл. устами младенца глаголет истина; 2. -(e)s детская речь, речь ребёнка
Kinder‖schuh m -(e)s, -е детский ботинок; ◇ **er ist den ~en entwachsen** он вышел из детского возраста; **(noch) in den ~en stecken** быть в младенческом возрасте
Kinder‖wagen m -s, - детская коляска
Kinder‖wärterin f -, -nen см. Kindermädchen
Kinder‖wochenheim n -(e)s, -е круглосуточные ясли
Kindes‖alter n -s, - детский возраст
Kindes‖kind n -(e)s, -er внук, внучка; **Kinder und ~er** всё потомство
Kindheit f - детство; **von ~ an** с детства
kindlich a детский
Kingston (n) -s Кингстон (столица Ямайки)
Kinn n -(e)s, -е подбородок; **das ~ auf die Hand stützen** подпереть голову рукой
Kinn‖backe f -, -n; **~backen** m -s, - челюсть
Kinn‖lade f -, -n см. Kinnbacke
Kino ⟨fr.⟩ n -s, -s кино
Kino‖vorstellung f -, -en (кино)сеанс
Kinshasa [-'ʃa:-] (n) -s Киншаса (столица Заира)
Kippe I f -, -n 1. качели; 2. ребро, край, остриё; **auf der ~ stehen*** 1) быть в неустойчивом положении; 2) быть в опасности [на краю гибели]; 3. тех. самосвал; опрокидыватель; 4. тех. отсыпь, отвал; 5. подъём разгибом (гимнастика)
Kippe II f -, -n разг. окурок
kippen I vt 1. опрокидывать; 2. тех. производить отсыпку [навалку] (опрокидывателем); II vi 1. (h) терять равновесие, качаться; 2. (s) опрокидываться; 3. (s) подниматься разгибом (гимнастика)
kippen II vt обрезать, срезать (конец чего-л.); **eine Zigarette ~** не докурить сигарету, оставить (большой) окурок; **~ und wippen** уст. подделывать монеты
Kipper m -s, - тех. самосвал; вагонетка с опрокидывающимся кузовом; опрокидыватель
Kipp‖lore f -, -n полувагон с опрокидывающимся кузовом, думпкар
Kipp‖wagen m -s, - см. Kipper
Kirche f -, -n 1. церковь; кирка (евангелическая); 2. богослужение; **~ halten*** совершать богослужение; **zur ~ läuten** звонить к обедне [к утрене, к вечерне]
Kirchen‖bann m -(e)s отлучение от церкви
Kirchen‖schiff n -(e)s, -е архит. неф
Kirch‖hof m -(e)s, -höfe кладбище
Kirch‖turm m -(e)s, -türme колокольня
Kirchturm‖politik f - недальновидная политика; политика, подчинённая местным интересам
Kirgise m -n, -n киргиз
Kirgisi¦en (n) -s ист. Киргизия (гос-во на С.-В. Средней Азии)
Kirgisin f -, -nen киргизка
kirgisisch a киргизский
Kirmes f -, -sen; **Kirmse** f -, -n кирмес, ярмарка, народные гулянья (раньше в связи с освещением храма; теперь большей частью светский праздник); ◇ **es ist nicht alle Tage ~** посл. ≡ не всё коту масленица
kirre a разг. ручной (о животных); тихий, смирный; ◇ **jmdn. ~ machen** усмирять кого-л.
Kirsch‖baum m -(e)s, -bäume вишня (дерево)
Kirsche f -, -n вишня (плод); **süße ~** черешня; ◇ **mit ihm ist nicht gut ~n essen*** ему пальца в рот не клади, с ним лучше дела не иметь
Kirsch‖kern m -(e)s, -е вишнёвая косточка
Kirsch‖wasser n -s киршвассер (вишнёвая наливка)
Kischinjów (n) -s Кишинёв (столица Молдовы)
Kissen m -s, - подушка
Kissen‖bezug m -(e)s, -züge наволочка
Kiste f -, -n ящик; сундук; **er hat ~n und Kasten voll** он живёт богато
Kitsch m -es китч/кич (дешёвка; безвкусная массовая продукция, рассчитанная на внешний эффект)
Kitt m -(e)s, -е замазка
Kittchen n - разг. тюрьма, кутузка; **jmdn. ins ~ sperren [bringen*]** посадить кого-л. в тюрьму [в кутузку, за решётку]
Kitt‖eisen n -s, - стр. шпатель (для замазки)
Kittel m -s, - китель; рабочая блуза, рабочий халат

kitten *vt* замазывать, склеивать
Kitz *n* -es, -e; **Kitze** *f* -, -n 1. кошечка; 2. козочка, козлёнок
Kitzbühel ['kitsby:l] (*n*) -s Китцбюхель (*город в Тироле* <*Австрия*>; *место проведения зимних спортивных соревнований*)
Kitzbüh(e)ler Alpen *pl* Китцбюлерские Альпы (*горы в Австрии, на границе земель Тироль и Зальцбург*)
Kitzel *m* -s 1. щекотка; 2. зуд; 3. (*nach* D) зуд, охота (*к чему-л.*)
kitz(e)lig *a* 1. боящийся щекотки; 2. перен. щекотливый
kitzeln I *vt* 1. щекотать; **den Gaumen** ~ вызвать аппетит; 2. щекотать (*самолюбие и т.п.*), льстить (*кому-л.*); II *vimp.*: **es kitzelt mich** мне щекотно
Kladde *f* -, -n черновик, черновая тетрадь
klaffen *vi* 1. тявкать; 2. разг. браниться, ворчать, брюзжать
Klafter *f, m, n* клафтер (*стар. мера длины* <1,9 *м*> *и объёма* <3,5 *м³*>)
klagbar *a* подлежащий обжалованию; ~ **werden** (*gegen* A) подавать жалобу (*на кого-л.*)
Klage *f* -, -n 1. плач, рыдание; **in laute ~n ausbrechen*** разразиться громкими рыданиями; 2. *юр.* жалоба, иск; **eine schriftliche ~** исковое заявление; **gegen jmdn. ~ erheben*** подавать жалобу на кого-л.; **eine ~ anhängig machen** возбуждать иск против кого-л.; **jmds. ~ abweisen*** отказать кому-л. в иске
Klage‖geschrei *n* -, -en вопль
klagen I *vt* жаловаться, сетовать (*на что-либо*); II *vi* 1. (*über* A) жаловаться, сетовать (*на кого-л., на что-л.*); 2. (*um* A) оплакивать (*кого-л.*); 3. (*gegen* A) подавать в суд (*на кого-л.*); **auf Schadenersatz ~** подать иск о возмещении убытков; **der klagende Teil** истец, жалобщик
Klagenfurt (*n*) -s Клагенфурт (*город в Австрии, адм. центр земли Каринтия*)
Klagenfurter Messe *f* - Клагенфуртская ярмарка (*одна из крупнейших ярмарок товаров из дерева в Зап. Европе, проводится ежегодно в Австрии в г. Клагенфурт*)
Kläger *m* -s, - истец, жалобщик; **als ~ auftreten*** выступать в качестве истца; ◇ **wo kein ~ ist, da ist auch kein Richter** на нет и суда нет
Klägerin *f* -, -nen истица, жалобщица
Klage‖schrift *f* -, -en *юр.* исковое заявление [прошение]

kläglich *a* жалобный; жалкий; плачевный
klamm *a* 1. узкий, тесный; **~e Schuhe** тесные ботинки; **wir sind sehr ~ an Geld** у нас очень туго с деньгами; 2. влажный, сырой; **~e Wäsche** сырое бельё
Klammer *f* -, -n 1. *тех.* скоба, зажим; 2. *pl* скобки; **in ~n setzen** поставить [заключить] в скобки; **die ~n auflösen** *мат.* раскрыть скобки
klammern I *vt* скреплять скобой; II ~, **sich** (*an* A) цепляться (*за кого-л., за что-л.*) (*тж. перен.*)
Klamótte *f* -, -n 1. кирпичный щебень, лом; 2. *разг.* тряпки, лохмотья; хлам; пожитки
klang *impf от* **klingen***
Klang *m* -(e)s, **Klänge** звук, тон; звон; тембр; **unter den Klängen** под звуки; ◇ **ohne Sang und ~** потихоньку, просто
Klang‖blende *f* -, -n регулятор тона
Klang‖farbe *f* -, -n тембр
Klang‖körper *m* -s, - музыкальный ансамбль
klanglos *a* беззвучный, глухой
Klang‖nachahmung *f* -, -en звукоподражание
klangvoll *a* звучный, звонкий
Klapp‖bett *n* -(e)s, -en складная кровать, раскладушка
Klappe *f* -, -n 1. клапан; 2. заслонка, вьюшка (*печи*); 3. (откидная) крышка (*парты и т. п.*); 4. форточка; ◇ **zwei Fliegen mit einer ~ schlagen*** одним ударом убить двух зайцев; **eine große ~ haben** *разг.* иметь длинный язык, быть хвастливым; **halt die ~!** *груб.* заткнись!
klappen I *vt:* **in die Höhe ~** открывать, поднимать, откидывать (*крышку, воротник и т.п.*); ◇ **der Dieb wurde geklappt** вор был накрыт [пойман]
klappen II *vi, vimp. разг.* ладиться, идти на лад; **es klappt wieder** дело опять клеится
Klapper *f* -, -n 1. трещотка, колотушка; 2. погремушка
klapperig *a* 1. стучащий, дребезжащий; 2. дряхлый; хилый
klappern *vi* 1. громыхать, стучать; дребезжать; греметь, шуметь; 2. щёлкать (*зубами, ключом*)
Klapper‖schlange *f* -, -n гремучая змея
Klapp‖fenster *n* -s, - форточка
Klapp‖sitz *m* -(e)s, -e откидное сиденье
Klapp‖stuhl *m* -(e)s, -stühle складной стул
Klaps *m* -es, -e шлепок; ◇ **er hat einen ~** у него не все дома

klar *a* 1. ясный, светлый, прозрачный; 2. ясный, понятный; ◊ **klipp und ~!** вполне ясно!; **ins ~e kommen*** договориться

Klär‖anlage *f* -, -n отстойник, отстойный бассейн, осветлительная установка

klären I *vt* 1. выяснять, разрешать *(вопрос и т. п.)*; 2. *хим.* отстаивать, осветлять; 3. полоть; 4. расчищать *(лес)*; II ~, **sich** 1. проясняться *(о погоде)*; 2. выясняться, разъясняться *(о положении дел и т. п.)*; 3. очищаться, отстаиваться

Klarheit *f* - 1. прозрачность; 2. ясность; отчётливость, вразумительность; **über etw. (A) ~ gewinnen*** уяснить себе что-л.

Klarinétte <*lat.-it.-fr.*> *f* -, -n кларнет

klar|kommen* *vi (mit* D*)* разобраться, уладить дела *(с кем-л.)*; выяснять

klar|sehen* *vi (in* D*)* ясно видеть; понимать *(что-л.)*

klar|stellen *vt* выяснять, распутать

Klärung *f* -, -en 1. прояснение *(погоды)*; 2. выяснение, разъяснение; 3. очистка, отстой *(жидкости)*

klar|werden *vi* (s) становиться ясным [понятным]; **sich (D) über etw. (A) ~** уяснить себе [понять] что-л.

Klasse I <*lat.*> *f* -, -n класс *(общества)*

Klasse II <*lat.*> *f* -, -n 1. класс *(группа учащихся)*; 2. класс, классная комната; 3. класс *(степень)*; **in ~n einteilen** классифицировать; 4. класс *(тип вагона, каюты)*

Klassen‖älteste *subst m, f* -n, -n староста класса

Klassen‖bewußtsein *n* -s классовое сознание

Klassen‖buch *n* -(e)s, -bücher классный журнал

Klassen‖gesellschaft *f* -, -en классовое общество

klassenlos *a* бесклассовый

Klassen‖vorrecht *n* -(e)s, -e классовая привилегия

Klassen‖zimmer *n* -s, - классная комната, класс

Klassen‖zugehörigkeit *f* - классовая принадлежность

klassifizieren <*lat.*> *vt* классифицировать

Klassik <*lat.*> *f* - 1. классический мир *(древнегреческий и древнеримский)*; 2. эпоха расцвета культуры

Klassiker <*lat.*> *m* -s, - классик

Klassiker‖stadt *f* - город классиков *(образное название Веймара, ФРГ)*

klassisch <*lat.*> *a* классический; образцовый

Klassizismus <*lat.*> *m* - *иск.* классицизм

Klatsch *m* -s, -e сплетня, сплетни; **~ herumtragen*** сплетничать

Klatsch‖base *f* -, -n сплетница; болтунья

Klatsch‖bruder *m* -s, -brüder сплетник; болтун

klatschen I *vt* 1. хлопать, шлёпать, прихлопнуть; 2.: **jmdm. Beifall ~** аплодировать, рукоплескать кому-л.; II *vi* 1. хлопать, шлёпать, щёлкать; **der Regen klatscht auf das Dach** дождь стучит по крыше; 2.: **in die Hände ~** хлопать [бить] в ладоши, аплодировать, рукоплескать

klatschen II I *vi (über* A*)* сплетничать, судачить *(о ком-л.)*; II *vt* выболтать

klauben *vi* 1. выбирать, выковыривать; собирать *(ягоды, хворост в лесу и т. п.)*; **in der Nase ~** ковырять в носу; 2. *(an* D*)* придираться *(к чему-л.)*; **an jedem Worte etwas zu ~ finden*** придираться к каждому слову; ◊ **in Haaren ~** быть мелочным, копаться в мелочах

Klaue *f* -, -n 1. коготь, лапа *(с когтями)*; **in die ~n fallen*** попасть кому-л. в лапы *(тж. перен.)*; 2. копыто; 3. *тех.* кулак, зубец; 4. *разг.* плохой почерк

klauen *vt разг.* украсть, стащить, стянуть

Klaus Клаус *(краткая форма муж. имени Nikolaus)*

Klause <*lat.*> *f* -, -n 1. *рел.* келья; скит 2. ущелье, горный проход

Klausel <*lat.*> *f* -, -n *юр.* клаузула, оговорка, условие *(в договоре)*

Klausner *m* -s, -; **~in** *f* -, -nen отшельник, -ница

Klausúr <*lat.*> *f* -, -en 1. *рел.* затворничество, отшельничество; 2. см. **Klausurarbeit**

Klausúr‖arbeit *f* -, -en экзаменационная (классная) работа

Klavier [-'viːr] <*lat.-fr.*> *n* -s, -e пианино, рояль, фортепьяно

Klavier‖begleitung [-'viːr-] *f* -, -en фортепианный аккомпанемент

Klavier‖spieler [-'viːr-] *m* -s, - пианист

Klavier‖stimmer [-'viːr-] *m* -s, - настройщик

kleben I *vt* клеить, наклеивать; II *vi (an* D*)* липнуть, прилипнуть, приставать *(к чему-л.)*; **der Leim klebt gut** клей хорошо держит; **an dieser Arbeit klebt viel Schweiß** над этой работой пришлось попотеть; **an seinen Fingern klebt Blut** у него руки запятнаны кровью; **an seinem Posten ~** держаться за своё место [свою должность]; **jmdm. eine (Ohrfeige) ~** *груб.* вклеить кому-л. пощёчину

Klebe∥zettel *m* -s, - наклейка
klebrig *a* 1. липкий; 2. назойливый, навязчивый
Klebrigkeit *f* -, -en 1. клейкость, липкость; 2. назойливость, навязчивость
Kleb∥stoff *m* -(e)s, -e клей, клеющее вещество
kleckern *vi* пачкаться *(за едой)*, неопрятно есть
Klecks *m* -es, -e клякса, пятно
klecksen *vi* сажать кляксы; сажать пятна; пачкать, мазать; грязно писать в тетради
Klee *m* -s клевер; ◊ **jmdn. über den grünen ~ loben** *ирон.* чрезмерно расхваливать кого-л., превозносить до небес кого-л.
Kleid *n* -(e)s, -er платье; *pl* платья, одежда *(собир.)*; **~ von der Stange** готовое платье; **sich ein ~ machen lassen*** заказывать себе платье; ◊ **~er machen Leute** *посл.* ≡ по одёжке встречают, по уму провожают
kleiden I *vt* 1. одевать; **gut gekleidet sein** быть хорошо одетым; 2. быть к лицу, идти *(кому-л.)*; 3. *(in A)* облекать *(мысли в слова и т. п.)*; II **~, sich** *(in A)* одеваться, наряжаться *(во что-л.)*
Kleider∥ablage *f* -, -n гардероб, вешалка
Kleider∥bügel *m* -s, - вешалка, плечики
Kleider∥industrie *f* -, -stri¦en швейная промышленность
Kleider∥puppe *f* -, -n манекен
Kleider∥schrank *m* -(e)s, -schränke гардероб, платяной шкаф
Kleider∥ständer *m* -s, - вешалка *(стоячая)*
Kleidung *f* -, -en одежда, платье; обмундирование
Kleidungs∥stück *n* -(e)s, -e предмет одежды; платье; часть одежды
Kleie *f* -, -n отруби
klein *a* маленький; **~ von Wuchs** невысокого роста; **~ machen** размельчить; **ein ~ wenig** немножко; **der ~e Finger** мизинец; **von ~ auf** с малых лет; **ein Wort ~ schreiben*** писать слово со строчной буквы; ◊ **~, aber ohó** *разг.* мал, да удал; **~, aber fein** *посл.* ≡ мал золотник, да дорог
Klein∥arbeit *f* -, -en кропотливая работа; **mühselige [leidige] ~** кропотливая [скучная, утомительная] работа
Kleinasi¦en *(n)* -s Малая Азия *(п-в на З. Азии)*
Klein∥bahn *f* -, -en ж.-д. узкоколейка
Klein∥bürger *m* -s, - мещанин; мелкий буржуа

Kleinbürger∥stand *m* -(e)s мещанское сословие, мещанство
Kleinbürgertum *n* -s мелкая буржуазия, мещанство
Klein∥deutsche *pl* "малогерманцы" *(политическое течение в Германии в 19 в., стремившееся к объединению Германии под гегемонией Пруссии)*
Kleine *subst* 1. *m, f, n* -n, -n малютка, малыш(-ка), крошка; **sie hat ein ~s bekommen*** у неё родился ребёнок; 2. *n* -n, -n детёныш; 3. *n* -n, -n мелочь, малое, безделица; **im ~n genau** точный [аккуратный] до мелочей; **im ~n wie im Großen, im Großen wie im ~n** в великом и малом, во всём
Kleiner Rat *m* -es, Räte малый совет *(назв. правительства в некот. кантонах Швейцарии)*
Klein∥flugzeug *n* -(e)s, -e авиетка
Klein∥geld *n* -(e)s мелочь, мелкие деньги, разменная монета
kleingläubig *a* маловерный, недоверчивый
Klein∥handel *m* -s, - розничная торговля
Klein∥handelspreis *m* -(e)s, -e розничная цена
Klein∥händler *m* -s, - мелкий [розничный] торговец
Klein∥hirn *n* -(e)s, -e мозжечок
Kleinigkeit *f* -, -en мелочь, пустяк; безделица; **sich mit ~en abgeben*** заниматься пустяками; **das ist keine ~!** это не шутка!
Kleinigkeits∥krämer *m* -s, - мелочный человек, крохобор
Klein∥kind *n* -(e)s, -er ребёнок младшего возраста
Klein∥krämerei *f* -, -en мелочность, крохоборство, меркантильность
kleinlaut *a* робкий, неуверенный
Klein∥lebewesen *n* -s, - *биол.* микроорганизм
kleinlich *a* 1. мелочный, придирчивый; 2. мелочный, мелкий; **~e Seele** мелкая душонка
Kleinlichkeit *f* -, -en 1. мелочность, придирчивость; 2. мелочность, ограниченность, ничтожество
klein∥machen I *vt* рубить *(дрова)*; расщеплять, размельчать, крошить; **das Kapital ~** промотать капитал; II **~, sich** унижаться
Klein∥mut *m* -s, - малодушие, робость, трусость
kleinmütig *a* малодушный; робкий
Klein∥packung *f* - розничная упаковка, мелкая расфасовка

klein|schneiden* *vt* мелко нарезать
Klein‖schreibung *f* -, -en написание со строчной [маленькой] буквы
kleinstädtisch *a* провинциальный
Kleinst‖maß *n* -es, -e минимальный размер, минимум
Kleinst‖wert *m* -(e)s, -e *мат.* наименьшее значение, минимум
Klein‖vieh *n* -(e)s мелкий (рогатый) скот
Kleister *m* -s, - клей, клейстер
kleistern *vt* клеить, наклеивать, мазать клейстером
Klemme *f* -, -n 1. *тех.* зажим, тиски, клемма; 2. *перен.* затруднительное положение; **in der ~ sein [sitzen*, stecken sich befinden*]** быть в тисках [нужде, затруднительном положении]
klemmen I *vt* 1. прищемлять, ущемлять, защемлять; сдавливать, сжимать; 2. *разг.* таскать, воровать; II *vi u ~, sich* прищемляться, ущемляться, защемляться; сдавливаться, сжиматься
Klemmung *f* -, -en зажим, защемление
Klemm‖vorrichtung *f* -, -en зажимное устройство
Klempner *m* -s, - жестянщик, жестяник
Klempneréi *f* -, -en мастерская жестяных изделий
Kleriker <*gr.*> *m* -s, - клирик, (католическое) духовное лицо
Klérus <*gr.-lat.*> *m* - духовенство, клир
Klette *f* -, -n репейник, лопух; **an jmdm. wie eine ~ hängen*** приставать к кому-либо как репей, липнуть к кому-л.; **er ist wie eine ~** от него не отделаешься
Kletter‖eisen *n* -s, - когти (*для влезания на столбы*)
klettern *vi* (s, h) лазать, лезть, взбираться, карабкаться; **seine Stimme kletterte höher** в его голосе зазвучали высокие нотки; ◊ **es ist auf die Bäume zu ~** это чёрт знает что
Kletter‖pflanze *f* -, -n ползучее [вьющееся] растение
Klett‖verschluß *m* -sses, -schlüsse липучка (*у одежды, обуви*)
klicken *vi* издавать короткий металлический звук
Kliff *n* -(e)s, -e отвесная скала, утёс
Klima <*gr.-lat.*> *n* -s, -s/-mate 1. климат; 2. обстановка, атмосфера
Klima‖anlage *f* -, -n кондиционер
klimmen* *vi* (s) карабкаться, взбираться
Klimperéi *f* -, -en бренчание
Klimper‖kasten *m* -s, -/-kästen *разг.* разбитый [расстроенный] рояль
Klinge *f* -, -n клинок, лезвие; **die ~n kreuzen** скрестить шпаги

Klingel *f* -, -n звонок, колокольчик
klingeln *vi* звонить; **es klingelt** звонят, звонок
Klingel‖zeichen *n* -s, - звонок (*сигнал*)
klingen* *vi* звенеть, звучать, раздаваться; **mit den Gläsern ~** чокаться; **mir ~ die Ohren** у меня звон в ушах; **das klingt anders** это другое дело
Klingenthal (*n*) -s Клингенталь (*город в ФРГ, земля Саксония; известен производством музыкальных инструментов*)
Klinik <*gr.*> *f* -, -en клиника
Klinke *f* -, -n ручка (*двери*); щеколда; ◊ **die ~n putzen gehen*** обивать пороги; побираться
klinken *vi:* **(an der Tür) ~** нажимать (на) дверную ручку
Klippe *f* -, -n 1. утёс; подводный камень; 2. *перен.* затруднение, опасность
klirren *vi* бряцать; звенеть; дребезжать (*о стекле*); **mit den Waffen ~** бряцать оружием (*тж. перен.*)
Klischée <*fr.*> *f* -, -s *полигр.* клише
klitschig *a* липкий, клейкий
Klo *n* -s, -s *разг. сокр. от* Klosett
Kloáke <*lat.*> *f* -, -n клоака; сток для нечистот, выгребная яма
Kloben *m* -s, - 1. чурбан, полено; 2. *тех.* блок; болт
klobig *a* 1. бесформенный; 2. неуклюжий, грубый
Klöckner-Humboldt Deutz *f* - "Клёкнер-Гумбольдт-Дойтц" (*одна из крупнейших машиностроительных компаний в ФРГ*)
klomm *impf от* klimmen*
klopfen I *vt* бить, колотить; **einen Nagel in die Wand ~** вбивать [вколачивать] гвоздь в стену; **den Staub aus dem Teppich ~** выбивать ковёр; **Fleisch mürbe ~** отбивать мясо; II *vi* 1. стучаться, стучать; **an die Tür [an der Tür] ~** стучать в дверь; **es klopft** стучат; **jmdm. auf die Schulter ~** похлопать кого-л. по плечу; **in die Hände ~** хлопать в ладоши; **jmdm. auf Finger ~** *перен.* дать кому-л. по рукам; 2. биться, пульсировать (*о сердце и т. п.*)
Klopfer *m* -s, - 1. выбивалка (*для выколачивания ковров*); 2. колотушка (*ночного сторожа*)
Klöppel *m* -s, - 1. язык колокола; 2. коклюшка (*для плетения кружев*)
Klöppeléi *f* -, -en плетение кружев (*на коклюшках*)
klöppeln *vt* плести кружева (*на коклюшках*)

Klöppel‖spitzen *pl* плетёное кружево *(на коклюшках)*
Klops *m* -es, -e клопс *(жареный или варёный биток из фарша в пряном соусе)*
Kloß *m* -es, Klöße 1. ком, комок, глыба; 2. клёцка, фрикаделька; ◇ **er hat einen ~ im Mund** он говорит невнятно; у него каша во рту
Kloster *n* -s, Klöster монастырь; обитель
Klotz *m* -es, Klötze 1. колода; чурбан; 2. *перен.* неотёсанный [грубый] человек, чурбан; **~ am Bein** обуза, препятствие
Klub <*engl.*> *m* -s, -s клуб
Klucke *f* -, -n курица-наседка, клуша
Kluft *f* -, Klüfte 1. ущелье; расселина; 2. пропасть
klug *a* умный; ◇ **daraus werde ich nicht ~** я этого не понимаю; **durch Schaden wird man ~** *посл.* ≅ на ошибках учатся
Klügelei *f* -, -en мудрствование, умничание
Klugheit *f* - ум; благоразумие, смышлёность; **~ an den Tag legen** проявлять благоразумие
klumpen *vi u* **~, sich** скатываться [свёртываться] в комья *(о муке и т. п.)*
Klumpen *m* -s, - 1. глыба; ком; сгусток; слиток; **ein ~ Gold** золотой самородок; 2. куча; **alles auf einen ~ werfen*** валить всё в одну кучу *(тж. перен.)*
Klüngel *m* -s, - 1. клубок; 2. *презр.* клика
knabbern *vi (an* D), *vt* грызть, глодать *(что-л.)*; ◇ **daran hat er zu ~** тут ему придётся поломать голову
Knabe *m* -n, -n мальчик, подросток; ◇ **ein alter ~** старый холостяк
Knaben‖alter *n* -s отрочество, отроческий возраст
knabenhaft *a* мальчишеский, ребяческий
Knäcke‖brot *n* -s "кнеккеброт" *(хрустящие хлебцы из муки грубого помола)*
knacken I *vi* трещать; хрустеть; **mit den Fingern ~** щёлкать пальцами; II *vt* щёлкать, грызть *(орехи)*; давить *(блох и т. п.)*; **einen Geldschrank ~** *разг.* взломать сейф; ◇ **an dem Kerl knackt alles** *разг.* этот парень одет с иголочки
Knack‖laut *m* -(e)s, -e *лингв.* твёрдый приступ
Knacks *m* -es, -e 1. треск, хруст; 2. трещина; **er hat einen ~** его здоровье пошатнулось, он уже не тот
knacksen *vi* трескаться, лопаться (с треском)
Knack‖wurst *f* - "кнаквурст" *(небольшая слегка копчённая колбаска из рубленого мяса с кусочками сала; употребляется в горячем виде)*
Knall *m* -(e)s, -e треск; взрыв; шум; хлопанье; щёлканье *(бича)*; ◇ **~ und Fall** внезапно, вдруг; с треском, без церемоний
Knall‖bonbon [-bɔ̃bɔ̃] *m, n* -s, -s хлопушка
Knall‖büchse *f* -, -n пугач
Knall‖effekt *m* -(e)s, -e поразительный эффект, шумный успех
knallen I *vi* трещать, щёлкать *(бичом)*; хлопать *(хлопушкой)*; **Schüsse ~** трещат [раздаются] выстрелы; **mit den Absätzen ~** щёлкать каблуками; II *vt разг.* (при)хлопнуть, застрелить; **jmdm. eine ~** *разг.* 1) влепить пощёчину кому-л.; 2) всадить кому-л. пулю в лоб; **etw. in die Luft ~** взорвать что-л.
Knall‖erbse *f* -, -n ракета-хлопушка
Knall‖gas *n* -es, -e гремучий газ, гремучая смесь
knallrot *a* ярко-красный
knapp I *a* 1. узкий; 2. скудный; краткий; сжатый; **meine Zeit ist ~** у меня мало времени; II *adv* едва, в обрез; ◇ **mit ~er Not** с трудом; **jmdn. ~ halten*** держать кого-л. в чёрном теле
Knappe *m* -n, -n 1. *ист.* оруженосец; паж; 2. шахтёр; рудокоп
Knappheit *f* - 1. узость; 2. скудность, ограниченность *(средств и т. п.)*; **~ an etw.** (D) недостаток в чём-л.; 3. сжатость, немногословность, краткость
knapsen *vi (mit* D) *разг.* скупиться *(на что-л.)*
Knarre *f* -, -n 1. трещотка; 2. *разг.* винтовка
knarren *vi* трещать, скрипеть *(о двери, телеге и т. п.)*
Knast I *m* -(e)s, -e сук; сучок *(в дереве)*; ◇ **alter ~** старый хрыч, старый брюзга
Knast II *m* -s *фам.* тюрьма; **~ schieben*** отбывать срок
knattern *vi* трещать, потрескивать; **die Fahne knattert im Wind** флаг хлопает на ветру
Knäuel *m, n* -s, - 1. клубок, моток; **sich wie ein ~ zusammenringeln** свернуться клубком; 2. толпа, куча *(людей)*
knauserig *a* скупой
knausern *vi (mit* D) *разг.* скупиться, жадничать *(на что-л.)*
Knebel *m* -s, - 1. кляп; 2. *тех.* кулак *(тормоза)*; передняя рукоятка, передний рычаг; 3. ручка *(для ношения чего-л.)*
Knebel‖bart *m* -(e)s, -bärte бородка клином

knebeln *vt* 1. связывать *(тж. перен.)*; jmds. Initiative ~ сковывать [зажимать] чью-л. инициативу; 2. затыкать *(кому-либо)* рот (кляпом)

Knecht *m* -(e)s, -e 1. слуга, батрак, работник; 2. *ист.* раб, холоп; ◊ ~ **Ruprecht** ≅ Дед Мороз

knechten *vt* порабощать, закабалять

Knechtschaft *f* - неволя, рабство; кабала

Knechtung *f* - порабощение, закабаление

kneifen* I *vt (in* A) щипать, ущипнуть *(за что-л.)*; II *vi разг.* увиливать, сачковать

Kneifer *m* -s, - пенсне

Kneif‖zange *f* -, -n клещи, кусачки; щипцы, острогубцы

Kneipe *f* -, -n пивная, трактир, кабак

Kneiperéi *f* -, -en кутёж, попойка

Kneipp‖kur *f* - водолечение по методу Кнайпа *(основывается на опыте С. Кнайпа <1821—97>, использовавшего природные факторы для стимулирования естественных защитных сил организма)*

Knete *f* - пластилин; **mit ~ modellieren** лепить из пластилина

kneten *vt* 1. месить, мять *(тесто, глину и т. п.)*; 2. массировать

Knick *m* -(e)s, -e/-s надлом, излом, сгиб; трещина

knicken I *vi* 1. надламываться, ломаться; 2. подгибать колени *(при ходьбе)*; II *vt* 1. надламывать; разламывать; **einen Bogen Papier ~** сложить лист бумаги; 2. раздавить *(насекомое)*; 3. угнетать, надломить *(морально)*; **er ist geknickt** он подавлен; **sein Mut ist geknickt** он пал духом

knick(e)rig *a* скупой, жадный

Knicks *m* -es, -e книксен, реверанс, приседание

knicksen *vi* делать реверанс [книксен], приседать

Knie *n* -s, - ['kni:ə] 1. колено; **in die ~ sinken*** опуститься на колени; **auf den ~n liegen*** [**stehen***] стоять на коленях; **jmdn. in die ~ zwingen*** поставить кого-либо на колени; **ihm wurden die ~ weich** у него колени подкосились *(от страха и т. п.)*; 2. изгиб, лука *(реки, дороги)*; 3. *тех.* колено *(дымохода и т. п.)*

Knie‖beuge *f* -, -n *спорт.* приседание

Knie‖beugung *f* -, -en; **~fall** *m* -(e)s, -fälle коленопреклонение; земной поклон; **einen ~fall tun*** броситься в ноги, покаяться

kniefällig I *a* коленопреклонённый; II *adv* на коленях

Knie‖gelenk *n* -(e)s, -e коленный сустав

kniehoch *a* по колено *(вышиной)*

Knie‖hose *f* -, -n короткие штаны *(до колен)*; шорты

knien ['kni:ən] *vi* 1. (h) стоять на коленях; **kniend schießen*** стрелять с колена; 2. (s) становиться [упасть] на колени

Knie‖strumpf *m* -(e)s, -strümpfe чулок до колен; гольфы

kniff *impf от* **kneifen***

Kniff *m* -(e)s, -e 1. щипок; 2. складка; 3. хитрость, уловка; трюк, проделка; **~e anwenden*** хитрить; ◊ **hinter jmds. ~e kommen*** раскусить кого-л.

knipsen I *vt* 1. щёлкать; 2. компостировать *(билеты)*; 3. *разг.* фотографировать, снимать; II *vi* 1. щёлкать, прищёлкивать *(пальцами)*; 2. включать *(свет)*

Knirps *m* -es, -e 1. карапуз, малыш; 2. складной зонтик

knirschen *vi* хрустеть, скрипеть; скрежетать

knistern *vi* потрескивать, трещать, хрустеть; шуршать, шелестеть

knitterarm *a* маломнущийся, немнущийся

knitterfrei *a* немнущийся

knobeln *vi* 1. играть в кости [в бабки]; 2. *разг.* тянуть жребий

Knoblauch *m* -(e)s чеснок

Knöchel *m* -s - лодыжка; щиколотка; сгиб пальцев

Knochen *m* -s, - кость; **bis in die ~** до мозга костей; ◊ **Mumm [Schneid, Schwung] in den ~ haben** чувствовать силу [энергию, бодрость]; **der Schreck ist ihm in die ~ gefahren*** страх парализовал его, у него душа ушла в пятки *(от страха)*; **seine ~ zu Markte tragen*** рисковать жизнью

Knochen‖bruch *m* -(e)s, -brüche перелом кости

Knochen‖gerüst *n* -(e)s, -e скелет

knochenlos *a* без костей, бескостный

Knochen‖mark *n* -(e)s костный мозг

knöchern *a* костяной

knochig *a* костлявый

Knockout [nɔk'aot] *<engl.> m* -/-s, -s нокаут *(бокс)*

Knödeln *pl* кнедли *(юж.-нем. и австр. название клёцок <см.* **Kloß***>)*

Knolle *f* -, -n; **Knollen** *m* -s, - 1. ком, комок, глыба; 2. *бот.* клубень; 3. желвак, шишка, нарост

knollig *a* шишковатый

Knopf *m* -(e)s, **Knöpfe** 1. пуговица; **die**

Knöpfe schließen* застёгивать пуговицы; der ~ ist ab [ist abgefallen, ist abgesprungen] пуговица оторвалась; 2. запонка; 3. кнопка (звонка); 4. набалдашник

knöpfen vt застёгивать (на пуговицы)

Knopf∥loch n -(e)s, -löcher петля (на одежде), петлица

knorke a фам. отличный, замечательный

Knorpel m -s, - хрящ

knorrig a суковатый

Knospe f -, -n почка; бутон; ~n treiben* пускать почки

knospen vi пускать почки; распускаться (о почках)

knoten vt делать узел (на чём-л.), завязывать узлом

Knoten m -s, - 1. узел; einen ~ machen [binden*, knüpfen, schlingen*] делать [завязывать] узел; einen ~ lösen развязывать узел; 2. завязка (драмы, действия); 3. нарост, желвак, опухоль; 4. (морской) узел (мера скорости)

Knoten∥punkt m -(e)s, -e узловой пункт; ж.-д. узловая станция

knotig a узловатый

Know-how [nɔu'hau] <engl.> n -s, - ноу-хау

knüllen vt мять, комкать

knüpfen I vt 1. завязывать; (an A) привязывать (к чему-л.); связывать (тж. перен.); etw. an eine Bedingung ~ ставить что-л. в зависимость от определённого условия; 2. плести; II ~, sich (an A) быть связанным (с чем-л.)

Knüppel m -s, - 1. дубинка; einen ~ zwischen die Beine werfen* вставлять палки в колёса; 2. рычаг [ручка] управления

knurren vi 1. рычать, ворчать (о собаке); 2. ворчать, брюзжать; бурчать; mir knurrt der Magen у меня (б)урчит в животе

knusp(e)rig a хрустящий, поджаристый

knuspern vt, vi грызть (что-л.); хрустеть (чем-л.)

knutschen vt разг. 1. мять, комкать; 2. тискать, грубо ласкать

Kö f — см. Königsallee

Koalition <lat.-engl.-gr.> f -, -en коалиция, союз

Kobold m -(e)s, -e миф. домовой; гном

Kobra <lat.-portug.> f -, -s кобра, очковая змея

Koch m -(e)s, Köche повар; мор. кок; den ~ machen быть поваром; ◊ viele Köche verderben [versalzen] den Brei [die Suppe] посл. ≡ у семи нянек дитя без глазу

Koch∥buch n -(e)s, -bücher поваренная книга

kochen I vt варить, стряпать, готовить (пищу); кипятить; II vi вариться; кипеть; die Trauben ~ in der Sonne виноград зреет на солнце; es kocht in ihm, bei ihm kocht's он взбешён

Kochen n -s 1. кипение; варка; 2. стряпня

Kocher m -s, - 1. кипятильник; 2. керосинка; примус; спиртовка; elektrischer ~ электроплитка

Koch∥geschirr n -(e)s, -e кухонная посуда

Koch∥herd m -(e)s, -e плита

Köchin f -, -nen кухарка

Koch∥kiste f -, -n ящик-термос; elektrische ~ электрический термостат

Koch∥platte f -, -n; elektrische ~ электрическая плита

Koch∥salz n -es поваренная соль

Köder m -s, - приманка

ködern vt 1. приманивать; насаживать приманку (на удочку); die Fische mit Regenwürmern ~ ловить рыбу на червяка; 2. перен. разг. заманивать, завлекать; поймать на удочку; er ließ sich nicht ~ он не попался на удочку

Kodex <lat.> m -es/-, -e/-dizes кодекс

Koeffizi∥ent <lat.> m -en, -en мат. коэффициент

Koexistenz <lat.> f -, -en сосуществование

Koffer m -s, - чемодан; сундук

Koffer∥radio n -s, -s портативный радиоприёмник

Koffer∥raum m -(e)s, -räume багажник (у автомобиля)

Kogge f -, -n "когге" (назв. ганзейского воен.-торг. судна)

Kognak ['kɔnjak] <fr.> m -s, -e/-s коньяк

Kohl I m -(e)s, -e капуста; ◊ das macht den ~ nicht fett это мало чему поможет

Kohl II m -(e)s разг. глупости, чепуха; ~ reden [schwatzen] молоть вздор, городить чепуху

Kohl∥dampf m -(e)s груб. голод; ~ haben проголодаться; ◊ ~ schieben* ≡ положить зубы на полку, голодать

Kohle f -, -n уголь; ~ fördern выдать уголь на-гора; ~n fassen запастись углём; ~ trimmen мор. грузить пароход углём; ◊ (wie) auf (glühenden) ~n sitzen* ≡ сидеть как на иголках

kohlen I vt превращать в уголь, обугливать; II vi 1. обугливаться, тлеть; 2. мор. грузить уголь

kohlen II vi разг. молоть вздор, говорить чепуху

Kohlen‖abbau *m* -(e)s разработка угольного месторождения
Kohlen‖becken *n* -s, - **1.** каменноугольный бассейн; **2.** жаровня
Kohlen‖bergwerk *n* -(e)s, -e каменноугольная копь; рудник, шахта
Kohlen‖grube *f* -, -n (каменно)угольная шахта
Kohlen‖halde *f* -, -n отвал [склад] угля
kohlenhaltig *a* содержащий уголь
Kohlen‖hydrat *n* -(e)s, -e *хим.* углевод
Kohlen‖lager *n* -s, - **1.** залежи каменного угля; **2.** склад угля
Kohlen‖revier [-'vi:r] *n* -, -e угольный район [бассейн]
Kohlen‖säure *f* - *хим.* углекислота
Kohlen‖stoff *m* -(e)s *(хим. знак C)* углерод
Kohlen‖stoß *m* -es, -stöße угольный забой
Kohlen‖tagebau *m* -(e)s, -e открытая разработка угля; угольный разрез
Kohlen‖trimmer *m* -s, - грузчик угля
Kohlen‖vorkommen *n* -s, - залежи угля
Kohlen‖wasserstoff *m* -es углеводород
Kohle‖papier *n* -s, -e копировальная бумага
Kohl‖füllung *f* -, -en капустная начинка
Kohl‖kopf *m* -(e)s, -köpfe **1.** кочан капусты; **2.** *разг.* дурак
Kohlrabi <*lat.-it.*> *m* -/-s, -/-s *бот.* кольраби
Kohl‖roulade [-ru-] *f* -, -n голубец
Kohl‖rübe *f* -, -n брюква
kohlschwarz *a* чёрный как смоль [как уголь]
Kohl‖strunk *m* -(e)s, -strünke (капустная) кочерыжка
Kohl‖suppe *f* -, -n щи
Koje <*lat.-niederl.*> *f* -, -n *мор.* койка
Kokerei *f* -, -en **1.** коксовый завод; **2.** коксование
Kokétte <*fr.*> *f* -, -n кокетка
kokettieren <*fr.*> *vi* кокетничать
Kokos‖faser *f* -, -n кокосовое волокно
Kokos‖nuß *f* -, -nüsse кокосовый орех
Kokos‖palme *f* -, -n кокосовая пальма
Koks <*engl.*> *m* -es, -e кокс
Kolben *m* -s, - **1.** колба; **2.** *воен.* приклад *(ружья)*; **3.** поршень; **4.** *с.-х.* початок
Kolchis *f* - Колхида *(историческое название юго-вост. Причерноморья)*
Kolchis‖niederung *f* - Колхидская низменность; *см.* Kolchis
Kolchóse <*russ.*> *f* -, -n колхоз
Kollaborateur [-'tø:r] <*lat.-fr.*> *m* -s, -e коллаборационист, изменник, предатель
kollaborieren <*lat.-fr.*> *vi презр.* сотрудничать с врагами
Kollég I <*lat.*> *n* -s, -s/-i⁞en (академическая) лекция; курс лекций *(в вузе)*; ~ **abhalten* [lesen*]** читать лекции; вести семинар
Kollég II <*lat.*> *n* -s, -e коллег *(одна из форм общеобразовательной средней школы в ФРГ)*
Kollége <*lat.*> *m* -n, -n коллега, товарищ; сослуживец
Kollegialität <*lat.*> *f* - коллегиальность, товарищество, товарищеские отношения
Kollégium <*lat.*> *n* -s, -gi⁞en **1.** коллегия, совет; **2.** *см.* Kollég
Kollektión <*lat.*> *f* -, -en коллекция
Kollektív <*lat.-russ.*> *n* -s, -e/-s коллектив
Kollektív‖bauer *m* -n, -s/-n колхозник
Kollektív‖vertrag *m* -(e)s, -träge коллективный договор
Kollektív‖wirtschaft *f* -, -en колхоз, коллективное хозяйство
Koller I *n* -s, - **1.** кожаная безрукавка; куртка; **2.** колет, широкий воротник *(средневековой одежды)*; **3.** корсаж
Koller II *m* -s, - *разг.* бешенство, неистовство
kollern I *vi* **1.** болеть колером *(о лошадях)*; **2.** *разг.* беситься, злиться, шипеть
kollern II I *vi* (s) катиться *(кувырком)*; II *vt тех.* дробить
kollern III *vi* клохтать; ворковать
kollidieren <*lat.*> *vi* **1.** (s) сталкиваться; **2.** (h) войти в коллизию; столкнуться *(о мнениях и т. п.)*; совпадать *(о лекциях и т. п.)*
Kollier [kɔl'je:] <*lat.-fr.*> *n* -s, -s ожерелье, колье
Kollisión <*lat.*> *f* -, -en коллизия, столкновение; **in ~ geraten*** иметь столкновение
Kollóquium *n* <*lat.*> -s, -qui⁞en собеседование, коллоквиум
Köln *(n)* -s Кёльн *(крупный промыш. центр в ФРГ <земля Сев. Рейн-Вестфалия>; славится своим собором)*
Kölner Dom *m* -s Кёльнский собор *(архит. памятник и символ Кёльна <ФРГ>)*
kölnisch *a* кёльнский; ⟡ **Kölnisches Wasser** одеколон
Kölnisch‖wasser *n* -s одеколон
Koloniál‖macht *f* -, -mächte колониальная держава
Kolonie <*lat.*> *f* -, -ni⁞en колония *(тж. биол.)*

Kolonisatión <*lat.*> *f* -, -en колонизация
kolonisieren <*lat.-fr.*> *vt* колонизировать, заселять; основывать колонии
Kolónne <*lat.-fr.*> *f* -, -n 1. колонна; **sich zu ~n reihen** строиться в колонну; 2. *полигр.* колонка, столбец; ⋄ **fünfte ~** пятая колонна
kolónnenweise *adv* колоннами
kolorieren <*lat.*> *vt* красить, раскрашивать
Kolóß <*gr.-lat.*> *m* -sses, -sse колосс, гигант; **~ auf tönernen Füßen** колосс на глиняных ногах
Kolúmbi||en (*n*) -s Колумбия (*гос-во на С.-З. Южной Америки*)
Kolúmne <*lat.*> *f* -, -n *полигр.* полоса, столбец
Kombinát <*lat.-russ.*> *n* -(e)s, -e комбинат
Kombinatión <*lat.*> *f* -, -en 1. комбинация; 2. *мат.* соединение; 3. комбинезон (*рабочий, спортивный*); комбинация (*бельё*); 4.: **nordische ~** горнолыжное двоеборье; **alpine ~** альпийское двоеборье (*лыжи*)
Kombine [-'baen] <*engl.*> *f* -, -s/-e комбайн
Kombine||führer [-'baen-] *m* -s, - комбайнер
kombinieren <*lat.*> *vt* комбинировать; **kombiniertes Futtermittel** *с.-х.* комбикорм
Kombi||wagen *m* -s, - автомобиль-универсал, грузопассажирская машина
Kombüse <*niederl.*> *f* -, -n *мор.* камбуз
Komét <*gr.-lat.*> *m* -en, -en комета
Komik <*gr.*> *f* - комизм
Komiker <*gr.*> *m* -s, - комик, комический актёр
komisch <*gr.*> *a* смешной; комический
Komitée <*lat.-fr.-engl.*> *n* -s, -s комитет
Komma <*gr.-lat.*> *n* -s, -s/-ta запятая; **ein ~ setzen** ставить запятую
Kommandánt <*lat.-fr.*> *m* -en, -en 1. комендант; 2. командир (*корабля, танка*)
Kommandeur [-'dø:r] <*lat.-fr.*> *m* -s, -e командир, начальник
Kommándo <*lat.-it.*> *n* -s, -s 1. командование; **das ~ führen** командовать; 2. команда (*приказ*); *спорт.* команда; стартовый сигнал; **ein ~ geben*** подавать команду; **ein ~ ausführen** исполнять команду; **auf ~** по команде, по приказу; 3. команда (*отряд*)
Kommándo||stand *m* -(e)s, -stände; **~stelle** *f* -, -n командный пункт
kommen* *vi* (s) 1. приходить, идти (*сюда*); прибывать; приезжать; **er kommt wie gerufen** он пришёл очень кстати; **ans Ufer ~** причалить к берегу; **der Ball kommt ins Spiel** мяч вводится в игру (*футбол*); **ihr kamen die Tränen** у неё выступили слёзы на глазах; 2. доноситься (*о звуке*); 3. идти, следовать (*по очереди*); **jetzt kommt ein Beispiel** сейчас следует пример; 4. приближаться, наступать; **der Winter kommt** наступает зима; ⋄ **kommt Zeit, kommt Rat** *посл.* ≡ поживём—увидим; 5. происходить, случаться; **das kommt davon...** это является следствием того, что...; 6. (*с* zu + *inf*) оказаться; **neben jmdn. zu sitzen ~** оказаться [сидеть] рядом с кем-л.; **auf jmdn., auf etw. (A) zu sprechen ~** заговорить о ком-л., о чём-л.; 7. обходиться, обойтись; **das kommt mir zu teuer** это для меня слишком дорого; **teuer zu stehen ~** дорого обойтись; 8. (*с part. II*): **angefahren ~** приехать; **gelaufen ~** прибежать; **geflogen ~** прилететь; 9.: **lassen*** позвать; велеть войти; **jmdn. zu Worte ~ lassen*** дать кому-л. слово; **es nicht zum äußersten ~ lassen*** не доводить дело до крайности; **sich (D) nichts zuschulden ~ lassen*** ни в чём не провиниться; 10. (D) подходить (*к кому-л*); обращаться, обходиться (*с кем-л.*); **jmdm. grob ~** обойтись грубо с кем-л.; 11. (auf A) приходиться (*на долю кого-либо*); (an A) доставаться (*кому-л.*); **es kommt auf jeden 100 Mark** на каждого приходится 100 марок; **an den rechten [den richtigen] Mann ~** попасть по адресу; попасть в хорошие руки; **ein Unglück kam über ihn** его постигло несчастье; 12.: **auf seine Kosten ~** 1) окупить свои расходы; 2) оправдать надежды, реализоваться; выполнить свой план; **hinter ein Geheimnis ~** узнать тайну [секрет]; **hinter jmds. Pläne ~** разгадать чьи-л. планы; **nicht auf den Namen ~** не быть в состоянии вспомнить имя; **jetzt komme ich darauf** сейчас я припоминаю; **wie kommen Sie dazu [darauf]?** как Вам это пришло в голову?; 13. (*um* A) лишиться (*чего-л.*); **ums Geld ~** лишиться денег; **ums Leben ~** погибнуть; 14.: **nicht weit ~** не далеко пойти; **damit kommst du nicht weit** так ты ничего не добьёшься; **zu nichts ~** ничего не добиться; **zur Ruhe ~** отдохнуть, передохнуть; **zu Besinnung [zu sich] ~** прийти в себя; **außer Atem ~** запыхаться; **außer Fassung ~** выйти из себя; 15.: **an den Tag [ans Licht] ~** обнаружить-

ся; **in Bewegung** ~ прийти в движение; тронуться; **zum Abschluß** ~ кончаться, завершаться; **zum Ausdruck** ~ выражаться, сказываться; **zum Vorschein** ~ появиться; **zur Sprache** ~ обсуждаться, стать предметом обсуждения
Kommen *n* -s 1. приход, прибытие, приезд; 2. наступление *(зимы и т. п.)*; ~ **und Gehen** приход и уход; толчея, суетня
kommend *a* будущий, наступающий
Kommentár <*lat.*> *m* -s, -e комментарий, пояснение, толкование
Kommilitóne <*lat.*> *m* -n, -n товарищ (по университету); сокурсник
Kommíß <*lat.*> *m* -sses *разг. пренебр.* армия, солдатчина; **beim** ~ **sein** служить в армии
Kommissár <*lat.-fr.*> *m* -s, -e комиссар; **Hoher** ~ верховный комиссар
Kommíß‖brot *n* -(e)s, -e солдатский (чёрный) хлеб
Kommission <*lat.*> *f* -, -en 1. комиссия; 2. *ком.* комиссионное поручение; **in** ~ **geben* [nehmen*]** давать [брать] на комиссию
Kommissións‖geschäft *n* -(e)s, -e комиссионный магазин
Kommóde *f* - "Коммодэ" *(бывшая королевская библиотека в Берлине)*
kommún <*lat.*> *a* общий
kommunál <*lat.*> *a* 1. коммунальный, бытовой; 2. муниципальный, городской
Kommunikatión <*lat.*> *f* -, -en связь; сообщение; коммуникация
Kommunique [kɔmyni:'ke] <*lat.-fr.*> *n* -s, -s коммюнике, официальное сообщение
Kommunísmus <*lat.-engl.-fr.*> *m* - коммунизм
kommunístisch *a* коммунистический
Kommunístische Partéi Deutschlands *f* - Коммунистическая партия Германии *(ист. основана в 1919; с 1933-45 действовала в подполье; в 1949 в советской зоне оккупации, объединившись с СДПГ, образовала Социалистическую единую партию Германии, в 1970 преобразована в Партию демократического социализма; в ФРГ в 1956 была запрещена)*
Kommunístische Partéi Österreichs *f* - Коммунистическая партия Австрии *(марксистско-ленинская партия; основана в 1918, с мая 1933 по апрель 1945 - на нелегальном положении, в наст. вр. практически распалась)*
kommuniziéren <*lat.*> I *vt* 1. сообщить; 2. *рел.* причащать; II *vi* 1. сообщаться; **kommuniziérende Röhren** *физ.* сообщающиеся сосуды; 2. *рел.* причащаться
Komödiánt <*gr.-lat.-it.*> *m* -en, -en комедиант
Komödi‖e <*gr.-lat.*> *f* -, -n комедия; **eine** ~ **spielen** разыгрывать комедию
Komóren *pl* Коморские острова *(группа о-вов в Индийском океане, между Мадагаскаром и Африкой)*
Kompagnon [-pa'njɔ:] <*lat.-fr.*> *m* -s, -s *ком.* компаньон
Kompanie <*lat.-it.-fr.*> *f* -, -ní‖en 1. рота; 2. *ком.* общество, товарищество, компания
Kompanie‖führer *m* -s, - командир роты
Komparatión <*lat.-fr.*> *f* -, -en сравнение; **eine** ~ **anstellen** проводить сравнение
Komparatív <*lat.*> *m* -s, -e *грам.* сравнительная степень
Kompaß <*lat.-it.*> *m* -sses, -sse компас
Kompaß‖nadel *f* -, -n компасная стрелка
Kompeténz <*lat.*> *f* -, -en компетентность; компетенция; *дипл.* полномочие
komplementär <*lat.-fr.*> *a* дополнительный
Komplementär I <*lat.-fr.*> *m* -s, -e полный, лично ответственный компаньон
Komplementär II <*lat.-fr.*> *m* -s, -e комплементарий *(в бывш. ГДР - владелец предприятия с государств. участием)*
komplementiéren *vt* дополнять, пополнить
Komplet [kɔ'plɛ/kɔ'ple:] <*lat.-fr.*> *n* -/-s, -s комплектный женский костюм *(платье с жакетом или пальто)*
komplétt <*lat.-fr.*> *a* полный, комплектный
komplettíeren <*lat.-fr.*> *vt* комплектовать, пополнять, дополнять
Kompléx <*lat.*> *m* -es, -e комплекс
Komplice [-sə/-tsə] <*lat.*> *m* -n, -n сообщник, соучастник
Komplikatión <*lat.*> *f* -, -en осложнение; затруднение
Komplimént <*lat.-span.-fr.*> *n* -(e)s, -e комплимент; ~**e machen** 1) говорить комплименты; 2) вежливо раскланиваться
kompliziert <*lat.*> *a* сложный
Komplótt <*fr.*> *n* -(e)s, -e заговор; **ein** ~ **schmieden** готовить заговор; **ein** ~ **aufdecken** раскрыть заговор
Komponénte <*lat.*> *f* -, -n 1. компонент, составная часть; 2. *физ.* составляющая
komponíeren <*lat.*> *vt* 1. компоновать,

составлять; **2.** сочинять, писать *(музыку)*
Komponist <*lat.*> *m* -en, -en композитор
Kompósitum <*lat.*> *n* -s, -ta *грам.* сложное слово
Kompression <*lat.*> *f* - *тех.* сжатие
komprimieren <*lat.*> *vt тех.* сжимать; сгущать
Kompromiß <*lat.*> *m, n* -sses, -sse компромисс, сделка; **ein(en) ~ eingehen* [(ab)schließen*]** пойти на компромисс, войти в сделку
kompromittieren <*lat.-fr.*> *vt* компрометировать, ставить в неловкое положение
Komsomól *m* -s комсомол *(массовая молодёжная организация в бывшем СССР)*
Komsomólsk (am Amur) *(n)* - Комсомольск(-на-Амуре) *(город в Хабаровском крае РФ, в нижнем течении Амура)*
kondensieren <*lat.*> *vt* конденсировать, сгущать
Kondens∥milch *f* - сгущённое молоко
konditern <*lat.*> *vi* **1.** изготовлять кондитерские изделия; **2.** *разг.* посещать кафе-кондитерские
Kondition <*lat.*> *f* -, -en **1.** кондиция, условие; **2.** кондиция, качество, норма; *спорт.* выносливость; форма *(состояние)*; **in guter ~ sein** быть в хорошей форме
Konditionál <*lat.*> *m* -s, -e; **Konditionális** *m* -, -les *грам.* условное наклонение
Konditionál∥satz *m* -es, -sätze *грам.* условное предложение
Konditor <*lat.*> *m* -s, -tóren кондитер
Konditorei <*lat.*> *f* -, -en кондитерская
Konditorei∥waren *pl* кондитерские изделия
Kondolénz <*lat.*> *f* -, -en соболезнование; **seine ~ ausdrücken** выражать своё соболезнование; **seine ~ entbieten*** передавать своё соболезнование
kondolieren <*lat.*> *vi* выражать соболезнование
Konfékt <*lat.*> *n* -(e)s, -e *собир.* конфеты, сладости
Konfektion <*lat.-fr.*> *f* -, -en **1.** производство готовой одежды, швейная промышленность; **2.** швейные изделия, готовое платье; **3.** торговля готовым платьем
Konfektións∥geschäft *n* -(e)s, -e магазин готового платья
Konfektións∥industrie *f* - швейная промышленность

Konferénz <*lat.*> *f* -, -en конференция, совещание, заседание
Konferénz über Sicherheit und Zusámmenarbeit in Európa (KSZE) *f* - Конференция по безопасности и сотрудничеству в Европе *(проходила в три этапа <ноябрь 1972 - авг. 1975> в Хельсинки; принимали участие 33 евр. гос-ва, а также США и Канада; в Заключительном акте формулируются основные принципы этого сотрудничества; в дек. 1991 в Будапеште преобразована в Организацию по безопасности и сотрудничеству в Европе)*
konferieren <*lat.*> *vi* **1.** *(über* А) совещаться, советоваться, вести переговоры *(о чём-л.)*; **2.** *театр.* вести конферанс
Konfession <*lat.*> *f* -, -en вероисповедание, вера
Konfirmánd <*lat.*> *m* -en, -en; **~in** *f* -, -nen *рел.* конфирманд, -ка, конфирмующийся, -щаяся
Konfirmation <*lat.*> *f* -, -en конфирмация **(1.** *в католич. церкви - таинство миропомазания, совершаемое епископом в торж. обстановке над детьми 7-12 лет;* **2.** *в протестантизме - публичный акт, символизирующий достижение молодыми людьми церковного совершеннолетия <14-16 лет>)*
konfirmieren <*lat.*> *vt* **1.** *юр.* конфирмировать; подтвердить, утверждать; **2.** *рел.* конфирмовать
konfiszieren <*lat.*> *vt* конфисковать
Konfitüre <*lat.-fr.*> *f* -, -n варенье, джем
Konflíkt <*lat.*> *m* -(e)s, -e конфликт, столкновение; **in ~ kommen* [geraten*]** вступать в конфликт, конфликтовать; **den ~ schlichten** уладить конфликт
Konföderation <*lat.*> *f* -, -en конфедерация, союз *(государств)*
Konfrontation <*lat.*> *f* -, -en **1.** очная ставка; **2.** сопоставление *(данных и т. п.)*
konfrontieren <*lat.*> *vt* **1.** устраивать очную ставку *(кому-л.)*; **2.** сопоставлять *(данные и т. п.)*; **3.** противостоять
konfundieren <*lat.*> *vt* смешивать; запутывать
konfús <*lat.*> *a* **1.** смущённый; **2.** запутанный, сбивчивый; ◊ **~ machen** смутить, сбить с толку; **~ werden** смутиться
Konfusion <*lat.*> *f* -, -en замешательство, смущение; путаница
Kongo I *(n)* -s Конго *(гос-во в Центральной Африке)*

Kongo II *m* -s Конго *(река в Экваториальной Африке)*
Kongréß <*lat.*> *m* -sses, -sse конгресс, съезд; **einen ~ abhalten*** созывать конгресс [съезд]
Kongruénz <*lat.*> *f* - 1. *мат.* конгруэнция; подобие; равенство; 2. *лингв.* согласование
kongruíeren <*lat.*> *vi* 1. *мат.* совпадать; 2. *грам.* согласовываться
König *m* -(e)s, -e 1. король, царь; 2. *карт., шахм.* король; **den ~ ausspielen** ходить королём *(карт.)*; **den ~ mattsetzen** объявить мат королю *(шахм.)*
Königin *f* -, -nen 1. королева, царица *(тж. перен.)*; 2. *карт.* дама; *шахм.* ферзь; 3. пчелиная матка
königlich *a* королевский
König‖reich *n* -(e)s, -e королевство, царство
Königs‖adler *m* -s, - *зоол.* беркут
Königs‖allee *f* - Кёнигсаллее *(одна из центральных магистралей в Дюссельдорфе <ФРГ>)*
Königs‖see *m* -s Кёнигсзее *(живописное альпийское озеро в ФРГ, земля Бавария)*
Königs‖straße *f* - "Кёнигштрассе"/"Королевская улица" *(главная транспортная и деловая артерия Штутгарта <ФРГ>)*
Königs‖stuhl *m* -s Кёнигштуль *(меловой утёс на С.-В. о-ва Рюген <ФРГ>)*
Königs‖wasser *n* -s *хим.* царская водка
Konjugatión <*lat.*> *f* - *грам.* спряжение
konjugíeren <*lat.*> *vt грам.* спрягать
Konjunktión <*lat.*> *f* -, -en *грам.* союз
Konjunktív <*lat.*> *m* -s, -e *грам.* сослагательное наклонение
Konjunktúr <*lat.*> *f* -, -en конъюнктура; стечение обстоятельств
konkáv <*lat.*> *a физ.* вогнутый
konkrét <*lat.*> *a* конкретный
Konkurrént <*lat.*> *m* -en, -en конкурент
Konkurrénz <*lat.*> *f* -, -en конкуренция; соперничество; **jmdm. ~ machen** конкурировать с кем-л.
konkurrénzlos <*lat.*> *a* вне конкуренции
konkurríeren <*lat.*> *vi* конкурировать, соперничать
Konkúrs <*lat.*> *m* -es, -e конкурс *(по банкротству)*; **in ~ geraten*** обанкротиться
können* *mod.* 1. мочь, быть в состоянии, иметь возможность; **man kann** можно; **man kann nicht** нельзя [невозможно]; **er kann nichts dafür** он тут ни при чём; **2.: er konnte nicht umhin zu lächeln** он не мог удержаться от улыбки; **3.** *выражает предположение, основанное на объективной возможности:* **ich kann mich irren** возможно, я ошибаюсь; **er kann das gesehen haben** возможно, он это видел; **4.** мочь, уметь, знать; **er kann deutsch sprechen** он может [умеет] говорить по-немецки; **das will gekonnt sein** это надо уметь
Können *n* -s умение; знание, навык, мастерство; **das berufliche [fachliche] ~** профессиональное мастерство; **das militärische ~** боевое мастерство
Könner *m* -s, - мастер своего дела, знаток, умелец
konnte *impf от* können*
Konrad Конрад *(муж. имя)*
Konradin Конрадин *(муж. имя)*
Konradine Конрадина *(жен. имя)*
Konsekutívsatz *m* -es, -sätze *грам.* придаточное предложение следствия
konsequént <*lat.*> *a* 1. последовательный; 2. настойчивый, упорный
Konsequénz <*lat.*> *f* -, -en 1. последовательность, консеквентность; 2. *pl* выводы; **~en ziehen*** делать выводы; 3. *pl* последствия; 4. настойчивость, упорство
Konservatórium [-va-] <*lat.-it.*> *n* -s, -ri|en 1. *уст.* консерватория; 2. музыкальное училище
konservíeren [-'vi:-] <*lat.*> I *vt* 1. консервировать; 2. сохранять; II **~, sich** сохраняться *(о человеке)*
konsistént <*lat.*> *a* плотный
konsolidíeren <*lat.*> *vt* консолидировать, укреплять
Konsonánt <*lat.*> *m* -en, -en согласный звук
Konsórte *m* -n, -n сообщник, (со)участник; **er und ~n** *презр.* он и компания
konstánt <*lat.*> *a эк., мат.* постоянный
Konstánte <*lat.*> *subst f* -, -n *мат.* константа, постоянная величина
Konstellatión <*lat.*> *f* -, -en 1. положение звёзд *(в определённый момент)*; 2. положение дел, конъюнктура
konstituíeren <*lat.*> *vt* учреждать, организовывать
Konstitutión <*lat.*> *f* -, -en 1. конституция; 2. телосложение; 3. *хим.* строение
konstruíeren <*lat.-fr.*> *vt* конструировать, строить, сооружать
Konstrukteur [-'tø:r] <*lat.-fr.*> *m* -s, -e конструктор, создатель, строитель
Konstruktión <*lat.*> *f* -, -en 1. *тех.* построение, сооружение; конструкция; 2. *мат.* построение

Konsul ⟨*lat.*⟩ *m* -s, -n консул
Konsulár‖vertrag *m* -(e)s, -träge консульский договор
Konsulát ⟨*lat.*⟩ *n* -(e)s, -e консульство
Konsulént ⟨*lat.*⟩ *m* -en, -en консультант, советник *(должность)*
Konsultatión ⟨*lat.*⟩ *f* -, -en консультация, совет
konsultíeren ⟨*lat.*⟩ *vt* консультироваться, советоваться *(с кем-л.)*
Konsúm I ⟨*lat.-it.*⟩ *m* -s *эк.* потребление
Kónsum II ⟨*lat.-it.*⟩ *m* -s, -s *разг.* (потребительский) кооператив; кооперативный магазин
Konsúm‖artikel *m* -s, - предмет потребления
Konsúm‖bedarf *m* -(e)s потребительский спрос
konsumíeren ⟨*lat.-it.*⟩ *vt эк.* потреблять
Konsum(p)tión ⟨*lat.-it.*⟩ *f* - 1. *эк.* потребление; 2. *мед.* истощение, изнурение
Kontákt ⟨*lat.*⟩ *n* -(e)s, -e 1. контакт; **Aufnahme von ~en** установление контактов; 2. *эл.* контакт, соприкосновение
Kontaminatión ⟨*lat.*⟩ *f* -, -en *лингв.* контаминация
kontemplatív ⟨*lat.*⟩ *a* наглядный, созерцательный
Konter‖admiral ⟨*lat.-fr.*⟩ *m* -s, -e контр-адмирал
Konter‖bande ⟨*it.-fr.*⟩ *f* - *уст.* контрабанда
kontern ⟨*lat.-fr.-engl.*⟩ *vt спорт.* нанести встречный удар
Konter‖revolution [-v-] ⟨*fr.*⟩ *f* -, -en контрреволюция
Kontéxt ⟨*lat.*⟩ *m* -es, -e контекст; **jmdn. aus dem ~ bringen*** сбить с толку кого-л.
Kontinént ⟨*lat.*⟩ *m* -(e)s, -e материк
Kontinentál‖klima *n* -s, -s/-mate континентальный климат
Kontingént ⟨*lat.*⟩ *n* -es, -e 1. доля, часть; 2. состав; 3. контингент
Kontinuität ⟨*lat.*⟩ *f* -; **Kontinuum** *n* -s, -nua непрерывность, продолжительность
Konto ⟨*lat.-it.*⟩ *n* -s, -ten/-s *фин.* счёт; **ein ~ eröffnen** открывать счёт; **auf ~** на счёт; **ein ~ bei der Bank haben** иметь счёт в банке; **laufendes ~** текущий счёт; **gesperrtes ~** блокированный счёт; **offenes ~** открытый счёт; ✧ **jmdm. etw. aufs ~ schreiben* [setzen]** ставить в заслугу кому-л. что-л.
Kontór ⟨*lat.-fr.-niederl.*⟩ *n* -s, -e контора

Kontra ⟨*lat.*⟩ *n* -s, - противоречие **das Pro und das ~** за и против
Kontra‖baß ⟨*it.*⟩ *m* -sses, -bässe *муз.* контрабас
kontrahíeren ⟨*lat.*⟩ **I** *vt* **1.** заключать *(контракт, договор)*; **Schulden ~** заключать долговое обязательство; **2.** *уст.* вызывать на дуэль; **II** *vi уст.* договариваться о дуэли *(с кем-л.)*
Kontrákt ⟨*lat.*⟩ *m* -(e)s, -e контракт, договор; **einen ~ abschließen*** заключать договор
kontrákt‖lich; ~mäßig I *a* договорный; **II** *adv* по договору
Kontributión ⟨*lat.*⟩ *f* -, -en взнос; контрибуция; **jmdm. eine ~ auferlegen** наложить на кого-л. контрибуцию
Kontrólle ⟨*lat.-fr.*⟩ *f* -, -n контроль, проверка; **~ ausüben** производить проверку, контролировать; **unter ~ stehen*** находиться под контролем; **die ~ über etw. (A) verlieren*** терять контроль над чем-л.
kontrollíeren ⟨*lat.-fr.*⟩ *vt* контролировать, проверять
Kontróll‖ziffer *f* -, -n контрольная цифра
Kontroverse [-'vɛrzə] ⟨*lat.*⟩ *f* -, -n спорный вопрос, разногласие, спор, контраверза
Konventión [-vɛn-] ⟨*lat.*⟩ *f* -, -en **1.** соглашение, договор; конвенция; **2.** условность
Konventionál‖strafe [-vɛn-] *f* -, -n *ком.* договорная неустойка, конвенциональный штраф; пеня
Konvergénz [-vɛr-] ⟨*lat.*⟩ *f* -, -en *мат., физ. и др.* конвергенция, сходимость
konvergíeren [-v-] ⟨*lat.*⟩ *мат., физ. и др.* конвергировать(ся), сходиться
Konversatión [-vɛr-] ⟨*lat.-fr.*⟩ *f* -, -en беседа, разговор
konvertíeren [-v-] ⟨*lat.*⟩ *vt* **1.** *фин.* производить конвертацию, конвертировать; **2.** обращать в другую веру
konvex [-'vɛks] ⟨*lat.*⟩ *a* выпуклый
Konvoi ['kɔnvɔø] ⟨*lat.-fr.*⟩ *m* -s, -s **1.** *мор.* конвой; **2.** колонна (авто)машин с грузом
Konzentratións‖lager *n* -s, - концентрационный лагерь *(были созданы после установления фаш. диктатуры в Германии в 1933 с целью изоляции, подавления и уничтожения противников фаш. режима)*
konzentríeren ⟨*gr.-lat.-fr.*⟩ **I** *vt* **1.** концентрировать, сосредоточивать; **2.** *хим.* концентрировать, сгущать; **II ~, sich 1.** концентрироваться, сосредото-

чиваться; **2.** *хим.* концентрироваться, сгущаться

Konzépt <*lat.*> *n* -(e)s, -e план, конспект; **jmdn. aus dem ~ bringen*** сбить с толку, привести в замешательство кого-л.; **aus dem ~ kommen*** потерять нить мысли, сбиться; **jmdn. das ~ verderben*** испортить кому-л. дело, нарушить чьи-л. планы; **das paßt ihm nicht in sein ~** это ему не по нутру

Konzeptión <*lat.*> *f* -, -en **1.** концепция, замысел, творческая мысль; **2.** *мед.* зачатие

Konzérn <*lat.-gr.-engl.*> *m* -s, -e *эк.* концерн

Konzért <*lat.-it.*> *n* -(e)s, -e концерт; **im ~** на концерте

konzertíeren <*lat.-it.*> *vi* давать концерты, концертировать

Konzessión <*lat.*> *f* -, -en **1.** уступка; **2.** *эк.* концессия

Konzessív||satz *m* -es, -sätze *грам.* уступительное придаточное предложение

Konzíl <*lat.*> *n* -s, -e/-i|en (церковный) собор

konzipíeren <*lat.*> I *vt* составлять черновик (чего-л.); II *vi* забеременеть

Kooperatión <*lat.*> *f* -, -en кооперация, кооперирование

kooperíeren <*lat.*> *vi* действовать сообща, сотрудничать

Koordináte <*lat.*> *f* -, -n *мат.* координата

Kopenhágen (*n*) -s Копенгаген (*столица Дании*)

Köpenick (*n*) -s Кёпеник (*гор. р-н Берлина*)

Köpenicker Blutwoche *f* - "Кёпеникская кровавая неделя" (*кровавый террор СА в районе Берлина Кёпеник, жертвами которого стали свыше 50 антифашистов; начало акции 21.06.1933*)

Kopf *m* -(e)s, Köpfe **1.** голова; **mit bloßem ~** с непокрытой головой; **2.** голова, ум; **den ~ hängen lassen*** падать духом, унывать; **er ist nicht auf den ~ gefallen** он не глуп; **sich den ~ zerbrechen* über etw.** (A) ломать себе голову над чем-л.; **sich in den ~ setzen** вбивать себе в голову; **aus dem ~ schlagen*** выбросить из головы; **sich etw. durch den ~ gehen lassen*** обдумывать что-л.; **den ~ aufs Spiel setzen** рисковать головой; **ich weiß nicht, wo mir der ~ steht** у меня голова идёт кругом; **3.** шапка (*газеты*); шляпка (*гвоздя*); вершина, шапка (*горы*); *бот.* головка (*цветка*); кочан

Kopf||arbeit *f* - умственная работа

Kopf||bedeckung *f* -, -en головной убор

köpfen I *vt* **1.** обезглавливать; **2.** обрубать кроны [верхушки] (*деревьев*); II *vi* завиваться (*о капусте*); завязывать шишки (*о хмеле*)

Kopf||ende *n* -s, -n **1.** изголовье; **2.** *тех.* торец

Kopf||hörer *m* -s, - *радио* наушник

Kopf||kissen *n* -s, - подушка

köpflings *adv* кувырком; стремглав

kopflos *a* глупый, безголовый

Kopflosigkeit *f* - безрассудство; головотяпство

Kopf||putz *m* -es головной убор (*убранство*)

Kopf||rechnen *n* -s устный счёт

Kopf||schmerz *m* -es, -en головная боль; **sich** (D) **über etw.** (A) **~en machen** сильно беспокоиться о чём-л.

Kopf||schuppen *pl* перхоть

Kopf||schütteln *n* -s, -е покачивание головой

kopf||stehen* *vi* **1.** стоять на голове, идти кувырком (*тж. перен.*); **2.** *ав.* капотировать

Kopf||stein *m* -(e)s, -е булыжник

Kopf||stimme *f* -, -n фальцет

kopfüber *abv* кубарем, кувырком; стремглав

Kopf||zerbrechen *n* -s, - головоломка; **das macht viel ~** над этим придётся поломать голову

Kopíe <*lat.*> *f* -, -pi|en копия, дубликат

kopíeren <*lat.*> *vt* **1.** копировать; **2.** подражать (*кому-л., чему-л.*); копировать (*кого-л., что-л.*)

Koppel I *f* -, -n **1.** свора (*собак*); **2.** огороженный выгон

Koppel II *n* -s, - *воен.* портупея

koppeln *vt* **1.** связывать; **ein Pferd ~** стреножить лошадь; **2.**: **ein Feld ~** огородить поле для выгона

Kopp(e)lung *f* -, -en связь, соединение; стыковка

Kopula <*lat.*> *f* -, -s/-lae *грам.* связка

kor *impf om* **küren***

Korálle <*gr.-lat.-fr.*> *f* -, -n коралл; *pl* коралловые бусы

Koralpe *f* - Коральпе (*горы в Австрии на границе земель Штирия и Каринтия*)

Korán <*arab.*> *m* -s, -е *рел.* коран

Korb *m* -(e)s, Körbe корзина; ◊ **einen ~ bekommen*** получить отказ; **einen ~ geben*** отказать (*при сватовстве*)

Korb||flasche *f* -, -n оплетённая бутылка [бутыль, фляга]

Korb||sessel *m* -s, - плетёное кресло

Kord||hose *f* -, -n штроксы

Kordilléren [-dilje-] *pl* Кордильеры *(горная система в зап. части Сев. и Юж. Америки)*
Kordon [-'dɔ̃] <*gr.-lat.-fr.*> *m* -s, -s 1. шнурок; 2. орденская лента; 3. *ист., воен.* цепь сторожевых отрядов, кордон
Koréa (*n*) -s Корея *(страна на В. Азии)*
Koreáner *m* -s, -; in *f* -, -nen кореец, кореянка
koreánish *a* корейский
Kork *m* -(e)s, -e пробка
Kork(en)‖zieher *m* -s, - штопор
Korn I *n* 1. -(e)s, -e зерно, жито, хлеба́; 2. -(e)s, Körner зерно, зёрнышко, крупинка; 3. -(e)s, -e *воен.* мушка; ◊ **von echtem Schrott und ~** старого закала; **aufs ~ nehmen*** брать на мушку [на прицел]; **die Flinte ins ~ werfen*** пасовать перед трудностями; **kein ~ ohne Spreu** *посл.* ≡ и на солнце есть пятна
Korn II *m* -(e)s *разг.* хлебная водка
Korn‖blume *f* -, -n *бот.* василёк
Korn‖branntwein *m* -(e)s хлебная водка
Körnchen *n* -s, - 1. зёрнышко; 2. зёрнышко, крупинка; **ein ~ Staub** крупинка пыли; **ein ~ Wahrheit** крупинка правды
Korn‖darre *f* -, -n зерносушилка; овин
Kornélia/Kornélie Корнелия *(жен. имя)*
Kornélius Корнелиус/Корнелий *(муж. имя)*
Korn‖ernte *f* -, -n уборка хлеба, жатва
Korn‖feld *n* -(e)s, -er нива, пашня
körnig *a* 1. зернистый; 2. дроблёный
Korn‖kammer *f* -, -n житница
Korn‖kasten *m* -s, -/-kästen закром
Korn‖schwinge *f* -, -n веялка
Korn‖speicher *m* -s, - зернохранилище, хлебный амбар
Körper *m* -s, - 1. тело, туловище, корпус; **am ganzen ~ zittern** дрожать всем телом; 2. *физ., мат.* тело, вещество
Körper‖bau *m* -s телосложение
Körper‖erziehung *f* - физическое воспитание, физкультура
Körper‖kultur *f* -, -en физкультура
körperlich *a* 1. телесный; 2. физический
Körper‖pflege *f* - уход за телом, гигиена тела
Körper‖schaft *f* -, -en корпорация; объединение, орган
Körper‖verletzung *f* -, -en увечье; **eine ~ davontragen*** получить увечье
Korporál <*lat.-it.-fr.*> *m* -s, -e капрал
Korporatión <*lat.*> *f* -, -en см. **Körperschaft**
Korps [ko:r] <*lat.*> *n* - [ko:rs], - [ko:rs] 1. *воен.* корпус; 2.: **diplomatisches ~** дипломатический корпус
korpulént <*lat.*> *a* полный, дородный
Korpulénz <*lat.*> *f* - полнота, дородность
Korreferát <*lat.*> *n* -(e)s, -e содоклад
Korreferént <*lat.*> *m* -en, -en содокладчик
korrékt <*lat.*> *a* 1. правильный; 2. корректный
Korréktheit <*lat.*> *f* - 1. правильность; 2. корректность
Korrektúr <*lat.*> *f* -, -en исправление; корректура
Korrektúr‖fahne *f* -, -n корректурная гранка
Korrelatión <*lat.*> *f* -, -en соотношение, корреляция
Korrespondént <*lat.*> *m* -en, -en корреспондент
Korrespondénz <*lat.*> *f* -, -en переписка, корреспонденция
korrespondieren <*lat.*> *vi* (*mit* D) 1. вести переписку; переписываться (*с кем-л.*); 2. соответствовать (*чему-л.*)
korrigíeren <*lat.*> *vt* исправлять, поправлять; вносить поправки; **korrigierte Zeit** *спорт.* улучшенное время
korrodíeren <*lat.*> *vi хим., тех.* корродировать
korrumpíeren <*lat.*> *vt* разлагать, развращать; подкупать, коррумпировать
korrúpt <*lat.*> *a* испорченный, развращённый; продажный, подкупной
Korruptión <*lat.*> *f* -, -en 1. разложение, развращение; подкуп, коррупция; 2. развращённость; продажность
Korsika (*n*) -s Корсика *(о-в в Средиземном море)*
Korvétten‖kapitän [-'vɛ-] <*lat.-fr.*> *m* -s, -e *мор.* капитан 3-го ранга
Koryphäe <*gr.*> *m* -n, -n корифей, светоч *(науки)*
Kosák <*russ.*> *m* -en, -en казак
kosen I *vt* ласкать; II *vi* (*mit* D) 1. ласкаться; 2. ласково [нежно] разговаривать, дружески беседовать
Kose‖name *m* -ns, -n ласкательное имя
Kose‖wort *n* -(e)s, -e/-wörter ласковое слово
kosmisch <*gr.*> *a* космический
Kosmos <*gr.*> *m* - космос, вселенная
Kost *f* - пища, стол, питание; ◊ **~ und Logis haben** жить на всём готовом; **sich bei jmdm. in ~ leben*** столоваться у кого-л.; **jmdn. in ~ nehmen*** взять кого-либо на полный пансион
Kostaríka (*n*) -s Коста-Рика *(гос-во в Центральной Америке)*
kostbar *a* драгоценный

Kostbarkeit *f* -, -en драгоценность
kosten I *vt* пробовать, отведывать; **Hunger zu ~ bekommen*** изведывать голод
kosten II *vi* стоить, обходиться *(в какую-л. сумму)*; **was kostet dieses Buch?** сколько стоит эта книга?
Kosten *pl* расходы, издержки; **auf seine ~ kommen*** оправдать свои расходы; **auf eigene ~** на свой счёт
Kosten‖anschlag *m* -(e)s, -schläge смета расходов
Kosten‖aufwand *m* -(e)s расходы
kostenfrei *a* бесплатный, даровой
kostenlos *a* см. kostenfrei
Kost‖gänger *m* -s, - столующийся; нахлебник
Kost‖geld *n* -(e)s, -er расходы на питание, плата за питание
köstlich *a* превосходный; изысканный
kostspielig *a* дорогой *(о цене)*
Kostüm <*fr.*> *n* -s, -e 1. костюм *(дамский)*; 2. маскарадный костюм
Kot *m* -(e)s 1. грязь; нечистоты; 2. кал, помёт; ◊ **jmdn. durch den ~ ziehen***, **jmdn. in den ~ ziehen* [zerren, treten*]** смешать с грязью, втоптать в грязь кого-л.
Kotelétt <*lat.-fr.*> *n* -(e)s, -e/-s отбивная котлета
Kotelétte <*lat.-fr.*> *f* -, -n 1. см. Kotelett; 2. бакенбарды
Köter *m* -s, - дворняжка
kotig *a* 1. грязный; 2. навозный
kotzen *vi груб.* блевать, рвать
Krabbe <*fr.*> *f* -, -n 1. краб, креветка; 2. *разг.* карапуз
krabbeln I *vi* (s) ползать, барахтаться, копошиться; II *vt* 1. чесать, щекотать; 2. царапать *(писать)*; III *vimp*: **es krabbelt mich hinter dem Ohr** у меня чешется за ухом
Krach *m* -(e)s, -e/-s 1. треск, грохот; 2. скандал, ссора; 3. банкротство, крах; ◊ **mit Ach und ~** с большим трудом
krachen *vi* 1. трещать; грохотать; 2. лопаться, лопнуть, треснуть; 3. потерпеть банкротство [крах]
kraft *prp* (G) в силу, на основании; **~ des Gesetzes** в силу закона
Kraft *f* -, **Kräfte** 1. сила; **aus eigener ~** своими силами; **das geht über meine Kräfte** это выше моих сил; **seine ~ mit jmdm. messen*** мериться силами с кем-л.; **mit aller ~** изо всех сил; **von Kräften kommen*** изнемогать, выбиться из сил; **Kräfte schöpfen** черпать силы; **treibende ~** движущая сила; **in ~ bleiben*** сохранять силу; **außer ~ treten*** потерять силу; 2. *тех., физ.* энергия, сила, мощность; **aufgewendete ~** приложенная [заданная] сила; 3. работник, специалист; *pl тж.* кадры; **ausgebildete Kräfte** подготовленные кадры
Kraft‖anlage *f* -, -n силовая установка
Kraft‖aufwand *m* -(e)s затрата сил; *тех.* расход энергии; **mit großem [kleinem] ~** с большой [малой] затратой сил [энергии]
Kraft‖ausdruck *m* -(e)s, -drücke *разг.* крепкое словцо; сильное (эмоциональное) выражение
Kraft‖brühe *f* -, -n бульон
Kraft durch Freude *f* - "Сила через радость" *(организация в фаш. Германии, занималась туризмом, проведением спортивных мероприятий и т. п.)*
Kräfte‖ausgleich *m* -(e)s, -e равновесие сил
Kräfte‖verhältnis *n* -sses соотношение сил
Kraft‖fahrer *m* -s, - шофёр, водитель автомашины
Kraft‖fahrzeug *n* -(e)s, -e автомобиль, автомашина
Kraft‖feld *n* -(e)s, -er *физ.* силовое поле
Kraft‖futter *n* -s, - *с.-х.* концентрированный корм
kräftig *a* 1. сильный, крепкий; 2. питательный
kräftigen I *vt* укреплять, усиливать; II **~ sich** укрепляться, усиливаться
Kraft‖leistung *f* -, -en 1. работоспособность; 2. *тех.* мощность
kraftlos *a* бессильный; истощённый
Kraftlosigkeit *f* - 1. бессилие, истощение; 2. *юр.* недействительность
Kraft‖maschine *f* -, -n силовая машина
Kraft‖rad *n* -(e)s, -räder мотоцикл
Kraft‖stoff *m* -(e)s, -e топливо, горючее *(жидкое)*
Kraft‖wagen *m* -s, - автомобиль
Kraft‖werk *n* -(e)s, -e электростанция
Kragen *m* -s, - ворот, воротник; **jmdn. am ~ packen** взять за шиворот кого-л.; **es geht ihm an den ~** дело принимает для него очень скверный оборот
Kragen‖litze *f* -, -n *воен.* петлица
Krähe *f* -, -n ворона; ◊ **eine ~ hackt der anderen die Augen nicht aus** *посл.* ворон ворону глаз не выклюет
krähen *vi* петь, кричать кукареку *(о петухе)*
Kräh‖winkel *m* -s, - захолустье
Krakeél <*it.*> *m* -s, -e ссора, скандал
krakeélen <*it.*> *vi* орать, громко кричать
Kralle *f* -, -n коготь; **die ~n zeigen** вы-

пускать когти; **die ~n einziehen*** прятать когти
krallen I *vt* царапать, хватать когтями *(что-л.)*; впиваться когтями *(во что-л.)*; II **~, sich** *(an* A) цепляться *(за что-л.)*
Kram *m* -(e)s мелочный товар; хлам; **alter ~** старьё; **das paßt ihm nicht in seinen ~** это ему не нравится [не подходит]
kramen *vi* рыться, шарить, перебирать
Krämer *m* -s, - лавочник, торгаш
Krämer‖seele *f* -, -n мелкая душонка, копеечная душа
Kram‖laden *m* -s, -/-läden (мелочная) лавка
Krampe *f* -, -n *тех.* скоба
Krampf *m* -(e)s, Krämpfe судорога, спазма, конвульсия
krampfhaft *a* судорожный; напряжённый
Krampus *m* - Крампус *(спутник Св. Николая, Деда Мороза, наказывающий "непослушных детей" <употребляется в Баварии и Австрии>)*
Kran *m* -es, -e/Kräne грузоподъёмный кран
Kran‖führer *m* -s, - крановщик
Kranich *m* -(e)s, -e журавль
krank *a* больной; **sich ~ stellen** притворяться больным; **sich ~ lachen** хохотать до упаду
Kranke *subst m, f* -n, -n больной, -ная; пациент, -ка; **der ~ ist aufgegeben** больной безнадёжен
kränkeln *vi* прихварывать, хворать
kranken *vi (an* D) 1. болеть, хворать, страдать *(чем-л.)*; 2. *перен.* страдать *(от чего-л.)*
kränken I *vt* обижать, оскорблять, задевать; **sich gekränkt fühlen** чувствовать себя [быть] обиженным; II **~, sich** *(über* A) обижаться *(на что-л.)*
Kranken‖behandlung *f* - лечение больного
Kranken‖bericht *m* -(e)s, -e история болезни
Kranken‖geld *n* -(e)s, -er пособие по болезни; деньги, выплачиваемые по листку нетрудоспособности
Kranken‖haus *n* -es, -häuser больница; **ins ~ einweisen*** поместить в больницу
Kranken‖kasse *f* -, -n больничная касса *(обществ. учреждение, выплачивающее денежное пособие в случае болезни лицам, вносившим соответствующие членские взносы)*
Kranken‖kost *f* - диета
Kranken‖pflege *f* - уход за больными
Kranken‖pflegerin *f* -, -nen санитарка, сиделка

Kranken‖schein *m* -(e)s, -e листок нетрудоспособности, больничный лист, бюллетень
Kranken‖schwester *f* -, -n медицинская сестра, медсестра
Kranken‖station *f* -, -en 1. *мед.* приёмный пункт; 2. корпус *(в больнице)*
Kranken‖versicherung *f* -, -en страхование на случай болезни
Kranken‖wagen *m* -s, - санитарная автомашина
Kranken‖wärterin *f* -, -nen санитарка, няня *(в больнице)*
krankhaft *a* болезненный
Krankheit *f* -, -en болезнь, недуг; **eine akute ~** острое заболевание; **an einer ~ leiden*** страдать болезнью
Krankheits‖erreger *m* -s, - возбудитель болезни [заболевания]
krankheitshalber *adv* по болезни
Krankheits‖verhütung *f* - предупреждение болезни, профилактика
kränklich *a* болезненный, слабый
krank‖machen *vi разг.* быть на бюллетене, иметь листок нетрудоспособности
Kränkung *f* -, -en оскорбление, обида, огорчение; **eine ~ zufügen** нанести обиду; **eine ~ verschmerzen** стерпеть обиду
Kranz *m* -es, Kränze 1. венок, венец; **einen ~ erringen* [gewinnen*, davontragen*]** получить венок победителя; **einen ~ aufs Grab [am Grabe] niederlegen** возложить венок на могилу; 2. кружок, группа (лиц); 3. *тех.* фланец; закраина; обод, венец *(колеса)*
Kränzchen *n* -s, - 1. веночек; 2. кружок, вечеринка
kraß <*lat.*> *a* 1. неслыханный; полный; **ein krasser Egoist** страшный эгоист; **ein krasser Gegensatz** полная противоположность; 2. яркий, разительный; **ein krasses Beispiel** яркий пример
Krater <*gr.*> *m* -s, - кратер
kratzbürstig *a* сварливый, раздражительный
Krätze *f* - 1. *мед.* чесотка; парша; 2. *тех.* обрезка
Kratz‖eisen *n* -s, - скребок
kratzen I *vt* 1. царапать; скрести, чесать, скоблить; **den Hals ~** драть [раздражать] горло *(о дыме и т. п.)*; **er fühlt sich gekratzt** *разг.* он чувствует себя польщённым; 2. *разг.* царапать, писать каракулями; II *vi* царапаться; царапать *(о пере и т. п.)*; **auf der Geige ~** пиликать на скрипке; **im Sand ~** рыться в песке *(о курах)*; III **~, sich** чесаться; **sich wund ~** расчесать кожу до крови;

sich hinter dem Ohr ~ почесать за ухом
Kratzer *m* -s, - 1. царапина; 2. *см.* Kratzeisen
Kratz‖fuß *m:* einen ~ machen расшаркиваться
Kratz‖wunde *f* -, -n царапина
Kraul <*engl.*> *n* -/-s кроль *(плавание)*
kraulen I *vt* почёсывать, тихонько щекотать; гладить, ласкать
kraulen II *vi* плыть кролем [стилем кроль]
kraus *a* курчавый, кудрявый; eine ~e Stirn наморщенный лоб
Krause *f* -, -n 1. оборка; жабо; 2. завивка *(волос)*
kräuseln I *vt* 1. завивать; 2. поднимать зыбь *(на воде)*; рябить *(воду)*; II ~, sich виться, завиваться
Kraus‖haar *n* -(e)s, -e кудрявые [курчавые, вьющиеся] волосы
Kraut *n* -(e)s, Kräuter 1. трава; ботва; ins ~ schießen* идти в ботву [зелень]; *перен.* разрастаться; 2. зелень, овощи; 3. *см.* Kohl; ◇ wie ~ und Rüben всё вперемешку, как попало; ein bitteres ~ sein быть трудным делом; das macht das ~ nicht fett это беде не поможет; dagegen ist kein ~ gewachsen здесь ничем помочь нельзя, против этого никаких средств
Krawáll *m* -s, -e 1. шум, суматоха; 2. беспорядки, волнения, бунт
Krawátte <*dt.-fr.*> *f* -, -n галстук; die ~ umlegen повязать галстук
kraxeln *vi* (s, h) *разг.* (с трудом) взбираться на гору, карабкаться
Kreatúr <*lat.*> *f* -, -en создание, творение; тварь
Krebs I *m* -es, -e 1. *зоол.* рак; 2. Рак *(созвездие)*
Krebs II *m* -es *мед.* рак
krebsen *vi* 1. ловить раков; 2. *мор.* табанить; 3. (h, s) пятиться назад; ползти, карабкаться; 4. *разг.* безуспешно заниматься *(чем-л.)*; тужиться *(сделать что-л.)*
Krebs‖gang: den ~ gehen* пятиться назад, идти вспять; *перен.* деградировать; идти под гору
Krebs‖geschwulst *f* -, -schwülste *мед.* раковая опухоль
Krebs‖schere *f* -, -n клешня *(рака)*
kredénzen <*lat.-it.*> *vt* подносить *(вино)*, потчевать *(чем-л.)*
Kredít <*lat.-it.-fr.*> *m* -(e)s, -e кредит; *перен.* доверие; auf ~ в кредит; ~ gewähren предоставлять кредит, кредитовать; jmdm. ~ geben* 1) предоставить кредит кому-л.; 2) верить кому-л.; jmdn. um seinen [allen] ~ bringen* дискредитировать кого-л., подорвать к кому-л. доверие; den ~ kündigen закрыть кредит
Kredít‖bank *f* -, -en коммерческий банк
Kredít‖gewährung *f* - предоставление кредита, кредитование
Kreditív <*lat.*> *n* -s, -e верительная грамота
Kréditor <*lat.*> *m* -s, -tóren кредитор
Kreide *f* -, -n мел; мелок; ◇ bei jmdm. in der ~ stehen* [stecken] задолжать кому-л.; mit doppelter ~ (an)schreiben* обсчитывать, составлять грабительский счёт; вести двойную бухгалтерию
kre¦ieren <*lat.*> *vt* создавать, творить *(что-л.)*
Kreis I *m* -es, -e 1. круг, окружность; im ~ herum кругом; sich im ~e drehen 1) кружиться; 2) вертеться как белка в колесе; einen ~ um etw. (A) schließen* окружить, оцепить что-л.; ~e ziehen* 1) описывать круг, кружить; 2) расходиться кругами; *перен.* распространяться *(о слухах и т. п.)*; 2. *эл.* цепь; 3. круг, компания; im ~e der Familie, im häuslichen ~e в семейном кругу; weite ~e der Bevölkerung широкие круги [слои] населения; 4. сфера *(деятельности)*; ◇ fehlerhafter ~ порочный круг
Kreis II *m* -es, -e район *(адм.-территориальная единица, из которых состоят адм. округа в ФРГ и федеральные земли в Австрии; делятся на общины)*
Kreis‖abschnitt *m* -(e)s, -e *мат.* сегмент
Kreis‖ausschnitt *m* -(e)s, -e *мат.* сектор
Kreis‖bahn *f* -, -en *астр.* орбита
Kreis‖bewegung *f* -, -en вращательное движение, циркуляция
Kreis‖bogen *m* -s, -/-bögen *мат.* дуга
kreischen *vi* визжать, пронзительно кричать
kreischend *a* пронзительный, визгливый
Kreisel *m* -s, - 1. волчок, юла; sich wie ein ~ drehen вертеться волчком; 2. *физ.* жироскоп, гироскоп
kreiseln I *vi* 1. вертеться, кружиться; крутиться; 2. играть волчком [юлой]; II ~, sich вертеться, кружиться
Kreisel‖wind *m* -(e)s, -e вихрь
kreisen I *vi* кружить, кружиться, вращаться, крутиться, вертеться; циркулировать, обращаться *(о крови)*; II *vt* кружить, вращать, вертеть
Kreis‖fläche *f* -, -n *мат.* площадь круга
kreisförmig *a* кругообразный, круглый

kreisfreie Stadt *f* - город районного значения *(город в ФРГ, пользующийся адм. статусом района)*
Kreis∥lauf *m* -(e)s цикл, круговорот
Kreis∥säge *f* -, -n дисковая [циркулярная] пила
Kreißende *subst f* -n, -n; **Kreißerin** *f* -, -nen роженица
Kreis∥stadt *f* -, -städte районный центр
Krem <*fr.* Creme> *f* -, -s/*разг. m* -s, -e крем
Kreml <*russ.*> *m* 1. -s Кремль *(в Москве)*; 2. -s, - кремль
Krempe *f* -, -n 1. поля *(шляпы)*; 2. *тех.* кромка, фланец, борт
Krempel *m* -s *разг.* хлам, старьё
krepieren <*lat.-it.*> *vi* (s) 1. околевать, издыхать; 2. разрываться *(о снарядах)*
Krepp <*lat.-fr.*> *m* -s креп *(ткань)*
Krepp∥binde *f* -, -n креповая [траурная] повязка *(на рукаве)*
Kreta (*n*) -s Крит *(о-в в Средиземном море, юго-восточнее п-ва Пелопоннес)*
kreuz: ~ **und quer** вдоль и поперёк
Kreuz *n* -es, -e 1. крест; **etw. übers** ~ **legen** положить что-л. крест-накрест; **ein** ~ **schlagen*, das Zeichen des** ~**es machen** перекреститься; осенить себя крестным знамением; **ans** ~ **schlagen* [nageln]** распять; 2. крест, бремя, мука; **sich in sein** ~ **schicken** терпеливо нести свой крест, примириться со своей судьбой; 3. *анат.* крестец, поясница; **круп** *(у лошади)*; 4. *карт.* трефы; 5. *мат.* плюс; 6.: **das Südliche** ~ *астр.* Южный Крест; 7. *муз.* диез; ◊ **ein** ~ **über etw.** (A) **machen** поставить крест на чём-л., махнуть рукой на что-л.
Kreuz∥band *n* -(e)s, -bänder бандероль
Kreuz∥berg (*n*) -s Крейцберг *(гор. р-н Берлина)*
Kreuz∥chor *m* -s Кройцхор *(знаменитый хор мальчиков при церкви Кройцкирхе в Дрездене <ФРГ>)*
kreuzen I *vt* 1. скрещивать, перекрещивать; складывать накрест; 2. пересекать; 3. *биол.* скрещивать; ◊ **jmds. Pläne** ~ расстроить чьи-л. планы; II ~, **sich** пересекаться; скрещиваться *(тж. перен.)*
kreuzen II *vi мор.* крейсировать
Kreuzer I *m* -s, - *мор.* крейсер
Kreuzer II *m* -s, - крейцер *(старинная мелкая монета, бывшая в обращении в Германии, Австро-Венгрии и др. странах)*
Kreuz∥fahrer *m* -s, - *ист.* крестоносец
Kreuz∥fahrt *f* -, -en круиз

Kreuz∥feuer *n* -s *воен.* перекрёстный огонь *(тж. перен.)*; **jmdn. ins** ~ **nehmen*** взять кого-л. под перекрёстный огонь
Kreuz∥gang *m* -(e)s, -gänge 1. *арх.* крытая галерея; 2. *рел.* крестный ход
kreuzigen *vt* распять; пригвоздить к кресту; **sein Fleisch** ~ *рел.* умерщвлять свою плоть
Kreuzigung *f* - распятие
Kreuz∥otter *f* -, -n гадюка обыкновенная
Kreuz∥punkt *m* -(e)s, -e точка пересечения
Kreuz∥spinne *f* -, -n паук-крестовик
Kreuz∥stich *m* -(e)s, -e 1. вышивка [стёжка] крестом; 2. перекрёстный стежок
Kreuz∥stickerei *f* -, -en вышивание крестом
Kreuzung *f* -, -en 1. скрещивание; 2. пересечение; перекрёсток
Kreuz∥verhör *n* -(e)s, -e перекрёстный допрос
Kreuz∥weg *m* -(e)s, -e распутье, перекрёсток
kreuzweise *adv* крест-накрест
Kreuz∥worträtsel *n* -s, - кроссворд
Kreuz∥zug *m* -(e)s, -züge *ист.* крестовый поход
kribb(e)lig *a* нервный, беспокойный
kribbeln *vimp.* 1. кишеть; **es kribbelt und krabbelt** кишмя кишит; 2. чесаться, зудеть; **mir kribbelt es in den Fingerspitzen** у меня руки чешутся *(тж. перен.)*
kriechen* *vi* 1. (s) ползти, ползать; лезть; **auf vieren** ~ ползать на четвереньках; **ins Bett** ~ забраться в постель; **aus dem Ei** ~ вылупиться из яйца; 2. (h, s) подхалимничать, пресмыкаться; **im Staube** ~ быть униженным; **jmdm. auf Leim** ~ попасться на удочку
kriechend *a* раболепный, пресмыкающийся
Kriecher *m* -s, - льстец, подхалим
Kriecheréi *f* -, -en подхалимство, раболепие, низкопоклонство, лакейство
Kriech∥tier *n* -(e)s, -e пресмыкающееся, рептилия
Krieg *m* -(e)s, -e война; ~ **bis aufs Messer** война не на жизнь, а на смерть; **den** ~ **erklären** объявлять войну; **den** ~ **entfesseln** развязывать войну; **in den** ~ **ziehen*** идти на войну; **den** ~ **führen** вести войну; **zum** ~**(e) rüsten** вооружаться, готовиться к войне; **zum** ~ **treiben*** втягивать в войну
kriegen I *vt разг.* получать; **Hunger** ~ проголодаться; **eine Krankheit** ~ заболеть; **Kinder** ~ рожать детей

kriegen II *vi* воевать, вести войну
Krieger *m* -s, - воин, боец
Krieger‖denkmal *n* -(e)s, -mäler/-e памятник павшим воинам
Krieger‖grab *n* -(e)s, -gräber солдатская могила
kriegerisch *a* воинственный, боевой
kriegführend *a* воюющий
Kriegs‖bericht *m* -(e)s, -e оперативная сводка
Kriegs‖berichterstatter *m* -s, - военный корреспондент [обозреватель]
Kriegs‖beschädigte *subst m, f* -n, -n инвалид войны
Kriegs‖brandstifter *m* -s, - см. Kriegshetzer
Kriegsdienst‖verweigerung *f* -, -en отказ от военной службы
Kriegs‖ehren *pl* боевые почести
Kriegs‖entschädigung *f* -, -en возмещение военных издержек, *pl* репарации
Kriegs‖fuß *m*: **mit jmdm. auf dem ~ stehen*** быть с кем-л. в состоянии войны; *перен.* враждовать с кем-л.
Kriegs‖gefangene *subst m, f* -n, -n военнопленный, -ая
Kriegs‖hetzer *m* -s, - поджигатель войны; *pl тж.* военщина
Kriegs‖macht *f* 1. - военная, боевая мощь; 2. -, -mächte воюющая держава
Kriegs‖marine *f* - "кригсмарине" *(название военно-морских сил фаш. Германии)*
Kriegs‖schauplatz *m* -es, -plätze театр военных действий
Kriegs‖stärke *f* -, -n *воен.* штатная численность военного времени
Kriegs‖treiber *m* -s, - см. Kriegshetzer
Kriegs‖verbrecher *m* -s, - военный преступник
Kriegsverdienst‖kreuz *n* -es, -e крест "За военные заслуги" *(военная награда фаш. Германии)*
Kriegs‖versehrte см. Kriegsbeschädigte
Kriegs‖wesen *n* -s военное дело
Kriegs‖zustand *m* -(e)s, -stände военное положение, состояние войны; **den ~ erklären, über etw. (A) den ~ verhängen** объявить где-л. военное положение
Krim *f* - Крым *(п-в на Ю.-В. Украины)*
Krimi *m* -s, -s *разг.* детективный [криминальный] роман [фильм]
Kriminal‖fall *m* -(e)s, -fälle уголовное дело, криминальный случай
Kriminalistik <*lat.*> *f* - юр. криминалистика
Kriminál‖polizei *f* - полиция уголовного розыска
Kriminál‖reißer *m* -s, -; **~roman** *m* -s, -e детективный роман
Kriminélle *subst m* -n, -n уголовный преступник
Krimmer *m* -s, - каракуль, барашек *(мех или его имитация)*
Kringel *m* -s, - крендель *(сдобная булка, загнутая в виде буквы "В")*
kringeln *vi u* ~, **sich** свёртываться кольцом; извиваться
Kripo *разг. сокр. от* Kriminalpolizei
Krippe *f* -, -n 1. ясли; кормушка *(тж. перен. о доходном месте)*; 2. ясли *(детские)*
krisch *impf от* kreischen*
Krise <*gr.-lat.-fr.*> *f* -, -n кризис; **von einer ~ befallen sein** переживать кризис
Kristáll I <*gr.-lat.*> *m* -s, -e кристалл
Kristáll II <*gr.-lat.*> *n* -s хрусталь
kristallíeren <*gr.-lat.*> I *vt* кристаллизовать; II *vi* (s) *u* ~, **sich** кристаллизоваться
Kristáll‖nacht *f* - "хрустальная ночь" *(еврейский погром в ночь с 9 на 10.11.1938; организован фашистами по всей Германии)*
Kritérium <*gr.*> *n* -s, -rien 1. критерий; 2. соревнование, гонки *(велоспорт, каноэ)*
Kritik <*gr.-lat.-fr.* *f* -, -en критика; рецензия; **in Auswertung der ~** учитывая критику; **der ~ unterziehen*** подвергать критике; **unter aller ~** ниже всякой критики
Kritikáster <*gr.-lat.-fr.*> *m* -s, - критикан
Kritiker <*gr.-lat.-fr.*> *m* -s, - критик
kritisch <*gr.-lat.-fr.*> *a* критический
kritisieren <*gr.-lat.-fr.*> *vt* критиковать *(кого-л., что-л.)*, критически относиться *(к кому-л., к чему-л.)*
kritteln *vi* критиковать, придирчиво и мелочно критиковать
Kritzelei *f* -, -en каракули, неразборчивое письмо
kritzeln *vt, vi* царапать, писать неразборчиво
Kroátien (*n*) -s Хорватия *(гос-во в Центральной Европе* <*входила в состав Югославии*>)
kroch *impf от* kriechen*
Krokánt <*fr.*> *m* -s крокант *(засахаренный миндаль)*
Krokodíl <*gr.-lat.*> *n* -s, -e крокодил
Krone I *f* -, -n 1. корона; венец; 2. коронка *(зуба)*; **sich (D) eine ~ aufsetzen lassen*** поставить (себе) коронку; 3. крона *(верхушка дерева)*; 4. люстра; ⋄ **das setzt allem die ~ auf!** это верх всего!, это уж слишком!; **wie die Perle in**

der ~ sein выделяться (в обществе и т. п.); was ist ihm in die ~ gefahren? что ему взбрело на ум?
Krone II *f* - крона (денежная единица некоторых стран Европы)
krönen *vt* 1. (*zu* D, *als* A) короновать (кого-л. на...); sich ~ lassen* короноваться; 2. (*mit, von* D) увенчивать (чем-либо); von Erfolg gekrönt sein увенчаться успехом
Kron‖leuchter *m* -s, - люстра
Krönung *f* -, -en 1. коронация, коронование; 2. *перен.* увенчание; seine ~ in etw. (D) finden* увенчаться, завершиться чем-л.
Kron‖zeuge *m* -n, -n главный свидетель
Kropf *m* -(e)s, Kröpfe зоб; einen ~ haben иметь зоб, страдать базедовой болезнью
Kropp‖zeug *n* -(e)s *разг.* детвора, малыши
Kröte *f* -, -n 1. жаба; 2. крошка (*о ребёнке*)
Krücke *f* -, -n костыль, клюка; an [auf] ~n gehen* ходить на костылях; auf fremden ~n gehen* не уметь обходиться без чужой помощи, жить чужим умом
Krück‖stock *m* -(e)s, -stöcke *см.* Krücke
Krug *m* -(e)s, Krüge кувшин, кружка; ◊ der ~ geht so lange zu Wasser, bis er bricht *посл.* повадился кувшин по воду ходить, тут ему и голову сломить
Krümchen *n* -s, - крошка (хлеба); ein ~ чуть-чуть, немножко
Krume *f* -, -n 1. мякиш (хлеба); 2. *pl* крошки; 3. рыхлая пахотная земля
krümeln I *vt* крошить; II *vi* крошиться
krumm *a* кривой; искривлённый, скрюченный
krümmen I *vt* сгибать, гнуть, выгибать; изгибать; II *vi* мор. изменить курс; keinen Finger ~ не пошевелить пальцем (*тж. перен. ради чего-л.*); III ~, sich 1. (*vor* D) корчиться, изгибаться (*от чего-л.*); 2. пресмыкаться, унижаться
Krummholz *n* -es, -hölzer дуга (*упряжная*)
Krümmung *f* -, -en 1. изгиб, извилина; поворот; 2. *мат.* кривизна
Krüppel *m* -s, - калека, инвалид; jmdn. zum ~ schlagen* [machen] искалечить кого-л.
krüppelhaft *a* увечный, искалеченный
Krupp-Konzern *m* -s концерн Круппа (*один из крупнейших металлургических и машиностроительных концернов ФРГ*)

Kruste *f* -, -n корка (хлеба); кора (грязи); струп
Kruzifix <*lat.*> *n* -es, -e распятие (*изображение*)
Kuála-Lúmpur (*n*) -s Куала-Лумпур (*столица Малайзии*)
Kuba (*n*) -s Куба (*гос-во и о-в в Вест-Индии*)
Kubáner *m* -s, -; ~in *f* -, -nen кубинец; -нка
Kübel *m* -s, - 1. чан, кадка; 2. *тех.* ковш
Kubik‖meter *n, m* - (сокр. cbm, kbm, m³) кубический метр
Kübler *m* -s, - бондарь, бочар
Kubus <*gr.*> *m* -, -/-ben 1. *мат.* куб; 2. кубик (*игрушка*)
Küche *f* -, -n кухня; стол, пища; kalte ~ холодная закуска, холодные блюда; eine gute ~ führen иметь хорошую кухню (*в ресторане*)
Kuchen *m* -s, - пирог, пирожное; ◊ ja, ~! *разг.* как бы не так!; не тут-то было!; der ~ ist angebrannt дело не выгорело
Küchen‖chef [-ʃɛf] *m* -s, -s старший повар
Küchen‖mädchen *n* -s, - судомойка
Kücken *n* -s, - 1. цыплёнок; 2. *перен.* карапуз, малыш; ◊ das ~ will klüger sein als die Henne *посл.* яйца курицу не учат
Kuckuck I *m* -(e)s, -e 1. кукушка; der ~ ruft кукушка кукует; 2. *воен. разг.* полевая кухня; ◊ weiß der ~! чёрт его знает!; hol' dich der ~! *бран.* чёрт тебя побери!; ei der ~! *ирон.* скажи на милость!; вот так сюрприз!; da ist der ~ los! там чёрт знает что творится!, там чёрт ногу сломает!
Kuckuck II *m* -s "кукушка" (*разг. название печати судебного исполнителя*)
Kuckucks‖uhr *f* -, -en часы с кукушкой (*традиционное изделие ремесла в Шварцвальде* <*ФРГ*>)
Ku-Damm *m* -s Ку-дамм; *см.* Kurfürstendamm
Kufe I *f* -, -n полоз (*саней*)
Kufe II *f* -, -n ушат, кадка, чан, бочка
Küfer *m* -s, - 1. бочар, бондарь; 2. заведующий винным погребом; винодел, дегустатор вин
Kugel *f* -, -n 1. шар; шарик; 2. *спорт.* ядро; 3. *воен.* пуля; ядро; ◊ eine große ~ schieben* *разг.* провернуть крупное дело; die ~ kommt ins Rollen решающий момент близок; ≡ лёд тронулся
Kugel‖abschnitt *m* -(e)s, -e *мат.* шаровой сегмент
Kugel‖ausschnitt *m* -(e)s, -e *мат.* шаровой сектор

kugelförmig *a* шарообразный
Kugel∥lager *n* -s, - шарикоподшипник
kugeln I *vt* **1.** катать, катить; **2.** придать форму шара *(чему-л.)*; II *vi* **1.** кататься, катиться; **2.** (h) *(über* A) баллотировать (шарами) *(чью-л. кандидатуру)*; III ~, **sich** кататься, катиться; **sich vor Lachen** ~ кататься со смеху
kugelrund *a* круглый как шар
Kugel∥schreiber *m* -s, - шариковая ручка
kugelsicher *a* пуленепробиваемый
Kugel∥stoßen *n* -s *спорт.* толкание ядра
Kuh *f* -, **Kühe** корова; **eine milchende [melkende]** ~ дойная корова *(тж. перен.)*; **eine tragende** ~ стельная корова; ◊ **der** ~ **das Kalb abfragen** замучить кого-л. расспросами; **soviel von etw. (D) verstehen* wie die** ~ **vom Sonntag** ≅ смыслить в чём-л. как свинья в апельсинах; **da müßte ja die** ~ **lachen** ≅ это курам насмех
kühl *a* **1.** прохладный, свежий; **2.** холодный, сдержанный, трезвый; **ein** ~**er Kopf** трезвый [сдержанный] человек
Kühl∥anlage *f* -, -n холодильная установка, рефрижератор
Kühle *f* - **1.** прохлада; свежесть; **2.** сдержанность, холодность
kühlen *vt* охлаждать; **sein Mütchen an jmdm., an etw. (D)** ~ *разг.* вымещать свою злость [досаду] на ком-л., на чём-либо
kühlend *a* прохладительный, охлаждающий
Kühler *m* -s, - *тех.* охладитель; холодильник, рефрижератор; радиатор *(у двигателей)*; конденсатор
Kühl∥schrank *m* -(e)s, -schränke холодильник *(бытовой)*
Kühlung *f* - охлаждение
kühn *a* смелый, отважный
Kühnheit *f* - смелость, отвага
kuhwarm: ~**e Milch** парное молоко
Küken см. **Kücken**
Kulisse <*lat.-fr.*> *f* -, -n кулиса; **hinter die** ~**n sehen*** заглядывать за кулисы
kullern *vi* (s) катиться *(кувырком)*
Kult <*lat.*> *m* -(e)s, -e культ; **einen** ~ **mit jmdm. treiben*** обожать кого-л.
kultivieren [-'vi:-] <*lat.*> *vt* культивировать *(тж. перен.)*; разводить, возделывать
Kultúr <*lat.*> *f* -, -en **1.** культура; **2.** *с.-х.* культура; **durchwinterte** ~ зимостойкая культура; **3.** *биол.* культура; ~ **von Bakterien anlegen** разводить культуру бактерий
Kultúr∥arbeit *f* - культурно-просветительская работа
kulturéll <*lat.*> *a* культурный
Kultúr∥ensemble [-ā'sā:bəl] *n* -s, -s художественный ансамбль
Kultúr∥erbe *n* -s культурное наследие
Kultúr∥film *m* -(e)s, -e научно-популярный фильм
Kultúr∥gruppe *f* -n, -n кружок художественной самодеятельности
Kultúr∥gut *n* -(e)s, -güter культурное достояние
Kultúr∥schaffende *subst m, f* -n, -n деятель [работник] культуры
Kultúr∥schätze *pl* сокровища культуры
Kultúr∥veranstaltung *f* -, -en культурное мероприятие
Kümmel *m* -s, - **1.** тмин; **2.** тминная водка
Kummer *m* -s горе, печаль, скорбь; **aus [vor]** ~ с горя; **jmdm.** ~ **machen [verursachen, bereiten]** причинить горе, доставлять огорчение кому-л.; **das macht mir wenig** ~ это меня мало беспокоит
kümmerlich *a* жалкий; бедный, скудный
Kümmerlichkeit *f* -, -en убожество, скудность
kümmern I *vt* заботить, печалить, огорчать; **was kümmert mich das!** какое мне до этого дело!; II ~, **sich** (*um* A) заботиться *(о ком-л., о чём-л.)*
kummervoll *a* печальный, горестный
Kumpel *m* -s, - **1.** горняк, шахтёр; **2.** *разг.* товарищ по работе
kund: ~ **sein** быть известным [знакомым]
Kunde I *f* -, -n известие, весть; **von etw. (D)** ~ **geben*** свидетельствовать о чём-либо
Kunde II *m* -n, -n **1.** покупатель; клиент; **2.** *разг.* малый, субъект; **ein geriebener [gerissener, schlauer]** ~ хитрый малый, ловкач, тёртый калач
Kunden∥dienst *m* -es обслуживание покупателей [потребителей]; стол заказов *(в магазине)*
kund∥geben* *vt* **1.** оповещать, объявлять, оглашать; **2.** обнаруживать, выявлять, изъявлять *(чувства)*
Kund∥gebung *f* -, -en **1.** демонстрация, манифестация, митинг; **2.** объявление, обнародование
kundig *a* (G) сведущий *(в чём-л.)*; знающий, опытный; **seiner Sache** ~ **sein** хорошо знать своё дело
kündigen I *vt* отменять, расторгать; **jmdm. die Freundschaft** ~ отказать кому-л. в дружбе; **jmdm. den Gehorsam** ~ выйти из чьего-л. повиновения; II *vi* **1.**

увольнять; **einem Arbeiter** ~ увольнять рабочего; **2.** заявить об уходе с работы
Kundschaft *f* -, -en покупатели, клиентура, заказчики, потребители
künftig I *a* будущий; **II** *adv* впредь, в будущем
Kunst *f* -, Künste **1.** искусство; художество; **die schönen [bildenden] Künste** изящные [изобразительные] искусства; **angewandte** ~ прикладное искусство; **2.** искусство, мастерство, умение; **die ärztliche** ~ врачебное искусство; **die heimliche** ~ колдовство; **es war keine große** ~ это не стоило большого труда; **was macht die** ~? *шутл.* ну что хорошего?, как делишки?
Kunst‖art *f* -, -en вид [род] искусства
Kunst‖dünger *m* -s, - минеральное удобрение
Kunst‖eis *n* -es искусственный лёд
Kunst‖eisbahn *f* -, -en искусственный каток
Kunst‖eislauf *m* -(e)s, -läufe фигурное катание на коньках
Künstelei *f* -, -en искусственность, притворство; затейливость, мудрствование
Kunst‖faser *f* -, -n искусственное [синтетическое] волокно
kunstfertig *a* искусный
Kunst‖fertigkeit *f* -, -en искусность, мастерство, умение, сноровка, ловкость
kunst‖gemäß, ~gerecht *adv* по всем правилам искусства
Kunst‖gewerbe *n* -s художественная кустарная промышленность, прикладное искусство
Kunst‖griff *m* -(e)s, -e **1.** искусный приём *(бокс);* **2.** уловка, увёртка
Künstler *m* -s, - художник; артист; **verdienter** ~ заслуженный деятель искусств
künstlerisch *a* художественный, артистический
Künstler‖werkstatt *f* -, -stätten ателье [мастерская] художника
künstlich *a* **1.** искусственный; **2.** неестественный
Kunst‖liebhaber *m* -s, - **1.** любитель искусства; **2.** дилетант *(в области искусства)*
kunstlos *a* безыскусный, простой
Kunst‖maler *m* -s, - живописец
Kunst‖reiter *m* -s, - (цирковой) наездник
Kunst‖schaffende *subst m, f* -n, -n деятель [работник] искусства
Kunst‖springen *n* -s *спорт.* прыжки в воду
Kunst‖stoff *m* -(e)s, -e синтетический материал; пластмасса
Kunst‖stück *n* -(e)s, -e фокус
Kunst‖turnen *n* -s художественная гимнастика
kunstvoll *a* искусный
Kunst‖werk *n* -(e)s, -e художественное произведение, произведение искусства
Kunst‖wissenschaft *f* -, -en искусствоведение
kunterbunt I *a* пёстрый; беспорядочный; **II** *adv* как попало
Kunz Кунц *(краткая форма муж. имени Konrad)*
Kupfer <*gr.-lat.*> *n* -s медь
Kupfer‖bergwerk *n* -(e)s, -e медный рудник
kupfern *a* медный
Kupferner Sonntag *m* -s, -e "медное воскресенье" *(3-е воскресенье перед Рождеством)*
Kupfer‖schmied *m* -(e)s, -e медник
Kupfer‖stich *m* -(e)s, -e гравюра на меди, эстамп
Kupfer‖vitriol [-vi-] *m, n* -s *хим.* медный купорос
kupieren <*fr.*> *vt* **1.** обрезать, отделять *(хвост, уши у собак, лошадей);* **2.** компостировать, пробивать *(билеты);* **3.** *мед.* купировать, локализовать
Kupon [ku'pɔ:] <*fr.*> *m* -s, -s **1.** купон, отрез *(материи);* **2.** купон *(акции, облигации)*
Kuppe *f* -, -n **1.** вершина *(горы);* **2.** головка *(спички, бутылки);* шляпка *(гвоздя)*
Kuppel *f* -, -n **1.** купол, свод; **2.** *тех.* колпак
kuppeln I *vt* покрывать куполом
kuppeln II *vt* **1.** *тех.* сцеплять, соединять; **2.** сводить *(кого-л.),* сватать *(кого-л. кому-л.),* сводничать
Kuppler *m* -s, -; ~**in** *f* -, -nen сводник, -ница
Kupplung *f* -, -en *тех.* сцепление, соединение; сцепляющая муфта
Kur <*lat.*> *f* -, -en лечение; курс лечения; **zur** ~ **sein** быть на излечении; **eine** ~ **erhalten*** получить санаторную путёвку; **eine** ~ **machen** проходить курс лечения; **jmdm. die** ~ **machen** *перен.* ухаживать за кем-л.
Kür *f* -, -en *спорт.* произвольные упражнения, произвольная программа; произвольное катание
kurant <*lat.-fr.*> *a* имеющий хождение; ходкий
Kuratórium <*lat.*> *m* -s, -ri|en попечительство; попечительский совет

Kurbel *f* -, -n *тех.* рукоятка; кривошип; *авт.* пусковая ручка
Kurbel∥stange *f* -, -n *тех.* шатун
Kurbel∥welle *f* -, -n *тех.* коленчатый вал
Kürbis *m* -ses, -se тыква
küren *vt высок.* выбирать, избирать
Kur∥fürst *m* -en, -en курфюрст *(в "Священной Римской империи" князь, имевший право избирать императора)*
Kurfürsten∥damm *m* -s Курфюрстендам *(торговый центр Берлина с дорогими универмагами, гостиницами и ресторанами)*
Kur∥gast *m* -(e)s, -gäste курортник; отдыхающий [лечащийся] на курорте
Kuríer <*lat.-it.-fr.*> *m* -s, -e курьер, рассыльный
kurieren <*lat.*> *vt* лечить, вылечивать
Kurílen *pl* Курильские острова *(гряда о-вов в В. РФ, между о-вом Хоккайдо* <*Япония*> *и Камчаткой*)
kuriós <*lat.-fr.*> *a* забавный; странный
Kuriosität <*fr.*> *f* -, -en 1. необычность, курьёзность; 2. курьёз, редкость *(вещь)*
Kür∥lauf *m* -(e)s *спорт.* произвольное катание
Kúr∥ort *m* -(e)s, -e курорт
Kurs <*lat.-it.-fr.-niederl.*> *m* -es, -e 1. *ав.* курс; ~ **auf etw. (A) nehmen*** [**halten***] брать курс на что-л.; **den ~ festlegen** прокладывать курс; 2. курс, направление *(политики)*; **den ~ verfolgen** осуществлять курс; 3. курс, котировка *(ценностей на бирже);* **die ~e fallen** курс акций падает; **außer ~ setzen** изымать что-л. из обращения; **bei jmdm. hoch im ~ stehen*** пользоваться большим уважением у кого-л.; 4. курс лекций
Kurs∥buch *n* -(e)s, -bücher справочник, расписание *(поездов и т.п.)*
Kürschner *m* -s, - скорняк
kursieren <*lat.-fr.*> *vi* 1. быть в обращении *(о монетах, ценных бумагах)*; 2. курсировать *(о транспорте)*; 3. ходить, носиться, циркулировать *(о слухах)*
Kursive <*lat.*> *f* -, -n; **~schrift** *f* -, -en курсив; **in ~** курсивом
Kursus <*lat.*> *m* -, Kurse 1. курс (лекций); 2. *pl* курсы
Kurs∥wert *m* -(e)s, -e стоимость по курсу
Kurs∥zettel *m* -s, - биржевой бюллетень
Kurt Курт *(краткая форма муж. имени* Konrad*)*
Kurve [-və/-fə] <*lat.*> *f* -, -n 1. *мат.* кривая; 2. кривая, график *(темпера-* туры *и т. п.)*; 3. поворот *(дороги);* **aus der ~ herauskommen*** выйти из поворота; 4. *ав.* вираж; **das Flugzeug in die ~ legen** ввести самолёт в вираж
Kurven∥lineal [-vən-] *n* -s, -e лекало
kurz I *a* 1. короткий; **~e Strecke** *спорт.* короткая дистанция; **in ~en Worten** коротко, вкратце; 2. короткий, непродолжительный; **ein ~es Gedächtnis** короткая память; ◊ **einen ~en Prozeß machen** разделаться, расправиться; II *adv* 1. коротко, вкратце; 2. вскоре; **~ nach** вскоре после *(чего-л.)*; **~ vor** незадолго до...; ◊ **~ und bündig** коротко и ясно; **über ~ oder lang** рано или поздно; **er kommt mit dem Geld zu ~** ему не хватит денег
Kurz∥arbeit *f* - неполный рабочий день, неполная рабочая неделя
Kurz∥arbeiter *m* -s, - частично безработный; работающий неполный рабочий день [неполную рабочую неделю]
Kürze *f* - краткость; **in aller ~** вкратце; **in ~** вскоре; ◊ **in der ~ liegt die Würze** *посл.* ≅ чем короче, тем лучше
Kur∥zeit *f* -, -en курс лечения; лечебный сезон
kürzen *vt* 1. укорачивать; 2. сокращать, уменьшать, убавлять; **sich (D) die Zeit ~** развлекаться
kürzer *comp от а* kurz
kürzest *superl от а* kurz
Kurz∥film *m* -(e)s, -e короткометражный фильм
Kurz∥schluß *m* -sses, -schlüsse *эл.* короткое замыкание
Kurz∥schrift *f* -, -en стенография
Kurz∥sichtigkeit *f* - близорукость; *перен.* недальновидность, близорукость
Kürzung *f* -, -en сокращение, уменьшение
Kurz∥waren *pl* галантерея, галантерейные товары
Kurz∥weil *f* - времяпрепровождение; забава, потеха
Kurz∥welle *f* -, -n *радио* короткая волна
Kurzwellen∥amateur [-tø:r] *m* -s, -e радиолюбитель-коротковолновик
Kurzwellen∥empfänger *m* -s, - коротковолновый приёмник
Kurzwellen∥sender *m* -s, - коротковолновый передатчик
Kurz∥wort *n* -(e)s, -wörter аббревиатура, сокращённое слово
kuscheln, sich *разг.* 1. уютно улечься; 2. *(an jmdn.)* прильнуть, прижаться *(к кому-л.)*
kuschen *vi и* ~, **sich** 1. ложиться *(о соба-*

ке); **2.** *разг.* не пикнуть; **kuscht euch!** *груб.* цыц!
Kusíne ⟨*fr.*⟩ *f* -, -n двоюродная сестра
Kuß *m* -sses, Küsse поцелуй
Kuß‖hand *f* -, -hände воздушный поцелуй; **eine ~ zuwerfen*** послать воздушный поцелуй
Küste *f* -, -n морской берег; побережье
Küsten‖fahrt *f* -, -en каботаж, каботажное плавание
Küster *m* -s, - дьячок, пономарь
Kutsch‖bock *m* -(e)s, -böcke кóзлы, облучок
Kutsche *f* -, -n карета, коляска, экипаж
Kutscher *m* -s, - извозчик, кучер
kutschieren *vi* **1.** (h) править лошадьми; **2.** (s, h) ехать в экипаже
Kutte *f* -, -n **1.** ряса *(монашеская)*; **2.** *разг.* куртка
Kutter ⟨*engl.*⟩ *m* -s, - катер
Kuvert [-'vɛr/-'vɛrt] ⟨*lat.-fr.*⟩ *n* -s, -s **1.** конверт; **2.** столовый набор
Kuwéit (n) -s Кувейт *(гос-во на побережье Персидского залива, в сев. части Аравийского п-ва)*
Kyffhäuser *m* -s Киффхойзер *(покрытые лесом горы юго-восточнее Гарца* ⟨ФРГ⟩*)*
Kyffhäuser‖bund *m* -es Киффхойзерский союз *(название солдатского союза в Герм.; основан в 1900)*
Kyffhäuser‖denkmal *n* -s памятник "Киффхойзер" *(памятник Вильгельму I в горах Киффхойзер)*

L

laben I I *vt* заквасить; створожить *(молоко)*; II *vi* u **~, sich** свёртываться
laben II I *vt* **1.** подкреплять, освежать; **2.** тешить; II **~, sich** (D) подкрепляться, освежаться, наслаждаться *(чем-л.)*
labil ⟨*lat.*⟩ *a* неустойчивый
Labilität ⟨*lat.*⟩ *f* -, -en неустойчивость, лабильность
Labór ⟨*lat.*⟩ *n* -s, -s/-e *см.* Laboratorium
Laboránt ⟨*lat.*⟩ *m* -en, -en; **~in** *f* -, -nen лаборант; -тка
Laboratórium ⟨*lat.*⟩ *n* -s, -rijen лаборатория
laboríeren ⟨*lat.*⟩ *vi* (*am* D) **1.** работать, биться *(над чем-л.)*; **an einem Experiment ~** провести эксперимент; **2.** страдать *(какой-л. болезнью)*

Lábsal *n* -(e)s, -e **1.** услада, отрада; **2.** подкрепление, освежение
Labyrinth ⟨*gr.-lat.*⟩ *n* -(e)s, -e лабиринт
Lach‖anfall *m* -(e)s, -fälle приступ [припадок] смеха
Lache I *f* -, -n *разг.* смех, хохот
Lache II *f* -, -n лужа
lächeln *vi* улыбаться, усмехаться; **das Glück lächelt ihm** ему улыбается счастье
Lächeln *n* -s улыбка
lachen *vi* (*über* A) смеяться, хохотать *(над чем-л.)*; **aus vollem Halse ~** смеяться во всё горло; **über das ganze Gesicht ~** сиять, расплываться в улыбке; **Tränen ~** смеяться до слёз; **sich krank [krumm, schief] ~** помирать со смеху, хохотать до упаду; **sich (D) ins Fäustchen ~** смеяться в кулак; **der hat nicht zu ~** ему не до смеха; **du hast gut ~** хорошо тебе смеяться!; ◊ **wer zuletzt lacht, lacht am besten** *посл.* хорошо смеётся тот, кто смеётся последним
Lachen *n* -s смех, хохот; **in ~ ausbrechen*** разразиться смехом; **das ist zum ~** это смешно; **jmdn. zum ~ bringen*** смешить кого-л.; **da vergeht einem das ~** тут уже не до смеха; **es ist zum ~!** это смешно!
lächerlich *a* смешной, забавный; ◊ **~ machen** поднимать на смех; **sich ~ machen** становиться посмешищем
Lächerliche *subst n* -n смешное; **ins ~ ziehen*** поднимать кого-л. на смех
Lächerlichkeit *f* **1.** -, -en что-л. смешное, смехотворное; пустяк; **2.** - смешливость, смехотворность
Lach‖krampf *m* -(e)s, -krämpfe судорожный [неукротимый, истерический] смех; **einen ~ bekommen*** безудержно смеяться
Lachs *m* -es, -e *зоол.* лосось, сёмга; лососина
Lach‖salve [-və] *f* -, -n взрыв хохота
Lachter *f, n* -, -n/-s, - лахтер *(стар. мера длины ≈ 2 м)*
Lack ⟨*sanskr.-pers.-arab.-it.*⟩ *m* -(e)s, -e **1.** лак; **2.** сургуч; ◊ **fertig ist der ~!** *разг.* ≅ дело в шляпе!
Lack‖anstrich *m* -(e)s, -e **1.** лакировка, нанесение лака; **2.** лаковое покрытие
Lack‖farbe *f* -, -n **1.** эмалевая [лаковая] краска; цветной лак; **2.** краситель для лаков
lackíeren ⟨*sanskr.-pers.-arab.-it.*⟩ *vt* **1.** лакировать, покрывать лаком; **2.** *разг.* обмануть, надуть
Lackíerer *m* -s, - лакировщик
Lack‖leder *n* -s, - лакированная кожа, лак

Lackmus <*niederl.*> *n* - лакмус
Lack‖schuh *m* -(e)s, -e лакированная туфля, лакированный ботинок
Lade *f* -, -n (выдвижной) ящик; ларь
Lade‖einrichtung *f* -, -en *воен.* заряжающее устройство
Lade‖fähigkeit *f* -, -en 1. *мор.* водоизмещение; 2. ёмкость, грузовместимость, грузоподъёмность
Lade‖fläche *f* -, -n 1. *авт.* погрузочная площадь; полезная площадь кузова; 2. грузовая платформа; площадь грузовой платформы
Lade‖inhalt *m* -(e)s *мор.* тоннаж
laden I *vt* 1. (*auf* A) грузить, нагружать (*на что-л.*); 2. *тех.* загружать; **den Hochofen ~** загружать домну; 3. *воен.* заряжать; **scharf [blind] ~** заряжать боевыми [холостыми] патронами; 4. *эл.* заряжать; **mit Energie geladen sein** быть полным энергии; 5.: **das Vertrauen auf sich ~** взять на себя ответственность; **eine Schuld auf jmdn. ~** взвалить вину на кого-л.; **er hat schwer geladen** *разг.* он основательно выпил; II ~, **sich** *спорт.* сосредоточиться перед соревнованием
laden II *vt* 1. приглашать, звать; **zu Gast ~** приглашать в гости; 2. вызывать; **vor Gericht ~** вызывать в суд; 3. манить, привлекать
Laden I *n* -s 1. нагрузка; погрузка; загрузка; 2. заряжание; зарядка (*аккумулятора*)
Laden II *m* -s, -/Läden 1. лавка, магазин; 2. ставень (*оконный*); 3. толстая доска; ◇ **der ~ klappt!** *разг.* дело в шляпе!; **den ~ schmeißen*** справиться в два счёта; **mach keinen ~ auf!** не разводи канитель!, давай покороче!
Laden‖geschäft *n* -(e)s, -e магазин
Laden‖hüter *m* -s, - *разг.* (за)лежалый товар, товар, на который нет спроса
Laden‖preis *m* -es, -e розничная цена; номинал
Laden‖tisch *m* -(e)s, -e прилавок; стойка
Lader *m* -s, - 1. *воен.* зарядник; зарядный ящик; 2. *эл.* выпрямитель для зарядки от сети; 3. *тех.* нагнетатель; 4. погрузчик
Lade‖rampe *f* -, -n погрузочная платформа
Lade‖raum *m* -(e)s, -räume 1. трюм; 2. *воен.* зарядная камера
Lade‖schütze *m* -n, -n *воен.* заряжающий
Lade‖stock *m* -(e)s, -stöcke шомпол; **er sitzt, als hätte er einen ~ verschluckt** он сидит, будто аршин проглотил
Lade‖streifen *m* -s, - *воен.* патронная обойма
lädieren <*lat.*> *vt* портить, повреждать
Ladis(laus) Ладис(лаус) (*муж. имя*)
Ladogasee *m* -s Ладожское озеро (*на С.-З. Европейской части РФ*)
Ladung I *f* -, -en 1. нагрузка; 2. груз, кладь; 3. *воен.* заряд; **geballte ~** связка ручных гранат; сосредоточенный заряд; 4. *эл.* заряд
Ladung II *f* -, -en 1. вызов; 2. приглашение; 3. повестка (*в суд*)
Lady ['le:di] <*engl.*> *f* -, -s леди, дама
Lafétte <*lat.-fr.*> *f* -, -n лафет
lag *impf om* **liegen***
Lage *f* -, -n 1. положение; поза; 2. положение, расположение; местоположение; позиция; 3. обстановка, ситуация; обстоятельство; **in der ~ sein** быть в состоянии; **Herr der ~ sein** быть хозяином положения; **nach ~ der Dinge** по положению вещей; **jmdn. in eine peinliche ~ bringen*** поставить кого-л. в неловкое положение; **versetze dich in meine ~** поставь себя на моё место; 4. слой, пласт; 5. *воен.* залп, очередь; 6. *муз.* тон; регистр; 7.: **eine ~ Bier** по кружке пива на каждого
Lage‖bericht *m* -(e)s, -e *воен.* оперативная сводка
Lage‖besprechung *f* -, -en обсуждение положения
Lage‖karte *f* -, -n карта расположения (*чего-л.*)
Lager *n* -s, - 1. ложе, постель; ночлег; **das letzte ~** смертный одр; 2. лагерь; стан; бивак; **ein ~ aufschlagen* [beziehen*]** разбить лагерь, располагаться лагерем; **das ~ abbrechen*** сняться с лагеря; 3. *перен.* лагерь, сторона, группировка; **sich in mehrere ~ spalten** расколоться на несколько лагерей [группировок]; 4. (*pl тж.* Läger) склад, хранилище; амбар; **etw. auf ~ haben** 1) иметь что-л. на складе; 2) *перен.* иметь что-л. про запас; 5. *тех.* подшипник, опора; 6. *геол.* месторождение; залежь, пласт; 7. *стр.* опора; ложе; 8. *охот.* логово, берлога
Lager‖bestand *m* -(e)s, -stände наличность товаров (*на складе*)
Lager‖beständigkeit *f* - стойкость (*вещества*) при хранении
Lager‖feuer *n* -s, - бивачный костёр
Lager‖haltung *f* -, -en 1. складское хозяйство; 2. хранение на складе
Lager‖holz *n* -es, -hölzer *лес.* лага, лежа, шпала

lagern I *vi* (h, s) 1. лежать; **Sorgen lagerten auf seiner Stirn** его лицо было озабоченным; 2. храниться на складе; **der Wein hat noch nicht genügend gelagert** вино ещё недостаточно выдержано; 3. располагаться лагерем; II *vt* 1. складывать; 2. хранить на складе; 3. *тех.* устанавливать механизм в подшипниках; III ~, **sich** 1. располагаться лагерем; лежать, отдыхать; 2. располагаться, лежать; **sich in Schichten ~** располагаться слоями

Lager‖platz *m* -es, -plätze 1. место хранения *(товаров)*; 2. месторасположение лагеря

Lager‖raum *m* -(e)s, -räume склад, амбар; складское помещение; кладовая

Lager‖stätte *f* -, -n 1. ложе, постель; 2. *геол.* месторождение

Lagerung *f* -, -en 1. расположение (лагерем); 2. хранение *(на складе)*; ~ **der Waffen** накопление оружия; 3. *геол.* залегание, напластование; 4. *тех.* установка, укладка; опора; 5. *мед.* укладывание *(больного)*; положение *(больного в постели)*

Lager‖verwalter *m* -s, - кладовщик

Lagos (*n*) - Лагос *(столица Нигерии)*

Lagúne <*lat.-it.*> *f* -, -n лагуна

lahm *a* хромой; парализованный; ◇ **eine ~e Ausrede** несостоятельная отговорка; **eine ~e Ente** *фам.* копуша, неповоротливая женщина

lahmen *vi* хромать

lähmen *vt* расслаблять; парализовать *(тж. перен.)*

Lahmheit *f* - 1. хромота; 2. *перен.* бессилие, слабость

lahm‖legen *vt* *перен.* парализовать, останавливать

Lahmlegung *f* - приостановка, прекращение деятельности; застой

Lähmung *f* -, -en 1. *мед.* паралич, парез; 2. застой

Lahn *f* - Лан *(река, правый приток Рейна)*

Laib *m* -(e)s, -e коврига, каравай *(хлеба)*; круг *(сыра)*

Laich *m* -(e)s, -e икра *(рыб, амфибий)*

Laich‖ablage *f* -, -n; **Laiche** *f* -, -n икрометание, нерест

laichen *vi* метать икру, нереститься

Laie <*gr.-lat.-roman.*> *m* -n, -n неспециалист, дилетант; **er ist ein blutiger ~ darin** в этой области он абсолютный профан

Laien‖bühne *f* -, -n любительская сцена

Laien‖kunst *f* -, -künste художественная самодеятельность

Laienkunst‖gruppe *f* -, -n кружок художественной самодеятельности; самодеятельный ансамбль

Laien‖künstler *m* -s, - артист-любитель

Laienschaffende *subst* *m*, *f* -n, -n участник, -ца самодеятельности

Laien‖spiel *n* -(e)s, -e пьеса для драмкружка, любительская пьеса

Lakái <*fr.*> *m* -en, -en лакей

Lake *f* -, -n рассол; маринад

Laken *n* -s, - простыня; полотно; ◇ **die ~ vergolden** ≡ мягко стлать

Lakonismus <*gr.-lat.*> *m* -, -men лаконизм, лаконичное выражение

Laktation <*lat.*> *f* -, -en 1. лактация; 2. кормление грудью

lallen *vi*, *vt* лепетать, бормотать; запинаться

Lama I <*sp.*> *n* -s, -s *зоол.* лама

Lama II <*tib.*> *m* -/-s, -s лама *(монах в Тибете)*

Lambert Ламберт *(муж. имя)*

Lambérta Ламберта *(жен. имя)*

Lambrecht Ламбрехт *(муж. имя)*

Lamélle <*lat.-fr.*> *f* -, -n 1. *тех.* тонкая (металлическая) пластинка, полоса; ламель; сегмент; диск; 2. *стр.* пластинка, тонкая доска; тонкий слой; наклейка

lamentieren <*lat.*> *vi* жаловаться, причитать; (громко) выражать своё недовольство

Laménto <*lat.-it.*> *n* -s, -s жалоба, причитания; **ein großes ~ um etw. (A) machen [erheben*]** поднять шум вокруг чего-л.

Lamétta <*lat.-it.*> *n* -s; *f* - канитель; золотой [серебряный] дождь *(ёлочное украшение)*

Lamm *n* -(e)s, Lämmer 1. ягнёнок; барашек; козлёнок; 2. *перен.* овечка, кроткое существо

Lämmer‖wolken *pl* барашки *(облака)*

Lammes‖geduld *f* - ангельское терпение

Lampás <*fr.*> *m* -, - лампасная *(шёлковая)* ткань

Lampe I <*gr.-lat.-fr.*> *f* -, -n лампа; **luftleere ~** вакуумная (электро)лампа; ◇ **keinen Docht in seiner ~ haben** *разг.* не отличаться умом; ≡ не хватать звёзд с неба

Lampe II *m* -s 1.: **(Meister) ~** Лампе, Заяц *(в сказках и баснях)* 2. Лампе *(краткая форма муж. имени Lamprecht)*

Lampen‖fieber *n* -s волнение перед выходом на сцену [перед каким-л. выступлением]; **er hat ~** он волнуется *(перед выступлением)*

Lampen‖licht *n* -(e)s свет лампы; **dieses Stück verträgt kein ~** эта пьеса ниже всякой критики
Lampen‖schirm *m* -(e)s, -e абажур
Lampion [lam'pi͡ɔŋ/lam'pi͡ɔ] <*gr.-lat.-it.-fr.*> *m, n* -s, -s лампион, цветной фонарик
Lamprecht Лампрехт *(муж. имя)*
lancieren [lã'siː-] <*lat.-fr.*> *vt* **1.** *тех.* бросать *(снаряд)*; выпускать *(торпеду)*; **2.** спускать судно на воду; **3.** пускать в ход *(что-л.)*; дать ход *(чему-л.)*; налаживать *(что-л.)*; **jmdn. ~** продвигать кого-л.; протежировать, покровительствовать кому-л.; **4.** опубликовать
Land *n* **1.** -(e)s, Länder *поэт.* -e страна; край; **das gelobte ~** обетованная земля; **über ~ reisen** путешествовать по стране; **außer ~(es) gehen*** покинуть родину; **woher des ~es?** откуда путь держишь [держите]?; **2.** -(e)s земля, почва; **3.** -(e)s, Länder земля *(адм. единица деления Германии и Австрии)*; **4.** -(e)s земля, суша; **ein Stück ~** участок земли; **an(s) ~ gehen* [steigen*, kommen*]** высадиться, сойти на берег; **zu Wasser und zu ~e** на воде и на суше, по воде и по суше; **5.** -(e)s сельская местность, село, деревня; **auf dem ~e 1)** в деревне, за городом, на даче; **2)** на селе, в деревне; **aufs ~ gehen*** поехать в деревню; **aufs ~ ziehen*** переехать в деревню [на дачу]; **die Einfalt vom ~e** деревенская простота; ◊ **aus aller Herren Ländern** отовсюду, со всех концов света
Land‖arbeit *f* -, -en полевая работа
Land‖arbeiter *m* -s, - сельскохозяйственный рабочий; батрак
landarm *a* малоземельный
Land‖armee *f* -, -mé|en сухопутная армия
Land‖aufenthalt *m* -(e)s, -e пребывание в деревне [на даче, за городом]
landaus: ~, landein из страны в страну
Land‖besitz *m* -es, -e **1.** землевладение; **2.** поместье
Land‖besitzer *m* -s, -; **~in** *f* -, -nen землевладелец; -лица
Land‖bevölkerung *f* -, -en сельское население
Land‖bewohner *m* -s, - сельский житель
Lände *f* -, -n пристань
Lande‖bahn *f* -, -en *ав.* взлётно-посадочная полоса
Lande‖brücke *f* -, -n пристань, причал
Lande‖geschwindigkeit *f* -, -en *ав.* посадочная скорость
landeinwärts *adv* внутрь страны
landen I *vi* (s) **1.** высаживаться (на берег); приставать к берегу; *ав.* приземляться; **2.** прибывать на место, добиться своего; **der Radfahrer landete auf dem dritten Platz** велосипедист пришёл третьим; II *vt* **1.** высаживать *(на берег, с самолёта)*; **2.** *спорт.*: **einen Sieg ~** занять первое место, победить; **einen Schlag ~** нанести удар
Land‖enge *f* -, -n *геогр.* перешеек
Landenge von Pánama *f* - Панамский перешеек *(наиболее узкая часть Центр. Америки)*
Länder‖kampf *m* -(e)s, -kämpfe *спорт.* международное соревнование
Länder‖kunde *f* - география; страноведение
Länder‖name *m* -ns, -n название страны
Länder‖spiel *n* -s, -e; **~treffen** *n* -s, - *см.* **Länderkampf**
Landes‖aufnahme *f* -, -n геодезическая съёмка; топография
Landes‖fahne *f* -, -n государственный флаг
Landes‖farben *pl* национальные цвета
landesflüchtig *a* эмигрировавший, бежавший из страны
Landes‖gebiet *n* -(e)s, -e территория страны
Landes‖hoheit *f* - суверенитет
Landes‖kunde *f* - краеведение; страноведение
landeskundig *a* знающий страну [свой край]
landeskundlich *a* краеведческий, страноведческий
Landes‖meister *m* -s, - *спорт.* чемпион страны
Landes‖meisterschaft *f* -, -en *спорт.* первенство страны
Landes‖obrigkeit *f* -, -en верховная власть, правительство *(земли)*
Landes‖regierung *f* -, -en правительство земли *(в Австрии и ФРГ)*
Landes‖sperre *f* -, -n блокада страны
Landes‖sprache *f* -, -n национальный язык, язык страны
Landes‖tracht *f* -, -en национальный костюм
Landes‖trauer *f* - национальный траур; **~ befehlen*** объявить национальный траур
Landes‖verrat *m* -(e)s государственная измена
Landes‖verräter *m* -s, - государственный изменник
Landes‖verteidigung *f* - оборона страны
Landes‖vertretung *f* -, -en представительство страны
Landes‖verweisung *f* -, -en изгнание [высылка] из страны

Landes‖währung *f* -, -en национальная валюта
landfremd *a* чужой, чужеземный
Land‖gericht *n* -(e)s, -e земельный суд *(в Германии)*
landgestützt *a* наземного базирования *(о ракетных установках и т. п.)*
Land‖gut *n* -(e)s, -güter поместье, имение
Land‖haus *n* -es, -häuser загородный дом; дача
Land‖karte *f* -, -n географическая карта
landläufig *a* принятый [распространённый] в данной стране
Ländler *m* -s, - 1. лендлер *(парный круговой народный танец в Австрии и Германии)*; 2. сельский житель
Land‖leute *pl* от Landmann
ländlich *a* сельский, деревенский
Land‖macht *f* -, -mächte 1. континентальная держава; 2. сухопутные войска
Land‖mann *m* -(e)s, -leute крестьянин, сельский житель
Land‖messer *m* -s, - землемер
Land‖mine *f* -, -n *воен.* мина *(сапёрная)*; фугас
Land‖partie *f* -, -ti|en пикник, загородная прогулка; **eine ~ machen** устраивать пикник
Land‖parzelle *f* -, -n мелкий земельный участок, делянка
Land‖plage *f* -, -n бедствие для всей страны, народное бедствие
Land‖rat *m* -(e)s, -räte 1. ландрат, начальник окружного управления *(ФРГ)*; 2. кантональный совет *(Швейцария)*
Land‖regen *m* -s, - затяжной [обложной] дождь
Landrich Ландрих *(муж. имя)*
Land‖rücken *m* -s, - *геогр.* возвышенность
landsässig *a* проживающий в данной местности
Landschaft *f* -, -en 1. страна, край, область, округ, провинция; 2. ландшафт, пейзаж; вид
Landschafter *m* -s, - (художник-)пейзажист
Landschafts‖bild *n* -(e)s, -er *жив.* ландшафт, пейзаж
Landschafts‖film *m* -(e)s, -e видовой фильм
Landschafts‖maler *m* -s, - см. Landschafter
Landschafts‖maleréi *f* - пейзажная живопись
Landschafts‖schutz *m* -es охрана заповедников и природных памятников
Land‖schule *f* -, -n сельская школа

Landser *m* -s, - 1. *разг.* солдат; 2. земляк
Landser‖sprache *f* -, -n солдатский жаргон
Landshuter Hoch‖zeit *f* - Ландсхутская свадьба *(свадьба в г. Ландсхут <земля Бавария, ФРГ>, которая празднуется по средневековым обрядам)*
Land‖sitz *m* -es, -e поместье; дача, загородная резиденция
Lands‖knecht *m* -es, -e 1. ландскнехт *(немецкий наёмный пехотинец в 15–17 вв.)*; 2. *перен.* ландскнехт, "наёмник"
Lands‖mann *m* -(e)s, -leute земляк, соотечественник
Lands‖männin *f* -, -nen землячка, соотечественница
Lands‖mannschaft *f* -, -en землячество
Land‖spitze *f* -, -n *геогр.* мыс
Land‖steg *m* -(e)s, -e сходни, мостки
Land‖straße *f* -, -n 1. просёлочная дорога; 2. шоссе
Landstraße *f* - Ландштрассе *(гор. р-н Вены <Австрия>)*
Land‖streicher *m* -s, - бродяга, лицо без определённых занятий
Land‖streitkräfte *pl воен.* сухопутные вооружённые силы
Land‖strich *m* -(e)s, -e местность, полоса
Land‖sturm *m* -es ландштурм *(категория военнообязанных запаса 3-й очереди и создававшиеся из них вспомогательные формирования в Пруссии, Германии и Австро-Венгрии в 19 – начале 20 в.)*
Land‖tag *m* -s, -e ландтаг *(1. парламент федеративной земли в Австрии и ФРГ; 2. парламент Лихтенштейна)*
Land‖tier *n* -(e)s, -e наземное животное
Land‖truppen *pl* сухопутные [наземные] войска
Landuin Ландуин *(муж. имя)*
Landung *f* -, -en 1. высадка, выгрузка; 2. *ав.* приземление, посадка; 3. *воен.* десант; высадка десанта
Landungs‖brücke *f* -, -n *мор.* пристань, причальная эстакада, причальный пирс, мол, причал
Landungs‖platz *m* -es, -plätze пристань; *ав.* место посадки; *воен.* место высадки десанта
Landungs‖truppen *pl* десантные войска
landwärts *adv* к земле; к берегу
Land‖wehr *f* - ландвер *(категория военнообязанных 2-й очереди запаса и создававшиеся из них воинские формирования в Пруссии, Германии, Австро-Венгрии и Швейцарии в 19 – начале 20 в.)*

Land‖wind *m* -(e)s, -е береговой ветер
Land‖wirt *m* -(e)s, -е 1. сельский хозяин; фермер; 2. агроном
Land‖wirtschaft *f* - сельское хозяйство; ~ **treiben*** заниматься сельским хозяйством
landwirtschaftlich *a* сельскохозяйственный
landwitrschaftliche Produktións‖genossenschaft *f* -, -en сельскохозяйственный производственный кооператив *(ист. коллективные крестьянские хозяйства в ГДР)*
Landwirtschafts‖wissenschaft *f* - агрономия
Land‖zunge *f* -, -n *геогр.* коса, мыс
lang *a* 1. длинный; **drei Meter** ~ длиной в три метра; 2. долгий, продолжительный; **vor ~en Jahren** давным-давно; **vor nicht ~er Zeit** недавно; **~e Zeit (hindurch)** в течение долгого времени; **auf ~e Zeit** надолго, на долгое время; **zwei Jahre** ~ в течение двух лет
lange *adv* 1. долго, долгое время; **es ist schon** ~ **her** прошло уже много времени; **es ist noch nicht** ~ **her** это случилось недавно; **so** ~, **bis**... до тех пор, пока...; 2.: **das ist noch** ~ **kein Beweis** это ещё ничего не доказывает; **das ist noch** ~ **nicht genug** это ещё далеко не достаточно
Länge *f* -, -n 1. длина, протяжение, протяжённость; **der** ~ **nach** в длину; 2. продолжительность; **auf die** ~ (на)долго, (на) долгое время; **in die** ~ **ziehen*** затягивать *(какое-л. дело)*; **sich in die** ~ **ziehen*** затягиваться; замедляться; 3. *лингв.* долгота; 4. *геогр.* долгота; **10 Grad östlicher** ~ 10 градусов восточной долготы
langen I *vi* 1. *(nach* D) доставать *(что-либо)*, тянуться, протянуть руку *(за чем-л.)*; 2. *(bis an* A, *bis zu* D) достигать *(чего-л.)*, доходить *(до чего-л.)*; 3. быть достаточным, хватать; **das Geld langte nicht** не хватило денег; II *vt* 1.: jmdm. **eine** ~ *разг.* дать пощёчину кому-л.; 2. доставать, брать; **er langte sich das Buch** он взял себе книгу
längen *vt* 1. удлинять; 2. разбавлять *(суп)*
Längen‖einheit *f* -, -en единица длины
Längen‖grad *m* -(e)s, -e *геогр.* градус долготы
Längen‖kreis *m* -es, -e *геогр.* меридиан
Längen‖maß *n* -es, -e мера длины, линейная мера
Langenscheidt KG *f* - "Лангеншайдт КГ" *(издательство в Берлине; издаёт двуязычные словари и учеб. литературу для изучающих иностр. языки, назв. по фамилии основателя)*
Lánge‖weile/Langewéile/Langenweile *f* - скука; **aus** ~ **[Lange(n)weile]** со скуки; **vor** ~ **vergehen* [umkommen*]** погибать со скуки
lang‖fristig *a* долгосрочный
Langfrist‖prognose *f* -, -n; **~vorhersage** *f* -, -n долгосрочный прогноз погоды
lang‖jährig *a* долголетний
Lang‖lauf *m* -(e)s, -läufe *спорт.* бег на длинные дистанции
lang‖legen, sich *разг.* растянуться, развалиться; вытянуться *(лёжа)*
länglich *a* продолговатый
Lang‖mut *m* -(e)s долготерпение, терпеливость; смирение, кротость
langmütig *a* терпеливый, снисходительный
Langmütigkeit *f* - *см.* Langmut
längs I *prp* (D,G) вдоль; ~ **des Weges** вдоль дороги; II *adv* вдоль, в длину
Längs‖achse *f* -, -n продольная ось
langsam I *a* 1. медленный, неторопливый; 2. медлительный; ~ **von Begriff sein** туго [медленно] соображать, быть тугодумом; II *adv* медленно, тихо; **die Uhr geht zu** ~ часы отстают; ✧ ~, **aber sicher** *погов.* медленно, но верно; ~ **kommt auch ans Ziel** *посл.* ≅ тише едешь, дальше будешь
Langsamkeit *f* - 1. медленность; 2. медлительность, неторопливость, леность
Lang‖schläfer *m* -s, - соня
Lang‖schuß *m* -sses, -schüsse *воен.* перелёт *(при стрельбе)*
langsichtig *a* 1. дальнозоркий; 2. *ком.* долгосрочный
Längs‖schnitt *m* -(e)s, -e *тех.* продольное сечение, продольный разрез
längst (*superl от* lang) I *a* 1. самый длинный; 2. самый долгий; II *adv* очень давно; с давних пор; **von** ~ **her** давнишний; **das ist** ~ **nicht erwiesen** это далеко не доказано
längstens *adv* не позднее чем...
langstielig *a* 1. с длинным стеблем; 2. нудный, медлительный
Lang‖strecke *f* -, -n 1. большое расстояние; 2. *спорт.* длинная дистанция
Langstrecken‖flugzeug *n* -(e)s, -e самолёт большого радиуса действия
Langstrecken‖lauf *m* -(e)s, -läufe бег на длинные дистанции
Langstrecken‖läufer *m* -s, -; **Langstreckler** *m* -s, - бегун на длинные дистанции, стайер

Langúste <lat.-provenzal.-fr.> f -, -n зоол. лангуст
Lang‖weile f - см. Langeweile
lang¦weilen I vt (mit D) надоедать (кому-либо, чем-л.); наводить скуку (на кого-либо); II ~, sich скучать; sich zu Tode ~ умирать со скуки
langweilig a скучный, надоедливый
Lang‖welle f -, -n радио длинная волна
langwierig a длительный, затяжной
Langwierigkeit f -, -en длительность, продолжительность; затяжной характер (чего-л.)
Lantwin Лантвин (муж. имя)
Lanze <lat.-fr.> f -, -n копьё, пика; für jmdn. eine ~ brechen* вступаться за кого-л.; sich mit jmdm. eine ~ brechen* сразиться с кем-л.
Lanzétte <lat.-fr.> f -, -n мед. ланцет
Laos (n) - Лаос (гос-во в Юго-Вост. Азии)
Laóte m -n, -n лаосец, житель Лаоса
laótisch a лаосский
La Paz [-ˊpa:s] (n) - Ла-Пас (фактическая столица Боливии)
La-Pérouse-Straße [-peˊruz-] f - пролив Лаперуза (между о-вами Сахалин и Хоккайдо <Япония>; соединяет Охотское и Японское моря)
lapidár <lat.> a лапидарный, сжатый (о стиле)
Lápis <lat.> m - фарм. ляпис
Lappáli¦e f -, -n пустяк, мелочь, безделица
Lappe m -n, -n лапландец
Lappen m -s, - 1. тряпка; лоскут; заплата; 2. pl презр. тряпки (о женских нарядах); 3. презр. тряпка (о слабохарактерном человеке); 4. анат., бот. доля; 5. тех. лопасть; лапа; выступ; борт; ◊ jmdm. durch die ~ gehen* удрать [улизнуть] от кого-л.
läppern I vt хлебать, потягивать; II ~, sich разг. набираться, накопляться по мелочам
Lappin f -, -nen лапландка
läppisch a 1. пошлый; 2. нелепый
Lappland (n) Лапландия
Láppländer m -s, -; ~in f -, -nen см. Lappe, Lappin
Lápsus <lat.> m -, - ляпсус, ошибка; ~ cálami m -, - описка; ~ linguae [ˊliŋguɛ:] m -, - оговорка, обмолвка
Laptew‖see f - море Лаптевых (окраинное море Сев. Ледовитого океана у сев. берега Азии)
Lärche f -, -n бот. лиственница
Lärm m -(e)s 1. шум; ~ machen шуметь; viel ~ um nichts много шуму из ничего; 2. тревога; blinder ~ ложная тревога; ◊ ~ schlagen* бить тревогу, поднимать шум
lärmen vi шуметь; буянить, буйствовать
Larve [-v-] <lat.> f -, -n 1. зоол. личинка, куколка; 2. личина, маска; jmdm. die ~ vom Gesicht reißen* сорвать с кого-л. маску, разоблачить кого-л.; 3. разг. лицо; eine hübsche ~ хорошенькое личико
Laryngítis <gr.> f - мед. ларингит
las impf от lesen*
Lasche f -, -n 1. клин (на платье); язычок (ботинка); клапан (кармана); 2. накладка (при сварке, соединении)
Laser [ˊle:zər/ˊla:zər] <engl.> m -s, - физ. лазер
lasieren <pers.-arab.-lat.> vt покрывать глазурью
lassen* I vt 1. оставлять; jmdn. in Ruhe ~ оставить кого-л. в покое; etw., jmdn. außer acht ~ оставлять без внимания что-л., кого-л.; jmdn. nicht aus den Augen ~ не спускать глаз с кого-л.; перен. не упускать кого-л. из виду; Zeit ~ не спешить, не торопиться; Blut ~ терять кровь; das Leben ~ умереть, пожертвовать жизнью; 2. бросать, переставать; das Rauchen ~ бросить курить; laß das! брось это!, перестань!; II vi (von D) отказываться (от чего-л.); von jmdm. nicht ~ können не быть в состоянии расстаться с кем-л.; III с модальным значением 1. давать (возможность), позволять; seine Worte ~ annehmen, daß... его слова позволяют предположить, что...; er ließ ihm sagen... он велел сказать ему...; jmdn. etw. fühlen ~ дать почувствовать кому-либо что-л.; etw. verschwinden ~ 1) спрятать что-л.; 2) украсть что-л.; 2.: er läßt sich's wohl sein он наслаждается жизнью; sich (D) nichts sagen ~ не терпеть никаких возражений; das lasse ich mir nicht bieten я этого не потерплю; sich (D) etw. gefallen ~ позволять, терпеть, сносить что-л.; laß dir's gut schmecken! приятного аппетита!; 3. значение пассивной возможности: das läßt sich hören об этом можно поговорить; 4. в значении побуждения: laß uns gehen! пойдём! (собеседников двое); laßt uns gehen! пойдёмте! (собеседников больше двух); laß(t) uns Freunde sein! будем(те) друзьями!
lässig a 1. небрежный, неряшливый; 2. медлительный, вялый

Lässigkeit *f* - 1. небрежность, халатность, неряшливость; 2. вялость, медлительность
Lasso <*lat.-span.*> *m, n* -s, -s лассо, аркан
Last *f* -, -en 1. ноша; груз; нагрузка; 2. бремя, тягость; **jmdm. zur ~ sein [fallen*]** 1) быть в тягость кому-л., обременять кого-л.; 2) быть поставленным в вину кому-л.; **jmdm. etw. zur ~ legen** ставить кому-л. что-л. в вину; обвинять кого-л. в чём-л.; **eine ~ fiel ihm ab** у него гора свалилась с плеч; 3. *pl* ком. отчисления; **zu ~en des Käufers** за счёт покупателя
Last‖auto *n* -s, -s *см.* Lastkraftwagen
lasten *vi* (*auf* D) тяготеть (*над кем-л., над чем-л.*); лежать бременем (*над кем-л.*); **auf diesem Unternehmen ~ große Schulden** эта фирма погрязла в долгах
Lasten‖aufzug *m* -(e)s, -züge грузоподъёмник
Laster I *n* -s, - порок, **dem ~ frönen** предаваться пороку
Laster II *m* -s, - *разг.* грузовик
lasterhaft *a* порочный; развращённый
Lasterhaftigkeit *f* -, -en порочность, испорченность, развращённость
Läster‖maul *n* -(e)s, -mäuler *разг.* клеветник, хулитель; **er ist ein ~** у него злой язык
lästern *vt, vi* (*auf, wider, gegen* A) 1. злословить, клеветать (*на кого-л.*), порочить, хулить (*кого-л.*); 2. богохульствовать
Lästerung *f* -, -en 1. клевета, злословие, поношение, брань; 2. богохульство
Last‖fuhre *f* -, -n подвода, телега
lästig *a* тягостный, надоедливый, назойливый; **ein ~er Gast** непрошеный гость
Lästigkeit *f* - 1. назойливость, надоедливость; 2. тягость, беспокойство, неудобство
Last‖kahn *m* -(e)s, -kähne баржа
Last‖kraftwagen *m* -s, - грузовик, грузовой автомобиль
Last‖pferd *n* -(e)s, -e ломовая лошадь
Last‖schiff *n* -(e)s, -e грузовое судно, баржа
Last‖tier *n* -(e)s, -e вьючное животное
Last‖träger *m* -s, - грузчик; носильщик
Last‖wagen *m* -s, - 1. товарный вагон; 2. *см.* Lastkraftwagen
Last‖zug *m* -(e)s, -züge 1. автопоезд, грузовик с прицепом; 2. *ж.-д.* товарный поезд
Lasúr <*pers.-arab.-lat.*> *f* -, -en глазурь

lasúrblau *a* лазоревый, лазурный
Lasurít <*pers.-arab.-lat.*> *m* -(e)s, -e *мин.* лазурит, лазоревый камень
Lasúr‖stein *m* -(e)s, -e *см.* Lasurit
Latéin <*lat.*> *n* -s латынь, латинский язык; **mit seinem ~ am Ende sein** становиться в тупик, не знать, что делать дальше
Latéin‖amerika (*n*) -s Латинская Америка (*общее название стран, занимающих юж. часть Сев. Америки и всю Юж. Америку*)
Latéiner *m* -s, - латинист
latéinisch I *a* латинский; **II** *adv* по-латыни
Latéinisch, Latéinische *subst n* -(e)n латинский язык
latént <*lat.*> *a* скрытый
Laténz <*lat.*> *f* - латентность, скрытое состояние
Laténz‖zeit *f* - *мед.* скрытый период
Laterán <*lat.*> *m* -(e)s Латеран, дворец папы в Риме
Latérna mágica <*gr.-lat.*> *f* -, *pl* -nae [-nɛ] -cae [-kɛ] волшебный фонарь
Latérne <*gr.-lat.*> *f* -, -n 1. фонарь; **ihm geht eine ~ auf** *фам.* его осенило; **etw. mit der ~ suchen** упорно разыскивать что-л.; 2. звёздочка (*белое пятно на лбу домашних животных*)
Latifúndium <*lat.*> *n* -s, -di¦en латифундия, крупное земельное владение
latinisíeren <*lat.*> *vt* латинизировать
Latinísmus <*lat.*> *m* -, -men латинизм, латинское выражение
Latítia Летиция (*жен. имя*)
Latríne <*lat.*> *f* -, -n отхожее место; выгребная яма
Latsch [-a:-] *m* -(e)s, -e; **Latsche** [-a:-] *f* -, -n *разг.* 1. стоптанный ботинок [башмак]; 2. домашняя туфля, шлёпанец; 3. неряха, безвольный человек, тряпка
latschen *vi разг.* шаркать туфлями, шлёпать, волочить ноги
Latschen *m* -s, - *см.* Latsch
latschig *a* неуклюжий, неповоротливый
Latte *f* -, -n 1. планка, рейка; **lange ~** *разг.* верзила; 2. *спорт.* планка; перекладина; верхняя штанга; **über die ~ schießen*** бить через штангу
Latten‖zaun *m* -(e)s, -zäune изгородь [забор] из штакетника
Latz *m* -es, Lätze 1. лацкан; клапан (*на кармане*); 2. нагрудник
Latz‖schürze *f* -, -n передник с нагрудником
lau *a* 1. тепловатый; 2. равнодушный, индифферентный

Laub *n* -(e)s листва, зелень; **das ~ verlieren*** оголиться
Laub∥baum *m* -(e)s, -bäume лиственное дерево
Laube *f* -, -n 1. беседка; 2. лёгкая летняя постройка; дача; ◊ **fertig ist die ~!** *разг.* ≅ дело в шляпе
Lauben∥gang *m* -(e)s, -gänge крытая аллея
Lauben∥kolonie *f* -, -ni|en загородный посёлок из лёгких построек; пригородные огородные [дачные] участки
Laub∥fall *m* -(e)s листопад
Laub∥hütte *f* -, -n шалаш
laublos *a* без листьев, безлистный
Laub∥säge *f* -, -n *тех.* лобзик
Laub∥wald *m* -(e)s, -wälder лиственный лес
Laub∥werk *n* -(e)s, -e 1. листва; 2. искусственные листья; орнамент из листьев
Lauch *m* -(e)s, -e *бот.* лук
Lauer *f* -, засада; подкарауливание, выслеживание; **auf der ~ sein [liegen*]** 1) *воен.* находиться [лежать] в засаде; 2) подстерегать, подкарауливать *(кого-л.)*; **sich auf die ~ legen** засесть в засаду
lauern *vi* (*auf* A) поджидать, подкарауливать, подстерегать *(кого-л.)*; **Gelegenheit ~** поджидать случая
Lauf *m* -(e)s, Läufe 1. бег, ход; **in vollem ~e** бегом, во весь опор; 2. *спорт.* бег, забег; 3. движение *(планет)*; 4. течение *(воды, времени)*; **im ~e einer Woche** в течение недели; **im ~e der Zeit** с течением времени, со временем; **im ~e des Gesprächs** во время [в ходе] беседы; **seinen Gedanken freien ~ lassen*** давать волю мыслям, предаваться своим мыслям; **das ist der ~ der Welt** так обычно бывает в жизни; 5. ствол *(огнестрельного оружия)*; 6. лапа, нога *(у дичи)*; 7. *муз.* пассаж, рулада
Lauf∥bahn *f* -, -en 1. *спорт.* беговая дорожка; 2. *перен.* поприще, карьера; 3. *воен.* прохождение службы
Lauf∥bursche *m* -n, -n мальчик на побегушках, рассыльный
laufen* *vi* (s, h) 1. бегать; **sich außer Atem ~** запыхаться от бега; **sich müde ~** набегаться до усталости; **jmdn. ~ lassen*** отпускать кого-л., дать свободу кому-либо; 2. *спорт.* бегать; **eine Runde ~** пробежать круг; **Schlittschuh ~** кататься на коньках; **Schneeschuh [Ski] ([ʃiː]) ~** кататься на лыжах; 3. вертеться, вращаться; **die Maschine läuft** машина работает; **leer ~** *тех.* работать вхолостую; 4. течь, бежать; **das Blut läuft durch die Adern** кровь течёт в жилах; **das Faß läuft** бочка течёт; **die Nase läuft** из носа течёт *(при насморке)*; **die Kerze läuft** свеча оплывает; **die Zeit läuft** время течёт [бежит]; 5. идти вперёд, спешить *(о часах)*; 6. *мор.* идти; **das Schiff läuft aus dem Hafen** судно выходит из гавани; **auf den Grund ~** идти ко дну; 7. проходить, тянуться *(о пространстве)*; 8. иметь силу, быть действительным *(в течение определённого срока)*; **die Akti|e läuft unbegrenzt** акция имеет неограниченный срок действия; 9. *перен.* пробегать; **ein Schauder lief ihm über den Rücken, es lief ihm kalt über den Rücken** у него по спине пробежали мурашки; 10. идти *(о фильме, пьесе)*; 11.: **Wege [Gänge] für jmdn. ~** исполнить чьи-л. поручения, бегать по чьим-л. поручениям; **Gefahr ~** подвергаться опасности; **alles läuft durcheinander** всё перепуталось; **es läuft auf eins hinaus** всё сводится к одному и тому же; **ins Geld ~** *разг.* обойтись в копеечку
Laufen *n* -s беганье, беготня; **im ~** на бегу
laufend *a* 1. бегущий, непрерывный, текущий; **~e Ausgaben** текущие расходы; **im ~en Jahr** в текущем году; **die ~e Nummer** порядковый [исходящий] номер; **das ~e Band** конвейер; 2.: **jmdn. auf dem ~en halten*** держать кого-л. в курсе (дела); **auf dem ~en sein** быть в курсе (дела) [событий]
Läufer *m* -s, - 1. *спорт.* бегун; полузащитник *(футбол)*; слон *(шахм.)*; 2. рысак; 3. дорожка, коврик; 4. *тех.* ротор; бегунок
Lauferéi *f* -, -en беготня
Läufer∥reihe *f* -, -n линия полузащиты *(футбол)*
Lauf∥feuer *n* -s *воен.* беглый огонь; **die Nachricht verbreitete sich wie ein ~** известие распространилось с быстротой молнии
Lauf∥gitter *n* -s, - детский манеж
Lauf∥graben *m* -s, -gräben *воен.* траншея; ход сообщения *(полного профиля)*; **einen ~ ziehen*** отрыть траншею
Lauf∥junge *m* -n, -n *см.* Laufbursche
Lauf∥katze *f* -, -n *тех.* крановая тележка, кошка
Lauf∥kran *m* -es, -e *тех.* мостовой кран
Lauf∥masche *f* -, -n спустившаяся петля *(в чулках)*; **~n aufnehmen*** поднимать петли
Lauf∥mündung *f* -, -en дуло ствола; жерло орудия

Lauf‖paß: jmdm. den ~ geben* *разг.* 1) уволить кого-л. со службы; 2) *ирон.* дать отставку кому-л., выгнать кого-л.

Lauf‖rad *n* -(e)s, -räder *тех.* опорное [ведущее] колесо

Lauf‖riemen *m* -s, - *тех.* приводной ремень

Lauf‖schritt *m* -(e)s, -e беглый шаг; **im ~** бегом; **im ~ marsch!** бегом марш! *(команда)*

Lauf‖spiel *n* -(e)s, -e салки *(игра)*

Lauf‖steg *m* -(e)s, -e сходни, мостки

Lauf‖werk *n* -(e)s, -e ход, ходовая часть; ходовой механизм

Lauf‖zeit *f* -, -en 1. срок действия *(соглашения, договора)*; 2. *тех.* время рабочего хода; моторесурс; 3. *спорт.* время бега

Lauf‖zettel *m* -s, - 1. обходной лист; 2. сопроводительный документ; *мор.* спецификация груза

Lauge *f* -, -n 1. щёлок, щёлочь, щелочной раствор; 2. *перен.* жёлчь, яд; **die ~ des Spottes [des Hohns]** яд насмешек, едкий сарказм

laugen *vt хим.* выщелачивать

Lauheit *f* -; **Lauigkeit** *f* - 1. умеренная теплота [температура]; 2. равнодушие, безразличие

Laune *f* -, -n 1. настроение, расположение духа; **bei [in] guter ~ sein** быть в хорошем настроении; **jmdn. in üble ~ versetzen** испортить кому-л. настроение; 2. каприз, причуда; **~n haben** капризничать; **die ~n des Schicksals** капризы судьбы

launenhaft *a* капризный; изменчивый

Launenhaftigkeit *f* -, -en 1. каприз, своенравие, причуда; 2. изменчивость, переменчивость, непостоянство

launig *a* забавный, весёлый

launisch *см.* launenhaft

Laura Лаура *(краткая форма жен. имени Laurentia)*

Lauréntia [-tsia] Лаурентия *(жен. имя)*

Lauréntius [-tsius] Лаурентиус/Лаврентий *(муж. имя)*

Laus *f* -, **Läuse** вошь; ♦ **ihm ist eine ~ über die Leber gelaufen** он не в духе, его какая-то муха укусила; **jmdm. Läuse in den Pelz setzen** *разг.* причинять кому-л. неприятности

Lausanne [lɔ'zan] *(n)* -s Лозанна *(адм. центр кантона Ваадт <Швейцария>; на сев. берегу Женевского озера)*

Laus‖bube *m* -n, -n *разг.* мальчишка, пострел, озорник

Lauscha *(n)* -s Лауша *(город в ФРГ <земля Тюрингия>; славится своим стекольным производством)*

lauschen *vi* 1. подслушивать; 2. (D) слушать *(что-л.)*, прислушиваться *(к чему-л.)*

Lauscher *m* -s, - 1. *охот.* ухо *(волка, лисицы)*; 2. тот, кто подслушивает; шпион, сыщик

Lausch‖posten *m* -s, - *воен.* пост подслушивания

Läuse‖junge *m* -n, -n паршивец, озорник

lausen I *vt* искать вшей *(у кого-л.)*; II **~, sich** искать вшей *(у себя)*

lausig *a* 1. вшивый; 2. *разг.* жалкий, презренный

Lausitz *f* - Лаузиц/Лужица *(геогр. область на Ю.-В. ФРГ)*

Lausitzer *m* -s, -; **~in** *f* -, -nen лужичанин, -нка

Lausitzer Gebirge *n* -s Лаузицкие горы/Лужицкие горы *(горы на границе ФРГ и Чехии)*

laut I *a* громкий; ♦ **~ werden** стать известным, распространиться; **~ werden lassen*** разгласить

laut II *prp* (G) согласно, по, в соответствии с

Laut *m* -(e)s, -e звук; тон; **keinen ~ von sich (D) geben*** не издавать ни звука; не пикнуть *(разг.)*

lautbar: ~ werden получить огласку

Laute <*arab.-provenzal.-fr.*> *f* -, -n *муз.* лютня

lauten *vi* 1. звучать; 2. гласить; **der Bericht lautete günstig** сообщение было благоприятным; **das Urteil lautete auf ein Jahr Gefängnis** приговор гласил: один год тюремного заключения

läuten *vt, vi* звонить; **es läutet!, man läutet!** звонок!, звонят!; **Sturm [Feuer] ~** бить в набат

lauter I *a* 1. прозрачный; чистый; 2. честный; II *adv* исключительно, сплошь; ♦ **den Wald vor ~ Bäumen nicht sehen*** *погов.* из-за деревьев не видеть леса

Lauterkeit *f* - 1. чистота, ясность, прозрачность; 2. честность, искренность

läutern *vt* очищать; *перен. тж.* облагораживать

Läuterung *f* -, -en очищение; *перен. тж.* облагораживание

Läute‖werk *n* -(e)s, -e 1. *тех.* звуковая сигнализация; электрический звонок; 2. механизм боя *(в часах)*; 3. будильник

lautieren *vt* читать по складам

Lautier‖methode *f* -, -n звуковой метод *(обучения чтению)*

Laut‖lehre f - фонетика
lautlos a беззвучный, безмолвный
Lautlosigkeit f - безмолвие, тишина
Laut‖malerei f -, -en звукоподражание
Laut‖schrift f -, -en фонетическая транскрипция
Laut‖sprecher m -s, - громкоговоритель
Laut‖stärke f - сила звука, громкость
Lautstärke‖regler m -s, - *радио* регулятор громкости
Laut‖verschiebung f -, -en *лингв.* передвижение [перебой] согласных
lauwarm a тепловатый
Lava ['la:va] <*it.*> f -, -ven лава
Lavendel [-'vɛn-] <*lat.-it.*> m -s, - *бот.* лаванда
lavieren [-vi:] <*niederl.*> vi лавировать; *перен. тж.* изловчиться
Lawine <*lat.*> f -, -n лавина, снежный обвал
lax <*lat.*> a 1. вялый, дряблый; слабый; 2.: ~e **Sitten** распущенные нравы; ~e **Moral** шаткая мораль
Laxheit f -, -en 1. вялость, дряблость; 2. беспринципность, распущенность
laxieren <*lat.*> I vt очищать кишечник (слабительным); II vi страдать поносом
Lazarett <*it.-fr.*> n -(e)s, -e госпиталь, лазарет
Leánder Леандер (*муж. имя*)
Leasing ['li:-] <*engl.*> n -s, -s *эк.* лизинг (*арендный контракт с возможной последующей продажей*)
Lebehóch n -s, -s/- здравица, тост, ура; **ein ~ rufen*** провозгласить здравицу [тост]
lebelang: (all) mein ~ *разг.* всю мою жизнь
Lebemann m -(e)s, -männer прожигатель жизни, весельчак, кутила
leben vi жить; быть, существовать; **flott ~** жить широко; жить беззаботно; **frei ~** жить на свободе; **in den Tag hinein ~** жить беспечно, жить сегодняшним днём; **für etw. (A), für jmdn. ~** жить для чего-л., кого-л.; **nur in der Vergangenheit ~** жить прошлым; **von seiner Arbeit ~** жить своим трудом; **nichts zu ~ haben** не иметь средств к существованию; **es lebt sich gut** живётся хорошо; **es lebe..!** да здравствует!; **~ und weben** жить и творить
Leben n -s, - 1. жизнь, существование; **~ und Treiben** житьё-бытьё; **ein gutes ~ haben** жить хорошо; **das ~ genießen*** наслаждаться жизнью; **sein ~ fristen** влачить жалкое существование; **sich (D) das ~ leicht machen** не утруждать себя; **sein ~ aufs Spiel setzen** рисковать своей жизнью; **~ in die Bude bringen*** *разг.* вносить оживление в компанию; **am ~ hängen** любить свою жизнь; **auf ~ und Tod** не на жизнь, а на смерть; **fürs ganze ~** на всю жизнь, до гроба; **in meinem ganzen ~** за всю свою жизнь; **am ~ bleiben*** остаться в живых; **ums ~ kommen*** погибать; **sich (D) das ~ nehmen*** покончить с собой, лишить себя жизни; **mit dem ~ davonkommen*** спасти свою жизнь; 2. жизнь, оживление; **das ~ ist erstorben** жизнь замерла; **ins ~ treten*** вступить в жизнь; **ins ~ rufen*** вызвать к жизни; создать (*что-л.*), положить начало (*чему-л.*)
lebend I a живущий, живой, одушевлённый; **~es Gewicht** живой вес (*скота*); **~es Wesen** живое существо; II adv живьём, заживо
lebendig I a 1. живой; 2. полный жизни, оживлённый; II adv живо, оживлённо
Lebendigkeit f - живость, оживлённость; *перен.* жизнь; активность
Lebens‖abend m -(e)s, -e закат жизни, старость
Lebens‖abschnitt m -(e)s, -e период жизни
Lebens‖alter n -s, - возраст; **er steht im ~ von dreißig Jahren** ему тридцать лет от роду
Lebens‖art f -, -en 1. быт; образ жизни; 2. обходительность, вежливость; **er hat ~** он умеет себе вести
Lebens‖aufgabe f -, -n задача [цель] жизни
Lebens‖bedürfnisse pl жизненные потребности
Lebens‖beschreibung f -, -en; **~bild** n -(e)s, -er биография; жизнеописание
Lebens‖dauer f - 1. продолжительность жизни; долговечность; **auf die ~** на всю жизнь, навсегда; 2. *тех.* срок службы [годности] (*машины и т. п.*)
Lebens‖erfahrung f -, -en жизненный [житейский] опыт
Lebens‖fähigkeit f - жизнеспособность, жизненность
Lebens‖freude f - жизнерадостность
Lebens‖führung f -, -en образ жизни, поведение
Lebens‖funktion f -, -en жизнедеятельность
Lebens‖gefahr f -, -en опасность для жизни; **außer ~ sein** быть вне опасности
lebensgefährlich a опасный для жизни
Lebens‖gefährte m -n, -n спутник жизни

Lebens‖geister *pl* жизненные силы; **seine ~ wurden wieder wach** он оживился
Lebens‖gemeinschaft *f* -, -en 1. совместная жизнь; брак; 2. *биол.* симбиоз
Lebens‖größe *f* - натуральная величина
Lebens‖haltung *f* -, -en 1. жизненный уровень, уровень жизни; 2. жизненный уклад, быт
Lebenshaltungs‖kosten *pl* стоимость жизни, прожиточный минимум
Lebens‖kraft *f* -, -kräfte жизненная сила [энергия], живучесть, жизнеутверждающая сила
lebenskräftig *a* жизнеспособный
Lebens‖lage *f* -, -n обстоятельства (жизни); **sich in jeder ~ zurechtfinden*** находить выход из любого положения; **jeder ~ gewachsen sein** быть на высоте (положения) при любых обстоятельствах
lebenslang I *a* продолжающийся [сохраняющийся] на всю жизнь; II *adv* всю жизнь; **auf ~** на всю жизнь
lebenslänglich I *a* пожизненный; II *adv* всю жизнь
Lebenslängliche *subst m, f* -n, -n человек, приговорённый к пожизненному заключению
Lebens‖lauf *m* -(e)s, -läufe 1. жизнь; жизненный путь; **seinen ~ beenden [beschließen*]** закончить свой жизненный путь, умереть; 2. *см.* Lebensbeschreibung
Lebens‖lust *f* - жизнерадостность
lebenslustig *a* жизнерадостный, весёлый
Lebens‖mittel *pl* продовольствие, пищевые продукты
Lebensmittel‖geschäft *n* -(e)s, -e продуктовый [продовольственный] магазин, продмаг
Lebensmittel‖industrie *f* -, -i¦en пищевая промышленность
Lebensmittel‖karte *f* -, -n продовольственная карточка
Lebensmittel‖versorgung *f* -, -en снабжение продовольствием
lebensmüde *a* уставший от жизни
Lebens‖mut *m* -(e)s жизнерадостность, бодрость, энергия
Lebens‖niveau [-'vo:] *n* -s, -s жизненный уровень
Lebens‖standard *m* -s, -s *см.* Lebensniveau
Lebens‖stellung *f* -, -en положение, должность; **gesicherte ~** солидное [прочное] положение
Lebens‖umstände *pl* бытовые условия, условия жизни
Lebens‖unterhalt *m* -(e)s пропитание; **keinen ~ haben** не иметь средств к существованию

Lebens‖versicherung *f* -, -en страхование жизни
Lebens‖vorräte *pl* съестные припасы
Lebens‖wandel *m* -s образ жизни, поведение
Lebens‖weg *m* -(e)s, -e жизненный путь
Lebens‖weise *f* - образ жизни
Lebens‖weisheit *f* -, -en житейская мудрость
Lebens‖werk *n* -(e)s, -e дело всей жизни; труд, которому посвящена вся жизнь
Lebens‖zeichen *n* -s, - признак жизни; **kein ~ von sich (D) geben*** не подавать признаков жизни
Lebens‖zeit *f* -, -en время жизни; **auf ~** на всю жизнь, навсегда
Leber *f* -, -n 1. печень; 2. *кул.* печёнка; ◊ **frei [frisch] von der ~ (weg) sprechen*** *разг.* говорить, не стесняясь [напрямик, откровенно]; **was ist dir über die ~ gekrochen [gelaufen]?** *разг.* ≅ какая муха тебя укусила?
Leberecht Леберехт (*муж. имя*)
Leber‖fleck *m* -e(s), -e родимое пятно
Leber‖käse *m* -s, - ливерный паштет
leberkrank *a* страдающий болезнью печени
Leber‖pastete *f* -, -n паштет из печени
Leber‖tran *m* -(e)s рыбий жир
Leber‖wurst *f* -, -würste ливерная колбаса
Lebe‖wesen *n* -s, - живое существо, живой организм
Lebe‖wohl *n* -(e)s, -e/-s прощание; **jmdm. ~ sagen** (рас)прощаться с кем-л.; **das letzte ~** последнее "прости"
lebhaft *a* оживлённый, живой, бойкий
Lebhaftigkeit *f* - оживлённость, бойкость
Leb‖kuchen *m* -s, - пряник, коврижка
leblos *a* безжизненный
Lebrecht Лебрехт (*муж. имя*)
Leb‖tag *m*: **mein ~** (за) всю (мою) жизнь
Leb‖zeiten: bei ~ при жизни; **zu seinen ~** на его веку, при его жизни
Lech *m* -s Лех (*река в Австрии и ФРГ; правый приток Дуная*)
Lechtaler Alpen *pl* Лехтальские Альпы (*горы в Австрии <земля Тироль>*)
lechzen *vi* (*nach* D) жаждать (чего-л.); изнемогать, томиться (жаждой)
leck *a* утлый; с течью; **~ sein [werden]** течь, давать течь, иметь пробоину (*о судне, бочке*)
Leck *n* -(e)s, -e пробоина, течь
lecken I *vt* лизать, вылизывать; II *vi* течь, протекать; **das Licht leckt** свеча оплывает
lecker *a* 1. лакомый, вкусный; 2. разборчивый (*в еде*)

Lecker *m* -s, - 1. *разг.* лакомка; гурман; 2. подлиза, подхалим

Lecker‖bissen *m* -s, - лакомый кусок, лакомство, изысканное блюдо

Lecker‖maul *n* -(e)s, -mäuler лакомка, сластёна

Leder *n* -s, - 1. (дублёная) кожа; **ein dickes ~ haben** *перен.* быть толстокожим; 2. футбольный мяч; ◊ **jmdm. das ~ gerben** поколотить кого-л.; **(zu)schlagen*, was das ~ hält** *разг.* ударить изо всех сил [что есть мочи]; **aus fremdem ~ ist gut Riemen schneiden** *посл.* хорошо быть добрым за чужой счёт

Leder‖einband *m* -(e)s, -bände кожаный переплёт (*книги*)

Leder‖handschuh *m* -(e)s, -e кожаная перчатка

Leder‖industrie *f* -, -i|en кожевенная промышленность

Leder‖jacke *f* -, -n; **~joppe** *f* -, -n кожаная куртка

ledern I *a* 1. кожаный; 2. *разг.* скучный

ledern II I *vt* 1. дубить; 2. обшивать кожей; II **~, sich** *разг.* изнывать от скуки

Leder‖waren *pl* кожевенные товары

Leder‖zurichter *m* -s, - кожевник

ledig *a* 1. пустой, вакантный, незанятый, свободный; 2. холостой, незамужняя

Ledigen‖heim *n* -(e)s, -e общежитие для холостяков и одиноких женщин

lediglich *adv* только, лишь, исключительно

Lee <*nord.*> *f* - *мор., ав.* подветренная сторона

leer *a* пустой; порожний; **ein ~es Gerede** пустые разговоры; ◊ **~es Stroh dreschen*** ≅ переливать из пустого в порожнее; толочь воду в ступе

Leere *f* - пустота, пустое пространство, вакуум; **ins ~ greifen*** не найти опоры

leeren I *vt* опорожнять, опустошать; **den Briefkasten ~** вынимать письма из почтового ящика; II **~, sich** пустеть, опустеть; **die Straßen leerten sich** улицы опустели

Leer‖gewicht *n* -(e)s, -e *ж.-д.* вес тары [порожняка], *ав.* вес ненагруженного самолёта

Leer‖lauf *m* -(e)s, -läufe *тех.* холостой ход

legal <*lat.*> *a* легальный, законный

Legalität <*lat.*> *f* - легальность, законность

Legat I <*lat.*> *n* -(e)s, -e легат, завещание

Legat II <*lat.*> *m* -en, -en легат, уполномоченный папы римского

Legatar <*lat.*> *m* -s, -e легатарий, получающий что-л. по завещанию

Legation <*lat.*> *f* -, -en миссия, посольство

Lege‖henne *f* -, -n; **~huhn** *n* -(e)s, -hühner несушка, несущаяся курица

legen I *vt* 1. класть, положить; **von sich (D) etw. ~** снять с себя что-л. (*часть одежды*); **ein Schloß vor die Tür ~** повесить замок на дверь; 2. укладывать (*трубы*); ставить (*мины*); **ein Fundament ~** закладывать фундамент; **den Fußboden ~** настилать пол; 3. сажать (*картофель и т. п.*); 4.: **Eier ~** нести яйца, нестись; **jmdm. Karten ~** гадать кому-л. на картах; **hohen Zoll auf eine Ware ~** обложить товар высокой пошлиной; **Wert [Gewicht] auf etw. ~** дорожить чем-л.; **den Grund zu etw. ~** положить основу чему-л.; **den Hund an die Kette ~** посадить собаку на цепь; **ein Haus in Asche ~** сжечь дом дотла; **in Trümmer ~** разрушить; **Hindernisse in den Weg ~** чинить препятствия; **jmdm. etw. zur Last ~** обвинять кого-л. в чём-либо; II **~, sich** 1. ложиться; улечься; **sich zu Bett ~** ложиться спать; **der Nebel legt sich über die Erde** туман стелется по земле; **sich vor Anker ~** встать на якорь; 2. утихать, успокаиваться; **der Sturm legte sich** буря утихла; 3.: **sich auf etw. (A) ~** энергично браться за что-л.; **sich aufs Bitten ~** перейти к просьбам; **sich für jmdn. ins Zeug ~** вступиться за кого-л.; **sich in die Ruder [ins Ruder] ~** 1) налечь на вёсла; 2) рьяно взяться за работу; *разг.* нажать на что-л.

Legende <*lat.*> *f* -, -n 1. легенда, предание; 2. легенда, пояснение (*к карте, чертежу и т.п.*); 3. надпись на монетах

legendenhaft *a* легендарный

legieren I <*lat.-it.*> *vt* сплавлять, легировать (*металлы*)

legieren II <*lat.-it.*> *vt* завещать

Legierung (<*lat.*>) *f* -, -en *тех.* сплав; лигатура

Legierungs‖stahl *m* -(e)s, -stähle/-e легированная сталь

Legion <*lat.*> *f* -, -en 1. легион; 2. *перен.* большое количество, множество, легион

Legionär <*lat.*> *m* -s, -e легионер

Legislative [-və] <*lat.*> *f* -, -n 1. легислатива (*законодательное собрание во Франции*); 2. законодательная власть

Legislatur <*lat.*> *f* -, -en 1. законодательные органы, легислатура; 2. законодательство

Legislatúr‖periode f -, -n срок созыва [период деятельности] законодательного органа
legitím <lat.> a законный
legitimíeren <lat.> I vt 1. узаконить, утверждать; 2. удостоверять (чью-л.) личность; II ~, sich удостоверять свою личность; предъявить документы, удостоверяющие личность
Legitimität <lat.> f - законность
Legitimitión f -, en; **Legitimitións‖schein** m -(es)s, -e удостоверение личности
Le Havre [lə'aːvr(ə)] (n) -s Гавр (город на С.-З. Франции)
Lehen n -s, - ист. лен; ленное поместье
Lehm m -(e)s, -e глина; суглинок
Lehm‖boden m -s, -/-böden 1. глинистая почва, суглинок; 2. глинобитный пол
Lehm‖hütte f -, -n мазанка
Lehne f -, -n спинка (кресла и т. п.); подлокотник
lehnen I vt (an, gegen A) прислонять (к чему-л.); II ~, sich 1. (an, gegen A) прислоняться (к чему-л.); опираться, облокачиваться (на что-л.); 2. (über A) перевешиваться (через что-л.); sich aus dem Fenster ~ высовываться из окна
Lehn‖sessel m -s, - кресло
Lehns‖herr m -n, -en ист. сюзерен, сеньор, феодал
Lehns‖mann m -(e)s, -männer/-leute ист. ленник, вассал
Lehn‖stuhl m -(e)s, -stühle см. Lehnsessel
Lehn‖übersetzung f -, en лингв. калька
Lehn‖wort n -(e)s, -wörter заимствованное слово
Lehr n -(e)s тех. образец, модель; калибр, шаблон
Lehr‖anstalt f -, -en учебное заведение
Lehr‖auftrag m -(e)s, -träge нагрузка (преподавателя); курс (профессора)
Lehr‖ausbilder m -s, - мастер производственного обучения
Lehr‖beauftragte subst m, f -n, -n преподаватель
Lehr‖brief m -(e)s, -e 1. свидетельство об окончании курса (производственного) обучения; 2. пед. методическое письмо
Lehr‖buch n -(e)s, -bücher учебник
Lehre f -, -n 1. учение, доктрина; теория; 2. обучение, учёба, учение; jmdn. in die ~ geben* отдать кого-л. в учение; bei jmdm. in der ~ sein быть в учении у кого-л.; 3. урок, наставление; jmdm. eine ~ geben* дать урок кому-л.; проучить кого-л.; das soll dir eine ~ sein! это будет для тебя хорошим уроком!; это тебе наука!; ~n aus etw. ziehen* извлекать урок из чего-л.; 4. см. Lehr
lehren vt (jmdn. etw.) учить, обучать (кого-либо чему-л.); преподавать; ирон. поучать; das wird die Zukunft ~ это покажет будущее
Lehrer m -s -; ~in f -, -nen учитель, -ница; преподаватель, -ница
Lehrerschaft f -, -en преподавательский состав, учителя, учительство
Lehrer‖vortrag m -(e)s, -träge сообщение [введение] учителем нового материала (в школе)
Lehrer‖weiterbildung f - повышение квалификации учителей
Lehrer‖zimmer n -s, - учительская
Lehr‖fach n -(e)s, -fächer (учебный) предмет
Lehr‖gang m -(e)s, -gänge 1. педагогический процесс; 2. учебный курс; 3. курсы, школа; in den ~ aufnehmen* принимать на курсы; auf einen ~ schicken посылать на курсы; es laufen Lehrgänge für Dolmetscher работают курсы переводчиков
Lehrgangs‖teilnehmer m -s, - слушатель курса
Lehrgangs‖vertreter m -s, - староста курса
Lehr‖geld n -(e)s, -er плата за (об)учение; ~ zahlen [geben*] перен. учиться на горьком опыте, дорого заплатить за что-л., поплатиться чем-л.
Lehr‖jahr n -(e)s, -e учебный год
Lehr‖körper m -s, - профессорско-преподавательский состав (учебного заведения)
Lehr‖kraft f -, -kräfte педагог, учитель, преподаватель
Lehrling m -(e)s, -e ученик (на производстве и т. п.)
Lehr‖mittel n -s, - учебное пособие
Lehrmittel‖freiheit f - обеспечение бесплатными учебными пособиями
Lehr‖plan m -(e)s, -pläne учебный план
lehrreich a поучительный, назидательный
Lehr‖satz m -es, -sätze 1. научное положение, тезис; 2. мат. теорема
Lehr‖stoff m -(e)s, -e учебный материал
Lehr‖stuhl m -(e)s, -stühle кафедра; Professor mit ~ профессор, заведующий кафедрой
Lehr‖tätigkeit f - педагогическая деятельность
Lehr‖ton m -(e)s менторский тон
Lehr‖werkstatt f -, -stätten учебная мастерская
Lehr‖zeit f -, -en время обучения (на производстве)

Leib *m* -(e)s, -er 1. тело, туловище; **am ganzen ~ zittern** дрожать всем телом; **etw. am eigenen ~e verspüren** испытать что-л. на себе [на собственном опыте, на собственной шкуре]; **bei lebendigem ~e** заживо; **er ist mit ~ und Seele bei der Sache** он предан делу всей душой; 2. живот, утроба; нутро, брюхо; **gesegneten ~es sein** *поэт.* быть в положении, ждать ребёнка; **mir geht's im ~e herum** у меня всё болит; ◇ **bleib mir (damit) vom ~e!** отвяжись [отстань] от меня!; **sich (D) jmdn. vom ~e halten*** держаться подальше от кого-л., не подпускать кого-л. к себе близко; **einer Sache (D) auf den ~ rücken** энергично взяться за что-л.; **es geht mir an den ~** дело принимает для меня плохой оборот; **ein ~ und eine Seele sein** жить душа в душу; **mit ~ und Seele** всей душой; **das ist ihm auf den ~ geschrieben** он как будто создан для этого; **~ und Leben einsetzen [wagen]** поставить на карту всё, рисковать всем
Leib‖arzt *m* -es, -ärzte личный врач; *уст.* лейб-медик
Leibchen *n* -s, - *уст.* лифчик, корсаж
Leibchen‖rock *m* -(e)s, -röcke сарафан, юбка с лифом
Leibeigene *subst m, f* -n, -n *ист.* крепостной, -ная
Leib‖eigenschaft *f* - *ист.* крепостной строй, крепостное право
Leibes‖erbe *m* -n, -n прямой наследник
Leibes‖frucht *f* -, -früchte зародыш, плод
Leibes‖kraft *f* -, -kräfte физическая сила; **aus ~kräften** изо всех сил
Leibes‖übungen *pl* физические упражнения
Leibes‖visitation [-v-] *f* -, -en *юр.* личный осмотр [обыск]
Leib‖garde *f* -, -n лейб-гвардия
Leib‖gericht *n* -(e)s, -e любимое блюдо [кушанье]
leibhaft, leibhaftig *a* олицетворённый; воплощённый; *перен.* вылитый, живой
Leibhaftige *subst m* -n, -n нечистый [злой] дух, сатана
leiblich *a* 1. телесный; физический; 2. родной; **~er Bruder** родной брат
Leib‖rente *f* -, -n пожизненная пенсия
Leib‖schmerzen *pl* боль [резь] в животе; **ich habe ~** у меня болит живот
Leib‖wache *f* -, -n личная охрана
Leib‖wächter *m* -s телохранитель
Leib‖wäsche *f* - нательное бельё
Leiche *f* -, -n труп; мертвец, покойник; ◇ **über ~n gehen*** шагать через трупы;

действовать беспощадно
Leichen‖begräbnis *n* -ses, -se погребение, похороны
Leichen‖halle *f* -, -n покойницкая, морг
Leichen‖mahl *n* -(e)s, -mähler/-e поминки, поминальный обед; тризна
Leichen‖rede *f* -, -n надгробная речь
Leichen‖schmaus *m* -es, -schmäuse *см.* Leichenmahl
Leichen‖tuch *n* -(e)s, -tücher саван
Leichen‖verbrennung *f* -, -en кремация
Leichen‖wagen *m* -s, - катафалк
Leichen‖zug *m* -(e)s, -züge похоронная процессия
Leichnam [-a:-] *m* -(e)s, -e труп, мёртвое тело; **ein lebender ~** *разг.* живой труп
leicht I *a* 1. лёгкий; 2. небольшой, незначительный; 3.: **~er Schlaf** чуткий сон; **~er Wein** лёгкое [слабое] вино; II *adv* легко, слегка
Leicht‖athlet *m* -en, -en легкоатлет
Leicht‖athletik *f* - лёгкая атлетика
Leichter *m* -s, - *мор.* лихтёр, грузовое судно
leicht‖fertig *a* легкомысленный
Leicht‖fertigkeit *f* -, -en легкомысленность, ветреность; необдуманность
Leicht‖fuß *m* -es, -füße легкомысленный [ветреный, безрассудный] человек; **Bruder ~** повеса
Leicht‖gewicht *n* -(e)s *спорт.* лёгкий вес
leichtgläubig *a* легковерный, доверчивый
Leichtgläubigkeit *f* - легковерие, доверчивость
leichthín *adv* мимоходом, вскользь
Leichtigkeit *f* - лёгкость
Leicht‖industrie *f* -, -ri|en лёгкая промышленность
leicht‖nehmen* *vt* легко смотреть *(на что-л.),* легкомысленно относиться *(к чему-л.)*
Leicht‖sinn *m* -(e)s легкомыслие, ветреность, беззаботность; безрассудство, необдуманность
leichtsinnig *a* легкомысленный, ветреный, безрассудный
leichtverderblich *a* скоропортящийся *(груз, товар)*
leid: es tut mir ~ мне жаль, я сожалею; **er tut mir ~** мне его жаль
Leid *n* -(e)s горе, печаль, страдание, несчастье, огорчение, боль; **jmds. ~ teilen** разделять чьё-л. горе; **jmdm. sein ~ klagen** изливать своим горем с кем-л.; **dir soll kein ~ geschehen** тебя никто не обидит; **jmdm. ein ~ antun*** обижать кого-л., причинять кому-л. горе; **~ tragen*** *(um, über A)* скорбеть *(о ком-л., о*

чём-л.); **vor ~ vergehen*** убиваться от горя; ◊ **kein ~ ohne Freud** *посл.* ≅ нет худа без добра

Leide‖form *f* -, -en *грам.* страдательный залог

leiden* I *vt* **1.** страдать *(от чего-л.)*, терпеть *(что-л.)*; **Schaden ~** терпеть убыток; **2.** допускать, терпеть; **jmdm. gut [gern] ~ können* [mögen*]** хорошо относиться к кому-л.; II *vi (an* D) страдать, болеть *(чем-л.)*; **unter etw.** (D) **~** страдать от чего-л.; **unter den Folgen der Katastrophe ~** страдать от последствий катастрофы

Leiden *n* -s, - **1.** страдание; **2.** недуг, болезнь

leidend *part a* **1.** страдающий; **2.** болезненный; **3.: die ~e Form** *грам.* страдательный залог

Leidenschaft *f* -, -en *(für* A) страсть, пристрастие *(к кому-л., к чему-л.)*; увлечение *(кем-л., чем-л.)*; **das ist seine ~** он этим увлекается; **seinen ~en frönen, seinen ~en freien Lauf lassen*** быть рабом своих страстей, предаваться своим страстям

leidenschaftlich *a* страстный, пылкий

Leidenschaftlichkeit *f* - страстность, пылкость

leidenschaftslos *a* бесстрастный

Leidens‖gefährte *m* -n, -n; **~gefährtin** *f* -, -nen товарищ по несчастью

Leidens‖weg *m* -(e)s, -e хождение по мукам, тернистый путь; **einen ~ gehen*** идти дорогой страданий

leider *mod adv* к сожалению; увы

leidlich I *a* сносный, терпимый; II *adv* кое-как; сносно; так себе; довольно

Leidlichkeit *f* - сносное состояние, допустимость, терпимость

leidtragend *a* скорбящий

Leid‖tragende *subst m, f* -n, -n скорбящий родственник, скорбящая родственница *(умершего)*

Leid‖wesen *n* -s печаль, скорбь, сожаление; **zu meinem ~** к (моему) сожалению

Leier *f* -, -n *муз.* лира; шарманка; **immer die alte ~!** *разг.* старая песня

Leier‖kasten *m* -s, -/-kästen шарманка

leiern *vi* **1.** играть на шарманке; **2.** *разг.* монотонно читать [говорить] *(что-л. заученное)*

Leih‖bibliothek; ~bücherei *f* -, -en (платная) библиотека *(с выдачей книг на дом)*

Leihe *f* -, -n **1.** ссуда; **2.** прокат; **3.** *разг.* ломбард

leihen* *vt* **1.** *(jmdm.)* одалживать, ссужать *(что-л., кому-л.)*; **2.** *(von jmdm.)* брать взаймы *(что-л., у кого-л.)*; **3.: jmdm. (seinen) Beistand ~** прийти кому-л. на помощь; **jmdm. sein Ohr ~** выслушать кого-л.

Leih‖frist *f* -, -en срок абонемента *(в библиотеке)*; срок ссуды

Leih‖gebühr *f* -, -en абонементная плата *(в библиотеке)*; плата за прокат

Leih‖haus *n* -es, -häuser ломбард

Leih‖kapital *n* -s, -e/-i̦en ссудный капитал

leihweise *adv* заимообразно; напрокат

Leim *m* -(e)s, -e клей; **(ganz) aus dem ~ gehen*** рассохнуться *(о мебели)*; *перен.* разрушаться, распадаться; расклеиться; ◊ **jmdm. auf den ~ gehen*** попадаться кому-л. на удочку, попадаться на обман; **jmdm. auf den ~ locken [führen]** поймать на удочку, обмануть кого-л.

leimen *vt* **1.** клеить, склеивать; проклеивать; **2.** *разг.* обманывать, надувать

Lein *m* -(e)s, -e лён

Lein‖bau *m* -(e)s льноводство

Leine *f* -, -n верёвка; канат; вожжа; лямка; поводок; ◊ **~ ziehen*** *разг.* смотать удочки, удрать; **jmdn. an der ~ haben** держать кого-л. в руках; **an derselben ~ ziehen*** быть [действовать] с кем-л. заодно

leinen *a* льняной, полотняный

Leinen *n* -s, - **1.** полотно, холст; **2.** бельё *(постельное, столовое)*

Leinen‖band *m* -(e)s, -bände холщовый переплёт *(книги)*

Lein‖kuchen *m* -s, - льняной жмых

Lein‖tuch *n* -(e)s, -tücher **1.** полотно; **2.** простыня

Lein‖wand *f* - **1.** полотно, холст; **2.** *кино* экран; **über die ~ gehen*** демонстрироваться в кино [на экране]

Leipzig (*n*) -s Лейпциг *(крупный промышленный и культурный центр ФРГ, земля Саксония)*

Leipziger Allerléi *n* -s рагу по-лейпцигски *(рагу из овощей)*

Leipziger Messe *f* - Лейпцигская ярмарка *(междунар. промышл. ярмарка в ФРГ, проводится с 1165)*

Leipziger Schule *f* - Лейпцигская школа *(направление в нем. музыке середины 19 в., опиралось на традиции нем. классической музыки)*

leise I *a* тихий; слабый; **~r Schlaf** чуткий сон; **~ Ahnung** смутное представление; II *adv* тихо; ◊ **nicht im ~sten** нисколько

Leisetreter *m* -s, - *разг.* проныра, пролаза; человек, действующий тихой сапой

Leiste f -, -n 1. планка, рейка, брусок; 2. кромка, кайма; 3. *полигр.* заставка; 4. *анат.* пах

leisten vt 1. делать, совершать, исполнять, выполнять; **die geleistete Arbeit** проделанная работа; 2.: **sich (D) etw. ~** позволять себе что-л.; 3.: **einen Dienst ~** оказывать услугу; **Hilfe ~** оказывать помощь; **jmdm. Gesellschaft ~** составить кому-л. компанию; **Abbitte ~** приносить извинения; **einen Eid ~** дать присягу, присягать; **Gewähr [Bürgschaft] ~** ручаться; **Widerstand ~** сопротивляться; **eine Zahlung ~** произвести платёж; **Unterschriften ~** давать [ставить] подписи

Leisten m -s, - сапожная колодка; ◇ **alle über einen ~ schlagen*** ≡ стричь всех под одну гребёнку; мерить всех одной меркой; **Schuster, bleib bei deinem ~!** *посл.* всяк сверчок знай свой шесток!

Leistung f -, -en 1. выполненная [произведённая] работа; успех; достижение; результат *(работы)*; **eine hervorragende [vorzügliche] ~** выдающееся достижение [произведение]; 2. *спорт.* рекорд; результат; 3. *тех.* производительность; мощность; 4. *pl* успеваемость *(в учебном заведении)*; 5.: **~ eines Eides** принесение присяги; 6. повинность, платёж; **soziale ~en** платежи на социальные нужды

Leistungs∥beste subst m, f -n, -n передовик *(производства)*

leistungsfähig a работоспособный

Leistungs∥fähigkeit f -, -en 1. работоспособность; 2. *тех.* производительность, мощность

Leistungs∥faktor m -s, -tóren *тех.* коэффициент мощности

Leistungs∥grenze f -, -n *тех.* предел мощности

Leistungs∥kapazität f -, -en *тех.* эффективная мощность; действительная ёмкость

Leistungs∥klasse f -, -n *спорт.* разряд

Leistungs∥kurventafel [-vən-] f -, -n таблица производственных показателей

Leistungs∥lohn m -(e)s сдельная оплата труда

Leistungs∥norm f -, -en производственная норма

Leistungs∥prinzip n -(e)s, -e/-pi̧en принцип сдельной оплаты труда

Leistungs∥steigerung f -, -en 1. повышение производительности; 2. повышение [улучшение] успеваемости *(в учебном заведении)*

Leistungs∥stipendium n -s, -di̧en повышенная стипендия *(за хорошую успеваемость)*

Leistungs∥vermögen n -s *тех.* мощность

Leistungs∥zulage f -, -n; **~zuschlag** m -(e)s, -schläge надбавка к зарплате [к стипендии] *(за хорошую работу, успеваемость)*

Leit∥artikel m -s, - передовая статья, передовица *(в газете, журнале)*

leiten vt 1. вести, направлять *(кого-л., что-л.)*, руководить, управлять *(кем-либо, чем-л.)*; **ein Orchester ~** дирижировать оркестром; **sich von jmdm. ~ lassen*** поддаться чьему-л. влиянию; **sich von etw. ~ lassen*** руководствоваться чем-л.; **etw. in die Wege ~** подготавливать, организовывать что-л.; 2. *физ.* проводить

Leiter I m -s, - 1. руководитель, заведующий; 2. тренер, инструктор; 3. *физ.* проводник; *эл.* провод

Leiter II f -, -n 1. приставная лестница, стремянка; 2. градация, шкала; 3. *муз.* гамма

Leiter∥sprosse f -, -n ступень(ка), перекладина

Leiter∥wagen m -s, - телега; арба, фура

Leit∥faden m -s, -fäden 1. путеводная нить; 2. руководство *(учебник)*

Leit∥fähigkeit f -, - *физ.* проводимость; **elektrische ~** электропроводимость

Leitha f - Лейта *(река в Австрии и Венгрии, правый приток Дуная)*

Leit∥motiv n -s, -e лейтмотив

Leit∥satz m -es, -sätze 1. тезис, лозунг; 2. руководящий принцип

Leit∥stern m -(e)s, -e 1. *астр.* Полярная звезда; 2. путеводная звезда

Leit∥tier n -(e)s, -e вожак стада

Leitung f -, -en 1. заведование, руководство, управление; 2. руководящий орган; 3. *эл.* проводка, провод; линия; ◇ **eine lange ~ haben** *разг.* быть непонятливым, медленно соображать

Leitungs∥draht m -(e)s, -drähte электропровод

Leitungs∥netz n -es, -e проводка, сеть проводов

Leit∥vermögen n -s *физ.* проводимость

Lektión <*lat.*> f -, -en 1. лекция; урок; 2. наставление; **eine ~ erteilen** сделать кому-л. выговор [внушение]

Lektor <*lat.*> m -s, -tóren 1. лектор; 2. преподаватель высшего учебного заведения *(ведущий практические занятия б. ч. по языкам, музыке и т. п.)*; 3. издательский редактор

Lektüre <*lat.-fr.*> *f* -, -n чтение; литература *(для чтения)*
Lena/Lene I Лена *(краткая форма жен. имён* Magdalene *и* Helen*)*
Lena II *f* - Лена *(река в Вост. Сибири)*
Lende *f* -, -n **1.** бедро, поясница; *pl* бёдра; **2.** филе *(сорт мяса)*
lenkbar *a* **1.** управляемый; **~es Geschoß** управляемый снаряд; **2.** послушный
Lenkbarkeit *f* - **1.** управляемость; **2.** послушание, податливость; гибкость
lenken *vt* **1.** управлять, править *(чем-л.)*; **2.** *auf* (A) направлять, наводить *(на что-л.)*; **jmds. Aufmerksamkeit auf etw.** (A) ~ обращать чьё-л. внимание на что-л.; **seine Schritte heimwärts ~** отправиться домой; **3.** руководить *(чем-либо, кем-л.)*; **er ist schwer zu ~** он туго поддаётся воспитанию
Lenker *m* -s, - **1.** рулевой; водитель; шофёр; вожатый; пилот; **2.** руководитель; **3.** *тех.* коромысло; направляющая деталь; рычаг; руль *(велосипеда, автомобиля и т. п.)*
Lenk‖rad *n* -(e)s, -räder рулевое колесо; штурвал; *разг.* баранка
lenksam *a* послушный, управляемый
Lenk‖stange *f* -, -n **1.** руль; *авт.* продольная рулевая тяга; **2.** *тех.* шатун; тяга
Lenkung *f* -, -en **1.** управление, пилотирование; **2.** руководство, планирование
Lenóre Ленора *(краткая форма жен. имени* Eleonore*)*
Lenz *m* -es, -e *поэт.* весна
lenzen I *vimp*; *поэт.*: **es lenzt** весна идёт [наступает]
lenzen II *vi* **I** *мор.* идти попутным ветром; **II** *vt* выкачивать воду
Leo Лео/Лев (**1.** *муж. имя*; **2.** *краткая форма муж. имен* Leopold *и* Leonhard*)*
Leon Леон *(краткая форма муж. имени* Leonhard*)*
Leoníe Леония *(жен. имя)*
Leonóre Леонора *(краткая форма жен. имени* Eleonora*)*
Leopard <*lat.*> *m* -en, -en леопард
Leopold Леопольд *(муж. имя)*
Leopólda Леопольда *(жен. имя)*
Leopoldína Леопольдина *(жен. имя)*
"Leopoldína" *f* - "Леопольдина"; *см.* Deutsche Akademie der Naturforscher "Leopoldina"
Leopoldstadt *f* - Леопольдштадт *(гор. р-н Вены* <*Австрия*>*)*
Lepra <*gr.-lat.*> *f* - *мед.* проказа
leprós <*gr.-lat*> *a* прокажённый
Lerche *f* -, -n жаворонок

Lern‖begier(de) *f* - жажда знаний
lernbegierig *a* любознательный
Lern‖eifer *m* -s прилежание, усердие в учении
lernen *vt* **1.** учиться, обучаться; научиться *(чему-л.)*; **lesen ~** учиться читать; **Klavier spielen ~** учиться играть на рояле; **2.** учить, выучить *(что-л.)*; **3.: ein Stück auswendig ~** выучить наизусть пьесу
Lern‖erfolg *m* -(e)s, -e успеваемость; **Kontrolle der ~e** учёт успеваемости
Lern‖mittel *pl* учебные пособия
Lernmittel‖freiheit *f* - бесплатное обеспечение учебниками и учебными пособиями
Les‖art *f* -, -en **1.** чтение; вариант чтения [текста]; **2.** толкование текста
lesbar *a* разборчивый, чёткий
Lesbarkeit *f* - *см.* Leserlichkeit
Lese *f* -, -n **1.** сбор урожая *(винограда, ягод, грибов)*; **2.** отбор, выбор
Lese‖buch *n* -(e)s, -bücher книга для чтения; хрестоматия
Lese‖karte *f* -, -n читательский билет
lesen* I *vt* читать, прочесть; **ein Buch ~** читать книгу; **sich in den Schlaf ~** заснуть читая
lesen* II *vt* **1.** собирать *(плоды и т. п.)*; подбирать *(колосья)*; **2.** перебирать, чистить *(крупу и т. п.)*
Lese‖probe *f* -, -n *театр.* читка
Leser *m* -s, - **1.** читатель; **2.** чтец
Leser‖brief *m* -(e)s, -e письмо читателя
Leserin *f* -, -nen читательница
Leserlichkeit *f* - чёткость, разборчивость; читабельность *(разг.)*
Lese‖saal *m* -(e)s, -säle читальный зал; читальня
Lese‖zeichen *n* -s, - **1.** закладка *(для книги)*; **2.** *полигр.* корректурный знак
Lesung *f* -, -en чтение *(законопроекта в парламенте и т. п.)*
Lethargie <*gr.-lat.*> *f* - *мед.* летаргия
Lethe <*gr.*> *f* - **1.** *миф.* Лета *(река забвения)*; **2.** забвение
Lette *m* -n, -n латыш
Letter <*lat.-fr.*> *f* -, -n *полигр.* литера, буква
Lettin *f* -, -nen латышка
lettisch *a* латышский; латвийский
Lettland (*n*) -s Латвия *(гос-во в Европе, на юго-вос. побережье Балтийского моря)*
letzen I *vt* *уст. поэт.* веселить, услаждать; **II ~, sich** веселиться, наслаждаться
Letzt: zu guter ~ в конце концов; напоследок

Letzte *subst* 1. *m, f* -n, -n последний, -няя; **der ~ (der) Mohikaner** последний из могикан; 2. *n* -n последнее; **sein ~s hingeben*** отдать последнее, пожертвовать всем; **es geht ums ~** на карту поставлено всё; ◊ **das ~ ist das Beste** *посл.* ≈ остатки сладки

letztens *adv* 1. недавно; 2. наконец

letzt‖erwähnt, ~genannt *a* вышеупомянутый

letzthin *adv* недавно, на днях

Leu <*lat.*> *m* -en, -en *поэт.* лев

Leucht‖bombe *f* -, -n осветительная авиационная бомба

Leuchte *f* -, -n осветительный прибор, лампа, фонарь, светильник; *перен.* светило, светоч; **eine ~ der Wissenschaft** светило науки

"Leuchte des Nordens" *f* - "северное светило" (*образное назв. университета в г. Росток, являвшегося долгое время центром науки в Сев. Европе*)

leuchten *vi* 1. светить, светиться, сиять; блестеть, сверкать; **jmdm. ~** (по)светить кому-л.; 2. *перен.* блеснуть; **seine Kenntnisse ~ lassen*** блеснуть своими знаниями

Leuchter *m* -s, - подсвечник

Leucht‖feuer *n* -s, - маяк, сильный огонь; световой сигнал

Leucht‖gas *n* -es, -e *хим.* светильный газ

Leucht‖käfer *m* -s, - *зоол.* светляк, светлячок

Leucht‖kraft *f* - *физ.* сила света, светосила

Leucht‖kugel *f* -, -n сигнальная ракета; **eine ~ abschießen*** дать сигнал ракетой

Leucht‖pistole *f* -, -n ракетный пистолет, ракетница

Leucht‖reklame *f* -, -n световая реклама

Leucht‖schiff *n* -(e)s, -e плавучий маяк

Leucht‖spurgeschoß *n* -sses, -sse трассирующий снаряд, трассирующая пуля

Leucht‖turm *m* -(e)s, -türme маяк

leugnen *vt* отрицать, отвергать, не признавать (*кого-л., чего-л.*), отрекаться (*от чего-л., от кого-л.*); оспаривать (*что-л.*)

Leugner *m* -s, -; **~in** *f* -, -nen отрекающийся, -щаяся; человек, отрицающий что-л.

Leukämíe <*gr.*> *f* - *мед.* лейкемия, белокровие

Leuko‖plást <*gr.*> *n* -(e)s, -e *фарм.* лейкопластырь

Leuko‖zýten <*gr.*> *pl мед.* лейкоциты

Leumund *m* -(e)s репутация, слава; **guter ~** хорошая репутация; **jmdn. in bösen ~ bringen*** опорочить, оклеветать кого-л.

Leute *pl* 1. люди; общество; народ; **unsere ~** наши (люди), свои; **Land und ~** страна и люди; **wir sind geschiedene ~** между нами всё кончено; **er ist guter ~ Kind** он из хорошей семьи; 2. люди (*рядовые в армии, дворовые, прислуга*)

Leuthold Лойтхольд (*муж. имя*)

Leutnant <*lat.-fr.*> *m* -s, -e/-s лейтенант

leutselig *a* 1. общительный, приветливый; 2. благосклонный, доброжелательный

Leutseligkeit *f* -, -en приветливость, благосклонность; простота

Levante [-'van-] <*lat.-it.*> *f* - Ближний Восток, Левант

Levin/Lewin Левин (*муж. имя*)

Leviten [-'vi:-] <*hebr.-gr.-lat.*> *pl*: **jmdm. ~ lesen*** читать кому-л. нотацию

Lexikologie <*gr.-lat.*> *f* - лексикология

Lexikon <*gr.*> *n* -s, -ka/-ken лексикон, словарь; энциклопедия; **er ist ein lebendes [wandelndes] ~** *шутл.* он ходячая энциклопедия

Liáne <*fr.*> *f* -, -n *бот.* лиана

Líbanon *m* -s Ливан (1. *гос-во в Азии, на Ближнем Востоке, у Средиземного моря;* 2. *горный массив на З. Ливана*)

Libélle <*lat.*> *f* -, -n 1. *биол.* стрекоза; 2. *тех.* ватерпас, уровень

liberál <*lat.*> *a* либеральный

Liberál-Demokrátische Partéi Deutschlands *f* - Либерально-демократическая партия Германии (*в бывш. ГДР объединяла ремесленников, торговцев, часть интеллигенции и крестьянства*)

Liberále <*lat.*> *subst m, f* -n, -n либерал, -ка

liberalisieren <*lat.-fr.*> *vt* либерализировать, смягчать (*режим, условия и т. п.*)

Liberalismus <*lat.*> *m* - либерализм

Libéria (*n*) -s Либерия (*гос-во в Зап. Африке, на побережье Атлантического океана*)

Libido <*lat.*> *f* - либидо, половое влечение

Libórius Либориус/Либорий (*муж. имя*)

Librétto <*lat.-it.*> *n* -s, -s/-tti либретто

Libreville [-'vi:l] (*n*) -s Либревиль (*столица Габона*)

Libyen (*n*) -s Ливия (*гос-во на С. Африки, у берегов Средиземного моря*)

licht *a* 1. светлый; ясный; яркий; **am ~en Tage** среди бела дня; 2. редкий (*о лесе и т. п.*)

Licht *n* 1. -(e)s свет, освещение; **~ machen** зажечь свет; ◊ **das ~ der Welt**

erblicken появиться на свет, родиться; 2. -(e)s *перен.* свет, освещение; ~ **auf etw. (A) werfen*** внести ясность в какое-л. дело, пролить свет на что-л.; **etw. ans ~ bringen*** разоблачить, предать гласности что-л.; **ans ~ kommen*** обнаружиться, раскрыться; **mir geht ein ~ auf** меня осенило, теперь я понимаю; **etw. gegen das ~ betrachten** посмотреть что-л. на свет; **etw. in (un)günstigem ~ darstellen** представить что-либо в (не)благоприятном свете; **etw. ins rechte ~ stellen [setzen]** правильно осветить что-л.; 3. -(e)s, -er огни, огоньки; **die ~er der Stadt** огни города; 4. -(e)s, -er/-e свеча; 5. -(e)s, -er светило; ум; **sein ~ leuchten lassen*** блеснуть умом [знаниями]; **er ist kein großes ~** он умом не блещет
Licht‖anlage f -, -n *тех.* световая установка
Licht‖behandlung f -, -en светолечение
Licht‖bild n -(e)s, -er фотография, снимок
Licht‖blick m -(e)s, -e просвет
Licht‖bogen m -s, -/-bögen электрическая дуга
licht‖dicht a светонепроницаемый
licht‖echt a не выцветающий
licht‖empfindlich a светочувствительный
Licht‖empfindlichkeit f - 1. *фото* светочувствительность; 2. *мед.* светобоязнь
lichten I I vt 1. разрежать, очищать (*лес и т. п.*); II ~, **sich** 1. редеть (*о лесе, волосах*); 2. проясняться (*о погоде*); 3. рассеяться (*о мраке, тж. перен.*)
lichten II vt 1. разгружать (*корабль*) 2.: **den Anker ~** сниматься с якоря, поднять якорь
Lichtenberg (n) -s Лихтенберг (*гор. р-н в Берлине*)
lichterloh: **~ brennen*** гореть ярким пламенем
Licht‖hof m -(e)s, -höfe 1. *стр.* световой двор; 2. *фото* ореол
Licht‖jahr n -(e)s, -e световой год
Licht‖messer m -s, - *физ.* фотометр
Licht‖pause f -, -n светокопия, синька
Licht‖quelle f -, -n источник света
Licht‖reklame f -, -n световая реклама
Licht‖schein m -(e)s, -e сияние
lichtscheu a боящийся света; *перен.* боящийся гласности; нечестный
Licht‖schimmer m -s, - проблеск света; *перен. тж.* луч надежды
Licht‖signal n -s, -e световой сигнал
Licht‖spieltheater n -s, - кино, кинотеатр

Licht‖stärke f - *физ.* сила света, светосила
Licht‖strahl m -(e)s, -e луч света (*тж. перен*)
Licht‖strahlung f -, -en излучение света
Lichtung I f -, -en прогалина, просека
Lichtung II f -, -en *мор.* поднятие якоря
Licht‖zeichen n -s, - световой сигнал
Lid n -(e)s, -er веко
Liddi Лидди (*ласкательная форма жен. имени* Lydia)
lieb a 1. милый, дорогой, любимый; 2. приятный; **es ist mir ~** мне приятно
lieb‖äugeln vi любезничать, кокетничать, заигрывать; **mit einem Gedanken ~** носиться с какой-либо мыслью
lieb‖behalten* vt любить по-прежнему, не разлюбить
Liebchen n -s, - *разг.* милая, возлюбленная
Liebe I f - любовь, привязанность; **~ auf den ersten Blick** любовь с первого взгляда; **seine ~ gestehen*** признаваться в любви; **sie ist seine alte ~** она его старая любовь; ◊ **alte ~ rostet nicht** старая любовь не ржавеет; **~ macht blind** любовь слепа; **tun Sie mir die ~!** сделайте одолжение; **eine ~ ist der anderen wert** *посл.* ≡ долг платежом красен
Liebe II subst m, f -n, -n любимый, -мая, дорогой, -гая; **meine ~n!** дорогие (мои)! (*обращение в письме*)
Liebe‖diener m -s, - льстец, подхалим
Liebelei f -, -en флирт, любезничанье
liebeln vi (mit D) любезничать (*с кем-л.*), ухаживать (*за кем-л.*), флиртовать (*с кем-л.*)
lieben vt любить; ◊ **was sich liebt, das neckt sich** *посл.* милые бранятся – только тешатся
liebenswürdig a любезный
Liebenswürdigkeit f -, -en любезность, одолжение; **er ist die ~ selbst** он сама любезность
lieber I a (*comp от* lieb) милее, дороже; II adv (*comp от* gern) лучше, охотнее
Liebes‖dienst m -es, -e дружеская услуга, любезность; **jmdm. einen ~ erweisen*** оказать кому-л. любезность [дружескую услугу]
Liebes‖erklärung f -, -en признание [объяснение] в любви
Liebes‖geschichte f -, -n любовная история
Liebes‖perlen pl "либесперлен" (*конфеты в виде маленьких сахарных шариков*)
Liebes‖verhältnis n -ses, -se любовная связь

liebevoll *a* ласковый, преисполненный любви

Liebfrauenmilch *f* - "либфрауенмильх" *(марка рейнского вина, <досл. молоко любимой женщины>)*

Liebhaber *m* -s, - 1. любовник; влюблённый; 2. любитель; **das Buch hat viele ~ gefunden** на книгу нашлось много охотников

Liebhaber‖aufführung *f* -, -en любительский спектакль

Liebhaber‖bühne *f* -, -n любительский театр

Liebhaberéi *f* -, -en *(für* A) страсть, склонность, пристрастие *(к чему-л.)*

lieb‖kosen *vt* ласкать, миловать

Liebkosung (Liebkósung) *f* -, -en ласка

Lieblichkeit *f* - миловидность

Liebling *m* -s, -e любимец, -мица

lieblos *a* бессердечный, чёрствый

Lieblosigkeit *f* - бессердечность, чёрствость, жестокость

liebreich *a* дружеский; любящий; приятный

Lieb‖reiz *m* -es прелесть, привлекательность, обворожительность

liebreizend *a* прелестный, очаровательный

Liebschaft *f* -, -en любовная связь

liebst I *a (superl om* lieb) лучший, милейший; II *adv (superl om* gern): **am ~en** охотнее всего

Liebste *subst* 1. *m, f* -n, -n возлюбленный, -ная; 2. *m, f, n* -n, -n самый дорогой, самая дорогая, самое дорогое

Liebwin Либвин *(муж. имя)*

Liechtenstein ['liç-] *(n)* -s Лихтенштейн *(гос-во в Центральной Европе, между Швейцарией на З. и Австрией на В.)*

Lied *n* -(e)s, -er песня; ◊ **es ist immer dasselbe [das alte] ~** это всё та же [старая] песня; **davon kann ich ein ~ singen** я могу рассказать многое об этом

Lieder‖buch *n* -(e)s, -bücher песенник

Liederjan *m* -(e)s, -e *разг.* неряха, шалопай, забулдыга

liederlich *a* 1. неряшливый; 2. распутный

Liederlichkeit *f* -, -en 1. безалаберность, небрежность, неряшливость; 2. распутство

lief *impf om* laufen*

Lieferant *m* -en, -en; **~in** *f* -, -nen поставщик, -щица

Liefer‖betrieb *m* -(e)s, -e завод-поставщик

Liefer‖frist *f* -, -en срок доставки [поставки]

liefern *vt* 1. поставлять; доставлять; отпускать *(товар) (an* A кому-л., *nach* D куда-л.*)*; **frei Haus ~** доставлять на дом; **einen Zeugen ~** представить свидетеля; 2.: **einen Beweis für etw.** (A) **~** предъявить доказательство чего-л.: **eine Schlacht ~** давать бой; ◊ **er ist geliefert; er ist ein gelieferter Mann** он конченый человек

Liefer‖schein *m* -(e)s, -e ком. накладная

Lieferung *f* -, -en 1. доставка, поставка; 2. поставляемый [доставляемый] товар; 3. выпуск, выработка *(продукции)*; 4. (отдельный) выпуск *(книги, журнала)*

Liefer‖vertrag *m* -(e)s, -träge договор на поставку

Liefer‖wagen *m* -s, - автофургон

Liege *f* -, -n кушетка, шезлонг

liegen* *vi* 1. лежать; **weich ~** лежать на мягком; **krank ~** быть (лежачим) больным; 2. лежать, быть расположенным; **nach Süden liegen*** выходить (окнами) на юг; **am Ufer gelegen** прибрежный; 3. находиться *(в каком-л. состоянии);* **im Wettbewerb vorne ~** лидировать в соревновании; **in Ketten ~** быть закованным в цепи; **im Bereich des Möglichen ~** лежать (находиться) в пределах возможного); **mit jmdm. im Prozeß ~** судиться с кем-л.; **in der Scheidung ~** разводиться; **im Sterben ~** быть при смерти; **auf der Lauer ~** лежать в засаде; **auf der Zunge ~** вертеться на языке; **jmdm. zur Last ~** обременять кого-л.; **wie die Dinge ~** при таком положении вещей; **die Sache liegt so...** дело обстоит так...; **woran liegt es?** в чём причина?; **was liegt dir daran?** что тебе до этого?; **das liegt mir nicht** это не по мне, мне это не подходит; **das liegt nicht an mir** это от меня не зависит, я тут ни при чём

liegen‖bleiben* *vi* (s) (продолжать) лежать; оставаться; **die Arbeit bleibt liegen** работа стоит; **auf der Station ~** застрять на станции

liegen‖lassen* *vt* оставлять, забывать *(где-либо);* ◊ **jmdn. links ~** 1) забывать о ком-л.; 2) игнорировать кого-л.

Liegenschaft *f* -, -en недвижимое имущество

Liege‖stuhl *m* -(e)s, -stühle шезлонг

Liege‖zeit *f* -, -en простой, время простоя *(машины)*

lieh *impf om* leihen*

Lies‖chen Лизхен *(ласкательная форма жен. имени* Liese)

Liese Лиза *(краткая форма жен. имени* Elisabeth*)*
Lies(e)l Лиз(е)ль *(ласковая форма жен. имени* Elisabeth*)*
Lieselotte [li:zə-/-lotə] Лизелотта *(краткая форма спаренного жен. имени* Elisabeth Charlotte [ʃ-]*)*
ließ *impf om* lassen*
Liestal *(n)* -s Листаль *(адм. центр полукантона Базель-Ланд* <Швейцария>*)*
Lift <*engl.*> *m* -(e)s, -s/-e лифт
Liga <*lat.-span.*> *f* -, -s/gen **1.** лига; **2.** *спорт.* разряд, класс
Ligatúr <*lat.*> *f* -, -en лигатура
liieren <*lat.-fr.*> *vt* объединять, тесно связывать
Likör <*lat.-fr.*> *m* -s, -е ликёр
lila <*sanskr.-pers.-arab.-span.-fr.*> *a* лиловый
Lilie <*gr.-lat.*> *f* -, -n лилия
Liliputáner <*engl.*> *m* -s, -; ~**in** *f* -, -nen лилипут, -тка
Lilli Лилли/Лиля *(краткая форма жен. имени* Elisabeth*)*
Lima *(n)* -s Лима *(столица Перу)*
Límit <*lat.-fr.-engl.*> *n* -(e)s, -е предел, граница, лимит
limitíeren <*lat.*> *vt* лимитировать, ограничивать
Limo *f* -, -s *см.* Limonade
Limonáde <*pers.-arab.-it.-fr.*> *f* -, -n лимонад
Limousíne [-mu-] <*fr.*> *f* -, -n лимузин
Lina/Line Лина *(краткая форма жен. имени* Karoline *или* Pauline*)*
lind(e) *a* мягкий, нежный, кроткий
Linda Линда *(жен. имя)*
Linde *f* -, -n липа
lindern *vt* облегчать, унимать, смягчать
Linderung *f* -, -en смягчение, облегчение, успокоение, ослабление; *мед.* утоление; ~ **bringen*** [**verschaffen**] давать облегчение
Linderungs‖mittel *n* -s, - болеутоляющее средство
Lineál <*lat.*> *n* -s, -е линейка
lineár <*lat.*> *a* линейный
Linguístik <*lat.-fr.*> *f* - лингвистика, языкознание
Linie <*lat.*> **I** *f* -, -n **1.** линия, черта, направление; **eine gerade** ~ прямая линия; **in absteigender [aufsteigender]** ~ по нисходящей [восходящей] линии; **2.** линия, строка; **3.** линия, трасса, путь; маршрут; ~ **5 der Straßenbahn** трамвай маршрута № 5; **4.** *воен.* развёрнутый строй, шеренга; эшелон *(боевого порядка)*; рубеж; **die vorderste** ~ передний край [рубеж]; **5.**: **die** ~ **des Anstandes überschreiten*** перейти границы приличия; **eine mittlere** ~ **einhalten*** держаться средней линии; **auf der ganzen** ~ по всей линии; **jmdn. auf die gleiche** ~ **mit jmdm. stellen** ставить кого-л. на одну доску с кем-л.; **mit jmdm. auf gleicher** ~ **stehen*** быть равным кому-л., ни в чём не уступать кому-л.; **in erster** ~ в первую очередь, главным образом
Linie **II** *f* -, -n линия *(стар. единица меры длины* = *2,18 мм)*
Linien‖blatt *n* -(e)s, -blätter транспарант *(для письма)*
Linien‖richter *m* -s, - *спорт.* боковой судья, судья на линии
Linien‖schiff *n* -(e)s, -е линейный корабль, линкор
lin(i)íeren *vt* линовать, графить
link *a* левый; **zur** ~**en Hand** по левую руку, слева; **die** ~**e Seite** изнанка; ~**er Hand** налево
Linke *subst f* -n, -n **1.** левая рука; **2.** левая сторона; **zur** ~**n** по левую руку, слева; **3.** левая партия
linkisch *a* неловкий, неуклюжий
links *adv* налево, на левой стороне; **einen Strumpf** ~ **anziehen*** надеть чулок наизнанку; ~ **stehen*** придерживаться левых политических взглядов; ~ **stimmen** голосовать за левых *(на выборах)*; ~ **um!** налево! *(команда)*
Links‖außen *m* -, - *спорт.* левый крайний нападающий *(в футболе)*
Links‖händer *m* -s, - левша
Links‖innen *m* -, - левый полусредний нападающий *(в футболе)*
Links‖kurs *m* -es, -е *полит.* левый уклон
Linóleum <*lat.*> *n* -s линолеум
Linse *f* -, -n **1.** *бот.* чечевица; **2.** *физ.* линза; **3.** хрусталик *(глаза)*
Linus Линус *(муж. имя)*
Linz *(n)* - Линц *(адм. центр земли Верхняя Австрия)*
Lioba Лиоба *(жен. имя)*
Lippe **I** *f* -, -n губа; **die** ~**n hängenlassen*** надуть губы, обидеться; **die** ~**n spöttisch [verächtlich] kräuseln** насмешливо [презрительно] скривить губы; **er brachte kein Wort über die** ~**n** не проронил ни(одного) слова; **kein Wort soll über meine** ~**n kommen*** я не скажу ни (единого) слова; ◊ **jmdm. an den** ~**n [an jmds.** ~**n] hängen*** ловить каждое слово кого-л.; **das Wort schwebt mir auf den** ~**n** слово вертится у меня на языке
Lippe **II** *f* - Липпе *(река в ФРГ, правый*

приток Рейна)
Lippe III (n) -s Липпе (ист. обл. Германии)
Lippe-Detmold (n) -s Липпе-Детмольд (ист. обл. Германии)
Lippen||bekenntnis n -ses, -se формальное признание (только на словах); лицемерное признание
Lippen||laut m -(e)s, -e лингв. губной звук
Lippen||stift m -(e)s, -e губная помада
liquidieren <lat.-it.> vt 1. ликвидировать; 2. устранять, ликвидировать; ein Mißverständnis ~ выяснить недоразумение
Liquidierung <lat.-it.> f -, -en ликвидация; прекращение деятельности
Lísbeth Лизбет (краткая форма жен. имени Elisabeth)
Lise Лиза (краткая форма жен. имени Elisabeth)
Lisétte Лизетта (жен. имя)
lispeln vi 1. шепелявить, сюсюкать; 2. шептаться, шелестеть
Lissabon (n) -s Лиссабон (столица Португалии)
List f -, -en хитрость, лукавство; **zu einer ~ greifen*** прибегать к хитрости; **eine ~ gebrauchen** хитрить
Liste f -, -n список; ведомость; реестр; **auf der ~ stehen*** стоять в списке
listig a хитрый; лукавый, коварный
Listigkeit см. List
Litanéi <gr.-lat.> f -, -en 1. рел. литания; 2. перен. бесконечные жалобы, причитания
Litáuen (n) -s Литва (гос-во в Европе, у юго-вост. части Балтийского моря)
Litáuer m -s, -; **~in** f -, -nen литовец, -вка
litáuisch a литовский
Liter <gr.-lat.-fr.> n -s, - литр
Litera <lat.> f -, -s/-rä буква, литера
literárisch <lat.> a литературный
Literát <lat.> m -en, -en 1. литератор, писатель; 2. ирон. интеллигент; 3. уст. ирон. учёный
Literatúr <lat.> f -, en литература; **die schöne [schöngeistige] ~** художественная литература; **die einschlägige ~** литература по данному предмету [вопросу]
Literatúr||nachweis m -es, -e указатель литературы, библиография
Literatúr||schaffende subst m, f -n, -n деятель литературы, литератор
Literatúr||vertrieb m -(e)s распространение литературы
Literatúr||verzeichnis n -ses, -se см. Literaturnachweis

Literatur||wissenschaft f -, -en литературоведение
Litfaß||säule f -, -n "литфассойле" (столб или тумба для объявлений; назван по фамилии берлинского издателя, впервые использовавшего его)
litt impf om leiden*
Liturgie <gr.-lat.> f -, -gi|en литургия, богослужение
Litze f -, -n 1. плетёный шнур, галун; петлица, нашивка; 2. гибкий электрический провод
Liverpool ['livərpu:l] (n) -s Ливерпуль (город в Великобритании)
Livree [-'vr:] <lat.-fr.> f -, -re|en ливрея
Lizénz <lat.> f -, en лицензия, разрешение
lizenzieren <lat.> vt выдавать лицензию (на что-л.)
Lob n -(e)s похвала, хвала; **jmdm. ~ spenden [erteilen]** хвалить кого-л.; **über alles ~ erhaben sein** быть выше всяких похвал; **sie war des ~es voll über diese Sache** она очень хвалила это дело; **Gott sei ~ (und Dank)!** слава Богу!
loben vt (jmdn. um, für A, wegen G) хвалить (кого-л. за что-л.); ◇ **jmdn. über den grünen Klee ~** захвалить кого-л.; **man soll den Tag nicht vor dem Abend ~** ≅ посл. цыплят по осени считают
lobenswert a похвальный, достойный похвалы
Lobes||erhebung f -, -en восхваление; **sich in ~en ergehen*** рассыпаться в похвалах, расточать похвалы, петь дифирамбы
Lob||hudeléi f -, -en лесть, угодничество
löblich a похвальный
Löblichkeit f - похвальность
Lob||lied n -(e)s, -er дифирамбы, хвалебная песнь (auf A кому-л.)
lob|preisen* vt восхвалять, превозносить (кого-л.); петь дифирамбы (кому-л.)
Lob||preisung f -, -en восхваление, прославление, дифирамбы
Lob||rede f -, -n хвалебная речь, панегирик
lob|singen* vi (D) славить, прославлять (кого-л.); славословить (неодобрительно)
Locárno-Vertrag m -s Локарнские договоры (имели целью создать антисоветский блок с участием Германии; парафированы 16 окт. 1925 года в Локарно <Швейцария>; участники Локарнской конференции: Англия, Франция, Германия, Италия, Бельгия, Чехословакия и Польша)

Loch *n* -(e)s, Löcher **1.** дыра, отверстие, пролом, прорубь; **2. Löcher bekommen*** продырявиться, прохудиться; луза *(билъярда)*; **3.** *разг.* лачуга, дыра; **4.** нора; **5.** *разг.* кутузка, тюрьма; ◇ **sich (D) ein ~ in den Bauch lachen** надорвать животики со смеху; **jmdm. ein ~ in den Bauch fragen** *разг.* замучить кого-л. вопросами; **ein ~ in die Luft gucken** *разг.* уставиться в одну точку отсутствующим взглядом; **jmdm. zeigen, wo der Zimmermann das ~ gelassen hat** *разг.* выставить кого-л. за дверь, выгнать кого-л.; **auf dem letzten ~ pfeifen*** *разг.* быть при последнем издыхании [при смерти]; **aus einem anderen ~ pfeifen*** петь на другой лад; **ein ~ mit dem anderen zustopfen** *разг.* уплачивать старые долги за счёт новых
Loch‖eisen *n* -s, - *тех.* пробойник
lochen *vt* пробивать, сверлить, буравить
Locher *m* -s, - дырокол
löcherig *a* дырявый; ноздреватый
Loch‖zange *f* -, -n перфоратор; компостер
Locke *f* -, -n локон, завиток; *pl* кудри
locken I *vt* завивать; **das Haar ~** завивать волосы; **II ~, sich** виться, завиваться
locken II *vt* манить, заманивать; **jmdn. ins Garn ~** *разг.* заманить кого-л. в свои сети; **das lockt mich nicht** это меня не привлекает
Locken‖kopf *m* -(e)s, -köpfe кудрявая голова
Locken‖wickel *n* -s, - бигуди
locker *a* **1.** рыхлый, шаткий, слабый; **2.** беспутный, легкомысленный **3.** *тех.* расшатанный, неплотный
locker|lassen* *vi разг.* уступать; **nicht ~** не отступать, настаивать на своём
locker|machen *vt разг.*: **das Geld ~** раскошеливаться
lockern I *vt* **1.** разрыхлять; **2.** ослаблять; **Beschränkungen ~** уменьшить ограничения; **II ~, sich** ослабевать; **Sitten ~ sich** нравы портятся
Lockerung *f* -, -en **1.** разрыхление, размягчение; **2.** ослабление
lockig *a* курчавый
Lock‖mittel *n* -s, - приманка, приманочное средство
Lock‖speise *f* -, -n наживка, приманка
Lockung *f* -, -en **1.** *охот.* приманка *(действие)*; **2.** соблазн
Loden *m* -s, - неваляемое грубошёрстное непромокаемое сукно
Loden‖mantel *m* -s, -mäntel грубошёрстное (непромокаемое) пальто (из грубого сукна)
lodern *vi* пылать, пламенеть, гореть
Löffel *m* -s, - **1.** ложка; **2.** ковш *(экскаватора)*; **3.** ухо *(зайца, кролика)*; **seine ~ spitzen** *разг.* навострить уши, насторожиться; ◇ **mit einem silbernen [goldenen, großen] ~ (im Munde) geboren sein** 1) происходить из обеспеченной семьи; 2) ≅ родиться под счастливой звездой; **die Weisheit mit ~n gegessen [gefressen] haben** *ирон.* считать себя очень умным
Löffel‖bagger *m* -s, - *тех.* одноковшовый экскаватор, ковшовая землечерпалка
löffeln *vt* **1.** черпать ложкой, хлебать; **2.** *спорт.* "качать" *(теннис)*; ◇ **die Sache ~** *разг.* раскусить, понять суть дела
log *impf от* **lügen***
Log <*engl.*> *n* -s, -e *мор.* лаг
Logarithmen‖tafel *f* -, -n *мат.* таблица логарифмов
Logarithmus <*gr.*> *m* -, -men *мат.* логарифм
Log‖buch *n* -(e)s, -bücher *мор.* вахтенный журнал
Loge ['loːʒə] <*fr.*> *f* -, -n **1.** ложа *(театральная, масонская)*; **2.** швейцарская
Logen‖platz ['loːʒən-] *m* -es, -plätze место в ложе
Loggia ['lɔdʒa/'lɔdʒia] <*it.*> *f* -, -ggen ['lɔdʒən/-giˌen] ['lɔdʒiən] **1.** крытая сквозная галерея; **2.** лоджия, балкон
logieren [-'ʒiː-] <*germ.-fr.*> *vi* временно жить, проживать *(в гостинице и т. п.)*
Logik <*gr.-lat.*> *f* - логика; **aller ~ ins Gesicht schlagen*** противоречить всякой логике
Logis [-'ʒiː] <*fr.*> *n* - [-'ʒiːs] **1.** квартира, помещение *(для жилья)*, жилище; **Kost und ~** квартира и стол *(питание)*; **2.** *мор.* кубрик
loh *a* яркий, пылающий
Lohe I *f* -, -n *кож.* дубильная кора
Lohe II *f* -, -n пламя; **~n von Bränden** пламя [огонь] пожарищ
lohen I *vi* пылать, пламенеть, гореть ярким пламенем
lohen II *vt кож.* дубить
Lohn *m* -(e)s, Löhne **1.** заработная плата; *pl* заработки; ◇ **wie die Arbeit, so der ~** *посл.* по работе и плата; ≅ что посеешь, то и пожнёшь; **2.** награда; *перен.* возмездие
Lohn‖abbau *m* -(e)s снижение зарплаты
Lohn‖abrechnung *f* -, -en расчёт
Lohn‖abzug *m* -(e)s, -züge вычет из заработной платы

Lohn‖arbeit f - эк. наёмный труд
Lohn‖arbeiter m -s, - наёмный рабочий
lohnen I vt (jmdm.) вознаграждать (за что-л. кого-л.); **es lohnt die Mühe** труд окупается; **jmdm. etw. übel ~** отплатить кому-л. злом (за добро); 2. оплачивать (что-л.); выплачивать заработную плату (кому-л.); II ~ **sich** стоить, быть выгодным; **es lohnt sich nicht** не стоит
Lohn‖erhöhung f -, -en повышение заработной платы
Lohn‖fonds [-fɔ̃] m G [-fɔ̃s], pl [-fɔ̃s] фонд заработной платы
Lohn‖gruppe f -, -n разряд (оплаты труда), тарифная ставка [статья]
Lohn‖kürzung f -, -en см. Lohnabbau
Lohn‖liste f -, -n платёжная ведомость
Lohn‖senkung f -, -en см. Lohnabbau
Lohn‖steigerung f -, -en см. Lohnerhöhung
Lohn‖steuer f -, -n подоходный налог
Lohn‖stopp m -s, -s эк. замораживание зароботной платы
Lohn‖streifen m -s, - расчётный листок
Lohn‖tüte f -, -n конверт с зарплатой
Lohn‖zahlung f -, -en выплата заработной платы
Lohn‖zuschlag m -(e)s, -schläge надбавка к зарплате
Loire [loa:r] f - Луара (река во Франции)
Lok f -, -s см. Lokomotive
lokál <lat.-fr.> a местный, имеющий местное значение
Lokál <lat.-fr.> n -s, -e 1. помещение; 2. ресторан, кафе, закусочная
Lokál‖bahn f -, -en железная дорога местного значения, пригородная железная дорога; подъездной путь (завода)
lokalisieren <lat.-fr.> vt локализовать
Lokalisierung <lat.fr.> f -, -en локализация
Lokalität <lat.-fr.> f -, -en 1. местность; 2. помещение
Lokál‖nachrichten pl местная хроника
Lokál‖satz m -es, -sätze грам. придаточное предложение места
Lokál‖termin m -s, -e юр. выездная сессия; выезд для осмотра места преступления
Lokál‖verkehr m -(e)s 1. ж.-д. местное сообщение; 2. местный (товаро)оборот
Lokatív <lat.> m -s, -e грам. локатив, местный падеж
Lok‖führer m -s, - машинист (паровоза)
Lok‖heizer m -s, - кочегар (паровоза)
Lokomotíve [-və] <lat.-engl.> f -, -n локомотив, паровоз
Lokomotív‖führer m -s, - см. Lokführer

Lokomotív‖schuppen m -s, - паровозное депо
Lokus <lat.> m -, -/-usse разг. уборная, клозет
Lola Лола (краткая форма жен. имени Dolores)
Lome (n) -s Ломе (столица Того)
London (n) -s Лондон (столица Великобритании)
Loni Лони (краткая форма жен. имён Apolonia и Leonie)
Looping ['lu:pɪŋ] <engl.> m -s, -s ав. (мёртвая) петля
Lorbeer <lat.> m -s, -en 1. бот. лавр; 2. б. ч. pl лавры, слава; **unverwelklicher ~** неувядаемая слава; **~en ernten** пожинать лавры; **sich auf den ~en ausruhen, auf den ~ ruhen** почить на лаврах
Lorbeer‖baum m -(e)s, -bäume лавровое дерево
Lorbeer‖kranz m -es, -kränze лавровый венок
Lord <engl.> m -s, -s лорд
Lore I Лора (краткая форма жен. имён Leonore и Eleonore)
Lore II <engl.> f -, -n 1. вагонетка, тележка; тачка; 2. ж.-д. вагон открытого типа, гондола
Loreléi (Lórelei) f - Лорелея (русалка и скала на Рейне, названная её именем из немецкой народной легенды)
Lorenz Лоренц (муж. имя)
Lorgnette [lɔrn'jɛtə] <fr.> f -, -n; **Lorgnon** [lɔrn'jɔ̃:] <fr.> n -s, -s лорнет
los a 1. свободный; развязавшийся; распущенный; **der Hund ist ~** собака сорвалась с цепи; **2.: ~ sein** (G, A) 1) оторваться; 2) отделаться (от чего-л.); ◊ **~!** начинай!, давай!, пошёл!; **was ist ~?** что случилось?
los- отд. глаг. приставка указывает 1. на отделение, на освобождение от чего-л.: **los|binden*** развязывать; 2. на начало действия: **los|fahren*** поехать
Los n -es, -e 1. жребий **das ~ fällt auf ihn** жребий пал на него; **das ~ ist gefallen** перен. жребий брошен; 2. лотерейный билет; **er hat das große ~ gewonnen** ему достался самый большой выигрыш; перен. ему очень повезло; 3. доля, участь, судьба, жребий; **sein (geduldig) tragen*** (терпеливо) нести свой жребий; **unter seinem ~ zusammenbrechen*** не вынести ударов судьбы; **mit seinem ~ hadern** роптать на свою судьбу
Los Angeles [lɔs'ɛndʒələs] (n) -s Лос-Анджелес (город на Ю.-З. США)

los|arbeiten I *vt* освобождать *(с трудом)*; II *vi* 1. энергично взяться за работу; 2. (*auf* A) добиваться *(чего-л.)*
lösbar *a* 1. разрешимый; 2. растворимый; 3. *тех.* разборный, раздвижной
Lösbarkeit *f* - 1. растворяемость; 2. разрешимость
los|binden* *vt* развязывать; отвязывать
los|brechen* I *vt* отламывать, откалывать; разламывать; II *vi* (s) разражаться, начинаться, подниматься *(о буре, скандале и т. п.)*
losch *impf от* **löschen*** I
Lösch||apparat *m* -(e)s, -e огнетушитель
Lösch||blatt *n* -(e)s, -blätter лист промокательной бумаги, промокательная бумага
löschen* I *vt* 1. тушить, гасить; **Kalk** ~ гасить известь; 2.: **den Durst** ~ утолить жажду; 3. промокать *(написанное)*; 4. *ком.* аннулировать, уничтожать, погашать; II *vi* (s) *поэт.* тухнуть, гаснуть
löschen II *vt* выгружать, разгружать *(судно)*
Löscher *m* -s, - пресс-папье, промокательная бумага
Lösch||kalk *m* -(e)s гашёная известь
Lösch||kopf *m* -(e)s, -köpfe стирающая головка *(магнитофона)*
Lösch||mannschaft *f* -, -en пожарная команда
Lösch||papier *n* -s, -e промокательная бумага
Löschung I *f* -, -en 1. тушение, гашение; 2. *ком.* погашение, аннулирование
Löschung II *f* -, -en разгрузка, выгрузка *(судна)*
los|drehen *vt* откручивать; отвинчивать
los|drücken *vt* спускать *(курок)*
lose I *a* 1. свободный; ~ **Ware** нерасфасованный товар; 2. слабый, шаткий; 3. распущенный *(о волосах)*; 4. ветреный; распущенный *(о человеке)*; ◊ ~ **Zunge** болтливый язык; ~**r Streich** шалость; II *adv* 1. свободно; 2. слабо; *тех.* ~ **sitzen*** сидеть с зазором
Lose||geld *n* -(e)s, -er выкуп *(деньгами)*
los|eisen I *vt разг.* освободить; II ~, **sich** *разг.* освободиться, отделаться
Löse||mittel *n* -s, - растворитель
losen *vi* метать [бросать] жребий
lösen I *vt* 1. освобождать, развязывать; распускать; **den Knoten** ~ развязывать узел; 2. расторгать *(договор и т. п.)*; 3. растворять, распускать; 4. решать *(задачу)*; разгадывать *(загадку)*; разрешать *(противоречие)*; 5. покупать, брать *(билет на поезд)*; II ~, **sich** 1.

воен. отрываться, отступать, отходить; 2. (*von* D) расставаться *(с кем-л.)*; 3. отмежеваться, отрываться; 4.: **er löste sich aus der Erstarrung** оцепенение у него прошло
los|fahren* *vi* (s) 1. отъезжать, отправляться, трогаться; **fahr los!** пошёл!, поезжай!; 2. (*auf* A) броситься, напасть *(на кого-л.)*
los|gehen* *vi* (s) 1. расходиться, развязываться, распускаться; 2. выстреливать *(о ружье)*; 3. начинаться; **es geht los!** начинается!; 4. (*auf* A) идти к намеченной цели, метить *(куда-л.)*; 5. (*auf* A) бросаться *(на кого-л.)*; **aufeinander** ~ сцепиться друг с другом, броситься друг на друга
losgelöst I *a* оторванный; II *adv* в отрыве
los|haken *vt* отцеплять
Los||kauf *m* -(e)s, -käufe выкуп
los|kaufen *vt* выкупать
los|ketten *vt* расковывать; спускать с цепи *(собаку)*
los|kläffen *vi* 1. (*gegen* A) затявкать *(на кого-л.)*; 2. начать браниться
los|kommen* *vi* (s) отделываться, освобождаться; убегать; **von der Erde [vom Wasser]** ~ *ав.* оторваться от земли [от поверхности воды]
los|kuppeln *vt тех.* расцеплять
los|lassen* *vt* 1. освобождать; выпускать, отпускать *(из тюрьмы)*; спускать *(собак)*; 2.: **einen Witz** ~ отпустить шутку [остроту]; **eine Rede** ~ *ирон.* произнести речь, разразиться речью
los|laufen* *vi* (s) побежать
los|legen *vi разг.* быстро начинать *(что-либо делать)*
Löslichkeit *f* - *хим.* растворимость
los|lösen I *vt* 1. отделить, отвязать; 2. освобождать; 3. отторгать; II ~, **sich** отделяться; отрываться
los|machen I *vt* развязывать; II ~, **sich** освобождаться
los|platzen *vi* (s) 1. разрываться, лопаться; 2. (*mit* D) разражаться *(чем-л.)*, выпаливать *(что-л.)*
los|rattern *vi* загрохотать, загреметь
los|reißen* I *vt* отрывать; II ~, **sich** срываться, вырываться; отрываться *(тж. перен.)*
los|sagen, sich (*von* D) отказываться *(от чего-л.)*
los|schießen* *vi* 1. стрелять, открыть огонь; **schieß los!** *разг.* начинай!, выкладывай!; 2. (s) броситься, ринуться
los|schlagen* I *vi* (*auf* A) наносить удары *(кому-л.)*, бить *(кого-л.)*; **sie schlugen**

los|schnallen

aufeinander los они начали драку; II *vt* сбывать, распродавать по пониженным ценам
los|schnallen *vt* расстёгивать
los|schrauben *vt* развинчивать, отвинчивать
los|sprechen* *vt* освободить *(от какой-л. обязанности)*; **jmdn. (von) seiner Schuld ~** снять с кого-л. вину
los|steuern *vi* (s) *(auf* A) направляться *(куда-л.)*; **auf sein Ziel ~** идти к своей цели *(тж. перен.)*
los|stürmen *vi* (s) *(auf* A) броситься *(на кого-л., на что-л.)*
los|stürzen *vi* (s) *(auf)* см. losstürmen
los|trennen *vt* отпарывать, распарывать
Losung I *f* -, -en **1.** призыв; лозунг **2.** *воен.* пароль, пропуск
Losung II *f* -, -en **1.** тираж лотереи [займа]; **2.** *спорт.* жеребьёвка
Losung III *f* -, -en *охот.* помёт *(дичи)*
Lösung *f* -, -en **1.** развязывание; разъединение; ослабление; **2.** решение, разрешение, разгадка; **3.** расторжение *(договора)*; **4.** *хим.* раствор; **5.** *перен.* развязка; **das wäre die beste ~** такое решение было бы самым верным
Lösungs||mittel *n* -s, - растворитель
Losungs||wort *n* -(e)s, -e пароль, пропуск
los|werden* *vt* (s) сбывать (с рук) *(что-либо)*; отделываться *(от чего-л., от кого-л.)*
los|wickeln *vt* разворачивать, разматывать
los|ziehen* I *vt* растягивать, вытягивать; II *vi* (s) *разг.* **1.** убегать, удирать; **2.** отправляться *(куда-л.)*; **3.** *(über, gegen* A) набрасываться, нападать, обрушиваться *(на кого-л.)*; ругать, поносить *(за глаза, кого-л.)*
Lot I *(n)* -s, -e лот *(стар. мера веса 12,79–17,5 г)*
Lot II *<niederl.>* *n* -(e)s, -e **1.** грузило, лот; **2.** припой; **3.** *мат.* перпендикуляр; *стр.* отвес
loten *vt* **1.** *мор.* измерять (глубину) лотом; **2.** *стр.* проверять отвесом; **3.** *мат.* опускать перпендикуляр
löten *vt* паять, припаивать
Lothringen *(n)* -s Лотарингия *(географическая область в Центральной Европе)*
Löt||kolben *m* -s, - паяльник
Löt||lampe *f* -, -n паяльная лампа
Lot||lini¦e *f* -, -n вертикаль
Lotos *<gr.-lat.>* *m* -, - *бот.* лотос
Lotse *<engl.-niederl.-niederd.>* *m* -n, -n лоцман
lotsen *<engl.-niederl.-niederd.>* *vt* **1.** вести

(судно); **2.** *разг.* (за)тащить *(кого-л. куда-л.)*
Lotterie||los *n* -es, -e лотерейный билет
Lotter||leben *n* -s, - праздная [распутная] жизнь
lottern *vi* шататься, мотаться, бездельничать; вести праздную жизнь
Lotto *<germ.-fr.-it.>* *n* -s, -s лото
Löt||zinn *n* -(e)s паяльное олово
Louvr [lu:vr] *<fr.>* *m, n* -s Лувр, Луврский музей
Löwe *<gr.-lat.>* *m* -n, -n **1.** лев; **2.** Лев *(созвездие);* **3.** *перен.* лев; **ein ~ der Gesellschaft** светский лев; **der ~ des Tages** *разг.* герой дня
Löwen||anteil *m* -(e)s, -e львиная доля
Löwen||junge *subst* *n* -n, -n львёнок
Löwen||zahn *m* -(e)s *бот.* одуванчик
Löwin *<gr.-lat.>* *f* -, -nen львица
Loyalität *<lat.-fr.>* *f* - лояльность
Luánda (n) -s Луанда *(столица Анголы)*
Lübeck (n) -s Любек *(город и порт в ФРГ на Балтийском море; основан в 12 в., возглавлял Ганзу)*
Luch *f* -, Lüche; *n* -(e)s, -e болотистый луг; торфяное болото, торфяник
Luchs *m* -es, -e **1.** рысь; **er hat Augen wie ein ~** у него рыси [зоркие] глаза; **2.** *перен.* хитрец, пройдоха
luchsen *vi разг.* **1.** шнырять повсюду; **2.** воровать
Lucia Луция *(жен. имя)*
Luciàn Луциан *(муж. имя)*
Luciànus [-tsi-] Луцианус *(муж. имя)*
Lucius [tsi-] Луциус *(муж. имя)*
Lücke *f* -, -n **1.** пустое место; **2.** пробел *(в знаниях)*; **3.** пропуск *(в тексте)*; **4.** отверстие, брешь; **eine ~ reißen*** 1) пробивать брешь; 2) наносить ущерб
Lücken||büßer *m* -s, - *пренебр.* **1.** (неполноценный) заместитель, "затычка"; **2.** *театр.* дублёр
lücken||haft *a* неполный, с пробелами
lücken||los *a* без пробелов, сплошной
Lucrétia [-tsia] Лукреция *(жен. имя)*
lud *impf* *om* laden*
Luder *n* -s, - **1.** падаль; **2.:** **so ein ~!** *груб.* какая дрянь!; **altes ~** *груб.* старая карга, стерва; **ein ~ von einem Frauenzimmer [von einem Weibsstück]** *бран.* стерва; **du kleines ~!** *фам.* ах ты плутишка [чертёнок]!
ludern I *vt* приманивать падалью *(зверей)*; II *vi* вести распутный образ жизни; бездельничать
Ludger Лудгер *(муж. имя)*
Ludolf Лудольф *(муж. имя)*
Ludwig Людвиг *(муж. имя)*

Ludwiga Людвига *(жен. имя)*
Ludwigskirche *f* - Людвигскирхе *(евангелическая церковь в г. Саарбрюккен; относится к архит. памятникам города)*
Luft *f* -, **Lüfte** 1. воздух; ветер; *pl поэт.* дуновение; **frische ~ schöpfen** дышать свежим воздухом; **an der frischen ~** на открытом воздухе; **die ~ anhalten*** задерживать дыхание; **an die (frische) ~ gehen*** выходить на свежий воздух, выходить погулять; **er ist für mich ~** он для меня пустое место, он для меня не существует; **seinem Herzen ~ machen** отводить душу, высказывать всё, что наболело; ◇ **dicke ~!** *разг.* опасность!; **die ~ ist rein** *разг.* здесь за нами никто не следит, опасности нет; **na, gute ~!** *разг.* что же, дай Бог!; **etw. aus der ~ greifen*** это чистейшая выдумка; ≅ взять что-л. с потолка, высосать что-л. из пальца; **in die ~ fliegen*** взрываться, взлетать на воздух; **es liegt in der ~** это носится в воздухе; 2. *тех.* зазор, люфт
Luft‖abwehr *f* - противовоздушная оборона
Luft‖angriff *m* -(e)s, -e воздушный налёт, бомбардировка
Luft‖aufklärung *f* -, -en воздушная разведка
Luft‖aufnahme *f* -, -n аэрофотосъёмка
Luft‖bad *n* -(e)s, -bäder *мед.* воздушная ванна
Luft‖ballon [-'lɔ̃] *m* -s, -e/-s воздушный шар; аэростат
Luft‖brücke *f* -, -n воздушный мост
luftdicht *a* герметический
Luft‖druck *m* -(e)s давление воздуха; воздушная волна
Luftdruck‖bremse *f* -, -n пневматический тормоз
Luftdruck‖messer *m* -s, - барометр
lüften *vt* 1. проветривать; **den Hut ~** здороваться, приветствовать *(приподнимая шляпу)*; 2.: **ein Geheimnis ~** открыть секрет; **die Maske ~** сбросить маску, показать истинное лицо; **das Dunkel ~** пролить свет *(на что-л.)*
Lüfter *m* -s, - вентилятор
Luft‖erhitzer *m* -s, - калорифер
Luft‖erkundung *f* -, -en *воен.* воздушная разведка
Luft‖fahrt *f* -, -en 1. полёт; 2. воздухоплавание; аэронавигация
Luftfahrt‖gesellschaft *f* -, -en авиакомпания
Luft‖fahrzeug *n* -(e)s, -e воздушное средство сообщения *(самолёт, дирижабль и т. п.)*, летательный аппарат

Luft‖flotte *f* -, -n воздушный флот, воздушная армия
luftförmig *a* газообразный
Luft‖gefecht *n* -(e)s, -e см. **Luftkampf**
luftgestützt *a* воздушного базирования *(о ракетных установках и т. п.)*
Luft‖gewehr *n* -(e)s, -e пневматическое ружьё
Luft‖hafen *m* -s, -häfen аэропорт
Luft‖hansa *f* - Люфтганза *(немецкая авиакомпания)*
luftig *a* 1. воздушный, лёгкий, прозрачный; 2. содержащий много воздуха [света]; 3. ветреный, легкомысленный
Luftikus *m* -, -se ветрогон
Luft‖kampf *m* -(e)s, -kämpfe воздушный бой
Luft‖kissen *m* -s, - надувная подушка
Luft‖kühlung *f* -, -en воздушное охлаждение
Luft‖kurort *m* -(e)s, -e климатический курорт
Luft‖landetruppen *pl* авиадесантные войска [части]
Luft‖landung *f* -, -en воздушный десант, авиадесант
luftleer *a* безвоздушный
Luft‖leere *f* - вакуум, безвоздушное пространство
Luft‖linie *f* -, -n 1. прямая [кратчайшая] линия *(между двумя географическими точками)*; 2. воздушная [авиационная] линия [трасса], линия воздушного сообщения
Luft‖loch *n* -(e)s, -löcher 1. отдушина; 2. *ав.* воздушная яма
Luft‖matratze *f* -, -n надувной матрац
Luft‖raum *m* -(e)s воздушное пространство
Luft‖reifen *m* -s - пневматическая шина
Luft‖reiniger *m* -s, - воздухоочиститель
Luft‖röhre *f* -, -n 1. воздухопроводная [вентиляционная] труба; 2. *анат.* трахея, дыхательное горло
Luft‖schacht *m* -, -schächte вентиляционная шахта, воздушный канал
Luft‖schiff *n* -(e)s, -e дирижабль; воздушный корабль
Luft‖schlauch *m* -(e)s, -schläuche камера *(пневматической шины)*
Luft‖schraube *f* -, -n винт, пропеллер *(самолёта)*
Luft‖schutz *m* -es противовоздушная оборона
Luftschutz‖keller *m* -s, - бомбоубежище *(подвального типа)*
Luft‖spiegelung *f* -, -en мираж, фата-моргана

Luft∥streitkräfte *pl* военно-воздушные силы
Luft∥strom *m* -(e)s, -ströme воздушный поток
Luft∥stützpunkt *m* -(e)s, -e авиабаза
Lüftung *f* -, -en вентиляция, проветривание
Lüftungs∥klappe *f* -, -n форточка
Luft∥verkehr *m* -s воздушное сообщение
Luft∥waffe I *f* -, -n авиация, военно-воздушные силы; *см.* Luftstreitkräfte
Luft∥waffe II *f* - люфтваффе (1. *совр. назв.* ВВС ФРГ; 2. *назв.* ВВС Германии до 1945)
Luft∥warndienst *m* -es, -e служба военного оповещения
Luft∥weg *m* -(e)s, -e 1. воздушный путь; **auf dem ~e** по воздуху, воздушным путём; 2. *pl анат.* дыхательные пути
Luft∥zug *m* -(e)s, -züge 1. сквозняк; 2. *тех.* тяга воздуха, (воздушная) тяга
Lug *m* -(e)s ложь; **es ist alles ~ und Trug** всё это сплошной обман
Lugáner See *m* -s озеро Лугано (*в Швейцарии и Италии*)
Lüge *f* -, -n ложь; *pl* враки; **eine faustdicke ~** вопиющая [грубая] ложь; **eine fromme ~** ложь во спасение; **jmdn. ~n strafen** изобличать кого-л. во лжи; ◇ **~n haben kurze Beine** *посл.* у лжи короткие ноги, на лжи далеко не уедешь
lugen *vi* высматривать, подкарауливать
lügen *vi* лгать, врать; **er lügt wie gedruckt** он врёт как по писаному; **~, daß sich die Balken biegen** врать без зазрения совести
lügenhaft *a* лживый
Lügner *m* -s, -; **~in** -nen лгун, -нья, лжец, врун, -нья
lügnerisch *a* лживый
Luíse Луиза (*жен. имя*)
Luitgard Луитгард (*жен. имя*)
Luitger Луитгер (*муж. имя*)
Luithard Луитхард (*муж. имя*)
Luitpold Луитпольд (*муж. имя*)
Lu(i)twin Лу(и)твин (*муж. имя*)
Luke *f* -, -n люк
lukratív <*lat.*> *a* прибыльный, доходный
Lúlatsch *m* -(e)s, -e *разг.* верзила, дылда, каланча
lullen *vt* убаюкивать, успокаивать
Lulu Лулу (*жен. имя*)
Lumineszénz <*lat.*> *f* -, -en *физ., хим.* свечение, люминесценция
Lümmel *m* -s, - нахал, невежда, шалопай, олух
Lümmeléi *f* - невежество, неотёсанность; грубость

Lump *m* -en/-(e)s, -en/-e 1. негодяй, подлец; 2. босяк, оборванец
lumpen I *vi* вести беспорядочный [праздный] образ жизни, кутить; II *vt* презрительно обращаться (*с кем-л.*), оскорблять (*кого-л.*); ◇ **sich nicht ~ lassen*** не скупиться, не быть скрягой
Lumpen *m* -s, - *б.ч. pl* тряпки, лоскут; лохмотья; тряпьё; ◇ **jmdn. aus den ~n schütteln** *шутл.* ≅ пропесочить кого-л., задать жару кому-л.
Lumpen∥gesindel *n* -s сброд, деклассированные элементы
Lumpen∥händler *m* -s, - старьёвщик
Lumpen∥proletariat *n* -(e)s люмпенпролетариат
Lumpen∥sammler *m* -s, - 1. старьёвщик; тряпичник; 2. *шутл.* последний (ночной) поезд [травмай, автобус]
Lumperéi *f* -, -en *разг.* 1. пустяк; пустяковое дело, мелочь, ерунда; **wegen einer ~ streiten*** ссориться из-за мелочи [по пустякам]; 2. беспорядок, бестолковщина; 3. подлость
lumpig *a* 1. оборванный; жалкий; нищенский; 2. ничтожный; дрянной, подлый
Lúna <*lat.*> *f* - 1. *поэт.* луна; 2. *римск. миф.* богиня Луны
Lunch [lantʃ] <*engl.*> *m* -(e)s, -e (второй) завтрак, ленч, обед
Lüneburg (*n*) -s Люнебург (1. *ист. обл. в Германии;* 2. *город в ФРГ* <*земля Нижняя Саксония*>)
Lüneburger Heide *f* - Люнебургская пустошь (*природный парк в ФРГ* <*земля Нижняя Саксония*>)
Lunge *f* -, -n *анат.* лёгкое; **es auf der ~ haben** иметь больные лёгкие; **aus voller [vollster] ~ schreien*** кричать во всё горло
Lungen∥entzündung *f* -, -en воспаление лёгких, пневмония
Lungen∥heilstätte *f* -, -n туберкулёзный санаторий
Lungen∥schwindsucht *f* - туберкулёз лёгких, чахотка
Lunte *f* -, -n 1. фитиль; 2. *охот.* хвост (*волка, лисицы*); ◇ **~ riechen*** *разг.* чуять опасность [подвох], пронюхать (*что-л.*)
Lupe <*fr.*> *f* -, -n лупа; **jmdn. [etw.] scharf unter die ~ nehmen*** присмотреться поближе к кому-л. [к чему-л.]
lupfen, lüpfen *vt* слегка приподнимать
Lupíne <*lat.*> *f* -, -n *бот.* люпин
Lupus <*lat.*> *m* -, -/-*se мед.* волчанка
Lupus in fabula <*lat.*> ≅ лёгок на помине (*букв.* волк в сказке)

Lurche *pl* зоол. амфибии, земноводные
Lusáka (*n*) -s Лусака *(столица Замбии)*
Lust *f* -, Lüste **1.** радость, удовольствие, восторг, восхищение; услада; **es ist eine ~, das zu sehen*** одно удовольствие смотреть на это; **in ~ und Leid zusammenhalten*** делить с кем-л. радость и горе; **2.** желание, стремление; **~ zu etw. (D), auf etw. (A) haben** хотеть чего-л.; **ich habe ~** (*zu + inf*) мне хочется *(сделать что-л.)*; **~ an etw. (D) finden*** приохотиться к чему-л.; **jmdm. die ~ zu etw. (D) machen** заинтересовать кого-л. чем-л.; **jmdm. die ~ nehmen*** отбить у кого-л. охоту; **mit ~ und Liebe bei einer Sache sein** отдаться всем сердцем какому-л. делу; **3.** (роковая) страсть; *б. ч. pl* чувственное желание, похоть, вожделение; **seinen Lüsten frönen** предаваться страстям, быть рабом своих страстей
Lustbarkeit *f* -, -en увеселение, празднество
Lüster <*lat.-it.-fr.*> *m* -s, - люстра
lüstern *a* похотливый; жадный
Lüsternheit *f* -, -en похотливость, сладострастие; жадность
Lust‖gefühl *n* -(e)s, -e чувство удовольствия, наслаждение
lustig I *a* весёлый; забавный, смешной; ◇ **sich ~ machen** (*über* A) смеяться, потешаться *(над кем-л.)*; II *adv* весело, смешно; **nur immer ~!** *разг.* не унывай!
Lustigkeit *f* - веселье; весёлость, хорошее настроение, радость, забавность
Lüstling *m* -(e)s, -e сластолюбец
lustlos I *a* безрадостный, скучный; II *adv* неохотно, вяло
Lust‖mord *m* -(e)s, -e убийство на почве полового извращения
Lust‖spiel *n* -(e)s, -e комедия
Lustspiel‖film *m* -(e)s, -e кинокомедия
Lutétia [-tsia] Лутеция *(жен. имя)*
Lutheráner *m* -s, -; **~in** *f* -, -nen лютеранин, -нка
lutherisch *a* лютеранский
lutschen *vt* сосать
Lutscher *m* -s, - соска, пустышка
Lutz *m* Луц *(краткая форма муж. имени Ludwig)*
Lux <*lat.*> *n* -, - физ. люкс *(единица измерения освещённости)*
Luxemburg (*n*) -s Люксембург (**1.** гос-во в Центр. Европе; **2.** столица гос-ва Люксембург)
Luxemburger *m* -s, - житель Люксембурга
Luxemburger Franc *m* -s, -en люксембургский франк *(денежная единица Люксембурга, равная 100 сантимам)*
Luxus <*lat.*> *m* - роскошь, пышность; расточительство; **~ treiben*** жить роскошно [в роскоши]
Luxus‖artikel *m* -s, - предмет роскоши
Luxus‖hotel *n* -s, -s гостиница-люкс
Luxus‖industrie *f* -, -ri‖en промышленность, производящая предметы роскоши
Luzern (*n*) -s Люцерн *(город в Швейцарии, адм. центр кантона Люцерн)*
Luzia/Luzi‖e Луция *(жен. имя)*
Luzius Луциус *(муж. имя)*
Lydia Лидия *(жен. имя)*
Lymphe <*gr.-lat.*> *f* - физиол. лимфа
Lynch‖justiz ['lintʃ-/lynç-] *f* - суд Линча
Lyon [li'ɔ̃] (*n*) -s Лион *(город во Франции)*
Lyra <*gr.-lat.*> *f* -, -ren муз. лира
Lyrik <*gr.-lat.-fr.*> *f* - лирика, лирическая поэзия
Lyriker <*gr.-lat.-fr.*> *m* -s, - лирик, лирический писатель [поэт]
lyrisch <*gr.lat.-fr.*> *a* лирический
Lyzéum <*gr.-lat.*> *n* -s, -zé‖en лицей

M

Maar <*lat.*> *n* -(e)s, -e кратер потухшего вулкана
Maas *f* - Маас *(река во Франции, Бельгии и Нидерландах)*
Maas‖tricht *n* -s Маастрихт *(город в юго-вост. части Нидерландов)*
Maat *m* -(e)s, -e/en мор. маат; унтер-офицер флота; старшина; *pl* старшинский [унтер-офицерский] состав *(флота)*
Mach‖art *f* -, -en способ изготовления [выработки]; фасон
Mache *f* - **1.** работа, обработка; **in die ~ nehmen*** 1) взять в работу *(кого-л.)*; 2) взять в работу, взять в оборот *(кого-л.)*; **2.** *разг.* уловка, обман; **das ist bewußte ~** это сознательный обман; **ohne ~** естественно, без уловок
machen I *vt* **1.** делать, изготовлять; приготовлять; производить; совершать; **das läßt sich ~** это можно сделать; **was machst du?** что ты делаешь?; **es ist nichts zu ~** ничего не поделаешь; **mach's gut!** *разг.* будь здоров! *(при прощании)*; **2.** составлять; *мат.* равняться; **zwei mal vier macht acht** дважды четыре

– восемь; **das macht viel** 1) это составляет большую сумму; 2) это играет важную роль; **das macht nichts** это ничего (не значит), это не беда; 3. приготовлять; приводить в порядок; **das Bett ~** стелить постель; **die Haare ~** причёсываться; **das Zimmer ~** убирать комнату; 4. являться, быть *(кем-л.)*; **den Lehrer ~** выступать в роли учителя; **den Hanswurst ~** разыгрывать шута; 5. заключать *(союз)*; образовывать *(общество)*; **Frieden ~** заключать мир; **bunte Reihe ~** сидеть вперемежку *(мужчины и женщины за столом)*; 6. иметь результатом; **Pleite ~** потерпеть фиаско [неудачу]; **eine schlimme Erfahrung ~** иметь печальный опыт; 7. поднимать, производить *(шум)*; **Radau ~** шуметь, скандалить; **viel Aufhebens (Wesens) ~** *(von* D) поднимать шумиху *(по поводу чего-л., вокруг кого-л.)*; **großes Aufsehen ~** производить сенсацию; 8. завершить, сделать; **eine Partie ~** сыграть партию *(в шахматы)*; **eine gute Partie ~** сделать хорошую партию *(удачно выйти замуж)*; **Anspruch auf etw.** (A) **~** претендовать на что-л.; 9. причинять, доставлять, внушать; **jmdm. Kummer ~** причинять кому-л. горе; **jmdm. Vergnügen ~** доставлять кому-л. удовольствие; **jmdm. Angst ~** внушать страх кому-л.; **jmdm. Mut ~** вселять в кого-л. мужество; **jmdm. Hoffnungen ~** вселять надежду в кого-л.; 10. составлять *(себе)*; делать *(себе)*; **sich** (D) **über etw.** (A) **Gedanken ~** беспокоиться о чём-л.; **sich** (D) **Mühe ~** стараться; **sich** (D) **über etw.** (A) **Skrupeln ~** испытывать угрызения совести из-за чего-л.; **sich** (D) **Sorgen ~** *(um, über* A) волноваться, беспокоиться, тревожиться *(за кого-л., о ком-л., о чём-л.)*; **es sich** (D) **bequem ~** устроиться поудобнее; **sich** (D) **nichts aus etw.** (D) **~** не придавать значения чему-л.; 11. приводить в какое-л. состояние; **jmdn. fürchten ~** вселять страх в кого-л.; **jmdn. glauben ~** заставить поверить кого-л.; **jmdn. lachen ~** рассмешить кого-л.; **von sich reden ~** заставлять говорить о себе; 12. услужить *(кому-л.)*; **jmdm. etw. deutlich ~** разъяснять кому-л. что-л.; **jmdm. etw. recht ~** угодить кому-л.; 13. сделать каким-либо; **leer ~** опорожнить; **weich ~** размягчить; **jmdn., etw. frei ~** освобождать кого-л., что-л.; **jmdn. gesund ~** вылечить кого-л.; **jmdn. auf etw.** (A) **aufmerksam ~** обратить чьё-л. внимание на что-л.; **sich lächerlich ~** делать из себя посмешище; **sich nützlich ~** стараться быть полезным; **sich fein ~** принарядиться; **sich unmöglich ~** скомпрометировать себя; ◇ **sich dünne ~ [sich aus dem Staube ~]** *разг.* скрыться, сбежать; 14.: **sich an etw.** (A) **~** приняться за работу; **sich auf den Weg ~** отправиться в путь; 15.: **was macht dein Deutsch?** каковы твои успехи в немецком?; 16.: **mach, daß du fortkommst!** убирайся отсюда!; **mach, daß du fertig bist!** не копайся, кончай, наконец!; II *vi разг.* 1.: **acht Stunden ~** работать 8 часов; **mach schnell!, mache, mache!** быстрее!; **ich mach ja schon!** сейчас!, минутку!; 2. *(in* D) торговать *(чем-л.)*; **in Textili|en ~** торговать мануфактурой

Machenschaften *pl* происки, махинации; козни, интриги

Macher *m* -s, -; **~in** *f* -, -nen 1. изготовитель, -ница; 2. заправила; комбинатор; делец, деляга

Macht *f* -, **Mächte** 1. сила, мощь; власть, влияние; **die ~ der Gewohnheit** сила привычки; **die ~ gewinnen*** приобрести власть; **mit aller ~** изо всех сил; **jmdn. seine ~ fühlen lassen*** дать почувствовать кому-л. свою власть; **seine ganze ~ aufbieten*** пустить в ход всю свою власть; **ich tat alles, was in meiner ~ stand** я делал всё, что было в моей власти; 2. *полит.* власть; **die ~ in den Händen haben** держать власть в своих руках; **die ~ an sich** (A) **reißen*** захватить власть; **an die ~ gelangen [kommen*]** прийти к власти; **an die ~ bringen*** привести к власти; 3. держава, государство; **die verbündeten Mächte** союзные державы; 4. войско, войска; **die bewaffnete ~** вооружённые силы; ◇ **~ geht vor Recht** *посл.* право на стороне сильного

Macht||anspruch *m* -(e)s, -spüche притязание на власть

Macht||antritt *m* -(e)s, -e приход к власти

Macht||befugnis *f* -, -se власть, правомочие; **mit ~sen ausstatten** облечь властью [полномочиями]; **die ~se erlöschen** полномочия истекают

Macht||bereich *m* -(e)s, -e сфера власти; территория, на которую распространяется власть

Macht||haber *m* -s, - властитель, властелин, повелитель; *pl* власть имущие

machthaberisch *a* властный, деспотичный

mächtig I *a* могущественный; могучий, сильный; огромный; **einer Sprache ~**

sein владеть каким-л. языком; **seiner Gefühle nicht ~ sein** не владеть своими чувствами; II *adv разг.* чрезвычайно, сильно, очень

Mächtigkeit *f* - 1. мощность, могущество; 2. *горн.* толщина *(пласта)*

Macht‖kampf *m* -(e)s, -kämpfe борьба за власть

machtlos *a* бессильный; безвластный; **jmdm., einer Sache (D) gegenüber ~ sein** быть бессильным против кого-л., чего-либо

Machtlosigkeit *f* - бессилие; безвластие

Macht‖organ *n* -s, -e орган власти; **das höchste ~** верховный орган власти

machtsüchtig *a* жадный до власти, властолюбивый

machtvoll *a* могущественный; мощный

Macht‖wort: ein ~ sprechen* сказать решающее слово

Mach‖werk *n* -(e)s, -e плохая [небрежная] работа; халтура; *разг.* махинация; **das ist seiner Hände ~** это дело его рук, это его махинация

Madagáskar *(n)* -s Мадагаскар *(о-в и госво в Индийском океане у вост. берегов Африки)*

Madagásse *m* -s, -n малагасиец *(житель Малагасийской Республики)*

madagássisch *a* мадагаскарский; малагасийский

Mädchen *n* -s, - 1. девочка; девушка; 2. служанка; прислуга; 3. *разг.* возлюбленная

mädchenhaft *a* 1. девичий; девический; 2. скромный, робкий, застенчивый

Mädchen‖name *m* -ns, -n 1. женское имя; 2. девичья фамилия *(замужней женщины)*

Made *f* -, -n личинка, червячок; ◊ **wie die ~ im Speck leben [sitzen*]** ≅ кататься как сыр в масле

Mädel *n* -s, - *разг.* девушка, девочка

Mademoiselle [mad(ə)moa'zɛl] <*fr.*> *f* -, Mesdemoiselles [mɛd(ə)mōa'zɛl] мадемуазель *(в обращении)*

madig *a* червивый

Mädlerpassage [-зэ] *f* - пассаж Мэдлера *(многочисленные магазины и знаменитый погребок "Ауэрбахскеллер" в Лейпциге <ФРГ>)*

Madónna <*lat.-it.*> *f* -, -nen Мадонна, Богоматерь, Богородица; **Sixtinische ~** Сикстинская Мадонна

Madrás *(n)* - Мадрас *(город на Ю.-В. Индии)*

Madríd *(n)* -s Мадрид *(столица Испании)*

Madríder *m* -s, -; **~in** *f* -, -nen житель, -ница Мадрида

Madrigal <*it.-fr.*> *n* -s, -e *лит.* мадригал

Maéstro <*lat.-it.*> *m* -s, -s/-ri маэстро

Mafia <*arab.-it.*> *f* - мафия *(бандитская организация; тж. перен.)*

Magadán *(n)* -s Магадан *(город в составе РФ; у сев. части Охотского моря)*

Magazín <*arab.-it.*> *n* -s, -e 1. склад, депо; 2. иллюстрированный журнал; 3. *воен.* магазин, магазинная коробка; обойма; *полигр.* магазин *(линотипа)*

Magd *f* -, Mägde 1. батрачка; 2. служанка

Magda Магда *(краткая форма жен. имени Magdalena)*

Magdaléna/Magdaléne Магдалена *(жен. имя)*

Magdeburg *(n)* -s Магдебург *(адм. центр земли Саксония-Ангальт <ФРГ>)*

Magdeburger Börde *f* - Магдебургская Бёрде *(равнина в ФРГ, западнее Средней Эльбы)*

Magdeburger Recht *n* -s Магдебургское право *(одна из наиболее известных систем феодального городского права; закрепляла права и свободы горожан)*

Magellan‖straße *f* - Магелланов пролив *(между материком Юж. Америка и архипелагом Огненная Земля; соединяет Атлантический и Тихий океаны)*

Magen *m* -s, - желудок, живот; **der ~ knurrt** в желудке урчит *(от голода)*; **sich den ~ verderben*** испортить себе желудок; ◊ **das hat sich ihm auf den ~ gelegt** это испортило ему настроение; **er liegt mir (schwer) im ~** я его не перевариваю [не выношу]

Magenbitter *m* -s "магенбиттер" *(ликёр на травах; считается желудочным средством)*

Magen‖drücken *n* -s боль под ложечкой

Magen‖geschwür *n* -s, -e язва желудка

Magen‖katarrh *m* -s, -e катар желудка

Magen‖krampf *m* -(e)s, -krämpfe колики в желудке, приступ желудочных болей, гастралгия

magenkrank *a* страдающий болезнью желудка

Magen‖krebs *m* -es рак желудка

Magen‖leiden *n* -s, - желудочная болезнь

magenleidend см. magenkrank

Magen‖saft *m* -(e)s желудочный сок

Magen‖schmerzen *pl* боль в желудке

Magen‖verstimmung *f* -, -en расстройство желудка

mager *a* 1. худой, тощий; 2. *тех.* бедный *(о смеси)*; 3. нежирный, постный; **~es**

Fleisch постное мясо; **4.** *перен.* бедный, скудный; **ein ~es Ergebnis** жалкий результат
Magerkeit *f* - худоба, худощавость
Mager‖milch *f* - снятое [обезжиренное] молоко, обрат
Magie <*pers.,-gr.-lat.*> *f* - магия, колдовство, чародейство
Magi|er, Magiker <*pers.-gr.-lat.*> *m* -s, - маг, волшебник
Magirus-Deutz AG *f* - "Магирус-Дойц АГ" (*автомобильная фирма в ФРГ; выпускает большегрузные автомобили и тягачи*)
magisch *a* магический, волшебный; таинственный; **~es Auge** электронный индикатор настройки, "магический глаз"; оптический индикатор
Magister <*lat.*> *m* -s, - магистр
Magistrále <*lat.*> *f* -, -n магистраль, магистральная линия
Magistrát <*lat.*> *m* -(e)s, -e магистрат, муниципальный совет
Magma <*gr.-lat.*> *n* -s, -men *геол.* магма
Magnát <*lat.*> *m* -en, -en вельможа, магнат (*тж. перен.*)
Magnésium <*gr.-lat.*> *n* -s магний
Magnét <*gr.-lat.*> *m* -(e)s, -e/-en магнит; ◇ **ein unwiderstehlicher ~** человек, обладающий большой притягательной силой
Magnét‖feld *n* -(e)s, -er *физ.* магнитное поле
magnetisieren <*gr.-lat.*> *vt тех.* намагничивать
Magnét‖nadel *f* -, -n магнитная стрелка
Magnéto <*gr.-lat.*> *n* - *тех.* магнето
Magnetophón <*gr.*> *n* -s, -e магнитофон
Magnetophón‖band *n* -(e)s, -bänder магнитофонная лента
Magnét‖pol *m* -s, -e *физ.* магнитный полюс
Magnét‖zünder *m* -s, - *тех.* магнето
Magnifizénz <*lat.*> *f* -: **Euer [Eure] ~** Ваше превосходительство (*титул ректора университета*)
Magnus Магнус (*муж. имя*)
Mahagóni [maha-] <*indian.-engl.*> *n* -s красное дерево
Maharádscha [-dʒa] <*sanskr.*> *m* -/-s, -s махараджа, магараджа
Mäh‖binder *m* -s, - *с.-х.* сноповязалка
Mahd *f* -, -en **1.** покос, сенокос, косьба; **2.** скошенная трава; скошенные хлеба
Mähd‖rescher *m* -s, - (зерноуборочный) комбайн
mähen I *vt* косить, жать
mähen II *vi* блеять (*о животных*)

Mäher *m* -s, - косарь, жнец
Mahl *n* -(e)s, Mähler/-e обед, трапеза; еда; пир; **ein ~ für Götter** пища богов (*б. ч. шутл.*)
mahlen (*part II* gemahlen) *vt* молоть; толочь; *тех.* измельчать, дробить; **die Räder ~ im Sande** колёса вязнут в песке
Mahlen *n* -s помол; размол; размалывание, измельчение
Mahl‖stein *m* -(e)s, -e жернов; бегун; *pl* мельничные бегуны
Mahl‖zahn *m* -(e)s, -zähne *анат.* коренной зуб
Mahl‖zeit *f* -, -en *разг.* еда (*обед, ужин*); **eine ~ einnehmen*** есть, кушать; **eine ~ halten*** сидеть за столом, есть, принимать пищу; **~en verabreichen** подавать еду, разносить еду (*в санатории и т. п.*); **~!** приятного аппетита!; здравствуйте!; прощайте! (*приветствие в обеденное время*); ◇ **ja ~!, prost ~!** *ирон.* благодарю покорно!
Mäh‖maschine *f* -, -n *с.-х.* косилка, жатка
Mahn‖brief *m* -(e)s, -e письменное напоминание
Mähne *f* -, -n грива; *перен. тж.* волосы
mahnen *vt* **1.** (*an, um* A, *wegen* G) напоминать (*о чём-л.*); **2.** *vor* (D) предостерегать (*от чего-л.*); увещевать; **vor Sorglosigkeit ~** предостерегать от беспечности; **3.** (*zu* D) призывать (*к чему-либо*); **zur Ordnung ~** призывать к порядку; **zur Eile ~** заставлять спешить
Mahn‖mal *n* -(e)s, -e/-mäler памятник, напоминающий о каком-л. событии, (которое не должно повториться)
Mahn‖schreiben *n* -s, - *см.* Mahnbrief
Mahnung *f* -, -en **1.** напоминание (*an* A о чём-л.); **2.** предостережение, предупреждение (*wegen* G о чём-л.); **3.** призыв (*zu* D к чему-л.)
Mähre *f* -, -n кляча
mährisch *a* моравский
Mäh‖zeit *f* -, -en *с.-х.* косовица
Mai <*lat.*> *m* -(e)s/-, *поэт.* -en, *pl* -e май; **der ~ des Lebens** весна жизни
Mai‖glöckchen *n* -s, - *бот.* ландыш
Mailand *n* -s Милан (*город в Северной Италии*)
Main *m* -s Майн (*река в ФРГ, правый приток Рейна*)
Mainfränkisches Museum *n* -s Майнско-Франкский музей (*культурно-исторический музей в Вюрцбурге* <*ФРГ, земля Бавария*>)
Mainz (*n*) - Майнц (*адм. центр земли Рейнланд-Пфальц* <*ФРГ*>)

Mais <*indian.-span.*> *m* -es, -e кукуруза, маис
Mais‖ernte *f* -, -n **1.** урожайность кукурузы; **2.** уборка урожая кукурузы
Mais‖ertrag *m* -(e)s, -träge урожай кукурузы
Mais‖kolben *m* -s, - початок кукурузы
Mais‖korn *n* -(e)s кукурузное зерно
Mais‖stärke *f* - кукурузный крахмал
Majdánek (*n*) -s Майданек (*один из фаш. лагерей вблизи Люблина* <*Польша*>)
Majestät <*lat.*> *f* -, -en **1.** величие, величественность; **2.:** Ihre ~ Ваше величество (*титул*)
Majonäse см. Mayonnaise
Majór <*lat.-span.*> *m* -s, -e воен. майор
Majorität <*lat.-fr.*> *f* -, -en большинство (*голосов*); **absolute** ~ абсолютное большинство
Majoritäts‖beschluß *m* -sses, -schlüsse постановление большинства [принятое большинством]
Mákak <*afrik.-port.-fr.*> *m* -s/Makáken, Makáken зоол. макака
Mákel *m* -s, - **1.** (позорное) пятно; позор; **an ihm ist kein** ~ он безупречен; **2.** недостаток, изъян; **mit einem ~ behaftet sein** иметь какой-л. недостаток [изъян]
mäk(e)lig *a* разборчивый, привередливый; придирчивый
Mäkelige *subst m, f* -n, -n привередливый [придирчивый] человек
makellos *a* безупречный, безукоризненный
Mákellosigkeit *f* - безупречность, безукоризненность; незапятнанность
makeln *vi* ком. заниматься посредничеством
mäkeln *vi* (*an* D) придираться (*к чему-л.*); привередничать (*в еде*); **an allem** ~ придираться ко всему, порицать всё
Make-up [me:k'ap]<*engl.*> *n* - косметика, подкрашивание (*при помощи косметики*)
Makkaróni <*it.*> *pl* макароны
Makler *m* -s, - ком. маклер; брокер; **ungesetzlicher** ~ биржевой "заяц"
Mäkler *m* -s, - привередник; брюзга
Makréle <*niederl.*> *f* -, -n зоол. скумбрия, макрель
Makulatúr <*lat.*> *f* -, -en макулатура; **reden Sie doch keine** ~! разг. не говорите глупостей!, не мелите вздор!
mal I *adv* раз; **noch** ~ разг. ещё раз; **zwei** ~ **zwei ist vier** дважды два – четыре; II *prtc* (*сокр. от* einmal) разг. -ка; **komm** ~ **her** поди-ка сюда!; **das ist nun** ~ **so** так оно и есть

Mal I *n* -(e)s, -e/mäler **1.** родимое пятно; **2.** знак, признак; отметка, пометка; отметина, метка (*у животных*)
Mal II *n* -(e)s, -e раз; **ein einziges** ~ единственный раз; **das dritte** ~ третий раз; **ein and(e)res** ~ (в) другой раз; **(für) dieses** ~ (на) этот раз; **zum wievielten** ~? в который раз?; **mehrere [einige]** ~**e** несколько раз; **manches** ~ иной раз, иногда; **ein übriges** ~ лишний раз; **mit einem** ~ сразу; **ein über das andere** ~ раз за разом; **nicht ein einziges** ~ ни разу не
Malábo (*n*) -s Малабо (*столица Экваториальной Гвинеи*)
Malachít <*gr.-lat.*> *m* -(e)s мин. малахит; **blauer** ~ азурит
Malá‖e *m* -n, -n; ~**in** *f* -, -nen малаец, малайка
malái‖isch *a* малайский
Malái‖ischer Archípel *m* -s Малайский архипелаг (*расположен между материками Евразия и Австралия*)
Malária <*lat.-it.*> *f* - мед. малярия
Maláysia (*n*) -s Малайзия (*гос-во в Юго-Вост. Азии*)
Maláysi‖er *m* -s, - см. Malái‖e
maláysisch *a* см. malái‖isch
Mal‖buch *n* -(e)s, -bücher книжка для раскрашивания
Male (*n*) -s Мале (*столица Мальдивской Республики*)
Malediven ['vən] *pl* Мальдивские острова (*архипелаг в Индийском океане, к Ю.-З. от о-ва Цейлон*)
malen I *vt* **1.** рисовать, писать красками; изображать; **sich** ~ **lassen*** заказать (художнику) свой портрет; **2.** красить; **ein Zimmer** ~ красить комнату; ◊ **ich werde ihm was** ~! ничего он от меня не дождётся!; II ~, **sich** изображаться, отражаться; **auf seinem Gesicht malte sich Freude** его лицо выражало радость
Maler *m* -s, - **1.** художник; **2.** маляр
Maler‖arbeiten *pl* малярные работы
Maler‖atelier [-'lje:] *n* -s, -s мастерская [студия] художника [живописца]
Maleréi *f* -, -en живопись
Malerin *f* -, -nen **1.** художница; **2.** маляр (*женщина*)
malerisch *a* живописный
Maler‖kunst *f* - см. Malerei
Maler‖scheibe *f* -, -n палитра
Malfahren *n* -s спринтерская гонка (*велоспорт*)
Malheur [-'lø:r] <*lat.-fr.*> *n* -s, -e/-s разг. неприятность, неудача; беда
maliziös <*lat.-fr.*> *a* злой, злобный, ехидный, коварный

Mall|kasten *m* -s, -/-kästen коробка [ящик] с красками
Malmann *m* -(e)s, -leute защитник *(хоккей)*
malmen *vt* раздавливать, растирать, превращать в порошок
mal|nehmen* *vt* умножать
Malnehmen *n* -s умножение
Mall|staffelei *f* -, -en мольберт
Malta *(n)* -s Мальта *(гос-во и о-в в центр. части Средиземного моря)*
Malte Мальте *(муж. имя)*
Malwine Мальвина *(жен. имя)*
Malwinen *pl* Мальвинские острова; см. Falklandinseln
Malz *n* -es солод
Malz|bier *n* -s, -e солодовое пиво
Mall|zeichen I *n* -s, - 1. родинка, родимое пятно; 2. знак, метка, рубец
Mall|zeichen II *n* -s, - знак умножения
Mall|zeichen III *n* -s, - 1. мемориальное сооружение *(памятник, надгробие и т. п.);* 2. демаркационный [разграничительный] знак
malzen, mälzen *vt* солодить
Malz|kaffee *m* -(e)s солодовый [ячменный] кофе
Mamá <*fr.*> *(разг.* Máma*) f* -, -s мама
Mamáchen *n* -s, - мамаша, маменька, мамочка
Mámmon <*gr.-lat.*> *m* -s мамон(а), богатство, деньги; **dem ~ frönen** служить мамоне, поклоняться золотому тельцу; **der schnöde ~** *ирон.* презренный металл; **der Götze ~** золотой телец
Mammut <*russ.-fr.*> *n* -s, -e/-s мамонт
mampfen *vt разг.* уплетать за обе щеки
man *pron indef (употр. тк. в N sg; G eines, D einem, A einen)* не переводится отдельным словом; с глаголом передаётся: 1. *3-м лицом мн. ч.:* **~ sagt** говорят; 2. *иногда 2-м лицом ед. ч.:* **~ weiß nicht, wie ~ mit ihm dran ist** никогда не знаешь, что он выкинет; **wenn ~ ihn ansieht** когда посмотришь на него; 3.: **~ stelle sich vor** представьте себе; **~ nehme...** возьмите *(в предписаниях, рецептах);* **wie ~ will** как угодно; **~ muß** нужно, необходимо; **~ soll** должно, следует; **~ kann** можно; **~ darf** можно, разрешено; **wenn einem nicht wohl ist, bleibt ~ besser zu Hause** если кто-нибудь плохо себя чувствует, то пускай лучше остаётся дома
Management ['mɛnɛdʒmənt] <*lat.-it.-engl.-amerik.*> *n* -s, -s управление [руководство], менеджмент
managen ['mæ:nɛdʒn] <*lat.-it.-engl.-amerik.*> *vt* распоряжаться, руководить, управлять, заведовать
Manager ['mɛnɛdʒər] <*lat.-it.-engl.-amerik.*> *m* -s, - менеджер, распорядитель, управляющий, заведующий; *разг.* заправила
Manágua *(n)* -s Манагуа *(столица Никарагуа)*
Manáma *(n)* -s Манама *(столица Бахрейна)*
manch *pron idef (m* mancher, *f* manche, *n* manches, *pl* manche) иной, иная, иное, иные; кое-кто; **~e Leute** иные [некоторые, многие] люди; **in ~em hatte er recht** во многом он был прав; **~er junge Mann** не один молодой человек; **~es Mal** иногда, не раз; **so ~es Jahr** многие годы
manchenorts *adv* в иных [некоторых] местах, кое-где
mancherlei *a inv* разный, различный, всяческий; **er sagte so ~** он много чего говорил
Manchester I ['mɛntʃɛstər] *(n)* Манчестер *(город на З. Англии);* II [man'ʃɛstər] <*engl.*> *m* -s текст. вельвет, манчестер
manchmal *adv* иногда, порой, время от времени
Mandánt <*lat.*> *m* -en, -en 1. *юр.* мандант, доверитель; 2. *дип.* мандатная территория
Mandaríne <*sanskr.-malai.-port.-span.-fr.*> *f* -, -n мандарин
Mandát <*lat.*> *n* -(e)s, -e 1. мандат; **das ~ über etw. (A) bekommen*** получить мандат на управление чем-л.; 2. наказ избирателя; 3. парламентский мандат; депутатское место
Mandel I <*gr.*> *f* -, -n 1. миндаль *(плод);* 2. *анат.* миндалевидная железа, миндалина; **die ~n herausnehmen*** удалять миндалины
Mandel <*lat.*> **II** *f* -, -n *и с числит. тж.* - мандель *(старая мера = 15 штукам)*
mandelförmig *a* миндалевидный
Mandel|öl *n* -(e)s миндальное масло
Mandoline <*gr.-lat.-it.-fr.*> *f* -, -n мандолина
Manege [ma'ne:ʒə] <*lat.-it.-fr.*> *f* -, -n 1. манеж *(для верховой езды);* 2. манеж, цирковая арена
Manen <*lat.*> *pl миф.* души умерших
Manfred Манфред *(муж. имя)*
Manfried Манфрид *(муж. имя)*
Mangán <*gr.-lat.*> *n* -s *хим.* марганец
Mangán|erz *n* -es марганцевая руда
Mangel I *m* -s, Mängel 1. недостаток, нехватка, дефицит; отсутствие (*an D* в

чём-л., чего-л); **Mängel bei der Arbeit** недостатки в работе; **aus ~ an etw.** за недостатком чего-л.; **2.** недостаток, дефект, изъян; **sie hat viele Mängel** у неё много недостатков; **ohne ~ sein** быть безупречным; **3.** нужда, бедность; **~ leiden*** терпеть нужду

Mangel II *f* -, -n каток *(для белья)*

mangelfrei *a* безупречный, без недостатков [пороков]

mangelhaft *a* **1.** недостаточный, дефицитный; **2.** неудовлетворительный, несовершенный; **die Note "~"** оценка "неудовлетворительно"

Mangel‖krankheit *f* - *мед.* дистрофия

mangeln I *vt* катать бельё

mangeln II *vi, vimp (an* D) недоставать, не хватать *(чего-л.)*; **es mangelt mir an nichts** я ни в чём не нуждаюсь; **an mir soll es nicht ~** за мной дело не станет

mangels *prp* (G) за отсутствием [недостатком, неимением] *(чего-л.)*

Mangel‖ware *f* -, -n дефицитный товар

Mang‖futter *n* -s *с.-х.* мешанка *(корм)*

Mango‖baum *<malaj.-port.>* *m* -(e)s, -bäume манго, манговое дерево

Mango‖pflaume *<malai.-port.>* *f* -, -n манго *(плод)*

maniakálisch *<gr.>* *a* маниакальный, одержимый манией

Manie *<gr.-lat.>* *f* -, -ni|en мания

Manier *<lat.-roman.-fr.>* *f* -, -en **1.** манера; образ действия; приёмы; **jmdn. auf gute ~ loswerden*** тактично отделаться от кого-л.; **das ist alles ~!** это всё неестественно [искусственно]!; **2.** манеры, поведение, тон; **er hat keine ~en** у него плохие манеры

manieríert *<lat.-fr.>* *a* манерный, жеманный, неестественный

manierlich *<lat.-fr.>* *a* учтивый, вежливый, благовоспитанный

Manierlichkeit *f* - учтивость, вежливость, воспитанность

Manifést *<lat.>* *n* -es, -e **1.** манифест; **das Kommunistische ~** Коммунистический манифест; **2.** *ком.* манифест *(судовой)*

manifestieren *<lat.>* I *vt* **1.** проявлять, обнаруживать; **2.** опубликовывать; II *vi* демонстрировать

Maniküre *<lat.-fr.>* *f* -, -n **1.** маникюр; **2.** набор маникюрных инструментов; **3.** маникюрша

manikǘren *<lat.-fr.>* *vt* делать маникюр

Manila *(n)* -s Манила *(фактическая столица Филиппин)*

Manipulatión *<lat.-fr.>* *f* -, -en **1.** манипуляция; пользование, управление *(чем-л.)*; (искусный) приём *(в ручной работе)*; **2.** *pl перен.* манипуляции, махинации, проделки

Manipulátor *<lat.-fr.>* *m* -s, -tóren **1.** иллюзионист, фокусник; **2.** *тех.* манипулятор

manipulíeren *<lat.-fr.>* I *vt* производить манипуляции, манипулировать; II *vi перен.* манипулировать

mankieren *<lat.-it.-fr.>* *vi* **1.** отсутствовать, манкировать; **2.** прекратить платежи, обанкротиться

Manko *<lat.-it.>* *n* -s, -s **1.** недочёт, дефицит; недостача, недовес; **2.** изъян

Mann *m* -(e)s, **Männer 1.** мужчина; **er ist ein ~ in den besten Jahren** он мужчина в цвете лет [в расцвете сил]; **2.** муж; **einen ~ bekommen*** выйти замуж; **3.** человек; **junger ~** молодой человек *(обращение)*; **fünf ~** пять человек; **bis auf den letzten ~** до последнего (человека); ◇ **mit ~ und Maus** все до одного; **~ gegen ~** один на один; **4.** человек (с относящейся к нему характеристикой "какой"); **ein ~ der Öffentlichkeit** общественный деятель; **der ~ des Tages** герой дня; **ein ~ von Wort** человек [хозяин] слова; **5.** *при указании на количество людей;* **hundert ~** сто человек; **hundert ~ stark** *воен.* численностью в сто человек; **alle ~ an Bord!** *мор.* все наверх!; **auf den ~, pro ~** на человека, на душу, на брата; **6.** -(e)s, *pl* **Leute** солдат, рядовой, боец; матрос; рабочий; ◇ **an den rechten ~ gelangen** напасть на нужного человека; **seinen ~ stehen*** постоять за себя; **~!** (по)слушайте! *(обращение, фам.)*; **~ Gottes!** *разг.* ты что?! *(неодобрительно)*

Manna *<hebr.-gr.-lat.>* *n* -s, *f* - **1.** манна; **2.** *библ.* манна небесная

mannbar *a* возмужалый; взрослый

Mann‖barkeit *f* - возмужалость, зрелость, совершеннолетие

Männchen *n* -s, - **1.** человек; **2.** самец *(у животных)*; ◇ **~ machen [bauen]** 1) садиться на задние лапы *(о зайце);* служить *(о собаке);* 2) *ирон.* встать навытяжку; 3) *разг.* противиться чему-л.; ≅ встать на дыбы

Mannequin [mænə'kɛ/'manəkɛ] *<fr.>* *m, n* -s, -s *разг.* **1.** манекен; **2.** манекенщица; **3.** *перен.* марионетка, подставное лицо, исполнитель чужой воли

Männer‖chor [-k-] *m* -s, -chöre мужской хор

Mannes‖alter *n* -s зрелый возраст *(мужчины)*; **im ~ stehen*** быть в зрелом возрасте

Mannesmann-Konzern *m* -s концерн Маннесмана *(крупнейший трубопрокатный концерн в ФРГ)*

Mannes∥wort *n* -(e)s, -e честное слово *(мужчины)*

mannhaft *a* мужественный, доблестный

Mann∥haftigkeit *f* - мужество, доблесть

mannigfach I *a* разнообразный, различный; разносторонний; II *adv:* **auf das ~ste** самым различным образом

mannigfaltig *см.* mannigfach

Mannigfaltigkeit *f* -, -en разнообразие, разносторонность, многосторонность; множественность

männlich *a* 1. мужской; **das ~e Tier** самец; **das ~e Geschlecht** 1) мужской пол; 2) *грам.* мужской род; 2. мужественный; возмужалый

Männlichkeit *f* - 1. мужественность; 2. мужество, стойкость; 3. возмужалость; зрелость

Mannschaft *f* -, -en 1. *воен.* рядовой состав, рядовые; 2. команда, экипаж *(судна);* расчёт *(орудийный);* 3. *спорт.* команда; **zusammengespielte ~** сыгранная команда; **gastgebende ~** команда хозяев (поля)

Mannschafts∥aufstellung *f* -, -en *спорт.* состав команды

Mannschafts∥geist *m* -(e)s (коллективный) дух команды

Mannschafts∥kapitän *m* -s, *спорт.* капитан команды

Mannschafts∥kondition *f* - *спорт.* физическая подготовленность команды

Mannschafts∥meisterschaft *f* -, -en *спорт.* командное первенство

Mannschafts∥sieg *m* -(e)s, -e *спорт.* командная победа

Mannschafts∥wertung *f* -, -en *спорт.* командный зачёт

mannshoch *a* высотой в человеческий рост

Manns∥höhe *f* - высота в рост человека; **in ~** (высотой) в рост человека

mannssüchtig, mannstoll *a мед.* страдающий нимфоманией; **eine ~e Frau** нимфоманка

Manns∥zucht *f* - (военная) дисциплина; **~ halten*** соблюдать строгую дисциплину

Mann∥weib *n* -(e)s, -er мужеподобная женщина; бой-баба

Manométer <*gr.-lat.*> *n* -s, - *физ.* манометр

Manöver [-vər] <*lat.-fr.*> *n* -s, - 1. *воен.* манёвры; 2. *перен.* манёвр, приём; **allerlei ~ machen** маневрировать, изворачиваться

manövríeren [-vri:-] <*lat.-fr.*> *vi* 1. *воен.* маневрировать; 2. *перен.* маневрировать, действовать обходным путём, прибегать к уловкам, изворачиваться

Manövrier∥gelände [-'vri:r-] *n* -s, - *воен.:* **freies ~** оперативный простор; **in freies ~ gelangen** выйти на оперативный простор

Mansárde <*fr.*> *f* -, -n мансарда

manschen *vt* 1. *разг.* мешать, перемешивать; намешивать, подмешивать; 2. пачкать

Manschétte <*lat.-fr.*> *f* -, -n манжета, обшлаг

Mannschétten∥knopf *m* -(e)s, -knöpfe запонка *(на манжете)*

Mantel *m* -s, Mäntel 1. пальто; плащ; шинель; 2. *перен.* прикрытие, покров, личина; **unter dem ~ der Nacht** под покровом ночи; 3. *тех.* оболочка, кожух; покрышка *(автошин);* ◊ **den ~ nach dem Winde hängen [drehen, kehren]** ≅ держать нос по ветру

Mantelchen: einer Sache (D) **ein ~ umhängen** *перен.* прикрывать что-л.; приукрашивать что-л.

mantschen *vt см.* manschen

manuéll <*lat.-fr.*> I *a* ручной; рукодельный; **~e Fertigkeit** ловкость, проворство *(рук);* II *adv* вручную

Manufaktúr <*lat.-fr.*> *f* -, -en *эк.* мануфактура

Manuskrípt <*lat.*> *n* -(e)s, -e рукопись; **als ~ gedruckt** печатается на правах рукописи

Mappe *f* -, -n папка; портфель; школьная сумка

Mapútu (*n*) -s Мапуту *(столица Мозамбика)*

Márathon∥lauf *m* -(e)s, -läufe *спорт.* марафонский бег

Márathon∥strecke *f* -, -n *спорт.* марафонская дистанция

Marburger Schule *f* - Марбургская школа *(направление в неокантианстве конца 19 – начала 20 в.)*

Märchen *n* -s, - 1. сказка; 2. небылица; **erzähle mir keine ~!** не рассказывай мне (бабушкины) сказки!, не ври!

Märchenhaftigkeit *f* - сказочность, баснословность

Marchfeld *n* -es Мархфельд *(равнина в Австрии, земля Нижняя Австрия)*

Márder *m* -s, - куница

mären *vi разг.* медлить, мешкать, тянуть, затягивать

Margareta/Margarete Маргарета/Маргарита *(жен. имя)*

Margareten (n) -s Маргаретен (гор. р-н Вены <Австрия>)
Margarine <gr.-fr.> f -, -n маргарин
Margarine‖werk n -(e)s, -e маргариновый завод
Margarine‖würfel m -s, - пачка маргарина
Marginále <lat.> n -/-s, -li∤en б. ч. pl маргиналий, пометка (на полях)
Margit Маргит (краткая форма жен. имени Margarete)
Marggrit Маргрит (краткая форма жен. имени Margarete)
Maria/Marie Мария (1. жен. имя; 2. дополнение к муж. имени <как второе имя>)
Mariahilf (n) -s Мариахильф (гор. р-н Вены <Австрия>)
Mariä-Himmelfahrt f - Успенье Богородицы (церковный праздник)
Mariánne Марианна (жен. имя)
Mariazell (n) -s Мариацель (город на реке Зальцах в Австрии <земля Штирия>; известный курорт, центр туризма и зимнего спорта)
Mari-El (n) -s Мари-Эл (автономная республика в составе РФ)
Mari∤enkäfer m -s, - божья коровка
Mariétta Мариэтта (жен. имя)
Maríka Марика (жен. имя)
Marináde <lat.-fr.> f -, -n 1. маринад; 2. рыба в маринаде
Marine <lat.-fr.> f -, -n 1. (военно-) морской флот; военно-морские силы; **bei der ~ dienen** служить во флоте; 2. морское ведомство
Marine‖infanterie f -, -ri∤en морская пехота
Marion Марион (жен. имя)
Marionétte <hebr.-gr.-lat.-fr.> f -, -n марионетка (тж. перен)
Marionétten‖regierung f -, -en марионеточное правительство
Marionétten‖theater n -s, - кукольный театр, театр марионеток
Maríta Марита (жен. имя)
maritím <lat.> a морской, относящийся к морскому делу
Mark I n -(e)s 1. костный мозг; 2. бот. сердцевина, стержень; ◇ **bis ins ~ dringen*** пронизать до костей; **~ in den Knochen haben** быть сильным [выносливым, стойким]; **durch ~ und Bein gehen*** пронизывать насквозь; **von ~ kость от кости
Mark II f -, -en (отдельные купюры Markscheine, отдельные монеты Markstücke) марка (денежная единица); **Deutsche ~** немецкая марка

Mark III f -, -en 1. ист. марка; 2. граница, рубеж; пограничная область
Mark IV Марк (муж. имя)
markánt <gr.-it.-fr.> a видный, выдающийся; примечательный, заметный; характерный; **~e Züge** характерные черты лица
Marke f -, -n 1. марка (почтовая); 2. (контрольный) номер; **~ zum Spielen** фишка для игры; 3. талон (продовольственных карточек); жетон (на право получения чего-л.); 4. клеймо, метка (на промышленных товарах); 5. сорт (товара); 6. личный знак (солдата)
marken vt ав. снабжать опознавательными знаками
Marken‖artikel m -s, - марочное изделие
Marken‖system n -s, -e карточная система (нормирования продовольствия)
Marken‖verkauf m -(e)s нормированная продажа, продажа по карточкам
Marketing <lat.-fr.-engl.> n -s эк. маркетинг (мероприятия для развития рыночных отношений)
Markgräfler Land n -es Маркгрефлер Ланд (местность у Верхнего Рейна)
markieren <gr.-it.-fr.> I vt 1. отмечать, размечать, помечать; ставить вехи; клеймить, ставить (фабричное) клеймо; 2. выделять, подчёркивать; **die Liebenswürdigkeit zu jmdm. ~** быть подчёркнуто любезным с кем-л.; 3. притворяться; **den Dummen ~** притворяться дураком; 4. спорт. удерживать; **seinen Gegner ~** держать противника (футбол); II vi делать стойку (об охотничьей собаке)
markierend a: **~er Spieler** блокирующий [страхующий] игрок (футбол)
Markierer <gr.-it.-fr.> m -s маркировщик
markiert a меченый; **~e Atóme** меченые атомы
Markierung <gr.-it.-fr.> f -, -en 1. маркировка, обозначение; клеймение; 2. расставление вех
Markierungs‖pfahl m -(e)s, -pfähle веха
markig a 1. мозговой; 2. бот. сердцевинный; 3. мощный, сильный; **ein ~es Gesicht** энергичное лицо; **ein ~es Wort** крепкое словечко
Märkisches Museum n -s "Меркишес Музеум" (краеведческий музей в Берлине)
Markíse <gr.-fr.> f -, -n 1. маркиза (навес); штора; 2. драгоценный камень в овальной оправе
Markisette [-'zɛt] <fr.> m -s, -s; f -, -n текст. маркизет

Mark‖knochen *m* -s, - мозговая кость
Markneukirchen *(n)* -s Маркнойкирхен *(город в ФРГ <земля Саксония>; известен производством и музеем муз. инструментов)*
Markolf Маркольф *(муж. имя)*
Mark‖stein *m* -(e)s, -e межевой камень; *перен.* поворотный пункт, веха
Mark‖stück *m* -(e)s, -e монета в одну марку
Markt *m* -(e)s, Märkte 1. рынок, базар; ~ **abhalten*** торговать на рынке *(в какой-то определённый день)*; 2. *эк.* рынок; ◇ **seine Haut zu ~e tragen*** рисковать жизнью, подвергать себя опасности
Markt‖anteil *m* -(e)s *эк.* товарность; **der ~ der Produktion** товарность производства
Markt‖bude *f* -, -n рыночная палатка
markten I *vt* торговать *(чем-л.)*; II *vi* торговаться
marktfähig *a* ходкий, ходовой, имеющий сбыт *(о товаре)*
marktfertig *a* готовый для реализации [продажи]
marktgängig *a* ходкий *(о товаре)*
Markt‖halle *f* -, -n крытый рынок, рыночный павильон
Markt‖platz *m* -es, -plätze базарная площадь, рынок
Markt‖preis *m* -es, -e рыночная цена
Markt‖produktion *f* -, -en *эк.* товарная продукция
marktschreierisch I *a* шарлатанский; рекламный; II *adv:* ~ **preisen*** *ирон.* громко рекламировать
Markt‖tag *m* -(e)s, -e базарный [рыночный] день
Markt‖wert *m* -(e)s, -e *эк.* рыночная стоимость
Markt‖wirtschaft *f* - *эк.* товарно-денежное хозяйство
Markward Марквард *(муж. имя)*
Marlén(e) Марлен(а) *(жен. имя)*
Mármara‖meer *n* -es Мраморное море *(средиземное море между Европой и Малой Азией)*
Marmeláde <*gr.-lat.-port.*> *f* -, -n мармелад; повидло
Mármor <*gr.-lat.*> *m* -s, -е мрамор
marmoríeren <*gr.-lat.*> *vt* раскрашивать [подделывать] под мрамор, мраморировать
marmoríert <*gr.-lat.*> *a* (сделанный) под мрамор
Marmorjeans‖hose [-'dʒi:nz-] <*engl.*> *f* -, -n джинсы "варёнка"
marmorn <*gr.-lat.*> *a* мраморный, сделанный из мрамора
Marne *f* - Марна *(река во Франции, правый приток Сены)*
Marodeur [-'døːr] <*fr.*> *m* -s, -e мародёр
marodíeren <*fr.*> *vi* мародёрствовать
Marokkáner *m* -s, -; **~in** *f* -, -nen марокканец, -нка
marokkánisch *a* марокканский
Marókko *(n)* -s Марокко *(гос-во на С.-З. Африки)*
Maróne <*it.-fr.*> *f* -, -n (съедобный) каштан
Marónen‖pilz *m* -es, -е *бот.* польский гриб
Marótte <*hebr.-gr.-lat.-fr.*> *f* -, -n причуда, каприз; **jmdm. die ~n austreiben*** отучить кого-л. от капризов
Marquis [-'kiː] <*fr.*> *m* - [-'kiː(s)], - [-'kiːs] маркиз
Marquise [-'kiːzə] <*fr.*> *f* -, -n маркиза
Mars I <*niederl.*> *f* -, -en; *m* -, -е *мор.* марс *(площадка на верху мачты)*
Mars II <*lat.*> *m* - 1. *миф.* Марс *(бог войны)*; 2. *астр.* Марс
Marsch I <*fr.*> *m* -es, Märsche 1. поход; марш; **sich in ~ setzen** двинуться в поход; 2. *спорт.* ходьба; 3. *муз.* марш; ◇ **jmdm. ~ blasen*** *разг.* выгнать кого-л. с треском
Marsch II *f* -, -en плодородная низменность *(у реки, моря)*; болотистая плодородная почва
Marschall <*altd.-fr.*> *m* -s, -schälle *воен.* маршал
Marschall‖stab *m* -(e)s, -stäbe маршальский жезл
Marsch‖befehl *m* -(e)s, -e приказ на марш
marschbereit *a* готовый к маршу [походу]
marschfertig *см.* marschbereit
Marsch‖folge *f* -, -n *воен.* 1. порядок следования; 2. походный порядок
marschíeren <*fr.*> *vi* (s, h) 1. *воен.* маршировать, следовать по маршруту; 2. двигаться, идти
marschig *a* болотистый
Marsch‖land *n* -(e)s, -länder *см.* Marsch II
Marschroute [-'ruːtə] <*fr.*> *f* -, -n маршрут; **mit versiegelter ~** с определёнными обязанностями [поручениями]
Marsch‖säule *f* -, -n походная колонна
Marsch‖sicherung *f* -, -en *воен.* походное охранение, охранение на марше
Marsch‖verpflegung *f* - походный паёк, провиант [довольствие] на марше
Marsch‖weg *m* -(e)s, -e маршрут, путь следования
Marseillaise [marsɛ'jɛːzə] <*fr.*> *f* - марсельеза

Marseille [marˈsɛːj] *(n)* -s Марсель *(город на Ю. Франции)*
Marstall *m* -s "Маршталь" <*букв.* "конный двор"> *(историческое здание в Берлине; используется как выставочный зал и т. п.)*
Marter *f* -, -n мука, мучение; пытка
martern <*gr.-lat.*> I *vt* мучить, истязать, пытать; II ~, **sich** (*mit* D) терзаться *(чем-л.)*
Marter‖werkzeug *n* -(e)s, -e орудие пытки
Martha Марта *(жен. имя)*
Martin Мартин *(муж. имя)*
Martina Мартина *(жен. имя)*
Mártin‖betrieb *m* -(e)s мартеновское производство
Mártin‖(fluß)stahl *m* -(e)s мартеновская сталь
Mártin‖ofen *m* -s, -öfen мартеновская печь, мартен
Märtyrer <*gr.-lat.*> *m* -s, -s; ~**in** *f* -, -nen мученик; -ница; **jmdn. zum ~ stempeln** изображать кого-л. мучеником
Märtyrertum *n* -(e)s; **Martýrium** *n* -s, -riļen мученическая смерть, мученичество
Martyrológ <*gr.*> *m* -(e)s; **Martyrológium** *n* -es, -giļen *церк.* мартиролог *(тж. перен.)*
marxístisch *a* марксистский
März <*lat.*> *m* -/-es *(поэт.* -en), -e март; **im ~** в марте; **Anfang [Mitte, Ende] ~** в начале [в середине, конце] марта; **der 1. ~** первое марта; **den 1. ~, am 1. ~** первого марта
Marzélla Марцелла *(жен. имя)*
Marzéll(us) Марцель/Марцелус *(муж. имя)*
Märzgefallener I *m* -n, -n жертва мартовских событий *(жертва мартовских боёв 1921 г. в Германии, см.* Märzkämpfe *1921)*
Märzgefallener II *m* -n, -n жертва мартовской революции; *см.* Märzrevolution
Märzgefallener III *m* -n, -n жертва мартовских выборов *(так называли вступавших в нацистскую партию после выборов в рейхстаг в марте 1933, т. е. после прихода в Германии к власти фашистов)*
Marzipán <*it.*> *m, n* -(e)s марципан
Märzkämpfe 1921 *pl* мартовские бои 1921 *(оборонительные бои рабочих в Средней Германии 22.03–1.04.1921)*
Märzrevolution *f* - мартовская революция *(первый этап Революции 1848–1849 в Германии)*
Masche *f* -, -n **1.** петля *(трикотажа);* die ~n des Panzers звенья кольчуги; **2.** отверстие *(сита, решета);* **3.** узел, бант; ◊ **in die ~n geraten*** попасть в сети [ловушку]
Maschen‖draht *m* -(e)s, -drähte **1.** проволочная сетка; **2.** проволока для сеток
maschig *a* вязаный, состоящий из петель
Maschine <*gr.-lat.-fr.*> *f* -, -n **1.** машина, механизм, аппарат, станок; **die ~ in Gang [in Betrieb] setzen** пустить машину; **die ~ läuft [ist im Gange, im Betrieb, im Laufen]** машина работает; *перен.* дело на ходу; **2.** *разг.* машина (об автомобиле, самолёте и т.п.)
maschinegeschrieben *a* машинописный
maschinéll <*gr.-lat.-fr.*> *a* **1.** машинный, механический; машинным способом; **2.** машинальный
maschínenartig *см.* maschinenmäßig I
Maschínen‖aufseher *m* -s, - машинист *(механик)*
Maschínen‖bau *m* -(e)s машиностроение
Maschínenbau‖betrieb *m* -(e)s, -e машиностроительный завод
Maschínen‖bedienung *f* - *см.* Maschinenwartung
Maschínen‖beschickung *f* - загрузка машин *(сырьём и т. п.)*
Maschínen‖einrichter *m* -s, - наладчик машин
Maschínen‖einsatz *m* -es механизация, применение машинной техники
Maschínenfabrik Augsburg-Nürnberg AG *f* - "Машиненфабрик Аугсбург-Нюрнберг АГ" *(машиностроительные заводы в Аугсбурге и Нюрнберге <ФРГ>; производят дизельные двигатели, паровые турбины, компрессоры и т. п.* <MAN – *сокр. от* Maschinenfabrik Augsburg-Nürnberg>)
Maschínen‖gewehr *n* -(e)s, -e пулемёт; **leiches ~** ручной пулемёт; **überschweres ~** крупнокалиберный пулемёт
Maschínen‖kanone *f* -, -n автоматическая пушка
Maschínen‖kapazität *f* -, -en *тех.* производительность машины
Maschínen‖leistung *f* -, -en производственная мощность машины, производительность машины
maschínenmäßig I *a* механический; **II** *adv* механически
Maschínen‖meister *m* -s, - **1.** машинист; **2.** механик; **3.** печатник
Maschínen‖pistole *f* -, -n *воен.* автомат, пистолет-пулемёт
Maschíne(n)‖schlosser *m* -s, - слесарь по ремонту машин

maschíne(n)|schreiben* *vi* печатать на машинке
Maschínen‖schréiberin *f* -, -nen машинистка
Maschínen‖schrift *f* -, -en машинопись
Maschínen‖setzer *m* -s, - *полигр.* наборщик наборной машины
Maschínen‖teil *m* -(e)s, -e деталь машины
Maschínen‖waffe *f* -, -n *воен.* автоматическое оружие
Maschínen‖wartung *f* - обслуживание машины [станка], уход за машиной [станком]
Maschinerie *f* -, -ri|en машинное оборудование; механизм
maschinísieren ⟨*gr.-lat.-fr.*⟩ *vt тех.* машинизировать
Maser *f* -, -n **1.** прожилка, узор (*в древесине*); **2.** *бот.* наплыв
maserig *a* свилеватый, с прожилками, с узорами (*о древесине*)
Másern *pl мед.* корь
Máserung *f* -, -en узорчатость древесины, текстура
Maske ⟨*arab.-it.-fr.*⟩ *f* -, -n маска; *воен.* противогаз; **eine ~ tragen*** быть в маске (*тж. перен.*); **die ~ ablegen [von sich werfen*]** снять [сбросить] маску (*тж. перен.*); **jmdm. die ~ vom Gesicht reißen*** *перен.* сорвать маску с кого-л.
Masken‖ball *m* -(e)s, -bälle (бал)маскарад, костюмированный бал
Masken‖bildner *m* -s, - гримёр
Maskeráde ⟨*arab.-span.*⟩ *f* -, -n маскарад
maskíeren ⟨*arab.-it.-fr.*⟩ I *vt* маскировать, загораживать, скрывать; II ~, sich надевать на себя маску, маскироваться
Maskíerung *f* -, -en маскировка (*тж. воен.*)
Maskótte ⟨*provenzal.-fr.*⟩ *f* -, -s [-'kɔts]/-n талисман, амулет
maskulín, maskulínisch ⟨*lat.*⟩ *а грам.* мужского рода
Máskulinum (**Maskulínum**) ⟨*lat.*⟩ *n* -s, -na *грам.* **1.** мужской род; **2.** имя существительное мужского рода
maß *impf* от **messen***
Maß *n* -es, -e **1.** мера; **ein volles ~** полная мера (*чего-л.*); **2.** мерка; *перен.* мерило; **nach ~** по индивидуальному заказу (*об одежде*); **~ nehmen*** снимать мерку; **3.** мера, предел, граница; степень; **das rechte ~ halten*** знать [соблюдать] меру; **über das ~ hinaus** сверх меры; **im höchsten ~e** в высшей степени; **4.** размер; **in natürlichem ~** в натуральную величину; **5.** *pl* кружка (*служащая меркой*); **zwei ~ Bier** две кружки пива

Massage [ma'saːʒə] ⟨*arab.-fr.*⟩ *f* -, -n массаж
Massáker ⟨*fr.*⟩ *n* -s, - бойня, резня, кровопролитие
massakríeren ⟨*fr.*⟩ *vt* устраивать резню [бойню], избивать, убивать
Maß‖angabe *f* -, -n указание меры
Maß‖anzug *m* -(e)s, -züge костюм на заказ
Maß‖arbeit *f* -, -en **1.** (пошивочная) работа на заказ; **2.** точная, качественная работа
Maß‖band *n* -(e)s, -bänder измерительная лента, рулетка
Masse ⟨*gr.-lat.*⟩ *f* -, -n **1.** масса, вещество; **2.** груда, большое количество; **3.** толща, слой; **4.** толпа, масса; **in ~n kommen*** приходить толпами; **5.** *pl полит.* массы; **die breiten ~n** широкие массы
Maß‖einheit *f* -, -en *физ.* единица измерения; мера
Maßen: mit ~ с соблюдением меры; **über die [alle] ~** сверх всякой меры, чрезмерно; **etw. in ~ genießen*** умеренно пользоваться [наслаждаться] чем-л.
Massen‖arbeit *f* -, -en **1.** работа среди масс; **kulturelle ~** культмассовая работа; **2.** *тех.* массовое производство
Massen‖aufgebot *n* -(e)s мобилизация масс
Massen‖auflage *f* -, -n массовый тираж; массовое издание
Massen‖ausrottung *f* -, -en массовое истребление
Massen‖ausstoß *m* -sses массовый выпуск
Massen‖bedarf *m* -(e)s **1.** потребность масс; **2.** широкий спрос; **Güter [Waren] des ~s** предметы [товары] народного потребления
Massenbedarfs‖artikel *m* -s, - предмет широкого потребления, предмет ширпотреба
Massenbedarfs‖güter *pl* товары широкого потребления
Massen‖erzeugung *f* - массовое производство
Massen‖fabrikation, Massen‖fertigung *f* - *см.* Massenerzeugung
Massengebrauchs‖artikel *m* -s, - *см.* Massenbedarfsartikel
Massen‖grab *n* -(e)s, -gräber братская могила; общая могила
massenhaft I *a* массовый; II *adv* массами, в большом количестве
maßenhaltig *a* выдержанный в размерах
Massen‖herstellung *f* - *см.* Massenerzeugung

Massen‖kundgebung f -, -en массовый митинг; массовая демонстрация
Massen‖mörder m -s, - организатор массовых убийств
Massen‖produktion f - см. Massenerzeugung
Massen‖repressali|en pl массовые репрессии
Massen‖veranstaltung f -, -en массовое мероприятие; массовка
Massen‖verbreitung f -, -en массовое распространение
Massen‖vernichtungswaffen pl оружие массового уничтожения
Massen‖vertrieb m -(e)s, -e ком. массовый сбыт
Massen‖vorführung f -, -en массовое выступление (на стадионе и т. п.)
massenweise adv массами, толпами
Masseur [-'sø:r] <arab.-fr.> m -s, -e массажист
Masseuse [-'sø:zə] <arab.-fr.> f -, -n массажистка
Maßgabe f -, -n мера, соразмерность; **nach ~** по мере, в меру (чего-л.); **nach ~ der Kräfte** по мере сил
maßgebend I a авторитетный, компетентный; руководящий; влиятельный; служащий мерилом; **er ist für mich nicht ~** он для меня не авторитет; II adv в значительной степени
maßgeblich a авторитетный; руководящий; служащий мерилом
maßgerecht adv по мерке
maßhalten* vi соблюдать меру; **in allem ~** знать меру во всём
maßhaltig a точный по размеру
Maßholder m -s, - 1. бот. калина обыкновенная; 2. клён полевой
massieren <arab.-fr.> I vt массировать, делать массаж
massieren <gr.-lat.-fr.> II vt воен. массировать, сосредотачивать
massig a массивный, громоздкий; огромный
mäßig I a 1. умеренный; воздержанный; 2. посредственный; **~e Leistungen** посредственные успехи (в учении); II adv умеренно; воздержанно; **~ leben** жить скромно
mäßigen I vt умерять, смягчать, сдерживать; **den Schritt ~** смягчать шаг; **die Stimme ~** понижать голос; **den Zorn ~** обуздать гнев; II **~, sich** сдерживаться; **sich im Essen ~** умеренно есть
Mäßigkeit f - 1. умеренность; сдержанность; 2. посредственность
Mäßigung f - 1. сдерживание, обуздывание; смягчение; 2. уменьшение

massiv a 1. массивный, плотный; солидный; **~es Gold** золото высшей пробы (без примесей); 2. грубый; **~e Drohungen** наглые угрозы
Massiv <gr.-lat.-fr.> n -s, -e геол. массив
Maß‖kleidung f -; **~konfektión** f - одежда на заказ
Maß‖liebchen n -s бот. маргаритка
maßlos I a необузданный; преувеличенный; безмерный; безграничный; чрезвычайный; **~e Wut** необузданный гнев; **~e Beleidigung** тяжкое оскорбление; II adv крайне, безгранично, безмерно
Maß‖losigkeit f -, -en 1. безмерность, безграничность; неумеренность; 2. крайность
Maß‖nahme f -, -n мероприятие; **entscheidende ~n** решительные меры; **scharfe ~n ergreifen* [treffen*]** принимать решительные меры; **~n verfügen** осуществлять меры [мероприятия]; **~n einleiten** наметить мероприятия; **~n festlegen** разработать мероприятия; установить меры
maß|regeln vi 1. наказывать (кого-л.); налагать дисциплинарное взыскание (на кого-л.); 2. увольнять (в наказание за что-л.)
Maß‖reg(e)lung f -, -en 1. наказание, взыскание; 2. увольнение (в наказание за что-л.)
Maß‖schneiderei f -, -en ателье индивидуального пошива
Maß‖stab m -(e)s, -stäbe тех. масштаб; шкала; перен. мера, масштаб; **verjüngter ~** уменьшенный масштаб; **in größerem ~** в более широких размерах [масштабах]; **einen hohen ~ anlegen an etw. (A)** предъявлять высокие требования к чему-л.; высоко ценить что-л.; **den eigenen ~ anlegen** мерить на свой аршин
maßstabgerecht a выдержанный в масштабе
maß|stabieren vt масштабировать, изображать в масштабе
maßstablich adv в масштабе
maßvoll a умеренный, сдержанный
Mast I m -es, -e / -en 1. мачта; 2. столб
Mast II f -, -en 1. откорм (скота); **Schweine zur ~ halten*** откармливать свиней; 2. корм
Mast‖darm m -(e)s, -därme анат. прямая кишка
mästen vt откармливать (животных)
Mast‖futter n -s концентрированный корм
Mastitis <gr.-lat.> f - мед. мастит
Mástix <gr.-lat.> m -/-es мастика

Mast∥korb *m* -(e)s, -körbe *мор.* марс *(площадка на верху мачты)*
Mast∥kuh *f* -, -kühe мясная корова
Mast∥schwein *n* -(e)s, -e откормочная свинья
Mast∥station *f* -, -en откормочный пункт
Mast∥viehzucht *f* - *с.-х.* мясное скотоводство
Masút <*türk.*> *n* -(e)s *тех.* мазут
Matadór <*lat.-span.*> *m* -s/-en, -e/-en матадор
Match [mɛtʃ] <*engl.*> *m, n* -es, -e *спорт.* матч, встреча, состязание
Materiál <*lat.*> *n* -s, -i¦en **1.** материал; сырьё; запас; вещество; **spaltbares ~** *физ.* расщепляющийся материал; **2.** материальные средства, материальная часть, инвентарь; **rollendes ~** *ж.-д.* подвижной состав; **3.** материал(ы) *(документы, доказательства и т.п.)*; **jmdm. das ~ für den Artikel liefern [zustellen]** предоставить [дать] кому-л. материал для статьи
Materiál∥aufwand *m* -(e)s расход [расходование] материалов
Materiál∥bedarf *m* -(e)s потребность в материалах
Materiál∥eigenschaft *f* -, -en свойство материала
Materiál∥festigkeit *f* - *тех.* сопротивление материалов
Materiáli¦en *pl от* Material
Materialisatión <*lat.*> *f* - материализация, овеществление
Materialísmus <*lat.*> *m* - материализм
Materialíst <*lat.*> *m* -en, -en материалист
materialístisch *a филос.* материалистический
Materiál∥kosten *pl* расходы на материал; стоимость материалов
Materiál∥probe *f* -, -n образец материала
Materiál∥prüfung *f* -, -en *тех.* испытание материалов, испытание материальной части
Materiál∥schaden *m* -s, -schäden материальный ущерб
Materiál∥versorgung *f* - материальное снабжение, снабжение материалами
Matéri¦e <*lat.*> *f* **1.** *филос.* материя; **2.** -, -n вещество
materiéll I *a* **1.** материальный; **2.** вещественный; **3.** экономический; **die ~e Grundlage** экономическая основа; II *adv* материально; **er steht sich ~ gut** он материально хорошо обеспечен
matern *vt* <*lat.*> *vt полигр.* матрицировать, снимать матрицу *(с чего-л.)*
Mathe *f* - математика *(ученический жаргон)*

Mathematík <*gr.-lat.*> *f* - математика; **die angewandte ~** высшая математика
Mathemátiker *m* -s, - математик
mathemátisch *a* математический
Mathílde Матильда *(жен. имя)*
Matinée <*lat.-fr.*> *f* -, -né¦en утренник; утренний сеанс [спектакль]
Matrátze <*arab.-roman.*> *f* -, -n **1.** матрац, тюфяк; **2.** *спорт.* мат
Mätrésse <*lat.-fr.*> *f* -, -n метресса, содержанка, любовница
Matriarchát <*gr.-lat.*> *n* -(e)s *ист.* матриархат
Matrikel <*lat.*> *f* -, -n **1.** матрикул; зачётная книжка *(студента)*; **2.** реестр, список; **Einschreibung in die ~** зачисление [внесение] в списки студентов
Matrítze <*lat.-fr.*> *f* -, -n *полигр., тех.* матрица
Mátrix <*lat.*> *f* -, Matrizen/Matrizes *мат.* матрица
matrizieren <*lat.*> *vt полигр. см.* matern
matrónenhaft *a* солидный, положительный *(о пожилой женщине)*
Matróse <*niederl.*> *m* -n, -n матрос, моряк
matsch <*it.*> *a* **1.** проигравший *(в игре, спорте)*; **jmdn. ~ machen** нанести кому-л. поражение. **2.** *разг.* слабый, вялый; плохой, больной; **sein Magen ist ~** у него расстроился желудок
Matsch I *m* -es *разг.* липкая грязь; месиво
Matsch II <*it.*> *m, n* -es, -e *разг.* проигрыш, окончательное поражение *(в игре)*
matschig *a* **1.** вязкий, грязный, слякотный; **2.** мягкий, раздавленный; **~er Schnee** талый снег
Matsch∥wetter *n* -s слякотная погода, слякоть
matt <*arab.-roman.*> *a* **1.** слабый, вялый; утомлённый, усталый, изможденный; **müde und ~** (очень) утомлённый; **eine ~e Entschuldigung** неубедительное извинение; **2.** матовый; тусклый; **3.** *шахм.* мат; **jmdn. ~ setzen** 1) сделать [объявлять] кому-л. мат; 2) победить [обезвредить] кого-л.
Matt <*arab.-roman.*> *m* -s, -s *шахм.* мат; **~ ankündigen [kündigen]** объявить мат
Matt∥bild *n* -(e)s, -er *шахм.* матовая позиция
Matte <*lat.-engl.*> *f* -, -n циновка, рогожка; *спорт.* мат, ковёр
Matterhorn (*n*) -s Маттерхорн *(вершина в Пеннинских Альпах на границе Швейцарии и Италии)*

mattfarben *a* блёклый
Matt‖glas *n* -es, -gläser матовое стекло
Mattheit *f* - 1. усталость; вялость, слабость; 2. тусклость
mattiert <*fr.*> *a* матовый; **~e Glühlampe** эл. матовая лампочка
Mattigkeit *f* - 1. слабость, истома; усталость; 2. матовость, тусклость
Matúr <*lat.*> *n* -s экзамен на аттестат зрелости
Matúra <*lat.*> *f* - *австр., швейц.,* см. Matúr
maturíeren <*lat.*> *vi* сдавать экзамен на аттестат зрелости
Maturitätsschule *f* -, -n средняя школа (*школа типа гимназии в Швейцарии*)
Matz *m* -es, -e/Mätze *разг.* 1. пичужка; 2. малыш; 3. дурак; **da will ich ~ heißen!** назовите меня дураком, если это не так
mau *разг.*: **mir ist ~** мне нездоровится; **das ist ~** дело дрянь
Mauer I *f* -, -n 1. (каменная, кирпичная) стена; ограда; 2. *перен.* оплот, надёжная защита
"Mauer" II *f* - "стена"; *см.* "Berliner Mauer"
Mauer‖blümchen *n* -s, - девушка, не приглашённая на танец
mauerfest *a* надёжный, твёрдый, непоколебимый
mauern I *vt* производить (каменную) кладку *(чего-л.)*
mauern II *vi разг.* вести себя очень осторожно *(во время игры в карты)*
Mauer‖stein *m* -(e)s, -e кирпич
Mauer‖werk *n* -(e)s, -e каменная кладка [стена]; каменное строение
Mauer‖ziegel *m* -s, - строительный (красный) кирпич
Maul *n* -(e)s, Mäuler морда; пасть, зев; рот *(груб.)*; 2.: **ein (schiefes) ~ machen** скорчить кислую физиономию; **ein grobes ~ haben** быть грубым; **ein loses haben; ein großes ~ haben** хвастаться; быть несдержанным на язык; **das ~ halten*** держать язык за зубами; прикусить язык; **jmdm. das ~ verbieten*** заставить замолчать кого-л.; **jmdn. in der Leute Mäuler bringen*** распространять о ком-л. дурные слухи; ◊ **einem geschenkten Gaul sieht [schaut] man nicht ins ~** *посл.* дарёному коню в зубы не смотрят; **sich (D) das ~ wischen** остаться с носом, остаться ни при чём; **jmdm. Honig ums ~ schmieren** *разг.* умасливать кого-л., льстить кому-л.
Maulaffen *pl*: **~ feilhalten*** *разг.* ротозейничать, глазеть, ворон считать
Maul‖aufreißer *m* -s, - *разг.* хвастун
Maul‖beerbaum *m* -(e)s, -bäume тутовое дерево, шелковица
maulen *vi* дуться, ворчать
Maul‖esel *m* -s, - *зоол.* лошак
maulfaul *a разг.* неразговорчивый
maulfertig *a* говорливый, болтливый
Maul‖held *m* -en, -en *разг.* хвастун, бахвал
Maul‖korb *m* -(e)s, -körbe намордник
Maul‖schelle *f* -, -n пощёчина
Maul‖tier *n* -(e)s, -e мул
Maul- und Klauenseuche *f* - *вет.* ящур
Maul‖werk: **ein gutes ~ haben** *разг.* быть бойким на язык
Maul‖wurf *m* -(e)s, -würfe крот
Maure *m* -n, -n мавр
Maurer *m* -s, - каменщик; штукатур
Maurer‖kelle *f* -, -n кельма, мастерок *(каменщика)*
Maurer‖polier *m* -s, -e каменщик *(мастер)*
Mauretáni¦en (*n*) -s Мавритания *(страна в Зап. Африке)*
máurisch *a* мавританский
Mauritius (*n*) - Маврикий *(гос-во и о-в в зап. части Индийского океана)*
Maus *f* -, Mäuse 1. мышь; **das trägt eine ~ auf dem Schwanz fort** это очень мало; ≅ кот наплакал; 2. мякоть руки *(у основания большого пальца)*; ◊ **weiße ~** *шутл.* регулировщик уличного движения
mäus¦chenstill *a* тихонький, смирёхонький; **~ sein** ≅ быть тише воды, ниже травы; не пикнуть
Mause‖falle *f* -, -n; **Mäuse‖falle** *f* -, -n мышеловка
mausen I *vi* ловить мышей; **II** *vt разг.* стянуть, стащить
Mauser *f* - линька *(птиц)*; **in der ~ sein** линять
mausern *vi* и **~, sich** 1. линять *(о птицах)*; 2. *разг.* менять свои политические убеждения; (из)меняться к лучшему, (по)хорошеть
Mauser‖pistole *f* -, -n маузер *(пистолет)*
mausetot *a разг.* мертвёхонький
mausig *a*: **sich ~ machen** *разг.* вести себя шумно [развязно]
Mausoléum <*gr.-lat.*> *n* -s -lé¦en мавзолей
Mautháusen (*n*) -s Маутхаузен *(бывший фаш. концлагерь близ г. Маутхаузен в Австрии)*
Max Макс *(краткая форма муж. имени Maximilian)*
maximál <*lat.*> *a* максимальный

Maximál∥betrag *m* -(e)s, -träge максимальная сумма
Maximál∥leistung *f* -, -en максимальная мощность
Maximál∥profit *m* -(e)s, -e максимальная прибыль
Maximál∥wert *m* -(e)s, -e максимальная величина, максимальное значение, максимум
Maxíme <*lat.*> *f* -, -n основной принцип, основное правило [положение], максима
Maximílian Максимилиан (*муж. имя*)
Maximílianeum *n* -s Максимилианеум (*здание в Мюнхене, в котором размещается ландтаг земли Бавария*)
Maxímum <*lat.*> *n* -s, -ma максимум; максимальное количество
Max-Planck-Gesellschaft (zur Förderung der Wissenschaften) *f* - Общество (содействия развитию науки) им. Макса Планка (*объединяет научные учреждения ФРГ; основано в 1948 в г. Гёттинген*)
Max und Moritz Макс и Мориц (*персонажи историй в картинках нем. художника и поэта В. Буша*)
Mayonnaise [majɔ'nɛ:zə] <*fr.*> *f* -, -n майонез
Mazedóni∥en (*n*) -s Македония (*историческая обл. в центр. части Балканского п-ва*)
Mazedóni∥er *m* -s, -; ~in *f* -, -nen македонец, -донка
mazedónisch *a* македонский
Mäzén <*lat.*> *m* -s, -e меценат
Mbabáne (*n*) -s Мбабане (*столица Свазиленда*)
Mechánik <*gr.-lat.*> *f* - 1. механика; 2. устройство механизма
Mechániker <*gr.-lat.*> *m* -s, - механик
mechánisch <*gt.-lat.*> I *a* 1. механический; 2. машинный; 3. *филос.* механистический; II *adv* 1. механически; механическим способом; 2. машинально; 3. *филос.* механистически
mechanisíeren <*gr.-lat.*> *vt* механизировать
machanisíert <*gr.-lat.-fr.*> *a* механизированный
Mechanisíerung <*gr.-lat.*> *f* - механизация
Mechanísmus <*gr.-lat.*> *m* -, -men механизм
Meckeréi *f* -, -en *разг.* брюзжание, ворчание, нытьё
Meckerer *m* -s, - *разг.* брюзга, нытик
meckern *vi* 1. блеять; 2. петь козлетоном;

3. *разг.* брюзжать, ворчать, ныть, быть недовольным
Mecklenburg (*n*) -s Мекленбург (*традиционное название местности в Сев.-Вост. Германии*)
Mecklenburger Bucht *f* - Мекленбургская бухта (*залив Балтийского моря у берегов Германии*)
mecklenburgisch *a* мекленбургский
Mecklenburgische Se∥enplatte *f* - Мекленбургское поозерье (*часть Балтийской гряды на С.-В. Германии*)
Mecklenburg-Vorpommern (*n*) -s Мекленбург-Передняя Померания (*федеральная земля ФРГ*)
Medaille [me'daljə] <*gr.-lat.-it.-fr.*> *f* -, -n медаль; **eine ~ schlagen* [prägen]** чеканить медаль
medaillíeren [-daj'i:-] <*gr.-lat.-it.-fr.*> *vt* награждать медалью
Medaillon [medal'jɔŋ] <*gr.-lat.-it.-fr.*> *n* -s, -s медальон
Mediáne <*lat.*> *f* -, -n *мат.* медиана
mediát <*lat.-fr.*> *a* промежуточный; посредствующий
Mediatión <*lat.*> *f* -, -en медиация, посредничество
madiatórisch <*lat.*> *a* посреднический
Medikamént <*lat.*> *n* -(e)s, -e лекарство, медикамент
medikamentös <*lat.*> *a* лекарственный, медикаментозный
médio <*lat.-it.*> *adv* в середине
medisíeren <*lat.-fr.*> *vt* клеветать
Meditatión <*lat.*> *f* -, -en размышление, раздумье, медитация
meditíeren <*lat.*> *vi* думать, размышлять
Medium <*lat.*> *n* -s, -di∥en 1. медиум; 2. *физ.* среда; 3. *грам.* средний залог
Medizín <*lat.*> *f* 1. - медицина; 2. -, -en лекарство, медикамент
medizinál <*lat.*> *a* лечебный, медицинский
Medizíner *m* -s, -; ~in *f* -, -nen 1. молодой врач; 2. *разг.* студент-медик, студентка-медичка
medizínisch <*lat.*> *a* медицинский, врачебный, лечебный; **~e Einrichtungen** лечебно-профилактические [медицинские] учреждения
Medizín∥mann *m* -(e)s, -männer знахарь, шаман, колдун
Medúse <*gr.-lat.*> *f* -, -n *зоол.* медуза
Meer *n* -(e)s, -e 1. море; **übers ~ [auf dem ~] fahren*** плавать по морю; **auf offenem ~** в открытом море; 2. *перен.* море, большое количество (*чего-л.*); **ein ~ von Licht** море света

Meer∥aal *m* -(e)s, -e морской угорь
Meer∥asche *f* -, -n зоол. кефаль
Meer∥busen *m* -s, - залив
Meer∥enge *f* -, -n пролив
Meeres∥ablagerungen *pl* морские отложения
Meeres∥bucht *f* -, -en см. Meerbusen
Meeres∥flut *f* -, -en морской прилив
Meeres∥grund *m* -(e)s морское дно, дно моря
Meeres∥höhe *f* -, -n высота над уровнем моря
Meeres∥küste *f* -, -n морской берег; взморье
Meeres∥oberfläche *f* - уровень моря; поверхность моря
Meeres∥schlick *m* -(e)s илистый морской грунт
Meeres∥spiegel *m* -s уровень моря; **über dem ~** над уровнем моря; **unter dem ~** ниже уровня моря
Meeres∥stille *f* - штиль *(на море)*
Meeres∥strand *m* -(e)s, -e морской берег, пляж
Meeres∥strömmung *f* -, -en морское течение
Meer∥fahrt *f* -, -en морское путешествие, поездка морем
Meer∥katze *f* -, -n зоол. мартышка
Meer∥rettich *m* -(e)s, -e хрен
Meer∥schweinchen *n* -s, - морская свинка
Meer∥weib *n* -(e)s, -er *миф.* сирена, русалка
Meeting ['mi:-] <*engl.*> *n* -s, -e митинг; **starkbesuchtes ~** многолюдный митинг
mefitisch <*lat.*> *a* 1. зловонный; вонючий; 2. пахнущий серой [сероводородом]; 3. отравляющий, заражающий
Megahértz *n* -, - *радио, физ.* мегагерц *(единица частоты)*
Megaphón <*gr.*> *n* -s, -e мегафон
Mehl *n* -(e)s, -e мука; **feines [grobes] ~** мука мелкого [грубого] размола; **glattes ~** мягкая мука; **griffiges ~** крупчатая мука; **schwarzes ~** ржаная мука
Mehl∥erzeugnisse *pl* мучные изделия
Mehl∥kloß *m* -es, -klöße клёцка, галушка
Mehl∥schwitze *f* -, -n *кул.* мучная подливка
Mehl∥speise *f* -, -n/- мучное блюдо
mehr *adv* (*comp от* viel) больше, более; **immer ~** всё больше; **nicht ~ als** не больше чем; **~ als einmal** не раз; **um so ~ тем более; ~ denn je** больше чем когда-л.; **~ tot als lebendig** полуживой; **nicht ~ und nicht weniger als** не больше и не меньше чем; **~ oder weniger** более или менее; **um so ~ als** тем более, что;

um ~ als das Doppelte более чем вдвое; **je ~, desto besser** чем больше, тем лучше; **und dergleichen ~** и тому подобное *(сокр.* **u. dgl. (m.)** и т. п.*)*; **das darf nicht ~ vorkommen** чтоб больше этого не было
méhradrig *a* многожильный; **~es Kabel** *эл.* многожильный кабель
Mehr∥arbeit *f* - 1. *эк.* прибавочный труд; 2. сверхурочная работа; 3. увеличение объёма работы; **sich (D) ~ schaffen** доставлять [брать на себя] лишнюю работу
Mehr∥ausgabe *f* -, -n перерасход
mehrbändig *a* многотомный
Mehr∥bedarf *m* -(e)s увеличившаяся потребность; возросший спрос
Mehr∥berechnung *f* - доплата; **gegen ~ за** особую доплату
mehrdeutig *a* многозначный
Mehr∥einnahme *f* -, -n 1. добавочная прибыль; 2. дополнительные поступления *(сверх плана, бюджета);* 3. перебор
mehren *vt* умножать, увеличивать
Mehrer *m* -s, - *мат.* множитель
mehrere *pron indef pl* некоторые; несколько; различные
mehreres *pron indef n* некоторое, кое-что
mehrerléi см. mehreres
Mehr∥ertrag *m* -(e)s, -träge *с.-х.* повышенная урожайность
mehrfach I *a* неоднократный, многократный; II *adv* неоднократно, многократно, много раз
Mehrfache *subst n*: **um [auf] das ~ [ein ~s] vergrößern** увеличить в несколько раз; **um ein ~s übertreffen*** превышать в несколько раз
Mehr∥famili|enhaus *n* -es, -häuser многоквартирный дом
mehrfarbig *a* многоцветный, многокрасочный
mehrgängig *a* *тех.* многоходовой, многооборотный
mehrgeleisig *a* *ж.-д.* многоколейный
Mehrgewicht *n* -(e)s, -e добавочный [лишний, избыточный] вес
Mehrheit *f* -, -en большинство; **überwiegende [große] ~** преобладающее большинство; **überwältigende ~** подавляющее большинство; **geringe [knappe] ~** незначительное большинство
Mehrheits∥beschluß *m* -sses, -schlüsse решение большинства
mehrjährig *a* многолетний
Mehr∥kampf *m* -(e)s, -kämpfe *спорт.* многоборье
Mehr∥kosten *pl* дополнительные расходы [издержки]; перерасход

mehrläufig *a* многоствольный *(об оружии)*

Mehr||leistung *f* -, -en 1. бо́льшее достижение; 2. повы́шенная производи́тельность; 3. *тех.* избы́точная мо́щность

mehrmalig I *a* многокра́тный, неоднокра́тный, ча́стый; II *adv* многокра́тно, неоднокра́тно, ча́сто

mehrmals *adv* не раз, не́сколько раз, мно́го раз, неоднокра́тно

Mehrphasen||strom *m* -(e)s эл. многофа́зный ток

mehrpolig *a* эл. многополю́сный

Mehr||produkt *n* -(e)s, -e эк. приба́вочный проду́кт

mehrreihig *a* многоря́дный; многосери́йный

mehrröhrig *a* 1. *радио* многола́мповый; 2. *воен.* многоство́льный; 3. *тех.* многотру́бный

mehrseitig *a* многосторо́нний

mehrsilbig *a* лингв. многосло́жный

Mehr||sitzer *m* -s, - многоме́стный самолёт [автомоби́ль]

mehrsitzig *a* многоме́стный

mehrsprachig *a* многоязы́чный

mehrstellig *a* мат. многозна́чный

mehrstimmig *a* многоголо́сый

mehrstöckig *a* многоэта́жный

Mehrstufen||rakete *f* -, -n многоступе́нчатая раке́та

mehrstufig *a* многоступе́нчатый; каска́дный; *перен.* многостепе́нный

mehrstündig *a* продолжа́ющийся не́сколько часо́в

Mehrtage||rennen *n* -s, - многодне́вная (вело-)го́нка

mehrtägig *a* многодне́вный, продолжа́ющийся не́сколько дней

méhrteilig *a* 1. состоя́щий из не́скольких часте́й; 2. *тех.* составно́й; разъёмный, разбо́рный

Mehr||wert *m* -(e)s эк. приба́вочная сто́имость

mehrwertig *a* хим. многовале́нтный; многозна́чный

Mehrwerts||theorie *f* -, -i¦en эк. тео́рия приба́вочной сто́имости

Mehr||zahl *f* - 1. большинство́, бо́льшая часть; **die große ~** грома́дное большинство́; 2. грам. мно́жественное число́

mehrzähnig *a* тех. многозу́бчатый

mehrzellig *a* многокле́точный

Mehrzweck||möbel *n* -s, - комбини́рованная ме́бель, приспосо́бленная для разли́чных це́лей

meiden* *vt* удаля́ться, уклоня́ться *(от кого-л., от чего-л.)*; избега́ть; сторони́ться *(кого-л., чего-л.)*; **der Erfolg meidet ihn nicht** он име́ет успе́х, ему́ везёт

Meidling *(n)* -s Ме́йдлинг *(гор. р-н Ве́ны <Австрия>)*

Meile <*lat.*> *f* -, -n ми́ля

Meilen||stein *m* -(e)s, -e 1. придоро́жный столб [ка́мень], ука́зывающий расстоя́ние в ми́лях; 2. *перен.* ве́ха

mein I *pron poss m* (*f* meine, *n* mein, *pl* meine; *без сущ. m* meiner, *f* meine, *n* meins/meines, *pl* meine) мой, свой *(принадлежа́щий, сво́йственный лицу́, вы́раженному подлежа́щим);* **ich lese ~ Buch** я чита́ю свою́ кни́гу; **~e Herren!** господа́!; **~er Meinung (nach)** по-мо́ему, по моему́ мне́нию; **~es Erachtens** на мой взгляд, по-мо́ему; II *pron pers уст.* G *от* ich

meine *см.* mein

Meine *subst:* **der ~** [**die ~**, **das ~**, **die ~n**] мой, свой *(принадлежа́щий, сво́йственный лицу́, вы́раженному подлежа́щим);* **das ~** моё иму́щество; **die ~n** мои́, мои́ бли́зкие [родны́е]

Mein||eid *m* -(e)s, -e *юр.* ло́жное показа́ние под прися́гой, клятвопреступле́ние; лжесвиде́тельство; **einen ~ leisten** дава́ть ло́жное показа́ние

meineidig *a* клятвопресту́пный; вероло́мный

Mein||eidige *subst m, f* -n, -n клятвопресту́пник, -ница

meinen *vt* 1. полага́ть, ду́мать; име́ть в виду́, подразумева́ть; выска́зывать мне́ние [наме́рение]; **was ~ Sie dazu?** како́го Вы мне́ния об э́том?; **was ~ Sie damit?** что Вы име́ете в виду́?; **etw. nicht böse ~** не име́ть дурно́го наме́рения; **2.: es gut mit jmdm. ~** хорошо́ относи́ться к кому́-л.; ◇ **der Ofen meint es gut** печь хорошо́ прото́плена *(разг.)*

meiner I *pron pers* G *ich*; II *pron poss см.* mein I

meinerseits *adv* с мое́й стороны́, со свое́й стороны́

meines *см.* mein I

meinesgleichen *a inv* тако́й как я, подо́бный [ра́вный] мне [себе́]

meinesteils *см.* meinerseits

meinethalben *adv* ра́ди меня́, из-за меня́

meinetwegen *adv* 1. *см.* meinethalben; 2. пожа́луйста, изво́льте, не возража́ю, как хоти́те; **~, abgemacht!** ну ла́дно, договори́лись!

meinetwillen *adv:* **um ~** ра́ди меня́, из-за меня́

Meinhard Ма́йнхард *(муж. имя)*

Meinhild Ма́йнхильд (жен. имя)
Meinhilde Ма́йнхильда (жен. имя)
meinige *pron poss:* **der ~ [die ~, das ~, die ~n]** мой; свой (принадлежащий, свойственный лицу, выраженному подлежащим)
"Mein Kampf" *m* -es "Майн кампф"/ "Моя борьба" -еs (книга, написанная А. Гитлером в 1924; содержит расистские идеи и являлась программным документом нацистской партии)
Meinolf/Meinulf Ма́йнольф/Ма́йнульф (муж. имя)
meins *см.* mein I
Meinung *f* -, -еn мнение, суждение, взгляд, образ мыслей; **eine voreingenommene ~** предвзятое мнение; **meiner ~ nach** по моему мнению; **öffentliche ~** общественное мнение; **ich bin der ~, daß...** я того мнения, что...; **wir sind einer ~** мы одного и того же мнения; **seine ~ sagen** высказывать своё мнение; **eine gute ~ von jmdm. haben** быть хорошего мнения о ком-л.; **sich der ~ hingeben*** прийти к мнению; **ganz meine ~!** совершенно согласен с вами!
Meinungs‖austausch *m* -(e)s, -e обмен мнениями
Meinungs‖verschiedenheit *f* -, -еn разногласие; расхождение [различие] во мнениях [убеждениях]
Meise *f* -, -n синица
Meißel *m* -s, - резец; зубило, долото
meißeln *vt* вырезать, высекать зубилом; долбить; чеканить
Meißen (*n*) -s Мейсен (*город в ФРГ <земля Саксония>; известен производством изделий из фарфора*)
Meiß(e)ner *a* мейсенский; **~ Porzellan** саксонский [мейсенский] фарфор (*всемирно известный фарфор, производится в г. Мейсен <ФРГ>*)
meiß(e)nisch *a* саксонский, мейсенский (*о фарфоре*)
meist (*superl от* viel) I *a* самый большой, (наи)больший; **die ~e Zeit** большая часть времени; **in den ~en Fällen** в большинстве случаев; **das ~e davon ist bekannt** большая часть этого известна; II *adv* **1.: am ~en** более всего, больше всего; **2.** чаще всего, в большинстве случаев
meistbegünstigt *a* эк., дип. наиболее благоприятствуемый
Meist‖begünstigung *f* - наибольшее благоприятствование
meistens, meistenteils *adv* большей частью, чаще всего, в большинстве случаев

Meister *m* -s, - **1.** мастер, специалист, знаток; **ein ~ in seinem Fach sein** быть знатоком своего дела; ◊ **es fällt kein ~ vom Himmel** *посл.* ≡ не боги горшки обжигают; **Übung macht den ~; früh übt sich, was ein ~ werden will** *посл.* навык мастера ставит; **das Werk lobt den ~** *посл.* дело мастера боится; **2.** мастер, квалифицированный рабочий [ремесленник]; **3.** *спорт.* мастер (*звание*); чемпион, рекордсмен; **~ des Sports** мастер спорта; **4.: ~ Petz** Медведь (*в сказке*); **~ Lampe** Лампе-Заяц (*в сказке*); **~ Urian** чёрт (*в сказке*); **~ Pfriem** *разг.* сапожник
meisterhaft I *a* мастерский, искусный; II *adv* мастерски, искусно
meisterlich *см.* meisterhaft
Meister‖mannschaft *f* -, -еn команда-чемпион
meistermäßig *adv спорт.* образцово
meistern *vt* **1.** мастерить; **eine Kiste ~** сколотить ящик; **2.** овладеть (*чем-л.*); одолеть (*что-л.*); освоить (*что-л.*); **sein Fach ~** овладеть специальностью; **Schwierigkeiten ~** преодолеть трудности; **seine Zunge ~** *перен.* держать язык за зубами, прикусить язык
Meister‖prüfung *f* -, -еn экзамен на звание мастера
Meisterschaft *f* **1.** - звание мастера; **2.** мастерство, умение; **3.** -, -еn *спорт.* первенство, чемпионат; **~ für Turnen** чемпионат по гимнастике
Meisterschafts‖anwärter *m* -s, - кандидат на звание чемпиона
Meisterschafts‖kampf *m* -(e)s, -kämpfe *спорт.* борьба за первенство, розыгрыш первенства
Meisterschafts‖titel *m* -s, - *спорт.* звание чемпиона
Meister‖schütze *m* -n, -n отличный стрелок; снайпер
Meister‖singer *m* -s, - *ист.* майстерзингер
Meister‖stück *n* -(e)s, -е мастерское [образцовое] произведение, шедевр
Meisterung *f* -, -еn освоение (*чего-л.*)
Meister‖werk *n* -(e)s, -е *см.* Meisterstück
meistgebräuchlich *a* наиболее употребительный
meistgefragt *a* ходовой (*о товаре и т. п.*)
Melancholie [melaŋko-] <*gr.-lat.*> *f* -, -li|en меланхолия, грусть, тоска
Melancholiker [-laŋ'ko:-] <*gr.-lat.*> *m* -s, - меланхолик
melancholisch [melaŋ'ko:-] <*gr.-lat.*> *a* меланхолический, меланхоличный

Melange [-'laŋʒə] *f* - меланж
Melásse ⟨*lat.-span.-fr.*⟩ *f* -, -n меласса, патока (кормовая)
Melbourne [-bərn] (*n*) -s Мельбурн (*город в юго-вост. части Австралии*)
Melde *f* -, -n *бот.* лебеда
Melde‖amt *n* -(e)s, -ämter 1. бюро прописки; 2. *воен.* явочный пункт, призывной участок
Melde‖buch *n* -(e)s, -bücher домовая книга, книга для прописки; список проживающих (*в доме*)
Melde‖dienst *m* -es *воен.* служба связи
Melde‖kartentasche *f* -, -n *воен.* полевая сумка
melden I *vt* (D, *bei* D) извещать, сообщать; сигнализировать; докладывать; доносить; рапортовать (*что-л., кому-либо*); **er hat nichts zu ~** ему нечего сказать; **die Zeitungen ~** газеты сообщают; **jmdn. bei der Polizei ~** прописать кого-л. в полиции; II **~, sich** представляться, являться; вызваться; **sich zum Wort ~** просить слова; **sich zur Prüfung ~** подать заявление о допуске к экзамену; **das Alter meldet sich** старость даёт себя знать; **das Kind meldet sich** ребёнок подаёт голос; **sich ~ lassen*** просить доложить о своём прибытии [о себе]
Melde‖ordnung *f* -, -en *воен.* порядок явки
Melde‖pflicht *f* -, -en 1. обязательность своевременной прописки [регистрации]; 2. *воен.* обязательная явка
meldepflichtig *a* подлежащий регистрации, обязанный прописаться
Melder *m* -s, - *воен.* связной, посыльный
Melde‖rakete *f* -, -n сигнальная ракета
Melde‖stelle *f* -, -n 1. отдел [бюро] прописки (*в полиции*); бюро заявок; 2. *воен.* пункт явки по вызову; 3. *спорт.* место явки на соревнование
Melde‖wesen *n* -s *воен.* служба связи
Melde‖zettel *m* -s - бланк для прописки
Meldung *f* -, -en 1. извещение, уведомление; объявление; сообщение; 2. *воен.* рапорт, донесение, доклад; **eingelaufene ~en** полученные сведения; **~ erstatten** отрапортовать
Meldungs‖frist *f* -, -en срок подачи заявки
melíeren ⟨*lat.-fr.*⟩ *vt* смешивать, мелировать
melíert ⟨*lat.-fr.*⟩ *a* 1. смешанный, пёстрый; **grau ~es Haar** волосы с проседью; 2. *текст.* меланжевый
Melioratión ⟨*lat.*⟩ *f* -, -en мелиорация
melioríeren ⟨*lat.*⟩ *vt с.-х.* производить мелиорацию, мелиорировать

Melísse ⟨*gr.-lat.*⟩ *f* -, -n *бот.* лимонная мята, мелисса
Melíssen‖geist *m* -es *фарм.* настой из мелиссы
Melk‖anlage *f* -, -n доильная установка
Melk‖eimer *m* -s, - подойник, дойник
melken *vt* доить; **frisch gemolkene Milch** парное молоко; **jmdn. (tüchtig) ~** *разг.* выманивать у кого-л. деньги, доить кого-л.
Melker *m* -s, -; **~in** *f* -, -nen доильщик, -щица, дояр, -ка
Melk‖ertrag *m* -(e)s, -träge *с.-х.* удой
Melk‖kuh *f* -, -kühe дойная корова
Melk‖maschine *f* -, -n доильная машина
Melodéi *f* -, -en *поэт. см.* Melodie
Melodíe ⟨*gr.-lat.*⟩ *f* -, -di¦en мелодия, напев; **nach der ~** на мотив; ✧ **die ewige ~** *пренебр.* вечно одно и то же
Melódik ⟨*gr.-lat.*⟩ *f* -, -en *муз.* мелодика
melódisch ⟨*gr.-lat.*⟩ *a* мелодичный, мелодический, музыкальный, благозвучный
Melóne ⟨*gr.-lat.-it.*⟩ *f* -, -n 1. дыня; 2. *разг.* котелок (*шляпа*)
melónenartig *a* в форме дыни
Melónen‖bau *m* -(e)s бахчеводство
Melónen‖feld *n* -(e)s, -er бахча
Melónen‖kürbis *m* -ses, -se кабачок (*овощ*)
Membrán ⟨*lat.*⟩ *f* -, -en; **Membráne** *f* -, -n *тех.* мембрана; перепонка, пластинка
Memme *f* -, -n трус; трусиха; **feige ~** трусиха; *презр.* баба, мямля, тряпка
memmenhaft *a* трусливый, малодушный
Memoíren [memo'a:rən] ⟨*fr.*⟩ *pl* мемуары, записки, воспоминания
Memorándum ⟨*lat.*⟩ *n* -s, -den/-da меморандум, докладная записка
Memoriál ⟨*lat.*⟩ *n* -s, -e / -i¦en мемориал
Memoriál‖turnier ⟨*lat.-fr.*⟩ *n* -s, -e *спорт.* соревнование в память кого-л.
memóriam ⟨*lat.*⟩: **in ~** на [в] память
Menage [me'na:ʒə] ⟨*lat.-roman.-fr.*⟩ *f* -, -n 1. судок (*для уксуса, перца и т. п.*); 2. судок для переноса пищи
Menagerie [menaʒə-] ⟨*fr.*⟩ *f* -, -ri¦en зверинец
Menge *f* -, -n 1. множество, большое количество, масса; 2. толпа, рой, стая; **eine ~ Menschen** толпа людей
mengeln *vt* смешивать небольшими дозами
mengen I *vt* 1. смешивать, перемешивать; **zu einem Teig ~** замесить тесто; 2. путать, спутывать; **eins ins andere ~** говорить сбивчиво [путано]; II **~, sich**

вмешиваться; **sich in jmdns. (G) Angelegenheiten ~** вмешиваться в чьи-л. дела
Mengen∥angabe *f* -, -n указание количества
Mengen∥begriff *m* -(e)s, -e количественное понятие
Mengen∥futter *n* -s, - с.-х. мешанка
Mengen∥lehre *f* - *мат.* теория множеств
mengenmäßig I *a* количественный *(тж. тех.)*; II *adv* по количеству, по (своему) объёму, в количественном отношении
Meníngen <*gr.-lat.*> *pl* анат. мозговые оболочки
Meningítis <*gr.*> *f* - *мед.* менингит
Meniskus <*gr.*> *m* -, -ken *физ.* мениск; лунка
Mensa <*lat.*> *f* -, -sen (студенческая) столовая
Mensch I *m* -en, -en 1. человек; *pl* человеческий род, люди; **viele ~en** много народу; **jeder ~** любой (человек); **von ~ zu ~** как человек с человеком; 2. человек *(с относящейся к нему характеристикой "какой")*; **ein ~ von Format** незаурядная личность; **~en guten Willens** люди доброй воли; **ein unfertiger ~** незрелый человек; 3. *разг. в обращении:* **~!** дружище!, брат!; **~, was machst du da?** ты, что ты (там) делаешь?; **~, was soll das?** послушай, что (это) значит?; ◊ **unter die ~en kommen*** вращаться в обществе
Mensch II *n* -es, -er 1. *груб.* потаскуха; 2. *пренеб.* прислуга, баба
Mensch-ärgere-dich-nicht *n* - "Не сердись" *(название популярной настольной игры)*
Menschen∥affe *m* -n, -n человекообразная обезьяна
Menschen∥alter *n* -s 1. поколение; 2. средняя продолжительность человеческой жизни; человеческий век; **innerhalb eines ~s** на протяжении (жизни) одного поколения
Menschen∥feind *m* -(e)s, -e человеконенавистник, мизантроп
menschenfeindlich *a* человеконенавистнический, мизантропический
Menschen∥fresser *m* -s, - людоед, каннибал
Menschen∥freund *m* -(e)s, -e филантроп
menschenfreundlich *a* человечный, гуманный
Menschen∥freundlichkeit *f* - человечность, гуманность
Menschen∥gedenken *n*: **seit ~** спокон веку [веков], с незапамятных времён

Menschen∥geschlecht *n* -(e)s, -er человеческий род
Menschen∥gestalt *f* -, -en образ человека, человеческий образ
Menschen∥gewühl *n* -(e)s давка; толкотня; **im ~** в гуще толпы
Menschen∥haß *m* -sses человеконенавистничество, мизантропия
Menschen∥kenner *m* -s, - знаток людей
Menschen∥leben *n* -s, - человеческая жизнь; **viele ~ fordern** унести много человеческих жизней
menschen∥leer *a* безлюдный, необитаемый, пустынный
Menschen∥menge *f* -, -n толпа
menschenmöglich *a:* **das ~e tun*** сделать всё, что в человеческих силах
Menschen∥rechte *pl* права человека
menschenscheu *a* нелюдимый, одичавший, одичалый; мизантропический
Menschen∥scheu *subst f* - нелюдимость
Menschen∥schinder *m* -s, - живодёр
Menschen∥schlag *m* -(e)s порода [тип] людей; **verkümmerter ~** захудалый род
Menschen∥seele *f:* **es war keine ~ da** там не было ни души
Menschens∥kind *n* -(e)s, -er *разг.:* **~!** дружище!; чудак-человек!
menschenunwürdig *a* недостойный человека; нечеловеческий *(об условиях и т. п.)*
Menschen∥verstand *m* -(e)s человеческий разум; **der gesunde ~** здравый смысл
Menschen∥wohl *n* -(e)s благо человечества
Menschen∥würde *f* - человеческое достоинство
menschenwürdig *a* достойный человека
Menschheit *f* - человечество; **der Abschaum [der Auswurf] der ~** подонки рода человеческого
menschlich I *a* 1. человеческий; **nach ~em Ermessen** как подсказывает человеческий разум; **Irren ist ~** человеку свойственно ошибаться; 2. человечный, человеческий, гуманный; 3. *разг.* человеческий, сносный; достойный человека; II *adv* 1. гуманно, по-человечески; 2. *разг.* по-человечески, сносно, прилично
Menschlichkeit *f* - гуманность, человечность
Mensch∥werdung *f* - превращение в человека
Menstruatión <*lat.*> *f* -, -en менструация, месячные (кровотечения)
Mensúr <*lat.*> *f* -, -en 1. мензурка; 2. *муз.* мензура, такт; **hinter die ~en treten*** сбиться с такта; 3. дистанция *(фехтование)*

Mentalität <*lat.-engl.*> *f* -, -en склад ума, образ мыслей, менталитет
Menthól <*lat.*> *n* -s ментол
Mentor <*gr.*> *m* -s, -tóren наставник, воспитатель; ментор
mentorhaft *a* наставительный, менторский
mentorisíeren <*gr.*> *vt* **1.** наставлять, опекать; быть наставником; **2.** *биол.* применять метод ментора
Menü <*lat.-fr.*> *n* -s, -s меню *(подбор и карта блюд)*
Menuétt <*fr.*> *n* -(e)s, -е менуэт *(танец)*
Mephísto *m* -s/-; **Mephistópheles** *m* - Мефистофель
Mephistópheles/Mephísto Мефистофель *(дьявол, образ злого духа в фольклоре и художественном творчестве народов Европы)*
mergeln *vt с.-х.* удобрять мергелем *(почву)*
Meridián <*lat.*> *m* -s, -е *геогр.* меридиан; **rechtweisender** ~ истинный меридиан
meridionál <*lat.*> *a* меридиональный
merkantíl <*lat.-it.-fr.*> *a* **1.** меркантильный; торговый, коммерческий; **2.** меркантильный, мелкорасчётливый, торгашеский
Merkantilísmus <*lat.-it.-fr.*> *m* - меркантилизм
merkbar *a* заметный, приметный
Merk‖blatt *n* -(e)s, -blätter памятка; записка *(для памяти)*
Merk‖buch *n* -(e)s, -bücher записная [памятная] книжка
merken I *vt* **1.** метить *(бельё)*; **2.** замечать, отмечать, понимать; **ohne etw. zu ~** ничего не подозревая; **davon ist nichts zu ~** это незаметно; **etw. ~ lassen*** выказывать, давать почувствовать что-л.; **sich (D) nichts ~ lassen*** ничем не обнаружить своего волнения; **3.: sich (D) etw. ~** запоминать, брать что-либо на заметку; II *vi:* **auf etw. (A) ~** замечать, принимать во внимание что-либо; обращать внимание на что-л.
merklich *a* заметный, приметный, значительный; осязательный
Merk‖mal *n* -(e)s, -е примета, признак, отличительная черта; **ein hervorstechendes** ~ признак, бросающийся в глаза; **keine besonderen ~e** без особых примет
Merkúr <*lat.*> *m* -s *миф., астр.* Меркурий
merkwürdig *a* странный; удивительный; **ich finde es ~** это меня удивляет
merkwürdigerweise *adv* странным образом, как ни странно

Merkwürdigkeit *f* -, -en **1.** достопримечательность; **2.** странность
Merk‖zeichen *n* -s, - метка, помет(к)а, значок; отличительный признак; клеймо, марка
Merowínger *pl* Меровинги *(первая королевская династия во Франкском гос-ве <конец 5 в. - 751 г.>)*
merzen *vt тех.* отбирать, браковать
Mesdames [mɛ'dam] <*fr.*> *pl от* Madame
Mesdemoiselles [mɛd(ə)moa'zɛl] <*fr.*> *pl от* Mademoiselle
Mesolíthikum <*gr.*> *n* -s *археол.* мезолит
Mesón <*gr.*> *n* -s, -sónen *физ.* мезон, мезотрон
Mesopotámi‖en (*n*) -s Месопотамия *(область в Передней Азии, по среднему и нижнему течению Евфрата и Тигра)*
mesozóisch <*gr.*> *a геол.* мезозойский
Meß‖apparat *m* -(e)s, -е измерительный аппарат [прибор], измеритель
Meß‖band *n* -(e)s, -bänder *тех.* рулетка
meßbar *a* измеримый
Meßbarkeit *f* - измеримость
Messe <*lat.*> *f* -, -n **1.** богослужение, месса; обедня; **die ~ lesen* [zelebríeren]** служить обедню [мессу]; **2.** ярмарка; **die Leipziger ~** Лейпцигская ярмарка
Messe‖amt *n* -(e)s, -ämter дирекция ярмарки
Messe‖besucher *m* -s, -; **~gast** *m* -(e)s, -gäste посетитель ярмарки
Messe‖gut *n* -(e)s, -güter товар, предназначенный для ярмарки
Messe‖halle *f* -, -n ярмарочный [выставочный] павильон
Meß‖einheit *f* -, -en единица измерения
messen* I *vt* мерить, измерять; обмерять; межевать; **Stoff nach dem Meter ~** мерить материю метрами; **Milch nach dem Liter ~** мерить молоко литрами; **sich [einander] mit den Augen ~** мерить друг друга глазами; II **~, sich** мериться, мериться силами; равняться *(с кем-л. в чём-л.)*
Messer I *n* -s, - нож; резец; лезвие; **ein großes ~** резак; ◊ **jmdm. das ~ an die Kehle setzen** поставить кого-л. в критическое положение; **die Sache steht auf des ~s Schneide** дело в критическом положении; **Kampf [Krieg] bis aufs ~** борьба [война] не на жизнь, а на смерть; **ein ~ ohne (Heft und) Klinge** пустой звук, фикция, одна видимость; **das ~ beim Heft haben** захватить власть в свои руки; главенствовать; **mit dem großen ~ schneiden*, das große [lange] ~ führen** *разг.* врать, хвастаться

Messer II *m* -s, - **1.** измеритель; измерительный прибор; счётчик; **2.** землемер
Messer‖feile *f* -, -n ножовка, ножовочный напильник
Messer‖griff *m* -(e)s, -e; **~heft** *n* -(e)s, -e черенок [рукоятка] ножа
Messer‖held *m* -en, -en рубака; головорез
Messer‖klinge *f* -, -n см. Messerschneide
Messer‖schärfer *m* -s, - оселок, точило, точильный камень
Messerschmitt-Bölkow-Blohm GmbH *f* - Мессершмитт-Бельков-Блом ГмбХ (*крупнейший авиаконцерн в ФРГ*)
Messer‖schneide *f* -, -n лезвие ножа
Messer‖stich *m* -(e)s, -e **1.** удар ножом; **2.** ножевая рана
Messe‖stadt *f* -, -städte город, в котором бывают ярмарки; город ярмарок
Messe‖stand *m* -(e)s, -stände ярмарочный стенд
Meß‖gerät *n* -(e)s, -e измерительный прибор
Meß‖gewand *n* -(e)s, -gewänder *церк.* облачение, риза
Messias <*hebr.-gr.-lat*> *m* - *рел.* мессия
Messing *n* -s, -e латунь, жёлтая медь
messingen *a* медный, латунный, из жёлтой меди
Meß‖instrument *n* -(e)s, -e измерительный инструмент [прибор]
Meß‖latte *f* -, -n измерительная [мерная] рейка
Meß‖opfer *n* -s, - *церк.* дароприношение (*в католическом богослужении*)
Meß‖plan *m* -(e)s, -pläne планшет
Messung *f* -, -en измерение, обмер, промер, замер; **eine ~ vornehmen*** измерять
Meß‖werkzeug *n* -(e)s, -e см. Meßinstrument
Meß‖winkel *m* -s, - *тех.* угломер
Meß‖zahl *f* -, -en показатель (*цифровой*)
Mestize <*lat.-span.*> *m* -n, -n метис
Meta Мета (*краткая форма жен. имён* Margarete *и* Mathilde)
Metabolie <*gr.*> *f* -, -li¦en *биол.* метаболия
Metáll <*gr.-lat.*> *n* -s, -e металл; **edle ~e** благородные металлы
Metáll‖arbeiter *m* -s, - рабочий-металлист
metállartig *a* металловидный; металлический
Metáll‖barren *m* -s, - металл в слитках [в чушках, штыках]
mettállbearbeitend *a* металлообрабатывающий
Metáll‖bearbeitung *f* -, -en обработка металла, металлообработка

metállen <*gr.-lat.*> *a* металлический
Metáll‖gießer *m* -s, - литейщик
Metáll‖gießerei *f* -, -en литейная
Metáll‖guß *m* -sses, -güsse металлическое литьё, металлическая отливка
metállhaltig *a* металлоносный, содержащий металл
Metáll‖hütte *f* -, -n завод по выплавке цветных металлов
Metállhütten‖industrie *f* -, -stri¦en цветная металлургия
Metáll‖industrie *f* -, -stri¦en металлообрабатывающая промышленность
metállisch <*gr.-lat.*> **I** *a* металлический; **II** *adv:* **~ blank** с металлическим блеском
metallisieren <*gr.-lat.*> *vt тех.* металлизировать
Metáll‖kunde *f* - металловедение
Metáll‖produktion *f* -, -en производство металла
Metáll‖säge *f* -, -n ножовка, лучковая пила
Metáll‖schmelzofen *m* -s, -öfen печь для плавки металлов
Metáll‖späne *pl* металлическая стружка
Metáll‖staub *m* -(e)s металлические опилки
Metallúrg(e) <*gr.*> *m* -gen, -gen металлург
Metallurgie <*gr.*> *f* - металлургия
metállverarbeitend *a см.* metállbearbeitend
Metáll‖verarbeitung *f* -, -en обработка металлов, металлообработка
Metáll‖verbrauch *m* -(e)s расход металла
Metállwaren‖fabrik *f* -, -en метизный завод
metállzerspanend *a тех.* металлорежущий
Metamorphóse <*gr.-lat.*> *f* -, -n метаморфоза, превращение; *биол.* метаморфоз
Metápher <*gr.-lat.*> *f* -, -n *лит.* метафора, иносказание, образное выражение
metaphórisch <*gr.-lat.*> *a лит.* метафоричный, образный, иносказательный
Metaphráse <*gr.-lat.*> *f* -, -n *лит.* **1.** метафраза, дословный перевод; **2.** метафраза, прозаический перевод стихотворения
metaphrástisch <*gr.-lat.*> *a лит.* переводный; описательный
Metaphysik <*gr.*> *f* - *филос.* метафизика
metaphýsisch <*gr.-lat.*> *a филос.* метафизический
Metastáse <*gr.*> *f* -, -n *мед.* метастаз
Meteór <*gr.*> *n*, *m* -s, -e *астр.* метеор
meteórisch <*gr.*> *a астр.* метеорический, метеорный

Meteorít <gr.> m -(e)s/-en, -e/-en астр. метеорит
meteorítisch <gr.> a астр. метеорный; метеоритный
Meteorológ(e) <gr.> m -gen, -gen метеоролог
meteorológisch <gr.> a метеорологический
Méter <gr.> n, m -s, - метр; **laufendes ~** погонный метр
Meter‖maß n -es, -e 1. метрическая мера; 2. метр (линейка); сантиметр (лента); 3. размер [измерение] в метрах
Meter‖ware f -, -n товар, продаваемый на метры
meterweise adv метрами, на метры
Methán <gr.-lat.> n -s метан, болотный газ
Methóde <gr.-lat.> f -, -n метод; **nach eigener ~ arbeiten** работать по своему методу
Methódik <gr.-lat.> f -, -en методика
Methódiker <gr.-lat.> m -s, -; **~in** f -, -nen (педагог-)методист
methódisch <gr.-lat.> a методический; методичный
Methodíst <gr.-lat.-engl.> m -en, -en рел. методист
Methodologíe <gr.-lat.> f - методология
methodológisch <gr.-lat.> a методологический
Methýl <gr.-lat.> n -s хим. метил
Methýl‖alkohol m -s хим. метиловый [древесный] спирт
Métrik <gr.-lat.> f - стихосложение, метрика
metrisch I <gr.-lat.-fr.> a метрический (о мерах)
metrisch II <gr.-lat.-fr.> a лит. метрический, стихотворный
Métro (Metró) <gr.-lat.-fr.> f -, -s метро
Metrologíe <gr.> f - метрология
metrológisch <gr.> a метрологический
Metronóm <gr.> n -s, -e муз. метроном
Metropóle <gr.-lat.> f -, -n метрополия, центр
Metropóltheater n -s Метрополь-театр (театр муз. комедии в Берлине)
Métte <lat.-roman> f -, -n рел. всенощная; заутреня; ранняя обедня
Méttwurst f - "меттвурст" (копчёная колбаса из рубленого нежирного мяса)
Métze f -; **Metzen** m -s "меце" (стар. мера объёма сыпучих тел <3,44-80 л.>)
Metzeléi f -, -en бойня, резня, избиение
Metzger m -s, - мясник
Meuchel‖mord m -(e)s, -e вероломное убийство, убийство из-за угла
Meuchel‖mörder m -s, - убийца из-за угла
meucheln vt убивать из-за угла, убивать злодейски [предательски]
meuchlerisch a злодейский, предательский
meuchlings adv коварно, предательски, злодейски, из-за угла; **jmdm. ~ einen Schlag versetzen** нанести кому-л. удар в спину
Meute f -, -n 1. свора (собак); 2. перен. свора, шайка, куча
Meuteréi f -, -en бунт, мятеж
Meuterer m -s, - мятежник, бунтовщик, бунтарь
meuterisch a мятежный, бунтарский
Mexikáner m -s, -; **~in** f -, -nen мексиканец, -нка
mexikánisch a мексиканский
Mexiko (n) -s 1. Мексика (гос-во в юж. части Сев. Америки); 2. Мехико (столица Мексики)
Mia Миа (ласкательная форма жен. имени Maria)
miasmátisch <gr.> a ядовитый; заразный
miáuen vi мяукать
mich A om ich
Michael Михаель/Михаил (муж. имя)
Micháela Михаэла (жен. имя)
Michaelstag m -es, -e день Святого Михаила/Михайлов день (религиозный и народный праздник <29 сентября>, время уборки картофеля)
Michel Михель (1. краткая форма муж. имени Michael; 2. насмешливое прозвище немца; **der taube ~** глухая тетеря)
Michigansee ['mitʃigən-] m -s озеро Мичиган (в Сев. Америке)
mied impf om meiden*
Mieder n -s, - корсаж; лифчик; корсет
Mieder‖waren pl нижнее бельё, женская галантерея
Mieke 1. Мика (нижненем. ласкательная форма жен. имени Maria); 2. киска (ласкательное название кошки)
Miene <fr.> f -, -n вид; выражение (лица), мина; **gute ~ zum bösen Spiel machen** делать весёлую [хорошую] мину при плохой игре; **keine ~ verziehen*** не подавать виду; **eine ~ aufsetzen** делать мину, принять вид
Mienen‖spiel n -s, -e мимика
mies I a разг. гадкий, безобразный; неважный; II adv разг.: **das sieht ~ aus!** это гиблое дело!
miesepet(e)rig a ворчливый, вечно недовольный

mies|machen *vi* брюзжать, ныть, ворчать
Mies‖macher *m* -s, - ворчун, нытик, брюзга
Mies‖muschel *f* -, -n *зоол.* ракушник
Miete I *f* -, -n **1.** скирд, скирда, стог; **2.** овощехранилище *(в поле)*
Miete II *f* -, -n **1.** наём, прокат; **2.** плата за наём [прокат]; квартирная [арендная] плата; *etw.* **in die ~ nehmen*** арендовать, нанимать что-л.
mietefrei *a* бесплатный *(о жилом помещении);* **~e Wohnung** бесплатная квартира
mieten I *vt* **1.** снимать, брать напрокат [в аренду]; **2.** *мор.* фрахтовать; нанимать *(рабочих и т. п.)*
mieten II *vi* складывать в скирды *(хлеб и т. п.);* складывать для хранения *(овощи в поле, в ямах и т. п.)*
Mieter *m* -s, -; **~in** *f* -, -nen съёмщик, -щица; квартирант, -тка; жилец, жительница; наниматель, -ница
Mietskaserne *f* -, -n "казарма" *(разг. название густонаселённого <обычно беднотой> дома)*
Miet‖vertrag *m* -(e)s, -träge договор о найме
mietweise *adv* внаём, напрокат, взаймы
Miez *f* -, -en; **Miezchen** *n* -s, - кошечка, киска
Mieze 1. Мице *(ласкательная форма жен. имени* Maria*);* **2.** *f* -, -en *см.* Miez
Miezekätzchen *n* -s, - *см.* Miez
Migräne <*gr.-lat.-fr.*> *f* - *мед.* мигрень
Migration <*lat.*> *f* -, -en миграция
migríeren <*lat.*> *vi* (s, h) мигрировать
Mika <*lat.*> *f* - *мин.* слюда
Mikádo <*jap.*> *m* -s, -s микадо, японский император
Mikróbe <*gr.-lat.*> *f* -, -n микроб
Mikro‖dolmetscher *m* -s, - синхронный переводчик
Mikro‖film *m* -(e)s, -e микрофильм
mikrofilmíeren *(gr.+germ.-engl.) vt* микрофильмировать
Mikro‖klima <*gr.*> *n* -s, -s/-máte микроклимат
Mikrón <*gr.*> *n* -s, - *физ.* микрон
Mikrophón <*gr.-lat.*> *n* -s, -e микрофон
mikrophónisch <*gr.-lat.*> *a* тихий, слабый *(звук)*
Mikro‖photographíe <*gr.*> *f* **1.** - микрофотография; **2.** -, -phi|en микрофотография, микрофотоснимок
mikroporös <*gr.*> *a* микропористый
Mikroskóp <*gr.*> *n* -(e)s, -e микроскоп
mikroskópisch <*gr.*> *a* микроскопический

Mikro‖sómen <*gr.*> *pl* микросомы
Mikro‖übersetzung, ~übertragung *f* -, -en синхронный перевод *(через микрофон)*
Mikro‖waage *f* -, -n микровесы
Milán <*lat.-provenzal.-fr.*> *m* -s, -e *зоол.* коршун
Milán Милан *(муж. имя)*
Milanése *m* -n, -n миланец, житель Милана
Milanéser *a inv* миланский
Milbe *f* -, -n клещ
Milch I *f* - молоко; **die ~ von der Stute** кумыс; **dicke [saure] ~** простокваша; **die ~ abrahmen** снимать сливки *(тж. перен.);* ◊ **das Korn steht in der ~** рожь колосится
Milch II *f* - молоки *(рыб)*
Milch‖bar *f* -, -s кафе-молочная
Milch‖bart *m* -(e)s, -bärte **1.** пушок на верхней губе; **2.** *разг.* молокосос
Milch‖brötchen *n* -s, - сдобная булочка
Milch‖drüse *f* -, -n *анат.* молочная железа
Milch‖eimer *m* -s, - подойник
milchen *vi* доиться, давать молоко
Milch‖entrahmer *m* -s, - молочный сепаратор
Milch‖ergiebigkeit *f* - *с.-х.* молочность
Milch‖ertrag *m* -(e)s, -träge удой, надой
Milch‖erzeugnisse *pl* молочные продукты
Milch‖erzeugung *f* - производство молока, валовой надой молока
Milch‖gebiß *n* -sses, -sse молочные зубы
Milch‖glas *n* -es, -gläser **1.** стакан для молока; **2.** молочное [матовое] стекло
milchig *a* молочный
Milch‖industrie *f* - молочная промышленность
Milch‖kaffee *m* -s кофе с молоком
Milch‖kännchen *n* -s, - молочник *(посуда)*
Milch‖kanne *f* -, -n **1.** кувшин для молока; **2.** бидон (для молока)
Milch‖leistung *f* -, -en удой, удойливость
Milchner *m* -s, - самец рыб *(с молоками)*
Milch‖pulver [-fər/-vər] *n* -s молочный порошок
Milch‖rahm *m* -(e)s сливки
Milchsaft‖gefäße *pl* *бот.* млечные сосуды, млечники
Milch‖säure *f* - *хим.* молочная кислота
Milch‖seihe *f* -, -n; **~seiher** *m* -s, - цедилка для молока
Milch‖serum *n* -s, -ren/-га молочная сыворотка
Milch‖straße *f* - *астр.* Млечный Путь, Галактика
Milch‖vieh *n* -(e)s молочный скот

Milchvieh‖wirtschaft f - молочное скотоводство
Milchwachs‖reife f - с.-х. молочно-восковая спелость
Milch‖wirtschaft f -, -en молочное хозяйство
Milch‖zahn m -(e)s, -zähne молочный зуб
mild I a 1. мягкий, кроткий (о взгляде и т. п.); 2. мягкий, умеренный (климат и т. п.); 3. мягкий, снисходительный (приговор); 4. мягкий (свет); II adv мягко; ~e **gesagt** [**gesprochen**] мягко выражаясь
Milde f - 1. кротость; мягкость, снисходительность; 2. мягкость (климата и т. п.)
mildern vt смягчать, облегчать, ослаблять; унимать, утолять (боль)
mildernd a смягчающий
Milderung f -, -en смягчение, ослабление; уменьшение (боли); ~ **der internationalen Spannungen** ослабление международного напряжения
Milderungs‖grund m -(e)s, -gründe смягчающее (вину) обстоятельство
mildherzig a мягкосердечный
mildtätig a благотворительный, милосердный
Mild‖tätigkeit f - благотворительность, милосердие
Miléna Милена (жен. имя)
militánt <lat.> a воинствующий
Militär <lat.-fr.> 1. m -s, -s военный, военнослужащий; 2. n -s военные, военнослужащие; войска; **zum ~ gehen*** поступить на военную службу, идти в армию; **beim ~ sein** быть в армии, состоять на военной службе
Militär‖arzt m -es, -ärzte военный врач, военврач
Militär‖attaché [-ʃeː] <fr.> m -s, -s военный атташе
Militär‖ausschuß m -sses, -schüsse военная комиссия
Militär‖bezirk m -(e)s, -e военный округ
Militär‖block m -(e)s, -s военный блок; ~s **schmieden** сколачивать военные блоки
Militär‖budget [-byˈdʒeː] <fr.> n -s, -s военный бюджет
Militär‖bündnis n -ses, -se военный союз
Militär‖dienst m -es военная служба; **aktiver ~** действительная военная служба
militärfrei a освобождённый от военной службы
militärisch <lat.-fr.> I a военный, воинский; ~er **Drill** военная муштра; II adv по-военному; ~ **grüßen** отдавать честь

Militärischer Abschirmdienst m -es Служба военной контрразведки (осуществляет в ФРГ защиту бундесвера от шпионажа, разложения и инфильтрации)
militarisieren <lat.-fr.> vt милитаризировать
Militarisierung <fr.> f - милитаризация
Militarísmus <lat.-fr.> m - милитаризм
Militarist <lat.-fr.> m -en, -en милитарист
militaristisch <lat.-fr.> a милитаристский, милитаристический
Militär‖kommandant <fr.> m -en, -en военный комендант
Militär‖kontingente <lat.-fr.> pl военные контингенты
Militär‖kreis m -es, -e военный округ
Militär‖meldeamt n -(e)s, -ämter военный комиссариат
Militär‖musik <lat.-fr.> f - военная музыка
Militär‖pflicht f - воинская обязанность
militärpflichtig a военнообязанный; призывной; ~es **Alter** призывной возраст
Militär‖pflichtige subst m -n, -n военнообязанный
militärpolitisch <lat.-fr.> a военно-политический
Militär‖siedlung f -, -en военный городок
Militär‖stützpunkt m -(e)s, -e военная база
Militär‖verwaltung f -, -en военно-административное управление
Miliz <lat.-fr.> f - милиция
Milizionär <lat.-fr.> m -s, -e; **Miliz‖mann** m -(e)s, -männer/-leute милиционер
Milli Милли (ласкательная форма жен. имени Emilia)
Milliárde <lat.-fr.> f -, -n миллиард; **in die ~n gehen*** обходиться в миллиардные суммы, равняться миллиардам
Milieu [miˈli̯øː] <fr.> n -s, -s среда, окружение, обстановка
Milli‖grámm <lat.> n -s, -e (числ. -) миллиграмм
Milli‖liter <lat.> n, разг. m -s, - миллилитр
Milli‖méter <lat.> n, разг. m -s, - миллиметр
Millión <lat.-it.> f -, -en миллион; **in die ~en gehen*** обходиться в миллионные суммы, равняться миллионам
milliónenstark a многомиллионный
milliónenweise adv миллионами
Milz f -, -en анат. селезёнка; ◊ **eine schwarze ~ haben** видеть всё в чёрном свете

Milz∥brand *m* -(e)s *вет.* сибирская язва
Mime <*gr.-lat.*> *m* -n, -n (актёр-)мимик, мим
mimen <*gr.-lat.*> *vt* **1.** играть; быть актёром; **2.** разыгрывать, притворяться
Mimik <*gr.-lft.*> *f* - мимика
Mimikry <*gr.-lat.-engl.*> *f* - *биол.* мимикрия
mimisch <*lat.*> *a* мимический
Mimóse <*gr.-lat.*> *f* -, -n мимоза
Mina/Mine Мина *(краткая форма жен. имени* Wilhelmina)
Minarétt <*arab.-türk.-fr.*> *n* -(e)s, -e минарет
Minchen Миньхен *(ласкательная форма жен. имён* Mina *и* Mine)
minder *(comp от* wenig *и* gering) **I** *a* меньший, менее значительный; **II** *adv* меньше, менее; **mehr oder ~** более или менее
Minderheit *f* -, -en меньшинство; **in der ~ sein [bleiben*]** быть [оставаться] в меньшинстве
minderjährig *a* несовершеннолетний
Minderjährige *subst m, f* -n, -n несовершеннолетний, -няя
Minderjährigkeit *f* - несовершеннолетие
Minder∥lieferung *f* -, -en *ком.* недопоставка, поставка меньшего количества *(по сравнению с договором)*
mindern *vt* **1.** уменьшать, сокращать, снижать; **2.** смягчать, ослаблять
minderwertig *a* малоценный; неполноценный; недоброкачественный; низкопробный *(перен.)*
Minderwertigkeit *f* -, -en **1.** неполноценность; недоброкачественность; низшее качество; **2.** низкопробность *(литературы и т. п.)*
Minderwertigkeits∥gefühl *n* -(e)s, -e чувство неполноценности
Minderwertigkeits∥komplex *m* -es, -e комплекс неполноценности
Minderzahl *f* - меньшинство; **in der ~** в меньшинстве
mindest *(superl от* wenig *и* gering) **I** *a* минимальный, наименьший; **nicht das ~e von etw.** (D) **verstehen*** не иметь ни малейшего понятия [представления] о чём-л.; **II** *adv* минимально; **nicht im ~en** нисколько; **zum ~en** самое меньшее, по меньшей мере
Mindest∥beitrag *m* -(e)s, -träge наименьший [минимальный] взнос
Mindest∥betrag *m* -(e)s, -träge наименьшая [минимальная] сумма
mindestens *adv* по меньшей [крайней] мере; самое меньшее, минимум

Mindest∥forderung *f* -, -en минимальное требование
Mindest∥gehalt *n* -(e)s, -hälter минимальное содержание; минимальное жалованье, минимальный оклад, минимальная заработная плата *(служащих)*
Mindest∥last *f* -, -en *тех.* наименьшая нагрузка
Mindest∥leistung *f* -, -en минимальная мощность; наименьшая производительность
Mindest∥lohn *m* -(e)s, -löhne минимальная заработная плата *(рабочих)*
Mindest∥maß *n* -es, -e минимум, минимальный размер; **auf ein ~ reduzieren [herabsetzen, herabdrücken, beschränken]** свести до минимума
Mindest∥preis *m* -es, -e минимальная цена
Mine I <*kelt.-lat.-fr.*> *f* -, -n рудник
Mine II <*kelt.-lat.-fr.*> *f* -, -n **1.** *воен.* мина; фугас; **treibende ~** дрейфующая мина; **~n werfen*** ставить мины; *перен.* подкапывать под кого-л., подо что-л.; **~n suchen [räumen]** *мор.* тралить; **Anlegen von ~n** минирование; постановка мин; **2.** графит, графитный стержень *(для механического карандаша)*; стержень с пастой *(для шариковых авторучек)*
Minen∥angriff *m* -(e)s, -e *воен.* торпедная атака
Minen∥feld *n* -(e)s, -er минное поле
Minen∥granate *f* -, -n фугасная граната
Minenleger *m* -s, - *воен. мор.* минный заградитель
Minen∥räumboot *n* -(e)s, -e *воен. мор.* катерный тральщик
Minen∥räumung *f* -, -en разминирование; *мор.* травление
Minen∥sperre *f* -, -n *воен.* минное заграждение
Minen∥sucher *m* -s, - тральщик
Minen∥werfer *m* -s, - *воен.* миномёт
Miner <*kelt.-lat.-fr.*> *m* -s, - *воен.* минёр
Minerál <*kelt.-lat.-fr.*> *n* -s, -e/-i¦en **1.** минерал; **2.** *pl* ископаемые (богатства)
Mineral∥dünger *m* -s, - *с.-х.* минеральное удобрение, тук
minerálisch <*kelt.-lat.-fr.*> *a* минеральный
Mineralogie <*kelt.-lat.-fr.*> *f* - минералогия
mineralógisch <*kelt.-lat.-fr.*> *a* минералогический
Minerál∥wasser *n* -s, -wässer минеральная вода
Miniatúr <*lat.-it.-fr.*> *f* -, -en миниатюра

minieren <*kelt.-lat.-fr.*> *vt* воен., горн. минировать

minimál <*lat.*> *a* минимальный, наименьший

Minimum <*lat.*> *n* -s, -ma минимум; **auf ein ~ zusammenschrumpfen** сокращать(ся) до минимума

Miníster <*lat.-fr.*> *m* -s, - министр; **bevollmächtigter ~** чрезвычайный посол; **ein ~ ohne Geschäftsbereich** министр без портфеля; **zum ~ ernennen*** назначить на пост министра

Ministeriál‖apparat *m* -(e)s, -e аппарат министерства

ministeriéll <*lat.-fr.*> *a* министерский

Ministérium <*lat.-fr.*> *n* -s, -ri|en министерство; **~ des Innern, ~ für Innere Angelegenheiten** министерство внутренних дел; **~ des Auswärtigen, für Auswärtige Angelegenheiten** министерство иностранных дел; **~ für Gesundheitswesen** министерство здравоохранения

Ministérium‖wechsel *m* -s, - смена кабинета министров

Miníster‖kabinett *n* -(e)s кабинет министров

Miníster‖präsident *m* -en, -en премьер-министр

Miníster‖rat *m* -(e)s, -räte совет министров

Minka Минка (*ласкательная форма жен. имени* Dominika)

Minna Минна (*ласкательная форма жен. имён* Wilhelmina *и* Hermine)

Minne *f* - *поэт. уст.* любовь; **höfische ~** любовь рыцаря к даме сердца; ◊ **~ verkehrt die Sinne** *посл.* любовь ослепляет; любовь зла, полюбишь и козла

Minnesang *m* -(e)s *ист.* миннезанг, любовная рыцарская поэзия

Minnesinger *m* -s, - миннезингер (*букв.* певец любви) (*нем. рыцарские певцы-поэты; их искусство возникло в 12 в.*)

Minni Минни (*ласкательная форма жен. имён* Wilhelmina *и* Hermine)

Minorität <*lat.-fr.*> *f* -, -en меньшинство; *см.* Minderheit

Minsk (*n*) -s Минск (*столица Республики Беларусь*)

Minuénd <*lat.*> *m* -en, -en *мат.* уменьшаемое

mínus <*lat.*> *adv* минус

Minus <*lat.*> *n* -, - 1. *мат.* минус; разность; 2. *ком.* дефицит; 3. минус, недостаток

Minus‖pol <*lat.*> *m* -s, -e *физ.* отрицательный [минусовой] полюс

Minus‖zeichen *n* -s, - *мат.* знак минуса

Minúte <*lat.*> *f* -, -n минута; **eine halbe ~** полминуты; **auf die ~ (genau)** минута в минуту; **fünf ~n nach drei** пять минут четвёртого; **fünf ~n vor eins** без пяти минут час

minútenlang I *a* продолжающийся несколько минут, минутный; II *adv* в продолжение [течение] нескольких минут

minútenweise *adv* поминутно, ежеминутно

Minúten‖zeiger *m* -s, - минутная стрелка

minútlich, minütlich *adv* ежеминутно, каждую минуту

minuziös <*lat.-fr.*> *a* мелочный; педантичный

Minze *f* -, -n *бот.* мята

mir D *om* ich

Miráge [-ʒə] <*lat.-fr.*> *f* -, -n мираж

Mirákel <*lat.*> *n* -s, - чудо, чудеса

Misantróp <*gr.*> *m* -en, -en мизантроп, человеконенавистник

mischen I *vt* мешать, смешивать, перемешивать; подмешивать; тасовать (*карты*); II **~, sich** вмешиваться; **sich in die Menge ~** смешиваться с толпой

Mischer *m* -s, - 1. мешалка; смеситель; миксер; 2. вальцовщик; 3. звукооператор

Misch‖farbe *f* -, -n составной цвет; составная краска

Mischling *m* -s, -e метис; гибрид, помесь

Mischmasch *m* -es, -e всякая всячина

Mischung *f* -, -en 1. смесь, соединение; 2. смешивание

Misch‖wald *m* -(e)s, -wälder смешанный лес

miserábel <*lat.-fr.*> I *a* жалкий; мизерный; никудышный; **er spricht ein miserables Deutsch** он плохо говорит по-немецки; II *adv* плохо, скверно; **mir ist ~ (zumute)** я чувствую себя скверно

Misère <*lat.-fr.*> *f* -, -n нужда, бедность, горе; убожество

miß- I *неотд. прист.*, *указывает на* 1. *отрицание*: **miß|achten** не уважать; 2. *неправильность, неуспешный характер действия*: **miß|deuten** превратно [неправильно] истолковывать

miß- II *преф. прил.*, *придаёт значение отрицательного качества*, *плохого состояния или противоположности*: **mißfarbig** имеющий некрасивый цвет; **mißlaunig** не в духе, в плохом настроении

Miß-, Misse- *преф. сущ.*, *придаёт*: 1. *значение неправильности, недостаточности, неудачи и т. п.*: **Mißernte** неурожай; 2. *значение отрицания или*

противоположности: **Mißerfolg** неуспех, неудача

Miß ‹*engl.*› *f* -, Misses ['misiz] **1.** мисс *(обычно перед фамилией незамужней женщины)*; **2.** гувернантка-англичанка, преподавательница английского языка

miß|ächten *vt* не уважать, презирать *(кого-л.)*, пренебрегать *(чем-л.)*

Mißachtung *f* -, -en неуважение, презрение, пренебрежение; **~ auf sich** (D) **zuziehen*** заслужить презрение

miß|arten *vi* (s) вырождаться

Mißartung *f* -, -en вырождение, дегенерация

miß|behagen *(inf + zu* mißzubehagen*) vi* не нравиться

Mißbehagen *n* -s неприятное чувство, досада; **voller ~** полный неприятных чувств

mißbehaglich *a* неприятный, досадный

mißbilden *(inf + zu* mißzubilden*) vt* уродовать, обезображивать

Mißbildung *f* -, -en уродство, безобразие

miß|billigen *vt* **1.** не одобрять, порицать; **2.** отклонять, отвергать

Mißbilligung *f* -, -en неодобрение, порицание

Mißbrauch *m* -(e)s, -bräuche злоупотребление; **mit etw.** (D) **~ treiben*** злоупотреблять чем-л.

miß|bräuchen *vt* злоупотреблять *(чем-л.)*; использовать в преступных целях *(кого-л., что-л.)*

miß|deuten *vt* неправильно [превратно] истолковывать

Mißdeutung *f* -, -en превратное толкование; *pl* кривотолки

missen *vt* быть лишённым *(чего-л.)*; обходиться *(без чего-л.)*; **jmdn.** [**etw.**] **leicht ~** легко обходиться без кого-л. [чего-л.]

Mißerfolg *m* -(e)s, -e неуспех, неудача; **~ haben** терпеть неудачу

Mißernte *f* -, -n неурожай, недород

Misse||tat *f* -, -en **1.** злодеяние, преступление; **eine ~ begehen*** [**vollbringen***] совершить злодеяние; **2.** прегрешение, грех

Misse||täter *m* -s, - злодей, преступник; грешник

miß|fallen *vi* (D) не нравиться *(кому-л.)*

Mißfallen *n* -s недовольство, неудовольствие; **~ erregen** вызвать неудовольствие

mißfällig *a* неодобрительный; неприятный, отталкивающий

mißfarben *a* грязного цвета, поблекший, выцветший

Mißgeburt *f* -, -en **1.** урод; ублюдок; **~ der Hölle** исчадие ада; **2.** *мед.* аборт

mißgelaunt *a* недовольный, расстроенный; **~ sein** быть не в духе, быть в плохом настроении

Mißgeschick *n* -(e)s, -e невзгода, неудача, несчастье; **ein ~ ereilte** [**traf**] **ihn** его постигло несчастье

Mißgestalt *f* -, -en **1.** уродство, уродливость; **2.** безобразное [уродливое] существо

miß|gestalten *vt см.* mißbilden

mißgestaltet *a* уродливый, обезображенный

mißgestimmt *см.* mißgelaunt

mißgewachsen *a* искалеченный, увечный, убогий *(от рождения)*

miß|glücken *vi* (s) не удаваться; **es mißglückte mir...** мне не удалось...

mißglückt *см.* mißglücken

miß|gönnen *vt (jmdm.)* завидовать *(в чём-либо, кому-л.)*; относиться недоброжелательно *(к кому-л.)*

Mißgönner *m* -s, - недоброжелатель, завистник

Mißgriff *m* -(e)s, -e **1.** ошибка, промах; неправильный приём; **2.** *муз.* неверно взятая нота, неверная нота

Mißgunst *f* - недоброжелательство, немилость; зависть; **die ~ der Verhältnisse** неблагоприятные условия [обстоятельства]; **sich** (D) **jmds. ~ zuziehen*** впасть в немилость [быть в немилости] у кого-л.

mißgünstig *a* недоброжелательный; завистливый

miß|handeln *vt* жестоко обращаться *(с кем-л.)*, третировать *(кого-л.)*; **eine Sprache ~** коверкать язык

Mißhandlung *f* -, -en жестокое обращение (G *с кем-л.*); **der ~ erliegen*** стать жертвой [пострадать от] кого-л.

Misión ‹*lat.*› *f* -, -en **1.** миссия; поручение; **jmdn. mit einer ~ betrauen** доверить [поручить] кому-л. какую-л. миссию; **2.** миссия *(учреждение)*; **3.** миссионерство

Missionär ‹*lat.*› *m* -s, -e миссионер

Mississippi *m* -/-s Миссисипи *(река в США, впадает в Мексиканский залив)*

Mißklang *m* -(e)s, -klänge *перен.* разлад, дисгармония; **einen ~ in etw.** (A) **bringen*** вносить разлад [диссонанс] во что-л.

miß|klingen* *vi* диссонировать

Mißkredit *m* -(e)s недоверие; **in ~ geraten*** [**kommen***] лишиться доверия, стать непопулярным

mißláng *impf om* mißlingen*
miß|leíten *vi* совращать; вести по неправильному пути
míßlich I *a* сомнительный; щекотливый; критический, затруднительный; **eine ~e Lage** незавидное [затруднительное, щекотливое] положение; II *adv* сомнительно; **es steht ~ um ihn** его дела неважные
míßliebig I *a* нелюбимый, неугодный; II *adv* недружелюбно
míß|lingen* *vi* (s) не удаваться
mißlúngen *part* II *om* mißlingen*
Míßmut *m* -(e)s досада, недовольство, угрюмость; дурное настроение
míßmutig *a* недовольный, угрюмый
míß|ráten* *vi* (s) не удаваться; **der Kuchen ist mißraten** пирог не удался
Míßstand *m* -(e)s, -stände неполадка, неисправность; недостаток; *pl* неполадки, непорядки; **gegen die Mißstände auftreten*** бороться с неполадками
míß|stimmen *vt* расстраивать
Míßstimmung *f* -, -en дурное настроение, расстройство; **eine tiefgehende ~** полный разлад *(между людьми)*; **ohne jede ~ verlaufen*** пройти гладко
Míßton *m* -(e)s, -töne *см.* Mißklang
míß|tönen *см.* mißklingen*
mißtönend I *a* неблагозвучный, диссонирующий; *перен.* несогласный, несозвучный; II *adv*: **~ zusammenklingen*** диссонировать, звучать фальшиво
mißtönig *a*, *adv см.* mißtönend
míß|tráuen *vi* не доверять
Míßtrauen *n* -s недоверие, недоверчивость; **gegen jmdn. ~ haben [hegen]** питать недоверие к кому-л.
Míßtráuens||votum [-vo:-] *n* -s, -ten/-ta вотум недоверия
míßtrauisch *a* недоверчивый; **gegen jmdn. ~ sein** относиться к кому-л. с недоверием
Míßvergnügen *n* -s неудовольствие, недовольство, досада; **~ bereiten [erregen, machen]** вызвать неудовольствие
míßvergnügt *a* недовольный, раздосадованный
Míßverhältnis *n* -sses, -se 1. несоответствие, несоразмерность, диспропорция; 2. натянутые отношения, разногласие, разлад
mißverständlich *a* вызывающий недоразумение
Míßverständnis *n* -ses, -se недоразумение, ошибка; **das beruht auf einem ~** это произошло по недоразумению; **da liegt ein ~ vor** здесь (какое-то) недоразумение
míß|verstehen* *vt* ложно, неправильно понимать; **ein nicht mißzuverstehender Blick** недвусмысленный взгляд
míßweisend *a* магнитный; **~er Kurs** *ав.* магнитный курс
Míßwirtschaft *f* - бесхозяйственность
Mist I *m* -(e)s, -e 1. навоз, помёт; **auf den ~ schmeißen*** выбросить на помойку [на свалку]; 2. *разг.* дрянь, хлам, ерунда; **das ist ja der reinste ~!** это чистейшая ерунда!; **so ein ~!** дело дрянь!; **~ reden [verzapfen]** *разг.* городить чушь [вздор]; ◊ **das ist nicht auf seinem ~ gewachsen** *разг.* это не его заслуга
Mist II *m* -es, -e туман, мгла *(на море)*
Mist||beet *n* -(e)s, -e парник
místen I I *vt* унавоживать, удобрять; II *vi* испражняться *(о животных)*
místen II *vimp*: **es mistet** поднимается туман
Míster <*engl.*> *m* -s, - мистер, господин *(обычно перед фамилией мужчины)*
Mist||fink *m* -en, -en 1. *зоол.* юрок; 2. *разг.* неопрятный человек, грязнуля
Mist||forke *f* -, -n; **~gabel** *f* -, -n навозные вилы
místig I *a* навозный; грязный
místig II *a* туманный, мглистый
mit I *prp* (D) 1. с, вместе, с; **er arbeitet ~ mir** он работает (вместе) со мной; 2. *указывает на содержимое*: **Kaffee ~ Rahm** кофе со сливками; 3. *употребляется при обозначении орудия, средства, при помощи которого совершается действие*: **~ dem Bleistift schreiben*** писать карандашом; **~ dem Auto fahren*** ехать на автомобиле; **~ der Post schicken** посылать по почте; 4. *употребляется при обозначении времени*: **~ der Zeit** со временем; **~ zehn Jahren** десяти лет; 5.: **~ Absicht** намеренно; **~ Vorsicht** осторожно; **~ anderen Worten** другими словами; **wie steht es ~ ihm?** как его дела?; II *adv* также, тоже; **~ dabei sein** присутствовать при чём-л., участвовать в чём-л.; **das gehört ~ dazu** это относится сюда же; **kommen Sie doch mal ~ bei uns vorbei!** заходите к нам *(в гости)!*
mit- *отдел. глаг. приставка, указывает на совместность действия, на соучастие в чём-л.*: **mit|arbeiten** сотрудничать; **mit|fahren*** ехать вместе с *(кем-либо)*
Mítarbeit *f* - сотрудничество; **freiwillige ~** добровольное участие; добровольная помощь

mit|arbeiten *vi* (*an* D) сотрудничать *(в чём-л.)*
Mitarbeiter *m* -s, -; **~in** *f* -, -nen сотрудник, -ница
Mitbegründer *n* -s, - один из учредителей, соучредитель
mit|bekommen* *vt* 1. получать с собой *(на дорогу, в приданое)*; 2. понимать, улавливать смысл *(сказанного, услышанного)*
Mitbesitz *m* -es, -e совладение, совместное владение
Mitbesitzer(in) *см.* Mitinhaber(in)
Mitbestimmung *f* -, -en 1. право (решающего) голоса; 2. *эк.* рабочий контроль; участие рабочих в управлении предприятием
mitbeteiligt *a* принимающий участие в чём-л. вместе с другими
Mitbeteiligte *subst m, f* -n, -n соучастник, -ница; сообщник, -ница
Mitbewerber *m* -s, -; **~in** *f* -, -nen участник, -ница соревнования [конкурса]; соискатель, -ница; конкурент, -ка
Mitbewerbung *f* -, -en соискание; соперничество, конкуренция; состязание
Mitbewohner *m* -s, -; **~in** *f* -, -nen сожитель, -ница; совместно проживающий, -ая
mit|bringen* *vt* 1. приносить [привозить, приводить] с собой; 2.: **für diese Stellung bringt er gar nichts mit** он совершенно не годится для этой должности
Mitbürger *m* -s, -; **~in** *f* -, -nen согражданин, -нка; *б. ч. pl* сограждане
Miteigentum *n* -(e)s, -tümer общественная [коллективная] собственность
Miteigentümer(in) *см.* Mitinhaber(in)
miteinánder *pron rez* вместе; друг с другом
miteinbegriffen, miteingeschlossen I *a* включённый; II *adv* включая, включительно
mit|einschließen* *vt* включать в себя
Mitesser I *m* -s, - сотрапезник
Mitesser II *m* -s, - *мед.* угорь
mit|fahren *vi* (s) ехать вместе *(с кем-л.)*; **Fahren Sie mit?** Вы едете с нами [со мной]?
Mitfahrer *m* -s, -1. спутник, попутчик; 2. пассажир; 3. колясочник *(мотоспорт)*
mit|feiern *vt* праздновать вместе *(с кем-либо)*, участвовать в общем празднике
mit|fühlen *vt* I сочувствовать *(чему-л.)*; II *vi* (D) сочувствовать, соболезновать *(кому-л.)*
mitfühlend *a* сочувствующий, соболезнующий; жалостливый; **~ sein, ein ~es Wesen [Herz] haben** быть мягкосердечным [чутким]

mit|führen *vt* везти с собой; иметь при себе; *ав.* иметь на борту; **eine Waffe ~** носить при себе оружие
mit|geben* *vt* давать (с собой); **gute Ratschläge ~** дать добрые советы *(в дорогу и т. п.)*
Mitgefühl *n* -s сочувствие, соболезнование
mit|gehen* *vi* (s) идти *(вместе с кем-л.)*, сопровождать *(кого-л.)*; **~ lassen** *разг.* стащить, стянуть, увести
mitgeladen *a* приглашённый вместе с другими
mit|genießen* *vt* 1. пользоваться вместе [сообща]; 2. наслаждаться вместе с другими
mitgenommen *a* измотанный, изнурённый; пострадавший; **hart ~ sein** сильно пострадать
Mitgift *f* -, -en приданое
Mitglied *n* -(e)s, -er член *(какой-л. организации)*; **ordentliches ~** действительный член *(напр. академии)*; **ständiges ~** постоянный член
Mitglieder‖bestand *m* -(e)s число [количество] членов *(организации)*
Mitglieds‖ausweis *m* -es, -e членский билет
Mitglieds‖beitrag *m* -(e)s, -träge членский взнос
Mitglieds‖buch *n* -(e)s, -bücher членский билет, членская книжка
mit|haben* *vt* иметь при себе
mit|halten* I *vt* держать вместе с другими; II *vi* (*auf, bei* D) участвовать *(в чём-л.)*
mit|helfen* *vi* помогать
Mithelfer *m* -s, -; **~in** *f* -, -nen помощник, -ница
Mithilfe *f* -, -n помощь, содействие; **tätige ~** активная помощь
mithín *adv* следовательно, итак; конечно
mit|hören *vt* подслушивать *(по телефону)*
Mitinhaber *m* -s, -; **~in** *f* -, -nen совладелец, -лица, компаньон, -нка
mit|kämpfen *vi* вместе бороться, вместе сражаться
Mitkämpfer *m* -s, -; **~in** *f* -, -nen соратник, -ница, боевой товарищ; **bewährter ~** испытанный соратник
mit|klingen* *vi* звучать в унисон; *перен. тж.* быть созвучным *(с чем-л.)*
mit|kommen* *vi* (s) 1. приходить, прибывать, идти вместе *(с кем-л.)*; **komm mit!** идём!; 2. успевать, не отставать; **kom-**

men Sie mit? Вы успеваете? *(при письме и т. п.)*
mit|können* *vi:* da kann ich nicht mit 1) я не могу пойти (вместе с вами); 2) я этого не понимаю, для меня это слишком трудно
mit|kriegen *vt* 1. *разг.* получать в придачу; 2. понять, усвоить
mit|laufen* *vi* (s) бежать вместе *(с кем-л.)*
Mitläufer *m* -s, - 1. *полит.* попутчик; 2. *тех.* синхронизированная часть
Mitleid *n* -(e)s сострадание, соболезнование, сочувствие; ein warmes ~ искреннее сочувствие; ~ mit jmdm. haben сочувствовать кому-л., сжалиться над кем-л.
mit|leiden* *vi* разделять *(чьи-л.)* страдания
mitleidenswert, mitleidenswürdig *a* достойный сострадания [сочувствия]
mitleidig *a* сострадательный, жалостливый; ~ tun* прикидываться сочувствующим
mitleid(s)los *a* безжалостный
mitleid(s)voll *a* сострадательный, полный сочувствия
mit|lesen* *vt* читать вместе *(с кем-л.)*
mit|machen *vt* принимать участие, участвовать *(в чём-л.)*; einen Krieg ~ участвовать в войне
Mitmensch *m* -en, -en ближний *(о человеке)*
mit|müssen* *vi* быть вынужденным идти [ехать] с кем-л.
mit|nehmen* *vt* 1. брать с собой; 2. переносить *(что-л.)*, мириться *(с чем-л.)*; einen Nachteil ~ müssen быть вынужденным смириться с каким-л. неудобством; 3. обессиливать, расстраивать здоровье, изнурить, отражаться *(отрицательно)*; die Krankheit hat ihn stark mitgenommen болезнь сильно ослабила его
mitnichten *adv* ни в коем случае, отнюдь не
mit|rechnen *vi* включать *(в число)*, причислять; das rechnet nicht mit это не в счёт, это не считается
mit|reden *vi* участвовать в разговоре; высказывать своё мнение
mit|reisen *vi* (s) ехать вместе *(с кем-л.)*
Mitreisende *subst m, f* -n, -n спутник, -ница, попутчик, -чица
mit|reißen* *vt* 1. увлекать, уносить с собой, сносить *(течением)*; 2. *перен.* увлекать
mitreißend *a* 1. увлекающий, уносящий *(за собой)*; 2. *перен.* увлекательный

mit|reiten* *vi* (s) ехать верхом вместе *(с кем-л.)*; сопровождать верхом *(кого-л.)*
Mitropa *f* - "Митропа" *(предприятие по обслуживанию пассажиров, основано в 1917 в Берлине <сокр. от* Mitteleuropäische Schlafwagen- und Speisewagen- Aktiengesellschaft>*)*
mitsamt *prp* (D) вместе *(с кем-л., с чем-либо)*, включая
mit|schicken *vt* посылать вместе [одновременно] *(с чем-л.)*
mit|schleppen *vt* таскать с собой
mit|schreiben* *vt* писать *(вместе)* с *(кем-либо)*; (стенографически) записывать *(чьи-л. слова)*
Mitschuld *f* - соучастие *(в вине, преступлении)*; ~ haben [tragen*] быть соучастником *(в чём-л.)*; jmdn. der ~ bezichtigen [überführen] обвинять кого-л. в соучастии *(в чём-л.)*
mitschuldig *a* причастный *(к чему-л.)*
Mitschuldige *subst m, f* -n, -n соучастник, -ница, сообщник, -ница
Mitschüler *m* -s, -; ~in *f* -, -en товарищ, подруга по школе; школьный товарищ, школьная подруга
mit|schwingen* *vi* *физ.* резонировать
mit|singen* *vi* участвовать в хоре; петь вместе *(с кем-л.)*
mit|spielen 1. участвовать в игре; 2. иметь значение, играть (определённую) роль *(в чём-л.)*; 3.: jmdm. übel [schlimm, hart] ~ сыграть с кем-л. злую шутку, причинить вред кому-л.
Mitspieler *m* -s, - партнёр; *спорт.* игрок своей команды
mit|sprechen* *vi* участвовать в разговоре [в обсуждении]; hier sprechen neue Umstände mit здесь следует учитывать новые обстоятельства
mit|stimmen *vi* участвовать в голосовании
Mitstreiter *m* -s, - см. Mitkämpfer
Mittag *m* -(e)s, -e 1. полдень; am ~ в полдень; gegen ~ около полудня; 2. обед; ~ machen делать перерыв на обед; zu ~ во время обеда; zu ~ essen* обедать
Mittag||essen *n* -s, - обед; zum ~ на обед; beim ~ за обедом
mittägig *a* 1. полуденный; 2. южный
mittäglich *a* 1. см. mittägig; 2. обеденный
mittags *adv* 1. в полдень; 2. в обеденный час; во время обеда
Mittags||hitze *f* - полуденная жара, полуденный зной
Mittags||mahlzeit *f* - время обеда
Mittags||ruhe *f* - обеденный перерыв; послеобеденный отдых

Mittags∥schläfchen *n* -s, - послеобеденный сон; **ein ~ machen, sein ~ halten*** прикорнуть [вздремнуть] после обеда

Mittags∥stunde *f* -, -n **1.** полдень; **2.** время [час] обеда

Mittäter *m* -s, - соучастник, сообщник *(преступления)*

Mitte I *f* -, -n **1.** середина; **~ März** в середине марта; **jmdn. in die ~ nehmen*** взять кого-л. в середину; **die goldene ~** золотая середина; **sie ist ~ der Vierziger** ей около сорока пяти лет; **2.** центр; центральная часть; **3.** среда, общество, круг, группа *(людей)*; **einer aus unserer ~** один из нас [нашей среды, нашего круга]; **4.** *полит.* центр (группировка)

Mitte II *f* - Центр/Митте (гор. р-н Берлина)

mit|teilen I *vt* сообщать, передавать *(сообщение)*, уведомлять; **II ~, sich 1.** сообщаться, передаваться; **2.** (D) довериться *(кому-л.)*, быть откровенным *(с кем-л.)*

mitteilsam *a* общительный

Mitteilung *f* -, -en сообщение, уведомление; передача; **laut ~** по сообщению

mittel *a* средний; **von mittlerer Größe** среднего роста

Mittel *n* -s, - **1.** средство, способ; **mit allen ~n** всемерно; всеми средствами; **jedes ~ ist ihm recht** он не брезгует никакими средствами; **mit allen ~n eingreifen*** пустить в ход все средства; **2.** *pl* (материальные) средства; состояние; **aus eigenen ~n** за собственный [свой] счёт; **über große ~ verfügen** иметь в своём распоряжении большие средства; **das geht über meine ~** это мне не по карману; **3.** (лечебное) средство, лекарство; **schmerzstillendes [linderndes] ~** болеутоляющее средство; **fieberstillendes ~** жаропонижающее средство; **4.** *мат.*: **das arithmetische ~** среднее арифметическое; **im ~** в среднем; **5.** *физ.* среда; **brechendes ~** преломляющая среда; **6.** *геол.* прослоек, слой, пласт; **armes ~** бедная залежь; **edles ~** богатая залежь; **taubes ~** пустая залежь [порода]

Mittel∥alter *n* -s средневековье, средние века

mittelalterlich *a* средневековый

mittelbar *a* промежуточный; посредствующий

Mittel∥ding *n* -(e)s нечто среднее; ни то ни сё

mitteleuropäisch *a* среднеевропейский

Mittel∥feld *n* -(e)s, -er *спорт.* центр поля

Mittel∥finger *m* -s, - средний палец

mittelgroß *a* среднего роста; средней величины

Mittel∥größe *f* -, -n средняя величина; средний рост

mittelhochdeutsch *a лингв.* средневерхненемецкий

mittelländisch *a* средиземноморский

Mittelländisches Meer *n* -es Средиземное море *(море Атлантического океана между Европой, Азией и Африкой)*

Mittellandkanal *m* -s Среднегерманский канал *(соединяет реки Эмс, Везер и Эльбу <ФРГ>)*

Mittel∥läufer *m* -s, - центральный (полу)защитник, центр защиты *(футбол, ручной мяч)*

Mittel∥lini|e *f* -, -n **1.** средняя линия; ось; **2.** *мат.* медиана; **3.** *спорт.* средняя линия; центральная линия *(поля)*

Mittel∥lohn *m* -(e)s, -löhne средняя заработная плата

mittellos *a* неимущий, без средств

Mittellosigkeit *f* - отсутствие средств, бедность

mittelmäßig I *a* средний; посредственный; незначительный; заурядный, второстепенный; **II** *adv* посредственно

Mittelmäßigkeit *f* -, -en посредственность, заурядность

Mittelmeer *n* -es Средиземное море; см. Mittelländisches Meer

Mittel∥ohr *n* -(e)s, -en *анат.* среднее ухо

Mittel∥punkt *m* -(e)s, -e центр *(тж. перен.)*; **im ~ stehen*** стоять [находиться] в центре внимания; **in den ~ stellen [rücken]** поставить в центр внимания

Mittelrussischer Landrücken *m* -s Среднерусская возвышенность *(находится на Русской равнине в центре Европейской части РФ)*

mittels *prp* (G) при помощи, посредством, путём

Mittel∥schule *f* -, -n средняя школа, среднее учебное заведение

Mittels∥mann *m* -(e)s, -männer/-leute посредник

Mittel∥spiel *n* -(e)s, -e *шахм.* середина игры, миттельшпиль

mittelst I *a* центральный; промежуточный

mittelst II *prp* см. mittels

Mittel∥stand *m* -(e)s, -stände средний класс (общества), среднее сословие; мелкая буржуазия

Mittel∥strecken∥lauf *m* -(e)s бег на средние дистанции

Mittel∥strecken∥läufer *m* -s, - *спорт.* бегун на средние дистанции

Mittel∥stürmer *m* -s, - *спорт.* центр нападения, центральный нападающий
Mittel∥weg *m* -(e)s: **der goldene ~** золотая середин(к)а; **den goldenen ~ einschlagen*** избрать золотую середину
Mittel∥wert *m* -(e)s, -е среднее значение, среднее арифметическое
Mittel∥wort *n* -(e)s, -wörter *грам.* причастие
mitten *adv:* **~ auf, ~ in, ~ durch** среди, посреди, посредине; **~ auf der Straße** среди улицы; **~ in der Nacht** среди ночи; **~ in der Arbeit** в самый разгар работы
mitten *vt тех.* центрировать
mittendréin *adv* в самую середину
mittendrín *adv* в (самой) середине
mittendrúnter *adv* (по)среди, между; **~ geraten*** попасть в самую гущу
mittendúrch *adv* сквозь, через середину; пополам
mitteninne *adv* внутри, в самой середине
Mitter∥nacht *f* -, -nächte полночь; **um ~** в полночь; **nach ~** по полуночи
mitternächtig, mitternächtlich *a* полуночный
mitternachts *adv* в полночь
mittler *a* средний; **in ~en Jahren** средних лет
Mittler *m* -s, -; **~in** *f* -, -nen посредник, -ница
mittlerweile *adv* между тем, тем временем
mit∥tönen *vi физ.* резонировать, звучать одинаково *(с чем-л.)*
mit∥tragen* *vt* 1. носить с собой; 2.: **mitgetragen werden** быть захваченным [вдохновлённым] *(чем-л.)*
mit∥trinken* *vt* пить вместе *(с кем-л.)*
Mittsommer *m* -s летнее солнцестояние
mit∥tun* *vi* делать *(что-л.)* вместе *(с кем-либо)*, участвовать *(в чём-л.)*
Mittwoch *m* -(e)s, -е среда; **am ~** в среду
mittwochs *adv* по средам
mit∥übernehmen* *vt* 1. вступать в совместное владение; 2. совместно принять на себя *(что-л.)*
mitúnter *adv* иногда, временами, иной раз
mit∥unterlaufen* *vi* вкрадываться *(об ошибке)*
mit∥unterschreiben*, mit∥unterzeichnen *vt* подписывать совместно
mitverantwortlich *a* разделяющий ответственность *(с кем-л.);* **~ sein** нести ответственность вместе *(с кем-л.)*
Mitverantwortung *f* - коллективная ответственность

Mitverfasser *m* -s, - соавтор
mit∥wählen I *vi* участвовать в выборах; II *vt* выбирать *(кого-л.)* в числе прочих
mit∥wirken *vi* принимать участие, участвовать; содействовать; сотрудничать; **in der Redaktion einer Zeitung ~** сотрудничать в газете
Mitwirkung *f* - сотрудничество; участие; содействие; **unter ~ von...** (D) при участии [содействии]... *(кого-л.)*
Mitwisser *m* -s, -; **~in** *f* -, -nen соучастник, -ница; укрыватель, -ница
mit∥wollen* *vi* хотеть идти вместе *(с кем-л.);* **er wollte mit** он хотел пойти с нами
mit∥zählen I *vt* причислять, включать; II *vi* считаться, идти в счёт; **das zählt nicht mit** это в счёт не идёт
Mitzi Мици *(ласкательная форма жен. имени* Maria*)*
mit∥ziehen* I *vt* тащить с собой; II *vi* (s) идти [ехать] вместе *(с кем-л.)*
mixen <*lat.-fr.-engl.*> *vt* смешивать *(напитки и т. п.)*
Mixer <*lat.-fr.-engl.*> *m* -s, - хозяин бара, бармен
Mixtúr <*lat.*> *f* -, -en микстура
Mnemónik <*gr.*> *f* - мнемоника
mnemónisch <*gr.*> *a* мнемонический
Moabít (*n*) -s Моабит (**1.** *р-н Берлина;* **2.** *тюрьма на территории этого района)*
Mob <*lat.-engl.*> *m* -s чернь, сброд
Möbel <*lat.-fr.*> -s, - *б. ч. pl* мебель; **altes ~** развалина *(о человеке)*
Möbel∥fabrik *f* -, -en мебельная фабрика
Möbel∥geschäft *n* -(e)s, -е мебельный магазин
Möbel∥tischler *m* -s, - мебельщик
Möbel∥transport *m* -(e)s, -е перевозка мебели
Möbel∥wagen *m* -s, - машина [фургон] для перевозки мебели
mobíl <*lat.-fr.*> *a* **1.** подвижный *(о человеке);* **2.** *эк.* движимый; **~es Vermögen** движимое имущество; **3.** *воен.* подвижный; мобилизованный; **jmdn. für etw.** (A) **~ machen** призывать кого-л. к содействию чему-л.
Mobiliár <*lat.*> *n* -s, -е, **Mobíli∥en** *pl* **1.** движимость, движимое имущество; **2.** мебель, домашняя обстановка
mobilisíeren <*lat.-fr.*> *vt* мобилизировать
Mobílmachung *f* -, -en *воен.* мобилизация; **allgemeine ~** всеобщая мобилизация
Mobílmachungs∥kundgebung *f* -, -en *воен.* объявление мобилизации
Mobíl∥telefon *n* -s, -е сотовый телефон

möblieren ⟨*lat.-fr.*⟩ *vt* меблировать
möbliert ⟨*fr.*⟩ I *a* меблированный; II *adv:* ~ **wohnen** снимать меблированную квартиру [комнату]
mochte *impf om* mögen*
modál ⟨*lat.*⟩ *a грам.* модальный
Modalität ⟨*lat.-fr.*⟩ *f* -, -en 1. способ, разновидность; 2. *грам.* модальность
Mode ⟨*lat.-fr.*⟩ *f* -, -n мода; **in die ~ kommen*** войти в моду; **nach der neusten ~** по последней моде; **~ sein, in (der) ~ sein** быть в моде; **aus der ~ sein [kommen*]** выйти из моды; **die ~ mitmachen** придерживаться моды, не отставать от моды; **~ werden** входить в моду; **hinter der ~ zurückbleiben*** отставать от моды
Mode‖artikel ⟨*lat.-fr.*⟩ *m* -s, - модный предмет
Mode‖dame ⟨*lat.-fr.*⟩ *f* -, -n модница
modefarben *a* модного цвета
Mode‖haus *n* -es, -häuser ателье мод, дом моделей
Mode‖königin *f* -, -nen законодательница мод
Mode‖lini¦e *f* -, -n модный покрой; модная линия
Modéll ⟨*lat.-it.*⟩ *n* -s, -e 1. модель (*одежды, изделия*); 2. модель, макет; **geteiltes ~** разъёмная модель; 3. *иск.* модель, натурщик, -щица; **~ stehen* [sitzen*]** позировать, быть натурщиком, -щицей
Modelleur [-'løːr] ⟨*lat.-it.-fr.*⟩ *m* -s, -e изготовитель моделей; модельщик; модельер; моделист
modéllgetreu *a* соответствующий модели
Modéll‖haus *n* -es, -häuser дом моделей
Modelliér‖bogen *m* -s, -/-bögen детская картинка для вырезания и склеивания
modelliéren ⟨*lat.-it.*⟩ *vt* 1. *тех.* формовать; 2. моделировать; *иск.* лепить
Modelliérer ⟨*it.*⟩ *m* -s, - модельер; модельщик
Modelliér‖kunst *f* - лепное искусство, искусство ваяния, пластика
modelliert ⟨*lat.-it.*⟩ *a* лепной
Modéll‖puppe *f* -, -n манекен
Modéll‖schreiner *m* -s, - *см.* Modelltischler
Modéll‖schuhe *pl* модельные туфли
Modéll‖tischler *m* -s, - модельщик, модельер (*по изготовлению деревянных моделей*); модельный столяр
modeln ⟨*lat.*⟩ I *vt* 1. *тех., иск.* придавать форму; формовать, моделировать; 2. изменять, превращать; **nach sich (D) ~** переделывать на свой лад; II ~, **sich** меняться; **er hat sich in letzter Zeit sehr gemodelt** он в последнее время сильно изменился
Mode(n)schau *f* -, -en выставка [показ] мод
Moder *m* -s 1. гниль, затхлость; плесень; 2. сгнившие вещи, гниль
moderiéren ⟨*lat.*⟩ *vt* 1. умерять, уменьшать; сбавлять, понижать; 2.: **eine Sendung ~** вести передачу (*на радио, телевидении*)
moderig *a* заплесневевший; затхлый; **~ riechen*** пахнуть гнилью
modérn I *vi* гнить, разлагаться
modérn II ⟨*lat.-fr.*⟩ *a* 1. модный; 2. современный; **die ~ste Technik** самая современная техника
Modernisierung ⟨*fr.*⟩ *f* -, -en модернизация
modernístisch ⟨*lat.-fr.*⟩ *a* модернистский
Mode‖salon [-'lɔ̃ː] ⟨*fr.*⟩ *m* -s, -s салон мод; ателье мод
modést ⟨*lat.*⟩ *a* скромный, сдержанный
Mode‖ware *f* -, -n модный товар
modifiziéren ⟨*lat.*⟩ *vt* (видо)изменять, модифицировать
Modifizierung ⟨*lat.*⟩ *f* -, -en модификация, (видо)изменение; превращение
modisch ⟨*lat.-fr.*⟩ *a* модный, по моде
Modístin ⟨*fr.*⟩ *f* -, -nen модистка (*шляпница*)
modrig *см.* moderig
Módul ⟨*lat.*⟩ *m* -s, -n *архит., тех.* модуль
Modulation ⟨*lat.*⟩ *f* -, -en *муз.* модуляция
Modus ⟨*lat.*⟩ *m* -, Modi 1. модус; способ; манера; **nach einem bestimmten ~ handeln** поступать [действовать] по определённому способу; 2. *грам.* наклонение
Modus vivendi [viˈvɛndi] ⟨*lat.*⟩ *m* -, Modi vivéndi образ жизни
Mogadíschu -[o (n) -s Могадишо (*столица Сомали*)
Mogeléi *f* -, -en *разг.* плутовство, жульничество
mogeln *vi разг.* 1. плутовать, жульничать, надувать, мошенничать (*особенно в карточной игре*); 2. врать, хитрить; **sich durch das Leben ~** идти в жизни нечестным путём
mögen *mod* 1. (*б. ч. с отрицанием*) желать, хотеть; **ich mag das nicht hören** я не хочу этого слышать; 2. *в impf. conj* выражает вежливую просьбу, пожелание: **ich möchte dieses Buch lesen** я хотел бы прочитать эту книгу; **er**

möchte rauchen ему хочется курить; **3.** *(без inf)* любить, нравиться; **die beiden ~ sich** они любят друг друга; **ich mag ihn nicht** он мне не нравится; **er mag diese Speise nicht** ему не нравится это блюдо; **4.** пусть *(с уступительным значением и значением пожелания, косвенного приказания, иногда угрозы);* **möge kommen, was da will** будь что будет; **er mag tun, was er will** пусть делает, что хочет; **möge er kommen!** пусть он только придёт! **5.** *выражает неуверенное предположение:* **es mag sein** может быть; **er mag bald kommen** он, возможно, скоро придёт
Mogiljów *(n)* -s Могилёв *(обл. центр Республики Беларусь)*
möglich I *a* возможный; **ist es ~?** неужели (это возможно)?; **alles ~e tun*** (с)делать всё возможное; **das ist eher ~** это более вероятно; II *adv* возможно; **sobald wie ~** как можно скорее; **soweit wie ~** по мере возможности; **so gut wie ~** как можно лучше; **wie ~, wo ~** если это возможно
Mögliche *subst n* -n возможное; **im Rahmen des ~n** в пределах возможного
möglichenfalls *adv* в случае возможности, если возможно
möglicherweise *adv* быть может, пожалуй; возможно, что
Möglichkeit *f* -, -en возможность; **nach ~** по (мере) возможности; **es gibt eine ~, es besteht eine ~** есть возможность; **ist das die ~!** *разг.* не может быть!
Möglichkeits‖form *f* -, -en *грам.* сослагательное наклонение, конъюнктив
möglichst I *a* возможно больший; **mit ~er Genauigkeit** с наибольшей [возможно большей] точностью; II *adv* по возможности; **~ bald** как можно скорее; **in ~ kurzer Zeit** в кратчайший срок
Mohammedáner *m* -s, -; **~in** *f* -, -nen магометанин, -нка, мусульманин, -нка
mohammedánisch *a* мусульманский, магометанский
Mohär *<arab.-it.-engl.>* *m* -s, -s/-e мохер *(шерсть, ткань)*
Mohikáner *m* -s, - могиканин; **der letzte ~** *перен.* последний из могикан, последний уцелевший
Mohn *m* -(e)s, -e *бот.* мак
Mohn‖kapsel *f* -, -n коробочка мака
Mohr *m* -en, -en мавр, мавританец; негр
Möhre *f* -, -n, *бот.* морковь
Möhren‖saft *m* -(e)s морковный сок
Mohrin *f* -, -nen мавританка; негритянка
Mohr‖rübe *f* -, -n *см.* Möhre

mokíren, sich *<fr.>* *(über* A*)* насмехаться, издеваться *(над кем-л., над чем-л.)*
Mokka *<arab.-engl.>* *m* -s, -s мокко *(сорт кофе)*
Molch *m* -(e)s, -e **1.** *зоол.* саламандра; тритон; **2.** *шутл.* чудак; милый [славный] человек; **3.** отвратительный [противный] человек, чудовище, изверг
Móldauer *m* -s, -; **~in** *f* -, -nen молдаванин, -нка
moldauisch *a* молдавский
Moldawi¦en *(n)* -s Молдавия *(гос-во в Юго-Вост. Европе)*
Mole *<it.>* *f* -, -n мол; волнорез
Molekül *<lat.-fr.>* *n* -s, -e молекула
molekulár *<lat.-fr.>* *a* молекулярный
Molekulár‖gewicht *n* -(e)s, -e молекулярный вес
molestíeren *<lat.>* *vt* докучать, надоедать *(кому-л.),* беспокоить *(кого-л.)*
molk *impf* от melken*
Molke *f* -, -n сыворотка *(молочная)*
Molkeréi *f* -, -en **1.** молочное хозяйство; молочная ферма; **2.** молочный магазин
Molkeréi‖produkte *pl* молочные продукты
molkig *a* сывороточный
möllern *vt тех.* составлять шихту, шихтовать
Molli Молли *(ласкательная форма жен. имени* Maria*)*
mollig *a разг.* **1.** тёплый, приятный; уютный; **2.** округлый, толстенький, пухленький; мягкий, нежный *(на ощупь)*
Mollúske *<lat.>* *f* -, -n *зоол.* моллюск
Moloch *<hebr.-gr.>* *m* **1.** -s *миф.* Молох; **2.** -s, -e молох *(жёстокая, неумолимая, ненасытная сила)*
Molybdän *<gr.-lat.>* *n* -s молибден
Momént I *<lat.-fr.>* *m* -(e)s, -e момент, миг, мгновение; **den ~ verpassen** упустить момент; **~ (mal)!** *разг.* одну минуточку (подождите)!
Momént II *<lat.>* *n* -(e)s, -e момент, фактор, обстоятельство
momentán *<lat.-fr.>* I *a* мгновенный; немедленный; II *adv* сейчас, в данный момент; временно, на время
Monáco *(n)* -s Монако *(гос-во в Зап. Европе, на побережье Средиземного моря, и его столица)*
Monáde *<gr.-lat.>* *f* -, -n *филос.* монада
Monárch *<gr.-lat.>* *m* -en, -en монарх
Monarchíe *<gr.>* *f* -, -chi¦en монархия
Monat *m* -(e)s, -e месяц *(календарный);* **ein halber ~** полмесяца; **dieses ~s** сего [этого] месяца; **laufenden ~s** текущего месяца; **heute in zwei ~en** ровно через

два месяца; **vor zwei ~en** два месяца тому назад
monatelang *adv* в течение (нескольких) месяцев, месяцами
monatig *a* месячный; **dreimonatiger Kursus** трёхмесячный курс
monatlich I *a* (еже)месячный; **~e Beiträge erheben* [einkassieren]** ежемесячно собирать взносы; II *adv* ежемесячно, каждый месяц
Monats‖bericht *m* -(e)s, -e месячный отчёт
monatsdurchschnittlich *a* среднемесячный
Monats‖einkommen *n* -s, - месячный доход
Monats‖frist *f* - месячный срок; **binnen ~** в течение одного месяца
Monats‖gehalt *n* -(e)s, -hälter месячный заработок, месячный оклад
Monats‖karte *f* -, -n месячный (проездной) билет; абонемент
Monats‖schrift *f* -, -en ежемесячное издание, ежемесячник
Mönch *m* -(e)s, -e монах
mönchisch *a* монашеский
Mönchs‖kloster *n* -s, -klöster мужской монастырь
Mönchs‖kutte *f* -, -n монашеская ряса
Mond *m* -(e)s, -e **1.** луна, месяц; **der zunehmende ~** молодой месяц; **der abnehmende ~** месяц на ущербе; **der halbe ~** полумесяц; **junger ~** новолуние; **der ~ auf dem Kopf** *шутл.* плешь, лысина; **2.** *астр.* луна, спутник *(планеты)*; ◊ **Schlösser im ~** ≅ воздушные замки; **den ~ anbellen** лаять на луну; **in den ~ gucken** остаться с носом [ни с чем]
mondän *<lat.-fr.> a* светский
Mond‖aufgang *m* -(e)s, -gänge восход луны
Mond‖bahn *f* - *астр.* орбита Луны
Mond‖blindheit *f* - *мед.* куриная слепота
Mond‖finsternis *f* -, -se лунное затмение
Mond‖scheibe *f* -, -n лунный диск
Mond‖schein *m* -(e)s лунный свет
Mond‖sichel *f* -, -n серп луны
Mond‖stein *m* -(e)s, -e *мин.* лунный камень
Mond‖sucht *f* - *мед.* сомнамбулизм
mondsüchtig *a* *мед.* страдающий сомнамбулизмом [лунатизмом], лунатический
Mond‖süchtige *subst m, f* -n, -n лунатик, -тичка, сомнамбула
Mond‖wechsel *m* -s, - фаза Луны; новолуние
Mond‖zyklus *m* -, -klen *астр.* лунный цикл
monetär *<lat.> a эк.* монетарный

Mongóle *m* -n -n монгол
Mongoléi *f* - Монголия *(гос-во в Центр. Азии)*
Mongólin *f* -, -nen монголка
mongólisch *a* монгольский
Monika Моника *(жен.имя)*
Monísmus *<gr.> m* - *филос.* монизм
monístisch *<gr.-lat.> a филос.* монистический
monochrom [-'kro:m] *<gr.-lat.> a* одноцветный, монохромный
Monogamie *<gr.> f* - моногамия, единобрачие
monogámisch *<gr.-lat.> a* моногамный, единобрачный
Monográmm *<gr.-lat.> n* -s, -e монограмма
Monókel *<lat.-fr.> n* -s, - монокль
monokulár *<gr.-lat.> a* монокулярный
Monokultúr *<gr.-lat.> f* -, -en *с.-х.* монокультура
Monológ *<gr.> m* -s, -e монолог
monologisieren *<gr.-fr.> vi* говорить в форме монолога
Monopól *<gr.-lat.> n* -s, -e монополия; **zum ~ machen** монополизировать
monopolisieren *<gr.-lat.> vt* монополизировать
Monopolisierung *<gr.-lat.> f* -, -en монополизация
monopolístisch *<gr.-lat.> a* монополистический
Monopól‖kapital *<gr.-lat.‖lat.-it.> n* -s монополистический капитал
Monopól‖vereinigung *f* -, -en монополистическое объединение
monosyllábisch *<gr.-lat.> a лингв.* односложный
Monotheísmus *<gr.> m* - монотеизм, единобожие
monotheístisch *<gr.-lat.> a* монотеистический
monotón *<gr.-lat.-fr.> a* монотонный, однообразный, скучный
Monotonie *<gr.> f* -, -ni¦en монотонность, монотония, однообразие *(тона, интонации и т. п.)*
Monróvia [-vi-] *(n)* -s Монровия *(столица Либерии)*
Monstrum *<lat.> n* -s, -ren/-ra чудовище, монстр
Monsún *<arab.-port.-engl.> m* -s, -e муссон *(ветер)*
Montafón *(n)* -s Монтафон *(альпийская долина в Австрии <Форарльберг>)*
Montag *m* -(e)s, -e понедельник; **am ~** в понедельник; **an ~en** по понедельникам; **(am) ~ abend, ~ abends** в поне-

дельник вечером; ~ **früh** в понедельник утром; ◇ **blauen ~ machen** прогуливать, не выходить на работу; **wie der ~ auf den Sonntag klappen** идти как по расписанию

Montáge [-ʒə] <*lat.-fr.*> *f* -, -n *тех.* монтаж, сборка, установка

Montáge‖arbeiter [-ʒə-] *m* -s, - монтажник *(рабочий)*

Montáge‖bau [-ʒə-] *m* -(e)s, -e сборное строительство

Montáge‖fachmann *m* -(e)s, -leute монтажник *(специалист)*

montägig *a* понедельничный

montags *adv* по понедельникам

montán <*lat.*> *a* горный; металлургический

Montán‖industrie *f* - горная [горнозаводская] промышленность

Montán‖union *f* - см. Europäische Gemeinschaft für Kohle und Stahl

Montblanc [mɔblã] *m* -s/- Монблан *(горный массив в Савойских Альпах, на границе Франции, Италии и Швейцарии)*

Mónte Cárlo (*n*) -/-s Монте-Карло *(город в княжестве Монако; известен игорным домом* <*казино*>*)*

Montenégro (*n*) -s Черногория *(гос-во в Южн. Европе* <*бывшая республика в составе Югославии*>*)*

Monte Rosa *m* -s Монте-Розе *(горный массив в Пеннинских Альпах, на границе Швейцарии и Италии)*

Monteur [mɔn'tøːr] <*lat.-fr.*> *m* -s, -e монтёр, механик-монтёр, монтажник

Montevídeo [-vi-] (*n*) -s Монтевидео *(столица Уругвая)*

montíeren <*lat.-fr.*> *vt тех.* собирать, монтировать, устанавливать; *спорт.* привёртывать, приклёпывать *(коньки)*

Montreál (*n*) -s Монреаль *(город на В. Канады)*

Monumént <*lat.*> *n* -(e)s, -e памятник, монумент

monumentál <*lat.*> *a* монументальный, грандиозный

Moor *n* -(e)s, -e 1. болото, трясина, топь; 2. *мед.* (лечебная) грязь

Moor‖bad *n* -(e)s, -bäder грязевая ванна; **Moorbäder gebrauchen [nehmen*]** принимать грязевые ванны

Moor‖boden *m* -s, -/-böden болотная почва, болотистый грунт; торфяник

moorig *a* болотистый, топкий

Moor‖land *n* -(e)s болотистая местность; торфяное болото

Moorsoldaten *pl* "болотные солдаты" *(так называли заключённых некоторых фаш. концлагерей в Германии, работавших на осушении болот)*

Moos *n* -es, -e *бот.* 1. мох; 2. *pl* мхи, мохообразные

moosähnlich *a* моховидный

Moos‖beere *f* -, -n клюква

moosig *a* мшистый, покрытый мхом

Mop <*engl.*> *m* -s, -/-s щётка для натирки полов

Móped <*motorisiertes Pedal*> *n* -s, -s велосипед с мотором; мопед

moppen <*engl.*> *vt* натирать пол *(специальной щёткой)*

Mops <*niederl.*> *m* -es, Möpse мопс *(порода собак)*

mopsen I *vt разг.* 1. воровать, красть; 2. наскучить *(кому-л.)*; **das wird ihn mächtig ~** ему будет крайне досадно; II ~, **sich** *разг.* 1. скучать; 2. дуться

mopsig *a разг.* скучный, сердитый, надутый

Morál <*lat.-fr.*> *f* - 1. мораль, нравственность; **gegen die ~ verstóßen*** грешить против морали; 2. мораль, вывод; 3. *разг.* мораль, нравоучение; **jmdm. ~ predigen** читать мораль кому-л.

morálisch <*lat.-fr.*> I *a* моральный, нравственный; II *adv* в моральном [нравственном] отношении

moralisíeren <*lat.-fr.*> *vi* морализировать, читать мораль [нравоучение]

Morál‖predigt <*lat.*> *f* -, -en мораль, нравоучение; **eine ~ halten*** читать наставление [мораль]

Moräne <*fr.*> *f* -, -n *геол.* морена

Morást *m* -es, -e/Moräste болото, трясина, топь

morástig *a* болотный, трясинный, топкий

Moratórium <*lat.*> *n* -s, -ri|en мораторий, мораториум, отсрочка; **~ erklären** объявить мораторий

morbíd <*lat.-fr.*> *a* 1. болезненный, нездоровый; 2. трухлявый, хрупкий; 3. *жив.* мягкий, нежный

Mord *m* -(e)s, -e убийство; **einen ~ begéhen*** совершить убийство

Mord‖anschlag *m* -(e)s, -schläge покушение на убийство

morden *vt* убивать *(насильственно)*; **meuchlings [hinterrücks] ~** убивать предательски [из-за угла]

Mörder *m* -s, -; **~in** *f* -, -nen убийца

mörderisch *a* убийственный, смертельный; ужасный

mörderlich *a* ужасный, страшный; жестокий; крайний, чрезмерный

mordgierig *a* кровожадный
mórdio! *int* караул!, на помощь!; убивают!; ~ **schreien*** кричать караул
Mordówi∥en *(n)* -s Мордовия *(автономная республика в составе РФ)*
Mords∥geschrei *n* -(e)s *разг.* истошный [ужасный] крик, вопль
Mords∥hunger *m* -s *разг.* сильный голод
Mords∥kerl *m* -(e)s, -e *разг.* молодец, сорвиголова
mordsmäßig *a разг.* ужасный, страшный
Mords∥spektakel *m* -s, - *разг.* ужасный шум
Mords∥weib *n* -(e)s, -er *разг.* бой-баба
mordswenig *adv разг.* очень мало
Mord∥tat *f* -, -en убийство
Mord∥waffe *f* -, -n смертельное оружие
Mores <*lat.*> *pl разг.* нравы; приличия; **jmdn. ~ lehren** 1) проучить кого-л.; 2) учить кого-л. хорошему поведению
morgen *adv* завтра; ~ **früh** завтра утром; **bis ~** до [на] завтра; ◊ **jmdn. auf ~ vertrösten** давать кому-л. пустые обещания, кормить кого-л. "завтраками"
Morgen I *m* -s, - **1.** утро; **eines ~s** однажды утром; **am ~** утром; **gegen ~** под утро, к утру; **jeden ~** каждое утро; **vom ~ bis zum Abend** с утра до вечера; **guten ~!** доброе утро!; **der ~ bricht an [dämmert], es wird ~** светает; **bis gegen ~** (всю ночь) до утра
Morgen II *m* -s, - морген *(земельная мера в Германии = 0,25 га)*
Morgen∥appell *m* -s, -e *воен.* утренняя поверка, утренний смотр
Morgen∥dämmerung *f* - рассвет
morgendlich *a* утренний
Morgen∥feier *f* -, -n утренник *(праздник)*
Morgen∥grauen *n* -s предрассветные [утренние] сумерки, рассвет
Morgen∥land *n* -(e)s (Ближний) Восток
morgenländisch *a* восточный
Morgen∥rock *m* -(e)s, -röcke халат, капот, пеньюар
Morgen∥rot *n* -(e)s; ~**röte** *f* - утренняя заря
morgens *adv* утром, по утрам; ~ **früh** рано утром
Morgen∥stern *m* -(e)s *астр.* утренняя звезда; Венера
Morgen∥stunde *f* -, -n утренний час, утренняя пора; **zu [in] früher ~** рано утром; ◊ ~ **hat Gold im Munde** *посл.* ≡ утренняя заря золотом осыпает
Morgen∥tau *m* -(e)s утренняя роса
morgig *a* завтрашний
Moritz Мориц *(муж. имя)*
Moritzburg *f* - Морицбург *(бывший*

охотничий замок, музей близ Дрездена <ФРГ>)
Moróni *(n)* -s Морони *(столица Коморских о-вов)*
Morphém <*gr.-lat.*> *n* -/-s, -e *лингв.* морфема
Morphín <*gr.-lat.*> *n* -s морфий
Morphinist <*gr.-lat.*> *m* -en, -en; ~**in** *f* -, -nen морфинист, -тка
Morphium <*gr.-lat.*> *n* -s см. Morphin
Morphologie <*gr.-lat.*> *f* -, -gi∥en морфология
morphológisch <*gr.*> *a* морфологический
morsch *a* гнилой; ветхий; дряхлый; хрупкий
Mórse∥alphabét *n* -(e)s азбука Морзе
Mórse∥apparát *m* -(e)s, -e (телеграфный) аппарат Морзе
Mörser <*hol.*> *m* -s, - **1.** ступка; **2.** *воен.* мортира
Morse∥zeichen *n* -s, - знак азбуки Морзе
Mortalität <*lat.*> *f* - смертность
Mörtel *m* -s, - *стр.* строительный [цементный] раствор
Mörtel∥verband *m* -(e)s *стр.* кладка на растворе
Mosaik <*gr.-lat.-it.-fr.*> *n* -s, -e; *f* -, -en мозаика, мозаичная работа
mosá∥isch <*gr.-lat.-it.-fr.*> *a рел.* иудейский
mosaizieren <*gr.-lat.-it.-fr.*> *vt* выполнять [изображать] из мозаики
Moschée <*arab.-span.-it.-fr.*> *f* -, -schéen мечеть
Mosel *f* - Мозель *(река во Франции, Люксембурге и ФРГ, левый приток Рейна)*
Moselwein *m* -s мозельвейн *(сорт вина)*
Moskau *(n)* -s Москва *(столица Российской Федерации)*
Moskauer *m* -s, -; ~**in** *f* -, -nen москвич, -чка
Moskíto <*lat.-span.*> *m* -s, -s *зоол.* москит
Moskwá *f* - Москва *(река в РФ, левый приток Оки)*
Móslem <*arab.*> *m* -s, -s мусульманин
mosleminisch <*arab.*> *a* мусульманский, относящийся к мусульманам
moslémisch <*arab.*> *a* мусульманский *(о вероисповедании)*
Moslime <*arab.*> *f* -, -n мусульманка
Most *m* -es, -e **1.** виноградный сок; **2.** молодое вино
mosten *vt* выжимать [прессовать] виноград
Mostrich *m* -(e)s горчица
Motív <*lat.-fr.*> *n* -s, -e **1.** мотив, соображение; **2.** *муз., иск.* мотив

motivieren [-'vi:-] <*lat.-fr.*> *vt* мотивировать, обосновывать
Motiviertheit [-'vi:rt-] <*fr.*> *f* - обоснованность
Motivierung [-'vi:-] <*fr.*> *f* -, -en мотивировка, обоснование
Mótor <*lat.*> *m* -s, -tóren, **Motór** *m* -s, -en мотор, двигатель; **der ~ sprang an** двигатель заработал; **den ~ abstellen** выключить мотор; **den ~ anstellen [anlassen*, laufen lassen*]** включить [пустить, завести] двигатель
Motor‖anlasser *m* -s, - *тех.* стартер
Motóren‖bau *m* -(e)s моторостроение
Motóren‖werk *n* -(e)s, -e моторостроительный завод
Motor‖haube *f* -, -n *тех.* капот двигателя [мотора]
motórisch <*lat.*> *a* *тех., физиол.* двигательный, моторный; **ein ~es Gedächtnis** двигательная [моторная] память
motorisieren <*lat.-fr.*> *vt* моторизовать
Motorisierung <*lat.-fr.*> *f* -, -en моторизация
Motor‖karren (Motór-) *m* -s, - тележка с мотором, электрокар
Motor‖kutter *m* -s, - моторный катер
Motor‖lager *n* -s, -*тех.* подшипник двигателя
Motor‖leistung *f* -, -en мощность двигателя [мотора]
Motor‖rad *n* -(e)s, -räder мотоцикл
Motor‖rennboot *n* -(e)s, -e скутер
Motor‖schiff *n* -(e)s, -e теплоход
Motor‖schlitten *m* -s, - аэросани
Motor‖sport *m* -(e)s мотоспорт
Motte I *f* -, -n *зоол.* моль
Motte II *f* -, -n каприз, причуда; **~n im Kopf haben** *разг.* быть с причудами
mottenecht *a* молестойкий; **~er Stoff** материал, устойчивый от поражения молью
Motten‖kiste: etw. aus der ~ holen* *перен.* извлекать старьё, старый хлам
Motten‖pulver [-fər/-vər] *n* -s, - порошок от моли
mottig *a* изъеденный молью
Motto <*lat.-it.*> *n* -s, -s мотто; девиз; эпиграф; **unter dem ~... stehen*** проходить под лозунгом [знаком]...
mouillieren [mu'ji:rən] <*lat.-fr.*> *vt* лингв. смягчать (*звук*)
Moulage [-ʒə] <*lat.-fr.*> *f* -, -n муляж
Mount Everest [maont'ɛvərəst] *m* -s Эверест; *см.* Tschomolúngma
movieren [-'vi:-] <*lat.*> *vt* грам. изменять окончания по родам
Möwe *f* -, -n чайка

Mozambique [-'bik] (*n*) -s Мозамбик (*гос-во в Вост. Африке*)
Muck *m* -(e)s, -e слабый звук; **keinen ~ von sich (D) geben*** не пикнуть
Mucke *f* -, -n *pl разг.* каприз, причуда; норов; **die Sache hat ihre ~n** в этом деле есть загвоздка, это дело не простое; **jmdm. die ~n austreiben*** отучить кого-либо от капризов
Mücke *f* -, -n комар; **aus einer ~ einen Elefanten machen** делать из мухи слона
mucken I *vi* 1. пикнуть; **nicht ~** не пикнуть; 2. (негромко) ворчать, брюзжать; II **~, sich: sie dürfen sich nicht ~** они и пикнуть не смеют; **sich nicht ~** не проронить ни слова
Mücken‖schutzmittel *n* -s, - средство от комаров
Mücken‖schwarm *m* -(e)s, -schwärme рой комаров
Mücken‖stich *m* -(e)s, -e 1. укус комара; 2. мелкая колкость, мелкое замечание
Mucker *m* -s, -; **~in** *f* -, -nen 1. ханжа, лицемер; 2. брюзга
muckerisch, muckisch *a* капризный, своенравный; брюзгливый
Mucks *m* -es *см.* Muck; **keinen ~ sagen*** не сметь открыть рот
müde *a* усталый, утомлённый (G / von D чем-л.); **~ werden** устать; **~ machen** утомлять; **zum Umfallen ~ sein** валиться с ног от усталости; **sich ~ laufen*** устать от беготни, набегаться; **einer Sache ~ werden** устать от чего-л.
Müdigkeit *f* - усталость, утомлённость; **vor ~ einschlafen*** уснуть от усталости; **sich von der ~ nicht übermannen lassen*** не поддаваться усталости
Muff I *m* -(e)s плесень; затхлость; тяжёлый [спёртый] воздух
Muff II <*lat.-fr.*> *m* -(e)s, -e муфта
Muffe <*lat.-fr.*> *f* -, -n *тех.* муфта
muffelig *a* ворчливый, брюзгливый
muffen *vi* 1. иметь затхлый запах; 2. ворчать, брюзжать
muffig, müffig I *a* 1. промозглый, затхлый; 2. ворчливый, брюзгливый; II *adv*: **es riecht hier ~** здесь пахнет затхлым
Müggelturm *m* -s "Мюггельтурм" (*башня на берегу живописного озера Мюггельзее близ Берлина*)
muh! му! (*мычание*)
Mühe *f* -, -n труд, хлопоты, старания; **sich (D) ~ geben*** стараться; **sich (D) ~ machen um etw. (A) [mit etw. (D)]** хлопотать о чём-л.; **machen Sie sich keine ~!** не беспокойтесь, пожалуйста!; **seine**

liebe ~ mit jmdm., mit etw. (D) haben возиться с кем-л., с чем-л.; **es lohnt die ~ nicht** это дело не стоит труда, дело не стоит хлопот; **mit ~ und Not** еле-еле, насилу, с трудом; **sich große ~, sich die ~ machen** взять на себя труд; **keine ~ scheuen** не бояться хлопот, не жалеть [не щадить] сил; ◊ **~ und Fleiß bricht alles Eis** *посл.* ≅ терпение и труд всё перетрут

mühelos I *a* лёгкий, нетрудный; II *adv* без труда

mühen, sich трудиться, стараться; **sich im Schweiße seines Angesichts ~** трудиться в поте лица (своего)

mühevoll *a* трудный, хлопотливый

Mühle I *f* -, -n мельница; ◊ **Wasser auf die ~ gießen* [leiten]** лить воду на чью-либо мельницу

Mühle II *f* - "мюле" <*букв.* "мельница"> *(назв. популярной настольной игры)*

Mühl‖rad *n* -(e)s, -räder мельничное колесо; ◊ **mit geht ein ~ im Kopf herum** у меня голова идёт кругом

Mühl‖stein *m* -(e)s, -e (мельничный) жёрнов; ◊ **zwischen die ~e kommen*** попасть в тяжёлое [опасное] положение

Mühlviertel *(n)* -s Мюльфиртель *(холмистое низкогорье в Австрии <земля Верхняя Австрия>)*

Mühsal *f* -, -e тягостный труд; печаль, заботы; **~ des Lebens** невзгоды

mühsam I *a* трудный, тягостный; утомительный, кропотливый; II *adv* с (большим) трудом

mühselig I *a см.* **mühsam**; II *adv*: **sein Dasein ~ fristen** влачить жалкое существование

Mühseligkeit *f* -, -en тяжесть, трудность, тягостность

Mulátte <*span.*> *m* -n, -n; **~in** *f* -, -nen мулат, -тка

Mulde I *f* -, -n **1.** корыто (деревянное), лохань; жёлоб; лоток; **2.** лощина, низина; котловина; впадина; углубление; мульда

Mulde II *f* - Мульда *(река в ФРГ, левый приток Эльбы)*

Mull <*ind.-engl.*> *m* -(e)s, -e марля; кисея

Müll *m* -(e)s мусор, сор; нечистоты

Müll‖binde *f* -, -n марлевый бинт

Müll‖eimer *m* -s, - помойное ведро, ведро для отбросов

Müller *m* -s, -; **~in** *f* -, -nen мельник, мельничиха

Müll‖grube *f* -, -n помойка, мусорная [выгребная] яма

Müll‖schlucker *m* -s, - мусоропровод

Müll‖tonne *f* -, -n урна для мусора, мусоросборник

Mulm *m* -(e)s труха; рыхлая земля

mulmig I *a* **1.** истлевший, трухлявый *(о древесине)*; **~es Wetter** *разг.* гнилая погода; **2.** робкий, нерешительный; II *adv*: **die Sache sieht ~ aus** *разг.* дело дрянь

multinationál <*lat.*> *a* многонациональный

multípel <*lat.*> *a* множественный, многократный

Múltipla *pl от* **Multiplum**

múltiplex *см.* **multipel**

Multiplikánd <*lat.*> *m* -en, -en *мат.* множимое

Multiplikatión <*lat.*> *f* -, -en **1.** *мат.* умножение; **2.** мультипликация

Multiplikatións‖tabelle *f* -, -n таблица умножения

Multiplikátor <*lat.*> *m* -s, -tóren *мат.* множитель

multiplizíeren <*lat.*> *vt мат.* умножать; **mit (D) ~** умножать на ...

Multiplum <*lat.*> *n* -s, -pla *мат.* кратное

multipolár <*lat.*> *a физ.* многополюсный

Mumi‖e <*pers.-arab.-it.*> *f* -, -n мумия

Mumm <*jidd..*> *m* -s: **~ (in den Knochen) haben** быть сильным [энергичным]

Mumme *f* -, -n **1.** маска; **2.** маскированный человек

mummeln *vi* бормотать, мямлить

mummen *vt* прикрывать, маскировать

Mummen‖schanz *m* -es маскарад

Mumps <*engl.*> *m* - *мед.* свинка; **an dem ~ erkranken** заболеть свинкой

München *(n)* -s Мюнхен *(город в ФРГ, адм. центр земли Бавария; один из промышленных, научных и культурных центров ФРГ)*

Münchener Abkommen *n* -s Мюнхенское соглашение *(подписано в Мюнхене 29.09.1938 представителями Англии <Чемберлен>, Франции <Даладье>, Германии <Гитлер> и Италии <Муссолини>, предусматривало отторжение от Чехословакии и передачу Германии Судетской обл.; способствовало развязыванию 2-й мировой войны)*

Münchener Putsch *m* -es Мюнхенский путч/ "пивной путч" *(попытка государственного переворота, предпринятая 8–9.11.1923 герм. фашистами во главе с Гитлером и генералом Э. Людендорфом; окончилась провалом)*

Mund *m* -(e)s, -e, Münde/Münder **1.** рот, уста **im ~** во рту; **das Wasser läuft ihm im ~ zusammen** у него текут слюнки;

den ~ auftun* открыть [раскрыть] рот; einen großen ~ haben хвастаться; бахвалиться; wie aus einem ~e в один голос, единогласно; in aller ~e sein, in aller Leute ~ sein быть у всех на устах; быть притчей во языцех; von ~ zu ~ из уст в уста; ◇ jmdm. den ~ stopfen заткнуть рот кому-л. *(заставить молчать)*; einen losen ~ haben быть дерзким на язык; den ~ halten* держать язык за зубами, молчать; er ist nicht auf den ~ gefallen он за словом в карман не полезет; kein Blatt vor den ~ nehmen* говорить не стесняясь; jmdm. nach dem ~e reden [sprechen*] льстить [поддакивать] кому-л.; jmdm. das Wort vom [aus dem] ~e nehmen* произнести [сказать] что-л. раньше другого; предвосхитить чью-л. мысль; перебить кого-л.; an jmds. ~ hängen* смотреть кому-л. в рот, слушать кого-л., затаив дыхание; 2. дуло *(винтовки)*

Mund‖art f -, -en наречие, диалект

mundartig a *лингв.* диалектный

Mund‖brötchen n -s, - сдобная булочка

Mündel 1. m, n -s, - опекаемый, -мая; подопечный, -ная; питомец, -мица; 2. f -, -n опекаемая, подопечная, питомица

munden vi быть по вкусу, нравиться; **das mundet ihm nicht** *перен.* это ему не по вкусу

münden vi впадать, вливаться; **die Nebengasse mündet in die Hauptstraße** переулок выходит на главную улицу

mundfaul a неразговорчивый, несловоохотливый

Mund‖fäule f- *мед.* цинга

mundgerecht a готовый *(к еде)*; **etw. ~ machen** 1) приготовить что-л. по вкусу; 2) возбудить аппетит [интерес] к чему-л.

Mund‖harmonika f -, -ken/-s *разг.* губная гармошка

Mund‖höhle f -, -n полость рта, ротовая полость

mündig a совершеннолетний

Mündigkeit f - совершеннолетие

mündlich I a устный, словесный; II adv устно, словесно

Mund‖stück n -(e)s, -e 1. мундштук; удила; 2. *муз.* мундштук *(инструмента)*; 3. *тех.* сопло, насадка

múndtot: jmdn. ~ machen заставить кого-л. (за)молчать, заткнуть кому-л. рот

Mündung f -, -en 1. устье, впадение *(реки)*; 2. *воен.* дуло; жерло

Mund‖vorrat m -(e)s, -räte продовольствие, съестные припасы

Mund‖werk *разг.*: **ein gutes [geläufiges] ~ haben** иметь хорошо подвешенный язык; не лезть за словом в карман

Mungo <angloind.> m -s, -s *зоол.* мангуста

Munitión <lat.-fr.> f -, -en *воен.* боеприпасы

Munitións‖aufwand *см.* Munitionsverbrauch

Munitións‖ausrüstung f -, -en *воен.* боекомплект

Munitións‖einsatz m -es, -sätze *см.* Munitionsverbrauch

Munitións‖ersatz m -es *воен.* боевое питание, снабжение боеприпасами

Munitións‖lager n -s, - *воен.* склад боеприпасов

Munitións‖verbrauch m -(e)s *воен.* расход боеприпасов

Munitións‖versorgung f - *воен.* боепитание

Munizipalität <lat.> f -, -en муниципалитет

munkeln vi перешёптываться, говорить тайком; **man munkelt** поговаривают, идёт слух

Münster n, m -s, - кафедральный собор

Münsterland n -es Мюнстерланд *(традиционное назв. местности в ФРГ <земля Сев. Рейн-Вестфалия>)*

munter a бодрый, весёлый; живой, резвый; проворный, расторопный; **~ werden** просыпаться; **~ machen** 1) разбудить; 2) подбодрить; **~ und vergnügt** бодрый и жизнерадостный

Munterkeit f - бодрость, весёлость; живость; проворность, расторопность

Münz‖amt n -(e)s, -ämter монетный двор

Münze <lat.> f -, -n 1. монета; **klingende ~** звонкая монета; **eine ~ von [zu] 10 Pfennig** монета в 10 пфеннигов; **in barer ~** наличными деньгами; **~n prägen [schlagen*]** чеканить монету; ◇ **etw. für bare ~ nehmen*** принимать что-л. за чистую монету; **jmdm. mit gleicher ~ zahlen** платить кому-л. той же монетой

Münz‖einziehung f - *фин.* изъятие из обращения

münzen vt чеканить монету; ◇ **das ist auf ihn gemünzt** это камешек в его огород

Münz‖fälscher m -s, - фальшивомонетчик

Münz‖fernsprecher m -s, - телефон-автомат, таксофон

Münz‖kunde f - нумизматика

mürbe a мягкий; рыхлый; хрупкий, ломкий; рассыпчатый *(о печенье)*; трухля-

вый *(о дереве)*; jmdn. ~ machen [bekommen*, kriegen] *разг.* уломать кого-л.; сломать чьё-л. сопротивление
Mürbheit *f* -, **Mürbigkeit** *f* - рыхлость, мягкость
Müritz *m* - Мюриц *(озеро в ФРГ <земля Мекленбург-Передняя Померания>)*
Murmansk *(n)* -s Мурманск *(город в РФ, на вост. берегу Кольского залива Баренцева моря)*
Murmel *f* -, -n шарик; камушек
Murmel‖tier *n* -(e)s, -e *зоол.* сурок
murren *vi (über* A) роптать; ворчать *(на что-л.)*; **ohne zu ~** безропотно
mürrisch *a* ворчливый, брюзгливый, неприветливый
Mus *n* -es, -e мусс; пюре; повидло; ◇ jmdn. zu ~ zerdrücken [zerquetschen] стереть кого-л. в порошок
Muschel *f* -, -n 1. раковина, ракушка; моллюск; 2. *анат.* раковина *(ушная)*; 3. *тех.* коробка
muschelig *a* раковистый
Muschel‖kalk *m* -(e)s *мин.* ракушечник, ракушечный известняк
Muse *<gr.-lat.> f* -, -n муза
Muséum *<gr.-lat.>* n -s, -séǀen музей
Muséums‖insel *f* - "музейный остров" *(о-в в Берлине, на котором находятся несколько музеев)*
Musik *<gr.-lat.-fr.> f* - 1. музыка; **~ machen** играть *(на музыкальном инструменте)*; **~ treiben*** заниматься музыкой; **in ~ setzen** положить на музыку; 2. музыка, оркестр; **die ~ marschiert an der Spitze** впереди (колонны) шагает оркестр
musikálisch *<gr.-lat.-fr.> a* музыкальный; **~es Allerlei** "музыкальная шкатулка" *(по радио)*
Musikalität *<gr.-lat.-fr.> f* - музыкальный слух
Musikánt *<gr.-lat.-fr.> m* -en, -en музыкант
musikántisch *<gr.-lat.-fr.> a* музыкальный, любящий музыку
Musik‖begleitung *f* - музыкальное сопровождение, аккомпанемент
Musik‖bühne *f* -, -n музыкально-драматический театр
Músiker *m* -s, - *см.* Musikant; **ausübender ~** исполнитель *(музыкант)*
Musik‖hochschule *f* -, -n консерватория
Musik‖kapelle *<lat.-fr.> f* -, -n оркестр
Musik‖lehrer *m* -s, - учитель музыки
Musik‖liebhaber *m* -s, - любитель музыки
Musik‖pavillon [-paviˈjõ] *<lat.-fr.> m* -s, - концертная эстрада

Musik‖stück *n* -(e)s, -e музыкальное произведение, музыкальная пьеса
Musiv‖gold *<lat.‖> n* -(e)s сусальное золото
musizieren *<gr.-lat.> vi* заниматься музыкой; музицировать
Muskát *<sanskr.-pers.-gr.-lat.> m* -(e)s мускат *(пряность)*
Muskel *<lat.> m* -s, -n мускул, мышца
Muskel‖gefühl *n* -(e)s мышечное чувство
muskelig *<lat.> a* мускулистый; мускульный, мышечный; мясистый
Muskel‖kater *m* -s *разг.* мышечная боль *(от усталости, утомления)*
Muskel‖kraft *f* - мышечная сила
Muskel‖riß *m* -sses, -sse *мед.* разрыв мышц
Muskel‖schwund *m* -(e)s *мед.* ослабление [атрофия] мышц
Muskel‖verrenkung *f* -, -en; **~verstauchung** *f* -, -en *мед.* растяжение мышц
Muskéte *<lat.-it.-fr.> f* -, -n мушкет
Musketier *<lat.-it.-fr.> m* -s, -e *ист.* мушкетёр
muskulär *<lat.> a* мышечный, мускульный
Muskulatúr *<lat.> f* -, -en мускулатура
múskulig, muskulös *<lat.> a* мускулистый
Muße *f* - свободное время, досуг; **mit ~** не спеша; **Zeit und ~ zu etw. (D) haben** иметь досуг для чего-л.
müssen* *mod* 1. быть должным *(что-л. делать в силу необходимости)*; **man muß** необходимо, нужно, надо; **er muß** он должен, ему необходимо; **ich muß bleiben ~** я должен был остаться, мне пришлось остаться; **ich habe es gemußt** я должен был [мне пришлось] это сделать; **ich muß nach Hause** мне нужно домой; 2. *выражает обоснованное предположение:* **er muß es gesehen haben** он, наверное [определённо], видел это
Muße‖stunde *f* -, -n час досуга; **in den ~n** на досуге, в часы досуга
müßig I *a* праздный, бездеятельный; бесцельный, пустой; II *adv* праздно; бесполезно, бесцельно; **~ sein [gehen*]** бездельничать
Müßig‖gang *m* -(e)s праздность, безделье; ◇ **~ ist aller Laster Anfang, ~ ist des Teufels Ruhebank** *посл.* праздность – мать всех пороков
Müßiggänger *m* -s, - бездельник, праздношатающийся
müßiggängerisch *a* праздный, бездельный
mußte *impf от* müssen*
Muster *n* -s, - 1. образец; макет; узор;

Muster‖beispiel nach ~ по образцу; **2.** пример, образец; **jmdn. als ~ hinstellen** ставить кого-л. в пример; **sich (D) ein ~ an jmdm. nehmen*** брать пример с кого-л.
Muster‖beispiel *n* -s, -e образцовый пример
Muster‖bild *n* -(e)s, -er образец, идеал
mustergültig *a* образцовый, примерный
musterhaft *см.* mustergültig
Muster‖messe *f* -, -n выставка образцов
mustern I *vt* **1.** осматривать; обозревать; разглядывать; **jmdn. von oben bis unten [von Kopf (bis) zu Fuß] ~** осматривать кого-л. с ног до головы; **2.** *воен. мед.* освидетельствовать; **sich ärztlich ~ lassen*** пройти [медицинское] освидетельствование; **die Truppen ~** провести смотр войскам
mustern II *vt* изготовлять [вырабатывать] образцы
Muster‖sammlung *f* -, -en коллекция образцов
Muster‖schüler *m* -s, - отличник, примерный ученик
Musterung *f* -, -en *воен. мед.* (предварительное) освидетельствование, осмотр [комиссия] *(призывников)*; **die ~ abhalten* [vornehmen*]** проводить освидетельствование
Mut *m* -(e)s **1.** мужество, смелость, отвага; **zäher ~** упорство; **kecker ~** отвага, доблесть; **~ fassen [aufbringen*]** собраться с духом [осмелиться]; **~ einsetzen** проявить мужество; **den ~ verlieren [sinken lassen*]** упасть духом; **jmdm. ~ machen [einflößen]** вселить в кого-л. мужество, подбодрить кого-л.; **nur ~!** смелей!, не робей!; **2.** расположение духа, настроение; **heiteren [frohen, guten] ~es sein** быть в бодром [весёлом, хорошем] настроении
mutábel <*lat.*> *a* изменчивый, переменчивый, непостоянный; **mutable Größen** *мат.* переменные величины
Mutatión <*lat.*> *f* -, -en **1.** *биол.* мутация; **2.** перелом голоса
mutatív <*lat.*> *a* изменяющийся скачками
muten *vt* **1.** *ист.* добиваться звания мастера *(о подмастерьях)*; **2.** делать заявку на разработку *(рудника)*; разрабатывать *(рудник)*
mutig *a* мужественный, смелый, отважный; **~ tun*** храбриться
mutlos *a* малодушный, унылый; обескураженный
Mutlosigkeit *f* - малодушие, уныние
mutmaßlich I *a* предположительный; **II**
adv по [согласно] предположениям, как предполагают
Mutmaßung *f* -, -en предположение, догадка; домысел; подозрение; **~en anstellen** теряться в догадках
Mutter I *f* -, **Mütter 1.** мать; **~ werden** стать матерью; **bei ~n** дома, у матери; **leibliche ~** родная мать; **2.** *анат.* матка
Mutter II *f* -, -n *тех.* гайка
Mutter‖beratung *f* - консультация для беременных женщин
Mutter‖blech *n* -(e)s, -e *тех.* шайба
Mutter‖boden *m* -s **1.** *с.-х.* пахотный слой земли; **2.** растительный слой грунта; **3.** материнский грунт, материк
Mutter‖land *n* -(e)s, -länder метрополия
Mutter‖leib *m* -(e)s, -er утроба матери
mütterlich *a* материнский
mütterlicherseits *adv* с материнской стороны
Mütterlichkeit *f* - материнское чувство
Mutter‖liebe *f* - материнская любовь
mutterlos *a* без матери
Mutter‖mal *n* -(e)s, -e родимое пятно, родинка
Mutter‖sau *f* -, -säue *с.-х.* свиноматка
Mutterschaft *f* - материнство
Mutter‖schiff *n* -(e)s, -e *воен. мор.* судно-база; плавучая база; авианосец
Mutter‖schutz *m* -es охрана материнства
mutterseelenallein *adv* один-одинёшенек, один как перст
Mutter‖söhnchen *n* -s, - *ирон.* маменькин сынок
Mutter‖sprache *f* -, -n родной язык
muttersprachlich *a* относящийся к родному языку; на родном языке
Muttertag *m* -es, -e День матери *(праздник в ФРГ в честь матерей; отмечается во 2-е воскресенье мая)*
Mutter‖witz *m* -es природный ум; остроумие
Mutti *f* -, -s *разг.* мама, мамочка
mutvoll *a* мужественный
Mutwille *m* -ns резвость, шаловливость, задор, озорство; **aus lauter ~n etw. tun*** сделать что-л. из чистого озорства
mutwillig I *a* **1.** резвый, шаловливый, озорной; **2.** преднамеренный; **II** *adv* нарочно, преднамеренно
Mütze *f* -, -n шапка, фуражка; **~ mit Ohrenklappen** ушанка
Mützen‖abzeichen *n* -s, - кокарда
Mützen‖rand *m* -(e)s, -ränder околыш
Mylady [mi'le:di:] <*engl.*> *f* -, -s миледи *(обращение к представительнице знати в Англии)*
Mylord [mi'lɔrt/mi'lo:rt] <*engl.*> *m* -s, -s

милорд *(обращение к представителю знати и судье в Англии)*
Myokardítis <*gr.*> *f* - *мед.* миокардит, воспаление миокарда
Myriáde <*gr.-lat.*> *f* -, -n великое [неисчислимое] множество; *pl* мириады
Myrte <*semit.-gr.-lat.*> *f* -, -n *бот.* мирт
Myrtenkranz *m* -es, -kränze миртовый венок *(традиционное свадебное украшение невесты)*
mysteriös <*gr.-lat.*> *a* таинственный; загадочный; **eine ~e Person** *разг.* загадочная личность [фигура]; **das ist eine ~e Geschichte** *разг.* это тёмная [таинственная] история
Mystérium <*gr.-lat.*> *n* -s, -ri|en мистерия, таинство
mystifizíeren <*gr.-lat.*> *vi* мистифицировать, вводить в заблуждение
Mýstik <*gr.-lat.*> *f* - мистика
Mýstiker <*gr.-lat.*> *m* -s, - мистик
mýstisch <*gr.-lat.*> *a* мистический; таинственный
mystizítisch <*gr.-lat.*> *a* мистический
mýthenhaft <*gr.*> *a* баснословный, мифический
mýthisch <*gr.*> *a* **1.** мифический *(связанный с мифом)*; **2.** мифический, легендарный, сказочный, баснословный
Mythologíe <*gr.-lat.*> *f* -, -i|en мифология
mythológisch <*gr.-lat.*> *a* мифологический, мифический
mythologisíeren <*gr.-lat.*> *vt* излагать в форме мифа
Mýthos, Mýthus <*gr.-lat.*> *m* -, -then миф
Myzél, Myzélium <*gr.-lat.*> *n* -s, -li|en *бот.* мицелий, грибница

N

na! *int* ну!; **na, na!** ну-ну!; **na, und ob!** ещё бы!; **na also!** 1) итак!; 2) вот видите; **na ja, ich weiß schon** ну ладно, я уже знаю
Nabe *f* -, -n *тех.* втулка, ступица
Nabel *m* -s, - **1.** пуп(ок); пуповина; **2.** *архит.* вершина купола
nach I *prp* (D) **1.** после, спустя, по; **~ der Arbeit** после работы; **~ einiger Zeit** некоторое время спустя; **~ (der) Ankunft des Zuges** по прибытии поезда; **zehn Minuten ~ fünf** десять минут шестого; **~ acht Uhr** в девятом часу; **2.** через *(при обозначении времени в прошлом);*
er kehrte ~ zwei Tagen zurück он вернулся через два дня; **3.** в, на, к, за *(при обозначении направления в сторону кого-л., чего-л.);* **~ Minsk** в Минск; **der Zug ~ Berlin** поезд в Берлин; **in der Richtung ~ Leipzig** по направлению к Лейпцигу; **~ Hause** домой; **~ allen Seiten** на все стороны; **~ oben** вверх, наверх; **~ unten** вниз; **4.** за, после *(при обозначении порядка следования);* **ich wurde ~ ihm empfangen** меня приняли после него; **bitte, ~ Ihnen!** пожалуйста, я (пройду) после Вас!; **5.** по, согласно, в соответствии; судя по *(при указании на соответствие или следование чему-л., часто стоит после существительного);* **~ Noten spielen** играть по нотам; **wir lernen ~ diesem Buch** мы учимся по этой книге; **jmdn. nur dem Namen ~ kennen*** знать кого-л. только по имени; **der Reihe ~** по порядку; **meiner Meinung ~** по моему мнению, по-моему; **6.:** **es duftet ~ Rosen** пахнет розами; **es schmeckt ~ Schimmel** это отдаёт плесенью; II *adv* (вслед) за; после *(того);* **ihm ~!** за ним!; **~ und ~** постепенно, мало-помалу; **~ wie vor** по-прежнему
nach- *отд. глаг. приставка; указывает* **1.** *на движение вслед:* **jmdm. nach|gehen*** идти вслед за кем-л.; **2.** *на подражание, повторение:* **nach|prüfen** пересматривать, повторно [дополнительно] проверять
nach|äffen *vt разг.* (слепо) подражать *(кому-л., чему-л.);* **er äfft seinen Freund nach** он слепо подражает своему другу
nach|ahmen I *vt* подражать *(кому-л., чему-л.);* **er ahmt ihn nach** он подражает ему; **er ahmt ihm alles nach** он во всём ему подражает; II *vi* *(jmdm. in D)* подражать *(кому-л. в чём-л.);* **er ahmte dem Chef in seiner Frisur nach** он подражал причёске начальника
nachahmenswert *a* примерный, достойный подражания
Nachahmer *m* -s, -; **~in** *f* -, -nen подражатель, -ница
Nachahmung *f* -, -en **1.** подражание; **2.** подделка
nach|arbeiten I *vt* **1.** руководствоваться *(чем-л.),* подражать *(чему-л.),* копировать *(что-л.);* **2.** нагонять, дорабатывать *(упущенное);* **3.** исправлять, доделывать, подчищать; II *vi* (D) подражать *(кому-л. в работе, чему-л. как образцу)*
nach|arten *vi (jmdm.)* быть похожим *(на кого-л.)*

Nachbar *m* -s/-n, -n сосед; **~n sein** жить по соседству; **~n werden** стать соседями
nachbarlich *a* соседний; соседский
Nachbarschaft *f* -, -en **1.** соседство; **gute ~ halten*** поддерживать добрососедские отношения; **2.** соседи; **die ganze ~** все соседи, вся округа, все
Nachbehandlung *f* -, -en **1.** *мед.* дополнительный курс лечения; **2.** *тех.* дополнительная обработка; окончательная обработка; отделка
nach|bekommen* *vt* получать позже [впоследствии, дополнительно]
nach|bessern *vt* исправлять дополнительно
nach|bestellen *vt* заказывать дополнительно
Nachbestellung *f* -, -en дополнительный заказ
nach|beten *vt (jmdm.)* ирон. повторять (чужие слова за кем-л.), вторить (кому-л.)
nach|bezahlen *vt* доплачивать
nach|bilden *vt* **1.** подражать (чему-л.); (D) копировать (что-л. с чего-л.); **2.** подделывать
Nachbildung *f* -, -en **1.** копия, подражание; **2.** подделка
nach|blättern *vi* перелистывать *(книгу и т. п.)*
nach|bleiben* *vi* (s) **1.** отставать; **2.** оставаться; **er mußte im Büro ~** ему пришлось остаться в офисе
nach|blicken *vi* (D) смотреть вслед *(кому-либо)*
nach|bohren *vi* **1.** сверлить начисто; рассверливать; расширять отверстие; **2.** *перен. разг.* уточнять *(где-л. что-л.)*; проводить дополнительное расследование
nach|brennen* *vt тех.* дожигать
Nachbrut *f* - **1.** *с.-х.* второй [осенний] выводок *(домашней птицы)*; **2.** *перен.* последыши
nach|datieren *vt* помечать задним числом
nachdém I *adv* **1.** потом; **2.:** **je ~** смотря по тому как; **je ~, wo man geht** смотря (по тому) где идти; II *conj* после того как; **~ er den Brief gelesen hatte,...** прочитав письмо,...; **erst, ~...** только после того, как...
nach|denken* *vi (über* A) размышлять, думать *(о чём-л.)*, задумываться *(над чем-л.);* **denk mal nach!** подумай-ка хорошенько!
Nachdenken *n* -s размышление, раздумье, думы; **in (tiefes) ~ versinken*** задуматься, погрузиться в раздумье

nachdenklich *a* задумчивый; **~ werden** задумываться
nach|dichten I *vt* сгущать, уплотнять; II *vi* сгущаться, уплотняться
nach|dichten II *vt (jmdm.)* **1.** свободно переводить *(стихи)*; **2.** сочинять *(стихи в подражание кому-л.)*
Nachdichtung *f* -, -en **1.** свободный перевод *(стихов)*; **2.** сочинение стихов *(в подражание кому-л.)*
nach|drängen *vi* (s) (D), *vt* теснить *(кого-л.)*, напирать *(сзади) (на кого-л.)*; следовать вплотную *(за кем-л.)*, преследовать *(кого-л.)*
nach|dringen* *vi* (s) (D) пробираться вслед, устремляться вслед *(за кем-л.)*
Nachdruck I *m* -(e)s, -е перепечатка; **~ verboten** перепечатка воспрещается
Nachdruck II *m* -(e)s ударение; сила, энергия; **mit ~** настоятельно, убедительно *(просить и т. п.)*; **einer Sache** (D) **~ verleihen*, ~ auf etw.** (A) **legen** придать особое значение чему-л.
nach|drucken *vt* перепечатывать
nach|drücken *vt* **1.** нажимать ещё раз [дополнительно]; **2.** *спорт.* дожимать *(поднимание тяжестей)*
nachdrücklich, nachdrucksvoll *adv* настоятельно, настойчиво; убедительно; **etw. ~ sagen** подчеркнуть что-л. *(в речи)*
nach|eifern *vi (jmdm. in* D) соревноваться *(с кем-л. в чём-л.)*; брать пример *(с кого-л. в чём-л.)*; равняться *(на кого-либо)*, следовать *(кому-л., чему-л.)*
nach|eilen *vi* (s) (D) спешить, бежать, мчаться, гоняться *(за кем-л., чем-л.)*
nacheinánder *pron rez* друг за другом, по очереди
nach|empfinden* *vt* **1.** переживать *(что-л.)*, вчувствоваться *(во что-л.)*; **2.** *(jmdm.)* сочувствовать *(в чём-л. кому-л.)*
Nachen *m* -s, - чёлн, челнок, лодка
nach|ernten *vi* **1.** вторично жать; **2.** собирать колоски после жатвы
nach|erzählen *vt* **1.** пересказывать, передавать; **2.** *(jmdm.)* говорить *(что-л. о ком-л.);* **es wird ihm schlimm nacherzählt** о нём идёт недобрая молва
Nacherzählung *f* -, -en пересказ, изложение
nach|fahren* I *vt (jmdm.)* везти вслед *(что-л. за кем-л., за чем-л.);* II *vi* (s) (D) ехать вслед *(за кем-л., чем-л.)*
nach|färben *vt* подкрашивать; перекрашивать
nach|feilen *vt* **1.** подправлять напильником; подпиливать; **2.** дорабатывать *(статью и т. п.)*

nach|feuern vi 1. стрелять вслед [вдогонку]; 2. подкладывать топливо в печку
nach|fliegen* vi (s) (D) летать [лететь] вслед *(за кем-л., за чем-л.)*
Nachfolge f - 1. наследование; 2. преемственность
nach|folgen vi (s) (D) следовать *(за кем-либо, за чем-л.)*
nachfolgend a (по)следующий
Nachfolgende *subst m, f* -n, -n; *n* -n, - следующий, -щая; -щее
Nachfolger m -s, -; **~in** f -, -nen 1. наследник, -ница; 2. преемник, -ница; 3. последователь, -ница
nach|fordern vt требовать дополнительно; требовать доплаты
nach|forschen vi (D) 1. расследовать, разведывать *(что-л.)*; разузнавать *(о чём-либо)*; **einer Angelegenheit ~** расследовать дело; 2. разыскивать, отыскивать *(кого-л., что-л.)*
Nachforschung f -, -en 1. расследование, расспросы; 2. розыск(и); **~en anstellen** производить розыски
Nachfrage f -, -n 1. эк. спрос *(nach, in* D *на что-л.)*; **Angebot und ~** спрос и предложение; 2. запрос, справка *(über* A *о ком-л., о чём-л.)* 3. расспросы
nach|fragen vi *(über* A) справляться, осведомляться, расспрашивать, разузнавать *(о ком-л., о чём-л.)*
Nachfrist f -, -en отсрочка; **eine ~ gewähren** предоставить отсрочку
nach|fühlen vt 1. сочувствовать *(чему-л.)*; *(jmdm.)* сочувствовать *(в чём-л. кому-л.)*; **er fühlte den Schmerz des Freundes nach** он сочувствовал горю друга; 2. прощупывать
nach|füllen vt доливать, дополнять *(бутылку и т. п.)*; подкладывать *(на блюдо)*
nach|geben* I vt добавлять, добавлять; II vi 1. поддаваться; **der Boden gibt nach** почва уходит из-под ног; 2. ослабевать; 3. *(jmdm. in* D) уступать *(кому-л., чему-л. в чём-л.)*; идти на уступки *(кому-л.)*, соглашаться *(с кем-л., с чем-л.)*; **einer Einsicht ~** образумиться
Nachgebühr f -, -en доплата; дополнительный сбор
nach|gehen* vi (s) 1. (D) идти вслед, следовать *(за кем-л.)*; **einer Spur ~** идти по чьим-л. следам; 2. (D) заниматься выяснением *(чего-л.)*; выяснять, расследовать *(что-л.)*; 3. (D) заниматься *(чем-л.)*; отдаваться *(чему-л.)*; **seinem Beruf ~** работать по профессии; **Aben-**

teuern ~ пуститься в приключения; 4. отставать *(о часах)*
nachgemacht a поддельный, подложный
nachgerade adv в конце концов; **es wäre ~ an der Zeit** пора в конце концов
Nachgeschmack m -(e)s привкус *(чего-л.)*; **einen bitteren ~ hinterlassen*** перен. оставить неприятный осадок
nachgewiesenermaßen adv канц. как (было) доказано
nachgiebig a 1. уступчивый, сговорчивый; 2. гибкий, упругий, эластичный
Nachgiebigkeit f -, -en 1. уступчивость, сговорчивость; примирительность; 2. упругость, эластичность
nach|gießen* vt доливать
nach|glühen vi догорать, тлеть, продолжать гореть
nach|graben* vi делать раскопки; копать *(в поисках чего-л.)*
nach|grübeln vi *(über* A) размышлять, раздумывать *(о чём-л.)*, ломать себе голову *(над чем-л.)*
Nachhall m -(e)s, -e эхо; перен. тж. отголосок, отзвук
nach|hallen vi отдаваться (эхом); перен. находить отклик
nachhaltig a 1. продолжительный; 2. упорный, стойкий, неослабный; настойчивый
nach|hängen* vi (D) предаваться, отдаваться *(чему-л.)*; **seinen Gedanken ~** предаваться своим мыслям, мечтать
nach|häufeln vt вторично окучивать
nach|helfen* vi 1. (D *u jmdm. bei* D, *in* D) помогать, содействовать *(кому-л., чему-л. в чём-л.)*; 2. (D) исправлять *(рисунок и т. п.)*
nachhér adv после (э)того, потом, затем, впоследствии; **zwei Tage ~** два дня спустя
nachhérig a (по)следующий, позднейший
Nachhilfe f -, -n помощь, подмога
nach|hinken vi перен. отставать
nach|holen vt навёрстывать, нагонять, догонять
Nachhut f -, -en воен. арьергард
nach|jagen I vi (s, h) (D) гнаться, мчаться *(за кем-л., за чем-л.)*; преследовать *(кого-л., что-л.)*; II vt (спешно) послать вслед
nach|jammern vi (D) плакать *(о ком-л.)*
Nachklang m -(e)s, -klänge отзвук, резонанс; эхо; перен. отклик, отголосок, отзвук
nach|klingen* vi звучать; отдавать (эхом); перен. находить отклик

nach|kochen vt подварить, сварить дополнительно
Nachkomme m -n, -n потомок; отпрыск
nach|kommen* vi (s) **1.** приходить позднее; **2.** (D) следовать, поспевать (за кем-л.); **er kommt beim Schreiben nicht nach** он не успевает записывать; **3.** (D) выполнять, исполнять (приказ, свой долг и т. п.)
Nachkommenschaft f -, -en потомство, потомки
Nachkömmling m -s, -e потомок
Nachlaß I m -sses, -sse/-lässe **1.** уменьшение, ослабление; **ohne ~ arbeiten** работать без передышки; **2.** скидка
Nachlaß II m -sses, -sse/-lässe наследство, наследие
nach|lassen* I vt **1.** ослаблять, уменьшать; **2.** снижать, сбавлять (цену); II vi ослабевать, уменьшаться, убавляться, утихать (о боли); спадать (о жаре); сдавать (об успехах); **nicht ~!** держись!
nachlassen* II vt оставлять после себя, завещать
Nachlasser m -s, - юр. наследователь
nachlässig a небрежный, неряшливый, неаккуратный; нерадивый
nachlässigerweise adv по небрежности
Nachlässigkeit f -, -en небрежность, неряшливость; нерадивость, халатность
Nachlauf m -(e)s, -läufe движение по инерции; тех. холостой ход
nach|laufen* vi (s) (D) **1.** бежать вслед, гнаться (за кем-л., за чем-л.); **2.** разг. волочиться, бегать (за кем-л.); **3.** навязываться (кому-л.)
Nachläufer m -s, - презр. последыш
nach|leben vi (D) жить, следуя (чьему-л.) примеру
nach|legen vt подкладывать, прибавлять, подбавлять
nach|leiern vt бездумно [механически] повторять
nach|lernen vt подучивать; навёрстывать
Nachlese f -, -n **1.** сбор колосьев после жатвы; сбор оставшихся фруктов (после уборки основного урожая); **2.** факты, оставшиеся неизвестными (журналистская подборка)
nach|lesen* I vi собирать (колосья после жатвы, фрукты после уборки и т. п.)
nach|lesen* II vt **1.** читать, перечитывать; **2.** (in D) наводить справляться (о чём-л. по книге); **3.** (D) читать (вслед) за кем-л.; следить (по книге); **4.** подчитывать (корректуру); следить (по оригиналу при корректуре)

nach|liefern vt досылать, доставлять дополнительно (товар)
Nachlieferung f -, -en дополнительная поставка, досылка
nach|machen vt **1.** подражать (чему-л.); **2.** подделывать, фальсифицировать
Nachmacher m -s, - **1.** подражатель; **2.** подделыватель, фальсификатор
Nachmachung f -, -en **1.** подражание; **2.** подделка, фальсификация
Nachmahd f -, -en **1.** отава; **2.** косьба отавы
nach|malen vt копировать (картину)
nachmals adv впоследствии, затем, некоторое время спустя
nach|marschieren vi (s) (D) воен. следовать [двигаться, маршировать] вслед (за кем-л., за чем-л.)
nach|messen* vt перемеривать, повторно измерять, проверять [контролировать] размеры (чего-л.)
nachmittag: heute ~ сегодня после обеда [во второй половине дня]
Nachmittag m -(e)s, -e послеобеденное время, вторая половина дня; **am ~, des ~s** после обеда, во второй половине дня
nachmittägig, nachmittäglich a послеобеденный
nachmittags adv после обеда, пополудни; **ab ~** со второй половины дня
Nachmusterung f -, -en воен., мед. переосвидетельствование
Nachnahme f -, -n наложенный платёж; **per [mit, unter, als] ~** наложенным платежом
nach|nehmen* vt взыскивать наложенным платежом
nach|pflügen vt перепахивать, пахать вторично
nach|plappern vt (jmdm.) бессмысленно повторять (что-л. за кем-л.)
Nachporto n -s, -s/-ti дополнительный почтовый сбор
nach|prüfen vt пересматривать, повторно [дополнительно] проверять [контролировать]
Nachprüfung f -, -en **1.** дополнительная проверка, дополнительный контроль; **2.** повторный экзамен, переэкзаменовка
nach|räumen vt прибирать (со стола), убирать (комнату)
nach|rechnen vt пересчитывать, проверять счёт
Nachrede f -, -n **1.** эпилог; **2.** сплетни ◇ **jmdn. in üble ~ bringen*** злословить о ком-л.

nach|reden I *vt (jmdm.)* **1.** повторять *(что-л. вслед за кем-л.)*; **2.** говорить *(что-л. дурное о ком-л., на чей-л. счёт)*; **jmdm. Böses ~** говорить плохое о ком-л., злословить, сплетничать на чей-л. счёт; II *vi* повторять *(чьи-л.)* слова

nach|reifen *vi (s, h)* дозревать, доспевать

Nachricht *f* -, -en известие, сообщение; донесение; *jmdm.* **~ geben*** извещать кого-л.; **~ von sich (D) geben*** дать о себе знать; **~en einziehen* [ermitteln]** собирать сведения; **~en einbringen*** доставлять данные

Nachrichten||abteilung *f* -, -en батальон связи

Nachrichten||agentur *f* -, -en телеграфное агентство

Nachrichten||büro *n* -s, -s информационное бюро *(прессы)*

Nachrichten||dienst *m* -es, -e **1.** воен. служба связи; **2.** воен. служба разведки и контрразведки

Nachrichten||helferin *f* -, -nen связистка вспомогательной службы *(девушка, призванная в конце 2-й мировой войны для службы в войсках связи на территории Германии)*

Nachrichten||offizier *m* -s, -e **1.** офицер связи; **2.** офицер разведки

Nachrichten||sperre *f* -, -n запрещение передачи информации; **~ verhängen** запретить передачу информации

Nachrichten||übermittlung *f* -, -en передача сведений [сообщений]

Nachrichten||verbindung *f* -, -en воен. связь; линия связи

Nachrichten||wesen *n* -s служба связи; связь

nach|rücken *vi (s) (D)* следовать, двигаться, продвигаться *(за кем-л., за чем-л.)*; **für jmdn. dienstlich ~** занять чьё-л. место по службе

Nachruf *m* -(e)s, -e некролог

nach|rufen* *vt (jmdm.)* кричать вслед *(что-л. кому-л.)*

nach|säen *vt* досевать, подсевать

nach|sagen *vt (jmdm.)* **1.** повторять *(что-либо вслед за кем-л.)*; **2.** говорить *(что-л. дурное о ком-л., на чей-л. счёт)*; **es wird ihr Eifersucht nachgesagt** говорят, она ревнива

nach|salzen *vt* досаливать, подсаливать

nach|schauen I *vi (D)* смотреть вслед *(кому-л., чему-л.)*; II *vt* смотреть, проверять *(что-л.)*; справляться *(о чём-либо)*; **im Buch ~** справиться *(о чём-л.)* по книге

nach|schicken *vt (jmdm.)* посылать *(что-л. кому-л., за кем-л.)*

nach|schieben* *vt* двигать, подвигать; подталкивать сзади

nach|schießen* *vi (jmdm.)* стрелять вслед *(кому-л.)*

Nachschlagebuch *n* -(e)s, -bücher справочник

nach|schlagen* I *vt (in D)* справляться *(о чём-л. по книге)*; **ein unbekanntes Wort im Wörterbuch ~** искать незнакомое слово в словаре; II *vi (s) (D)* уродиться *(в кого-л.)*; становиться похожим *(на кого-л.)*; **wem mag er wohl nachgeschlagen sein?** и в кого он только уродился?

Nachschlagewerk *n* -(e)s, -e см. Nachschlagebuch

nach|schleichen* *vi (s) (D)* тайком следовать, красться *(за кем-л.)*

nach|schleifen* I *vt* **1.** подтачивать *(напильником)*; **2.** подправлять *(статью и т. п.)*

nach|schleifen* II I *vt* волочить [тащить] за собой; II *vi* волочиться *(о платье и т. п.)*

nach|schleppen *vt* **1.** *(jmdm.)* тащить вслед *(что-л. за кем-л.)*; **2.** тащить за собой *(что-л.)*

Nachschlüssel *m* -s, - подобранный ключ, отмычка

nach|schreiben* *vt* **1.** писать, записывать *(на слух)*; **2.** списывать, выводить *(по образцу)*; **3.** дописывать *(пропущенное)*

nach|schreien* *vt (jmdm.)* кричать вслед *(что-л. кому-л.)*

Nachschrift *f* -, -en **1.** приписка; **2.** запись, записывание *(на слух)*

Nachschub *m* -(e)s, -schübe воен. подвоз, снабжение; пополнение

Nachschuß *m* -sses, -schüsse доплата

nach|sehen* I *vt* **1.** смотреть, проверять *(что-л.)*; справляться *(о чём-л.)*; **sieh nach, was da liegt** посмотри, что там лежит; **im Buch ~** справляться *(о чём-л.)* по книге; искать *(что-л.)* в книге; **2.** *(jmdm.)* прощать *(что-л. кому-л.)*; относиться снисходительно *(к кому-л.)*; II *vi (D)* смотреть вслед *(кому-л., чему-л.)*

nach|setzen I *vt (D)* **1.** ставить (дополнительно) *(что-л. после чего-л.)*; **2.** перен. отодвигать на задний план *(что-л. по сравнению с чем-л.)*; II *vi (s) (D)* гнаться *(за кем-л., за чем-л.)*

Nachsicht *f* - снисхождение; **mit jmdm. ~ üben** быть снисходительным к кому-л., потворствовать кому-л.

nachsichtig *a* снисходительный, терпимый *(gegen A к кому-л., чему-л.)*

Nachsichtigkeit *f* - снисходительность
nachsichtslos *a* безжалостный
nachsichtsvoll *a* снисходительный
Nachsilbe *f* -, -n *грам.* суффикс
nach|sinnen* *vi* (*über* A) размышлять, раздумывать (*о чём-л.*)
nach|sitzen* *vi* оставаться после уроков в школе (*в наказание*); отсиживать (*дополнительно где-то*)
Nachsommer *m* -s, - бабье лето
Nachspeise *f* -, -n десерт, сладкое
Nachspiel *n* -(e)s, -e 1. эпилог; 2. развязка; 3. последствие
nach|sprechen* *vt* (*jmdm.*) повторять (*чужие слова за кем-л.*)
nach|springen* *vi* (s) (D) прыгать, бежать вприпрыжку вслед (*за кем-л., чем-л.*)
nach|spüren I *vi* (D) 1. выслеживать (*кого-л.*); 2. разведывать (*о чём-л.*); II *vt* ощущать последствия (*чего-л.*)
nächst (*superl om* nah) I *a* 1. самый близкий, ближайший; кратчайший; **in den ~en Jahren** в ближайшие годы; **der ~e Weg** кратчайший путь; 2. ближний, первоочередной; 3. следующий; **das ~e Mal** в следующий раз; **bei ~er Gelegenheit** при первом удобном случае; **der ~e beste** первый встречный, первый попавшийся, любой; II *adv:* **am ~en** ближе всего; **fürs ~e** в первую очередь; III *prp* (D) близ, возле, подле; **~ dem Hause** возле [близ] дома; **~ ihm** вслед за ним, после него
nach|starren *vi* (D) пристально смотреть вслед; уставиться вслед (*кому-л., чему-л.*)
nächstbeste *a* 1. следующий по качеству; 2. любой, первый попавшийся
Nächste *subst m, f* -n, -n ближний, -няя; **der ~ bitte!** следующий, пожалуйста!; **wer ist der ~ ?** кто следующий?
nach|stehen* *vi* (D, *an* D) уступать (*по качеству кому-л., чем-л, в чём-л.*); стоять ниже (*кого-л., чего-л., по чему-л.*); **er steht seinem Freund an Sprachkenntnissen nach** он уступает своему другу в знании языков
nachstehend I *a* нижеследующий; II *adv* ниже, далее (*в тексте*)
nach|steigen* *vi* (s) 1. (D) подниматься вслед (*за кем-л.*); 2. *шутл.* идти, следовать (*за кем-л. с целью завязать знакомство*)
nach|stellen I *vt* 1. регулировать; отодвигать, переводить назад; **eine Uhr ~** переводить часы назад; 2. (D) считать худшим (*кого-л. по сравнению с кем-либо, с чем-л. другим*), считать менее достойным (*кого-л. по сравнению с кем-л.*); II *vi* (D) подстерегать, преследовать (*кого-л.*)
Nachstellung *f* -, -en 1. регулирование, регулировка, (дополнительная) установка [настройка]; 2. *б. ч. pl* преследование; **~en ausgesetzt sein** подвергаться преследованиям
Nächstenliebe *f* - любовь к ближнему
nächstens *adv* 1. впредь, в следующий раз; 2. в скором времени
nächstfällig *a* очередной, следующий (*о совещании и т. п.*)
nächstfolgend *a* следующий (*за этим, по очереди, в очереди*)
nächstjährig *a* следующего года
nach|stoppeln *vi* собирать колосья после жатвы; рыть картофель на уже убранном поле
nach|stoßen* *vi* (s) продолжать (*атаку*), преследовать (*противника*)
nach|streben *vi* (D) 1. стремиться (*к чему-л.*); 2. брать пример (*с кого-л.*)
nach|stürmen *vi* (s) (D) устремляться, броситься вслед (*за кем-л.*)
nach|stürzen *vi* (s) (D) 1. бросаться вдогонку (*за кем-л.*); 2. рухнуть вслед (*за чем-л.*)
nach|suchen *vt, vi* 1. искать, смотреть; 2. (*um* A) ходатайствовать (*о чём-л.*); **um Entlassung ~** подать в отставку
Nacht *f* -, Nächte ночь; **gute ~ !** (с)покойной ночи!; **es wurde ~** наступила ночь; **bei ~** ночью; **in der ~ zum Sonntag** в ночь на воскресенье; **eines ~s** однажды ночью; **bis tief in die ~** до глубокой ночи; **die ~ über** всю ночь; **über ~ berühmt werden** стать за ночь знаменитостью; **ein Unterschied wie Tag und ~** ≅ это небо и земля; **bei ~ und Nebel** во тьме ночи
Nacht||asyl *n* -s, -e 1. ночлежный дом, ночлежка; **im ~ unterkommen*** устраиваться в ночлежном доме; 2. ночлег
"**Nacht der langen Messer**" *f* - "ночь длинных ножей" *см.* Röhmaffäre
Nachteil *m* -(e)s, -e 1. убыток, ущерб, вред; **jmdm. zum ~ gereichen** быть во вред, причинять вред кому-л.; **zum ~ ausschlagen*** обернуться во вред; **im ~ sein** потерпеть ущерб; 2. недостаток
nachteilig I *a* убыточный, невыгодный; вредный, отрицательный; II *adv* с убытком, отрицательно; **sich ~ gegen [über] jmdn., über etw.** (A) **äußern** отрицательно отзываться о ком-л., о чём-либо; **für jmdn. ~ sein** быть невыгодным для кого-л.

nächtelang *a* по ночам, ночами
nachten *vimp*: **es nachtet** *поэт.* наступает ночь
nächten, nächtigen *vi* (*bei* D) (пере)ночевать (*где-л., у кого-л.*)
Nacht‖falter *m* -s, - ночная бабочка
nächtig *a* ночной (*тихий, тёмный*)
Nachtigall *f* -, -en соловей; ◊ **er will die ~ singen lehren** *посл.* ≅ не учи учёного
Nachtigallen‖schlag *m* -(e)s, соловьиная дробь [трель]
Nachtisch *m* -es, -e см. Nachspeise
Nacht‖lager *n* -s, - 1. ночлег; 2. постель; **ein ~ aufschlagen*** расположиться на ночлег
nächtlich *a* ночной
Nacht‖licht *n* -(e)s, -er ночник
Nacht‖lokal *n* -(e)s, -e ночное кафе, ночной ресторан
Nacht‖mahl *n* -(e)s, -e ужин
Nacht‖quartier *n* -s, -e ночлег
nach|traben *vi* (s) (D) 1. ехать рысью (*за кем-л., за чем-л.*); 2. плестись (*за кем-либо, за чем-л.*)
Nachtrag *m* -(e)s, -träge добавление, дополнение
nach|tragen* *vt* 1. (*jmdm.*) носить (*что-л. за кем-л.*); 2. вносить дополнительно, прибавлять; 3. (*jmdm.*) не прощать (*что-л. кому-л.*), быть злопамятным (*по отношению к кому-л.*)
nachtragend, nachträgerisch *a* злопамятный
nachträglich I *a* 1. последующий, добавочный, дополнительный; 2. злопамятный; 3. невыгодный; II *adv* дополнительно; потом; задним числом
Nachträglichkeit *f* - 1. злопамятность, мстительность; 2. невыгодность
Nacht‖ruhe *f* - ночной покой
nachts *adv* ночью, по ночам; **bis ~ um eins** до часу ночи
Nacht‖schwärmer *m* -s, - любитель ночных развлечений, полуночник
nachtsüber см. nachts
nach|tun* I *vt* 1. добавлять; 2. (*jmdm.*) подражать (*в чём-л. кому-л.*); **keiner kann es ihm ~** никто не может сравниться с ним в этом; II *vi* (*jmdm. in* D) подражать, следовать (*кому-л. в чём-л.*)
Nacht‖wächter *m* -s, - ночной сторож
nacht|wandeln *vi* (h, s) страдать лунатизмом [сомнамбулизмом]
Nacht‖wandler *m* -s, -; **~in** *f* -, -nen лунатик, -тичка, сомнамбул, -а
nach|üben *vt* упражняться дополнительно (*в чём-л.*), повторять (*упражнение*)
Nachuntersuchung *f* -, -en переосвидетельствование, повторное [последующее] исследование
nach|verlangen *vt* требовать дополнительно; требовать в придачу; требовать доплаты
nach|wachsen* *vi* (s) 1. подрастать; 2. давать новые ростки
nach|wägen* см. nachwiegen*
Nachwahl *f* -, -en дополнительные выборы
nach|wanken *vi* (s) (D) идти шатаясь, ковылять вслед (*за кем-л., за чем-л.*)
nach|weinen *vi* (D) плакать (*о ком-л., о чём-л.*), оплакивать, жалеть (*кого-л., что-л.*)
Nachweis *m* -es, -e 1. доказательство; **den ~ liefern** предоставить доказательство; **einen ~ erbringen* [geben*]** привести доказательство; 2. удостоверение
nachweisbar I *a* доказуемый; II *adv* по достоверным сведениям, как доказано
Nachweis‖büro *n* -s, -s посредническая контора; справочное бюро
nach|weisen* I *vt* 1. доказывать; показывать (*ошибку и т. п.*); 2. (*jmdm.*) находить, указывать (*работу кому-л.*); II *vi*: **jmdm. mit dem Finger ~** показывать пальцем вслед кому-л.
nachweislich см. nachweisbar
nach|weißen *vt* белить ещё раз [вторично]
Nachwelt *f* - потомство, будущее поколение
nach|werfen* *vt* 1. бросать вслед (*что-л. кому-л., за чем-л.*); 2. подбрасывать
nach|wiegen* *vt* вторично взвешивать, перевешивать (*что-л.*), проверять вес (*чего-л.*)
nach|wirken* *vi* иметь последствия; оказывать действие впоследствии (*тж. мед.*)
Nachwirkung *f* -, -en (последующее) действие, эффект (*тж. мед.*), последствие; **~ ausüben** иметь действие, давать эффект
nach|wollen* *vi* (D) *разг.* хотеть [собираться] следовать [идти] (*за кем-либо*)
Nachwort *n* -(e)s, -e послесловие
Nachwuchs *m* -es 1. подрастающее поколение, смена; 2. молодняк (*о животных*)
Nachwuchs‖kräfte *pl* молодые кадры
Nachwuchs‖plan *m* -(e)s, -pläne план по квалификации кадров, план подготовки молодых кадров
nach|zahlen *vt* доплачивать
nach|zählen *vt* проверять подсчёт (*чего-либо*), пересчитывать (*что-л.*)

Nachzahlung f -, -en дополнительный платёж, доплата
nach|zeichnen vt 1. срисовывать, копировать; 2. обрисовывать, изображать (в литературе)
nach|ziehen* I vt 1. разг. тащить за собой (кого-л.); 2. повлечь, потащить за собой (кого-л.); перетащить (кого-л. на новое место жительства и т. п.); 3. тех. подвинчивать, подвёртывать; 4. перен. подтягивать (кого-л.); подкручивать (гайки); 5. с.-х. разводить дополнительно; 6. подводить, подрисовывать; II vi (s) (D) 1. следовать, двигаться вслед (за кем-л.); 2. переселяться (за кем-л. в др. место)
nach|zotteln vi (s) (D) разг. плестись (за кем-л., за чем-л.)
Nachzucht f - выведение молодняка (животных); выращивание (молодых) растений
Nachzügler m -s, - 1. отставший, отстающий (тж. перен.); 2. запоздалый гость [участник и т. п.]
Nacken m -s, - 1. затылок, шея; **dem Feind im ~ sitzen*** преследовать врага по пятам; **den Kopf (stolz) in den ~ werfen*** (гордо) откинуть [запрокинуть] голову; 2. обух (топора)
nackt I a голый, нагой, обнажённый; **~e Armut** неприкрытая нищета; **~e Wirklichkeit** неприкрытая действительность; II adv нагишом
Nacktheit f - 1. нагота, обнажённость; 2. перен. откровенность
Nadel f -, -n 1. игла, иголка; **wie auf ~n sitzen*** сидеть как на иголках; **die ~ einfädeln** вдевать иголку; 2. булавка; 3. шпилька (для волос); 4. спица, крючок (для вязания); 5. стрелка (компаса); 6. бот. игла
Nadel||baum m -(e)s, -bäume хвойное дерево
Nadel||brief m -(e)s, -e пачка иголок [булавок]
nadelfest: niet- und ~ крепко-накрепко (приделанный)
nadelig a игольчатый, иглообразный
Nadel||öhr n -(e)s, -e игольное ушко
Nadel||wald m -(e)s, -wälder хвойный лес
Nagasáki (n) -s Нагасаки (город в Японии, на о-ве Кюсю)
Nagel m -s, Nägel 1. гвоздь; **etw. an den Nagel hängen** повесить что-л. на гвоздь; ◊ **den ~ auf den Kopf treffen*** попасть в самую точку; **einen ~ (im Kopf) haben** быть тщеславным [гордым]; 2. ноготь; **an den Nägeln kauen** 1) грызть ногти; 2) голодать; ◊ **die Arbeit brennt ihm auf die Nägel [auf den Nägeln]** работа горит у него в руках
Nagel||bürste f -, -n щётка для ногтей
Nagel||feile f -, -n пилочка для ногтей, маникюрный напильник
Nagel||kopf m -(e)s, -köpfe шляпка гвоздя
Nagel||lack m -(e)s, -e лак для ногтей
nageln vt (an A) прибивать гвоздями (что-л. к чему-л.)
nagelneu a новенький, с иголочки
Nagel||pflege f - уход за ногтями
nagen vi (an D) глодать, грызть (что-л.; тж. перен.); ◊ **am Hungertuche ~** голодать, бедствовать
Nage||tier n -(e)s -e зоол. грызун
Näh||arbeit f -, -n шитьё
Näh||aufnahme f -, -n фото съёмка на близкое расстояние; кино съёмка крупным планом
nah(e) I a близкий, ближний, недалёкий; **ein ~er Freund** близкий друг; **die ~e Stadt** близлежащий город; **in ~er Zukunft** в недалёком будущем, скоро; **der Sommer ist ~e** близится лето; **ich war ~e daran...** ещё немного, и я...; II adv 1. (an, bei, von D) вблизи (от кого-л., от чего-л.), около, возле (кого-либо, чего-л.), рядом (с кем-л., с чем-либо); **von [aus] ~ und fern** отовсюду, со всех концов; **etw. von ~em betrachten** рассматривать что-л. вблизи; 2. близко; **~ verwandt sein** быть близким родственником; **jmdm. zu ~ treten*** задеть, обидеть кого-л.; **~ daran sein, etw. zu tun** собираться [почти решиться] что-л. сделать; III prp (D) близ, возле, подле; **~ dem Hause** близ [возле] дома
Nähe f - близость, соседство; **in der ~** вблизи, по соседству; **in der [aller] ~** совсем близко
nahe|bringen* vt (D) познакомить, заинтересовать (чем-л. кого-л.); сблизить (кого-л.)
nahegelegen a близлежащий
naheliegend a понятный, близкий
nähen vt шить
näher (comp от nah) I a 1. более близкий; 2. более подробный, детальный; II adv 1. ближе; **~ bringen*** подносить (ближе), приближать; 2. более подробно, точнее; **auf etw. (A) ~ eingehen*** подробно остановиться на чём-л.
Nähere subst n -n подробности, детали
Näherin f -, -nen швея
näher|kommen* vi (s) (D) сближаться, вступать в более тесный контакт (с кем-л.)

nähern, sich (D) **1.** приближаться *(к кому-л., к чему-л.)*; **2.** сближаться, ближе знакомиться *(с кем-л.)*
näher|stehen* *vi* (D) быть более близким *(кому-л.)*, быть ближе знакомым, быть в более близких отношениях *(с кем-л.)*
näher|treten* *vi* (s) (D) ближе знакомиться, сближаться *(с кем-л.)*
Näherung *f* -, -en **1.** приближение; **2.** сближение
nahe|stehen* *vi* (D) быть в близких отношениях *(с кем-л.)*; быть *(чьим-л.)* близким знакомым
nahestehend *a* (D) приближённый *(к кому-л.)*; близкий, хорошо знакомый *(кому-л.)*
nahe|treten* *см.* nähertreten*
nahezu *adv* почти
Näh||garn *n* -(e)s, -e швейные нитки
Nah||kampf *m* -(e)s, -kämpfe рукопашный бой
nahm *impf от* nehmen*
Näh||maschine *f* -, -n швейная машина
Nähr||boden *m* -s, -/-böden **1.** питательная среда; **2.** *перен.* благоприятная почва
nähren I *vt* **1.** питать, кормить; **diese Kost nährt gut** это - питательная пища; **2.** *перен.* питать *(надежду, злобу и т. п.)*; **einen Traum ~** лелеять мечту; II **~, sich** *(von* D, *mit* D) питаться *(чем-л.)*
nährend, nahrhaft *a* питательный
Nahrhaftigkeit *f* - питательность
Nähr||hefe *f* -, -n пищевые дрожжи
Nähr||kraft *f* - питательность
Nähr||mittel *см.* Nahrungsmittel
Nährmittel||industrie *f* -, -strien пищевая промышленность
Nahrung *f* - питание, пища, пропитание; **seine ~ erwerben*** зарабатывать себе на хлеб [пропитание]
Nahrungs||mittel *n* -s, - продукт питания; пищевые продукты, продовольствие
Nähr||wert *m* -(e)s, -e питательность
Naht *f* -, Nähte *тех.* шов, стык; ⋄ **aus der ~ platzen** толстеть
nahtlos *a* **1.** без шва; **2.** *тех.* бесшовный, цельнотянутый
Näh||zeug *n* -(e)s швейные принадлежности
Näh||zwirn *m* -(e)s, -e швейные нитки
Nairóbi (*n*) -s Найроби *(столица Кении)*
na|iv <*lat.-fr.*> *a* наивный, простодушный
Na|ivität [-vi-] <*lat.-fr.*> *f* -, -en наивность, простодушие
Name *m* -ns, -n **1.** имя; фамилия; **mein ~ ist Peter** меня зовут Пётр; **unter falschem ~n** под вымышленной фамилией; **jmdn. mit dem ~n Peter rufen*** звать кого-л. Петром; **im ~n** от имени; во имя; **2.** имя, известность; ⋄ **sich einen ~n machen** делать себе имя, стать известным; **sein ~ hat einen guten Klang** он пользуется доброй славой
Namen||liste *f* -, -n именной [поимённый] список
namenlos *a* **1.** безымянный; **2.** невыразимый, неописуемый
Namen||register *n* -s, - именной указатель
namens *adv* **1.** по имени, по фамилии; **2.** от имени *(jmds., von jmdm.* кого-л.; говорить и т. п.)
Namens||aufruf *m* -(e)s, -e *воен.* перекличка
Namen||schild *n* -(e)s, -er табличка [дощечка] с фамилией *(на входной двери)*
Namens||tag *m* -(e)s, -e именины
Namens||vetter *m* -s, -n тёзка, однофамилец
namentlich I *a* именной, поимённый; **~er Aufruf** перекличка; II *adv* **1.** поимённо, по имени; **2.** особенно, главным образом
Namen||verzeichnis *n* -ses, -se именной список [указатель]
namhaft *a* **1.** с именем, известный; **~e Persönlichkeiten** значительные люди; **2.** значительный *(о сумме, разнице и т. п.)*
Namibia (*n*) -s Намибия *(гос-во в Юго-Зап. Африке)*
nämlich I *a* (*употр. тж.* с определённым артиклем*)* тот (же) самый, названный, неизменный; **er ist noch der ~e** он всё такой же, он не изменился; II *adv* (в роли причинного союза*)* так как, ибо; III *conj* а именно, то есть
Nanétte Нанэтта *(жен. имя)*
Nanni Нанни *(ласкательная форма жен. имени* Anna*)*
nannte *impf от* nennen*
Nantes [nät] (*n*) - Нант *(город на З. Франции)*
Nantwin Нантвин *(муж. имя)*
nanú! *int* что вы [ты]!, неужели!
Napf *m* -(e)s, Näpfe миска; чашка, чаша; **den ~ vollschöpfen** набрать [налить] полную тарелку
Napf||kuchen *m* -s, - *кул.* баба
Naphta <*pers.-gr.-lat.*> *n* -s/ *f* - нефть
Napola *f* - "Напола" *(ист.* общественная школа-интернат в фаш. Германии, в которой осуществлялось воспитание молодёжи в нацистском духе *<сокр. от* Nationalpolitische Erziehungsanstalt*>)*

Narbe *f* -, -n 1. шрам, рубец; 2. *бот.* рыльце
narben *vi* (s) *и* ~, **sich** зарубцеваться, затягиваться *(о ране)*
Narkóse *<gr.> f* -, -n наркоз
narkótisch *<gr.> a* наркотический
Narr *m* -en, -en 1. дурак, глупец; **ein ausgemachter** ~, **ein** ~ **in Folio**, **ein** ~ **in Lebensgröße** круглый [набитый] дурак; **jmdn. zum** ~**en halten* [haben]** дурачить кого-л.; считать кого-л. дураком; 2. чудак; шут; **sich zum** ~**en machen**, **den** ~**en machen** изображать шута, паясничать, валять дурака; ◊ **einen** ~**en an jmdm., an etw. (D) gefressen haben** быть без ума от кого-л., от чего-л.
Narren‖haus *n* -es, -häuser сумасшедший дом
Narren‖kappe *f* -, -n шутовской колпак
Narren‖posse *f* -, -n шутовская проделка; ~**n treiben*** дурачиться
Narrheit *f* -, -en 1. глупость, сумасбродство; 2. дурачество, шутовство
närrisch I *a* глупый, дурацкий; шутовской; ~ **werden** *разг.* сойти с ума, свихнуться; **ein** ~**er Kauz** чудак; ◊ **das** ~**e Volk** участники карнавала; II *adv разг.:* **in jmdn.** ~ **verliebt sein** быть безумно влюблённым в кого-л.
Narzísse *<gr.-lat.> f* -, -n *бот.* нарцисс
nasál *<lat.> a* носовой
Nasalität *<lat.> f* -, -n произношение в нос, гнусавость
naschen *vt* лакомиться *(чем-л.)*
Nascher, Näscher *m* -s, - лакомка, сластёна
naschhaft *a* 1. лакомый *(о кусочке и т. п.)*; 2. любящий лакомства
Nasch‖katze *f* -, -n; ~**maul** *n* -(e)s, -mäuler лакомка
Nasch‖werk *n* -(e)s, -е лакомство, сласти
Nase *f* -, -n 1. нос; **sich (D) die** ~ **schnauzen [putzen, schneuzen]** сморкаться; **die** ~ **rümpfen [ziehen*]** сморщить нос, скорчить недовольную мину; **an der** ~ **herumführen** водить за нос; **seine** ~ **in alles hineinstecken** всюду совать свой нос; **ich habe die** ~ **voll** мне надоело; **jmdm. die Tür vor der** ~ **zumachen** захлопнуть дверь перед чьим-л. носом; 2. нос, обоняние, нюх, чутьё; **eine gute [feine]** ~ **haben** иметь тонкое чутьё; 3. *тех.* носик, шип; выступ; носовая часть *(судна)*
naselang *разг.:* ◊ **alle(r)** ~ то и дело, каждую минуту, на каждом шагу; **alle(r)** ~ **etwas anders** ≅ семь пятниц на неделе

näseln *vi* гнусавить, говорить в нос
Nasen‖bein *n* -(e)s, -e носовая кость
Nasen‖bluten *n* -s кровотечение из носа
Nasen‖loch *n* -(e)s, -löcher ноздря
Nasen‖stüber *m* -s, - *разг.* щелчок по носу
Nasen‖wurzel *f* -, -n переносица
naseweis *a* (слишком) любопытный, назойливый, нескромный
Nas‖horn *n* -(e)s, -hörner 1. *зоол.* носорог; 2. жук-носорог
naß *a* мокрый, сырой, влажный; дождливый; ~ **werden** промокать; ~ **machen** намачивать; ◊ **ein nasser Bruder** любитель выпить, пьяница
Nassau *(n)* -s Нассау *(столица Багамских Островов)*
Nassauer *m* -s, - 1. житель города [ист. герцогства] Нассау; 2. *разг.* дармоед, прихлебатель; 3. *разг.* ливень
Nassauerin *f* -, -en 1. жительница города [ист. герцогства] Нассау; 2. *разг.* дармоедка, приживалка
Nässe *f* - сырость, влага, влажность
nässen I *vt* мочить; увлажнять, орошать; II *vi* 1. сочиться, мокнуть *(о ране и т. п.)*; 2. мочиться *(в постель)*
naßkalt *a* сырой и холодный; промозглый *(о погоде)*
näßlich *a* мокроватый, сыроватый
Natálie Натали/Наталья *(жен. имя)*
Nathánael Натанаэль *(муж. имя)*
Natión *<lat.> f* -, -en нация
nationál *<lat.-fr.> a* национальный; отечественный
Nationáldemokratische Partéi (Deutschlands) *f* - Национал-демократическая партия Германии *(неонацистская партия в ФРГ)*
Nationál-Demokrátische Partéi Deutschlands *f* - Национал-демократическая партия Германии *(в ГДР; объединяла средние слои населения)*
Nationále Front der DDR *f* - Национальный фронт ГДР *(ист.; объединение полит. партий и массовых организаций при проведении выборов и т. п.)*
Nationál‖einkommen *n* -s *эк.* национальный доход
Nationále Opposition *f* - Национальная оппозиция *(объединение политических сил в Германии, выступавших против Веймарской республики)*
nationalisieren *<lat.-fr.> vt* 1. национализировать; 2. *см.* **naturalisieren**
nationalístisch *<lat.-fr.> a* националистический, националистский

Nationalität <*lat.-fr.*> *f* -, -en национальность

Nationálkomitee "Freies Deutschland" *n* -s Национальный комитет "Свободная Германия" (*ист.; политический центр антифашистов во время 2-й мировой войны; создан в 1943 под Москвой*)

Nationál‖preis *m* -es, -e национальная премия

Nationálrat *m* -es **1.** Национальный совет (*нижняя палата парламентов Австрии и Швейцарии*); **2.** член Национального совета

nationálsozialistisch *a* национал-социалистический

Nationál-Soziali̇́stische Deutsche Arbei̇terpartei *f* - Национал-социалистическая рабочая партия Германии (*ист.; официальное название фаш. партии Германии <1919–1945>*)

Nationálsozialistische Frauenschaft *f* - *ист.* Национал-социалистический женский союз (*ист.; нацистская организация женщин в фаш. Германии*)

Nationál‖tracht *f* -, -en национальный костюм

Nationál‖vermögen *n* -s, - всенародное достояние; национальное богатство

Nationál‖versammlung *f* -, -en Национальное собрание (*народных представителей*)

Natrium <*ägypt.-arab.-lat.*> *n* -s *хим.* натрий

Natron <*ägypt.-arab.-lat.*> *n* -s *хим.* **1.** едкий натр; **2.** (питьевая) сода

Natter *f* -, -n *уж; перен.* гадюка, змея; ◊ **eine ~ am Busen nähren** пригреть змею на груди

Natúr <*lat.*> *f* - **1.** природа; **in der freien ~** на лоне природы; **nach der ~ zeichnen** рисовать с натуры; **2.** природа (*вещей*); **Fragen allgemeiner ~** вопросы общего характера; **3.** -, -en натура, характер; **das geht gegen seine ~, das ist seiner ~ zuwider** это противно его натуре, это ему чуждо; **von ~ schüchtern sein** быть застенчивым по натуре [характеру]

Naturáli̇en <*lat.*> *pl* продукты продовольствия, натура; **in ~ bezahlen** платить натурой

naturalisíeren <*lat.-fr.*> *vt* натурализировать, предоставлять права гражданства (*иностранцу*); **sich ~ lassen*** натурализироваться, принимать гражданство [подданство] (*какого-л. государства*)

naturalístisch <*lat.*> *a иск.* натуралистический

Naturál‖lohn *m* -(e)s, -löhne заработная плата натурой, натуроплата

Naturál‖wirtschaft *f* - *эк.* натуральное хозяйство

Natúr‖anlage *f* -, -n природное дарование, природный дар [талант]; задатки

Naturéll <*lat.-fr.*> *n* -s, -e природное свойство; характер, натура, нрав

Natúr‖ereignis *n* -ses, -se; **~erscheinung** *f* -, -en явление природы

Natúr‖forscher *m* -s, - естествоиспытатель

Natúr‖forschung *f* -, -en изучение [исследование] природы

Natúr‖freund *m* -(e)s, -e **1.** любитель природы; **2.** натуралист

Natúr‖gabe *f* -, -n дар природы; природное дарование, природный талант

natúrgegeben *a* естественный

natúrgemäß I *a* естественный, природный; II *adv* естественно, сообразно с природой

natúr‖geschichtlich *a* естественно-исторический

Natúr‖gesetz *n* -es, -e закон природы

natúrgetreu *a* **1.** верный природе, естественный; **2.** очень похожий (*точно такой, как в натуре*)

Natúr‖kunde *f* - природоведение, естествознание

natürlich I *a* **1.** естественный, природный; **2.** натуральный, настоящий; **~e Blumen** живые цветы; **3.** естественный, нормальный; **das ist die ~ste Sache der Welt** это вполне естественно; **4.** естественный, простой, непринуждённый; **eine ~e Person** *юр.* физическое лицо; **ein ~er Mensch** простой человек; **ein ~es Wesen haben** держать себя просто [непринуждённо]; II *adv* **1.** естественно, непринуждённо; **2.** конечно, разумеется

natürlicherweise *adv* естественно

Natürlichkeit *f* - естественность, безыскусственность; простота

Natúr‖mensch *m* -en, -en дитя природы

Natúr‖reich *n* -(e)s царство природы

Natúr‖schätze *pl* природные богатства

Natúr‖schutz *m* -es охрана природных богатств

Natúrschutz‖park *m* -(e)s, -e/-s (парк-) заповедник

Natúr‖talent *n* -(e)s, -e природный [самобытный] талант

Natúr‖trieb *m* -(e)s, -e инстинкт

Natúr‖volk *n* -(e)s, -völker первобытный народ

natúrwidrig *a* противоестественный

Natúr‖wissenschaft f -, -en естествознание; pl естественные науки
natúrwissenschaftlich a естественнонаучный
natúrwüchsig a природный, самобытный
Naumburg (n) -s Наумбург (город в ФРГ <земля Саксония-Ангальт>; известен своим собором с двенадцатью каменными статуями)
Naumburger Dom m -s Наумбургский собор (собор. Св. Петра и Павла, известный архит. памятник 12–14 вв. в г. Наумбург <ФРГ>)
Nautik <gr.-lat.> f - навигация
nautisch <gr.-lat.> a навигационный, мореходный
Navigatión [-vi-] <lat.> f -, -en навигация
Navigatións‖offizier [-vi-] m -s, -е штурман, командир штурманской части (корабля)
Nazi m -s - ист. нацист (презрительное название члена фаш. партии в Германии)
N'Djaména [ndʒa-] (n) -s Нджамена (столица Чада)
Neápel (n) -s Неаполь (город в Италии, на побережье Тирренского моря)
Nebel m -s, - 1. туман, мгла; **künstlicher ~** воен. дымовая завеса; 2. перен. туман, неясность; **blauer ~** видимость, иллюзия, мистификация; 3. разг. лёгкое опьянение
Nebel‖fleck m -(e)s, -е астр. туманность
nebelhaft a туманный, смутный, неясный
nebelig a 1. туманный; 2. см. nebelhaft
nebeln vimp: **es nebelt** поднимается туман; стоит туман
Nebel‖schleier m -s, - завеса тумана; воен. дымовая завеса
neben prp 1. (A на вопрос "куда?", D на вопрос "где?") около, рядом с; 2. наряду с, кроме; **~ anderen Dingen** наряду с другими вещами
Neben‖absicht f -, -en побочная цель; задняя мысль
nebenamtlich a по совместительству (о работе)
nebenán adv (тут же) рядом, поблизости
Neben‖arbeit f -, -en побочная работа, работа по совместительству
Neben‖bedeutung f -, -en побочное [второстепенное] значение
nebenbéi adv 1. (тут же) рядом, поблизости, возле; 2. между прочим; кроме того; **~ gesagt** кстати; **etw. ~ tun*** заниматься чем-л. между делом [прочим]
nebenberuflich a: **~e Tätigkeit** побочная деятельность; **er arbeitet ~ als Überset**zer он работает по совместительству переводчиком
Neben‖buhler m -s, -; **~in** f -, -nen соперник, -ница
nebeneinánder adv друг около друга, рядом
nebeneinánderher adv рядом, плечом к плечу
nebeneinánder‖stellen vt сопоставлять
Neben‖einkünfte pl, **~einnahmen** pl побочные доходы
Neben‖erwerb m -(e)s, -е побочный заработок
Neben‖fach n -(e)s, -fächer 1. боковой ящик; 2. второстепенный предмет; побочная специальность
Neben‖fluß m -sses, -flüsse приток
Neben‖gasse f -, -n переулок
Neben‖gebäude n -(e)s, - флигель
Neben‖gedanke m -ns, -n задняя мысль
Neben‖geschmack m -(e)s привкус
Neben‖handlung f -, -en побочное действие
nebenhér adv 1. рядом, сбоку; 2. мимоходом, случайно
nebenhin adv между прочим; кроме того
Neben‖kosten pl накладные расходы
Neben‖mann m -(e)s, -männer сосед; стоящий [работающий] рядом
nebenordnend a координирующий
Neben‖sache f -, -n второстепенное дело, мелочь
nebensächlich a второстепенный, несущественный
Neben‖satz m -es, -sätze грам. придаточное предложение
Neben‖straße f -, -n переулок
Neben‖umstand m -(e)s, -umstände привходящее обстоятельство
Neben‖wort n -(e)s, -wörter грам. наречие
nebst prp (D) вместе с, наряду с; **~ Zubehör** наряду с принадлежностями
Neckar m -s Неккар (река в ФРГ, правый приток Рейна)
necken I vt (mit D) дразнить (кого-л. чем-л.); II **~, sich** (mit jmdm.) (тж. **einánder ~**) дразнить друг друга; ◇ **was sich liebt, das neckt sich** посл. милые бранятся, только тешатся
Neckeréi f -, -en поддразнивание, подтрунивание
"Neckermann" m -s "Неккерман" (рекламный журнал в ФРГ с каталогом товаров, реализуемых фирмой "Неккерманд ферзанд КГаА")
Neckermann Versand KGaA f - "Неккерман ферзанд КГаА" (один из крупнейших посылочных домов в ФРГ)

Neffe *m* -n, -n племянник
Negatión <*lat.*> *f* -, -en 1. отрицание; 2. *грам.* отрицание, отрицательное слово
negatív <*lat.*> *a* отрицательный, негативный
Neger *m* -s, -; **~in** *f* -, -nen негр, -ритянка
negerisch *a* негритянский
negíeren <*lat.*> *vt* отрицать
nehmen* *vt* 1. брать, взять; хватать; принимать; **Waren auf Kredit ~** брать товары в кредит; **jmdn. an [bei] der Hand ~** взять кого-л. за руку; **sich** (D) **an jmdm. ein Beispiel ~** брать с кого-л. пример; **jmdn. beim Wort ~** поймать кого-л. на слове; 2. взять, завоевать, одолеть; **eine Stadt ~** взять [захватить] город; 3. брать, выбирать; **etw. zum Muster ~** взять что-л. за образец; **jmdn. zum Vorbild ~** брать пример с кого-л.; 4. брать с собой, захватить *(что-л., куда-л.)*; 5. брать, получать, приобретать; **Stunden ~** брать уроки; **Urlaub ~** брать отпуск; ◊ **den Abschied ~** уйти в отставку; **von jmdm. Abschied ~** прощаться с кем-л.; 6. брать, принимать на работу; 7. отнять, отобрать, лишить; **jmdm. etw. ~** отнимать что-л. у кого-л.; **etw. an sich** (A) **~** 1) взять что-л. на сохранение; 2) взять что-л. себе, присвоить что-л.; **jmdm. die Ehre ~** обесчестить кого-л.; **sich** (D) **das Leben ~** лишить себя жизни; **es sich** (D) **nicht ~ lassen*** 1) не отказываться *(от чего-л.)*, не отказывать себе *(в чём-л.)*; 2) не преминуть *(сделать что-л.)*; 8. преодолевать *(препятствия)*; 9. воспринимать, понимать; **~ Sie es, wie Sie wollen!** понимайте (это), как хотите!; **wie man's nimmt** это зависит от взгляда на вещи; **etw. ernst ~** принимать что-л. всерьёз; **alles sehr genau ~** быть очень скрупулёзным, исполнительным; **sich** (D) **etw. zu Herzen ~** принимать что-л. близко к сердцу; **im Grunde genommen...** собственно говоря...; 10. принимать, выпить, проглотить *(лекарство и т. п.)*; **etw. zu sich** (D) **~** съесть что-л., перекусить; 11. принимать *(ванну и т. п.)*; 12. садиться *(в автобус и т. п.)*; 13.: **ein Ende ~** кончаться; **Schaden ~** пострадать; **Kenntnis von etw.** (D) **~** принимать к сведению, замечать что-л.; **alles nimmt seinen Lauf** всё идёт своим чередом; **einen Anlauf ~** 1) разбежаться, брать разбег; 2) попытаться начать *(что-л. делать)*; 14.: **etw. in Angriff ~** начинать что-л., приступать к чему-л.; **in Arbeit ~** 1) взяться за работу; 2) пустить в производство; **etw. in Empfang ~** получать, принимать что-л.; **jmdn. in Haft ~** взять под стражу кого-л.; **jmdn. in Schutz ~** взять кого-л. под свою защиту; **Platz ~** сесть, присесть
Nehrung *f* -, -en коса, песчаная отмель
Neid *m* -(e)s зависть; **das ist der blasse ~** это неприкрытая зависть; **giftiger ~** чёрная зависть; **vor ~** от зависти
neiden *vt (jmdm.)* завидовать *(в чём-л. кому-л.)*
Neider *m* -s, -; **~in** *f* -, -nen завистник, -ница
Neidhard/Neidhart Найдхард/Найдхарт *(муж. имя)*
neidisch *a* завистливый; **~ sein** *(auf* A*)* завидовать *(кому-л., чему-л.)*
neidlos *a* лишённый чувства зависти, без зависти
neidvoll I *a* завистливый; II *adv* с завистью
Neige *f* -, -n 1. наклон, склон, покатость; 2. остатки *(жидкости)*; **das Glas bis zur ~ leeren** осушить стакан до дна; 3.: **auf die ~ [zur ~] gehen*** идти на убыль, иссякать, подходить к концу; **der Tag ging zur ~** день клонился к вечеру
neigen I *vt* наклонять, склонять, нагибать; II *vi (zu* D*)* 1. иметь склонность *(к чему-л.)*; **er neigt zu der Meinung, daß...** он склонен полагать, что...; 2. иметь предрасположенность *(к чему-либо)*; **er neigt zur Allergie** он предрасположен к аллергии; III **~, sich** 1. нагибаться, опускаться; наклоняться, склоняться; 2. кланяться; **sich jmdm. zum Gruß ~** поклониться кому-л. (в знак приветствия)
Neigung *f* -, -en 1. наклон *(головы)*; 2. отклонение *(стрелки)*; 3. покатость, склон, скат; 4. расположение, склонность, симпатия *(zu* D *к кому-л., к чему-л.)*; 5. предрасположение *(zu* D *к чему-л.)*; 6. тенденция
Neigungs||ehe *f* -, -n брак по любви
nein *adv* нет; **~ sagen, mit ~ antworten** отказывать; **~ und abermals ~!** нет и ещё раз нет!
Neiße *f* - Нейсе *(река на границе ФРГ и Польши, левый приток Одера)*
Nekrológ <*gr.*> *m* -(e)s, -e некролог
Nektár <*gr.-lat.*> *m* -s *миф., бот.* нектар
Nelke *f* -, -n гвоздика
Nelli Нелли *(краткая форма жен. имени* Helene*)*
Neman *m* -/-s Неман *(река в Беларуси и Литве)*

nennen* *vt* I 1. называть *(кого-л., что-л.)*, давать имя *(кому-л., чему-л.)*; **man nennt ihn Hans** его зовут Хансом; **wie nennt man dies?** как это называется?; 2. называть, перечислять; II ~, **sich** называть [именовать] себя; **er nennt sich einen Dichter** он считает себя поэтом
nennenswert, nennenswürdig *a* достойный упоминания
Nenner *m* -s, - *мат.* 1. знаменатель; **etw. auf einen ~ bringen*** привести к одному знаменателю *(тж. перен.)*; 2. делитель
Nenn‖form *f* -, -en *грам.* инфинитив, неопределённая форма
Nennung *f* -, -en 1. называние, название; **ohne ~ des Namens** не называя имени; 2. *спорт.* заявка
Nenn‖wert *m* -(e)s, -e 1. номинальная величина; 2. *ком.* номинальная [нарицательная] стоимость [цена]
Neologismus <*gr.*> *m* -, -men *лингв.* неологизм
Néon <*gr.*> *n* -s *(хим. знак* Ne*)* неон
Nepal *(n)* -s Непал *(гос-во в Азии, в центр. части Гималаев)*
neppen *vt разг.* дурить, объегоривать, обманывать
Nepper *m* -s, - *разг.* обманщик, шулер
Neptún <*lat.*> *m* -s *миф., астр.* Нептун
Neptúnbrunnen *m* -s фонтан Нептуна *(известный фонтан в центре Берлина)*
Nerv <*lat.*> *m* -s/-en, -en нерв; **die ~en behalten*** не терять самообладания, сохранять спокойствие; **~en haben** нервничать, быть нервным; **jmdm. auf die ~en fallen* [gehen*]** действовать кому-либо на нервы
nerven *vt* раздражать, нервировать; **das nervt mich besonders** это меня особенно раздражает
Nerven‖arzt *m* -es, -ärzte невропатолог
Nerven‖bündel *n* -s - *анат.* пучок нервов; **er ist nur ein ~** он сплошной комок нервов
Nerven‖reiz *m* -es, -e *мед.* нервное раздражение
Nerven‖schmerz *m* -es, -en невралгия
nervenschwach [-fən-/-vən-] *a* слабонервный
nervenstärkend [-fən-/-vən-] *a* укрепляющий нервы
Nerven‖system *n* -s, -e нервная система
Nerven‖verschleiß *m* -es, -e истощение нервов
Nerven‖zusammenbruch *m* -(e)s, -brüche истощение нервной системы; нервный удар

nervig [-fiç/-viç] <*lat.*> *a* жилистый, мускулистый; сильный
nervlich <*lat.*> *a* нервный *(относящийся к нервам, нервной деятельности)*
nervös [-'vø:s] <*lat.-(fr. u. engl.)*> *a* нервный; **~ sein** быть нервным, нервничать
Nervosität [-vo-] <*lat.*> *f* - нервозность, нервность
Nerz *m* -es, -e 1. *зоол.* норка; 2. мех норки
Nessel *f* -, -n 1. крапива; 2. *тех.* бязь; **sich in die ~n setzen*** наживать себе неприятности
Nessel‖ausschlag *m* -(e)s, -schläge крапивная сыпь
Nest *n* -es, -er 1. гнездо; **ein ~ bauen** строить [свивать] гнездо; **ins ~ gehen*** *разг.* отправиться в постель; 2. лачуга, конура; 3. захолустье
nesteln I *vt* связывать, завязывать *(шнурком)*, зашнуровывать; II *vi (an D)* теребить, вертеть *(что-л.)*
Nest‖häkchen *n* -s, - младший ребёнок *(в семье)*, любимчик
Nestlé Alimentána AG *f* - "Нестле Алиментана АГ" *(крупнейший концерн по производству продуктов питания в Швейцарии)*
nett I *a* симпатичный, милый, славный; любезный; уютный; **das ist eine ~e Geschichte** *ирон.* хорошенькая история; **das ist sehr ~ von Ihnen** Вы очень любезны, это очень мило с Вашей стороны; II *adv* мило, славно; симпатично, приятно; любезно
netto <*lat.-it.*> *adv ком.* нетто
Netto‖ertrag *m* -(e)s, -träge чистый доход, чистая выручка
Netto‖gewicht *n* -(e)s, -e чистый вес *(товара)*, (вес) нетто
Netto‖preis *m* -es, -e фабричная [чистая] цена, цена нетто
Netz *n* -es, -e 1. сеть, невод; **jmdm. ~e stellen, seine ~e nach jmdm. auswerfen*** *разг.* расставлять сети кому-л.; **ins ~ gehen* [fallen*, geraten*]** попасться в сети; 2. сетка; **ein ~ zum Einholen** сетка для покупок; 3. сеть *(железных дорог и т.п.)*
netzartig *a* сетчатый, в виде сетки
netzen *vt* смачивать, мочить
netzförmig *a* сетчатый
Netz‖haube *f* -, -n сетка для волос
Netz‖haut *f* -, -häute сетчатка, сетчатая оболочка *(глаза)*
Netz‖spannung *f* -, -en *эл.* напряжение тока
neu I *a* 1. новый; **die ~ste Mode** новей-

шая мода; **2.** молодой, свежий *(о картофеле и т. п.)*; **3.** новый, свежий, оригинальный *(о мыслях и т. п.)*; II *adv* **1.** заново; **von ~em** снова, опять, ещё раз; **2.** недавно; **ich bin ~ angekommen** я только недавно приехал
neuartig *a* **1.** новый, своеобразный; **2.** *тех.* нового типа, новой конструкции
Neu‖aufbau *m* -(e)s восстановление, воссоздание; новое строительство
Neu‖auflage *f* -, -n переиздание, новое издание
neubacken *a* **1.** свежеиспечённый; **2.** *перен.* свежеиспечённый, новоиспечённый
Neu‖bau I *m* -(e)s, -ten **1.** новостройка; **2.** восстановление, переустройство
Neubau II *(n)* -s Нойбау *(городской р-н Вены)*
Neu‖berechnung *f* -, -en перерасчёт
Neu‖bildung *f* -, -en **1.** новообразование; **2.** *лингв.* словообразовательный неологизм
Neu‖bruch *m* -(e)s, -brüche поднятая целина
Neue *subst n* -n новое, новость, **viel ~s** много нового; **was gibt's ~s?** что нового?; **weißt du schon das ~ste?** ты слышал последнюю новость
Neuenburg *(n)* -s Нойенбург *(нем. название франкоязычного города и кантона в Швейцарии Невшатель <Neuchâtel>)*
Neuenburger See *m* -s Невшательское озеро *(на З. Швейцарии)*
neuerdings *adv* **1.** недавно, только что; **2.** вновь, опять; заново
Neuerer *m* -s, - новатор
neuerlich I *a* **1.** недавний; **2.** повторный, новый; II *adv см.* neuerdings
Neu‖erscheinung *f* -, -en новинка
Neuerung *f* -, -en новорождение, новшество
Neu‖erwerbung *f* -, -en новое приобретение
Neue Wiener Schule *f* - Новая Венская школа *(творческое содружество музыкантов, сложившееся в начале 20 в.)*
Neufúndland *(n)* -s Ньюфаундленд *(о-в в Атлантическом океане, у берегов Сев. Америки)*
neugebacken *см* neubacken
neugeboren *a* новорождённый
neugeschaffen *a* вновь созданный
Neu‖gestaltung *f* - перестройка, преобразование
neugewonnen *a* вновь (при)обретённый
Neugier(de) *f* - любопытство

neugierig *a* любопытный
Neuguinéa [-gi-] *(n)* -s Новая Гвинея *(о-в в Тихом океане)*
Neuheit *f* -, -en **1.** новизна; **2.** новинка
Neuigkeit *f* -, -en новость
Neujahr *n* -(e)s, -e Новый год; **glückliches ~!** с Новым годом!; **~ begehen*** встречать Новый год
Neuköln *(n)* -s Нойкёльн *(гор. р-н Берлина)*
Neuland *n* -(e)s новь, (поднятая) целина; **~ urbar machen** поднимать целину
neulich *adv* недавно, на днях
Neuling *m* -s, -e новичок
Neu‖mond *m* -(e)s новолуние
neun *num* девять
Neun *f* -, -en (число) девять, девятка
Neun‖auge *n* -s, -n *зоол.* минога
neuneinhalb *num* девять с половиной
neunerlei *a inv* девяти сортов [родов]
neunfach, neunfältig *a* девятикратный
neunhundert *num* девятьсот
neunjährig *a* девятилетний
neunmal *adv* девять раз, в девять раз
neunmalig *a* девятикратный
neunmalklug *a ирон.* сверхразумный
neunt: zu ~ вдевятером
neuntausend *num* девять тысяч
neunte *num* девятый
Neuntel *n* -s, - девятая часть
neuntens *adv* в-девятых
neunzehn *num* девятнадцать
neunzehnjährig *a* девятнадцатилетний
neunzehnte *num* девятнадцатый
neunzig *num* девяносто
Neunziger *m* -s, -; **~in** *f* -, -nen мужчина [женщина] в возрасте от 90 до 100 лет
neunzigjährig *a* девяностолетний
neunzigste *num* девяностый
Neu‖ordnung *f* -, -en **1.** преобразование; **2.** новый порядок, новый строй
Neuordnung Europas *f* - *ист.* Новый порядок в Европе *(политическое и экономическое закабаление Европы, проводившееся фаш. Германией с 1940)*
Neuralgíe *<gr.-lat.> f* -, gi⌊en невралгия
Neu‖regelung *f* -, -en урегулирование на новой основе; реорганизация; перераспределение
Neuróse *<gr.-lat.> f* -, -n *мед.* невроз
Neuséeland *(n)* -s Новая Зеландия *(гос-во в юго-зап. части Тихого океана)*
Neuséeländer *m* -s, -; **~in** *f* -, -nen новозеландец, -дка
Neusiedler See *m* -s Нойзидлер-Зе *(озеро в Австрии и Венгрии)*
neutrál *<lat.> a* нейтральный
neutralisieren *<lat.>* I *vt* нейтрализовать

(тж. хим., радио); II ~, sich нейтрализоваться *(тж. перен.)*
Neutralität <*lat.*> *f* - нейтралитет
Néutron <*lat.*> *n* -s - trónen *физ.* нейтрон
Neutrum <*lat.*> *n* -s, -tra/-tren *грам.* 1. средний род; 2. имя существительное среднего рода
neuvermählt *a* новобрачный
Neu‖vermählte *subst m, f,* -n, -n новобрачный, -ная
Neu‖wahl *f* -, -en, перевыборы, переизбрание
Neu‖zeit *f* - новое время; современность; новая история
neuzeitlich *a* новый, современный
Newá *f* - Нева *(река в РФ, вытекает из Ладожского озера и впадает в Финский залив)*
New Orleans [nju:'ɔ:rliəns] *(n)* Новый Орлеан *(город на Ю. США)*
New York [nju:'jɔrk] *(n)* -s Нью-Йорк *(город в США)*
Niagára *m* -s Ниагара *(река в Сев. Америке, служит границей между США и Канадой)*
Niamey [nja'mɛ:] *(n)* -s Ниамей *(столица Нигера)*
Nibelúngen *pl* Нибелунги *(ист.; обладатели чудесного золотого клада, история борьбы за который составляет популярный сюжет нем. эпоса)*
nicht I *prtc* 1. не; ~ groß небольшой; ist das ~ gerecht? разве это несправедливо?; ~ wahr? не правда ли?; ~ mehr als... не больше чем...; gar ~ совсем не; ~ einmal... даже не...; das ist ~ ohne! это не без интереса!; was er da nur ~ alles gesehen hat! чего он только там не видел!; was ~ noch! как бы не так; 2. нет; warum ~? почему нет?; ~ doch! да нет же!; 3. ни; ~ im geringsten ни в коей мере; II *conj:* ~..., sondern... не..., а...; ~ drei, sondern fünf не три, а пять; ~ nur..., sondern auch не только..., но и; ~ nur heute, sondern auch morgen не только сегодня, но и завтра; ~... noch ни..., ни; ~ heute, noch morgen ни сегодня, ни завтра
nicht- первый компонент слож. *прилагат.; придаёт значение отрицания или противоположности:* nichtspaltbar неделящийся, нерасщепляемый
Nicht- первый компонент слож. *сущ.; придаёт значение отрицания или противоположности:* Nichtmetall неметалл; металлоид
Nicht‖achtung *f* - неуважение; презрение
nichtamtlich *a* неофициальный

Nichtangriffs‖pakt *m* -(e)s, -e; ~vertrag *m* -(e)s, -träge договор [пакт] о ненападении
Nicht‖anwendung *f* -, -en неприменение
Nicht‖beachtung *f* -, -en несоблюдение
nichtberufstätig *a* не работающий, не занятый на производстве [службе]
Nichte *f* -, -n племянница
Nichteisen‖metall *n* -s, -e цветной металл
nichtflektierbar *a линг.* неизменяемый
nichtig *a* 1. ничтожный, пустячный; 2. *юр.* недействительный, аннулированный; für (null und) ~ erklären объявлять недействительным
Nichtigkeit *f* -, -en 1. ничтожность, ничтожество; 2. недействительность
Nichtigkeits‖erklärung *f* -, -en аннулирование, объявление недействительным
Nicht‖leiter *m* -s, - *физ.* непроводник
Nicht‖metall *n* -s, -e *хим.* металлоид
nichtöffentlich I *a* закрытый для публики; II *adv юр.* при закрытых дверях
Nicht‖raucher *m* -s, - некурящий
nichtrostend *a* нержавеющий, некоррозирующий
nichts *pron indef* ничто; gar ~ совершенно [абсолютно] ничего; so gut wie ~ почти ничего; in ~ ни в чём; (das) macht ~ ничего, это не беда; um ~ und wieder ~ ни за что ни про что; das tut ~! это ничего не значит!, ничего!; ~ als только; ~ anderes als... не что иное как...; es läßt sich ~ machen ничего нельзя сделать; (da ist) ~ zu machen ничего не поделаешь; ich mache mir ~ daraus мне это безразлично; ~ Gemeinsames mit etw. (D) haben не иметь ничего общего с чем-л.
Nichts *n* - 1. ничто, пустота; etw. auf ein ~ reduzieren *перен.* свести что-л. к нулю; 2. ничтожество
nichtsda! *int* ничего подобного!
nichtsdestowéniger *adv* тем не менее, несмотря на это
nichtsnutzig *a* негодный, никчемный
nichtssagend *a* пустой, незначительный
Nichts‖tuer *m* -s, -; ~in *f* -, -nen бездельник, -ница
nichtswürdig *a* недостойный, мерзкий, подлый
Nichts‖würdigkeit *f* -, -en недостойность, мерзость, подлость
Nicht‖zulassung *f* -, -en недопущение
nicken *vi* кивать; jmdm. Beifall ~ одобрительно кивать кому-л.
Nicker *m* -s, - короткий сон
Nickerchen: ein ~ machen *разг.* вздремнуть, прикорнуть

Nicki *m* -s, -s "никки" (*<детская> рубашка типа майки или джемпера из хлопка с бархатистой поверхностью*)
Nickihemd *n* -es, -en рубашка "никки" (*хлопчатобумажная рубашка; обычно цветная, с короткими рукавами и без застёжки*)
Nicosia (*n*) -s Никосия (*столица Кипра*)
Nidwalden (*n*) -s Нидвальден (*название полукантона в Швейцарии*)
nie *adv* никогда; ~ **mehr** никогда больше; ~ **und nimmer!** ни за что!, никогда в жизни!; **wie noch** ~ как никогда
nieder I *a* **1.** низкий, невысокий; **2.** низший; **der ~e Adel** мелкое [мелкопоместное] дворянство; **3.** низкий, подлый, низменный; II *adv* **1.** вниз; ~! 1) ложись!; 2) *спорт.* присесть (*на корточки*); **die Waffen ~!** сложить оружие!; **2.** долой, прочь; ~ **mit ihm!** долой его!
nieder- отдел. глаг. приставка; придаёт: **1.** *значение направленности действия сверху вниз:* **nieder|fallen*** падать, упасть (*вниз*); **2.** *значение разрушения, уничтожения:* **nieder|machen** убивать, приканчивать; уничтожать; **3.** *значение подавления, усмирения:* **nieder|schlagen*** валить, сбивать; подавить, усмирить (*восстание и т. п.*)
nieder|beugen *vt* наклонять, нагибать
nieder|biegen* *vt* нагибать
nieder|brennen* I *vt* сжигать (*дотла*), испепелять; II *vi* (s) **1.** сгорать (*дотла*); **2.** догорать
Nieder‖bruch *m* -(e)s, -brüche крах
niederdeutsch *a* лингв. нижненемецкий
nieder|donnern I *vi* (s) с грохотом падать вниз; II *vt* разг. разносить (*кого-л.*), метать громы и молнии
Nieder‖druck *m* -(e)s, -drücke низкое давление
nieder|drücken *vt* **1.** давить вниз; придавливать; прибивать к земле (*огонь, дым*); **2.** ком. понижать (*цены*); **3.** угнетать, подавлять
Niedere Tauern *pl* Низкий Тауэрн (*хребет в Вост. Альпах в Австрии*)
nieder|fallen* *vi* (s) падать, упасть, броситься (*вниз, ниц, на землю*)
Nieder‖frequenz *f* -, -en эл. низкая частота
Niedergang *m* -(e)s, -gänge **1.** закат; **2.** упадок, гибель, падение; **3.** *ав.* спуск
niedergedrückt *a* подавленный, угнетённый, унылый; павший духом
Nieder‖gedrücktheit *f* -, -en подавленность, уныние, угнетённое состояние, упадок духа
nieder|gehen* *vi* (s) **1.** опускаться, спускаться; *ав.* идти на посадку; **2.** разразиться (*о грозе, ливне*); **3.** тонуть; **4.** опускаться, погибать (*о человеке*)
niedergeschlagen *см.* niedergedrückt
Niedergeschlagenheit *см.* Niedergedrücktheit
nieder|halten* *vt* подавлять (*тж. воен.*); **die Preise** ~ занижать цены
nieder|hauen* *vt* **1.** срубать; **2.** зарубить; сразить (*врага*)
nieder|hocken *vi* (s) приседать на корточки
nieder|holen *vt* спускать (*флаг*)
nieder|kämpfen *vt* **1.** побороть, победить (*кого-л.*); **2.** *воен.* уничтожить; поразить
nieder|knüppeln *vt* сбить с ног дубинками
nieder|kommen* *vi* (s) рожать; разрешаться (*от бремени*) (*уст.*); **mit einem Sohn** ~ родить сына
Niederkunft *f* -, -künfte книжн. уст. роды
Nieder‖lage I *f* -, -n поражение; провал; **eine ~ beibringen* [bereiten]** нанести поражение; **eine ~ erleiden*** потерпеть поражение
Nieder‖lage II *f* -, -n склад; депо
Niederlande *pl* Нидерланды (*гос-во в зап. части Европы*)
Niederländer *m* -s, -; **~in** *f* -, -en нидерландец, -дка
niederländisch *a* нидерландский, голландский
nieder|lassen* I *vt* спускать, опускать; **die Flagge** ~ спускать флаг; II ~, **sich 1.** опускаться, садиться; **sich auf den [auf dem] Sessel** ~ сесть в кресло; **2.** селиться, обосноваться
Niederlassung *f* -, -en **1.** поселение, посёлок; **2.** отделение, филиал
Niederlausitz *f* - Нижний Лаузиц (*ист. геогр. обл. в вост. части ФРГ*)
nieder|legen I *vt* **1.** класть, положить; **einen Kranz** ~ возложить венок (*an D куда-л.*); **die Waffen** ~ сложить оружие; **2.** вносить (*деньги*); **3.** слагать с себя (*что-л.*); отказываться (*от чего-л.*); **4.** излагать письменно; **5.** укладывать спать; **6.** сносить, разрушать; II ~, **sich** прилечь; ложиться спать
nieder|machen *vt* **1.** разнести, отругать; **2.** убивать, уничтожать
nieder|mähen *vt* с.-х. скашивать (*тж. перен.*)
nieder|metzeln *vt* изрубить, вырезать (*людей*)
Niederösterreich (*n*) -s Нижняя Австрия (*земля в Австрии*)

nieder|reißen* *vt* 1. срывать, опрокидывать; 2. сносить, ломать
nieder|reiten* *vt* смять *(лошадью)*
nieder|ringen* *vt* 1. побороть, повалить *(в борьбе)*; 2. побороть, победить *(кого-л.)*; 3. побороть, преодолеть *(сомнения и т. п.)*
Niedersachsen *(n)* -s Нижняя Саксония *(земля на С.-З. ФРГ)*
nieder|schießen* I *vt* пристрелить, застрелить; пристрелять; II *vi* (s) стремглав броситься *(с высоты)*
Niederschlag *m* -(e)s, -schläge 1. осадок; 2. *б. ч. pl* атмосферные осадки; 3. *спорт.* нокдаун
nieder|schlagen* I *vt* 1. ударить, бить *(чем-л.)*; **den Ball ~** гасить мяч *(волейбол)*; 2. валить, сбивать *(с ног)*; побить; 3. сокрушать, убивать; подавлять *(восстание)*; 4. сбивать, снижать *(температуру)*; 5. опускать *(глаза)*; 6. приостанавливать *(судебный процесс)*; 7. осаждать, сгущать *(пар)*; II *vi* ударять, бить; III **~, sich** осаждаться
nieder|schmelzen* *vt тех.* расплавлять
nieder|schmettern *vt* 1. с силой бросать [валить] на землю; 2. поражать *(агрессора и т. п.)*; 3. ошеломлять, потрясать, поражать; убивать *(разг.)*
niederschmetternd *a* ошеломляющий, потрясающий
nieder|schreiben* *vt* записывать
nieder|schreien* *vt* перекричать, заглушить своим криком
Nieder||schrift *f* -, -en запись
nieder|setzen *vt* I 1. сажать *(кого-л.)*; 2. ставить *(что-л.)*; II **~, sich** садиться
nieder|sinken* *vi* (s) 1. падать, упасть; 2. спуститься *(о ночи и т. п.)*; 3. тонуть, погружаться; 4. *перен.* опускаться *(о человеке)*
Nieder||spannung *f* -, -en *эл.* низкое напряжение
nieder|stampfen *vt* задавить, мять
nieder|stechen* *vt* закалывать
nieder|stoßen* I *vt* 1. валить с ног, сбивать; 2. убивать (на месте), закалывать; II *vi* (s) быстро опускаться, падать камнем
nieder|strecken I *vt* уложить, сразить; II **~, sich** лечь, растянуться
nieder|stürzen I *vt* сбрасывать; валить; II *vi* (s) 1. падать, упасть; броситься вниз; **auf die Knie ~** упасть на колени; 2. рушиться, низвергаться
Niedertracht *f* - низость, подлость, мерзость; **eine ~ verüben** совершить подлость

niederträchtig I *a* низкий, подлый, гнусный, мерзкий; II *adv* низко, подло, гнусно
Niederträchtigkeit *см.* Niedertracht
nieder|treten* *vt* топтать, мять *(ногами)*
Niederung *f* -, -en низменность, лощина
nieder|werfen* I *vt* 1. сбрасывать; валить; 2. подавлять *(восстание)*; чинить расправу *(над кем-л.)*; 3. свергать, низвергать; II **~, sich** падать [упасть] навзничь
Niederwerfung *f* -, -en подавление *(восстания)*
nieder|ziehen* *vt* тянуть вниз
niedlich *a* миловидный, изящный, хорошенький
Niedlichkeit *f* -, -en миловидность; изящество
Nied||nagel *m* -s, -nägel заусеница
niedrig I *a* 1. низкий *(тж. перен. о цене и т. п.)*; 2. низкий, подлый; II *adv* 1. низко *(тж. перен. о цене и т. п.)*; 2. низко, подло
Niedrigkeit *f* -, -en 1. низменность; 2. подлость, низость, гнусность
niemals *adv* ни разу, никогда
niemand *pron indef* (G -(e)s, D -/-em, A -/-en) никто; **~ anders als...** никто иной [другой] как...; **es ist ~ da** (здесь) нет никого
Niere *f* -, -n *анат.* почка; ⟡ **auf Herz und ~n prüfen** подвергнуть серьёзному испытанию; **das geht mir an [auf] die ~n** это действует мне на нервы
Nieren||becken *n* -s, - *анат.* почечная лоханка
nierenkrank, nierenleidend *a* страдающий заболеванием почек
Nieren||stein *m* -(e)s, -e *мед.* почечный камень
nieseln *vi диал.* моросить
Niesel||regen *m* -s, - мелкий дождь
niesen *vi* чихать; **ich werde dir was ~!** *груб.* держи карман шире!
Nies||gas *n* -es, -e чихательный газ
Nies||pulver *n* -s, - чихательный порошок
Nieswurz *f* -, -en *бот.* чемерица
Niete I *f* -, -n *тех.* заклёпка
Niete II *f* -, -n пустой билет *(в лотерее)*; **er ist eine ~** он - нуль [пустое место]
nieten *vt тех.* клепать
Nietung *f* -, -en *тех.* клёпка, склёпка, заклёпочное соединение
Niger Нигер (1. *m* река в Зап. Африке; 2. *(n)* гос-во в Африке)
Nigéria *(n)* -s Нигерия *(гос-во в Зап. Африке)*
Nihilísmus <*lat.*> *m* - нигилизм

Nikarágua *(n)* -s Никарагуа *(гос-во в Центр. Америке)*
Niklas Никлас *(краткая форма муж. имени* Nikolaus*)*
Nikláus Никлаус *(швейцарская краткая форма муж. имени* Nikolaus*)*
Nikoláus Николаус/Николай *(муж. имя)*
Nikolaustag *m* -es, -e день Святого Николая *(6-го декабря, когда Св. Николаус приносит послушным детям сладости и кладёт их в приготовленную для этой цели обувь)*
Nikotin <*fr.*> *n* -s никотин
Nil *m* -s Нил *(река в Африке)*
Nilpferd *n* -(e)s, -e бегемот
Nimbus <*lat.*> *m* -, -se **1.** сияние, нимб; **2.** ореол, блеск; **3.** *перен.* престиж; **jmdm. den ~ nehmen***, **jmdn. seines ~ entkleiden** развенчать кого-л.
nimmermehr *adv* никогда
nimmermüde *a* не знающий усталости
Nimmersatt *m* -/-(e)s, -e ненасытный человек, обжора
Nimmer‖wiedersehen *n:* **auf ~** *ирон.* прощай(те) навсегда!
nippen *vi* пить маленькими глотками, пригубить, сделать небольшой глоток
Nippes [nip/nips], **Nippsachen** <*fr.*> *pl* изящные (фарфоровые) безделушки
nirgend см. nirgends
nirgendher *adv* ниоткуда
nirgendhin *adv* никуда
nirgends *adv* нигде
nirgend(s)wo *adv* нигде
nirgendwoher см. nirgendher
Nirwána <*sanskr.*> *n* -/-s *рел.* нирвана
Nische <*lat.-fr.*> *f* -, -n ниша
Nishni Nowgorod *(n)* -s Нижний Новгород *(обл. центр в РФ)*.
Nisse *f* -, -n *зоол.* гнида
nissig *a* покрытый гнидами, вшивый
Nitrát <*ägypt.-gr.-lat.*> *n* -(e)s, -e *хим.* нитрат, азотнокислотная соль
nitríeren <*ägypt.-gr.-lat.*> *vt тех.* азотировать, нитрировать
Niveau [ni:'vo:] <*lat.-fr.*> *n* -s, -s **1.** уровень, горизонт, плоскость; **2.** *тех.* ватерпас, уровень
Niveau‖lini¦e [ni'vo:] *f* -, -n горизонталь
Nivellierer [-vɛ-] <*fr.*> *m* -s, - нивелировщик
Nix *m* -es, -e *миф.* водяной
Nixe *f* -, -n *миф.* русалка
Nizza *(n)* -s Ницца *(город на Ю.-В. Франции)*
nóbel <*lat.-fr.*> *a* **1.** благородный *(о характере и т. п.)*; **2.** знатный, высокородный; **3.** элегантный, шикарный; ◆ ~ geht die Welt zugrunde; ~ muß die Welt zugrunde gehen ≅ кутить так кутить; пропадать, так с музыкой
Nóbel <*lat.-fr.*> *m* -s Нобель, Лев *(в сказке)*
Nobél‖preis *m* -es, -e Нобелевская премия
Nobélpreis‖träger *m* -s, - лауреат Нобелевской премии
noch I *adv* **1.** ещё, пока ещё; ~ immer всё ещё; **2.** ещё, уже; не позднее, как...; ~ vor zwei Tagen ещё [всего] два дня назад; **3.** ещё *(при обозначении добавления к чему-л.)*; ~ einmal, *разг.* ~ mal ещё раз; ~ einmal soviel ещё столько же; II *conj:* weder... ~..., nicht... ~... ни... ни...; weder du ~ ich ни ты, ни я; nicht heute ~ morgen ни сегодня, ни завтра
nochmalig *a* вторичный, повторный
nochmals *adv* ещё раз, снова, вторично
nolens volens ['vo:-] <*lat.*> волей-неволей, хочешь не хочешь, воленс-ноленс
Nomáde <*gr.-lat.*> *m* -n, -n кочевник
nomádisch *a* кочевой
Nomen <*lat.*> *n* -s, -mina *грам.* имя
nominál <*lat.-fr.*> *a* **1.** *грам.* именной; **2.** номинальный
Nominál‖wert *m* -(e)s, -e номинальная стоимость, номинал
Nominativ <*lat.*> *m* -s, -e *грам.* именительный падеж
nominéll <*fr.*> *a* номинальный
nominíeren <*lat.*> *vt* **1.** называть, именовать, обозначать; **2.** выдвигать, называть *(кандидата)*
Nonne <*lat.*> *f* -, -n монахиня, монашенка
Nonnen‖kloster *n* -s, -klöster женский монастырь
Nonsens <*lat.-engl.*> *m* -es/- бессмыслица, абсурд
Nonstop‖flug *m* -(e)s, -flüge беспосадочный перелёт
Nora Нора *(краткая форма жен. имени* Eleonore*)*
Norbert Норберт *(муж. имя)*
Nord *m* **1.** *inv (употр. без артикля)* *поэт., мор., геогр.* север, норд; in ~ und Süd везде и всюду, на всём свете; **2.** -(e)s, -e *поэт., мор.* северный ветер, норд
Nordamerika *(n)* -s Северная Америка *(материк в Зап. полушарии)*
Nordatlantikpakt *m* -es Североатлантический пакт <НАТО> *(военный союз большинства зап.-евр. стран; осн. 4.4.1949; резиденция постоянного совета НАТО – Брюссель)*

norddeutsch *a* северогерманский, северонемецкий

Norddeutscher Bund *m* -es Северо-Германский союз *(в 1867–70 федеративное государство севернее р. Майн, созданное во главе с Пруссией после распада Германского союза)*

Norddeutsche Tiefebene *f* - Северо-Германская низменность *(часть Среднеевропейской равнины на С. ФРГ)*

Norden *m* **1.** *inv (употр. без артикля)* север; **aus [von]** ~ с севера; **nach [gegen]** ~ на север; **2.** -s Север *(территория)*; **der Hohe** ~ Крайний Север

Nordertor *n* -s Нордертор <*букв.* "северные ворота"> *(архит. памятник и символ г. Фленсбург <земля Шлезвиг-Гольштейн, ФРГ>)*

Nordfriesische Inseln *pl* Северо-Фризские острова *(на Ю.-В. Северного моря; принадлежат Германии и Дании)*

Nordfriesland *(n)* -es Северная Фрисландия *(геогр. обл. в ФРГ, земля Шлезвиг-Гольштейн)*

nordisch *a* **1.** северный *(характерный для севера)*; **2.** скандинавский *(о литературе)*

Nordländer *m* -s, -; ~**in** *f* -, -nen северянин, -нка

nördlich I *a* северный; ~**er Breite** северной широты; II *adv* к северу, севернее; на север; ~ **von Minsk** к северу от Минска

Nord‖licht *n* -(e)s, -er северное сияние

Nordossétische Autonóme Republík *f* - Северо-Осетинская Автономная Республика *(в составе РФ; расположена в юго-вост. части Сев. Кавказа)*

Nordost *m* **1.** *inv (употр. без артикля)* северо-восток, норд-ост; **2.** -(e)s, -е северо-восточный ветер, норд-ост

Nord‖osten *m* **1.** *inv (употр. без артикля)* северо-восток; **2.** -s северо-восток *(территория)*

nordöstlich I *a* северо-восточный; II *adv* на северо-восток, к северо-востоку

Nord-Ostsee-Kanál *m* -s Кильский канал *(канал в ФРГ, соединяет Балтийское и Сев. моря)*

Nord‖passage [-ʒə] *f* - Северный морской путь

Nord‖pol *m* -s Северный полюс

Nordpolarmeer *n* -es Северный Ледовитый океан *(расположен между Евразией и Сев. Америкой)*

Nordrhein-Westfalen *(n)* -s Северный Рейн-Вестфалия *(земля в ФРГ, в сев.-зап. части страны)*

Nord‖see *f* - Северное море *(окраинное море Атлантического океана у берегов Европы)*

Nord‖stern *m* -(e)s Полярная звезда

nordwärts *adv* на север, (по направлению) к северу

Nord‖west *m* **1.** *inv (употр. без артикля)* северо-запад, норд-вест; **2.** -(e)s, -е северо-западный ветер, норд-вест

Nord‖westen *m* **1.** *inv (употр. без артикля)* северо-запад; **2.** -s северо-запад *(территория)*; *см.* Norden

nordwestlich I *a* северо-западный; II *adv* к северо-западу, на северо-запад

Nörgeléi *f* -, -en **1.** придирка; **2.** придирчивость, брюзжание, привередливость

nörgelig *a* придирчивый, ворчливый

nörgelnd *a*: ~**e Kritik** мелочная критика

Nörgler *m* -s, -; ~**in** *f* -, -nen ворчун, -нья, придира, брюзга

nörglerisch *a* придирчивый

Norische Alpen *pl* Норийские Альпы *(горы в Австрии и Югославии)*

Norm <*gr.-etrusk.-lat.*> *f* -, -en **1.** норма; **neue ~en erstellen** установить новые нормы; **die ~ einhalten*** выполнить норму; **2.** стандарт

normál <*gr.-etrusk.-lat.*> *a* нормальный

Normále <*gr.-etrusk.-lat.*> *subst. f* -n, -n *мат.* перпендикуляр

normalisíeren <*gr.-etrusk.-lat.*> *vt* **1.** нормализовать; **2.** устанавливать нормы [стандарты]

Normalisierung <*gr.-etrusk.-lat.*> *f* -, -en **1.** нормализация; **2.** стандартизация

Normál‖verbraucher *m* -s, - средний потребитель

Normál‖zustand *m* -(e)s нормальное состояние

normatív <*gr.-etrusk.-lat.*> *a* нормативный

normen <*gr.-etrusk.-lat.*> *vt* нормировать

normgerecht *a* нормированный, в соответствии с нормами

Normierung <*gr.-etrusk.-lat.*> *f* -, -en нормирование

normieren <*gr.-etrusk.-lat.*> *см.* normen

Normschinderei *f* -, -en *разг.* потогонная система высоких норм, погоня за высокими нормами

Normung <*gr.-etrusk.-lat.*> *f* -, -en **1.** стандартизация; **2.** нормирование

Norwegen *(n)* -s Норвегия *(гос-во в Сев. Европе, на З. Скандинавского п-ва)*

Norweger *m* -s, -; ~**in** *f* -, -nen норвежец, -жка

norwegisch *a* норвежский

not *a*: **es tut [ist]** ~ нужно, необходимо,

требуется; **deine Hilfe tut ~ твоя помощь необходима**
Not *f* -, **Nöte 1.** нужда, необходимость; крайность; **aus ~** по необходимости [нужде]; **zur ~** в крайнем случае; **mit knapper ~, mit Müh und ~** с большим трудом, насилу, еле-еле; **2.** нужда, беда, бедствие; лишение, забота; **aus der ~ helfen*** выручать (из беды); **in der ~ leben** жить в нужде; **in ~ geraten*** попасть в беду; **jmdm. seine ~ klagen** изливать кому-л. душу, поплакаться кому-л.; **seine (liebe) ~ mit jmdm. [mit etw.] (D) haben** иметь много хлопот [мучиться, возиться] с кем-л. [с чем-л.]
Notár <*lat.*> *m* -s, -е нотариус
Notariát <*lat.*> *n* -(e)s, -е нотариальная контора
notariéll, notárisch <*lat.*> *a* нотариальный
Not‖ausgang *m* -(e)s, -gänge запасной выход
Not‖behelf *m* -(e)s, -е **1.** крайнее средство; **2.** временная мера
Not‖durft *f* - **1.** нужда, потребность; **2.** естественная потребность; **die ~ verrichten** отправлять естественную надобность
notdürftig I *a* бедный, скудный; **ein ~es Auskommen finden*** иметь лишь самое необходимое; **II** *adv* кое-как, еле-еле; **~ bekleidet sein** быть почти раздетым
Note <*lat.*> *f* -, -n **1.** отметка, оценка, балл; **jmdm. eine gute ~ geben*** ставить кому-л. хорошую отметку; **2.** отметка, примечание; **etw. mit einer ~ versehen*** сделать пометку на чём-л.; **3.** *дип.* нота; **4.** блокнот; **eine ~ über zehn Mark** денежный знак в десять марок; **5.** *муз.* нота; **eine falsche ~** фальшивая нота *(тж. перен.)*; **in ~n setzen** писать музыку к чему-л.; **nach ~en spielen [singen*]** играть [петь] по нотам; **6.** *перен.* оттенок, тон; **eine andere ~ anschlagen*** переменить тон
Noten‖austausch *m* -es, -е *дип.* обмен нотами
Noten‖bank *f* -, -en эмиссионный банк
Noten‖blatt *n* -(e)s, -blätter *муз.* ноты, нотный лист
Noten‖zeichen *n* -s, - *муз.* нотный знак
Not‖fall *m* -(e)s, -fälle крайний случай; **im ~** в крайнем случае
notfalls *adv* в крайнем случае, в случае необходимости
notgedrungen *adv* поневоле, вынужденно
notieren <*lat.*> *vt* **1.** записывать, отмечать; **2.** *фин.* котировать

nötig *a* нужный, необходимый; **~ sein** требоваться, быть нужным; **etw. ~ haben** нуждаться в чём-л.; **er hat es (nicht) ~ *(zu + inf)*** ему (не) нужно *(что-л. делать)*
nötigen *vt (zu D)* **1.** принуждать, вынуждать *(кого-л. к чему-л.)*, заставлять *(кого-л. что-л. делать)*; **2.** настойчиво приглашать, упрашивать *(что-л. сделать)*; **er läßt sich nicht ~** он не заставляет себя упрашивать
nötigenfalls *adv* в случае необходимости
Nötigung *f* -, -en **1.** принуждение; **2.** настойчивое приглашение; настоятельная просьба
Notíz <*lat.*> *f* -, -en заметка; ◊ **keine ~ von etw. nehmen*** не замечать что-л.
Notíz‖block *m* -(e)s, -s блокнот
Notíz‖buch *n* -(e)s, -bücher записная книжка
Not‖jahr *n* -(e)s, -е неурожайный год
Not‖lage *f* -, -n бедственное положение
not‖landen *vi* (s) *ав.* сделать вынужденную посадку
Not‖landung *f* -, -en *ав.* вынужденная посадка; *мор.* вынужденный причал
notleidend *a* нуждающийся, терпящий нужду
notórisch <*lat.*> *a* **1.** завзятый, заведомый; **2.** общеизвестный
Not‖plan *m* -(e)s, -pläne временный план
Not‖ruf *m* -(e)s, -е крик о помощи
not‖schlachten *vt* прирезать по необходимости *(скот)*
Not‖signal *n* -s, -е сигнал бедствия
Not‖stand *m* -(e)s бедствие, бедственное положение; **den ~ im Lande verhängen** объявить [ввести] чрезвычайное положение в стране
Notstands‖gebiet *n* -(e)s, -е район, находящийся в бедственном положении
Not‖unterkunft *f* -, -künfte *воен.* временное расположение
Not‖verband *m* -(e)s, -bände *мед.* временная повязка
Not‖verordnung *f* -, -en чрезвычайный закон
Not‖wehr *f* - самозащита, самооборона; **etw. in [aus] ~ tun*** совершить что-л., защищая себя
notwendig I *a* необходимый, нужный; **ein ~es Übel** неизбежное зло; **II** *adv* крайне, обязательно *(нужно и т. п.)*
notwendigenfalls *adv* в случае необходимости
notwendigerweise *adv* по необходимости, в силу необходимости
Notwendigkeit *f* -, -en необходимость

Not‖zucht *f* - изнасилование
not‖züchtigen *vt* изнасиловать
Nouakchott [nuak'ʃɔt] (*n*) -s Нуакшот (*столица Мавритании*)
Novator [-'va:-] <*lat.*> *m* -s, -tóren новатор
Novelle [-'vɛ-] <*lat.-it.*> *f* -, -n **1.** новелла, рассказ; **2.** дополнение к закону, изменение закона
novellieren [-v-] <*lat.*> *vt* вносить дополнение (*в закон*)
November [-'vɛm-] <*lat.*> *m* -/-s, - ноябрь
Novemberparteien *pl* "ноябрьские партии" (*бурж. партии, возникшие в Германии после Ноябрьской революции 1918, именовали себя народными и демократическими*)
Novémberrevolution 1918 *f* - Ноябрьская революция 1918 в Германии (*в результате её была свергнута монархия и установлена Веймарская республика*)
Nowgorod (*n*) -s Новгород (*обл. центр РФ*)
Nowosibirsk (*n*) -s Новосибирск (*обл. центр РФ*)
Nu: im ~ мигом, моментально, в одно мгновение
Nuance [nÿā:sə] <*lat.-fr.*> *f* -, -n оттенок, нюанс
nüchtern I *a* **1.** трезвый (*непьяный*); **2.** трезвый (*рассудительный*); **3.** ничего не евший, натощак; **4.** сухой, скучный; II *adv* **1.** трезво, здраво, разумно; **2.** натощак; **3.** сухо, скучно
Nüchternheit *f* - **1.** пустой желудок (*ощущение*); **2.** трезвость; **3.** трезвость, рассудительность
Nudel *f* -, -n лапша; вермишель; **eine ulkige ~** *разг.* чудак, чудачка
Nudel‖holz *n* -es, -hölzer скалка (*для теста*)
nudeln *vt* откармливать (*птицу*); **ich bin wie genudelt** я наелся до отвала
null <*lat.*> *num* ноль; **~ Grad** ноль градусов; **~ Uhr fünf** ноль часов пять минут; **~ und nichtig** совершенно недействительно
Null <*lat.*> *f* -, -en **1.** ноль (*цифра*); **das Ergebnis ist gleich ~** *перен.* результат равен нулю; **zehn Grad unter [über] ~** десять градусов ниже [выше] нуля; **das Thermometer steht auf ~** термометр показывает ноль [стоит на нуле]; **2.** нуль, ничтожество
Null‖punkt *m* -(e)s, -e **1.** *физ.* точка замерзания (*тж. перен.*); **2.** *мат.* нулевая точка; начало координат
Numerále <*lat.*> *n* -s, -li|en/-lia *лингв.* имя числительное

numerieren <*lat.*> *vt* нумеровать, пронумеровать
Numerierung <*lat.*> *f* -, -en нумерация
numérisch <*lat.*> *a мат.* числовой, численный
Numerus <*lat.*> *m* -, -ri число
Numismátik <*gr.-lat.*> *f* - нумизматика
Nummer <*lat.-it.*> *f* -, -n номер; **~ fünf** номер пять, пятый номер; **laufende ~** текущий [порядковый] номер
nun I *adv* теперь, ныне; **von ~ an** с этих пор, впредь, отныне; **~ erst** лишь теперь; **~ erst recht** теперь подавно, тем более; II *prtc* так, ведь, ну; **~ endlich!** наконец-то!; **~ wird's bald?** ну, скоро?; **~, ~!** ну-ну!
Nuntius <*lat.*> *m* -, -ti|en нунций, папский посол
Nuppel *m* -s, - *разг.* соска (*детская*)
nur I *adv* только, лишь; II *prtc* только, -ка, же; **~ Mut!** (только) смелей!; **sieh ~!** посмотри-ка!; **laß doch ~!** да оставь же!; III *conj*: **nicht ~..., sondern auch...** не только..., но и ...; **nicht ~ am Morgen, sondern auch am Abend** не только утром, но и вечером
Nürnberg (*n*) -s Нюрнберг (*город в ФРГ <земля Бавария>; славится производством игрушек, здесь проводится международная ярмарка игрушек*)
Nürnberger Gesetze *pl* Нюрнбергские законы (*опубликованы 15.09.1935 в Нюрнберге, придали юридическое оформление расистским теориям германского фашизма*)
Nürnberger Prozeß *m* -es Нюрнбергский процесс (*судебный процесс над главными нацистскими военными преступниками <20.11.1945–1.10.1946>*)
nuscheln *vi диал.* шепелявить; мямлить
Nuß *f* -, Nüsse орех; **eine harte ~** твёрдый орешек, трудная задача; **eine harte ~ knacken** решить трудную задачу, выполнить сложное дело
Nuß‖knacker *m* -s, - **1.** щипцы для орехов; **2.** Щелкунчик (*сказка*)
Nuß‖schale *f* -, -n **1.** ореховая скорлупа; **2.** маленькое судно, ялик
Nüster *f* -, -n ноздря
Nut *f* -, -en *тех.* жёлоб, паз, канавка
Nutz: **zu (jmds.) ~ und Frommen** на пользу и благо, в интересах (*кого-л.*)
Nutz‖anwendung *f* -, -en практическое применение
nutzbar *a* полезный, пригодный; **~ machen** использовать, пользоваться; утилизировать; **Neuland ~ machen** осваивать целинные земли

Nutz‖barkeit *f* - полезность, пригодность
Nutz‖barmachung *f* -, -en **1.** использование, утилизация; **2.** освоение *(целинных земель)*
nutzbringend I *a* полезный, выгодный; II *adv* с пользой [выгодой]
Nutz‖effekt *m* -(e)s, -e *тех.* коэффициент полезного действия, полезное действие
Nutzen *m* -s, - **1.** польза, выгода; ~ **bringen* [tragen*]** приносить пользу; **aus etw.** (D) ~ **ziehen*** извлекать пользу из чего-л.; **von ~ sein, zum ~ sein, zum ~ gereichen** быть полезным; **2.** выгода, прибыль
Nutz‖faktor *m* -s, -tóren коэффициент использования
Nutz‖holz *n* -es, -hölzer деловая древесина
nützlich *a* полезный; **zu [bei, in] etw.** (D) ~ **sein** быть полезным для чего-л., в чём-л.
Nützlichkeit *f* - польза, выгода
nutzlos *a* бесполезный
Nutz‖losigkeit *f* - бесполезность
Nutz‖nießer *m* -s, - (человек) извлекающий пользу из чего-л., пользующийся чем-л.
Nutz‖nießung *f* -, -en право пользования, пользование
Nutzung *f* -, -en (ис)пользование
Nutz‖wert *m* -(e)s, -e эффект
Nylon ['naelɔn] <*engl.-amerik.*> *n* -s **1.** нейлон; **2.** *pl* ~s нейлоновые чулки
Nymphe <*gr.-lat.*> *f* -, -n *миф.* нимфа
nymphenhaft <*gr.-lat.*> *a* как нимфа

O

O! *int* (в сочетании с другими словами) о!, ах! ~ **ja!** о да!; ~ **weh!** увы; ~ **nicht doch!** да нет же!
Oase <*ägypt.-gr.-lat.*> *f* -, -n оазис *(тж. перен.)*
ob *conj* **1.** ли; **er fragte, ~ er kommen solle** он спросил, не прийти ли ему; ~ **ich lieber bleibe?** не остаться ли мне лучше?; **und ~!** ещё бы; **na (und) ~!** ещё как! ~...~ ли ... ли, или ... или; **2.: als ~** как будто, словно; **er tut so, als ~ müde wäre** он делает вид, будто устал
Ob *m* -s Обь *(река в Зап. Сибири)*
Obacht *f* - внимание, наблюдение; **auf jmdn., auf etw.** (A) ~ **geben*** обращать внимание на кого-л., на что-л.; **etw. in ~ nehmen*** принять что-л. во внимание; **~! внимание!**
Obdach *n* -(e)s кров, приют, убежище; **kein ~ haben** быть бездомным; **jmdm. ~ gewähren** дать приют кому-л., приютить кого-л.
obdachlos *a* бездомный, бесприютный; ~ **sein** не иметь крова
Obdachlose *subst m, f* -n, -n бездомный, -ная
Obduktión <*lat.*> *f* -, -en вскрытие *(трупа)*
obduzieren <*lat.*> *vt* вскрывать *(труп)*
O-Beine *pl* ноги колесом, кривые ноги
o-beinig *a* с ногами колесом, с кривыми ногами
Obelísk <*gr.-lat.*> *m* -en, -en обелиск
oben *adv* **1.** наверху, вверху; **bis ~** доверху; **nach ~ (hin)** вверх, наверх; **von ~ herab** сверху вниз; **jmdn. von ~ bis unten mustern [messen*]** смерить взглядом кого-л. с головы до ног; **2.: der Befehl kommt von ~** приказ идёт сверху; ◊ **bis ~ hinauf satt sein** *разг.* быть сытым по горло; **nicht ganz richtig ~ sein** *разг.* быть не в своём уме
obenán *adv* во главе, на самом верху, на первом месте
obenáuf *adv* сверху, наверху; ~ **kommen*** победить, одержать верх
obendráuf *adv* **1.** сверху, наверху; **2.** кроме того, вдобавок, сверх того
obendréin *см.* obendrauf
obenerwähnt, obengennant *a* вышеупомянутый, вышеназванный, вышеуказанный
obenhín *adv* поверхностно, слегка
obenhináus: ~ **wollen*** быть честолюбивым; **er ist immer gleich ~** он вспыльчив
obenstehend *a* вышеуказанный, вышеприведённый; **im ~en** как было сказано выше
ober *a* **1.** верхний; **2.** высший; старший; главный; **die ~en Schulklassen** старшие классы школы
Ober *m* -s, - *разг.* (старший) официант
Ober- *полупреф. сущ.;* означает: **1.** верхний; **2.** высший; верховный; главный; старший; обер
Oberammergau *m* -s Обераммергау *(город на реке Аммер <земля Бавария, ФРГ>; центр туризма и зимнего спорта, курорт)*
Ober‖arm *m* -(e)s, -e плечо
Ober‖arzt *m* -es, -ärzte главный врач, старший врач

Ober‖aufsicht *f* - главный контроль; верховный надзор
Ober‖befehl *m* -(e)s *воен.* главное командование; **den ~ führen [haben]** *(über* A) командовать, распоряжаться *(кем-л., чем-л.)*
Ober‖befehlshaber *m* -s, - главнокомандующий
Ober‖bürgemeister *m* -s, - обербургомистр
Ober‖deck *n* -(e)s, -e/-s **1.** верхняя палуба; **2.** *ав.* верхняя плоскость
oberdeutsch *a* верхненемецкий, южнонемецкий *(о диалекте)*
Ober‖feldarzt *m* -es, -ärzte подполковник медико-санитарной службы
Ober‖feldwebel *m* -s, - старший фельдфебель
Ober‖fläche *f* -, -n поверхность; **(wieder) an die ~ kommen*** (вновь) появиться на поверхности; *перен.* (вновь) выйти на поверхность; **an der ~ haften [schwimmen*]** скользить по поверхности, не вникать в суть дела
oberflächlich *a* поверхностный
Oberflächlichkeit *f* -, -en легкомыслие, поверхностность
Ober‖geschoß *n* -sses, -sse верхний этаж
Ober‖gewalt *f* -, -en верховная власть
oberhalb *prp* (G) поверх, выше, сверху *(чего-л.)*, над *(чем-л.)*; **~ des Flusses** выше по реке
Ober‖hand: die ~ gewinnen* [haben, behalten*, bekommen*, erringen*] *(über* A) держать [взять] верх *(над кем-л.)*, победить *(кого-л.)*; **er hat die ~** он здесь распоряжается всем
Ober‖haupt *n* -(e)s, -häupter глава, начальник
Ober‖haus *n* -es верхняя палата, палата лордов *(в Англии)*
Ober‖hemd *n* -(e)s, -en верхняя сорочка
Ober‖hoheit *f* - суверенитет
Oberin *f* -, -en старшая (медицинская) сестра
oberirdisch *a* надземный; наземный, поверхностный
Ober‖kellner *m* -s, - старший официант
Ober‖kiefer *m* -s, - верхняя челюсть
Ober‖kommando *n* -s, -s главное командование, главнокомандование; штаб *(объединения)*
Ober‖körper *m* -s, - верхняя часть туловища
Ober‖lauf *m* -(e)s, -läufe верховье, верхнее течение *(реки)*
Oberlausitz *f* - Верхний Лаузиц *(ист.-геогр. обл. на В. ФРГ)*

Ober‖leib *m* -(e)s, -er *см.* Oberkörper
Ober‖leitung *f* -, -en **1.** главное руководство; главное управление; **2.** наземный [воздушный] провод, воздушная линия
Oberleitungs‖omnibus *(сокр.* Obus) *m* -ses, -se троллейбус
Ober‖leutnant <...‖*lat.-fr.*> *m* -s, -e/-s старший лейтенант; оберлейтенант
Oberösterreich *(n)* -s Верхняя Австрия *(земля в Австрии)*
Ober‖schenkel *m* -s, - бедро
Ober‖schicht *f* -, -en верхний слой; верхняя прослойка *(тж. перен.)*
Ober‖schiedsrichter *m* -s, - *спорт.* главный судья
Ober‖schule *f* -, -n средняя школа *(ист., назв. школы типа гимназии в Германии и в первый период после 2-й мир. войны)*
Ober‖schwester *f* -, -n старшая (медицинская) сестра
oberst *a (superl от* ober) **1.** высший, самый высший; **2.** верховный; высший; главный; **der ~e Gerichtshof, das ~e Gericht** *(сокр.* OG) верховный суд; **die ~e Gewalt** верховная власть
Oberst *m* -en/-es, -en полковник
Ober‖staatsanwalt *m* -(e)s, -e/-wälte верховный прокурор
Oberst‖leutnant <...‖*lat.-fr.*> *m* -s, -e/-s подполковник
Ober‖stübchen *n* -s, - мансарда; ◊ **bei dem ist's wohl nichts richtig im ~** *разг.* у него не все дома
oberwärts *adv* наверх, вверх
Oberwiesenthal *(n)* -s Обервизенталь *(курорт и центр зимнего спорта в Саксонии <ФРГ>)*
obgléich *conj* хотя, несмотря на то, что...
Obhut *f* - надзор, присмотр, покровительство, попечение; **jmdn. in seine ~ nehmen*** брать кого-л. под своё покровительство
obig *a* вышеупомянутый, вышеуказанный; **im ~en** как было сказано выше
Objékt <*lat.*> *n* -(e)s, -e **1.** объект, предмет; **2.** *грам.* дополнение, объект
objektiv <*lat.*> *a* объективный
Objektiv <*lat.*> *n* -s, -e *физ.* объектив
Objektivismus [-'vis-] <*lat.*> *m* - объективизм
objektivistisch [-vi-] <*lat.*> *a* объективистский
Objektivität [-vi-] <*lat.*> *f* - объективность
Obláte <*lat.*> *f* -, - облатка
ób‖liegen, ob‖liegen *vi* (h, s) (D) **1.** прилежно заниматься *(чем-л.)*, отдаваться

(с увлечением) (чему-л.); **den Wissenschaften** ~ отдаваться наукам; **2.** вменяться в обязанность, надлежать *(кому-л.)*; **das liegt mir ob** это моя обязанность
Obliegenheit *f* -, -en обязанность, обязательство
obligát <*lat.*> *a* обязательный, полагающийся; принятый
Obligatión <*lat.*> *f* -, -en облигация
obligatórisch <*lat.*> *a* обязательный
oblíque [ɔb'li:k] <*lat.*> *a* **1.** косой, наклонный; **2.**: **~r** [-kvər] **Kasus** *грам.* косвенный падеж
Obmann *m* -(e)s, -männer/-leute староста, старшина; *спорт.* главный [старший] судья
Obó¦e <*fr.-it.*> *f* -, -n *муз.* гобой
Obolus <*gr.-lat.*> *m* -, -/-se лепта, (скромный) вклад; **seinen ~ beisteuern [entrichten]** внести свою лепту [свой скромный вклад]
Obrigkeit *f* -, -en начальство, власть
obrigkeitlich *a уст.* начальственный; административный
obschón *см.* obgleich
Observation [-va-] <*lat.*> *f* -, -en наблюдение, слежка
Observatórium [-va-] <*lat.*> *n* -s, -ri¦en обсерватория
observíeren [-'i:] <*lat.*> *vt* наблюдать, следить *(за кем-л., за чем-л.)*; проводить слежку *(за кем-л.)*
ob¦síegen, ób¦siegen *vi* (D *и* über, gegen A) брать верх *(над кем-л., над чем-л.)*; побеждать *(кого-л., что-л.)*; **ein obsiegendes Urteil** решительный [единогласный] приговор
obskúr <*lat.*> *a* тёмный; неизвестный; сомнительный, подозрительный; **ein ~es Blatt** *разг.* бульварный листок
Obskuránt <*lat.*> *m* -en, -en мракобес, обскурант
Obskurantísmus <*lat.*> *m* - мракобесие, обскурантизм
Obst *n* -es фрукты, плоды; **gedörrtes ~** сухофрукты; **gesüßtes ~** цукаты
Obst‖bau *m* -(e)s плодоводство
obsten *vi* снимать урожай плодов [фруктов]
Obst‖ernte *f* - сбор плодов
Obst‖garten *m* -s, -gärten плодовый [фруктовый] сад
Obst‖horde *f* -, -n ящик [приспособление] для хранения свежих фруктов; полка для фруктов
Obst‖laden *m* -s, -läden/- фруктовый магазин
obstruíeren <*lat.*> *vt* устраивать обструкцию *(кому-л., чему-л.)*, срывать *(заседание и т. п.)*
Obstruktión <*lat.*> *f* - обструкция
Obst‖schale *f* -, -n ваза для фруктов
Obst‖zucht *f* - *см.* Obstbau
obszön <*lat.*> *a* непристойный, скабрёзный
Obus *m* -/-ses, -se *сокр. от* Oberleitungsomnibus
Obwalden (*n*) -s Обвальден *(полукантон в Швейцарии)*
ob¦walten *vi канц.* иметь место, господствовать
óbwaltend *a* существующий, данный; господствующий
obwóhl, obzwár *см.* obgleich
Ochotskisches Meer *n* -es Охотское море *(окраинное море в сев.-зап. части Тихого океана)*
Ochse *m* -n, -n **1.** бык, вол; **2.** *бран.* дурак, болван; **so ein ~ !** ну и болван!; ◊ **die ~n hinter den Pflug spannen** ≅ ставить телегу впереди лошади; **den ~n beim Horn fassen** взять быка за рога
ochsen *vt разг.* зубрить
Ochsen‖auge *n* -s, -n **1.** глаз быка; **2.** круглое [овальное] окно; *мор.* иллюминатор
ochsenhaft *a* **1.** бычий, воловий; **2.** *разг.* глупый
Ochsen‖ziemer *m* -s, - кнут
Ocker <*gr.-lat.-roman.*> *m, n* -s, - охра
Oda Ода *(жен. имя)*
Ode <*gr.-lat.*> *f* -, -n *лит.* ода
öde *a* **1.** пустынный, необитаемый; глухой; **2.** скучный, пустой; **ein ~es Geschwätz** пустая болтовня
Öde *f* -, -n глушь, пустынная местность
Ödém <*gr.*> *n* -s, -e *мед.* отёк
öden I *vt* (*mit* D) наводить скуку *(на кого-л. чем-л.)*; II **~, sich** скучать, тосковать
Odenwald *m* -es Оденвальд *(платообразный горный массив на Ю.-З. ФРГ* <*земли Гессен и Баден-Вюртемберг*>*)*
oder *conj* или, либо; **entweder... ~** или... или, либо... либо; **wir fahren (entweder) heute ~ morgen** мы поедем или [либо] сегодня, или [либо] завтра; **so ~ so** так или иначе, всё равно; **~ (nicht)?** разве не так?; **~ aber** или же
Oder *f* - Одер/Одра *(река в Чехии и Польше; в нижнем течении образует границу между ФРГ и Польшей)*
Odéssa (*n*) -s Одесса *(обл. центр Украины)*
Odilo Одило *(муж. имя)*

odiös <*lat.*> *a* одиозный
Oetker-Konzern *m* -s концерн Эткера (*смешанный концерн в ФРГ, объединяет пароходства, предприятия пищевой промышленности, страховые компании и банки*)
Ofen *m* -s, Öfen печь, печка; ◇ der ~ meint es gut печь хорошо [жарко] натоплена; damit lockt man keinen Hund hinterm ~ (her)vor этим никого не соблазнишь
Ofen‖bank *f* -, -bänke лежанка у печки
Ofen‖herd *m* -(e)s, -e *металл.* под пе́чи
Ofen‖kachel *f* -, -n изразец
Ofen‖rohr *n* -(e)s, -e печная труба
Ofen‖röhre *f* -, -n духовой шкаф, духовка
Ofen‖setzer *m* -s, - печник
offen I *a* 1. открытый, раскрытый; jmdn. mit ~en Armen empfangen* [begrüßen, aufnehmen*] встретить кого-л. с распростёртыми объятиями; mit ~em Mund dastehen* ротозейничать; стоять разинув рот; bei ~en Fenstern schlafen* спать с открытыми окнами; 2. открытый, широкий, свободный; auf ~er See в открытом море; 3. открытый (*декольтированный*); 4. открытый, откровенный, искренний; 5. открытый, публичный; ein ~er Brief открытое письмо; in ~er Abstimmung открытым голосованием; 6. незанятый, вакантный; ◇ ein ~er Kopf светлая голова; eine ~e Hand haben быть щедрым; ~e Türen einrennen* ломиться в открытую дверь; mit ~em Visier с открытым забралом, открыто; II *adv* 1. открыто; 2. открыто, откровенно; ~ (zutage) liegen* быть явным [очевидным]; ~ gestanden [gesagt] откровенно говоря
offenbar I *a* очевидный, явный; II *adv* очевидно, по-видимому
Offenbárung *f* -, -en откровение; проявление; открытие
Offenheit *f* - откровенность, искренность
offenherzig *a* чистосердечный, откровенный
Offen‖herzigkeit *f* - чистосердечие, чистосердечность, откровенность
offenkundig *a* очевидный, явный
offen‖lassen* *vt* 1. оставлять открытым (*окно и т. п.*); 2. оставлять открытым [неразрешённым] (*вопрос*)
offensichtlich *a* очевидный, явный
offensiv <*lat.*> *a* наступательный, агрессивный
Offensive [-və] <*lat.*> *f* -, -n *воен.* наступление; die ~ ergreifen* перейти в наступление

offen‖stehen* *vi* 1. быть открытым (*об окне, о счёте*); 2.: es steht ihm offen, zu gehen oder zu bleiben он волен уйти или остаться
öffentlich *a* 1. общественный, всеобщий; die ~e Meinung общественное мнение; 2. публичный, открытый; ~e Klage *юр.* публичное обвинение; 3. публичный, общедоступный; eine ~e Anlage общественный парк; 4. общественный, государственный, официальный; ~e Einrichtungen государственные [общественные] учреждения
öffentliche Schule *f* -, -n общественная школа (*школа в Австрии и ФРГ, содержание которой осуществляется гос-вом или коммунальными организациями*)
Öffentlichkeit *f* - общественность; гласность; an die ~ bringen* предать гласности
offerieren <*lat.-fr.*> *vt ком.* предлагать
Offérte <*lat.-fr.*> *f* -, -n *ком.* предложение, оферта; eine hohe ~ *перен.* лестное предложение
offiziéll <*lat.-fr.*> *a* официальный
Offizier <*lat.-fr.*> *m* -s, -e офицер; aktiver ~ кадровый офицер; wachhabender ~ начальник караула; ~ vom Truppendienst дежурный по части; ~ außer Dienst офицер в отставке; ~ des Beurlaubtenstandes офицер запаса
Offiziers‖bursche *m* -n, -n денщик
Offiziers‖korps [-ko:r] <*lat.*> *n* - [-ko:rs], - [-ko:rs] офицерский корпус
Offiziers‖rang *m* -(e)s, -ränge офицерское звание
offiziös <*lat.*> *a* официальный
öffnen *vt* открывать, раскрывать; вскрывать; jmdm. die Augen ~ открывать кому-л. глаза (*на что-л.*); jmdm. sein Herz ~ излить кому-л. душу
Öffnung *f* -, -en 1. отверстие, скважина; пролёт; 2. вскрытие, открытие
Offsét‖druck *m* -(e)s, -e *полигр.* офсет, офсетная печать
Off-shore-Zone [-'ʃɔ:r-] <*engl.*> *f* -, -n оффшорная зона (*с благоприятным финансово-налоговым контролем*)
oft *adv* (*comp* öfter, *superl* öftest) часто; wie ~? как часто?; so ~ всякий раз как, так часто
öfter I *a* повторный, довольно частый; II *adv* не раз, нередко
öfters *adv* 1. см. öfter II; 2. прямо, просто
oftmalig *a* частый
oftmals *adv* часто, не раз, неоднократно

oh! *int* o!, ах!
Ohm *n* -s, - *физ.* ом
ohne I *prp* (A) **1.** без; ~ **Zweifel** без сомнения; ~ **weiteres** кроме, не считая, без; **2.** кроме, без; ~ **Spaß** без шуток, в этом есть зерно истины; **3.:** **das ist nicht (so)** ~ *разг.* это имеет смысл; II *conj* **1.** *(с inf):* ~ **zu sprechen** ничего не говоря, без разговоров; ~ **auch ein Wort gesagt zu haben** не сказав ни слова; **2.:** ~ **daß** без того, чтобы...; хотя и не...; ~ **daß er es weiß** без его ведома
ohnedém, ohnedíes *adv* и без того, всё равно
ohnegléichen *adv inv* бесподобный, несравненный
ohnehín *adv* и без того
Ohnmacht *f* -, -en **1.** бессилие, слабость; **2.** *мед.* обморок, потеря сознания; **in** ~ **fallen*** упасть в обморок; **aus der** ~ **erwachen** очнуться от обморока, прийти в сознание
ohnmächtig *a* **1.** слабый, бессильный; **2.** в обмороке, без сознания; ~ **werden** потерять сознание, упасть в обморок, лишиться чувств
Ohr *n* -(e)s, -en **1.** ухо; **die ~en brausen ihm** у него шум в ушах; **die ~en klingen [gellen] ihm** у него в ушах звенит; **er hat abstehende ~en** он лопоухий; **2.** ухо, слух; **auf dem rechten [linken]** ~ **taub sein** быть глухим на правое [левое] ухо; **er ist ganz** ~ он весь внимание; **die ~en spitzen** навострить уши, насторожиться; **ein feines** ~ **haben** иметь тонкий слух; **mit halbem** ~ **hören** слушать невнимательно; **das geht zu dem einen** ~ **hinein, zu dem anderen (wieder) hinaus** это в одно ухо входит, в другое вылетает; ◊ **er ist noch feucht hinter den ~en** у него ещё молоко на губах не обсохло; **sich etw. hinter die ~en schreiben*** зарубить себе что-л. на носу; **jmdm. das Fell hauen*** надуть кого-л.; **jmdm. das Fell über die ~en ziehen*** содрать с кого-л. шкуру; **bis über die ~en verliebt sein** быть влюблённым по уши
Öhr *n* -(e)s, -e **1.** ушко *(иголки);* **2.** *тех.* глазок; петелька
ohrenbetäubend *a* оглушительный
Ohren‖sausen *n* -s шум [звон] в ушах
Ohren‖schmalz *n* -es (ушная) сера
Ohr‖feige *f* -, -n оплеуха, пощёчина; **jmdm. eine** ~ **verabreichen** влепить кому-л. пощёчину [оплеуху]
ohrfeigen *vt* дать пощёчину *(кому-л.)*
Ohr‖läppchen *n* -s, - ушная мочка
Ohr‖muschel *f* -, -n ушная раковина

Ohr‖ring *m* -(e)s, -e серьга
ojé!, ojémine! *int* о Господи!
Oka *f* - Ока *(река в РФ, правый приток Волги)*
Okarína <*lat.-it.*> *f* -, -s/-nen *муз.* окарина *(инструмент)*
okay! [o'ke:] <*engl.-amerik.*> всё в порядке!, хорошо!, ладно!
okkúlt <*lat.*> *a* оккультный; тайный, сокровенный
Okkultísmus <*lat.*> *m* - оккультизм
Okkupatión <*lat.*> *f* -, -en захват, оккупация
okkupieren <*lat.*> *vt* оккупировать, захватывать
Ökologíe <*gr.-lat.*> *f* - экология
Ökonóm <*gr.-lat.*> *m* -en, -en **1.** экономист; **2.** управляющий (имением); заведующий хозяйством
Ökonomíe <*gr.-lat.*> *f* - **1.** экономия, бережливость, хозяйственность; **2.** экономика; **3.:** **die politische** ~ политическая экономия
ökonómisch <*gr.-lat.*> *a* **1.** экономный, бережливый; **2.** экономичный; **3.** экономический
Oktáve [-və] <*lat.*> *f* -, -n *муз.* октава
Október <*lat.*> *m* -/-s, - октябрь
Októberfest *n* -es, - "Октябрьские народные гулянья" *(ежегодный праздник на Терезинских лугах в Мюнхене <ФРГ>; самые продолжительные гуляния <16 дней с 1-го воскресенья сентября>)*
Oktogón <*gr.-lat.*> *n* -s, -e *мат.* восьмиугольник
Okulár <*lat.*> *n* -s, -e *физ.* окуляр
okulieren <*lat.*> *vt* окулировать, прививать почкой [глазком]
Okulíst <*lat.*> *m* -en, -en окулист, глазной врач
ökuménisch <*gr.-lat.*> *a* *церк.* всемирный, мировой; **das ~e Konzil** *церк.* вселенский собор
Öl *n* -(e)s, - **1.** масло *(растительное);* **in** ~ **backen*** жарить на масле; **2.** масло *(картина, написанная масляными красками);* **in** ~ **malen** писать масляными красками; **3.** нефть; ◊ ~ **ins Feuer gießen* [schütten]** подлить масла в огонь; ~ **in die Wunden gießen*** облегчать страдания, исцелять душевные раны
Olaf Олаф *(северогерманское муж. имя)*
Öl‖baum *m* -(e)s, -bäume оливковое дерево, маслина
Oldenburg *(n)* -s Ольденбург **(1.** *город в ФРГ* <*земля Нижняя Саксония*>; **2.** *ист. обл. в Германии)*

Oldenburgplan *m* -s план "Ольденбург" *(название фаш. плана ограбления и порабощения народов СССР)*
Öl∥druck *m* -(e)s, -e *тех.* давление масла
Öldruck∥bremse *f* -, -n *тех.* гидравлический масляный тормоз
ölen *vt* смазывать маслом, промасливать, пропитывать маслом; ◊ **alles geht wie geölt** всё идёт как по маслу
Öl∥farbe *f* -, -n масляная краска
Öl∥firnis *m* -ses, -se олифа
Öl∥gemälde *n* -es, - картина, написанная масляными красками; масло
ölhaltig *a тех.* маслосодержащий
ölig *a* 1. масляный, жирный; 2. маслянйчный
Oligarchie <*gr.*> *f* -, -chi∤en олигархия
Öl∥industrie *f* -, -ri∤en нефтяная промышленность
Olive [-və] <*gr.-lat.*> *f* -, -n маслина, олива
Oliven∥öl [-vən-] *n* -(e)s оливковое [прованское] масло
olivgrün *a* оливковый, оливкового цвета
Öl∥kanne *f* -, -n *тех.* маслёнка
Öl∥kuchen *m* -s, - *с.-х.* масличный жмых
Öl∥kultur *f* -, -en масличная культура
Öl∥leitung *f* -, -en нефтепровод
Öl∥mühle *f* -, -n маслобойня
Ölung *f* -, -en смазка *(маслом)*, промасливание
Olymp <*gr.-lat.*> *m* -s 1. Олимп *(самый высокий горный массив в Греции; в древнегреч. мифологии - обиталище богов)*; 2. *разг.* галёрка *(в театре)*
Olympiade <*gr.-lat.*> *f* -, -n олимпиада
Olympia∥sieger *m* -s олимпийский чемпион
Olympia Werke AG *f* - "Олимпия верке АГ" *(крупная фирма в ФРГ по производству пишущих машинок, арифмометров и т. п.)*
olympisch <*gr.-lat.*> *a* 1. олимпийский; божественный; 2. *спорт.* олимпийский; **die Olympischen Spiele** Олимпийские игры, Олимпиада
Öl∥zeug *n* -(e)s, -e непромокаемая одежда *(у моряков, рыбаков)*
Oma *f* -, -s *ласк.* бабушка
Omán *(n)* -s Оман *(страна в вост. части Аравийского п-ва)*
Omelétt <*fr.*> *n* -(e)s, -e/-s; **Omelétte** *f* -, -n омлет
Omen <*lat.*> *n* -s, Omina предзнаменование
ominös <*lat.*> *a* зловещий
Omnibus <*lat.-gr.*> *m* -ses, -se автобус
Omsk *(n)* - Омск *(обл. центр в РФ)*

ondulieren <*lat.-fr.*> *vt* завивать волосы *(кому-л.)*
Onégasee *m* -s Онежское озеро *(озеро на С.-З. Европейской части РФ)*
Onkel *m* -s, -/ *разг.* -s дядя
onomatopoétisch <*gr.-lat.*> *a лингв.* звукоподражательный
Opa *m* -s, -s *ласк.* дедушка
Opál <*sanskr.-gr.-lat.*> *m* -s, -e *мин.* опал
opalisieren <*sanskr.-gr.-lat.*> *vi* сверкать
Oper <*lat.-it.*> *f* -, -n 1. опера; 2. оперный театр, опера
Operateur [-'tø:r] <*lat.-fr.*> *m* -s, -e 1. оператор *(хирург)*; 2. (кино)оператор; 3. киномеханик
Operation <*lat.*> *f* -, -en операция
Operations∥büro *n* -s, -s оперативный отдел
Operation "Taifun" *f* - операция "Тайфун" *(кодовое назв. плана нем.-фаш. операции 1941 по захвату Москвы)*
Operation "Zitadélle" *f* - операция "Цитадель" *(кодовое назв. наступательной операции нем.-фаш. войск в июле 1943 в р-не Курского выступа)*
operativ <*lat.*> *a* оперативный
Operativ∥plan *m* -(e)s, -pläne рабочий план
Operétte <*lat.-it.*> *f* -, -n оперетта
operieren <*lat.*> I *vt* делать операцию *(кому-л.)*, оперировать *(кого-л.)*; II *vi* *(mit* D) оперировать *(данными и т. п.)*
Opern∥glas *n* -es, -gläser бинокль *(театральный)*
Opfer *n* -s, - 1. жертва; **ein ~ bringen*** приносить в жертву; **jmdm. zum ~ fallen*** стать жертвой кого-л.; 2. жертва *(пострадавший от кого-л., чего-л.)*
opferbereit *a* готовый на жертвы, самоотверженный
Opfer∥lamm *m* -(e)s, -lämmer невинная жертва
opfern I *vt* жертвовать *(что-л., кем-л., чем-л.)*, приносить в жертву *(кого-л., что-л.)*; II ~, **sich** жертвовать собой
opferreich *a* требующий (больших) жертв
Opferung *f* -, -en жертвоприношение
opferwillig *a* готовый на жертвы
Opium <*gr.-lat.*> *n* -s опий
Opponént <*lat.*> *m* -en, -en оппонент
opponieren <*lat.*> *vi* оппонировать, возражать
opportún <*lat.*> I *a* своевременный; благоприятный, удобный; **etw. für ~ halten*** считать что-л. возможным [приемлемым]; II *adv* вовремя, впору, кстати

Opportunísmus <*lat.-fr.*> *m* - оппортунизм
opportunístisch <*lat.-gr.*> *a* оппортунистический
Oppositión <*lat.*> *f* -, -en оппозиция; **in ~ stehen*** находиться в оппозиции *(zu jmdm., zu etw.* (D) к кому-л., к чему-л.)
oppositionéll <*lat.-fr.*> *a* оппозиционный
Optativ <*lat.*> *m* -s, -e *грам.* оптатив, желательное наклонение
optiéren <*lat.*> *vi (für* A) оптироваться
Optik <*gr.-lat.*> *f* - оптика
Optiker <*gr.-lat.*> *m* -s, - оптик *(специалист по оптике)*
optimál <*lat.*> *a* оптимальный, наиболее благоприятный, наилучший
Optimísmus <*lat.-fr.*> *m* - оптимизм
Optión <*lat.*> *f* -, -en **1.** *юр.* оптация, выбор гражданства [подданства]; **2.** выбор, опцион
optisch <*lat.*> <*gr.-lat.*> *a* оптический; **~e Täuschung** оптический обман
Opus <*lat.*> *n* -, Ópera *муз.* опус
Orákel <*lat.*> *n* -s, - **1.** *миф.* оракул; **2.** туманное [загадочное] предсказание; **er spricht in ~n** он говорит загадками [туманно]
orákeln <*lat.*> *vi* **1.** вещать, прорицать, предсказывать; **2.** говорить туманно [загадками]
orange [oˈrãːʒ(ə)] <*pers.-arab.-span.-fr.*> *a inv* оранжевый, оранжевого цвета
Orange [oˈrãːʒə] <*pers.-arab.-span.-fr.*> *f* -, -n апельсин
orangenfarbig [oˈrãːʒən-] *a* оранжевый
Orangerie [orãʒəˈriː] <*pers.-arab.-span.-fr.*> *f* -, ri¦en оранжерея
Oratórium <*lat.-it.*> *n* -s, -ri¦en *муз.* оратория
Orchester [-ˈkɛs-] <*gr.-lat.-roman.*> *n* -s, - оркестр
orchestríeren [-kɛs-] <*gr.-lat.-roman.*> *vt муз.* оркестрировать
Orchidée <*gr.-lat.-fr.*> *f* -, dé¦en *бот.* орхидея
Orden <*lat.*> *m* -s, - **1.** орден; **mit einem** (D) **~ auszeichnen** награждать орденом; **2.** *ист. рел.* орден
Ordens‖band *n* -(e)s, -bänder орденская лента
Ordens‖schnalle *f* -, -n; **~spange** *f* -, -n орденская планка [колодка]
Ordens‖träger *m* -s, -; **~in** *f* -, -nen орденоносец, кавалер ордена
Ordens‖verleihung *f* -, -en награждение орденом [орденами]
ordentlich I *a* **1.** аккуратный; в надлежащем порядке; **2.** порядочный, честный; приличный; **3.** *разг.* порядочный, немалый, значительный; **ich habe einen ~en Hunger** здорово хочется есть; **4.** *(сокр.* ord.*)* постоянный, штатный, ординарный; **ein ~es Mitglied der Akademie** действительный член академии наук; **ein ~er Professor** ординарный [штатный] профессор; II *adv* **1.** аккуратно; **2.** прилично, пристойно; **3.** по-настоящему, как полагается, как следует; порядком, изрядно, значительно; **ich bin ~ müde (geworden)** я порядком [изрядно] устал
Order <*lat.-fr.*> *f* -, -n **1.** ордер; **2.** приказ, распоряжение
Ordinália <*lat.*> *pl лингв.* порядковые числительные
ordinär <*lat.*> *a* **1.** обычный, ординарный; **2.** простой, вульгарный
Ordinárius <*lat.*> *m* -, -ri¦en **1.** ординарный профессор, заведующий кафедрой; **2.** классный руководитель; **3.** епископ *(католический)*
Ordináte <*lat.*> *f* -, -n *мат.* ордината
Ordináten‖achse *f* -, -n *мат.* ось ординат
ordiníeren <*lat.*> *vt* **1.** *церк.* посвящать в сан; **2.** прописывать *(лекарство)*; **3.** проводить приём *(больных)*
ordnen I *vt* **1.** приводить в порядок; упорядочивать; **2.** располагать, размещать, систематизировать; II **~, sich** строиться, выравниваться в ряд
Ordner *m* -s, - распорядитель; дежурный *(в классе)*
Ordnung *f* -, -en **1.** порядок; распорядок; **~ schaffen** навести порядок; **etw. in ~ bringen*** привести в порядок что-л.; **der ~ halber** порядка ради; **das geht in ~!** всё в порядке!, договорились!; **jmdn. zur ~ rufen*** призывать к порядку кого-либо; **2.** систематизация; **3.** строй *(общественный)*; **4.** устав, правила, порядок; **5.** *воен.* боевой [походный] порядок; строй; **geschlossene ~** сомкнутый строй; **zerstreute ~** рассыпной [рассредоточенный] строй
ordnungsgemäß I *a* правильный, надлежащий; II *adv* по порядку, по правилу, правильно
ordnungshalber *adv* для [ради] порядка
Ordnungs‖hüter *m* -s, - блюститель порядка
ordnungsmäßig *см.* ordnungsgemäß
Ordnungs‖ruf *m* -(e)s, -e призыв к порядку, замечание; **einen ~ erteilen** призывать к порядку
Ordnungs‖sinn *m* -(e)s аккуратность, любовь к порядку

Ordnungs‖strafe *f* -, -n дисциплинарное взыскание
ordnungswidrig *a* неправильный, нарушающий порядок; противозаконный
Ordnungs‖zahl *f* -, -en *грам.* порядковое числительное
Ordonnánz <*lat.-fr.*> *f* -, -en 1. приказ, инструкция; 2. *воен.* связной; ординарец; вестовой
Ordonnánz‖offizier *m* -s, - офицер для поручений; офицер связи; адъютант
Orgán <*gr.-lat.*> *n* -s, -e 1. *анат.* орган; **die inneren ~e** внутренние органы; 2. голос; 3. орган печати; 4. орган *(государственный)*; организация *(общественная)*
Organisatión <*gr.-lat.-fr*> *f* -, -en 1. организация; устройство; 2. организация *(учреждение)*; **~ der Vereinten Nationen** *(сокр.* UNO) Организация Объединённых Наций *(сокр.* ООН)
Organisatión für Sicherheit und Zusammenarbeit in Europa (OSZE) *f* - Организация по безопасности и сотрудничеству в Европе; *см.* **Konferenz über Sicherheit und Zusammenarbeit in Europa**
Organisatión Todt *f* - "Организация Тодта" *(фаш. полувоенная строительная организация* <*назв. по имени генерального уполномоченного по строительству Ф. Тодта*>)
organisatórisch <*gr.-lat.-fr.*> *a* 1. организационный; 2. организаторский
orgánisch <*gr.-lat.*> *a* органический
organisíeren <*gr.-lat.-fr.*> *vt* организовывать
organisíert *a* 1. организованный; 2. организованный, являющийся членом организации
Organísmus <*gr.-lat.*> *m* -, -men организм
Organíst <*gr.-lat.*> *m* -en, -en органист
Orgel <*gr.-lat.*> *f* -, -n *муз.* орга́н
orgeln <*gr.-lat.*> *vi* 1. играть на органе; 2. *разг.* играть, как на шарманке; 3. кричать *(об олене во время гона)*
Orgel‖pfeife *f* -, -n органная трубка
Orgel‖spieler *m* -s, - *см.* Organist
Orgi¦e <*lat.*> *f* -, -n оргия, попойка, кутёж; **~n feiern** устраивать кутёж
Ori¦ent <*lat.*> *m* -(e)s Ближний и Средний Восток, страны Ближнего и Среднего Востока
orientálisch <*lat.*> *a* восточный
Ori¦entalíst <*lat.*> *m* -en, -en востоковед
orientíeren <*lat.-fr.*> I *vt* ориентировать; **über etw. (A) orientiert sein** быть в курсе чего-л., ориентироваться в чём-л.; II **~, sich** (*in* D) ориентироваться *(в чём-л.)*

Ori¦entíerung <*lat.-fr.*> *f* -, -en ориентирование, ориентировка; ориентация
originál <*lat.*> *a* оригинальный, подлинный
Originál <*lat.*> *n* -s, -e 1. оригинал, подлинник; 2. оригинал, чудак
originéll <*lat.-fr.*> *a* 1. оригинальный, подлинный; 2. оригинальный, своеобразный
Orjól (*n*) -s Орёл *(обл. центр РФ)*
Orkán <*karib.-span.-niederl.*> *m* -s, -e ураган, сильная буря
orkánartig I *a* ураганный; II *adv* как ураган
Orkus <*lat.*> *m* - *миф.* преисподняя, ад; **jmdm. zum ~ hinabsenden*** *разг.* отправить кого-л. на тот свет
Ornamént <*lat.*> *n* -(e)s, -e орнамент
ornamentál <*lat.*> *a* орнаментальный
ornamentíeren <*lat.*> *vt* украшать орнаментом
Ornát <*lat.*> *m* -(e)s, -e *церк.* облачение, риза
Ornithologíe <*gr.-lat.*> *f* - орнитология
Órpheus <*gr.*> *m* - *миф.* Орфей
Ort I *m* -(e)s, -e 1. место; **an ~ und Stelle** на место, на месте; 2. место, местность; город; деревня; посёлок; **von ~ zu ~** с места на место
Ort II *n* -(e)s, Örter *горн.* забой; **vor ~ arbeiten** работать в забое
orten *vt* определять [устанавливать] местонахождение [координаты] *(самолёта, корабля)*
Orter *m* -s, - навигатор; штурман
orthodóx <*gr.-lat.*> *a* 1. ортодоксальный, правоверный; 2. православный
Orthodoxíe <*gr.-lat.*> *f* - ортодоксальность
Orthoepíe <*gr.*> *f* - *лингв.* орфоэпия
orthogonál <*gr.-lat.*> *a* *мат.* прямоугольный
Ortographíe <*gr.*> *f* -, -phi¦en орфография, правописание
orthográphisch <*gr.-lat.*> *a* орфографический
Orthopädíe <*gr.*> *f* - *мед.* ортопедия
orthopädisch <*gr.-lat.*> *a* ортопедический
örtlich I *a* местный; локальный; **~ begrenzen [beschränken]** локализовать; II *adv*: **das ist ~ sehr verschieden** в разных местах это по-разному; это зависит от местности
Orts‖angabe *f* -, -n указание места
ortsansässig *см.* ortseingesessen
Orts‖bestimmung *f* -, -en определение местонахождения, локация
Orts‖bevölkerung *f* -, -en местное население, население посёлка

Ortschaft f -, -en **1.** населённый пункт, посёлок; **2.** местность
ortseingesessen a **1.** оседлый; **2.** местный, туземный; **~e Bevölkerung** местное население
ortsfest a неподвижный, стационарный
ortsfremd a приезжий, пришлый
Orts‖gespräch n -(e)s, -e местный телефонный разговор
ortskundig a хорошо знающий данную местность, хорошо ориентирующийся в данной местности
Orts‖name m -ns, -n название населённого пункта
Orts‖signatur f -, -en обозначение названия местности (на карте)
Orts‖sinn m -(e)s чувство пространства; способность ориентироваться в незнакомой местности
ortsüblich a принятый в данной местности, обычный
Orts‖verkehr m -s местное сообщение
Orts‖verwaltung f -, -en местное [муниципальное] управление
Orts‖wechsel m -s, - перемена места
Orts‖zeit f -, -en местное время
Ortung f -, -en ориентировка, определение местонахождения; локация; пеленгация
Ortwin Ортвин (муж. имя)
Öse f -, -n петля; ушко; колечко
Oskar Оскар (муж. имя)
Oslo (n) -s Осло (столица Норвегии)
Osram GmbH f - "Осрам ГмбХ" (одна из крупнейших фирм по производству электрических лампочек <ФРГ>)
Ost m **1.** inv (употр. без артикля) поэт., почтовое, мор. восток, ост; **in ~ und West** везде и всюду, на всём свете; **2.** -(e)s, -e поэт., мор. восточный ветер, ост
Ostarbeiter m -s, - "восточный рабочий"/"остарбайтер" (гражданин к.-л. восточноевропейской страны, насильственно угнанный на принудительные работы во время 2-й мировой войны в фаш. Германию)
Osten m **1.** inv (употр. без артикля) восток; **2.** -s Восток (территория); **der Ferne ~** Дальний Восток
ostentativ <lat.> a вызывающий, демонстративный
Oster‖ei n -s, -er пасхальное яйцо (крашеное яйцо, символический атрибут Пасхи)
Oster‖hase m -n, -n пасхальный заяц (сказочное существо, приносящее детям крашеные яйца и подарки)

Oster‖insel f - остров Пасхи (о-в вулканического происхождения в вост. части Тихого океана у берегов Чили)
Ostern n -/pl (б. ч. без артикля) рел. Пасха; **an ~** на Пасху; ◊ **wenn ~ und Pfingsten auf einen Tag fallen** ≅ после дождика в четверг; когда рак на горе свистнет
Österreich (n) -s Австрия (гос-во в Центральной Европе)
Österreicher m -s, -; **~in** f -, -nen австриец, -рийка
österreichisch a австрийский
Österreichische Creditanstalt (Bankverein) AG f - "Эстеррайхише кредит-анштальт (банкферайн) АГ" (ипотечно-кредитный банк в Австрии)
Österreichische Frauenbewegung f - Австрийское женское движение (одна из составных частей Австрийской народной партии)
Österreichische Gewerkschaftsjugend f - Австрийская профсоюзная молодёжь (молодёжная секция Объединения австрийских профсоюзов)
Österreichischer Arbeiter- und Angestelltenbund m -es Австрийский союз рабочих и служащих (одна из составных частей Австрийской народной партии, является также фракцией Объединения австрийских профсоюзов)
Österreichischer Bauernbund m -es Австрийский крестьянский союз (одна из составных частей Австрийской народной партии)
Österreichischer Bundesjugendring m -es Федеральный круг австрийской молодёжи (объединяет 17 молодёжных и детских организаций)
Österreichischer Gewerkschaftsbund m -es Объединение австрийских профсоюзов (объединяет 16 отраслевых профсоюзов Австрии)
Österreichischer Wirtschaftsbund m -es Австрийский хозяйственный союз (одна из составных частей Австрийской народной партии, объединяет в основном предпринимателей)
Österreichisches Bundesheer (n) -es австрийская федеральная армия (назв. вооружённых сил Австрии)
Österreichisches Versailles [vɛrˈzaɪ] (n) - "австрийский Версаль" (образное название дворца Шёнбрунн в Вене)
Österreichische Volkspartei f - Австрийская народная партия (влиятельная партия, связана с католическими

кругами; состоит из пяти частей: хозяйственного союза, крестьянского союза, союза рабочих и служащих, женского движения и молодого поколения)

osteuropäisch *a* восточноевропейский

Ostfriesische Inseln *pl* Восточно-Фризские острова *(на Ю.-В. Северного моря; принадлежат Германии)*

Ostfriesland *(n)* -es Восточная Фрисландия *(геогр. обл. в ФРГ, земля Ниж. Саксония)*

Osthilfe *f* - "восточная помощь" *(установленные в нач. 30-х гг. 20 в. в законодательном порядке субсидии юнкерским хозяйствам в вост. р-нах Германии)*

östlich I *a* восточный; **~er Länge** восточной долготы; II *adv* к востоку, восточнее; на восток

Ostmark *f* - "Восточная марка" *(наименование Австрии на жаргоне нем. фашистов после аншлюса 1938 г.)*

Ostpreußen *(n)* -s Восточная Пруссия *(ист. обл. Германии, в течение столетий плацдарм нем. агрессии против Польши и России; в соответствии с решениями Потсдамской конференции 1945 большая часть возвращена Польше, а г. Кёнигсберг с прилегающей территорией передан СССР)*

Ostsee *f* - Балтийское море *(часть Атлантического океана, глубоко вдающаяся в Европ. материк)*

Ostsibirische See *f* - Восточно-Сибирское море *(окраинное море Сев. Ледовитого океана у сев.-вост. берегов Азии)*

Ostverträge *pl* "восточные договоры" *(договоры, заключённые в 1970 между ФРГ и СССР, а также между ФРГ и Польшей)*

ostwärts *adv* на восток, к востоку

Oswald Освальд *(муж. имя)*

Oswin Освин *(муж. имя)*

Oszilation <*lat.*> *f* -, -en физ. колебание, вибрация

Otfried Отфрид *(муж. имя)*

Othmar Отмар *(муж. имя)*

Otmar см. Othmar

Ottakring *(n)* -s Оттакринг *(гор. р-н Вены* <Австрия>*)*

Ottawa Оттава *(1. m река на Ю.-В. Канады; 2. (n) столица Канады)*

Otter I *m* -s, - зоол. выдра

Otter II *f* -, -n зоол. гадюка

Ottheinrich Оттхайнрих/Отгенрих *(муж. имя)*

Ottília/Ottilie Оттилия *(жен. имя)*

Otto Отто *(муж. имя)*

"Otto" *m* -s "Отто" *(рекламный журнал в ФРГ с каталогом товаров, реализуемых торговой фирмой "Отто ферзанд ГмбХ унд К° КГ")*

Ottokar Оттокар *(муж. имя)*

Ottománe <*türk.-fr.*> *f* -, -n оттоманка *(диван)*

Ottomar Оттомар *(муж. имя)*

Otto Versand GmbH und Co. KG *f* - "Отто ферзанд ГмбХ унд К° КГ" *(один из крупнейших в ФРГ посылочных домов)*

Ötztaler Alpen *pl* Эцтальские Альпы *(горы в Австрии и Италии, часть Вост. Альп)*

Ouagadougou [wagadu'gu] *(n)* -s Уагадугу *(столица Верхней Вольты)*

Ouvertüre [uvɛr-] <*lat.-fr.*> *f* -, -n муз. увертюра

oval [o'va:l] <*lat.*> *a* овальный

Oval [o'va:l] <*lat.*> *n* -s, -e овал

Ovation [ova-] <*lat.*> *f* -, -en овация; **jmdm. eine ~ bereiten [bringen*]** быть принятым овациями

Oxford *(n)* -s Оксфорд *(старинный университетский город на Ю. Великобритании)*

Oxyd <*gr.-fr.*> *n* -(e)s, -e хим. окись, оксид, окисел

Oxydation <*gr.-fr.*> *f* -, -en хим. окисление

Ozean <*gr.-lat.*> *m* -s, -e океан

Ozeánien *(n)* -s Океания *(совокупность о-вов центр. и юго-зап. части Тихого океана)*

ozeánisch <*gr.-lat.*> *a* океанский

Ozon <*gr.*> *n, m* -s хим. озон

ozónhaltig *a* хим. содержащий озон

ozonisieren <*gr.*> *vt* хим. озонировать

ozónreich *a* богатый озоном

P

paar I *a* 1. чётный; **~ oder unpaar** чёт или нечет; 2. парный; II *num indef*: **ein ~** несколько, два-три; **ein ~ Menschen** несколько человек, два-три человека; **vor ein ~ Tagen** несколько дней тому назад

Paar *n* -(e)s, -e 1. пара; **ein ~ Handschuhe** пара перчаток; 2. пара, чета; **ein verheiratetes ~** супружеская чета

paaren I vt 1. соединять парами, сочетать; 2. спаривать *(животных)*; II ~, sich 1. соединяться, сочетаться; 2. спариваться *(о животных)*
Paarhufer *pl зоол.* парнокопытные
paarig *a* парный
paarmal *adv*: ein ~ несколько раз
Paar‖lauf *m* -(e)s, -läufe; **~laufen** *n* -s парное фигурное катание на коньках
Paarung *f* -, -en 1. сочетание; 2. спаривание, случка *(животных)*
Paarungs‖zeit *f* -, -en время тока *(у птиц)*
paarweise *adv* попарно, парами
Pacht *f* -, -en 1. аренда; etw. in ~ geben* сдавать в аренду что-л.; etw. in ~ nehmen* 1) арендовать что-л.; 2) *ирон.* считать себя непререкаемым авторитетом в чём-л.; 2. арендная плата; 3. арендованная земля
pachten *vt* арендовать, брать в аренду; **er benimmt sich, als ob er die Schlauheit gepachtet hätte** он ведёт себя так, как будто он хитрее всех
Pächter *m* -s, -; **~in** *f* -, -nen арендатор, -ша
Pacht‖geld *n* -(e)s, -er арендная плата
Pacht‖vertrag *m* -(e)s, -träge арендный договор
Pacht‖zins *m* -es, -e *см.* Pachtgeld
Pack I *m* -(e)s,-e/Päcke 1. пакет, связка, пачка *(писем и т. п.)*; 2. тюк
Pack II *n* -(e)s *презр.* сброд, сволочь; ◊ ~ schlägt sich, ~verträgt sich *посл.* ≅ свои люди − сочтёмся; ворон ворону глаз не выклюет
Pack¦an *m* -/-s, -/-s кличка крупной собаки; *тж.* прозвище полицейского *(букв. хватай)*
Päckchen *n* -s, - пачка, пакетик, посылочка; ◊ **jeder hat sein ~ zu tragen*** у каждого свои заботы
packen I *vt* 1. укладывать, упаковывать, складывать; **jmdn. in Watte ~** *перен.* держать кого-л. под колпаком; 2. хватать, схватить; **es hat mich gepackt** *разг.* я заболел, меня прихватило; II ~, sich *разг.* убираться; **pack dich!** убирайся!
Packen *m* -s, - большой пакет, тюк
Pack‖esel *m* -s, - 1. вьючный осёл; 2. *разг.* вьючное животное *(о человеке)*
Pack‖haus *n* -es, -häuser; **~hof** *m* -(e)s, -höfe пакгауз, склад
Packung *f* -, -en 1. упаковка *(тара)*; 2. пачка *(сигарет и т. п.)*; 3. *мед.* обёртывание, укутывание; 4. *тех.* прокладка; уплотнение

Pack‖wagen *m* -s, - 1. *ж.-д.* багажный вагон; 2. фургон
Pack‖zeug *n* -(e)s 1. упаковочный материал; 2. *презр.* сброд
Pädagóg(e) <*gr.-lat.*> *m* -gen, -gen педагог
Pädagógik <*gr.*> *f* - педагогика
pädagógisch <*gr.-lat.*> *a* педагогический
Paddel <*engl.*> *n* -s, - короткое весло, байдарочное весло
Paddel‖boot *n* -(e)s, -e байдарка
paddeln <*engl.*> *vi* 1. грести [кататься] на байдарке; 2. *разг.* шлёпать по воде, плескаться в воде, плавать
Pädiatríe <*gr.*> *f* - педиатрия
Pädologie <*gr.*> *f* - педология
paff! I *int* паф!; бац!
paff II *a*: **ich war ganz ~** *разг.* я был крайне поражён
paffen *vi* дымить, курить
Page [-ʒə] <*fr.*> *m* -n, -n *ист.* паж
paginieren <*lat.*> *vt* нумеровать страницы
Pagóde <*ind.-port.*> 1. *f* -, -n пагода, индийский [китайский] храм; 2. идол
pah! *int* ба!
Pakét <*fr.*> *n* -(e)s, -e 1. пакет, посылка; 2. *тех.* пакет; брикет
Pakistan *(n)* -s Пакистан *(гос-во в Юж. Азии)*
Pakistáner *m* -s, -; **~in** *f* -, -nen пакистанец, -нка
pakistánisch *a* пакистанский
Pakt <*lat.*> *m* -(e)s, -e пакт, договор, соглашение; **einen ~ mit jmdm. schließen* [abschließen*, machen]** заключить с кем-л. договор [пакт]
paktíeren <*lat.*> *vi* заключить пакт [договор] против кого-л.
Palais [pa'lɛ:] <*lat.-fr.*> *n* - [pa'lɛ:s], - [pa'lɛ:s] дворец
Paläontologie <*gr.*> *f* - палеонтология
Palást <*lat.-fr.*> *m* -es, -läste дворец
Palästina *(n)* -s Палестина *(ист. область в юж. части Передней Азии)*
palästinénsisch, palästínisch *a* палестинский
Palást‖revolutión *f* -, -en дворцовый переворот
Palatál <*lat.*> *m* -s, -e; **~‖laut** *m* -(e)s, -e *лингв.* палатальный [нёбный] звук
palávern [-vərn] <*gr.-lat.-port.-engl.*> *vi разг.* болтать, вести беспредметный разговор
Paletot ['palətoː/palə'toː] <*engl.-fr.*> *m* -s, -s пальто
Palétte <*lat.-fr.*> *f* -, -n палитра
Palisáde <*lat.-fr.*> *f* -, -n *воен., ист.* палисад

Pállasch <*türk.-ung.*> *m* -(e)s, -e палаш (*холодное оружие*)

Palme <*lat.*> *f* -, -n 1. пальма; 2.: die ~ des Sieges erringen* [erhalten*] получить пальму первенства; победить, стать победителем; die ~ des Sieges erstreben оспаривать пальму первенства; ◇ auf der ~ sitzen* быть вне себя от злости; jmdn. auf die ~ bringen* *разг.* вывести кого-л. из себя, разозлить кого-л.

Palm‖öl *n* -(e)s пальмовое масло

Palmsonntag *m* -es, -e Вербное воскресенье (*назв. в народном быту христианского праздника входа Господня в Иерусалим* <*последнее воскресенье перед Пасхой*>)

Pámir *m* -/-s Памир (*высокогорная страна на Ю.-В. Ср. Азии*)

Pámpelmuse <*niederl.*> *f* -, -n грейпфрут

Pamphlét <*engl.-fr.*> *n* -(e)s, -e памфлет

Panama (*n*) -s Панама (1. *гос-во в Центр. Америке*; 2. *столица этого гос-ва*)

Panama‖hut *m* -(e)s, -hüte панама (*шляпа*)

Pandscháb (*n*) -s Пенджаб (*обл. на Индо-Гангской равнине*)

Panéel <*lat.-fr.-niederl.*> *n* -s, -e *стр.* панель, филёнка

panegýrisch <*gr.-lat.*> *a* хвалебный

Panier <*germ.-fr.*> *n* -s, -e войсковое знамя; *перен.* знамя, лозунг

Panik <*gr.-fr.*> *f* - паника; in ~ geraten* впадать в панику, поддаваться панике

Panikmacher *m* -s, - паникёр

panisch <*gr.-fr.*> *a* панический

Pankow [ˈpaŋko] (*n*) -s Панков (*гор. р-н Берлина*)

Panne <*fr.*> 1. *f* -, -n (небольшая) авария в пути; 2. срыв (*в работе*)

Panóptikum <*gr.-lat.*> *n* -s, -ken паноптикум

Panoráma <*gr.-lat.*> *n* -s, -men панорама

panschen I *vt* подмешивать; разбавлять (*водой*); II *vi* плескаться (*в воде*)

Pántheon <*gr.*> *n* -s, -s пантеон

Pánther <*gr.-lat.*> *m* -s, - пантера, барс

Pantóffel *m* -s, -n/- домашняя туфля; ◇ er steht unter dem ~ *разг.* он под башмаком у жены; den ~ schwingen* [führen] верховодить в семье (*о женщине*)

Pantóffel‖held *m* -en, -en *разг.* муж, находящийся под башмаком жены

Pantoléttе *f* -, -n босоножки-сабо

Pantomíme <*gr.-lat.*> *f* -, -n *театр.* пантомима

Panzer *m* -s, - 1. панцирь; 2. броня; 3. танк

Panzer‖abteilung *f* -, -en *воен.* танковый батальон

Panzer‖abwehr *f* - противотанковая оборона

Panzerabwehr‖kanone *f* -, -n противотанковая пушка

Panzer‖artillerie *f* - артиллерия танкового соединения

panzerbrechend *a* бронебойный

Panzer‖büchse *f* -, -n противотанковое ружьё

Panzer‖faust *f* -, -fäuste *воен.* фаустпатрон (*противотанковый ручной гранатомёт*)

Panzer‖geschoß *n* -sses, -sse бронебойный снаряд

Panzer‖graben *m* -s, -gräben противотанковый ров

Panzerjäger‖abteilung *f* -, -en истребительно-противотанковый артиллерийский дивизион

Panzer‖kampfwagen *m* -s, - танк

Panzer‖kraftwagen *m* -s, - броневик, бронемашина

Panzer‖kreuzer *m* -s, - тяжёлый крейсер

Panzer‖schiff *n* -(e)s, -e *воен. мор.* линкор, броненосец

Panzer‖schrank *m* -(e)s, -schränke несгораемый шкаф

Panzer‖soldat *m* -en, -en; ~schütze *m* -n, -n танкист (*рядовой*)

Panzer‖spähwagen *m* -s, - бронеавтомобиль, танкетка

Panzer‖sperre *f* -, -n противотанковое заграждение

Panzer‖truppen *pl* бронетанковые войска

Panzerung *f* -, -en *воен.* 1. бронирование; 2. броня, броневая защита

Panzer‖zug *m* -(e)s, -züge бронепоезд

Päoníe <*lat.*> *f* -, -n *бот.* пион

Papá *m* -s, -s *разг.* папа, отец

Papagéi <*arab.-it.-span.-fr.*> *m* -(e)s/-en, -e/-en попугай (*тж. перен*)

Papíer <*gr.-lat.*> *n* -s, -e 1. бумага; etw. aufs ~ werfen* набросать что-л. на бумаге; 2. документ, бумага; 3. *pl* ценные бумаги, облигации

papíeren <*gr.-lat.*> *a* бумажный, сделанный из бумаги

Papíer‖handlung *f* -, -en писчебумажный магазин

Papíer‖schlange *f* -, -n серпантин

Papíer‖schnitzel *pl* бумажные обрезки

Papíer‖verschmierer *m* -s, - бумагомаратель

Papíer‖waren *pl* бумажные изделия

Papp‖band *m* -(e)s, -bände картонный переплёт

Papp‖dach *n* -(e)s, -dächer толевая крыша
Pappe *f* -, -n **1.** картон; **2.** папка, картонный переплёт; **3.** толь; **4.** *разг.* клейстер, клей; каша; ◇ **das ist nicht von ~!** это дело надёжное!; это не шутка!
Pappel *f* -, -n тополь
päppeln *vt* **1.** кормить кашей *(ребёнка)*; **2.** баловать
pappen I *a* картонный
pappen II *vt* **1.** делать картонажные работы; **2.** склеивать
Pappenheimer: ich kenne meine ~ я знаю, с кем имею дело; ≅ я вашего брата знаю
Pappen‖schachtel *f* -, -n картонка, картонная коробка
Pappen‖stiel *m* -s, -e *разг.* безделица, пустяк; ◇ **das ist doch kein ~!** это не пустяки!; **keinen ~ wert sein** гроша ломаного не стоить
papperlapápp! *int* та-та-та!; вздор!; ерунда!
pappig *a* клейкий, вязкий
Paprika <*sanskr.-pers.-gr.-lat.-serb.-ung.*> *m* -s, -s красный перец, паприка
paprizieren <*sanskr.-pers.-gr.-lat.-serb.-ung.*> *vt* перчить *(стручковым перцем)*
Papst <*lat.*> *m* -es, Päpste папа (римский); ◇ **päpstlicher als der ~ sein** быть бо́льшим католиком, чем сам папа; перегибать палку; перебарщивать
päpstlich <*lat.*> *a* папский; первосвященный
Papsttum *n* -(e)s папство
Pápua *(n)* -s Папуа *(название юго-вост. части о-ва Новая Гвинея)*
Papýrus <*gr.-lat.*> *m* -, -ri папирус
Parábel <*gr.-lat.*> *f* -, -n **1.** парабола, притча; **2.** *мат.* парабола
parábelhaft, parabólisch *a* иносказательный; *мат.* параболистический
Paráde <*lat.-fr.*> *f* -, -n **1.** парад, осмотр; **die ~ abnehmen*** принимать парад; **2.** праздничный наряд; **3.** парирование удара *(фехтование, бокс)*
Paráde‖anzug *m* -(e)s, -züge *воен.* парадная форма одежды
Paráde‖marsch *m* -es, -märsche церемониальный марш
paradíeren <*lat.-fr.*> *vi* **1.** *воен.* проходить церемонным маршем; **2.** *(mit D)* рисоваться, щеголять *(чем-л.)*
Paradíes <*pers.-gr.-lat.*> *n* -es, -e **1.** рай; **2.** *разг.* галёрка
paradíesisch <*pers.-gr.-lat.*> *a* райский
Paradígma <*gr.-lat.*> *n* -s, -men пример, образец; *грам.* парадигма

paradóx <*gr.-lat.*> *a* парадоксальный
Paragráph <*gr.-lat.*> *m* -en, -en параграф, статья
Paragráphen‖reiter *m* -s, - *разг.* волокитчик
paragráphenweise *adv* по параграфам [пунктам], постатейно
Paragráphen‖zeichen *n* -s, - параграф *(типографский знак)*
Paraguay [-'guai] *(n)* -s Парагвай *(гос-во на Ю. центр. части Юж. Америки)*
parallél <*gr.-lat.*> *a* параллельный
Paralléle <*gr.-lat.*> *subst f* -n, -n параллель; **zu einer Lini‖e die ~ ziehen*** провести параллель [параллельную линию]
Parallelográmm <*gr.*> *n* -s, -e *мат.* параллелограмм
Paralýse <*gr.-lat.*> *f* -, -n паралич
Paralýtiker <*gr.-lat.*> *m* -s, - паралитик
paralýtisch <*gr.-lat.*> *a* параличный, паралитический
paraphíeren <*gr.-lat.-fr.*> *vt* парафировать *(договор)*; визировать *(подписью)*
Parasít <*gr.-lat.*> *m* -en, -en паразит
parasitär <*gr.-lat.-fr.*> *a* **1.** *биол.* паразитный, паразитарный; **2.** *перен.* паразитический
parát <*lat.*> *a* готовый
Paratáxis <*gr.*> *f* -, -xen *грам.* паратаксис
Pärchen *n* -s, - парочка
Pardon ['dɔ:] <*lat.-fr.*> *m* -s прощение; пощада; **~! извините!, простите!; um ~ bitten*** просить пощады
Parenthése <*gr.*> *f* -, -n **1.** *лингв.* парентеза, вставная конструкция, вставка; **2.** знак для обозначения вставки *(тире, запятая, скобки)*
parenthétisch <*gr.*> *a, adv* **1.** в скобках; **2.** *перен.* в скобках, мимоходом, между прочим
Parfüm <*lat.-it.-fr.*> *n* -s, -e **1.** аромат; **2.** духи
Parfümeríe‖artikel *pl* парфюмерия, парфюмерные товары
parfümíeren <*lat.-it.-fr.*> *vt* душить, опрыскивать *(духами)*
Parfüm‖zerstäuber *m* -s, - пульверизатор *(для духов, одеколона)*
paríeren I <*lat.*> *vi* слушаться, повиноваться
paríeren II <*lat.-it.*> *vt* парировать, отражать
Paris *(n)* - Париж *(столица Франции)*
Paríser I *a inv* парижский
Paríser II *n* -s, -; **~in** *f* -, -nen парижанин, -нка

Pariser Verträge *pl* Парижские соглашения *(о включении ФРГ в Западноевропейский союз и НАТО; подписаны 23.10.1954 представителями 9-ти гос-в – США, Англии, Франции, ФРГ, Италии и др.)*
Parität <*lat.*> *f* - паритет
paritätisch <*lat.*> *a* паритетный, равноправный
Park <*lat.-fr.-engl.*> *m* -(e)s, -e/-s парк *(тж. воен.)*
Park‖anlage *f* -, -n сквер, парк
parken <*lat.-fr.-engl.-amerik.*> I *vi* стоять на стоянке; II *vt* ставить на стоянку, парковать *(автомобиль)*
Parkétt <*lat.-fr.*> *n* -s, -e 1. паркет; 2. *театр.* партер; ◊ **auf dem ~ zu Hause sein** уметь держать себя в обществе, быть светским человеком
Parkétt‖boden *m* -s, -/-böden паркетный пол, паркет
Parkétt‖loge [-ʒə] *f* -, -n *театр.* ложа бенуара
Parkétt‖platz *m* -es, -plätze место в партере
Parlamént <*gr.-lat.-fr.-engl.*> *n* -(e)s, -e парламент
Parlamentär <*gr.-lat.-fr.*> *m* -s, -e парламентёр
Parlamentári|er <*gr.-lat.-fr.-engl.*> *m* -s, - парламентарий, член парламента
parlamentárisch <*gr.-lat.-fr.-engl.*> *a* парламентский; парламентарный
parlamentíeren <*gr.-lat.-fr.*> *vi* вести переговоры
Parlaménts‖ausschuß *m* -sses, -schüsse парламентская комиссия
parlíeren <*gr.-lat.-fr.*> *vi разг.* болтать, беседовать
Parnáß <*gr.-lat.*> *m* -sses Парнас *(горный массив в средней части Греции; по представлениям древних греков был местом обитания муз)*; ◊ **den ~ besteigen*** *поэт. шутл.* взойти на Парнас, оседлать Пегаса *(писать стихи)*
Parodíe <*gr.-lat.-fr.*> *f* -, -dí|en пародия
parodíeren <*gr.-lat.-fr.*> *vi* пародировать
Paróle <*gr.-lat.-fr.*> *f* -, -n 1. пароль; 2. лозунг
Partéi <*lat.-fr.*> *f* -, -en 1. партия; **einer ~ angehören** принадлежать к какой-л. партии; **es mit keiner ~ halten*** не принадлежать ни к какой партии; 2. *юр.* сторона; **die vertragschließenden ~en** договаривающиеся стороны; **für jmdn. ~ nehmen***, **jmds. ~ nehmen*** [**ergreifen***] стать на чью-л. сторону; заступиться за кого-л.

partéiamtlich *a* партийный *(касающийся партийного аппарата)*
Partéi‖beitrag *m* -(e)s, -träge партийный взнос, партвзнос
Partéi‖buch *n* -(e)s, -bücher партийный билет, партбилет
Partéi der Arbeit der Schweiz *f* - Швейцарская партия труда *(партия коммунистической ориентации)*
Partéi des demokratischen Sozialismus *f* - Партия демократического социализма *(партия марксистской ориентации в ФРГ; возникла на базе Социалистической единой партии Германии в бывшей ГДР)*
partéiergeben *a* преданный партии
partéifeindlich *a* антипартийный
partéifremd *a* чуждый партии
Partéi‖funktionär *m* -s, -e партийный работник
Partéi‖gänger *m* -s, - сторонник, приверженец партии
Partéi‖genosse *m* -n, -n партайгеноссе *(форма обращения членов нацистской партии)*
partéiisch *a* пристрастный
Partéi‖leitung *f* -, -en партийное руководство
partéilich *a* партийный
Partéilichkeit *f* - 1. пристрастие, пристрастность; 2. партийность *(литературы и т. п.)*
Partéi‖lokal *n* -s, -e место партийных собраний
partéilos *a* беспартийный
Partéi‖mitglied *n* -(e)s, -er член партии
partéipolitisch *a* касающийся политики партии
Partéi‖statut *n* -(e)s, -e устав партии
Partéi‖strafe *f* -, -n партийное взыскание, партвзыскание
Partéi‖tag *m* -(e)s, -e партийный съезд
partéitreu *a* верный партии [партийным принципам]
Partéi‖überprüfung *f* -, -en чистка партии
Partéi‖verbundenheit *f* - преданность партии
Partéi‖verfahren *n* -s партийное расследование
Partéi‖vorstand *m* -(e)s правление партии
Partéi‖zugehörigkeit *f* - принадлежность к партии, партийность
Parterre [-ˈtɛr/-ˈtɛrə] <*lat.-fr.*> *n* -s [-ˈtɛrs], -s [-ˈtɛrs] 1. первый этаж *(дома)*; 2. *театр.* партер
Partíe <*lat.-fr.*> *f* -, -tí|en 1. партия *(товара)*; 2. партия, игра *(в шахм. и т. п.)*; 3. *муз.* партия, голос; 4. экс-

курсия; **eine ~ ins Grüne** экскурсия за город; пикник; **5.** партия, брак; **sie hat eine gute ~ gemacht** она сделала хорошую партию, она удачно вышла замуж
partiéll <*lat.*> *a* **1.** частный; **2.** частичный
Partíkel <*lat.*> *f* -, -n *грам.* частица
partikulár, partikulär <*lat.*> *a* частный, отдельный, партикулярный
Partikulár‖frieden *m* -s, - сепаратный мир
Partisán <*lat.-it.-fr.*> *m* -s/-en, -en партизан
Partitúr <*lat.-it.*> *f* -, -en *муз.* партитура
Partizíp <*lat.*> *n* -s, -i|en *грам.* причастие
partizipiál <*lat.*> *a грам.* причастный
partizipíeren <*lat.*> *vi* участвовать, принимать участие
Pártner <*lat.-fr.-engl.*> *m* -s, -; **~in** *f* -, -nen **1.** партнёр, -ша; **2.** *ком.* компаньон, -ша
Partnerschaft *f* -, -en партнёрство
Partner‖stadt *f* -, -städte город-побратим
Párty <*lat.-fr.-engl.-amerik.*> *f* -, -s/-ties домашний праздник, вечеринка
Parzélle <*lat.-fr.*> *f* -, -n малый участок земли, делянка
parzellíeren <*lat.-fr.*> *vt* разбивать на мелкие участки, парцеллировать
paschen I <*hebr.*> *vt разг.* провозить контрабандой
paschen II <*lat.-fr.*> *vi* играть в кости
Paspel <*fr.*> *m* -s, -e; *f* -, -n выпушка, кант (*на платье*)
paspelíeren <*fr.*> *vt* обшивать кантом (*платье и т. п.*)
Paß I <*lat.-fr.*> *n* -sses, Pässe **1.** горный перевал; **2.** *спорт.* передача, пас
Paß II <*lat.-fr.*> *m* -sses, Pässe паспорт
passábel <*lat.-fr.*> *a* сносный, терпимый; сходный, приемлемый
Passáge [-зə] <*lat.-fr.*> *f* -, -n **1.** проход, проезд; **2.** крытая галерея, пассаж; **3.** *муз.* пассаж; рулада (*в пении*)
Passagíer [-'ʒi:r] <*lat.-it.-fr.*> *m* -s, -e пассажир; ◊ **als blinder ~ fahren*** *разг.* ехать зайцем
Passánt <*lat.-fr.*> *m* -en, -en прохожий
passen I *vi* **1.** быть впору; **2.** подходить, быть к лицу; **die Schuhe ~ gut zum Kleid** туфли хорошо подходят к платью; **er paßt nicht zum Lehrer** он не годится в учителя; **das paßt mir nicht** это меня не устраивает; **das paßt sich nicht** это не прилично ◊ **das paßt wie die Faust aufs Auge ~** это подходит как корове седло; **3.** *карт.* пасовать; **4.** *спорт.* передавать мяч, пасовать; II *vt* примерять

passend I *a* **1.** подходящий, годный; **2.** впору; **ein gut ~er Anzug** хорошо сшитый костюм; **3.** удобный, уместный; **zu ~er Zeit** в удобное время; II *adv* надлежащим образом; **~ machen** подгонять (*платье и т. п.*)
paßgerecht *a* подходящий; пригнанный
passíeren <*lat.-fr.*> I *vi* (s) (D) случаться, происходить (*с кем-л.*); II *vt* **1.** *реже vi* (h, s) проходить; **jmdn., etw. ~ lassen*** пропускать кого-л., что-л.; **2.** проезжать, пересекать; **einen Fluß ~** переправиться через реку; **3.** протирать через сито
passierbar *a* проходимый
Passíer‖schein *m* -(e)s, -e пропуск
Passión <*lat.-fr.*> *f* -, -en **1.** страсть, увлечение; **sie hat noble ~en** у неё барские замашки; **2.** *рел.* страсти [страдания] Христовы
passioníert *a* страстный, заядлый
Passións‖woche *f* -, -n *рел.* Страстная неделя
passív <*lat.*> *a* **1.** пассивный; **2.** *грам.* страдательный (*о залоге*)
Passiv <*lat.*> *n* -s *грам.* страдательный залог
Passíva [-va], **Passíven** [-vən] <*lat.*> *pl фин.* пассив, долги, обязательства
Passivität <*lat.*> *f* - пассивность, бездействие
Paß‖kontrolle *f* -, -n проверка паспортов [документов], паспортный контроль
paßlich *a* уместный, удобный
Paß‖ordnung *f* -, -en положение о паспортах
Paß‖stelle *f* -, -n паспортный отдел [стол]
Paß‖system *n* -s *тех.* система допусков и посадок
Paß‖toleranz *f* -, -en *тех.* допуск (*посадки, пригонки, зазоры*); отклонение (в системе допусков)
Pasta <*it.*> *f* -, -sten; **Paste** *f* -, -n паста
Pastéll <*gr.-lat.-it.-fr.*> *n* -(e)s, -e *жив.* пастель
Pasterze *f* - Пастэрце (*ледник в Вост. Альпах* <*Австрия*>)
Pastéte <*gr.-lat.-roman.*> *f* -, -n **1.** паштет; **2.** кулебяка, пирожок (*с мясом*); ◊ **da haben wir die ~!** *разг.* вот тебе и на!, вот так сюрприз!
pasteurisíeren [-stø-] <*fr.*> *vt* пастеризовать
Pastor <*lat.*> *m* -s, -tóren пастор
Pate *m* -n, -n; *f* -, -n **1.** крёстный (отец); крёстная (мать); **bei einem Kind ~ sein [stehen*]** быть крёстным отцом [крёст-

ной матерью]; **2.** крестник, -ница; **3.** *m* шеф

Paten‖betrieb *m* -(e)s, -e **1.** предприятие-шеф *(шефствующее над кем-л.)*; **2.** подшефная организация

Patenschaft *f* - шефство *(über A над кем-л.)*; **die ~ über etw. ausüben** шефствовать над чем-л.

Paten‖schule *f* -, -n подшефная школа

patént <*lat.*> *a/adv* разг. молодцеватый; превосходный, замечательный; **ein ~er Kerl** молодчина; парень - что надо; **er ist immer ~ gekleidet** он всегда элегантно одет

Patént <*lat.*> *n* -(e)s, -e **1.** патент; **2.** воен. документ [свидетельство] о производстве в чин

Patént‖amt *n* -(e)s, -ämter бюро по регистрации изобретений и выдаче патентов

pater: sein ~ peccavi [-'ka:vi:] **sagen** каяться

Pater <*lat.*> *m* -s, -/-tres рел. отец, патер, ксёндз; отче *(обращение)*

Paternóster I <*lat.*> **1.** *n* -s Отче наш *(молитва на латинском языке)*; **2.** *n* -s, - шарик чёток *(на который читается молитва)*

Paternóster II <*lat.*> *m* -s, - патерностер *(непрерывно движущийся лифт)*

pathétisch <*gr.-lat.-fr.*> *a* патетический

Pathologíe <*gr.*> *f* - патология

pathológisch <*gr.*> *a* патологический

Páthos <*gr.*> *n* - пафос

Pati¦ént <*lat.*> -en, -en; **~in** *f* -, -nen пациент, -тка

Pátin *f* -, -nen **1.** крёстная (мать); **2.** крестница

Patriárch <*gr.-lat.*> *m* -en, -en **1.** патриарх, праотец, родоначальник; **2.** патриарх *(титул)*

Patriót <*gr.-lat.-fr.*> *m* -en, -en; **~in** *f* -, -nen патриот, -тка

patriótisch <*gr.-lat.-fr.*> *a* патриотический

Patriotísmus <*gr.-lat.-fr.*> *m* - патриотизм

Patrízi¦er <*lat.*> *m* -s, - ист. патриций

Patrón <*lat.-fr.*> *m* -s, -e покровитель, патрон; **2.** разг.: **ein schlauer ~** хитрец

Patróne <*lat.-fr.*> *f* -, -n **1.** воен. патрон; **scharfe ~** боевой патрон; **blinde ~** холостой патрон; **2.** тех. патрон; шаблон

Patrónen‖gurt *m* -(e)s, -e пулемётная лента

Patrónen‖hülse *f* -, -n патронная гильза

Patrónen‖tasche *f* -, -n **1.** охот. ягдташ; **2.** подсумок; патронная сумка

Patrónin <*lat.-fr.*> *f* -, -en патронесса, покровительница

Patrouille [-'trulјə] <*fr.*> *f* -, -n воен. патруль; дозор, разъезд

Patsch I *m* -es, -e шлепок; звонкий удар; разг. пощёчина, оплеуха

Patsch II *m* -es, -e разг. слякоть

Patsche I *f* -, -n **1.** хлопушка; **2.** разг. лапа *(о руке)*; рукопожатие

Patsche II *f* -, -n лужа; слякоть; ◇ **in die ~ geraten*** сесть в лужу; **sich aus der ~ ziehen***, **sich (D) aus der ~ helfen*** выпутаться из затруднительного положения

patschen *vi* **1.** плескаться; **2.** шлёпать, хлопать

patsch(e)naß *a* промокший насквозь [до нитки]

Patt <*fr.*> *n* -s, -s шахм. пат

Patte <*fr.*> *f* -, -n лацкан, отворот

patzen *vi* разг. плохо работать, портить

patzig *a* надменный, кичливый; дерзкий; **komm mir nicht so ~!** сбавь тон!

Pauke *f* -, -n **1.** муз. литавры; **2.** разг. проповедь; **jmdm. eine ~ halten*** читать кому-л. нотацию; ◇ **auf die ~ hauen*** поднимать шум; **mit ~n und Trompeten bei der Prüfung durchfallen*** провалиться с треском на экзаменах

pauken I *vi* **1.** бить в литавры; **2.** разг. барабанить *(по клавишам)*; **3.** разг. зубрить; **4.** фехтовать; **II ~, sich** разг. фехтовать, сражаться

Pauker *m* -s, - **1.** муз. литаврщик; **2.** разг. пренебр. учитель

Paul Пауль/Павел *(муж. имя)*

Paula Паула *(жен. имя)*

Pauline Паулина/Павлина *(жен. имя)*

Pausbacke *f* -, -n толстая [вздутая] щека

pausbackig, pausbäckig *a* толстощёкий

Pauschal‖betrag *m* -(e)s, -träge эк. общая [паушальная] сумма

Pauschále *n* -s, -li¦en **1.** намеченная сумма; **2.** общая сумма; **3.** общая сумма возмещения

Pauschál‖summe *f* -, -n см. **Pauschál‖betrag**

Pause I <*gr.-lat.-roman.*> *f* -, -n **1.** пауза; **2.** перерыв, перемена *(в школе)*; антракт *(в театре)*

Pause II <*fr.*> *f* -, -n тех. калька, копия *(чертежа)* на кальке

pausen I < *gr.-lat.-roman.*> *vi* делать паузу [передышку]

pausen II <*fr.*> *vt* тех. переводить на кальку, калькировать

pausenlos I *a* беспрерывный; **II** *adv* без передышки [отдыха]

Pausen‖zeichen *n* -s, - **1.** радио позывные; **2.** сигнал о начале [конце] перерыва

pausieren см. pausen I
Pávian [-via:n] ⟨*fr.-niederl.*⟩ *m* -s, -e 1. павиан *(собакоголовая обезьяна)*; 2. фат; дурак
Pavillon ['paviljɔŋ/-jɔ̃:] ⟨*lat.-fr.*⟩ *m* -s, -s павильон; беседка
Pazifik ⟨*lat.-engl.*⟩ *m* -s Тихий океан *(самый большой океан в мире, между Азией и Австралией на З., Сев. и Южн. Америкой на В., Антарктидой на Ю.)*
pazifisch ⟨*lat.-engl.*⟩ *a* тихоокеанский
Pazifismus ⟨*lat.-fr.*⟩ *m* - пацифизм
pazifistisch ⟨*lat.-fr.*⟩ *a* пацифистский
Pech *n* -(e)s, -e 1. смола; вар; 2. *разг.* неудача; **er hat ~** ему не везёт; ◊ **~ an den Fingern haben** *разг.* быть неловким [нерасторопным]
Pech‖draht *m* -(e)s, -drähte дратва
pechig *a* смоляной, смолянистый
Pech‖strähne *f* -, -n полоса неудач
pechschwarz *a* чёрный как смоль
Pech‖vogel *m* -s, -vögel *разг.* неудачник
Pedál ⟨*lat.-fr.*⟩ *n* -s, -e 1. педаль; **das ~ treten*** нажимать на педаль; 2. *разг.* нога; **zieh mal deine ~e ein!** убери свои ноги!
Pedánt ⟨*gr.-it.-fr.*⟩ *m* -en, -en; **~in** *f* -, -nen педант, -ка
pedántisch ⟨*gr.-it.-fr.*⟩ *a* педантичный
Pediküre ⟨*lat.-fr.*⟩ *f* -, -n педикюр
pediküren ⟨*lat.-fr.*⟩ *vt* делать педикюр *(кому-л.)*
Pégasus ⟨*gr.-lat.*⟩ *m* - *миф.* Пегас; *астр.* созвездие Пегаса
peilen *vt мор., радио* пеленговать
Peil‖funk *m* -(e)s радиопеленгация
Peil‖gerät *n* -(e)s, -e пеленгатор
Peilung *f* -, -en пеленгация, пеленг
Pein *f* - мучение, мука, страдание, пытка; **jmdm. das Leben zur ~ machen** превратить чью-л. жизнь в мучение
peinigen *vt* мучить, истязать, пытать, терзать
Peiniger *m* -s, -; **~in** *f* -, -nen мучитель, -ница
peinlich I *a* 1. мучительный, неприятный, неловкий; **ein ~es Gefühl** чувство неловкости; 2. педантичный; **ein ~er Mensch** педантичный человек; 3. *ист.* уголовный; **~es Recht** уголовное право; II *adv* 1. неприятно, неловко; **das wirkt ~** это действует неприятно; 2. педантично; **etw. ~ vermeiden*** тщательно избегать чего-л.
Peinlichkeit *f* -, -en 1. тягостное положение; тягостность, неприятность; 2. педантичность, чрезмерная точность

Peipussee *m* -s Чудское озеро *(озеро на границе РФ и Эстонии)*
Peitsche *f* -, -n бич, кнут, плеть; **jmdm. die ~ zu kosten geben*** 1) дать кому-л. попробовать кнута, отхлестать кого-л.; 2) дать почувствовать кому-л. свою власть
peitschen *vt* сечь, бить кнутом [плетью]; хлестать; **die Wellen ~ den Strand** волны бьются о берег; **der Regen peitscht ans Fenster** дождь бьёт в окно
Peking (*n*) -s Пекин *(столица КНР)*
pekuniär ⟨*lat.-fr.*⟩ *a* денежный
Pélikan ⟨*gr.-lat.*⟩ *m* -s, -e *зоол.* пеликан
Pelle *f* -, -n шелуха, кожица, кожура; ◊ **er ist aus der ~ gefahren** *разг.* он вышел из себя
pellen *vt* снимать шелуху [кожуру] *(с чего-л.)*; ◊ **wie aus dem Ei gepellt sein** быть одетым с иголочки
Pell‖kartoffel *f* -, -n картофель в мундире
Pelz *m* -es, -e 1. шкура, мех; шуба, тулуп; **jmdm. auf dem ~ sitzen*** *разг.* досаждать кому-л. *(своими требованиями)*
Pelz‖besatz *m* -es, -sätze опушка из меха
pelzen I *a* меховой
pelzen II *vt* 1. снимать [сдирать] шкуру *(с кого-л.)*; 2. колотить, бить; 3. прививать *(растения)*
pelzig *a* покрытый мехом; пушистый
Pelz‖mantel *m* -s, -mäntel шуба; тулуп
Pelz‖tier *n* -(e)s, -e пушной зверь
Pelztier‖zucht *f* - (пушное) звероводство, разведение пушных зверей
Pelz‖umhang *m* -(e)s, -hänge меховая пелерина
Pelz‖werk *n* -(e)s пушнина, меха
Pendel ⟨*lat.*⟩ *n* -s, - маятник
Pendel‖bewegung *f* -, -en колебательное движение
pendeln ⟨*lat.*⟩ *vi* 1. качаться, колебаться; 2. *перен.* колебаться; **zwischen Extremen hin und her ~** ударяться из одной крайности в другую; 3. (равномерно) размахивать; **mit den Armen ~** размахивать руками *(при ходьбе)*; 4. *разг.* двигать туда и обратно; **zwischen zwei Städten ~** курсировать (непрерывно) между двумя городами
Pendel‖tür *f* -, -en дверь, открывающаяся в обе стороны
Pendel‖verkehr *m* -s курсирование, движение туда и обратно
penetránt ⟨*lat.-fr.*⟩ *a* пронизывающий, проникающий
penibel ⟨*gr.-lat.-fr.*⟩ *a* 1. трудный, кропотливый; 2. точный, педантичный

Penne I <*jidd.*> *f* -, -n *разг.* ночлежка, ночлег
Penne II <*lat.*> *f* -, -n *школ.* школа, гимназия; **auf die ~ gehen*** ходить в школу
pennen <*jidd.*> *vi разг.* спать (*в ночлежке*); дрыхнуть
Pensión [pā-] <*lat.-fr.*> *f* -, -en **1.** пенсия; **in ~** на пенсии; **in ~ gehen*** уйти на пенсию; **eine ~ beziehen*** получать пенсию; **2.** стол; пансион; **in ~ geben*** отдать на полный пансион
Pensionär [pā-] <*lat.-fr.*> *m* -s, -e; **~in** *f* -, -nen пенсионер, -ка
pensioníeren [pāzio-] <*lat.-fr.*> *vt* уволить с пенсией; **sich ~ lassen*** уйти на пенсию
Pensions‖berechtigung [pā'sio:ns-/pā'zio:ns-] *f* -, -en право на получение пенсии
Pensum <*lat.*> *n* -s, -sen/-sa урок, задание; объём программы; учебный материал
Pentagón <*gr.*> *n* **1.** -s, -e *мат.* правильный пятиугольник; **2.** -s Пентагон (*военное министерство США*)
Penzig (*n*) -s Пенциг (*гор. р-н Вены <Австрия>*)
Pepi Пепи (*краткая форма муж. имени* Joseph, *а также имён* Josephine *и* Sophie)
Peppo Пеппо (*краткая форма муж. имени* Joseph)
per <*lat.*> *prp* с, на, за, по, через, посредством; **~ Eisenbahn** по железной дороге; **~ Post** почтой, по почте; **~ Kasse** за наличный расчёт; **~ Stück** за кусок
perfékt <*lat.*> I *a* **1.** совершенный, превосходный, отличный; **2.** окончательный; II *adv* в совершенстве, отлично
Perfekt <*lat.*> *n* -(e)s, -e *грам.* перфект (*форма прошедшего времени*)
perfektíeren <*lat.*> *vt* завершать, заканчивать; совершенствовать
perfíde <*lat.-fr.*> *a* коварный, подлый, предательский
Perforatión <*lat.*> *f* -, -en перфорация
perforíeren <*lat.*> *vt* перфорировать, просверливать, пробивать отверстия
Pergamént <*gr.-lat.*> *n* -(e)s, -e пергамент
Pergamón-Museum *n* -s Пергамон-музей (*музей в Берлине, содержит богатую коллекцию произведений стран Малой Азии*)
Periméter <*gr.*> *n* -s, - *мат.* периметр
Perióde <*gr.-lat.*> *f* -, -n **1.** период; **2.** *физиол.* менструация
periódisch <*gr.-lat.*> I *a* периодический; II *adv* периодически

Peripheríe <*gr.-lat.*> *f* -, -ri¦en **1.** *мат.* периферия; **2.** периферия; окраина
Periskóp <*gr.-lat.*> *n* -s, -e перископ
Perle <*lat.-fr.*> *f* -, -n **1.** жемчужина; *pl* жемчуг; **~n fischen** добывать жемчуг; **2.** *перен.* жемчужина; **3.** бисеринка; *pl* бусы
Perle an der Spree *f* - "жемчужина на Шпрее" (*поэтическое название Берлина*)
perlen I *a* жемчужный
perlen II *vi* **1.** искриться, играть, пениться; **2.** блестеть; **Tränen perlten in ihren Augen** в её глазах заблестели слёзы; **die Stirn perlte von Schweiß** на лбу заблестел [выступил] пот; **3.** течь, капать, струиться
Perlen‖fischer *m* -s, - искатель жемчуга
Perlen‖schnur *f* -, -schnüre жемчужное ожерелье
Perl‖graupen *pl* перловая крупа
Perlmutt *n* -s; **Perlmutter** *f* - перламутр
Perm (*n*) -s Пермь (*обл. центр в РФ*)
permanént <*lat.*> *a* перманентный; постоянный; неоднократный
Permanénz <*lat.*> *f* - перманентность, непрерывность
Perpendíkel <*lat.*> *m, n,* -s - **1.** *мат.* перпендикуляр; **den [das] ~ fällen** опустить перпендикуляр; **2.** маятник
perpendikulär, perpendikulär <*lat.*> *a мат.* перпендикулярный, отвесный
perpléx <*lat.-fr.*> *a* озадаченный, ошеломлённый
per procúra <*lat.-it.*> по доверенности
Perser *m* -s, -; **~in** *f* -, -nen перс, персиянка
Persiáner *m* -s, - каракуль
Persi¦en (*n*) -s Персия (*название древнего Ирана*)
persiflíeren <*lat.-fr.*> *vt* высмеивать, выдразнивать
persisch *a* персидский
Persischer Golf *m* -es; **Persischer Meerbusen** *m* -s Персидский залив (*залив на С.-З. Индийского океана*)
Persón <*etrusk.-lat.*> *f* -, -en **1.** особа (*о человеке вообще*); **2.** личность; **3.** *грам.* лицо; **4.** *театр.* действующее лицо; **5.** персона, лицо, человек; **Mittagessen für fünf ~en** обед на пять человек; **ich für meine ~** что касается меня; **in eigener ~** собственной персоной; **jmdn. von ~ kennen*** знать кого-л. лично; **ohne Ansehen der ~** не взирая на лица
personál <*etrusk.-lat.*> *a* персональный, личный
Personál <*etrusk.-lat.*> *n* -s персонал, личный состав, штат

Personál|abbau *m* -(e)s сокращение штатов
Personál|ausweis *m* -es, -е удостоверение личности; бланк [анкета] личного дела
Personál|bogen *m* -s, -/-bögen послужной список
Personáli|en ⟨*etrusk.-lat.*⟩ *pl* анкетные данные
Personál|pronomen *n* -s, - *грам.* личное местоимение
personéll ⟨*etrusk.-lat.-fr.*⟩ *a* **1.** персональный, личный; **2.** штатный
Persónen|auto *n* -s, -s легковой автомобиль
Persónen|beförderung *f* -, -en перевозка пассажиров
Persónen|kraftwagen *m* -s, - *см.* Personenauto
Persónen|kult *m* -(e)s, -е культ личности
Persónen|name *m* -ns, -n имя
Persónen|standregister *n* -s запись актов гражданского состояния
Persónen|verkehr *m* -s пассажирское сообщение
Persónen|wagen *m* -s, - пассажирский вагон
Persónen|zug *m* -(e)s, -züge пассажирский поезд
personifizíeren ⟨*etrusk.-lat.*⟩ *vt* олицетворять, персонифицировать
Personifizíerung ⟨*etrusk.-lat.*⟩ *f* -, -en олицетворение, персонификация
persönlich ⟨*etrusk.-lat.*⟩ I *a* личный; индивидуальный; **in ~er Angelegenheit** по личному делу; **~es Eigentum** личная собственность, личное имущество; II *adv* лично; **jmdn. ~ kennen*** быть лично знакомым с кем-л.
Persönlichkeit ⟨*etrusk.-lat.*⟩ *f* -, -en личность, индивидуальность; **eine ~ des öffentlichen Lebens** общественный деятель
Perspektíve [-və] ⟨*lat.*⟩ *f* -, -n **1.** перспектива; **2.** *перен.* перспектива, виды на будущее
perspektívisch [-viʃ] ⟨*lat.*⟩ *a* перспективный
Perú (*n*) -s Перу (*гос-во в зап. части Юж. Америки*)
Peruáner *m* -s, -; **~in** *f* -, -nen перуанец, -нка
peruánisch *a* перуанский
Perücke ⟨*fr.*⟩ *f* -, -n парик
pervers [-'vɛrs] ⟨*lat.*⟩ *a* извращённый, противоестественный
Pessimísmus ⟨*lat.*⟩ *m* - пессимизм
pessimístisch ⟨*lat.*⟩ *a* пессимистический
Pest *f* - **1.** чума, мор; **jmdn. wie die ~ meiden*** бежать от кого-л. как от чумы; **2.** зараза; **daß dich die ~ hole!** *разг.* катись ко всем чертям
pestkrank *a* больной чумой
Peter Петер/Пётр (*муж. имя*)
Petersíli|e ⟨*gr.-lat.*⟩ *f* -, -n петрушка
Petit [pə'ti:/pə'tit] ⟨*fr.*⟩ *f* - *полигр.* петит, петитный набор
Petitíon ⟨*lat.*⟩ *f* -, -en петиция
petitioníeren ⟨*lat.*⟩ *vi* подать петицию
Petra Петра (*жен. имя*)
Petróle|um ⟨*gr.-lat.*⟩ *n* -s **1.** нефть; **2.** керосин
Petróle|um|kocher *m* -s, - керосинка
Petronélla Петронэлла (*жен. имя*)
Petrosawódsk (*n*) -s Петрозаводск (*столица Карельской Автономной Республики в составе РФ*)
Pétschaft ⟨*tschech.*⟩ *n* -(e)s, -е печать; **das ~ aufdrücken** поставить печать
petschíeren ⟨*tschech.*⟩ *vt* запечатывать
Petschóra *f* - Печора (*река на С.-В. Европейской части РФ*)
Petz (Meister ~) *m* - Петц, медведь (*персонаж нем. сказок и басен*)
petzen *vi разг.* ябедничать, доносить
Petzer *m* -s, - *разг.* ябеда, доносчик
Pfad *m* -(e)s, -е тропа; *перен.* путь; **krumme ~e wandeln** действовать окольными путями; **auf ausgetretenen ~en gehen*** идти по проторённому пути
Pfad|finder *m* -s, - **1.** следопыт; **2.** бойскаут; **3.** *воен.* проводник-разведчик (*дороги*)
pfadlos *a* бездорожный, непроходимый
Pfaffe *m* -n, -n поп, священник
pfäffisch *a* поповский
Pfahl *m* -(e)s, Pfähle кол; свая; столб; ◊ **zwischen [in] seinen vier Pfählen** у себя дома, в четырёх стенах
Pfahl|zaun *m* -(e)s, -zäune частокол, забор, тын
Pfalz I *f* - Пфальц (**1.** *адм.* округ земли Рейнланд-Пфальц в ФРГ; **2.** *ист.* область в Германии)
Pfalz II *f* -, -en пфальц (*укреплённая княжеская резиденция; средневековый дворец*)
Pfälzer Wald *m* -es Пфальцский лес/Пфальц (*горы в ФРГ, заповедник в земле Рейнланд-Пфальц* ⟨ФРГ⟩)
Pfalzgraf *m* -en, -en пфальцграф (*во Франкском гос-ве и средневековой Германии – королевское должностное лицо с судебными функциями, затем глава пфальцграфства* ⟨*княжества*⟩)
Pfand *n* -(e)s, Pfänder **1.** залог, заклад; **etw. als [zum] ~ geben*** дать что-л. в

качестве залога, заложить что-л.; **etw. gegen ~ leihen*** дать что-л. под залог; **2.** фант; **Pfänder spielen** играть в фанты

pfändbar *a* подлежащий аресту [запрещению]

Pfand‖brief *m* -(e)s, -е *ком.* закладная

pfänden *vt* **1.** брать залог; брать штраф *(с кого-л.)*; **2.** *юр.* описывать имущество

Pfänder *m* -s, - судебный исполнитель

Pfänder‖spiel *n* -(e)s, -е игра в фанты

Pfand‖haus *n* -(e)s, -häuser ломбард

Pfand‖leiher *m* -s, - залогодержатель

Pfand‖schein *m* -(e)s, -е ломбардная квитанция, залоговое свидетельство

Pfändung *f* -, -en *юр.* (судебная) опись имущества

Pfändungs‖befehl *m* -s, -е *юр.* приказ о наложении ареста, исполнительный лист

pfandweise *a* в виде [в качестве] залога, как залог

Pfanne *f* -, -n **1.** сковорода; противень; **in der ~ braten*** жарить на сковороде; **2.** *тех.* литейный ковш; **3.** *стр.* черепица; ◇ **jmdn. in die ~ hauen*** *разг.* разнести кого-л. в пух и прах

Pfann‖kuchen *m* -s, - блинчик, оладья

Pfarre *f* -, -n **1.** (церковный) приход; **2.** должность пастора; **3.** дом пастора, церковный дом

Pfarrer *m* -s, - пастор, священник

Pfau *m* -(e)s, -en павлин; **stolz [eitel] wie ein ~** важный как павлин, надутый как индюк; **sich wie ein ~ spreizen** *разг.* распустить хвост как павлин, важничать

pfauchen *vi* шипеть; *разг.* прошипеть, фыркнуть

Pfeffer <*sanskr.-pers.-gr.-lat.-it.*> *m* -s, - перец; **ganzer ~** перец в зёрнах; **in eine Speise ~ tun*** добавить в еду перцу, поперчить; ◇ **in den ~ geraten*** попасть в переделку; **da liegt der Hase im ~** ≅ вот где собака зарыта; **wo der ~ wächst** у чёрта на куличках

Pfeffer‖büchse *f* -n, -n; **~dose** *f* -, -n перечница

Pfeffer‖kuchen *m* -s, - пряник

Pfeffer‖minze *f* - мята

pfeffern *vt* **1.** перчить; **2.** *разг.* швырнуть *(куда-л.)*; ◇ **jmdm. den Pelz ~** ≅ лупить кого-л. как сидорову козу

Pfeffer‖sack *m* -(e)s, -säcke **1.** мешок с перцем; **2.** *разг.* торгаш, толстосум

Pfeife *f* -, -n **1.** свисток; дудка; **2.** трубка *(курительная)*; **3.** стеклодувная трубка; ◇ **die ~ im Sack halten*** ≅ держать язык за зубами; **nach jmds. ~ tanzen**

плясать под чью-л. дудку

Pfeifer *m* -s, - свистун

Pfeil *m* -(e)s, -е стрела; ◇ **keine ~е im Köcher haben** разыграть все козыри

Pfeiler *m* -s, - **1.** столб, колонна; опора, устой, бык *(моста)*; **2.** *перен.* столб, опора, оплот

Pfeiler‖spiegel *m* -s, - трюмо, большое простеночное зеркало

pfeilförmig *a* стреловидный

pfeilschnell I *a* быстрый как стрела; II *adv* стрелой

Pfennig *m* -s, -е пфенниг *(разменная монета в Германии, равная 1/100 марки)*; **keinen ~ Geld haben** не иметь ни гроша; **er dreht jeden ~ zehnmal um** он считает каждую копейку; он трясётся над каждой копейкой

Pfennig‖fuchser *m* -s, - *разг.* скряга

Pferch *m* -(e)s, -е загон *(для скота)*

pferchen *vt* **1.** загонять (скот) в загон; **2.** запихивать, набивать (битком), засовывать; **3.** унавоживать

Pferd *n* -(e)s, -е лошадь; конь *(тж. гимнастический)*; **ein hartes ~** выносливая лошадь; **ein ~ reiten*** ехать верхом *(на лошади)*; **zu ~** верхом; **das ~ vor den Wagen spannen [schirren]** запрячь лошадь *(в телегу)*; ◇ **auf dem hohen ~ sitzen*** важничать, задирать нос; **das ~ beim Schwanze aufzäumen, das ~ hinter den Wagen spannen** начать дело не с того конца; ≅ ставить телегу впереди лошади; **vom ~ auf den Esel kommen*** обеднеть, опуститься; **es hängt ein ~ in der Luft** надвигаются неприятные события

Pferde‖bahn *f* -, -en конка

Pferde‖beschlag *m* -(e)s, -schläge ковка лошадей

Pferde‖decke *f* -, -n попона

Pferde‖fuhrwerk *n* -(e)s, -е конная повозка, подвода

Pferde‖geschirr *n* -(e)s, -е сбруя, упряжь

Pferde‖herde *f* -, -n табун

Pferde‖knecht *m* -(e)s, -е конюх

Pferde‖kraft *f* -, -kräfte *см.* Pferdestärke

Pferde‖kur *f* -, -en *фам.* лечение лошадиными дозами; сильнодействующее средство

Pferde‖rennen *n* -s, - бега, скачки

Pferde‖stall *m* -(e)s, -ställe конюшня

Pferde‖stärke *f* -, -n *тех.* лошадиная сила

Pferde‖wärter *m* -s, - конюх

Pferde‖zucht *f* - коневодство

pfiff *impf от* pfeifen*

Pfiff *m* -(e)s, -е **1.** свисток, свист; **einen ~**

ausstoßen* свистнуть; 2. уловка, проделка
Pfifferling *m* -s, - 1. *бот.* лисичка; 2. *разг.* пустяк, безделица; ◊ **keinen ~ wert sein** ≅ не стоить ломаного гроша
pfiffig *a* хитрый, ловкий, лукавый
Pfiffikus *m* -, -se *разг.* пройдоха, плут
Pfingsten *n* -, Троица (*христианский праздник, отмечается на 50-й день после Пасхи*); **zu ~** на Троицу, в Троицу; ◊ **wenn Ostern und ~ auf einen Tag fallen** ≅ после дождика в четверг; когда рак на горе свистнет
Pfingst‖rose *f* -, -n пион
Pfirsich *m* -(e)s, -e персик (*плод*)
Pflanze *f* -, -n растение; ◊ **eine nette [schöne] ~!** *ирон.* ну и фрукт!, хорош гусь!
pflanzen *vt* сажать (*растения*)
Pflanzen‖bau *m* -(e)s растениеводство
pflanzenfressend *a* травоядный
Pflanzen‖kost *f* - растительная пища
Pflanzen‖kunde *f* - ботаника
Pflanzen‖reich *n* -(e)s растительный мир, флора
Pflanzen‖sammlung *f* -, -en гербарий
Pflanzen‖schutz *m* -es защита растений
Pflanzenschutz‖mittel *n* -s, - ядохимикат, средство защиты растений
Pflanzen‖welt *f* - *см.* Pflanzenreich
Pflanzen‖zucht *f* -; **~züchtigung** *f* - *см.* Pflanzenbau
Pflanzer *m* -s, - 1. плантатор; 2. колышек (*для посадки растений*)
Pflanz‖gut *n* -(e)s, -güter *с.-х.* посадочный материал
pflanzlich *a* растительный
Pflänzling *m* -s, -e *с.-х.* саженец
Pflanz‖material *n* -s, -li|en посадочный материал, семена
Pflanz‖stätte *f* -, -n 1. *с.-х.* питомник, рассадник; 2. *перен.* рассадник, средоточие
Pflanzung *f* -, -en 1. посадка (*растений*); 2. плантация
Pflaster *n* -s, - 1. пластырь; **ein ~ auf die Wunde kleben** заклеить рану пластырем; 2. *разг.* заплата; 3. мостовая; ◊ **diese Stadt ist ein teures ~** жизнь в этом городе очень дорогая
pflastern *vt* 1. накладывать пластырь (*на что-л.*); 2. ставить заплату (*на что-л.*); 3. мостить; ◊ **der Weg zur Hölle ist mit guten Vorsätzen gepflastert** *посл.* дорога в ад вымощена благими намерениями
Pflaster‖stein *m* -s, -e булыжник
Pflaster‖treter *m* -s, - *разг.* бездельник, праздношатающийся

Pflasterung *f* -, -en мощение
Pflaume *f* -, -n слива; **gedörrte ~n** чернослив; ◊ **die ersten ~n sind immer madig** ≅ первый блин комом
Pflaumen‖mus *m* -es, -e повидло из слив
Pflege *f* -, -n 1. присмотр, уход (*за кем-л.*); попечение, забота (*о ком-л.*); **in ~ sein** воспитываться, быть под присмотром; 2. уход, техническое обслуживание; **Werkzeuge in persönliche ~ nehmen*** взять инструменты в личную сохранность
Pflege‖eltern *pl* приёмные родители
Pflege‖kind *n* -(e)s, -kinder приёмный сын, приёмная дочь; приёмыш
pflegeleicht *a* не требующий особого ухода
pfleglich I *a* старательный, заботливый; II *adv* 1. старательно, заботливо; 2. как обычно
Pflege‖mutter *f* -, -mütter приёмная мать
pflegen I I *vt* ухаживать, заботиться (*о ком-л.*); ходить (*за кем-л.*); II *vt, vi*: **Kontakte mit jmdm.** ~ поддерживать контакты с кем-л.; **Umgang mit jmdm.** ~ общаться с кем-л.
pflegen II *vt* (*inf. с zu*) иметь обыкновение, иметь привычку (*делать что-либо*)
Pfleger *m* -s, -; **~in** *f* -, -nen 1. воспитатель, -ница; 2. санитар, -ка; сиделка; *pl* ухаживающий персонал; 3. опекун, -ша; попечитель, -ница; куратор
Pflegling *m* -s, -e питомец
Pflicht *f* -, -en 1. долг, обязанность; **der ~ zuwider handeln** поступать против долга; **seiner ~ nachkommen*** выполнить [исполнить] свой долг; **es für seine ~ halten*** считать своим долгом; **zur ~ machen** вменить в обязанность; **sich über seine ~ hinwegsetzen** игнорировать свои обязанности; **die ~ ruft** долг требует; 2. *см.* Pflichtübung
Pflicht‖ablieferung *f* -, -en обязательная поставка (*сельскохозяйственных продуктов*)
pflichtbewußt *a* сознающий свой долг
Pflicht‖eifer *m* -s усердие, ревностное исполнение обязанностей, добросовестность
pflichteifrig *a* усердный, исполнительный
Pflicht‖erfüllung *f* -, -en исполнение долга
Pflicht‖fach *n* -(e)s, -fächer обязательный (учебный) предмет
Pflicht‖gefühl *n* -(e)s чувство долга
pflichtgemäß I *a* по долгу службы, долж-

pflichtgetreu см. pflichttreu
pflichtig *a* обязанный
pflicht‖laufen* *vt* выполнять обязательную программу *(по фигурному катанию на коньках)*
pflichtschuldig *a* обязательный *(по долгу службы)*
Pflicht‖soll *n* -/-s, -/-s установленная норма, установленное качество
Pflicht‖teil *m* -(e)s, -e *юр.* законная часть наследства
pflichttreu *a* верный своему долгу
Pflicht‖treue *f* - верность долгу
Pflicht‖übung *f* -, -en обязательное упражнение *(тж. спорт)*
pflichtvergessen *a* забывший свой долг
Pflicht‖verletzung *f* -, -en нарушение долга, несоблюдение обязанностей
pflichtwidrig *a* противоречащий чувству долга, несовместимый с чувством долга
Pflock *m* -(e)s, Pflöcke колышек, кол; **er steht da wie ein ~** он стоит как пень
pflöcken *vt* прикреплять колышками
pflücken *vt* 1. рвать, срывать, собирать *(плоды, цветы и т. п.)*; 2. ощипывать *(птицу)*
pflückreif *a* созревший *(о плодах)*
Pflug *m* -(e)s, Pflüge *с.-х.* плуг; **unter dem ~ haben** обрабатывать плугом, поднимать целину; ◊ **die Hand an den ~ legen** взяться за дело, приступить к работе
pflügen *vt* пахать, вспахивать, запахивать; ◊ **mit fremdem Kalbe ~** использовать чужой труд
Pflug‖messer *n* -s, -; **~schar** *n* -s, -e лемех *(плуга)*
Pforte *f* -, -n ворота; калитка
Pförtner *m* -s, -; **~in** *f* -, -nen швейцар, сторож *(у ворот)*
Pförtner‖loge [-loːʒə] *f* -, -n будка швейцара [сторожа], швейцарская
Pforzheim *(n)* -s Пфорцхейм *(город в ФРГ <земля Баден-Вюртемберг>, известен своей ювелирной и часовой промышленностью)*
Pfosten *m* -s, - 1. столб; 2. косяк *(окна, двери)*
Pfote *f* -, -n 1. лапа; **jmdm. auf die ~ klopfen** дать кому-л. по рукам, резко одёрнуть кого-л.; 2. скверный почерк *(разг.)*
pfropfen *vt* 1. закупоривать; 2. засовывать *(что-л.)*; набивать *(чем-л.)*; 3. *бот., перен.* прививать
Pfropfen *m* -s, - 1. пробка, затычка; втулка; 2. *мед.* пробка, тромб; 3. *мед.*

тампон; 4. *разг.* толстяк; **so ein dicker ~!** ну и толстяк!
Pfropfen‖zieher *m* -s, - штопор
Pfröpfling *m* -(e)s, -e; **Pfropfreis** *n* -es, -er *с.-х.* привой
Pfuhl *m* -(e)s, -e лужа, болотце
Pfühl *m, n* -(e)s, -e перина, пуховик
pfui! *int* тьфу!; фи!
Pfund *n* -(e)s, -e 1. фунт *(мера веса)*; 2. фунт *(денежная единица в Великобритании и нек. др. странах)*; 3. *перен.* талант; **sein ~ vergraben*** зарывать в землю свой талант
pfundig *a разг.* замечательный; **ein ~er Kerl** замечательный парень
Pfusch *m* -(e)s брак, плохая продукция
Pfusch‖arbeit *f* -, -en плохая работа
pfuschen *vi, vt* плохо работать, халтурить; **die Arbeit ~** испортить работу; **in die Kunst ~** халтурить, несерьёзно заниматься искусством
Pfuscher *m* -s, - плохой работник, халтурщик
pfuscherhaft *a* плохой *(о работе)*
Pfütze *f* -, -n лужа
pfützig *a* покрытый лужами, болотистый
Phänologie <*gr.-lat.*> *f* - фенология
Phänomen <*gr.*> *n* -s, -e феномен
phänomenál <*gr.-lat.-fr.*> *a* феноменальный
Phantasíe <*gr.-lat.*> *f* -, -sí|en фантазия; **du hast aber ~!** ну и фантазия у тебя!; **seiner ~ freien Lauf lassen*** дать волю своей фантазии
phantasíeren <*gr.-lat.*> *vi* 1. фантазировать, выдумывать; 2. мечтать, увлекаться несбыточными мечтами; 3. бредить
Phantást <*gr.-lat.*> *m* -en, -en мечтатель, фантаст
phantástisch <*gr.-lat.*> *a* фантастический, невероятный
Phantóm <*gr.-lat.-fr.*> *m* -s, -e 1. привидение, призрак, фантом; 2. *мед.* муляж
Phárao <*ägypt.-gr.*> *m* -s, -raónen *ист.* фараон
Pharisä|er <*hebr.-gr.-lat.*> *m* -s, - 1. *ист. рел.* фарисей; 2. *перен.* ханжа, фарисей, лицемер
pharisä|isch <*hebr.-gr.-lat.*> *a* 1. *ист. рел.* фарисейский; 2. *перен.* фарисейский, ханжеский, лицемерный
Pharmakologíe <*gr.*> *f* - фармакология
Pharmazéut <*gr.*> *m* -en, -en фармацевт
pharmazéutisch <*gr.-lat.*> *a* фармацевтический
Pháse <*gr.-fr.*> *f* -, -n фаза; **in seine neue ~ treten*** вступить в новую фазу

Philadélphia *(n)* -s Филадельфия *(город на В. США)*
Philantróp ⟨*gr.*⟩ *m* -en, -en филантроп
philantrópisch ⟨*gr.-lat.*⟩ *a* филантропический, благотворительный
Philatelíe ⟨*gr.-lat.*⟩ *f* - филателия
Philharmoníe ⟨*gr.*⟩ *f* -, -ní|en филармония
Philippínen *pl* Филиппины *(название о-вов и гос-ва в Тихом Океане, у юго-вост. берегов Азии)*
Philíster ⟨*hebr.*⟩ *m* -s, - 1. *ист.* филистимлянин; 2. филистер, обыватель, мещанин
philísterhaft *a* филистерский, обывательский, мещанский
Philológ(e) ⟨*gr.-lat.*⟩ *m* -gen, -gen филолог, языковед
Philologíe ⟨*gr.-lat.*⟩ *f* -, -gi|en филология, языкознание
philológisch ⟨*gr.-lat.*⟩ *a* филологический, языковедческий
Philosóph ⟨*gr.-lat.*⟩ *m* -en, -en философ
Philosophíe ⟨*gr.*⟩ *f* -, -phi|en философия
philosóphisch ⟨*gr.-lat.*⟩ *a* философский
Phióle ⟨*gr.-lat.*⟩ *f* -, -n *хим.* колба
Phlégma ⟨*gr.-lat.*⟩ *n* -s флегматичность, вялость
Phlegmátiker ⟨*gr.*⟩ *m* -s, - флегматик
phlegmátisch ⟨*gr.-lat.*⟩ *a* флегматичный
Phonétik ⟨*gr.*⟩ *f* - фонетика
phonétisch ⟨*gr.*⟩ *a* фонетический
Phönix ⟨*gr.-lat.*⟩ *m* -/-es, -е феникс *(сказочная птица)*
Phonologíe ⟨*gr.*⟩ *f* - фонология
Phósphor ⟨*gr.*⟩ *m* -s фосфор
Phosphoreszénz ⟨*gr.*⟩ *f* - фосфоресценция
phosphoreszíeren ⟨*gr.-lat.*⟩ *vi* фосфоресцировать, светиться в темноте
Photo ⟨*gr.*⟩ *n* -s, -s фото, фотография, фотоснимок
Photo‖album *n* -s, -ben альбом для фотографий
Photo‖amateur [-'tøːr] ⟨*gr.-lat.-fr.*⟩ *m* -s, -е фотолюбитель
Photo‖atelier [-ljé] ⟨*gr.-lat.-fr.*⟩ *n* -s, -s фотография, фотоателье
Photo‖ecken *pl* уголки для прикрепления фотографий в альбоме
Photográph ⟨*gr.-engl.*⟩ *m* -en, -en фотограф
Photographíe ⟨*gr.-engl.*⟩ *f* 1. - фотография; 2. -, -phi|en фотография, (фото)снимок, фотокарточка
photographíeren ⟨*gr.-engl.*⟩ *vt* фотографировать, снимать
Photo‖montáge [-ʒə] ⟨*gr.-lat.-fr.*⟩ *f* -, -n фотомонтаж

Photo‖zelle *f* -, -n фотоэлемент
Phráse ⟨*gr.-lat.*⟩ *f* -, -n фраза; **(hohle, leere) ~n dreschen*** пустословить, говорить громкие слова
Phrasen‖drescher *m* -s, - фразёр
phrasenhaft *a* фразёрский; бессодержательный
Phraseologíe ⟨*gr.-lat.*⟩ *f* -, -gi|en фразеология
phraseológisch ⟨*gr.-lat.*⟩ *a* фразеологический
Physík ⟨*gr.-lat.*⟩ *f* - физика
physikálisch ⟨*gr.-lat.*⟩ *a* физический *(относящийся к физике)*
Physíker ⟨*gr.-lat.*⟩ *m* -s, - физик
Physík‖raum *m* -(e)s, -räume физический кабинет *(в школе)*
Physiognomíe ⟨*gr.-lat.*⟩ *f* -, -mí|en физиономия
Physiognómik ⟨*gr.-lat.*⟩ *f* - физиономика
Physiológ(e) ⟨*gr.-lat.*⟩ *m* -gen, -gen физиолог
Physiologíe ⟨*gr.-lat.*⟩ *f* - физиология
physiológisch ⟨*gr.-lat.*⟩ *a* физиологический
physisch ⟨*gr.-lat.*⟩ *a* 1. физический; **~e Person** *юр.* физическое лицо; 2. физический, природный
Pia Пиа *(жен. имя)*
Pianíno ⟨*lat.-fr.*⟩ *n* -s, -s пианино
Pianíst ⟨*lat.-it.-fr.*⟩ *m* -en, -en; **~in** *f* -, -nen пианист, -ка
Piáno *n* -s, -s; **Pianofórte** ⟨*lat.-it.*⟩ *n* -s, -s фортепиано
Piáster ⟨*gr.-lat.-roman.*⟩ *m* -s, - пиастр *(денежная единица Турции, Сирии, Египта, Ливана)*
picheln *vi разг.* пьянствовать, выпивать
pichen *vi* смолить *(бочки)*
Pícke *f* -е, -n мотыга, кирка
Píckel *m* -s, - прыщ
Píckel‖haube *f* -, -n остроконечная каска
pickelig *a* прыщавый, прыщеватый
pícken I *vt* 1. клевать; 2. колоть; II *vi* стучать клювом
Pícknick ⟨*engl.*⟩ *n* -s, -е/-s пикник
Piefke *m* -s, -s "пифке" (1. *пренебрежительно о глупом тщеславном человеке*; 2. *презрительное прозвище немцев в Австрии)*
piekfein *a разг.* изысканный, элегантный, шикарный *(часто пренебр.)*
pieksauber *a разг.* совершенно чистый
Piep *m* -s *разг.* 1. писк; щебет; **er konnte keinen ~ mehr sagen** он не мог больше вымолвить ни слова; 2. странность, ненормальность
piepen, piepsen *vi* пищать, чирикать *(о*

птенцах); ◊ **bei dir piept's wohl?** *разг.* ты что, не в своём уме?
Piepen: es ist zum ~! *разг.* вот умора!
Piepmatz *m* -es, -e/-mätze птенец
piepsig *a* писклявый, визгливый
Pier <*lat.-engl.*> *m* -s, -e *мор.* мол; пристань
Pi¦etät <*lat.*> *f* - **1.** почтение, уважение; **keine ~ kennen* [nicht wissen*]** быть непочтительным, не уважать старших; **2.** благочестие
pi¦etätlos <*lat.*> *a* непочтительный, не уважающий старших; неблагочестивый
pi¦etätvoll <*lat.*> *a* почтительный, уважительно относящийся к старшим
Pigmént <*lat.*> *n* -(e)s, -e пигмент, красящее вещество
pigmentieren <*lat.*> *vt* окрашивать
Pik I <*fr.*> *m* -s, -e/-s пик, остроконечная вершина
Pik II <*fr.*> *m* -s *разг.* тайная злоба, вражда
Pik III <*fr.*> *n* -(e)s пики *(в картах);* **~ ist Trumpf** пики козыри
pikánt <*lat.-fr.*> *a* пикантный
Pike <*fr.*> *f* -, -n пика, копьё; ◊ **von der ~ auf dienen** начинать службу с нижних чинов, пройти хорошую школу
Pikée <*fr.*> *m* -s, -s *текст.* пике
piken *vt разг.* колоть
pikieren <*fr.*> I *vt* **1.** с.-х. пикировать, высаживать *(саженцы);* **2.** говорить колкости, язвить, задевать; **3.** *текст.* намётывать; II **~, sich: sich auf etw. (A) ~** вбить себе что-л. в голову
pikiert <*fr.*> *a* уязвлённый, обиженный
Pikkolo <*it.*> *m* -s, -s младший кельнер
Pikkolo‖flöte *f* -, -n флейта-пикколо
Pilger <*lat.*> *m* -s, - пилигрим, паломник, богомолец
Pilgerschaft *f* -; **Pilgerung** *f* -, -en паломничество
Pille <*lat.*> *f* -, -n пилюля; **eine bittere ~ schlucken** *перен.* проглотить горькую пилюлю; **jmdm. eine bittere ~ verzuckern [versüßen]** позолотить кому-л. пилюлю
Pillnitz *(n)* - Пильниц *(дворцово-парковый комплекс под Дрезденом* <*ФРГ*>*)*
Pilót <*gr.-it.-fr.*> *m* -en, -en **1.** пилот, лётчик; **2.** *мор.* лоцман, штурман
Pilz *m* -es, -e гриб; **~e suchen** ходить за грибами [по грибы]; **schießen* [wachsen*] wie ~e aus der Erde** расти как грибы после дождя
pilzig *a* губчатый
Pilz‖vergiftung *f* -, -en отравление грибами

Pimpeléi *f* -, -en *разг.* **1.** хныканье; **2.** изнеженность
pimpelig *a разг.* **1.** хныкающий, плаксивый; **2.** изнеженный
pimpeln *vi разг.* хныкать
pimperlich *см.* pimpelig
Pimpf *m* -es, -e "пимпф" *(член гитлеровской детской организации)*
Pinakothék (Alte ~, Neue ~) *f* - Пинакотека (Старая ~, Новая ~) *(картинная галерея в Мюнхене* <*ФРГ*>*)*
Pinguin [piŋ'gui:n] <*lat.-fr.*> *m* -s, -e пингвин
Pinke <*sorb.*> *f* - *разг.* деньги; **meine ~ ist alle** у меня кончились все деньги
pinkeln *vi разг.* мочиться
Pinkepinke *см.* Pinke
Pinne *f* -, -n **1.** *тех.* костыль; **2.** гвоздик *(сапожный);* **3.** шпилька
Pinscher <*engl.*> *m* -s, - пинчер *(порода собак)*
Pinsel *m* -s, - кисть; ◊ **so ein (alberner) ~!** *разг.* вот дурак
pinseln *vt* малевать
Pinsel‖strich *m* -(e)s, -e мазок
Pinzétte <*fr.*> *f* -, -n пинцет
Pioníer <*fr.*> *m* -s, -e **1.** пионер; **2.** пионер, новатор; **3.** *воен.* сапёр; *pl* инженерные части [войска]; сапёрные подразделения
Pioníer‖abteilung *f* -, -en **1.** пионерский отряд; **2.** *воен.* сапёрный отряд
Pioníer‖freundschaft *f* -, -en *ист.* пионерская дружина
Pioníer‖panzerkampfwagen *m* -s, - танк-тральщик
Pioníer‖truppen *pl* инженерные [сапёрные] войска
Pioníertruppen‖verband *m* -(e)s, -bände *воен.* отдельная инженерно-сапёрная часть
Pipétte <*lat.-fr.*> *f* -, -n пипетка
Pirát <*gr.-lat.-it.*> *m* -en, -en пират, морской разбойник
Pirmasens *(n)* - Пирмазенс *(город в ФРГ* <*земля Рейнланд-Пфальц*>*; центр обувной промышленности)*
Piról *m* -s, -e *зоол.* иволга
Pirouétte [-ru-] <*fr.*> *f* -, -n пируэт
pirschen <*lat.-fr.*> *vi* охотиться; подкрадываться к дичи
pissen <*fr.*> *vi груб.* мочиться
Pistázi¦e <*pers.-gr.-lat.*> *f* -, -n *бот.* фисташка
Piste <*lat.-it.-fr.*> *f* -, -n **1.** *спорт.* трек; дорожка; трасса, лыжня, дистанция; **2.** *ав.* взлётно-посадочная полоса
Pistóle <*tschech.*> *f* -, -n пистолет; **jmdm.**

die ~ auf die Brust setzen пристать к кому-л. с ножом к горлу
Pistólen∥tasche *f* -, -n кобура
pitsch(e)patsch(e)naß *a* промокший до нитки
Pius Пиус, Пий *(муж. имя)*
Pjöngjáng *(n)* -s Пхеньян *(столица Сев. Кореи)*
placieren [-si:-/-tsi:-] <*fr.*> I *vt* 1. поместить, поставить *(кого-л., что-л.)*; устроить *(кого-л.)*; 2. эк. помещать *(деньги)*; 3. *спорт.* пласировать мяч; II ~, **sich** 1. разместиться, устроиться; 2. *спорт.* занять место *(зачётное)*
placken I *vt* разг. мучить *(кого-л.)*, докучать *(кому-л.)*; II ~, **sich** мучиться
Plackeréi *f* -, -en *разг.* мучения, хлопоты, возня, канитель
plädieren <*lat.-fr.*> *vi* произносить речь перед судом; отстаивать какое-л. положение; **für jmdn., etw. (A) ~** выступать в поддержку кого-л., чего-л.
Plädoyer [plɛdoa'je:] <*lat.-fr.*> *n* -s, -s речь прокурора [защитника] перед судом; выступление перед судом
Plage *f* -, -n 1. мучение, мука; 2. *перен.* бич, бедствие
Plage∥geist *m* -es, -er мучитель
plagen I *vt* 1. мучить, томить; **den plagt der Teufel** *разг.* его нечистый попутал; 2. надоедать, докучать *(кому-л.)*; II ~, **sich** мучиться
Plagiát <*lat.-fr.*> *n* -(e)s, -e плагиат
plagieren <*lat.-fr.*> *vt* совершать плагиат
Plakát <*niederl.-fr.-niederl.*> *n* -(e)s, -e плакат, афиша
plakatieren <*niederl.-fr.-niederl.*> *vt* расклеивать плакаты *(о чём-л.)*; объявлять в афишах *(о чём-л.)*
plan <*lat.*> *a* 1. ровный, плоский; 2. ясный, понятный
Plan <*lat.-it.-fr.*> *m* -(e)s, Pläne 1. план *(мероприятий, действий)*; **ein weitgreifender ~** широкий план; **den ~ überbieten*** перевыполнить план; **über den ~ hinaus** сверх плана; 2. план, замысел, проект; **einen ~ ins Leben rufen*** быть инициатором плана; **einen ~ fassen** задумывать план; **Pläne schmieden** строить планы; **jmds. ~ durchkréuzen** расстроить чей-л. план; 3. *тех.* план, чертёж
Plan∥aufgabe *f* -, -n плановое задание, производственное задание
Plan∥bericht *m* -(e)s, -e отчёт о выполнении плана
Plane *f* -, -n 1. брезент; 2. навес, тент *(из парусины)*

Plänemacher *m* -s, - прожектёр
planen <*lat.-it.-fr.*> *vt* 1. планировать, составлять план, запланировать; 2. намечать, задумывать
Planer <*lat.-it.-fr.*> *m* -s, - плановик, работник планового отдела
Plan∥erfüllung *f* -, -en выполнение плана; **vorfristige ~** досрочное выполнение плана
Planét <*gr.-lat.*> *n* -en, -en планета
Planetárium <*gr.-lat.*> *n* -s, -ri∤en планетарий
Planét∥bahn *f* -, -en астр. орбита
plangemäß I *a* планомерный; II *adv* согласно плану; в плановом порядке
planieren <*lat.*> *vt* выравнивать, сглаживать *(площадь)*; **einen Hügel ~** срывать холм
Planimetrie <*gr.-lat.*> *f* - *мат.* планиметрия
Planke *f* -, -n планка; доска *(толстая)*; половица
Plänkeléi *f* -, -en 1. спор, стычка; 2. перестрелка
plänkeln *vi* перестреливаться
Planktón <*gr.*> *n* -s *биол.* планктон
planlos *a* без плана, бесплановый; неплановый, не по плану *(в работе)*
planmäßig *a* планомерный, по плану, согласно плану; плановый
Planmäßigkeit *f* - планомерность; плановость
Plan∥menge *f* -, -n плановый объём; количество, предусмотренное планом
Plan∥position *f* -, -en статья (хозяйственного) плана
Plan∥rückstand *m* -(e)s, -stände отставание по плану; **den ~ aufholen** ликвидировать отставание по плану
Plansch∥becken *n* -s, - детский бассейн
planschen *vi* разг. плескаться; шлёпать по воде
Plan∥soll *n* -/-s, -/-s плановое задание, показатель плана
Plantáge [-ʒə] <*lat.-fr.*> *f* -, -n плантация
Plantágen∥besitzer [-ʒə] *m* -s, - плантатор
Planung *f* -, -en планирование, составление плана
planvoll *a* 1. плановый, планомерный; 2. обдуманный
Plan∥vorsprung *m* -(e)s, -sprünge досрочное выполнение плана; **einen erheblichen ~ gewinnen*** значительно перевыполнить план
planwidrig *a* 1. противоречащий плану; 2. бесплановый, беспорядочный
Plan∥wirtschaft *f* -, -en плановое хозяйство

plapperhaft *a* болтливый
plappern *vi, vt разг.* болтать; тараторить, трещать
plärren *vi разг.* 1. реветь, плакать; хныкать; 2. орать, петь
Plasma <*gr.-lat.*> *n* -s, -men 1. плазма; сыворотка крови; 2. *физ.* плазма
Plast <*gr.*> *m* -es, -e пластмасса; пластик
Plastik <*gr.*> *f* -, en 1. пластическое искусство, пластика; 2. выразительность, пластичность
Plastilin <*gr.-lat.*> *n* -s пластилин
plastisch <*gr.-lat.-fr.*> *a* 1. пластический; пластичный; 2. выразительный, наглядный
Platáne <*gr.-lat.*> *f* -, -n *бот.* платан
Plateau [-'to:] <*gr.-lat.-fr.*> *n* -s, -s плато, плоскогорье
Platín <*span.*> *n* -s платина
platónisch <*gr.-lat.*> *a* платонический
platsch! *int* бултых!
platschen *vi* бултыхаться
plätschern *vi* плескаться, полоскаться; журчать; **der Regen plätschert** (слышно как) идёт дождь
platt I *a* плоский; 2. пошлый; 3.: ~ **sein** *разг.* быть ошеломлённым; II *adv* 1. плашмя, пластом; 2.: **etw.** ~ **heraussagen** сказать что-л. напрямик
Plätt‖brett *n* -(e)s, -er гладильная доска
Platt‖deutsch *n* -/-s; ~**deutsche** *subst n* -n нижненемецкое наречие
platt|drücken *vt* сплющивать
Platte <*lat.*> *f* -, -n 1. *геогр.* плато; 2. поднос; 3. блюдо; **kalte** ~ холодная закуска; 4. пластинка *(граммофона, фото)*; 5. *тех.* плита; пластина; доска; 6. *спорт.* стол *(для настольного тенниса)*
Plätt‖eisen *n* -s, - утюг
plätten <*gr.-lat.-fr.*> *vt* 1. гладить, утюжить; 2. сплющивать
Platten‖spieler *m* -s, - патефон; (электро)проигрыватель
Platt‖form *f* -, -en 1. площадка; 2. *ж.-д.* платформа
Platt‖fuß *m* -es, -füße *мед.* плоскостопие
Plattheit *f* -, -en пошлость
plattieren <*lat.*> *vt тех.* платировать, покрывать тонким слоем металла
Platz *m* -es, Plätze 1. место; ~ **nehmen** занять место, сесть; **jmdm. [für jmdn.]** ~ **machen** уступить кому-л. [для кого-либо] место; ~ **gemacht!**, ~ **da!** посторонись!, дорогу!; **auf die Plätze!** на старт!; **den ersten** ~ **belegen** *спорт.* занять первое место; **er ist hier am rechten** ~ он здесь на месте, он соответствует своему назначению; 2. место, должность; 3. площадь, плац; площадка
platzen *vi* (s) 1. лопнуть, лопаться; треснуть, трескаться, разрываться; **vor Neid** ~ лопнуть от зависти; **der Termin platzte** намеченная встреча сорвалась; 2. быстро, неожиданно ворваться, влететь, нагрянуть; **zu jmdm. ins Haus** ~ неожиданно нагрянуть к кому-л. домой
Platz‖karte *f* -, -n плацкарта
Platzkarten‖wagen *m* -s, - плацкартный вагон
Platz‖patrone *f* -, -n холостой патрон
Platz‖regen *m* -s, - ливень
Platz‖wahl *f* - *спорт.* выбор стороны [места]
Platz‖wechsel *m* -s перемена мест; *спорт.* смена мест игроков; переход *(волейбол)*
Plauderéi *f* -, -en болтовня, лёгкая беседа
plauderhaft *a* болтливый
plaudern *vi* болтать, беседовать; ◊ **aus der Schule** ~ разболтать секрет, разгласить тайну
Plauen (*n*) -s Плауэн *(город в ФРГ* <*земля Саксония*>*; известен своими кружевными изделиями)*
plauschen *vi* болтать
plausibel <*lat.-fr.*> *a* 1. приемлемый, убедительный, основательный; 2. понятный; **jmdm. etw.** ~ **machen** разъяснять кому-л. что-л.; **das ist mir durchaus nicht** ~ это для меня нисколько не убедительно
plaustern, sich топорщиться *(о волосах)*; взъерошить перья *(о птицах)*
plazieren *см.* placieren
Plebéjer <*lat.*> *m* -s, - *ист.* плебей
plebéjisch <*lat.*> *a ист.* плебейский
pleite <*jidd.*>: ~ **gehen*** [**sein, werden**] обанкротиться, разориться
Pleite <*jidd.*> *f* -, -n банкротство, крах
plempern *vi разг.* шататься, бездельничать
Plenár‖sitzung *f* -, -en пленарное заседание
Plenum <*lat.-engl.*> *n* -s, -nen/-na пленум
Pleuritis <*gr.*> *f* - плеврит
Pléwen (*n*) -s Плевен/Плевна *(город на С. Болгарии)*
Plinse <*sorb.*> *f* -, -n блин, свёрнутый в трубочку
plinsen *vi диал.* плакать, реветь
Plissée‖rock <*lat.-fr.*‖...> *m* -(e)s, -röcke плиссированная юбка
plissieren <*lat.-fr.*> *vt* плиссировать *(юбку и т. п.)*

Plombe <*lat.-fr.*> f -, -n пломба (*тж. мед.*)
plombíeren <*lat.-fr.*> vt 1. (о)пломбировать (*помещение и т. п.*); 2. *мед.* пломбировать, ставить пломбу
Plötze f -, -n *зоол.* плотва
plötzlich I a внезапный, неожиданный; II *adv* внезапно, вдруг
Plötzlichkeit f - внезапность, неожиданность
plump a неуклюжий, неловкий (*тж. перен.*); **ein ~er Schwindel** грубое надувательство
Plumpheit f -, -en неуклюжесть, неловкость; грубость
plumpsen vi (s) *разг.* бултыхнуться
Plunder m -s хлам, рвань
Plünderer m -s, - грабитель
plunderig a оборванный, ободранный
plündern vt 1. грабить; списывать, заниматься плагиатом; 2. опустошить (*кладовую и т. п.*); 3. снимать плоды (*с дерева*); снимать игрушки (*с ёлки*)
Plünderung f -, -en 1. грабёж, ограбление, разграбление; 2. опустошение
Plural <*lat.*> m -s, -e *грам.* множественное число
Pluraletántum <*lat.*> n -s, pl -s; **Pluraliatántum** *грам.* имя существительное, употребляющееся только во множественном числе
Pluralität <*lat.*> f -, -en множественность
plus <*lat.*> adv плюс
Plus <*lat.*> n -, - 1. *мат.* плюс; 2. плюс, преимущество; **das muß als ~ gebucht werden** это следует зачесть как плюс; 3. *ком.* излишек
Plüsch <*lat.-roman.-fr.*> m -(e)s, -e плюш
Plusquamperfekt <*lat.*> n -(e)s, -e *грам.* плюсквамперфект (*предпрошедшее время*)
Pluto <*gr.-lat.*> m - *миф., астр.* Плутон
Plutokratíe <*gr.*> f -, -ti|en плутократия
Plutónium <*gr.*> n -s плутоний
Pneumátik I <*gr.*> f - *тех.* пневматика
Pneumátik II <*gr.*> m -s, -s пневматическая шина, пневматик
pneumátisch <*gr.-lat.*> a *тех.* пневматический
Pnom-Pénh (n) -s Пномпень (*столица Кампучии*)
Po m -s По (*крупнейшая река Италии; впадает в Адриатическое море*)
Pöbel <*lat.-fr.*> m -s *презр.* чернь
pöbelhaft a вульгарный, грубый
pochen I vi 1. стучать; **an die Tür ~** стучать в дверь; **es [man] pocht** стучат; 2. биться (*о сердце*); 3. (*auf* A) кичиться (*чем-л.*); II vt 1.: **jmdn. aus dem Schlaf ~** стуком разбудить кого-л.; 2.: **Erz ~** толочь [измельчать] руду; 3. *разг.* излупить, избить
Pocken pl оспа; **gegen ~ impfen** прививать оспу
Pocken‖impfung f -, -en оспопрививание
pockenkrank a больной оспой
pockennarbig a рябой (*от оспы*)
Pódagra <*gr.-lat.*> n -s подагра
podágrisch <*gr.-lat.*> a подагрический
Pódium <*gr.-lat.*> n -s, -di|en помост, эстрада, возвышение, подиум
Poém <*gr.-lat.*> n -s, -e поэма
Poesíe <*gr.-lat.-fr.*> f -, -si|en поэзия
Poét <*gr.-lat.*> m -en, -en поэт
poétisch <*gr.-lat.*> a поэтический
Pointe <*lat.-fr.*> [poɛ̃ːtə] f -, -n смысл, "соль", изюминка (*шутки, анекдота*)
pointíert [poɛ̃ːtiːrt] <*lat.-fr.*> a 1. острый, заострённый; 2. *перен.* подчёркнутый; 3. остроумный
Pokál <*gr.-lat.-it.*> m -s, -e бокал; *спорт.* кубок
Pokál‖spiel n -(e)s, -e *спорт.* игра на кубок
Pökel m -s, - рассол
Pökel‖fleisch n -(e)s солонина
pökeln vt солить, засаливать (*мясо, рыбу*)
pokulíeren <*lat.*> vi выпивать, пировать
Pol <*gr.-lat.*> m -s, -e *геогр., физ.* полюс
polár <*gr.-lat.*> I a 1. полярный; 2. противоположный, полярный (*об интересах и т. п.*); II *adv*: **sie sind einander ~ entgegengesetzt** они полная противоположность друг другу
Polár‖bär m -en, -en белый медведь
Polár‖fuchs m -ses, -füchse песец
polarisíeren <*lat.*> I vt *физ.* поляризовать; II **~, sich** *физ.* поляризоваться
Polarität <*lat.*> f - *физ.* поляризация
Polár‖kreis m -es, -e *геогр.* полярный круг
Polár‖licht n -(e)s, -er северное сияние
Polár‖stern m -(e)s *астр.* Полярная звезда
Poldel Польдель (*краткая форма муж. имени* Leopold)
Poldi Польди (*краткая форма муж. имени* Leopold, *а также жен. имён* Leopolda *и* Leopoldine)
Pole m -n, -n поляк
Polémik <*gr.-lat.*> f -, -en полемика; **sich in eine ~ einlassen*** ввязаться [пуститься] в полемику
polémisch <*gr.-lat.*> a полемический

polemisieren <*gr.-lat.*> *vi* полемизировать, спорить
Polen (*n*) -s Польша *(гос-во в Европе)*
Police [-sə] <*gr.-lat.-it.-fr.*> *f* -, -n страховое свидетельство, полис
polieren <*lat.*> *vt* **1.** полировать; **2.** *перен.* отшлифовать, окончательно отделывать
Polierer <*lat.-fr.*> *m* -s, - полировщик
Polierung <*lat.-fr.*> *f* - полировка
Poliklinik <*gr.-lat.*> *f* -, -en поликлиника
Polin *f* -, -nen полька
Politik <*gr.-fr.*> *f* -, -en политика; ~ der Stärke политика силы; ~ der Nichteinmischung политика невмешательства
Politikáster <*gr.-lat.*> *m* -s, - политикан
Politiker <*gr.-lat.*> *m* -s, - политик, политический деятель
politisch <*gr.-fr.*> I *a* **1.** политический; ~er Emigrant политэмигрант; **2.** политичный; II *adv* политически; ~ tätig sein заниматься политической деятельностью
politisieren <*gr.-fr.*> *vi* рассуждать о политике, заниматься политикой
Politúr <*lat.*> *f* -, -en **1.** политура; **2.** полировка; лощение
Polizéi <*gr.-lat.*> *f* - полиция
Polizéi‖aufgebot *n* -(e)s, -e отряд полиции
Polizéi‖aufsicht *f* - надзор полиции; unter ~ stehen* находиться под надзором полиции
Polizéi‖behörde *f* -, -n полиция, полицейское управление
Polizéi‖knüppel *m* -s, - резиновая дубинка *(полицейского)*
Polizéi‖konfident *m* -en, -en осведомитель полиции
polizéilich <*gr.-lat.*> I *a* полицейский; II *adv* через полицию; ~ gesucht werden разыскиваться полицией
Polizéi‖präsidium *n* -s, -di¦en управление полиции *(в крупном городе)*
Polizéi‖razzia *f* -, -s/-zzi¦en полицейская облава
Polizéi‖revier [-vi:r] *n* -s, -e полицейский участок
Polizéi‖streife *f* -, -n полицейский патруль; полицейская облава
Polizéi‖stunde *f* -, -n полицейский час *(час закрытия ресторанов и т. п.)*; комендантский час
Polizéi‖wache *f* -, -n полицейский участок; полицейский пост
polizéiwidrig I *a* запрещённый полицией, противоречащий предписаниям полиции; II *adv*: ~ schnell fahren* допускать превышение скорости, установленной полицией
Polizist <*gr.-lat.*> *m* -en, -en полицейский
Polka <*poln.-tschech.*> *f* -, -s полька *(танец)*
polnisch *a* польский
Polohemd *n* -es, -en рубашка *(трикотажная с короткими рукавами)*
Polonaise [-'nɛ:zə]; **Polonäse** <*fr.*> *f* -, -n полонез *(танец)*
Polónium <*lat.*> *n* -s *хим.* полоний
Poloshirt [-ʃe:t] *n* -s, -s *см.* Polohemd
Polster *n* -s, - **1.** подушка; **2.** валик *(дивана);* **3.** мягкая обивка; **4.** *тех.* подушка, упругая прокладка
Polster‖möbel *n* -s, - мягкая мебель
polstern *vt* **1.** набивать *(волосом, ватой мебель и т. п.);* er ist gut gepolstert *разг.* он толстяк; **2.** обивать *(мебель)*
Polster‖sitz *m* -es, -e мягкое сиденье
Polsterung *f* -, -en обивка
Poltáwa (*n*) -s Полтава *(обл. центр на Украине)*
Polter *m* -s шум, суматоха
Polterabend *m* -s, -e "польтерабенд" *(вечеринка накануне свадьбы, часто сопровождается битьём посуды "на счастье" у порога дома жениха или невесты)*
Polterer *m* -s, - шумливый человек, крикун, горлан
Polter‖geist *m* -es, -er **1.** *герм. миф.* гном, домовой; **2.** *см.* Polterer
polterig *a* шумный, суматошный
poltern I *vi* **1.** катиться [двигаться, падать] с шумом [грохотом], стучать, громыхать; шуметь, стучать *(о людях);* **2.** говорить на повышенном тоне, бушевать *(разг.);* **3.** справлять девичник [мальчишник]; II *vt* **1.** с грохотом бросить *(что-л.);* **2.** *тех.* колотить *(по чему-л.),* придавать какую-л. форму
polychrom [-'kro:m] <*gr.*> *a* полихроматический, многоцветный
Polyéder <*gr.*> *n* -s, - *мат.* многогранник
polygám <*gr.*> *a* полигамный, полигамический, многобрачный
Polygamie <*gr.*> *f* -, -mi¦en полигамия, многобрачие
Polyglótt(e) <*gr.*> *m* -tten, -tte(n) полиглот; человек, владеющий многими языками
Polygón <*gr.*> *n* -s, -e **1.** *мат.* многоугольник; **2.** *воен.* полигон
polygonál <*gr.-lat.*> *a* *мат.* многоугольный

Polygraphie <*gr.*> *f* - полиграфия
polygráphisch <*gr.*> *a* полиграфический
Polymér <*gr.*> *n* -s, -е хим. полимер
Polynési|en (*n*) -s Полинезия (*о-ва в центр. части Тихого океана*)
Polynóm <*gr.*> *n* -s, -е мат. многочлен
polynómisch <*gr.-lat.*> *a* мат. многочленный
Polýp <*gr.-lat.*> *m* -en, -en зоол., мед. полип
polytéchnisch <*gr.-lat.*> *a* политехнический
Pomáde <*lat.-it.-fr.*> *f* -, -n помада; ◊ **das ist mir ~** разг. мне это безразлично
pomádig I <*lat.-it.-fr.*> *a* в виде помады [мази]
pomádig II <*lat.-it.-fr.*> *a* разг. вялый, медлительный, флегматичный
Pommern (*n*) -s Померания (*обл. на побережье Балтийского моря; с 1815–1945 прусская провинция; по решению Потсдамской конференции в 1945 бо́льшая её часть возвращена Польше*)
Pomp <*gr.-lat.-fr.*> *m* -(e)s пышность, помпа
pomphaft, pompös <*gr.-lat.-fr.*> *a* пышный, помпезный
Pöniténz <*lat.*> *f* -, -en рел. покаяние
Póntifex <*lat.*> *m* -/-es, -e/-tifizes первосвященник (*в Древнем Риме*)
Póntius <*lat.*> (*от собств.*): **von ~ zu Pilátus gehen* [laufen]*** разг. ходить от Понтия к Пилату [от одного к другому]
Ponton ['pɔtɔ:/pɔn'tɔ̃] <*lat.-fr.*> *m* -s, -s понтон
Pony ['po:ni/'pɔni:] <*engl.*> **1.** *n*, *m* -s, -s пони; **2.** *m* -s, -s *тж. pl* чёлка
Pop <*engl.*> *m* -s; **Pop‖musik** *f* - поп-музыка
Pópanz <*slaw.*> *m* -es, -е чучело, пугало (*тж. перен.*)
Pope <*gr.-russ.*> *m* -n, -n (православный) священник
Popeline [po'pli:nə] <*fr.*> *f* - текст. поплин
popeln *vi* разг. ковырять в носу
Popó *m* -s, -s разг. зад; попка (*детская*)
populär <*lat.-fr.*> *a* популярный
popularisieren <*lat.*> *vt* популяризовать, делать популярным
Popularität <*lat.-fr.*> *f* - популярность; **große ~ genießen*, sich einer großen ~ erfreuen** пользоваться большой популярностью
Pore <*gr.-lat.*> *f* -, -n пора
porig <*gr.-lat.*> *a* пористый, ноздреватый
Pornographie <*gr.*> *f* -, -phi|en порнография

Pórokrepp‖schuhe *pl* обувь на микропористой подошве
porös <*gr.-lat.-fr.*> см. porig
Pórphyr <*gr.*> *m* -s, -е мин. порфир
Porsche KG *f* - "Порше КГ" (*коммандитное товарищество в ФРГ в г. Штутгарт; выпускает спортивные автомобили*)
Port <*lat.-fr.*> *m* -(e)s, -е порт, гавань; *перен.* убежище
Portál <*lat.*> *n* -s, -е подъезд, портал
Porta Nigra <*lat.*> *f* - "Порта Нигра" (*римские городские ворота в г. Трир*)
portatív <*lat.-it.*> *a* портативный, переносной
Port-au-Prince [pɔrto'prɛ̃s] (*n*) -s Порт-о-Пренс (*столица Гаити*)
Porta Westfalica <*lat.*> *f* - "Порта Вестфалика" см. Westfälische Pforte
Pórterbier *n* -(e)s портер (*пиво*)
Portier [-'tie:] <*lat.-fr.*> *m* -s, -s швейцар
Portiere [-'tiɛ:rə] <*lat.-fr.*> *f* -, -n портьера, занавес
Portier‖loge [pɔr'tie:loːʒə] <*fr.*> *f* -, -n швейцарская
Portíon <*lat.*> *f* -, -en порция, доля, часть, доза; **eine große ~ Geduld aufbringen*** проявить большое терпение
portiónenweise, portiónsweise *adv* порциями, долями, частями, дозами
Port Louis [-'lu:i(s)] (*n*) - Порт-Луи (*столица Маврикия*)
Port Moresby [-'mɔ:rzbi] (*n*) -s Порт Морсби (*столица Папуа – Новой Гвинеи*)
Porto <*lat.-it.*> *n* -s, -s/-ti почтовые расходы, почтовый сбор
portofrei *a* не облагаемый почтовым сбором
Porto Novo [-vo] (*n*) -s Порто-Ново (*столица Бенина*)
portopflichtig *a* облагаемый почтовыми сборами
Porträt [-'trɛ:] <*lat.-fr.*> *n* -s, -s, *реже* [-'trɛ:t] *n* -(e)s, -е портрет
porträtieren <*lat.-fr.*> *vt* писать портрет
Porträt‖maler [-'trɛ:-/-'trɛ:t-] *m* -s, - портретист
Port Saíd (*n*) -s Порт-Саид (*город в Египте; порт у сев. входа в Суэцкий канал*)
Pórtugal (*n*) -s Португалия (*гос-во на Ю.-З. Европы*)
Portugiese *m* -n, -n португалец
Portugiesin *f* -, -nen португалка
portugiesisch *a* португальский
Porzellán <*lat.-it.*> *n* -s, -е фарфор; ◊ **unnötig ~ zerbrechen*** поднимать ненужный шум [скандал]

porzellánen <*lat.-it.*> *a* фарфоровый, из фарфора
Posáune <*lat.-fr.*> *f* -, -n *муз.* 1. труба органа; 2. тромбон
posáunen <*lat.-fr.*> *vi, vt* 1. *муз.* играть на тромбоне; 2. *разг.* разгласить, раструбить
Posauníst <*lat.-fr.*> *m* -en, -en тромбонист
Pose I *f* -, -n 1. ствол птичьего пера; 2. поплавок
Pose II <*gr.-lat.-fr.*> *f* -, -n поза; **sich in ~ werfen*** принять позу
Posen *(n)* -s Познань *(город на З. Польши)*
Position <*lat.*> *f* -, -en 1. позиция, положение, место; 2. пост, положение, место *(по службе)*; 3. статья *(бюджета)*
Positions‖licht *n* -(e)s, -er 1. отличительный [ходовой] огонь *(на судне)*; 2. *ав.* аэронавигационный огонь
pósitiv <*lat.*> *a* положительный, позитивный
Pósitiv I <*lat.*> *m* -s, -e *грам.* положительная степень
Pósitiv II <*lat.*> *n* -s, -e фотопозитив
Positúr <*lat.*> *f* -, -en поза, позитура; **sich in ~ setzen [werfen]** стать в позу, принять позу
Posse *f* -, -n 1. фарс; 2. злая шутка, проделка; **~n treiben* [reißen*]** дурачиться, выкидывать фокусы
possenhaft *a* 1. наподобие фарса; 2. забавный, смешной, шутовской
Possen‖reißer *m* -s, - шут, балагур, фигляр
Possen‖spiel *n* -(e)s, -e фарс
possessív <*lat.*> *a грам.* притяжательный
possessívisch [-viʃ] <*lat.*> *a* употребляющийся как притяжательное местоимение
Possessivpronomen <*lat.*> *n* -s, -/ -nomina притяжательное местоимение
possíerlich <*fr.*> *a* забавный, потешный
Post <*lat.-it.*> *f* - 1. почта, почтовое отделение; **mit der ~, per ~** по почте; **zur [auf die] ~** на почту *(пойти и т. п.)*; 2. почта, корреспонденция; **die ~ austragen*** разносить почту; **gute ~** хорошие вести
postálisch <*lat.-it.*> *a* почтовый, относящийся к почте
Postamént <*lat.-it.*> *n* -(e)s, -e постамент; пьедестал
Post‖amt *n* -(e)s, -ämter почтамт, почтовое отделение
postamtlich *a* почтамтский
Post‖angestellte *subst m, f* -n, -n почтовый служащий, почтовая служащая, работник почты
Post‖anweisung *f* -, -en почтовый перевод
Post‖bote *m* -n, -n почтальон
Posten <*lat.-it.*> *m* -s, - 1. пост, должность; **den ~ aufgeben*** уйти с поста; 2. *воен.* пост, часовой; **~ stehen*** стоять на посту; **auf ~ ziehen*** заступить на пост; **auf seinem ~ bleiben* [ausharren, aushalten*]** *перен.* оставаться на посту; **wieder auf dem ~ sein** поправиться *(после болезни)*; 3. статья *(бюджета, соглашения)*; 4. партия *(товара)*; 5. *спорт.* место *(в команде)*
Post‖fach *n* -(e)s, -fächer почтовый (абонементный) ящик
Post‖gebühr *f* -, -en почтовый сбор
postíeren <*fr.*> *vt воен.* ставить на пост; расставлять посты
Post‖karte *f* -, -n (почтовая) открытка
Post‖kutscher *m* -s, - ямщик
postlagernd *adv* до востребования
Post‖leitzahl *f* -, -en почтовый индекс
Post‖nachnahme *f* -, -n наложенный платёж; **per ~** наложенным платежом
Post‖paket *n* -(e)s, -e почтовая посылка
Postskript <*lat.*> *n* -(e)s, -e; **Postskriptum** *n* -s, -te/-ta постскриптум, приписка к письму
post‖sparen *vt* хранить деньги в сберегательной кассе при почте
Post‖sperre *f* -, -n лишение права переписки
Post‖stempel *m* -s, - почтовый штемпель
Postulát <*lat.*> *n* -(e)s, -e *филос.* постулат, исходная (логическая) посылка
Post‖wagen *m* -s, - почтовый вагон
postwendend *a, adv* с обратной почтой
Post‖wertzeichen *pl* почтовые знаки, знаки почтовой оплаты
Post‖zusteller *m* -s, - письмоносец, почтальон
Post‖zustellung *f* -, -en доставка почты
Potentiál <*lat.*> *n* -s, -e потенциал
potentiéll <*lat.-fr.*> *a* потенциальный
Poténz <*lat.*> *f* -, -en 1. потенция; сила, способность; 2. *мат.* степень; **die zweite ~** вторая степень, квадрат; **in höchster ~** *перен.* в высшей степени
potenzíeren <*lat.*> *vt мат.* возводить в степень
Potpourri ['pɔtpuri:] <*fr.*> *n* -s, -s 1. *муз.* попурри; 2. смесь, мешанина
Potsdam *(n)* -s Потсдам *(город в ФРГ, адм. центр земли Бранденбург)*
Potsdamer Abkommen *n* -s Потсдамское соглашение *(решения, принятые на Потсдамской конференции 1945)*

Potsdamer Konferenz 1945 *f* - Потсдамская конференция 1945 *(глав правительств СССР, США и Великобритании в Потсдаме <близ Берлина> с 17 июля по 2 августа; приняла решение о границах, репарациях и устройстве Германии после 2-й мировой войны)*
poussieren [-pu-] <*fr.*> I *vt* **1.** продвигать, поощрять; **2.** ухаживать *(за кем-л.)*; **3.** льстить *(кому-л.)*, подхалимничать *(перед кем-л.)*; II *vi (mit* D*)* флиртовать *(с кем-л.)*
power <*lat.-fr.*> *a разг.* скудный, убогий, жалкий, бедный
Poznan (*n*) -s Познань *(город на З. Польши)*
Präámbel <*lat.*> *f* -, -n преамбула, вводная часть
Pracht *f* - великолепие, пышность, блеск, роскошь; **in aller ~ (und Herrlichkeit)** во всём великолепии, во всём блеске (и величии)
Pracht‖ausgabe *f* -, -n роскошное издание
prächtig *a* великолепный, роскошный, пышный; замечательный
Pracht‖kerl *m* -s, -e славный малый [парень]
Pracht‖stück *n* -(e)s, -e великолепная вещь
prachtvoll см. prächtig
prädestinieren <*lat.*> *vt* предназначать, предопределять
Prädikát <*lat.*> *n* -(e)s, -e **1.** *грам.* сказуемое, предикат; **2.** отметка, оценка *(в школе)*; **die Prüfung mit dem ~ "gut" ablegen** сдать экзамен на "хорошо"
prädikatív <*lat.*> *a* предикативный, сказуемостный
prädisponieren <*lat.*> *vt* предрасполагать, быть предрасположенным *(б. ч. к болезням)*
prädominieren <*lat.*> *vi* преобладать
Präfékt <*lat.*> *m* -en, -en префект
Ptäfix <*lat.*> *n* -es, -e префикс, приставка
Prag (*n*) -s Прага *(столица Чехии)*
prägen *vt* **1.** чеканить; **Gold zu Münzen ~** чеканить золотые монеты; **ein Wort ~** дать меткое определение, сказать меткое слово; **sich** (D) **etw. ins Gedächtnis ~** запечатлеть в памяти, запомнить что-л.; **2.** чеканить *(произносить)*; **3.** штамповать *(детали машин)*; **4.** *тех.* наклёпывать
Pragmatísmus <*gr.-lat.*> *m* - прагматизм
prägnánt <*lat.-fr.*> *a* меткий, выразительный, чёткий, точный

Prägnánz <*lat.-fr.*> *f* - меткость, чёткость, точность
Prägung *f* -, -en чеканка, тиснение
prähistorisch <*gr.-lat.*> *a* доисторический
prahlen *vi (mit* D*)* хвалиться, хвастаться *(чем-л.)*
Prahler *m* -s, - хвастун
Prahleréi *f* -, -en хвастовство
prahlerisch *a* хвастливый
Prahlhans *m* -en/es, -hänse *разг.* хвастун, хвастунишка
Práia (*n*) -s Прая *(столица О-вов Зелёного Мыса)*
Praktik <*gr.-lat.*> *f* -, -en **1.** см. Praxis 1; **2.** приём, обращение *(с чем-л.)*; **3.** проделка, уловка; *pl* интриги
praktikábel <*gr.-lat.-fr.*> *a* **1.** практикуемый; **2.** полезный, удобный для использования
Praktikant <*gr.-lat.*> *m* -en, -en; **~in** *f* -, -nen практикант, -ка
Praktiker <*gr.-lat.*> *m* -s, - практик
Praktikum <*gr.-lat.*> *n* -s, -ka/-ken практика, практическое занятие *(студентов)*
praktisch <*gr.-lat.*> I *a* **1.** практический, пригодный к делу; **~er Arzt** практикующий врач; **2.** практичный; деловитый, ловкий; **3.** практичный, целесообразный; II *adv* практически, на практике
praktizieren <*lat.*> *vi* практиковать
Prälát <*lat.*> *m* -en, -en прелат
Praline <*fr.*> *f* -, -n шоколадная конфета, шоколадка
prall *a* **1.** упругий; тугой; (туго) натянутый; (туго) набитый; (туго) надутый; **2.**: **in der ~en Sonne** на ярком солнце
Prall *m* -(e)s, -e (сильный) толчок [удар]; рикошет
prallen *vi* (s) *(gegen* A*)* удариться *(обо что-л.)*, наскочить *(на что-л.)*; отскакивать *(от чего-л.)*
Prall‖schuß *m* -sses, -schüsse рикошет
präludieren <*lat.*> *vi муз.* играть прелюдию
Prälúdium <*lat.*> *n* -s, -di¦en *муз.* прелюдия, прелюд
Prämi¦e <*lat.*> *f* -, -n **1.** премия, награда; **2.** страховая премия
prämieren <*lat.*> *vt (mit* D*)* премировать *(чем-л.)*
Prämisse <*lat.*> *f* -, -n предпосылка
prangen *vi* **1.** блистать, красоваться; **an seiner Brust prangte ein Orden** его грудь украшал орден; **2.** *(mit* D*)* щеголять *(чем-л.)*
Pranger *m* -s, - позорный столб; ◊ **an den ~ stellen** заклеймить позором

Pranke *f* -, -n 1. лапа; коготь *(хищного зверя)*; 2. *разг.* лапа *(рука человека)*
Präparát <*lat.*> *n* -(e)s, -е препарат
präparíeren <*lat.*> *vt* 1. приготовлять, подготовлять *(задание)*; 2. *анат.* препарировать; 3. набивать чучело *(птицы и т. п.)*; засушивать *(растения)*
Präposition <*lat.*> *f* -, -en *грам.* предлог
Prärie <*lat.-fr.*> *f* -, -ri|en *геогр.* прерия
Prärogatív <*lat.*> *n* -(e)s, -е; **Prärogative** [-və] *f* -, -n прерогатива, исключительное право
Präsens <*lat.*> *n* -, -sénti|a *грам.* презенс, настоящее время
präsént <*lat.*> *a* присутствующий; имеющийся, наличный
Präsént <*lat.-fr.*> *n* -(e)s, -е подарок, презент; **zum [als] ~ geben*** преподнести подарок
Präsentation <*lat.*> *f* -, -en 1. предложение *(чего-л.)*; 2. преподношение; 3. предъявление; 4. презентация
präsentíeren <*lat.*> I *vt* 1. предлагать; **jmdn. für ein Amt ~** предлагать чью-л. кандидатуру на какую-л. должность; 2. преподносить; 3. предъявлять; 4. представлять *(кому-л. кого-л.)*; 5.: **das Gewehr ~** брать винтовку на караул; II ~ **sich** представляться; выдвигать себя *(куда-л.)*
Präsentier||teller *m* -s, - *уст.* поднос
Präsénz <*lat.*> *f* - присутствие, наличность; посещаемость, участие
Präsénz||bibliothek *f* -, -en библиотека-читальня
Präsénz||liste *f* -, -n 1. список присутствующих; 2. список личного состава
Präsénz||stärke *f* - 1. число присутствующих в данный момент; 2. *воен.* наличный состав; 3. наличие *(чего-л.)*
Präsénz||zahl *f* -, -en кворум
Präservatív [-va-] <*lat.*> *n* -s, -s *мед.* презерватив, предохранительное средство
Präsidént <*lat.-fr.*> *m* -en, -en президент; председатель
Präsidéntschaft *f* -, -en президентство, председательство
Präsidéntschafts||kandidat *m* -en, -en кандидат в президенты
präsidíeren <*lat.*> *vi* (D) председательствовать *(на собрании, конгрессе)*, вести собрание
Präsídium <*lat.*> *n* -s, -di|en президиум; **das ~ vorschlagen*** предлагать состав президиума; **das ~ führen** председательствовать, вести собрание
prasseln *vi* 1. трещать, потрескивать; **das Feuer prasselte im Ofen** дрова потрескивали в печи; 2. падать с шумом; **der Regen prasselt aufs Dach** дождь стучит по крыше
prassen *vi* кутить
Prätendént <*lat.-fr.*> *m* -en, -en претендент
Prater *m* -s Пратер *(парк в Вене <Австрия>, с выставочными павильонами, аттракционами и т. п.)*
Prätéritum <*lat.*> *n* -s, -ta *грам.* претеритум *(прошедшее время)*
prävalíeren [-va-] <*lat.*> *vi* преобладать, превалировать
präventíeren [-vɛ-] <*fr.*> *vt* предупреждать
präventív [-vɛn-] <*lat.*> *a* превентивный; предохранительный
Präventív||haft [-vɛn-] *f* - предварительное заключение
Präventív||krieg [-vɛn-] *m* -(e)s, -е превентивная война
Präventív||maßnahme *f* -, -n предупредительная [предварительная] мера
Praxis <*gr.-lat.*> *f* -, Praxen 1. практика, опыт; **etw. durch die ~ erkennen*** познать что-л. на практике; 2. практика *(врача, юриста)*; **ein Arzt in freier [in eigener] ~** врач, имеющий частную практику; **die ~ ausüben** практиковать; **in der ~** на практике
Prazedénz||fall *m* -(e)s, -fälle прецедент
präzis(e) <*lat.-fr.*> *a* точный
Präzision <*lat.-fr.*> *f* -, -en точность
Präzisíons||arbeit *f* -, -en точная работа
Präzisíons||uhr *f* -, -en хронометр
Präzisíons||waffe *f* -, -n пристрелянное оружие
predigen <*lat.*> *vt* 1. *рел.* проповедовать; 2. *перен.* проповедовать, читать наставления; **Moral ~** читать мораль, заниматься наставлениями
Prediger *m* -s, - проповедник; ◇ **der ~ in der Wüste** глас вопиющего в пустыне
Predigt *f* -, -en проповедь; **eine ~ halten*** читать проповедь, *перен.* читать мораль
Preis <*lat.-fr.*> *m* -es, -е 1. цена; **zum ~e von drei Mark** по цене в три марки; **im ~e von drei Mark** ценой в три марки; **ortsübliche ~e** местные цены; **die Waren gehen im ~ zurück** цены на товары падают; **die Waren haben einen hohen ~** цены на товары высокие; **etw. unter dem ~ verkaufen** продавать что-л. ниже цены; **um jeden ~** любой ценой, во что бы то ни стало; **um keinen ~!** ни в коем случае!, ни за что; 2. премия, награда, приз; **jmdn. mit einem ~ auszeichnen** наградить кого-л. призом

Preis∥abbau *m* -(e)s снижение цен
Preis∥angabe *f* -, -n обозначение цены
Preis∥ausschreiben *n* -s, - конкурс, соревнование
Preis∥bewerber *m* -s, - участник конкурса, соискатель премии
Preiselbeere *f* -, -n брусника
preisen* *vt* восхвалять, превозносить; **etw. als ein Glück ~** считать что-л. счастьем [за счастье]
Preis∥erhöhung *f* -, -en повышение цен
Preis∥ermäßigung *f* -, -en скидка; снижение цен
Preisgabe *f* - оставление на произвол судьбы
preis∣geben* *vt* бросать на произвол судьбы; **ein Geheimnis ~** выдать тайну; **seine Ehre ~** поступиться своей честью; **jmdn. einer Gefahr ~** подвергнуть кого-л. опасности
preisgekrönt *a* премированный
Preis∥lage *f* -, -n уровень цен
Preis∥liste *f* -, -n прейскурант
Preis∥nachlaß *m* -sses, -sse/-lässe скидка цен
Preis∥richter *m* -s, - член жюри
Preis∥rückgang *m* -(e)s, -gänge; **~rückschlag** *m* -(e)s, -schläge понижение [падение] цен
Preis∥schild *m* -(e)s, -er ярлык с указанием цены
Preis∥schleuderéi *f* -, -en *эк.* демпинг
Preis∥senkung *f* -, -en понижение [снижение] цен
Preis∥stand *m* -(e)s уровень цен
Preis∥steigerung *f* -, -en повышение цен
Preis∥stopp *m* -s, -s замораживание цен
Preis∥sturz *m* -es, -stürze падение цен
Preis∥träger *m* -s, - лауреат; призёр *(спорт.)*
Preis∥treiberei *f* -, -en (искусственное) вздувание [взвинчивание] цен
Preis∥überwachung *f* - контроль над ценами
preisverbilligend *a* снижающий цены
preiswert *a* недорогой
Preis∥wettbewerb *m* -(e)s, -e конкурс
preiswürdig *см.* preiswert
Prell∥bock *m* -(e)s, -böcke *ж.-д.* упор
prellen *vt* 1. подбрасывать, кидать вверх, качать; 2. ударить, ушибить; **sich** (D) **den Fuß ~** ушибить себе ногу; 3. (*mit* A) обманывать, надувать, обсчитывать (*в чём-л., на столько-то*)
Prelleréi *f* -, -en обман, надувательство
Prell∥schuß *m* -sses, -schüsse *воен.* рикошет
Prell∥stein *m* -(e)s, -e *стр.* тумба
Prellung *f* -, -en ушиб, контузия

Premiere [prə'miɛːrə] <*lat.-fr.*> *f* -, -n премьера
Premier∥minister [prə'miːe-] *m* -s, - премьер(-министр)
Prenzlauer Berg *m* -s Пренцлауерберг (*гор. р-н Берлина*)
Présbyter <*gr.-lat.*> *m* -s, - пресвитер, священник
Presse I <*lat.*> *f* -, -n *тех.* пресс, тиски
Presse II <*lat.*> *f* - печать, пресса; **die Knebelung der ~** нажим на прессу, удушение прессы
Presse∥amt *n* -(e)s ведомство печати
Presse∥attaché [-ʃeː] *m* -s, -s *дип.* пресс-атташе, атташе по делам печати
Presse∥berichterstatter *m* -s, - корреспондент газеты
Presse∥freiheit *f* - свобода печати
Presse∥gesetz *n* -es, -e закон о печати
Presse∥meldung *f* -, -en газетное сообщение
préssen <*lat.*> I *vt* 1. прессовать; 2. втискивать; сжимать; 3. прижимать; 4. выжимать (*сок*); 5. (*zu* D) принуждать (*к чему-л.*), силой заставлять (*что-л. сделать*); II **~, sich** (*an* A) прижиматься (*к кому-л., к чему-л.*)
Presse∥spiegel *m* -s, - обзор печати
Presse∥stelle *f* -, -n пресс-бюро
Preß∥form *f* -, -n *тех.* пресс-форма
Preß∥hammer *m* -s, -hämmer пневматический молот
pressieren <*lat.-fr.*> I *vi* не терпеть отлагательства, быть спешным; **es pressiert nicht** это не к спеху; II *vt* торопить, подгонять; **ich bin pressiert** я тороплюсь
Preß∥luft *f* - *тех.* сжатый воздух
Preß∥schraube *f* -, -n *тех.* нажимной винт
Pressung *f* -, -en 1. сжатие; давление; 2. *тех.* обжимка, прессование
Prestige [-'tiːʒ(ə)] <*lat.-fr.*> *n* -s престиж
Pretória (*n*) -s Претория (*столица Южно-Африканской Республики*)
Preuße *m* -n, -n житель Пруссии, пруссак; ✧ **so schnell schießen die ~n nicht** *погов.* это не делается так быстро
Preußen (*n*) -s Пруссия (*гос-во, затем земля в Германии* <*до 1945*>)
Preußin *f* -, -nen жительница Пруссии, пруссачка
Preußisch-Österreichischer Krieg 1866 *m* -es Австро-прусская война 1866 (*завершила в пользу Пруссии её борьбу с Австрией за главенство среди герм. гос-в; Австрия признала роспуск Герм. союза и создание Сев.-Герм. союза*)

prickeln *vimp* щипать, щекотать; **es prickelt mir unter der Haut** 1) у меня зудит кожа; 2) моему терпению пришёл конец
prickelnd *a* 1. щекочущий; 2. щекотливый, пикантный
Priem *m* -(e)s, -e жевательный табак, комок жевательного табаку
priemen *vi* жевать табак
pries *impf от* **preisen***
Priester *m* -s, - священник, проповедник; жрец; **zum ~ weihen** посвятить в сан священника
prim <*lat.-it.*> *adv мат.* простой *(о числе)*
prima <*lat.-it.*> *a* первоклассный; первого сорта, высшего качества; отличный *(разг.)*; **das ist ja ~!** это великолепно [замечательно]!
Primadónna <*it.*> *f* -, -nnen *театр.* примадонна
Primáner <*lat.*> *m* -s, - ученик старших классов *(в некоторых средних школах Германии)*
primär <*lat.-fr.*> *a* 1. первичный, основной; 2. первенствующий
Prime <*lat.*> *f* -, - *муз.* прима
primitív <*lat.-fr.*> *a* примитивный, простой
Primus <*lat.*> *m* -, -mi/-se *уст.* первый ученик *(в классе)*
Prim‖zahl *f* -, -en *мат.* простое число
Prinz <*lat.-fr.*> *m* -en, -en принц; царевич *(в сказках)*
Prinzéssin <*lat.-fr.*> *f* -, -nen принцесса; царевна *(в сказках)*
Prinzip <*lat.*> *n* -s, -e/-pi¦en принцип; **das zentralistische ~** принцип централизма; **nach ~ i¦en handeln** действовать принципиально; **im ~** в принципе; **etw. aus ~ tun*** делать что-л. из принципа
Prinzipál <*lat.*> *m* -s, -e принципал, шеф, глава, хозяин
prinzipiéll <*lat.-fr.*> *a* принципиальный
Prinzípi¦en‖festigkeit *f* - принципиальность
Prinzípi¦en‖reiter *m* -s, - *разг.* педант, буквоед, начётчик
Priorität <*lat.-fr.*> *f* -, -en приоритет, первенство
Prise <*lat.-fr.*> *f* -, -n щепотка *(соли)*; понюшка *(табаку)*
Prisma <*gr.-lat.*> *n* -s, -men призма
prismátisch <*gr.-lat.*> *a* призматический
Prismen‖glas *n* -es, -gläser 1. призматический бинокль; 2. призматическое стекло
Pritsche *f* -, -n 1. нары; 2. колотушка, палка

privat [-ˈvaːt] <*lat.*> *a* 1. частный; 2. личный, частный; **in ~er Sache** по частному делу
Privát‖angelegenheit [-ˈvaːt-] *f* -, -en частное [личное] дело
Privát‖besitz [-ˈvaːt-] *m* -es личное имущество
Privát‖eigentum [-ˈvaːt-] *n* -s частная собственность
privatisíeren [-ˈvaː-] <*lat.*> I *vt* приватизировать; II *vi ком.* жить на проценты *(с капитала)*
Privát‖klage [-ˈvaːt-] *f* -, -n *юр.* гражданский иск
Privát‖person [-ˈvaːt-] *f* -, -en частное лицо
Privát‖sache [-ˈvaːt-] *f* -, -n частное [личное] дело
Privát‖wirtschaft [-ˈvaːt-] *f* -, -en частное [частновладельческое] хозяйство
Privilég [-vi-] <*lat.*> *n* -(e)s, -i¦en привилегия; льгота
privilegiert [-vi-] <*lat.*> *a* привилегированный
pro <*lat.*> *prp* 1. за, на, с; **ein Stück ~ Person** по одной штуке на каждого; **~ mille** на тысячу; **wir zahlen zehn Mark ~ Kopf** мы платим по десять марок каждому; **~ anno** за год
Pro: das ~ und (das) Kontra "за" и "против"
probát <*lat.*> *a* испытанный, надёжный
Probe <*lat.*> *f* -, -n 1. образец; **eine ~ seiner Handschrift** образец его почерка; 2. проба; **eine ~ nehmen*** брать пробу; 3. опыт; **eine ~ anstellen** проводить опыт; 4. проверка, испытание; **eine ~ bestehen* [ablegen]** выдержать испытание, показать себя на деле; **jmdn. auf die ~ stellen [setzen]** испытывать, проверять кого-л.; 5. *театр.* репетиция; **~ spielen** репетировать, играть на репетиции
Probe‖abzug *m* -(e)s, -züge *полигр.* пробный оттиск
Probe‖fahrt *f* -, -en *авто.* пробный пробег; *мор.* опытное плавание
Probe‖jahr *n* -(e)s, -е год испытания, годичный испытательный срок
Probe‖lektion *f* -, -en пробный урок
proben <*lat.*> *vt театр.* репетировать
probeweise *adv* в виде опыта; для пробы
Probe‖zeit *f* -, -en испытательный срок
probíeren <*lat.*> *vt* 1. испытывать, опробовать; 2. пробовать, отведывать; 3. пробовать *(что-л. сделать)*
Probíer‖glas *n* -es, -gläser пробирка
Probíer‖stein *m* -(e)s, -e *тех.* пробирный камень

Problém <gr.-lat.> *n* -s, -e проблема, вопрос; **ein ~ aufrollen** выдвигать проблему, поднять [поставить] вопрос
problemátisch <gr.-lat.> *a* проблематичный; **eine ~e Lage** сомнительное положение
Prodúkt <lat.> *n* -(e)s, -e **1.** продукт; **2.** *мат.* произведение
Prodúkten‖börse *f* -, -n товарная биржа
Produktión <lat.-fr.> *f* -, -en **1.** производство, изготовление; **2.** продукция; **die ~ liegt auf Lager** продукция лежит на складе; склад затоварен; **3.** производство *(предприятие)*; **in der ~** на производстве
Produktións‖ablauf *m* -(e)s производственный процесс
Produktións‖auflage *f* -, -n производственная программа, производственное задание
Produktións‖ausstoß *m* -es, -stöße выпуск продукции
Produktións‖genossenschaft *f* -, -en производственный кооператив
Produktións‖gruppe *f* -, -n производственная группа [бригада]
Produktións‖instrumente *pl эк.* орудия производства
Produktións‖kapazität *f* -, -en производственная мощность
Produktións‖kosten *pl* издержки производства
Produktións‖mittel *pl эк.* средства производства
produktiónsstark *a* мощный, дающий большое количество продукции
Produktións‖verhältnisse *pl* производственные отношения
Produktións‖volumen [-vo-] *n* -s, -/-mina объём производства
Produktións‖weise *f* -, -n *эк.* способ производства
Produktións‖ziffern *pl* производственные показатели
Produktións‖zweig *m* -(e)s, -e отрасль производства
produktív <lat.> *a* продуктивный, производительный
Produktivität [-vi-] <lat.-fr.> *f* - продуктивность, производительность
Produktív‖kräfte *pl эк.* производительные силы
Produzént <lat.> *m* -en, -en *эк.* производитель
produzieren <lat.> **I** *vt* производить *(товары)*; **II ~, sich** *разг.* демонстрировать [показывать] своё умение; проявлять себя

Profanatión <lat.> *f* -, -en профанация, опошление, осквернение
Professionál <lat.> *m* -s, -e *спорт.* профессионал
professionéll <lat.-fr.> *a* профессиональный
Proféssor <lat.> *m* -s, -ssóren профессор
Professúr <lat.> *f* -, -en профессура
Profi *m* -s, -s *разг. спорт.* профессионал
Profíl <lat.-it.-fr.> *n* -s, -e профиль, вид сбоку
Profíl‖eisen *n* -s, - фасонное железо, фасонная [сортовая] сталь
profilíeren <it.-fr.> **I** *vt тех.* профилировать; **II ~, sich** *(zu* D) специализироваться, обозначить свой профиль *(в качестве кого-л.)*
Prófi‖mannschaft *f* -, -en *спорт.* команда профессионалов
Profít <lat.-fr.-niederl.> *m* -(e)s, -e выгода; прибыль; польза; **auf ~ aus sein . [bedacht sein]** гнаться за прибылью
profitábel <lat.-fr.> *a* прибыльный, выгодный
profitíeren <fr.> *vi (von* D) получать барыши, извлекать выгоду *(из чего-л.)*
profitlüstern *a* жаждущий наживы
Profítmacher *m* -s, - мастер лёгкой наживы
Profít‖rate *f* -, -n *эк.* норма прибыли
Profít‖sucht *f* - стремление к наживе
profórma <lat.> проформа, ради [для] соблюдения формы, для видимости
profúnd <lat.-fr.> *a* глубокий, основательный *(о знаниях и т. п.)*
Prognóse <gr.-lat.> *f* -, -n прогноз, предсказание, предвидение
Prográmm <gr.-lat.> *n* -s, -e **1.** программа *(руководящая линия)*; **2.** программа, план *(работы)*; **das stand nicht auf unserem ~** это не входило в наши планы; **3.** *театр.* программа; **auf das ~ setzen** включать в программу
prográmmäßig **I** *a* соответствующий программе; **II** *adv* по программе
programmátisch <gr.-lat.> *a* **1.** программный, основополагающий; **2.** согласно [по] программе
programmíeren <gr.-lat.> *vt* программировать, заниматься программированием
Prográmm‖vorschau *f* -, -en программа передач [постановок *и т. п.*] на ближайшее время
Progréß <lat.> *m* -sses, -sse прогресс
Progressión <lat.> *f* -, -en *мат.* прогрессия
progressív <lat.-fr.> *a* прогрессивный

Projékt <*lat.*> *n* -(e)s, -е проект, план; **ein ~ machen** составить проект
Projéktemacher *m* -s, - прожектёр
projektíeren <*lat.*> *vt* проектировать *(что-л.)*; составлять проект [план] *(чего-л.)*
Projektión <*lat.*> *f* -, en *мат.* проекция
Projektións‖apparat *m* -(e)s, -е проекционный аппарат
Projektións‖ebene *f* -, -n *мат.* плоскость проекции
Projektións‖(lein)wand *f* - (проекционный) экран
projizíeren <*lat.*> *vt* **1.** проектировать *(что-л.)*, намечать план *(чего-л.)*; **2.** проектировать, показывать что-л. проекционным аппаратом; **3.** *мат.* проектировать, чертить проекцию
Proklamatión <*lat.*> *f* -, -en прокламация, провозглашение, торжественное объявление
proklamíeren <*lat.-fr.*> *vt* обнародовать, (торжественно) объявлять, провозглашать
Pro-Kópf-Verbrauch *m* -(e)s потребление на душу населения
Prokrústesbett *n* -(e)s прокрустово ложе
Prokúra <*lat.*> *f* - *ком.* доверенность, полномочие; **in ~** по доверенности
Prokuríst <*lat.-it.*> *m* -en, en доверенный *(фирмы)*
Proletariát <*lat.-fr.*> *n* -(e)s пролетариат
Proletári‖er <*lat.*> *m* -s, -; **~in** *f* -, -nen пролетарий, -рка
proletárisch <*lat.-fr.*> *a* пролетарский
Prológ <*gr.-lat.*> *m* -(e)s, -е пролог
Prolongatión <*lat.-fr.*> *f* -, -en продление, отсрочка; пролонгация
prolongíeren <*lat.-fr.*> *vt* продлевать; пролонгировать
Promenáde <*lat.-fr.*> *f* -, -n **1.** прогулка; **2.** бульвар, сквер
Prométheus <*gr.-lat.*> *m* - *миф.* Прометей
pro mille <*lat.*> на тысячу, с тысячи; промилле, тысячная доля *(какого-л. числа)*
prominént <*lat.*> *a* выдающийся, видный
Prominénz <*lat.*> *f* - видные [крупные] деятели [специалисты], авторитетные лица
Promotión <*lat.*> *f* - **1.** присуждение [получение] учёной степени (доктора); **2.** защита (докторской) диссертации; *см.* **Doktor**
promovíeren [-v-] <*lat.*> **I** *vt* присуждать учёную степень доктора *(кому-л.)*; **jmdn. zum Doktor der Rechte ~** присуждить кому-л. учёную степень доктора юридических наук; **II** *vi* **1.** получить учёную степень доктора; **2.** защитить докторскую диссертацию
prompt <*lat.-fr.*> **I** *a* **1.** аккуратный, точный; **2.** немедленный, быстрый; **II** *adv* немедленно, в срок, без задержки
Pronómen <*lat.*> *n* -s, -mina *грам.* местоимение
Pronominál‖adverb *n* -s, -i¦en *грам.* местоимённое наречие
Propagánda <*lat.*> *f* - пропаганда; **für etw. ~ treiben* [machen]** пропагандировать что-л.
Propagánda‖material *n* -(e)s, -i¦en пропагандистский материал
Propagánda‖tätigkeit *f* - пропагандистская деятельность
Propagandíst <*lat.*> *m* -en, -en пропагандист
propagandístisch <*lat.*> *a* пропагандистский
propagíeren <*lat.*> *vt* пропагандировать
Propéller <*lat.-engl.*> *m* -s, - *ав.* пропеллер; *мор.* гребной винт
Propéller‖schlitten *m* -s, - аэросани
Prophét <*gr.-lat.*> *m* -en, -en; **~in** *f* -, -nen пророк, -рочица
prophétisch <*gr.-lat.*> *a* пророческий
prophezéien <*gr.-lat.*> *vt* пророчить, предсказывать
Prophezéiung <*gr.-lat.*> *f* -, -en предсказание, пророчество
prophyláktisch <*gr.-lat.*> *a* профилактический
Prophyláxe <*gr.*> *f* -, -n профилактика
proponíeren <*lat.*> *vt* предлагать *(что-либо)*, вносить предложение *(о чём-л.)*
Proportión <*lat.*> *f* -, -en пропорция, соотношение
proportionál <*lat.*> *a* пропорциональный
proportioniert *a* пропорциональный, соразмерный
Propositión <*lat.*> *f* -, -en предложение
Prórektor <*lat.*> *m* -s, -tóren проректор
Prósa <*lat.*> *f* - **1.** проза; **2.** *перен.* проза, будничность
Prosá‖iker <*lat.*> *m* -s, - прозаик
prosá‖isch <*lat.*> *a* **1.** прозаический; **2.** банальный, прозаичный
prosit! <*lat.*> *int* на здоровье!; **~ allerseits!** за здоровье всех присутствующих!; **~ Neujahr!** с Новым годом!; **~ Mahlzeit!** 1) приятного аппетита!; на (доброе) здоровье!; 2) *ирон.* вот тебе и на!
Prosit <*lat.*> *n* -s, -s здравица, тост
Prospékt <*lat.*> *m* -(e)s, -е **1.** вид, перспектива; **2.** проспект *(прейскурант,*

рекламное объявление); **3.** проспект (улица)
prosperieren <lat.-fr.> vi процветать; благоденствовать (разг., уст.)
Prosperität <lat.-fr.> f - процветание
prost см. prosit
prostituíeren <lat.-fr.> vi, vt проституировать
Prostituíerte <lat.-fr.> subst f -n, -n проститутка
Prostitutión <lat.-fr.> f - проституция
Protegé [-'ʒe:] <lat.-fr.> m -s, -s протеже, ставленник
protegíeren [-'ʒi:] <lat.-fr.> vt протежировать, оказывать протекцию (кому-л.)
Protektión <lat.-fr.> f -, -en протекция
Protektorát <lat.> n -(e)s, -e протекторат
Protektorát Böhmen und Mähren n -s протекторат над Чехией и Моравией (объявлен Гитлером 16.03.1939 после противозаконной оккупации Чехословакии фаш. войсками)
Protést <lat.-it.> m -es, -e протест, возражение; ~ **einlegen [einreichen]** (bei D) заявить протест (в письменной форме) (кому-л., где-л.); ~ **erheben*** (gegen A) протестовать (против чего-л.)
Protést‖aktion f -, -en акт [демонстрация] протеста
Protestánt <lat.> m -en, -en; ~**in** f -, -nen рел. протестант, -ка
protestántisch <lat.> a рел. протестантский
Protestantísmus <lat.> m - рел. протестантизм, протестантство
protestíeren <lat.-it.> vi протестовать
Prothése <gr.> f -, -n протез
Protokóll <gr.-lat.> n -s, -e протокол; акт; **das ~ führen** вести протокол; **ein ~ aufnehmen*** составить протокол; **etw. zu ~ geben*** занести что-л. в протокол, запротоколировать что-л.; **Chef des ~s** заведующий протокольным отделом
protokollárisch <gr.-lat.> a с занесением в протокол
Protokóll‖führer m -s, -; ~**in** f -, -nen протоколист, секретарь совещания
protokollíeren <gr.-lat.> vt вести протокол (чего-л.); вносить в протокол
Próton <gr.> n -s, -tónen физ. протон
Protoplásma <gr.-lat.> n -s биол. протоплазма
Prototýp <gr.-lat.> m, n -(e)s, -e прототип, первообраз
Protozóen <gr.> pl зоол. простейшие
Protuberánz <lat.> f -, -en протуберанец
Protz m -es/-en, -e/-en чванный [спесивый] человек

protzen vi (mit D) хвастаться, чваниться, кичиться (чем-л.)
protzenhaft см. protzig
protzig a спесивый, чванный, хвастливый
Proviánt [-'viant] <lat.-it.-fr.> m -(e)s, -e продовольствие, провиант
Proviant‖depot [-'viantde'po:] n -s, -s воен. продовольственный склад
Proviant‖lager [-'viant-] n -s, - продовольственный склад
Provínz [-'vints] <lat.> f -, -en **1.** провинция, область; **2.** провинция (местность, удалённая от крупных городов)
provinziéll <lat.-fr.> a провинциальный
Provínzler [-'vints-] m -s, - провинциал
Provisión [-vi-] <lat.-it.> f -, -en фин. комиссионные (деньги)
Provísor [-'vi:-] <lat.-it.> m -s, -só¦ren провизор, управляющий аптекой
provisórisch [-vi-] <lat.> I a временный; ~**e Regierung** временное правительство; II adv пока, на время
Provisórium [-vi-] <lat.> n -s, -ri¦en временная мера, временное состояние
Provokatéur [-voka'tø:r] <lat.-fr.> m -s, -tóren провокатор
Provokatión [-vo-] <lat.> f -, -en провокация
provokatórisch [-vo-] <lat.> a провокационный
provozíeren [-vo-] <lat.> vt провоцировать
Prozedúr <lat.> f -, -en процедура
Prozént <lat.-it.> n -(e)s, -e, с числ.- (знак %) процент; **den Plan um 50% übererfüllen** перевыполнить план на 50%; **die Spesen belaufen sich auf 30%** (накладные) расходы составляют 30%
Prozént‖rechnung f -, -en исчисление процентов
Prozént‖satz m -es, -sätze процент, процентная ставка
prozentuáll <lat.-it.> I a процентный; II adv в процентном отношении
Prozéß <lat.> m -sses, -sse **1.** процесс, ход развития; **2.** юр. процесс, судебное дело; **mit jmdm. einen ~ führen** судиться с кем-л.; **jmdm. den ~ machen** возбудить процесс [дело] против кого-л.; ◊ **mit jmdm. kurzen ~ machen** быстро расправиться с кем-л.
Prozéß‖führung f -, -en ведение дела
prozessíeren <lat.> vi (mit D) юр. судиться (с кем-л.)
Prozessión <lat.> f -, -en процессия, шествие

Prozéß‖recht n -(e)s юр. процессуальное право
Prozéß‖verfahren n -s, - судебная процедура
prüde <lat.-fr.> a 1. жеманный, чопорный; 2. щепетильный
prüfen I vt 1. проверять, испытывать, контролировать; тех. тж. опробовать; **jmdn. auf sein Wissen ~** проверять чьи-л. знания; 2. экзаменовать (in D по чему-л.); II **~, sich** проверять самого себя
Prüfer m -s, - 1. контролёр; испытатель; 2. экзаменатор
Prüfling m -(e)s, -e испытуемый; экзаменующийся
Prüf‖stein m -(e)s 1. тех. пробирный камень; 2. перен. пробный камень
Prüfung f -, -en 1. проверка, испытание, контроль; тех. тж. проба; **eine ~ vornehmen*** [**anstellen**] произвести проверку; 2. экзамен, испытание; **eine ~ ablegen** сдавать экзамен; **eine ~ bestehen*** выдержать экзамен
Prüfungs‖anforderungen pl экзаменационные требования
Prüfungs‖befund m -(e)s, -e результат испытания [проверки, экзамена]
Prügel m -s, - 1. палка; 2. pl побои; **eine Tracht ~** хорошая трёпка [взбучка]; **es regnete ~** удары так и сыпались
Prügeléi f -, -en драка, потасовка
Prügel‖knabe m -n, -n разг. козёл отпущения
prügeln I vt бить, колотить; **jmdn. zu Tode ~** избить кого-л. до смерти; II **~, sich** драться
Prunk m -(e)s роскошь, блеск, великолепие; **~ entfalten** блистать роскошью
prunken vi 1. блистать (роскошью); 2. (mit D) щеголять (чем.-л.)
prunkend a роскошный, пышный, великолепный
prunklos a простой, скромный
Prunk‖stück n -(e)s, -e драгоценность, роскошная вещь; перен. замечательный экземпляр, жемчужина
Prunk‖sucht f - 1. любовь [страсть] к роскоши; 2. тщеславие
prunkvoll a пышный, роскошный, великолепный
prusten vi фыркать, прыскать
Pruth m -s Прут (река, левый приток Дуная)
Psalm <gr.-lat.> m -(e)s, -en псалом
Psalter <gr.-lat.> m -s, - 1. псалтырь; 2. муз. гусли
Pseudonym <gr.-lat.> n -s, -e псевдоним

Pskow (n) -s Псков (обл. центр в РФ)
pst! int тс!
Psyche <gr.> f - 1. миф. Психея; 2. -, -n душа; психика
Psychiáter <gr.> m -s, - психиатр
Psychiatrie <gr.> f - психиатрия
psychiátrisch <gr.-lat.> a психиатрический
psychisch <gr.> a психический
Psychológe <gr.> m -n, -n психолог
Psychologie <gr.> f - психология
Psychopáth <gr.> m -en, -en психопат
Psychóse <gr.> f -, -n психоз
Pubertät <lat.> f - половая зрелость
Pubertäts‖zeit f - период полового созревания
Publikation <lat.-fr.> f -, -en публикация, опубликование
Publikum <lat.> n -s публика; **das breite ~** широкая общественность
publizieren <lat.-fr.> vt (о)публиковать
Publizist <lat.> m -en, -en публицист
Publizistik <lat.> f - публицистика
publizístisch <lat.> a публицистический
puckern vi разг. глухо колотить(ся)
Pudding <fr.-engl.> m -s, -e/-s пудинг
Pudel m -s, - пудель; ◊ **das ist des ~s Kern** погов. вот где собака зарыта
Pudel‖mütze f -, -n мохнатая шапка
pudelnaß a промокший до костей [до нитки]
Puder <lat.-fr.> m -s, - пудра
Puder‖dose f -, -n пудреница
pudern <lat.-fr.> I vt пудрить; II **~, sich** пудриться
Puder‖quaste f -, -n пуховка
Puder‖zucker m -s сахарная пудра
Puérto Rico [-kɔ] (n) -s Пуэрто-Рико (страна в Вест-Индии, в группе Больших Антильских о-вов)
Puff I m -(e)s, -e/Püffe толчок, удар; **Püffe austeilen** раздавать тумаки; **er hat seine Püffe weg** ему уже влетело, он своё получил
Puff II m -(e)s, -e 1. банкетка, пуфик; 2. буф (напр., у рукава); ◊ **~ machen** раздувать, преувеличивать (что-л.)
Puff III n, m -(e)s, -e публичный дом
puffen vt 1. дать тумака (кому-л.); перен. разг. подталкивать (кого-л. к каким-л. действиям); 2. произнести звук, похожий на выстрел; 3. взбивать (волосы); 4. украшать буфами (платье); ◊ **er schwindelt, daß es nur pufft** ≅ он врёт без зазрения совести
Puffer I m -s тех. буфер; амортизатор
Puffer II m -s, - оладья (картофельная)
puffig a пышный; (с) буфами

pullen vi *диал. мор.* грести
Pullóver [-vər] <*engl.*> m -s, - пуловер, джемпер
Puls <*lat.*> m -es, -e пульс; **jmdm. den ~ fühlen** щупать пульс у кого-л.
Puls‖ader f -, -n артерия
Puls‖frequenz f -, -en частота пульса
pulsieren <*lat.*> vi 1. биться, пульсировать; 2. *перен.* бить ключом
Puls‖schlag m -(e)s, -schläge биение пульса
Pult <*lat.*> n -(e)s, -e 1. пульт, пюпитр; кафедра; 2. *церк.* налой
Pulver [-fər/-vər] <*lat.*> n -s, - 1. порошок; **etw. zu ~ stoßen*** растолочь что-либо в порошок; 2. порох; **rauchloses ~** бездымный порох; **sein ~ trocken halten*** держать порох сухим, быть начеку
Pulver‖faß [-fər/-vər-] n -sses, -fässer бочка с порохом; **wie auf dem ~ sitzen*** *перен.* сидеть как на бочке с порохом, быть в опасности
pulverig [-fər-/-vər-] a порошкообразный
Pulver‖kammer [-fər-/-vər-] f -, -n пороховой погреб
pulvern [-fərn-/-vərn-] <*lat.*> I vt толочь, растирать в порошок; II vi стрелять
Pulver‖schnee [-fər-/-vər-] m -s рыхлый снег, крупа
Puma <*peruan.*> m -s, -s *зоол.* пума
Pump m -(e)s, -e *разг.* заём, кредит; **auf ~ nehmen* [leben]** брать [жить] в долг
Pumpe <*span.-port.*> f -, -n насос, помпа
pump(e)lig a неповоротливый
pumpen vt 1. качать (насосом), выкачивать; 2. (**bei, von** D) *разг.* занимать, одалживать, брать взаймы *(деньги у кого-л.)*
Pumpernickel m -s, - пумперниккель *(ржаной хлеб, без корки, из ржи грубого помола, со сладковатым привкусом)*
Pumphose f -, -n шаровары
Pumps [pʌmps] <*engl.*> pl туфли без шнуровки [без застёжек], лодочки
Pump‖station f -, -en водокачка; насосная станция
Punkt <*lat.*> m -(e)s, -e 1. точка; **einen ~ setzen [stellen, machen]** ставить точку; 2. *(в сочетании с указанием времени)* ровно, точно; **~ acht (Uhr)** ровно (в) восемь (часов); 3. точка *(географическая)*, место; 4. пункт, статья; **~ für ~, von ~ zu ~** по пунктам, пункт за пунктом, статья за статьёй; 5. момент, место; **den wunden ~ treffen*** затронуть больное место; задеть за живое; **ein dunkler ~ in seiner Vergangenheit** тёмное пятно в его прошлом; 6. *спорт.* очко; **~e buchen** вести счёт очкам; **~e holen** набирать очки; **jmdn. nach ~en schlagen*** победить кого-л. по очкам; 7. вопрос; **an einen kitzligen ~ kommen*** затронуть щекотливый вопрос; ◊ **das ist ein ~ für sich** это особая статья; **auf dem ~ sein [stehen*] etw. zu tun** намереваться что-л. сделать; **den ~ aufs i setzen** поставить точку над "i"
Punkt‖bewertung f -, -en *спорт.* оценка по очкам
punktíeren <*lat.*> vt отмечать пунктиром
punktíert <*lat.*> a 1. отмеченный [обозначенный] пунктиром; **~e Liniɉe** пунктир; 2. в крапинку
Punktíerung <*lat.*> f -, -en 1. обозначение пунктиром; 2. рисунок крапинками; крапинка
Punktión <*lat.*> f -, -en *мед.* пункция, прокол
pünktlich <*lat.*> I a пунктуальный, точный, аккуратный; II adv вовремя, точно, пунктуально, аккуратно
Pünktlichkeit f - точность, пунктуальность, аккуратность
Punkt‖sieg m -(e)s, -e победа по очкам
Punkt‖spiel n -(e)s, -e игра на первенство
punktweise adv по пунктам, по статьям
Punkt‖zahl f -, -en *спорт.* количество очков
Punsch <*engl.*> m -(e)s, -e пунш
Pupille <*lat.*> f -, -n зрачок
Puppe f -, -n 1. кукла; (**mit**) **~n spielen** играть в куклы; 2. манекен; 3. *зоол.* куколка; 4. копна *(снопов)*; ◊ **einfach ~!** просто прелесть!; **bis in die ~n** *разг.* чрезмерно; бесконечно; очень долго; **über die [alle] ~n** сверх (всякой) меры
Puppen‖film m -(e)s, -e мультипликационный фильм
puppenhaft I a кукольный; II adv как кукла
Puppen‖kind n -(e)s, -er кукла-голышка
puppern vi *разг.* трястись, дрожать; биться *(о сердце)*
pur <*lat.*> a чистый; **~es Gold** чистое золото; **~e Wahrheit** сущая [чистая] правда
Pürée <*lat.-fr.*> n -s, -s пюре
Purgativ n -s, -e слабительное (средство)
purgíeren <*lat.*> vt *мед.* очищать, слабить
Purismus <*lat.*> m - пуризм
Purist <*lat.*> m -en, -en пурист
Puritáner <*lat.-engl.*> m -s, -; **~in** f -, -nen *рел.* пуританин, -нка
puritánisch <*lat.-engl.*> a *рел.* пуританский

Púrpur <gr.-lat.> m -s **1.** пурпур; багрянец; **2.** пурпур (одежда кардинала, властелина)
purpurn <gr.-lat.> a из пурпура
purpurrot a пурпурный, багровый, багряный
purren vt мор. будить (на вахту)
Purzel‖baum m -(e)s, -bäume спорт. перелёт; ~ **schlagen*** кувыркаться
purzeln vi (s) лететь кувырком, падать
Pusán (n) -s Пусан (город в Юж. Корее)
pusseln vi разг. возиться (с чем-л.); корпеть (над чем-л.)
Puste f - разг. дыхание; **mir ging die ~ aus, mir verging die ~** я задыхался, у меня перехватило дух
Pustel <lat.> f -, -n (гнойный) прыщ, волдырь, пузырь
pusten vi **1.** тяжело дышать, пыхтеть, сопеть; **2.** дуть; **ins Feuer ~** дуть в огонь, раздувать (костёр); ◇ **ich puste dir was!** разг. нет уж, дудки!
put, put! int цып-цып!
Pute f -, -n индейка, индюшка
Puter m -s, - индюк; **rot wie ein ~** ≅ красный как рак
puterrot a багровый, красный как рак
Putsch m -(e)s, -e путч
putschen I vi производить путч; II vt разг. травить
Putte f -, -n **1.** девочка-подросток; **2.** иск. фигурка ребёнка [ангелочка]
Putto m -s, Putti/Putten иск. см Putte 2.
Putz m -es, -e **1.** наряд, убор, убранство; **2.** штукатурка
putzen I vt **1.** чистить, убирать (комнату); **sich** (D) **die Nase ~** сморкаться; **jmdm. die Nase ~** разг. задать взбучку кому-л.; **2.** чистить (овощи); **3.** копать, убирать (корнеплоды и т. п.); **4.** штукатурить; **5.** наряжать; II **~, sich** наряжаться
Putz‖frau f -, -en уборщица
putzig a забавный, смешной
Putz‖lappen m -s, - тряпка (для чистки чего-л.)
Putzmacherin f -, -nen модистка
Putz‖mörtel m -s стр. штукатурный раствор
Putz‖sucht f - франтовство
Putz‖waren pl галантерея
Pygmäe <gr.-lat.> m -n, -n пигмей; карлик
pygmäenhaft, pygmä‖isch <gr.-lat.> a карликовый
Pyjama [pyˈdʒaːma] <engl.> m, n -s, -s пижама
pyramidál a <ägypt.-gr.-lat.> **1.** пирамидальный; **2.** разг. огромный, чрезмерный
Pyramíde <ägypt.-gr.-lat.> f -, -n пирамида
pyramídenförmig a в виде пирамиды
Pyrenäen pl Пиренеи (горная система на Ю.-З. Европы; служит границей между Францией и Испанией)
Pyrotéchnik <gr.-lat.> f - пиротехника
Pyrrhus‖sieg m -(e)s, -e пиррова победа
pythagoré‖isch <gr.> a: **~er Lehrsatz** мат. теорема Пифагора

Q

quábbelig a **1.** мягкий, студенистый; **2.** пухлый, мягкий; дряблый (о руках, щеках); **3.** безвкусный, пресный (о еде)
quábbeln vi разг. дрожать, колыхаться
quackelig a разг. **1.** брюзжащий; **2.** шатающийся (о человеке)
quáckeln vi разг. **1.** болтать вздор; **2.** брюзжать; **3.** хвастаться; **4.** шататься, идти шатаясь
quäckend a писклявый (о голосе)
Quacksalber <niederl.> m -s, - знахарь, шарлатан
quácksalbern vi заниматься знахарством, шарлатанить
Quaddel f -, -n мед. волдырь, папула
Quadrát <lat.> n -(e)s, -e квадрат; **eine Zahl ins ~ erheben*** мат. возвести число в квадрат
Quadrát‖inhalt m -(e)s, -e мат. площадь квадрата; квадратура
quadrátisch a квадратный
Quadrát‖maß n -es, -e квадратная мера
Quadrát‖meter n -s, - квадратный метр
Quadratúr <lat.> f -, -en квадратура; ◇ **die ~ des Kreises [des Zirkels]** квадратура круга; перен. неразрешимая задача
Quadrát‖wurzel f -, -n мат. квадратный корень; **die ~ aus einer Zahl ziehen*** извлечь квадратный корень числа
quadríeren vt **1.** мат. возводить в квадрат; **2.** придавать четырёхугольную форму (чему-л.)
Quadríga <lat.> f -, -gen ист. квадрига
Quadrinóm <lat.> n -s, -e четырёхзначное число, четырёхчлен
quaken vi пищать, крякать
quäken vi пищать, визжать
Qual f -, -en мучение, мука; **schöpferische ~en** муки творчества

quälen I *vt* мучить; терзать, удручать, томить; **jmdn. zu Tode ~** замучить до смерти кого-л.; **jmdn. bis aufs Blut ~** истязать кого-л.; II **~, sich** мучиться, терзаться, томиться; **er quälte sich lange mit diesem Auftrag** он долго мучился над этим поручением

quälend *a* мучительный; томительный, удручающий

qualenreich *a* полный мучений, мучительный

Quäler *m* -s, - мучитель

Quälerei *f* -, -en мучение

Quälgeist *m* -es, -er *разг.* мучитель, -ница

Qualifikation <*lat.-fr.*> *f* -, -en квалификация, аттестация

Qualifikations‖attest *n* -es, -e аттестационное свидетельство, аттестация

qualifizieren <*lat.-fr.*> I *vt* 1. квалифицировать, аттестовать; 2. повышать (*чью-либо*) квалификацию; II ~, **sich** 1. повышать свою квалификацию; 2. *спорт.* выполнять квалификационные нормы; 3. *спорт.* выиграть полуфинальные соревнования; выйти в следующий раунд (*zu* D) соревнований

qualifiziert *a* квалифицированный; **~er Diebstahl** *юр.* кража со взломом; **~e Mehrheit** квалифицированное большинство (*при голосовании*); **ein ~es Studium** занятия на высоком уровне

Qualifizierung <*lat.-fr.*> *f* -, 1. квалификация; 2. повышение квалификации

Qualität <*lat.*> *f* -, -en 1. качество, свойство; 2. качество, достоинство

qualitativ <*lat.*> I *a* 1. качественный; **ein ~er Sprung** *филос.* качественный скачок; 2. качественный, лучший; II *adv* по качеству, качественно, в качественном отношении

Qualitäts‖arbeit *f* -, -en высококачественная [отличная] работа

Qualitäts‖erzeugnis *n* -ses, -se высококачественный продукт, изделие высокого качества

qualitätsgerecht *a* соответствующий установленному качеству

Qualitäts‖verbesserung *f* -, -en повышение [улучшение] качества

Qualitäts‖ware *f* -, -n товар высокого [отличного] качества

Qualle *f* -, -n медуза

Qualm *m* -(e)s (густой) дым, чад

qualmen I *vi* дымить, чадить; II *vt разг.* дымить (*папиросой и т. п.*); ◊ **bei dem qualmt's!** *разг.* он вне себя от злости, он рвёт и мечет

qualmig *a* дымный, чадный; коптящий

qualvoll *a* мучительный

Quant <*lat.*> *n* -(e)s, -en *физ.* квант

Quanten‖mechanik *f* - квантовая механика

Quantität <*lat.*> *f* -, -en количество

quantitativ <*lat.*> I *a* количественный; II *adv* по количеству, в количественном отношении

Quantum <*lat.*> *n* -s, -ten/-ta количество, масса

Quappe *f* -, -n 1. налим; 2. головастик

Quarantäne [karā-/karan-] <*lat.-fr.*> *f* -, -n карантин; **in ~ liegen*** находиться [быть] под карантином; **~ halten*** соблюдать карантин

Quark <*poln.-sorb.-tschech.*> *m* -(e)s 1. творог; 2. *разг.* чепуха; **sich in jeden ~ mischen** совать повсюду свой нос; **sich um jeden ~ kümmern** обращать внимание на всякую ерунду

quarkig *a* творожный

Quark‖kuchen *m* -s, - творожник

Quart I <*lat.*> *n* -(e)s *полигр.* четвёртая доля, четверть (листа)

Quart II <*lat.*> *f* -, -en кварт (*фехтование*)

Quart III <*lat.-fr.-engl.*> *n* -(e)s, -e с числ. - четверть (*англ. и амер. мера жидкостей*)

Quartál <*lat.*> *n* -s, -e квартал (*часть города*)

quartál(s)mäßig *a* квартальный

quartál(s)weise *adv* поквартально

Quarte <*lat.*> *f* -, -n *муз.* кварта

Quartétt <*lat.-it.*> *n* -(e)s, -e *муз.* квартет

Quartíer <*lat.-fr.*> *n* -s, -e 1. квартира; **bei jmdm. ~ nehmen*** снимать у кого-л. квартиру; **jmdn. ins ~ nehmen*** взять кого-л. на квартиру; 2. *воен.* квартира, постой; **~ machen [nehmen*]** расквартироваться; **in ~ liegen* [stehen*]** стоять на квартире, быть на постое; **die Truppen ins ~ weisen*** расквартировать войска, ставить войска на постой

Quarz <*tschech.-poln.*> *m* -es, -e *мин.* кварц

quarzig *a* кварцевый

Quarz‖lampe *f* -, -n кварцевая лампа

quasen *vi* 1. кутить; 2. болтать; 3. сетовать

quasi <*lat.*> *adv* как будто, как бы, так сказать

Quasseléi *f* -, -en (пустая) болтовня

quasseln *vi* болтать вздор, судачить

Quast *m* -es, -e 1. (широкая) кисть; пучок; 2. *церк.* кропило

Quáste *f* -, -n кисть, кисточки (*украшения*)

quatsch! I *int разг.* шлёп!, бац!, хлоп!
quatsch II *a разг.* вздорный; **~es Zeug** вздор
Quatsch *m* -es *разг.* вздор, чепуха, ерунда, болтовня; **mach nicht solchen ~!** не говори ерунду!
quatschen *vi разг.* болтать ерунду [вздор]
Quatsch‖kopf *m* -(e)s, -köpfe *разг.* болтун
queck *a* живой, проворный
Quecke *f* -, -n *бот.* пырей
Queck‖silber *n* -s ртуть; **er hat ~ im Leib** он живчик [непоседа, егоза]
quecksilberhaltig *a* содержащий ртуть
quecksilberig *a* подвижный как ртуть
quecksilbern *a* ртутный
Quecksilber‖salbe *f* -, -n ртутная мазь
Quecksilber‖säule *f* -, -n ртутный столб *(термометра)*
Quelle *f* -, -n 1. ключ, родник, источник, ручей; 2. *перен.* источник; первоисточник; **aus erster ~** из первоисточника
"Quelle" *f* - "Квэлле" *(рекламный журнал в ФРГ с каталогом товаров, реализуемых торговой фирмой "Гросферзандхаус Квэлле Густав Шиккеданц КГ")*
quellen I *vi* (s) 1. бить ключом [фонтаном]; течь, литься *(ручьём)*; **Tränen ihr aus den Augen** слёзы льются у неё из глаз; 2. набухать, разбухать; вздуваться *(о жилах, реке)*; **mir quoll der Bissen im Munde** у меня кусок стал комом в горле; II *vt* размачивать, мочить *(семена, рыбу и т. п.)*
Quellen‖angabe *f* -, -n указание источников, список литературы, библиография
Quellen‖forschung *f* -, -en исследование (перво)источника
quellenmäßig *a* по (перво)источникам; подлинный, аутентичный, достоверный
Quellen‖studium *n* -s, -di|en изучение (перво)источников
Quéndel *m* -s, - *бот.* чабрец
Quengeléi *f* -, -en 1. нытьё; причитание; 2. придирчивость
quengelig *a* 1. вечно недовольный; ноющий; 2. придирчивый
Quéngler *m* -s, - 1. нытик; 2. придира
quer I *a* поперечный; II *adv* поперёк; **~ über die Straße gehen*** пересечь улицу; **~ gehen*** не удаваться; не ладиться; ◇ **~ im Kopf sein** *разг.* быть взбалмошным
querab *adv* 1. в сторону; 2. *мор.* по траверзу
Quer‖balken *m* -s, - поперечная балка
Quer‖baum *m* -(e)s, -bäume перекладина
querdurch *adv* поперёк
Quere *f* - поперечное направление; *тех.* поперечное сечение; **etw. nach der ~ [der ~ nach] durchschneiden*** разрезать что-л. поперёк; **jmdm. in die ~ kommen*** становиться кому-л. поперёк дороги; **jmdm. in die ~ laufen*** попадаться кому-л. на глаза
Queréle <*lat.*> *f* -, -n 1. жалоба; 2. ссора
queren *vt* пересекать *(что-л.)*, переходить *(через что-л.)*
querfeldein *adv* напрямик, через поле
Quer‖flöte *f* -, -n поперечная флейта
Quer‖gasse *f* -, -n переулок
quergestreift *a* в косую полоску
Quer‖kopf *m* -(e)s упрямец, упрямая голова
Quer‖pfeife *f* -, -n *см.* Quérflöte
Quer‖säge *f* -, -n поперечная пила
Quer‖schnitt *m* -(e)s, -e профиль, поперечный разрез
Quer‖straße *f* -, -n поперечная улица
Quer‖strich *m* -(e)s, -e поперечная черта; **jmdm. einen ~ durch etw. (A) machen** сорвать чьи-л. планы
Quer‖treiber *m* -s, - интриган
Quer‖treiberei *f* -, -en интриги, происки
querüber *adv* наискось
Querulánt <*lat.*> *m* -en, -en кляузник
Quer‖verbindung *f* -, -en *воен.* связь по фронту
Quer‖wand *f* -, -wände 1. поперечная стена; перегородка; 2. *бот.* перегородка
Quetsche *f* -, -n *тех.* 1. тиски, зажим; 2. пресс; 3. дробилка, плющилка, мялка
quetschen I *vt* 1. давить; мять; **etw. breit ~** расплющивать что-л.; **etw. weich ~** мять что-л. до мягкого состояния; 2. прищемить, отдавить; **sich (D) einen Finger ~** прищемить палец; 3. придавливать, прижимать; 4. контузить; II **~, sich** толкаться; находиться в тесных условиях
Quetschung *f* -, -en контузия, ушиб
Queue <*lat.-fr.*> [kø:] *n* -s, -s кий *(бильярдный)*
quick *a* живой, проворный
Quick *m* -(e)s ртуть
quiecken, quieksen, quietschen *vi* пищать; визжать; скрипеть
quicklebendig *a* очень живой, полный жизни
Quinte <*lat.*> *f* -, -n *муз.* квинта
Quintessénz <*lat.*> *f* -, -en квинтэссенция, сущность
Quintétt <*lat.-it.*> *n* -(e)s, -e *муз.* квинтет

Quirl *m* -(e)s, -e **1.** мутовка, мешалка; **2.** *перен.* непоседа
quirlen I *vt* взбалтывать, взбивать, мешать; II *vi*: der Rauch quirlt aus dem Schornstein дым клубится из трубы
Quito [ˈkiːto] *(n)* -s Кито *(столица Эквадора)*
quitsch(e)naß *a разг.* промокший до костей
quitt <*lat.-fr.*> *adv* квит(ы); ~ **werden** расквитаться
Quitte *f* -, -n айва
quittengelb *a* цвета айвы, оранжево-жёлтый
quittíeren <*lat.-fr.*> *vt* **1.** *тж. vi* (*über* A) расписываться (*в получении чего-л.*); **2.**: **den Dienst ~** уволиться со службы; **sein Amt ~** уйти с занимаемой должности
Quittung <*lat.-fr.*> *f* -, -en **1.** квитанция, расписка; **eine ~ ausstellen** выдать квитанцию; **2.** ответ, расплата
quoll *impf от* quellen
Quóte <*lat.*> *f* -, -n *эк.* квота, доля
Quotiｅnt <*lat.*> *m* -en, -en *мат.* частное (*при делении*)
quotíeren <*lat.*> *vt* вводить квоты, квотировать, ограничивать
quo vadis? <*lat.*> *библ.* камо грядеши?, куда идёшь?

R

Rabát *(n)* -s Рабат (*столица Марокко*)
Rabátt <*lat.-it.*> *m* -(e)s, -e скидка (*с цены*), рабат; **~ geben*** предоставлять скидку
Rabbíner <*hebr.-gr.-lat.*> *m* -s, - раввин
Rabe *m* -n, -n **1.** ворон; **gefräßig wie ein ~** очень прожорливый; **er stiehlt wie ein ~** он крадёт всё, что попало; ◊ **alt wie ein ~** очень старый
Raben‖aas *n* -es, -äser *бран.* сволочь; падаль; висельник
Raben‖eltern *pl* жестокие [плохие] родители
Raben‖krähe *f* -, -n ворона
Raben‖mutter *f* -, -mütter жестокая мать
rabenschwarz *a* иссиня-чёрный, чёрный как смоль
Raben‖vater *m* -s, -väter жестокий отец
rabiát <*lat.*> *a* свирепый, взбешённый, яростный

Rache *f* - месть; **aus ~** из мести; **aus ~ für** (A) в отместку за (*что-л.*); **~ schwören** клясться отомстить; **~ nehmen*** (*an* D) отомстить (*кому-л.*); ◊ **~ über den Verräter!** месть предателю!, предателю по заслугам!
Rache‖durst *m* -es жажда мести
rachedurstig *a* жаждущий мести
Rachel Рахель *(жен. имя)*
Rachen *m* -s, - **1.** пасть (*хищника*); **jmdm. etw. aus dem ~ reißen*** *перен. разг.* вырвать у кого-л. что-л из горла [из пасти]; **jmdn. aus dem ~ des Todes erretten** вырвать кого-л. из лап смерти; **2.** *анат.* зев; глотка
rächen *vt* (*an jmdm.*) (ото)мстить (*за кого-л., за что-л.*); **er rächte am Feind den Tod des Freundes** он отомстил врагу за смерть друга
Rachen‖bräune *f* - *мед.* ангина
Rachen‖höhle *f* -, -n *анат.* зев, полость зева
Rachen‖mandel *f* -, -n *анат.* глоточная миндалина
Rächer *m* -s, -; **~in** *f* -, -nen мститель, -ница
rachgierig *a* мстительный, жаждущий мести
Rachítis <*gr.-lat.*> *f* - рахит
rachítisch <*gr.-lat.*> *a* рахитичный
Rach‖sucht *f* - мстительность
rachsüchtig *a* мстительный
Racke *f* -, -n **1.** галка; **2.** грач
Racker *m* -s, - **1.** *уст.* живодёр, мучитель; **2.** *разг.* плут; сорванец, шалун
rackern, sich мучиться, надрываться (*над работой*)
Racket [ˈrɛkət] <*engl.-amerik.*> *n* -s, -s рэкет; гангстерская банда шантажистов
Rad *n* -(e)s, Räder **1.** колесо; *тех.* ротор; диск; ◊ **fünftes ~ am Wagen sein** быть пятым колесом в телеге; ◊ **bei ihm fehlt ein ~** у него не все дома, он свихнулся; **ein ~ schlagen*** 1) кувыркаться; 2) *перен.* ходить колесом, быть вне себя (*от радости*); **2.** велосипед; **~ fahren*** ездить на велосипеде; **3.** хвост птицы (*веерообразный*); **das ~ schlagen*** распускать хвост (*о павлине, индюке*)
Radár <*engl.-amerik.*> *m, n* -s, -s **1.** радар; **2.** радиолокация
Radár‖backe *f* -, -n радиолокационный маяк
Radár‖beobachter *m* -s, - оператор радиолокационной станции
Radár‖bild *n* -(e)s, -er изображение на экране радиолокатора
Radár‖ortung *f* -, -en радиолокация, оп-

ределение с помощью радиолокационных средств
Radár‖zielgerät *n* -(e)s, -e радиолокационный прицел
Radár‖zünder *m* -s, - *воен.* радиолокационный взрыватель
Radáu *m* -s шум, скандал, дебош
Radáu‖bruder *m* -s, -brüder; **~macher** *m* -s, - буян, скандалист
Rad‖belastung *f* - *тех.* нагрузка на колесо
Rad‖dampfer *m* -s, - колёсный пароход
ráde‖brechen *vt* коверкать язык, говорить на ломаном языке; **er radebricht deutsch** он говорит на ломаном немецком языке
Radegund Радегунд *(жен. имя)*
Radegúnde Радегунда *(жен. имя)*
radeln *vi* (s, h) ездить на велосипеде
Rädelsführer *m* -s, - зачинщик; атаман, вожак, заправила
Räder‖getriebe *n* -s, - колёсная [зубчатая] передача, зубчатый привод
Räder‖kasten *m* -s, -/-kästen *тех.* коробка скоростей
rädern *vt* *ист.* колесовать; **er fühlte sich [ist] ganz gerädert** он совершенно разбит
Räder‖werk *n* -s, -e колёсный передаточный механизм
rad‖fahren* *vi* (s) ездить на велосипеде
Rad‖fahrer *m* -s, -; **~in** *f* -, -nen велосипедист, -ка
Rad‖fahrweg *m* -(e)s, -e велосипедная дорожка
Rad‖felge *f* -, -n обод колеса
Rad‖fernfahrt *f* -, -en велопробег
radiál <*lat.*> *a* радиальный
Radiatión <*lat.*> *f* - *физ.* излучение, радиация; **eindringende ~** проникающая радиация
Radiátor <*lat.*> *m* -s, -tóren радиатор *(отопления)*
radíeren <*lat.*> *vt* 1. стирать *(написанное)*; 2. гравировать *(на меди)*
Radíerer <*lat.*> *m* -s, - гравёр
Radier‖gummi *m* -s, -/-s резинка *(для стирания)*
Radíerung <*lat.*> *f* -, -en гравюра; офорт
Radíes|chen <*lat.-fr.*> *n* -s, - редиска
radikál <*lat.-fr.*> *a* радикальный; коренной, решительный
Radikál <*lat.-fr.*> *n* -s, -e 1. *хим.* радикал; 2. *мат.* радикал, корень
Radikal-Demokratische Partei der Schweiz *f* - Радикально-демократическая партия Швейцарии *(представляет интересы монополистического и банковского капитала)*

Radio <*lat.*> *n* -s, -s радио, радиовещание; **in ~** по радио; **das ~ abstellen** выключать радио (-приёмник)
radioaktív <*lat.*> *a* радиоактивный; **~e Strahlung** радиоактивное излучение
Radio‖aktivität [-vi-] <*lat.*> *f* - радиоактивность
Radio‖ansager *m* -s, - диктор (на) радио
Radio‖apparat *m* -(e)s, -e (радио)приёмник
Radio‖frequenz *f* -, -en радиочастота
Radio‖gerät *n* -(e)s, -e 1. радиоприёмник; радиоустановка; рация; 2. радиооборудование
Radio‖röhre *f* -, -n радиолампа
Radio‖welle *f* -, -n радиоволна
Radium <*lat.*> *n* -s радий *(металл)*
Radius <*lat.*> *m* -, -di|en 1. радиус; 2. *анат.* лучевая кость
Radix <*lat.*> *f* -, -dizes 1. *мат.* корень; 2. целебный корень
Radizes *pl* от Radix
radizíeren *vt* *мат.* извлекать корень *(из какого-л. числа)*
Rad‖kasten *m* -s, -/-kästen зубчатый механизм
Rad‖kranz *m* -es, -kränze обод колеса
Rad‖nabe *f* -, -n ступица колеса
Radolf, Radulf Радольф, Радульф *(муж. имя)*
Rad‖reifen *m* -s, - бандаж, шина
Rad‖rennbahn *f* -, -en велодром
Rad‖rennen *n* -s, - велосипедные гонки
rad|schlagen* *vi* кувыркаться, ходить колесом
Rad‖schuh *m* -(e)s, -e колёсный башмак
Rad‖speiche *f* -, -n колёсная спица
Rad‖sport *m* -(e)s велоспорт
raffeln I *vt* 1. чесать *(лён)*; II *vi* трещать, издавать треск *(о трещотке)*; 2. *разг.* трещать, болтать
raffen I *vt* 1. собирать, подбирать; **das lange Kleid ~** подбирать длинное платье; 2.: **etw. an sich ~** захватывать, присваивать что-л.; II **~, sich** вскакивать *(со своего места)*
Raffer *m* -s, - рвач, любитель наживы, хищник
Raff|gier *f* - жадность; рвачество
raffgierig, raffig *a* жадный, рваческий; хищник
Raffináde <*lat.-fr.*> *f* - рафинад
Raffinerie <*fr.*> *f* -, -ri|en 1. (сахаро)рафинадный завод; 2. нефтеперегонный завод; 3. рафинирование, очищение
Raffinésse <*fr.*> *f* -, -n 1. изысканность; 2. коварство; хитрость
raffiníeren <*fr.*> *vt* рафинировать, очищать

raffiniert ⟨*fr.*⟩ *a* **1.** рафинированный, очищенный; **2.** изысканный, утончённый; изощрённый; **3.** коварный, хитрый

Raffiniertheit *f* -, -en *см.* Raffinesse

Raffke *m* -/-s, -s *разг. уст.* выскочка, разбогатевший спекулянт

Raff‖zahn *m* -(e)s, -zähne *зоол.* клык

Rage [-ʒə] ⟨*lat.-fr.*⟩ *f* - *разг.* ярость, неистовство; возбуждение; **in (der) ~ sein** быть вне себя *(от злости)*; неистовствовать

ragen *vi* **1.** возвышаться, выситься; **2.** торчать

Ragout [-'guː] ⟨*lat.-fr.*⟩ *n* -s, -s рагу

Rah(e) *f* -, -(e)n *мор.* рея

Rahel ['raːɛl] Раэль *(жен. имя)*

Rahm *m* -(e)s сливки **den ~ abschöpfen** 1) снимать сливки; 2) брать себе лучшую часть; **den ~ absetzen lassen*** дать отстояться молоку

Rahm‖butter *f* - сливочное масло

rahmen I I *vt* снимать сливки *(с молока)*; II *vi*: **die Milch rahmt** на молоке образуются сливки

rahmen II *vt* вставлять в раму

Rahmen *m* -s, - **1.** рам(к)а; **2.** станина; рама; **3.** предел, рамки; **sich im ~ halten*** держаться в рамках, не выходить за пределы *(дозволенного)*; **aus dem ~ fallen*** выходить из рамок, выходить за пределы *(дозволенного)*

Rahmen‖abkommen *n* -s, - типовое соглашение, общее соглашение

Rahmen‖konstruktion *f* -, -en *грам.* рамочная конструкция

Rahmen‖lieferungsabkommen *n* -s, - типовой договор по поставкам

Rahmen‖übungen *pl воен.* командно-штабные учения

Rahmen‖verband *m* -(e)s, -bände *воен.* кадровая часть

rahmig *a* жирный *(о молоке)*

Rahm‖käse *m* -s, - сливочный сыр

Raimund Раймунд *(муж. имя)*

Rain *m* -(e)s, -e **1.** межа; **2.** опушка *(леса)*; **3.** пастбище

Rainer Райнер *(муж. имя)*

Rakéte ⟨*it.*⟩ *f* -, -n ракета; **eine tragende ~** ракета-носитель; **eine ~ abschießen*** (за)пустить ракету; **die bemannte ~** ракета с людьми на борту

Rakéten‖antrieb *m* -(e)s, -e ракетный двигатель

Rakéten‖geschoß *n* -sses, -sse ракетный снаряд

Rakéten‖waffe *f* -, -n реактивное [ракетное] оружие

Ralf Ральф *(муж. имя)*

ramassiert ⟨*fr.*⟩ *a* коренастый

Ramm *m* -(e)s, -e **1.** баран; **2.** таран

Ramm‖bär *m* -en, -en *тех.* баба *(копра)*; свайный молот

Ramme *f* -, -n **1.** копёр; **2.** *тех.* трамбовка

rammen *vt* **1.** забивать *(сваи)*; **2.** таранить

Rammler *m* -s, - **1.** самец кролика; самец зайца; **2.** баран

Rampe ⟨*fr.*⟩ *f* -, -n **1.** подъезд; площадка; сходни; **2.** товарная [грузовая] платформа; **3.** *театр.* рампа; **vor die ~ treten*** выйти на сцену; **das Licht der ~ erblicken** увидеть свет рампы, быть поставленным *(о спектакле)*

Rampen‖licht *n* -(e)s, -er свет рампы, огни рампы; **im ~** на сцене

ramponieren ⟨*lat.*⟩ *vt* **1.** повреждать; **2.** снашивать, изнашивать

ramponiert ⟨*lat.*⟩ *a* сильно повреждённый; **~es Prestige** [-ʒə] подмоченная репутация

Ramsch I *m* -es, -e товар низкого качества; брак; **im ~ kaufen** (дёшево) покупать оптом [гуртом, всё подряд]

Ramsch II ⟨*fr.*⟩ *m* -es, Rämsche **1.** рамс *(карточная игра)*; **2.** распасовка *(при игре в карты)*

ramschen *vt* (дёшево) покупать [продавать] оптом

Rand *m* -(e)s, Ränder край; предел; кромка; обрез; **am ~e das Grabes stehen*** стоять одной ногой в могиле; **ein Glas bis an den ~ [bis zum ~e] füllen** наполнить стакан [бокал] до краёв; **2.** рант *(обуви)*; **3.** кайма, окаймление; ободок; **er hatte dunkle Ränder um die Augen** у него были синие круги под глазами; **4.** поля *(книги, тетради)*; **am ~ notieren** сделать пометку на полях; **5.** опушка *(леса)*; ◊ **am ~e sein** *разг.* дойти до ручки; **etw. zu ~e bringen*** 1) закончить, завершить что-л.; 2) решиться на что-л.; **außer ~ und Band sein [geraten*]** расшалиться *(о детях)*; быть вне себя

randalieren *vi разг.* шуметь, буянить, скандалить

Rand‖bemerkung *f* -, -en примечание на полях

rändern *vt* **1.** делать зубцы *(на чём-л.)*; **2.** окаймлять *(что-л.)*

Rand‖gebiet *n* -(e)s, -e пограничная область

rang *impf om* ringen*

Rang ⟨*fr.*⟩ *m* -(e)s, Ränge **1.** ранг; звание; чин; **den gleichen ~ mit jmdm. ha-**

ben быть в одном звании [чине] с кем-л.; jmdm. den ~ streitig machen соперничать с кем-л.; ein Gelehrter von ~ учёный с именем; 2. степень, разряд; 3. *театр.* ярус

Rang||**abzeichen** *n* -s, - знак различия

Range *m* -n, -n; *f* -, -n озорник, -ница, шалун, -нья

rangenhaft *a* озорной, шаловливый

Rang||**erhöhung** *f* -, -en повышение в чине [звании]

Rangier||**bahnhof** [rã'ʒi:r-] *m* -(e)s, -höfe *ж.-д.* сортировочная станция

rangieren [rã'ʒi:-] <*fr.*> I *vt* 1. *ж.-д.* формировать, составлять *(поезда)*, сортировать *(вагоны)*; 2. размещать (по порядку); *воен.* выстраивать по ранжиру [по росту]; II *vi* занимать место *(по порядку, значению и т. д.)*; быть по рангу [званию] старше [младше] *(кого-л.)*; **an erster Stelle ~** занимать первое место *(по каким-л. показателям)*; III **~, sich** строиться по росту

Rangierung [rã'ʒi:-] <*fr.*> *f* -, -en 1. маневрирование, составление *(поездов)*; 2. размещение в определённом порядке

Rang||**liste** *f* -, -n 1. табель о рангах; 2. список лучших спортсменов

rangmäßig *a* по рангу, по чину, по званию

Rang||**ordnung** *f* -, -en порядок; субординация; иерархическая лестница

Rang||**stufe** *f* -, -n 1. чин, звание; класс; 2. степень

Rangún (*n*) -s Рангун *(столица Бирмы)*

rangweise *см.* rangmäßig

rank *a* гибкий; стройный; **~ und schlank** высокий и стройный

Ranke *f* -, -n усик *(ползучего растения)*

Ränke *pl* интриги, происки, козни; **~ schmieden [spinnen*]** строить козни; **hinter jmds. ~ kommen*** раскрыть чьи-либо козни

ranken I *vi* пускать усики *(о растениях)*; II **~, sich** *(um* A*)* виться, обвиваться *(вокруг чего-л.)*

rankenartig *a* вьющийся *(о растениях)*

Ränke||**schmied** *m* -(e)s, -e интриган

ränkesüchtig *a* интриганский

rankig *a см.* rankenartig

rann *impf от* rinnen*

rannte *impf от* rennen*

ranzen *vi* 1. прыгать, резвиться; 2. спариваться *(о животных)*

Ranzen *m* -s, - ранец, сумка; **den ~ packen** уложить вещи в ранец

ranzig <*lat.-fr.-niederl.*> *a* прогорклый, затхлый *(о масле и т. п.)*

Rapallovertrag 1922 *m* -es Рапалльский договор 1922 *(сов.-германский договор о восстановлении дипломатических и экономических отношений; подписан в Рапалло <Италия>)*

rapid(e) <*lat.-fr.*> *a* быстрый, стремительный; **mit ~er Geschwindigkeit** с молниеносной быстротой

Rapíer <*fr.*> *n* -s, -e рапира; эспадрон

Rappe *m* -n, -n лошадь вороной масти, вороной *(конь)*; ⋄ **auf Schusters ~n** *разг.* пешком, на своих двоих

Rappel I *m* -s, - *разг.* помешательство, дурь; приступ бешенства

Rappel II *f* -, -n 1. гребень (для чесания льна); 2. рашпиль

rappeldürr *a* тощий как жердь

rappelig *a разг.* помешанный; сумасбродный

rappeln I *vi* греметь, стучать; **bei ihm rappelt's (im Kopf)** *разг.* у него не все дома; II **~, sich** (быстро) вставать на ноги, подняться *(тж. перен.)*

rappeltrocken *a* пересохший

Rappen *m* -s, - раппен, швейцарский сантим *(разменная монета в Швейцарии, равная 1/100 швейцарского франка)*

Rapport <*fr.*> *m* -(e)s, -e 1. рапорт, доклад, донесение; **sich zum ~ melden** *воен.* прибыть с рапортом; 2. *текст.* раппорт

Raps *m* -es, -e *бот.* рапс

Raps||**öl** *n* -(e)s рапсовое масло

rar <*lat.-fr.*> *a* редкий; ⋄ **sich ~ machen** редко показываться

Rarität <*lat.-fr.*> *f* -, -en редкость

rasánt <*lat.-fr.*> *a* 1. *воен.* настильный (об артиллерийском огне); 2. бурный

rasch I *a* 1. быстрый, скорый; 2. проворный, расторопный; 3. горячий, вспыльчивый, нетерпимый; II *adv* 1. быстро, скоро; **die Arbeit geht ihm ~ von der Hand** работа у него спорится; 2. живо; горячо

rascheln *vi* шелестеть, шуршать; **das dürre Laub raschelt im Wind** ветер шелестит сухими листьями

Raschheit *f* - 1. быстрота, скорость; 2. живость, горячность

Rasen I *m* -s, - газон; трава, дёрн; **den ~ kurz halten*** подстригать газон

Rasen II *n* -s неистовство, бешенство, буйство; **zum ~ bringen*** доводить до бешенства

rasen *vi* 1. неистовствовать, буйствовать, бушевать; 2. (h, s) бешено мчаться; **von dannen ~** умчаться

rasend I *a* 1. неистовый, бешеный; буйный; 2. стремительный, бешеный, буйный *(о темпе)*; 3. *разг.* бешеный, головокружительный *(об успехе и т. п.)*; очень сильный, ужасный; **~e Schmerzen** ужасные боли; II *adv* 1. бешено, неистово; 2. *разг.* очень здорово [страшно, ужасно]; **er ist ~ eifersüchtig** он ужасно ревнив
Rasen‖platz *m* -es, -plätze лужайка
Rasen‖sprenger *m* -s, - устройство для поливки газонов
Raseréi *f* -, -en 1. неистовство, бешенство; 2. сумасбродный поступок; акт безумия; 3. *разг.* лихачество, опасная быстрая езда
Rasíer‖apparat *m* -(e)s, -e безопасная бритва
Rasíer‖creme [-'kre:m] *f* - крем для бритья
rasieren <*lat.-fr.*> I *vt* брить; II **~, sich** бриться; **sich ~ lassen*** бриться *(в парикмахерской)*
Rasíer‖klinge *f* -, -n лезвие безопасной бритвы
Rasíer‖messer *n* -s - бритва
Rasíer‖pinsel *m* -s, - помазок [кисть] для бритья
Rasíer‖zeug *n* -(e)s, -e бритвенный прибор
Räson [rɛ'zõ:] <*fr.*> *f* -1. разум, рассудок, благоразумие; **jmdm. ~ beibringen***, **jmdn. zur ~ bringen*** образумить, урезонить кого-л.; 2. довод
räsoníeren <*fr.*> *vi* 1. рассуждать; 2. громко [раздражённо] разговаривать; ругаться
Raspel *f* -, -n рашпиль
raspeln *vt* 1. обрабатывать рашпилем; 2. шинковать *(капусту)*
Rasse <*it.-fr.*> *f* -, -n раса; порода
Rasse‖hund *m* -(e)s, -e породистая собака
Rassel *f* -, -n трещотка
rasseln *vi* (h) греметь; звенеть; побрякивать; **mit dem Säbel ~** бряцать оружием; **der Prüfling ist gerasselt** *разг.* экзаменующийся провалился (с треском)
Rassen‖lehre *f* - расовая теория
Rassen‖vorurteil *n* -(e)s, -e расовый предрассудок
Rassen‖wahn *m* -(e)s расовый бред
Rasse‖pferd *n* -(e)s, -e породистая лошадь
Rasse‖vieh *n* -s породистый скот
rassig *a* породистый
rassisch *a* 1. расистский; 2. расовый
Rast *f* -, -en 1. отдых; передышка; привал; **~ machen** отдохнуть, сделать привал; 2. *тех.* упор, стопор

rasten *vi* отдыхать; делать привал; ◊ **rast' ich, so rost' ich** *посл.* ≅ под лежачий камень вода не течёт
Raster <*lat.*> *m* -s, - 1. *полигр.* сетка, растр; 2. *физ.* дифракционная решётка
rastlos I *a* неутомимый; II *adv* без отдыха
Rat I *m* -(e)s, Ratschläge, *реже* Räte совет *(указание)*; **bei jmdm. ~ holen** просить у кого-л. совета; **keinen ~ mehr wissen*** не знать как быть; **jmdm. mit ~ und Tat zur Seite stehen* [beistehen*]** помочь кому-л. словом и делом; ◊ **guter ~ kommt über Nacht** *посл.* ≅ утро вечера мудренее; **kommt Zeit, kommt ~** *погов.* поживём - увидим
Rat II *m* -(e)s, Räte 1. совет, совещание; **~ halten*, zu ~e gehen* [sitzen*]** держать совет, совещаться; заседать; 2. совет *(коллегиальный орган)*; **~ der Stadt** совет города; **der örtliche ~** местный совет; **der pädagogische ~** педагогический совет; **der Geheime ~** 3. советник; **der Geheime ~** тайный советник *(титул)*
Ratbert Ратберт *(муж. имя)*
Ratbot Ратбот *(муж. имя)*
Rate <*lat.-it.*> *f* -, -n 1. норма; 2. часть, доля; частичный платёж; **in ~n zahlen** платить в рассрочку
raten* I *vt* советовать, посоветовать; **sich (D) ~ lassen*** принять совет, слушаться совета; **sich (D) nicht ~ wissen*** не знать, что предпринять; **laß dir geraten sein!** это мой тебе (последний) совет
raten* II *vt* гадать, отгадывать, разгадывать
ratenweise *adv* в рассрочку
Raten‖zahlung *f* -, -en уплата в рассрочку
Ratfried Ратфрид *(муж. имя)*
Rat für Gegenseitige Wirtschaftshilfe (RGW) *m* -es Совет экономической взаимопомощи <СЭВ> *(межгосударственная экономическая организация стран бывшего социалистического лагеря; осн. в 1949, в 1991 распался)*
Ratgeber *m* -s, -; **~in** *f* -, -nen советчик, -чица
Rathard Ратхард *(муж. имя)*
Rat‖haus *n* -es, -häuser ратуша
Rathold Ратхольд *(муж. имя)*
Ratifikation <*lat.*> *f* -, -en ратификация
ratifizieren <*lat.*> *vt* ратифицировать
Ratio <*lat.*> *f* - разум; логическое мышление
Ration <*lat.-fr.*> *f* -, -en паёк; рацион; **die eiserne ~** неприкосновенный запас
rationál <*lat.*> *a* рациональный
rationalisieren <*lat.-fr.*> *vt* рационализировать

Rationalisierung <*lat.-fr.*> *f* -, -en рационализация
Rationalismus <*lat.-fr.*> *m* - рационализм
rationalístisch <*lat.-fr.*> *a* рационалистический
rationéll <*lat.-fr.*> *a* рациональный, целесообразный; экономический
ratiónenweise *adv* пайками; по частям; порциями
rationíeren <*lat.-fr.*> *vt* 1. устанавливать норму отпуска *(на что-л.)*; вводить карточки *(на продажу товаров)*; 2. точно распределять *(время и т. п.)*
Rationíerung <*lat.-fr.*> *f* -, -en 1. установление пайка; 2. карточная система
ratiónsweise *см.* ratiónenweise
Rätische Alpen *pl см.* Rhätische Alpen
rätlich *a* благоразумный, целесообразный
ratlos *a* растерянный, беспомощный, нерешительный
Ratlosigkeit *f* - беспомощность, растерянность; нерешительность
Ratmund Ратмунд *(муж. имя)*
Rätoromanen *pl* ретороманцы *(группа народов* <*романши, ладины, фриулы*> *в Швейцарии и Италии)*
ratsam *a* благоразумный, целесообразный, желательный
Ratsche *f* -, -n трещотка, храповой механизм; коловорот
Ratschlag *m* -(e)s, -schläge совет
rat|schlagen *vi* (*über* A) совещаться, советоваться *(о чём-л.)*
Ratschluß *m* -sses, -schlüsse решение, постановление
Rätsel *n* -s, - загадка; ~ **aufgeben*** загадывать загадки; **ein ~ lösen** отгадывать [разгадывать] загадки; **etw. in ~ hüllen** придавать чему-л. загадочную форму
rätselhaft *a* загадочный, непонятный
rätseln *vi* говорить загадками
Rats‖herr *m* -n, -en член муниципалитета
Ratskeller *m* -s, - "ратскеллер" *(винный погребок или ресторан, обычно при ратуше, славится своей кухней и выбором вин)*
Rats‖tagung *f* -, -en сессия совета
Ratte *f* -, -n крыса; ◊ **wie eine ~ schlafen*** ≅ спать как сурок; **eine ~ im Kopfe haben** *разг.* свихнуться *(на чём-л.)*
Ratten‖falle *f* -, -n крысоловка
Ratten‖gift *n* -(e)s, -e крысиный яд
Ratten‖könig *m* -(e)s, -e 1. клубок крыс; 2. клубок *(неприятностей)*
Ratten‖schwanz *m* -es, -schwänze 1. крысиный хвост; 2. *разг.* длинная очередь

rattern *vi* 1. грохотать, трещать; 2. *разг.* трещать, болтать
ratzekahl I *adv* 1. нагишом; 2. начисто; **alles ~ aufessen*** съесть всё до крошки; II *a* лысый, плешивый
Raub *m* -(e)s 1. грабёж, хищение; разбой; **an jmdm. einen ~ begehen* [verüben]** грабить кого-л., совершить ограбление; 2. награбленное, похищенное; добыча
Raub‖bau *m* -(e)s 1. *горн.* хищническая обработка *(земли)*; 2. хищническое отношение *(к чему-л.)*
rauben I *vt* 1. грабить, похищать; 2. лишать; **jmdm. das Leben ~** лишить кого-л. жизни; **jmdm. die letzte Hoffnung ~** лишить кого-л. последней надежды; II *vi* грабить, разбойничать
Räuber *m* -s, - 1. разбойник, грабитель; 2. *перен.* хищник
Räuber‖bande *f* -, -n шайка разбойников
Räuber‖geschichte *f* -, -n 1. сказка о разбойниках; 2. *pl* небылицы
Räuber‖höhle *f* -, -n (разбойничий) притон
räuberisch *a* 1. грабительский, разбойничий; 2. хищнический
räubern *vi* грабить, разбойничать
Raub‖fisch *m* -es, -e хищная рыба
Raub‖gesindel *n* -s *собир.* грабители, разбойники; банда [шайка] разбойников [грабителей]
raubgierig *a* хищный
Raub‖gut *n* -(e)s, -güter награбленное добро [имущество]
Raub‖krieg *m* -(e)s, -e захватническая война
Raub‖mord *m* -(e)s, -e убийство с целью грабежа
Raub‖mörder *m* -s, - бандит, разбойник *(убивающий с целью грабежа)*
Raub‖ritter *m* -s, - *ист.* рыцарь-разбойник
Raub‖tier *n* -(e)s, -e хищник, хищный зверь
Raub‖vogel *m* -s, -vögel хищная птица
Raub‖zug *m* -(e)s, -züge разбойничий набег
Rauch *m* -(e)s дым; **in ~ und Flammen aufgehen*** сгорать дотла; **der ~ beißt in die [in den] Augen** дым ест глаза; **nach ~ schmecken** отдавать дымом *(о пище)*
Rauch‖abzug *m* -(e)s, -züge дымоход
rauchen I *vt* курить; II *vi* дымить; дымиться; ◊ **er arbeitete, bis ihm der Kopf rauchte** он работал до одурения; **heute raucht's!** *разг.* будет баня!; сегодня будет жаркий денёк!

Rauchen *n* -s курение; ~ **verboten!** курить воспрещается!
Raucher *m* -s, - курильщик, курящий; (für) ~ для курящих *(надпись)*
Raucher‖abteil *n* -(e)s, -e купе для курящих
Räucher‖hering *m* -(e)s, -e копчёная сельдь
räucherig *a* 1. дымный; 2. закоптелый
räuchern *vt* 1. коптить; 2. окуривать
Räucherung *f* -, -en 1. копчение; 2. окуривание
Räucher‖ware *f* -, -n копчёности
Rauch‖fahne *f* -, -n столб дыма
Rauch‖fang *m* -(e)s, -fänge дымоход; ◇ etw. in den ~ schreiben* ≅ считать что-л. пропавшим; махнуть рукой на что-л.
Rauch‖fleisch *n* -es копчёное мясо
rauchig *a* дымный, пропитанный дымом; прокуренный; закоптелый; дымящийся
Rauch‖leder *n* -s замша
rauchlos *a* бездымный
Rauch‖pilz *m* -es, -e *воен.* грибовидное облако
Rauch‖säule *f* -, -n столб дыма
Rauch‖schleier *m* -s, - дымовая завеса
Rauch‖tabak *m* -(e)s, -e курительный табак
Rauch‖vorhang *m* -(e)s, -hänge *см.* Rauchschleier
Rauchware I *f* -, -n *(б. ч. pl)* меха, пушнина, пушной товар
Rauchware II *f* -, -n *(б. ч. pl) разг.* табачные изделия; курево
Rauchwerk *n* -(e)s *см.* Rauchware I
Rauch‖wolke *f* -, -n клубы дыма
Räude *f* -, -n парша; короста; чесотка; лишай
räudig *a* паршивый; шелудивый; чесоточный
rauf *разг.* = herauf
Raufbold *m* -(e)s, -e *разг.* буян, забияка
Raufe *f* -, -n кормушка, ясли
raufen I *vt* 1. выдёргивать, рвать; **sich** (D) **die Haare** ~ рвать на себе волосы; **jmdn.** ~ трепать кого-л. за волосы; 2. трепать, теребить *(коноплю, лён)*; II *vi* драться; III ~, **sich** драться, ссориться, браниться
Rauferéi *f* -, -en драка, потасовка
rauflustig, raufsüchtig *a* драчливый
rauh *a* 1. шероховатый, шершавый; неровный *(о дороге)*; 2. хриплый, сиплый *(о голосе)*; 3. грубый, резкий; суровый; ~**es Klima** суровый климат; ◇ **mit** ~**er Hand anfassen** круто обойтись; 4. грубый, необработанный, сырой; **die** ~**e**

Arbeit грубая работа
Rauh‖bein *n* -(e)s, -e *разг.* неотёсанный человек, грубиян
Rauheit *f* - 1. шершавость, шероховатость 2. грубость, суровость, резкость; 3. хриплость, сиплость *(голоса)*
rauhen I *vt текст.* ворсовать, начёсывать; II *vi* линять *(о птицах)*
Rauh‖futter *n* -s сухой фураж
rauhhaarig *a* жесткошёрстный
Rauh‖reif *m* -(e)s изморозь, иней
Raum *m* -(e)s, Räume 1. пространство; **luftleerer** ~ безвоздушное пространство; 2. пространство, расстояние; 3. место; **für etw.** ~ **finden*** находить место для чего-л.; **einem Gedanken** ~ **geben*** допустить какую-л. мысль; **(seinen) Bedenken** ~ **geben*** сомневаться в чём-либо; 4. помещение, площадь; 5. *мор.* трюм; 6. ёмкость, вместительность; 7. район, местность, зона; **im** ~ **von Berlin** в районе Берлина
Raum‖anzug *m* -(e)s, -züge космический скафандр
Raum‖ausgestaltung *f* -, -en оформление помещения
Raum‖bild *n* -(e)s, -er стереоснимок, стереоскопическое [пространственное] изображение
räumen I *vt* 1. убирать *(комнату)*; 2. вынимать; убирать, уносить *(мусор)*; 3. отодвигать, отстранять, устранять; **etw. beiseite** ~ отодвинуть (в сторону) что-либо; **Hindernisse aus dem Weg** ~ устранять препятствия с пути; 4. освобождать, очищать *(помещение и т. п. от людей)*; **das Schlachtfeld** ~ уйти с поля битвы, отступить; 5. *мор.* тралить; II *vi* рыться; **in [unter] Papieren** ~ рыться в бумагах
Raum‖fahrer *m* -s, - космонавт
Raum‖fahrt *f* 1. - космонавтика; 2. -, -en космический полёт
Raum‖film *m* -(e)s, -e *см.* Raumkino
Raum‖flieger *m* -s, - (лётчик-)космонавт
Raum‖flugbahn *f* -, -en траектория космического полёта
Raum‖flugkörper *m* -s, - космический летательный аппарат
Raum‖inhalt *m* -(e)s объём; ёмкость
Raum‖kino *n* -s объёмное кино, стереокино
Raum‖lehre *f* - стереометрия
räumlich I *a* пространственный, объёмный; II *adv* в пространственном отношении
Räumlichkeit *f* -, -en 1. *б. ч. pl* помещение; 2. объём, ёмкость

Raum‖mangel *m* -s недостаток места, теснота
Raum‖schiff *n* -(e)s, -e космический корабль
Räumung *f* -, -en **1.** уборка; (о)чистка; **2.** *воен.* эвакуация; **3.** *мор.* траление
Räumungs‖arbeiten *pl* работы по расчистке от развалин *(города и т. п.)*
Räumungs‖befehl *m* -(e)s, -e приказ об эвакуации *(города и т. п.)*
Räumungs‖graben *m* -s, -gräben *воен.* ход сообщения *(в тыл)*
raunen *vi, vt* **1.** шептать, нашёптывать; **2.** журчать; рокотать
Raupe *f* -, -n **1.** *зоол.* гусеница; ◊ **er hat ~n im Kopf** он человек со странностями; **jmdm. ~n in den Kopf setzen** внушить кому-л. нелепые мысли; **2.** (гусеничный) трактор
raupen *vt* обирать гусениц *(с чего-л.)*
Raupen‖antrieb *m* -(e)s, -e *тех.* гусеничный ход
Raupen‖schlepper *m* -s, - **1.** гусеничный трактор [тягач]; **2.** *воен. жарг.* старший офицер
raus *разг.* = heraus
Rausch *m* -(e)s, Räusche **1.** опьянение, хмель; **er hat einen ~** он под хмелем; **2.** упоение; **im ersten ~** в первом порыве
rauschen *vi* шуметь, шелестеть, шуршать, журчать
Rausch‖gift *n* -(e)s, -e наркотик
Rausch‖gold *n* -(e)s сусальное золото
räuspern, sich откашляться
Raute *<lat.> f* -, -n **1.** *мат.* ромб; **2.** *карт.* бубны; **3.** *бот.* рута
rautenförmig *а мат.* ромбовидный
Ravensbrück *(n)* Равенсбрюк *(бывший фашистский женский концлагерь близ г. Фюрстенберг <земля Бранденбург, ФРГ>)*
Rawalpindi *(n)* -s Равалпинди *(город на С.-З. Пакистана)*
Rayon [rɛ'jõ:] *<lat.-fr.> m* -s, -s район; участок; округ
Razzia *<arab.-alger.-fr.> f* -, -s/-i‖en налёт; облава
Reágens *<lat.> n* -, génz‖en/-géntia *хим.* реактив, реагент
Reagénz *<lat.> f* - *хим.* реакция
Reagénz‖glas *n* -es, -gläser пробирка
reagíeren *<lat.> vi* в разн. знач. реагировать
Reaktión *<lat.-fr.> f* -, -en реакция
reaktionär *<lat.-fr.> a* реакционный
Reaktión *<lat.-fr.> m* -s, -e реакционер
reaktivíeren [-vi:-] *<lat.> vt* снова привести в действие
Reaktivíerung [-'vi:-] *<lat.> f* - вторичное приведение в действие
Reáktor *<lat.> m* -s, -tóren **1.** *хим.* сосуд *(в котором происходит реакция)*; **2.** (ядерный) реактор
reál *<lat.> a* реальный
Reáli‖en *<lat.> pl* **1.** действительные ценности; **2.** факты, сведения; **3.** естественные науки
realisíerbar *a* **1.** реализуемый; **2.** могущий быть реализованным [проданным, обращённым в деньги]
realisíeren *<lat.-fr.> vt* **1.** реализовать, осуществлять, выполнять; **2.** реализовать, обращать в деньги
Realísmus *<lat.> m* - **1.** реализм; здравый смысл; **2.** *иск., филос.* реализм
Realíst *<lat.> m* -en, -en реалист
realístisch *<lat.> a* реалистический
Realität *<lat.-fr.> f* -, -en **1.** *б. ч. sing* действительность, реальность; **2.** *б. ч. pl* (реальные) факты, истинное положение вещей
Reál‖lohn *m* -(e)s, -löhne реальная заработная плата
Reálschule *f* -, -n реальная школа *(шестилетняя общеобразовательная школа в ФРГ на базе начальной школы с различной негуманитарной ориентацией обучения)*
Reál‖wert *m* -(e)s, -e реальная [фактическая] стоимость
Rebe *f* -, -n (виноградная) лоза
Rebékka Ревекка *(жен. имя)*
Rebéll *<lat.-fr.> m* -en, -en мятежник, бунтовщик; повстанец
rebellíeren *<lat.-fr.> vi* **1.** бунтовать, поднимать мятеж; **2.** бунтовать, выходить из себя
Rebellión *<lat.-fr.> f* -, -en мятеж, бунт
rebéllisch *<lat.-fr.> a* мятежный, бунтарский
Reb‖huhn *n* -(e)s, -hühner куропатка
Rebus *<lat.-fr.> m, n* -, -se ребус
rechen *vt* сгребать *(граблями)*
Rechen *m* -s, - **1.** грабли; **2.** *тех.* решётка; грохот
Rechen‖aufgabe *f* -, -n арифметическая задача
Rechen‖buch *n* -(e)s, -bücher учебник арифметики
Rechen‖formel *f* -, -n математическая формула
Rechen‖heft *n* -(e)s, -e тетрадь по арифметике
Rechen‖kunst *f* - арифметика
Rechen‖künstler *m* -s, - вычислитель-феномен

Rechen∥maschine *f* -, -n счётная машина, арифмометр
Rechenschaft *f* - отчёт; ~ **über etw.** (A) **ablegen** отчитываться в чём-л., давать отчёт в чём-л.; **jmdn. zur ~ ziehen*** привлекать к ответственности кого-л.
Rechenschafts∥bericht *m* -(e)s, -e отчётный доклад
rechenschaftspflichtig *a* подотчётный
Rechen∥schieber *m* -s, - счётная [логарифмическая] линейка
rechnen I *vi* 1. считать, вычислять; **im Kopf ~** вычислять в уме; **von heute an gerechnet** начиная с сегодняшнего дня; 2. (*auf* A) рассчитывать *(на кого-л., на что-л.)*; 3. (*mit* D) считаться *(с чем-л.)*, принимать в расчёт *(что-л.)*; II *vt* 1. решать *(задачу)*; 2. считать, учитывать; 3. считать, признавать; **jmdm. etw. zum [als] Verdienst ~** ставить кому-л. что-л. в заслугу
Rechnen *n* -s арифметика; счёт
Rechner *m* -s, - 1. вычислитель; калькулятор; математик; **er ist ein guter ~** он хороший математик, он хорошо считает; 2. вычислительная машина; счётно-решающее устройство, калькулятор
rechnerisch I *a* математический; счётный; II *adv* математически; при счёте; при вычислении
Rechnung *f* -, -en 1. (*für* A) счёт *(за что-либо)*; **jmdm. etw. in ~ bringen* [stellen]** записать что-л. на чей-л. счёт, засчитать кому-л. что-л.; **auf eigene ~** за свой счёт; **auf ~ liefern** поставлять в кредит; 2. вычисление, арифметическая задача; **die ~ geht nicht auf** задача не получается; 3. расчёт, подсчёт, учёт; **nach meiner ~** по моим расчётам; **etw. außer ~ lassen*** не принимать что-л. в расчёт; **etw. in ~ ziehen*, einer Sache** (D) **~ tragen*** принимать что-л. в расчёт, учитывать что-л.; **jmds. Wünschen ~ tragen*** считаться с чьими-л. (по)желаниями
Rechnungs∥art *f* -, -en способ исчисления
Rechnungs∥ausgleich *m* -(e)s, -e *фин.* сальдо
Rechnungs∥beleg *m* -(e)s, -e расписка; оправдательный документ
Rechnungs∥führer *m* -s, - счетовод
Rechnungs∥jahr *n* -(e)s, -e отчётный год
recht I *a* 1. правый *(в противоположность левому)*; **die ~e Hand** правая рука; **~er Hand** по правую руку, направо; **die ~e Seite eines Stoffes** правая [лицевая] сторона материи; 2. верный, правильный; **der ~e Weg** правильный путь; **etw. beim ~en Ende anpacken** правильно подойти к чему-л.; **ist schon ~!** ладно!, хорошо!; **es ist mir ~** я согласен, меня это устраивает; 3. подходящий; **im ~en Augenblick** в подходящий момент; **zur ~en Zeit** вовремя, кстати; 4. *мат.* прямой *(об угле)*; II *adv* 1. верно, правильно; **wenn ich ~ verstehe** если я правильно понимаю; **eben [gerade] ~** кстати, вовремя; **~ so!** хорошо!, правильно!; **erst ~** тем более; **jmdm. etw. ~ machen** угодить кому-л. в чём-л.; **~ und schlecht** кое-как, с грехом пополам; 2. очень; вполне; **~ gut** довольно [вполне] хорошо; **das kann ich nicht ~ verstehen** до меня это не вполне доходит
recht II: **~ haben** быть правым; **jmdm. ~ geben*** признать чью-л. правоту; **es geschieht ihm ~** поделом ему; **~ daran tun*** поступать правильно; **~ behalten* [bekommen*, erhalten*]** оказаться правым; выиграть дело
Recht *n* -(e)s, -e 1. право; закон; **~ auf Arbeit** право на труд; **von ~s wegen** в силу [на основании] закона; **wider das ~** противозаконно; **~ sprechen*** судить; выносить приговор; **jmdm. die bürgerlichen ~e aberkennen*** лишить кого-л. гражданских прав; **alle ~e vorbehalten*** без права переиздания *(на обороте титульного листа немецких книг)*; 2. правота; **etw. zu [für] ~ erkennen*** считать что-л. правильным; **im ~ sein** быть правым; ◇ **muß doch ~ bleiben*** *погов.* закон есть закон
rechtbrechend *a* нарушающий закон
Rechte *subst* 1. *f* -n, -n правая рука; **zur ~n** (*von* D) направо, вправо *(от кого-л., от чего-л.)*; 2. *m, f* -n, -n нужный, подходящий человек; **an den ~n kommen* [geraten*]** попасть как раз к кому надо; 3. *n* -n нужное, подходящее; **das ~e treffen*** выбрать [найти] то, что нужно; попасть в точку
Rechteck *n* -(e)s, -e прямоугольник
rechteckig *a* прямоугольный
rechten *vi* спорить; судиться; **~ und fechten** спорить и ссориться; **~ und richten** судить и рядить
rechterseits *adv* справа, с правой стороны
recht∣fertigen I *vt* оправдывать; II **~, sich** (*vor* D) оправдываться *(перед кем-л.)*
Rechtfertigung *f* -, -en оправдание; **zu seiner ~** в его [своё] оправдание
rechtgläubig *a* 1. правоверный; 2. православный

rechthaberisch *a* неуступчивый, не терпящий возражений; своенравный
rechtlich I *a* 1. правовой, юридический; 2. законный; 3. справедливый, честный; II *adv* 1. юридически, с точки зрения права; 2. честно, по справедливости
rechtlinig *a* прямолинейный
rechtlos *a* 1. бесправный; 2. незаконный
Rechtlosigkeit *f* - бесправие
rechtmäßig *a* законный, легальный
Rechtmäßigkeit *f* - законность, легальность; оправданность
rechts *adv* справа, направо; вправо; **von** ~ справа; ~ **gehen*** держаться правой стороны
Rechts‖anspruch *m* -(e)s, -sprüche законное притязание, право
Rechts‖anwalt *m* -(e)s, -wälte защитник, адвокат
Rechtsaußen *m* -, - правый крайний нападающий *(в футболе)*
Rechts‖berater *m* -s, - юрисконсульт
Rechts‖beugung *f* -, -en обход закона, правонарушение
Rechts‖brecher *m* -s, - правонарушитель
Rechts‖bruch *m* -(e)s, -brüche *см.* Rechtsbeugung
rechtschaffen I *a* честный, порядочный; II *adv* как следует, основательно; сильно
Rechtschaffenheit *f* - честность, правдивость, порядочность
recht|schreiben* *vi* писать орфографически правильно
Rechtschreibung *f* - правописание
rechtsfähig *a* правомочный
Rechtsfähigkeit *f* - правомочие
Rechts‖fall *m* -(e)s, -fälle судебное дело
Rechts‖frage *f* -, -n юридический вопрос
rechtsgerichtet *a* *тех., полит.* правый, правого направления
Rechts‖gewinde *n* -s, - правая винтовая нарезка
rechtsgültig *a* законный, имеющий законную силу
Rechtshänder *m* -s, - правша *(работающий правой рукой)*
rechtshändig *a* (работающий) правой рукой, праворукий
rechtsher *adv* с правой стороны
rechtsherum *adv* в правую сторону *(повернуть)*, с правой стороны *(обойти)*
rechtshin *adv* направо, вправо
Rechtsinnen *m* -, - правый полусредний нападающий *(в футболе)*
Rechts‖kraft *f* - законная сила
rechtskräftig *a* имеющий законную силу

Rechts‖kunde *f* - *см.* Rechtswissenschaft
rechtskundig *a* сведущий в законах
Rechts‖kurve [-və] *f* -, -n правый поворот
Rechts‖nachfolger *m* -s, - правопреемник
Rechts‖ordnung *f* -, -en правопорядок
Rechts‖pflege *f* - судопроизводство, правосудие
Rechtsprechung *f* -, -en судебное решение [постановление], приговор
rechtsseitig *a* 1. правосторонний; 2. *текст.* лицевой
Rechts‖streit *m* -(e)s, -e судебная тяжба, судебный процесс
rechtsum! *adv* направо! *(команда)*
rechtsungültig *a* незаконный, утративший силу закона
rechtsverbindlich *a* имеющий обязательную силу, юридически обязательный
Rechts‖verdreher *m* -s, - крючкотвор
Rechts‖verfahren *n* -s, - судопроизводство
Rechts‖verhältnisse *pl* правовые отношения
Rechts‖verhandlung *f* -, -en судебные прения
Rechts‖verletzung *f* -, -en правонарушение
Rechts‖verständige *subst m* -n, -n правовед
Rechts‖weg: den ~ **beschreiten* [betreten*]** обратиться в суд; **auf dem** ~ через суд
rechtswidrig *a* противозаконный
Rechts‖wissenschaft *f* - право, юриспруденция
rechtszuständig *a* подсудный
Rechts‖zuständigkeit *f* - подсудность
rechtwinklig *a* прямоугольный
rechtzeitig I *a* своевременный; II *adv* своевременно, вовремя, в назначенное время
Reck *n* -(e)s, -e *спорт.* перекладина, турник
Recke *m* -n, -n богатырь, витязь
recken I *vt* 1. вытягивать, растягивать; 2. вытягивать, высовывать *(в окно и т. п.)*; II ~, **sich** 1. потягиваться; 2. растягиваться, вытягиваться; **sich** ~ **und strecken** *ирон.* стараться изо всех сил
reckenhaft *a* богатырский, могучий
Redakteur [-'tø:r] <*lat.-fr.*> *m* -s, -e редактор
Redaktion <*lat.-fr.*> *f* -, -en 1. редакция; 2. редактирование
redaktionell <*lat.-fr.*> *a* редакционный
Rede *f* -, -n 1. речь; разговор; **wovon ist die ~?** о чём речь?; **davon kann keine ~ sein** об этом не может быть и речи; **es**

ist nicht der ~ wert об этом не стоит говорить; es verschlug ihm die ~ *перен.* у него отнялся язык; 2. речь, выступление; доклад; eine ~ halten* произносить речь, выступать с речью; 3. ответ, отчёт; jmdn. zur ~ stellen требовать кого-л. к ответу, требовать от кого-л. объяснений; jmdm. ~ (und Antwort) stehen* давать объяснения [отчёт] кому-л.; 4. *грам.* речь; direkte ~ прямая речь; indirekte ~ косвенная речь
redefaul *a* неразговорчивый
redefertig *a* красноречивый; с хорошо подвешенным языком *(разг.)*
Rede‖fertigkeit *f* - умение свободно говорить, дар речи
Rede‖fluß *m* -sses 1. плавность речи; 2. поток слов [красноречия]
Rede‖freiheit *f* - свобода слова
redefreudig *a* любящий (по)говорить, разговорчивый, говорливый
redegewandt *a* см. redefertig
Rede‖gewandtheit *f* - см. Redefertigkeit
Rede‖kunst *f* - красноречие, ораторское искусство
reden *vt, vi* говорить; разговаривать; wie ein Buch ~, wie gedruckt ~ говорить как по писаному; große Worte ~ говорить громкие фразы; mit sich ~ lassen* быть сговорчивым; du hast gut ~! тебе хорошо говорить!; von sich ~ machen обращать на себя внимание
Redens‖art *f* -, -en 1. оборот речи, выражение; sprichwörtliche ~ поговорка; 2. *pl* пустые слова, общие фразы
Rede‖teil *m* -(e)s, -e *грам.* часть речи
Rede‖weise *f* -, -n манера говорить, слог
Rede‖wendung *f* -, -en оборот речи, выражение
redlich *a* честный, добросовестный
Redlichkeit *f* - честность; добросовестность
Redner *m* -s, - докладчик, оратор, выступающий
Redner‖gabe *f* - дар слова, ораторское красноречие
rednerisch *a* ораторский
Redner‖pult *n* -(e)s, -e трибуна
redselig *a* словоохотливый
Redseligkeit *f* - словоохотливость, разговорчивость
Reduktión <*lat.*> *f* -, -en 1. сокращение, ограничение; редукция (*тж. лингв.*); 2. *мат.* превращение; 3. *хим.* восстановление
Reduktións‖mittel *n* -s, - *хим.* восстановитель
Redúktor <*lat.*> *m* -s, -tóren *тех.* редуктор

Reduplikatión <*lat.*> *f* -, -en *лингв.* редупликация, удвоение
reduplizieren <*lat.*> *vt лингв.* удваивать
reduzieren <*lat.*> *vt* 1. сокращать, ограничивать, снижать, редуцировать; 2. *мат.* превращать; 3. *хим.* восстанавливать
reduziert <*lat.*> *a лингв.* редуцированный (о звуке); см. тж. reduzieren
Reede *f* -, -n *мор.* рейд; auf der ~ ankern бросить якорь на рейде
Reeder *m* -s, - судовладелец
Reederéi *f* -, -en судоходная компания
reéll <*lat.-fr.*> *a* 1. реальный, действительный; 2. честный, порядочный; солидный, надёжный (*ком.*); ein ~es Geschäft надёжное дело; ~e Ware добротный товар; ein ~er Kaufmann солидный коммерсант
Reep *n* -(e)s, -e канат, трос
Reeperbahn *f* - Реперебан (*назв. улицы в Гамбурге* <*ФРГ*> *со множеством увеселительных заведений*)
Referát <*lat.*> *n* -s, -e реферат, доклад
Referént <*lat.*> *m* -en, -en 1. докладчик; 2. референт
Referénz <*lat.-fr.*> *f* -, -en отзыв, рекомендация
Referénz‖muster *n* -s, - *ком.* образец (*на основе которого заключается сделка о купле-продаже*)
referieren <*lat.*> *vt* докладывать (*что-л., о чём-л.*), делать доклад (*о чём-л.*)
reflektieren <*lat.*> I *vt физ.* отражать; II *vi* 1. (*auf* A) рассчитывать, претендовать (*на что-л.*); 2. (*über* A) размышлять (*о чём-л.*)
Refléktor <*lat.*> *m* -s, -tóren рефлектор, отражатель
reflektórisch <*lat.*> *a* рефлекторный
Refléx <*lat.-fr.*> *m* -es, -e 1. *физиол.* рефлекс; bedingter ~ условный рефлекс; 2. *физ.* отражение, рефлекс
Reflexión <*lat.*> *f* -, -en 1. *физ.* отражение; 2. *псих.* размышление; рефлексия, самоанализ
Reflexións‖winkel *m* -s, - *физ.* угол отражения
reflexív <*lat.*> *a грам.* возвратный
Reflexív‖pronomen <*lat.*> *n* -s, -/-mina *грам.* возвратное местоимение
Refórm <*lat.-fr.*> *f* -, -en реформа, преобразование
Reformatión <*lat.-fr.*> *f* - Реформация (*широкое общественное движение против католической церкви, охватившее в 16 в. Германию и др. страны Европы*)

Reformátor <*lat.*> *m* -s, -tóren реформатор
reformíeren <*lat.-fr.*> *vt* реформировать, преобразовывать
Reformísmus <*lat.*> *m* - реформизм
reformístisch *a* реформистский
Refrain [-'frɛ:] <*fr.*> *m* -s, -s припев, рефрен
Refraktión <*lat.*> *f* -, -en *физ.* преломление, рефракция
Refrigerátor <*lat.-fr.*> *m* -s, -tóren рефрижератор, холодильник
Regál <*lat.*> *n* -s, -e 1. полка; этажерка; 2. *муз.* малый [переносный] орган
Regáli¦en <*lat.*> *pl* 1. регалии; 2. прерогативы (*власти*)
regalíeren <*fr.*> *vt* щедро угощать; одарять
Regátta <*it.*> *f* -, -tten гонки (*лодок*), регата
rege *a* живой, деятельный; **er ist noch sehr ~** он ущё очень бодр; **~r Verkehr** оживлённое движение (*о транспорте*); **ein ~r Geist** живой ум
Regel <*lat.*> *f* -, -n правило; **in der ~** как правило, обыкновенно; **nach allen ~n der Kunst** по всем правилам искусства
regelbar *a* регулируемый
Regeldetrí <*lat.*> *f* - *мат.* тройное правило
regellos *a* нерегулярный, беспорядочный
regelmäßig I *a* 1. правильный; закономерный; **eine ~e Lebensweise** размеренный образ жизни; **~e Verben** *грам.* правильные глаголы; 2. регулярный; II *adv* 1. правильно; 2. регулярно, закономерно; 3. обычно; **er verspätet sich ~** он, как правило, опаздывает
Regelmäßigkeit *f* -, -en правильность; регулярность; закономерность
regeln <*lat.*> *vt* регулировать; упорядочивать; улаживать; **seine Schulden ~** уплатить свои долги
regelrecht I *a* подлинный, настоящий; **ein ~er Reinfall** полный провал, полная неудача; **die Sache geht ihren ~en Gang** дело развивается нормально [так, как надо]; II *adv* по-настоящему; прямо-таки
Regelung *f* -, -en (у)регулирование; упорядочение; улаживание
Regel¦verstoß *m* -es, -stöße нарушение правил
regelwidrig *a* 1. неправильный, противоречащий правилам; 2. аномальный, отклоняющийся от общего правила
regen I *vt* двигать; шевелить; **kein Glied ~ können** быть не в состоянии шевельнуться; **keinen Finger ~** и пальцем не шевельнуть (*чтобы что-л. сделать*); II **~, sich** двигаться, шевелиться; ◊ **er hat sich nicht geregt** 1) он не давал о себе знать; 2) *разг.* он не заплатил; **er regt sich tüchtig** он много работает
Regen *m* -s, - дождь; **leichter ~** небольшой дождь; **strömender ~** ливень; ◊ **vom [aus dem] ~ in die Traufe kommen*** ≅ попасть из огня да в полымя
regenarm *a* засушливый, бедный осадками, сухой (*о климате и т. п.*)
Regen¦bogen *m* -s, - радуга
Regenbogen¦haut *f* -, -häute радужная оболочка (*глаза*)
regendicht *a* непромокаемый
Regeneratión <*lat.*> *f* -, -en регенерация, восстановление, возобновление
Regen¦fall *m* -(e)s, -fälle выпадение дождей; **häufige ~fälle** частые дожди
Regen¦guß *m* -sses, -güsse ливень
Regen¦kappe *f* -, -n (дождевой) капюшон
regenlos *a* без дождя
Regen¦mantel *m* -s, -mäntel непромокаемый плащ
Regen¦rinne *f* -, -n водосточный жёлоб
Regen¦schauer *m* -s, - кратковременный дождь
Regen¦schirm *m* -(e)s, -e зонт(ик) (*от дождя*)
Regént <*lat.*> *m* -en, -en регент, правитель
Regéntschaft <*lat.*> *f* -, -en регентство
Regen¦wetter *n* -s дождливая [ненастная] погода; **er macht ein Gesicht, wie vierzehn Tage ~** *шутл.* у него кислая физиономия
Regen¦wolke *f* -, -n дождевая туча
Regen¦wurm *m* -(e)s, -würmer дождевой червь
Regie [-'ʒi:] <*fr.*> *f* -, -n [-'ʒi:ən] 1. режиссура, постановка; *перен. тж.* руководство (*чем-л.*), организация (*чего-л.*), **~ Wolfgang Schmidt** режиссёр Вольфганг Шмидт (*надпись на афише*), **die ~ führen [haben, besorgen]** режиссировать, быть режиссёром [постановщиком] (*чего-л.*); *перен.* организовать, руководить; 2. самоуправление, управление (*орган*)
Regie¦assistent [-'ʒi:-] *m* -en, -en помощник режиссёра
regíeren <*lat.*> I *vt* 1. управлять, править (*кем-л.*), господствовать, властвовать (*над кем-л.*); 2. править, управлять (*чем-л.*); 3. *грам.* управлять (*падежом*); II *vi* править, царствовать
regíerend *a* правящий, господствующий

Regierung <*lat.*> *f* -, -en 1. правительство; власть; **provisorische ~** временное правительство; **die ~ bilden** образовать правительство; **die ~ stürzen** свергнуть правительство; 2. правление; царствование; **die ~ antreten*** вступить в управление *(государством)*
Regierungs‖antritt *m* -(e)s, -e вступление в управление *(государством);* вступление на престол
Regierungsbezirk *m* -s, -e административный округ *(адм.-террит. единица в ФРГ, из которых состоят земли; делятся на районы)*
Regierungs‖blatt *n* -(e)s, -blätter правительственный орган, правительственная газета
Regierungs‖erklärung *f* -, -en правительственная декларация, правительственное заявление [сообщение]
Regierungs‖form *f* -, -en форма правления
regierungslos *a* 1. без правительства [власти]; 2. анархический
Regierungsrat *m* -es, -räte правительственный совет *(назв. пр-ва в некоторых кантонах Швейцарии)*
Regierungs‖verordnung *f* -, -en правительственное постановление
Regime [-'ʒi:m] <*fr.*> *n* -s, -s/- [-'ʒi:mə] 1. *чаще неодобр.* режим *(государственный строй);* 2. режим, образ жизни
Regimént I <*lat.*> *n* -(e)s, -e господство, власть; ◊ **sie führt zu Hause das ~** она командует дома
Regimént II <*lat.*> *n* -(e)s, -er полк; **bei einem ~ dienen** служить в (одном) полку
Reguments‖befehl *m* -(e)s, -e приказ по полку
Reguments‖führer *m* -s, -; **~kommandeur** [-'dø:r] *m* -s, -e командир полка
Reguments‖tagesbefehl *m* -(e)s, -e приказ по полку
Reguments‖übung *f* -, -en полковое учение
Reguments‖verbandplatz *m* -es, -plätze полковой медицинский пункт
Region <*lat.*> *f* -, -en 1. область, район; 2. сфера; **in höheren ~en schweben** витать в облаках
regionál <*lat.*> *a* региональный
Regisseur [reʒi:'sø:r] <*fr.*> *m* -s, -e режиссёр
Register <*lat.*> *n* -s, - 1. список, указатель, перечень; индекс; реестр; **etw. ins ~ eintragen*** заносить в список [в реестр]; регистрировать; **jmdn. ins**

schwarze ~ bringen* *разг.* очернить кого-л.; 2. *муз.* регистр *(органа);* ◊ **alle ~ ziehen*** ≅ пустить в ход все средства, нажать на все педали [кнопки, рычаги]; **das sentimentale ~ ziehen*** играть на чувствах; **ein altes ~** *шутл.* старуха, старая карга
Register‖tonne *f* -, -n *мор.* регистровая тонна
Registratúr <*lat.*> *f* -, -en регистратура
Registríer‖ballon [-'lɔ̃] *m* -s, -e/s; [-'lõ:] *m* -s, -s *метеор.* зонд
registríeren <*lat.*> *vt* регистрировать
Registríer‖kasse *f* -, -n *ком.* кассовый аппарат
Reglement [-'mã:] <*lat.-fr.*> *n* -s, -s регламент; правила
reglementárisch <*lat.-fr.*> *a* регламентный; регламентированный
reglementmäßig [-'mã-] *a* уставной, соответствующий уставу [правилам, инструкциям]
regleméntwidrig [-'mã-] *a* неуставной, противоречащий уставу [правилам, инструкциям]
Regler *m* -s, - *тех.* регулятор
reglos I *a* неподвижный; II *adv* неподвижно, без движения
regnen *vimp.:* **es regnet** идёт дождь; **es regnete Bindfäden [wie mit Eimern]** ≅ дождь лил как из ведра
regnerisch *a* дождливый
Regréß <*lat.*> *m* -sses, -sse 1. регресс, обратное движение; 2. *юр.* регресс, обратное требование, требование возмещения
regressiv <*lat.*> *a* обратный, регрессивный
regsam *a* живой, подвижный; деятельный, активный
Regsamkeit *f* - живость, подвижность; активность
Regula Регула *(жен. имя)*
regulär <*lat.*> *a* регулярный *(тж. воен.)*
Regulátor <*lat.*> *m* -s, -tóren регулятор
regulíeren <*lat.*> *vt* регулировать; выверять *(часы, механизмы и т. п.)*
Regulierung <*lat.*> *f* -, -en регулирование, наладка; выверка *(часов)*
Regung *f* -, -en порыв, побуждение; **eine ~ des Mitleids** чувство сострадания
regungslos *a* неподвижный
Reh *n* -(e)s, -e серна, косуля
Rehabilitatión <*lat.*> *f* -, -en реабилитация
rehabilitíeren <*lat.*> *vt* реабилитировать; *мед.* реабилитировать [восстанавливать] *(здоровье)*

Rehbock *m* -(e)s, -böcke самец косули
rehbraun *a* рыжеватый; саврасый *(о лошади)*
Reh||**kalb** *n* -(e)s, -kälber молодая косуля
Reh||**posten** *m* -s, - охот. крупная дробь
Reib|**ahle** *f* -, -n *тех.* развёртка
Reibe *f* -, -n; **Reibeisen** *n* -s, - тёрка; рашпиль
Reibe||**laut** *m* -(e)s, -e *лингв.* фрикативный звук
reiben* I *vt* **1.** тереть; **sich (D) den Schlaf aus den Augen ~** тереть глаза спросонья; **2.** натирать, начищать; **3.** тереть на тёрке; **4.** натирать *(ногу при ходьбе)*; **5.** потирать *(лоб, руки)*; II ~ **sich** тереться; **sich an jmdm. ~** 1) тереться около кого-л; 2) задевать, задирать кого-л.
Reiberéi *f* -, -en б. ч. *pl* трения, разногласия
Reibung *f* -, -en **1.** трение; **2.** *pl* трения, разногласия
reibungslos I *a* **1.** *тех.* без трения; **2.** беспрепятственный; II *adv* без трений, гладко; **alles verlief ~** всё шло гладко [как по маслу]
Reibungs||**widerstand** *m* -(e)s, -stände *тех.* сопротивление трению
Reibungs||**zahl** *f* -, -en *физ.* коэффициент трения
reich *a* **1.** богатый; **2.** обильный, большой; **in ~stem Maß** в высшей степени; с излишком; **3.** *(an* D) богатый, изобилующий *(чем-л.)*
Reich *n* -(e)s,-e **1.** государство; империя; **2.** *перен.* мир, царство, область; **das ~ der Natur** мир [царство] природы
Reiche *m, f* -n, -n богач, -ка
reichen I *vt* подавать, протягивать; **jmdm. die Hand ~** поздороваться за руку с кем-л.; **er kann ihm nicht das Wasser ~** *перен.* он ему в подмётки не годится; II *vi* **1.** быть достаточным, хватать; **2.** доставать, доходить; **er reicht mir bis an die Schulter** он мне по плечо; **3.** простираться; **soweit der Himmel reicht** до самого горизонта
reichhaltig *a* богатый, содержательный
Reichhaltigkeit *f* - обилие; содержательность, богатство содержания
reichlich I *a* (более чем) достаточный, обильный; **das ist etwas ~es!** это уж слишком!; II *adv* **1.** с избытком, вдоволь; **es ist ~ Platz** места достаточно; **2.** весьма, очень, достаточно
Reichlichkeit *f* - изобилие, достаток
Reichs||**arbeitsdienst** *m* -es имперская трудовая повинность *(введена в фаш. Германии в 1935 для юношей от 18 до 25 лет; в 1939 была введена также для девушек)*
Reichs||**banner Schwarz-Rot-Gold** *n* -es "рейхсбаннер" *(военизированная организация в Германии <1924-33>, созданная Социал-демократической партией Германии для защиты Веймарской республики от монархической реакции <цвета "чёрный-красный-золотой" - цвета гос. флага Веймарской республики>)*
Reichs||**deutsche** *m* -n, -n имперский немец/"рейхсдойче" *(название в фаш. Германии немцев, постоянно проживавших на территории Германии)*
Reichs||**fürsten** *pl* имперские князья *(сословие крупных феодалов, непосредственных вассалов императора; пользовались многими привилегиями)*
Reichs||**kanzler** *m* -s, - рейхсканцлер *(глава пр-ва в Германии 1871-1945)*
Reichs||**landbund** *m* -es Имперский аграрный союз *(самая влиятельная крестьянская организация в Веймарской республике <1919-1933>)*
Reichs||**mark** *f* -, -en рейхсмарка *(денежная единица Германии в 1924-48)*
Reichs||**nährstand** *m* -es "Имперское сельское сословие" *(гос.-монополистич. организация в сельском хоз-ве фаш. Германии)*
Reichs||**präsident** *m* -en, -en рейхспрезидент *(президент Германии в период Веймарской республики и начала фаш. диктатуры <1919-1934>)*
Reichs||**ritterschaft** *f* - имперские рыцари *(в "Священной Римской империи" нем. рыцари, подчиненные непосредственно императору)*
Reichssicherheits||**hauptamt (der SS)** *n* -es главное управление имперской безопасности *(главный орган террора фаш. Германии в период 2-й мировой войны 1939-45)*
Reichs||**städte** *pl* имперские города *(города в "Священной Римской империи", подчинённые непосредственно императору; фактически самостоятельные города-республики)*
Reichs||**tag** I *m* -s, -e рейхстаг *(назв. парламента в Веймарской республике, а также формально существовавшего парламента фаш. Германии <1919-1945>)*
Reichs||**tag** II *m* -s,-e рейхстаг *(народное представительство в кайзеровской Германии 1871-1918)*

Reichs‖tag III *m* -es рейхстаг *(собрание представителей независимых сословий <курфюрстов, епископов и т. п.> в "Священной Римской империи" германской нации)*

Reichstags‖brand *m* -es поджог рейхстага *(фаш. провокация для обоснования террористических акций против коммунистов и др. демократических сил; осуществлён в ночь на 28.02.1933)*

Reichs‖wehr *f* - рейхсвер *(вооружённые силы Германии в 1919–1935, ограничивались условиями Версальского мирного договора 1919)*

Reichtum *m* -s, -tümer (*an* D) богатство, изобилие *(чего-л.)*

Reichweite *f* -, -n дальность [радиус] действия; предел досягаемости; **er ist außer ~** он находится вне пределов досягаемости

reif *a* 1. спелый; зрелый, созревший *(тж. перен.)*; 2. зрелый, обдуманный

Reif I *m* -(e)s, -e 1. обруч, кольцо; 2. обод

Reif II *m* -(e)s иней, изморозь

Reife *f* - зрелость; спелость; ◇ **zur ~ kommen** созреть; **das Zeugnis der ~** аттестат зрелости

reifen I I *vi* (s, h) 1. созревать, зреть; 2. зреть, крепнуть; **der Gedanke reift zur Klarheit** мысль приобретает ясность; II *vt* содействовать созреванию *(чего-л.)*

reifen II *vt* набивать обручи на что-л.

reifen III *vimp*: **es hat gereift** выпал иней

Reifen I *n* -s созревание; ◇ **ein jedes Ding will Zeit zum ~ haben** ≅ *посл.* на всё нужно время; всякому овощу своё время

Reifen II *m* -s,-1. обод, обруч; *тех.* бандаж *(колеса)*, шина; покрышка; 2. *тех.* поясок, ободок

Reife‖prüfung *f* -, -en экзамен на аттестат зрелости

Reife‖zeugnis *n* -ses, -se аттестат зрелости

reiflich *a* зрелый, обдуманный, взвешенный, основательный

Reif‖rock *m* -(e)s, -röcke кринолин *(юбка)*

Reigen *m* -s, -; **Reigen‖tanz** *m* -es, -tänze хоровод

Reihe *f* -, -n 1. ряд; серия; **eine ~ Häuser** ряд домов; 2. ряд, шеренга; колонна; **in ~n zu sechs Mann** рядами по шесть человек; **in Reih und Glied** в строю, в шеренге; плечом к плечу; **die ~n öffnen** разомкнуть ряды; **die ~n schließen** сомкнуть ряды; 3. очередь; порядок; очерёдность; **an der - sein** быть на очереди; **in der ~ stehen** стоять в очереди; **außer der ~** вне очереди; **der ~ nach** по очереди; по порядку; **jetzt bin ich an der ~** теперь моя очередь; **in ~** последовательно; 4. *мат.* прогрессия; ряд; 5. строка, линия, столбец; 6. *шахм.* горизонталь; ◇ **aus der ~ tanzen** не хотеть идти в ногу, не подчиняться общим правилам; **in einer ~ von Fällen** в ряде случаев; **bunte ~ machen** сидеть вперемежку

reihen I *vt* 1. нанизывать *(жемчуг и т. п.)*; 2. смётывать, прошивать крупными стежками; 3. ставить в ряд; II **~, sich** 1. становиться в ряд; **sich zu Kolonnen ~** построиться в колонны; 2.: **sich an etw.** (A) **~** непосредственно следовать за чем-л. *(о событиях)*

Reihen *m* -s, - *см.* Reigen

Reihen‖folge *f* -, -n последовательность, очерёдность; **alphabetische ~** алфавитный порядок

Reihen‖schaltung *f* -, -en последовательное соединение

Reihen‖untersuchung *f* -, -en общий медицинский осмотр

reihenweise *adv* рядами

Reiher *m* -s, - цапля

reihúm *adv* (все) по очереди [подряд]

Reim *m* -(e)s,-e 1. рифма; **einen ~ bilden** рифмовать; 2. стих; **~e machen [schmieden]** заниматься стихоплётством [рифмоплётством]

reimen I *vt* рифмовать; II *vi* сочинять стихи, подбирать рифмы; III **~, sich** 1. рифмоваться; 2. гармонировать; **wie reimt sich das zusammen?** как это связать?; **das reimt sich nicht** 1) это не рифмуется; 2) это не вяжется

Reims (*n*) - Реймс *(город на С.-В. Франции)*

Reim‖schmied *m* -(e)s, -e *разг.* рифмоплёт, стихоплёт

rein I *a* 1. чистый, незагрязнённый; **die Luft ist ~** 1) воздух чист(ый); 2) нет опасности; 2. чистый, опрятный; **etw. ~ halten*** содержать что-л. в чистоте; 3. чистый; честный; невинный; **eine ~e Weste haben** быть безупречным [чистым]; **mit ~en Händen dastehen*** быть незапятнанным; 4. чистый, аккуратный; квалифицированный; **~e Arbeit machen** 1) аккуратно [добросовестно] работать; 2) (*mit* D) разделаться *(с чем-либо, с кем-л.)*; 5. чистый, незаполненный *(формуляр)*; 6. чистый, ясный *(о красках)*; 7. чистый, отчётливый *(о произношении)*; 8. чистый, без примеси; ◇ **~en Wein einschenken** говорить на чистоту [откровенно]; 9. чистый,

абсолютный; ~er Unsinn сущий вздор; **10.**: ins ~e schreiben* писать начисто [набело]; ⟡ mit jmdm. ins ~e kommen* приходить к соглашению с кем-л.; II *adv* **1.** чисто; alles ~ aufessen* съесть всё дочиста; **2.** хорошо, чисто *(работать)*; **3.** *разг.* совсем, совершенно; ~ gar nichts ровно ничего
Reineke Fuchs *m* -es Рейнеке-Лис *(персонаж нем. сказок и басен)*
Rein(e)machefrau *f* -, -en уборщица
Rein(e)machen *n* -s уборка; **großes** ~ 1) генеральная уборка; 2) чистка *(тж. перен.)*
Rein‖ertrag *m* -(e)s, -träge чистый доход
rein(e)weg *adv разг.* прямо-таки, совершенно
Rein‖fall *m* -(e)s, -fälle *разг.* промах, неудача; einen ~ erleben попасть впросак, потерпеть неудачу
rein‖fallen* *vi* (s) попасться, влопаться
Rein‖gewinn *m* -(e)s, -е чистая прибыль
Reinhard Райнхард/Рейнгард *(муж. имя)*
Reinheit *f* - чистота; *тж. перен.;* см. rein
Reinhild Райнхильд *(жен. имя)*
Reinhilde Райнхильде *(жен. имя)*
Reinhildis Райнхильдис *(муж. имя)*
Reinhold Райнхольд/Рейнгольд *(муж. имя)*
Reinickendorf *(n)* -s Рейникендорф *(гор. р-н Берлина)*
reinigen *vt* **1.** чистить, очищать; убирать *(комнату);* sein Gewissen ~ очистить свою совесть; **2.** *перен.* чистить *(учреждение);* **3.** очищать *(от примесей); тех. тж.* обогащать
reinigend *a* очистительный, очищающий
Reinigung *f* -, -en чистка, очищение; уборка
Reinigungs‖mittel *n* -s, - **1.** средство для (о)чистки; **2.** *мед.* слабительное
Reinigungs‖verfahren *n* -s, - процесс очистки; способ очистки
Reinkultur *f* -, -en *биол.* чистая культура; das ist Kitsch in ~ это безвкусица чистейшей воды
reinlich *a* **1.** опрятный, чистый, чистоплотный; **2.** порядочный
Reinlichkeit *f* - **1.** опрятность, чистота, чистоплотность; **2.** порядочность, чистоплотность
rein‖mogeln I *vt разг.* (обманным путём) протащить *(куда-л.);* II ~ sich (обманным путём) пробраться [пролезть] *(куда-л.)*
Reinolf/Reinulf Райнольф/Райнульф *(муж. имя)*
reinrassig *a* породистый, чистокровный

rein‖reiten* *vt разг.* впутываться (в неприятную историю)
Rein‖schrift *f* -, -en набело переписанная [отредактированная] рукопись; чистый экземпляр
rein‖waschen*, sich оправдываться
Reis I <*altind.-pers.-gr.-lat.*> *m* -es, -е рис
Reis II *n* -es, -er веточка; отросток, побег; viel ~er machen einen Besen ≅ *посл.* в единении сила
Reis‖bau *m* -(e)s возделывание [культура] риса
Reis‖brei *m* -(e)s, -е рисовая каша
Reise *f* -, -n поездка, путешествие; eine ~ nach Berlin путешествие [поездка] в Берлин; eine ~ ins Ausland путешествие за границу; auf der ~ в пути; auf ~n sein путешествовать; eine ~ antreten* отправиться [выехать] куда-л.; auf ~n gehen* отправиться путешествовать; wohin geht die ~? куда едешь?, куда путь держишь?; glückliche ~! счастливого пути!
Reise‖abenteuer *n* -s, - дорожное приключение
Reise‖bericht *m* -(e)s, -е отчёт о поездке
Reise‖büro *n* -s, -s бюро путешествий
Reise‖decke *f* -, -n плед
reisefertig *a* готовый в путь; sich ~ machen собираться в путь
Reise‖fieber *n* -s чемоданное настроение; беспокойство [волнение] перед дорогой
Reise‖führer *m* -s, - путеводитель
Reise‖gefährte *m* -n, -n; ~gefährtin *f* -, -nen спутник, -ница
Reise‖gepäck *n* -(e)s, -е багаж
Reise‖gesellschaft *f* -, -en путешественники, спутники, попутчики; общество [компания] пассажиров
reiselustig *a* любящий путешествовать
Reise‖mantel *m* -s, -mäntel дорожный плащ, дорожное пальто
reisen *vi* (s, h) ездить, путешествовать
Reisende *subst m, f* -n, -n **1.** путешественник, -ница, пассажир, -ка; **2.** коммивояжёр
Reise‖paß *m* -sses, -pässe заграничный паспорт
Reise‖route [-'ru:-] *f* -, -n маршрут
Reise‖spesen *pl* путевые расходы
Reise‖tasche *f* -, -n дорожная сумка; саквояж
Reise‖weg *m* -(e)s, -е см. Reiseroute
Reis‖fleisch *n* -(e)s *кул.* гуляш с рисом
Reisholz *n* -es; **Reisig** *n* -s хворост
Reißaus: ~ nehmen* *разг.* удирать, пуститься наутёк

Reiß‖brett n -(e)s, -er чертёжная доска
reißen* I I vt **1.** рвать, отрывать; срывать; вырывать; разрывать, раздирать; **ein Loch in die Hose** ~ разорвать брюки; **in Fetzen** ~ разорвать в клочья; **jmdn. ins Verderben** ~ погубить кого-л.; **2.** дёргать; **es reißt mich [mir] in allen Gliedern** у меня болят все кости; **jmdn. hin und her** ~ дёргать, постоянно тревожить кого-л.; **3.**: **etw. an sich** ~ присваивать (себе) что-л.; **die Macht an sich** (A) ~ захватить власть; II vi **1.** (an D) дёргать (за что-л.); **der Wind reißt an den Segeln** ветер рвёт паруса; **2.** (s) разрываться, рваться; **mir reißt die Geduld** моё терпение на исходе [скоро лопнет]; III ~, sich (A) драться (из-за кого-л., из-за чего-л.)
reißen* II vt уст. чертить
Reißen n -s **1.** ломота; дёргающая боль; **2.** дёрганье; **3.** рывок (поднимание тяжестей)
reißend I a **1.** быстрый, бурный; **die** ~**e Strömung** быстрое течение; **2.** хищный (о животных), II adv нарасхват
Reißer m -s боевик, гвоздь сезона; что-л., пользующееся большим спросом (успехом]; **das Buch ist ein** ~ книга стала бестселлером; ◊ **er ist ein** ~ разг. на нём всё [одежда] горит
Reiß‖feder f -, -n рейсфедер, чертёжное перо
Reiß‖festigkeit f - тех. прочность на разрыв; предел прочности при растяжении
Reiß‖nagel m -s, -nägel кнопка (канцелярская)
Reiß‖schiene f -, -n рейсшина, чертёжная линейка
Reiß‖verschluß m -sses, -schlüsse молния (застёжка)
Reiß‖zeug n -(e)s, -e готовальня
Reiß‖zwecke f -, -n кнопка (канцелярская)
Reit‖bahn f -, -en манеж
reiten* I vi (s, h) ездить верхом; **im Trab** ~ ехать рысью; ◊ **auf diesem Messer kann man** ~ это очень тупой нож; II vt **1.**: **ein Pferd zuschanden [müde]** ~ загнать лошадь; **jmdn. zu Boden [über den Haufen]** ~ сбить с ног кого-л.; **2.**: **Prinzipien** ~ выдвигать принципы ради принципов; **sein Steckenpferd** ~ перен. сесть на своего конька; ◊ **jmdn. in die Tinte** ~ разг. подвести кого-л.; **ich will ihn schon** ~! разг. я его приберу к рукам; **ihn hat offenbar der Teufel geritten** разг. его, видно, нечистый попутал

Reiter m -s, - **1.** всадник, наездник; **2.** воен. кавалерист; **spanischer** ~ воен. рогатка (заграждение); **3.** тех. бегунок; хомутик
Reiter‖armée f -, -mé¦en конная армия
Reiterei f -en кавалерия, конница
Reiterin f -, -nen всадница, наездница
Reiter‖schwadron f -, -en кавалерийский эскадрон
Reiter‖standbild n -(e)s, -er; ~**statue** f -, -n конная статуя
Reit‖gerte f -, -n хлыст
Reit‖hose f -, -n рейтузы
Reit‖knecht m -(e)s, -e конюх
Reit‖peitsche f -, -n хлыст, кнут, нагайка
Reit‖pferd n -(e)s, -e верховая лошадь
Reit‖schule f -, -n школа верховой езды
Reit‖sport m -(e)s конный спорт
Reit‖stiefel pl сапоги для верховой езды
Reiz m -es, -e **1.** возбуждение, раздражение; **2.** прелесть, привлекательность; очарование; **sie ließ alle** ~**e spielen** она пустила в ход все свои чары; **einem** ~ **erliegen*** не устоять перед соблазном [чарами]; **3.** заманчивость, привлекательность; стимул; ◊ **der** ~ **des Verbotenen** ≅ сладость запретного плода
reizbar a **1.** раздражительный; **2.** обидчивый; **3.** возбудимый
Reizbarkeit f - **1.** раздражительность, **2.** возбудимость; **3.** обидчивость
reizen vt **1.** раздражать, возбуждать; **die Nerven** ~ возбуждать нервы; **2.** вызывать, возбуждать (аппетит, любопытство и т. п.), **3.** дразнить; **4.** прельщать, привлекать; **das reizt mich nicht** это меня не привлекает
reizend a **1.** прелестный, очаровательный, привлекательный; **2.** ирон. хорошенький
Reizker m -s, - бот. рыжик
reizlos a лишённый прелести, непривлекательный
Reizlosigkeit f - непривлекательность
Reiz‖mittel n -s, - возбуждающее средство
Reiz‖stoff m -(e)s, -e раздражающее отравляющее вещество
Reizung f -, -en раздражение, возбуждение
reizvoll a привлекательный, прелестный
Rekapitulation <lat.> f -, -en повторение; обобщение
rekapitulieren vt повторять; делать обобщение
rekeln, sich 1. потягиваться; **2.** ёрзать (на стуле), **3.** развалиться; валяться, ничего не делать

Reklamatión <*lat.*> *f* -, -en претензия, рекламация

Rekláme <*lat.*> *f* -, -n реклама; ~ **machen** *(für* A) рекламировать *(что-л.)*

reklamíeren <*lat.*> *vt* 1. заявлять претензию, делать рекламацию *(на что-л.)*; 2. *уст.* отзывать с фронта на производство

rekognoszíeren <*lat.*> *vt* проводить рекогносцировку *(местности)*, рекогносцировать, разведать *(местность)*

rekommandíeren <*fr.*> *vt* 1. *уст.* рекомендовать; 2. *австр.* отправлять заказным *(письмо)*

rekonstruíeren <*lat.*> *vt* перестраивать, реконструировать

Rekonstruíerung *f* -, -en; **Rekonstruktión** <*lat.*> *f* -, -en реконструкция, перестройка

Rekórd <*lat.-fr.-engl.*> *m* -(e)s, -e рекорд; **einen ~ aufstellen** установить рекорд; **einen ~ einstellen** повторить [закрепить] рекорд; **einen ~ brechen* [schlagen*, drücken]** побить рекорд; **einen ~ halten*** удержать рекорд; ◊ **einen richtigen [ordentlichen] ~ vor etw. (D) haben** дрожать от страха перед чем-л.

Rekórd‖brecher *m* -s, - рекордсмен *(побивающий рекорды)*

Rekórd‖einstellung *f* -, -en повторение рекорда

Rekórd‖halter *m* -s, -; **~inhaber** *m* -s, - *спорт.* рекордсмен

Rekórd‖leistung *f* -, -en 1. рекордное достижение; 2. *тех.* рекордная мощность

Rekórdler <*lat.-fr.-engl.*> *m* -s, - рекордсмен

Rekórd‖stand *m* -(e)s, -stände наивысший уровень *(чего-л.)*

Rekórd‖versuch *m* -(e)s, -e попытка установить рекорд

Rekrút <*lat.-fr.*> *m* -en, -en рекрут; новобранец; призывник; молодой солдат

Rekrúten‖aushebung *f* -, -en призыв новобранцев; *уст.* рекрутский набор

Rekrúten‖depot [-'po:] *n* -s, -s сборно-учебный пункт призывников [новобранцев]

rekrutíeren <*lat.-fr.*> *vt* 1. *воен.* призывать; 2. набирать *(рабочих)*; 3. *мат.* вычислять длину *(кривой)*

Rekrutíerung <*lat.-fr.*> *f* -, -en 1. набор, пополнение *(за счёт чего-л.)*, 2. призыв *(в армию)*

Rektión <*lat.*> *f* -, -en *грам.* управление

Rektor <*lat.*> *m* -s, -tóren ректор

Rektorát <*lat.*> *n* -(e)s, -e 1. ректорат; 2. ректорство, должность ректора

rekurríeren <*lat.*> *vi* *юр.* обжаловать, опротестовать *(решение и т. п.)*

Relais [rə'lɛ:] <*fr.*> *n* - [-'lɛ:s], -['lɛ:s] *эл.* реле

Relatión <*lat.*> *f* -, -en 1. реляция, донесение; 2. отношение, соотношение

relatív <*lat.*> *a* относительный

Relativität <*lat.*> *f* -, -en относительность

Relativitäts‖theorie [-vi-] *f* - теория относительности

Relatív‖pronomen <*lat.*> *n* -s, -/-mina *грам.* относительное местоимение

Relatív‖satz *m* -es, -sätze *грам.* относительное придаточное предложение

Relaxatión <*lat.*> *f* - 1. *тех.* релаксация, затухание; 2. *мед.* расслабление; 3. *перен.* смягчение, ослабление

relegíeren <*lat.*> *vt* *(von* D) *уст.* исключать, отчислять *(из учебного заведения)*

Relevánz [-v-] <*lat.-fr.*> *f* - важность, существенность; актуальность; *мат.*, *лингв.* релевантность

Reli|éf <*lat.-fr.*> *n* -s, -s/-e рельеф

Religión <*lat.*> *f* -, -en религия

Religións‖bekenntnis *n* -sses вероисповедание

religiónslos <*lat.*> *a* неверующий, атеистический

Religiónslosigkeit *f* - безбожие, отсутствие веры, атеизм

religiös <*lat.*> *a* религиозный, набожный

Religiosität <*lat.*> *f* - религиозность, набожность

Relíkt <*lat.*> *n* -(e)s, -e реликт; пережиток

Reling *f* -, -e/-s *мор.* поручни

Relíqui|e <*lat.*> *f* -, -n 1. реликвия; 2. *рел.* реликвия; мощи

Remígius Ремигиус/Ремигий *(муж. имя)*

Remilitarisíerung <*lat.*> *f* -, -en ремилитаризация

Reminiszénz <*lat.*> *f* 1. реминисценция, воспоминание, припоминание; 2. пережиток

remis [-'mi:] <*fr.*> *adv* вничью; **das Spiel ist ~** игра закончилась вничью

Remís [rə'mi:] <*lat.-fr.*> *n* -, -/-en [-'mi:zən] *шахм.* ничья; **~ machen** сыграть вничью

Remissión <*lat.*> *f* -, -en 1. освобождение *(напр. от уплаты долга)*, льгота, уменьшение; снятие; *юр.* смягчение наказания; 2. *мед.* временное улучшение, ремиссия

remittíeren <*lat.*> *vt* 1. отсылать обратно; 2. переводить *(вексель, деньги за полученный товар)*

rempeln *vt* 1. *разг.* задевать, задирать; 2. толкать *(противника в футболе)*

Rempeln *n* -s толчок корпусом *(в футболе, хоккее)*
Ren <*nord.*> *n* -s, -e/-er (северный) олень
Renaissance [-nɛ'sä:ns] <*lat.-fr.*> *f* - ист. эпоха Возрождения, Ренессанс
Renaissance-Theater *n* -s "Ренессанс-театр" *(драм. театр в Берлине)*
Renáta/Renáte Рената *(жен. имя)*
Renatus Ренат(ус) *(муж. имя)*
Rendezvous [rãde'vu:] <*fr.*> *n* - ['vu:s], - ['vu:s] свидание, встреча *(в условленном месте)*; **sich** (D) **mit jmdm. ein ~ geben*** условиться [договориться] с кем-л. о встрече [свидании]
Renegát <*lat.*> *m* -en, -en; **~in** *f* -, -nen отступник, -ница, ренегат, -ка
Renétte <*fr.*> *f* -, -n ренет *(сорт яблок)*
renitént <*lat.*> *a* упрямый
renken *vt* вытягивать, растягивать
Renn‖auto *n* -s, -s гоночный автомобиль
Renn‖bahn *f* -, -en ипподром; велодром
Renn‖boot *n* -(e)s, -e гоночная лодка
rennen* I *vi* (s) бежать, мчаться; скакать; **um den Preis ~** бежать за приз; II *vt* 1. пробежать; 2.: **sich müde ~** набегаться до усталости; **sich** (D) **ein Loch in den Kopf ~** разбить себе голову
Rennen *n* -s, - бега, скачки; гонки; соревнования; **~ mit Hindernissen** скачки с препятствиями; **das ~ machen** выиграть бег; **ein totes ~** ничейный исход *(на скачках, бегах)*
Renner *n* -s, - рысак, беговая [скаковая] лошадь
Renn‖fahrer *m* -s, - мотогонщик; велогонщик
Renn‖pferd *n* -(e)s, -e см. Renner
Renn‖rad *n* -(e)s, -räder гоночный велосипед
Renn‖schlittschuh *m* -(e)s, -e беговой конёк
Renn‖schuhe *pl* туфли для бега *(с шипами)*
Renn‖wagen *m* -s, см. Rennauto
Renn‖wetter *m* -s, - игрок на бегах
Renomíst <*fr.*> *m* -en, -en хвастун
Renommée <*fr.*> *n* -s, -s репутация
renommíeren <*fr.*> *vi* хвастаться, бахвалиться
renommíert <*fr.*> *a* уважаемый, знатный
renovíeren [-vi:-] <*lat.*> *vt* обновлять, восстанавливать, ремонтировать
Renovíerung [-'vi:-] <*lat.*> *f* -, -en обновление, восстановление, ремонт
rentábel <*lat.-fr.*> *a* рентабельный, доходный, выгодный, прибыльный
Rentabilität <*fr.*> *f* - рентабельность, экономичность; выгодность, прибыльность

Rente <*lat.-fr.*> *f* -, -n 1. пенсия; 2. рента
Renten‖empfänger *m* -s, - пенсионер
Rentenmark *f* -, -en рентная марка *(денежная единица Германии в 1923–1924, равная 1 триллиону старых инфляционных марок)*
Renten‖satz *m* -es, -sätze (ежемесячный) размер пенсии
Ren‖tier I *n* -(e)s, -e см. Ren
Ren‖tier II [rɑ̃'tje:] <*lat.-fr.*> *m* -s, -s рантье
rentíeren, sich <*fr.*> быть выгодным, окупаться
Rentner <*lat.-fr.*> *m* -s, -; **~in** *f* -, -nen 1. пенсионер, -ка; 2. рантье
Reorganisatión <*lat.*> *f* -, -en см. Reorganisierung
reorganisíeren <*lat.*> *vt* реорганизовать, преобразовать
Reorganisíerung <*lat.*> *f* -, -en реорганизация, преобразование
Reparatión <*lat.*> *f* -, -en репарация, возмещение
Reparatións‖leistung *f* -, -en репарационный платёж; поставка в счёт репараций
Reparatións‖zahlungen *pl* репарационные платежи
Reparatúr <*lat.*> *f* -, -en починка, ремонт
reparatúrbedürftig *a* требующий починки [ремонта]
Reparatúr‖werkstatt *f* -, -stätten ремонтная мастерская
reparíeren <*lat.*> *vt* починять, чинить, исправлять, ремонтировать
repartíeren <*lat.-fr.*> *vt* 1. распределять; 2. *мат.* делить пропорционально
repatriíeren <*fr.*> *vt* репатриировать
Repertoir [-toá:r] <*fr.*> *n* -s, -s репертуар
Repetént <*lat.*> *m* -en, -en уст. 1. репетитор; 2. второгодник
repetíeren <*lat.*> *vt* уст. 1. повторять; 2. репетировать
Repetíer‖gewehr *n* -(e)s, -e самозарядная винтовка
Repetítor <*lat.*> *m* -s, -tóren см. Repetent 1
Reportage [-'ta:ʒə] <*fr.*> *f* -, -n 1. репортаж; 2. очерк
Repórter <*engl.*> *m* -s, - 1. репортёр, корреспондент; 2. очеркист
repräsentábel <*lat.-fr.*> *a* представительный, презентабельный, видный
Repräsentánt <*lat.*> *m* -en, -en 1. представитель; 2. депутат
Repräsentánten‖haus *n* -es палата представителей *(конгресса США)*
Repräsentatión <*lat.-fr.*> *f* -, -en 1. представительство; 2. представительствование, репрезентация; соблюдение эти-

кета [условленностей]; **3.** представление; живое [яркое, образное] воспоминание
repräsentativ <*lat.-fr.*> *a* репрезентативный; представительный, видный; **ein ~er Spieler** игрок сборной команды
repräsentieren <*lat.-fr.*> I *vt* представлять, репрезентировать; II *vi* представительствовать
Repressáli|e <*lat.*> *f* -, -en репрессия
Reproduktión <*lat.*> *f* -, -en *эк.* **1.** воспроизводство; **2.** воспроизведение, репродукция
reproduzíeren <*lat.*> *vt* воспроизводить (*тж. эк.*), репродуцировать
Reptíl <*lat.-fr.*> *n* -s, -e/-i|en *зоол.* пресмыкающееся животное; рептилия; *pl* пресмыкающиеся, рептилии
Republík <*lat.-fr.*> *f* -, -en республика
Republikáner <*lat.*> *m* -s, -; **~in** *f* -, -nen республиканец, -нка
republikánisch <*lat.-fr.*> *a* республиканский
Republikanischer Schutzbund *m* -es Республиканский шуцбунд (*вооружённая организация Австр. соц.-дем. партии в 20—30-х 20 в.; в 1933 запрещена*)
Republik Südafrika *f* — Южно-Африканская Республика (*гос-во на Ю. Африки*)
Reputatión <*lat.-fr.*> *f* -, -en *уст.* репутация
Requiem ['re:kviɛm] <*lat.*> *n* -s,-s **1.** *муз.* реквием, **2.** *рел.* заупокойная месса
requiríeren <*lat.*> *vt уст.* реквизировать
Requisít <*lat.*> *n* -(e)s, -en, *б. ч. pl* **1.** принадлежность; **2.** *театр.* реквизит, бутафория
Requisiteur ['tø:r] <*lat.-fr.*> *m* -s, -e театр. реквизитор; бутафор
Requisitión <*lat.*> *f* -, -en **1.** реквизиция; затребование, взыскание (*чего-л.*); **2.** прошение; *юр.* обращение за помощью; запрос
Res <*lat.*> *f* -, - **1.** вещь; дело; **2.** имущество
Reservát ['-vat] <*lat.*> *n* -(e)s, -e **1.** *юр.* сохранение права, привилегия, оговорённое [особое] право; **2.** заповедник, резерват
Resérve [-və] <*lat.-fr*> *f* -, -n **1.** резерв, запас (*тж. воен.*); **etw. in ~ haben** иметь что-л. про запас [в резерве]; **2.** сдержанность; **sich (D) (keine) ~ auferlegen** (не) стесняться, (не) сдерживаться
Resérve||armee [-və] *f* -, -mé|en резервная армия

Resérve||fonds [-,fɔ:] *m* - [-,fɔ:s], - [-,fɔ:s] *эк.* резервный [запасный] фонд
Resérve||offizier [-və] *m* -s, -e офицер запаса
reservíeren [-vi:-] <*lat.-fr.*> *vt* **1.** бронировать, оставлять за собой; **einen Platz ~** занять [забронировать] место; **2.** держать в запасе
reservíert <*lat.-fr.*> *a* [-vi:rt] I *a* сдержанный; II *adv* сдержанно; **sich ~ verhalten*** 1) быть сдержанным; 2) (*zu, gegenüber* D) холодно относиться (*к кому-л., к чему-л.*)
Reservíst [-vi-] <*lat.-fr.*> *m* -en, -en военнообязанный запаса, резервист
Reservoir [-voár] <*lat.-fr.*> *n* -s, -e резервуар; бассейн; чан
Resi Рези (*южнонем. краткая форма жен. имени* Theresia)
Residénz <*lat.*> *f* -, -en резиденция
Resignatión <*lat.*> *f* -, -en отречение, отказ; разочарованность, пессимизм; **müde ~** разочарование и усталость; **dumpfe ~** тупое безразличие
resigníeren <*lat.*> *vi* (*auf* A) отказываться (*от чего-л.*); примириться (*с чем-л.*); разочароваться (*в чём-л.*)
resigníert <*lat.*> *a* разочарованный; покорный судьбе, примирившийся с судьбой
Resisténz <*lat.*> *f* -, -en **1.** сопротивление; **passive ~ leisten** оказывать пассивное сопротивление; **2.** сопротивляемость, выносливость
resolút <*lat.*> *a* решительный; энергичный
Resolutión <*lat.*> *f* -, -en **1.** резолюция, решение; постановление; **2.** *мед.* рассасывание, прекращение воспалительных процессов
Resonánz <*lat.*> *f* -, -en резонанс; *перен. тж.* отзвук, отголосок; отклик; **eine große ~ finden*** найти широкий отклик
Resorptión <*lat.*> *f* -, -en *хим.* резорбция; всасывание; поглощение
Respékt <*lat.-fr.*> *m* -(e)s уважение, почтение; **allen ~ vor jmdm. haben** питать к кому-л. глубокое уважение; **jmdm. ~ zollen** уважать кого-л.; **mit schuldigem ~** с должным уважением; **mit ~ zu sagen** с позволения сказать, простите за выражение
respektábel <*lat.-fr.*> *a* почтенный, достойный уважения
respéktgebietend *a* внушающий уважение
respektíeren <*lat.-fr.*> *vt* **1.** уважать (*кого-либо*); **2.** соблюдать, уважать (*что-л.*); **einen Beschluß ~** считаться с решением, выполнять решение

respektierlich *a уст.* почтенный, уважаемый; внушительный
Respektierung <*lat.-fr.*> *f* - 1. уважение, почтение; 2. соблюдение *(чего-л.)*, уважение *(к чему-л.)*
respektiv <*lat.-fr.*> *a* соответственный, соответствующий; данный
respektive [-və] <*lat.-fr.*> *adv уст.* относительно; соответственно; или; и
respektlos I *a* непочтительный, неуважительный; II *adv* непочтительно, неуважительно
Respektlosigkeit *f* - непочтительность, неуважение
respektvoll *a* почтительный
respektwidrig *см.* respektlos
Respiration <*lat.*> *f* - дыхание
Ressort [-'so:r] <*fr.*> *n* -s, -s 1. управление, учреждение, ведомство; 2. специальность, область, круг; **das ist mein ~** это по моей специальности
Ressort‖geist [-'so:r] *m* -es ведомственный подход
ressortmäßig [-'so:r-] *a* ведомственный
Ressource [rɛ'sursə] <*lat.-fr.*> *f* -, -n, б. ч. *pl* ресурсы, источники, вспомогательные средства
Rest *m* -es, -e 1. остаток, оставшаяся часть; **die irdischen ~e** бренные останки; **das gab ihm den ~** это его доконало; 2.: **den ~ herausgeben*** давать сдачу
Restaurant [rɛstorã:] <*lat.-fr.*> *n* -s, -s ресторан
Restauration I [rɛstao-] <*lat.-fr.*> *f* -, -en реставрация, восстановление
Restauration II [rɛsto-] <*lat.-fr.*> *f* -, -en ресторан
Restaurátor <*lat.*> *m* -s, -tóren реставратор
restaurieren I <*lat.-fr.*> *vt* реставрировать, восстанавливать; II ~, **sich** отдыхать, поправляться
Restaurierung <*lat.-fr.*> *f* -, -en реставрация; восстановление
Rest‖bestand *m* -(e)s, -bestände; **~betrag** *m* -(e)s, -beträge *фин.* остаток, сальдо
Rest‖geld *n* -(e)s, -er 1. сдача; 2. оставшиеся деньги
restlich *a* остающийся; остаточный
restlos I *a* 1. полный, совершенный; 2. беззаветный, полный; II *adv* полностью, всецело, вполне
Resultánte <*lat.-fr.*> *f* -, -n 1. *физ.* равнодействующая; 2. *мат.* результат
Resultát <*lat.-fr.*> *n* -(e)s, -e результат, последствие; итог
resultátlos *a* безрезультатный, бесполезный

resultieren <*lat.-fr.*> *vi* следовать, вытекать
Resultierende <*lat.-fr.*> *subst f* -n, -n *см.* Resultante
Resümée <*fr.*> *n* -s, -s резюме; краткое изложение; краткий вывод *(из сказанного)*
resümieren <*fr.*> *vt* резюмировать *(что-либо)*; делать обобщение *(чего-л.)*
retardieren <*lat.-fr.*> I *vt* задерживать, замедлять; II *vi* отставать *(о часах)*
retardierend <*lat.-fr.*> *a* задерживающий, замедляющий
Retórte <*lat.-fr.*> *f* -, -n *хим.* реторта
retour [-'tu:r] <*fr.*> *adv* обратно, назад
retrospektiv <*fr.*> *a* ретроспективный, обращённый в прошлое
retten I *vt* спасать; избавлять, выручать, освобождать; II ~, **sich** спасаться
rettend *a* спасительный
Retter *m* -s, -; **~in** *f* -, -nen спаситель, -ница; избавитель, -ница
Rettich *m* -(e)s, -e редька
Rettung *f* -, -en спасение, спасание, избавление; выручка; **hier gibt es keine ~** здесь нет спасения; **jmdm. ~ bringen*** принести кому-л. спасение, спасти кого-л.
Rettungs‖arbeiten *pl* спасательные работы
Rettungs‖boot *n* -(e)s, -e спасательная лодка
Rettungs‖dienst *m* -es, -e *мор.* спасательная служба
Rettungs‖gürtel *n* -s, - *мор.* спасательный пояс
rettungslos I *a* безнадёжный; II *adv* безнадёжно
Rettungs‖mannschaft *f* -, -en спасательная команда, аварийная бригада
Rettungs‖medaille [-'daljə] *f* -, -n медаль за спасение утопающих
Rettungs‖ring *m* -(e)s, -e спасательный круг
Rettungs‖station *f* -, -en; **~stelle** *f* -, -n пункт первой [скорой] помощи
Rettungs‖wagen *m* -s, - (авто)машина скорой помощи
Retúsche <*fr.*> *f* -, -n ретушь
retuschieren <*fr.*> *vt* ретушировать
Reue *f* - раскаяние, покаяние; **~ bezeigen** выразить раскаяние; **~ bekommen*** раскаяться; **von ~ geplagt [gepeinigt]** мучимый раскаянием
reuen *vt*: **es [mein Vergehen] reut mich** я раскаиваюсь в этом [в своём поступке]
reuevoll *a* полный раскаяния
Reu‖geld *n* -(e)s, -er неустойка

reuig, reumütig *a* раскаивающийся, кающийся; покаянный

Reuse *f* -, -n 1. верша, вентерь, ловушка *(для рыбы)*; 2. плетёная корзина

reüssieren <*fr.*> *vi* преуспевать

Revanche [reˈvanʃə/reˈväːʃ(ə)] <*lat.-fr.*> *f* - реванш; ~ **nehmen*** брать [взять] реванш

revanchelüstern, revanchelustig [-ˈväːʃə-] *a* реваншистский

revanchieren, sich [-väˈʃiː-] <*lat.-fr.*> *(für A an jmdm.)* 1. брать реванш, отплатить, отомстить *(за что-л. кому-л.)*; 2. отблагодарить *(за что-л. кому-л.)*

Reverénz [-ve-] <*lat.*> *f* -, -en 1. реверанс, поклон; 2. учтивость; **jmdm. eine ~ erwéisen*** проявить особое уважение к кому-л.

Revers I [reˈvɛrs] <*lat.*> *n* -es, -e отворот, лацкан *(пиджака и т. п.)*

Revers II [reˈvɛrs] <*lat.*> *m* -es, -e оборотная сторона *(монеты, медали)*

Revers III [reˈvɛrs] <*lat.*> *m* -es, -e *юр.* расписка, подписка, реверс; **einen ~ ausstellen** дать подписку

revidieren [-vi-] <*lat.*> *vt* 1. ревизовать, проверять, пересматривать; 2. делать сверку *(корректуры)*

Revier [-ˈviːr] <*lat.-fr.*> *n* -s,-e 1. участок, округ, район; 2. *воен.* санитарная часть, санчасть, амбулатория; 3. (полицейский) участок, отделение *(полиции)*; 4. *геол.* бассейн; 5. *мор.* входной фарватер *(порта)*

Revisión [-vi-] <*lat.*> *f* -, -en 1. ревизия, проверка, пересмотр; 2. *юр.* кассационная жалоба

Revisionísmus [-vi-] <*lat.*> *m* - ревизионизм

Revisionist [-vi-] <*lat.*> *m* -en, -en ревизионист

revisionístisch [-vi-] <*lat.*> *a* ревизионистский

Revisor [-ˈviː] <*lat.*> *m* -s, -sóren ревизор, контролёр

Revolte [-ˈvɔl-] <*lat.-it.-fr.*>*f* -, -n 1. бунт, мятеж; 2. возмущение, недовольство

revoltíeren [-vɔ-] <*lat.-it.-fr.*> I *vi* 1. взбунтоваться, бунтовать, поднять бунт [мятеж]; 2. бунтовать, возмущаться, проявлять недовольство; II *vt* подстрекать к бунту [к мятежу]

Revolutión [-vo-] <*lat.-fr.*> *f* -, -en революция

Revolutión 1848-49 *f* - Революция 1848-49 *(буржуазно-демокр. революции в Германии и Австрии; закончились поражением буржуазии)*

revolutionär [-vo-] <*lat.-fr.*> *a* революционный

Revolutionär <*lat.-fr.*> *m* -s, -e; ~**in** *f* -, -nen революционер, -ка

Revolúzzer [-vo-] <*lat.-it.*> *m* -s, - *ирон.* революционер в кавычках, псевдореволюционер

Revólver [-ˈvɔlvər] <*lat.*> *m* -s, - револьвер

Revólver‖blatt [-ˈvɔlvər-] *n* -(e)s, -blätter бульварная газета, бульварный листок

Revólver‖drehbank [-ˈvɔlvər-] *f* -, -bänke револьверный токарный станок

Revólver‖tasche [-ˈvɔlvər-] *f* -, -n кобура для револьвера

revolvíeren <*lat.*> *vt ж.* револьвировать *(валюту)*

Revue [-ˈvyː] <*fr.*> *f* -, -vuen [-ˈvyːən] 1. *театр.* обозрение, ревю; 2. журнал-обозрение

REWE-Gruppe *f* - "Реве-Группа" *(одно из крупнейших закупочных объединений розничной торговли в ФРГ)*

Réykjavik (*n*) -s Рейкьявик *(столица Исландии)*

Rezensént <*lat.*> *m* -en, -en рецензент

rezensieren <*lat.*> *vt* рецензировать *(что-либо)*, давать отзыв *(на что-л.)*

Rezensión <*lat.*>*f* -, -en рецензия, отзыв

rezént <*lat.*> *a* новый; свежий; современный

Rezépt <*lat.*> *n* -(e)s, -e рецепт, предписание *(врача)*, способ приготовления

rezeptív <*lat.*> *a* рецептивный

Rezeptúr <*lat.*> *f* -, -en рецептура

Rezessión <*lat.*> *f* -, -en спад, свёртывание *(производства)*, кризис

Rezidív <*lat.*> *n* -s,-e *юр., мед.* рецидив

rezíprók <*lat.*> *a* 1. взаимный, обоюдный; 2. *мат.* обратный; 3. *грам.* взаимный

Rezitatión <*lat.-it.*> *f* -, -en декламация, (художественное) чтение

Rezitatív <*lat.-it.*> *n* -s, -e речитатив

rezitíeren <*lat.*> *vt* читать, декламировать

Rhabárber <*gr.-lat.-it.*> *m* -s *бот.* ревень

Rhapsodie <*gr.*>*f* -, -di|en *лит., муз.* рапсодия

Rhätische Alpen *pl* Ретинские Альпы *(горы в Швейцарии)*

Rhein *m* -s Рейн *(река в Центр. Европе; берёт начало в Швейцарских Альпах, впадает в Северное море)*

Rheinbund *m* -es Рейнский союз *(объединение ряда герм. гос-в под протекторатом Наполеона I в 1806-13)*

Rheinfall *m* -s Рейнский водопад *(на р. Рейн в Швейцарии)*

Rheingarantiepakt *m* -es Рейнский гарантийный пакт *(основной документ Ло-*

карнских договоров *1925;* гарантировал неприкосновенность западных герм. границ)
Rheingau *m* -s Рейнгау *(правобережная полоса Рейна <ФРГ>)*
rheinisch *a* рейнский
Rheinisches Schiefergebirge *n* -s Рейнские Сланцевые горы *(по обоим берегам среднего течения р. Рейн <ФРГ>)*
Rheinisch-Westfälisches Elektrizitätswerk AG *f* - "Райниш-вестфелишес электрицитетсверк АГ" *(крупнейший концерн в ФРГ по производству электроэнергии)*
Rheinländer *m* -s, - рейнлендер *(рейнская (баварская) полька, народный танец)*
Rheinland-Pfalz *(n)* - Рейнланд-Пфальц *(земля в ФРГ)*
Rheinprovinz *f* - Рейнская провинция *(ист. обл. Германии)*
Rheinstahl AG *f* - "Рейншталь АГ" *(одна из крупнейших стальных и машиностроит. холдинговых компаний в ФРГ; в 1973 поглощена концерном "Аугуст-Тиссен-хютте АГ")*
Rheinstahl Hanomag AG *f* - "Рейншталь ханомаг АГ" *(автомобильный концерн в Ганновере <ФРГ>; производит грузовики, тягачи и др. машины на гусеничном ходу <Hanomag - сокр. от* Hannoversche Maschinenbau AG *>)*
Rhetórik *<gr.-lat.> f* - риторика
rhetórisch *<gr.-lat.> a* риторический
Rheuma *<gr.-lat.> n* -s *см.* Rheumatismus
rheumátisch *<gr.-lat.> a* ревматический
Rheumatísmus *<gr.-lat.> m* -, -men ревматизм
Rhinózeros *<gr.-lat.> n* -/-ses, -se носорог
Rhódos *(n)* - Родос *(о-в в Эгейском море, у юго-зап. побережья Турции)*
rhombisch *<gr.>* *a* ромбический, ромбовый, ромбовидный
Rhombus *<gr.> m* -, -ben *мат.* ромб
Rhône [roːn] *f* - Рона *(река в Швейцарии и Франции; впадает в Средиземное море)*
rhythmisch *<gr.-lat.> a* ритмический, ритмичный
Rhythmus *<gr.-lat.> m* -, -men ритм; такт; размер
Ria Риа *(краткая форма жен. имени* Maria*)*
ribben *vt* мять *(лён)*
Ricarda Рикарда *(жен. имя)*
Richard Рихард *(муж. имя)*
Richárda Рихарда *(жен. имя)*
Richt‖antenne *f* -, -n направленная антенна

Richt‖art *f* -, -en *воен.* способ наводки
richten I *vt* 1. направлять; **eine Mahnung an jmdn.** ~ послать [сделать] кому-л. напоминание; **das Geschütz** ~ *воен.* наводить орудие; 2. адресовать *(письмо);* 3. обращать; **auf** [**in, gegen**] **etw.** (A) **den Blick** ~ обратить взор на что-л., куда-л.; 4. *тех.* выверять, налаживать, рихтовать, править; 5. *мед.* вправлять; 6. приводить в порядок, убирать *(постель);* приготовлять *(еду);* 7. (о)судить, казнить; **jmdn. zugrunde** ~ (по)губить кого-л.; 8. судить *(кого-л.),* отзываться *(о ком-л., как-л.);* II ~, **sich** 1. *(nach* D) руководствоваться *(чем-л.);* следовать *(чему-л.),* считаться *(с чем-либо);* 2. *(an* A) обращаться *(к кому-л.);* 3. быть направленным; **sich in die Höhe** ~ подняться, встать; 4. *воен.* равняться; **richt euch!** равняйсь! *(команда);* 5.: **sich selbst** ~ покончить с собой
Richter *m* -s, - судья *(тж. спорт.);* **jmdn. vor den** ~ **bringen*** привлечь кого-л. к суду; **jmdn. zum** ~ **bestellen** [**ernennen***] назначить кого-л. судьёй; **sich zum** ~ **aufwerten*** взять на себя роль судьи
richterlich *a* 1. судейский; 2. судебный
Richter‖spruch *m* -(e)s, -sprüche судебный приговор
Richter‖stuhl *m* -(e)s, -stühle *высок.* суд, судилище
Richtfest *n* -es, -e "рихтфест" *(праздник по случаю окончания строительства дома; над стропилами прикрепляется праздничный венок "рихткранц" или "рихткроне")*
richtig I *a* 1. правильный, верный; **der ~e Zeitpunkt** подходящий момент; **hier ist etwas nicht** ~ тут что-то неладно; **er ist nicht ganz** ~ (**im Kopf**) *разг.* у него не все дома; 2. настоящий; **sein ~er Vater** его родной [настоящий] отец; **er ist ein ~er Jäger** он ревностный охотник; 3. соответствующий, настоящий, справедливый *(о цене и т. п.);* II *adv* 1. правильно, верно; (**ganz**) ~! (совершенно) верно!; 2. действительно, в самом деле; **ja** ~! да, чуть не забыл!; **er hat es doch** ~ **wieder vergessen** он и в самом деле забыл об этом; 3. *разг.* очень, по-настоящему; прямо-таки; **es war** ~ **nett** это было очень мило
Richtige *subst m, f* -n, -n 1. тот человек, который мне нужен; **du bist mir gerade der** ~! *ирон.* тебя мне только не хватало!; ты мне как раз и нужен!; 2. *n* то, что нужно; правильное; **er hat das ~ getan** он поступил правильно

richtiggehend *a* 1. идущий правильно *(о часах)*; 2. *разг.* настоящий
Richtigkeit *f* - правильность, верность, точность; подлинность; **alles hat seine ~** всё в порядке; **für die ~ der Abschrift** *канц.* копия верна; **für die ~ der Unterschrift** *канц.* подпись удостоверяется
Richtig‖stellung *f* -, -en исправление; уточнение
Richt‖kanonier *m* -s, -e *воен.* наводчик орудия
Richtkranz *m* -es, -kränze "рихткранц" *(праздничный венок, устанавливаемый над стропилами построенного дома)*
Richt‖kreis *m* -es, -e *геод., воен.* буссоль
Richtkrone *f* -, -n "рихткроне", *см.* Richtkranz
Richt‖lini¦e *f* -, -n директива; **sich an die ~ halten*** придерживаться директивы
Richt‖schnur *f* -, en 1. *тех.* отвес; *перен.* руководящее начало, руководство, инструкция; 2.: **etw. zur ~ nehmen*** принять что-л. к руководству
Richt‖schütze *m* -n, -n *воен.* наводчик, первый номер расчёта
Richtung *f* -, -en 1. направление; *мор.* курс; **eine ~ einschlagen*** выбрать направление; 2. направление, течение *(в искусстве, политике и т. п.)*; 3. *воен.* наводка, наведение; 4. выравнивание; **er ist nach jeder ~ hin verläßlich** он надёжен во всех отношениях
richtunggebend *a* указывающий направление; руководящий, направляющий, директивный
Richtungs‖anzeiger *m* -s, - указатель пути
richtungsweisend *a* директивный, руководящий, направляющий
Richtungs‖winkel *m* -s, - *астр.* азимут
Richt‖waage *f* -, -n ватерпас
Richt‖wirkung *f* -, -en направляющее действие
Ricke *f* -, -n косуля
rieb *impf om* reiben*
riechbar *a* обоняемый; **nicht ~** не пахнущий, без запаха
riechen* I *vt* нюхать, обонять, чуять; **einen Geruch ~** чувствовать запах чего-л.; ◊ **jmdn. nicht ~ können** не переносить кого-л.; II *vi* 1. *(an* D) нюхать, обнюхивать *(что-л.)*; 2. *(nach* D) пахнуть *(чем-л.)*; ◊ **den Braten ~** *разг.* пронюхать в чём дело
Riecher *m* -s, - *разг.* 1. нос; 2. нюх, чутьё; 3. *пренебр.* шпик, соглядатай
Riechnerv *m* -s/-ven [-fən/-vən], -ven [-fən/-vən] обонятельный нерв

Ried *n* -(e)s, -e 1. тростник; камыш; 2. заросшая камышом болотистая местность; плавни
Riedgras *n* -es, -gräser осока
rief *impf om* rufen*
Riefe *f* -, -n борозда; желобок, канавка; паз; выемка
Riege *f* -, -n *спорт.* отделение, группа, команда *(гимнастов, борцов)*, секция
Riegel *m* -s, - 1. задвижка, засов, запор; 2. поперечина, перекладина; распорка; 3. брусок *(мыла)*; 4. застёжка *(на платье)*; 5. *разг.* (кухонная) полка; 6. вешалка *(для одежды)*
riegelfest *a* крепко запертый
rieh *impf om* reihen*
Riemen I *m* -s, - ремень; **~ um etw. (A) schnüren** затянуть что-л. ремнём; **sich (D) den ~ enger schnallen** затянуть (по)туже пояс; *перен. тж.* голодать
Riemen II <*lat.*> *m* -s, - весло; ◊ **sich in die ~ legen** 1) налечь на вёсла; 2) рьяно взяться за работу
Riemen‖bindung *f* -, -en ремённое крепление
Riemen‖zeug *n* -(e)s, -e сбруя
Riemer *m* -s, - шорник
Riese *m* -n, -n великан, исполин, гигант; **er ist durchaus kein ~** богатырём его не назовёшь; **ein ~ an Geist** человек огромного ума, титан мысли; **ein ~ an Körperkraft** силач
Riesel‖anlage *f* -, -n поливная [оросительная] установка
rieseln *vi* журчать; струиться, течь; **ein Regen rieselte unaufhörlich** не переставая моросил дождь
Riesel‖regen *m* -s, - изморось, мелкий [моросящий] дождь
Riesen‖arbeit *f* -, -en колоссальная работа
Riesen‖bau *m* -(e)s, -ten огромное здание
Riesen‖felge *f* -, -n большой оборот *(гимнастика)*
Riesen‖gestalt *f* -, -en исполинская фигура, исполин, гигант, колосс
riesengroß, riesenhaft *a* гигантский, исполинский, колоссальный
Riesenrad *n* -es, -räder "колесо обозрения" *(аттракцион во многих парках; один из символов Вены)*
Riesen‖schlange *f* -, -n гигантская змея, удав
riesig I *a* колоссальный, гигантский, исполинский; II *adv* очень сильно, весьма, в высшей степени
riestern *vt* чинить *(обувь)*
riet *impf om* raten*

Riff <*isländ.*> *n* -(e)s, -е подводный камень, риф
Riffel||blech *n* -(e)s, -е гофрированное [рифлёное] листовое железо
riffeln *vt* желобить, выдалбливать
Riffelung *f* -, -en *тех.* рифление
Rigi *m* -s Риги (*горный массив у Фирвальдштетского озера в Швейцарии*)
rigorós <*lat.*> *a* строгий, непреклонный
Rigorosität <*lat.*> *f* - чрезмерная строгость; педантичность
Rigorósum <*lat.*> *n* -s, -sa **1.** строгий устный экзамен; **2.** *австр.* устный экзамен на степень доктора
Rike Рика (*краткая форма жен. имени* Friederike)
Rille *f* -, -n канавка, желобок; борозда
rillen *vt* с.-х. бороздить
Rind *n* -(e)s, -er крупный рогатый скот
Rinde *f* -, -n **1.** кора, лыко; **2.** корка
Rinder||herde *f* -, -n стадо крупного рогатого скота
Rinder||stall *m* -(e)s, -ställe скотный двор; хлев (*для крупного рогатого скота*)
Rind||fleisch *n* -es говядина
Rinds||leder *n* -s воловья шкура
Rind||vieh *n* **1.** -(e)s крупный рогатый скот; **2.** -(e)s, -viecher *бран.* скотина
Ring I *m* -(e)s, -е **1.** кольцо, круг; *тех.* тж. обойма, обруч; **den ~ bilden** встать в круг, образовать круг; **sie hat blaue [dunkle] ~e um die Augen** у неё синие [тёмные] круги под глазами; **2.** (обручальное) кольцо, перстень; [браслет; серьга]; **mit jmdm. den [die ~e] wechseln** обменяться кольцами, обручиться с кем-л.; **3.** объединение, клуб; *эк.* ринг, картель, концерн; союз; **4.** ринг (*бокс*); ◊ **jmdm. einen ~ durch die Nase ziehen*** усмирить, укротить кого-либо
Ring II *m* -(e)s, -е "ринг" (*назв. городской кольцевой улицы или магистрали*)
ringartig *a* кольцеобразный, кольцевидный
Ring||bahn *f* -, -en окружная [кольцевая] железная дорога
Ring Deutscher Pfadfinderbünde *m* -es Объединение союзов немецких скаутов (*молодёжная организация в ФРГ*)
Ringel *m* -s, - **1.** колечко; **2.** колечко, завиток (*волос*); **3.** крендель; круглое пирожное [печенье]
Ringel||blume *f* -, -n *бот.* ноготки
ringeln I *vt* **1.** делать кольца; **2.** завивать кольцами; **II ~, sich** завиваться, виться
Ringel||natter *f* -, -n *зоол.* кольчатый уж
ringen I *vi* **1.** (*mit* D, *um* A) бороться (*с кем-л., с чем-л., за что-л.*); **mit dem Tode ~** бороться со смертью, быть при смерти; **2.** (*nach* D, *mit* D) стараться, прилагать усилия (*в достижении чего-л.*); **nach Fassung ~** всеми силами стараться не потерять самообладания; **nach Worten ~** (мучительно) искать слова; **nach Atem ~** пытаться вздохнуть; **mit den Tränen ~** стараться подавить слёзы; **3.** вести бой; **II** *vt* **1.** выкручивать, выжимать (*бельё*); **die Hände ~** ломать (в отчаянии) руки; **2.**: **jmdn. zu Boden ~** в борьбе повалить кого-л. на землю; **III ~, sich: Seufzen ~ sich aus seiner Brust** тяжкие вздохи вырываются из его груди
Ringen *n* -s борьба (*тж. спорт.*); *воен.* бой, сражение; **in ununterbrochenem ~** в непрерывных боях
Ringer *m* -s, - *спорт.* борец
Ring||finger *m* -s, - безымянный палец
ringförmig *см.* ringartig
Ring||kampf *m* -(e)s, -kämpfe *спорт.* борьба; **einen ~ austragen*** провести схватку
Ring||panzer *m* -s, - кольчуга
Ring||richter *m* -s, - судья на ринге [на ковре] (*бокс, борьба*)
rings *adv* вокруг, кругом
Ring||scheibe *f* -, -n круглая мишень
ringsherum *adv* вокруг, кругом; везде, со всех сторон
Ring||straße *f* -, -n окружная (шоссейная) дорога; кольцевая улица
ringsumher *см.* ringsherum
Rinne *f* -, -n жёлоб, канавка
rinnen* *vi* **1.** (s) течь, струиться, сочиться; **aus dem Faß ~** вытекать из бочки; **das Geld rinnt ihm durch die Finger** деньги утекают у него между пальцев; **2.** (h) течь, дать течь, иметь пробоину
Rinn||sal *n* -(e)s, -е **1.** водосток; **2.** русло
Rinn||stein *m* -(e)s, -е сточная канава; **im ~ enden** опуститься; умереть под забором
Rio de Janeiro [-ʒáne:ro] (*n*) -/-s Рио-де-Жанейро (**1.** *столица Бразилии;* **2.** *штат на Ю.-В. Бразилии, у Атлантического океана*)
Rippe *f* -, -n **1.** ребро; **bei ihm kann man die ~n zählen** *разг.* у него все рёбра можно сосчитать (*о худом человеке*); ◊ **ich kann es doch mir nicht aus den ~n schneiden** *разг.* я это рожу, что ли?, а мне откуда это взять?; **2.** *бот.* жилка (*листа*); **3.** выступ; **4.** секция батареи парового отопления; **5.** долька (*шоколада*)

Rippel‖wellen pl рябь *(на воде)*
Rippen‖fell n -(e)s, -е плевра
Rippenfell‖entzündung f -, -en *мед.* плеврит
Rippen‖speer n, m -(e)s (копчёная) грудинка
Rippen‖stoß m -es, -stöße толчок в бок
Rippen‖stück n -(e)s, -е *кул.* антрекот
Rips m -es, -е *текст.* репс
Risiko <it.> n -s, -s/-ken риск; **ein ~ eingehen* [übernehmen*]** пойти на риск, рисковать; **ein ~ tragen*** подвергаться риску; **etw. auf eigenes ~ tun*** делать что-л. на свой страх и риск
riskánt <fr.> a рискованный
riskíeren <fr.> vt рисковать *(чем-л.)*; **einen ~** *шутл.* выпить рюмочку, выпить по одной
riß *impf* от reißen*
Riß I m -sses, -sse **1.** трещина, щель, разрез; разрыв, дыра, расщелина; **einen ~ bekommen*** треснуть, дать трещину; расколоться, лопнуть; **2.** разлад, разрыв; **ein ~ in der Freundschaft** разлад между друзьями
Riß II m -sses, -sse чертёж; план; эскиз; проекция; рисунок; **einen ~ aufnehmen*** сделать чертёж
ríssig a **1.** потрескавшийся; **2.** порванный
Rißwunde f -, -n рваная рана
Rist m -es, -е **1.** подъём *(ноги)*; **2.** пясть, тыльная сторона руки; **3.** загривок *(у лошади)*
Rita Рита *(краткая форма имени Margharita)*
Ríten pl от Ritus
ritt *impf* от reiten*
Ritt m -(e)s, -е поездка верхом; **ein scharfer ~** быстрая верховая езда
Ritter <germ.> m -s, - **1.** *ист.* рыцарь; **fahrender ~** странствующий рыцарь; **zum ~ schlagen*** посвятить в рыцари; **ein ~ ohne Furcht und Tadel** рыцарь без страха и упрёка; **der ~ von der traurigen Gestalt** рыцарь печального образа *(Дон-Кихот)*; **ein ~ von der Feder** *шутл.* писатель; писака; **ein ~ von der Ahle** *шутл.* сапожник; **ein ~ von der Nadel [von der Elle]** *шутл.* портной; **2.** кавалер ордена; ◊ **arme ~** гренки
Ritter‖dienst m -es, -е рыцарское служение даме
Ritter‖gut n -(e)s, -güter дворянское поместье
Ritterkreuz n -es, -е "Рыцарский крест", *см.* Eisernes Kreuz
Ritterkreuz mit Eichenlaub, Schwertern und Brillanten n -es, -е "Рыцарский крест с дубовыми листьями, мечами и бриллиантами", *см.* Eisernes Kreuz
rítterlich I a рыцарский; **II** adv по-рыцарски, как рыцарь
Rítterlichkeit f - рыцарское поведение [благородство]
Ritter‖orden m -s, - рыцарский орден
Ritterschaft f - *ист.* **1.** *собир.* рыцари, рыцарство; **2.** рыцарское звание, рыцарство
Ritter‖schlag m -(e)s *ист.* посвящение в рыцари
Rittertum n -(e)s *ист.* рыцарство
rittlings adv верхом
Rittmeister m -s, - *воен.* ротмистр
Rituál <lat.> n -s, -e/-i|en ритуал, обряд
rituéll <lat.-fr.> a ритуальный
Ritus <lat.> m -, -ten религиозный обряд; церемониал
Ritz m -es, -e; **Ritze** f -, -n щель, расщелина; трещина, царапина
Rítzasee m -s Рица *(озеро на Зап. Кавказе, в Абхазии)*
rítzen I vt **1.** поцарапать, поранить; **2.** нацарапать, вырезать; **3.** *тех.* надрезать, насекать; врубаться; **II ~, sich** поцарапаться
Rival [-'vaːl] <lat.-fr.> m -en/-s, en/-e;
Rivále m -n, -n соперник
Rivalin [-'vaː-] <lat.-fr.> f -, -nen соперница
Rivalität [-va-] <lat.-fr.> f -, -en соперничество
Rízinus‖öl n -(e)s касторовое масло
Rjasán (n) -s Рязань *(обл. центр в РФ)*
Roastbeef ['roːstbiːf/'rɔstbiːfl] <engl.> n -s, -s ростбиф
Robbe f -, -n **1.** тюлень; **2.** pl ластоногие, тюлени
robben vi ползать на четвереньках
Robben‖fang m -(e)s, -fänge; **~schlag** m -(e)s, -schläge тюлений промысел
Robben‖tran m -(e)s тюлений жир
Robe <germ.-fr.> f -, -n мантия, роба
Robert Bosch AG f - "Роберт Бош АГ", *см.* Bosch-Konzern
robóten <tschech.-poln.> vi заниматься тяжёлым (плохо оплачиваемым) трудом
Robóter <tschech.> m -s, - **1.** робот; **2.** эксплуатируемый человек, занимающийся тяжёлым трудом
Robóter‖pilot m -en, -en автопилот
robúst <lat.> a крепкий, сильный, здоровый
roch *impf* от riechen*
Rocháde <pers.-arab.-span.-fr.> f -, -n **1.** *шахм.* рокировка; **2.** *воен.* рокада,

рокадная дорога *(идущая параллельно фронту)*
röcheln *vi* хрипеть
rochieren <*pers.-arab.-span.-fr.*> *vi* шахм. рокироваться
Rock *m* -(e)s, Röcke 1. юбка; 2. пиджак, сюртук; *воен.* китель; мундир; ◇ **den bunten ~ anziehen*** стать солдатом, надеть военную форму; **den bunten ~ ausziehen*** уйти из армии, снять военную форму; **jmdn. in den bunten ~ stecken** надеть на кого-л. военную форму, отдать кого-л. в солдаты
Rocken *m* -s, - прялка
Rock‖futter *n* -s, - подкладка пиджака
Rock‖schoß *m* -es, -schöße пола; *pl* фалды; ◇ **sich jmdm. an die Rockschöße hängen***, **an jmds. Rockschößen hängen*** *разг.* навязываться кому-л.
Rock‖zipfel *m* -s, - подол юбки; **an Mutters ~ hängen*** *перен.* держаться за маменькину юбку
Ródegang Родеганг *(муж. имя)*
Rodel *m* -s, - салазки, санки
Rodel‖bahn *f* -, -en *спорт.* горка для катания на санках; ледяной жёлоб *(бобслей)*
rodeln *vi* (s, h) кататься на санях с гор
Rodel‖schlitten *m* -s, - спортивные сани
Rode‖maschine *f* -, -n корчевальная машина, корчеватель
roden *vt* 1. корчевать, расчищать под пашню; 2. убирать, копать *(корнеплоды)*
Róderich Родерих *(муж. имя)*
Rogen *m* -s (рыбья) икра *(в необработанном виде)*
Roggen *m* -s рожь
Roggen‖blume *f* -, -n василёк
Roggen‖brot *n* -(e)s, -e ржаной хлеб
Roggen‖korn *n* -(e)s, -körner зерно ржи
roh *a* 1. сырой; **Fleisch ~ essen*** есть сырое мясо; 2. сырой; необработанный; неочищенный; **ein -es Pferd** необъезженная лошадь; 3. грубый, жестокий; 4. *эк.* валовой; **~es Gewicht** вес брутто
Roh‖eisen *n* -s чугун
Roheit *f* -, -en грубость, жестокость
Roh‖ertrag *m* -(e)s, -träge валовой доход
Roh‖gewicht *n* -(e)s, -e вес брутто
Roh‖kost *f* - сырая (растительная) пища
Rohling *m* -s, -e 1. *тех.* заготовка; отливка; кирпич-сырец; 2. грубый [жестокий] человек; хулиган
Röhmaffäre *f* - афера Рема *(попытка нач. штаба штурмовых отрядов <СА> Э.Рема превратить их в костяк рейхсвера, подчинить себе генералитет; А. Гитлер с помощью отрядов СС учинил в "ночь длинных ножей" 30.06.1934 кровавую расправу над главарями СА и неугодными ему буржуазными политиками)*
Roh‖material *n* -s, см. Rohstoff
Röhmputsch *m* -es путч Рема см. Röhmaffäre
Roh‖öl *n* -(e)s, -e неочищенная нефть
Rohr *n* -(e)s, -e 1. труба, трубка; 2. тростник; камыш; **er ist schwankend wie ein ~ (im Winde)** он очень неустойчив [непостоянен]; 3. *воен.* ствол *(орудия)*; *мор.* торпедный аппарат
Röhre *f* -, -n 1. труба, трубка; 2. духовка; 3. радиолампа, электронная лампа; 4. нора; ход *(берлоги и т. п.)*
röhren *vi* 1. *охот.* реветь *(об олене)*; 2. *разг.* плакать, орать
Röhren‖brunnen *m* -s, - артезианский колодец
röhrenförmig *a* трубчатый
Röhren‖knochen *m* -s, - *анат.* полая [трубчатая] кость
Rohr‖gelenk *n* -(e)s, -e *тех.* трубчатый шарнир
Röhricht *n* -s, -e заросли тростника
Rohr‖leger *m* -s, - трубоукладчик
Rohr‖leitung *f* -, -en трубопровод
Rohr‖mantel *m* -s, -mäntel *воен.* кожух ствола
Rohr‖meister *m* -s, - *мор.* командир торпедного аппарата
Rohr‖mündung *f* -, -en *воен.* дуло [жерло] орудия
Rohr‖netz *n* -es, -e сеть трубопроводов
Rohr‖normalien *pl* стандарты труб
Rohr‖post *f* -, -en пневматическая почта
Rohr‖rücklauf *m* -(e)s, -läufe *воен.* откат ствола *(орудия)*
Rohr‖spatz *m* -en, -en; **~sperling** *m* -s, -e камышовка дроздовидная; **wie ein ~ schimpfen** неприлично ругаться
Rohr‖stuhl *m* -(e)s, -stühle плетёный стул
Rohr‖zucker *m* -s тростниковый сахар
Roh‖seide *f* -, -n шёлк-сырец
Roh‖stoff *m* -(e)s, -e сырьё
Rohstoff‖quelle *f* -, -n *эк.* источник сырья
Rokóko (Rokókó) <*fr.*> *n* -s (стиль) рококо
Roland I Роланд *(муж. имя)*
Roland II *(m)* -s Роланд *(скульптура на площадях старых городов Германии <назв. от собств. имени>)*
Rolánde Роланда *(жен. имя)*
Rolf Рольф *(краткая форма муж. имени Rudolf)*
Rolladen *m* -s, -/-läden жалюзи

Roll∥bahn f -, -en 1. воен. автострада, шоссе; 2. ав. стартовая [взлётная] дорожка, дорожка для выруливания
Rolle I f -, -n 1. ролик, колесико; валик; блок; 2. катушка; рулон; моток, свёрток; бухта (проволоки); 3. скалка; каток (для белья); 4. каток; колесо; 5. кувырок (гимнастика)
Rolle II f -, -n 1. театр. роль (персонаж); **die ~n besetzen** распределять [замещать] роли; 2. перен. роль; **eine doppelte ~ spielen** вести двойную игру, двурушничать; **das spielt keine ~** это не играет роли, это не имеет значения; **aus der ~ fallen*** выйти из роли, сбиться с тона
rollen I vt 1. катать, катить; **die Augen ~, mit den Augen ~** вращать глазами; 2. катать (бельё); 3. тех. катать, раскатывать, накатывать; 4. скатывать (шинель); II vi (s) 1. кататься, покатиться; **Tränen rollten über ihre Wangen** слёзы катились [текли] по её щекам; 2. грохотать; 3. перевозиться по железной дороге
Rollen: die Sache kam ins ~ дело сдвинулось [тронулось] с места, дело пошло быстрее
rollend a 1.: **~e See** волнующееся море; **~es Material** ж.-д. подвижной состав; 2. раскатистый; **ein ~es "R"** раскатистое "р"
Rollen∥fach n -(e)s, -fächer театр. амплуа
Rollen∥lager n -s, - роликовый подшипник
Roller m -s, - самокат, роллер
rollern vi кататься на самокате
Roll∥feld n -es, -er взлётная полоса [площадка, дорожка]; лётное поле
Rollkragen∥pullover [-v-] m -s, - свитер
Rollmops m - "рольмопс" (маринованное филе сельди, свёрнутое с луком, солёным огурцом и т. п.)
Rollo <lat.-fr.> n -s, -s штора; фото штора (затвора)
Roll∥schinken m -s, - рулет (свиной)
Roll∥schuhe pl роликовые коньки
Rollstuhl m -(e)s, -stühle кресло на колёсах (для больных), инвалидная коляска
Roll∥treppe f -, -n эскалатор
Rom n -s Рим; ◊ **er war in ~ und hat den Papst nicht gesehen** в Риме бывал, а папу римского не видал; ≅ слона-то он и не приметил; **alle Wege führen nach ~** все дороги ведут в Рим
Román <fr.> m -s, -е роман; **schreib doch keinen (langen) ~!** разг. говори короче!
Romancier [romã'sje:] <lat.-fr.> m -s, -s см. Romanschriftsteller
románhaft a романический
románisch <lat.> a романский
Romanist <fr.> m -en, -en романист (специалист по романской филологии)
Romanístik <fr.> f - лингв. романистика
Roman∥schriftsteller m -s, - писатель-романист, автор романов
Romántik <lat.> f - 1. романтика; 2. романтизм
Romántiker <lat.> m -s, - лит. романтик (тж. перен.)
romántisch <lat.> a лит. романтический; романтичный
Romántische Straße f - "Романтическая дорога" (туристическая дорога от Вюрцбурга до Альп <ФРГ>)
Románze <lat.-provenzal.-span.-fr.> f -, -n романс
Rom des Nordens I (n) -s "Северный Рим" (образное назв. г. Кёльн <земля Сев. Рейн-Вестфалия, ФРГ>)
Rom des Nordens II (n) -s "Северный Рим" (образное назв. г. Зальцбург <Австрия>)
Römer I m -s, -; **~in** f -, -nen римлянин, -нка
Römer II m -s,- бокал (из зелёного или цветного стекла)
Römer III m -s "Ромер" (старая ратуша в г. Франкфурт-на-Майне <земля Гессен, ФРГ>)
römisch <lat.> a римский
Römisch-Germanisches Museum n -s Римско-германский музей (исторический музей в г. Кёльн <ФРГ>)
Römisch-Germanisches Zentralmuseum n -s Римско-германский центральный музей (музей искусств в г. Майнц <ФРГ>)
Romuald Ромуальд (муж. имя)
Rondo <it.> n -s, -s муз. рондо
röntgen vt просвечивать рентгеновскими лучами
Röntgen∥aufnahme f -, -n рентгеновский снимок
Röntgen∥bestrahlung f -, -en облучение рентгеновскими лучами
Röntgen∥durchleuchtung f -, -en рентген, просвечивание (рентгеновскими лучами)
Röntgenológ(e) <dt.+gr.> m -gen, -gen рентгенолог
Röntgenologíe <dt.+gr.> f - рентгенология
Röntgen∥röhre f -, -n рентгеновская трубка

Röntgen∥strahlen *pl* рентгеновские лучи
Röntgen∥strahlung *f* -, -en рентгеновское излучение
Röntgen∥untersuchung *f* -, -en *мед.* обследование с помощью рентгеновского аппарата; рентгеноскопия
Roquefort [rok'fo:r/'rokfo:r] <*fr.*> *m* -s, -s рокфор *(сорт сыра)*
rosa <*it.*> *a inv* розовый
Rosa <*lat.*> *n* -s розовый цвет, розовый
rosafarben, rosafarbig *a* розовый
Rose <*lat.*> *f* -, -n **1.** *бот.* роза; **2.** *мед.* рожа; **3.** розетка *(орнамент)*; **4.** роза *(ветров, течений)*; **5.** картушка *(компаса)*; ◇ **er ist nicht auf ~n gebettet** ему живётся нелегко
Rosen∥garten *m* -s, -gärten **1.** сад роз, розарий; **2.** сказочный сад
Rosen∥kohl *m* -(e)s брюссельская капуста
Rosen∥kranz *m* -es, -kränze **1.** венок из роз; **2.** чётки; **den ~ beten** перебирать чётки
Rosen∥kriege *pl* *ист.* войны Белой и Алой розы *(в Англии 15 в.)*
Rosenmontag *m* -s, -e "розенмонтаг" *(предпоследний день карнавала)*
Rosen∥öl *n* -(e)s розовое масло
rosenrot *a* розовый *(тж. перен.)*
Rosenthal-Porzellan *n* -s розентальский фарфор *(изделия из фарфора фирмы "Розенталь" в г. Зельбе* <*земля Бавария, ФРГ*>*)*
Rosétte <*lal.-fr.*> *f* -, -n розетка
Rosine <*lat.-fr.*> *f* -, -n изюминка; *pl* изюм; ◇ **große ~n im Kopf haben** *разг.* носиться с (грандиозными) планами; высоко метить
Rosinen∥kuchen *m* -s, - кекс с изюмом
Rosmarin <*lat.*> *m* -s *бот.* розмарин
Roß *n* -sses, -sse конь; **sich aufs ~ schwingen*** сесть на коня; **auf dem hohen ~ sitzen*** *перен.* смотреть на всех свысока, задирать нос; **so ein ~!** ну и дурень!
Rössel *n* -s, - *шахм.* конь
Rössel∥sprung *m* -(e)s, -sprünge *шахм.* ход конём
Rost I *m* -es ржавчина; **vor ~ schützen** предохранять от ржавчины
Rost II *m* -es, -e решётка; колосники
rostbeständig *a* нержавеющий, коррозиеустойчивый
Rost∥braten *m* -s, - ростбиф; жаркое
Rostbratwurst *f* -, -würste колбаса, поджаренная на жаровне
Röstbrot *n* -(e)s гренки
rosten *vi* (s, h) ржаветь
rösten *vt* **1.** жарить, поджаривать; **sich**

von der Sonne ~ lassen* *разг.* жариться (загорать) на солнце; **2.** сушить *(сухари)*; **3.** *тех.* обжигать; **4.** мочить *(лён, коноплю)*
Röster *m* -s, - прибор для обжаривания тостов [гренок]
rostfarben, rostfarbig *a* цвета ржавчины
rostfest *см.* rostbeständig
rostfleckig *a* покрытый ржавчиной
rostfrei *a* нержавеющий
rostig *a* ржавый
Rostock *(n)* -s Росток *(город в ФРГ, на побережье Балтийского моря, земля Мекленбург-Передняя Померания)*
Rostow-am-Don *(n)* -s Ростов-на-Дону *(обл. центр в РФ)*
rostsicher *см.* rostbeständig
Roswith/Roswitha Розвит/Розвита *(жен. имя)*
rot I *a* **1.** красный, алый; **das Rote Kreuz** Красный Крест *(организация)*; **2.** красный *(от волнения, слёз и т. п.)*; **~ werden** покраснеть; **~ anlaufen***, **einen ~en Kopf bekommen*** покраснеть, залиться краской; **3.** рыжий; **II** *adv*: **etw. ~ anstreichen*** 1) покрасить что-л. в красный цвет; 2) подчеркнуть [пометить] что-л. красным
Rot *n* -s **1.** красный цвет; красное; **2.** румянец; **3.** румяна; **4.** *карт.* красная масть, черви
Rotatión <*lat.*> *f* -, -en **1.** *тех.* вращение; **2.** *полигр.* ротация
Rotatións∥achse *f* -, -n ось вращения
Rotatións∥bewegung *f* -, -en вращательное движение
rotbackig, rotbäckig *a* краснощёкий
rotbärtig *a* рыжебородый
rotblond *a* светло-рыжий, рыжеватый
rotbraun *a* красно-бурый; гнедой *(о лошади)*; тёмно-рыжий *(о волосах)*
Rote *subst.* **1.** *m, f,* -n, -n краснокожий, -жая; **2.** *m, f,* -n, -n рыжий, -жая; **3.** *m, f,* -n, -n *полит.* красный, -ная; **4.** *n* -n, - красный цвет
Röte *f* - **1.** краснота; румянец; багрянец; **ihm stieg die ~ ins Gesicht [bis in die Haarwurzeln]** он покраснел до корней волос; **2.** зарево
"Rote Kapelle" *f* - "Красная капелла" *(подпольная антифашистская организация в Берлине* <*1935–1942*>*)*
Rötel *m* -s, - **1.** красный карандаш, красный мелок; **2.** *зоол.* краснопёрка
Röteln *pl* *мед.* краснуха
röten I *vt* **1.** делать красным; **2.** румянить; **II ~, sich** краснеть
Roter Frontkämpferbund *m* -es Союз

красных фронтовиков *(организация рабочей самообороны в Германии в 1924–33, создана по инициативе Коммунистической партии Германии)*
Rotes Meer *n* -es Красное море *(Средиземное море Индийского океана, между Аравийским п-вом и Африкой)*
Rotes Rathaus *n* -es "Красная ратуша" *(здание старой ратуши Берлина <назв. из-за красного кирпича, из которого оно сооружено>)*
rotglühend *a* раскалённый докрасна
Rot‖glut *f* - *тех.* красное каление
Rot‖guß *m* -sses *тех.* **1.** медное литьё; **2.** красная латунь
Rothaargebirge *n* -s Ротхаар *(горы в ФРГ, земля Сев. Рейн-Вестфалия)*
rothaarig *a* рыжеволосый, рыжий
Rothirsch *m* -es, -e благородный олень
Rotholz *n* -es, -hölzer красное дерево
rotieren *vi тех.* вращаться
rotierend *a*: ~e Bewegung вращательное движение
Rot‖käppchen *n* -s, - Красная Шапочка *(в сказке)*
Rot‖kohl *m* -(e)s; **~kraut** *n* -(e)s краснокочанная капуста
rötlich *a* красноватый; рыжеватый
Rot‖licht *n* -(e)s, -er красный свет
rotnasig *a* красноносый
Rotor <*lat.*> *m* -s, -tóren ротор
Rotraud Ротрауд *(жен. имя)*
Rot‖stift *m* -es, -e красный карандаш
Rotte *f* -, -n **1.** *воен.* ряд; *ав.* пара *(самолётов)*; *мор.* звено, полудивизион; **blinde** ~ неполный ряд; **2.** толпа, сборище; банда, шайка; **3.** звено *(штурмовых или охранных отрядов в фашистской Германии)*
rotten, sich толпиться, собираться толпами
Rottenführer *m* -s, - *ист.* роттенфюрер *(звание в войсках СС в фашистской Германии)*
rottenweise *adv* рядами; попарно, по два
Rotterdam *(n)* -s Роттердам *(город в Нидерландах; крупный промышленный, финансовый и научный центр)*
Rotúnde <*lat.-it.*> *f* -, -n *архит.* ротонда
rotwangig *a* краснощёкий
Rot‖wein *m* -(e)s, -e красное вино
Rotwelsch *n* -/-s воровской [блатной] жаргон
Rot‖wild *n* -(e)s красная дичь
Rotz *m* -(e)s, -e **1.** *вет.* сап; **2.** *разг.* сопли
rotzig *a* **1.** сопливый; **2.** *вет.* больной сапом
Rotz‖nase *f* -, -n *разг.* сопляк

Rouláde [ru-] <*lat.-fr.*> *f* -, -n *кул.* рулет
Rouleau [ru`lo:] <*fr.*> *n* -s, -s штора
Roulétt [ru-] <*fr.*> *n* -(e)s, -e/-s; **Roulétte** [ru`lɛt(ə)] *f* -, -n [-tən] рулетка *(игра)*
Route [`ru:tə] <*lat.-fr.*> *f* -, -n направление, путь, дорога; маршрут
Routine [ru`ti:nə] <*lat.-fr.*> *f* - **1.** навык, опыт, сноровка; **2.** заведённый порядок; **3.** *мор.* распорядок дня [службы] на корабле
routinemäßig [ru`ti:nə-] I *a* **1.** обычный, заурядный, повседневный; **2.** очередной; II *adv* регулярно, по установленному порядку
routiniert [ru-] *a* опытный, ловкий, бывалый
Rowdy [`raudi] <*engl.*> *m* -s, -s хулиган
Rübe *f* -, -n **1.** свёкла; репа; **gelbe** ~ морковь; **rote** ~ свёкла; **weiße** ~ брюква; **2.** *разг.* голова; ~ **ab!** голову [башку] долой!
Rubel *m* -s, - рубль
Rüben‖bau *m* -(e)s свекловодство
Rüben‖kraut *n* -(e)s ботва свёклы
Rüben‖marmelade *f* -, -n повидло из свёклы
Rüben‖roden *n* -s уборка [копка] свёклы
Rüben‖züchter *m* -s, - свекловод
Rüben‖zucker *m* -s, - свекловичный сахар
rüber *разг.* = herüber
Rübezahl *m* -s Рюбецаль *(в герм. мифологии горный дух, воплощение горной непогоды и обвалов; являлся людям в образе серого монаха; хорошим помогал, плохих сбивал с пути)*
Rúbikon <*lat.*> *m* -(s) *(от собств.)*: den ~ überschreiten* перейти Рубикон, сделать решительный шаг
Rubin <*lat.*> *m* -s, -e рубин
rubinfarbig, rubinrot *a* рубиновый *(цвет)*
Rubrik <*lat.*> *f* -, -n рубрика, раздел; графа; заголовок
rubrizieren <*lat.*> *vt* делить на рубрики, распределять по рубрикам
Rübsen *m* -s сурепка, сурепица
ruchbar *a* гласный, общеизвестный; ~ **werden** получить огласку, обнаруживаться
ruchlos *a* гнусный; бессовестный
ruck! *int* раз; ~, **zuck!** разом!, раз-два!; **ho [hau]** ~! раз, два, взяли!
Ruck *m* -(e)s, -e толчок; **der Sache einen** ~ **geben*** ускорить [сдвинуть с места] дело; **er gab sich einen** ~ он взял себя в руки, сделал над собой усилие; **mit einem** ~ одним махом, разом, в один миг
Rück‖ansicht *f* -, -en вид сзади

Rück‖antwort f -, -en ответ; ~ **bezahlt** ответ оплачен
ruckartig I a резкий; порывистый (о движении); II adv толчком, рывком; резко
rückbezüglich a возвратный, рефлексивный (б. ч. грам.); ~**es Zeitwort** возвратный глагол
Rückblick m -(e)s, -e взгляд назад, ретроспективный взгляд; обзор; **einen ~ auf etw.** (A) **werfen*** оглянуться назад [на прошлое]
rückblickend a ретроспективный
rücken I vt двигать, передвигать; **zur Seite ~** отодвинуть в сторону; **an die Wand ~** придвинуть к стене; **etw. in ein anderes Licht ~** представить какое-л. дело в ином свете; II vi **1.** двигаться, передвигаться; придвигаться; **ins Feld ~** выступить в поход (тж. перен.); **2.:** **jmdm. auf den Leib [Pelz] ~, jmdm* zu Leibe ~** насесть на кого-л., приставать к кому-л.
Rücken m -s, - **1.** спина; **hinter dem ~** 1) за спиной; 2) перен. тж. за глаза; **jmdm. den ~ kehren [zeigen, zuwenden*]** 1) повернуться к кому-л. спиной; 2) перен. отвернуться от кого-л., порвать с кем-л. отношения; **2.** воен. тыл; **jmdm. in den ~ fallen*** 1) напасть на кого-л. с тыла; 2) нанести кому-л. удар в спину; **in den ~ gehen*** заходить с тыла; **3.** хребет (горный); **4.** корешок (книги); **5.** обух (топора), тупая сторона (ножа)
Rücken‖deckung f -, -en воен. тыловое прикрытие; перен. поддержка, помощь, (под)страховка; **sich** (D) **~ verschaffen** перен. обеспечить себе поддержку, застраховать себя
Rücken‖flosse f -, -n спинной плавник
Rücken‖lage f -, -n спорт. положение на спине
Rücken‖lehne f -, -n спинка (стула)
Rücken‖mark n -(e)s спинной мозг
Rücken‖schwimmen n -s плавание на спине
Rücken‖wind m -(e)s, -e попутный ветер
Rücken‖wirbel f -, -n спинной позвоночник
Rück‖erstattung f -, -en возврат, отдача; возмещение
Rück‖fahrkarte f -, -n обратный билет
Rück‖fahrt f -, -en обратный путь; **auf der ~** на обратном пути; **Hin- und ~** поездка туда и обратно
Rück‖fall m -(e)s, -fälle рецидив
rück‖fällig a повторный, рецидивный

Rück‖fällige subst m, f -n, -n юр. рецидивист, -ка
Rück‖frage f -, -n **1.** запрос; ~ **halten*** запрашивать; **2.** встречный вопрос
Rück‖gabe f -, -n возврат, отдача; **gegen ~** с условием возврата
Rück‖gang m -(e)s, -gänge **1.** обратный ход, возвращение; **2.** упадок, снижение, понижение, падение; сокращение; ~ **der Produktion** сокращение производства
rückgängig a **1.** обратный; **2.** падающий, сокращающийся; ~ **machen** отменять, аннулировать
Rückgängigmachung f -, -en отмена, аннулирование
Rück‖grat n -(e)s, -e **1.** спинной хребет, позвоночный столб; **2.** перен. основа, костяк; **3.: er hat ~** у него твёрдый характер
ruckhaft a толчками, рывками, скачками
Rück‖halt m -(e)s **1.** поддержка, опора; **2.** воен. резерв; опора, база, поддержка; **3.: etw. im ~ haben** иметь что-л. в резерве [про запас]
rückhaltlos I a **1.** откровенный, прямой, безоговорочный; **2.** несдержанный, безудержный; II adv **1.** откровенно, напрямик, безоговорочно; **2.** безудержно
Rückhaltlosigkeit f - несдержанность, экспансивность
Rückhaltung f - **1.** сдержанность; ~ **üben** быть сдержанным; **2.** удержание, задержание
Rückhand f -; **Rückhandschlag** m -(e)s, -schläge удар слева (теннис)
Rück‖kauf m -(e)s, -käufe выкуп
Rückkehr f - возвращение; **nach der ~** по возвращении
Rück‖lage f -, -n запас; сбережения, накопления
Rück‖lauf m -(e)s, -läufe **1.** обратный ход, обратное движение; **2.** воен. откат
rückläufig a **1.** возвратный, обратный; ~**e Bewegung** обратное движение; отступление; **2.** регрессивный; сокращающийся; снижающийся
Rück‖licht n -(e)s, -er авт. задний фонарь; стоп-сигнал
rücklings adv **1.** навзничь, назад; **2.** сзади
Rück‖marsch m -es, -märsche обратный ход; отступление
Rücknahme f - взятие обратно
Rück‖porto n -s оплата обратного письма (ответа)
Rück‖prall m -(e)s **1.** отскакивание; **2.** перен. отражение

Rück‖reise f -, -n обратный путь, возвращение
Rucksack m -(e)s, -säcke рюкзак, походный мешок
Rück‖schau: ~ **halten*** бросить взгляд на прошлое, бросить ретроспективный взгляд
Rück‖schlag m -(e)s, -schläge 1. обратный удар; 2. *спорт.* отбивание мяча, возврат мяча; 3. отдача *(у винтовки и т. п.)*; 4. неудача, провал; кризис; спад *(после подъёма)*, удар *(судьбы)*; (резкое) ухудшение; 5. *биол.* атавизм
Rückschluß m -sses, -schlüsse *лог.* заключение *(от следствия к причине)*, вывод *(о причине на основании следствия)*; **aus etw. (D) Rückschlüsse auf etw. (A) ziehen*** судить на основании чего-либо о чём-л.
Rück‖schreiben n -s, - *канц.* ответное письмо
Rück‖schritt m -(e)s, -e регресс
rückschrittlich a реакционный
Rück‖seite f -, -n оборотная сторона, изнанка
rückseitig a на обороте, на обратной стороне
rucksen vi ворковать
Rück‖sicht f -, -en внимание, уважение; **mit ~ auf jmdn. [auf etw.]** (A) принимая во внимание кого-л. [что-л.], считаясь с кем-л. [с чем-л.]; **ohne ~ auf die Person** не взирая на лица; **keine ~ auf etw. (A) nehmen*** не считаться ни с чем
rücksichtlich prp (G) ввиду *(чего-л.)*, принимая во внимание, учитывая *(что-л.)*
Rücksichtnahme f - уважение, такт; **etw. mit (viel) ~ sagen** сказать что-л. с (большим) тактом
rücksichtslos I a 1. бесцеремонный; 2. беспощадный; **~er Abbau** хищническая разработка *(недр)*; II adv бесцеремонно, грубо
rücksichtsvoll a предупредительный, деликатный, внимательный
Rück‖sitz m -es, -e 1. заднее место, заднее сиденье *(напр. в автобусе)*; 2. сиденье, обращённое спиной в сторону движения
Rück‖spiegel m -s, - зеркало обратного [заднего] вида
Rück‖spiel n -(e)s, -e *спорт.* ответная игра [встреча]
Rück‖sprache f -, -n совещание, консультация, переговоры; **mit jmdm. ~ nehmen*** поговорить [переговорить, посоветоваться] с кем-л.
Rück‖stand m -(e)s, -stände 1. задолженность, долг; недоимка; *перен.* отставание, недовыполнение; **den ~ aufarbeiten** доделать невыполненную работу, наверстать упущенное; **die Rückstände eintreiben*** взыскивать долги; **im ~ sein** отставать; 2. остаток; осадок *(тж. хим.)*; 3. нагар
rückständig a 1. неуплаченный; 2. отсталый
Rück‖stoß m -es, -stöße 1. отдача *(напр. огнестрельного оружия)*; 2. ответный удар, контрудар
Rück‖strahler m -s, - 1. отражатель, рефлектор; 2. *авт.* катафот, стоп-сигнал
Rück‖tritt m -(e)s, -e 1. уход; отставка; **den ~ einreichen** подать в отставку; 2. отказ; выход *(из союза, блока)*; **~ von einem Vertrag** (одностороннее) аннулирование договора
Rücktritt‖bremse f -, -n тормоз, действующий при обратном нажатии на педаль *(напр. у велосипеда)*
rück‖übersetzen vt переводить обратно *(на язык подлинника)*
Rück‖übersetzung f -, -en обратный перевод
rück‖vergüten vt возмещать
Rück‖vergütung f -, -en возмещение
rück‖versichern, sich перестраховаться
Rück‖versicherung f -, -en перестраховка
rückwärtig a 1. задний; обратный; 2. *воен.* тыловой; **~e Dienste** служба тыла
rückwärts adv 1. обратно, в обратном направлении, назад; задом (наперёд); **~ gehen*** пятиться; 2. позади, сзади
rückwärts‖gehen* vi (s) ухудшаться; **mit seiner Gesundheit geht es rückwärts** его здоровье ухудшается
Rückweg m -(e)s, -e обратный путь; **den ~ verlegen** отрезать кому-л. путь к отступлению *(тж. перен.)*
ruckweise adv рывками, толчками, скачками
rückwirkend a противодействующий; **~e Kraft** *юр.* обратная сила
Rück‖wirkung f -, -en 1. обратное действие, противодействие; реакция; 2. *юр.* обратная сила *(закона и т. д.)*
Rück‖zahlung f -, -en возврат *(денег)*, обратная выплата
Rück‖zieher m -s, - 1. отказ, отречение от чего-л.; **einen ~ machen** идти на попятный; 2. удар через себя *(футбол)*
Rück‖zug m -(e)s, -züge *воен.* отступление, отход; **den ~ antreten*** начинать отступление; **jmdm. den ~ abschneiden*** отрезать кому-л. путь к отступлению
rüde <*fr.*> a грубый

Rüde *m* -n, -n **1.** большая собака; кобель; дворовый пёс; **2.** охотничья собака *(на кабанов)*; **3.** кобель, самец *(лисицы, волка)*

Rudel *n* -s, - **1.** *охот.* стая, стадо; **2.** толпа, масса; группа; **er hat ein ganzes ~ Kinder** *разг.* у него куча детей

rudelweise *adv* **1.** стаями; стадами; **2.** толпами; группами

Ruder *n* -s, - **1.** весло; **sich in die [ins] ~ legen** 1) налечь на вёсла; 2) рьяно взяться за работу; **2.** *мор.* руль; *перен. тж.* кормило; **das ~ führen** стоять у руля, править; **der Mann am ~** рулевой; *перен.* кормчий; **am ~ sein** быть у власти

Ruder‖blatt *n* -(e)s, -blätter лопасть весла [руля]

Ruderer *m* -s, -; **~in** *f* -, -nen гребец *(тж. о женщине)*

Ruder‖klub *m* -s, -s (гребной) яхт-клуб

rudern I *vt* править, управлять *(лодкой)*; **ein Boot ans andere Ufer ~** направить лодку к другому берегу; II *vi* (h, s) грести, плыть на вёслах; **um die Wette ~ (mit jmdm.)** грести наперегонки *(с кем-л.)*; **beim Gehen mit den Armen ~** размахивать руками при ходьбе

Ruder‖regatta *f* -, -tten гребные гонки, регата

Ruder‖sport *m* -(e)s гребной спорт

Rudi Руди *(краткая форма муж. имени* Rudolf)

Rüdiger Рюдигер *(муж. имя)*

Rudimént <*lat.*> *n* -(e)s, -e биол. рудимент

rudimentär <*lat.*> *a* биол. рудиментарный

Rudolf Рудольф *(муж. имя)*

Rudólfa Рудольфа *(жен. имя)*

Rudolfine Рудольфина *(жен. имя)*

Rudolfsheim-Fünfhaus (*n*) -es Рудольфсхайм-фюнфхаус *(гор. р-н Вены <Австрия>)*

Ruf *m* -(e)s, -e **1.** крик; зов; **2.** призыв, обращение, клич; **auf den ersten ~** по первому зову; **3.** приглашение, вызов; **4.** репутация, слава; **einen guten [schlechten] ~ haben** иметь хорошую [дурную] репутацию; **jmdn. in üblen ~ bringen*** создать кому-л. дурную славу; **ein Künstler von ~** художник с именем; **5.** номер *(телефона)*; **6.** *охот.* манок, свисток для приманивания дичи

rufen* I *vi* кричать, звать; **um Hilfe ~** звать на помощь; **das Kind ruft nach der Mutter** ребёнок зовёт мать; **sich heiser ~** кричать до хрипоты; II *vt* **1.** звать, призывать; **jmdn. beim Namen ~** звать кого-л. по имени; **die Zuhörer zur Ordnung ~** призвать слушателей к порядку; **einen Redner zur Sache ~** просить оратора не отходить от темы; **den Arzt ~** звать врача; **jmdn. zur Hilfe ~** (по)звать кого-л. на помощь; **Sie kommen wie gerufen** вы пришли очень кстати; **2.**: **jmdn. wieder ins Leben ~** возвратить к жизни кого-л.; **sich** (D) **etw. ins Gedächtnis ~** вызвать что-л. в памяти, вспомнить что-л.

Ruf‖fall *m* -(e)s, -fälle *грам.* звательный падеж

Rüffel *m* -s, - *разг.* выговор, нагоняй, головомойка; **einen ~ erteilen** сделать выговор, задать головомойку

rüffeln *vt разг.* делать выговор, давать нагоняй, устраивать головомойку *(кому-либо)*

Ruf‖name *m* -ns, -n **1.** имя; **2.** кличка

Ruf‖nummer *f* -, -n номер *(телефона)*

Ruf‖weite *f* -, -n дальность слышимости

Ruf‖zeichen *n* -s, - *радио, мор., ав.* позывной сигнал; *pl* позывные

Rugby ['rakbi:] <*engl.*> *n* -s *спорт.* регби

Rüge *f* -, -n выговор; **eine ~ erteilen** сделать выговор

rügen *vt* **1.** порицать; **2.** *(wegen G)* делать выговор *(кому-л. за что-л.)*

Rügen (*n*) -s Рюген *(о-в в Балтийском море <ФРГ>)*

Ruhe *f* - **1.** спокойствие; покой, неподвижность; *тех.* нерабочее состояние; **immer mit der ~!** спокойнее!; **lassen Sie mich in ~!** оставьте меня в покое!; **sich keine ~ gönnen** не давать себе покоя; **zur ~ kommen*** успокоиться; **sich nicht aus der ~ bringen lassen*** сохранять спокойствие; **2.** отдых, покой; **sich zur ~ begeben*** ложиться спать; **3.** тишина, мир; порядок; **~!** спокойно!, тихо!; **~ halten*!** соблюдайте тишину!

Ruhe‖bank *f* -, -bänke лежанка; скамья

Ruhe‖bett *n* -(e)s, -en кушетка; диван

Ruhe‖gehalt *n* -(e)s, -hälter; **~geld** *n* -(e)s, -er пенсия

Ruhe‖lage *f* -, -n состояние покоя [равновесия]

ruhelos I *a* беспокойный, тревожный; II *adv* без отдыха; беспокойно

Ruhelosigkeit *f* - беспокойство, тревога

ruhen *vi* **1.** отдыхать; **ich werde nicht eher ~, bis...** я не успокоюсь до тех пор, пока...; ◇ **jeder ruht so, wie er sich bettet** *посл.* ≅ что посеешь, то и пожнёшь; **2.** покоиться, лежать; **in der Erde ~** покоиться в земле; **das Denkmal ruht auf einem Sockel** памятник стоит на цоколе; **die ganze Verantwortung ruht auf**

meinen Schultern вся ответственность лежит на моих плечах [на мне]; **3.** стоять, бездействовать; **die Verhandlungen ~** переговоры приостановились; **den Streit ~ lassen*** не возобновлять спора

Ruhe‖pause *f* -, -n передышка, пауза

Ruhe‖platz *m* -es, -plätze место отдыха

Ruhe‖stand *m* -(e)s отставка; **im ~ sein** быть в отставке; **in den ~ treten* [gehen*]** выходить в отставку [на пенсию]

Ruhe‖ständler *m* -s, - *разг.* отставник, пенсионер

Ruhe‖stätte *f* -, -n **1.** ложе; место отдыха; **2.: die letzte ~** последнее пристанище *(могила)*; **zur letzten ~ geleiten** проводить в последний путь

Ruhe‖störer *m* -s, - нарушитель тишины [общественного порядка]

Ruhe‖stunde *f* -, -n час отдыха; мёртвый час *(после обеда)*

Ruhe‖tag *m* -(e)s, -e **1.** выходной день; день отдыха; **2.** *воен.* днёвка

ruhevoll *a* тихий, спокойный, безмятежный

Ruhe‖zeit *f* -, -en **1.** время отдыха; **2.** простой *(машины)*

ruhig I *a* спокойный, тихий; **~er Schlaf** безмятежный сон; **ein ~er Atem** ровное дыхание; **~ Blut!** спокойно!; **das läßt mich ganz ~** это меня совершенно не тревожит; **II** *adv* спокойно, тихо; **~!** тихо!, тише!

Ruhla *(n)* -s Рула *(город в ФРГ <земля Тюрингия>; известен своей часовой промышленностью)*

Ruhm *m* -(e)s слава; **unsterblicher ~** неувядаемая слава; **~ ernten [erwerben*]** снискать славу, прославиться; **auf dem Gipfel seines ~es anlangen** достигнуть вершины своей славы

ruhmbedeckt *a* покрытый славой

ruhmbegierig *a* честолюбивый, жаждущий славы

rühmen I *vt* хвалить, прославлять, превозносить; **II ~, sich** (G *и* mit D) хвалиться, хвастаться *(чем-л.)*

Rühmen *n* -s восхваление; **viel ~s von etw.** (D) **machen** восхвалять, превозносить что-л.

rühmenswert *a* достойный похвалы

rühmlich *a* славный; похвальный

ruhmlos *a* бесславный; неизвестный

ruhmredig *a* хвастливый

ruhmreich *a* славный, прославленный

Ruhmsucht *f* - жажда славы

ruhmsüchtig *a см.* ruhmbegierig

ruhmvoll I *a* славный, прославленный; **II** *adv* со славой

Ruhr I *f* - дизентерия, кровавый понос

Ruhr II *f* - Рур *(река в ФРГ, правый приток Рейна)*

Rühr‖ei *n* -(e)s, -er яичница-болтунья

rühren I *vt* **1.** двигать, шевелить; **keinen Finger ~** *перен.* не шевельнуть и пальцем; **2.** мешать, помешивать; **3.** растрогать, разжалобить; **jmdn. zu Tränen ~** растрогать кого-л. до слёз; **4.: die Trommel ~** бить в барабан; **ihn hat der Schlag gerührt** у него удар, он разбит параличом; **II** *vi* **1.** (**an** A) дотрагиваться *(до чего-л.)*, касаться *(чего-л.)*, **2.: dieser Zustand rührt daher, daß...** это состояние происходит от того, что...; **III ~, sich 1.** двигаться, шевелиться; **es rührt sich nichts** ничто не шелохнётся, всё тихо; **sie rührt sich den ganzen Tag** она весь день хлопочет; **2.** *воен.* стоять вольно; **rührt euch!** вольно!

rührend *a* трогательный, умилительный

Ruhrfestspiele Recklinghausen *pl* Рурский фестиваль в Реклингхаузене *(культурное мероприятие Объединения нем. профсоюзов, проводится ежегодно в мае-июне <земля Сев. Рейн-Вестфалия, ФРГ>)*

Rúhrgebiet *n* -s Рур/Рурская область *(крупнейший промышленный р-н ФРГ <земля Сев. Рейн-Вестфалия>)*

rührig *a* живой, подвижный; энергичный, предприимчивый

Ruhrkohle AG *f* - "Рурколе АГ" *(крупнейший в ФРГ угольный концерн)*

ruhrkrank *a* больной дизентерией

Rühr‖löffel *m* -s, - **1.** разливательная ложка, половник; **2.** мешалка

rührsam *a* трогательный

rührselig *a* легко умиляющийся; сентиментальный; плаксивый

Rührung *f* - умиление, растроганность

Ruin <*lat.-fr.*> *m* -s разорение, упадок; гибель; **dem ~ entgegensehen*** разоряться, гибнуть

Ruíne <*lat.-fr.*> *f* -, -n руина, руины, развалины; *перен.* развалина *(о человеке)*

ruinieren <*lat.-fr.*> **I** *vt* **1.** разорять; **2.** подрывать, губить, разрушать; **seine Gesundheit ~** подрывать [губить] своё здоровье; **II ~, sich 1.** разоряться; **2.** губить своё здоровье

Rülps *m* -es, -e **1.** (громкая) отрыжка; **2.** грубиян, хам, мужлан

rülpsen *vi* рыгать, отрыгивать

'rum= *разг.* herum; ⋄ **es ist ~ wie num** ≅ что в лоб, что по лбу

Rum <*engl.*> *m* -s, -s/-e ром

Rumäne *m* -n, -n румын

Rumäni||en (n) -s Румыния (гос-во на Ю.-В. Европы)
Rumänin f -, -nen румынка
rumänisch a румынский
Rummel m -s разг. 1. шум, гам, суматоха; перен. балаган; **einen ~ aufziehen*** поднять шумиху; 2. ярмарка, гулянье (с балаганами, с аттракционами); 3. хлам, старьё; ◇ **ich mache den ~ nicht mehr mit** с меня довольно, я в этом больше не участвую; **ich kenne den ~!** меня не проведёшь!
Rummel||platz m -es, -plätze толкучка; ярмарка
Rumold Румольд (муж. имя)
rumóren <lat.> vi шуметь; **das rumort in meinem Kopf** это не даёт мне покоя; **es rumort im Kopfe** разг. голова трещит
Rumpel||kammer f -, -n чулан, кладовка; **aus der ~ hervorholen** перен. вытащить наружу старый хлам
rumpeln I vi (h, s) громыхать; II vt устраивать беспорядок
Rumpf m -(e)s, Rümpfe 1. туловище, торс; 2. корпус, остов (машины), ав. фюзеляж; мор. корпус (корабля); 3. обрубок, остаток (б. ч. перен.); 4. ствол дерева; бревно, колода
rümpfen vt морщить; **die Nase ~** 1) (с)морщить нос; 2) выражать презрение
Rúmpsteak [-ste:k] <engl.> n -s, -s кул. ромштекс
Run [rʌn] <engl.> m -s, -s 1. биржевая паника; паника в банке; 2. прогулка быстрым шагом
rund I a 1. круглый, шарообразный; **~e Augen machen** делать удивлённые глаза; 2. круглый, полный; 3. округлённый (о числе); II adv 1. вокруг; **~ um die Welt** вокруг света; **~ um sich** (A) **her** вокруг себя; 2. откровенно, напрямик; **etw. ~ heraussagen** сказать что-л. откровенно [прямо в глаза]; 3. округлённо, круглым счётом; **~ gerechnet** круглым счётом
Runda n -s, -s народная застольная песня
Rund||bild n -(e)s, -er панорама
Rund||blick m -(e)s, -e кругозор, круговой обзор
Runde f -, -n 1. круг; **alle in der ~** все кругом, все в кругу; **eine ~ Bier** по кружке пива (для всех сидящих за столом); 2. патруль; дозор; 3. спорт. круг (по беговой дорожке); раунд (в боксе); шахм. тур
runden I vt закруглять, округлять, придавать круглую форму; II ~ **sich** закругляться; **die Teile ~ sich zum Ganzen** из отдельных частей образуется целое
Runden||lauf m -(e)s, -läufe спорт. бег по кругу
Rund||fahrt f -, -en 1. объезд; круговая поездка, круговой маршрут; 2. экскурсия (напр. по городу), турне
Rund||flug m -(e)s, -flüge ав. полёт по замкнутой кривой, круговой полёт
Rund||frage f -, -n опрос, анкета
Rundfunk m -s радиовещание, радио; **im ~ senden [übertragen*]** передавать [транслировать] по радио
Rundfunk||ansager m -s, - диктор (на) радио
Rundfunk||empfänger m -s, - радиоприёмник
rund|funken vt передавать по радио
Rundfunk||gerät n -(e)s, -e 1. разг. радиоприёмник; 2. радиоаппарат(ура)
Rundfunk||hörer m -s, - радиослушатель
Rundfunk||nachrichten pl (последние) известия по радио
Rundfunk||röhre f -, -n радиолампа
Rundfunk||sender m -s, - радиопередатчик; радиостанция
Rundfunk||sendung f -, -en радиопередача, передача по радио
Rundfunk||sprecher m -s, - (радио)диктор
Rundfunk||störungen pl помехи радиоприему
Rundfunk||übertragung f -, -en радиопередача
Rund||gang m -(e)s, -gänge 1. обход; 2. патруль, дозор
rundheraus adv откровенно
rundherum adv вокруг, кругом
Rund||lauf m -(e)s, -läufe 1. круговое движение, круговращение, круговорот; 2. гигантские шаги (аттракцион)
rundlich a 1. округлый, кругловатый; 2. полный; пухлый
Rundlichkeit f -, -en округлость, округлённость
Rund||reise f -, -n см. Rundfahrt
Rund||schau f -, -en 1. обозрение, обзор; **~ halten*** оглядеться, осмотреться; 2. хроника; обозрение, обзор (в газетах, журналах)
Rund||scheibe f -, -n 1. воен. круглая мишень; 2. диск
Rund||schreiben n -s, - циркуляр, циркулярное письмо
rundum adv вокруг, кругом
Rundúm||verteidigung f -, -en воен. круговая оборона
Rundung f -, -en 1. округлость; изгиб; выпуклость; 2. фон. лабиализация

rundweg *adv* наотрез, категорически
Rune <*skand.*> *f* -, -n **1.** рунический знак; *pl* руны, рунические письмена; **2.** *лит.* руна *(финское сказание)*
Runge *f* -, -n *тех.* подпорка, стойка
Rungen‖wagen *m* -s, - *ж.-д.* платформа со стойками
'runter *разг.* = herunter
Runzel *f* -, -n морщина; складка; **voller ~n** морщинистый, весь в морщинах
runz(e)lig *a* морщинистый; сморщенный
runzeln I *vt* (с)морщить; нахмурить; **die Stirn ~** морщить лоб; хмуриться; II ~, **sich** сморщиться
Rüpel *m* -s, - грубиян, хам; олух
Rüpelei *f* -, -en грубость, хамство
rüpelhaft *a* грубый, хамский
Rupert/Rupértus Руперт/Рупертус *(муж. имя)*
rupfen *vt* **1.** о(б)щипывать; **2.** щипать; дёргать, рвать; **3.** *разг.* обирать *(кого-либо)*
Rúpfen‖leinwand *f* - мешковина; грубая льняная [джутовая] ткань
Rúpi̦e <*sanskr.*> *f* -, -n рупия *(денежная единица в Индии, Пакистане, на Цейлоне)*
ruppig I *a* **1.** оборванный, потёртый, облезлый; **2.** грубый, хамский; **ein ~er Hund** *перен.* грубиян, невежа; **3.** жалкий, скудный, бедный; II *adv* грубо, по-хамски
Ruppiner Schweiz *f* - Руппинская Швейцария *(местность в ФРГ, в р-не г. Потсдам)*
Ruprecht I Рупрехт *(вариант муж. имени* Rupert)
Rúprecht II *m* -s *собств.* **Knecht ~** Дед Мороз *(приносящий подарки или наказывающий детей на рождественские праздники)*
Rusch *m* -es *бот.* ситник; тростник; ◊ **durch ~ und Busch** не разбирая дороги, напрямик
Rüsche <*fr.*> *f* -, -n рюш *(отделка платья)*
rusch(e)lig *a* **1.** неряшливый *(о работе)*; **2.** легкомысленный, ветреный *(о нраве)*
Ruß *m* -es сажа; копоть; ◊ **mach keinen ~!** *разг.* давай без лишних разговоров [без канители]!; **da wird nicht viel ~ gemacht** *разг.* там долго не церемонятся
Russe *m* -n, -n русский
Rüssel *m* -s, - **1.** хобот; **2.** рыло *(свиньи, крота и т. п.)*; хоботок *(насекомых)*; *шутл.* нос
Rüssel‖käfer *m* -s, - *зоол.* долгоносик, слоник

Rüssel‖scheibe *f* -, -n пятачок *(свиньи)*
rußen *vt* коптить
Russen‖stiefel *m* -s, - сапог (с высоким голенищем)
rußig *a* закоптелый; покрытый сажей
Russin *f* -, -nen русская
russisch *a* русский
Russisch *n* -/-s; **Russische** *subst n* -n русский язык
Russische Föderation *f* - Российская Федерация *(гос-во в Вост. Европе и Сев. Азии)*
Rußland (*n*) -s Россия см. Russische Föderation
Rüste I *f* - *поэт.* отдых, покой; **zur ~ gehen*** садиться, клониться к закату *(о солнце)*
Rüste II *f* -, -n *мор.* наружная планка, буртик
rüsten I *vt* **1.** снаряжать; обеспечивать; **ein Haus ~** поставить строительные леса вокруг дома; **2.** вооружать; **3.** готовить; II *vi u* ~, **sich 1.** снаряжаться; **2.** вооружаться; **3.** готовиться, делать приготовления
Rüster I *f* -, -n вяз, ильм, берест
Rüster II *m* -s, - **1.** *горн.* крепильщик; **2.** кронштейн; **3.** заплата *(на обуви)*
Rüst‖gewicht *n* -(e)s вес самолёта *(без горючего)*
Rüst‖halle *f* -, -n; **~haus** *n* -es, -häuser *см.* Rüstkammer
rüstig *a* бодрый, здоровый, крепкий
Rüstigkeit *f* - бодрость, здоровье, крепость
Rüst‖kammer *f* -, -n арсенал; оружейная палата
Rüstung *f* -, -en **1.** вооружение; **konventionelle ~** обычное вооружение; **2.** снаряжение; **3.** доспехи; **4.** *мор.* такелаж; **5.** *стр.* леса; **6.** *тех.* арматура, оборудование; **7.** подготовка, сборы; **8.** подготовка к войне
Rüstungs‖ausgaben *pl* расходы на вооружение
Rüstungs‖betrieb *m* -(e)s, -e военный завод
Rüstungs‖fieber *n* -s, - военный психоз; гонка вооружений
Rüstungs‖industrie *f* -, -stri̦en военная промышленность
Rüstungs‖rennen *n* -s гонка вооружений
Rüstzeug *n* -(e)s оружие, вооружение *(б. ч. перен.)*; **ideologisches ~** идеологическое оружие, идеологический арсенал
Rute *f* -, -n **1.** прут; розга; **jmdm. die ~ (zu kosten) geben*** высечь [выпороть] кого-л.; **der ~ erwachsen sein** выйти из

детского возраста [из-под опеки]; **2.** *охот.* хвост *(собаки, лисы, волка);* **3.** старинная немецкая мера длины, равная 3-5 м.; **4.** волшебный жезл, волшебная палочка *(в виде раздвоенной ветки, помогающей обнаруживать клады и т. п.)*
Ruten||bündel *n* -s, - связка прутьев [розг]
Ruth Рут *(жен. имя)*
Ruthard Рутхард *(муж. имя)*
Ruthild Рутхильд *(жен. имя)*
Ruthílde Рутхильда *(жен. имя)*
Rütlie *(n)* -s Рютли *(место у Фирвальдштетского озера, где была основана Швейцарская Конфедерация)*
Rutsch *m* -(e)s, -e **1.** *геол.* оползень, сдвиг; **2.** *разг.* прогулка, вылазка; **einen ~ machen** сделать вылазку, отправиться за город; **glücklichen ~!** счастливого пути!; **glücklichen ~ ins Neue Jahr!** *шутл.* с Новым годом!
Rutsch||bahn *f* -, -en горка для катания детей
Rutsche *f* -, -n **1.** спускной жёлоб; **2.** лесоспуск; **3.** *разг.* горка для катания детей
rutschen *vi* (s) **1.** скользить; **das Essen will nicht ~** *разг.* еда не лезет; **2.** ползать; **vor jmdm. auf den Knien ~** пресмыкаться перед кем-л.; **3.** сдвинуться; **die Krawatte ist zur Seite gerutscht** галстук съехал набок
Rutschen *n* -s скольжение; **ins ~ kommen*** 1) начать скользить; 2) *перен.* катиться по наклонной плоскости
rutschig *a* скользкий
Rutsch||partie *f* -, -ti|en **1.** катание с горы; **2.** небольшая экскурсия, вылазка
Rutschung *f* -, -en оползень
Rutsch||verschalung *f* -, -en *стр.* подвижная [скользящая] опалубка
Rutte *f* -, -n *зоол.* налим
Rüttel||beton [-'tõ] *m* -s вибробетон
rütteln I *vt* трясти; встряхивать; **jmdn. aus dem Schlaf ~** разбудить кого-л.; **Getreide ~** просеивать зерно; II *vi*: **daran ist nichts zu ~** здесь ничего не изменить [не должно быть изменено]
Rüttel||prüfung *f* -, -en *тех.* испытание на вибростенде
Rüttel||werk *n* -(e)s, -e *тех.* грохот *(решета)*
Rüttler *m* -s, - *тех.* вибратор
Rütt||stroh *n* -(e)s *с.-х.* мятая солома
Rwanda [ru`anda] *(n)* -s Руанда *(страна в Экваториальной Африке)*

S

Saal *m* -(e)s, Säle зал
Saale *f* - Заале *(река в ФРГ, левый приток Эльбы)*
Saanenziegen *pl* зааненская порода коз *(молочная, выведена в 19 в. в Швейцарии <долина реки Заане>)*
Saar *f* - Саар *(река во Франции и ФРГ, правый приток р. Мозель)*
Saarbrücken *(n)* -s Саарбрюккен *(адм. центр земли Саар <ФРГ>)*
Saarland *(n)* -es Саар *(земля в ФРГ, у границы с Францией и Люксембургом)*
Saat *f* -, -en **1.** (по)сев; **2.** посевы, всходы; **3.** семена; ◇ **wie die ~, so die Ernte** *посл.* что посеешь, то и пожнёшь
Saat||folge *f* -, -n севооборот
Saat||gut *n* -(e)s семена, зерно для посева
Saat||krähe *f* -, -n грач
Saat||zucht *f* - семеноводство
Sabbat *m* -(e)s, -e *рел.* шабаш
sabbern *vi* **1.** *диал.* пускать слюни; **2.** *разг.* болтать
Säbel *m* -s, - **1.** сабля; **den ~ ziehen*** обнажить саблю; **mit dem ~ rasseln** бряцать оружием; **2.** эспадрон *(фехтование)*
säbeln *vt* **1.** рубить саблей; **2.** *разг.* кромсать
Säbel||scheide *f* -, -n ножны
Sabina/Sabíne Сабина *(жен. имя)*
Sabotáge [-ʒə] <*fr.*> *f* -, -n саботаж *(an D чего-л.)*; диверсия; вредительство; **~ treiben*** саботажничать
Saboteur [-tø:r] <*fr.*> *m* -s, -e саботажник
sabotieren <*fr.*> *vt* саботировать
Saccharin [zaxa-] <*sanskr.-lat.-gr.*> *n* -s сахарин
Sachalín *(n)* -s Сахалин *(о-в у вост. берегов Азии)*
Sachbearbeiter *m* -s, - (ответственный) исполнитель; консультант *(в учреждении)*
Sache *f* -, -n **1.** вещь, предмет; **2.** *pl* вещи, пожитки; **seine ~n zusammenpacken** собирать [паковать] свои вещи; **3.** дело; вопрос; **mit jmdm. eine gemeinsame ~ machen** делать общее дело с кем-л.; **das ist eine ~ für sich** особая статья, это особое дело; **seiner ~ gewiß sein** быть уверенным в своей правоте; **eine ~ deichseln** провернуть дельце; **einer ~ auf den Grund**

gehen* глубоко изучить вопрос; **die ~ klappt** дело идёт на лад; **die ~ steht gut** дело в шляпе; **bei der ~ bleiben*** не отклоняться от темы; **bei der ~ sein** быть внимательным, уйти в работу; **nicht bei der ~ sein** быть рассеянным [невнимательным]; **in ~n** (G) *юр.* по делу; **zur ~!** к делу!; **zur ~ kommen*** заговорить о деле, переходить к делу; **das tut nichts zur ~** это ничего не значит, это не меняет дела

Sachertorte *f* -, -n "Захер-торт" *(торт фирмы "Захер", известной своими кондитерскими изделиями ⟨Вена, Австрия⟩)*

sachgemäß I *a* целесообразный; надлежащий; II *adv* целесообразно, надлежащим образом

Sach‖gewinn *m* -(e)s, -e вещевой выигрыш

Sach‖katalog *m* -(e)s, -e предметный каталог

Sach‖kenntnis *f* - знание дела, компетентность, осведомлённость

sachkundig *a* компетентный, знающий дело, осведомлённый

Sach‖lage *f* -, -n положение вещей [дела], ситуация, обстоятельства

sachlich I *a* 1. деловой *(о критике, тоне и т. п.);* 2. целесообразный, разумный, экономный; 3. *филос.* вещественный, материальный, реальный *(о мире);* 4. вещественный *(о доказательстве);* 5. по существу; **~er Unterschied** разница по существу; II *adv* 1. по-деловому; 2. объективно; по существу

sächlich *a*: **~es Geschlecht** *грам.* средний род

Sachlichkeit *f* - деловитость; объективность

Sach‖register *n* -s, - предметный указатель

Sach‖schaden *m* -s, -schäden материальный ущерб

Sachse *m* -n, -n 1. саксонец; 2. *pl* саксы

sächseln *vi* говорить на саксонском диалекте

Sachsen I (n) -s Захсен (1. земля на В. ФРГ; 2. *ист. обл.* Германии)

Sachsen II *pl* 1. саксонцы *(жители Саксонии);* 2. саксы *(группа герм. племён, жили в 5–9 вв. между нижним течением рек Рейн и Эльба)*

Sachsen-Anhalt (n) -s Саксония-Ангальт *(земля в центр. части ФРГ)*

Sachsenhausen (n) -s Заксенхаузен *(бывш. фаш. концлагерь близ г. Потсдам ⟨земля Бранденбург, ФРГ⟩)*

Sächsin *f* -, -nen саксонка

Sächsische Schweiz *f* - Саксонская Швейцария *(горы на Ю.-В. Саксонии ⟨ФРГ⟩)*

sacht, sachte I *a* тихий, медленный; осторожный; II *adv* тихо, медленно; осторожно; **immer [nur mal] ~!** спокойно!, осторожно!

Sach‖verhalt *m* -(e)s, -e обстоятельства дела, положение вещей; **den wahren ~ kennen*** знать истинное положение вещей

sachverständig *a* сведущий, компетентный, знающий дело; II *adv* со знанием дела

Sach‖verständige *subst m, f* -n, -n эксперт

Sack *m* -(e)s, Säcke 1. мешок; ◊ **mit ~ und Pack** со всем скарбом, со всеми пожитками; 2. *разг.* толстяк

sacken I *vt* насыпать в мешки; II *vi* 1. *стр.* оседать; 2. *ав.* проваливаться; терять скорость; III **~, sich** сидеть мешковато *(о платье)*

sackerment! ⟨*lat.*⟩ *int разг.* чёрт возьми!

Sack‖gasse *f* -, -n тупик; ◊ **in eine ~ geraten*** зайти [попасть, стать] в тупик

sack‖hüpfen *vi* прыгать в мешке *(игра)*

sack‖laufen* *vi* бегать в мешке *(игра)*

Sadismus ⟨*fr.*⟩ *m* - садизм

säen *vt* сеять *(тж. перен.);* ◊ **was der Mensch säet, das wird er ernten** *посл.* что посеешь, то и пожнёшь

Safe ['se:f] ⟨*lat.-fr.-engl.*⟩ *m* -s, -s сейф

Saft *m* -(e)s, Säfte сок; сироп; ◊ **weder ~ noch Kraft haben, ohne ~ und Kraft** 1) быть хилым [апатичным]; 2) быть бесцветным, безвкусным [пресным] *(тж. перен.)*

saftig *a* 1. сочный; **~ werden** наливаться *(о плодах);* 2. сочный, яркий *(о красках);* **ein ~es Grün** ярко-зелёный цвет; 3. *разг.* сочный, смачный, крепкий; **eine ~e Ohrfeige** крепкая пощёчина

saftlos *a* 1. без сока, сухой; 2. вялый *(о человеке)*

saftvoll *a* крепкий, здоровый

Sage ⟨*altnord.*⟩ *f* -, -n 1. сказание, предание, легенда, былина, сага; **wie die ~ erzählt** по преданию; 2. молва

Säge *f* -, -n пила

Säge‖blatt *n* -(e)s, -blätter полотнище [полотно] пилы

Säge‖bock *m* -(e)s, -böcke козлы *(для пилки)*

Säge‖mehl *n* -(e)s опилки

sagen *vt* 1. говорить, сказать; **man sagt...** говорят...; **wie man zu ~ pflegt** как говорится; **so zu ~** так сказать; **wenn ich**

[man] so ~ darf если можно так выразиться; das muß man ~ это следует признать; dagegen ist nichts zu ~ против этого не приходится возражать; jmdm. etw. ~ lassen* передать кому-л. что-л. *(на словах, через третье лицо)*; ich habe mir ~ lassen* мне говорили, я слыхал; lassen Sie sich das gesagt sein! имейте это в виду!, помните это! *(с угрозой)*; lassen Sie sich doch etwas ~! да слушайте же!; sich (D) etw. nicht zweimal ~ lassen* не заставлять себя упрашивать; er kann von Glück ~ ему повезло, это его счастье; mein Gefühl sagt mir, daß..., моё чувство подсказывает мне, что...; damit ist alles gesagt этим всё сказано; es ist nicht zuviel gesagt без преувеличения можно сказать; gesagt-getan! сказано-сделано!; 2. значить, означать; das hat nichts zu ~ это не имеет значения; er hat viel zu ~ он пользуется большим авторитетом; er hat hier nichts zu ~ он здесь не распоряжается; ◇ sage und schreibe буквально, буквально говоря; ich habe ihn sage und schreibe zehnmal danach gefragt я спросил его об этом буквально десять раз

sägen I *vt* пилить; II *vi разг.* храпеть

sagenhaft *a* 1. сказочный, легендарный, мифический; 2. потрясающий, удивительный

Säge‖späne *pl* см. Sägemehl

Säge‖werk *n* -(e)s, -е лесопильный завод, лесопилка

Sago <*indones.-engl.-niederl.*> *m* -s *бот.* саго

sah *impf от* sehen*

Sa!hára *f* - Сахара *(пустыня в Сев. Африке)*

Sahne *f* - сливки; **saure** ~ сметана

Sahne‖bonbon [-bɔ̃`bɔ̃:] *m, n* -s, -s (сливочная конфета (карамель)

sahnen I *vt* снимать сливки; снимать сметану; II *vi* покрываться сливками

sahnig *a* сливочный, жирный *(о молоке)*

Saigón (*n*) -s Сайгон *(город на Ю. Въетнама)*

Saint George's [sɛ`ʒɔrʒ(ə)s] (*n*) - Сент-Джорджес *(адм. центр Гренады)*

Saison [sɛ`zɔ̃:] <*lat.-fr.*> *f* -, - сезон

Saison‖artikel [sɛ`zɔ̃-] *m* -s, - сезонный товар

Saite *f* -, -n струна; ◇ **andere ~n aufziehen*** переменить тон, заговорить другим тоном

Saiten‖instrument *n* -(e)s, -е струнный инструмент

Sajángebirge *n* -s Саяны *(горная страна, расположенная в пределах гор Юж. Сибири)*

Sakko <*dt.-it.*> *m, n* -s, -s пиджак

sakrál I <*lat.*> *a рел.* сакральный, священный *(о ритуале и т. п.)*

sakrál II <*lat.*> *a анат.* сакральный, крестцовый

Sakramént <*lat.*> *n* -(e)s, -е *рел.* таинство причастия; **das ~ auf etw. (A) nehmen*** поклясться [присягнуть] в чём-л.

sakramentál <*lat.*> *a* священный, культовый; сакраментальный

Sakristéi <*lat.*> *f* -, -en *церк.* ризница

Säkularisatión <*lat.*> *f* -, -en секуляризация, конфискация государством церковного и монастырского имущества

Salamander AG *f* - "Саламандер АГ" *(концерн обувной промышленности в ФРГ, один из крупнейших в Европе)*

Salámi <*lat.-it.*> *f* -, -/-s колбаса салями

Salär <*lat.-fr.*> *n* -s, -е *швейц.* (заработная) плата, жалованье, вознаграждение

Salát <*lat.-it.*> *m* -(e)s, -е салат; **da hast du den ~!** *разг.* вот тебе и на!

Salát‖schüssel *f* -, -n салатница

salbádern *vi* 1. заниматься знахарством, шарлатанить; 2. пустословить, молоть вздор

Salbe *f* -, -n мазь

Salbei *m, -s, f* - *бот.* шалфей

salben *vt* 1. натирать, смазывать мазью; мазать; 2. *рел.* помазать; **zum König ~** помазать на царство

salbig *a* намазанный *(мазью)*

salbungsvoll *a* елейный

saldíeren <*lat.-it.*> *vt бухг.* 1. выводить остаток [сальдо], сальдировать; 2. погашать долг

Sáldo <*lat.-it.*> *m* -s, -den/-s/-di *бухг.* остаток, сальдо

Sally Залли *(муж. и жен. имя)*

Salm *m* -(e)s, -е *зоол.* сёмга

Sálmiak (Salmiák) <*lat.*> *m* -s нашатырь

Salmiak‖geist *m* -es нашатырный спирт

Salomónen *pl* Соломоновы острова *(архипелаг в Тихом океане, к В. от Новой Гвинеи)*

Sálomoninseln *pl* Соломоновы острова; см. Salomonen

Salon [-`lɔ̃:] <*germ.-it.-fr.*> *m* -s, -s салон; *тж.* гостиная

salopp <*fr.*> *a* 1. неряшливый, небрежный; 2. непринуждённый; 3. *лингв.* фамильярный, фамильярно-разговорный

Salpéter <*lat.*> *m* -s селитра

Salpéter‖säure *f* - азотная кислота

Sálto ‹*lat.-it.*› *m* -s, -s/-ti *спорт.* сальто; ~ **mortále** *m* -, -/Sálti mortali сальто мортале *(акробатический прыжок)*
Salút ‹*lat.-fr.*› *m* -(e)s, -e салют; приветствие
salutíeren ‹*lat.-fr.*› *vi* (D) **1.** салютовать *(кому-л., чему-л.)*; производить салют *(в честь кого-л., чего-л.)*; **2.** *воен.* отдавать честь *(кому-л.)*, приветствовать *(кого-л.)*
Salve [-və] ‹*lat.-fr.*› *f* -, -n залп; **eine ~ auf** (A) **abfeuern** давать залп по случаю чего-л.
salvíeren [-'vi:-], **sich** ‹*lat.*› реабилитироваться, снять с себя подозрение
Salz *n* -es, -e **1.** соль; **~ in die Suppe tun*** посолить суп; **2.** соль, острота; ◊ **eine Rede ohne ~ und Schmalz** бесцветная [скучная] речь; **um einen Menschen kennenzulernen, muß man einen Scheffel ~ mit ihm verzehren** чтобы узнать человека, надо съесть с ним пуд соли; **bei jmdm. (noch) einen Schinken im ~ (liegen) haben** *разг.* иметь с кем-л. свои счёты
Salz‖bergwerk *n* -(e)s, -e соляная копь
Salz‖brezel *f* -, -n солёный кренделёк
Salzburg (*n*) -s Зальцбург *(город и адм. центр земли Зальцбург в Австрии)*
Salzburger Festspiele *pl* Зальцбургский фестиваль *(фестиваль муз. и драм. искусства в г. Зальцбург в Австрии; проводится ежегодно в июле-августе)*
Salzburger Kalkalpen *pl* Зальцбургские Известковые Альпы *(горы в Австрии)*
salzen *vt* (*part* II gesalzt *u* gesalzen) солить; **jmdm. den Buckel ~** *разг.* поколотить кого-л.
Salz‖fleisch *n* -es солонина
Salz‖gefäß *n* -sses, -sse солонка
salzhaltig *a* солёный, содержащий соль
salzig *a* солёный
Salzkammergut (*n*) -s Зальцкаммергут *(геогр. обл. в Австрии* ‹*земля Верхняя Австрия, Зальцбург и Штирия*›*)*
Salz‖kartoffeln *pl* отварной картофель
Salz‖lake *f* -, -n рассол
Salz‖näpfchen *n* -s, -; **~streuer** *m* -s, - солонка
SA-Mann *m* -es, -leute **1.** штурмовик *(обобщённое наименование членов отрядов СА в фаш. Германии)*; **2.** рядовой СА *(звание рядового состава в отрядах СА)*
Samára (*n*) -s Самара *(обл. центр в РФ)*
Samarkánd (*n*) -s Самарканд *(обл. центр в Узбекистане; славится архит. памятниками 14-17 вв.)*

Sämaschine *f* -, -n сеялка
Same *m* -ns, -n; **Samen** *m* -s, - **1.** семя; зародыш; *биол.* сперма; **2.** семя *(раздора и т. п.)*
Samen‖kapsel *f* -, -n *бот.* семенная коробочка
Samen‖korn *n* -(e)s, -körner зерно
Samen‖tierchen *n* -s, - *биол.* сперматозоид
Samen‖zucht *f* - семеноводство
Sämeréien *pl* семена, семенной материал
Sämisch‖leder *n* -s замша
Sammel‖band *m* -(e)s, -bänder сборник
Sammel‖becken *n* -s, - водохранилище
sammeln I *vt* собирать; накоплять; II **~, sich 1.** собираться; накопляться; **2.** собираться с мыслями, сосредоточиться
Sammeln *n* -s сбор; собирание, накапливание; **zum ~ blasen*** трубить сбор
Sammel‖súrium *n* -s, -ri¦en всякая всячина
Sammler *m* -s, - **1.** собиратель, коллекционер; **2.** *тех.* аккумулятор
Sammlung *f* **1.** -, -en собрание, коллекция; **2.** -, -en выставка, музей; **3.** -, -en сбор *(подписей, материала и т. п.)*; **4.** сосредоточение, сплочение *(сил и т. п.)*; **5.** сосредоточенность *(мысли)*
Samóainseln *pl* Самоа *(группа о-вов в Тихом океане, в Полинезии)*
Samstag *m* -(e)s, -e суббота
samstags *adv* по субботам
samt I *prp* (D) вместе с...; **das Schloß ~ dem Schlüssel** замок вместе с ключом; II *adv*: **~ und sonders** все [всё] без исключения, все до одного
Samt *m* -(e)s, -e бархат
samtartig *a* бархатистый
samten *a* **1.** бархатный *(из бархата)*; **2.** как [словно] бархат
samtig *a* бархатистый
sämtlich *a* все (без исключения); **~e Werke** полное собрание сочинений
Sana (*n*) -s Сана *(столица Йеменской Арабской Республики)*
Sanatórium ‹*lat.*› *n* -s, -ri¦en санаторий, здравница
Sand *m* -(e)s, -e песок; **feiner ~** мелкий песок; **die Sache ist im ~ verlaufen** дело кончилось ничем; ◊ **den ~ pflügen** ≅ толочь воду в ступе; **jmdm. ~ in die Augen streuen** пускать кому-л. пыль в глаза
Sandále ‹*pers.-gr.-lat.*› *f* -, -n сандалия
Sandalétte *f* -, -n сандалеты, босоножки
Sand‖bank *f* -, -bänke (песчаная) отмель
Sandel‖baum *m* -(e)s, -bäume сандаловое дерево, сандал
sandfarben, sandfarbig *a* песочный, песочного цвета; бежевый

Sand‖grube *f* -, -n 1. песчаный карьер; 2. спорт. яма с песком
Sand‖hose *f* -, -n песчаный смерч
sandig *a* песчаный; супесчаный *(о почве)*
Sand‖korn *n* -(e)s, -körner песчинка
Sand‖kuchen *m* -s, - песочное пирожное
Sandmann *m* -es "песочный человек" *(сказочное существо, которое посыпает детям в глаза песок и погружает их в сон)*
Sand‖stein *m* -(e)s, -e *мин.* песчаник
sandte *impf от* senden*
Sandwich ['sɛn(d)witʃ] <*engl.*> *n* -es, -es сандвич
San Francisco ['sɛn frə`sisko] *(n)* -/-s Сан-Франциско *(город на 3. США)*
sanft *a* 1. мягкий, нежный *(тж. перен.)*; **einen ~en Druck ausüben** *(auf jmdn.)* оказывать небольшое давление *(на кого-л.);* **-es Licht** мягкий [рассеянный] свет; 2. кроткий; 3. пологий; **ein ~er Hügel** покатый холм; 4. плавный; **~e Bewegungen** плавные движения
Sänfte *f* -, -n носилки, паланкин
Sanftmut *f* - кротость
sanftmütig *a* кроткий
sang *impf от* singen*
Sang *m* -(e)s, Sänge пение; песнь; ◊ **ohne ~ und Klang** скромно, без всякого шума
Sänger *m* -s, -;~**in** *f* -, -nen певец, певица
Sanguiniker <*lat.*> *m* -s, - сангвиник
sanieren <*lat.*> *vt эк., мед.* санировать, оздоровлять, производить санацию
Sanierung <*lat.*> *f* -, -en *мед., эк.* санация, оздоровление
Sanitäter <*lat.*> *m* -s, - санитар
Sanitäts‖gehilfe *m* -n, -n *воен.* фельдшер
Sanitäts‖wesen *n* -s санитария
San José [-xo`se:] *(n)* -/-s Сан-Хосе *(столица Коста-Рики)*
San Juan [-`xuan] *(n)* -/-s Сан-Хуан *(адм. центр Пуэрто-Рико)*
sank *impf от* sinken*
Sankt Bernhard (Großer ~, Kleiner ~) *m* -es Сен Бернар (Большой ~, Малый ~) *(два перевала в Альпах на границе Италии с Швейцарией и с Францией)*
Sankt Gallen *(n)* -s Санкт-Галлен *(назв. адм. центра и кантона в Швейцарии)*
Sankt Gotthard *m* -s Сен-Готард *(перевал в Альпах на Ю. Швейцарии)*
Sanktion <*lat.-fr.*> *f* -, -en 1. санкция; утверждение, одобрение; 2. *pl* санкции *(принудительные меры)*
Sankt-Petersburg *(n)* -s Санкт-Петербург *(город в сев.-зап. части РФ)*

San Marino *(n)* -/-s Сан-Марино *(гос-во в Европе, на С.-В. Апеннинского п-ва)*
sann *impf от* sinnen*
San Salvador [-va-] *(n)* -/-s Сан-Сальвадор *(столица Сальвадора)*
Sanskrit <*sanskr.*> *n* -(e)s *лингв.* санскритский язык, санскрит
Sanssouci *(n)* -s Сан-Суси *(дворцово-парковый ансамбль в г. Потсдам <ФРГ>; бывшая летняя резиденция прусских королей)*
Santiago *(n)* -/-s Сантьяго *(столица Чили)*
Santo Domingo *(n)* -/-s Санто-Доминго *(столица Доминиканской Республики)*
São Tomé [sa:o to`me:] *(n)* -/-s Сан-Томе *(столица Сан-Томе и Принсипи)*
São Tomé und Príncipe [-`pri`sipə] *(n)* -/-s Сан-Томе и Принсипи *(о-ва в Гвинейском заливе, у зап. побережья Африки)*
Sapporo *(n)* -s Саппоро *(город в Японии, адм. центр о-ва Хоккайдо)*
Sara Сара *(жен. имя)*
Sarajevo [-vo] *(n)* -s Сараево *(адм. центр Боснии и Герцеговины)*
Saransk *(n)* -s Саранск *(столица Мордовской автономной республики <РФ>)*
Saratow *(n)* -s Саратов *(обл. центр в РФ)*
Sardini‖en *(n)* -s Сардиния *(о-в в Средиземном море)*
Sarg *m* -(e)s, Särge гроб
Sargassosee *f* - Саргасово море *(часть Атлантического океана; между течениями Канарским, Сев. Пассатным и Гольфстримом)*
Sarkasmus <*gr.-lat.*> *m* -, -men сарказм
sarkastisch <*gr.-lat.*> *a* саркастический
Sarkom <*gr.*> *n* -s, -e; **Sarkoma** *n* -s, -komáta *мед.* саркома
Sarkophag <*gr.-lat.*> *m* -s, -е саркофаг, гробница
Sarnen *(n)* -s Зарнен *(адм. центр полукантона Обвальден в Швейцарии)*
sása! *int* ну-ну!
saß *impf от* sitzen*
Satan <*hebr.-gr.-lat.*> *m* -s, -e сатана
Satellit <*lat.*> *m* -en, -en *в разн. знач.* сателлит; спутник
Satin [sa`tɛ:] <*arab.-span.-fr.*> *m* -s, -s сатин
satiniert <*arab.-span.-fr.*> *a* атласный; гладкий *(о бумаге)*
Satire <*lat.*> *f* -, -n сатира
satirisch *a* сатирический
satt I *a* 1. сытый; **sich ~ essen*** наесться досыта; **~ werden** насытиться; ◊ **ich**

habe [bin] es ~ *разг.* мне это надоело; я сыт этим по горло; **2.** сочный, насыщенный *(о цвете и т. п.)*; **~e Töne** густые [сочные] тона; II *adv* **1.** сыто, досыта; **er hat nicht ~ zu essen** он живёт впроголодь; **2.** сочно, густо, напыщенно

Sattel *m* -s, Sättel **1.** седло; **sich in den ~ schwingen*** вскакивать в седло; ◇ **fest im ~ sitzen*** *перен.* занимать прочное положение; **2.** седловина *(горы)*; ◇ **er ist in allen Sätteln gerecht** он на все руки мастер

Sattel‖dach *n* -(e)s, -dächer двускатная крыша

Sattel‖decke *f* -, -n чепрак

sattelfest *a* **1.** крепко сидящий в седле; **2.** хорошо подготовленный, знающий; **der Student war nicht ganz ~** студент "плавал"

Sattel‖gurt *m* -(e)s, -e подпруга; чересседельник

satteln I *vt* (о)седлать; II **~, sich** хорошо подготовиться *(к экзамену и т. п.)*

Sattheit *f* - **1.** сытость; **2.** пресыщение; **3.** насыщенность *(раствора и т. п.)*

sättigen I *vt* **1.** накормить досыта, насытить; **2.** насыщать *(рынок товарами и т. п.)*; **3.** удовлетворять *(любопытство, желание и т. п.)*; **4.** *хим.* насыщать, пропитывать; II *vi* быть сытным; **diese Speise sättigt** это сытная пища; III **~, sich 1.** утолять свой голод, наедаться *(von D чем-л.)*; **2.** *хим.* насыщаться

Sättigung *f* -, -en **1.** *хим.* насыщение; пропитывание; **2.** насыщение; **3.** удовлетворение; *см.* sättigen

Sattler *m* -s, - шорник

saturieren <*lat.*> *vt* *тех.* **1.** насыщать; **2.** нейтрализовать

Satz I *m* -es, Sätze **1.** *грам.* предложение; **2.** тезис, положение; **3.** норма, ставка; **4.** *спорт.* партия; **5.** *муз.* обработка; **6.** комплект, набор, ассортимент; **7.** *полигр.* набор; **den ~ brechen*** ломать набор, переверстывать; **8.** осадок; **einen ~ zurücklassen*** давать осадок; **9.** помёт *(приплод зайцев, кроликов)*

Satz II *m* -(e)s, Sätze **1.** скачок, прыжок; **2.** глоток

Satz‖aussage *f* -, -n *грам.* сказуемое

Satz‖gefüge *n* -s, - *грам.* сложноподчинённое предложение

Satz‖gegenstand *m* -(e)s, -stände *грам.* подлежащее

Satz‖lehre *f* - *грам.* синтаксис

Satzung *f* -, -en устав, положение

Satz‖zeichen *n* -s, - знак препинания

Sau *f* -, Säue/-en **1.** свинья *(самка)*; **2.** *разг.* неряха, свинья; ◇ **Perlen vor die Säue werfen*** *посл.* метать бисер перед свиньями; **das paßt ihm wie der ~ das Halsband** ≅ это ему пристало как корове седло

Sau‖arbeit *f* -, -en *разг.* грязная [плохая] работа

sauber I *a* **1.** чистый; опрятный, чистоплотный; **etw. ~ machen** вычистить что-л.; **2.** чистый, аккуратный *(о работе и т. п.)*; **3.** чистоплотный, честный; **ein ~er Mensch** ничем не запятнанный человек; ◇ **ein ~er Bursche [Kerl, Herr]!** хорош молодчик!, хорош гусь!, ну и тип!; **eine ~e Gesellschaft** тёплая [хорошенькая] компания; II *adv* **1.** чисто, опрятно; **2.** чисто, аккуратно; **3.** чистоплотно, честно

sauber‖halten* I *vt* (со)держать в чистоте; **seine Hände ~** быть честным; II **~, sich** следить за собой, быть чистоплотным

Sauberkeit *f* - **1.** чистота, опрятность; **2.** аккуратность *(в работе)*; **3.** чистоплотность, честность

säuberlich *adv* **1.** чисто, опрятно; **2.** аккуратно, тщательно; **3.** осторожно, бережно

säubern *vt* **1.** чистить, мыть; убирать; **2.** *перен.* очищать, освобождать; **das Land vom Feinde ~** очистить страну от врага

Säuberung *f* -, -en **1.** чистка, мытьё; уборка; **2.** *перен.* чистка; освобождение

Sauce ['zo:sə] <*fr.*> *f* -, -n соус

Sáudi-Arábi‖en (*n*) -s Саудовская Аравия *(гос-во в Азии, на Аравийском п-ве)*

sauen *vi разг.* **1.** пакостить, пачкать; **2.** плохо работать; **3.** говорить сальности

sauer I *a* **1.** кислый; **saure Milch** кислое молоко; **2.** кислый, недовольный, хмурый; **mit saurer Miene** с кислым видом; **3.** трудный, тяжёлый; **jmdm. das Leben ~ machen** отравлять кому-л. жизнь [существование]; **in den sauren Apfel beißen*** покоряться неприятной необходимости; II *adv* **1.** кисло; **~ schmecken** иметь кислый вкус; **2.** кисло, неохотно; **auf etw. (A) ~ reagieren** делать кислое лицо по поводу чего-л.; **3.** трудно, нелегко; **das kam ihm [ihn] ~ an** это давалось [далось, досталось] ему нелегко

Sauer‖ampfer *m* -s, - щавель

Sauer‖brunnen *m* -s, - углекислый источник

Sauerèí *f* -, -en *разг.* свинство, грязь; похабщина

Sauer‖kraut *n* -(e)s кислая капуста
Sauerland *n* -es Зауэрланд *(горы в ФРГ <земля Сев. Рейн-Вестфалия>)*
säuerlich *a* **1.** кисловатый, терпкий; **2.** кислый *(о выражении лица и т. п.)*
Sauer‖milch *f* - простокваша
säuern I *vt* **1.** квасить *(тесто и т. п.)*; **2.** прибавить кислоты *(во что-л.)*, сделать более кислым *(что-л.)*; **3.** *хим.* подкислять, прибавить кислоты *(во что-л.)*; II *vi* (h, s) кваситься; киснуть
Sauer‖stoff *m* -(e)s кислород
Sauerstoff‖flasche *f* -, -n кислородный баллон
Sauerstoff‖gerät *n* -(e)s, -e акваланг
sauersüß *a* кисло-сладкий
Sauerteig *m* -(e)s закваска; опара
Sauf‖bold *m* -(e)s, -e горький пьяница
saufen* I *vt* пить *(о животных)*; II *vi груб.* пьянствовать, пить
Säufer *m* -s, - пьяница
Sauferéi *f* -, -en пьянство; попойка
Säufer‖wahnsinn *m* -(e)s белая горячка
Saufgelage *n* -s, - попойка
Saugbagger *m* -s, - землесос
saugen* I *vt* сосать; высасывать, отсасывать; всасывать, впитывать; II *vi* сосать
Sauger *m* -s, - **1.** сосун; **2.** соска; **3.** *тех.* эксгаустер, всасывающее устройство
Säugetier *n* -(e)s, -е млекопитающее
Saug‖flasche *f* -, -n детский рожок
Saug‖heber *m* -s, - сифон
Säugling *m* -s, -е грудной ребёнок
Säuglings‖fürsorge *f* - охрана младенчества
Säuglings‖pflege *f* - уход за грудным ребёнком
Säule *f* -, -n **1.** колонна; столб *(тж. перен.)*; **2.** *воен.* колонна
Säulen‖gang *m* -(e)s, -gänge колоннада
Säulen‖halle *f* -, -n **1.** портик; **2.** зал с колоннами
Saum *m* -(e)s, Säume **1.** кайма; обшивка; рубец; подол *(платья)*; **2.** опушка *(леса)*
säumen I *vt* **1.** делать кайму *(на чём-л.)*, обшивать *(что-л.)*, подрубать *(что-л.)*; **2.** окаймлять, обрамлять; **der Weg ist mit Sträuchern gesäumt** вдоль дороги растёт кустарник; II *vi* медлить, колебаться
säumig *a* **1.** медлительный; **2.** нерадивый, ленивый
saumselig *a книжн.* **1.** медлительный; **2.** нерадивый, небрежный
Saumseligkeit *f* - медлительность, леность
Saum‖tier *n* -(e)s, -е вьючное животное

Sauna <*finn.*> *f* -, -/-s финская баня
Säure *f* -, -n **1.** *хим.* кислота; **2.** кислый вкус
säurefest *a хим.* кислотоупорный, кислотостойкий
Säure‖gehalt *m* -(e)s *хим.* содержание кислоты, кислотность
Sauregurken‖zeit *f* -, -en *шутл.* мёртвый сезон, затишье
säurehaltig *a* кислотный
Saus: in ~ und Braus leben жить в своё удовольствие; **in einem ~** молниеносно, очень быстро
säuseln I *vi* шелестеть *(о листьях, ветре и т. п.)*; II *vt* шептать; **jmdm. den Kummer aus dem Herzen ~** успокаивать кого-л.
sausen *vi* **1.** (h) (про)шуметь, (про)свистеть *(о ветре, кнуте и т. п.)*; **die Peitsche sauste durch die Luft** просвистел кнут; **2.** (s) *разг.* мчаться, нестись
Sau‖wetter *n* -s *разг.* скверная погода
sauwohl *adv фам.* чертовски хорошо [уютно], здорово *(чувствовать себя)*
Savánne [-'va-] <*indian.-span.*> *f* -, -n *геогр.* саванна
Saxophón *n* -s, -e *муз.* саксофон *(по имени мастера, сконструировавшего инструмент,* Sax + *gr.* phon)
S-Bahn *f* - штадтбан *(вид городского транспорта типа электрички <сокр. от* Stadtbahn, Schnellbahn>)
Schabe I *f* -, -n таракан, прусак
Schabe II *f* -, -n скребок, скребница
Schabe III, Schäbe *f* -, -n *мед.* чесотка
Schabe‖fleisch *n* -(e)s рубленое мясо
schaben *vt* **1.** скоблить, скрести; **2.** мездрить *(шкуру)*; **3.** тереть *(на тёрке)*; **4.** *тех.* шабрить; **5.** *разг.* брить, скоблить
Schaber *m* -s, - скребок
Schabernack *m* -(e)s, -e (злая) шутка, проказа; **~ treiben*** шалить, проказничать
schäbig *a* **1.** потёртый, ветхий; **2.** скаредный, скупой; **3.** убогий, жалкий
Schäbigkeit *f* -, -en **1.** поношенность, потёртость; **2.** низость, подлость
Schablóne *f* -, -n шаблон *(тж. перен.)*; образец, модель; **nach der ~ arbeiten** работать по шаблону
schablónenhaft *a* шаблонный, трафаретный
Schach *n* -(e)s **1.** шахматы, шахматная игра; **~ spielen** играть в шахматы; **2.** шах *(в игре)*; **~ (dem König) bieten*** объявить шах королю
Schach‖aufgabe *f* -, -n шахматный этюд
Schacher *m* -s торгашество, спекуляция;

~ treiben* (*mit* D) спекулировать *(чем-либо)*
schachern *vi* (*mit* D) спекулировать *(чем-либо)*; обделывать делишки
schachmátt: ~ **sein 1.** *разг.* быть крайне утомлённым; **2.** получить мат *(шахматы)*
Schach‖meister *m* -s, - чемпион по шахматам
Schach‖meisterschaft *f* -, -en первенство [чемпионат] по шахматам
Schacht *m* -(e)s, Schächte шахта
Schachtel *f* -, -n коробка; ◇ **alte** ~ старая карга
schachteln *vt* раскладывать в коробки
Schach‖zug *m* -(e)s, -züge шахматный ход
Schackgalerie *f* - "Шак-Галери" *(картинная галерея в Мюнхене <назв. по имени писателя и коллекционера произведений искусства графа А. Ф. фон Шака>)*
schade *a präd* жаль, досадно; **ist das nicht ~?** не жалко ли?; **es ist ~ um ihn [um etw.** (A)] жаль его [чего-л.]
Schädel *m* -s, - череп; **er hat einen harten [dicken]** ~ он упрям [твердолобый]; **sich** (D) **den ~ einrennen*** свернуть себе шею, жестоко поплатиться за своё упрямство
schaden *vi* (D) вредить *(кому-л., чему-либо)*; **was schadet dir?** что за беда?; **das schadet nichts** это ничего не значит, это не страшно
Schaden *m* -s, Schäden **1.** вред, ущерб; **~ bringen*** приносить вред; **~ anrichten** причинять вред [ущерб]; **das gereicht ihm zum ~** это ему во вред; **2.** убыток; **den ~ ersetzen** возмещать убыток; **für den ~ guthaben [bürgen, haften]** гарантировать возмещение на случай убытка; **~ (er)leiden*** терпеть убытки; **~ tragen*** нести убытки; ◇ **durch ~ wird man klug** *посл.* ≅ на ошибках учатся; **3.** *мед.* повреждение; **sich** (D) **~ tun*** повредить себе что-л., поранить себя; **4.** повреждение, порча, поломка, разрушение
Schaden‖ersatz *m* -(e)s возмещение убытков
Schaden‖freude *f* - злорадство
schadenfroh *a* злорадный
schadhaft *a* повреждённый, испорченный; поношенный; **~ werden** испортиться, сломаться
schädigen *vt* вредить, причинять ущерб *(чему-л.)*
Schädigung *f* -, -en повреждение, ущерб
schädlich *a* вредный; нездоровый

Schädling *m* -s, -e вредитель
Schädlings‖bekämpfung *f* - с.-х. борьба с вредителями
schadlos *a präd* неповреждённый; **sich an jmdm. ~ halten*** возмещать свои убытки за счёт кого-л.
Schaf *n* -(e)s, -e **1.** овца; **2.** *разг.* дурак; ◇ **ein räudiges ~ steckt die ganze Herde an** *посл.* паршивая овца всё стадо портит
Schaf‖bock *m* -(e)s, -böcke баран
Schäfchen *n* -s, - овечка; ◇ **sein ~ ins trockne bringen*** *разг.* устраивать свои делишки, нагреть (себе) руки
Schäfchen‖wolken *pl* мет. барашки
Schäfer *m* -s, - овчар, чабан
Schäferei *f* -, -en овчарня
Schäfer‖hund *m* -(e)s, -e овчарка
Schaf‖fell *n* -(e)s, -e овчина
schaffen* I *vt* **1.** создавать, творить; **er ist zum Lehrer wie geschaffen** он прирождённый учитель; **2.** создавать, организовывать
schaffen II I *vi* работать, трудиться; **er hat viel zu ~** у него много работы; **jmdm. viel zu ~ machen** доставлять кому-л. много хлопот; **sich** (D) **mit etw.** (D) **zu ~ machen** возиться с чем-л., заняться чем-л.; II *vt* **1.** делать, сделать *(что-л.)*, справиться *(с чем-л.)*; **was hast du mit ihm zu ~?** какое ты имеешь к нему отношение?; **2.** доставлять *(куда-л.)* *(почту и т. п.)*; **3.** доставлять, добывать; **schaff mir was zu essen** достань мне что-нибудь поесть; **4.** убирать, устранять; **jmdn., etw. aus dem Wege ~** убрать кого-л., что-л. с дороги [с пути]; **etw. beiseite ~** *разг.* присвоить что-л. *(нечестным путём)*; **5.** наводить, водворять, устанавливать; **Ordnung ~** навести порядок; **Ruhe ~** установить тишину
Schaffen *n* -s **1.** создание; творчество; **2.** работа, труд; дела
Schaffens‖drang *m* -(e)s жажда творчества, трудовой подъём, стремление творить [действовать, работать]
Schaffens‖kraft *f* - **1.** работоспособность; **2.** творческая сила
Schaffhausen (*n*) -s Шафхаузен *(назв. адм. центра и кантона в Швейцарии)*
Schaffner *m* -s, - кондуктор; проводник *(пассажирского вагона)*
Schaf‖käse *m* -s брынза, овечий сыр
Schafott <*fr.-niederl.*> *n* -(e)s, -e эшафот
Schaf‖pelz *m* -es, -e овчина, тулуп
Schafs‖kopf *m* -(e)s, -köpfe **1.** дурак, болван; **2.** *карт.* козёл
Schaft *m* -(e)s, Schäfte **1.** голенище; **2.**

рукоятка; стержень; 3. ложа *(ружья);* 4. древко *(флага)*
Schah <*pers.*> *m* -s, -s шах *(титул)*
Schakál <*türk.-pers.-sanskr.*> *m* -s, -e шакал
Schäkeréi *f* -, -en балагурство, заигрывание
schäkern *vi* шутить, балагурить; **mit jmdm.** ~ заигрывать с кем-л.
Schal *m* -s, -e/-s шаль, кашне
Schale *f* -, -n **1.** скорлупа; кожица; кожура; шелуха; оболочка; **2.** чаша *(весов);* **3.** панцирь *(черепахи и т. п.);* **4.** чаша, блюдо *(посуда)*
schälen I *vt* (о)чистить *(что-л.),* снимать скорлупу [кожуру, шелуху, кожицу] *(с чего-л.),* лущить *(что-л.);* **das Ei aus der Schale** ~ очистить яйцо; II ~, **sich 1.** шелушиться, лупиться *(о коже при загаре и т. п.);* **2.** сбрасывать кожу *(о змее и т. п.)*
Schalk *m* -(e)s, -e/Schälke плут; шутник
schalkhaft *a* плутовской, шельмовской, лукавый
Schall *m* -(e)s, -e/Schälle звук; ◊ ~ **und Rauch** пустой звук
Schall‖dose *f* -, -n *тех.* **1.** мембранная коробка; **2.** адаптер, звукосниматель
schallen* *vi* звучать, раздаваться; **er schlug die Tür ins Schloß, daß es schallte** он с треском захлопнул дверь
schallend I *part* I *от* schallen; II *a* звонкий, громкий, звучный
Schall‖geschwindigkeit *f* -, -en *физ.* скорость звука
Schall‖mauer *f* -, -n звуковой барьер
Schall‖platte *f* -, -n граммофонная пластинка
Schall‖trichter *m* -s, - рупор
Schall‖welle *f* -, -n *физ.* звуковая волна
Schalméi *f* -, -en свирель, дудка
schalt *impf от* schelten*
Schaltanlage *f* -, -n *эл.* распределительное устройство
Schalt‖bild *n* -(e)s, -er схема соединений
Schalt‖brett *n* -(e)s, -er *эл.* распределительный щит, пульт управления
schalten I *vt эл.* включать, соединять, переключать; II *vi* (**über** A **mit** D) распоряжаться, располагать *(чем-л.);* ~ **und walten** распоряжаться [хозяйничать] по своему усмотрению
Schalter *m* -s, - **1.** (задвижное) окошечко *(в учреждении);* касса; **die** ~ **schließen*** заканчивать работу, прекратить приём посетителей; **2.** *эл.* выключатель, рубильник
Schalter‖stunde *f* -, -n приёмные часы

Schalt‖jahr *n* -(e)s, -e високосный год
Schalt‖plan *m* -(e)s, -pläne монтажная схема
Schalt‖satz *m* -es, -sätze *грам.* вводное предложение
Schalt‖tafel *f* -, -n *эл.* распределительный щит
Schaltung *f* -, -en **1.** *эл.* включение; схема включения; **2.** переключение передач *(автомашины)*
Schalung *f* -, -en *стр.* дощатая обшивка; опалубка
Schalúppe <*fr.*> *f* -, -n шлюпка
Scham *f* - **1.** стыд; стыдливость; **vor** ~ **vergehen*** не знать, куда деться от стыда; **vor** - **rot werden** покраснеть от стыда; **2.** *высок. эвф.* половые органы, срам
Scham‖bein *n* -(e)s, -e *анат.* лобковая кость
schämen, sich (G) стыдиться *(кого-л., чего-л.);* **sich einer Sache** (G) **wegen [halber]** ~ стыдиться чего-л.; **sich in die Seele hinein** ~ стыдиться до глубины души; **er schämte sich in Grund und Boden [zu Tode, in die Erde hinein]** он готов был сквозь землю провалиться от стыда
Scham‖gefühl *n* -(e)s, -e чувство стыда, стыдливость
schamhaft *a* стыдливый, застенчивый
Schamhaftigkeit *f* - стыдливость, застенчивость
schamlos *a* **1.** бесстыдный, наглый; **2.** непристойный; циничный
Schamlosigkeit *f* - бесстыдство; непристойность, цинизм
Schamótte *f* - *керам.* шамот
Schamótten‖stein *m* -(e)s, -e шамотный (огнеупорный) кирпич
Schampún <*ind.-engl.*> *n* -s шампунь
Schande *f* - стыд, срам, позор; **jmdm.** ~ **machen** позорить [срамить] кого-л.; **es ist eine** ~, **daß...** стыдно, что...
schänden *vt* **1.** (о)позорить, (о)бесчестить, (за)пятнать; **2.** осквернять; **3.** (из)насиловать
Schänder *m* -s, - **1.** осквернитель; **2.** насильник, растлитель
Schand‖fleck *m* -(e)s, -e позорное пятно [клеймо]
schändlich *a* **1.** постыдный, позорный; гнусный; **ein ~er Betrug** гнусный обман; **2.** мерзкий, гадкий; **ein ~er Kerl** мерзкий человек
Schand‖mal *n* -(e)s, -e/-mäler позорное клеймо
Schand‖pfahl *m* -(e)s, -pfähle позорный столб

Schand‖schrift *f* -, -en пасквиль
Schand‖tat *f* -, -en гнусный [бесчестный] поступок
Schandúng (*n*) -s Шандун (*п-ов на В. Китая*)
Schändung *f* -, -en 1. осквернение; поношение; 2. изнасилование
Schanghái (*n*) -s Шанхай (*город на В. Китая*)
Schank *m* -(e)s, Schänke торговля спиртными напитками
Schankstätte *см.* Schankstube
Schank‖stube *f* -, -n пивная, трактир, кабак, шинок
Schank‖tisch *m* -(e)s, -e буфет, стойка, прилавок (*в пивной, закусочной*)
Schank‖wirt *m* -(e)s, -e трактирщик
Schank‖wirtschaft *f* - *см.* Schankstube
Schanz‖arbeit *f* -, -en *воен.* окопные работы
Schanze I <*it.*> *f* -, -n *воен.* окоп, земляное укрепление
Schanze II <*lat.-fr.*> : **sein Leben in die ~ schlagen*** рисковать [жертвовать] жизнью (*ради чего-л.*)
schanzen *vi* 1. *воен.* рыть окопы; 2. *разг.* работать через силу, надрываться
Schanz‖zeug *n* -(e)s *воен.* шанцевый инструмент
Schar I *f* -, -en 1. толпа; множество, куча; **in ~en stehen*** стоять толпами; **in hellen ~en herbeiströmen** валить валом, стекаться толпами; 2. стая (*птиц*), косяк (*рыб*); 3. отряд, отделение (*в войсках СС фашистской Германии*)
Schar II *n* -(e)s, - лемех (*плуга*)
Scharáde <*fr.*> *f* -, -n шарада
schärben *vt диал.* нарезать большими кусками
Schäre *f* -, -n *б. ч. pl геогр.* шхеры
scharen, sich собираться, толпиться; **sich um jmdn** (A) ~ 1) столпиться вокруг кого-л; 2) сплотиться вокруг кого-л.
scharenweise *adv* 1. толпами, кучами; 2. стаями (*о птицах*); косяками (*о рыбах*)
scharf I *a* 1. острый (*о ноже и т. п.*); **eine ~e Kante** острый край; 2. резкий, чёткий, ясный; **eine ~e Brille** сильные очки; 3. сильный, резкий; **ein ~er Wind** резкий ветер; 4. едкий, острый, крепкий; **~er Essig** крепкий уксус; 5. острый, тонкий (*о слухе*); 6. меткий; **ein ~er Schuß** меткий выстрел; ◊ **~e Patronen** боевые патроны; II *adv* 1. остро (*наточить*); 2. точно, чётко; **jmdn. ~ bewachen** внимательно охранять кого-л.; 3. резко; **sich ~ unterscheiden** резко отличаться

Scharf‖blick *m* -(e)s зоркость, проницательность
Schärfe *f* -, -n 1. острота; 2. резкость; 3. чёткость; 4. зоркость; проницательность; 5. строгость; **mit aller ~** со всей строгостью
Schärfe‖einstellung *f* - *фото* наводка на резкость
schärfen *vt* 1. точить (*нож и т. п.*); 2. развивать, изощрять (*слух и т. п.*); **den Appetit ~** раздразнить аппетит
scharf‖machen *vt* подстрекать
Scharf‖richter *m* -s, - палач
Scharf‖schießen *n* -s 1. боевая стрельба; 2. точная [меткая] стрельба
Scharf‖schütze *m* -n, -n снайпер, отличный стрелок
scharfsichtig *a* 1. зоркий; 2. дальновидный
Scharf‖sinn *m* -(e)s 1. проницательность; 2. остроумие
scharfsinnig *a* 1. проницательный; 2. остроумный
Scharlach *m*, *n* -s *мед.* скарлатина
Scharm <*lat.-fr.*> *m* -s прелесть, обаяние, очарование
scharmánt <*lat.-fr.*> *a* обаятельный, очаровательный, прелестный
Schärpe *f* -, -n шарф; (широкая) лента
scharren I *vi* 1. скрести (*лапами*); рыться; **die Hühner ~ nach Würmern** куры ищут червей; 2. шаркать; II *vt* 1. рыть, копать; **ein Loch in den Boden ~** рыть яму в земле; 2. закопать (*в землю и т. п.*); 3. сметать, сбрасывать; **alles auf einen Haufen ~** смести всё в одну кучу; 4. соскабливать
Scharte I *f* -, -n 1. зазубрина; **~n bekommen*** зазубриться; выщербиться; 2. *тех.* зарубка, запил
Scharte II *f* -, -n бойница, амбразура
schartig *a* зазубренный (*о ноже и т. п.*); ◊ **allzu scharf macht ~** *посл.* остро точишь – выщербишь
schassen *vt разг. уст.* прогнать (*с работы, из учебного заведения*)
schatten *vi поэт.* давать тень
Schatten *m* -s, - 1. тень; **im ~** в тени; **~ spenden** давать тень; **er ist nur noch ein ~** от него осталась одна тень; **jmdn. in den ~ stellen** затмить кого-л.; **man kann nicht über eigenen ~ springen*** выше головы не прыгнешь; 2. тень, призрак; **das Reich der ~** *миф.* царство теней
Schatten‖bild *n* -(e)s, -er силуэт, контур
Schatten‖dasein *n:* **ein ~ führen** прозябать
Schatten‖laufen *n* -s синхронное парное катание (*коньки*)

Schatten∥riß *m* -sses, -sse см. Schattenbild
Schatten∥seite *f* \-, -n теневая сторона *(тж. перен.)*; **das hat seine Lichte und ~n** это имеет (свои) положительные и отрицательные стороны
Schatten∥spiel *n* -(e)s, -e **1.** театр теней; китайские тени; **2.** фантасмагория
schattieren *vt* тушевать, оттенять *(контуры на рисунке)*
Schattierung *f* -, -en оттенок
Schatúlle <*lat.*> *f* -, -n шкатулка, ларец
Schatz *m* -es, Schätze **1.** сокровище, богатство; **die Schätze des Bodens** полезные ископаемые; **2.** клад; **einen ~ heben*** найти [добыть] клад; **nach Schätzen graben*** искать клад; **3.** казна; **4.** *ласк.* сокровище, возлюбленный, -ная;. **mein ~!** сокровище моё!
schätzbar *a* **1.** (драго)ценный; **2.** уважаемый
schätzen *vt* **1.** *(auf A)* оценивать *(во что-либо)*; **sich glücklich ~** считать себя счастливым; **2.** *(auf A)* определять *(количество, цену и т. п.)*; **ich schätze ihn auf 50 Jahre** я полагаю, что ему 50 лет; **3.** ценить; **ich schätze Ihre Meinung** я ценю Ваше мнение
schätzenswert *a* **1.** достойный уважения; **2.** похвальный
Schätzer *m* -s, -; **~in** *f* -, -nen **1.** ценитель, -ница; **2.** оценщик, -щица
Schatz∥gräber *m* -s, - кладоискатель
Schatz∥kammer *f* -, -n **1.** сокровищница *(тж. перен.)*; **2.** казначейство
Schatz∥meister *m* -s, - казначей
Schätzung *f* -, -en **1.** оценка *(имущества и т. п.)*; **nach vorläufigen ~en** по предварительным подсчётам [данным]; **2.** уважение
schätzungsweise *adv* приблизительно, примерно
Schau *f* -, -en **1.** выставка, осмотр; **etw. zur ~ tragen* [stellen, bringen*]** выставлять напоказ, афишировать что-л. **2.** смотр; осмотр; обозрение, обзор
Schau∥bild *n* -(e)s, -er диаграмма
Schau∥bude *f* -, -n балаган
Schauder *m* -s, - **1.** дрожь, озноб; **2.** ужас; **ein ~ überfiel [ergriff] ihn** его охватил ужас
schauderhaft *a* ужасный, жуткий, отвратительный
schaudern *vi* **1.** дрожать *(от холода)*; **2.** ужасаться; содрогаться *(от ужаса)*; **mich schaudert beim Gedanken...** меня охватывает ужас при мысли...; **ihm schaudert die Haut [das Herz]** он содрогается (от ужаса)
schaudervoll *a* см. schauderhaft

schauen *vi (auf A)* смотреть, глядеть *(на кого-л., на что-л.)*; **hin und her ~** смотреть по сторонам; **um sich ~** оглядываться *(по сторонам)*, **nach jmdm. ~** смотреть [ухаживать] за кем-л.
Schauer I *m* -s,- зритель, созерцатель
Schauer II *m* -s, - **1.** дрожь, озноб; трепет; **ein kalter ~ läuft mir über die Haut [über den Leib, über den Rücken]** ≅ мороз по коже подирает, мурашки бегают по спине; **2.** (священный) трепет, благоговение
Schauer III *m* -s,- ливень; сильный град; **kosmischer ~** *астр.* ливень космического излучения
Schauer IV *m, n* -s,- навес; сарай
schauerlich *a* жуткий, ужасный, зловещий, страшный
Schauerlichkeit *f* -, жуть, ужас
Schauermann *m* -(e)s, -leute *уст.* грузчик, портовый рабочий
Schauer∥märchen *n* -s, - *ирон.* жуткая история
schauern I *vi* дрожать, содрогаться; **es schauert mich [mir]** меня дрожь пробирает; **II** *vimp*: **es schauert** идёт ливень [дождь с градом]
Schauer∥roman *m* -(e)s, -e роман ужасов
Schaufel *f* -, -n **1.** лопата *(шуфельная)*; **2.** *тех.* лопасть, крыло
Schaufel∥bagger *m* -s, - ковшовый экскаватор
schaufeln *vt* **1.** копать, рыть; **2.** сгребать лопатой; **3.** ворошить *(зерно)*
Schaufel∥rad *n* -(e)s, -räder *мор.* лопастное колесо
Schau∥fenster *n* -s, - витрина
Schau∥flug *m* -(e)s, -flüge показательный [демонстрационный] полёт
Schau∥kasten *m* -s, -/-kästen витрина
Schaukel *f* -, -n качели
schaukeln I *vt* качать, раскачивать; колебать; **II** *vi* качаться, раскачиваться; колебаться; **III ~, sich** качаться; **mit dem Stuhl ~** качаться на стуле; ◊ **wir werden das Kind [die Sache] schon ~** *разг.* мы это дельце обтяпаем
Schaukeln *n* -s **1.** качание, раскачивание; колебание; **2.** *мор.* качка
Schaukel∥stuhl *n* -(e)s, -stühle качалка *(кресло)*
Schaulustige *subst m, f* -n, -n любопытный человек; зевака; *pl* любопытная, праздная публика
Schaum *m* -(e)s, Schäume **1.** пена; **mit vor dem Mund** с пеной у рта; **etw. zu ~ schlagen*** взбивать что-л. (в пену); **2.** накипь

Schaumburg-Lippe (n) -s Шаумбург-Липпе (ист. обл. в Германии)
Schaumburg, Palais [pa'lɛː] n - Шаумбург, дворец (резиденция федерального канцлера ФРГ в Бонне)
schäumen I vi пениться; **er schäumt vor Zorn** в нём кипит гнев; II vt снимать пену (с чего-л.); **das Fleisch ~** снимать пену с мясного бульона
schäumig a пенистый, шипучий
Schaumkämme pl барашки, белые пенистые волны
Schaum‖löffel m -s, - шумовка
Schaum‖löscher m -s, - пенистый огнетушитель
Schaum‖schläger m -s, - 1. взбивалка; 2. разг. пустомеля
Schaum‖wein m -(e)s, -e шипучее вино
Schau‖packung f -, -en бутафория (в витрине)
Schau‖platz m -es, -plätze место (действия), арена; **der ~ der Handlung** место действия
schaurig a жуткий
Schau‖spiel n -(e)s, -e 1. зрелище; 2. спектакль; **das ~ besuchen, ins ~ gehen*** идти на спектакль [в театр]; 3. пьеса, драма
Schau‖spieler m -s, -; **~in** f -, -nen актёр, актриса
schau\|spielern vi играть роль (тж. перен.)
Scháuspiel‖haus n -es, -häuser театр
Schau‖steller m -s, - участник выставки, экспонент
Schaustellung f -, -en 1. выставление напоказ; экспонирование; 2. выставка, экспозиция
Schau‖turnen n -s показательное выступление (гимнастов)
Scheck m -s, -s/-e чек; **einen ~ schreiben*** выписать чек; **mit ~ bezahlen** заплатить чеком
Schecke m -n, -n; f -, -n 1. пегая лошадь; 2. пятнистый скот
scheckig a пегий; пятнистый; пёстрый
scheel a 1. косой (о глазах, взгляде); 2. завистливый; 3. кривой, одноглазый
Scheelsucht f - разг. зависть
scheelsüchtig a завистливый
scheffeln vt 1. сгребать (зерно); 2. перен. загребать (деньги)
Scheibe f -, -n 1. диск, круг; 2. воен. мишень; **nach der ~ schießen*** стрелять по мишени; 3. шайба (хоккей); 4. оконное стекло; 5. тех. шайба, шкив; 6. ломтик, ломоть; **etw. in ~en schneiden*** нарезать что-л. ломтиками; 7. соты; **eine ~ Honig** медовые [пчелиные] соты;
◇ **ja ~!** разг. не вышло!, мимо!; **da kann man sich eine ~ (davon) abschneiden** разг. тут есть чему поучиться
scheibenförmig a дискообразный
Scheiben‖honig m -s сотовый мёд
Scheiben‖schießen n -s стрельба по мишени
Scheiben‖wischer m -s, - авто стеклоочиститель
Scheich <arab.> m -s, -e/-s шейх
Scheide I f -, -n 1. ножны; 2. анат. влагалище
Scheide II f -, -n 1. рубеж, граница; 2. водораздел
Scheide‖brief m -(e)s, -e свидетельство о разводе
Scheide‖lini\|e f -, -n демаркационная линия
Scheide‖münze f -, -n мелкая [разменная] монета
scheiden* I vt 1. разделять; отделять; 2. разводить (супругов); **die Ehe ~** расторгнуть брак; II vi (s) 1. уходить; **aus einem Ort ~** уехать из какой-л. местности; **aus dem Dienst -** уходить [увольняться] со службы; 2. расставаться; III **~, sich** 1. разводиться (о супругах); **sie lassen sich ~** они разводятся; 2. расходиться; **hier ~ sich unsere Wege** здесь наши пути расходятся (тж. перен.)
Scheide‖wand f -, -wände 1. перегородка (тж. перен.); 2. преграда (тж. перен.); **die ~ ziehen*** провести грань
Scheide‖weg m -(e)s, -e распутье; **am ~ stehen*** быть на распутье
Scheidung f -, -en 1. разделение; отделение; 2. развод (супругов); **die ~ beantragen** подать заявление (в суд) о разводе; **in die ~ (von** D) **willigen** согласиться на развод (с кем-л.)
Schein I m -(e)s, -e свет, сияние; мерцание; блеск (металла)
Schein II m -(e)s, -e видимость; внешний вид, внешность; **~ und Sein** иллюзия и действительность; **zum (bloßen) ~** (только) для вида; **den ~ erwecken** создавать видимость; **sich** (D) **den ~ geben, als ob...** делать вид, будто; **der ~ trügt [täuscht]** внешность обманчива; **den ~ wahren** сохранять видимость (чего-л.)
Schein III m -(e)s, -e 1. свидетельство (документ); 2. расписка; **ein ~ über den Empfang (von** D) расписка в получении (чего-л.); 3. денежный знак, банкнот; ассигнация
Schein‖angriff m -(e)s, -e воен. ложная атака
scheinbar I a мнимый, кажущийся; II adv

1. по-видимому, видимо; 2. внешне, для вида; **er hörte ~ aufmerksam** он делал вид, что слушает внимательно
Scheinbarkeit *f* - видимость; вероятность
Schein‖bild *n* -(e)s, -er призрак; видимость
Schein‖blüte *f* -, -n призрачный расцвет *(экономики и т. п.)*
scheinen* I *vi* светить, сиять; II *vi* казаться, иметь вид; **es scheint mir..., mir scheint..** мне кажется..., я думаю...; **er scheint krank zu sein** он, по-видимому, болен; у него больной вид
Schein‖erfolg *m* -(e)s, -e мнимый [кажущийся] успех
scheinheilig *a* лицемерный, ханжеский
Schein‖heiligkeit *f* -, -en лицемерие, ханжество
Schein‖tod *m* -(e)s мнимая смерть; летаргия
Schein‖werfer *m* -s, - прожектор; фара; **~ suchen den Himmel ab** прожекторы обшаривают небо
Scheiße *f* - *груб.* 1. испражнения, экскременты; навоз; 2. мелочь, ерунда; **jmdn. durch die ~ ziehen*** смешать кого-л. с грязью; 3. тяжёлое [неловкое] положение
scheißen* *vi груб.* испражняться; **auf etw. (A) ~** *груб.* ≅ (на)плевать на что-л.
Scheit *n* -(e)s, -e полено
Scheitel *m* -s,-1. темя, макушка; **vom ~ bis zur Sohle** с головы до пят [ног]; 2. пробор; **er trägt den ~ links** у него пробор с левой стороны; 3. *мат.* вершина (угла); высшая точка *(кривой и т. п.)*
Scheitel‖lini|e *f* -, -n *мат.* вертикальная линия
scheiteln *vt*: **das Haar ~** сделать пробор
Scheitel‖punkt *m* -(e)s, -e 1. *мат.* вершина; 2. *перен.* вершина, кульминационный пункт, зенит
scheiten *vt*: **Holz ~** колоть дрова
Scheiter‖haufen *m* -s, - *ист.* костёр *(для сожжения)*; **er mußte den ~ besteigen** он был сожжён на костре
scheitern I *vi (s)* 1. разбиваться, терпеть крушение *(о судне)*; **das Schiff scheiterte auf einer Sandbank** судно село на мель; 2. рухнуть, потерпеть неудачу [фиаско, крушение]; не удаваться, сорваться; **an jmdm. ~** *спорт.* проиграть кому-л.
Scheitern *n* -s 1. крушение *(судна)*; 2. провал, крах, крушение; поражение; **zum ~ bringen*** привести к срыву, сорвать, расстроить *(планы и т. п.)*

Scheit‖holz *n* -es, -hölzer дрова
Schelde *f* - Шельда *(река во Франции, Бельгии и Нидерландах)*
Schelle *f* -, -n 1. бубенчик, колокольчик, звонок; 2. (звонкая) пощёчина; оплеуха; 3. наручники; кандалы; **jmdm. ~n anlegen** надевать кому-л. наручники [кандалы]
schellen *vi* звонить; **es hat geschellt** звонили; **nach jmdm. ~** вызывать кого-л. звонком *(в поезде, гостинице и т. п.)*
Schellen *pl карт.* бубны; **~ ausspielen** ходить с бубён [бубнами]
Schellen‖trommel *f* -, -n бубен
Schellfisch *m* -es, -e пикша *(рыба)*
Schelm *m* -(e)s, -e *разг.* шельма, плут; шалун, проказник; **jmdn. zum ~ machen** ошельмовать кого-л.; ◇ **den ~ im Nacken sitzen haben** быть известным шутником [проказником, шалуном]
Schelmen‖streich *m* -(e)s, -e плутовство, шалость
schelmisch *a* плутовской, лукавый
Schelte *f* -, -n выговор, головомойка
Schema <*gr.-lat.*> *n* -s, -s/-ta 1. схема; 2. *перен. пренебр.* шаблон, трафарет; **~ F** рутина; **alles geht nach ~ F** всё идёт [делается] по старинке
Schemel *m* -s, - скамеечка, табуретка
Schenke *f* -, -n кабак, трактир
Schenkel *m* -s, - 1. бедро; голень; 2. ножка *(циркуля)*; 3. *мат.* сторона *(угла)*; 4. *тех.* колено
Schenkel‖bruch *m* -(e)s, -brüche перелом бедра
schenken *vt* 1. (по)дарить; даровать *(жизнь, свободу)*; **jmdm. sein Herz ~** полюбить кого-л.; **jmdm. Vertrauen ~** питать доверие к кому-л.; **jmdm., etw. einer Sache (D) Aufmerksamkeit ~** уделять внимание кому-л., чему-л.; **diesen Besuch kannst du dir ~** это посещение необязательно; 2. наливать
Schenk‖stube *см.* Schenke
Schenk‖tisch *m* -(e)s, -e буфет, стойка, прилавок *(в пивной, закусочной)*
Schenkung *f* -, -en дар, дарование
Schenk‖wirt *m* -(e)s, -e трактирщик
Schenk‖wirtschaft *см.* Schenke
scheppern *vi* постукивать, стучать, дребезжать
Scherbe *f* -, -n черепок, обломок; **in ~n gehen*** разбиваться вдребезги; **in ~n schlagen*** разбивать вдребезги
Schere *f* -, -n 1. ножницы; 2. клешня *(рака)*; ◇ **jmdn. in die ~ nehmen*** взять кого-л. в тиски [в оборот]
scheren* I *vt* стричь, подстригать, сре-

зать, обрезать; **die Haare ~** подстричь волосы; **Sträucher ~** подрезать [обрезать, подстригать] кусты; ♦ **über einen Kamm ~** стричь всех под одну гребёнку
scheren II I *vt vimp* заботить, беспокоить; **das schert mich nicht im geringsten** это меня нисколько не беспокоит [не тревожит]; II **~, sich 1.** *разг.* (*um* A) заботиться, беспокоиться (*о ком-л., о чём-л.*); **2.** *разг.* убираться, уходить; **scher dich fort [hinaus]!** убирайся!, пошёл вон!; **sich ins Bett ~** *разг.* залезать в постель
Scheren‖fernrohr *n* -(e)s, -e стереотруба
Scheren‖schleifer *m* -s, - точильщик
Schererei *f* -, -en *разг.* возня, хлопоты; **jmdm. ~en machen** наделать кому-л. хлопот
Scherflein *n* -s, - лепта; **sein ~ beitragen* [spenden, beisteuern, geben*, niederlegen]** внести свою лепту [свой скромный вклад]
Scherge *m* -n, -n **1.** палач (*тж. перен.*); **2.** *уст.* полицейский, охранник
Scheriff *см.* Sheriff
Schering AG *f* - "Шеринг АГ" (*концерн хим. промышленности в Берлине; производит фармацевтические товары и т. п.*)
Scherz *m* -es, -e шутка; забава; **aus [im, zum] ~** в шутку; **~ beiseite!** шутки в сторону!; **auf einen ~ eingehen*** отозваться на шутку
scherzen *vi* шутить; балагурить; (*mit* D) заигрывать (*с кем-л.*); **Sie belieben wohl zu ~?** изволите шутить?
scherzhaft *a* шутливый
Scherzhaftigkeit *f* - шутливость
Scherzo ['skɘr-] <*gr.-it.*> *n* -s, -s/zi *муз.* скерцо
scherzweise *adv* в шутку, шутя
Scherz‖wort *n* -(e)s, -e шутка
scheu *a* **1.** пугливый, робкий; **2.** застенчивый, нелюдимый
Scheu *f* - страх, боязнь, робость; **seine ~ ablegen** преодолеть робость; **heilige ~** благоговение
Scheuche *f* -, -n пугало, чучело
scheuchen *vt* спугивать, отпугивать, прогонять
scheuen I *vt* бояться, пугаться, опасаться, страшиться (*чего-л.*); **er scheut keine Mühe** он не жалеет труда; II *vi* (*vor* D) испугаться (*кого-л., чего-л.*); **das Pferd scheute** лошадь понесла; III **~, sich** (*vor* D) бояться (*чего-л.*)
Scheuer‖besen *m* -s, - швабра
Scheuer‖lappen *m* -s, - половая тряпка

Scheu‖klappe *f* -, -n наглазник; *pl* шоры; **~ haben** *перен.* быть в шорах
Scheune *f* -, -n сарай; амбар, зернохранилище
Scheusal *n* -(e)s, -e чудовище, изверг
scheußlich I *a* **1.** отвратительный, мерзкий; **2.** ужасный, чудовищный; **eine ~e Kälte** ужасный холод; **ein ~es Wetter** отвратительная погода; II *adv* **1.** гадко, мерзко; **2.** *разг.* страшно, жутко; **ich habe heute ~ viel zu tun** у меня сегодня ужасно много работы
Scheußlichkeit *f* -, -en чудовищность, мерзость
Schi <*norw.*> *m* -s, -er/- лыжа; **~ laufen*** ходить на лыжах
Schi‖bindung *f* -, -en лыжное крепление
Schicht *f* -, -en **1.** слой; пласт; **2.** слой, прослойка (*общества*); **3.** смена (*рабочая*); **die ~ antreten*** заступить на смену [на работу]; **eine ~ arbeiten** работать в одну смену; **in zwei ~en arbeiten** работать в две смены; **4.** *горн.* шихта
Schicht‖arbeit *f* -, -en сменная работа
schichten *vt* укладывать (*рядами дрова и т. п.*)
Schicht‖linie *f* -, -n *геол.* горизонталь
Schichtung *f* -, -en **1.** слой; наслоение; **2.** *перен.* расслоение
schichtweise *adv* **1.** слоями, пластами (*о пироге и т. п.*); **2.** посменно (*о работе, дежурстве*)
Schicht‖wolke *f* -, -n *б. ч. pl* слоистые облака
schick <*dt.-fr.*> *a* шикарный, элегантный; **sich ~ machen** прифрантиться
Schick <*dt.-fr.*> *m* -(e)s шик; **~ haben** иметь вкус, хорошо одеваться
schicken I *vt* (D, an A) посылать, отправлять (*что-л., кому-л.*); **die Waren ins Haus ~** доставлять товары на дом; II **~, sich 1.** быть приличным; **das schickt sich nicht** это неприлично; **2.** (*zu* D) подходить (*к чему-л.*), являться подходящим (*для чего-л.*); **3.** (*in* A) смиряться (*с чем-л.*), **sich in alles ~** примириться со всем
schicklich *a* приличный, приятный
Schicklichkeit *f* - приличие, пристойность; уместность
Schicksal *n* -(e)s, -e судьба, участь, рок; **sein ~ ist besiegelt** его судьба решена; **sich in sein ~ finden* [ergeben*]** примириться со своей судьбой; **mit seinem ~ hadern** роптать на свою судьбу; **seinem ~ überlassen*** бросить на произвол судьбы
schieben* I *vt* двигать; толкать; **beiseite ~**

отодвигать, отставлять *(в сторону)*; **den Fußball ~** вести мяч *(футбол)*; **Brot in den Ofen ~** сажать хлеб в печь; **Kegel ~** играть в кегли; **er muß immer geschoben werden** *перен.* его всегда надо подталкивать; **die Schuld auf jmdn. ~** свалить вину на кого-л.; II **~ sich 1.** *(in* A) войти боком *(куда-л.)*; *(aus* D) выйти боком *(откуда-л.)*, ускользнуть; **2.** *(in* A *durch* A) медленно пробираться, протискиваться *(куда-л., через что-л.)*; III *vt* спекулировать; **Waren ~** спекулировать товарами
Schieber I *m* -s, - **1.** заслонка, задвижка; *тех.* золотник; **2.** хомутик *(прицела)*; **3.** *мед.* подкладное судно
Schieber II *m* -s, - спекулянт
Schieberéi *f* -, -en спекуляция
Schiebe∥tür *f* -, -en раздвижная дверь
Schiebung *f* -, -en спекуляция
schied *impf om* **scheiden***
Schieds∥gericht *n* -(e)s, -e третейский суд
Schieds∥spruch *m* -(e)s, -sprüche решение третейского суда
schief I *a* **1.** косой, кривой; **ein ~er Blick** косой взгляд; **2.** ложный, фальшивый; **eine ~e Behauptung** несостоятельное утверждение; II *adv* **1.** косо, криво; **jmdn. ~ ansehen*** косо посмотреть на кого-л.; **2.** неправильно, в искажённом виде; **etw. ~ sehen*** видеть что-л. в искажённом виде
Schiefer *m* -s, - шифер; сланец
schief∣gehen* *vi* (s) не удаваться *(о начинании)*; **der Versuch ist schiefgegangen** опыт не удался
schieläugig *a* косоглазый
schielen *vi* **1.** косить глаза(ми); **auf dem einen Auge ~** косить одним глазом; **2.** *(nach* D) коситься, смотреть [поглядывать] искоса [сбоку] *(на кого-л., на что-л.)*; **um die Ecke ~** выглядывать из-за угла; **3.** *(nach* D) зариться, с завистью смотреть *(на что-л.)*
schien *impf om* **scheinen***
Schien∥bein *n* -(e)s, -e *анат.* большая берцовая кость
Schiene *f* -, -n **1.** шина; рельс; **~n legen** укладывать рельсы; **aus den ~n herausgeworfen sein** *перен.* быть выбитым из колеи; **2.** *тех.* полоса, планка, шина; **3.** *мед.* шина, лубок
schienen *vt мед.* накладывать шину *(на что-л.)*, класть в лубок *(что-л.)*
Schienen∥strang *m* -(e)s, -stränge *ж.-д.* рельсовый путь
schier I *a* чистый, без примеси; II *adv* почти; чуть было не; прямо

Schieß∥baumwolle *f* - пироксилин
Schießbude *f* -, -n тир *(на ярмарке)*
schießen* I I *vi* *(auf* A, *nach* D) стрелять *(в кого-л., во что-л., по кому-л., по чему-л.)*; **direkt ~** стрелять прямой наводкой; **zu kurz ~** промахнуться *(тж. перен.)*; **das Gewehr schießt zu weit [zu kurz]** ружьё даёт перелёт [недолёт]; II *vt* стрелять *(зайца, птицу и т. п.)*; **eine Salve ~** произвести залп; III **~ sich** *(mit jmdm.)* стреляться *(с кем-л.)* *(на дуэли)*
schießen* II *vi* (s) **1.** пуститься, устремиться, ринуться, броситься; **durch die Luft ~** пронестись по воздуху; **ein Gedanke schoß ihm durch den Kopf** у него в голове мелькнула мысль; **das Blut schoß ihm ins Gesicht** кровь бросилась ему в лицо; **2.** быстро расти, вырастать; ◊ **etw. ~ lassen*** *разг.* отказаться от чего-л.; **die Zügel ~ lassen*** дать волю своему настроению [своим чувствам]
Schießen *n* -s стрельба; ◊ **das ist (ja) zum ~!** *разг.* это умора
Schießerei *f* -, -en пальба, перестрелка
Schieß∥häuer *m* -s, - *горн.* взрывник
Schieß∥platz *m* -es, -plätze полигон, стрельбище
Schieß∥pulver [-fər/-vər] *n* -s, - порох
Schieß∥scharte *f* -, -n *воен.* бойница, амбразура
Schieß∥scheibe *f* -, -n мишень
Schieß∥sport *m* -(e)s стрелковый спорт
Schieß∥stand *m* -(e)s, -stände тир
Schi∥fahrer *см.* **Schiläufer**
Schiff *n* -(e)s, -e **1.** судно, корабль; **~ für Übersee** океанское судно; **das ~ liegt im Hafen** корабль стоит в гавани; **an Bord des ~es** на борту корабля; **2.** *тех.* челнок; **3.** *архит.* неф *(церкви)*; ◊ **große ~e machen große Fahrt** большому кораблю большое плавание
Schiffahrt *f* **1.** - судоходство; мореплавание; **2.** -, -en поездка (путешествие) на корабле
schiffbar *a* **1.** судоходный *(о реке, озере)*; **2.** годный к плаванию *(о судне)*
Schiffbarkeit *f* - судоходность
Schiff∥bau *m* -(e)s судостроение
Schiff∥bruch *m* -(e)s, -brüche кораблекрушение; **~ (er)leiden*** 1) потерпеть кораблекрушение; 2) *перен.* потерпеть крушение
Schiff∥brücke *f* -, -n понтонный мост
Schiffchen *n* -s, - **1.** кораблик; **2.** *тех.* челнок
schiffen I *vi* (s, h) плавать *(о судне, на*

судне); **längs der Küste ~** курсировать вдоль берега; II *vt* перевозить водным путём [морем]
Schiffer *m* -s, - шкипер; моряк; лодочник
Schiffer‖klavier [-v-] *n* -s, -e *разг.* аккордеон
Schiffs‖bau *m* -(e)s, -ten постройка судна
Schiffs‖besatzung *f* -, -en судовая команда
Schiffs‖brücke *f* -, -n трап; **eine ~ aufstellen** спустить трап
Schiffs‖eigner *m* -s, - судовладелец
Schiffs‖mannschaft *f* -, -en экипаж судна
Schiffs‖raum *m* -(e)s, -räume трюм
Schiffs‖schnabel *m* -s, -schnäbel нос судна
Schiffs‖schraube *f* -, -n гребной винт
Schiffs‖stapellauf *m* -(e)s, -läufe спуск на воду
Schiffs‖tagebuch *n* -(e)s, -bücher судовой журнал
Schiffs‖wache *f* -, -n вахта *(на судне)*
Schiffs‖werft *f* -, -en (корабельная) верфь, судоверфь
Schikáne <*fr.*> *f* -, -n 1. придирка, каверза; 2. тонкость
schikanieren <*fr.*> *vt* придираться *(к кому-л.)*; причинять неприятности *(кому-л.)*
Schi‖langlauf *m* -(e)s, -läufe лыжные гонки
Schi‖lauf *m* -(e)s, -läufe 1. ходьба на лыжах; 2. лыжный спорт
Schi‖läufer *m* -s; ~in *f* -, -nen лыжник, -ница
Schild I *m* -(e)s, -e 1. щит; 2. защита, ограда; ◇ **jmdn. auf den ~ heben*** поднять кого-л. на щит; поставить кого-л. во главе чего-л.; **im ~e führen** замышлять что-л. *(недоброе)*
Schild II *n* -(e)s, -er 1. вывеска; 2. бляха *(у носильщика)*; 3. козырёк *(фуражки)*
Schildbürger *m* -s, - *разг.* простак, простофиля
Schild‖dach *n* -(e)s, -dächer навес
Schild‖drüse *f* -, -n *анат.* щитовидная железа
Schilder‖haus *n* -es, -häuser постовая [караульная] будка
schildern *vt* описывать, изображать; характеризовать
Schilderung *f* -, -en описание, изображение; характеристика
Schild‖kröte *f* -, -n черепаха
Schild‖patt *n* -(e)s черепаха *(как материал)*; **aus ~** черепаховый
Schild‖träger *m* -s, - *ист.* оруженосец
Schild‖wache *f* -, -n часовой; **~ stehen*** стоять на посту
Schilf *n* -(e)s, -e камыш; тростник

Schilf‖rohr *n* -(e)s, -e 1. *см.* Schilf; 2. трость из камыша
Schiller *m* -s, - перелив(ы) *(красок)*, игра *(цветов)*
schillern *vi* отливать, переливаться *(разными цветами)*
schillernd *a* переливающийся, с отливом
Schiller-Theater *n* -s театр Шиллера *(драм. театр в Берлине)*
Schilling *m* -s, -e шиллинг *(денежная единица Австрии, равная 100 грошам)*
Schimäre <*gr.-lat.-fr.*> *f* -, -n химера; неосуществимая мечта
Schimmel I *m* -s плесень
Schimmel II *m* -s,- сивая, белая лошадь
schimm(e)lig *a* заплесневелый; покрытый плесенью; **~ werden** плесневеть
schimmeln *vi* плесневеть, покрываться плесенью
Schimmer *m* -s, - 1. сверкание, блеск; мерцание; поблёскивание; слабый свет *(лампы и т. п,)*; **er hat keinen (blaßen) ~ davon** он не имеет малейшего понятия [представления] об этом; 2. проблеск *(надежды и т. п.)*
schimmern *vi* сверкать, блестеть; играть *(о драгоценных камнях)*; мерцать; поблёскивать; слабо светить *(о лампе и т. п.)*
Schimpánse <*afrik.*> *m* -n, -n шимпанзе
Schimpf *m* -(e)s, -e 1. оскорбление; **jmdm. einen ~ antun* [zufügen]** нанести кому-л. оскорбление; 2. позор; **mit ~ und Schande** с позором
schimpfen I *vt* ругать, обругать, поносить, бранить; II *vi* 1. *(auf, über A)* ругать, обругать, поносить, бранить *(кого-л., что-л.)*; 2. ругаться, браниться
Schimpferéi *f* -, -en брань, руганье
schimpflich *a* позорный, постыдный, гнусный, мерзкий
Schimpflichkeit *f* -, -en позор; гнусность, мерзость
Schimpf‖name *m* -ns, -n оскорбительное прозвище
Schimpf‖wort *n* -(e)s, -e/-wörter бранное слово, ругательство; **jmdn. mit ~en belegen** ругать кого-л.
Schindel *f* -, -n *стр.* гонт, дранка
schindeln *vt стр.* крыть гонтом [дранью]
schinden I *vt* 1. сдирать шкуру [кожу] *(с животных)*; 2. мучить, терзать, угнетать; ◇ **das Fahrgeld ~** *разг.* ездить зайцем; II ~, **sich** надрываться
Schinder *m* -s, - 1. живодёр; 2. *перен.* живодёр; обдирала; угнетатель
Schinderéi *f* -, -en 1. живодёрня; 2. *разг.* жесточайшая эксплуатация; угнетение; издевательство

Schind‖luder *n* -s, - падаль; ◇ **mit jmdm. [mit etw. (D)] ~ treiben*** *разг.* издеваться над кем-л. [чем-л.]
Schind‖mähre *f* -, -n *разг.* кляча
Schinken *m* -s, - окорок; ветчина
Schipkapaß *m* -sses Шипкинский перевал/ Шипка *(перевал через хребет Стара-Планина в Болгарии)*
Schippe *f* -, -n **1.** лопата, заступ; лопатка *(детская)*, совок; **2.** *разг.* плаксивая гримаса, недовольно выпяченная нижняя губа; **eine ~ machen** надуть губы
schippen *vt* сгребать лопатой
Schirm *m* -(e)s, -e **1.** зонт, зонтик; **einen ~ aufspannen [schließen*, zuklappen]** раскрыть [закрыть] зонт; **2.** козырёк *(фуражки)*; **3.** абажур, колпак; **4.** ширма *(перед кроватью)*; **5.** *тех.* экран; **6.** *перен.* защита
Schirm‖bild *n* -(e)s, -er рентгенограмма
Schirmbild‖aufnahme *f* -, -n; **~photographie** *f* -, -i¦en *мед.* флюорография
Schirm‖dach *n* -(e)s, -dächer навес
schirmen *vt* защищать; заслонять
Schirm‖herrschaft *f* -, -en **1.** покровительство, защита; **2.** протекторат
Schirm‖mütze *f* -, -n картуз; кепи, кепка; фуражка
schirren *vt* запрягать *(лошадь)*; заложить *(коляску)*; **drei Pferde an [vor] den Wagen ~** запрячь тройку
Schi‖sport *m* -(e)s лыжный спорт; **~ treiben** заниматься лыжным спортом
Schi‖spur *f* -, -en лыжня
Schi‖stiefel *m* -s, - лыжный ботинок
Schi‖tour [-itu:r] *f* -, -en лыжная вылазка, лыжный поход
Schi‖wachs *n* -es, -e лыжная мазь
Schlabberéi *f* -, -en **1.** лаканье; **2.** чавканье; **3.** болтовня
schlabb(e)rig *a* **1.** *разг.* жидкий, водянистый; **2.** вялый, слабый *(о человеке)*
schlabbern *vi разг.* **1.** лакать; **2.** чавкать; **3.** болтать
Schlacht *f* -, -en битва, сражение; **eine ~ liefern** дать сражение; **in die ~ ziehen* [gehen*]** идти в бой
Schlacht‖bank *f* -, -bänke станок для убоя скота *(на бойне)*; **zur ~ schicken** послать *(кого-л.)* на верную гибель [на убой]
schlachten *vt* **1.** колоть, резать *(скот, птицу)*; **2.** убивать *(людей)*, вырезать *(население)*
Schlachten‖maler *m* -s, - (художник-) баталист
Schlächter *m* -s, - **1.** мясник; **2.** *перен.* палач

Schlächteréi *f* -, -en **1.** (ското)бойня; **2.** *перен.* резня, бойня
Schlacht‖feld *n* -(e)s, -er поле сражения [битвы]; **das ~ behaupten** оставить поле сражения за собой, выиграть бой [битву]
Schlacht‖fest *n* -(e)s, -e праздник по случаю убоя свиней *(в крестьянском доме)*
Schlacht‖flugzeug *n* -(e)s, -e *ав.* самолёт-штурмовик
Schlacht‖hof *m* -(e)s, -höfe (ското)бойня
Schlacht‖ordnung *f* -, -en боевой порядок
Schlacht‖ruf *m* -(e)s, -e боевой клич
Schlacht‖schiff *n* -(e)s, -e линейный корабль, линкор
Schlacht‖vieh *n* -(e)s убойный скот
Schlacke *f* -, -n шлак; окалина
Schlacken‖halde *f* -, -n *тех.* отвал шлаков
Schlackwurst *f* - "шлаквурст" *(слегка подкопчёная сухая колбаса из говядины, свинины и кусочков сала)*
Schlaf *m* -(e)s сон; **im ~** во сне; **einen leisen ~ haben** чутко спать; **einen festen ~ haben** крепко спать; **aus dem ~ erwachen** проснуться; **sich (D) den ~ aus den Augen reiben*** протирать глаза после сна
Schlaf‖abteil *n* -(e)s, -e спальное купе
Schlaf‖anzug *m* -(e)s, -anzüge пижама
Schläfchen *n* -s, - короткий сон; **ein ~ machen** вздремнуть
Schlaf‖decke *f* -, -n одеяло
Schläfe *f* -, -n висок
schlafen* *vi* спать; **~ gehen*** идти спать; **sich ~ legen** ложиться спать; **ein Kind ~ legen** укладывать ребёнка спать; **tief ~** спать глубоким сном; **wie ein Dachs [ein Murmeltier] ~** спать как сурок
Schlafengehen: vor dem ~ перед сном
Schläfer *m* -s, -; **~in** *f* -, -nen **1.** спящий, -щая; **2.** *разг.* соня
schläfern *vimp*: **ihn schläfert** его клонит ко сну
schlaff *a* **1.** вялый; слабый; **2.** обвисший; дряблый
Schlaffheit *f* - дряблость, вялость, слабость
schlaflos *a* бессонный
Schlaf‖losigkeit *f* - бессонница
Schlaf‖mittel *n* -s, - снотворное (средство)
Schlaf‖mütze *f* -, -n **1.** ночной колпак; **2.** *разг.* соня; апатичный человек
Schlaf‖puppe *f* -, -n кукла с закрывающимися глазами
schläfrig *a* **1.** сонный; сонливый; **ich bin ~** меня клонит ко сну; **2.** вялый; ленивый

Schläfrigkeit f - сонливость; вялость; леность
Schlaf∥rock m -(e)s, -röcke домашний халат
Schlaf∥sack m -(e)s, -säcke спальный мешок
schlaftrunken a 1. заспанный; 2. сонливый, дремотный
Schlaf∥wagen m -s, - спальный вагон
Schlaf∥wandeln n -s сомнамбулизм, лунатизм
Schlaf∥wandler m -s, - лунатик
Schlaf∥zeug n -(e)s спальные принадлежности
Schlaf∥zimmer n -s, - спальня
Schlag I m -(e)s, Schläge 1. удар (тж. перен.); pl тж. побои; einen ~ versetzen нанести удар; zum - ausholen замахнуться; es hagelte Schläge удары посыпались градом; 2. бой (часов, барабана и т. п.); ~ zwölf (Uhr) ровно в двенадцать (часов); 3. биение (пульса, сердца); 4. (апоплексический) удар, паралич; 5. удар, раскат (грома); стук, грохот; 6. щёлканье, пение (соловья, зяблика)
Schlag II m -(e)s, Schläge дверца (автомобиля и т. п.)
Schlag III m -(e)s, Schläge 1. склад, род (людей), пошиб (о людях отрицательного типа); Leute von seinem ~ люди его склада; 2. порода (животных)
Schlag IV m -(e)s, Schläge 1. лесосека; 2. делянка, участок; 3. место покоса
Schlag∥ader f -, -n артерия
Schlag∥anfall m -(e)s, -fälle кровоизлияние в мозг, апоплексический удар, паралич
schlagartig a внезапный, молниеносный, неожиданный
Schlag∥ball m -(e)s, -bälle 1. лапта; 2. мяч (для игры в лапту)
Schlag∥baum m -(e)s, -bäume шлагбаум
Schlag∥bolzen m -s, - боёк, ударник (винтовки)
Schlägel m -s, - колотушка (у литавр); палочка (барабана)
schlagen* I vt 1. бить, ударять, ударить; jmdm. [jmdn.] ins Gesicht ~ ударить кого-л. по лицу [в лицо]; jmdn. zu Boden ~ повалить кого-л. на землю; einen Nagel in die Wand ~ вбить гвоздь в стену; Löcher ins Eis ~ выбить [пробить] лёд, делать проруби; die Hände vors Gesicht ~ закрыть лицо руками; Bäume ~ рубить лес; Münzen ~ чеканить монеты; eine Brücke ~ навести мост; 2. бить (в барабан и т. п.); die Trommel ~ бить в барабан; Lärm ~ поднять шум [тревогу]; Alarm ~ воен. бить тревогу; 3. бить, разбивать, побить, победить; jmdn. in die Flucht ~ обратить кого-л. в бегство; der Kandidat ist geschlagen кандидат потерпел поражение (на выборах); 4. сбивать, взбивать (яйца и т. п.); 5. выбивать; jmdm. etw. aus der Hand ~ выбить у кого-л. что-л. из рук; jmdm. etw. aus dem Kopf [aus dem Sinn] ~ выбить что-л. у кого-л. из головы; II vi (s) 1. бить; auf die Ecke ~ спорт. пробить в угол (ворот); das Gewehr schlägt винтовка отдаёт; die Flammen ~ aus dem Fenster пламя выбивается из окна; 2. (gegen A, auf A.) ударяться (обо что-л.); 3. биться (о сердце, пульсе); sein Gewissen schlug в нём заговорила совесть; 4. бить, звонить (о часах); es schlägt Mitternacht бьёт полночь; 5. щёлкать (о соловье, зяблике); III ~, sich 1. драться; 2. драться, сражаться (о войсках); 3.: sich an die Brust ~ бить себя в грудь (тж. перен.); sich in die Büsche ~ спрятаться в кусты; sich zu einer anderen Partei ~ перейти на сторону другой партии
schlagend I part I от schlagen*; II a 1. меткий; убедительный; ein ~er Beweis убедительное доказательство; 2.: ~e Wetter pl горн. рудничный газ
Schlager m -s, - боевик, шлягер (модная песня; модный, ходкий товар)
Schläger m -s, - 1. драчун; 2. ракетка (теннис); бита (лапта, крикет); клюшка (хоккей)
Schlägerei f -, -en драка
schlagfertig a 1. готовый к бою; 2. находчивый, остроумный
Schlagfertigkeit f - 1. боевая готовность; 2. находчивость, бойкость; 3. меткость (ответа и т. п.)
Schlag∥instrument n -(e)s, -e муз. ударный инструмент
Schlag∥kraft f - 1. сила удара; ударная сила (армии); 2. сила отдачи (винтовки); 3. главное [решающее] значение
Schlag∥loch n -(e)s, -löcher выбоина, ухаб
Schlag∥ring m -(e)s, -e кастет
Schlag∥sahne f - сбитые сливки
Schlagseite f -, -n мор. крен
Schlag∥werk n -(e)s, -e механизм боя (в часах)
Schlag∥wetter n -s, - рудничный [гремучий] газ

Schlag‖wort *n* -(e)s, -e/-wörter **1.** меткое слово; **2.** заглавное слово *(в словаре)*; заголовок; предметная рубрика; **3.** лозунг; девиз; модное слово
Schlag‖zeile *f* -, -n крупный заголовок
Schlag‖zeug *n* -s *муз.* ударные инструменты
schlaksig *разг.* неуклюжий, неловкий; долговязый
Schlamm *m* -(e)s, -e **1.** тина, ил; **2.** грязь *(дороги в распутицу)*; ◊ **er hat viel ~** *разг.* у него много денег; **etw. durch den ~ ziehen*** втаптывать что-л. в грязь
Schlamm‖bad *n* -(e)s, -bäder *мед.* грязевая ванна
schlämmen *vt* **1.** *тех.* промывать *(руду)*; **2.** *хим.* отмучивать
schlammig *a* **1.** илистый; **2.** вязкий, топкий *(о дороге)*
Schlampe *f* -, -n неряха
schlampen *vi* **1.** неряшливо [небрежно] работать; **2.** быть неряшливым
Schlamperéi *f* -, -en **1.** неряшливость, небрежность; расхлябанность; **2.** небрежно выполненная работа
schlampig *a разг.* неряшливый; небрежный; **eine ~e Arbeit** плохая работа, халтура; **ein ~es Weib** неряшливая [неопрятная] женщина, грязнуля
schlang *impf om* **schlingen***
Schlange *f* -, -n **1.** змея *(тж. перен.)*, **2.** *тех.* рукав; **3.** *разг.* (длинная) очередь; **~ stehen*** стоять в очереди; ◊ **eine ~ am Busen nähren** ≅ нагреть [отогреть] змею на (своей) груди
schlängeln, sich 1. извиваться, изгибаться; **2.** *перен.* изворачиваться
Schlangen‖beschwörer *m* -s, - заклинатель змей
Schlangen‖brut *f* **1.** -, -en змеиные яйца; **2.** - *перен.* змеиное отродье
Schlangen‖gift *n* -(e)s змеиный яд
schlank *a* **1.** стройный, гибкий, тонкий; **~e Beine** тонкие [стройные] ноги; **2.** изящный, тонкий; **~e Figur** изящная фигура
Schlankheit *f* - стройность; гибкость; худощавость
schlapp I *a* слабый, вялый; **eine ~e Haltung** плохая выправка
schlapp II *int* шлёп!, хлоп!
Schlappe *f* -, -n удар, неудача, поражение; **eine ~ erleiden* [bekommen*]** потерпеть поражение [неудачу, фиаско]
schlappen *vi* **1.** хлебать, лакать; **2.** шаркать *(ногами)*; еле передвигаться; **3.** обвисать, висеть; **der verwundete Arm schlappte** раненая рука безжизненно висела

Schlappheit *f* -, -en вялость; дряблость
schlapp|machen *vi разг.* сдаться, капитулировать, отступить *(перед трудностями)*
Schlapp‖ohr *n* -(e)s, -en вислоухий *(о собаке и т. п.)*
Schlapp‖schwanz *m* -es, -schwänze *презр.* шляпа, тряпка *(о человеке)*
Schlaráffenland *n* -(e)s сказочная страна *(страна с молочными реками и кисельными берегами)*
schlau *a* **1.** хитрый, лукавый; **ein ~er Fuchs** хитрая лиса, хитрец; **2.** *разг.* умный, толковый; **aus etw. (D) nicht ~ werden** не взять в толк чего-л.
Schlauberger *m* -s, - хитрец
Schlauch *m* -(e)s, Schläuche **1.** шланг, рукав; **2.** камера *(пневматической шины)*; **3.** (кожаный) мешок, бурдюк; **4.** *разг.* пьяница
Schlauch‖boot *n* -(e)s, -e надувная лодка
Schlaufe *f* -, -n петля, бант
Schlauheit *f* -, -en хитрость, лукавство; изворотливость, ловкость
Schlau‖kopf *m* -(e)s, -köpfe *разг.* хитрец
schlecht I *a* плохой, скверный, дурной; **er spricht ein ~es Deutsch** он плохо говорит по-немецки; ◊ **recht und ~** с грехом пополам; на худой конец; **II** *adv* плохо, скверно, дурно; **~ gerechnet** считая грубо; **mir geht es ~** 1) я плохо себя чувствую; 2) мои дела плохи; **auf jmdn. ~ zu sprechen sein** плохо отзываться о ком-л.
schlechterdings *adv* безусловно, решительно, положительно
schlechthin *adv* просто, совершенно; лишь, абсолютно
Schlechtigkeit *f* -, -en низость, подлость
schlechtweg *adv* просто-напросто; запросто
Schlecker *m* -s, *разг.* лакомка, сластёна
Schleckerin *f* -, -nen *разг.* лакомка, сластёна *(о женщине)*
Schlecker‖maul *n* -(e)s, -mäuler *см.* Schlecker
schleckern *vi разг.* лакомиться
Schlei *m* -(e)s, -e *зоол.* линь
schleichen* I *vi* (s) **1.** ползти; **wie eine Schnecke ~** ползти как черепаха; **die Zeit schleicht** время тянется; **2.** красться, подкрадываться; II **~, sich 1.** пробираться, прокрадываться; **2.** *перен.* вкрадываться; **sich in jmds. Vertrauen ~** втереться кому-л. в доверие
Schleicher *m* -s, - пройдоха
Schleich‖handel *m* -s торговля из-под полы, спекуляция; контрабанда

Schleich∥weg *m* -(e)s, -e окольный путь; тайная тропа; **auf den ~en gehen*** 1) идти окольной дорогой; 2) *перен.* идти [действовать] окольными путями [исподтишка]

Schleier *m* -s, - 1. покрывало, вуаль; 2. *перен.* пелена, туман, завеса; **es liegt ein ~ darüber** это покрыто мраком неизвестности; **den ~ von etw. lüften** снимать покров с чего-л., приподнять завесу над чем-л.; **unter dem ~ der Nacht** под покровом ночи

schleierhaft *a* туманный, таинственный

Schleife *f* -, -n 1. бант; 2. петля; **eine ~ knüpfen** сделать [завязать] петлю; **das Flugzeug machte eine ~** самолёт описал петлю; 3. полозья, сани; каток *(для волочения)*; 4. силок *(для птиц)*

schleifen* I *vt* 1. точить *(нож и т. п.)*; 2. *стр.* притирать; 3. шлифовать; гранить; 4. шлифовать *(стихи и т. п.)*; 5. *воен., разг.* (за)мучить *(кого-л.)*, муштровать

schleifen II I *vt* 1. тащить, волочить; 2. срывать, сносить *(стену и т. п.)*; II *vi* волочиться *(о платье и т. п.)*

Schleifer *m* -s, - точильщик; шлифовальщик

Schleif∥maschine *f* -, -n шлифовальный станок

Schleif∥scheibe *f* -, -n шлифовальный диск

Schleif∥stein *m* -(e)s, -e оселок, точильный камень

Schleim *m* -(e)s, -e слизь; *мед.* мокрота

schleimen *vi* выделять слизь; выделять мокроту

Schleim∥haut *f* -, -häute *анат.* слизистая оболочка

schleimig *a* слизистый, клейкий

Schleiße *f* -, -n лучина; дрань

schleißen* I *vt* 1. колоть *(лучину)*; 2. драть *(лыко)*; 3. ощипывать *(перья)*; II *vi* (s) изнашиваться, рваться

schlemmen *vi* кутить, вести разгульную жизнь

Schlemmer *m* -s, - кутила

schlendern *vi* (s) бродить, плестись; шататься, ходить без дела

Schlendrian *m* -(e)s, -e рутина; волокита; халатность

Schlenker *m* -s, - 1. покачивание *(о походке)*; 2.: **einen ~ machen** немного пройтись; зайти куда-л. *(поблизости)*

schlenkern I *vt, vi (mit* D) размахивать *(руками)*; болтать *(ногами)*; **die Arme [mit den Armen] ~** размахивать руками; II *vt* откидывать, сбрасывать *(туфлю с ноги и т. п.)*

Schlepp∥dampfer *m* -s, - буксир, буксирный пароход

Schleppe *f* -, -n 1. шлейф; 2. *с.-х.* волокуша

schleppen I *vt* 1. тащить, волочить; 2. буксировать; II *vi* волочиться *(о платье и т. п.)*; III ~, **sich** 1. тащиться, плестись; 2. тянуться *(о деле)*; **das Verfahren schleppt sich in den zweiten Monat** (судебное) разбирательство тянется второй месяц

schleppend I *part* 1 *от* schleppen, II *a* 1. волочащийся *(по земле)*; 2. тяжёлый, шаркающий *(о походке)*; 3. затяжной, медленный; **eine ~e Krankheit** затяжная болезнь

Schleppen∥träger *m* -s, - 1. *ист.* паж; 2. *разг.* подхалим

Scnlepper *m* -s, - 1. тягач, трактор; 2. буксир, буксирный пароход

Schlepp∥kahn *m* -(e)s, -kähne баржа

Schlepp∥netz *n* -es, -e невод; трал

Schlepp∥tau *n* -(e)s, -e буксирный канат; ◇ **ins ~ nehmen*** взять на буксир

Schlesi|en (*n*) -s Силезия *(историч. обл. в верхнем и среднем течении Одры; с 16 в. до 1945 под властью герм. королей и Германии; после 2-й мировой войны возвращена Польше)*

Schlesi|er *m* -s, -; **~in** *f* -, -nen силезец, -зка

Schleswig-Holstein (*n*) -s Шлезвиг-Гольштейн *(земля на С. ФРГ)*

Schleuder *f* -, -n 1. *ист.* праща; катапульта; 2. *тех.* центрифуга

Schleuder∥export *m* -(e)s, -e *ком.* демпинг, бросовый экспорт

schleudern I *vt* 1. бросать, швырять, кидать; метать; 2. центрифугировать, метать *(мёд)*; отжимать *(бельё в центрифуге)*; II *vi*: **mit einer Ware ~** продавать товар по бросовой цене

Schleuder∥preis *m* -es, -e бросовая [демпинговая] цена, бесценок; **zu ~en verkaufen** продавать за бесценок [по бросовым ценам]

Schleuder∥pumpe *f* -, -n центробежный насос

Schleuder∥sitz *m* -es, -e *ав.* катапультируемое сиденье

schleunig *a* скорый, быстрый; немедленный, неотложный; поспешный

Schleuse *f* -, -n шлюз; ◇ **die ~n der Beredsamkeit aufziehen* [öffnen]** пустить в ход всё своё красноречие; **der Himmel öffnete alle ~n** хляби небесные разверзлись, дождь полил как из ведра

schleusen vt 1. *тех.* шлюзовать; 2. (тайно) переправлять, направлять, засылать; **Spione in ein Land ~** засылать шпионов в страну

schlich *impf от* **schleichen***

Schlich *m* -(e)s, -e уловка, увёртка, лазейка; **hinter jmds. ~ kommen*** раскрыть чьи-л. замыслы; **alle ~e kennen*** знать все входы и выходы

schlicht I *a* 1. простой, скромный; **der ~e Menschenverstand** простой здравый смысл; 2. гладкий, ровный; **~es Haar** гладкие волосы; II *adv* 1. просто, скромно; 2. гладко; **sie trägt ihr Haar ~** она носит гладкую причёску; ◇ **~ um ~** без (взаимного) вознаграждения

schlichten vt 1. *текст.* сглаживать (*лён, пряжу*); 2. *тех.* обтачивать, строгать (*детали машин*); 3. улаживать (*спор*)

Schlichter *m* -s, - третейский [мировой] судья

Schlichtheit *f* - простота; скромность

Schlicht‖hobel *m* -s, - фуганок

Schlichtung *f* -, -en улаживание (*конфликта*)

Schlichtungs‖ausschuß *m* -sses, -schüsse третейская комиссия

Schlichtungs‖kommission *f* -, -en согласительная комиссия

Schlichtungs‖verfahren *n* -s, - третейское разбирательство

Schlichtungs‖wesen *n* -s арбитраж

Schlick *m* -(e)s, -e ил; тина

schlief *impf от* **schlafen***

schliefen* vi *охот.* залезать, забираться (*в лисью нору, о собаке*)

Schlieffenplan *m* -s план Шлиффена (*план ведения войны Германией против Франции и России одновременно; разработан начальником ген. штаба А. фон Шлиффеном в 1905*)

schließen* I vt 1. закрывать; захлопнуть; 2. запирать; **etw. in den Schrank ~** запирать что-л. в шкаф; **jmdn. in die Arme ~** заключить кого-л. в объятия; 3. закрывать (*заканчивать работу в магазине и т. п.*); 4. (*mit* D) кончать, оканчивать, завершать (*письмо, прения и т. п. чем-л.*); 5. делать вывод, делать заключение, заключать; **daraus ist zu ~...** отсюда можно сделать вывод...; 6. смыкать (*ряды*); 7. заключать (*договор и т. п.*); **eine Ehe ~** вступить в брак; **Freundschaft ~** подружиться; II vi 1. закрываться (*о двери и т. п.*); 2. кончаться (*о спектакле и т. п.*); III **~, sich** 1. закрываться (*о двери и т. п.*); 2. (*an* A) примыкать (*к чему-л.*); **an den Vortrag schloß sich eine Diskussion** после доклада началась дискуссия

Schließer *m* -s, -; **~in** *f* -, -nen 1. привратник, -ница; 2. тюремщик, -щица

Schließ‖fach *n* -(e)s, -fächer 1. абонементный почтовый ящик; 2. сейф

schließlich *adv* наконец, в конце концов

Schließung *f* -, -en 1. закрытие (*завода и т.п.*); 2. конец, окончание (*заседания и т.п.*); 3. заключение (*договора и т.п.*)

Schließ(ungs)‖zeit *f* -, -en время закрытия (*магазина и т. п.*)

schliff *impf от* **schleifen***

Schliff *m* -(e)s, -e 1. точка (*ножа и т. п.*); 2. шлифовка, гранение; 3. *перен.* лоск; шлифовка; **den letzten ~ geben*** навести последний лоск

schlimm *a* 1. плохой, скверный, дурной; **~e Erfahrungen** горький опыт; **im ~sten Falle** в крайнем случае; **ihr wurde ~** ей стало дурно; 2. больной (*о пальце, ногте и т. п.*)

schlimmstenfalls *adv* в худшем [в крайнем] случае

Schling‖bewegung *f* -, -en глотательное движение

Schlinge *f* -, -n 1. петля; **eine ~ knüpfen** завязывать петлю; **den Arm in der ~ tragen*** носить руку на перевязи; 2. аркан; 3. силок; 4. *перен.* петля, ловушка, западня; **jmdm. eine ~ legen** устроить кому-л. западню [ловушку]; **sich aus der ~ ziehen*** вывёртываться из затруднительного положения

Schlingel *m* -s, - сорванец, проказник

schlingen* I vt 1. обвивать; обхватывать; **die Arme um die Knie ~** обхватить руками (свои) колени; 2. обвязать; **ein Halstuch um den Hals ~** обвязать шею косынкой; **das Haar zu einem Knoten ~** уложить волосы в пучок; II **~, sich** виться, обвиваться (*о растении*); III vt (жадно) глотать

schlingern vi *мор.* испытывать боковую [бортовую] качку

Schling‖pflanze *f* -, -n вьющееся растение

schlippern vi (s) скисать, свёртываться (*о молоке*)

Schlips *m* -es, -e галстук; **den ~ binden* [abbinden*, umbinden*]** завязать [развязать, надеть] галстук; ◇ **jmdn. am ~ kriegen** *разг.* взять кого-л. за шиворот

schliß *impf от* **schließen***

Schlitten *m* -s, - сани; санки, салазки; нарты; **~ fahren*** кататься на санях [санках]; ◇ **unter den ~ kommen*** 1) попасть в тяжёлое положение; 2) опуститься (*морально*)

Schlitten‖bahn f -, -en санный путь
schlitten|fahren* vi (1) **1.** кататься на санках; **2.** (mit D) разг. распекать (кого-л.); придираться (к кому-л.); **ich fahre schlitten mit euch!** я вам ещё покажу!, я вас проучу!
Schlitten‖kufe f -, -n (санный) полоз
schlittern vi (h, s) скользить (по льду)
Schlitt‖schuh m -(e)s, -e спорт. конёк; ~ **laufen*** кататься на коньках
Schlittschuh‖bahn f -, -en каток
Schlittschuh‖läufer m -s, - конькобежец
Schlitz m -es, -e **1.** разрез, прорез (платья); прореха; **2.** щель, прорезь, шлиц
Schlitz‖augen pl раскосые глаза
schloß impf от **schließen***
Schloß I n -sses, Schlösser **1.** замо́к; **ein ~ vorhängen** повесить замок; **die Tür fiel ins ~** дверь захлопнулась; **die Tür ins ~ werfen*** захлопнуть дверь; ◊ **hinter ~ und Riegel sitzen*** сидеть за решёткой; **2.** затвор (ружья)
Schloß II n -sses, Schlösser за́мок, дворец; **Schlösser in die Luft bauen** строить воздушные замки; **das ist ein ~ im Mond** это фантазия
Schloße f -, -n разг. градина
schloßen vimp: **es schloßt** идёт град
Schlosser m -s, - слесарь
Schlosserei f -, -en слесарная мастерская
schlossern vi работать слесарем
Schloß Nimphenburg n дворец Нимфенбург (архит. памятник в Мюнхене <земля Бавария, ФРГ>)
Schloßparktheater n -s Шлоспарктеатр (театр в Берлине)
Schlot m -(e)s, -e дымовая (фабричная) труба
Schlot‖baron m -s, -e ирон. промышленный магнат
schlottern vi **1.** трястись, дрожать; **die Glieder ~ ihm vor Kälte [vor Angst]** он весь дрожит от холода [от страха]; **2.** болтаться (на ком-л., об одежде); **die Kleider schlotterten um seinen Leib** платье болталось на его теле
Schlucht f -, -en овраг, балка; ущелье, пропасть
schluchzen vi рыдать; всхлипывать; плакать навзрыд
Schluchzer m -s, - рыдание; всхлипывание
Schluck m -(e)s, -e/Schlücke глоток; **einen ~ tun*** сделать глоток; **nimm einen ~ Wasser** выпей глоток воды
schlucken vt **1.** глотать, проглатывать; **er hat viel ~ müssen** разг. ему пришлось много проглотить (выслушать); **eine bittere Pille ~** проглотить горькую пилюлю (тж. перен.); **2.** наглотаться (пыли, воды при плавании и т. п.)
Schlucken m -s икота; **(den) ~ haben** икать
Schlucker m: **armer ~** разг. бедняга
schluckweise adv глотками
Schluder‖arbeit f -, -en небрежная работа
Schluderjan m -s, -e разг. **1.** халтурщик; **2.** неряшливый человек
schludern vi **1.** плохо [небрежно] работать; **2.** (mit D) разбазаривать (что-л.)
Schludrian m -s, -e см. **Schluderjan**
schlug impf от **schlagen***
Schlummer m -s дремота, полусон; спокойный безмятежный сон
Schlummer‖lied n -(e)s, -er колыбельная песня
schlummern vi дремать; спать; забыться (сном); **sanft ~** спокойно [тихо] спать
schlumpen I vi **1.** болтаться (на ком-л.; об одежде); **2.** неряшливо одеваться; **3.** (по)везти (кому-л.); **es hat ihm geschlumpt** ему повезло; II vt **1.** чесать (шерсть); **2.** небрежно второпях делать что-л.
Schlund m -(e)s, Schlünde **1.** пасть; глотка; зев; жерло; **2.** бездна, пропасть
Schlupf m -(e)s, Schlüpfe **1.** проход, лазейка; **2.** убежище, укрытие
schlüpfen vi (s) **1.** шмыгнуть, скользнуть (куда-л. через что-л.); **2.** выскользнуть (из дома и т. п.); **das Hähnchen schlüpfte aus dem Ei** цыплёнок вылупился из яйца; **3.** ускользнуть; **jmdm. durch die Finger ~** ускользнуть от кого-л.
Schlüpfer m -s, - (дамское) трико; трусики
Schlupf‖loch n -(e)s, -löcher **1.** лазейка, дыра; **2.** перен. нора; убежище
schlüpfrig a **1.** скользкий; **2.** перен. щекотливый, двусмысленный
Schlupf‖winkel m -s, - убежище
schlürfen I vt шаркать ногами [туфлями]; II vt **1.** хлебать (суп); потягивать (вино); чавкать; **2.** вдыхать (чистый воздух)
Schluß m -sses, Schlüsse **1.** конец, окончание, завершение (работы, спектакля и т. п.); **nun ist aber ~!** теперь конец!, прекратите!; **zum ~** в заключение, наконец; **~ machen mit etw.** (D) покончить с чем-л.; **nach ~ des Unterrichts** после уроков [занятий]; **Schlüsse aus etw.** (D) **ziehen*** делать выводы из чего-л.; **zum ~ kommen*** приходить к выводу; **2.** затвор (окна и т. п.)

Schluß∥akt *m* -(e)s, -e *театр.* последнее [заключительное] действие
Schluß∥aussprache *f* -, -n заключительная беседа
Schlüssel *m* -s, - **1.** ключ; **den ~ abziehen*** вынуть ключ из замка; **2.** ключ, код
Schlüssel∥bein *n* -(e)s, -e *анат.* ключица
Schlüssel∥blume *f* -, -n *бот.* примула
Schlüssel∥bund *n, m* -(e)s, -e связка ключей
Schlüssel∥loch *n* -(e)s, -löcher замочная скважина
schlüsseln *vt* шифровать, кодировать
Schlüssel∥stellung *f* -, -en *воен., эк.* ключевая позиция
Schluß∥folgerung *f* -, -en вывод, заключение; **eine ~ aus etw.** (D) **ziehen*** делать вывод [заключение] из чего-л.
Schluß∥licht *n* -(e)s, -er задний подфарник *(мотоцикла); авто* (красный) свет заднего фонаря; задний фонарь [свет]; *ж.-д.* хвостовой сигнальный фонарь; **das ~ leuchtete auf** зажёгся красный свет
Schluß∥mann *m* -(e)s, -männer спортсмен, выступающий на последнем этапе эстафеты
Schluß∥rechnung *f* - **1.** *мат.* тройное правило; **2.** *ком.* окончательный расчёт
Schluß∥rede *f* -, -n заключительная речь
Schluß∥strich *m*: **den ~ unter eine Sache ziehen*** подвести итог какому-л. делу, подвести черту под каким-л. делом
Schluß∥wort *n* -(e)s, -e заключительное слово
Schmach *f* - позор, бесчестье, стыд; **~ und Schande!** стыд и позор!; **jmdm. eine ~ antun* [zufügen]** опозорить кого-л.
schmachten *vi* **1.** томиться; *(vor* D) изнемогать *(от чего-л.);* **2.** *(nach* D) тосковать *(о ком-л., по кому-л.);* **3.** *(nach* D) жаждать *(чего-л.)*
schmächtig *a* хилый, худой
schmachvoll *a* позорный, постыдный
schmackhaft *a* **1.** вкусный, лакомый; **2.** *перен.* приемлемый, приятный
schmaddern *vi разг.* загрязнять, пачкать, марать
schmähen *vt, vi (auf, gegen, über* A) поносить, хулить *(кого-л., что-л.)*
Schmäher *m* -s, - хулитель, оскорбитель
schmählich *a* позорный, постыдный, мерзкий; **eine ~e Behandlung** унизительное обращение *(с кем-л.)*
Schmäh∥schrift *f* -, -en пасквиль, памфлет
Schmähung *f* -, -en поношение, оскорбление, хула, брань; **gegen jmdn. ~en ausstoßen*** поносить кого-л.

Schmäh∥wort *n* -(e)s, -e бранное слово
schmal *a* **1.** узкий; **eine ~e Straße** узкая улица, **2.** тонкий, худой; **ein ~es Gesicht** тонкое [худое] лицо; **~ werden** похудеть; **3.** скудный, бедный; **eine ~e Kost** скудная еда
schmälen *vt* бранить, ругать
schmälern *vt* **1.** суживать; **2.** уменьшать, сокращать, убавлять; умалять *(заслуги);* урезать *(права);* **jmdm. das Vergnügen ~** мешать чьему-л. удовольствию
Schmälerung *f* -, -en **1.** суживание; **2.** уменьшение, сокращение, убавление; умаление
Schmal∥film *m* -(e)s, -e узкоплёночный фильм
Schmalhans *m*: **dort ist ~ Küchenmeister** там живут впроголодь
Schmalheit *f* - **1.** узость; **2.** бедность, нищета
Schmal∥spur *f* -, -en *ж.-д.* узкая колея
schmalspurig *a ж.-д.* узкоколейный
Schmalz *n* -es, -e **1.** топлёное сало, смалец; **2.** *разг.* взятка; **ein Lied mit (viel) ~** сентиментальная песня; ◊ **im ~ sitzen*** ≅ кататься как сыр в масле
Schmalz∥brot *n* -(e)s, -e; **~stulle** *f* -, -n хлеб [бутерброд] со смальцем [с топлёным салом]
schmalzen *vt* приправлять [сдабривать] жиром; **es ist mir zu geschmalzen** это для меня слишком дорого
schmarótzen *vi* жить за чужой счёт; паразитировать
Schmarótzer *m* -s, - паразит; тунеядец; приживальщик, прихлебатель
Schmarótzertum *n* -(e)s паразитизм, дармоедство; тунеядство
Schmarre *f* -, -n шрам, рубец; **die ~ im Gesicht** шрам на лице
Schmatz *m* -es, -e/Schmätze *разг.* звонкий [крепкий] поцелуй
schmatzen *vi* **1.** чмокать *(целовать);* **2.** чавкать
Schmauch *m* -(e)s густой дым
schmauchen *vt разг.* дымить *(папиросой и т. п.)*
Schmaus *m* -es, Schmäuse пир, пиршество
schmausen I *vi* пировать, вкусно есть; II *vt* есть *(что-л.);* лакомиться *(чем-л.)*
schmecken I *vt* пробовать *(на вкус),* отведывать; II *vi* **1.** *(nach* D) иметь вкус *(чего-л.);* отдавать *(чем-л.);* **die Speise schmeckt gut** блюдо вкусное; **die Sache schmeckt nach Verrat** дело пахнет изменой; **2.** нравиться *(по вкусу),* быть по вкусу *(тж. перен.);* **diese Arbeit**

schmeckt ihm nicht эта работа ему не нравится [не по вкусу]; **er ließ es sich ~** он ел с аппетитом; **laß dir's ~!** угощайся!, на здоровье!
Schmecker *m* -s, - 1. лакомка; 2. дегустатор
Schmeicheléi *f* -, -en лесть, угодливость; **jmdm. ~en sagen** льстить кому-л.
schmeichelhaft *a* лестный
Schmeichel∥katze *f* -, -n 1. ласковый котёнок; 2. *разг.* льстец, лиса
schmeicheln *vi*, *vt* льстить; **es schmeichelte ihm [ihn]** это ему льстило; **das Bild ist geschmeichelt** портрет приукрашен; **er schmeichelte sich, bald wieder kommen zu können** он льстил себя надеждой, что сможет скоро вернуться
Schmeichel∥wort *n* -(e)s, -e льстивое слово, лесть
Schmeichler *m* -s, - льстец
Schmeichlerin *f* -, -nen льстивая женщина; *разг.* лиса
schmeichlerisch *a* льстивый, вкрадчивый
schmeißen* I *vt разг.* швырять, кидать, бросать; **mit dem Gelde um sich (A) ~** швырять деньгами; ◇ **die Sache ~** обделывать какое-л. дело, справиться с каким-л. делом; **wir werden den Laden schon ~** *разг.* мы это дело устроим; II *vi* пачкать, марать, гадить *(о насекомых, птицах)*
Schmelz *m* -es, -e 1. эмаль, глазурь; 2. блеск; перелив *(красок, звуков)*
schmelzbar *a тех.* плавкий
Schmelzbarkeit *f* - плавкость *(металлов)*
Schmelz∥butter *f* - топлёное масло
schmelzen* I *vt* 1. (рас)плавить; 2. (рас)топить *(воск и т. п.)*; II *vi* (s) 1. (рас)таять, (рас)топиться; 2. (рас)плавиться; 3. *перен.* таять, убывать, уменьшаться, исчезать
Schmelzer *m* -s, - 1. плавильщик; 2. стекловар
Schmelz∥hütte *f* -, -n чугуноплавильный завод, плавильня
Schmelz∥käse *m* -s, - плавленый сыр
Schmelzung *f* -, -en плавка, плавление
Schmelz∥wasser *n* -s талая вода
Schmer *m*, *n* -(e)s 1. *разг.* мазь, смазка; 2. *диал.* свиное нутряное сало; жир
Schmerbauch *m* -(e)s, -bäuche *разг.* 1. пузо; 2. толстяк
Schmerz *m* -es, -en 1. боль; **~en beschwichtigen** унимать боль; 2. боль, страдание, скорбь, горе, печаль; **jmdm. ~en machen** причинять кому-л. боль; **wo haben Sie ~en?** что у вас болит?
Schmerz∥betäubung *f* -, -en обезболивание, приглушение боли
schmerzen *vi*, *vt* болеть, ныть, причинять боль; **mir [mich] schmerzt der Kopf** у меня болит голова; **es schmerzt mich, daß...** мне больно, что...
Schmerzens∥geld *n* -(e)s, -er 1. возмещение *(за причинённый ущерб)*; 2. неустойка
Schmerzens∥kind *n* -(e)s, -er ребёнок [человек], причиняющий много забот
schmerzhaft *a* болезненный, мучительный
schmerzlich *a* прискорбный; обидный
schmerzlos *a* безболезненный
Schmerzlosigkeit *f* - безболезненность
Schmerz∥tablette *f* -, -n болеутоляющая таблетка
Schmetterling *m* -s, -e 1. бабочка, мотылёк; 2. баттерфляй *(стиль плавания)*
Schmetterlings∥schwimmen *n* -s плавание стилем баттерфляй
schmettern I *vt* швырять, бросать, кидать; **jmdn., etw. zu Boden ~** швырнуть [бросить] кого-л., что-л. на землю; сразить кого-л.; ◇ **einen ~** *фам.* опрокинуть рюмочку
schmettern II I *vi разг.* греметь, оглушительно стучать; II *vi*, *vt* петь, заливаться *(о соловье и т. п.)*; III *vi* плавать стилем баттерфляй
Schmied *m* -(e)s, -e кузнец
Schmiedbarkeit *f* - ковкость *(металла)*
Schmiede *f* -, -n кузница; ◇ **vor die rechte ~ gehen*** *разг.* обратиться к кому следует
Schmiede∥eisen *n* -s ковкое железо
Schmiede∥handwerk *n* -(e)s кузнечное ремесло
schmieden *vt* 1. ковать; 2. ковать, создавать; **Wörter ~** создавать словарь; **Pläne ~** строить планы; **einen Anschlag ~** готовить покушение; **Ränke ~** строить козни
Schmiede∥ofen *m* -s, -öfen кузнечный горн
schmiegen, sich 1. *(an* A) прижиматься, жаться *(к кому-л.)*; **sich in die Ecke ~** прижаться в угол; 2. *(an* A, *in* A) применяться *(к местности, условиям)*; **sich ~ und biegen*** подлаживаться, покоряться; 3. *(an* A, *um* A) прилегать, облегать *(о платье)*; 4. *(um* A) обвивать вокруг *(о плюще и т. п.)*
schmiegsam *a* 1. гибкий; 2. податливый *(о человеке)*
Schmiegsamkeit *f* - 1. гибкость *(фигуры)*; 2. податливость *(характера)*
Schmier∥büchse *f* -, -n *тех.* маслёнка

Schmiere I *f* -, -n мазь, смазка; ◇ **es ist nun alles eine ~** *разг.* теперь уже всё совершенно безразлично
Schmiere II *f* -, -n *пренебр.* бродячая труппа, маленький второразрядный балаган
Schmiere III: **~ stehen*** *разг.* стоять на стрёме *(караулить)*
schmieren *vt* **1.** смазывать, смазать; намазывать; вмазывать; **Butter auf Brot ~** мазать масло на хлеб, мазать хлеб маслом; **alles geht wie geschmiert** *разг.* всё идёт как по маслу; **2.** *фам.* давать взятку; **wer gut schmiert, der gut fährt** *посл.* не подмажешь – не поедешь; **3.** *фам.* пачкать, марать *(об ученике, о чернилах и т. п.);* **einen Roman ~** состряпать роман; ◇ **sich (D) die Gurgel [die Kehle] ~** *разг.* промочить горло; **jmdm. Honig [Brei] ums Maul [um den Mund, um den Bart] ~** *разг.* льстить кому-л.
Schmierer *m* -s, - **1.** смазчик; **2.** *разг.* пачкун, мазила *(о художнике),* писака *(о писателе);* **3.** человек, дающий взятку
Schmiereréi *f* -, -en *разг.* мазня
Schmier‖fink *m, f* -en, -en грязнуля, неряха
Schmier‖geld *n* -(e)s, -er *разг.* взятка
schmierig *a* **1.** грязный, нечистоплотный; **2.** *перен.* мерзкий, гнусный
Schmier‖käse *m* -s, - мягкий (плавленый) сыр
Schmier‖öl *n* -(e)s, -e *тех.* смазочное масло
Schmier‖seife *f* -, -n жидкое мыло
Schmier‖stoff *m* -(e)s, -e смазочный материал, смазочное масло, смазка
Schmierung *f* -, -en *тех.* смазка
Schminke *f* -, -n грим; косметика; **weiße ~** белила; **rote ~** румяна
schminken I *vt* подкрашивать; гримировать; **die Information ist geschminkt** информация приукрашена; II **~, sich** подкрашиваться; гримироваться
Schmirgel *m* -s наждак
Schmirgel‖papier *n* -s, -e наждачная бумага
schmiß *impf от* **schmeißen**
Schmiß I *m* -sses, -sse шрам, рубец
Schmiß II *m* -sses, -sse *разг.* размах, шик; **da steckt ~ drin** в этом деле есть размах
Schmöker *m* -s, - *разг.* дрянная книжонка, бульварный роман
schmökern I *vi* **1.** *фам.* увлекаться книгами; **2.** читать бульварные романы; II *разг.* курить
schmollen *vi* *(mit* D) дуться *(на кого-л.);* надуть губы

schmolz *impf от* **schmelzen***
Schmor‖braten *m* -s, - тушёное мясо
schmoren I *vt* тушить *(мясо, овощи);* II *vi* тушиться, жариться; **in der Hitze ~** изнемогать от жары; **der Vorschlag schmort immer noch nicht** *разг.* предложение всё ещё маринуется; **laß ihn ~** *разг.* пусть попрыгает, пусть поволнуется
Schmor‖pfanne *f* -, -n кастрюля для тушения *(мяса, овощей)*
Schmu: ~ machen **1)** *разг.* обделывать делишки; **2)** обманывать
schmuck *a* нарядный, красивый
Schmuck *m* -(e)s, -e **1.** украшение; наряд; **2.** *pl* драгоценности, украшения
schmücken I *vt* **1.** украшать, убирать; наряжать; **festlich geschmückt** празднично одетый; **2.** приукрашивать *(сообщение и т. п.);* II **~, sich** наряжаться
Schmuck‖gartenbau *m* -(e)s декоративное садоводство
Schmuck‖kästchen *n* -s, - шкатулка для драгоценностей
Schmuck‖sachen *pl* драгоценности, украшения; ювелирные изделия
Schmuck‖stück *n* -(e)s, -e драгоценность
Schmuck‖ware *f* -, -n украшения *(дешёвые брошки, гребёнки и т. п.)*
schmuddeln *vt* пачкать
Schmuggel *m* -s контрабанда; **~ treiben*** заниматься контрабандой
schmuggeln I *vt* провозить контрабандой; II *vi* заниматься контрабандой
Schmuggel‖ware *f* -, -n контрабанда
Schmuggler *m* -s, -; **~in** *f* -, -nen контрабандист, -ка
schmunzeln *vi* ухмыляться, усмехаться
Schmunzeln *n* -s, - усмешка, ухмылка
Schmus *m* -es *разг.* **1.** пустая болтовня; чепуха; вздор; **~ machen [reden]** **1)** болтать чепуху; **2)** ≅ зубы заговаривать; **2.** лесть
schmusen *vi* *разг.* **1.** болтать *(вздор);* **2.** льстить
Schmutz *m* -es **1.** грязь; сор, мусор; **leicht ~ annehmen*** легко пачкаться, быть марким; **2.** слякоть; **3.** *перен.* грязь, гадость; ◇ **jmdn. mit ~ bewerfen*** забрасывать кого-л. грязью, чернить кого-л.; **in den ~ treten*** втаптывать в грязь; **in den ~ ziehen*** смешивать с грязью
schmutzen *vi* **1.** пачкать, грязнить *(о курах, кошках и т. п.);* **2.** пачкаться, грязниться, быть марким
Schmutz‖fink *m* -en, -en *разг.* неряха, грязнуля
Schmutz‖literatur *f* - порнографическая литература

Schnabel *m* -s, Schnäbel 1. клюв; den ~ aufsperren раскрыть клюв; 2. носик *(сосуда);* 3. *разг.* рот *(человека),* den ~ halten* держать язык за зубами; reden [sprechen], wie einem der ~ gewachsen ist говорить напрямик [без утайки, без задней мысли)
schnäbeln, sich *разг.* целоваться
Schnabel‖tasse *f* -, -n поилка
Schnacke *f* -, -n *зоол.* мошка, комар
Schnalle *f* -, -n пряжка; застёжка
schnallen *vt* прикреплять ремнями *(с пряжкой);* den Riemen enger ~ *разг.* потуже затянуть ремень
schnalzen *vi* щёлкать, прищёлкивать *(языком, пальцами)*
Schnalzer *m* -s, - щелчок
schnappen I *vi* (s, h) защёлкнуться; die Tür schnappte ins Schloß дверь защёлкнулась [на замок]; mit den Fingern ~ щёлкать пальцами; II *vt, vi (nach* D) хватать; der Hund schnappte das Fleisch [nach dem Fleisch] собака схватила мясо; der Fisch schnappt nach Luft рыба глотает [ловит] воздух; Luft ~ (по)дышать [свежим] воздухом
Schnapper *m* -s, - 1. хватка, укус; 2. кража; добыча; 3. в(з)дох; тяжёлое дыхание; 4. хлопанье; щёлканье; 5. *тех.* защёлка, стопор
Schnapp‖hahn *m* -(e)s, -hähne *разг.* грабитель, разбойник
Schnapp‖ring *m* -(e)s, -e карабин *(альпинизм)*
Schnapp‖rollo *n* -s, -s автоматическая штора
Schnapp‖schloß *n* -sses, -schlösser замок с самозапирающейся щеколдой
Schnapp‖schuß *m* -sses, -schüsse фото (моментальный) снимок
Schnaps *m* -es, Schnäpse водка; einen ~ heben* опрокинуть [выпить] рюмочку
Schnaps‖brennerei *f* -, -en водочный [винокуренный] завод
Schnaps‖bruder *m* -s, -brüder пьяница
Schnaps‖glas *n* -es, -gläser рюмка, чарка
Schnaps‖idee *f* -, -n *разг.* дикая [сумасбродная] идея [мысль, затея]
Schnaps‖nase *f* -, -n красный нос *(у пьяницы)*
schnarchen *vi* храпеть; сопеть
Schnarchen *n* -s храпение, храп
Schnarcher *m* -s, - храпун
Schnarre *f* -, -n трещотка
schnarren I *vi* 1. трещать *(тж. о дятле);* 2. жужжать; II *vi, vt* картавить; das R ~ картаво произносить звук "р"
schnattern *vi* 1. гоготать *(о гусях);* крякать *(об утках);* er schnattert vor Kälte у него от холода зуб на зуб не попадает; 2. *разг.* трещать, болтать, судачить
schnauben I *vi* сопеть, фыркать; II *vi:* ~ (vor) Rache ~ жаждать мести; [vor] Wut ~ быть вне себя от ярости; III *vt:* sich (D) die Nase ~ (вы)сморкаться; IV ~, sich сморкаться
schnaufen *vi* сопеть, пыхтеть; тяжело дышать
Schnaufer *m* -s, - (громкий) вздох; bis zum letzten ~ *разг.* до последнего вздоха; er hat keinen ~ gemacht *разг.* он не передохнул
Schnauz‖bart *m* -(e)s, -bärte 1. (густые) усы; 2. *разг.* грубый [резкий] человек
Schnauze *f* -, -n 1. морда; рыло; 2. носик *(сосуда);* 3. *тех.* лоток; раструб; ◊ ich habe die ~ voll! *груб.* с меня довольно!, мне это надоело!; halt die ~! *груб.* заткни глотку!
schnauzen *vi груб.* говорить грубо [резко]; браниться, кричать
Schnecke *f* -, -n 1. улитка; 2. *тех.* червяк, шнек
Schnee *m* -s снег; firner ~ вечный снег *(в горах);* der ~ fällt in Flocken снег идёт хлопьями; Eier zu ~ schlagen* взбивать белки
Schnee‖ball *m* -(e)s, -bälle 1. снежный ком, снежок; 2. *бот.* калина
Schneeball‖schlacht *f* -, -en игра в снежки
Schnee‖decke *f* -, -n снежный покров
Schnee‖fall *m* -(e)s, -fälle снегопад
Schnee‖flocke *f* -, -n снежинка
Schnee‖gestöber *n* -s, - метель, вьюга
Schnee‖glöckchen *n* -s, - подснежник
Schnee‖haufen *m* -s, - сугроб
Schnee‖könig *m*: er freut sich wie ein ~ он не помнит себя от радости
Schnee‖mann *m* -(e)s, -männer снеговик, снежная баба
Schnee‖pflug *m* -(e)s, -pflüge 1. снегоочиститель; 2. спуск плугом *(лыжи)*
Schnee‖schuh *m* -(e)s, -e лыжа; ~ laufen* ходить на лыжах
Schnee‖sturm *m* -(e)s, -stürme буран, метель, пурга
Schnee‖treiben *n* -s вьюга
Schnee‖verwehung *f* -, -en снежный занос [завал]
Schnee‖wasser *n* -s, -wässer талый снег
Schnee‖wehe *f* -, -n снежный сугроб
Schneewittchen *n* -s Снегурочка *(в сказке)*
Schnee‖zaun *m* -(e)s, -zäune снегозащитный забор, снегозадерживающий щит
Schneid *m* -(e)s *разг.* молодцеватость;

выправка; удаль; шик; ~ **haben** быть энергичным

Schneide *f* -, -n лезвие, остриё; **Rücken oder ~?** орёл или решка?; ◇ **es steht auf des Messers ~** ≅ это висит на волоске

schneiden* I *vt* **1.** резать; отрезать; срезать; **etw. in Stücke ~** разрезать что-л. на куски; **es schneidet ihm im Leibe** у него рези в животе; **das schneidet mir ins Herz** это волнует меня до глубины души; **2.** пилить *(лес)*; **3.** стричь *(ногти, волосы)*; **4.** косить *(траву)*; **5.** *мат.* пересекать; **6.** оперировать, резать; **7.** вырезать; **eine Figur in Holz ~** вырезать фигуру на дереве; ◇ **jmdn. ~** умышленно не замечать [игнорировать] кого-л.; **Gesichter [Fratzen, Grimassen] ~** строить [корчить] рожи, гримасничать; II **~, sich 1.** порезаться; **2.** пересекаться, перекрещиваться; ◇ **er hat sich (dabei) gewaltig geschnitten** он жестоко ошибся

Schneidende *subst f* -n, -n *мат.* секущая

Schneider *m* -s, - портной; ◇ **wie ein ~ frieren*** сильно зябнуть

Schneideréi *f* -, -en пошивочная мастерская

Schneiderin *f* -, -nen портниха

Schneider‖meister *m* -s, - портной

Schneider‖puppe *f* -, -n манекен

Schneider‖werkstatt *f* -, -stätten пошивочная мастерская, пошивочное ателье

Schneide‖zahn *m* -(e)s, -zähne **1.** *анат.* резец *(зуб)*; **2.** *тех.* зуб(ец) *(пилы)*

schneidig *a* молодцеватый, подтянутый

Schneidigkeit *f* - **1.** молодцеватость; **2.** ловкость *(гимнаста)*

Schneid‖stahl *m* -(e)s, -e/-stähle резец

Schneid‖werkzeug *n* -(e)s, -e *тех.* режущий инструмент; резак

Schneise *f* -, -n **1.** просека; **2.** *охот.* силок; **3.** коридор *(слалом)*

schnell I *a* быстрый, скорый; проворный; **~ wie der Blitz** с молниеносной быстротой; II *adv* быстро, скоро; **mach's ~!** быстрей!, поторапливайся!

Schnellauf *m* -(e)s скоростной бег *(коньки)*

Schnell‖aufzug *m* -(e)s, -züge скоростной лифт

Schnell‖bahn *f* -, -en *разг.* электричка; **städtische ~** городская внеуличная железная дорога

Schnell‖boot *n* -(e)s, -e быстроходный катер

Schnelle *f* **1.** - быстрота, скорость; **2.** -, -n быстрое течение, стремнина; порог *(реки)*

schnellen I *vt* **1.** бросать, метать, швырять; **2.** *разг.* обманывать; **3.** красть; II *vi* (s) **1.** подскакивать; **in die Höhe ~** вскочить; **2.** пружинить; **3.**: **mit den Fingern ~** щёлкать пальцами

Schnell‖feuer *n* -s *воен.* частый огонь

Schnellfeuer‖geschütz *n* -es, -e скоростное орудие

Schnellfeuer‖waffe *f* -, -n скорострельное оружие

Schnell‖gaststätte *f* -, -n закусочная

Schnell‖hefter *m* -s, - скоросшиватель

Schnelligkeit *f* -, -en скорость, быстрота

Schnell‖imbiß *m* -sses лёгкая закуска

Schnell‖verkehr *m* -s скоростное сообщение

Schnell‖zug *m* -(e)s, -züge скорый поезд

Schnepfe *f* -, -n бекас

schniegeln *vt* наряжать

Schnippchen *n*: ◇ **jmdm. ein ~ schlagen*** сыграть шутку с кем-л., провести кого-л.

schnippeln *vt* изрезать, искромсать *(на мелкие кусочки)*

schnippen *vi разг.* щёлкать *(пальцами)*

Schnipsel *m, n* -s, - обрезок; кусочек

schnitt *impf om* **schneiden***

Schnitt *m* -(e)s, -e **1.** разрез, прорез; сечение; **im ~** в разрезе *(о чертеже)*; **2.** зарубка *(на дереве)*; **3.** обрез *(книги)*; **4.** покрой, фасон *(платья и т. п.)*; **ein Kleid nach neuestem ~** модно сшитое платье; **5.** выкройка; **6.** стрижка, причёска; **7.** форма, очертания; **der ~ des Gesichts** черты лица; ◇ **bei etw. (D) einen großen [guten] ~ machen** *разг.* поживиться чем-л.; нагреть руки на чём-л.

Schnitte *f* -, -n ломоть, ломтик; отрезанный кусок *(хлеба)*

Schnitter *m* -s, -; **~in** *f* -nen жнец, жница; косец

Schnitt‖holz *n* -es, -hölzer пилёный лесоматериал; пиломатериалы

Schnitt‖kante *f* -, -n *полигр.* обрез

Schnitt‖lauch *m* -(e)s зелёный лук, лук-резанец

Schnitt‖muster *n* -s, - выкройка

Schnitt‖punkt *m* -(e)s, -e *мат.* точка пересечения

Schnitt‖ware *f* -, -n **1.** пилёный лесоматериал, пиломатериал; **2.** *pl* мануфактурные товары

Schnitt‖wunde *f* -, -n резаная рана

Schnitz‖arbeit *f* -, -en резная работа

Schnitzel I *m, n* -s, - **1.** обрезок; стружка; **2.** *с.-х.* жом

Schnitzel II *n* -s, - *кул.* шницель

schnitzeln vt мелко резать *(бумагу, овощи и т. п.)*
schnitzen vt вырезать, резать *(по дереву и кости)*; **er ist aus hartem Holz geschnitzt** у него твёрдый характер
Schnitzer I m -s, - **1.** резчик *(по дереву, кости)*; **2.** резец *(инструмента)*
Schnitzer II m -s, - ошибка, погрешность; обмолвка, ляпсус *(языковой)*
Schnitzeréi f -, -en **1.** резьба *(по дереву, кости)*; **2.** резная работа; резные изделия
Schnörkel m -s, - **1.** росчерк *(надписи)*; **2.** завиток *(украшение)*
schnörkeln vi, vt **1.** делать росчерк; **2.** украшать *(рисунок)* вычурными завитушками
schnorren vi разг. попрошайничать
Schnorrer m -s, - разг. попрошайка
schnüffeln vi **1.** (an D) нюхать, обнюхивать *(кого-л., что-л.; о собаке)*; **2.** разг. шпионить, выслеживать, вынюхивать
Schnüffler m -s, - проныра; шпик
schnullen vi сосать соску
Schnuller m -s, - соска, пустышка
Schnupfen m -s, - насморк; **sich (D) einen ~ holen** схватить насморк
Schnupf‖tabak m -(e)s, -e нюхательный табак
Schnupf‖tuch n -(e)s, -tücher носовой платок
Schnuppe I f -, -n (свечной) нагар
Schnuppe II f -, -n падающая звезда
Schnur f -, Schnüre/-en **1.** верёвка, бечёвка, шпагат; **2.** шнур(ок); **3.** нитка *(жемчуга и т. п.)*; **4.** горн. прожилка; ◇ **nach der ~ leben** жить расчётливо; **es geht alles nach der ~** всё идёт как по маслу; **bei der ~ bleiben*** не выходить из рамок (дозволенного); **über die ~ hauen*** разг. хватить через край, выходить за рамки (дозволенного)
Schnürchen n -s, - верёвочка; ◇ **es geht (alles) wie am ~** всё идёт как по маслу
schnüren I vt **1.** зашнуровывать; завязывать, стягивать; **einen Gefangenen ~** связать пленного; **das schnürt einem das Herz zusammen** это берёт за сердце [очень огорчает]; **2.** нанизывать *(жемчуг и т. п.)*; **3.** стр. отбивать шнуром *(линию)*; **II ~, sich** зашнуроваться, затянуться *(в корсет)*
Schnür‖leibchen n -s, - корсет
Schnurr‖bart m -(e)s, -bärte усы
Schnurre f -, -n **1.** шутка, смешной рассказ; **2.** трещотка
schnurren vi **1.** жужжать; гудеть *(о пропеллере и т. п.)*; **2.** мурлыкать *(о кошке)*

Schnür‖schuh m -(e)s, -e ботинок на шнуровке
Schnür‖senkel m -s, - шнурок *(для ботинок)*
Schnür‖stiefel m -s, - высокий ботинок на шнуровке
Schnütgen-Museum n -s музей "Шнютген" *(музей рейнского искусства средневековья в г. Кёльн <ФРГ>)*
schob impf от **schieben***
Schober m -s, - **1.** стог, скирда; **2.** сеновал
schobern vt скирдовать
Schober‖setzer m -s, - с.-х. стогометатель
Schock I m -(e)s, -e/-s нервное потрясение, шок; **einen ~ erleiden*** получить шок
Schock II n -(e)s, -e/- уст. копа, шестьдесят штук *(мера)*; **ein ~ Kinder** куча детей
schocken vt **1.** толкать; **2.** шокировать
schockieren <niederl.-fr.> vt шокировать
Schóckschwerenot! int чёрт возьми!, проклятие!
Schöffe m -n, -n юр. судебный заседатель
Schöffen‖gericht n -(e)s, -e суд присяжных
Schokoláde <mex.-span.-niederl.> f -, -n шоколад; **eine Tafel ~** плитка шоколада
Scholár <gr.-lat.> m -en, -en ист. бродячий студент *(особенно в средние века)*
Scholástik <gr.-lat.> f - филос. схоластика
Scholástiker <gr.-lat.> m -s, - филос. схоластик; **2.** перен. схоластик, начётчик, формалист
Scholastizísmus <gr.-lat.> m - филос. схоластика
scholl impf от **schallen***
Scholle I f -, -n **1.** глыба, ком, пласт *(земли, льда)*; **2.** свой [родной] клочок земли; **heimische ~** родной дом [край], родина
Scholle II f -, -n камбала *(морская)*
Schöll‖kraut n -(e)s, -kräuter бот. чистотел
Schönbrunn (n) -s Шенбрунн *(дворец и парк под Веной (Австрия); бывшая летняя резиденция Габсбургов)*
Schöne subst **1.** n -n прекрасное, красивое; **da habt ihr was ~s angerichtet!** ирон. ≅ ну и натворили же вы дел!; **2.** f -n, -n красавица
Schöneberg (n) -s Шёнеберг *(гор. р-н Берлина)*
schónen I vt беречь, щадить, обходиться бережно *(с чем-л.)*, сохранять; **II ~, sich** беречься

schönen vt осветлять *(вино)*
Schoner I m -s,- мор. шхуна
Schoner II m -s, - 1. чехол; 2. нарукавник
Schönheit f -,-en 1. красота; 2. красавица; **eine vollendete ~** совершенство красоты
Schönheits∥mittel n -s, - косметическое средство
Schönheits∥pflege f - косметика, уход за телом
Schönheits∥salon [-lɔ:] m -s, -s косметический кабинет [салон]
Schönheits∥sinn m -(e)s вкус *(эстетический)*, чувство красоты
schön∣machen I vt 1. украшать *(дом и т. п.)*; II **~, sich** 1. наряжаться; 2. применять косметику; III vi служить *(о собаке)*
schön∣reden vi льстить *(кому-л.)*
Schön∥redner m -s, - 1. краснобай; 2. льстец
Schönschreiben n -s чистописание
Schön∥tuer m -s, - льстец
schön∣tun* vi льстить; **mit jmdm. ~** подлаживаться к кому-л.
Schonung f -, -en 1. пощада, бережное отношение *(к чему-л.)*; **um ~ bitten*** просить пощады; **ohne ~ vorgehen*** не давать пощады; 2. (лесной) заповедник
Schonzeit f -, -en запретное время *(для охоты)*
Schopf m -(e)s, Schöpfe 1. вихор, чуб, хохол; 2. макушка; ◊ **die Gelegenheit beim ~ fassen** не упустить случая, воспользоваться (благоприятным) случаем
Schöpf∥brunnen m -s, - колодец
schöpfen vt черпать *(воду)*; **frische Luft ~** (по)дышать свежим воздухом; **Atem ~** перевести дух, передохнуть; **Mut ~** приободриться; **neue Hoffnung ~** вновь обрести надежду; **Verdacht ~ gegen jmdn.** заподозрить кого-л.
Schöpfer I m -s,- создатель, творец, автор
Schöpfer II m -s,- ковш; черпак
Schöpferin f -, -nen создательница, творец, автор *(о женщине)*
Schöpfertum n -(e)s творчество, созидание
Schöpf∥kelle f -, -n черпак, ковш; разливательная ложка
Schöpf∥löffel m -s, - (большая) разливательная ложка
Schöpfung f -,-en 1. создание, творение, произведение *(то, что создано)*; 2. создание *(действие)*
Schöpfungs∥geschichte f -, -n миф о сотворении мира

Schoppen m -s, - кружка; полуштоф; **~ Bier** кружка пива; **beim ~ sitzen*** сидеть за кружкой пива; **ein ~ Wein** бокал вина
schor impf om **scheren***
Schornstein m -(e)s, -e дымовая труба; ◊ **das kannst du in den ~ schreiben*!** пиши пропало!
schoß impf om **schießen!**
Schoß I m -sses, -sse отпрыск, побег, росток *(растения)*
Schoß II m -es, Schöße пола, фалда; подол *(юбки)*
Schoß III m -es, Schöße 1. нижняя часть живота; лоно, утроба; **das Kind auf den ~ nehmen*** взять ребёнка на колени; **im ~ der Familie** в семейном кругу; **im ~ der Natur** на лоне природы; 2. анат. таз; 3. недра *(земли)*; ◊ **die Hände in den ~ legen** сидеть сложа руки; **das ist mir in den ~ gefallen** это свалилось мне с неба
Schoß∥hund m -(e)s, -e комнатная собачка, болонка
Schoß∥kind n -(e)s, -er любимец, любимчик, любимое [балованное] дитя
Schößling m -(e)s, -e 1. росток; побег; 2. отпрыск *(семьи)*
Schote f -, -n стручок; **grüne ~n** *(pl)* зелёный горошек
Schottland *(n)* -s Шотландия *(часть Соединённого Королевства Великобритании и Сев. Ирландии)*
Schotte m -n, -n; **~in** f -, -nen шотландец, -дка
Schotter m -s, - 1. щебень, галька, гравий; 2. ж.-д. балласт
Schraffierung f -, -en штриховка
schräg I a косой *(о линии)*; наклонный *(о плоскости, мачте и т. п.)*; II adv вкось, наискось; по диагонали
schrägen vt скашивать, перекашивать
Schräglini∣e f -, -n мат. диагональ
Schräg∥schrift f - косой почерк
schrak impf om **schrecken***
Schräm∥maschine f -, -n горн. врубовая машина
Schramme f -, -n шрам, рубец
Schrammelmusik f - музыка Шраммель *(популярная венская музыка; назв. по фамилии братьев Шраммель <2-я половина 20 в.>, основавших ансамбль "Шраммели")*
schrammen I vt царапать; II **~, sich** царапаться
Schrank m -(e)s, Schränke шкаф
Schranke f -, -n 1. барьер; преграда, препятствие; ограда; **~n errichten** 1) поста-

вить барьеры; 2) *перен.* чинить препятствия, ставить рогатки; **~n niederreißen*** 1) снести [опрокинуть] барьеры; 2) убрать (все) преграды; 2. шлагбаум; **die ~ aufziehen*** поднять шлагбаум; 3. *перен.* граница, предел; **keine ~n kennen*** не знать границ *(в чём-л.);* **sich in ~ halten*** не выходить за пределы [рамки], быть сдержанным; **jmdn. in die ~n weisen*** призвать кого-л. к порядку, поставить кого-л. на место; ◊ **für jmdn., für etw. (A) in die ~n treten*** заступиться [вступиться] за кого-л., за что-л.

schränken *vt* 1. скрещивать *(руки);* 2. разводить *(пилу)*

schrankenlos *a* 1. безграничный, беспредельный, безмерный; **~e Freude** безграничная радость; 2. безудержный, распущенный, необузданный

Schrankenlosigkeit *f* - 1. безграничность, беспредельность *(в чувстве и т. п.);* 2. распущенность; беспорядочность; своеволие

Schranken‖wärter *m* -s, - дежурный по железнодорожному переезду

schranzen *vi* льстить, подхалимничать

Schrape *f* -, -n скребок

Schrapnéll <*engl.*> *n* -s, -e/-s шрапнель

schrappen *vt* 1. скрести, скоблить; **Rüben ~** чистить свёклу; 2. *перен.* загребать *(прибыль)*

Schraube *f* -, -n 1. винт, болт, шуруп; **die ~ anziehen*** затягивать винт; 2. винт *(корабля), ав.* пропеллер; ◊ **jmdn. in die ~ nehmen*** зажать кого-л. в тиски; **die ~ lockern** отпустить вожжи; **bei ihm ist eine ~ los** *разг.* у него винтика не хватает

schrauben I *vt* 1. завинчивать; 2. взвинчивать *(цены),* повышать *(налоги);* II ~, **sich** 1.: **sich in die Höhe ~** (круто) набирать высоту; 2. чваниться, важничать, кичиться

Schrauben‖gewinde *n* -s, - винтовая резьба, нарезка

Schrauben‖mutter *f* -, -n гайка

Schrauben‖schlüssel *m* -s, - гаечный ключ

Schrauben‖stock *m* -(e)s, -stöcke *тех.* тиски; **jmdn. in den ~ nehmen* [(ein)spannen]** *перен.* зажать кого-л. в тиски

Schrauben‖zieher *m* -s, - отвёртка

Schrebergarten *m* -s, -gärten "шребергартен" *(маленький сад-огород на пригородных участках; назв. по имени первого создателя таких участков врача Шребера <1806-61>)*

Schreck *m* -(e)s, -e испуг, страх, ужас; **vor ~** с испугу, от страха; **einen ~ bekommen*** испугаться; **jmdm. einen ~ einjagen** нагнать страху на кого-л., приводить кого-л. в ужас; **der ~ sitzt ihm in den Gliedern** страх сковал его члены, его охватил ужас; **mit dem ~ davonkommen*** отделаться испугом

Schrecke *f* -, -n 1. кузнечик; 2. саранча

schrecken I *vt* 1. пугать; **jmdn. mit Drohungen ~** угрожать кому-л.; 2. *тех.* быстро охлаждать; **Eier ~** обдавать варёные яйца холодной водой; II *vi* (s) (*vor* D) (ис)пугаться *(кого-л., чего-л.)*

Schrecken *m* -s, - ужас; испуг, страх, *см.* Schreck; **die ~ des Krieges** ужасы войны; **~ und Greuel** ужасы и зверства; **ein Ende mit ~ nehmen*** иметь ужасный конец, плохо кончиться

Schreckens‖herrschaft *f* - террор

Schreckens‖tat *f* -, -en ужасное преступление

Schreck‖gespenst *n* -es, -er страшилище, ужасный призрак; жупел

schreckhaft *a* пугливый

Schreckhaftigkeit *f* - пугливость

Schreck‖pistole *f* -, -n пугач

Schreck‖schuß *m* -sses, -schüsse 1. предупредительный выстрел; 2. *перен.* ложная тревога

Schrei *m* -(e)s, -e крик; вопль; **einen ~ ausstoßen*** вскрикнуть; **ein ~ um Hilfe** крик о помощи; ◊ **der letzte ~ der Mode** последний крик моды

Schreib‖art *f* -, -en 1. стиль; 2. написание

Schreib‖block *m* -(e)s, -s блокнот

schreiben* I *vt* писать; **auf (mit) der Schreibmaschine ~** писать на машинке; **am Roman ~** работать над романом; **den wievielten ~ wir?** какое сегодня число?; II ~, **sich**: **sich krank ~** взять больничный лист; **wie ~ Sie sich?** как Вас зовут?

Schreiben *n* -s, - 1. письмо; (официальная) бумага; отношение; послание; 2. письмо, писание; **im ~ ist er gut** в письме он силён

Schréiber *m* -s, - 1. пишущий *(письмо);* 2. писарь, переписчик

Schreiberéi *f* -, -en *разг.* писанина, писание; канцелярщина

Schreiber‖seele *f* -, -n *презр.* чернильная душа

Schreib‖fehler *m* -s, - описка

Schreib‖garnitur *f* -, -en письменный прибор

Schreib‖kraft *f* -, -kräfte машинистка

Schreib||maschine *f* -, -n пишущая машинка; ~ **schreiben*** писать на машинке
Schreib||schrift *f* -, -en курсив, курсивный шрифт
Schreibung *f* -, -en написание; орфография
Schreib||utensilien *pl* письменные [канцелярские] принадлежности
Schreib||vorlage *f* -, -n прописи
Schreib||waren *pl* канцелярские товары
Schreibwaren||handlung *f* -, -en магазин канцелярских принадлежностей
Schreib||zeug *n* -(e)s, -е письменные принадлежности; письменный прибор
schreien* *vi* 1. кричать; **sich heiser ~** кричать до хрипоты; **der Schnee schreit** снег скрипит; **die Säge schreit** пила визжит; 2. (*um* A, *nach* D) взывать (*о чём-л.*), требовать (*чего-л.*); **um Hilfe ~** взывать о помощи; **nach Rache ~** взывать о мщении
schreiend I *part* I *om* schreien*; II *a* 1. вопиющий; **eine ~e Ungerechtigkeit** вопиющая несправедливость; 2. резкий, кричащий; **~e Farben** кричащие краски
Schreier *m* -s, -; **~in** *f* -, -nen 1. крикун, -нья; 2. *перен.* крикун, -нья, недовольный, -льная
Schreihals *m* -es, -hälse крикун
Schrein *m* -(e)s, -е 1. сундук, ящик; ларь; 2. шкаф
Schreiner *m* -s, - столяр
Schreinerei *f* -, -en столярная мастерская
schreinern *vi* столярничать
Schreit||bagger *m* -s, - *тех.* шагающий экскаватор
schreiten* *vi* (s) 1. шагать, ступать; **vorwärts ~** двигаться [продвигаться] вперёд; 2. (*zu* D) приступать (*к чему-либо*); **zur Abstimmung [zur Wahl] ~** приступать к голосованию [к выборам]
schrie *impf om* schreien*
schrieb *impf om* schreiben*
Schrift *f* -, -en 1. шрифт; 2. почерк; 3. (официальная) бумага; 4. сочинение, труд; **sämtliche [gesammelte] ~en** полное собрание сочинений; 5. надпись (*на мемориальной доске и т. п.*); ◇ **Kopf oder ~?** орёл или решка?
Schrift||art *f* -, -en *полигр.* род шрифта
Schrift||deuter *m* -s, - графолог
Schrift||führer *m* -s, -; **~in** *f* -, -nen делопроизводитель, -ница
Schrift||leiter *m* -s, - редактор
Schrift||leitung *f* -, -en редакция (*редакторы*)
schrift|lich *a* письменный

Schrift||probe *f* -, -n образец почерка
Schrift||sachverständige *subst m* -n, -n эксперт-графолог
Schrift||setzer *m* -s, - *полигр.* наборщик
Schrift||sprache *f* -, -n (письменный) литературный язык
Schriftsteller *m* -s, -; **~in** *f* -, -nen писатель, -ница
schriftstellerisch *a* писательский, литературный, авторский
Schrift||stück *n* -(e)s, -e документ, (официальная) бумага
Schrifttum *n* -s 1. письменность; 2. литература
Schrift||wechsel *m* -s, - переписка, корреспонденция
Schrift||zug *m* -(e)s, -züge росчерк
schrillen *vi* 1. издавать резкий [пронзительный] звук, резко звучать; 2. трещать (*о кузнечике и т. п.*)
schrinden* *vi* (s) трескаться, лопаться
Schrippe *f* -, - *диал.* (белая) булочка
schritt *impf om* schreiten*
Schritt *m* -(e)s, -е 1. шаг; **einen ~ tun*** сделать шаг; **~ halten*** идти в ногу, держать шаг; **in zehn ~ Entfernung** на расстоянии десяти шагов; **jmdm. auf ~ und Tritt folgen** идти за кем-л. по пятам; **auf ~ und Tritt** на каждом шагу; **den ~ beschleunigen** прибавить шагу; 2. шаг, поступок; *pl* шаги, меры; **~e tun* [einleiten, unternehmen*]** предпринимать шаги, принимать меры; **sich (D) alle weiteren [notwendigen] ~e vorbehalten*** оставить за собой право предпринять все необходимые меры [шаги]; 3.: **Fahrzeuge ~!** ехать шагом! (*надпись на улице*), **im ~!** шагом! (*команда*)
Schrittmacher *m* -s, - 1. *спорт.* лидер (*в велогонках*); 2. застрельщик, передовик; зачинатель (*какого-л. движения*)
Schritt||messer *m* -s, - шагомер
schrittweise *adv* шаг за шагом, постепенно
Schritt||zähler см. Schrittmesser
schroff I *a* 1. крутой, обрывистый; 2. резкий, крутой; **eine ~e Ablehnung** категорический отказ; **ein ~er Übergang** резкий переход; II *adv* 1. круто, резко; 2. резко; наотрез
Schroffheit *f* -, резкость; чёрствость
schröpfen *vt* 1. насекать, надрезать (*кору*); 2. пускать кровь (*больному*); 3. *разг.* обобрать (*кого-л.*), занимать деньги (*у кого-л.*)
Schrot *m, n* -(e)s, -e 1. дробь (*охотничья*); 2. крупа [мука] грубого помола; ◇ **ein Mann von echtem ~ und Korn**

настоящий человек, человек в полном смысле этого слова
Schrot||büchse *f* -, -n дробовик *(ружьё)*
schroten *vt* 1. крупно молоть; 2. грызть; точить *(о червях)*; 3. обстрогать; 4. *тех.* мелко дробить
Schrot||mehl *n* -(e)s мука грубого помола
Schrott *m* -(e)s, -e 1. металлолом; 2. сечка *(крупа)*
schrotten *vt* 1. превратить в (железный) лом; 2. списать в (железный) лом
schrubben *vt* 1. чистить, скоблить, мыть шваброй; 2. обтесать *(грубо)*
Schrubber *m* -s, - швабра
Schrulle *f* -, -n каприз, прихоть, причуда; выверты, выдумки; **er hat den Kopf voller ~n** он полон причуд, он вечно что-то выдумывает
Schrumpel *f* -, -n *разг.* 1. складка, морщина; 2. старая морщинистая женщина
Schrumpf *m* -(e)s 1. сморщивание, съёживание; усыхание; 2. усадка *(ткани)*
schrumpfen *vi* (s) 1. сморщиваться, морщиться; 2. садиться *(о ткани)*; 3. сокращаться, уменьшаться *(о производстве и т. п.)*
Schrumpfung *f* -, -en 1. см. Schrumpf 1; 2. *тех.* усадка; 3. сокращение, свёртывание *(производства и т. п.)*
Schrund *m* -(e)s, Schründe; **Schrunde** *f* -, -n *диал.* трещина; ссадина; рубец
schruppen *vt тех.* обдирать [обрабатывать] начерно
Schub I *m* -(e)s, Schübe 1. толчок; сдвиг; **mit einem ~** сразу, разом, одним рывком; **jmdm. einen ~ geben*** подтолкнуть, сдвинуть кого-л. с места; 2. *тех.* сдвиг; срез; 3. *стр.* распор
Schub II *m* -(e)s, Schübe партия, группа, транспорт (людей) *(часто о пленных, заключённых)*; **jmdn. auf den ~ bringen*** выслать кого-л. этапом; **per ~** по этапу, этапом, этапным порядком
Schub||fach *n* -(e)s, -fächer выдвижной ящик *(стола и т. п.)*
Schub||karre *f* -, -n; **~karren** *m* -s, - тачка
Schub||lade *f* -, -n выдвижной ящик
Schubs *m* -es, -e *разг.* толчок, пинок; **jmdm. einen ~ geben*** 1) толкнуть кого-л.; 2) подтолкнуть кого-л., побудить кого-л. к действию
schubsen *vt разг.* толкать, пихать
schüchtern *a* робкий, застенчивый
Schüchternheit *f* - робость, застенчивость
schuf *impf om* **schaffen***
Schuft *m* -(e)s, -e подлец, негодяй; плут; мошенник

schuften *vi разг.* работать, не разгибая спины, надрываться
Schufteréi I *f* -, -en подлость; плутовство; мошенничество
Schufteréi II *f* -, -en *разг.* тяжёлый труд
schuftig *a* подлый, низкий; наглый
Schuh *m* -(e)s, -e 1. ботинок, полуботинок, башмак; туфля; *pl тж.* обувь; **die ~e wechseln** переобуться; 2. с числ. - фут *(мера)*; 3. *тех.* башмак; наконечник; ◊ **jmdm. die Schuld in die ~e schieben*** свалить вину на кого-л.
Schuh||absatz *m* -es, -sätze каблук
Schuh||anzieher *m* -s, - рожок, ложка *(для обуви)*
Schuh||creme [-krɛ:m] *f* -, -s крем для обуви, гуталин
Schuh||einlage *f* -, -n стелька
Schuh||leisten *m* -s, - колодка *(для обуви)*
Schuhmacher *m* -s, - сапожник
Schuh||macheréi *f* -, -en обувная мастерская, обувное ателье
Schuh||plattler *m* -s баварский народный танец (с прихлопыванием по голенищам сапог)
Schuh||putzer *m* -s, - чистильщик *(сапог)*
Schuh||sohle *f* -, -n подошва
Schuh||spanner *m* -s, - колодка *(для обуви)*
Schuh||werk *n* -(e)s обувь
Schuh||wichse *f* -, -n сапожный гуталин; вакса
Schul||abgänger *m* -s, - выпускник школы
Schul||alter *n* -s школьный возраст
Schul||arbeit *f* -, -en урок *(заданный на дом)*; **~en machen** готовить уроки
Schul||art *f* -, -en тип школы
Schul||aufgabe *f* -, -n см. Schularbeit
Schul||bank *f* -, -bänke парта, школьная скамья; **die ~ drücken** *разг.* сидеть за школьной скамьёй, учиться в школе
Schul||beispiel *n* -(e)s, -e наглядный [классический] пример
Schul||besuch *m* -(e)s посещение школы
Schul||bildung *f* - школьное образование
Schul||bube *m* -n, -n школьник; **jmdn. wie einen ~n behandeln** обращаться с кем-л. как с мальчишкой
Schul||buch *n* -(e)s, -bücher школьный учебник
schuld: **~ sein [haben]** (*an* D) быть виноватым (в чём-л.)
Schuld *f* -, -en 1. долг *(денежный и т. п.)*; обязательство; **eine schwebende ~** неуплаченный долг; **eine ~ abtragen* [tilgen, bezahlen]** погашать [уплачивать] долг; **in ~en geraten*** влезть в долги; **tief in ~en stecken** сидеть по

уши в долгах; **in jmds. ~ stehen*** остаться в долгу перед кем-л.; **ich stehe in Ihrer ~** я Ваш должник; **2.** вина; **ohne meine ~** не по моей вине; **ich bin mir keiner ~ bewußt** я не считаю себя виновным, я не чувствую за собой вины; **seine ~ eingestehen* [bekennen*, anerkennen*]** признать себя виновным, признать свою вину; **~ an etw. (D) tragen*** быть виновным [виноватым] в чём-л.; **eine ~ auf sich laden*** провиниться; **die ~ auf jmdn. abwälzen** свалить вину на кого-л.; **die ~ fällt auf ihn [liegt bei ihm]** это его вина
Schuld∥bekenntnis *n* -ses, -se признание своей вины
Schuldbewußtsein *n* -s сознание своей виновности
Schuld∥brief *m* -(e)s, -e долговое обязательство
schulden *vt (jmdm.)* быть должным *(деньги и т. п. кому-л.)*; **jmdm. Dank ~** быть обязанным кому-л.
Schulden∥last *f* -, -en бремя долгов, большие долги
Schulden∥tilgung *f* -, -en погашение [уплата] долгов
Schuld∥geständnis *n* -ses, -se повинная; **ein ~ ablegen** являться с повинной
schuldig *a* **1.** виновный, виноватый; **sich ~ machen** провиниться; **eines Verbrechens ~ sein** быть виновным в совершении преступления; **2.:** **Geld ~ sein** задолжать; **was bin ich Ihnen ~!** сколько я Вам должен? **3.: ~ sein, etw. zu tun** быть обязанным что-л. сделать
Schuldige *subst m, f* -n, -n виновник, -ница
Schuldigkeit *f* - долг; обязанность; **seine (Pflicht und) ~ tun*** исполнить свой долг
schuldlos *a* невинный, невиновный; **sich ~ fühlen** не чувствовать за собой вины
Schuldner *m* -s, -; **~in** *f* -, -nen должник, -ница, дебитор
Schuld∥schein *m* -(e)s, -e; **~verpflichtung** *f* -, -en долговое обязательство
Schule *f* -, -n **1.** школа, училище; **die höhere ~** среднее учебное заведение; **die allgemeinbildende ~** общеобразовательная школа; **die ~ besuchen, zur [in die] ~ gehen*** ходить в школу, посещать школу, учиться в школе; **die ~ schwänzen** прогуливать уроки; **heute ist keine ~** сегодня занятий (в школе) нет; **die ~ ist um zwei Uhr aus** занятия [уроки] в школе кончаются в два часа; **2.** школа, выучка; **bei jmdm. in die ~**

gehen* (на)учиться у кого-л. чему-л.; **eine gute ~ durchmachen** *перен.* пройти хорошую школу; **dieses Beispiel wird ~ machen** этому примеру последуют многие; **die hohe ~ reiten*** быть наездником высшего класса; **3.** школа, направление, метод; **die romantische ~** романтическое направление; ◊ **aus der ~ plaudern** разглашать [выбалтывать] тайну
schulen I *vt* **1.** обучать, учить, тренировать; **2.** приучать *(глаз, ухо к чему-л.)*; **3.** дрессировать *(животных)*; **ein Pferd ~** объезжать лошадь; II **~, sich** обучаться, повышать квалификацию, квалифицироваться
Schüler *m* -s, -; **~in** *f* -, -nen ученик, -ница
Schüler∥arbeit *f* -, -en ученическая работа
Schüler∥wechselgespräch *n* -(e)s, -e учебный диалог
Schul∥feier *f* -, -n школьный праздник
Schul∥ferien *pl* школьные каникулы
Schul∥flug *m* -(e)s, -flüge *ав.* учебный полёт
Schul∥flugzeug *n* -(e)s, -e учебный самолёт
Schul∥freund *m* -(e)s, -e школьный товарищ
Schul∥funk *m* -(e)s (радио)передача для школьников
Schulfunk∥anlage *f* -, -n школьный радиоузел
Schul∥gebäude *n* -s, - школьное здание
Schul∥geld *n* -(e)s, -er плата за обучение
Schulgeld∥freiheit *f* - бесплатное обучение
Schul∥gesetz *n* -es, -e закон о школе
Schul∥jahr *n* -(e)s, -e учебный год
Schul∥junge *m* -n, -n школьник
Schul∥kamerad *m* -en, -en *см.* Schulfreund
Schul∥lehrer *m* -s, -; **~in** *f* -, -nen школьный учитель; школьная учительница
Schul∥leiter *m* -s, - заведующий учебной частью
Schul∥ordnung *f* **1.** - школьная дисциплина; **2.** -, -en школьный устав
Schul∥pflicht *f* - обязательное школьное обучение
Schul∥plan *m* -(e)s, -pläne учебный план
Schul∥sachen *pl* учебные принадлежности
Schul∥schießen *n* -s учебная стрельба
Schul∥schiff *n* -(e)s, -e учебное судно
Schul∥speisung *f* -, -en детское питание в школе
Schul∥stunde *f* -, -n урок, занятие *(в школе)*

Schulter *f* -, -n плечо; ~ an ~ плечо к плечу; **etw. auf seine ~n nehmen*** взваливать что-л. на свои плечи; *перен.* взять на себя что-л.; ◊ **jmdm. die kalte ~ zeigen** отшить кого-л., относиться холодно к кому-л.; **etw. auf die leichte ~ nehmen*** легкомысленно относиться к чему-л.; **auf jmds. ~n stehen*** опираться на кого-л.; **auf beiden [zwei] ~n tragen*** двурушничать; **mit den ~n zucken** пожать плечами
Schulter‖blatt *n* -(e)s, -blätter *анат.* лопатка
Schulter‖klappe *f* -, -n (унтер-офицерский, солдатский) погон
schultern *vt воен.* брать на плечо (*ружьё, винтовку*); **schultert!** на плечо! (*команда*)
Schulter‖riemen *m* -s, - *воен.* портупея, плечевой ремень
Schulter‖sieg *m* -(e)s, -e *спорт.* чистая победа, победа на туше (*борьба*)
Schulter‖stück *n* -(e)s, -e (офицерский) погон
Schultheiß *m* -en, -en *см.* Schulze
Schul‖tüte *f* -, -n "шультюте"/"школьный кулёк" (*конусообразный кулёк из разноцветного картона с подарками и сладостями; вручается первокласснику в 1-й день школьных занятий*)
Schulung *f* -, -en 1. обучение; учение, учёба; квалификация; **fachliche ~** обучение по специальности; 2. занятие, урок; курсы; 3. воспитание; 4. *спорт.* тренировка
Schulungs‖abend *m* -(e)s, -e занятия в вечернем кружке [на вечерних курсах]
Schulungs‖kurs *m* -es, -e 1. учебный курс; 2. курс повышения квалификации
Schul‖unterricht *m* -(e)s школьное обучение
Schul‖weisheit *f* -, -en 1. школьная (пре)мудрость (*далёкая от жизни*); 2. азбучная истина
Schul‖wesen *n* -s школьное дело
Schulze *m* -n, -n *ист.* сельский староста
Schul‖zeit *f* -, -en 1. учебное время; 2. годы учения [учёбы]
schummeln *vi разг.* 1. обманывать; 2. списывать (*в школе*)
schummern *vimp диал.* смеркаться; **es schummert** смеркается
schund *impf om* schinden*
Schund *m* -(e)s 1. дрянь; хлам; 2. халтура
Schund‖literatur *f* -, -en бульварная литература
Schund‖roman *m* -(e)s, -e бульварный роман

schunkeln *vi* 1. качаться, раскачиваться; 2. танцевать
Schuppe *f* -, -n 1. чешуя; **da fiel es mir wie ~n von den Augen** у меня словно пелена с глаз упала, мне стало ясно, я вдруг прозрел; 2. перхоть
schuppen I *vt* чистить, очищать от чешуи; II ~, **sich** шелушиться
Schuppen *m* -s, - 1. навес; сарай; 2. ангар; гараж
Schuppen‖tier *n* -(e)s, -e *зоол.* ящер
Schur I *f* -, -en 1. стрижка (*овец и т. п.*); 2. шерсть, получаемая при стрижке (*овец и т. п.*)
Schur II *m*: **jmdm. einen ~ tun*** огорчить кого-л.; **zum ~** назло
Schür‖eisen *n* -s, - кочерга
schüren *vt* 1. мешать (*угли*); **das Feuer [den Brand] ~** раздувать огонь; 2. *перен.* разжигать (*что-л.*); подстрекать (*к чему-л.*); возбуждать (*подозрение и т. п.*)
schürfen I *vi геол.* вести разведку; разведывать; шурфовать; **nach Erz ~** вести разведку залежей руды; II *vt* царапать, ссадить (*кожу*)
Schürfer *m* -s, - *геол.* разведчик
Schürfung *f* -, -en *геол.* разведка, изыскания; шурфование
schurigeln *vt разг.* допекать (*кого-л.*), придираться (*к кому-л.*)
Schurke *m* -n, -n негодяй, мошенник
Schurken‖streich *m* -(e)s, -e; **Schurkeréi** *f* -, -en мошенничество
schurren *vi* 1. скользить; 2. шаркать
Schürze *f* -, -n фартук, передник; **eine ~ umbinden* [vorbinden*]** повязаться фартуком; **eine ~ umnehmen* [wegtun*]** надеть [снять] фартук; ◊ **er läuft jeder nach, er ist hinter jeder ~ nach, er ist hinter jeder ~ her** *разг.* он бегает за каждой юбкой
schürzen *vt* 1. завязывать (*узел*); 2. подбирать (*платье*); засучивать (*рукава*); **die Lippen ~** надуть губы
Schürzen‖jäger *m* -s, - *груб.* бабник
Schurz‖fell *n* -(e)s, -e кожаный фартук
Schürzung *f* -, -en *лит.* завязка; **die ~ des Knotens im Drama** завязка драмы
Schuß I *m* -sses, Schüsse 1. выстрел; **ein scharfer ~** 1) меткий выстрел; 2) выстрел боевым патроном; **ein blinder ~** 1) холостой выстрел; 2) шальная пуля; **einen ~ abfeuern [abgeben*, tun*]** произвести выстрел, выстрелить; **es fiel ein ~** раздался выстрел; **Schüsse knallen [krachen, knattern]** раздаются выстрелы; **ein ~ ins Blaue** промах; 2. *спорт.*

удар; **ein ~ ins Tor** удар по воротам *(футбол)*; ◊ **die Sache kommt in ~** дело зашевелилось; **die Sachen in ~ halten*** содержать вещи в полном порядке

Schuß II *m* -sses, Schüsse небольшая порция (доза), немного *(вина и т. п.)*; **ein ~ Rum im Tee** немного рома в чае; ◊ **keinen ~ Pulver wert sein** ≅ ломаного гроша не стоить

Schuß‖bereich *m* -(e)s, -e *воен.* **1.** сфера огня, зона обстрела; **2.** дальность выстрела, досягаемость

Schüssel *f* -, -n миска, блюдо; таз

Schuß‖feld *n* -(e)s, -er *воен.* площадь [сектор] обстрела

Schuß‖geschwindigkeit *f* -, -en *воен.* скорость стрельбы; скорострельность

Schuß‖tafel *f* -, -n *воен.* таблица стрельбы

Schuß‖waffe *f* -, -n огнестрельное оружие

Schuß‖weite *f* -, -n *воен.* дальность стрельбы [выстрела]; **wirksame ~** дальность действительного огня; **auf ~** на выстрел

Schuß‖wunde *f* -, -n огнестрельная рана

Schuster *m* -s, - сапожник; ◊ **auf ~s Rappen** пешком, на своих двоих; **~, bleib bei deinen Leisten!** *посл.* ≅ всяк сверчок знай свой шесток

Schuster‖draht *m* -(e)s, -drähte дратва

Schusterei *f* -, -en сапожная мастерская

Schuster‖handwerk *n* -(e)s сапожное ремесло

schustern *vi* **1.** сапожничать; **2.** плохо работать

Schutt *m* -(e)s **1.** мусор; **2.** щебень; **in ~ und Asche liegen*** представлять собой груды развалин; **in ~ und Asche legen** испепелять

Schüttel‖frost *m* -es, -fröste озноб

schütteln I *vt* **1.** трясти; **jmdm. die Hand ~** (по)трясти кому-л. руку; **den Kopf ~** (по)качать головой; **durch ein Sieb ~** просеивать через сито; **2.** встряхивать, взбалтывать; **3.** вытряхивать; II *vi* трясти *(о телеге и т. п.)*; III **~, sich 1.** отряхиваться; **2.** содрогаться

schütten I *vt* **1.** сыпать, насыпать; высыпать; **alles auf einen Haufen ~** валить всё в одну кучу *(тж. перен.)*; **2.** лить, наливать; подливать; II *vi* осыпаться *(о листве)*; III *vimp*: **es schüttet** дождь льёт (как из ведра)

schüttern *vi* трястись, дрожать

Schutt‖haufen *m* -(e)s, - куча мусора; куча щебня

Schutz *m* -(e)s **1.** защита *(vor D, gegen A* от кого-л., от чего-л.*)*; **~ leisten** защищать; **jmdm. ~ (und Schirm) bieten*** [**gewähren**] взять кого-л. под свою защиту, защищать кого-л.; **sich unter [in] jmds. ~ begeben*** встать под чью-л. защиту; **unter dem ~ der Nacht [der Dunkelheit]** под покровом ночи [темноты]; **2.** охрана *(лесов, границ и т. п.)*; **~ von Mutter und Kind** охрана материнства и детства

Schutz‖anstrich *m* -(e)s, -e защитная окраска

Schutz‖anzug *m* -(e)s, -anzüge спецодежда, комбинезон

Schutz‖ärmel *m* -s, - нарукавник

Schutz‖brief *m* -(e)s, -e охранная грамота

Schutz‖brille *f* -, -n защитные очки

Schutz‖bündnis *n* -ses, -se оборонительный союз

Schutz‖dach *n* -(e)s, -dächer навес

Schütze I *m* -n, -n **1.** стрелок; **2.** Стрелец *(созвездие)*

Schütze II *f* -, -n **1.** затворный щит *(шлюза)*; **2.** ткацкий челнок

schützen I *vt* **1.** *(vor D, gegen A)* защищать, оборонять *(кого-л., что-л. от кого-л., от чего-л.)*; **2.** охранять *(границы и т. п.)*; **3.** предохранять; II ~, **sich** *(vor D, gegen A)* оберегаться, остерегаться *(чего-л.)*; защищаться *(от чего-л.)*

Schützen‖bataillon [-tal'jo:n] *n* -s, -e стрелковый батальон

Schutz‖engel *m* -s, - ангел-хранитель, патрон

Schützen‖graben *m* -s, -gräben *воен.* окоп (стрелковый)

Schützen‖kette *f* -, -n *воен.* стрелковая цепь

Schützenvereine *pl* стрелковые союзы *(возникли в Германии в конце 19 в; сейчас в ФРГ выступают организаторами соревнований стрелков как ежегодных увеселительных мероприятий)*

Schutz‖färbung *f* -, -en **1.** защитная окраска *(животных)*; **2.** *воен.* защитная окраска, камуфляж

Schutz‖geist *m* -(e)s, -er ангел-хранитель

Schutz‖geleit *n* -(e)s, -e конвой

Schutz‖haft *f* - арест, (предварительное) заключение

Schutz‖heilige *subst m, f* -n, -n *рел.* святой-заступник, святая-заступница

Schutz‖hülle *f* -, -n *тех.* защитная оболочка

Schützling *m* -s, -e протеже; опекаемый

schutzlos *a* беззащитный

Schutzlosigkeit *f* - беззащитность
Schutz∥mann *m* -(e)s, -männer/-leute полицейский
Schutz∥marke *f* -, -n фабричное клеймо, фабричная марка
Schutz∥mittel *n* -s, - 1. защитное [предохранительное] средство; 2. противозачаточное средство
Schutzstaffel *f* -, -n отряд СС *(созданы в 1925 как военизированные формирования фашистов <вначале как личная охрана Гитлера>, до 1934 входили в состав СА; позднее выделились части СС "Мёртвая голова" и войска СС особого назначения, отличались особой жестокостью по отношению к населению оккупированных территорий)*
Schutz∥umschlag *m* -(e)s, -umschläge 1. обёртка; 2. суперобложка
Schutz∥vorrichtung *f* -, -en *тех.* предохранительное устройство
Schutz∥waldanpflanzung *f* -, -en лесозащитное насаждение
Schutz∥wehr *n* -(e)s, -e плотина, запруда
Schutz∥zoll *m* -(e)s, -zölle *эк.* покровительственная пошлина
Schwabe *m* -n, -n шваб
Schwaben *(n)* -s Швабия (1. *ист. обл. Германии;* 2. *адм. округ земли Бавария <ФРГ>)*
Schwaben∥streich *m* -(e)s, -e *шутл.* нелепый поступок
Schwabing *(n)* -s Швабинг *(р-н г. Мюнхен <ФРГ>, где в основном проживают актёры, художники и т. п.)*
Schwäbische Alb *f* - Швабский Альб *(горная гряда на Ю. ФРГ <земля Баден-Вюртемберг>)*
Schwäbischer Jura *m* -s Швабская Юра *см.* Schwäbische Alb
"Schwäbisches Meer" *n* -es "Швабское море" *(образное назв. Боденского озера)*
schwach *a* 1. слабый, несильный; **das ~e Geschlecht** слабый пол; 2. слабый, нездоровый, хилый; **eine ~e Gesundheit** слабое здоровье; 3. слабый, некрепкий; **eine ~e Lösung** слабый раствор; 4. слабый, плохой; **ein ~es Gedächtnis** плохая память; **sein Leben hängt an einem ~en Faden** его жизнь висит на волоске
Schwäche *f* -, -n 1. слабость, бессилие; **keine ~ zeigen!** крепись!; 2. *(für A)* слабость, пристрастие *(к кому-л., к чему-л.)*; 3. слабая сторона, недостаток
schwächen *vt* 1. ослаблять; обессиливать *(противника);* 2. ослаблять, отрицательно влиять *(на здоровье, хозяйство и т. п.)*
Schwachheit *f* -, -en слабость; **bilde dir keine ~en ein** *разг.* не обольщай себя надеждами
schwächlich *a* слабый, слабосильный; хилый, болезненный
Schwächlichkeit *f* - слабость, хилость, болезненность
Schwächling *m* -s, -e слабовольный человек; слабый человек
Schwach∥sinn *m* -(e)s слабоумие, тупоумие
schwachsinnig *a* слабоумный
Schwach∥strom *m* -(e)s, -ströme *эл.* ток низкого напряжения, слабый ток
Schwächung *f* -, -en ослабление, обессиливание; *см.* schwächen
Schwaden I *m* -s, - ряд [полоса] сжатого хлеба [скошенной травы]
Schwaden II *m* -s, - чад; копоть, сажа
Schwadrón *<lat.-it.>* *f* -, -en *воен.* эскадрон
Schwager *m* -s, Schwäger деверь; шурин; зять *(муж сестры);* свояк
Schwägerin *f* -, -nen золовка; невестка *(жена брата);* свояченица
Schwalbe *f* -, -n *зоол.* ласточка; **eine ~ macht noch keinen Sommer** *посл.* одна ласточка ещё не делает весны
Schwalben∥nest *n* -(e)s, -er ласточкино гнездо
Schwall *m* -(e)s, -e поток; наплыв; **ein ~ von Worten** поток слов
schwamm *impf от* schwimmen*
Schwamm *m* -(e)s, Schwämme губка; **~ d(a)rüber!** *разг.* замнём это!
Schwan *m* -(e)s, Schwäne лебедь
schwand *impf от* schwinden*
schwanen *vimp:* **es schwant mir, mir schwant** у меня предчувствие, мне кажется
Schwanen∥gesang *m* -(e)s, -gesänge лебединая песня
schwang *impf от* schwingen*
schwängern *vt* 1. делать беременной; оплодотворять; 2. *перен.* насыщать; **eine mit Konfliktstoff geschwängerte Atmosphäre** чреватая конфликтами обстановка
Schwangerschaft *f* -, -en беременность
Schwangerschafts∥verhütungsmittel *n* -s, - противозачаточное средство
Schwängerung *f* -, -en оплодотворение
Schwank *m* -(e)s, Schwänke 1. шутка, (забавная) выходка; **einen tollen ~ aufführen** выкинуть фокус; 2. *театр.* скетч, фарс; 3. *лит.* шванк *(сатирический рассказ 13-16 вв.)*

schwanken vi **1.** шататься *(от изнеможения)*; качаться, колебаться *(о дереве и т. п.)*; **2.** колебаться, изменяться *(о ценах и т. п.)*; **3.** колебаться, быть в нерешительности
Schwanken n -s шатание; колебание *(тж. перен.)*; **nach langem ~ und Wanken** после долгих колебаний
Schwankung f -, -en **1.** колебание *(барометра и т. п.)*; **2.** pl колебания, перемена *(в настроении и т. п.)*
Schwanz m -es, Schwänze хвост; **den ~ einziehen* [hängenlassen*]** поджать хвост *(тж. перен.)*; **jmdm. auf den ~ treten*** оскорбить кого-л. *(букв. наступить кому-л. на хвост)*
schwänzeln vi **1.** вилять хвостом; **2.** *(vor* D) разг. льстить *(кому-л.)*; **3.** жеманно выступать [расхаживать]
schwänzen vt разг. отлынивать *(от чего-либо)*, пропускать *(что-л.)*; **die Schule ~** прогулять занятия в школе
Schwänzer m -s, - прогульщик
Schwanz‖leitwerk n -(e)s, -e ав. хвостовое оперение
Schwanz‖stern m -(e)s, -e комета
Schwanz‖stück n -(e)s, -e **1.** огузок; **2.** воен. хвостовая часть *(напр. торпеды)*
schwapp int шлёп!; бац!, хлоп!
schwären vi уст. нарывать
Schwären m -s, - уст. нарыв; гнойник
Schwarm I m -(e)s, Schwärme **1.** рой *(пчёл и т. п.)*; **2.** стая *(птиц)*; косяк *(рыбы)*; **3.** ав. отряд; звено; **4.** толпа, сборище *(людей)*; **ein ~ Kinder** куча [ватага] детей; **er hat einen ~ im Kopf** он человек с заскоком
Schwarm II m -(e)s разг. **1.** увлечение *(für* A кем-л., чем-л.*)*; страсть; **2.** предмет [объект] любви, пассия; **sie ist sein ~** — его любовь [пассия]
schwärmen I vi **1.** роиться *(о пчёлах и т. п.)*; **2.** воен. уст. рассыпаться в цепь; II vimp кишеть; **es schwärmt von Menschen im Saale** в зале полно народу
schwärmen II vi **1.** *(von* D) мечтать *(о ком-л., о чём-л.)*; **2.** *(für* A) увлекаться, восторгаться *(кем-л., чем-л.)*
Schwärmer I m -s, -; **~in** f -, **nen 1.** мечтатель, -ница; энтузиаст, -тка; **2.** фанатик, -тичка
Schwärmer II m -s, - фейерверк; **~ abbrennen*** зажечь фейерверк
schwärmerisch a мечтательный; восторженный; **ein ~er Blick** мечтательный [томный] взгляд
Schwarte f -, -n **1.** толстая (свиная) кожа; **2.** шкварка; **3.** старая книга *(в переплёте из свиной кожи)*; **4.** старый зачитанный бульварный роман; **5.** мед. шварта, спайка
schwarz a **1.** чёрный, тёмный; **~e Erde** чернозём; **~e Nacht** тёмная ночь; **2.** чёрный, грязный; **eine ~e Tat** тёмное [грязное] дело; **3.** чёрный, мрачный, печальный; **~e Gedanken** мрачные мысли; **4.** чёрный, нелегальный; **der ~e Markt** чёрный рынок; **das ist wie ~ und weiß** это как день и ночь; **aus ~ weiß machen** называть чёрное белым
Schwarz n -/-es чёрный цвет; траур
Schwarz‖arbeit f -, -en нелегальный заработок
schwarz‖arbeiten vi работать нелегально; работать "налево"
schwarzäugig a черноглазый, черноокий
Schwarzbeere f -, -n черника
Schwarze subst **1.** n -n, -n чернота; чёрный цвет; чёрное (место); **ins ~e treffen*** 1) попасть в цель [яблоко мишени]; 2) перен. попасть в (самую) точку; **2.** m, f -n, -n разг. чернявый, -вая *(о человеке)*; презр. черномазый, -зая *(о неграх)*
Schwärze f -, -n **1.** чернота; **2.** вакса; **3.** типографская краска
Schwarze Elster f - Шварце Эльстер *(река в ФРГ, правый приток Эльбы)*
schwärzen vt **1.** покрывать ваксой *(обувь)*; чернить; **die Augenbrauen ~** подкрашивать [подводить] брови; **2.** коптить, покрывать копотью; **3.** разг. провозить контрабандой
Schwarz‖erde f - чернозём
Schwarze Reichswehr f - "чёрный рейхсвер" *(тайные формирования рейхсвера в период Веймарской республики)*
Schwarzer Peter m -s "чёрный Петер" *(детская карточная игра типа "акулины")*
Schwarzes Meer n -es Чёрное море *(средиземное море Атлантического океана, расположено между Европой и Азией)*
schwarz‖fahren* vi (s) разг. **1.** ездить зайцем [без билета]; **2.** водить машину, не имея водительского удостоверения; **3.** ездить "налево"
Schwarz‖fahren n -s, -; **~fahrt** f -, -en **1.** езда зайцем [без билета]; **2.** езда без права вождения машины; **3.** езда "налево"
schwarz‖gehen* vi (s) **1.** заниматься недозволенной охотой, браконьерствовать; **2.** (нелегально) переходить границу
Schwarz‖handel m -s торговля на чёрном

рынке; im ~ **kaufen** купить на чёрном рынке [из-под полы]
schwarz|handeln *vi разг.* торговать из-под полы, продавать на чёрном рынке
Schwarz∥hörer *m* -s, - 1. "радиозаяц"; 2. студент, посещающий лекции зайцем [не имея на это права]
Schwarz∥kunst *f* -, -künste чернокнижие
schwarz|sehen* *vt перен.* видеть в мрачном свете, быть пессимистом
Schwarzseher *m* -s, - пессимист
Schwarzwald *m* -es Шварцвальд *(горный массив на Ю.-З. ФРГ, земля Баден-Вюртемберг)*
Schwarzwälder Apparate-Bau-Anstalt August Schwer Söhne GmbH *f* - "Шварцвельдер аппаратебауанштальт Аугуст Швер зёне ГмбХ" *(радиотех. фирма в ФРГ)*
Schwarz∥wild *n* -(e)s чёрная дичь *(кабаны)*
Schwatz *m* -es, -e болтовня; сплетни
Schwatz∥base *f* -, -n болтунья; сплетница
schwatzen *vi*, **schwätzen** *vi* болтать, трещать; **dummes Zeug** ~ болтать чепуху
Schwätzer *m* -s, - болтун
Schwätzerei *f* -, -en болтовня; сплетни
Schwätzerin *f* -, -nen болтунья
Schwebe *f* - 1. висячее положение; **in der** ~ на весу; 2. *спорт.* вис; **das bleibt in der** ~ это остаётся нерешённым [неопределённым]
Schwebe∥bahn *f* -, -en подвесная железная дорога
Schwebe∥balken *m* -s, - бревно *(гимнастический снаряд)*
schweben *vi* (h, s) 1. парить; висеть в воздухе *(о летательном аппарате и т. п.);* 2.: **ein Lächeln schwebte auf ihren Lippen** улыбка играла на её губах; **in Gefahr** ~ находиться в опасности; **die Sache schwebt** дело ещё не улажено; 3. витать *(об игре фантазии);* **in höheren Regionen** ~ витать в облаках
Schwebe∥zustand *m* -(e)s, -zustände неустойчивое [шаткое] положение [состояние]
Schwede *m* -n, -n швед
Schwéden *(n)* -s Швеция *(гос-во на С. Европы)*
Schwedin *f* -, -nen шведка
schwedisch *a* шведский; ~**e Schüssel** *кул.* ассорти из пряных закусок; **hinter** ~**en Gardinen sitzen*** *разг.* сидеть за решёткой [в тюрьме]
Schwefel *m* -s сера; **sie halten zusammen wie Pech und** ~ ≅ их водой не разольёшь

Schwefel∥bad *n* -(e)s, -bäder *мед.* серная ванна
Schwefel∥brunnen *m* -s, - серный источник
Schwefel∥erz *n* -es сернистая руда
schwefelhaltig *a* сернистый, содержащий серу
Schwefel∥kies *m* -es серный [железный] колчедан, пирит
Schwefel∥kohlenstoff *m* -(e)s сероуглерод
schwefeln *vt* обрабатывать серой; окуривать серой
Schwefel∥quelle *f* -, -n см. Schwefelbrunnen
Schwefel∥säure *f* - серная кислота
Schwefel∥wasserstoff *m* -(e)s сероводород
Schweif *m* -(e)s, - 1. хвост; **mit dem** ~ **wedeln** вилять хвостом; 2. шлейф *(платья)*
schweifen I *vi* (s, h) блуждать, бродить; **seine Gedanken** ~ **in die Zukunft** он предался мечтаниям о будущем; II *vt* 1. *тех.* закруглять; 2. полоскать *(бельё)*
Schweif∥stern *m* -(e)s, -e комета
Schweige∥minute *f* -, -n минута молчания
schweigen* *vi* 1. молчать, замолчать; **der Lärm schweigt** шум затих; **das Feuer schweigt** огонь затих; *(von* D, *über* A) молчать, умалчивать *(о чём-л.);* **in sieben Sprachen** ~ быть нем, как рыба
Schweigen *n* -s 1. молчание; **beredtes** ~ красноречивое молчание; ~ **bewahren [behaupten]** хранить молчание; **jmdn. zum** ~ **bringen*** заставить кого-л. замолчать, зажать рот кому-л.; 2. безмолвие; **Reden ist Silber,** ~ **ist Gold** *посл.* речь – серебро, молчание – золото
schweigend I *a* безмолвный; II *adv* молча, безмолвно
schweigsam *a* молчаливый, неразговорчивый
Schweigsamkeit *f* - молчаливость, неразговорчивость
Schwein *n* -(e)s, -e свинья; ◊ **er hat** ~ ему везёт
Schweine∥braten *m* -s, - жареная свинина
Schweine∥fett *n* -(e)s свиное сало
Schweine∥fleisch *n* -(e)s свинина
Schweine∥hund *m* -(e)s, -e *груб.* свинья, подлец
Schweine∥mast *f* - откорм свиней
Schweinerei *f* -, -en *разг.* 1. свинство, неопрятность, нечистоплотность; 2. свинство, безобразие
Schweine∥schmalz *n* -(e)s (топлёное) свиное сало
Schweine∥stall *m* -(e)s, -ställe свинарник

Schweine∥zucht *f* - свиноводство
Schwein∥igel *m* -s, - *груб.* свинья, похабник
schweinisch *a разг.* свинский; грязный
Schweins∥borste *f* -, -n щетина *(свиная)*
Schweins∥brust *f* -, -brüste свиная грудинка, корейка
Schweinshaxen *m* -s "швайнсхаксен" *(южно-нем. назв. "айсбайна", см.* Eisbein*)*
Schweins∥keule *f* -, -n окорок *(свиной)*; нога *(свиньи)*
Schweiß *m* -es, -e **1.** пот; **der ~ bricht aus** пот выступает; **der ~ rinnt in Strömen** пот льёт градом; **in ~ gebadet** весь в поту; **in ~ geraten*** вспотеть; **im ~e des Angesichts** в поте лица; **2.** *охот.* кровь *(дичи, собаки)*
Schweiß∥blatt *n* -(e)s, -blätter подмышник
schweißen I *vt тех.* сваривать; **II** *vi охот.* истекать кровью
Schweißen *n* -s, - *тех.* сварка
Schweißer *m* -s, - сварщик
schweißgebadet *a* (весь) в поту, мокрый от пота
Schweiß∥hund *m* -(e)s, -e легавая собака
schweißig *a* потный
Schweiß∥leder *n* -s, - кожаная лента *(на шляпе)*
Schweiß∥mittel *n* -s, - *мед.* потогонное средство
Schweiß∥naht *f* -, -nähte сварочный шов
schweißtreibend *a* потогонный
Schweiß∥tropfen *m* -s, - капля пота
Schweißung *f* -, -en *тех.* сварка
Schweiz *f* - Швейцария *(гос-во в центр. Европе)*
Schweizer I *m* -s, - швейцарец
Schweizer II *a inv* швейцарский; **~ Bürger** гражданин Швейцарии [Швейцарской Конфедерации]
Schweizer III *m* -s, - **1.** швейцар; **2.** привратник *(в католической церкви)*; **3.** дояр
Schweizer Alpen *pl* Швейцарские Альпы *(горы в Швейцарии)*
Schweizer∥deutsch *n* -/-s немецкий язык Швейцарии
Schweizer Franken *m* -s, - швейцарский франк *(денежная единица Швейцарии, равная 100 швейцарским сантимам или раппенам)*
Schweizer Hochfläche *f* - Швейцарское плоскогорье; *см.* Mittelland
Schweizerin *f* -, -nen швейцарка
schweizerisch *a* швейцарский
Schweizerische Eidgenossenschaft *f* - Швейцарская Конфедерация *(офиц. назв. Швейцарии)*
Schweizerischer Gewerkschaftsbund *m* -es Объединение швейцарских профсоюзов *(объединение 19 отраслевых профсоюзов)*
Schweizerische Volkspartei *f* - Швейцарская народная партия *(выражает интересы средней и мелкой буржуазии и зажиточной части крестьянства)*
Schweizer Jura *m* -s Швейцарская Юра *(горы в Швейцарии)*
schwelen I *vi* **1.** тлеть *(тж. перен.)*; **die Hoffnung schwelt** надежда теплится; **2.** дымиться, коптить *(о лампе)*; **II** *vt*: **Harz ~** гнать смолу
schwelgen *vi* *(in D)* наслаждаться *(чем-л.)*; (страстно) отдаваться *(чему-л.)*; **im Überfluß ~** утопать в роскоши; **in Wonne ~** блаженствовать; **in Erinnerungen ~** предаться воспоминаниям
Schwelger *m* -s, - кутила; сибарит
Schwelle *f* -, -n **1.** порог; **die ~ jmds. Hauses betreten*** переступить порог чьего-л дома; **2.** *ж.-д.* шпала
schwellen* I *vi* (s) **1.** отекать; пухнуть; вздуваться *(о щеке, жилах)*; **ein schwellender Mund** пухлый рот; **2.** набухать *(о почках)*; **3.** прибывать *(о воде)*; **4.** *перен.* наполняться; **das Herz schwoll vor Begeisterung** восторг переполнял сердце; **II** *vt* надувать, раздувать *(паруса и т. п.)*; **ihm schwillt der Kamm** он сильно петушится
Schwellung *f* -, -en **1.** опухание; вздутие; **2.** припухлость, вздутость; опухоль
Schwemme *f* -, -n **1.** место для купания лошадей; **2.** *разг.* пивная
schwemmen *vt* **1.** купать *(лошадей)*; **2.** сносить, смывать; **3.** наносить *(водой)*; **4.** сплавлять *(лес)*
Schwemm∥holz *n* -es, -hölzer сплавной лес
Schwemm∥land *n* -(e)s, -länder нанос, наносная земля
Schwengel *m* -s, - **1.** язык *(колокола)*; **2.** *тех.* балансир; коромысло; маятник
schwenken I *vt* **1.** махать, размахивать; **2.** крутить, вертеть; **3.** полоскать *(бельё)*; **II** *vi* (h, s) повернуть, изменить направление; *перен. тж.* изменить образ мыслей; **rechts [links] ~** поправеть [полеветь]
Schwenkung *f* -, -en **1.** размахивание; **2.** поворот, перемена направления *(тж. перен.)*; **eine ~ nach links** 1) поворот налево; 2) *перен.* полевение; **3.** *воен., спорт.* захождение плечом *(при повороте строя)*
schwer I *a* **1.** тяжёлый, массивный, груз-

ный; ein ~er Panzer тяжёлый танк; 2. тяжёлый, трудный; eine ~e Aufgabe трудная задача; 3. тяжёлый, серьёзный; eine ~e Krankheit тяжёлая [серьёзная] болезнь; 4. тяжёлый, насыщенный, крепкий; eine ~e Luft тяжёлый воздух; ◇ aller Anfang ist ~ посл. лиха беда начало; II adv 1. тяжело; ~ fallen* тяжело упасть; 2. тяжело, с трудом; ~ atmen тяжело [с трудом] дышать; 3. сильно, в значительной степени; erblich ~ belastet с очень дурной наследственностью
Schwer‖arbeiter m -s, - рабочий, занятый на тяжелой работе
Schwer‖athletik f - тяжёлая атлетика
Schwerbeschädigte subst m, f -n, -n инвалид; имеющий, -щая тяжёлое телесное повреждение
Schwere f - 1. тяжесть (по весу); das Gesetz der ~ физ. закон тяготения; 2. тяжесть, серьёзность (болезни и т. п.); суровость; die ~ des Verbrechens тяжесть преступления
schwerelos a невесомый
Schwere‖losigkeit f - невесомость, состояние невесомости
Schwere‖nöter m -s, - ловелас, сердцеед
schwer|fallen* vi (s) даваться с трудом; es fällt mir schwer... мне тяжело... (что-л. сделать)
schwerfällig a 1. неповоротливый, неуклюжий; 2. тяжёлый на подъём
Schwerfälligkeit f - неповоротливость, неуклюжесть
Schwer‖gewicht n -(e)s 1. спорт. тяжёлый вес; 2. перен. (основное) значение, главная роль; акцент, упор (на чём-л., на что-л.); ~ auf etw. (A) legen уделять основное внимание чему-л.
Schwergewichtler m -s, - спорт тяжеловес
Schwergewichts‖klasse f -, -n спорт. категория тяжёлого веса
schwerhörig a тугой на ухо, глуховатый
Schwerhörigkeit f - глухота
Schwerín (n) -s Шверин (адм. центр земли Мекленбург – Передняя Померания <ФРГ>)
Schwer‖industrie f -, -i|en тяжёлая промышленность
Schwer‖kraft f - физ. тяготение, сила тяжести
schwerlich mod adv едва ли, вряд ли
Schwer‖maschinenbau m -(e)s тяжёлое машиностроение
Schwermut f - уныние, тоска, меланхолия, мрачное настроение
schwermütig a меланхоличный, унылый, грустный; ~ werden впасть в уныние

schwer|nehmen* vt принимать (что-л.) близко к сердцу; тяжело [болезненно] переживать (что-л.)
Schwer‖öl n -(e)s, -e тяжёлое топливо; дизельное топливо
Schwer‖punkt m -(e)s, -e 1. физ. центр тяжести; 2. суть, сущность, главная задача, центр тяжести; hier liegt der ~ der Frage это сущность вопроса; die ~e der Industrie узловые отрасли промышленности; 3. воен. направление главного удара (в наступлении), основные усилия (в обороне); die Bildung des ~es einleiten наметить направление главного удара [основных усилий]
Schwerpunkt‖arbeit f -, -en первоочередная [главная, основная] работа
Schwerpunkt‖aufgabe f -, -n важнейшая [главная] задача
Schwert n -(e)s, -er меч; ein blankes ~ обнажённый меч; das ~ ziehen* обнажить меч; das ~ in die Scheide stecken вложить меч в ножны; ◇ das ~ des Damokles (schwebte über ihn) (над ним висел) дамоклов меч
Schwert‖fisch m -es, -e зоол. меч-рыба
Schwert‖streich m -(e)s, -e удар мечом; ohne ~ без боя (тж. перен.)
Schwer‖verbrecher m -s, - уголовный преступник
schwerwiegend a веский, серьёзный; ~e Bedenken серьёзные опасения
Schwester f -, -n 1. сестра; 2. (медицинская) сестра, медсестра
Schwester‖anstalt f -, -en родственное учреждение (одного типа)
Schwester‖liebe f - любовь сестры
Schwestern‖liebe f - любовь между сёстрами, взаимная любовь сестёр
Schwesternschaft f -,-en 1. собир. сёстры; 2. коллектив (медицинских) сестёр; 3. женская община (преследующая благотворительные цели)
Schwester‖schiff n -(e)s, -e однотипное судно
schwieg impf от schweigen*
Schwieger‖eltern pl родители мужа [жены]
Schwieger‖mutter f -, -mütter тёща, свекровь
Schwieger‖sohn m -(e)s, -söhne зять
Schwieger‖tochter f -, -töchter невестка, сноха
Schwieger‖vater m -s, -väter тесть, свёкор
Schwiele f -, -n мозоль
schwierig a трудный, затруднительный, сложный; eine ~e Sache трудное дело
Schwierigkeit f -, -en трудность, затруднение; auf ~en stoßen* наталкиваться

на трудности; ~en aus dem Wege räumen преодолевать [устранять] трудности
Schwimm∥anstalt f -,-en 1. купальня; 2. школа плавания
Schwimm∥art f -, -en стиль плавания
Schwimmbad n -(e)s, -bäder бассейн; см. Schwimmanstalt
Schwimm∥becken n -s, - бассейн для плавания
Schwimm∥blase f -, -n плавательный пузырь (у рыб)
Schwimm∥dock n -(e)s, -e/-s мор. плавучий док
schwimmen* vi (s, h) 1. плавать, плыть; in Tränen ~ обливаться слезами; 2. разг. плавать (плохо знать что-л.)
Schwimmen n -s плавание
schwimmend I part I от schwimmen*; II a плавающий; плавучий
Schwimmer m -s, - 1. пловец; 2. мор. поплавок, буй, буёк
Schwimmer∥flugzeug n -(e)s, -e (поплавковый) гидросамолёт
Schwimm∥fähigkeit f - плавучесть
Schwimm∥fertigkeit f - умение плавать
Schwimm∥gürtel m -s, - спасательный пояс
Schwimm∥halle f -, -n закрытый бассейн (для плавания)
Schwimm∥hose f -, -n спорт. плавки
Schwimm∥panzerkampfwagen m -s, - танк-амфибия, плавающий танк
Schwimm∥schule f -, -n школа плавания
Schwimm∥stadion n -s, -di|en водная станция, водный стадион; бассейн для плавания
Schwimm∥trikot [-tri'ko:] m, n -s, -s купальный костюм
Schwimm∥unterricht m -(e)s обучение плаванию
Schwimm∥vogel m -s, -vögel водоплавающая птица
Schwimm∥weste f -, -n спасательный (пробковый) жилет; плавательный жилет
Schwindel m -s 1. головокружение; 2. надувательство, обман; ein ausgemachter ~ явное надувательство; lauter fauler ~ сплошное надувательство
Schwindel∥anfall m -(e)s, -anfälle приступ головокружения
Schwindeléi f -, -en надувательство, обман
schwindel∥erregend a головокружительный
schwindel∥frei a не подверженный головокружениям

Schwindel∥geschäft n -(e)s, -e жульническое предприятие, афёра
schwindelhaft a 1. мошеннический; 2. головокружительный (тж. перен.)
schwind(e)lig a подверженный головокружениям
schwindeln I vimp: mir schwindelt у меня кружится голова; II vi мошенничать, врать
Schwindler m -s, -; ~in f -, -nen мошенник, -ница; аферист, -ка; обманщик, -щица
Schwindsucht f - чахотка, туберкулёз; geschlossene [offene] ~ закрытая [открытая] форма туберкулёза
Schwinge f -, -n 1. с.-х. веялка, трепало; 2. pl крылья; die ~n entfalten расправить крылья (тж. перен.)
schwingen* I vt 1. махать, размахивать (чем-л.); die Waffen ~ угрожать оружием; 2. с.-х. веять; 3. с.-х. трепать (лён и т. п.); II vi 1. раскачиваться, качаться; 2. колебаться, вибрировать; III ~, sich 1. (auf D) раскачиваться (на чём-л.); 2. (über A) перескакивать, перепрыгивать (через что-л.); 3. взлетать, взвиваться (о птице и т. п.); sich aufs Pferd ~ вскочить на коня
Schwingen n -s 1. см. schwingen*; 2. спорт. размахивание
Schwinger m -s, - 1. тех. вибратор; 2. удар наотмашь, свинг (бокс)
Schwing∥pferd n -(e)s, -e спорт. (гимнастический) конь
Schwingung f -, -en 1. качание; колебание; 2. вибрация
Schwips m -es, -e разг. лёгкое опьянение
schwirren vi (h, s) 1. (про)свистеть; (про)жужжать, (про)лететь со свистом; schwirr! разг. убирайся!; mir schwirrt der Kopf (von D) у меня голова кругом идёт (от чего-л.); 2. роиться (о пчёлах, о мыслях)
Schwitz∥bad n -(e)s, -bäder паровая баня, парная
schwitzen vi, vt 1. потеть; am ganzen Körper ~ пропотеть насквозь; jmdn. ~ lassen* вогнать кого-л. в пот; vor Angst ~ испытывать панический страх; 2. запотевать (об окнах и т. п.)
Schwitz∥mittel n -s, - потогонное (средство)
schwofen vi разг. плясать, танцевать
schwoll impf от schwellen*
schwor impf от schwören*
schwören* vt, vi 1. клясться; bei seiner Ehre ~ клясться честью; Treue ~ клясться в верности; 2. присягать, давать

присягу; 3. *(zu* D) объявлять себя приверженцем *(кого-л., чего-л.)*
schwuchten *vi* кутить, вести разгульную жизнь
schwül *a* знойный, душный
Schwüle *f* - 1. духота, зной; 2. подавленность, упадок духа
Schwulität <*dt.-lat.*> *f* -, -en, б. ч. *pl* разг. затруднительное положение; **in ~en geraten*** попадать в затруднительное положение
Schwulst *m* -es, Schwülste 1. опухоль; 2. высокопарность, напыщенность
schwülstig *a* напыщенный; высокопарный; **ein ~er Stil** вычурный [высокопарный] стиль
Schwülstigkeit *f* 1. - высокопарность, напыщенность; 2. -, -en высокопарное [напыщенное] место *(в книге и т. п.)*
Schwund *m* -(e)s 1. потеря, исчезновение; 2. *мед.* атрофия; 3. усушка, усадка; 4. *радио* замирание
Schwung *m* -(e)s, Schwünge 1. взмах, полёт, размах; 2. подъём, воодушевление, порыв; **~ haben** иметь широкий размах; **in ~ kommen*** приобретать широкий размах; 3. темп *(работы)*
Schwung‖brett *n* -(e)s, -er трамплин
Schwung‖kraft *f* - 1. *физ.* центробежная сила; 2. энергия, дух; **der Erfolg gab ihm neue ~** успех воодушевил его [вселил в него новую энергию]
Schwung‖rad *n* -(e)s, -räder маховик, маховое колесо
schwungvoll *a* 1. воодушевлённый, оживлённый; 2. бойкий *(о торговле и т. п.);* 3. размашистый
Schwupper *m* -s, - маленькая ошибка, промах, недосмотр
Schwups *m* -es, -e разг. толчок
schwur *impf om* schwören*
Schwur *m* -(e)s, Schwüre клятва; присяга; **einen ~ ablegen [leisten, tun*]** дать клятву; **einen ~ brechen* [verletzen]** нарушить клятву
Schwur‖gericht *n* -(e)s, -e суд присяжных
Schwyz (*n*) - Швиц *(адм. центр кантона и кантон в Швейцарии)*
Seal [si:l] <*engl.*> *m* -s, -s 1. морской котик; 2. котик *(мех)*
Seance [se'âs(ə)] <*lat.-fr.*> *f* -, -cen [-sən] (спиритический) сеанс
Seattle [si:'ɛtl] (*n*) -s Сиэтл *(город на С.-З. США)*
Sebald/Sebáldus Себальд/Себальдус *(муж. имя)*
Sebástian Себастиан/Севастьян *(муж. имя)*

Sech *n* -(e)s, -e *с.-х.* резец, сошник, лемех
sechs *num* шесть; шестеро
Sechs *f* -, -en (число) шесть; шестёрка
Sechs‖eck *n* -(e)s, - шестиугольник
sechsfach I *a* шестикратный; II *adv* в шесть раз, вшестеро
Sechstage‖rennen *n* -s, - *спорт.* шестидневные гонки
Sechstage‖woche *f* -, -n шестидневка
sechste *num* шестой
Sechstel *n* -s, - шестая часть
sechzehn *num* шестнадцать
sechzig *num* шестьдесят
Sechziger *m* -s, -; **~in** *f* -, -nen мужчина [женщина] в возрасте от 60 до 70 лет
Sedimént <*lat.*> *n* -(e)s, -e 1. *мед.* осадок, отстой; 2. *геол.* отложение, наслоение
See I *f* -, Seen ['ze:ən] море; **auf offener [hoher] ~** в открытом море; **zur ~** по морю; **an der ~** на берегу моря; **in ~ stechen* [gehen*]** уходить в море
See II *m* Sees [ze:s/'ze:es], Seen ['ze:ən] озеро
See‖bad *n* -(e)s, -bäder приморский курорт; морское купание
See‖bär *m* -en, -en 1. морской котик; 2. морской волк, бывалый моряк; 3. *pl* ~bären одиночные высокие волны, вызванные атмосферными условиями
See‖fahrer *m* -s, - мореплаватель, моряк
See‖fahrt *f* -, -en 1. мореплавание; морское судоходство; 2. путешествие [поездка] морем [по морю]
seefest *a* не подверженный морской болезни
See‖fisch *m* -(e)s, -e морская рыба
See‖fischerei *f* - морское рыболовство
See‖flugzeug *n* -(e)s, -e гидросамолёт
See‖flugzeugträger *m* -s, - авианосец
See‖gang *m* -(e)s, -gänge волнение на море, на озере
See‖gefecht *n* -(e)s, -e морской бой
seegestützt *a* морского базирования *(о ракетах и т. п.)*
See‖hafen *m* -s, - häfen морской порт
See‖hund *m* -(e)s, -e тюлень
Seehunds‖tran *m* -(e)s ворвань, тюлений жир
seeklar *a* готовый к выходу в море *(о судне)*
seekrank *a* страдающий морской болезнью
See‖kuh *f* -, -kühe 1. *зоол.* сирена; 2. *pl* сирены
Seele *f* -, -n 1. душа; **aus tiefster ~ danken** благодарить от всей души; **etw. auf der ~ haben** иметь что-л. на душе [на

совести]; **sich (D) etw. von der ~ heruntersprechen*** высказать, что есть на душе; **er ist mit Leib und ~ bei der Arbeit** он весь поглощён работой; **sie sind ein Herz und eine ~** они живут душа в душу; **eine ~ von einem Menschen** душа-человек; **2.** *бот.* сердечник, сердцевина; **3.** *тех.* сердечник, жила *(кабеля);* **4.** *воен.* канал *(ствола)*
Seelen‖angst *f* -, -ängste сильный страх
Seelen‖frieden *m* -s душевное спокойствие
Seelen‖krankheit *f* -, -en душевная болезнь
seelenlos *a* бездушный, чёрствый
Seelen‖ruhe *f* - душевный покой, благодушие
seelen(s)gut *a* очень добрый; **ein ~er Kerl** добряк
Seelen‖störung *f* -, -en душевное расстройство
Seelen‖zustand *m* -(e)s, -zustände душевное состояние
See‖leute *pl* моряки
seelisch *a* душевный; психический
See‖löwe *m* -n, -n *зоол.* морской лев
Seel‖sorger *m* -s, - духовник, пастырь
See‖luftstreitkräfte *pl* авиация военно-морского флота
See‖macht *f* -, -mächte морская держава
See‖mann *m* -(e)s, -leute/-männer моряк; матрос
See‖meile *f* -, -n морская миля
See‖not *f* - авария, крушение *(на море)*
Seen‖platte ['ze:ən-/ze:n-] *f* -, -n озёрный край
See‖pferdchen *n* -s, - *зоол.* морской конёк
See‖räuber *m* -s, - пират
See‖rose *f* -, -n кувшинка, белая лилия
See‖rüstung *f* -, -en морские вооружения
See‖schiff *n* -(e)s, -e морское [океаническое] судно
See‖schlacht *f* -, -en морское сражение
See‖soldat *m* -en, -en солдат морской пехоты
See‖stadt *f* -, -städte приморский город
See‖streitkräfte *pl* военно-морские силы
See‖stützpunkt *m* -(e)s, -e военно-морская база
See‖tang *m* -(e)s, -e морская водоросль
See‖weg *m* -(e)s, -e морской путь; **auf dem ~** морем
See‖wesen *n* -s морское дело
See‖wind *m* -(e)s, -e морской ветер
See‖zeichen *n* -s, - морской навигационный знак
Seffi Зеффи *(краткая форма жен. имени* Josephine*)*

Segel *n* -s, - парус; **die ~ hissen [setzen, aufziehen*]** поднять [поставить, натянуть] паруса; **die ~ reffen [bergen, einziehen*]** убрать [свернуть, уменьшить] паруса; **mit vollen ~n fahren*** идти на всех парусах; **jmdm. den Wind aus den ~n nehmen*** лишать кого-л. возможности действовать
Segel‖boot *n* -(e)s, -e парусная лодка
Segel‖fahrt *f* -, -en плавание под парусами
Segel‖flug *m* -(e)s, -flüge планирующий полёт; полёт на планере
Segel‖flugsport *m* -(e)s планёрный спорт
Segel‖flugzeug *n* -(e)s, -e *ав.* планёр
segeln *vi* (h, s) **1.** плавать, плыть, идти (под парусами); **2.** *ав.* парить
Segel‖regatta *f* -, -tten парусная регата
Segel‖schiff *n* -(e)s, -e парусное судно
Segel‖sport *m* -(e)s парусный спорт
Segel‖tuch *n* -(e)s, -e парусина
Segen *m* -s, - **1.** благословение; **den ~ über jmdn. sprechen*** благословить кого-л.; **2.** благословение, одобрение; **seinen ~ zu etw. (D) geben*** давать своё согласие на что-л.; **3.** счастье, благодать, удача; **das bringt keinen ~** это счастья не принесёт
Segens‖wunsch *m* -(e)s, -wünsche доброе пожелание
Segge *f* -, -n *бот.* осока
Segler *m* -s, - **1.** парусник, парусное судно; **2.** моряк [человек], плавающий на паруснике
Segmént <*lat.*> *n* -(e)s, -e сегмент
segnen *vt* **1.** благословить; **2.** благословлять *(что-л.),* давать согласие *(на что-л.),* одобрять *(что-л.);* ✧ **in gesegneten Umständen sein** быть в интересном положении *(о беременной)*
Seh‖achse *f* -, -n *физ.* оптическая ось
sehen* I *vi* смотреть, глядеть; **in den Spiegel ~** смотреть в зеркало; **in die Sonne ~** смотреть на солнце; **zum Fenster (hinaus) ~** смотреть из окна; **die Augen aus dem Kopfe ~** проглядеть все глаза; **jmdm. ins Herz ~** заглянуть кому-л. в душу; **jmdm. ähnlich ~** быть похожим на кого-л.; **auf seinen Vorteil ~** преследовать (свою) выгоду; II *vt* видеть; **scharf ~** хорошо видеть, быть зорким; **ich sah ihn kommen** я видел, как он подходил [пришёл]; **ich habe es kommen ~** я это предвидел; **sich lassen*** показываться; **lassen Sie sich ~!** не забывайте нас!; **sich getäuscht ~** обмануться (в своих ожиданиях); III **~, sich** видеться, встречаться

Sehen *n* -s зрение; **ihm verging Hören und ~** у него отшибло слух и зрение, он перестал соображать
sehenswürdig *a* достопримечательный, достойный внимания
Sehenswürdigkeit *f* -, -en достопримечательность
Seher *m* -s, - **1.** пророк, ясновидец; **2.** астролог
Seh∥feld *n* -(e)s, -er *физ.* поле зрения
Seh∥kraft *f* -, -kräfte зрение
Seh∥kreis *m* -es, -e кругозор; видимый горизонт
Seh∥loch *n* -(e)s, -löcher зрачок
Sehne *f* -, -n **1.** сухожилие; **die ~n zerren** растянуть сухожилия; **2.** *мат.* хорда; **3.** тетива
sehnen, sich (*nach* D) тосковать (*по кому-л., по чём-л., по кому-л., по чему-л.*); стремиться (*к кому-л., к чему-л.*)
Sehnen∥zerrung *f* -, -en растяжение сухожилий
Seh∥nerv *m* -s/-ven [-fən/-vən], -ven [-fən/-vən] зрительный нерв
Sehnsucht *f* - (*nach* D) страстное желание (*чего-л.*); стремление (*к кому-л., к чему-л.*); тоска (*по кому-л., по чём-л.*); **er vergeht vor ~** его мучит тоска
sehr *adv* очень, весьма; **bitte ~!** пожалуйста!, прошу!; **danke ~!** большое спасибо!; **~ schön!** прекрасно!
Seh∥rohr *n* -(e)s, -e перископ
Seh∥schärfe *f* -, -n острота зрения
Seh∥schlitz *m* -es, -e смотровая щель
sehschwach *a* плохо видящий, со слабым зрением
Seh∥vermögen *n* -s зрение
Seh∥weite *f* -, -n предел зрения, поле зрения
seicht *a* **1.** мелкий, неглубокий (*о воде*), **ein ~er Fluß** мелководная река; **2.** поверхностный, пустой; **~es Gerede** пустые разговоры
Seide *f* -, -n шёлк (*нитки, ткань*); **~ tragen*** ходить в шелках; **mit ~ gefüttert** на шелку, на шёлковой подкладке
Seidel *n* -s, - кружка (*пивная*); **ein ~ Bier** кружка пива
seiden *a* шёлковый; ◊ **die Sache hängt an einem ~en Faden** дело висит на волоске
Seiden∥bau *m* -(e)s шелководство
Seiden∥papier *n* -s, -e папиросная бумага
Seiden∥raupe *f* -, -n гусеница шелкопряда
Seiden∥spinner *m* -s, - *зоол.* шелкопряд
Seiden∥spinnerei *f* -, -en шелкопрядильная фабрика
Seiden∥stickerei *f* -, -en вышивание шёл-

ком
Seiden∥zucht *f* - шелководство
seidig *a* шелковистый
Seife *f* -, -n мыло
seifen *vt* мылить, намыливать
Seifen∥blase *f* -, -n мыльный пузырь
Seifen∥lauge *f* - мыльный щёлок
Seifen∥napf *m* -(e)s, -näpfe мыльница
Seifen∥schaum *m* -(e)s мыльная пена
Seifen∥sieder *m* -s, - мыловар; ◊ **jetzt geht mir ein ~ auf!** *шутл.* теперь мне всё ясно!
seifig *a* **1.** мыльный; **2.** мылоподобный (*о строении минералов*)
Seihe *f* -, -n ситечко, цедилка
seihen *vt* процеживать
Seil *n* -(e)s, -e канат; трос; ◊ **am gleichen ~ ziehen*** действовать сообща, быть заодно (*с кем-л.*)
Seil∥bahn *f* -, -en канатная подвесная дорога
seilen *vt* оснащать (*судно*)
Seil∥tänzer *m* -s, -, канатоходец
Seim *m* -(e)s, -e *уст.* **1.** мёд; **2.** патока; **3.** густой сок
sein *pron poss m* (*f* seine, *n* sein, *pl* seine) свой (своя, своё, свои)
sein* I *vi* (s) **1.** быть, существовать; **er ist nicht mehr** его больше нет (в живых); **kann ~!, mag ~!** возможно!; может быть!; **etw. ~ lassen*** оставить какое-л. намерение, отказаться от чего-л.; **laß das ~!** оставь это!, *разг.* брось!; **es ist an ihm** (etw. zu tun) его очередь (что-л. сделать); **2.** быть, находиться; **in Betrieb ~** быть в эксплуатации; **3.** происходить, быть родом (*откуда-л.*); **4.** быть, являться (*в функции связки*); **es ist kalt** холодно; **5.** с *zu+inf выражает долженствование*: **dieses Problem ist zu lösen** эту проблему необходимо решить; II вспомогательный глагол, служащий для образования перфекта и плюсквамперфекта: **er ist [war] gekommen** он пришёл
Sein *n* -s бытие, существование; **das ~ bestimmt das Bewußtsein** бытие определяет сознание
Seine *subst*: **der ~** [**die ~, das ~, die ~n**] его; свой (*принадлежащий, свойственный лицу, выраженному подлежащим*); **das ~** его; его имущество; **своё ~** своё имущество; **die ~n** его; его близкие [родные]
Seine [sɛːn] *f* - Сена (*река на С. Франции*)
Seiner <*engl.*> *m* -s, - сейнер (*рыболовное судно*)

seinerseits *adv* с его стороны; что касается его
seinerzeit *adv* **1.** в своё время, тогда; **2.** в своё время, позднее
seinerzeitig *a* тогдашний
seinet‖halben, ~wegen *adv* **1.** ради него; из-за него; **2.** по его мнению; **~willen** *adv*: **um ~willen** ради него
Seinige *см.* **Seine; er hat das ~ getan** он своё сделал
Seismográph <*gr.*> *m* -en, -en сейсмограф
seit I *prp* (D) *указывает на пункт во времени, с которого что-л. начинается, и на продолжительность действия:* с, от; **~ dem Tage** с того дня; **~ gestern** со вчерашнего дня; **II** *conj* с тех пор как
seitdém I *adv* с тех пор, с того времени; **~ sind Jahre vergangen** с тех пор прошли годы; **II** *conj* с тех пор как
Seite *f* -, -n **1.** сторона; бок; **die rechte ~ des Stoffes** лицевая сторона ткани; **~ an ~** бок о бок, плечом к плечу; **jmdm. zur ~ stehen*** помогать кому-л.; **an jmds. ~ sein** быть на чьей-л. стороне; **2.** сторона, направление; **von allen ~n** со всех сторон; **3.** сторона *(характера, вопроса и т. п.);* **4.** сторона *(договаривающаяся, неприятельская и т. п.);* **von gut informierter ~** из достоверных источников; **5.** сторона *(линия родства);* **von mütterlicher ~ verwandt** родня со стороны матери; **6.** страница; **ein Buch von hundert ~en** книга в сто страниц
Seiten‖abweichung *f* -, -en уклонение в сторону; *ав., воен.* девиация
Seiten‖ansicht *f* -, -en профиль; вид сбоку
Seiten‖blick *m* -(e)s, -e **1.** взгляд в сторону; **2.** намёк
Seiten‖eingang *m* -(e)s, -gänge чёрный ход
Seiten‖flügel *m* -s, - флигель; пристройка
Seiten‖gasse *f* -, -n переулок
Seiten‖gewehr *n* -(e)s, -e штык; **das ~ aufpflanzen** примкнуть штык; **das ~ an Ort bringen*** отомкнуть штык
Seiten‖hieb *m* -(e)s, -e **1.** удар в бок; **2.** намёк
seitens *prp* (G) со стороны *(кого-л.);* **~ des Klägers** со стороны истца
Seiten‖schiff *n* -(e)s, -e *архит.* боковой продольный неф
Seiten‖sprung *m* -(e)s, -sprünge **1.** прыжок в сторону; **2.** уклонение *(в докладе и т. п.);* ◊ **Seitensprünge machen** заводить на стороне любовные шашни
Seiten‖stechen *n* -s *мед.* покалывание в боку

Seiten‖wechsel *m* -s, - *спорт.* смена ворот, перемена сторон
Seiten‖weg *m* -(e)s, -e окольная дорога; окольный путь
Seiten‖zahl *f* -, -en **1.** число страниц; **2.** *полигр.* колонцифра
seithér *adv* с тех пор, с того времени
seitlich I *a* боковой, латеральный; **II** *adv* сбоку; набок
Sekánte <*lat.*> *f* -, -n *мат.* секущая линия
Sekrét <*lat.*> *n* -(e)s, -e **1.** *биол.* секрет *(желёз);* **2.** секрет, тайна
Sekretär I <*lat.*> *m* -s, -e секретарь
Sekretär II <*lat.-fr.*> *m* -s, -e уст. секретер, бюро, письменный стол
Sekretariát <*lat.*> *n* -(e)s, -e **1.** секретариат; **2.** секретарство
Sekt <*lat.-it.-fr.*> *m* -(e)s, -e шампанское
Sekte <*lat.*> *f* -, -n *рел.* секта
Sekt‖glas *n* -es, -gläser бокал для шампанского
Sektierer <*lat.*> *m* -s, - *рел.* сектант *(тж. перен.)*
sektiererisch <*lat.*> *a* сектантский
Sektión <*lat.*> *f* -, -en **1.** секция; отдел; участок; **2.** *мед.* вскрытие трупа
Sektor <*lat.*> *m* -s, -tóren сектор
Sekundánt <*lat.-fr.*> *m* -en, -en секундант
sekundär <*lat.-fr.*> *a* **1.** вторичный; **2.** второстепенный
Sekúnde <*lat.*> *f* -, -n секунда
Sekunden‖zeiger *m* -s, - секундная стрелка
sekundieren <*lat.-fr.*> *vi* (D) реже *vt* **1.** быть *(чьим-л.)* секундантом *(на дуэли и т. п.);* **2.** помогать *(кому-л.);* охранять *(кого-л.);* **3.** *муз.* аккомпанировать
selber *pron dem* сам, сама, само, сами; ◊ **~ essen macht fett** *посл.* ≡ своя рубашка ближе к телу
selbst I *pron dem* сам, сама, само, сами; **er ist ~ gekommen** он сам пришёл; **das versteht sich von ~** это само собой разумеется; ◊ **jeder ist sich ~ der Nächste** *посл.* ≡ своя рубашка ближе к телу; **~ getan ist wohl getan** *посл.* ≡ не надейся, дед, на чужой обед; **hilf dir ~, so hilft dir Gott** *посл.* ≡ на Бога надейся, а сам не плошай; **II** *prtc* даже; **~ er hat sich geirrt** даже он ошибся
Selbst *n* -/-es "я", сама личность
Selbst‖achtung *f* - самоуважение
selbständig *a* **1.** самостоятельный; независимый; **2.** автономный
Selbständigkeit *f* - **1.** самостоятельность; независимость; **2.** автономность

Selbst‖anschlußamt *n* -(e)s, -ämter автоматическая телефонная станция
Selbst‖aufopferung *f* - самопожертвование
Selbst‖bedienung *f* - самообслуживание
Selbst‖befriedigung *f* -, -en 1. самодовольство; 2. самоудовлетворение; онанизм
Selbst‖behauptung *f* - самоутверждение; отстаивание своих прав [своей самостоятельности]
Selbst‖beherrschung *f* - самообладание
Selbst‖bekenntnis *n* -ses, -se (добровольное) признание
Selbst‖bestimmung *f* - самоопределение
Selbst‖betrug *m* -(e)s самообман
selbstbewußt *a* 1. уверенный в себе; 2. самоуверенный; самонадеянный
Selbst‖bewußtsein *n* -s 1. чувство собственного достоинства, самоуверенность; 2. самосознание
Selbst‖bildnis *n* -ses, -se автопортрет
Selbst‖entlader *m* -s, - *тех.* самосвал
Selbst‖entzündung *f* -, -en самовозгорание, самовоспламенение
Selbst‖erhaltungstrieb *m* -(e)s инстинкт самосохранения
Selbst‖erkenntnis *f* - самопознание
Selbst‖erniedrigung *f* -, -en самоунижение
Selbst‖erregung *f* -, -en *физ.* самовозбуждение
selbstfahrend *a* самоходный
Selbst‖gebrauch *m* -(e)s собственное потребление
Selbst‖gefälligkeit *f* - самодовольство
Selbst‖gefühl *n* -(e)s чувство собственного достоинства
Selbst‖genügsamkeit *f* - самоуспокоенность, благодушие
Selbst‖gespräch *n* -(e)s, -e монолог
Selbst‖herrschaft *f* - самодержавие
Selbst‖herrscher *m* -s, - самодержец
Selbst‖hilfe *f* - самопомощь
Selbst‖kosten *pl* себестоимость
Selbstkosten‖senkung *f* -, -en снижение себестоимости
Selbst‖kritik *f* - самокритика
selbstkritisch *a* самокритичный
Selbstlade‖gewehr *n* -(e)s, -e самозарядная винтовка
Selbst‖lauf *m* -(e)s самотёк; **dem ~ überlassen*** пустить на самотёк
Selbstling *m* -(e)s, -e эгоист, себялюбец
Selbst‖lob *n* -(e)s самовосхваление
selbstlos *a* 1. самоотверженный; 2. альтруистический
Selbst‖losigkeit *f* - бескорыстие; самоотверженность

Selbst‖mitleid *n* -(e)s жалость к самому себе
Selbst‖mord *m* -(e)s, -e самоубийство; ◇ **~ begéhen*** покончить жизнь самоубийством
Selbst‖mörder *m* -s, -; **~in** *f* -, -nen самоубийца
selbstmörderisch *a* самоубийственный
Selbst‖schutz *m* -es самозащита
Selbst‖sicherheit *f* - уверенность в себе, самоуверенность
Selbst‖studium *n* -s, -di|en самостоятельная учёба, самостоятельное изучение
Selbst‖sucht *f* - эгоизм, себялюбие
selbstsüchtig *a* себялюбивый, эгоистичный
selbsttätig *a* 1. самодеятельный; 2. автоматический; самодействующий
Selbst‖tätigkeit *f* - самодеятельность, проявление личной инициативы
Selbst‖täuschung *f* -, -en самообман, самообольщение
Selbst‖tor *n* -(e)s, -e гол в свои ворота *(футбол)*
Selbst‖überhebung *f* - высокомерие
Selbst‖überwindung *f* -, -en большое усилие над самим собой
Selbst‖unterricht *m* -(e)s самообразование
Selbst‖vergessenheit *f* - самозабвение, самоотверженность, альтруизм
Selbst‖verleugnung *f* - самоотречение, самозабвение, самоотверженность
Selbst‖verpflichtung *f* -, -en личное [индивидуальное] обязательство
selbstverständlich I *a* само собой разумеющийся, естественный, нормальный; II *adv* (само собой) разумеется
Selbst‖verständlichkeit *f* -, -en действие, которое само собой разумеется
Selbst‖verstümmelung *f* -, -en умышленное нанесение себе увечья
Selbst‖verteidigung *f* - самооборона, самозащита
Selbst‖vertrauen *n* -s самоуверенность, уверенность в своих силах
Selbst‖verwaltung *f* -, -en самоуправление
Selbst‖zucht *f* - самодисциплина
Selbst‖zufriedenheit *f* - самодовольство, чванство
Selbst‖zweck *m* -(e)s, -e самоцель
Selektión <*lat.*> *f* -, -en селекция; отбор
Selektivität <*lat.*> *f* - избирательность, селективность
selig *a* 1. счастливый, радостный; блаженный; **~e Stunden** счастливые часы; 2. *высок.* покойный, умерший; **ihr ~er Vater** её покойный отец
Seligérsee *m* -s Селигер *(озеро в Тверской и Новгородской обл. РФ)*

Seligkeit *f* - блаженство, высшее счастье
Sellerie <*gr.-lat.-it.*> *m* -s, -s, *f* -, -i|en бот. сельдерей
selten *a* редкий, редкостный
Seltenheit *f* -, -en редкость; исключительность; диковин(к)а
seltsam *a* странный; особенный; необычный; **ein ~es Betragen** странное поведение; **ein ~er Mensch** странный человек, чудак
"**seltsamer Krieg**" *m* -es "странная война" *(распространённое название периода 2-й мировой войны на Зап. фронте с сентября 1939 по май 1940, когда не велось активных боевых действий)*
Seltsamkeit *f* -, -en странность; диковинность; необычайность; причудливость
Semántik <*gr.*> *f* - лингв. семантика, семасиология
semántisch <*gr.*> *a* лингв. семантический, смысловой
Semester <*lat.*> *n* -s, - семестр, полугодие
Semifinále <*lat.-it.*> *n* -s, -s/-li спорт. полуфинал
Semikólon <*lat.*> *n* -s, -s/-la грам. точка с запятой
Seminár <*lat.*> *n* -s, -e 1. семинар; 2. семинария *(учебное заведение)*
Semit(e) <*lat.*> *m* -ten, -ten; **~tin** *f* -, -nen семит, -ка
semitisch <*lat.*> *a* семитский, семитический
Semmel *f* -, -n булка; ◊ **die Ware geht ab wie warme ~n** товар продаётся нарасхват
Semmering *m* -s Земмеринг *(перевал в Альпах <Австрия>)*
Senat I *m* -s, -e 1. сенат; 2. сенат *(правительство <магистрат> Бремена, Гамбурга, Берлина и Вены)*
Senat II *m* -s, -e сенат *(руководящий орган университета в Австрии и ФРГ)*
Senátor <*lat.*> *m* -s, -tóren сенатор
senatórisch <*lat.*> *a* сенатский
Send‖bote *m* -n, -n посланец; гонец
Sende‖folge *f* -, -n цикл [серия] радиопередач
senden* *vt* 1. посылать, отправлять; 2. передавать по радио
Sender *m* -s, - 1. (радио)передатчик; радиостанция; 2. отправитель
Sende‖raum *m* -(e)s, -räume радиостудия
Sende‖station *f* -, -en радиостанция
Sende‖zeit *f* -, -en время радиопередач
Send‖schreiben *n* -s, - послание
Sendung *f* -, -en 1. посылка; отправление; перевод *(денежный)*; 2. (радио)передача, трансляция; **eine ~ auf Wellenlänge ... Meter** передача на волнах в диапазоне ... метров; 3. миссия, поручение
Sénegal Сенегал (1. *m* река на З. Африки; 2. *n* страна в Зап. Африке)
Senf *m* -(e)s, -e горчица; ◊ **seinen ~ dazugeben*** разг. вставить (острое) словечко; **einen langen ~ machen** разг. тянуть волынку, разводить канитель
Senf‖büchse *f* -, -n горчичница
Senf‖gas *n* -es иприт, горчичный газ
Senf‖pflaster *n* -s, - мед. горчичник
Senf‖topf *m* -(e)s, -töpfe см. Senfbüchse
sengen *vt* палить, жечь; **in einem Lande ~ und brennen*** опустошить страну огнём и мечом
senior <*lat.*> *a* старший *(употребляется после имен собств.)*; **Müller ~** Мюллер старший
Senior <*lat.*> *m* -s, -nióren старейшина, старшина
Senkblei *n* -(e)s, -e мор. лот
Senke *f* -, -n низина
Senkel *m* -s, - 1. шнурок *(ботинка)*; 2. стр. отвес
senken I *vt* 1. опускать *(руку)*; наклонять, опускать *(голову)*; потуплять, опускать *(взор)*; **die Fahne ~** склонять знамя; **die Knie ~** преклонять колена; 2. погружать, опускать; 3. снижать *(цены)*; 4. снижать, умерять *(тон)*; понижать *(голос)*; II **~, sich** 1. спускаться *(о дороге)*; 2. оседать; 3. перен. опускаться; **die Nacht senkte sich auf die Erde** ночь опустилась на землю; 4. понижаться *(об уровне воды)*; снижаться *(о ценах и т. п.)*
Senk‖grube *f* -, -n помойная [выгребная, сточная] яма
senkrecht *a* отвесный, вертикальный
Senkrechte *subst f* -n, -n перпендикуляр
Senkung *f* -, -en 1. спуск; склон; **eine leicht abfallende ~** отлогий спуск; 2. опускание; провисание; осадка; 3. погружение, опускание; 4. понижение, снижение *(цен и т. п.)*
Senne *f* -, -n горное пастбище, альпийский луг
Sensatión <*lat.*> *f* -, -en сенсация; **eine ~ erregen** произвести сенсацию
Sense *f* -, -n с.-х. коса
Sensen‖mann *m* 1. -(e)s, -männer косарь; 2. -(e)s смерть *(в образе скелета с косой)*
sensíbel <*lat.-fr.*> *a* 1. чувствительный; 2. впечатлительный

Sensibilität <*lat.-fr.*> *f* - чувствительность, впечатлительность
Sensualísmus <*lat.*> *m* - сенсуализм
Senta Зента *(жен. имя)*
Senténz <*lat.*> *f* -, -en сентенция, изречение
sentimentál <*lat.-fr.-engl.*> *a* сентиментальный, чувствительный
Sentimentalísmus <*lat.-fr.-engl.*> *m* - *лит.* сентиментализм
Sentimentalität <*lat.-fr.-engl.*> *f* 1. - сентиментальность, чувствительность; 2. -, -en сентиментальности, сантименты
Separatión <*lat.-fr.*> *f* -, -en отделение, обособление
Separátor <*lat.-fr.*> *m* -s, -tóren *с.-х.* сепаратор
separíeren <*lat.-fr.*> *vt* горн. отделять, сепарировать
Sepp/Seppl Зепп/Зеппль *(краткая форма муж. имени* Josef*)*
Sepsis <*gr.*> *f* - *мед.* сепсис, общее заражение
Septémber <*lat.*> *m* -/-s, - сентябрь
Séraph *(hebr.-lat.) m* -s, -e/-im *рел.* серафим *(шестикрылый ангел)*
Serbe *m* -n, -n; ~in *f* -, -nen серб, -ка
Serbi̱en *(n)* -s Сербия *(европейское гос-во в составе Югославии)*
serbisch *a* сербский
Serenáde <*lat.-it.-fr.*> *f* -, -n серенада; jmdm. eine ~ bringen* пропеть серенаду кому-л.
Sergeant [-'ʒant] <*lat.-fr.-engl.*> *m* -en, -en сержант
Sergius Сергиус/Сергей *(муж. имя)*
Seri̱e <*lat.*> *f* -, -n серия
Serien‖fertigung *f* -, -en серийное производство
Seri̱en‖schaltung *f* -, -en эл. последовательное соединение [включение]
seri̱enweise I *a* серийный; II *adv* сериями
Serpentíne <*lat.*> *f* -, -n 1. извилистая линия; 2. извилистая (горная) дорога; извилины дороги
Serum <*lat.*> *n* -s, Seren/Sera *мед.* сыворотка
Service I [-'viːs] <*lat.-fr.*> *n* -/-s [-'viːsəs], -[-'viːs(ə)] сервиз, прибор *(чайный, столовый)*
Service II ['sœːvis] <*lat.-fr.-engl.*> *m* -, -s [-səs] бытовое обслуживание, сервис
servíeren [-viː-] <*lat.-fr.*> *vt* сервировать; подавать *(на стол)*
Serviette [-'viɛtə] <*lat.-fr.*> *f* -, -n салфетка
Servus! [-vus] <*lat.*> *int* здравствуй!; прощай!

Sessel *m* -s, - кресло
seßhaft *a* оседлый; ~ werden поселиться, осесть где-л.
Seßhaftigkeit *f* - оседлость
Sessión <*lat.*> *f* -, -en сессия; заседание
Setz‖ei *n* -(e)s, -er яичница-глазунья
setzen I *vt* 1. (по)ставить; положить; посадить; jmdn. ans Land ~ высадить кого-л. на берег; das Glas an den Mund ~ поднести стакан ко рту; seinen Namen unter den Text ~ поставить своё имя под текстом; 2. ставить, устанавливать, воздвигать; ein Denkmal ~ поставить памятник; einen Ofen ~ класть [поставить] печь; die Segel ~ поднять паруса; 3. устанавливать, назначать; eine Frist ~ установить срок; einen Preis auf etw. (A) ~ назначить цену на что-л.; 4. (auf A) ставить, делать ставку *(на что-л.)*; alles aufs Spiel ~ поставить всё на карту; 5. переложить *(на музыку)*; ein Gedicht in Musik ~ переложить стихотворение на музыку; 6. сажать *(растения)*; 7. полигр. набирать; 8.: große Hoffnungen auf jmdn., auf etw. ~ возлагать большие надежды на кого-л., на что-л.; Vertrauen auf jmdn. ~ доверять кому-л.; sich (D) ein Ziel ~ поставить себе цель; 9.: es wird Hiebe ~ *разг.* будет трёпка; II *vi* (h, s): über den Fluß ~ переправиться через реку; III ~, sich 1. садиться; 2. оседать *(о грунте и т. п.)*; 3. осаждаться, садиться *(о пыли и т. п.)*; 4.: sich in den Besitz von etw. (D) ~ овладеть чем-л.; sich mit jmdm. in Verbindung ~ связаться с кем-л.; sich zur Ruhe ~ уйти на покой, уйти на пенсию
Setzer *m* -s, -; ~in *f* -, -nen наборщик, -щица *(полигр.)*
Setzereí *f* -, -en *полигр.* наборный цех
Setzling *m* -s, -e саженец; *pl* рассада
Seuche *f* -, -n эпидемия, зараза
seufzen *vi* вздыхать; schwer ~ тяжело вздыхать; стонать, охать; nach jmdm., nach etw. (D) ~ вздыхать по ком-л., по чём-л.
Seufzer *m* -s, - вздох, стон
Sewansee *m* -s Севан *(высокогорное пресноводное озеро в Армении)*
Sewastópol *(n)* -s Севастополь *(порт на Ю. Крымского п-ва)*
Séwernaja Semljá *(n)* -s Северная Земля *(архипелаг между морями Карским и Лаптевых)*
Sex-Appeal [sɛksəˈpiːl] <*engl.-amerik.*> *m* -s сексуальная привлекательность *(женщины)*

Sextánt <*lat.*> *m* -en, -en *геод., астр.* секстант, угломер
Sextétt <*lat.-it.*> *n* -(e)s, -e *муз.* секстет *(произведение, группа исполнителей)*
sexuál, sexuéll <*lat.; lat.-fr.*> *а* сексуальный
Sexualität <*lat.-fr.*> *f* - сексуальность
Sezessión *f* - Сецессион *(назв. объединений художников в Мюнхене* <*1892*>, *Вене* <*1897*>, *Берлине* <*1899*>, *отвергавших академич. доктрины и выступавших провозвестниками стиля "модерн")*
sezíeren <*lat.*> *vt мед.* разрезать, рассекать; **eine Leiche** ~ вскрывать труп
Sezier‖messer *n* -s, - скальпель
Shampoo [ʃamˈpuː/ʃɛmˈpuː] *см.* Schampun
Shawl [ʃaːl] <*pers.-engl.*> *m* -s, -e/-s шаль; шарф
Sheriff [ˈʃɛrɪf] <*engl.*> *m* -s, -s *юр.* шериф *(в Англии и США)*
Sherry [ˈʃɛriː] <*span.-engl.*> *m* -s, -s шерри *(вино)*
Shetlandinseln [ˈʃɛtlənd-] *pl* Шетлендские острова *(группа скалистых о-вов в Атлантическом океане, к С. от Шотландии)*
Shorts [ʃɔːrts] <*engl.*> *pl* шорты
Sibíri‖en (*n*) -s Сибирь *(часть азиатской части РФ, простирающаяся от Урала до Тихого океана)*
Sibýlle <*gr.-lat.*> 1. [-ˈbi-] Сибилла *(жен. имя);* 2. [-ˈby-] *f*, -n сивилла, предсказательница; ведьма
sich *pron refl* 1. (A) себя; 2. (D) себе; ◇ **an und für** ~ само по себе
Sichel *f* -, -n серп
sicher I *а* 1. безопасный; ~ **ist** ~! осторожность прежде всего!; 2. надёжный, верный; ~**e Beweise** неопровержимые доказательства; 3. уверенный; **eine** ~**e Hand** твёрдая [уверенная] рука; **jmds., einer Sache** (G) ~ **sein** быть уверенным в ком-л., в чём-л.; II *adv* 1. наверно, непременно; 2. уверенно, твёрдо; 3 *mod adv* конечно, разумеется; ~! конечно!
sicher|gehen* *vi* (s) действовать наверняка
Sicherheit *f* 1. - безопасность; **sich in** ~ **bringen*** спасаться; 2. - уверенность *(поведение);* **mit** ~ наверняка; 3. -, -en *ком.* гарантия; ~**en gewähren** предоставить гарантии; ~**en leisten** гарантировать
Sicherheits‖ausschuß *m* -sses, -schüsse комитет общественной безопасности
Sicherheits‖dienst *m* -es 1. служба безопасности; 2. охрана общественной безопасности; контрразведка
Sicherheitsdienst der SS *m* -es служба безопасности СС *(центральный орган контрразведки фаш. Германии, основан как политическая разведка нацистской партии в 1931)*
Sicherheits‖faktor *m* -s, -tóren *тех.* коэффициент надёжности
Sicherheits‖geleit *n* -(e)s конвой для охраны
sicherheitshalber *adv* ради безопасности
Sicherheits‖maßregel *f* -, -n мера предосторожности
Sicherheits‖nadel *f* -, -n безопасная [английская] булавка
Sicherheits‖offizier *m* -s, -e офицер службы безопасности
Sicherheits‖rat *m* -(e)s Совет Безопасности *(ООН)*
Sicherheits‖schloß *n* -sses, -schlösser автоматический замок
Sicherheits‖technik *f* - техника безопасности
Sicherheits‖vorrichtung *f* -, -en предохранительное устройство [приспособление]
Sicherheits‖vorschriften *pl* правила безопасности
sicherlich *mod adv* верно, наверное
sichern *vt* 1. обеспечивать, гарантировать; **vor Verlust** ~ гарантировать от убытков; 2. (**gegen** A, **vor** D) предохранять, защищать *(от чего-л., от кого-л.);* 3. охранять *(границу)*
sicher|stellen *vt* обеспечивать; **das Kapital** ~ вложить капитал в надёжное предприятие
Sicherung *f* -, -en 1. обеспечение, гарантия; 2. *тех.* предохранитель; 3. *воен.* охранение; обеспечение; 4. *спорт.* страховка
Sicherungs‖vorbereitungen *pl* меры предосторожности
Sicht *f* - 1. вид, видимость; **in** ~ **sein** [**bleiben***] быть (оставаться) на виду, находиться в поле зрения; **in** ~ **kommen*** показаться, становиться видимым; 2. срок; **ein Plan auf lange** [**weite**] ~ план на длительный период времени
sichtbar *а* видимый; явный, очевидный
Sichtbarkeit *f* - 1. видимость; 2. очевидность
sichten I *vt* 1. просеивать; 2. просматривать, сортировать *(что-л.);* наводить порядок *(в чём-л.);* 3. отделять, отбирать; II *vt* внезапно увидеть *(пароход на горизонте, землю и т. п.)*

sichtlich *a* видимый, явный
Sichtung *f* -, -en просмотр, проверка, сортировка
Sicht‖verhältnisse *pl* видимость, возможность видеть
Sicht‖vermerk *m* -(e)s, -e виза *(подпись)*
Sicht‖weite *f* - кругозор; дальность видимости
Sicht‖werbung *f* - агитация [реклама] с помощью плакатов [диаграмм]; агитплакат
sickern *vi* (s, h) сочиться, просачиваться; стекать каплями, капать; **ein trübes Licht sickerte durchs Fenster** в окно пробивался тусклый свет
sie *pron pers* 1. (G ihrer, D ihr, A sie) она; 2. (G Ihrer, D Ihnen, A Sie) *(форма вежливого обращения)*; **jmdn. "Sie" nennen*** говорить кому-л. "Вы"
Sieb *n* -(e)s, -e сито, решето; *тех.* грохот
sieben I *vt* 1. просеивать; 2. *перен.* просеивать, фильтровать, производить чистку *(чего-л.)*
sieben II *num* семь; ◊ **in ~ Sprachen schweigen*** ≅ как воды в рот набрать; ◊ **das Buch mit ~ Siegeln** книга за семью печатями
Sieben *f* -, - (число) семь; семёрка; ◊ **die böse ~** *разг.* злая женщина, ведьма
Siebenbürgen (n) -s Трансильвания; см. Transilvāni|en
Sieben‖eck *n* -(e)s, -e семиугольник
Siebengebirge *n* -s Зибенгебирге/Семигорье *(горы в ФРГ ⟨земля Сев. Рейн-Вестфалия⟩)*
siebenhundert *num* семьсот
Siebenmeilen‖stiefel *pl* сапоги-скороходы, семивёрстные сапоги *(в сказке)*
Sieben‖sachen *pl* все пожитки; **seine ~ packen** собрать (все) свои пожитки
Siebentel *n* -s, - седьмая часть
siebzehn *num* семнадцать
siebzig *num* семьдесят
Siebziger *m* -s, -; **~in** *f* -, -nen мужчина [женщина] (в возрасте) от 70 до 80 лет
siechen *vi* хворать, чахнуть, хиреть
Siechtum *n* -(e)s вяло протекающая болезнь; хворость, хилость
Siede‖grad *m* -(e)s, -e температура кипения
Siede‖hitze *f* - температура кипения
sieden* I *vt* кипятить *(воду)*; варить *(в воде)*; II *vi* кипеть, вариться; **vor Wut ~** кипеть от злости
Siede‖punkt *m* -(e)s, -e *физ.* точка кипения
Siedler *m* -s, -; **~in** *f* -, -nen поселенец, -нка

Siedlung *f* -, -en посёлок, колония
Sieg *m* -(e)s, -e победа; **den ~ davontragen* [gewinnen*]** *(über* A) одержать победу *(над кем-л.)*
Siegbald Зигбальд *(муж. имя)*
Siegbert Зигберт *(муж. имя)*
Siegel *n* -s, - печать; клеймо; **das ~ auf etw.** (A) **drücken** приложить печать к чему-л., поставить печать на что-л., скрепить печатью что-л.; ◊ **das Buch mit sieben ~n** книга за семью печатями
Siegel‖bewahrer *m* -s, - хранитель печати
Siegel‖lack *m* -(e)s, -e сургуч
siegeln *vt* 1. запечатывать; 2. приложить сургучную печать *(к чему-л.)*
Siegel‖ring *m* -(e)s, -e перстень с печаткой
siegen *vi (über* A) побеждать *(кого-л.)*; одерживать победу *(над кем-л.)*, **über alle Hindernisse ~** преодолеть все преграды
Sieger *m* -s, - победитель; **als ~ hervorgehen*** выйти победителем
Sieger‖ehrung *f* -, -en чествование победителей; *спорт.* (торжественное) награждение победителей
Siegerin *f* -, -nen победительница
Sieger‖mächte *pl* страны-победительницы
Sieger‖mannschaft *f* -, -en *спорт.* команда-победительница
Sieger‖podest *n, m* -es, -e *спорт.* пьедестал почёта
Sieges‖bewußtsein *n* -s уверенность в победе
Sieges‖botschaft *f* -, -en 1. известие об одержанной победе; 2. послание [обращение] по случаю победы
Sieges‖feier *f* -, -n 1. празднование дня победы; 2. праздник победы
Sieges‖palme *f* -, -n пальма первенства
Sieges‖zeichen *n* -s, - знак победы; трофей
Sieges‖zug *m* -(e)s, -züge триумфальное [победное] шествие
Siegfried Зигфрид *(муж. имя)*
Siegfriedlini|e *f* - линия Зигфрида *(оборонительные сооружения Германии вдоль французской границы в период 1-й мировой войны)*
sieghaft *a* 1. победоносный, победный; 2. торжествующий
Sieghard Зигхард *(муж. имя)*
Sieglind/Sieglinde Зиглинд/Зиглинда *(жен. имя)*
Siegmar Зигмар *(муж. имя)*
Siegmund Зигмунд *(муж. имя)*
siegreich *a* см. sieghaft

Siegward Зигвард *(муж. имя)*
Siele *f* -, -n лямка; шлея; ◆ **immer in den ~n gehen*** вечно тянуть лямку
Siemens-Konzern *m* -s концерн Сименса *(крупнейший электротехнический концерн ФРГ)*
Siemens-Martin-Ofen *m* -s, Öfen *тех.* мартеновская печь
Siérra Leóne *(n)* -s Сьерра-Леоне *(гос-во в Зап. Африке)*
siezen I *vt* обращаться на "Вы" *(к кому-л.)*, быть на "Вы" *(с кем-л.)*; II ~, **sich** быть на "Вы"
Sigi Зиги *(ласкательная форма муж. имени Siegfried и жен. Sieglinde)*
Sigismund Зигизмунд/Сигизмунд *(муж. имя)*
Signal <*lat.-fr.*> *n* -s, -e сигнал; знак
Signal‖anlage *f* -, -n сигнализационная установка
Signal‖flagge *f* -, -n сигнальный флажок
signalisíeren <*lat.-fr.*> *vt* сигнализировать, подавать сигнал
Signatár‖macht *f* -, -mächte держава, подписавшая *(какое-л.)* соглашение
Signatúr <*lat.*> *f* -, -en 1. подпись; 2. сигнатура; 3. картографический знак
Signét <*lat.-fr.*> *n* -(e)s, -e фирменный знак
signíeren <*lat.*> *vt* 1. подписывать; 2. делать подпись *(на чём-л.)*; наклеивать ярлык *(на что-л.)*
Signum <*lat.*> *n* -s, -gna 1. сокращённая подпись; 2. знак; ярлык; марка
Sigrid Зигрид *(жен. имя)*
Sigrun Зигрун *(жен. имя)*
Sigurd Зигурд *(муж. имя)*
Siláge [-ʒə] <*fr.*> *f* - силос
Silbe *f* -, -n слог; ~ **für** ~ **buchstabieren** читать по слогам; **keine** ~! ни слова [звука]!; ◆ **~n stechen*** мелочно критиковать
Silber *n* -s серебро; **legiertes** ~ сплав серебра; **getriebenes** ~ дутое серебро
Silber‖barren *m* -s, - слиток серебра
Silber‖beschlag *m* -(e)s, -beschläge серебряная оправа
silbern *a* серебряный; **eine ~e Hochzeit** серебряная свадьба
Silberner Sonntag *m* -es, -e "серебряное воскресенье" *(предпоследнее воскресенье перед Рождеством)*
Silbernes Lorbeerblatt *n* -s Серебряный лавровый лист *(гос. награда ФРГ, вручается за спортивные достижения)*
Silber‖papier *n* -s станиоль, алюминиевая фольга
Silber‖zeug *n* -(e)s серебряные изделия,
серебро
Silhouette [zilu'ɛtə] <*fr.*> *f* -, -n силуэт, очертание
Silikát <*lat.*> *n* -(e)s, -e *хим.* силикат
Silízium <*lat.*> *n* -s *хим.* кремний
Silo <*span.*> *n, m* -s, -s *с.-х.* 1. силосная башня; 2. силос
Silo‖futter *n* -s силос
Silván(us) Сильван(ус) *(муж. имя)*
Silvester I [-'vɛs-] *n* -s <*lat.*> канун Нового года, новогодний вечер
Silvéster II Сильвестер *(муж. имя)*
Silvia Сильвия/Сильва *(жен. имя)*
Silvretta [-v-] *f* - Сильвретта *(хребет в Альпах на границе Австрии и Швейцарии)*
Simeon Симеон/Семён *(муж. имя)*
Simferópol *(n)* -s Симферополь *(адм. центр Крымской Автономной Республики в составе Украины)*
Simili <*lat.-it.*> *m, n* -s, - подделка, поддельная вещь
Simili‖stein *m* -(e)s, -e поддельный (драгоценный) камень
Simmental *n* -s Симменталь *(местность в Швейцарии)*
Simmering *(n)* -s Зиммеринг *(гор. р-н Вены <Австрия>)*
Simon Симон *(муж. имя)*
simpel <*lat.-fr.*> *a* 1. простой; 2. простоватый
Simpel <*lat.-fr.*> *m* -s, - *разг.* простак
Simplifikatión <*lat.-fr.*> *f* -, -en (недопустимое) упрощение
Simplon *m* -s Симплон *(перевал в Лепонтинских Альпах <Швейцария>)*
Sims *m, n* -es, -e карниз; ◆ **etw. auf das ~ legen** ≅ положить что-л. под сукно
Simulánt <*lat.*> *m* -en, -en; ~**in** *f* -, -nen симулянт, -ка; притворщик, -щица
simultán <*lat.*> *a* одновременный, параллельный, синхронный
Simultan‖dolmetscher *m* -s, - синхронный переводчик
Simultán‖spiel *n* -(e)s *шахм.* сеанс одновременной игры
Sinfonie <*gr.-lat.-it.*> *f* -, -ni|en *муз.* симфония
sinfonisch <*gr.-lat.-it.*> *a* симфонический
Sing‖akademie *f* -, -i|en школа пения
Singapur *(n)* -s Сингапур *(город и гос-во в юго-восточной Азии)*
singen* *vt* петь; **vom Blatt** ~ петь с листа; **er singt sein eigenes Loblied** он сам себя хвалит; **davon kann er ein Lied** ~ он хорошо знаком с этим; он знает, что это значит
Sing‖sang *m* -(e)s монотонное пение

Sing∥spiel I *n* -s,-e 1. оперетта; 2. игра (детей) с пением
Singspiel II *n* -s, -e зингшпиль *(вид комической оперы с диалогами, распространённый в 18 в. в Австрии и Германии)*
Singular <*lat.*> *m* -s, -е грам. единственное число
Sing∥vogel *m* -s, -vögel певчая птица
sinken* *vi* (s) 1. падать, опускаться; **den Kopf ~ lassen*** 1) опускать голову; 2) повесить голову, пасть духом; **in tiefen Schlaf ~** погрузиться в глубокий сон; 2. падать, понижаться; **er sank in meinen Augen** он упал в моих глазах; **die Hoffnung nicht ~ lassen*** не терять надежды; **den Mut ~ lassen*** падать духом; 3. спускаться *(о тумане, воздушном шаре и т. п.);* **die Sonne sinkt** солнце заходит; 4. уменьшаться, ослабевать *(о влиянии, доверии и т. п.);* 5. опускаться, пасть *(морально)*
Sinken *n* -s 1. падение, понижение; 2. погружение; *см.* sinken
Sinn *m* -(e)s, -e 1. чувство; ощущение; **die ~e schärfen** обострить чувство [восприятие]; 2. сознание, разум; помыслы; **sich** (D) **etw. aus dem ~ schlagen*** выкинуть что-л. из головы; **das kam mir aus dem ~** это вылетело у меня из головы; **ein Gedanke kam mir in den ~ [fuhr mir durch den ~]** мне пришла в голову мысль; **im ~ haben** намереваться, **~ für etw.** (A) **haben** знать толк, разбираться в чём-л.; **~ und Augen für etw.** (A) **haben** уметь ценить что-л.; знать толк в чём-л.; **der ~ ging mir auf** я осознал *(что-л.);* **auf seinem ~ beharren [bestehen*]** настаивать на своём; **etw. nach eigenem ~ machen [tun*]** делать что-л. по-своему; **das war mein ~** таково было моё намерение [желание]; **die ~e vergehen mir** 1) я теряю сознание; 2) *перен.* я теряю голову; **von ~en sein** быть вне себя; **du bist nicht bei ~en!** ты с ума сошёл!; **eines ~es sein** быть одного мнения; **~ für Humor** чувство юмора; **aus den Augen, aus dem ~** *посл.* ≅ с глаз долой – из сердца вон; 3. *pl* органы чувств; 4. смысл, значение; **im weiteren [engeren] ~e** в широком [узком] смысле; **im ~e** *(таком-то)* смысле; **dem ~e nach** по смыслу; **ohne ~ und Verstand** бессмысленно, безголово; **was ist der langen Rede kurzer ~?** в чём суть (дела)?
Sinn∥bild *n* -(e)s, -er символ; аллегория

sinnen* *vi* 1. думать, размышлять; **gesonnen sein** *(zu + inf)* намереваться *(что-л. сделать);* 2. *(auf* A) замышлять *(месть, измену и т. п.)*
Sinnen *n* -s размышления, мечты; **das ~ und Trachten** помыслы
Sinnen∥reiz *m* -es, -e возбуждение [раздражение] (одного) органа чувств
Sinnes∥art *f* - образ мыслей
Sinnes∥organ *n* -(e)s, -e орган чувств
Sinnes∥täuschung *f* -, -en обман чувств
Sinnes∥wahrnehmung *f* - чувственное восприятие; восприятие органами чувств
Sinn∥gehalt *m* -(e)s идейное содержание, идея
sinnig *a* 1. продуманный; 2. чуткий, тонко чувствующий
Sinnigkeit *f* - 1. продуманность; 2. задумчивость
sinnlich *a* чувственный
Sinnlichkeit *f* -, - чувственность
sinnreich *a* остроумный
Sinn∥spruch *m* -(e)s, -sprüche изречение
sinnverwandt *a* близкий по смыслу
sinnvoll *a* осмысленный, толковый; рациональный; **ein ~es Lesen** осмысленное чтение
sinnwidrig *a* противный здравому смыслу, абсурдный
Sinn∥widrigkeit *f* - абсурдность
sintern I *vi* (s) 1. просачиваться; 2. *тех.* шлаковаться; II *vt* *тех.* запекать, шлаковать
Sint∥flut *f* - 1. *библ.* всемирный потоп; 2. потоп, наводнение; **eine ~ von großen Worten** поток громких слов [фраз]
Sinus <*lat.*> *m* -, -/-se *мат.* синус
Sippe *f* -, -n род, клан
Sippschaft *f* -, -en 1. родня; 2. *пренебр.* клика
Sir [sø:r] <*lat.-fr.-engl.*> *m* -s, -s 1. сэр, господин, сударь *(почтительное обращение в странах английского языка; употр. без имени собств.);* 2. сэр, баронет *(дворянский титул в Англии, употр. с именем собств.)*
Siréne <*gr.-lat.(-fr.)*> *f* -, -n 1. *миф.* сирена; 2. сирена, обольстительница; 3. сирена, сигнал, гудок
Sirup <*arab.-lat.*> *m* -s,-e сироп
sistieren <*lat.*> *vt* 1. прекращать *(разбирательство и т. п.);* 2. арестовывать; 3. вызывать в суд
Sisyphus∥arbeit *f* -, -en сизифов труд
Sitte *f* -, -n обычай; *pl* нравы; **althergebrachte ~n** старинные [дедовские] обычаи; **~n und Gebräuche** обычаи и нравы; **so ist bei uns ~** так у нас принято

Sitten‖lehre *f* - этика
sittenlos *a* безнравственный, аморальный
Sittenlosigkeit *f* 1. - безнравственность, 2. -, -en безнравственный поступок
Sitten‖roman *m* -s, -e бытовой роман
sittig *a* благовоспитанный, скромный
sittlich *a* нравственный, моральный; **ohne ~en Halt** без моральных устоев
Sittlichkeit *f* - нравственность, мораль
Sittsamkeit *f* - скромность; целомудренность
Situation <*lat.-fr.*> *f* -, -en ситуация, положение, обстановка; **die ~ erfassen** уяснить себе положение [обстановку]; **die ~ meistern** быть хозяином положения
situieren <*lat.-fr.*> *vt* ставить, располагать; **gut situiert sein** 1) занимать хорошее положение; 2) быть обеспеченным
Sitz *m* -es, -e 1. сиденье; место; 2. местожительство; местопребывание; **~ und Stimme haben** пользоваться правом голоса
sitzen* *vi* (h, *редко* s) 1. сидеть; **weich ~** сидеть на мягком; **gedrängt ~** сидеть в тесноте; **der Hieb sitzt** удар попал в цель; **eine Beleidigung auf sich ~ lassen*** проглотить оскорбление; 2. находиться, сидеть, иметь местожительство; *разг.* торчать *(где-то)*; 3. сидеть *(в заключении);* **wegen etw. (G) ~** сидеть за что-л.; 4. сидеть, приходиться по фигуре *(об одежде);* ◊ **das hat gesessen!** *разг.* это попало в точку! **auf dem hohen Roß ~** *разг.* важничать, задирать нос; **auf den Ohren ~** делать вид, что не слышишь
sitzen|bleiben* *vi* (s) 1. оставаться на второй год *(в классе);* 2. не выйти замуж, остаться старой девой; 3.: **auf der Ware ~** не продать товар; **der Teig bleibt sitzen** тесто не подходит
Sitzenbleiber *m* -s, - второгодник *(в школе)*
sitzen|lassen* *vt* 1. бросать, покинуть *(кого-л.);* **ein Mädchen ~** не жениться на девушке *(вопреки обещанию);* 2. заставлять ждать и не прийти; 3. оставить на второй год *(в классе)*
Sitzfleisch *n:* **er hat kein ~** *разг.* ему не сидится, он непоседа
Sitzung *f* -, -en заседание; **eine ~ halten*** проводить заседание, заседать
Sitzungs‖periode *f* -, -en сессия
Siwásch *m* -/-s Сиваш *см.* Faules Meer
Sizilianer *m* -s, -; **~in** *f* -, -nen сицилиец, -лийка

sizilianisch *a* сицилианский; сицилийский
Sizili|en *(n)* -s Сицилия *(крупнейший о-в в Средиземном море, автономная обл. Италии)*
Skagerrak *n* -s Скагеррак *(пролив между сев.-зап. берегом Ютландии и Скандинавским п-вом)*
Skala <*lat.-it.*> *f* -, -len/-s шкала
Skalp <*skand.-engl.-lat.*> *m* -(e)s, -e скальп
Skalpell <*lat.*> *n* -s, - *мед.* скальпель
skalpieren <*skand.-engl.-lat.*> *vt* скальпировать, снимать скальп
Skandál <*gr.-lat.-fr.*> *m* -s, -e скандал; **~ schlagen*** устроить [поднять] скандал
skandalieren <*gr.-lat.-fr.*> *vi* скандалить, устраивать скандал
skandieren <*lat.*> *vt* скандировать
Skandináve [-və] *m* -n, -n; **Skandinavi|er** *m* -s, -s, -; **~in** *f* -, -nen скандинав, -ка
Skandinávi|en [-v-] *(n)* -s Скандинавия *(крупнейший п-в на С. Европы)*
skandinávisch *a* скандинавский
Skat <*lat.-it.*> *m* -(e)s, -/s *карт.* скат
Skelétt <*gr.*> *n* -(e)s, -e 1. скелет; **er ist das reinste ~** он стал совсем скелетом; 2. *перен.* каркас, скелет
Skeptiker <*gr.*> *m* -s, - скептик
Sketch [skɛtʃ] <*it.-niederl.-engl.*> *m* -es, -e/ [sketʃ] *m* -es/-, -e/-es ['sketʃiz], **Sketsch** *m* -es, -e *театр.* скетч
Ski [ʃsi /ski] *см* Schi
Skizze <*it.*> *f* -, -n эскиз, набросок
skizzieren <*it.*> *vt* набросать *(что-л.),* делать эскиз [набросок] *(чего-л.)*
Sklave [-və-/-fə] <*slaw.-gr.-lat.*> *m* -n, -n; **~in** *f* -, -nen раб, -ыня
Sklaverei [-və-/-fə-] *f* - рабство
Skleróse <*gr.*> *f* -, -n *мед.* склероз
Skorbút *m* -(e)s *мед.* цинга, скорбут
Skorpión <*gr.-lat.*> *m* -s, -e 1. скорпион; 2. *астр.* Скорпион *(созвездие)*
Skrofulóse <*lat.*> *f* -; **Skrofel** *f* - *мед.* золотуха
Skrupel <*lat.*> *m* -s, - сомнение, угрызения совести; **sich (D) über etw. (A) ~ machen** чувствовать угрызения совести из-за чего-л.
Skulptúr <*lat.*> *f* -, -en скульптура
Slalom <*norw.*> *m* -s, -s слалом *(лыжи)*
Slang [slɛŋ] <*engl.*> *m* -s, -s *лингв.* сленг
Slawe *m* -n, -n славянин
Slip <*engl.*> *m* -s, -s трусы *(дамские, короткие)*
Slowáke *m* -n, -n словак
Slowakéi *f* - Словакия *(гос-во в центре Европы)*
slowákisch *a* словацкий

Slowéni¦en (n) -s Словения (гос-во на юге центр. Европы; ранее была республикой в составе СФРЮ)
Slums [slamz] <engl.> pl нищенские кварталы, трущобы
Smarágd <gr.-lat.> m -(e)s, -e изумруд
smarágden <gr.-lat.> a изумрудный
Smolénsk (n) -s Смоленск (обл. центр на З. РФ)
so I adv 1. так, таким образом; ~? неужели?, разве?, так?; ~ ist es! (дело обстоит) именно так!, таковы дела!; 2. примерно, приблизительно; **es war ~ um Mitternacht** было примерно около полуночи; 3.: ~ **gut wie nichts** почти что ничего; II conj так, так что, следовательно; III prtc в значении усилительной частицы; ~ **ein Unglück!** какое несчастье!
Socke f -, -n носок
Sockel m -s, - стр. цоколь
Soda <span.> f -, -s сода
sodánn adv затем, потом
Sod¦brennen n -s изжога
soében adv только что
Sofa <arab.-türk.-(fr.)> n -s, -s кушетка, диван, софа
soférn conj поскольку
soff impf от saufen*
Soffitte <lat.-it.> f -, -n б. ч. pl театр. соффит
Sofia I (n) -s София (столица Болгарии)
Sofia II София/Софья (жен имя)
sofórt adv сейчас, тотчас, немедленно, сию минуту
Sofórt¦hilfe f - срочная [неотложная] помощь
Sofórt¦maßnahme f -, -n срочные меры
Sofórt¦programm n -s программа немедленных действий
sog impf от saugen*
Sog m -(e)s, -e подсасывание; тяга
sogár adv даже
sogenannt a так называемый
sogléich см. sofort
Sohle f -, -n 1. ступня; 2. подошва, подмётка; ◇ **es brennt ihm unter [auf] den ~n** у него земля горит под ногами
sohlen vt подбивать подмётки (к чему-л.)
Sohn m -(e)s, Söhne сын
Soja¦bohne f -, -n бот. 1. соя; 2. соевый боб
solán g(e) conj пока, в то время как, в течение этого времени
Solárium <lat.> n -s, -ri¦en 1. солярий; 2. солнечная ванна
solárisch <lat.> a солнечный
Sol¦bad n -(e)s, -bäder солёная ванна

solch pron dem такой, такая, такое, такие; подобный, подобная, подобное, подобные; **auf ~e Weise** таким образом
solchenfalls adv в таком случае
solcherart a такого рода, подобный; ~ **Dinge** подобные вещи
solcher¦maßen adv таким образом; ~ **weise** adv таким образом
Sold m -(e)s, -e денежное довольствие (военнослужащего), ист. жалование; **im ~ stehen*** служить в наёмных войсках
Soldát <lat.-it.> m -en, -en солдат; **gemeiner ~** рядовой; **gedienter ~** старослужащий (в армии); **unter die ~en gehen***, **zu den ~en kommen*** идти в солдаты [на военную службу]
Soldaten¦rock m -(e)s, -röcke (солдатский) мундир
Soldatéska <it.> f -, -ken презр. солдатня; военщина
Sold¦buch n -(e)s, -bücher солдатская [воинская] книжка
Söldner m -s, - наёмник
Söldner¦truppen pl наёмные войска
Sole f -, -n рассол; вода соляного источника
solidárisch <lat.-fr.> a солидарный; **sich mit jmdm. ~ erklären** заявить о своей солидарности с кем-л.
solidarisieren, sich <lat.-fr.> (mit D) заявить о своей солидарности (с кем-л.)
Solidarität <lat.-fr.> f - солидарность; ~ **üben** крепить солидарность
Solidaritäts¦aktion f -, -en демонстрация солидарности, мероприятие в знак солидарности
solíd(e) <lat.-fr.> a 1. солидный, надёжный; **eine -e Arbeit** добротная работа; 2. солидный, серьёзный; **ein ~er Mensch** солидный [степенный] человек
Solidität <lat.-fr.> f - 1. солидность, прочность; 2. солидность, серьёзность, надёжность
Solingen (n) -s Золинген (город в ФРГ <земля Сев. Рейн-Вестфалия>; старинный центр металлообработки)
Solisbury ['sɔ:lzberi] (n) -s Солсбери (столица Южной Родезии)
Solist <lat.-it.-fr.> m -en, -en; ~**in** f -, -nen солист, -ка
Soll n -/-s, -/-s 1. фин. дебет; ~ **und Haben** дебет и кредит; 2. плановое задание
Soll-Bestand m -(e)s, -stände воен. штатный состав, штат
Soll-Betrag m -(e)s, -träge фин. сумма сметы [по плану]

Soll-Einnahme *f* -, -n *фин.* запланированный приход

sollen *mod* **1.** быть должным, быть обязанным; **ich soll um 18 Uhr dort sein** я там должен быть в 18 часов; **2.** следовать, надлежать; **hier soll man nicht rauchen** здесь не следует курить; **soll ich das Fenster schließen?** закрыть окно?; **was soll das?** что это должно означать?; **3.** *выражает согласие, пожелание, приказание или скрытую угрозу:* **du sollst sofort herkommen!** ты должен сейчас же прийти сюда!; **soll er kommen!** пусть он (только) придёт!; **4.** *выражает возможность, вероятность:* **er soll verreist sein** говорят, что он в отъезде; **die frische Luft soll ihm gut tun** свежий воздух ему будет полезен; **soll das dein Ernst sein?** неужели ты это серьёзно?

solo <*lat.-it.*> *adv* соло; в одиночку; ~ **singen*** петь соло

Solo <*lat.-it.*> *n* -s, -li соло, сольная партия

Solothurn (*n*) -s Золотурн *(назв. адм. центра кантона и кантона в Швейцарии)*

Solowézkiinseln *pl* Соловецкие острова *(группа о-вов в Белом море)*

Somália (*n*) -s Сомали *(гос-во на С.-В Африки)*

Somálihalbinsel *f* - Сомалийский полуостров *(на С.-В. Африки)*

somít *adv* таким образом, итак

Sommer *m* -s лето; **im** ~ летом; **das ist wie** ~ **und Winter** это противоположные вещи

Sommer‖frische *f* -, -n **1.** дача, дачное место; **2.** место летнего пребывания *(за городом);* летний отдых; **in der** ~ на даче

Sommer‖frischler *m* -s, - дачник

Sommer‖gast *m* -es, -gäste приезжающий, постоялец *(на курорте, даче)*; курортник, дачник, отдыхающий *(в летнее время)*

Sommer‖haus *n* -es, -häuser **1.** летняя дача; неотапливаемый дом; **2.** беседка

Sommer‖kleid *n* -(e)s, -er летнее платье

sommerlich I *a* летний; II *adv* по-летнему

sommers *adv* летом

Sommer‖seite *f* -, -n солнечная [южная] сторона

Sommer‖sonnenwende *f* - *астр.* летнее солнцестояние

Sommer‖sprosse *f* -, -n веснушка

sommersprossig *a* веснушчатый

Sommer‖wohnung *f* -, -en дача

Sommeschlacht *f* - битва на Сомме *(крупнейшее сражение 1-й мировой войны между англо-франц. и герм. войсками на реке Сомме <июнь-ноябрь 1916>)*

Somnabúle <*lat.*> *subst m, f* -n, -n лунатик, -тичка

sonách *adv* следовательно

Sonáte <*lat.-it.*> *f* -, -n *муз.* соната

Sonde <*fr.*> *f* -, -n **1.** *мед.* зонд; **2.** *горн.* бур; **die** ~ **ansetzen** зондировать

Sonder‖angebot *n* -(e)s продажа уценённых товаров

Sonder‖ausgabe *f* -, -n специальный выпуск *(газеты и т. п.)*

Sonder‖ausschuß *m* -sses, -schüsse специальная комиссия

sonderbar *a* странный, своеобразный; **ein** ~**er Kauz** странный субъект, чудак

sonderbarerweise *adv* странным образом; как ни странно

Sonderbarkeit *f* -, -n странность

Sonder‖beauftragte *subst m f* - специальный уполномоченный

Sonder‖bestellung *f*: **auf** ~ по особому заказу

Sonder‖druck *m* -(e)s, -e специальное издание, специальный выпуск *(книги и т. п.)*

Sonder‖einsatz *m* -es, -einsätze специальное задание

Sonderfall "Otto" *m* -s специальный план "Отто" *(кодовое назв. плана захвата Австрии фаш. Германией; разработан в июне 1937)*

Sonder‖frieden *m* -s сепаратный мир

Sonder‖genehmigung *f* -, -en специальное разрешение

Sonder‖korrespondent *m* -en, -en специальный корреспондент

sonderlich *a* **1.** особый, особенный *(б. ч. после отрицания);* **ohne** ~**e Lust** без особого желания

Sonderling *m* -s, -e чудак, оригинал

Sonder‖maßnahmen *pl* чрезвычайные меры

sondern I *vt* отделить; (рас)сортировать

sondern II *conj* а, но *(б. ч. после отрицания);* **nicht ich,** ~ **du** не я, а ты

Sonder‖nummer *f* -, -n экстренный выпуск *(газеты, журнала и т. п.)*

Sonder‖recht *n* -(e)s, -e привилегия

Sonder‖sprache *f* -, -n профессиональный язык, арго

Sonderung *f* -, -en отделение, сортировка

Sonder‖vollmacht *f* -, -en специальная доверенность; *pl* особые [чрезвычайные] полномочия

Sonder‖vorlage *f* -, -n чрезвычайный (законо)проект

Sonder∥vorlesung f -, -en факультативная лекция
Sonder∥zuteilung f -, -en дополнительная [специальная] норма, специальный паёк
Sonder∥zuwendung f -, -en единовременное [специальное] пособие
sondieren <fr.> vt 1. *мед.* зондировать; исследовать (зондом); 2. определять *(глубину);* разведывать *(почву);* 3. *перен.* нащупывать, зондировать
Sonétt <lat.-it.> n -(e)s, -e *лит.* сонет
Song <engl.> m -s, -s эстрадная песенка
Sonnabend m -s, -e суббота
Sonne f -, -n 1. солнце *(небесное светило);* ehe die ~ aufgeht до рассвета, перед восходом солнца; 2. солнце *(свет, тепло);* in der ~ liegen* лежать на солнце, загорать; in der prellen ~ sitzen* сидеть на солнцепёке; die ~ meint es heute gut сегодня жаркое солнце; ◊ die ~ bringt es an den Tag это всё же обнаружится; ≅ шила в мешке не утаишь
sonnen I vt выставлять [класть] на солнце; проветривать; II ~, sich 1. греться, лежать на солнце, загорать; 2.: sich in der Hoffnung ~ предаваться надежде
Sonnen∥aufgang m -(e)s восход солнца
Sonnen∥bad n -(e)s, -bäder солнечная ванна
Sonnenberg (n) -s Зонненберг *(город в ФРГ <земля Тюрингия>; известен своим игрушечным промыслом)*
Sonnen∥blume f -, -n подсолнечник
Sonnen∥brand m -(e)s 1. зной; 2. загар; 3. солнечный ожог *(мед.)*
Sonnenenergie∥anlage f -, -n энергетическая гелиоустановка
Sonnen∥finsternis f -, -se солнечное затмение
Sonnen∥glut f -; **Sonnenhitze** f - зной
Sonnen∥korona f - *астр.* солнечная корона
Sonnen∥lauf m -(e)s *астр.* путь Солнца
Sonnen∥pferd n -(e)s, -e *миф.* Фебов конь
Sonnen∥priester m -s, - жрец Солнца
Sonnen∥schein m -(e)s солнечный свет, солнце, солнечное сияние
sonnenscheu a боящийся [избегающий] солнца
Sonnen∥schirm m -(e)s, -e зонтик (от солнца)
Sonnen∥schutz m -es 1. защита от солнца; 2. навес (от солнца)
Sonnen∥seite f - солнечная [южная] сторона
Sonnen∥stich m -(e)s, -e солнечный удар

Sonnen∥strahl m -(e)s, -en солнечный луч
Sonnen∥strahlung f - солнечное излучение
Sonnen∥uhr f -, -en солнечные часы
Sonnen∥untergang m -(e)s заход солнца, закат
Sonnen∥wende f - *астр.* солнцеворот; солнцестояние
sonnig a 1. солнечный; освещённый солнцем; ein ~er Tag солнечный день; 2. *перен.* солнечный, радостный, лучезарный; eine ~e Stimmung радостное настроение
Sonntag m -(e)s, -e воскресенье; am ~ в воскресенье; ◊ es ist nicht alle Tage ~ *посл.* ≅ не всё коту масленица
sonntägig a воскресный, имеющий место по воскресеньям
sonntäglich I a 1. воскресный *(повторяющийся каждое воскресенье);* 2. воскресный, праздничный; ~es Kleid праздничное платье; II adv по воскресеньям
sonntags adv по воскресеньям
Sonntags∥kind n -(e)s, -er счастливец; ◊ sie ist ein ~ она родилась в сорочке
Sonntags∥kleid n -(e)s, -er праздничное платье
Sonntags∥staat m -(e)s праздничный наряд
sonór <lat.> a сонорный; звучный, звонкий
sonst adv 1. иначе, а то, не то; 2. кроме того, ещё; ~ nichts больше ничего; ~ noch etwas? ещё что-нибудь?
sonstig a 1. прочий, другой; 2. прежний, обычный
sonst∥was pron indef что-нибудь (ещё)
sonst∥wer pron indef кто-нибудь (ещё)
soóft conj всякий раз как, когда бы ни
Sophia/Sophie София/Софья *(жен. имя)*
Sophist <gr.-lat.> m -en, -en; ~in f -, -nen софист, -тка
Sophus Софус/Софий *(муж. имя)*
Sópot (n) -s Сопот *(город на С. Польши, к Ю. от Гдыни*
Soprán <lat.-it.> m -s, -e сопрано *(голос и певица)*
Sorbe m -n, -n лужичанин
Sorbin f -, -nen лужичанка
sorbisch a лужицкий
Sorge f -, -n забота, беспокойство, тревога, волнение *(um A о ком-л., о чём-л.);* забота, хлопоты, внимание *(für A о ком-л., о чём-л., к кому-л., к чему-л.);* voller ~n sein *(um A)* быть озабоченным *(чем-л.);* sich (D) ~n machen *(um, über A)* волноваться, беспокоиться, трево-

житься *(за кого-л., о ком-л., о чём-л.)*; **jmdm.** ~**n machen** доставлять много хлопот кому-л.; **das laß meine ~ sein!** это моё дело!; об этом я позабочусь
sorgen I *vi (für* A) заботиться, хлопотать *(о ком-л., о чём-л.);* **dafür ist gesorgt** это (уже) устроено [улажено]; II ~, **sich** *(um* A) заботиться, беспокоиться *(о ком-л., о чём-л.),* опасаться *(за кого-л., за что-л.)*
sorgenfrei *a* беззаботный
Sorgen‖kind *n:* ◊ **er ist mein ~** он моё горе
sorgenlos см. sorgenfrei
sorgenschwer *a* озабоченный
sorgenvoll см. sorgenschwer
Sorge‖recht *n* -(e)s право опеки
Sorgfalt *f* - 1. тщательность, точность, добросовестность; 2. заботливость
sorgfältig *a* тщательный, добросовестный
sorglich *a* 1. см sorgfältig; 2. старательный, заботливый
sorglos *a* беззаботный, беспечный, безмятежный
Sorglosigkeit *f* - беззаботность, беспечность, безмятежность
sorgsam *a* заботливый
Sorgsamkeit *f* - 1. тщательность; 2. заботливость
Sorption <*lat.*> *f* -хим. сорбция, поглощение
Sorte <*lat.-roman.*> *f* -, -n 1. сорт; **von der ersten ~** первого сорта, отборный; 2. род, сорт; **sie sind alle von derselben ~** все они одного поля ягода
sortieren <*lat.-it.*> *vt* сортировать, разбирать
Sortierer <*lat.-it.*> *m* -s, -; ~**in** *f* -, -nen сортировщик, -щица
Sortimént <*lat.-it.*> *n* -s, -e 1. (ас)сортимент, набор; выбор; 2. торговый склад; 3. книжный магазин (розничной торговли)
sosehr *conj* как бы ни
soso I *int* ну ладно!; II *adv разг.* так себе, неважно; ~ **lala** *разг* ничего, так себе; ≅ ни шатко, ни валко
SOS-Ruf [ɛs|o:| ɛs|-] *m* -(e)s, -е мор. сигнал СОС, сигнал бедствия
Soße <*lat.-fr.*> *f* -, -n соус
Sotschi *(n)* -s Сочи *(крупнейший в РФ бальнеологический и климатический курорт; порт на Чёрном море)*
sott *impf om* sieden*
Soufflé [zu'fle:/su'fle:] <*lat.-fr.*> *n* -s, -s суфле *(пирожное)*
Souffleur [zu'flø:r/suflø:r] <*fr.*> *m* -s, -e суфлёр

Souffleur‖kasten [zuflø:r-/suflø:r-] *m* -s, -kästen суфлёрская будка
Souffleuse [zu'flø:sə/su'flø:sə] <*fr.*> *f* -, -n суфлёр *(женщина)*
soufflieren [-su-] <*lat.-fr.*> *vt* 1. суфлировать; 2. подсказывать
Söul ['sø:ul] *(n)* -s Сеул *(крупнейший город и столица Южн. Кореи)*
soundso *pron indef* такой-то; столько-то; **Paragraph ~** такой-то параграф
Souper [zu'pe:] <*gr.-roman.*> *n* -s, -s (званый) ужин
Soutáne [zu-] <*lat.-it.-fr.*> *f* -, -n церк. сутана
Souterrain [zutɛ'rɛ:] <*lat.-fr.*> *n* -s, -s подвал, подвальный этаж
Souvenír [zuvə'ni:r] <*lat.-fr.*> *n* -s, -s сувенир
souverän [suvə-/zuvə-] <*fr.*> *a* суверенный, верховный, самодержавный
Souverän [zuvə-] <*fr.*> *m* -s, -s суверен *(носитель верховной власти)*
Souveränität [zuvə-] <*fr.*> *f* - 1. суверенитет, верховные права; 2. суверенитет, независимость
soviel I *adv* столько; **doppelt ~** вдвое больше; II *conj* (на)сколько; ~ **ich weiß**... насколько мне известно ...
Sowchos <*russ.*> *n, m* -, -e; **Sowchose** *f* -, -n совхоз
soweit I *adv* в известной мере; **es geht ihm ~ gut** ему в общем живётся хорошо; ◊ **es ist noch nicht ~** время ещё не пришло; II *conj* насколько; ~ **ich davon weiß**... насколько мне об этом известно
sowie *conj* (равно) как и...; *а* также; **er ~ seine Freunde** он, как и его друзья
sowieso *adv* всё равно, так или иначе
Sowjét <*russ.*> *m* -s, -s Совет
sowjétisch *a* советский
Sowjétische Kontróllkommission in Deutschland *f* - Советская контрольная комиссия в Германии *(создана после образования ГДР в 1949, осуществляла контроль за выполнением Потсдамских соглашений, упразднена в 1953)*
Sowjétische Militäradministration in Deutschland *f* - Советская военная администрация в Германии *(осуществляла контроль за выполнением Потсдамских соглашений в сов. зоне оккупации; создана в 1945, упразднена в 1949 после образования ГДР)*
Sowjétisches Ehrenmal im Berliner Treptowpark *n* -s Памятник советским воинам в Трептов-парке *(погибшим в боях за освобождение Берлина)*

Sowjét‖macht <*russ.*> *f* - *ист.* **1.** советская власть; **2.** Советская держава
Sowjét‖union <*russ.*> *f* - *ист.* Советский Союз
sowóhl: sowóhl ... als (auch), sowóhl ... wie (auch) *conj* и... и; как..., так и; не только... но и
Sozi *m* -, - соци (*социал-демократ, пренебрежительное название члена социал-демокр. партии*)
soziál <*lat.-fr.*> *a* социальный, общественный
Soziál‖amt *n* -(e)s, -ämter отдел социального обеспечения
Soziál‖demokrat <*lat.+gr.*> *m* -en, -en социал-демократ
soziáldemokratisch *a* социал-демократический
Soziáldemokratische Partei der Schweiz *f* - Социал-демократическая партия Швейцарии (*основана в 1870; опирается на часть рабочих, служащих, интеллигенции, мелкой и средней буржуазии; в вопросах внутр. и внешней политики поддерживает бурж. партии*)
Soziáldemokratische Partei Deutschlands *f* - Социал-демократическая партия Германии (*основана в 1869; объединяет рабочих, часть служащих и интеллигенции; в 1933 запрещена; в 1946 в Вост. Германии после объединения с коммунистической партией была создана Социалистическая единая партия Германии; в Зап. Германии возобновила свою деятельность в 1946*)
Soziál‖fürsorge *f* - социальное обеспечение
Sozialísmus <*lat.-fr.*> *m* - социализм
Sozialíst <*lat.-fr.*> *m* -en, -en социалист
Sozialístengesetz *n* -es закон о социалистах, *см.* Gesetz gegen die gemeingefährlichen Bestrebungen der Sozialdemokratie
sozialístisch <*lat.-fr.*> *a* социалистический
Sozialístische Einheitspartei Deutschlands *f* - Социалистическая единая партия Германии (*марксистско-ленинская партия в бывшей ГДР; образована 21.04. 1946 в результате объединения Коммунистической и Социал-демократической партий Германии; в 1990 преобразована в Партию демократического социализма*)
Sozialístische Jugend Deutschlands "Die Falken" *f* - Социалистическая молодёжь Германии "Соколы" (*молодёжная организация Соц.-дем. партии Германии в ФРГ*)
Sozialístische Jugend Österreichs *f* - Социалистическая молодёжь Австрии (*молодёжная организация Социалист. партии Австрии*)
Sozialístische Partei Österreichs *f* - Социалистическая партия Австрии (*созд. в 1945; придерживается социал-демократической ориентации*)
Soziál‖produkt *n* -(e)s, -e *эк.* (совокупный) общественный продукт
Soziál‖programm *n* -s, -e программа социальных [общественных] мероприятий
Soziál‖unterstützung *f* -, -en пособие по линии социального обеспечения
Soziál‖versicherung *f* -, -en **1.** социальное страхование; **2.** отдел социального страхования
Soziál‖versorgung *см.* Sozialversicherung
Soziál‖wesen *n* -s социальное обеспечение, система социального обеспечения
Soziál‖wissenschaften *pl* общественные науки
soziíren <*lat.-fr.*> *vt* объединить (с ...); сделать участником [компаньоном]
Soziológe <*lat.+gr.*> *m* -n, -n социолог
Soziologíe <*lat.+gr.*> *f* -, gi|en социология
Sozius <*lat.*> *m* -, -se *ком.* (со)участник, компаньон
Sozius‖fahrer *m* -s, - задний седок (*на мотоцикле*)
Sozius(sitz) *m* -(e)s, -e заднее сиденье (*у мотоцикла*)
Spachtel *m* -s, -, *f* -, -n шпатель, шпаклёвка, лопаточка
Spagát <*it.*> **1.** *m* -(e)s, -e шпагат, бечёвка; **2.** *m, n* -(e)s *спорт.* шпагат
Spaghetti [-'gɛti:] <*it.*> *pl* спагетти, тонкие макароны
spähen *vi* (*nach* D, *auf* A) **1.** высматривать (*кого-л., что-л.*); **2.** шпионить (*за кем-л.*)
Späher *m* -s, - **1.** дозорный, наблюдатель; разведчик; **2.** лазутчик, шпион
Späh‖trupp *m* -s, -s *воен.* дозор; разъезд
Spalier <*gr.-lat.-it.*> *n* -s, -e **1.** шпалеры; ~ **bilden [machen, stehen*]** образовать шпалеры; стоять шпалерами; **2.** частокол
Spalt *m* -(e)s, -e **1.** щель; **die Tür einen ~ offen lassen*** неплотно закрыть дверь, оставить щель; **2.** трещина; расселина (*в скале*)
spaltbar *a* **1.** расщепляемый; **2.** растрескивающийся
Spaltbarkeit *f* - расщепляемость, раздробляемость

Spalte *f* -, -n 1. *см.* Spalt; 2. *полигр.* столбец
spalten I *vt* 1. колоть, раскалывать; рассекать; 2. расщеплять, раздроблять *(волокно, химическое соединение и т. п.)*; 3. *полигр.* разделять на столбцы, 4.: **Fische** ~ пластать рыбу; II *vi* (s) раскалываться; **das Holz spaltet gut** дрова хорошо колются; III ~, sich 1. колоться, раскалываться; сечься *(о волосах)*; 2. *перен.* расколоться, раздробиться, разъединиться
Spalter *m* -s, - раскольник
Spalter‖politik *f* - политика раскола
Spalt‖keil *m* -(e)s, -e клин *(деревянный и т. п.)*
Spaltung *f* -, -en 1. расщепление; 2. раскол; разногласие; разрыв
Span *m* -(e)s, Späne 1. щепка, щепа; лучина; 2. вражда; ◇ **nicht ein** ~! ничего!, ни грамма!; **er arbeitet, daß die Späne fliegen** у него работа кипит; **wo gehobelt wird, fallen Späne** *посл.* лес рубят — щепки летят
Spandau *(n)* -s Шпандау *(городской р-н Берлина)*
Span‖ferkel *n* -s, - молочный поросёнок
Spange *f* -, -n застёжка; пряжка
Spani|en *(n)* -s Испания *(гос-во на Ю.-З. Европы)*
Spani|er *m* -s, -; **~in** *f* -, -nen испанец, -нка
spanisch *a* испанский; ◇ **~e Fliege** шпанская мушка; **~e Krankheit** испанка *(грипп)*; **~e Kresse** *бот.* настурция; **~er Reiter** *воен.* рогатка; **~e Stiefel** испанские сапоги *(орудие пытки)*; **~e Wand** ширма; **das kommt mir ~ vor** *разг.* это кажется мне странным; **das sind ihm ~e Dörfer** это для него непонятные вещи
Spanische Hofreitschule *f* - Испанская школа верховой езды *(зрелищный и спортивно-тренировочный манеж в Вене ⟨Австрия⟩)*
spann *impf от* spinnen*
Spann *m* -(e)s, -e подъём *(ноги)*; **der Schuh drückt im ~** ботинок жмёт в подъёме
spannbar *a* растяжимый
Spann‖beton *m* -s предварительно напряжённый бетон
Spanne *f* -, -n 1. пядь *(мера длины)*; **keine ~ breit** ни пяди; 2. промежуток *(времени)*; 3. разница
spannen I *vt* 1. натягивать; **Wäsche ~** развешивать бельё; **den Hahn ~** взводить курок; 2. напрягать *(мускулы)*; **die Ohren ~** навострить уши; 3. зажимать *(в тиски)*; 4. запрягать; II *vi* 1. тянуть; **das Kleid spannt unten den Armen** платье тянет под мышками; 2. *(auf* A*)* подстерегать, ждать с нетерпением *(кого-л., что-л.)*; III ~, **sich**: **die Brücke spannt sich über den Fluß** через реку перекинут мост
Spann‖feder *f* -, -n пружина
Spann‖kraft *f* - 1. упругость, эластичность; напряжение *(мускулов)*; 2. живость, энергия
Spannung *f* -, -en 1. напряжение; 2. напряжённое внимание; 3. напряженные отношения; 4. *физ.* напряжение *(тока)*; 5. натяжка *(каната, струны)*; 6. пролёт *(моста, свода)*
spannungslos *a* без напряжения
Spannungs‖messer *n* -s, - *эл.* вольтметр, измеритель напряжения
Spann‖vorrichtung *f* -, -en *тех.* натяжное приспособление
Spann‖weite *f* -, -n 1. промежуток; 2. *ав.* размах *(крыла)*; 3. *стр.* пролёт *(напр., моста)*; 4. *тех.* расстояние между опорами; расстояние между центрами
Spann‖platte *f* -, -n древесно-стружечная плита (ДСП)
Spant *n* -(e)s, -en, *б. ч. pl мор., ав.* шпангоут
Sparbuch *n* -(e)s, -bücher сберегательная книжка
Spar‖büchse *f* -, -n копилка
Spar‖einlage *f* -, -n вклад, взнос *(в банк)*
sparen *vt, vi* 1. копить *(деньги)*; 2. беречь, экономить; **die Mühe hättest du dir ~ können** не стоило усилий, ты напрасно беспокоился; **weder Mühe noch Geld ~** не жалеть ни труда, ни денег; ◇ **auf der Neige ist nicht gut ~** ≅ *погов.* перед смертью не надышишься
Sparer *m* -s, - 1. вкладчик сбербанка; 2. бережливый человек
Spargel *m* -s, - *бот.* спаржа
Spar‖geld *n* -(e)s, -er сбережения
spärlich *a* скудный, бедный; **~es Haar** редкие волосы
Spärlichkeit *f* - скудность, бедность; редкость *(волос)*
Spar‖maßnahme *f* -, -n мероприятие в целях экономии
Spar‖pfennig *m* -s, -e сбережения на чёрный день
Sparren *m* -s, - 1. *стр.* стропило; 2. *разг.* сплин, хандра; ◇ **er hat einen ~ zuviel [zuwenig]**, **er hat einen ~ im Kopf** у него не все дома, он рехнулся
Sparring ⟨*engl.*⟩ *m* -s, -s спарринг *(бокс)*
sparsam *a* бережливый, экономный

Sparsamkeit *f* - бережливость, экономность, расчётливость
Spar‖sucht *f* - скупость, чрезмерная бережливость
Spartakiáde <*lat.*> *f* -, -n спартакиада
Spartakusbund [ʃp-] *m* -es "Союз Спартака" *(революционная организация левых социал-демократов, создана в ноябре 1918; 30.12.1918 конституировалась как Коммунистическая партия Германии)*
Spartakusgruppe [ʃp-] *f* - группа "Спартак" *(группа левых социал-демократов в Германии* <*1916-18*>*)*
Spartáner <*gr.-lat.*> *m* -s, - **1.** *ист.* спартанец, гражданин Спарты; **2.** *перен.* спартанец
spartánisch <*gr.-lat.*> *a* **1.** *ист.* спартанский; **2.** спартанский, суровый
Sparte *f* -, -n **1.** часть, отдел *(предприятия и т. п.)*; **2.** *спорт.* секция; **3.** раздел *(напр., науки)*
Spaß *m* -es, Späße шутка; забава, потеха, удовольствие, развлечение; **zum [aus] ~** в шутку, шутя; **ohne ~** кроме шуток; **sich mit jmdm. einen ~ erlauben** позволить себе (сыграть) шутку с кем-л.; **~ machen [treiben*]** забавляться, шутить; **laß ihm doch den ~!** пусть себе забавляется!; **viel ~!** желаю хорошо повеселиться!
spaßen *vi* шутить; **ohne zu ~** не шутя; **mit ihm ist nicht zu ~** с ним шутки плохи
spaßig *a* **1.** забавный, смешной; **2.** шутливый, шуточный
Spaß‖macher *m* -s, -; **Spaßvogel** *m* -s, -vögel шутник, весельчак
Spat *m* -(e)s, -e *мин.* шпат
spät I *a* поздний, запоздалый; **am ~en Abend** поздно вечером; **bis ~ in die Nacht hinein** до поздней ночи; **wie ~ ist es?** который час?; II *adv* поздно; **zu ~ kommen*** опаздывать; ◊ **wer zu ~ kommt, hat das Nachsehen** *посл.* ≅ кто зевает, тот воду хлебает; **besser ~ als gar nicht** *посл.* лучше поздно, чем никогда
Spatel *m* -s, -; *f* -, -n *тех.* шпатель, лопаточка
Spaten *m* -s, - заступ, лопата
spätestens *adv* самое позднее; не позднее, чем...
Spät‖nachrichten *pl* ночной выпуск последних известий *(по радио)*
Spatz *m* -en, -en воробей; ◊ **die ~en pfeifen es von den Dächern** об этом все говорят [все знают]; **nach [auf] ~en mit Kanonen schießen*** стрелять из пушек по воробьям; **er hat ~en im Kopf** *разг.* он задаётся
spazíeren <*lat.-it.*> *vi* (s) гулять, прогуливаться
spazíeren‖fahren* *vi* (s) кататься; проехаться; прокатиться
spazíeren‖gehen* *vi* (s) гулять, прогуливаться
Spazier‖fahrt *f* -, -en катание, прогулка
Spaziergang *m* -(e)s, -gänge прогулка, гулянье
Spazier‖ritt *m* -(e)s, -e прогулка верхом
Speaker ['spiːkər] <*engl.*> *m* -s, - **1.** спикер, оратор; **2.** спикер *(председатель палаты общин в Англии, председатель палаты представителей в США)*
Specht *m* -(e)s, -e дятел
Speck *m* -(e)s, -e (свиное) сало, шпик; ◊ **wie die Made im ~ leben** как сыр в масле кататься
Speck‖grieben *pl* шкварки
speckig *a* **1.** сальный, жирный; **2.** сальный, амилоидный
Speck‖jäger *m* -s, - *разг.* любитель лёгкой наживы; спекулянт
Speck‖schwarte *f* -, -n шкурка окорока
spedíeren <*lat.-it.*> *vt* отправлять, посылать *(товар)*
Spediteur [-'tøː] <*lat.-it.-fr.*> *m* -s, -e экспедитор, отправитель
Speer *m* -(e)s, -e копьё
Speer‖werfen *n* -s, - *спорт.* метание копья
Speer‖werfer *m* -s, - *спорт.* метатель копья
Speiche *f* -, -n **1.** спица *(колеса)*; **2.** *анат.* лучевая кость; ◊ **jmdm. in die ~n fallen*** ≅ ставить кому-л. палки в колёса
Speichel *m* -s слюна; **der ~ lief ihm im Munde zusammen** у него слюнки потекли
Speichel‖absonderung *f* -, -en отделение слюны
Speichel‖drüse *f* -, -n слюнная железа
Speichel‖fluß *m* -sses слюнотечение
Speichel‖lecker *m* -s, - подхалим, льстец, подлиза
Speicher *m* -s, - амбар; склад
speichern *vt* **1.** складывать в амбар, хранить на складе; **2.** накоплять, собирать; **3.** *эл.* аккумулировать
speien* I *vt* **1.** плевать, харкать; **Blut ~** харкать кровью; **2.** извергать огонь; **Feuer ~** *разг.* плевать; II *vi:* **er speit darauf** он плюёт на это
Speise *f* -, -n **1.** пища, еда; блюдо; **~ und Trank** еда и питьё; стол; **2.** *стр.* известь; **3.** *тех.* шпейза

Speise‖eis *n* -es мороженое
Speise‖fett *n* -(e)s, -е столовый жир
Speise‖halle *f* -, -n столовая; ресторан
Speise‖kammer *f* -, -n кладовая
Speise‖karte *f* -, -n меню
speisen I *vi* есть; кушать; столоваться; **zu Mittag** ~ обедать; **zu Abend** ~ ужинать; II *vt* 1. кормить; 2. *тех.* питать, снабжать
Speisen‖folge *f* -, -n меню, последовательность блюд
Speise‖öl *n* -s, -е столовое растительное масло
Speise‖röhre *f* -, -n *анат.* пищевод
Speise‖saal *m* -(e)s, -säle столовая
Speise‖wagen *m* -s, - вагон-ресторан
Speise‖zimmer *n* -s, - столовая (*в квартире*)
Spektákel <*lat.*> *m* -s, - 1. шум, скандал; 2. зрелище; 3. *n* -s, - спектакль, театральное представление
spektrál [sp-/ʃp-] <*lat.*> *a* спектральный
Spektrum <*lat.*> *n* -s, -tren/-tra *физ.* спектр
Spekulánt *m* -en, -en спекулянт
Spekulatión <*lat.*> *f* -, -en 1. спекуляция; рискованная сделка; 2. *филос.* спекуляция, умозрительное рассуждение; умозрительность
Spelúnke <*gr.-lat.*> *f* -,-n притон
Spelze *f* -, -n *с.-х.* полова, мякина
Spende *f* -, -n пожертвование, взнос, дар (*für* A *на что-л., an* A *кому-л.*)
spenden *vt* 1. (по)жертвовать; подавать (милостыню); 2.: **jmdm. Lob** ~ хвалить кого-л.; **jmdm. Trost** ~ утешать кого-л.; **jmdm. Dank** ~ выражать благодарность кому-л.
Spender *m* -s; **~in** *f* -, -nen жертвующий, -щая, жертвователь, -ница
spendieren *vt разг.* 1. угощать (*чем-л.*); платить (*за что-л.*); **eine Runde Bier** ~ угостить всех присутствующих пивом; 2. жертвовать, дарить
Sperénzchen *pl ирон.* церемонии; ~ **machen** церемониться
Sperling *m* -s, -е воробей; ◊ **alte ~e sind schwer zu fangen*** *посл.* ≅ старого воробья на мякине не проведёшь
Sperma <*gr.*> *n* -s, -men/-ta сперма
sperrangelweit *a* настежь; **die Tür stand ~ offen** дверь была открыта настежь
Sperr‖baum *m* -(e)s, -bäume 1. барьер; 2. шлагбаум
Sperr‖druck *m* -(e)s, -е *полигр.* разрядка
Sperre *f* -, -n 1. заграждение; барьер; запруда, плотина; 2. *воен.* блокада; **die ~ über etw.** (A) **verhängen** объявить блокаду где-л.; 3. запрещение; 4. *эк.* эмбарго, экономическая блокада; 5. нокаут
sperren I *vt* 1. загораживать (*дорогу, вход, свет*); 2. запруживать (*реку*); 3. закрывать (*проезд, границу*); запирать (*ворота*); 4. блокировать (*страну, город*); 5. сажать (*в тюрьму, в клетку*); 6. *эк.* накладывать эмбарго, прекращать выплату, накладывать арест; **einen Urlaub** ~ временно запрещать отпуск; 7. выключить (*телефон, газ и т. п.*); 8. *полигр.* набирать в разрядку; II *vi*: **die Tür sperrt** дверь не закрывается плотно; III ~, **sich** противиться (*чему-л.*); упорствовать; **sich mit Händen und Füßen gegen etw.** (A) ~ отбиваться от чего-л. руками и ногами
Sperr‖feuer *n* -s *воен.* заградительный огонь
Sperr‖gebiet *n* -(e)s, -е запретная зона; район блокады
Sperr‖gut *n* -(e)s, -güter *ж.-д.* громоздкий груз
Sperr‖holz *n* -es, -hölzer 1. *тех.* распорка; 2. клеёная фанера
Sperr‖tag *m* -(e)s, -е неприёмный день
Sperrung *f* -, -en 1. загораживание; забаррикадирование; 2. *эк.* наложение эмбарго; 3. *тип.* разрядка; 4. *воен.* предохранительный взвод; 5. *тех.* блокировка, стопорение; заклинивание
Sperr‖zoll *m* -(e)s, -zölle запретительная пошлина
Sperr‖zone *f* -, -n запретная зона
Spesen <*lat.-it.*> *pl* издержки; накладные расходы
Spezeréi *f* -, -en 1. бакалея; 2. пряности
Speziál‖abteilung *f* -, -en специальный отдел, спецотдел
Speziál‖fach *n* -(e)s, -fächer специальность
Spezialisierung <*lat.-fr.*> *f* -, -en специализация
Spezialist <*lat.-fr.*> *m* -en, -en специалист
Spezialität <*lat.-fr.*> *f* -, -en специальность
Spezialitäten-Restaurant *n* -s, -s [-rɛstoˋrä] специализированный ресторан (*вместе со специальной кухней или национальными блюдами*)
speziéll <*lat.-fr.*> *a* специальный; особый
Spezi‖es [sp-/ʃp-] <*lat.*> *f* -, - 1. *биол.* вид; 2. *фарм.* специи, набор трав; 3.: **die vier ~** четыре действия арифметики
Spezífikum <*lat.*> *n* -s, -ka 1. специфичность; характерное своеобразие; 2. *мед.* специфическое средство

Sphäre ‹*gr.-lat.*› *f* -, -n **1.** *мат.* сфера, шар; **2.** *астр.* сфера; **3.** сфера, среда; **4.** сфера, круг деятельности, область; **das liegt außerhalb meiner ~** это вне круга моих интересов [вне моей компетенции]

Sphinx [sfiŋs] ‹*gr.-lat.*› *m* -/-es; *f* - сфинкс

Spick‖aal *m* -(e)s, -e копчёный угорь

spicken I *vt* **1.** шпиговать; **den Beutel ~** набивать карман; **2.** *разг.* подкупать; **II** *vi разг.* пользоваться шпаргалкой; списывать *(в школе)*

Spick‖zettel *m* -s, - шпаргалка

spie *impf от* speien*

Spiegel *m* -s, - **1.** зеркало; рефлектор; **sich im ~ besehen*** смотреться в зеркало; **jmdm. den ~ vorhalten*** показывать кому-л. его настоящее лицо, указывать кому-л. на его недостатки; **2.** уровень, поверхность; зеркало *(жидкости);* **3.** яблоко мишени; **4.** *воен.* петлица; **5.** *мор.* перископ

Spiegel‖bild *n* -(e)s, -er отражение, обратное изображение

Spiegel‖ei *n* -(e)s, -er яичница-глазунья

Spiegel‖fechterei *f* -, -en очковтирательство, обман

Spiegel‖fläche *f* -, -n зеркальная поверхность

Spiegel‖karpfen *m* -s, - *зоол.* зеркальный карп

spiegeln I *vi* блестеть, сверкать, отсвечивать; **II** *vt* отражать *(тж. перен.);* **III ~ sich** отражаться *(тж. перен.)*

Spiegelung *f* -, -en отражение *(тж. перен.)*

Spiel *n* -(e)s, -e **1.** игра, развлечение; **ein ~ der Phantasie** игра воображения; **mit jmdm. an ~ spielen** подшутить над кем-л.; **2.** *карт.* игра; **wer hat das ~?** чья игра?, кто играет?, **ich mache das ~** я играю [назначаю игру]; **jmdm. ins ~ sehen*** заглядывать кому-л. в карты *(тж. перен.);* **3.** *спорт.* игра, партия, встреча, соревнование; **faires [fɛːr] ~** корректная игра; **das ~ endete remis** [rə'miː], **das ~ verlief unentschieden** партия закончилась вничью; **das ~ ist aus** игра окончена; **4.:** **ein ~ Karten** колода карт; **5.** *тех.* зазор, свободный ход; **6.** хвост *(фазана);* ◊ **die Hand im ~ haben** быть причастным к чему-л., быть замешанным в чём-л.

Spiel‖art *f* -, -en **1.** способ [манера] игры; **2.** *биол.* разновидность *(тж. перен.)*

Spiel‖bruder *m* -s, - *разг.* картёжник, заправский игрок

Spiel‖eifer *m* -s азарт; **in ~ geraten*** разыграться *(о детях);* войти в азарт

spielen *vt, vi* **1.** играть; **Ball ~** играть в мяч; **Fußball ~** играть в футбол; **falsch ~** плутовать; **jmdm. etw. aus der Tasche ~** *разг.* вытащить у кого-л. что-л. из кармана; **2.** играть, исполнять; **die erste Geige ~** играть первую скрипку; **3.** разыгрывать, играть, притворяться; **den Dummen ~** прикидываться дурачком; **4.** *(mit D)* играть, забавляться *(чем-л.);* **er läßt nicht mit sich ~** он не позволяет шутить с собой; **mit Worten ~** играть словами; **5.** происходить, разыгрываться; **die Handlung spielt in Moskau** действие происходит в Москве; **6.** играть, сверкать, переливаться *(о драгоценном камне и т. п.);* **in allen Farben ~** переливать всеми цветами радуги; **seinen Witz ~ lassen*** изощряться в остроумии; **sie ließ alle ihre Künste ~** она пустила в ход все свои чары

spielend I *part I от* spielen; **II** *adv* играя, играючи, легко, без особого труда; **etw. ~ lernen** учиться чему-л. без особого труда

Spieler *m* -s, - игрок

Spielerei *f* -, -en **1.** игра, баловство, забава; **2.** *перен.* пустяк

spielerisch *a* несерьёзный, шутливый

Spiel‖feld *n* -(e)s, -er **1.** спортплощадка; корт *(теннис);* **2.** свобода действий, возможности; поле деятельности

Spiel‖film *m* -(e)s, -e художественный фильм

Spiel‖folge *f* -, -n *театр.* программа

Spiel‖gefährte *m* -n, -n; **~in** *f* -, -nen товарищ, подруга детских игр [детских лет, детства]

Spiel‖hölle *f* -, -n игорный дом, игорный притон

Spiel‖kamerad *m* -en, -en товарищ детства [детских игр]

Spiel‖leiter *m* -s, - *театр.* режиссёр

Spiel‖mann *m* -(e)s, -leute музыкант; *воен.* горнист, барабанщик; *ист. лит.* менестрель, скоморох

Spiel‖plan *m* -(e)s, -pläne *театр.* репертуар

Spiel‖platz *m* -es, -plätze площадка для игр, детская площадка

Spiel‖raum *m* -(e)s **1.** *тех.* зазор; **2.** место [площадка] для игры; **3.** *перен.* простор, возможности, свобода действий

Spiel‖sache *f* -, -n игрушка

Spiel‖uhr *f* -, -en куранты *(часы)*

Spiel‖verderber *m* -s, - *разг.* некомпанейский человек; человек, мешающий общему веселью; зануда

Spiel‖verlängerung f -, -en спорт. дополнительное время
Spiel‖ware f -, -n б. ч. pl игрушки (как товар)
Spiel‖zeit f -, -en 1. спорт. время игры; 2. театр. сезон
Spiel‖zeug n -(e)s, -e игрушка
Spieß m -es, -e 1. копьё, пика; **er brüllte [schrie] wie am ~** он кричал так, как будто его резали; 2. вертел; 3. воен. разг. фельдфебель; ◊ **den ~ umdrehen** переменить тактику
Spieß‖bürger m -s, - обыватель, мещанин
Spießbürgerlichkeit f - обывательщина, мещанство; предрассудок обывателя
Spießbürgertum n -(e)s мещанство, мещане
spießen vt пронзать; **auf einen Pfahl ~** сажать на кол
Spießer m -s, - обыватель, мещанин
Spießertum n -(e)s 1. мещанство, мещане; 2. мещанство, психология [идеология] мещанства
Spieß‖geselle m -n, -n сообщник, приспешник
Spieß‖rute f -, -n прут, хлыст; шпицрутен; **jmdn. ~n laufen lassen*** ист. прогонять кого-л. сквозь строй; перен. задать трёпку кому-л.
Spikes [ʃpaeks/sp-] <engl.> pl спорт. беговые туфли с шипами; шиповки (разг.)
Spinát <arab.-pers.-lat.> m -(e)s шпинат
Spind n, m -(e)s, -e; **Spinde** f -, -n шкаф
Spindel f -, -n 1. веретено; **dürr wie eine ~** худой как щепка; 2. тех. шпиндель
Spinne f -, -n паук; **mager wie eine ~** худой как скелет
spinnen I vt 1. прясть; 2. разг. замышлять (интригу, заговор и т. п.); **Ränke ~** интриговать, строить козни; II vi 1. выдумывать, говорить небылицы; **du spinnst wohl!** ты не в своём уме; 2.: **er spinnt immer an einem Gedanken** его всё время занимает одна мысль; 3. мурлыкать (о кошке); **nichts ist so fein gesponnen, es kommt doch endlich an die Sonnen** посл. ≅ шила в мешке не утаишь
Spinner m -s, - 1. прядильщик; 2. зоол. шелкопряд; 3. разг. фантазёр, сумасшедший
Spinn‖gewebe n -s, - паутина
Spinn‖rad n -(e)s, -räder, **~rocken** m -s, - прялка
Spión <gr.-it.> m -s, -e шпион; шпик; лазутчик; **einen ~ ins Land schleusen** засылать в страну шпиона
Spionáge [-ʒə] <gr.-it.(-fr.)> f - шпионаж

Spionáge‖abwehr [-ʒə-] f - контрразведка
spionieren <gr.-it.> vi шпионить
Spiróle <lat.> f -, -n спираль; завиток
Spiritísmus <lat.> m - спиритизм
Spiritualísmus <lat.> m - филос. спиритуализм
Spirituósen <lat.-it.> pl спиртные напитки; водочные изделия
Spíritus <lat.> m -, -/-se спирт, алкоголь
Spitál <lat.> n -s, -e/-täler 1. больница, госпиталь; 2. богадельня
spitz a 1. острый, остроконечный; **ein ~er Winkel** острый угол; 2. острый, колкий, язвительный; **~e Worte** язвительные слова
Spitz m -es, -e шпиц (собака)
Spitz‖bart m -(e)s, -bärte козлиная бородка, эспаньолка
Spitzbergen (n) -s Шпицберген (архипелаг в Сев. Ледовитом океане; принадлежит Норвегии)
Spitzbube m -n, -n 1. озорник; 2. негодяй, плут, мошенник
spitzbübisch a 1. озорной, лукавый; 2. жульнический, плутовской
Spitze f -, -n 1. остриё, кончик; шпиль; вершина (горы, конуса); верхушка (дерева); 2. носок (ботинка); 3. голова (колонны); **an der ~** во главе; впереди; **die ~ der Produktión halten*** держать рекорд по производству (чего-л.); **etw. auf die ~ treiben*** довести что-л. до крайности; **eine Sache auf die ~ stellen** перевернуть что-л. вверх дном; **freie ~n** с.-х. сверхплановые продукты, излишки; 4. кружево; **~n klöppeln** плести кружево
Spitzel m -s, - шпик, шпион
spitzen I vt заострять; чинить (карандаш); ◊ **die Ohren ~** навострить уши; II **~, sich** (auf A) настроиться, рассчитывать (на что-л.); **er spitzt sich auf dieses Buch** ему особенно хочется прочитать [получить] эту книгу
Spitzen‖erzeugnisse pl изделия [продукты] высшего качества
Spitzen‖fahrer m -s, - спорт. лидер гонок
Spitzen‖findigkeit f -, -en хитрость, остроумие, изворотливость
Spitzen‖frist f -, -en рекордное время; кратчайший срок
Spitzen‖hacke f -, -n кирка
Spitzen‖klasse f -, -n спорт. экстракласс
Spitzen‖klöpplerin f -, -nen кружевница
Spitzen‖leistung f -, -en 1. тех. максимальная мощность; 2. рекордное достижение, рекорд; **die ~ halten*** держать рекорд

Spitzen‖qualität f -, -en высшее качество
Spitzen‖sportler m -s, - рекордсмен; спортсмен экстракласса, лучший спортсмен
Spitzen‖zeit f -, -en время пик, время максимальной нагрузки
spitzig см. spitz
Spitz‖name m -ns, -n кличка, прозвище
Spitz‖pocken pl мед. ветряная оспа
Spleen [ʃpliːn/sp-] <gr.-lat.-engl.> m -s, -e/-s сплин, хандра, мрачное настроение
Spleiße f -, -n лучина
spleißen* I vt 1. колоть (лучину); 2. тех. очищать (медь); 3. мор. сращивать, сплетать (канаты); II vi (s) раскалываться, трескаться
Splitter m -s, - 1. осколок; 2. заноза; sich (D) einen ~ in den Finger (ein)stechen* занозить палец
splitterig a хрупкий, легко бьющийся, ломкий
splittern I vt расщеплять, раскалывать, разбивать на мелкие кусочки; II vi (h, s) расщепляться, раскалываться, треснуть; разлетаться вдребезги
sponsern <lat.-engl.> vt выступать в роли спонсора, спонсировать
spontán <lat.> a самопроизвольный, спонтанный, стихийный
Spontaneität <lat.> f - самопроизвольность, стихийность
Spore <gr.> f -, -n бот. спора
Sporn m -(e)s, Sporen шпора; dem Pferde die Sporen geben* пришпоривать лошадь
Sport <lat.-fr.-engl.> m -(e)s, -e спорт; физкультура; ~ treiben* заниматься спортом; einen ~ pflegen заниматься одним видом спорта
Sport‖anhänger m -s, - любитель спорта; болельщик
Sport‖anlage f -, -n спортивное сооружение
Sport‖anzug m -(e)s, -anzüge спортивный костюм
Sport‖art f -, -en вид спорта
Sport‖artikel pl спортивные товары
Sport‖ausrüstung f -, -en спортивные принадлежности; спортивное оборудование
Sport‖fan [-fɛn] m -s, -s болельщик, страстный любитель спорта
Sport‖fanatiker m -s, - болельщик
Sport‖forum n -s, -ra/-ren спортивный городок, комплекс спортивных сооружений
Sport‖freund m -(e)s, -e любитель спорта

Sport‖gemeinschaft f -, -en спортивное общество
Sport‖gerät n -(e)s, -e спортивный снаряд
Sport‖halle f -, -n спортивный зал
Sport‖hose f -, -n трусы
Sport‖leistung f -, -n спортивное достижение
Sportler <lat.-fr.-engl.> m -s, -; ~in f -, -nen спортсмен, -ка, физкультурник, -ница
sportlich <lat.-fr.-engl.> a спортивный
Sport‖platz m -es, -plätze спортивная площадка, стадион
Sport‖preis m -es, -e спортивный приз
Sport-Toto m -s, -s разг. спортивный тотализатор
Sport‖veranlagung f - склонность к спорту, спортивные данные [задатки]
Sport‖veranstaltung f -, -en спортивное мероприятие, спортивные соревнования
Sport‖verband m -(e)s, -bände спортивная федерация
Sport‖verein m -(e)s, -e; ~vereinigung f -, -en см. Sportgemeinschaft
Sport‖wettkampf m -(e)s, -kämpfe; ~wettstreit m -(e)s, -e спортивное состязание
Spott m -(e)s насмешка, ирония, издевательство; beißender ~ сарказм; zum ~ в насмешку; mit jmdm. ~ treiben* издеваться над кем-л., jmdn. dem ~ preisgeben* сделать кого-л. посмешищем; Gegenstand des ~es sein быть посмешищем
Spott‖bild n -(e)s, -er карикатура
Spöttelei f -, -en насмешка, издёвка
spötteln vi (über A) подсмеиваться, насмехаться, подтрунивать (над кем-л., над чем-л.)
spotten vi (über A) насмехаться, глумиться (над кем-л.), поднимать на смех (кого-л.)
Spötter m -s, - насмешник, зубоскал
Spötterei f -, -en насмешка, зубоскальство
Spott‖geld n: um ein ~ kaufen купить за бесценок
spöttisch a насмешливый, иронический
sprach impf om sprechen*
Sprache f -, -n 1. язык; eine zeitgenössische ~ современный язык; er spricht zwei ~n он говорит на двух языках; 2. язык, стиль; 3. речь, язык; eine flüssige ~ sprechen* говорить бегло; er hat die ~ verloren у него отнялся язык, он онемел; etw. zur ~ bringen* завести

речь [разговор] о чём-л.; поставить что-л. на обсуждение; **mit der ~ herausrücken [herauskommen*]** признаться в чём-л.; заговорить; **heraus mit der ~!** да говори(те) же!
Sprach‖eigentümlichkeit *f* -, -en особенность языка
Sprach‖fehler *m* -s, - дефект речи
Sprach‖fertigkeit *f* - дар слова, красноречие; **~ besitzen*** свободно говорить на (разных) языки, хорошо знать языки
Sprach‖führer *m* -s, - разговорник *(какого-л. языка)*
sprach‖gewandt *a* красноречивый
Sprach‖kunde *f* - языкознание, лингвистика
sprach‖kundig *a* знающий язык
sprachlich I *a* языковый, касающийся языка; II *adv* в отношении языка
sprachlos *a* безмолвный; онемевший; **~ werden** онеметь
Sprach‖pflege *f* - культура речи
Sprach‖rohr *n* -(e)s, -e рупор
Sprach‖störung *f* -, -en расстройство речи
Sprach‖studium *n* -s, -di|en изучение языка
Sprach‖unterricht *m* -(e)s преподавание языка [языков]; урок(и) языка
Sprach‖werkzeug *n* -(e)s, -e орган речи
sprachwidrig *a* противный духу языка
Sprach‖wissenschaft *f* -, -en языкознание; филология
sprang *impf om* springen*
Sprech‖art *f* -, -en манера говорить
sprechen* I *vi (mit jmdm über* A *или von* D) говорить, разговаривать *(с кем-л., о ком-л., о чём-л.);* **gut [geläufig, fließend] deutsch ~** хорошо [бегло, свободно] говорить по-немецки; **wir ~ uns noch!** мы ещё поговорим; **er ist heute nicht zu ~** он сегодня не принимает; **auf jmdn., auf etw. (A) zu ~ kommen*** заговорить о ком-л., о чём-л.; **wie ein Buch ~** говорить как по писаному; **jmdm. aus der Seele ~** высказывать чьи-либо мысли; **alles spricht dafür, daß...** всё говорит за то, что...; **auf jmdn. gut zu ~ sein** хорошо отзываться о ком-л.; II *vt* 1. говорить; **ein Urteil ~** вынести приговор; **jmdn. schuldig ~** признать кого-л. виновным; **kein Wort ~** не говорить ни слова; 2. говорить, беседовать *(с кем-л.);* 3. *(auf* A) наговаривать *(что-л. на плёнку)*
sprechend I *part* I *om* sprechen*; II *a* красноречивый, выразительный
Sprecher *m* -s, - 1. оратор, докладчик; официальный представитель *(прави-*

тельства и т. п.); 2. диктор; 3. артист, дублирующий роль в фильме; **als ~ wirkten mit...** роли дублировали...
Sprech‖fertigkeit *f* -, -en навык устной речи
Sprech‖stunde *f* -, -n приёмный час
Sprechstunden‖hilfe *f* -, -n помощница врача *(медицинская сестра, ассистент во время приёма больных)*
Sprech‖verbot *n* -(e)s, -e запрещение выступать *(в общественном месте)*
Sprech‖zimmer *n* -s, - приёмная
Spree *f* - Шпрее *(река в ФРГ, лев. приток р. Хафель; протекает через Берлин)*
Spree-Athen *(n)* -s "Афины на Шпрее" *(поэтич. назв. Берлина)*
Spreewald *m* -es Шпреевальд *(местность в ФРГ <земля Бранденбург>)*
Spreize *f* -, -n распорка
spreizen I *vt* 1. (широко) расставлять, растопыривать; **der Baum spreizte seine Äste** дерево раскинуло свои ветви; 2. подпирать *(стену),* ставить подпорки; II **~, sich** 1. топорщиться; 2. упираться, жеманиться; 3. важничать, чваниться
spreizig *a* 1. надменный, заносчивый; чванливый; 2. упрямый
Spreng‖bombe *f* -, -n фугасная бомба
sprengen I *vt* 1. взрывать; 2. *перен.* подрывать *(единство и т. п.);* 3. взломать; разрывать *(оковы, тж. перен.);* 4. *карт.* сорвать *(банк);* II *vt* поливать *(улицу, цветы);* **die Wäsche ~** вспрыскивать бельё; III *vi* (s) скакать *(о всаднике);* **über den Graben ~** перескочить через ров
Spreng‖geschoß *n* -sses, -sse *воен.* фугасный снаряд
Spreng‖körper *m* -s, - подрывная шашка
Spreng‖ladung *f* -, -en *воен.* подрывной заряд
Sprengung *f* -, -en 1. взрыв, подрыв; 2. *перен.* срыв
Spreng‖wagen *m* -s, - цистерна для поливки улиц
Sprenkel *m* -s, - 1. крапинка; пятнышко; 2. силок
sprenkeln *vt* кропить, брызгать
Spreu *f* - 1. мякина, высевки; 2. *перен.* отбросы
Sprich‖wort *n* -(e)s, -wörter пословица, поговорка
sprichwörtlich *a* 1. вошедший в пословицу; **die ~e Redensart** поговорка; **~ werden** войти в поговорку; 2. общеизвестный

sprießen* vi (h, s) всходить; распускаться (о растениях)
Spring‖brunnen m -s, - фонтан
springen* I vi (s) 1. прыгать, скакать; **in den Sattel ~** вскочить в седло; **in die Höhe ~** вскочить, подпрыгнуть; 2. брызнуть; **Blut sprang aus der Wunde** кровь брызнула из раны; **aus dem Stein sprangen Funken** искры посыпались из камня; 3.: **5 Rubel ~ lassen*** раскошелиться на 5 рублей; **eine Flasche Wein ~ lassen*** угостить бутылкой вина; II vi (s) лопнуть, треснуть
Springer m -s, - 1. прыгун; 2. шахм. конь
Springerin f -, -nen прыгунья
Spring‖kraft f - упругость
Sprint ⟨engl.⟩ m -(e)s, -s спорт. спринт
sprinten ⟨engl.⟩ vi спорт. бегать на короткие дистанции
Spritze f -, -n 1. шприц; **jmdm. eine ~ geben*** сделать кому-л. укол; 2. пожарный насос; брызгалка
spritzen I vt прыскать, опрыскивать; II vi 1. брызгать, брызнуть; **es spritzt** моросит дождь; 2.: **er kam zu mir gespritzt** разг. он забежал ко мне (на минутку)
Spritzer m -s, - брызги; мелкий дождь
Spritz‖fahrt f -, -en разг. (непродолжительная, увеселительная) прогулка [поездка]
spritzig a 1. шипучий, пенистый; **~er Wein** шипучее вино; 2. остроумный, резвый
Spritz‖kanne f -, -n лейка
Spritz‖kuchen m -s, - оладья
Spritz‖tour [-tu:r] f -, -en см. Spritzfahrt
spröde a 1. хрупкий; **eine ~ Haut** сухая кожа; 2. чопорный, неприступный; **~ tun*** жеманиться; притворяться неприступной
sproß impf от sprießen*
Sproß m -sses, -sse/-ssen 1. бот. побег, отросток; 2. отпрыск, потомок
Sprosse f -, -n 1. ступень(ка), перекладина; 2. веснушка
sprossen vi (s) пускать ростки; всходить
Sprößling m -s, -e см. Sproß
Sprotte f -, -n зоол. шпрот(а)
Spruch m -(e)s, Sprüche 1. изречение, сентенция; **Sprüche machen** хвастаться; 2. юр. приговор, решение; **einen ~ fällen** выносить приговор; 3. притча, текст (из Библии)
Spruch‖band n -(e)s, -bänder полотнище с лозунгом, транспарант
Sprudel m -s, - 1. ключ; минеральный [целебный] источник; 2. минеральная [газированная] вода; 3. водоворот; 4.

перен. поток (слов и т. п.)
sprudeln I vi (s) 1. бить ключом, пениться; 2. клокотать, бурлить, кипеть; II vi (h), vt быстро [горячо] говорить; **seine Lippen ~ Witze** он сыплет остротами
sprühen I vt 1. выбрасывать, разбрасывать; **Funken ~** метать искры; **sein Auge sprüht Funken** его глаза мечут молнии; 2. излучать, испускать; **der Ofen sprüht Hitze** печь пышет жаром; II vi (h, s) 1. разлетаться (об искрах); 2. моросить (о дожде); 3. искриться, блестеть (об алмазе и т. п.); **dieses Werk sprüht von Geist [von Witz]** это произведение брызжет остроумием
Sprühregen m -s изморось, мелкий дождь
Sprung I m -(e)s, Sprünge прыжок, скачок; **mit einem ~** одним прыжком; **zum ~ ansetzen** приготовиться к прыжку; **ich besuchte ihn auf einen ~** я зашёл к нему на минутку; ◇ **er kann keine großen Sprünge machen** он не может развернуться, он не может позволить себе больших затрат
Sprung II m -(e)s, Sprünge трещина; **das Glas hat einen ~ bekommen*** стакан треснул
Sprung‖brett n -(e)s, -er трамплин; подкидная доска (гимнастика); мостик для прыжков
Sprung‖feder f -, -n пружина
sprunghaft a 1. скачкообразный; 2. неуравновешенный
Sprung‖schanze f -, -n лыжный трамплин
Sprung‖seil n -(e)s, -e спорт. скакалка
Sprung‖stab m -(e)s, -stäbe шест для прыжков
Sprung‖tuch n -(e)s, -tücher спасательное полотно; сетка (для акробатов, у пожарных)
sprungweise adv скачками
Spucke f - разг. слюна; ◇ **da bleibt mir die ~ weg!** это сногсшибательно [поразительно]!
spucken I vi плевать; **auf jmdn., auf etw. (A) ~** разг. наплевать на кого-л., на что-л.; **in die Hände ~** разг. работать энергично; II vt харкать (кровью); выплёвывать (мокроту); ◇ **große Bogen ~** разг. задаваться, бахвалиться
Spuck‖napf m -(e)s, -näpfe плевательница
Spuk m -(e)s, -e 1. привидение, призрак; 2. шум, гвалт; безобразие, неразбериха; **mach keinen ~!** не мешай!, не шуми!
Spuk‖geschichte f -, -n 1. рассказ о привидениях; 2. разг. чертовщина
Spül‖becken n -s, - полоскательница
Spule f -, -n катушка; шпулька

spulen *vt* наматывать на катушку [на шпульку]
spülen I *vt* полоскать, промывать, мыть; **ans Land ~** выбросить на берег; II *vi*: **das Wasser spült schon an das Haus** вода уже подходит к дому
Spül‖faß *n* -sses, -fässer; **~gefäß** *n* -es, -e лохань
Spül‖napf *m* -(e)s, -näpfe полоскательница
Spülung *f* -, -en **1.** полоскание; **2.** *мед.* промывание *(желудка и т. п.)*; **3.** *тех.* промывка, продувка
Spül‖wasser *n* -s, -wässer помои
Spund *m* -(e)s, Spünde затычка; втулка
Spur *f* -, -en **1.** след, отпечаток; **die ~ aufnehmen* [finden*]** напасть на след, идти по следу; **jmdm. auf der ~ folgen** идти следом за кем-л., преследовать кого-л. по пятам; **auf frischer ~** по горячим следам; **alle ~en vertilgen [verwischen]** *перен.* замести следы; **2.** лыжня; **3.** *перен.* след; **4.** колея *(железной дороги);* ◇ **keine ~!** ничего подобного!, ничуть!
spürbar *a* ощутимый, чувствительный
spuren *vi* **1.** прокладывать лыжню; **2.** *разг.* следовать примеру других, участвовать *(в чём-л.)*
spüren *vt* чувствовать; чуять
Spür‖hund *m* -(e)s, -e **1.** ищейка; **2.** *перен.* ищейка, шпик
spurlos *a* бесследный
Spür‖nase *f* -, -n *разг.* проныра
Spür‖sinn *m* -(e)s чутьё
Spurt <*engl.*> *m* -s, -e/-s *спорт.* спурт
spurten *vi спорт.* спуртовать, финишировать
Spur‖weite *f* - *ж.-д.* ширина колеи
sputen, sich торопиться, спешить; **spute dich!** поторопись!, быстрее!
Sputum <*lat.*> *n* -s *мед.* мокрота
Sri Lánka *(n)* -s Шри-Ланка *(гос-во на о-ве Цейлон, в Индийском океане)*
SS-Mann *m* -es, -Leute **1.** эсэсовец *(обобщённое наименование члена формирований СС);* **2.** рядовой СС *(звание рядового войск СС)*
SS-Totenkopfverbände *pl* части СС "Мёртвая голова" *(специальные формирования СС в фаш. Германии; несли охрану концлагерей, осуществляли массовые казни узников)*
SS-Verfügungstruppe *f* - войска СС особого назначения *(специальные формирования СС, действовавшие на наиболее важных участках фронта)*
Staat I <*lat.*> *m* -(e)s, -en **1.** государство,

держава; **2.** штат; **3.** *биол.* сообщество; **manche Insekten bilden ~en** некоторые насекомые образуют сообщества
Staat II <*lat.*> *m* -(e)s **1.** наряд, туалет; **sie hatte ihren besten ~ an** она была в своём лучшем наряде; **2.** щегольство, блеск, шик; **großen ~ machen** жить на широкую ногу
staatlich *a* **1.** государственный; **2.** казённый
Staatliche Galerie Moritzburg *f* - Государственная галерея Морицбург *(собрание картин, произведений худож. ремесла и т. п. в г. Галле <ФРГ, земля Саксония-Ангальт>)*
Staats‖akt *m* -(e)s, -e торжественное заседание органов власти
Staats‖aktion *f* -, -en дело государственной важности
Staats‖angehörige *subst m, f* -n, -n гражданин, -данка, подданный, -ная
Staats‖anwalt *m* -(e)s, -wälte прокурор
Staats‖aufbau *m* -(e)s государственный строй
Staats‖beamte *subst m* -n, -n государственный служащий; чиновник
Staats‖behörde *f* -, -n государственное учреждение, ведомство
Staats‖besuch *m* -(e)s, -e официальный визит главы государства [правительства]
Staats‖bürger *m* -s, -; **~bürgerin** *f* -, -nen *см.* Staatsangehörige
Staats‖bürgerrecht *n* -(e)s, -e право гражданства
Staats‖bürgerschaft *f* - гражданство
Staats‖eigentum *n* -s, -tümer государственная собственность
Staats‖einkommen *n* -s, - государственные доходы
Staats‖examen *n* -s, -/-mina государственный экзамен
Staats‖flagge *f* -, -n государственный флаг
Staats‖gefährdung *f* - антигосударственная деятельность
Staats‖gewalt *f* - государственная власть
Staats‖haushalt *m* -(e)s, -e государственный бюджет
Staats‖hoheit *f* - государственный суверенитет
Staats‖kosten *pl* государственные расходы; **auf ~** за государственный счёт
Staats‖lasten *pl* государственные долги
Staats‖macht *f* - *см.* Staatsgewalt
Staatsmann *m* -(e)s, -männer государственный [политический] деятель
Staats‖oberhaupt *n* -(e)s, -häupter глава государства

Staatsrat I *m* -es Государственный совет *(назв. правительства в некоторых кантонах Швейцарии)*
Staatsrat II *m* -es Государственный совет *(высший консультативный орган при великом герцоге в Люксембурге)*
Staats||schatz *m* -es, -schätze государственная казна
Staats||sicherheit *f* - государственная безопасность
Staats||streich *m* -(e)s, -e государственный переворот
Staats||vertrag *m* -(e)s, -träge государственный договор
Staatsvertrag von [zu] Wien *m* -es Государственный договор о восстановлении независимой и демократической Австрии *(подписан в Вене 15.05.1955 министрами иностранных дел СССР, США, Великобритании, Франции и Австрии; восстановил суверенитет Австрии после 2-й мировой войны)*
Staats||verwaltung *f* - 1. органы государственного управления; 2. управление государством
Stab I *m* -(e)s, Stäbe 1. палка; посох; 2. жезл; 3. железный прут
Stab II *m* -(e)s, Stäbe *воен.* штаб; **ein Offizier vom ~** штабной офицер
Stab||hochsprung *m* -(e)s, -sprünge прыжок (в высоту) с шестом
stabíl <*lat.*> *a* устойчивый, стабильный; **eine ~e Währung** устойчивая валюта
stabilisíeren <*lat.*> *vt* стабилизировать
Stabilität <*lat.*> *f* - устойчивость, стабильность
Stab||reim *m* -(e)s, -e *лит.* аллитерация
Stabs||arzt *m* -es, -ärzte врач в чине капитана, капитан медико-санитарной службы
Stabs||chef [-ʃɛf] *m* -s, -s *воен.* начальник штаба
Stabs||offizier *m* -s, -e штаб-офицер; старший офицер; штабист
Stabs||quartier *n* -s, -e *воен.* штаб-квартира, штаб; ставка, место расположения штаба
Stab||wechsel *m* -s, - *спорт.* передача эстафеты
stach *impf от* stechen*
Stachel *m* -s, -n 1. жало *(пчелы)*; 2. шип, колючка; **jmdm. ein ~ im Auge sein** ≅ быть для кого-л. как бельмо на глазу; 3. острота, язвительность
Stachel||beere *f* -, -n крыжовник
Stachel||draht *m* -(e)s, -drähte колючая проволока
Stacheldraht||verhau *m*, *n* -(e)s, -e проволочное заграждение
stachelig *a* 1. колючий; 2. *перен.* колкий, язвительный
Stach(e)ligkeit *f* - колючесть
stacheln *vt* 1. жалить; колоть; 2. язвить, дразнить; 3. побуждать
Stachel||schwein *n* -(e)s, -e дикобраз
Stadion <*gr.*> *n* -s, -di¦en стадион
Stadium <*gr.-lat.*> *n* -s, -di¦en стадия, период
Stadt *f* -, Städte город; **eine abgelegene ~** захолустный город; **~ und Land** город и деревня
Stadt||auswahl *f* -, -en *спорт.* сборная команда города
Stadt||bahn *f* -, -en *(сокр. S-Bahn)* городская (внеуличная) железная дорога, электричка
Stadt||bevölkerung *f* - городское население, население города
Stadt||bezirk *m* -(e)s, -e район города, городской район
Städter *m* -s, -; **~in** *f* -, -nen горожанин, -нка
Stadt||gebiet *n* -(e)s, -e черта города
städtisch *a* 1. городской; 2. муниципальный
stadtkundig *a* знакомый с городом
Stadt||rat *m* -(e)s, -räte 1. муниципалитет; 2. муниципальный советник, член городского совета
Stadt||verordnete *subst m*, *f* -n, -n 1. член муниципалитета; 2. депутат городского совета
Staféтte <*gr.-it.*> *f* -, -n эстафета
Staffáge [-ʒə] <*fr.-niederl.*> *f* -, -n 1. аксессуар; 2. оживляющие фигуры *(в живописи)*
Staffel *f* -, -n 1. *спорт.* эстафета; 2. *воен.* эшелон; 3. *ав.* эскадрилья; 4. *мор.* эскадра
Staffelеí *f* -, -en мольберт
staffeln *vt* 1. располагать уступами; 2. *воен.* эшелонировать
Staffelung *f* -, -en 1. расположение уступами; 2. *воен.* эшелонирование
staffieren <*fr.-niederl.*> *vt* 1. убирать, наряжать, отделывать; 2. подшивать *(платье и т. п.)*
Stagnatión <*lat.*> *f* -, -en *эк.* стагнация, застой
stagníeren <*lat.*> *vi эк.* находиться в стадии застоя [стагнации], переживать застой
stahl *impf от* stehlen*
Stahl *m* -(e)s, Stähle /-e 1. сталь; **rostfreier [nichtrostender] ~** нержавеющая сталь; **ein Mann von ~ (und Eisen)** человек железной воли; 2. *тех.* резец

Stahl∥arbeiter *m* -s, - сталелитейщик
Stahl∥blech *n* -(e)s, -e листовая сталь
Stahl∥eisen *n* -s, - ковкий чугун
stählen I *vt* закалять *(тж. перен.)*; II ~, **sich** закаляться *(тж. перен.)*
stählern *a* стальной *(тж. перен.)*; **ein ~er Wille** стальная воля
Stahl∥gerüst *n* -(e)s, -e стальной каркас
Stahl∥gießerei *f* -, -en сталелитейная, сталелитейный завод
stahlhart *a* твёрдый как сталь
Stahl∥helm I *m* -(e)s, -e стальной шлем, стальная каска
Stahlhelm II *m* -s "Стальной шлем" *(союз бывших фронтовиков, создан в Германии в 1918; после установления фаш. диктатуры слился с СА; воссоздан в ФРГ в 1951)*
Stahl∥kammer *f* -, -n сейф
Stahl∥mantel *m* -s, -mäntel *тех.* стальной кожух
Stählung *f* -, -en закаливание, закалка, закал
Stahlwerke Peine-Salzgitter AG *f* - "Штальверке Пайне-Зальцгиттер АГ" *(один из крупнейших металлургических концернов ФРГ)*
Stahl∥werker *m* -s, - сталевар, сталелитейщик
staken *vi* 1. *мор.* отталкиваться шестами; 2. *диал.* делать большие шаги
Stakét <*gr.-it.-fr.-niederl.*> *n* -(e)s, -e дощатый забор, частокол
Stalaktít <*gr.*> *m* -(e)s/-en, -e/-en сталактит
Stall *m* -(e)s, Ställe 1. хлев *(тж. перен.)*, конюшня; **einen ~ ausmisten** вычистить хлев; 2. сарай
stallen *vt* ставить в конюшню
Stall∥knecht *m* -(e)s, -e конюх
Stallung *f* -, -en 1. хлев, конюшня; 2. загон *(в конюшне, хлеву)*
Stamm *m* -(e)s, Stämme 1. ствол; 2. пень; 3. племя, род; семья, дом; **der männliche [weibliche] ~** мужское [женское] колено *(рода)*; 4. основной [кадровый] состав; 5. *грам.* основа *(слова)*
stammeln I *vi* заикаться, запинаться; II *vt* лепетать; бормотать
stammen *vi* (s) 1. *(aus* D) происходить (из), быть родом *(откуда-л.)*; 2. *(aus* D) происходить, быть заимствованным; **dieses Wort stammt aus dem Englischen** это слово английского происхождения; 3. *(von* D) принадлежать; **das Buch stammt von Schiller** это книга Шиллера
Stamm∥gast *m* -es, -gäste завсегдатай *(кафе и т. п.)*

Stamm∥halter *m* -s, - продолжатель рода, наследник
stämmig *a* коренастый, кряжистый, приземистый
Stamm∥lokal *n* -s, -e постоянно посещаемое заведение *(кафе и т. п.)*
Stamm∥rolle *f* -, -n *воен.* список личного состава части
Stamm∥sitz *m* -es, -e 1. постоянное местопребывание; 2. постоянное место *(в театре и т. п.)*
Stamm∥spieler *m* -s, - *спорт.* игрок основного состава команды
Stammtisch *m* -es, -e "штаммтыш" *(стол для постоянных посетителей в кафе, ресторанах и т. п.)*
Stamm∥vater *m* -s, -väter родоначальник
stammverwandt *a* 1. одноплемённый; родственный; 2. *грам.* одной основы
Stamm∥wort *n* -(e)s, -wörter корневое слово
stampfen I *vt* 1. толочь, мять; **zu Pulver ~** растолочь в порошок; 2. трамбовать; II *vi* 1. тяжело ступать; 2. топать *(ногами в знак протеста)*; 3. испытывать килевую качку
Stampf∥maschine *f* -, -n трамбовочная машина
stand *impf от* **stehen***
Stand I *m* -(e)s, Stände 1. (место)положение, место; **ein Sprung aus dem ~** прыжок с места; 2. положение, состояние; **etw. gut im ~e erhalten*** сохранять что-л. в хорошем состоянии; 3. уровень; **einen hohen ~ erreichen** подняться на высокий уровень; 4. курс *(акций)*; 5. *ист.* сословие
Stand II *m* -(e)s, Stände 1. стойло *(для лошадей)*; 2. ларёк, киоск; 3. стенд; 4. *тех.* станина
Standard <*gr.-fr.-engl.*> *m* -s, -s 1. стандарт; 2. *спорт.* норма
Standárte <*gr.-fr.*> *f* -, -n штандарт; знамя
Stand∥bild *n* -(e)s, -er статуя
Ständchen *n* -s, - серенада; **ein ~ bringen*** петь серенаду; **ein ~ halten*** остановиться поболтать *(со встречным)*
Ständel-Institut *n* -s Штендель-институт *(картинная галерея и школа искусств во Франкфурте-на-Майне* <ФРГ>*)*
Ständer *m* -s, - 1. брус, подпорка; 2. стойка; пульт *(для нот и т. п.)*
Ständerat *m* -s Совет кантонов *(верхняя палата федерального собрания* <парламента> *Швейцарии)*
Standesamt *n* -es, -ämter отдел записи актов гражданского состояния, загс

standesgemäß *a* приличествующий званию

Stand∥gericht *n* -(e)s, -e военно-полевой суд

standhaft *a* стойкий, непоколебимый; **ein ~es Herz** преданное сердце

stand∥halten* *vi* 1. (D) стойко держаться, устоять *(перед чем-л.)*; 2. оказаться состоятельным [обоснованным]

ständig *a* постоянный; долговременный; **~er Aufenthalt** постоянное местопребывание

Stand∥nummer *f* -, -n (библиотечный) шифр

Stand∥ort *m* -(e)s, -e *воен.* стоянка, расположение; гарнизон

Stand∥punkt *m* -(e)s, -e 1. точка зрения; **vom ~ der Wissenschaft aus** с точки зрения науки; 2. позиция, местонахождение

Stand∥quartier *n* -s, -e *воен.* (постоянная) стоянка

Stand∥recht *n* -(e)s законы военного времени

standrechtlich *a* 1. по приговору военно-полевого суда; 2. по законам военного времени

Stange *f* -, -n 1. шест, жердь, палка, стержень; древко *(флага)*; *спорт.* штанга; 2. *разг.* верзила; 3.: **die ~ halten*** играть ведущую роль; **jmdn. bei der ~ halten*** влиять на кого-л.; **eine ~ Geld kosten** *разг.* стоить уйму денег

Stanislaus/Stanislaw Станислаус/Станислав *(муж. имя)*

stank *impf от* **stinken***

Stänker *m* -s, - *разг.* склочник

Stänkerei *f* -, -en *разг.* склока

stänkern *vi разг.* 1. вонять, портить воздух; 2. *(gegen A)* затевать склоку *(против кого-л.)*; кляузничать *(на кого-л.)*

Stans (n) - Штанс *(адм. центр полукантона Нидвальден <Швейцария>)*

Stanze I *<лат.-ит.> f* -, -n *лит.* стансы

Stanze II *<лат.> f* -, -n *тех.* штамп

stanzen *<лат.-ит.> vt тех.* чеканить, штамповать

Stapel *m* -s, - 1. *мор.* стапель; **ein Schiff vom [von] ~ laufen [gehen] lassen*** спускать судно на воду; 2. куча; штабель; 3. волокно *(хлопка)*

Stapel∥lauf *m* -(e)s, -läufe спуск на воду *(судна)*

stapeln *vt* складывать в штабеля; складывать в стопку [в кучу]

Stapfe *f* -, -n; **Stapfen** *m* -s, - след *(от ноги)*

Star I *m* -(e)s/-en, -e скворец

Star II [sta:r] *<engl.> m* -s, -s знаменитость; (кино)звезда

Star III *m* -(e)s, -e *мед.* катаракта; **grauer ~** бельмо; **grüner ~** глаукома

starb *impf от* **sterben***

stark I *a* 1. сильный *(тж. перен.)*; **eine ~e Brille** сильные очки; 2. сильный, интенсивный; **~er Nebel** сильный [густой] туман; 3. толстый, прочный, крепкий; **~e Nerven** крепкие нервы; 4. сильный, концентрированный; **~er Kaffee** крепкий кофе; 5. насчитывающий определённое количество чего-л.; **eine ~e Delegation** большая делегация; ◊ **...Mann ~ sein** состоять из ... человек; II *adv* сильно, очень; **~ essen*** много есть

Star∥kasten *m* -s, -/-kästen скворечник

Stärke I *f* -, -n 1. сила; интенсивность; 2. прочность; крепость; 3. толщина; 4. концентрация *(напр. раствора)*; 5. численность, состав *(б. ч. воен.)*

Stärke II *f* -, -n крахмал

stärken I I *vt* 1. укреплять, придавать *(силы)*; 2. *спорт.* увеличивать *(темп)*; II ~, **sich** 1. подкрепляться; **sich mit Milch ~** подкрепиться молоком; 2. *разг.* выпивать лишнее

stärken II *vt* крахмалить

starkknochig *a* ширококостный, кряжистый

Stark∥strom *m* -(e)s, -ströme ток высокого напряжения

Stärkung *f* -, -en 1. подкрепление *(сил и т. п.)*; 2. укрепление *(дружбы)*; 3. укрепляющее средство

Starnberger See *m* -s Штарнбергское озеро *(в ФРГ, земля Бавария)*

starr *a* 1. неподвижный, застывший *(на месте)*; **ein ~er Blick** неподвижный взгляд; 2. окоченелый *(от холода)*; **~ und steif werden** окоченеть; 3. твёрдый, жёсткий; *перен.* упрямый; **ein ~er Charakter** упрямый характер; 4. *тех.* жёсткий, неподвижно закреплённый; неразъёмный

starren *vi* 1. *(auf A)* пристально смотреть, уставиться *(на кого-л., на что-либо)*; 2. (о)коченеть *(от холода)*; 3. (о)цепенеть *(от ужаса)*; 4. *(von D)* быть покрытым *(чем-л.)*; **sie starrt von Gold** она вся в золоте

Starrheit *f* -, 1. неподвижность, пристальность *(взгляда)*; 2. окоченелость; неподвижность *(мышц)*; 3. оцепенение *(мыслей)*; 4. закостенелость *(понятий)*; 5. жёсткость *(характера)*; не-

преклонность, упрямство
Starr||kopf *m* -(e)s, -köpfe упрямец
Starr||krampf *m* -es *мед.* столбняк
starrsinnig *a* упрямый; твердолобый
Start <*engl.*> *m* -(e)s, -e/-s **1.** *спорт.* старт; **an den ~ gehen*** выходить на старт; **2.** *ав.* старт, взлёт; **3.** начало; **der ~ ins Leben** начало (самостоятельной) жизни
startbereit *a* **1.** готовый к старту; **2.** готовый приступить к выполнению (новых) задач
starten <*engl.*> I *vi* (s) **1.** *спорт.* стартовать; **2.** *ав.* стартовать, вылетать, взлетать; **3.** начинать работу, приступать к выполнению (*чего-л.*); II *vt* **1.** начинать (*эстафету*); **ein neues Unternehmen ~** пустить новое предприятие, открыть новую фирму; **2.** пускать, запускать (*воздушные шары и т. п.*)
Statik <*gr.*> *f* - статика
Statión <*lat.*> *f* -, -en **1.** станция; место стоянки; **2.** станция (*метеорологическая и т. п.*); **3.** стоянка, привал, остановка; **in N ~ machen** остановиться в Н; **4.** отделение, корпус (*в больнице*)
stationär <*lat.-fr.*> *a* стационарный, постоянный
stationieren <*lat.-fr.*> I *vi* располагаться, быть расположенным (*где-л.*); II *vt* располагать, размещать (*войска и т. п.*)
Statións||arzt *m* -es, -ärzte ординатор
Statións||vorsteher *m* -s, - *ж.-д.* начальник станции
Statistik <*lat.*> *f* **1.** - статистика; **2.** -, -en статистические данные
statistisch <*lat.*> *a* статистический
statt I *prp* (G) вместо; II *conj* вместо того чтобы
Stätte *f* -, -n **1.** место (*происшествия, действия и т. п.*); **2.** место, жилище; **3.** очаг, средоточие (*болезни; культуры и т. п.*)
statt||finden* *vi* состояться, иметь место
statt||geben* *vi* (D) удовлетворять (*просьбу*); исполнять (*поручение*); **einem Antrag ~** принять предложение, удовлетворить заявление
statthaft *a* допустимый, приемлемый
stattlich *a* **1.** статный, видный; **ein ~er Mann** видный мужчина; **2.** значительный, внушительный; **eine ~e Summe Geld** значительная сумма денег
Statue <*lat.*> *f* -, -n статуя
Statuétte <*lat.*> *f* -, -n статуэтка
Statúr <*lat.*> *f* -, -en стан; фигура; рост; телосложение

Status <*lat.*> *m* -, - состояние, положение
Status quó <*lat.*> *m* - статус кво (*положение, существующее в данный момент и существовавшее до сих пор*)
Statút <*lat.*> *n* -(e)s, -e устав, статут
Stau *m* -(e)s -s затор, пробка (*в уличном движении*); **im ~ steckenbleiben** застрять в пробке
Stau||anlage *f* -, -n плотина; водосборный бассейн
Staub *m* -(e)s, *редко pl* -e/Stäube **1.** пыль; **dicker ~** толстый слой пыли; **2.** прах; **zu ~ werden** 1) умереть; 2) пойти [рассыпаться] прахом; ◇ **sich aus dem ~ machen** незаметно удрать, испариться; **jmdm. ~ in die Augen streuen [blasen*]** ≅ пускать кому-л. пыль в глаза
Stau||becken *n* -s, - водохранилище, водоём
staubdicht *a* пыленепроницаемый
stauben *vi* **1.** пылить, поднимать пыль (*метлой*); **dieser Weg staubt** эта дорога пылит; **2.** пылиться (*о книгах на полках и т. п.*)
stäuben I *vt* стирать пыль (*с чего-л.*); выбивать пыль (*из чего-л.*); **das Zimmer ~** вытирать пыль в комнате; II *vi* распыляться (*о жидкости*)
Staub||faden *m* -s, -fäden *бот.* тычинка
staubig *a* **1.** пыльный, запыленный; **2.** порошкообразный; пылевидный
Staub||regen *m* -s изморось, мелкий дождь
Staub||sauger *m* -s, - пылесос
stauchen *vt* **1.** толкнуть, стукнуть, ударить; ушибить; **2.** *тех.* клепать; плющить, обжимать, осаживать; **3.** *разг.* воровать; **4.** грубо отвечать
Stau||damm *m* -(e)s, -dämme плотина, запруда
Staude *f* -, -n **1.** кустик; **2.** кочан
stauen I *vt* запруживать; II **~, sich 1.** застаиваться, накапливаться (*о воде, льде и т. п.*); **2.** накапливаться, скапливаться; образовывать пробку
Staufen *pl* Штауфены (*династия герм. королей и императоров "Священной Римской империи"* <*1138–1254*>)
Stauffenberg-Gruppe *f* - группа Штауфенберга (*группа офицеров во главе с полковником графом Клаусом Шенком фон Штауфенбергом, осуществившая покушение на Гитлера 20.06.1944*)
Stauffer||fett *n* -(e)s тавот, солидол
staunen *vi* (*über* A) удивляться, поражаться, дивиться (*разг.*); **da staunst du?** ты этого не ожидал?

staunenswert *a* удивительный, поразительный

Staupe *f* -, -n заразная болезнь *(у животных)*; чума *(у собак)*

Stau||**see** *m* -s, -se|en большое водохранилище

Stáwropol *(n)* -s Ставрополь *(центр Ставропольского края, на Ю. Европейской части РФ)*

stechen* I *vt* 1. колоть, прокалывать *(иглой, шипами)*; **Löcher in die Ohrläppchen ~** прокалывать уши *(для серёг)*; **den Wein ~** брать пробу вина; **eine Kontrolluhr ~** отметить время прихода на работу; 2. колоть, резать *(свиней)*; 3. жалить *(о насекомых)*; 4. гравировать, **wie gestochen schreiben*** писать прекрасным почерком; 5. бить *(карту)*; II *vi*: **die Sonne sticht** солнце печёт [жжёт]; **in See ~** выйти в (открытое) море

Steck||**brief** *m* -(e)s, -e публикация об аресте [поимке] преступника *(в виде плаката с фотографией и приметами)*

Steck||**dose** *f* -, -n штепсель, штепсельная коробка [розетка]

stecken I *vt* 1. втыкать, всовывать; вкалывать, вставлять; **die Hände in die Taschen ~** засунуть руки в карманы; *перен.* бездельничать; **den Ring an den Finger ~** надеть кольцо на палец; 2. сажать *(растения)*; 3. *разг.* вкладывать, помещать *(деньги)*; 4.: **sich ein Ziel ~** поставить себе целью; **in ihm steckt eine Krankheit** *разг.* в нём сидит болезнь; **ich möchte nicht in seiner Haut ~** *разг.* я не хотел бы быть в его шкуре; **er steckt voller Einfälle** он большой затейник, у него много (новых) идей

stecken|**bleiben*** *vi* (s) 1. застрять *(где-л.)*; 2. запинаться *(о говорящем)*

Stecken||**pferd** *n* -(e)s, -e *перен.* конёк; **sein ~ reiten*** сесть на своего конька

Stecker *m* -s, - штепсель, штепсельная вилка, штекер

Steck||**kissen** *n* -s, - конверт *(для грудного ребёнка)*

Steckling *m* -s, -e черенок, саженец

Steck||**nadel** *f* -, -n булавка

Stefan Штефан *(муж. имя)*

Steffen I Штеффен *(муж. имя)*

Steffen II *m* -s Штеффен *(разг. назв. собора св. Стефана в Вене <Австрия>)*

Steg *m* -(e)s, -e 1. тропинка; 2. мостик; *мор.* сходни

Steglitz *(n)* - Штеглиц *(гор. р-н Берлина)*

Stegreif *m*: **aus dem ~ reden** говорить экспромтом

Steh||**aufmännchen** *n* -s, - ванька-встанька *(игрушка)*

stehen* I *vi* (h, *редко* s) 1. стоять, находиться *(в вертикальном положении)*; **auf dem Kopfe ~** стоять на голове; 2. стоять, находиться *(где-л.)*; **Tränen standen ihr in den Augen** на её глазах выступили слёзы; 3. стоять *(быть в каком-л. состоянии)*; **das Getreide steht gut** хлеба (на полях) хорошие; **Schlange ~** стоять в очереди; **jmdm. Rede und Antwort ~** держать ответ перед кем-л.; **bei der Artillerie ~** служить в артиллерии; **in Flammen ~** быть объятым огнём, гореть; **mit jmdm. im Briefwechsel ~** состоять с кем-л. в переписке; **mit jmdm. in Verbindung ~** поддерживать связь с кем-л.; **sein Sinn steht nach anderem** он мечтает о другом; **zur Wahl ~** иметься на выбор; **ich weiß nicht, wo mir der Kopf steht** у меня голова идёт кругом; **das wird ihm teuer zu ~ kommen** это обойдётся ему дорого; **jmdm. zur Verfügung ~** быть в чьём-либо распоряжении; **wie steht es** *(um...* A*) (mit...* D*)*? как дела у ...?; как обстоит дело с ...?; 4. иметься, быть в наличии; **das steht nicht auf dem Programm** этого нет в программе; **in der Zeitung ~** быть напечатанным в газете; 5. *(füreinander, zu* D*)* стоять *(друг за друга, за кого-л., за что-л.)*; **jmdm. zur Seite ~** быть чьим-л. верным другом; 6. *(zu* D*)* относиться *(к чему-л.)*; **wie stehst du mit ihm?** в каких ты с ним отношениях?; 7. стоять, не двигаться *(о часах, о работе и т. п.)*; 8. идти, быть к лицу; 9. с модальным оттенком: **es steht zu hoffen** можно ожидать; **es steht bei dir zu gehen** от тебя зависит, уходить или нет; **es steht dir frei zu wählen** ты можешь выбирать; II ~, **sich**: **sich müde ~** устать от долгого стояния; **er steht sich gut** он хорошо зарабатывает; **sich mit jmdm. gut [schlecht] ~** [не]ладить с кем-л.

stehen|**bleiben*** *vi* (s) останавливаться

stehen|**lassen*** *vt* 1. оставить *(на месте)*; **den Fehler ~** не исправить ошибку; **den Bart ~** отпустить бороду; 2. оставить, забыть; **jmdn. ~** уйти, не сказав кому-л. ни слова; 3. бросить, оставить *(вещи, имущество и т. п.)*

Stéher||**rennen** *n* -s, - гонка за лидером *(велоспорт)*

Steh||**kragen** *m* -s, - стоячий воротник

Steh||**lampe** *f* -, -n торшер, стоячая лампа

stehlen* I *vt* воровать, красть, похищать; **den Schlaf ~** лишить кого-л. сна; **das**

kann mir gestohlen bleiben 1) я в этом не нуждаюсь; 2) это меня не интересует; II **~, sich** украдкой пробираться *(куда-либо)*

Steiermark *f* - Штирия *(земля на Ю.-В. Австрии)*

steif *a* 1. жёсткий, твёрдый; **ein ~er Kragen** крахмальный воротничок; 2. тугой, плотно набитый; 3. одеревенелый, онемевший; **die Finger sind ~** пальцы окоченели; 4. густой; **ein ~er Brei** крутая каша; 5. чопорный, сухой; **eine ~e Frau** чопорная женщина

Steife *f* - 1. жёсткость, неподвижность; 2. одеревенелость, онемелость *(членов)*; 3. стр. распорка, растяжка

steifen *vt* 1. (на)крахмалить; 2. придавать жёсткость *(чему-л.)*

Steifheit *f* -, -en 1. тугость, натянутость; 2. одеревенелость, онемение *(членов)*; 3. натянутость, чопорность

Steig *m* -(e)s, -e тропинка

Steig‖bügel *m* -s, - стремя; **jmdm. den ~ halten*** *перен.* помогать кому-л., поддерживать кого-л.

Steig‖eisen *n* -s, - (монтёрские) когти, кошки

steigen* *vi* (s) 1. подниматься; **das Pferd steigt** конь становится на дыбы; **der Nebel steigt** поднялся туман; **die Preise ~** цены растут; **die Haare stiegen ihm zu Berge** у него волосы встали дыбом; 2. прибывать, подниматься *(о воде)*; 3. расти, увеличиваться *(о славе и т. п.)*; 4. вставать, ступать *(на что-л.)*; высаживаться, сходить *(на берег)*; садиться *(на лошадь, в трамвай, на поезд и т. п.)*; влезать *(в окно, на дерево)*; вылезать *(из лодки и т. п.)*; **ins Examen ~** сдавать экзамен, подвергаться экзамену

steigern I *vt* 1. увеличивать, повышать *(цены, требования и т. п.)*; 2. усиливать *(боль, противоречия и т. п.)*; 3. *грам.* образовывать сравнительную и превосходную степень; II **~, sich** 1. расти, увеличиваться, повышаться; 2. усиливаться

Steigerung *f* -, -en 1. повышение, увеличение; 2. усиление; 3. *грам.* образование степеней сравнения

Steigerungs‖stufe *f* -, -n *грам.* степень сравнения

Steigung *f* -, -en подъём; **der Wagen nahm eine ~** автомашина взяла [преодолела] подъём

steil *a* 1. крутой, отвесный, обрывистый; **ein ~er Fels** отвесная скала; 2. прямой *(о почерке)*

Steil‖hang *m* -(e)s, -hänge крутой берег, обрыв

Stein *m* -(e)s, -e 1. камень; **mir fiel ein ~ vom Herzen** ≅ у меня камень с души свалился, у меня отлегло от сердца; **jmdm. ~e in den Weg legen** ≅ вставлять кому-л. палки в колёса; 2. косточка *(вишни, сливы и т. п.)*; 3. шахм. фигура; шашка; ◇ **der ~ der Weisen** философский камень; **bei jmdm. einen ~ im Brett haben** *разг.* быть у кого-л. на хорошем счету; **~ und Bein schwören** клясться всем на свете; **es friert heute ~ und Bein** *разг.* сегодня трескучий мороз

Stein‖adler *m* -s, - беркут

steinalt *a* древний, очень старый

Stein‖bock *m* -(e)s, -böcke 1. *зоол.* каменный козёл; 2. *астр.* Козерог

Stein‖bruch *m* -(e)s, -brüche каменоломня, бутовый карьер

Stein‖druck *m* -(e)s, -e литография

steinern *a* каменный *(тж. перен.)*

Stein‖frucht *f* -, -früchte косточковый плод

Stein‖gut *n* -(e)s фаянс

Steinhäger *m* -s штайнхегер *(сорт можжевёловой водки <по назв. города Штайнхаген>)*

steinhart *a* твёрдый как камень

Steinhuder Meer *n* -es Штейнхудер-Мер *(озеро в ФРГ <земля Ниж. Саксония>)*

steinig *a* каменистый

Stein‖kohle *f* -, -n каменный уголь

Steinkohlen‖bergwerk *n* -(e)s, -e каменноугольные копи

Steinkohlen‖lager *n* -s, - залежи каменного угля

Stein‖metz *m* -en, -en каменотёс

Stein‖pflaster *n* -s, - булыжная мостовая

Stein‖pilz *m* -es, -e белый гриб

steinreich I *a* каменистый

steinréich II *a* очень богатый

Stein‖salz *n* -es каменная соль

Stein‖schlag *m* -(e)s щебень

Stein‖schleifer *m* -s, - гранильщик

Stein‖schleuder *f* -, -n праща

Stein‖zeit *f* - каменный век

Steiß *m* -es, -e зад *(животного)*; гузка *(у птиц)*; ягодицы

Stella Штелла/Стелла *(жен. имя)*

stellbar *a* передвижной, подвижной, регулируемый

Stelldichein *n* -/-s *разг.* свидание

Stelle *f* -, -n 1. место; **etw. an die richtige ~ stellen** поставить что-л. на место; **an ~** (G, **von** D) вместо *(кого-л., чего-л.)*; **an jmds. ~ treten*** замещать кого-л.; занять чьё-л. место; **auf der ~**

сейчас, немедленно; **an Ort und ~ sein** быть на месте; **zur ~ sein** быть налицо; **nicht von der ~ kommen*** не сдвинуться с места; **auf der ~ treten*** шагать на месте; **nicht von der ~!** ни с места!; 2. место, отрывок, часть *(из книги и т. п.)*; 3. место, должность; **sich um eine ~ bewerben*** добиваться места; 4. инстанция, учреждение; 5. пункт *(скупочный, заготовительный и т. п.)*

stellen I *vt* **1.** ставить *(что-л. куда-л.)*; 2. ставить, устанавливать; **die Uhr ~** поставить часы; 3.: **die Weiche ~** перевести стрелку; **jmdn. hoch ~** возвысить кого-л.; 4. ставить *(кого-л. на какое-л. место)*; **einen Stellvertreter ~** дать заместителя; **einen Wagen ~** предоставить автомашину; **einen Zeugen ~** предоставить свидетеля; **jmdm. etw. zur Verfügung ~** предоставить что-л. в чьёлибо распоряжение; **einen Antrag ~** ставить, выдвигать *(требование и т. п.)*; **eine Frage ~** задать вопрос; 5. ставить, подвергать; **jmdn., etw. auf die Probe ~** испытывать кого-л., что-л.; **etw. in Frage ~** ставить что-л. под вопрос; **etw. unter Beweis ~** доказать что-либо; **jmdn. vors Gericht ~** отдать кого-либо под суд; **eine Frage zur Debatte ~** поставить вопрос на обсуждение; 6. задержать, накрыть *(преступника)*; II **~, sich: 1.** становиться, встать *(куда-л.)*; **sich auf die Füße ~** встать на ноги; 2. установиться *(о цене)*; 3. являться *(по вызову)*; 4. *(zu* D*)* относиться *(к чему-либо)*; **wie stellst du dich dazu?** как ты к этому относишься?; 5. прикидываться, притворяться *(больным, глухим и т. п.)*

Stellen‖angebot *n* -(e)s, -е предложение работы

Stellen‖gesuch *n* -(e)s, -е заявление о предоставлении работы

Stellen‖nachweis *m* -es, -е биржа труда

stellenweise *adv* местами

Stellung *f* -, -en **1.** положение, поза; **in kni¦ender ~** (стоя) на коленях; 2. общественное положение; должность, место; **eine ~ antreten*** приступить к исполнению служебных обязанностей; 3. установка, точка зрения; **zu etw. (D) ~ nehmen*** занять определённую позицию в каком-л. вопросе; **für etw. (A) ~ nehmen*** защищать какую-л. точку зрения; 4. *воен.* позиция; **die ~ beziehen*, in ~ gehen*** занимать позицию; **sich in der ~ einrichten** оборудовать позицию

Stellung‖nahme *f* -, высказывание (собственного) мнения; установка; **sich (D) seine ~ vorbehalten*** оставить за собой право высказать своё мнение; **seine ~ abgeben*** высказать своё мнение

Stell‖vertreter *m* -s, - заместитель

Stelze *f* -, -n ходуля; **auf ~n gehen*** ходить на ходулях

stelzen *vi* ходить на ходулях; *перен.* ходить как на ходулях

Stelz‖fuß *m* -es, -füße деревянная нога

Stemm‖eisen *n* -s, - стамеска, долото

stemmen I *vt* **1.** выдалбливать *(стамеской и т. п.)*; 2. упираться; **die Arme in die Seiten ~** подбочениться; 3. подпирать *(стену и т. п.)*; II **~, sich 1.** *(an, auf, gegen* A*)* упереться *(в что-л.)*, опереться *(обо что-л.)*; **sich auf den Tisch ~** опереться о стол; **sich auf die Ellbogen ~** облокотиться; 2. *(gegen* A*)* упираться, противиться *(чему-л.)*

Stempel *m* -s, - **1.** штемпель, печать; штамп; клеймо; 2. *тех.* штамп; 3. *бот.* пестик

Stempel‖marke *f* -, -n гербовая марка

stempeln *vt* **1.** прикладывать [ставить] печать (к *чему-л., на что-л.)*; **~ gehen*** отмечаться на бирже труда; **Briefmarken ~** погашать почтовые марки; 2. ставить клеймо, выжигать клеймо; **jmdn. zum Lügner ~** заклеймить кого-л. лгуном

Stempel‖papier *n* -s гербовая бумага

Stengel *m* -s, - **1.** стебель; 2. стержень

Steno‖block *m* -(e)s, -s блокнот, тетрадь стенографа

stenographieren <*gr.-engl.*> *vt* стенографировать

stenotypieren <*gr.-engl.*> *vt* стенографировать и писать на пишущей машинке

Stenotypistin <*gr.-eng.-fr.*> *f* -, -nen стенотипистка, машинистка-стенографистка

Stentor‖stimme *f* -, -n громкий [зычный] голос

Stephan Штефан/Степан *(муж. имя)*

Stephánie Штефани(я)/Стефания *(жен. имя)*

Stephansdom *m* -s собор св. Стефана *(памятник готической архитектуры; один из символов Вены <Австрия>)*

Stepp‖decke *f* -, -n стёганое одеяло

Steppe *f* -, -n степь

steppen I *vt* стегать *(одеяло и т. п.)*; II *vi* танцевать стэп

Stepp‖naht *f* -, -nähte строчка; стёжка

Sterbe‖bett *n* -(e)s, -en смертное ложе

Sterbe‖geld *n* -(e)s, -er деньги, выдаваемые соцстрахом на похороны

sterben* vi (s) умирать; **an einer Krankheit** ~ умереть от болезни; **eines natürlichen Todes** ~ умереть своей смертью
Sterbens‖wörtchen n: **kein** ~ ни слова
sterblich a смертный
Sterbliche subst m, f -n, -n смертный; **gewöhnlicher** ~**r** простой смертный
Sterblichkeit f - смертность
Stereo‖film [st-/ʃt-] m -(e)s, -e стереофильм
Stereometrie [st-/ʃt-] <gr.> f - мат. стереометрия
Stereotýpe [st-/ʃt-] <gr.> f -, -n полигр. стереотип (тж. перен.)
Sterilisatión [st-/ʃt-] <lat.> f -, -en 1. стерилизация, обеззараживание; 2. стерилизация, кастрирование
sterilisieren <lat.-fr.> vt 1. стерилизовать, обеззараживать; 2. стерилизовать, кастрировать
Sterlet(t) [ʃt-/st-] m -s, -e зоол. стерлядь
Sterling ['ʃtɛr-/'stɛr-] <engl.>: **Pfund** ~ (сокр. Pfd. St.) фунт стерлингов
Stern m -(e)s, -e 1. звезда; **der fünfzackige** ~ пятиконечная звезда; 2. перен. звезда, знаменитость; 3. перен. звезда, счастье; 4. звёздочка (на погонах и т. п.); ◇ **nach den** ~**en greifen*** желать невозможного
Stern‖bild n -(e)s, -er созвездие
Stern‖deuter m -s, - астролог, звездочёт
stern‖klar a звёздный
Stern‖schnuppe f -, -n падающая звезда
Stern‖warte f -, -n обсерватория
stet a постоянный, устойчивый
stetig a 1. постоянный; 2. непрерывный
Stetigkeit f - 1. постоянство; устойчивость; 2. мат. непрерывность
stets adv всегда, постоянно
Stéttin (n) -s Штеттин (нем. название польского города Щецин)
Steuer I f -, -n налог; ~**n erheben*** взимать налоги; ~**n entrichten** платить налоги; **die** ~**n hinterziehen*** уклоняться от уплаты налогов
Steuer II n -s, - руль; **sich ans** ~ **setzen** садиться за руль; ◇ **das** ~ **ergreifen*** взять в свои руки бразды правления
steuerfrei a освобождённый от налогов
Steuer‖mann m -(e)s, -männer/-leute рулевой; штурман
steuern I vi платить налог
steuern II I vt править (рулём); управлять (судном); руководить, направлять; II vi 1. (s) (nach D) направляться, держать путь (куда-л.); **wohin steuert diese Politik?** куда ведёт эта политика?; 2. (h) (D) препятствовать, противодействовать (чему-л.)
steuerpflichtig a подлежащий обложению налогами; платящий налоги, податной
Steuer‖pflichtige subst m, f -n, -n налогоплательщик
Steuer‖rad n -(e)s, -räder штурвал
Steuer‖rückstand m -(e)s, -stände задолженность по уплате налогов, налоговые недоимки
Steuer‖ruder n -s, - мор. руль
Steuerung f -, -en 1. управление (автомобилем, судном, самолётом); рулевое управление; 2. тех. распределительный [рулевой, управляющий] механизм
Steward ['stjuːət] <engl.> m -s, -s стюард
Stewardeß ['stjuːədɛs] <engl.> f -, -dessen стюардесса
Steyer-Daimler-Puch AG f - "Штайер-Даймлер-Пух АГ" (крупнейшая монополия автомобильной промышленности в Австрии)
Stich m -(e)s, -e 1. укол (иглой и т. п.); укус (насекомого); перен. колкость; 2. (колющий) удар; **ein** ~ **mit Bajonett** удар штыком; 3. стежок; 4. гравюра; 5. карт. взятка; 6.: **die Butter hat einen** ~ масло прогоркло; ◇ **jmdn. im** ~ **lassen*** бросать кого-л. на произвол судьбы
Stichel m -s, - тех. резец, штихель
Stichelei f -, -en колкости, шпильки
sticheln vi 1. ковырять иглой; 2. прострачивать; простёгивать (иглой); 3. (auf A) язвить, говорить колкости (кому-л.)
stichhaltig a обоснованный; основательный; **ein** ~**es Argument** веский аргумент
Stichprobe f -, -n проба на выдержку; **eine** ~ **machen** проверить что-л. на выдержку
Stich‖tag m -(e)s, -e 1. срок (уплаты); день доставки (товара); день выполнения (заказа); 2. день явки в суд
Stich‖waffe f -, -n колющее оружие; ~ **und Hiebwaffe** холодное оружие
Stich‖wort n -(e)s, -e/-wörter 1. лозунг; **ein** ~ **(aus)geben*** выдвинуть лозунг; 2. театр. реплика; 3. заглавное слово (в словаре); предметная рубрика; 4. стержневое [ключевое] слово
Stich‖wunde f -, -n мед. колотая рана
Stick‖arbeit f -, -en см. Stickerei
sticken I vt вышивать; **in Gold** ~ шить [расшивать] золотом
sticken II vi (s) см. ersticken; **stickend heiß** удушливо жарко
Stickerei f -, -en вышивка
Stick‖gas n -es, -e удушливый газ

Stick∥husten *m* -s коклюш
Stick∥luft *f* - удушливый воздух
Stick∥rahmen *m* -s, - пяльцы *(для вышивания)*
Stick∥stoff *m* -(e)s *хим.* азот
Stiefbruder *m* -s, -brüder сводный брат
Stiefel *m* -s, - (высокий) сапог; ботинок; *pl тж.* обувь; **es ging alles den alten ~ weiter** *разг.* всё было по-старому
Stiefelétte *f* -, -n полусапожки *(женские или мужские)*
Stief∥eltern *pl* отчим и мачеха
Stief∥geschwister *pl* сводные братья и сёстры
Stief∥kind *n* -(e)s, -er пасынок; падчерица
Stief∥mutter *f* -, -mütter мачеха
Stief∥mütterchen *n* -s, - анютины глазки
stiefmütterlich *a* неласковый, суровый
Stief∥schwester *f* -, -n сводная сестра
Stief∥sohn *m* -(e)s, -söhne пасынок
Stief∥tochter *f* -, -töchter падчерица
Stief∥vater *m* -s, -väter отчим
stieg *impf от* **steigen***
Stiege *f* -, -n 1. лестница; стремянка; 2. ящик *(из досок)*
Stieglitz *m* -es, -e щегол
Stiel *m* -(e)s, -e 1. рукоятка; черенок; ручка; 2. стебель *(цветка);* ◇ **etw. mit ~ und Stumpf ausrotten** искоренить, вырвать с корнем
stier *a* неподвижный, осоловелый *(о взгляде)*
Stier *m* -(e)s, -e 1. бык, вол; 2. *астр.* Телец; ◇ **den ~ bei [an] den Hörnern fassen [packen]** брать быка за рога
stieren *vi* (**auf** A) уставиться *(на кого-л., на что-л.);* выпучить глаза
Stier∥kampf *m* -(e)s, -kämpfe бой быков
Stier∥kämpfer *m* -s, - тореадор
stierköpfig *a* упрямый (как бык)
stieß *impf от* **stoßen***
Stift I *m* -(e)s, -e 1. *тех.* штифт(ик); шпенёк; 2. карандаш; 3. *разг. уст.* ученик (в конторе)
Stift II *n* -(e)s, -e/er 1. приют, богадельня; 2. женский монастырь
stiften *vt* 1. учредить (музей, премию и *т. п.*), основать; 2. творить, делать *(добро);* причинять *(зло);* **Frieden ~** умиротворять; **Zwietracht ~** сеять раздор; 3. жертвовать *(деньги);* **~ gehen*** *разг.* 1) отлынивать от работы; 2) улизнуть, удрать
Stifter *m* -s, - 1. основатель, учредитель; 2. виновник *(чего-л.)*
Stifter des Naumburger Doms *pl* донаторы Наумбургского собора *(выдающееся произведение искусства сред. веков — двенадцать каменных статуй в человеческий рост)*
Stiftung *f* -, -en основание, учреждение *(чего-л.)*
Stiftungs∥feier *f* -, -n; **~fest** *n* -es, -e празднование годовщины основания *(чего-л.)*
Stil I *m* -(e)s, -e 1. стиль, слог; **ein flüssiger ~** лёгкий слог; 2. стиль, образ действий; **eine Aktion großen ~s** действие большого размаха
Stil II *m* -(e)s, -e стиль *(способ летосчисления);* **der Kalender alten [neuen] ~s** календарь старого [нового] стиля
still I *a* 1. тихий, спокойный; робкий; **ein ~es Plätzchen** тихое [укромное] местечко; 2. безмолвный, молчаливый; **~!** тише!, молчать!; **~ sein [werden]** [за]молчать; 3. тайный; **~e Liebe** тайная любовь; ◇ **~e Wasser sind tief** *посл.* ≅ в тихом омуте черти водятся; II *adv* тихо, спокойно
Stille *f* - тишина, безмолвие; **in der [in aller] ~** втихомолку, тайком
Stilleben *n* -s *жив.* натюрморт
still∥legen *vt* свёртывать, временно приостанавливать, консервировать *(предприятие, строительство и т. п.)*
stillen *vt* 1. успокоить *(боль);* 2. прекращать, останавливать *(кровотечение);* 3. утолять *(жажду, голод);* **das Kind ~** кормить ребёнка грудью
Stillgeld *n* -(e)s, -er пособие кормящей матери
still∥schweigen* *vi* молчать, отмалчиваться
Still∥schweigen *n* -s молчание; **~ beobachten** хранить молчание; **etw. mit ~ übergéhen*** обойти молчанием что-л.
Stillstand *m* -(e)s 1. застой, затишье; 2. простой *(машины и т. п.)*
still∥stehen* *vi* (s) 1. остановиться, прекратить движение; 2. стоять, не работать *(о заводе и т. п.);* **da steht mir der Verstand still** ума не приложу
Stimm∥abgabe *f* - голосование
Stimm∥band *n* -(e)s, -bänder голосовая связка
stimmberechtigt *a* имеющий право голоса
Stimme *f* -, -n голос; тон; **mit erhobener ~** повышенным тоном; **seine ~ abgeben*** голосовать, подавать голос; **sich der ~ enthalten*** воздержаться от голосования; **erste ~** первый голос, прима *(муз.);* **mit beratender ~** с правом совещательного голоса; **die ~ heben*** повышать голос; **Sitz und ~ haben** пользоваться правом голоса; ◇ **die ~ eines**

Predigers in der Wüste глас вопиющего в пустыне

stimmen I *vi (für, gegen* A) голосовать, подавать голос *(за кого-л., за что-л., против кого-л., против чего-л.)*; II *vt* 1. настраивать *(инструмент)*; 2. *перен.* настраивать, располагать *(кого-л.)*; **jmdn. zur Freude ~** настроить кого-л. на весёлый лад; III *vi* соответствовать истине, быть верным; **die Kasse stimmt** касса в порядке; **da stimmt etwas nicht** тут что-то неладно

Stimmen‖gewinn *m* -(e)s, -e прирост (числа) голосов, полученных при голосовании

Stimmen‖mehrheit *f* -, -en большинство голосов

Stimm‖enthaltung *f* -,-en: **bei drei ~en** при трёх воздержавшихся

Stimmer *m* -s, - *муз.* настройщик

Stimm‖gabel *f* -, -n *муз.* камертон

stimmhaft *a* звонкий *(о гласном)*

Stimm‖lage *f* -, -n *муз.* регистр

stimmlos *a* безголосый; глухой *(о согласном)*

Stimm‖ritze *f* -, -n *анат.* голосовая щель

Stimm‖umfang *m* -(e)s диапазон голоса

Stimmung *f* -, -en 1. настроение; **(in) guter ~ sein** быть в хорошем настроении; **~ für [gegen] jmdn., etw. machen** настраивать за [против] кого-л., чего-л.; **die öffentliche ~** общественное мнение; 2. настройка *(музыкального инструмента)*

stimmungslos *a* скучный, безрадостный

stimmungsvoll *a* с настроением, бодрый

Stimm‖zettel *m* -s, - избирательный бюллетень

stimulieren <*lat.*> *vt* стимулировать

Stine Стина *(краткая форма жен. имени* Christine *и* Ernestina*)*

stinken* *vi (nach* D) вонять *(чем-л.)*; **er stinkt vor Faulheit** *разг.* он лентяй высшей пробы; **er stinkt nach Geld** *разг.* ≅ у него денег куры не клюют

stinkend, stinkig *a* 1. вонючий; 2. *перен.* гадкий

Stinnes-Konzern *m* -s концерн Стиннеса *(один из крупнейших концернов печати в Веймарской республике)*

Stint *m* -(e)s, -e корюшка *(рыба)*

Stipéndium <*lat.*> *n* -s, -di|en стипендия; **ein ~ bekommen*** получать стипендию

stippen *vt разг.* макать, обмакивать

Stippvisite [-vi-] *f* -, -n непродолжительное посещение, короткий визит

Stirn *f* -, -en лоб; **eine fliehende ~** покатый лоб; **die ~ runzeln** морщить [хму-

рить] лоб; **das steht ihm auf der ~ geschrieben** это у него на лбу написано; **sich vor die ~ schlagen*** ударить себя по лбу *(при внезапной мысли)*; **jmdm. die ~ bieten*** давать отпор кому-л.

stöbern I *vi* рыться, шарить; **unter den Büchern ~** рыться в книгах; II *vimp:* **es stöbert** метёт, идёт снег; идёт мелкий дождь; III *vt охот.* поднимать *(зверя)*; **jmdn. aus dem Bett ~** поднять кого-л. с постели

Stocher *m* -s, - 1. кочерга; 2. зубочистка

stochern *vi* 1. помешивать *(в печке)*; 2. ковырять *(в зубах)*

Stock I *m* -(e)s, Stöcke 1. палка; **am ~ gehen*** идти с палкой [опираясь на палку]; 2. пень; корень; стебель; 3. куст; 4. *воен.* шомпол; 5. *полигр.* клише; 6. *разг.* дурак, дубина; ◊ **über ~ und Stein** сломя голову

Stock II *m, n* -(e)s, -/-werke этаж; **das Haus ist vier ~ hoch** дом четырёхэтажный *(соответствует русскому пятиэтажный)*

stockblind *a* совершенно слепой

stockdumm *a разг.* очень глупый, глупый как пень [пробка]

stockdunkel *a* совершенно тёмный

Stöckel‖schuh *m* -(e)s, -e дамская туфля на высоком каблуке

stocken I *vi* 1. останавливаться, застревать; **das Gespräch stockte** разговор прекратился; 2. запинаться *(в речи)*; 3. застаиваться *(о крови)*; **das Blut stockt in den Adern** кровь стынет в жилах; II *vi* покрываться плесенью, портиться; покрываться пятнами от сырости

stocken II *vt* подпирать тычинами *(виноград)*

Stock‖ente *f* -, -n *зоол.* кряква

stockfinster *см.* stockdunkel; **es ist ~** ни зги не видно

Stockfisch *m* -(e)s, -e 1. треска *(рыба)*; 2. *разг.* олух; скучный человек

Stock‖fleck *m* -(e)s, -e пятно от сырости

Stockholm (*n*) -s Стокгольм *(столица Швеции)*

stockig *a* затхлый, гнилой; **~es Holz** дерево, поражённое грибком

Stock‖schnupfen *m* -s хронический насморк

Stockung *f* -, -en затор, пробка *(в уличном движении)*; задержка, застой *(в делах)*; заминка *(в разговоре)*

Stock‖werk *n* -(e)s, -e этаж, ярус; **das erste ~** бельэтаж

Stoff *m* -(e)s, -e 1. *филос.* материя, субстанция; 2. вещество; **erstickender ~**

удушающее отравляющее вещество; 3. материя, ткань; der ~ liegt einfach [doppelt breit] материя одинарная [двойной ширины]; 4. материал *(для чтения, усвоения и т. п.)*; den ~ beherrschen владеть материалом

Stoff‖name *m* -ns, -n имя существительное вещественное

Stoffwechsel *m* -s *физиол.* обмен веществ

Sto|iker <*gr.-lat.*> *m* -s, - стоик

stoisch <*gr.-lat.*> *a* стоический

Stolle *f* -, -n *ср.-нем., сев.-нем.* см. Stollen I

Stollen I *m* -s, - *ю.-нем., австр.* рождественский пирог; коврижка

Stollen II *m* -s, - 1. *горн.* штольня; галерея; 2. *воен.* минная галерея; 3. шип *(подковы)*

stolperig *a* ухабистый, неровный

stolpern *vi* (s) спотыкаться *(обо что-л.)*; **mit der Zunge** ~ 1) шепелявить; 2) запинаться

stolz *a* 1. гордый; **auf jmdn., etw.** (A) ~ **sein** гордиться кем-л., чем-л.; 2. гордый, величественный; ~e **Erfolge** великие достижения

Stolz *m* -es гордость; высокомерие; **jmds.** ~ **beugen** сломить чью-л. гордыню, сбить спесь с кого-л.

stolzieren *vi* (s) (гордо) выступать, шагать

stopfen I *vt* 1. штопать, чинить; 2. набивать *(трубку и т. п.)*; начинять *(гуся, колбасу)*; 3.: ~! *(команда)* 1) воен. прекратить огонь!; 2) мор. вёсла на воду!; II *vi* мед. крепить *(о желудке)*

Stopfen I *m* -s, - пробка, затычка

Stopfen II *n* -s 1. штопанье, починка; 2. набивка; 3. *разг.* пичканье

Stoppel *f* -, -n 1. жнивьё; 2. *разг.* щетина *(на небритом лице)*

stoppen I *vt* 1. останавливать, приостанавливать; застопорить; **den Lohn** ~ замораживать заработную плату; 2. засекать время *(секундомером)*; II *vi* останавливаться; **mitten im Satz** ~ остановиться на полуслове

Stopper *m* -s, - центральный защитник *(футбол)*

Stoppkurs‖preis *m* -es, -e цена по твёрдому курсу

Stoppuhr *f* -, -en секундомер

Stöpsel *m* -s, - 1. пробка, затычка; 2. штепсель; 3. *шутл.* карапуз

stöpseln *vt* 1. затыкать *(пробкой)*; 2. вставлять штепсель

Stör *m* -(e)s, -e осётр *(рыба)*

Storch *m* -(e)s, Störche аист

Storch‖schnabel *m* -s, -schnäbel 1. клюв аиста; 2. *бот.* герань

Store [ʃtoːr] <*lat.-it.-fr.*> *m* -s, -s штора

stören *vt* мешать *(кому-л.)*; беспокоить *(кого-л.)*; **darf ich** ~? я не помешаю?; **lassen Sie sich nicht** ~! не беспокойтесь!; **den Rundfunk** ~ заглушать радиопередачу

Störenfried *m* -(e)s, -e нарушитель спокойствия

stornieren <*lat.-it.*> *vt* ком. сторнировать

störrisch *a* упрямый, строптивый; непокорный, **ein** ~**es Pferd** норовистая лошадь

Störung *f* -, -en 1. нарушение *(чего-л.)*; 2. беспокойство *(вследствие чего-л.)*; 3. расстройство *(здоровья)*; 4. *тех.* повреждение; магнитное возмущение; *радио* атмосферные помехи

Story ['stɔːri] <*engl.*> *f* -, -s рассказ, новелла

Stoß I *m* -es, Stöße 1. толчок; **jmdm. einen** ~ **geben*** толкнуть кого-л.; 2. толчок, сотрясение *(от попадания чего-л.)*; 3. удар; **ein** ~ **mit dem Fuß** пинок ногой; 4. порыв *(ветра)*; 5. *воен.* отдача

Stoß II *m* -es, Stöße кипа, стопа

Stoß‖arbeiter *m* -s, - ударник *(ист., в СССР)*

stoßen* I *vt* 1. толкать; **jmdn. aus dem Hause** ~ выгнать кого-л. из дому; **jmdn. von sich** (D) ~ оттолкнуть от себя кого-либо; 2. ударить, нанести удар; 3. бодать; 4. толочь; 5. *тех.* долбить; II *vi* 1. бодаться; 2. трясти *(о машине)*; 3. (s) ударить, напасть, атаковать; **ins Horn** ~ (s) трубить (в) рог; 4. (s) *an* (A) ударяться *(обо что-л.)*; наталкиваться *(на что-л.)*; **ans Land** ~ причаливать; **vom Lande** ~ отчаливать; 5. *(auf* A) *перен.* наталкиваться *(на кого-л., на что-л.)*; (случайно) встретить *(кого-л.)*; 6. (s) примыкать *(о комнате)*; 7. (s) *(zu* D) присоединяться *(к кому-л.)*; III ~ **sich** 1. толкаться; 2. *(an* D) ушибиться *(обо что-л.)*; 3. быть шокированным *(чем-либо)*

Stoß‖ente *f* -, -n *зоол.* кряква

Stoß‖gruppe *f* -, -n *воен.* ударная [штурмовая] группа; группа захвата *(при поиске)*

stößig *a* 1. бодливый; 2. сварливый, злой

Stoß‖kraft *f* - 1. *физ.* сила удара; 2. *воен.* ударная сила

Stoß‖seufzer *m* -s, - тяжёлый вздох

stoßweise I *adv* 1. толчками; 2. порывами

stoßweise II *adv* кипами, стопами

Stoß‖wind *m* -(e)s, -e порывистый ветер

Stoß|**zahn** *m* -(e)s, -zähne клык; бивень
Stotterer *m* -s, - заика
stottern *vi* **1.** заикаться; **2.** лепетать *(что-л. невнятное);* **3.** работать с перебоями *(о машине);* **4.** *разг.* выплачивать в рассрочку
Stottern *n* -s **1.** заикание; **2.** лепет; **3.**: **auf ~ kaufen** *разг.* покупать в рассрочку
St. Pauli *(n)* -s Санкт-Паули *("квартал развлечений" в г. Гамбург <ФРГ>)*
Straf|**androhung** *f* -, -en угроза наказания
Straf|**anstalt** *f* -, -en исправительная тюрьма
Straf|**antrag** *m* -(e)s, -träge предложение о применении наказания
Straf|**anzeige** *f* -, -n донесение о совершённом преступлении
Straf|**ausmaß** *n* -es, -e мера наказания
strafbar *a* наказуемый; ◇ **sich ~ machen** нарушить закон
Strafe *f* -, -n **1.** наказание; **eine ~ über jmdn. verhängen** присуждать кого-л. к наказанию; **etw. bei ~ verbieten*** запретить что-л. под страхом наказания; **2.** штраф; **jmdn. mit einer ~ belegen** наложить штраф на кого-л.; **3.** взыскание; **eine ~ erteilen** наложить взыскание; **eine ~ löschen [tilgen]** снять взыскание
strafen *vt* **1.** наказывать, карать; **jmdn. Lügen ~** уличить кого-л. во лжи; **2.** штрафовать
Straf|**erlaß** *m* -sses, -sse освобождение от наказания, амнистия
straff *a* **1.** тугой; туго натянутый; **ein ~es Seil** туго натянутый канат; **2.** тугой, набитый; **ein ~er Beutel** туго набитый кошелёк; **3.** *перен.* подтянутый; **eine ~e Haltung** молодцеватая выправка
straffen, sich 1. натягиваться; **2.** подтягиваться *(о человеке)*
Straffheit *f* - **1.** тугость; натяжение, натянутость; **2.** выправка; **3.** дисциплинированность
straffrei *a* безнаказанный
Straf|**freiheit** *f* - безнаказанность
Straf|**geld** *n* -(e)s, -er пеня, (денежный) штраф
Straf|**gericht** *n* -(e)s, -e уголовный суд
Straf|**gesetzbuch** *n* -(e)s, -bücher уголовный кодекс
Straf|**kolonie** *f* -, -ni|en исправительная колония
sträflich *a* наказуемый; **~ werden** нарушить закон
Sträfling *m* -s, -e арестант
straflos *a* безнаказанный
Straf|**porto** *n* -s, -s/-ti доплата почтового сбора

Straf|**prozeß** *m* -sses, -sse уголовный процесс
Straf|**raum** *m* -(e)s, -räume *спорт.* штрафная площадка
Straf|**recht** *n* -(e)s, -e уголовное право
Straf|**sache** *f* -, -n *юр.* уголовное дело
Straf|**verfahren** *n* -s, - уголовное судопроизводство
Straf|**vollstreckung, ~vollziehung** *f* -, -en приведение приговора в исполнение; применение наказания
Strahl *m* -(e)s, -en **1.** луч; **2.** струя *(воды)*
strahlen *vi* сиять; испускать лучи; лучиться *(о глазах)*
strählen *vt* расчёсывать
Strahlen|**krankheit** *f* - лучевая болезнь
Strahlung *f* -, -en **1.** излучение; радиация; **radioaktive ~** проникающая радиация; **2.** сияние
Strähne *f* -, -n **1.** прядь *(волос);* **2.** моток *(пряжи)*
Stralsund *(n)* -s Штральзунд *(город и порт на Балтийском море <ФРГ>)*
stramm I *a* здоровый, крепкий; бодрый; II *adv* **1.** туго, плотно; **2.** бодро, навытяжку; **~ stehen*** стоять навытяжку
strammen I *vt* стягивать, натягивать; II *vi* **1.** обтягивать; **2.** резать, жать *(о тесной одежде)*
Strampelhös|**chen** *n* -s, - ползунки *(штанишки)*
Strand *m* -(e)s, -e морской берег; пляж; **ein Schiff geriet [lief] auf ~** корабль сел на мель
Strandburg *f* -, -en песчаная чаша *(углубление с насыпью по краям для защиты от ветра на пляже)*
stranden *vi* (s) сесть на мель; потерпеть крушение *(тж. перен.)*
Strang *m* -(e)s, Stränge **1.** верёвка, канат; постромка; **2.** линия; провод; железнодорожный путь; ◇ **wenn alle Stränge reißen** на худой конец; **über die Stränge schlagen*** выходить из рамок дозволенного; **an einem ~ ziehen*** делать общее дело
strängen *vt* запрягать
Strapaze <*it.*> *f* -, -n **1.** напряжённый труд; хлопоты; **2.** лишения
strapazieren <*it.*> I *vt* утомлять; **ein Wort häufig ~** *разг.* часто употреблять одно (и то же) слово; II **~, sich** утомляться, надрываться
Strasbourg ['bu:r] *(n)* -s Страсбург *(город на В. Франции, в Эльзасе)*
Straße *f* -, -n **1.** улица; дорога; шоссе; **auf der ~ gehen*** идти по улице; **über die ~ gehen*** переходить улицу; **Bier**

Straßen∥bahn

über die ~ verkaufen продавать пиво навынос; jmdn. auf die ~ werfen* *перен.* выбросить кого-л. на улицу; 2. пролив
Straßen∥bahn f -, -en трамвай; **mit der ~ fahren*** ехать на трамвае
Straßen∥beleuchtung f -, -en уличное освещение
Straßen∥graben m -s, -gräben кювет, придорожная канава
Straßen∥kreuzung f -, -en перекрёсток
Straßen∥pflaster n -s - мостовая
Straßen∥rennen n -s, - шоссейные гонки (*на велосипедах*)
Straßen∥verkehr m -(e)s уличное движение
Straßen∥verkehrsordnung f - правила уличного движения
Straße von Calais [ka'lɛ:] f Па-де-Кале (*пролив между о-вом Великобритания и материком Европа*)
Straße von Dover ['dɔ:vər] f *см.* Straße von Calais
Straße von Gibráltar f - Гибралтарский пролив (*соединяет Атлантический океан и Средиземное море*)
Stratége <gr.-lat.> m -n, -n стратег; полководец
Strategie <gr.-lat.> f - стратегия
stratégisch [ʃt-/st-] <gr.-lat.> a стратегический
Stratosphäre <lat.> f - стратосфера
sträuben I vt топорщить; II **~, sich** 1. топорщиться, щетиниться (*о кошке и т. п.*); **die Haare ~ sich** волосы топорщатся; 2. (*gegen* A) противиться (*чему-л.*); упираться
sträubig a 1. строптивый, упрямый; 2. *диал.* мохнатый, взъерошенный
Strauch m -(e)s, Sträucher куст; *pl тж.* кустарник
Strauch∥werk n -(e)s, -e кустарник
Strauß I m -es, Sträuße букет
Strauß II m -es, Sträuße *высок. уст.* бой; поединок; **einen harten ~ ausfechten** выдержать тяжёлый поединок
Strauß III <gr.-lat.> m -es, -е *зоол.* страус
Strebe f -, -n *стр.* раскос; *тех.* распорка
streben vi (*nach* D) стремиться (*к чему-л.*); добиваться, домогаться (*чего-л.*)
Streber m -s, - карьерист; честолюбец
strebsam a усердный; старательный
Strebsamkeit f - усердие, старание, рвение
streckbar a растяжимый
Strecke f -, -n 1. расстояние; пространство; дистанция; 2. *ж.-д.* перегон; линия; **die ~ ist frei** путь свободен; 3. *горн.* штрек; 4. *мат.* отрезок; **ein Tier zur ~ bringen*** убивать [заколоть] зверя

strecken I vt 1. вытягивать, растягивать; **die Hand nach** (D) **~** протянуть руку (*за чем-л.*); **den Körper ~** потягиваться; 2. *тех.* прокатывать, вальцевать; 3. растягивать, продлевать (*работу и т. п.*); **Lebensmittel ~** экономить продукты; II **~, sich** 1. потягиваться; 2. вытягиваться; **sich ins Gras ~** растянуться на траве
Strecken n -s вытягивание, растягивание, растяжка
Strecken∥wärter m -s, - *ж.-д.* путевой сторож, путевой обходчик
streckenweise adv местами, по участкам (*пути*)
Streckung f -, -en удлинение, растягивание
Streich m -(e)s, -e 1. удар; **auf einen ~** одним ударом, сразу; 2. выходка, проделка; **jmdm. einen ~ spielen** сыграть с кем-л. шутку; **ein loser ~** шалость
streicheln vt гладить, ласкать
streichen* I vi (s) ходить, бродить; II vt 1. намазывать; замазывать; 2. красить, окрашивать; **grün gestrichen** окрашенный в зелёный цвет; 3. гладить, поглаживать; **Wolle ~** чесать шерсть; **die Geige ~** играть на скрипке; 4. вычёркивать
Streich∥holz n -es, -hölzer спичка
Streich∥instrument n -(e)s, -е *муз.* струнный инструмент
Streich∥käse m -s, - (мягкий) сыр, намазываемый на хлеб
Streich∥musik f - струнная музыка
Streich∥wurst f -, -würste (мягкая) колбаса, намазываемая на хлеб
Streifband n -(e)s, -bänder бандероль
Streife f -, -n 1. *воен.* патруль; дозор; 2. набег, налёт
streifen I vt 1. делать полосы (*на чём-л.*); 2. касаться (*чего-л.*); затрагивать (*что-либо*); 3. задевать; **die Haut ~** оцарапать кожу; 4. скользить (*о взгляде*); 5. снимать, стягивать; **ein Tier ~** сдирать шкуру с животного; II vi (s) 1. (s, h) блуждать, бродить; рыскать; 2. (h) прикасаться (*к чему-л.*); **seine Berichte streiften ans Märchenhafte** его сообщения походили на вымысел
Streifen m -s, - 1. полоса; 2. околыш; 3. лампас; 4. обойма; **der paßt in den ~!** он с нами заодно!
Streifen∥gang m -(e)s, -gänge обход патруля; патруль
Streifen∥posten m -s, - патрульный
Streifen∥stoff m -(e)s, -е материя в полоску

Streifen∥wagen *m* -s, - патрульная [полицейская] автомашина
streifig *a* полосатый
Streif∥wunde *f* -, -n лёгкое ранение, царапина
Streif∥zug *m* -(e)s, -züge набег; рейд
Streik *m* -(e)s, -e/-s забастовка, стачка; **in den ~ treten*** начать забастовку; **einen ~ ausrufen*** объявить забастовку
Streik∥brecher *m* -s, - штрейкбрехер
Streik∥komitee *n* -s, -s стачечный комитет
Streik∥posten *m* -es, - стачечный пикет
Streit *m* -(e)s, -e 1. спор; ссора; **ein lauter ~** шумная ссора; перебранка; **miteinander im ~ liegen* [stehen*]** быть в ссоре друг с другом; **einen ~ vom Zaune brechen*** затевать спор; 2. схватка, бой, сражение; 3. дело, процесс, спор (*в суде*)
streitbar *a* 1. спорный; 2. боевой, воинственный
streiten* I *vi* 1. спорить; **mit sich (D) selbst ~** быть в нерешимости; 2. (*gegen, wider* A) ~ сражаться (*против кого-л.*); II ~ **sich** спорить, ссориться
Streiter *m* -s, - 1. боец; 2. спорщик
Streit∥frage *f* -, -n спорный вопрос
Streit∥hammel *m* -s, - спорщик, забияка; сварливый человек
Streit∥hammer *m* -s, - секира
streitig *a* спорный, оспариваемый
Streitigkeit *f* -, -en ссоры, пререкания
Streit∥kräfte *pl* воен. вооружённые силы
Streit∥lust *f* - воинственный дух; задор
Streit∥punkt *m* -(e)s, -e спорный пункт
streitsüchtig *a* сварливый, задиристый
streng *a* 1. строгий; **im ~sten Sinne des Wortes** в буквальном смысле слова; 2. суровый, *перен.* жёсткий; **eine ~ Diät** строгая диета; 3. острый, резкий (*о запахе*); ◊ **die ~en Herren** весенние заморозки
Strenge *f* - строгость; суровость
strenggenommen *adv* собственно говоря, строго говоря
strengstens *adv* строго-настрого, строжайшим образом
Streu *f* -, -en подстилка; солома для подстилки
Streu∥pulver [-fər/-vər] *n* -s, - присыпка
Streuselkuchen *m* -s, - "штройзелькухен" (*сладкое изделие из теста, посыпанное сахарным песком, смешанным с крошками сдобного теста*)
Streu∥zucker *m* -s сахарный песок
strich *impf om* streichen*
Strich *m* -(e)s, -e 1. черта, линия, штрих; **einen ~ ziehen*** подвести черту; **einen ~ durch etw. (A) machen** зачеркнуть [перечеркнуть] что-л.; **jmdm. einen ~ durch die Rechnung machen** расстроить чьи-л. планы; **einen ~ drunter machen** подвести черту, покончить с чем-л.; 2. полоса, пространство; 3. тире; 4. ворс (*сукна*); ◊ **jmdm. gegen den ~ über das Fell fahren*** погладить кого-л. против шерсти; **das geht mir wider den ~** это нарушает мои планы; **nach ~ und Faden** основательно
Strich∥punkt *m* -(e)s, -e точка с запятой
strichweise *adv, a* полосами, спорадически(й)
Strick *m* -(e)s, -e 1. верёвка, бечёвка, канат; **am selben ~ ziehen*** делать общее дело; 2.: **kleiner ~** разг. проказник, сорванец; **wenn alle ~e reißen** на худой конец; **jmdm. ~e legen** поставить кому-л. ловушку, строить кому-л. козни
Strick∥arbeit *f* -, -en вязанье
stricken *vt* вязать
Strickerei *f* -, -en см. Strickarbeit
Strick∥jacke *f* -, -n вязаная кофта
Strick∥nadel *f* -, -n спица (*вязальная*)
Strick∥ware *f* -, -n трикотаж
Striegel *m* -s, - скребница
striegeln *vt* 1. скрести, очищать; 2. отделывать, прилизывать; 3. критиковать; дразнить, сердить
Strieme *f* -, -n; **Striemen** *m* -s, - полоса, кровоподтёк, рубец (*от удара*)
strikt I *a* определённый, точный; **~er Befehl** строгий приказ; II *adv* немедленно; категорически
Strippe *f* -, -n 1. штрипка (*у брюк*); 2. петля; ушко (*у сапог*); 3. бечёвка; **jmdn. an der ~ haben** разг. держать кого-л. в своих руках; подчинять своей воле; 4. разг. телефонный провод; **an der ~ hängen*** висеть на телефоне
stritt *impf om* streiten*
strittig *a* спорный; **eine ~e Frage** спорный вопрос
Stroh *n* -(e)s солома; **leeres ~ dreschen*** ≅ переливать из пустого в порожнее
Stroh∥halm *m* -(e)s, -e соломинка; ◊ **sich an einen ~ klammern** хвататься за соломинку
Stroh∥mann *m* -(e)s, -männer 1. соломенное чучело; 2. подставное лицо; марионетка
Strolch *m* -(e)s, -e бродяга, босяк
strolchen *vi* (s, h) бродяжничать
Strom *m* -(e)s, Ströme 1. (большая) река; 2. поток (*тж. перен.*); **der Wein floß in Strömen** вино лилось рекой; **in Strömen weinen** плакать в три ручья; 3. течение;

gegen den ~ schwimmen* плыть против течения; **4.** электрический ток; **konstanter [variabler] ~** постоянный [переменный] ток; ◇ **es gießt in Strömen** дождь льёт как из ведра
Strom∥abnehmer *m* -s, - **1.** потребитель электроэнергии; **2.** *тех.* токоприёмник
strom∥ab(wärts) *adv* вниз по течению
strom∥auf(wärts) *adv* вверх по течению
Strom∥bett *n* -(e)s, -en русло реки
strömen *vi* (h, s) **1.** течь; струиться; литься; **2.** устремляться *(куда-л.)*
Stromer *m* -s, - *разг.* бродяга
Strom∥erzeuger *m* -s, - *эл.* генератор
Strom∥gebiet *n* -(e)s, -e бассейн реки
Strom∥kontingent *n* -(e)s, -e лимит на электроэнергию
Strom∥kreis *m* -es, -e *эл.* цепь тока
Strom∥leiter *m* -s, - *эл.* проводник *(тока)*
Strömling *m* -s, -e балтийская килька, шпрот(а)
Strom∥lini∣e *f* -, -n линия обтекания
stromlini∣enförmig *a* обтекаемый *(о физических телах)*
Strom∥messer *m* -s, - *эл.* амперметр
Strom∥schnelle *f* -, -n быстрина, пороги *(реки)*
Strom∥spannung *f* -, -en *эл.* напряжение тока
Strom∥sperre *f* -, -n *эл.* прекращение подачи тока
Strom∥stärke *f* -, -n *эл.* сила тока
Strömung *f* -, -en **1.** течение *(реки)*; **2.** течение, направление *(в литературе и т. п.)*
Strom∥wandler *m* -s, - трансформатор тока
stromweise *adv* потоками, обильно
Strom∥wender *m* -s, - *эл.* коммутатор; переключатель
Strom∥zähler *m* -s, - *эл.* электрический счётчик
Strophe <*gr.*> *f* -, -n *лит.* строфа
Strubbel∥kopf *m* -(e)s, -köpfe *разг.* растрёпа
Strudel I *m* -s, - **1.** водоворот, пучина; **2.** *перен.* водоворот, вихрь
Strudel II *m* -s, - *юж.-нем., австр.* штрудель *(рулет, слоёный пирог с яблоками, маком, творогом)*
strudeln *vi* (h, s) бить ключом; пениться; клокотать
Strumpf *m* -(e)s, Strümpfe чулок; **sein Geld in den ~ stecken** держать свои деньги в кубышке [чулке]
Strumpf∥band *n* -(e)s, -bänder подвязка
Strumpf∥hose *f* -, -n колготки
Strunk *m* -(e)s, Strünke **1.** кочерыжка; **2.** стебель

struppig *a* растрёпанный, взъерошенный
Struwwelpeter Штрувельпетер *(герой первой нем. книги с картинками для детей <того же назв.>);* ≅ Стёпка-растрёпка
Stubai *(n)* -s Штубай *(альпийская долина в Австрии <земля Тироль>)*
Stubbenkammer *f* - Штуббенкаммер *(прибрежная полоса с крутым берегом на о-ве Рюген <ФРГ>)*
Stube *f* -, -n комната; **in der ~ hocken** торчать в комнате, не выходить из комнаты
Stuben∥arrest *m* -(e)s, -e домашний арест
Stuben∥gelehrte *m* -n, -n кабинетный учёный
Stuben∥hocker *m* -s, - домосед
Stuben∥mädchen *n* -s, - горничная
Stüber *m* -s, - щелчок
Stubsnase *f* -, -n вздёрнутый нос
Stuck *m* -(e)s штукатурка; **mit ~ bewerfen*** штукатурить
Stück *n* -(e)s, -e, *разг. тж.* -en/- *(как мера)* **1.** кусок, часть; **ein ~ Brot** кусок хлеба; **ein abgehauenes ~** обрубок; **ein angesetztes ~** наставка; **ein ~ Land** участок земли; **ein schweres ~ Arbeit** трудная работа; **aus einem ~** из одного куска, цельный; **2.** штука, экземпляр; место *(багажа);* голова *(при указании количества скота);* **3.** отрывок *(из книги, речи и т. п.);* **4.** пьеса; **ein ~ geben*** ставить пьесу; ◇ **sich in (tausend) ~e zerreißen*** ≅ лезть из кожи вон; **aus freien ~en** добровольно; **große ~e auf jmdn. halten*** быть высокого мнения о ком-л.
Stück∥arbeit *f* -, -en сдельная работа, оплачиваемая поштучно
stückeln *vt* **1.** дробить; крошить; разрезать на куски; **2.** сшивать из кусков
Stück∥lohn *m* -(e)s, -löhne сдельная оплата
Stück∥ware *f* -, -n штучный товар
stückweise *a* поштучно; кусками
Stück∥zahl *f* -, -en количество экземпляров [штук]
Student <*lat.*> *m* -en, -en студент; **~ der Philologie** студент-филолог; **~ an der Universität** студент университета
Studentin <*lat.*> *f* -, -nen студентка
Studi∣e <*lat.*> *f* -, -n **1.** эскиз, этюд; **2.** исследование
Studi∣en∥aufenthalt *m* -(e)s, -e пребывание с целью учёбы [исследования какого-л. вопроса]
Studi∣enbuch *n* -(e)s, -bücher зачётная книжка

Studi⁞en‖gebühr f -, -en; **~geld** n -(e)s, -er плата за обучение (в вузе)
Studi⁞engenosse m -n, -n товарищ по вузу
Studi⁞en‖jahr n -(e)s, -e учебный год (в вузе)
Studi⁞en‖leistung f -, -en успеваемость (студента)
Studi⁞enrat m -s, -räte штудиенрат (наиболее распространённое звание учителя гимназии в Германии и Австрии)
studieren <lat.> I vt изучать; II vi учиться (в вузе)
Studier‖zimmer n -s, - (рабочий) кабинет
Studio <it.> n -s, -s студия
Studium <lat.> n -s, -di⁞en 1. изучение; **Studien an etw. (D) [über etw. (A)] treiben*** заниматься изучением чего-л.; 2. учение, учёба, занятия
Stufe f -, -n 1. ступенька, уступ; 2. перен. ступень; jmdn. mit jmdm. auf die gleiche ~ stellen ставить кого-л. на одну доску с кем-л.; 3. степень; **~n der Komparation** грам. степени сравнения
Stufen‖folge f -, -n последовательность, постепенность, градация
Stufen‖leiter f -, -n шкала; последовательность, градация
stufenweise adv постепенно, последовательно
Stuhl m -(e)s, Stühle 1. стул; 2. тех. станина, станок; 3. мед. стул; ◊ **der Päpstliche [Apostolische, Römische, Heilige] ~** Папский престол
Stuhlgang m -(e)s мед. стул
Stuhl‖lehne f -, -n спинка стула
Stulle f -, -n берл. разг. ломоть хлеба; бутерброд; ◊ **jmdm. etw. auf die ~ schmieren** упрекать кого-л. в чём-л.
Stulpe f -, -n отворот; манжета
stülpen vt (auf A) наложить (что-л. на что-л.); **den Deckel auf den Topf ~** накрыть кастрюлю крышкой
stumm a 1. немой; **eine ~e Rolle** немая роль; 2. безмолвный; **~e Gedanken** невысказанные мысли
Stumme subst m, f -n, -n немой, -мая
Stummel m -s, - 1. остаток; обрубок; огарок (свечи); окурок; 2. мед. культя
Stummheit f - 1. немота; 2. молчание; молчаливость
Stümper m -s, - плохой работник; дилетант
Stümperéi f -, -en халтура
stümpern vi плохо работать; халтурить
stumpf a 1. тупой; тупоносый; **eine ~e Nase** курносый нос; 2. матовый, без блеска; **~e Seide** матовый шёлк; 3. ту-

пой, отупевший, безразличный; **~e Gleichgültigkeit** тупое безразличие
Stumpf m -(e)s, Stümpfe 1. остаток; кончик; огарок (свечи); 2. пень; ◊ **mit ~ und Stiel ausrotten [vertilgen]** искоренить, вырвать с корнем
stumpfen vt (за)тупить
Stumpfheit f - 1. тупость; 2. тупоумие, тупость
stumpfnasig a курносый
Stumpf‖sinn m -(e)s тупоумие, тупость
stumpfsinnig a тупоумный, тупой
Stunde f -, -n 1. час; **eine halbe ~** полчаса; **eine viertel ~** четверть часа; **eine ~ entfernt** на расстоянии одного часа; **von ~ zu ~** с часу на час; **eine ~ früher** часом раньше; **in einer ~** через час; **~ um ~** час за часом; **in der fünften ~** в пятом часу; **zur ~** теперь, сейчас; 2. урок; **eine ausgefüllte ~** насыщенный урок; **in die ~ gehen*** идти на урок; 3. перен. час, пора, время; **seine ~ hat geschlagen** его час пробил; **dem Glücklichen schlägt keine ~** счастливые часов не наблюдают
Stunden‖geschwindigkeit f - часовая скорость, скорость в час
stundenlang a (длящийся) часами; перен. бесконечный
Stunden‖plan m -(e)s, -pläne 1. расписание уроков [занятий]; 2. часовой график; **mit ~plänen arbeiten** работать по часовому графику
Stunden‖schlag m -(e)s, -schläge бой часов
Stunden‖soll n -/-s, -/-s 1. норма нагрузки (учителя); 2. часовая норма
stundenweise I a почасовой (об оплате); II adv часами, по часам
Stunden‖zeiger m -s - часовая стрелка
stündlich adv ежечасно, каждый час; с часу на час
Stundung f -, -en отсрочка (платежа)
stupid(e) <lat.-fr.> a глупый, тупой, ограниченный
Stups m -es, -e толчок, пинок
Stups‖nase f -, -n вздёрнутый нос
stur a упрямый; тупой, ограниченный
Sturm m -(e)s, Stürme 1. буря; ураган; шторм; **in ~ und Regen** в дождь и непогоду; 2. воен. атака, штурм, приступ; **im ~ nehmen*** брать штурмом; **zum ~ antreten*** начать штурм; **einen ~ abweisen*** отбить атаку; **~ läuten [schlagen*, blasen*]** бить тревогу; 3. линия нападения (футбол); ◊ **~ und Drang** "Буря и натиск" см. соотв. статью
Sturm‖abteilung f -, -en штурмовой отряд
Sturmabteilungen pl штурмовые отряды/ отряды СА (полувоенные формирова-

ния фаш. партии в Германии в 1921–1945; являлись орудием террора фашистов; после путча Рема в 1934 их место в фаш. иерархии заняли отряды СС)

Sturmabzeichen *n* -s, - "За участие в атаке" *(знак отличия в фаш. Германии; вручался отличившимся не менее чем в трёх атаках)*

stürmen I *vt* атаковать, штурмовать; **ein Haus ~** врываться в дом; II *vi* **1.** (h) бушевать *(о ветре);* **2.** (s) спешить, нестись, устремляться; **ins Zimmer ~** вбежать в комнату

Stürmer *m* -s, - нападающий *(в футболе)*

Sturm‖flut *f* -, -en штормовой нагон воды, бурный прилив

Sturm‖geläute *n* -(e)s, - набат

stürmisch *a* бурный *(тж. перен.);* **~er Beifall** бурные аплодисменты; **~e Zeiten** тревожные времена

Sturm‖schritt *m* -(e)s, -е *воен.* ускоренный шаг

Sturm und Drang *m* -es "Буря и натиск" *(литературное движение в Германии в 70–80 гг. 18 в.; восприняло антифеодальные идеи и гуманистический пафос просвещения, порывая с нормативной этикой классицизма)*

Sturm‖vogel *m* -s, -vögel буревестник, альбатрос

Sturm‖zeichen *n* -s, - предвестник бури

Sturz I *m* -es, Stürze **1.** падение; обвал; **2.** *перен.* падение; свержение; крушение

Sturz II *m* -es, -е перемычка

Sturz‖bach *m* -(e)s, -bäche водопад, каскад

stürzen I *vt* **1.** (с)толкнуть; опрокидывать; **nicht ~** не ронять! *(надпись);* **jmdn. in Armut ~** довести кого-л. до нищеты; **2.** свергать *(правительство);* **3.** опрокидывать *(устаревшие представления);* II *vi* (s) свалиться; падать; **die Preise ~** цены стремительно падают; III **~, sich** броситься, ринуться; **sich in Abenteuer ~** пуститься на авантюры

Sturz‖flug *m* -(e)s, -flüge *ав.* пике, пикирование; **im ~ niedergehen*** пикировать

Sturzkampf‖flugzeug *n* -s, -е пикирующий бомбардировщик

Stute *f* -, -n кобыла

Stuten‖milch *f* - кумыс

Stuttgart (*n*) -s Штутгарт *(адм. центр земли Баден-Вюртемберг < ФРГ)*

Stutz‖bart *m* -(e)s, -bärte короткая бородка

Stütze *f* -, -n **1.** подпор(к)а, стойка; **2.** опора, поддержка

stutzen I *vt* подрезать; подстригать; обрубать; II *vi* изумляться; быть озадаченным; **das macht mich ~** это меня изумляет

Stutzer *m* -s, - франт, щёголь, денди; **den ~ machen** щеголять

stutzig *a* изумлённый; озадаченный; **~ machen** озадачивать

Stütz‖punkt *m* -(e)s, -е **1.** точка опоры; **2.** *воен.* база, опорный пункт; **einen ~ anlegen** устраивать [оборудовать] опорный пункт

subaltérn <*lat.*> *a* подчинённый

Subjékt <*lat.*> *n* -(e)s, -е **1.** субъект; **2.** *грам.* подлежащее, субъект; **3.** *презр.* субъект

Subjektivísmus [-'vis-] <*lat.*> *m* - субъективизм

Subjektivität [-vi-] <*lat.*> *f* - субъективность

Subjekt‖satz *m* -(e)s, -sätze придаточное предложение-подлежащее

Sublimatión <*lat.*> *f* -, -en *хим.* сублимация, возгонка

Subordinatión <*lal.*> *f* - **1.** субординация, подчинение; повиновение; **2.** *грам.* подчинение

Substantív <*lat.*> *n* -s, -е имя существительное

substantivíeren [vi:] <*lat.*> *vt грам.* субстантивировать

Substánz <*lat.*> *f* -, -en **1.** *филос.* субстанция, вещество, материя; **2.** сущность; **3.** *хим.* вещество

Substitutión <*lat.*> *f* -, -en **1.** замена, замещение; **2.** *мат.* подстановка

subtíl <*lat.*> *a* **1.** тонкий, деликатный, нежный; осторожный; **2.** хитроумный; каверзный; щекотливый

Subtrahénd <*lat.*> *m* -en, -en *мат.* вычитаемое

subtrahíeren <*lat.*> *vt* (*von* D) *мат.* вычитать *(из чего-л.)*

Subtraktión <*lat.*> *f* -, -en *мат.* вычитание

Subtropen <*lat.+gr.*> *pl* субтропики

subtropisch <*lat.+gr.*> *a* субтропический

Subventión [-vɛn-] <*lat.*> *f* -, -en пособие, денежная помощь

subventioníeren [ven-] <*lat.*> *vt* выплачивать денежное пособие; *эк.* субсидировать

Suche *f* - поиски, разыскание; **auf der ~ nach** (D) в поисках кого-л., чего-л.; **auf die ~ gehen*** отправляться на поиски

suchen *vt, vi (nach* D) **1.** искать, разыскивать *(кого-л., что-л.)*; **2. с**обирать, искать *(плоды, ягоды, грибы)*; **3.** *(zu + inf)* стараться *(что-л. сделать)*; **er sucht sich zu rechtfertigen** он старается оправдаться

Sucher *m* -s, - **1.** искатель; **2.** *фото* видоискатель; **3.** прожектор-искатель; **4.** *горн.* старатель

Sucht *f* -, Süchte **1.** страсть, мания; **2.** *мед.* наркомания, токсикомания; **3.** *разг.* болезнь; **die fallende ~** падучая болезнь, эпилепсия

Suchúmi *(n)* -s Сухуми *(адм. центр Абхазской Автономной Республики в составе Грузии)*

Sucre ['su:krə] *(n)* -s Сукре *(столица Боливии)*

Südamerika *(n)* -s Южная Америка *(материк в юж. части Зап. полушария)*

Sudán *m* -s Судан *(гос-во в сев.-вост. части Африки)*

Sudanése *m* -n, -n; **~ sin** *f* -, -nen суданец, -нка

Sudeléi *f* -, -en пачкотня, мазня

sudeln *vt, vi* пачкать, марать

Süden <*hol.*> *m* **1.** *inv (употр. без артикля)* юг *(направление);* **im ~** на юге; **nach ~** на юг; **aus (dem) ~** с юга; **2.** -s *(употр. только с опр. артиклем)* юг *(территория)*

Sudétengebiet *n* -s Судетская область *(часть территории Чехословакии, в 1938 по Мюнхенскому соглашению отторгнута от Чехословакии и включена в состав Германии; в 1945 возвращена Чехословакии)*

Südländer *m* -s, -, **~in** *f* -, -nen южанин, -нка

südlich I *a* южный; II *adv* к югу, южнее

Süd‖ost *m* **1.** *inv (употр. без артикля)* зюйд-ост, юго-восток; **2.** -(e)s, -е юго-восточный ветер, зюйд-ост

Süd‖osten *m* **1.** *см.* Südost 1; **2.** -s юго-восток, юго-восточная область

Süd‖pol *m* -s Южный полюс

südwärts *adv* к югу

Süd‖west *m* **1.** *inv (употр. без артикля)* зюйд-вест, юго-запад; **2.** -(e)s, -е юго-западный ветер, зюйд-вест

Süd‖westen *m* **1.** *см.* Südwest 1.; **2.** -s юго-запад, юго-западная область

Süd‖wind *m* -(e)s, -е южный ветер

Súezkanal *m* -s Суэцкий канал *(судоходный морской канал на С.-В. Египта; соединяет Средиземное и Красное моря)*

Suff *m* -(e)s **1.** *груб.* пьянство; **dem ~ ergeben sein** пить, пьянствовать; **2.** напиток; **guter ~** доброе вино; **elender ~** пойло *(пренебр. о напитке)*

süffig *a разг.* приятный *(о напитке)*

Suffíx <*lat.*> *n* -es, -е *грам.* суффикс

Suggestión <*lat.*> *f* -, -en внушение

Suhl *(n)* -s Зуль *(город в Тюрингии* <*ФРГ*>*)*

Suhle *f* -, -n топь, лужа

Sühne *f* -, -n **1.** искупление, покаяние; **2.** возмездие, кара, отмщение

Sühne‖maßnahme *f* -, -n карательная мера, наказание

Suite ['svi:tə/sy'it(ə)] <*lat.-fr.*> *f* -, -n [-ten] **1.** *уст.* свита; **2.** *муз.* сюита; **3.** *б. ч. pl* проделки; **~n machen** проказничать

Sujet [sy:'ʒe:] <*lat.-fr.*> *n* -s, -s сюжет

sukzessíve [-və] <*lat.*> *adv* последовательно; мало-помалу

Sulamith Суламит *(жен. имя)*

Sulawesi [-'ve:si] *(n)* -s Сулавеси *(о-в в Индонезии)*

Suléika Сулайка *(жен. имя)*

Sulfát <*lat.*> *n* -(e)s, -е *хим.* сульфат, сернокислая соль

Súltan [-ta:n] <*arab.*> *m* -s, -е султан

Sülze *f* -, -n студень

Sumátra *(n)* -s Суматра *(о-в в Малайском архипелаге, один из Больших Зондских о-вов)*

Summa <*lat.*> *f* -, -mmen *уст. см.* Summe

Summánd <*lat.*> *m* -en, -en *мат.* слагаемое

summárisch <*lat.*> *a* **1.** суммарный, итоговый; **2.** сокращённый; **eine ~e Übersicht** краткий обзор

summa sumarum <*lat.*> всего в итоге

Summe <*lat.*> *f* -, -n **1.** сумма; денежные средства; **eine ~ bereitstellen [bewilligen, auswerfen*]** ассигновать какую-л. сумму; **2.** итог; **die ~ ziehen*** подвести итог, суммировать

summen I *vi* жужжать; гудеть; II *vt* напевать *(вполголоса)*

summíeren <*lat.*> *vt* сосчитать; складывать; суммировать

Summit <*engl.*> ['sʌmit] *m, n* -s, -s встреча на высшем уровне

Sumpf *m* -(e)s Sümpfe болото, топь, трясина; **2.** *тех.* отстойник

Sumpf‖biber *m* -s, - *зоол.* нутрия

sumpfig *a* болотистый, топкий

Sums *m* -es *разг.* **1.** жужжание; **2.** *перен.* шум; **(einen) großen ~ machen** *(um* А) поднять шум *(из-за чего-л.)*

Sund *m* -(e)s, -е Зунд *(пролив)*

Sunda‖inseln *pl* Зондские острова *(в Индонезии; основная часть Малайского архипелага)*

Sünde *f* -, -n грех, прегрешение; **eine ~ begehen*** совершить грех, согрешить
Sünden‖bock *m* -(e)s, -böcke козёл отпущения; **den ~ machen [abgeben*, spielen] (müssen*)** быть козлом отпущения
Sünden‖erlassung *f* -, -en *рел.* отпущение грехов
Sünden‖fall *m* -(e)s, -fälle грехопадение
Sünden‖register *n* -s, - *разг.* грехи, проступки
Sünden‖vergebung *f* -, -en *см.* Sündenerlassung
Sünder *m* -s, -; **~in** *f* -, -nen грешник, -ница
sündhaft *a* грешный; преступный
sündigen *vi* грешить
Super ⟨*lat.*⟩ *m* -s, - *радио* супергетеродин
Superlativ ⟨*lat.*⟩ *m* -s, -e *грам.* превосходная степень; ◊ **in ~en sprechen*** преувеличивать
Suppe *f* -, -n суп; похлёбка; **~ mit Einlage** суп, заправленный чем-л.; ◊ **eine ~ einbrocken** *разг.* заварить кашу; **eine ~ auslöffeln** *разг.* расхлёбывать кашу; **jmdm. die ~ versalzen** насолить кому-л.; **jmdm. in die ~ spucken** *разг.* испортить кому-л. дело; ≅ подложить свинью кому-л.
Suppen‖fleisch *n* -es разварное мясо
Suppen‖kelle *f* -, -n (большая) разливательная ложка, поварёшка
Suppen‖schüssel *f* -, -n (суповая) миска
Suppen‖teller *m* -s, - глубокая тарелка
Suppen‖terrine *f* -, -n *см.* Suppenschüssel
Supplemént ⟨*lat.*⟩ *n* -(e)s, -e дополнение; прибавление, добавление; дополнительный том
Support ⟨*lat.-fr.*⟩ *m* -(e)s, -e *тех.* суппорт
Suprémat ⟨*lat.*⟩ *m* -(e)s, -e; **Suprematíe** *f* -, -ti¦en 1. *церк.* (папская) верховная власть; 2. преимущественное право, преимущество
Surrogát ⟨*lat.*⟩ *n* -(e)s, -e суррогат; замена; подделка
Susdal ['suz-] (*n*) -s Суздаль (*город во Владимирской обл.* ⟨РФ⟩; *сокровищница памятников древнерусского зодчества*)
suspendíeren ⟨*lat.*⟩ *vt* 1. (временно) освободить, отстранить (*от должности*); 2. приостанавливать, откладывать; 3. *хим.* суспендировать
Suspensión ⟨*lat.*⟩ *f* -, -en 1. (временное) отстранение (*от должности*); 2. приостановка; откладывание; 3. *хим.* взвешенное состояние, суспензия

süß *a* 1. сладкий; **eine ~e Speise** сладкое (*блюдо*); **~es Wasser** 1) пресная вода; 2) сладкая вода; 2. *перен.* сладкий, приятный; **eine ~e Musik** музыка, ласкающая слух; 3. милый, очаровательный; **ein ~es Kind** милое дитя
Süße *f* - сладость
süßen *vt* солодить, подслащивать (*тж. перен.*)
Süß‖holz *n* -es *бот.* солодка; ◊ **~ raspeln** *разг.* любезничать, рассыпаться в комплиментах
Süßigkeit *f* -, -en 1. сладость; *перен.* приятность; 2. *pl* сладости, кондитерские изделия
Süß‖kirsche *f* -, -n черешня
süßlich *a* 1. сладковатый; 2. слащавый; **ein ~es Lächeln** слащавая улыбка
Süß‖maul *n* -(e)s, -mäuler лакомка
süßsauer *a* кисло-сладкий
Süß‖stoff *m* -(e)s, -e сахарин
Süß‖wasser *n* -s пресная вода
Suva [-va] (*n*) -s Сува (*главный город и порт о-вов Фиджи*)
Swásiland (*n*) -s Свазиленд (*страна на Ю. Африки*)
Sweater ['svɛ-] ⟨*engl.*⟩ *m* -s, - свитер
Sydney ['sidni] (*n*) -s Сидней (*город на Ю.-В. Австралии*)
Syktywkár (*n*) -s Сыктывкар (*столица Коми Автономной Республики* ⟨*в составе РФ*⟩)
Syllogísmus ⟨*gr.*⟩ *m* -, -men *лог.* силлогизм
Sylt (*n*) -s Зильт (*один из Сев.-Фризских о-вов* ⟨ФРГ⟩)
Sylvéster [zil-] *см.* Silvéster
Symból ⟨*gr.-lat.*⟩ *n* -s, - символ
symbólisch ⟨*gr.-lat.*⟩ *a* символический
symbolisíeren ⟨*gr.-lat.*⟩ *vt* символизировать
Symmetríe ⟨*gr.*⟩ *f* -, -tri¦en симметрия
Sympathíe ⟨*gr.*⟩ *f* -, -thi¦en симпатия; **jmdm. ~ entgegenbringen*** симпатизировать кому-л.
sympathisíeren ⟨*gr.-lat.*⟩ *vi* (*mit* D) симпатизировать, сочувствовать (*кому-л., чему-л.*)
Symphoníe ⟨*gr.*⟩ *f* -, -ni¦en симфония
Symptóm ⟨*gr.*⟩ *n* -s, -e симптом
Synagóge ⟨*gr.*⟩ *f* -, -n *рел.* синагога
Synchronisatión [-kro-] ⟨*gr.*⟩ *f* - 1. *тех.* синхронизация; 2. дублирование; **die deutsche ~ des Films** дублирование фильма на немецкий язык
synchronisíeren [-kro-] ⟨*gr.-lat.*⟩ *vt* 1. *тех.* синхронизировать; 2. дублировать (*фильм*)

Syndikát <gr.> n -(e)s, -е синдикат
Synóde <gr.> f -, -n церк. синод
Synoným <gr.> n -s, -e/-ónyma лингв. синоним
Syntax <gr.> f - синтаксис
Synthése <gr.> f -, -n синтез
synthetisíeren <gr.-lat.> vt синтезировать
Sýrdarjá m -s Сырдарья (река в Средней Азии)
Syri∥en (n) -s Сирия (гос-во в Юго-Зап. Азии, на Ближнем Востоке)
Syri∥er m -s, -; **~in** f -, -nen сириец, сирийка
Systém <gr.> n -s, -е система
Szczecin ['ʃtʃɛtin] (n) -s Щецин (город на С.-З. Польши, на р. Одре)
Széne <gr.-lat.> f -, -n **1.** сцена; **hinter der ~** за кулисами; **etw. in die ~ setzen** инсценировать что-л.; **2.** сцена, явление (пьесы); **3.** сцена, происшествие; **eine ~ erleben** быть свидетелем какой-л.сцены; **jmdm. eine ~ machen** устроить кому-л. сцену
Szythen <gr.> pl скифы

T

Tabak m -(e)s, -е табак; **schwerer ~** крепкий табак; ◇ **nicht eine Prise ~ wert sein** разг. ≅ медного [ломаного] гроша не стоить; **das ist starker ~!** разг. это уже слишком [чересчур]!
Tábak∥bau m -(e)s табаководство
Tábak∥dose f -, -n табакерка
Tábak∥pfeife f -, -n трубка (для курения)
tabellárisch <lat.> a в виде таблицы, табличный
Tabélle f -, -n таблица
tabéllenförmig a в форме таблицы
Tabéllen∥führer m -s, - спорт. лидер
Tabéllen∥spitze: an der ~ liegen* спорт. лидировать; находиться на первом месте в таблице соревнований
Tabérne <lat.-it.> f -, -n таверна, кабачок
Tablétt <lat.-fr.> n -(e)s, -е поднос
Tablétte <lat.-fr.> f -, -n **1.** фарм. таблетка; **2.** дощечка, плитка
tabú <polynes.> a präd.: **das ist ihm ~** он этого касаться не может
Tabú <polynes.> n -s, -s табу; **etw. mit ~ belegen** наложить табу на что-л.
Tachométer <gr.> n -s, - тех. тахометр [спидометр]
Tacho(méter)∥nadel f -, -n стрелка тахометра [спидометра]

Tadel m -s, - **1.** порицание; выговор; **sich (D) einen ~ zuziehen*** заслужить порицание; **2.** упрёк; **3.** недостаток; **keinen ~ an jmdm. finden*** не находить в ком-л. недостатков
Tadeléi f -, -en вечные упрёки; мелочные упрёки
tadelhaft a заслуживающий порицания
tadellos a безукоризненный, безупречный
tadeln vt (wegen G, für A) порицать, осуждать (за что-л.)
tadelns∥wert, ~würdig a достойный порицания
tadelsüchtig a придирчивый
Tadler m -s, - хулитель
Tadshíke [-'dʒi:-] m -n, -n; **~kin** f -, -nen таджик, -чка
tadshikisch [-'dʒi:-] a таджикский
Tadshikistán (n) -s Таджикистан (гос-во на Ю.-В. Средней Азии)
Tafel f -, -n **1.** доска (тж. классная); **an die ~ rufen*** вызывать к доске; **2.** плита, дощечка, панель, щит; **3.** плитка (шоколада); **4.** таблица; **logarithmische ~** мат. логарифмическая таблица; **5.** (обеденный) стол; **zur ~ bitten* [laden*]** просить [приглашать] к столу; **sich zur ~ setzen** садиться за стол (для еды)
Tafel∥besteck n -(e)s, -е столовый прибор
Tafel∥butter f - (сливочное) масло для стола
tafelförmig a плиточный; плоский; в виде доски
Tafel∥geschirr n -(e)s, -е столовая посуда
Tafel∥land n -(e)s, -länder геогр. горное плато
tafeln vi сидеть за столом, обедать
täfeln vt **1.** облицовывать; обшивать панелями (стены); **2.** настилать (паркетный пол)
Tafel∥runde f -, -n компания (за столом)
Täfelung f -, -en стенная обшивка, панель
Tafel∥wein m -(e)s, -е столовое вино
Taft <pers.-türk.-it.> m -(e)s, -е тафта
Tag m -(e)s, -е **1.** день (отрезок времени); **alle ~e** ежедневно; **den ~ nachher** на другой день; **am ~e** днём; **(heute) über acht ~e** (ровно) через неделю; **~ für ~** изо дня в день; **einen ~ um den anderen** день за днём; **von ~ zu ~** со дня на день; **den ganzen ~** весь день; **~ und Nacht** день и ночь, сутки; **in den ~ hineinleben** жить сегодняшним днём; **guten ~!** добрый день!, здравствуй(те)!; **man soll den ~ nicht vor dem Abend**

loben *посл.* хвали день к вечеру; **2.** день *(светлое время);* **der ~ bricht an [neigt sich]** день наступает [кончается]; **die ~e nehmen zu [nehmen ab]** дни прибывают [убывают]; **am hellichten ~** средь бела дня; **etw. an den ~ bringen*** проявлять, обнаруживать что-л.; **an den ~ kommen*** выступать наружу, обнаруживаться; **über ~(e)** *горн.* на поверхности; **unter ~e** *горн.* под землёй; **3.** день, дата; **~ des Sieges** день победы; **4.** *pl* дни *(время);* **in besten ~ en** в расцвете сил
tagáus *adv* **~, tagéin** изо дня в день
Tag der nationalen Arbeit *m* -es, -e "день национального труда" *(так назывался в фаш. Германии день 1-го мая)*
Tage‖bau *m* -(e)s, -e *горн.* карьер, открытая разработка
Tagebuch *n* -(e)s, -bücher дневник
Tage‖dieb *m* -(e)s, -e лентяй, лодырь
Tage‖gelder *pl* суточные *(деньги)*
tagelang *adv* целыми днями
Tage‖lohn *m* -(e)s, -löhne подённая плата
Tage‖löhner *m* -s, - подёнщик
tagen I *vi* заседать; II *vimp, vi* светать, рассветать; **es tagt, der Morgen tagt** светает; **es fängt in seinem Kopf an zu ~** *разг., ирон.* он начинает понимать
Tages‖anbruch *m* -(e)s, -brüche рассвет
Tages‖befehl *m* -s, -e *воен.* приказ по части
Tages‖bericht *m* -(e)s, -e бюллетень, хроника *(в газете)*
Tages‖dienst *m* -es, -e **1.** дневная служба [работа]; **2.** *воен.* суточный наряд, дежурство
Tages‖gerichte *pl* дежурные блюда *(в меню)*
Tages‖geschehen *n* -s, -текущие события
Tages‖gespräch *n* -(e)s, -e злоба дня, злободневный разговор
Tages‖höchsttemperatur *f* -, -en максимальная температура в течение дня
Tages‖leistung *f* -, -en дневная выработка; суточная производительность
Tages‖ordnung *f* -, -en повестка дня; **auf der ~ stehen*** стоять на повестке дня; **auf die ~ setzen** поставить на [внести в] повестку дня
Tages‖plan *m* -(e)s, -pläne распорядок [режим] дня
Tages‖ration *f* -, -en суточный рацион
Tages‖soll *n* -/-s, -/-s дневное (плановое) задание, дневная норма
Tages‖zeit *f* -, -en время дня; **zu jeder ~** в любое время дня
Tage‖werk *n* -(e)s, -e **1.** работа за день; ежедневная выработка; **2.** подённая работа

taghell *a* ясный (как день); **es ist ~** светло как днём
täglich I *a* ежедневный, повседневный; **das ~e Leben** повседневная [будничная] жизнь; **das ist eine ~e Erscheinung** это обычное явление; **das ~e Kleid** будничное платье; II *adv* **1.** ежедневно *(встречаться и т. п.);* **2.** с каждым днём; **3.** в день; **zweimal ~** два раза в день
tags *adv* днём; **~ darauf** на следующий день; **~ zuvor** накануне
Tag‖schicht *f* -, -en дневная смена
tagsüber *adv* за день, в течение дня
tagtäglich *adv* ежедневно; изо дня в день
Tagundnachtgleiche *f* -, -n равноденствие
Tagung *f* -, -en **1.** съезд; **2.** заседание *(съезда);* сессия
tagweise *adv* подённо; по дням; за каждый день
Tahiti [ta'hi:ti] (*n*) -s Таити *(о-в в Тихом океане)*
Taifún <*chin.-engl.*> *m* -s, -e тайфун
Taiga <*russ.*> *f* - тайга
Taille ['taljə] <*lat.-fr.*> *f* -, -n талия
Taimýrhalbinsel *f* - Таймыр *(п-ов на С. Азии)*
Taiwán (*n*) -s Тайвань *(о-в и гос-во в Тихом океане, у вост. берегов Китая)*
Takeláge [-ʒə] <*fr.*> *f* -, -n *мор.* такелаж
takeln *vt* *мор.* оснащать
Takel‖werk *n* -(e)s, -e *мор.* такелаж, снасти
Takt <*lat.*> *m* **1.** -(e)s, -e такт, ритм; **im ~** в такт, ритмично; **den ~ schlagen*** отбивать такт; **aus dem ~ kommen*** сбиваться с такта; **2.** -(e)s такт, чувство такта; **den ~ verletzen** вести себя нетактично
taktfest *a* **1.** *муз.* соблюдающий такт; **2.** идущий в ногу; **3.** хорошо знающий своё дело; ◇ **er ist nicht mehr ~** он нетвёрдо стоит на ногах *(о пьяном)*
Takt‖gefühl *n* -(e)s **1.** чувство ритма; **2.** чувство такта, тактичность
taktíeren <*lat.*> *vi* *муз.* отбивать такт
Taktik <*gr.-fr.*> *f* -, -en тактика
taktisch <*gr.-fr.*> *a* тактический
taktlos *a* бестактный, нетактичный
taktmäßig I *a* ритмический, ритмичный; II *adv* в такт, ритмично
Takt‖messer *m* -s, -*муз.* метроном
Takt‖stock *m* -(e)s, -stöcke дирижёрская палочка
Takt‖straße *f* -, -n поточная линия, автоматическая линия
Takt‖verfahren *n* -s, - *тех.* поточный метод

taktvoll *a* тактичный, деликатный
Tal *n* -(e)s, Täler долина; **über Berg und ~ wandern** бродить по горам, по долам
talabwärts *adv* вниз по долине [по реке]
Talár <*lat.-it.*> *m* -s, -s **1.** мантия *(судьи);* **2.** *церк.* ряса, риза
talaufwärts *adv* вверх по долине [по реке]
Talént <*gr.-lat.*> *n* -(e)s, -e талант, дарование; одарённость; **angeborenes ~** природное дарование; **urwüchsiges ~** самородок *(о талантливом человеке)*
talentiert <*gr.-lat.*> *a* одарённый, талантливый
taléntlos *a* бездарный
taléntvoll *a* талантливый, одарённый
Taler *m* -s, - талер *(старинная монета, до 19 в.)*
Talg *m* -(e)s, -e сало; жир
Tálisman <*gr.-arab.-roman.*> *m* -s, -e талисман
Talk <*arab.-span.-fr.*> *m* -(e)s тальк *(минерал)*
Tal‖kessel *m* -s, - котловина
Tállinn *(n)* -s Таллинн *(столица Эстонии)*
Talmud <*hebr.*> *m* -(e)s *рел.* талмуд
Tal‖mulde *f* -, -n котловина
Talon [-'lɔ:] <*lat.-fr.*> *m* -s, -s талон
Tal‖sperre *f* -, -n запруда, плотина
talwärts *adv* вниз по долине; (по направлению) к долине
Tamburín <*pers.-arab.-span.-fr.*> *n* -s, -s/-e **1.** бубны, тамбурин; **2.** круглые пяльцы
Tampón <*gr.-fr.*> *m* -s, -s *мед.* тампон
Tamtám <*ind.*> *m* -s шумиха; **mit viel ~ с** большим шумом; с большой помпой
Tand <*lat.*> *m* -(e)s мишура; пустяки
Tändeléi *f* -, -en **1.** шалости; **2.** флирт, кокетничанье, любезничанье
Tändel‖markt *m* -(e)s, -märkte толкучка *(рынок)*
tändeln *vi* **1.** забавляться, баловаться; **2.** кокетничать, флиртовать, любезничать
Tandem <*lat.-engl.*> *n* -s, - тандем
Tang <*nord.*> *m* -(e)s, -e водоросль
Tanganjikasee *m* -s Танганьика *(озеро в Вост. Африке)*
Tangens <*lat.*> *m* -, *мат.* тангенс
Tangénte <*lat.*> *f* -, -n *мат.* касательная
Tanger ['taŋər/'tandʒər] *(n)* -s Танжер *(город на С.-З. Марокко)*
tangieren <*lat.*> *vt мат.* касаться; *перен. тж.* трогать, затрагивать
Tango <*span.*> *m* -s, -s танго
Tank <*engl.*> *m* -(e)s, -s/-e **1.** танк; **2.** резервуар, бак *(для горючего)*
tanken *vi* набирать горючее, заправляться

Tanker <*engl.*> *m* -s, - танкер, нефтеналивное судно
Tank‖säule *f* -, -n бензоколонка
Tank‖schiff *n* -(e)s, -e нефтеналивное судно; танкер
Tank‖stelle *f* -, -n (бензо)заправочная станция, бензоколонка
Tank‖wagen *m* -s, - автоцистерна; вагон-цистерна
Tank‖wart *m* -(e)s, -e бензозаправщик
Tanne *f* -, -n ель, пихта
Tannen‖baum *m* -(e)s, -bäume ёлка
Tannen‖zapfen *m* -s, - еловая шишка
Tansánia *(n)* -s Танзания *(гос-во на В. Африки)*
Tante *f* -, -n тётка, тётя
Tanz *m* -es, Tänze танец; пляска; пляс; **zum ~ auffordern** пригласить на танец
Tanz‖bein: das ~ schwingen* танцевать, плясать
Tanz‖boden *m* -s, -böden танцплощадка
tänzeln *vi* приплясывать
tanzen *vt, vi* **1.** танцевать, плясать; **sich müde ~** танцевать до упаду; **2.: mir tanzt das Herz vor Freude** у меня сердце прыгает от радости; **mir tanzt alles vor den Augen** у меня всё кружится перед глазами
Tänzer *m* -s, -; **~in** *f* -, -nen **1.** танцор, -ка, плясун, -нья; **2.** артист, -ка балета, танцовщик, -щица
tanzfreudig *a* любящий (по)танцевать
Tanz‖gruppe *f* -, -n танцевальный ансамбль, танцевальная группа
Tanz‖kunst *f* -, -künste танцевальное искусство, хореография
tanzlustig *a см.* tanzfreudig
Tanz‖musik *f* - танцевальная музыка
Tanz‖schritt *m* -(e)s, -e па; шаг *(в танцах)*
Tanz‖turnier *n* -s, -e конкурс на лучшее исполнение танца
Tapét <*gr.-lat.-fr.*>: **etw. (eine Frage) aufs ~ bringen*** поднять [возбуждать] вопрос о чём-л.
Tapéte <*gr.-lat.-fr.*> *f* -, -n обои
tapezieren <*gr.-lat.*> *vt* **1.** оклеивать обоями *(комнату);* **2.** обивать *(мебель)*
Tapfe *f* -, -n; **Tapfen** *m* -s, - след ноги
tapfer I *a* храбрый, смелый, отважный, мужественный; II *adv* храбро, смело, отважно, мужественно; **sich ~ halten*** стойко держаться
Tapferkeit *f* - храбрость, мужество, смелость, отвага
tappen *vi* тяжело ступать; идти неуверенным шагом; **nach etw. (D) ~** ощупью искать что-л.

täppisch *a* неуклюжий, неловкий
Taps *m* -es, -e *разг.* шлепок; **Hans ~** увалень
tapsen *vi* неуклюже шагать
tapsig *a* неуклюжий
Tara <*it.-ar.*> *f* -, -ren 1. тара, упаковка; 2. вес тары [упаковки]
Tarantélla <*it.*> *f* -, -s/-llen тарантелла (*танец и музыкальная пьеса*)
tariéren <*arab.-it.*> *vt* 1. тарировать, вычитать тару; 2. взвешивать без тары
Tarif <*arab.-it.-fr.*> *m* -s, -e тариф
tarifmäßig *a* тарифный, по [согласно] тарифу
Tarif‖ordnung *f* -, -en тарифное положение
Tarif‖satz *m* -es, -sätze тарифная ставка
tarnen *vt* маскировать (*предметы*); скрывать (*объекты*)
Tarn‖hemd *n* -(e)s, -en маскировочный халат
Tarn‖kappe *f* -, -n шапка-невидимка
Tarnung *f* -, -en маскировка
Tártu (*n*) -s Тарту (*город в Эстонии, крупный научный и культурный центр*)
Tasche *f* -, -n карман; **die Hände in die ~n stecken** совать руки в карманы; **sich** (D) **die ~n füllen** набивать себе карманы; **jmdn. in die ~ stecken** заткнуть кого-л. за пояс; **jmdm. auf der ~ liegen*** стоить кому-л. много денег; **etw. wie seine (eigene) ~ kennen*** знать что-л. как свои пять пальцев
Taschen‖ausgabe *f* -, -n издание (*книга*) карманного формата
Taschen‖buch *n* -(e)s, -bücher 1. записная книжка; 2. книжка карманного формата
Taschen‖geld *n* -(e)s, -er карманные деньги
Taschen‖lampe *f* -, -n электрический карманный фонарик
Taschen‖spieler *m* -s, - фокусник
Taschen‖tuch *n* -s, -tücher носовой платок
Taschként (*n*) -s Ташкент (*столица Узбекистана*)
Täschner *m* -s, - мастер по изготовлению чемоданов [сумок *и т. п.*]
Tasmánien (*n*) -s Тасмания (*о-в у Ю.-В. побережья Австралии*)
Tasse *f* -, -n чашка
Tassen‖henkel *m* -s, - ручка чашки
Tastatúr <*lat.-it.*> *f* -, -en клавиатура, клавиши
tastbar *a* осязаемый
Taste <*lat.-it.*> *f* -, -n клавиша; кнопка; телеграфный ключ

Tast‖empfindung *f* -; **~sinn** *m* -(e)s осязание
tasten I *vi* 1. (*nach* D) ощупывать рукой (*что-л.*); 2. (*nach* D) искать ощупью (*что-л.*); 3. (*nach* D) зондировать почву (*в отношении чего-л.*); 4. работать (телеграфным) ключом; II *vt* касаться руками (*чего-л.*); ощупывать что-л.; III **~, sich: sich im Dunkeln nach dem Schalter ~** искать в темноте выключатель
Taster <*lat.-roman.-fr.*> *m* -s, - 1. щупальце (*у насекомых*); 2. телеграфный ключ; 3. *тех.* измерительный циркуль; 4. *муз., полигр.* клавиша
tat *impf om* tun*
Tat *f* -, -en поступок; действие; **eine große ~** подвиг; **in der ~** в самом деле; ◊ **jmdm. mit Rat und ~ zur Seite stehen*** помогать кому-л. словом и делом; **jmdn. auf frischer ~ ertappen** поймать кого-л. на месте преступления; **in die ~ umsetzen** претворить в жизнь [в дело]
Tatár I <*russ.*> *m* -en, -en; **~in** *f* -, -nen татарин, -рка
Tatár II *n* -s татар (*рубленое говяжье мясо с пряностями и сырым яйцом, употребляется в сыром виде*)
Tatárien (*n*) -s Татария; *см.* Tatarstan
tatárisch *a* татарский
Tatarstán (*n*) -s Татарстан (*автономная республика в составе РФ*)
Tatbestand *m* -(e)s, -stände положение дел; сущность дела; **den ~ aufnehmen*** составлять протокол
Taten‖drang *m* -(e)s жажда деятельности, энергия
tatenfroh *a* деятельный
tatenlos *a* праздный, бездеятельный
taten‖reich, **~voll** *a* деятельный; богатый событиями (*о жизни*)
Täter *m* -s, -; **~in** *f* -, -nen виновник, -ница, преступник, -ница
Täterschaft *f* - виновность, причастность (*к преступлению*)
tätig *a* деятельный, активный; **einen ~en Anteil an etw.** (D) **nehmen*** принимать в чём-л. деятельное участие; **in ... (D) dauernd ~ sein** работать постоянно в...; **er ist als Dolmetscher ~** он работает в качестве переводчика
tätigen *vt* совершать, осуществлять (*сделку, покупку и т. п.*)
Tätigkeit *f* -, -en деятельность; **eine eifrige ~ entfalten** развернуть кипучую деятельность
Tätigkeits‖bereich *m* -(e)s, -e сфера деятельности

Tätigkeits∥bericht *m* -(e)s, -e отчёт о деятельности
Tätigkeits∥drang *m* -(e)s жажда деятельности
Tätigkeits∥nachweis *m* -es, -e справка о работе
Tätigkeits∥wort *n* -(e)s, -wörter *грам.* глагол
Tat∥kraft *f* - энергия, активность
tatkräftig *a* энергичный, активный, деятельный
tätlich I *a*: **eine ~e Beleidigung** оскорбление действием; **gegen jmdn. ~ werden** оскорбить кого-л. действием, поднять руку на кого-л.; II *adv* действием, делом
Tätlichkeiten *pl* оскорбление действием; **es kam zu ~** дошло до драки [до насилия]
Tatort *m* -(e)s, -e место происшествия [преступления]
tätowieren <*tahit.-engl.-fr.*> *vt* татуировать
Tätowierung <*tahit.-engl.-fr.*> *f* -, -en татуировка
Tatra *pl* Татры *(горный массив в Зап. Карпатах)*
Tatsache *f* -, -n факт; **das ist ~!** это факт!; **der ~ Rechnung tragen*** считаться с фактом; **jmdn. vor eine ~ stellen** ставить кого-л. перед совершившимся фактом; **aus ~en lernen** учиться на фактах; **die ~ bleibt bestehen** факт остаётся фактом
tatsächlich I *a* фактический, действительный; II *adv* фактически, в самом деле
tätscheln *vt* ласкать, ласково похлопывать, ласково трепать
Tatze *f* -, -n 1. лапа *(животного)*; 2. *разг.* рука, лапа *(человека)*
tatzen *vt* 1. схватить лапой; 2. ударить лапой
Tau I *m* -(e)s роса; **vor ~ und Tag** чуть свет; ни свет ни заря
Tau II *n* -(e)s, -e канат, трос
taub I *a* 1. глухой; **er ist auf einem Ohr ~** он глух на одно ухо; 2. онемелый, застывший *(от холода и т. п.)*; **die Füße sind mir ~ geworden** у меня онемели ноги; **mach mir den Kopf nicht ~!** не забивай мне голову!
taub II *a* пустой, бесплодный; **~es Gestein** *горн.* пустая порода; **~e Blüte** пустоцвет; **ein ~es Ei** яйцо без зародыша
Taube I *subst m, f,* -n, -n глухой, -ая
Taube II *f* -, -n голубь
tauben∥farbig, ~grau *a* сизый, сизого цвета, серовато-голубой
Tauben∥schlag *m* -(e)s, -schläge голубятня

Tauber *m* -s, -; **Täuberich** *m* -s, -e голубь-самец
taubgeboren *a* глухой от рождения
Taubheit *f* - 1. глухота; 2. онемение *(членов)*
Täubling *m* -(e)s, -e *бот.* сыроежка
taubstumm *a* глухонемой
Taubstumme *subst m, f* -n, -n глухонемой, -немая
Tauch∥boot *n* -(e)s, -e подводная лодка
Taucher *m* -s, - водолаз
Tauch∥sieder *m* -s, - электрокипятильник
Taufe *f* -, -n 1. крестины; крещение; 2. освящение *(судна и т. п.)*
taufen *vt* 1. *церк.* крестить; **das Kind auf den Namen... ~** окрестить [наречь] ребёнка именем...; 2.: **ein Schiff ~** освятить судно
Täufer *m* -s, - *рел.* креститель
Täuferherrschaft in Münster *f* - Мюнстерская коммуна *(народная власть анабаптистов <1534-1535> в г. Мюнстер <Вестфалия>)*
taufeucht *a* влажный от росы
Tauf∥name *m* -ns, -n имя, данное при крещении
Tauf∥pate *m* -n, -n крёстный отец
Tauf∥patin *f* -, -nen крёстная мать
taufrisch *a* свежий от росы, росистый
Tauf∥schein *m* -(e)s, -e метрическое свидетельство
Taugenichts *m* -/-es, -e бездельник
tauglich *a* (при)годный *(zu D к чему-л., для чего-л., на что-л.)*; **~ sein** годиться; **bedingt [beschränkt] ~** *воен.* ограниченно годен *(к военной службе)*
tauig *a* покрытый росой
Taumel *m* -s 1. шатание; головокружение; 2. *перен.* опьянение, упоение, угар; **im ~ der Begeisterung** в плену восторга [энтузиазма]
taumelig *a* шатающийся *(о человеке)*
Taunus *m* - Таунус *(горный хребет в ФРГ <земля Гессен>)*
Tausch *m* -es, -e обмен, мена; **einen ~ abschließen*** договориться [заключить договор] относительно обмена
tauschen *vt* (**gegen** A) менять, обменивать *(что-л. на что-л.)*; (**mit jmdm.**) меняться, обмениваться *(чем-л. с кем-либо)*; **Blicke ~** обменяться взглядами; переглянуться
täuschen I *vt* обманывать, вводить в заблуждение; **der Schein täuscht** внешность обманчива; II ~, **sich** *(in D, über A)* обманываться, ошибаться *(в ком-л., в чём-л.)*; **er täuscht sich selbst** он сам себя обманывает

täuschend *a* обманчивый; ~e Ähnlichkeit поразительное сходство
Tausch∥handel *m* -s меновая торговля
Täuschung *f* -, -en 1. обман; заблуждение, ошибка; 2. одурачивание, введение в заблуждение
tauschweise *adv* путём обмена
Tausch∥wert *m* -(e)s, -e меновая стоимость
tausend *num* тысяча; ◊ ~ und aber ~ много тысяч; ~ **Dank!** большое спасибо!
Tausend I *n* 1. -s, - (мера) тысяча; тысяча штук; **etw. nach ~en verkaufen** продавать что-л. тысячами; 2. -s, -e/- тысяча; **fünf vom** ~ пять с тысячи; 3. -s, -e/- б. ч. *pl* (неопределённое множество) тысяча; **zu ~en** тысячами; ~e **von Menschen** тысячи людей; ~e **und aber** ~e тысячи и тысячи
Tausend II *f* -, -en (число) тысяча
tausenderlei *adv* тысячью разных способов
tausendfach I *a* тысячекратный; II *adv* тысячу раз
tausendjährig *a* тысячелетний
Tausend∥künstler *m* -s, - мастер на все руки, искусник
tausendmal *adv* тысячу раз
tausendmalig *a* тысячекратный
tausendsakermént *int*: ~! тысяча чертей!, чёрт возьми!
Tausend∥sassa *m* -s, -/-s *разг.* бедовый парень
Tausendschön *n* -s, -e *бот.* маргаритка
tausendste *num* тысячный
tausendstel *num*: **ein** ~ одна тысячная; тысячная доля
Tausendstel *n* -s, - тысячная (часть, доля)
tausendstens *adv* в тысячный раз; в тысячных
tausendweise *adv* тысячами; по тысячам
Tautologie <*gr.-lat.*> *f* -, -gi¦en тавтология
Tau∥wetter *n* -s оттепель
Taxamétеr <*gr.-lat.*> *m* -s, - таксометр
Taxe I <*lat.-fr.*> *f* -, -n такса (расценка); **laut** ~ **zahlen** платить по таксе
Taxe II <*lat.-fr.*> *f* -, -n; **Taxi** *n* -/-s, -/-s такси
Taxi∥stand *m* -es, -stände стоянка такси
Tbc-Fürsorge∥stelle *f* -, -n туберкулёзный диспансер
Tbc-krank [te:be:'tse:] *a* больной туберкулёзом
Tbilissi (*n*) -s Тбилиси (*столица Грузии*)
Team [ti:m] <*engl.*> *n* -s, -s спортивная команда; *перен.* группа, коллектив

Technik <*gr.-lat.*> *f* - 1. техника; 2. техника, технические приёмы; **die** ~ **im Sport** спортивная техника
technisch <*gr.-fr.*> I *a* технический; ~e **Truppen** инженерные войска; ~e **Lehrerin** учительница ручного труда и домоводства *(ФРГ)*; ~e **Nothilfe** техническая скорая помощь; аварийная служба; ~e **Vorschrift** техническая инструкция; ~es **Zeichnen** черчение; II *adv* технически; с технической точки зрения
Technische Hochschule *f* -, -n высшее техническое училище *(высшее учебное заведение технического профиля в Германии и Австрии)*
Technische Nothilfe *f* - "Техническая помощь" *(добровольная организация в Германии* <*1919–45*>; *использовалась для подавления забастовок, а также в случаях "чрезвычайных обстоятельств")*
Technisches Hilfswerk *n* -es "Техническая помощь" *(добровольная организация в ФРГ; используется для устранения последствий катастроф, гражданской обороны и т. п.)*
Technológ(e) <*gr.-fr.*> *m* -gen, -gen технолог
Techtelmechtel *n* -s, - *разг.* 1. любовная связь, шуры-муры; 2. тайный сговор
Teckel *m* -s, - такса *(порода собак)*
Teda Теда *(краткая форма жен. имени Theoda)*
Teddy Тэдди (1. *ласкательная форма муж. имени* Theodor; 2. *название игрушечного медвежонка)*
Tee <*chin.*> *m* -s, -s чай; **eine Tasse** ~ чашка чаю; **den** ~ **ziehen lassen*** дать чаю настояться
Tee∥anbau *m* -(e)s чаеводство
Tee∥kanne *f* -, -n чайник *(для заварки)*
Tee∥kessel *m* -s, - чайник *(для кипячения)*
teelöffelweise *adv* по чайной ложке
Tee∥maschine *f* -, -n самовар
Teenager ['ti:nedʒər] <*engl.*> *m* -s, -s/- подросток *(в возрасте от 13 до 19 лет; б. ч. о девушке)*
Teepott *m* -s "Теепотт" *(оригинальное здание закусочной в Варнемюнде* <*город на Балтийском море*>)
Teer *m* -(e)s, -e дёготь; смола; вар
teerig *a* дегтярный; смоляной; смолистый
Teer∥pappe *f* -, -n толь
Teerung *f* -, -en осмолка, смоление
TEE-Züge *pl* поезда-экспрессы *(трансъ-*

европейские поезда, курсирующие между крупными зап.-евр. городами <TEE – сокр. от Trans-Europ-Express>)

Tegucigálpa [-si-] (n) -s Тегусигальпа (столица Гондураса)

Teherán [tehe'ran/'teːhəraːn] (n) -s Тегеран (столица Ирана)

Teich m -(e)s, -e пруд; садок; **den ~ ablassen*** спустить пруд; **den ~ bespannen** наполнить пруд (водой); **einen ~ (mit Fischen) besetzen** напустить рыбу в пруд

Teig m -(e)s, -e тесто; **den ~ kneten** месить тесто; **der ~ geht auf** тесто подходит

teigig a 1. тестовидный; вязкий (о массе); 2. мягкий, переспелый; прелый (о плодах)

Teig‖rolle f -, -n скалка (для теста)

Teig‖waren pl макаронные изделия

Teil m, n -(e)s, -e 1. часть, доля; порция; **zum ~** частично, отчасти; **ein Roman in drei ~en** роман в трёх частях; **in ~e zerreißen*** рвать на части; **in ~e zerlegen** членить, расчленять; **zu gleichen ~en beteiligt sein** участвовать на равных правах; 2. юр. сторона; 3. воен. часть; подразделение; 4. тех. деталь; 5.: **ich für mein(en) ~** что касается меня

teilbar a делимый; **sechs ist durch drei ~** шесть делится на три

Teilbarkeit f - делимость

teilen I vt 1. (in A) делить (на что-л.); 2. разделить, поделить (выигрыш и т. п.); 3. делить (радость, горе); ◊ **geteilter Schmerz ist halber Schmerz** посл. с друзьями и горе – полгоря; 4. разделять (взгляды, убеждения); II ~, sich 1. делиться (о числе); 2. разделяться (о голосах); 3. разветвляться (о дороге)

Teiler m -s, - мат. делитель; фактор

teil‖haben* vi (an D) 1. участвовать (в прибылях и т. п.); быть участником [пайщиком] (акционерного общества); 2. разделять (радость)

Teil‖haber m -s, - (со)участник; пайщик

teilhaftig a участвующий (в чём-л.); **des Vertrauens ~ werden** заслужить доверие, пользоваться доверием

Teil‖nahme f - 1. участие (an D в чём-л.); 2. сочувствие, сострадание; симпатия; **~ zeigen** проявить сочувствие; 3. соболезнование; **jmdm. seine ~ aussprechen*** выразить соболезнование кому-л.

teilnahmslos a безучастный, равнодушный, индифферентный

teilnahmsvoll a участливый, сочувственный

teil‖nehmen* vi 1. (an D) участвовать (в чём-л.); 2. сочувствовать (чьему-л. горю)

teilnehmend a 1. принимающий участие; 2. соболезнующий; **~e Worte** слова сочувствия

Teilnehmer m -s, -; **~in** f -, -nen участник, -ница

teils adv частью, частично; отчасти; **~ wäre es gut, wenn...** отчасти было бы хорошо, если бы ...

teils..., teils conj то ..., то

Teil‖strich m -(e)s, -e деление шкалы

Teilung f -, -en 1. разделение, делёж (разг.); 2. шкала, деление (термометра)

Teilungsvertrag von Verdun [vɛr'dɑ̃] m -s Верденский договор 843 (о разделе империи Карла Великого между его внуками)

teilweise I a частичный; II adv 1. по частям; частями; 2. частично; отчасти; **~ hast du recht** отчасти ты прав

Teil‖zahlung f -, -en уплата в рассрочку

Teint [tɛː] <lat.-fr.> m -s цвет лица

Tel Aviv [-a'viːf] (n) -s Тель-Авив (столица Израиля)

Telefón <gr.> n -s, -e телефон

Telefonát n -(e)s, -e 1. телефонный разговор; 2. телефонограмма; **ein ~ durchgeben*** передать телефонограмму

telefonieren <gr.> vi телефонировать, звонить [говорить] по телефону; **mit Hamburg ~** говорить с Гамбургом; II vt передавать по телефону (что-л.)

Telegrámm <gr.> n -s, -e телеграмма

Telegráph m -en, -en телеграф

telegraphieren <gr.> vt телеграфировать, уведомлять по телеграфу

telegráphisch <gr.> I a телеграфный; **eine ~e Überwéisung** телеграфный перевод; II adv по телеграфу, телеграфом

Teleologie <gr.> f - филос. телеология

Telepathíe <gr.-lat.> f - телепатия

Telephón см. Telefon

telephonieren см. telefonieren

telephónisch <gr.> I a телефонный; II adv по телефону; **jmdn. ~ erreichen** дозвониться до кого-л.; **ist er ~ zu erreichen?** есть ли у него телефон?

Teller m -s, - тарелка; **ein flacher ~** мелкая тарелка; **ein tiefer ~** глубокая тарелка

Teller‖eisen n -s, - капкан

Tempel <lat.> m -s, - храм

Tempelhof (n) -s Темпельгоф (гор. р-н Берлина)

Temperamént <lat.-fr.> n -(e)s, -e темперамент
temperaméntlos <lat.-fr.> a нетемпераментный, флегматичный
temperaméntvoll <lat.-fr.> a темпераментный
Temperatúr <lat.> f -, -en 1. температура; **tiefe** ~ низкая температура; 2. температура, жар
Temperatúr‖anstieg m -(e)s, -e повышение температуры, потепление
temperatúrbeständig a устойчивый против колебаний температуры; температуростойкий; термостойкий
Temperatúr‖erhöhung f -, -en повышение температуры (у больного)
Temperatúr‖rückgang m -(e)s, -gänge понижение температуры, похолодание
temperíeren <lat.-fr.> vt 1. умерять, смягчать; 2. регулировать, поддерживать равномерную температуру
tempern <engl.> vt тех. отжигать, томить (чугун)
Tempo <lat.-it.> n -s, -s/-pi темп; **an ~ gewinnen* [verlieren*]** спорт. выиграть [проиграть] темп; **im ~ zulegen [nachlassen*]** нагонять [сдать] темп; **nun aber ~, ~!** быстрее, быстрее!
temporál <lat.> a 1. временный; 2. преходящий
Temporál‖satz m -es, -sätze придаточное предложение времени
temporär <lat.-fr.> I a временный; II adv временно, на время
Tempus <lat.> n -, -pora грам. время
Tendénz <lat.> f -, -en тенденция; стремление
tendenziös <lat.-fr.> a тенденциозный, предвзятый
Tender <lat.-fr.-engl.> m -s, - ж.-д. тендер
tendíeren <lat.> vi склоняться (к чему-либо); намереваться
Tengelmann Warenhandelsgesellschaft OHG f - "Тенгельман варенхандельсгезельшафт ОХГ" (одна из крупнейших компаний-филиалистов в ФРГ по продаже продовольственных товаров)
Tenne f -, -n ток, гумно
Tennengebirge n -s Тенненгебирге (горы в Австрии <земля Зальцбург>)
Tennis <lal.-fr.-engl.> n - теннис; ~ **spielen** играть в теннис
Tennis‖schläger m -s, - (теннисная) ракетка
Tennis‖turnier n -s, -e соревнование по теннису
Tenór <lat.-it.> m -s, -nöre тенор (голос и певец)

Teóderich Теодерих (муж. имя)
Teppich m -s, -e ковёр
Teppich‖kehrmaschine f -, -n механическая щётка для ковра
Térek m -s Терек (река на Сев. Кавказе)
Termín <lat.> m -s, -e 1. срок; **einen ~ stellen [festsetzen]** назначить срок; **den ~ ein‖halten*** выдержать срок; 2. юр. заседание суда; вызов в суд
Termín‖arbeit f -, -en срочная работа
terminál <lat.> a конечный, терминальный
termín‖gemäß, ~gerecht a (выполненный) в указанный [обусловленный] срок, своевременный
Termíngeschäft f -, -e фин. фьючерная операция (сделка)
terminweise adv 1. на срок; 2. по срокам
Termín‖zahlung f -, -en срочный платёж (производимый в определённый срок)
Termite <lat.> f -, -n зоол. 1. термит; 2. термиты
ternär <lat.-fr.> a 1. тройной; 2. тройственный
Terpentín <gr.-lat.> n -(e)s терпентин, скипидар
Terrain [-'rɛ:] <lat.-fr.> n -s, -s 1. местность, участок, территория; 2. почва, грунт
Terrárium <lat.> n -s, -ri|en террарий, террариум
Terrásse <lat.-fr.> f -, -n терраса
terrássenförmig I a (расположенный) уступами; II adv уступами
terréstrisch <lat.> a земной; ~es **Beben** землетрясение
Terríne <lat.-fr.> f -, -n (суповая) миска
territoriál <lat.-fr.> a территориальный
Territórium <lat.> n -s, -ri|en территория
Térror <lat.> m -s террор
terrorisíeren <lat.> vt терроризировать; **jmdn. gegen etw. (A) ~** запугивать, настраивать кого-л. против чего-л.
terrorístisch <lat.> a террористический
tertiär <lat.-fr.> a третичный (тж. геол.)
Tertiär‖zeit f- геол. третичный период
Terti|e <lat.> f -, -en терция
Tessin (n) -s Тессин (кантон в Швейцарии)
Test <lat.-fr.-engl.> m -(e)s, -e/-s тест, испытание, проба
Testamént <lat.> n -(e)s, -e 1. завещание; **sein ~ machen** сделать завещание; 2. **das Alte [Neue] ~** рел. Ветхий [Новый] завет
testamentárisch <lat.> I a завещательный, назначенный по завещанию; **eine ~e Verfügung** завещательное распоряже-

ние; ~er **Erbe** наследник, упомянутый в завещании; II *adv* по [согласно] завещанию; **das ist ~ festgelegt** это указано в завещании
testaméntlich <*lat.*> *a* по завещанию
Testamént‖vollstrecker *m* -s -; **~in** *f* -, -nen душеприказчик, -чица
Testát <*lat.*> *n* -(e)s, -e свидетельство, удостоверение
testen <*lat.-fr.-engl.*> *vt* проверять, тестировать
teuer I *a* дорогой; **teurer Freund!** дорогой [милый] друг!; **diese Ware ist ~** этот товар дорогой [стоит дорого]; **ihm ist nichts zu ~** он не скупится; **wie ~?** по чём?; II *adv* дорого; **ein ~ erkaufter Sieg** победа, доставшаяся дорогой ценой; **wie ~ kommt dieser Stoff?** сколько стоит [во сколько обойдётся] эта материя?; **~ zu stehen kommen*** дорого обойтись; **das soll ihm ~ zu stehen kommen!** *перен.* это ему дорого обойдётся!; это ему даром не пройдёт!
Teuerung *f* -, -en дороговизна; вздорожание
Teufel *m* -s, - чёрт, дьявол; ◇ **armer ~!** *разг.* бедняга; **hol ihn der ~!** *разг.* чёрт бы его побрал; **hol's der ~!** чёрт побери!; **mag er sich zum ~ scheren!** чёрт с ним!
Teufels‖brut *f* -, -en чёртово отродье
Teufels‖kerl *m* -s, -e бедовый парень, молодец
Teufels‖werk *n* -(e)s дьявольщина
teufelswild *a* злой как чёрт
teuflisch *a* 1. чертовский, дьявольский, сатанинский; 2. коварный; жестокий
Teutoburger Wald *m* -es Тевтобургский Лес (*гряда низкогорий в составе Везерских гор* <*земли Сев. Рейн-Вестфалия и Ниж. Саксония*>)
Teutónen *pl* тевтоны (*герм. племена, в 102 до н. э. разбиты римлянами; позднее так иногда называли германцев вообще*)
teutónisch *a* 1. *ист.* тевтонский; 2. ультранемецкий
Text <*lat.*> *m* -es, -e текст; слова (*песни*); либретто (*оперы*); ◇ **jmdn. aus dem bringen*** смутить, сбить кого-л. с толку; **weiter im ~ !** *разг.* продолжайте!
Textbuch *n* -(e)s, -bücher либретто
textfest *a* твёрдо знающий текст
textgemäß *a* текстуальный; соответствующий тексту, сходный с текстом
Textíli‖en <*lat.-fr.*> *pl* текстиль, текстильные товары
textlich <*lat.*> *a* текстовый

textmäßig *см.* textgemäß
Tháiland (*n*) -s Таиланд (*гос-во в Юго-Вост. Азии, на п-ве Индокитай*)
Tháiländer *m* -s, -; **~in** *f* -, -nen таиландец, -дка
Thea Теа (*краткая форма жен. имени* Dorothea)
Theáter <*gr.-lat.-it.*> *n* -s, - 1. театр; **was wird heute im ~ gegeben?** что идёт сегодня в театре?; **heute ist kein ~** сегодня (в театре) нет спектакля; 2. *разг.* театр; **jmdm. ein ~ machen** устроить кому-л. театр
Theáter an der Wien *n* -s "Театр ан дер Вин" (*драм. театр в Вене* <*Австрия*>)
Theáter‖freund *m* -(e)s, -e театрал
Theáter‖stück *n* -(e)s, -e пьеса
Theáter‖vorstellung *f* -, -en театральное представление
Theáter‖zettel *m* -s, - афиша
theatrálisch <*gr.-lat.-fr.*> *a* 1. театральный; сценичный; 2. *перен.* неестественный, театральный; **~e Gebärden** театральные [неестественные] жесты [ужимки]
Theke <*gr.*> *f* -, -n прилавок, стойка
Thekla Текла/Фёкла (*жен. имя*)
Thema <*gr.-lat.*> *n* -s, -men/-ta тема, вопрос, предмет обсуждения; **ein ~ behandeln** обсуждать тему [вопрос]; **zum ~ des Tages** на тему дня
themátisch <*gr.-lat.*> *a* тематический
Themen‖stellung *f* -, -en постановка темы
Thémse *f* - Темза (*река в Англии*)
Theo/Teo Тео (*краткая форма муж. имени* Theodor)
Theobald Теобальд (*муж. имя*)
Theoda Теода (*жен. имя*)
Theóderich Теодерих (*муж. имя*)
Theodor Теодор/Фёдор (*муж. имя*)
Theodóra/Theodóre Теодора/Федора (*жен. имя*)
Theodósia Теодозия (*жен. имя*)
Theológe <*gr.-lat.*> *m* -n, -n теолог, богослов
theológisch <*gr.-lat.*> *a* теологический, богословский
Theorém <*gr.-lat.*> *n* -s, -e теорема
Theorétiker <*gr.-lat.*> *m* -s, - теоретик
theorétisch <*gr.-lat.*> *a* теоретический
Theoríe <*gr.-lat.*> *f* -, -ri↓en теория
Therapéut <*gr.*> *m* -en, -en (врач)-терапевт
therapéutisch <*gr.*> *a* терапевтический
Therapíe <*gr.*> *f* -, -pi↓en *мед.* терапия
thermál <*gr.-lat.*> *a* тёплый, горячий, термальный (*об источниках*)

thermisch <*gr.-lat.*> *a* тепловой, термический
Thermo∥dynámik <*gr.-lat.*> *f* - термодинамика
thermodynámisch <*gr.-lat.*> *a* термодинамический
Thermo∥hose *f* -, -n брюки *(утеплённые)*
Thermo∥méter *n* -s, - термометр, градусник; **das ~ fällt [steigt]** температура падает [поднимается]
thermonukleár <*gr.-lat.*> *a* термоядерный
Thermos∥flasche *f* -, -n термос
These <*gr.-lat.-fr.*> *f* -, -n тезис, положение; **eine ~ aufstellen [verfechten*]** выдвигать, отстаивать какое-л. положение
Thessaloníki [tɛsalo'ni:ki] *(n)* -s Салоники *(город в Греции, на берегу Салоникского залива Эгейского моря)*
Thilo Тило *(муж. имя)*
Thímphu *(n)* -s Тхимпху *(столица Бутана)*
Thing *n* -(e)s, -e *ист.* народное собрание, суд *(у германцев)*
Thomanerchor *m* -s "Томанер-хор" *(хор мальчиков при церкви св. Фомы в Лейпциге* <*ФРГ*>*)*
Thrázi∣en *(n)* -s Фракия *(истор. местность в юго-вост. Европе)*
Thron <*gr.-lat.-fr.*> *m* -(e)s, - трон; **den ~ besteigen*** вступить на трон
Thron∥bewerber *m* -s, - претендент на престол
thronen <*lat.-fr.*> *vi* 1. восседать (на троне); 2. возвышаться *(уст.)*
Thron∥entlassung *f* -, -en отречение от престола
Thron∥folge *f* -, -n престолонаследие
Thurgau *(n)* -s Тургау *(кантон в Швейцарии)*
Thüringen *(n)* -s Тюрингия *(1. земля в ФРГ; 2. ист. обл. Германии)*
Thüringer *pl* тюринги *(группа герм. племён, давшая назв. Тюрингии)*
Thüringer Becken *n* -s Тюрингский бассейн/Тюрингская равнина *(геогр. обл. между горами Гарц и Тюрингский Лес)*
Thüringer Wald *m* -es Тюрингский Лес *(горный хребет в ФРГ, на Ю.-З. земли Тюрингия)*
thüringisch *a* тюрингский
Tiára, Tiáre <*pers.-gr.-lat.*> *f* -, -en тиара; папская корона
Tiber *m* -s Тибр *(река в Италии, на Апеннинском п-ве)*
Tibet *(n)* -s Тибет *(горная страна в юго-зап. части Китая)*
tibétisch *a* тибетский

Tick <*fr.*> *m* 1. -s, -s тик *(лица)*; 2. -(e)s, -s/-e одержимость, причуда, каприз
Tide *f* -, -n (морской) прилив; *pl* прилив и отлив
tief I *a* 1. глубокий; **zwei Meter ~** глубиной в два метра; **~er machen** углублять; **in den ~sten Tiefen** в самой глубине; 2. глубокий *(о чувстве и т. п.)*; **aus ~ster Seele** из глубины души; 3. глубокий, густой; **ein ~es Grün** густая [тёмная] зелень; 4. глубокий, поздний; **in ~er Nacht** поздней ночью; 5. глубокий, низкий; **eine ~e Verbeugung** низкий [глубокий] поклон; **ein ~er Ton** низкий тон [звук]; 6. глубокий *(ничем не нарушаемый)*; **~e Stille** глубокая тишина; 7. глубокий *(далеко уходящий)*; **im ~en Walde** в глубине леса; II *adv* 1. глубоко; **das läßt ~ blicken** это наводит на размышления; 2. глубоко, низко; **wie ~ er gesunken ist!** как низко он пал!; **den Hut ~ in die Augen drücken** нахлобучить шляпу; 3. глубоко, далеко; **bis ~ in die Nacht** до глубокой ночи; 4. глубоко, сильно *(чувствовать)*; **er war aufs ~ste erschüttert** он был потрясён до глубины души
Tief *n* -s, -s 1. *метеор.* область низкого давления, депрессия; 2. *мор.* водный путь, фарватер
Tiefbau *m* -(e)s, -ten подземное сооружение; строительство подземных сооружений
tiefbewegt *a* глубоко взволнованный [тронутый]
tiefblau *a* тёмно-синий
tiefblickend *a* проницательный, глубокомысленный
tiefdringend *a* проникающий глубоко
Tief∥druck I *m* -(e)s низкое давление *(барометра)*
Tief∥druck II *m* -(e)s, -e *полигр.* глубокая печать
Tiefe *f* -, -n 1. глубина, глубь; бездна; 2. глубина, сила *(чувств и т. п.)*; **in [aus, bis zu] den ~n der Seele** в глубине [из, до глубины] души
Tief∥ebene *f* -, -n низменность
tiefempfunden *a* (глубоко) прочувствованный; искренний
tiefernst *a* очень серьёзный, торжественный
tieferschüttert *a* потрясённый до глубины души
Tief∥flieger *m* -s, - *ав.* штурмовик; *pl тж.* штурмовая авиация
Tief∥flug *m* -(e)s, -flüge *ав.* бреющий полёт

tiefgebeugt *a* удручённый; скорбящий
tiefgefühlt *см.* tiefempfunden
tiefgehend *a* 1. *мор.* глубоко сидящий; 2. глубокий (*о противоречиях*)
tiefgestaffelt *a воен.* эшелонированный в глубину
tiefgreifend *a* глубокий (*о преобразованиях*)
tiefgründig *a* 1. глубокий, основательный (*о знаниях и т. п.*); 2. глубокомысленный
Tief‖land *n* -(e)s, -länder низменность, равнина
tiefliegend *a* 1. низменный (*о местности*); 2. глубоко сидящий, впалый (*о глазах*)
tiefschürfend *a* 1. глубоко захватывающий (*об экскаваторе*); 2. *перен.* глубокий, затрагивающий серьёзные вопросы
Tief‖schuß *m* -sses, -schüsse *воен.* недолёт
Tief‖sinn *m* -(e)s 1. глубокомыслие; 2. задумчивость; меланхолия
tiefsinnig *a* 1. глубокий, глубокомысленный; 2. задумчивый; меланхоличный
Tief‖stand *m* -(e)s низкий уровень
Tiegel *m* -s, - 1. горшок; 2. *тех.* тигель; 3. сковорода (*с ручкой*)
Tiénschán *m* -s Тянь-Шань (*горная система в Азии*)
Tiéntsin (*n*) -s Тяньцзинь (*город на В. Китая*)
Tier *n* -(e)s, -e животное, зверь; **ein großes ~** *разг.* важная птица
tierähnlich *a* звероподобный
Tier‖art *f* -, -en порода [вид] животных
Tier‖arzt *m* -(e)s, -ärzte ветеринарный врач
tierärztlich *a* ветеринарный
Tier‖bändiger *m* -s, - укротитель зверей
Tiergarten (*n*) -s Тиргартен (*гор. р-н Берлина*)
Tier‖heilstelle *f* -, -n ветеринарный пункт
tierisch *a* 1. животный; **~e Fette** животные жиры; 2. звериный; **~er Haß** звериная ненависть; 3. зверский, жестокий
Tier‖kreis *m* -es *астр.* зодиак
Tier‖kunde *f* - зоология
Tier‖welt *f* - фауна, животный мир
Tier‖zucht *f* - животноводство
Tiger <*pers.-gr.-lat.*> *m* -s, - тигр
Tigris *m* - Тигр (*река в Турции и Ираке*)
tigroid <*pers.-gr.-lat.*> *a* пятнистый, в пятнах, полосатый; пёстрый (*как тигр*); рябой
Tilde <*lat.-span.*> *f* -, -n *полигр.* тильда (*знак повторения*)

tilgbar *a* 1. устраняемый, уничтожаемый; 2. погашаемый (*напр., долг*)
tilgen *vt* 1. погашать, уплачивать (*долг*); 2. загладить (*вину*); искупать (*грех*); 3. выводить (*пятно*)
Tilgung *f* -, -en 1. уничтожение; 2. погашение (*долга*)
Tilla Тилла (*жен. имя*)
Tilo Тило (*муж. имя*)
Timbre ['tɛmbr] <*fr.*> *n* -s, -s ['tɛbrəs] тембр
Timor ['tiːmɔːr] (*n*) -s Тимор (*о-в в Малайском архипелаге*)
Tina/Tine Тина (*краткая форма жен. имён* Christine *и* Ernestine)
Tini Тини (*краткая форма жен. имён* Christine, Ernestine *и нек. др.*)
Tinte *f* -, -n чернила; ⋄ **in der ~ sitzen*, in die ~ geraten*** сесть в лужу, оказаться в затруднении [беде]; **klar wie dicke ~** *шутл.* ≅ ясно как шоколад
Tinten‖faß *n* -sses, -fässer чернильница
Tinten‖fisch *m* -es, -e *зоол.* каракатица
Tinten‖kleks *m* -es, -e чернильное пятно; чернильная клякса
Tinten‖stift *m* -(e)s, -e чернильный карандаш
Tip <*engl.*> *m* -s, -s намёк, указание
tippen I *vi* 1. касаться пальцами, тронуть (*jmdm. auf A* кого-л. за что-л.); **sich (D) an die Stirn ~** постучать себя пальцами по лбу; 2. *карт.* играть в три листика; ⋄ **daran ist nicht zu ~** 1) этого касаться не следует; 2) тут ничего не изменить
tippen II *vt* печатать на (пишущей) машинке
tippen III *vi* (*auf* A) 1. предполагать (*что-л.*); 2. делать ставку (*на что-л., кого-л.*)
tipptópp *разг.* **I** *a* безупречный, отличный; **ein ~es Mädel!** девушка — что надо!; **das ist ~!** 1) это здорово; 2) ≅ дело в шляпе; **II** *adv* безупречно, отлично; **~ gekleidet** одетый с иголочки
Tiráde <*lat.-it.-fr.*> *f* -, -n тирада
Tirána (*n*) -s Тирана (*столица Албании*)
Tiról (*n*) -s Тироль (*земля в Австрии*)
tirólisch *a* тирольский
Tirrhénisches Meer *n* -s Тирренское море (*море в бассейне Средиземного моря, между Апеннинским п-вом и о-вами Сицилия, Сардиния и Корсика*)
Tisch *m* -es, -e 1. стол; **sich an den setzen** сесть за стол; **am ~ sitzen*** сидеть за столом; 2. обеденный стол; **den ~ decken** накрывать на стол; **zu ~ bitten* [rufen*]** просить [звать] к столу;

zu ~! (прошу) к столу!; **bei ~** за столом, за едой; **3.** стол, еда, питание; ◊ **etw. unter den ~ fallen lassen*** ≅ положить что-л. под сукно; **reinen ~ mit etw.** (D) **machen** покончить с чем-л. [каким-л. делом]

Tisch‖besteck *n* -(e)s, -e столовый прибор
Tisch‖decke *f* -, -n скатерть
Tischleindeckdich *n* -s скатерть-самобранка (*в сказках*)
Tischler *m* -s, - столяр
Tischlerei *f* -, -en столярная мастерская
tischlern *vi* столярничать
Tisch‖rede *f* -, -n застольная речь
Tisch‖tuch *n* -(e)s, -tücher скатерть
titánenhaft, titánisch *a* титанический
Titel <*lat.*> *m* -s, - **1.** заглавие, титул; **2.** титул, звание; **den ~ führen** иметь звание; **sich** (D) **den ersten ~ erkämpfen** *спорт.* завоевать звание чемпиона
Titel‖bild *n* -(e)s, -er *полигр.* фронтиспис; иллюстрация на титульном листе
titelsüchtig *a* жаждущий титулов [званий]; честолюбивый, тщеславный
Titel‖verteidiger *m* -s, - *спорт.*, чемпион, защищающий своё звание
tízianrot *a* медного цвета (*о волосах*)
Tjumén (*n*) -s Тюмень (*город в Зап. Сибири, обл. центр РФ*)
Toast [to:st] <*lat.-fr.-engl.*> *m* -es, -e/-s **1.** *кул.* гренок; **2.** тост; **einen ~ auf jmdn. ausbringen*** поднять за кого-л. тост
toasten ['to:-] <*lat.-fr.-engl.*> I *vt* делать гренки, жарить (хлеб) на тостере; II *vi* уст. произносить тост
toben *vi* **1.** бушевать, неистовствовать (*о буре*); **2.** шуметь, неистовствовать, буйствовать (*о человеке*)
Tobsucht *f* - бешенство, буйное помешательство
tobsüchtig *a* буйнопомешанный; бешеный
Tochter *f* -, Töchter дочь
Tochter‖gesellschaft *f* -, -en дочернее общество, филиал
töchterlich *a* дочерний
Tod *m* -(e)s смерть; **gewaltsamer ~** насильственная смерть; **bis in den ~** до смерти; **den ~ finden*** найти смерть; **in den ~ gehen*** идти на смерть; **eines natürlichen ~es sterben*** умереть своей смертью; **den ~ eines Helden sterben*** погибнуть смертью героя; **auf Leben und ~ kämpfen** бороться не на жизнь, а на смерть
tod- *обозначает усиление значения основного слова:* **todsicher** наверняка, обязательно

todbang(e) *a* испуганный до смерти
todblaß *a* смертельно бледный
todbringend *a* смертоносный
todernst *a* чрезвычайно серьёзный
Todes‖angst *f* -, -ängste смертельный страх
Todes‖anzeige *f* -, -n объявление о смерти
Todes‖fall *m* -(e)s, -fälle смертный случай; **im ~** в случае смерти
Todes‖kampf *m* -(e)s, -kämpfe агония
Todes‖krampf *m* -(e)s, -krämpfe предсмертная судорога
todesmutig *a* презирающий смерть
Todes‖qual *f* -, -en смертельные страдания; ужасные муки
Todes‖stille *f* - мёртвая тишина
Todes‖stoß *m* -es, -stöße смертельный удар
Todes‖strafe *f* -, -n смертная казнь; **bei ~** под страхом смертной казни
Todes‖tag *m* -(e)s, -e день смерти
Todes‖urteil *n* -(e)s, -e смертный приговор
todfeind: er ist mir ~ он мой смертельный [закоренелый] враг
Tod‖feind *m* -(e)s, -e смертельный враг
todgeweiht *a* обречённый на смерть
todkrank *a* смертельно больной
tödlich *a* **1.** смертельный; **2.** смертоносный
todmüde *a* смертельно усталый
todsicher *adv разг.* наверняка, обязательно
Tod‖sünde *f* -, -n смертный грех
töffelig *a разг.* неловкий, неумелый
Tógo (*n*) -s Того (*гос-во в зап. Африке*)
toi: ~, ~, ~! *int шутл.* тьфу, тьфу, не сглазь!
Toilétte [toa-] <*lat.-fr.*> *f* -, -n **1.** одежда, туалет; **2.** туалет, уборная; **auf die ~ gehen*** идти в туалет [уборную]
Tokio (*n*) -s Токио (*столица Японии*)
toleránt <*lat.-fr.*> *a* терпимый (*о взглядах и т. п.*)
Toleránz <*lat.*> *f* - **1.** терпимость; **2.** *тех.* допуск
tolerieren <*lat.-fr.*> *vt* допускать, сносить, терпеть
toll *a* **1.** бешеный (*тж. перен.*); **~ werden** взбеситься; **2.** сумасшедший, безумный; **er gebärdet sich wie ~** он ведёт себя как сумасшедший; **3.** сумасбродный, несуразный, дикий; **ein ~er Einfall** сумасбродная [дикая] мысль; **das ist eine ~e Wirtschaft** 1) здесь чудовищный беспорядок; 2) это чудовищные дела; **3.** сильный, безумный; **~e**

Freude безумная радость; ~**er Lärm** сумасшедший шум; **das ist doch zu ~!** это уж слишком!

tolldreist *a* безрассудно дерзкий [отважный]

tollen *vi* (h, s) беситься, буйствовать; шуметь *(о детях)*

Tollheit *f* -, -en **1.** бешенство, безумие, сумасшедствие; **2.** странность

tollkühn *a* очень храбрый, отчаянный, отважный

Toll‖kühnheit *f* - отвага, безрассудная смелость

Toll‖wut *f* - *мед.* водобоязнь, бешенство

tollwütig *a* **1.** *мед.* страдающий водобоязнью; **2.** *перен.* бешеный

Tolpatsch *m* -es, -e *разг.* остолоп, увалень, болван

Tölpel *m* -s, - *см.* Tolpatsch

tölpelhaft *a* **1.** неуклюжий, неповоротливый, неловкий; **2.** бестолковый

tölpeln *vi* делать глупости

Tomáte <*mex.-span.-fr.*> *f* -, -n помидор, томат

Tomáten‖soße *f* -, -n томатный соус

Tombola <*it.*> *f* -, -n вещевая лотерея

Tomsk (*n*) -s Томск *(обл. центр РФ, расположен в юго-вост. части Зап. Сибири)*

Ton I <*gr.*> *m* -(e)s, Töne **1.** тон, звук; **einen ~ anschlagen* [greifen*]** *муз.* взять тон; **2.** ударение; **den ~ auf dieses Wort legen** подчеркнуть это слово; **3.** тон *(речи);* **einen sanfteren ~ anstimmen** смягчить [понизить] тон; **jmdn. in allen Tönen preisen*** восхвалять кого-л. на все лады; **4.** тон, оттенок *(цвета);* **5.** тон *(поведение);* **den ~ angeben* [anstimmen]** задавать тон, играть главную роль

Ton II *m* -(e)s, -e глина; ◊ **aus gröberem ~ geschaffen** сделанный из более грубого теста

Ton‖abnehmer *m* -s, - звукосниматель, адаптер

tonangebend *a* задающий тон

Ton‖art *f* -, -en *муз.* тон, тональность

Ton‖band *n* -(e)s, -bänder лента магнитофона, магнитофонная лента

Tonband‖gerät *n* -(e)s, -e магнитофон

tönen I *vi* звучать, издавать звук; **II** *vt* **1.** придавать чему-л. определённый оттенок; **2.** *фото.* вирировать, окрашивать

Ton‖erde *f* - глинозём

tönern *a* глиняный; ◊ **ein Koloß auf ~en Füßen** колосс на глиняных ногах

Ton‖fall *m* -(e)s **1.** интонация; **2.** *муз.* каданс

Ton‖film *m* -(e)s, -e звуковой фильм

Tonga ['Toŋga] (*n*) -s Тонга *(группа о-вов в Тихом океане, в Полинезии)*

tonhaltig *a* глинистый

tonig *a* похожий на глину; глинистый

Tonika <*gr.-lat.*> *f* -, -ken *муз.* тоника, основная нота

tonisch *a* **1.** *муз.* тонический; **2.** *мед.* тонизирующий, укрепляющий

Ton‖kopf *m* -(e)s, -köpfe звуковая головка

Ton‖kunst *f* -, -künste музыка, музыкальное искусство

Ton‖leiter *f* -, -n *муз.* гамма

tonlos *a* **1.** беззвучный; ~**e Stille** безмолвие; **2.** *фон.* безударный; глухой *(о звуке)*

Ton‖meister *m* -s, - *кино* звукооператор

Tonnáge [-ʒə] <*gall.-lat.-fr.-engl.-fr.*> *f* -, -n тоннаж, водоизмещение

Tonne <*gall.-lat.*> *f* -, -n **1.** бочка; **2.** тонна

tonreich *a* звучный

Ton‖stufe *f* -, -n *муз.* **1.** тон; **2.** диапазон

Tonsúr <*lat.*> *f* -, -en *церк.* тонзура

Tönung *f* -, -en оттенок

Tonus <*gr.-lat.*> *m* - *физиол., мед.* тонус

Ton‖waren *pl* глиняные [гончарные] товары [изделия]

Topf *m* -(e)s, Töpfe горшок; кастрюля; **alles in einen ~ werfen*** валить всё в одну кучу

Töpfer *m* -s, - гончар

töpfern *a* глиняный, гончарный

Topf‖gucker *m* -s, - *разг.* тот, кто всюду суёт свой нос

Topográph <*gr.-lat.*> *m* -en, -en топограф

topográphisch <*gr.-lat.*> *a* топографический

topp! *int* идёт!; ладно!; по рукам!

Tor I *n* -(e)s, -e **1.** ворота; **2.** *спорт.* гол, забитый мяч; **ein ~ machen [schießen*, erzielen]** забить гол; **mit 2:1 ~en siegen** выиграть со счётом 2:1; **aufs ~ schießen*** бить по воротам

Tor II *m* -en, -en безумец, глупец

Torf *m* -(e)s, -e торф

Torf‖bruch *m* -(e)s, -brüche торфоразработка

Torf‖lager *n* -s, - залежи торфа

Tor‖flügel *m* -s, - створка ворот

Torf‖stich *m* -(e)s, -e добыча торфа

Torheit *f* -, -en безумие, сумасбродство; **Alter schützt vor ~ nicht** *посл.* и на старуху бывает проруха

Torhüter *m* -s, - **1.** привратник; **2.** *спорт.* вратарь

töricht *a* безумный, безрассудный

törichterweise *adv* безрассудно, безумно

torkeln *vi* (s, h) *разг.* шататься, нетвёрдо держаться на ногах (*о пьяных*)
Torlauf *m* -(e)s, -läufe *спорт.* слалом
Tornádo <*lat.-span.-engl.*> *m* -s, -s торнадо, сильный ураган
Tornister <*slaw.*> *m* -s, - *воен.* ранец
Toronto (*n*) -s Торонто (*город на В. Канады*)
torpedieren <*lat.*> *vt* 1. торпедировать (*корабль*); 2. срывать (*какое-л. мероприятие*)
Torpédo <*lat.*> *m* -s, -s торпеда; ~ **schießen*** стрелять торпедами
Torpédo‖boot *n* -(e)s, -e торпедный катер
Torpédoboot‖zerstörer *m* -s, - эскадренный миноносец, эсминец
Torpédo‖rohr *n* -(e)s, -e торпедный аппарат
torpid <*lat.*> *a мед.* вялый, бесчувственный; тупой; **~er Schmerz** тупая боль
Tor‖raum *m* -(e)s, -räume *спорт.* вратарская площадка
Tor‖reigen *m* -s *спорт.*: **den ~ eröffnen** открыть счёт
Tor‖schluß *m* -sses закрытие (*магазина, учреждения*); **kurz vor ~ kommen*** прийти в последнюю минуту; прийти к шапочному разбору
Tor‖schütze *m* -n, -n *спорт.* игрок, забивший гол
Torso <*gr.-lat.-it.*> *m* -s, -s/-si торс, туловище
Torte <*lat.-it.*> *f* -, -n торт
Tortúr <*lat.*> *f* -, -en пытка, мучение
Tor‖wart *m* -(e)s, -e *спорт.* вратарь
tosen *vi* бушевать; шуметь, реветь
tosend *a* бушующий; шумный; **~er Beifall** бурные аплодисменты
tot *a* 1. мёртвый, неживой; **eine ~e Sprache** мёртвый язык; 2. мёртвый, безжизненный, невыразительный; 3. *ж.-д.* запасный; тупиковый; **~es Gleis** запасный путь; тупик; 4. *горн.* негодный, пустой (*о породе*); 5.: **~es Kapital** *эк.* мёртвый капитал; **~er Gang** *тех.* мёртвый ход; **~e Saison** мёртвый сезон; **~er Punkt** мёртвая точка; **die Sache ist auf dem ~en Punkt angelangt** дело застряло на мёртвой точке; **über den ~en Punkt hinwegbringen*** сдвинуть с мёртвой точки
tot- *означает усиление значения осн. слова:* **totlachen, sich** смеяться до упаду
totál <*lat.-fr.*> I *a* тотальный, всеобщий, всеобъемлющий; II *adv* совсем, совершенно
Totalisátor <*lat.-fr.*> *m* -s, -tóren тотализатор

totalisieren <*lat.-fr.*> *vt* объединить в одно целое; суммировать; обобщать
totalitär <*lat.-fr.*> *a* тоталитарный
tot‖arbeiten, sich *разг.* измучить себя работой
Tote *subst m, f* -n, -n покойник, -ница
töten *vt* убивать; **einen Nerv ~** *мед.* умерщвлять нерв
Toten‖bahre *f* -, -n катафалк
Toten‖bett *n* -(e)s, -en ложе смерти, смертный одр
toten‖blaß, ~bleich *a* смертельно бледный
tötend *a* убийственный
Toten‖feier *f* -, -n поминки
Toten‖gräber *m* -s, - могильщик
Toten‖hemd *n* -(e)s, -en саван
Toten‖messe *f* -, -n панихида
Totensonntag *m* -s, -e поминальное воскресенье (*религиозный праздник у протестантов, последнее воскресенье церковного года*)
totenstill *a* очень тихий; **es wurde ~** наступила мёртвая тишина
Toten‖wache *f* -, -n почётный караул (*у гроба*)
Totes Gebirge *n* -s Тотес-Гебирге (*горы в Зальцбургских Известковых Альпах < Австрия >*)
Totes Meer *n* -es Мёртвое море (*бессточное солёное озеро в Палестине и Иордании*)
tot‖fahren* *vt* переехать (*кого-л.; со смертельным исходом*); задавить
tot‖fallen* I *vi* (s) упасть мёртвым; II **~, sich** разбиться насмерть
totgeboren *a* мёртворождённый
tot‖lachen, sich смеяться до упаду
Tot‖lachen: das ist zum ~! можно умереть со смеху!
Toto <*lat.-fr.*> *m* -s, -s *разг.* тотализатор
tot‖sagen *vt* объявлять умершим
tot‖schießen* *vt* застрелить
Tot‖schlag *m* -(e)s, -schläge *юр.* убийство
Tot‖schläger *m* -s, - 1. убийца; 2. кистень
tot‖schweigen* *vt* замалчивать
Tötung *f* -, -en убийство, умерщвление
Tour [tu:r] <*gr.-lat.-fr.*> *f* -, -en 1. поездка; прогулка; путешествие; 2. *тех.* тур, оборот; **auf vollen ~en** полным ходом; 3. тур, круг (*в танцах, шахматах, спорте*); ◊ **in einer ~ reden** говорить без умолку
Tourist [tu-] <*gr.-lat.-fr.*> *m* -en, -en турист
Tournee [tur'ne:] <*gr.-lat.-fr.*> *f* -, -s/-né|en турне
Trab *m* -(e)s рысь; рысца; **sich in ~ setzen** пуститься рысью; **im ~** рысью; **jmdn.**

auf ~ bringen* *разг.* заставлять кого-л. поторопиться
Trabánt <*tschech.*> *m* -en, -en **1.** *астр.* спутник; **2.** сателлит, последователь
traben *vi* (s, h) бежать рысью
Traber *m* -s, -; **Trabgänger** *m* -s, - рысак
Trab‖rennbahn *f* -, -en ипподром
Tracht I *f* -, -en одежда, (национальный) костюм
Tracht II *f* -, -en вязанка, охапка; ◊ **eine ~ Prügel** *разг.* здоровая взбучка
trachten *vi* (*nach* D) стремиться *(к чему-либо);* добиваться *(чего-л.);* сильно желать *(чего-л.)*
Trachten *n* -s стремление, старание, сильное желание; посягательство; **sein (ganzes) Sinnen [Denken] und ~** его помыслы и желания
trächtig *a* беременная *(о животных);* жерёбая *(о кобыле);* стельная *(о корове);* суягная *(об овце);* супоросая *(о свинье);* щённая *(о собаке, волчице, лисице и т. п.);* сукотная *(о кошке, собаке, львице и т. п.)*
Tradition <*lat.*> *f* -, -en традиция; **mit einer ~ brechen*** отказаться от какой-л. традиции
traditionéll <*lat.-fr.*> *a* традиционный
traditiónsgebunden *a* обусловленный традициями, связанный с традициями; традиционный
traditiónsgemäß *a* по [согласно] традиции
traf *impf от* **treffen***
Trafo <*lat.*> *m* -/-s, -s *сокр. от* Transformator
Trag‖bahre *f* -, -n носилки
tragbar *a* **1.** портативный; переносный; **2.** годный для носки; **3.** плодоносный; **4.** посильный; **die Kosten sind nicht ~** расходы [затраты] непосильные
träg(e) *a* ленивый, вялый, инертный, медлительный
Trage *f* -, -n носилки
tragen* I *vt* **1.** носить, нести; переносить; **2.** носить, иметь одетым *(одежду);* **das Haar gescheitelt ~** носить волосы на пробор; **die Füße ~ ihn kaum** ноги его едва держат; **3.: die Ware trägt die Versandkosten nicht** товар не оправдывает транспортных расходов; **4.: einen Namen ~** носить имя; **die Verantwortung für etw. (A) ~** нести ответственность, отвечать за что-л.; **Bedenken [Zweifel] ~** сомневаться; (D) **Rechnung ~** учитывать *(что-л.);* II *vi*; *vt* **1.** давать плоды [урожай]; приносить доход; **dieses Geschäft trägt** это дело доходное; **das Kapital trägt Zinsen** капитал приносит [даёт] проценты; **2.: das Gewehr trägt weit** ружьё бьёт на далёкое расстояние; **seine Stimme trägt gut** его голос хорошо звучит; III *, sich* **1.** носиться *(о материи);* **2.** *(mit* D) носиться *(с чем-либо);* **sich mit einem Gedanken ~** носиться с мыслью; **3.: das Unternehmen trägt sich (selbst)** предприятие окупается; **er trägt sich immer schwarz** он всегда ходит в чёрном

Träger *m* -s, - **1.** носильщик; **2.** носитель *(идеи);* **3.** *стр.* балка, ферма, подпорка
Träger‖rakete *f* -, -n ракета-носитель
tragfähig *a* **1.** грузоподъёмный; **2.** ноский
Trag‖fähigkeit *f* - грузоподъёмность
Trag‖fläche *f* -, -n *ав.* несущая поверхность
Trag‖flügelboot *n* -(e)s, -e катер на подводных крыльях
Trägheit *f* - **1.** вялость, леность; медлительность; **2.** *физ.* инерция
Tragik <*gr.-lat.*> *f* - трагизм
tragisch <*gr.-lat.*> I *a* трагический; II *adv* трагически; **etw. ~ nehmen*** трагически воспринимать что-л., болезненно реагировать на что-л.
Trag‖kraft *f* - *тех.* подъёмная сила; грузоподъёмность
Tragödi‖e <*gr.-lat.*> *f* -, -n трагедия
Trag‖weite *f* - **1.** *воен.* радиус действия; дальнобойность *(орудия);* **2.** *перен.* значение, важность
Train [trɛ:] <*fr.-lat.*> *m* -s, -s *воен.* обоз
Trainer ['trɛ:-/'tre:-] <*lat.-fr.-engl.*> *m* -s, - тренер
trainieren [trɛ-/tre-] <*lat.-fr.-engl.*> I *vt* тренировать; II *vi u ~, sich* тренироваться *(für* A *к чему-л.)*
Trainings‖anzug ['trɛ:-/'tre:-] *m* -(e)s, -züge тренировочный костюм
Trakt <*lat.*> *m* -(e)s, -e тракт
traktieren <*lat.*> *vt* угощать; **mit dem Stock ~** *разг.* угостить кого-л. палкой
Traktor <*lat.-engl.*> *m* -s, -tóren трактор
Trampel *m, n* -s, - увалень, неуклюжий человек
trampeln *vi* топать [стучать] ногами
Trampeltier *n* -(e)s, -e **1.** двугорбый верблюд; **2.** *разг.* неуклюжий человек, увалень
trampen *vi* скитаться по дорогам; вести бродячий образ жизни
Tran *m* -(e)s, -e ворвань, рыбий жир; ◊ **im ~ sein** 1) быть навеселе; 2) клевать носом
Trance [tra:ns] <*lat.-fr.-engl.*> *f* -, -n [-sən] транс

tranchieren [trã'ʃi:-] <fr.> vt резать, разрезать; **einen Braten** ~ нарезать жаркое
Träne f -, -n слеза, слезинка; **unter ~n** со слезами, в слезах, сквозь слёзы; **zu ~n rühren** расстроить до слёз; **jmdm. keine ~ nachweinen** не проронить ни одной слезы по кому-л.
tränen vi слезиться
Tränen‖absonderung f -, -en слезоотделение
Tränen‖drüse f -, -n анат. слёзная железа
tränenerregend a вызывающий слёзы
tränenfeucht a влажный [мокрый] от слёз
Tränen‖fluß m -sses поток слёз; слезотечение
tränenlos a без слёз
tränenvoll a 1. полный слёз (о глазах); 2. слёзный (о просьбе); 3. весь в слезах
tranig a 1. отдающий ворванью [рыбьим жиром]; пропитанный ворванью [рыбьим жиром]; 2. разг. скучный
trank impf от **trinken***
Trank m -(e)s, Tränke 1. напиток, питьё; 2. пойло; 3. микстура
Tränke f -, -n водопой
tränken vt 1. поить (скот); 2. пропитывать; **Papier mit Öl** ~ пропитывать бумагу маслом
Trans‖aktión <lat.> f -, -en ком. трансакция, сделка
transatlántisch <lat.> a трансатлантический
Trans-Europ-Expreß <engl.> m -sses, -sse трансевропейский поезд-экспресс
Transfér <lat.-engl.> m -s фин., эк. трансфер (перевод денег из банка в банк)
transferíeren <lat.-engl.> vt 1. переводить [перечислять] в иностранной валюте; 2. австр. переводить (работника)
Transformatión <lat.> f -, -en трансформация, превращение
Transformátor <lat.> m -s, -toren трансформатор
transformíeren <lat.> vt трансформировать, видоизменять
Transfusión <lat.> f -, -en переливание (крови)
Transilváni‖en [-va-] (n) -s Трансильвания (историческая обл. Румынии, на С.-З. страны)
Transit <lat.-it.> m -(e)s, -е транзит; провоз
transitiv <lat.> a грам. переходный (глагол)
transkaukásisch a закавказский
transkribíeren <lat.> vt 1. лингв. транскрибировать; 2. муз. перекладывать

Transkriptión <lat.> f -, -en 1. лингв. транскрипция; 2. муз. переложение
Translatión <lat.> f -, -en 1. перевод (на какой-л. язык); 2. трансляция, передача
translatórisch <lat.> a переводческий
Transliteratión <lat.> f -, -en лингв. транслитерация
transmarín(isch) <lat.> a заокеанский
Transmissión <lat.> f -, -en трансмиссия, передача
transmontán <lat.> a по ту сторону гор
transozeánisch <lat.> a заокеанский
transparént <lat.-fr.> a прозрачный, просвечивающий
Transparént <lat.-fr.> n -(e)s, -е транспарант
transpiríeren <lat.-fr.> vi потеть
Transplantatión <lat.> f -, -en биол. пересадка тканей, трансплантация
Transpórt <lat.-fr.> m -(e)s, -е 1. транспорт; провоз; доставка; 2. транспорт, партия груза
transportábel <lat.-fr.> a 1. переносный; 2. удобный для перевозки
Transpórt‖band n -(e)s, -bänder тех. ленточный транспортёр
Transporteur ['-tø:r] <lat.-fr.> m -s, -е транспортир, угломер
transportíeren <lat.-fr.> vt 1. транспортировать, перевозить; 2. бухг. переносить итог (на следующую страницу)
Transvaal [-'va:l] (n) -s Трансвааль (провинция в Южн.-Африканской Республике)
transversál [-vɛr-] <lat.> a мат. поперечный
transzendént <lat.> a филос. трансцендентный
Trapéz <gr.-lat.> n -es, -е мат., спорт. трапеция
trapp: ~, ~! разг. быстро!; топ-топ!
trappeln vi семенить ногами; топотать
trassieren <lat.-fr.> vt 1. трассировать, намечать направление (дороги), ставить вехи (на дороге); 2. ком. трассировать, выставлять (вексель)
trat impf от **treten***
Tratsch m -es болтовня; ◊ **Klatsch und** ~ сплетни
tratschen, trätschen I vt, vi разг. болтать, сплетничать; II vi хлюпать; III vimp лить (о дожде)
trätschnaß a мокрый насквозь
Traube f -, -n виноград; виноградная гроздь
traubenartig a гроздевидный
Trauben‖lese f - сбор винограда

Trauben‖most *m* -es, -e; **~saft**, *m* -(e)s, -säfte виноградный сок
traubenweise *adv* гроздьями, кистями
Traude(l) Трауде(ль) *(ласкательная форма жен. имён Gertraud(e) и Gertrude)*
trauen I *vi* (D) верить, доверять *(кому-либо, чему-л.)*; **trau, schau wem!** *посл.* доверяй, да знай кому!; II **~, sich** осмеливаться, рисковать; **sich nicht ~ etw. zu tun** не решаться [бояться] что-либо сделать
trauen II *vt* венчать; **sich ~ lassen*** венчаться
Trauer *f* - 1. печаль, скорбь; 2. траур; **~ anlegen** надеть траур; **~ tragen*** носить траур
Trauer‖anzeige *f* -, -n объявление о смерти
Trauer‖botschaft *f* -, -en печальная весть
Trauer‖flor *m* -s, -e креп; траурная повязка
trauern *vi (um, über* A) 1. печалиться, скорбеть *(о ком-л., о чём-л.)*; оплакивать *(кого-л.)*; 2. носить траур
Trauer‖rede *f* -, -n надгробная речь
Trauer‖spiel *n* -(e)s, -e трагедия
Trauer‖weide *f* -, -n плакучая ива
Trauer‖zug *m* -(e)s, -züge похоронная процессия
Traufe *f* -, -n водосточный жёлоб; ◊ **vom Regen in die ~ kommen*** ≡ попасть из огня да в полымя
Traugott Трауготт *(муж. имя)*
traulich *a* 1. уютный; 2. интимный, задушевный; **im ~en Kreise** в интимном кругу
Traum *m* -(e)s, Träume 1. сон; **einen ~ haben** видеть сон; **ich denke nicht im ~e daran, das fällt mir nicht im ~e ein** я об этом и не думаю [не помышляю]; **der ~ ist eingetroffen** *шутл.* сон в руку; **wache Träume** сон наяву; 2. мечта, грёза; **leere Träume** пустые мечты; **der ~ ist aus!** конец мечтам!
traumátisch <*gr.-lat.*> *a* травматический
Traumbild *n* -(e)s, -er сновидение
träumen I *vi (von* D) 1. видеть во сне *(кого-л., что-л.)*; **träume süß!** спи сладко!; 2. мечтать, грезить *(о чём-л.)*; II *vt*: **einen Traum ~** видеть сон; **das soll er sich ja nicht ~ lassen!** пусть он и не мечтает об этом!
Träumer *m* -s, - мечтатель
Träumerei *f* -, -en мечта, грёза
träumerisch *a* мечтательный
traumhaft *a* сказочный, упоительный
Traum‖welt *f* -, -en мир фантазии

traurig *a* 1. печальный, грустный; **~ sein** *(über* A) грустить, печалиться *(о ком-либо, о чём-л.)*; **das ist ~, aber wahr** это печально, но факт; 2. жалко; **eine ~e Rolle spielen** играть жалкую роль
Traurigkeit *f* - печаль, грусть
Trau‖ring *m* -(e)s, -e обручальное кольцо
Trau‖schein *m* -(e)s, -e свидетельство о браке
traut *a* 1. дорогой, любимый, милый; 2. уютный; интимный
Traute Трауте *(жен. имя)*
Trauung *f* -, -en бракосочетание, венчание
Traverse [-'vɛr-] <*lat.-fr.*> *f* -, -n *стр.* траверс, поперечина
Trawler ['trɔ:lər] <*engl.*> *m* -s, - *мор.* траулер
Trecker *m* -s, - буксир; тягач
Treff I *m* -(e)s, -e 1. удар *(по чему-л.)*; 2. явка, встреча, свидание; 3. удачное словцо
Treff II *n* -s, -s *карт.* трефы
treffen* I *vt* 1. попадать; поражать; **das Ziel ~** попадать в цель; **vom Blitz getroffen** убитый [поражённый] молнией; **den richtigen Ton ~** попасть в тон; **sich getroffen fühlen** чувствовать себя оскорблённым [задетым]; 2. встретить; застать *(дома)*; 3. постигать, настигать; **ihn traf ein Unglück** его постигло несчастье; 4. касаться *(кого-л.)*; относиться *(к кому-л.)*; **die Bemerkung trifft ihn** замечание относится к нему; **wen trifft die Schuld?** кто виноват?; 5.: **gut [schlecht] ~** *фото* удачно [неудачно] снять; **das Bild ist gut getroffen** фотография очень удачна; 6.: **ein Abkommen ~** прийти к соглашению; II *vi (auf* A) натолкнуться *(на кого-л., что-л.)*; встретить *(кого-л.)*; III **~, sich** 1. встречаться; **wollen wir uns heute ~** встретимся сегодня; 2.: **es traf sich so, daß...** случилось так, что...
Treffen *n* -s, - 1. попадание; 2. встреча, слёт; 3. *спорт.* встреча; **ein ~ austragen*** провести встречу; 4. стычка, бой; **wenn's zum ~ kommt** в крайнем случае
treffend *a* верный, меткий; разительный; **ein ~er Witz** остроумная шутка; **eine ~e Bemerkung** верное замечание
Treffer *m* -s, - 1. попадание; пробоина; 2. выигрыш; 3. удача; 4. *спорт.* гол, забитый мяч; **einen ~ erzielen** забить гол; **einen ~ einstecken** пропустить гол
trefflich *a* прекрасный, превосходный
Treff‖punkt *m* -(e)s, -e 1. явка, место встречи; сборный пункт; 2. *воен.* точка попадания *(при стрельбе)*

Treff∥schuß *m* -sses, -schüsse меткий [удачный] выстрел
treffsicher *a* меткий, точный, верный
Treff∥sicherheit *f* - меткость *(о стрельбе)*
Treib∥achse *f* -, -n *тех.* ведущая ось
Treib∥beet *n* -(e)s, -е *с.-х.* парник
treiben* I *vt* **1.** гнать; **vor sich (D) her ~** гнать перед собой; **Ziegel [Steine] ~** передавать кирпичи [камни] из рук в руки *(на стройке);* **2.** подгонять *(тж. перен.);* **jmdn. zur Eile ~** торопить кого-л.; **3.** изгонять *(из страны);* выгонять *(из дома);* **4.** загонять *(скот в хлев);* **5.** вбивать *(гвоздь в стену и т. п.);* **6.** набивать *(обручи на бочку);* **7.** приводить в движение *(колесо и т. п.);* **8.** пускать *(ростки; о растениях);* **9.** заниматься *(ремеслом, спортом и т. п.);* **was ~ Sie?** что Вы поделываете?; **10.: Spaß ~** забавляться, шутить; **etw. zu weit [zu arg] ~** слишком далеко заходить, переходить всякие границы *(в чём-л.);* II *vi* **1.** (s, h) относить *(ветром); мор.* дрейфовать; **im Strom ~** плыть по течению *(тж. перен.);* **2.** всходить, распускаться *(о растениях);* **die Saat fängt an zu ~** всходы зазеленели; **3.** бродить *(о дрожжах);* ◇ **wie man's treibt, so geht's** *посл.* ≅ что посеешь, то и пожнёшь
Treiben *n* -s **1.** поведение, поступки; **das Leben und ~** житьё-бытьё; **2.** оживление; **das ~ in den Straßen** оживление на улицах; **3.** движение *(вперёд);* **4.** охота облавой; загон
Treiber *m* -s, - погонщик; загонщик
Treib∥haus *n* -es, -häuser теплица, оранжерея
Treib∥kraft *f* -, -kräfte движущая сила
Treib∥riemen *m* -s, - приводной ремень
Treib∥stoff *m* -(e)s, -е горючее
Treid(e)ler *m* -s, - бурлак
trennbar *a* отделяемый; разделимый
Trennbarkeit *f* - отделяемость, делимость
trennen I *vt* **1.** отделять; **Theorie und Praxis sind nicht zu ~** теория неотделима от практики; **2.** разделять; разъединять; разлучать; разнимать *(дерущихся);* **eine Ehe ~** давать развод супругам; **3.** разделять, различать; II -, **sich** *(von* D) расставаться *(с кем-л., с чем-л.);* **ich konnte mich von diesem Bild nicht ~** я не мог оторваться от этой картины
Trennung *f* -, -en **1.** отделение; **2.** разлука, расставание; **3.** *косм.* расстыковка
Trennungs∥geld *n* -(e)s, -er подъёмные (деньги)
Trennungs∥lini∣e *f* -, -n демаркационная линия
Trennungs∥strich *m* -(e)s, -е чёрточка, дефис
Trennungs∥wand *f* -, -wände перегородка
Trense <*span.-niederl.*> *f* -, -n трензель
trepanieren <*gr.-lat.-fr.*> *vt мед.* трепанировать
treppáb *adv* вниз по лестнице
treppáuf *adv* вверх по лестнице
Treppe *f* -, -n лестница; **die ~ hinaufsteigen*** подниматься по лестнице; **drei ~n (hoch) wohnen** жить на третьем этаже *(соответствует русскому четвёртому этажу)*
Treppen∥absatz *m* -es, -sätze лестничная площадка
Treppen∥geländer *n* -s, - перила (лестницы)
Treppen∥haus *n* -es, -häuser лестничная клетка
Treppen∥witz *m* -es, -е *разг.* запоздалая шутка [острота]
Treptow ['trɛpto] (*n*) -s Трептов *(гор. р-н Берлина)*
Treptow-Park *m* -s Трептов-парк *(парк в Берлине с памятником воинам Сов. Армии)*
Tresor <*gr.-lat.-fr.*> *m* -s, -е сейф, несгораемый шкаф
Tresse <*it.-fr.*> *f* -, -n галун; **er hat die ~n bekommen** его произвели в офицеры
treten* I *vi* (s) **1.** ступать, ступить; **ins Haus ~** войти в дом; **bitte ~ Sie näher!** 1) входите, пожалуйста!; 2) пожалуйста, подойдите ближе!; **zur Seite ~** отойти в сторону; **an den Tisch ~** подойти к столу; **2.** выступать *(наружу);* **der Fluß trat aus den Ufern [über die Ufer]** река вышла из берегов; **der Schweiß trat ihm auf die Stirn** пот выступил у него на лбу; **das Blut trat ihr ins Gesicht** кровь бросилась ей в лицо; **3.** *(auf* A) наступать *(на что-л.);* **4.** переступать, шагать; **von einem Fuß auf den anderen ~** переступать с ноги на ногу; **5.** стать, встать; **vor jmdn. ~** предстать перед кем-л.; **jmdm. unter die Augen ~** показываться кому-л. на глаза; **6.: in den Streik ~** начать забастовку; **in Erscheinung [zutage] ~** проявляться, обнаруживаться; **mit jmdm. in Verbindung ~** связаться с кем-л.; **er trat in sein zwanzigstes Lebensjahr** ему пошёл двадцатый год; II *vt* нажимать ногой *(на педали);* топтать; наступать; **den Takt ~** отбивать ногой такт; **sich (D) einen Dorn in den Fuß ~** наступать на шип, занозить ногу (шипом)

Tret‖kurbel *f* -, -n ножной [педальный] рычаг
treu *a* 1. верный; преданный; 2. надёжный; **zu ~en Händen** в надёжные руки; 3. точный, правильный; **eine ~e Übersetzung** точный перевод
Treu‖bruch *m* -(e)s, -brüche вероломство, измена; **~ begehen*** поступить вероломно, изменить
treubrüchig *a* вероломный
Treue *f* - верность, преданность; **etw. auf Treu und Glauben hinnehmen*** брать что-либо на веру; **die ~ halten*** оставаться верным; **~ schwören** присягать на верность; **~ brechen*** нарушать верность
Treu‖eid *m* -(e)s, -e присяга в верности; **den ~ leisten** присягать (на верность)
treuergeben *a* верный, преданный
treugesinnt *a* верный; благонадёжный
Treuhänder *m* -s, - 1. душеприказчик; 2. управляющий (секвестрированным предприятием); доверенное лицо, посредник
Treuhandanstalt *f* - ведомство по опеке (орган в ФРГ по приватизации бывших государственных предприятий ГДР)
treuherzig *a* чистосердечный; прямодушный, искренний; **~e Augen** открытые [доверчивые] глаза
Treuherzigkeit *f* - чистосердечие, прямодушие, искренность
treulich I *adv* верно, честно; точно; II см. treu
treulos *a* вероломный, неверный
Treulosigkeit *f* - измена, вероломство
Triangel <*lat.*> *m* -s, - треугольник (тж. муз.)
triangulär <*lat.*> *a* треугольный
Tribunál <*lat.-fr.*> *n* -s, -e трибунал
Tribüne <*lat.-it.-fr.*> *f* -, -n трибуна
Tribút <*lat.*> *m* -(e)s, -e дань
tribútpflichtig *a* платящий дань
Trichter *m* -s, - 1. воронка, раструб; 2. кратер (вулкана); 3. воронка (от снаряда, бомбы и т. п.)
trichterförmig *a* воронкообразный
Trick *m* -s, -e и -s трюк, уловка; **hinter jmds. ~ kommen*** разгадать чей-л. трюк
Tricktrack *n* -s "трик трак" (игра в кости)
Trieb I *m* -(e)s, -e 1. порыв, побуждение, импульс; 2. склонность, стремление; 3. инстинкт
Trieb II *m* -(e)s, -e бот. побег
Trieb‖feder *f* -, -n 1. пружина; 2. побудительная причина
triebhaft *a* инстинктивный
Trieb‖kraft *f* -, -kräfte движущая сила (тж. перен.)

Trieb‖rad *n* -(e)s, -räder ведущее [маховое] колесо
Trieb‖wagen *m* -s, - моторный вагон
Trieb‖werk *n* -(e)s, -e *тех.* приводной механизм
triefäugig *a* с гноящимся [гноеточным] глазом, с гноящимися [гноеточными] глазами
triefen* *vi* 1. (s) капать, течь, струиться; 2. (h) быть совершенно мокрым; **vor Nässe ~** насквозь промокнуть; **seine Hände ~ vor Blut** его руки обагрены кровью
triefend *a* 1. мокрый насквозь; 2. слезящийся, гноящийся
Trier (*n*) -s Трир (город в ФРГ <земля Рейнланд-Пфальц>)
Triést (*n*) -s Триест (город на С.-В. Италии)
Trift *f* -, -en 1. мор. дрейф; снос; 2. пастбище, выгон
triftig *a* основательный, убедительный; **~er Grund** уважительная причина; **~e Beweise** убедительные доказательства
Trigonometríe <*gr.-lat.*> *f* - мат. тригонометрия
Trikot [-'ko:] <*fr.*> *m, n* -s, -s 1. трико, трикотаж; 2. майка
Triller *m* -s, - муз. трель
trillern I *vi* пускать трели; II *vt* (звонко) напевать (без слов)
Trilogíe <*gr.*> *f* -, -gi ̦en трилогия
trimmen <*engl.*> *vt* 1. мор. укладывать (груз); 2. подносить (уголь в кочегарке)
Trinidad und Tobágo (*n*) -s Тринидад и Тобаго (гос-во в Вест-Индии на о-вах Тринидад и Тобаго)
Trinität <*lat.*> *f* - рел. Троица, триединство
Trinitátis‖fest *n* -es, -e рел. Троица, Троицын день
trinkbar *a* годный для питья
Trink‖becher *m* -s, - бокал
trinken* *vt* 1. пить; **sich satt ~** напиться; **ein Glas leer ~** выпить стакан до дна, осушить стакан; 2. пить, выпивать; **auf jmds. Gesundheit [Wohl] ~** выпить за чьё-л. здоровье; **sich um den Verstand ~** напиться до потери сознания
Trinker *m* -s, - пьяница
trinkfest *a* не пьянеющий
Trink‖gelage *n* -s, - попойка
Trink‖geld *n* -(e)s, -er чаевые
Trink‖lied *n* -(e)s, -er застольная песня
Trink‖spruch *m* -(e)s, -sprüche тост, здравица
Trink‖wasser *n* -s питьевая вода

trinómisch ⟨*lat.*⟩ *a мат.* трёхчленный
Trio ⟨*lat.-it.*⟩ *n* -s, -s *муз.* трио
trippeln *vi* (s, h) семенить
Tripolis *(n)* - Триполи *(столица Ливии)*
trist ⟨*lat.-fr.*⟩ *a* печальный; скучный
Tritt *m* -(e)s, -e 1. шаг; ~ **halten*** держать шаг; **einen falschen ~ tun*** оступиться *(тж. перен.)*; 2. пинок; 3. ступенька, подножка; ⬥ **auf Schritt und ~** на каждом шагу
Tritt‖brett *n* -(e)s, -er подножка; ступенька
Triúmph ⟨*lat.*⟩ *m* -(e)s, -e триумф, слава, торжество
triumphál ⟨*lat.*⟩ *a* триумфальный, победоносный, славный, торжественный
Triúmph‖bogen *m* -s, -/-bögen триумфальная арка
triumphíeren ⟨*lat.*⟩ *vi* (вос)торжествовать
Triumph‖säule *f* -, -n триумфальная колонна
Triumph-Werke Nürnberg AG *f* - "Триумф-верке Нюрнберг АГ" *(фирма в ФРГ, выпускающая пишущие машинки)*
Triúmph‖zug *m* -(e)s, -züge триумфальное шествие
trivalént [-v-] ⟨*lat.*⟩ *a хим.* трёхвалентный
trivial [-'via:-] ⟨*lat.-fr.*⟩ *a* тривиальный, пошлый, плоский
Tri-Zone *f* - тризония *(назв. зап. зон оккупации Германии после присоединения к бизонии 1.08.1948 франц. зоны оккупации)*
Trocháǃus ⟨*gr.*⟩ *m* -, -chäǃen *лит.* трохей [хорей]
trocken *a* 1. сухой; высохший; ~ **werden** сохнуть; **das Hemd ist noch nicht ~** рубашка ещё не высохла; **das ~e Land** суша; **die Kehle ist mir ganz ~** у меня в горле пересохло; 2. сухой *(о человеке, словах и т. п.)*; ⬥ **auf dem trocknen sitzen* [sein]** *разг.* сидеть на мели *(без денег)*; **im trocknen sein** быть вне опасности; **wer im trocknen sitzt, lacht über den Regen** *посл.:* ≅ сытый голодного не разумеет
Trocken‖heit *f* - 1. сухость; 2. засуха
trocken‖legen *vt* осушать *(болото)*; **ein Kind ~** перепеленать ребёнка
Trockenlegung *f* -, -en осушение *(болота)*
Trocken‖pflaumen *pl* чернослив
Trocken‖rasierer *m* -s, - электробритва
Trocken‖wind *m* -(e)s, -e суховей
trocknen I *vt* сушить; осушать; **die Hände ~** вытирать руки; II *vi* (s) сохнуть, высыхать; просыхать; III ~, **sich** сушиться
Troddel *f* -, -n кисть; темляк

Trödel *m* -s ветошь, старьё, хлам
trödeln *vi* 1. торговать ветошью [хламом]; 2. *разг.* медлить, мешкать, копаться, возиться
Trödler *m* -s, -; ~**in** *f* -, -nen 1. старьёвщик, -щица; 2. *разг.* медлительный человек, копун, -нья
Trog *m* -(e)s, Tröge корыто
Troglodýt ⟨*gr.-lat.*⟩ *m* -en, -en троглодит, пещерный человек
Troll *m* -s троль *(гном, горный дух в герм. мифологии)*
Trolleybus [-li-] ⟨*engl.*⟩ *m* -ses, -se троллейбус
Trombe ⟨*gr.-lat.*⟩ *f* -, -n тромб; смерч
Trombóne ⟨*gr.-it.*⟩ *f* -, -n *муз.* тромбон
Trommel *f* -, -n 1. барабан *(тж. тех.)*; **die ~ rühren [schlagen*]** бить в барабан; 2. *воен.* дисковый магазин
Trommel‖feuer *n* -s, - *воен.* ураганный огонь
trommeln I *vi* бить в барабан; барабанить *(тж. перен.)*; II *vt* барабанить, отбивать *(марш)*; **jmdn. aus dem Schlaf ~** разбудить кого-л. шумом
Trommel‖schlag *m* -(e)s, -schläge барабанный бой
Trommel‖schläger *m* -s, - барабанщик
Trommel‖schlegel *m* -s, - барабанная палочка
Trommel‖wirbel *m* -s, - барабанная дробь
Trommler *m* -s, - барабанщик
Trompéte ⟨*gr.-it.-fr.*⟩ *f* -, -n труба; **die ~ blasen*** трубить; ⬥ **mit Pauken und ~n** с большим шумом
trompéten ⟨*fr.*⟩ I *vt* 1. (про)трубить; **jmdn. wach ~** разбудить кого-л. 2. *перен.* трубить *(о чём-л.)*, разглашать *(что-л.)*; II *vi* 1. играть на трубе, трубить; 2. *шутл.* громко сморкаться
Trompéten‖stoß *m* -es, -stöße звук трубы; туш
Trompéter *m* -s, - трубач
Tropen ⟨*gr.-lat.*⟩ *pl* тропики
Tropen‖fieber *n* -s тропическая лихорадка
Tropen‖koller *m* -s, - *мед.* тропическое бешенство
Tropf *m* -(e)s, Tröpfe *разг.* простак, простофиля
tröpfeln I *vimp* накрапывать; **es tröpfelt** накрапывает дождь; II *vi* капать; III *vt* капать, наливать по капле
tropfen I *vi* (h, s) капать; **die Nase tropft** из носа течёт; II *vt* капать, наливать по капле
Tropfen *m* -s, - 1. капля; ⬥ **steter ~ hohlt den Stein** *посл.* капля (по капле) и камень долбит; 2. *pl* капли *(лекарство)*;

das ist wie ein ~ auf den heißen Stein это капля в море
tropfenweise *adv* по капле, каплями
Tropf∥stein *m* -(e)s, -e сталактит
Trophä|e <*gr.-lat.-fr.*> *f* -, -n трофей
tropisch <*gr.-lat.-engl.*> I *a* геогр. тропический
tropisch <*gr.-lat.*> II *a* лит. образный, фигуральный, иносказательный
Troß <*lat.-fr.*> *m* -sses, -e 1. *воен.* обоз; 2. свита; 3. *разг.* шайка
Trost *m* -es утешение, отрада; ~ **schöpfen** получать утешение; ~ **spenden [zusprechen*]** утешать; ◇ **du bist wohl nicht bei ~e?** ты с ума сошёл, что ли?
trostbringend *a* утешительный
trösten I *vt* утешать; II ~, **sich** (*über* A) утешиться (*чем-л.*)
Tröster *m* -s, -; **~in** *f* -, -nen утешитель, -ница
tröstlich *a* утешительный, отрадный
trostlos *a* 1. безутешный; **er ist ganz ~** он в отчаянии; 2. безотрадный, безнадёжный, отчаянный; прискорбный (*о факте*)
Trost∥preis *m* -es, -e *спорт.* утешительный приз
trostreich *a* утешительный, отрадный, приятный
Tröstung *f* -, -en утешение
Trott *m* -(e)s, -e рысь, рысца; **im ~ gehen*** бежать рысью; **es geht alles den alten ~** 1) всё идёт по-старому; 2) всё идёт своим чередом
Trottel *m* -s, - дурак, глупец
trottelhaft *a* глупый, придурковатый
trotteln, trotten *vi* (s, h) трусить, бежать рысцой, семенить
trotz *prp* (G реже D) 1. несмотря на; ~ **des Regens [dem Regen]** несмотря на дождь; ~ **allem [all(e)dem]** несмотря ни на что; 2. вопреки; ~ **seines Befehls [seinem Befehl]** вопреки его приказу
Trotz *m* -es упрямство, упорство; **zum ~ назло**; ◇ ~ **bieten*** давать отпор; упрямо стоять на своём
trotzdém I *conj* (*в сложноподчинённом предложении*) несмотря на то, что; хотя; **er ging fort, ~ es stark regnete** он ушёл, несмотря на то, что [хотя] шёл сильный дождь; II *adv* и *conj* (*в сложносочинённом предложении*) несмотря на это, всё же; **es regnete stark, ~ ging er fort** шёл сильный дождь, несмотря на это [всё же] он ушёл
trotzen *vi* 1. упрямиться; упорствовать; сопротивляться, противиться; **die Pflanze trotzt jeder Kälte** растение переносит любой холод; 2. пренебрегать; **dem Tode ~** презирать смерть
trotzig *a* своенравный, упрямый
Trotzkopf *m* -(e)s, -köpfe упрямец
Troubadour [truba'du:r] <*provenzal.-fr.*> *m* -s, -e/-s *ист.* трубадур
trüb(e) I *a* 1. мутный, с осадками (*о воде*); тусклый (*о свете*); хмурый, мрачный, сумрачный; пасмурный; **werden** помутиться; **es wird ~** небо хмурится; 2. мрачный, печальный (*о мыслях и т. п.*); **~e Erfahrungen** печальный опыт; II *adv* 1. тускло (*гореть*); 2. мрачно, печально; ◇ **im ~en fischen** ловить рыбу в мутной воде
Trübe *f* -, муть; осадок
Trubel *m* -s 1. суматоха; переполох; **wir kommen aus dem ~ nicht heraus** у нас вечная суматоха; 2. *перен.* водоворот
trüben I *vt* 1. мутить (*воду*); 2. затуманивать; **Tränen trübten den Blick** слёзы затуманили глаза; 3. омрачать (*радость*); II ~, **sich** затуманиться **der Himmel trübt sich** небо хмурится
Trübsal *f* -, -e печаль, горе, уныние; ~ **blasen*** *разг.* хандрить, предаваться унынию
trübselig *a* унылый, печальный, грустный, мрачный
Trüb∥sinn *m* -(e)s уныние, хандра, меланхолия; **in ~ verfallen*** впасть в уныние
trübsinnig *a* унылый, меланхоличный, мрачный, печальный
Trübung *f* -, -en помутнение
Trudbert Трудберт (*муж. имя*)
Trude Труда (*ласкательная форма жен. имён* Gertraud(e) *и* Gertrud(e))
Trudhild/Trudhilde Трудхильд/Трудхильда (*жен. имя*)
Trüffel <*lat.-it.-fr.*> *f* -, -n *бот.* трюфель
Trug *m* -(e)s 1. обман, надувательство; 2. иллюзия
Trugbild *m* -(e)s, -er 1. призрак, фантом; мираж; 2. грёза, мечта
trügen* *vt* обманывать; вводить в заблуждение
trügerisch, trüglich *a* обманчивый
Truhe *f* -, -n сундук, ларь
Trümmer *pl* обломки, развалины; **die Stadt sank in ~n** город превратился в развалины
Trümmerfrau *f* -, -en трюммерфрау (*так называли женщин, расчищавших развалины и руины городов после 2-й мир. войны в Германии; в Берлине перед "Красной ратушей" в их честь была воздвигнута скульптура*)

Trumpf *m* -(e)s, Trümpfe *карт.* козырь; **den letzten ~ ausspielen** пустить в ход последний козырь *(перен);* **was ist ~?** что (у нас) козыри?; **alle Trümpfe in der Hand haben** иметь все шансы на успех
trumpfen *vi* 1. *карт.* козырять, ходить с козыря, крыть [бить] козырем; 2. козырять, хвастаться; **er trumpft auf seine Beziehungen** он козыряет своими связями
Trunk *m* 1. -(e)s, Trünke глоток; **ein ~ Wasser** глоток воды; 2. -(e)s, Trünke напиток; 3. -(e)s пьянство; **sich dem ~ ergeben*** пьянствовать
trunken *a* 1. пьяный; 2. *перен.* опьянённый, упоённый *(vor, von D чем-л.);* **~ vor Freude** вне себя от радости
Trunken‖bold *m* -(e)s, -e пьяница
Trunkenheit *f* - 1. опьянение; хмель, пьянство; 2. *перен.* опьянение, упоение
Trunk‖sucht *f* - пьянство, запой; **der ~ verfallen*** запить, запьянствовать
trunksüchtig *a* пьянствующий, пьющий запоем
Trupp <*fr.*> *m* -s, -s 1. группа, толпа; 2. *воен.* звено; отделение; отряд, команда
Truppe <*fr.*> *f* -, -n 1. труппа; 2. *воен.* войсковая часть, отряд; 3. *pl* войска
Truppen‖gattung *f* -, -en род войск
Truppen‖schau *f* -, -en смотр войскам; парад войск
Truppen‖teil *n* -(e)s, -e воинская [войсковая] часть
Truppen‖verband *m* -(e)s, -bände общевойсковое соединение
Truppen‖verbandplatz *m* -es, -plätze батальонный медицинский пункт
trupp(en)weise *adv* 1. толпами, группами; 2. *воен.* подразделениями, командами, отрядами
Trust [trust/trʌst] <*engl.*> *m* -(e)s, -e/-s *эк.* трест
Trut‖hahn *m* -(e)s, -hähne индюк
Trut‖henne *f* -, -n; **~huhn** *n* -(e)s, -hühner индейка
Tschad *(n)* -s Чад *(гос-во в Экваториальной Африке)*
Tschadsee *m* -s Чад *(бессточное озеро в Экваториальной Африке)*
Tschako <*ung.*> *m* -s, -s *воен.* кивер; форменная фуражка полицейских
Tscheboksáry *(n)* -s Чебоксары *(адм. центр Чувашии* <*РФ*>*)*
Tscheche *m* -n, -n; **Tschechin** *f* -, -nen чех, чешка
Tschechéi *f* - Чехия *(гос-во в Центр. Европе)*
tschechisch *a* чешский
Tscheljábinsk *(n)* -s Челябинск *(обл. центр в РФ)*
Tschernígow *(n)* -s Чернигов *(обл. центр в составе Украины)*
Tschetschnjá *(n)* -s Чечня *(республика в юго-вост. части Сев. Кавказа, в составе РФ)*
tschilpen *vi* чирикать
Tschitá *(n)* -s Чита *(обл. центр РФ)*
Tschomolúngma *m* -s Джомолунгма *(вершина Гималаев)*
Tschúktschenhalbinsel *f* - Чукотский полуостров/Чукотка *(п-ов на С.-В. Азии)*
Tschúktschensee *f* - Чукотское море *(окраинное море Сев. Ледовитого океана на С. Азии и Сев. Америки)*
Tschúngking *(n)* -s Чунцин *(город на Ю.-З. Китая)*
Tschuwáschi‖en *(n)* -s Чувашия *(автономная республика в составе РФ)*
T-Shirt ['tiːʃəːt] <*engl.*> *n* -s, -s трикотажная хлопчатобумажная рубашка *(с короткими рукавами)*
T-Stahl *m* -(e)s, -Stähle/-e тавровая сталь
Tsuschima [tsuˈʃiːmə] *(n)* -s Цусима *(группа о-вов в Корейском проливе* <*Япония*>*)*
Tuba <*lat.*> *f* -, -ben *муз.* туба
Tube <*lat.-fr.-engl.*> *f* -, -n 1. тюбик; 2. *анат.* евстахиева труба; 3. *см.* Tuba
tuberkulös <*lat.*> *a* туберкулёзный
Tuberkulóse <*lat.*> *f* -, -n туберкулёз; **an ~ erkranken** заболеть туберкулёзом
tuberkulósenkrank *a* больной туберкулёзом
Tuch I *n* -(e)s, Tücher 1. платок; шаль; косынка; 2. тряпка
Tuch II *n* -(e)s, -e сукно; **ein Stück ~** кусок [отрез] сукна; **grobes ~** драп
tuchartig *a* похожий на сукно
tuchen *a* суконный
Tuch‖fühlung *f* - 1. *воен.* чувство локтя; 2. тесная связь, контакт; **in ~ miteinander stehen*** иметь тесный контакт друг с другом
tüchtig *a* 1. дельный, хороший, способный; **er ist in seinem Fach sehr ~** он хороший специалист, он хороший знаток своего дела; 2. порядочный, изрядный; **ein ~es Stück Geld** порядочная сумма денег; 3. сильный, крепкий; **eine ~e Tracht Prügel** сильные побои
Tuch‖zeichen *n* -s, - *воен.* сигнальное полотнище
Tücke *f* -, -n коварство; ✧ **List und ~** козни
tückisch *a* 1. коварный; злобный; **auf**

jmdn. ~ sein *разг.* питать тайную злобу против кого-л.; **ein ~es Pferd** лошадь с норовом; **2.** коварный, изменчивый; **ein ~es Wetter** коварная погода
Tueréi *f -, -*en *разг.* притворство; важничанье
Tüftelei *f -, -*en мелочность; педантичность
tüftelig *a* **1.** кропотливый; **2.** мелочный; педантичный; **3.** мудрёный *(о плане и т. п.)*
tüfteln *vi пренебр.* мудрить; вдаваться в излишние мелочи
Tugend *f -, -*en добродетель
tugendhaft *a* добродетельный, благонравный
tugendlos *a* лишённый добродетели [благонравия]
tugendvoll *a* исполненный добродетели [благонравия]
Tula *(n)* -s Тула *(областной центр РФ)*
Tüll *<fr.> m* -s, -е тюль
Tülle *f -, -*n **1.** носик чайника [кувшина]; **2.** *тех.* втулка, наконечник, насадка; **3.** розетка подсвечника
Tulpe *f -, -*n *бот.* тюльпан
tummeln I *vt* гонять; **ein Pferd ~** дать лошади порезвиться; II **~, sich 1.** резвиться; возиться; **2.** спешить; **tummle dich!** поторапливайся!, поспеши!
Tummelplatz *m* -es, -plätze **1.** площадка для игр; **2.** арена, манеж
Tümmler *m* -s, - дельфин; морская свинья
Tumor *<lat.> m* -s, -móren *мед.* тумор, опухоль
Tumúlt *<lat.> m* -(e)s, -е шум; суматоха, сумятица
tumultuárisch *<lat.> a* суматошный, беспорядочный, шумный
tun* I *vt* **1.** делать, сделать; **nichts ~** ничего не делать; **sein Möglichstes [sein Bestes] ~** сделать всё возможное; **gesagt – getan !** сказано – сделано!; **2.** сделать, причинить; **jmdm. Böses ~** причинить кому-л. зло; **3.** положить *(что-л. куда-л.);* **etw. beiseite ~** отложить что-л. в сторону; **Salz in die Suppe ~** посолить суп; **4.: Abbitte ~** просить прощения; **Dienst ~** дежурить; **seine Pflicht ~** выполнять свой долг; **5.: jmdm., einer Sache (D) Abbruch ~** вредить кому-л., чему-л.; **einer Sache (D) Einhalt ~** (при)остановить, пресечь что-л.; **jmdm. Schaden ~** причинять ущерб [вред] кому-л.; **jmdm. seinen Willen ~** согласиться с кем-л.; **6.** оказывать, иметь; **eine Wirkung ~** оказывать [иметь] воздействие; **7.: zu ~ haben** быть занятым; **er hat alle Hände voll zu ~** у него дел по горло; **es mit jmdm., mit etw. (D) zu ~ haben** иметь дело с кем-л., с чем-л.; **ich habe damit nichts zu ~** я не имею к этому никакого отношения; **8.: des Guten zu viel ~** перебарщивать; **lesen tut er ohne Brille** *разг.* читает-то он без очков; II *vi* **1.: es ist ihm sehr darum zu ~** он очень хочет ...; для него очень важно...; **es ist ihm nicht um das Geld zu ~** деньги его не интересуют, для него дело не в деньгах; **2.: böse ~** притвориться сердитым; **tu nicht so beleidigt!** не разыгрывай из себя обиженного!; **3.: es tut mir leid** мне жаль; **jmdm. (nichts) recht ~** (не)угодить кому-л.; (не) удовлетворить чьи-л. требования
Tun *n* -s образ действий, поведение; **das ~ und Lassen [Treiben]** поведение, поступки, образ действия
Tünche *f -, -*n **1.** известковый раствор для побелки; клеевая краска; **2.** (внешний) лоск
tünchen *vt* **1.** красить, белить *(комнату);* **2.** *спорт.* размечать *(поле, площадку);* проводить линию
Tundra *<finn.> f* -, -dren тундра
Tunéser *m* -s, -; **~in** *f -, -*nen тунисец; туниска
Tunési|en *(n)* -s Тунис *(гос-во в Сев. Африке)*
tunésisch *a* тунисский
Tunichtgut *m* -/-(e)s, -е *разг.* бездельник, шалопай
Tunika *<lat.> f* -, -ken туника
Túnis *(n)* - Тунис *(столица гос-ва Тунис)*
Tunke *f -, -*n соус, подливка
tunken *vt* макать, окунать
tunlich *a* возможный; подходящий; желательный; выполнимый
tunlichst *adv* по возможности; **bitte, ~ noch heute zu schicken** прошу отправить по возможности сегодня же
Tunnel *<gr.-lat.-fr.> m* -s, -s/- туннель
Tüpfel *m* -s, -; **~chen**, *n* -s, - точка, крапинка, горошинка; **ein Stoff mit Tüpfelchen** материя в крапинку [в горошек]; **das Tüpfelchen aufs "i" setzen** поставить точку над "i"
tüpfelig *a* в крапинку, в горошек
tüpfeln *vt* покрывать пятнышками [крапинками]
tupfen *vt* **1.** слегка трогать *(что-л.),* дотрагиваться *(до чего-л.);* **2.** *см.* tüpfeln
Tupfer *m* -s, - *мед.* тампон

Tür *f* -, -en дверь, дверца; **von ~ zu ~** из дома в дом; **jmdm. die ~ weisen*** показывать кому-л. на дверь; **offene ~en einrennen*** ломиться в открытую дверь; **hinter verschlossenen ~en** при закрытых дверях; ◇ **vor der ~ stehen*** быть не за горами
Tür‖angel *f* -, -n дверная петля
Turban <*pers.-türk.-gr.-roman.*> *m* -s, -e тюрбан, чалма
Turbine <*lat.-fr.*> *f* -, -n турбина
turbulént <*lat.*> *a* 1. бурный; буйный; **~er Beifall** бурные аплодисменты; 2. турбулентный, вихревой
Turbulénz <*lat.*> *f* -, -en 1. омут, водоворот; 2. турбулентность; завихрение, вихревое движение; 3. волнение, возбуждение
Tür‖flügel *m* -s, - створка [полотно] (двери), дверца
Tür‖füllung *f* -, -en дверная филёнка
türkblau *a* тёмно-синий
Türke *m* -n, -n; **Türkin** *f* -, -nen турок; турчанка
Türkéi *f* - Турция (*гос-во, расположенное в Азии* <*97% территории*> *и Европе*)
Türkis <*türk.-fr.*> *m* -es, -e бирюза
türkisch *a* турецкий
Tür‖klinke *f* -, -n нажимная ручка (*двери*), щеколда
Turkméne *m* -n, -n **Turkménin** *f* -, -nen туркмен, -нка
Turkméni‖en (*n*) -s Туркмения *см.* **Turkmenistan**
turkménisch *a* туркменский
Turkmenistán (*n*) -s Туркменистан (*гос-во на Ю.-З. Средней Азии*)
Turm *m* -(e)s, Türme 1. башня, колокольня; 2. *шахм.* ладья; 3. *ист.* тюремный замок
türmen I *vt* громоздить; II *vi* (s) *разг.* убегать, удирать; III ~, **sich** громоздиться, нависать (*о тучах и т. п.*)
turmhoch I *a* высотой с башню, очень высокий; II *adv* неизмеримо выше
Turm‖spitze *f* -, -n шпиц, шпиль
Turm‖springen *n* -s, - *спорт.* прыжки с вышки
Turm‖uhr *f* -, -en башенные часы
Turn‖anzug *m* -(e)s, -züge спортивный [физкультурный] костюм
turnen *vi* заниматься гимнастикой
Turnen *n* -s гимнастика
Turner *m* -s, - гимнаст
turnerisch *a* гимнастический, физкультурный
Turn‖fest *n* -es, -e физкультурный праздник

Turn‖gerät *n* -(e)s, -e гимнастический снаряд
Turn‖halle *f* -, -n гимнастический зал
Turn‖hemd *n* -(e)s, -en (спортивная) майка
Turn‖hose *f* -, -n спортивные трусы
Turníer <*gr.-lat.-fr.*> *n* -s, -e турнир; состязание, игры
Turnus <*gr.-lat.*> *m* -, -se цикл, оборот; очерёдность
Turn‖verein *m* -(e)s, -e гимнастическое общество
Tür‖pfosten *m* -s, - дверной косяк
Tusch <*fr.*> *m* -(e)s, -e/-s *муз.* туш; **einen ~ blasen*** играть туш
Tusche <*lat.-it.-fr.*> *f* -, -n тушь
tuscheln *vi разг.* шушукаться, шептаться
tuschen *vt* тушевать, растушёвывать; окрашивать (*чертёж*)
Tüte *f* -, -n пакетик, кулёк; ◇ **nicht in die ~!** *разг.* ни в коем случае!
tuten *vt*, *vi* трубить; **auf einem Horn ~** трубить в рог; **Feuer ~** поднимать пожарную тревогу
Tut‖horn *n* -(e)s, -hörner труба, рог
Tuwá (*n*) -s Тува (*автономная республика в составе РФ*)
Tycho ['ty:xo] Тюхо (*муж. имя*)
Typ <*gr.-lat.*> *m* -s, -e/en 1. тип, образец; 2. тип, форма; 3. тип, образ; **sie ist sein ~** она в его вкусе
Type <*gr.-lat.-fr.*> *f* -, -n 1. *полигр.* литера; 2. *пренебр.* тип, субъект
typisch <*gr.-lat.*> *a* 1. типичный; типовой; 2. типический (*об образе и т. п.*)
typisieren <*gr.-lat.*> *vt* типизировать, приводить к типовым образцам
Typographíe <*gr.*> *f* - типография, книгопечатание
typhös <*gr.-lat.*> *a* тифозный
Typhus <*gr.-lat.*> *m* - *мед.* тиф; **an ~ erkranken** заболеть тифом
Tyránn <*gr.-lat.*> *m* -en, -en тиран; деспот
Tyrannéi <*gr.-lat.*> *f* -, -en тирания, деспотизм
tyránnisch <*gr.-lat.*> *a* тиранический, деспотический
tyrannisíeren <*gr.-lat.*> *vt* тиранить, мучить

U

U-Bahn *f* - метро, метрополитен; **mit der ~ fahren*** ехать в [на] метро

übel I *a* дурной; ◇ **mir ist ~** мне дурно, меня тошнит; **es steht ~ mit ihm [um ihn]** его дела плохи; **wohl oder ~** волей-неволей; II *adv* плохо, дурно; неудачно

Übel *n* -s,- 1. зло; **das notwendige ~** неизбежное зло; **jmdm. ein ~ zufügen** причинить кому-л. зло; 2. беда; **dem ~ abhelfen* [steuern, wehren]** помочь в беде; 3. болезнь, недуг

übelgelaunt *a* не в духе; **~ gesinnt** враждебно настроенный, злонамеренный

Übelkeit *f* - тошнота; **~ verursachen** вызывать тошноту

übel|nehmen* *vt (jmdm.)* обижаться *(за что-л. на кого-л.)*

Übel||stand *m* -(e)s, -stände недостаток, беспорядок, зло; **einem ~ abhelfen*** устранить недостаток

Übel||tat *f* -, -en злодеяние, преступление

Übel||täter *m* -s, - ; **~täterin** *f* -, -nen преступник, -ница

übelwollend *a* недоброжелательный

üben I *vt* 1. упражнять; **ein Musikstück ~** разучивать музыкальную пьесу; **(am) Klavier ~** упражняться на рояле; 2.: **Fleiß ~** быть прилежным; **Gewalt ~** прибегать к насилию; **Treue ~** быть верным *(кому-л., чему-л.)*; **an jmdm., etw. (D) Kritik ~** критиковать кого-л., что-л.; II **~, sich** *(in* D) упражняться *(в чём-л.)*

über I *prp* 1. (D на вопрос "где?"; A на вопрос "куда?") над; 2. через, по истечении; **~ acht Tage** через неделю; 3. свыше, сверх; более; **~ tausend Rubel** свыше тысячи рублей; II *adv:* **die Nacht ~** всю ночь напролёт; **~ und ~** совершенно, вполне; **Gewehr ~ !** ружьё на плечо!

über- *отд. и неотд. глаг. приставка;* *указывает* 1. *на движение через что-л.:* **über|fliegen*** пролетать *(над чем-л.)*; 2. *на распространение действия на предмет:* **über|dáchen** покрывать крышей; 3. *на повторение действия:* **über|árbeiten** переделывать; 4. *на чрезмерность, на переход за пределы чего-л.:* **überánstrengen** переутомлять; 5. *на пропуск, на упущение:* **über|séhen*** пропустить *(ошибку и т. п.)*; **über|hören** недослышать, прослушать

überall *adv* везде, (по)всюду

Übeälterung *f* - эк. моральный износ

Überangebot *n* -(e)s, -е эк. превышение предложения над спросом

Überanspruchung *f* - *(тж. тех.)* перегрузка

über|anstrengen I *vt* переутомлять; II **~, sich** переутомляться, надрываться, чрезмерно напрягаться

Überanstrengung *f* -, -en перегрузка, перенапряжение *(тж. тех.);* переутомление

Überarbeit *f* -, -en сверхурочная работа; **~ leisten** работать сверхурочно

über|arbeiten I *vt* 1. переделывать, перерабатывать *(статью и т. п.);* 2. переутомлять *(нервы);* II **~, sich** переутомляться

Überárbeitung *f* - переделка, переработка

Überärmel *m* -s, - нарукавник

überaus *adv* чрезвычайно

Überbau *m* -(e)s, -е /-ten 1. надстройка *(дома и т. п.);* 2. филос. надстройка

Überbewertung *f* - переоценка

über|bíeten* I *vt* 1. предлагать [давать] бóльшую цену *(чем кто-л.);* **jmdn. mit 20 Dollar ~** дать на 20 долларов больше, чем кто-л.; 2. превосходить; превышать; перевыполнять *(план, норму);* II **~, sich** превзойти самого себя

Überbleibsel *n* -s, - 1. остаток; *pl. тж.* объедки, остатки *(еды);* 2. пережиток

Überblick *m* -(e)s, -е 1. вид *(über* A *на что-л.);* 2. обзор, обозрение; **ein kurzer ~** краткое обозрение [резюме]; **einen ~ über etw. haben** иметь общее понятие о чём-л.; **es fehlt ihm am ~** у него узкий кругозор

über|blicken *vt* 1. обозревать, окинуть взором [взглядом]; 2. *перен.* обозревать, рассматривать

über|bringen* *vt* 1. передавать, доставлять *(письмо, передавать привет);* 2. наушничать

Überbringer *m* -s, -; **~in** *f* -, -nen податель, -ница; предъявитель, -ница *(письма и т. п.)*

Überbrückung *f* -, -en 1. наводка [постройка] моста (G через что-л.); 2. преодоление *(препятствий),* сглаживание *(противоречий)*

über|bürden *vt* перегружать, чрезмерно обременять

Überbürdung *f* -, -en перегрузка, чрезмерное обременение

über|dáchen *vt* покрывать крышей [навесом]

Überdáchung *f* -, -en крыша, навес; перекрытие

überdas *см.* **überdies**

über|dáuern *vt* пережить; выждать

Überdecke *f* -, -n (верхнее) покрывало *(постели)*

über|decken *vt* покрывать *(чем-л.);* **das Tischtuch ~** покрыть (стол) скатертью

über|décken *vt* покрывать; *стр. тж.* перекрывать; **den Tisch mit Lack ~** покрыть стол лаком
über|dénken* *vt* передумать, обдумать
überdies *mod adv* притом, сверх того
über|dréhen *vt* 1. перекручивать; 2. сорвать нарезку [резьбу] *(винта)*
Überdruck *m* -(e)s, -drücke *физ.* избыточное давление; *тех.* добавочное давление
Überdruß *m* -sses скука, пресыщение; **~ erregen** надоедать
überdrüssig: **~ werden** (G) надоедать; **ich bin dessen ~** мне это надоело
überdurchschnittlich *a* недюжинный, незаурядный
Übereifer *m* -s чрезмерное усердие [рвение]
Übereignung *f* -, -en передача в собственность
über|éilen I *vi* делать опрометчиво [необдуманно]; II **~, sich** 1. *(mit, in* D) слишком торопиться *(с чем-л., в чём-либо)*; **ohne sich zu ~** не спеша; 2. поступать опрометчиво [необдуманно]
übereilt *part adv* опрометчивый, необдуманный
Übereilung *f* -, -en 1. торопливость; 2. опрометчивость
überéin *adv* заодно, согласно
übereinánder *pron rez* 1. один над другим; 2. друг на друга
überéin|kommen* *vi* (s) *(über* A) договориться *(о чём-л.)*, согласовывать *(что-л.)*; **die Delegationen sind in allen Fragen übereingekommen** делегации договорились (друг с другом) по всем вопросам
Übereinkommen *n* -s, - соглашение, договор, сделка; договорённость; **mit jmdm. zu einem ~ gelangen, mit jmdm. ein ~ treffen*** прийти к соглашению, договориться с кем-л.
Übereinkunft *f* -, -künfte *см.* Übereinkommen
überéin|stimmen *vi (mit* D) 1. совпадать (с чьим-л. мнением и т.п.); 2. соответствовать; **Nachfrage und Angebot stimmen [miteinander] überein** спрос соответствует предложению; 3. согласовываться *(о действиях)*; **ich stimme mit ihm vollkommen überein** я с ним полностью согласен
Übereinstimmung *f* -, -en 1. соответствие; **in ~ mit etw. (D)** в соответствии с чем-либо; 2. согласование *(тж. грам.);* **in ~ handeln** действовать согласованно; **etw. mit etw. (D) in ~ bringen*** согласовать что-л. с чем-л.; 3. соглашение, согласие; **eine beiderseitige ~ herbeiführen** достигнуть обоюдного соглашения
überéin|treffen* *vi* (s) *(mit* D) совпадать (с чем-л.); **unsere Ansichten treffen überein** наши мнения совпадают
über|erfüllen *vt* перевыполнять
Übererfüllung *f* -, -en перевыполнение
über|éssen* *vt* переесть *(чего-л.)*
über|éssen*, sich *(an, mit* D) объедаться, портить себе желудок *(чем-л.)*
über|fahren I* *vi* (s) переезжать, переправляться *(на другой берег и т. п.)*; II *vt* перевозить, переправлять *(на другой берег и т. п.)*
über|fáhren* II *vt* 1. переехать *(кого-л.)*; 2. проехать *(на запрещённый сигнал светофора)*
Überfahrt *f* -, -en 1. переезд *(железнодорожный)*; 2. переправа *(через реку и т. п.)*
Überfall *m* -(e)s, -fälle нападение, налёт, набег
über|fallen* I *vi* (s) падать на другую сторону
über|fállen* II *vt* 1. нападать *(на кого-л.)*; **Traurigkeit hat ihn ~** на него напала грусть; 2. неожиданно посетить, нагрянуть *(о гостях и т. п.)*
Überfall‖hose *f* -, -n спортивные [лыжные] брюки
überfällig *a* 1. опоздавший; 2. просроченный
Überfall‖kommando *n* -s, -s выездная полицейская команда
über|fléchten *vt* оплетать
über|fliegen* I *vi* (s) перелетать *(через что-л., куда-л.)*
über|flíegen II *vt* 1. пролетать *(над чем-либо)*, перелетать *(что-л.);* **ihre Wangen überflog ein zartes Rot** её лицо покры-лось нежным румянцем; 2. пробежать глазами
über|fließen* I *vi* (s) переливаться *(через край);* **die Augen flossen (von Tränen) über** глаза наполнились слезами; **die Farben flossen ineinander über** цвета сливались
über|flíeßen* II *vt* заливать *(что-л.)*, разливаться *(где-л.; о реке)*
über|flügeln *vt* 1. превосходить, превзойти, перегонять, опережать; 2. *воен.* опережать с фланга, обходить фланги *(противника);* 3. превышать *(норму и т. п.)*
Überfluß *m* -sses *(in, an* D) изобилие, избыток *(чего-л.)*; **zum ~** сверх того
überflüssig *a* (из)лишний, ненужный
über|flúten *vt* 1. затоплять; заливать *(тж.*

перен. *о солнце*); 2. наводнять *(рынок товаром)*
Überflútung *f* -, -en затопление, наводнение, разлив
Überfrácht *f* -, -en излишек веса [груза]
über|fráchten *vt* перегружать, чрезмерно нагружать
über|frágen *vt* 1. проверять *(урок)*; 2.: **da bin ich überfragt** *разг.* спросите что-нибудь полегче; я не в курсе
Überfrémdung *f* -, -en преобладание [проникновение] иностранного капитала [иностранного влияния], иностранное засилие
über|führen I *vt* 1. перевозить, переводить *(куда-л.)*; 2. передавать; **die Betriebe in privates Eigentum ~** передавать предприятия в частную собственность; приватизировать предприятия
über|führen II *vt* (G) уличать, изобличать *(кого-л. в чём -л.)*; **er wurde der Lüge überführt** его уличили во лжи
Überführung I *f* -, -en 1. перевоз; 2. перевод *(в другое учреждение и т. п.)*; 3. путепровод
Überführung II *f* -, -en *юр.* изобличение
Überfülle *f* - 1. изобилие, избыток (*an* D *чего-л.*); 2. чрезмерная полнота *(человека)*
über|füllen *vt* переполнять
über|füttern *vt* перекармливать, закармливать
Übergabe *f* -, -n передача; вручение
Übergang *m* -(e)s, -gänge 1. переход; 2. переправа *(на реке)*; **einen ~ (über den Fluß) erzwingen*** форсировать реку
Übergangs∥mantel *m* -s, -mäntel демисезонное пальто
Übergangs∥periode *f* -, -n переходный период
über|gében* I *vt* 1. передавать; вручать; **die neue Strecke dem Verkehr ~** сдать новую линию в эксплуатацию *(о транспорте)*; **der Öffentlichkeit ~** предавать гласности; **dem Gericht ~** предавать суду; 2. сдавать *(крепость)*; II **~, sich** рвать *(о рвоте)*; **er übergibt sich** его рвёт
über|géhen* I *vi* (s) 1. (*in* A, *zu* D) переходить *(куда-л., к кому-л., к чему-л.; тж. перен.)*; **zum Angriff ~** переходить в наступление; 2. переправляться *(на другой берег)*; 3. переходить, превращаться *(во что-л.)*; 4. уйти, убежать *(о молоке)*; 5.: **die Augen gingen ihr über** у неё слёзы навернулись на глаза
über|géhen* II *vt* 1. проходить мимо, не замечать *(чего-л.)*; пропускать *(что-*

либо); **etw. mit Stillschweigen ~** обойти молчанием что-л.; 2. обходить *(кого-л. при распределении)*; 3. нарушать *(закон и т. п.)*
Übergewicht *n* -(e)s 1. лишний вес; 2. перевес, превосходство
über|gießen* *vt* обливать, заливать
über|glásen *vt* покрывать глазурью [стеклом]
überglücklich: **~ sein** быть вне себя от радости
über|gólden *vt* вызолотить, (по)золотить *(тж. перен.)*
Übergóldung *f* -, -en золочение
über|greifen* *vi* распространяться, перебрасываться *(на что-л.)*, охватывать *(что-либо — о пожаре, забастовке и т. п.)*
Übergriff *m* -(e)s, -e 1. превышение власти; злоупотребление властью; 2. перегиб; **der linke [rechte] ~** левый [правый] перегиб
über|haben* *vt* 1.: **er hat die Jacke über** он накинул куртку; 2.: **er hat es über** *разг.* это ему надоело
Überhang *m* -(e)s -hänge 1. занавес; 2. выступ; 3. перевес, преобладание *(о валюте, товарах)*
über|hängen* I *vi* выступать; свисать; II *vt* накинуть, набросить *(пальто, платок)*
über|häufen *vt* 1. заваливать; 2. *перен.* заваливать, перегружать *(работой)*; 3. осыпать *(ласками, упрёками и т. п.)*
Überhäufung *f* -, -en 1. переполнение, избыток; загромождение; 2. перегрузка *(работой)*
überháupt *mod adv* вообще, в общем
über|hében* I I *vt* (G) избавлять, освобождать *(кого-л. от заботы и т. п.)*; II **~, sich** (G) избавляться, освобождаться *(от чего-л.)*
über|hében*, **sich** II надорваться *(поднимая тяжесть)*
über|hében*, **sich** III зазнаваться, загордиться; **er überhebt sich über die anderen** он зазнаётся
überhéblich *a* надменный, заносчивый
Überhéblichkeit *f* -, -en самомнение, зазнайство, надменность, заносчивость
Überhébung I *f* -, -en избавление *(от забот и т. п.)*
Überhébung II *см.* Überhéblichkeit
über|héizen *vt* слишком жарко топить, перегревать
überhin *adv* 1. поверх, сверх; 2. на скорую руку, поверхностно
überhítzen *vt* перегревать

überhítzt *part a* сильно возбуждённый, пылкий

Überhöhung *f* -, -en чрезмерное повышение [увеличение]

über|holen I *vt* переправлять (*на свой берег, на свою сторону*)

über|hólen II *vt* обгонять, перегонять, опережать (*тж. перен.*)

über|hólen III *vt* ремонтировать (*станок, комнату и т. п.*); перебирать, (капитально) ремонтировать (*мотор*)

überholt *a* устаревший; **~e Normen** устаревшие нормы; отсталый, запоздалый

Überhólung I *f* -, -en *тех.* опережение, обгон

Überhólung II *f* -, -en *тех.* (текущий) ремонт, переборка (*механизма*)

über|hören *vt* 1. недослышать, пропускать мимо ушей; 2. проверять (*урок*)

überirdisch *a* 1. неземной; 2. сверхъестественный

über|kippen I *vt* опрокидывать; II *vi* (s) терять равновесие; опрокидываться

über|klében *vt* (*mit* D) заклеивать (*что-л. чем-л.*), наклеивать (*поверх чего-л., что-л.*)

Überkleid *n* -(e)s, -er верхнее пальто

über|kléttern *vt* перелезть (*через что-л.*)

über|klíngen *vt* заглушать, забивать (*о звуке*)

über|kochen *vi* (s) 1. перекипать; уйти, убежать (*при кипении*); 2. быть вспыльчивым; **er kocht leicht über** он очень вспыльчив

über|kómmen* *vt* 1. охватывать, овладевать (*о чувстве*); **es überkam ihn heiß** его охватил жар; 2. (*von jmdm.*) получать, (у)наследовать (*что-л. от кого-л.*)

über|kriechen* *vi* (s) перелезать

über|laden* I *vt* 1. *мор.* перегружать (*товар*); пересаживать (*пассажиров*); 2. *эл.* перезаряжать (*аккумулятор*)

über|láden II *vt* перегружать, чрезмерно нагружать (*тж. перен.*); **sich** (D) **den Magen ~** набить себе желудок

Überládung *f* -, -en перегрузка, чрезмерная нагрузка (*тж. перен.*)

Überlágerung *f* -, -en наслоение

Überland||**flug** *m* -(e)s, -flüge *ав.* полёт на дальность

Überland||**leitung** *f* -, -en электропередача (на далёкое расстояние)

Überland||**verkehr** *m* -s *ж.-д.* дальнее сообщение

über|lassen* I *vt разг.* оставлять, приберегать

über|lássen* II I *vt* 1. уступать, отдать; продать; 2. предоставлять; **er hat es mir ~ zu entscheiden** он предоставил решение мне; **sich** (D) **selbst ~ sein** быть предоставленным самому себе; 3. передавать, доверять (*работу, больного и т. п.*); II **~, sich** (D) предаваться (*горю, размышлениям*)

Überlast *f* -, -en лишний груз [вес], лишняя тяжесть

über|lásten *vt* (*mit* D) перегружать, чрезмерно нагружать, заваливать (*чем-л.; тж. перен.*)

Überlástung *f* -, -en перегрузка (*тж. перен.*)

über|laufen* I *vi* (s) 1. переливаться (*через край*), уйти (*при кипении*); **ihm liefen die Augen über** на его глазах выступили слёзы; 2. (*zu* D) *б.ч. воен.* перебегать, переходить (*к кому-л.*)

über|láufen II *vt* 1. обходить (*кого-л.*), проходить мимо (*чего-л.*), не считаться (*с кем-л., с чем-л.*); 2. пробегать (*глазами*); 3. осаждать (*кого-л.*), не давать покоя (*кому-л.*); досаждать (*кому-л. просьбами и т.п.*); обивать (*чьи-л. пороги*); 4. переполнять (*курорт, магазины и т.п.*); **dieser Beruf ist ~** в этой области имеется много специалистов; 5.: **Angst überlief mich** меня охватил страх; **ihn überlief es kalt** у него мурашки бегают по спине

Überläufer *m* -s, - перебежчик

über|lében I *vt* пережить (*человека, славу*); 2. переживать, переносить, испытывать, претерпевать; 3. пережить, выжить, дожить; II **~, sich: das hat sich überlebt** это безнадёжно устарело

Überlébende *subst m, f* -n, -n оставшийся, -шаяся в живых

über|legen I *vt* (*über* A) *разг.* 1. класть, положить (*что-л. поверх чего-л.*); 2. накинуть (*платок, пальто*)

über|légen II *vt тж.* **, sich** (D) обдумывать, соображать, (мысленно) взвешивать; **gut überlegt** хорошо продумано

überlégen III I *a* 1. превосходящий (D *an* D *кого-л., что-л. в чём-л.*); **jmdm. an Kraft ~ sein** превосходить кого-л. в силе; 2. высокомерный; **ein ~es Lächeln** высокомерная улыбка; II *adv* с большим превосходством, уверенно (*победить*)

Überlégenheit *f* - превосходство (*an* D, *über* A в чём-л. над кем-л., над чем-л.); преимущество

Überlégung *f* -, -en 1. размышление; **bei näherer ~** основательно обдумав [взвесив]; 2. рассуждение; 3. соображение; рассудительность

über|leiten vt переводить, переносить; **zum nächsten Punkt des Programms ~** переходить к следующему пункту программы

über|lésen* I vt 1. просматривать, бегло прочитывать; 2. пропускать, читая, проглядеть; II ~, sich слишком много [до пресыщения] читать

über|liefern vt 1. передавать, вручать; **jmdn. dem Feind ~** выдавать кого-л. врагу; 2. передавать, сообщать (*из поколения в поколение*)

Überlieferung f -, -en 1. выдача; 2. передача; 3. предание, традиция; см. überliefern.

über|listen vt перехитрить, провести

Übermacht f - превосходство сил; перевес; **erdrückende ~** подавляющее превосходство; **der ~ erliegen*** быть побеждённым превосходящими силами

übermächtig I a могущественный; II adv чрезвычайно, крайне

über|málen vt 1. закрашивать, замазывать; 2. ретушировать; подправлять, подновлять (*картину*)

über|mánnen vt одолевать; **der Schlaf übermannte sie** её одолел сон; **der Zorn übermannte ihn** его охватил гнев

Übermaß n -es избыток, излишек (*an, von* D *чего-л., в чём-л.*); **alles im ~ haben** иметь всё в избытке; **zum ~ des Glücks** для полноты счастья

übermäßig I a чрезмерный; II adv слишком

Übermensch m -en, -en сверхчеловек

übermenschlich a нечеловеческий, сверхчеловеческий

über|mitteln vt передавать, пересылать

Übermittelung f -, -en передача, пересылка

übermorgen adv послезавтра; ◊ **ja, ~ !** *разг.* ≡ после дождичка в четверг

über|müden I vt переутомлять; II ~, sich переутомляться; изнемогать от усталости

Übermüdung f -, -en переутомление; изнеможение

Übermut m -(e)s 1. задор; резвость, шаловливость; **aus ~** из шалости [озорства]; 2. высокомерие, заносчивость; **jmdm. den ~ benehmen*** сбить спесь с кого-л.; ◊ **~ tut selten gut** *посл.* высокомерие до добра не доводит

übermütig a 1. задорный, шаловливый; 2. заносчивый

über|nächten vi (пере)ночевать

Übernachtung f -, -en ночёвка

Übernahme f -, -n 1. приём(ка) (*заказа и т.п.*); 2. взятие, принятие на себя

übernatürlich a сверхъестественный

über|nehmen* I vt накинуть (*пальто*); **das Gewehr ~** брать винтовку на плечо

über|néhmen* II I vt 1. получать, принимать (*заказ, груз и т. п.*); 2. брать на себя (*руководство, ответственность*); 3. перенимать (*манеру и т. п.*); 4. вступать во владение (*имением и т. п.*); II ~, sich (*in* D) 1. не знать меры (*в еде*); 2. (*bei* D) надрываться (*от работы*)

über|pflánzen vt (*mit* D) пересаживать (*растения*)

Überpflánzung f -, -en пересадка (*растений*)

über|pflügen vt запахивать

über|pinseln vt закрашивать

Überplan||bestand m -(e)s, -stände сверхплановая наличность

Überproduktion f -, -en перепроизводство

Überprofit m -(e)s, -e *эк.* сверхприбыль

über|prüfen vt пересматривать, проверять (дополнительно)

Überprüfung f -, -en пересмотр, перепроверка, ревизия; чистка

überquér adv напротив, насквозь

über|quéren vt пересекать (*улицу*)

über|ragen I vi выдаваться, выступать

über|rágen II vt 1. возвышаться (*над чем-либо*); господствовать (*над местностью*); 2. (*an* D) превосходить (*кого-л. в чём-л.*); **an Ausdauer ~** превосходить в выдержке (*кого-л.*)

über|ráschen vt (*mit* D, *durch* A) 1. поражать, удивлять (*чем-л.*); **er überraschte uns durch seinen Besuch** его визит был для нас неожиданностью; **ich lasse mich gern ~** я люблю сюрпризы; 2. захватывать врасплох; 3. *воен.* ошеломлять, наносить внезапный удар

überráschend part a 1. поразительный; 2. неожиданный, внезапный

Überráschung f -, -en 1. неожиданность, внезапность; сюрприз; **~en sind fällig** возможны (любые) неожиданности; **zu meiner größten ~** к моему великому удивлению; **jmdm. eine ~ bereiten** готовить сюрприз кому-л; 2. *воен.* внезапность

über|réden vt (*zu* D) уговаривать, убеждать (*кого-л. сделать что-л.*); **er ist schwer zu ~** его трудно уговорить

Überrédung f -, -en уговоры, убеждение; **etw. durch ~ erlangen** добиться чего-л. путём уговоров

Überrédungs||kunst f -, -künste искусство [умение] убеждать

überreich *a* чрезвычайно богатый, изобилующий (*an* D чем-л.)
über|réichen *vt* передавать, вручать; подносить, преподносить
Überréichung *f* -, -en передача, вручение; преподнесение
überreif *a* перезрелый, переспелый
über|réifen I *vi* (s) перезреть, переспеть
über|réifen II *vi* (s) покрываться инеем
über|réizen *vt* чрезмерно раздражать
über|rénnen* *vt* 1. сбивать с ног (*прохожего*); 2. смять, уничтожить (*войска*); 3. (внезапно) захватывать, занимать (*город, позиции*)
Überrest *m* -es, -e 1. остаток; 2. *pl* остатки, пережитки; ◊ **die sterblichen ~e** бренные останки
Überrock *m* -(e)s, -röcke 1. сюртук; 2. пальто
über|rúmpeln *vt* захватывать врасплох; напасть врасплох; **jmdn. mit seinem Besuch ~** неожиданно нагрянуть к кому-л. в гости; **sich nicht ~ lassen*** *разг.* не дать себя объегорить
Überrúmpelung *f* -, -en нападение врасплох
über|sálzen *vt* пересолить
übersatt *a* сытый по горло, пресыщенный
über|sättigen I *vt* перенасыщать (*раствор*); II **~, sich** (*mit, an* D) пресыщаться (*чем-л.*)
Übersättigung *f* -, -en 1. перенасыщение (*раствора*); 2. пресыщение
Überschall||geschwindigkeit *f* - сверхзвуковая скорость
über|schátten *vt* затемнять (*что-л.*), бросать тень (*на что-л.*)
über|schätzen *vt* переоценивать (*кого-л., что-л.*)
Überschätzung *f* -, -en переоценка
Überschau *f* - обозрение
über|scháuen *vt* обозревать (*тж. перен.* события и т. п.)
über|schießen* I *vi* (s) 1. переливаться (*через что-л.*); 2. быть в избытке, быть излишним
über|schießen* II *vt* стрелять поверх [с перелётом], стрелять через голову (*своих войск*)
überschießend *part a* избыточный, излишний
über|schláfen* *vt* пережидать до утра (*с каким-л. решением*)
Überschlag *m* -(e)s, -schläge 1. смета; примерный расчёт; 2. *спорт.* переворот; 3. *эл.* пробой, пробивание изоляции

über|schlagen* I *vt* накинуть (*платок*); **die Beine ~** положить нога на ногу; II *vi* (s) 1. опрокидываться, перевешиваться; 2. перекатываться, захлёстывать (*лодку; о волнах*); 3. переходить в другое состояние, превращаться (*во что-л.*); **das schlägt in mein Fach über** это относится к моей специальности; 4. *эл.* разряжаться; проскакивать (*об искре*)
Überschlag||laken *n* -s, - пододеяльник
über|schmieren *vt* замазывать
über|schnappen *vi* (s) 1. заскакивать, заедать (*о замке*); срываться (*о голосе*); 2. *разг.* спятить (*с ума*)
über|schnéiden* I *vt* пересекать; II **~, sich** пересекаться (*тж. перен.*)
über|schréiben* I *vt* 1. писать (*поверх чего-л.*); 2. переписывать (*в другую книгу, на другой счёт*)
über|schréiben* II *vt* 1. делать надпись (на чём-л.); надписывать, озаглавливать; 2. передавать (*заказ*); 3. (*jmdm.*) переписывать (*имущество на чьё-л. имя*)
über|schréien* *vt* перекричать
über|schréiten* *vt* 1. переходить (*что-л., через что-л.*), переступать, перешагнуть (*что-л., через что-л.*); **die Grenze ~** переходить границу (*тж. перен.*); 2. превосходить, перевыполнять (*нормы*); 3. превышать (*полномочия; смету*); нарушать (*закон*)
Überschréitung *f* -, -en 1. переход; 2. перевыполнение; 3. превышение; нарушение; *см.* überschréiten*
Überschrift *f* -, -en надпись, заглавие
Überschuh *m* -(e)s, -e галоша; ботик
Überschuß *m* -sses, -schüsse 1. излишек (*an* D товара и т. п.); избыток (*суммы*); 2. увеличение, рост; **der ~ der Einnahmen über die Ausgaben** превышение доходов над расходами
überschüssig *a* лишний, избыточный
über|schütten I *vt* 1. пересыпать; 2. *разг.* просыпать; 3. проливать
über|schütten II *vt* 1. засыпать, забрасывать; 2. (*mit* D) осыпать (*тж. перен.*); **jmdn. mit Vorwürfen ~** обрушиваться на кого-л. с упрёками
über|schwellen *vi* (s) переполняться, переливаться; **vor Stolz [Freude] ~** быть переполненным гордости [радости]
über|schwémmen *vt* 1. затоплять, заливать (*о реке и т. п.*); 2. наводнять (*рынок товарами и т. п.*)
Überschwemmung *f* -, -en наводнение; затопление; разлив, половодье

überschwenglich *a* чрезмерный, безмерный (*о восторге и т. п.*); экзальтированный (*о словах*)
über|schwimmen* *vt* переплывать
Übersee *f* - (*употр. без артикля*) заокеанские [трансатлантические] страны; **in ~** за океаном; **aus ~** из-за океана
übersee|isch *a* заокеанский, заморский, трансатлантический
Übersee||verkehr *m* -s трансокеанское сообщение
überséhbar *a* обозримый
über|séhen* *vt* **1.** обозревать (*тж. перен. факты и т. п.*), окидывать взглядом; **2.** пропускать, упускать, не замечать; **3.** смотреть сквозь пальцы (*на что-л.*); не замечать (*чьих-л. ошибок*)
über|sénden* *vt* пересылать; передавать (*известие*)
Übersénder *m* -s, -; **~in** *f* -, -en отправитель, -ница
Übersendung *f* -, -en пересылка
übersétzbar *a* переводимый, поддающийся переводу (*на др. язык*)
über|setzen I *vt* (*über* A) переправлять, перевозить (*кого-л., что-л. через реку и т. п.*); II *vi* (s) переправляться, переплывать, переезжать (*через реку и т. п.*)
über|sétzen II *vt* **1.** переводить (*на другой язык*); **ins Deutsche ~** перевести на немецкий язык; **2.** переложить (*изложить в другой форме*); **ein Gedicht in Prosa ~** переложить стихи прозой
Übersétzer *m* -s, -; **~in** *f* -, -nen переводчик, -чица
Übersetz||mittel *pl* переправочные средства
Übersétzung *f* -, -en **1.** перевод (*на другой язык*); **2.** *тех.* передача
Übersicht *f* -, -en **1.** обзор, обозрение (*über* A *чего-л.*); **2.** вид (*über* A *на что-либо*); **3.** кругозор, горизонт; **sich** (D) **eine ~ verschaffen** составить себе (общее) представление (*о чём-л.*); **die ~ verlieren*** потерять ориентацию
übersichtlich *a* наглядный, ясный, обозримый
Übersichtlichkeit *f* - **1.** обозримость; **2.** наглядность, ясность, понятность
über|siedeln *vi* (s) переселяться
Übersied(e)lung *f* -, -en переселение
über|silbern *vt* (по)серебрить
Übersilberung *f* -, -en серебрение
übersinnlich *a* сверхъестественный, сверхчувствительный, трансцендентный
Übersoll *n* -/-s,-/-s **1.** перевыполнение задания; **2.** перевыполненное задание
über|spánnen *vt* **1.** обтягивать, затягивать, покрывать (*полотном и т. п.*); **2.** слишком сильно натягивать (*струну и т. п.*); **die Forderungen ~** ставить слишком высокие требования; **den Bogen ~** *перен.* перегнуть палку
überspánnt *a* **1.** слишком сильно натянутый; **2.** преувеличенный; **3.** экстравагантный
Überspánntheit *f* -, -en **1.** преувеличение; **2.** экстравагантность, эксцентричность; сумасбродство
Überspánnung *f* -, -en перенапряжение, сверхнапряжение (*тж. эл., тех.*)
über|spítzen *vt* **1.** слишком заострять; **2.** *перен.* слишком заострять; утрировать; перегибать палку
überspítzt *a* **1.** чересчур заострённый [острый]; **2.** *перен.* слишком заострённый, преувеличенный, утрированный
über|springen* I *vi* (s) (*von* D, *zu* D, *auf* A) **1.** перепрыгивать, перескакивать (с одного места на другое); **2.** *перен.* переходить, перескакивать (с одного на другое); **auf ein anderes Thema ~** перейти к другой теме
über|spríngen* II *vt* **1.** перепрыгивать, перескакивать (*через ров и т.п.*); **2.** пропускать (*страницу при чтении*)
über|stéhen* I *vi* выдаваться, выступать
über|stéhen* II *vt* выдерживать, выносить, переносить, переживать; преодолевать (*трудности*); **die Gefahr ~** устоять перед лицом опасности
über|steigen* I *vi* **1.** перелезать; **2.** выступать из берегов (*о реке и т. п.*)
über|stéigen* II *vt* **1.** переходить (*через что-л.*); **2.** преодолевать (*препятствия*); **3.** превышать, превосходить (*расходы, ожидания*); **das übersteigt seine Kräfte** это выше его сил
über|steigern *vt* сильно увеличивать, преувеличивать
Übersteigerung *f* -, -en сильное увеличение, преувеличение
über|stopfen *vt* чрезмерно набивать
über|stülpen *vt* накинуть (*что-л.*); (*über* A) накрыть (*чем-л. что-л.*); **den Hut ~** надеть (небрежно) шляпу
Überstunde *f* -, -n сверхурочный час, *pl* сверхурочная работа; **~n machen** работать сверхурочно
über|stürzen I *vt* слишком торопиться, поступать опрометчиво (*с чем-л.*); II **~, sich 1.** набегать друг на друга (*о волнах*); **2.** быстро сменять друг друга (*о мыслях и т. п.*); **3.** действовать оп-

рометчиво, **überstürze dich nicht!** не торопись!
überstürzt *a* необдуманно, поспешно
Überstürzung *f* -, -en **1.** поспешность, торопливость; **nur keine ~ !** только без излишней спешки!; **2.** необдуманность
übersüß *a* приторный
über|täuben* *vt* заглушать (*тж. перен.* *страх и т. п.*)
über|tölpen *vt* (*mit* D) дурачить (*кого-л. чем-л.*)
über|tönen *vt* заглушать
Übertrag *m* -(e)s, -träge *фин.* перенос (*суммы*)
übertragbar *a* **1.** переносный; **2.** переводимый; **3.** заразный
über|tragen* I *vt* **1.** переносить (*сумму на следующую страницу, инфекцию и т.п.*); **2.** передавать, транслировать; **3.** (*jmdm.*) поручать (*что-л. кому-л.*); **4.** (*auf* A) переводить (*рисунок и т.п. на что-л.*); **5.** переводить (*на другой язык*); **6.** переложить (*изложить в другой форме*); **in Musik ~** переложить на музыку
übertragen II *part a* переносный, фигуральный (*о значении слов*)
Überträger *m* -s,- *мед.* переносчик
Übertragung *f* -, -en **1.** перенос; **2.** перевод (*на другой язык*); **3.** трансляция, передача; **4.** заражение
Übertragungs‖weite *f* -, -n *радио* дальность передачи
Übertragungs‖welle *f* -, -n *тех.* передаточный вал
über|treffen* *vt* (*an* D, *durch* A) превосходить (*кого-л., что-л., в чём-л.*); превышать (*что-л.*), перевыполнять (*норму*); перещеголять (*кого-л.*); **jmdn., etw. um vieles ~** превосходить во многом кого-л., что-л.
über|treiben* *vt* преувеличивать, утрировать (*что-л.*), не знать меры (*в чём-л.*)
Übertreibung *f* -, -en преувеличение, утрирование
über|treten* I *vi* (s) **1.** выходить из берегов (*о реке*); **2.** (*zu* D, *in* A) переходить (*в другую организацию, на чью-л. сторону*)
über|treten* II *vt* перешагнуть (*границы*); нарушать (*закон*)
Übertretung *f* -, -en нарушение, несоблюдение (*закона и т.п.*)
übertrieben *part a* преувеличенный
Übertritt *m* -(e)s, -e переход; *см.* **übertreten* II**
über|trumpfen *vt* перещеголять (*кого-л.*)
über|tun*, **sich** *разг.* перенапрягаться, переутомляться
übervölkert *a* перенаселённый
Übervölkerung *f* -, -en перенаселённость
übervoll *a* переполненный
über|vorteilen *vt* обсчитывать; обвешивать; обманывать; обделять
Übervorteilung *f* -, -en обсчёт; обвес, обмер; обман
über|wachen *vt* **1.** следить, наблюдать (*за арестованным*); **2.** смотреть, присматривать (*за ребёнком*); **3.** контролировать, следить (*за выполнением заказа и т. п.*)
Überwachung *f* -, -en **1.** наблюдение, надзор; **2.** присмотр, контроль
Überwachungs‖dienst *m* -es, -e служба надзора; надзор, контрольная комиссия, наблюдение
über|wältigen *vt* **1.** одолевать (*кого-л.*), брать верх (*над кем-л.*); **2.** одолевать (*о сне, усталости*); овладевать, охватывать (*о чувстве*); **3.** потрясать (*о зрелище*)
überwältigend *part a* подавляющий
Überwältigung *f* -, -en победа, торжество (G *над кем-л., над чем-л.*)
Überwasser‖schiff *n* -(e)s, -e надводный корабль
über|weisen* *vt* **1.** переводить (*деньги*); **2.** передавать, направлять; **den Kranken einem Fachmann ~** направить больного к специалисту
Überweisung *f* -, -en **1.** перевод (*денег*); **2.** передача, отсылка, направление (*кого-либо куда-л.*)
über|werfen* *vt* **1.** накинуть (*одежду*); **2.** перекидывать, перебрасывать
über|werfen*, **sich** (*mit* D) поссориться (с кем-л.)
über|werten *vt* переоценивать, оценивать слишком высоко
Überwertung *f* -, -en переоценка (*тж. перен.*); завышенная оценка
über|wiegen* I *vi* преобладать, брать верх (*о количестве, влиянии*); II *vt* превышать
überwiegend *a* преобладающий
über|winden* I *vt* одолевать, преодолевать, побеждать, побороть (*тж. перен.*); ликвидировать (*последствия войны и т. п.*); II **~, sich** побороть себя, победить себя
Überwindung *f* -, -en **1.** преодоление, ликвидация; **2.** усилие; **es kostete ihn große ~** это стоило ему больших усилий
Überwinterung *f* -, -en зимовка
über|wuchern *vt* разрастаться (*где-л.*), по-

крывать, разрастаясь (*что-л.*); заглушать (*что-л.; о сорняках*)
Überwurf *m* -(e)s, -würfe **1.** накидка, покрывало; **2.** *тех.* букса, втулка; **3.** бросок через себя (*борьба*)
Überzahl *f* - численное превосходство; **wir befinden uns in der ~** нас больше, численное превосходство на нашей стороне
über|zahlen *vt* переплачивать
überzählig *a* лишний, сверхкомплектный
über|zéugen I *vt* (*von* D) убеждать (*кого-л. в чём-л.*), переубеждать (*кого-л.*); II **~, sich** (*von* D) убеждаться (*в чём-л.*)
überzéugend *a* убедительный
Überzéugung *f* -, -en убеждение (*von D в чём-л.*); **von der ~ durchdrungen** в полной уверенности, глубоко убеждённый (*в чём-л.*); **die ~ gewinnen*** убедиться
Überzeugungs‖kraft *f* - сила убеждения; убедительность
über|ziehen* I *vt* надевать (*что-л. поверх чего-л.*); jmdm. **eins ~** *разг.* ударить кого-л.; II *vi* (s) переезжать (*на другую квартиру и т. п.*)
über|ziehen* I *vt* обтягивать, покрывать (*материей и т. п.*); **das Bett frisch ~** постелить свежее бельё; **mit Rost überzogen** покрытый ржавчиной; II **~, sich** (*mit* D) покрываться, затягиваться (*чем-л.*)
Überzieher *m* -s, - пальто (*мужское, летнее*)
Überzug *m* -(e)s, -züge **1.** чехол; наволочка; покрывало; **2.** *тех.* покрышка, верх
üblich *a* обычный; употребительный; **so ist es ~** так водится
U-Boot *n* -(e)s, -e подводная лодка
übrig *a* остальной; (из)лишний; **im ~en** впрочем
übrig|bleiben* *vi* (s) оставаться (*о деньгах, времени и т. п.*)
übrigens *mod adv* впрочем
übrig|lassen* *vt* оставлять (*в качестве остатка*)
Übung *f* -, -en **1.** упражнение; **2.** тренировка, практика; *воен.* учение; занятия; **3.** навык; ◊ **aus der ~ kommen*** разучиться (*что-л. делать*)
Übungs‖buch *n* -(e)s, -bücher сборник упражнений
Übungs‖flug *m* -(e)s, -flüge тренировочный полёт
Übungs‖platz *m* -es, -plätze *воен.* учебный плац
Üchtland *n* -es Ихтланд (*местность в Швейцарии*)

Uckermark *f* - Уккермарк (*местность в сев.- вост. части ФРГ*)
Udalrich Удальрих (*муж. имя*)
Udmúrti|en (*n*) -s Удмуртия (*автономная республика в составе РФ*)
Udo Удо (*муж. имя*)
Ufá I *f* - Уфа (*река в Чебоксарской, Екатеринбургской обл. и Балкарии* <РФ>)
Ufa II (*n*) -s Уфа (*столица Башкирии*)
Ufer *n* -s, - берег, побережье; **am ~ gelegen [liegend]** прибрежный, расположенный на берегу; **vom ~ abstoßen*** отчалить
uferlos *a* безбрежный; бесконечный
Ufer‖straße *f* -, -n набережная
Ugánda (*n*) -s Уганда (*гос-во в Вост. Африке*)
Uhr *f* -, -en **1.** часы; **~ mit Schlagwerk** часы с боем; **die ~ geht nach** часы отстают; **die ~ geht vor** часы спешат; **2.** час (*при определении времени*); **wieviel ~ ist es?, was ist die ~?** который час?; **Punkt drei ~** ровно (в) три часа; **Schlag drei ~ nachts** ровно в три часа ночи; **3.** измерительный прибор с циферблатом
Uhren‖fabrik *f* -, -en часовой завод
Uhr‖gehäuse *n* -s,- корпус часов
Uhr‖macher *m* -s, - часовщик, часовых дел мастер
Uhr‖werk *n* -(e)s, -e часовой механизм
Uhr‖zeiger *m* -s, - часовая стрелка
Uhu *m* -s, -s филин
Ukráine *f* - Украина (*гос-во в южн. части Вост. Европы*)
Ukraíner *m* -s, -; **~in** *f* -, -nen украинец, -нка
ukraínisch *a* украинский
Ulán <*türk.-poln.*> *m* -en/-s, -en *ист.* улан
Ulán-Bátor (*n*) -s Улан-Батор (*столица Монголии*)
Ulán-Udé (*n*) -s Улан-Удэ (*адм. центр Бурятской Автономной Республики* <*Бурятии*> *в составе РФ*)
Uli Ули (*краткая форма муж. имени* Ulrich)
Uljánowsk (*n*) -s Ульяновск (*обл. центр в РФ*)
Ulk *m* -(e)s, -e потеха, шутка, проказы; **~ treiben*** дурачиться, шутить
Ulla Улла (*краткая форма жен. имени* Ulrike)
Ulme *f* -, -n *бот.* вяз
Ulrich Ульрих (*муж. имя*)
Ulríke Ульрика (*жен.имя*)
Ulster *m* -s, - демисезонное мужское пальто

Ultimátum ‹*lat.*› *n* -s, -s/-ten ультиматум; **ein ~ stellen** предъявлять ультиматум

um I *prp* (A) **1.** *указывает на движение или расположение вокруг чего-л.* вокруг, около; **eine Reise ~ die Welt** путешествие вокруг света; **2.** *указывает на время* в, через, около; **~ fünf Uhr** в пять часов; **3.** *указывает на обмен, цену, вознаграждение* на, за; **die Ware ~ jeden Preis verkaufen** продать товар за любую цену; ◊ **~ keinen Preis** ни за что; **4.** *при сравнении указывает на количественное различие* на, в; **~ fünf Jahre jünger** на пять лет моложе ; **5.** *указывает на следование друг за другом:* во времени за; **Tag ~ Tag** день за днём; **II** *conj с zu + inf* чтобы, с целью; **er kommt, ~ uns zu helfen** он придёт, чтобы помочь нам; **III** *adv* **1.** кругом; **rechts ~ !** кругом! (*команда*); **2.: die Zeit ist ~** время кончилось [истекло]; ◊ **so besser** тем лучше; **~ so mehr** тем более

um- **I** *отд. глаг. приставка, указывает* **1.** *на поворот, окольное или обратное движение:* **umfahren*** делать крюк, ехать в объезд; **2.** *на расположение вокруг чего-л.* **umbinden*** обвязывать, повязывать; **3.** *на падение (с поворотом):* **umwerfen*** опрокидывать; **4.** *на видоизменение, перемещение:* **umpacken** перепаковать; **II** *неотд. глаг. приставка, указывает* **1.** *на движение или нахождение вокруг чего-л.:* **um|láufen*** обегать, бегать вокруг; **2.** *на охват, покрытие:* **um|wickeln** обматывать; окутывать

um|ändern *vt* изменять, переделывать
Úmänderung *f* -, -en изменение, переделка
um|ármen *vt* обнимать
Umármung *f* -, -en объятие
Umbau *m* **1.** -(e)s, -e перестройка (*действие*); **2.** -(e)s, -ten перестроенное здание
úm|bauen *vt* перестраивать (*тж. перен.*)
um|báuen *vt* (*mit* D) строить (*вокруг чего-либо что-л.*), окружать постройками
um|behalten* *vt* не снимать (*чего-л.*), оставаться (*в платке и т. п.*)
um|benennen* *vt* переименовать
úm|biegen I *vt* **1.** сгибать; **2.** загибать (*страницу и т. п.*); **II** *vi* (s) сворачивать (*с дороги куда-л.*)
um|bilden *vt* преобразовывать
Umbildung *f* -, -en преобразование; **in der ~ begriffen sein** находиться в стадии преобразования

um|binden* *vt* обвязывать, повязывать (*платок и т. п.*); **eine Krawatte ~** надеть галстук
um|blättern *vt* перелистывать (*страницы*)
um|blicken, sich осматриваться, озираться (вокруг), оглядеться; (*nach* D) оглянуться *на что-л.*
um|brechen* I *vt* **1.** переломать, сломать; **2.** перепахивать; вспахивать, взрывать (*землю*)
um|bréchen* II *vt* полигр. верстать
um|bringen* *vt* убивать, губить (*человека*)
Umbruch *m* -(e)s, -brüche **1.** перелом; **2.** полигр. вёрстка
um|deuten *vt* истолковать по-иному; переосмысливать
um|drehen I *vt* поворачивать, повёртывать, вращать; **jmdm. den Hals ~** свернуть шею кому-л.; **den Spieß ~** изменить тактику, (самому) пойти в наступление; **II ~, sich** поворачиваться, повёртываться, оборачиваться
Úmdrehung I *f* -, -en поворот; вращение
Úmdrehung II *f* -, -en **1.** *тех.* оборот; **~en in der Minute** ... оборотов в минуту; **2.** вращательное движение
um|drucken *vt* перепечатывать
um|erziehen* *vt* перевоспитывать
Umerziehung *f* - перевоспитание
um|fahren* *vt* наезжать (*на кого-л., на что-л.*); сшибать с ног (*кого-л.*); опрокидывать (*кого-л., что-л.*)
um|fáhren* *vt* объезжать, огибать
um|fallen* *vi* (s) падать, упасть, (с)валиться; опрокидываться, опрокинуться
Umfang *m* -(e)s, -fänge **1.** объём; **in vollem ~** в полной мере; **2.** окружность; обхват
um|fángen* *vt* **1.** о(б)хватывать, обвивать, обнимать; **2.** окружать, объять (*о темноте и т. п.*)
umfangreich *a* обширный, объёмистый
um|färben *vt* перекрашивать
um|fassen *vt* вставлять в другую оправу
um|fássen *vt* **1.** о(б)хватывать, обнимать; **2.** содержать (в себе), охватывать (*о докладе и т. п.*); **3.** воен. охватывать (*противника*)
umfassend *a* **1.** обширный; пространный; широкий; **2.** воен. охватывающий (*о манёвре*)
Umfássung *f* -, -en **1.** ограда; **2.** воен. охват
um|fliegen* *vt* облетать (*какое-л. пространство*)
um|fließen* *vt* протекать (*вокруг чего-л.*), омывать (*что-л.*)

um|formen *vt* 1. переделывать, делать другим (*человека, сочинение и т. п.*); 2. эл. трансформировать, преобразовать

Umformer *m* -s, - трансформатор; преобразователь

Umfrage *f* -, -n опрос; анкета; референдум; **eine ~ halten*** опрашивать; **eine ~ veranstalten** провести анкету [опрос]

um|fragen *vi* расспрашивать, проводить опрос

Umfriedung *f* -, -en ограда

Umgang *m* 1. -(e)s, -gänge обход, объезд; 2. -(e)s общение, знакомство, связь; ~ haben иметь круг знакомых; вращаться в обществе; ~ **mit jmdm. pflegen** поддерживать знакомство с кем-л.; 3. -(e)s компания, общество; **das ist ein schlechter ~ für dich** это неподходящая для тебя компания

umgänglich *a* обходительный, уживчивый

Umgangs‖formen *pl* манеры, обращение

Umgangs‖sprache *f* -, -n обиходный язык, разговорная речь

um|gárnen *vt перен.* опутывать, поймать в сети (*кого-л. хитростью*)

um|geben* I *vi* (*jmdm.*) накинуть на плечи (*что-л. кому-л.*)

um|gében* II *vt* окружать; обносить (*забором*); **von Freunden ~** окружённый друзьями; **von Liebe ~** окружённый любовью

Umgebung *f* -, -en 1. окрестность; 2. *перен.* среда, окружение; 3. домашние, приближённые

Umgegend *f* -, -en окрестность

um|gehen* I *vi* (s) 1. вертеться (*о колесе*); 2. истекать, проходить (*о времени*); 3. ходить, циркулировать (*о слухе*); 4. (*mit* D) общаться (*с кем-л.*); ◇ **sage mir, mit wem du umgehst, und ich will dir sagen, wer du bist** *посл.* скажи мне, с кем ты знаком, и я скажу тебе, кто ты; 5. (*mit* D) обращаться, обходиться (*с кем-л., с чем-л.*); 6. (*mit* D) носиться (*с мыслью*); 7. бродить

um|géhen* II *vt* 1. обходить (*тж. воен.*); 2. обходить (*закон и т. п.*); 3. избегать

umgehend I *part a* срочный (*об ответе*); II *part adv* с обратной почтой

Umgéhung *f* -, -en обход

umgekehrt I *a* 1. перевёрнутый, вывернутый наизнанку; 2. противоположный, обратный, II *adv* наоборот, напротив

um|gestalten *vt* преобразовывать, реорганизовывать, преображать

Umgestaltung *f* -, -en преобразование, реорганизация; преображение; **durch-greifende ~en** радикальные изменения [преобразования]

um|gittern *vt* обносить решёткой

um|graben* I *vt* перекатывать, перерывать

um|gráben* II *vt* 1. окапывать; 2. изрыть (*всё кругом*)

um|grénzen *vt* 1. окружать, окаймлять; 2. ограничивать (*что-л.*); устанавливать (*границы, полномочия и т.п.*)

um|gruppieren I *vt* перегруппировывать, перераспределять; II **~ sich** перегруппировываться

Umgruppierung *f* -, -en перегруппировка, перераспределение; перестановка

um|haben* *vt* быть одетым (*во что-л.*); иметь на себе (*платок и т. п.*)

Umhang *m* -(e)s, -hänge накидка

um|hängen I *vt* 1. перевешивать (*на другое место*); 2. (*jmdm.*) накинуть (*пальто и т. п. на кого-л.*)

um|hängen II *vt* (*mit* D) обвешивать (*что-либо чем-л.*), вешать (*вокруг чего-л. что-л.*)

umhér *adv* кругом, вокруг

umhér|blicken *vi* оглядываться, озираться (вокруг); **nach jmdm. ~** оглядываться в поисках кого-л.

umhér|gehen* *vi* (s) ходить взад и вперёд; расхаживать, разгуливать, бродить

umhér|irren *vi* (s) слоняться, шататься, блуждать

umhér|laufen* *vi* (s) носиться, бегать взад и вперёд

umhér|liegen* *vi* в беспорядке лежать вокруг, быть разбросанным

umhér|schweifen *vi* (s) бродить, блуждать

umhín|können*: ich kann nicht umhin (*zu* + *inf*) я не могу не ... (*заметить и т. п.*)

um|hüllen *vt* (*mit* D) закутывать, завёртывать, закрывать, завешивать (*чем-л.*); обволакивать, окутывать (*туманом*)

Umhüllung *f* -, -en 1. оболочка; 2. упаковка; 3. *тех.* обшивка, покрытие

Umkehr *f* - 1. поворот (назад), возвращение; 2. *воен.* отступление, движение назад; 3. поворот к лучшему

um|kehren I *vi* (s) поворачивать обратно; *перен.* пойти на попятную; II *vt* 1. переворачивать, перевернуть; выворачивать; **die Hand ~** повернуть руку ладонью кверху; 2. *перен.* перевёртывать, переворачивать, приводить в беспорядок; **das ganze Haus ~** перевернуть весь дом вверх дном; III **~ sich** переворачиваться, поворачиваться

um|kippen I *vt* опрокидывать (*вагонетку и т. п.*); II *vi* (s) опрокидываться, терять равновесие; падать, упасть

Umklámmerung f -, -en 1. обхват; 2. *воен.* окружение

um|kleiden I I *vt* переодевать (*кого-л.*); II ~, sich переодеваться

um|kléiden II *vt* обивать (*сукном*); обивать (*досками*)

Umkleide||raum m -(e)s, -räume гардероб, раздевалка

um|knicken I *vt* сломать, поломать; II *vi* валиться с ног (*от усталости*)

um|kommen* *vi* (s) 1. погибнуть, гибнуть (*при аварии и т. п.*); **nicht ~ lassen*** не давать ничему пропадать; 2. (*vor* D) изнемогать, погибать, умирать (*от жары и т. п.*)

Umkreis m -es, -e 1. окружность; 2. *тк. sg* округа, окружающая местность; **er ist im ganzen ~ bekannt** его знает вся округа

um|kréisen *vt* 1. окружать (*тж. воен.*); 2. кружить (*над чем-л., вокруг чего-л.*)

um|krempeln *vt* 1. заворачивать, отгибать (*поля шляпы*); засучивать (*рукава*); 2. *разг.* переделывать, перевоспитывать

um|kriegen *vt разг.* 1. одолевать (*кого-л.*), справляться (*с кем-л.*); 2. уговаривать

um|laden* *vt* перегружать (*товар*)

um|lagern I *vt* 1. перекладывать (*на складе*); 2. переводить на другой склад (*товар*)

um|lagern II *vt* осаждать, окружать

Umlauf m -(e)s, -läufe 1. *фин.* обращение, циркуляция; **in ~ bringen*** [setzen, geben*]** 1) пускать в обращение [в оборот]; 2) распространять (*сообщения и т. п.*), распускать слух; 2. циркуляция (*крови*); 3. обращение, ход (*планет*)

Umlauf||bahn f -, -en орбита

um|laufen* I *vi* 1. находиться в обращении (*о деньгах*); **ein Gerücht läuft um** ходят слухи; 2. циркулировать (*о крови*); 3. истекать (*о времени*)

um|láufen* II *vt* обегать (*кого-л., что-л.*), бегать (*вокруг кого-л., чего-л.*)

Umlauf||geschwindigkeit f -, -en скорость вращения

Umlauf||mittel pl *фин.* оборотные средства

Umlaut m -(e)s, -e *лингв.* умляут

Umlege||kalender m -s, - перекидной календарь

um|legen I *vt* 1. перекладывать (*проводку и т. п.*); 2. *ж.-д.* переводить (*стрелку*); 3. переводить в другое место (*войска*); 4. надевать, накинуть (*пальто*); 5. *разг.* уложить, убить, застрелить; 6. *разг.* арестовывать

um|légen II *vt* (*mit* D) обкладывать, обложить (*что-л., чем-л.*), класть (*вокруг чего-л. что-л.*)

um|leiten *vt* изменять направление (*реки и т. п.*); **den Straßenverkehr ~** направлять уличное движение по новому маршруту

um|lernen I *vt* заново учить, переучивать; II *vi* переучиваться

umliegend a окрестный

um|machen *vt* переделывать

um|nachten *vt* омрачать, окутывать мраком

Umnáchtung f -, -en помешательство; **geistige ~** *мед.* помрачение разума

um|nähen *vt* перешивать

um|nébeln *vt* 1. покрывать туманом, туманить; 2. *перен.* туманить

umnébelt a 1. затуманенный; 2. подвыпивший

um|ordnen *vt* изменять порядок [расположение] (*чего-л.*), переставлять (*что-л.*)

um|packen *vt* заново паковать (*чемодан, вещи в чемодан*), перекладывать, переложить (*вещи в чемодане*)

um|pflanzen *vt* сажать растения (*вокруг чего-л.*)

Umpflánzung f -, -en пересадка (*растений*)

um|pflügen *vt* перепахивать

um|prägen *vt* 1. перечёркивать; 2. изменять, переделывать (*характер и т. п.*)

um|rähmen *vt* 1. вставлять в рамку, обрамлять; 2. обрамлять (*о волосах и т. п.*); **ein Symposium musikalisch ~** сопровождать симпозиум музыкальными выступлениями

Umráhmung f -, -en 1. обрамление, вставка в рамку; 2. обрамление (*о волосах и т. п.*); **die kulturelle ~ einer Feier** художественная часть праздника

um|rechnen *vt* 1. пересчитывать; 2. решать вновь (*задачу*)

um|réißen* I *vt* повалить, опрокидывать

um|réißen* II *vt* 1. набрасывать контур, очерчивать; 2. *перен.* обрисовывать (*положение*)

um|rennen* I *vt* повалить, опрокидывать на бегу

um|rénnen* II *vt* обегать (*кругом*)

um|ringen *vt* окружать (*тж. перен.*)

Umriß m -sses, -se 1. очертание; контур; **in groben Umrissen** в общих чертах; 2. чертёж; 3. *лит.* очерк

um|rühren *vt* мешать, перемешивать

um|satteln I *vt* пересёдлать; II *vi* 1. менять профессию; 2. менять (*политические*) убеждения

Umsatz m -es, -sätze оборот (*торговый*)

Umsatz∥steuer f -, -n эк. налог с оборота
um|säumen vt окаймлять; *перен. тж.* окружать (*о толпе и т. п.*)
um|schalten vt эл. переключать; *перен.* переводить (*экономику на новые рельсы и т. п.*)
Umschalter m -s, - эл. переключатель
um|schátten vt затенять
Umschau f - обозрение; ~ **halten*** осматривать, производить осмотр
um|schauen, sich 1. (*nach* D) оглядываться (*на отставшего*); 2. осматриваться, озираться
um|schichten vt изменять расположение, положить иначе; перегруппировать, перераспределять
umschichtig a посменный, попеременный
Umschichtung f -, -en перегруппировка; перераспределение
Umschlag m -(e)s, -schläge 1. обёртка; обложка; 2. конверт; 3. компресс; 4. обшлаг, отворот (*на одежде*); 5. перемена, перелом (*погоды*); 6. эк. оборот; 7. *мор.* перегрузка (*товаров*)
um|schlagen* I I vt 1. надевать, накинуть; 2. обёртывать, обматывать; 3. отгибать (*воротник*); 4. переворачивать (*страницы*); 5. перегружать; 6. опрокидывать, сшибать; II vi (s) 1. резко меняться (*о ветре, ходе болезни*); 2. опрокидываться
um|schlágen* II vt заворачивать, завёртывать
Umschlagen n -s: ~ **von Quantität in Qualität** переход количества в качество
Umschlage∥platz m -es -plätze перевалочный пункт
Umschlag∥hafen m -s, -häfen перегрузочный порт
Umschlags∥geschwindigkeit f - эк. скорость оборота (*оборачиваемость капитала*)
um|schléiern vt 1. покрывать вуалью; 2. окутывать дымкой; 3. (за)вуалировать
um|schließen* vt 1. окружать (*стеной и т. п.*); 2. о(б)хватывать, обнимать (*кого-л.*); 3. облегать (*о платье*)
um|schlíngen* vt 1. обвивать (*о плюще и т. п.*); 2. обнимать, о(б)хватывать (*кого-л*); обвивать (*чью-л. шею руками*)
um|schmeißen* vt *разг.* опрокидывать
um|schmelzen* vt *тех.* переплавлять; рафинировать (*металл*); перетапливать (*сало*)
um|schnallen vt застёгивать (*пояс*)
um|schreiben* I vt 1. переписывать (*текст и т. п.*); 2. (*auf jmdn.*) переписывать (*долг, имущество и т. п. на кого-л.*), передавать (*что-л. кому-л.*)
um|schréiben* II vt 1. *мат.* описывать (*окружность*); 2. описывать, излагать (*права, обязанности и т. п.*); 3. перефразировать, излагать описательно; 4. транскрибировать, транслитерировать
Umschreibung f -, -en 1. описание; 2. *муз.* парафраза; 3. *лингв.* перифраза
Umschrift f -, -en 1. переписка; 2. надпись (*по краю монеты*); 3. транскрипция; транслитерация
um|schulen vt 1. переквалифицировать, переобучать; 2. переводить в другую школу (*ученика*)
Umschulung f -, -en 1. переквалификация; переобучение; 2. перевод в другую школу
Umschweife pl: **ohne** ~ без обиняков, напрямик
um|schwenken vi (s) 1. (из)менять направление; 2. (из)менять взгляды [убеждения]
Umschwung m -(e)s, -schwünge 1. вращение (*колеса*); 2. поворот, перелом, переворот (*в общественном мнении и т. п.*)
um|sehen*, sich 1. оглядываться, оборачиваться назад; **ohne sich umzusehen** не оборачиваясь; **du wirst dich noch** ~ ты ещё пожалеешь об этом; 2. оглядываться, озираться; **sich nach allen Séiten** ~ оглядываться по сторонам; 3. (*in* D) осматривать (*дом, местность*); 4. (*nach* D) искать (глазами), высматривать; **sich nach Arbeit** ~ искать работу
um|setzen I vt 1. пересаживать (*растения*); 2. перемещать; пересаживать (*гостей*); 3. *муз.* перекладывать; 4. *хим.* замещать, превращать; разлагать; 5.: **etw. in die Wirklichkeit** ~ осуществлять что-л., проводить в жизнь, претворять; **in die Tat** ~ осуществлять план; 6. пускать в оборот [в продажу]; **etw. in Geld** ~ превращать что-л. в деньги, реализовать что-л.
um|sétzen II vt (*mit* D) обсаживать (*что-либо деревьями*), сажать (*вокруг чего-либо что-л.*)
Úmsichgreifen n -s распространение (*эпидемии*)
Umsicht f - осмотрительность, осторожность
umsichtig a осмотрительный, осторожный
um|siedeln I vt переселять; II vi (s) переселяться

Umsiedler *m* -s, - переселенец
Umsiedlung *f* -, -en переселение
umsónst *adv* 1. даром; безвозмездно; ◊ ~ ist der Tod *погов.* ≡ даром ничего не получишь; 2. напрасно, зря
um|spánnen I *vt* 1. перепрягать (*лошадей*); 2. *эл.* трансформировать
um|spánnen II *vt* (*mit* D) обтягивать (*что-либо материей и т. п.*)
Umspanner *m* -s, - *эл.* трансформатор
Umspann∥werk *n* -(e)s, -е электростанция, трансформаторная подстанция
um|spinnen *vt* 1. обвивать [оплетать] паутиной; 2. *перен.* опутывать (*кого-л.*); jmdn. mit Lügen ~ опутать ложью кого-либо
um|spülen *vt* омывать (*о море и т. п.*)
Umstand *m* -(e)s, Umstände 1. обстоятельство; **unter Umständen** при известных условиях; **den Umständen Rechnung tragen*** считаться с обстоятельствами; **das richtet sich nach Umständen** это зависит от обстоятельств; **mildernde Umstände** *юр.* смягчающие обстоятельства; 2. *pl* условия (*жизни*); 3.: **Umstände machen** церемониться; **ohne Umstände** запросто; ◊ **in anderen Umständen sein** быть в (интересном) положении (*о беременной*)
umständlich *a* 1. обстоятельный, подробный; 2. затруднительный; 3. церемонный
Umstands∥satz *m* -es, -sätze *грам.* обстоятельственное придаточное предложение
Umstands∥wort *n* -(e)s, -wörter *грам.* наречие
um|stechen* *vt* перекапывать (*грядку*)
um|stéhen *vt* стоять (*вокруг кого-л., чего-либо*), окружать, обступать (*кого-л., что-л.*)
umstehend *adv* на обороте; на следующей странице
Umstehenden, die *subst pl* окружающие, присутствующие
Umsteige∥bahnhof *m* -(e)s, -höfe пересадочная станция
Umsteig(e)karte *f* -, -n пересадочный билет
um|steigen* *vi* (s) (*in* A) пересаживаться, пересесть (*на другой поезд, в другой вагон и т. п.*)
um|stellen I *vt* 1. переставлять; 2. (*auf* A) перестраивать, переключать, переводить (*на производство другой продукции и т.п.*); II ~, sich (*auf* A) перестраиваться, переключаться (*на что-либо*); приспосабливаться (*к чему-л.*)
um|stéllen II *vt* оцеплять, окружать (*кого-либо, что-л.*), устраивать облаву (*на кого-л.*); **von Haß umstellt sein** быть окружённым ненавистью
Umstellung *f* -, -en 1. перестановка; 2. перестройка, переключение, перевод (*auf* A *на что-л.*); 3. *мат.* подстановка
um|steuern *vt* 1. менять курс (*корабля*); 2. *тех.* менять ход (*машины*)
um|stimmen *vt* 1. *муз.* настраивать на другой тон; 2. переубеждать
um|stoßen* *vt* 1. опрокидывать; 2. опровергать; 3. отменять, аннулировать (*закон*); **ein Urteil** ~ *юр.* кассировать приговор
um|strahlen *vt* освещать лучами, озарять
Umsturz *m* -es, Umstürze 1. разрушение; 2. свержение, ниспровержение (*власти*); переворот
um|stürzen I *vt* 1. опрокидывать, разрушать; 2. опровергать, опрокидывать; 3. разрушать (*старый строй*); свергать, ниспровергать (*власть*); II *vi* (s) 1. падать, рушиться, рухнуть, валиться; 2. рушиться, рухнуть (*о старом строе и т. п.*)
Umstürzler *m* -s, - 1. участник [сторонник] переворота; 2. *pl* подрывные элементы
Umtaufe *f* -, -n переименование
um|taufen *vt* 1. переименовывать; 2. *рел.* крестить в другую веру
Umtausch *m* -(e)s, -е обмен, мена
um|tauschen *vt* обменивать, менять, выменивать
um|transportieren *vt* пересылать [направлять] в другое место
Umtriebe *pl* происки, интриги, козни
um|wälzen *vt* 1. перекатывать; *тех.* обкатывать; 2. производить переворот (*в общественной жизни, в науке*); свергать, ниспровергать (*власть*)
Umwälzung *f* -, -en переворот; **eine wissenschaftliche** ~ переворот в науке
um|wandeln I *vt* превращать; преобразовывать
um|wándeln II *vt* ходить (*вокруг кого-л., вокруг чего-л.*)
Umwandlung *f* -, -en превращение, преобразование
um|wechseln *vt* менять, переменить; разменивать (*деньги*)
Umweg *m* -(e)s, -е окольный путь, обход; крюк, объезд; **auf ~en erfahren*** выведать окольным путём; **großer** ~ большой крюк
um|wéhen *vt* овевать, обдувать (*о ветре*)

Umwelt f -, -en окружающий мир; окружающая среда; окружение
um|wenden* I vt 1. переворачивать; выворачивать; перелистывать; 2. поворачивать (*автомобиль и т. п.*); II ~, **sich** 1. оборачиваться; 2. (*nach* D) оглядываться (*на кого-л., на что-л.*)
um|werfen* vt 1. опрокидывать, сшибать, сваливать, сбивать; **der Sänger hat umgeworfen** *разг.* певец сфальшивил (*в пении*); 2. накинуть (*платок и т. п.*)
um|werten vt переоценивать (*ценности*)
Umwertung f -, -en переоценка (*ценностей*)
um|wickeln I vt 1. перематывать; 2. перепеленать
um|wickeln II vt (*mit* D) обматывать, об(в)ёртывать (*проволоку шёлком и т. п.*); окутывать (*что-л. чем-л.*)
Umwick(e)lung f -, -en обмотка, об(в)ёртывание
um|winden* vt перематывать
um|wühlen vt 1. перерывать, обшаривать (*комнату*); 2. перекапывать (*грядку*)
um|zäunen vt огораживать, обносить забором [изгородью]
Umzäunung f -, -en ограда, изгородь, забор
um|ziehen* I vi (s) (*in* A) переезжать, переехать (*на другую квартиру и т. п.*)
um|ziehen* II I vt переодевать; **die Schuhe ~** переобуваться; II ~, **sich** переодеваться
um|zingeln vt окружать (*крепость, армию*)
Umzingelung f -, -en окружение, осада
Umzug m -(e)s, Umzüge 1. переезд (*на другую квартиру*); 2. процессия, шествие; демонстрация
Umzugsgelder pl подъёмные (деньги)
un- *преф. прилагательных, выражает отрицание:* **unabhängig** независимый; **unschuldig** невиновный
Un- *преф. сущ., выражает* 1. *отрицание:* **Ungeduld** нетерпение: **Unruhe** беспокойство; 2. *отрицательную оценку:* **Unfall** несчастный случай; **Unmensch** изверг, чудовище; 3. *усиливает значение основы слова:* **Unsumme** огромная сумма; **Unzahl** несметное количество
unabänderlich a 1. неизменный; 2. неотвратимый
Unabänderlichkeit f - неизменность (*решения*)
unabhängig a независимый
Unabhängige Sozialdemokratische Partei Deutschlands f - Независимая социал-демократическая партия Германии (основана в апр. *1917 центристскими лидерами Соц.-дем. партии Германии; в 1920 часть вошла в КПГ, другая (меньшая) вернулась в 1922 в СДПГ*)
Unabhängigkeit f - независимость
unablässig a беспрерывный, неустанный
unabsehbar a 1. необозримый, беспредельный; 2. непредвиденный
unabsetzbar a 1. несменяемый; 2. не находящий сбыта
unabsichtlich a неумышленный, непреднамеренный
unabweisbar a 1. неопровержимый; 2. неотложный
unabwendbar a неотвратимый, неизбежный
unachtsam a невнимательный, небрежный; неосторожный
Unachtsamkeit f -, -en 1. невнимательность; 2. небрежность, неосторожность
unanfechtbar a 1. неуязвимый; неоспоримый; 2. неприкосновенный (*о собственности*)
Unanfechtbarkeit f -, -en 1. неоспоримость, бесспорность; 2. неприкосновенность (*собственности*)
unangebracht a неуместный, неподходящий
unangenehm a неприятный
unangreifbar a 1. неприступный; 2. неприкосновенный; 3. неоспоримый
unannehmbar a неприемлемый
Unannehmlichkeit f -, -en неприятность
unansehnlich a невзрачный, незаметный
unanständig a неприличный, непристойный
unantastbar a неприкосновенный
Unantastbarkeit f - неприкосновенность (*запаса*)
Unart f -, -en 1. шалость, озорство; 2. невоспитанность, невежливость
unartig a невежливый, невоспитанный; озорной
unauffällig a незаметный
unaufgefordert a 1. незваный; 2. добровольный
unaufgeklärt a 1. неразъяснённый, неясный; 2. непросвещённый
unaufhaltbar a неудержимый, безудержный
Unaufhaltsamkeit f - неудержимость
unaufhörlich a беспрерывный, нескончаемый
unauflösbar, unauflöslich a 1. нерастворимый; 2. неразрывный
unaufmerksam a невнимательный

Unaufmerksamkeit f - невнимание
Unaufrichtigkeit f - неискренность
unaufschiebbar a неотложный
unausbleiblich a непременный; неизбежный
unausführbar a невыполнимый, неосуществимый
Unausgeglichenheit f -, -en неуравновешенность
unausgesetzt a беспрерывный
unauslöschbar, unauslöschlich a неизгладимый (о впечатлениях и т. п.)
unaussprechlich a невыразимый, не могущий быть высказанным
unausstehlich a несносный, невыносимый
unbändig a неукротимый, необузданный
Unbändigkeit f -, -en неукротимость, необузданность
unbarmherzig a немилосердный
Unbarmherzigkeit f - безжалостность, неумолимость, жестокость
unbeachtet a незамеченный
unbeanstandet adv беспрепятственно; немедленно, без возражений
unbeantwortet a оставленный без ответа
unbearbeitet a необработанный, сырой (о коже)
unbebaut a 1. невозделанный; 2. незастроенный
unbedacht a необдуманный, опрометчивый
unbedachterweise adv необдуманно, опрометчиво
Unbedachtheit f -, -en необдуманность, опрометчивость
unbedachtsam см. unbedacht
unbedenklich a не вызывающий сомнений, благонадёжный
unbedeutend a незначительный, ничтожный
unbedingt a безусловный, непременный
Unbedingtheit f - безусловность, безоговорочность
unbeendigt a неоконченный
unbefahrbar a непроезжий
unbefahren a 1. необъезженный; 2. неопытный (о моряке)
unbefangen a 1. непосредственный; простой; 2. беспристрастный
Unbefangenheit f - 1. непринуждённость, естественность, простота; наивность; чистосердечие; 2. беспристрастие, объективность
unbefleckt a незапятнанный, беспорочный; die ~e Empfängnis непорочное зачатие
unbefriedigt a неудовлетворённый

unbefristet a бессрочный, не ограниченный сроком
unbefugt a 1. некомпетентный; 2. не имеющий права (на что-л.)
Unbefugte subst m, f -n, -n человек, не имеющий права (на что-л.); ~n Eintritt verboten посторонним вход воспрещён
unbegreiflich a непостижимый
unbegrenzt a безграничный
unbegründet a необоснованный, голословный
Unbehagen n -s 1. неловкость, неприятное чувство; 2. недомогание
unbehaglich a 1. неприятный; 2. неуютный; неудобный
unbehindert a беспрепятственный
unbeholfen a 1. беспомощный; 2. неловкий
Unbeholfenheit f - 1. нерасторопность, неловкость; 2. беспомощность
unbeirrt adv непоколебимо, твёрдо, уверенно
unbekannt a незнакомый, неизвестный; er ist mir ~ я его не знаю; ich bin hier ~ я здесь чужой
Unbekannte subst m, f -n, -n незнакомец, -мка
unbekannterweise adv не будучи знакомым (с кем-л.), не зная (кого-л.)
unbekümmert a беззаботный, беспечный
unbelebt a 1. неодушевлённый; 2. малолюдный (об улице)
unbelehrbar a неисправимый
unbeliebt a нелюбимый, непопулярный
Unbeliebtheit f - непопулярность
unbemannt a без экипажа, непилотируемый
unbemerkbar a незаметный
unbemerkt a незамеченный
unbemittelt a несостоятельный, небогатый
unbenutzt a неиспользованный
Unbequemlichkeit f -, -en неудобство; ~en ertragen* мириться с неудобствами
unberechenbar a не поддающийся учёту, непредвиденный
unberechtigt a 1. непредвиденный; 2. необоснованный, несправедливый, незаконный
unberücksichtigt a оставленный без внимания
unberufen a 1. самовольный, неуполномоченный; 2. незваный, непрошенный
unberührbar a неприкосновенный
unbeschadet prp (G) без ущерба для ...; ~ seiner Rechte не нарушая его прав
unbeschädigt a неповреждённый, целый; ~ bleiben* уцелеть

unbescheiden *a* нескромный, дерзкий
Unbescheidenheit *f* - нескромность, дерзость, невежливость
unbescholten *a* безупречный, незапятнанный; **ein ~er Ruf** безукоризненная репутация
Unbescholtenheit *f* - безупречность, незапятнанность
unbeschreiblich *a* неописуемый
unbeschrieben *a* неисписанный, чистый
unbeschwert *a* необременённый
unbesiegbar *a* непобедимый
unbesonnen *a* опрометчивый, безрассудный
Unbesonnenheit *f* 1. - опрометчивость; безрассудность; неосмотрительность; 2. -, -en неосмотрительный поступок
unbesorgt *a* беззаботный
unbeständig *a* непостоянный
Unbeständigkeit *f* - непостоянство, неустойчивость
unbestechlich *a* неподкупный
Unbestechlichkeit *f* - неподкупность
unbestellt *a* 1. недоставленный (*о письме*); 2. необработанный (*о земле*)
unbestimmt *a* 1. неопределённый; 2. неточный, смутный, неясный
Unbestimmtheit *f* - 1. неопределённость; 2. смутность, неясность
unbestraft *a* безнаказанный
unbestreitbar, unbestritten *a* бесспорный, неоспоримый
unbeteiligt *a* (*bei* D) непричастный (*к чему-л.*)
unbetont *a* без ударения, безударный
unbeugsam *a* 1. негнущийся, несгибаемый; 2. непреклонный, непоколебимый; **~e Energie** неиссякаемая энергия
Unbeugsamkeit *f* - непреклонность; упорство
unbewaffnet *a* невооружённый; безоружный; **mit ~em Auge** невооружённым глазом
unbewandert *a* малоопытный; несведущий
unbeweglich *a* 1. неподвижный; 2. недвижимый (*об имуществе*)
Unbeweglichkeit *f* - неподвижность
unbewohnt *a* необитаемый
unbewußt *a* 1. бессознательный; 2. непроизвольный, инстинктивный
unbezahlt *a* неоплаченный
unbezwingbar *a* непреодолимый; непобедимый
Unbilden *pl* 1. невзгоды; **die ~ der Witterung** ненастье; **die ~ des Schicksals** превратности судьбы; 2. несправедливости, обиды

Unbildung *f* - необразованность, некультурность
unbillig *a* несправедливый
unbrauchbar *a* непригодный; **~ machen** привести в негодность
und *conj* и; да; а; **~ auch** а также и; ◇ **na ~ ?** *разг.* ну и в чём дело ?; **~ ob !** *разг.* ещё бы !; **~ wenn** даже если
undankbar *a* 1. неблагодарный (*о человеке*); 2. неблагодарный, невыгодный
Undankbarkeit *f* -, -en неблагодарность
undenkbar *a* невообразимый, немыслимый
undeutlich *a* неясный; невнятный
Undeutlichkeit *f* - 1. неясность, неотчётливость, смутность; 2. невнятность (*речи*)
Unding *n* -(e)s, -e небылица, вздор; бессмыслица
unduldsam *a* нетерпимый
Unduldsamkeit *f* - нетерпимость
undurchdringlich *a* непроницаемый; непромокаемый
undurchlässig *a см.* undurchdringlich
undurchsichtig *a* непрозрачный, мутный
Undurchsichtigkeit *f* - непрозрачность
uneben *a* неровный, негладкий
Unebenheit *f* -, -en неровность (*почвы*)
unecht *a* ненастоящий, поддельный
unehelich *a* внебрачный; **~e Kinder** внебрачные дети
unehrerbietig *a* непочтительный
unehrlich *a* нечестный, бесчестный
uneigennützig *a* бескорыстный
uneigentlich *a* переносный (*о значении слов*)
uneinig *a* 1. несогласный; 2.: **~ sein** быть не в ладу; расходиться во мнениях
Uneinigkeit *f* -, -en разлад; разногласие
uneinnehmbar *a* неприступный (*о крепости и т. п.*)
uneins *a präd* несогласный, колеблющийся; **~ sein** быть разного мнения
unempfänglich *a* невосприимчивый, непытливый (*об уме*)
unempfindlich *a* нечувствительный
Unempfindlichkeit *f* - нечувствительность
unendlich *a* бесконечный, беспредельный
Unendlichkeit *f* - бесконечность, беспредельность, необъятность; бесчисленность
unentbehrlich *a* необходимый; незаменимый
Unentbehrlichkeit *f* - (безусловная) необходимость; незаменимость
unentgeltlich I *a* бесплатный; II *adv* даром

unentschieden I *a* нерешённый; II *adv спорт.* вничью; ничья
unentschlossen *a* нерешительный
Unentschlossenheit *f* - нерешительность
unentwegt I *a* неуклонный; непоколебимый; II *adv* невзирая ни на что
unentwickelt *a* неразвившийся; неразвитый
unerbittlich *a* неумолимый, непреклонный
unerforscht *a* неисследованный
unerfreulich *a* неутешительный, неприятный
unerfüllbar *a* неисполнимый, невыполнимый
unergiebig *a* 1. неплодородный; 2. бесплодный (*о разговоре и т. п.*)
unergründlich *a* непостижимый, необъяснимый
unerheblich *a* несущественный, незначительный
unerhört *a* неслыханный, невероятный
unerkannt *a* неопознанный
unerklärlich *a* необъяснимый
unerläßlich *a* необходимый, неизбежный
unerlaubt *a* запретный, недозволенный; ~e Handlung *юр.* правонарушение, деликт
unermäßlich I *a* неизмеримый, необъятный, беспредельный, безмерный, громадный; II *adv* неизмеримо, беспредельно, безмерно
unermüdlich I *a* неутомимый; неустанный; II *adv* без устали
unerreichbar *a* недостижимый, недосягаемый
unersättlich *a* ненасытный
unerschöpflich *a* неистощаемый, неисчерпаемый
unerschrocken *a* неустрашимый
Unerschrockenheit *f* - неустрашимость, бесстрашие
unerschütterlich *a* непоколебимый
Unerschütterlichkeit *f* - непоколебимость, незыблемость
unerschwinglich *a* недоступный, непосильный (*о налоге и т. п.*)
unersetzbar, unersetzlich *a* незаменимый
unerspießlich *a* бесплодный, безрезультатный
unerträglich *a* невыносимый, несносный
Unerträglichkeit *f* - невыносимость, несносность
unerwartet *a* неожиданный
unerwidert: ~ lassen* оставлять без ответа [без внимания]
unerwünscht *a* нежелательный
unerzogen *a* невоспитанный

UNESCO [ju'nɛsko] <*engl.*> <United Nations Educational, Scientific and Cultural Organization> ЮНЕСКО (*Международная организация по вопросам просвещения, науки и культуры при ООН; осн. в 1976; резиденция — Париж*)
unfähig *a* неспособный
Unfähigkeit *f* -, -en неспособность
unfair [-fɛːr] <*engl.*> *a* неприличный; неуместный; некорректный; ~es Spiel *спорт.* грубая игра
Unfall *m* -(e)s, -fälle несчастный случай, авария, катастрофа; ein tödlicher ~ случай со смертельным исходом; er hat einen ~ gehabt с ним произошёл несчастный случай
Unfall∥station *f* -, -en пункт скорой помощи
Unfall∥versicherung *f* -, -en страхование от несчастных случаев
Unfall∥wagen *m* -s, - машина скорой помощи
unfaßbar *a* 1. неуловимый; 2. непостижимый
unfehlbar I *a* безошибочный, непогрешимый; II *adv* непременно
Unfehlbarkeit *f* - непогрешимость, безошибочность
unfein *a* неделикатный
unfern I *a* недалёкий, близкий; II *adv* недалеко, неподалёку
Unflat *m* -(e)s 1. грязь, гадость (*тж. перен.*); 2. болтун, похабник
unflätig *a* 1. грязный, скабрёзный; 2. грубый, неуклюжий
Unfleiß *m* -es лень, нерадивость
unfolgsam *a* непослушный
unförmig *a* бесформенный
unförmlich *a* 1. неформальный; 2. неловкий
unfrankiert *a* неоплаченный (марками) (*о письме*)
unfreundlich *a* 1. неприветливый, неласковый, нелюдимый; 2. пасмурный
Unfreundlichkeit *f* - неприветливость, недружелюбие; угрюмость
unfreundschaftlich *a* недружелюбный, враждебный
Unfriede(n) *m* -s раздор, несогласие
unfruchtbar *a* бесплодный; неплодородный
Unfruchtbarkeit *f* - 1. бесплодие; неплодородие; 2. бесплодность, бесполезность
Unfug *m* -(e)s безобразие, бесчинство; ~ treiben* бесчинствовать, безобразничать
unfügsam *a* строптивый

ungangbar *a* непроходимый; **ein ~er Weg** непроходимая дорога
Ungar *m* -n, -n; **~in** *f* -, -nen венгр, венгерка
ungarisch *a* венгерский
Ungarn (*n*) -s Венгрия (*гос-во в Европе*)
ungeachtet I *a* неуважаемый; II *prp* (G) несмотря на; III *conj:* ~ **dessen** тем не менее, несмотря на это
ungeahnt *a* непредвиденный
ungebärdig *a* непристойный (*о поведении*)
ungebeten I *a* незваный; II *adv* без приглашения
ungebeugt *a* непреклонный
ungebildet *a* необразованный, некультурный
ungebräuchlich *a* неупотребительный
ungebraucht *a* не бывший в употреблении
ungebührlich *a* неподобающий, непристойный
Ungebührlichkeit *f* -, -en непристойность, неприличие
ungebunden *a* 1. несвязный; 2. непереплетённый; 3. вольный, свободный
Ungebundenheit *f* - 1. вольность, свобода; 2. необузданность; бесцеремонность
Ungeduld *f* - нетерпение; **von ~ gepeinigt sein** испытывать мучительное нетерпение
ungeduldig *a* нетерпеливый
ungeeignet *a* (*für* A) неприспособленный, неподходящий (*к чему-л.*)
ungefähr *a* приблизительно, около
ungefährdet *a* находящийся вне опасности
ungefährlich *a* безопасный
ungefällig *a* нелюбезный
ungefüge *a* нескладный, неуклюжий
ungefügig *a* неукротимый (*о животных*); несговорчивый (*о людях*)
ungehalten *a* рассерженный, раздражённый
ungeheißen *adv* без приказания, по собственной инициативе, добровольно; без спроса, самовольно
ungehemmt *a* беспрепятственный, свободный, вольный
ungeheuer I *a* чудовищный, огромный; II *adv* чрезвычайно
Ungeheuer *n* -s, - чудовище; изверг
ungeheuerlich *a* чудовищный, огромный
ungehindert *a* беспрепятственный
ungehobelt *a* нео(б)тёсанный
ungehörig *a* неуместный; неприличный
Ungehörigkeit *f* - неуместность; неприличие

ungehorsam *a* непослушный, непокорный
Ungehorsam *m* -s непослушание, неповиновение, неподчинение
ungeladen I *a* незваный, неприглашённый
ungeladen II *a* 1. незаряжённый (*об оружии*); 2. ненагруженный, порожний
ungelegen I *a* неудобный; II *adv* не вовремя; некстати
Ungelegenheit *f* -, -en неудобство, неприятность
ungelenk(ig) *a* 1. негибкий; 2. неуклюжий
ungelernt *a* необученный, неквалифицированный
ungelöst *a* нерешённый
Ungemach *n* -(e)s, -e 1. неудобство, неприятность; 2. беда, горе
ungemein *a* необыч(ай)ный, необыкновенный
ungemeldet *a adv* без доклада, без предварительного телефонного звонка
ungemütlich *a* неуютный; **es war mir ~** мне было не по себе
ungenau *a* неточный
Ungenauigkeit *f* - неточность
ungeniert [-ʒe-] <*germ.-fr.*> I *a* нескромный, развязный; II *adv* без стеснения
ungenießbar *a* несъедобный; непригодный для питья
ungenügend *a* недостаточный; неудовлетворительный (*тж. об отметке*)
ungenügsam *a* недовольный; требовательный
Ungenügsamkeit *f* - ненасытность; требовательность
ungerade *a* 1. неровный; 2. нечётный (*о числе*)
ungerechnet I *a* неучтённый; II *adv* не считая
ungerechtfertigt *a* необоснованный, несправедливый, неоправданный
Ungerechtigkeit *f* -, -en несправедливость
ungereimt *a* 1. нерифмованный; 2. нелепый; ◊ **~e Verse** белые стихи
ungern *adv* неохотно, нехотя; **gern oder ~** волей-неволей
ungerührt *a* нетронутый
ungesäuert *a* незаквашенный, пресный (*о хлебе*)
ungesäumt I *a* неподрубленный (*о платке и т. п.*)
ungesäumt II *adv* немедленно, спешно
Ungeschick *n* -(e)s неудача; неловкость
Ungeschicklichkeit *f* -, -en неловкость, неумелость
ungeschickt I *a* неловкий, неумелый; II *adv* 1. неловко, неумело; 2. некстати

ungeschminkt I *a* неприкрашенный; II *adv* без прикрас
ungesellig *a* необщительный, нелюдимый
Ungeselligkeit *f* - необщительность, нелюдимость
ungesittet *a* невоспитанный; нецивилизованный, некультурный
ungestalt *a* безобразный, (крайне) некрасивый
ungestaltet *a* бесформенный
ungestört I *a* спокойный, безмятежный; II *adv* спокойно, без помех
ungestraft *a* безнаказанный
ungestüm *a* 1. стремительный; 2. бурный, буйный, неистовый; кипучий (*об энергии*); неугомонный, горячий
Ungestüm *n* -(e)s 1. стремительность; 2. буйство; пыл; неистовство; неугомонность; **mit ~** очертя голову
ungesund *a* 1. нездоровый, вредный; 2. болезненный
ungetrübt *a* безмятежный, невозмутимый
Ungetüm *n* -(e)s, -е чудовище, страшилище
ungeübt *a* неопытный
ungewandt *a* неловкий, неповоротливый, неуклюжий
ungewiß *a* неизвестный, неопределённый, сомнительный; **über etw. (A) im ungewissen sein** быть в недоумении, находиться в неизвестности относительно чего-л.
Ungewißheit *f* -, -en неопределённость, неизвестность; **jmdn. über etw. (A) in ~ lassen*** оставить кого-л. в неизвестности относительно чего-л.
Ungewitter *n* -s, - непогода, буря, (сильная) гроза; **ein ~ zieht herauf** надвигается буря
ungewöhnlich *a* необыч(ай)ный
ungewohnt *a* непривычный
Ungewohntheit *f* - непривычность
ungeziemend *a* неподобающий; неприличный
Ungeziffer *n* -s, - вредное насекомое, паразит; *собир.* вредные насекомые, паразиты
ungezogen *a* невоспитанный, грубый, непослушный
Ungezogenheit *f* -, -en невоспитанность, грубость; непослушание (*ребёнка*)
ungezügelt *a* необузданный
ungezwungen *a* непринуждённый, естественный
Unglaube *m* -ns; **Unglauben** *m* -s неверие
unglaubhaft *a* невероятный, недостоверный
ungläubig *a* 1. недоверчивый; 2. *рел.* неверующий
unglaublich *a* невероятный
unglaubwürdig *a* недостоверный, маловероятный
Unglaubwürdigkeit *f* - недостоверность, сомнительность
ungleich I *a* неравный; неодинаковый; II *adv* несравненно, гораздо
ungleichartig *a* неоднородный
ungleichförmig *a* 1. неодинаковый, различный; 2. неравномерный
Ungleichheit *f* -, -en неравенство
ungleichmäßig *a* неравномерный
Unglück *n* -(e)s, -е несчастье, беда; бедствие; **zum ~** к несчастью, на несчастье; **jmdn. ins ~ stürzen** навлечь беду на кого-л.; **ein schweres ~ hat ihn getroffen** его постигло большое несчастье; **das ist eben das ~** вот так беда
unglücklich *a* несчастный, злополучный
unglücklicherweise *adv* к несчастью, на беду
unglückselig *a* злосчастный, злополучный, несчастный
Unglücks||fall *m* -(e)s, -fälle несчастный случай, катастрофа, авария
Unglücks||kind *n* -(e)s, -ер *разг.* неудачник
Unglücks||rabe *m* -n, -n вестник несчастья
Ungnade *f* - немилость; **in ~ fallen*** впасть в немилость; **jmdn. in ~ setzen** подвергнуть кого-л. опале
ungnädig *a* немилостивый, неласковый, неблагосклонный
ungültig *a* недействительный; **etw. für ~ erklären** объявить [признать] недействительным, аннулировать что-л.
Ungültigkeit *f* - недействительность
Ungunst *f* - немилость, нерасположение, неблагосклонность; **bei jmdm. in ~ stehen*** быть в немилости у кого-л; **zu meinen ~en** не в мою пользу
ungünstig *a* неблагоприятный; **im ~sten Falle** в худшем случае
unhaltbar *a* непрочный, несостоятельный
unhandlich *a* несподручный
Unheil *n* -(e)s беда, несчастье; **~ anrichten** натворить бед; **ein ~ brach herein** грянула беда; **~ stiften** причинить зло, быть причиной несчастья
Unheilbarkeit *f* - неизлечимость, неисцелимость
unheilbringend *a* злополучный, роковой
Unheil||stifter *m* -s, - виновник беды
unheilverkündend *a* зловещий
unheilvoll *a* гибельный, роковой
unheimlich *a* тревожный; жуткий
unhöflich *a* невежливый

Unhöflichkeit *f* -, -en невежливость, неучтивость
unhold *a* недоброжелательный, неблагосклонный
Uni *f* -, -s *разг. сокр.* от Universität
Uniform *f* -, -en <*lat.-fr.*> форма; форменная одежда; мундир; **in der ~ stecken** *разг.* состоять на военной службе; **in großer ~** *шутл.* при полном параде
uniformieren <*lat.-fr.*> *vt* 1. обмундировывать, одевать в военную форму; 2. унифицировать
Unikum <*lat.*> *n* -s, -s/-ka уникум, единственный в своём роде
uninteressant *a* неинтересный, незанимательный
uninteressiert *a* незаинтересованный
Unión <*lat.*> *f* -, -en союз
Union der Sozialistischen Sowjetrepubliken *f* - *ист.* Союз Советских Социалистических Республик
Unionsparteien *pl* "партии союзов" (*назв. ХДС и ХСС, образующих в бундестаге ФРГ единую фракцию*)
unipolár <*lat.*> *a физ.* однополюсный
universál [-vɛr-] <*lat.*> *a* универсальный, всеобщий, всесторонний
Universál‖geschichte [-vɛr-] *f* - всемирная история
Universität <*lat.*> [-vɛr-] *f* -, -en университет; **auf die ~ gehen*** поступить в университет; **an der ~ studieren** учиться в университете
Universum [-ˈvɛr-] <*lat.*> *n* -s вселенная
Universum-Film-Aktiengesellschaft *f* - "Универзум-фильм-акциенгезельшафт" (*одна из крупнейших кинокомпаний в Германии <1917–45>, а затем в ФРГ*)
unken *vi* 1. квакать (*о жабах*); 2. *разг.* пророчить беду, каркать
unkenntlich *a* неузнаваемый; **etw. ~ machen** до неузнаваемости изменить внешний вид чего-л.
Unkenntnis *f* - незнание, неведение, невежество; **aus ~** по незнанию; **jmdn. in voller ~ lassen*** оставить кого-л. в полном неведении
Unken‖ruf *m* -(e)s, -e 1. квакание (*жаб*); 2. *разг.* предсказание беды; **laß diese ~e !** *разг.* не каркай !
unklar *a* неясный; ◇ **im ~en sein** быть в неведении (*относительно чего-л.*)
unklug *a* неумный, неразумный, неблагоразумный, необдуманный
Unkosten *pl* затраты, издержки, расходы; **die ~ tragen*** нести расходы; **sich in ~ stürzen** потратиться, произвести (большие) затраты; **die ~ bestreiten*** покрывать [оплачивать] (все) издержки
Unkraut *n* -(e)s, -kräuter сорная трава, сорняк; ◇ **das ~ mit der Wurzel ausreißen*** вырвать зло с корнем
unkundig *a* (G) несведущий (*в чём-л.*), незнакомый (*с чем-л.*)
unlängst *adv* недавно, на днях
unleidlich *a* невыносимый, несносный
unleserlich *a* неразборчивый, нечёткий (*о почерке*)
unleugbar *a* бесспорный, очевидный
unliebsam *a* неприятный
unlösbar *a* 1. неразрешимый; 2. нерасторжимый
unlöslich *a хим.* нерастворимый
Unlust *f* - неохота, отвращение; **mit ~** нехотя
unmännlich *a* немужественный; недостойный мужчины
Unmasse *f* -, -n громадное количество, уйма, бездна
unmaßgeblich *a* не служащий примером [нормой]; **~e Vermutungen** предположения, не заслуживающие доверия; **nach meiner ~en Meinung** по моему скромному разумению
unmäßig I *a* неумеренный, невоздержанный; II *adv* неумеренно, чрезмерно
Unmäßigkeit *f* - неумеренность, невоздержанность
Unmenge *f* -, -n громадное количество, уйма
Unmensch *m* -en, -en изверг, чудовище
unmenschlich *a* 1. нечеловеческий, сверхчеловеческий; 2. бесчеловечный, жестокий
unmerkbar, unmerklich *a* незаметный, неощутимый, неуловимый
unmißverständlich *a* недвусмысленный, не допускающий кривотолков, однозначный, ясный
unmittelbar *a* непосредственный
unmöglich *a* 1. невозможный; неосуществимый, невыполнимый; 2. невозможный, невыносимый, нетерпеливый; **jmdn. ~ machen** оклеветать, опорочить кого-л.
Unmöglichkeit *f* -, -en невозможность; ◇ **vor der ~ weicht die Schuldigkeit** на нет и суда нет
unmoralisch *a* безнравственный
unmündig *a* несовершеннолетний
Unmündigkeit *f* - несовершеннолетие
Unmut *m* -(e)s неудовольствие; негодование; дурное настроение; **im ersten ~** сгоряча
unnachahmlich *a* неподражаемый
unnachgiebig *a* неуступчивый

unnachsichtig I *a* не знающий снисхождения, беспощадный, нетерпимый; II *adv* без снисхождения
Unnachsichtigkeit *f* - беспощадность, нетерпимость
unnachsichtlich см. unnachsichtig
unnáhbar *a* недоступный, неприступный
unnatürlich *a* неестественный, деланный; противоестественный
Unnatürlichkeit *f* - неестественность; противоречивость
unnénnbar *a* невыразимый, несказанный
unnötig *a* ненужный, бесполезный
unnötigerweise *adv* напрасно, без нужды
unnütz I *a* 1. ненужный, бесполезный; 2. напрасный, тщетный; II *adv* напрасно, даром
unordentlich *a* беспорядочный, неряшливый
Unordnung *f* - беспорядок; **etw. in ~ bringen*** привести что-л. в беспорядок; **in ~ geraten*** прийти в беспорядок
unpaar *a* 1. непарный; 2. нечётный
unparteiisch *a* беспристрастный, объективный
unparteilich *a* 1. непартийный, 2. беспристрастный
unpassend *a* неподходящий, неуместный
unpäßlich *a* нездоровый; **~ sein** чувствовать недомогание
Unpäßlichkeit *f* -, -en нездоровье, недомогание
unpersönlich *a* безличный
Unrast *f* - беспокойство, нервозность
Unrat *m* -(e)s (му)сор, нечистоты, отбросы; ◊ **~ wittern** почуять неладное
unratsam: das wäre ~ я бы этого (вам) не советовал
unrecht I *a* 1. несправедливый, неправый; 2. неправильный: **am ~en Ende** не с того конца; **zur ~en Zeit** не вовремя
unrecht II: **~ haben** быть неправым, ошибаться; **~ tun*** поступать неправильно; **jmdm. ~ geben*** считать неправым кого-л.; **~ bekommen*** оказаться неправым; быть незаслуженно наказанным [обойдённым]
Unrecht *n* -(e)s несправедливость; **ein ~ begehen*** совершить несправедливость; **im ~ sein** быть неправым; **es geschieht ihm ~** его обижают; **jmdm. ein (an)tun*** поступать несправедливо с кем-л.
unrechtmäßig *a* незаконный (*о собственности и т. п.*); нелигитимный
unrechtmäßigerweise *adv* незаконно, несправедливо
unredlich *a* нечестный, недобросовестный

Unredlichkeit *f* 1. - нечестность, недобросовестность; 2. -, -en нечестный [недобросовестный] поступок
unregelmäßig *a* неправильный, нерегулярный, беспорядочный
Unregelmäßigkeit *f* -, -en 1. неправильность, нерегулярность; 2. *pl* неполадки; незаконные действия
unreif *a* незрелый, неспелый
unrein I *a* нечистый; нечистоплотный; II *adv*: **ins ~e schreiben*** писать начерно; **im ~en, ins ~e** вчерне
Unreinheit *f* - нечистотá
unreinlich *a* нечистоплотный, неопрятный
Unreinlichkeit *f* -, -en нечистоплотность, неопрятность
unrichtig *a* неправильный, неверный
Unruhe *f* -, -n 1. беспокойство, волнение, смятение, тревога; **jmdm. ~ bereiten [bringen*]** причинять кому-л. беспокойство; **jmdn. in ~ versetzen** вселить в кого-л. тревогу, взволновать кого-л.; 2. *pl* беспорядки, волнения; 3. баланс (*часов*)
Unruhe‖herd *m* -(e)s, -e 1. очаг волнений; 2. очаг войны
Unruhe‖stifter *m* -s, - виновник [зачинщик] скандала
unruhig *a* беспокойный
unrühmlich *a* бесславный
uns *pron pers* D и A *от* wir
unsacht *a* грубый
unsagbar, unsäglich *a* невыразимый, несказанный
unsanft *a* неделикатный; неласковый; резкий, грубый, суровый
unsauber *a* неприятный; грязный, нечистоплотный (*тж. перен.*)
Unsauberkeit *f* -, -en неопрятность; нечистоплотность (*тж. перен.*)
unschädlich *a* безвредный, безопасный; безобидный
unschätzbar *a* бесценный, неоценимый
unscheinbar *a* невзрачный; незначительный
unschicklich *a* неприличный, непристойный (*о поведении*)
Unschicklichkeit *f* -, -en неприличие, непристойность
Unschlitt *n* -(e)s, -e жир, сало (*нетоплёное*)
unschlüssig *a* нерешительный
Unschlüssigkeit *f* - нерешительность, колебание
Unschuld *f* - невинность; **die gekränkte ~ spielen** изображать оскорблённую невинность; ◊ **seine Hände in ~ waschen*** умыть руки

unschuldig *a* 1. невинный (*о ребёнке, девушке*); 2. невинный, невиновный (*об обвиняемом*); ~ **tun***, **sich** ~ **stellen** притворяться невинным; 3. невинный, безобидный, безвредный
unschuldigerweise *adv* нечаянно
unselbständig *a* несамостоятельный, зависимый
unselig *a* пагубный, злосчастный
unser I *pron pers* G *от* wir; II *pron poss m* (*f* unsere, *n* unser, *pl* unsere) наш (наша, наше, наши)
Unsere *subst*: **der** ~ [die ~, das ~, die ~n] наш; свой (*принадлежащий, свойственный лицу, выраженному подлежащим*): **das** ~ наше; наше имущество; **die** ~**n** наши, наши близкие [родные]; свои, свои близкие [родные]
unsereiner, unsereins *pron indef разг.* мы, наш брат
unsererseits *adv* с нашей стороны
unseresgleichen *a inv* подобные нам (люди), такие же, как мы
unserige *pron poss* der (die, das) ~ наш (наша), наше
Unserige *см.* Unsere
unsert‖halben, ~ **wegen** *adv* из-за нас, ради нас; ~ **willen**: **um** ~ **willen** ради нас
unsicher *a* 1. ненадёжный; 2. неуверенный; jmdn. ~ **machen** смущать кого-л.
Unsicherheit *f* -, -en 1. небезопасность, опасность; 2. ненадёжность, сомнительность; 3. неуверенность (*поведения и т. п.*)
unsichtbar *a* невидимый
Unsichtbarkeit *f* - невидимость
Unsinn *m* -(e)s вздор, бессмыслица, нелепость, чепуха; ~ **reden** [**verzapfen**] болтать вздор; ~ **treiben*** делать глупости
unsinnig *a* бессмысленный, безрассудный
Unsitte *f* -, -n дурная привычка [традиция]
unsittlich *a* безнравственный
Unsittlichkeit *f* -, -en безнравственность
unsresgleichen *см.* unseresgleichen
unsrige *см.* unserige
unstatthaft *a* неприемлемый, недопустимый
unsterblich *a* бессмертный
Unsterblichkeit *f* - бессмертие, бессмертность
unstet *a* 1. непостоянный, изменчивый; 2. беспокойный, тревожный
unstillbar *a* неутолимый, ненасытный
Unstimmigkeit *f* -, -en разногласие
unstreitig *a* бесспорный, неоспоримый

Unsumme *f* -, -n громадная сумма; *разг.* бешеные деньги
untadelhaft, untad(e)lig *a* безупречный
Untat *f* -, -en (чудовищное) преступление, злодеяние
untätig *a* 1. бездеятельный, праздный; 2. вялый, пассивный
Untätigkeit *f* - бездеятельность, праздность
untauglich *a* не(при)годный
unteilbar *a* неделимый
Unteilbarkeit *f* - неделимость, целостность
unten *adv* внизу; **bis** ~ донизу; **nach** ~ (**hin**) вниз; **von** ~ (**her**) снизу; **von** ~ **hinauf** снизу вверх; **herum** ~ внизу, снизу; **von oben bis** ~ сверху донизу; **von** ~ **auf dienen** начать службу с низов
unter *prp* 1. (D на вопрос "где?", A на вопрос "куда?") под, между, среди; ~ **sich** между собой; ~ **anderem** между прочим; 2. (D) ниже, меньше; ~ **zehn Jahren** моложе десяти лет; 3. (D) под, при; ~ **seiner Aufsicht** под его наблюдением; ◊ ~ **vier Augen** с глазу на глаз; ~ **Anwendung der Gewalt** с применением силы; ~ **Mitwirkung von ihm** при его содействии; ~ **dem Vorwand** под предлогом
unter- отд. и неотд. глаг. приставка, указывает на движение под что-л., под чем-л.: **unter‖legen** подложить
Unterabteilung *f* -, -en 1. воен. подразделение; 2. подотдел (*учреждения*)
Unterarm *m* -(e)s, -e анат. предплечье
Unterart *f* -, -en разновидность
Unterausschuß *m* -sses, -schüsse подкомитет, подкомиссия
Unterbau *m* -(e)s, -ten 1. фундамент, цоколь; 2. нижнее строение (*моста, железнодорожного полотна*)
Unterbein *n* -(e)s, -e нижняя часть ноги
Unterbelastung *f* -, -en недогрузка
unterbewußt *a* подсознательный
Unterbewußtsein *n* -s подсознание, подсознательность
unter‖bieten* *vt* 1.: **einen Preis** ~ сбивать цену; 2. расходовать [тратить] меньше установленного количества
Unterbilanz *f* -, -en дефицит
unter‖binden* I подвязывать (*платок*)
unter‖binden* II *vt* 1. перевязывать (*кровеносный сосуд*); 2. препятствовать (*чему-л.*), парализовать, подорвать (*что-л.*)
unter‖bleiben* *vi* (s) не состояться; **das wird in Zukunft** ~ это больше не повторится

Unterboden‖explosión f -, -en подземный взрыв
unter|bréchen* vt прерывать
Unterbrécher m -s, - *тех.* прерыватель
Unterbréchung f -, -en перерыв, остановка (в чём-л.), нарушение, временное прекращение (чего-л.)
unter|breiten I vt подстилать
unter|bréiten II vt представлять на утверждение (что-л.); докладывать, сообщать (о чём-л.); **einen Antrag ~** внести предложение
unter|bringen* vt 1. помещать, печатать (статью); 2. размещать, ставить, укладывать (вещи где-л.); размещать, помещать, устраивать (людей где-л.); 3. помещать, вкладывать (капитал); 4. размещать, распределять (заём, заказ)
Unterbringung f -, -en 1. помещение, напечатание; 2. размещение, укладывание; 3. помещение, вложение; 4. размещение, распределение; см. **unterbringen***
Unterdeck n -(e)s, -e/-s нижняя палуба
Unterdecke f -, -n пододеяльник
Unter den Linden Унтер-ден-Линден (назв. центр. улицы Берлина <букв. "под липами">)
unterderhánd adv тайком; **~ kaufen** купить из-под полы
unterdés(sen) adv между тем
Unterdruck m -(e)s *тех.* разрежение, вакуум
unter|drücken vt 1. подавлять, угнетать (людей); 2. подавлять, заглушать (крик, чувство, инициативу)
Unterdrücker m -s, - угнетатель
Unterdrückte subst m, f -n, -n угнетённый, -ная
Unterdrückung f -, -en 1. гнёт, угнетение; 2. подавление (восстания и т. п.)
untere a 1. нижний, 2. младший; 3. низший
untereinánder pron rez между собой
Unter‖einheit f -, -en *воен.* подразделение
unterernährt a истощённый
unterfángen*, sich (G zu+inf) осмеливаться (на что-л., что-л. сделать)
Unterfángen n -s смелое предприятие
unter|fassen vt брать под руку
Unterfeldwebel m -s, - *воен.* младший фельдфебель
unter|fértigen vt *уст.* подписывать (письма и т. п.)
unter|führen vt проводить, прокладывать (под чем-л. дорогу)
Unterführer m -s, - *воен.* командир подразделения

Unterführung f -, -en путепровод под полотном другой дороги; туннель
Unterfutter n -s подкладка
Untergang m -(e)s, pl *поэт.* -gänge 1. закат, заход (солнца и т. п.); 2. гибель, крушение (судна); 3. *перен.* падение, упадок, крушение
Untergattung f -, -en разновидность
untergében a подчинённый (D кому-л.)
Untergébene subst m, f -n, -n подчинённый, -ная
unter|gehen* vi (s) 1. заходить (о светилах); **sein Stern ist untergegangen** его звезда закатилась; 2. тонуть, идти ко дну, погибать; **die Worte gingen im Lärm unter** слова утонули в шуме
untergeordnet a 1. подчинённый (D кому-л.); 2. второстепенный; 3. *грам.* подчинённый
Untergeschoß n -sses, -sse нижний этаж
Untergestell n -(e)s, -e *тех.* подставка; *авт.* шасси; *ж.-д.* вагонная рама
Untergewicht n -(e)s недовес
unter|gráben* vt 1. подрывать (скалу и т. п.); 2. *перен.* подрывать, подтачивать (что-л.), вредить (чему-л.); **die Gesundheit ~** подрывать здоровье
Untergrábung f -, -en 1. подрыв, подкоп; 2. *перен.* подкоп
Untergrund‖bahn f -, -en метро, метрополитен
Untergrund‖bewegung f -, -en подпольная работа, подполье
untergründig a скрытый, являющийся подоплёкой (чего-л.)
unter|haken vt *разг.* брать под руку; **untergehakt gehen*** идти под руку
unterhalb prp (G) внизу, ниже (чего-л.)
Unterhalt m -(e)s поддержка; **~ gewähren** оказывать поддержку
unter|hálten* I vt 1. поддерживать (знакомство и т. п.); 2. содержать, иметь на иждивении; 3. занимать, развлекать; II **~, sich** 1. (mit D, über A, von D) беседовать (с кем-л., о ком-л., о чём-л.); 2. (mit D) развлекаться (чем-л.); **er hat sich gut ~** он хорошо провёл время
unterhaltend, unterhaltsam a занимательный, интересный
Unterhalts‖geld n -(e)s, -er алименты
Unterhalts‖kosten pl расходы на содержание; средства на содержание; *юр.* алименты
Unterháltung f -, -en 1. содержание, поддержание (чего-л. в хорошем состоянии); 2. беседа, разговор; 3. развлечение
Unterháltungs‖kosten pl см. **Unterhaltskosten**
Unterháltungs‖musik f - лёгкая музыка

unter|hándeln vi (mit D über A) вести переговоры (с кем-л. о чём-л.)
Unterhändler m -s, - посредник (в переговорах)
Unterhándlung f -, -en 1. переговоры; ~en einleiten начать переговоры; die ~en stoppen приостановить переговоры; 2. посредничество
Unterhaus n -es нижняя комната; палата общин (в Англии)
Unterhemd n -(e)s, -en нижняя сорочка
unter|höhlen vt 1. подтачивать, размывать (снизу водой); 2. перен. подрывать, подтачивать (что-л.), вредить (чему-л.)
Unterholz n -es поросль
Unterhose f -, -n кальсоны, панталоны
unterirdisch a 1. подземный; 2. подпольный, тайный, нелегальный
unter|jóchen vt порабощать, покорять, подчинять (себе)
Unterkiefer m -s, - нижняя челюсть
unter|kommen* vi (s) 1. устраиваться, находить приют [кров, убежище], укрываться (у кого-л., где-л.); 2. устраиваться (на заводе и т. п. кем-л.)
Unterkommen n -s, - убежище, пристанище, приют, кров; jmdm. ein ~ gewähren предоставить приют [убежище] кому-л.
Unterkörper m -s, - нижняя часть тела
unter|kriechen* vi (s) подлезать
unter|kriegen vt разг. побеждать, укрощать; sich nicht ~ lassen* не сдаваться, не поддаваться
Unterkunft f -, -künfte 1. см. Unterkommen; 2. воен. расположение части [подразделения]
Unterlage f -, -n 1. подставка; подстилка; тех. подкладка; 2. перен. основание; 3. pl данные; документация
Unterlaß m: ohne ~ без перерыва, беспрестанно, непрерывно
unter|lássen* vt упускать (что-л.), не делать, не выполнять (что-л.); отказываться (от чего-л.); nicht ~ etw. zu tun не преминуть что-л. сделать
Unterlássung f -, -en упущение, неисполнение
Unterlássungsfall m: im ~e в случае неисполнения
Unterlauf m -(e)s, -läufe нижнее течение (реки)
unter|laufen* I I vi (s) вкрадываться (об ошибке); II vt спорт. подсаживать (противника; запрещённый приём)
unter|láufen* II vi (s) 1. затекать (кровью); das Auge ist mit Blut ~ глаз затёк; 2. см. únterlaufen

Unterleib m -(e)s, -er нижняя часть живота
Unterleibs||typhus m - брюшной тиф
Unterleutnant <fr.> m -s, -e/-s младший лейтенант
unter|liegen* vi (s) (D) 1. понести поражение; уступить (кому-л.); der Krankheit ~ умереть от болезни; 2. находиться в (чьём-л.) ведении, быть подведомственным (кому-л.); 3. подлежать (чему-л.); das unterliegt keinem Zweifel это не подлежит сомнению
unter|máuern vt 1. подводить фундамент (под что-л.); 2. перен. подводить базу (подо что-л.), обосновывать (что-л.); etw. theoretisch ~ подвести теоретическую базу подо что-л., теоретически обосновать что-л.
unter|mengen vt (D) подмешивать (что-л. во что-л.)
Untermiete: zur [in] ~ wohnen снимать комнату у съёмщика (частным образом)
Untermieter m -s, - жилец, снимающий комнату у съёмщика квартиры
unter|minieren vt 1. минировать (что-л.); 2. подрывать (экономику, авторитет и т. п.)
unter|néhmen* vt предпринимать; Schritte ~ предпринимать шаги
Unternéhmen n -s, - 1. предприятие, дело; 2. предприятие (промышленное и т. п.), организация; 3. попытка; 4. воен. операция
Unternehmen "Seelöwe" n -s операция "Морской лев" (кодовое назв. плана вторжения нем.-фаш. войск в Англию через Ла-Манш во 2-й мир. войне)
Unternéhmer m -s, -; ~in f -, -nen предприниматель, -ница
Unternehmertum n -s 1. предпринимательство; 2. собир. предприниматели
unternéhmungslustig a предприимчивый
Unteroffizier m -s, -e унтер-офицер
unter|ordnen I vt (jmdm.) подчинять (кого-либо, что-л., кому-л., чему-л.); II ~, sich подчиняться (кому-л., чему-л.)
unterordnend a грам. подчинительный (о союзе)
Unterordnung f - подчинение, субординация (unter A кому-л.)
Unterpfand n -(e)s, -pfänder залог, гарантия (тж. перен.)
unter|pflügen vt с.-х. запахивать
Unterrédung f -, -en беседа; переговоры
Unterricht m -(e)s преподавание, обучение; (учебные) занятия; уроки; der ~ in Sprachen преподавание языков,

unter|richten

обучение языкам; **jmdm. ~ geben* [erteilen]** давать уроки кому-л., преподавать кому-л., заниматься с кем-л.; **~ nehmen*** брать уроки, заниматься (*с преподавателем*)
unter|ríchten I *vt* **1.** (*in* D) преподавать (*кому-л. что-л.*), обучать (*кого-л. чему-л.*); **die Schüler in Deutsch ~** преподавать школьникам немецкий язык; **2.** (*über* A, *von* D) осведомлять, информировать (*кого-л. о чём-л.*); II **~, sich** (*über* A) осведомляться (*о ком-л., о чём-л.*)
Unterrichts||fach *n* -(e)s, -fächer учебный предмет
Unterrichts||gebiet *n* -(e)s, -e учебный предмет, область преподавания
Unterrichts||wesen *n* -s обучение, просвещение, учебное дело
Unter||rock *m* -(e)s, -röcke нижняя юбка
unters = **unter das**
unter|ságen *vt* (*jmdm.*) запрещать (*что-л. кому-л.*); **das Rauchen ist untersagt** курение воспрещено (*надпись*)
Untersänger *m* -s, - второй голос (*о певце*)
Untersatz *m* -es, -sätze подставка; цоколь
Unterschale *f* -, -n **1.** блюдце; **2.** *тех.* нижний вкладыш подшипника
Unterscharführer *m* -s, - унтершарфюрер (*звание в войсках СС в фашистской Германии, соответствующее армейскому унтер-офицеру*)
unter|schätzen *vt* недооценивать
Unterschätzung *f* -, -en недооценка
untr|schéiden* I *vt* **1.** различать, распознавать; **2.** (*von* D) отличать (*кого-л., что-л. от кого-л., чего-л.*); II **~, sich** (*durch* A, *in* D, *von* D) отличаться (*чем-либо от кого-л., от чего-л.*)
unterschéidend *a* отличительный
Unterschéidung *f* -, -en **1.** различение, распознавание; **2.** отличие
Unterschenkel *m* -s, - голень
Unterschicht *f* -, -en **1.** нижний слой; **2.** подпочва
unter|schieben* *vt* **1.** пододвигать, подсовывать (*подо что-л.*); **jmdm. einen Brief zur Unterschrift ~** подсунуть кому-л. письмо на подпись; **2.** подменить (*лошадь и т. п.*); **3.** (*jmdm.*) приписывать (*слова и т. п. кому-л.*)
Unterschied *m* -(e)s, -e **1.** разница, различие; **alle ohne ~** все без разбора; **der ~ ist, daß ...** разница в том, что ..., **2.** отличие; **zum ~ von jmdm., von etw.** (D) [**in ~ zu jmdm., etw.**] в отличие от кого-л., от чего-л.

unterschiedlich *a* различный, разный; **eine ~e Ansicht** особое мнение
unter|schlagen* I *vt* подбивать (*что-л. подо что-л.*); **die Beine ~** подогнуть под себя ноги; **die Arme ~** скрестить руки
unter|schlágen* II *vt* **1.** утаивать, скрывать; **2.** растрачивать (*деньги*)
Unterschlágung *f* -, -en **1.** утайка; **2.** растрата
Unterschleif *m* -(e)s, -e подлог; растрата; **einen ~ begehen*** совершить растрату
Unterschlupf *m* -(e)s, -schlüpfe **1.** убежище; лазейка; **2.** *воен.* укрытие, блиндаж
unter|schlüpfen *vi* (s) укрываться, находить убежище
unter|schréiben* *vt* **1.** подписывать (*что-либо*), подписываться (*под чем-л.*); **2.** *перен.* подписываться (*под чем-л.*), одобрять (*что-л.*)
unter|schréiten* *vt* сокращать (*запланированные расходы, намеченный срок и т. п.*)
Únterschrift *f* -, -en подпись; **seine ~ geben*** дать (свою) подпись; **eine ~ leisten** поставить свою подпись, подписаться; **eine ~ einholen** получить подпись; **die ~ vollziehen*** совершать акт подписания (*договора и т. п.*)
Unterschuß *m* -sses, -schüsse дефицит
Untersee||boot (*сокр.* U-Boot) *n* -(e)s, -e подводная лодка; **das ~ taucht unter [taucht auf]** подводная лодка погружается [всплывает]
unterseeisch *a* подводный
Unterseite *f* -, -n нижняя сторона, изнанка
unter|setzen I *vt* подставлять (*что-л. подо что-л.*); **seinen Namen ~** подписываться
unter|sétzen II *vt* (*mit* D) смешивать (*что-л. с чем-л.*)
Untersetzer *m* -s, - подставка
untersétzt *a* коренастый, приземистый
unter|sinken *vi* (s) (за)тонуть, погрузиться (*в воду*)
unter|spülen *vt* подмывать (*берег*)
unterst: das ~e zuoberst kehren *перен.* перевернуть всё вверх дном
Unterstand *m* -(e)s, -stände **1.** убежище; **jmdm. ~ geben*** давать приют кому-л.; **2.** *воен.* блиндаж
unter|stéhen* I *vi* (D) **1.** подчиняться (*кому-л.*), быть в подчинении (*у кого-л.*); **2.** подлежать (*чему-л.*); **das Vergehen untersteht dem Gericht** проступок карается законом; II **~, sich** осмеливаться, сметь (*что-л. делать*); **was ~ Sie sich?** как Вы смеете?

unter|stéllen I *vt* (D) **1.** подчинять (кого-л. кому-л.); **2.** подвергать (что-л.) контролю; **3.** приписывать (намерение, поступок кому-л.); II ~, **sich** (D) подчиняться (кому-л.)
unterstéllt *a* подчинённый, подведомственный
Unterstéllung *f* -, -en **1.** подчинение; *воен. тж.* придача, переподчинение; **2.** подтасовка, (ложное) приписывание (чего-л. кому-л.)
unter|streichen* *vt* подчёркивать (*тж. перен.*)
Unterstréichung *f* -, -en подчёркивание (*тж. перен.*)
Unterstufe *f* -, -n младшая ступень, младшие классы (*в школе*)
Untersturmführer *m* -s, - унтерштурмфюрер (*звание мл. офицера в войсках СС в фашистской Германии, соответствующее арм. лейтенанту*)
unter|stützen *vt* **1.** поддерживать (*тж. перен.*); **2.** поддерживать (кого-л., что-либо), оказывать поддержку (кому-л., чему-л.); **jmdn. mit Geld** ~ оказать кому-л. денежную помощь
Unterstützung *f* -, -en **1.** поддержка, помощь; **2.** пособие; **jmdm.** ~ **gewähren** предоставлять кому-л. пособие; **3.** *воен.* поддержка, подкрепление
unterstützungsbedürftig *a* нуждающийся в поддержке
Unterstützungs‖satz *m* -es, -sätze размер пособия
unter|súchen *vt* **1.** исследовать; **etw. auf seinen Wert** ~ исследовать что-л. для установления ценности [стоимости]; **2.** осматривать, обследовать (больного); **3.** *юр.* расследовать, производить расследование
Untersúchung *f* -, -en **1.** исследование; **eine** ~ **vornehmen*** производить исследование; **2.** осмотр (*тж. мед.*), обследование; **3.** *юр.* расследование, следствие
Untersúchungs‖befund *m* -(e)s, -e **1.** результат исследования; **2.** *юр.* результат следствия
Untersúchungs‖gefängnis *n* -ses, -se тюрьма предварительного заключения
Untersúchungs‖haft *f* - предварительное заключение
Untersúchungs‖richter *m* -s, - судебный следователь
Untertáge‖arbeiter *m* -s, - рабочий в шахте [под землёй]
Untertáge‖bau *m* -(e)s -ten разработка [добыча] подземным способом

untertan *a präd* подчинённый
Untertan *m* -s/ -en, -en **1.** подданный; **2.** зависимый
untertänig *a* **1.** верноподданнический; **2.** покорный; **Ihr** ~**ster Diener** ваш покорный слуга
Untertasse *f* -, -n блюдце
unter|tauchen I *vi* (s) **1.** нырять; окунаться; **in der Arbeit** ~ окунуться в работу; **2.** скрываться, исчезать (*in* D где-л.); **3.** *перен.* уходить в подполье; II *vt* окунать, погружать
Unterteil *m* -s, -e нижняя часть, низ
unter|teilen (unter|téilen) *vt* дробить, делить, разбивать (*на части*)
Unterteilung *f* -, -en подразделение, дробление, разукрупнение
Untertitel *m* -s, - подзаголовок
Unterton *m* -(e)s, -töne **1.** *муз.* унтертон; **2.** оттенок, нотка (*чувства*)
Unterwalden (*n*) -s Унтервальден (*кантон в Швейцарии, состоит из двух полукантонов – Нидвальден и Обвальден*)
unterwärts *adv*: ~ **des Stromes** вниз по течению
Unterwäsche *f* - (нижнее) бельё
unterwégs *adv* дорогой, в дороге, в пути, по пути
unter|wéisen* *vt* наставлять, поучать (кого-л.), давать указания (кому-л.)
Unterwéisung *f* -, -en наставление; указание
Unterwelt *f* - **1.** *миф.* преисподняя, ад; **2.** дно, деклассированные элементы общества
unter|wérfen* I *vt* **1.** покорять, подчинять, порабощать; **2.** (D) подвергать (кого-л. испытанию и т. п.); II ~, **sich** (D) покоряться, подчиняться (кому-л., чему-л.)
Unterwérfung *f* -, -en покорение, подчинение, порабощение
unter|wühlen *см.* **untergraben***
unterwürfig *a* покорный, раболепный
unter|zéichnen *vt* подписывать
Unterzéichner *m* -s, -; ~**in** *f* -, -nen; **Unterzéichnete** *subst m, f* -n, -n подписавшийся, -шаяся
Unterzéichnung *f* -, -en подписывание, подписание
Unterzeug *n* -(e)s (нижнее) бельё
unter|ziehen* I *vt* подвергать (*испытанию и т. п.*); II ~, **sich** подвергаться, подвергать себя; **sich einer Kur** ~ проходить курс лечения
Untiefe I *f* -, -n мель, мелководье
Untiefe II *f* -, -n большая глубина; бездна (*тж. перен.*)

Untier *n* -(e)s, -e чудовище (*тж. перен.*)
untilgbar *a* 1. неизгладимый; невыводимый (*о пятнах*); 2. неоплатный (*долг*)
untragbar *a* непосильный, невыносимый, невозможный
untrennbar *a* 1. нераздельный; 2. неразлучный; 3. *грам.* неотделяемый, неразделимый
Untrennbarkeit *f* - 1. нераздельность, неотделимость; 2. неразлучность
untreu *a* неверный; ~ **werden** изменять
Untreue *f* - измена, неверность; **eine ~ an jmdm. begehen*** изменить кому-л.
untröstlich *a* безутешный
untrüglich *a* несомненный, верный
Untugend *f* -, -en порок, дурная привычка
untu(n)lich *a* невозможный; неподходящий
unüberbietbar *a* непревзойдённый; предельный
unüberlegt *a* необдуманный, безрассудный
unübersehbar *a* необозримый, необъятный
Unübersehbarkeit *f* - необозримость, необъятность
unübersehlich *см.* unübersehbar
unübersetzbar *a* непереводимый
unübersichtlich *a* 1. неясный; 2. труднообозреваемый
unübertrefflich, unübertroffen *a* непревзойдённый, бесподобный
unüberwindlich *a* непреодолимый
unüberwunden *a* непреодолённый; непобеждённый
unumgänglich *a* неизбежный, неминуемый
Unumgänglichkeit *f* - неизбежность, необходимость
unumschränkt *a* неограниченный
unumstößlich *a* неопровержимый, бесспорный
Unumstößlichkeit *f* - неопровержимость, бесспорность, непреложность
unumwunden I *a* откровенный; непринуждённый; II *adv* прямо, без обиняков
ununterbrochen *a* беспрерывный, сплошной
unveränderlich *a* 1. неизменный; 2. *грам.* неизменяемый (*о частях речи*)
Unveränderlichkeit *f* - 1. неизменность; 2. *грам.* неизменяемость
unverändert *a* не изменившийся; без изменений
unverantwortlich *a* безответственный
Unverantwortlichkeit *f* - безответственность

unverbesserlich *a* неисправимый
Unverbesserlichkeit *f* - неисправимость
unverbindlich *a* необязательный, ни к чему не обязывающий
Unverbindlichkeit *f* - необязательность
unverblümt I *a* откровенный; II *adv* без обиняков
unverbrüchlich *a* нерушимый; ненарушимый; ~e **Freundschaft** нерушимая дружба
Unverbrüchlichkeit *f* - нерушимость
unverbunden *a* (ни к чему) не обязывающий
unverbürgt *a* недостоверный, лишённый гарантии
unverdächtig *a* не внушающий подозрения, внушающий доверие
unverdaulich *a* неудобоваримый (*тж. перен.*)
unverdient *a* незаслуженный
unverdienter∥maßen; ~weise *adv* незаслуженно
unverdorben *a* неиспорченный; невинный
Unverdorbenheit *f* - неиспорченность, непорочность
unverdrossen I *a* неутомимый; неусыпный; II *adv* неутомимо, неусыпно
unverehelicht *a* незамужняя; неженатый, холостой
unvereinbar *a* несовместимый
Unvereinbarkeit *f* - несовместимость
unverfälscht *a* 1. неподдельный (*о чувстве*); не фальсифицированный (*о теории и т. п.*); 2. натуральный, чистый
unverfänglich *a* бесхитростный, безобидный
unverfroren *a* 1. невозмутимый; 2. наглый
Unverfrorenheit *f* - наглость, дерзость, бойкость
unvergänglich *a* вечный, постоянный, непреходящий; ~er **Ruhm** бессмертная слава
Unvergänglichkeit *f* - вечность, нескончаемость
unvergeltbar *a* неоплатный
unvergeßlich *a* незабываемый; незабвенный
Unvergeßlichkeit *f* - памятность
unvergleichlich *a* несравненный, бесподобный
unverhältnismäßig *a* несоразмерный, непропорциональный
unverheiratet *a* холостой; незамужняя
unverhofft *a* неожиданный
unverhohlen *a* нескрываемый, явный
unverkäuflich *a* непродажный

unverkauft *a* непроданный
unverkennbar *a* очевидный, несомненный
unverkürzt *a* несокращённый
unverlangt I *a* не имеющий спроса; II *adv* без затребования (*присланный и т. п.*)
unverlétzbar *a* 1. неприкосновенный; 2. ненарушимый (*о законе и т. п.*)
Unverlétzbarkeit *f* - неприкосновенность; die ~ der Person неприкосновенность личности
unverlétzlich *a см.* unverlétzbar
unverlétzt *a* невредимый
unverlöschlich *a* незабываемый
unvermeidlich *a* неизбежный
Unverméidlichkeit *f* - неизбежность, неминуемость
unvermerkt *a* 1. незаметный; незамеченный; 2. неотмеченный
unvermittelt *a* внезапный, неожиданный
Unvermögen *n* -s 1. бессилие, неспособность; 2. *мед.* импотенция
unvermögend *a* 1. бессильный; 2. бедный, неимущий
unvermutet *a* неожиданный, непредвиденный
unvernehmlich *a* невнятный, неслышный
Unvernunft *f* - безрассудство
unvernünftig *a* неразумный, безрассудный
unverrichtet, unverrichteterdinge, unverrichtetersache *adv* напрасно, безрезультатно
unverrückbar, unverrücklich *a* незыблемый, непоколебимый, устойчивый
unverschämt *a* бесстыдный, наглый
Unverschämtheit *f* -, -en бесстыдство, наглость, заносчивость
unverschuldet *a* 1. незаслуженный; 2. без долгов
unverschuldetermaßen *adv* незаслуженно (*наказанный и т. п.*)
unversehens *adv* неожиданно
unversehrt *a* целый, невредимый
Unverséhrtheit *f* - неприкосновенность, целость, невредимость
unversichert *a* незастрахованный
unversiegbar *a* неиссякаемый
unversiegelt *a* незапечатанный, открытый
unversöhnlich *a* непримиримый
Unversöhnlichkeit *f* - непримиримость
unversorgt *a* необеспеченный
Unverstand *m* -(e)s безрассудство, глупость
unverstanden *a* непонятный, непризнанный
unverständig *a* неразумный
unverständlich *a* непонятный, неясный

Unverständlichkeit *f* - непонятность, неясность
Unverständnis *n* -ses непонимание
unversteuert *a* не обложенный налогом
unversucht *a* неиспытанный, неиспробованный (*о возможностях и т. п.*)
unvertilgbar *a* неистребимый, неискоренимый
unverträglich *a* невыносимый; неуживчивый
Unverträglichkeit *f* - 1. неуживчивость; невыносимость; 2. несоответствие, несовместимость
unverwandt I *a* 1. неродственный, несхожий; 2. пристальный; II *adv* не сводя глаз
unverweilt I *a* немедленный; II *adv* без промедления, тотчас, немедленно
unverwélklich *a* неувядающий, неувядаемый; *перен.* вечно юный
unverwíschbar *a* неизгладимый
unverwundbar *a* неуязвимый
unverwüstlich *a* 1. прочный; 2. несокрушимый, железный (*о здоровье и т. п.*); ein ~er Humor неистощимый юмор
unverzagt I *a* неустрашимый; sei ~! не робей!; II *adv* бесстрашно, не падая духом; ~ hoffen твёрдо надеяться
unverzéihlich *a* непростительный
unverzinslich *a* беспроцентный
unverzóllt *a* не оплаченный пошлиной
unverzüglich *a* немедленный
unvolléndet *a* незаконченный
unvollkommen *a* несовершенный
Unvollkommenheit *f* -, -en несовершенство
unvollständig *a* неполный; nach ~en Meldungen по неполным данным [сведениям]
unvordenklich: seit ~en Zeiten с незапамятных времён
unvoreingenommen *a* непредубеждённый, без предубеждения, объективный
unvorhergesehen *a* непредвиденный
unvorsichtig *a* неосторожный, опрометчивый, неблагоразумный
Unvorsichtigkeit *f* -, -en неосторожность, опрометчивость
unvorstellbar *a:* das ist ~ это трудно себе представить
unvorteilhaft *a* невыгодный
unwägbar *a* невесомый
unwahr *a* ложный; лживый
Unwahrheit *f* -, -en ложь, неправда
unwahrscheinlich *a* невероятный, неправдоподобный
Unwahrscheinlichkeit *f* -, -en невероятность, неправдоподобность

unwandelbar *a* 1. непреложный, неизменный; 2. *грам.* неизменяемый
unwegsam *a* непроходимый
unweigerlich *a* неизбежный (*о последствиях и т.п.*)
unweit I *prp* (G) недалеко от ; ~ **des Dorfes** недалеко от деревни; ~ **von hier** недалеко отсюда; II *adv* недалеко, поблизости
unwert *a* 1. малоценный, не имеющий цены; 2. недостойный (*похвалы и т. п.*)
Unwesen *n* -s бесчинство; **sein ~ treiben*** бесчинствовать
unwesentlich *a* несущественный, незначительный
Unwetter *n* -s, - непогода; буря; **ein ~ zieht herauf** надвигается буря
unwiderlégbar, unwiderléglich *a* неопровержимый
unwiderrúflich *a* категорический, не подлежащий отмене
unwiderspréchlich *a* неоспоримый, неопровержимый
unwiderstéhlich *a* неотразимый; не(пре)одолимый
unwiederbringlich *a* безвозвратный
Unwille(n) *m* -lens неудовольствие; досада, негодование
unwillig I *a* недовольный; II *adv* неохотно, с неудовольствием
unwillkommen I *a* нежеланный; II *adv* некстати
unwillkürlich *a* невольный
unwirklich *a* нереальный
unwirksam *a* безрезультатный; недействительный
unwirsch *a* грубый, неприветливый
unwirtlich *a* негостеприимный, неуютный
unwirtschaftlich *a* бесхозяйственный
unwissend *a* невежественный; незнающий, неосведомлённый
Unwissenheit *f* - незнание, невежество; неосведомлённость; **aus ~** по незнанию; **jmdn. in ~ halten* [lassen*]** держать кого-л. в неведении
unwissentlich I *a* неумышленный; II *adv* неумышленно, по незнанию
unwohl *a*: **mir ist ~, ich bin ~** мне нездоровится
Unwohlsein *n* -s недомогание (*б. ч. во время менструации*)
Unwucht *f* - *тех.* дисбаланс, неуравновешенность
unwürdig *a* недостойный; **einer Sache** (G) **~ sein** быть недостойным чего-л.
Unzahl *f* - несметное количество; *разг.* пропасть (*чего-л.*)

unzählbar *a* неисчислимый, не поддающийся счёту
unzählig *a* бесчисленный, несметный
unzähmbar *a* неукротимый, не поддающийся укрощению
unzart *a* неделикатный
Unze <*lat.*> *f* -, -n унция
Unzeit *f* -: **zur ~** не вовремя, некстати
unzeitgemäß *a* несвоевременный
unzeitig I *a* 1. несвоевременный; 2. преждевременный; 3. незрелый (*о плодах*); II *adv* не вовремя, некстати
unzerbrechbar, unzerbrechlich *a* небьющийся
unzerlégbar *a* неразложимый, неразлагаемый
unzerstörbar *a* неразрушимый, несокрушимый
unzertrennbar *a* неразрывный (*о дружбе и т. п.*)
unzertrennlich *a* неразлучный
unziemend, unziemlich *a* непристойный
Unziemlichkeit *f* -, -en неприличие, непристойность
Unzucht *f* - распутство, разврат; **in ~ leben** жить распутно; ~ **treiben*** предаваться разврату, распутничать; **jmdn. zur ~ verleiten [verführen]** склонять к разврату, развращать кого-л.
unzüchtig *a* развратный; безнравственный
unzufrieden *a* недовольный (*mit* D кем-л., чем-л.)
Unzufriedenheit *f* - недовольство, неудовольствие (*mit* D кем-л., чем-л.)
unzugänglich *a* 1. недоступный, неприступный; 2. несговорчивый, замкнутый
Unzugänglichkeit *f* - недоступность, неприступность (*тж. перен.*)
unzulänglich *a* недостаточный
unzulässig *a* недопустимый, непозволительный
Unzulässigkeit *f* - недопустимость, непозволительность
unzurechnungsfähig *a* невменяемый; **jmdn. für ~ erklären** объявить кого-л. невменяемым
Unzurechnungs∥fähigkeit *f* - невменяемость
unzureichend *a* недостаточный
unzuträglich *a* вредный (*для здоровья*), нездоровый
unzuverlässig *a* ненадёжный; ~**e Quellen** недостоверные источники
Unzuverlässigkeit *f* - ненадёжность; недостоверность
unzweckmäßig *a* нецелесообразный

Unzweckmäßigkeit *f* - нецелесообразность
unzweifelhaft I *a* несомненный; II *adv* без сомнения
üppig *a* 1. пышный (*о фигуре*); 2. роскошный (*об обеде*); 3. пышно разросшийся, буйный (*о растительности*)
Üppigkeit *f* -, -en 1. роскошь; пышность, пышные формы; 2. роскошь, изобилие; *см.* üppig
ur- *преф. прил.* 1. *указывает на древность, изначальность признака*: **ureigen** исконный, коренной; 2. *выражает усиление*: **urplötzlich** совершенно неожиданный
Ur- *преф. сущ.* 1. *указывает на древность, первобытность*: **Urmensch** первобытный человек; 2. *в сочетании с именами родства изменяет их значение на одну ступень*: **Urgroßvater** прадед; 3. *указывает на первичность*: **Urbedeutung** первоначальное значение
Urabstimmung *f* - предварительное голосование
Urahne *m* -n, -n ; *f* -, -n 1. прадед; прабабка; 2. предок; прародитель, -ница
Ural *m* -s Урал (1. *горы в РФ, граница между её европейской и азиатской частями*; 2. *название реки*)
uralt *a* древний, древнейший; **seit ~en Zeiten** с незапамятных времён
Uraltertum *n* -(e)s доисторическая эпоха
Urán <*gr.-lat.*> *n* -s уран
Uranfang: **von ~ an** с самого начала
uranfänglich *a* первоначальный
Uraufführung *f* -, -en премьера
urbán <*lat.*> *a* 1. вежливый; светский; 2. городской
urbar *a* пахотный, возделанный; ◊ **~ machen** распахивать; возделывать (*землю*)
Urbedeutung *f* -, -en первоначальное значение, первоначальный смысл
Urbeginn *см.* Uranfang
Urbegriff *m* -(e)s, -e первоначальное понятие
Urbewohner *m* -s, -; **~in** *f* -, -nen коренной житель, коренная жительница, абориген
Urbild *n* -(e)s, -er прообраз, прототип
ureigen *a* исконный, коренной
ureigentümlich *a* стародавний, коренной
Ureinwohner *m* -s, -; **~in** *f* -, -nen *см.* Urbewohner
Urelten *pl* прародители
Urenkel *m* -s, -; **~in** *f* -, -nen правнук, -внучка
Urform *f* -, -en первоначальная форма; первоначальный вид

Urgeschichte *f* - история первобытного общества
Urgesellschaft *f* -, -en первобытное общество
Urgroßeltern *pl* прародители
Urgroßmutter *f* -, -mütter прабабка, прабабушка
Urgroßvater *m* -s, -väter прадед, прадедушка
Urgrund *m* -(e)s, -gründe основная [первоначальная] причина
Urheber *m* -s, -; **~in** *f* -, -nen 1. инициатор; зачинщик, -щица, виновник, -ница (*спора и т. п.*); 2. творец; 3. *юр.* автор, субъект авторского права
Urheber‖recht *n* -(e)s, -e авторское право
Urheberschaft *f* - авторство
Uri (*n*) -s Ури (*кантон в Швейцарии*)
Urin <*lat.*> *m* -s, -e моча
urinieren <*lat.*> *vi* мочиться
Urkunde *f* -, -n документ, акт; грамота, удостоверение; **auf ~n beruhend** подтверждённый документами
urkundlich *a* документальный
Urlaub *m* -(e)s, -e отпуск; **ein dekretmäßiger ~** декретный отпуск; **ein unbefristeter ~** *воен.* бессрочный отпуск; **jmdm. den ~ bewilligen** разрешить кому-л. отпуск; **jmdm. den ~ gewähren** предоставить отпуск кому-л.; **den ~ sperren** временно запретить отпуск; **auf ~ sein** быть в отпуске; **auf ~ gehen*** идти в отпуск
Urlauber *m* -s, - отпускник
Urlaubs‖zeit *f* -, -en отпускное время
Urmaß *n* -s, -e эталон
Urmensch *m* -en, -en первобытный человек
Urne <*lat.*> *f* -, -n урна; **die ~ beisetzen** захоронить [замуровать] урну, поставить урну в колумбарий
Urnen‖hain *m* -(e)s, -e; **~halle** *f* -, -n колумбарий
Urquell *m* -(e)s, -e ; **Urquelle** *f* -, -n первоисточник, первооснова
Ursache *f* -, -n причина; повод; ◊ **keine ~!** не стоит (благодарности)!, не за что!
ursachlich, ursächlich *a* причинный
Urschrift *f* -, -en подлинник, оригинал
urschriftlich *a* подлинный; написанный собственноручно
Urschweiz *f* - Уршвайц (*первоначальные кантоны Швиц, Ури и Унтервальден, положившие начало Швейцарской Конфедерации*)
Urser(e)ntal *n* -s Урзеренталь (*высокогорная долина в Швейцарии*)

Ursprache *f* -, -n 1. язык подлинника [оригинала]; etw. in der ~ lesen* читать что-л. в оригинале; 2. *лингв.* праязык, первоначальный язык
Ursprung *m* -(e)s, -sprünge происхождение; seinen ~ von etw. (D) nehmen* происходить, проистекать от чего-л.
ursprünglich *a* первоначальный
urständlich *a* находящийся в первобытном состоянии
Urstoff *m* -(e)s, -e *хим.* элемент, основное вещество
Urteil *n* -(e)s, -e 1. суждение, мнение; sich (D) ein ~ über etw. (A) bilden составить себе мнение о чём-л.; sein ~ über jmdn., über etw. (A) fällen [abgeben*] высказать своё суждение по поводу кого-л., чего-л.; 2. решение; 3. *юр.* приговор, решение; ein ~ (aus)sprechen* [fällen] вынести приговор; ohne ~ und Recht без суда
ur|téilen *vi* (über A) судить, отзываться (о ком-л., о чём-л.); nach ... zu ~ судя по ...
urteilsfähig *a* компетентный
Urteils‖kraft *f* - рассудок, умственные способности
Urteils‖spruch *m* -(e)s, -sprüche приговор, решение
Urteils‖verkündung *f* -, -en объявление приговора
Urteils‖vollstreckung *f* -, -en исполнение приговора, приведение приговора в исполнение
Urtext *m* -es, -e подлинник, первоначальный текст
Urtier *n* -(e)s, -e первобытное [ископаемое] животное
urtümlich *a* 1. исходный, первоначальный, древнейший; 2. элементарный
Uruguay [-'guai] Уругвай (1. *m* -/-s река в Южн. Америке; 2. (*n*) -s гос-во в юго-вост. части Южн. Америки)
Urvater *m* -s, -väter праотец
Urwald *m* -(e)s, -wälder дремучий [девственный] лес
Urwelt *f* -, -en первобытный мир
urwüchsig *a* 1. самобытный; 2. стихийный, стихийно возникший; 3. естественный, безыскусственный
Urzeit *f* -, -en первобытное время
Urzeugung *f* -, -en самозарождение
Urzustand *m* -(e)s, -stände первобытное состояние
Usbéke *m* -n, -n узбек
Usbékin *f* -, -nen узбечка
usbékisch *a* узбекский
Usbekistán (*n*) -s Узбекистан (гос-во в центр. части Средней Азии)
Usedom (*n*) -s Узедом (о-в в Балт. море, территория ФРГ и Польши)
usuéll <*lat.-fr.*> *a* принятый, обычный
Usurpátor <*lat.*> *m* -s, -tóren узурпатор
usurpíeren <*lat.*> *vt* узурпировать, завладеть силой; противозаконно захватить (власть)
Usus <*lat.*> *m* - обычай; das ist bei uns so ~ таков у нас обычай
Ute Ута (*жен. имя*)
Utensíli|en <*lat.*> *pl* принадлежности (канцелярские и т. п.)
Úterus <*lat.*> *m* -, -ri *анат.* матка
Utopíe <*gr.-fr.*> *f* -, -pi|en утопия
Utopíst <*gr.-fr.*> *m* -en, -en утопист
Uvulár <*lat.*> [-vu-] *m* -s, -e *лингв.* увулярный звук
Uwe Уве (*муж. имя*)
Uz *m* -es, -e *разг.* подтрунивание
uzen *vt разг.* подтрунивать, насмехаться (над кем-л.)
Uzeréi *f* -, -en *разг.* насмешка, подтрунивание

V

"**V-1**" *f* - "Фау-1" (*самолёт-снаряд, использовавшийся фаш. Германией в конце 2-й мир. войны* <*сокр. от* Vergeltungswaffe — оружие возмездия*>)
"**V-2**" *f* - "Фау-2" (*одноступенчатая баллистическая ракета, использовавшаяся фаш. Германией в конце 2-й мир. войны, см. тж.* V-1)
Vabanque‖spiel [va'bã:k-] <*lat.*> *n* -(e)s, -e игра ва-банк (*тж.перен.*)
Vademékum [va-] <*lat.*> *n* -s, -s путеводитель, справочник
Vadúz (*n*) - Вадуц (*столица Лихтенштейна*)
Vagabúnd [va-] <*lat.*> *m* -en, -en бродяга
vagabundíeren [va-] <*lat.-fr.*> *vi* бродяжничать; ~de Ströme *физ.* блуждающие токи
vag(e) ['va:gə] <*lat.*> *a* неопределённый, шаткий (*о надеждах, догадках и т. п.*)
Vagheit ['va:k-] *f* - неопределённость, шаткость (*утверждения и т. п.*)
vakánt [va-] <*lat.*> *a* свободный, вакантный
Vaku|um ['va:-] <*lat.*> *n* -s, -kua *физ.* пустота, вакуум (*тж. перен.*)

Vakzinatión <*lat.*> *f* -, -en *мед.* вакцинация, оспопрививание
vakzinieren [va-] <*lat.*> *vt* вводить вакцину; прививать (*оспу и т. п.*)
Valentin Валентин (*муж. имя*)
Valentíne Валентина (*жен. имя*)
Valentinstag *m* -es, -e Валентинов день (*в этот день* <*14 февр.*> *девушки, по обычаю, получают подарки от своих поклонников*)
Valet I [va'lɛt/ va'le: t] <*lat.*> *n* -s, -s *уст.* прощание; **jmdm., einer Sache (D)** ~ **sagen** распрощаться, навсегда расстаться с кем-л., с чем-л.
Valet II [va'le:] <*gall.-fr.*> *m* -s, -s *карт.* валет
Vallétta (*n*) -s Валлетта (*столица Мальты*)
Valúta [va-] <*lat.-it.*> *f* -, ten валюта
Vamp [vɛmp] <*serb.-dt.-fr.-engl*> *m* -s, -s женщина-вампир, роковая женщина (*в кинофильме*)
Vampir ['vam-/vam'pi:r] <*serb.*> *m* -s, - вампир (*тж. перен.*)
Vanille [va'niljə] <*lat.-sp.-fr.*> *f* -, -n **1.** *бот.* ванилия; **2.** ваниль
vaporisieren [va-] <*lat.*> *vi* *тех.* испарять, выпаривать
variábel [va-] <*lat.*> *a* переменный, непостоянный, изменчивый; **variables Kapital** *эк.* переменный капитал; **variable Größe** *мат.* переменная величина
Variabilität [va-] <*lat.*> *f* -, -en изменчивость
Variáble [va-] <*lat.*> *subst* *f* -n, -n *мат.* переменная (величина)
Variánte [va-] <*lat.-fr.*> *f* -, -n вариант
Variatión [va-] <*lat.-fr.*> *f* -, -en вариация
variíeren [va-] <*lat.-fr.*> *vt, vi* варьировать
Varieté [variə'te] <*lat.-fr.*> *n* -s, - *театр.* варьете
Vasáll [va-] <*gall.-lat.-fr.*> *m* -en, -en *ист.* вассал
Vase ['va:-] <*lat.-fr.*> *f* -, -n ваза
Vaselíne [va-] <*dt.-gr.*> *f* - вазелин
vasenförmig ['va:-] *a* в форме [в виде] вазы
Vater *m* -s, Väter отец; **er ist der ganze [leibliche]** ~ он весь в отца
Vater‖haus *n* -es, -häuser отчий дом
Vater‖land *n* -(e)s, -länder отечество, отчизна, родина
vaterländisch *a* отечественный
Vaterländische Front *f* - "Отечественный фронт" (*создан в Австрии в 1933 для поддержки профаш. диктатуры Дольфуса*)

Vaterlands‖liebe *f* - любовь к родине
vaterlandsliebend *a* любящий своё отечество, патриотический
väterlich *a* отеческий, отцовский
väterlicherseits *adv* с отцовской стороны (*о родне*)
vaterlos *a* без отца, не имеющий отца
Vaterschaft *f* - отцовство
Vaters‖name *m* -ns, -n отчество
Vater‖stadt *f* -, -städte родной город
Vatertag *m* -es, -e день отца (*совпадает с религ. праздником Вознесения; в этот день мужчины, особенно отцы семейств, устраивают себе "праздник" с обильной выпивкой, шествием по улицам, гуляниями*)
"Vater und Sohn" *m* -s "Отец и сын" (*персонажи историй в картинках нем. художника и карикатуриста Э.О. Плауэна* <*1902–1944*>)
Vater‖únser *n* -s, - Отче наш (*молитва*)
Vatikán [va-] *m* -s Ватикан (*государство и резиденция папы римского в Риме*)
vatikánisch [va-] <*lat.*> *a* ватиканский
Vaudeville [vod(ə)'vi:l] <*fr.*> *n* -s, -s водевиль
vegetabil [ve-] <*lat.*> *a* растительный
Vegetabíli¦en [ve-] <*lat.*> *pl* растения, овощи
Vegetári¦er <*lat-engl.*> *m* -s, -; **~in** *f* -, -nen вегетарианец, -нка
vegetárisch <*lat.-engl.*> *a* вегетарианский
Vegetatión [ve-] <*lat.*> *f* - **1.** растительность; **2.** вегетация, произрастание
vegetatív [ve-] <*lat*> *a* растительный; **der ~e Prozeß** процесс роста
vegetíeren [ve-] <*lat.*> *vi* произрастать; влачить жалкое существование
ve¦hemént [ve-] <*lat.*> *a* стремительный, сильный, резкий
Ve¦hemenz [ve-] <*lat.*> *f* - стремительность, пылкость; сила, резкость
Veilchen *n* -s, - фиалка; **bescheiden wie ein** ~ сама скромность
veilchenblau *a* фиолетовый
Veits‖tanz *m* -es **1.** *мед.* хорея, пляска Св. Витта; **2.** *перен.* шумиха, суетня, шабаш ведьм
Vektor ['vɛk-] <*lat.*> *m* -s, -tóren *мат.* вектор
Velár <*lat.*> *m* -s, -e *лингв.* велярный [задненёбный, заднеязычный] звук
Velten Фельтен (*краткая форма муж. имени* Valentin)
Vene ['ve:-] <*lat.*> *f* -, -n вена
Venédig [ve-] (*n*) -s Венеция (*город на С.-В. Италии*)
venérisch <*lat.*> *a* венерический

Veneziáner [ve-] *m* -s, -; **~in** *f* -, -nen венецианец, -нка
venezianisch [ve-] *a* венецианский
Venezoláner [v-] *m* -s, - венесуэлец, житель Венесуэлы
venezolánisch [v-] *a* венесуэльский
Venezuéla [ve-] (*n*) -s Венесуэла (*гос-во в сев. части Юж. Америки*)
Venezuéler [v-] *m* -s, - *см*. Venezoláner
venezuélisch [v-] *a см*. venezolánisch
venös [ve-] <*lat.*> *a* венозный
Ventíl [vɛn-] <*lat.*> *n* -s, -e *тех.* клапан, вентиль
Ventilátor [vɛn-] <*lat.-engl.*> *m* -s, -tóren вентилятор
ventilíeren [vɛn-] <*lat.-fr.*> *vt* 1. проветривать, вентилировать; 2. *разг.* обсуждать, разбирать (*вопрос*)
Ventríkel [vɛn-] <*lat.*> *m* -s, - желудочек сердца; желудочек мозга
Venus [ve-] <*lat.*> *f* - *миф., астр.* Венера
ver- неотд. глаг. приставка, указывает на 1. постепенное прекращение действия или состояния: **ver|bluten** истекать кровью; 2. неудачный результат действия: **sich versprechen*** оговариваться; 3. действие, противоположное действию, выраженному глаголом без приставки: **ver|achten** презирать; 4. изменение местоположения или состояния предмета: **verlagern** перемещать, переводить; **verbessern** исправлять, улучшать; 5. удаление: **ver|reisen** уезжать
ver|áasen *vt* 1. загрязнять, запакостить; 2. мотать, расточать (*деньги*)
ver|ábfolgen *vt* отпускать, выдавать (*товар и т. п.*)
ver|ábreden I *vt* договариваться (*о чём-либо*); обуславливать (*что-л.*); II ~, **sich** уговариваться, уславливаться
verábredet I *a* условный (*о знаке и т. п.*); II *adv* как было условлено
verábredetermaßen *adv* по уговору
Verábredung *f* -, -en условие, уговор; договорённость
ver|ábreichen *vt* давать (*лекарство и т. п.*); **jmdm. eins ~** *разг.* дать пощёчину кому-л.
ver|ábscheuen *vt* чувствовать отвращение (*к кому-л., к чему-л.*); ненавидеть (*кого-л., что-л.*)
verábscheuungswert *a* гнусный, отвратительный
ver|ábschieden I *vt* 1. увольнять; **einen Offizier ~** уволить офицера в отставку; 2. устраивать проводы (*кому-л.*), провожать (*кого-л.*); 3. принимать, утверждать (*закон и т. п.*); II ~, **sich** (*von* D) прощаться (*с кем-л.*)
Verábschiedung *f* -, -en 1. увольнение, отставка; 2. проводы; 3. принятие, утверждение (*закона и т. п.*)
ver|áchten *vt* 1. презирать; 2. пренебрегать (*советом и т. п.*); 3. не бояться (*чего-л.*); пренебрегать (*опасностью*)
veráchtlich *a* 1. презрительный; пренебрежительный; 2. достойный презрения, презренный
Veráchtung *f* - презрение; пренебрежение; **jmdn. mit ~ strafen** отплатить [ответить] кому-л. презрением
verachtungswert, verachtungswürdig *a* достойный презрения, презренный
ver|álbern *vt* дурачить, одурачивать
ver|állgemeinern *vt* обобщать
Verállgemeinerung *f* -, -en обобщение
veráltet *a* 1. устаревший, устарелый; 2. застарелый
Veránda [ve-] <*port.-engl.*> *f* -, -den веранда
veränderlich *a* 1. переменчивый, изменчивый; 2. изменяемый
Veränderlichkeit *f* -, -en 1. изменчивость, непостоянство; 2. изменяемость
verändern I *vt* (из)менять; II ~, **sich** 1. (из)меняться; **sich zu seinen Gunsten ~** изменяться в лучшую сторону; 2. менять [переменить] место работы; **er möchte sich ~** он хочет переменить место работы
Veränderung *f* -, -en перемена, изменение; **~en vornehmen*** произвести [внести] изменения
ver|ängstigen *vt* запугивать, стращать
verängstigt *a* запуганный, забитый, измученный
Verängstigung *f* -, -en 1. запугивание; 2. забитость
ver|ánkern I *vt* 1. ставить на якорь (*корабль*); 2. *тех.* скреплять; 3. укреплять (*позицию, организацию*); 4. (*in* D) записывать (*что-л., где-л.*), закреплять (*что-л. чем-л.*); **etw. gesetzlich ~** узаконить что-л.; II ~, **sich** укрепляться (*об организации и т. п.*)
ver|ánlagen *vt* (*zu* D) располагать (*к чему-либо*)
veránlagt *a* (*zu* D) 1. склонный (*к чему-либо*); **musikalisch ~ sein** иметь склонность к музыке; **gut [schlecht] ~ sein** иметь хорошие [дурные] наклонности; 2. предрасположенный (*к чему-л.*)
Veránlagung *f* -, -en 1. задатки, наклонности, способности; 2. предрасполо-

жение (*к научной деятельности и т. п.*); **3.** сумма налогов
ver|ánlassen* *vt* **1.** побуждать (*кого-л.*), давать повод (*кому-л.*); **2.** распорядиться (*о чём-л.*); **alles Notwendige ~** отдать все необходимые распоряжения
Veránlassung *f* -, -en **1.** повод; **bei jeder ~** по всякому поводу; **~ bieten* [geben*]** давать повод; **2.** побуждение, инициатива; **auf ~ des Leiters** по инициативе [распоряжению] руководителя
ver|ánschaulichen *vt* наглядно показать [продемонстрировать], отражать
ver|ánschlagen *vt* **1.** составлять смету (*чего-л.*), калькулировать (*что-л.*); **2.** *перен.* учитывать, оценивать: **das Vermögen wurde zu hoch veranschlagt** имущество было оценено слишком высоко
Veránschlagung *f* -, -en (предварительная) смета; расчёт
ver|ánstalten *vt* устраивать, организовывать (*выставку и т. п.*), проводить (*соревнование*); **einen Kongreß ~** созвать конгресс
Veránstalter *m* - s, -; **~in** *f* -, -nen устроитель, -ница, организатор
Veránstaltung *f* -, -en **1.** организация, проведение (*лекции и т. п.*); **2.** мероприятие; празднество; **eine ~ sprengen** сорвать мероприятие
ver|ántworten I *vt* отвечать, нести ответственность (*за поступок и т. п.*); **das ist nicht zu ~** это недопустимо; II **~, sich** оправдываться; давать отчёт, держать ответ
verántwortlich I *a* ответственный; **der ~e Schriftleiter** ответственный редактор; **jmdn. für etw. (A) ~ machen** возлагать на кого-л. ответственность за что-л.; II *adv* ответственно
Verántwortlichkeit *f* - чувство ответственности, ответственность
Verántwortung *f* -, -en ответственность; **die ~ übernéhmen* [auf sich nehmen*]** брать на себя ответственность; **die ~ für etw. (A) tragen*** нести ответственность, отвечать за что-л.; **jmdn. zur ~ ziehen*** привлекать кого-л. к ответственности; **die ~ von sich (D) auf jmdn. abwälzen** свалить ответственность на кого-л.; **die ~ lastet (schwer) auf jmdm.** ответственность лежит тяжёлым грузом на ком-л.
verántwortungsbereit *a* готовый взять на себя ответственность (*за что-л.*); отвечающий (*за что-л.*)
verántwortungsbewußt *a* сознательный, сознающий свою ответственность

Verántwortungs‖bewußtsein *n* -s сознательность, сознание [чувство] ответственности
verántwortungsschwer *a* очень трудный и ответственный
ver|árbeiten *vt* **1.** обрабатывать (*руду, кожу и т. п.*); перерабатывать (*хлопок в пряжу и т. п.*); **2.** переваривать (*о желудке*)
verárbeitend *a*: **die ~e Industrie** обрабатывающая промышленность
Verárbeitung *f* -, -en обработка, переработка
ver|árgen *vt* ставить в вину [в упрёк]; **das kann mir niemand ~** никто не может меня упрекнуть в этом
ver|árgern *vt* рассердить, раздосадовать, разозлить
Verárgerung *f* -, -en досада
ver|ármen *vi* (s) обнищать, (о)беднеть (*о населении*)
Verármung *f* -, -en обнищание, бедность
ver|árzten *vt шутл.* оказывать врачебную помощь (*кому-л.*), лечить (*кого-л.*)
Veräst(e)lung *f* -, -en разветвление
ver|auktioníeren *vt* продавать с аукциона
ver|áusgaben I *vt* издержать, (ис)тратить, (из)расходовать; II **~, sich 1.** издержаться, (ис)тратиться (*о ком-л.*); **2.** обессилеть
Veráusgabung *f* -, -en издержки, трата, израсходование
ver|áuslagen *vt* (*für jmdn.*) платить (*деньги за кого-л. с условием возврата*)
ver|áußern *vt* продавать, отчуждать
Verb [vɛrp] <*lat.*> *n* -s, -en глагол
verbál [vɛr-] <*lat.*> *a* **1.** устный, словесный, вербальный; **2.** *грам.* глагольный, отглагольный
ver|bállhornen *vt* ухудшать, пытаясь исправить [улучшить]
Verbál‖note [vɛr-] *f* -, -n *дипл.* вербальная нота
Verbánd *m* -(e)s, -bände **1.** повязка, бинт; перевязка; **einen ~ anlegen** накладывать повязку; **2.** союз, общество; **einem ~ angehören** быть членом союза; **internationaler ~** *спорт.* международная федерация; **3.** *воен.* часть, соединение
Verbánds‖abzeichen *n* -s, - *спорт.* значок общества [клуба]
Verbánd‖stoff *m* -(e)s, -e; **~zeug** *n* -(e)s *мед.* перевязочный материал
ver|bánnen *vt* **1.** высылать (*из страны*); ссылать; **2.** отгонять (*от себя*), прогонять (*мысль и т. п.*)
Verbánnte *subst m, f* -n, -n ссыльный, -ная

Verbánnung *f* -, -en ссылка, изгнание; **jmdn. in die ~ schicken** сослать кого-л.
ver|báuen *vt* **1.** плохо [неправильно] строить; **2.** (ис)тратить на строительство (*деньги, материалы*); **3.** заслонять (*что-л. застройкой*)
ver|béißen* I *vt* сдерживать, подавлять (*что-л.*); удерживаться (*от чего-л.*); **das Weinen ~** сдерживать рыдания; **sich (D) den Schmerz ~** 1) подавлять чувство боли; 2) скрыть своё горе; **er konnte sich das Lachen nicht ~** он не удержался от смеха; II **~, sich 1.** (*in* A) вгрызаться, вцепляться (*во что-л.*); **2.** (*auf, in* A) *разг.* помешаться (*на какой-л. мысли и т. п.*)
ver|bérgen* I *vt* (*vor jmdm.*) скрывать, утаивать, прятать (*кого-л., что-л. от кого-л.*); II **~, sich** (*vor jmdm.*) скрываться (*от кого-л.*)
verbésserlich *a* исправимый
ver|béssern I *vt* **1.** исправлять (*ошибку и т. п.*); **2.** улучшать, усовершенствовать; II **~, sich 1.** поправляться (*в разговоре*); **2.** улучшаться; **3.** улучшать своё служебное положение; ◊ **wenn es einem gut geht, muß man sich nicht ~ wollen** *посл.* ≅ от добра добра не ищут
Verbésserung *f* -, -en **1.** исправление; **2.** улучшение; усовершенствование
ver|béugen, sich (*vor* D) кланяться, поклониться (*кому-л.*)
Verbéugung *f* -, -en поклон
ver|bíegen* I *vt* изгибать, искривлять; II **~, sich** коробиться, искривляться
ver|bíeten* *vt* запрещать; **Eintritt verboten!** вход воспрещён!; **jmdm. den Mund ~** запретить кому-л. говорить
ver|bílden *vt* искажать, уродовать
ver|bíldlichen *vt* образно представлять
ver|bínden* I *vt* **1.** связывать, соединять (*тж. перен.*); **telefonisch ~** связать по телефону; **2.** перевязывать (*рану*); **3.** обязывать; **jmdm. verbunden sein** быть обязанным кому-л.; II **~, sich** соединяться; **sich ehelich ~** вступить в брак
verbíndlich I *a* **1.** обязывающий, обязательный; **etw. für ~ erklären** объявить что-л. обязательным [имеющим обязательную силу]; **2.** любезный, услужливый, обязательный, предупредительный; II *adv:* **danke ~(st)!** очень благодарен!; **bitte ~st!** покорнейше прошу!
Verbíndlichkeit *f* -, -en **1.** обязательность; **2.** обязательство; **ohne ~** без гарантии; **3.** любезность, услужливость, предупредительность
Verbíndung *f* -, -en **1.** связь, соединение; сообщение; **mit jmdm. in ~ stehen*** находиться в связи с кем-л., поддерживать связь, быть связанным с кем-л.; **mit jmdm. in ~ treten*** [**kommen***] вступить в связь [в сношения] с кем-л.; **2.** *хим.* соединение; **3.** *pl* связи, протекция; **seine ~en spielen lassen*** пустить в ход свои связи
Verbíndungs||dienst *m* -es, -e *воен.* служба связи
Verbíndungs||glied *n* -(e)s, -er связующее звено
Verbíndungs||lini|e *f* -, -n *воен.* коммуникация; линия связи
Verbíndungs||mann *m* -männer/-leute связной; связист
Verbíndungs||trupp *m* -s, -s *воен.* команда связи
Verbíndungs||weg *m* -(e)s, -e коммуникация
Verbíndungs||wesen *n* -s *воен.* служба связи
Verbíndungs||zeichen *n* -s, - чёрточка, дефис
verbíssen *a* озлобленный; ожесточённый
Verbíssenheit *f* - озлобленность, ожесточённость
ver|bítten* *vt:* **sich (D) etw. ~** возражать, заявлять протест, протестовать против чего-л.; **ich verbitte mir diesen Ton** прошу не говорить со мной таким тоном
Verbítterung *f* -, -en горечь, озлобленность
ver|blássen *vi* (s) побледнеть (*тж. перен.*); поблёкнуть, выцвести; **sein Stern ist verblaßt** *перен.* его звезда закатилась
Verbléib *m* -(e)s **1.** местопребывание, местонахождение; **2.** пребывание (*в должности*)
ver|bléiben* *vi* (s) пребывать, оставаться; **bei seiner Meinung ~** остаться при своём мнении; **es dabei ~ lassen*** оставлять что-л. как было; **mit besten Grüßen verbleibe ich ...** шлю сердечный привет и остаюсь Ваш ... (*в конце письма*)
ver|bléichen* *vi* (s) **1.** побледнеть, поблёкнуть; полинять; **2.** *уст. и поэт.* умереть
ver|blénden *vt* **1.** ослеплять; вводить в заблуждение; **sich durch etw. (A) ~ lassen*** прельститься чем-л.; **2.** облицовывать; **3.** *воен.* маскировать
Verbléndung *f* -, -en ослепление; введение в заблуждение
verblíchen *a* (по)линялый, блёклый
ver|blöden *vi* (по)глупеть
verblüffen *vt* (*mit* D, *durch* A) озадачивать,

ошеломлять, удивлять (кого-л. чем-л.); **laß dich nicht ~ !** не смущайся !
verblüffend *a* ошеломляющий
verblüfft *a* сбитый с толку, озадаченный, ошеломлённый, удивлённый (*von* D чем-л.)
Verblüfftheit *f* - ; **Verblüffung** *f* -, -en озадаченность, удивление
ver¦blühen *vi* (s) отцветать, увядать (*тж. перен.*); **er ist bereits verblüht** *разг.* он уже смылся
verblümt I *a* скрытый, иносказательный (*о намёке и т. п.*); II *adv* намёками; **~ sprechen*** говорить намёками, намекать
ver¦blúten *vi* (s) *и* ~, **sich** истекать кровью; *перен. тж.* выбиваться из сил (*о войсках*); **das Herz verblutet** *перен.* сердце кровью обливается
Verblútung *f* -, -en потеря крови
ver¦bóhren I *vt* неправильно просверливать ; II ~, **sich: sich in eine Ansicht ~** упереться, неразумно упорствовать в чём-л.
verbóhrt *a* упрямый; взбалмошный
ver¦bórgen I *vt* давать взаймы
verbórgen II I *a* скрытый, сокровенный; **~er Profit** *эк.* скрытая прибыль; II *adv*: **im ~en bleiben*** остаться скрытым
verbórgenerweise *adv* втайне, тайно, тайком
Verbórgenheit *f* - укромное [потайное] место
Verbót *n* -(e)s, -e запрещение, запрет; **ein amtliches ~** официальное запрещение; **das ~ über etw. (A) verhängen** налагать запрет на что-л.
Verbóts‖antrag *m* -(e)s, -träge предложение [заявление] о запрещении (*чего-л.*)
verbótswidrig *a, adv* вопреки воспрещению
Verbóts‖zeichen *n* -s, - запретительный знак [сигнал] (*для транспорта*)
verbránnt *a* загорелый, загоревший (*на солнце*)
Verbráuch *m* -(e)s потребление, расход (*an* D чего-л.)
ver¦bráuchen I *vt* потреблять, расходовать; II ~, **sich** истощить свои силы
Verbráucher *m* -s, -; **~in** *f* -, -nen потребитель, -ница
Verbráuchs‖güter *pl* товары (широкого) потребления
Verbráuchs‖steuer *f* -, -n косвенный налог
verbráucht *a* 1. израсходованный; 2. изношенный (*о человеке*); истрёпанный (*о нервах*)
ver¦bréchen* *vt* 1. совершать (*преступление*); **Schlimmes ~** совершать тяжкое преступление; 2. провиниться (*в чём-либо*); натворить (*что-л.*); **ein Gedicht ~** *шутл.* написать плохие стихи
Verbréchen *n* -s, - преступление; **ein ~ begehen*** совершать преступление; **ein ~ an der Menschheit** преступления против человечества
Verbrécher *m* -s, -; **~in** *f* -, -nen преступник, -ница
verbrécherisch *a* преступный
ver¦bréiten I *vt* 1. распространять (*листовки, заём, известия, новости и т. п.*); 2. разглашать (*тайну*); 3. распространять, сеять (*ужас и т. п.*); II ~, **sich** (*über* A) 1. распространяться (*где-л.*) (*о животных, болезни и т. п.*); расселяться; 2. распространяться, разноситься (*где-л.; о слухах*); 3. распространяться, рассуждать (*о ком-л., о чём-л., на какую-л. тему, по поводу чего-л.*)
Verbréiter *m* -s, -; **~in** *f* -, -nen распространитель, -ница
verbreitern *vt* расширять (*тж. перен.*)
Verbréiterung *f* -, -en расширение (*тж. перен.*)
Verbréitung *f* -, -en распространение, разглашение; *см.* verbreiten
ver¦brénnen* I *vt* 1. сжигать; 2. обжигать; **sich** (D) **die Finger [den Mund, die Zunge] ~** 1) обжечь себе пальцы [рот, язык]; 2) *перен.* обжечься на чём-л.; II *vi* (с)гореть; **sie ließ den Braten ~** у неё сгорело жаркое; III ~, **sich** (*an* D) обжигаться (*обо что-л.*)
Verbrénnung *f* -, -en 1. сгорание; 2. сожжение; кремация; 3. ожог
Verbrénnungs‖motor *m* -s, -tóren двигатель внутреннего сгорания
ver¦bríefen *vt* подтверждать документом (*чьи-л. права и т. п.*); **verbrieft und versiegelt** решено и подписано
ver¦bríngen* *vt* 1. проводить (*время*); 2. промотать (*деньги и т. п.*); 3. (*jmdm.*) переправлять (*что-л. кому-л.*)
ver¦brüdern, sich брататься (*о солдатах*); выступить в братском единении
verbrüdert *a* связанный братскими узами
Verbrüderung *f* -, -en 1. братание; 2. братство
verbrühen I *vt* обварить (*руку и т. п.*); II ~, **sich** обвариться (*кипятком*)
ver¦búchen *vt* 1. заносить (в счётную книгу, записать (*расходы*); 2. отмечать (*успех и т. п.*)
Verbum ['vɛr-] <*lat.*> *n* -s, -ba *грам.* глагол; *см.* Verb

ver¦búmmeln vt разг. 1. прогулять (день, урок и т. п.); 2. промотать (деньги); 3. забыть, упустить, проворонить
ver¦bünden I vt объединять (союзом); II ~, sich (mit D, gegen A) заключить союз, объединяться (с кем-л., против кого-либо)
Verbúndenheit f - 1. (тесная) связь; in enger ~ в тесной связи; die ~ mit der Schule связь со школой; 2. союз, соединение (людей, государств)
verbündet a союзный, союзнический
Verbündete subst m, f -n, -n союзник, -ница
Verbündung f -, -en союз, коалиция
ver¦bürgen I vt ручаться, поручиться (за кого-л., за что-л.); II ~, sich (für A) ручаться (за кого-л., за что-л.)
verbürgt a достоверный
ver¦büßen vt: eine Strafe ~ отбывать [нести] наказание
Verdácht m -(e)s подозрение (wegen G в чём-л..); gegen jmdn. ~ haben wegen etw. (G) подозревать кого-л. в чём-л.; ~ schöpfen [hegen] подозревать, заподозрить; ~ erregen [erwecken] возбуждать подозрение; bei jmdn. in ~ kommen* [geraten*] возбудить подозрение у кого-л., попасть под подозрение; über jeden ~ erhaben sein быть выше всяких подозрений; der ~ trifft ihn подозрение падает на него
verdáchterregend a внушающий подозрение
verdächtig a 1. подозрительный, сомнительный; внушающий опасения (о симптомах и т. п.); 2. подозреваемый (wegen G в чём-л.); sich ~ machen навлечь на себя подозрения
ver¦dächtigen vt (wegen G) подозревать (кого-л. в чём-л.)
Verdächtigkeit f -, -en подозрительность
Verdächtigung f -, -en взятие под подозрение
ver¦dámmen vt 1. (zu D) осуждать (на смерть и т. п.), обрекать (на голод и т. п.); 2. проклинать
Verdámmnis f - рел. проклятие; der ~ préisgeben* осудить на вечные муки в аду
verdámmt I a 1. проклятый; 2. обречённый; 3. разг. дьявольский (о холоде и т. п.); II adv разг. дьявольски, очень; ~ noch mal! чёрт побери!
Verdámmung f -, -en 1. осуждение; 2. проклятие
ver¦dámpfen vi (s) 1. испаряться, превращаться в пар; 2. перен. разг. испариться, исчезать
Verdámpfung f -, -en испарение
ver¦dánken vi (D) быть обязанным (чем-л. кому-л., чему-л.); das hat er sich selbst zu ~ он сам виноват в этом
verdárb impf от verderben*
verdáttert a разг. обалделый, смущённый, сбитый с толку
ver¦dáuen vt переваривать (пищу, тж. перен.); er ist nicht zu ~ он невыносим
verdáulich a удобоваримый, легко усваиваемый
Verdáuung f - пищеварение
Verdéck n -(e)s, -e 1. верх (экипажа); 2. верхняя палуба
ver¦décken vt 1. закрывать; 2. замаскировать; 3. скрывать (вину и т. п.)
verdéckt a 1. (за)крытый; 2. замаскированный (об орудии и т. п.)
Verdéckung f -, -en 1. закрытие; 2. маскировка; см. verdecken
ver¦dénken* vt (jmdm.) ставить в вину (что-л. кому-л.)
Verdérb m -(e)s гибель; ◊ auf Gedeih und ~ ≅ на веки вечные, до гроба
ver¦dérben I vt 1. портить; jmdm. die Freude ~ испортить [отравить] радость кому-л.; 2. портить, губить (человека); es mit jmdm. ~ поссориться, испортить отношения с кем-л.; II vi (s) 1. портиться, гнить; 2. перен. портиться (о характере и т. п.)
Verdérben n -s порча; гибель (о судьбе, нравственности); jmdm. zum ~ gereichen послужить причиной гибели кого-л.; ins ~ rennen* губить (самого) себя
verdérblich a 1. гибельный, пагубный; 2. скоропортящийся
Verdérblichkeit f - 1. гибельность, пагубность; 2. способность портиться
Verdérbnis f -, -se 1. (по)гибель; 2. порча, разложение
verdérbt a испорченный, развращённый
Verdérbtheit f - испорченность, развращённость
ver¦déutlichen vt пояснять, разъяснять, показывать; einen Begriff ~ раскрывать, пояснять понятие
Verdéutlichung f -, -en пояснение; zur ~ для ясности, в виде пояснения
ver¦dichten I vt 1. сгущать; 2. тех. концентрировать; 3. конденсировать (молоко, пар); II ~, sich сгущаться (тж. перен.)
Verdíchter m -s, - тех. компрессор
Verdíchtung f -, -en 1. сгущение; 2. тех. концентрация; 3. конденсация

ver¦díenen vt 1. заслуживать; er hat es verdient он это(го) заслужил; 2. зарабатывать (деньги); sein Brot ~ зарабатывать на хлеб

Verdíenst I n -es, -e заслуга; sich (D) ~e um die Héimat erwérben* иметь заслуги перед родиной; jmdn. nach ~en belohnen [behandeln] наградить кого-л. [обращаться с кем-л.] по заслугам

Verdíenst II m - es, -e заработок

Verdíenstkreuz n -es, -e крест "За заслуги" (гос. награда ФРГ; высшая степень первого ордена)

Verdíenstkreuz am Bande n -es, -e крест на ленте "За заслуги" (гос. награда ФРГ; низшая степень первого ордена)

Verdíenstkreuz am Bande für Arbeitsjubilare n -es, -e крест на ленте для юбиляров "За заслуги" (гос. награда ФРГ; низшая степень первого ордена; вручается юбилярам)

verdíenstlich a похвальный, достойный

Verdíenstmedaille der BRD f -, -n медаль "За заслуги перед ФРГ" (низшая (первая) гос. награда)

Verdíenst‖spanne f -, -n шкала заработной платы, тарифная сетка; тарифная ставка

verdíenstvoll a заслуженный (о работнике)

verdíent a заслуженный; заработанный; Verdíenter Wissenschaftler заслуженный деятель науки; sich um jmdn., um etw. (A), durch etw. (A) ~ machen иметь заслуги перед кем-л., перед чем-л. в чём-либо

verdíenter‖maßen, ~ weise adv по заслугам

Verdíkt [vɛr-] <lat.-engl.> n -(e)s, -e юр. приговор, вердикт

ver¦díngen I vt 1. отдавать в подряд; 2. отдавать напрокат; II ~, sich наниматься

ver¦dólmetschen vt переводить (устно)

ver¦dónnern vt разг. осудить, приговорить

verdónnert a разг. 1. осуждённый, приговорённый; 2. испуганный, ошарашенный

ver¦dóppeln vt удваивать

Verdópp(e)lung f -, -en удваивание, удвоение

verdórben part II от verderben*

Verdórbenheit f - испорченность, развращённость

ver¦dórren vi (s) засыхать (о траве и т. п.)

ver¦drängen vt вытеснять

Verdrängung f -, -en вытеснение

ver¦dréhen vt 1. искривлять (ствол у дерева и т. п.); 2. вывихнуть, свернуть; die Augen ~ закатывать глаза; 3. искажать, извращать, передёргивать (смысл); 4. тех. скручивать, перекручивать, ◊ jmdm. den Kopf ~ вскружить голову кому-л.

verdréht a 1. тех. скрученный; перекрученный; 2. искажённый, извращённый, исковерканный; запутанный; 3. взбалмошный, вздорный, сумасбродный

Verdréhtheit f -, -en 1. взбалмошность, вздорность; 2. запутанность

Verdréhung f -, -en 1. искривление; 2. искажение, извращение; 3. вывих; 4. тех. скручивание

ver¦dréifachen vt утраивать

Verdréifachung f -, -en утроение

ver¦dríeßen* vt сердить, раздражать; es verdrießt mich мне досадно; sich (D) keine Mühe ~ lassen* приложить все усилия; ich lasse mich das nicht ~ я не унываю

verdríeßlich a 1. досадный; 2. угрюмый, недовольный; über jmdn., über etw. ~ sein быть не в духе из-за кого-л., из-за чего-л.

Verdríeßlichkeit f -, -en 1. дурное настроение; 2. досада

verdróß impf от verdríeßen*

verdróssen I part II от verdríeßen*; II a недовольный, раздосадованный

ver¦drücken I vt разг. 1. уплетать, есть; 2.: nie etwas ~! не следует никогда ничего замалчивать!; II ~, sich разг. скрыться, исчезать, улизнуть (имея что-л. на совести)

Verdrúß m -sses, -sse досада, неприятность, огорчение; jmdm. ~ bereiten [bringen*, machen] огорчать кого-л., причинять огорчения кому-л.

ver¦dúften vi (s) 1. выдыхаться, терять запах; 2. (тж. ~, sich) разг. испаряться, исчезать (о человеке); verdufte! исчезни!, убирайся!

ver¦dúmmen I vi (s) (по)глупеть, тупеть; II vt делать глупым [ограниченным]

Verdun [vɛrdō] (n) -s Верден (город на С.-В. Франции)

ver¦dúnkeln vt 1. затемнять; 2. затемнить, помрачить (сознание и т. п.); 3. преуменьшать (заслуги и т. п.)

Verdúnk(e)lung f -, -en затемнение; см. verdunkeln

ver¦dünnen vt 1. утончать; делать тоньше, 2. разбавлять, разжижать

Verdünnung f -, -en 1. утончение; 2. разбавление, разжижение

Verdúnschlacht *f* - Верденская операция (*боевые действия герм. и франц. войск за Верденский укрепл. р-н во время 1-й мир. войны* <21.02–18.12.1916>)
ver|dúnsten *vi* (s) испаряться, улетучиваться
ver|dúnsten *vt* испарять, выпаривать
Verdúnstung *f* -, -en испарение, улетучивание
ver|dúrsten *vi* (s) умирать от жажды
ver|düstern I *vt* омрачать (*взор*); II ~, sich потемнеть (*о небе*); омрачиться, мрачнеть (*о взоре*)
ver|dútzen *vt* озадачивать, ставить в тупик, смущать, приводить в замешательство
verdútzt *a* смущённый, озадаченный
Verdútztheit *f* - смущение, замешательство
ver|édeln *vt* 1. облагораживать (*человека, нравы*); 2. облагораживать, улучшать породу (*животных*); 3. окулировать (*растения*); 4. обогащать (*руду*)
Veréd(e)lung *f* -, -en 1. облагораживание (*нравов*); 2. улучшение породы (*животных*); 3. обогащение (*руды*)
ver|éhelichen, sich вступить в брак
ver|éhren *vt* 1. уважать, почитать; 2. (*jmdm.*) преподносить (*что-л. кому-л.*)
Veréhrer *m* - s, -; ~in *f* -, -nen почитатель, поклонник; -ница
veréhrt *a* (много)уважаемый, почтенный
Veréhrung *f* -, -en уважение, почитание
veréhrungswürdig *a* достойный уважения [почтения]
ver|éidigen *vt* приводить к присяге; vereidigt werden присягать, принимать присягу
Veréidigung *f* -, -en приведение к присяге; принятие присяги
Veréin I *m* -(e)s, -е союз, общество, объединение; einen ~ stiften учредить союз; im ~ mit jmdm. вместе с кем-л.; II *m* -(e)s, "ферайн" (*общество, члены которого принадлежат к одной профессии или объединены общностью интересов; как правило, вместе отмечают праздники, участвуют в экскурсиях и т. п.*)
veréinbar *a* совместимый (*mit* D *с чем-л.*)
ver|éinbaren I *vt* (*mit jmdm.*) согласовывать (*что-л. с кем-л.*); II ~, sich 1. согласовываться; 2. договариваться (*о чём-л.*)
Veréinbarkeit *f* -, -en совместимость
veréinbartenmaßen *adv* как было согласовано, по договорённости

Veréinbarung *f* -, -en соглашение, договорённость, eine ~ treffen* заключить соглашение
Veréinbarungs‖ausschuß *m* -ses, -schüsse согласительная комиссия
ver|éinen I *vt* 1. объединять, соединять; 2. сочетать (*какие-л. качества*); II ~, sich объединяться (*в общую организацию, фирму и т. п.*)
ver|éinfachen *vt* упрощать
veréinfacht *a* упрощённый
Veréinfachung *f* -, -en упрощение
ver|éinheitlichen *vt* унифицировать
Veréinheitlichung *f* -, -en унификация, унифицирование
ver|éinigen I *vt* объединять, соединять; die Macht in einer Hand ~ объединить власть в одних руках; viele Stimmen auf sich ~ собрать много голосов (*при голосовании*); II ~, sich 1. объединяться, соединяться; 2. совмещаться, сочетаться; solche Taten ~ sich nicht mit seinen Worten такие поступки не согласуются с его словами
veréinigt I *a* соединённый, объединённый; ~e Abkommen совместные соглашения; II *adv* совместно, сообща (*действовать*)
Vereinigte Elektrizitäts- und Bergbauwerks-Aktiengesellschaft *f* - "Ферайнигте электрицитетс- унд бергбауверкс-акциенгезельшафт" (*одна из крупнейших холдинговых компаний в ФРГ, контролирует энергетич., нефт. и хим. промышленность*)
Vereinigte Flugtechnische Werke GmbH *f* - "Ферайнигте флугтехнише верке ГмбХ" (*крупнейшая самолётостроительная компания в ФРГ*)
Vereinigte Österreichische Eisen- und Stahlwerke-Alpine AG *f* - "Ферайнигте эстеррайхише айзен- унд штальверке - Альпине АГ" (*крупнейший концерн металлургич. промышленности в Австрии*)
Vereinigte Staaten von Amerika *pl* Соединённые Штаты Америки (*гос.-во в Сев. Америке*)
Veréinigung *f* -, -en 1. объединение, союз; 2. соединение (*сил, людей*)
Vereinigung der Verfolgten des Naziregimes [-rɛˈʒiːms] *f* - Объединение лиц, преследовавшихся при нацизме (*организация борцов антифаш. сопротивления; создана в оккупационных зонах Германии в 1947*)
ver|éinnahmen *vt* получать, собирать (*деньги*)

ver|éinsamen *vi* (s) становиться одиноким
veréinsamt *a* 1. одинокий (*о человеке*); 2. уединённый, одинокий, изолированный
veréint *a* соединённый, объединённый; mit ~en Kräften объединёнными усилиями [силами]; die Vereinten Nationen Объединённые Нации
Vereinte Nationen *pl* Организация Объединённых Наций (*международная организация суверенных гос-в, созданная в 1945 в Сан-Франциско в целях поддержания мира и безопасности, развития дружественных отношений между народами, осуществления международного сотрудничества в разрешении проблем экономич., социального, культурного и гуманитарного характера; местопребывание – Нью-Йорк, в Европе – Женева*)
ver|éinzeln *vt* разъединять, разобщать
ver|éinzelt I *a* единичный, отдельный; II *adv* 1. в отдельных случаях; 2. местами
Veréinzelung *f* -, -en 1. разъединение, разобщение; 2. одиночество
ver|éisen *vi* (s) обледенеть, покрываться льдом; замерзать (*о реке и т. п.*)
Veréisung *f* - замораживание, обледенение
ver|éiteln *vt* расстраивать, срывать (*план, мероприятие*)
Veréit(e)lung *f* -, -en расстройство, срыв; *см.* vereiteln
ver|éitern *vi* (s) загноиться
Veréiterung *f* -, -en нагноение
ver|ékeln *vt* делать противным [неприятным]; das alles verekelte mir seinen Besuch всё это оставило от его визита неприятное впечатление
ver|élenden *vi* (s) (об)нищать
Verélendung *f* - обнищание
Veréna Верена (*жен. имя*)
ver|énden *vi* (s) скончаться; издохнуть (*о животных*)
ver|énge(r)n I *vt* сужать; II ~, sich суживаться; *перен. тж.* сокращаться (*о рынке и т. п.*)
Veréng(er)ung *f* -, -en сужение; суживание; сокращение
ver|érben *vt* (*jmdm., auf jmdn.*) передавать по наследству (*деньги, способности кому-л.*)
verérblich *a* передающийся по наследству
verérbt *a* наследственный, унаследованный
Verérbung *f* -, -en унаследование, переход по наследству

ver|éwigen I *vt* увековечить, обессмертить; II ~, sich обессмертить себя
Veréwigung *f* -, -en увековечивание
ver|fáhren* I *vi* (h, s) 1. поступать, действовать; 2. (*mit D*) поступать, обращаться, обходиться (*с кем-л. как-л.*); II *vt* 1. проездить (*деньги, время*); 2.: eine Schicht ~ *горн.* отрабатывать смену; ◊ die Sache ~ *разг.* испортить, запутать дело; III ~, sich сбиться с пути (*тж. перен.*)
Verfáhren *n* -s, - 1. действие, акт; поведение; 2. способ, метод; ein sparsames ~ einbürgern внедрять экономный метод; ein Vorschlag zum ~ bei der Erörterung der Frage предложение о процедуре обсуждения вопроса; 3. дело, процесс; ein ~ gegen jmdn. anhängig machen возбуждать уголовное дело против кого-л; ein ~ niederschlagen* прекратить [замять] процесс
Verfáhrens||weise *f* -, -n образ действия
Verfáll *m* -(e)s 1. разрушение (*дома, организма и т. п.*); упадок (*искусства, сил*); гибель (*государства и т. п.*); dem ~ entgegengehen* близиться к упадку; in ~ geraten* приходить в упадок, разрушаться; 2. *фин.* просрочка (*векселя и т. п.*)
ver|fállen* *vi* (s) 1. разрушаться, приходить в упадок (*о постройке, силах и т. п.*); 2. слабеть, терять силы (*о больном*); 3. *фин.* истекать (*о сроке*); der Wechsel ist verfallen срок векселя истёк; 4. (D) переходить во владение (*к кому-л.*), доставаться (*кому-л.*); er ist seinem Freund ganz ~ он полностью во власти [под влиянием] своего друга; 5. (D) быть обречённым (*на смерть и т. п.*); 6. (*in A*) предаваться (*меланхолии*); впадать (*в заблуждение*); in Zorn ~ приходить в ярость; 7.: er ist auf den Gedanken [auf die Idee] ~ ему пришла в голову мысль [идея]
Verfáll||tag *m* -(e)s, -e срок платежа
ver|fälschen *vt* подделывать, фальсифицировать
Verfälscher *m* -s, - фальсификатор
verfälscht *a* поддельный, фальсифицированный
Verfälschung *f* -, -en подделка, фальсификация
ver|fángen* I *vi* (*bei* D) производить действие [впечатление], действовать (*на кого-л.; о средствах, обещаниях*); II ~, sich запутываться (*тж. в противоречиях*)

verfänglich *a* каверзный (*о вопросе*); щекотливый, рискованный, двусмысленный (*о разговоре*)
Verfänglichkeit *f* -, -en каверзность; рискованность, двусмысленность; *см.* verfänglich
ver|färben *vi* 1. выцвести; 2. бледнеть (*о щеках*)
ver|fássen *vt* составлять, сочинять
Verfásser *m* -s, -; ~**in** *f* -, -nen автор; составитель, -ница
Verfássung I *f* -, -en 1. конституция; основной закон; 2. составление; сочинение
Verfássung II *f* -, -en состояние; настроение, расположение духа
verfássungsfeindlich *a* антиконституционный
verfássungsmäßig *a* конституционный
verfássungsrechtlich *a* конституционный
verfássungstreu *a* верный конституции, согласный конституции
verfássungswidrig *a* противоречащий конституции, неконституционный
ver|fáulen *vi* (s) гнить; загнивать; **der verfaulende Kapitalismus** загнивающий капитализм
verfáult *a* гнилой, протухший
verféchtbar *a* 1. защищаемый; 2. доказуемый
ver|fechten* *vt* защищать, отстаивать (*что-л.*), бороться, ратовать (*за что-л.* – *права и т. п.*)
Verféchter *m* -s, -; ~**in** *f* -, -nen защитник, -ница; поборник, -ница; борец; **ein aufrechter ~ des Friedens** истинный борец за мир
Verféchtung *f* -, -en защита, отстаивание (*права, мнения*)
ver|féhlen *vt* 1. промахнуться, не попасть (в цель); 2. не достигнуть (*результата*); **den Zug ~** опоздать на поезд; **jmdn. ~** не застать кого-л.; **den Weg ~** сбиться с пути
verféhlt *a* гиблый, неудачный
Verféhlung *f* -, -en промах, упущение, ошибка, заблуждение; **aus den ~en der Vergangenheit lernen** учиться на ошибках прошлого
ver|féinden I *vt* поссорить; II **~, sich** (*mit* D) рассориться (*с кем-л.*)
Verféindung *f* -, -en вражда, ссора
ver|féinern *vt* 1. утончать, делать более тонким; 2. совершенствовать
Verféinerung *f* -, -en 1. утончённость; 2. совершенствование
ver|fémen *vt* *ист.* объявлять вне закона
ver|fértigen *vt* 1. изготовлять; 2. составлять (*доклад и т. п.*)
Verfértigung *f* -, -en 1. изготовление; 2. составление (*доклада и т. п.*)
ver|féstigen *vt* 1. укреплять; 2. подкреплять
ver|fétten I *vt* покрывать [пачкать] жиром; II *vi* (s) жиреть
Verféttung *f* -, -en ожирение
ver|féuern *vt* 1. сжигать (*в топке*); 2. расстреливать (*патроны и т. п.*)
ver|filmen *vt* экранизировать, снимать для фильма
Verfilmung *f* -, -en *кино* экранизация
ver|finstern I *vt* 1. затемнять; затмевать; 2. омрачать; II **~, sich** 1. темнеть; затмеваться; 2. омрачаться
Verfinsterung *f* -, -en 1. затемнение; 2. потемнение; 3. *астр.* затмение
ver|fitzen *vt* *разг.* запутывать, приводить в беспорядок
ver|fláchen I *vt* 1. выравнивать; 2. опошлять; II *vi* (s) 1. выравниваться; 2. опошляться
ver|fláttern I *vi* (s) быть унесённым встречным ветром, улететь, упорхнуть; II: **die Zeit ~** проводить время, резвясь и порхая
ver|fléchten* *vt* 1. вплетать, сплетать; переплетать; 2. впутывать (*в авантюру и т. п.*)
Verfléchtung *f* -, -en сплетение
ver|fliegen* I *vi* (s) 1. улетучиваться (*о запахе и т. п.*); рассеиваться (*о тумане*); 2. быстро проходить (*о времени, гневе и т. п.*); II **~, sich** сбиваться с пути (*о птице, самолёте*)
ver|fließen* *vi* (s) 1. протекать, проходить, истекать (*о времени*); 2. расплываться (*о красках и т. п.*); **die Grenzen ~** очертания становятся неясными
verflíxt *разг.* I *a* чертовский, проклятый; **eine ~e Geschichte** неприятная история; II *adv* чертовски
Verflóchtenheit *f* - переплетение
verflóssen *a* 1. истекший, прошедший, былой; **im ~en Jahr** в истекшем [прошедшем, прошлом] году; 2. *разг.* бывший, прежний
ver|flúchen *vt* проклинать; ◊ **verflucht und zugenäht!** *разг.* чёрт возьми!
verflúcht *a* проклятый, окаянный; омерзительный
ver|flüchtigen I *vt* *хим.* испарять, превращать в газ; II **~, sich** 1. испаряться, улетучиваться; 2. рассеиваться; 3. быстро проходить (*о гневе*); 4. *разг.* улизнуть, дать тягу
Verflúchung *f* -, -en проклятие, анафема

ver|flüssigen vt хим. превращать в жидкое состояние, сжижать
ver|fólgen vt 1. преследовать (дичь, преступника); 2. преследовать (цель); **eine Absicht ~** иметь намерение; 3. идти, следовать (где-л.); **die Spur ~** идти по следу; **seinen Weg ~** следовать [идти] своей дорогой; 4. следовать (за кем-л., за чем-л.); **jmdn. mit den Augen ~** следовать глазами за кем-л.
Verfólger m -s, -; **~in** f -, -nen преследователь, -ница
Verfólgung f -, -en преследование, гонение, погоня; **die ~ aufnehmen*** начать преследование; **den ~en ausgesetzt sein** подвергаться преследованиям; **die ~ einer Politik** преследование политики
Verfólgungs||wahn m -(e)s мания преследования
Verfórmung f -, -en деформация
ver|fráchten vt 1. перевозить, отправлять (товар); 2. отдавать внаём (судно); 3. оплачивать (груз)
Verfráchtung f -, -en 1. перевозка, отправка (товара); 2. оплата груза
ver|frémden I vi (s) становиться чужим, охладевать; II vt делать чужим, отдалять
Verfrémdung f -, -en отчуждение, охлаждение
ver|fréssen* I vt разг. проедать
ver|fréssen II a разг. прожорливый
Verfressenheit f - прожорливость
ver|fríeren* vi (s) замерзать (об оконных стёклах, о ногах и т. п.)
verfróren a 1. замёрзший (о человеке, оконном стекле и т. п.); 2. зябкий
verfrüht a преждевременный
verfügbar a имеющийся в распоряжении
ver|fügen I vt постановлять, предписывать; юр. решать; **er verfügte, daß ...** он распорядился, чтобы ...; II vi (über A) иметь в своём распоряжении, распоряжаться; III **~, sich** отправляться, направляться
Verfügung f -, -en постановление, распоряжение; юр. решение (суда) (über A о чём-л.); **der ~ gemäß, laut ~** согласно решению суда; **zur besonderen ~** для особых поручений; **etw. zur ~ haben** иметь что-л. в распоряжении; **jmdm. zur ~ stehen*** быть в чьём-л. распоряжении; **jmdm. etw. zur ~ stellen** предоставить что-л. в чьё-л. распоряжение; **einstweilige ~** юр. временное распоряжение
Verfügungs||gewalt f -, -en; **~recht** n -(e)s, -e право распоряжаться (über A кем-л., чем-л.)

ver|führen I vt соблазнять, совращать, обольщать; II vt уст. перевозить, вывозить (товары в другую страну, город и т. п.)
Verführer m -s, -; **~in** f -, -nen соблазнитель, -ница
verführerisch a соблазнительный, обольстительный
Verführung f -, -en соблазн; совращение, обольщение
ver|füttern vt скармливать (скоту)
ver|gáffen, sich (in A) разг. заглядываться (на кого-л., на что-л.); влюбиться (в кого-л.)
ver|galoppíeren, sich разг. завраться, зарапортоваться; ошибаться
vergángen a прошлый, прошедший, истекший, былой; **längst ~** давно прошедший
Vergángenheit f -, -en 1. прошлое, прошедшее; **die jüngste ~** недавнее прошлое; **mit der ~ brechen*** порвать с прошлым; **das gehört der ~ an** это отошло в прошлое; 2. грам. прошедшее время
vergänglich a преходящий; бренный; **alles ist ~** всё проходит; ничто не вечно
Vergänglichkeit f - 1. непостоянство, бренность; 2. нечто преходящее, преходящее явление
ver|gásen I vt 1. превращать в газ; 2. обстреливать химическими снарядами; 3. отравлять газом (в душегубках); II vi (s) отравляться газом; III **~, sich** превращаться в газ
Vergáser m -s, - тех. карбюратор
vergáß impf от **vergessen***
Vergásung f -, -en 1. газообразование; 2. отравление (газом)
ver|gáttern I vt обносить решёткой; II **~, sich** воен. собираться (по сигналу)
Vergátterung f -, -en воен. развод караулов
ver|gáuken: die Zeit ~ терять время попусту
ver|gében* vt (jmdm.) 1. предоставлять, передавать, отдавать, раздавать (что-либо); **noch zu ~** 1) ещё свободный; 2) разг. незамужняя; 2. прощать (что-л. кому-л.); 3.: **sich** (D) **[seinem Ansehen] etw. ~** ронять своё достоинство
vergébens adv напрасно, тщетно, бесполезно
vergéblich a напрасный, тщетный, бесполезный
Vergéblichkeit f - тщетность, бесполезность

Vergébung f -, -en 1. раздача; 2. прощение; (**ich bitte um**) ~! прошу прощения!, простите!, виноват!

ver|gégenständlichen vt представлять наглядно

ver|gégenwärtigen: sich (D) **etw.** ~ представлять себе, воображать что-л.

ver|géhen* I vi (s) 1. проходить, протекать (*о времени*); 2. проходить, прекращаться, пропадать (*о боли, аппетите и т. п.*); ◊ **es verging ihm Hören und Sehen** у него голова кругом пошла

ver|géhen* II vi (vor D) умирать, томиться, пропадать, изводиться (*от жажды, тоски*); сгорать (*от любви*)

ver|géhen, sich III (an D, gegen A) провиниться, совершать преступление (*перед кем-л.*); **sich gegen die Gesetze** ~ нарушать законы; **sich an jmdm.** ~ совершить насилие над кем-л., изнасиловать кого-л.

Vergéhen I n -s филос. исчезновение; уничтожение

Vergéhen II n -s, - проступок; преступление

ver|géistigen vt одухотворять

vergéistigt a одухотворённый

ver|gélten* vt вознаграждать (*усердие и т. п.*); отплачивать, воздавать (*за добро и т. п.*)

Vergéltung f -, -en вознаграждение; отплата, возмездие (*an D кому-л.*)

Vergéltungs‖maßnahmen pl репрессии, карательные меры

Vergeséllschaftung f -, -en обобществление, передача в руки народа

ver|géssen* I vt забывать (*кого-л., что-л., о ком -л., о чём-л.; разг.* про кого-л., про что-л.); II ~, **sich** забываться (о слове и т. п.); 2. забываться; терять самообладание

Vergéssenheit f - забвение; **in** ~ **geraten*** быть преданным забвению; **der** ~ **anheimfallen*** быть забытым, быть преданным забвению

vergéßlich a забывчивый

Vergéßlichkeit f - забывчивость

ver|géuden vt расточать, проматывать, растрачивать (*деньги, силы*); **Zeit** ~ терять (попусту) время

Vergéuder m -s, - расточитель, мот

vergéuderisch a расточительный, мотовской

Vergéudung f -, -en проматывание, растрачивание, расточение

ver|gewáltigen vt 1. насиловать (*кого-л., чью-л. волю*); 2. изнасиловать (*женщину*)

Vergewáltiger m -s, - насильник

Vergewáltigung f -, -en 1. насилие; 2. изнасилование

ver|gewíssern I vt (G, über A) заверять (*кого-л. в своём согласии и т. п.*); II ~, **sich** (G, über A) удостоверяться, убеждаться (*в чём-л.*); заручиться (*чем-л.*)

Vergewísserung, Vergewíßrung f -, -en заверение, удостоверение, убеждение; см. vergewissern

ver|gíeßen* vt 1. проливать (*воду, слёзы и т. п.*); 2. *тех.* разливать

ver|gíften I vt отравлять; II ~, **sich** отравиться

vergíftet a отравленный

Vergíftung f -, -en отравление

ver|gílben vi (s) желтеть (*о листве, бумаге*)

ver|gípsen vt заливать гипсом

Vergíßmeinnicht n -/-s, -/-e незабудка

ver|gíttern vt обносить решёткой; заделать решёткой (*окно*)

vergíttert a обнесённый [заделанный] решёткой

Vergítterung f -, -en 1. обнесение решёткой; 2. решётка

ver|glásen vt 1. застеклять, остеклять; 2. покрывать глазурью

verglást a 1. застеклённый, остеклённый; 2. остекленевший, тусклый (*о глазах*)

Vergléich I m -(e)s, -е сравнение, сопоставление; **im** ~ **mit** [**zu**] **jmdm., mit** [**zu**] **etw.** (D) по сравнению с кем-л., с чем-либо; **ein markanter** ~ яркое сравнение; **einen** ~ **anstellen** проводить сравнение; **das hält keinen** ~ **aus** это не выдерживает никакого сравнения

Vergléich II m -(e)s, -е 1. соглашение, сделка, договор; 2. компромисс; полюбовная сделка; **besser ein magerer** ~ **als ein fetter Streit** *посл.* плохой мир лучше доброй ссоры

vergléichbar a сравнимый, сопоставимый

ver|gléichen I vt (mit D) 1. сравнивать (с кем-л., чем-л.); 2. сверять, сличать, сопоставлять; ~ **Sie die Zeit!** проверьте часы [время]!; II ~, **sich** (mit D) равняться, сравнивать себя (с кем-л.)

ver|gléichen II I vt (mit D) мирить, примирять (*враждующие стороны*); улаживать (*спор*); II ~, **sich** (mit D) мириться, приходить к соглашению (*с кем-л.*); **sich gütlich** ~ прийти к полюбовному соглашению

vergléichend a сравнительный; ~e **Grammatik** сравнительная грамматика

Vergléichs‖kommission f -, -en согласительная комиссия

Vergléichs‖satz *m* -es, -sätze *грам.* придаточное сравнительное предложение
Vergléichs‖verfahren *n* -s, - сравнительный метод
vergléichsweise *adv* сравнительно; в качестве сравнения
Vergléichung *f* -, -en 1. сравнение; 2. сопоставление; сверка, сличение
ver¦glímmen* *vi* (s) (ис)тлеть, догореть
ver¦glühen I *vi* (s) (медленно) потухать, гаснуть (*тж. перен. о закате и т. п.*); II *vi* прокаливать, обжигать
ver¦gnügen I *vt* развлекать, веселить; II ~, **sich** развлекаться, веселиться
Vergnügen *n* -s, - 1. удовольствие; **zum** ~ ради удовольствия; **jmdm.** ~ **machen [bereiten, gewähren]** доставлять удовольствие кому-л.; 2. развлечение, забава; **sein** ~ **an etw. (D) haben** развлекаться с чем-л.; **sich (D) ein** ~ **aus etw. machen** забавляться, тешиться чем-л.; **viel** ~! желаю повеселиться!; **es ist mir ein** ~ это доставляет мне удовольствие
vergnüglich *a* 1. забавный, приятный, занимательный; 2. довольный, весёлый (*о настроении*)
vergnügt *a* 1. весёлый (*о времяпровождении*); 2. довольный, весёлый (*о человеке, настроении*)
vergnügungshalber *adv* ради удовольствия; ради развлечения [забавы]
vergnügungssüchtig *a* падкий на развлечения
ver¦gólden *vt* (по)золотить (*тж. перен. о солнце*)
Vergóldung *f* -, -en 1. позолота; 2. золочение
ver¦gönnen *vt* позволять, разрешать; **wenn es mir vergönnt ist** ... если мне суждено, если мне посчастливится ...
ver¦gótten *vt* обожествлять
ver¦göttern *vt* боготворить, обоготворять, обожать
Vergötterung *f* -, -en обожание, обоготворение
Vergöttlichung *f* -, -en обожествление
ver¦gráben* I *vt* закапывать, зарывать; **sein Gesicht in beide Hände** ~ закрыть лицо руками; II ~, **sich** 1. закапываться, зарываться; 2. *перен.* зарыться, углубиться (*в книгу и т. п.*)
vergrämt *a* угрюмый; печальный, скорбный
ver¦gréifen, sich I (*in, bei* D) ошибаться (*при выборе чего-л.*)
ver¦gréifen, sich II (*an* D) поднимать руку (*на кого-л.*), ударить (*кого-л.*)

ver¦gréifen, sich III (из)насиловать (*an* D); посягать (*на чужую собственность и т. п.*)
ver¦gréisen *vi* (s) 1. сильно (со)стариться; 2. становиться старческим (*о голосе и т. п.*)
vergríffen *a* раскупленный, полностью распроданный; **die Auflage ist** ~ издание разошлось, весь тираж (книги) раскуплен
ver¦gröβern I *vt* увеличивать, умножать; расширять (*предприятие, круг знакомых*); II ~, **sich** увеличиваться, расширяться, разрастаться
Vergröβerung *f* -, -en увеличение, умножение; расширение; *см.* vergröβern
Vergröβerungs‖gerät *n* -(e)s, -e *фото* увеличитель
ver¦günstigen *vt* предоставлять льготу (*на что-л.*); делать уступку (*в чём-л.*)
Vergünstigung *f* -, -en льгота; уступка; **eine** ~ **bieten* [gewähren]** предоставлять льготу
ver¦güten *vt* 1. возмещать (*издержки*); 2. вознаграждать (*за работу*); 3. платить (*проценты по вкладам*); 4. *тех.* облагораживать, рафинировать (*металл и т. п.*); улучшать качество (*чего-л.*); 5. *хим.* насыщать (*раствор*)
Vergütung *f* -, -en 1. возмещение; 2. вознаграждение; оплата; 3. *тех.* облагораживание, рафинирование; 4. *хим.* насыщение; *см.* vergüten
ver¦háften *vt* арестовывать, задерживать
Verháftung *f* -, -en арест, задержание; **eine** ~ **vornehmen*** произвести арест; **zur** ~ **schreiten*** прибегнуть к аресту
ver¦hállen *vi* (s) затихать, замирать (*о звуке*)
Verhalt *m* -(e)s обстоятельства, положение вещей
ver¦hálten* I I *vt* сдерживать (*смех, слёзы*); задерживать (*дыхание*); **den Schritt** ~ замедлить шаг; II *vi* передохнуть
ver¦hálten, sich II 1. вести себя, держать себя; 2. (*zu* D) относиться (*к кому-л., чему-л. как-л.*); 3. обстоять (*о делах, событиях*)
verhálten III *a* затаённый (*о гневе, улыбке и т. п.*)
Verhálten *n* -s 1. поведение, образ действий; 2. отношение (*gegen* A, *zu* D *к кому-л., к чему-л.*); *см.* verhalten*, sich II
Verhältnis *n* -ses, -se 1. соотношение, пропорция; **umgekehrtes** ~ *мат.* обратная пропорция; **chemisches** ~ химическое свойство; **im** ~ **zu etw. (G)** в

сравнении с чем-л.; **2.** (*zu* D) отношение (к кому-л., к чему-л.), связь (с кем-л., с чем-л.); **inniges ~** тесная связь; **3.** отношения (*дружеские, деловые*); **ein ~ eingehen* [anknüpten]** завязать отношения; **mit jmdm. ein ~ haben** *разг.* иметь любовную связь с кем-л.; **4.** условия, обстоятельства; обстановка; **unter dem Zwang der ~se** в силу обстоятельств; **politische ~se** политическая обстановка; **5.** *pl* средства, возможности; **für meine ~se** по моим средствам [возможностям]; **über seine ~se leben** жить не по средствам
verhältnisgleich *a* соразмерный, пропорциональный
Verhältnis||gleichung *f* -, -en *мат.* пропорция
verhältnislos *a* непропорциональный
verhältnismäßig *a* **1.** относительный, сравнительный; соответственный; **2.** *см.* verhältnisgleich
Verhältnis||vertretung *f* -, -en пропорциональное представительство
verhältnisweise *adv* пропорционально, соразмерно; относительно
Verháltung *f* -, -en **1.** подавление (*чувств и т. п.*); сдерживание; **2.** сдержанность; **3.** поведение, манера вести себя
Verháltungs||maßregel *f* -, -n руководство, инструкция, правила поведения
ver|hándeln I *vi* **1.** (*mit jmdm. über* A) вести переговоры (*с кем-л. о чём-л.*); **2.** *юр.* разбирать [слушать] дело; II *vt* **1.** продать (*тж. перен.*); **2.** понести убытки (*на чём-л.*)
Verhándlung *f* -, -en **1.** *pl* переговоры; **~en einleiten [anbahnen]** начать переговоры; **in ~en eintreten*** вступить в переговоры; **2.** *юр.* слушание [разбор] дела
ver|hängen I *vt* **1.** завешивать; зашторить; **2.** отпускать (*поводья*); **mit verhängten Zügeln** во весь опор
ver|hängen II *vt* назначать, определять (*наказание*); **den Ausnahmezustand ~** объявить [ввести] чрезвычайное положение
Verhängnis *n* -sses, -sse судьба; рок; **das ~ brach über ihn herein [ereilte ihn]** его постигла злая судьба
verhängnisvoll *a* роковой, губительный
verhängt *a* **1.** пасмурный; **2.** предопределённый, роковой; **der ~ e Tag** роковой день; **3.: mit ~en Zügeln** во весь опор
ver|hármlosen *vt* преуменьшать серьёзность (*чего-л.*)
verhärmt *a* изможденный, удручённый, горестный

ver|hárren *vi* (s, h) **1.** оставаться, пребывать (*в каком-л. состоянии*); **in einer Stellung ~** застыть в одной позе; **2.** (*auf* D, *bei* D) настаивать (*на чём-л.*), упорствовать (*в чём-л.*)
ver|hárschen *vi* (s) затвердевать; зарубцовываться; **der Schnee ist verharscht** снег покрылся коркой
ver|härten I *vt* **1.** делать (более) твёрдым; **2.** усиливать (*сопротивление*); **3.** ожесточать; II *vi* (s) *и* **~, sich 1.** затвердевать (*тж. мед.*); **2.** черстветь, ожесточаться
Verhärtung *f* -, -en **1.** затвердение; **2.** очерствление; **3.** укрепление, усиление
ver|háspeln I *vt тех.* запутывать; II **~, sich 1.** запутываться; **2.: sich beim Reden ~** запутаться (*в речи*)
verháßt *a* презренный, ненавистный; **sich ~ machen** вызвать к себе ненависть
ver|hätscheln *vt* (из)баловать
Verhätsch(e)lung *f* -, -en баловство (*в отношении детей*); пестование, заласкивание
Verháu *m* -(e)s, -e **1.** *воен.* заграждение; **2.** *лес.* засека
ver|háuen* I *vt* **1.** испортить (*при рубке*); **2.** *разг.* испортить, загубить (*дело*); истратить (*все деньги*); **3.** *разг.* (от)колотить; **4.** загораживать (*срубленными деревьями*); **5.** *горн.* добывать; II **~, sich** *разг.* (*in, mit* D) (с)делать ошибку; дать маху (*в чём-л.*)
ver|hében* I *vt*: **sich** (D) **den Arm ~** вывихнуть руку [плечо] (*при поднятии тяжестей*); II **~, sich** надорваться
ver|héddern I *vt разг.* запутывать; спутывать; II **~, sich** запутываться, спутываться
ver|héeren *vt* опустошать, разрушать
verhéerend *a* опустошительный, разрушительный, губительный, ужасный; **das ist ~** *разг.* **1)** это очень неприятно; **2)** это невероятно
Verhéerung *f* -, -en опустошение, разрушение; **~en anrichten** производить опустошения
ver|héhlen *vt* (*von* D) скрывать, утаивать (*что-л. от кого-л.*)
Verhéhlung *f* -, -en сокрытие, укрывательство, утайка
ver|héilen *vi* (s) заживать (*о ране*)
ver|héimlichen I *vt* (*von* D) скрывать, утаивать (*что-л. от кого-л.*); II **~, sich: er ließ sich (dem Besuch gegenüber) ~** он велел сказать гостям, что его нет

Verhéimlichung f -, -en сокрытие, утайка
ver|héiraten I vt (mit jmdm.) женить (кого-либо на ком -л.); (an jmdn.) выдавать замуж (за кого-л.); II ~, **sich** (mit jmdm.) вступать в брак (с кем-л.), жениться (на ком-л.); выходить замуж (за кого-л.)
verhéiratet a женатый; замужняя; **sie sind ~** они женаты
Verhéiratete subst m, f -n, -n женатый, семейный; замужняя, семейная
Verhéiratung f -, -en вступление в брак
ver|héißen* vt обещать (выздоровление и т. п.); предвещать; предсказывать (успех и т. п.); ◇ **das verheißene Land** обетованная земля
Verhéißung f -, -en 1. обещание; 2. предсказание
verhéißungsvoll a многообещающий
verhéizen vt сжигать, сжечь, расходовать на топку
ver|hélfen* vi (D) содействовать, способствовать; **jmdm. zum Erfolg ~** способствовать чьему-л. успеху
ver|hérrlichen vt прославлять
Verhérrlichung f -, -en прославление
ver|hétzen vt 1. (за)травить (человека); 2. подстрекать
ver|héxen vt околдовать; перен. тж. очаровывать
verhéxt a заколдованный; ◇ **das ist (doch rein) wie ~!** это чертовщина какая-то! (при неудаче)
ver|hímmeln vt обожать, превозносить до небес
verhínderlich a затруднительный, мешающий
ver|híndern vt предотвратить (несчастье и т. п.), помешать (кому-л., чему-л.); задержать (кого-л., что-л.); расстроить (планы); (an D) воспрепятствовать, помешать (кому-л. в чём-л.); **dienstlich verhindert sein** быть задержанным на службе
Verhínderung f -, -en предотвращение; расстройство; препятствие; задержка; см. verhindern
verhóhlen a скрытый, тайный
ver|höhnen vt издеваться, насмехаться (над кем-л., над чем-л.)
Verhöhnung f -, -en издевательство, насмешка, надругательство
ver|hökern vt 1. продавать в розницу, продавать с лотка; 2. перен. продавать, предавать
ver|hólzen vi (s) 1. спец. одревеснеть; 2. одеревенеть
Verhör n -(e)s, -e допрос; **jmdn. ins ~ nehmen*** допрашивать кого-л.
ver|hören vt допрашивать
ver|hören, sich ослышаться
ver|hüllen I vt закутывать, закрывать, покрывать, окутывать (тж. о тумане и т. п.); II ~, **sich** закутываться, закрываться, покрываться, окутываться (тж. туманом и т. п.)
Verhüllung f -, -en 1. закутывание; 2. обёртка, покров, оболочка
ver|húngern vi (s) умирать с голоду; **jmdn. ~ lassen*** морить голодом кого-л.
ver|húnzen vt разг. испортить, обезобразить; исказить
Verhúnzung f -, -en порча; обезображивание
ver|hüten vt предотвращать (что-л.); предохранять (от кого-л.)
ver|hütten vt плавить (руду)
Verhütung f -, -en (G) предотвращение (чего-л.); предохранение (от чего-л.)
verhútzelt a дряхлый, высохший, сморщенный
Verírrung f -, -en заблуждение
ver|jágen vt 1. прогонять, изгонять, разгонять, отгонять; 2. отгонять (от себя) (воспоминания и т. п.)
ver|jähren vi (s) юр. терять силу за давностью
verjährt a 1. просроченный, аннулированный; 2. юр. неподсудный за давностью
Verjährung f -, -en юр. давность
Verjährungs||frist f -, -en юр. срок давности
ver||júbeln vt разг. прокутить, растранжирить (деньги)
ver|jüngen I vt 1. омолаживать, подвергать омоложению, обновлять; 2. омолаживать, включать молодёжь (в состав организации и т. п.); 3. тех. уменьшать, сокращать; утончать, суживать; **in verjüngtem Maßstab** в уменьшенном масштабе; II ~, **sich** 1. (по)молодеть; 2. суживаться (кверху)
Verjüngung f -, -en 1. омоложение; обновление; 2. тех. уменьшение, сокращение; 3. бот., лес. возобновление
ver|júxen vt разг. прокутить, промотать
ver|kálken I vt превращать в известь; II vi (s) 1. превращаться в известь; 2. мед. обызвествляться; 3. разг. стареть, закоснеть; устаревать
ver|kalkulíeren, sich ошибаться в расчёте
Verkálkung f -, -en мед. склероз
ver|kälten, sich разг. простуживаться
verkánnt a непризнанный
verkáppt a скрытый, тайный, замаскиро-

Verkáppung

ванный; **ein ~er Nebensatz** *грам.* бессоюзное придаточное предложение
Verkáppung *f* -, -en маскировка
ver|kápseln, sich 1. *мед.* инкапсулироваться, заключаться в оболочку; **2.** замыкаться в себе
Verkáuf *m* -(e)s, -käufe продажа, сбыт; **zum ~ gelangen** поступать в продажу
ver|káufen *vt (jmdm., an jmdn.)* продавать *(что-л. кому-л.)*; **zu ~** продаётся, продаются *(в объявлениях, в рекламе)*
Verkäufer *m* -s, -; **~in** *f* -, -nen продавец, -вщица
verkäuflich *a* продажный *(тж. перен.)*; **eine leicht [schwer] ~e Ware** ходкий [неходкий] товар
Verkäuflichkeit *f* - продажность *(тж. перен.)*
Verkáufs||kraft *f* -, -kräfte работник прилавка; продавец, -вщица
Verkáufs||preis *m* -es, -e продажная цена
Verkáufs||wert *m* -(e)s, -e продажная стоимость
Verkéhr I *m* -(e)s **1.** движение; уличное движение; **im ~ sein** курсировать; **den ~ stören** нарушать движение; **den ~ umleiten** изменить направление движения; **starker [schwacher] ~** большое [небольшое] движение; **2.** сообщение *(почтой, по железной дороге и т. п.)*; **3.** *фин.* обращение; **Banknoten aus dem ~ ziehen*** изъять банкноты из обращения
Verkéhr II *m* -(e)s сношения, общение; **mit jmdm. ~ haben [pflegen], mit jmdm. im ~ stehen*** поддерживать сношения [знакомство, связь] с кем-л.; **gesellschaftlichen ~ pflegen** вращаться в обществе; **den ~ abbrechen*** прекратить сношения [знакомство]
ver|kéhren I *vi* ходить, курсировать *(о транспорте)*
ver|kéhren II *vi (bei* D) (часто) бывать *(у кого-л.)*; *(mit* D) поддерживать сношения [знакомство] *(с кем-л.)*
ver|kéhren III *vt* извращать, искажать
Verkéhrs||ader *f* -, -n (главная) магистраль
Verkéhrs||ampel *f* -, -n светофор
verkéhrsarm *a*: **eine ~e Straße** тихая улица
Verkéhrs||disziplin *f* - соблюдение правил уличного движения
Verkéhrs||insel *f* -, - n островок безопасности
Verkéhrs||polizei *f* - полиция, ведающая регулированием уличного движения
verkéhrsreich *a* оживлённый *(об улице и т. п.)*

Verkéhrs||stockung *f* -, -en затор, пробка *(в уличном движении)*
Verkéhrs||störung *f* -, -en нарушение движения
Verkéhrs||sünder *m* -s, - нарушитель правил уличного движения
Verkéhrs||übertretung *f* -, -en нарушение правил уличного движения
Verkéhrs||unfall *m* -(e)s, -fälle несчастный случай на транспорте, дорожное происшествие
Verkéhrs||wesen *n* -s транспорт
Verkéhrs||zeichen *n* -s, - дорожный (сигнальный) знак
verkéhrt I *a* превратный, бессмысленный *(о толковании чего-л.)*; **II** *adv* **1.** наоборот; **etw. ~ anfangen*** начать не с того конца; **~ gehen*** *перен.* идти вкривь и вкось; **alles gestaltete sich ~** всё получилось шиворот-навыворот; **2.** наизнанку *(надеть)*
ver|kéilen *vt* **1.** *тех.* закреплять клиньями, заклинивать; **2.** *разг.* исколотить
ver|kénnen* **1.** *vt* не видеть, не осознавать *(серьёзности положения и т. п.)*; **2.** недооценивать *(чьи-л. способности и т. п.)*; **das ist nicht zu ~** этого нельзя не признать
ver|kétten *vt* **1.** сцеплять *(звенья цепи)*; **2.** *перен.* связывать
Verkéttung *f* -, -en сцепление; **eine ~ von Umständen** стечение обстоятельств
ver|kítten *vt* замазывать *(замазкой)*
ver|klágen *vt* *юр.* подавать жалобу [иск] *(на кого-л.)*
ver|klámmern *vt* скреплять скобами
ver|klären I *vt* преображать; **II ~, sich** преображаться, просветлеть
verklärt *a* сияющий, просветлённый; блаженный *(об улыбке)*
Verklärung *f* -, -en преображение, просветление
ver|klében *vt* заклеивать
verklebt *a part*: **~ sein** слипнуться *(о волосах и т. п.)*
ver|kléiden I *vt* **1.** обшивать *(досками)*; облицовывать; обкладывать *(дёрном)*; обивать *(материей)*; **2.** переодевать *(с целью маскировки)*; **3.** маскировать, скрывать, прикрывать; **II ~, sich 1.** переодеваться; **2.** маскироваться
Verkléidung *f* -, -en **1.** обшивка; облицовка; обкладка; панель; **2.** переодевание; **3.** маскировка
ver|kléinern *vt* **1.** (пре)уменьшать; умалять *(заслуги и т. п.)*; **2.** *мат.* сокращать *(дробь)*
verkléinernd *a* уменьшительный

Verkléinerung f -, -en уменьшение
Verkléinerungs‖wort n -(e)s, -wörter уменьшительное слово
ver¦klíngen* vi (s) отзвучать (о песнях); замирать (о звуках)
ver¦klópfen vt разг. 1. продать; 2. вздуть (кого-л.); 3. промотать (деньги)
ver¦knácken vt разг. осудить, приговорить
ver¦knácksen vt 1.: sich (D) etw. ~ вывихнуть себе что-л.; 2. см. verknacken
ver¦knállen, sich (in A) разг. втюриться, влюбиться (в кого-л.)
ver¦knéifen* vt разг. удерживаться (от чего-л.); den Schreck ~ не показывать испуга; den Schmerz ~ превозмочь боль
verkníffen a: ein ~er Mund (язвительно) сжатые губы; ein ~es Gesicht перекошенное (хитрой усмешкой) лицо
ver¦kníttern vt смять, скомкать
ver¦knöchern vi (s) 1. окостенеть; 2. закоснеть
verknöchert a 1. окостенелый; 2. закоснелый
ver¦knóten vt завязывать узлом
ver¦knüpfen vt 1. связывать (узлом); скреплять (части); 2. перен. связывать, объединять
Verknüpfung f -, -en 1. связывание (узлом); скрепление; 2. перен. связь, объединение
ver¦kóchen I vt разваривать; II vi (s) развариваться
ver¦kóhlen I vt обугливать, превращать в уголь; II vi (s) обугливаться
ver¦kóhlen II vt разг. поддразнивать (кого-л.); подтрунивать (над кем-л.); обманывать, водить за нос (кого-л.)
ver¦kómmen* I vi (s) 1. приходить в упадок; 2. перен. опускаться (о человеке)
verkómmen II a 1. пришедший в упадок, расстроенный; 2. опустившийся (о человеке)
Verkómmenheit f - упадок; разложение
ver¦kóppeln vt 1. связывать, стреноживать (лошадь); 2. разг. соединять, объединять
ver¦kórken vt закупоривать
ver¦körpern I vt воплощать, олицетворять; II ~, sich воплощаться
Verkörperung f -, -en воплощение, олицетворение
ver¦kráchen I vi (s) разг. обанкротиться, прогореть; II ~, sich разг. (mit D) рассориться (с кем-л.)
ver¦krámen vt 1. засовывать, затерять; 2. продавать в розницу

verkrámpft a 1. судорожный; 2. чрезмерно [очень] напряжённый
Verkrámpfung f -, -en судорога
verkríechen*, sich залезать, забиваться, (vor D) прятаться (от кого-л., от чего-либо); vor diesem Burschen mußt du dich ~! разг. куда тебе равняться [тягаться] с этим парнем!
ver¦krümmen, sich искривляться, изгибаться
verkrümmt a искривлённый, изогнутый
Verkrümmung f -, -en искривление
ver¦krüppeln I vt 1. уродовать, портить; 2. (ис)калечить; II vi (s) 1. хиреть; 2. сделаться калекой
Verkrüpp(e)lung f -, -en 1. уродование, порча; 2. увечье
verkrústet a 1. покрытый коркой; 2. заскорузлый, очерствелый
verkühlen, sich разг. простуживаться
ver¦kümmern vi (s) погибать; хиреть; die Industrie verkümmert промышленность приходит в упадок
ver¦kündigen vt провозглашать; объявлять, возвещать, обнародовать
Verkünd(ig)ung f -, -en провозглашение, обнародование, объявление
ver¦kúppeln vt 1. соединять, сцеплять (вагоны и т. п.); 2. разг. сосватать, свести (двух людей); сводничать
ver¦kürzen vt укорачивать, убавлять (длину); ein verkürzter Warenumsatz сокращённый товарооборот
Verkürzung f -, -en 1. укорачивание; 2. сокращение; 3. тех. усадка
Verláde‖brücke f -, -n погрузочная эстакада
ver¦láden* vt нагружать, грузить
Verládung f -, -en погрузка; посадка (людей)
Verlág m -(e)s, -e 1. издание; ein Buch in ~ nehmen* принять книгу к изданию; 2. (книго)издательство
ver¦lágern vt 1. перебазировать, перемещать, переводить; 2. (auf A) переводить (разговор на кого-л., на что-л.); переложить (ответственность на кого-л.); переносить (подозрение на другое лицо)
Verlágerung f -, -en перемещение
ver¦lángen vt, vi (nach D) требовать, просить (кого-л., чего-л.; кого-л., что-л.); nach dem Arzt ~ требовать врача; es verlangt mich dich zu sehen мне хочется видеть тебя
Verlángen n -s, - желание, требование; потребность (nach D в чём-л.); jmds. ~ stillen удовлетворить чьё-л. желание

ver|längern vt 1. удлинять (черту, платье и т. п.); 2. продлить, продлевать (срок); отсрочить (вексель); 3. разг. разбавлять (молоко, суп); 4. спорт. давать дополнительное время (на игру и т. п.)

Verlängerung f -, -en 1. удлинение; 2. продление; отсрочка; 3. спорт. дополнительное время

ver|längsamen vt замедлять

verläppern vt разг. растранжирить

Verläß m -sses надёжность; es ist kein ~ auf ihn на него нельзя полагаться

ver|lássen* I I vt оставлять, покидать; ihn verläßt die Hoffnung он теряет надежду, его покидает надежда; II ~, sich (auf A) полагаться (на кого-л., на что-либо)

verlássen II a одинокий, покинутый; sich ~ sehen* чувствовать себя одиноким

Verlássenheit f - заброшенность, одиночество, беспомощность

verläßlich a надёжный

Verläßlichkeit f - надёжность

ver|lästern vt клеветать (на кого-л.)

Verlästerung f -, -en клевета

Verláub m: mit ~ с вашего разрешения

Verláuf m -(e)s, -läufe 1. течение, ход (событий); протекание (химической реакции и т. п.); im ~ der Debatte в ходе прений; im ~ (G, von D) в течение; nach ~ (G, von D) по истечении, через; 2. линия, направление (границы и т. п.)

ver|láufen* I vi (s) 1. протекать, проходить (о времени); 2. проходить, идти (о границе и т. п.); 3. (in D) кончаться, теряться (в лесу и т. п.; о дороге); 4. (in A) переходить (в другой цвет); II vt: jmdm. den Weg ~ перебежать дорогу кому-л. (тж. перен.); III ~, sich 1. заблудиться; 2. кончаться, спадать (о половодье); die Sache hat sich ~ разг. дело зашло в тупик; 3. расходиться, таять (о толпе)

ver|láusen vi (s) обовшиветь

ver|láutbaren vt объявлять, сообщать, делать гласным, оглашать

Verláutbarung f -, -en объявление, декларация, сообщение; amtliche ~ официальное сообщение

ver|láuten: es verlautet, daß ... говорят, что ... ; сообщается, что ...; er hat nichts ~ lassen о нём ничего не слышно

ver|lében vt проводить, проживать (какое-л. время)

verlébt a 1. прожитый; 2. одряхлевший, отживший

ver|légen I vt откладывать, переносить (заседание и т. п.)

ver|légen II I vt 1. засунуть, затерять; 2. перекладывать, переводить (в другое место); воен. передислоцировать; 3. укладывать (трубы, кирпичи); 4. преграждать (путь); 5.: Bier ~ продавать пиво в розницу; II ~, sich (auf A) старательно заниматься (чем-л.); sich aufs Bitten ~ начать упрашивать; sich aufs Leugnen ~ запираться, упорно отрицать что-л.

ver|légen III vt издавать (книги, газеты)

verlégen IV a смущённый; ~ machen смущать; er war um eine Antwort ~ он затруднялся дать ответ; um eine Antwort [eine Ausrede, eine Entschuldigung] nicht ~ sein ≅ не лезть за словом в карман; иметь всегда наготове отговорку

Verlégenheit f -, -en затруднение; смущение; jmdn. in ~ bringen* [(ver)setzen] смутить, поставить кого-л. в неудобное положение; in ~ geraten* смущаться, застесняться

Verléger m -s, - издатель

Verlégung f -, -en 1. перенесение (заседания); 2. перевод (в другое место); 3.: ~ des Körpers спорт. перенос тяжести тела

ver|léiden vt (jmdm.) портить, отравлять (радость, пребывание и т. п.); внушать отвращение (к чему-л. кому-л.); das ist mir verleidet это мне опротивело

Verléih m -(e)s, -e прокат; ателье по прокату

ver|léihen* vt (D) 1. давать взаймы, давать напрокат (что-л. кому-л.); 2. придавать (силу, блеск и т. п. чему-либо); Ausdruck ~ (D) выражать (мысли, чувства); 3. награждать (орденом); присваивать (почётное звание); присуждать (премию)

Verléiher m -s, -; ~in f -, -nen кредитор; заимодавец, -вица

Verléihung f -, -en 1. ссуда, прокат; 2. награждение (орденом); присуждение (премии); присвоение (звания)

ver|léiten vt (zu D) соблазнять, уговорить (кого-л. сделать что-л.); sich durch etw. (A) ~ lassen* соблазниться чем-л.

Verléiter m -s, -; ~in f -, -nen подстрекатель, -ница; соблазнитель, -ница

ver|lérnen vt разучиваться, забыть (своё ремесло, дело)

ver|lésen* I I *vt* 1. прочитать вслух, зачитывать, оглашать; 2. делать перекличку (*подразделения, группы и т. п.*); II ~, sich ошибиться при чтении
ver|lésen* II *vt* сортировать, отбирать
Verlésung *f* -, -en 1. чтение вслух, оглашение, зачитывание; 2. перекличка
verlétzbar *a* уязвимый
ver|létzen *vt* 1. повредить, поранить; 2. нарушать (*закон, границу*); 3. оскорблять, задевать
verlétzend *a* оскорбительный
Verlétzung *f* -, -en 1. повреждение, ранение, травма; 2. нарушение (*договора и т. п.*); 3. оскорбление
ver|léugnen I *vt* 1. отрицать (*вину и т. п.*); 2. отрекаться (*от друга, убеждений*); II ~, sich 1. изменить самому себе; 2.: er ließ sich ~ он просил сказать, что его нет
Verléugnung *f* -, -en 1. отрицание; 2. отречение; *см.* verléugnen
ver|léumden *vt* оклеветать, очернить, дискредитировать
Verléumder *m* -s, -; ~in *f* -, -nen клеветник, -ница
verléumderisch *a* клеветнический
Verléumdung *f* -, -en клевета, дискредитирование
ver|lieben, sich (*in* A) влюбляться (*в кого-либо*)
verliebt *a* влюблённый
Verliebte *subst m, f* -n, -n влюблённый, -ная
Verliebtheit *f* -, -en влюблённость
ver|lieren* I *vt* 1. терять (*что-л.*), лишиться (*чего-л.*); die Nerven ~ терять хладнокровие; sich selbst ~ терять веру в самого себя; jmdn. aus den Augen ~ потерять кого-л. из виду; an Tempo ~ снизить темп; an Ansehen ~ утратить авторитет; 2. проигрывать (*игру, войну, процесс*); II ~, sich 1. потеряться, затеряться; 2. забываться; sich in Träumen ~ предаваться мечтам; in Gedanken verloren погружённый в свои мысли
Verlierer *m* -s, -; ~in *f* -, -nen проигравший, -шая
Verlies *n* -es, -e подземелье
ver|lóben, sich (*mit* D) обручаться (*с кем-либо*)
Verlóbnis *n* -ses, -se помолвка; ein ~ eingehen* обручиться
Verlóbte *subst m, f* -n, -n обручённый, -ная
Verlóbung *f* -, -en помолвка, обручение
ver|lócken *vt* заманивать; (*mit* D) соблазнять, прельщать (*чем-л.*)

verlóckend *a* заманчивый, соблазнительный
Verlóckung *f* -, -en соблазн; заманивание
ver|lódern *vi* (s) сгорать
verlógen *a* лживый, изолгавшийся
Verlógenheit *f* -, -en лживость
verlór *impf от* verlieren*
verlóren I *part* II *от* verlieren*; II *a* 1. потерянный, напрасный; ~e Mühe напрасный труд; 2. проигранный (*о деле*); 3.: der ~e Sohn блудный сын
verlóren|gehen* *vi* (s) пропадать; an ihm ist ein Lehrer verlorengegangen из него бы вышел хороший учитель
ver|löschen* I *vi* (s) 1. гаснуть, угасать, потухнуть; 2. *перен.* утихать (*о гневе и т.п.*); II *vt* гасить, тушить
ver|lósen *vt* разыгрывать (*в лотерее*)
Verlósung *f* -, -en розыгрыш (*в лотерее*)
ver|lóten *vt* запаивать (*котёл и т. п.*)
ver|lóttern *vi* (s) *разг.* опускаться (*о человеке*)
ver|lúdern *vi* (s) морально опускаться, вести беспутную жизнь
Verlúst *m* -es, -e потеря, пропажа; проигрыш; ~ erleiden* нести убытки; das ist ein ~ für mich это мне в убыток; einen ~ bringen* причинять убыток; ~ beibringen* *воен.* наносить потери; ~e an Mann und Waffe *воен.* потери в живой силе и технике
verlústbringend *a* убыточный
verlústig: einer Sache (G) ~ sein [geben*, werden] лишиться чего-л., потерять что-л.
verlústreich *a* с большими потерями (*о битве*)
Verlúst‖zeit *f* -, -en простой (*машины*)
ver|máchen *vt* завещать
Vermächtnis *n* -ses, -se завещание; завет (*an* A *кому-л.*); nach ~ по завету
ver|máhlen (*part II* vermáhlen) *vt* перемалывать (*зерно*)
ver|máhlen I *vt* женить; выдавать замуж; II ~, sich вступать в брак
vermählt *a* женатый; замужняя
Vermählte *subst m, f* -n, -n новобрачный, муж; новобрачная, жена
Vermählung *f* -, -en бракосочетание, свадьба, вступление в брак
ver|máhnen *vt* делать строгое замечание [строгий выговор] (*кому-л.*), строго увещевать (*кого-л.*)
ver|másseln *vt* *разг.* испортить, погубить, провалить (*дело*)
ver|máuern *vt* замуровать
ver|méhren I *vt* увеличивать, умножать; den Wohlstand ~ повышать благосостояние; II ~, sich размножаться

Vermehrung *f* -, -en 1. увеличение, умножение; 2. размножение
ver¦méiden* *vt* избегать (*чего-л.*), уклоняться (*от чего-л.*)
Vermeidung *f* -, -en избежание; **zur ~ во избежание**
ver¦méinen *vt* ошибочно полагать
verméintlich *a* (ошибочно) предполагаемый, мнимый
ver¦mélden *vt* докладывать, сообщать (*о чём-л.*)
ver¦méngen *vt* 1. смешивать; 2. смешивать, путать
verménschlichen *vt* очеловечивать
Vermérk *m* -(e)s, -е отметка, заметка
ver¦mérken *vt* отмечать (*что-л.*), делать заметки (*о чём-л.*)
ver¦méssen* I I *vt* измерять, обмерять; размежёвывать; II **~, sich** ошибиться при обмере
ver¦méssen*, sich II (G) отваживаться (*на что-л.*), иметь наглость [смелость] (*что-л. делать*)
verméssen III *a* 1. рискованный; 2. дерзкий, заносчивый, самонадеянный
Verméssenheit *f* -, -en 1. риск; 2. дерзость, заносчивость, самонадеянность
Verméssung *f* -, -en измерение, обмер; межевание; **topographische ~** топографическая съёмка
Verméssungs‖ingenieur [-'inʒeniøːr] *m* -s, -е инженер-топограф
ver¦miesen *vt* (*jmdm.*) разг. испортить (*удовольствие и т. п. кому-л.*); отбить охоту (*к чему-л. у кого-л.*)
ver¦mieten I *vt* сдавать внаём; отдавать напрокат; **Zimmer zu ~** сдаются комнаты (*объявление*); II **~, sich** наниматься (*als N в качестве кого-л.*)
Vermieter *m* -s, -; **~in** *f* -, -nen сдающий, -щая внаём, хозяин, хозяйка квартиры; дающий, -щая напрокат
ver¦mindern *vt* уменьшать, сокращать
Verminderung *f* -, -en уменьшение, сокращение
ver¦mischen *vt* 1. смешивать (*что-л. с чем-л.*); 2. смешивать, путать; 3. с.-х. скрещивать
ver¦missen *vt* недосчитываться (*кого-л., чего-л.*); жалеть об отсутствии (*кого-л., чего-л.*); **wir haben dich vermißt** нам тебя недоставало; **vermißt werden** пропасть без вести
vermißt *a* пропавший без вести
Vermißte *subst m, f* -n, -n пропавший, -шая без вести
ver¦mitteln *vt* 1. посредничать, быть посредником; **einen Kauf ~** посредничать в купле; 2. способствовать (*обмену информацией и т. п.*); 3. передавать (*опыт, знания*)
vermittelnd *a* примирительный, согласительный; **~e Schritte unternehmen*** делать попытку посредничества
vermittels(t) *prp* (G) посредством, при помощи, путём
Vermitt(e)lung *f* -, -en 1. посредничество, содействие; **durch ~ через посредничество** (*кого-л.*); 2. передача (*опыта, знаний*); 3. коммутатор
Vermittler *m* -s, -; **~in** *f* -, -nen посредник, -ница
ver¦módern *vi* (s) истлеть
vermöge *prp* (G) в силу, вследствие, благодаря; **~ des Verstandes** благодаря разуму, при помощи разума
ver¦mögen* *vt* быть в состоянии, мочь; **er vermag mich nicht zu überzeugen** он не может меня убедить; **er hat sie zu bewegen vermocht ...** ему удалось уговорить их (*что-л. сделать*)
Vermögen I *n* -s, - состояние, имущество; **ein ~ machen, zu ~ kommen*** составить состояние, разбогатеть
Vermögen II *n* -s способность, возможности, силы; **das geht über mein ~** это выше моих сил; **nach bestem ~** по мере сил и возможностей
vermögend *a* 1. зажиточный; 2. влиятельный; **viel ~** очень влиятельный
vermögenslos *a* не имеющий состояния, несостоятельный, небогатый
Vermögens‖steuer *f* -, -n налог на имущество
Vermögens‖verhältnisse *pl* имущественное положение
ver¦mórschen *vi* (s) (с)гнить
vermóttet *a* изъеденный молью
ver¦múmmen I *vt* закутывать; II **~, sich** закутываться, замаскироваться
ver¦múten *vt* предполагать (*что-л.*), догадываться (*о чём-л.*); подозревать (*что-л.*); **das läßt sich nur ~** об этом можно лишь догадываться
vermútlich I *a* предположительный; II *adv* вероятно, по всей вероятности, предположительно, наверно
Vermútung *f* -, -en предположение, догадка; подозрение; **sich in ~en ergehen*** теряться в догадках, строить предположения; **die ~ liegt nahe** предположение допустимо
vermútungsweise *a* предположительный
ver¦náchlässigen *vt* пренебрегать (*чем-л., кем-л.*); относиться небрежно [недостаточно внимательно] (*к кому-л., к*

чему-л.); запускать (*рану, учение*)
Vernáchlässigung *f* -, -en пренебрежение, небрежное отношение (G к кому-л., к чему-л.)
ver¦nágeln *vt* заколачивать гвоздями; **er ist wie vernagelt** он глуп как пробка
ver¦nárben *vi* (s) зарубцовываться; **die Wunde vernarbt** рана зарубцовывается
vernárrt *a* (*in* A) влюблённый до безумия (в кого-л.), безумно увлечённый (*кем-либо, чем-л.*)
ver¦nébeln *vt* 1. покрывать туманом, затуманивать, туманить; 2. *перен.* туманить, затуманивать; **die Hirne ~** затуманивать мозги; 3. *воен.* прикрывать дымовой завесой
vernéhmbar *a* 1. слышный, внятный; 2. годный для допроса (*по состоянию здоровья*)
ver¦néhmen* *vt* 1. слышать, слушать (*звуки, известия*); 2. допрашивать, опрашивать
vernéhmlich *a* внятный, ясный, понятный
Vernéhmung *f* -, -en допрос; опрос; **jmdn. der ~ unterziehen*** подвергать допросу кого-л.
ver¦néigen, sich (*vor* D) кланяться, поклоняться (*кому-л.*)
ver¦néinen *vt* отрицать; **eine Frage ~** отвечать на вопрос отрицательно
vernéinend *a* отрицательный; **ein ~es Wort** *грам.* отрицательное слово
Vernéinung *f* -, -en отрицание (*тж. грам.*)
ver¦níchten *vt* 1. уничтожать, истреблять; разрушать; 2. уничтожать, прекращать, ликвидировать (*эксплуатацию и т. п.*)
verníchtend *a* уничтожающий, разрушительный; **eine ~e Niederlage** окончательное [сокрушительное] поражение
Verníchtung *f* -, -en уничтожение, истребление; разрушение
ver¦níedlichen *vt* приукрашивать (*положение*); преуменьшать (*опасность*)
ver¦níeten *vt* *тех.* заклёпывать, соединять заклёпками
Vernúnft *f* - разум; здравый рассудок [смысл]; **jmdn. zur ~ bringen*** образумить [вразумить] кого-л.; **zur ~ kommen*** образумиться
vernúnftgemäß *a* разумный (*о решении и т. п.*)
vernünftig *a* благоразумный, здравомыслящий
vernünftigerweise *adv* разумно, благоразумно

vernúnftwidrig *a* противный здравому смыслу
ver¦öden I *vt* опустошать; II *vi* (s) (о)пустеть
verödet *a* 1. опустевший; 2. запущенный (*сад и т. п.*)
Verödung *f* -, -en 1. опустошение; 2. запустение; обезлюдение
ver¦öffentlichen *vt* опубликовать, обнародовать; **ein Buch ~** выпустить (в свет) книгу
Veröffentlichung *f* -, -en 1. опубликование; публикация; 2. издание; **in seinen ~en** в его опубликованных работах
ver¦órdnen *vt* 1. постановлять, предписывать, приказывать; 2. прописывать (*лекарство*), назначать, предписывать (*режим*)
Verórdnung *f* -, -en 1. распоряжение, предписание; 2. назначение (*лекарства и т. п.*)
verórdnungs¦gemäß, ~mäßig *adv* по предписанию; согласно распоряжению [постановлению]
ver¦páchten *vt* сдавать в аренду
ver¦pácken *vt* упаковывать; ◇ **du bist aber hart verpackt!** *разг.* как ты непонятлив!
Verpáckung *f* -, -en упаковка
ver¦pássen *vt* 1. упускать (*случай и т. п.*); **jmdn. ~** не застать, не встретить кого-л.; **den Zug ~** опоздать на поезд; 2. *воен.* подгонять (*обмундирование*); **jmdm. eine Ohrfeige ~** *разг.* дать кому-либо по уху
ver¦pésten *vt* отравлять, заражать (*воздух; тж. перен.*)
ver¦pétzen *vt* *разг.* выдавать (*кого-л.*); ябедничать (*на кого-л.*), фискалить
ver¦pfänden *vt* закладывать (*вещи*); **sein Wort ~** поручиться, дать честное слово
Verpfándung *f* -, -en заклад
ver¦pféifen* *vt* *разг.* доносить (*на кого-л.*), выдавать (*кого-л.*)
ver¦pflánzen *vt* 1. пересаживать, высаживать (*растения*); 2. переносить (*идеи*)
Verpflánzung *f* -, -en 1. пересадка, высаживание (*растений*); 2. перенос (*идей*)
ver¦pflégen *vt* 1. снабжать продовольствием; 2. кормить (*столующегося*); 3. *воен.* обеспечивать довольствием
Verpflégung *f* -, -en 1. продовольствие; 2. продовольственное снабжение; 3. питание; *воен.* довольствие; **bei voller ~** на полном пансионе
Verpflégungs¦norm *f* -, -en норма [категория] снабжения
Verpflégungs¦ration *f* -, -en паёк

Verpflégungs∥wesen *n* -s продовольственное дело, вопросы снабжения
ver¦pflichten I *vt* **1.** (*durch* A *zu* D) обязывать (*кого-л.* к *чему-л.*); **zu Dank verpflichtet sein** быть очень обязанным (*кому-л.*); **2.** принимать (*на работу*); **jmdn. als Dolmetscher ~** взять кого-л. на работу в качестве переводчика; II **~, sich** обязываться
verpflichtend *a* обязывающий; обязательный
Verpflichtung *f* -, -en **1.** обязанность; **2.** обязательство; **eine ~ übernehmen*** брать на себя обязательство; **jmdm. eine ~ auferlegen** возлагать на кого-л. обязанность; **einer ~ nachkommen*** выполнить обязательство
ver¦pfúschen *vt* (ис)портить
ver¦plánen *vt* запланировать
ver¦pláppern, verpláudern I *vt* проболтать (*какое-л. время*); II **~, sich** проболтаться
ver¦pönen *vt* **1.** осуждать, отвергать (*из соображений хорошего тона*); **2.** *уст.* запрещать (*под угрозой наказания*)
verpönt *a* предосудительный
ver¦prügeln *vt* отколотить, избить
ver¦púmpen *vt разг.* раздать взаймы
ver¦pústen, sich отдышаться, передохнуть
Verpútz *m* -es штукатурка
ver¦pútzen *vt* **1.** (о)штукатурить; **2.** *разг.* уписывать, съедать; **eine ganze Schüssel ~** уплести целую миску; **3.** *разг.* терпеть, выносить; **ich kann ihn nicht ~** я его не выношу; **4.** *разг.* тратить, мотать
verquálmt *a* **1.** задымленный; **2.** накуренный
verquér *adv* **1.** поперёк; **2.**: **das geht mir ~** это мне не удаётся
verquóllen *a* разбухший
ver¦rämme(l)n *vt* загромождать, забаррикадировать
Verrát *m* -(e)s измена, предательство; **~ an jmdm., an etw. (D) begehen* [üben]** совершить предательство по отношению к кому-л., к чему-л.
ver¦ráten* I *vt* **1.** изменять (*кому-л., чему-л.*); предавать, выдавать (*кого-л., что-л.*); **2.** *воен.* обнаруживать (*свои позиции*); **seine Stimme verrät, daß ...** по его голосу слышно, что ...; II **~, sich** выдавать себя
Verräter *m* -s, -; **~in** *f* -, -nen изменник, -ница; предатель, -ница
verräterisch *a* предательский, изменнический
verräuchert *a* прокуренный

ver¦ráuschen *vi* (s) улечься; стихнуть (*об овациях*)
ver¦réchnen I *vt* (*jmdm.*) **1.** поставить в счёт (*что-л. кому-л.*); **2.** рассчитаться (*за что-л. с кем-л.; тж. перен.*); II **~, sich** просчитаться, ошибиться (*в расчётах*)
Verréchnung *f* -, -en расчёт
Verréchnungs∥verkehr *m* -(e)s безналичный расчёт
ver¦récken *vi* (s) *груб.* издохнуть
ver¦réiben* *vt* растирать
ver¦réisen I *vi* (s) уезжать; II *vt* проездить, потратить на езду (*деньги*)
ver¦réißen* *vt разг.* подвергать резкой критике
ver¦rénken *vt* вывихнуть; **sich (D) nach jmdm. den Hals ~** все глаза проглядеть (*ожидая кого-л.*)
Verrénkung *f* -, -en вывих
ver¦rénnen*, sich (*in* A) *разг.* помешаться (*на чём-л.*)
ver¦ríchten *vt* исполнять, исправлять, отправлять (*обязанности*)
Verríchtung *f* -, -en исполнение, отправление (*обязанностей*)
ver¦ríegeln *vt* запирать (*на засов, на цепочку*)
Verríegelung *f* -, -en **1.** запирание (*на засов*); **2.** запор, задвижка; **3.** *тех.* блокировка, замыкание
ver¦ríngern I *vt* уменьшать, сокращать, снижать; II **~, sich** уменьшаться, сокращаться, снижаться
Verríngerung *f* -, -en уменьшение, сокращение, снижение
ver¦rínnen* *vi* (s) **1.** вытекать; **2.** истекать, протекать, проходить (*о времени*)
ver¦röcheln *vi* (s) испускать последний вздох, умирать (*о человеке*); издыхать (*о животном*)
ver¦rósten *vi* (s) заржаветь
verróstet *a* ржавый, заржавленный
ver¦rótten *vi* (s) истлевать, разрушаться
verrúcht *a* гнусный; проклятый
ver¦rücken *vt* сдвигать, передвигать
verrückt *a* сумасшедший; **~ werden** сходить с ума; **jmdn. ~ machen** *разг.* свести с ума кого-л., вскружить голову кому-либо; **er ist ganz ~ auf sie** он безумно в неё влюблён; **du bist wohl ~!** *разг.* да ты с ума сошёл!
Verrückte *subst m, f* -n, -n сумасшедший, -шая; безумный, -ная
Verrücktheit *f* -, -en сумасшествие, безумие
Verrúf *m* -(e)s дурная слава; **jmdn. in ~ bringen*** дискредитировать [опорочить]

кого-л.; **in ~ geraten* [kommen*]** приобрести дурную славу

ver¦rúfen I *vt* дискредитировать, опорочить

verrúfen II *a* пользующийся дурной репутацией, опороченный

ver¦rühren *vt* размешивать, смешивать

ver¦rúßen *vi* (s) закоптеть (*о стенах и т. п.*)

Vers <*lat.*> *m* -es, -e 1. стих (*стихотворная речь; строфа*); 2. *б.ч. pl* стихи; **gereimte ~e** рифмованные стихи; **etw. in ~e kleiden** облекать что-л. в стихотворную форму; **~e machen [schreiben*]** сочинять [писать] стихи; 3. маленькое стихотворение; ◇ **sich (D) keinen ~ darauf [daraus, davon] machen können*** *разг.* ничего не понимать (*в чём-л.*)

ver¦sáchlichen *vt* овеществлять

ver¦sácken *vi* (s) 1. тонуть (*о судне*); 2. *перен.* зайти в тупик, увязнуть; **der Vorstoß versackte** *воен. разг.* наступление захлебнулось

ver¦ságen I *vt* 1. отказывать (*в чём-л.*); **jmdm. den Wunsch ~** отказаться выполнить чьё-л. желание; 2. лишать, не давать (*что-л.*); **das bleibt ihm versagt** это ему не дано; II *vi* 1. отказывать, переставать служить [действовать] (*о голосе, силах, моторе и т. п.*); 2. оказаться несостоятельным, не справляться; **vor der Aufgabe ~** не справиться с задачей, спасовать

Verságer *m* -s, - 1. отказ (*мотора и т. п.*); пропуск зажигания (*у двигателя*); *воен.* осечка; 2. неудача; 3. (человек) не справившийся (*с чем-л.*)

Versailler Vertrag [vɛrˈzaiər] *m* -s Версальский мирный договор (*договор, завершивший 1-ю мир. войну, подписан в Версале* <Франция> *28.06.1919 Германией и четырьмя глав. союзн. державами - Англией, Францией, Италией и Японией*)

Versailles [vɛrˈzaːi] *n* - Версаль (*город юго-зап. Парижа*)

Versál [vɛr-] <*lat.*> *m* -s, -li¦en; **~buchstabe** *m* -ns/ -n, -n прописная буква

ver¦sálzen *vt* 1. пересолить; 2. *перен. разг.* пересолить, испортить (*радость*), отбить охоту (*к чему-л.*); **jmdm. die Suppe ~** насолить кому-л.

ver¦sámmeln I *vt* собирать, созывать; II **~ sich** собираться, сходиться

Versámmlung *f* -, -en собрание; митинг; **eine ordentliche [außerordentliche] ~** очередное [внеочередное, чрезвычайное] собрание; **eine ~ (ab)halten*** проводить собрание; **auf [in] der ~ sprechen*** выступать на собрании

Versámmlungs‖leiter *m* -s, - председатель собрания

Versámmlungs‖lokal *n* -(e)s, -e помещение для собрания

Versámmlungs‖ort *m* -(e)s, -e; **~platz** *m* -es, -plätze место собрания; сборный пункт

Versánd *m* -(e)s отправка, посылка

Versánd‖bahnhof *m* -(e)s, -höfe станция отправления

Versand‖haus *n* -es, -häuser посылочный дом (*форма торг. концерна в ФРГ, продающего товары по заказам, посылая их почтой или доставляя спец. экспедицией; гл. средство получения заказов - рассылка каталогов*)

Versándung *f* -, -en обмеление, нанос песка

Versátz *m* -es 1. закладывание, заклад, залог; 2. *горн.* закладка

ver¦sáuen *vt разг.* 1. замарать; 2. испортить

ver¦sáuern *vi* (s) 1. скисать (*о молоке и т. п.*); 2. *разг.* киснуть (*о человеке*)

ver¦sáufen* *vt разг.* пропивать

ver¦sáumen *vt* 1. прогулять, пропустить; 2. упустить; **den Zug ~** опоздать на поезд; **ich habe nichts zu ~** мне некуда спешить

Versáumnis *n* -ses, -se; *f* -, -se 1. прогул, пропуск; 2. упущение

Vers‖bau *m* -(e)s стихосложение

ver¦scháchern *vt разг.* разбазаривать, распродавать (*вещи*); **zu Schleuderpreisen ~** распродавать по бросовым ценам

ver¦scháffen *vt* достать, (раз)добыть, приобрести; **sich (D) etw. ~** добиться чего-либо; **sich (D) einen Namen ~** приобрести известность; **sich (D) Gewißheit ~** убедиться (*в чём-л.*)

ver¦schálen *vt* обшивать (*досками*)

ver¦schállen *vi* (s) затихать, замирать (*о звуке*), отзвучать

Verschálung *f* -, -en 1. опалубка; 2. обшивка

verschämt *a* стыдливый, застенчивый, робкий; **~ tun*** принять смущённый вид

Verschämtheit *f* - стыдливость, застенчивость, робость

ver¦schándeln *vt разг.* 1. опозорить, осрамить; 2. повредить, изувечить

ver¦schánzen I *vt воен.* укреплять, окапывать (*позиции*); II **~ sich** окапываться, укрепляться

Verschánzung

Verschánzung f -, -en окопы; полевое укрепление
ver¦schärfen I vt обострять (*положение*); усиливать (*напряжение, наказание*); ускорить (*темп*); II ~ **sich** обостряться (*о противоречиях*), усиливаться (*о напряжении*)
Verschärfung f -, -en обострение, усиление; ускорение; см. verschärfen
ver¦schárren vt зарывать (*в землю*)
ver¦schéiden* vi (s) *поэт.* умереть, скончаться
ver¦schénken I vt (по)дарить, раздарить; II vt продавать (*распивочно*)
ver¦schérzen vt по легкомыслию потерять, упустить
ver¦schéuchen vt спугивать (*птицу*); разгонять (*заботы, сон*)
verschéucht a запуганный; робкий, пугливый
ver¦schícken vt 1. отправлять, посылать; направлять; 2. ссылать
Verschíckung f -, -en 1. отправка, отправление, посылка; 2. ссылка
verschíebbar a передвижной
ver¦schíeben* I I vt 1. сдвигать (*с места*), передвигать; 2. перебрасывать (*войска*); 3. переносить, откладывать, отсрочивать; **auf Dienstag** ~ отложить на вторник; II ~, **sich** сдвигаться (*с места*); передвигаться; **die Sache hat sich verschoben** положение изменилось
ver¦schíeben* II vt спекулировать, продавать на чёрном рынке
Verschíebung f -, -en 1. передвижение; 2. сдвиг; 3. переброска (*войск*); 4. отсрочка
verschíeden I I a разный, различный; ~**es** разное; многое; II adv: ~ **stark** различной силы; ~ **lang** разной длины
verschíeden II a покойный, умерший
verschíedenartig a 1. разнообразный; 2. разновидный (*о породах и т. п.*)
verschiedenerléi a inv разного рода
Verschíedenheit f -, -en различие, разница
verschíedentlich adv неоднократно; нередко
ver¦schíeßen* I I vt расстреливать (*боеприпасы*); II ~, **sich** (*in* A) *разг.* влюбляться (*в кого-л.*)
ver¦schíeßen* II vi (s) выцветать (*о краске*)
ver¦schíffen vt отправлять морем [водным путём]; погрузить на корабль
verschímmeln vi (s) плесневеть
Verschíß m -sses, -sse *груб.* бойкот; **jmdn. in** ~ **tun*** бойкотировать кого-л.; **im** ~ **sein** быть в немилости

ver¦schláfen* I vt 1. проспать (*какое-л. время*); 2. проспать (*пропустить что-л.*); II ~ **sich** проспать, спать слишком долго
verschláfen II a заспанный, сонный (*тж. перен.*)
Verschlág m -(e)s, -schläge 1. перегородка (*в помещении*); 2. чулан; 3. *тех.* изнашивание инструмента
ver¦schlágen* I vt 1. (*mit* D) заколачивать (*что-л. гвоздями, досками*); 2. перегораживать; 3.: **es verschlug ihm die Rede [die Sprache]** он онемел (*от ужаса*)
ver¦schlágen* II vt *мор., ав.* относить (*в сторону*), заносить; ~ **werden** *мор., ав.* относиться течением; дрейфовать;
ver¦schlágen* III vi (*bei* D) возыметь (*своё действие*), подействовать (*о средстве и т. п.*)
verschlágen IV a хитрый, лукавый
Verschlágenheit f - хитрость, лукавство
ver¦schlámpen vt *разг.* запустить, развалить (*дело*)
verschlámpt a *разг.* неряшливый
ver¦schléchtern I vt ухудшать; II ~, **sich** ухудшаться
Verschléchterung f -, -en ухудшение
ver¦schléiern vt 1. закрыть вуалью; 2. *перен.* завуалировать, скрывать; 3. *воен.* маскировать, прикрывать завесой
Verschléierung f -, -en 1. (за)вуалирование, сокрытие; 2. *воен.* маскировка, создание завесы
verschléimt a засорённый (*о желудке*); обложенный (*о языке*)
Verschléiß m -es, -e 1. *ком.* сбыт; 2. *тех.* износ
ver¦schléißen* I vi (s) *и* ~, **sich** изнашиваться (*тж. тех.*); II vt 1. изнашивать; 2. *ком.* сбывать
ver¦schlémmen vt промотать, прокутить
ver¦schléppen vt 1. утащить, затащить; 2. угнать; 3. заносить (*заразу*); 4. затягивать (*дело*); запускать (*болезнь*)
verschléppt a 1. запущенный (*о болезни*); 2.: ~**e Personen** pl перемещённые лица (*лица, вывезенные в годы 2-й мир. войны для работы в фаш. Германии*)
ver¦schléudern vt растрачивать; разбазаривать, продавать за бесценок
verschlíeßbar a запирающийся
ver¦schlíeßen* I vt запирать (*на замок*); **einen Wunsch in sich** (D) ~ затаить желание; II ~, **sich** (*gegenüber jmdm., etw.*) быть глухим (*к кому-л., к чему-л.*)
ver¦schlímmern I vt ухудшать; II ~, **sich** ухудшаться

Verschlímmerung f -, -en ухудшение, обострение
ver|schlíngen* I vt 1. проглатывать, жадно глотать (тж. книги); **jmdn. mit den Augen ~** пожирать глазами кого-л.; 2. разг. поглощать (много денег и т. п.)
ver|schlíngen* II I vt связывать (узлом); II **~, sich** переплетаться (о нитях, линиях, перен. об интересах)
Verschlíngung f -, -en переплетение, сплетение
verschlíssen a изношенный, сношенный
verschlóssen a 1. закрытый, запертый; **hinter [bei] ~en Türen verhandeln [beraten*]** вести переговоры [совещаться] при закрытых дверях; 2. замкнутый (о человеке)
Verschlóssenheit f - замкнутость
ver|schlúcken I vt 1. проглатывать, глотать; **Tränen ~** глотать слёзы; побороть (досаду, гнев); II **~, sich** (an D) захлебнуться, поперхнуться (чем-л.)
Verschlúß m -sses, -schlüsse 1. запор; замок; **den ~ lösen** открыть запор; **unter ~** под замком; 2. затвор; замок (орудия); 3. застёжка
ver|schlüsseln vt шифровать, кодировать
Verschlüsselung f -, -en шифровка, кодирование
Verschlúß||laut m -(e)s, -e лингв. смычный [взрывной] согласный
Verschlúß||sache f -, -n секретный документ
ver|schmáchten vi (s) (von D) томиться (ожиданием), изнывать (от тоски); изнемогать, умирать (от жажды, от жары)
ver|schmähen vt пренебрегать (чем-л.), отвергать с пренебрежением (что-л.)
ver|schmélzen* I тех. плавить, переплавлять; сплавлять; II vi (s) и **~, sich** 1. расплавляться; 2. сливаться (о звуках, красках)
Verschmélzung f -, -en 1. плавка, плавление; 2. перен. смешение, слияние; объединение
ver|schmérzen vt перенести (утрату)
verschmítzt a лукавый, хитрый
ver|schmútzen vt загрязнить, испачкать
ver|schnáufen vi и **~, sich** передохнуть, перевести дух, отойти (после бега)
ver|schnéiden* I vt 1. изрезать; 2. испортить (платье плохой кройкой); 3. с.-х., лес. обрезывать, подрезывать; кастрировать
ver|schnéiden* II vt разбавлять, смешивать (вина)
ver|schnéien I vt заносить снегом; II vi (s): **das Dorf ist verschneit** деревню занесло (снегом)
ver|schnéllern vt ускорять
Verschnítt I m -(e)s обрезки, отбросы (досок и т.п.)
Verschnítt II m -s фершнит (назв. смеси крепких алкогольных напитков)
verschnörkelt a вычурный (о почерке, подписи и т. п.)
verschnúpft: er ist ~ 1) у него насморк; 2) разг. он раздосадован, он задет
ver|schnüren vt перевязывать (шнурком, верёвкой)
verschóllen a 1. пропавший без вести; 2. давнишний, давно забытый; **in ~en Zeiten** в давние времена
ver|schónen vt (по)щадить, не трогать (кого-л.); **von etw. (D) verschont bleiben*** не приходиться испытывать что-либо
ver|schönen, verschönern I vt 1. делать (более) красивым; перен. приукрашивать; 2. применять косметику; II **~, sich** 1. становиться (более) красивым; перен. приукрашиваться; 2. применять косметику
Verschönerung f -, -en приукрашивание
Verschónung f -, -en пощада
verschóssen I a: **in jmdn. ~ sein** разг. быть влюблённым в кого-л.
verschóssen II a выцветший (о ткани)
ver|schrámmen vt поцарапать, содрать (кожу)
ver|schränken vt скрестить (руки)
ver|schráuben vt завинчивать
ver|schrécken vt запугивать
ver|schréiben* I vt 1. исписывать; 2. прописывать (лекарство); 3. (jmdm.) передавать во владение (имущество); 4. выписывать (книгу и т. п.); II **~, sich** 1. ошибаться при письме, допустить описку; 2. (jmdm.) дать письменное обязательство; продаться (кому-л.)
ver|schréien* vt поносить; ославить; **ver|schri|en sein** пользоваться дурной славой
verschróben a странный, взбалмошный; **ein ~er Kerl** чудак
Verschróbenheit f -, -en плохая репутация, дурная слава
ver|schrúmpfen vi (s) сморщиться
ver|schüchtern vt запугивать
Verschüchterung f -, -en запугивание
ver|schúlden vt быть виновником (чего-либо), провиниться (в чём-л.)
Verschúlden n -s вина; **ohne mein ~** не по моей вине; **durch sein eigenes ~** по его собственной вине

verschúldet *a* имеющий долги, обременённый долгами

ver|schütten *vt* 1. просыпать (*крупу и т. п.*); проливать; 2. (*mit* D) засыпать (*чем-л.*); 3. контузить

ver|schütt|gehen* *vi* (s) *разг.* 1. пропадать, погибать; 2. попасться, быть арестованным

ver|schwägern I *vt* породнить; II ~, **sich** (*mit* D) породниться (с *кем-л.*)

verschwägert *a* находящийся в свойстве [родстве] (друг с другом)

Verschwägerung *f* -, -en свойство, родство по мужу [жене]

ver|schweben *vi* (s) рассеяться (*об облаках*)

ver|schweigen* *vt* умалчивать; **ich habe nichts zu ~** мне нечего скрывать

ver|schwenden *vt* тратить зря, расточать

Verschwender *m* -s, -; **~in** *f* -, -nen расточитель, -ница; мот, -овка

verschwenderisch *a* расточительный

Verschwendungs||sucht *f* - расточительность, мотовство

verschwiegen *a* молчаливый, скрытный

Verschwiegenheit *f* - молчаливость, скрытность

ver|schwimmen* *vi* (s)/ *vimp* расплываться (*о красках, контурах*); **es verschwamm mir vor den Augen** у меня всё поплыло перед глазами

ver|schwinden* *vi* (s) исчезать, скрываться; **etw. ~ lassen*** спрятать, похитить что-л.; **jmdn. ~ lassen*** дать скрыться кому-л.

ver|schwitzen I *vt* 1. пропитать потом (*одежду*); 2. *шутл.* забывать; II *vi* вспотеть

verschwommen *a* расплывчатый, неясный, неопределённый, туманный (*об очертаниях, воспоминаниях, формулировках и т. п.*)

Verschwommenheit *f* -, -en расплывчатость, неясность, неопределённость, туманность

ver|schwören, sich 1. зарекаться (*что-л. делать*); 2. (*mit* D *gegen* A) составлять заговор (*с кем-л. против кого-л.*)

Verschwörer *m* -s, -; **~in** *f* -, -nen заговорщик, -щица

Verschwörung *f* -, -en заговор

ver|sehen* I I *vt* 1. (*mit* D) снабжать (*чем-либо*); 2. исполнять, нести (*обязанности*); **den Dienst ~** нести службу; **das Feuer ~** поддерживать огонь, следить за огнём; II ~, **sich** (*mit* D) запасаться (*продуктами*)

ver|sehen*, **sich** II (*bei* D) ошибаться (*при подсчёте и т. п.*)

Versehen *n* -s, - ошибка, недосмотр; **aus ~** по ошибке [недосмотру]; **ein ~ erkennen*** осознать ошибку

versehentlich I *a* ошибочный; II *adv* по ошибке [недосмотру]

ver|sehren *vt* (по)ранить, повредить

Versehrte *subst m, f* -n, -n раненый, -ная; инвалид, калека

ver|selbständigen, **sich** стать самостоятельным

ver|senden* *vt* отправлять, рассылать

Versender *m* -s, - отправитель

Versendung *f* -, -en отправка, отправление, рассылка

ver|sengen *vt* обжечь, опалить; **die Sonnenhitze versengte den Rasen** жаркое солнце сожгло траву

versenkbar *a* опускающийся, погружающийся

ver|senken I *vt* 1. погружать, опускать; 2. затопить (*судно*); II ~, **sich** погружаться (*тж. перен.*); **sich in ein Buch ~** погрузиться в книгу

Versenkung *f* -, -en 1. погружение, опускание; 2. затопление (*судна*); 3. *театр.* люк; ◇ **in der ~ verschwinden*** сойти со сцены; исчезнуть бесследно; **aus der ~ auftauchen** внезапно появиться, воскреснуть

versessen *a* падкий; **auf etw. (A) ~ sein** быть падким до чего-л., на что-л.; пристраститься к чему-л.; быть помешанным на чём-л.

Versessenheit *f* - сильное увлечение, одержимость, падкость

ver|setzen I *vt* 1. переставлять, перемещать; 2. пересаживать (*деревья*); 3. переводить (*служащего, ученика*); 4. (*in* A) приводить (в ужас и т. п.); 5.: **einen Schlag [einen Stoß] ~** нанести удар; 6. закладывать (*в ломбарде*); 7. (*mit* D) *тех., хим.* замещать, смешивать, соединять (*что-л. с чем-л.*); II ~, **sich: sich in jmds. Lage ~** войти в чьё-либо положение

Versetzung *f* -, -en 1. перестановка, перемещение; 2. перевод; **~ in den Ruhestand** увольнение в отставку

Versetzungs||zeichen *n* -s, - *муз.* знак повышения [понижения] тона

Versetzungs||zeugnis *n* -ses, -se свидетельство о переходе в другой класс

ver|seuchen *vt* заражать; отравлять (*тж. перен.*)

Verseuchung *f* -, -en заражение; отравление (*тж. перен.*)

Vers||fuß *m* -es, -füße (стихотворная) стопа

ver|síchern I vt 1. (G) уверять, заверять (кого-л. в чём-л.); 2. (gegen A) страховать (кого-л., что-л. от чего-л.); II ~, sich (gegen A) застраховаться (от чего-либо)
Versícherung f -, -en 1. уверение (G в чём-л.); eine ~ (ab)geben* заверять; 2. страхование (gegen A от чего-л.); eine ~ abschließen* застраховаться
ver|síckern vi (s) просачиваться; исчезать (просочившись)
ver|síegeln vt запечатывать; опечатывать; jmdm. den Mund ~ заставить молчать кого-л.
Versíegelung f -, -en запечатывание; опечатывание
ver|síegen vi (s) иссякать (тж. перен.)
ver|sílbern vt 1. (по)серебрить; jmdm. die Hände ~ дать взятку кому-л.; 2. ком. реализовать, превращать в деньги; шутл. продавать
Versílberung f -, -en серебрение
ver|símpeln vi (s) разг. 1. поглупеть; 2. опроститься; стать примитивным
Versímpelung f -, -en 1. поглупение; 2. опрощение
ver|sínken* vi (s) 1. тонуть, утопать, погружаться; 2. перен. погружаться (в работу и т. п.); предаваться (размышлениям, горю)
versínnbilden, versínnbildlichen vt символизировать
versínnlichen vt делать наглядным
Versión [vɛr-] <lat.> f - 1. версия, вариант; 2. форма (изложения), редакция; 3. перевод
versíppt a породнившийся
ver|skláven [-fən/-vən] vt порабощать
Versklávung [-fuŋ/-vuŋ] f - порабощение
versóffen a 1. разг. спившийся; 2. затопленный (о шахте, местности)
ver|söhnen I vt (mit D) 1. помирить (кого-л. с кем-л.); 2. примирить (кого-л. с чем-либо); II ~, sich (mit D) 1. (по)мириться (с кем-л.); 2. (при)мириться (с чем-л.)
versöhnend a примирительный, умиротворяющий
Versöhnler m -s, - примиренец, соглашатель
versöhnlerisch a примиренческий, соглашательский
versöhnlich a миролюбивый, примирительный
Versöhnlichkeit f - миролюбие
Versöhnung f -, -en примирение, умиротворение
versónnen a задумчивый, мечтательный; рассеянный

ver|sórgen I vt 1. (mit D) снабжать, обеспечивать (кого-л., что-л. чем-л.); 2. обеспечивать, устраивать, пристраивать (детей и т. п.); 3. исполнять (свои служебные обязанности); II ~, sich (mit D) запасаться (чем-л.)
versórgt a 1. обеспеченный; 2. замученный [подавленный] заботами
Versórgung f -, -en снабжение; обеспечение; eine ~ finden* найти место [занятие]
ver|späten I vt задерживать, затягивать; II ~, sich опаздывать, запаздывать
verspätet I a запоздалый; II adv с опозданием, с запозданием
Verspätung f -, -en опоздание, запоздание
ver|spérren vt 1. загораживать; преграждать; 2. закрывать, запирать; 3. полигр. набирать в разрядку
ver|spíelen vt 1. проигрывать; 2. потерять (своё счастье); ◊ Kopf und Kragen ~ сложить голову
ver|spótten vt насмехаться, издеваться (над кем-л., над чем-л.), высмеивать (кого-л., что-л.)
Verspóttung f -, -en издевательство, высмеивание
ver|spréchen* I vt 1. обещать; 2. обещать, предвещать (о барометре и т. п.); er versprach sich viel davon он много ожидал от этого; II ~, sich 1. оговориться; 2. (mit D) обручиться, помолвиться
Verspréchen n -s, редко pl обещание; ein ~ geben* давать обещание; ein ~ halten* [einlösen] сдержать обещание
Verspréchung f -, -en обещание; jmdm. eine ~ machen давать кому-л. обещание; jmdn. mit leeren ~en hinhalten* обнадёживать кого-л. пустыми обещаниями
ver|spréngen vt 1. рассеивать, разгонять (напр. толпу); 2. взрывать
Verspréngte subst m -n, -n отбившийся [отставший] (от своей части) солдат
Verspréngung f -, -en рассеяние, разгон
ver|spritzen vt разбрызгивать; проливать (кровь)
verspróchen a обещанный
ver|spüren vt (по)чувствовать
ver|stáatlichen vt национализировать
Verstáatlichung f -, -en национализация
Verstánd m -(e)s ум, разум, рассудок; mit ~ с умом, толково; ohne Sinn und ~ бессмысленно; ich habe ihm mehr ~ zugetraut я считал его более умным; das geht über meinen ~ это выше моего понимания; den ~ verlíeren* сходить с

ума, помешаться; **bei vollem ~ в здравом уме; jmdn. um den ~ bringen*** свести с ума кого-л.
Verstándes‖mensch *m* -en, -en рассудительный человек, человек рассудка
Verstándes‖schärfe *f* - проницательность (*ума*)
verständig *a* разумный, рассудительный, понятливый, смышлёный
ver|ständigen I *vt* (*über* A, *von* D) извещать, уведомлять (*кого-л. о чём-л.*); II **~, sich** 1. объясняться; 2. договариваться
Verständigkeit *f* - понятливость, смышлёность
Verständigung *f* -, -en 1. извещение, уведомление; 2. соглашение; согласование; договорённость; взаимопонимание; **eine Frage auf dem Wege der ~ lösen** решить вопрос путём переговоров; 3. объяснение (*между кем-л.*)
verständlich *a* понятный, ясный, вразумительный; оправданный (*о требовании*); разборчивый (*о почерке*)
verständlicherweise *adv* естественно; (само собой) разумеется [понятно]
Verständlichkeit *f* - понятность, ясность
Verständnis *n* -ses, -se 1. понимание (*für* A *чего-л.*); **ein feines ~ für etw.** (A) **haben** [**besitzen***] тонко разбираться в чём-л.; **jmdm. das ~ für etw.** (A) **beibringen*** добиться от кого-л. понимания чего-л.; **mir geht das ~ für etw.** (A) **auf** я начинаю понимать что-л.; 2. понимание, сочувствие; **~ finden*** находить [встретить] понимание [сочувствие]; **für etw.** (A) **volles ~ haben** целиком и полностью быть согласным с чем-л.; 3. соглашение; договорённость; взаимопонимание
verständnisinnig *a* 1. проникновенный; прозорливый, проницательный; 2. сочувствующий
verständnislos *a* 1. непонятливый, бестолковый; 2. нечуткий, неотзывчивый; лишённый понимания (*чего-л.*)
verständnisvoll *a* 1. понятливый; 2. понимающий, сочувствующий, чуткий
ver|stärken *vt* 1. усиливать; укреплять, подкреплять; 2. увеличивать (*капиталовложения*)
Verstärker *m* -s, - *радио* усилитель
verstärkt *a* усиленный (*тж. воен.*)
Verstärkung *f* -, -en усиление; укрепление; подкрепление
ver|stäuben *vi* (s) покрываться пылью, (за)пылиться
ver|stäuben *vt* распылять, разбрызгивать

ver|stáuchen *vt* вывихнуть, растянуть (*сухожилие*)
Verstáuchung *f* -, -en вывих, растяжение
ver|stáuen *vt* грузить, укладывать (*груз, багаж*); посадить (*пассажира*)
Verstéck *n* -(e)s, -e 1. убежище, укрытое место; **~ spielen** играть в прятки; 2. засада; **im ~ liegen*** находиться в засаде
ver|stécken I *vt* прятать; II **~, sich** прятаться; **sich hinter Worte ~** прикрываться словами; ◊ **du mußt dich vor ihm ~** *разг.* ≅ ты ему в подмётки не годишься
verstéckt *a* скрытный, замкнутый; неискренний
ver|stéhen* I *vt* 1. понимать; **jmdm. etw. zu ~ geben*** дать понять кому-л. что-л.; 2. уметь, знать (*свою работу*), владеть (*своим искусством*); **er versteht es, gut zu malen** он хорошо рисует; **versteht er viel von Musik?** он разбирается в музыке?; II **~, sich** 1. понимать друг друга; 2. (*auf* A) знать толк, разбираться (*в чём-л.*); 3.: **es versteht sich von selbst** само собой разумеется
ver|stéifen I *vi* (s) оцепенеть; II *vt* стр. укреплять; III **~, sich** 1. крепнуть; стабилизироваться (*об экономике и т. п.*); 2. (*auf* A) упорствовать (*в чём-л.*)
Verstéifung *f* -, -en 1. неподвижность, оцепенение (*тж. мед.*); 2. стр. крепление, подпора
ver|stéigern *vt* продавать с аукциона
Verstéigerung *f* -, -en аукцион, торги; **eine ~ ansetzen** назначить аукцион
ver|stéinern I *vi* (s) окаменеть; II *vt* превратить в камень
verstéinert *a* окаменелый
Verstéinerung *f* -, -en 1. окаменелость; 2. окаменение
verstéllbar *a* передвижной, регулируемый
ver|stéllen I *vt* 1. переставлять; 2. (*mit* D) загораживать, заставлять (*чем-л.*); 3. изменять (*голос, почерк*); II **~, sich** притворяться
Verstéllung *f* -, -en 1. перестановка; 2. загораживание; 3. притворство, симуляция, лицемерие
ver|stérben* *vi* (s) умереть, скончаться
ver|stéuern *vt* 1. уплатить пошлину [налог] (*на что-л.*); 2. наложить пошлину [налог] (*на что-л.*)
ver|stíeben* *vi* (s) рассыпаться (*в прах*)
verstíegen *a* экзальтированный; экстравагантный
ver|stímmen *vt* *в разн. знач.* расстроить
verstímmt *a* расстроенный; **~ sein** быть не в духе

Verstímmung f -, -en дурное настроение
ver|stócken vi (s) закоснеть; ожесточиться
verstóckt a **1.** прелый, заплесневелый; покрытый пятнами [ржавчиной]; **2.** закоснелый, закоренелый; **3.** ожесточённый; жёсткий, чёрствый
verstóhlen adv украдкой, тайком
ver|stópfen vt **1.** затыкать; **2.** закупоривать; **3.** конопатить; **4.** засорять (*трубу, желудок*)
Verstópfung f -, -en **1.** затыкание; **2.** закупорка; **3.** засорение; *мед.* запор
verstórben a покойный, умерший
Verstórbene subst m, f -n, -n покойник, -ница
verstört a расстроенный, смущённый
Verstóß m -es, -stöße проступок, погрешность; нарушение (*gegen* A чего-л.)
ver|stóßen* I vi (*gegen* A) (по)грешить (*против чего-л.*); нарушать (*закон*)
ver|stóßen* II vt отвергать, изгонять
ver|stréichen* I vt замазывать (*щели*)
ver|stréichen* II vi (s) проходить, протекать (*о времени*)
ver|stréuen vt рассыпать; разбрасывать
ver|strícken I vt **1.** обвить, окутать верёвками; **2.** (*in* A) *перен.* втянуть, впутать (*кого-л. во что-л.*); II ~, **sich** (*in* A) запутаться (*в чём-л.*), впутаться (*во что-либо*)
Verstríckung f -, -en стечение обстоятельств
ver|stümmeln vt **1.** изувечить, искалечить, изуродовать; **2.** исказить, исковеркать, испортить
Verstümm(e)lung f -, -en **1.** искалечение; **2.** увечье; **3.** искажение, коверканье
ver|stúmmen vi (s) **1.** онеметь (*от ужаса и т. п.*); **2.** умолкнуть (*о музыке, голосах*)
Versúch m -(e)s, -e **1.** попытка; **einen ~ machen** сделать попытку, попытаться; **2.** опыт, проба; **einen ~ machen [anstellen, ausführen]** сделать [провести] опыт
ver|súchen vt **1.** пробовать (*пищу*); **2.** пытаться, пробовать; **sein Bestes ~** делать всё зависящее [возможное]; **sein Glück ~** попытать счастья; **3.** испытать (*кого-либо*); искушать (*кого-л.*); **sein Schicksal ~** искушать судьбу
Versúcher m -s, - искуситель
Versúchs‖anlage f -, -n экспериментальная установка
Versúchs‖flieger m -s, - лётчик-испытатель
Versúchs‖reihe f -, -n ряд [серия] опытов
versúchsweise adv в виде [для] опыта, на пробу; **jmdn. ~ anstellen** принимать кого-л. с испытательным сроком
Versúchs‖werte pl опытные данные
Versúchung f -, -en искушение; **einer** (D) **~ widerstehen*** устоять перед искушением; **einer ~ erliegen*** поддаваться искушению
ver|súdeln vt испачкать, загрязнить
ver|súmpfen vi (s) **1.** заболачиваться; **2.** *перен.* опуститься; (*in* D) погрязнуть (*в чём-л.*)
versúmpft a **1.** заболоченный; болотный; **2.** *перен.* опустившийся, закоснелый
ver|sündigen, sich (*an* D) согрешить, провиниться (*перед кем-л.*); погрешить (*против чего-л.*)
Versündigung f -, -en прегрешение, грех, провинность
ver|süßen vt подсластить
ver|tágen vt отсрочивать, откладывать, переносить
Vertágung f -, -en отсрочка, перенесение (*на другой срок*)
ver|tändeln vt тратить попусту (*время*)
ver|táuschen vt **1.** случайно переменить, обменять; **die Rollen ~** *перен.* поменяться ролями; **2.** (*mit* D) сменять (*что-л. на что-л.*); поменять (*место жительства*)
ver|téidigen I vt (*gegen* A) защищать, оборонять (*кого-л., что-л. от кого-л., чего-л.*); **jmdn. vor Gericht ~** защищать кого-л. в суде; II ~, **sich** защищаться, обороняться
Vertéidiger m -s, -; **~in** f -, -nen; **1.** защитник, -ница (*тж. юр., спорт.*); **2.** *воен.* обороняющийся, обороняющаяся сторона
Vertéidigung f -, -en защита, оборона; **tiefgestaffelte ~** глубоко эшелонированная оборона; **in der ~ liegen*** занимать оборону
Vertéidigungs‖anlage f -, -n оборонительное сооружение
Vertéidigungs‖bündnis n -ses, -se оборонительный союз
Vertéidigungs‖maßnahmen pl оборонительные мероприятия
Vertéidigungs‖stellung f -, -en оборонительная позиция [полоса], оборонительный рубеж
ver|téilen I vt распределять; раздавать; выдавать (*зарплату*); размещать (*заказы*); II ~, **sich** распределяться, дробиться
Vertéiler m -s, - **1.** распределяющий; **2.** *эл.* распределитель
Vertéilung f -, -en распределение, раздача; выдача; размещение

ver|téuern *vt* удорожать
Vertéuerung *f* -, -en вздорожание
vertéufelt *adv разг.* чертовски (*трудно и т. п.*)
ver|tíefen I *vt* углублять (*тж. перен.*); II ~, sich 1. углубляться (*в лес*); 2. углубляться, погружаться (*в чтение, воспоминания*); 3. углубляться, усиливаться, обостряться (*о кризисе*)
Vertíefung *f* -, -en 1. углубление, впадина; котловина, ложбина, лощина; 2. углубление, усиление, обострение (*кризиса и т. п.*)
ver|tíeren *vi* (s) озвереть, потерять человеческий облик
vertíert *a* озверелый
vertikál [vɛr-] <*lat.*> *a* вертикальный
Vertikále [vɛr-] <*lat.*> *subst f* -n, -n перпендикуляр
ver|tílgen *vt* 1. истреблять; 2. поглощать, уничтожать (*пищу*)
Vertílgung *f* - 1. истребление; 2. поглощение (*пищи*)
ver|tónen *vt* переложить на музыку; озвучить
Vertónung *f* -, -en переложение на музыку; озвучивание
vertráckt *a разг.* 1. запутанный; 2. досадный, противный
Vertrág *m* -(e)s, -träge договор, контракт; kraft des ~s в силу договора; laut ~ по [согласно] договору; beidersertiger ~ двусторонний договор; leonínischer ~ неравноправный [кабальный] договор; einen ~ brechen* нарушать договор; einen ~ einhalten* соблюдать договор; einen ~ erneuern возобновить [перезаключить] договор; einen ~ hinterlégen *юр.* депонировать договор; einen ~ kündigen расторгнуть [денонсировать] договор; einen ~ schließen* заключить договор; einen ~ unterschréiben* [unterzéichnen] подписать договор
ver|trágen* I *vt* выносить, переносить (*климат, боль, какого-то человека*); er verträgt keinen Spaß он не понимает шуток; einen Puff ~ *разг.* быть выносливым; II ~, sich (*mit* D) ладить, уживаться (*с кем-л.*); das verträgt sich nicht mit seinen Versprechen это не вяжется с его обещаниями
ver|trágen* II *vt* изнашивать (*одежду и т. п.*)
vertráglich I *a* договорный; II *adv* по договору, согласно договору
verträglich *a* 1. уживчивый, миролюбивый; сговорчивый; 2.: diese Speise ist schwer ~ эта пища тяжёлая

Verträglichkeit *f* - уживчивость
Vertrágs||betrieb *m* -(e)s, -e мастерская по гарантийному ремонту
Vertrágs||bruch *m* -(e)s, -brüche нарушение договора
vertrágschließend *a юр.* договаривающийся (*о сторонах*)
vertrágsgemäß I *a* договорный, соответствующий договору; II *adv* по договору
Vertrágs||mächte *pl* договаривающиеся державы; державы, связанные договором
Vertrágs||partei *f* -, -en *юр.* договаривающаяся сторона
vertrágsrechtlich *a* договорно-правовой
Vertrágs||verletzung *f* -, -en нарушение договора
Vertrágs||verpflichtung *f* -, en обязательство, вытекающее из договора
vertrágswidrig *a* противоречащий договору
ver|tráuen I *vi* (D) доверять(ся), верить (*кому-л., чему-л.*); (*auf* A) положиться (*на кого-л., на что-л.*); II *vt* (*jmdm.*) доверять (*что-л. кому-л.*)
Vertráuen *n* -s доверие (*auf, in* A, *zu* D к кому-л.); im ~ по секрету; jmdm. ~ schenken питать к кому-л. доверие; zu jmdm. ~ fassen проникнуться доверием к кому-л.; sich in jmds. ~ schleichen* [stehlen*] вкрасться [втереться] в доверие к кому-л.
vertráuenerweckend *a* вызывающий (к себе) доверие
Vertráuens||abstimmung *f* -, -en голосование по вопросу о доверии
Vertráuens||bruch *m* -(e)s, -brüche нарушение доверия
Vertráuens||person *f* -, -en доверенное лицо
Vertráuens||posten *m* -s, - ответственный пост
vertráuensseelig *a* доверчивый, легковерный
Vertráuens||seeligkeit *f* - доверчивость, легковерие
Vertráuens||stellung *f* -, -en ответственная должность, ответственный пост
vertráuensvoll *a* доверчивый
Vertráuens||votum [-vo:-] *n* -s, -ten/-ta вотум доверия; jmdm. das ~ erteilen вынести кому-л. вотум доверия
vertráuenswürdig *a* достойный доверия
vertráulich I *a* 1. доверчивый (*об отношении и т. п.*); 2. конфиденциальный, секретный; eine ~e Sitzung закрытое заседание; II *adv* конфиденциально, секретно

Vertráulichkeit *f* -, -en **1.** доверчивость; интимность, непринуждённость; **2.** конфиденциальность; **3.** фамильярность
ver|träumen *vt* предаваться мечтам [грёзам]; **sein Glück ~** прозевать своё счастье
verträumt *a* замечтавшийся; мечтательный
vertráut *a* **1.** интимный, близкий; хорошо знакомый; **2.** (*mit* D) хорошо знакомый (*с чем-л.*), посвящённый (*во что-л.*); **sich mit etw. (D) ~ machen** ознакомиться, освоиться с чем-л.
Vertráute *subst m, f* -n, -n доверенный, -ная
Vertráutheit *f* -, -en **1.** интимность, близость; **2.** основательное знание (*чего-либо*)
ver|tréiben* I *vt* прогонять, изгонять; **sich (D) die Zeit mit etw. (D) ~** коротать [проводить] время за чем-л.; **jmdm. das Lachen ~** отбить кому-л. охоту смеяться
ver|tréiben* II *vt* продавать, сбывать
Vertréibung I *f* -, -en изгнание; насильственное переселение
Vertréibung II *f* -, -en продажа, сбыт
vertrétbar *a* могущий быть оправданным (*о поступке*); **eine ~e Auffassung** приемлемая точка зрения
ver|tréten* *vt* **1.** заменять, замещать (*кого-л.*); **jmdn. im Amt ~** замещать кого-л. по службе; **2.** представлять (*какую-л. страну и т. п.*); защищать (*чьи-л. интересы*); **einen Standpunkt ~** занимать какую-л. позицию; **3.**: **jmdn. den Weg ~** преграждать кому-л. путь; **4.**: **sich (D) den Fuß ~** вывихнуть себе ногу; **sich (D) die Beine ~** размяться, прогуляться
Vertréter *m* -s, -; **~in** *f* -, -nen **1.** представитель, -ница; **2.** заместитель, -ница; **3.** агент
Vertrétung *f* -, -en **1.** представительство (*деятельность*); **2.** представительство (*учреждение*); **die ~ leiten** возглавлять представительство; **3.** замещение (*кого-л. в должности*), исполнение (*чьих-л.*) обязанностей; **in ~ ...** исполняющий обязанности (*такой-то*)
vertrétungsweise *adv* **1.** в качестве представителя; **2.** в качестве заместителя
Vertrieb *m* -(e)s, -e сбыт, продажа
ver|trínken* *vt* пропивать
ver|tróсknen *vi* (s) **1.** засыхать; высыхать; черстветь (*о хлебе*); **~ lassen*** высушить, засушить; **2.** высыхать, исхудать (*о человеке*); **3.** *перен.* зачерстветь, очерстветь
vertróсknet *a* **1.** засохший, высохший; чёрствый (*о хлебе*); **2.** *перен.* чёрствый, зачерствелый, очерствелый
Vertróсknung *f* -, -en **1.** высыхание; засыхание; **2.** засушивание
ver|trödeln *vt* тратить попусту (*время*)
ver|trösten I *vt* (*auf* A) обнадёживать (*кого-л. чем-л.*); уговаривать подождать (*кредитора*); **II ~, sich** успокоиться, примириться
Vertröstung *f* -, -en обнадёживание
ver|tún* *vt* тратить зря [попусту] (*деньги, время*)
ver|túschen *vt* замять, скрыть (*дело*)
ver|übeln *vt* (*jmdm.*) обижаться (*за что-л. на кого-л.*)
ver|üben *vt* совершать что-л. плохое; **vieles verübt haben** иметь многое на совести
ver|únehren *vt* обесчестить; поносить, позорить
ver|únglimpfen *vt* опозорить, осрамить, оклеветать
Verúnglimpfung *f* -, -en опозорение, оскорбление, обесчещение
ver|únglücken *vi* (s) **1.** потерпеть аварию, пострадать от несчастного случая; **2.** (*mit* D) потерпеть неудачу (*с чем-л.*)
ver|únreinigen *vt* **1.** загрязнять; **2.** осквернять
Verúnreinigung *f* -, -en **1.** загрязнение; **2.** осквернение
ver|únstalten *vt* **1.** изуродовать; **2.** исказить, обезобразить
Verúnstaltung *f* -, -en **1.** уродование; **2.** искажение, обезображивание
ver|úntreuen *vt* **1.** растратить, расхитить; **2.** злоупотреблять (*доверием*)
Verúntreuung *f* -, -en **1.** растрата, расхищение; **2.** злоупотребление (*доверием*)
ver|únzieren *vt* обезобразить
Verúnzierung *f* - обезображивание
ver|úrsachen *vt* причинять; вызывать (*гнев, спор и т. п.*)
Verúrsachung *f* -, -en **1.** причина; **2.** возбуждение (*гнева*), причинение (*боли*)
ver|úrteilen *vt* (*zu* D) **1.** осуждать, обрекать; **zum Scheitern verurteilt** обречённый на провал; **2.** *юр.* присуждать (*кого-л. к чему-л.; кому-л. что-либо*)
Verúrteilte *subst m, f* -n, -n осуждённый, -ная
Verúrteilung *f* -, -en **1.** осуждение; **2.** *юр.* приговор; присуждение
ver|vielfachen *vt* умножать, увеличивать

Vervielfachung *f* -, -en умножение, увеличение
ver¦vielfältigen *vt* размножать (*на ротаторе, ксероксе и т. п.*)
Vervielfältigung *f* -, -en размножение (*напр. копии чего-л.*) (при)умножение
ver¦vollkommnen I *vt* усовершенствовать; II ~, **sich** усовершенствоваться; повышать свою квалификацию
Vervollkommnung *f* -, -en 1. усовершенствование; 2. повышение квалификации
ver¦vollständigen *vt* 1. пополнять (*библиотеку*); 2. дополнять (*статью*); 3. усовершенствовать
Vervollständigung *f* -, -en 1. пополнение; 2. дополнение; 3. (у)совершенствование
ver¦wachsen* I *vi* (s) срастаться (*тж. перен.*); 2. зарастать; 3. заживать (*о ране*)
verwachsen II *a* 1. заросший; 2. горбатый, искривлённый, скрюченный (*о человеке*)
Verwachsung *f* -, -en 1. срастание, сращение; 2. зарастание; 3. искривление, скрючивание
ver¦wahren I *vt* хранить, сохранять, прятать; II ~, **sich** (*gegen* A) 1. предохранять себя, защищаться (*от кого-л.*); 2. протестовать, возражать (*против чего-либо*)
ver¦wahrlosen *vi* (s) 1. прийти в состояние запущенности [в беспорядок]; 2. остаться без присмотра
verwahrlost *a* 1. запущенный, заброшенный; в беспорядке; 2. заброшенный, беспризорный
Verwahrloste *subst m, f* -n, -n беспризорный, -ная; беспризорник, -ница
Verwahrlosung *f* - 1. запущенность, заброшенность; 2. отсутствие присмотра
Verwahrung I *f* -, -en (со)хранение; etw. in ~ **nehmen*** [**geben***] брать [отдавать] что-л. на сохранение
Verwahrung II *f* -, -en протест, возражение; **gegen etw.** (A) ~ **einlegen** протестовать против чего-л.
ver¦waisen *vi* (s) осиротеть (*тж. перен.*)
verwaist *a* осиротевший
ver¦walten *vt* управлять, заведовать (*чем-либо*)
Verwalter *m* -s, -; ~**in** *f* -, -nen управляющий, -щая; заведующий, -щая; администратор
Verwaltung *f* -, -en 1. управление, заведование; 2. администрация, правление; **jmdn. mit der** ~ **betrauen** поручать кому-л. заведование; **er ist in der** ~ **tätig** он работает в управлении
Verwaltungs‖angestellte *subst m, f* -n, -n служащий, -щая управленческого аппарата; должностное лицо управления [администрации]
Verwaltungs‖befugnis *f* -, -se административные полномочия
Verwaltungs‖behörde *f* -, -n административное учреждение
Verwaltungs‖bereich *m* -(e)s, -e ведомство (*сфера администрирования*)
Verwaltungs‖bezirk *m* -(e)s, -e административный округ
verwaltungsmäßig *a* административный, управленческий
Verwaltungs‖rat *m* -(e)s, -räte 1. правление; 2. член правления
ver¦wandeln I *vt* (*in* A) превращать (*что-либо во что-л.*); **sich wie verwandelt fühlen** чувствовать себя как преображённый; II ~, **sich** (*in* A) превращаться (*во что-л.*)
Verwandlung *f* -, -en 1. превращение, преобразование; 2. *театр.* перемена декораций
verwandt I *part II* от **verwenden***
verwandt II *a* родственный, близкий; *перен. тж.* схожий (*о взглядах*)
Verwandte *subst m, f* -n, -n родственник, -ница
Verwandtschaft *f* -, -en 1. родство; 2. родня; **die** ~ **mütterlicherseits** [**väterlicherseits**] родня по матери [по отцу]; 3. *хим.* сродство
verwandtschaftlich *a* родственный
ver¦warnen *vt* (*vor* D) предостерегать (*кого-либо от чего-л.*); предупреждать (*кого-либо*), сделать предупреждение (*кому-л.*)
Verwarnung *f* -, -en предостережение, предупреждение, замечание
ver¦waschen I *vt* застирывать
verwaschen II *a* 1. застиранный; 2. выцветший, линялый; 3. расплывчатый, неясный
ver¦wechseln *vt* (с)путать, смешивать, принимать одно за другое
Verwechs(e)lung *f* -, -en путаница, смешение
verwegen *a* отважный, смелый, удалой; дерзкий
Verwegenheit *f* -, -en отвага, смелость, удаль, дерзновение; дерзость
ver¦wehen I *vt* развеять; замести (*о ветре*); II *vi* (s) развеяться, рассеяться (*о тумане, печали и т. п.*)
ver¦wehren *vt* (*jmdm.*) запрещать (*что-л. кому-л.*), препятствовать (*чему-л.*)
Verwehrung *f* -, -en запрещение

ver¦weichlichen I *vt* изнеживать; II ~, sich изнеживаться
Verwéichlichung *f* -, -en изнеженность, изнеживание
ver¦wéigern *vt* отказывать (*в чём-л.*); jede Antwort ~ отказаться отвечать (*на вопросы*)
Verwéigerung *f* -, -en отказ (*сделать что-л.*)
ver¦wéilen *vi* пребывать, находиться (*в качестве гостя у кого-л. и т. п.*); bei einem Gedanken ~ остановиться на какой-л. мысли
verwéint *a* заплаканный
Verwéis I -es, -e замечание, выговор; jmdm. einen ~ erteilen [geben*] объявить [сделать] выговор [замечание] кому-л.; einen ~ einstecken *разг.* выслушать замечание; einen ~ lösen [tilgen] снять выговор [замечание]
Verwéis II *m* -es, -e ссылка (*на текст*)
ver¦wéisen* I *vt (jmdm.)* делать выговор [замечание] (*за что-л. кому-л.*)
ver¦wéisen* II *vt* 1. (*an jmdn.*) отсылать, рекомендовать обратиться (*кого-л. к кому-л.*); 2. (*auf* A) отослать (*кого-л. к чему-л.* ‹*к книге, документу*›); сделать ссылку (*на что-л.*); 3. (G, *aus* D) выгонять, изгонять (*из страны*); 4. *спорт.* удалять (*с поля*)
Verwéisung *f* -, -en 1. ссылка (*на книгу*); 2. передача; 3. изгнание; *см.* verweisen II
ver¦wélken *vi* (s) вянуть, увядать, блёкнуть (*тж. перен.*)
verwélkt *a* увядший, поблёкший (*тж. перен.*)
verwéndbar *a* годный к употреблению
ver¦wénden* I *vt* 1. употреблять, использовать, применять, тратить; das ist nicht mehr zu ~ это уже не годится для применения; 2.: den Blick nicht ~ не спускать глаз (*с кого-л.*); II ~, sich (*bei jmdm. für* A) ходатайствовать (*перед кем-л. за кого-л., за что-л.*); просить (*кого-л. за кого-л., за что-л.*); sich für ein Verfahren ~ отстаивать какой-л. метод
Verwéndung *f* -, -en 1. употребление, применение; 2. ходатайство
ver¦wérfen* *vt* 1. забросить (*что-л. куда-либо*); 2. отвергнуть (*предложение*); отбросить (*мысль*); die Berufung wurde verworfen *юр.* кассационная жалоба была отклонена; 3. выкинуть (*о родах у животных*); II ~, sich 1. коробиться (*о древесине*); 2. *воен.* сдвигаться (*о лафете при стрельбе*)

verwérflich *a* 1. негодный, неприемлемый; 2. дурной, недостойный, предосудительный
Verwérflichkeit *f* - 1. негодность, неприемлемость; 2. предосудительность, недостойность
Verwérfung *f* -, -en 1. отклонение; 2. *геол.* снос
verwértbar *a* могущий быть использованным, (при)годным для использования
ver¦wérten *vt* 1. использовать (*лом металлов и т. п.*), утилизировать; 2. реализовать (*изобретение*)
Verwértung *f* - 1. использование; 2. реализация; *см.* verwerten
ver¦wésen I *vi* (s) тлеть, гнить, разлагаться
ver¦wésen II *vt уст.* управлять, править
Verwéser *m* -s, - ; ~in *f* -, -nen *уст.* правитель, -ница; регент, -ка
Verwésung *f* -, -en тление, гниение, разложение
ver¦wétten *vt* проиграть, проспорить
verwéttert *a* огрубевший, огрубевший от ветра [от непогоды]
verwíchen *a* минувший, прошлый
ver¦wíckeln *vt* 1. спутывать, запутывать (*пряжу*); 2. запутывать (*дело*); 3. впутывать (*кого-л. в какую-л. историю*)
Verwíck(e)lung *f* -, -en 1. осложнение (*положения*); 2. завязка (*в пьесе*)
ver¦wíldern *vi* (s) 1. одичать; 2. одичать, заглохнуть (*о саде*); etw. ~ lassen* запускать что-л.
verwíldert *a* 1. одичалый; 2. заглохший, заросший (*о саде*)
Verwílderung *f* -, -en 1. одичание; 2. запустение, запущенность
ver¦wírken *vt* лишаться (*чего-л.*); sein Leben ~ поплатиться жизнью
ver¦wírklichen *vt* осуществлять, проводить в жизнь
Verwírklichung *f* -, -en осуществление, проведение в жизнь
Verwírkung *f* -, -en лишение (*чего-л.*); потеря
ver¦wírren *vt* 1. спутывать, запутывать (*пряжу, волосы*); 2. *перен.* путать, запутывать; 3. смущать, сбивать с толку, приводить в замешательство, конфузить
verwírrt *a* 1. спутанный, запутанный; 2. *перен.* путаный, запутанный; 3. смущённый, сконфуженный; jmdn. ~ machen смущать, конфузить кого-л.
Verwírrung *f* -, -en 1. путаница, беспорядок; 2. смущение, замешательство; in

~ **geraten*** приходить в замешательство, смущаться; ~ **stiften** вносить путаницу
ver|wirtschaften *vt* промотать, разбазарить
ver|wischen I *vt* 1. стирать (*рисунок*); 2. *перен.* стирать, изгладить, замазывать (*противоречия*); замести (*следы преступления*); II ~, **sich** стираться (*о надписи; тж. перен. о впечатлении и т. п.*)
ver|wittern *vi* (s) *геол.* выветриваться
verwittert *a* 1. ветхий, тронутый временем (*напр. памятник*); 2. огрубевший, огрубелый от ветра [от непогоды]; 3. *перен.* изборождённый морщинами, морщинистый
Verwitterung *f* -, -en *геол.* выветривание
ver|witwen *vi* (s) овдоветь
verwitwet *a* овдовевший
ver|wöhnen I *vt (durch* A) баловать (*кого-л. чем-л.*); изнеживать (*кого-л.*); II ~, **sich** избаловаться; изнежиться
verwöhnt *a* 1. избалованный; изнеженный; 2. изысканный, утончённый
Verwöhntheit *f* - избалованность; изнеженность
Verwöhnung *f* -, -en баловство; изнеживание
verworfen *a* дурной, опустившийся; подлый, развращённый; отверженный
Verworfenheit *f* - подлость; развращённость; отверженность
verworren *a* 1. беспорядочный (*о выкриках, бегстве*); 2. путаный, сбивчивый, сумбурный; **ein ~er Kopf** путаник; 3. запутанный (*о положении*)
Verworrenheit *f* - 1. беспорядочность; сбивчивость; смятение; 2. запутанность; сложность
ver|wundbar *a* - уязвимый
ver|wunden *vt* ранить (*тж. перен.*)
ver|wunderlich *a* удивительный, странный
ver|wundern I *vt* удивлять; II ~, **sich** (*über* A) удивляться (*кому-л., чему-л.*)
Verwunderung *f* - удивление; **in ~ setzen** удивлять; **in ~ geraten*** удивляться
verwundet *a* раненый
Verwundete *subst m, f* -n, -n раненый, -ная
Verwundeten-Abzeichen *n* -s, - значок "За ранение" (*в бронзе, серебре или в золоте выдавался в фаш. Германии солдатам вермахта в зависимости от характера и числа ранений*)
Verwundung *f* -, -en ранение
ver|wünschen *a* заколдованный
ver|wünschen *vt* 1. проклинать; 2. заколдовать

verwünscht *a* 1. проклятый; 2. *уст.* заколдованный
Verwünschung *f* -, -en проклятие
ver|würzeln *vi* (s) 1. глубоко укореняться; 2. (*mit* D) *перен.* срастись, быть кровно связанным (*с кем-л., с чем-л.*)
verwúschelt *a* растрёпанный (*о волосах*)
ver|wüsten *vt* 1. опустошать, разорять; 2. подорвать, погубить (*здоровье*)
Verwüstung *f* -, -en опустошение, разорение
ver|zágen *vi* отчаиваться, падать духом, унывать
verzágt *a* отчаявшийся, павший духом, унылый
Verzágtheit *f* - отчаяние, уныние, упадок духа
ver|zánken, sich рассориться
Verzápfung I *f* -, -en *стр.* скрепление шипами
Verzápfung II *f* -, -en продажа распивочно [в разлив]
ver|zärteln *vt* изнеживать
Verzärtelung *f* -, -en изнеживание, баловство
ver|záubern *vt* заколдовать, околдовать; *перен. тж.* зачаровать, очаровать
Verzáuberung *f* -, -en колдовство, чары; *перен. тж.* очарование
ver|zechen *vt* пропивать
ver|zéhren I *vt* 1. съедать, проедать; потреблять; **jmdn. mit den Augen ~** пожирать глазами кого-л.; 2. изнурять (*о болезни*); II ~, **sich** изводить себя; (*vor* D) изводиться (*от горя*)
verzéhrend *a* изнуряющий
Verzéhrung *f* -, -en 1. поглощение, потребление; 2. изнурение
ver|zéichnen I *vt* 1. записывать, вносить в список (*что-л.*); составлять список [опись] (*чего-л.*); 2. отмечать (*достижение*); **er hat einen großen Erfolg zu ~** он имеет большой успех; II ~, **sich** неправильно нарисовать, ошибиться при рисовании
Verzéichnis *n* -ses, -se список; опись; перечень; указатель; **ins ~ aufnehmen*** включить в список; **ein ~ anlegen** завести список; **im ~ aufführen** указать в списке
Verzéichnung *f* -, -en 1. запись, отметка, перечень; 2. неправильность [ошибка] в рисунке [в изображении персонажа]
verzéihbar *a* простительный
ver|zéihen* *vt (jmdm.)* прощать (*что-л. кому-л.; за что-л. кого-л.*); извинять (*за что-л. кого-л.*); **~ Sie!** простите!, извините!

verzéihlich *a* простительный
Verzéihung *f* -, -en прощение, извинение; ~! простите!, извините!; **jmdn. um ~ bitten*** просить прощения у кого-л.
ver¦zérren *vt* искажать
Verzérrung *f* -, -en 1. искажение; 2. *мат.* аморфоза
Verzicht *m* -(e)s, -e отказ, отречение; **auf etw. (A) ~ leisten** отказываться, отрекаться от чего-л.; **im ~ auf etw. (A)** отказываясь от чего-л.
ver¦zichten *vi (auf* A) отказываться, отрекаться *(от чего-л. предстоящего, возможного)*
verzieh *impf от* verzeihen*
ver¦ziehen* I I *vt* 1. (с)кривить, (с)морщить, перекосить *(лицо);* **keine Miene ~** не подавать виду; 2. избаловать; II **~, sich** коробиться *(о форме чего-л.)*
ver¦ziehen* II I *vi* (s) переезжать, переселяться; II **~, sich** 1. рассеиваться *(о тумане);* **ich verziehe mich** *разг.* я испаряюсь [смываюсь]; 2. проходить *(о боли)*
verziehen *part* II *от* verzeihen* I *и* II
ver¦zieren *vt (mit* D) украшать, отделывать *(что-л.)*
Verzierung *f* -, -en украшение, отделка
ver¦zinnen *vt* лудить
ver¦zinsen I *vt* платить проценты (с чего-либо за что-л.); II **~, sich** приносить проценты
verzínslich *a* процентный, приносящий проценты
Verzínsung *f* -, -en уплата процентов
verzógen *a* 1. перекошенный, искажённый *(гримасой);* 2. избалованный, непослушный
ver¦zögern I *vt* замедлять, затягивать *(дело);* II **~, sich** замедляться, затягиваться
Verzögerung *f* -, -en замедление, затягивание; волокита
verzóllbar *a* подлежащий оплате пошлиной
ver¦zóllen *vt* оплачивать пошлиной
Verzóllung *f* -, -en уплата пошлиной
verzóttelt *a* косматый *(о волосах)*
ver¦zücken *vt* восхищать, приводить в восторг
ver¦zúckern *vt* засахаривать
verzückt *a* восторженный
Verzückung *f* -, -en восторженность, восхищение, экстаз
Verzúg I *m* -(e)s 1. промедление, затяжка; **ohne ~** немедленно; **in ~ geraten* [kommen*]** отстать *(в работе);* 2. просрочка *(платежа)*

Verzúg II *m* -(e)s переезд *(на другую квартиру, в другое место)*
Verzúgs‖zinsen *pl* пеня за просрочку платы
ver¦zwéifeln *vi* (h, s) *(an* A) 1. отчаиваться (в чём-л.), терять надежду *(на что-л.);* 2. разочаровываться *(в ком-л., в чём-либо)*
verzwéifelt *a* 1. отчаявшийся; полный отчаяния, отчаянный *(о взоре);* 2. отчаянный *(о борьбе, игроке);* **eine ~e Lage** отчаянное [безнадёжное] положение
Verzwéiflung *f* - отчаяние; **in [vor, aus] ~ etw. tun*** сделать что-л. в отчаянии [от отчаяния]; **in ~ kommen*** прийти в отчаяние
ver¦zwéigen, sich разветвляться *(тж. перен.)*
verzwéigt *a* разветвлённый
Verzwéigung *f* -, -en разветвление
verzwíckt *a разг.* запутанный, сложный
Vésper <*lat.*> *f* -, -n 1. *рел.* вечерня; 2. полдник
Vésper‖brot *n* -(e)s полдник
véspern *vi, vt* полдничать, ужинать
Vestibül [vɛ-] <*lat.-fr.*> *n* -s, -e вестибюль
Vesúv *m* -s Везувий *(вулкан в Италии)*
Veterán [ve-] <*lat.*> *m* -en, -en ветеран
Veterinär [ve-] <*lat.-fr.*> *m* -s, -e ветеринар
Veto ['ve: -] <*lat.-fr.*> *n* -s, -s вето, запрещение; **sein ~ auf etw. (A) einlegen** наложить вето на что-л.
Vétter *m* -s, -n двоюродный брат
vetterlich *a* родственный
Vettern‖wirtschaft *f* - кумовство, семейственность
Vexíer‖bild [vɛ-] <*lat.*‖ ...> *n* -(e)s, -er загадочная картинка
Vexíer‖schloß [vɛ-] <*lat.*‖ ...> *n* -sses, -schlösser замок с секретом
via ['vi:a:] <*lat.*> *prp* через *(такой-то город, пункт)*
Viadúkt [vi-] <*lat.*> *m* -(e)s, -e виадук, путепровод
Vibratión [vi-] <*lat.*> *f* -, -en вибрация, колебания, дрожание
vibríeren [vi-] <*lat.*> *vi* вибрировать, колебаться, дрожать
Vibrióne [vi-] <*lat.*> *f* -, -n *биол.* вибрион
Vieh *n* -(e)s скот
Vieh‖aufzucht *f* - разведение скота
Vieh‖bestand *m* -(e)s поголовье скота
Vieh‖bremse *f* -, -n слепень
Vieh‖händler *m* -s, - скотопромышленник
Vieh‖herde *f* -, -n стадо
Vieh‖hof *m* -(e)s, -höfe скотный двор
viehisch *a* скотский

Viehǁmagd *f* -, -mägde скотница
Viehǁstall *m* -(e)s, -ställe хлев
Viehǁstand *m* -(e)s **1.** поголовье скота; **2.** хлев, стойло
Viehǁwagen *m* -s, - вагон для перевозки скота
Viehǁweide *f* -, -n выгон
Viehǁzucht *f* - животноводство
Viehǁzüchter *m* -s, - скотовод, животновод
viel I *pron indef* много; многие; многое; ~e многие; ~ **Zeit** много времени; ~ **Gutes** много хорошего; ~**en Dank!** большое спасибо! ; ~ **Vergnügen!** желаю хорошо повеселиться!; ~ **Glück!** желаю счастья!; **in ~em hat er recht** во многом он прав; **das hat ~ zu sagen** это говорит о многом; **mit ihm ist nicht ~ los** он ничего собой не представляет; **gleich ~(e)** одинаковое количество; **sóundso ~** столько-то; ◇ **(gar) zu ~ ist ungesund** *посл.* всякое излишество вредно, во всём знай меру; **II** *adv* много; **er kam ~ zu uns** он часто приходил к нам; ~ **lieber** значительно охотнее; **so ~** столько; **recht ~** немало; ~ **mehr** гораздо больше; ~ **zu ~** гораздо больше; ~ **zu gut** слишком хорошо; **das ist ein bißchen ~** это уже слишком
vielartig *a* многообразный, разнородный
vielbändig *a* многотомный
vieldeutig *a* многозначный
Vieleck *n* -(e)s, -e **1.** *мат.* многоугольник; **2.** *мат., геод.* полигон
vielenorts *adv* во многих местах
vielerléi *a inv* различный, разнообразный; **auf ~ Art** разными способами
vielerorts *см.* vielenorts
vielfach I *a* многократный; **II** *adv* много раз, неоднократно, многократно; **storицею**, во много раз больше; **den Schaden ~ ersetzen** возместить убыток с лихвой [во много раз больше]
Vielfach *n* -(e)s, -e *мат.* многогранник, полиэдр
Vielfache *subst n* -n *мат.* кратное, кратность; ◇ **um das ~ во много раз**
Vielfalt *f* - многообразие
vielfältig *a* многообразный, разносторонний, разнообразный
vielfarbig *a* многоцветный, полихроматический
Vielǁfraß *m* -es, -e **1.** *разг.* обжора; **2.** *зоол.* россомаха
vielgeliebt *a* возлюбленный
vielgeprüft *a* много выстрадавший, многострадальный
vielgereist *a* много путешествовавший

vielgestaltig *a* многообразный, разнообразный; *биол.* полиморфный
Vielǁgötterei *f* - многобожество
Vielheit *f* - множество, большое количество, многочисленность
vielhundertmal *adv* сотни раз
vieljährig *a* многолетний
vielköpfig *a* многоголовый; многочисленный (*о собрании и т. п.*)
vielleicht *adv* может быть, возможно, пожалуй; ~ **hast du recht** пожалуй, ты прав; **ich habe mich ~ geirrt** я, возможно, ошибся
Vielliebchen *n* -s, - **1.** возлюбленный, -ная; ◇ **guten Morgen, ~!** 1) ага, попались!; 2) поздравляю, проиграли пари!; **2.**: ◇ **mit jmdm. ein ~ essen*** заключить пари с кем-л. (*разделив между собой орех-двойчатку*)
vielmalig *a* многократный
vielmals *adv* не раз, неоднократно, многократно; **danke ~!** большое спасибо!
vielmehr *adv* скорее, напротив (того); **er war mißtrauisch oder ~ argwöhnisch** он был недоверчив, вернее, даже подозрителен
vielsagend *a* многозначительный
vielseitig *a* **1.** многосторонний (*напр. о договоре*); **2.** разносторонний, разнообразный
Vielseitigkeit 1. многосторонность; **2.** разносторонность, разнообразие
vielsprachig *a* многоязычный
vielstimmig *a* многоголосый
vielumfassend *a* обширный
vielversprechend *a* многообещающий
Vielweiberei *f* - многожёнство, полигамия
Vielwisser *m* -s, - *разг.* всезнайка
Vielǁzahl *f* - масса, большое количество [число]
vielzellig *a биол.* многоклеточный
Viennale <*lat.*> *f* - Вианнале (*междунар. кинофестиваль в Вене* <*Австрия*>)
Vientiane [vjɛn'tjan] (*n*) -s Вьентьян (*столица Лаоса*)
vier *num* четыре; четверо; **er kann nicht bis ~ zählen** ≅ он не умён; **auf allen ~en** на четвереньках
Vier *f* -, -en (число) четыре; четвёрка
vierbeinig *a* четвероногий
Vierǁeck *n* -(e)s, -e четырёхугольник
viereckig *a* четырёхугольный
viereinhalb *num* четыре с половиной
Vierer *m* -s, - *спорт.* четвёрка
Viererǁbob *m* -s, -s *спорт.* четырёхместный бобслей
viererléi *a inv* четырёх родов [сортов, видов]

Viererǁreihe *f* -, -n четвёрка (*в строю*); **sich in ~n aufstellen** строиться по четыре человека
vierfach I *a* четырёхкратный; II *adv* вчетверо, в четыре ряда
vierfältig *см.* vierfach
Vierfüß(l)er *m* -s, - *зоол.* четвероногое
Vierǁgespann *n* -(e)s, -e четвёрка (*лошадей*)
vierhändig *adv муз.* в четыре руки
vierhúndert *num* четыреста
vierjährig *a* четырёхлетний
vierkantig *a* четырёхгранный; ◊ **jmdn. ~ hinauswerfen*** *разг.* выгнать в шею кого-л.
viermal *adv* четыре раза, четырежды; в четыре раза
viermalig *a* четырёхкратный
vierräd(e)rig *a* четырёхколёсный
vierschrötig *a* неотёсанный, неуклюжий
vierseitig *a* четырёхсторонний
viersilbig *a* четырёхсложный
Viersitzer *m* -s, - четырёхместный автомобиль [самолёт]
viersitzig *a* четырёхместный
vierspännig *a* запряжённый четвёркой (*лошадей*)
vierstellig *a* четырёхзначный
vierstimmig *a* четырёхголосный
vierstöckig *a* четырёхэтажный (*соответствует русскому пятиэтажный*)
vierstündig *a* четырёхчасовой
viert: zu ~ вчетвером
viertausend *num* четыре тысячи
vierte *num* четвёртый
vierteilig *a* состоящий из четырёх частей
viertel *num*: **ein ~** одна четвёртая
Viertel *n* -s, - **1.** четверть, четвёртая часть; **es ist (ein) ~ nach eins** четверть второго; **es ist ein ~ auf eins** четверть первого; **2.** квартал, район (*города*)
Vierteljjahr *n* -(e)s, -e квартал, четверть года
vierteljährig *a* **1.** трёхмесячный (*о возрасте*); **2.** сроком в три месяца
vierteljährlich I *a* квартальный; поквартальный; повторяющийся каждые три месяца; II *adv* каждый квартал, ежеквартально
Viertelǁnote *f* -, -n *муз.* четвертная нота
Viertelǁpause *f* -, -n *муз.* четвертная пауза
Viertelǁstunde *f* -, -n четверть часа
viertelstündig *a* в течение четверти часа [пятнадцати минут]
viertelstündlich *a* каждые четверть часа [пятнадцать минут]
Viertelǁwendung *f* -, -en *воен.* поворот на 90°

viertens *adv* в-четвёртых
Vierviertelǁtakt *m* -(e)s, -e *муз.* такт в четыре четверти
Vierwaldstätter See *m* -s Фирвальдштетское озеро/"озеро четырёх кантонов" (*в Швейцарии*)
vierzehn *num* четырнадцать
vierzehnjährig *a* четырнадцатилетний
vierzehnte *num* четырнадцатый
Vierzeiler *m* -s, - четверостишие
vierzig *num* сорок
vierziger *a inv*: **die ~ Jahre** сороковые годы
Vierziger *m* -s, -; **~in** *f* -, -nen мужчина [женщина] в возрасте от 40 до 50 лет; **er [sie] ist hoch in den ~n** ему [ей] далеко за сорок (лет)
vierzigjährig *a* сорокалетний
vierzigste *num* сороковой
Vietnám [viɛt-] (*n*) -s Вьетнам (*гос-во в Юго-Вост. Азии*)
Vietnamése [viɛt-] *m* -n, -n вьетнамец
Vietnamésin *f* -, -nen вьетнамка
vietnamésisch, vietnámisch *a* вьетнамский
Vignétte [vinˈjɛtə] <*lat.-fr.*> *f* -, -n виньетка
Vikár [vi-] <*lat.*> *m* -(e)s, -e *церк.* викарий
Viktor Виктор (*муж. имя*)
Viktória Виктория (*жен. имя*)
Viktorin Викторин (*муж. имя*)
Viktoríne Викторина (*жен. имя*)
Villa [ˈvi-] <*lat.-it.*> *f* -, Villen вилла, дача
Vilma Вильма (*ласкательная форма жен. имени* Wilhelmine)
Vilnius [ˈvil-] (*n*) - Вильнюс (*столица Литвы*)
Vióla [vi-] <*provenzal.-it.*> *f* -, -len/-s виола, альт (*муз. инструмент*)
Vióla/Vióle Виола (*жен. имя*)
violétt [vi-] <*lat.-fr.*> *a* фиолетовый
Violétta Виолетта (*ласкательная форма жен. имени* Viola)
Violíne [vi-] <*provenzal.-it.*> *f* -, -n скрипка
Violínǁschlüssel [vi-] *m* -s, - скрипичный ключ, ключ соль
Violoncello [violɔnˈtʃɛlɔ] <*provenzal.-it.*> *n* -s, -s/ -lli виолончель
Víper [ˈviː-] <*lat.*> *f* -, -n гадюка
Virgínia Виргиния (*жен. имя*)
Virgínius Виргиниус/Виргиний (*муж. имя*)
virtuéll [vir-] <*lat.-fr.*> *a* виртуальный; потенциально возможный, вероятный; предполагаемый
virtuós [vir-] <*lat.-it.*> *a* виртуозный, мастерской

Virtuós(e) [vir-] <*lat.-it.*> *m* -sen, -sen виртуоз
virulént [vi-] <*lat.*> *a* мед. вирулентный; злокачественный; заразный
Virulénz [vi-] <*lat.*> *f* - мед. вирулентность; злокачественность; заразность
Virus ['vi-] <*lat.*> *n*, *m* -, -ren вирус
vis-á-vis [viza'vi:] <*fr.*> *adv* визави, друг против друга, напротив
Visavís [viza'vi:] <*fr.*> *n* -, - визави (*тот, кто находится напротив*)
Visíer [vi-] <*lat.-fr.*> *n* -s, -e 1. забрало; **das ~ lüften** 1) поднять забрало; 2) показать своё истинное лицо; 2. прицел, визир
visíeren [vi-] <*lat.-fr.*> *vt* 1. визировать (*паспорт*); 2. эталонировать (*меры и весы*); 3. прицеливаться
Visíer‖fernrohr [vi-] *n* -(e)s, -e оптический прицел
Visíer‖kreuz [vi-] *n* -es, -e перекрестье в оптической трубе
Visíer‖schußweite [vi-] *f* -, -n прицельная дальность (*стрельбы*)
Visión [vi-] <*lat.*> *f* -, -en видение
Visitatión [vi-] <*lat.*> *f* -, -en осмотр, обыск
Visíte [vi-] <*lat.-fr.*> *f* -, -n визит, посещение
visitíeren [vi-] <*lat.-fr.*> *vt* осматривать, обыскивать
viskós [vis-] <*lat.*> *a* тех. вязкий
Viskóse [vis-] <*lat.*> *f* - вискоза
Viskositä́t [vis-] <*lat.*> *f* - тех. вязкость
Vísum ['vi:-] <*lat.*> *n* -s, -sa/-sen виза; **das ~ erteilen** выдать визу; **das ~ verweigern** отказать в выдаче визы
vitál [vi-] <*lat.-fr.*> *a* 1. живительный (*о силе*); 2. жизненный, актуальный
Vitalitä́t [vi-] <*lat.-fr.*> *f* - 1. живительность; жизненность, жизненная сила, жизнеспособность; 2. жизненная необходимость, актуальность
Vitamín [vi-] <*lat.*> *n* -s, -e витамин
vitamínarm [vi-] *a* содержащий мало витаминов
vitamínhaltig [vi-] *a* витаминозный, содержащий витамин(ы)
vitamínreich [vi-] *a* богатый витаминами, содержащий много витаминов, витаминозный
Vitríne [vi-] <*lat.-fr.*> *f* -, -n витрина
Vitriól [vi-] <*lat.*> *m*, *n* -s, -e купорос
vivat ['vi:vat] <*lat.*> *int* да здравствует!, виват!
Vívat ['vi:vat] <*lat.*> *n* -s, -s здравица; **ein ~ ausbringen*** провозгласить здравицу
Vize‖admirál ['vi:-] <*lat.‖arab.-fr.*> *m* -s, -e вице-адмирал

Vize‖präsidént ['vi:-] <*lat.‖lat.-fr.*> *m* -en, -en 1. вице-президент; 2. заместитель председателя
Vlies, Vließ *n* -es, -e миф. руно
Vogel *m* -s, Vögel птица; **den ~ fliegen lassen*** выпустить птицу (на волю); ◊ **ein feiner ~!** разг. ≅ хорош гусь!; **er hat wohl einen ~** разг. у него, видно, не все дома; **er hat den ~ abgeschossen** разг. он превзошёл всех, он добился большого успеха; **friß, ~, oder stirb** ≅ хоть умри, но сделай
Vogel‖bauer *m*, *n* -s, - клетка для птиц
Vogel‖beere *f* -, -n рябина, рябинная ягода
Vógelberg *m* -s Фогельберг (*горы в ФРГ* <*земля Гессен*>)
Vogel‖dünger *m* -s птичий помёт
Vogel‖fänger *m* -s, - птицелов
vógelfrei *a* вне закона; отверженный; **jmdn. für ~ erklären** объявить кого-л. вне закона
Vogel‖haus *n* -es, -häuser птичник
Vogel‖perspektíve [-və] *f* -; **~schau** *f* -: **aus der ~ [~schau]** с птичьего полёта
Vogel‖scheuche *f* -, -n чучело
Vogel-Strauß-Politík *f* - политика самоуспокоения [самообмана]
Vogel‖warte *f* -, -n орнитологическая станция
Vogel‖zucht *f* - птицеводство
Vogt *m* -es, -e фогт (1. <*ист.*> должностное лицо, ведавшее каким-л. адм. округом; 2. судья в вотчине монастыря)
Vógtland (*n*) -es Фогтланд (*местность на Ю. Саксонии* <*ФРГ*>)
Voile [vo'a:l] <*lat.-fr.*> *m* -, -s вуаль (*материя*)
Vokábel [vo-] <*lat.*> *f* -, -n (отдельное) слово
vokál [vo-] <*lat.*> *a* муз. вокальный
Vokál [vo-] <*lat.*> *m* -s, -e гласный (звук)
vokálisch [vo-] <*lat.*> *a* лингв. гласный, вокальный
Vokatív ['vo-] <*lat.*> *m* -s, -e грам. звательный падеж
Volk *n* -(e)s, Völker народ; **das ganze ~** весь народ; **das junge ~** молодёжь
Volkard Фолькард (*муж. имя*)
Volker Фолькер (*муж. имя*)
Völker‖kunde *f* - этнография
Völker‖recht *n* -(e)s международное право
völkerrechtlich *a* основанный на международном праве
völkerrechtswidrig *a* противоречащий международному праву

Völkerschaft *f* -, -en народность
Völkerschlacht (bei Leipzig) *f* - Лейпцигское сражение/Битва народов (сражение между союзными армиями России, Пруссии, Австрии и Швейцарии и армией Наполеона I <16–19.10.1813>)
Völkerschlachtdenkmal *n* -s памятник Битвы народов (открыт в 1913 в честь Лейпцигского сражения 1813 в Лейпциге <ФРГ>)
Volkert Фолькерт (вариант муж. имени Volkhard)
Völker‖verbundenheit *f* - единство народов (напр. в борьбе за мир)
Völker‖verständigung *f* -, -en взаимопонимание между народами
Völker‖wanderung *f* -, -en ист. переселение народов
Volkhard Фолькхард (муж. имя)
völkisch *a* народный, национальный (б.ч. в шовинистическом понимании)
Volkmar Фолькмар (муж. имя)
volkreich *a* многолюдный
Volks‖abstimmung *f* -, -en всенародное голосование
Volks‖befragung *f* -, -en всенародный опрос, референдум
Volks‖begehren *n* -s, - воля народа, всенародное требование
Volks‖belustigung *f* -, -en народное увеселение [гулянье]
Volks‖bildung *f* - народное образование
volksdemokratisch *a* народно-демократический
Volks‖dichtung *f* -, -en народная поэзия
volkseigen *a* народный, принадлежащий народу
Volks‖eigentum *n* -s, - tümer (все)народное достояние
Volks‖einkommen *n* -s, - эк. национальный доход
Volks‖entscheid *m* -(e)s, -e всенародное голосование, плебисцит
volksfeindlich *a* антинародный
Volks‖fest *n* -(e)s, -e народное гулянье
volksfremd *a* 1. чуждый народу; 2. иноплеменный, чужеземный
Volks‖hochschule *f* -, -n народный университет (вечерние или заочные курсы общеобразоват. характера в Германии)
Volkskammer der DDR *f* - Народная палата ГДР (назв. парламента в бывш. ГДР)
Volks‖kunde *f* - фольклористика; этнолингвистика
Volks‖kunst *f* - народное творчество; народная художественная самодеятельность
Volkskunst‖gruppe *f* -, -n кружок [коллектив] художественной самодеятельности
Volks‖künstler *m* -s, - народный артист
Volks‖leben *n* -s народный быт
volksnah *a* близкий народу
volksschädlich *a* враждебный народу, вредительский
Volks‖schule *f* -, -n народная школа (общеобразоват. 8-летняя школа в Германии <в ФРГ - до 1964> и Австрии, первые четыре класса которой назывались начальной школой)
Volks‖stamm *m* -(e)s, -stämme племя
Volkssturm *m* -s фольксштурм (террит. ополчение в фаш. Германии, создано по приказу Гитлера 25.09.1944; призывались все мужчины в возрасте от 16 до 60 лет)
Volks‖tracht *f* -, -en национальный костюм
Volkstümler‖bewegung *f* - народничество (в России)
volkstümlich *a* 1. (исконно) народный; 2. популярный (о песне); etw. ~ machen популяризировать что-л.; sich ~ machen завоёвывать популярность; стать популярным
Volkstümlichkeit *f* -, -en 1. народность; 2. популярность
Volks‖verbrauch *m* -(e)s народное потребление
Volks‖verbundenheit *f* - тесная связь с народом
Volks‖vergnügen *n* -s народное гулянье
Volks‖vertreter *m* -s, - народный представитель
Volks‖vertretung *f* -, -en народное представительство
Volkswagenwerk AG *f* - "Фольксвагенверк АГ" (крупнейшая автомобильная монополия в ФРГ)
Volks‖weise *f* -, -n народная мелодия
Volks‖wirtschaft *f* - народное хозяйство, экономика
volkswirtschaftlich *a* народнохозяйственный
Volkswirtschafts‖lehre *f* - политическая экономия
Volkswirtschafts‖plan *m* -(e)s, -pläne народнохозяйственный план
Volks‖zählung *f* -, -en перепись населения
voll I *a* 1. полный; ~ (von) Menschen, ~er Menschen полный народу [людей]; ein Teller ~ Suppe полная тарелка супа;

ein ~es Haus переполненный театр; gedrängt [*разг.* gepropft, gesteckt, gestopft, zum Bersten] ~ набитый битком [до отказа]; ~ bis oben hin sein наесться досыта [до отвала]; быть сытым по горло; aus dem ~en schöpfen жить в довольстве [в достатке]; mit ~en Händen geben* [spenden] щедро дарить, наделять щедрой рукой; 2. полный (пре)исполненный (*какого-л.* *чувства*); ~er Freude, ~ von Freude полный [(пре)исполненный] радости; 3. полный, толстый; ~es Haar густые [пышные] волосы; 4. полный, абсолютный; mit ~er Absicht вполне преднамеренно; bei ~er Besinnung в полном сознании; in ~er Blüte в полном цвету; in ~em Ernst вполне серьёзно; im ~sten Sinne des Wortes в полном смысле слова; die ~e Wahrheit сущая правда; 5. полный, целый (*о годе и т. п.*) ein ~es Jahr целый год; der Zeiger steht auf ~ стрелка часов показывает ровно (*час, два часа и т. п.*); 6. махровый (*о цвете*); 7. *разг.* пьяный; ~ sein быть вдребезги пьяным; II *adv* полностью; ich muß das ~ anerkennen я полностью признаю это; ~ und ganz целиком и полностью

voll- I *отд. глаг. приставка, указывает на наполнение*: voll|gießen* наполнить; II *неотд. глаг. приставка, указывает на завершение действия*: voll|énden завершать

vollauf *adv* вдоволь, вполне; das genügt ~ этого вполне достаточно; ~ zu tun haben быть занятым по горло

Voll‖bart *m* -(e)s, -bärte окладистая борода

vollberechtigt *a* 1. полноправный; 2. полномочный, имеющий все полномочия (zu D *на что-л.*)

Voll‖beschäftigung *f* -, -en *эк.* полная занятость, полный рабочий день

vollblütig *a* 1. полнокровный; 2. чистокровный (*о породе*)

Voll‖blüter *m* -s, - чистокровная лошадь

voll|bringen* *vt* совершать (*подвиг*); исполнять (*работу*)

Vollbringer *m* -s, - исполнитель (*работы*)

Vollbringung *f* - совершение (*подвига*); исполнение (*работы*)

vollbürtig *a* - кровный, родной

Voll‖dampf *m* -(e)s *тех.* полный ход; mit ~ fahren* ехать на всех парах; mit ~ arbeiten работать полным ходом

voll|énden *vt* завершать, заканчивать; er hat vollendet *разг.* он скончался

volléndet *a* завершённый

vollends *adv* 1. совершенно, совсем; 2.: ~, daß ... тем более, что ...; ~, wenn... тем более, если...

Vollendung *f* -, -en 1. завершение, окончание; 2. совершенство

voller *см.* voll

Volley‖ball [' voli -] < *lat.-fr.-engl.*‖...> *m* -s 1. волейбол; 2. мяч, отбиваемый с лёта (*теннис*)

voll|führen *vt* 1. совершенствовать, осуществлять, выполнять; 2. устраивать, устроить (*скандал*)

Vollführung *f* -, -en осуществление, выполнение

Voll‖gas *n* -es полный газ; ~ geben* давать полный газ

vollgepropft; ~gestopft *a* битком набитый

vollgültig *a* полноценный (*о замене и т. п.*); полный (*о праве и т. п.*)

völlig *a* полный, совершенный (*о тишине, о свободе и т.п.*); II *adv* полностью, совершенно, вполне

volljährig *a* совершеннолетний

Volljährigkeit *f* - совершеннолетие

vollkómmen I *a* 1. полный, совершенный; er ist (noch) ein ~es Kind он (ещё) сущий ребёнок; 2. совершенный (*о краске и т. п.*); II *adv* совершенно, вполне, совсем

Vollkómmenheit *f* -, -en совершенство

Vollkorn‖brot *n* -(e)s, -e чисто ржаной хлеб

Voll‖macht *f* -, -en полномочие; доверенность; jmdn. mit uneingeschränkten [weitgehenden] ~en ausstatten облечь кого-л. неограниченными [широкими] полномочиями

Voll‖matrose *m* -n, -n матрос первого класса

Voll‖milch *f* - цельное молоко

Voll‖mond *m* -(e)s, -e 1. полнолуние; 2. *шутл.* лысина

Voll‖reife *f* - полная спелость

vollschlank *a* предрасположенный к полноте; eine ~e Figur статная фигура

Voll‖sitzung *f* -, -en пленарное заседание

vollständig I *a* полный, окончательный, совершенный; die ~e Abrüstung полное разоружение; II *adv* полностью, вполне, совсем

Vollständigkeit *f* - полнота, точность (*данных*); der ~ halber ради [для] точности

vollstréckbar *a* *юр.* подлежащий исполнению

voll|strécken *vt* приводить в исполнение (*приговор*)

Vollstréckung *f* -, -en приведение в исполнение (*приговора*)
Vollstréckungs∥befehl *m* -(e)s, -e *юр.* исполнительный лист; приказ о приведении в исполнение
Voll∥treffer *m* -s, - *воен.* прямое попадание
Voll∥versammlung *f* -, -en пленум; общее собрание; генеральная ассамблея
Vollwaise *f* -, -n круглый [круглая] сирота
vollwertig *a* полноценный
vollwichtig *a* 1. полновесный; 2. достоверный
vollzählig I *a* полный; комплектный; II *adv* в полном составе, полностью
voll∥ziehen* I *vt* 1. приводить в исполнение (*приговор*); 2. исполнять (*поручение*); II ~, *sich* происходить, протекать
vollziehend *a*: ~e Gewalt исполнительная власть
Vollziehung *f* -, -en приведение в исполнение
Vollzúg *m* -(e)s выполнение, исполнение
Vollzúgs∥organ *n* -s, -e исполнительный орган
Volontär [volɔ̃-] <*lat.-fr.*> *m* -(e)s, -e волонтёр
Volt [vɔlt] *n* -/-(e)s, - *физ.* вольт
Volta∥meter [v'ɔlt-] *n* -s, - *физ.* вольтаметр
Volt∥ampere [vɔltam'pɛ:r] *n* -/-s, - *физ.* вольт-ампер
Volte ['vɔltə] <*lat.-it.-fr.*> *f* -, -n *спорт.* вольт, поворот
Volt∥messer ['vɔlt-] *m* -s, - *физ.* вольтметр
Volúmen [vo-] <*lat.*> *n* -s/- 1. объём; 2. том, книга
voluminös [vo-] <*lat.-fr.*> *a* 1. объёмистый; 2. массивный; 3. толстый, плотный (*напр. о картоне*)
Volúte [vo-] <*lat.*> *f* -, -n *архит.* волюта, завиток
vom = von dem
von *prp* (D) 1. от, из (*в пространственном отношении*); ~ Berlin bis Leipzig от Берлина до Лейпцига; ~ Stadt zu Stadt из города в город; ~ vorn спереди; ~ hinten сзади; ~ weitem издали; ~ hier (aus) отсюда; ~ dort оттуда; ~ wo откуда?; ~ nah und fern отовсюду; ~ rechts справа; vom Stuhl aufstehen* встать со стула; 2. с, от (*во временном значении*); er arbeitete vom 1. Januar bis zum 30. Juni он работал с 1-го января до 30-го июня; ~ fünf bis sechs Uhr от пяти до шести часов, ~ Fall zu Fall от случая к случаю; ~ Zeit zu Zeit время от времени; ~ klein auf с детства; ~ alters her издавна; 3. от, с (*об источнике чего-л.*); er erfuhr es ~ ihr он узнал это от неё; ein Brief ~ Bruder письмо от брата; vom Original abschreiben* списать с оригинала; müde ~ der Arbeit усталый от работы; ~ ungefähr невзначай, случайно; 4. из (*какого-л. материала*); der Ring ist ~ Gold кольцо из золота, кольцо золотое; 5. из (*группы предметов, целого*); einer ~ den Brüdern один из братьев; eine Gruppe ~ Schülern группа учеников; 6. *передаётся родительным падежом, указывая на принадлежность*: die Werke ~ Goethe произведения Гёте; 7. с; *передаётся также родительным падежом, указывая на какое-л. свойство*: ein Mann ~ Charakter человек с характером; ein Arzt ~ Beruf врач по профессии; ein Mann ~ fünfzig Jahren мужчина пятидесяти лет; 8. *передаётся творительным падежом, указывая на действующее лицо в страдательном залоге*: der Brief ist vom Vater geschrieben письмо написано отцом; 9. о (*о ком-л., о чём-л. говорить, знать*); ~ jmdm. sprechen* [schreiben*] говорить [писать] о ком-л.; 10. *перевод зависит от управления русского глагола*: sich ~ jmdm. verabschieden прощаться с кем-л.; 11. фон (*ставится перед фамилией лица, принадлежащего к дворянскому сословию*); ~ Stein фон Штейн; 12.: ~ Rechts wegen по праву
voneinánder *pron rez* 1. друг от друга; 2. друг о друге
vonnöten: ~ sein быть необходимым
vonstátten: ~ gehen* протекать, происходить, совершаться; alles ging glatt ~ всё шло [протекало] гладко
vor I *prp* (A *на вопрос* "*куда?*", D *на вопрос* "*где?*") 1. перед (*в пространственном значении*); ~ der Tür перед дверью; ~ das Tor gehen* выходить за ворота; ein Kilometer ~ der Stadt один километр до города; ~ der Nase под носом; ~ sich (A) hin brummen бормотать себе под нос; 2. перед (*во временном значении*); ~ Sonnenaufgang перед восходом [до восхода] солнца; ~ seiner Ankunft до его приезда; ~ dem Mittagessen перед обедом; ~ drei Jahren три года тому назад; nicht ~ zwei не раньше двух; fünf Minuten ~ zwei без пяти (минут) два; ~ kurzem недавно; bis ~ kurzem до недавнего времени; ~ der Zeit раньше времени;

3. прежде *(чего-л.)*; ~ **allem** прежде всего; 4. от *(о причине)*; ~ **Angst** от страха; 5. от *(кого-л., чего-л. защищать и т. п.)*; ~ **etw. schützen** [**warnen**] защищать [предостерегать] от чего-л.; II *adv* ~! вперёд!; **nach wie** ~ по-прежнему

vor- *отд. глаг. приставка, указывает на:* 1. *движение вперёд:* **vor|gehen*** идти вперёд; 2. *действие или нахождение впереди чего-л., перед чем-л.:* **vor|legen** класть перед *(чем-л.)*; 3. *действие, совершающееся в присутствии кого-л.:* **vor|lesen*** читать вслух *(кому-л.)*; 4. *действие, являющееся образцом для кого-л.:* **vor|machen** показывать как делать; 5. *действие, предшествующее чему-л.:* **vor|bereiten** подготавливать; 6. *преобладание чего-либо:* **vor|herrschen** господствовать

voráb *adv* прежде всего, сначала
Vorabend *m* -s, -e канун; **am** ~ накануне
Vorahnung *f* -, -en предчувствие
vorán *adv* впереди, во главе *(идти)*; **jmdm.** ~ **sein** идти впереди, быть первым; *спорт.* вести; ◊ **immer langsam** ~! *посл.* ≅ тише едешь - дальше будешь!

vorán- *отд. глаг. приставка, указывает на:* 1. *движение вперёд:* **voran|kommen*** продвигаться; 2. *действие впереди чего-л., перед чем-л.:* **voran|marschieren** идти впереди

voran|gehen* *vi* 1. идти впереди, идти во главе; подавать пример; 2. (D) предшествовать *(чему-л.)*; 3. *перен.* продвигаться *(о работе)*, двигаться вперёд
voran|kommen* *vi* (s) продвигаться вперёд *(тж. перен.)*; **keinen Schritt** ~ не продвинуться ни на шаг *(тж. перен.)*
Voranmeldung *f* -, -en (предварительная) заявка *(zu D на что-л.)*
Voranschlag *m* -(e)s, -schläge предварительная смета
vorán|treiben* *vt* ускорять, форсировать *(развитие чего-л.)*
Voranzeige *f* -, -n предварительное объявление
Vorarbeit *f* -, -en подготовительная [предварительная] работа
vor|arbeiten *(jmdm. in* D) 1. инструктировать *(кого-л. в чём-л.)*; подготавливать работу *(для кого-л.)*; 2. *перен.* подготавливать почву *(для кого-л. где-л.)*
Vorarbeiter *m* -s, - старший рабочий, бригадир, десятник
Vorarlberg (*n*) -s Форарльберг *(земля в Австрии)*

voráuf *adv* впереди; **jmdm.** ~ **sein** идти впереди, быть первым; *спорт.* вести
voráus *adv* вперёд; **jmdm.** ~ **sein** перегнать кого-л. *(тж. перен.)*; **im** [**zum**] ~ заранее; **im** ~ **erraten** предугадывать; **mit bestem Dank im** ~ заранее приносим [выражаем] глубокую благодарность

voráus- *отд. глаг. приставка, указывает на действие, предшествующее чему-л.:* **voráus|bestellen** заранее [предварительно] заказывать
voráus|bedingen* *vt* предварительно обусловливать
Voráusbedingung *f* -, -en предварительное условие
voráus|berechnen *vt* заранее высчитывать [учитывать], предусматривать
voráus|bestellen *vt* заранее [предварительно] заказывать
voráus|bestimmen *vt* предназначать
voráus|bezahlen *vt* заплатить [уплатить] вперёд
voráus|eilen *vi* (s) 1. спешить вперёд; 2. (D) обгонять *(кого-л., что-л.)*
voráus|gehen* *vi* (s) 1. идти вперёд; 2. (D) предшествовать *(чему-л.)*
voráusgehend: **im** ~**en ist erwähnt** ... выше упомянуто ...
voráusgesetzt: ~, **daß** ... при условии, что ...
voráus|haben* *vt (vor jmdm.)* превосходить *(в чём-л. кого-л.)*
Voráussage *f* -, -n прогноз, предсказание
voráus|sagen *vt* предсказывать
voráus|schauen *vi* смотреть вперёд
voráus|schicken *vt* 1. посылать вперёд; 2. предпосылать *(замечание)*
voráus|sehen* *vt* предвидеть
voráus|setzen *vt* 1. предполагать, высказывать предположение; 2. предполагать, иметь условием
Voráussetzung *f* -, -en 1. предположение; 2. предпосылка; **unter der** ~, **daß** ... при (том) условии, что ...
voráussetzungslos *a* без предпосылок; необоснованный
Voráussicht *f* - предвидение
voráussichtlich I *a* предполагаемый, вероятный, ожидаемый; II *adv* вероятно, по-видимому
voráus|wissen* *vt* заранее знать, предвидеть
voráus|zahlen *vt* платить [уплачивать] вперёд
Vorbau *m* -(e)s, -ten выступ *(дома)*
vor|bauen I *vt* построить *(что-л. перед чем-л.)*

vor|bauen II *vi* (D) разг. предотвращать, предупреждать (*недоразумение и т. п.*); быть предусмотрительным
vorbedacht *a* умышленный, преднамеренный
vor|bedenken* *vt* заранее обдумывать, предусматривать
vor|bedeuten *vt* предвещать
Vorbedingung *f* -, -en предварительное условие
Vorbehalt *m* -(e)s, -e оговорка; **unter ~** с оговоркой, с условием
vor|behalten* *vt*: **sich** (D) **~** оставить за собой (*право*); забронировать за собой (*квартиру и т. п.*); **alle Rechte ~** все (авторские) права сохраняются (*надпись на издании*)
vorbehaltlich *prp* (G) при условии; **~ des Einspruchs** оставляя за собой право протеста
vorbehaltlos *a* безоговорочный
vorbéi *adv* мимо (*an* D *кого-л., чего-л.*); **~ sein** миновать, пройти; **es ist schon drei (Uhr) ~** уже пробило три (часа), уже четвёртый час; **es ist mit ihm ~** он погиб; **es ist ~!, aus und ~!** кончено!; ◊ **~ ist ~** *посл.* прошлого не воротишь
vorbei- *отд. глаг. приставка, указывает на движение мимо чего-л.*: **vorbei|laufen*** пробегать (мимо)
vorbéi|fahren* *vi* (s) (*an* D) проезжать мимо (*кого-л. чего-л.*)
vorbéi|gehen* *vi* (s) (*an* D) 1. проходить мимо (*кого-л., чего-л.*); **bei jmdm. ~** зайти, заглянуть к кому-л. (*по пути*); 2. проходить, миновать (*об опасности и т. п.*)
Vorbéigehen *n*: **im ~** мимоходом
vorbéi|können* *vi*: **er kann hier vorbei** он может здесь пройти
vorbéi|lassen* *vt* пропускать (*кого-л.*), дать пройти (*кому-л.*)
Vorbéimarsch *m* -(e), -märsche дефилирование, прохождение торжественным маршем (*мимо кого-л.*)
vorbéi|marschieren *vi* (s) (*an* D) проходить в строю [торжественным маршем] мимо (*кого-л., чего-л.*)
vorbéi|reden *vi*: **aneinander ~** говорить, не слушая друг друга; **an etw.** (D) **~** говорить не на тему
vorbéi|ziehen* *vi* (s) (*an* D) проходить мимо (*кого-л., чего-л.*)
Vorbemerkung *f* -, -en предварительное замечание
vor|beraten* *vt* предварительно обсуждать
vor|bereiten* I *vi* (*auf, für* A, *zu* D) готовить, подготавливать, приготавливать (к чему-л.); II **~, sich** (*auf, für* A, *zu* D) готовиться, приготовляться (к чему-л.)
vorbereitend *a* 1. подготовительный (*о комитете и т. п.*); 2. предварительный (*о попытке и т. п.*)
Vorbereitung *f* -, -en подготовка, приготовление (*auf, für* A, *zu* D); **~en treffen*** делать приготовления, готовиться
Vorbereitungs||lehrgang *m* -(e)s, -gänge подготовительные курсы
Vorbestellung *f* -, -en заявка, предварительный заказ; предварительная подписка (*für* A *на что-л.*)
vorbestraft *a* юр. имеющий судимость
vor|beugen I I *vt* наклонять вперёд (*голову, туловище*); II **~, sich** наклониться вперёд
vor|beugen II *vi* (D) предупреждать, предотвращать (*что-л.*)
vorbeugend I *a* предупредительный, превентивный; II *adv* превентивно
Vorbeugung I *f* -, -en наклон (тела) вперёд
Vorbeugung II *f* -, -en предупреждение; *мед.* профилактика
Vorbeugungs||maßnahme *f* -, -n предупредительная [предохранительная] мера
Vorbild *n* -(e)s, -er пример, образец; **sich** (D) **jmdn. zum ~ nehmen*** брать с кого-либо пример; **einem ~ nachstreben [nacheifern]** следовать [подражать] какому-л. примеру
vorbildich *a* примерный, образцовый
Vorbildung *f* -, -en первоначальное образование, подготовка
Vorbote *m* -n, -n предвестник, признак
vor|bringen* *vt* 1. произносить; 2. приносить, выдвигать (*обвинения, доводы*); **Entschuldigungen ~** приносить извинения
vor|buchen *vt* предварительно зарегистрировать
Vorbuchung *f* -, -en предварительная регистрация, броня
Vorbühne *f* -, -n *театр.* авансцена
Vordach *n* -(e)s, -dächer навес
vordém *adv* прежде, раньше
vorder *a* (*употр. тк. в полных формах*) 1. передний; **er steht in ~er Lini|e** он стоит в первых рядах; 2. передовой (*об окопах*)
Vorderansicht *f* -, -en вид спереди; фасад
Vorderarm *m* -(e)s, -e анат. предплечье
Vordergaumen||laut *m* -(e)s, -e лингв. передненёбный звук
Vordergrund *m* -(e)s, -gründe передний план
vorderhand *adv* пока

Vordermann *m* -(e)s, -männer 1. впереди стоящий; **auf ~ stehen*** стоять в затылок; **auf ~ treten*** стать в затылок; 2. старший (*по положению*)

Vordersitz *m* -es, -e переднее место [сидение]

Vorderteil *m* -(e)s, -e 1. передняя часть; 2. носовая часть (*судна*)

Vorderzungen|laut *m* -(e)s, -e *лингв.* переднеязычный звук

vor|dringen* *vi* (s) проникать, продвигаться вперёд; *воен. тж.* выигрывать пространство

vordringlich I *a* первоочередной, актуальный, самый важный; II *adv* в первую очередь; в самом спешном порядке

Vordruck *m* -(e)s, -e 1. бланк, формуляр; 2. *полигр., текст.* грунтовая печать

vor|eilen *vi* (s) забегать вперёд, торопиться; *jmdm.* ~ обгонять кого-л.

voreilig *a* опрометчивый, поспешный, преждевременный

voreinánder *pron rez* 1. друг перед другом; 2. друг от друга; 3. друг друга

voreingenommen *a* 1. предубеждённый (*gegen* A против кого-л., против чего-л.); 2. пристрастный (*für* A к чему-л.)

Voreingenommenheit *f* - 1. предубеждение; 2. пристрастность

vor|empfinden* *vt* предчувствовать

vor|enthalten* *vt* (*jmdm.*) 1. задерживать, не давать (*что-л. кому-л.*); 2. скрывать, утаивать (*что-л. от кого-л.*)

Vorentscheidung *f* -, -en 1. предрешение; 2. *спорт.* полуфинал

vorérst *adv* сперва, прежде всего, пока

vorerwähnt *a* вышеупомянутый

Vorfahr *m* -en, -en предок

vor|fahren* *vi* (s) 1. (*vor* A) подъезжать (*к чему-л.*); 2. (*bei jmdm.*) заезжать, заехать (*к кому-л.*); 3. ехать впереди, опередить, обходить (*кого-л., что-л.*)

Vorfahrt *f* - *авт.* обгон; **ohne ~** без обгона

Vorfall *m* -(e)s, -fälle 1. случай, инцидент; 2. *мед.* выпадение (*какого-л. органа*)

vor|fallen* *vi* (s) случаться, происходить

Vorfeier *f* -, -n канун праздника [празднества]

vor|finden* *vt* заставать, находить, обнаруживать

Vorfreude *f* -, -n предвкушение радости

vorfristig *a* досрочный

Vorfrühling *m* -(e)s, -e начало весны; ранняя весна

vor|fühlen *vi перен.* прощупывать, зондировать почву; **im Wald ~** прочесать лес (*в поисках противника*)

vor|führen *vt* 1. (*vor jmdn.*) выводить, приводить (*на показ*), показывать (*кому-л.*); 2. демонстрировать, показывать (*фильм*); 3. *театр.* ставить, представлять

Vorführung *f* -, -en 1. демонстрация, показ (*фильма*); 2. представление, постановка

Vorgabe *f* -, -n *спорт.* фора

Vorgang *m* -(e)s, -gänge 1. происшествие, событие; 2. процесс

Vórgänger *m* -s, -; **~in** *f* -, -nen предшественник, -ница

Vorgarten *m* -s, -gärten палисадник

vor|gaukeln *vt* (*jmdm.*) обманывать, вводить в заблуждение (*чем-л. относительно чего-л. кого-л.*), лживо уверять (*в чём-л. кого-л.*); **er gaukelte ihr heiße Liebe vor** он лживо уверял её в своей горячей любви

vor|geben* I *vt спорт., шахм.* давать фору, давать вперёд (*фигуру и т. п.*)

vor|geben* II *vt* необоснованно [ложно] утверждать (*что-л.*), отговариваться (*чем-л.*), притворяться (*каким-л.*)

Vorgebirge *n* -s 1. предгорье; 2. мыс

vorgeblich I *a* мнимый; II *adv* якобы

vorgedacht *a* вышеупомянутый

vorgefaßt *a* 1. предвзятый; 2. заранее намеченный (*о плане*)

Vorgefühl *n* -(e)s, -e предчувствие; предвкушение; **ein ~ von etw. (D)** (*без предлога G*) **haben** предчувствовать что-л.; **im ~** в предчувствии

vor|gehen* I *vi* (s) 1. идти вперёд; 2. *воен.* продвигаться, наступать; **zum Angriff ~** переходить в наступление; предшествовать (*чему-л.*); 3. спешить (*о часах*); **die Uhr geht eine Minute vor** часы спешат на одну минуту

vor|gehen* II *vi* (*mit* D) действовать, поступать (*с кем-л.*); (*gegen* A) принимать меры (*против кого-л., против чего-л.*)

vor|gehen* III *vi* происходить; **was geht hier vor?** что здесь происходит?

vor|gehen* IV *vi* (D) превосходить по значению (*что-л.*); быть более важным (*чего-л.*); **diese Arbeit geht heute allen anderen vor** эта работа сейчас самая главная

Vorgehen I *n* -s образ действий

Vorgehen II *n* -s *воен.* продвижение, наступление; **im ~ bleiben*** продолжать продвижение

vorgenannt *a* вышеупомянутый

Vorgenuß *m* -sses, -nüsse предвкушение
Vorgericht *n* -(e)s, -e закуска
vorgerückt *a* 1. поздний; 2. преклонный (*о возрасте*)
Vorgeschichte *f* -, -n 1. предыстория; 2. доисторические времена
vorgeschichtlich *a* доисторический
Vorgeschmack *m* -(e)s предвкушение, предчувствие; **einen ~ von etw. (D) bekommen*** предвкушать, предчувствовать что-л.
vorgeschoben *a* выдвинутый вперёд, передовой (*о воинских частях*)
vorgeschritten *a* 1. продвинувшийся (*о работе*); **im ~en Sommer** в конце лета; 2. преклонный (*о возрасте*)
vorgesehen *a* предусмотренный
Vorgesetzte *subst m, f* -n, -n начальник, -ница
vorgestern *adv* позавчера, третьего дня
vorgestrig *a* позавчерашний
vor|greifen* *vi* 1. (*jmdm. in* D) опережать, превосходить (*кого-л. в чём-л.*); 2. предвосхищать (*открытие*); предрешать (*вопрос*)
vor|haben* I *vt* иметь намерение, намереваться (*заняться чем-л.*); **was hast du morgen vor?** что ты делаешь завтра? ; II *vt*: **eine Schürze ~** быть в фартуке
Vorhaben *n* -s, - замысел, намерение; **von einem ~ abstehen*** отказаться от намерения
Vorhalle *f* -, -n 1. вестибюль; 2. *перен.* преддверие
vor|halten* I *vt* 1. держать (*что-л. перед чем-л.*); 2. (*jmdm.*) ставить в упрёк [на вид] (*что-л. кому-л.*), упрекать (*в чём-либо кого-л.*); II *vi* хватать, быть достаточным; **der Vorsatz hat nicht lange vorgehalten** (благое) намерение было вскоре забыто
Vorhaltung *f* -, -en упрёк, выговор; **jmdm. ~en machen** упрекать кого-л.
Vorhand *f* - 1. *спорт., карт.* игрок, имеющий первый ход; **die ~ haben** иметь право первого хода, ходить первым; 2. преимущество
vorhánden *a* имеющийся налицо, наличный; **~ sein** иметься; присутствовать; **nur einmal ~** единственный, уникальный
Vorhándensein *n* -s наличие
Vorhang *m* -(e)s, -hänge 1. занавес; шторы; портьеры; **der ~ geht auf [geht hoch, geht in die Höhe, gibt die Bühne frei]** занавес поднимается; **der ~ geht nieder [fällt]** занавес опускается; **der ~ teilt sich** занавес раздваивается; **den ~**

vorziehen* [schließen*] дать занавес; 2. *театр.* вызов (на бис); **der Schauspieler hatte viele Vorhänge** артиста много раз вызывали
vor|hängen *vt* повесить (*занавески, замок*)
Vorhänge||schloß *n* -sses, -schlösser висячий замок
Vorhemd *n* -(e)s, -en манишка
vorher *adv* 1. раньше, прежде; **einige Tage ~** за несколько дней (*до чего-л.*); **lange ~** задолго (*до чего-л.*); 2. заранее; **~ gehen*** приходить преждевременно [слишком рано]
vorhér- *отд. глаг. приставка, указывает на действие, предшествующее чему-л.*: **vorhér|gehen*** предшествовать
vorhér|bestimmen *vt* предопределять, предназначать
vorhér|gehen* *vi* (s) предшествовать
vorhérgehend *a* предыдущий, предшествующий; **im ~en ist erwähnt** ... выше упомянуто ...
vorhérig *a канц.* предыдущий, прежний
Vorherrschaft *f* -, -en господство, преобладание, засилие
vor|herrschen *vi* господствовать; занимать господствующее положение, преобладать
Vorhérsage *f* -, -n предсказание
vorhér|sagen *vt* предсказывать
vorhér|sehen* *vt* предвидеть
vorhín *adv* прежде, недавно, ранее, до этого; только что
vorhinein *adv*: **im ~** заранее
Vorhof *m* -(e)s, -höfe 1. передний двор; 2. *перен.* преддверие; 3. *анат.* предсердие
Vorhut *f* -, -en авангард
vorig *a* прошлый; **in der ~en Woche** на прошлой неделе; **~en Monats** прошлого месяца
vorjährig *a* прошлогодний
Vorkämpfer *m* -s, - передовой боец; застрельщик, поборник
vor|kauen *vt* 1. разжёвывать; 2. растолковывать, разжёвывать
vor|kaufen *vt* 1. скупать (*для перепродажи*); 2. *юр.* пользоваться правом преимущественной покупки
Vorkaufs||recht *n* -(e)s, -e *юр.* право преимущественной покупки
vor|kehren *vt* принимать меры (*в отношении чего-л.*), приготовлять (*всё нужное*)
Vorkehrung *f* -, -en мера (*предосторожности*); **~en treffen*** принимать меры
Vorkenntnis *f* -, -se предварительные

знания, предварительная подготовка (*для какой-л. деятельности*)
vor|kommen* I *vi* (s) 1. выходить вперёд; 2. (*bei* D) заходить (*к кому-л.*)
vor|kommen* II *vi* 1. встречаться (*о слове в тексте, ошибке и т. п.*); 2. происходить, иметь место; **das darf nicht mehr ~!** чтобы этого больше не было!
vor|kommen* III *vi* (D) казаться (*кому-л. каким-л.*); **er kommt mir bekannt vor** он мне кажется знакомым
Vorkommen *n* -s, - 1. случай; факт; 2. месторождение (*полезных ископаемых*)
vorkommendenfalls *adv* в случае если
Vorkommnis *n* -ses, -se происшествие
vor|laden* *vt* вызывать (*в суд и т. п.*)
Vorladung *f* -, -en вызов в суд (*и т. п.*), повестка о явке в суд (*и т. п.*); **der ~ (nicht) Folge leisten** (не) явиться (в суд) по вызову [по повестке]
Vorlage *f* -, -n 1. проект, предложение; **eine ~ durchbringen*** добиться утверждения проекта; 2. образец, оригинал; 3. представление (*von* D документов, донесений и т. п.*); 4. *тех.* суппорт
vor|lassen* *vt* 1. пропускать вперёд; пропускать вне очереди; 2. допускать, впускать (*на встречу, приём и т. п.*)
Vorlauf *m* -(e)s, -läufe 1. *спорт.* забег (*лёгкая атлетика*); 2. *тех.* ход вперёд, передний ход
vor|laufen* *vi* (s) забегать вперёд; **einige Schritte ~** забегать на несколько шагов вперёд
Vorläufer *m* -s, - предшественник
vorläufig I *a* 1. предварительный (*о сведениях, решении*); 2. временный (*об управлении, власти*); II *adv* пока (что); **~ liegt nichts vor** пока нет ничего (*никаких данных*)
vorlaut *a* нескромный, дерзкий, наглый; **~es Wesen** нескромное поведение
vor|legen I *vt* 1. (*vor* A) класть, положить (*что-л. перед кем-л.*); 2. подавать (*блюдо, кирпич на стройке и т. п.*); **ordentlich ~** *разг.* заправиться [поесть] как следует; 3. показать (*товар*); 4. представлять, предъявлять (*документ*); **jmdm. Fragen ~** задавать кому-либо вопросы; 5.: **Tempo ~** увеличивать скорость, ускорять темп; II **~, sich** *воен.* расположиться (*перед чем-л.*), преградить путь (*кому-л.*)
Vorleger *m* -s, - коврик (*перед дверью, кроватью*)
Vorlegeschloß *n* -sses, -schlösser висячий замо́к
vor|lesen* *vt (jmdm.)* читать вслух (*что-л.*

кому-л.*)
Vorleser *m* -s, -; **~in** *f* -, -nen чтец, чтица
Vorlesung *f* -, -en лекция; **eine ~ halten*** читать лекцию
vorletzt *a* предпоследний
Vorliebe *f* - (*für* A) предпочтение; пристрастие (*к кому-л., чему-л.*)
vor|liegen* *vi* (h, s) 1. лежать (*перед кем-либо*); 2. иметься, существовать, быть налицо; **es liegt nichts gegen ihn vor** против него нет никаких обвинений
vorliegend *a* данный, имеющийся (налицо); **im ~en Fall** в данном случае
vor|lügen *vt (jmdm.)* соврать, наврать (*что-л. кому-л.*)
vorm *разг.* = vor dem
vor|machen I *vt (jmdm.)* приладить (*замок, доску перед чем-л.*); **den Riegel an der Tür ~** закрыть дверь на задвижку
vor|machen II *vt (jmdm.)* показывать (*как делать что-л. кому-л.*)
vor|machen III *vt (jmdm.)* обманывать, вводить в заблуждение (*относительно чего-л. кого-л.*); **wir wollen uns nichts ~ lassen** мы не хотим себя провести
Vormacht||stellung *f* -, -en господствующее положение (*какой-л. державы*)
vormalig *a* 1. прежний, бывший (*о владельце и т. п.*); 2. прошлый, последний (*о встрече и т. п.*)
vormals *adv* прежде
Vormarsch *m* -es, -märsche *воен.* продвижение, наступление (*тж. перен.*)
vor|merken *vt* 1. намечать (*план действия*); 2. (*für* A) регистрировать (*заказ*); записывать (*на приём и т. п.*); зарегистрироваться
Vormerkung *f* -, -en предварительная запись [регистрация], заявка (*на что-л.*)
vormittag: **heute ~** сегодня до обеда [в первой половине дня, утром]
Vormittag *m* -(e)s, -e предобеденное время; **am ~** перед обедом; до обеда; **heute ~** сегодня утром
vormittägig; **~mittäglich** *a* предобеденный, утренний
vormittags *adv* перед обедом, до полудня, в первой половине дня; утром
Vormund *m* -(e)s, -e/-münder опекун; **einen ~ einsetzen** назначить опекуна
Vormundschaft *f* -, -en опека; **die ~ übernehmen*** принять в опеку; **unter ~ stehen*** находиться [быть] под опекой
vorn I *adv* впереди; **von ~** 1) спереди; 2) сначала; **nach ~** вперёд
vorn II *разг.* = vor den
Vorname *m* -ns, -n имя
vornán *a* спереди; первым (*идти и т. п.*)

vornehm *a* 1. знатный, аристократический; 2. важный, аристократический (*о манерах*); ~ **tun*** важничать; 3. благородный (*об образе мыслей и т. п.*); **die ~ste Pflicht** высший долг

vor|nehmen* I *vt* надевать (*фартук, маску*); подвязывать (*фартук, салфетку*)

vor|nehmen* II *vt* 1. проводить (*работу*); производить (*исследование*); 2.: **sich (D) etw. ~** взяться за что-л., предпринять, затеять что-л.; **sich (D) jmdn. ~** *разг.* взяться за кого-л., взять кого-л. в оборот; прочитать нотацию кому-л.

vornehmlich *adv* преимущественно, главным образом, особенно

vornherein: von ~ с самого начала, сразу; **im ~** заранее, с самого начала, сразу

vornhin: **nach ~** вперёд

vornhinein: **im ~** с самого начала, сразу

vornüber *adv* (головой) вперёд, ничком (*упасть*)

vornübergebeugt *adv* наклонившись вперёд (*сидеть*)

vornweg *adv* с самого начала, сразу

Vorort *m* -(e)s, -e предместье, пригород

Vorort||zug *m* -(e)s, -züge пригородный поезд, электричка

Vorposten *m* -s, - *воен.* форпост, передовой пост; *pl тж.* сторожевое охранение

Vorrang *m* -(e)s 1. преимущество, преимущественное право; 2. первенство; **jmdm. den ~ einräumen** уступить первенство кому-л.

Vorrat *m* -(e)s, -räte запас; **etw. auf ~ anschaffen** приобрести в запас что-л.; **einen ~ an Lebensmitteln anlegen** запастись продуктами

vorrätig I *a* запасный; имеющийся в запасе; II *adv*: **etw. ~ halten*** иметь что-л. в запасе [на складе]

Vorrats||kammer *f* -, -n кладовая

Vorraum *m* -(e)s, -räume передняя

Vorrecht *n* -(e)s, -e преимущество, привилегия; **~e genießen*** пользоваться привилегиями; **jmdm. seine ~e entziehen***, **jmdn. seiner ~e berauben** лишить кого-л. привилегий

Vorrede *f* -, -n предисловие

vor|reden *vt* (*jmdm.*) 1. наговорить (*что-либо кому-л.*); 2. убеждать (*кого-л. в чём-л.*); внушить (*что-л. кому-л.*)

Vorrichtung *f* -, -en приспособление, устройство, прибор, аппарат, механизм

vor|rücken I *vt* подвинуть [выдвинуть] вперёд; **das Feuer ~** *воен.* перенести огонь вперёд; II *vi* (s) продвигаться вперёд; *воен. тж.* наступать; **die Zeit rückt vor** время идёт

Vorrunden||spiel *n* -(e)s, -e *спорт.* отборочная игра

Vorsaal *m* -(e)s, -säle вестибюль, передняя

vor|sagen *vt* подсказывать

Vorsänger *m* -s, -; **~in** *f* -, -nen запевала

Vorsatz I *m* -es, -sätze намерение; **einen ~ fassen** вознамериться, принять решение

Vorsatz II *m* -es, -sätze *полигр.* форзац

vorsätzlich I *a* преднамеренный, умышленный; II *adv* умышленно, нарочно, преднамеренно

Vorschau *f* -, -en 1. предварительный просмотр; 2. *театр.* программа, репертуар (*предстоящего сезона*)

Vorschein *m*: **zum ~ bringen*** раскрывать; **zum ~ kommen*** появляться, обнаруживаться

vor|schieben* *vt* 1. выдвинуть вперёд; **den Riegel ~** задвинуть засов; 2. отговариваться (*выдвигая какую-л. причину*); **er schob eine Sitzung vor** он отговорился тем, что у него заседание

vor|schießen* I *vi* (s) устремиться вперёд, ринуться вперёд, выбегать вперёд

vor|schießen* II *vt* выдавать авансом, ссужать

Vorschlag *m* -(e)s, -schläge 1. предложение; **auf ~ von jmdm.** по предложению кого-л.; **einen ~ machen** сделать предложение, предложить; **einen ~ einbringen*** внести предложение; **etw. in ~ bringen*** предложить что-л.; **auf einen ~ eingehen*** согласиться с каким-л. предложением, принимать какое-л. предложение; 2. *муз.* форшлаг

vor|schlagen* *vt* предлагать

vorschnell *a* опрометчивый

vor|schnellen *vi* (s) выскакивать вперёд

vor|schreiben* *vt* предписывать; **ich lasse mir nichts ~** я не позволю собой командовать

vor|schreiten* *vi* (s) 1. продвигаться вперёд (*тж. воен.*); 2. продвигаться (*о работе*); делать успехи

Vorschrift *f* -, -en предписание; *воен.* устав; **nach ~** по предписанию, по положению, по уставу; **~en machen** давать предписания

vorschriftsmäßig I *a* предписанный, соответствующий предписанию [уставу, положению]; II *adv* согласно [по] предписанию [уставу, положению]; **~ gekleidet** одетый по форме

vorschriftswidrig *a* противоречащий

предписанию [уставу, положению]; *воен.* не по форме
Vorschub *m* -(e)s, -schübe **1.** подающий механизм; **2.**: **jmdm., einer Sache** (D) (**in etw.** D) **~ leisten** оказывать содействие (*в чём-л.*)
Vorschüler *m* -s, -; **~in** *f* -, -nen дошкольник, -ница
vorschulisch *a* дошкольный (*о воспитании*)
Vorschuß *m* -sses, -schüsse аванс; задаток; **sich** (D) **einen ~ geben lassen*** брать задаток; **als ~** авансом
vorschußweise *adv* авансом, в виде задатка
vor|schützen *vt* отговариваться (*чем-л.*), приводить в оправдание (*что-л.*)
Vorschützung *f* -, -en отговорка, оправдание, предлог
vor|schweben *vi* (*jmdm.*) представляться, казаться, мерещиться (*кому-л.*)
vor|sehen* I *vt* предусмотреть; II **~, sich** (**bei, mit jmdm. gegen etw.** A) беречься, остерегаться (*кого-л., чего-л.*)
vor|sehen*, **sich** II (**mit** D) запастись (*чем-л.*)
Vorsehung I *f* -, -en обеспечение, заготовка
Vorsehung II *f* - *рел.* провидение
vor|setzen *vt* **1.** ставить впереди (*ширму и т. п.*); **2.** (D) ставить во главе (*организации и т. п.*); **3.** подавать (*на стол*); **4.** *разг.* подставлять (*кого-л.*); **er wurde bei dieser Geschichte vorgesetzt** в этой истории его подставили
Vorsicht *f* - осторожность, предусмотрительность, осмотрительность; **zur ~ ermahnen** призывать к осторожности; **~!** берегись!
vorsichtig *a* осторожный, предусмотрительный, осмотрительный
Vorsichtigkeit *f* - осторожность, предусмотрительность, осмотрительность
vorsichtshalber *adv* в целях [ради] осторожности
Vorsilbe *f* -, -n *грам.* приставка, префикс
vor|singen* *vt* (*jmdn.*) петь, напевать (*что-л. кому-л.*)
vorsintflutlich *a* *шутл.* допотопный
Vorsitz *m* -es председательство; **den ~ führen** председательствовать, вести (*собрание*)
vor|sitzen* *vi* (D) председательствовать (*на собрании*); **er wird der Versammlung ~** он будет председательствовать на собрании [вести собрание]
Vorsitzende *subst m, f* -n, -n председатель, -ница

Vorsorge *f* - предусмотрительность, заботливость; **~ treffen*** позаботиться заранее (*обо всём необходимом*)
vorsorglich *a* предусмотрительный, заботливый
Vorspann *m* -(e)s, -e **1.** *уст.* перекладные лошади, подстава; **2.** *перен.*: **nimm ~!** *разг.* быстрее!, не тяни!
Vorspeise *f* -, -n закуска
Vorspieg(e)lung *f* -, -en обман, плутни; **eine ~ falscher Tatsachen** ложь, подтасовка фактов
Vorspiel *n* -(e)s, -e **1.** *муз.* прелюдия, увертюра; **2.** пролог (*пьесы*); **3.** *перен.* пролог, начало, прелюдия
vor|spielen *vt* (*jmdm.*) *муз.* играть; сыграть (*что-л. кому-л.*)
vor|sprechen* I *vt* **1.** произносить (*для того, чтобы кто-л. повторил*); **2.** подсказывать (*мысль*); II *vi* (**bei** D) заходить (*к кому-л.*), навещать (*кого-л. с целью обговорить что-л.*)
vor|springen* *vi* (s) **1.** выскакивать (*из засады и т. п.*); **2.** выступать, выдаваться (вперёд) (*о скулах, скале*)
Vorsprung *m* -(e)s -sprünge **1.** выступ; **2.** преимущество, превосходство (*во времени*); **den ~ halten*** удержать преимущество; **einen ~ gewinnen*** получить преимущество; **3.** *спорт.* преимущество, фора
Vorstadt *f* -, -städte пригород; предместье
Vorstand *m* -(e)s, -stände **1.** правление, совет; **2.** президиум; председатель
vor|stehen* *vi* **1.** выдаваться вперёд; **2.** (D) возглавлять (*учреждение*), заведовать (*хозяйством*)
vorstehend *a* **1.** выступающий (*о скулах и т. п.*); **2.** вышеуказанный; **im ~en wurde erwähnt ...** выше было указано ...
Vorsteher *m* -s, -; **~in** *f* -, -nen начальник, -ница; заведующий, -щая
vor|stellen I *vt* **1.** поставить спереди; **2.** поставить вперёд (*часы*); выдвигать; **3.** (*jmdm.*) представлять (*кого-л. кому-л.*); **4.** представлять собой, изображать; **er will immer etwas Besonderes ~** он всегда хочет быть чем-то особенным; **5.**: **sich** (D) **etw. ~** представить себе, вообразить что-л.; II **~, sich** (*jmdm.*) представляться
vorstellig *a*: **bei jmdm. ~ werden** подать заявление [жалобу] кому-л., войти в ходатайство куда-л.
Vorstellung *f* -, -en **1.** представление (*кого-л.*); **2.** представление (*о чём-л., тж. психол.*); **jmdm. eine ~ von etw.** (D) **vermitteln** дать кому-л. представ-

ление о чём-л.; **3.** представление, спектакль; сеанс (*в кино*); **4.** возражение; *pl тж.* внушение, замечание; **~en erheben*** выдвигать возражения

Vorstellungs‖kraft *f* - сила воображения

Vorstoß *m* -es, -stöße **1.** *воен.* удар; атака, наступление; набег, налёт; **2.** *спорт.* рывок вперёд; **3.** *текст.* выпуска, кант (*на платье*)

vor|stoßen* I *vt* **1.** толкать вперёд; **2.** *текст.* обшивать, оторачивать (*каймой*); II *vi* **1.** (s) *воен.* наносить удар, атаковать; **2.** (s) *спорт.* вырваться вперёд, оторваться от других; **3.** (h) выступать (*о крыше и т. п.*)

vor|strecken *vt* **1.** протягивать (*руку*); вытягивать вперёд; **den Kopf ~** вытянуть шею; **2.** выдавать задаток [аванс]; **3.** давать взаймы

Vorstufe *f* -, -n **1.** (*zu* D) первая ступень, первый этап (*к чему-л.*); **2.** первоначальное обучение

vor|stürmen *vi* (s) *воен.* устремляться вперёд, атаковать

vor|stürzen *vi* (s) броситься вперёд, устремляться вперёд

Vortag *m* -(e)s, -e предыдущий день, предшествующий день, день накануне чего-л.; **am ~** в предыдущий день

vor|täuschen *vt* (*jmdm.*) симулировать (*что-л. перед кем-л.*); **Liebe ~** прикидываться влюблённым

Vorteil *m* -(e)s, -e **1.** польза; выгода; прибыль; **gegenseitiger ~** взаимная выгода; **von ~** выгодный; **einen ~ aus etw. ziehen*** извлекать пользу из чего-либо; **zum ~ gereichen** идти на пользу; **auf seinen ~ bedacht sein [sehen*]** заботиться о собственном благополучии [о своей выгоде]; **2.** преимущество, превосходство; **einen ~ bieten*** давать преимущество, предоставлять привилегии; ◇ **kein ~ ohne Nachteil** *посл.* нет худа без добра

vorteilhaft *a* выгодный

Vortrag *m* -(e)s, -träge **1.** доклад; лекция; **einen ~ halten*** делать доклад, читать лекцию; **einen ~ absagen** отменить доклад [лекцию]; **2.** исполнение (*напр. на сцене*); **ein Lied zum ~ bringen*** спеть песню; **3.** дикция

vor|tragen* *vt* **1.** делать доклад, читать лекцию; **2.** исполнять (*песню*), читать, декламировать (*стихотворение*); **3.** (*jmdm.*) высказывать (*свои пожелания, мнения и т. п.*); **4.: den Angriff ~** развивать наступление; **das Feuer ~** *воен.* переносить огонь вперёд

Vortragende *subst m, f* -n, -n докладчик, -чица; исполнитель, -ница (*песни и т. п.*)

vortrefflich *a* отличный, превосходный, замечательный

vor|treten* *vi* (s) выступать вперёд (*о певце, учениках*)

Vortritt *m* -(e)s преимущество, первенство (*vor* D перед кем-л.); **jmdm. den ~ lassen*** уступить первое место [первенство] кому-л.

Vortrupp *m* -s, -s *воен.* головной [передовой] отряд

vor|tun* I *vt* **1.** показывать, демонстрировать (*какой-л. приём*); **2.** положить, поставить (*что-л. перед кем-л.*); **einen Riegel ~** закрыть на задвижку; **3.** надевать, подвязывать (*фартук, салфетку*); II **~, sich** выдвигаться; выставлять себя (*на передний план*)

vorüber *adv* мимо (*an* D кого-л., чего-л.); **~ sein** миновать, пройти

vorüber- *отд. приставка, указывает на движение мимо чего-л.*: **vorüber|fahren*** проезжать (*мимо*)

vorüber|gehen* *vi* (s) (*an* D) **1.** проходить мимо (*кого-л., чего-л.*); **2.** миновать, проходить; **etw. ~ lassen*** пережидать что-л.

vorübergehend I *a* преходящий, временный; **schnell ~** мимолётный; II *adv* временно, на время

vorüber|huschen *vi* (s) (*an* D) прошмыгнуть, промелькнуть (*мимо кого-л., мимо чего-л.*)

Vorübung *f* -, -en предварительное [вводное] упражнение

Voruntersuchung *f* -, -en *юр.* предварительное следствие

Vorurteil *n* -(e)s, -e **1.** предрассудок; **sich über ~e hinwegsetzen** быть выше предрассудков; **2.** предубеждение; **gegen jmdn., gegen etw.** (A) **ein ~ haben** относиться к кому-л., к чему-л. предубеждённо

vorurteilslos *a* свободный от предрассудков

Vorvater *m* -s, -väter предок

Vorvergangenheit *f* -, -en *грам.* давно прошедшее время; плюсквамперфект

Vorverkauf *m* -(e)s, -käufe предварительная продажа

vor|verlegen *vt* **1.** переносить на более ранний срок; **2.: das Feuer ~** *воен.* переносить огонь в глубину обороны

vorvorgestern *adv* три дня тому назад

vorvorig *a* позапрошлый

Vorwahlen *pl* предварительные выборы

Vorwahl∥nummer *f* -, -n (телефонный) код (*города и т. п.*)
vor|walten *vi* преобладать; господствовать
Vorwand *m* -(e)s, -wände предлог; отговорка; **ich nehme das zum ~, um** ... это для меня повод, чтобы ...; **unter dem ~** под предлогом, под видом
Vorwärmer *m* -s, - подогреватель, экономайзер
vorwärts *adv* вперёд; **ein Schritt (nach) ~** шаг вперёд (*тж. перен.*); **~ denken*** думать о будущем, ориентироваться на будущее
vórwärts|bringen* *vt* способствовать развитию [продвижению] (*кого-л., чего-либо*), помогать (*кому-л., чему-л.*)
vórwärts|gehen*, **vorwärts|kommen*** *vi* (s) (пре)успевать
Vorwärts|marsch *m* -es, -märsche (про)движение вперёд
vórwärts|schreiten* *vi* (s) 1. идти вперёд; продвигаться вперёд; 2. прогрессировать (*о болезни*)
vorwég *adv* 1. вперёд; 2. заранее; сразу; 3.: **~ haben** иметь преимущество
vor|weisen* *vt* предъявлять, показывать
vorweltlich *a* 1. древний, относящийся к прошедшим временам; 2. *перен.* допотопный
vor|werfen* I *vt* 1. бросать (вперёд); *воен.* перебросить вперёд (*подразделения*); 2. (*jmdm.*) бросать (*зёрна курам и т. п.*)
vor|werfen* II *vt* (*jmdm.*) упрекать (в чём-либо кого-л.)
Vorwerk *n* -(e)s, -e 1. фольварк, хутор; 2. *воен.* передовое укрепление
vor|wiegen* *vi* преобладать
vorwiegend *adv* преимущественно
Vorwinter *m* -s, - 1. начало зимы; 2. заморозки в начале зимы
vorwitzig *a* 1. (излишне) любопытный, нескромный; 2. дерзкий
Vorwort *n* 1. -(e)s, -e предисловие; 2. -(e)s, -wörter *грам.* предлог
Vorwurf *m* -(e)s, -würfe упрёк, укор; **jmdm. wegen (G) Vorwürfe machen** упрекать кого-л. в чём-л.; **jmdm. Vorwürfe an den Kopf werfen*** грубо упрекать кого-л., бросать кому-л. серьёзные упрёки
vorwurfs∥frei; **~los** *a* безупречный, безукоризненный
vorwurfsvoll *a* укоризненный, полный упрёка
Vorzeichen *n* -s, - 1. предзнаменование; 2. *мат.* знак (*плюс, минус*); 3. *муз.* знак для обозначения тональности [размера]
vorzeichnend *a*: **~es Geschoß** *воен.* трассирующий снаряд, трассирующая пуля
vor|zeigen *vt* предъявлять, показывать
Vorzeiger *m* -s, - предъявитель
Vorzeit *f* -, -en старина, глубокая древность
vorzeiten *adv* *поэт.* в старину
vorzeitig *a* преждевременный; досрочный
Vorzeitigkeit *f* - *грам.* предшествование
vorzeitlich *a* первобытный
vor|ziehen* I *vt* 1. вытаскивать (*что-л. откуда-л.*); 2. задёргивать (*занавеску*); 3. подтягивать вперёд, выдвигать вперёд (*войска*)
vor|ziehen* II *vt* (D) предпочитать (*что-либо чему-л.*)
Vorzimmer *n* -s, - передняя, прихожая
Vorzug *m* -(e)s, -züge 1. предпочтение; **jmdm., etw. einer Sache (D) den ~ geben*** отдавать предпочтение кому-л., чему-л.; 2. преимущество, превосходство, достоинство; **sie hat viele Vorzüge** у неё много достоинств
vorzüglich I *a* 1. преимущественный (*о праве*); 2. превосходный, замечательный; **II** *adv* 1. преимущественно, главным образом, прежде всего; 2. превосходно, замечательно, отлично
Vorzugs∥preis *m* -es, -e льготная цена
Vorzugs∥recht *n* -(e)s, -e *юр.* преимущественное право
Vorzugs∥stellung *f* -, -en привилегированное положение
vorzugsweise *adv* преимущественно, предпочтительно
votieren [vo-] <*lat.-engl.*> *vt* голосовать
Votum ['vo:-] <*lat.*> *n* -s, Voten/Vota 1. вотум; 2. обет, обещание; 3. решение, приговор
Voucher ['vaut∫ər] <*engl.*> *n, m* -s, -s ваучер
vulgär [vul-] <*lat.-fr.*> *a* вульгарный
Vulkán [vul-] <*lat.*> *m* -s, -e вулкан; **ein tätiger ~** действующий вулкан; **ein erloschener ~** потухший вулкан; **der Ausbruch eines ~s** извержение вулкана; ◊ **Tanz auf dem ~** ≅ пир во время чумы
vulkánisch [vul-] <*lat.*> *a* вулканический
vulkanisíeren [vul-] <*lat.-fr.*> *vt* *тех.* вулканизировать

W

Waadt *f* - Ваадт (*кантон в Швейцарии*)
Waage *f* 1. -, -n весы; **auf die ~ legen** 1)

взвешивать; 2) *перен.* обсуждать; **der ~ den Ausschlag geben*** перевесить чашу весов *(тж. перен.)*; **2.** -, -n ватерпас; **3.** - равновесие *(гимнастика)*; **4.** - Весы *(созвездие)*
Waage∥balken *m* -s, - коромысло весов
waag(e)recht *a* горизонтальный
Waagerechte *subst f* -n, -n горизонтальная линия
Waage∥schale *f* -, -n чашка весов; **schwer in die ~ fallen*** быть веским [убедительным]
Waage∥zunge *f* -, -n стрелка весов
Wabe *f* -, -n пчелиный сот
Waben∥honig *m* -s сотовый мёд
wach *a* **1.** бодрствующий; **~ werden** проснуться; **~ bleiben*** бодрствовать; **2.** бодрый, живой, деятельный; **ein ~er Kopf** живой ум
Wachau *f* - Вахау *(геогр. обл. в Австрии* <*земля Ниж.Австрия*>)
Wach∥aufzug *m* -(e)s, -züge *воен.* развод караула
Wache *f* -, -n **1.** *воен.* караул, охрана; *мор.* вахта; **~ stehen*** стоять на посту [на вахте]; **~ halten* [haben, tun*]** нести караул; **auf ~ sein** 1) стоять на посту [на вахте]; 2) быть настороже [начеку]; **auf ~ ziehen*, die ~ beziehen*** заступить в караул; встать на вахту; **2.** караул; часовой; часовые; стража; **die ~ ablösen** сменить караул
wachen *vi* **1.** бодрствовать; **bei einem Kranken ~** дежурить у постели больного **2.** *(über* A) следить *(за кем-л., за чем-л.)*; заботиться *(о ком-л., о чём-либо)*; охранять *(кого-л., что-л.)*
Wachhabende *subst m* -n, -n начальник караула
wach∥halten* *vt* поддерживать *(интерес и т. п к чему-л.)*
Wachólder *m* -s, - *бот.* можжевельник
Wach∥posten *m* -s, - **1.** (караульный) пост; **2.** часовой
wach∥rufen* *vt* **1.** вызывать в памяти *(воспоминания)*; **2.** пробуждать *(желание)*
wach∥rütteln *vt* растолкать, разбудить
Wachs *n* -es, -e **1.** воск; **2.** мазь *(для лыж)*
wachsam *a* **1.** бдительный; **2.** чуткий *(о собаке)*
Wachsamkeit *f* - бдительность
wachsen* I *vi* (s) **1.** расти; **sich (D) den Bart ~ lassen*** отпускать [отращивать] бороду; **2.** расти, возрастать, увеличиваться; **die Arbeit wächst mir über den Kopf** у меня работы по горло; **3.: er ist dieser Sache (D) nicht gewachsen** это

дело ему не по плечу; **sie sind einánder gewachsen** они стоят друг друга, они не уступают друг другу
wachsen II *vt* **1.** натирать [покрывать] воском *(полы)*; **2.** смазывать *(лыжи)*
Wachsen *n* -s **1.** рост; **im ~ sein** расти, быть в процессе роста; **2.** рост, возрастание, увеличение
wächsern *a* восковой, из воска
Wachs∥kerze *f* -, -n восковая свеча
Wachs∥licht *n* -(e)s, -e/-er восковая свеча
Wachs∥tuch *n* -(e)s, -e/-tücher клеёнка
Wachstum *n* -(e)s **1.** рост; увеличение **2.** развитие
Wachtel *f* -, -n перепел
Wachtel∥könig *m* -(e)s -e *зоол.* коростель, дергач
Wächter *m* -s, - **1.** сторож; **2.** контрольный прибор
Wacht∥lokal *n* -(e)s, -e *воен.* караульное помещение
Wacht∥meister *m* -s, - **1.** *воен.* вахмистр; **2.** полицейский; ◊ **hier ist aber ein ~ im Zimmer!** ≅ здесь накурено, хоть топор вешай!
Wacht∥posten *m* -s, - *см.* Wachtposten
Wacht∥turm *m* -(e)s, -türme сторожевая башня; наблюдательная вышка
wackelig *a* шатающийся; шаткий
wackeln *vi* шататься, качаться; **mit dem Kopfe ~** качать [покачивать] головой; **ihm wackelt der Kopf** у него трясётся голова; ◊ **bei dem soll's ~** *разг.* у него дела идут неважно
wacker *a* **1.** храбрый; **2.** честный, добросовестный
Wade *f* -, -n икра *(ноги)*; **stramme ~n** сильные икры; **dünne ~n** тонкие икры
Waden∥bein *n* -(e)s, -e *анат.* малая берцовая кость
Waden∥krampf *m* -(e)s, -krämpfe судорога в икрах
Waffe *f* -, -n **1.** оружие; вооружение; **atomare ~n** атомное оружие; **automatische ~n** автоматическое оружие; **herkömmliche [konventionelle] ~n** обычное вооружение; **nukleare [thermonukleare] ~n** ядерное [термоядерное] оружие; **schwere ~n** тяжёлое (пехотное) оружие; **~n und Gerät** *воен.* боевая техника; **die ~n führen** (хорошо) владеть оружием; **die ~n strecken** сложить оружие; **zu den ~n greifen*** взяться за оружие; **2.** род войск
Waffel *f* -, -n вафля
Waffen∥abzeichen *n* -s, - знак различия рода войск
Waffen∥dienst *m* -es, -e *воен.* военная служба

waffenfähig *a* способный носить оружие; годный к военной службе
Waffen||gattung *f* -, -en род войск
Waffen||gefährte *subst m* -n, -n товарищ по оружию, соратник
Waffen||gewalt *f* - сила оружия
Waffen||haus *n* -(e)s, -häuser арсенал
waffenlos *a* безоружный
Waffen||rock *m* -(e)s, -röcke (военный) мундир
Waffen||ruhe *f* - *см.* Waffenstillstand
Waffen||schein *m* -(e)s, -e разрешение на право ношения оружия
Waffen||schmied *m* -(e)s, -e оружейный мастер
Waffen||stillstand *m* -(e)s перемирие; **den ~ schließen*** заключить перемирие; **den ~ brechen*** нарушить перемирие
Waffenstillstand von Compiegne 1918 [kõ'pjɛn] *m* -s Компьенское перемирие 1918 *(заключено 11 ноября в Компьенском лесу <Франция> между побеждённой в 1-й мир. войне Германией и гос-ми Антанты)*
Waffenstillstand von Compiegne 1940 [kõ'pjɛn] *m* -es Компьенское перемирие 1940 *(заключено 22 июня между фаш. Германией и франц. капитулянтским правительством А. Петена)*
Waffenstreckung *f* -, -en капитуляция
Waffen||tat *f* -, -en военный подвиг
Waffen||träger *m* -s, - *ист.* оруженосец
waffnen I *vt* вооружать; II **~, sich** *(mit D)* вооружаться *(чем-л.)*; **sich gegen etw. (A) ~** встречать что-л. в штыки; **sich mit Geduld ~** вооружаться терпением
wägbar *a* 1. весомый, поддающийся взвешиванию; 2. *перен.* могущий быть предусмотренным заранее
Wäge||glas *n* -es, -gläser *хим.* бюкса
Wage||hals *m* -es, -hälse удалец, смельчак
wagehalsig *a* смелый, удалой, отважный
Wage||mut *m* -(e)s отвага, смелость
wagemutig *a* смелый, отважный
wagen I *vt* 1. отважиться, осмеливаться *(на что-л.)*; 2. рисковать *(чем-л.)*; **den Hals [das Leben] ~** рисковать головой [жизнью]; ◊ **wer wagt, gewinnt** *посл.* риск - благородное дело; II **~, sich** сметь, отваживаться *(что-л. делать)*
wägen* *vt* взвешивать; ◊ **erst ~, dann wagen** *посл.* ≡ семь раз отмерь, а один отрежь
Wagen *m* -s, - 1. повозка; телега; экипаж; автомашина, автомобиль; **der ~ liegt gut auf der Straße** у машины плавный ход; **den ~ führen** водить машину, управлять автомобилем; 2. вагон; ge-

polsterter ~ мягкий вагон; 3. *астр.*: **der Große ~** Большая Медведица; **der Kleine ~** Малая Медведица; ◊ **die Pferde hinter den ~ spannen** начать не с того конца
Wagen||abteil *n* -(e)s, -е ж.-д. купе
Wagen||führer *m* -s, - 1. вагоновожатый; 2. водитель автомашины, шофёр
Wagen||heber *m* -s, - автомобильный [вагонный] домкрат
Wagen||schlag *m* -(e)s, -schläge дверца *(автомобиля)*
Wage||stück *n* -(e)s, -е рискованное предприятие, отчаянный шаг
Waggon [-'gɔ:/-'go:n] <*niederl.-engl.*> *m* -s, -s вагон
waghalsig *см.* wagehalsig
Wagnis *n* -ses, -se риск; рискованное предприятие
Wägung *f* -, -en взвешивание
Wahl *f* -, -en 1. выбор; **nach ~** по выбору; **die ~ treffen*** сделать выбор; ◊ **wer die ~ hat, hat die Qual** *посл.* кому выбирать, тому и голову себе ломать; 2. *б. ч. pl* выборы, избрание; **~en ausschreiben*** назначить выборы; **die ~en abhalten*** провести выборы; 3. сорт, качество; **erste ~** первый сорт
Wahl||ausschuß *m* -ses, -schüsse избирательная комиссия
wählbar *a* могущий быть избранным, избираемый
wahlberechtigt *a* имеющий право голоса
Wahl||berechtigung *f* - избирательное право, право голоса
Wahl||bezirk *m* -(e)s, -е избирательный округ
wählen *vt* 1. выбирать; 2. избирать, выбирать *(представителя)*; 3. набирать *(номер телефона)*
Wähler *m* -s, - избиратель
Wähler||auftrag *m* -(e)s, -träge наказ избирателей
Wahl||ergebnis *n* -ses, -se результат выборов
Wählerin *f* -, -nen избирательница
wählerisch *a* разборчивый, прихотливый
Wähler||liste *f* -, -n список избирателей
Wählerschaft *f* - избиратели, электорат
Wähler||vertreter *m* -s, - доверенное лицо *(на выборах)*
wahlfähig *a* 1. имеющий право голоса; 2. могущий быть избранным
Wahl||gang *m* -(e)s, -gänge избирательный тур
Wahl||gesetz *n* -es, -e избирательный закон
Wahl||grundlagen *pl* положение о выборах

Wahl‖kampagne [-'panjə] *f* -, -n предвыборная кампания
Wahl‖lokal *n* -s, -e избирательный участок
wahllos *a* без разбора
wahlmündig *a* достигший возраста, дающего право избирать *(в органы власти)*
Wahl‖pflicht *f* - долг [обязанность] участвовать в выборах
Wahl‖recht *n* -(e)s избирательное право; **das allgemeine, gleiche und direkte ~ in geheimer Abstimmung** всеобщее, равное и прямое избирательное право при тайном голосовании
Wahl‖rede *f* -, -n предвыборная речь
Wähl‖scheibe *f* -, -n диск номеронабирателя *(на телефонном аппарате)*
Wahl‖spruch *m* -(e)s, -sprüche девиз
Wahl‖zettel *m* -s, - избирательный бюллетень
Wahn *m* -(e)s иллюзия; грёза, мечта; заблуждение; **eitler ~** химера; **fixer ~** навязчивая идея, мания; **in [von] einem ~ befangen sein** быть [находиться] в заблуждении
Wahn‖bild *n* -(e)s, -er химера, призрак
wähnen I *vt*, *vi* мечтать, воображать; ошибочно (пред)полагать; II **~, sich: sich glücklich ~** считать себя счастливым
Wahn‖idee *f* -, -ideịen бредовая мысль [идея], бред
Wahn‖sinn *m* -(e)s 1. помешательство, сумасшествие; **schwermütiger ~** меланхолия; 2. безумие, безрассудство; **heller ~** явное безумие
wahnsinnig *a* 1. безумный, сумасшедший; 2. *перен.* безрассудный, сумасбродный
Wahn‖witz *m* -es безрассудство, безумие, сумасбродство
wahnwitzig *a* сумасбродный, безрассудный, безумный; нелепый, бессмысленный
wahr *a* верный, настоящий, правильный; **das ist ~** это правда; **nicht ~ ?** не правда ли?; **~ werden** сбываться; ◊ **der ~e Jakob** *шутл.* тот самый [нужный] человек; **was ~ ist, muß ~ bleiben** *посл.* что правда, то правда
wahren *vt* хранить *(тайну)*; беречь, охранять *(честь)*; **seine Rechte ~** защищать свои права; **wahre deine Zunge!** *разг.* придержи язык!
währen *vi* продолжаться, длиться
während I *prp.* во время; в продолжение, в течение; II *conj* в то время как, пока

währenddéssen *adv* между тем, тем временем
wahr|haben: etw. nicht ~ wollen* не допускать возможности чего-л.
wahrhaft(ig) I *a* правдивый; II *adv* поистине, действительно
Wahrhaftigkeit *f* - правдивость
Wahrheit *f* -, -en правда, истина; **in ~** в самом деле; **die ~ sagen** говорить правду; **um die ~ zu sagen** по правде говоря; **bei der ~ bleiben*** говорить правду, придерживаться истины; **der ~ die Ehre geben*** воздать должное истине; **hinter die ~ kommen*** (раз)узнать правду, добиться истины
wahrheits‖gemäß, ~getreu *a* правдивый, достоверный
Wahrheits‖liebe *f* - правдивость, любовь к истине
wahrheitsliebend *a* правдивый, справедливый
wahrlich *mod adv* поистине, действительно
wahrnehmbar *a* видимый, заметный; ощутимый
wahr|nehmen* I *vt* 1. замечать; различать, ощущать; чувствовать; воспринимать; 2. представлять *(интересы)*; исполнять *(обязанности, функции и т. п.)*; (вос)пользоваться *(чем-л.)*; **eine Gelegenheit ~** (вос)пользоваться случаем
wahr|nehmen* II *vt* соблюдать *(сроки, интересы)*; **die Kosten ~** покрывать расходы
Wahrnehmung I *f* -, -en 1. восприятие; ощущение; наблюдение; 2. *воен.* результат наблюдения, получение сведений
Wahrnehmung II *f* -, -en соблюдение *(срока, интересов)*; **in ~ seiner Interessen** соблюдая свои интересы
wahr|sagen *vt* предсказывать (будущее), гадать ; **aus Karten [aus Kaffeesatz] ~** гадать на картах [на кофейной гуще]
Wahrsager *m* -s, -; **~in** *f* -, -nen предсказатель, -ница, вещун, -нья, гадальщик, -лка; волхв *(ист.)*
wahrsagerisch *a* вещий
Wahrsagung *f* -, -en гадание, предсказание
wahrschéinlich I *a* правдоподобный; вероятный; II *adv* вероятно, должно быть; **höchst ~** по всей вероятности
Wahrschéinlichkeit *f* -, -en вероятность, правдоподобность; **aller ~ nach** по всей вероятности
Wahrschéinlichkeits‖rechnung *f* - *мат.* теория вероятности

Wahr∥spruch *m* -(e)s, -sprüche *юр.* вердикт (присяжных)

Wahrung *f* - соблюдение; сохранение, охрана

Währung *f* -, -en **1.** валюта; **2.** ценность; **Gold von echter ~** золото высшей пробы

Wahr∥zeichen *n* -s, - примета, признак

Waise *f* -, -n сирота

Waisen∥haus *n* -es, -häuser детдом, приют для сирот

Waisen∥kind *n* -(e)s, -er сирота

Wal *m* -(e)s, -e кит

Walburg Вальбург *(муж. имя)*

Walbúrga Вальбурга *(жен. имя)*

Wald *m* -(e)s, Wälder лес; **ein tiefer ~** дремучий лес; **ein lichter ~** редкий лес; **durch ~ und Feld schweifen [streifen]** бродить по лугам и лесам; ◇ **den ~ vor (lauter) Bäumen nicht sehen*** за деревьями не видеть леса

Wald∥anpflanzung *f* -, -en лесонасаждение

Wald∥bestand *m* -(e)s, -stände площадь под лесом

Waldbühne *f* - Вальдбюне *(гигантский театр под открытым небом в Берлине)*

Waldeck (*n*) -s Вальдек *(ист. обл. Германии)*

Waldemar Вальдемар *(муж. имя)*

Waldes∥lichtung *f* -, -en просека

Wald∥frevel *m* -s, - самовольная порубка леса

Wald∥horn *n* -(e)s, -hörner *муз.* валторна

Wald∥hüter *m* -s, - лесник

waldig *a* лесистый

Waldo Вáльдо *(краткая форма мужского имени Waldemar)*

Wald∥rand *m* -(e)s опушка леса

waldreich *a* см. **waldig**

Wald∥schnepfe *f* -, -n *зоол.* вальдшнеп

Waldschutz∥streifen *m* -s, - полезащитная полоса

Wald∥teufel *m* -s, - *миф.* леший

Waldung *f* -, -en лесной массив, лес

Waldviertel (*n*) -s Вальдфиртель *(холмистое низкогорье в Австрии <земля Ниж. Австрия>)*

waldwärts *adv* в лес, по направлению к лесу

Wald∥wirtschaft *f* -, -en лесное хозяйство

Wales [we:ls] (*n*) - Уэльс *(п-ов на З. Великобритании)*

Wal∥fang *m* -(e)s, -fänge китобойный промысел

Wal∥fänger *m* -s, - китобой

Walfang∥mutterschiff *n* -(e)s, -e китобойная база

Walhall *f* - вальхалла/вальгалла *(в герм. мифологии жилище павших в бою воинов, находящееся на небе, принадлежащее богу Одину)*

Walhalla *f* - вальхалла/вальгалла *(пантеон славы близ г.Регенсбург с изображениями выдающихся деятелей Германии <земля Бавария, ФРГ>)*

walken *vt текст.* валять, мять; **jmdm. ~** *разг.* намять бока кому-л., отколотить кого-л.

Walker *m* -s, - *текст.* валяльщик

Walk∥maschine *f* -, -n *текст.* валяльная машина

Walk∥mühle -, -n сукновальня

Walküre I *f* - Валькирия *(по древнегерм. мифологии женщина, которая на поле брани отбирает воинов, которые должны погибнуть в бою и попасть в вальхаллу)*

"Walküre" II *f* - "Валькирия" *(кодовое название заговора 20 июля 1944 г. против Гитлера)*

Wall *m* -(e)s, Wälle вал, насыпь

Wallach *m* -(e)s, -e *австр.* мерин

wallen I *vi* **1.** бурлить, кипеть; волноваться *(о море, пиве)*; **wallender Nebel** клубящийся туман; **2.** бурлить, кипеть, волноваться *(о крови, чувствах)*; **3.** развеваться, колыхаться; **II** *vi* (s) **1.** *поэт.* странствовать; **2.** *уст.* см. **wallfahren**

wáll∥fahren* *vi* (s) *рел.* паломничать *(тж. перен.)*

Wall∥fahrer *m* -s, -; **~in** *f* -, -nen паломник, -ница; пилигрим, -ка

Wall∥fahrt *f* -, -en паломничество

Walli Вáлли *(краткая форма мужского имени Walburg и жен. Walburga)*

Wallis (*n*) - Валлис *(назв. кантона в Швейцарии)*

Wallraf-Richartz-Museum *n* -s Вальраф-Рихарц-Музеум *(одна из крупнейших картин. галерей в ФРГ <г. Кёльн>)*

Wallung *f* -, -en **1.** кипение; волнение *(о море, пиве)*; **2.** *перен.* кипение, волнение, вспышка; **der Zorn brachte das Blut in ~** кровь кипела от гнева; **das ganze Land war in ~** вся страна была охвачена волнением

Wal∥nuß *f* -, -nüsse грецкий орех

Walpúrgisnacht *f* - вальпургиева ночь *(в герм. средневек. мифологии ночь с 30 апр. на 1 мая <день Святой Вальпургии — отсюда назв.>, время ежегодного шабаша ведьм, которые слетались на мётлах и вилах на гору Броккен и собирались с др. нечистью*

вокруг сатаны, пытаясь помешать приходу весны)
Walram Ва́льрам (муж. имя)
Wall|roß n -sses, -sse морж
walten vi (über A) господствовать, царить (над чем-л.); управлять (чем-л.) **seines Amtes ~** исполнять свои обязанности; **hier ~ die Naturkräfte** здесь действуют силы природы; **Gnade ~ lassen*** щадить, прощать, быть милостивым
Walter Ва́льтер (муж. имя)
Walther Ва́льтер (муж. имя)
Waltraud Ва́льтрауд (жен. имя)
Waltrud Ва́льтруд (жен. имя)
Waltrun Ва́льтрун (жен. имя)
Walze f -, -n тех. вал, цилиндр, каток; ◊ **etw. auf der ~ haben** заранее иметь что-л. наготове; **eine andere ~ auflegen** разг. переменить тему разговора
walzen I vt тех. прокатывать, вальцевать; II vi вальсировать, танцевать вальс; III vi (h,s) разг. путешествовать, странствовать
wälzen I vt 1. катать; **Probleme ~** ирон. решать мировые проблемы; **Bücher ~** шутл. прочитывать массу книг, изучать горы книг; 2. (in D) обваливать (в чём-л.); 3. (auf A) свалить (вину и т. п. на кого-л., на что-л.); II **~, sich** валяться, кататься, ворочаться; **sich vor Lachen ~** разг. кататься [покатываться] со смеху
walzenförmig a цилиндрический
Walzer I m -s, - вальс
Walzer II m -s, - тех. вальцовщик
Wälzer m -s, - разг. толстая книга, пухлый том
Walz\|gut n -(e)s, -güter прокат
Walz\|hütte f -, -n прокатный завод [цех]
Walz\|straße f -, -n тех. прокатный стан
Walz\|werk n -(e)s, -e см. Walzhütte
Wams n -es, Wämser куртка, фуфайка
wand impf от winden*
Wand f -, Wände стена; перегородка; **spanische ~** ширма; **an der ~** на стене; **an die ~ drücken** прижимать к стене
Wandálen <germ.> pl ист. вандалы
Wandel m -s 1. перемена; изменение; 2. поведение; образ жизни
wandelbar a переменчивый, непостоянный
Wandel\|halle f -, -n крытая галерея; перен. кулуары
wandeln I vi (s) ходить, бродить; **auf dem Wege des Ruhmes ~** идти по пути славы; **auf Erden ~** жить на земле; **ein wandelndes Lexikon** ходячая энциклопедия; **wie ein wandelndes Gespenst aus-**

sehen выглядеть как ходячая смерть; II vt изменять; (in A) превращать (во что-л.); III **~, sich** изменяться; (in A) превращаться (во что-л.); ◊ **alles wandelt sich** всё течёт, всё изменяется; ничто не вечно под луной
Wander\|arbeit f -, -en отходничество, отхожий промысел
Wander\|ausstellung f -, -en передвижная выставка
Wanderer m -s, - путник, странник; путешественник; турист
Wander\|fahne f -, -n переходящее знамя
Wander\|jahre pl годы странствований
Wander\|lust f - страсть к путешествиям
wandern vi (s) путешествовать (пешком); странствовать; бродить; кочевать; **die Wolken ~** облака плывут
Wander\|preis m -es, -e переходящий приз
Wanderschaft f - странствование, путешествие; **auf die ~ gehen*** отправиться путешествовать (пешком); странствовать
Wanderung f -, -en прогулка; экскурсия; туристский поход; странствование; **eine ~ machen** совершить экскурсию [туристский поход]
Wander\|vogel m -s, -vögel 1. перелётная птица; 2. скиталец; 3. ист. участник юношеского туристического движения (в Германии до первой мировой войны)
Wand\|leuchte f -, -n бра
Wandlung f -, -en изменение; превращение; преобразование; **eine ~ erfahren* [erleiden*]** претерпеть изменение
Wand\|malerei f -, -en стенная [фресковая] живопись
Wand\|täfelung f -, -en деревянная обшивка стен, обшивка стен панелями
wandte impf от wenden*
Wand\|teppich m -(e)s, -e гобелен
Wand\|verkleidung f -, -en обшивка [облицовка] стены
Wange f -, -n 1. щека; **ein Kuß auf die ~** поцелуй в щеку; **jmdm. die ~ streicheln** погладить кого-л. по щеке; 2. плечо (коленчатого вала)
Wangen\|knochen m -s, - скула
Wangen\|rot n -(e)s румянец
Wankel\|mut m -(e)s нерешительность; колебание
wankelmütig a нерешительный; колеблющийся
wanken vi (h,s) 1. шататься, качаться, колебаться, пошатнуться, покачнуться; **er wankte nach Hause** он заковылял домой; 2. колебаться, быть в нереши-

тельности; **3.** дрогнуть *(не выдержать натиска);* ◊ **nicht ~ und nicht weichen** твёрдо стоять, не дрогнуть
Wanken *n:* **nach langem Schwanken und ~** после долгих колебаний; **etw. ins ~ bringen*** пошатнуть, расшатать что-л.
wann *adv* когда; **seit ~?** с каких пор?; **bis ~?** до каких пор?; ◊ **dann und ~** порою, изредка
Wanne *f* -, -n ванна
Wannen‖bad *n* -(e)s, -bäder **1.** ванна *(процедура);* **2.** бани с ваннами
Wannsee I *m* -s Ваннзее *(озеро в зап. части Берлина)*
Wannsee II *(n)* -s Ваннзее *(пригород Зап. Берлина)*
Wanst *m* -es, Wänste **1.** брюхо, пузо; **sich (D) den ~ vollschlagen* [füllen]** *груб.* набить себе брюхо **2.** *груб.* толстяк
Wanten <*niederl.*> *pl мор.* ванты
Wanze *f* -, -n *зоол.* клоп; **du, so eine ~!** ах ты, паразит!
Wappen *n* -s, - герб; ◊ **Kopf oder ~?** орёл или решка?; **sein ~ beschmutzen** запятнать свою честь
wappnen I *vt* вооружать *(тж. перен.);* **II ~, sich** вооружаться *(тж. перен.);* **sich mit Geduld ~** вооружиться [запастись] терпением; **ich habe mich dagegen nicht gewappnet** я к этому не подготовился, я этого не ожидал
war *impf om* **sein***
Waräger *pl ист.* варяги
warb *impf om* **werben***
Ware *f* -, -n товар; изделие; **eine ~ führen** держать какой-л. товар, торговать каким-л. товаром; **die ~ ist ausgegangen** товар распродан
Waren‖austausch *m* -es товарообмен
Waren‖begleitschein *m* -(e)s, -e накладная
Waren‖bestand *m* -(e)s, -stände наличный товар
Waren‖eingang *m* -(e)s, -gänge поступление товаров
Waren‖haus *n* -es, -häuser универсальный магазин
Waren‖kunde *f* -, -n товароведение
Waren‖lager *n* -s, - (товарный) склад
Waren‖mangel *m* -s недостаток товаров
Waren‖muster *n* -s, - образец товара
Waren‖probe *f* -, -n *собир.* образцы товаров *(высылаемых по почте)*
Waren‖produktion *f* - товарное производство, производство товаров
Waren‖rechnung *f* -, -en *ком.* фактура
Waren‖sendung *f* -, -en партия товара
Waren‖umsatz *m* -es товарооборот
Waren‖zeichen *n* -s, - товарный знак

Waren‖zirkulation *f* - *эк.* товарное обращение
warf *impf om* **werfen***
warm *a* тёплый, горячий; **~e Speisen** горячие закуски; **~er Empfang** тёплый приём; **~ werden** согреться; **es wird ~** становится тепло; **jmdm. den Kopf ~ machen** морочить голову кому-л.
Wärme *f* - тепло, теплота; **mit großer ~** с большой симпатией
Wärme‖ausstrahlung *f* -, -en излучение тепла
Wärme‖einheit *f* -, -en *физ.* единица тепла, калория
Wärme‖erzeugung *f* - теплообразование
Wärme‖fassungsvermögen *n* -s теплоёмкость
Wärme‖kapazität *f* -, -en теплоёмкость
Wärme‖kraftlehre *f* - термодинамика
Wärme‖kraftwerk *n* -(e)s, -e теплоэлектростанция
Wärme‖leitung *f* -, -en теплопроводность
Wärme‖mechanik *f* - *физ.* термодинамика
Wärme‖messer *m* -s, - *физ.* калориметр
wärmen *vt* греть, нагревать, согревать, разогревать
Wärme‖schutz *m* -es теплоизоляция
Wärme‖strahlung *f* - излучение тепла
Wärme‖verlust *m* -(e)s, -lüste потеря тепла
Wärme‖zufuhr *f* - *тех.* подвод [подача] тепла
Warm‖festigkeit *f* - жароупорность, теплостойкость
Warm‖flasche *f* -, -n грелка
Warmluft‖heizung *f* -, -en калориферное отопление
Warmwasser‖heizung *f* -, -en центральное водяное отопление
warnen *vt* (**vor** D) предостерегать *(кого-л. от чего-л.),* предупреждать *(кого-л. о чём-л.)*
Warn‖ruf *m* -(e)s, -e (предостерегающий) оклик
Warn‖signal *n* -(e)s, -e предупредительный сигнал
Warnung *f* -, -en (*an jmdn.* **vor** D) предостережение *(кому-л. относительно чего-л.);* предупреждение *(кому-л. о чём-л.)*
Warnungs‖tafel *f* -, -n табличка с предупреждающей надписью
Warnungs‖zeichen *n* -s, - предупредительный [предупреждающий] знак
Warschau *(n)* -s Варшава *(столица Польши)*
Warschauer Vertrag *m* -es Варшавский Договор *(ист., военно-политический*

союз европейских стран социалистического содружества; осн. 14.5.1955; в 1991 распался)

Wartburg f - Вартбург (крепость в Тюрингии под г. Эйзенах <ФРГ>, где М. Лютер <1483–1546> переводом Библии заложил основы единого лит. нем. языка)

Wartburgfest n -es Вартбургское празднество (собрание студентов и профессоров в Вартбурге 18.10.1817 в связи с 4-й годовщиной Битвы народов и 300-летием Реформации в Германии; выступления в защиту свободы и единства в Германии)

Wartburgkrieg m -es "Вартбургская война" (состязание миннезингеров в замке Вартбург близ г. Эйзенах, проходило по преданию в 13 в.)

Warte f -, -n **1.** (сторожевая) башня; наблюдательная вышка; **2.** обсерватория

Warte‖frau f -, -en см. Wärterin

warten I vi (auf A, уст. G) ждать (кого-либо, что-л., чего-л.); ожидать, дожидаться (кого-л., чего-л.); **auf sich (A) ~ lassen*** заставить себя ждать

warten II vt **1.** присматривать, ухаживать (за детьми, больными); **2.**: **ein Auto ~** проводить техобслуживание автомобиля

Wärter m -s, - **1.** сторож; **2.** служитель; **3.** санитар

Warte‖raum m -(e)s, -räume **1.** приёмная; **2.** ж.-д. зал ожидания; **3.** воен. район ожидания

Wärterin f -, -nen **1.** уборщица; **2.** санитарка, сиделка, няня

Wartesaal m -(e)s, -säle зал ожидания

Warte‖zeit f -, -en **1.** время ожидания; **2.** простой (машины)

Wartung f - уход, попечение, присмотр (G за кем-л.)

warum adv почему, зачем, отчего; **~ nicht?** почему бы не так?; ◊ **jedes Warum hat sein Darum** погов. нет дыма без огня

Warze f -, -n **1.** бородавка; **2.** сосок (груди)

was I pron inter **1.** что; **~ ist das?** что это (такое)?; **~ für ein Buch ist es?** что это за книга?; **~ denn?** что именно?; **2.** в роли усилительной частицы разг. что (же); ну и; **~ du nicht (alles) sagst!** да что ты говоришь!; **ach ~!** вовсе нет!, ерунда!; **II** pron rel что; **das, ~ du sagst** то, что ты мне говоришь; ◊ **koste es, ~ es wolle** любой ценой; **früh übt sich, ~ ein Meister werden will** посл. ≡ мастер-

ству с малых лет учатся; **III** pron indef (сокр. от etwas) разг. нечто, что-либо, кое-что; **das ist ~ anderes** это нечто иное; ◊ **besser ~ als nichts** посл. лучше хоть что-нибудь, чем ничего; **spare ~, so hast du ~** посл. ≡ береги денежку про чёрный день; **lerne ~, so kannst du ~** посл. ≡ грамоте учиться всегда пригодится

Wasch‖anstalt f -, -en прачечная

Wasch‖bär m -en, -en зоол. енот

Wasch‖becken n -s, - таз; умывальник

Wasch‖blau n -(e)s синька (для белья)

Wasch‖brett n -(e)s, -er стиральная доска

Wäsche f -, -n **1.** бельё; **2.** стирка; **es ist ~, wir haben (große) ~** у нас стирка; **etw. in [zur] ~ geben*** отдавать в стирку что-л.; **~ wechseln** менять бельё; ◊ **wasch deine eigene ~!** не суйся не в своё дело!; **seine schmutzige ~ vor allen Leuten waschen*** ≡ выносить сор из избы

Wäsche‖boden m -s, -/-böden чердак для сушки белья

Wäsche‖bütte f -, -n бак для кипячения белья

waschecht a не линяющий при стирке

waschen* I vt мыть, стирать; обмывать; промывать (тж. перен.); **sich (D) die Hände ~** мыть руки; ◊ **jmdm. den Kopf ~** намылить голову, задать головомойку кому-л.; II **~, sich** мыться; ◊ **das hat sich gewaschen** разг. это здорово получилось; это превосходно

Wäscheréi f -, -en **1.** прачечная; **2.** пренебр. (постоянное вечное) мытьё

Wäscherin f -, -nen прачка

Wäsche‖rolle f -, -n каток для белья

Wäsche‖schleuder f -, -n центрифуга для отжима белья

Wäsche‖schrank m -(e)s, -schränke бельевой шкаф

Wasch‖faß n -sses, -fässer лохань

Wasch‖haus n -es, -häuser, **~küche** f -, -n прачечная

Wasch‖lappen m -s, - тряпка; ◊ **ein ~ von einem Mann** презр. тряпка (о человеке)

Wasch‖lauge f -, -n щёлок для стирки

Wasch‖leder n -s, - замша

Wasch‖maschine f -, -n **1.** стиральная машина; **2.** тех. промывная машина

Wasch‖mittel n -s, - средство для стирки, моющее средство

Wasch‖pulver n -s, - стиральный порошок

Wasch‖raum m -(e)s, -räume умывальная (комната)

Wasch‖schüssel f -, -n таз (для мытья)

Wasch∥seife f -, -n хозяйственное мыло
Wasch∥tag m -(e)s, -e день стирки
Wasch∥tisch m -(e)s, -e умывальник
Waschung f -, -en умывание; обмывание; омовение; промывание
Wasch∥wanne f -, -n лохань, лоханка
Wasch∥wasser n -s 1. вода для умывания; 2. мыльные помои; 3. *разг.* бурда *(о жидком пиве)*; 4. *тех.* моечная вода
Wasch∥weib n -(e)s, -er 1. прачка; 2. *разг.* болтун, -нья
Wasch∥zeug n -(e)s принадлежности для умывания
Washington ['wɔʃiŋtən] *(n)* -s Вашингтон *(столица США)*
Wasser n -s, -/Wässer *(о минеральной и т. п. воде)* вода; ~ **schlucken** глотнуть воды; захлебнуться; ◊ **zu** ~ **по воде и на суше**; **sich über** ~ **halten*** держаться на поверхности; ~ **lassen*** пускать мочу; **das** ~ **läuft ihm im Munde zusammen** у него слюнки текут; **das ist** ~ **auf seine Mühle** это ему на руку; **ein Brillant vom reinsten** ~ бриллиант чистейшей воды; **das** ~ **pflügen** ≅ толочь воду в ступе; **stille** ~ **sind tief** *посл.* 1) тихие воды глубоки; 2) ≅ в тихом омуте черти водятся; **er kann ihm nicht das** ~ **reichen** ≅ он ему в подмётки не годится; **jmdm. das** ~ **abgraben*** сильно вредить кому-л.; **Kölnisches** ~ одеколон
Wasser∥abfluß m -sses, -flüsse водосток
Wasser∥ballspiel n -(e)s, -e *спорт.* водное поло
Wasser∥bau m -(e)s, -ten гидротехническое сооружение
Wasser∥becken n -s, - бассейн
Wasser∥behälter m -s, - 1. водоём; 2. бак для воды
Wasser∥bombe f -, -n *воен.* глубинная бомба
Wasserburg f -, -en вассербург *(крепость или замок, окружённые водным пространством)*
Wässerchen n: **es sieht aus, als könnte er kein** ~ **trüben** с виду он и воды не замутит
Wasser∥damm m -(e)s, -dämme плотина, дамба
Wasser∥dampf m -(e)s, -dämpfe водяной пар
wasserdicht a водонепроницаемый; непромокаемый
Wasser∥fall m -(e)s, -fälle водопад
Wasser∥farbe f -, -n 1. акварельная краска, акварель; 2. бирюзовый цвет
Wasser∥fläche f -, -n 1. поверхность воды; 2. водное пространство
Wasser∥flugzeug n -(e)s, -e гидросамолёт
Wasser∥flut f -, -en разлив, наводнение
Wasser∥gehalt m -(e)s содержание воды
Wasser∥glas n -es, -gläser 1. стакан *(для воды)*; 2. *хим.* растворимое [жидкое] стекло
Wasser∥gleiche f -, -n ватерпас
Wasser∥graben m -s, -gräben канава
Wasser∥hahn m -(e)s, -hähne водопроводный кран
Wasser∥heilanstalt f -, -en водолечебница
Wasser∥heilkunde f - водолечение, гидротерапия *(наука)*
Wasser∥heizung f -, -en водяное отопление
Wasser∥hose f -, -n водяной смерч
wässerig a водянистый
Wasser∥jungfer f -, -n стрекоза
Wasser∥kopf m -(e)s, -köpfe *мед.* водянка мозга
Wasser∥kraftwerk n -(e)s, -e гидроэлектростанция
Wasser∥krug m -(e)s, -krüge кувшин для воды
Wasser∥kühlung f -, -en *тех.* водяное охлаждение
Wasser∥kur f - водолечение
Wasser∥leitung f -, -en водопровод
Wasser∥lilie f -, -n *бот.* кувшинка белая; *разг.* водяная лилия
Wasser∥mann m -(e)s 1. Водолей *(созвездие)*; 2. *миф.* водяной
Wasser∥melone f -, -n арбуз
Wasser∥messer m -s, - гидрометр, водомер
Wasser∥mine f -, -n подводная мина
Wasser∥molch m -(e)s, -e *зоол.* тритон
wassern vi *ав.* делать посадку [спускаться] на воду
wässern vt 1. орошать; 2. вымачивать; 3. разбавлять водой
Wasser∥natter f -, -n уж обыкновенный
Wasser∥niederschlag m -(e)s *тех.* конденсация воды
Wasser∥not f - недостаток воды
Wasser∥partie f -, -tiįen прогулка по воде
Wasser∥rettung f -, -en спасание на водах
Wasser∥rettungsdienst m -es, -e спасательная служба *(водная)*
Wasser∥rose f -, -n кувшинка (белая)
Wasser∥säule f -, -n водяной столб
Wasser∥schaden m -s, -schäden убытки от наводнения
Wasser∥scheide f -, -n *геогр.* водораздел
Wasser∥scheu f - *мед.* водобоязнь
Wasser∥schlauch m -(e)s, -schläuche (резиновый) шланг для воды

Wasser∥spiegel *m* -s, - поверхность [уровень] воды
Wasser∥sport *m* -(e)s водный спорт
Wasser∥stand *m* -(e)s, -stände уровень [горизонт] воды
Wasser∥stiefel *m* -s, - непромокаемый сапог
Wasser∥stoff *m* -(e)s *хим.* водород
Wasserstoff∥superoxyd *n* -(e)s перекись водорода
Wasserstoff∥waffe *f* -, -n водородное оружие
Wasser∥strahl *m* -s, -en струя воды; **wie ein kalter ~ wirken** подействовать как ушат холодной воды
Wasser∥straße *f* -, -n водный путь; фарватер
Wasser∥strudel *m* -s, - водоворот
Wasser∥sucht *f* - *мед.* водянка
Wasser∥turm *m* -(e)s, -türme водонапорная башня
Wasser∥uhr *f* -, -en водомер; водяные часы
Wasserung *f* -, -en *ав.* посадка на воду
Wässerung *f* -, -en орошение, ирригация
Wasser∥verdrängung *f* -, -en *мор.* водоизмещение
Wasser∥versorgung *f* -, -en водоснабжение
Wasser∥waage *f* -, -n ватерпас, уровень
Wasser∥wellen *pl* холодная завивка
Wasser∥werk *n* -(e)s, -e гидротехническое сооружение
Wasser∥wirtschaft *f* - водное хозяйство
Wasser∥zapfstelle *f* -, -n (водопроводная) колонка
Wasser∥zeichen *n* -s, - водяной знак *(на бумаге)*
Wastl Вастль *(южно-нем. краткая форма муж. имени* Sebastian*)*
waten *vi* (s, h) *(durch* A) переходить в брод *(что-л.);* шлёпать *(по грязи, воде);* **in Blut ~** купаться в крови, пролить много крови
watscheln *vi* (s, h) *разг.* идти переваливаясь с боку на бок
Watt I *n* -es, - *эл.* ватт
Watt II *n* -(e)s, -en мелкое место, отмель *(у берега)*
Watte <*lat.*> *f* -, -n вата
watteartig *a* ватный, ватообразный; **~er Nebel** рыхлая мгла
Watte∥bausch *m* -es, -e/-bäusche кусок ваты; *мед.* ватный тампон
Watteline <*lat.*> *f* - ватин
wattieren <*lat.-niederl.*> *vt* класть на вату, подбивать ватой
Wattierung <*lat.*> *f* -, -en **1.** ватная подкладка; **2.** подбивка ватой

Watt∥messer *m* -s, - *эл.* ваттметр
Webe *f* -, -n **1.** ткань; **2.** кусок полотна; **3.** паутина
weben* I *vt* ткать; **Spitzen ~** плести кружева; II *vi:* **~ und wirken** *поэт.* быть полным жизни и энергии
Weber *m* -s, - ткач
Weberei *f* -, -en **1.** ткацкая фабрика; **2.** ткачество
Weberin *f* -, -nen ткачиха
Weber∥schiffchen *n* -s, - ткацкий челнок
Web∥stuhl *m* -(e)s, -stühle ткацкий станок
Wechsel I *m* -s, - **1.** перемена; изменение; **2.** смена; чередование; **3.** размен *(денег);* **4.** *спорт.* передача эстафеты; замена игрока
Wechsel II *m* -s, - вексель; **einen ~ ausstellen [ziehen*]** выдавать вексель
Wechsel∥apparat *m* -(e)s, -e коммутатор
Wechsel∥balg *m* -(e)s, -bälge ребёнок-уродец
Wechsel∥beziehung *f* -, -en взаимоотношение
Wechsel∥geld *n* -(e)s, -er разменные деньги, мелочь
Wechsel∥kurs *m* -es, -e *ком.* валютный курс
wechseln I *vt* **1.** менять; обменивать; **die Farbe ~** изменяться в лице; **2.** обмениваться *(чем-л.);* **einige Worte ~** перекинуться несколькими словами; **3.** разменивать, менять *(деньги);* II *vi* **1.: über die Grenze ~** переходить границу; **2.** *(mit* D) чередоваться *(с кем-л., с чем-л.)*
Wechseln *n* -s **1.** мена; обмен; **er hat keine Wäsche zum ~** у него нет второй смены белья; **2.** размен *(денег)*
wechselnd *a* изменчивый, переменный
wechselseitig *a* взаимный
Wechsel∥strom *m* -(e)s, -ströme *эл.* переменный ток
Wechsel∥stube *f* -, -n *ком.* меняльная контора, обменный пункт
wechselweise *adv* **1.** попеременно; **2.** обоюдно
Wechsel∥wirkung *f* -, -en взаимодействие
Wechsler *m* -s, - *ком.* меняла, разменивающий деньги
wecken *vt* **1.** будить, разбудить; **jmdn. aus dem Schlafe ~** разбудить кого-л.; **2.** пробудить, возбудить *(интерес и т. п.)*
Wecken I *m* -s, - булка, сайка
Wecken II *n* -s **1.** подъём, побудка; **2.** *воен.* утренняя заря *(сигнал)*
Wecker *m* -s, - будильник
Weck∥glas *n* -es, -gläser стеклянная банка *(для солений и т. п.)*

Wedding (n) -s Веддинг (гор. р-н Берлина)
Wedel m -s, - 1. охот. хвост (оленя); 2. опахало
wedeln I vi 1. (mit D) обмахиваться (чем-л.); 2.: mit dem Schwanz ~ вилять хвостом, перен. тж. лебезить; II vt (von D) смахивать (пыль и т. п. с чего-л.)
weder conj: ~ ... noch ни ... ни; ~ du noch ich können es tun ни ты, ни я не можем сделать этого
weg adv прочь; ~ sein отсутствовать; Hände ~! разг. руки прочь!; geh ~! разг. иди прочь!
weg- отд. глаг. приставка, указывает на удаление или отделение: **weg|gehen*** уходить; **weg|nehmen*** отнимать
Weg m -(e)s, - e 1. дорога, путь; **ein ausgefahrener** ~ разбитая дорога; **der** ~ **nach Berlin** дорога в Берлин; **die** ~**e trennen sich** дороги [пути] расходятся; **wohin des** ~**es?** куда идёшь [идёте]?, куда путь держишь [держите]?; **einen** ~ **beschreiten*** [**betreten***] перен. вступить на какой-л. путь; **den** ~ **einschlagen*** выбирать дорогу, взять направление; **jmdm. den** ~ **freigeben*** уступить кому-либо дорогу; **seinen** ~ **gehen*** идти своей дорогой (тж. перен.); **einen** ~ **zurücklegen** пройти путь; **auf halbem** ~**e** на полпути; **sich auf den** ~ **machen** отправиться в путь [в дорогу]; **Hindernisse aus dem** ~**e räumen** устранять препятствия; **jmdm. in den** ~ **laufen*** попасться кому-л. навстречу; ◇ **jmdm. Steine in den** ~ **legen** [**rollen**] ≅ вставлять палки в колёса, чинить препятствия кому-л.; **etw. in die** ~**e leiten** подготавливать [налаживать, устраивать] что-л.; **jmdm. nicht über den** ~ **trauen** не доверять кому-л. ни на йоту [ни на грош]; **vom** ~**e abkommen*** сбиться с пути (тж. перен.); заблудиться; **alle** ~**e und Stege wissen*** знать все ходы и выходы; 2. путь, способ, средство; **auf gesetzlichem** ~**e** законным путём; **auf direktem** ~**e** непосредственно
weg|bekommen* I vt разг. отодвинуть, устранить; выводить (пятна)
weg|bekommen* II vt разг. проведать, пронюхать (о чём-л.)
weg|bekommen* III vt разг. пострадать; **einen Schlag** ~ заработать удар
Weg||bereiter m -s, - перен. человек, прокладывающий путь; пионер
Weg||bereitung f -, -en перен. прокладывание пути; подготовка (чего-л.)
weg|blasen* vt 1. сдувать; **er war wie weggeblasen** его как ветром сдуло; 2. развеять (дым; перен. воспоминания)
weg|bleiben* vi (s) отсутствовать, не явиться; **sie blieb weg** разг. она потеряла сознание
weg|blicken vi смотреть в сторону, отвести взгляд
weg|drängen vt вытеснять, устранять
weg|drehen I vt отворачивать; II ~, sich отворачиваться
Wege||bau m -s, -ten дорожное строительство
Wege||gabelung f -, -en развилка дорог
weg|eilen vi (s) быстро удаляться
Wege||lagerer m -s, - разбойник с большой дороги
wegelos a непроходимый, непроезжий
wegen prp (G) из-за, благодаря; ради (часто стоит после сущ.); ~ **schlechten Wetters** из-за плохой погоды; **unserer Freundschaft** ~ ради нашей дружбы
Wegerich m -s, -e бот. подорожник
weg|essen* vt съесть; **jmdm. alles** ~ съесть всё у кого-л. (не оставив ему ничего)
weg|fahren* I vi (s) уезжать; II vt увозить
Wegfall m -(e)s отмена, упразднение; **in** ~ **bringen*** канц. отменять, упразднять (что-л.)
weg|fallen* vi (s) отменяться, упраздняться, отпадать
weg|fegen vt выметать, сметать, отметать
weg|fischen vt (jmdm.) разг. подцепить, отбить (что-л. у кого-л.)
weg|fliegen* vi (s) улетать
weg|fließen* vi (s) утекать
weg|fressen* vt сожрать, съесть; уничтожить; **der Rost frißt die Farbe weg** ржавчина съедает краску
weg|führen vt уводить, увозить
Weg||gabelung f -, -en разветвление дороги
Weg||gang m -(e)s уход
weg|geben* vt отдавать, предоставлять в чьё-л. распоряжение
Weg||gefährte subst m -n, -n попутчик, спутник
weg|gehen* vi (s) уходить; **leicht über etw. (A)** ~ легко относиться к чему-л.
Weggehen n -s уход; **im** ~ уходя
weg|gießen* vt сливать, выливать
weg|haben* vt разг. 1. получать, доставать; **eine Ohrfeige** ~ получить пощёчину; 2. схватывать; сообразить; 3.: **jmdn.** ~ **wollen** желать смещения [устранения] кого-л.; ◇ **du hast aber einen weg!** 1) ну и пьян же ты!; 2) ты не в своём уме!
weg|holen vt уносить, уводить

weg|jagen vt выгнать *(кого-л. откуда-л.)*
weg|kommen* vi (s) **1.** уходить, уезжать; **mach, daß du wegkommst!** убирайся!; **2.** *(jmdm.)* пропадать *(у кого-л. — о вещах)*; **3.** отделаться; **gut dabei ~** легко [счастливо] отделаться; **er konnte nicht über ihre Treulosigkeit ~** он не мог простить ей измены
weg|kratzen vt соскабливать
weg|können* vi иметь возможность уйти
weg|kriechen* vi (s) уползать
weg|kriegen I vt **1.** удалять; выводить *(пятна)*; **2.** отвлекать, отрывать *(от какого-л. занятия)*
weg|kriegen II vt *разг.* получить; **etwas ~** получить нахлобучку
weg|kriegen III vt *разг.* разузнать, разведать
wegkundig a знакомый с дорогой, знающий дорогу
weg||lassen* vt **1.** отпускать *(кого-л.)*; **2.** пропускать *(при чтении и т. п.)*
weg|laufen* vi (s) убегать, убежать
weg|legen vt откладывать, класть, отложить, положить *(в сторону)*
weg|leugnen vt отрицать
weg|machen I vt *разг.* **1.** удалять, убирать; **2.**: **einen ~** 1) откозырять; 2) вздремнуть, прилечь; 3) отсидеть *(в заключении)*; II **~, sich** *разг.* улизнуть; исчезнуть
wegmüde a усталый от продолжительного пути [от долгих поездок]
weg|müssen* vi быть вынужденным уйти [уехать]
Wegnahme f -, -n отнятие; конфискация
weg|nehmen* vt отнимать, отбирать; **viel Platz ~** занимать много места
weg|räumen vt **1.** убирать *(мусор)*; **jmdn. ~** *разг.* убирать кого-л.; убить кого-л.; **2.** устранять *(недоразумения)*
weg|reisen vi (s) уезжать
weg|reißen* vt вырывать, отрывать
weg|rufen* vt отзывать
weg|sacken vi (s) пойти ко дну, затонуть
wegsam a **1.** проходимый, доступный [удобный] для езды; **2.** имеющий проезжие дороги
weg|schaffen vt **1.** убирать; уносить; увозить; **2.** устранять *(недоразумение)*
Weg||scheide f -, -n перекрёсток, распутье
weg|schicken vt посылать, отправлять
weg|schleichen* vi (s) и **~, sich** улизнуть, незаметно уйти [удалиться]
weg|schließen* vt (убрать и) запереть
weg|schmeißen* vt *разг.* отбрасывать; выбрасывать

weg|schnappen vt *разг.* выхватить; **jmdm. etw. vor der Nase ~** выхватить у кого-л. что-л. из-под носа
weg|schneiden* vt отрезать, срезать
weg|schwemmen vt уносить водой
weg|schwimmen* vi (s) уплывать
Weg||seite f -, -n сторона, выходящая на дорогу
weg|setzen I vt отставлять в сторону; II **~, sich** *(über* A*)* не обращать внимания *(на что-л.)*
weg|spülen vt сносить *(водой)*
weg|stehlen* I vt украсть; II **~, sich** улизнуть, незаметно уйти [удалиться]
weg|sterben* vi (s) умирать *(один за другим)*
weg|stoßen* vt оттолкнуть *(тж. перен.)*
weg|streichen* vt вычеркнуть
weg|tragen* vt уносить
weg|treiben* vt угонять, прогонять
weg|treten* vi (s) отойти в сторону, посторониться, отступить; **~!** *воен.* разойдись! *(команда)*
weg|trotten vi (s) уходить семеня ногами
weg|tun* vt удалять; убирать; откладывать в сторону
Weg||überführung f -, -en путепровод *(над полотном дороги)*, виадук
Weg||übergang m -(e)s, -gänge переезд *(через дорогу)*
Weg||unterführung f -, -en проезд под виадуком [под мостом]
weg|wehen vt сдувать, уносить *(о ветре)*
wegweisend a путепроводный, указывающий путь
Weg||weiser m -s, - **1.** проводник; **2.** путеводитель; **3.** путевой дорожный знак [указатель]
weg|wenden* I vt отворачивать; II **~, sich** отворачиваться
weg|werfen* I vt выбрасывать, отбрасывать; **das Leben ~** 1) покончить жизнь самоубийством; 2) бесполезно растратить жизнь; II **~, sich** унижать, ронять своё достоинство
wegwerfend I a презрительный, высокомерный; II adv презрительно, пренебрежительно, свысока
weg|wollen* vi хотеть [собираться] уйти [уехать]
Weg||zehrung f -, -en продукты на дорогу; **die letzte ~** *рел.* последнее причастие *(умирающего)*
weg|ziehen* I vt **1.** оттаскивать; **2.** отдёргивать *(занавеску)*, откидывать *(вуаль)*
weg|ziehen* II vi (s) **1.** уезжать; **2.** улетать *(о птицах)*
weh I a больной; ◊ **~ tun*** причинять

боль; **die Hand tut mir ~** у меня болит рука; **es tut mir ~** мне жаль, мне обидно; II *int:* о **~!** ах!

Weh *n* -(e)s боль, скорбь, горе; **das Wohl und das ~** радости и горести

Wehe I *f* -, -n **1.** снежный сугроб; **2.** намётенный ветром сугроб

Wehe II *f* -, -n *б.ч. pl* родовые схватки

wehen I *vi* **1.** дуть, веять *(о ветре)*; **2.** развеваться *(по ветру)*; II *vt (von D auf A)* сдувать *(что-л. откуда-л. куда-л.)*

Weh‖klage *f* -, -n **1.** сетование, жалоба; **2.** плач, вопль; причитание

weh|klagen *vi* сетовать, жаловаться *(über A на кого-л.)*

wehleidig *a* жалостливый

Wehmut *f* - грусть, уныние, печаль, тоска, меланхолия

wehmütig *a* грустный, унылый, печальный

Wehr I *f* -, -en оборона, защита; **sich zur ~ setzen [stellen]** защищаться

Wehr II *n* -(e)s, -e плотина, запруда

Wehr‖damm *m* -(e)s, -dämme дамба, мол

Wehr‖dienst *m* -es военная служба; **aktiver ~** действительная военная служба

Wehrdienstverweigerer *m* -s, - вердинстфервайгерер *(лицо в ФРГ, отказывающееся по своим религиоз. или иным убеждениям служить в бундесвере)*

wehren I *vt (jmdm.)* воспрещать, запрещать *(что-л. кому-л.)*; препятствовать *(в чём-л. кому-л.)*; **wer will's mir ~?** кто может мне это запретить?; II *vi* (D) не допускать *(чего-л.)*; III **~, sich** *(gegen. wider* A) обороняться, защищаться *(от чего-л., от кого-л.)*

wehrfähig *a* способный носить оружие, годный к военной службе

Wehr‖fähigkeit *f* - обороноспособность

Wehr‖kraft *f* -, -kräfte оборонная [боевая] сила, обороноспособность

Wehr‖leitung *f* -, -en военное командование

wehrlos *a* беззащитный

Wehrmacht *f* - вермахт *(назв. воор. сил фаш. Германии в 1935—1945)*

Wehr‖paß *m* -sses, -pässe военный билет

Wehr‖pflicht *f* - воинская повинность

wehrpflichtig *a* военнообязанный

Wehr‖pflichtige *subst m* -n -n военнообязанный

Weib *n* -(e)s, -er **1.** женщина; **sei nicht solch altes ~!** *разг.* не будь бабой!; **2.** *разг.* жена; **mit ~ und Kind** с женой и детьми, с семьёй

Weibchen *n* -s, - самка

Weiber‖feind *m* -(e)s, -e женоненавистник

weibisch *a* **1.** бабий; **2.** изнеженный; женоподобный

weiblich *a* **1.** женский; **2.** женственный

Weiblichkeit *f* - женственность; **die holde ~** женский пол

Weibs‖bild *n* -(e)s, -er *презр.* баба, тётка

weich *a* **1.** мягкий; **~es Licht** мягкий свет; **2.** кроткий; нежный; **ein ~es Herz haben** быть мягкосердечным

Weichbild *n* -(e)s, -er черта [территория] города; **das ~ der Stadt betreten*** вступить в черту города

Weiche I *f* -, -n *ж.-д.* стрелка

Weiche II *f* **1.** - мягкость; **2.** -, -n *б. ч. pl анат.* пах

weichen I I *vt* **1.** смягчать; размягчать; **2.** вымачивать; II *vi* (h, s) **1.** смягчаться, размягчаться; **2.** мокнуть

weichen II *vi* **1.** отклоняться, уклоняться *(в сторону)*; **keinen Schritt vom Wege ~** не отклоняться ни на шаг от дороги; **zur Seite ~** посторониться; **2.** отступать, отходить, подаваться назад; **vor dem Feinde ~** отступать перед противником; **3.** (D) уступать *(сильнейшему, силе)*; **der Notwendigkeit ~** подчиниться необходимости; **die Nacht wich dem Tage** ночь сменилась днём

Weichen‖steller *m* -s, - стрелочник

weichgekocht *a* разваренный; **ein ~es Ei** яйцо всмятку

Weich‖guß *m* -sses ковкий чугун

Weichheit *f* - **1.** мягкость; **2.** мягкость, кротость, нежность

weichherzig *a* мягкосердечный

weichlich *a* **1.** мягковатый; вялый *(о плодах и т. п.)*; **2.** мягкотелый, изнеженный

Weichlichkeit *f* - **1.** мягковатость; вялость *(о плодах и т. п.)*; **2.** мягкотелость, изнеженность, расслабленность

Weichling *m* -s, -e неженка

weichmütig *a см.* weichherzig

Weichsel *f* - Висла *(река в Польше)*

Weich‖tier *n* -(e)s, -e *зоол.* моллюск

Weide I *f* -, -n ива

Weide II *f* -, -n пастбище

weiden I *vt* пасти; II *vi* пастись; III **~, sich** *(an* D) наслаждаться, любоваться *(чем-л.)*, радоваться *(чему-л.)*

weidlich I *a* бодрый; II *adv* вдоволь, основательно

Weid‖mann *m* -(e)s, -männer охотник

Weidmannsheil! удачной охоты! *(приветствие охотников)*

weigern I *vt (jmdm.)* отказывать *(в чём-л.*

кому-л.); II ~, sich отказываться; сопротивляться
Weigerung f -, -en отказ; сопротивление
Weih I m -(e)s, -; **Weihe** f -, -n лунь; коршун
Weihe II f -, -n церк. освящение; посвящение
weihen vt 1. церк. освящать; 2. церк. посвящать; **jmdn. zum Priester** ~ посвящать кого-л. в священники; 3. (D) посвящать (что-л. чему-л.); **dem Untergang geweiht** обречённый на гибель
Weiher m -s, - (небольшой) пруд
Weihnachten pl рел. Рождество; **zu** ~ на Рождество
weihnachtlich a рел. рождественский
Weihnachtsabend m -s, -e сочельник (канун Рождества <24 дек.>, вечер вручения в нем. семьях рождественских подарков; празднуется в узком семейном кругу)
Weihnachts‖baum m -(e)s, -bäume рождественская ёлка
Weihnachts‖mann m -(e)s, -männer рождественский дед; Дед Мороз
Weihnachts‖pyramide f -, -n рождественская пирамида (украшение для рождественского стола в виде пирамиды)
Weihnachts‖tisch m -es, -e рождественский стол (1. стол с рождественскими подарками; 2. кушанья, подаваемые в нем. семьях на Рождество к столу: жареный гусь или индюшка, карп, рождественский кекс, пряники, орехи и др.)
Weih‖rauch m -(e)s ладан; фимиам; **jmdm.** ~ **streuen** курить фимиам; льстить кому-л.
Weih‖wasser n -s рел. святая вода; ◊ **etw. fürchten wie der Teufel das** ~ бояться чего-л. как чёрт ладана
weil conj потому что, так как
Weilchen n: **warte ein** ~! подожди минутку!
Weile f - некоторое время; **eine kleine [kurze]** ~ недолго, одну минутку; **damit hat es (noch) gute** ~ это не к спеху, время терпит; ◊ **eile mit** ~ посл. ≡ тише едешь - дальше будешь
weilen vi находиться, пребывать, останавливаться (где-л.); **nicht mehr unter den Lebenden** ~ умереть, не быть среди живых
Weiler m -s, - вейлер (1. небольшая деревня; 2. крестьянская усадьба, хутор)
Weimarer Klassizismus m - веймаровский классицизм (направление в нем. просветит. литературе 80-90-х 18 в.; представлен произведениями И.В. Гёте и Ф. Шиллера в период творческого содружества в Веймаре, теоретич. трудами И.И. Винкельмана, И.Г. Гердера, В. Гумбольдта)
Weimarer Koalitión f - веймарская коалиция (коалиция партий, образовывавших правительство в период Веймарской республики <1919-33>, в которую входили СДПГ, "Центр" и Нем. демокр. партия)
Weimarer Republik f - Веймарская республика (общепринятое название бурж.-дем. республики, существовавшей в Германии со времени принятия Веймарской конституции 1919 до установления фаш. диктатуры в 1933)
Weimarer Verfassung f - Веймарская конституция (принята 31.7.1919; оформила произошедшую в результате ноябрьской революции 1918 в Германии замену монархии бурж.-демокр. республикой)
Wein m -(e)s, -e 1. вино; **reiner** ~ натуральное вино; **schwerer [leichter]** ~ крепкое [лёгкое] вино; 2. виноград; ◊ **jmdm. reinen** ~ **einschenken** сказать кому-л. всю правду [всё начистоту]
Wein‖bau m -(e)s 1. виноградарство; 2. виноделие
Wein‖bauer m -n/-s, -n виноградарь
Wein‖berg m -(e)s, -e виноградник
Weinbrand m -es вайнбранд (дистиллированный из вина крепкий спиртной напиток с содержанием не менее 38 % алкоголя)
weinen vi (über A) плакать (о ком-л., о чём-л.); **um jmdn.** ~ оплакивать кого-либо; **sie weinte sich die Augen rot** её глаза покраснели от слёз; **zum Steinerweichen** ~ плакать навзрыд
Weinen n -s плач; **zum** ~ **bringen*** довести до слёз
weinerlich a плаксивый
Wein‖ernte f -, -n сбор винограда
Wein‖garten m -s, -gärten виноградник
Wein‖geist m -es винный спирт, алкоголь
Wein‖glas n -es, -gläser рюмка
Wein‖karte f -, -n прейскурант [карта] вин
Wein‖keller m -s, - винный погреб
Wein‖kelter f -, -n виноградный пресс
Wein‖krampf m -(e)s, -krämpfe истеричный плач
Wein‖lese f -, -n сбор винограда
Wein‖rebe f -, -n виноградная лоза

Wein∥schenke f -, -n кабак, погребок
Wein∥stock m -(e)s, -stöcke виноградная лоза
Wein∥stube f -, -n погребок
Wein∥traube f -, -n 1. кисть винограда; 2. pl виноград
Weinviertel (n) -s Вайнфиртель (геогр. обл. в Австрии <земля Ниж. Австрия>)
weise a мудрый
Weise I m -n, -n мудрец; ◇ der Stein der ~n философский камень
Weise II f -, -n способ, манера; die Art und ~ образ действия; auf diese ~ таким образом; auf welche ~ каким образом?; in großzügiger ~ 1) широко; 2) щедро; in liebenswürdiger ~ любезно
Weise III f -, -n напев, мелодия; die gleiche [die alte] ~ herunterleiern пренебр. твердить одно и то же, тянуть старую песню
Weisel f -, -n; m -s - пчелиная матка
weisen* I vt 1. показывать; указывать; jmdn. zur Ruhe ~ призвать кого-л. к порядку; 2. (an A) отсылать направлять (кого-л., что-л. кому-л.); aus dem Lande ~ высылать [изгонять] из страны; II vi (auf A) указывать (на кого-л., на что-л.)
Weisheit f - мудрость; ich bin mit meiner ~ zu Ende я попробовал все средства; я не знаю, что делать дальше; behalte deine ~ für dich! не вмешивайся!
Weisheits∥zahn m -(e)s, -zähne зуб мудрости
weislich adv благоразумно
weiß a 1. белый; eine ~e Taube белый голубь; 2. белый, седой; ~ werden поседеть; 3. чистый; ein ~es Blatt Papier чистый лист бумаги
Weiß n -/-es 1. белизна, белый цвет; 2. белая краска, белила; 3. шахм. белые; ~ hat stets den Anzug первый ход всегда у белых
weis|sagen vi предсказывать, пророчествовать; предвещать; meine Ahnung weissagte mir nichts Gutes я предчувствовал недоброе
Weis∥sager m -s -; ~in f -, -nen предсказатель, -ница; пророк, пророчица
Weis∥sagung f -, -en предсказание, пророчество
Weiß∥bäckerei f -, -en булочная
Weiß∥bier n -(e)s светлое пиво
weißblond a белокурый
Weiß∥brot n -(e)s, -e белый [пшеничный] хлеб
Weiß∥dorn m -(e)s боярышник
Weiße I f - 1. белизна; 2. белый цвет

Weiße II n -n, -n белок (яйца, глаза)
Weiße Elster f - Вайсе-Эльстер (река в ФРГ, правый приток реки Заале)
weißen vt белить
Weißensee (n) -s Вайзензее (гор. р-н Берлина)
Weißes Meer n -es Белое море (море Сев. Ледовитого океана, на С. Европейской части РФ)
"Weiße Rose" f - "Белая роза" (подпольная антифаш. группа Сопротивления в Мюнхене <1942–1943>; участники группы были арестованы и казнены в февр. – июле 1943 <назв. от листовок, распространявшихся группой под наименованием "листовки белой розы">
Weißer Sonntag m -s, -e белое воскресенье (первое воскресенье после Пасхи)
Weiß∥fuchs m -es, -füchse песец
weißglühend a раскалённый добела
Weiß∥glut f - тех. белое каление; ◇ jmdn. (bis) zur ~ reizen довести кого-л. до белого каления
Weiß∥kohl m -(e)s; ~kraut n -(e)s капуста белокочанная
Weiß∥näherin f -, -nen белошвейка
weiß|waschen* I vt пытаться обелить (кого-л.); II ~, sich vt пытаться обелить [оправдать] себя
Weiß∥wurst f - вайсвурст/"белая колбаса" (вареная телячья колбаса с приправами, которую перед употреблением подогревают в кипящей воде)
Weisung f -, -en 1. указание, предписание, директива; 2.: ~ Nr 21 f - директива № 21, см. Barbarossaplan
weit a 1. далёкий; von ~em издали; 2. обширный; широкий; просторный; ◇ bei ~em nicht... далеко не ...; ~ und breit повсюду
weitab adv далеко
weit∥aus adv намного, гораздо; ~ besser намного лучше; ~ der Beste самый лучший
weitberühmt a знаменитый, широко известный
Weit∥blick m -(e)s дальновидность
Weite I f -, -n 1. даль; простор; широта; die ~n des Ozeans просторы океана; in die ~n ziehen* отправляться в далёкий путь; 2. протяжение, протяжённость, расстояние; длина (пути); 3. ширина; диаметр; размер; 4. геогр. широта
Weite II n: das ~ suchen искать спасения бегством, бежать, спасаться
weiten I vt расширять; einen Schuh ~ растягивать ботинок; II ~, sich расширяться (тж. перен. о кругозоре)

weiter I *a* дальнейший; II *adv* дальше; больше; ~ **nichts** больше ничего; ♦ **ohne ~es** просто; безоговорочно; **bis auf ~es** впредь до особых распоряжений
weiter|bestehen* *vi* продолжать существовать
weiter|bilden *vt* повышать *(чью-л.)* квалификацию
Weiter||bildung *f* - повышение квалификации
weiter|bringen* *vt* продвигать дальше *(какое-л. дело)*
Weitere: das ~ wird sich finden дальнейшее покажет, дальше будет видно
Weiter||entwicklung *f* -, -en дальнейшее развитие
weiter||fahren* *vi* (s) 1. (продолжать) ехать [идти] дальше; 2. продолжать; **mit der Rede ~** продолжать выступать [говорить]
weiter||führen *vt* продолжать вести, вести дальше
Weiter||gabe *f* - передача
Weiter||gang *m* -(e)s продолжение, развитие
weiter|geben* *vt* передавать; отдавать другому
weiter|gehen* *vi* (s) 1. идти дальше, проходить; **bitte gehen sie weiter!** пожалуйста, проходите!; 2. продолжаться; **so kann es nicht ~** так больше не может продолжаться
weiter|helfen* *vi (jmdm.)* 1. помочь идти [двигаться] вперёд *(кому-л.)*; 2. помочь выйти из тяжёлого положения *(кому-либо)*
weiterhin *adv* дальше, впредь
weiter|kommen* *vi* (s) двигаться [продвигаться] вперёд; *перен. тж.* преуспевать; **so kommen wir nicht weiter!** *перен.* так мы далеко не уйдём
weiter|leiten *vt* 1. передавать [переправлять] дальше; 2. транслировать
weiter|machen: ~! *воен.* вольно! *(команда; при нахождении военнослужащих вне строя)*
Weiter||reise *f* -, -n дальнейшее путешествие, продолжение путешествия [поездки]
weiter|rücken *vt* отодвигать; двигать, продвигать вперёд
Weiterung *f* -, -en, *б.ч. pl* 1. *канц.* последствия; 2. проволочка, препятствие
weiter|vermieten *vt* передавать *(комнату внаём)*
weiter|vermitteln *vt* передавать *(знания, опыт)*
weitgehend *a* далеко идущий, значительный; широкий *(о планах, полномочиях);* **~es Verständnis für etw. (A) finden*** встретить [найти] глубокое понимание чего-л.
weitgereist *a* побывавший в далёких странах
weither *adv* издалека
weitherzig *a* щедрый; великодушный
weithin *adv* вдаль
weitläufig I *a* 1. пространственный, обширный; 2. подробный, многословный; II *adv* 1. пространно, многословно; 2.: **wir sind mit ihm ~ verwandt** мы с ним дальние родственники
weitreichend *a* 1. обширный; обладающий большим радиусом действия; **~e Pläne** далеко идущие планы; 2. *воен.* дальнобойный
weitschweifig *a* многоречивый, многословный
weitsehend *a* дальновидный
Weit||sicht *f* - *см.* Weitsichtigkeit 2
weitsichtig *a* 1. дальнозоркий; 2. дальновидный, проницательный
Weitsichtigkeit *f* - 1. дальнозоркость; 2. дальновидность, проницательность
Weit||sprung *m* -(e)s, -sprünge *спорт.* прыжок в длину
weitspurig *a ж.-д.* ширококолейный
weittragend *a* 1. дальнобойный; 2. важный, значительный
Weitung *f* -, -en расширение
weitverbreitet *a* широко распространённый
weitverzweigt *a* 1. разветвлённый; развесистый; 2. *перен.* большой; многочисленный
Weizen *m* -s пшеница; ♦ **sein ~ blüht** его дела идут хорошо, ему везёт
welch *(тж. m* welcher, *f* welche, *n* welches, *pl* welche) I *pron inter* : **~er Schüler hat gefehlt?** какой ученик отсутствовал?; **~ ein schöner Tag heute!** какой чудесный день сегодня!; **~es [~e] sind die Eigenschaften dieses Stoffes?** каковы свойства этого материала?; II *pron rel* (G *sg m*, *n* dessen, G sg *f*/G *pl* deren) который; **Mann, ~er es tat** человек, который это сделал; III *pron indef разг.:* **~es** кое-что; **~e** кое-какие; **ich habe kein Geld. Hast du ~es?** у меня нет денег. У тебя есть что-нибудь [сколько-нибудь]?
welcherart, welcherlei *a inv* какого рода
Welfen *pl* Вельфы *(нем. княжеский род, герцоги Баварии <1070–1137> и Саксонии <1137–1180>)*
welk *a* вялый, дряблый

welken *vi* (s) вянуть, увядать
Welkheit *f* - 1. вялость *(листьев)*; 2. дряблость
Welle *f* -, -n 1. волна, водяной вал; **sich von den ~n tragen lassen*** отдаваться на волю волн; **die See wirft hohe ~n** море волнуется; 2. *физ.* волна; **auf ~n senden** передавать на волнах *(радио)*; 3. *тех.* вал; ось; цилиндр; 4. *спорт.* оборот; 5. *б.ч. pl* завивка *(о волосах)*
wellen *vt* 1. делать волнистым; 2. завивать
wellen‖artig, ~förmig *a* волнистый, волнообразный
Wellen‖bereich *m* -(e)s, -e *радио* диапазон волн
Wellenbrecher *m* -s, - волнолом, волнорез
Wellen‖gang *m* -(e)s, -gänge волнение на море
Wellen‖länge *f* -, -n *физ.* длина волны
Wellen‖lini|e *f* -, -n волнистая линия
Wellen‖schlag *m* -(e)s, -schläge прибой волн
Wellen‖zapfen *m* -s, - *тех.* цапфа вала
Wellfleisch *n* -es буженина
wellig *a* 1. волнистый; **~es Gelände** холмистая местность; 2. волнующийся *(о море)*
Wellington *(n)* -s Веллингтон *(столица Новой Зеландии)*
Well‖pappe *f* -, -n волнистый картон
Wels *m* -es, -e *зоол.* сом
Welt *f* -, -en 1. мир, свет; **die Alte ~** Старый Свет; **die Neue ~** Новый Свет; **am Ende der ~** на краю света; ✧ **das Licht der ~ erblicken, zur ~ kommen*** появиться на свет, родиться; **Kinder zur ~ bringen*, Kinder in [auf] die ~ setzen** производить на свет [рожать] детей; **jmdn., etw. aus der ~ schaffen** покончить с кем-л., с чем-л., уничтожить кого-л., что-л.; **mit der ~ abschließen*** покончить счёты с миром, умереть; **um nichts in der ~!** ни за что на свете!; **um alles in der ~!** ради всего святого!; 2.: **alle ~, die ganze ~** весь мир, весь свет, все люди; **vor aller ~** при всех, при всём честном народе; **das ist nicht alle ~ wieviel** это уж не так много
Welt‖all *n* -s вселенная, космос
Welt‖alter *n* -s век, вечность
weltanschaulich *a* мировоззренческий
Welt‖anschauung *f* -, -en мировоззрение
Welt‖atlas *m* -/-ses, -lanten атлас мира
Welt‖ausstellung *f* -, -en всемирная выставка
welt‖bekannt, ~berühmt *a* всемирно известный

Welt‖bestleistung *f* -, -en мировой рекорд, мировое достижение
Welt‖bewegung *f* -, -en всемирное движение, международное движение
Welt‖bund *m* -(e)s, -bünde всемирный союз, всемирная федерация
Welt‖bürger *m* -s, - космополит, гражданин мира
Welt‖bürgertum *n* -s космополитизм
Welt‖ereignis *n* -ses, -se событие мировой важности
Welter‖gewicht *n* -(e)s полусредний вес *(боксёра)*
weltfern *a* очень далёкий от действительности [от мира, от жизни]
Welt‖festspiele *pl* всемирный фестиваль
weltfremd *a* далёкий от жизни; не от мира сего
Welt‖geschehen *n* -s международные события
Welt‖geschichte *f* - всемирная история
weltgeschichtlich *a* всемирно-исторический
Weltherrschafts‖anwärter *m* -s, - претендент на мировое господство
Welt‖karte *f* -, -n карта мира
weltklug *a* знающий свет, умудрённый житейским опытом
Welt‖körper *m* -s, - *астр.* небесное тело
Welt‖krieg *m* -es, -e мировая война
Welt‖kugel *f* - земной шар
Welt‖lage *f* - международное положение вещей
Welt‖lauf *m* -(e)s ход вещей
weltlich *a* 1. земной; 2. светский
Welt‖macht *f* -, -mächte мировая держава
Welt‖mann *m* -(e)s, -männer светский человек
weltmännisch *a* светский
Welt‖markt *m* -(e)s, -märkte мировой рынок
Welt‖meer *n* -(e)s, -e (мировой) океан
Welt‖meister *m* -s, - чемпион мира
Welt‖meisterschaft *f* -, -en *спорт.* первенство мира
Welt‖raum *m* -(e)s вселенная
Weltraum‖fahrer *m* -s, - космонавт
Weltraum‖flug *m* -es, -flüge космический полёт
Welt‖ruf *m* -(e)s мировая известность
Welt‖schmerz *m* -es мировая скорбь
Welt‖sicherheit *f* - международная безопасность
Welt‖teil *m* -(e)s, -e часть света
weltumfassend *a* всемирный, охватывающий весь мир
Welt‖umschiffung *f* -, -en кругосветное плавание *(на любом судне)*

Welt∥umsegelung *f* -, -en кругосветное плавание *(на парусном судне)*
Welt∥verkehr *m* -(e)s международные сношения
weltverlassen *a* заброшенный всеми
weltweit *a* охватывающий весь мир
Welt∥wirtschaft *f* - мировое хозяйство
Welt∥wunder *n* -s, - чудо света
wem *pron inter* D *om* wer
Wem∥fall *m* -(e)s, -fälle *грам.* дательный падеж
wen *pron inter* a *om* wer
Wende *f* -, -n 1. поворот; 2. перемена *(судьбы и т. п.)*; 3. рубеж *(о времени)*; **um die ~ des Jahrhunderts** на рубеже двух столетий [веков]; **um die ~ des Jahres** в самом конце (текущего) года; в самом начале (будущего) года; в канун Нового года
Wende∥kreis *m* -es, -e *геогр.* тропик; **~ des Krebses** Северный Тропик, Тропик Рака; **~ des Steinbocks** Южный Тропик, Тропик Козерога
Wendel∥treppe *f* -, -n винтовая лестница
Wende∥marke *f* -, -n *спорт.* поворотный знак [пункт]
wenden* I *vt* 1. поворачивать, обращать, вращать; **kein Auge von jmdm. ~** не сводить глаз с кого-л.; 2. переворачивать, лицевать *(платье)*; **das Heu ~** ворошить сено; **bitte ~!** смотри на обороте!; 3. *(an* A*)* тратить *(что-л. на что-л.)*; **er hat viel Mühe und Kraft daran gewandt** он приложил к этому много сил и стараний; II *vi (тж. по слаб. скл.)* поворачивать (обратно) *(об автомобиле и т. п.)*; III *~ sich* 1. поворачиваться; **sich zur Flucht ~** обращаться в бегство; 2. *(an jmdn.)* обращаться *(к кому-л.)*; 3. меняться, перемениться *(о погоде, положении, разговоре)*; ◊ **das Blatt hat sich gewendet** ситуация (резко) изменилась
Wende∥platz *m* -es, -plätze место поворота, поворотный круг
Wende∥punkt *m* -(e)s, -e перелом, кризис, поворотный пункт
Wender *m* -s, - 1. коммутатор, переключатель; 2. (сено)ворошилка
wendig *a* 1. подвижный, поворотливый, юркий; **ein ~es Pferd** хорошо объезженная лошадь; 2. маневренный *(тж. воен.)*; 3. изворотливый, ловкий
Wendung *f* -, -en 1. поворот; 2. перемена; 3. оборот *(дела)*; **die Sache nimmt eine andere ~** дело принимает другой оборот
Wen∥fall *m* -(e)s, -fälle *грам.* винительный падеж

wenig I *pron indef* мало, немного; немногие, немногое; **~e** немногие, немного; мало; **~e glauben es** мало кто этому верит; **er hat ~ Zeit** у него мало времени; **~ sein** не хватать; **in ~(en) Tagen** через несколько дней; **mit ~en Worten erklären** объяснить в нескольких словах; **ich habe ~ für ihn übrig** он мне не нравится; II *adv* мало; **zu ~** слишком мало; **ein (klein) ~** немного, немножечко; *см. тж.* weniger
weniger *adv (comp om* wenig*)* 1. меньше, менее; **mehr oder ~** более или менее; **desto ~** тем менее; **nicht ~ als ...** по меньшей мере ..., не менее чем ...; 2. *мат.* минус; **fünf ~ zwei ist drei** пять минус два равно трём
Wenigkeit *f* -, -en небольшое количество, малость; **meine ~** моя скромная особа
wenigst *(superl om* wenig*)* I *pron indef* малейший; **es ist das ~e, was du tun kannst** это минимальное, что ты можешь сделать; II *adv*: **am ~en** меньше всего; **zum ~en** по крайней мере, по меньшей мере, хотя бы
wenigstens *mod adv* по крайней мере, по меньшей мере, хотя бы
wenn *conj* 1. когда; **~ der Herbst beginnt** когда наступит осень; 2. если; **wenn du Zeit hast, komm zu mir** если у тебя есть время, приходи ко мне; **selbst ~** даже если; **~ auch** даже если, хотя (и), несмотря на; **~ auch!** но если даже и так!; **~ doch** если бы; **~ doch wenigstens, ~ doch nur** хотя бы; **~ nur** лишь бы
Wenn: mach nicht so viele ~ und Aber! не ищи отговорок
wenn∥gléich, ~schon *conj* хотя; даже если; раз; **[na] ~!** *разг.* ну и что же!, ну и пусть!; **~ dennschon** *разг.* раз уж так, значит, только так; уж делать – так делать; была не была
wer (G wessen, D wem, *a* wen) I *pron inter* кто?; **~ ist da?** кто тут [там]?; **~ da?** *воен.* кто идёт?; II *pron rel* тот, **das tut, hat die Folgen zu tragen** кто это сделает, ответит за последствия; ◊ **~ wagt, gewinnt** *посл.* ≅ риск – благородное дело; III *pron indef* кто-нибудь, кто-то; **ist ~ gekommen?** пришёл кто-нибудь?
Werbe∥aktión *f* -, -en мероприятие по вербовке [по набору]; агитация
werben* I *vt* вербовать; **Kunden ~** *ком.* вербовать клиентов; II *vi* 1. *(für* A*)* агитировать *(за что-л.)*; рекламировать *(что-л.)*; 2. *(um* A*)* добиваться, домогаться *(чего-л.)*; **um ein Mädchen ~** свататься к девушке

Werber *m* -s - вербовщик
Werbung *f* -, -en 1. вербовка; агитация; 2. *воен.* набор; 3. домогательство; 4. сватовство; 5. агитационный плакат
Werde∥gang *m* -(e)s ход развития, развитие, становление
werden* I *vi* (s) 1. (N) становиться, делаться *(кем-л., чем-л., каким-л.)*; *(zu* D) превращаться *(во что-л.)*; **es wird dunkel** становится темно; **was wird daraus?** что из этого выйдет?; **was soll aus ihm ~ ?** что из него получится?; **was will er ~?** кем он хочет стать [быть]?; **die werdende Mutter** будущая мать; 2.: **alt ~** стареть; **anders ~** меняться; **krank ~** заболеть; II *вспомогательный глагол, служащий для образования футурума* I *и* II *пассива*; **ich werde lesen** я буду читать; **das Haus wird gebaut** дом строится; ◇ **euch werde ich!** вот я вас! *(угроза)*
Werden *n* -s становление, возникновение, образование; **im ~ sein** быть в процессе становления, возникать
Werder *m* -s, - островок *(на реке)*; осушеный участок
Wer∥fall *m* -(e)s, -fälle *грам.* именительный падеж
werfen* I *vt* 1. бросать, кидать, метать; **den Brief in den Kasten ~** бросить [опустить] письмо в ящик; **die Tür ins Schloß ~** захлопнуть дверь; **Blicke ~** бросать взгляды; 2. набрасывать; **den Mantel über die Schultern ~** набросить пальто на плечи; **seine Gedanken aufs Papier ~** набросать свои мысли на бумаге; 3. выбрасывать, сбрасывать; **Waren auf den Markt ~** выбрасывать товары на рынок; 4. отбрасывать *(тень, перен. сомнения и т. п.)*; 5.: **die See wirft hohe Wellen** море волнуется; **das Tuch wirft Falten** платок ложится складками; 6. приносить, родить *(о животных)*; II *vt:* **mit Geld um sich ~** швырять [сорить] деньгами; III ~ **sich** 1. *(auf* A) бросаться *(на кого-л., на что-л.)*; **sich zu Boden ~** бросаться на землю; **sich in die Kleider ~** *разг.* быстро одеться; 2. *(mit* D) бросаться, кидаться *(чем-л.)*; 3. коробиться, перекоситься, деформироваться
Werft *f* -, -en верфь
Werft∥arbeiter *m* -s, - судостроительный рабочий
Werg *n* -(e)s костра; пакля; кудель, очёс; ◇ **~ am Rocken haben** ≅ иметь рыльце в пушку
Werk *n* -(e)s, -e 1. дело; труд, работа; **das war sein ~** это было делом его рук; **ans ~ [zu -e] gehen*, sich ans ~ machen** приниматься [взяться] за дело [за работу]; **etw. ins ~ setzen** осуществлять, организовать что-л.; **am -e sein** 1) трудиться над чем-л.; 2) быть в действии *(о каких-л. силах)*; **das ~ lobt den Meister** *посл.* мастера узнают по работе; 2. произведение; сочинение; изделие; **gesammelte ~e** собрание сочинений; 3. завод, фабрика; 4. механизм 5. оборонительное сооружение, укрепление
Werk∥abteilung *f* -, -en цех *(завода, фабрики)*
Werk∥bank *f* -, -bänke станок, верстак
werken I *vi* работать; II *vt* обрабатывать
Werk∥halle *f* -, -n цех *(завода, фабрики)*
Werk∥leiter *m* -s, - директор завода [фабрики]
Werk∥meister *m* -s, - мастер *(на заводе, на фабрике)*
Werk∥schule *f* -, -n школа фабрично-заводского обучения
Werk∥schutz *m* -es заводская охрана
werkseigen *a* заводской, являющийся собственностью завода
Werk∥statt *f* -, -stätten; **~stätte** *f* -, -n мастерская; цех *(на заводе, фабрике)*
Werk∥stoff *m* -(e)s, -e материал *(подлежащий производственной обработке)*
Werk∥stück *n* -(e)s, -e изделие; деталь; заготовка
Werk∥tag *m* -(e)s, -e рабочий день, будничный день
werktäglich *a* рабочий, будничный
werktags *adv* по рабочим [будничным] дням
Werktags∥kleid *n* -(e)s, -er будничная одежда, будничное платье
werktätig *a* 1. трудящийся; 2. активный, действенный
Werktätige *subst m, f* -n, -n трудящийся, -щаяся; труженик, -ница
Werk∥tisch *m* -(e)s, -e верстак
Werk∥unterricht *m* -(e)s труд *(школьная дисциплина)*
Werk∥vertrag *m* -(e)s, -träge подряд
Werk∥zeug *n* -(e)s, -e инструмент; орудие; штамп; **ein willenloses ~ in jmds. Händen sein** быть безвольным орудием в чьих-л. руках
Werkzeug∥kasten *m* -s, -/-kästen ящик для инструментов
Werkzeug∥maschine *f* -, -n *тех.* (металлообрабатывающий) станок
Werkzeug∥maschinenfabrik *f* -, -en станкостроительный завод

Wermut *m* -(e)s 1. полынь; 2. вермут *(вино)*
Werner Вернер *(муж. имя)*
Werngard Вернгард *(жен. имя)*
Wernhard Вернхард *(муж. имя)*
Wernigerode *(n)* -s Вернигероде *(город в ФРГ ‹земля Саксония-Ангальт›; славится своими фахверковыми домами, в том числе своей ратушей)*
wert *a* 1. дорогой, милый; уважаемый; 2. стоящий; достойный; **das ist nicht der Mühe ~** это не стоит труда
Wert *m* -(e)s, -e 1. стоимость; ценность; цена; **ohne ~** не имеющий ценности; **im ~ steigen* [sinken*]** подниматься [падать] в цене; **an ~ gewinnen*** приобретать большую ценность; 2. ценность, значение; **wenig ~ auf etw. (A) legen** не придавать большого значения чему-л.; **er ist seines ~es bewußt** он знает себе цену
wert||achten *vt* уважать
Wert||angabe *f* -, -n объявление цены *(на почте, таможне)*
Wert||arbeit *f* -, -en высококачественная работа
wertbeständig *a* ценный, со стабильной ценностью *(о бумагах)*
Wert||betrag *m* -(e)s, -träge стоимость
Wert||brief *m* -(e)s, -e ценный пакет, ценное письмо, письмо с объявленной ценностью
werten *vt* ценить, оценивать
Werter Вертер *(муж. имя)*
Wert||gegenstand *m* -(e)s, -stände ценность, ценный предмет
Wert||gesetz *n* -es, -e закон стоимости
wert||halten* *vt* ценить, уважать
Wertigkeit *f* - *хим.* валентность
wertlos *a* обесцененный, не имеющий ценности
Wert||maß *n* -es, -e мера стоимости
wertmäßig *a* в ценностном выражении
Wert||paket *n* -(e)s, -e ценная посылка
Wert||sachen *pl* ценности, ценные вещи
wert||schätzen *vt* уважать *(кого-л.)*; дорожить *(кем-л., чем-л.)*
Wert||schätzung *f* -, -en уважение; **~ genießen*** пользоваться уважением
Wert||theorie *f* -, -i̯en *эк.* теория стоимости
Wertung *f* -, -en оценка; **~ nach Punkten** *спорт.* оценка по очкам
Wertungs||tafel *f* -, -n *спорт.* таблица (с указанием) очков
wertvoll *a* (драго)ценный
Wert||zuwachs *m* -es прирост стоимости
Werwolf I *m* -(e)s, -wölfe *миф.* оборотень *(человек, могущий превращаться в волка)*
Werwolf II *m* -es, -wölfe вервольф (1. созданные в апр. 1945 нем. фашистами органы для продолжения вооруж. борьбы на нем. территории, занятой войсками стран антигитлеровской коалиции; 2. военно-фаш. организация периода Веймарской республики; 3. крестьянская организация самообороны в период Тридцатилетней войны 1618—1648)
wes *уст.* G от **wer** и **was**
Wesen *n* -s, - 1. существо; 2. нрав, характер; поведение; **sein ~ treiben*** распоряжаться по своему; 3. суть, сущность, существо; **seinem innersten ~ entsprechend** по самому своему существу; 4. существование; 5. шум, суматоха, возня; **viel ~(s) machen mit [von] jmdm., mit [von] etw. (D), um jmdn., um etw. (A)** поднимать много шума вокруг кого-л., чего-л.; **nicht viel ~(s) mit jmdm. machen** не слишком церемониться с кем-л.
Wesenheit *f* - *филос.* бытие
wesenlos *a* несущественный; **~e Schatten** призрачные тени
Wesens||zug *m* -(e)s, -züge характерная [основная] черта
wesentlich *a* существенный; значительный; важный; **im ~en** в основном
Wesentliche *subst n* -n суть, главное
Weser *f* - Везер *(река в ФРГ, впадает в Сев. море)*
Weser AG *f* - "Везер АГ" *(одна из крупнейших судостроительных компаний в ФРГ)*
Weserbergland *n* -es Везерская горная страна *(лесистая местность ‹горы, холмы› по обе стороны реки Везер ‹ФРГ›)*
Wes||fall *m* -(e)s, -fälle *грам.* родительный падеж
weshalb *adv* почему; за что, отчего
Wespe *f* -, -n *биол.* оса
Wespen||nest *n* -es, -er осиное гнездо; ◇ **in ein ~ greifen* [stechen*]** тронуть осиное гнездо; затронуть щекотливую тему
wessen G от **wer** и **was**
West *m* 1. *inv (употр. без артикля)* *поэт.*, *мор.* запад, вест; 2. -(e)s, -e *поэт.*, *мор.* западный ветер, вест
Westathen *(n)* -s Западные Афины *(образное назв. г. Мюнхен, знаменитого своими музеями, театрами, высокой муз. культурой, архитектурой)*

Weste <*lat.-it.-fr.*> *f* -, -n жилет; **eine reine ~ haben** иметь незапятнанное имя
Westen *m* **1.** *inv (употр. без артикля)* запад; **im ~** на западе; **nach ~** на запад; **2. -s** запад *(территория)*
Westen‖tasche *f* -, -n жилетный карман; ◊ **jmdm., etw. wie seine ~ kennen*** ≅ знать кого-л., что-л. как свои пять пальцев
Westerwald *m* -es Вестервальд *(горы в ФРГ* <*земли Рейнланд-Пфальц и Гессен*>*)*
Westeuropäische Unión *f* - Западно-европейский союз *(объединение зап.-евр. стран, возникшее на основе Брюссельского пакта, подписанного 17.3.1948 Францией, Великобританией, Бельгией, Нидерландами и Люксембургом, об экономическом, социальном, культурном сотрудничестве и о коллективной обороне; в 1954 к нему присоединилась Италия, а в 1955 - ФРГ)*
Westfalen *(n)* -s Вестфален *(ист. обл. Германии)*
Westfalenhalle *f* - Вестфаленхалле *(многоцелевой комплекс в г. Дортмунд* <*ФРГ*>*)*
westfälisch *a* вестфальский
Westfälische Pforte *f* - Вестфальские ворота *(ущелье реки Везер южнее г. Минден)*
Westfälischer Frieden *m* -s Вестфальский мир *(два мирных договора, подписанных в городах Мюнстере и Оснабрюке 24 окт. 1648; завершил тридцатилетнюю войну 1618-1648; способствовал дальнейшему раздроблению и ослаблению Германии)*
westlich I *a* западный; II *adv* к западу, на запад; западнее
westwärts *adv* на запад, (по направлению) к западу
weswégen *adv* почему, отчего; за что
wett: wir sind ~ мы квиты
Wett‖bewerb *m* -(e)s, -e **1.** соревнование; **den ~ antreten*, in den ~ treten*** вступить в соревнование; **im ~ mit jmdm. stehen* [sein]** соревноваться с кем-л.; **2.** соревнование, состязание; **3.** *эк.* конкуренция
Wettbewerber *m* -s, - участник соревнования [состязания, конкурса]
Wettbewerbs‖wertung *f* -, -en подведение итогов соревнования
Wette *f* -, -n пари, спор; **eine ~ eingehen*** держать пари, биться об заклад; **was gilt die ~?**; на что спорим?; **um die ~ laufen*** бегать наперегонки

Wett‖eifer *m* -s **1.** соревнование, соперничество; **2.** рвение
wett|eifern *vi* соревноваться, состязаться
wetten *vt, vi (um* А*)* держать пари *(на что-л.)*; биться об заклад; **um 100 Mark ~** держать пари на 100 марок; **auf ein Pferd ~** ставить на какую-л. лошадь *(на скачках)*
Wetter *n* -s, - **1.** погода; **es ist (anhaltend) schönes ~** стоит хорошая погода; ◊ **schlagende ~** рудничный газ; **2.** буря, гроза; **das ~ zieht herauf** надвигается гроза; ◊ **alle ~!** чёрт возьми!, вот это да! *(возглас удивления, восхищения)*
Wetterau *f* - Веттерау *(равнина в ФРГ* <*земля Гессен*>*)*
Wetter‖aussichten *pl* прогноз погоды, виды на погоду
Wetter‖bericht *m* -(e)s, -e метеорологическая сводка, сводка погоды
Wetter‖dienst *m* -(e)s служба погоды
Wetter‖fahne *f* -, -n флюгер *(тж. перен.)*; ◊ **er ist die reinste ~** ≅ у него семь пятниц на неделе
wetterfest *a* **1.** выносливый, закалённый; **2.** *с.-х.* устойчивый, выносливый *(в отношении атмосферных влияний)*
Wetter‖karte *f* -, -n синоптическая карта
Wetter‖kunde *f* - метеорология
Wetter‖lage *f* - состояние погоды, атмосферные условия
wetterleuchten *vimp*: **es wetterleuchtet** сверкает зарница
Wetter‖leuchten *n* -s зарница
Wetter‖mantel *m* -s, -mäntel непромокаемое пальто, плащ
wettern I *vimp*: **es wettert** гром гремит; непогода бушует; II *vi (auf, gegen, über А)* бушевать, шуметь *(из-за кого-л., из-за чего-л.)*; кричать *(на кого-л.)*
Wetter‖schacht *m* -(e)s, -schächte *горн.* вентиляционная шахта
Wetter‖seite *f* -, -n наветренная сторона
Wetter‖umschlag *m* -(e)s, -schläge резкая перемена погоды
Wetter‖vorhersage *f* - прогноз погоды
Wetter‖warte *f* -, -n метеорологическая станция
Wetter‖wechsel *m* -s, - перемена погоды
wetterwendisch *a* изменчивый, непостоянный
Wett‖fahrt *f* -, -en гонки
Wett‖kampf *m* -(e)s, -kämpfe состязание, соревнование, матч
Wett‖kämpfer *m* -s, - *спорт.* участник соревнований
Wett‖lauf *m* -(e)s, -läufe состязание в беге; пробег

wett|laufen* *vi* (s) состязаться в беге; бежать наперегонки
Wett|||läufer *m* -s, -; **~in** *f* -, -nen бегун, -нья
wett|machen *vt* возместить, восстановить *(потерю)*
Wett|||rennen *n* -s, - бега, скачки
Wett|||rudern *n* -s гребные гонки
Wett|||rüsten *n* -s гонка вооружений
Wett|||schwimmen *n* -s состязания [соревнования] по плаванию
Wett|||spiel *n* -(e)s, -е игра, состязание
Wett|||streit *m* -(e)s, -е **1.** состязание, соревнование; **2.** спор; **akademischer ~** научный спор, дискуссия, полемика
wett|streiten* *vi* **1.** состязаться, соревноваться; **2.** спорить
wetzen *vt* **1.** точить, заострять; **2.** *перен.* оттачивать; **den Geist ~** укреплять дух; ◇ **der kann aber ~!** *разг.* ну и шаги у него!, как он бегает!
Wetz|||stein *m* -(e)s, -е точило, оселок
Whisky ['viski:/'wiski] <*kelt.-engl.*> *m* -s, -s виски
Whist [vist/wist] <*engl.*> *n* -(e)s *карт.* вист
wich *impf* от **weichen***
Wichs *m* -es *разг.* парадный наряд; **in vollem ~** при полном параде
Wichs|||bürste *f* -, -n сапожная щётка
Wichse *f* -, -n **1.** вакса, сапожный крем; **2.** политура для мебели; **3.** *разг.* побои; ◇ **es wird ~ setzen** предстоит трёпка [взбучка]; **~ kriegen** получать побои; **das ist alles dieselbe ~** *разг.* это всё одно и то же
wichsen *vt* **1.** чистить *(обувь);* **2.** красить *(усы);* **3.** полировать, вощить *(мебель);* **den Fußboden ~** натирать пол; **4.** *разг.* отколотить *(кого-л.)*
Wicht *m* -(e)s, -е **1.** *разг.* малыш; малый, парень; **2.** *разг.* негодяй; **ein feiger ~** трус; **3.** *см.* **Wichtelmännchen**
Wichte *f* -, -n *физ.* удельный вес; объёмный вес
Wichtel|||männchen *n* -s, - *миф.* гном; карлик; домовой
wichtig *a* важный; **~ tun*, sich ~ machen** важничать; **er nimmt sich ~** он много воображает
Wichtigkeit *f* - **1.** значение, важность; **sich (D) große ~en zusprechen*** быть о себе высокого мнения; **2.** *pl* **~en** важные обстоятельства
Wichtig|tuer *m* -s, - тщеславный [надменный] человек; хвастун
Wichtig|||tuerei *f* - тщеславие, важничанье
Wicke *f* -, -n *бот.* вика, горошек; **in die**

~n gehen* *разг.* пропасть, исчезнуть; погибнуть
Wickel *m* -s, - **1.** свёрток; **2.** пелёнка; **3.** *мед.* компресс; **4.** пучок; моток
Wickel|||gamasche *f* -, -n обмотка *(на ногах)*
Wickel|||kind *n* -(e)s, -ер грудной ребёнок, младенец
wickeln I *vt* **1.** *(auf* A) наматывать *(что-л. на что-л.);* **2.** *(in* A) заворачивать *(что-л. во что-л.);* **3.** пеленать *(ребёнка);* **II ~, sich** *(in* A) закутываться *(во что-л.)*
Wickel|||tuch *n* -(e)s, -tücher детская простынка, пелёнка
Wick(e)lung *f* -, -en *эл.* обмотка
Wickel|||zeug *n* -(e)s пелёнки
Widder *m* -s - **1.** баран; **2.** Овен *(созвездие);* **3.** таран
wider I *prp* (A) против, вопреки; **~ den Strom** против течения; **~ Willen** вопреки воле; ◇ **wer nicht mit mir ist, der ist ~ mich** *библ.* кто не со мной, тот против меня; **II** *adv:* **hin und ~** то туда, то сюда; то вперёд, то назад
wider- *отд. и неотд. глаг. приставка указывает на противодействие:* **wider|spréchen*** противоречить; **wieder|spiegeln** отражать
Wider *n:* **das Für und (das) ~ erwägen*** взвесить все "за" и "против"
widereinánder *adv* друг против друга
wider|fáhren* *vi* (s) *(jmdm.)* случаться, происходить *(с кем-л.);* **ihm ist ein Unglück ~** его постигло несчастье; **mir ist die Ehre ~** на мою долю выпала честь
widerhaarig *a* *разг.* упрямый; **~ werden** *перен.* ощетиниться
Wider|||hall *m* -(e)s, -е эхо; отзвук; отголосок, отклик; *физ.* отражение звука; **~ finden*** вызвать отклики
wider|hállen *vi* отзываться; отдаваться; *физ.* отражаться *(о звуке)*
Wider|||halt *m* -(e)s опора, устой
wider|klingen* *см.* **widerhallen**
widerlégbar *a* опровержимый
wider|légen *vt* опровергать, оспаривать
Widerlégung *f* -, -en опровержение, возражение, оспаривание
widerlich *a* противный, отвратительный; **~ werden** опротиветь
Widerlichkeit *f* - отвратительность
widernatürlich *a* противоестественный
Widerpart *m* -(e)s, -е партнёр; противник *(в игре);* **den ~ machen** быть противником, играть против
wider|raten* *vt* отсоветовать
widerrechtlich *a* противозаконный

Wider∥rede f -, -n 1. возражение, противоречие; **ohne ~!** без возражений!; 2. речь оппонента
wider|réden см. wider|sprechen*
Wider∥ruf m -(e)s, -e 1. отмена; **bis auf ~** впредь до отмены; 2. опровержение; **~ tun*** отрекаться, отпираться
wider|rúfen* vt 1. отменять; 2. опровергать (что-л.); отрекаться (от чего-л.); **die Beleidigung ~** извиниться за нанесённое оскорбление
Widerrúfung f -, -en 1. отмена; 2. опровержение, отречение
Widersacher m -s, - противник
Widerschall m -(e)s, -e эхо; отзвук; отклик; отражение звука
wider|schallen см. wider|hallen
Wider∥schein m -(e)s, -e отблеск, отражение, отсвечивание
wider|sétzen, sich (D) противиться, сопротивляться (кому-л., чему-л.); возражать (кому-л. против чего-л.)
Widersétzlichkeit f - упорство, упрямство; строптивость
Wider∥sinn m -(e)s бессмыслица, абсурд
widersinnig a бессмысленный, нелепый
widerspenstig a упрямый, строптивый
wider|spiegeln и **wider|spíegeln** I vt отражать (тж. перен.); II **~, sich** отражаться (тж. перен.)
Widerspieg(e)lung f -, -en отражение (тж. перен.)
Widerspiel n -(e)s, -e 1. (полная) противоположность; 2. игра [действия] противоположной стороны
wider|spréchen* vi (D) противоречить (кому-л., чему-л.), возражать (кому-л. на что-л., против чего-л.)
widerspréchend a противоречивый
Wider∥spruch m -(e)s, -sprüche 1. противоречие; **ein krasser [scharfer] ~** резкое противоречие; **in ~ mit etw.** (D) **stehen* [sein]** находиться в противоречии с чем-л.; 2. возражение; **ohne ~** беспрекословно; **erhebt sich ~?** возражений нет?; **~ erfahren*** встречать возражения
Widerspruchs∥geist m 1. -es дух противоречия; 2. -es, -er спорщик
widerspruchslos I a беспрекословный; II adv без возражений, беспрекословно
Widerstand m -(e)s, -stände 1. сопротивление, отпор; (gegen A чему-л.); jmdm. **~ leisten** оказывать сопротивление кому-л.; **den ~ aufgeben*** прекращать сопротивление; **den ~ brechen*** сломить сопротивление; **auf ~ stoßen*** наталкиваться на сопротивление, встречать сопротивление; 2. эл. реостат

Widerstands∥bewegung f -, -en движение Сопротивления
widerstandsfähig a стойкий, выносливый
Widerstands∥fähigkeit f - сопротивляемость, выносливость; устойчивость (о растениях)
Widerstands∥kämpfer m -s, - боец движения Сопротивления
Widerstands∥kraft f -, -kräfte сопротивляемость, сила сопротивления; выносливость
Widerstandslini|e f -, -n воен. оборонительный рубеж
widerstandslos a без сопротивления, не оказывая сопротивления
wider|stéhen* vi (D) 1. сопротивляться (чему-м.); устоять (перед чем-л.); **dem Angriff ~** отразить нападение; **der Versuchung nicht ~ (können)** поддаться искушению; 2.: **diese Speise widersteht mir** эта пища мне противна
Widerstrahl m -(e)s, -en отблеск, отражение
wider|strahlen и **wider|stráhlen** I vt отражать, отсвечивать; II vi отражаться, отсвечиваться
wider|strében vi (D) (внутренне) сопротивляться, противиться (чему-л.); **es widerstrebt mir** мне противно
widerstrébend adv неохотно
Widerstreit m -(e)s, -e столкновение, спор
wider|stréiten* vi противоречить, идти наперекор
widerwärtig a противный, неприятный; отвратительный
Widerwärtigkeit f -, -en превратность, неприятность, напасть
Wider∥wille m -ns отвращение
widerwillig I a недовольный; вынужденный; II adv неохотно; с отвращением
widmen I vt (D) посвящать (что-л. кому-либо, чему-л.); II **~, sich** (D) посвящать себя (кому-л., чему-л.), отдаваться (чему-л.)
Widmung f -, -en посвящение
widrig a 1. противный; отвратительный; 2. противоположный, враждебный
widrigenfalls adv в противном случае
wie I adv как; каким образом; каков; ◇ **~ alt ist er?** сколько ему лет?; **~ (,) bitte?** простите, что Вы сказали?; **~ geht es dir?** как поживаешь?; **~ lange?** как долго?; II conj (при сравнении) как; **weiß ~ Schnee** белый как снег
Wie: es kommt auf das ~ an погов. ≡ и так, да не так; и то, да не то
Wieden (n) -s Виден (гор. р-н Вены ⟨Австрия⟩)

wieder *adv* опять; снова, вновь; ~ **und (immer)** ~ всё снова (и снова); **hin und** ~ иногда; **für [um] nichts und** ~ **nichts** ни за что, ни про что

wieder- *отд. и неотд. глаг. приставка указывает на восстановление прежнего состояния:* wieder|beleben возвращать к жизни; wieder|aufbauen восстанавливать

Wieder‖aufbau *m* -(e)s возобновление; реконструкция, перестройка

wieder|aufbauen *vt* (*impf.* baute wieder auf, *part. II* wiederaufgebaut) восстанавливать

Wieder‖aufleben *n* -s возрождение, оживление

Wieder‖aufnahme *f* - 1. возобновление *(дела);* 2. *(in* A) восстановление *(в партии, профсоюзе)*

wiederáuf|nehmen* *vt* (*impf* nahm wieder auf; *part II* wiederaufgenommen) 1. возобновлять *(дело);* 2. *(in* A) восстанавливать *в профсоюзе и т. п.),* принимать обратно *(в организацию)*

Wieder‖aufrüstung *f* -, -en ремилитаризация

wider|auf|stehen* *vi* (s) (*impf* stand wieder auf; *part II* wiederaufgestanden) подняться вновь, поправиться *(о тяжелобольном)*

Wiederaufstieg *m* -(e)s, -e новый подъём, восстановление *(хозяйства и т. п.)*

wiederáuf|tauchen *vi* (s) (*impf* tauchte wieder auf; *part II* wiederaufgetaucht) 1. снова выплыть; 2. появиться снова

wieder|bekommen* *vt* (*impf* bekam wieder; *part II* wiederbekommen) получать обратно

wieder|beleben *vt* (*impf* belebte wieder; *part II* wiederbelebt) 1. оживлять, возвращать к жизни; 2. *перен.* оживлять; **alte Bräuche** ~ возродить старые обычаи

Wiederbewaffnung *f* -, -en вооружение вновь; ремилитаризация

wieder|einfallen* *vi* (s) (*impf* fiel wieder ein; *part II* wiedereingefallen) снова приходить на ум

wieder|einstellen *vt* (*impf* stellte wieder ein; *part II* wiedereingestellt) восстанавливать в правах [в должности]

wieder|erkennen* *vt* (*impf* erkannte wieder; *part II* wiedererkannt) узнавать *(кого-л.)*

Wiedereröffnung *f* -, -en возобновление, открытие вновь

wieder|ersetzen, wieder|erstatten *vt* (*impf* ersetzte wieder; *part II* wiederersetzt) возмещать, компенсировать

Wiedererstattung *f* -, -en возмещение

Wieder‖erstehen *n* -s возрождение

wieder|erzählen *vt* (*impf* erzählte wieder; *part II* wiedererzählt) 1. пересказывать; 2. *разг.* разболтать

Wieder‖erzählung *f* -, -en пересказ

wieder|erzeugen *vt* (*impf* erzeugte wieder; *part II* wiedererzeugt) воспроизводить

wieder|finden* *vt* находить (вновь)

wieder|fordern *vt* требовать обратно

Wiedergabe *f* -, -n 1. исполнение *(напр. произведения);* передача *(содержания);* перевод *(на другой язык);* воспроизведение; 2. проекция, показ, демонстрация *(фильма);* 3. *мат., тех., радио* воспроизведение

wieder|geben* *vt* 1. возвращать; 2. передавать, воспроизводить; переводить *(на другой язык)*

wiedergeboren *a* возрождённый

Wieder‖geburt *f* - возрождение

wieder|gewinnen* *vt* 1. вернуть *(себе) (кого-л., что-л.);* перетянуть обратно *(на свою сторону) (кого-л.);* 2. отыграть *(потерянное)*

Wiedergewinnung *f* -, -en 1. *хим.* регенерация; 2. возвращение; 3. отыгрыш; *см.* wieder|gewinnen*

wiedergut|machen *vt* (*impf* machte wieder gut; *part II* wiedergutgemacht) 1. исправлять *(проступки, ошибки);* 2. возмещать, компенсировать

Wiedergutmachung *f* -, -en 1. исправление *(ошибок);* 2. возмещение *(убытков),* компенсация

wieder|haben* *vt* получать обратно

wiederhér|richten *vt* (*impf* richtete wieder her; *part II* wiederhergerichtet) исправлять, ремонтировать

wiederhér|stellen *vt* (*impf* stellte wieder her; *part II* wiederhergestellt) 1. восстанавливать; **die Ehre** ~ восстановить свою честь, реабилитироваться; 2. восстанавливать *(здоровье),* поправлять *(физическую форму)*

Wieder‖herstellung *f* -, -en 1. восстановление; 2. излечение, поправка, восстановление здоровья

wieder|holen *vt* снова принести, забрать; пойти, чтобы вернуть

wieder|hólen I *vt* повторять, возобновлять; II ~, **sich** повторяться, возобновляться

wiederholt I *a* повторный; II *adv* неоднократно

Wiederholung *f* -, -en повторение, возобновление

Wiederhören *n:* **auf** ~! до свидания! *(по телефону, по радио)*

Wiederinbesitznahme *f* - овладение вновь; возвращение вновь во владение
Wiederinstandsetzung *f* -, -en восстановление; ремонт
wieder|käuen *vt* 1. пережёвывать; 2. *разг.* пережёвывать, (надоедливо) повторять, твердить
Wiederkäuer *m* -s, - жвачное (животное)
Wieder||kauf *m* -(e)s, -käufe выкуп
wieder|kaufen *vt* выкупать
Wiederkehr *f* - 1. возвращение; 2. годовщина, юбилей
wieder|kehren *vi* (s) возвращаться; **wir kehren bald wieder** мы скоро вернёмся
wieder|kommen* *vi* (s) *см.* wieder|kehren
Wiederkunft *f* - возвращение (*чьё-л.*)
wieder|rufen* *vt, vi* кричать в ответ, откликаться
wieder|sagen *vt* 1. повторять; 2. передавать, пересказывать
wieder|sehen* I *vt* вновь увидеть; II ~ **sich** увидеться снова
Wiedersehen *n* -s свидание, встреча; **auf ~!** до свидания!; **auf ~ sagen** попрощаться
wiederum *adv* 1. снова; 2. с другой стороны; наоборот
Wieder||vereinigung *f* -, -en воссоединение
wieder|vergelten* *vt* (*impf* vergalt wieder; *part II* wiedervergolten) *vt* воздавать, отплачивать (*за что-л.*)
Wiedervergeltung *f* -, -en возмездие
wieder|verkaufen *vt* (*impf* verkaufte wieder; *part II* wiederverkauft) перепродавать
Wieder||wahl *f* -, -en переизбрание
wieder|wählen *vt* переизбирать
wiefern *adv уст.* насколько
Wiege *f* -, -n колыбель (*тж. перен.*), люлька; **von der ~ an** с колыбели; **von der ~ bis zur Bahre [bis zum Grabe]** от колыбели до могилы, в течение всей жизни
Wiege||braten *m* -s, - биток, рубленая котлета
Wiege||messer *n* -s, - сечка (*для рубки капусты*)
wiegen I I *vt* 1. качать, баюкать; **die Wellen ~ das Boot** лодка качается на волнах; 2. сечь, рубить (*капусту*); II ~ **sich** 1. качаться, раскачиваться; 2. убаюкивать себя (*мечтами*); **sich in Sicherheit ~** мнить себя в полной безопасности
wiegen II I *vt* взвешивать; II *vi* весить, иметь вес; **sein Urteil wog am schwersten** его суждение имело самый большой вес
Wiegen||fest *n* -es, -e день рождения

Wiegen||lied *n* -(e)s, -er колыбельная песня
wiehern *vi* 1. ржать; 2. *разг.* громко хохотать, ржать
Wiekhaus *n* -es, -häuser викхауз (*встроенный в городскую стену дом*)
Wiener *m* -s, -; **~in** *f* -, -nen венец, -нка; житель, -ница Вены
Wiener Festwochen *pl* Венский фестиваль (*фестиваль муз. и драм. искусства, проводится ежегодно в мае-июне в Вене* <Австрия>)
wienerisch *a* венский
Wiener Klassik *f* - Венская классическая школа (*направление муз. творчества, сложившееся в Австрии во 2-й половине 18 - начале 19 в.; представители - Й. Гайдн, В.А. Моцарт, Л. ван Бетховен*)
Wiener Kongreß *m* -sses Венский конгресс 1814-15 (*завершил войны коалиций европ. держав против наполеоновской Франции*)
Wiener Kreis *m* -es Венский кружок (*филос. кружок, разработавший основы логического позитивизма, сложился в 1922 вокруг австр. физика М.Шлика*)
Wiener Mustermesse *f* - Венская ярмарка образцов (*междунар. ярмарка, проводится ежегодно весной и осенью в Вене* <Австрия>)
Wiener Sängerknaben *pl* "Винер зенгеркнабен" (*знаменитый Венский хор мальчиков* <Австрия>)
Wiener Sezession *f* - Венский Сецессион (*выставочное здание в Вене* <Австрия>)
Wiener Staatsoper *f* - Венская государственная опера (*центр музыкальной культуры Австрии; основана в 17 в.*)
Wiener Volksoper *f* - Венская народная опера (*муз. театр в Вене* <Австрия>)
Wiener Volkstheater *n* -s Венский народный театр (*драм. театр в Вене* <Австрия>)
Wiener Wald *m* -es Венский Лес (*горы в восточных Альпах близ Вены* <Австрия>)
Wiener Würstchen *pl* сосиски по-венски (*небольшие колбаски, употребляются обычно в варёном виде*)
wies *impf от* weisen*
Wiesbaden (*n*) -s Висбаден (*адм. центр земли Гессен* <ФРГ>)
Wiese *f* -, -n луг
Wiesel *n* -s, - *зоол.* ласка; **flink wie ein ~** очень быстрый [проворный]

wieseln vi вертеться
wieso? adv каким образом? как так?
wievielmal adv сколько раз
wieviel(s)te a который (по счёту); **den ~n haben wir heute?** какое сегодня число?; **am ~n?** какого числа?
wie∥wéit adv насколько; в какой мере
wiewóhl adv хотя
Wigwam m -s, -s вигвам (хижина индейцев)
Wikinger m -s, - ист. викинг
wild a 1. дикий; **~es Schwein** (дикий) кабан; 2. буйный; **ein ~er Knabe** неугомонный мальчик; 3. первобытный; **~e Menschen** дикари; ◇ **~e Leute** миф. лесовики; лешие; 4. бурный (о море, временах); 5. неорганизованный; нелегальный (о торговле); **eine ~e Ehe** свободный [незарегистрированный] брак; **ein ~es Leben** распутная жизнь; **die ~e Jagd, das ~e Heer** миф. дикая охота, орава дикого охотника; миф. души умерших
Wild n -(e)s дичь
Wild∥brett n -s мясо дичи; дичь
Wild∥dieb m -(e)s, -e браконьер
Wilde subst m, f, n -n, -n дикарь, дикарка
Wild∥ente f -, -n дикая утка
Wilderer m -s, - браконьер
wildern vi браконьерствовать
Wildfang I m -(e)s, -fänge охота с помощью силков
Wildfang II m -(e)s, -fänge сорванец
wildfremd a совершенно чужой
Wildheit f - дикость, варварство
Wild∥leder n -s замша
Wildling m -s, -e 1. сорванец; 2. дикарь; 3. бот. дичок, дикое деревцо; подвой; 4. дикое животное
Wildnis f -, -se дикая [глухая] местность, пустошь
Wild∥park m -(e)s, -e/-s охотничий парк; заповедник
Wild∥sau f -, -en/-säue; **~schwein** n -(e)s, -e кабан, вепрь, дикая свинья
wildwachsend a бот. дикорастущий
Wilfried Вильфрид (муж. имя)
Wilhelm Вильхельм/Вильгельм (муж. имя)
Wilhelmíne Вильхельмина/Вильгельмина (жен. имя)
Will Виль (краткая форма муж. имени Wilhelm)
Wille m -ns воля; **wider ~n** поневоле; **wider seinen ~n** против его воли; **beim besten ~n** при всём желании; **seinen ~ durchsetzen** настоять на своём; **jmdm. seinen ~n tun*** исполнить чьё-л. желание; сделать так, как кто хочет; **etw. mit ~n tun*** делать что-л. намеренно [умышленно]; **er ist voll guten ~ns** он полон добрых намерений; **ohne jmds. ~n** без чьего-л. согласия; **jmdm. seinen ~ lassen*** предоставить кому-л. свободу действий
Willegis/Willigis Виллегис/Виллигис (муж. имя)
willens: ~ sein (zu+inf) намереваться, собираться, хотеть (что-л. сделать)
Willens∥anstrengung f - напряжение воли
Willens∥äußerung f -, -en изъявление воли
Willens∥freiheit f - свобода воли
Willens∥handlung f -, -en акт воли
Willens∥kraft f - см. Willensstärke
Willens∥schwäche f - слабоволие
Willens∥stärke f - сила воли
willentlich a намеренный, умышленный
Willeram Виллерам (муж. имя)
willfährig a уступчивый, сговорчивый, послушный
Willfährigkeit f - уступчивость, сговорчивость; услужливость
Willfahrung f - уступка, согласие; снисхождение
Willi Вилли (краткая форма мужского имени Wilhelm)
Willibald Виллибальд (муж. имя)
willig a согласный (на что-либо); готовый (к чему-л.); услужливый; **er ist zu allem ~** он готов на всё
willigen vi (in A) соглашаться (на что-л.)
Willigkeit f - готовность; услужливость, рвение
Williram Виллирам (муж. имя)
Willkomm m -s, -e привет, приветствие; приём; **einen ~ zurufen*** приветствовать возгласами [тостами]; **einen fröhlichen ~ bieten*** оказать радостный приём
willkommen a желанный; ◇ **sei (seid, seien Sie) ~!** добро пожаловать!
Willkommen n, m -s привет, приветствие; приём; **ein fröhliches ~ bieten*** оказать радостный приём
Willkür f - произвол; **der ~ des Schicksals preisgegeben** брошенный на произвол судьбы
willkürlich a 1. произвольный; 2. самовольный; 3. умышленный
Wilm Вильм (краткая форма мужского имени Wilhelm)
Wilma Вильма (краткая форма жен. имени Wilhelma)
Wilmar Вильмар (муж. имя)
Wilmersdorf (n) -es Вильмерсдорф (гор. р-н Берлина)

Wiltraud/Wiltrud Ви́льтрауд/Ви́льтруд *(жен. имя)*
Wim Вим *(краткая форма мужского имени* Wilhelm*)*
wimmeln *vi (von* D) кишеть *(чем-л.)*
wimmern *vi* **1.** стонать; **2.** хныкать; **3.** скулить *(о собаке)*
Wimpel *m* -s, - вымпел
Wimper *f* -, -n ресница; **ohne mit der ~ zu zucken** не моргнув глазом
Wind *m* -(e)s, -e ветер; **leichter ~** ветерок; **günstiger ~** попутный ветер; **der ~ kommt von Westen** ветер дует с запада; **der ~ hat sich aufgemacht** поднялся ветер; **der ~ hat sich gelegt** ветер улёгся; **der ~ hat sich gedreht** ветер переменился; **bei ~ und Wetter** в непогоду, в ненастье; **vor dem ~e segeln** *мор.* идти по ветру; **gegen den ~ segeln** 1) *мор.* идти против ветра; 2) *перен.* идти против течения; ◇ **hier weht ein anderer ~** здесь дует [веет] другой ветер; здесь царит другое настроение [другая атмосфера]; **den Mantel nach dem ~e hängen** ≅ держать нос по ветру; **in den ~ reden** бросать слова на ветер; **viel ~ wegen einer Sache** (G) **machen** *разг.* поднять много шума из-за чего-л.; **etw. in den ~ schlagen*** оставлять что-л. без внимания; **~ von etw.** (D) **bekommen*** *разг.* проведать, разузнать, пронюхать что-л.
Wind‖beutel *m* -s **1.** воздушное печенье; **2.** *перен.* ветрогон, ветреник
Wind‖beutelei *f* - легкомыслие
wind‖beuteln *vi* хвастаться, бахвалиться, врать
Wind‖bruch *m* -(e)s, -brüche бурелом, валежник
Winde *f* -, -n ворот, лебёдка, домкрат
Windel *f* -, -n пелёнка; **das Kind in ~n wickeln [hüllen]** пеленать ребёнка
windeln *vt* пеленать; обматывать
windelweich *a разг.* покорный; **jmdn. ~ schlagen*** избить кого-л. до полусмерти
winden* I I *vt* **1.** мотать; наматывать; обматывать, крутить; **etw. in ein Tuch ~** завёртывать что-л. в платок; **Kränze ~** плести венки; **2.** *тех.* поднимать лебёдкой; II **~, sich 1.** извиваться, виться; **2.** *перен.* изворачиваться
winden* II I *vimp*: **es windet** ветрено; II *vi охот.* (у)чуять
Windes‖eile *f*: **mit ~** со скоростью ветра; ≅ с быстротой молнии
Wind‖fahne *f* -, -n флюгер
Wind‖fang *m* -(e)s, -fänge **1.** тамбур, сени; **2.** вентилятор
Wind‖geschwindigkeit *f* -, -en сила [скорость] ветра
Wind‖halm *m* -(e)s, -e *бот.* метлица
Wind‖hauch *m* -(e)s, -e дуновение ветра
Wind‖hose *f* -, -n смерч
Windhuk *(n)* -s Виндхук *(адм. центр Намибии)*
Wind‖hund *m* -(e)s, -e **1.** борзая *(собака)*; **2.** *разг.* ветрогон
windig *a* **1.** ветреный *(о погоде)*; **2.** легкомысленный; **ein ~er Kopf** ветреная голова
Wind‖jacke *f* -, -n штормовка; (непромокаемая) спортивная куртка, брезентовая куртка
Wind‖kraftmaschine *f* -, -n ветродвигатель, ветряк
Wind‖macherei *f* -, -en шумиха *(вокруг чего-л.)*
Wind‖messer *m* -s, - анемометр, ветромер
Wind‖mühle *f* -, -n **1.** ветряная мельница; **2.** вертушка *(игрушка)*
Wind‖pocken *pl* ветряная оспа, ветрянка
Wind‖rose *f* -, -n **1.** картушка *(компаса)*; **2.** *метеор.* роза ветров
Winds‖braut *f* - буря, шквал; смерч, ураган
Wind‖schatten *m* -s, - место без ветра; подветренная сторона
Wind‖schutz *m* -es защита от ветра
Windschutz‖scheibe *f* -, -n **1.** *авт.* ветровое стекло; **2.** лобовое стекло *(напр. самолёта)*
Wind‖seite *f* -, -n наветренная сторона
windstill *a* **1.** тихий, безветренный; **2.** тихий, защищённый от ветра *(о гавани)*
Wind‖stille *f* - штиль; затишье
Wind‖stoß *m* -es, -stöße порыв ветра
Windung *f* -, -n **1.** извилистая линия; извилина; изгиб; **2.** *тех.* оборот, виток
windwärts *adv* по ветру
Winfried Винфрид *(муж. имя)*
Wink *m* -(e)s, -e **1.** знак *(глазами, головой, рукой)*; **einen ~ geben*** сделать знак; **2.** намёк; **3.** указание, совет; **ein ~ von oben** *разг.* указание свыше; **~ geben*** дать указание, посоветовать; ◇ **ein ~ mit dem Zaunpfahl** прозрачный намёк
Winkel *m* -s, - **1.** угол; **ein rechter ~** прямой угол; **im rechten ~** под прямым углом; **ein spitzer [stumpfer] ~** острый [тупой] угол; **2.** угольник, угломер; **3.** уголок *(место)*; **in allen Ecken und ~n** повсюду, по всем углам
winkelförmig *a* угловатый
Winkel‖gasse *f* -, -n закоулок
Winkel‖halbierende *subst f* -, -n *мат.* биссектриса

winkelig *a* 1. угловатый; 2. угловой угольный; 3. коленчатый
Winkel‖maß *n* -es, -e угольник
Winkel‖messer *m* -s, - угломер, транспортир
winkeln *vt* сгибать (под углом)
Winkel‖züge *pl* уловки, увёртки; ~ **machen** вилять, увиливать от ответа
winken *vi, vt* делать знак; махать; сигнализировать; кивнуть (*головой*); мигнуть; **jmdn. zu sich (D)** ~ подозвать кого-л. к себе жестом; **dir** ~ **große Ziele** тебя ждёт большое будущее; **der Frühling winkt** скоро наступит весна; **uns winkt nichts dabei** *разг.* нам здесь ничего не "светит", тут нам надеяться не на что
Winker *m* -s, - 1. *авт.* указатель поворота семафорного типа; 2. *мор.* сигнальщик
Wink‖zeichen *n* -s, - *воен.* знак рукой [флажком]
Winseléi *f* -, -en визг, повизгивание
winseln *vi* визжать, скулить
Winter *m* -s, - зима; **im** ~ зимой; **den** ~ **über** в течение зимы
Winter‖feri|en *pl* зимние каникулы
winterfest *a* зимний, приспособленный [годный] для зимы
Winter‖getreide *n* -s озимые зерновые
winterhaft *a* зимний
winterhart *a* *бот.* зимостойкий
Winterhilfe *f* - "зимняя помощь" *см.* Winterhilfswerk
Winterhilfswerk *n* -es "зимняя помощь" (*форма дополнит. налогов для финансирования воен. приготовлений фаш. Германии*)
Winterkorn *n* -(e)s озимые (*зерновые*); озимь (*посевы*)
winterlich I *a* зимний; **es ist schon sehr** ~ зима даёт уже себя знать, дело идёт к зиме; II *adv* по-зимнему
Winter‖mantel *m* -s, -mäntel зимнее пальто
wintermäßig *см.* winterlich
wintern *vimp*: **es wintert** зима наступает
Winter‖olympiade *f* -, -n зимние Олимпийские игры, зимняя Олимпиада
winters *adv* зимой
Winter‖saat *f* -, -en озимый посев, озимь
Winter‖schlaf *m* -(e)s зимняя спячка
Winterschluß‖verkauf *m* -(e)s, -käufe весенняя распродажа
Winter‖semester *n* -s, - зимний семестр
wintersüber *adv* зимой; в течение зимы, за зиму
Winterung *f* -, -en зимовка (*скота, растений*)

Winter‖vorrat *m* -(e)s, -räte запас на зиму
Winzer *m* -s, - виноградарь
Winzer‖fest *n* -(e)s, -e праздник сбора винограда
winzig I *a* крошечный, ничтожный; II *adv* ~ **klein** крошечный
Winzigkeit *f* -, -en 1. малость, чуть-чуть, чуточку; 2. *pl* мелочь, пустяки
Wipfel *m* -s, - верхушка (*растения*)
wipfeln *vt* срубать верхушку (*дерева*)
Wippchen *n* -s, - *разг.* шутки, враньё
Wippe *f* -, -n 1. качели; **auf der** ~ **stehen*** быть в состоянии неустойчивого равновесия; 2. *тех.* равноплечный рычаг; балансир
wippen I *vt* раскачивать, качать; II *vi* 1. качаться, раскачиваться; 2.: **mit den Flügeln** ~ хлопать крыльями; **mit den Füßen** ~ болтать ногами
wips *int* бац!, шлёп!, трах!
wir *pron pers* (G *unser*, D *uns*, A *uns*) мы
Wirbel I *m* -s, - 1. круговорот; кружение; вихрь; 2. водоворот (*тж. перен.*) 3. клубы (*дыма, пыли*); 4. суматоха; 5. барабанная дробь; **einen** ~ **schlagen*** выбивать барабанную дробь
Wirbel II *m* -s, - 1. макушка, темя; **vom** ~ **bis zur Zehe** с головы до пят; 2. позвонок
Wirbel‖bewegung *f* -, -en вихревое движение
wirbelig *a* вертящийся, кружащийся; вращающийся; **eine** ~**e Bewegung** вихревое движение
wirbellos *a* *зоол.* беспозвоночный
wirbeln *vi* 1. кружиться, вертеться; 2. (h, s) носиться вихрем; 3. выбивать дробь (*на барабане*); 4. бурлить (*о воде*); 5. клубиться (*о дыме, пыли*)
Wirbel‖säule *f* -, -n позвоночный столб
Wirbel‖wind *m* -(e)s, -e вихрь
wirken I *vi* 1. действовать; 2. (*auf* A) (воз)действовать, влиять, оказывать влияние (*на кого-л., на что-л.*); производить эффект; 3. работать, творить; **Wunder** ~ творить чудеса
wirken II *vt* ткать, вязать
Wirken I: das Leben und ~ жизнь и творчество
Wirken II *n* -s трикотажное вязание
Wirkeréi *f* -, -en 1. трикотажная мастерская [фабрика]; ткацкое [трикотажное] производство; 2. *тк. sg.* вязание, ткачество
Wirkerin *f* -, -nen ткачиха; трикотажница
wirklich I *a* действительный, фактический, истинный; II *adv* действительно, в самом деле

Wirklichkeit f - действительность; истинность; реальность; факт; **in ~** на самом деле, в действительности; **in die ~ umsetzen** претворить в жизнь, осуществить
Wirklichkeits∥form f -, -en *грам.* изъявительное наклонение
wirklichkeitsgetreu a соответствующий действительности, правдивый *(о рассказе и т. п.)*
wirklichkeitsnah a близкий к действительности; **~e Kunst** реалистическое искусство
wirklich∣machen vt осуществлять
wirksam a действующий; действенный, эффективный
Wirksamkeit f - 1. действенность, эффективность; 2. действие, деятельность; **außer ~ setzen** привести в бездействие, вывести из строя; **rege ~ entfalten** развить большую активность
Wirkung f -, -en 1. действие; **in ~ treten*** вступить в действие [в силу]; **in ~ setzen** приводить в действие; 2. (воз)действие, влияние; **seelische ~** моральное воздействие; **~ ausüben** оказывать воздействие; **seine ~ tun*** оказывать [производить] своё действие; 3. (по)следствие, результат, эффект; **kleine Ursachen, große ~en** малые причины - крупные [большие] последствия; ◊ **Ursache und ~** причина и следствие
Wirkungs∥bereich m -(e)s, -e *воен.* радиус действия
wirkungsfähig a способный действовать; виртуальный
Wirkungs∥grad m -(e)s, -e *тех.* коэффициент полезного действия
Wirkungs∥kreis m -es, -e круг деятельности; сфера влияния
wirkungslos a безрезультатный, безуспешный, неэффективный
wirkungs∥reich, ~voll a 1. эффектный; 2. эффективный
Wirk∥waren pl трикотажные изделия, трикотаж
wirr a 1. запутанный, растрёпанный; хаотичный; 2. смутный, неясный; **er ist ein ~er Kopf** он (великий) путаник
wirren vt спутывать, смешивать
Wirren pl неурядицы, раздоры, волнения, смута; **die Zeit der ~** *ист.* смутное время
Wirr∥kopf m -(e)s, -köpfe бестолковый человек, путаник
Wirrnis f -, -se; **Wirrwar** m -s путаница, неразбериха, хаос, суматоха
Wirt m -(e)s, -e 1. хозяин; **den ~ machen** выступать в роли хозяина; 2. трактирщик; ◊ **die Rechnung ohne den ~ machen** ошибиться в расчётах, упустить из виду решающее обстоятельство, просчитаться
Wirtin f -, -nen 1. хозяйка; 2. трактирщица
wirtlich a 1. хозяйственный; 2. гостеприимный
Wirtschaft f -, -en 1. хозяйство; 2. экономика, хозяйство; 3. ресторан, трактир; 4. ведение хозяйства, хозяйствование; **die ~ führen** заниматься хозяйством, вести хозяйство; 5. *ирон.* беспорядок; **schöne ~!** хороши порядки!
wirtschaften vi 1. заниматься хозяйством, вести хозяйство, хозяйничать; 2. *ирон.* хозяйничать, производить беспорядок
Wirtschafter m -s, -; **~in** f -, -nen заведующий, -щая хозяйством; хозяйственник; экономка
Wirtschaftler m -s, - экономист
wirtschaftlich a 1. хозяйственный, экономический; **~e Rechnungsführung** хозрасчёт; 2. экономичный, бережливый; 3. рентабельный, доходный
Wirtschafts∥ausschuß m -sses, -schüsse экономическая комиссия
Wirtschafts∥berater m -s, - эксперт по вопросам экономики, хозяйственный эксперт
Wirtschafts∥beziehungen pl экономические отношения [связи]
Wirtschafts∥führung f - ведение хозяйства; экономика
Wirtschafts∥krise f -, -n экономический кризис
Wirtschafts∥ordnung f -, -en экономический строй; экономика
Wirtschafts∥wissenschaft f -, -en экономика, экономическая наука
Wirtschafts∥wissenschaftler m -s, - учёный-экономист
Wirtschaftswunder n -s экономическое чудо *(быстрое экономическое развитие ФРГ в 50–60 гг., вызванное помощью по плану Маршалла, техническим переоснащением промышленности и др. факторами)*
Wirts∥haus n -es, -häuser трактир, ресторан; гостиница
Wirts∥leute pl хозяева, хозяин и хозяйка
Wisch m -es, -e 1. тряпка *(для вытирания)*; 2. пучок соломы [сена]; 3. бумажонка; мазня *(о написанном)*
wischen I vt тереть, вытирать; **den Schweiß von der Stirn ~** вытирать пот со лба; II vi (s) (быстро) скользить; ◊

ich konnte mir den Mund ~ я остался несолоно хлебавши
Wischer *m* -s, - 1. тряпка; 2. растушёвка; 3. *авт.* стеклоочиститель; 4. *разг.* головомойка, нагоняй
Wisent *m* -(e)s, -e *зоол.* зубр
wispeln, wispern *vi* шепелявить
Wißbegier(de) *f* - любознательность
wißbegierig *a* любознательный
wissen* *vt* 1. (*von* D, *um* A) знать (*что-л. о ком-л., о чём-л.*); **weißt du noch?** помнишь ли ты ещё об этом?; **wer weiß!, man kann nie ~!** как знать!; **soviel ich weiß** насколько мне известно; **jmdn. etw. ~ lassen*** сообщить, дать знать кому-л. о чём-либо; **ich weiß ihn in Sicherheit** я знаю, что он в безопасности; **er weiß keinen Rat** он не знает, что ему делать; **Bescheid ~** знать что-л.; знать толк в чём-л.; быть в курсе чего-либо; ◇ **was ich nicht weiß, macht mich nicht heiß** *посл.* о чём не знаю, о том не беспокоюсь; 2. (*zu*+*inf*) уметь (*что-л. делать*); **sich zu fassen ~** уметь владеть собой
Wissen *n* -s знание, познание; **~ um etw. (A)** знание чего-л.; **meines ~s** насколько я знаю; **unseres ~s** по нашим сведениям; **mit meinem ~** с моего ведома; **wider (sein) besseres ~** вопреки рассудку [убеждению]; ◇ **nach bestem ~ und Gewissen** честно, по совести; **mit ~ und Willen** 1) сознательно и добровольно; 2) заведомо, преднамеренно; **~ ist Macht** *посл.* ≡ ученье - свет, неученье - тьма
Wissenschaft *f* -, -en наука; **die angewandte ~** прикладная наука; **sich auf die ~ legen** отдаться науке
Wissenschaftler *m* -s, - учёный, научный работник
wissenschaftlich *a* научный
Wissenschaftlichkeit *f* - научность
Wissens‖drang *m* -(e)s, **~durst** *m* -(e)s жажда знаний
Wissens‖gebiet *n* -(e)s, -e область знаний
Wissens‖lücke *f* -, -n пробел в знаниях
Wissens‖niveau [-vo:] *n* -s, -s уровень знаний
Wissens‖vermittlung *f* -, -en сообщение [передача] знаний
wissenswert *a* достойный изучения, интересный
wissentlich *a* сознательный, умышленный
Witebsk (*n*) Витебск (*обл. центр Республики Беларусь*)
Witold Витольд (*муж. имя*)
Wittelsbacher *pl* Виттельсбахи (*южногерм. род, правивший в 1180-1918 в Баварии*)
wittern *vt* чуять; *перен. тж.* чувствовать
Witterung *f* -, -en 1. погода; 2. чутьё, нюх (*у животных*) (*тж. перен.*); **~ für etw. (A) haben** иметь чутьё на что-л.
Witterungs‖umschlag *m* -(e)s, -schläge, **~wechsel** *n* -s, - перемена погоды
Witwe *f* -, -n вдова
Witwer *m* -s, - вдовец
Witz *m* 1. -es, -e шутка, острота; **~e reißen*** [**machen**] отпускать шутки [остроты], шутить, острить; **mach keine ~e!** брось шутить!, шутки в сторону!; **~e erzählen** рассказывать анекдоты; **der ~ ist der, daß...** всё дело [вся шутка] в том, что...; 2. -es остроумие, живость ума; **seinen ~ betätigen [zeigen]** проявлять [показывать] своё остроумие
Witz‖blatt *n* -(e)s, -blätter юмористический журнал
Witz‖bold *m* -(e)s, -e остряк, шутник
Witzelei *f* 1. -, -en плоская острота; 2. - страсть к остротам
witzeln *vi* неудачно [не к месту] острить
witzig *a* 1. остроумный; 2. забавный, смешной
Witz‖wort *n* -(e)s, -e острота
Wladikawkás (*n*) - Владикавказ (*адм. центр Северо-Осетинской Автономной Республики <РФ>*)
Wladiwostók (*n*) -s Владивосток (*адм. центр Приморского края РФ*)
wo I *adv* 1. где; **~ ist es?** где это (находится)?; **von ~ aus?** откуда?; 2. *разг.*: **ach ~!, i ~!** куда там!; II *conj* 1. который, тот, где; **das Haus, ~ ich wohne** дом, где [в котором] я живу; 2. когда; **der Tag, ~ ich krank war** день, когда я был болен
woánders *adv* где-либо в другом месте
wob *impf om* weben
wobéi *pron adv* причём
Woche *f* -, -n 1. неделя; **in dieser ~** на этой неделе; **in der ~** в будни; **vor zwei ~n** две недели тому назад; **in den ~n liegen*** [**sein**] рожать; **sie kommt bald in die ~n** она скоро родит
Wochen‖bett *n* -(e)s, -en роды; послеродовой период
Wochenbett‖fieber *n* -s родильная горячка
Wochen‖blatt *n* -(e)s, -blätter еженедельная газета, еженедельник
Wochen‖end *n* -es 1. еженедельный отдых (*с субботы до понедельника*); 2. обзор за неделю (*в газете*)
Wochen‖ende *n* -s, -n 1. конец недели; 2. *см.* Wochenend

Wochenend∥haus *n* -es, -häuser однодневный [воскресный] дом отдыха; дача
wochenlang *adv* по неделям, неделями
Wochen∥schau *f* -, -en киножурнал, кинохроника
Wochen∥schrift *f* -, -en еженедельный журнал, еженедельник
Wochen∥tag *m* -(e)s, -e будничный [рабочий] день
wochentags *adv* по будням, в будни, в рабочие дни
wöchentlich I *a* еженедельный; II *adv* еженедельно, раз в неделю
wochenweise *adv* понедельно
Wöchnerin *f* -, -nen роженица
wodúrch *pron adv* из-за чего, чем, благодаря чему
woférn *conj* если (только), поскольку; ~ er nicht kommen sollte... в том случае, если бы он не пришёл...
wofür *pron adv* 1. за что, вместо чего; 2. для чего; 3. *перевод зависит от управления русского глагола:* ~ sorgt sie? о чём она заботится?
wog *impf om* wägen/wiegen*
Woge *f* -, -n волна; вал; зыбь; **brandende ~n** бушующие волны
wogégen I *pron adv* против чего; II *conj* в то время как, тогда как
wogen *vi* волноваться, бушевать; колыхаться *(о ржи и т. п.);* **ihr Busen wogte** её грудь поднималась от волнения; **der Platz wogt von Menschen** на площади море людских голов; **der Kampf wogte hin und her** бой шёл с переменным успехом
wohér *adv* откуда; ~ **hast du das?** откуда ты это взял?; ~ **des Weges?** откуда Вы идёте?
wohl I *a präd* здоровый; **er ist wieder ~** он выздоровел; II *adv* хорошо; **mir ist ~ zumute** мне хорошо; ~ **oder übel** худо ли, хорошо ли; ~ **bekomm's!** на здоровье!; **leben Sie ~!** прощайте! [всего наилучшего!]; III *mod adv* пожалуй, вероятно, может быть; **er wird ~ kommen** он, вероятно, придёт
Wohl *n* -(e)s благо, добро; благополучие; **zum ~** на благо, для блага; **für das ~ der Menschheit** на благо человечества; **das allgemeine ~** общественное благо; **auf Ihr ~!** за ваше здоровье!; **aufs [zum] ~!** за ваше, (твоё *и т.п.*) здоровье!; **das ~ und Wehe** радости и горести
wohlán *int поэт.* хорошо!, ладно!, вперёд!
wohlanständig *a* благопристойный, добропорядочный

wohláuf *adv* в добром здравии; **er ist ~** он вполне здоров
wohlbedacht I *a* (хорошо) обдуманный; II *adv* обдуманно
wohlbedächtig *см.* wohlbedacht II
Wohl∥befinden *n* -s здоровье, самочувствие
Wohl∥behagen *n* -s хорошее самочувствие, настроение
wohlbehalten *a* неповреждённый, целый, невредимый
wohlbekannt *a* хорошо известный
wohlbeleibt *a* полный, дородный
wohlbeschaffen *a* в хорошем состоянии; хорошего качества
wohlerfahren *a* многоопытный
wohlergehen: laß es dir ~! будь здоров!
Wohlergehen *n* -s 1. благополучие; 2. здоровье
wohlerwogen *a* хорошо обдуманный
wohlerzogen *a* благовоспитанный
Wohl∥fahrt *f* - 1. благо, польза; 2. *разг.* благотворительность, общественное вспомоществование; ~ **beziehen* [erhalten*]** получать пособие благотворительных учреждений
Wohlfahrts∥pflege *f* - благотворительная помощь
wohlfeil *a* общедоступный, дешёвый; ◊ **~en Kaufs davonkommen*** дёшево отделаться; ~ **kostet viel Geld** *посл.* ≅ дёшево, да гнило – дорого, да мило
wohlgebildet *a* образованный, воспитанный
Wohlgeboren: Euer ~ *уст.* ваше благородие
Wohlgefallen *n* -s 1. удовлетворение; удовольствие; **sich in ~ auslösen** кончиться к общему удовольствию; 2. симпатия, сочувствие; **jmds. ~ erregen** вызвать чьё-либо расположение [чью-л. симпатию]
wohlgefällig I *a* полный удовлетворения; благосклонный, приятный; II *adv* с удовлетворением, охотно
wohlgemeint *a* доброжелательный
wohlgemut *a высок.* весёлый
wohlgenärt *a* упитанный
wohlgeneigt *a* благосклонный
wohlgeordnet *a* благоустроенный, упорядоченный
wohlgeraten *a* удачный, удавшийся
Wohl∥geruch *m* -(e)s, -rüche благоухание
Wohl∥geschmack *m* -(e)s приятный вкус
wohlgesinnt *a* благонамеренный
wohlgesittet *a* благовоспитанный
wohlgestalt *a* статный; благообразный
wohlgestaltet *a* красиво сделанный; **~e Form** красивая форма

wohlhabend *a* состоятельный, зажиточный

Wohlhabenheit *f* - состоятельность, зажиточность

wohlig *a* приятный

Wohligkeit *f* - приятность; уют

Wohl∥klang *m* -es благозвучие

wohl∥klingend, ~lautend *a* благозвучный

Wohl∥leben *n* -s благополучие, зажиточная жизнь

wohlmeinend *a* доброжелательный

wohlriechend *a* благоухающий, благовонный

wohlschmeckend *a* вкусный

Wohl∥sein *n* -s благополучие; здоровье; **auf dein ~!, zum ~!** за твоё здоровье!

Wohl∥stand *m* -(e)s благосостояние; зажиточная жизнь

Wohl∥tat *f* -, -en благодеяние

Wohl∥täter *m* -s, -; **~in** *f* -, -nen благодетель, -ница

wohltätig *a* 1. благотворный, полезный; 2. благотворительный, благодетельный; **ein ~er Mensch** благотворитель

Wohl∥tätigkeit *f* -, -en 1. благотворительность; 2. благодетельность, благотворительность, польза

wohltuend *a* благотворный, приятный, спасительный, живительный

wohl∥tun* *vi* 1. быть приятным, приносить пользу; оказывать благотворное воздействие; **das hat mir wohlgetan** это пошло мне на пользу; 2. делать добро

wohlunterrichtet *a* хорошо осведомлённый

wohlverdient *a* заслуженный *(о награде и т. п.)*

wohlversorgt *a* вполне обеспеченный; хорошо устроенный

wohlweislich *a* благоразумный

wohl∥wollen* *vi* (D) быть благосклонным, благоволить *(к кому-л., к чему-л.)*

Wohl∥wollen *n* -s благосклонность, расположение, доброжелательство; **jmdm. ~ entgegenbringen*** благосклонно [доброжелательно] относиться к кому-л.

Wohn∥block *m* -(e)s, -s группа зданий, квартал

wohnen *vi* жить, проживать; **billig ~** дёшево платить за квартиру

wohnhaft *a* проживающий; **wo sind Sie ~?** где Вы живёте?

Wohn∥haus *n* -es, -häuser жилой дом

Wohn∥heim *n* -(e)s, -e общежитие

wohnlich *a* уютный

Wohn∥ort *m* -(e)s, -e местожительство

Wohn∥raum *m* -(e)s, -räume жилое помещение, жилая площадь

Wohn∥sitz *m* -es, -e местожительство; резиденция; **seinen ~ an einem Ort aufschlagen*** поселиться в каком-л. месте; **ich habe meinen ~ in Leipzig** я постоянно живу в Лейпциге

Wohnung *f* -, -en жилище, квартира; **sich nach einer ~ umsehen*** искать квартиру

Wohnungs∥bau *m* -(e)s жилищное строительство

Wohnungsbau∥genossenschaft *f* -, -en жилищно-строительный кооператив

Wohnungs∥inhaber *m* -s, квартиронаниматель

wohnungslos *a* не имеющий жилья [квартиры]

Wohnungs∥miete *f* -, -n квартирная плата

Wohnungs∥tausch *m* -(e)s обмен квартир

Wohnungs∥wechsel *m* -s перемена квартиры

Wohnungs∥zuweisung *f* -, -en ордер на квартиру

Wohn∥verhältnisse *pl* жилищные условия

Wohn∥zimmer *n* -s, - (жилая) комната

wölben I *vt стр.* выводить (свод); II **~, sich** округляться; изгибаться; образовывать свод

Wölbung *f* -, -en 1. выпуклость; округлость; 2. свод

Wolf I *m* 1. -(e)s, Wölfe волк; **junger ~** волчонок; 2. -(e)s *мед.* волчанка; 3. -(e)s, Wölfe мясорубка; ◊ **ein ~ im Schafspelz** волк в овечьей шкуре; **wie der ~ in der Fabel** ≅ лёгок на помине; **mit den Wölfen muß man heulen** *посл.* с волками жить − по-волчьи выть

Wolf II Вольф *(краткая форма мужских имён Wolfgang, Wolfhard и Wolfram)*

Wolfgang Вольфганг *(муж. имя)*

Wolfhard Вольфхард/Вольфгард *(муж. имя)*

Wölfin *f* -, -nen волчица

wölfisch *a* 1. волчий; 2. прожорливый

Wolfram Вольфрам *(муж. имя)*

Wolfs∥balg *m* -(e)s, -bälge волчья шкура

Wolfsburg *(n)* -s Вольфсбург *(город в ФРГ <земля Ниж. Саксония>; один из центров автомоб. промышленности)*

Wolfs∥hund *m* -(e)s, -e волкодав *(порода собак)*

Wolfs∥hunger *m* -s волчий аппетит

Wolfs∥milch *f* - *бот.* молочай

Wolfs∥rachen *m* -s, - волчья пасть

"Wolfsschanze" *f* - <*букв.* "волчье логово"> "вольфсшанце" *(условное назв. ставки Гитлера в Вост. Пруссии близ г. Раттенбург)*

Wolga *f* - Волга *(река в европейской части России)*

Wolke *f* -, -n облако; туча; **die ~ zieht sich zusammen** туча сгущается; **der Himmel ist ganz mit ~n bedeckt** небо заволокло облаками [тучами]; **er ist wie aus den ~n gefallen** он как будто с неба свалился; **in den ~n schweben** витать в облаках; **jmdn. in die ~n erheben*** превозносить кого-л. до небес

wölken, sich *поэт.* заволакиваться, покрываться тучами

Wolken‖bruch *m* -(e)s, -brüche ливень, проливной дождь

wolkenfrei *a* безоблачный

Wolken‖kratzer *m* -s, - небоскрёб

wolkenlos *a* безоблачный

wolkig *a* 1. облачный; 2. мутный *(об осадке)*

Woll‖decke *f* -, -n шерстяное одеяло

Wolle *f* -, -n шерсть; ♦ **~ lassen*** *разг.* потерпеть ущерб; **in der ~ sitzen*** 1) иметь тёплое местечко; 2) жить с комфортом; **jmdn. (kräftig) in (die) ~ bringen*** *разг.* вывести из себя, привести в ярость кого-л.

wollen I *a* шерстяной

wollen* II *mod* 1. хотеть, желать; **er will** он хочет, он собирается, ему хочется; **ich habe es tun ~** я хотел это сделать; **ich habe es gewollt** я хотел этого; **das will ich meinen!** конечно!, ещё бы!; 2.: **es will regnen** собирается дождь; **seine Beine wollten nicht mehr** его ноги отказывались служить; **das will mir nicht in den Sinn [in den Kopf]** это не укладывается у меня в голове; **ich weiß nicht, was daraus werden will** не знаю, что из этого получится; **es sei, wie es wolle** как бы то ни было; 3. *(в значении будущего времени):* **wir ~ sehen** посмотрим; 4. *(выражает приглашение, смягчённое приказание):* **~ wir gehen!** давай пойдём! *(собеседников двое);* давайте пойдём! *(собеседников не меньше трёх);* **~ Sie mir bitte helfen!** помогите мне, пожалуйста!; 5. *(выражает категорическое приказание):* **willst du antworten!** сейчас же отвечай!; 6. *(выражает утверждение):* **er will es nicht getan haben** он утверждает, что не делал этого; **er will nicht zu Hause gewesen sein** он утверждает, что не был дома; **ich will nichts gesagt haben, aber...** я ничего не утверждаю, но...

Woll‖faden *m* -s, -fäden шерстяная нить

Woll‖garn *n* -(e)s, -e шерстяная пряжа; шерсть *(нитки)*

wollig *a* пушистый, шерстяной

Woll‖jacke *f* -, -n шерстяная кофточка

Woll‖stoff *m* -(e)s, -e шерстяная материя, шерсть

Woll‖strand *m* -(e)s, -strände моток шерсти

Wollust *f* -, -lüste 1. сладострастие; 2. сладострастие, похоть

wollüstig *a* сладострастный, похотливый

Woll‖ware *f* -, -n 1. шерстяная ткань; *текст.* шерстяной товар; 2. изделие из шерсти

womít *pron adv* (с) чем; **~ kann ich dienen?** чем могу служить?

womöglich *mod adv* возможно, по возможности

wonách *pron adv* 1. после чего; 2. в связи с чем

wonében *adv* 1. подле чего; 2. наряду с чем

Wonne *f* -, -n блаженство, наслаждение; **in (eitel) ~ schwimmen*** быть на верху блаженства

Wonne‖taumel *m* -s упоение, восторг

wonnetrunken *a* опьянённый радостью [восторгом]

wonnig прелестный; блаженный

worán *pron adv (перевод зависит от управления глагола)* о чём, причём; почему; отчего; **~ liegt es?** в чём дело?; **~ denkst du?** о чём ты (только) думаешь?; **ich weiß nicht, ~ ich bin** я не знаю, как быть

worauf *pron adv* на что, на чём; после чего *(перевод зависит от управления глагола):* **~ besteht er?** на чём он настаивает?

woráus *pron adv* из чего, откуда *(перевод зависит от управления глагола):* **~ gehst du aus?** ты из чего исходишь?

worden *part II* от **werden*** *(в некоторых сложных формах)*

worfeln *vt* с.-х. веять

worín *pron adv* в чём, где; **das Haus, ~ ich wohne...** дом, в котором [где] я живу...

Wort I *n* -(e)s, Wörter (отдельное) слово; **~ für ~** слово в слово, дословно; **das ~ liegt mir auf der Zunge** слово вертится на языке, никак не вспомнить это слово; **im wahrsten Sinne des ~es** в истинном смысле слова

Wort II *n* -(e)s, -e слово *(речь);* **um das ~ bitten*** просить слова; **das ~ ergreifen*** взять слово; **jmdm. das ~ entziehen*** лишать кого-л. слова; **jmdm. das ~ erteilen** предоставлять слово кому-л.; **jmdm. aufs ~ glauben** верить кому-л. на слово; **aufs ~** на честное слово; **sein ~ halten*** держать своё слово; **in ~ und Tat** словом и делом; **jmdm. nicht zu ~e**

kommen lassen* не давать кому-л. говорить; **bei jmdm. ein gutes ~ einlegen** замолвить слово [словечко] у кого-л. [перед кем-л.]; **jmdm. ins ~ fallen*** перебивать кого-л.; **jmdm. beim ~ nehmen*** ловить [поймать] кого-л. на слове; **keine ~e für etw. (A) finden*** не находить слов для чего-л.; **mit eigenen ~en** своими словами; **ein Mann von ~** человек слова; **hochtrabende ~e** громкие фразы; **die ~e kauen** мямлить; **in ~en** прописью (*о сумме*); **ein ~ fallen lassen*** проронить слово; **jmdm. das ~ aus dem Munde nehmen*** предвосхитить чью-л. мысль [чьи-л. слова]; **jmdm. das ~ im Munde umdrehen** исказить смысл чьих-л. слов

Wort‖ableitung *f* -, -en *лингв*. **1.** словопроизводство; **2.** производное слово
wortarm *a* бедный словами [выражениями]; малословный
Wort‖art *f* -, -en *грам*. часть речи
Wort‖bau *m* -(e)s структура слов(а)
Wort‖bildung *f* -, -en *лингв*. словообразование
Wort‖bruch *m* -(e)s, -brüche нарушение (данного) слова
wortbrüchig *a* вероломный
Wörter‖buch *n* -(e)s, -bücher словарь; **erklärendes ~** толковый словарь
Wörter‖verzeichnis *n* -ses, -se **1.** указатель, индекс; **2.** список слов; словник
Wort‖famili¦e *f* -, -n *лингв*. гнездо слов
Wort‖folge *f* -, -n *грам*. порядок слов
Wort‖fügung *f* -, -en сочетание слов (*в предложении*)
Wort‖führer *m* -s, - **1.** оратор; **2.** представитель, выразитель
Wort‖gebrauch *m* -(e)s, -bräuche словоупотребление
Wort‖geklingel *n* -s болтовня, пустозвонство
wortgetreu *a* дословный
wortgewandt *a* красноречивый
Wort‖gut *n* -(e)s словарный состав (*языка*)
wortkarg *a* **1.** неразговорчивый; **2.** лаконичный
Wort‖klauberei *f* -, -en буквоедство, педантичность
Wort‖laut *m* -(e)s дословный текст, точный текст
wörtlich I *a* дословный, буквальный; II *adv* **1.** дословно, буквально; **2.** на словах, устно
wortlos I *a* безмолвный; II *adv* молча
Wort‖rätsel *n* -s, - шарада
wortreich *a* многословный

Wort‖schatz *m* -es запас слов
Wortschöpfung *f* -, -en словотворчество
Wort‖schwall *m* -(e)s словоизвержение, поток [набор] слов
Wort‖spiel *n* -(e)s, -e игра слов, каламбур
Wort‖stamm *m* -(e)s, -stämme *грам*. основа слова
Wort‖stellung *f* -, -en *грам*. порядок слов
Wort‖streit *m* -(e)s, -e спор, препирательство
Wort‖verbindung *f* -, -en *грам*. словосочетание; **erstarrte ~** устойчивое словосочетание
Wort‖wechsel *m* -s, - спор, пререкания
wortwörtlich *adv* слово в слово, дословно, буквально
worüber *pron adv* над чем; о чём (*перевод зависит от управления глагола*)
worúm *pron adv* о чём, за что (*перевод зависит от управления глагола*): **~ handelt es sich?** о чём идёт речь?
worúnter *pron adv* **1.** под чем; подо что; **2.** между которыми (*перевод зависит от управления глагола*)
wosélbst *adv* где (именно)
wovón *pron adv* **1.** от чего; **2.** из чего; **3.** о чём
wovór *pron adv* **1.** перед чем; **2.** от чего
wozú *pron adv* к чему; для чего
Wrack *n* -(e)s, -e/-s **1.** обломки (*корабля, самолёта*); **2.** развалина (*о человеке*)
Wracker *m* -s, - браковщик
wrang *impf от* **wringen***
wringen* *vt* **1.** выжимать (*бельё*); **2.** ломать в отчаянии руки
Wroclaw ['vrɔtslaf] (*n*) -s Вроцлав (*город в Польше*)
Wucher *m* -s ростовщичество
Wucherer *m* -s, - ростовщик
Wucher‖geschäft *n* -(e)s, -e ростовщическая сделка
wucher‖haft, ~isch *a* ростовщический
wúchern *vi* **1.** буйно разрастаться (*тж. перен.*); быстро расти [размножаться]; **pilzartig ~** расти как грибы; **2.** (*mit* D) барышничать (*чем-л.*); быть ростовщиком
Wucher‖preis *m* -es, -e чрезмерная цена
Wucherung *f* -, -en **1.** пышное произрастание; быстрое размножение; **2.** *мед*. нарост, разрастание
Wucher‖zinsen *pl* ростовщические проценты
wuchs *impf от* **wachsen***
Wuchs *m* -es, Wüchse рост; стан; **er ist hoch von ~** он высокого роста
Wucht *f* -, -en **1.** сила, мощь, тяжесть (*удара и т. п.; тж. перен.* ~ *улик и*

т. п.); **mit voller** ~ изо всей силы, со всей силой; **2.** *тех.* кинетическая энергия, живая сила

Wucht‖baum *m* -(e)s, -bäume рычаг

wuchten I *vt* **1.** двигать, поднимать, грузить *(что-л. с помощью рычага);* **2.** *тех.* балансировать; **II** *vi* работать [делать что-л.] с напряжением всех сил

wuchtig *a* **1.** тяжеловесный, увесистый; **2.** громоздкий; **3.** влиятельный

Wuhl‖arbeit *f* -, -en подрывная деятельность

wühlen I *vi* **1.** копать, рыть; рыться; **nach Schätzen** ~ искать клад; **sich** (D) **in den Haaren** ~ ворошить волосы; **in einer Wunde** ~ бередить рану *(тж. перен.);* **2.** (**gegen** A) подстрекать *(против кого-л.);* **II** *vt* рыть, размывать *(о реке);* **im Gelde** ~ купаться в деньгах

Wühler *m* -s, - подстрекатель

Wühlerei *f* -, -en **1.** копание, рытьё; **2.** подстрекательство

wühlerisch *a* подстрекательский

Wuhne *f* -, -n прорубь, лунка *(во льду)*

Wulst *m* -es, Wülste; *f* -, Wülste **1.** опухоль, утолщение, желвак; **2.** подушка, валик

wulstig *a* вздутый; толстый

wund *a* **1.** израненный; стёртый до крови; **eine ~e Stelle** больное место; **2.** *перен.* больной, слабый, уязвимый

Wunde *f* -, -n рана; **jmdm. eine ~ beibringen* [schlagen*]** нанести кому-л. рану; **an seinen ~n sterben*** умереть от ран; **in der** ~ **herumwühlen** растравлять [бередить] рану *(тж. перен.)*

wunder *adv* невесть; **er glaubt,** ~ **wie geschickt zu sein** он считает себя невесть каким ловким

Wunder *n* -s, - чудо; **ein** ~ **tun* [verrichten]** делать [совершать] чудеса; ~ **der** [**an, von**] **Tapferkeit verrichten** совершать чудеса храбрости; **was** ~, **wenn...** что удивительного, если...; **kein** ~, **daß...** неудивительно, что...; ◇ **sein (blaues)** ~ **erleben [sehen*, hören*]** насмотреться чудес; наслушаться небылиц

wunderbar *a* чудесный; удивительный

Wunder‖ding *n* -(e)s, -e диковина, чудо; ~**e treiben*** творить чудеса

Wunder‖glaube *m* -ns вера в чудеса

wunderhübsch *a* удивительно красивый, прелестный

Wunder‖kind *n* -(e)s, -er вундеркинд, феноменальный ребёнок

Wunder‖land *n* -(e)s, -länder страна чудес

wunderlich *a* странный, причудливый, чудаковатый

Wunderlichkeit *f* -, -en странность; причудливость

wundern I *vt* удивлять; **es wundert mich, mich wundert...** меня удивляет...; **II** ~, **sich** (**über** A) удивляться *(чему-л.)*

wunder‖nehmen* *vimp:* **es nimmt mich wunder** меня удивляет

wunderschön *a* чудесный, удивительно красивый, очаровательный

Wunder‖tat *f* -, -en изумительный [героический] подвиг, чудо

Wundertäter *m* -s, - чудодей, чудотворец

wundertätig *a* чудотворный, чудодейственный

Wunder‖tüte: das war ein Griff in die ~ *разг.* это был промах, это была неудача

wundervoll *a* чудесный, чудный

Wunder‖werk *n* -(e)s, -e чудо *(искусства, техники)*

Wundheit *f* - травматическое повреждение

Wund‖liegen *n* -s пролежни

Wund‖mal *n* -(e)s, -e рубец, след от раны

Wund‖starrkrampf *m* -(e)s *мед.* раневой столбняк

Wunsch *m* -(e)s, Wünsche желание; пожелание; **mein sehnlichster** ~ моё самое сильное желание; **auf seinen** ~ по его желанию, согласно высказанному им пожеланию; **nach seinem** ~ по его желанию, по его вкусу; **es geht alles nach** ~ всё идёт как нельзя лучше; **sich nach jmds. Wünschen richten** руководствоваться чьими-л. желаниями; **gegen** ~ **und Willen** против воли, вопреки желанию; **einen** ~ **hegen** иметь желание; **vom ~e getragen sein** быть преисполненным желания

Wünschel‖rute *f* -, -n волшебная палочка *(указывающая обладателю подземные источники и клады);* ист. геол. рудоискательная лоза

wünschen *vt* желать, пожелать; **das läßt (viel) zu** ~ **übrig** это оставляет желать (много) лучшего; **Sie wünschen?** что вам угодно?

wünschenswert *a* желательный

Wunsch‖form *f* -, -en *грам.* желательное наклонение, оптатив

wunschgemäß *adv* согласно желанию

Wunsch‖konzert *n* -(e)s, -e концерт по заявкам радиослушателей

Wunsch‖kost *f* - специальный стол, меню по выбору *(напр. в санатории)*

wunschlos *adv* не имеющий желаний; безмятежный

Wunsch‖traum *m* -(e)s, -träume мечта

Wuppdich: mit einem ~ *разг.* 1) одним скачком; 2) в один приём
wurde *impf om* werden
Würde *f* -, -n 1. достоинство; **er hielt es für unter seiner ~** он считал это ниже своего достоинства; **er trat mit ~ auf** он держал себя с достоинством; 2. звание, сан; **ein Mann in [von] Rang und ~n** человек с солидным положением; ◊ **~ bringt Bürde** *посл.* положение обязывает
würdelos *a* недостойный; унизительный
Würden∥träger *m* -s, - сановник
würdevoll *a* исполненный достоинства, важный
würdig *a* 1. достойный; 2. почтенный, уважаемый
würdigen *vt* 1. (G) удостаивать *(кого-л. чего-л.)*; **jmdn. keines Blickes ~** не удостоить кого-л. взглядом; 2. ценить, оценивать *(кого-л., что-л.)*; отдавать должное *(кому-л.)*; 3. отмечать *(успехи, знаменательные даты)*
Würdigung *f* -, -en 1. признание *(достоинств, заслуг)*; **in ~ einer Sache** (G) признавая, учитывая что-л.; 2. оценка *(обстоятельств и т. п.)*; **nach eingehender ~ aller Verhältnisse...** рассмотрев [обсудив] все обстоятельства...
Wurf *m* -(e)s, Würfe 1. бросок; 2. бросание, метание; *спорт.* бросок; **~ aus dem Stand** бросок с места *(баскетбол)*; 3. выброс *(при игре в кости)*; ◊ **der ~ ist getan** жребий брошен; **alles auf einen ~ setzen** поставить всё на карту; 4. помёт, приплод *(у животных)*; ◊ **jmdm. in den ~ kommen*** попасться кому-л. как раз кстати, столкнуться с кем-л.
Wurf∥bahn *f* -, -en траектория
Würfel *m* -s, - 1. кубик; **in ~ schneiden*** нарезать кубиками; 2. *мат.* куб; 3. игральная кость; ◊ **die ~ sind gefallen!** решено!, жребий брошен!
Würfel∥form *f* -, -en кубическая форма
würf(e)lig *a* 1. кубический; шестигранный; 2. клетчатый, в шашечку *(о рисунке ткани)*
würfeln *vi* играть в кости; бросать кости [жребий]
Würfel∥spiel *n* -(e)s, -e игра в кости
Würfel∥zucker *m* -s пилёный [кусковой] сахар
Wurf∥granate *f* -, -n мина *(миномётная)*
Wurf∥kreis *m* -es, -e *спорт.* круг для метания
Wurf∥scheibe *f* -, -n диск *(для метания)*
Wurf∥weite *f* -, -n дальность метания [броска]; *воен.* дальнобойность

würgen I *vt* давить, душить; II *vi* давиться; **an einem Bissen ~** подавиться куском; **an einer Arbeit ~** мучиться какой-либо работой
Würg∥engel *m* -s, - *библ.* ангел смерти
Würger *m* -s, - душитель, убийца
würgerisch *a* губительный, смертоносный
Wurm *m* -(e)s, Würmer червь, червяк; глист; **Würmer abtreiben*** выводить глистов; **sich wie ein ~ krümmen** извиваться червяком; ◊ **in [an] ihm nagt der ~** червь гложет его; **einen ~ im Kopf haben** страдать навязчивой идеей, иметь заскок; **jmdm. Würmer aus der Nase ziehen*** выпытывать у кого-л. тайну; ≅ клещами тащить из кого-л. какое-л. признание
wurmartig *a* червеобразный
wurmen *vimp*: **es wurmt mich** 1) меня берёт досада; 2) это не даёт мне покоя
wurmig *a* 1. червивый; 2. угрюмый, недовольный
Wurm∥mittel *n* -s, - глистогонное средство
Wurm∥stich *m* -(e)s, -e червоточина
wurmstichig *a* источенный червями, червоточный
Wurst *f* -, Würste колбаса; **mit ~ belegtes Brot** бутерброд с колбасой; ◊ **~ wider ~** ≅ долг платежом красен; **mir ist alles ~** *разг.* мне всё равно, мне (на всё) наплевать; **es geht um die ~!** *разг.* наступил решающий момент!, ≅ либо пан, либо пропал!; **mit der ~ nach dem Schinken werfen*** рисковать малым ради большого
Würstchen *n* -s, - сосиска
Wurstel *m* -s, - шутник, шут
Würstel *n* -, -/-n *см.* Würstchen
wursteln *vi разг.* работать кое-как [спустя рукава]
wurstig *a разг.* безразличный
Wurstigkeit *f* - *разг.* безразличие
Württemberg (*n*) -s Вюртемберг *(ист. обл. Германии)*
Würzburger Schule *f* - Вюрцбургская школа *(направление эксперимент. исследования мышления в нач. 20 в.; основатель — О. Кюльпе)*
Würze *f* -, -n 1. пряность, приправа; **an der Suppe ist zuviel ~** суп слишком острый; 2. услада; 3. сусло *(пивное)*
Wurzel *f* -, -n корень; ◊ **einer Sache** (D) **an die ~n gehen*** смотреть в корень, искать настоящую причину *(чего-л.)*; **~n schlagen*** пускать корни; ≅ **fassen** укорениться, прививаться; **ein Übel an der ~ fassen [packen]** пресечь зло в

корне; die ~ aus einer Zahl ziehen* *мат.* извлечь корень из числа
Wurzel‖exponent *m* -en, -en *мат.* показатель корня
wurzelförmig *a* корневидный
Wurzel‖frucht *f* -, -früchte корнеплод
Wurzel‖gemüse *n* -s, - корнеплодные овощные растения
wurzelhaft *a* 1. коренной, исконный; 2. *лингв.* корневой
wurzellos *a* 1. не имеющий корня; 2. *перен.* чуждый, лишённый основы
wurzeln *vi* 1. пускать корни, укореняться; 2. (*in* D) *перен.* корениться (в чём-л.)
Wurzel‖silbe *f* -, -n *лингв.* корневой слог
Wurzel‖stock *m* -(e)s, -stöcke корневище
Wurzel‖werk *n* -(e)s, -е корни, коренья
Wurzel‖zahl *f* -, -en *мат.* коренное число
Wurzel‖zeichen *n* -s, - *мат.* знак корня, радикал; **das ~ entfernen** выводить из-под корня
Wurzel‖ziehen *n* -s *мат.* извлечение корня
würzen *vt* (*mit* D) приправлять (*чем-л.*); *перен.* услаждать (*чем-л.*)
würzhaft, würzig *a* пряный; ароматный
wusch *impf от* waschen*
Wuschel‖kopf *m* -(e)s, -köpfe 1. кудрявая голова; 2. растрёпанная голова
wußte *impf от* wissen*
wüst *a* 1. пустынный; необитаемый; 2. *разг.* спутанный, беспорядочный; 3. беспутный, распутный; **ein ~es Leben** беспутный образ жизни
Wust *m* -es беспорядочное нагромождение, ворох, куча, груда
Wüste *f* -, -n пустыня
wüsten I *vt* опустошать, разрушать; II *vi* (*mit* D) *разг.* растрачивать, мотать, непроизводительно расходовать (*что-л.*); **mit seiner Gesundheit ~** разрушать своё здоровье
Wüstling *m* -s, -е 1. развратник; 2. кутила, пьяница
Wut *f* - ярость, бешенство; **mich packte die ~** меня охватила ярость; **~ auf jmdn. haben** питать злобу к кому-л.; **seine ~ an jmdm auslassen*** выместить свою злобу на ком-л.; **in ~ geraten* [ausbrechen*]** приходить в ярость; **sich in ~ reden** разгорячиться, войти в раж (*во время полемики*); **blaß vor ~** бледный от ярости; **vor ~ kochen** кипеть злобой
Wut‖anfall *m* -(e)s, -fälle припадок бешенства
wüten *vi* бушевать, неистовствовать; свирепствовать

wütend *part a* яростный, рассвирепевший
wutentbrannt *a* разъярённый, взбешённый
Wüterich *m* -s, -е изверг, тиран
Wut‖kopf *m* -(e)s, -köpfe злю(ч)ка
wutschäumend *a* взбешённый

X

X, x *n* - *мат.* неизвестная величина; ◊ **jmdm. ein X für ein U vormachen** ≅ втирать очки кому-л.
X-Achse *f* -, -n *мат.* ось абсцисс
Xanthippe <*gr.-lat.*> *f* -, -n (*от собств.*) сварливая баба, ведьма
Xaver Ксавер (*муж. имя*)
Xavéria Ксаверия (*жен. имя*)
x-beinig *a разг.* кривоногий
x-beliebig *a* любой
Xenia <*gr.-lat.*> Ксения (*жен. имя*)
xenophil [kse-] <*gr.*> *a* любящий чужеземцев; гостеприимный по отношению к иностранцам
xenophób [kse-] <*gr.*> *a* боящийся [не любящий] иностранцев, враждебный к иностранцам
Xeres‖wein [ˈçe:-] *m* -(e)s, -е херес (*вино*)
x-fach, x-mal *adv* неоднократно
X-Strählen *pl* х-лучи, рентгеновские лучи
x-te [ˈiks-] *a*: **zum ~n Male** *разг.* в который уже раз
Xylographie <*gr.-lat.*> *f* -, -phi‖en ксилография
Xylophón <*gr.-lat.*> *n* -s, -е *муз.* ксилофон
Xyloplástik <*gr.*> *f* -, -en деревянная скульптура

Y

Yacht <*niederl.*> *f* -, -en яхта
Yangdsidjiang [jaŋdzəˈdijaŋ] *m* -s Янцзы/Янцыцзян (*река в Китае, крупнейшая в Вост. Азии*)
Yankee [ˈjɛŋki:] <*engl.*> *m* -s, -s *презр.* янки, американец
Yaounde [jaunˈde] (*n*) - Яунде (*столица Камеруна*)
Yard [ja:rd] <*engl.*> *n* -s, -s *и с числ.* - ярд (*мера длины*)

Youngplan [jaŋ-] *m* -s план Юнга (*план взимания репарационных платежей с Германии, разработан в 1929–30 взамен плана Дауэса*)
Yperít ['i-] *n* -(e)s *хим.* иприт
Yperít‖nachweis ['i-] *m* -es, -e определение присутствия иприта
Ypsilon <*gr.*> *n* -s, -s ипсилон, игрек (*буква*)
Yukon ['ju:kɔn] *m* -s Юкон (*река в Канаде и на Аляске*)

Z

Zacharias <*jüd.*> Захариас (*муж. имя*)
Zacke *f* -, -n 1. зубец; зазубрина; 2. крючок, зацепка; 3. *шутл.* нос
zacken I *vt* вырезать [делать] зубцы (*на чём-л.*); II ~, **sich** образовывать зубцы
Zacken‖angriff *m* -(e)s, -e *воен.* атака "клиньями"
Zacken‖rad *n* -(e)s, -räder зубчатое колесо
zackig *a* 1. зубчатый, зазубренный; 2. молодцеватый, бравый; ~e **Musik** бодрая [бравурная] музыка; 3. *разг.* хорошо пригнанный, безукоризненный
zagen *vi* робеть, колебаться
zaghaft *a* 1. робкий, нерешительный; 2. медлительный, осторожный
Zaghaftigkeit *f* - робость, боязливость; нерешительность
zäh I *a* 1. жёсткий (*о мясе*); 2. вязкий (*о металле*); 3. упорный; выносливый, стойкий; **ein ~es Gedächtnis** цепкая память; II *adv* 1. упорно, стойко; 2. с трудом, медленно
Zäheit *f* - 1. жёсткость; 2. *тех.* вязкость, тягучесть; клейкость; 3. упорство, выдержка; цепкость; выносливость
Zähfestigkeit *f* - *тех.* вязкость
zähflüssig *a* вязкий, густой
zähhart *a* *тех.* вязкий
Zähigkeit *см.* **Zäheit**
Zahl *f* -, -en 1. число; 2. число, количество; **gerade ~** чётное число; **ungerade ~** нечётное число; **der ~ nach** по количеству; **ohne ~** бесчисленное множество; **eine vierstellige ~** четырёхзначное число; **sie waren zehn an der ~** их было десять (человек); **jmdn. an der ~ übertreffen*** превосходить кого-л. числом [количеством]; 3. цифра; *pl* цифры, данные

Zähl‖apparat *m* -(e)s, -e счётчик (*прибор*)
Zähl‖appell *m* -(e)s, -e перекличка
zahlbar *a* подлежащий уплате
zählbar *a* исчислимый, поддающийся учёту
zählebig *a* живучий
zahlen *vt* платить; **bitte ~!** счёт, пожалуйста! (*в ресторане*)
zählen I *vt* 1. считать; **das Volk ~** проводить перепись населения; **seine Tage sind gezählt** его дни сочтены; 2. насчитывать; **Belarus zählt 10 Millionen Menschen** Беларусь насчитывает 10 миллионов жителей; 3. считаться [идти] за... ; **die Eins zählt hundert** единица идёт за сто (*при условных обозначениях*); 4. (*zu* D) считать (*кого-л. кем-л.*); причислять, относить (*кого-л. к кому-либо, что-л. к чему-л.*); **er wird zu den Begabtesten gezählt** его считают одним из самых способных; **ich zähle ihn [er zählt sich] zu meinen Freunden** я причисляю его к своим друзьям; II *vi* 1. считать; **von eins bis hundert ~** считать от одного до ста; **vorwärts [rückwärts] ~** считать в обычном [в обратном] порядке; **er kann nicht bis drei ~** он невежда; 2. считаться, идти в счёт; **das zählt nicht** это не считается, это не в счёт; **jede Sekunde zählt** каждая секунда имеет значение; 3. (*nach* D) продлиться (*секунды, минуты, часы*); **das zählt nach Minuten** это дело нескольких минут, это минутное дело; 4. (*zu* D, *unter* A) считаться (*кем-л., чем-л.*), относиться, причисляться (*к кому-л., к чему-л.*); **er zählt zu den besten Schachspielern** он считается одним из лучших шахматистов; 5. (*auf* A) рассчитывать (*на кого-л., на что-л.*)
Zahlen‖angaben *pl* цифровые данные
Zahlen‖folge *f* -, -n ряд чисел
zahlenmäßig I *a* численный; статистический; II *adv* численно, количественно
Zahlen‖verhältnis *n* -ses, -se числовое отношение
Zahlen‖wert *m* -(e)s, -e численное [числовое] значение
Zahler *m* -s, - 1. плательщик; 2. казначей; кассир
Zähler *m* -s, - 1. счётчик (*прибор*); 2. *мат.* числитель
zahlfähig *a* платёжеспособный
Zähl‖gerät *n* -(e)s, -e счётный прибор, счётчик
Zahl‖karte *f* -, -n бланк для почтового перевода
zahllos *a* бесчисленный, несметный

Zahl∥meister *m* -s, - *воен.* казначей
zahlreich *a* многочисленный
Zahl∥stelle *f* -, -n касса; место выплаты
Zahl∥tag *m* -(e)s, -e платёжный день; день выдачи зарплаты
Zahl∥überlegenheit *f* - численное превосходство
Zahl∥uhr *f* -, -en счётчик (*прибор*)
Zahlung *f* -, -en платёж; взнос; уплата; **eine ~ leisten** произвести платёж; сделать взнос; внести, уплатить деньги; **die ~ blieb aus** платёж не поступил
Zählung *f* -, -en **1.** счёт; подсчёт; **2.** перепись населения
Zahlungs∥abkommen *n* -s, - платёжное соглашение
Zahlungs∥anweisung *f* -, -en платёжное поручение, ордер
Zahlungs∥auftrag *m* -(e)s, -träge платёжное поручение
Zahlungs∥bedingung *f* -, -en условие платежа
zahlungsfähig *a* платёжеспособный
Zahlungs∥frist *f* -, -en срок платежа
Zahlungs∥kredit *n* -(e)s, -e оборотный кредит
Zahlungs∥kürzung *f* -, -en *ком.* скидка (*за недоброкачественность товара и т. п.*)
Zahlungs∥mittel *n* -s, - платёжное средство
Zahlungs∥stundung *f* -, -en отсрочка платежа
Zahlungs∥verbindlichkeiten *pl* платёжные обязательства
Zahlungs∥verkehr *m* -s, - платёжный расчёт; **bargeldloser ~** безналичный расчёт
Zahlungs∥verzug *m* -(e)s, -züge просрочка платежа
Zähl∥vorrichtung *f* -, -en *тех.* счётное приспособление, счётчик
Zähl∥werk *n* -(e)s, -e счётный механизм
Zahl∥wort *n* -(e)s, -wörter имя числительное
Zahl∥zeichen *n* -s, - цифра
Zahl∥zettel *m* -s, - чек (*в магазине*); **einen ~ ausstellen** выписать чек
zahm *a* **1.** смирный; укрощённый; ручной (*о животных*); **2.** послушный, безобидный; ◇ **ich werde dich schon ~ machen!** *разг.* я тебе покажу!
zähmbar *a* **1.** (легко) приручаемый; **2.** *перен.* поддающийся укрощению
zähmen I *vt* **1.** приручать, укрощать; **2.** укрощать, обуздывать; **seine Zunge ~** придержать язык; **seine Ungeduld ~** сдерживать своё нетерпение; II ~ **sich** обуздать себя, сдержаться
Zahmheit *f* - **1.** приручённость; **2.** кротость, покорность

Zähmung *f* -, -en **1.** приручение; укрощение; **2.** укрощение, обуздание
Zahn *m* -(e)s, Zähne **1.** зуб; **einen ~ ziehen*** удалять зуб; **die Zähne fletschen 1)** (о)скалить зубы (*угрожающе*); **2)** скалить зубы; **mit den Zähnen knirschen** скрежетать зубами; **mit den Zähnen klappern** стучать зубами (*от холода и т. п.*); **etw. zwischen den Zähnen murmeln** бормотать что-л. сквозь зубы; ◇ **jmdn. auf den ~ fühlen** прощупывать кого-л.; **die Zähne in die Wand hauen*** ≅ положить зубы на полку; **sich (D) an etw. (D) die Zähne ausbeißen*** обломать себе зубы обо что-л., натолкнуться на сильное сопротивление; **Haare auf den Zähnen haben** быть зубастым; **2.** *тех.* зубец;
Zahn∥arzt *m* -es, -ärzte зубной врач
Zahn∥bohrer *m* -s, - бормашина
Zahn∥bürste *f* -, -n зубная щётка
Zahn∥creme [-'kre:m] *f* -, -n зубная паста
zähnefletschend *a* скрежеща зубами; оскалив зубы
zähneklappernd *adv* стуча зубами
zähneknirschend *adv* скрежеща зубами
zahnen *vi*: **das Kind zahnt** у ребёнка режутся зубы
Zahn∥ersatz *m* -es, -sätze искусственные зубы, зубной протез
Zahn∥fäule *f* - *мед.* кариоз
Zahn∥fleisch *n* -es десна
Zahn∥füllung *f* -, -en пломба (в зубе)
Zahn∥getriebe *n* -s, - зубчатый привод
Zahn∥heilkunde *f* - стоматология
Zahn∥höhle *f* -, -n зубная полость
zahnig *a* **1.** зубастый; **2.** зубчатый, с зубьями
Zahn∥krone *f* -, -n коронка зуба
Zahn∥laut *m* -(e)s, -e *лингв.* зубной звук
zahnlos *a* беззубый
Zahn∥lücke *f* -, -n пустое место в ряду зубов
Zahn∥pasta *f* -, -ten; **~paste** *f* -, -n зубная паста
Zahn∥pflege *f* -, -n уход за зубами
Zahn∥rad *n* -(e)s, -räder *тех.* зубчатое колесо, шестерня
Zahnrad∥getriebe *n* -s, - зубчатая передача; редуктор
Zahn∥schmelz *m* -es, -e *анат.* зубная эмаль
Zahn∥schmerz *m* -es, -en зубная боль
Zahn∥stocher *m* -s, - зубочистка
Zahn∥weh *n* -(e)s зубная боль
Zain *m* -(e)s, -e **1.** (ивовый) прут; **2.** прут, хлыст; **3.** металлический прут [стержень]; **4.** хвост (*барсука*)

Zaire [zaˈiːr(ə)] (*n*) -s Заир (*гос-во в Экваториальной Африке*)
Zander *m* -s, - судак
Zange *f* -, -n щипцы; клещи; **in die ~ nehmen*** 1) *воен.* зажать в кольцо; 2) взять кого-л. в оборот
Zank *m* -(e)s ссора, брань, перебранка
Zank‖apfel *m* -s, -äpfel яблоко раздора
zanken I *vi (mit jmdm.) (um* A, *über* A) ссориться, спорить, пререкаться (*с кем-л., из-за чего-л.*); **miteinander um etw.** (A) **~** браниться, ссориться из-за чего-л.; II *vt* бранить, отругать кого-л.; III **~, sich** браниться, ссориться
Zänker *m* -s, - задира, спорщик
Zankerei, Zänkerei *f* -, -en перебранка, брань
zankhaft, zänkisch *a* сварливый, склочный, задиристый
Zank‖lust; ~sucht *f* - задиристость
zanksüchtig *a* сварливый, задиристый
Zank‖wort *n* -(e)s, -wörter бранное слово; ругательство
Zäpfchen *n* -s, - *анат.* язычок
zapfen *vt* 1. цедить, наливать (*вино из бочки и т. п.*), откупоривать (*бочку*); 2. отцеживать, отводить (*жидкость, газы*); 3. *стр.* соединять при помощи шипов; запускать в паз
Zapfen *m* -s, - 1. затычка, пробка (*бочки*); 2. *тех.* цапфа; шип; втулка; стержень; 3. шишка (*хвойная*); 4. (ледяная) сосулька
Zapfen‖lager *n* -s, - *тех.* подшипник; опора цапфы; втулка
Zapfen‖streich *m* -(e)s, -e *воен.* вечерняя заря (*сигнал*); **den ~ blasen*** играть вечернюю зарю
Zapf‖hahn *m* -(e)s, -hähne сливной [спускной] кран; водоразборный кран
Zapf‖stelle *f* -, -n бензоколонка
zappeln *vi* 1. барахтаться, биться; 2. трепетаться, биться; ◊ **vor Ungeduld ~** дрожать от нетерпения
Zarge *f* -, -n 1. обод; край; ребро; 2. оконная рама; дверная коробка; 3. оправа; **die ~ eines Edelsteines** оправа драгоценного камня
zart *a* 1. нежный, ласковый; 2. нежный, мягкий, тонкий; **~e Farben** мягкие тона (*о красках*); 3. чуткий, деликатный; 4. нежный, хрупкий; чувствительный; **das ~e Geschlecht** слабый пол, женщины
zartblau *a* нежно-голубой
zartfühlend *a* чуткий, деликатный
Zart‖gefühl *n* -s чуткость, деликатность; такт

Zartheit *f* - 1. нежность; 2. мягкость; 3. лёгкость, деликатность; 4. хрупкость; *см.* zart
zärtlich *a* 1. нежный, ласковый; 2. чувствительный, восприимчивый
Zärtlichkeit *f* -, -en нежность, ласковость; **jmdm. ~en erweisen*** проявлять нежность к кому-л., ласково обращаться с кем-л.
Zärtling *m* -s, -e неженка
Zasel, Zaser *f* -, -n 1. волокно; 2. (цветочная) серёжка
zasern *vi* измочалиться
Zaster *m* -s *разг.* деньги
Zäsur <*lat.*> *f* -, -en *лит., муз.* цезура
Zauber *m* -s, - 1. колдовство, чары; **~ treiben*** заниматься колдовством; **~ ausüben** околдовывать, очаровывать; **das ist fauler ~** *разг.* это сплошной обман; 2. чары; обаяние, прелесть
Zauberei *f* -, -en волшебство, колдовство
Zauberer *m* -s, - 1. волшебник, чародей, колдун, маг; 2. фокусник
zauberhaft *a* 1. волшебный, очаровательный, чарующий; 2. удивительный, необъяснимый
Zauberin *f* -, -nen волшебница, колдунья, чародейка
zauberisch *см.* zauberhaft
Zauber‖kraft *f* -, -kräfte волшебная сила
Zauber‖kunst *f* -, -künste 1. колдовство, волшебство, магия; 2. *pl* фокусы; манипуляции иллюзиониста
Zauber‖künstler *m* -s, - фокусник
Zauberkunst‖stück *n* -(e)s, -e фокус
zaubern I *vi* 1. колдовать; **ich kann doch nicht ~** я не волшебник, я не могу сделать невозможное; 2. показывать фокусы; II *vt* наколдовать, добиваться волшебством (*чего-л.*)
Zauber‖spruch *m* -(e)s, -sprüche заклинание
Zauber‖stab *m* -(e)s, -stäbe волшебная палочка
Zauber‖trank *m* -(e)s, -tränke волшебный напиток
Zauderei *f* -, -en медлительность; нерешительность
Zauderer *m* -s, - медлительный человек; нерешительный человек
zauderhaft *a* медлительный, нерешительный
zaudern *vi (mit* D) медлить (*с чем-л.*); колебаться, не решаться (*сделать что-л.*); **ohne zu ~** не медля, без колебаний
Zaum *m* -(e)s, Zäume 1. узда; уздечка; 2. тормоз; ◊ **jmdm. den ~ anlegen** обуздать кого-л.; **jmdn. im ~(e) halten*** держать

кого-л. в узде; **seine Zunge im ~(e) halten*** держать язык за зубами
zäumen *vt* 1. взнуздать; 2. обуздать
zaumlos *a* 1. невзнузданный; 2. необузданный
Zaum‖zügel *m* -s, - поводья
Zaun *m* -(e)s, Zäune забор, ограда, изгородь; ◇ **jmdm. über den ~ helfen*** помочь кому-л. выбраться из затруднения; **etw. vom ~e brechen*** затевать, спровоцировать (*ссору*); развязывать (*войну*)
zaundürr *a* сухой как жердь
zäunen *vt* огораживать [обносить] забором
Zaun‖gast *m* -es, -gäste безбилетный зритель
Zaun‖pfahl *m* -(e)s, -pfähle кол, жердь, шест; **mit dem ~ winken** сделать грубый [недвусмысленный] намёк
zausen *vt* щипать, выщипывать; **jmdm. die Haare ~** трепать кого-л. за волосы
Zäzili!e Цецилия (*жен. имя*)
Zebedäus Цебедеус, Зеведей (*библейское муж. имя*)
Zebra <*afrik.*> *n* -s, -s зебра
Zech‖bruder *m* -s, -brüder кутила
Zeche *f* -,-n 1. счёт (*в пивной, ресторане и т. п.*); **seine ~ bezahlen** уплатить [внести] свою долю; **die ~ bezahlen müssen** поплатиться [пострадать] за других; **mit der ~ dúrchbrennen***, (**dem Wirt um**) **die ~ prellen** улизнуть, не уплатив по счёту; 2. пирушка, попойка; 3. рудник, шахта; 4. *ист.* цех, гильдия, корпорация; ◇ **etw. auf der ~ haben** иметь что-л. на совести; ≅ иметь рыльце в пушку
zechen *vi* кутить, пить; пировать, бражничать
Zecher *m* -s,- кутила
Zecheréi *f* -,-en; **Zech‖gelage** *n* -s,- кутёж, попойка
Zech‖kumpan *m* -s, -e собутыльник
Zech‖preller *m* -s, - человек, не заплативший по счёту
Zecke *f* -, -n *зоол.* клещ
Zedekia Цедекия (*библейское женское имя*)
Zeder *f* -, -n кедр
Zeh *m* -(e)s, -en см. Zehe
Zehe *f* -, -n 1. палец (*на ноге*); **auf den ~n gehen*** ходить на цыпочках; **jmdm. auf die ~ treten*** 1) наступить кому-л. на ногу; 2) оскорбить, задеть кого-л.; 2. долька, зубок (*чеснока*); корешок (*хрена*)
Zehen‖spitze: **auf den ~n** на цыпочках

Zehlendorf (*n*) -s Целендорф (*гор. р-н Берлина*)
zehn *пит* десять; десятеро
Zehn *f* -, -en (число) десять; десятка; десяток
Zehner *m* -s, - 1. десяток; 2. монета (достоинством) в 10 пфеннигов
zehn‖fach; ~fältig I *a* десятикратный; II *adv* в десять раз
zehnjährig *a* десятилетний, десятигодичный
zehnjährlich *a* повторяющийся (через) каждые десять лет
Zehn‖kampf *m* -(e)s, -kämpfe *спорт.* десятиборье
zehnmal *adv* десять раз, десятикратно
zehnmalig *a* десятикратный
Zehnmark‖schein *m* -(e)s, -e кредитный билет в десять марок
Zehnpfennig‖stück *n* -(e)s, -e монета достоинством в 10 пфеннигов
zehnstellig *a мат.* десятизначный
zehnt: zu ~ вдесятером
zehntausend *пит* десять тысяч
zehnte *пит* десятый
zehntel *пит*: **ein ~** одна десятая
Zehntel *n* -s,- десятая (часть)
zehntens *adv* в-десятых (*при перечислении*)
zehren *vi* 1. (*von* D) есть (*что-л.*), питаться (*чем-л.*); жить (*чем-л.*); **von den alten Vorräten ~** жить старыми запасами; **von Erinnerungen ~** жить воспоминаниями; 2. (*von* D) расходовать (*что-либо*); **vom Kapital ~** (понемногу) расходовать свой капитал; 3. (*an* D) изнурять, подтачивать (*кого-л., что-л.*); **das Fieber zehrt** жар [лихорадка] изнуряет
zehrend *a* изнурительный
Zehr‖fieber *n* -s изнурительная лихорадка
Zehr‖geld *n* -(e)s, -er деньги на пропитание; командировочные (деньги)
Zeichen *n* -s,- 1. знак; **im ~** под знаком; **zum ~** в знак; **jmdm. ein ~ geben*** подать кому-л. знак; **verabredete ~** условные знаки [сигналы]; **~ setzen** ставить знаки препинания; 2. признак, примета; **er ist unter einem glücklichen ~ geboren** он родился под счастливой звездой; ◇ **seines ~s ein Schuster** *уст.* по профессии сапожник
Zeichen‖block *m* -(e)s, -s тетрадь для рисования
Zeichen‖brett *n* -(e)s, -er чертёжная доска
Zeichen‖buch *n* -(e)s, -bücher альбом для рисования
Zeichen‖erklärung *f* -, -en объяснение знаков

Zeichen‖film *m* -(e)s, -e мультипликационный фильм
Zeichen‖geräte *pl* чертёжные принадлежности [инструменты]
Zeichen‖papier *n* -(e)s чертёжная [рисовальная] бумага
Zeichen‖setzung *f* -, -en *грам.* пунктуация
Zeichen‖sprache *f* -, -n язык знаков; пантомима
Zeichen‖trickfilm *m* -(e)s,-e мультипликационный фильм
Zeichen‖vorlage *f* -, -n образец для рисования [срисовывания]
zeichnen I *vt* 1. рисовать, чертить; 2. отмечать, метить; клеймить; **vom Schicksal gezeichnet sein** быть отмеченным печатью судьбы; 3. подписывать; **gezeichnet** подписано (таким-то); II *vi:* **der Hund zeichnet** *охот.* собака идёт по следу; **das Wild zeichnet** дичь оставляет за собой кровавый след
Zeichner *m* -s, - рисовальщик, чертёжник
zeichnerisch *a* рисовальный, чертёжный, выполненный в рисунке
Zeichnung *f* -, -en 1. рисунок, чертёж; 2. схема, изображение, описание; эскиз, зарисовка
Zeige‖finger *m* -s, - указательный палец
zeigen I *vt* 1. показывать; 2. проявлять, обнаруживать; II *vi (auf* A) показывать, указывать (на кого-л., на что-л.); II ~, **sich** 1. показываться (где-л.); 2. сказаться; обнаружиться; **es wird sich ~** (потом) видно будет; 3. показать себя; **sich freundlich zu jmdm. ~** проявлять своё дружелюбное отношение к кому-либо; **sich tapfer ~** проявить храбрость; **sich bereit ~** проявить готовность
Zeiger *m* -s, - 1. стрелка (часов); 2. указатель, индекс
Zeiger‖waage *f* -, -n циферблатные весы, весы с циферблатом
Zeige‖stock *m* -(e)s, -stöcke указка
zeihen* *vt* (G) обвинять, уличать (кого-л. в чём-л.)
Zeile *f* -, -n 1. строка, строчка; **etw. ~ für ~ durchgehen*** изучить [проработать] что-л. досконально; **zwischen den ~n lesen*** читать между строк; 2. ряд, шеренга; сторона улицы; **eine lange ~ Häuser** длинный ряд домов
zeilenweise *adv* построчно
Zeisig *m* -(e)s, -e *зоол.* чиж
Zeiß-Ikon-AG *f* - "Цейс-Икон-АГ" (одна из крупнейших оптических фирм в ФРГ)
Zeiss-Werke *pl* заводы Цейса (оптические заводы в Йене <ФРГ>)

zeit *prp* (G): **~ meines Lebens** за всю мою жизнь
Zeit *f* -, -en 1. время; **keine ~ haben** (für A, zu D) не иметь времени (для чего-либо); **sich** (D) **~ zu etw.** (D) **nehmen*** делать что-л. не спеша [не торопясь]; **sich** (D) **die ~ mit etw.** (D) **vertreiben*** коротать [проводить] время за чем-л.; **die ~ wird mir lang** время тянется долго; **die ~ drängt** время не терпит; **das hat ~** это не к спеху; **alles zu seiner ~** всему своё время; 2. время, час; **welche ~ ist es?** сколько сейчас времени?; **es ist noch früh an der ~** время ещё раннее, ещё рано; **es ist an der ~** (*zu + inf*) пора (делать что-л.); ◊ **kommt ~, kommt Rat** ≅ *посл.* утро вечера мудренее; 3. время (отрезок времени); **zur ~** в настоящее время; **seit einiger ~** с некоторого времени; **im Laufe der ~** с течением времени; **seit der ~** с тех пор; **zur rechten ~** вовремя, своевременно; **die (ganze) ~ über** в течение всего времени; **einige ~ lang** некоторое время; 4. время, эпоха; **mit der ~ gehen*** шагать в ногу со временем; **vor ~en** в прежние времена; **zu unserer ~** в наше время; **zu verschiedenen ~en** в разные времена; 5. срок; **auf ~** на срок; 6. *грам.* время (глагола); категория времени; 7. движение моря; прилив и отлив
Zeit‖abschnitt *m* -(e)s, -e период [отрезок] времени
Zeit‖alter *n* -s, - век, поколение; **das eiserne [eherne, goldene] ~** железный [бронзовый, золотой] век
Zeit‖angabe *f* -, -n дата, указание времени
Zeit‖ansage *f* -, -n точное время (сообщаемое, напр. диктором радио)
Zeit‖aufwand *m* -(e)s затрата времени
zeitbedingt *a* обусловленный временем
Zeit‖begebenheit *f* -, -en событие актуального значения; злоба дня
zeitbetont *a* 1. созвучный времени [эпохе]; 2. актуальный
Zeit‖dauer *f* - продолжительность [промежуток, отрезок] времени
Zeit‖einheit *f* -, -en 1. единица времени; 2. *лит.* единство времени (в драме)
Zeit‖einteilung *f* -, -en 1. распределение [организация] времени; 2. периодизация
Zeiten‖folge *f* -, -n 1. хронологический порядок; 2. *грам.* последовательность времён
Zeit‖ersparnis *f* -, -se экономия времени
Zeit‖form *f* -, -en *грам.* временная форма, форма времени

zeitfremd *a* чуждый духу времени
Zeit∥geist *m* -(e)s дух времени
zeitgemäß *a* 1. современный; 2. своевременный
Zeit∥genosse *m* -n, -n; ~**in** *f* -, -nen современник, -ница
zeitgenössisch *a* современный
Zeit∥geschehen *n* -s текущие события; новости дня
zeitig I *a* 1. своевременный; 2. заблаговременый; II *adv* 1. рано; 2. заблаговременно
Zeitigung *f* -, -en 1. созревание; 2. проявление, обнаружение
Zeit∥karte *f* -, -n (сезонный) проездной билет
Zeitkarten∥wagen *m* -s, - трамвайный вагон для проезда по сезонному билету
Zeit∥kino *n* -s, -s кинотеатр хроникального фильма (*с непрерывной демонстрацией фильмов*)
Zeitlang *f* : eine ~ некоторое время
zeitlebens *adv* всю жизнь; на протяжении всей жизни
zeitlich *a* 1. временный; 2. преходящий, бренный
Zeitliche *n*: das ~ segnen; den Weg alles ~n gehen* умереть, скончаться
Zeit∥lohn *m* -(e)s, -löhne повременная оплата труда; im ~ stehen* работать на условиях повременной оплаты труда
Zeit∥löhner *m* -s, - повременщик
zeitlos *a* 1. вечный, лишённый отпечатка времени; 2. несвоевременный
Zeitlupen∥aufnahme *f* -, -n *фото* скоростная [ускоренная] киносъёмка (*для замедленного показа движений*)
Zeit∥mangel *m* -s недостаток времени
Zeit∥maß *n* -es, -e *муз.* темп; такт, размер
Zeit∥messer *m* -s, - хронометр
Zeit∥messung *f* -, -en 1. хронометраж, замер времени; 2. *лит.* просодия
zeitnah(e) *a* отвечающий требованиям современности; актуальный
Zeit∥nähe *f* - связь с современностью, актуальность
Zeit∥nehmer *m* -s, - хронометражист, хронометрист; судья-секундометрист
Zeit∥not *f* - 1. недостаток времени (*вследствие перегруженности*); 2. *шахм.* цейтнот
Zeit∥plan *m* -(e)s, -pläne 1. календарный план работы; 2. *ж.-д.* график
Zeit∥punkt *m* -(e)s, -e дата; момент
Zeitraffer *m* -s, - цейтрафер (*аппарат для замедленной киносъёмки*)
Zeitraffer∥aufnahme *f* -, -n замедленная киносъёмка (*для ускоренного показа движений*)
zeitraubend *a* требующий много времени; zeit- und kraftraubende Arbeit трудоёмкая работа
Zeit∥raum *m* -(e)s, -räume период (времени)
Zeit∥rechnung *f* -, -en летосчисление; vor unserer ~ до нашей эры
Zeit∥schrift *f* -, -en журнал
Zeit∥spanne *f* -, -n промежуток времени, период, срок
Zeit∥stück *n* -(e)s, -e современная пьеса, пьеса из современной жизни
Zeit∥überschreitung *f* -, -en просрочка времени
Zeit∥umstände *pl* обстоятельства времени; обстоятельства, характерные для данного времени
Zeitung *f* -, -en газета; eine ~ abonnieren [bestellen] подписываться на газету; eine ~ halten* получать газету, подписаться на газету; an einer ~ mitarbeiten сотрудничать в газете; einen Artikel in die ~ setzen [bringen*] поместить статью в газете; ~en austragen* разносить газеты; was bringt die ~? что пишут в газетах?
Zeitungs∥anzeige *f* -, -n объявление в газете; газетное объявление
Zeitungs∥artikel *m* -s, - газетная статья
Zeitungs∥beilage *f* -, -n приложение к газете
Zeitungs∥bericht *m* -(e)s, -e (газетная) корреспонденция
Zeitungs∥berichterstatter *m* -s, - (газетный) корреспондент, репортёр
Zeitungs∥ente *f* -, -n газетная утка
Zeitungs∥inserat *n* -(e)s, -e объявление в газете; газетное объявление
Zeitungs∥kiosk *m* -s, -e газетный киоск
Zeitungs∥kopf *m* -(e)s, -köpfe заголовок газеты
Zeitungs∥mann *m* -(e)s, -männer 1. газетчик, журналист, корреспондент; 2. газетчик, продавец [разносчик] газет
Zeitungs∥schau *f* - обзор газет
Zeitungs∥spalte *f* -, -n газетный столбец
Zeitungs∥stand *m* -(e)s, -stände газетный киоск
Zeitungs∥wesen *n* -s журналистика, печать
Zeit∥vergeudung *f* -, -en бесполезная трата времени
Zeit∥verlust *m* -es, -e потеря времени
Zeit∥verschwendung *f* -, -en *см.* Zeitvergeudung
Zeit∥vertreib *m* -(e)s, -e времяпрепровождение
zeitweilig I *a* временный, преходящий; II

adv **1.** временно; **2.** время от времени, иногда
zeitweise *adv* время от времени; порой; эпизодически
Zeit‖wende: **vor der ~** перед наступлением новой эры [нового века], на стыке двух веков
Zeit‖wort *n* -(e)s, -wörter глагол
Zeit‖zeichen *n* -s, - сигнал поверки времени (*по радио*)
Zeit‖zünder *m* -s, - дистанционный взрыватель; детонатор замедленного действия
Zelinográd (*n*) -s Целиноград (*обл. центр в составе Казахстана*)
Zelle *f* -, -n **1.** кабина (*в раздевалке и т. п.*); **2.** камера (*тюремная*); **3.** келья (*монашеская*); **4.** биол. клетка; **5.** тех. камера; секция; отсек; гнездо; ячейка; **6.** эл. элемент; **lichtelektrische ~** фотоэлемент; **7.** ячея, ячейка (*пчелиных сот*)
Zellen‖lehre *f* - цитология
Zell‖faser *f* - целлюлозное волокно
Zell‖gewebe *n* -s, - клетчатка
Zellophán <*lat.*> *n* -s целлофан
Zell‖stoff *m* -(e)s целлюлоза; клетчатка
Zell‖teilung *f* -, -en биол. деление клетки
Zellulóid <*lat.*> *n* -(e)s целлулоид
Zellulóse <*lat.*> *f* -, -n целлюлоза
Zell‖wolle *f* - штапельное волокно; штапель, штапельная ткань
Zelót <*gr.-lat.*> *m* -en, -en (религиозный) фанатик
Zelt *n* -(e)s, -e палатка; шатёр; юрта; **ein ~ aufbauen** ставить палатку; **~e aufschlagen*** разбивать палатки; **das ~ abbrechen*** свернуть палатку
Zelt‖bahn *f* -, -en **1.** брезент; **2.** полотнище палатки; **3.** плащ-палатка
Zelt‖dach *n* -(e)s, -dächer шатровая крыша
zelten *vi* жить в палатке
Zelter *m* -s, - иноходец (*лошадь*)
Zelt‖lager *n* -s, - палаточный лагерь
Zelt‖leinwand *f* - палаточный холст
Zelt‖pflock *m* -(e)s, -pflöcke палаточный колышек
Zelt‖plane *f* -, -n брезент; полотнище палатки
Zelt‖stange *f* -, -n палаточная стойка
Zelt‖tuch *n* -(e)s, -tücher палаточный холст
Zemént <*lat.-fr.*> *m* -(e)s **1.** цемент; **2.** клей (*для кожи, резины*)
Zementíerung *f* -, -en **1.** цементирование; **2.** скрепление, укрепление
Zenít <*arab.-it.*> *m* -(e)s зенит

zensíeren <*lat.*> *vt* **1.** оценивать, ставить отметки (*в школе*); **2.** подвергать цензуре
Zensor <*lat.*> *m* -s, -sóren цензор
Zensúr <*lat.*> *f* -, -en **1.** отметка, оценка, балл; **2.** свидетельство об успеваемости, табель (*школьника*); **3.** - цензура; **die ~ hat das Buch (nicht) zugelassen** цензура (не) разрешила печатание книги
Zentáur <*gr.-lat.*> *m* -en, -en миф. кентавр
Zentiméter <*lat.-gr.*> *n* -s, - (сокр. cm) сантиметр
Zentiméter‖maß *n* -es, -e рулетка, мерная лента
Zentner <*lat.*> *m* -s, - (сокр. ztr.) центнер (*немецкий, равный 50 кг*)
Zentner‖last *f* -, -en тяжёлое бремя
zentrál *a* центральный
Zentrále <*gr.-lat.*> *f* -, -n **1.** центральный пункт, главный отдел; **2.** центральная электростанция, центральная телефонная станция; коммутатор (*на предприятии и т. п.*)
Zentrál‖heizung *f* -, -en центральное отопление
Zentralisatión <*gr.-lat.*> *f* -, -en централизация
zentralisíeren <*gr.-lat.*> *vt* централизовать
Zentrál‖komitee *n* -s, -s центральный комитет
Zentrál‖nervensystem [-v-] *n* -s центральная нервная система
zentríeren <*gr.-lat.*> *vt* центрировать
zentrifugál <*gr.-lat.*> *a* центробежный
Zentrifugál‖kraft *f* -, -kräfte центробежная сила
Zentrifúge <*gr.-lat.-fr.*> *f* -, -n центрифуга
zentripetál <*gr.-lat.*> *a* центростремительный
Zentripetál‖kraft *f* -, -kräfte центростремительная сила
Zentri‖winkel *m* -s, - мат. центральный угол
Zentrum I <*gr.-lat.*> *n* -s, -tren центр
Zentrum II *n* -s "Центр" (*клерикальная партия в Германии <1870-1933>; назв. - от места католической фракции в центре Прусской палаты представителей, а затем - в рейхстаге*)
Zentrumspartei *f* - Партия центра, см. Zentrum
Zéphir (**Zéphyr**) <*gr.-lat.*> *m* **1.** -s зефир (*ветерок*); **2.** -s, -e зефир (*ткань*)
Zepter <*gr.-lat.*> *n, m*, -s скипетр; **das ~ führen** править, управлять, держать в руках власть; **unter dem ~** под властью [владычеством] (*короля и т. п.*)

zer- *неотд. глаг. приставка, указывает:* **1.** *на разделение, раздробление, распад:* **zer|schneiden*** разрезать; **2.** *на разрушение, исчезновение:* **zer|setzen** разлагать; **3.** *на полное изнеможение, изнурение:* **zer|martern, sich** измучиться
zer|árbeiten *vt* искрошить [уничтожить] в процессе работы; **zerarbeitete Hände** мозолистые руки; ◇ **sich (D) den Kopf über etw. (A) ~** ломать голову над чем-л.
zer|beißen* *vt* раскусывать, разгрызать
zer|bérsten* *vi* (s) лопаться, трескаться
zer|bréchen* I *vt* (с)ломать, (раз)бить; II *vi* (s) (с)ломаться; (раз)биться; **der Widerstand zerbrach** сопротивление было сломлено; **sich (D) den Kopf über etw. (A) ~** ломать себе голову над чем-л.
zerbréchlich *a* ломкий, хрупкий
Zerbréchlichkeit *f* - ломкость, хрупкость
Zerbréchung *f* -, -en **1.**ломанье; разбивка; **2.** *юр.* взлом
zer|bröckeln I *vt* (ис)крошить, (раз)дробить; II *vi* (s) (ис)крошиться
zer|drücken *vt* раздавить; **eine Träne ~** (незаметно) вытереть слезу; прослезиться
zerebrál *a* мозговой
Zeremonie <*lat.*> *f* -, -ni|en церемония, обряд
zeremoniéll *a* **1.** церемониальный; **2.** церемонный
Zeremoniéll <*lat.-fr.*> *n* -s, -e церемониал
zeremoniös *a* церемонный
zer|fáhren* I *vt* **1.** задавить, переехать; **2.** разъездить, испортить (ездой) (*дорогу*)
zerfáhren II *a* **1.** разъезженный (*о дороге*); **2.** бессвязный; **3.** рассеянный
Zerfáhrenheit *f* - **1.** рассеянность; **2.** бессвязность, отсутствие последовательности
Zerfáll *m* -(e)s распад; размножение; разруха
zer|fállen* *vi* (s) **1.** распадаться, рушиться, разваливаться, разлагаться; **2.** распадаться, делиться (*на части и т. п.*); ◇ **mit jmdm. ~ sein** быть с кем-л. в ссоре; **er ist mit der ganzen Welt ~** он зол на весь мир
Zerfálls||produkt *n* -(e)s, -e продукт распада
zer|fétzen *vt* рвать на куски; дробить; кромсать
zer|fláttern *vi* (s) разлетаться по воздуху; разноситься ветром
zer|fléischen *vt* (рас)терзать
zer|fließen* *vi* (s) расплываться (*тж. перен.*); **in Tränen ~** заливаться [обливаться] слезами

zer|fréssen* *vt* разъедать, проедать
zer|fúrchen *vi* (s) избороздить
zer|géhen* *vi* (s) растворяться; расходиться; (рас)таять; **zergangener Schnee** мокрый снег
zer|gliedern *vt* **1.** разлагать, расчленять; **2.** *грам.* разбирать, анализировать (*предложение*)
Zergliederung *f* - **1.** разложение, расчленение; **2.** разбор, анализ (*предложения*)
zer|hácken *vt* разрубать; измельчать; **zerhacktes Eis** *спорт.* изрезанный лёд
zer|háuen* *vt* разрубать; выбивать (*окно*)
zer|káuen *vt* разжёвывать
zer|kléinern *vt* дробить; раздроблять; резать, рубить (*овощи и т. п.*)
Zerkléinerung *f* -, -en измельчение; (раз)дробление; раскалывание; резка, рубка (*овощей и т. п.*)
zer|klüften *vt* раскалывать, расщеплять (*тж. перен.*)
zer|knácken *vt* **1.** разгрызать; **2.** раскалывать (*щипцами*)
zer|knállen I *vt* разбивать; II *vi* (s) взрываться, лопаться
zer|knírschen *vt* **1.** раздавливать (*что-л. с хрустом*); **2.** подавлять, сокрушать
Zerknírschung *f* - подавленность, сокрушение
zer|knittern *vt* (с)мять, (с)комкать; **ganz zerknittert sein** быть совершенно подавленным
zer|knüllen *vt* (с)мять, (с)комкать
zer|kóchen I *vt* разваривать; II *vi* (s) развариваться
zer|krátzen *vt* исцарапать, расцарапать
zer|lássen* *vt* растопить (*масло и т. п.*)
zerlégbar *a* **1.** разложимый; **2.** разборный
zer|légen *vt* **1.** *хим.* разлагать; **2.** разбирать (*тж. перен.*); **3.** *кул.* разрезать на куски
zer|lésen* *vt* зачитать (*до дыр - книгу и т. п.*)
Zerlína Церлина (*жен. имя*)
zer|löchern *vt* продырявить, изрешетить
zerlúmpt *a* оборванный, одетый в лохмотья
zer|máhlen* *vt* размалывать
zer|málmen *vt* **1.** измельчать, раздроблять; крошить, толочь; **2.** раздавить, задавить; **3.** *тех.* плющить; **4.** уничтожить, сокрушить
zer|mártern: sich (D) den Kopf mit etw. (D) ~ ломать себе голову над чем-л.
zer|mürben *vt* **1.** подтачивать (*камень*); **2.** изнурять, обессиливать; изматывать; ослаблять (*сопротивление*)

zer|nágen *vt* изгрызать; истачивать (*о червях*)
zer|pflücken *vt* 1. обрывать (*лепестки*); изорвать; растрепать; 2. разбирать (*критически*)
zer|plátzen *vi* (s) разрываться, лопаться, лопнуть; **er zerplatzte beinahe vor Lachen** он чуть не лопнул со смеху
zer|púlvern *vt* 1. превращать в порошок; 2. распылять
zer|quétschen *vt* раздавить; расплющить; размять; превратить в месиво
zer|ráufen *vt* растрепать
Zerrbild *n* -(e)s, -er искажённое изображение; карикатура, шарж
zer|réiben* *vt* 1. растирать; 2. выматывать, изнурять; уничтожать
zer|réißen* I *vt* разорвать, разодрать; II *vi* (s) (по)рваться, изорваться, разорваться; изнашиваться
Zerréiß‖festigkeit, ~grenze *f* - *тех.* предел прочности на разрыв
Zerréiß‖probe *f* -, -n испытание на разрыв
zérren *vt* дёргать; рвать; тащить; ◇ **jmdn. durch den Schmutz** ~ смешивать с грязью кого-л.; **Tatsachen an die Öffentlichkeit** ~ предавать гласности какие-л. факты
zer|rínnen* *vi* (s) 1. растекаться, расплываться; таять; 2. исчезать; ◇ **wie gewonnen, so zerronnen** *посл.* как нажито, так и прожито
zerríssen *a* изорванный, разорванный
Zerríssenheit *f* - разобщённость, разъединённость, раздробленность
Zerr‖spiegel *m* -s, - кривое зеркало (*тж. перен.*)
Zerrung *f* -, -en 1. дёрганье; 2. *мед.* растяжение
zer|rütten *vt* расстраивать; расшатывать; разрушать
Zerrüttung *f* -, -en расстройство, разруха; расшатанность
zer|sägen *vt* распиливать
zer|schellen I *vi* (s) разбиваться; раздробляться; II *vt* раздроблять, разбивать (на куски) (*со звоном*)
zer|schlágen* I *vt* 1. разбить; **sich wie ~ fühlen** чувствовать себя разбитым; 2. разгромить; уничтожить; II ~, **sich** разбиваться; терпеть крушение; **die Sache hat sich ~** дело не выгорело (*разг.*)
Zerschlágung *f* -, -en разрушение, уничтожение, крах
zer|schléißen* *vt* изнашивать
zer|schméißen* *vt разг.* разбивать
zer|schmélzen* I *vt* расплавлять; II *vi* (s) расплавляться; растаять

zer|schméttern *vt* 1. разбить; раздробить; 2. разгромить
Zerschmétterung *f* -, -en 1. раздробление; 2. разгром
zer|schnéiden* *vt* разрезать; **zerschnittenes Gelände** пересечённая местность
zer|sétzen *vt* разлагать (*тж. перен.*)
Zersétzung *f* -, -en разложение, развал (*тж. перен.*)
zer|spálten *vt* колоть; раскалывать (*тж. перен.*); расщеплять
zer|spánen *vt* резать (*металл*)
zer|splíttern I *vt* 1. раздроблять; расщеплять; 2. распылять (*силы*); 3. непроизводительно расходовать (*время*); II *vi* (s) раскалываться на мелкие куски
Zersplítterung *f* -, -en 1. раздробление; расщепление; 2. распыление (*сил*); 3. раздробленность; расчленённость; раскол
zer|spréngen *vt* 1. разрывать; взрывать; 2. рассеивать (*тж. перен.*)
zer|spríngen* *vi* (s) лопаться, трескаться; разрываться на части (*тж. перен. о сердце и т. п.*); разлетаться на куски
zer|stámpfen *vt* 1. растоптать; потоптать; 2. растолочь (*в порошок*)
zer|stäuben *vt* распылять; рассеивать (*тж. перен.*)
Zerstäuber *m* -s, - распылитель, пульверизатор; форсунка
Zerstäubung *f* -, -en распыление; рассеивание (*тж. перен.*)
zer|stíeben* *vi* (s) рассыпаться; рассеиваться (*тж. перен.*)
zerstörbar *a* разрушимый, подверженный разрушению; непрочный
zer|stören *vt* разрушать; разорять; нарушать; **jmds. Glück** ~ расстроить чьё-л. счастье
Zerstörer *m* -s, - 1. разрушитель, нарушитель; 2. *воен.* бронебойщик, истребитель танков; 3. *мор.* эскадренный миноносец
Zerstörung *f* -, -en 1. разрушение; разорение; опустошение; 2. нарушение
Zerstörungs‖kraft *f* -, -kräfte разрушительная сила
Zerstörungs‖wut *f* - вандализм
zer|stréuen I *vt* рассеивать; распылять; рассыпать; разбрасывать; **jmds. Verdacht** ~ рассеивать чьи-л. подозрения; II ~, **sich** 1. рассеяться (*в разные стороны*); 2. развлечься
zerstréut *a* 1. разбросанный, распылённый (*über A* по чему-л.); 2. *воен.* рассредоточенный; 3. *физ.* рассеянный (*о свете*); 4. рассеянный, невнимательный

Zerstréutheit f - **1.** разбросанность; распылённость; **2.** *перен.* рассеянность
Zerstréuung f -, -en **1.** рассеивание; распыление; разбрасывание; **2.** развлечение; **3.** рассеянность
zer|stückeln vt **1.** разбить; (раз)делить [разорвать, разрезать] на куски; искромсать; **2.** *перен.* делить на части, дробить; расчленять; раскалывать
Zerstückelung f -, -en **1.** (раз)деление; разрезание; **2.** *перен.* дробление; расчленение; раскол
zertéilbar a делимый, могущий делиться
zer|téilen I vt **1.** делить [разрезать] на части; дробить; разделять; распределять; II **~, sich** разделяться, распределяться
Zertéilung f -, -en **1.** (раз)деление; разрезание; **2.** *мед.* разрушение
Zertifikát <*lat.*> n -(e)s, -e сертификат
zer|trámpeln vt растоптать
zer|trénnen vt распарывать (*платье*)
zer|tréten* vt растоптать
zer|trümmern vt разрушать; разбивать; раздавливать; раздроблять; **Atome ~** расщеплять атомы
zertrümmert a битый, дроблёный (*напр. о камне*)
Zertrümmerung f -, -en разрушение; разгром; раздробление
Zervelát||wurst [sɛrvə-] f -, -würste сервелат (*сорт полукопчёной колбасы*)
zer|wühlen vt приводить в беспорядок
Zerwürfnis n - ses, -se разрыв, ссора, размолвка
zer|záusen vt растрепать, потрепать
zerzáust a растрёпанный
Zessión <*lat.*> f -, -en **1.** *юр.* уступка; **2.** *эк.* передача прав
zéter! int на помощь!, караул!
Zéter: ~ und Mord(io) schreien* кричать караул, звать на помощь; вопить
Zeter||geschrei n -(e)s вопль; **ein ~ anstimmen** поднять ужасный крик
zetern vi **1.** кричать во всё горло, вопить; **2.** кричать, ругаться
Zettel m - s, - **1.** записка, листок; **2.** афиша; этикетка, ярлычок
Zettel||kasten m -s, - / -kästen картотека
Zeug n -(e)s, -e **1.** материя, ткань; **2.** вещи, принадлежности; **sein ~ in Ordnung halten*** держать свои вещи в порядке; **was soll ich mit dem ~ anfangen?** что мне с этим делать?; **3.** *перен.* вздор, чепуха; **glaub nur das nicht** не верь этому вздору; ◇ **das ~ zu etw. (D) haben** быть способным к чему-либо; **was das ~ hält** что есть силы; **sich tüchtig ins ~ legen, tüchtig ins ~ gehen*** взяться за дело засучив рукава; **sich für jmdn. ins ~ legen** вступиться за кого-л.; **er schuftet, was ~ und Leder hält** ≅ он работает как вол
Zeuge m -n, -n свидетель; **jmdn. zum ~n [als ~n] anrufen*** призывать кого-л. в свидетели
zeugen I vt зачать, производить на свет
zeugen II vi **1.** (*von* D) свидетельствовать (о *чём-л.*); **2.** давать показания, показывать; **für (gegen) jmdn. ~** выступать свидетелем в пользу [против] кого-л.
Zeugen||aussage f -, -n свидетельское показание
Zeugen||vernehmung f -, -en допрос свидетелей
Zeug||haus n -es, -häuser цейгхауз (*складское помещение для хранения обмундирования, снаряжения, вооружения и продовольствия*)
Zeugin f -, -nen свидетельница
Zeugnis n -ses, -se **1.** свидетельство; удостоверение; **2.** показание (*свидетелей*); **~ ablegen** давать показание; **3.** свидетельство (*об успеваемости*); аттестат
Zeugung f -, -en **1.** зачатие; **2.** создание, сотворение
Zeugungs||akt m -(e)s, -e половой акт, совокупление; случка
Zeugungs||trieb m -(e)s, -e половой инстинкт
Zeus <*gr.*> m *миф.* Зевс
Zichori|e [-'ço:-/-'ko:-] <*gr.-lat.-it.*> f -, -n цикорий обыкновенный
Zicke f -, -n (молодая) коза; ◇ **~n machen [bauen]** *разг.* 1) шалить, проказничать; 2) изворачиваться
Zicklein n -s, - козлёнок
Zíckzack m -(e)s, -e зигзаг; излом
Zider <*hebr.-gr.-lat.-fr.*> m -s сидр
Zieche f -, -n наволочка; чехол
Ziege f -, -n коза
Ziegel m -s кирпич; черепица
Ziegel||dach n -(e)s, -dächer черепичная крыша
Ziegeléi f -, -en кирпичный завод
ziegelrot a кирпичного цвета
Ziegel||stein m -(e)s, -e кирпич
Ziegen||bart m -(e)s, -bärte козлиная бородка
Ziegen||bock m -(e)s, -böcke козёл
Ziegen||leder n -s шевро, козья кожа
Ziegen||peter m -s *мед.* свинка
Ziegen||zucht f - козоводство
zieh *impf om* zeihen*
Zieh||brunnen m -s, - колодец с журавлём
ziehen* I I vt **1.** тянуть, тащить; **ein Los ~**

тянуть жребий; **den Ring vom Finger ~** снимать кольцо с пальца; **den Hut ~** снимать шляпу; **einen Faden durchs Nadelöhr ~** продернуть нитку сквозь угольное ушко; **2.** обнажать (*саблю и т. п.*); **3.** натягивать (*верёвку, одежду и т. п.*); **einen Mantel über das Kleid ~** надеть пальто поверх платья; **die Stirn in Falten ~** морщить лоб; **4.** *тех.* волочить, тянуть, подвергать вытяжке; **5.** (*aus* D) извлекать (*из чего-л.*); **eine Lehre aus etw. ~** извлечь урок из чего-либо; **die Bilanz ~** подводить итог; **einen Vergleich ~** делать сравнение; **eine Wurzel ~** 1) тащить корень (*зуба*); 2) *мат.* извлекать корень; **6.** проводить (*линию, борозду и т. п.*); **einen Kreis ~** описать окружность; **7.** привлекать; **die Aufmerksamkeit auf sich** (A) **~** привлекать к себе внимание; **8.** *шахм.* ходить, делать ход (*фигурой*); **9.** поднимать, закручивать (*мяч в настольном теннисе*); **10.** корчить (*гримасу*); **ein (saures) Gesicht ~** состроить [скорчить] (кислую) физиономию; **eine Fratze ~** скорчить рожу; **11.:** **etw. in die Höhe ~** поднимать что-л.; **etw. in die Länge ~** 1) растягивать что-либо; 2) затягивать какое-л. дело; **etw. in Betracht ~** принимать что-л. во внимание; **etw. in Zweifel ~** подвергать что-л. сомнению; **jmdn. ins Geheimnis ~** доверить кому-л. тайну, поделиться с кем-либо секретом; **12.:** **das Schiff zieht Wasser** судно дало течь; **13.: Wein auf Flaschen ~** разливать вино по бутылкам; **II** *vi* **1.** (s) идти, двигаться, тянуться (*массой*); **ins Feld ~** выступить в поход; **die Wolken ~** облака плывут; **2.** (s) переезжать (*куда-л.*), перелетать, лететь (*куда-л.; о птицах*); **aufs Land ~** переехать в деревню [на дачу]; **in die Stadt ~** переехать в город; **zu Verwandten ~** переехать к родственникам; **3.** тянуть, сквозить; **der Ofen zieht** у печи хорошая тяга; **es zieht hier** здесь сквозняк; **4.: der Tee zieht** чай настаивается; **das Lustspiel zieht** комедия имеет успех (*у публики*); **5.** (*an* D) тянуть (*за что-л.*); **III ~, sich 1.** тянуться, простираться; **dieser Gedanke zieht sich wie ein roter Faden durch das Buch** эта мысль красной нитью проходит через книгу; **2.** (*in* A) проникать (*во что-л.*); **die Feuchtigkeit zieht sich in das Holz** сырость проникает в дерево; **3.: die Sache zieht sich in die Länge** дело затягивается; ◊ **sich aus der Affäre [aus der Klemme, aus der Patsche] ~** вывернуться из неприятного [затруднительного] положения

ziehen* II *vt* **1.** растить (*ребёнка*); **2.** выращивать, разводить (*скот, растения*)

Zieh∥harmonika *f* -, -ken/-s гармоника, гармонь

Zieh∥seil *n* -(e)s, -e постромка

Ziehung *f* -, -en **1.** тираж; розыгрыш; **2.** жеребьёвка

Ziel *n* -(e)s, -e **1.** (поставленная) цель; **sich** (D) **ein ~ setzen** поставить перед собой цель; **hohe ~e verfolgen** ставить перед собой высокие цели; **auf sein ~ lossteuern** стремиться к своей цели; **2.** финиш; **durchs ~ gehen*** *спорт.* финишировать; **3.** *воен.* цель; мишень; **totes ~** неподвижная цель; **das ~ treffen*** попасть в цель, поразить цель; **das ~ verfehlen** не попасть в цель, промахнуться; **das ~ erfassen** засечь цель; **übers ~ hinausschießen*** 1) выстрелить выше мишени; 2) перестараться; зайти слишком далеко; **4.** *ком.* срок платежа

Ziel∥band *n* -(e)s, -bänder *спорт.* финишная ленточка

zielbewußt *a* целеустремлённый

zielen *vi* **1.** (*auf* A, *nach* D, *in* A) целить(ся), метить (*во что-л.*); **2.** (*auf* A, *nach* D) стремиться (*к чему-л.*), добиваться (*чего-л.*); **3.** (*auf* A) намекать (*на что-л.*)

Ziel∥fernrohr *n* -(e)s, -e оптический прицел

Ziel∥gerade *subst f* -n, -n *спорт.* финишная прямая

Ziel∥kurve [-və] *f* -, -n *спорт.* последний вираж [поворот]

ziellos *a* бесцельный

Ziel∥punkt *m* -(e)s, -e точка прицела [прицеливания]

Ziel∥richter *m* -s, - *спорт.* судья на финише

Ziel∥scheibe *f* -, -n мишень; **jmdn. zur ~ des Spottes machen** сделать кого-л. мишенью насмешек

Ziel∥strebigkeit *f* - целеустремлённость

ziemen *vi u* **~, sich** подобать, приличествовать; **es ziemt mir nicht, darüber zu urteilen** я не смею [мне не положено] судить об этом; **er weiß (nicht), was sich ziemt** он (не) знает, как себя вести

ziemend *a* подобающий, надлежащий

Ziemer *m* -s, - **1.** хвостовая [хребтовая] часть, зад, огузок (*дичи*); **2.** кнут, бич, плётка

ziemlich I *a* порядочный, изрядный; **II** *adv* довольно, сравнительно

Zíerat *m* -(e)s, -e; *f* -, -en украшение, убранство
Zíer∥baum *m* -(e)s, -bäume декоративное растение
Zíerde *f* -, -n украшение; *перен.* краса
zíeren I *vt* украшать, убирать; II ~, sich 1. украшать себя; 2. жеманиться, церемониться, кривляться
Ziereréi *f* -, -en жеманство, рисовка
Zíer∥leiste *f* -, -n декоративная планка; *полигр.* виньетка
zíerlich *a* изящный, грациозный
Zíerlichkeit *f* -, -en изящество, грациозность
Zíer∥pflanze *f* -, -n декоративное растение
Zíer∥puppe *f* -, -n жеманница, кисейная барышня
Zíesel *m, n* -s, -; **~maus** *f* -, -mäuse суслик
Ziffer <*arab.-lat.*> *f* -, -n цифра; **mit ~n bezeichnen** отмечать цифрами; выражать в цифрах; **in ~n schreiben*** записывать цифрами; **aufgebauschte ~n** дутые цифры
Ziffer∥blatt *n* -(e)s, -blätter циферблат
ziffermäßig I *a* численный; II *adv* 1. численно; 2. в цифрах; на основе цифр
Ziffer∥schrift *f* -, -en шифр
Zigarétte <*span.-fr.*> *f* -, -n сигарета, папироса; **sich (D) eine ~ ins Gesicht stecken** *разг.* закурить сигарету [папиросу]
Zigarétten∥etui [-ɛtˈviː/-eˈtyiː] *n* -s, -s портсигар
Zigarétten∥kippe *f* -, -n окурок
Zigarétten∥packung *f* -, -en пачка сигарет [папирос]
Zigarétten∥papier *n* -s папиросная бумага
Zigarétten∥rauch *m* -(e)s папиросный дым
Zigarétten∥spitze *f* -, -n мундштук
Zigarétten∥stummel *m* -s, - *см.* Zigarétten∥kippe
Zigarétten∥töter *m* -s, - тушилка для сигарет
Zigaríllo <*span.*> *m, n* -s, -s; *разг. f* -, -s маленькая сигара
Zigárre <*span.-fr.*> *f* -, -n сигара; **sich (D) eine ~ anstecken [anbrennen*]** зажечь сигару
Zigárren∥etui [-ɛtˈviː/-eˈtyiː] *n* -s, -s портсигар
Zigárren∥kiste *f* -, -n сигарная коробка
Zigárren∥spitze *f* - мундштук для сигар
Zigárren∥stummel *m* -s, - окурок сигары
Zigéuner *m* -s, - цыган
zigéunerhaft *a* 1. цыганский; 2. любящий кочевой образ жизни

Zigéunerin *f* -, -nen цыганка
zigéunerisch *a* цыганский
Zigéuner∥lager *n* -s, - цыганский табор
Zikáde <*lat.*> *f* -, -n *зоол.* цикада
Zille *f* -, -n 1. баржа; 2. *бот.* пролеска
Zillertal *n* -s Циллерталь (*долина реки Инн в Австрии*)
Zillertaler Alpen *pl* Циллертальские Альпы (*хребты в Вост. Альпах, на границе Австрии и Италии*)
Zímbel <*gr.-lat.-it*> *f* -, -n *муз.* цимбалы; **~ schlagen*** играть на цимбалах
Zímmer *n* -s, - комната; **das ~ machen** убирать комнату; **das ~ geht auf [in] den Hof** комната выходит (окнами) во двор; **ein ~ nach vorn hinaus** комната с окнами на улицу; **das ~ hüten** сидеть дома (*из-за болезни*)
Zímmer∥einrichtung *f* -, -en обстановка комнаты
Zímmer∥genosse *m* -n, -n сожитель [сосед] по комнате
Zímmer∥handwerk *n* -(e)s плотничество, плотнические работы
Zímmer∥holz *n* -es строевой лес, строительный материал
Zímmer∥mädchen *n* -s, - горничная
Zímmer∥mann *m* -(e)s, -leute плотник; ◊ **jmdm. zeigen, wo der ~ das Loch gelassen hat** *разг.* выставить, выпроводить кого-л.
zímmern *vt, vi* 1. плотничать; 2. строить; **sich (D) seine Zukunft ~** устраивать своё будущее
Zímmer∥nachbar *m* -n, -n сосед по комнате
Zímmer∥nachweis *m* -es, -e квартирное бюро, контора по подысканию комнат
Zímmer∥pflanze *f* -, -n комнатное растение
Zímmerung *f* -, -en 1. сруб; 2. *горн.* шахтное крепление
zímperlich *a* 1. чопорный, жеманный; 2. разборчивый, привередливый
Zímperlichkeit *f* -, -en чопорность, жеманство
Zímper∥liese *f* -, -n *разг.* жеманница, недотрога
zímpern *vi* жеманиться; церемониться
Zimt I *m* -(e)s, -e *кул.* корица
Zimt II *m* -(e)s *разг.* ерунда, хлам; ◊ **mach nicht so viel ~!** не разводи канители!; **was kostet der ganze ~?** сколько стоит всё чохом?
zimtbraun *a* коричневый
Zink <*lat.*> *n* -(e)s цинк; **mit ~ überziehen*** оцинковать
Zinke *f* -, -n 1. зубец (*вилки, грабель и т. п.*); 2. *разг.* толстый мясистый нос

zinken *a* цинковый
Zinken *m* -/-s, - *муз.* рожок
Zink‖weiß *n* -es цинковые белила
Zinn *n* -(e)s олово
Zinne *f* -, -n зубец (*стены*); башенка; острый выступ (*напр. скалы*)
zinnern *a* оловянный
Zinni|e <*lat.*> *f* -, -n *бот.* циния
Zinnóber *m* -s <*pers.-gr.-lat.-provenzal.-fr.*> 1. киноварь (*минерал, краска*); 2. *разг.* вздор, болтовня
Zinn‖soldat *m* -en, -en оловянный солдатик
Zins I *m* -es, -e 1. арендная плата; 2. *ист.* оброк, подать, дань
Zins II *m* -es, -en, *б. ч.* pl процент; **~en tragen*** [**bringen***] приносить [давать] проценты; **von den ~en leben** жить на проценты (*с капитала*); **auf ~en geben*** давать деньги в рост
Zins‖anrechnung *f* -, -en начисление процентов
zinsbar *a* приносящий проценты [доход]
zinsen I *vt* 1. платить арендную плату (*за квартиру и т. п.*); 2. (*реже*) получать арендную плату; 3. *ист.* платить оброк [подать, дань]; 4. *ист.* получать оброк
zinsen II *vt* 1. платить проценты; 2. (*реже*) получать проценты
Zinsen‖berechnung *f* -, -en *мат.* вычисление процентов
Zinses‖zinsen *pl* сложные проценты
zinsfrei *a* освобождённый от налогов
Zins‖fuß *m* -es, -füße *эк.* процентная ставка
zinspflichtig *a* обязанный платить налоги
Zins‖rechnung *f* -, -en *мат.* начисление процентов
Zins‖satz *m* -es, -sätze процентная ставка, размер процентов
Zins‖schein *m* -(e)s, -e процентный купон
zinstragend *a* приносящий проценты [доход]
Zipfel *m* -s, - 1. кончик, краешек; 2. пола (*сюртука*); **etw. beim rechten ~ anfassen** [**anpacken**] умело взяться за что-л.
zipfelig *a* 1. остроконечный; 2. с кончиками
Zipfel‖mütze *f* -, -n шапочка с кисточкой
Zipfel‖tuch *n* -(e)s, -tücher косынка
Zirbe(l) *f* -, -n кедр европейский
Zirbel‖drüse *f* -, -n шишковидная железа
Zirbel‖nuß *f* -, -nüsse кедровый орех
zirka <*lat.*> *adv* около, приблизительно
Zirkel <*gr.-lat.*> *m* -s, - 1. циркуль; 2. *мат.* круг; 3. кружок, компания; общество; **im ~ behandeln** обсуждать на кружке

Zirkel‖abschnitt *m* -(e)s, -e *мат.* сегмент круга
zirkelförmig *a* круглый
zirkeln <*gr.-lat.*> I *vt* измерять циркулем; II *vi* и **~, sich** вращаться
zirkelrund *a* (совершенно) круглый
Zirkel‖schluß *m* -sses, -schlüsse заколдованный круг
zirkulár, zirkulär <*gr.-lat.*> *a* кругообразный, круглый, циркулярный
Zirkulatión <*gr.-lat.*> *f* -, -en циркуляция, обращение
zirkulíeren <*gr.-lat.*> *vi* циркулировать; находиться в обращении; **~ lassen*** 1) пускать в обращение; 2) *перен.* распространять (*слухи*)
zirkulíerend *a*: **~es Kapital** *эк.* оборотный капитал
Zirkus <*gr.-lat.-fr.*> *m* -, -e цирк
Zirpe *f* -, -n сверчок; кузнечик
zirpen *vi* стрекотать
Zirrhose [tsirˈoː-] <*gr.-lat.*> *f* -, -n *мед.* цирроз
Zirrus‖wolke *f* -, -n перистое облако
Zischeléi *f* -, -en шушуканье, перешёптывание
zischeln I *vt* шептать; **ins Ohr ~** шептать на ухо; II *vi* шептаться, шушукаться
zischen *vi* 1. шипеть; 2. шипеть, шикать; ◇ **einen ~** *разг.* выпить кружку (*пива*)
Zisch‖laut *m* -(e)s, -e *лингв.* шипящий [свистящий] звук
ziselíeren <*lat.-fr.*> *vt* чеканить, гравировать
Ziselíerer <*lat.-fr.*> *m* -s, - чеканщик, гравёр
Zitadélle <*lat.-it.-fr.*> *f* -, -n цитадель, замок
Zitát <*lat.*> *n* -(e)s, -e цитата
Zitatión <*lat.*> *f* -, -en вызов (*к начальнику, в суд*); повестка
Zither <*gr.-lat.*> *f* -, -n *муз.* цитра; **~ schlagen*** [**streichen***] играть на цитре
zitíeren <*lat.*> *vt* 1. цитировать; 2. вызывать (*к начальнику, в суд и т. п.*)
Zitróne <*lat.-it.*> *f* -, -n лимон; **eine ausgepreßte ~** выжатый лимон (*тж. перен.*)
Zitrónen‖saft *m* -(e)s лимонный сок
Zitrónen‖schale *f* -, -n лимонная корка
Zitter‖aal *m* -(e)s, -e *зоол.* угорь электрический
zitterhaft, zitterig *a* дрожащий, трясущийся
zittern *vi* 1. дрожать; трястись; **an allen Gliedern ~** дрожать всем телом; **vor Angst** [**vor Kälte**] **~** дрожать от страха [от холода]; 2. (*vor* D) дрожать, трепе-

тать (*перед кем-л.*), бояться (*кого-л.*); **um sein Leben ~** дрожать за свою жизнь; **3.** дрожать, вибрировать
Zittern *n* -s **1.** дрожание; **mit ~ und Zagen** со страхом и трепетом; **2.** *физ.* дрожание, вибрирование
Zitter‖pappel *f* -, -n осина
Zitze *f* -, -n **1.** сосок (*у животных*); **2.** *разг.* сосок (*груди*)
zivil [-'vi:l] <*lat.*> *a* **1.** гражданский; штатский; **2.** учтивый; **3.** умеренный (*о цене*)
Zivil [-'vi:l] <*lat.-fr.*> *n* -s **1.** штатские (люди), гражданское население; **2.** штатское платье; **in ~ gehen*, ~ tragen*** ходить в штатском
Zivil‖courage [-'vi:lkura:ʒə] <*lat.-fr.*> *f* - гражданское мужество
Zivil‖ehe [-'vi:l-] *f* -, -n гражданский брак
Zivil‖gesetzbuch [-'vi:l-] *n* -(e)s, -bücher *юр.* гражданский кодекс
zivilisieren [-vi-] <*lat.-fr.*> *vt* цивилизировать
Zivilist [-'vi-] <*lat.*> *m* -en, -en штатский (человек)
Zivil‖klage [-'vi:l-] *f* -, -n *юр.* гражданский иск
Zivil‖recht [-'vi:l-] *n* -(e)s *юр.* гражданское право
Zivil‖trauung [-'vi:l-] *f* -, -en гражданское бракосочетание
Zobel <*russ.*> *m* -s, - *зоол.* соболь
Zobel‖fell *n* -(e)s, -e соболий мех
Zofe *f* -, -n горничная
zog *impf от* **ziehen***
zögern *vi* медлить, колебаться, не решаться
Zögling *m* -s, -e воспитанник, -ница; питомец, -мица
Zölibat <*lat.*> *m, n* -(e)s *рел.* целибат
Zoll I <*lat.-engl.*> *m* -(e)s - дюйм; **zwei ~ breit** шириной в два дюйма; **drei ~ stark** толщиной в три дюйма
Zoll II <*gr.*> *m* -(e)s, Zölle **1.** пошлина; **2.** *перен.* дань; **der Natur seinen ~ entrichten** отдать дань природе (*умереть*)
Zoll‖abfertigung *f* -, -en таможенный досмотр
Zoll‖abgaben *pl* таможенные сборы
Zoll‖amt *n* -(e)s, -ämter таможня
zollamtlich *a* таможенный
Zoll‖beamte *subst m, f* -n, -n таможенник, -ица
Zoll‖deklaration *f* -, -en таможенная декларация
zollen *vt* **1.** платить (*пошлину*); **2.** *ист.* платить (*дань*); **3.:** **jmdm. Achtung ~** оказывать кому-л. (должное) уважение; **jmdm. Bewunderung ~** выражать восхищение, восхищаться кем-л.; **jmdm. Dank ~** выражать кому-л. благодарность
Zoll‖gebühr *f* -, -en таможенная пошлина, таможенный налог
Zoll‖kontrolle *f* -, -n таможенный досмотр
Zöllner *m* -s, - **1.** *ист.* сборщик податей, мытарь; **2.** *см.* Zollbeamte
zollpflichtig *a* подлежащий обложению пошлиной
Zoll‖schranke *f* -, -n таможенный барьер
Zoll‖tarif *m* -(e)s, -e таможенный тариф
Zoll‖verband *m* -(e)s, -bände; **~verein** *m* -(e)s, -e таможенный союз
Zoll‖verschluß *m*: **unter ~** на складе таможни
zonál, zonár <*gr.-lat.*> *a* зональный
Zone <*gr.-lat.*> *f* -, -n зона; сфера; пояс (*климатический*)
Zoo <*gr.*> *m* -/-s, -s зоопарк, зоологический сад
Zoológe <*gr.-fr.*> *m* -n, -n зоолог
Zoologie <*gr.-fr.*> *f* - зоология
Zoo‖techniker <*gr.-fr.*> *m* -s, - зоотехник
Zopf *m* -(e)s, Zöpfe коса (*волосы*); **das Haar zu einem ~ flechten** заплетать волосы в косу; ✧ **alter ~** пережиток прошлого
zopfig *a* **1.** с косой; **2.** *разг.* устаревший
Zorn *m* -(e)s гнев, ярость; **in ~ geraten*** прийти в ярость; **seinen ~ an jmdm. auslassen*** сорвать [излить] свой гнев на ком-л.
Zorn‖ausbruch *m* -(e)s, -brüche вспышка гнева
zornentbrannt *a* пылающий гневом
zornig *a* гневный
zornschnaubend *a* разъярённый
Zorn‖wut *f* - исступление
Zote *f* -, -n непристойность, сальность; **~n reißen*** говорить непристойности, рассказывать непристойные анекдоты
zoten *vi* говорить непристойности [сальности]
zotenhaft, zotig *a* скабрёзный, непристойный, сальный
Zotte, Zottel *f* -, -n пучок, клок (*волос, шерсти*)
zott(e)lig *a см.* zottig
zotteln *vi* еле двигаться
zottig *a* лохматый, косматый
zu I *prp* (D) **1.** *указывает на направление, конечный пункт движения* к, на, в; **zum Bahnhof gehen*** идти на вокзал; **zum Himmel blicken** смотреть на небо;

zur Schule gehen* ходить в школу; ◊ **~ Bett gehen*** ложиться спать; **etw. ~ Papier bringen*** изложить письменно что-л.; **~ Ende gehen* [kommen*]** кончаться; 2. *указывает на местонахождение* в, на, за, по; **hier ~ Lande** в здешних краях; **~ Wasser und ~ Lande** на море и на суше; 3. *указывает на время* в, на; **zur Zeit** в настоящее время; 4. *указывает на назначение [цель]:* **Wasser zum Trinken** питьевая вода; 5. *указывает на образ действия:* **~ Fuß** пешком; **~ Pferde** верхом на лошади; ◊ **von Haus ~ Haus** из дома в дом; **ab und ~** иногда; II *prtc усилительная частица* слишком; **~ jung** слишком молодой; **~ teuer** слишком дорогой

zu- *отд. глаг. приставка, указывает* 1. *на приближение, устремлённость к кому-л., чему-л.:* **zu|fahren*** подъезжать; 2. *на присоединение или закрытие:* **zu|kleben** подклеить, приклеить; 3. *на добавление:* **zu|gießen*** доливать, подливать; 4. *на завершение процесса:* **zu|frieren*** замерзать

zuallererst *adv* прежде всего, первым делом, в первую очередь

zuallerletzt *adv* напоследок, в последнюю очередь

zuäußerst *adv* на краю, на самом конце

Zubehör *m, n* -(e)s, -e принадлежности; арматура; *воен.* снаряжение

zu|beißen* *vi* впиться [схватить] зубами, укусить; **wacker ~** *разг.* есть с большим аппетитом

zu|bekommen* *vt* получить в придачу

Zuber *m* -s, - чан, ушат

zu|bereiten *vt* приготовлять

Zubereitung *f* -, -en приготовление

zu|billigen *vt* 1. разрешать (*что-л.*); давать согласие (*на что-л.*); 2. (*jmdm.*) присуждать (*что-л. кому-л.*)

zu|binden* *vt* завязывать

zu|blasen* *vt* 1. задувать; 2. *разг.* нашёптывать

zu|blinzeln, zu|blinzen *vt* (*jmdm.*) подмигивать, делать знак глазами (*кому-л.*)

zu|bringen* *vt* 1. приносить, подносить; 2. проводить (*время*); 3. *разг.* закрыть (*с усилием*)

Zubringer||betrieb *m* -(e)s, -e завод-поставщик

Zubringer||bus *m* -ses, -se автобус для доставки пассажиров на станцию, в аэропорт *и т.п.*

Zubrot *n* -(e)s, -e закуска; *кул.* гарнир

Zucht *f* - 1. воспитание, дисциплина; **~ halten*** соблюдать дисциплину; **in ~ halten*** держать в повиновении; 2. разведение, выращивание (*животных, растений*); культура (*бактерий*); 3. -, -en порода; помёт; **Hunde einer ~** собаки одного помёта

züchten *vt* 1. разводить, выращивать; 2. держать в строгости, наказывать

Züchter *m* -s, - 1. садовод; 2. животновод

Zucht||garten *m* -s, -gärten питомник (*растений*)

Zucht||haus *n* -es, -häuser каторжная тюрьма

Zucht||häusler *m* -s, - каторжник

Zucht||herde *f* -, -n племенное стадо

züchtig *a* стыдливый, скромный, благовоспитанный, благопристойный

züchtigen *vt* наказывать

Züchtigkeit *f* - стыдливость; скромность; пристойность

Züchtigung *f* -, -en наказание; *библ.* кара

zuchtlos *a* развязный; распущенный, дерзкий

Zucht||tier *n* -(e)s, -e племенное животное

Züchtung *f* -, -en разведение, выращивание (*животных, растений*)

Zucht||vieh *n* -(e)s племенной скот

Zucht||wahl *f* - *с.-х.* племенной отбор; **natürliche ~** *биол.* естественный отбор

zuck *int* раз!, мигом!, живо!

zuckeln *vi* трусить (*о лошади*)

zucken *vi* 1. вздрагивать, подёргиваться; трепетать, биться; **Blitze ~** молнии сверкают; **seine Augen ~** он мигает, его веки подёргиваются; 2. (*mit D*) подёргивать (*чем-л.*); **mit den Achseln ~** пожимать плечами; **er hat mit keiner Wimper gezuckt** он и бровью не повёл

Zucker *m* -s сахар; ◊ **seinem Affen ~ geben*** дать волю своему веселью

Zucker||bäckerei *f* -, -en кондитерская

Zucker||büchse *f* -, -n; **~dose** *f* -, -n сахарница

Zucker||fabrik *f* -, -en сахарный завод

Zucker||gehalt *m* -(e)s содержание сахара; сахаристость

Zucker||guß *m* -sses (сахарная) глазурь

Zucker||hut *m* -(e)s, -hüte голова сахара

Zucker||kand *m* -(e)s леденец

Zucker||krankheit *f* -, -en сахарный диабет, сахарная болезнь

zuckern *vt* подслащивать, посыпать сахаром

Zucker||rohr *n* -(e)s, -e сахарный тростник

Zucker||rübe *f* -, -n сахарная свёкла

Zucker||spiegel *m* -s процент содержания сахара в крови

Zucker‖waren *pl* кондитерские изделия
Zucker‖zeug *n* -(e)s конфеты, сладости
Zuckung *f* -, -en вздрагивание, подёргивание; конвульсия
zu|decken I *vt* закрывать, прикрывать; **durch Feuer ~** *воен.* взять под обстрел; II **~, sich** закрываться; укрываться
zudém *conj* кроме того, к тому же
zu|denken* *vt* 1. добавить мысленно; примыслить; 2. предназначать, приготовлять; **dieses Geschenk ist ihm zugedacht worden** этот подарок приготовлен для него
Zudrang *m* -(e)s 1. натиск; 2. наплыв, прилив
zu|drehen *vt* 1. завёртывать (кран); 2.: **jmdm. den Rücken ~** повернуться к кому-л. спиной (*тж. перен.*)
zu|dringen* *vi* (s) проникать
zudringlich *a* назойливый, навязчивый, фамильярный
Zudringlichkeit *f* - назойливость, навязчивость; вольность; фамильярность
zu|drücken *vt* зажимать, плотно закрывать
zu|eignen *vt* (*jmdm.*) посвящать (*что-л. кому-л.*); **sich** (D) **etw. ~** присваивать себе что-л.
zu|eilen *vi* (s) (*auf* A) спешить навстречу (*кому-л., чему-л.*)
zueinánder *pron rez* друг к другу; **du ~ sagen** быть друг с другом на "ты"
zu|erkennen* *vt* (*jmdm.*) присуждать (*награду и т. п. кому-л.*); признавать (*право за кем-л.*)
zuérst *adv* сначала, сперва; прежде всего; ◇ **wer ~ kommt, mahlt ~** *посл.* ≅ чей черёд, тот и берёт
zu|fahren* *vi* (s) 1. (*auf* A) подъезжать (*к чему-л.*); 2. (*auf jmdn.*) *разг.* набрасываться (*на кого-л.*)
Zufahrt *f* -, -en подъезд (*к зданию*)
Zufahrts‖straße *f* -, -n; **~weg** *m* -(e)s, -e подъездной путь, подъездная дорога
Zufall *m* -(e)s, -fälle случайность; **bloßer ~** чистая случайность; **ein böser ~** неприятная случайность; ≅ ирония судьбы; **der ~ wollte es, daß...** случайно получилось так, что...; по воле случая...
zu|fallen* I *vi* (s) доставаться; выпадать на долю
zu|fallen* II *vi* (s) захлопываться; **ihm fallen vor Müdigkeit die Augen zu** у него от усталости глаза слипаются
zufällig *a* случайный, непредвиденный
zufälligerweise *adv* случайно, неожиданно, непредвиденно

Zufälligkeit *f* - случайность, неожиданность
Zufalls‖ergebnis *n* -ses, -se случайный результат
Zufalls‖glück *n* -(e)s счастливый случай
Zufalls‖treffer *m* -s, - случайное попадание; шальная пуля
zu|fertigen *vt* доставлять; посылать, отправлять, препровождать
zu|fliegen* I *vi* (s) (D) подлетать, прилететь (*к чему-л.*)
zu|fliegen* II *vi* (s) (быстро) захлопываться; **die Tür flog zu** дверь захлопнулась
zu|fließen* *vi* (s) 1. притекать; стекаться (*тж. перен.*); **der Fluß fließt dem Meer zu** река впадает в море; 2. получать, поступать (*от кого-л.*); **ihm flossen von Verwandten Geldmittel zu** ему поступили от родственников денежные средства
Zuflucht *f* - убежище; **~ zu etw.** (D) **nehmen*** прибегнуть к помощи чего-л.; **~ bei jmdm. nehmen*** искать убежища [приюта] у кого-л.
Zuflucht‖sort *m* -(e)s, -e; **~stätte** *f* -, -n приют, убежище
Zufluß *m* -sses, -flüsse приток (*тж. перен.*)
Zuflüsterer *m* -s, - шептун, наушник, сплетник
zu|flüstern *vt* (*jmdm.*) нашёптывать (*что-либо кому-л.*)
zufólge *prp* (G, D) вследствие, согласно, по
zufrieden *a* довольный, удовлетворённый (*mit* D чем-л.)
zufrieden|geben*, **sich** (*mit* D) довольствоваться (*чем-л.*)
Zufriedenheit *f* - удовлетворение, удовлетворённость, довольство; **zur beiderseitigen ~** к обоюдному удовольствию
zufrieden|lassen* *vt* оставлять в покое
zufrieden|stellen *vt* удовлетворять (*кого-либо*)
zu|frieren* *vi* (s) замерзать
zu|fügen *vt* 1. прибавлять, присовокуплять; 2. причинять (*неприятности, зло*); **jmdm. Schaden ~** причинять вред [ущерб] кому-л.
Zufuhr *f* -, -en 1. подвоз; завоз; впуск; 2. подача; снабжение; питание; 3. подвозимые грузы
zu|führen I *vt* (D) 1. подвозить (*кого-л., что-л. к чему-л.*); подводить (*кого-л. к кому-л.*); 2. подавать (*что-л. кому-л., чему-л.*); снабжать, питать (*что-л., кого-л. чем-л.*); **dem Motor Benzin ~** питать мотор бензином; **der Bevölke-**

rung **Lebensmittel** ~ снабжать населе́ние продуктами; **3.: den Verbrecher der Strafe** ~ наказать преступника; **4.** находить (*покупателя и т.п. кому-л.*); сватать (*кого-л. кому-л.*); II *vi* вести; **die Straße führt auf den Stadtrand zu** улица ведёт на окраину города

Zug I *m* -(e)s, **Züge 1.** движение; переход; поход (*тж. военный*); перелёт (*птиц*); ход (*рыб*); **2.** шествие, процессия; колонна (*напр. демонстрантов*); **3.** поезд; **mit dem** ~ **fahren*** ехать на поезде [поездом]; **den** ~ **verpassen** опоздать на поезд; **jmdn. an den** ~ **bringen*** провожать кого-л. на поезд; **4.** тяга (*воздуха*); сквозняк; **5.** дымоход; **6.** влечение, стремление; **7.** глоток; **auf einen** ~ залпом (*выпить*); **mit [in] einem** ~**e** одним духом, одним махом; **8.** вдох; затяжка; **in vollen Zügen atmen** дышать полной грудью; **in den letzten Zügen** при последнем издыхании; **9.** черта (*лица, характера, явления*); **in kurzen Zügen** вкратце; **in großen [allgemeinen] Zügen** в общих чертах; **10.** *воен.* взвод; ~ **in Marschordnung** взвод в колонне по три; **schwerer** ~ взвод тяжёлого оружия; **11.** *тех.* растяжение, растягивающее усилие; **12.** постройка; **13.** *шахм.* ход; **wer ist am** ~**e?** чей ход сейчас?; **du bist am** ~; **der** ~ **ist an dir** твой ход; ~ **um** ~ **1)** ход за ходом; **2)** *перен.* шаг за шагом; постепенно, последовательно; **14.** упряжка; стая (*птиц*); косяк (*рыб*); **15.: im** ~**e sein** вработаться, быть в форме; ~ **in etw. bringen*** внести свежую струю во что-л.; **mit einer Idee nicht zum** ~**e kommen*** не иметь возможности осуществить какую-л. идею; ◇ **jmdn. auf dem** ~**e haben** быть враждебно настроенным по отношению к кому-л.

Zug II (*n*) -s Цуг (*назв. кантона и его адм. центра* <*Швейцария*>)

Zugabe *f* -, -n **1.** придача; довесок; **2.** выступление артиста на бис

Zugang *m* -(e)s, -gänge **1.** доступ (*к кому-л., к чему-л.*); **2.** вход, подход; *воен.* подступ; **3.** прирост; вновь прибывающие

zúgänglich *a* **1.** доступный; ~ **machen** сделать доступным; **2.** (обще)доступный, открытый (*для посещения, пользования*)

Zugänglichkeit *f* - доступность

Zug‖brücke *f* -, -n подъёмный мост

zu|geben* I *vt* придавать; давать в придачу, добавлять; **zwei Lieder** ~ спеть две песни на бис (*о певце*)

zu|geben* II *vt* **1.** соглашаться (*с кем-л., чем-л.*); **er gab mir zu, daß**... он согласился со мной, что...; **2.** сознавать, признаваться

zugégen: ~ **sein** присутствовать

zu|gehen* I *vi* (s) **1.** идти, направляться; **auf jmdn., auf etw. (A)** ~ подходить [приближаться] к кому-л., к чему-л.; **2.** доходить по назначению; приходить, прибывать; **ein Brief ging mir zu** я получил письмо; **3.: spitz** ~ заостряться, оканчиваться остриём

zu|gehen* II *vi* (s) закрыться (*о двери и т. п.*); сходиться, застёгиваться (*о платье*)

zu|gehen* III *vimp.* (s) происходить, быть; **es ging lustig zu** было весело

zu|gehören *vi* (D) *уст.* принадлежать (*кому-л., чему-л.*); относиться (*к чему-л.*)

zúgehörig *a* относящийся (*к чему-л.*), принадлежащий (*к какой-л. организации*)

Zugehörigkeit *f* - принадлежность (*к организации*)

zugeknöpft *a* **1.** застёгнутый; **2.** *перен.* замкнутый, скрытый

Zügel *m* -s, - повод; узда; **die** ~ **straff anziehen*** натянуть вожжи [поводья] (*тж. перен.*); **die** ~ **locker lassen* 1)** отпустить поводья; **2)** распуститься; дать волю (*страстям и т. п.*); **den [die]** ~ **anlegen** надеть узду; обуздать (*тж. перен.*)

zügellos *a* **1.** без поводьев; **2.** *перен.* необузданный, распущенный

Zügellosigkeit *f* - распущенность, распутство; необузданность

zügeln *vt* **1.** взнуздывать; **2.** обуздывать, сдерживать

Zugemüse *n* -s, - овощной гарнир

zu|gesellen I *vt* (D) присоединять (*что-л. к чему-л.*); II ~, **sich** (D) присоединяться, примкнуть (*к кому-л., к чему-либо*)

Zugeständnis *n* -ses, -se **1.** признание; **2.** уступка; **ich kann Ihnen keine weiteren** ~**se machen** больше я Вам ничего не могу уступить

zu|gestehen* *vt* признавать (*что-л.*); признаваться, сознаваться (*в чём-л.*); **zugestanden, daß**... допустим, что...

zugetan *a* преданный, привязанный

Zug‖feder *f* -, -n натянутая [заводная] пружина

Zug‖festigkeit *f* -, -en *тех.* прочность на растяжение; предел прочности

Zug‖führer *m* -s, - 1. командир взвода; 2. ж.-д. машинист; 3. ж.-д. начальник поезда
zu|gießen* *vt* подливать, доливать
zugig *a* продуваемый, открытый для сквозняков
zügig I *a* 1. хорошо поставленный (*о работе*); 2. *тех.* тугой (*о посадке*); 3. *тех.* плавный (*о включении сцепления*)
zu|gittern *vt* заделывать решёткой
Zug‖kraft *f* -, -kräfte сила тяги; тяговое усилие
zugléich *adv* одновременно, в то же время; попутно
Zug‖loch *n* -(e)s, -löcher отдушина
Zug‖luft *f* - сквозняк
Zug‖maschine *f* -, -n трактор-тягач
Zug‖netz *n* -es, -e донная сеть, донный невод
zu|greifen* *vi* 1. хватать; 2. действовать; приниматься (*за что-л.*); **greifen Sie zu!** *разг.* берите [ешьте], пожалуйста!, угощайтесь!
Zug‖riemen *m* -s, - *тех.* тяж
Zugriff *m* -(e)s, -e хватка, приём
Zug‖ring *m* -(e)s, -e вытяжное кольцо (*парашюта*)
zugrúnde|gehen* *vi* гибнуть, погибнуть
zugrúnde|legen *vt* класть (*что-л.*) в основу (*чего-л.*)
zugrúnde|liegen* *vi* (D) лежать в основе (*чего-л.*)
zugrúnde|richten *vt* (по)губить
Zug‖schaffner *m* -s, - кондуктор поезда
Zugspitze *f* - Цугшпитце (*вершина в Альпах, самая высокая гора в ФРГ <2963 м>, земля Бавария*)
zugúnsten *prp* (G) в пользу; **eine Aussage ~ des Angeklagten** показание в пользу подсудимого
Zug‖versuch *m* -(e)s, -e *тех.* испытание на разрыв
Zug‖vieh *n* -(e)s рабочий скот, живое тягло
Zug‖vogel *m* -s, -vögel перелётная птица
zugweise *adv* 1. вереницей, стаей; 2. *воен.* повзводно; 3. глотками
Zug‖wind *m* -(e)s, -e сквозняк
zu|haben* *vt* держать закрытым; **die Augen ~** держать глаза закрытыми; **er hat den Mantel zu** его пальто застёгнуто
zu|haken *vt* запирать на крючок (*дверь*); застёгивать на крючки (*платье, ботинки*)
zu|halten* I *vt* держать закрытым; **sich (D) die Ohren ~** закрыть [затыкать] себе уши руками; **den Mund ~** не открывать рта; **jmdm. den Mund ~** зажать кому-л. рот
zu|halten* II *vi* (*auf* A) держать курс (*на что-л.*), направляться (*к чему-л.*)
Zuhälter *m* -s, - сутенёр
zu|hämmern *vt* заколачивать
zuhánden I *adv* под рукой, вблизи; ◇ **~ kommen*** попадаться под руки; II *prp* (G) для (*кого-л.*), в собственные руки (*кому-л.* <*надпись на письме или документе*>)
zu|hängen *vt* завешивать
zu|hauen* *vi разг.* (*auf* A) дубасить (*кого-л.*)
Zuháuse *n* - свой угол, домашний очаг, родной дом
zu|heften *vt* закалывать (булавкой); зашивать на живую нитку
zu|heilen *vi* (s) заживать
zuhinterst *adv* позади всех
zu|horchen *vi* прислушиваться; подслушивать
zu|hören *vi* слушать, прислушиваться; **hören Sie zu!** слушайте!
Zuhörer *m* -s, - слушатель
Zuhörerschaft *f* -, -en слушатели, аудитория
zuinnerst *adv* до [от] глубины души; в глубине души
zu|jauchzen, zu|jubeln *vi* (*jmdm.*) приветствовать возгласами ликования (*кого-л.*)
zu|kehren *vt* поворачивать; **jmdm. den Rücken ~** повернуться спиной к кому-либо; *перен.* отвернуться от кого-л.; **zugekehrt sein** (D) быть обращённым (*к чему-л.*)
zu|klappen I *vt* захлопнуть; II *vi* (s) захлопнуться
zu|kleben *vt* заклеивать
zu|klinken *vt* затворить, защёлкнуть (*дверь*)
zu|knöpfen *vt* застёгивать (на пуговицы); **zugeknöpft sein** быть замкнутым, сдержанным
zu|kommen* *vi* (s) 1. подходить; **auf jmdn. ~** подойти к кому-л; 2. подобать; **es kommt euch nicht zu ...** (*etw. zu tun*) вам не подобает ... (*что-л. делать*); 3. причитаться, полагаться; **dieser Preis kommt ihm zu** этот приз положен ему; 4.: **jmdm. etw. ~ lassen*** 1) доставить кому-л. что-л.; 2) уступить кому-л. что-л.; **jmdm. ärztliche Behandlung ~ lassen*** оказывать врачебную помощь кому-л.
zu|korken *vt* закупоривать
Zukost *f* - 1. закуска; 2. гарнир
Zukunft *f* - 1. будущее, будущность; **in**

naher ~ в ближайшем будущем; **in der ~ lesen*** предугадывать будущее; 2. *грам.* будущее время
zukünftig I *a* будущий; II *adv* в будущем
Zukunfts∥aussichten *pl* виды на будущее
Zukunfts∥musik *f:* **das ist ~!** *перен.* это дело будущего!
zukunftsreich *a* перспективный, с большим будущим
zukunftsvoll *a* с большим будущим
zukunftsweisend *a* указывающий путь в будущее
zu∥lächeln *vt (jmdm.)* улыбаться *(кому-л.)*
Zulage *f* -, -n 1. прибавка; 2. гарнир
zulande: bei uns ~ в нашей стране; у нас; **hier ~** здесь
zu∥langen I *vi* 1. протягивать (руку), брать; **mit der Hand ~** доставать [брать] рукой; **langen Sie zu!** угощайтесь!, берите [ешьте], пожалуйста!; 2. хватать, быть достаточным; II *vt (jmdm.)* передать, подать *(что-л. кому-л.)*
zulänglich *a* достаточный
Zulaß *m* -sses, -lässe *тех.* допуск
zu∥lassen* I *vt* оставлять закрытым; **lassen Sie die Tür zu!**; оставьте дверь закрытой!; **keinen Zweifel ~** не оставлять никакого сомнения
zu∥lassen* II *vt* допускать, разрешать; **jmdm. zum Studium ~** допустить кого-л. к учёбе [к занятиям] *(в вузе)*
zulässig *a* допустимый
Zulässigkeit *f* - допустимость
Zulassung *f* - допуск; приём *(куда-л.)*
Zulassungs∥entscheid *m* -(e)s, -e решение о приёме [допуске] *(куда-л.)*; решение приёмной комиссии *(в учебном заведении)*
Zulassungs∥schein *m* -(e)s, -e разрешение, пропуск
Zulauf *m* -(e)s 1. стечение, скопление *(народа);* 2.: **großen [starken] ~ haben** иметь много клиентов [покупателей]; пользоваться большим авторитетом
zu∥laufen* *vi* (s) 1. *(auf* A) подбегать, подбежать *(к кому-л.);* **ein zugelaufener Hund** приблудная собака; 2. стекаться, сбегаться; 3. сходиться; сужаться; **eng ~** сужаться; **spitz ~** оканчиваться остриём
zu∥legen I *vt* 1. добавлять, прибавлять; 2.: **sich (D) etw. ~** приобретать что-л.; обзавестись чем-л.; присваивать что-л.; II *vi:* **an Tempo ~** увеличить темп
zuleid(e): jmdm. etw. ~ tun* обидеть кого-л.
zu∥leimen *vt* заклеивать
zu∥leiten *vt* 1. подводить *(воду и т. п.);* 2. направлять, передавать *(письмо)*
Zuleitung *f* -, -en 1. подвод, подача; 2. подводящий [питающий] электропровод; *тех.* подводящая линия; 3. доведение до сведения
zu∥lernen *vt* научиться *(чему-л. новому)*
zuletzt *adv* 1. напоследок; 2. наконец, в конце концов; 3. под конец; **zuliebe jmdm. etw. ~ tun*** сделать что-л. ради кого-л., оказать кому-л. любезность
Zulieferer *m* -s, - поставщик
zu∥machen *vt* закрывать; **den Brief ~** заклеить письмо; **die Flasche ~** закупорить бутылку; **ich konnte kein Auge ~** я не мог сомкнуть глаз; я не мог заснуть
zumal I *conj* тем более что; II *adv* 1. особенно, в особенности; 2. *уст.* сразу, одновременно
zumeist *adv* чаще всего, преимущественно
zu∥messen* *vt* 1. примерять; 2. *(jmdm.)* назначать, отмерять *(причитающуюся кому-л. его долю);* **eine sehr kurze Zeit wurde ihm zugemessen** ему было отведено очень мало времени
zumindest *adv* по меньшей мере
zumute: mir ist schlecht ~ у меня нехорошо на душе, мне не по себе
zu∥muten *vt (jmdm.)* считать способным *(кого-л. к чему-л. дурному, непосильному),* требовать *(дурного, непосильного от кого-л.);* **jmdm. zuviel ~** требовать от кого-л. слишком много
Zumutung *f* -, -en требование *(гл. обр. несправедливое);* претензия; **eine freche ~** наглость
zunächst I *adv* 1. прежде всего, сначала; 2. пока, в настоящий момент; II *prp* (D, реже G) рядом с..; ближе всего к...; **~ dem Hause** совсем рядом с домом
zu∥nageln *vt* заколачивать гвоздями
zu∥nähen *vt* зашивать, пришивать
Zunahme *f* -, -n прирост, увеличение
Zuname *m* -ns, -n 1. фамилия; 2. прозвище
Zünd∥apparat *m* -(e)s, -e 1. устройство зажигания; 2. *авт.* магнето
zündbar *a* воспламеняющийся
zünden I *vt* зажигать, воспламенять; подрывать; **der Blitz hat gezündet** от молнии возник пожар; **das Beispiel zündet** пример воодушевляет; II *vi* загораться, воспламеняться; взрываться; **das Streichholz zündet nicht** спичка не зажигается
zündend *a* зажигательный *(тж. перен.)*
Zunder *m* -s, - 1. трут; 2. окалина; 3. во-

ен. сильный артиллерийский обстрел; ◇ jmdm. ~ geben* задать кому-л. жару; ~ bekommen* получить взбучку [нагоняй]

Zünder m -s, - 1. зажигалка; 2. воен. запал, взрыватель

Zünd||holz n -es, -hölzer; **~hölzchen** n -s, - спичка

Zünd||hütchen n -s, - воен. пистон, капсюль

Zünd||kerze f -, -n свеча (мотора)

Zünd||schlüssel m -s, - ключ замка зажигания

Zünd||schnur f -, -schnüre фитиль, запальный шнур

Zünd||stoff m -(e)s, -e воспламенитель

Zündung f -, -en тех. зажигание; воспламенение

zu|nehmen* I vi 1. прибывать (о воде); увеличиваться, усиливаться, возрастать; прибавляться; an Verstand ~ стать умнее, поумнеть; 2.: an Gewicht ~ полнеть; прибавлять в весе; II vt 1. прибавлять, присоединять; брать дополнительно; 2. прибавлять в весе; er hat 2 Kilo zugenommen он поправился на два килограмма

zunehmend a возрастающий, увеличивающийся; **~es Wasser** прибывающая вода

zu|neigen I vt склонять (кого-л. к чему-либо); II vi и ~, sich склоняться; der Sommer neigt sich dem Ende zu лето клонится [приближается] к концу; jmdm. zugeneigt sein быть расположенным к кому-л.

Zuneigung f -, -en склонность, симпатия, расположение; zu jmdm. ~ fassen почувствовать симпатию [расположение] к кому-л.

Zunft f -, Zünfte 1. ист. (ремесленный) цех; гильдия; корпорация; 2.: разг. zur ~ gehören быть представителем определённой группы лиц (какой-л. профессии и т. п.); die ganze ~ вся братия

zünftig a 1. ист. цеховой; 2. разг. опытный, ловкий, искусный (в профессиональном отношении); 3. разг. подходящий, надлежащий, соответствующий

Zunge f -, -n 1. анат. язык; sich (D) in die ~ beißen* прикусить язык (тж. перен.); jmdm. die ~ lösen развязать кому-л.; die ~ im Zaum halten* придержать язык; das Wort schwebt mir auf der ~ слово вертится у меня на языке; 2. язык (особенность чьей-л. речи); eine böse ~ haben быть злым на язык; eine gelenkige ~ haben иметь хорошо

подвешенный язык; eine lose ~ haben быть болтливым; eine scharfe ~ haben быть острым на язык; eine schwere ~ haben быть косноязычным; 3. поэт. язык; 4. язычок (ботинка); 5. тех. спусковой крючок, лапка; 6. стрелка (весов); ◇ das Herz auf der ~ tragen* быть откровенным; sich (D) die ~ verbrennen* проговориться, сболтнуть лишнее

Zungen||brecher m -s, - скороговорка

zungenfertig a словоохотливый, говорливый; болтливый

Zungen||fertigkeit f - умение хорошо говорить

Zungen||laut m -(e)s, -e лингв. язычный звук

Zungen||schlag m -(e)s, -schläge: ein falscher ~ оговорка, ошибка в речи; ein gewandter ~ ловко вставленное словечко

Zungen||spitze f -, -n кончик языка; das Wort schwebt mir auf der ~ слово вертится у меня на языке

Zünglein n -s, - 1. язычок; 2. стрелка (на весах); ◇ das ~ an der Waage sein играть решающую роль

zunichte: etw. ~ machen разбить, уничтожить; ~ werden пропадать, уничтожаться

zu|nicken vi (D) кивать головой (кому-л.)

zunütze: sich (D) etw. ~ machen воспользоваться чем-л., извлечь из чего-л. выгоду [пользу]

zuóberst adv на самом верху

zu|ordnen vt придавать, подчинять; прикомандировывать

zu|packen I vt 1. хватать, ухватиться; 2. укладывать, упаковывать, добавлять (что-л.) к уже уложенным вещам; II vi: frisch [scharf] ~ энергично взяться (за что-л.); решительно вступить в бой

zupfen vt дёргать, теребить

Zupf||geige f -, -n лютня; разг. гитара

Zupf||instrument n -(e)s, -e щипковый (музыкальный) инструмент

zu|pfropfen vt закупоривать, затыкать

zuppig a растрёпанный, лохматый; нахохлившийся (о птицах)

zu|prosten vi (jmdm.) пить за (чьё-л.) здоровье; einander ~ чокаться друг с другом

zur = zu der

zu|raten* vi (по)советовать; er riet mir weder zu noch ab он мне ни посоветовал, ни отсоветовал

zu|raunen vt (jmdm.) шепнуть (что-л. кому-л.)

zu|rechnen vt 1. присчитывать; прибавлять; начислять (*проценты и т. п.*); 2. (D) причислять, относить (*кого-л., что-л.* к *кому-л.,* к *чему-л.*); 3. (D) приписывать (*ошибку и т. п. кому-л.*)
Zurechnung f -, -en 1. прибавление; начисление; 2. причисление
zurechnungsfähig a вменяемый, отвечающий за свои поступки
zurécht adv 1. в надлежащем порядке, как следует; 2. вовремя, своевременно
zurécht|finden*, sich ориентироваться; разбираться; sich im Leben ~ können уметь найти своё место в жизни
zurécht|kommen* I vi (s) прийти вовремя
zurécht|kommen* II vi (s) (mit D) справляться (*с делом*)
zurécht|machen, sich принаряжаться, прихорашиваться (*обычно о женщине*)
zurécht|rücken vt поставить [подвинуть] на место; die Krawatte ~ поправить галстук
zurécht|setzen vt *перен.* поставить на место (*кого-л.*); jmdm. den Kopf ~ *разг.* вправить мозги кому-л.
zurécht|weisen* vt наставлять (*кого-л.*); сделать выговор (*кому-л.*); поставить на место (*кого-л.*)
Zurechtweisung f -, -en указание; замечание, выговор
Zurede f -, -n совет, убеждение; pl *тж.* уговоры
zu|reden vi (D) уговаривать, убеждать (*кого-л.*); er läßt sich nicht ~ его не уговорить
Zureden n: -s уговор; trotz allem ~ несмотря на все уговоры [убеждения]
zu|reichen I vt подавать; протягивать
zu|reichen II vi быть достаточным, хватать
zureichend a достаточный
zu|reiten* I vt объезжать (*лошадь*); II vi (s) (D) подъезжать (верхом) (*к чему-л.*)
Zureiter m -s, - берейтор, наездник
Zürich (n) -s Цюрих (*город и кантон в Швейцарии*)
zu|richten vt 1. готовить, приготовлять; прилаживать; 2. *полигр.* приправлять; 3. отделывать начерно (*кожу*); грубо обтёсывать (*дерево*); 4. *разг.* отделать, изувечить (*побоями*); отколотить (*кого-либо*)
zu|riegeln vt запирать на засов
zürnen vi сердиться; jmdm. [auf jmdn., mit jmdm.], über etw. (A) ~ сердиться на кого-л., на что-л.
zurück adv 1. назад, обратно; ein paar Jahre ~ несколько лет тому назад; er

ist noch nicht ~ *разг.* он ещё не вернулся; 2. позади; er ist noch weit ~ он ещё далеко позади
Zurück: es gibt kein ~ mehr обратного пути уже нет, возврата уже нет
zurück- *отдел. глаг. приставка, указывает:* 1. *на обратное движение, возвращение:* zurück|gehen* идти обратно [назад]; zurück|geben* отдавать, возвращать; 2. *на ответное действие:* zurück|rufen* кричать в ответ; 3. *на отставание:* zurück|bleiben* отставать
zurück|begeben*, sich возвращаться
zurück|behalten* vt удерживать, оставлять за собой
zurück|bekommen* vt получать обратно
zurück|berufen* vt отзывать
zurück|bleiben* vi (s) 1. отставать; 2. оставаться
zurück|blicken vi оглядываться
zurück|bringen* vt 1. приносить обратно, возвращать; 2. задерживать (*развитие*); возвращать (*к жизни*)
zurück|datieren vt датировать задним числом
zurück|denken* vi (an A) вспоминать (*о чём-л.*)
zurück|drängen vt 1. оттеснять; *воен.* заставить перейти к обороне; 2. отгонять (*мысли, чувства*)
zurück|drehen vt поворачивать [вращать] обратно; ставить назад (*часы*)
zurück|erbitten* vt просить вернуть
zurück|erobern vt (вновь) отвоевать
zurück|erstatten vt вернуть (*долг*); возместить (*издержки*)
zurück|fahren* I vt везти обратно; II vi (s) 1. ехать обратно; 2. отпрянуть
zurück|fluten vi (s) отхлынуть, откатиться (*о прибое; тж. перен.*)
zurück|fordern vt требовать обратно
zurück|führen vt 1. вести [приводить] обратно, отводить; 2. (auf A) сводить (*к чему-л.*); etw. auf die einfachsten Formen ~ сводить что-л. к простейшим формам; 3. (auf A) объяснять (*что-л.*); worauf ist das zurückzuführen? чем это объясняется?
Zurück|gabe f - возврат, отдача
zurück|geben* vt 1. возвращать; jmdm. das Wort ~ возвращать кому-л. данное им слово; 2. отвечать; 3. давать сдачу; auf hundert Mark ~ давать сдачу со ста марок
zurück|gehen* vi (s) 1. отходить назад, отступать; идти обратно; 2. спадать (*о воде, опухоли*); 3. падать, снижаться; die Preise gingen zurück цены упали; 4.

расстраиваться, приходить в упадок; не состояться (о женитьбе); 5. обращаться (к первоисточникам)
zurück|gewinnen* vt 1. приобрести вновь, отыграть; 2. вернуть [перетянуть] обратно (на чью-л. сторону); jmds. Liebe ~ вернуть чью-л. любовь
zurückgezogen a уединённый; замкнутый
Zurückgezogenheit f - уединённость; замкнутость
zurück|greifen* vi (auf A) вернуться (к чему-л.)
zurück|haben* vt получить обратно
zurück|halten* I vt 1. удерживать, сдерживать; 2. скрывать, не проявлять, сдерживать, затаить (чувство); seine Meinung ~ воздерживаться от высказывания своего мнения; 3. задерживать; den Atem ~ задерживать дыхание; 4. держать в тылу, держать в резерве; II vi (mit D) воздерживаться (от чего-л.); mit seinen Gefühlen ~ воздерживаться от проявления своих чувств; III ~, sich 1. держаться в стороне; 2. сдерживаться, удерживаться; воздерживаться (от проявления чувств)
zurückhaltend a 1. сдержанный, скромный; 2. скрытый, молчаливый, замкнутый
Zurückhaltung f - 1. сдержанность, скромность; 2. скрытность, молчаливость; 3. бездеятельность, пассивность
zurück|holen vt (пойти и) принести обратно
zurück|kämmen vt зачёсывать назад (волосы)
zurück|kehren vi (s) возвращаться
zurück|kommen* vi (s) 1. возвращаться; 2. отставать (с работой); 3. (auf A) вновь заговорить (о чём-л.); вернуться (к прежней теме)
zurück|können* vi 1. иметь возможность вернуться; 2. иметь возможность отказаться (от начатого)
zurück|lassen* vt оставлять
zurück|laufen* vi (s) 1. бежать назад; 2. течь обратно
zurück|legen I vt 1. класть обратно; 2. откладывать; 3.: einen Weg ~ пройти путь; II ~, sich откинуться (в кресле)
zurück|lehnen, sich откидываться назад
zurück|liegen* vi 1. спорт. отставать, проигрывать; 2.: dieses Ereignis liegt weit zurück это давнее событие
zurückliegend a прошедший; das ~e Jahr истекший год
zurück|müssen* vi быть вынужденным вернуться; ich muß zurück мне необхо-
димо вернуться
zurück|nehmen* vt 1. брать [принимать] обратно; 2. отводить (войска); 3. отменить (заказ и т. п.); ein Verbot ~ снять запрет; 4. спорт. вновь овладеть (мячом)
zurück|prallen vi (s) 1. отскакивать, отшатнуться; 2. физ. отражаться
zurück|reisen vi (s) ехать обратно
zurück|rufen* vt 1. кричать в ответ, откликнуться; 2. отзывать, возвращать; 3. позвонить в ответ (на чей-то телефонный звонок)
zurück|schlagen* vt 1. отбивать, отражать; 2. откидывать (одеяло); den Kragen ~ отвернуть воротник
zurück|schnellen vi (s) 1. отскакивать (назад); мгновенно развернуться (о пружине); 2. физ. отражаться
zurück|schrauben vt ослаблять (винт, требования); die Entwicklung ~ замедлить темп развития
zurück|schrecken* I vi (vor D) ужасаться, страшиться, пугаться (чего-л.); vor Schwierigkeiten nicht ~ не бояться трудностей; II vt отпугнуть, устрашить, напугать
zurück|schreiben* vt ответить письменно
zurück|setzen I vt 1. ставить обратно; 2. пренебрегать (кем-л.), обижать, обходить (кого-л.); 3. снижать (цены); 4. браковать (товар); II vi (s) (über A) перепрыгивать обратно (через что-л.); III ~, sich отодвигаться; сесть глубже (в кресло)
Zurücksetzung f -, -en 1. пренебрежение, унижение; оттеснение на задний план; 2. снижение цен, уценка (товаров)
zurück|sinken* vi (s) 1. падать назад; 2. опускаться; возвращаться (к старым нехорошим привычкам и т. п.)
zurück|spiegeln vt отражать
zurück|springen* vi (s) отскакивать
zurück|stehen* vi (s) отставать, уступать
zurück|stellen vt 1. отставлять, ставить в сторону; 2. возвращать, ставить обратно; die Uhr ~ переводить часы назад; 3. давать отсрочку (кому-л.); (von D) отстранять (кого-л. от чего-л.); 4. отводить (кандидатуру); 5. отбрасывать (сомнения)
Zurückstellung f -, -en 1. отсрочка, откладывание; 2. перевод обратно (о часах); см. zurückstellen
zurück|stoßen* vt отталкивать; отбрасывать; jmdn. ins Elend ~ снова ввергнуть кого-л. в нищету
Zurückstrahlung f - отражение

zurück|strömen *vi* (s) **1.** течь назад; **2.** устремиться обратно
zurück|stufen *vt* понижать в должности
zurück|tragen* *vt* уносить обратно [назад]
zurück|treiben* *vt* отгонять; гнать обратно [назад]
zurück|treten* *vi* (s) **1.** отступать; **2.** отказаться (*от притязаний*); **3.** уйти в отставку; **4.** отходить на задний план; уменьшаться (*о влиянии*); **5.** вернуться в первоначальное положение; **der Fluß trat in sein Bett zurück** река вновь вошла в свои берега
zurück|tun* *vt* **1.** класть обратно; **2.:** **einen Schritt ~** сделать шаг назад; отступить на шаг
zurück|verlangen *vt* требовать обратно
zurück|versetzen I *vt* возвращать (*кого-л.*) в прежнее состояние; II ~, **sich** перенестись (мысленно) назад; **sich in die Kindheit ~** мысленно вернуться назад в детство
zurück|wälzen *vt* откатывать назад; **die Schuld auf jmdn. ~** перекладывать вину обратно на кого-л.
zurück|weisen* *vt* **1.** отказывать (*кому-л.*); отклонять, отвергать, отводить (*что-либо*); **2.: jmdn. an seinen Platz ~** поставить кого-л. на место
Zurückweisung *f* -, -en отказ; отклонение; отвод; **2.** отражение, отпор
zurück|werfen* *vt* **1.** отбрасывать; **2.** *физ.* отражать
zurück|wollen* *vi* хотеть вернуться обратно
zurück|zahlen *vt* уплачивать, возвращать (*долг*)
zurück|ziehen* I *vt* **1.** оттаскивать, тянуть назад; отдёргивать; **2.** оттягивать, отводить (*войска*); **3.** взять обратно (*жалобу*); II *vi* (s) **1.** следовать обратно; **die Vögel ziehen zurück** птицы улетают обратно; **2.** *воен.* отступать, отходить; **3.** *спорт.* отказываться играть; III ~, **sich** **1.** отходить, отступать, уходить; **2.** сторониться, удаляться (*тж. на совещание*); **sich vom Geschäft ~** отойти от дел
Zurückziehung *f* -, -en оттягивание; отвод (*войск*)
zurück|zucken *vi* (s) отпрянуть
Zuruf *m* -(e)s, -e оклик; призыв
zu|rufen* *vt* (*jmdm.*) кричать (*что-л. кому-л.*); **jmdm. Beifall ~** кричать кому-л. в знак одобрения ("*браво*" *и т. п.*)
Zusage *f* -, -n согласие; обещание; **seine ~ geben*** дать (*своё*) согласие
zu|sagen I *vt* обещать (*что-л.*); соглашаться, давать согласие (*на что-л.*); II *vi* подходить, нравиться, быть по вкусу

zusámmen *adv* **1.** вместе, сообща; **~ genommen** всё вместе; **2.** в итоге; **das macht ~ hundert Mark** *разг.* это составляет в итоге сто марок, итого сто марок
zusámmen- *отд. глаг. приставка, указывает:* **1.** на сближение, соединение, совместность: **zusámmen|halten*** держаться вместе; **2.** *разг.*, на раздробление, уничтожение: **zusámmen|schlagen*** разбивать (вдребезги)
Zusámmenarbeit *f* -, -en совместная работа; сотрудничество; взаимодействие
zusámmen|ballen I *vt* **1.** сжимать (*кулаки*); комкать (*бумагу*); **2.** *воен.* сосредоточивать, концентрировать, собирать в кулак; II ~, **sich** **1.** сжиматься; **2.** собираться (*о тучах*); **3.** *воен.* скучиваться
Zusámmen||bau *m* **1.** -(e)s, -е монтаж, сборка; **2.** -(e)s соединение, сочетание
zusámmen|bauen *vt* монтировать
zusámmen|beißen*: **die Zähne ~** 1) стиснуть зубы (*от боли*); 2) взять себя в руки; терпеть, стиснув зубы
zusámmen|berufen* *vt* созывать
zusámmen|biegen* *vt* сгибать, складывать
zusámmen|binden* *vt* связывать
zusámmen|bleiben* *vi* оставаться вместе
zusámmen|brechen* *vi* (s) **1.** обрушиваться, рушиться; разваливаться, разрушаться; **2.** окончиться провалом; **die Knie brechen zusammen** ноги подкашиваются
zusámmen|bringen* *vt* собирать; сводить вместе (*людей*)
Zusámmenbruch *m* -(e)s, -brüche крушение; крах, развал
zusámmen|drängen I *vt* **1.** сжимать, сдавливать; стеснять; уплотнять; **2.** сгонять; II ~, **sich** тесниться, скучиваться, толпиться
zusámmen|drücken *vt* сжимать
zusámmen|fahren* I *vi* (s) сталкиваться (*о поездах и т. п.*)
zusámmen|fahren* II *vi* (s) вздрагивать (*от испуга*)
zusámmen|fallen* I *vi* (s) **1.** обрушиваться, рушиться (*тж. перен. об аргументах и т. п.*); **2.** сильно слабеть, изнемогать; **3.** садиться, опадать (*о тесте*)
zusámmen|fallen* II *vi* (s) совпадать; происходить в одно и то же время
zusámmen|falten *vt* складывать (*бумагу*); свёртывать (*паруса*)
zusámmen|fassen *vt* **1.** обобщать, резюмировать; подводить итоги; суммировать; **2.** соединять, объединять; **3.** *воен.* сосредоточивать, сводить

Zusámmenfassung *f* -, -en **1.** обобщение, резюме; подведение итогов; **2.** объединение
zusámmen|finden* *vt* собирать, находить; II ~, **sich** сходиться, собираться; сдружиться
zusámmen|flicken *vt* **1.** сшивать (*из кусков*); **2.** *ирон.* компилировать, состряпать
zusámmen|fließen* *vi* (s) стекаться, сливаться
Zusámmenfluß *m* -sses, -flüsse **1.** слияние (*рек*); **2.** стечение; **ein ~ von Menschen** стечение народа
zusámmen|fügen I *vt* соединять, связывать; II ~, **sich** объединяться, соединяться; **alles fügt sich gut zusammen** всё складывается хорошо
zusámmen|führen *vt* сводить, свозить
zusámmen|gehen* *vi* (s) **1.** совпадать, сходиться (*напр. об интересах*); **2.** садиться (*о материи*); **3.** сходиться (*сближаться краями*); закрываться (*о дверях*)
zusámmen|gehören *vi* принадлежать друг другу; быть связанным друг с другом; **die Schuhe gehören zusammen** эти ботинки из одной пары
Zusámmengehörigkeit *f* - единство, сплочённость, солидарность
zusámmengepfercht *adv* тесно, в тесноте
zusámmen|geraten* *vi* (s) очутиться вместе, попасть в одно место
zusámmengesetzt *part a* сложный, составной
Zusámmenhalt *m* -(e)s **1.** прочность; тесная связь; *физ.* сцепление; **2.** единение, сплочённость, солидарность
zusámmen|halten* I *vt* удерживать вместе, держать рядом (*кого-л.*); II *vi* держаться, не распадаться; **der Stuhl hält immer noch zusammen** стул ещё довольно прочен
Zusámmenhang *m* -(e)s, -hänge связь (*тж. перен.*); связность; **im engen ~ in** тесной связи; **etw. in ~ bringen*** (*mit etw.* D) связывать что-л. (*с чем-л.*); **im ~ stehen*** находиться в связи (*с чем-л.*)
zusámmen|hängen *vi* (*mit* D) находиться в связи, быть связанным (*с чем-л.*)
zusámmenhängend I *a* связный; складный; II *adv* в связи, связно
zusámmenhang(s)los *a* бессвязный; **eine ~e Rede** бессвязная речь
zusámmen|häufen *vt* собирать в груду; накапливать
zusámmen|heften *vt* сшивать
zusámmen|holen *vt* собирать с разных концов (*в одно место*)

zusámmen|kauern, sich свернуться в клубок; скорчиться
Zusámmenklang *m* -(e)s, -klänge созвучие, гармония (*тж. перен.*)
zusámmenklappbar *a* складной (*о мебели и т. п.*)
zusámmen|klappen I *vt* захлопывать, складывать; II *vi* (s) захлопываться, складываться; **er ist mit den Nerven zusammengeklappt** его нервы не выдержали
zusámmen|klauben *vt* насобирать; наковырять
zusámmen|kleben, ~kleistern *vt* склеивать
zusámmen|klingen* *vi* **1.** (s) быть созвучным, гармонировать (*тж. перен.*); **2.**: **mit den Gläsern ~** чокаться
zusámmen|kneifen* *vt* плотно сжать; **den Mund ~** плотно сжать губы
zusámmen|knüpfen *vt* **1.** застёгивать; **2.** связывать
zusámmen|kommen* *vi* (s) **1.** сходиться, собираться; **innerlich ~** сойтись характерами; **2.** (*mit jmdm.*) встречаться (*с кем-л.*)
zusámmen|krachen *vi* (s) обрушиваться (*с треском*)
zusámmen|kratzen *vt* наскрести
zusámmen|krümmen, sich скорчиться, съёжиться
Zusámmenkunft *f* -, -künfte **1.** сходка; собрание; **2.** свидание, встреча
zusámmen|läppern, sich *разг.* собираться по мелочам; **es läppert sich zusammen** ≅ с миру по нитке
zusámmen|lassen* *vt* оставлять вместе
Zusámmenlauf *m* -(e)s, -läufe стечение народа; сборище
zusámmen|laufen* *vi* (s) **1.** сбегаться, съезжаться; **2.** сходиться; **unsere Interessen laufen zusammen** наши интересы совпадают [сходятся]; **3.** сливаться (*о красках*); **4.** свернуться (*о молоке*); **5.** садиться (*о материи*)
Zusámmenleben *n* -s совместная жизнь
zusámmenlegbar *a* складной (*о мебели, инструментах и т. п.*)
zusámmen|legen *vt* **1.** складывать; **2.** собирать в складчину; **3.** соединять; объединять, сливать; **zwei Klassen ~** объединить два класса
Zusámmenlegung *f* - соединение, объединение, слияние, укрупнение
zusámmen|lesen* *vt* собирать
zusámmen|lügen *vt* наврать с три короба
zusámmen|nageln *vt* сколачивать гвоздями
zusámmen|nähen *vt* сшивать
zusámmen|nehmen* I *vt* собирать; созывать; **alles zusammengenommen** всё вме-

сте (взятое); II ~, sich собраться с силами, взять себя в руки
zusámmen|packen vt 1. взять в охапку; 2. складывать, укладывать, упаковывать
zusámmen|passen vi подходить друг к другу
Zusámmenprall m -(e)s 1. столкновение; 2. коллизия
zusámmen|prallen vi (s) сталкиваться
zusámmen|raffen I vt поспешно собирать; II ~, sich собраться с силами
zusámmen|rauben vt награбить
zusámmen|rechnen vt сосчитывать; суммировать
zusámmen|reimen I vt 1. рифмовать; 2. увязывать, согласовывать; II vi рифмовать(ся); III ~, sich согласовываться, увязываться; wie reimt sich das zusámmen? как это можно увязать одно с другим?
zusámmen|reißen* I vt разрушать, сносить (здание); II ~, sich брать себя в руки, (с трудом) овладевать собой
zusámmen|rotten, sich собираться толпой
zusámmen|rücken I vt сдвигать; II vi (s) сдвигаться; сближаться
Zusámmen||ruf m -(e)s, -e созыв; воен. сбор
zusámmen|rufen* vt созывать
zusámmen|scharen, sich собираться толпой
zusámmen|scharren vt 1. сгребать, 2. набрать, накопить (денег)
zusámmen||schaudern, ~schauern vi (s) содрогаться
zusámmen|schieben* vt сдвигать (вместе)
zusámmen|schießen* vt 1. настрелять; 2. расстрелять; 3. разрушать (выстрелами); 4.: Geld ~ собирать деньги в складчину
zusámmen|schlagen* I vt 1. ударять друг о друга; die Hacken ~ щёлкнуть каблуками (при приветствии в армии); die Hände über dem Kopf ~ всплеснуть руками; 2. сбивать, сколачивать; ein Vermögen ~ сколотить состояние; 3. складывать (газету); 4. разбивать вдребезги; II vi (s) сталкиваться, смыкаться; das Unglück schlug über ihm zusammen несчастья обрушиваются на него
zusámmen|schließen* I vt 1. соединить, объединять, смыкать; 2. запирать, заключать в одном помещении; II ~, sich 1. (zu D) смыкаться; 2. объединяться (в партию и т. п.)
Zusámmenschluß m -sses, -schlüsse 1. соединение, объединение; 2. смычка, сплочение

zusámmen|schmeißen* vt 1. сбрасывать [сваливать] в кучу; 2. разваливать (работу)
zusámmen|schmelzen* I vt тех. сплавлять, легировать; II vi (s) таять
zusámmen|schmieden vt сковывать
zusámmen|schnüren vt 1. затягивать, зашнуровывать; 2. сжимать, сдавливать
zusámmen|schreiben* vt 1. писать слитно [в одно слово]; 2. писать вздор, марать; 3. разг. зарабатывать пером (деньги)
zusámmen|schrumpfen vi (s) 1. съёживаться; сокращаться; сморщиваться; 2. сокращаться, уменьшаться
zusammen|schütten vt 1. ссыпать; 2. смешивать (жидкости)
Zusámmensein n -s 1. совместное пребывание; совместная жизнь; 2. спаянность; сработанность
zusámmensetzbar a сборный; ~e Häuser сборные дома
zusámmen|setzen I vt 1. составлять (вместе); 2. собирать (механизм); II ~, sich 1. (aus D) состоять, составляться (из кого-л., из чего-л.); 2. собираться (для обсуждения чего-л.)
Zusámmensetzung f -, -en 1. состав; 2. составление, образование; композиция; соединение; тех. монтаж, сборка; 3. лингв. сложное слово
zusámmen|sinken* I vi (s) оседать; обрушиваться; рухнуть, завалиться; II ~, sich: das Gesicht sank in sich zusammen лицо осунулось
zusámmen|stauchen vt 1. сбивать, сколачивать; спрессовывать; 2. сшивать; разг. разделать под орех, разнести в пух и прах
zusámmen|stecken I vt скалывать (булавками), соединять, скреплять; die Köpfe ~ судачить, шушукаться; II* vi быть неразлучными
zusámmen|stellen vt 1. составлять, собирать; 2. сопоставлять; etw. zum Vergleich ~ сравнить что-л.
Zusámmenstellung f -, -en 1. составление; подбор; 2. сопоставление
zusámmen|stimmen vi 1. муз. быть настроенным в унисон; 2. (mit D) согласовываться, гармонировать, совпадать (с чем-л.); соответствовать (чему-л.)
zusámmen|stoppeln vt сшивать (из кусков)
Zusámmenstoß m -es, -stöße 1. столкновение; 2. соединение, слияние, стык
zusámmen|stoßen* I vt 1. сталкивать; 2. соединять впритык; 3. растолочь; II vi (s) (mit D) 1. столкнуться (с кем-л., с

чем-л.; *тж. перен.*); **mit den Gläsern ~** чокаться; **2.** *воен.* устанавливать боевую связь (*с кем-л., с чем-л.*); **3.** соприкасаться, смыкаться, граничить друг с другом
zusámmen|streichen* *vt* вычёркивать; делать купюры (*в тексте*); сокращать; **die Ausgaben auf 2% ~** сократить расходы на 2%
Zusámmensturz *m* -es, -stürze падение, обвал; крушение
zusámmen|stürzen *vi* (s) **1.** рушиться, разваливаться; падать; **2.** *перен.* потерпеть крах, рухнуть; развалиться
zusámmen|suchen *vt* собирать, выискивать
zusámmen|tragen* *vt* сносить в одно место
zusámmen|treffen* *vi* **1.** встречаться; **2.** совпадать
Zusámmentreffen *n* -s, - **1.** встреча, свидание; **2.** совпадение (*по времени*); **3.** стечение (*обстоятельств*)
zusámmen|treten* *vi* (s) (*zu* D) сходиться, собираться (*на собрание и т. п.*)
Zusámmentritt *m* -(e)s собрание; сбор; **~ der Kommission** заседание комиссии
zusámmen|trommeln *vt* **1.** бить сбор (*на барабане*); **2.** созывать
zusámmen|tun* I *vt* соединять, объединять, собирать; II **~, sich** соединяться, объединяться, объединять свои усилия
zusámmen|wachsen* *vi* (s) **1.** срастаться; **2.** *перен.* слиться
zusámmen|werfen* *vt* **1.** бросать в одно место; **2.** смешивать, мешать в одну кучу; **3.** опрокидывать, разваливать
zusámmen|wirken *vi* действовать сообща [одновременно]
Zusámmenwirkung *f* -, -en взаимодействие, согласованные действия
zusámmen|zählen *vt* сосчитать
zusámmen|ziehen* I *vt* **1.** стягивать, собирать; **die Truppen ~** стягивать войска; **die Schultern ~** повести плечами; **2.** сокращать (*сочинение и т. п.*); **3.** сосчитать; II *vi* (s) поселиться в одной квартире (*с кем-л.*); III **~, sich 1.** стягиваться, затягиваться; **2.** собираться, надвигаться; **ein Gewitter zieht sich zusammen** собирается гроза
Zusatz *m* -es, -sätze **1.** дополнение, добавление; добавка; **2.** примесь
Zusatz||antrag *m* -(e)s, -träge дополнительное предложение
zusätzlich *a* добавочный, дополнительный
zuschanden: ~ machen 1. испортить; **2.** опозорить

zu|schanzen *vt* (*jmdm.*) *разг.* передать (*тайком*); (под)сунуть (*что-л. кому-л.*)
zu|scharren *vt* закапывать
zu|schauen *vi* (D) смотреть, глядеть (*на кого-л., на что-л.*); наблюдать, следить; **beim Spiele ~** наблюдать за игрой
Zuschauer *m* -s, -; **~in** *f* -, -nen зритель, -ница; *pl тж.* публика
Zuschauer||raum *m* -(e)s, -räume зрительный зал
zu|schicken *vt* присылать; доставлять на дом
zu|schieben* *vt* **1.** задвигать (*ящик*); **2.** пододвигать; **3.** (*jmdm.*) приписывать (*кому-л. что-л. неблаговидное*); **jmdm. eine Schuld ~** сваливать вину на кого-л.
zu|schießen* I I *vi* (s) (*auf* A) (стремглав) броситься (*к кому-л., к чему-л.*); II *vt* бросать; **jmdm. einen wütenden Blick ~** бросить на кого-л. свирепый взгляд
zu|schießen* II *vt* прибавлять, пополнять; добавлять (*средства, деньги*)
Zuschlag *m* -(e)s, -schläge **1.** прибавка, надбавка; доплата; **2.** *ком.* (последний) удар молотка аукциониста; вещь (*присуждаемая на аукционе кому-л.*)
zu|schlagen* I *vt* **1.** заколачивать, забивать; **2.** захлопывать; **3.** (*jmdm.*) толкнуть, кинуть, послать ударом (*что-л. кому-л.*); II *vi* (*auf jmdn.*) броситься с кулаками (*на кого-л.*)
zu|schlagen* II *vt ком.* прибавлять; накидывать (*цену*)
Zuschläger *m* -s, - подмастерье кузнеца
Zuschlag(s)||gebühr *f* -, -en дополнительный сбор (*к тарифу*)
Zuschlag(s)||karte *f* -, -n *ж.-д.* билет с доплатой (*за скорость и т. п.*)
zu|schließen* *vt* запирать, закрывать
Zuschlupf *m* -(e)s, -schlüpfe убежище, пристанище, приют
zu|schnallen *vt* застёгивать (*пряжку*)
zu|schnappen *vi* **1.** (h) хватать (*о собаке*); **2.** (s) защёлкиваться
zu|schneiden* *vt* **1.** кроить; **2.** (*auf* A) приноравливать, приспосабливать
Zuschneider *m* -s, -; **~in** *f* -, -nen закройщик, -щица
Zuschneiderei *f* -, -en закройная (мастерская); цех [отделение] кроя
Zuschnitt *m* -(e)s, -e **1.** покрой; закрой; **2.** выкройка
zu|schnüren *vt* **1.** зашнуровывать; затягивать; **2.** сдавливать, сжимать; **die Angst schnürte ihr die Kehle zu** страх сдавил ей горло
zu|schrauben *vt* завинчивать
zu|schreiben* *vt* приписывать (*тж. пе-*

рен.); **jmdm. ein Grundstück ~** переписать участок на чьё-л. имя
Zuschrift *f -*, *-en* **1.** приписка; **2.** письмо, отношение
Zuschub *m* -(e)s, -schübe подвоз
zuschúlden: sich (D) etw. ~ kommen lassen* провиниться в чём-л.
Zuschuß *m* -sses, -schüsse **1.** прибавка; **2.** субсидия, пособие
zu|schütten *vt* засыпать (*землёй и т.п.*)
zu|sehen* *vi* **1. (D)** смотреть, глядеть (*на кого-л., на что-л.*); наблюдать, следить (*за кем-л., за чем-л.*); **2.** стараться, принимать меры; **sieh zu, daß du rechtzeitig kommst** смотри, приходи вовремя; **ich werde ~, daß ich kommen kann** я постараюсь прийти
zusehends *adv* заметно, видимо
zu|sein* *vi* (s) быть запертым [закрытым]
zu|senden* *vt* присылать; доставлять на дом
zu|setzen I *vt* прибавлять; добавлять; II *vi* **1:** **dem Feind schwer ~** сильно потрепать противника; **2.** наседать, надоедать; **jmdm. mit Fragen ~** приставать к кому-л. с вопросами
zu|sichern *vt* (*jmdm.*) заверять (*кого-л. в чём-л.*); обещать; гарантировать; закреплять (*что-л. за кем-л.*)
Zusicherung *f -*, *-en* заверение, уверение; обещание
zu|siegeln *vt* запечатывать
Zuspiel *n* -(e)s, -е *спорт.* **1.** передача (*мяча*), пас, пасовка; **2.** подача; **auf ~ с** подачи
zu|spielen *vt* (*jmdm.*) *спорт.* **1.** передавать (*мяч кому-л.*); **2.** сыграть на руку (*кому-л.*); подыграть (*кому-л.*)
zu|spitzen I *vt* **1.** заострять; **2.** *перен.* обострять; придавать остроту; II **~, sich** обостряться
Zuspitzung *f -*, *-en* обострение
zu|sprechen* I *vt* (D) **1.** присуждать (*премию и т. п. кому-л.*); **2.: jmdm. Trost ~** утешать кого-л.; II *vi* **1. (D)** уговаривать (*кого-л.*); **2.** передавать по телефону (*телефонограмму и т. п.*); **3.:** *разг.* **dem Essen tüchtig ~** налегать на еду
Zusprechung *f -*, *-en* присуждение
zu|springen* *vi* (s) **1.** (*auf* A) подскочить (*к кому-л., к чему-л.*); **2.** защёлкиваться
Zuspruch *m* -(e)s **1.** обращение; совет; утешение; одобрение; **auf jmds. ~ hören** прислушаться к чьим-л. словам, внять чьему-л. совету; **2.: die Ausstellung hat [findet] viel ~** выставка пользуется большой популярностью

Zustand *m* -(e)s, -stände состояние, положение, ◊ **das sind Zustände!** ну и порядки!
zustánde: ~ bringen* осуществлять; выполнять, совершать; создавать; завершать; **~ kommen*** осуществляться
zúständig *a* **1.** относящийся (*к чему-л.*); **2.** компетентный; **3.** *юр.* подсудный
Zuständigkeit *f* - **1.** принадлежность (*к чему-л.*); **2.** компетентность; **3.** *юр.* компетенция; подсудность
zustátten: ~ kommen* быть кстати; пригодиться
zu|stecken *vt* **1.** закалывать (*что-л. булавкой и т. п.*); **2.** (*jmdm.*) сунуть (*что-л. кому-л.*)
zu|stehen* *vi* (D) **1.** следовать, подобать; **2.** следовать, причитаться, полагаться
zu|steigen* *vi* (s) присоединяться, подходить; **ein Fahrgast stieg zu** подсел [дополнительно зашёл] пассажир
zu|stellen *vt* **1.** (*mit* D, *durch* A) доставлять (*что-л. чем-л.*); **2.** доставлять, вручать
Zustellung *f -*, *-en* доставка
Zustellungs||gebühr *f -*, *-en* плата за доставку
zu|steuern I *vt* вносить свою долю (*чего-л.*); **Geld ~** давать [жертвовать] деньги
zu|steuern II *vi* (D) *мор.* держать курс (*на что-л.*), направляться (*к чему-л.*); **einem Hafen ~** направляться к гавани; **auf jmdn. ~** направляться к кому-л.
zu|stimmen *vi* (D) соглашаться (*с кем-л., с чем-л.*); одобрять (*что-л.*)
Zustimmung *f -*, *-en* согласие, одобрение
zu|stopfen *vt* **1.** затыкать; закупоривать; **2.** заштопать
zu|stoßen* I *vt* захлопнуть (*дверь и т. п.*); II *vi* (*auf* A) *воен.* ударить, нанести удар (*по чему-л.*)
zu|stoßen* II *vi* (s) (*jmdm.*) случаться (*с кем-л.*); **ihm ist ein Unglück zugestoßen** с ним случилось несчастье
zu|streuen *vt* (*mit* D) засыпать (*что-л.*)
Zustrom *m* -(e)s приток
zu|strömen *vi* (s) (D) течь (*в сторону чего-л.*); притекать, стекаться (*к чему-л.*)
zu|stürmen *vi* (s) (*auf* A) бросаться стремительно (*к кому-л.*)
zu|stürzen *vi* (s) (*auf* A) **1.** бросаться (*на кого-л.*); **2.** бросаться навстречу (*кому-л.*)
zutáge: 1. ~ kommen* [treten*] проявляться, обнаруживаться; **2.: etw. ~ bringen*** раскрыть, вскрыть, обнаружить что-л.
Zutat *f -*, *-en* **1.** примесь; **2.** приправа; гарнир; **3.** *б. ч. pl* приклад (*для костюма и т. п.*)

zutéil: jmdm. ~ werden выпадать на чью-либо долю
zu|teilen vt (D) **1.** давать, поручать (*что-л. кому-л.*); **2.** уделять, выделять (*что-л. кому-л.*); **3.** присуждать (*что-л. кому-либо*); **4.** назначить (*кого-л. куда-л.*); прикреплять (*кого-л. к кому-л.*); **5.** воен. придавать (*средства войскам*); прикомандировать (*кого-л. к кому-л.*)
Zuteilung f -, -en **1.** раздача; распределение; норма выдачи; **2.** присуждение; **3.** назначение (*куда-л. на работу*); **4.** воен. придача (*сил, средств*); прикомандирование
zutíefst adv глубоко, в высшей степени
zu|tragen* I vt **1.** приносить; подавать; **2.** передавать, сообщать
zu|tragen*, sich II случаться, происходить
Zuträger m -s, -; **~in** f -, -nen **1.** сплетник, -ница; **2.** доносчик, -чица
zúträglich a полезный; производительный, выгодный
zu|trauen vt (*jmdm.*) считать (*кого-л.*) способным (*на что-л.*)
Zutrauen n -s доверие; **ich habe alles ~ zu ihm verloren** я потерял к нему всякое доверие
zutraulich a **1.** доверчивый; **2.** ручной (*о животных*)
zu|treffen* vi (s) **1.** сбываться, оправдываться; **2.** соответствовать действительности, быть правильным; **das dürfte nicht ganz ~** это не совсем так; **das trifft für alle [auf alle] zu** это действительно для всех
zutreffend I a соответствующий, правильный; II adv соответствующим образом, правильно
zu|treiben* I vt пригонять, подгонять; II vi (s) (D) дрейфовать, плыть (*в направлении чего-л.*)
zu|trinken* vi (D) пить за (*чьё-л.*) здоровье
Zutritt m -(e)s доступ; вход; **freier ~** свободный вход; **~ verboten!** вход воспрещён!
zu|tun* I vt разг. **1.** прибавлять; **2.** закрывать; **kein Auge ~** не сомкнуть глаз; II **~, sich** закрываться
Zutun n -s содействие, участие; **ohne mein ~** без моего участия [содействия]
zuúngunsten adv не в пользу
zuúnterst adv в самом низу
zuverlässig a надёжный; достоверный, внушающий доверие
Zuverlässigkeit f - надёжность, достоверность

Zuversicht f - уверенность, доверие, глубокое убеждение; **in der ~, daß...** будучи уверенным, что...
zuversichtlich I a уверенный; II adv с уверенностью
zuviel adv слишком (много); ◇ **~ des Guten tun*** переусердствовать; **viel ~** чересчур много; ◇ **was ~ ist, ist ~!** разг. это уж слишком!
zuvór adv раньше, до сего времени
zuvór|kommen* vi (s) (D) опережать, предупреждать (*кого-л.*)
zuvórkommend a предупредительный, обходительный
Zuvórkommenheit f - предупредительность, услужливость
zuvór|tun*: **es jmdm. an etw. (D) ~** превзойти кого-л. в чём-л.
Zuwachs m -es прирост; **auf ~** на развод (*тж. шутл.*); **einen Anzug auf ~ machen** сшить костюм на вырост; **~ bekommen*** увеличиваться
zu|wachsen* vi (s) **1.** прирастать; увеличиваться; **2.** зарастать
Zuwahlen pl дополнительные выборы
zu|wälzen vt подкатывать; катить (*волны*); **jmdm. eine Schuld ~** свалить вину на кого-л.
zu|wandern vi (s) (D, *auf* A) направляться, идти (*куда-л.*)
zuwége: ~ bringen* приводить в исполнение
zuweilen adv иногда, по временам
zu|weisen* vt **1.** указывать (*что-л.*); направлять, назначать (*куда-л.*); **2.** предоставлять, назначать (*пенсию и т. п.*); отводить (*участок и т. п.*)
Zuweisung f -, -en **1.** направление, назначение (*на работу*); **2.** эк. отчисление; **3.** предоставление; выделение в распоряжение; назначение (*напр. пенсии*); **~ einer Wohnung** **1)** предоставление квартиры; **2)** ордер на квартиру
zu|wenden* I vt (D) **1.** поворачивать (*что-либо к чему-л.*); **2.** обращать, направлять (*что-л. куда-л.*); **3.** уделять (*внимание кому-л.*); **jmdm. sein Vertrauen ~** доверять кому-л.; **4.** предоставлять (*пособие, ссуду*); II **~, sich** (D) **1.** повёртываться (*к кому-л.*); **2.** обращаться (*к кому-л.*); **3.** направляться (*куда-л.*); **4.** переходить (*к чему-л.*); **sich einer neuen Beschäftigung ~** заняться новым делом
Zuwendung f -, -en **1.** пособие; **~en machen** делать (благотворительные) взносы; **2.** ассигнование, отчисление, ссуда

zuwénig *adv* недостаточно, слишком мало

zu|werfen* *vt* 1. (D) бросать (*что-л. кому-л.*); 2. захлопнуть (*дверь*); 3. засыпать (*ров*)

zuwider I *prp* (D) наперекор, вопреки; II *adv* противно, в противоположность; **er ist mir ~** он мне противен

zuwider|handeln *vi* (D) действовать [делать] наперекор, противодействовать

Zuwiderhandlung *f* -, -en нарушение (*постановления и т. п.*)

zuwider|laufen* *vi* (s) (D) противоречить (*чему-л.*)

zu|winken *vi* (D) кивать (*кому-л.*); подзывать (*кого-л.*)

zu|zahlen *vt* приплачивать; доплачивать

zu|zählen *vt* 1. присчитывать; 2. причислять

zuzéiten *adv* иногда, по временам

zu|ziehen* I *vt* 1. притягивать, привлекать; **sich** (D) **etw. ~** 1) приобретать что-л.; 2) навлекать на себя что-л. (*подозрение и т. п.*); **sich** (D) **eine Erkältung ~** схватить простуду; 2. затягивать (*узел*), задёргивать (*занавес*); **die Tür ~** закрыть (за собой) дверь

zu|ziehen* II *vi* (s) поселиться на новом месте; приехать; переехать (*сюда*)

Zuzucht *f* - молодняк (*о скоте*), прирост, приплод

Zuzug *m* -(e)s, -züge 1. приток, пополнение; 2. иммиграция, переселение

Zuzügler *m* -s, - переселенец; приезжий; пришелец, иммигрант

zuzüglich *prp* (G) включительно, с прибавлением

zwang *impf om* **zwingen***

Zwang *m* -(e)s, Zwänge стеснение; принуждение; насилие; **etw. aus ~ tun*** делать что-л. по принуждению; **jmdm. ~ antun*** [**auferlegen**] не стесняться, не церемониться; **unter dem ~ der Verhältnisse** в силу обстоятельств

zwängen *vt* протискивать, втискивать; **das Recht ~** извращать закон

zwanglos *a* свободный; непринуждённый

Zwangs||arbeit *f* -, -en 1. принудительный труд; 2. каторжные работы

Zwangs||erziehung *f* -, -en воспитание в исправительном доме

Zwangs||jacke *f* -, -n смирительная рубашка; **in die ~ stecken** надеть смирительную рубашку

Zwangs||lage *f* -, -n стеснённое положение

zwangsläufig I *a* неизбежный; принудительный; II *adv* в принудительном порядке; неизбежно

Zwangs||maßnahmen, ~maßregeln *pl* меры [санкции] принуждения

Zwangs||verfahren *n* -s, - принудительная мера; принудительный порядок

Zwangs||versteigerung *f* -, -en принудительная продажа с аукциона

Zwángs||vollstréckung *f* -, -en юр. принудительное исполнение судебного приговора

Zwangs||vorstellung *f* -, -en навязчивая идея

zwangsweise *adv* в принудительном порядке

zwanzig *num* двадцать

Zwanziger *m* -s, - 1. мужчина в возрасте от 20 до 30 лет; 2. монета в 20 пфеннигов [копеек *и т.п.*]

Zwanzigerin *f* -, -nen женщина в возрасте от 20 до 30 лет

zwanzigjährig *a* двадцатилетний

zwanzigste *num* двадцатый

zwanzigstel *num*: **ein ~** одна двадцатая

Zwanzigstel *n* -s, - двадцатая часть

zwar *mod adv* правда, хотя; **und ~** 1) (а) именно; 2) и притом (*усиление*)

Zweck *m* -(e)s, -е цель; надобность; **zu welchem ~?** с какой целью?, зачем?, для какой цели?; ◊ **der ~ heiligt die Mittel** посл. цель оправдывает средства; **ohne ~ und Ziel** ≅ без руля и ветрил

zweckbedingt *a* обусловленный целью [назначением]

zweckdienlich *a* целесообразный

Zwecke *f* -, -n 1. кнопка; 2. гвоздик

zwecklos I *a* бесцельный; II *adv* бесполезно, бесцельно

zwéckmäßig *a* целесообразный

Zweckmäßigkeit *f* - целесообразность

zwecks *prp* (G) с целью

zweckwidrig *a* не соответствующий цели, неподходящий

zwei *num* два; ◊ **dazu gehören ~!** разг. это требует обоюдного согласия

Zwei *f* -, -en (число, цифра, номер) два; двойка

zweiachsig *a* двухосный

zweibeinig *a* двуногий

Zweibund *m* -es Австро-германский договор 1879 (*о союзе между Австро-Венгрией и Германией; направлен гл. образом против России*)

Zwei||decker *m* -s, - 1. ав. биплан; 2. двухпалубное судно

zweideutig *a* двусмысленный

Zweideutigkeit *f* -, -en двусмысленность

zwéieinhálb *num* два с половиной

zweierléi *a inv* двоякий

zweifach I *a* двойной, двукратный; II *adv* в два раза, вдвое

Zweifel *m* -s, - сомнение; **außer allem ~** вне всякого сомнения; **ohne ~** без сомнения, несомненно; **ich bin im ~ darüber** я сомневаюсь насчёт этого; **keinen ~ aufkommen lassen*** не допускать сомнения; **jmdm. ~ benehmen*** рассеивать чьи-л. сомнения
zweifelhaft *a* сомнительный
zweifellos *a* несомненный
zweifeln *vi* (*an* D) сомневаться (*в ком-л.*)
Zweifel(s)fall *m* -(e)s, -fälle сомнительный случай; **im ~** в случае сомнения
zweifelsohne *adv* без сомнения
Zweifel||sucht *f* - скептицизм
zweifelsüchtig *a* скептический
Zweifler *m* -s, - скептик
zweiflerisch *a* сомневающийся; скептический
Zweig *m* -(e)s, -e 1. ветвь, сук; 2. отрасль; 3. отпрыск; ◊ **auf keinen grünen ~ kommen*** не иметь успеха (*в делах*)
Zweig||bahn *f* -, -en ж.-д. ветка
zweig(e)leisig *a* двухколейный
zweigeteilt *a* разделённый на две части
Zweig||geschäft *n* -(e)s, -e ком. филиал
zweigliederig *a* мат. двучленный
Zweig||station *f* -, -en подстанция, (маломощная) вспомогательная станция
Zweig||stelle *f* -, -n отделение, филиал
zweihändig *adv* муз. в две руки
zweihöckerig *a* двугорбый
Zweihufer *m* -s, - двухкопытное животное
zweihundert *num* двести
Zweihundertjahr||feier *f* - двухсотлетие
zweijährig *a* двухлетний, двухгодичный
Zweikammer||system *n* -s двухпалатная парламентская система
Zwei||kampf *m* -(e)s, -kämpfe 1. поединок, единоборство, дуэль; 2. спорт. двоеборье
zweikantig *a* двугранный
zweimal *adv* дважды, (в) два раза
zweimalig *a* двукратный
zwei||monatig *a* двухмесячный
zweimonatlich *a* повторяющийся (через) каждые два месяца
zweimotorig *a* двухмоторный
Zweiphasen||strom *m* -(e)s эл. двухфазный ток
zweiphasig *a* физ. двухфазный
zweipolig *a* эл. двухполюсный
zweirad(e)rig *a* двухколёсный
zweireihig *a* двухрядный; двубортный (*о костюме*)
zwei||schläfig, ~schläfrig *a* двуспальный
zweiseitig *a* двусторонний
Zwei||sitzer *m* -s, - двухместный автомобиль [мотоцикл, самолёт]
zweisitzig *a* двухместный
zweisprachig *a* двуязычный, на двух языках
zweistimmig *a* двухголосный
zweistöckig *a* двухэтажный (*соответствует русскому трёхэтажный*)
zweistündig *a* двухчасовой; **ein ~er Unterricht** двухчасовые занятия
zweistündlich *a, adv* каждые два часа
zweit: zu ~ вдвоём
zweitägig *a* двухдневный
zweitäglich *a, adv* каждые два дня
zweitausend *num* две тысячи
zweitbeste *a* второй; занимающий второе место (по качеству)
zweite *num* второй
zweiteilig *a* 1. разделённый надвое; состоящий из двух частей; 2. мат. двучленный
zweitel *num*: **ein ~** одна вторая
zweitens *adv* во-вторых (*при перечислении*)
zweiter Bildungsweg *m* -es второй путь к образованию (*получение аттестата зрелости в ФРГ через вечернюю и заочную формы обучения*)
zweitgrößte *a* второй по величине
zweitletzt *a* предпоследний
Zwerch||fell *n* -(e)s, -e анат. диафрагма
Zwerg *m* -(e)s, -e карлик; миф. тж. гном
zwergartig *a* карликовый
zwergenhaft *a* карликовый
Zwergen||volk *n* -(e)s, -völker гномы (*в сказках*)
Zwetsche *f* -, -n слива
Zwicke *f* -, -n 1. см. **Zwecke**; 2. щипцы; 3. острый конец; сосулька
Zwickel *m* -s, - клин, вставка (*в платье*)
zwicken *vt разг.* прищемлять; щипать; **in die Wange ~** ущипнуть за щёку
Zwicker *m* -s, - пенсне; **den ~ aufsetzen** надеть пенсне
Zwick||mühle *f*: **in eine ~ geraten*** попасть в затруднительное положение
Zwieback *m* -(e)s, -bäcke/ -e сухарь
Zwiebel *f* -, -n 1. лук; 2. луковица
Zwiebelmarkt *m* -es, -märkte "цвибельмаркт" (*<ист.> ярмарка с.-х. продуктов; в наст. вр. носит характер нар. гуляний, проводится в октябре*)
Zwie||gespräch *n* -s, -e диалог
Zwie||licht *n* -(e)s сумерки, полумрак
Zwie||spalt *m* -(e)s разлад, раздор; **im ~ sein** быть в разладе
zwiespältig *a* 1. двоякий; 2. раздвоенный, противоречивый
Zwie||spältigkeit *f* -, -en внутреннее разногласие; двойственность

Zwie‖sprache f -, -n беседа с глазу на глаз, беседа наедине
Zwie‖tracht f - раздор; ~ **säen** сеять раздор
Zwilling m -s, -e 1. близнец; **die siamésischen** ~e сиамские близнецы; 2. pl Близнецы (*созвездие*)
Zwillings‖geschwister pl, ~**paar** n -(e)s, -e близнецы, двойня
Zwinge f -, -n 1. *тех.* тиски; струбцина; 2. наконечник
zwingen* vt принуждать; заставлять; **ich sehe mich gezwungen...** я вынужден...
zwingend a: ~**e Gründe** неотложные причины
Zwinger I m -s, - 1. *ист.* тюрьма; 2. клетка (*для зверей*)
Zwinger II m -s Цвингер (*дворцовый ансамбль в стиле барокко в Дрездене <ФРГ>, местонахождение Дрезденской картинной галереи*)
zwinkern vi мигать
zwirbeln vt вертеть, кружить
Zwirn m -(e)s, -e нитки; **Meister** ~ *пренебр.* портной; ◇ **der** ~ **geht ihm aus** 1) он выдохся; ему не о чем говорить; 2) у него кончились все деньги
Zwirn‖faden m -s, -fäden кручёная нить
Zwirn‖maschine f -, -n крутильная машина
Zwirn‖rolle f -, -n ; ~**spule** f -, -n катушка ниток
zwischen prp 1. (D) *указывает на местонахождение (где?)* между, среди; ~ **Himmel und Erde** между небом и землёй; 2. (A) *указывает на направление (куда?)* между, среди; **er stellte sich** ~ **beide** он встал между ними; 3. (D) *указывает на время между;* ~ **Mittag und Abend** между полуднем и вечером; 4. (D) *указывает на взаимоотношения между;* **Beziehungen** ~ **Eltern und Kindern** отношения между родителями и детьми
Zwischen‖akt m -(e)s, -e антракт
Zwischen‖bemerkung f -, -en замечание, реплика
Zwischen‖bilanz f -, -en промежуточный баланс
zwischendréin|schlagen* vi *разг.* бить куда попало (*во время потасовки*)
zwischendúrch adv 1. иногда; 2. вперемежку
Zwischen‖fall m -(e)s, -fälle инцидент, происшествие
Zwischen‖handel m -s посредническая торговля; перепродажа
Zwischen‖lage f -, -n прокладка, прослойка

Zwischen‖landung f -, -en промежуточная посадка
Zwischen‖raum m -(e)s, -räume 1. промежуток; расстояние; 2. промежуток; интервал; отрезок времени
Zwischen‖ruf m -(e)s, -e реплика
Zwischen‖schicht f -, -en прослойка, прокладка; промежуточный слой
Zwischen‖spiel n -(e)s, -e интермедия
Zwischen‖spurt m -(e)s, -e/-s *спорт.* рывок на дистанции
Zwischenstrom‖land n -(e)s междуречье
Zwischen‖wertung f -, -en предварительный итог, предварительное подведение итогов
Zwischen‖zeit f -, -en промежуток (времени), интервал; **in der** ~ между тем, в это время; в промежутке
Zwist m -(e)s, -e; **Zwistigkeit** f -, -en ссора, раздор; **einen** ~ **beilegen** уладить ссору, помириться; **mit jmdm. in** ~ **geráten*** поссориться с кем-л.
zwitschern vi, vt щебетать, чирикать, петь
Zwitter m -s, - гермафродит
zwitterartig a *биол.* двуполый
zwölf num двенадцать
Zwölffinger‖darm m -(e)s, -därme двенадцатиперстная кишка
zwölfjährig a двенадцатилетний
zwölfte num двенадцатый
Zyáne <gr.-lat.> f -, -n *бот.* василёк
Zyan‖káli n -s; ~**um** n -s *хим.* цианистый калий
zyklisch <gr.-lat.> a циклический
Zyklón <gr.-engl.> m -s, -e циклон
Zyklóp <gr.-lat.> m -en, -en *миф.* циклоп
Zýklotron <gr.-engl.> n -s, -tróne *физ.* циклотрон
Zýklus <gr.-lat.> m -, -klen цикл
Zylínder [tsi-/tsy-] <gr.-lat.> m -s, - 1. цилиндр, баллон; 2. стекло (*керосиновой лампы*); 3. цилиндр (*шляпа*)
Zylinder‖mantel [tsi-/tsy-] m -s, -mäntel *тех.* рубашка цилиндра
zylindrisch <gr.-lat.> a цилиндрический
Zýniker <gr.-lat.> m -s, - циник
zynisch <gr.-lat.> a циничный, наглый
Zynismus <gr.-lat.> m -, -men цинизм
Zýpern (n) -s Кипр (*о-в и гос-во в вост. части Средиземного моря*)
Zyprer m -s, -; ~**in** f -, -nen см. **Zypriót**
Zyprésse <gr.-lat.> f -, -n *бот.* кипарис
Zypriót m -en, -en; ~**in** f -, -nen киприот, -тка
Zytgloggenturm m -(e)s Часовая башня (*древний архит. памятник в г. Берн <Швейцария>*)
Zytologie <gr.> f - цитология

КРАТКИЙ СПИСОК СОКРАЩЕНИЙ, УПОТРЕБЛЯЕМЫХ В НЕМЕЦКОМ ЯЗЫКЕ

Объяснения реалий-сокращений, полное обозначение которых помечено звёздочкой (*), можно найти в корпусе словаря.

a. = am, an der – на; Frankfurt a.M. (am Main) Франкфурт-на-Майне; Frankfurt a.O. (an der Oder) Франкфурт-на-Одере

a.; A. = anno, Anno *lat.* – в (*таком-то*) году

a.a.O. = am angeführten [angegebenen] Ort(e) – в указанном месте

a.a.S. = auf angeführter Seite – на указанной странице

Abb. = Abbildung – изображение, рисунок

abds. = abends – вечером

Abf. = Abfahrt – отъезд, отход

Abg. = Abgeordneter – депутат

Abk. = Abkürzung – сокращение, аббревиатура

Abs. = **1.** Absatz – абзац, раздел; **2.** Absender – отправитель

Abt. = Abteilung **1.** отдел(ение); раздел (*книги и т. п.*); **2.** батальон, дивизион

a.Chr.(n) = ante Christum (natum) *lat.* – до рождества Христова; до нашей эры

a.d. = a dato *lat.* – с указанного числа

a.D. = **1.** ab Datum – начиная с (*такого-то*) дня [числа]; **2.** anno Domini *lat.* – (*такой-то*) год от рождества Христова; нашей эры; **3.** außer Dienst – в отставке

ADAV = Allgemeiner Deutscher Arbeiterverein – Всеобщий германский рабочий союз (*1863–1875*)

ADGB = Allgemeiner Deutscher Gewerkschaftsbund – Всеобщее объединение немецких профсоюзов (*1919–1933*)

ADN = **1.** Allgemeine Deutsche Nachrichtenagentur – информационное агентство АДН (*ФРГ*); **2.** Allgemeiner Deutscher Nachrichtendienst – агентство АДН (*ист. ГДР*)

Adr. = Adresse – адрес

AEG = Allgemeine Elektrizitäts-Gesellschaft – Всеобщая электрическая компания

a.f. = anni futuri *lat.* – будущего года

a.F.; A.F. = alte Fassung – старая [прежняя] редакция (*текста*)

AFP = Agence France Presse *fr.* – агентство Франс Пресс (*Франция*)

AG = Aktiengesellschaft – акционерное общество

Agfa = Aktiengesellschaft für Anilinproduktion – Акционерное общество анилиновой продукции (*Германия 1873–1945*)

Ah. = Anhang – добавление, дополнение, приложение (*к книге*)

ahd. = althochdeutsch – древневерхненемецкий

AIDS = Acquired Immunal Deficit Syndrome *engl.* – СПИД (синдром приобретённого иммунодефицита)

Akku = Akkumulator – аккумулятор

Anh. *см.* Ah.

Anm. = Anmerkung – примечание

ANSA = Agenzia Nationale Stampa Associata *it.* – итальянское информационное агентство АНСА

ANUGA = Allgemeine Nahrungs- und Genußmittelausstellung – Общая выставка пищевой и вкусовой промышленности (*проводится в Кёльне <ФРГ>*)

ao. Prof. = außerordentlicher Professor – экстраординарный профессор

a.p. = anni praeteriti *lat.* – в прошлом году

AP = Associated Press *engl.* – информационное агентство Ассошиэйтед Пресс (*США*)

APA = Austria Presse-Agentur – агентство печати АПА (*Австрия*)

Apr. = April – апрель

ARD = Arbeitsgemeinschaft der Rundfunkanstalten Deutschlands – Рабочее объединение студий радиовещания Германии (*ФРГ*)

Art. = Artikel – **1.** статья (*газетная*); **2.** пункт (*договора и т. п.*); **3.** изделие, предмет

Ass. = Assessor – асессор

a.St. = alten Stils – по старому стилю

at = Atmosphäre – *физ.* атмосфера

A.T. = Altes Testament – *рел.* Ветхий завет

atm = Atmosphäre – *физ.* атмосфера

Aufl. = Auflage – издание, тираж

Aug. = August – август (*месяц*)

Ausg. = Ausgabe – (печатное) издание

a.W. = **1.** ab Werk – *ком.* франко-завод; **2.** auf Widerruf – впредь до отмены

a.Z. = auf Zeit – на срок; временно
b = Bar – бар (*единица атмосферного давления*)
BASF = Badische Anilin- und Soda-Fabrik AG – "Бадише анилин унд содафабрик АГ" (*акционерное общество хим. промышленности в ФРГ*)
Bat. = Bataillon – *воен.* батальон
Batt.; Battr. = Batterie – *воен.* батарея
BAUMA = **Bauma**schinenmesse – ярмарка строительных машин (*международная выставка, проводится в Мюнхене <ФРГ>*)
b.a.w. = bis auf weiteres – пока; впредь до дальнейшего распоряжения
BBC = British Broadcasting Corporation *engl.* – Британская радиовещательная корпорация (Би-Би-Си)
Bbl. = Beiblatt – приложение (*к периодическому изданию*); вкладной лист
Bd. = Band – том
BDA = Bund Deutscher Architekten – Союз немецких архитекторов (*ФРГ*)
BDA = Bundesvereinigung der Deutschen Arbeitgeberverbände – Федеральное объединение союзов работодателей (*ФРГ*)
Bde. = Bände – тома (*книг*)
BDI = Bundesverband der Deutschen Industrie – Федеральное объединение германской промышленности (*ФРГ*)
BDM = Bund Deutscher Mädel – Союз немецких девушек (*молодёжная организация в фашистской Германии*)
BDS = Bund Demokratischer Studenten – Союз студентов-демократов (*ФРГ*)
BDSV = Bund Demokratischer Studentenvereinigungen – Союз демократических студенческих организаций (*ФРГ*)
beif. = beifolgend – прилагаемый (*при сём*)
beil. = beiliegend – при сём, в приложении
Beil. = Beilage – приложение
Bem. = Bemerkung – примечание; замечание, заметка
bes. = besonders – особенно, особо
betr. = betreffend – соответствующий; данный, упомянутый
betr. = betreffs – относительно, касательно
bez. = 1. bezahlt – оплачено, уплачено; 2. bezüglich – относящийся, относительно
Bez. = 1. Bezeichnung – обозначение; отметка; 2. Bezirk – бецирк, округ (*единица адм. деления*)
bezgl. = bezüglich – относящийся, относительно
bezw. = beziehungsweise – или, иначе; соответственно
Bf. = Bahnhof – вокзал, станция

bfn. = brutto für netto – брутто за нетто
Bg. = Bogen – лист (*бумаги*)
BGB = Bürgerliches Gesetzbuch – гражданский кодекс, гражданское уложение
Bgm. = Bürgermeister – бургомистр
BKA = Bundeskriminalamt – Федеральное управление уголовной полиции (*ФРГ*)
BKV = Betriebskollektivvertrag – фабрично-заводской коллективный договор
Bl. = Blatt – листок; газета
BM = Bundesministerium – Федеральное министерство
Bmkg. = Bemerkung – примечание; замечание, заметка
BMW = Bayerische Motorenwerke AG – "Байрише моторенверке АГ" (*автомобильный концерн в ФРГ*)
bo = Bruttogewicht – вес брутто, вес товара с упаковкой
BPA = Bundespresseamt – Федеральное ведомство печати (*ФРГ*)
BPr. = Bundespräsident – федеральный президент
b.R. = bitte Rücksprache – прошу переговорить
BR = Bundesrat* – 1. бундесрат (*верхняя палата парламента ФРГ*); 2. Федеральный Совет (*верхняя палата парламента Австрии*); 3. Федеральный Совет (*правительство Швейцарии*)
BRD = Bundesrepublik Deutschland – Федеративная Республика Германия (*ФРГ*)
brosch. = broschiert – сброшюровано
BRT = Bruttoregistertonne – *мор.* брутто-регистровая тонна
b.S. = beliebige Sicht – (*к оплате*) в любой срок
btto. = Bruttogewicht – вес брутто, вес товара с упаковкой
b.w. = bitte wenden – смотри на обороте
bz. = bezahlt – оплачено, уплачено
Bz. = Bezirk – бецирк, округ (*адм. единица в ФРГ*)
bzgl. = bezüglich – относящийся; относительно
bzw. = beziehungsweise – или, иначе, соответственно
c = Zenti- – санти- (*в сложных словах*)
C = 1. Coulomb – *эл.* кулон; 2. Curie – *физ.* кюри; 3. Kohlenstoff – *хим.* углерод; 4. Zentrum – центр (*города*)
°C = Celsius – (*столько-то*) градусов Цельсия
ca. = circa *lat.* – около, приблизительно
CAD = computer aided design *engl.* – система автоматического проектирования (КАД)

CAM = computer aided manufacturing *engl.* – система производства с использованием вычислительной техники (КАМ)

cand. = Kandidat – студент-дипломник

cbkm = Kubikkilometer – кубический километр

cbm = Kubikmeter – кубический метр

ccm = Kubikzentimeter – кубический сантиметр

cdm = Kubikdezimeter – кубический дециметр

CDU = **1.** Christlich-Demokratische Union – Христианско-демократический союз (*партия в ФРГ*); **2.** Christlich-Demokratische Union Deutschlands* – Христианско-демократический союз Германии (*ист. ГДР*)

cf.; cfr. = confer *lat.* – сравни

Cie. = Kompanie – компания (*торговая, промышленная и т. п.*)

cm = Zentimeter – сантиметр

cm/sek = Zentimetersekunde – сантиметрсекунда

Co. = Kompanie – компания (*торговая и т. п.*)

COMECON, Comecon = Council for Mutual Economic Aid/Assistance *engl.* – СЭВ (*ист. английское наименование Совета Экономической Взаимопомощи бывших социалистических стран*), *см. тж.* RGW (Rat für gegenseitige Wirtschaftshilfe)

cr. = currentis *lat.* – текущего (*года, месяца*)

Cs = Zäsium – *хим.* цезий

CSU = Christlich-Soziale Union* – Христианско-социальный союз (*партия в ФРГ*)

d = Dezi- – деци- (*в сложных словах*)

D = **1.** Deka- – дека- (*в сложных словах*); **2.** Durchgangszug – скорый поезд

D. = Doktor – доктор (*теологии*)

DAAD = Deutscher Akademischer Austauschdienst – Германская служба академического обмена (*ФРГ*)

DAF = Deutsche Arbeitsfront* – Германский трудовой фронт (*организация в фаш. Германии, 1933–1945*)

DAG = Deutsche Angestellten-Gewerkschaft – Профессиональный союз служащих <ФРГ>

DAMG = Deutsches Amt für Maße und Gewichte – Германская палата мер и весов

DB = Deutsche Bundesbahn – Федеральные железные дороги (*ФРГ*)

DBD = Demokratische Bauernpartei Deutschlands – Демократическая крестьянская партия Германии (*ист. ГДР*)

DBJR = Deutscher Bundesjugendring – Федеральное объединение немецких молодёжных организаций (*ФРГ*)

ddp = Deutscher Depeschendienst – агентство печати ДДП (*ФРГ*)

DDR = Deutsche Demokratische Republik – *ист.* Германская Демократическая Республика (*ГДР*)

DEFA = Deutsche Filmaktiengesellschaft – немецкое акционерное общество по производству фильмов "ДЕФА" (*ист. ГДР*)

DEMAG = Deutsche Maschinenfabrik Aktiengesellschaft – "Демаг АГ" (*один из крупнейших машиностроительных концернов ФРГ*)

desgl. = (und) desgleichen – и тому подобное

Dez. = Dezember – декабрь

Df. = Dorf – деревня, село

DFD = Demokratischer Frauenbund Deutschlands – Демократический женский союз Германии (*ист. ГДР*)

DFG = **1.** Deutsche Finanzierungsgesellschaft* – Германское общество финансирования; **2.** Deutsche Forschungsgemeinschaft – Немецкое научно-исследовательское общество (*ФРГ*)

dg = Dezigramm – дециграмм

Dg = Dekagramm – декаграмм

DG = Diplomgärtner – садовод с дипломом (*об окончании вуза*)

DGB = Deutscher Gewerkschaftsbund* – Объединение немецких профсоюзов (*ФРГ*)

dgl. = dergleichen – такого рода

d.Gr. = der Große – Великий (*после имени короля или императора*)

d.h. = das heißt – то есть (*т. е.*)

Di. = Dienstag – вторник

DIHT = Deutscher Industrie- und Handelstag – Германский конгресс торгово-промышленных палат (*ФРГ*)

DIN = Deutsche Industrie-Norm – германский промышленный стандарт

Dir. = Direktor – директор

d.J. = **1.** der Jüngere – младший; **2.** dieses Jahres – этого года

DJD = Deutsche Jungdemokraten – "Молодые демократы Германии" (*молодёжная организация в ФРГ, близкая к СвДП*)

Dkg = Dekagramm – декаграмм

Dkl = Dekaliter – декалитр

Dkm = Dekameter – декаметр

DKP = Deutsche Kommunistische Partei – Германская коммунистическая партия (*ФРГ, с 1968*)

dl = Deziliter – децилитр
Dl = Dekaliter – декалитр
DLF = Deutschlandfunk* – "Германское радио" (*ФРГ*)
dm = Dezimeter – дециметр
d.M. = dieses Monats – этого [текущего] месяца
Dm = Dekameter – декаметр
Dm. = Durchmesser – диаметр
DM = Deutsche Mark – немецкая марка (*денежная единица ФРГ*)
DNA = Deutscher Normenausschuß – Германский комитет норм и стандартов (*ФРГ*)
d.O. = der Obige – вышеупомянутый
Do. = Donnerstag – четверг
Dp. = Doppel- – двух-, двойной
dpa = Deutsche Presse-Agentur – агентство печати ДПА (*ФРГ*)
dptr. = Dioptrie – *физ.* диоптрия
Dr. = Doktor – доктор (*наук*)
DR = Deutsche Reichsbahn – имперские [государственные] железные дороги (*ист. Германия до 1945, ГДР*)
Dr. agr. = doctor agronomiae *lat.* – доктор сельскохозяйственных наук
Dr. E.h. = Doktor Ehren halber – *см.* Dr.h.c.
"Drei-SAT", "3SAT" = Drei Satellitenprogramme – "Драй-САТ" (*спутниковое телевидение, объединяющее три программы: Второе немецкое телевидение <ФРГ>, Австрийское радио и телевидение и Швейцарское радиотелевизионное общество*)
Dr. hab(il). = doctor habilitatus *lat.* – доктор наук, допущенный к преподаванию в вузе
Dr. h.c. = doctor honoris causa *lat.* – почётный доктор (*лицо, получившее учёную степень доктора без защиты диссертации*)
Dr. Ing. = Doktoringenieur – доктор технических наук
Dr. jur. = doctor juris *lat.* – доктор юридических наук
Dr. med. = doctor medicinae *lat.* – доктор медицинских наук
Dr. med.dent. = doctor medicinae dentariae *lat.* – доктор стоматологии
Dr. med.vet. = doctor medicinae veterinaria *lat.* – доктор ветеринарных наук
Dr. oec. = doctor oeconomiae *lat.* – доктор экономических наук
Dr. phil. = doctor philosophiae *lat.* – доктор философии (*философских или филологических наук*)
Dr. rer.nat. = doctor rerum naturalium *lat.* – доктор естествознания
Dr. rer.pol. = doctor rerum politicarum *lat.* – доктор общественно-политических наук
Dr. theol. = doctor theologiae *lat.* – доктор богословия [теологии]
"Drupa" = **"Druck und Papier"** – "Печать и бумага" (*специализированная выставка печатной и бум. пр-ти в Дюссельдорфе <ФРГ>*)
DSB = Deutscher Sportbund – Немецкий спортивный союз (*ФРГ*)
DSF = 1. Deutscher Sportfernsehen – Немецкое спортивное телевидение (*частная студия спорт. передач в ФРГ*); 2. Gesellschaft für Deutsch-Sowjetische Freundschaft* – Общество германо-советской дружбы (*ист. ГДР*)
dt. = deutsch – немецкий, германский
Dtz.; Dtzd. = Dutzend – дюжина
d. U. = der Unterzeichnete – нижеподписавшийся
DW = Deutsche Welle* – "Немецкая волна" (*название немецкой радиостанции*)
dz = Doppelzentner – (метрический) центнер (*100 кг*)
dz. = derzeit – в настоящее [данное] время
Dz. = Dozent – доцент
dzt. = derzeit – в настоящее [данное] время
E = Eilzug – ускоренный пассажирский поезд (*со скоростью движения между скорым и пассажирским поездом*)
E. = Einwohner – житель
EB = Eigener Berichterstatter – собственный корреспондент
ebd. = ebenda – там же
ECU = European Currency Unit *engl.* – ЭКЮ (*расчётная единица в странах ЕС*)
Ed. = Edition *lat.* – издание
EDV = Elektronische Datenverarbeitung – электронная компьютерная обработка данных
EDVA = Elektronische Datenverarbeitungsanlage – ЭВМ, электронная вычислительная машина
EFTA = European Free Trade Association *engl.* – Европейская ассоциация свободной торговли (*осн. в 1960 Великобританией, Австрией, Швецией, Норвегией, Исландией и Финляндией*)
e.g. = exempli gratia *lat.* – например
EG = Europäische Gemeinschaft – Европейское сообщество
E.G.; e.G. = eingetragene Genossenschaft – зарегистрированное товарищество

EGKS = Europäische Gemeinschaft für Kohle und Stahl – Европейское сообщество угля и стали (*осн. в 1951 гос-вами Бенилюкса, Францией, Италией и ФРГ; в 1973 к нему присоединились Великобритания, Дания и Ирландия*)
e.h. = eigenhändig – собственноручно
Eig. Ber. = Eigener Berichterstatter – собственный корреспондент
EinhW = Einheitswert – **1.** имущественный ценз; **2.** стандартная величина
EK = Eisernes Kreuz* – Железный крест (*орден*)
EKD = Evangelische Kirche in Deutschland – евангелическая церковь в Германии
EKG = Elektrokardiogramm – электрокардиограмма
entspr. = entsprechend – соответственно
epd.; EPD = Evangelischer Pressedienst – Евангелическая служба печати (*ФРГ*)
Epr. = Einzelpreis – розничная цена
EPU = Europäische Parlamentarische Union – Европейский парламентский союз
Erg.-Bd. = Ergänzungsband – дополнительный том
etc. = et cetera *lat.* – и так далее
EU = Europäische Union* – Европейский союз
EURATOM, Euratom = Europäische Gemeinschaft für Atomenergie* – Европейское сообщество по атомной энергии
ev. = evangelisch – **1.** евангельский; **2.** евангелический
e.V.; E.V. = eingetragener Verein – зарегистрированный союз, зарегистрированное объединение
EWG = Europäische Wirtschaftsgemeinschaft* – ЕЭС (Европейское экономическое сообщество)
Expl. = Exemplar – экземпляр
EZU = Europäische Zahlungs-Union – Европейский платёжный союз
f. = (und) folgende (Seite) – (и) на следующей (странице)
Fa. = Firma – фирма
Fab. = Fabrik – фабрика, завод
f.a.B. = frei an Bord – *ком.* франко-борт
f.a.F. = frei ab Fabrik – *ком.* франко-завод
f.a.H. = frei ab Haus – *ком.* франко-местонахождение
Fb. = Fabrik – фабрика, завод
FD = Fern-D-Zug – скорый поезд дальнего следования
FDGB = Freier Deutscher Gewerkschaftsbund* – Объединение свободных немецких профсоюзов (*ист.* ГДР)
FDJ = Freie Deutsche Jugend* – Союз свободной немецкой молодёжи (*ист.* ГДР)
fdk; FDK = Freie Demokratische Korrespondenz – Служба печати свободной демократической партии (*ФРГ*)
FDP = Freie Demokratische Partei* – Свободная демократическая партия (*ФРГ*)
f.d.R. = für die Richtigkeit – *канц.* верно
f.d.R.d.A. = für die Richtigkeit der Abschrift – *канц.* копия верна
f.d.R.d.U. = für die Richtigkeit der Unterschrift – *канц.* подпись удостоверяется
Febr. = Februar – февраль
ff. = (und) folgende (Seiten) – (и) на следующих (страницах)
F.f. = Fortsetzung folgt – продолжение следует
Flak = Fliegerabwehrkanone – зенитное орудие
flgd. = folgend – следующий
fmdl. = fernmündlich – по телефону
Fn. = Familienname – фамилия
FPÖ = Freiheitliche Partei Österreichs – Австрийская партия свободы
fr. = französisch – французский
Fr. = **1.** Frau – фрау, госпожа; **2.** Freitag – пятница
Frl. = Fräulein – фрейлейн
g = **1.** gramm – грамм; **2.** Groschen – грош (*разменная монета в Австрии*)
Gbt. = Gebiet – область, территория
Gde. = Gemeinde – **1.** община; **2.** муниципалитет, городское [сельское] самоуправление; **3.** церковный приход
geb. = geboren – **1.** родился, родилась; **2.** урождённая (*с указанием девичьей фамилии*)
Geh. = Geheimsache – секретное дело, секретный документ
gen. = genannt – (выше) названный
Ges. = Gesetz – закон
gesch. = geschieden – *юр.* разведённый, -ная; -ные
ges. gesch. = gesetzlich geschützt – охраняется законом
gest. = gestorben – умерший, -шая
Gestapo = Geheime Staatspolizei* – гестапо (*тайная государственная полиция в нацистской Германии*)
gez. = gezeichnet – подлинник подписал (*такой-то*)
GG = Grundgesetz – основной закон (*конституция ФРГ*)
ggez. = gegengezeichnet – **1.** контрассигновано; **2.** скреплено подписью
Ggs. = Gegensatz – противоположность
Ggw. = Gegenwart – **1.** *грам.* настоящее время; **2.** современность

GIFA = Gießereifachmesse – Ярмарка литейного производства (*проводится в Дюссельдорфе <ФРГ>*)
GmbH = Gesellschaft mit beschränkter Haftung – общество с ограниченной ответственностью
gr. = gratis *lat.* – бесплатно
GST = Gesellschaft für Sport und Technik – Общество содействия развитию спорта и техники (*ист. ГДР*)
GUS = Gemeinschaft unabhängiger Staaten – Содружество независимых государств (*СНГ*)
gz. = gezeichnet – подлинник подписал (*такой-то*)
h = Hekto- – гекто- (*в сложных словах*)
H. = Heft – **1.** выпуск, номер (*журнала*); **2.** брошюра
ha = Hektar – гектар (га)
h.a. = hoc anno *lat.* – сего года
Hbhf. = Hauptbahnhof – центральный вокзал
h.c. = honoris causa *lat.* – за заслуги (*без защиты диссертации*)
Hdb. = Handbuch – справочник, руководство
HdWb. = Handwörterbuch – настольный словарь, справочник
hg = Hektogramm – гектограмм
Hg. = Heráusgeber – редактор издания
hgb. = heráusgegeben – издано (*там-то, тогда-то*); издано под редакцией (*такого-то*)
HJ = Hitlerjugend – "гитлерюгенд" (*фашистская организация в Германии для юношей 14–18 лет, 1926–1945*)
hl = Hektoliter – гектолитр
hm = Hektometer – гектометр
Hon.-Prof. = Honorárprofessor – почётный профессор
Hptst. = Hauptstadt – столица
Hr. = Herr – господин
hrsg. = herausgegeben – **1.** издано (*там-то, тогда-то*); **2.** издано под редакцией (*такого-то*)
Hrsg. = Herausgeber – издатель [редактор] издания
hW = Hektowatt – эл. гектоватт
Hz = Hertz – герц (*единица частоты*)
i.a. = im allgemeinen – в общем
i.A. = im Auftrag – по поручению (*такого-то*)
IAA = Internationale Automobilausstellung – Международная выставка автомобилей (*одна из крупнейших в мире; проводится во Франкфурте-на-Майне <ФРГ>*)
IAEA = International Atomic Energy Agency *engl.* – Международное агентство по атомной энергии (МАГАТЭ), *см.* Internationale Atomenergie-Organisation*
i.A.u.i.V. = im Auftrag und in Vertretung – по поручению и в порядке исполнения (*чьих-либо обязанностей*)
ib. = ibidem *lat.* – там же
IBB = Internationale Bildungs- und Begegnungstätte – Международный образовательный центр и место деловых встреч (*осн. в 1994 г. в Минске <Беларусь>; организует конференции, семинары и встречи учёных и специалистов по различным проблемам*)
IBRD = International Bank for Reconstruction and Development *engl.* – Международный банк реконструкции и развития
IC = Intercity-Zug* – междугородный поезд
ICE = Intercity-Expreßzug – междугородный поезд-экспресс прямого сообщения
IG = **1.** Industriegewerkschaft – профессиональный союз работников промышленности; **2.** Interessengemeinschaft – общество (экономических) интересов
i.J. = im Jahre – в (*таком-то*) году
"ILA" = Internationale Luft- und Raumschiffausstellung – Международная выставка авиационной и космической техники (*проводится в Берлине с 1992 <ФРГ>*)
IMF = International Monetary Fund *engl.* – Международный валютный фонд, *см.* Internationaler Währungsfonds*
i.N. = im Namen – от имени; во имя
Ing. = Ingenieur – инженер
inkl. = inklusive *lat.* – включая
"INTERPAK" – Internationale Verpakungstechnologische Messe – Международная ярмарка технологии упаковки (*проводится в Дюссельдорфе <ФРГ>*)
IR = Infanterieregiment – пехотный полк
it. = italienisch – итальянский
i.V. = in Vertretung – исполняющий обязанности
IWF = Internationaler Währungsfonds* – Международный валютный фонд
Jan. = Januar – январь
Jb. = Jahrbuch – ежегодник; летопись
Jg. = Jahrgang – **1.** год издания; **2.** *воен.* контингент призыва; **3.** выпуск (*из учебного заведения*)
Jh. = Jahrhundert – век, столетие
jmd. = jemand – кто-либо
jmdm. = jemandem – кому-либо (*дат. падеж*)
jmdn. = jemanden – кого-либо (*винит. падеж*)

jmds. = jemand(e)s – кого-либо (*родит. падеж*)
Judo = Deutsche Jungdemokraten – *см.* DJD
jun. = junior *lat.* – младший
kA = Kiloampere – эл. килоампер
kal. = Grammkalorie – малая калория, грамм-калория
Kal. = Kilogrammkalorie – большая калория, килограмм-калория
KdF = Kraft durch Freude – "Сила через радость" (*ист. организация в фашистской Германии, занималась туризмом, проведением спортивных мероприятий и т. п.*)
kg = Kilogramm – килограмм
KG = Kommanditgesellschaft – коммандитное товарищество (*товарищество на доверии*)
kHz = Kilohertz – *физ.* килогерц
kl = Kiloliter – килолитр
Kl. = Klasse – класс, разряд
Km = Kilometer – километр
km/h = Kilometer pro Stunde – (*столько-то*) километров в час
km/sek = Kilometersekunde – километр-секунда
KNA = Katholische Nachrichtenagentur – агентство КНА (*католическое информационное агентство <ФРГ>*)
KPD = Kommunistische Partei Deutschlands* – Коммунистическая партия Германии (*Германия, 1918–1933, по 1945 – в подполье; ФРГ, 1948–1958*)
KPdSU = Kommunistische Partei der Sowjetunion – *ист.* Коммунистическая партия Советского Союза
KPÖ = Kommunistische Partei Österreichs – Коммунистическая партия Австрии
Krad = Kraft(fahr)rad – мотоцикл
Kripo = Kriminalpolizei – полиция уголовного розыска
KSZE = Konferenz für Sicherheit und Zusammenarbeit in Europa* – Совещание по безопасности и сотрудничеству в Европе
kV = Kilovolt – эл. киловольт
kVA = Kilovoltampere – эл. киловольтампер
kW = Kilowatt – эл. киловатт
kWh = Kilowattstunde – киловатт-час
KZ = Konzentrationslager – концентрационный лагерь
l = Liter – литр
lat. = lateinisch – латинский
LDPD = Liberal-Demokratische Partei Deutschlands* – Либерально-демократическая партия Германии (*ист. ГДР*)
lfd. = laufend – текущий; порядковый
lit. = litauisch – литовский
Lkw; LKW = Lastkraftwagen – грузовая автомашина
Lok = Lokomotive – локомотив, паровоз
LPG = Landwirtschaftliche Produktionsgenossenschaft* – сельскохозяйственный производственный кооператив (*ист. ГДР*)
lt. = laut – согласно, в соответствии с ...
m = 1. Meter – метр; 2. Milli- – милли- (*в сложных словах*); 3. Minute – минута
M = Mega- – мега- (*в сложных словах*)
mA = Milliampere – *физ.* миллиампер
MA. = Mittelalter – средневековье
MAD = Militärischer Abschirmdienst* – Служба военной контрразведки (*ФРГ*)
MAN = Maschinenfabrik Augsburg-Nürnberg AG* – "Машиненфабрик Аугсбург-Нюрнберг АГ" (*машиностроительные з-ды в ФРГ*)
MBB = Messerschmitt-Bölkow-Blohm GmbH – "Мессершмитт-Бёлков-Блом ГмбХ" (*авиаконцерн в ФРГ*)
MEZ = mitteleuropäische Zeit – среднеевропейское время
mg = Milligramm – миллиграмм
MG = Maschinengewehr – пулемёт
mhd. = mittelhochdeutsch – средневерхненемецкий
MHz = Megahertz – *радио*, эл. мегагерц, мегацикл
Mi. = Mittwoch – среда
Mitropa = Mitteleuropäische Schlafwagen- und Speisewagen- Aktiengesellschaft – Митропа (*ист. акционерное общество по обеспечению пассажиров всеми необходимыми услугами, 1917–1990*)
mkg = Meter-Kilogramm – килограммометр
ml = Milliliter – миллилитр
mm = Millimeter – миллиметр
Mio. = Million(en) – миллион(ов)
Mo. = Montag – понедельник
MPG = Max-Planck-Gesellschaft – Общество содействия развитию науки им. Макса Планка (*ФРГ*)
MPi = Maschinenpistole – автомат (*стрелковое оружие*)
Mrd. = Milliarde(n) – миллиард(ов)
ms = Millisekunde – миллисекунда
m/s = Meter pro Sekunde – (*столько-то*) метров в секунду
Mschr. = Monatsschrift – ежемесячное издание
m/sek = Metersekunde – (*столько-то*) метров в секунду

mV = Millivolt – эл. милливольт
mW = Milliwatt – эл. милливатт
MW = Megawatt – эл. мегаватт
N = **1.** Nord(en) – север, норд; **2.** Zug des Nahverkehrs – поезд местного сообщения
NATO = North Atlantic Treaty Organization engl. – НАТО (Северо-Атлантический пакт)
n.Chr.; n.Chr.G. = nach Christi Geburt – (такого-то года) от рождества Христова
nd. = niederdeutsch – нижненемецкий
NDPD = National-Demokratische Partei Deutschlands* – Национал-демократическая партия Германии (ист. ГДР)
NF = Nationale Front des demokratischen Deutschland* Национальный фронт демократической Германии (ист. ГДР)
nhd. = neuhochdeutsch – нововерхненемецкий
NÖ = Niederösterreich* – Нижняя Австрия
nordd. = norddeutsch – северогерманский, северонемецкий
Nov. = November – ноябрь
NPD = Nationaldemokratische Partei Deutschlands* – Национал-демократическая партия Германии (ФРГ)
Nr. = Nummer – номер (№)
NRT = Nettoregistertonne – мор. нетторегистровая тонна
NSDAP = National-Sozialistische Deutsche Arbeiterpartei* – Национал-социалистическая немецкая рабочая партия (наименование гитлеровской нацистской партии)
NVA = Nationale Volksarmee* – Национальная народная армия (ист. ГДР)
O = Ost(en) – восток
OB = Oberbürgermeister – обербургомистр
obd. = oberdeutsch – верхненемецкий, южно-немецкий
OECD = Organization for Economic Cooperation and Development engl. – Организация экономического сотрудничества и развития (осн. в 1961 г.; страны участницы – 23 зап.-европ. гос-ва и США; резиденция в Париже)
Offz. = Offizier – офицер
ÖGB = Österreichischer Gewerkschaftsbund – Объединение австрийских профсоюзов
OHG = Offene Handelsgesellschaft – открытое торговое общество
Okt. = Oktober – октябрь
OÖ = Oberösterreich* – Верхняя Австрия
op. = opus lat. – произведение, сочинение
op.cit. = opus citatum lat. – цитируемое произведение
OSZE = Organisation für Sicherheit und Zusammenarbeit in Europa* – Организация по безопасности и сотрудничеству в Европе
ÖVP = Österreichische Volkspartei* – Австрийская народная партия
Pbf. = Personenbahnhof – вокзал для пассажирских поездов
p.Chr.(n.) = post Christum (natum) lat. – от рождества Христова
PdA = Schweizerische Partei der Arbeit* – Швейцарская партия труда
PdS; PDS = Partei des demokratischen Sozialismus* – Партия демократического социализма (ист. ГДР; ФРГ)
p.e. = per exemplum lat. – например
pF = Pikofarad – эл. пикофарада
Pf.; Pfd. = Pfund – фунт (500 г.)
Pfg. = Pfennig – пфенниг (разменная монета в Германии)
PKW = Personenkraftwagen – легковой автомобиль
p.m. = **1.** post mortem lat. – посмертно; **2.** pro mille lat. – промилле, на тысячу
p.p.; ppa = per procura lat. – по уполномочию
PS = **1.** Pferdestärke – тех. лошадиная сила; **2.** post scriptum lat. – постскриптум (приписка к письму)
qcm = Quadratzentimeter – квадратный сантиметр
qdm = Quadratdezimeter – квадратный дециметр
qkm = Quadratkilometer – квадратный километр
qm = Quadratmeter – квадратный метр
qmm = Quadratmillimeter – квадратный миллиметр
qt = Quart lat. – кварта (мера объёма для жидких и сыпучих тел)
Qu. = Quartal lat. – квартал (четверть года)
rd. = rund – около, округлённо
R = recommandé fr. – заказное (надпись на письме)
RAD = Reichsarbeitsdienst* – Имперская трудовая повинность (в фашистской Германии, 1935–1945)
RB = Reichsbahn – имперские (в Германии до 1945), государственные (в бывшей ГДР) железные дороги
Rbz. = Regierungsbezirk – административный округ (в некоторых землях Германии)
RFB = Roter Frontkämpferbund* – Союз красных фронтовиков (Германия, 1924–1933)
Rgt. = Regiment – воен. полк

RGW = Rat für Gegenseitige Wirtschaftshilfe* – Совет экономической взаимопомощи, СЭВ (*ист. 1949–1991*)
RIAS = Rundfunk im Amerikanischen Sektor (Berlins) – Радио в американском секторе Берлина (*радиостанция, находившаяся в ведении американской администрации; работала до 1990*)
r.-k. = römisch-katholisch – римско-католический
RK = Rotes Kreuz – Красный Крест (*общество*)
rm = Raummeter – кубический метр дров
RM = Reichsmark* – рейхсмарка
Rp. = Rappen – швейцарский сантим, раппен (*денежная единица*)
RSHA = Reichssicherheitshauptamt der SS – Главное управление имперской безопасности (*в фашистской Германии, 1939–45*)
RT = Registertonne – *мор.* регистровая тонна
rtr = Reiter – Рейтер (*телеграфное агентство Великобритании*)
RWE = Rheinisch-Westfälisches Elektrizitätswerk AG* – "Райниш-вестфелишес электрицитетсверк АГ" (*концерн в ФРГ*)
s = Sekunde – секунда
S = 1. Schilling – шиллинг (*денежная единица Австрии*); 2. Süd(en) – юг
S. = Seite – страница
s.a. = siehe auch – смотри также
Sa. = Sonnabend – суббота
SA = Sturmabteilungen* – (нацистские) штурмовые отряды
"SABA" = Schwarzwälder Apparate-Bau-Anstalt August Schwer Söhne GmbH* – "САБА" (*радиотехн. фирма в ФРГ*)
s.Abb. = siehe Abbildung – смотри рисунок
"SAT. 1" = Satellitenprogramm 1 – Спутниковое телевидение 1 (*ФРГ*)
SD = Sicherheitsdienst* – (эсэсовская) служба безопасности
sec = Sekunde – секунда
SED = Sozialistische Einheitspartei Deutschlands* – Социалистическая единая партия Германии (*ист. ГДР*)
sen. = senior *lat.* – старший
Sept. = September – сентябрь
sfr = Schweizer Franc – швейцарский франк (*денежная единица*)
sid = Sport-Informationsdienst – Агентство "Спортинформационсдинст" (*спортивное информационное агентство ФРГ*)
SKK = Sowjetische Kontrollkommission in Deutschland* – Советская контрольная комиссия в Германии (*советский контрольный орган в ГДР, 1949–1953*)
SMAD = Sowjetische Militäradministration in Deutschland* – Советская военная администрация в Германии, СВАГ (*советский контрольный орган в восточной Германии, 1945–1949*)
s.o. = siehe oben – смотри выше
So. = Sonntag – воскресенье
SPD = Sozialdemokratische Partei Deutschlands* – Социал-демократическая партия Германии
SPÖ = Sozialistische Partei Österreichs* – Социалистическая партия Австрии
SS = Schutzstaffel – <*букв.* "охранное подразделение"> СС (*военизированные формирования нем. фашистов, 1925–1945*)
St. = Sankt, Sankta *lat.* – святой, святая
Std. = Stunde – час
stellv. = stellvertretend – замещающий, исполняющий обязанности
StGB = Strafgesetzbuch – уголовный кодекс
Str. = Straße – улица
Stv. = Stellvertreter – заместитель
s.u. = siehe unten – смотри ниже
t = Tonne – тонна
Taf. = Tafel – таблица
TEE = Trans-Europ-Expreß *engl.* – трансевропейский (поезд) экспресс
Tel. = 1. Telefon – телефон; 2. Telegramm – телеграмма
TENO = Technische Nothilfe* – "Техническая помощь" (*организация в Германии, 1919–1945*)
TH = Technische Hochschule* – высшее техническое училище (*тип вуза*)
THW = Technisches Hilfswerk* – "Техническая помощь" (*организация в ФРГ*)
t/km = Tonne je Kilometer – тонна на километр
tkm = Tonnenkilometer – тонна-километр
Tl. = Teil – часть
trk. = türkisch – тюркский, турецкий
tsch.; tschech. = tschechisch – чешский
TU = Technische Universität – технический университет
u. = 1. – и (*союз*); 2. unten – внизу, снизу
u.a. = 1. und anderes – и другое; 2. und andere – и другие; 3. unter anderem – в том числе, в частности; 4. unter anderen – среди прочих
u.ä. = 1. und ähnliches – и тому подобное; 2. und ähnliche и подобные
u.a.m. = 1. und anderes mehr – и прочее; 2. und andere mehr – и прочие.
u.ä.m. = und ähnliches mehr – и тому подобное

u.A.w.g. = um Antwort wird gebeten – просьба ответить

u.desgl.m. = und desgleichen mehr – и тому подобное

u.d.M. = unter dem Meeresspiegel – ниже уровня моря

ü.d.M. = über dem Meeresspiegel – над уровнем моря

UdSSR = Union der Sozialistischen Sowjetrepubliken – *ист.* Союз Советских Социалистических Республик

u.E. = unseren Erachtens – по нашему мнению

UFA = Universum-Film-Aktiengesellschaft* – "Универзум-фильм-акциенгезельшафт" (*кинокомпания в Германии и ФРГ*)

Uffz. = Unteroffizier – унтер-офицер

U/h = Umdrehungen je Stunde – *тех.* (число) оборотов в час

UKW = Ultrakurzwellen – *радио* ультракороткие волны

U/min = Umdrehungen je Minute – *тех.* (число) оборотов в минуту

UN = United Nations *engl.* – Объединённые Нации; Организация объединённых наций

UNESCO = United Nations Educational, Scientific and Cultural Organization *engl.* – ЮНЕСКО (*Организация ООН по вопросам просвещения, науки и культуры*)

UNO = United Nations Organization *engl.* – ООН (Организация Объединённых Наций)

UPI = United Press International *engl.* – агентство ЮПИ (*информационное агентство США*)

u.R. = unter Rückerbittung – подлежит возврату

Urk. = Urkunde – документ, акт; грамота

USA = United States of America *engl.* – Соединённые Штаты Америки

USPD = Unabhängige Sozialdemokratische Partei Deutschlands* – Независимая социал-демократическая партия Германии (*1917–1922*)

u.U. = unter Umständen – при известных обстоятельствах; смотря по обстоятельствам

u.v.a.(m.) = 1. und vieles andere (mehr) – и многое другое; 2. und viele andere (mehr) – и многие другие

u.Z. = unserer Zeitrechnung – нашего летосчисления, нашей эры

u.zw. = und zwar – а именно

v. = 1. von, vom – из (*напр., в дворянских фамилиях*); 2. vor – перед; 3. vorn – впереди, спереди

V = Volt – эл. вольт

V-1, V-2 = Vergeltungswaffe* <оружие возмездия> – "Фау-1", "Фау-2"

VA = Voltampere – эл. вольт-ампер

v.Chr = vor Christo, vor Christus – до рождества Христова, до нашей эры

VdgB = Vereinigung der gegenseitigen Bauernhilfe – Объединение крестьянской взаимопомощи (*ист. ГДР*)

VDI = Verein Deutscher Ingenieure – Союз немецких инженеров (*ФРГ*)

VE = Verrechnungseinheit – расчётная единица

VEB = Volkseigener Betrieb – Народное предприятие (*ист. ГДР*)

VEBA = Vereinigte Elektrizitäts-und Bergbauwerks-Aktiengesellschaft* – "Ферайнигте электрицитетс- унд бергбауверкс- акциенгезельшафт (*концерн в ФРГ*)

VEG = Volkseigenes Gut – народное имение (*ист. ГДР*)

Verf. = 1. Verfasser – автор, составитель; 2. Verfügung – распоряжение

Verl. = Verlag – издательство

verst. = verstorben – умерший, покойный

verw. = verwitwet – овдовевший, -шая

Verw. = Verwaltung – управление, администрация

VFW = Vereinigte Flugtechnische Werke GmbH* – "Ферайнигте флугтехнише верке ГмбХ" (*авиаконцерн в ФРГ*)

vgl. = vergleiche – сравни

v.J. = vorigen Jahres – истекшего (прошлого) года

v.M. = vorigen Monats – истекшего (прошлого) месяца

v.o. = von oben – сверху

VÖEST = Vereinigte Österreichische Eisen- und Stahlwerke-Alpine AG* – " Ферайнигте эстеррайхише айзен- унд штальверке-Альпине АГ" (*концерн в Австрии*)

vol. = Volumen *lat.* – том, книга

Vors. = Vorsitzende(r) – председатель

VP = Volkspolizei – народная полиция (*ист. ГДР*)

v.u. = von unten – снизу

v.u.Z. = vor unserer Zeitrechnung – до нашей эры

VVB = Vereinigung Volkseigener Betriebe – Объединение народных предприятий (*ист. ГДР*)

VVG = Vereinigung Volkseigener Güter – Объединение народных имений (*ист. ГДР*)

VVN = Vereinigung der Verfolgten des Naziregimes* – Объединение лиц, преследовавшихся при нацизме

VW = Volkswagenwerk AG* – "Фольксваген-верк АГ" (*автомобильная монополия в ФРГ*)
vwd = Vereinigte Wirtschaftsdienste – Объединённая экономическая служба (*специальное информационное агентство в ФРГ*)
W = **1.** Watt – *физ.* ватт; **2.** West(en) – запад
Wb. = Wörterbuch – словарь
WEU = Westeuropäische Union* – Западно-европейский союз
Wh = Wattstunde – эл. ватт-час
WHW = Winterhilfswerk* – "Зимняя помощь"
WM = Weltmeisterschaft – первенство [чемпионат] мира
w.o. = wie oben – как указано выше
Ws = Wattsekunde – эл. ватт-секунда
WZ = Warenzeichen – товарный знак; фабричное клеймо
z = Zentner – (немецкий) центнер (*50 кг*)
Z. = **1.** Zahl – число, количество; цифра; **2.** Zeile – строка; **3.** Zoll – дюйм
za. = zirka – примерно, около

z.B. = zum Beispiel – например
ZDF = Zweites Deutsches Fernsehen – Второе германское телевидение (*одна из крупнейших телестудий в ФРГ*)
zgl. = zugleich – одновременно
z.gr.T. = zum großen [größten] Teil – большей частью
z.H. = zu Händen – для, лично (*надпись на письме*)
ziv. = zivil – гражданский, штатский
ZK = Zentralkomitee – центральный комитет
zs. = zusammen – вместе, сообща; в целом, в совокупности, в итоге
Zs., Zschr. = Zeitschrift – журнал, периодическое издание
z.s.Z. = zu seiner Zeit – в своё время
z.T. = zum Teil – частью, частично, отчасти
Zt. = Zeit – время, часы
Ztg. = Zeitung – газета
z.U. = zur Unterschrift – *канц.* на подпись
zw. = zwecks – с целью, в целях
z.Z. = zur Zeit – в настоящее время

ОСНОВНЫЕ ФОРМЫ ГЛАГОЛОВ СИЛЬНОГО И НЕПРАВИЛЬНОГО СПРЯЖЕНИЯ

В списке приводятся только корневые глаголы. Чтобы установить основные формы приставочных или сложных глаголов, от глагола необходимо отбросить приставку или первую составную часть сложного глагола (они отделены от корня сплошной или пунктирной вертикальной чертой).

Infinitiv	Präsens (3. Pers. sg)	Imperfekt (1. u. 3. Pers. sg)	Partizip II
backen	bäckt	buk	gebacken
befehlen	befiehlt	befahl	befohlen
beginnen	beginnt	begann	begonnen
beißen	beißt	biß	gebissen
bergen	birgt	barg	geborgen
bersten	birst	barst	geborsten
bewegen	bewégt	bewog	bewogen
biegen	biegt	bog	gebogen
bieten	bietet	bot	geboten
binden	bindet	band	gebunden
bitten	bittet	bat	gebeten
blasen	bläst	blies	geblasen
bleiben	bleibt	blieb	geblieben
braten	brät	briet	gebraten
brechen	bricht	brach	gebrochen
brennen	brennt	brannte	gebrannt
bringen	bringt	brachte	gebracht
denken	denkt	dachte	gedacht
dingen	dingt	dingte (dang)	gedungen (gedungen)
dreschen	drischt	drosch	gedroschen
dringen	dringt	drang	gedrungen
dünken	dünkt	dünkte (deuchte)	gedünkt (gedeucht)
dürfen	darf	durfte	gedurft
empfehlen	empfiehlt	empfahl	empfohlen
erbleichen	erbleicht	erbleichte (erblich)	erbleicht (erblichen)
erkiesen	erkiest	erkor	erkoren
essen	ißt	aß	gegessen
fahren	fährt	fuhr	gefahren
fallen	fällt	fiel	gefallen
fangen	fängt	fing	gefangen
fechten	ficht	focht	gefochten

Infinitiv	Präsens (3.Pers. sg)	Imperfekt (1. u. 3. Pers. sg)	Partizip II
finden	findet	fand	gefunden
flechten	flicht	flocht	geflochten
fliegen	fliegt	flog	geflogen
fliehen	flieht	floh	geflohen
fließen	fließt	floß	geflossen
fressen	frißt	fraß	gefressen
frieren	friert	fror	gefroren
gären	gärt	gor	gegoren
gebären	gebärt	gebar	geboren
geben	gibt	gab	gegeben
gedeihen	gedeiht	gedieh	gediehen
gehen	geht	ging	gegangen
gelingen	gelingt	gelang	gelungen
gelten	gilt	galt	gegolten
genesen	genest	genas	genesen
genießen	genießt	genoß	genossen
geschehen	geschieht	geschah	geschehen
gewinnen	gewinnt	gewann	gewonnen
gießen	gießt	goß	gegossen
gleichen	gleicht	glich	geglichen
gleiten	gleitet	glitt	geglitten
glimmen	glimmt	glomm	geglommen
graben	gräbt	grub	gegraben
greifen	greift	griff	gegriffen
haben	hat	hatte	gehabt
halten	hält	hielt	gehalten
hängen	hängt	hing	gehangen
hauen	haut	hieb	gehauen
heben	hebt	hob	gehoben
heißen	heißt	hieß	geheißen
helfen	hilft	half	geholfen
kennen	kennt	kannte	gekannt
klingen	klingt	klang	geklungen
kneifen	kneift	kniff	gekniffen
kommen	kommt	kam	gekommen
können	kann	konnte	gekonnt
kriechen	kriecht	kroch	gekrochen
laden	lädt	lud	geladen
lassen	läßt	ließ	gelassen
laufen	läuft	lief	gelaufen
leiden	leidet	litt	gelitten
leihen	leiht	lieh	geliehen

Infinitiv	Präsens (3.Pers. sg)	Imperfekt (1. u. 3. Pers. sg)	Partizip II
lesen	liest	las	gelesen
liegen	liegt	lag	gelegen
löschen	löscht	losch	geloschen
lügen	lügt	log	gelogen
meiden	meidet	mied	gemieden
melken	melkt	melkte (molk)	gemelkt (gemolken)
messen	mißt	maß	gemessen
mißlingen	mißlingt	mißlang	mißlungen
mögen	mag	mochte	gemocht
müssen	muß	mußte	gemußt
nehmen	nimmt	nahm	genommen
nennen	nennt	nannte	genannt
pfeifen	pfeift	pfiff	gepfiffen
pflegen	pflegt	pflegte (pflog)	gepflegt (gepflogen)
preisen	preist	pries	gepriesen
quellen	quillt	quoll	gequollen
raten	rät	riet	geraten
reiben	reibt	rieb	gerieben
reißen	reißt	riß	gerissen
reiten	reitet	ritt	geritten
rennen	rennt	rannte	gerannt
riechen	riecht	roch	gerochen
ringen	ringt	rang	gerungen
rinnen	rinnt	rann	geronnen
rufen	ruft	rief	gerufen
saufen	säuft	soff	gesoffen
saugen	saugt	sog	gesogen
schaffen	schafft	schuf	geschaffen
schallen	schallt	schallte (scholl)	geschallt (geschollen)
scheiden	scheidet	schied	geschieden
scheinen	scheint	schien	geschienen
schelten	schilt	schalt	gescholten
scheren	schiert	schor	geschoren
schieben	schiebt	schob	geschoben
schießen	schießt	schoß	geschossen
schinden	schindet	schund	geschunden
schlafen	schläft	schlief	geschlafen
schlagen	schlägt	schlug	geschlagen
schleichen	schleicht	schlich	geschlichen

Infinitiv	Präsens (3. Pers. sg)	Imperfekt (1. u. 3. Pers. sg)	Partizip II
schleifen	schleift	schliff	geschliffen
schließen	schließt	schloß	geschlossen
schlingen	schlingt	schlang	geschlungen
schmeißen	schmeißt	schmiß	geschmissen
schmelzen	schmilzt	schmolz	geschmolzen
schnauben	schnaubt	schnaubte (schnob)	geschnaubt (geschnoben)
schneiden	schneidet	schnitt	geschnitten
schrecken	schrickt	schrak	geschrocken
schreiben	schreibt	schrieb	geschrieben
schreien	schreit	schrie	geschrien
schreiten	schreitet	schritt	geschritten
schweigen	schweigt	schwieg	geschwiegen
schwellen	schwillt	schwoll	geschwollen
schwimmen	schwimmt	schwamm	geschwommen
schwinden	schwindet	schwand	geschwunden
schwingen	schwingt	schwang	geschwungen
schwören	schwört	schwur (schwor)	geschworen
sehen	sieht	sah	gesehen
sein	ist	war	gewesen
senden	sendet	sendete (sandte)	gesendet (gesandt)
sieden	siedet	siedete (sott)	gesiedet (gesotten)
singen	singt	sang	gesungen
sinken	sinkt	sank	gesunken
sinnen	sinnt	sann	gesonnen
sitzen	sitzt	saß	gesessen
sollen	soll	sollte	gesollt
speien	speit	spie	gespien
spinnen	spinnt	spann	gesponnen
sprechen	spricht	sprach	gesprochen
sprießen	sprießt	sproß	gesprossen
springen	springt	sprang	gesprungen
stechen	sticht	stach	gestochen
stecken	steckt	steckte (stak)	gesteckt
stehen	steht	stand	gestanden
stehlen	stiehlt	stahl	gestohlen
steigen	steigt	stieg	gestiegen
sterben	stirbt	starb	gestorben

Infinitiv	Präsens (3.Pers. sg)	Imperfekt (1. u. 3. Pers. sg)	Partizip II
stieben	stiebt	stob	gestoben
stinken	stinkt	stank	gestunken
stoßen	stößt	stieß	gestoßen
streichen	streicht	strich	gestrichen
streiten	streitet	stritt	gestritten
tragen	trägt	trug	getragen
treffen	trifft	traf	getroffen
treiben	treibt	trieb	getrieben
treten	tritt	trat	getreten
triefen	trieft	triefte (troff)	getrieft (getroffen)
trinken	trinkt	trank	getrunken
trügen	trügt	trog	getrogen
tun	tut	tat	getan
verderben	verdirbt	verdarb	verdorben
verdrießen	verdrießt	verdroß	verdrossen
vergessen	vergißt	vergaß	vergessen
verlieren	verliert	verlor	verloren
wachsen	wächst	wuchs	gewachsen
wägen	wägt	wog	gewogen
waschen	wäscht	wusch	gewaschen
weben	webt	webte (wob)	gewebt (gewoben)
weichen	weicht	wich	gewichen
weisen	weist	wies	gewiesen
wenden	wendet	wendete (wandte)	gewendet (gewandt)
werben	wirbt	warb	geworben
werden	wird	wurde	geworden
werfen	wirft	warf	geworfen
wiegen	wiegt	wog	gewogen
winden	windet	wand	gewunden
wissen	weiß	wußte	gewußt
wollen	will	wollte	gewollt
zeihen	zeiht	zieh	geziehen
ziehen	zieht	zog	gezogen
zwingen	zwingt	zwang	gezwungen

Справочное издание

Новый немецко-русский словарь-справочник
Neues deutsch-russisches Lexikon

Авторы-составители:
Куликов Геннадий Иванович
Курьянко Николай Иванович
Горлатов Анатолий Михайлович
Мартиневский Владимир Игнатьевич

Редакторы *А. С. Вечерко, Е. П. Горелик, В. Н. Янушков*
Художественный редактор *А. А. Кулаженко*
Технический редактор *Г. М. Граховская*
Корректор *Т. А. Антонова*
Компьютерная верстка *И. В. Леонов*

Подписано в печать 07.05.2001. Формат 70х90 ¹/₁₆. Бумага офсетная. Гарнитура Таймс. Печать офсетная. Усл.-печ. л. 59,1. Уч.-изд. л. 54,5. Тираж 6100 экз. Заказ 2438.

Налоговая льгота — Общегосударственный классификатор Республики Беларусь ОКРБ 007-98, ч.1; 22.11.20.650

Общество с ограниченной ответственностью «Асар». Лицензия ЛВ № 85 от 04.12.1997 г. 220004, Минск, ул. Романовская Слобода, 5.

Общество с ограниченной ответственностью «МОДЕРН-А». Лицензия ИД № 02240 от 05.07.2000 г. 129337, Москва, ул. Палехская, 7, кв. 107.

Общество с ограниченной ответственностью «ЧеРО». Лицензия ИД № 01165 от 13.03.2000 г. 125047, Москва, Оружейный пер., 21, стр. 2.

Отпечатано на УП «Минская фабрика цветной печати».
220024, Минск, Корженевского, 20.